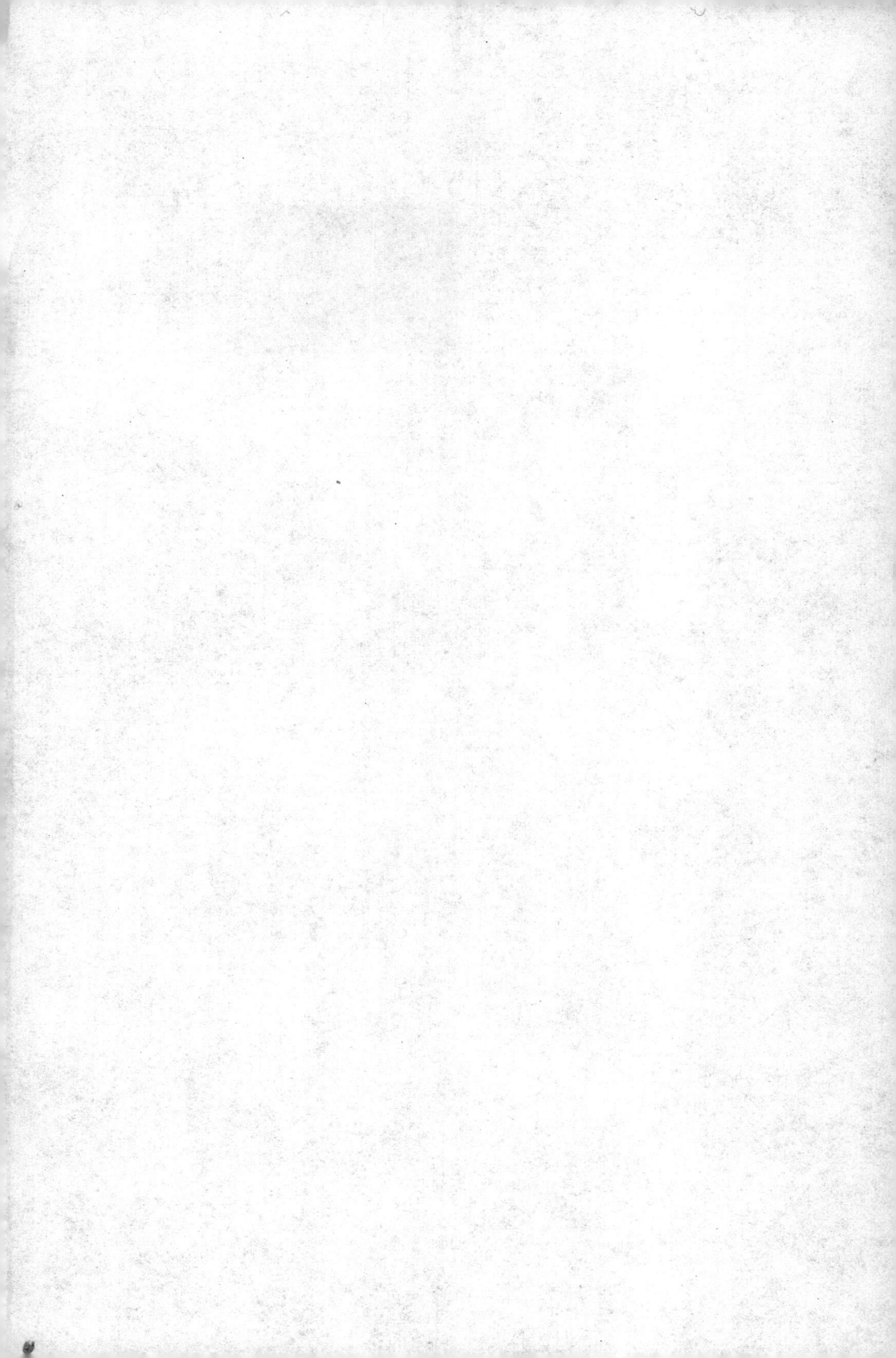

THE OXFORD ENGLISH-ARABIC DICTIONARY OF CURRENT USAGE

THE OXFORD ENGLISH-ARABIC DICTIONARY

OF CURRENT USAGE

EDITED BY

N. S. DONIACH

OXFORD
AT THE CLARENDON PRESS

Oxford University Press, Walton Street, Oxford OX2 6DP
London New York Toronto
Delhi Bombay Calcutta Madras Karachi
Kuala Lumpur Singapore Hong Kong Tokyo
Nairobi Dar es Salaam Cape Town
Melbourne Auckland
and associated companies in
Beirut Berlin Ibadan Mexico City Nicosia

Oxford is a trade mark of Oxford University Press

ISBN 0 19 864312 8

First published 1972
Reprinted 1978, 1979, 1981, 1983, 1984

Printed in Great Britain
at the University Press, Oxford
by David Stanford
Printer to the University

FOREWORD

ALMOST ten years have passed since this dictionary was first mooted and that it has been completed is largely due to the encouragement and help I have received from the publisher and the many scholars who have collaborated. I should like in particular to thank the officers of the Clarendon Press for their understanding and forbearance and the Printer for his readiness to try out the combination of photo-composition and calligraphy.

That the project got off the ground was thanks to the efforts of the late Professor A. J. Arberry, Professor A. F. L. Beeston, A. R. V. Cooper, Professor Sir Godfrey Rolles Driver, J. H. McMillan, D. R. Nicoll, and Professor T. W. Thacker. The Oriental Institute in Oxford generously housed the editorial staff, who were helped in the production of the draft English text by contributions from P. S. Falla, H. S. H. Massey, C. R. K. Perkins, Peter Sutcliffe, Mrs. Josephine Wightwick, and Noel Woodin. The proof-reading of the English and general editorial work were largely done by Mrs. Dorothy Eagle on a part-time basis. For close on two years the project had the services of Vernon Daykin for three days a week, who divided his time between help in the English and checking certain aspects of the Arabic.

The full-time workers who spent over a year on the Arabic text were Mrs. Nawal Amin, Najm Bezirgan, E. A. Everett, and Fuad Ġ. Massa. Fuad H. Megally spent the last five years on the Dictionary as my full time assistant editor. The part-timers who made valuable contributions to the Arabic text were Kamal Abu Deeb, J. Gilchrist, Khalil Helou, Nasir Hillawi, Peter Lienhardt, H. M. Nahmad, David Patterson, N. G. Sainsbury, Mujahid al-Sawwaf, David Semah, and Sasson Somekh. The calligraphy of the first thousand pages was done by G. D. Spinney, who had to stop because of ill health. Fuad H. Megally wrote in the modifications of the earlier pages and finished the remaining calligraphy.

In expressing my appreciation for all the help recorded above I must also ask for the reader's indulgence for errors for which I take full responsibility.

N. S. D.

PREFACE

> No Dictionary of a living tongue can ever be perfect, since while it is hastened to publication, some words are budding, and some falling away.
>
> SAMUEL JOHNSON 1755

THE English–Arabic dictionary of current usage is designed to meet the needs of those whose mother-tongue is English and who are learning Arabic, and of those whose mother-tongue is Arabic and who are learning English. The gap between the two languages is so wide that a glossary which confines itself to equating words is as frustrating for the Arab reading an English text as it is for the English speaker trying to convey his thoughts in Arabic. The gap is so wide not only because English and Arabic belong to completely different language families but also because of the differing concepts and values which obtain in the west and the east. It seemed best, therefore, to tackle the problem of bridging the gap by first establishing as solid a platform as possible on one side of the language barrier and then proceeding from there. This meant that the first requirement was for a fresh appraisal of what usage was current in English combined with the creation of a system of conventions for its presentation. Next came the search for Arabic equivalents. In its turn this called for a fresh appraisal of relevant usage current in Arabic and equally the creation of a system of conventions for its presentation.

This fourfold task was further complicated by two major factors inherent in living language which by its nature is constantly changing. Every increase of knowledge and experience produces new words, new connotations of old words, and new combinations of ordinary words. The second factor is that variations in usage occur at the same time both regionally and in different social milieux. Standard English may be divided into *formal literary English*, i.e. the words, expressions, and structures to be found in serious literature; *colloquial English*, i.e. the words, expressions, and structures which are rarely seen in the formal language but which are acceptable in ordinary conversation at all levels of society; and *slang English*, i.e. those words and expressions normally shunned in serious literature and polite conversation but commonly found in the speech of certain social classes or groups. In Arabic the *formal literary usage* is largely the crystallization of the informal but polite conversation of cultivated people many centuries ago. There is also the informal conversation and communication of the educated today as well as the speech of the illiterate. Moreover both in English and Arabic there are regional uses like 'lift' and 'elevator' on the one hand, and '*ruzz*' and '*tumman*' (both meaning 'rice') on the other.

Since it is the function of the lexicographer to record what is current rather than to lay down the law, the words and phrases of current English at all levels are given their place in the dictionary. The Arabic equivalents, as far as is possible, are given at the same level of usage. In this feature the dictionary is breaking new ground.

The first task was, then, to produce a representative English text so arranged on the page that a specific usage was easy to find. A number of different contributors submitted parts of the alphabet, basing their choice of words and usage on the *Concise Oxford Dictionary*, the *Advanced Learner's Dictionary of Current English*, and their professional experience as linguists. The separate contributions were then edited by C. R. K. Perkins, who also formulated the conventions to be observed which are given below. This edited version was typed and it was on the typed version that the Arabic text was added in manuscript. At this stage it was frequently found necessary to make changes in the English text in order to provide additional examples of English usage which might well baffle the Arab student. The final text was then prepared for the printer by Mrs. Dorothy Eagle, who consulted with the editor on any doubtful points. The galleys were also checked by Mrs. Eagle and the editor, and occasional alterations as well as corrections were made.

The editing conventions follow. Abbreviations conform for the most part with those used in the *Concise Oxford Dictionary*. Where a word has two or more meanings or shades of meaning a synonym, explanatory phrase or abbreviated indication of context follows the numbered usage in round brackets. Where a subsidiary entry is made to indicate a difference in grammatical function, e.g. an adjective used as a noun or a transitive verb used intransitively, the subsidiary entry is indicated merely by the abbreviation for the relevant part of speech. In those entries where a word has more than one meaning the idiomatic usage appropriate to each meaning is listed immediately after it. In doubtful or difficult cases idioms have been listed together at the end of the entry. In verbal idioms beginning with an infinitive the initial word 'to' is frequently omitted.

Adverbs in '-ly' and abstract nouns in '-ness', formed from adjectives, are normally omitted unless either their formation is irregular or their usage is more frequent than or in some way different from that of the adjective from which they derive, e.g. 'actually'; 'muchness'. Idiomatic usages like 'incidentally' are separately recorded. When adverbial adjuncts form compound verbs they are mostly treated as subsidiary entries under the main verb. Thus 'take away' will be found under 'take'.

Common prefixes like 'in-' do not normally have a separate entry. Words formed with these prefixes, e.g. 'ineffective', appear in their normal alphabetical order. On the other hand prefixes used exclusively in scientific and technical language are included, if their use is sufficiently wide to warrant their inclusion as an entry in their own right.

The Arabic entries are made in accordance with the conventions generally accepted in the Arab world. Words in brackets are either plural forms, or indications of regional usage, or disciplines, or contextual lubricants. Commas separate words which are near synonyms, it being generally accepted that the concept common to all the given words is the one which is equivalent to the English word. The semi-colon, however, calls for a complete break in thought, since what follows will be the equivalent of a change in concept from what precedes. It may be the equivalent of the intransitive use of a verb which has just been expounded as a transitive, or an explanation, for example, of the slightly pejorative use of a word like 'idealistic'. As Arabic does not use an infinitive form of the verb in the same way as the infinitive is used in English there is a tendency for English infinitive forms to be rendered by imperfects or perfects of the Arabic verb. Generally the objective has been to write down Arabic which is easy on the eye and makes a direct and meaningful impact on the perception of the Arab reader, conveying as fully as possible the wider semantic implications of the English head-word. To achieve this end every entry has been subjected to the scrutiny of one or more scholars whose mother-tongue is Arabic and it is largely thanks to their advice that the Arabic entries are both authentic and up-to-date. On the question of vowels the consensus of opinion has been in favour of writing in as few as possible. In this regard the entries are not consistent but it is hoped that enough vowels have been given to avoid ambiguity.

N. S. D.

1971

LIST OF ABBREVIATIONS

a./djective
abbr./eviation
absol./ute
abstr./act
adv./erb
aeron./autics
agric./ulture
alg./ebra
anat./omy
arch./aic
archit./ecture
arith./metic
astron./omy
attrib./utive
Austr./alian

bibl./ical
biol./ogy
bot./any

chem./istry
cinemat./ography
coll./oquial
collect./ive
comb./ination
commerc./ial
comp./arative
condit./ional
conj./unction
contr./action
cop./ulative

derog./atory
dial./ect
dim./inutive

eccles./iastical
econ./omics
elec./tricity
engin./eering
entom./ology
esp./ecially
etc./etera
euphem./ism

exc./ept
excl./amation

F./rench
facet./ious
fam./iliar
fem./inine
fig./urative

geog./raphy
geol./ogy
geom./etry
gram./mar

her./aldry
hist./ory
horol./ogy
hort./iculture

imperat./ive
impers./onal
indel./icate
inf./initive
int./erjection
interrog./ative
iron./ical

joc./ular

Lat./in
leg./al
lit./eral
log./ic

magn./etism
masc./uline
math./ematics
mech./anics
med./icine
metall./urgy
metaphys./ics
meteor./ology
mil./itary

miner./alogy
mod./ern
mus./ic
myth./ology

n./oun
naut./ical
nav./al
N.Z., New Zealand

obj./ective
obs./olete
oft./en
opp./osite
opt./ics

parenth./etic
parl./iament
pass./ive
past p., past participle
path./ology
philos./ophy
philol./ogy
phon./etics
photog./raphy
phr./ase
phys./ics
physiol./ogy
pl./ural
poet./ical
polit./ics
pop./ular
poss./essive
pred./icative
pref./ix
prep./osition
pres./ent
pres. p., present participle
pret./erite
print./ing
pron./oun
prov./erbial
psychol./ogy

R.A.F., Royal Air Force
reflex./ive
relig./ion

Sc./otch, Scots, Scottish
sing./ular
sl./ang
subj./ect
suff./ix

sup./erlative
surg./ery

teleg./raphy
theatr./ical
theol./ogy
typ./ography

univ./ersity

U.S., United States
usu./ally

v.aux., verb auxiliary
vbl., verbal
v.i., verb intransitive
v.t., verb transitive
vulg./ar

zool./ogy

A

A, 1. (letter) الحَرْف الأوَّل مِن حُرُوف الأبْجَدِيَّة الانْكِليزيَّة

from A to Z مِن الألِف إلى اليَاء ؛ بِحَذافِيرِه

2. (abbreviation or designation)

A-bomb القُنْبُلَة الذَّرِّيَّة

A certificate (*films*) تَرْخِيص لِفِيلْم سِينِمائِيّ لا يُصَرَّح لِلصِّغار بِحُضُوره إلّا بِرِفْقَة البالِغِين

A-level (examination) إمْتِحان لِطُلّاب المَدارِس الثّانَوِيّة يؤهِّل النّاجِحِين فِيه للتَّقَدُّم بِطَلَب الالْتِحاق بالجامِعاتِ البريطانيّة

A-scope (*radar*) شَاشَة خاصّة لِجِهاز الرّادار تُبَيِّن حَجْمَ الهَدَف وبُعْدَه

A1 (*of ships*) سَفينة ذاتُ صَلاحِية مُمْتازة (لَدَى شَرِكَة لُويْدز للتَّأمِين)

(*of health, etc.*) (هُو) بِأكْمَل صِحّة، بِعافِية ؛ (عَشاء) فاخِر

3. (imaginary person) فُلان ، إشارَة إلى شَخْصٍ ما (بالمَحْكَمَة مثلاً)لِكِتْمان شَخْصِيَّته (أثناء بَحْث القَضِيَّة)

4. (*mus.*) النّوتَة أو النَّغمة الّتي تُكَوِّن قَاعِدَة أحَد المَقامات المُوسِيقِيَّة

a (*before vowels and silent* 'h', **an**)

indef. art. أداة في اللُّغَة الانكِليزيّة تَسْبِق الأسْماء النَّكِرَة

two of a kind إثْنان مِن طِينَة وَاحِدة ، لا يَمْتاز أحَدُهُما عَن الآخَر

many a time كَثيرًا ما ، مِرارًا ، كَمْ مِن مَرَّة

prep.

a shilling a hundred المِائَة بِشِلِنٍ واحِدٍ

***a**, Lat. prep.*

a fortiori بِالأحْرَى ، بِالأوْلَى ، مِن بابِ أحْرَى أو أوْلَى

a priori بِالاسْتِدْلال المَنْطِقِيّ ، (حُجَّة) بَدِيهِيَّة ، سَبَق الإقْرار بِها

***à**, F. prep.* حَرْف جَرٍّ في اللُّغَة الفَرَنْسِيّة يُسْتَعْمَل في العِبارات التّالِية :

à la carte لِكُلِّ طَبَق بِقائِمة الطَّعام ثَمَنُه

à la mode (ثَوْب) على آخِر زِيّ ، طِبْقَ المُودَة (أو الموضة)

aback, *adv., only in*

taken aback بُغِتَ ، فُوجِئَ ، دُهِشَ

abacus, *n.* مِعْداد ، لَوْحَة بِخَرَزاتٍ تُسْتَخْدَم لِتَعْليم الصِّغارِ العَدّ

abaft, *adv. & prep.* في مُؤَخَّرة السَّفِينة ؛ (صَارِيَة) عِنْدَ مُؤخَّرِ المَرْكَب

abandon, *v.t.* (**-ment,** *n.*) 1. (surrender) أذْعَن ، اسْتَسْلَم ، خَضَع

abandon oneself to اِسْتَرْسَل (في الحزن مَثلاً) ، اِنْغَمَس (في الرذيلة)

2. (forsake) تَرَكَ (دِراسَته مَثلاً) ، هَجَر (عائِلَته) ، تَخَلَّى عَنْها

abandon ship غَادَر سَفِينَةً على وَشْك الغَرَق

3. (stop, call off) أَوْقف، أبطل، أَلْغى

match abandoned أُلْغيت أو أُوقِفت المُبَاراة، لم تتابع المباراة إلى نهايتها

n. اِسْتِرسال، تهتُّك، استهتار

abandoned, *a.* (profligate) مُسْتَهتِر، خليع

abase, *v.t.* (**-ment,** *n.*) حَقَّر، أهان، أَذَلَّ، حَطَّ

abase oneself حقّر أو أهان نفسه، حَطَّ من قَدْر نفسه، تَدَنَّى

abash, *v.t., usu. past p.* أَخْجَل، أخزى، أَرْبك، حَيَّر

nothing abashed دُونَ ارتباك، دُون خَجَل، بكُلّ ثِقَة

abate, *v.t.* (**-ment,** *n.*) سَكَّن، هَدَّأ، خَفَّض، خَفَّف، أَخْمَد

v.i. سَكن، هدأ، اِنخفض، خَفَّ، فتَر، خَمَد

his wrath abated سَكَن غيظه، هَدَأت ثورته

abattoir, *n.* مَجْزر، مَسْلَخ، مَذْبَح

abbess, *n.* رَئِيسة دَيْر، رئيسة دار الراهبات

abbey, *n.* دَيْر، كنيسة كانت ديرًا لِلرُّهبان أوللراهبات

abbot, *n.* رَئِيس دَيْر، رئيس دار الرُّهْبان

abbrevi/ate, *v.t.* (**-ation,** *n.*) 1. (curtail) قَصَّر، أَوْجَز؛ اختصار، إيجاز

2. (shorten *word*) اِخْتصر، اختزل

ABC, *n.* (*lit.* & *fig.*) الأَبْجَدية، الأصول

he does not know the ABC of his job لَا عِلمَ له بأُسُس وظيفته

abdic/ate, *v.t.* (**-ation,** *n.*) تَنَازل عن، اعتزل

v.i. تَنَازل عن العَرْش أو الحُكم أو المَنْصِب

abdom/en, *n.* (**-inal,** *a.*) بَطْن، جَوْف؛ بطنيّ

abduct, *v.t.* (**-ion,** *n.*) اِخْتطف إنسانًا، هَرَب بامرأة (غصبًا أو باحتيال)

abeam, *adv.* & *prep.* عَلَى خطٍّ مواجهٍ لعرض (السَّفِينة)، جنبًا لجنبٍ، على أو في محاذاة

abed, *adv.* & *pred. a.* فِي السَّرير، في الفراش، لَمْ ينهَض من الفِراش بعد

aberration, *n.* 1. (mental or moral divergence) اِنْحِراف، ضلال، خَلَل عقلي، شذوذ

2. (*opt.*) اِنْحِراف النور، زَيْغ (البصريات)

3. (*astron.*) زَيَغان (في علم الفلك)

abet, *v.t.* حَثَّ، شجَّع، حَرَّض على أو اشترك في جريمة

abettor, *n.* المُحرِّض أو المُعِين على الشَرّ

abeyance, *n.* إرْجاء، تعليق، إيقاف

in abeyance مُعلَّق، مُوقَف تنفيذه

fall into abeyance أُرْجِئَ العمل به مُؤَقَّتًا

abhor, *v.t.* مَقت، كَرِهَ، اِشمأزّ

abhorr/ent, *a.* (**-ence,** *n.*) كَرِيه، ممقوت، بَغِيض، مُنفِّر

abide, *v.i.* (stay) مَكَث، ظلّ، بَقِيَ، اِسْتَقرّ، دام، سكَن، أقام، التزم بِ

abide by one's word حَفِظ كَلِمتَه، حَافِظ على عَهْده، أَوْفى بِوَعْده

v.t. (tolerate) طَاق، تحمّل

I can't abide him لا أُطيقُه، لا يمكنني أن أتحمّله، لا صَبْرَ لي عليه

abiding, *a.* مُقيم، دائم، ثابت، مستقرّ، أزَلي

ability, *n.* 1. (power, capacity) قُدْرَة على، طَاقة، قُوَّة، استطاعة

to the best of one's ability عَلَى قَدْر اَستِطاعة المرء، على قدر طاقته

within one's ability في طاقة المرء، في مَقْدُورِهِ، في وُسْعِهِ

2. (talent) كَفَاءَة، مَهَارة، جَدارة، مَقْدِرة

show ability بَرْهَن على كفاءته، أظهر مهارته

abject, *a.* ذَلِيل، حقير، بائس، دَنِيء، وضيع

abject poverty فَقْر مُدْقع، فاقة

abjur/e, *v.t.* (**-ation,** *n.*) أَنْكَر، أقسم بِالَارتداد أو التخلّي عن ...

ablative, *a. & n.* صِيغة السَّببيّة، مَفْعُول الأداة (في قواعد اللغة اللاتينية)

ablaze, *adv. & a.* (*lit. & fig.*) مُلْتَهِب، مُشْتَعِل، متوقِّد، متوهِّج

able, *a.* 1. (having the ability *to*) قَدير، قَادِر، مستطيع

2. (skilful) مَاهِر، بارع، حاذق

3. (fit); *also* able-bodied قَوِيّ الجسم، جَيِّد الصحّة، ضليع

able-bodied seaman, *abbr.* A.B. بَحَّار، نوتي

ablution, *n.* وُضُوء، غُسْل، اغتسال

(*pl.*, *mil.*, wash-house) مَغْسَل، دار الغسيل

ably, *adv.* بِمَقْدِرة، بِمَهَارة، ببراعة، بِحِذْق

abneg/ate, *v.t.* (**-ation,** *n.*) أَقْلَعَ عن، حَرَّم على نفسه

abnormal, *a.* (**-ity,** *n.*) خَارِق للعادة، غَيْر طبيعي، شاذّ، غريب؛ شذوذ

aboard, *adv. & prep.* عَلَى مَتْن الطائرة، على ظَهْر السفينة، داخل القطار

all aboard! نِداء مُوظّف المحطّة أو الميناء بِأنّ القطار أو السفينة على وشك التحرّك

abode, *n.* مَسْكَن، مَنْزِل، مَأْوى، مَقرّ، دار؛ إقامة، سَكَن

take up one's abode اِتَّخَذ مسكنًا، اِسْتَقرّ، استوطن، أقام بِ

abol/ish, *v.t.* (**-ition, -ishment,** *n.*) أَلْغَى، أَبْطل، نقض، محا، فسخ

abolition/ism, *n.*, **-ist,** *n.* تَحْرِير العَبيد، إلْغاء نظام الرِقّ

abominable, *a.* شَنِيع، فظيع، مُنْكَر، كَرِيه، ممقوت، بغيض

abominable snowman عَمْلاق شبيه بِالْإنسان يُقال إنّه يَقْطن جبال الهملايا

abomin/ate, *v.t.* (**-ation,** *n.*) مَقَت، أَبغض، كَرِه، استفظع؛ استهجان

aboriginal, *a. & n.* خاصّ بالسُّكَّان الأَصْليّين

aborigines, *n.pl.* السُّكَّان الأصليّون لِمِنْطَقَة ما في فجر التاريخ

abort, *v.i. & t.* أَجْهَضَت، طَرَحَت، أَسْقَطَت

(*fig.*) عَقُم، عَقُر

abortion, *n.* (*lit. & fig.*) إجْهاض، إسقاط، طَرْح؛ فَشَل، خيبة، إخفاق

abortionist, *n.* مَنْ يَتَّخِذ أو تَتَّخذ حِرفة الإجْهاض الجنائي

abortive, *a.* عَقِيم، خائب، فاشل، مُخْفِق، غير كامِل، غير تامّ النُّمُوّ

abound, *v.i.* 1. (be plentiful) تَوَفَّر، كَثُر

2. (be rich *in*, loaded *with*) فَاض بِ، كَان حافلاً بِ، غَزُر

about, *adv.* 1. (astir, abroad) مَوْجود، حَاضِر، يغدو ويروح

out (up) and about في صِحَّة جيّدة، يَسْرَح وَيَمْرَح (بعد نقاهته)

get about (circulate) انْتَشَر، شاع (الخَبَر مثلاً)

(travel) رَحَل، سافر، جاب، طاف

2. (in the offing)

hang about تَلَكَّأ، تباطأ، تسكّع

there's rain about السَّماء تُنْذِر بِالمَطَر، ستمطر السماء

there's no one about لا يُوجَد أحد، المَكَان مُقْفِر

3. (in the opposite direction)

about turn! إلى ٱلْوَراء دُر! دُرْ إلى الخلف!

turn and turn about تَداوَلا العمل، قاما به بالتناوُب أو التوالي

put about (*naut.*) غَيَّر خطّ سيره، غَيَّر اتجاهه (في البحرية)

(distress) أَقْلَق، أَزْعَج، كدّر

4. (*with vbs.*, this way and that) هُنا وهناك، عَلَى هذا النحو وذلك، في هذه الجهة وَتِلْكَ

5. (*with vbs.*, into being)

come about حَصَل، جرى، حدث

bring about أَحْدَث، أجرى، سَبَّب، أدّى إلى

prep. 1. (round the outside of)

حَوْل، محيط بِ

2. (here and there in)

man about town رَجُل اجتماعيّ من رُوَّاد حفلات الطبقة الراقية (وَخاصَّة في العاصمة)

3. (concerned with, concerning, in connection with)

about to . . . (on the point of) عَلَى وَشْك، عَلَى أُهْبَة (الخروج مثلاً)

do something about it عَالَج الأمر، فَعَل شيئاً (لحلّ مشكلة ما)

go about one's business زَاوَل عمله، اِهْتَمّ بما يخصّه

how about it? ما رَأْيُك في فِعل كذا ؟ أَلا تُوافِق على هذا ؟ ما قولك ؟

what about it? (= what of it?) ثُمَّ ماذا؟ وَإِذًا؟ وما يَهُمّ اذا كان الأمر كذلك؟

(= what are you/we going to do about it?) وَالْحاصِل! ما العمل اذًا؟ ماذا سنعمل اذًا؟

what is it all about? ماذا جرى؟ ما هي الحِكاية؟ ماهو الأمر؟ عَلَامَ كل هذا؟

what are you about? مَاذَا تفعل؟ مَاذَا تريد؟ ماهي غايتك؟ ماذا تبغي؟

4. (near, approximately) حَوَالي، نَحْوَ، تَقْريباً

somewhere about here في مكان ما، بالقُرب من هنا، في هذه الناحية

about time, too! كَانَ يَجِبُ أن يُفْعَل هذا مُنْذُ زمان (بعد أن كدنا نيأس)

just about finished عَلى وُشْك الإنجاز، كَادَ أن يَتِمّ

about right صَحيح بوجه الإجمال

above, *adv.* 1. (over) مِنْ فَوْق، من أعْلى

from above (from Heaven) مِن عَلُ، مِن السماء

(from higher authorities) مِن سُلطات عُليا

Heavens above! يا لِلّه! يا للسماء!

2. (earlier)

above-mentioned, *a.* & *n.* المَذْكور أعلاه، المُشار إليه سابقًا، سالف الذِكر

see above انْظر أعلاه، أنظر ما سبق

prep. 1. (higher than) أَعْلى من، فَوْقَ، أرْقَى من

above-board, *a.* بِصَراحة، بشَرَف وَصِدْق، دون مُراوَغة أو كِتْمان

above ground فَوْقَ الأرض، على سطح الأرض

above one's head (*fig.*) عَلَى مُسْتوى يفوق عَقْليته أو إدراكه

2. (beyond)

above all أَوَّلاً وقبل كل شيء، فَوْق كل اعتبار، الأهمّ من كل شيء

above criticism فَوْقَ مُسْتوى النقد، لا تَشُوبه شائبة

above oneself مَغْرُور بنفسِه أو بعِلْمه، شَامِخ الأَنْف، شايف نفسه

above suspicion طَاهِر الذَّيْل، لا يَتطَرَّق إليه الشكّ، فَوْقَ الشُّبُهات

above and beyond مَا يَفُوق وَيَزيد على، ما يتجاوز بكثير

over and above زِيادةً على، عَلاوةً على

abracadabra, *n.* كَلام سِحري، تَعْويذة، طِلَسْم (طلاسِم)

abra/de, *v.t.* (**-sion,** *n.*) حَكّ، سَحَج، كَشَط، برد، جلط

abrasive, *a.* & *n.* حَاكّ؛ مادّة حاكّة

abreast, *adv.* مُوازِيًا، مُحاذيًا، جنبًا لِجَنْبٍ، على صفّ واحد

walk two abreast سَاروا كل اثنين في صَفّ واحد

keep abreast of the times تَمَشّى مع الزمن، جَارَى (ماشى) عصره، أحاط عِلمًا بِتَطوُّرات العَصْر

abridge, *v.t.* (**-ment,** *n.*) أَوْجَز، اختصر، لَخَّص؛ اختصار

abroad, *adv.* 1. (in, to, a foreign land) (سافر) إلى الخارج، خارج البلاد

2. (out of doors) خَارِج الدار، خارج المنزل

3. (in general circulation) شَائِع، منتشر، مُتَداوَل، ذائع

abrog/ate, *v.t.* (**-ation,** *n.*) أَلْغَى، أَبْطَل، فَسَخ، نقض، نسخ

abrupt, *a.* (**-ness,** *n.*) 1. (sudden) فُجَائِي، غَيْر متوقَّع، مباغت

2. (steep) شَدِيد الانحدار

3. (curt) جَافّ، فَظّ، خَشِن

abscess, *n.* خُرَاج، دُمَّل

abscissa, *n.* إِحْدَاثيات أُفُقية، الإحداثي السيني

abscond, *v.i.* هَرَب، ولّى الأدبار، فَرّ سِرًّا (بعد ارتكاب عَمَل مُخِلّ)

abs/ent, *a.* (**-ence,** *n.*) غَائِب، لا وجود له، مَفْقُود، غَيْر موجود؛ غِياب

absent-minded, *a.* شَارِد الذِهن

absence of mind شُرود الذِهن

in his absence في غِيَابه

v. refl. تَغَيّب عن، غاب

absentee, *n.* غائب، متغيّب

absentee landlord مَالِك الأرض الذي يعيش بَعِيدًا عن أرضه ويديرها بواسطة الوكلاء

absenteeism, *n.* تَكْرَار التَّغيب عن العَمَل

absinthe, *n.* أَبْسانت، ذقن الشيخ (وَهُوَ نوع من المشروبات الروحية)

absolute, *a.* مُطْلَق، قطعي، مجرَّد

absolute alcohol الكُحُول النقي، كحول صِرْف

absolute humidity الرُّطُوبة المطلَقة

absolute nonsense كَلَام فارغ، هراء، لَغو

absolute zero درجة الصفر المطلق، درجة البرودة التامّة (-٢٧٣°)

the absolute, *n.* المُطْلَق، المجرّد

absolutely, *adv.* 1. (wholly) مُطْلَقًا، على الإِطْلَاق، كلّيًا، دون استثناء، قَطْعًا

2. (*coll.*, yes) أَيْ نَعَم، بلى، بالتأكيد، تمامًا

absol/ve, *v.t.* (**-ution,** *n.*) 1. (exonerate) بَرّأ، أحلّ من (الوَعْد)

2. (pronounce free from sin) غَفَر له ذَنْبه، عفا عن خطيئته؛ حِلّ

absor/b, *v.t.* (**-ption,** *n.*) 1. (*chem. & phys.*) اِمْتَصّ، تشرّب

2. (incorporate) ضَمّ، استوعب

3. (engross); *usu. past p.* اِسْتَغْرق، انهمك

absorbent, *a. & n.* مَصّاص، مجفّف

absorbing, *a.* (قصّة) مُشوّقة تَسْتَحْوِذ على الاهتمام

abstain, *v.i.* 1. (refrain *from*) اِمْتَنَعَ عن، أمْسَك عن، كفّ عن

2. (eschew alcohol) اِمْتَنَع عن تعاطي المَشْرُوبات الروحية

abstainer, *n.* مُمْتَنِع، مُمْسِك عن...

total abstainer مَن لَا يتعاطى الخمر أو المشروبات الروحية إطلاقًا

abstemious, *a.* (**-ness,** *n.*) مُتَقَشِّف في المأكل والمشرب ، ممتنع عن تناول الخمور

abstention, *n.* 1. (refraining) اِمْتِناع، إِحْجام، عدول عن

2. (not voting) اِمْتِناع عن التصويت

abstinence, *n.* تَقَشُّف، زُهْد، امتناع عن تناول الخمور

abstract, *a.* مَعْنَويّ، مجرَّد، غير ملموس

abstract art الفَنّ التجريديّ

abstract noun إِسْم مَعْنَى

n. 1. (theoretical form) النَّظريّ

in the abstract نَظَرِيًّا

2. (summary) مُوجَز، إيجاز، مُلَخَّص، فَذْلَكَة

v.t. 1. (remove, steal) رَفَع، اِسْتَخلص، اختلس

2. (summarize) أَوْجَز، اِختصر، لَخَّص

abstracted, *a.* (*fig.*) شَارِد الذِهن، مشغول البَال

abstraction, *n.* 1. (removal) اِسْتِخلاص، تجريد

2. (absent-mindedness) شُرُود الذهن

3. (abstract concept) فِكْرَة مَعْنَويّة أو مجرَّدة

abstruse, *a.* (**-ness,** *n.*) غَامِض، مُعقَّد، مُبْهَم، صَعْب الإدْراك

absurd, *a.* (**-ity,** *n.*) مُحَال، لا يَقْبَله العقل، تَخْرِيف، سخيف؛ لامعقول

abund/ant, *a.* (**-ance,** *n.*) وَفِير، جَمّ، غزير

in abundance مُتَوَفِّر، بوفرة، بكَثْرة

abundantly, *adv.* بِوَفْرَة، بِغَزارة، بكثرة

abuse, *v.t. & n.* 1. (misuse) أَساءَ اسْتِعمال شيْءٍ، لَمْ يَسْتَعْمِلْه كما ينبغي

2. (revile, revilement) شَتَم، سَبّ، أَسَاء إلى، قبّح، عاب

abusive, *a.* (**-ness,** *n.*) (كَلِمات) فاحِشة

abut, *v.i.* (**-ment,** *n.*) اِتَّصل بِ، جاور، لاصق

abysmal, *a.* (*usu. fig.*) سَحِيق، هويّ، عميق

abyss, *n.* هُوَّة (هوىً)، غَوْر، حضيض، هاوية

Abyssinia, *n.* بِلَاد الحَبَشة، أثيوبيا

Abyssinian, *a. & n.* حَبَشِيّ، أثيوبيّ

acacia, *n.* السَّنْط، القَرَظ، الفُتْنة، الأقاقيا (شجر من فصيلة الميموسا)

academic, *a. & n.* 1. (of an academy) جَامِعِيّ، مدرسي، دِراسي

academic year سَنَة دراسية، عام دِراسي

2. (scholarly) أَدَبي، تهذيبي، دِراسي

3. (abstract) مثَالي، خَيالي، وَهْمي، نَظَري

academic argument مُنَاقشة سفسطية، جِدَال عقيم

academical, *a.* جَامِعي، مدرسي، مُنْتَمٍ إلى أو مختصّ بجامعة أو كلّية

n.pl. مَلَابِس يرتديها الجامعيون وقت الدراسة وَفِي الحفلات؛ زِيّ جامعي خاصّ

academician, *n.* مَنْ يَنْتَمِي إلى جامعة أَوْ دار علوم وما شاكلها من المؤسَّسات العلمية والفنّية

academy, *n.* 1. (place of study) مَعْهَد لِدراسة الفُنُون، مَجْمَع عِلْمي، كُلِّية

2. (society) مَجْمَع فَنّي أو علميّ أو أدبيّ

the Royal Academy دَار الفنون الملكية البرِيطانية، الاكاديمية الملكية

accede, *v.i.* 1. (agree *to*) قَبِل، استجاب، لَبَّى، اِرْتَضى، وَافَق

2. (succeed *to*) اِرْتَقَى، خَلَفَ (فلانا) في منصبه مثلاً، تَبَوَّأ العَرش

acceler/ate, *v.t. & i.* (**-ation,** *n.*) عَجَّل، أَسْرَع، شَهَّل، زاد السرعة، تسارع

accelerator, *n.* 1. (of a vehicle or engine) دَوَّاسة البنزين (في السيارة مثلاً)

2. (*chem. & elec.*) مُعَجِّل، مُسرع

accent, *n.* 1. (stress) تَشْدِيد، تركيز، نَبرة

(*fig.*) شِدّة، حدّة

2. (mark) عَلَامة فوق حرف متحرِّك

3. (pronunciation) لَفْظ، نُطْق، لَهْجة

foreign (local) accent لَهْجَة أجنبية (محلّية)

speak with an accent يَتَكَلَّم بلهجة خاصّة

v.t. شَدَّد، ركّز على، أبرز

accentu/ate, *v.t.* (**-ation,** *n.*) (*lit. & fig.*) وَضع نَبْرَةً أو تَشْدِيدًا على؛ أكّد، أبْرز

accept, *v.t.* 1. (agree to receive) قَبِلَ، تقبّل، رَضِيَ

accept an invitation قَبِل أو لبّى الدَّعوة

accept responsibility for تَعَهَّد، أقرّ بِمَسْؤوليتِهِ عن

2. (recognize) سَلَّم بِ، أقرّ بِ، اِقْتَنَع بِ

3. (put up with) اِرْتَضى، صبر على، تحمَّل

acceptab/le, *a.* (**-ility,** *n.*) مَقْبُول، مُرضٍ، مُوَافِق

acceptance, *n.* 1. (consent to receive) قَبُول، رضىً

2. (recognition) تَسْلِيم، إقرار، اقتناع

accepted, *a.* مَقْبُول، متّفق عليه، مُسَلَّم به

access, *n.* 1. (approach, means of approach) مَمَرّ، سبيل، وسيلة الوصول إلى

have access to تَمَكّن من التوصّل الى، كَانَ في متناوَل يده، استطاع الحصول على

difficult of access صَعْب المنال، عَسير الوُصُول إليه، يصعب الدُنوّ منه

2. (attack, outburst) ثَوْرة، هَيَجان، نَوْبَة (بالنسبة للأعصاب أو بعض الأمْرَاض)

accessary, *see* **accessory,** *n.* (2)

accessib/le, *a.* (**-ility,** *n.*) (*lit. & fig.*) في مُتَنَاوَل اليد، سَهْل المنال، يمكن الوصول إليه

accession, *n.* 1. (attaining) اِرْتِقاء، اعتلاء، تَبَوُّءُ (العَرْش مثلاً)، بلوغ، وصول

2. (addition) إضَافَة، زِيادة، مُلْحَق

accessory, *a.* إضَافي، تَابع، ثانَوي، مُلْحَق، زائِد

n. 1. (adjunct), *esp.* مُلْحَق

(of female dress) مُلْحَقات (رداء المرأة)، زوَائِد كماليّة في ملابس النّساء

(of motor vehicle) الأَجْزاء المُلْحَقة، القِطَع الإِضَافِيّة، لَوَازم مساعدة

2. (helper in crime); *also* accessary
مُعِين أو مُساعِد أو شريك في جريمة

accessory before (after) the fact مُسَاعِد
على ارتكاب جريمة قبل (بعد) حدوثها

accidence, *n.* الصَّرْف في قواعد اللغة

accident, *n.* 1. (chance, chance event)
صُدْفة ، حادث، عارِض

by accident بالصُّدْفة، عرضًا، دُونَ قصد أو عَمْد

2. (mishap) حَادِثة، واقِعة

have (meet with) an accident حَدَثَت له حَادِثة ، وقع له حادث

accident-prone, *a.* مُعَرَّض للإصابات بِطَبِيعَتِهِ، دائم التعرض للإصابات ، يَتَعَرَّض لها بصفة مستمرّة

accident rate مُعَدَّل وقوع الحوادث بفترة ما

accidental, *a.* عَرَضِيّ، مصادِف، طارئ

accidental death مَوْت بحادث، المَوْت قَضاءً وقدرًا

n. (*mus.*) إشارة أو علامة التحويل الموسيقي

accl/aim, *v.t.* & *n.* (**-amation,** *n.*) 1. (praise)
مَدَح ، إمْتدح ، أثْنَى على

2. (proclaim) أَعْلَنَ ، أذاع، نادى بِ

3. (applaud) هَتَفَ لِ ، صفّق لِ، هلّل لِ

acclimatiz/e, *v.t.* (**-ation,** *n.*) أَقْلَم ، عوَّد (نَفْسَه مثلاً) على بيئة مناخية جديدة؛ تَأَقْلُم

become acclimatized to (*fig.*) تَعَوَّد، تَأَقْلَم، أَلِفَ

acclivity, *n.* حَدَب ، مُرْتَقىً

accolade, *n.* مُعَانَقة، تكريم ، مَنْح رُتبة فارس لشخص تكريمًا له

accommodate, *v.t.* 1. (adapt *to*) لَاءَم بين، وَفَّق بين، سوّى، كيّف

2. (supply *with*) أَمَدَّ بِ ، زوّد بِ، جهّز بِ

3. (oblige) أَرْضى، أَراح، لبَّى طَلَبه ، استجاب له

4. (find room, lodging for) وَسِع لِ، آوى، أسْكن

accommodating, *a.* لَطِيف، لَيِّن، موافق، مُجامِل، دَمِث الخُلق، مُرِيح، مُلائم

accommodation, *n.* 1. (adaptation)
تَكْييف، توفيق ، ملاءَمة ، تَطْويع

2. (compromise) تَوْفيق، تسوية ، مُصَالحة

3. (convenience) إِرَاحَة ، إرْضاء، مساعدة، تسهيلة ، شَيْء مناسب

accommodation address عُنْوان مراسلة يُسْتَخْدَم للتستُّر أو المُخادعة

4. (lodgings) مَسْكَن، مَنْزِل، مكان إقامة

5. (money loan) قَرْض، سُلْفة

accommodation bill حَوالة إسعافية أوْ صُورِية، كَمْبِيَالة تَوَاطُؤ

accompanist, *n.* مُرَافِق، مُصاحب ، مُشَارِك (في الغناء أو العزف الموسيقي)

accompan/y, *v.t.* (**-iment,** *n.*) رَافَق، صَاحَب، اصطحب ؛ مُصاحَبَة (موسيقى)

(*mus.*) رَافَق أو صاحب في دَوْر مساعد في الغِنَاء أو العَزْف الموسيقي

accomplice, *n.* شَـرِيك في الجريمة، مُتَوَاطِئ، مُسَاعِد في الإجرام

accomplish, *v.t.* أَنْجَزَ، أَتَمَّ، نفّذ؛ حَقَّق، قام بِ، نال، أدرك، فاز بِ

accomplished, *a.* 1. (carried out) مُتَمَّم مُنْجَز، محقَّق، تمّ أداؤه

accomplished fact أمْر وَاقِع، حقيقة واقعة

2. (talented) بَارِع، مُثقَّف، مُهَذَّب

accomplishment, *n.* 1. (achievement) إنْجاز، تَتْمِيم، إحراز، تحقيق، بُلوغ، إدراك

2. (skill, attainment) بَرَاعة، مَوْهِبة، كِيَاسة، مهارة، ضَلاعة

accord, *v.t.* (grant) مَنَح، وهب، أعطى

v.i. (agree) وافَق، طابَق، تَمَشَّى مع، لاءم، ساوى

n. مُوَافَقة، مُطابقة، تفاهُم، اِتِّفاق

with one accord بِالإِجْماع، بِاتِّحاد الآراء

of one's own accord مِنْ تِلْقاء نفسه، اِخْتِيَارًا، دون إرغام، طوعًا

in full accord with بِتَمام الوِئام مع، بما يَتَّفِق تمامًا مع، بما يطابق تمامًا

accordance, *n.* مُطابَقة، توافق، وفاق

in accordance with طِبْقًا لِ، وِفقًا لِ، حَسَبَ، جَرْيًا على، تبعًا لِ

according, *adv.* حَسَبَ، وَفْقَ، تَمَشِّيًا مع

according as بِحَسَبِ، مِثْلما، على قدر، بالنِّسْبة إلى، بِمُقْتَضَى، تبعًا لِ

according to the Bible نَقْلًا عن أو اسْتِنادًا إلَى ما جاء في الكتاب المقدّس

according to taste حَسَبَ الذَّوق، وِفْقًا لما يرغبه المرء

it's all according (*coll.*) يَتَوَقَّف الأمر عَلَى الظُروف

accordingly, *adv.* 1. (correspondingly) وَفق ذلك، طبق ذلك، بموجب ذَلِك، حسب ذلك

2. (therefore) وَعَلَيْه، ولذلك، وَلِهَذا، تَبَعًا لذلك، بناءً على ذلك

accordion, *n.* الأَكُورْدِيُون، آلة موسيقية تُحمَل ذات منفخ ومفاتيح

accordionist, *n.* العَازِف على الأَكُورْدِيون

accost, *v.t.* اِعْتَرَضَ وَحَادَث، تَقَدَّمَ إلى أو دنا من شخص

accouch/eur (*fem.* ***-euse***), *n.* مُوَلِّد، قابل، طَبيب الولادة؛ مولّدة، قابلة، طبيبة الولادة

account, *n.* 1. (monetary statement) حِسَاب، بَيَان، تقرير أو كَشْف حسابي أو مالي

close (open) an account أَنْهَى (فتح) حِسَابًا (في مَصْرِف وما شاكله)

do the accounts أَجْرَى الحِسابات، قَامَ بِوظيفة المُحاسِب، كتب الحسابات

keep an account of عَدَّ، أَحْصَى، حَسَبَ، دوّن في دفتر أو سِجِلّ

joint account حِسَاب مشترك

settle an account   ، صَفَّى الحِساب
سَوَّى الحِساب، سَدَّد الحِساب

account rendered   حِساب أُرسلت تفاصيله

get something on account   اِسْتَلَمَ قِسطًا أو
دَفْعَة على الحِساب؛ اشترى نَسِيئَة

2. (reckoning)   ، حِساب، تَقدِير
اِعْتِبار، مُراعاة، نظر

call to account   حاسَب، ناقش الأمر

take into (leave out of) account   أَخَذَ بعين
(تَرَك من) الاعتبار

give a good account of oneself   أَبْلَى بَلاءً
حَسَنًا، بَرَع في عمله، أجاد

3. (reason)   ، سَبَب، داعٍ

on account of   بِسَبَب، لأجل، نظرًا لِ

on no account   ، لا يُمكِن بِأيّ حال
أَبَدًا، قَطعِيًّا، بتاتًا، لأي سبب كان

on one's own account   ، لِصَالِحه
عَلَى مسئوليته

4. (value, advantage)   قِيمَة، أَهَمّية

of no (little) account   ، تافِه، زَهِيد
لا قِيمَة له، لا أَهَمِّيَة له، لا يُؤبَه به

turn to (one's) account   غَيَّر لِمَنْفَعَته
الشَّخْصِيَّة، حوّله إلى فائدته

5. (narration)   ، رِواية، أَخبار
وَصف، بيان، سَرْد، حكاية

by all accounts   بِناءً على كلّ ما ورد
مِنَ الأخبار، كما دلّت جميع الأنباء

v.t. (consider)   ، قَدَّر، اعتبر
حَسَبَ، رأى أن

v.i. (provide an explanation for)   ، عَلَّل
فَسَّر، بَيَّن، أوضح، أفصح عن

that accounts for it   ، هذا هُوَ تفسيره
هذا يُبَيِّن السبب، هُنا السِّرّ !

there's no accounting for tastes   لا يُمكِن
تَعْلِيل أو تفسير الأذواق

accountab/le, a. (-ility, n.) 1. (liable)   مَسْئُول، مُطالَب بِ، معرَّض
لِلعِقاب عند الخطأ

2. (explicable)   قابِل للتفسير أو
للإيضاح، يُمكن تعليله، يُمكن شرحه

accountant, n.   مُحاسِب، كاتب الحِسابات

chartered accountant   مُحاسب قانوني

accountancy, n.   مِهْنَة أو حِرْفة
المُحاسَبة، عِلم المُحاسَبة

accoutre, v.t., usu. past p.   ، أَهَّب، جهّز
كَسَا، زوّد بالثياب والسلاح

accoutrement, n., usu. pl.   ، عَتَاد، مهمّات
عُدّة الحرب، أسلحة

accredit, v.t. 1. (send out with credentials)   فَوَّض، خوّل، بعث كَمَنْدوب
بِأوْرَاق اعتِماد

2. (attribute to)   أَخَصّ بِ،
نَسَبَ إلى، عَزا إلى أو لِ

accredited, a. 1. (officially recognized)   مُفَوَّض، مرخَّص، مُعْتَمَد

2. (generally accepted)   ، مَوْثُوق به
مُصَدَّق، مقبول

accr/ete, v.t. & i. (-etion, n.)   نَمَا، زَاد، تراكم، تكاثر

accrue, *v.i.* عَادَ أَوْ دَرّ
(مِنْ فَوائد أو مصالح مثلاً)؛ حَصَل من

accumul/ate, *v.t. & i.* (**-ation,** *n.*)
جَمَّع، كدّس، حشد، ركم، كوّم؛ تراكُم

accumulator, *n.* مَرْكَم، بَطارِية (كهرباء)

accur/ate, *a.* (**-acy,** *n.*) دَقِيق، مضبوط،
صَائِب، مُتْقَن، صَحيح، مُحْكَم

accursed, *a.* مَلْعُون، لَعين،
مَشْؤُوم، منحوس، رَجيم

accusation, *n.* تُهْمَة، اتِّهام

bring (make) an accusation against
اِتَّهَم، أقام دَعوى على، شكا رَسْمِيًّا

accusative, *a. & n.* حَالَة المفعول به، النصب

accusatory, *a.* اِتِّهَامي

accuse, *v.t.* اِتَّهَم بِ، وجّه إليه اتّهامًا،
نَسَب إليه تُهْمَة

the accused, *n.* المُتَّهَم

accuser, *n.* المُتَّهِم، المُدَّعِي

accusing, *a.* اتِّهامي

accustom, *v.t.* عوَّد على

accustomed, *a.* مُعْتَاد أو مُتعوِّد على

ace, *n.* 1. (on cards, dice, etc.) آس،
الوَاحِد (في ورق اللعب أو زَهْر النَّرْد)

within an ace of عَلَى وُشْك،
عَلَى قابِ قَوْسَيْنِ أو أدْنَى من ...

2. (champion) بَطَل، الأوّل من نوعه

acerbity, *n.* مَرارَة، لَذْعة، حِدَّة، شِدَّة

acetate, *n.* مِلْح الحامض الخَلِّيّ، خلّات

acetic, *a.* خَلِّيّ، اسيتيك

acetone, *n.* اسيتون

acetylene, *n.* اسيتيلين

ache, *v.i.* (*lit. & fig.*) وَجِع، آلَم

n. أَلَم، وَجَع

achieve, *v.t.* (**-ment,** *n.*) حَصَل على،
بَلَغ، أتمّ، حَقَّق، أحْرَز

Achilles' heel, *n.* مَوْطِن الضَّعْف، مَطْعَن

achromatic, *a.* لا لوني

acid, *a.* 1. (sour); *also fig.* حَامِض، حادّ

2. (*chem.*) حَامِض، حَمْضِي (في الكيمياء)

n. حَمْض، حَامِض

acid test (*fig.*) اِخْتبار يُبيِّن صَلاحية الشيء، مِحَكّ

acidity, *n.* حُمُوضة

acidosis, *n.* الحُماض، زيادة في حُمُوضة الدم

acidulated, *a.* مُحَمَّض؛ لاذِع

ack-ack, *a. & n.* مِدْفع مُضادّ للطائرات

acknowledg/e, *v.t.* (**-(e)ment,** *n.*)
1. (recognize) اِعْتَرَف بِ، أقرّ بِ

2. (announce receipt of)
أخطر باستلام، أفاد باستلام

acme, *n.* أَوْج، قِمَّة، ذُرْوَة، غاية

acne, *n.* حَبّ الشَّباب (عِلّة أو مرض جلدي)

acolyte, *n.* شَمَّاس الكنيسة

aconite, *n.* البِيش (نبات)، حَشِيشَة خانق الذئب،اقونيطن

acorn, *n.* جَوْزة البلّوط

acoustic, *a.* صَوْتِيّ، سَمْعِيّ

acoustic mine لُغْم سَمْعي، لغم صوتي، لُغْم ينفجر بتأثير الصوت

acoustics, *n.pl.* عِلْم الصَّوت، علم السماع، سَمَاعِيَّات، سَمْعيات

acquaint, *v.t.* أَطْلَعَ، أَخْبَرَ، عَرَّف على، أحاط علمًا بِ

make oneself (become) acquainted with تَعَرَّف على، اطّلع على، أَلَمَّ ب

acquaintance, *n.* 1. (knowledge, familiarity) مَعْرِفَة، عِلْم، اطِّلاع

improve on acquaintance اِزْدَاد تحسُّنًا بِازْدِياد المعرفة

make the acquaintance of تَعَرَّف على

2. (person or persons known to one) أَحَد المعارف

have a wide acquaintance لَهُ كَثِير مِنَ المعارف، له كثير من الأصحاب

acquaintanceship, *n.* مَعْرِفَة، دِرَايَة، إِلْمَام، اِطِّلاع

acquiesce, *v.i.* قَبِلَ، اِمْتَثَل لِ، أَذْعَن، اِرْتضى، رضخ

acquiesc/ent, *a.* (-ence, *n.*) مُسَلِّم، مُوافِق

acquire, *v.t.* اِكْتَسَب، نال، حَصَل على، أحرز، استَوْلَى

acquired characteristic صِفَة مُكْتَسَبَة

acquirement, *n.* اِكْتِساب، حصول، إحراز

acquisition, *n.* اِكْتِساب، حصول، إحراز، شَيْء مُكْتَسِب، مقتنىً

acquisitive, *a.* (-ness, *n.*) طَامِع، طَمّاع، مُقْتَنٍ، مُكَدِّس، مُحِبّ للتملّك

acquit, *v.t.* 1. (settle *debt*) أَدَّى، أنجز، قَامَ بالواجب، وَفَى بِالدَّيْن

2. (exonerate) بَرَّأَت (المحكمةُ المُتَّهَمَ)

3. (comport *oneself*) قام بالعمل، أنجزه

acquittal, *n.* أداء، إنجاز، قيام (بعمل أو مُهِمَّة)؛ حُكْم البراءة

acre, *n.* 1. (measure of area) فَدَّان انكليزي (وهُوَحوالي ٤ دونم ويساوي ٤٨٤٠ ياردة مربّعة)

2. (*pl.*, lands) أَرَاضٍ

acreage, *n.* المَسَاحة الأرضية بِتَعْدَاد الفدادين، المساحة العَقَارِيّة

acrid, *a.* (-ity, *n.*) حَادّ، حِرِّيف، قارص، لَاذِع، مُرّ

acri/monious, *a.* (-moniousness, -mony, *n.*) حَادّ، عَنِيف، لاذِع، قارِص، شَرِس؛ شَرَاسَة

acrobat, *n.* بَهْلَوان

acrobatic, *a.* بَهْلَواني

acrobatics, *n.pl.* أَلْعاب بَهْلَوَانِيّة

across, *adv.* عَرْضًا، بالعَرْض، من جانب لآخر

a mile across عَرْضُه مِيْل واحد، مِيْل في العَرْض

put (get) something across عَبَّر عن، أفهم

prep. 1. (from one side to the other) عَبْرَ

(*fig.*)

come across something عَثَرَ على، وجد شيئًا

run across someone صَادَفَ شخصًا

put it across someone غَشَّ، اِحْتَالَ على

2. (on the other side of) قِبالَ، مواجهة

he lives across the way يَسْكُن في الجَانِب المُقابِل، عَبْرَ الطريق

acrostic, *n.* ضَرْب من القصائد أو الألغاز

act, *n.* 1. (thing done, performance) فِعْل، عَمَل، إجراء، صنيع

act of faith عَمَل يَدُلّ على الإيمان بعقيدة

act of God القَضَاء والقَدَر

Acts ⟨of the Apostles⟩ أَعْمَال الرُّسُل (الإنجيل)

caught in the act قُبِضَ عليه مُتلبِّسًا بالجريمة

2. (public performance)

put on an act تَصَنَّعَ، اِفتعل، تظاهر

get in on the act سَاهَمَ في مشروع مُشترَك

3. (division of play) فَصْل (في مسرحية)

4. (decree) حُكْم (أحكام)، قرار حكومي

Act of Parliament قَانُون برلماني

under the act طِبْقَ أحكام القانون

v.t.

act the fool تَصَنَّع الغَبَاوة، لعب دور الأحمق

act the part لَعِبَ دور...، شخّص، مثّل

v.i. 1. (take action)

act as president قَامَ بِعَمَل الرئيس، أَدَّى مُهَامّ الرئيس

act for someone نَابَ عن، قام مقام (غيره) كَانَ وكيلًا لِ

act on (upon) instructions أَطَاعَ الأوامر

act up to one's principles تَصَرَّف بِمُقْتضى المَبادئ التي يؤمن بها

2. (*of mechanisms, etc.*, perform required function) قَامَ مَقام، أَدّى غرضًا

3. (play a part, pretend) مَثَّل، تظاهر

4. (behave) تَصَرَّف، سلك، سار

acting, *n.* تَمْثيل

acting copy نُسْخَة المُمثّل، نُسْخَة بتعليمات خاصّة بالدور التمثيلي

a. بِالنِّيابة، بالوكالة، مؤقّت

actinic, *a.* مُخْتَصّ بالتأثير الكيماوي لِأَشِعّة الضوء

action, *n.* 1. (act) فِعْل، عَمَل

actions speak louder than words الفِعْل خَيْر من القول، يُعْرَف المرء بأَعْماله لا بأقواله

2. (active measures)

man of action رَجُل نَشيط، رجل ذو هِمّة

take action اِتَّخَذ إجراءً

action committee لَجْنَة لِتنفيذ إجراء ضروري

3. (working state)

in action عَامِل، مُشْتَغِل، فَعَّال

out of action عَاطِل، متعطِّل

4. (effect)

chemical action تَفَاعُل أو تأثير كيماوي

5. (mechanism, e.g. of clock, piano, gun) القِطَع المُتَحَرِّكة مِن الأجهزة أو الآلات

6. (legal process) دَعْوَى، قضيّة

bring an action (against) أَقام دَعْوى على، شَكا، رفع قضية ضِدَّ

7. (mil. engagement)

go into action دَخَل المَعْرَكة

killed in action قُتِلَ في مَيْدان القِتال

see action سَاهَمَ في المَعْرَكة، اشترك في القتال

action stations مَرَاكِز الاستعداد للقتال

actionable, *a.* قَابِل للتَّقاضي أو رَفْع الدعوى

activ/ate, *v.t.* (**-ation,** *n.*) حَرَّك، شغَّل، نَشَّط، حرّض، حَثَّ

active, *a.* 1. (working, lively, practical) نَشِيط، عامل، شغّال، فعّال

active mind ذِهْن نشيط

active service خِدْمة عامِلة (في القوّات المُسلّحة مثلاً)

active volcano بركان ثائر

play an active part in لَعِب دَوْرًا فعّالاً في

2. (*gram.*)

active voice; *also* active, *n.* صِيغَة المعلوم (في الصَّرف والنحو)

activity, *n.* 1. (condition of being active) حَرَكة، نَشَاط، هِمّة، فاعلية

2. (pursuit) شُغْل، عمل، وظيفة، نشاط

3. (*pl.*, doings) أَفْعال، فِعال

ac/tor (*fem.* **-tress**), *n.* مُمَثِّل، ممثِّلة

actual, *a.* (**-ity,** *n.*) وَاقِعِيّ، حقيقيّ، فعليّ

in actual fact في الحَقِيقَة الواقِعة

actually, *adv.* في الحَقِيقة، في الواقع، فعليًا

actuary, *n.* إحْصَائِي في شركة التأمين، خَبِير في حِساب تقسيط التأمين

actu/ate, *v.t.* (**-ation,** *n.*) حَرَّك، شغّل، دَفَع؛ تشغيل

acuity, *n.* حِدَّة البَصَر أو الذهن

acumen, *n.* حِذْق، ذكاء، فِطْنة، بصيرة

acute, *a.* (**-ness,** *n.*) حَادّ، قاطع؛ مَاهِر، حاذق، ذكيّ

acute accent عَلَامَة مَطْبَعيّة أو كتابيّة فوق الحَرْف e في كَلِمَة **café** مَثلاً

acute angle زَاوِيَة حادّة

acute mind عَقْل ثاقب، ذهن متيقّظ

ad (*Lat. prep.*) إِلَى (في اللغة اللاتينية)

ad hoc (*oft. attrib.*) (لجْنَة) مُؤلَّفة لغرض خاصّ وَبِصِفَة مُؤَقّتة، خاصّ بغرض مُعيَّن

ad infinitum بِلاَ نِهاية، إلى ما لا نهاية

ad lib., *contr. of ad libitum* (*adv.*) دُونَ تَحْدِيد أو تقييد

(*coll.*, *n.* & *v.i.*) اِرْتِجالاً؛ ارْتَجَلَ

ad nauseam مُفْرِط إلى درجة مُمِلّة أو تَعافها النفس

ad, *coll. contr. of* **advertisement** (1) إِعْلان (في الجرائد أو المجلّات وما شاكلها)

adage, *n.* حِكْمَة، مَثَل، قول مأثور

adagio, *adv.* & *n.* بالتَّأَنّي، متمهّلاً؛ عَلاَمة موسيقية للتّأنّي

Adam, *n.* آدَم، أبو البشر

Adam's apple جَوْزَة الحلق، تُفَّاحة آدم

the old Adam النَّزْعَة البشرية أو المُيُول الشريرة

I don't know him from Adam
لَا مَعْرِفَة لي به أبدًا

adamant, *n.* مَادَّة في مُنْتَهَى الصَّلابة

a. (*fig.*) عَنِيد،مُتشبّث،مُتَمسّك، صُلْب

adapt, *v.t.* (**-ation,** *n.*) 1. (fit)
طَبَّقَ، وفّق، لاءم

adapt oneself to عَوَّدَ نفسه على، كَيَّف نفسه لِ

2. (modify) عَدَّل، طوّع

adapt for broadcasting أَعَدَّ للإذاعة، هَيَّأَ (المسرحية) للإذاعة

adaptab/le, *a.* (**-ility,** *n.*)
قابِل لِلتكيُّف ، طَيِّع

adapter, *n.* (*engin.*) مُكَيِّف، مُوفِّق، وَصِيلة مُهايِئَة

add, *v.t.* 1. (join on); *also* add on
أَضافَ أو ضَمَّ إلى، أَرْفَق، أَلْحَق

2. (put in additionally); *also* add in
أَضَاف، زاد، زاد على

3. (put together); *also* add together
جَمَعَ ، ركّب

4. (calculate sum of); *also* add up
عَدَّ، جمع ، حَسَبَ

5. (say in addition)
أَضَافَ قائلًا، زادعلى ذلك قائلًا

I might add وَإِضَافةً إلى ذلك، ولعلّي أَزِيدُ فأقول، لعلّي أردِف قائلًا

v.i.

it adds to the effect يُقَوِّي تأثيره، يَزِيد من مفعوله

to add to my worries مِمَّا يَزِيد متاعبي، وَمِمَّا زاد الطّين بِلَّةً

it all adds up (*fig.*) الأَدِلّة كلها تُشِير إلى صحّة الأمر

it doesn't add up (*i.e.* make sense)
هَذا غير معقول، هذا غير مَنْطِقي، لا يُعني شيئًا

he can't add up إنّه لَا يعرف كيف يجمع (لِضَعْفِهِ في مادّة الحساب)

addend/um (*pl.* -a), *n.* مُلْحَق، تابع، ذيل

adder, *n.* 1. (snake) أَفْعىً (أفاعٍ)، صِلّ، ثُعبان

2. (adding machine) آلَة الجمع، عدّادة

addict, *v.t.*, *esp. past p.* أَدْمَنَ، تعوَّد عَلَى، أَلِفَ ؛ مُدْمِن على الشّرابِ مثلًا

n. مُدْمِن، مُغْرَم، مُولَع بِ

addiction, *n.* إِدْمَان، تعوّد، وَلَع

addition, *n.* 1. (adding, summation)
جَمْع، ضمّ، إضافة، زيادة

in addition to بالإضافة الى، علاوةً على، زيادةً على

2. (thing added) المُضاف، المُلْحق

additional, *a.* إضافي، زائد، مُلْحَق

additive, *n.* عُنْصُر إضافي، خِلط مُقَوٍّ أو مساعد أو متمّم

addle, *v.t. & i.* (*lit. & fig.*) أَفْسَد، نَتَّن، عفّن، شوّش

addle-headed, *a.* مُشَوَّش العقل، فَارِغ الرأس

address, *n.* 1. (designation of place of origin, destination, or residence) عُنْوان

2. (speech) خُطْبة، حديث

opening address كَلِمَة الافتتاح

3. (*pl.*, courtesies, courtship) تَحِيَّات

pay one's addresses to خَطَبَ وُدَّها أو مَوَدَّتها

4. (manner of approach) أُسْلُوب رسمي للخطاب

5. (skill) بَرَاعة، مَهارة، لَبَاقة

v.t. 1. (write directions on for delivery) عَنْوَنَ (رسالة مثلاً)

2. (speak to) خَاطَب، حادث، كلّم

3. (direct *remarks*, etc.) وَجَّه كلامه إلى

4. (apply *oneself to*) أَكَبَّ على، جَدَّ في، كدّ

addressee, *n.* المُرْسَل إليه

adduc/e, *v.t.* (**-tion,** *n.*) أَدْلَى ب، قَدَّم برهانًا، أورد

adenoid/s, *n.pl.* (**-al,** *a.*) زَائدَة أنفية (طبّ)

adept, *a. & n.* مَاهِر، بارع، خبير، مجرّب

adequ/ate, *a.* (**-acy,** *n.*) كَافٍ، وافٍ، مُنَاسِب؛ جدير، خليق بِ

adhere, *v.i.* تَمَسَّك، ثبت، التصق بِ

he adheres to this philosophy إِنَّهُ لا يَحِيدُ عَنْ هذا المَبْدَأ

adher/ent, *a. & n.* (**-ence,** *n.*) تَابِع، تبعيّة

adhesion, *n.* اِلْتِصَاق، التحام؛ مساندة

adhesive, *a. & n.* لَاصِق، دَبِق؛ مادّة لاصِقة

adhesive tape ضِمَادَة لاصِقة، شريط لاصق

adieu (*pl.* -x), *n. & int.* الوِدَاع؛ وداعًا!

adip/ose, *a.* (**-osity,** *n.*) شَحْمِيّ، دُهْنِيّ

adjac/ent, *a.* (**-ence, -ency,** *n.*) مُتَاخِم، مُجَاوِر، قريب؛ متاخمة، جوار، تجاور

adjectiv/e, *n.* (**-al,** *a.*) صِفَة، نَعْت (نحو)

adjoin, *v.t. & i.* جَاوَر، تاخم، لاصق

adjourn, *v.t. & i.* (**-ment,** *n.*) أَجَّل، أَرْجَأ، أخّر؛ تأجيل، إرجاء

adjourn to the next room اِنْتَقَل إلى الغرفة المُجاوِرة

adjudge, *v.t.* حَكَم ب، قضى، أَصْدَر حُكمًا

adjudic/ate, *v.t. & i.* (**-ation,** *n.*) حَكَمَ ب، قضى

adjudicator, *n.* حَكَم، قاضٍ، فَيْصَل

adjunct, *n.* مُلْحَق، تابع

adjure, *v.t.* اِسْتَحْلَف، ناشد، توسّل، ترجّى

adjust, *v.t.* (**-ment,** *n.*) 1. (regulate) عَدَّل، نظّم، ضبط

2. (adapt) لَاءَم، وفّق

adjust oneself to وَطَّن نفسه على، تَأَقْلَم، كيّف نفسه

well-adjusted رَاضٍ، مُطْمَئِنّ

adjustab/le, *a.* (**-ility,** *n.*) قَابِل للتّعديل، قَابِل للتّنسيق، قابل للتّسوية

adjutant, *n.* ضَابِط مُساعِد للقائد

administ/er, *v.t.* (**-ration,** *n.*) 1. (manage); *also v.i.* أَدَارَ، ساس، وَلِيَ على

the Administration الإِدَارة، الحكومة

letters of administration تَفْويض بإدارة تركة

2. (apply, provide) نَاوَلَ، أعطى، قدّم

administer the oath حَلَّف (شاهدًا مثلاً)

administrate, *v.i.* أدَار، ساس

administrative, *a.* إدَاريّ

administrator, *n.* مُدِير، وَلِيّ، قَائِم على (شؤون، أعمال)

admirable, *a.* جَدِير بالإعجاب، حَمِيد، ممدوح، بديع

admiral, *n.* أَمِير البحر، أميرال، فريق بحري

Admiral of the Fleet مُشِير (في البحرية)، أَمِير الأسطول

Rear Admiral عَمِيد بحري

Vice-Admiral لِوَاء بحري، نائب أمير الأسطول

Red Admiral (butterfly) الأَمِيرة الحمراء (اِسْم فصيلة من الفَراش)

admiralty, *n.* إمَارَة البحر، أميرالية، وِزَارَة البحرية (في انكلترا)

admir/e, *v.t.* (**-ation,** *n.*) أُعْجِب ب، اِسْتَحْسَنَ، نظر بإعجاب إلى

admirer, *n.* 1. (one who admires) مِنْ أَتْبَاع، من المعجَبين ب

2. (suitor) مُرِيد، عاشق، مُحِبّ

admissib/le, *a.* (**-ility,** *n.*) جَائِز، حَلال، مقبول

ad/mit, *v.t.* (**-mission,** *n.*) 1. (allow entrance to) سَمَحَ بالدّخول، أدخل

2. (acknowledge, confess) أَقَرَّ ب، اِعْتَرَف، سلّم ب

v.i.

it admits of no doubt لَا يَقْبَل الشكّ، لَا يَقْبَل الرِّيبة، لا رَيْبَ فيه

admittance, *n.* قُبول، دخول، إدخال

admittedly, *adv.* لَا يُمْكِن إنكاره، مِنَ المقرَّر، والحقّ يُقال

admix, *v.t. & i.* (**-ture,** *n.*) خَلَطَ، مزج

admon/ish, *v.t.* (**-ition, -ishment,** *n.*) وَبَّخ، أنّب، زجر، حذّر، وعظ، نصح

ado, *n.* اِهْتِيَاج، ضجّة، جلَبة

much ado about nothing صَخَب دُونَ سَبَب، ضَجّة كبيرة لأمر تافه

adobe, *n.* طُوب نِيْء، طوب محروق بِحَرارة الشمس؛ دار مبنية منه

adolesc/ent, *a. & n.* (**-ence,** *n.*) مُرَاهِق؛ مُرَاهَقَة

Adonis, *n.* (*lit. & fig.*) أَدُونِيس (اسم إِلَه اغريقي)؛ شابّ جميل

adopt, *v.t.* (**-ion,** *n.*) 1. (take charge of *child*) تَبَنَّى (طفلاً)

2. (take up a *suggestion, plan, etc.*) اِتَّخَذ، تبنّى، اقْتَبَس، أقرّ

adoptive, *a.* مُخْتَصّ ب أو بالنسبة إلى التَّبَنِّي أو الاِنتحال

adorable, *a.* بَدِيع جِدًّا، فاتِن، فتّان، حَبُّوب

ador/e, *v.t.* (**-ation,** *n.*) 1. (worship) عَبَدَ (الله)
2. (*coll.*, like greatly) أُولِعَ بِ ..، شُغِفَ بِ

adorer, *n.* عَابِد ، مُعْجَب ، عاشِق

adorn, *v.t.* (**-ment,** *n.*) زَيَّن ، زخرف ، جمَّل ؛ أَضْفَى رونقًا على ؛ زينة

adrenalin, *n.* أَدْرِينَالين ، إفراز غُدّة فوق الكُلْيَة

adrift, *adv.* عَائِم مع التيّار

set (turn) adrift فَكَّ وِثَاق (الزَّوْرَق مثلاً) وتركه تحت رحمة (التيّار) ؛ تركه يشرد

(*fig.*)

cut oneself adrift from اِنْفَصَل عن ... ، عَزَل نفسه عن (الناس)

(*coll.*, absent without leave) غَائِب عَن عَمَلِه دون إِذْن ، مزوّغ (مصر)

adroit, *a.* (**-ness,** *n.*) مَاهِر ، بَارِع ، حاذق ؛ مَهَارة ، براعة ، حِذق

adsor/b, *v.t.* (**-ption,** *n.*) اِمْتَصَّ ، امتزّ ؛ اِمْتِصَاص ، امتزاز (تفاعل كيماوي)

adul/ate, *v.t.* (**-ation,** *n.*) تَمَلَّق ، داهَن

adulatory, *a.* مُتَمَلِّق ، مداهِن ، متزلِّف

adult, *a.* & *n.* بَالِغ (سِنّ الرُّشد) ، راشِد ، مكتمل النضج

adulter/ate, *v.t.* (**-ation,** *n.*)
أَفْسَدَ ، غَشَّ (اللبن مثلاً)

adulter/er (*fem.* **-ess**), *n.*
زَانٍ ، فاسِق ، فاجِر ، عاهر ؛ زانية

adulterous, *a.* زَانٍ

adultery, *n.* الزِنَا

adumbr/ate, *v.t.* (**-ation,** *n.*) أَشَارَ إلى اِحْتِمال حُدوث شيء في المستقبل ؛ ظلَّل

advance, *v.t.* قَدَّم ؛ دفع مُقدَّمًا

advance the date قَدَّم تاريخ (الاجتماع أُسْبُوعًا مثلاً)

advance a theory تَقَدَّم بنظريّة ، جَاءَ برأي لتفسير ظاهرة ما

advance money أَقْرَضَ أو سلّف مالاً

v.i. تَقَدَّم

my shares have advanced
لَقَدِ ٱرتفعت أَسْهُمِي (في البورصة)

advancing years مُرُور الأَعْوام ، تَقَدُّم السنّ ، الاقتراب من الشيخوخة

n. 1. (forward movement) تَقَدُّم

2. (personal approach) إِقْبال ، قُدُوم ؛ مُفَاتَحَة ، مبادَرة ، عَرْض

make advances to تَوَدَّد إلى شخص (لغرض مُصَادَقَته مثلاً) ، شَرَع في مُغَازَلَتِها

3. (progress) تَقَدُّم ، تَرَقٍّ ، نُمُوّ ؛ الإِنْجَازَات (الحديثة في مَيْدان العلوم مثلاً)

4. (lead); *oft. attrib.*

in advance of قَبْل ، في مقدِّمة ؛ (أفكاره) سابقة لِعَصْره أو متقدّمة عن زمانه

book in advance حَجَزَ (مقدَّمًا)

advance copy نُسْخَة من كتاب قبل نشره

advance guard مُقَدِّمة (الجَيْش) ؛ طليعة

advance party طَلِيعة

5. (loan) سُلْفَة ، قَرْض

advanced, *a.* مُتَقَدِّم
advanced in years مُتَقَدِّم أو طاعِن في السِّنّ
at an advanced stage فِي مَرْحَلة متقدّمة مِنَ التَّطوّر
advanced ideas آراء تَقَدُّميّة، آراء سابقة لعصرها أو أوانِها
this book is too advanced for me هَذا الكِتاب أَعْلَى مِن مُسْتَوايَ العقليّ

advancement, *n.* تَقَدُّم، تَرْقية، نَهْضَة، تحسين، تعزيز

advantage, *n.* فَائِدَة، مصلحة، منفعة، مِيزة
have the advantage of (over) someone هُوفِي مَرْكز متفوّق بالنسبة إلى، فِي مَرْكَز أفضل أو أحسن
gain the advantage ⟨over⟩ تَفوَّق أو امتاز (على منافسه مثلاً)
take advantage of an opportunity إِنْتَهز أو اغتنم أو استغلّ الفرصة
take advantage of someone إِسْتَغَلَّه لمنفعته
to the best advantage إِسْتَفَاد (من وقته مَثلاً) خير استفادة
turn something to advantage إِسْتَخْلص نَفْعًا أو فائدة من ...
seen to advantage فِي مَوْضِع يُظْهِره عَلَى أحْسَنِ وجهٍ، بَدَا في أحسن صورة

advantageous, *a.* (**-ness,** *n.*) مُفيد، نَافِع، مُرْبِح، مُكْسِب، مناسب، موافق

advent (Advent), *n.* 1. (arrival) قُدُوم، مَجِيء، وصول، ورود، حلول
2. (the coming of Christ) مَجِيء المسيح، الآحاد الأربعة السابقة لعيد الميلاد

adventitious, *a.* عَرَضِي، اتّفاقي، غيرمنتظر

adventure, *n.* مُغَامَرَة، مخاطرة، مجازفة
adventure story قِصّة مغامرات
v.t. & i. غَامَر، جَازَف؛ رَكِبَ الأخطار، خَاطَر بنفسِهِ

adventurer, *n.* 1. (seeker of adventure) مُغَامِر، مُجازِف، مُخاطِر؛ أفّاق
2. (speculator) مُضَارِب، مجازف (في التجارة)

adventuresome, *a.* جَسُور، مِقْدام، مِقحام

adventuress, *n.* اِمْرَأة مغامرة، امرأة مُسْتَهْتِرة، امرأة متهتّكة

adventurous, *a.* مُجَازِف، مُخاطِر، جَسور، باسل

adverb, *n.* (**-ial,** *a.*) ظَرْف، حال (فِي النَّحو)

adversary, *n.* غَرِيم، مُنافس، خَصْم، عَدُوّ
the Adversary إِبْلِيس، الشيطان

adverse, *a.* 1. (contrary) مُضَادّ، مُنَاقِض، مُعاكس
2. (hurtful) (جَوّ) سَيِّئ، (كتب تقريراً) ضدّ

adversity, *n.* شِدَّة، نَكْبَة، مصِيبَة، بَلاء، شَقاء

advert, *v.i.* أَشَارَ (شفويًّا أوكتابيًّا) إلى...

advert, *coll. contr. of* **advertisement** (1) إِعْلَان

advertise, *v.t.* أَعْلَنَ، أذاع، نشر، روّج

advertise the fact نَشَرَ الخبر، أعلن النَّبأ أو أذاعه

v.i. أَعْلَنَ (في الجرائد) عن ...

advertise for أَعْلَن عن حاجته إلى ...

advertisement, *n.* 1. (public notice);
coll: contrs. ad, advert
إعْلَان

2. (recommendation) مِثَال، قُدْوَة، نموذج

advertiser, *n.* مُعْلِن

advice, *n.* 1. (counsel) نَصِيحة، إرشاد، مَشُورة

give sound advice أَوْلَاه النُّصْح الصائب، أَرْشَده إرشادًا حسنًا

on the advice of بإرشاد من، عَمَلًا بِنصيحة ...

take advice اِسْتَشَار، قَبِل النصيحة

2. (information, *esp. commerc.*)
إعْلَام، إفادة، إشعار، إبلاغ، إخطار

advice note إِشْعَار (بإرسال بضاعة مثلًا)

advisab/le, *a.* (**-ility,** *n.*) مُسْتَحْسَن، صَالِح، صائب

advise, *v.t.* 1. (offer counsel to, recommend);
also v.i. نَصَحَ، أرشد، أَوْصَى

well- (ill-) advised مِنَ الحِكْمَة ؛ ليس من المصلحة

2. (inform, *esp. commerc.*) أَعْلَمَ، أَشْعَر، أَخْطَر، بلّغ

advisedly, *adv.* عَن عِلمٍ، قَصْدًا

adviser, *n.* نَاصِح، مُرْشِد

advisory, *a.* اِسْتِشَارِي، شُورِيّ

advoc/ate, *v.t.* (**-acy, -ation,** *n.*) دَعَا إلى، قَالَ بِ، أوصى ب

n. مُحَامٍ؛ شَفيع؛ نصير

devil's advocate مَنْ يُخَالِف الآخرين في الرَّأي وذلك لأجل النِقاش فَحَسْب

adze, *n.* قَدُوم، قَادوم (نِجارة)

aegis, *n., esp. in* رِعَايَة

under the aegis of في كَنَف، تحت حِماية، تحت رعاية

aeon (**eon**), *n.* زَمَنٌ مُتَنَاهٍ في الطول (في الجيولوجيا مثلًا)

aer/ate, *v.t.* (**-ation,** *n.*) 1. (expose to air)
عَرَّضَ للهواء، هوّى

2. (charge with carbonic acid gas) *as in*

aerated water اَلْمَاء الغَازي، مياه غازية

aerial, *a.* هَوَائي، جوّي

n. هَوَائي (في اللاسلكي)، السِّلْكُ الهوائي أو صاري الالتقاط

aerie (**eyrie**), *n.* وَكْر الطيور الكاسرة

aerobatics, *n.pl.* طَيَران بهلوانيّ

aerodrome, *n.*; *also* **airdrome** (*U.S.*)
مَطَار، ميناء جوّي

aerodynamicist, *n.* مُختصّ بالايروديناميات

aerodynamics, *n.pl.* دِينَامِيكا هوائية

aero-engine, *n.* مُحرِّك الطائرة

aerofoil, *n.*; *also* **airfoil** سَطْح انسياب رَافِع (طيران)

aeronaut, *n.* طَيَّار، مَلّاح مُنْطاد

aèronautical, *a.* طَيَراني

aeronautics, *n.pl.* طَيَران، فنّ المِلاحة الجوّية، علم الطَّيَران

aeroplane, *n.*; *also* **airplane** (*U.S.*) طائِرَة، طيّارة

aerosol, *n.* أيْرُوسُول، وِعاء للرشّ التِّلقائي

aesthete, *n.* المُولَع بالجَمال، المُغْرَم بالجَمال، المُفْرِط في التقدير النفساني للجمال

aesthetic, *a.* جَمالي، ذَوْقي، مُختصّ بالجَمال أو بِتَقْدِير الجَمال أو الذَّوْق الرفيع

aesthetics, *n.pl.* عِلْم الجَمال، فلسفة الذَّوْق، فَلْسَفة الجَمال

aetiolog/y, *n.* (**-ical,** *a.*) عِلْم الأسباب والعِلَل، عِلْم أسْبابِ الأمراض

afar, *adv.* مِنْ بَعيد، عن بُعْد، بعيدًا

afar off عَلىٰ مَسافة كبيرة

from afar مِنْ بَعيد

affab/le, *a.* (**-ility,** *n.*) دَمِث الخُلق، أنيس، لطيف، أليف

affair, *n.* 1. (matter, concern) أَمْر، شَأْن، مَسْألة، قضيّة

affair of honour مُبارَزة بين شخصين سببها طَعْنُ أحدهما في كرامة الآخر

that is his own affair هَذا أمر يخصّه وَحْدَه (وليس من شَأننا نحنُ)

it is no affair of yours لَا يَعْنِيكَ، هذا لَا يَهمّك، هذا أمر لا يخصّك

2. (*pl.*, business) شؤون، أشغال، أعْمال

affairs of state شُؤون الدولة، أمور الدولة

state of affairs حَالَة الأمور، سَيْر الأَحْوال

foreign affairs الشُّؤُون الخارجيّة، السِّياسَة الدوليّة

wind up one's affairs صَفّى شؤونه، أنجَزَ أموره (قبل سفره للخارج مثلاً)

3. (*coll.*, thing, event) حَادِث، أمر

4. (= love affair, *esp. illicit*) عَلاقة غَرامِيّة (غير شرعية عادةً)

have an affair (with) كَانَ لَهُ عَلاقة غرامية مع، كَانَا عَلىٰ صلة غير شرعية

affect, *v.t.* 1. (assume) تَظاهَرَ بِ، ادَّعَى بِ، تصنّع، تكلّف، انتحل

affect a beard أَطْلَقَ لِحْيَتَهُ (متباهيًا بِهَا ليس إلا)

affect ignorance تَظاهَرَ بالجَهْل أو عَدَم المَعْرِفة، ادّعى عَدَم عِلمه (بموضوع ما)

2. (produce an effect on) أَثَّرَ فِي، حَرَّكَ العواطف

it is affecting my health هَذا يُؤَثِّر في صِحَّتي، هذا يضرّ بصحّتي

the news affected him deeply كَانَ لِلْخَبَر أَثَر عَمِيق في نفسِهِ، هزّه النبأ هزًّا

3. (concern) هَمَّ، عَنَى

this doesn't affect me هَذا لَا يهمّني، هَذَا لَا يَعْنِيني

affectation, *n.* تَظَاهُر، تصنُّع، تكلُّف

affected, *a.* 1. (moved) مُتأثِّر؛ مُصاب

2. (artificial) مُتصنِّع، كاذب، متكلِّف

affection, *n.* 1. (fondness) مَحبَّة، مَوَدّة، حَنان

2. (*pl.*, sympathies) عَطْف، مَيْل

3. (malady) عِلَّة، مرض، داء

affectionate, *a.* وَدُود، مُحِبّ، حَنون، رَؤُوم

yours affectionately المُخْلِص، (صَدِيقُك) الوَدود (مايُكتَب في خِتام الرسالة)

affiance, *v.t.* خَطَب (للزَّواج)، وَعَد بالزَّواج

affidavit, *n.* شَهادَة أو إِقْرار كتابيّ مشفوع بقَسَم

affili/ate, *v.t.* (**-ation,** *n.*) ضَمّ إلى؛ انضمّ أو انْتَسَب إلى (حزب أو ناد الخ.)؛ انتساب

affiliation order قَرار قضائِي بإِثبات بنوّة الابن غيرْ الشَّرْعيّ وتكليف والده بإعالته مالِيًّا

affinity, *n.* 1. (relationship) صِلَة، عَلاقة، قَرابة، نسب

2. (liking) جاذِبيّة، مَيْل

3. (resemblance) تَشابُه، تجانُس، توافُق

affirm, *v.t.* & *i.* (**-ation,** *n.*) أكّد، أثْبَت، قَرَّر؛ إقرار يقوم مقام اليمين

affirmative, *a.* & *n.* إثْباتيّ، إيجابيّ، توكيديّ

in the affirmative إيجابِيًّا، بالإيجاب

affix, *v.t.* أَلْصق، ثبّت؛ وَصَل، أَلْحقَ، أضاف

n. (*gram.*) حَرْف أومَقْطَع يضاف إلى أوّل الكلمة أو آخِرها

afflict, *v.t.* (**-ion,** *n.*) أَصابَ، ابتلى (بمرض مَثَلاً)؛ بلوى

afflu/ent, *a.* (**-ence,** *n.*) في سَعَة، في يُسر، مُوسِر، مُثْرٍ؛ (في) رفاهة أو غِنىً

afford, *v.t.* 1. (manage; manage to buy or spend) تَمَكَّن من (النفقة)، قدر على (شراء)

I can't afford the time لا يُمْكِنُني تدبير الوَقْت لذلك، لا أستطيع لضيق الوقت

2. (give) أَعْطى، أمدّ، قدّم لِ، وَفّر لِ، منح

afford access يُمكِّن من أو يُسهِّل الوُصُول، يعطي سبيلاً إلى

afford pleasure يُعْطي لذّة، يأتي بِمَسَرّة، يجلب الاستمتاع

afforest, *v.t.* (**-ation,** *n.*) شَجَّر، غرس الأَشْجار (في زِراعة الغابات)

affranchise, *v.t.* (**-ment,** *n.*) حَرَّر، أطلق، أعتق من عَهْد أو واجب

affray, *n.* عِراك، مشاجرة، خِناقة

affront, *v.t.* أَهانَ، أساء إلى، عَيَّر، جَرَحَ كَرامة فلان

n. إهانَة عَلَنيّة

Afghan, *a.* أَفْغانيّ

Afghan hound كَلْب سريع من فَصِيلة السلوقي يُستخدَم للصيد

n. 1. (native) أَفْغانِيّ

2. (language) اللُّغَة الأفغانية

Afghanistan, *n.* الأَفْغَانِسْتَان، بلاد الأفغان

afield, *adv.* فِي الحَقْل، في الميدان؛ بعِيدًا، شاردًا

afire, *adv. & pred. a.; usu. fig.* مُلْتَهِب، مُتَّقِد، مُشْتَعِل

aflame, *adv. & pred. a.; usu. fig.* مُضْطَرِم، مُلتَهِب، مُتَوَقِّد

afloat, *adv. & pred. a.* 1. (floating) طَافٍ

2. (at sea) عَلَى البحر، على مَتْن سفينة

3. (awash) مَغْمُور (بالمياه)

afoot, *adv. & pred. a.; usu. fig.* (الإسْتِعْدَادَات) جَارِيَة ؛ على قَدَمَيْه

aforesaid, *a.* المُشَار إليه، آنف الذكر، المَذْكُور أعلاه

aforethought, *a., only in*

with malice aforethought مَعَ سَبْق الإصرار والتَّرَصُّد، (تصرّف) بسوء نِيَّة مُبيَّت

afraid, *pred. a.* 1. (frightened) خَائِف

2. (*coll.*, bound to admit) يُؤْسِفُنِي أن ...

afresh, *adv.* مَرَّة أخرَى، مِن جَديد

start afresh بَدَأَ من جديد

Africa, *n.* أَفْرِيقِيا

African, *a. & n.* أَفْرِيقِي

Afrikaans, *n.* لُغَة المستعمرين الهولانديين فِي جَنوب افريقيا

Afrikan(d)er, *n. & a.* أَحَد مُوَاطِني جنوب أَفْرِيقِيَا الذين ينحدرون من أصل هولندي

aft, *adv.* نَحْوَ مُؤَخَّرة السفينة أو الطائرة

fore and aft مِنْ مُقَدّمة السفينة أوْ الطائرة إلى مُؤَخّرتها

after, *prep.* 1. (following in time or place) بَعْدَ، خَلْفَ، عَقِبَ، تِلْوَ، وَرَاءَ

after hours بَعْدَ ساعات العمل

after-dinner speaker مُتَحَدِّث لبق يلقي خطابًا بَعْدَ انْتِهاء عَشاءٍ رَسميّ

one after another الوَاحِد تِلْوَ الآخَر

time after time مَرَّة بعد أخرى، مَرَّات لا تُحْصَى، مِرارًا وتَكْرارًا

2. (in pursuit of)

what are you after? مَاذَا تَبْغِي؟ مَاذَا تُرِيد؟ ما قَصْدك؟

3. (according to)

this is after my own heart هٰذَا مَا يشتهيه قَلْبِي، هذا ما تَهْوَاه نفسي

4. (in spite of)

after all رَغْمَ كلّ ذلك، مع كلّ ذلك

5. (in imitation, honour of)

a painting after Rembrandt لَوْحَة على غِرار رمبراندت

take after someone شَابَه (أبَاهُ مثلاً)

named after سُمِّيَ بِاسْم فلان

conj.

after all's said and done فِي نِهَايَة المطاف، وَفِي خِتَام الأمر، والخُلاصَة

adv. 1. (later in time or order) بَعْد، فِيمَا بَعْد

2. (*with vbs.*, in pursuit)   وَرَاءَ ، خَلْفَ

he ran after him   جَرَى وَرَاءه أو فِي إِثْرِه للإمساك به

a. 1. (later)   تَالٍ ، مابَعْد ، عَقِب

after-care   عِلاج أو عِناية في فترة النَّقَاهَة (بعد مرض أوعملية)

in after life   في المَرْحَلة المتأخِّرة مِن حَيَاة الانسان

the after-life   حَيَاة مابَعْد المَوْت

2. (*naut.*)

after-deck   القِسْم الخَلْفي من سَطْح السفينة ، مؤخِّرة سَطْحها

afterbirth, *n.*   مايُطْرَح من الرحم بعد الولادة ، الخَلاص

afterglow, *n.*   نُور ٱلْغَسَق ، شَفَق

aftermath, *n.*   عَوَاقِب ، آثار

aftermost, *a.*   أَقْصَى المؤخِّرة

afternoon, *n.*   بَعْدَ الظُّهْر

aftertaste, *n.*   المَذَاق العَالِق (بعد المضغ) ؛ الأثَر الذي يتركه حادث ما

afterthought, *n.*   فِكْرَة طارِئة تخطر على البَال بعد مواصلة التفكير

afterwards, *adv.*   بَعْدَئِذٍ ، بعد ذلك ، فيما بعد

aga, *n.*   أغَا ، آغَا

again, *adv.* 1. (once more)   ثَانِيَةً ، مَرّة أُخرى

again and again   مِرارًا وتَكْرارًا ، مَرّة بعد مَرّة

never again   لآخِر مَرّة ، لن يَتَكَرَّر أبدًا

now and again   مِنْ حِين إلى حِين ، بَيْن آن وآخر ، بين الفَيْنة والفَيْنة

time and again   مِرارًا ، مَرّات عديدة ، كَمْ مِنْ مَرّة !

half as much again   بِقَدْرِ ذلكَ مَرّةً ونصف المَرّة

what's that again?   عَفْوًا ! ، أعِد مَا قلت

2. (furthermore)   زِدْ عَلَى ذلك ، فَضْلًا عن ذلك ، عَلاوةً على ذلك

against, *prep.* 1. (in opposition to)   ضِدَّ ، تُجاهَ ، قُبالَة

for and against   مَزَايا ومَسَاوِئ (المشروع)

against all reason   خِلافًا لكلّ ما يَتِقَبَّلُه العقل ، دون أي مَنْطِق

2. (in anticipation of)

against a rainy day   (إِدَّخَرَ بعض المال) لوقت الشِّدَّة ، لمُواجهة نزلات الدهر

warn someone against   نَبَّه شخصًا إلى ، حَذَّرَه من (الخطر مثلًا)

3. (in collision with)

run up against it   اصْطَدَمَ بِ ، صادم ؛ وَاجَه ، قابل ، لاقَى

agape, *adv. & pred. a.*   (وَقَف) فاغِرَ ٱلْفَم ، مَشْدوهًا

agate, *n.*   حَجَر يماني ، حَجَر اليَشْم ، اليَشَب ، العقيق

age, *n.* 1. (length or time of life)   عُمْر ، حياة

at an early age   في سِنّ مُبكِّرة

be your age! تَعقَّل! تصرَّف كما يَتَّفِقُ وسِنَّك! كن رشيدًا!

come of age بَلَغ سِنَّ الرُّشد

of age بَالِغ، رشيد، بَالَغ سِنّ الرُّشد

of an age يَتَسَاوُون في العُمْر؛ بَلَغ من العُمْر ...

over age جاوَزَ السنّ المقرَّرة أَوْ المحدَّدة

under age قَاصِر، دون السنّ القانونية

in middle age فِي سِنّ الكهولة، فِي المَرْحَلة الوُسْطَى من العُمْر

old age شَيْخُوخَة، هَرَم

age of discretion سِنُّ الرُّشْد، بُلُوغ

age group سِنٌّ متقاربة، مواليد السَّنَة الواحدة (في التجنيد مثلاً)

2. (= old age) شَيْخُوخَة، هَرَم

3. (period) عَصْر، عَهْد، زمان، أيام

the Age of Chivalry عَصْر الفُروسيّة والشَّهامة

the Age of Reason عَصْرالحكمة والعقل، عَصْرُ التّعقّل (في أوائل القرن ١٨ بانجلترا)

the Middle Ages العُصُور الوُسْطى

golden age العَصْرُ الذّهبي

4. (*coll.*, a long time)

ages ago مُنْذُ أَمَد طويل، منذ زمان

v.t. & i. عَتَّقَ (الخمر)، أهرمه (الدّهر)؛ عَتُق

aged, *a.* 1. (. . . years old) بَلَغَ من العُمْر

aged five years عُمْرُه خمس سنوات، اِبْنُ خمس سنوات

2. (old) هَرِم، شيخ، عجوز، طاعِن في السِنّ، عَتيق

the aged, *n.pl.* الطَّاعِنُون في السِنّ، المُسِنُّون

ageing (**aging**), *a.* (رجل) آخذة في العتق؛ (خَمْر) آخِذ في الهَرَم، يبدو كأنّه قد هرم

ageless, *a.* دَائِم الشَّبَاب؛ (جمال) لا يذوي

agency, *n.* 1. (operation, instrumentality) وَسِيطة (وسائط)، وَسيلة

2. (business establishment) وَكَالَة، مَصْلَحة (حكومية)، مكتب تجاري

agenda, *n.pl.* جَدْوَل الأَعْمال

agent, *n.* 1. (doer, producer) عَامِل، فاعِل

free agent حُرُّ التَّصرُّف، مُسْتَقِلّ

2. (natural force)

chemical agent عَامِل أو فاعِل كِيمَاوي

3. (representative) عَمِيل، وَكيل، مندوب

4. (spy) جَاسُوس

agglomer/ate, *v.t. & i.* (**-ation,** *n.*) كَتَّل، حَشَد، جَمَّع

agglutin/ate, *v.t. & i.* (**-ation,** *n.*) رَكَّبَ الألفاظ للتعبير عن فِكْرَة مُعقَّدة؛ لَصَق بالغِراء

aggrandize, *v.t.* (**-ment,** *n.*) عَظَّمَ، فَخَّم، كَبَّر؛ تَفخيم

aggrav/ate, *v.t.* (**-ation,** *n.*) 1. (make more serious) جَعَلَ (المَوْقِف) يتفاقم

2. (*coll.*, irritate) أغْضَب، أغاظ، أزْعَج

aggregate, *n.* 1. (total) مَجْموع، جُمْلة

in the aggregate بِالمَجْموع، على وجه الإجْمال، جُمْلةً

2. (broken stone) الحَصْباء أو الحَصَى في خَلِيط الخَرَسانة، زَلَط (مِصْر)

aggression, *n.* اِعْتِداء، عُدوان

aggressive, *a.* عَدائي، هُجومي، عُدْواني

aggressor, *n.* مُعْتَدٍ، البادئ بالعُدوان

aggrieve, *v.t.*, *esp. past p.* أحْزَن؛ ظلَم كَدَّر، آلم؛ مَظْلوم، مُضْطهَد

aghast, *adv.* & *pred. a.* مَذْهُول، مَبْهُوت، مَذْعور، مَفْزوع

ag/ile, *a.* (**-ility,** *n.*) رَشِيق، خفيف الحَرَكة؛ رَشاقة الحَرَكة

agit/ate, *v.t.* (**-ation,** *n.*) 1. (shake) رَجَّ، حَرَّك، هَزّ

2. (perturb) أقْلَقَ، أزْعَج، أثار،هَيَّج

v.i. أعْلَنَ (العمّال) اعتراضَهم

agitator, *n.* 1. (person) مُشاغِب، مُحَرِّض، مُثير الفتن أو القلاقل

2. (apparatus) جِهاز الخَضّ، آلة رجّاجة (في المعامِل أو المصانع)

aglow, *adv.* & *pred. a.* مُتَوَهِّج، مُتورِّد

agnostic, *a.* & *n.* مِنْ أتْباع مذهب اللا أدْرِيَّة

agnosticism, *n.* مَذْهَب اللا أدْرِيَّة

ago, *adv.* مُنْذُ، مُذ

long ago مُنْذُ زمان قديم، من وقت بَعِيد، في سالف الأيام

agog, *adv.* & *pred. a.* مُتأجِّج بالحماس أو حُبّ الاسْتِطْلاع، مُضْطرِب

agonize, *v.t.* & *i.* عَذَّبَ، آلم؛ تألَّم

agonized expression سِيماء الألم والأسَى

agonizing, *a.* مُؤْلِم، مُبَرِّح، مُوجِع ،وَجِيع

agony, *n.* 1. (extreme suffering) عَذاب، أسًى

in agony مُعذَّب، يقاسي ألمًا شديدًا

final agony غُصّة الموت، سَكْرة الموت

2. (mental anguish) عَذاب نفسيّ

agony column (*coll.*) إعْلانات شخصية في الجرائد للبحث عن الأهل (المفقودين)

agoraphobia, *n.* الخَوْف المَرَضِيّ من الأماكِن الفسيحة المفتوحة

agrarian, *a.* & *n.* زِراعِيّ، مُخْتَصّ بالأراضِي الزراعيّة

agree, *v.i.* 1. (concur *with*) وَافق، صادَق على

(*fig.*, *of food, etc.*) وَافَق، ناسب، لاءم

(*gram.*) وَافق، طابَق (نحو)

2. (be in harmony) اِنْسَجَم، واءم، اِتَّفق

3. (consent *to*) قَبِل، اِرْتَضَى، وافق على

v.t. اِعْتَرَف، أقرّ، سلّم ب

agreeable, *a.* 1. (pleasing) طَيِّب، لطيف، سَارّ

2. (*coll.*, ready to agree) رَاضٍ، مطاوع، مُوَافِق

agreement, *n.* 1. (arrangement, treaty) اِتِّفاق، اِتِّفاقيّة، معاهَدة

come to an agreement تَفاهَمَ مع، اِتَّفَقَ، تَراضَى

enter into an agreement تَعاهَدَ، تَحالَفَ، تَعاقد

2. (accordance of opinion, etc.) وِئام، وِفاق، تَوافُق

in agreement ⟨with⟩ وَفْقًا لِ، طِبْقًا لِ، بِالاِتِّفاق مع

agricultur/e, *n.* (**-al,** *a.*) فِلاحَة، زِراعة

agricultural labourer عامِل زِراعيّ

agriculturalist, *n.* خَبير أو محترف الزراعة

agronomist, *n.* مُهَنْدِس زِراعي

agronomy, *n.* الهَنْدَسَة الزراعية، عِلْم الزِّراعة أو الفِلاحة

aground, *adv. & pred. a.* (سفينة) عَلَى الأرض، شاحِطة، مُرْتَطِمة بِقاع النّهر

go (run) aground جَنَحَتْ أو شَحَطَتْ (السَّفِينَة)، ارتطمت بقاع النهر أو البحر

ague, *n.* حُمَّى المَلاريا، البُرَداء

ah, *int.* آه! واه! أوّاه!

aha, *int.* آه! لقد ظهر المستور!

ahead, *adv. & pred. a.* أَمامًا، إلى الأمام، فِي مُقدّمة ...؛ آتٍ في المُسْتَقْبَل

go ahead (proceed) تَقَدَّمَ، تحرّك، سار

(progress), *whence*

go-ahead, *a.* مُنْطَلِق، مُتطوِّر، عَصْريّ

look ahead (*fig.*) نَظَر أو تطَلَّع إلى المُسْتَقْبَل

straight ahead إلى الأمام تمامًا أو مباشَرةً

ahead of time قَبْلَ الوقت، مُبَكِّرًا، قَبْلَ الأوان

ahead of one's time قَبْلَ عَصْرِه، سابِق لِأوانه

ahem, *int.* إحَمْ! نَحْنَحة

ahoy, *int.* يا ...! (نداء يستعمله البَحّارة غالبًا)

aid, *n.* 1. (help) مُساعَدة، إعانة، مساندة، إغاثَة، نَجْدة

in aid of لِمُسَاعَدَة، لإعانة

what's this in aid of? (*coll.*) مَا الغَرَض مِنْ هذا؟ ما الحكاية ؟

come to the aid of مَدَّ يدَ العَوْن، قامَ بمساعَدة

first aid الإِسْعاف

2. (financial assistance) مُساعَدَة أو إعانَة مالية

3. (appliance) جَهاز مُساعد، آلة مُساعِدة

beauty aids مُسْتَحْضَرات أو أدوات التجميل

hearing aid جِهَاز يُساعد على السماع، سَمَّاعَة الأصَمّ

landing aid جَهاز يُسَاعِد على الهبوط(طيران)

visual aid وَسِيلَة بصريّة (للإيضاح)

v.t. سَاعَد، أعان، أغاث، أَسْعَفَ، عاوَن

state-aided مُعَان من قِبَل الدولة، بإِعَانَة الحكومة

aide (-de-camp), *n.* يَاوُر، ضابط مرافِق

aide-mémoire, *n.* مُذَكِّرة ، مُفَكِّرة مساعِدة

ail, *v.t.* آلَم ، آذَى، أضرّ

what ails you? مَاذَا يُوجِعُك؟ مَا بِك؟ ماذا أصابك؟

v.i. إِنْحَرَفت صِحَّتُه، اِعتلّ، توعّك

aileron, *n.* جُنَيْح (جزء من جناح الطائرة)

ailing, *a.* عَلِيل، سَقِيم، مُتوعِّك

ailment, *n.* عِـلَّة ، مَرَض، دَاء

aim, *v.t.* صَوَّب، وَجَّه، سَدَّد

aim a gun صَوَّب البندقية، نَشَّن

aim a blow (*lit.* & *fig.*) سَدَّد ضَرْبة إلى

well-aimed blow ضَرْبَة سديدة

v.i.

aim high (*lit.*) صَوَّب إلى ما فوق الهَدَف

(*fig.*) كَانَ يَهْدُفُ إلى مَنْصِب أَعْلى، كَانَ طَمُوحًا إلى تحقيق غرضٍ أَسْمى

aim off, *whence* صَحَّح الهَدَف (أُفُقِيًّا)

aim-off, *n.* تَصْحِيحُ الهَدَف (أُفُقِيًّا)

aim at (*lit.*) صَوَّب نحو، سدّد إلى

(*fig.*, endeavour) قَصَد، نشد

he aims to please غَايَتُه إرضاء (الجميع)

n. 1. (direction of missile) تَصْوِيب، توجيه

take aim وَجَّهَ، صَوَّب، نَشَّن

2. (purpose) قَصْد، غَرَض، مَرْمًى، هَدَف

he has an aim in life لَهُ رِسَالَة أو غاية في الحياة

aimless, *a.* (**-ness**, *n.*) طَائِش، شارد، تَائِه، هائم، حائر

air, *n.* 1. (the atmosphere, variously considered) الجَوّ

(as a gas with practical applications) هَوَاء

air bottle خَزَّان الهواء، اسطوانة هواء (مَضْغوط)

air brakes فَرَامِل أو مكابح هَوَائِيَّة (تَعْمَل بالهواء المضغوط)

air cooling التَّبْرِيد بالهواء

air cushion وِسَادَة هَوائِيّة

air-gun بُنْدُقِيّة تعمل بالهواء المضغوط

air intake مَدْخَل، مَأْخَذ أو مَنْفَذ الهواء

air-lock مَسَدّ أو دِسام هَوَائي (هَنْدَسَة)

(as the substance we breathe)

air conditioning تَكْيِيف الهَوَاء

air-conditioned, *a.* (حُجْرة) مُكَيَّفة الهَوَاء

air pollution تَلَوُّث الهَوَاء (بدُخان المصانع)

fresh air الهَوَاء الطَّلْق، الهَوَاء النَّقِيّ

fresh-air fiend المُولَع بالهَوَاء الطَّلْق، مَن يُفْرِط في تقدير أهمّيّة الهَوَاء الطَّلْق

clear the air (*fig.*) صَفَّى الجَوّ

take the air تَمَشَّى لِاسْتِنشاق الهَوَاء الطَّلْق (خارج البيت)

(as the substance around and above us)

in the open air في الهَوَاء الطّلْق، في العَرَاء

with one's nose in the air شَامِخ الأنْف، مُتَعَجْرِف، مُتَغَطْرِس

castles in the air قُصُور في الهَوَاء، أَوْهَام، آمال بعيدة المَنَال

there's something in the air في الأمر شَيْءٌ، هُنَاك شيء في الجوّ

the plans are still in the air لَمْ تَتَبَلْوَر المَشْرُوعَات بَعْدُ

melt into thin air اِخْتَفَى دون أَثَر، ذَهَبَ كأمْس الدّابر، اِنقشعت (السّحب)

walk on air سَارَ يَتِيهُ غِبْطة وفَرَحًا، كَادَ يَطِير فرَحًا

(as subject to meteorological phenomena)

air pocket جَيْب هَوَائِيّ، مطَبّ هوائيّ (طيران)

(as a medium for radio waves)

on the air عَلَى الهَوَاء، على الأَثِير

go off the air اِنْقَطَع عن الإذاعة، تَوَقَّفَ عن الإذاعة أو البَثّ

(as a medium for flying)

travel by air سَافَر جوًّا

Air Attaché المُلْحَق الجوّي

air base قَاعِدة جَوّية

Air Chief Marshal مُشِير طيّار

Air Commodore عَمِيد طيّار

air corridor مَمَرّ جوّيّ

air cover حِمَايَة جوّية

Air Force سِلَاح الطيران، السِّلَاح الجوّي

air gunner مِدْفَعِيّ جوّي، مِدْفَعِيّ في السلاح الجوّي

air gunnery مِدْفَعيّة جوّية، مِدْفَعيّة طَيَران

air hostess مُضيفَة جوّية (طَيَران مَدَنيّ)

air lane طَرِيق جوّي، مَسْلَك جوّي

air letter خِطَاب أو رِسالة بالبَريد الجوّي

air-lift نَقْلٌ بطَرِيق الجوّ عند الطّوارئ

air liner طَائِرَة رُكّاب كبيرة (طَيَران مَدَنِيّ)

Air Marshal فَرِيق طيّار

air-minded, *a.* مُؤْمِن بأهمّية الطّيَران

air navigation مِلَاحَة جوّية

air power قُوّة جوّية

air raid غَارَة جوّية

air-raid precautions اِحْتِيَاطَات ضِدّ الغَارَات الجوّية

air-raid shelter مَخْبَأ أو مَلْجأ (من الغارات)

air-raid warden مُرَاقِب في قوّة الدفاع المَدَنيّ (أثناء الغارات الجوّية)

air-raid warning إنْذَار أو تَنْبِيه بقرب وقوع غارة جوّية

air-sea rescue نجدة أو إنقاذ جوّي بحري

air sickness دُوَار الجوّ، الغَثَيان عند الطَيَران

air terminal مَرْكَز خاصّ لتسْهيل نَقل المسافرين مِن وَسط العاصِمة إلى المطار و بالعَكس

air traffic control ضَبْط أو مُراقَبة المُرُور الجوّي، تنظيم الخطوط الجوّية

2. (style, manner) مَظْهَر، هَيْئَة، شَكْل

an air of importance مَظْهَر العَظَمة، (تَبْدُو عليه) دلائل الأهَمِّيّة

have an air about one يُحيط نفسه بجوّ غَرِيب، ذو طابع خاصّ

3. (*pl.*, affectation)

airs and graces الإفْراط في التكلُّف أو التَصنُّع

give oneself airs تَكَلَّف عَظَمة الشأن، تَرفَّع، تعَجْرف، تشَمَّخ بأَنْفِه

4. (melody) نَغَم، لَحْن

v.t. (*lit.* & *fig.*) هَوَّى

air the clothes هوَّى الثِّياب، (للتَخَلُّص من الرُّطوبَة العالِقة بِها)

air one's views عَبَّر عن آرائه الخاصّة، أفْصَح عمَّا في طَوايا نفسِه

airborne, *a.* 1. (carried on an aircraft) عَلَى مَتْن الطائرة

airborne forces قُوّات محمولة جوًّا، جُنود منقولون بطريق الجوّ

2. (*pred.*, off the ground) فِي الفَضاء، فِي الهَواء

aircraft (*pl.* aircraft), *n.* طَائِرَة، طَيَّارَة ؛ طائرات

aircraft carrier (سَفِينَة) حامِلة الطائرات

aircraft/man (*fem.* **-woman**), *n.* جُنْدِيّ طيّار ، عَسْكري جَوّي

aircrew, *n.* طَاقَم الطائرة

airdrome, *see* **aerodrome**

Airedale, *n.* نَوْعٌ من الكلاب، ايرديل

airfoil, *see* **aerofoil**

airflow, *n.* تَيّار الهواء، انسياب الهواء

airframe, *n.* هَيْكَل الطائرة

airgraph, *n.* رِسالة جوّية مُصوَّرة بالميكروفيلم

airing, *n.* 1. (ventilation) تَهْوِيَة (الغُرَف والملابس الخ.)

airing-cupboard دُولاب أو خِزانة لتَهْوِيَة الثياب

give one's views an airing أفْصَح عمَّا فِي طَوَايا نفسِه عَلَنًا

2. (walk in fresh air) المَشْي في الهواء الطَّلْق للتنزُّه وشَمّ الهواء

airless, *a.* خَالٍ من الهَواء، مَكْتوم الجوّ

airline, *n.* خطّ جوّيّ، شَرِكة طَيَران

airmail, *n.* & *v.t.* بَرِيد جوّي؛ بَعَث رسالةً بالبريد الجوّي

airman, *n.* طَيّار؛ جُندي جوّي

airplane, *see* **aeroplane**

airport, *n.* مَطَار، ميناء جوّي

airscrew, *n.* مِرْوَحَة الطّائِرة، دَاسِر الطّائِرة، مِدْسَرة

airship, *n.* مُنْطَاد ذو مُحَرِّك

airspeed, *n.* سُرْعَة الطائرة بالنسبة إلى الهَوَاء الذي يُحيط بها، السُرعة الجوّية

airstrip, *n.* أَرْض مُعَدَّة لهُبوط الطائرات

airtight, *a.* سَدُود للهواء، مانِع لِتَسَرُّبه، مُحْكَم السدّ

airway, *n.* طَرِيق جوّيّ، خَطّ جوّيّ

airworth/y, *a.* (**-iness,** *n.*) صَالِح للطَّيَرَان؛ صَلَاحِيّة (الطائرة) للطيران

air/y, *a.* (**-iness,** *n.*) 1. (well-ventilated) كَثِير الهواء، طَلْق الهواء

2. (light, flippant) تَنقُصُهُ الجِدّيّة؛ (وُعُود) واهِية، (مشروعات) وَهْمِيَّة

airy nothings تَوافِه الأمور، تُرَّهات

aisle, *n.* مَمَرّ في وسط (الكنيسة مثلاً) بين مقاعِدها

lead her up the aisle (*facet.*, marry) تَزَوَّج منها، عَقَد عليها

aitch, *n.* الحَرْف الثامن مِن الأبجدية الإنكلِيزيّة

drop one's aitches (شَخص من العامّة) لا يَنْطِق حرْف الهاء إذا جاءت بأوّل الكلمة

aitch-bone عَظْمُ العَجُز في البَقَر؛ قطعة من لَحم البقر مأخوذة من فوق عَظْم العَجُز

ajar, *adv. & pred. a.* (باب) مَفْتوح قليلاً، مَوْرُوب

akimbo, *adv.*, *only in*

with arms akimbo وَقَف واضعًا يَدَيْه عَلَى خاصِرته (دليلا على التحدّي مثلاً)

akin, *pred. a.* (*lit. & fig.*) قَرِيب، نسيب (في الاسْتِعْمَال القديم)؛ مُشابه، مُماثِل

alabaster, *n. & a.* اَلْبَاسْتَر، حَجَر يُشْبه المرمر

alack, *int.* (*arch.*) أَوّاه، واحَسْرَتاه، وا أَسَفاه

alacrity, *n.* خِفَّة الحركة، هِمّة ونَشَاط، إقْبال على العَمَل

alarm, *n.* 1. (warning, warning mechanism) إنْذَار، تَنْبيه، تحذير، إشارة الخَطَر

alarm clock سَاعَة مُنَبِّهة، مُنَبِّه

raise (give, sound) the alarm أَنْذَر بالخَطَر، أطلق إشارة الإنذار

2. (dismay, sense of danger) فَزَع، رُعْب، هَلَع، ذُعْر

take alarm ⟨at⟩ وَهِل، هَلَع، فزِع، ذُعِر

alar(u)ms and excursions صَخَب وضَجيج

v.t. أَفْزَعَ، أَرْعب، أَقْلق، أَزْعج

don't be alarmed لا تَخَفْ! لا تفْزَع!

alarming, *a.* مُفْزِع، مُرْعِب، مُقْلِق

alarmist, *n. & a.* مُثِير لِلقَلَق أو الرُعْب بِدُونِ داعٍ

alas, *int.* وا أَسَفاه، وا حَسْرَتاه، وا وَيْلاه

Albania, *n.* أَلْبَانيا

Albanian, *a.* أَلْبَاني

n. 1. (native) أَلْبَاني

2. (language) اللُّغَة الألبانية، لُغَة الأرناؤوط

albatross, *n.* قَطْرَس (طائر بحريّ كبير)

albeit, *conj.* مَعَ أَنَّ، ولو أنّ، وَمَعَ ذَلِك، بالرَّغْم من

albinism, *n.* شُقْرَة أو بَياض في الجلد والشَّعْر والعين، مَهَق، إغراب

albino, *n. & a.* أَمْهَق، أَبْيَض أو أَشْقر البَشَرَة والشعر والعين

album, *n.* أَلْبوم، مُجلَّد لِحِفْظ الصُّوَر مَثَلاً

album/en, *n.* (**-inous, -inose,** *a.*) زُلال (البَيْض)، آح، بَياض البَيْضة

alchemist, *n.* كِيماوِي القرون الوُسْطَى، خِيميائيّ

alchemy, *n.* (*lit. & fig.*) كِيمياء القُرون الوُسْطى (وخاصّة تحويل بعض المعادِن إلى ذهب)

alcohol, *n.* 1. (pure spirit of wine) كُحول، رُوح الخَمْر

2. (intoxicating liquor) مَشْرُوبات رُوحِيّة، مُسْكِرات

3. (*chem.*) الكُحُول

alcoholic, *a.* كُحُوليّ، مُسْكِر، رُوحِيّ (بالنسبة للمشروبات)

n. سِكّير مُدْمِن

alcoholism, *n.* إِدْمَان المُسكِرات؛ التَّسَمُّم بالكحول

alcove, *n.* زاوِيَة داخل حائط الغُرفة أو الحديقة؛ فَجْوَة في جِدار غُرْفة (لوضع سَرير مثلاً)

aldehyde, *n.* الأَلْدِيهَيْد (كيمياء)

alder, *n.* شَجَر من فصيلة المَغْث

alderman, *n.* عُضْو ذو أَقْدَمِيّة في مجلس البلدية

ale, *n.* جِعَة، بيرة

alert, *a.* 1. (watchful, alive *to*) مُنْتَبِه، مُتَيَقِّظ، واعٍ

2. (quick-witted) مُتَوَقِّد الذِّهن، سَرِيع الخاطر

n. إِنْذار، تَنْبيه، تحذير

on the alert عَلَى ٱستعداد، مُتأَهِّب؛ مُنْتَبِه

v.t. أَنْذَر، نَبَّه، حذَّر (من غارَة أو هجوم)

alfalfa, *n.* فِصَّة، بِرْسِيم حِجازي

alfresco, *adv. & a.* في الهواء الطَّلْق، في العَرَاء

alg/a (*pl.* -ae), *n.* طُحْلُب (نبات مائِيّ)، أُشْنة، أَلْغ، خُثّ

algebra, *n.* (**-ic, -ical,** *a.*) عِلْم الجَبْر

Alger/ia, *n.* (**-ian,** *a. & n.*) الجَزائِر، جَزائِري

algorism, *n.* النِّظام الخوارزمي للأرقام

alias, *adv.* المَعْرُوف باسم ...، الشهير بِ ...

n. إِسْم مُنْتَحَل، اِسْم مُسْتَعار

alibi, *n.* 1. (proof of being elsewhere) إِثْبات الوجود في غير مكان الجريمة

2. (*erron.*, excuse) عُذْر، ذريعة، تَعِلّة

alien, *a. & n.* (*lit. & fig.*) أَجْنَبِيّ، غريب، خارِجِيّ، دَخيل

alien/ate, *v.t.* (**-ation,** *n.*) 1. (estrange) أَبْعَدَه عن، أوجد القطيعة أو الفرقة بينهما

2. (transfer ownership of) حَوَّل أو نَقَل المِلْكية إلى شخص آخر

alienist, *n.* أَخِصَّائِيّ بالأمراض العقلية أو النَّفْسانية

alight, *v.i.* نَزَل، حَلّ، هَبَط، حَطّ، ترَجّل

alight, *adv. & pred. a.* مُشْتَعِل، مُتَّقِد، مُضْطَرِم، مُلْتَهِب

set alight أَشْعَل، أَوْقد، أَلْهَب

align, *v.t. & i.* (**-ment,** *n.*) صَفَّف، صفّ، نَسَّق؛ اِصطَفّ، تراصّ

alike, *pred. a.* شَبِيه، مُمَاثِل، مُشَابِه، ضِرْع

adv. سَوَاء، على حَدّ سَواء، عَلَى نَمَطٍ أو مِنْوالٍ واحدٍ

alimentary, *a.* غِذَائِيّ، مُخْتَصّ بالهَضْم أو الغِذاء

alimentary canal القَنَاة الهَضْمية

alimentation, *n.* غذاء، تَغْذية

alimony, *n.* نَفَقَة يَدْفَعها الزوج للزَّوْجَة المُطَلَّقة

alive, *pred. a.* 1. (living) حَيّ، عَلَى قَيْد الحياة

no man alive مَا مِن شخص

2. (*fig.*, active, in force) فَعَّال؛ ساري المفعول

3. (lively, aware) يَقِظ، فَطِن، مُتَنَبِّه

alive to the fact وَاعٍ للحقيقة، عَلَى بَيِّنَة من الأمر

look alive! شِدّ حَيْلك! أَسْرِع، شَهِّل، عَجِّل

4. (swarming *with*) عَاجٌّ بِ، حَافِلٌ بِ، مُفْعَم بِ

alkali, *n.* 1. (*chem.*) قِلْيٌ، مادّة قِلْويّة، مَادَّة قاعِديّة

2. (*commerc.*) البُوتَاسا الكَاوية، الصُّودَا الكاوية

alkaline, *a.* قِلْوِيّ، له خصائص قِلْوِيّة

alkaloid, *n.* (**-al,** *a.*) شِبْه قِلْوِيّ، شَبْقلي

all, *a.* 1. (*with pl. n.*) كُلّ، جَمِيع، كافّة

All Saints' Day عِيد كلّ القِدّيسين (عِنْدَ المسيحيّين)

2. (*with sing. n.*) كُلّ

all day ⟨long⟩ طِوالَ النَّهار، طِيلة اليوم

all-purpose, *a.* يَفِي بِكافّة الأغراض

for all time لِلْأَبَد، الى أبد الآبِدين

all-time record الرَّقَم القياسي القائم

for all that رَغْمَ ذلك، رَغْمًا عن ذَلِكَ، ومع ذلك

. . . and all that وَمَا إلى ذلك، إِلَى آخره، وهَلُمَّ جرًّا، وهكذا

not as bad as all that لَيْسَ الأمر بِهَذَا السّوء

n. 1. (everyone, everything) اَلْكُلّ، كُلّ واحد، كلّ شَيْءٍ

after all مَعَ كُلّ ما سبق، في آخر الأمر

in all وَالحَاصِل، بالجُملة، كُلِّيّةً، جُمْلةً

lose one's all فَقَدَ كُلّ ما له أو كلّ ما يَمْلِك

all and sundry كُلُّ مَن هَبَّ ودَبَّ، اَلْكُلّ بغير استثناء

all at once (simultaneously) دَفْعَةً واحدةً

(suddenly) فَجْأَةً، على حِين غِرَّة، بَغْتَةً

all the better! نِعْمَ الفائدة، جميل! وهذا أحْسن

all but عَدَا، خلا، ما عَدا

all but decided في حُكْم المُقرَّر

he all but won فَاتَه الفَوْز بقَيْد شَعْرَة، كاد أن يفوز

all-clear إشَارَة زَوال الخَطَر

all-embracing, *a.* شَامِل، جامِع، إجْمالي

all in all إجْمالاً، على وَجْه العُمُوم

he is all-in-all to me إنَّهُ كُلُّ شَيْءٍ لي، هُوَ الكلّ في الكلّ، إنّه أعزّ الناسِ عِنْدي

all in good time مَهْلاً ـ فكلّ شيءٍ سَيَتِمُّ في حِينِهِ

all-in wrestling المُصارَعَة الحُرّة

all of a sudden فَجْأةً، بَغْتَةً، على حين غِرَّة

he must be all of fifty لا بُدَّ أنّه قد جَاوَزَ الخمسين

it's all one to me لا فَرْقَ بين الأمرين، كُلُّه سَواء عندي

when all's said and done وَخُلاصَة القول، وَالحَاصِل ...

all the same عَلَى حَدّ سَواء، لا فارق؛ مَعَ كُلِّ ذلك، رَغْمًا عن ذلك

all-seeing, *a.* بَصِير بكلّ شيء

that's all very well لا بَأْس بكلّ ذلك ولكن

2. (ever)

once and for all لِآخِر مَرَّةٍ، بِصِفَة نهائيّة

adv. 1. (only)

all too soon قَبْلَ وقته، قَبْلَ الأَوان

2. (completely, wholly)

all alone مُنْفَرِدًا، لا جَليس ولا أنيس

all along طِوالَ؛ كلّ الوقت، مُنذ البِداية

he was all attention أَصْغَى باهتمام

I am all for it أُؤَيِّد كلّ التَّأْييد

all in (exhausted) مَنْهُوك القُوَى، مُضْنًى، مُجْهَد، مُتْعَب

(inclusive) شَامِل، جامِع، حاوٍ

go all out for بَذَل قُصارَى جهده، تفَانَى في سَبيل ...

all-out effort مَجْهُود جَبّار

all-powerful قَدير، قادر، قَهّار

all right! حَسَنًا! سَمْعًا وطاعةً! طَيِّب؛ عال! ، حاضِر!

all-round vision القُدْرَة على البَصَر في جَميع الإتّجاهات

all-rounder (لاعِب رِياضي) يُتْقِن عِدّة (ألعاب)

all there حَادّ الذهن، واعٍ، يقظ، فَطِن

it's all up with him قُضِيَ أَمْرُه

not at all! مُطْلَقًا، عَفْوًا، العَفْوَ، لا شُكْرَ على واجب

not at all bad لا يَخْلُو من الجُودَة، لا بَأْسَ بِهِ

Allah, *n.* الله سُبْحانهُ وتعالى

allay, *v.t.* خفّف، هدّأ، سكّن

alleg/e, *v.t.* (**-ation,** *n.*) اِدّعَى، زعم؛ إدّعاء، زَعْم

allegiance, *n.* وَلاء، وَفاء، إخلاص، طاعة، مُوالاة

allegor/y, *n.* (**-ical,** *a.*) قِصّة رَمْزية (تَحْمِل في ثناياها مَعْنًى أخلاقيًّا غير معناها الظاهر)

allegretto, *adv. & n.* العاجِل، بشيء مِنَ السُّرْعة (موسيقى)

allegro, *adv. & n.* الأعْجَل، بسُرْعة (موسيقى)

alleluia(h), *n. & int.; also* **hallelujah** هَلِّلُويا، سُبْحان الله، سَبِّحُوا الرَّبّ

allergic, *a.* 1. (relating to allergy) حَسّاس لِ...

2. (*coll.*, antipathetic *to*) نافِر من

allergy, *n.* مَرَض الحَساسية، شِدّة حَساسِيّة الجِسْم لبعض المَوادّ، استهداف

allevi/ate, *v.t.* (**-ation,** *n.*) خَفّف، سَكّن، لطّف، هَدّأ

alley, *n.* دَرْب، زُقاق (أزِقّة)؛ مَمْشًى (في حديقة)

blind alley عَطْفة، زُقاق مَسْدود؛ وَظيفة لا تُتيح فرصة للتّرقية

alliance, *n.* حِلْف، تَحالُف؛ مُصاهَرة

allied, *see* **ally,** *v.t.* حَليف، مُتحالِف، مُتَعَلِّق بِ

alligator, *n.* تِمْساح أمريكي

alliter/ate, *v.i.* (**-ation,** *n.*) بَدَأ الكلمات المُتَتابعة بِنَفْس الحَرْف

alliterative, *a.* (تَرْكيب) تَبْدَأ فيه كَلِمتان أو أكْثَر بنَفْس الحَرْف أو الصَّوْت

alloc/ate, *v.t.* (**-ation,** *n.*) خَصّص لِ، قَسّم، عَيّن، أفرد؛ حِصّة

allot, *v.t.* أَقْطَع، وَزّع، أحَصّ

allotment, *n.* 1. (apportioning) حِصّة، تقْسِيم الحِصَص، تَخْصيص

2. (portion of money) حِصّة من النَّقْد

3. (plot of land) قِطْعة أرض صغيرة تؤجِّرها البَلَدِيّة لِمَن يَرْغَبون في زِراعة خضروات بها

allow, *v.t.* 1. (permit) أَجازَ، سَمَح بِ، أذِنَ، أباح، أحلّ

allow me! اِسْمَحْ لي (بمُساعدَتِك)

no smoking allowed التَّدْخين مَمْنوع

he is allowed ten shillings a week تُخَصّص له عَشَرة شلنات أُسْبوعيًا

2. (concede, admit) اِعْتَرَفَ ب، سلّم بِ

v.i., only in

allow of اِحْتَمَل، تَقَبّل

allow for أَخَذ بالاِعْتِبار، أخَذ في الحُسْبان

allowable, *a.* مَسْموح به، جائز، مُباح، حَلال

allowance, *n.* 1. (sum allowed) بَدَل، مُخَصّصات، مكافأة؛ خَصْم، حَسْم

family allowance بَدَل حُكومي يُمْنَح للأسْرات الّتي تَعول أكثر من طِفْل واحد

2. (*engin.*, tolerance) التّفاوُت المسموح

3. (provision, concession) التَّسْلِيم ب

make allowances for رَاعَى، أخذ بِٱلِاعْتِبار

allowedly, *adv.* مِنَ ٱلْمُسَلَّم به أنّ

alloy, *n.* سَبِيكَة، خليط مَعْدِني

v.t. (*lit. & fig.*) خَلَط السَّبيكة؛ شاب

allspice, *n.* فِلْفِل حُلْو

allu/de, *v.i., with prep.* to (**-sion,** *n.*) لَمَّح إلى، عرَّض ب، أَلْمَع إلى؛ إشارة، تعريض

allure, *v.t.* (**-ment,** *n.*) أغْوَى، أغْرَى، فَتَن، جَذَب

n. إغْوَاء، جَاذِبِيّة، سِحر

allusive, *a.* (**-ness,** *n.*) تَلْميحِيّ، تنويهي

alluvi/um, *n.* (**-al,** *a.*) طَمْي، غَرِين، غِرْيَن؛ غِرْيَنِيّ

ally, *n.* حَلِيف، مُحالف

the Allies الحُلَفاء

v.t., esp. past p. & a. تَحَالَف مع

allied to (united by treaty) مُتَحَالِف أو مُتَعَاهَد مع

(connected) مُقْتَرِن، مُرْتَبِط، مُتَعَلِّق

Alma Mater, *n.* المَدْرَسَة الأمّ، المَدْرَسة أو الجامعة التي تَخَرَّج فيها الشخص

almanac(k), *n.* نَتِيجَة، تَقْوِيم، رُزْنَامَة

almighty, *a.* قادِر، قَدير، عَظِيم

the Almighty (الله) العَلِيّ العظيم

almond, *n.* لَوْز، لَوْزة

almoner, *n.* 1. (distributor of alms) مُوَزِّع الصَدَقات

2. (social worker) مُوَظَّف الخَدَمات الاجْتماعية في مُسْتَشْفىً عامّ

almost, *adv.* 1. (*with adjectives*) تَقْرِيبًا

2. (*with verbs*) أَوْشَكَ أن، كاد أن

alms, *n.* صَدَقات، زَكاة، صَدَقة

almsgiving, *n.* إحْسَان، زَكاة، تَصَدُّق

almshouse, *n.* مَأْوَى الفُقَرَاء والعَجَزَة، تكِيَّة خَيْرِيّة لِإيواء العَجَزَة

aloe, *n.* نَبَات الصُّبار، صَبْر

bitter aloes عُصَارة مُرّة تُسْتَعْمَل كمُسْهِل

aloft, *adv. & pred. a.* عَالِيًا، بِأَعْلَى السَّارية، مُرْتَفِعًا، إلى أَعْلَى

alone, *adv. & pred. a.* عَلَى حِدَةٍ، وَحِيد، مُنْفَرِد، على ٱنْفِراد

all alone مُنْفَرِد، في عُزْلة

God alone knows وَاللّٰه أَعْلم!

leave (let) me alone دَعْنِي، اُتْرُكْني وشَأْني

leave well alone دَعِ ٱلْأَمر على ما هو عَلَيْه

let alone that بِصَرْفِ النَّظَر عَن ...، إلى جانب هذا، ناهِيكَ عن...

along, *adv.* طِوالَ، على مدًى

all along طِوالَ ٱلْوَقْت؛ على طُول (الطَّريق)

come along! هَيَّا بِنَا، أَسْرِع

get along ⟨well⟩ with someone يَنْسَجِم معه، عَلَى وِفاق مع ...

along with مَعَ، بِرِفْقة

prep. طُولَ، طِوَالَ، واو المعية

alongside, *adv.* بِجَانِب، على أو في محاذاة السفينة

alongside of بِجَانِب، بمحاذاة

aloof, *adv. & pred. a.* (وَقَفَ) بعيدًا، عن بُعْدٍ، بِمَعْزِل عن الآخَرين

hold oneself (stand) aloof لَمْ يَخْتَلِط (بِزُمَلائه مثلاً)، رَفَض مُصادقتهم

alopecia, *n.* داءُ الثَّعْلَب، سُقوط الشَعْر، الصَلَع

aloud, *adv.* بِصَوْت عالٍ، بِصَوْت مسموع

alp, *n.* جَبَل عالٍ، جَبَل أَشَمّ

the Alps جِبَال الأَلْب (في أوروبا الوُسْطى)

alpaca, *n.* 1. (animal) الپَاكَا، نوع مِنَ الجِمال (في أميركا الجَنُوبية)

2. (wool, fabric) صُوفُ الألپاكا

alpenstock, *n.* عَصًا طويلة بأَسفلها حديدة مُدَبَّبة يُسْتعان بها على تسلُّق الجبال

alpha, *n.* أَلْفَا، الأَلِف (أوّل حروف الأبْجَدية اليُونانية)

Alpha and Omega البِدَايَة والنِّهاية، الأَوَّل والآخر، الأَلِف والياء

alpha plus مُمْتَاز، عال العال

alpha rays أَشِعَّة أَلْفا، الأَشِعَّة الأَلْفِيّة

alphabet, *n.* (-ic, -ical, *a.*) الحُرُوف الأَبْجَدِيّة، حُرُوف الهِجاء، الأَلِفْباء؛ مَبادِئ علم ما

alpine, *a.* نِسْبَةً إلى جِبال الألب أَوْ أيّ جِبال شاهِقة

n. (plant) نَبات جبلي

already, *adv.* قَبْلَ الآن، سَبَقَ أن .. ، بِالفِعل

Alsatian, *n. & a.* 1. (native of Alsace) أَلْزَاسِيّ، نِسْبة لبلاد الألزاس

2. (breed of dog) كَلْب يُشْبِه الذِّئْبَ

also, *adv.* أَيْضًا، كذلك؛ بالمثل

altar, *n.* مَذْبَح، هَيْكَل الكنيسة

lead to the altar عَقَد على المَرْأة

alter, *v.t. & i.* (-ation, *n.*) غَيَّر، عدَّل، بَدَّل؛ تغيَّر، تبدَّل

alter ego, *n.* الصَّدِيق المُقَرَّب، الصَفِيّ، الإِلْف المؤانِس، الخِلّ

altercation, *n.* مُشَادّة، جِدال عَنِيف، مُشاجَرة، جِدال صاخِب

altern/ate, *v.t.* (-ation, *n.*) نَاوَب، دَاوَل

v.i. تَنَاوَبَ، تَدَاوَل

alternating current; *abbr.* A.C. تَيَّار مُتَنَاوِب، تيَّار مُتقطع أو متردِّد

a. مُتَعَاقِب، مُتَبادل، دَوْرِي

alternately, *adv.* بالتَّنَاوُب، دَوَالَيْكَ، بالتَّبادل

alternative, *a.* آخَر، ثانٍ، بَدِيل، عِوَض

n. بَدِيل ، (لا) مَنْدُوحَة ، خِيار

he has no alternative but to go لَيْسَ أَمامه إِلّا الذِّهاب ، لا مَناصَ له من الذِّهاب

alternator, *n.* (*elec.*) مُوَلِّد التَيّار الكَهْرَبائي المُتناوِب أو المُتقطّع

although, *conj.* مَعَ أَنَّ ، وَلَوْ أَنَّ ، بَيْدَ أَنَّ ، بالرَّغْم من أن …

altimeter, *n.* مِقْيَاس الاِرْتِفاع ، اَلْتِيمِتْر

altitude, *n.* اِرْتِفَاع ، عُلُوّ (فوق مُسْتَوَى سَطْح البَحْر)

alto, *n.* 1. (range of pitch or voice) صَوْت عالٍ ، صَوْت مُرْتَفِع ، الألتو (موسيقى)

sing alto غَنَّى بِصَوْت الأَلْتو

2. (singer) مُغَنٍّ له صَوْت الألتو

alto-, *in comb.* (سَابِقَة بمَعْنَى) عالٍ

alto-cumulus سَحَاب رُكامي متوسِّط الاِرْتِفاع

altogether, *adv.* 1. (wholly) جُمْلَةً ، بِرُمَّته ، قاطِبَةً

in the altogether (*sl.*, nude) عُرْيَان مَلْط

2. (all things considered) بِوَجْه الْعُمُوم ، فِي جُملته ، عَلَى وَجْه الإجمال

altru/ism, *n.*, **-ist,** *n.* (**-istic,** *a.*) إِيثَار ، غَيْرِيّة ، نُكران الذّات

alum, *n.* شَبّ ، شَبَّة (كيمياء)

alumina, *n.* أُوكْسِيد الألومينيوم ، ألومينا

alumin/ium (*U.S.* **-um**), *n.* مَعْدِن الألومينيوم

aluminous, *a.* شَبِّي ، أَلُوميني ، يَحْتَوِي على مَعْدِن الأَلُومينيوم

alumn/us (*pl.* -i), *n.* تِلْمِيذ سابِق ، خِرِّيج جامعة

alveol/us, *n.* (**-ar, -ate,** *a.*) سِنْخ ، نُخْرُوب ، الحُوَيْصِلة الهوائِيّة في الرئتين ، خلية (النخل)

always, *adv.* دَائِمًا ، على الدَّوام

am, *1st pers. sing. pres. of* **be**

amalgam, *n.* 1. (of mercury) مَعْدِن مخلوط بالزِّئْبَق ، مُلْغَم (كيمياء)

2. (mixture); *also fig.* مَزِيج ، خَلِيط

amalgam/ate, *v.t. & i.* (**-ation,** *n.*) أَلْغَمَ ، مَلْغَمَ ؛ أَدْمَجَ ، وَحَّدَ ؛ تَمَلْغَمَ ، اِنْدَمَجَ

amalgamate with اِنْدَمَجَ مع

amanuensis, *n.* كَاتِب ، نَاسِخ ، كاتب السِّرّ

amass, *v.t.* كَدَّسَ ، حَشَّدَ ، جَمَّعَ ، رَكَمَ

amateur, *n. & a.* 1. (non-professional) هَاوٍ ، غَيْر مُحْتَرِف

2. (*coll.*, inexperienced person) قَلِيل الخِبْرة أو المَهارة

amateurish, *a.* قَلِيل المَهَارة ، غَيْر مُتْقَن

amatory, *a.* عِشْقِيّ ، هُيَامِيّ

amaze, *v.t.* (**-ment,** *n.*) أَدْهَشَ ، أَعْجَبَ ، أَذْهَلَ ؛ دَهْشَة ، اِنْدِهاش

amazing, *a.* مُدْهِش ، مُذْهِل ، عَجِيب

Amazon, *n.* (**-ian,** *a.*) 1. (river) نَهْر الأَمَازُون (في امريكا الجَنوبية)

2. (female warrior; *usu. fig.*) فَارِسَة، اِمْرَأة مُحاربة أو مُسْتَرْجِلة

ambassad/or (*fem.* **-ress**), *n.* (**-orial,** *a.*) سَفِير، سَفِيرة

ambassador extraordinary سَفِير فوق العادة

amber, *n. & a.* 1. (substance) كَهْرَباء، كَهْرَمان

2. (colour) لَوْن الكَهْرَمان

ambergris, *n.* عَنْبَر (يُسْتَعْمَل في صِناعة العُطُور)

ambidext/rous, *a.* (**-erity,** *n.*) مَن يَعْمَل بِكِلتا يدَيْه بِنَفْس السُّهولة والإتْقان

ambi/ent, *a.* (**-ence,** *n.*) مُحِيط، مُكْتَنِف

ambigu/ous, *a.* (**-ity, -ousness,** *n.*) ذُو مَعْنَيَيْن، مُلتبِس، مُبْهَم ؛ تَوْرِيَة

ambit, *n.* مَدًى، حُدود، تُخوم

ambition, *n.* 1. (desire for fame, etc.) طُمُوح (للرُّقِيّ)، حُبّ الشُّهْرَة والمَجْد

2. (object) مَطْمَح، مَرْمًى، مَطْمع

ambitious, *a.* طَمُوح

ambival/ent, *a.* (**-ence,** *n.*) يَجْمَع بين مَوْقِفَيْن متناقِضَيْن ؛ تكافُؤ الضِّدَّيْن

amble, *v.i.* خَبَّ، دلف، تبختر، ترفّق في سَيْرِه

ambrosi/a, *n.* (**-al,** *a.*) طَعَام الآلهة؛ (طَعَام) في مُنتهَى اللّذة

ambulance, *n.* سَيارة الإسْعاف، مُسْتَشْفًى مُتَنقِّل

ambulance corps هَيْئَة إسْعاف، هيئة طبّية

field ambulance مُسْتَشْفَى الميدان

ambulatory, *a.* دَوّار، مُتَنقِّل، سَيّار

ambush, *n.* كَمِين، فَخّ، شَرَك، مَرْبَض، مَكْمَن

lay an ambush نصب كَمِينًا أو شَرَكًا

lie in ambush تَرَبَّص، ترصّد، كَمَن

v.t. تَرَبَّص، نَصَب كَمِينًا له (لِمُباغَتته)

amelior/ate, *v.t.* (**-ation,** *n.*) حَسَّنَ، أَصْلَحَ؛ تَحْسِين

amen, *int. & n.* آمِين، فَلْيَتَحَقَّقْ ذلك

amenab/le, *a.* (**-ility,** *n.*) 1. (responsible, liable) مَسْؤُول، مُطالَب، مُلْزَم

2. (responsive, tractable) يَقْبَل (النُّصْح)، لا يَرْفُض (النَّصِيحَة)، لَيِّن العَرِيكَة

amenable to reason قَابِل للاقْتِناع

amend, *v.t.* (**-ment,** *n.*) عَدَّل، أصلح، قَوَّم، صحّح؛ تعديل

n.pl. تَعْوِيض، ترضية، جَزَاء

make amends ⟨for⟩ عَوَّض شخصًا عن (ضَرَر أو إهانة)

amenity, *n.* لُطف، اعتدال (الجوّ)؛ مَرافِق

the amenities of life مَرَافِق الحياة، مُتطلّبات العيش بلا شَظَف

America, *n.* أميركا، أمريكا

American, *a. & n.* أميركي، امريكي، مِن سُكّان قارّة امريكا الشماليّة

American cloth قُماش (مُشَمَّع) مصقول (يُسْتَعْمَل لتغطية الموائد والرفوف الخ)

Americanism, *n.* لَفْظَة أو عِبارة أميركية ؛ المُوالاة لأميركا ولكلّ ما هو أميركيّ

amethyst, *n. & a.* 1. (jewel) الجَمَشْت (حجر كريم)
2. (colour) لَوْن بَنَفْسَجي

Amharic, *a. & n.* اللُّغَة الأمْهَرِية (اللُّغة الرسمية في ايثيوبيا)

amiab/le, *a.* (**-ility,** *n.*) أنِيس، وَدُود، حُلْو المَعْشَر

amicable, *a.* وُدِّي

amid(st), *prep.* بَيْنَ، في وَسْط، وَسْطَ

amidships, *adv.* وَسْطَ السَّفينة، في مُنْتَصَف السفينة

amiss, *adv. & pred. a.* في غَيْر مَوْضعه أوْ مَحلّه، غير لائق

it will not come amiss سَيَعُود (عليّ) بفائدة

take it amiss أَخَذ على خاطِره، حَمَل الكلام مَحْمَل السُّوء

what's amiss? مَا الخَطْب؟ ماذا جرى؟

amity, *n.* وِدّ، صَداقة، أُلْفَة، مَحَبّة

ammeter, *n.* مِقْيَاس قُوّة التَّيَّار الكَهْرَبائي بالامبير، أميتر

ammonia, *n.* نُوشَادِر، نُشادِر، امونيا

ammoniac, *a.* نُشَادِري

sal ammoniac مِلْح النُشادِر

ammoniated, *a.* مَزِيج بالنُشادِر

ammonium, *n.* نُشادِر، أمونيوم

ammonium chloride كلُوريد الأمونيوم

ammunition, *n.*; *sl. contr.* **ammo;** *also fig.* ذَخِيرة، عَتاد حَرْبي

amnesia, *n.* فِقْدان الذاكرة، نِسْيان (طبّ)

amnesty, *n.* عَفْو عامّ (بالأخصّ عن المَسْجُونِين السياسيّين أو الهَارِبين من الجَيْش)

v.t. صَفَح عن، أصْدَر عفوًا شاملاً

amoeb/a, *n.* (**-ic,** *a.*) أمِيبا، حَيَوان مِجْهَرِيّ

amok, *adv.*; *also* **amuck** بِهِيَاج، بِتَهَوُّر

run amok اِنْدَفَع هائِجًا ومُتَعطِّشًا للدِّماء

among(st), *prep.* وَسْط، في وَسْطِ، من بَيْن

amoral, *a.* غير مُؤْمن بالقِيَم الأخلاقية، لا أخلاقيّ

amorous, *a.* (**-ness,** *n.*) غَرَامِيّ، عِشْقي؛ هُيام، وَلَه، (شِعر) الغَزَل

amorphous, *a.* (**-ness,** *n.*) (*lit. & fig.*) عَدِيم الشّكل؛ غير مُتَبَلْوِر

amortiz/e, *v.t.* (**-ation,** *n.*) اِسْتَهْلَك دَيْنًا؛ إيفاء الدَّيْن برَصْد مَبالغ تُدفع دَوْرِيًّا

amount, *n.* مِقْدَار، كميَّة، مَبْلَغ

v.i. بَلَغ؛ اُعْتُبِر بِمَثابة ...

it doesn't amount to much (*coll.*) لَيْس له أهَمِّيّة كبيرة، أمْرٌ تافِه

amour, *n.* غَرَام، عِشْق، عَلاقة غَراميّة

amour-propre, *n.* كِبْرِياء، الكَرَامة الشَّخصيّة

amperage, *n.* قُوَّة التَّيار الكَهْرَبائي بالأمبير

ampere, *n.*; *contr.* **amp** أمْبِير (وَحْدة قِياس التيّار الكَهْرَبائي)

ampersand, *n.* عَلامة & بِمَعْنَى و...

amphibian, *n.* 1. (animal) حَيَوان بَرْمائيّ (يَعيش في البَرّ والبَحْر)

2. (aircraft or vehicle) سَيَّارَة أو طَائِرَة بَرْمائيّة (تَعمل في البَرّ والبَحْر)

amphibious, *a.* بَرْمَائِيّ

amphitheatre, *n.* 1. (seats surrounding arena) مُدَرَّج (في مَلْعَب مثلاً)

2. (gallery in theatre) مَقَاعِد الطابِق الأعْلى في المسرح

ample, *a.* 1. (spacious) رَحْب ، مُتَّسع ، فَسيح

of ample proportions فَضْفَاض ، مُمْتَلِىء

2. (quite enough) كَافٍ ، غَزير ، طَائِل ، جَمّ

amplif/y, *v.t.* (**-ication,** *n.*) 1. (increase *sound, etc.*) ضَخَّم الصَّوت ، كَبَّره

2. (enlarge *statement, etc.*) أَسْهَب القول ، أَفاضَ ، فصَّل ، أطالَ

in amplification بإسْهاب ، تَفْصِيلاً (لِما سَبَق)

amplifier, *n.* مُكَبِّر الصَّوْت ، جِهاز لتضخيم الصّوت

amplitude, *n.* سِعَة ، غَزارة ؛ سِعَة المَوْجة

amply, *adv.* بِغَزارة ، بِوفرة ، بِسِعة

amp(o)ule, *n.* أَمْبُولة ، أَنْبوبة زُجاجِيّة صَغيرة تَحْتَوِي على دواء لِلحَقْن

amput/ate, *v.t.* (**-ation,** *n.*) بَتَرَ ، قَطَعَ ، جَدَعَ ؛ بَتْر (عَمَليّة جِراحِيّة)

amuck, *see* **amok**

amulet, *n.* تَعْوِيذة ، تَمِيمة (تمائم) ، رُقْيَة ، حِجاب (أَحْجِبة)

amuse, *v.t.* (**-ment,** *n.*) 1. (divert, entertain) سَلَّى ، رفَّه عن

amuse oneself تَسَلَّى ، تَلَهَّى

amusement park مَدِينَة المَلاهِي

2. (cause to smile or laugh) أَضْحَكَ ، جَعَلَه يَضْحَكُ أو يَبْتَسِم

amusing, *a.* مُضْحِك ، مُسَلٍّ ، فَكِه ، مُلْهٍ

amyl, *n.* الأَمِيل (كيمياء)

an, *see* **a**

anachron/ism, *n.* (**-istic,** *a.*) مُفارَقَة زَمَنِيّة ، اِنْعِدام التَّوافُق الزَّمَنِيّ

anaconda, *n.* أَناكُنْدَه ، حَيَّة كَبِيرة مِنْ فَصِيلة البُواء

anaem/ia, *n.* (**-ic,** *a.*) أَنِيمَيا ، فَقْر الدَّم

anaesthesia, *n.* تَخَدُّر ، تَخْدِير ، خُدار ، زَوَال الحِسّ (طبّ)

anaesthetic, *a.* & *n.* مُخَدِّر ، بَنْج (طبّ)

local anaesthetic مُخَدِّر أو بَنْج مَوْضِعِيّ

anaesthetist, *n.* طَبِيب البَنْج أو التَخْدير

anaesthetiz/e, *v.t.* (**-ation,** *n.*) خَدَّر ، بَنَّج ، أَفْقَده الحِسّ ؛ تَخْدِير

anagram, *n.* (**-matic, -matical,** *a.*) كَلِمَة مُرَكَّبَة من كَلِمة أُخْرَى بِتَغيير تَرْتِيب حُروفها

anal, *a.* شَـرَجي (طبّ)

analects, *n.pl.* مُنْتَخبات أو مُقْتَطَفات أدبِيَّة

analgesia, *n.* زَوال أو فُقْدان الشّعور بالألَم

analgesic, *a.* & *n.* مُسَكِّن يَقْضي على الأَلَم

analogous, *a.* مُمَاثِل، مُوازٍ، مضاهٍ، مُناظِر

analogue, *n.* نَظِير، شبيه، مثيل

analogy, *n.* مُضاهَاة، قِياس؛ تَنَاظُر؛ تَوافُق؛ قِياس تَمْثيلي (مَنْطِق)

analys/e, *v.t.* (**-is,** *n.*) 1. (examine, dissect) حَلَّل، رَدَّه إلى عَناصِره؛ تحليل

in the last analysis وَالْخُلاصَة النّهائيّة

2. (= psychoanalyse) حَلَّل نَفْسانيًّا

analyst, *n.* 1. (*chem., etc.*) مُحَلِّل كيماويّ

2. (= psychoanalyst) مُحَلِّل نفسانيّ

analytic(al), *a.* تَحْليليّ، تفصيليّ

anapaest, *n.* (**-ic,** *a.*) تَفْعيلة انجليزية (‒ ᵕᵕ)

anarchism, *n.* مَذْهَب الفَوْضَوِيّة، الدَّعْوة إلى مُجْتَمَع بِلا حُكومة

anarchist, *n.* فَوْضَوِيّ، مُؤْمِن بالفَوْضَوِيّة

anarch/y, *n.* (**-ic, -ical,** *a.*) فَوْضى؛ فَوْضَويّ

anastigmatic, *a.* لا نُقْطيّ، غير مصاب بِحَرَج البَصَر؛ (عدسة) مصحّحة اللانقطيّة

anathema, *n.* لَعْنَة الله، الحِرْمان الكنسيّ أو الكنائسيّ، أناثيما

anatomical, *a.* تَشْريحيّ، مُختَصّ بِعِلْم التَّشريح

anatomist, *n.* أخِصّائيّ بعِلْم التّشريح، مُشَرِّح

anatomy, *n.* 1. (branch of science) عِلْم التَّشريح

2. (dissection) تَشْريح الجِسْم

3. (*coll.*, the body) جَسَد، بدن، شكل الجسم

ances/tor (*fem.* **-tress**), *n.* (**-tral,** *a.*) جَدّ أَعْلَى، سَلَف

ancestry, *n.* أَسْلاف، أجداد، سِلْسِلة النَّسَب

anchor, *n.* مِرْساة، هِلْب (أهلاب)

at anchor (سَفِينَة) رَاسِية

cast anchor أَلْقَى المِرْساة

weigh anchor أَقْلَعَ، رَفع المرساة

sheet anchor (*lit.*) المِرْسَاة الكَبيرة

(*fig.*) مَأْمَن، مَنْجًى، مَلاذ

v.t. (*lit.* & *fig.*) رَسَا، أَرْسَى؛ استقرّ

v.i. أَلْقَى المِرْساة، رسا

anchorage, *n.* (*lit.* & *fig.*) مَكان لِرَسْو (السَّفِينة)

anchor/ite (*fem.* **-ess**), *n.* رَاهِب، ناسِك، زَاهِد، مُتَعَبِّد

anchovy, *n.* أَنْشُوجا، بَلَم، سَنَمُورة (نَوْع من السَّمَك)

ancien régime, *n.* عَهْد ما قبل الثّورة الفَرَنْسِيَّة؛ النِّظام القديم، العَهْد البائد

ancient, *a.* قَدِيم، غابر، عتيق

the ancients الأَوَّلون، الأوائل، الأَقْدَمون

ancillary, *a.* & *n.* ثَانَوِيّ، تابع، فرعيّ، جانبيّ

and, *conj.* وَ، وَاوُ ٱلعطف

there are books and books هُناكَ كُتُب قَيِّمَة وأخرى تافهة

and so on وهَلُمَّ جرًّا، إلى آخِره، وَمَا إلى ذلك، وما شابَه ذلك

andante, *adv. & n.* بِبُطْء (موسيقى)

andantino, *adv. & n.* بِبُطْء (موسيقَى)

androgyn/ous, *a.* (**-y,** *n.*) لَهُ صِفات الذَّكَر والأُنْثَى، خُنْثَى؛ خُنْثَوِيّ

anecdote, *n.* حِكَايَة، قِصّة شيّقة، نادِرة، أملوحة، مُلْحَة

anemometer, *n.* مِقْياس سُرعة الريح

anemone, *n.* شَقَائِق النُّعْمان، شقَّار، (نَبات مُزهِر مختلف الألوان)

sea anemone شَقِيق البحر (حَيَوان بحريّ)

aneroid, *a. & n.* جَافّ، لا سائلي

aneroid barometer بَارُومِتر مَعْدِني

aneurism, *n.* تَمَدُّد الأَوْعِية الدَّموية (طِبّ)

anew, *adv.* مِنْ جَدِيد، مرّة أُخرَى، عَوْدًا على بدءٍ، ثانيةً

angel, *n.* مَلَك، مَلاك (مَلَائك ومَلائِكة)

guardian angel (*fig.*) مَلَكٌ أو مَلاك حارِس

angel-fish نَوْع من أسماك مياه اميركا الجنوبية، نوع من كلاب البحر

angelic, *a.* 1. (of angels) مَلَكِيّ، ملائكيّ

angelic host المَلَأُ الأَعْلَى، الملائكة

2. (sweet-tempered) وَدِيع، رقيق الشُّعُور، ملائكيّ الطبع

angelica, *n.* عُشْب أو حَشيشة الملائكة

angelus, *n.* جَرَس البشارة، صَلاة التّبشير (عند الكاثوليك)

anger, *n.* غضَب، غَيْظ، سُخْط، حَنَق

v.t. أَغَاظ، أغْضَب، أَحْنَق، أَثَار السُخْط

angina, *n.* ذُبْحة، خُناق (طبّ)

angina pectoris الذُّبْحَة الصَّدْرِيّة

angle, *n.* 1. (*geom.*) زَاوِيَة (هَنْدَسَة)

acute angle الزَّاوية الحادّة

obtuse angle الزَّاوية المُنْفرِجة

right angle الزَّاوية القائمة

angle-iron الحَديد الزَّاوي

2. (point of view) وُجْهة النظر، مَوْقِف، ناحية

get an angle on (*coll.*) اِطَّلع على، تعرَّف ب

v.i. (fish with rod) صَاد (السمك) بالصِّنّارة

angle for compliments تَصَيَّد المَدِيح، سَعَى في طَلَب الثَّناء

angler, *n.* سَمَّاك، صائد السمك (بالصِّنّارة)

Anglican, *a. & n.* تَابِع للكَنيسة الانكليزية أو مُخْتصّ بها، أنكليكاني

Anglicanism, *n.* مَذْهَب الكنيسة الانكليزية

Anglicism, *n.* إدخال تعبير انكليزيّ في لغة أُخرى

angliciz/e, *v.t.* (**-ation,** *n.*) صَيّره انكليزيًّا ، أعْطاه طابعًا انكليزيًّا ؛ النَّكْلَزة

angling, *n.* صَيْد السَّمك بالصّنّارة

Anglo-, *in comb.*
Anglo-Catholic إنْكليزيّ تابع لفرْع من الكنيسة الإنكليزية يتمسّك بالطقوس
Anglo-Indian إنْكليزيّ وُلد في الهِنْد أو عاش فيها فترة طويلة
Anglo-Saxon أنجلو سَكْسوني ، من سُكّان اِنْكلترا قبل الفتح النورمانيّ ؛ لُغتهم

Anglophile, *n.* أجْنَبيّ يُحِبّ كلّ ما هو اِنْكليزي

Anglophobia, *n.* شِدّة البُغض لانكلترا أوللانكليز

Angora, *n.* أنْقَرة ، أَنْجُورا ، نَسيج صُوفيّ ناعم الوَبَر
angora cat قِطّة أَنْقَرة ، قِطّة وان (عراق)
angora rabbit; *also* angora أَرْنَب أَنْقَرة ، نَوْع من الأرانب ذو شعر حريريّ طويل

angostura, *n.* اَنْغُسْتُورا (خُلاصة لِحاء خاصّ)
angostura bitters مادّة تُعْطِي الكوكتيل نَكْهَة

angry, *a.* 1. (enraged, indignant) غاضِب ، ساخِط ، حانِق ، غَضْبان
2. (inflamed) (جُرْح) مُلْتَهِب ، (دُمّل) مُتوَرِّم

angst, *n.* تَشاؤُم وقَلَق على مَصير البَشَريّة

Ångström, *n.*; *also* **Ångström unit** وَحْدة أنْغستروم لِقِياس الطُّول (١٠^-٨ سم)

anguish, *n.* كَرْب ، لَوْعة ، كَمَد ، أَلَم مُبَرِّح

anguished, *a.* مُلْتاع ، كَمِد ، مَكْروب

angular, *a.* (**-ity,** *n.*) 1. (having angles) ذو زَوايا أو أَرْكان ، زاويّ
2. (*of the human frame,* bony) نَحِيل ، ضامِر ، نَحِيف ، بارِز العِظام

anhydride, *n.* الأنْهيْدريد (كيمياء)

anhydrite, *n.* الأنْهيْدريت (كيمياء)

anhydrous, *a.* لا مائيّ ، خالٍ من الماء (كيمياء)

aniline, *n.* الأَنيلين (كيمياء)

animadver/t, *v.i., with prep.* on (**-sion,** *n.*) اِنْتَقَد ، وَبَّخ ؛ انتقاد بروح عَدائيّة

animal, *a.* & *n.* 1. (of non-vegetable living things) حَيوانيّ ؛ حَيوان
the animal kingdom المَمْلَكة الحَيوانيّة
2. (of quadrupeds) حَيوان ، مِن ذَوات الأَرْبع
animal shelter حَظيرة أو زَريبة للحيوانات
3. (displaying brutish instincts) بَهيميّ ، مُتوحِّش ، حَيوانيّ
animal spirits حَيويّة الشَّباب ونَشاطه

anim/ate, *v.t.* (**-ation,** *n.*) 1. (give life to) أحْيا ، نَفَخ الحياة في ...
animated cartoon الرُّسُوم المُتَحَرِّكة ، فِيلْم سِينَمائيّ مُكوّن من رسوم متحرّكة
2. (inspire, influence) حَثّ ، دَفَع ، شَجّع
3. (enliven); *usu. past p.* & *a.* نَشَّط ، أَحْيا ، أَنْعَش ؛ مُفْعَم بالحيويّة ، حَيّ

animated discussion مُنَاقَشَة حامِيَة أو حارّة

a. عَلَى قَيْد الحياة ، حَيّ

anim/ism, *n.*, **-ist,** *n.* مَذْهَب الرّوحانية ، الاِعْتِقاد بأنّ لكلّ ما في الكَوْن روحا

animosity, *n.* مُخاصَمَة ، عَداء ، ضَغِينَة ، بَغْضاء

animus, *n.* 1. (animating spirit) الرُّوح المُحَرِّكة

2. (animosity) عَداوَة ، حِقْد ، ضَغِينَة ، بَغْضاء ، كَرَاهية

aniseed, *n.* (حَبّ) الأَنِيسُون ، (بُذور) اليَنْسُون

ankle, *n.* رُسْغ القَدَم ، كاحِل

anklet, *n.* خَلْخَال (خَلاخيل) ، حِجْل

anna, *n.* آنا ، عُمْلَة هِندية ، $\frac{1}{16}$ من الرُّوبيّة

annalist, *n.* مُؤَرِّخ حَوْلِيّات ، مُسَجِّل الأَحْداث التاريخيّة عامًا فعامًا

annals, *n.pl.* حَوْلِيّات ، سجلّ يَسْرُد الأَحْداث عامًا بعْد عامٍ

anneal, *v.t.* لَدَّن أو سَقَى المَعْدِن

annex, *v.t.* (**-ation,** *n.*) أَلْحَق (ب) ، ضَمَّ (إلى) ، أضاف (إلى)

annex(e), *n.* 1. (addition to document) ذَيْل ، مُرْفَق ، مُلْحَق

2. (addition to building) بِنَاء مُلْحَق

annihil/ate, *v.t.* (**-ation,** *n.*) أَبَاد ، أَهْلَك ، أَفْنَى ؛ إبادة ، إفناء

anniversary, *n.* ذِكْرَى سَنَوِية

Anno Domini (*Lat.*); *abbr.* **A.D.** السَّنَة الميلاديّة

annot/ate, *v.t.* (**-ation,** *n.*) عَلَّق ، دَوَّن المُلاحَظات ؛ تعليق ، تَفْسِير النَّصّ

annotator, *n.* شَارِح ، مُعَلِّق ، مُفَسِّر

announce, *v.t.* (**-ment,** *n.*) أَعْلَن ، أذاع ، أَنْبَأ ، أَشْهر

announcer, *n.* مُذِيع ، مُنادٍ

annoy, *v.t.* (**-ance,** *n.*) أَزْعَج ، أَضْجَر ، ضَايَق ؛ مُضَايقة

annual, *a.* سَنَوِيّ ، حَوْلِيّ

n. 1. (plant) نَبَات حَوْلِيّ (يُزهِر في السَّنَة التي ينبت فيها ثُمّ يَمُوت عَقِب الإثمار)

2. (book) كِتَاب سَنَوِي ، حَوْلِيّة

annuity, *n.* مَبْلَغ يُدْفَع سَنَوِيًّا

life annuity دَفْعَة سَنَوِيّة لِمَدَى الحياة

annul, *v.t.* (**-ment,** *n.*) أَلْغَى ، أَبْطَل ، فَسَخ

annular, *a.* حَلْقِيّ ، طَوْقِيّ

Annunciation, *n.* عِيد البِشَارة (عند المسيحيين)

anod/e, *n.* (**-ic,** *a.*) قُطْب مُوجَب ، أنود ؛ أَنُودِيّ (كهرباء)

anodyne, *n.* دَوَاء لِتَسْكِين الأَلَم ؛ مُسَكِّن ، مُخَفِّف ، مهدِّئ

anoint, *v.t.* مَسَح بالزيت ، مَرَّخ

anomalous, *a.* شَـاذّ، لا قِياسِيّ

anomaly, *n.* شُـذُوذ، خُروج عَن القِياس

anon, *adv.* عَمَّا قريب، بعد قليل

see you anon! إلَى اللِقاء بعد حين

anon., *contr. of* **anonymous**

anonym/ous, *a.* (**-ity,** *n.*) مُجْهول، غُفْل مِنَ الاسم؛ خَفاء الهوِّية

anopheles, *n.* بَعُوضَة الملاريا، أنُوفيليس

anorak, *n.* مِعْطَف جِلْدي قَصير ذو قَلَنْسُوَة

anorexia, *n.* نَقْص الشَّهِية للطّعام

another, *a. & pron.* 1. (additional) آخَرُ، ثانٍ، إضافي

in another ten years بَعْدَ مُرور عَشْر سَنَوات

2. (different) ثانٍ، آخَرُ، مُخْتَلِف

another time في وَقت آخَر؛ مرّة أُخْرى

that's another matter هٰذا أمر ثانٍ، هٰذِهِ مَسْأَلة أُخرى

3. (*reciprocal pron.*) (بَعْضُهم) بعضًا

love one another أَحِبُّوا بَعْضُكم بَعْضًا

answer, *v.t. & i.* 1. (reply to, reply) أَجَاب، رَدَّ على

answer the door فَتَح الباب (للطَّارِق)

answer ⟨someone⟩ back رَدَّ بِوَقاحَة

answer to the name of يُقال له، يُدْعَى كذا

2. (respond *to*) اِسْتَجَابَ لِ...

answer to treatment اِسْتَجَاب للعِلاج

3. (be adequate, be adequate for)

answer the purpose سَدَّ الحاجة، وَفَى بالغَرَض

4. (face responsibility *for*) تحمَّل المَسْؤُولِيّة، تكفّل بِ

5. (correspond, correspond to) طَابَقَ، وَافَقَ، لاءَم

n. 1. (reply) جَواب، إجابة، رَدّ

in answer to رَدًّا، جوابًا، إجابةً (على)

know all the answers لا يَسْتَعْصِي عليه جواب

2. (solution) حَلّ (المُشْكِلة مثلًا)، جواب

answerable, *a.* مَسْؤُول، مُطَالَب بِ...، عَلَيْه تَبِعة

ant, *n.* نَمْل، نَمْلة

ant-eater آكِل النَّمْل (حيوان)

ant-hill; *also* ant-heap بَيْتُ النَّمل، قرية النمل

antacid, *a. & n.* مادّة مُعَدِّلة لِحُموضَة المَعِدَة

antagonism, *n.* خُصُومَة، تَضَادّ، تَبَاغُض، تَنافُر

antagonist, *n.* خَصْم، غَرِيم، مُعارِض، مُنافِس، مُمَثِّل وُجهة نَظَرٍ مُضادّة

antagonistic, *a.* عَدَائِيّ، خِصامِيّ، نَافِر، غير مُحَبِّذ لِ..، مُعارِض

antagonize, *v.t.* أَثار العَداء، جَعَل منه خَصْمًا

antarctic, *a.* مُختَصّ بِمنْطَقَة القُطْب الجنوبي

antarctic circle الدَّائِرَة القُطْبيّة الجنوبيّة

the Antarctic, *n.* المِنْطَقَة القُطْبيّة الجَنوبيّة

ante-, *pref.* (بَادِئة بمعنى) قَبْلَ ، سابِق

anteced/ent, *a.* (**-ence**, *n.*) سَابِق، مُقَدَّم، سالِف

n. 1. (preceding thing) ما يَعُود عليه الضّمير

2. (*esp. pl.*, background, past career) الأَحْداث السَّابِقة في حياة الشخص

antechamber, *n.* غُرْفَة مُؤَدّية إلى أخرى أكبر منها

antedate, *v.t.* وَضَع تأريخًا سابقًا للتَّأريخ الفِعْلي؛ سَبَق

antediluvian, *a.* نِسْبَةً إلى مَا قَبل الطُّوفان؛ هَرِم، عَتيق

antelope, *n.* ظَبْي (ظِباء) ؛ جِلْدُه المَدْبوغ

ante meridiem (*Lat.*); *abbr.* **a.m.** قَبْلَ الظُّهر (ق.ظ.)، صَباحًا

antenatal, *a.* نِسْبَةً إلى ما قبل الوِلادة

antenn/a (*pl.* -ae), *n.* 1. (*zool.*) مِجَسّ، قَرْن الاِسْتشعار (علم الحيوان)

2. (*radio*) هَوائي ، ايريال

antenuptial, *a.* نِسْبَةً إلى ما قبل الزَّواج

antepenultimate, *a.* قَبْلَ الأَخير بِاثْنَين

anterior, *a.* سَابِق، مُتقدّم ؛ أمامي

ante-room, *n.* غُرْفَة مُؤَدّية إلى أخرى أكْبر منهَا؛ غُرفة اسْتِراحة

anthem, *n.* نَشِيد، نَشيد ديني ، تَرْنِيمَة

National Anthem النَّشيد أو السَّلام الوَطَني

anther, *n.* مُتْك، مِئْبَر (علم النبات)

anthologist, *n.* جَامِع المُنْتَخَبات الأَدَبيّة

anthology, *n.* مَجْمُوعة مُنتخبات أَدَبية

anthracite, *n.* فَحْم الانثراسيت

anthrax, *n.* الجَمْرة الخَبِيثة (مَرَض يُصيب الماشية وقد يصيب الانسان)

anthropoid, *a.* & *n.* شَبِيه بالانْسان (القُرُود خاصَّةً)

anthropolog/y, *n.* (**-ical**, *a.*) الأَنْثروبولوجيا دِرَاسة المُجتمعات البَشَرِيّة (البِدَائِيّة خاصّة)

anthropomorph/ism, *n.* (**-ic**, *a.*) التَّشْبِيه ، عَزْو الصِّفات البَشَرِيَّة إلى الله

anti-, *pref.* (بَادِئة بمعنى) مُضادّ أو مُعادٍ لِ...

antibiotic, *a.* & *n.* مُضادّ حَيَوِيّ ، مَادّة مُضادّة للحيوِيّات

antibody, *n.* مَادَّة مُدافعة أو وَاقِيَة، جِسْم مُضادّ للحيويّات

antic, *n.* تَصَرُّف شاذّ يُثير الضَّحِك، هَزْل

Antichrist, *n.* المَسِيح الدَّجّال؛ عَدُوّ المَسِيح، مُناوِئ للمسيح

anticip/ate, *v.t.* & *i.* (**-ation**, *n.*) 1. (expect, look forward to) أَدْرَكَ مُسْبَقًا، تَوَقَّع، تَطَلَّع، تَنَبَّأ

in anticipation of انْتِظارًا لِ

2. (forestall) سَبَق، تَقدّم على، عَاجَل

anticipatory, *a.* اِنْتِظارِيّ، تَوَقُّعِيّ، سابق

anticlimax, *n.* خَيْبة الأَمَل لِعَدَم تَحَقُّق الذِّروة

anticlin/e, *n.* (**-al**, *a.*) طَيَّة مُحَدَّبة في طَبَقات الأرض

anticlockwise, *adv. & a.* عَكْسَ اتِّجاه عَقْرَبَي السّاعة

anticyclon/e, *n.* (**-ic,** *a.*) ضِدَّ الإعْصار، إعْصار مُعاكس

antidote, *n.* تِرْيَاق ، مُضَادّ للسُّموم

antifreeze, *n.* مَانِع التَجَمُّد، مُقاوِم التجَمُّد

antigen, *n.* مولِّد المُضادّات في الدّم

antilogarithm, *n.* الأَعْداد المُقابلة لِلُوغاريتمات

antimacassar, *n.* غِطاء يَحْفظ أعْلَى ظَهْر الكُرسيّ من الاتّساخ بِزُيوت الشَّعر

antimony, *n.* حَجَر الكُحْل، إثْمِد، أنْتِيمُون

antipathetic, *a.* نَافِر، مُنفِّر، صادّ

antipathy, *n.* نُفُور، صُدود، تَنافُر

antipod/es, *n.pl.* (**-ean,** *a.*) الجِهَة المقابِلة لَنا مِن الكُرَة الأرْضِية ؛ تَضادّ تامّ

antiquarian, *a. & n.* مُخْتَصّ بِالآثار القديمة

antiquary, *n.* جامِع الآثار أودارِسُها

antiquated, *a.* عَتِيق؛ مَهْجور، مُتَقادم

antique, *a.* أَثَرِيّ، قديم العهد

n. أَثر قَديم ، تُحْفة قَديمة

antique shop مَتْجَر العاديّات

antiquity, *n.* 1. (ancient times) القِدَم ، العُصور القَدِيمة (وخاصّة الرُّومان واليُونان)

2. (*esp. pl.*, relic of ancient times) آثار قَدِيمة، عادِيّات

antiscorbutic, *a. & n.* مُضادّ لِمَرض الأَسْقَرْبُوط

anti-Semit/ic, *a.* (**-ism,** *n.*); *also* **anti-Semite,** *a. & n.* لا سَامِيّ ، اللّاسامِيّة ؛ مُعادٍ لِليَهود

antiseptic, *a. & n.* مُعَقِّم، مُطَهِّر، مَانِع العُفُونة ، مَحْلُول يقتل الجَراثيم

antisocial, *a.* مُضادّ للعُرْف الاجتماعيّ

antithe/sis (*pl.* -ses), *n.* (**-tic, -tical,** *a.*) نَقِيض، تَضادّ، تَعارُض ، تَبايُن

antitoxin, *n.* ضِدّ التوكسين، واقٍ من التسَمُّم

antler, *n.* شُعْبَة قَرن الوَعِل، فَرْع قَرْن الأَيِّل

antonym, *n.* نَقِيض أو عَكْس الكلمة

anus, *n.* شَرَج ، إست ، الفَتحة السُّفْلَى للقناة الهَضْمِيّة

anvil, *n.* سِنْدان

anxi/ous, *a.* (**-ety,** *n.*) قَلِق ، مَشْغول البَال، مَهْموم؛ قَلَق

anxious about ... قَلِق أو مَشْغول البال على ...

anxious to please حَرِيص على إرْضاء غيره

I am anxious to see you بِوُدِّي أنْ أَرَاك ، إنّي مُشْتاق لِرُؤْيتك

any, *a. & pron.* 1. (*with interrog. & neg.*)

any luck? هَلْ حَالَفَكَ الحَظّ ؟ هل وُفِّقْتَ ؟

I don't want any ⟨of it⟩ لا أُرِيدُ أنْ آخُذَ (مِمّا تَعْرِض علي) ، لَسْتُ بِحاجة إليْه

I don't want any more أَخَذْتُ كِفايَتي وَلا أُرِيدُ المَزِيد

I don't want it any more لَمْ أَعُد (أو لَسْتُ) بِحاجَةٍ إِلَيْه

there is little if any benefit in this إِنْ كانَ فِيهِ ثَمَّةَ فائدة فهي قَليلة

2. (no matter which, what)

any will do for the job أَيٌّ مِنهم (مِنْها) يَفِي بالغَرَض

he will be here any minute now سَيَصِل بَيْنَ لَحْظَةٍ وأُخْرى

any time في أَيِّ وَقْتٍ من الأوقات ، لا يُهِمّ مَتَى (تَحْضُر)

at any rate عَلَى أَيَّة حالٍ ؛ على الأَقَلّ

in any case عَلَى كُلّ حالٍ ، مَهْما يَكُنْ مِنْ أَمْر ، بأيّ وَجْهٍ مِن الوُجوه

adv.

is it any good? هَلْ فِيه من نَفْعٍ ؟

he is not doing any too well إِنَّ حالَتَه لا تَدْعُو إلى الرِّضَى

without his being any the wiser دُونَ أَنْ يَزْدادَ عِلْمًا ؛ عَلى غَيْرِ مَعْرِفَة مِنه

anybody (*also* **anyone**), *pron.* 1. (*with interrog. & neg.*) أَيُّ شَخْص

he will never be anybody لَنْ يَكُونَ له شَأْن ، لن يكونَ شخصًا هامًّا

2. (no matter who) أَيُّ شَخْصٍ كان

he's not just anybody إِنَّه ذُو شأنٍ ، إِنَّه لَيْس بشخصٍ عادِيّ

anybody can say that هَذا يَعْرِفه الجَميع ، لَيْس ما تَقُول بِجَديد

anyhow (*also* **anyway**), *adv.* 1. (in any way whatever); *also conj.* بِأَيِّ شَكْل مِنَ الأَشْكال ، عَلى أَيَّة حالٍ

2. (haphazardly) كَيْفَما اتَّفَق

he left his things anyhow تَرَك حاجِيّاتِه كَيْفَما اتَّفَق أو مُبَعْثَرَة

anyone, *see* **anybody**

anything, *pron.* 1. (*with interrog. & neg.*)

is he anything of a pilot? ما مَدَى مَهارَته في قِيادَة الطائرة ؟

is your house anything like mine? هَلْ يُوجَدُ أيُّ شَبَه بَيْنَ بَيْتك وبَيْتِي ؟

do you see anything of him these days? أَتَراه قَطّ في هذه الأيام ؟

2. (no matter what) أَيُّ شيءٍ كان

anything but that! كُلُّ شيءٍ إلّا هذا !

go like anything أَطْلَقَ ساقَيْه لِلرِّيح

anything goes كُلُّ شيءٍ جائز أو مَسْمُوح به ، 'كُلّه ماشِي' (عاميّة)

anyway, *see* **anyhow**

anywhere, *adv.* في أَيِّ مَكان

is it anywhere about? هَلْ هُو عَلى مَقْرُبَة ؟ أهو في مُتناوَل اليَد ؟

this won't get you anywhere لَنْ يُجْدِيك هَذا نَفعًا ، لن يُفيدَك في شَيء

Anzac, *a. & n.* اِسْم أُطْلِق على القُوّات الأستراليّة والنيوزيلنْدِية (١٩١٤ - ١٩١٨)

aorist, *n. & a.* صِيغَة الماضِي البَسِيط (في اللُّغات الهِنْدِيّة الأوروبّية)

aorta, *n.* الشِّرْيان الأَبْهَر أو الأَوْرَطى ، الوَتين

apace, *adv.* بِخُطًى سَريعة ، بِسُرعة ، حَثيثًا

Apache, *n.* الأَباش (إحدى قبائل الهنود الحُمْر بأمريكا الشّماليّة) ؛ بَلْطَجيّ ، قَبَضاي في أحياء باريس

apart, *adv.* & *pred. a.* 1. (to one side, separately) مُنْفَصِلًا ، على انفراد ، مُنفرِدًا

apart from (separate from) عَلَى حِدَة

(besides) فَضْلًا عن ، إلى جانب ، عِلاوةً على ، بالإضافة إلى

joking apart دُونَ مِزاح ، جِدّيًّا

keep apart فَرَّقَ ، فَصَلَ ، أبْعد

set apart وَضَعَ جانبًا ، خَصَّص

2. (distinctly)

it is difficult to tell (know) them apart يَصْعُبُ التَّمْييز بَيْنَهُما

3. (in pieces)

come apart اِنْحَلَّ ، تفكّك ، اِنْخَلَع

take apart فَكَّكَ ، حلّ ، فَسَّخَ

apartheid, *n.* التَفْرِقَة العُنْصُرِيَّة (في جنوب أفريقيا)

apartment, *n.* شَقَّة (شِقَق)

apartment house عِمارَة سكنيّة

apathetic, *a.* لا مُبالٍ ، غير مُكْتَرِث ، مُتَبَلِّد الإحساس ، فاتر الشعور

apathy, *n.* اللّامُبالاة ، عَدَم الاكتراث ، تَبَلُّد الإحساس ، فُتور الشعور

ape, *n.* (*lit.* & *fig.*) قِرْد ، سَعْدان ؛ مُقَلِّد

v.t. قَلَّد ، حاكى

aperçu, *n.* بَيان مختصر ، عرض مُوجَز ، نُبْذة

aperient, *a.* & *n.* مُلَيِّن ، مُسْهِل (طِبّ)

apéritif, *n.* شَراب فاتح للشهيّة ، أبيرتيف

aperitive, *a.* & *n.* مُلَيِّن (طِبّ) ؛ أبيرتيف

aperture, *n.* فُتْحَة ، فُرجة ، ثُغْرَة ثُقْب (ثقوب)

apex, *n.* قِمّة ، أَوْج ، ذِروة (ذُرًى) ، رأس

aphasia, *n.* فُقدان القُدرة على النطق ، بَكَم

aph/is (*pl.* -ides), *n.* المَنّ (حشرات)

aphorism, *n.* حِكْمَة مُوجَزة ، قول مأثور

aphrodisiac, *a.* & *n.* (عقّار) مُثير للشَّهْوَة مُهَيِّج للطاقة الجنسيّة

apiarist, *n.* مُرَبِّي النَّحل ، نحّال ، عسّال

apiary, *n.* مَنْحَل

apiculture, *n.* تَرْبِيَة النحل ، نِحالة

apiece, *adv.* لِلْواحِد ، لِكلّ واحد

aplomb, *n.* رِباطَة الجَأْش ، ضَبْط النَّفْس ، الاعْتِداد بالنَّفْس

apocalyp/se, *n.* (**-tic,** *a.*) سِفْر الرُّؤْيا (في العَهْد الجديد)

apocryph/a, *n.* (**-al,** *a.*) كُتُب دينية مَشْكُوك في صِحّتها وأصالتها

apogee, *n.* أبْعَدُ نقطةٍ عن الأرض في مدار القَمَر أو الكواكب الأخرى ، أَوْج

apologetic, *a.* (رِسالَة) اعْتِذار أو طَلَب الصَّفح

n., usu. pl. الدِّفاع بالحجج (عن الدِّين المسيحيّ خاصّةً)

apologia, *n.* الدِّفاع عن رأي، تبرير

apologist, *n.* مَنْ يُدافِع (باللسان أو القلم) عَنْ رأيٍ أو مذهَب

apologize, *v.i.* اِعْتَذَرَ، طَلَبَ العَفْوَ أو الصَّفْح

apology, *n.* اِعْتِذار، طَلَبُ العَفْو

apophthegm, *n.* حِكْمَة، قَوْل مأثور

apopl/exy, *n.* (**-ectic,** *a.*) سَكْتَة مُخّيّة، نَزْف مِن شِرْيان بالدِّماغ

apostasize, *v.i.* اِرْتَدَّ عن دِينه، تخلّى عنه

apostasy, *n.* مُرُوق، رِدّة، التخلّي عن العقيدة

apostate, *n.* مَارِق، مُرْتَدّ، مُلْحِد

apost/le, *n.* (**-olic,** *a.*) 1. (bibl.) رَسُول، أحَد حَوارِيّي السَّيِّد المسيح

Apostles' Creed قانون الإيمان (عند المسيحيّين)

apostolic delegate القاصِد الرَّسولي

apostolic see الكُرْسِيّ الرَّسوليّ أو البابَويّ

2. (bringer of new ideas) مُبَشِّر بِدَعْوَة

apostrophe, *n.* عَلامَة (') تدلّ على حَذْف حَرْف

apostrophize, *v.t. & i.* نادَى الغائب، تَوجَّه بِالكَلام إلى غائب أو إلى جَماد

apothecary, *n.* صَيْدَلِيّ، بائع العقاقير

apotheosis, *n.* تَألِيه، تألّه

appal, *v.t.* هَالَ، أَفْزَع، رَوَّعَ، أَرْعَب

I'm appalled to learn هَالَني أنْ أَعْرِف

appalling, *a.* مُرَوِّع، فَظيع، شَنِيع

apparatus, *n.* آلَة، جِهاز (أجهزة)، عُدَّة (عُدَد)

apparel, *n.* زِيّ، رِداء، مَلْبَس، حُلّة، خِلْعة

apparent, *a.* بادٍ، ظاهِر

heir apparent وَرِيث لا يُنازَع حَقّه في وِراثَة عَرْشٍ أو لَقَبٍ، وَلِيُّ العهد

apparently, *adv.* حَسَبَ الظاهِر، على ما يَبْدُو

apparition, *n.* طَيْف (أطياف)، شَبَح (أشْباح)، رُؤْيا (رُؤًى)

appeal, *v.i.* 1. (make earnest request) نَاشَد، اِلْتَمَس؛ اِسْتَأنف الحُكْم

I appeal to you أُنَاشِدُك، أَلْتَمِس منك

the prisoner will appeal سَيُقَدِّم السَّجين اِسْتِئْنافًا

appeal against a sentence إسْتَأنف الحُكْم

appeal to the country طَلَبَ إجْراءَ اِنْتِخَاباتٍ عامّة

2. (prove attractive) أَعْجَبَ، طَابَ لِ، راقَ

n. 1. (call for help or arbitration) اِسْتِغَاثة، اِلْتِماس؛ اِسْتِئْناف

Court of Appeal مَحْكَمة الاسْتِئْناف

2. (attraction) جَاذِبِيّة، جَذْب، اسْتِمالة

sex-appeal الجَاذِبيّة الجِنْسِيّة

appealing, *a.* جَذّاب، أَخّاذ، فاتِن

appear, *v.i.* 1. (come into view) ظَهَر، لاحَ ، بَدَا ، طَلَع ، مَثُلَ (أمام المحكمة)

2. (seem) ظَهَر، تراءى، بَدَا

appearance, *n.* 1. (manifestation) ظُهُور، مُثول ؛ ظُهور (الممثّل على خَشَبة المَسْرَح)

make (put in) an appearance حَضَر هُنَيْهَة، حَضَر لإثْباتِ وُجُوده فَقَط

public appearance الظُّهُور أمام الجُمْهور

2. (aspect, show) مَظْهَر، هَيْئَة، طَلْعَة

judge by appearances حَكَم حَسَب الظاهِر

to (by) all appearances ظاهِرًا، على ما يَلُوح

his appearance is against him إنَّ مَظْهَرَه يُعْطِي انْطِباعًا لا يُؤَدِّي إلى صالِحِه

keep up appearances رَاعَى المظاهِر، احْتَفَظ بالمَظاهِر الخارِجيّة (على الرَّغْم من فَقْره مثلاً)

appease, *v.t.* (**-ment,** *n.*) هَدَّأ، سَكَّن، أَسْتَرْضَى ، ترضية

appellant, *n.* مُسْتَأنِف الدَّعْوَى

appellate, *a.* إسْتِئْنافي، مُخْتص بالاسْتِئْناف

appellation, *n.* تَسْمِيَة، كُنْيَة، لَقَب، إسْم

append, *v.t.* أَلْحَق، ذَيَّل، أَرْفَق، أضاف

appendage, *n.* ذَيْل، مُلْحَق، تابع

appendectomy, *n.* عَمَلِيّة اسْتِئْصال الزَّائِدَة الدُّودِيّة (طِبّ)

appendicitis, *n.* إلْتِهاب الزّائدة الدُّودِيّة

appendix, *n.* 1. (addition to document, etc.) ذَيْل، مُلْحَق

2. (*physiol.*) الزَّائِدة الدُّودِيَة

appertain, *v.i.* اِخْتَصَّ ب، تَعَلَّق ب، اِنْتَسَب إلى، عادَ إلى

appetite, *n.* شَهِيَّة لِلأكْل، رَغْبة أو مَيْل أو قابِلِيَّة له

appetizer, *n.* مُشَهٍّ، فاتِح للشَّهِيَّة، مُقَبِّلات (كالزَّيْتون والمخلَّلات الخ)

appetizing, *a.* فاتِح الشَّهِيَّة، جَذّاب

applaud, *v.i. & t.* 1. (clap) هَتَف لِ، صَفَّق (استحسانًا)

2. (*fig.*, praise) اِسْتَحْسَن، امْتَدح، أثْنى على

applause, *n.* تَصْفِيق (للاسْتِحْسان)، هُتاف

apple, *n.* تُفَّاحة (تُفَّاح)

apple-jack عَرَق مُسْتَقْطَر من شَراب التُّفّاح

in apple-pie order في غايَة الدِقّة والنِّظام

apple of discord سَبَب الشِّقاق

apple of the eye مُقْلَة العَيْن

the apple of someone's eye قُرّة عين فلان

upset the apple-cart أَفْسَد عليه الأمْر

appliance, *n.* عُدَّة، أداة، آلة، جِهاز

applicable, *a.* مُمْكِن تطْبيقه أو اسْتِخْدامه

applicant, *n.* مُقَدِّم الطَّلَب، طالِبُ الوَظِيفَة

application, *see* **apply**

applied, *a.* تَطْبِيقي

applied sciences العُلوم التَّطْبِيقِيَّة

appliqué, *n.* نَوْع من التَّطْرِيز، اپليكيه، زَخْرَفَة قُماشٍ بِقُماشٍ مِنْ لَوْنٍ آخر

appl/y, *v.t.* (**-ication,** *n.*) 1. (put on, bring into contact, administer) اِسْتَعْمَلَ، طبّق

apply the brakes دَاسَ على المِكْبَح (الفَرامِل) لإيقافِ السّيّارة مثلاً

apply a match أَشْعَل بِالثِّقاب

apply a remedy عَالَج بالدّواء

2. (use, exert, devote)

apply oneself to عَكَف على، اِنْصَرَف إِلَى، اِنكبّ على

show great application ثَابَر، اِجْتَهَد، دأب على

v.i. 1. (have reference *to*) صَدَق على، اِنْطَبَق على

this applies to the case in question هَذا يَصْدُق على المسألة قَيْدَ البَحْث

2. (make formal request *to* someone, *for* something) تقدّم بطَلَب إِلَى فلان لِ..

apply (make application) for a job قَدّم طَلَبًا للعَمَل، تَقَدَّم بِاسْتِمَارَة لِشَغْل وَظيفة خالِيَة

application form اِسْتِمَارَة طَلَب

please apply in writing الرَّجاء تقديم الطَّلب كتابةً

appoggiatura, *n.* نَغْمَة إضافية لِتَجْمِيل اللَّحْن

appoint, *v.t.* 1. (fix, decide) عَيَّنَ، حَدَّدَ، قرّر

at the appointed time فِي الوَقت المعيَّن

2. (*past p. in comb.*, equip)

well-appointed مُجَهَّز تجهيزًا فاخرًا

3. (assign to office) عَيَّن، وَظّف، وَلَّى

appointment, *n.* 1. (assignation) مِيعَاد، مَوْعِد

by appointment بالاتِّفاق على مِيعاد؛ مُتَعَهِّد تَوْرِيد (أَغْذِيَة لِلْقَصْر المَلَكِيّ مثلاً)

break an appointment أَخْلَف المِيعاد

2. (position or office; assignation to this) وَظيفة، مَنْصِب؛ توظيف

3. (*pl.*, furniture, fittings) أثاث، مَفْرُوشات

apportion, *v.t.* (**-ment,** *n.*) وَزَّع (الواجِبات عَلى أيّام الأسْبوع)، خَصَّص، أَحَصَّ، جَزَّأ

apposite, *a.* (**-ness,** *n.*) مُوافِق، مُطابِق، مُلائِم، في محلّه، سَدِيد

apposition, *n.* مُجاوَرة؛ بَدَل أو عَطْف بَيان (نحو)

apprais/e, *v.t.* (**-al, -ement,** *n.*) قَيَّم، ثَمَّن، قدّر؛ تَقْدِير، تَقْيِيم

appreciable, *a.* مَحْسُوس، مَلْمُوس، مَلْحُوظ

appreci/ate, *v.t.* (**-ation,** *n.*) 1. (value, judge value of) قَدَّر، ثَمَّن

write an appreciation كَتَب عَرْضًا لِعَمَل فَنِّيّ مُبَيِّنًا قِيمَته

I appreciate your kindness أُقَدِّر فَضْلَك

show one's appreciation ، عَبَّر عن شُكْرِه
أَظْهَر اسْتِحْسانَه (بِالتَّصْفِيق مَثَلاً)

2. (understand, realize) أَدْرَكَ ، فَهِم ، قَدَّر

v.i. (rise in value) ، اِرْتَفَع ثَمَنُ (أَرْض)
زَاد سِعْرُ (سِلْعةٍ ما)

appreciative, a. مُعْتَرِف بِالجَمِيل ، مَن يُقَدِّر
الشَّيْءَ حَقَّ قَدْرِه

apprehen/d, v.t. (-sion, n.) 1. (seize) أَلْقَى
القَبْض على ، اِعْتَقَل ، وَقَّف (عراق)

2. (understand) أَدْرَك ، فَهِم

3. (fear) خَاف ، خَشِيَ

have apprehensions about (of) أَوْجَس
خِيفَةً مِن

apprehensive, a. (-ness, n.) ، مُوجِس
وَجِل ، خَائِف

apprentice, n. ، تِلْمِيذ فِي الصِّناعَة
صَبِيّ تَحْتَ التَّمْرِين على حِرْفة

v.t. تَلْمَذ ، وَضَعه تحت التدريب

be apprenticed to someone تَتَلْمَذَ على يَدِه

apprenticeship, n. (lit. & fig.) ، تَلْمَذة
تَدَرُّب ؛ (سنوات) تَدَرُّبه على (مهنة الصِّحافة)

apprise, v.t. أَحَاطَهُ عِلْمًا بِ ، أَفاده ،
أَبْلَغَه ، أَوْقَفه على الأمر

appro, coll. contr. of approval; only in
take something on appro أَخَذ (بِضاعة) دُون
دَفْع ثَمَنِها على أن يُعِيدَها إنْ لم تُعْجِبْه

approach, v.i. & v.t. ، اِقْتَرَب أَو دَنا مِن
أَقْبَل ، تقدَّم إلى

the approaching election الإنْتِخَابات
المُقْبِلة

he was approaching fifty كَانَ يُنَاهِز
الخَمِسينَ مِن عُمْرِه

n. 1. (access, means of access) ، مَدْخَل
مَنْفَذ

approaches to a town ، مَدَاخِل المَدِينة
الطُّرُق المُؤَدِّية إِليها

the simplest approach to the problem
أَبْسَط السُّبُل لِعِلاج المُشْكِلة

2. (pl., advances) مُفَاتَحات

make approaches to تَوَدَّد أَو تَقَرَّب إلى

approbation, n. المُوَافَقَة على ، الرِّضَى بِ

appropri/ate, v.t. (-ation, n.) 1. (devote,
put aside) خَصَّص ، أَفرد ، عَيَّن

2. (lay hands on) ، اِسْتَوْلَى على
وَضَع اليد على

a. مُناسِب ، مُلائِم
appropriate to the occasion ، يَلِيق بِالمُناسَبة
مُطابِق لِمُقْتَضَى الحال

approval, n. ، اِسْتِصْواب ، اِسْتِحْسان
مُوَافَقة ، رِضَى

on approval (أَخَذ بِضاعة) على سَبِيل
التَّجْرِبَة قَبل شِرائِها نِهائِيًّا

meet with approval صَادَف قُبُولًا

approve, v.t. & i. ، رَضِيَ عن ، اِرْتَضَى
اِسْتَحْسَن ، اِسْتَصْوَب ، وَافَق على

I don't approve of it لا أَرْتَضِيه

approved school مَدْرَسَة للأَحْداث الجانِحين

approxim/ate, *v.i. with prep.* to, *& v.t.* قارَب ، جاوَز ، دَنا ،

(**-ation,** *n.*) ناهَز ؛ تَقْرِيب

a. مُقارِب ، تقريبيّ

approximately, *adv.* تَقْرِيبًا ، زُهاء

appurtenance, *n.* مُلْحَق ، تابِع (قانون)

apricot, *n.* مِشْمِش (شَجَرة ، ثَمَرة ، لَوْن)

April, *n.* شَهْر نِيسان ، إبْرِيل

April Fool كِذْبَة إبْرِيل ، كذبة نِيسان

April Fool's Day يَوْم كِذْبَة أوّل نِيسان أو إبْرِيل

apron, *n.* مِيْدَعة ، مَرْيَلَة ، صَدْرِيّة ، مِئْزَر لِوِقاية المَلابِس

tied to someone's apron-strings مُنْقاد (لأُمّه أو زوجته مثلاً) ورَهْن إشارتها في كلّ أمر

apropos, *adv. & pred. a.* بِصَدَد ؛ مُناسِب

apse, *n.* تَجْوِيف نِصْف دائريّ في الحائط الشَّرْقيّ للكَنِيسَة (يُشْبِه مِحْراب المَسْجِد)

apt, *a.* 1. (suitable) مُناسِب ، مُلائِم ، خَلِيق

2. (quick at learning) فَطِن ، مَوْهُوب

3. (likely *to*) عُرْضَة (لِلنِّسيان مثلاً) ، قابِل (لِلْكَسْر) ؛ يَنزَع إلى …

aptitude, *n.* قابِليّة ، اِسْتِعداد طَبِيعيّ مَلَكَة (لِتَعَلُّم اللُّغات مَثَلاً)

aqua-vitae, *n.* مَشْرُوب كُحُوليّ ، البرانْدي

aqualung, *n.* جِهاز للتَّنَفُّس يستعمله الغوّاصون

aquamarine, *n. & a.* 1. (gem) حَجَر نَفِيس يُشْبِه الزَّبَرْجَد

2. (colour) لَوْن أزرق يَمِيل إلى الخُضْرَة

aquar/ium (*pl.* -ia), *n.* مَعْرِض الأَحْياء المائيّة ؛ حَوْض (زُجاجيّ) لِحِفْظ الأسْماك والنباتات المائية الخ

Aquarius, *n.* بُرْج الدَّلْو ، ساكِب الماء ، السّاقي (فلك)

aquatic, *a. & n.* مائِيّ ؛ نبات أو حَيَوان يَعِيش في الماء

aquatic sports أَلْعاب مائيّة (مِثْل لُعْبَة كُرة الماء)

aquatint, *n.* طَرِيقة لِطَبْع الرُّسُوم بالحَفْر على النُّحاس ؛ رَسْم مَطْبوع بِهذه الوَسِيلة

aqueduct, *n.* قَناة مائيّة اصْطِناعِيّة تُشَيَّد على قَناطِر

aqueous, *a.* (مَحْلول) مائيّ

aquiline, *a.* مَعْقُوف ، عُقابِيّ ، (أَنْف) أَقْنَى

Arab, *n. & a.* عَرَبِيّ ، واحِد العَرَب ؛ جَواد عَرَبِيّ

Arab countries (states) الأَقْطار أو الدُّوَل أو البُلْدان العَرَبيّة

Arab League جامِعة الدُّوَل العَرَبِيّة

arabesque, *n.* زَخْرَفَة على شَكْل أَوْراق شَجَر مُتَشابِكة ؛ قِطعة موسيقيّة مُنَمَّقة ؛ وَقْفَة مُعَيَّنة في الباليه

Arabia, *n.* جَزِيرَة العَرَب ، بِلاد العَرَب

Saudi Arabia المَمْلَكَة العَرَبِيّة السَّعُودِيّة

Arabian, *a. & n.* عَرَبِيّ، نِسْبَةً إلى جَزِيرة العَرَب وسُكّانها

Arabian bird العَنْقاء (طائِر خُرافِيّ)

Arabian Nights (Thousand and one nights) أَلْف لَيْلة ولَيْلة

Arabic, *a.* عَرَبِيّ

Arabic numerals الأَرْقام العَرَبِيّة وهي 1234567890

Arabic-speaking, *a.* مُتَكلِّم باللُّغة العَرَبِيّة، النّاطِق بالضّاد

gum arabic صَمْغ عَرَبِيّ

n. اللُّغة العَرَبِيّة، لُغة الضّاد

arabicize, *v.t.* أَضْفَى عليه صِبْغَة عَرَبِيَّة

Arabism, *n.* العُرُوبَة

Arabist, *n.* أَجْنَبِيّ مُتخصِّص في اللُّغة العَرَبِيّة وآدابِها

arable, *a. & n.* قابل للزِّراعة؛ أراضٍ صالحة للفلاحة

arachnid, *n.* حَشَرَة من فصيلة العَنْكَبوتيات

Aramaic, *a. & n.* آرامي، اللغة الآرامية

arbiter, *n.* حَكَم، فَيْصل، مُحَكِّم

arbitrament, *n.* قَرار المُحَكِّم

arbitrary, *a.* 1. (capricious, despotic) تَعَسُّفِيّ، استبداديّ، اعتباطيّ

2. (*leg.*) (حُكْم) صادِر عن تقدير المحكمة

arbitr/ate, *v.i.* (**-ation,** *n.*) فَصَل في النزاع، قضَى بيْن طرفين محتكِمين إليه في نِزاع؛ تَحْكيم

arbitrator, *n.* حَكَم، فَيْصل، مُحَكِّم

arbor, *n.* (*engin.*) مِحْوَر العَجَلة

arboreal, *a.* شَجَرِيّ، ساكن في الأشجار، (قرود) تقْطُن الأشجار

arboretum, *n.* مَشْتَل، حديقة لِتَرْبِيَة الأشجار لأغراض عِلْمِيّة

arboriculture, *n.* تَرْبِيَة أو زراعة الأشْجار (لِفواكهها أو لِلتَّزْيين)

arbour, *n.* عَرِيش (عرائِش)، تَعْرِيشه

arbutus, *n.* قَطْلَب، نبات من فصيلة الخُلُنْجِيّات

arc, *n.* 1. (part of circle) قَوْس الدائرة، قَوْس (هندسة)

2. (*elec.*) قَوْس كهربائي

arc-lamp; *also* arc-light مِصْبَاح قَوْسِيّ، ضوء القوس الكهربائي

arcade, *n.* مَمَرّ تعلوه البواكي؛ مَجْمُوعَة بواكٍ

Arcadian, *a. & n.* (*fig.*) أركَادِيّ، رَعَوِيّ

arch, *n.* عَقْد، قَنْطَرة، طاق، باكِية قَوْس

triumphal arch قَوْس النّصر

fallen arches (of the feet) قَدَم رَحّاء أو مُسَطَّحة

v.t. 1. (form arch with) قَوَّس

arch one's back حَنَى أو قوّس الظَهْر

2. (build arch over) شَيَّد قَوْسًا فوق...

arch, *a.* (**-ness,** *n.*) ذات دَلَال، لَعُوب؛ دَلَال، غُنْج

arch-, *pref. & in comb.* (بادِئة بِمَعْنى) رَئيسيّ

arch-enemy عَدُوٌّ لَدُود ، عَدُوّ أزرق

archaeologist, *n.* أَثَرِيّ ، عالِم آثار

archaeolog/y, *n.* (**-ical**, *a.*) عِلْم الآثار القَديمة

archaic, *a.* (تَعْبير) قَديم ، بَطَل اسْتِعْماله

archaism, *n.* تَعْبير مَهْجُور ؛ اسْتِخْدام التَّعابير والكلمات المَهْجورة

archangel, *n.* رَئِيس المَلائِكَة

archbishop, *n.* رئِيس الأساقِفة

archdeacon, *n.* رئِيس شمامسة (عند المسيحِيّين)

archdu/ke (*fem.* **-chess**), *n.* (**-cal**, *a.*) أَرْشِيدُوق ؛ أَرْشِيدُوقة

archer, *n.* رَامِي السِّهام ، قوّاس ، نَبّال ، نشّاب

archery, *n.* نِبالَة ، رَمْي النِّبال أو السِّهام

archetype, *n.* النَّموذَج الأَصْلِيّ

archipelago, *n.* أَرْخَبِيل ، مجْموعة جُزُر مُتقارِبة

architect, *n.* (*lit. & fig.*) مُهَنْدِس مِعْمارِيّ ، مُصَمِّم ومُنفِّذ لِمَشْروع كبير

architectur/e, *n.* (**-al**, *a.*) فَنّ العِمارة ، (هَنْدَسة) مِعْمارِيّة

architrave, *n.* إطار خَشَبِيّ مُقَوْلَب حَوْل فتْحَة البَاب أو النّافِذَة

archive, *n.* 1. (*usu. pl.*, records) سِجِلّات ، محْفُوظات ، أَرْشِيف

2. (*pl.*, repository for these) خِزانة المحْفُوظاتِ والسِّجلّات

archivist, *n.* أَمِين المحْفُوظات ، قَيِّم الأَرْشِيف

archway, *n.* طَاق ، مَدْخَل بِناء يَعْلُوه طاق

arctic, *a.* 1. (near North Pole) قُطْبِيّ ، نِسْبَةً إلى القُطْب الشّمالِيّ

Arctic Circle الدَّائِرة القُطْبيّة الشّماليّة (٦٦½° شمالاً)

Arctic Ocean المحِيط المتَجمّد الشّمالِيّ

the Arctic, *n.* مِنْطَقَة القُطْب الشّمالِيّ

2. (very cold) شَديد أو قارس البَرْد

Arcturus, *n.* السَّماكُ الرَّامِح ، حارس السماء (فلك)

ard/ent, *a.* (**-our**, *n.*) 1. (eager) مُتَحَمِّس ، مُلْتَهِب حماسًا ، غَيُور على ... ؛ غِيرة

2. (passionate) (عاشِق) هائم ، مُتَيَّم ، شَغُوف ؛ شَغَف

arduous, *a.* (**-ness**, *n.*) شَاقّ ، مُرْهِق ، مُجْهِد ، مُنْهِك

are, *see* **be**

area, *n.* 1. (extent of surface) مِساحَة (السطح)

2. (region; *fig.*, scope) مِنْطَقة ، مجَال

3. (sunk court round house) فِناء ضَيِّق أَمَامَ البيت به دَرَج يصل بين الشّارع والسّرداب

arena, *n.* (*lit. & fig.*) سَاحَة ، مَيْدان ، مُعْتَرَك ؛ مَيْدان الصِّراع

aren't, *contr. of* **are not**

Argentina, *n.* الأَرْجنْتين (بأمريكا الجنوبيّة)

Argentinian, *a. & n.* أَرْجَنْتِينِيّ

argon, *n.* غَاز الأرجون

argosy, *n.* مَرْكَب شِراعي تِجاري؛ سَفِينَة (في الشعر)

argot, *n.* لُغَة السُّوقة، لغة التفاهُم بَيْنَ اللصوص

arguable, *a.* مَوْضع أخْذٍ وردٍّ، قابِل للنِقاش

argue, *v.t. & i.* 1. (debate) جَادَل، نَاقَش

2. (reason *that*) دَلَّل، بَرْهن، زَعَم

argument, *n.* 1. (debate) مُنَاقَشَة، جِدال، مجادلة

for the sake of argument لو فَرَضْنا جَدَلًا

2. (reason advanced) حُجَّة، عِلَّة

3. (subject matter) خُلاصَة الموضوع

argumentation, *n.* مُجادَلة، محاورة، نِقَاش؛ مُناظرة، محاجة

argumentative, *a.* (**-ness,** *n.*) مُولَع بالنِّقاش، مِحْجاج، مِجْدال

aria, *n.* لَحْن أو نَغَم فى اوبرا أو اوراتوريو

arid, *a.* (**-ity,** *n.*) (*lit. & fig.*) جَافّ، مُجْدِب، قاحِل؛ غير شيّق، عَقيم

Aries, *n.* بُرْج الحَمَل (فلك)

aright, *adv.* بالضَّبْط، تمامًا

arise (*pret.* arose, *past p.* arisen), *v.i.* 1. (get up) قَامَ، نَهَضَ من الفِراش

2. (appear, occur) حَدَثَ، حصل

should the occasion arise إذا اسْتَلْزَمَ الأمْرُ، اذا اقتضت الحاجة

3. (result *from, out of*) نَشَأ أو نَتَجَ عن، تَأَتَّى عن، تولّد من

aristocracy, *n.* الأَرِسْتُقْرَاطِيَّة، عِلْيَة القَوْم، حُكم الأرستقراطية

aristocracy of intellect قَادَة الفكر

aristocrat, *n.* (**-ic,** *a.*) أَرِسْتُقْرَاطِيّ مِنَ الطَّبَقَة الأرستقراطية

Aristotelian, *a. & n.* أرِسْطوطَالِيسي،أَرِسْتُتِيلي

Aristotle, *n.* أَرِسْطُو، أَرِسْطُوطَالِيس

arithmetic, *n.* (**-al,** *a.*) عِلْمُ الحساب

arithmetical progression مُتَوالِيَة عددية

arithmetician, *n.* خَبير بِعِلْم الحساب

ark, *n.* صُنْدُوق

Ark of the Covenant تَابُوت ٱلعَهْدِ (في التوراة)

Noah's Ark فُلْكُ (سفينة) نُوح

arm, *n.* 1. (limb) ذِرَاع (أذْرُع)

arm-in-arm ذِرَاعًا في ذراع، مُتشابكي الذراعَيْن

arm-band شَارَة قُماشيّة حَوْل الكُمّ

arm-rest مِسْنَد لِلذِّراع

keep someone at arm's length تَحَفَّظ في عَلاقاته معه

child (babe)-in-arms رَضيع، طِفل

receive (welcome) someone with open arms رَحّب به أحسن تَرْحاب

within arm's reach فِي مُتَنَاوَل اليد

2. (sleeve) كُمّ (أكْمَام)، رُدْن (أردان)

3. (thing resembling arm (1))

arm of a chair مِرْفَق كُرْسِيّ أو يَدُه

arm of the sea لِسَان من البحر، خَليج

4. (*usu. pl.*, weapons) أَسْلِحَة ، عَتَاد الحرب

take up arms (*lit. & fig.*) تَسَلَّح ، تهيّأ لِلْقِتَال قاوم؛ تَأَهَّب لِلمُجابهة

lay down one's arms أَلْقَى السِّلاح ، اِسْتَسلم

present arms تَحِيَّة عَسْكَرية بالسِّلاح

small arms أَسْلِحَة خفيفة

under arms تَحْتَ السِّلاح ، مُزَوَّد بالسلاح

up in arms ⟨against⟩ (*fig.*) مُعْتَرِض بِشِدَّة ، ثائِر على... ، اِحْتَدَّ غَضَبًا

call to arms دَعْوَة لِحَمْل السلاح

arms race سِبَاق التَّسَلُّح

5. (branch of service)

Fleet Air Arm السِّلَاح الجَوِّيّ للقوة البحرية

6. (*pl.*, heraldic device)

coat of arms شِعَار (أو دِرْع) النّبالة

v.t. (*lit. & fig.*) سَلَّح ؛ جَهَّز ، زَوَّد بالأدوات اللازمة

armed forces القُوّات المُسَلَّحة

armed to the teeth مُدَجَّج بالسِّلاح

armed neutrality حِيَاد مُسَلَّح

v.i. تَسَلَّح

armada, *n.* أَرْمَادا، أسطول حربي (اسباني)

armadillo, *n.* مُدَرَّع (حيوان)

armament, *n.* أَسْلِحَة حَرْبية ، عتاد الحَرْب ، المدافع الكبيرة بسفينة حربية

armaments industry صِنَاعَة الأَسْلِحة

armature, *n.* دِرْع أو سلاح واقٍ ؛ مِلَفّ يَدُور في مُوَلِّد كَهْرَبائيّ (دينامو)

armchair, *n.* كُرْسِيّ ذو مرفقين أو مِسْنَدَيْن

Armenian, *a.* أَرْمَنِيّ

n. 1. (native) أَرْمَنِيّ

2. (language) اللُّغة الأَرْمَنِية أو الأَرْمينيّة

armful, *n.* مِلْءُ الذِّراع أو الذّراعين

armhole, *n.* تَقْوِيرَة الذراع يُخاط بها الكُمّ

armistice, *n.* هُدْنَة ، وقف القتال

Armistice Day يَوْم انتهاء الحرب العالميّة الأُولَى

armlet, *n.* شارَة قُماشيّة تلفّ حول أعلى الكُمّ

armour, *n.* 1. (protective covering for body, vehicle, etc.) دِرْع

suit of armour دِرْع، مجموعة الدّروع

armour-plate; *also* armour-plating صَفائِح الفولاذ؛ تصفيح

armour-plated, *a.* مُدَرَّع، مُصفّح

armour-piercing, *a.* (قَذِيفَة) خارِقة للدُّروع

2. (*collect.*, armoured vehicles) سَيَّارات أو ناقِلات مُدرَّعة أو مُصفَّحة

v.t., *esp. past p. & a.* دَرَّع ، أَلبس الدِّرْع

armoured car سَيَّارة مُدَرَّعة أو مُصفَّحة

armoured corps (division) لِوَاء المُصَفَّحات

armourer, *n.* صَانِع الأسلحة أو الدروع

armoury, *n.* مُسْتَوْدَع الأسلحة ، مخزن الأسلحة

armpit, *n.* إبْط (آباط)

army, *n.* جَيْش (جُيوش)

army corps فَيْلَق ، لِواء

standing army الجَيْش النّظامي أو الدائم

army of occupation جَيْش الإحتلال

Salvation Army جَيْش الخَلَاص

an army of . . . (a great number of) جَيْش مِن ، عدد كبير من...

arnica, *n.* أَرْنيكة ، تَبْغُ الجَبَل (نبات)

aroma, *n.* شَذا ، عِطْر ، عبير ، عَبَق أَرِيج ، رائحة زكيَّة

aromatic, *a.* فوّاح ، شَذيّ ، عَطِر ، زَكِيّ الرّائحة ، أرِج

n. (*chem.*) مادّة كيميائيّة عِطْرِيّة ، مُرَكّب عِطْرِيّ

arose, *pret. of* **arise** قَامَ ، نَهَض ، نَشَأَ

around, *adv.* 1. (on every side) مِنْ حَوْلِ ، فِي كُلّ جِهة ، في جميع الأنحاء

2. (in the vicinity) قَرِيب ، على مَقْرُبة ، بجوار

hang around تَسَكَّعَ ، حَامَ على مَقْرُبة من

3. (abroad, in circulation)

the news got around اِنْتَشَرَت الأخبار

4. (aimlessly)

play (fool) around عَبَث ، تَعفرَتَ (الصِّغار)

5. (in reverse direction)

turn around تَلَفَّتَ ، دار ، اِستدار

prep. 1. (about the circuit of)

around the clock (اِشْتَغَلَ) طَوال الليل وَالنَّهار (أي ٢٤ ساعة متواصلة)

2. (here and there in)

around the town فِي كُلّ أَرْجاء المدينة

3. (approximately) نَحْوَ ، ما يقارب ، حَوالي ، تقريبًا

arouse, *v.t.* 1. (awake, *lit.* & *fig.*) أَيْقَظ ، صَحّى ، نبَّه

2. (stimulate) حَرَّك ، أثار ، نَشَّط ، استحثّ

arouse interest أثارَ الاهتمام

arraign, *v.t.* (**-ment,** *n.*) اِسْتَدْعَى شخصًا أمامَ المَحْكَمَة للإجابة على التهمة المسندة إليه

arrange, *v.t.* (**-ment,** *n.*) 1. (put in order) رَتَّب ، نسَّق ، نظَّم

flower arrangement فَنّ تنسيق الزّهور (في زُهْرِيّة)

2. (*mus.*) أَعاد التوزيع الموسيقي

3. (make plans for) هيَّأ ، أعَدَّ ، اِتَّخذ الترتيبات اللازمة لِ...

4. (settle *difference, etc.*) سَوَّى الخِلافات

v.i. (make plans *for, about, to do*) اِسْتَعَدَّ لِ

make other arrangements أَعَدَّ ترتيبات أُخْرَى جديدة

we had an arrangement كُنّا قَد اتَّفقنا عَلَى ، كان بيننا اتفاق على ...

arrant, *a.* (هُرَاء) مَحْض ، (كذاب) أَشِر

arras, *n.* نَسِيج مُطَرَّز برسوم ملوّنة كانَتْ تُغَطَّى به جُدران القصور قديمًا

array, *n.* 1. (order) تَرْتِيب، نظام، صفّ

in battle array مُصْطَفُّون للقتال

2. (imposing series) مَجْمُوعَة فخمة من ..

3. (dress) حُلَّة لمناسبة خاصّة

v.t. 1. (dispose) رَتَّبَ، نظّم نسّق

2. (dress) هَنْدَمَ، أَلْبَسَ

arrears, *n.pl.* مُتَأَخَّرات أو مُتخلّفات مِنَ الحِساب أو الدَّيْن

in arrears مُتَأَخّر أو مُتخلّف (دَيْن، عَمَل)

make up arrears سَدَّد المتأخّر (من دَيْن)، أَنْجَزَ (العَمَل) المتأخِّر

arrest, *v.t.* 1. (stop) أَوْقَفَ، عَطَّلَ النُّمُوّ الطّبيعيّ

arrested development نُمُوّ مُتَوقّف أَوْ مُتَخَلِّف

2. (apprehend) قَبَضَ على، أَلْقَى القَبْضَ على، أَوْقَفَ، اعتقل

(*fig.*, catch *attention, etc.*) اِسْتَوْقَفَ الاِهْتِمام، اِسترعى الانتباه

n. تَوْقِيف، اِعتقال، إلقاء القبض على

under arrest مَقْبُوض عليه، مُعْتَقَل

close arrest إِيقَاف شَدِيد، حَراسة مُشَدَّدة

open arrest تَوْقِيف بَسِيط، حَراسة مخففة

under house arrest تَحْتَ الإِقامة الجَبْرِيّة في المنزل

arresting, *a.* مُسْتَوْقِف الانتباه، لَافِت النَّظر، جاذِب الاِهتمام

arrière-pensée, *n.* البَاعِث الخفيّ أو الدَّافِع الخبِيء

arrival, *n.* 1. (act of coming) وُصُول، وُرُود، حُضور، قدوم، حلول

arrival platform رَصِيف الوصول

2. (person or thing that has arrived) قَادِم، وارد، واصِل

arrive, *v.i.* 1. (come; reach destination) وَصَل، حضر، جاء

arrive on the scene وَصَل إلى الموضع، ظَهَر، حضر

arrive at a decision تَوَصَّل إلى قرار، اِنْتَهَى إلى قَرار

the time has arrived آنَ الأَوَان، حَانَ الحِين

2. (establish one's repute) بَلَغَ المعالي، حَقَّق الشُّهْرة

arriviste, *n.* وُصُولِيّ

arrog/ant, *a.* (**-ance,** *n.*) مُتَغَطْرِس، مُتَعَجْرِف، مُتكبّر، مُتَعَنْجِه

arrog/ate, *v.t.* (**-ation,** *n.*) اِنْتَحَل، اِدَّعَى بغير حقّ

arrow, *n.* 1. (missile) سَهْم، نَبْلة، نُشّابة

arrow-head رَأْسُ السَّهم

2. (sign so shaped) سَهْم (عَلامة الاتِّجاه)

arrowroot, *n.* أَرَرُوت، مادّة نَشَوِيّة غِذَائِيّة تُسْتَخرج من جَذامِير المَرَنْطَة

arse, *n.* (*vulg.*) إسْت ، دُبر ، عَجيزة

arsenal, *n.* تَرْسانة ، مُسْتَودع (أومصنع) للأسلحة

arsenic, *n.* (**-al,** *a.*) زِرْنيخ ؛ زرنيخيّ

arson, *n.* جَرِيمَة الحَرْق عَمْدًا

art, *n.* 1. (human skill) فَنّ ، صَنعة ، مَهارة

the art of war فَنّ الحَرْب

the Black Art السِّحر الأسود

he has it all worked out to a fine art تمكِّنُهُ خِبْرَتُه من إنجاز العَمَل بسهولة ودِقّة

2. (painting, sculpture, music, etc.) فَنّ

the fine arts الفُنُون الجميلة

work of art (*lit. & fig.*) عَمَل فنّي ، قِطْعَة فنية ، تُحفة

art school مَعْهَد الفنون الجميلة

3. (*pl.*, branch of learning) الآداب (دِراسَة التّاريخ والفلسفة واللغات الخ.)

liberal arts العُلُوم الانسانيّة

Bachelor of Arts; *abbr.* B.A. بَكالُورِيُوس أوْ لِيسَانس الآداب

Master of Arts; *abbr.* M.A. ماجِسْتِير في الآداب

4. (cunning) مَكْر ، تحايُل

artefact, *n.* شَيْء مصنوع بِيَد الانسان

arteriosclerosis, *n.* تَصَلُّب شِرْياني (طبّ)

arter/y, *n.* (**-ial,** *a.*) (*lit. & fig.*) شِرْيان (شَرَايين) ؛ شِرْيانيّ

arterial road طَرِيق رئيسيّ مُهِمّ

hardening of the arteries تَصَلُّب الشّرايين

artesian well, *n.* بِئْر ارْتُوازِيّة

artful, *a.* (**-ness,** *n.*) ذُو حِيلَة ، ماكِر ، دَاهِية ؛ بارع ؛ سَعَة الحيلة

arthritis, *n.* اِلْتِهاب المفاصِل ، الرثية (طبّ)

artichoke, *n.* خُرْشُوف ، طَرْطُوفة (نبات)

globe artichoke خُرشُوف ، أرضي شَوْكي

Jerusalem artichoke طَرْطُوفة (درنة تؤكل)

article, *n.* 1. (particular object) شَيْء ، قِطْعَة ، سِلْعة ، بِضاعة

article of clothing قِطْعَة من الملابس

2. (piece of writing) مَقَال ، مَقالة

leading article المَقَال الإفتتاحي

3. (clause) مَادَّة ، بَنْد ، فِقْرة

articles of faith أَحْكَام الدِّين ، أركانه ، عَقَائِد جوهريّة

4. (*pl.*, contract) عقد ، اتفاقيّة

articles of apprenticeship المَوَادّ التي يَشْتَمِل عليها عَقْد التّلمذة المِهنيّة

articles of association قانُون الشَّرِكة الأساسيّ

5. (*gram.*)

definite article أَدَاة التّعريف

indefinite article أداة التنكير (في اللُّغَة الانجليزية وغيرها من اللغات الأوروبية)

v.t. وَضَعَ تحت التّدريب أو التدرُّب

articled clerk كاتِبٌ تَحت التدرُّب في مَكْتَب محاسبة أو محاماة

articul/ate, *v.t.* **(-ation,** *n.***)** 1. (joint) وَصَّل بمَفصِل متحرّك
articulated vehicle شَاحِنة تتَّصِل مقدّمتها بمُؤَخّرتها بمفصِل متحرّك
2. (speak distinctly) وضّح مخارج الحروف
a. 1. (jointed) مَفصِليّ
2. (expressed or expressing oneself clearly) (كَلَام أوْ مُتحدِّث) واضح اللّفظ والنّطق

artifact, *see* **artefact**

artifice, *n.* حِيلَة ، دَهاء ، خِدْعة

artificer, *n.* مِيكَانيكيّ (رُتبة في الجيْش والبحريّة)

artificial, *a.* **(-ity,** *n.***)** اِصْطِنَاعيّ ، زائف ، مُصْطنَع ، غيرحقيقيّ
artificial horizon الأُفُق الاصطناعيّ (مِلَاحَة)
artificial insemination الإمْنَاء الصّناعيّ
artificial leather الجِلْد الصّناعيّ
artificial respiration التّنَفُّس الصناعيّ

artillerist, *n.* مِدْفَعِيّ ، جنديّ المدفعيّة

artillery, *n.* مِدْفَعِيَّة
heavy (medium, light) artillery مِدْفَعِيّة ثَقِيلَة (متوسطة ، خفيفة)
bring one's heavy artillery to bear (*fig.*) لجَأَ إلى ذَوي النّفوذ لِتحْقيق أغْراضِه

artilleryman, *n.* مِدْفَعِيّ ، جنديّ المِدفعيّة

artisan, *n.* صَاحِب حِرْفَة ، صنّاع ، صَنَائِعِيّ

artist, *n.* فَنَّان (رسّام ، مُوسيقار ، نحّات)

artiste, *n.* فَنَّان يَحْتَرِف الرّقص أو التّمثيل أو الغِناء

artistic, *a.* (أدَاء) فَنِّي
artistic temperament مِزَاج مُتقلّب

artistry, *n.* مَهارَة فنّية ، ذوق فنّي ، إتقان

artless, *a.* **(-ness,** *n.***)** سَلِيم الطّوِيّة ، سَاذَج ، بَسِيط ؛ براءة (الأطفال)

arty, *a.* (*coll.*) مَنْ يُقَلِّد الفنّانين في شُذوذهم
arty-crafty شَخْص يُفرِط في تفضيله للمصنوعات اليَدَوِيّة (من الملابس والمفروشات الخ.)

arum, *n.* لُوف مُبَقّع ، أروم (نبات)
arum lily زَهْرَة اللُّوف

Aryan, *a.* & *n.* آريّ ، ينتمي إلى الجنس الآريّ أو اللّغات الآريّة

as, *conj.*, *introducing clauses* مِثْلَ ، مِثْلما ، كما، كَ
1. (*of manner*)
do as one is told يَفْعَلُ ما يُؤمر به أو يُطْلَب إليه
as it stands كَمَا هُوَ ، دُون تغيير
as it is (even now) كَمَا هُوَ عليه ، في الوَاقِع ، فعلاً
(in reality) وَالحَال على ما هي عليه
as things are وَالأُمُور على ما هي عليه ، في الظّروف الراهنة
as you were! كَمَا كُنت ! مكانَكَ عُدْ ! (أمْرٌ أو إيعاز عسكريّ)
(*with verb implied*)
speak as an authority تَكَلَّمَ بِوَصْفِه خبيرًا أوْ ثِقَة في الميدان
as before كَمَا سَلَف ، كالسّابق ، كَما كانت الأحوال سابقًا

as ever كَمَا كان دائمًا، كَعادَتِه دَوْمًا

do it as a favour فَعلَه من باب المعروف

they rose as one man قَامُوا قَوْمة رَجُلٍ واحدٍ

regard someone as a stranger اِعْتَبَرَه كَشَخْصٍ غريب، أنكره

as usual (جَاءَ مُبَكِّرًا) كالعادة

2. (*of time*) حِينَمَا، بَيْنَما، عندما

as he finished speaking the crowd applauded
ومَا إن فَرَغ من حديثه حتى صفّق له الجمهور

as he spoke the crowd grew angry
بَيْنَمَا كان يخطب ثارت ثائرة الجمهور

3. (*of reason*) إِذْ، بما أنّ، لأنّ، بسبب

as I was late, I ran نَظَرًا لِتأخُّري فَقَدْ أخذتُ أعدو

4. (*of concession, following an adv. or a.*)
بِقَدْرِ ما، مع أنّ، ولو أنّ

much as I want to go, I can't مَعَ رَغْبَتِي الشَّدِيدة في الذهاب إلّا أني لا استطيع

rich as he is, he's not happy رَغْمَ ثَرائِهِ الوَاسِع فإنّه ليس سعيدًا

adv. . . . conj., in comparisons of form
'⟨as⟩ + *adv. or a.* + as'

as good as gold (كَانَ سُلوكُ الطِّفل) على ما يُرام

as good as dead أَقْرَبُ إِلَى الموت منه إِلَى الحياة

he as good as said so هَذَا ما يُسْتَدَلُّ عَلَيْهِ من قوله

as best ⟨as⟩ he could جُهْدَ إمكانه، قَدْرَ طاقته

as (so) far as I know (can see) بِقَدْرِ مَا أَعْرِف، على ما أعلم ، حسب علمي

as far as possible بِقَدْرِ المستطاع، عَلَى قدر الإمكان

as (so) long as (= provided that) طَالَمَا، مَا دام

as much as to say كَأَنَّهُ يقول، كَمَا لو قال

as soon as (= the moment that) حَالَمَا، بِمُجَرَّدِ أن، ما كاد أن، ما إن ... حتّى

I would ⟨just⟩ as soon . . . as سَوَاءٌ عِنْدِي

as well as can be expected كَأَحْسَن مَا يُنْتَظر

as well as (= in addition to) بِالْإِضَافة إِلَى، عِلاوةً على

rel. pron. or adv., after antecedents same, such, so

he is just the same as he was لا يَزال كَعَهْدنا به (لم يتغيّر)

he is not such a fool as to لَيْسَ بِذَلِكَ الغبيّ الذي . . .

they are not such close friends as I thought
لَيْسُوا على تلك الصَّداقة التي تَصَوَّرْتُهَا

men such as he أَمْثَالُه من الرِّجال

such as (= for example) نَحْوَ، مَثَلًا، عَلَى سبيل المثال

be so good as to مِنْ فَضْلِكَ، إِذَا تَكَرَّمْتَ..

so as to (in order to) حَتَّى، كَيْ، لِـكَيْ، لِأجل

(in such a way as to) بِشَكْلٍ يُؤدِّي إلى... بِطَرِيقةٍ تجعل... ، بِحَيْثُ

special adv. uses

as against مُقَابِل، بِالمُقَارَنَة مع

as for أَمَّا، أمّا فِيما يتعلّق ب، أَمَّا بالنّسبة إلى

as from today اِبْتِدَاءً من اليوم، مِنَ اليَوْم فصاعِدًا

as if كَأَنَّ، كما لو

as if I cared! لا يَهُمُّنِي الأمر، كَأَنَّنِي مُهْتَمّ! لا أُبالي!

I thought as much هَذَا مَا ظننته، لَقَدْ صَدَق ظَنِّي

as a rule فِي العَادَة، غالِبًا، فِي أَغْلَب الأحيان

as regards وَفيمَا يَتَعَلَّق ب، مِنْ حَيْثُ، أمّا بخصوص

as though كَمَا لَوْ، كَأَنَّ، كَأَنَّمَا

as to أَمّا بِخُصُوص، أمّا بالنسبة إلى

as usual كَالمُعْتَاد، كالعادة

as well أَيْضًا، كذلك

as yet لِلآن، حتّى الآن، (لَمْ يأْتِ) بَعْدُ

asbestos, *n.* حَرِير صَخْرِيّ، أَسْبِسْتوس

ascend, *v.i.* صَعِد، اِرْتَفَع (الدُّخان من المداخن)

v.t. صَعِد، ارْتَقى، اعْتَلَى

ascend a river أَصْعَدَ في النهر، سَارَ في النهر نحو مَنْبَعه

ascend the throne اِرْتَقى العَرْش، تَبَوَّأ العَرْش، اِعتلى العرش

ascend/ant, *a. & n.* (**-ancy,** *n.*) مُرْتَفِع، صَاعِد، مُرْتَقٍ؛ صُعُود، سيطرة

his star is in the ascendant نَجْمُه في الصُّعود (أو الطلوع)

ascension, *n.* I. (*esp.* of Christ) صُعُود السَّيِّد المسيح

Ascension Day عِيدُ الصُّعود (عندالمسيحيّين)

2. (*astron.*) طُلُوع (فلك)

ascent, *n.* صُعُود، اِرتقاء، اِعْتِلَاء، طلوع، مُرْتَقًى

ascertain, *v.t.* (**-ment,** *n.*) تَحَقَّقَ، تَثَبَّتَ، تَيقَّن، تأكَّد، اِستوثق

ascertainable, *a.* يُمْكِنُ التَّثبُّتُ أو التيقّن منه

ascetic, *a. & n.* (**-ism,** *n.*) مُتَقَشِّف، نَاسِك، زاهد؛ زُهْد، نُسْك

ascorbic, *a.* أَسْكُورْبِيّ، نِسبةً إلى فِيتَامِين ج

ascri/be, *v.t.* (**-ption,** *n.*) نَسَب، عَزَا، رَدَّ أو أرجع الى

asep/tic, *a.* (**-sis,** *n.*) مُعَقَّم، خالٍ مِنَ الجَرَاثِيم (طِبّ)

asexual, *a.* لَا تَزَاوُجِيّ، لا جِنْسي

ash, *n.* I. (tree) مُرّان، لِسان العصفور (مِنْ فَصِيلة الزَّيتونيَّات)

mountain ash شجرة السِّمَّن ، غُبَيْراء ٱلْحَابِلِين (شجرة برّية شائعة)

2. (residue) رَماد

ash-bin صَفِيحَة أو تَنَكَة الرّماد، صندوق القُمامة

ash-tray طَقْطُوقة، مِنْفَضَة السجائر

Ash Wednesday أَرْبَعاء الرماد، أول أيام الصَّوْم الكبير عند المسيحيّين

sackcloth and ashes ثِيَاب التَّكفير عَن ٱلخَطَايَا؛ المسوح والرّماد (الكتاب المقدّس)

ashamed, *a.* خَجْلَان ، مُسْتَحٍ، خَزْيان

ashamed of oneself خَجْلَان أو مُسْتَحٍ من نفسه

ashamed for someone شَعَرَ بِٱلْخِزْي بِسَبَب شخصٍ ما

I am ashamed to say يُخْجِلُنِي أن أَقُولَ

ashen, *a.* (pale) شَاحِب، مُمْتَقَع

ashlar, *n.* حَجَر مَنْحوت للبِنَاء

ashore, *adv.* عَلَى الشَّاطِئ ، على اليابسة

Asia, *n.* آسِيَا

Asian, *a. & n.* آسْيَوِيّ، نسبة إلى قارّة آسِيَا

Asiatic, *a. & n.* آسْيَوِيّ

aside, *adv.* جَانِبًا، عَلَى جانب، عَلَى ٱنْفِرَاد

aside from (besides) فَضْلًا عَن . . .

n. كَلَام يَقُولُه مُمثِّل على المَسْرَح ولا يُفْتَرَض أن يسمعه إلّا النّظّارة

asinin/e, *a.* (**-ity,** *n.*) أَحْمَق، غَبِيّ، عَبِيط كَٱلْحِمَار؛ بَلَاهة

ask, *v.t. & i.* 1. (*of enquiries*) سَأَل ، اِسْتَفْهَم ، اِسْتَفْسَر

ask a question سَأَلَ سؤالًا

ask someone the way اِسْتَفْسَرَهُ عَن الطَّرِيق، اِسْتَدَلَّه إليه

ask about اِسْتَفْسَرَ عن، سأل عن

ask after someone سَأَلَ أو اِستفسر عَنْ أَحْوَال فلان

ask oneself سَأَلَ نفسه ، تساءل

don't ask me! لَا تَسْأَلْنِي ! لا عِلْمَ لي بِٱلأَمْر ، ليس لديّ فكرة عنه

if you ask me . . . لَوْ أَرَدتَ رأيي، لَوِ اسْتَشَرْتَنِي فإن رأيي هو...

I ask you! أَمَّا غَرِيبَة ! بالله عليك!

2. (*of requests*) طَلَبَ، رجا، التمس

ask a favour of someone طَلَبَ منه مَعْرُوفًا، سأله جميلًا

do what one is asked; *also* do what is asked of one فَعَلَ ما طُلِب منه

you're asking a lot of him تَطْلُبُ الكثير مِنْه، إنّك تحمِّله فوق طاقته

asking for trouble; *also* asking for it (تصرُّف) يَجُرُّ المتاعب ،يجلِب الضَّرر

what is he asking for it? كَمْ يَطْلُبُ له ثمنًا ؟

3. (*of invitations*) دَعَا ، استضاف

ask someone in دَعَاه للدّخول

ask someone out دَعَا شَخْصًا لزيارته في بَيْتِهِ أو لِقَضاء السهرة معه في مكانٍ ما

ask someone to dinner دَعَا شَخْصًا لتناول ٱلْعَشَاء (في منزله أو في مطعم)

askance, *adv., esp. in* شَزْرًا، بِطَرَفِ العين، استنكارًا

look askance at (on) نَظَرَ إِلَيْه شَزْرًا أو بِارْتِيَاب

askew, *adv. & pred. a.* مُعْوَجّ، بِمَيْل، بِانْحِراف

aslant, *adv. & prep.* مَائِل، بِانْحِراف

asleep, *adv. & pred. a.* نَائِم، راقِد

fall asleep نامَ، غَلَبَهُ النُّعاس، أَغْفَى

fast asleep غَارِق في النَّوم، في سُبات عميق

(*fig.*, numb) خَدِر، فاقد الحِسّ

asp, *n.* صِلّ، أَفْعَى سامّة صغيرة

asparagus, *n.* الهِلْيَوْن (نبات تؤكل سيقانه)

aspect, *n.* وُجْهَة، ناحية، مَظْهَر، طَلْعة

the house has a north aspect وَاجِهَة الدّار إلى الشمال، للبيت واجهة شمالية

aspen, *n.* الحَوْر الرَّجْرَاج (شجر)

asperity, *n.* خُشُونة، حِدَّة، فَظَاظة، شِدّة، غِلْظة

aspersion, *n.* قَدْح، طَعْن، قَذْف

cast aspersions on أَسَاءَ إِلَى سُمْعته، قَدَحَ أو طعن فيه

asphalt, *n.* (**-ic,** *a.*) أَسْفَلْت، قار، زِفت

asphyxia, *n.* إِخْتِنَاق

asphyxi/ate, *v.t.* (**-ation,** *n.*) خَنَق؛ خَنْق

aspic, *n.* هُلام يُعَدُّ من خُلاصَة المَرَق المتبّل

aspidistra, *n.* نَبَات من فصيلة الزَّنْبَقِيَّات، دُرَيْقة، اسبيديسترا

aspirant, *n.* طَامِح، طَموح (للشهرة مثلاً)

aspirate, *v.t.* لَفَظَ الحروف بِمِلْءِ النَّفَس (صوتيات)

n. حَرْف يُلْفَظ بملء النَّفَس

aspir/e, *v.i.* (**-ation,** *n.*) طَمَحَ، طلب، نَشَدَ، تاق إلى؛ أُمنية، مَطْمَح

aspirin, *n.* أَسْبِيرِين؛ قرص اسبيرين

ass, *n.* 1. (animal) حِمار (حَمير)، جَحْش

2. (stupid person) غَبِيّ، بليد، أَحمق

make an ass of oneself تَصَرَّف بحَماقة، جَعَلَتْهُ موضِعًا للسّخرية

assail, *v.t.* (*lit. & fig.*) هَاجَم، اِعْتَدَى عَلَى، اِنْهَال على، أغار على

assailed by doubts سَاوَرَتْهُ الشكوك

assailant, *n.* مُعْتَدٍ، مُغير، مهاجم

assassin, *n.* مُغْتَال، قَاتِل (مأجور عادةً)

assassin/ate, *v.t.* (**-ation,** *n.*) إِغْتَالَ، قتل غَدْرًا؛ اغتيال (سِياسيّ)

assault, *v.t.* إِعْتَدَى، اغتصب، هاجم

n. 1. (hostile attack) غَارَة، حملة، هُجُوم عنيف

assault course دَوْرَة الإِقْتِحام (تَدْرِيب عسكري)، تدريب في المباغتة

2. (*leg.*) إِعْتِدَاء، تعدٍّ، تهجّم

assault and battery إِعْتِدَاء مع الضَّرْب والإِيذَاء البَدَني

indecent assault هَتْك الحُرْمة، إِعْتِداء مَعَ مُحاولة اغتصاب

assay, *v.t. & i.* إِخْتَبَرَ نَقَاء المعدِن الثَّمين؛ جرّب، حاوَل

n. الرَّزْن، تقدير نَقَاوة معدِن ثمين، اِخْتِبَار الفِلِزّات

assegai, *n.* رُمْح خَشَبي ذو زُجّ (عِنْدَ قبائل الزولو)

assembl/e, *v.i. & t.* (**-age, -y,** *n.*)

1. (gather together) اِجْتَمَعَ؛ جمع

assembly hall (room) قَاعَة الاجتماعات

legislative assembly المَجْلِس التَّشريعي

2. (put together) رَكَّب، جَمَّع

assembly-belt (-line) خطّ التَّجْمِيع (سَيْر أُفُقِيّ تجمع عليه أجزاء الآلة بالمصنع تدريجيًّا)

assembly shop وَرْشَة تجميع أو تركيب

assent, *v.i.* وَافَقَ، قبل، رضي، صادَقَ

n. مُوَافَقَة، قبول، مصادقة

assert, *v.t.* (**-ion,** *n.*) 1. (declare) أَعْلَن، صرّح

2. (put forward confidently) أَكَّدَ، أَصَرَّ، جَزَمَ ب

assert his claim to أَكَّد أحقيّته في

assert one's authority أَكَّد سلطته، بَسَط سيادته

assert oneself أَصَرَّ على حقوقه، أَثْبَتَ وجوده

self-assertion فَرْض الذات أو النفس

assertive, *a.* مُؤَكِّد، إِثباتي، مُصِرّ، جازِم

assess, *v.t.* (**-ment,** *n.*) قَيَّم، خَمَّن، قَدَّر؛ تَقْيِيم، تخمين، تقدير

assessor, *n.* خَبِير (لتقدير الخسائر- تأمين)، مُسْتَشَار أو قاضٍ مساعد

asset, *n.* 1. (useful quality) مِيزَة، فَائِدَة، مزيّة (مَزَايا)

2. (*pl.*, property) مَوْجُودَات، أَمْوَال، مُمْتَلَكات شخص أو شركة

assever/ate, *v.t.* (**-ation,** *n.*) أَقْسَم (بِبَراءته مَثلاً)، أكّدَ؛ إقرار مُغَلَّظ

assidu/ous, *a.* (**-ity,** *n.*) مُثَابِر، دَؤُوب، مواظِب؛ مثابرة

assign, *v.t.* (**-ation, -ment,** *n.*) 1. (allot) خَصَّ، خَصَّص، أفرز؛ تخصيص

a difficult assignment (task) مُهِمَّة شَاقّة أو عَسِيرة

2. (appoint) عَيَّن (في مَنْصِب رسميّ)

make an assignation (of time and place) حَدَّدَ موعِدًا ومكانا (للقاء صديق مثلاً)

3. (ascribe) عَزَا، نسب، أرجع إلى

assignee, *n.* الشَّخص الَّذي صار التنازل عن الْحَقّ إليه ولصالحه

assimil/ate, *v.t.* (**-ation,** *n.*) 1. (digest, *lit. & fig.*) مَثَّل الجِسْمُ الطّعامَ بعد هَضْمِهِ

2. (incorporate) أَدْمَج، ضمّ، إستوعب

assist, *v.t. & i.* (**-ance,** *n.*) أعان، ساعَدَ، سَانَدَ، عَاضَدَ ؛ مساعدة ، عَوْن

can I be of any assistance? هَلْ مِنْ خِدْمَةٍ أُؤَدِّيها لك ؟

unemployment assistance إِعَانَة بَطَالَة، مُسَاعدة مالية للعاطلين

assistant, *n.* مُساعِد، مُعاوِن

shop assistant بَائِع في مَخْزَن أو محلّ تجاري

assize, *n., usu. pl.* مَحَاكِم دَوْرِيَّة

assize court مَحْكَمَة الجِنايات العُلْيا

associ/ate, *v.t. & i.* (**-ation,** *n.*) خالَطَ، شَارَكَ، صَاحَبَ؛ اشتراك ؛ جمعية

associate with someone صَاحِب فلانًا، عاشره، خالطه

associate oneself with something شَارَكَ فِي أمْرٍ، اِنتمى إلى، انتسب إلى

association of ideas تَدَاعِي الأَفْكار أو الخواطر

association football لُعْبَة كُرة القدم

n. مُشَارِك، مُخَالِط، مُنْتَسِب، شريك

associate member عُضْوٌ مُنْتسب أوْ مُشارِك

asson/ant, *a.* (**-ance,** *n.*) (كَلِمَتَان) متشابهتان فِي حُرُوف العِلّة الداخلية

assort, *v.t.* (put into groups) صَنَّفَ، نَوَّعَ

assorted parts قِطَع مُنَوَّعة أوْ شَتَّى

v.i. (associate, suit, *with*) خَالَطَ، عَاشَرَ، لاءم، وافق

ill-assorted (شَخصَانِ) غير متجانسين

assortment, *n.* مَجْمُوعَة متنوّعة، تَشْكِيلة مختلفة

assuage, *v.t.* خَفَّف، سكّن، لطّف

assum/e, *v.t.* (**-ption,** *n.*) 1. (adopt, put on, take over) اِنْتَحَل، اِتَّخذ، تَوَلَّى

assume control تَوَلَّى زِمَام الأمر، تَسلَّمَ مقاليد الأمور

an assumed name اِسْم مُنتحل، اِسْم مُسْتَعار

assume responsibility تَوَلَّى الْمَسْؤُوليّة، أخَذَ عَلَى عاتِقه القِيام بالأمر

the Assumption عِيد صُعُود أو انتقال السَّيِّدَة العَذْراء إلى السماء (عند المسيحيين)

2. (take for granted) اِفْتَرَضَ، ظنّ

let us assume لِنَفْتَرِض، فَرْضًا

on the assumption that . . . بِاعْتِبَارِ أن، عَلَى فَرْض أن ، بالافتراض أن

assur/e, *v.t.* (**-ance,** *n.*) 1. (tell positively) أَكَّدَ له أنّ ...

2. (make certain of) كَفَل، ضَمِن (النجاح في العمل مثلاً)

self-assurance	اِعْتِدَاد أَو ثِقَة بالنفس
3. (insure)	أَمَّنَ (على حياته)
life assurance	تَأْمِين على الحياة
assured, a.	مَضْمُون، أكيد، ثابت، واثق
aster, n.	النَّجْمَة ، أَسْطَر (نبات مُزْهِر)
asterisk, n. & v.t.	نَجْمَة (عَلامة في الطباعة)
astern, adv.	نَحْوَ أَو في مُؤَخَّرة السَّفِينَة ، إلى الخَلْف (مِلاحة)
asteroid, n.	نُجَيْم ، كَوْكَب صغير (فلك)
asthm/a, n. (-atic, a. & n.)	داء الرَّبْو أَو النَّسَمة ؛رَبْوِيّ ؛ مَرْبُوء (طِبّ)
astigmat/ic, a. (-ism, n.)	أَسْتَجْمِيّ، لَابُؤْرِي
astir, adv. & pred. a.	دائب ، مُسْتَيْقِظ؛ عَلَى قَدَم وَسَاق
astonish, v.t. (-ment, n.)	أَدْهَشَ، حَيَّر؛دَهْشة
astound, v.t.	أَدْهَش، أَذْهَل، رَوَّع، هال
astrakhan, n.	فَرْو « استراخان » ، فَرْو الخَروف الفارسي
astral, a.	نَجْمِيّ، فلكي
astral body	شَبَح، طَيْف
astray, adv. & pred. a. (lit. & fig.)	شَارِد ، تَائِه، ضَالّ ، ضائع ، حائِر
go astray	ضَلَّ، تاه، زاغ عن الطريق
lead someone astray	أَضَلَّه، أَغواه
astride, adv., pred. a. & prep.	مُنْفَرِج السَّاقَيْن، مُفَرْشَح

astring/ent, a. & n. (-ency, n.)	(مَادَّة) قَابِضَة (تُوقِف نزف الدَّم) ؛(تعليق) لاذِع
astro-, in comb.	بَادِئَة بِمَعْنَى نَجْمِي أَو فلكي
astrolabe, n.	أَسْطُرْلَاب ، آلة يُقَاسُ بها اِرتفاع الكواكب
astrologer, n.	مُنَجِّم ، خَبِير بالتَّنْجِيم
astrolog/y, n. (-ical, a.)	عِلْم التَّنْجِيم
astronaut, n.	رائِد الفضاء، مَلّاح سفينة الفضاء
astronautics, n.pl.	عِلْم الْمِلَاحَة بين الكَواكب
astronomer, n.	فَلَكِيّ ، عالِم فلكيّ
astronom/y, n. (-ical, a.)	عِلْم الْفَلَك؛ فلكي
astrophysics, n.pl.	عِلْم الطَّبِيعَة الفلكية
astute, a. (-ness, n.)	حَاذِق، فَطِن، ذَكِيّ، حَصِيف، ثاقب البصيرة ؛ دَهاء
asunder, adv.	(مَزَّق الشَّيْء) إرَبًا ؛ تَفَرَّقَ القوم (أيديَ سبأ)
asylum, n. 1. (sanctuary)	مَلَاذ ، مَلْجَأ ، مَأْوَى
2. (institution, esp. for insane)	مُسْتَشْفَى الْمَجَاذِيب ، مَصَحَّة الأمراض الْعَقْلِية
asymmetr/y, n. (-ic, -ical, a.)	اللَّاتَنَاظُر، اللَّاتَمَاثُل؛ لا تناسُقي
asynchronous, a.	لَا تَزَامُنِيّ ، لَا تَوَافُقِيّ
at, prep. 1. (of place, position)	في، عِنْد، على، بِ
at home	في الْبَيْت ؛ مُلِمّ بعلم ما
at-home, n.	حَفْلَة استقبال رسمية بالمنزل

at sea (*lit. & fig.*) فِي ٱلبَحْرِ، في عُرْض البحر؛ حائِر، تائِه

he sat at a table جَلَسَ إلى مائدةٍ

at that (into the bargain) (فَقَدَ مِظَلَّتَهُ) وَزِد على ذلك (كانت جديدة)

(as it stands) كَمَا هُوَ، على حاله، على وَضْعه

leave it at that أُتْرُكْه كما هو، أُتْرُكْه على حاله

at your service! فِي خِدْمَتِك! تحت أمرك! حاضر!

2. (*of time*) عِنْد أو في (وَقْتٍ معيَّن)

at night لَيْلاً، في الليل

at once حَالاً، على الفَوْر، فَوْرًا، تَوًّا؛ في الوقت نفسه

at sunset عِنْدَ ٱلغُروب

3. (occupied with) مَشْغُول بِ أو في ...

he is at dinner إنَّه يَتَناوَل العَشاء

at work فِي ٱلعَمَل، في الشُّغل

hard at it عَاكِف على، دؤوب على دَائِب في، مثابر، مواظب

while we are at it, we should . . . مَا دُمْنَا بِصَدَدِه فَيُسْتَحْسَن أن ...

what are you at? مَاذَا تَقْصُد؟ ماذا تفعل؟

4. (in a state of)

at ease مُرْتَاح (البال)، مُطْمَئِنّ النفس

at leisure فِي وَقْتِ ٱلفِرَاغ، على مهلِك، بِغَيْر عَجَلَة

at one عَلَى وِفاق، على انسجام

at peace فِي حَالَة سِلْم، في سلام

at rest فِي سُكُون، في هُدوء

they are at war إنَّهم في حالة حَرْب

5. (in the manner of)

at a gallop رَكْضًا، عَدْوًا، جَرْيًا

6. (implying motion or attack)

at them! اِنْقَضُّوا عليهم!

he's always ⟨on⟩ at me إنَّه لا يَكُفّ عن نَقْدِي، لا يتركني وشأني دقيقة واحدة

7. (for the price of)

sell at a loss بَاعَ بِخسارة

at any rate عَلَى كُلِّ حال، مهما كان

at that rate عَلَى ذلك المِنْوال، والحالة هذه

8. (in response to)

at your request إجَابَةً لِطَلَبِك، تلبيةً لرغبتكم

9. (*in various senses*)

at all قَطُّ، بَتَاتًا، بأيّ حال من الأحوال

at best عَلَى أَحْسَن تقدير

at first فِي بَادِئِ الأمر، أوَّلاً، في البداية

at last وَأَخِيرًا، في النهاية

at least عَلَى الأقلّ

at most عَلَى أَكْثَر تقدير، أَكْثَرُ ما يُمْكن أن يحدث

at worst فِي أَسْوَأ الأحوال

atav/ism, *n.* (**-istic,** *a.*) التَّأَسُّل، الرُّجْعَى، ظُهُور صِفات الأسلاف بَعْدَ عِدّة أجيال

ate, *pret. of* **eat**

atelier, *n.* مَرْسَم ، اسْتُودْيُو المُصَوِّر أو الرَّسّام

athe/ism, *n.*, **-ist,** *n.* (**-istic,** *a.*) الإلْحاد ، إنْكار وُجود اللّه ؛ مُلْحِد

Athenian, *a. & n.* أَثيني ، نِسْبَةً إلى أَثِينا ؛ مِن أبناء أثينا

Athens, *n.* مَدينة أثينا

athirst, *pred. a.* ظَمْآن ، صادٍ ، مُتَعَطِّش

athlet/e, *n.* (**-ic,** *a.*) لاعِب رِياضِيّ ؛ رِياضِيّ

athlete's foot مَرَض جِلْدِيّ مُعْدٍ يُصيب الأَقْدام

athletics, *n.pl.* الألْعاب الرِّياضيّة

athwart, *adv. & prep.* عَبْرَ ، بالعرض

Atlantic, *a.* أَطْلَنْطِيّ ، أَطْلَسِيّ

Atlantic Charter مِيثاق الأَطْلَنْطيّ (وقّعه الحُلَفاء في نِهاية الحَرْب العالميّة الثانِية)

Atlantic Ocean; *also* Atlantic, *n.* المُحِيط الأَطْلَنطي أو الأَطْلَسِي

atlas, *n.* أَطْلَس ، مُصَوَّر جُغْرافيّ

atmospher/e, *n.* (**-ic,** *a.*) 1. (surrounding air) الجَوّ ، الهَواء

atmospheric pressure الضَّغْط الجوّي

2. (air conditions of a place); *also fig.*

a tense atmosphere prevailed سادَ الجَلْسَة جَوٌّ مُتَوَتِّر

3. (in fiction or drama) جَوّ ، بِيئَة

create a sad atmosphere خَلَق جَوًّا مِن الكآبة

atmospherics, *n.pl.* تَشْوِيش جَوّي كَهْرَبائي

atoll, *n.* جَزِيرة مَرْجانِيّة تتوسّطها بُحَيْرة

atom, *n.* 1. (*phys.*) ذَرَّة (فيزياء)

split the atom حَطَّم الذَّرَّة ، فَتَّت الذَّرَّة

atom bomb قُنْبُلَة ذَرِّيَّة

2. (small particle or amount) ذَرَّة

blow to atoms حَطَّم ، نَسَف

not an atom of truth in it لَيْس فيه ذَرَّة مِنَ الصِّدق ، لا أَساسَ له مِن الصِّحّة

atomic, *a.* ذَرِّيّ

the atomic age العَصْر الذَّرِّيّ

atomic bomb قُنْبُلة ذَرِّيَّة

atomic energy طاقة ذَرِّيَّة

atomic weight الوَزْن الذَّرِّيّ

atomiz/e, *v.t.* (**-ation,** *n.*) جَزَّأ إلى ذَرَّات ؛ حَوَّل سائلا إلى رَذاذ

atomizer, *n.* مِرْذاذ ، رَذّاذة ، بَخّاخة

atonal, *a.* (**-ity,** *n.*) (مُوسيقى) لا تَخْضَع للسَّلالِم الموسيقيّة المَعْروفة

atone, *v.i.* (**-ment,** *n.*) كَفَّر أو عَوَّض عن ؛ تَكْفير أو تَعْويض عن ، كَفّارة

Day of Atonement يَوْم صَوْم الغُفْران (عِنْد اليَهود)

atrocious, *a.* (**-ness,** *n.*) شَنِيع ، فَظيع ، (جَرِيمَة) بَشِعة ؛ شَناعة ، بَشاعة

atrocity, *n.* وَحْشِيّة ، شَناعة ، فَظاعة ، عَمَل وَحْشِيّ

atrophy, *n.* ضُمُور عُضْو مِن أعضاء الجِسْم (طبّ)

v.t. & i. ضَمُرَ، تَوَقَّفَ عن النُمُوّ وذَبُل

atropine, *n.* الأَتْرُوبِين (شِبْه قِلْي نباتي سامّ)

attach, *v.t.* (**-ment,** *n.*) 1. (fasten, join) أَلْحَق، أَرْفَق، رَبَط

attach oneself to انْضَمَّ إلى (حزب سياسيّ مَثَلًا)؛ انتسب إلى (جماعة مثلًا)

the attached المُرْفَق، المُلْحَق

2. (devote)

attached to مُتَعَلِّق أو مُولَع أو كَلِف بِ

form an attachment for تَعَلَّق ب، كَلِف ب، أَحَبَّ

3. (attribute)

attach importance to عَلَّق أَهَمِّيَّة عَلَى، أقام وَزْنًا لِ

4. (*leg.*, seize) صَادَر، حَجَز (قضاء)

5. (*mil.*) أَلْحَقَ، ضَمَّ

temporary attachment اِلْتِحَاق مُؤَقَّت

v.i.

no blame attaches to you لا لَوْمَ عَلَيْك، أَنْتَ بَرِيءٌ من الذَّنْب

attaché, *n.* مُلْحَق (دبلوماسي)

attaché case حَقِيبة أَوْراق لِلْيَد

attack, *v.t.* (*lit. & fig.*) هَاجَم، هَجَم عَلَى، أغار على، داهَم، حمل على

attack one's food انْقَضَّ على طعامه، شَرَعَ في الاكل بِشَهِيّة

attacked by illness انْتَابَهُ أو أَصَابَه المَرَض

n. هُجُوم، غارة، حَمْلة، اعْتِداء؛ نَوْبة

make an attack on (*lit. & fig.*) شَنَّ حَمْلة عَلَى، قام بِهُجُوم على

return to the attack (*lit. & fig.*) أَعَادَ الكَرَّة، اسْتَأنف الهجوم

heart attack نَوْبَة أو سَكْتة قلبية

attain, *v.t. & i.* (**-ment,** *n.*) بَلَغ، أَدْرَك، أَحْرَز، نال، حَقَّق

attain one's end نَال مَأْرَبه، بلغ غايته

attain one's majority بَلَغ سِنَّ الرُّشد

he has many attainments لَهُ إنْجازات عَدِيدَة (في مَيْدان العُلوم مثلًا)

attainab/le, *a.* (**-ility,** *n.*) يُمْكِن نَيْله أو إدْراكه، سَهْل المنال

attainder, *n.* فِقْدان الحُقوق المَدَنِيّة نَتِيجةً لحُكم قَضائيّ

attempt, *v.t.* حَاوَل، جرّب، سَعَى

attempt one's ⟨own⟩ life حَاوَل الإنْتِحَار

attempted murder شُرُوع في قَتْل

n. مُحاوَلة، شُرُوع

die in the attempt بَذَلَ قُصارى جهده في مُحاوَلته ...

at the first attempt عِنْدَ أَوَّل مُحاوَلة

attend, *v.t.* 1. (wait upon, escort, accompany); *also v.i., with* on قَامَ بِالخِدْمَة، لازَم

attended with difficulties مَحْفُوف بالصِّعاب

2. (be present at); *also v.i.* حَضَرَ

attend school ذَهَبَ إلى المدرسة ، دَاوَمَ في المدرسة (عراق)

3. (serve in medical capacity) دَاوَى، طَبَّبَ، عالَجَ، زَارَ (المريض)

v.i. 1. (give heed) اِنْتَبَهَ إلى، اِلْتَفَتَ، أَصْغَى إلى

2. (give care, thought *to*) اِهْتَمَّ ب ، اِعْتَنَى ب ، راعَى

attend to one's business اِهْتَمَّ ب أو اِعْتَنَى بعمله

attendance, *n.* 1. (waiting on) حَاشِيَة ، مَعِيّة

in attendance في خِدْمَة أو في حضرة فلان

dance attendance on سَارَعَ لِتَلْبِيةِ رَغْبة شخص

2. (presence; numbers present) حُضُور، دَوَام (عراق) ؛ عَدَد الحاضِرين

attendance register سِجِلّ الحضور

attendant, *n.* تَابِع، خادم، مُرافِق

a. (accompanying, resultant *on*) مُصَاحِب، (الأَمْرَاض) النّاشئة عن (المجاعات مثلاً)

attention, *n.* 1. (heed, notice) اِنْتِبَاه، اِهْتِمَام، يَقْظَة

attract attention لَفَتَ النّظر

call attention to نَبَّهَ إلَى

pay attention أَعَارَ اهْتِمامًا، اكترث ب

2. (care, consideration) عِنَايَة ، اِهتمام

medical attention عِنَايَة طِبِّية، تَطْبِيب ، عِلاج طِبّيّ

3. (*mil.*) اِنْتِبَاه

at attention في حالة استعداد أو انتباه

attention! اِسْتَعِدّ! انْتَبِه!

attentive, *a.* مُصْغٍ، مُنْتَبِه، مُعْتَنٍ، مُرَاعٍ، يَقِظ ؛ حريص على إرضاء غيره

attentively, *adv.* بِانْتِبَاه، بِيَقظة، بِاهْتِمَام، باعتناء

attenu/ate, *v.t.* (**-ation,** *n.*) 1. (make thin) خَفَّفَ، رَقَّق، أَضْعَف، أَهْزَل

2. (*elec.*) أَضْعَفَ، أَوْهَن

attest, *v.t. & i.* (**-ation,** *n.*) صَدَّقَ على، شَهِدَ على؛ حَلَّف

attic, *n.* غُرْفَة تَحْتَ سطح البَيْت مباشَرة

attire, *v.t.* أَلْبَس، كسا

n. كُسْوَة، ثِياب، زِيّ، رِداء (أَرْدِية)

night attire ثَوْب النّوم، قميص النوم

attitude, *n.* 1. (posture, relative position) مَوْقِف، هَيْئَة، وَضْع

strike an attitude اِتَّخَذَ وَضْعًا مسرحيًّا

2. (way of thinking or behaviour) مَوْقِف، تَصَرُّف، سُلُوك

take up an attitude اِتَّخَذَ موقِفًا مُعَيّنًا

he had the wrong attitude لَمْ يَكُنْ مَوْقفه مِنَ الأمر صحيحًا

attitudinize, *v.i.* اِتَّخَذَ موقِفًا مُتكلّفًا

attorney, *n.* مُحامٍ، وكيل قضائي

letter of attorney وَثِيقَة، تفويض، توكيل

power of attorney تَوْكيل رَسْميّ ، تَفْوِيض شرعيّ

Attorney-General أعْلَى مُوَظَّف قَضَائِيّ بانكلترا

attract, *v.t.* (**-ion,** *n.*) 1. (draw towards one) جَذَب ، اِجتذب

attract attention اِسْتَرْعَى الانتباه، لَفَت النظر

magnetic attraction جَاذِبِيَّة مَغْنَطِيسية

2. (be pleasing to) اِسْتَهْوَى، اِسْتَمَالَ ،. جَذَب

attractive, *a.* (**-ness,** *n.*) جَذَّاب ، خَلَّاب، فاتِن، أخّاذ ؛ جاذبية

attrib/ute, *v.t.* (**-ution,** *n.*) نَسَب، عَزَا،أَسْنَد ، أرجع

n. 1. (quality) صِفَة، خَصْلة، ميزة،خاصّية

2. (*gram.*) صِفَة، نَعْت (نحو)

attributive, *a. & n.* وَصْفِيّ، نَعْتِيّ؛ صِفَة

attrition, *n.* اِحْتِكاك ،بِلًى، إنهاك؛ نَدَم

war of attrition حَرْب الإبلاء أو الإنهاك

attune, *v.t., usu. fig.* دَوْزَن ، (موسيقى)

to be attuned to اِنْسَجَمَ مع، توافق مع

au (*F.*), *in phrases*

au courant مُطَّلِع، مُلِمّ، عَلَى بَيِّنة مِن

au fait خَبِير ب، على بَيِّنَة من

au fond فِي الجَوْهَر، في الأساس

au pair مُتعلِّق بخدمة منزلية خفيفة مُقَابِل الأكل والمَبِيت

au revoir إِلَى اللِّقَاء، مع السّلامة

aubergine, *n.* بَاذِنْجَان، أَنَب، حَدَق

auburn, *a.* لَوْن بُنّيّ مائل للحُمرة، كَسْتَنائي

auction, *n.* مَزَاد (عَلَني)

auction bridge أَحَد أَنْواع لعبة البريدج

auction sale; *also* auction, *n.* بَيْع بِالمَزَاد (العَلَني)

up for auction مَعْرُوض للبيع بالمزاد

v.t. عَرَضَ شيئًا للبيع بالمزاد

auctioneer, *n. & v.i.* دَلَّال، مُنادٍ (فِي البَيْع بالمَزاد)

audac/ious, *a.* (**-ity,** *n.*) جَرِيء، جَسُور؛ وَقِح، سفيه، صفيق

audib/le, *a.* (**-ility,** *n.*) مُمْكِن سَمَاعُه، مسموع

audience, *n.* 1. (assembly of listeners) جُمْهُور المستمعين أو الحاضرين

audience research اسْتِفْتَاء المُسْتَمِعِين عَن آرائهم في بَرَامِج الإذاعَة

2. (formal interview) مُوَاجَهَة، مقابَلة

he had an audience with the queen مَثُلَ بَيْنَ يَدَي الملكة

audio-, *in comb.* (بَادِئَة بمعنى) سَمْعِيّ، صَوْتِيّ

audit, *n. & v.t.* فَحْص رَسْمِيّ لِلحِسابات؛ رَاجَع الحِسابات أو فَحَصها بِدِقّة

audition, *n.* 1. (power of hearing) (قُوَّة) السمع

2. (trial hearing); *also v.t.* اِخْتِبار الصَّوْت في الغِناء أو الإلقاء

auditor, *n.* 1. (listener) مُسْتَمِع

2. (accountant) فاحِص أو مُراجِع أو مُراقِب الحسابات

auditorium, *n.* قَاعَة المحاضَرات، الصَّالَة (في المسرح أو دار السينما الخ)

auditory, *a.* سَمْعِيّ

auger, *n.* مِثْقَب، خَرَّامة، بَرِّيمة

aught, *n.* مَهْمَا كان، أي شيء، مُطْلَقًا (لفظة قديمة)

for aught that I know لا أعْرِف الإجابة وَلا يُهِمّني الأمر قطّ

augment, *v.t. & i.* **(-ation,** *n.***)** زادَ؛ ازداد؛ زِيادَة؛ ازْدِياد

augur, *n. & v.i.* نَذِير، بشير، عرّاف؛ بشّر

it augurs well for . . . هَذا ما يُبَشِّر بالخَيْر لِ . . .

augury, *n.* فَأْل، عِرَافة، تَكَهُّن

August, *n.* (شَهْر) أغسطس، آب

august, *a.* مُعَظَّم، جَلِيل، مُبَجَّل، نَبِيل، عظيم الجاه، رفيع الشأن

Augustan, *a. & n.* (*lit. & fig.*) نِسْبَةً إلَى العَصْر الذهبي في الأدب (اللاتيني مثلاً)

auk, *n.* طَيْر بحريّ من فصيلة البِطْرِيق

auld, *a.* (*Sc.*), *esp. in* قَدِيم

Auld Lang Syne مطْلَع أغنية اسكتلندية بِمَعْنَى «من أجل سالف الأيام»

aunt, *n.* عَمَّة، خالة زَوْجَة العَمّ أو الخال

auntie, *n.* (*coll.*) يَاعَمَّتِي، يا خالتي (للتودّد)

aura, *n.* شَذًا، فَوَحَان، هالة؛ قُشَعْرِيرَة قبل نَوْبَة صَرْع (طِبّ)

aural, *a.* أُذُنِيّ، نسبة إلى الأذن؛ سَمْعِيّ

aureole, *n.* هَالَة، إكليل النور

aureomycin, *n.* أُورِيُومَايْسِين، عَقار من مضادّات الحيويّات (طبّ)

auricle, *n.* صِوَان الأذن؛ أُذَيْن القَلب

auricular, *a.* أُذُنِيّ، أُذَيْنِي؛ (اعتراف) سِرِّيّ أو مهموس به (عند المسيحيين)

auriferous, *a.* مُحْتَوٍ على الذهب

aurora, *n.* فَجْر، فَلَق، شفق؛ رَبّة الفجر (عند الرُّومان)

Aurora Borealis الشَفَق القطبيّ الشماليّ

auspice, *n., usu. pl.* رِعَايَة، إشراف، حِماية

under the auspices of تَحْتَ رِعايَة، تَحْتَ حِمَاية

auspicious, *a.* **(-ness,** *n.***)** ذُو فَأْل، مُبشِّر بالخير، مَيْمُون، حسن الطالع

Aussie, *n.* (*sl.*) أُسْتُرَالِيّ (لغة عاميّة)

auster/e, *a.* **(-ity,** *n.***)** قَاسٍ، صَارِم، خَشِن، جَافّ؛ زُهْد

Australas/ia, *n.* **(-ian,** *a. & n.***)** أُسْتُرَاليا وَالجَزائِر المجاورة لها

Austral/ia, *n.* **(-ian,** *a. & n.***)** أُسْتُرَاليا

Austr/ia, *n.* **(-ian,** *a. & n.***)** النِمْسا؛ نِمْساوِيّ

authentic, *a.* **(-ity,** *n.***)** حَقِيقِيّ، أصيل، مَوْثُوق، مُعتمَد عليه؛ أصالة، صِحّة

authentic/ate, *v.t.* (**-ation,** *n.*) صَدَّق على، وثَّق، أَثْبَت أَصالَة شيء ؛ تَحْقِيق

author (*fem.* **-ess**), *n.* 1. (originator) مُنْشِئ ، مُبْدِع ، خالِق ، مُوجِد ، مُسَبِّب

2. (writer) مُؤَلِّف ، كاتِب

authoritarian, *a. & n.* اِسْتِبْداديّ، دِكتاتُوريّ؛ مُؤيِّد لِمبدأ تحكّم الدّولة في الأفراد وحُرّيّاتهم

authoritative, *a.* (أوامِر) صادِرة من سُلْطَة ؛ (لَهْجَة) آمِرة ؛ (مَصْدَر) مَوْثوق به

authority, *n.* 1. (power) سُلْطَة ، حُكْم ، سَطْوَة ، نُفوذ ، هَيْمَنة

in authority مُتوَلّي السُّلْطة ، وَلِيّ الأمر

2. (delegated right) تَخْوِيل ، تفويض، حَقّ مُخَوَّل

act on someone's authority تَصَرَّف بِتَفْوِيضٍ أو بِتَخْوِيلٍ من فلان

by what authority? بِأَيّة سُلْطَة ؟ بِأَيّة صلاحيَّة؟ (عراق)

3. (*usu. pl.*, those in power) السُّلْطات ، وُلاة الأمور

the local authority السُّلْطة المَحَلِّيَّة ، الإدارَة المسؤولة عن شُؤون البَلَدِيّات

the authorities السُّلْطات ، الجهات الرَّسْمِيَّة

4. (expert) حُجَّة (في موضوع)، ثِقَة ،

5. (source of trustworthy information) مَرْجِع ، مَصْدَر مَوْثُوق به لاسْتِقاء المَعْلومات

authoriz/e, *v.t.* (**-ation,** *n.*) خَوَّل ، فَوَّض، أَجَازَ ؛ تَفْوِيض

Authorized Version التَّرْجَمَة الانكليزية لِلكِتاب المقدَّس من العِبْرِيَّة واليونانيَّة (١٦١١م)

authorship, *n.* 1. (career as author) التَّأْلِيف

2. (origin of book)

the authorship of this book is open to question نِسْبَة هذا الكتاب إلى مُؤَلِّف مُعَيَّن مَشكوك فيها

auto-, *pref.* (بادِئَة بمعنى) ذاتيّ ، آليّ ، تِلْقائيّ

auto-eroticism تَهْيِيج جِنْسِيّ ذاتيّ، الإهاجَة الذّاتيّة

auto-suggestion الإيحاء الذّاتيّ (علم النَّفْس)

auto, *contr. of* **automobile** سَيَّارة

autobahn, *n.* طَرِيق واسِع مُزدوِج مُخَصّص للسَّيّارات السّريعة يربط المدن الألمانيّة

autobiographer, *n.* كاتِب سِيرة حَياتِه الشَّخْصِيَّة

autobiograph/y, *n.* (**-ical,** *a.*) تَرْجَمَة حَياة المؤلِّف بِقَلمه

autocracy, *n.* حُكْم مُطْلَق لِشَخْص واحد في الدَّوْلة ؛ دَوْلة خاضِعة لِحُكْم مُطْلَق

autocrat, *n.* (**-ic,** *a.*) حَاكِم مُطْلَق ، حاكم بِأَمْرِه ، أوتوقراطيّ

autogiro, *n.* نَوْع من طائرات الهليكوبتر

autograph, *n.* 1. (manuscript) مَخْطُوطة المُؤَلِّف (مكتوبة بخطّ يَدِه)

2. (signature) إمضاء ، توقيع

v.t. أَمْضَى ، وَقَّع ، كتب بِخَطّ يَده

automatic, *a.* 1. (self-acting) أُوتُوماتِيكي، آلِيّ، أوتوماتي؛ تلقائي، ذاتي

automatic pilot أَدَاة لتسيير الطائرة آليًّا

automatic telephone تِلِيفُون أوتوماتيكي

automatic transmission تَحْوِيل أُوتُوماتِيكي (سيّارات)

2. (unconscious, spontaneous) تِلْقَائِيّ، (التَّنَفُّس عملية) لا إِرادِيّة

n. (weapon) مُسَدَّس أُوتُوماتيكي، مُسَدَّس مشط

automation, *n.* الأُوتُومَاتِيَّة، تَشْغِيل آلي

automaton, *n.* آلة ذاتيّة الحركة، إِنْسَان آلي، اوتوماتون

automobile, *n.* سَيَّارة

autonom/ous, *a.* (**-y,** *n.*) يَتَمَتَّع بحكم ذَاتِيّ؛ حُكْم ذاتي

autopsy, *n.* تَشْرِيح الجُثَّة (لمعرفة سبب الوفاة)

autumn, *n.* (**-al,** *a.*) الخَرِيف؛ خريفي

auxiliary, *a.* مُسَاعِد، مُلْحَق، إضافي، تابع

auxiliary verb; *also* auxiliary, *n.* فَعَل مُساعِد

n. (*mil., usu. pl.*) قُوَّة أجنبية في خِدْمَة دَوْلة حليفة

avail, *v.t. & i.* نَفَع، أفاد، أجْدَى

avail oneself of إِنْتَفَع ب، أفادَ من

n. نَفْع، جَدْوَى

to (of) no avail دُونَ جَدْوى، بِلا طائل عَبَثًا، سُدًى

availab/le, *a.* (**-ility,** *n.*) مُتَوَفِّر، متيسّر، فِي مُتَنَاوَل اليد، موجود

avalanche, *n.* (*lit. & fig.*) جُرْفٌ ثلجي ينهار من سَطْحِ الجبل؛ سيل (من الرسائل مثلًا)

avant-garde, *n.* رُوَّاد، مُبْتَدِعُون في الفنون

avarice, *n.* طَمَع، جَشَع، بُخْل، حِرْص، شُحّ

avaricious, *a.* (**-ness,** *n.*) طَمَّاع، جَشِع، بَخِيل، حريص، مُقَتِّر، شَحِيح

***Ave Maria*; *also* *Ave*,** *n.* صَلَاة خاصّة عند المَسِيحِيِّين مطلعها: 'السّلام لكِ يا مَرْيَم'

avenge, *v.t.* إِنْتَقَمَ، أخذ بالثأر، ثَأَرَ

avenge oneself on إِنْتَقَمَ أو ثأر لنفسه من

avenue, *n.* (*lit. & fig.*) دَرْب، طريق مُشَجَّر، جادّة

explore every avenue سَلَكَ كُلَّ السُّبُل، جَرَّبَ كلّ الوَسَائِل، طرق كل باب

aver, *v.t.* أَكَّد، قَرَّر، جَزَم، قطع ب؛ زَعَمَ

average, *n.* 1. (mean) مُعَدَّل، مُتَوَسِّط

above (below) average فَوْقَ (تحت) المُعَدَّل

on the average فِي المُعَدَّل، في المُتوسِّط

2. (*naut.*) تَلَف، عَوَارِيَّة (شَحْن بحريّ)

a. مُعَدَّل، مُتَوَسِّط

average age مُعَدَّل العُمْر، متوسِّط العُمْر

the average man الشَّخْص العادِيّ

v.t. 1. (take the mean of) أَخَذَ أو أَوْجَد المُعَدَّل أو المُتَوسِّط

2. (amount to on average); *also v.i.*

average *out at* بَلَغَ المتوسِّط . . . .

averse, *a.* كَارِه أو مبغض لِ..، نَفُور من غَيْر راضٍ عن

not averse to غَيْر كاره، غير مُمَانِع

aversion, *n.* كَرَاهِيَة، بُغْض، نُفُور

this is my pet aversion هَذا أَبْغَض شيء إليَّ

avert, *v.t.* جَنَّب، حَوَّل، تَفادَى، دَرَأ

avert a catastrophe مَنَع وُقوع كارِثة

avert one's eyes حَوَّل نظره، أَزاغ بَصَره، غضّ طَرْفه

avian, *a.* مُخْتَصّ بالطّيور

aviary, *n.* بَيْت الطُّيور (لحفظها وتربيتها)

aviation, *n.* طَيَران، مِلاحة جوّية

aviator, *n.* طَيَّار، مَلّاح جَوّيّ

avid, *a.* (**-ity,** *n.*) مُتَعَطِّش، نَهِم شَرِه؛ شَراهة

avocado ⟨**pear**⟩, *n.* أَهُوكاتية، أبوكادو (فاكهة)

avocation, *n.* عَمَل ثانوي؛ مِهْنة، حِرْفة

avoid, *v.t.* (**-ance,** *n.*) تَجَنَّب، تحاشَى، تَفادَى، تلافَى

avoidable, *a.* مُمْكِن تَجَنُّبه أو تحاشيه

avoirdupois, *a. & n.* النِظام الانكليزي للموازين

avoirdupois weight نِظام لِوَزْن جَميع السِّلع مَا عَدَا المعادِن الثمينة والجواهِر

avouch, *v.t. & i.* ضَمِن، كَفَل، أكَّد، اعترف

avow, v.t. (**-al,** *n.*) اِعْتَرَف، أَقَرَّ بِ، جاهَر ب

avowed enemy عَدُوّ لا يُخْفِي عَداوته

avowed intent قَصْد بيِّن، نِيّة ظاهِرة

avuncular, *a.* نِسْبَةً إلى العَمّ أو الخال

await, *v.t.* اِنْتَظَر، ترقّب، تَوَقَّع

awake (*pret.* awoke, *past p.* awoken), *v.i.* أَفاق، اسْتَيْقَظ، صَحا، نهض (من النوم)

v.t.; *also* **awaken** أَيْقَظ، صَحَّى، أَنْهَض (من النوم)

awake(n) feelings أَيْقَظ أو أَثار المَشَاعر

pred. a. مُسْتَيْقِظ، صاحٍ

awake to يَقِظ لِ، واعٍ لِ، دارٍ بِ

wide awake يَقِظ، متنبّه تمامًا؛ واعٍ

awakening, *n.*, *esp. in*

a rude awakening صَحْوَة عنيفة، تبدُّد الأوهام

award, *n.* حُكْم (صادر عن قاض أو هيئة تحكيم)؛ جائزة

v.t. حَكَمَ لِ، جازَى، كَافأ، مَنَح

aware, *pred. a.* (**-ness,** *n.*) وَاعٍ، مُدْرِك؛ وَعْي، إدْراك

make someone aware of أَطْلَع فلانًا عَلَى، نَبَّهه إلى، أحاطه علماً بِ

not that I am aware of لَيْسَ لي عِلْم بهذا الأمْر

awash, *pred. a.* (سَطْح السَّفِينة) مُغَطّى أوْ مَغْمُور بالأمواج

away, *adv.* 1. (elsewhere; at, to, a distance) بَعِيدًا، في مكان بعيد

away from home غائِب عن بيته أوْ أهله

I was away when he called لَمْ أكن مَوْجُودًا عندما جاء لزيارتي

I must away عَلَيَّ أن أنصرف، عَلَيَّ بالذهاب

away with you! أغْرُبْ عن وَجهي! إلَيْكَ عَنّي! ابتعدْ عنّي! انصرِفْ!

an away match مُبَارَاة رياضية على أرض الفِرقة المنافسة

far away بَعِيدًا جِدًّا، على بُعْد شاسِع

far (out) and away the best الأفْضَل بِمَرَاحِل، يمتاز على الآخرين كلَّ الامتياز

get away! اِبْتَعِدْ عَنّي! امْشِ! يَا لِلْغَرَابة!

get away for a holiday ذَهَبَ في عُطلة، اِنْتَزَعَ نفسه من العمل للتمتّع بالإجازة

get-away, *n.* الهُرُوب بعد ارتكاب الجريمة

give away وَهَب، مَنَح؛ أفْشَى، كَشَفَ

give-away, *n.* هِبَة، صفقة رابحة؛ اِفتضاح

go away! اِذْهَب عَنّي! اِبْتَعِدْ عَنّي! اِمْشِ!

are you going away this year? هَلْ أنْتَ مُسَافِر في عُطلةٍ هذه السَّنة؟

2. (*implying loss or destruction*)

do away with أعْدَم، أهْلَكَ، قَضَى على، أتْلَف، تخلّص من

make away with أتْلف، أعْدَم؛ ذَهَبَ بِ، سَرَق

3. (*implying continuous action*)

work away ثَابَر، وَاظَب، دَأَبَ على العمل

4. (without delay)

right (straight) away حَالًا، فَوْرًا، تَوًّا

awe, *n.* رَهْبَة، رَوْع، هَوْل، هَيْبة

awe-inspiring رَهِيب، مُرِيع، هائل

awe-struck مُرْتاع، مُفْزَع، فَزِع مَذْهُول

stand in awe of وَقَّر، بَجَّل، اِحْتَرَم

v.t. أَلْقَى في قلبه الرَّوْع

aweigh, *adv.* رُفِعَتِ المِرْسَاة؛ على وَشْك الإقلاع

awesome, *a.* رَهِيب، مَهِيب، مُرِيع

awful, *a.* 1. (inspiring awe) مَهِيب، هائل

2. (*coll.*, great) مَهُول، عظيم، رَائِع

thanks awfully شُكْرًا جزيلا

awhile, *adv.* لِمُدّة قصيرة، لفترة، لبُرْهَة، هُنيهة

not yet awhile لَمْ يَحِن الوقت بعدُ (لِفعل شيءٍ ما)

awkward, *a.* (**-ness,** *n.*) 1. (clumsy) أَخْرَق

the awkward age سِنُّ المُراهَقة ، الفَتْرَة الَّتِي تتميَّز بِفُقدان المُراهِق لِثِقَتِه بِنَفْسِه

2. (inconvenient, embarrassing) مُحْرِج، مُحَيِّر

an awkward moment لَحْظَة مُرْبِكة ، مَوْقِف حَرِج

3. (difficult to deal with) عَسِير، صَعْب، مُتْعِب

an awkward customer شَخْص يَصْعُب التَّعَامُل معه، شَكِس، شَرِس

awl, *n.* مِثْقَب، مِخْراز ، مِخْصَف، إشفًى

awn, *n.* حَسَك السُنْبُلة

awning, *n.* مَظَلّة، تَنْدة

awoke, *pret. of* **awake**

awoken, *past p. of* **awake**

awry, *adv.* (*lit. & fig.*) مَوْرُوب، أَعْوَج ، إخْفَاقًا، فَشَلًا

axe (*U.S.* **ax**), *n.* فَأْس (فؤوس)، بَلْطَة، طَبَر

have an axe to grind يَكْمُن وَرَاءَ تَصَرُّفِه نَفْع شخصيّ

v.t. خَفَض النَّفَقاتِ(الحكوميّة)تخفيضًا شديدًا

axial, *a.* مِحْوَريّ

axiom, *n.* (**-atic,** *a.*) مُسَلَّمة، حَقيقة لا تَحْتاجُ إلى برهان؛ بَديهيّ

ax/is (*pl.* -es), *n.* مِحْوَر، مَدار، قُطْب

axle, *n.* مِحْوَر العَجَلة، جُزْء (ميكانيكا)

Axminster ⟨**carpet**⟩, *n.* سَجَّادة أكْسِمِنْستر (تُصْنَع في انكلترا)

ay(e), *int. & n.* نَعَم، بلى، أيوه !

the ayes have it رَجَحَت كَفّة المُوافِقِين (في التصويت)

aye, aye, sir! حَاضِر، تحت أمرك ! (بَحْرِيّة)

adv. دائمًا

for aye أبدًا، إلى الأبَد

azalea, *n.* أزالية، صحراوية ، جُلّسان (نَوْع من النبات المُزْهِر)

azimuth, *n.* زاوِيَة السَّمْت، السَّمْت

azure, *n. & a.* سَماوِيّ اللون، سَمَنْجُونِيّ، لازَوَرْدي

B

B, letter الحَرْف الثَّاني من الأَبْجَدِيَّة الانكليزية

baa, *v.i. & n.* مَامَأَ، ثَغَا؛ مَأْمَأَة، ثُغَاء

Babbitt ⟨**metal**⟩, *n.* مَعْدِن بَابِت، سَبِيكَة من القصدير والنُحاس والأنتمون

babble, *v.i. & t.* 1. (speak or say incoherently); *also fig. of streams* غَمْغَم، هَذَر، ثَرْثَر؛ خَرّ الماء (في الجدول)

2. (disclose secrets) أَفْشَى، باح بالسِّرّ

n. ثَرْثَرة، هَذَر، غمغمة؛ خَرير

babbler, *n.* ثَرْثَار، مِهْذار، بَقْبَاق، لَقْلَاق، من يُفشي الأَسْرار

babe, *n.* رَضِيع، وَليد؛ غِرّ، ساذج

babes and sucklings الأَطْفَال والرُّضَّع

babel, *n.* بُرْج بابل؛ جَلَبة، صَخَب، عَجيج

baboon, *n.* بَبْوان، قَرْدُوح بَبْوان (نوع من القردة)

baby, *n.* 1. (child); *also fig.* وَلِيد، رَضِيع، طِفْل

baby-linen مَلَابِس الطّفل

baby-sitter, *whence* جَلِيس الطّفل عِنْدَ غِياب الوالدين

baby-sit, *v.i.* رَعَى الطِفْل عند غياب الوالدين

left holding the baby أُلْقِيَ العِبْءُ عَلَى عَاتِقِه (بعد أن تخلّوْا عنه)

the scheme is his baby إنّهُ أبو المَشْرُوع وراعيه

2. (small version; *attrib.*) صَغِير، في صُورَة مُصَغَّرة

baby grand بِيَانُو صغير بأوتار أفقيّة

babyhood, *n.* سِنّ الرَّضَاعَة، الطّفولة

babyish, *a.* (تَصَرُّف) طُفولي، صِبْياني

Babylon, *n.* (**-ian,** *a. & n.*) بَابِل، مَدِينَة بابل القديمة

baccalaureate, *n.* بَكَالُورِيَا، تَوْجِيهية (مصر)

baccara(t), *n.* بَكَارَاه (مقامرة بأوراق اللعب)

bacchanal, *a. & n., usu. pl.* (**-ian,** *a.*) عِرْبِيد، ماجِن؛ عَرْبَدة، مُجُون

baccy, *coll. contr. of* **tobacco**

bachelor, *n.* 1. (unmarried man) أَعْزَب، عَزَب

bachelor flat شَقَّة صغيرة للأعزب

bachelor girl شَابَّة عَزْباء

2. (univ. degree) بَكَالُورِيوس

Bachelor of Science; *abbr.* B.Sc. بَكَالُورِيوس العُلوم

bacill/us (*pl.* -i), *n.* عُصَيَّة، ميكروب عَصَوِيّ، باسيل

back, *n.* 1. (*of body*) ظَهْر

back-breaking, *a.* قَاصِمٌ للظَّهْر، (عَمَل) شاقّ

back-rest   نُكَأَة المَقْعَد ، ظَهْر الكُرْسِيّ

back-slapping, *n.*   الإفْرَاط في المُصَافَحَات
والمُغَالَاة في مظاهر الصَّداقة

back to back   ظَهْرًا لِظَهْرٍ

behind one's back (*fig.*)   ، مِنْ خَلْفِه
مِنْ وَرَاءِ ظَهْره ، في غِيابه

break one's back   أَنْهَكَ نفسه في العَمَل

break the back of a job   أَنْجَزَ مُعْظَم
العَمَل أَوِ الجُزء الشّاقّ منه

on one's back (lying)   مُسْتَلْقٍ على ظَهْره

(bedridden)   طَرِيحُ الفِرَاش ، مُلازم الفِرَاش

put one's back into it   بَذَلَ غاية جُهْده

put (get) someone's back up   ، أَغَاظَه
أَغْضَبَه ، أَثَاره ، أَحنقه

turn one's back on (*lit. & fig.*)   وَلَّاه ظَهْرَهُ ،
صَدَّ عَنْ ، تَخَلَّى عن ، هَجَر

he fought with his back to the wall
اِسْتَحَالَ عليه التَّقَهْقُر فَقَاتَل مُسْتَمِيتًا

(*fig.*, of a chair, book, etc.)   ظَهْر
(الكُرْسِيّ)

2. (rear)   خَلْف ، وَرَاء ، مُؤَخِّرة

back to front   بِالمَقْلُوب ، بالعكس

at the back of beyond   في أَقْصَى
أَطْرَاف الأرض

who is at the back of it?   مَنْ وَرَاءَ
ذَلِكَ؟ مَنْ اليد المحرّكة؟

3. (position, player, at football, etc.)   ظَهِير

---

a. 1. (rear)   خَلْفِيّ ، مُؤَخَّر

back end (of the year)   أَوَاخِر السنة

back-seat driver   رَاكِب في سيّارة
يُضايق سائقها بكثرة إرشاداته

take a back seat (*fig.*)   تَوَارَى عن الأضواء

2. (former, out of date, in arrears)

back number (of journal)   عَدَد سابق
(بن الجَرِيدة وغيرها)

فَقَدَ أَهَمِّيّته، مَضَى وقته، لم يَعُدْ ذا شأن (*fig.*)

v.t. 1. (provide a back to)   ، جَلَّد
غَلَّف ، بَطَّن

2. (support)   آزَر ، سَانَد ،
أَيَّد ، ظَاهَر

back someone up   شَيَّدَ أَزْرَه ،
أَيَّدَه ، سَانَده ، ظاهَره

3. (cause to move back)   أَرْجَع
إلى الوراء

back a car   قَادَ سيّارة إلى الوراء أو بالعكس

4. (bet on)   رَاهَن ، قَامَر على

back a winner (*lit. & fig.*)   رَاهَن عَلَى
الجَوَاد الرابح

v.i. 1. (have one's back towards);
usu. back on (up) to
the house backs on to the river
يُطِلّ ظَهْر البيت على النّهر

2. (go backwards)   تَرَاجَع ،
تَقَهْقَر ، اِرْتَدَّ

back away   تَقَهْقَر ، اِنْسَحَب ،
تَرَاجَع

back out ⟨of⟩ (*lit. & fig.*) تَمَلَّص من ، تراجع عن (وعده)

back down ⟨from⟩ (*fig.*) تَنَازَل أو تَخَلَّى عَن

3. (of wind) اِنْعَكَس اِتِّجاه الريح

adv. 1. (to the rear, at a distance) إِلَى الْوَرَاء أو الخَلْف

stand back! اِرْجَعْ! إِلى الوراء! لا تتقدَّمْ!

2. (in, into a former position, state or period) فِي مَكانِه السابق، كما كان

back and forth ذَهابًا وإيابًا، إقْبالًا وإدبارًا

give back رَدَّ، أعاد، أَرْجَع

he is not back yet لَمْ يَعُدْ بَعْدُ

when will he get back? مَتَى يَعود أو يَرْجِع؟

look back on تَذَكَّر الماضي، استعاده أَعادَ الى الذاكرة

there and back ذَهابًا وإيابًا

way back (*coll.*) مُنْذُ زمن بعيد

back-date, *v.t.* أَرْجَعَ إِلى تاريخ سابق

3. (in return) رَدًّا لِ، بدلًا من، في مقابل

back-chat وَقاحَة، رَدّ وَقِح

get one's own back اِنْتَقَمَ لنفسه ، ثَأَرَ لنفسه، أخذ بثأره

backach/e, *n.* (**-ing,** *a.*) أَلَم الظَهْر؛ شَاقّ

backbench, *n. & a.* مَقْعَد خَلْفِيّ (اِصْطِلَاح برلماني)

backbencher, *n.* عُضْوُ مجلس النُوَّاب الَّذِي لا يَشْغَل منصِبًا وزاريًا

backbiting, *a. & n.* وَاشٍ، نَمَّام، مُغْتَاب؛ لَمْز، نميمة، اغتياب

backbone, *n.* (*lit. & fig.*) عَمُود فِقْرِيّ؛ لُبّ؛ ثَبَات ؛ حَزْم وعَزْم

backcloth, *n.*; *also* **backdrop** سِتَار في خَلْفِيَّة المسرح

backdoor, *n.* (*lit. & fig.*) بَاب خلفي، بَاب السِّرّ

by (through) the backdoor خِلْسَةً، مِنَ الباب الخلفي

backer, *n.* مُراهِن؛ مُمَوِّل، مَنْ يُسَانِد بالمال والتشجيع

backfire, *n. & v.i.* (*lit. & fig.*) اِشْتِعَال خَلْفِيّ (محرّكات)؛ اِرْتَدَّت النار

backgammon, *n.* لُعْبَة الطَّاوِلة أو النَرْد

background, *n.* 1. (of picture); *also fig.* خَلْفِيَّة، أرضية (الصورة)

keep in the background أَبْقَى في الخَفَاء، اِحْتَجَب

background music مُوسِيقَى تصويرية

2. (environment, previous history, etc.) بِيئَة، نشأة، ماضي الشخص

backhand, *a.* بِظَهْر اليد

backhand ⟨stroke⟩ (*tennis, etc.*) ضَرْبَة بظَهْر المِضْرب (في التنس وما أشبه)

backhand⟨ed⟩ compliment ثَناء أَوْ مَدِيح يتضمّن السُّخرية، مجاملة ذات وجهين

backing, *n.* 1. (material) ظَهْر، بِطَانَة

2. (support) مساندة مادّية أو معنوية

backlash, *n.* حَرَكة ارتجاعيّة مُفاجِئة

backlog, *n.* اَلْمُتَراكِم والمتأخِّر من العَمَل، المتبقّي من الدفع

backpedal, *v.i.* (*lit.* & *fig.*) أدارَ دوّاسة الدَّرّاجة بالعكس؛ تباطأ، تمهّل

back-room boys, *n.pl.* (*coll.*) العَامِلُون وَرَاءَ السِّتار، المشتغلون في الخَفَاء

backside, *n.* (*coll.*) عَجِيزَة، رِدف، مُؤَخَّرة، است، دبر

backsight, *n.* سِدَادَة خَلْفية، ناشنكاه خَلْفي

backsliding, *n.* رِدَّة عن الدين؛ تَرَدٍّ في الخطيئة

backstage, *adv.* & *a.* وَرَاءَ الكواليس

backstairs, *n.* دَرَج أو سُلَّم خلفي

a. (*fig.*); *also* **backstair**

backstair influence نُفُوذ خَفِيّ

backstroke, *n.* سِبَاحَة على الظَّهْر

backward, *a.* 1. (directed to rear) خَلْفِيّ، إِلَى الوراء

2. (shy) خَجُول، مُتردِّد، نَفُور

3. (unprogressive, underdeveloped) مُتَخَلِّف عقليًّا

backward nation أُمّة متخلِّفة عَنْ رَكْب الحَضارة

backward(s), *adv.* إِلَى اَلْوَرَاء، الى الخَلْف؛ بالاتِّجاه المعاكس؛ (يعرفه) بحذافيره

backwash, *n.* (*lit.* & *fig.*) اِنْحِسار اَلْمَوْج؛ أَثَر، عاقِبة

backwater, *n.* (*lit.* & *fig.*) بِرْكَة بمحاذاة نَهْر؛ رُكود (عقليّ)؛ مكان ناءٍ

backwoods, *n.pl.* غَابَات بعيدة عَنِ اَلْعُمران

backwoodsman, *n.* غَيْر مُتَحَضِّر، ساكن الغَابَات؛ لورد نادر الحضور في مجلس اللوردات

bacon, *n.* لَحْم من ظَهْر الخِنزير أو جانبيْه مُعالَج بالتمليح والتدخين

save one's bacon نَجَا بِحَيَاتِه، نَجَا بِجِلْدِه

bacteriologist, *n.* مُخْتَصّ بعلم الجَرَاثِيم أو البكتيريا

bacteriolog/y, *n.* (**-ical,** *a.*) بَكْتِيرِيُولُوجِيَا، عِلْم البكتيريا؛ بكتريولوجي

bacteriological warfare حَرْبُ البكتيريا

bacteri/um (*pl.* -a), *n.* بَكْتِيرِيا، جُرثومة

bad, *a.* (**-ness,** *n.*) 1. (decayed, injurious, offensive, vicious) رَدِيء، فاسد، مُؤْذٍ، سَيِّء

bad blood ضَغِينَة، حَزازة، غِلّ، عَداء

bad breath نَفَس كريه الرائحة، بَخَر

in bad faith بِسُوءِ النِّيّة أو المَقْصِد

bad for مُضِرّ، مُؤْذٍ، غير صالح لِ

with a bad grace عَلَى مَضَض، غَضْبًا عنه

bad language لُغَة بذيئة أو نابية، بذاءة

bad temper, *whence* ضِيقُ الصَّدر، حِدّة المِزاج

bad-tempered, *a.* حَادُّ المِزاج، ضَيِّق الصَّدر، شَرِس

go bad فَسَد، تَلِف، تَعَفَّن، نَتِن، أنتن

2. (immoral, incorrect) رَدِيء؛ شِرِّير

bad form (تَصَرُّف) لا يَلِيق والأصول المَرْعِيّة

bad grammar لَحْن، عُجمة، لُغة غير سليمة

a bad debt دَيْن عادم أو هَالِك

bad manners سُوء الأدب، رَدَاءة الأخلاق

get a bad name سَاءَت سُمْعَته

in bad taste خَالٍ من الذوق السليم

3. (unfortunate)

make the best of a bad job إِسْتَثْمَرَ المَوْقِف الصعب بأقصَى ما يمكنه

bad luck سُوءُ الحَظّ، شُؤْم، نَحْس

that's a bad sign هَذَا نذير شُؤْم

have a bad time of it مَرَّ بوقت عَصِيب، تَعَذَّب

that's just too bad! إنّه أَمْر مُؤْسِف! يَا لِلْأَسف!

4. (severe, pronounced)

a bad cold زُكَام أو بَرْد شديد

5. (lacking skill, of poor quality)

bad judgement سُوء التقدير، عَدَم الفِطْنة

a bad loser مَنْ يَفْتَقد الروح الرِّيَاضِيَّة عند الهزيمة

a bad shot رَمْيَة لا تُصِيب الهَدَف؛ مَن لا يُحْسِن الرِّماية

6. (not in good health) سَقِيم، مريض، عَليل

a bad leg رِجْل مُؤْلِمة أو مُصابة بِداء

in a bad way فِي حَالَة سَيِّئة أو رديئة

feel bad إنْحَرَف مِزاجُهُ، شعر بتوعُّك

feel bad about something (*fig.*) شَعَر بِالأَسَف، شعر بتأنيب الضمير لِ

n. سُوء، شَرّ، رداءة، فساد

go to the bad سَاءَت أخلاقه، فَسَدَ، اِنهار

go from bad to worse ذَهَبَ من سَيِّء الى أَسْوَأ

take the bad with the good تَقَبَّل الغَثّ والسَّمين

£100 to the bad خَسَارة مَبْلغ ١٠٠ جنيه (دينار)

bade, *pret. of* **bid**, *v.t.* أَمَر

badge, *n.* شِعَار، شارة، وِسام، عَلامَة

badger, *n.* غُرَيْر، زَبْزَب (حيوان ثدييّ)

v.t. ضَايَقَ بالإلحاح، أصرّ، أَلَحّ في الطّلب

badinage, *n.* هَزْل، مِزاح، مُداعَبة

badly, *adv.* 1. (in a bad way) بِصُورَة سَيِّئة

behave badly أَسَاءَ التّصرّف، أساءَ السّلوكَ

badly off مُعْوَز، فقير، مُعْدَم

2. (very much)

badly needed الحَاجَة إليه مَاسّة، ضروري جدًّا

badminton, *n.* بادمنتون (لُعبة رِيَاضِيَّة تُشبه التنِس)

baffle, *v.t.* حَيَّر، أَرْبَك، أَحْبَط، أَعْيَى

n. عَارِضَة توجيه، حَاجِز (ميكانيكا)

baffling, *a.* مُحَيِّر، مُرْبِك، (سُؤَال) مُعْضِل

bag, *n.* 1. (receptacle) حَقِيبَة، مِحْفَظَة، كيس، جِراب

bag and baggage بِكُلّ أَمْتِعَتِه وعَفْشه

the whole bag of tricks كُلّ الوَسَائِل، كُلّ ما في الجُعْبَة أو الجِراب

bag of bones شَخْص نَحِيف جدًّا

in the bag (*sl.*) مَضْمُون، في حُكم المُنْتَهِي، في الجَيْب (عامّية)

2. (amount shot by sportsman) قَنَص

a mixed bag (*fig.*) أَشْيَاء شَتَّى، أَصْنَاف شَتَّى، جِراب الحاوي

3. (*pl.*, *sl.*, trousers) بَنْطَلون، سِروال

v.t. 1. (put in a bag); *also* bag up وَضَعَ فِي كيس أو حقيبة، عَبَّأَ

2. (shoot for sport) صَادَ، قَنَصَ

3. (*coll.*, occupy, seize) اِسْتَوْلَى على، أَخَذَ، اِحْتَلّ (المقعد مثلًا)

4. (*school sl.*, reserve right to) حَجَز، اِحْتَلّ

bagatelle, *n.* 1. (trifle) هَنَة (هَنات، هَنَوات)، تُرَّهَة، أمر طَفيف

2. (game) لُعْبَة شبيهة بالبليارد و

baggage, *n.* 1. (luggage) أَمْتِعَة أو حَقَائِب السَّفَر

2. (*coll.*, saucy girl) فَتَاة لَعوب، عِفْرِيتة، دَلُّوعة

baggy, *a.* فَضْفاض، مُنْتَفِخ، مُنْبَعِج

bagpipes, *n.pl.* قِرَب (موسيقى)

bail, *n.* ضَامِن، كفيل؛ ضَمَانة، كفالة

on bail لِقَاء ضَمان، بكفالة

go bail for كَفِلَ أو ضَمِنَ (المُتَّهَم)

v.t., *with adv.* out, 1. (*leg.*) ضَمِنَ، كَفَلَ (المتّهم لإخراجه من السجن)

2. (empty *water* or *boat*); نَزَح المَاء مِن قارب أو زورق

v.i. see **bale,** *v.i.*

bailey, *n.* سُورُ القَلْعَة، فِناء القلعة أو الحِصْن

the Old Bailey المَحْكَمة المركزية الجِنَائِيّة في لندن، أُولد بَيْلي

bailiff, *n.* 1. (officer of law) مُحْضِر، مَأمور تنفيذ أو إجراء

2. (steward of estate) نَاظِر، وكيل ضَيْعَة

bairn, *n.* طِفْل (تعبير اسكتلندي)

bait, *n.* (*lit. & fig.*) طُعْم لِصَيْد السَّمَك ، طُعْم سَامّ (للفيران) ؛ شيء مُغْرٍ ، فَخّ ، شَرَك

rise to the bait أَغْوَاه الطُّعْم

v.t. 1. (load *hook*, *trap*, with food) وَضَع طُعْمًا لصيد السمك ؛ أغوى

2. (torment) آذَى ؛ سَخِر منه بكلمات لاذعة

baize, *n.* جُوخ أَخْضَر (لتغطية المكاتب وغيرها)

bake, *v.t. & i.* شَوَى، حَمَّص، خَبَز

baking powder خَمِيرَة اصطناعية، خميرة الخَبْز

sun-baked, *a.* مَحْرُوق أو مُجَفَّف في الشمس

bakehouse, *n.* مَخْبَز، فُرْن (مصر)

bakelite, *n.* بَاكْلِيت، باغة، راتينج صناعيّ

baker, *n.* خَبَّاز، فرَّان

baker's dozen دَسْتَة الخَبَّاز (ثلاثة عشر)

bakery, *n.* مَخْبَز، فُرْن (مصر)

baksheesh (**bakhshish**), *n.* بَقْشِيش، بَخْشِيش

Balaclava ⟨**helmet**⟩, *n.* قَلَنْسُوَة تُغَطِّي الرَّأس والعُنُق

balalaika, *n.* آلَة مُوسِيقِيَّة وَتَرِيَة روسية

balance, *n.* 1. (scales); *also fig.* مِيزَان؛ قِسْطَاس

hang (tremble) in the balance مُعَلَّق، لَمْ يُفْصَلْ فيه بعدُ

turn (tip) the balance قَلَبَ الميزانَ أو الوَضْع

2. (equilibrium); *also fig.* تَوَازُن

balance of power تَوَازُن القوى، تَوَازُن دَوْلِي أو دُوَلِي

balance of trade مِيزَان تجاريّ (في صَالِح بلدٍ ما أو في غير صالحها)

balance-wheel رَقَّاص السّاعة، عَجَلَة موازنة

keep (lose) one's balance حَفِظ (أَوْ فَقَدَ) التَوَازُن

restore the balance between أَعَاد التَّوَازُن بين ...

strike a balance أَوْجَد المُوَازَنَة

throw someone off ⟨his⟩ balance أَفْقَد فُلَانًا تَوَازُنَه، أَرْبَكَه

3. (*accountancy*) مِيزَان حِسَابِيّ

balance-sheet كَشْف المِيزَانية، بَيَان الميزانية

balance carried forward حِسَاب مُرَحَّل، رَصيد مَنْقول

on balance آخِذًا كلّ شيء بالاعتبار

4. (remainder) رَصِيد، مُتَبَقٍّ

v.t. وَازَن، عَادَل، سَاوَى، رَصَد الحساب

balanced diet نِظَام غِذَائِي صِحِّيّ

balanced judgement رَأي أو قَرار مَوْزُون

well-balanced, a.   مَوْزُون، مُتَّزِن

v.i.   توازَن، اِتَّزَن

balcony, n. 1. (of house)   شُرْفَة، بَلْكُون

2. (of theatre)   بَلْكُون في المَسْرَح

bald, a. (-ness, n.) 1. (hairless)   أَصْلَع، أَجْرَد، أَقْرَع؛ صَلَع

bald-headed   أَصْلَع الرَّأْس

go bald-headed at something   اِنْدَفَع بِدُونِ تَفْكِير، تَهَوَّر في العَمَل

2. (plain, uncompromising)   مُجَرَّد، صَرِيح، سَافِر

to put it baldly   بِصَرَاحَة، دون مُوَارَبَة أو مُجَامَلة، بِدُونِ لَفّ ودوران

balderdash, n.   هُرَاء، كَلام فَارِغ، هَذَيان

bale, n.   رِزْمَة، حُزْمَة، بالة، إبالة

v.t. (parcel up)   رَزَم، حَزَم

v.i., with adv. out (escape from aircraft); also bail out   قَفَز بالمِظلَّة (مِنَ الطَّائِرة)

baleful, a.   مُهْلِك، مُؤْذٍ، مُضِرّ، مَشْؤُوم، مَنْحُوس

balk (baulk), n. 1. (beam)   عَارِضَة خَشَبِيَّة ضَخْمَة تُسْتَعْمَل في البِناء، رافِدة

2. (hindrance)   عَائِق، حَجَر عَثْرَة

v.t.   أَعَاقَ، أَحْبَط مَسَاعِيه

v.i., with prep. at   حَرَن، جَفَل

Balkans, n.pl.   البَلْقَان، دُوَل البلقان

ball, n. 1. (round object)   كُرَة، جِسْم كَرَوي

ball-bearing   مَحْمَل كريات، كُرْسي بِيلي

ball-cock   صُنْبُور أُوتُوماتيكي مُتَّصِل بِعَوَّامة كرويّة (خزان ماء)

ball of the foot   نُتُوء لَحْمِيّ تَحْتَ إِبْهام القَدَم، ضَرَّة

ball-point (pen); also ball pen   قَلَم جِبْر جَافّ

ball of string   كُرَة خَيْط، شِلَّة دوبارة

2. (in games)

ball game (U.S.)   لُعْبَة البيسبول

have the ball at one's feet (fig.)   تَوَفَّرَت لَهُ أَسباب النجاح والفوز

keep the ball rolling (fig.)   مَنَعَ التَّراخِي أو الفُتور (في العمل أو الحَدِيث الخ)

the ball is in your court (fig.)   جاءَ دَوْرُك، عَلَيْك الدَّور

on the ball (sl.)   يَقِظ، مُتَنَبِّه، واعٍ، صاحٍ

no-ball, n.   ضَرْبَة غير قانونية (أَلْعَاب الكُرَة)

3. (dance)   حَفْلَة راقصة

ballad, n.   قِصَّة شعرية غنائية شَعْبِيّة

ballast, n. 1. (of ship, etc.)   صَابُورَة (السَّفِينة)، ثِقل المُوازَنَة

2. (on railway track or road)   حَصَى أو قَضِيض لِرَصْف الطُّرق، دَقْشُوم

v.t.   وَضَع الصَّابُورَة في السَّفِينة

ballerina, *n.* رَاقِصَة أُولَى في الباليه، باليرينا

ballet, *n.* بَالِيه، رقص تَمْثِيلِيّ

ballistic, *a.* قَذِيفِيّ، قذائفيّ، باليستيّ

inter-continental ballistic missile; *abbr.* I.C.B.M. قَذِيفَة عابِرة لِلْقَارَّات

ballistics, *n.pl.* عِلْمُ ٱلقَذائف، باليستيات

balloon, *n.* مُنْطَاد، بالون

balloon barrage مَوانِع سِلكية مُثَبَّتة بِمَناطِيد

sounding balloon مُنْطاد الاِستطلاع (أَرْصاد)

when the balloon goes up (*coll.*) عِنْدَ اَنْدِلاع الحرب، عند نُشُوب الحرب

v.i. اِنْتَفَخ؛ طار بالبالون

ballot, *n.* اِقْتِرَاع سِرّي؛ بطاقة الاِنْتِخَاب

v.i. صَوَّتَ أو أدلى بصوته في الاقتراع

ballroom, *n.* صَالَة الرقص، مَرْقَص

ballyhoo, *n.* دِعَايَة مضلِّلة، جَعْجَعة وتهويش

balm, *n.* (*lit. & fig.*) بَلْسَم، بَلَسَان

balmy, *a.* 1. (fragrant) بَلْسَمِيّ، عِطْرِي، أرِج

2. *see* **barmy** مَعْتُوه، مَخْبُول

baloney (**boloney**), *n.* (*sl.*) تَخْرِيف، لَغْو، كلام فارغ، هُراء

balsa, *n.* شَجَرَةُ ٱلْبَلْزَا، خشب الفِلّين

balsam, *n.* 1. (plant) نَبَات البَلْسَم

2. (ointment) دِهَان أو مَرْهم البَلْسَم

friar's balsam دَوَاء مُعَيَّن للاسْتِنْشاق

Baltic, *a.* بَلْطِيقِي

baluster, *n.* قَائِم أو عَمود الدَرَابزين

balustrade, *n.* دَرَابزين، سُور، حَاجِز (الشُرْفة)

bamboo, *n.* خَيْزُران، غاب أو قَصَب هنديّ

bamboozle, *v.t.* (*sl.*) غَشَّ، خَدَع، نَصَب (مصر)، اِحتال على

ban, *n.* تَحْرِيم، حِرْمان، حَظْر؛ لَعْنة

under a ban مَحْظُور، مُحَرَّم، مَمْنوع

v.t. مَنَع، حَرَّم، حَظَر، نَهى

banal, *a.* (**-ity,** *n.*) مُبْتَذَل، تافِه، لا طَرَافَة فيه؛ اِبْتِذال، كلمات مُبْتَذَلة

banana, *n.* مَوْز

band, *n.* 1. (strip) شَرِيط، سَيْر، حِزام

band-saw مِنْشار شَرِيطِيّ

2. (*fig., of colour, etc.*)

frequency band نِطَاق التَرَدُّد (الفيزياء)

3. (company, crowd) زُمْرَة، عِصابة

Band of Hope رَابِطَة تدعو إلى الاِمْتِناع عن المسكِرات

4. (group of musicians) جَوْقَة موسيقيَّة

band leader قَائِد الفِرْقة أو الجَوْقة

brass band فِرْقة موسيقى نُحاسيَّة

military band فِرْقَة موسيقَى الجيش

beat the band تَفَوَّق في ، بَزَّ

v.i., usu. band together تَجَمَّع ، تَرَابَط ، اِتَّحَد

bandage, *n.* ضِمادة ، لِفافة ، عِصابة

v.t. رَبَطَ الجُرْح ، ضَمَّد ، شَدَّ

bandan(n)a, *n.* مِنْدِيل مُلَوَّن فيه نُقَط بيضاء

bandbox, *n.* عُلْبة كرتون لحفظ القُبَّعات وما يشبهها

bandeau, *n.* شَريط (لِرَبط شَعْر المرأة)

bandit (*pl.* -s, -ti), *n.* قاطِع الطَّريق ، لِصّ ، حرامي

banditry, *n.* قَطْع الطرق ، لصوصيّة

bandmaster, *n.* قائِد الفِرْقة الموسيقيّة

bandol/eer (-ier), *n.* حَمّالة جِراب الطَّلَقات

bandsman, *n.* أَحَد أَفْراد الجَوْقة المُوسِيقِيّة

bandstand, *n.* مِنَصَّة الجَوْقة المُوسِيقِيّة (في الحدائق العامّة)

bandwagon, *n.* عَرَبَة الفِرْقة الموسيقيّة

climb (jump) on the bandwagon (*fig.*) اِنْضَمَّ إلى الجانِب الذي يُنْتَظَر فَوْزُه

bandy, *a.* مُقَوَّس أو مُعْوَجّ الساقين، أكفس

bandy-legged مُقَوَّس أو مُعْوَجّ الساقين

v.t. أَخَذَ وَرَدَّ

bandy words تَنَاقَشَا في حِدَّة

bane, *n., esp. in* سُمّ ، دَمار ، هَلاك

the bane of one's life مُنَغِّص الحياة

baneful, *a.* سَامّ ، مُهْلِك ، مُخَرِّب ، مُضِرّ

bang, *n.* 1. (blow) ضَرْبَة عنيفة ، خَبْطَة

2. (noise) دَوِيّ ، فَرْقَعة ، صَفْق (الباب)

go off with a bang (explode) اِنْفَجَر ، تَفَرْقَعَ

(*fig.*, be a big success) نَجَحَ نجاحًا عظيمًا

v.t. & i. ضَرَبَ بِعُنْف ، صَفَق

bang the door صَفَقَ الباب ، أَغْلَقَ الباب بعُنْف

bang on the door قَرَعَ الباب بشدّة

adv. 1. (with a loud noise); *also int.* بِشِدَّة ، بعُنف

2. (*coll.*, completely)

bang in the middle of . . . في الوَسْط تمامًا

bang on (*sl.*, just right, splendid) بِالضَّبْط ، تمامًا ، رائع ! عظيم !

banger, *n.* 1. (*coll.*, firework) لُعْبَة نارية

2. (*sl.*, sausage) سُجُق ، مَقانِق (سوريا)

bangle, *n.* سِوار ، دُمْلُج ؛ خَلْخال

banish, *v.t.* (**-ment,** *n.*) (*lit. & fig.*) أَقْصَى ، أَبْعَدَ ، نَفَى ، طرد ؛ نَفْي ، إِبْعاد (عن الوطن)

banister, *n., usu. pl.* أَعْمِدة أو قُضْبان الدرابزين ؛ دَرابَزين

banjo, *n.* بانْجو ، آلة موسيقية وَتَرية تُعْزَف بالأصابع

bank, *n.* 1. (ground near river, etc.) ضِفَّة، شاطِئ (النهر)، جُرف (جروف)

2. (raised or sloping ground) رُكام، مُنْحَدَر، سَدّ

sand-bank شاطِئ رَمْلي غارق في بَحْر أو نَهْر

bank of clouds سِلسِلَة من السُّحُب

bank of seats صَفّ من المَقاعِد

3. (sideways tilting of aircraft, etc.) مَيْل أو اِنْعِطاف الطائرة

4. (depository for money; *also fig.*) مَصْرِف، بَنْك (بنوك)، مُسْتَوْدَع

bank-book دَفْتَر الحساب في البَنْك

bank holiday عُطْلَة البنوك (يوم من أيّام الأسبوع تُعَطّل فيه البنوك والمصالح)

bank rate سِعْر القَطْع والخَصْم، سِعْر الفائدة

break the bank رَبِح كلّ ما على مائِدَة القِمار

v.t. & i. 1. (support with a bank), bank up أَقامَ حاجزًا من التراب

2. (make, form into a heap) كَوَّم، كَدَّس

bank ⟨up⟩ the fire كَوَّم الفَحْمَ في المِدْفأة

3. (tilt sideways) اِنْعَطَف، اِنْحَنَى، مال

4. (deposit money) أَوْدَعَ النّقود في البنك

bank on something (*coll.*, count on, rely completely on) اِرْتَكَن إلى، اِتّكَل أو اعتمد على

banker, *n.* صاحِب أو مُدير بَنْك، صَيْرَفي (صَيارِفة)

banker's order أَمْر للبنك بالدفع في فَتَرات مُعَيَّنة

(*fig., in gaming*) نَوْع من لعب الورق (قِمار)

banking, *n.* (profession) أَعْمال مَصْرِفيّة، أَشْغال البنوك، صَيْرَفة

bankrupt, *a.* (**-cy,** *n.*) (*lit. & fig.*) مُفْلِس؛ إفْلاس

go bankrupt أَفْلَسَ

bankruptcy court مَحْكَمَة الإفلاس

n. إفْلاس؛ مُفْلِس

v.t. أَفْلَس، أفقر، أعْوَز

banner, *n.* رايَة، بَيْرَق، لِواء، شِعار

bannock, *n.* كَعْكَة مِن الشّوفان (في اسكتلندا)

banns, *n.pl.* إشْهار الزَّواج في الكنيسة

publish (ask) the banns أَشْهَرَ نِيَّة الزواج

banquet, *n.* مَأْدُبة، وَليمة، عَزيمة (تُلْقَى فيها الخُطَب عادةً)

v.i. & t. حَضَر وَليمةً؛ أَقامَ مَأْدُبة

banqueting-hall قاعَة المآدِب، صالة الولائِم

banshee, *n.* جِنِّيَّة تنوح إنذارًا بالموت

bantam, *n.* دُجاج بلدي أو صيني (صغير الجِسْم)

bantam⟨-weight⟩ (*boxing*) وَزْن الدّيك في المُلاكَمة

banter, *n.* هَزْل، مِزاح، هَزْر، تنكيت

v.t. & i. مَزَح، هَزَل، نَكَّت، داعَب

Bantu, *a. & n.* قَبائِل البانتو (افريقيا)

baptism, *n.* (**-al,** *a.*) مَعْمُودِيّة، تعميد، عِماد (عِند المسيحيّين)

baptism of fire أوّل مَعْرَكة يخوضها جُنْدِيّ ؛ مِحْنة قاسِية

Baptist, *n.*; *also attrib.* مَعْمَدان ؛ عُضْو طائفة مَسِيحيّة

John the Baptist يُوحَنّا المَعْمَدان

baptize, *v.t.* (*lit. & fig.*) عَمَّدَ، أعطى الطّفل اِسْم التَّنْصِير ؛ طَهَّرته (المِحْنة) روحيًّا

bar, *n.* 1. (strip of solid material) قَضِيب (قُضْبان)

bar of soap قالِب صابون

2. (iron or wooden rod) عارِضَة (عَوارِض)، قضيب

parallel bars المُتوازِيان (الرِّياضة البدنية)

handle-bar مِقْبَض، مِقْوَد (الدرّاجة)، سُكّان (عراق)

behind bars خَلْفَ أو وَراء القُضْبان، مَسْجون

3. (strip of colour or coloured material) شَرِيط مُلَوَّن

D.S.O. and bar وِسام الخِدمة المُمْتازة العالية في الحرب

4. (barrier) حاجِز، عائق، مانِع

harbour-bar حاجِز رَمْليّ في مَدْخَل الميناء

toll-bar مَكْس، حاجِز يُدْفَع عِنده رَسْم المرور

(*fig.*) تَفْرِقة

colour bar تَمْيِيز عُنْصُري

no bar to success لا عائِقَ في سبيل النجاح

5. (*mus.*) مَقْطَع، قَدْر (فاصلة موسيقية)

eight to the bar ثَمانِية توقيعات في المَقْطَع (موسيقى)

6. (division in law-court) قَفَص الاِتِّهام

tried at the bar حُوكِمَ أمام القَضاء

(*fig.*, tribunal) مَحْكَمة، قضاء

at the bar of history أمامَ مَحْكَمة التاريخ

(*fig.*, profession of barrister) المُحاماة، المُحامُون

called to the bar قُبِلَ في هَيْئة المُحاماة

7. (counter or room for sale of drinks) خَمّارة، بار، مَيْخانة، حانة

bar-tender نادِل، ساقٍ (سُقاة)، خادم في بار

public bar القِسْم الشَّعْبي أو العموميّ من الحانة

saloon bar صالُون البار أو الخَمّارة (سِعْر المشروبات فيه أعلى قليلاً)

v.t. 1. (fasten with bars) أَزْلَجَ، دَرْبَز، دَرْبَس

2. (obstruct *path*, etc.) سَدَّ، مَنَع

3. (exclude, prevent) حالَ، مَنَع، سَدَّ عن

prep.; *also* **barring** ما عَدا، بِاسْتِثْناء

bar none بِلا اسْتِثْناء، دون استثناء

barb, *n.* شَوْكَة الصِنّارة أو الرُمْح، شَوْكة

v.t. زَوَّد (السِلك أو الخيط) بالشّوك

barbed wire أَسْلاك شائكة

barbarian, *a. & n. (lit. & fig.)* هَمَجِيّ ، غَيْر مُتَمَدِّن ، بَرْبَرِيّ ؛ جِلْف

barbaric, *a.* هَمَجِيّ ، (ذوق) غير مُهَذَّب

barbarism, *n.* هَمَجِيَّة ؛ العُجْمَة في التَّعْبير

barbar/ous, *a.* (**-ity,** *n.*) هَمَجِيّ ، وَحْشِيّ ؛ أَعْجَمِيّ ؛ وَحْشِيّة ، قَساوة

barbecue, *n.* 1. (open-air stove) مِشْوَاة لِلَّحْم في الهَواء الطَّلْق (بالفَحْم النَّباتِيّ)

2. (entertainment) حَفْلَة شِواء في الهواء الطلق

barber, *n.* حَلّاق

barbican, *n.* حِصْن خارجي للمدينة أو القَلْعَة (مُكوَّن من بُرْجَيْن عادةً)

barbiturate, *n.* بَارْبِيتْيُورات (طبّ) (عَقار مُخَدِّر ومُسَكِّن)

bard, *n.* مُنْشِد الشِّعْر ، شاعِر (قديمًا)

the Bard (Shakespeare) وِلْيَم شِكْسبير

bare, *a.* 1. (unclothed, uncovered, undisguised) عارٍ ، مَكْشوف ، سافِر ، حاسِر

with one's bare hands بِاليَدَيْن فَقَط

the bare truth الحَقيقَة المُجَرَّدة ، عَيْن الحقّ

lay bare كَشَف ، عَرَّى ، جَرَّد ، جلا ، أَفْضَى (بسريرته) ، أباح (بمكنون قلبه)

2. (empty, unfurnished) خَالٍ ، خاوٍ

3. (mere, slender) مُجَرَّد ؛ ضَئيل

bare majority أَغْلَبِيّة أو أكثريّة ضَئيلة

the bare necessities of life أَقَلُّ القليل مِن ضَرُورات الحياة

v.t. كَشَف (رأسه) ، حَسَر ، عَرَّى ، كَشَّر (عن أنيابه) ، نزع (الغِطاء) عن . .

bareback, *adv. & a.* (رَكِب الحِصان) دُون أَنْ يَضع سَرْجًا على ظَهْره

barefaced, *a., esp. in* عَدِيم الحَياء ، صَفِيق الوَجْه ، وَقِح

barefaced liar كَذَّاب أَشِر ، أَفّاك

barefoot, *adv. & a.; also* **barefooted** حَافٍ ؛ حافي القَدَمَيْن

bareheaded, *a.* حاسِر الرَّأس

barely, *adv.* 1. (scantily) (حُجْرة) ضَئيلة (الأثاث)

2. (only just) بِالْكاد ، بالجهد ، (لا يمكنه أَنْ يقرأ إلّا) بِشق النّفس

bargain, *n.* 1. (agreement) صَفْقَة ، مُساوَمَة

make (strike) a bargain عَقَدَا صَفْقَةً

drive a hard bargain تَعَنَّت في المُساوَمة

into the bargain فَوْقَ كلّ ذلك ، عِلاوة عَلَى ذلك ، بالإضافة إلى ذلك

have the best of the bargain خَرَج من الصَّفْقة رابحًا

2. (thing offered or sold cheaply) شَرْوَة رخيصة ، 'لُقْطَة'

bargain basement الطّابِق السُّفْلي في مَتْجَر كَبير حَيْث تُباع بَعْض السِّلَع بِأَسْعار مُخَفَّضة

bargain sale تَنْزِيلات ، تَخْفيضات

v.i. & t. ساوَمَ ، فاصَل ، عامل (عراق)؛ اشْتَرَطَ أَن ...

get more than one bargained for جَلَب المَتاعِب لِنفْسِه

barge, *n.* صَنْدَل لِنقل البضائع ، ماعونة (مصر) ، دُوبة (عراق)

I wouldn't touch it with a barge-pole تَعَافُه نَفْسِي ، أَنْفِرُ منه نُفُورًا شَدِيدًا

ship's barge لَنْش السَّفِينة

v.i. (coll.); esp. in

barge in دَخَلَ بِدُونِ اسْتِئْذان ، اقْتَحَمَ

bargee, *n.* مَرَاكِبِيّ ، نُوتِيّ الصَّندل ، دُوبْجِي

baritone, *n.* الجَهِير الأوّل (درجة في أصوات الرِجال بين المرتفعة والمنخفضة) ، باريتون

barium, *n.* البَارِيُوم (عُنْصُر كِيماوِيّ)

bark, *v.i.* نَبَحَ ، عَوَى (الكَلْب)

(fig., of humans); also v.t.

bark out an order زَعَقَ ، صاحَ آمرًا ، شَخَطَ

bark up the wrong tree أَخْطَأَ القَصْد ، اِقْتَصَّ أثرًا كاذبًا

keep a dog and bark oneself يَحْمِل الأثْقال وله حِمار

n. نُباح ، عُواء

his bark is worse than his bite تَهْدِيدَاته جَوْفاء ، حادّ اللّسان ولكنّه غير مُؤْذٍ

bark, *n.* لِحَاء الشَّجرة ؛ مَرْكَب شِراعِيّ ذو ثَلاثة صَوارٍ ؛ مَرْكَب (في الشِّعر)

v.t.; also fig. in قَشَر لِحاء الشجرة

bark one's shins جَلَط (سَحَج) قَصَبة ساقِه

barley, *n.* شَعِير

barley-sugar عَسَلِيّة ، عَنْبَرِيّة (نَوْع من الحَلوى)

pearl barley شَعِير مَقْشُور

barm, *n.* خَمِيرَة البِيرة ، رَغْوَة التَّخَمُّر

bar/man (*fem.* **-maid**), *n.* سَاقٍ في حانَة ؛ نادِلة

barmy, *a. (sl.); also* **balmy** مَعْتُوه ، مَخْبُول ، سَخِيف ، أَبْلَه

barn, *n.* شُونَة ، مَخْزَن غِلال ، جُرْن ، هُرْي ، حَظِيرة للماشِيَة

barn dance رَقْصَة رِيفيّة امريكية

barn-owl بُوم أَبْيَض

barnacle, *n.* نَوْع من أصداف البَحْر يلتصق بالصُّخور أو بِقاع السُّفُن

barograph, *n.* البَارُوغرَاف ، بارومتر يُسَجِّل تَغَيُّرات الضّغط الجوّي آليًّا

baromet/er, *n.* (**-ric,** *a.*) البَارُومِتر ، مِقْيَاس الضَّغط الجوّي

barometric pressure الضَّغْط البارومتري ، الضَّغْط الجوّي

baron (*fem.* **-ess**), *n.; also fig.* البَارُون (مِنْ أَلْقاب النّبالة)

press baron مَلِك الصّحافة

baronet, *n.; abbr. in titles* **Bart.** البَارُونيت ، دَرَجة شَرَف وِراثيّة تَحْت رُتْبة البارون مُباشرةً

baronetage, *n.* جَمَاعَة البارونيتات ، رُتْبَتُهم

baronetcy, *n.* رُتْبَة البارونيت

baronial, *a.* نِسْبَةً إلى البارون

barony, *n.* رُتْبَة البارون ؛ أراضيه

baroque, *a. & n.* البَارُوك ، أُسْلُوب فَنِّي في القَرْنَيْن السّابع عشر والثامن عشر تَمَيَّز بالزَّخْرَفة

barque, *n.; also* **bark** سَفِينَة شِراعيّة

barrack, *n.*, usu. pl. (*lit. & fig.*) ثُكْنة (ثُكَن، ثُكْنات)، قِشْلاق

confined to barracks مَحْجوز داخل الثُّكْنة

v.t. إِسْتَنْكَر بالصياح والصفير

barracuda, *n.* سَمك كبير يعيش في المحيط الهندي

barrage, *n.* 1. (obstacle) سَدّة، سَدّ، حاجِز، قناطر

2. (fire); *also fig.* سَدّ من النيران

face a barrage of questions واجَه وابِلًا من الأسئلة

barratry, *n.* الخَطأ العَمْد من قِبَل رُبّان السفينة أو بحّارتها

barrel, *n.* 1. (cask or measure) بِرْميل

2. (*mech.*, cylinder, usu. revolving) أُنْبوب، أُسْطُوانَة

3. (of a gun) ماسُورَة البندقية، سَبَطانة

double-barrelled (*lit.*) بُنْدُقيَّة ذات ماسورتين

(*fig.*, *of names*, *e.g.* Barrington-Smith) لَقَب عائلي مكوَّن من اسمين

barren, *a.* (**-ness,** *n.*) (*lit. & fig.*) عاقِر، عَقيم، قاحِل، أَجْدَب

barren of ideas جَدْب من الأَفْكار، ناضِب الفِكْر

barricade, *n. & v.t.* مِتْراس، حاجز، مانِع؛ أقام حاجِزًا

barricade oneself in تَحَصَّن في، أَغْلَقَ على نفسه الأبواب

barrier, *n.* (*lit. & fig.*) حاجِز، مانِع، فاصِل، عائِق، سُور

barrier reef حاجِز مَرْجاني على شاطِئ البَحر

language barrier حاجِز أو عائق اللُّغة، صعوبة التفاهم لانعدام لغة مشتركة

sound barrier الحاجِز الصوتي (طيران)

barring, *see* **bar,** *prep.* فيما عَدا

barrister ⟨**-at-law**⟩, *n.* مُحامٍ في المَحاكِم العُليا (قضاء انكليزي)

barrow, *n.* 1. (mound) كَوْمة تُراب على قبر

2. (cart, wheelbarrow) عَرَبَة يد بعَجَلة أو عَجَلَتين

barrow-boy بائع متجوّل بعربة يد

barter, *n.* مُقايَضة، تِجارة بالمبادلة

v.t. & i. قايَض؛ تَقايَض

basalt, *n.* (**-ic,** *a.*) حَجَر البازلت، رُخام أسْوَد

bascule, *n.*, *esp. in* آلة رافعة لفتح الجِسْر المُتَحَرِّك

bascule bridge جِسْر مُتَحَرِّك

base, *n.* 1. (bottom, support, foundation) أَساس، قاعدة، قاع

base of a triangle قاعِدة المُثَلَّث

2. (*math.*) أَساس (رياضيات)

3. (*chem.*) قاعِدَة (كيمياء)

4. (*mil.*); *also fig.* قاعِدَة (حربية)

base of operations قاعِدَة العمليّات (الحربية)

5. (*baseball*) أَحَد الأركان الأربعة في البيسبول

v.t. أَسَّس، أقام على، بَنَى

base one's hopes on بَنَى آماله على

based on observation (وَصْفُه للأحداث مثلاً) قَائِم على الملاحَظة الشخصيّة

a. 1. (morally low) سافِل، دنيّ، وَضيع، شنيع، مُنْحَطّ

2. (ignoble) وَضِيع

base-born وَضِيع الأصل، اِبن الزِنا

3. (*of metals*) رَخِيص، وضيع (مَعْدِن)

base currency عُمْلة زائفة

baseball, *n.* لُعْبَة البيسبول (أمريكا)

baseless, *a.* لَا أَساسَ له من الصِّحّة

basement, *n.* طَابِق تحتَ مُسْتَوى الأرض في بناءٍ ما، 'بدروم'

bash, *v.t.* (*coll.*) ضَرَبَ، خَبَطَ، لَكَم، لَطَم

n. ضَرْبة، خَبْطة، لَطْمة

(*fig.*, *sl.*, attempt)

have a bash at قَامَ بمحاولة (عسى أن ينجح)

bashful, *a.* (**-ness,** *n.*) حَيِيّ، خَجُول، مُحْتَشِم

basic, *a.* 1. (fundamental) أَساسيّ، مَبْدَئِيّ، قَاعِدِيّ، أصليّ، جَوْهريّ، أوَّلي

Basic English المُفْرَدات الأساسية في اللغة الانكليزية وعددها ٨٥٠

basic training تَدْرِيب أساسي

2. (*chem.*)

basic element عُنْصُر أساسيّ أوْ قَاعِديّ (كيمياء)

basil, *n.* رَيْحان، حَبَق (نَبات عَطِر)

basilica, *n.* قاعة مستطيلة ذات أعمدة في بناء روماني، كنيسة على هذا الطراز

basilisk, *n.* أُفْعُوان خُرافي

basin, *n.* 1. (bowl) قَصْعَة، طاسة، جَفْنَة، لَكَن، انجانة (عراق)

wash-basin; *also* hand-basin طَشْت، مَغْسَلة

2. (depression, drainage area) حَوْض النَّهر أو البُحَيْرة

3. (dock) حَوْضٌ للسُّفُن

basis, *n.* أَسَاس، قاعِدة، أَصْل، أُسّ

on the basis of عَلَى أساس، بِناءً على، (حكم) قائم على..

on a cash basis نَقْدًا، الدفع نقدًا، نضًّا

bask, *v.i.* اِسْتَدْفَأَ بالشمس أو بالنار، تَشَمَّسَ

basket, *n.* سَلّة، زَنْبيل، سَبَت، سَفَط، مَقْطَف

basket-ball كُرَة السَّلّة (رياضة)

basket chair كُرْسي سِلال أو قَشّ

basketful, *n.* مِلْءُ سَلَّة

Basque, *n.* & *a.* البَشْكَنْش (سُكّان جِبال البرانس)

bas-relief, *n.* نَوْع من الرُّسوم المَنْحُوتة في سطح مِنَ المعدِن أو الرُّخام مع قليل من البروز

bass, *n.* 1. (fish) سَمك بحريّ يُشْبِه الفَرْخ

2. (*mus.*, lowest melodic line); *also a.*
الجَهِير ، صَوْت عَمِيق وخَفِيض

bass-viol كَمان قرارِيّ الأوتار

bass-drum طَبْل قرارِيّ كبير

3. (voice, singer) الجَهِير ؛ مُغَنٍّ جَهير الصَّوْت

bassoon, *n.* البَسُون ، الزَّمْخر : مِزْمار جَهير ذُو قَصَبَتَيْن ومِبْسَم مُلْتَوٍ

bast, *n.* قِشْر، ليف ، لحاء ، قلف

bastard, *n. & a.* نَغِل ، ابن زنا ، ولد غير شَرْعِيّ ؛ هَجِين

bastard file مِبْرَد نِصْف خَشِن

bastardy, *n.* النُّغُولَة ، اللاشرعية

bastardy order إلْزام الأب المزعوم بإعالة النّغل

baste, *v.t.* 1. (stitch together) سَرَّجَ طَرَفَي القماش لِتَثْبيته قَبل الخِياطة

2. (pour fat over *meat*) سَقَى اللّحمَ بالدُّهن ، صَبَّ الدّهن على اللّحْم أثناء طَهْوِه

3. (*coll.*, thrash) ضَرَبَه عَلْقَة

bastinado, *n. & v.t.* فَلَق ، فَلَقة ؛ شَدَّ رِجْلَي (المجرم) بالفَلَق وضَرَبه على باطِن قَدَمَيْه

bastion, *n.* بُرْج نَاتِئ من جدار القلعة

bat, *n.* 1. (animal) خُفَّاش ، وَطْوَاط

blind as a bat أَعْمَى ؛ أعمى البَصِيرة

have bats in the belfry (*coll.*) شَخْص غَرِيب الأَطْوَار ، مَخْبول ، أَهْوَس

2. (implement used in cricket, etc.) مِضْرَب الكُرَة

off one's own bat بِمُفْرَده ، مُسْتَقِلًّا عن غَيْرِه

v.i. ضَرَب الكُرَة بالمِضْرَب

bat on a sticky wicket (*fig.*) وَجَد نَفْسَه في مَأْزِق أو مَوْقِف حَرِج

v.t., only in

not to bat an eyelid لا يَرْمُش له جَفْن ، لم يُحَرِّك ساكنًا ، ظَلَّ رابِط الجَأْش

batch, *n.* كَمِّيّة ، مجموعة ، لَفّة ؛ خَبْزَة ؛ شِرْذِمة

bate, *v.t.; obs. exc. in*

bated breath أَنْفاس مَقْطوعة أو مَبْهورة

bath, *n.* 1. (immersion in water, etc.)
إغْتِسال ، اسْتِحْمام

have (take) a bath اِغْتَسَل ، اسْتَحَمّ

bath-cube مُكَعَّبات عطرية لماء الحَمّام

bath-tub حَوْض الاسْتِحمام ، 'بانيو'

2. (vessel, pool, or building for this)
حَمّام ، 'بانيو'

swimming bath حَمّام السِّباحَة

Knight Commander of the Bath; *abbr.*
K.C.B. وِسام شَرَف انكليزيّ

v.t. & i. غَسَل ، حَمَّم ؛ اِغْتَسَل ، اسْتَحَمّ

Bath, *n.* مَدينة 'باث' بجنوب غَرْب انكلترا تَشْتَهِر بعُيونها المَعْدِنيّة الدّافِئة

Bath brick حَجَر خاصّ لِصَقْل الأدوات المَعْدِنيّة

Bath bun نَوْع من الفَطائر المُغَطّاة بالسُّكَّر

Bath chair كُرْسِيّ ذُو عَجَلات لِلْمُقْعَدِين

Bath chap لَحْم مُمَلَّح من فَكّ الخِنْزِير

bathe, *v.t.* غَسَلَ، حَمَّم

bathed in sunlight مَغْمور بأشعّة الشّمس

v.i. إِسْتَحَمَّ، اِغْتَسَل

bathing-costume; *also* bathing-dress, bathing-suit بَدْلة السِباحة، مَايوه

n. سِباحة، عَوْم

bather, *n.* مُسْتَحِمّ، سابِح

bath/os, *n.* (**-etic,** *a.*) الإِنْحِطاط من الجَزالة إلى الرَكاكة

bathroom, *n.* حَمّام، غُرْفة الاغتسال

bathyscaph(e), *n.* غَوّاصة خاصّة لِاسْتِكْشاف أعماق البِحار

bathysphere, *n.* كُرَة الأعماق للاِسْتِكْشاف

batman, *n.* مُراسِل (في الجيش)

baton, *n.* 1. (staff of office) عصا، مِخْصَرة

2. (conductor's wand) عَصا القِيادة (موسيقى)

bats (*sl.*), *see* **batty**

batsman, *n.* 1. (cricketer) ضارِب الكُرة في لُعْبة الكريكيت

2. (man who guides aircraft) مُرْشِد الطّائِرات على أرض المطار

battalion, *n.* (*mil. & fig.*) كَتيبة، فَوْج

batten, *n.* عارِضة خَشَبية، لَوْح خَشَبي

v.t. esp. batten down ثَبَّتَ بألواح

batten down the hatches سَدَّ فُتْحات السَفينة سدًّا مُحْكَمًا

v.i. (feed *on*, *lit. & fig.*) أَكَل بشَراهة، تَغَذَّى على؛ عَاشَ على حساب غيره

batter, *n.* عَجينة سائلة من الدَّقيق والبيض والحليب

v.t. & i. دَكَّ، دَقَّ؛ هَرَسَ، طَرَق، كَسَّرَ

batter the door down (in) كَسَّرَ أو حَطَّمَ الباب بقرعة

battering-ram كَبْش، آلة حَرْبيّة قَدِيمة لِهَدْم الأسْوار

battered, *a.* 1. (beaten, damaged) مُحَطَّم، مُهَدَّم، مُضَعْضع، مَدْقوق، مَهْروس

2. (*of wall surface*, sloping) مُنْحَدِر، مائل

battery, *n.* 1. (*leg.*) اِعْتِداء بالضَرْب (قانون)

assault and battery تَعَدٍّ مع الضَرْب

2. (*mil.*) بَطّارِيَّة، سَرِيَّة مِدْفعية

3. (*elec.*) بَطّارِيَّة كهربائية، مَرْكَم

battery set (radio) جِهاز راديو بالبطّارية

4. (*fig.*)

a battery of questions وَابِل من الأَسْئِلة

battle, *n.* مَعْرَكة، قِتال، مَوْقِعة؛ صِراع، كِفاح

battle-axe (*lit.*) فَأْس القِتال، بَلْطَة، طَبَر

(*fig.*, termagant) اِمْرَأة سليطة أو شَرِسة

battle-cruiser طَرّادة حَرْبية

battle-cry صَيْحَة القِتال، هُتاف المَعْرَكة

do (give) battle حارَبَ، قاتَلَ

join battle تَصادَمَ، اِشْتَبَكَ، تَلاحَمَ

half the battle الخُطْوة الأُولَى الأساسِيّة للنّجاح

drawn battle مَعْرَكة مُتَعادِلة

pitched battle مَعْرَكة مُنَظَّمة

v.i. & t., usu. fig. قاتَلَ، حارَبَ، صارَعَ

battle with (against) odds كافَح في وَجْه مَصاعِب شاقّة

battle one's way through شَقَّ طريقه بِصُعوبة، حَقَّق هَدَفه بَعْد كِفاح

battledress, *n.* بَدْلَة القِتال، مَلابِس المَيْدان

battlefield, *n.*; *also* **battleground** ساحة الحَرْب، مَيْدان القِتال، أرْض المَعْرَكة

battlement, *n.* شَرَفات، سُور للدِّفاع بأعلى القَلْعة

battleship, *n.* بارِجة، سَفينة حربيّة

batty, *a.* (*sl.*); *also* **bats** مَخْبُول، مَعْتُوه

bauble, *n.* لُعْبة للأطفال، خَشْخِيشة

baulk, *see* **balk**

bauxite, *n.* بُوكسيت (رِكاز يُسْتَخرَج مِنه الأَلومنيوم)

bawd, *n.* قَوّادة؛ داعِرة

bawd/y, *a. & n.* (**-iness,** *n.*) داعِر، فاجِر، فاحِش؛ فُحْش، فُجُور

bawl, *v.i. & t.* صَرَخ، زَعَق، عَيَّطَ، صاحَ

bawl someone out (*coll.*) زَجَر أو وَبَّخ فلانًا

bay, *n.* 1. (indentation of coast) خَلِيج صَغير، شَرْم، جَوْن

2. (*fig., in a building, station, etc.*) تَجْوِيف في حائط، فُسْحة بين عَمودَيْن في بِناء

bay window شُبّاك بارز من الحائط

sick-bay جَناح المَرْضَى

3. (tree) شَجَرة الغار

bay rum زَيْت الغار

4. (bark of dog) نُباح، عُواء

hold (keep) at bay (*oft. fig.*) صَدَّ

stand at bay أَصْبَح في مَوْقف حَرِج أَجْبَرَه على الدِّفاع عن نَفْسِه بِاسْتِماتة

5. (colour of horse); *also a.* أَحْلَس، كُمَيْت

v.i. عَوَت أو نَبَحت كِلاب الصَّيْد

bayonet, *n.* حَرْبة البُنْدُقِيّة، سِنْجة، سُونْكِي

fix bayonets رَكَّبَ أو ثَبَّتَ الحِراب

v.t. طَعَنَ بالحَرْبة

bazaar, *n.* 1. (Eastern market) سُوق، بازار

2. (charity sale) سُوق خَيْرِيّة

bazooka, *n.* بازُوكا، مِدْفَع (مُضادّ للدّبّابات مثلًا)

be (*pres.* am, is, are; *pret.* was, were; *past p.* been), *vb. subst.*

1. (exist) كانَ، وُجِدَ (فِعْل الكَيْنُونة)

2. (remain) بَقِيَ

let it be دَعِ الأَمْر على عِلّاتِه

so be it فَلْيَكُنْ كذلك

vb. cop. 1. (*with predicate expressing state, quality, occupation, identity*)

he is tired إِنَّه مُرْهَق، إنّه مُتْعَب

2. (be situated)
he is in London إنّه مَوْجود في لَندَن،

3. (take place)
the party is tomorrow سَتُقام الحَفلة غدًا

4. (amount to)
that will be seven shillings سَيُكَلِّفُكَ هذا سَبْعة شِلِنات

vb. aux. 1. (*with pres. p. denoting continuity*)
he is walking هُوَ سائر أو ماشٍ

2. (*with pres. p. denoting intention*)
he is leaving for London إنّه مُسافِر إلَى لَنْدَن ، يَنْوِي السَّفَر إلى لَنْدَن

3. (*with past p. denoting passive*)
he was killed during the war لَقَد قُتِل أثْناءَ الحرب

4. (*with infin., denoting obligation*)
you are to come in at once! (اِسْمَع الكلام) وَادْخُلْ في الحال !

beach, *n.* شاطِئ البَحْر (رَمْليّ أو مُغطّى بالحَصْباء)، مِنْطَقه ساحليّة ، 'بلاج'

beach-comber مَوْج طويل يَتَكسَّر على الشّاطِئ ؛ مُتَسَكِّع يَعيش على ما يَلْفُظه البحر

v.t. سَحب مَرْكبًا إلى الشّاطِئ فوق خطِّ المَدّ

beacon, *n.* فَنار، مَنارة (لإرشاد السُّفُن والطّائِرات أو إنْذارِها)؛ نار تُشْعَل فوق مرتفع

bead, *n.* 1. (small ball on necklace, etc.) خرزَة (خَرَز)، حَبّة (العِقْد أو المِسْبَحة)

tell one's beads سَبَّحَ بالمِسْبَحة

2. (*fig.*)
draw a bead on صَوَّبَ، سَدَّدَ، نَشَّنَ بُنْدُقِيّة

beads of sweat قَطَرات العَرَق

3. (moulding); *also* **beading** زَخْرَفة مِعْمارِيّة (خَشَبية غالبًا)

v.t. رَصَّعَ أو زَيَّنَ بالخَرَز، نَضَّدَ الخَرَز

beadle, *n.* شَمّاس (شَمامِسَة)، حاجِب

beady, *a.*, *esp. in* خَرَزي الشكل

beady eye عَيْن صغيرة برّاقة

beagle, *n.* كَلْب صَيْد قَصير الأرجُل يستخدمه الصَّيّادُون الماشون لِصَيد الأرانِب البَرّية

beagling, *n.* صَيْد الأرانب البَرّية بتلكَ الطّرِيقة

beak, *n.* 1. (*of bird*) مِنْقار

(*fig.*, nose) أنْف، مِنْخار

2. (*sl.*, magistrate) قاضٍ، حاكِم

3. (*sl.*, schoolmaster) مُعَلِّم أو مُدَرِّس

beaker, *n.* كُوز؛ كأْس (كيمياء)؛ قَدَح

beam, *n.* 1. (timber) لَوْح خَشَبيّ، عارِضَة خَشَبيّة ، رافدة

2. (*of a ship*) عارِضَة أو كَمَرة السّفينة

on the port (starboard) beam على يَسار (يَمين) السّفينة

on one's beam ends (*fig.*) خالي الوِفاض

broad in the beam عَرِيض الأرْداف

3. (ray) حُزْمة (أشِعَّة)، شُعاع

(*fig.*, smile) بَسْمة، إشراقة، اِبْتِسامة

v.t. (direct *light*, *etc.*) وَجَّهَ الضَّوْء، أضاءَ

v.i. (shine, smile) ضاءَ؛ أشْرَقَ، اِبْتَسَمَ

bean, *n.* 1. (plant; its seed) فاصُولِيَة، فُول

broad bean فُول جِراتي أو أخضر، باقِلّاء(عراق)

French bean لُوبِيَاء، فاصولية خضراء

runner bean; *also* scarlet runner لُوبِيَاء حَمْراء (نبات مُتَسَلِّق)

full of beans يَفيض حَيَوِيَّةً ونَشاطًا، عَفِيّ

spill the beans أَفْشَى السِّرّ، أَفْلَت منه السِرّ

2. (*sl.*, small coin)

he hasn't a bean لا يَمْلِك فِلْسًا أو مِلِّيمًا ، لا يَمْلِك شَرْوَى نَقِير

beanfeast, *n.*; *also* **beano** (*sl.*) وَلِيمَة، مَأدُبَة، حَفْلَة لِلتَّسْلية

bear, *n.* 1. (animal); *also fig.* دُبّ؛ غليظ الطِّباع

Great (Little) Bear الدُّبُّ الأكبر (الأصْغَر) (فلك)

bear-garden (*fig.*) هَرْج وَمَرْج

2. (*on Stock Exchange*) مُضارِب عَلَى نزول الأسْعار، بائع لَيْسَت عنده نِيّة التَّسليم (سوق مالية)

bear (*pret.* bore, *past p.* borne),

v.t. 1. (carry, support) حَمَلَ، شَالَ

bear away (off) the prize فَازَ بالجائزة، حَازَ الجائزة

bear a grudge (towards, against) كَنَّ له الضَغِينَة، أَضْمَرَ الشرّ، حَقَدَ على ...

bear in mind تَذَكَّر، لَمْ يَنْسَ ، جَعَل أو وَضع نُصْب عَيْنَيه

bear oneself well أَبْلَى بلاءً حَسَنًا

bear out (corroborate) أَكَّدَ، أَيَّدَ، أَثْبَتَ ، أَقَرَّ ، ساند

bear witness شَهِدَ ، أَدَّى الشَّهادة

it was borne in upon me أَدْرَكْتُ تَدْرِيجِيًّا أَنَّ ، اِقْتَنَعْتُ شيئًا فشيئًا بأنّ ...

2. (bring forth)

bear a child وَلَدَتْ أو أَنْجَبَتْ طِفْلًا

bear fruit (*lit. & fig.*) أَثْمَرَ ، أتى بِثَمَر ، نَجَحَ

3. (endure, suffer, tolerate); *also v.i.* تَحَمَّلَ، اِحْتَمَلَ، تَجَلَّدَ، صَبَرَ على، عَانَى

I can't bear him! لا أُطِيقُهُ، لا أَحْتَمِلُهُ

grin and bear it تَحَمَّلَ دُونَ شَكْوَى، تَجَلَّدَ، صَبَرَ على الشّدائد

bear up! شِدّ حَيْلَك! تَشَجَّع!

bear with someone كَانَ طويل الأناة مَعَه

v.i. 1. (take a particular direction)

bear right (left) اِنْعَطِف يَمِينًا (يَسارًا)

bear on the subject تَعَلَّقَ أو اتَّصَلَ بالمَوْضُوع

bring the guns to bear on the enemy وَجَّهَ المَدافِع صَوْب العدوّ

2. (lean, press *on*)

bear down on

(exert pressure) ضَغَطَ على

(approach with menace) نَزَلَ على، اِنْقَضَّ

bring pressure to bear (on) اِسْتَخْدَمَ الضَغْط على، حَمَلَه على

bearable, *a.* (شَيْءٌ) يُمْكِن اِحْتِمالُه

beard, *n.*	لِحْيَة (لِحًى)، شَعْر الخَدَّيْن والذَّقَن
v.t.	أَمْسَكَ بِلِحْيَة (فلان)، تَحَدَّى، واجَهَ
beard the lion in his den	تَحَدَّاه في عُقْر دارِه
bearer, *n.*	حامِل، شيَّال، حمَّال
bearer bond	سَنَد يُدْفَع لحامِلِه
bearing, *n.* 1. (relevance)	نِسْبَة، عَلَاقَة، اِرْتِباط
have no bearing on	لَا صِلَةَ أو عَلَاقَةَ له بِ
2. (direction)	اِتِّجاه، سَمْت
take a bearing	حَدَّدَ الاِتِّجاه، قاسَ زاوِية الاِتِّجاه (مِلاحة)
take one's bearings (*lit. & fig.*)	حَدَّدَ مَوْضِعه؛ أَمْعَن النَّظَر في مَوْقِفِه
lose one's bearings	ضَلَّ طَريقَه، حادَ، تاهَ
3. (endurance)	
beyond all bearing	لَا يُطاق، لَا يُحْتَمَل
4. (comportment)	سُلوك، تَصَرُّف، مَظْهَر، هَيْئَة
5. (*in comb.*, producing)	
child-bearing	الحَمْل والوِلادَة، النِّفاس
6. (*mech.*)	كُرْسِيّ، وِسادة، مَحْمِل
ball bearing	مَحْمِل كُرَيَّات، كُرْسِيّ بيلي
bearskin, *n.*	قَلَنْسُوَة من فَرْو الدُّبّ (يَلْبَسُها جُنود الحَرَس البريطاني)
beast, *n.*	حَيَوان، بَهيمة، وَحْش، دابَّة
beast of burden	مَطِيَّة (مطايا)، دابَّة الحَمْل

beast of prey	حَيَوان ضارٍ أو مُفْتَرِس
(*fig.*, cruel or odious person)	قاسٍ، جافٍّ، مُتَوَحِّش
(*fig.*, difficult thing)	مُعْضِلَة، صُعوبة
beastl/y, *a.* (**-iness,** *n.*)	فَظّ، غَليظ، حَيَوانيّ، وَحْشيّ، كَريه، مُقْرِف
beat (*pret.* beat, *past p.* beaten), *v.t.* 1. (strike repeatedly)	ضَرَبَ، دَقَّ، طَرَقَ، قَرَعَ
beat a carpet	نَفَضَ البِساط
beat (up) eggs	خَفَقَ البَيْض
beat out a fire	أَطْفَأَ حَريقًا، أَخْمَدَه
beat one's head against a wall (*fig.*)	جاهَدَ عَبَثًا، حاوَل أمْرًا مُسْتَحيلاً دون جَدْوَى
beat (out) metal	طَرَقَ المَعْدِن
beat a path (way) through	شَقَّ طَريقًا خِلال ...
beat a retreat	دَقَّ طُبول الاِنْسِحاب، تَقَهْقَر، رَجَعَ على أعقابه
beat it! (*sl.*)	اِمْشِ! اِنصرِف! اِمْضِ!
beat time	دَقَّ أو حافَظ على الإيقاع (موسيقى)
beat up (*sl.*)	أَوْسَعَهُ ضَرْبًا، كالَ له اللَّطَمات
2. (punish by hitting)	عاقَب بالضَّرْب
3. (surpass, defeat)	غَلَبَ، اِنْتَصَرَ علَى، هَزَمَ، قَهَرَ
he beat him hollow	تَفَوَّق عليه بِمَراحِل (في الأَلْعاب مثلاً)

it beats me لا أفهم مُطلقًا كيف استُطاع أن...

beat the record ضَرَب الرَّقْم القِيَاسِيّ

4. (rouse game from)

beat the woods طَرَدَ القَنَص من مَخابِئِه في الغابات للصَّيْد

5. (drive with blows)

beat away طَرَدَ

beat back رَدَّ، صَدَّ، أرْجَعَ على أعقابه

beat down (*lit.*) أوْقَعَ، حطَّمَ؛ اِنْهَمَرَ (المَطَر)

(*fig.* lower *price* by bargaining, or force *someone* to lower price) نَزَّلَ أو خَفَّضَ السِّعْر بالمُساوَمة، سَاوَمَ

beat off رَدَّ، صَدَّ

6. (move up and down repeatedly); *also v.i.*

beat one's wings رَفْرَفَ بِجَنَاحَيْه، صَفَّقَ بِجَناحَيْه

his heart beat fast خَفَقَ قَلْبُه بِسُرعة، أسْرَعَتْ دَقّات قَلْبِه

v.i. 1. (strike *at*, *on*, *against*, *etc.*)

beat about the bush (*fig.*) لَفَّ ودَارَ حَوْلَ المَوْضُوع

2. (*naut.*) شَقَّت السَّفينة طريقها ضِدّ الريح

beaten, *a.* 1. (produced by beating) مَطْرُوق، مَضْرُوب

beaten track دَرْب مَطْروق، طريق مُمَهَّدة

2. (defeated)

a beaten man مَدْحُور، مَغْلوب، مَهْزوم

beater, *n.* 1. (implement for beating) مِضْرَب، مِخْفَقة

2. (person who rouses game) مُطارِد القَنَص من مَخابِئه للصَّيْد

beatific, *a.* مَا يَجْلب الغِبْطة، سعيد، مُغْتَبِط

beatif/y, *v.t.* (**-ication**, *n.*) طَوَّبَ، غَبَّطَ

beating, *n.* ضَرْب، دَقّ، خَفَق، نَبْض؛ اِنْهِزام

take a beating (*lit.* & *fig.*) غُلِبَ، هُزِم، دُحِرَ

this takes a lot of beating هٰذا يَفُوقُ الكُلّ، جَيِّد جدًّا، هذا من الجَوْدَة بِمكان

beatitude, *n.* غِبْطة، طُوبَى، سَعادة

the Beatitudes التَّطْوِيبَات (في إنجيل مَتَّى)

beatnik, *n.* شَابٌّ ذُو سُلوك غَريب ومَلابِس شاذّة (كتَعْبير عن تمرُّدِه على المجتمع)

beau, *F. a.*, *in phrases*

beau geste إظْهَار الشَّهامة، مَأْثُرَة

beau monde أهْل الذَّوْق والمُودَة (المُوضَة)، عالَم الأناقة، الطَّبَقة الرَّاقِيَة

beau, *n.* (*pl.* -x) غَنْدُور، عاشِق، مُغْرَم بالنِّساء

Beaufort scale, *n.* مِقْياس بُوفورت لِسُرْعَة الرِّيح (أرصاد جَوِّية)

beauteous, *a.* جَمِيل، رائع الحُسْن

beautician, *n.* (*U.S.*) صَاحِب صالون التَّجْميل

beautiful, *a.* حَسَن، جميل، بَهِيّ

beautify, *v.t.* جَمَّلَ، حَسَّنَ، نَمَّقَ، زَيَّنَ، زَوَّقَ

beauty, *n.* 1. (quality) حُسْن ، جَمال ، مَلاحَة

beauty-parlour صَالُون التَّجْميل

beauty-sleep نَوْم أوائل اللَّيْل

beauty-spot (on woman's face) طَابِع حسْن، شَامَة حُسْن ، خَالٌ

(tourist attraction) بُقْعَة خلّابة المناظر

the beauty of it is وَأنْكَى ما في الأمْر أنَّ ...

2. (person or thing) حَسْنَاء ، جَميلة ، شَيْء جَميل ، بديعة

beaver, *n.* حَارُود ، قُنْدُس ، بِيدَسْتِر (مِن القَوارِض)

he works like a beaver لا يَكُفُّ عَن العَمَل

becalm, *v.t.* هَدَّأ ، سكَّن (البحر)

became, *pret. of* **become** أَصْبَح

because, *conj.* لِأنَّ ، بِسَبَبِ ...

because of بِسَبَبِ ، لِأَجْلِ ، من أَجْل ...

beck, *n.* 1. (stream) جَدْوَل ، نُهَيْر ، رافِد

2. (gesture) إيمَاءَة ، إشارة

at someone's beck and call رَهْنَ إشارته ، تَحْتَ أمره ، مُسْتَعِدّ لِخِدْمَته دائمًا

beckon, *v.t. & i.* أشَارَ أو أوْمأَ له بِالمجيء

become (*pret.* became, *past p.* become), *v.i.* (come to be) أَصْبَحَ ، صارَ

become old شَاخَ ، طَعَنَ في السِّنّ

what has become of him? مَاذا حدث له؟

v.t. (suit) وَافَقَ ، لاءَمَ ، لَاقَ ، ناسَبَ

becoming, *a.* مُنَاسِب ، لائِق ، جذّاب

bed, *n.* 1. (for sleeping) فِرَاش ، سَرير

bed and board الأَكْل والمَبِيت

bed-bug بَقّة (بَقّ) ، فَسْفَسة (فَسافِس)

bed-clothes أَغْطِيَة أو فَرْش السَّرير

bed-pan قَصْرِيَة أو قَعّادة الفراش

bed of roses (*fig.*) نَعِيم ، جَنّة ، رَغْد ، رَفاهية

get out of bed on the wrong side قَامَ من نَوْمِهِ مُعكَّر المزاج ، صَبَّحَ على شرّ

keep to one's bed لَزِمَ فِراشه

you have made your bed, you must lie on it ذَنْبُكَ عَلَى جَنْبِك ، تَحَمَّلْ عواقب عَمَلك

2. (plot for cultivation)

flower-bed حَوْض الزُّهور ، مَغْرِس الزُّهور

seed-bed مَغْرِس البُذور

3. (bottom, foundation) قَاع ، أَساس

bed-plate لَوْحُ الأَساس أو القاعدة (هندسة)

bed-rock فِرَاش صَخْرِيّ ؛ أساس

river-bed قَاع أو قَعْر النَّهْرِ

v.t. 1. (plant *out*) شَتَلَ ، غَرَسَ

bedding plant شَتْلَة

2. (embed); *also* bed *down*; *also v.i.* ثَبَّتَ ، فَرَشَ ، دَفَنَ

bedabble, *v.t.* لَطَّخ ، لَوَّث

bedaub, *v.t.* لَطَّخَ ، لَطَّش

bedazzle, *v.t.* خطَفَ البَصر، بَهَرَ

bedchamber, *n.* مُخْدَع، غُرفة النَّوْم

bedding, *n.* مَفْرُوشات الأَسِرَّة مِثْلَ المُلاءات (الشَّراشِف) والبَطّانِيّات ؛ قَشّ يُفْرَش على أرض الإِسْطَبْل

bedeck, *v.t.* زَيَّنَ، حَلَّى، زَخْرَفَ، زَوَّقَ

bedevil, *v.t.* أَرْبَكَ، أَوْقَعَ في وَرطة، جَنَّنَ

bedfellow, *n.* شَرِيك الفِراش، ضَجِيع

bedizen, *v.t.* بَهْرَجَ، زَيَّنَ، زَوَّقَ

bedlam, *n.*, *now usu. fig.* مُسْتَشْفَى المَجَانِين أو المجاذيب؛ ضجيج، هَرْج ومَرْج

Bedouin, *n.* & *a.* بَدَوِيّ، أَعْرَابِيّ

bedraggle, *v.t.* مَرَّغَ أو وَسَّخَ ذَيْل الثوب

bedridden, *a.* طَرِيح الفِراش، قَعِيد المَرَض

bedroom, *n.* غُرْفَة النَوْم

bedside, *n.* & *a.* جَانِب الفِراش

bedside manner مُعامَلة الطَّبيب لِلْمَرِيض ؛ مُعامَلة إنسانيّة

bedsore, *n.* قُرْحة الفِراش (طبّ)

bedspread, *n.* مَفْرَش أو غِطاء الفِراش

bedstead, *n.* هَيْكَل السَّرِير أو التَّخْت

bedtime, *n.* وَقْت أَوْ ميعاد النَّوْم

bee, *n.* 1. (insect) نَحْلَة (نَحْل)

bee-keeping نِحَالَة، تربية النَّحْل

have a bee in one's bonnet تَسْتَحْوِذ على عَقْلِه فِكْرة خاصّة في مَوْضُوعٍ ما

make a bee-line for إِنْدَفَعَ نَحْو، اِتَّخَذَ أَقْصَر طريق إلى

2. (meeting)

sewing bee اجْتِماع لِلْخِياطة لأغراض خيرية

beech, *n.* شَجَرَة أو خَشَب الزّان

beef, *n.* (meat) لَحْم البَقَر

beef-tea مَرَق لَحْم البَقَر

(*fig.*, brawn) قُوّة عَضَلية

beefeater, *n.* أَحَد حُرَّاس قَلْعة لَنْدَن الشَّهيرة (يَرْتَدِي زِيًّا خاصًّا بالقَرْن السّادِس عشر)

beefsteak, *n.* شرِيحَة من لَحْم البقر، بِفْتِيك (مِن لَحْم البَقَر)

beefy, *a.* قَوِيّ البُنْيَة، مفتول العَضَل

beehive, *n.* خَلِيَّة نَحْل، قَفير، كُوارة

been, *past p. of* **be**

has the doctor been today? هَلْ زارَ الطَّبِيبُ المريضَ اليومَ ؟

beer, *n.* بِيرَة، جِعَة

small beer; *now usu. fig.* بِيرَة خفيفة؛ لا يُعْبَأ به أو لا يُعتَدّ به

not all beer and skittles لَيْس مُجَرَّد لَهْو ولَعِب

beeswax, *n.* شَمْعُ العَسَل

beet, *n.*; *also* **beetroot** بَنْجَر، شَوَنْدَر، شَمَنْدَر، صَوْطَلَة (نبات)

beetle, *n.* 1. (insect) خُنْفُس، خُنْفُسَاء

2. (tool) مِدَقّ، مِطْرَقة (برأس خَشَبِيّ)

v.i. 1. (overhang) بَرَزَ، نَتَأَ، تَهَدَّلَ

a. نَاتِئ، بارِز (الحاجِبَيْن)

beetle-browed أَوْطَف، كثيف الحاجِبَين

2. (*sl.*, hurry *off*, *away*, etc.) إِنْصَرَفَ، هَرَعَ

befall (*pret.* befell, *past p.* befallen), *v.t. & i.* حَدَث ، وَقَع ، حَلّ أو نَزَل به ، أَلَمَّ به

befit, *v.t.* وَافَق ، لاءَم ، ناسب ، (لَا) يَلِيق (بِكَ) أن ...

as befits . . . كَمَا يَلِيق، كمايُناسِب

befitting, *a.* مُوَافِق، مُناسب،لائق، مُلائم

befog, *v.t.* أَحاطَ الضَّباب (بِالسَّفينة)؛ أَرْبَك

before, *adv.* قَبْلَ ، مِنْ قبل ، سابِقًا

prep. 1. (in front of) أَمامَ ، قُدّام؛ تِجَاه ، إزاء (الصعوبات)

carry all before one جَرَف أو اكتسح كُلّ مُقاوَمة، أحرز نجاحًا ساحقًا

come before the court مَثَل (المُتَّهم) أمام المَحْكمة ؛ عُرِضَت (القَضِيَّة) على المحكمة

sail before the mast خَدَمَ كَبَحّار في المَرْكَب

2. (earlier than) قَبْلَ

before Christ, *abbr.* B.C. قَبْلَ الميلاد (ق.م.)

before long عَمّا قريب، قريبًا، بعد قليل

before time قَبْلَ الأوان، قبل الوقت المُعيَّن

3. (rather than)

before all else قَبْلَ كُلّ شيء ، بادِئَ ذِي بَدْءٍ

conj. 1. (previous to the time when) قَبْلَ أَنْ

2. (*with neg.*, until)

he will not come before six o'clock لَنْ يَأْتي قَبْلَ السّاعة السّادِسة

3. (rather than)

I would die before surrendering أَمُوتُ وَلَا أَسْتَسْلِم

beforehand, *adv.* مُقَدَّمًا، سَلَفًا، مِنْ قَبْلُ

befoul, *v.t.* وَسَّخ ، لَوَّث ، دَنَّس ، نَجَّس ؛ أَلْقى الشُّبُهات حَوْل

befriend, *v.t.* مَدَّ يَدَ العَوْن إلى (المُحْتاج) ، صَادَق

befuddle, *v.t.* أَرْبَك، شَوَّش، سَطَل، أَثْمَل

beg, *v.t.* اِلْتَمس ، تَوَسَّل أو تَضَرَّع إلى ... طَلَب ، سَأَلَ

v.i. تَسَوَّلَ، اِسْتَعْطَى، اِسْتَجْدَى

beg a favour سَأَل مَعْرُوفًا

beg leave ⟨of someone⟩ to . . . اِسْتَأْذَنَ

I beg to differ اِسْمَحْ لي أَنْ أُخالفَك

beg the question اِفْتَرَض صِحَّة ما يُطْلَب إِثْباتُه أو بُرْهانه

go ⟨a- begging (*fig.*, be unwanted) (أَشْياء) لا يَدَّعِي أَحَدٌ مِلْكِيَّتَها

beget (*pret.* begot, *past p.* begotten), *v.t.* وَلَدَ، أَنْجَبَ؛ أَدَّى إلى

beggar, *n.* 1. (one who begs, pauper) مُتَسَوِّل، مُسْتَعْطٍ، شَحّاذ، مُسْتَجْدٍ، سائِل

beggars can't be choosers لَا خِيارَ للفقير

2. (*coll.*, fellow)

lucky beggar! يا بَخْتَك! يا حَظَّك!

v.t. أَفْقَرَ، شَلَّحَ

beggar description أَعْجَزَ (القَلَم) عن الوصف

beggarly, *a.* طَفِيف، بَخْس، زَهِيد ، شَحِيح

beggary, *n.* بُؤْس، فاقة، عَوَز، إمْلاق

begin (*pret.* began, *past p.* begun), *v.t. & i.*

بَدَأ، شَرَعَ في، أَخَذَ في

I'll begin with you سَأَبْدَأُ بِكَ

we've only half begun لَا زِلْنَا في البِدَايَة

beginner, *n.*

مُبْتَدِئ، حَدِيثُ عهدٍ بِ، مُسْتَجِدّ

beginner's luck رُبَّ رَمْيَةٍ مِن غير
رامٍ، تَوْفيقُ مَن يُجَرِّب حَظَّه لأوّل مَرَّة

beginning, *n.*

بِدَايَة، بَدْء، شُرُوع، استهلال

in the beginning في البِدَايَة، في أوَّل
الأَمْر، في البَدْء

from the (very) beginning مُنْذُ البَدْء،
مُنْذُ اللَّحْظَة الَّتي بَدَأْنا فيها

from beginning to end مِنْ أوَّله إلى
آخِره، من البداية إلى النهاية

from small beginnings مِنْ بِدَايَةٍ مُتَواضِعة

begone! *v. imperat.*

أُغْرُبْ عَن وَجْهي !

begonia, *n.*

بِغونيا (نبات مُزْهِر)

begrime, *v.t.*

لَوَّثَ، لَطَّخَ، وَسَّخَ

begrudge, *v.t.*

حَسَدَ فلانًا على (ثَرْوَته مَثَلًا)
ضَنَّ عليه بِ...

beguile, *v.t.* (-ment, *n.*)

أغْوَى، أغْرَى،
خَدَعَ، فَتَنَ ؛ سَلَّى، أَلْهَى

beguile the time تَسَلَّى، أَزْجَى الوَقْت

begun, *past p. of* begin

بُدِئَ (العَمَل)

behalf, *n.*

مَصْلَحَة

on behalf of someone نِيَابَةً عن فلان،
بَدَلًا عن فلان، لِصالِحه

behave, *v.i.* 1. (*with advs.*, comport oneself, act); *also fig. of machines, etc.*

تَصَرَّفَ،
سَلَكَ

2. (*absol.* = behave well) سَلَكَ
سُلُوكًا حَسَنًا

v. refl. تَأَدَّبَ، أَحْسَنَ السلوك أو التَصَرُّف

well-behaved مُؤَدَّب، مُهَذَّب، حَسَنُ السُّلوك

behaviour, *n.*

سُلُوك، سِيرة، تَصَرُّف

on one's good (best) behaviour سُلُوكه
أو تَصَرُّفُه في غاية الأَدَب

behaviourism, *n.*

المَذْهَب السُّلوكِي،
السُّلُوكِيَّة (علم النَّفْس)

behead, *v.t.*

قَطَعَ الرَّقَبَة، ضَرَب العُنُق

beheld, *pret. of* behold

behest, *n.*

وَصِيَّة (وَصَايا)، أَمْر
(لَفْظ قَدِيم)

at someone's behest تَلْبِيَةً لِأَمْر أَوْ
لِإرَادَة فلان، نُزُولًا على رَغْبَتِه

behind, *adv.*

خَلْفَ، وَرَاءَ

behind in one's payments مُتَخَلِّف أو
مُتَأَخِّر في تسديد مَا عَلَيْه (من ديون)

fall behind تَأَخَّرَ، تَخَلَّفَ ؛ تَلَكَّأ

leave behind تَرَكَ وراءَه، هَجَرَ

stay behind بَقِيَ، مَكَثَ، تَخَلَّفَ

prep. خَلْفَ، وَرَاءَ

behind one's back مِنْ وَرَاءِ ظَهْره،
دُونَ عِلْمه ، بِغَيْرِ مَعْرِفته

behind the scenes وَرَاءَ الكَوَالِيس،
وَرَاءَ السِّتار، خلف الجُدْران

there is something behind it all وَرَاءَ الأَكَمَةِ مَا وَرَاءَهَا

have someone behind one لَهُ نَصِير، لَهُ ظَهْر أو سَنَد

behind the times مُتَخَلِّف عن رَكْب الزّمن

n. دُبُر، عَجُز، رِدْف

behindhand, *adv. & pred. a.* مُتَأَخِّر، مُتَخَلِّف

behold, *v.t.* رَأَى، شَاهَدَ، أَبْصَرَ، نظر

lo and behold! أُنْظُرْ! يا لَلْعَجَب هَاهُوَ ذا!

beholden, *pred. a.* مَدِين، مُمْتَنّ، أَسِير النِّعمة، ممنون، شاكر الفضل

beholder, *n.* نَاظِر، مُشاهِد، راءٍ

behove, *v.t. impers.* وَجَبَ أو لَزِمَ على، يَنْبَغِي على

beige, *a. & n.* لَوْن الصُّوفِ الخام ، بيج

being, *n.* 1. (living creature) كَائِن، مَخْلُوق

Supreme Being اللّه تعالى ، عَزَّ وَجَلَّ (كِنَاية عن لَفْظ الجَلالة)

2. (state of existence) كِيَان، وُجُود

come into being تَكَوَّنَ ، نشأ، تَحَقَّقَ، ظَهَرَ إلى حَيِّز الوجود

pres. p.

for the time being أَمَّا فِي الوقت الحاضر، مُؤَقَّتًا، بصورة مُؤَقَّتة

bejewelled, *a.* مُرَصَّع أو مُزَيَّن بالمُجَوْهرات

belabour, *v.t.* ضَرَب بِشدّة ، أَوْسَع ضَرْبًا

belated, *a.* مُتَأخِّر (عَن الوَقْت المُحَدَّد)

belay, *v.t.* رَبَطَ، شَدَّ، أَوْثَقَ

belaying-pin وَتَد، خابور (بَحْرِيّة)

belch, *v.i & n.; also v.t. (fig.)* تَجَشَّأَ، تَدَفَّق (الدُّخانُ مِن المِدْخَنة مثلا)

beleaguer, *v.t.* حَاصَرَ، ضَرَبَ حِصارًا على ، طَوَّق

belfry, *n.* قُبَّة الجَرَس، بُرْج الناقوس

Belg/ium, *n.* (**-ian,** *a. & n.*) بَلْجِيكا؛ بَلْجِيكِيّ

belie, *v.t.* لَمْ يَعْكِس (مظْهَره) حقيقَةَ (مَشاعِره) ؛ خَيَّبَ (الآمال)

belief, *n.* 1. (conviction, opinion) اِعْتِقَاد، عَقِيدَة، رَأْي، ظَنّ

to the best of one's belief (هٰذِه المَعْلومات صَحِيحة) حَسْبَ اعْتِقادي أو مَعْرِفتي

2. (faith) إِيمَان، مَذْهَب، عقيدة، مبدأ

believable, *a.* مَعْقُول، مُمْكِن تَصْدِيقُه

believe, *v.t.* آمَنَ بِ، صَدَّقَ، اِعْتَقَدَ، رَأَى

I believe so هٰذا ما أَعْتَقِدُه أو أتصوّره

believe it or not صَدِّق أو لا تُصَدِّق، لَعَلَّك لا تُصَدِّق (ولكن هذا ماحدث)

would you believe it? هَلْ تتصوّر ذٰلِكَ؟ هل تعقِل ذلك؟

v.i.

believe in God آمَنَ باللّه

make believe, *whence* تظاهر، اِدَّعى ،تَصَنَّعَ

make-believe, *n.* تَصَنُّع، تظاهُر، زَعْم ، كَذِب، تلفيق، اِختلاق

believer, *n.* مُؤْمِن، مُعْتَقِد

belittle, *v.t.* حَطَّ من شأن، هَوَّنَ، اسْتَخَفَّ، إِسْتَصْغَرَ، قلّل من أهمّية

bell, *n.* جَرَس، ناقوس

bell-bottomed trousers سِرْوال مُتَّسِع الأطْراف (يرتديه البَحَّارة)

bell-boy; *also* bell-hop (*U.S.*) خادِم أو غُلام في فُنْدُق

bell-buoy عَوّامَة أو شَمَندورة ذات جَرَس للتَحْذير

bell-pull مِقْبَض أو حَبْل الناقوس أو الجَرَس

bell-ringing قَرْع أو دَقّ الأجراس في الكنيسة

bell-tent خَيْمَة ناقوسيّة الشّكل

clear as a bell (صَوْت) واضِح كرَنين الجَرَس

sound as a bell سَلِيم، مُعافىً، لا تشُوبه شائِبة

saved by the bell (*boxing & fig.*) أنْقَذَه إنْتِهاء الشَّوْط (ملاكمة)

eight bells إنْتِهاء نَوْبة أو دَوْرة تدوم أَرْبَع ساعات غالبًا في الخدمة البحرية

that rings a bell (*coll.*) هذا يُعِيد لخاطِري شَيْئًا كنتُ نَسِيتُه، هذا يذكّرني بِ ...

v.t., only in

bell the cat عَلَّقَ الجَرَس في رقبة القِطّ، خاطر لإنقاذ الآخرين

belladonna, *n.* سِتّ الحُسْن (نبات)، بِلادونا

belle, *n.* غانِيَة، حَسْناء، غادة، جَمِيلَة

belles-lettres, *n.pl.* دِراسات وكتابات أدبِيَّة، الآداب

bellicos/e, *a.* (**-ity,** *n.*) مُشاجِر، مُحِبّ لِلقِتال، عُدْوانِيّ

belliger/ent, *a.* (**-ence, -ency,** *n.*) إعْتِدائِيّ

n. مُحارِب،

bellow, *v.i. & t.* خار (الثور)، جأر

n. خُوار، جُؤار، صِياح (من الألم)

bellows, *n.pl.* مِنْفاخ، كِير الحدّاد، زِقّ

belly, *n.* بَطْن، جَوْف، مَعِدة؛ كِرْش

belly-ache (*n.*) مَغَص، وَجَع البَطْن

(*v.i., sl.*) تَشَكّى، تَذَمَّرَ

belly-landing هُبُوط الطّائرة على بطنها دون عَجَلات

belly-laugh قَهْقَهة، ضَحِكٌ من الأعماق

v.i., also belly out إنْتَفَخ، تكوّر

bellyful, *n., usu. fig.* (*sl.*) وَفْرة، كفاية؛ أكْثَر ممّا يَتَحَمّل

belong, *v.i. with prep.* to إنْتَسَبَ إلى، إنْتَمَى إلى، تَعَلَّقَ بِ، عادَ إلى، اخْتَصَّ بِ

absol., and with other preps. (be in right place) جاءَ في مَحَلّه أو في الموضع المُناسب

belongings, *n.pl.* مَتاع، مُمْتَلَكات، مُتَعَلّقات

beloved, *a. & n.* مَحْبُوب، عَزِيز، مَعْشُوق، خليل

below, *adv.* تَحْتَ، في أَسْفَل

go below نَزَل مِن سَطْح السَّفينة إلى داخِلها

see below أنْظُر فِيما بَعْدُ أو فيما يَلِي (أَيْ في صَفحة تالِية من الكِتاب)

prep. تَحْتَ، دُونَ

below average دُونَ أوْ تَحْتَ المُتوسِّط

below one's breath بِصَوْت مُنخفِض، بِهَمْس

five degrees below zero خَمْس دَرَجات تَحْتَ الصِّفر

belt, *n.* 1. (*for the waist*) حِزام، زُنّار، نِطاق

below the belt (*fig.*) (لَكْمَة) تحت الحِزام؛ بِطَرِيقَة مُخالِفة للقواعد المَرْعِيّة

draw in one's belt (*fig.*) شَدَّ الحِزام، تَقَشَّفَ

2. (*of a machine*) سَيْر (سُيُور)، شَريط

fan-belt سَيْر المِرْوَحة (ميكانيكا)

conveyor belt سَيْر مُتَحَرِّك (صناعة)

3. (zone) مِنْطَقَة، نِطاق

green belt مِنْطَقَة خضراء تُحيط بالمدينة

v.t. 1. (fasten) حَزَّمَ، نَطَّقَ، رَبَطَ بِحِزام

2. (*coll.*, thrash) ضَرَبَ، ساطَ، جَلَدَ

v.i. (*sl.*, speed) أَسْرَعَ، نَهَبَ الطَّرِيق

bemoan, *v.t.* تَحَسَّرَ على، نَاحَ، نَدَبَ،

bemuse, *v.t.* أَرْبَكَ، أَذْهَلَ، حَيَّرَ، شَوَّشَ

bench, *n.* 1. (seat) مَقْعَد خَشَبي طويل، دِكّة

2. (judge's seat; *fig.*, office of judge, law court; judges or magistrates) مِنَصَّة القُضَاء، هَيْئة القَضاء، مَحْكَمة

3. (*parl.*) مَقَاعِد البرلمان

front (back) benches صُفُوف الوزراء (النُّوّاب غير الوزراء) في مجلس العموم البريطاني

4. (working table) مِنْضَدَة الورشة، تَرْبَجة

bend, *n.* 1. (curve) اِنْحِنَاء، اِنْعِطاف، اِلْتِوَاء، اِنْثِناء

double bend اِلْتِوَاء مُزْدَوِج، اِنْحِناء في الطّرِيق على شكل ᔓ

go round the bend (*sl.*) أَصابَتْه لَوْثة، طار عَقْله

2. (knot) عُقْدَة في حَبْل (بحريّة)

3. (*pl.*, disease) مَرَض القَيْسُون، عِلّة يُسَبِّبها الاختلاف المفاجئ في الضغط الجوّي

v.t. & *i.* (*pret.* & *past p.* bent)

1. (force into, assume, curved shape) حَنَى، ثَنَى، لَوَى، عَوَّجَ، عَقَفَ

bend down اِنْحَنَى، اِنْثَنَى؛ ثَنَى

bend over أَكَبَّ على، اِنْحَنَى على، مالَ على

on one's bended knees (*arch. past p.*) رَاكِعًا أو جاثِيًا على رُكْبَتَيْه، مُتَذَلِّلًا

2. (turn, incline) أَمالَ، وَجَّهَ، أَدارَ

bend one's mind to أَكَبَّ، صَرَفَ أَوْ وَجَّهَ اهْتِمامه إلى

bend one's steps towards يَمَّمَ وَجْهَه شَطْرَ، تَوَجَّهَ، اِسْتَدار نحو

bend someone to one's will أَخْضَعَه لإِرَادَتِهِ أو لِرَغْبَته

bent on mischief إِنّه يُضْمِر شَرًّا، يُزْمِع ارْتِكاب الأَذَى أو السُّوء

beneath, *adv.* تَحْتَ ، أَسْفَل

prep. تَحْتَ ، دُونَ

beneath contempt أَتْفَهُ مِن أن يُحْتَقَر ، أَحْقَرُ مِن الحَقارَة

beneath one أَقَلّ من مُسْتواه ، أَدْنى مِنه رُتْبَة

beneath one's notice غَيْر جَدِير بالاهْتِمام ، حَقِير ، تافِه

Benedictine, *a.* نِسْبةً إلى القِدّيس بِنِيديكْت

n. 1. (monk) رَاهِب بِنِيدِيكْتِي (جَمْعِيّة رُهبانية أُسِّسَت عامَ ٥٢٩ م بإيطاليا)

2. (liqueur) نَوْع من المَشْروبات الرُّوحِيّة

benediction, *n.* بَرَكَة (يَمْنَحها الكاهِن مثلاً)

benedictory, *a.* يَنْطوي على البَرَكة

benefaction, *n.* إِحْسان ، صَدَقة ، تَبَرُّع ، هِبَة (لِأَعْمال الخَيْر)

benefac/tor (*fem.* **-tress**), *n.* مُحْسِن ، مُتَبَرِّع (مُتَبَرِّعة) لأَوْجه البِرّ

benefice, *n.* مَنْصِب كاهِن الأبروشية ودَخْلُه مِن أوقاف الكَنِيسَة

benefic/ent, *a.* (**-ence,** *n.*) خَيِّر ، مُحْسِن ، كَرِيم ؛ إِحْسان ، جُود

beneficial, *a.* نافِع ، مُفِيد ، مُجْدٍ ، ناجِع

beneficiary, *n.* مُسْتَفِيد ، مُنْتَفِع (من وَصِيَّة)

benefit, *n.* 1. (advantage) فَائِدة ، مَنْفَعَة

for the benefit of someone لِصَالِح فُلان

give someone the benefit of the doubt جَعَل قَرِينة الشَّكّ لِصالِحِه ، بَرَّأه لِعَدم تَوَفُّر الأَدِلّة الكافية لإدانَتِه

benefit of clergy إسْتِثْناء رِجال الدِّين مِنْ سُلْطة المحاكِم المَدَنِيَّة ، الحَصانة الاكليريكيّة

benefit performance (*of a play*) حَفْلَة تَمْثِيلِيَّة يُخَصَّص رَيْعُها لِأَغْراض البِرّ

2. (allowance) إعانَة

unemployment benefit إعانَة مالِيّة عِند البَطالة

benevol/ent, *a.* (**-ence,** *n.*) خَيِّر ، مُحْسِن ، عَطُوف ؛ خَيْرِيّ

Bengal, *n.* (**-i,** *a. & n.*) البِنْغال (مُقاطَعة في الهِنْد) ؛ بِنْغالي ؛ اللّغة البِنْغالية)

Bengal light صَارُوخ نارِيّ ذو ضوء أَزْرَق يُسْتَخْدَم لإعْطاء الإشارات

benighted, *a.* (*usu. fig.*) (مُسَافِر) أَدْرَكه اللَّيْل ؛ في ظَلام الجَهْل

benign, *a.* (**-ity,** *n.*) 1. (gracious) رَؤُوف ، عَطُوف ، رَحِيم ، شفيق

2. (*fig.*, mild)

benign tumour وَرَم غَيْر خَبِيث ، وَرَم غَيْر سَرَطانِيّ (طبّ)

benign/ant, *a.* (**-ancy,** *n.*) رَؤُوف ، رَحِيم ، حَلِيم ؛ طِيبَة القَلْب ، رَأْفَة

benison, *n.* بَرَكة

bent, *n.* 1. (grass) عُشْب غَلِيظ ، نَجِيل

2. (inclination) مَيْل ، اِنْعِطاف ، نَزْعة

bent, *pret. & past p. of* **bend**

benumb, *v.t.* خَدَّر (البَرْد أَنامِلي مثلاً)

benzene, *n.*; *also* **benzol**(e) بِنْزِين ، بِنْزُول

benzine, *n.* بِنْزِين (سائل للتَّنْظِيف ولِلْوَقود)

bequeath, *v.t.* (*lit. & fig.*) أَوْرَث ، خلَّف ، أَوْصَى بِ

bequest, *n.* وَصِيَّة (وَصايا) ، تركة ، إرْث

berate, *v.t.* عَنَّف ، وبَّخ ، زَجَر ، انْتَهر

Berber, *n. & a.* بَرْبَرِيّ (مِن قَبيلة البربر)

bereave (*pret.* bereft, *past p.* bereft, bereaved), *v.t.* أَفْجَع ، أَفقد ؛ ثَكِل ، أَثْكَل

bereft of one's senses فاقِد العَقْل ، مَسْلوب الوَعْي

the bereaved, *n.* مَفْجوع ، مُصاب بِفَقْدِ عَزيزٍ

bereavement, *n.* ثَكَل ، ثُكْل ، فُقدانِ عَزيزٍ

beret, *n.* بيريه (نَوْع من القُبَّعات)

beri-beri, *n.* مرض البري بري (ناشِئ عن نَقص الفيتامين ب)

berry, *n.* ثَمرة عِنَبيّة كالتوت مَثلاً

berserk, *a., esp. in*

go berserk جُنَّ جُنونُه ، اندَفع هائجًا

berth, *n.* 1. (sleeping compartment, bed) سَرِير أو مقصورة النَّوْم بِقِطار أو سَفِينة

2. (ship's place at wharf) مَوْضِع مُحَدَّد في رَصيف مِيناء لِرَبْط السَّفينة

give a wide berth to تَحاشَى ، تجنَّب ، تَفادَى ، ابْتَعَد عن

find a berth for someone أَوْجَد مَكانًا أو وَظِيفةً له

v.t. & i. ...رَبَط السَّفينة بالميناء ؛ تَتَّسِع لِنَوْم

beryl, *n.* حَجَر ثَمِين يُشبه الزُّمُرُّد

beryllium, *n.* بيرِيلْيوم (عُنصر كيماوي)

beseech (*pret. & past p.* besought), *v.t.* تَضَرَّع ، تَوَسَّل ، الْتَمَس ، ابْتَهَل (إلى)

beseem, *v.t., usu. impers.* وَافَق ، ناسَب ، لاءَم ، لاقَ ب ؛ يَنْبَغِي على

beset (*pret. & past p.* beset), *v.t.* حاصَر ، حَفَّ بِ ، اكْتَنَف ، أَحاطَ

beset with difficulties مَحْفُوف بالمَصاعِب

his besetting sin العادَة الرَّذيلة التي لا تُفارِقه ، داؤه (الكَسَل مثلاً)

beside, *prep.* 1. (by the side of) بِجانِب ، إلى جانب ، بِجوار

2. (compared with) بالنِّسبة إلى

3. (away from)

this is beside the point هَذا أَمْر لا شأنَ لَهُ بِمَوْضوع البَحْث

beside oneself with anger لا يَتَمالَك نَفْسَه من الغَضَب ، اسْتَشاط غضبًا

besides, *adv. & prep.* عِلاوةً على ذلك ، بالإضافَة إلى ذلك

besiege, *v.t.* (*lit. & fig.*) حاصَر ، طَوَّق ؛ أَمْطَروه وابِلاً من (الأسْئِلة)

besmear, *v.t.* لَوَّث ، لَطَّخ (بالدُّهن مثلاً) ؛ لَطَّخ (سُمْعته مثلاً)

besmirch, *v.t.* لَوَّث ، قَذَّر ، وَسَّخ ؛ شانَ (سُمْعَته مثلاً)

besom, *n.* مِكْنَسة من العِيدان الجافّة ، مِقَشَّة

besotted, *a.* مَسْطُول ؛ وَلْهان ؛ أَحْمَق

besought, *pret. & past p. of* **beseech**

bespatter, *v.t.* رَشَّ، لَطَّخَ، وَحَّلَ، طَرْطَشَ

bespeak (*pret.* bespoke, *past p.* bespoke, bespoken), *v.t.* 1. (order in advance) طَلَبَ حَجْزَ (غُرْفة بِفُنْدُق مَثَلًا)

bespoke clothing ثِيَابٌ مُوصًى بِتَفْصِيلِهَا (نَقِيض الثِّياب الجاهِزة)

2. (indicate) شَهِدَ بِ، دَلَّ على؛ يَنُمُّ عن

Bessemer steel, *n.* الصُّلْب المُنْتَج بطريقة بَسْمَر، فولاذ بَسْمَر

best, *a. & n.* أَفْضَل، أَحْسَن، أَجْوَد، خَيْر

best man (at a wedding) إِشْبِين العَرِيس في حَفل الزِّفاف (عِند المسيحيّين)

best-seller أَرْوَج كتاب في مَوْسِم مُعيَّن

the best part of القِسْم أو القِسْط الأكبر مِن

it's all for the best رُبَّ ضارّة نافعة، حَصَلَ خَيْر (عاميّة)

at best عَلَى أَحسن تقدير، في أَحْسَن الظّروف المُتَوَقَّعة

come off best خَرَجَ ظافرًا، تَفَوَّقَ

do one's best to بَذَلَ قُصارى جهده، بَذَلَ كلّ ما في وُسْعه

get the best of someone غَلَب فلانًا (في الجَدَل أو في القتال)

have the best of both worlds ظَفِرَ بِنَعِيم الدنيا والآخرة، وَفَّقَ بين ضِدّين

make the best of it اِنْتَفَعَ به بأقصى ما يُمكن؛ اِكتفى بما هو مُتَيَسِّر

to the best of my knowledge جُلُّ ما أَعْلَمُ، غاية ما أعرف، أغلب ظَنِّي

I don't know what to do for the best لَا أدري ما هو المخرج الأفضل من المأْزِق

adv.

you had best . . . يَجْدُر بك أن، يَنْبَغِي عليك أن، الخير لك أن

v.t. (*coll.*) غَلَبَ، ظَفِرَ على، اِنْتَصَرَ على...

bestial, *a.* (**-ity,** *n.*) بَهِيمِيّ، وَحْشِيّ؛ فَظّ؛ فاحش، بذيء؛ هَمَجِيّة

bestiary, *n.* مَجْمُوعة قِصَص أخلاقيّة على أَلْسِنة الحَيَوانات (مثل كِتاب كَلِيلَة ودِمْنَة)

bestir, *v. refl.* تَحَرَّكَ، تَنَشَّطَ، قَامَ

bestow, *v.t.* (**-al,** *n.*) وَهَبَ، مَنَحَ، أَهْدَى، أَنْعَمَ، مَنَّ

bestrew (*past p.* bestrewn, bestrewed), *v.t.* نَثَرَ، بَذَرَ، بَعْثَرَ

bestride (*pret.* bestrode, *past p.* bestridden, bestrode), *v.t.* فَرْشَحَ (رِجْلَيْه)، فَرْشَخَ

bet, *n.* مُراهَنة، رِهان

lay a bet رَاهَنَ، قَامَرَ

take bets قَبِلَ الرِّهان

v.t. & i. قامَرَ، راهَنَ

what do you bet? بِكَمْ تُراهِن؟

you bet ⟨your life⟩! بِكُلّ تأكيد! دُونَ أَدْنَى شكّ! بلا رَيْب!

beta, *n.* بِيتا، حرف الباء في الإغريقية (رَمْز في الرياضيات والطبيعيات)

betake (*pret.* betook, *past p.* betaken), *v. refl.* تَوَجَّهَ إلى، يَمَّمَ شَطْر، قَصَدَ إلى

bête noire, *n.* أَبْغَضُ شَخْصٍ أو شَيْءٍ إلى نَفْس (فلان)

bethink (*pret. & past p.* bethought), *v. refl.* تَذَكَّر ، تَفَكَّر

betide, *v.i. & t.* أصابَ ، حَدث ، جَرى ، وَقع

woe betide . . . وَيْلٌ له ، وَيْحه

betimes, *adv.* مُبَكِّرًا ، في وقت مُبَكِّر ؛ قَبْلَ فَوات الأوان

betoken, *v.t.* دَلَّ على ، أشار إلى ، نَمَّ عَن . . .

betray, *v.t.* (**-al,** *n.*) 1. (give up treacherously) خانَ ، غَدَر أو وَشَى بِ . . .

2. (reveal) فَضَحَ ، أَفْشَى ، كَشَفَ

betray one's ignorance أَظْهَر جَهْلَه

betroth, *v.t., usu. past p.* (**-al,** *n.*) خَطَب ، وَعَد بالزَّواج ؛ خِطْبة

better, *a., n., & adv.* أَحْسَن ، أصلح ، أَفْضل ، أَجْوَد ، خَيْر من ؛ بِطَريقة أَفْضَل

one's better half زَوْجَتُه ، نِصْفُه الحُلْو

the better part of . . . مُعْظَم الشَّيْء ، أَكْثَر من نِصْف (الوَقْت مثلاً)

against one's better judgement (فَعَل ذلك) رَغْمَ شُكُوكِه ومَخاوِفِه ، دُون أن يَقْتَنِع تَمامًا

better off أَيْسَر حالاً

all the better for . . . (قَدْ يُتْعِبُك هذا الأمر) ولَكِنَّكَ سَتَسْتَفِيد مِنه

one's elders and betters الأكْبَر سِنًّا ومقامًا

for better or ⟨for⟩ worse في السَّرَّاء والضَّرَّاء ، في الخَيْر والشَّرّ

get better

(improve) تَحَسَّن

(recover one's health) تَعافَى ، شُفِيَ

get the better of إنْتَصَر على ، غَلَب

⟨you had⟩ better not try مِنَ الأفْضَل ألّا تُحاوِل ، إيّاكَ (أو حَذارِ) أن تُحاوِل

you should know better ⟨than to . . .⟩ كانَ يَنْبَغي عَلَيك أن تَعْرِف ألَّا . . .

think better of it عَدَل عَن فِكرِه

v.t. حَسَّن

better oneself حَسَّن حالَه

betterment, *n.* تَحْسين ، تَحَسُّن

betting, *n.* مُراهَنة ، مُقامَرة

between, *prep. & adv.* بَيْنَ ، ما بَيْنَ

few and far between نادِر أو قَليل (الحُدُوث) ، في فَتَرات أو مَسافات مُتَباعِدة

between whiles بَيْنَ الفَيْنَة والفَيْنَة ، في غُضُون ذٰلِك

there is little to choose between them
لَيْس بَيْنَهما فَرْق يُذْكَر ، هُما على حدّ سواء

betwixt, *prep.* (*poet. & arch.*) بَيْنَ

betwixt and between بَيْنَ بَيْنَ

bevel, *n.* 1. (tool) مِسْطار زَوايا ، زاوِيَة تخطيط مائل

2. (sloping surface) حافّة مائِلة

bevel gear تِرْس مَخْرُوطِيّ

v.t. شَطَب (أو شَطَف) حافّة (الزُّجاج مثلاً)

beverage, *n.* شَراب ، مَشْروب

bevy, *n.* جَمَاعَة (مِن النِّسَاء) ؛ سِرْب (من السُّمان)

bewail, *v.t.* نَدَبَ، نَاحَ، اِنْتَحَبَ ؛ بَكَى على

beware, *v.i. & t.* احْتَرَس مِن ، تَحَاشَى

beware of the dog! حَذارِ من الكلب !

beware of imitations إِحْتَرِسْ من التَّقْلِيد، احْذَرِ التّقليد

bewilder, *v.t.* (**-ment,** *n.*) أَرْبَك ، أَذْهَل ، حَيَّرَ ؛ حَيْرَة ، اِرتباك

bewildered, *a.* حَائِر ، مُشَوَّش الفِكْر ، مُرْتَبِك ، مَشْدوه

bewitch, *v.t.* (*lit. & fig.*) سَحَرَ ، فَتَنَ ، خَلَبَ اللُّبّ

bewitching, *a.* (*fig.*) سَاحِر ، فاتِن ، أَخَّاذ

bey, *n.* بِك ، بيك ، بيه (لقب)

beyond, *prep. & adv.* 1. (of place or time) مَا وَرَاءَ ، مَا بَعْد

2. (out of reach of, exceeding) فَوْقَ ، وَرَاءَ

it's beyond me فَوْقَ إِدْراكي

beyond belief لا يَتَقَبَّلُه العَقل

beyond compare لا مَثِيلَ له ، لا نظيرَ له ، لا يُضَاهَى ، لا يُدانَى

beyond doubt دُونَ شَكّ ، لا رَيْبَ فيه

this is beyond a joke هٰذا أَمْر جِدّيّ ، هٰذا خارج حدود المِزاح

beyond measure لِلْغَايَة ، إلى دَرَجة قُصْوَى

spend beyond one's means (income) أَنْفَقَ أَكْثَر مِمَّا تَحْتَمِل مَوارِده

n.

at the back of beyond في آخِر الدُّنيا

bezique, *n.* بزيك ، نوع من ألعاب الورق

bi-, *pref.* (بادئة بِمَعْنَى) ثُنائي

bi-weekly مَرَّة كُلَّ أُسْبُوعَيْن ؛ نِصْفُ أُسْبُوعِيّ

bias, *n.* 1. (slanting line or course) اِنْحِراف ، مَيْل ، وَرْب

cut on the bias مُفَصَّل على السَّمَكة أو بالوَرْب (خياطة)

2. (inclination, prejudice) تَحَيُّز ، تَشَيُّع ، مُحاباة ، تَغَرُّض

v.t.

bias(s)ed in favour of مُتَحَيِّز أو مُنْحَاز لِ ، مُحابٍ لِ ...

bib, *n.* مَرْيَلة ، صدرية الطِفل

best bib and tucker (*coll.*) أَحْسَن هِندام

Bible, *n.* الكِتَاب المُقَدَّس ، العَهْد القَدِيم والعَهْد الجَدِيد

Bible-oath قَسَمٌ بالكتاب المقدَّس

biblical, *a.* نِسْبَةً إِلَى الكتاب المُقَدَّس

bibliographer, *n.* مُصَنِّف المُؤَلَّفات والفهارس

bibliograph/y, *n.* (**-ical,** *a.*) البِبْليوغرافيا ، دِراسَة أَوْصافِ الكُتُب وطِباعَتِها وفَهْرَسَتِها

bibliophile, *n.* المُغْرَم أو المُولَع بالكتب

bibulous, *a.* سِكّير ، مُدْمِن على الشراب

bicarbonate, *n.* بِيكَرْبُونَات ، ثَانِي كربونات (كيمياء)

bicarbonate of soda بِيكَرْبُونَات الصودا

bicentenary, *a. & n.* الذِّكْرَى المِئَوِيّة الثّانية

bicentennial, *a.*; *also n.* (*U.S.*) (الإحْتِفال) بِذِكْرَى مُرور مِئَتَي عام

biceps, *n.* عَضَلة ذاتُ رَأْسَيْن (تَشْريح)

bicker, *v.i.* تَشاجَرَ (الصِّغار)، تخاصموا؛ حاجَّ ولاجَّ

bicycle, *n.*; *coll. contr.* **bike** دَرّاجة؛ عَجَلة (عامّية)

v.i. رَكِبَ درّاجة

bid, *v.t.* 1. (*pret.* bade, *past p.* bidden; command, invite) أَمَرَ، طَلَبَ، أَوْصَى

do as one is bidden أَطاعَ الأَمْرَ، فَعَلَ ما طُلِبَ مِنه

bid someone good-bye (farewell) وَدَّعَ

2. (*pret. & past p.* bid; make an offer of); *also v.i.* قَدَّمَ عَرْضًا

bid in an auction زايَدَ، عَرَضَ ثَمَنًا في مَزاد

bid fair to (seem likely to) يُرَجَّح أن ...

n. عَرْض، عَطاء (في مَزاد أو مُناقَصَة)

make a bid for (*fig.*) حاوَلَ الحُصُول على (التَّأْييد الشَّعْبِيّ مَثَلاً)

bidder, *n.* مُزايِد

sold to the highest bidder بِيعَ لآخِر مُزايد (لأنّه عَرَضَ أَعْلى سِعْر)

bidding, *n.* 1. (command) أَمْر، إيعاز، طَلَب

2. (making offers) عَرْض، مُزايَدة

bide, *v.t.*, *arch.* اِنْتَظَر، تَمَهَّل

bide one's time تَحَيَّنَ الفُرْصَةَ المُناسِبة

biennial, *a. & n.* يَحْدُث مَرّة كلَّ سَنَتَيْن، يَدُوم سَنَتَيْن؛ نَبات تَسْتَغرِق دَوْرة حَياته عامَيْن

bier, *n.* نَعْش، مَحْمِل التّابوت

biff, *v.t. & n.* (*sl.*) لَكَمَ، ضَرَبَ؛ ضَرْبَة

bifocals, *n.pl.* نَظّارة ثُنائِيّة البُؤْرَة (ذاتُ عَدَسَتَيْن ثُنائيّتي البُؤْرَة)

bifurc/ate, *v.t. & i.* (**-ation,** *n.*) شَعَّبَ أو تَشَعَّبَ إلى شُعْبَتَيْن، فَرَّعَ أو تَفَرَّعَ إلى فَرْعَيْن

big, *a.* كَبِير، ضَخْم، جَسِيم، عظيم

Big Ben جَرَس ساعة البَرْلَمان الانكليزيّ

big business تِجارة واسِعة النِّطاق، مُعامَلات تِجارِيّة ضَخْمَة

big with child حُبْلَى، حامِل

big end الطَّرَف الكَبِير لِذِراع التَّوْصِيل (ميكانيكا)

big game (*lit. & fig.*) صَيْد الحَيَوانات الكَبِيرة؛ أَمْر خَطِير، مَهامّ الأُمور

big-hearted وَاسِع الصَّدْر، كَبِير القَلْب

what's the big idea? (*coll.*) مَا قَصْدُك؟ مَا الحِكاية؟ ما وَراء هذا؟

a big noise (shot) (*sl.*) رَجُل كَبِير الشَّأْن، شَخْص خَطِير، انسان مُهِمّ

big toe إِبْهام القَدَم، إِصْبَع القَدَم الكَبِير

big top خَيْمة السِّيْرك، شادِر (مصر) چادِر (عراق)

he is too big for his boots (*coll.*)   إِنَّهُ يَتَصَرَّف كَأَنَّهُ أَعْلَى مَرْكَزًا مِمَّا هُوَ

adv.

talk big   غَالَى أَو بَالَغ فِي كَلامه ، هَوَّل ، فَشَر

bigamist, *n.*   مُتَزَوِّج مِن اِمْرَأَتَيْن ، مُتَزَوِّجة مِنْ رَجُلَيْن (فِي وَقْت واحِد)

bigam/y, *n.* (**-ous,** *a.*)   الجَمْع بَيْن زَوْجَيْن أَوْ زَوجَتَيْن

bigot, *n.*   مُتَعَصِّب لِرَأيٍ أَو عَقِيدة

bigoted, *a.*   شَدِيد التَّعَصُّب لِرَأْي أَو عقيدة ، مُتَزَمِّت ، لا يَتَنَازَل عَن رَأْيه

bigotry, *n.*   التَّطَرُّف فِي التَّمَسُّك بالرَّأْي أَو العَقِيدة

bigwig, *n.* (*coll.*)   شَخْص عَظِيم الشَّأْن ، مُهِمّ ، صَاحِب الأَمْر والنَّهْي

bijou, *n. & a.*   جَوْهَرة ، دُرَّة ؛ لَطِيف ، أَنِيق

bike, *coll. contr. of* **bicycle,** *n. & v.i.*   دَرَّاجة ، عَجَلة ؛ رَكِب دَرَّاجة

bikini, *n.*   مَايوه بِيكِيني : ثَوْب سِباحَة لِلنِّساء مُكوَّن مِن قِطعَتين

bilateral, *a.*   ثُنَائِيّ ، بَيْن طَرَفَيْن أَو جانِبَيْن

bilberry, *n.*   عِنَبيَّة بَرِّيّة مَأكولة ، قِمام آسِي

bile, *n.* (*lit. & fig.*)   الصَّفْراء ، المِرَّة (عُصارة يُفْرِزُها الكِبِد) ؛ سُرعة الغَضَب

bilge, *n.* 1. (*naut.*)   قَاع السَّفِينة أَو قَعْرها ؛ مِياه وقاذُورات تَجمَّع فِي قاع السَّفِينة

2. (*sl.*, nonsense)   كَلام فَارِغ ، هُراء

bilharzia, *n.*   دَاء البِلْهارْسِيا (طِبّ)

bilingual, *a.*   يُجِيدُ لُغَتَيْن ؛ مَكْتوب بِلُغَتَيْن

bilious, *a.* (**-ness,** *n.*)   صَفْراوِيّ ؛ سُوء هَضْم ، سَبَبُه كَثْرة إفراز الصفراء

bilk, *v.t.*   رَاوَغ ، تَمَلَّص أَو تهرَّب مِن الدَّفْع

bill, *n.* 1. (beak)   مِنْقار

2. (*parl.*)   مَشْروع أَو مُسَوَّدة قَانون ، لائِحة

Bill of Rights   مِيثاق الحُقوق (تاريخ انكلترا)

3. (statement of money owing)   فَاتُورة ، كَشْف الحِساب

foot the bill   دَفَع الحِساب ، وَفَى بِقِيمَة الفاتُورة

4. (*commerc.*); *also* bill of exchange   كَمْبِيالة ، سُفْتِجة ، حَوالَة ، تَحْويل ، سَنَد

bill-broker,   سِمْسار الكَمْبِيالات أَو السَّنَدات ، سِمْسار أَوراق ماليّة

5. (written notice)   إعْلان ، قائِمة

theatre bill   إعْلان عَن عَرْض مَسْرَحيّ ، بَرْنامَج حَفْلة مَسْرَحِيّة

bill of fare   قَائِمَة المَأكولات فِي مَطْعم وأَسْعارُها

a clean bill of health   شَهَادة صِحِّية تُفِيد خُلُوّ (السَّفِينة) مِن الأَمْراض

bill of lading   بُوليصَة الشَّحْن

bill of sale   عَقْد رَهْن المَنْقولات (يُثْبِت نَقْل المِلْكِيَّة عند عَدَم الوَفاء بِدَيْن)

bill-poster; *also* bill-sticker   مُلْصِق الإعْلانات على الجُدْران

6. (*U.S.*, currency note) وَرَقَة نَقْد ، وَرَقَة مالِيّة

v.i. (stroke with bill (1)), *esp. in* تَعانَقت (الحَمامَتان مَثلاً)

billing and cooing (*fig.*) مُغازَلة ، مُداعَبة

v.t. (announce by bill (5)) أَعْلَن

billed to appear أُعْلِن عن ظُهور مُمَثِّل في دَوْر تَمْثيليّ خاصّ

billet, *n.* 1. (mil. quarter) بَيْت مُخَصَّص لِإيواء الجنود (في مَساكِن مَدَنِيّة)

(*fig.*, appointment) وَظيفة

2. (piece of firewood) قِطْعَة خَشَب ، حَطَبَة

3. (bar of metal) قَضيب من الحَديد أو الصُّلب

v.t. آوَى ، أَقام ، أَسْكَن (الجنود)

billeting officer الضّابِط المَسْؤول عَنْ إيواء الجُنود

billet-doux, *n.* رِسَالة غرامِيّة (خِطاب يُعَبِّر فيه الكاتِب عن حُبّه)

billhook, *n.* مِقْضَب ، سِكِّين لِتَقْليم السِّياج

billiards, *n.pl.* (*sing. in comb.*) لُعْبَة البِلْيارد أو البِلْيا ردو

billion, *n.* البِلْيون (ألف مليون ؛ مليْون مليون)

billow, *n.* & *v.i.*; *also fig.* مَوْجَة جارِفة أو عارِمة ؛ ماجَ ، انْدَفع انْدِفاع المَوْج

billy, *n.*; *also* **billycan** صَفيحة مُتَوسِّطة الحَجم لِغَلْي الماء

billy-goat, *n.* ذَكَر الماعِز ، جَدْي ، تَيْس

bimetallic, *a.* ثُنائيّ المَعْدِن ؛ نَقْد قابل للتَّحْويل إلى ذهب وفِضّة بِنِسْبَة ثابِتة

bin, *n.* وِعَاء لِحِفْظ الخُبْز أو الفَحْم بالمنزل، صَفيحة (للزِّبالة)، صُنْدوق لِحِفظ السِّلَع بالمخزن

binary, *a.* ثُنائِيّ ، مُزْدَوِج ، (اِنْقِسام) ثُنائِيّ

binary compound (*chem.*) مُرَكَّب ثُنائي ، مُرَكَّب من عُنْصُرَيْن

bind (*pret. & past p.* bound), *v.t.* 1. (fasten); *oft. with advs.* up, together رَبَط ، قَيَّد ، أَوْثَق ، شَدَّ ، حَزَم ، عَقَل

bind a book جَلَّد كتابًا

bind hand and foot أَوْثَق يَدَيْه ورِجْلَيْه

bind ⟨up⟩ a wound ضَمَّد جُرْحًا ، عَصَب جُرْحًا

(*fig.*, join)

bound by ties of friendship تَرْبُطهما أَواصِر الصَّداقة

this question is bound up with other questions هٰذِهِ المسألة مرتبِطة بِمَسائِل أُخْرَى

2. (constrain, oblige) أَجْبَر ، أَلْزَم ، أَوْجَب

bind oneself to . . . تَعَهَّد ، التزم بِ ...

I'm bound to say لا مَفَرَّ لي من القَوْل

bound over أُمِرَ المُذْنِب بِضَرورَة المُثول أَمامَ القاضِي إذا عادَ إلى الإخْلال بِالنِّظام والسَّكينة العامّة

3. (cause to cohere, make costive) أَمْسَك الأَمْعاء بَعْد إسهال ، قَبَض

4. (secure edge of *material, etc.*) كَفَّفَ أو كَفَّ حَواشِيَ القُماش (لِتَقْوِيَتِه ومَنْع تَنْسِيله)

v.i. (cohere, fail to move freely) تَماسَكَ، تَصَلَّبَ وتَماسَكَت أَجْزاؤه

binder, *n.* 1. (person who binds books, etc.) مُجَلِّد الكُتُب

2. (loose cover for papers) مِلَفّ، حافِظَة أَوْراق

3. (band of material wrapped round body) إِزار، حِزام، زُنّار

4. (agricultural machine) مِحْصَدة حازِمَة (زِراعة)

binding, *n.* 1. (book cover) جِلْدَة أو غُلاف الكتاب

2. (edging for material) كُفَّة لِحاشِيَة القُماش (لمنع تَنْسِيله)

a. (obligatory) مُلْزِم، مُوجِب

bindweed, *n.* لَبْلاب بَرّي (أعشاب ضارَّة مِن فَصِيلة اللَّبْلابِيّات)

binge, *n.* (*sl.*) نَوْبَة سُكْر، حَفْلَة سَمَر

binnacle, *n.* صُنْدُوق البُوصْلَة (بَحْرِيَّة)

binocular, *a.* ذُو عَيْنَيْن، ثُنائيّ العَيْنِيّة

binoculars, *n.pl.* مِنْظار ثُنائيّ العينية

binomial, *a.* & *n.* ذات حَدَّيْن، ثُنائي الحَدّ

binomial theorem نَظَرِيَّة ذات الحَدَّيْن (الجبر)

biochemist, *n.* مُتَخَصِّص في الكيمياء الحَيَوِيّة

biochemistry, *n.* الكِيمياء الحَيَوِيَّة

biographer, *n.* كاتِب سِيَر، مُتَرْجِم حَياة

biograph/y, *n.* (**-ic, -ical,** *a.*) سِيرَة، تَرْجَمَة حياة

biologist, *n.* مُتَخَصِّص في عِلْم الأَحْياء ، عالِم بَيُولُوجي

biolog/y, *n.* (**-ical,** *a.*) عِلْم الأحياء، بَيُولُوجيا

biological warfare حَرْب جُرْثومِيّة

biophysicist, *n.* مُتَخَصِّص في علم الطَّبِيعَة أو الفِيزياء الحيويّة

biophysic/s, *n.* (**-al,** *a.*) عِلْمُ الطَّبِيعَة أو الفِيزِياء الحيوية

bipartite, *a.* ذُو قِسْمَيْن أو شِقَّين؛ ثُنائي

biped, *a.* & *n.* ذُو رِجْلَيْن؛ حَيَوان ذو قَدَمين

biplane, *n.* طائِرَة ذات جَناحَين

birch, *n.* 1. (tree) شَجَرَة البَتُولا أو السَّنْدَر (من فَصِيلة السَّنْدَ يانيّات)

2. (instrument of punishment) حُزْمَة مِنْ أَغْصان السَّنْدَر لِجَلْد التَّلاميذ

v.t. عاقَبَ بالضَّرْب، جَلَدَ

bird, *n.* 1. (winged feathered creature) طائِر، طَيْر

bird-cage قَفَص الطَّيْر

bird-call صَفّارة لتقليد أصوات الطُّيور

bird-fancier مُرَبّي الطّيور، هاوِي الطّيور

bird-lime دِبْق، دابوق (لِصَيْد الطّيور)

bird of paradise طائِر الفِرْدَوْس، عُصْفُور الجَنّة

bird of passage (*lit. & fig.*) طَيْر مُهاجِر، قاطِعَة؛ شَخْص لا يُطِيل البَقاءَ في مَكان واحِد

bird of prey طَيْر جارِح، طَيْر كاسِر

bird-watch/er, -ing مَنْ يُراقِب الطُّيور ويَدْرُس طِباعَها وعاداتِها

bird's-eye view نَظْرة عامَّة وشامِلة، خُلاصة، مُخْتَصَر

bird's-nesting البَحْث عَنْ أَعْشاش الطُّيور (لِجَمْع البَيْض مِنها)

a bird in the hand ⟨is worth two in the bush⟩ عُصْفُور في اليَد خَيْر من عَشَرة على الشَّجَرة

birds of a feather ⟨flock together⟩ إنَّ الطُّيُورَ عَلى أَشْكالِها تَقَع

the bird is flown أَفْلَت العُصْفُورُ أو طار

kill two birds with one stone ضَرَب عُصْفُورَيْن بِحَجَر واحِد

2. (*sl.*, girl) بِنْت حُلوة (لَفْظة عامِّيّة)

3. (*sl.*, hissing), *only in*

get (give someone) the bird صَفَّر له الجُمْهور اسْتِنكارًا، قُوبِل بالصَّفير

biretta, *n.* قَلَنْسُوَة مُرَبَّعة يَرتَدِيها بَعْض الكَهَنة

birth, *n.* 1. (bringing forth offspring) وِلادَة، مَوْلِد، مِيلاد، وَضْع

birth-control تَحْدِيد النَّسْل، تَنْظِيم النَّسْل، ضَبْط النَّسْل

birth-mark وَحْمَة، شامَة

birth-place مَسْقَط الرَّأْس، مَحَلّ الوِلادة

birth-rate نِسْبَة المَوالِيد (في الأَلْف)

give birth to وَلَدَت، وَضَعَت، أَنْجَبَت

2. (parentage) أَصْل، نَسَب، مَنْبِت

of good birth كَرِيم المَحْتِد، عَرِيق الأَصْل

birthday, *n.* يَوْم المِيلاد، عِيد المِيلاد

birthday honours أَلْقاب شَرَف يَمْنَحُها مَلِك انكلترا في عِيد مِيلاده

birthday suit (*facet.*) كَما وَلَدَته أُمُّه، عُرْيان مَلْط

birthright, *n.* بُكُورِيّة، حَقّ مُكْتَسَب بالوِلادة

biscuit, *n.* 1. (confection) بَسْكُوت، بَسْكَوِيت

2. (porcelain) خَزَف أو فَخّار غَيْر مَصْقُول

3. (colour) لَوْن البَسْكَوِيت، بُنِّيّ فاتِح

bisect, *v.t.* (**-ion**, *n.*) نَصَّف (زاوِيةً أو خَطًّا)، شَطَر؛ تَنْصِيف

bisexual, *a.* ثُنائِيّ الجِنْس؛ خُنْثَى

bishop, *n.* 1. (cleric) أُسْقُف (أَساقِفَة)، لَهُ سُلْطَة كَنَسِيَّة على دائِرة كَبيرة

2. (chess-man) الفِيل (إحْدَى قِطَع الشِّطْرَنْج)

bishopric, *n.* أُسْقُفِيَّة

bison, *n.* البَيْسُون، ثَوْر بَرِّيّ أَمِيركِي

bistro, *n.* حانَة أو مَطْعَم لِتَقْدِيم المَشْرُوبات أو المَأْكُولات البَسِيطة

bit, *n.* 1. (small piece, morsel) قِطْعَة، كِسْرَة صَغِيرة من ...

he's a bit of a coward إنّه جَبان بَعْضَ الشَّيء

a bit of luck (إذا حالَفَنا) قَلِيل من الحَظّ

one's bits and pieces (belongings) حاجيّات المرء أو مَتاعه الشَّخْصِيّ

bit by bit تَدْرِيجيًّا، شَيْئًا فشَيْئًا، قليلاً قليلاً

do one's bit أدّى ما عليه، قام بنصيبه في خِدمة الوطن

every bit as good as لا يَقِلّ عنه في المُسْتَوَى

not a bit ⟨of it⟩! أَبدًا! كَلّا! مُطْلَقًا!

2. (small coin) عُمْلَة صَغيرة

threepenny bit قِطْعة نَقْد قِيمتها ثلاثة بِنْسات

3. (cutting part of drill, etc.) مِثْقاب، بَرِّيمَة، بُنْطَة مِثْقاب (تُثبَّت في آلة الثَّقْب)

4. (mouthpiece of bridle) شَكِيمة اللِجام

take the bit between one's teeth (*lit. & fig.*) حَرُنَ الحِصان، جَمَح؛ تمرَّد وَانْدَفَعَ مُسْتَهْتِرًا لا يَلْوِي على شَيْء

bit, *pret. of* **bite** عَضّ

bitch, *n.* 1. (female dog, fox, or wolf) كَلْبَة، ذِئبة، ثَعْلبة

2. (*derog.*, immoral or malicious woman) سَلِيطَة، كَلْبة، داعِرة، قَحبة

bite (*pret.* bit, *past p.* bitten), *v.t. & i., & n.* 1. (cut into with teeth) عَضّ، قَضَم

bite the dust خَرَّ صَرِيعًا، سَقط مَيِّتًا؛ هَوَى

bite someone's head off وَبَّخَه بِشِدَّة، عَنَّفَه بِكَلِمات لاذِعة

bite one's lips عَضّ على شَفَتَيْه لِيَكْظِمَ مَشاعِره

bite off more than one can chew أَقْدَمَ عَلَى ما لا طاقةَ له به

once bitten twice shy لا يُلدَغ المُؤْمِن مِنْ جُحْرٍ مَرَّتَيْن

have a bite to eat أَكَلَ لُقْمَةً، تَناوَلَ القليل من الطّعام

2. (*various fig. uses*), *e.g.*

(*of insects and snakes*, sting) لَدَغَ، لَسَعَ، نَهَشَ، قَرَصَ، عَضَّ

(*of cold, etc.*, cause pain) قَرَصَ، لَسَعَ، لذع

(*of fish*, accept bait) أَكَلت السمكة الطُّعْمَ

(*of acid*, penetrate) حَفَرَ، أَكَلَ، نَخَرَ

(*of tools, wheels, etc.*, grip, engage) تَماسَكَ، تَعَشَّقَت (التُّرُوس)

biter, *n., esp. in*

the biter bit مَنْ حَفَر حُفْرَةً لأَخِيه وَقَع فيها

biting, *a.* (بَرْد) قارِص أو قارِس، (نَقْد) لاذِع

bitten, *past p. of* **bite**

bitter, *a.* (**-ness,** *n.*) مُرّ؛ لاذِع؛ مُؤْلِم

bitter disappointment خَيْبَة أَمَل مَرِيرَة

to the bitter end حَتَّى الثُّمالة، حَتَّى النِّهاية المريرة

bitter enemy عَدُوّ لَدود، عَدُوّ أَزْرَق

bitter-sweet مُرّ، بَيْن الحُلْو والحامِض، مَزِيج من السّعادة والألم

bitter wind ريح قارسة أو لاسِعة

n. 1. (beer) بيرة قويّة (فاتحة اللّون)

2. (*pl.*, liquor) مَنْقوعُ بعضِ الأعشاب المرّة

bittern, *n.* طائِر شبيه بمالك الحَزين (أو بالبَلَشون)

bitum/en, *n.* (**-inous,** *a.*) قار، زِفْت، قَطْران؛ قِطْراني

bivalve, *n.* ذُو صِمامَيْن، ذُو صَدَفتين كالمَحار مثلاً

bivouac, *n.* مَبيت الجنود في العَراء دون خِيَم غالبًا

v.i. عَسْكَرَ مُؤَقَّتًا في العَراء دُون خِيَم

bizarre, *a.* خارِج عن المألوف، شاذّ

blab, *v.i.* & *t.* ثَرْثَرَ، هَذَرَ، أفشى السِرّ

black, *a.* 1. (*of colour*; usu. opp. to white) أسْوَد، أسْحَم، أدْهَم

black beetle خُنْفُس، صُرْصُر أسْوَد

black-coated worker مُسْتَخْدَم في أعْمال كتابية

the Black Death الطّاعُون الأسود (عام ١٣٤٨ - ١٣٤٩ م)

black eye عَيْن مُتَوَرِّمة (نَتيجةَ لَطْمةٍ)

black-lead, *n.* & *v.t.* قلم رَصاص؛ دِهان الغرافيت؛ دَهَنَ موقد النار بالغرافيت

Black Maria سَيّارة لِنقل المسجونين

black pudding نَوْع من السُجُق أسْود اللون

black sheep (*fig.*) شَخْص يَشِين سُمْعَة أُسْرَتِه، عُرّة (العائلة)

not as black as he's painted لَيْسَ (فلان) بذلِكَ السُّوء الذي يَرْميه به النّاس

2. (dark-skinned) أَسْوَد البَشَرة

Black Africa إفْرِيقيا السَّوْداء

3. (wicked) شِرِّير، خَبيث

the black art السِّحْر الأسود، سِحْر لأغراض شِرِّيرة

4. (threatening)

black looks وَجْه عابِس، نظَرات مِلْؤُها السُخْط، نظرة مُكْفَهِرّة

the future looks black يَبْدُو المُسْتَقْبَل مُعْتِمًا

5. (implying disgrace)

in one's black books لَا يَنال حُظْوةً عِنْدَه، غير مقبول لَديه

black list القائمة السَّوْداء

6. (prejudicial to interests of industry or workers)

black market سُوق سَوْداء

n. 1. (colour) اللّوْن الأسْوَد أو الأدْهَم

down in black and white كِتَابَةً، بِكُلّ وُضوح

2. (dirt, particle of soot) سُخْمة، سَوَاد، هَباب

3. (Negro) أَسْوَد، زَنْجِيّ

work like a black أجْهَدَ نَفْسه في العَمَل، اشْتَغَل بِدون هَوادَة

v.t. سَوَّدَ، دَهَنَ أو صَبَغَ (الحِذاء)

black out, v.t. (obliterate)   مَحا ، شَطَب

(cover windows, etc.)   عَتَّم ، أَظْلَم ،
غَطَّى مَنافِذ الضَّوْء (خِلال الحَرْب مَثلاً)

v.i. (lose consciousness)   أُغْمِي أوْ غُشِيَ
عَلَيْه ، فَقَد وَعْيَه

black-out, n. (covering of lights)   تَعْتِيم ،
إطْفَاء الأَضْواء أو تَغْطِيتها (خِلال غارَة جَوِّية)

(ban on release of news)   حَظْر نَشْر
الأَنْباء

(loss of consciousness)   فِقْدان الوَعْي ،
إغْماء ، غَشَيان

(failure of memory)   فِقْدان الذَّاكِرة

blackamoor, n.   زِنْجِيّ ، أَسْوَد البَشَرَة

blackball, v.t.   صَوَّت ضِدّه (لِمَنْع قَبوله في نادٍ)

blackberry, n.   عَوْسَج شائِع (نبات تُؤْكَل
ثِمارُه)

blackbird, n.   شُحْرُور (نَوْع من العَصافِير)

blackboard, n.   سَبُّورَة ، لَوْح أَسْود
يُكْتَب عليه بالطَّباشِير

blackcurrant, n.   عِنّاب ، كِشْمِش أَسْوَد

blacken, v.t. & i. (lit. & fig.)   سَوَّدَ ؛
أَظْلَم ؛ لَوَّث

he blackened his name   لَوَّث اسْمَه
أَوْ سُمْعَتَه

blackguard, n. & v.t.   سافِل، وَغْد ؛ شَتَم

blackguardly, a.   دَنِيء ، خَسِيس ، سافِل

blackhead, n.   بَثْرَة سَوْداء على البَشَرَة ،
حَبّ الشَّباب، حَبّ الصِّبا

blacking, n.   دِهَان أَسْوَد للأَحْذية ، وَرْنِيش

blackleg, n.   خارِج عَلَى إضْراب العُمّال ،
أَجِير يَحِلّ مَحَلّ عامِل مُضْرِب

blacklist, v.t.   أَدْرَج اسْمَه في القائمة السَّوْداء

blackmail, n. & v.t.   ابْتِزاز الأَمْوال بطريق
التَّهْديد أو التَّشْهير أو الإيذاء

Blackshirt, n.   ذو القَمِيص الأَسْوَد ، فاشِسْتِيّ

blacksmith, n.   حَدّاد ، قَيْن (قُيون)

blackthorn, n.   شَجَرة مِن فَصيلة
البُرْقُوق ، بُرْقُوق شائِك

bladder, n. 1. (physiol.)   المَثانة ؛ كِيس

2. (inflated envelope)   نُفّاخَة ،
كِيس يُمْلأَ ماءً أو هَواءً

blade, n. 1. (narrow leaf of grass, etc.)   نَصْل ،
وَرَقة (نبات)

2. (of oar)   الطَّرَف العَرِيض من المِجْداف

3. (of tool or weapon)   نَصْل ، حَدّ ،
سِلاح (السِّكِّين مَثلاً)

razor blade   شَفْرَة الحِلاقَة

blame, n.   لَوْم ، عَذْل ، تَوْبيخ

lay the blame on him   أَلْقَى عليه اللَّوْم
أو التَّبِعة

v.t.   لامَ ، وَبَّخ ، آخَذ ، عاتَب

blame something on someone   أَلْقَى عليه اللَّوْم

he has only himself to blame   لَيْس له
أن يَلُومَ إلّا نَفْسَه

blameless, a. (-ness, n.)   طاهِر الذَّيْل ،
بَرِيء ، لا غُبارَ عَلَيْه

blameworth/y, *a.* (**-iness,** *n.*) يَسْتَحِقُّ اللَّوْم

blanch, *v.t.* بَيَّض ، قشر (اللوز مثلاً)، قَصَر

v.i. اِصْفَرّ وجهه ، امتقع لونه

blancmange, *n.* نَوْع من المُهَلَّبِيّة

bland, *a.* (**-ness,** *n.*) 1. (polite, suave) لَطِيف ؛ مُتَوَدِّد ، دَمِث

2. (mild) غَيْر حِرِّيف ؛ (نَسِيم) عَلِيل

blandishment, *n.* مُلاطَفَة ، تَمَلُّق ، مُداهَنَة

blank, *a.* 1. (empty, vacant, not written on) فَارِغ ، (صَفْحَة) بَيْضاء

blank cheque (*lit.* & *fig.*) شِيك على بَياض

blank cartridge طَلْقَة فارِغَة ، فَشَك خُلَّب

blank look نَظْرَة تَنُمّ عَن عَدَم الفَهْم أو الاهْتِمام

2. (unrhymed), *only in*

blank verse شِعْر مُرْسَل ، غَيْر مُقَفًّى

n. 1. (empty space or sheet of paper) فَراغ ، صَفْحَة بيضاء أو فارغة

my mind is a blank ذِهْنِي خالٍ تَمامًا ، ذِهْنِي خُلْوٌ مِن الأَفْكار

draw a blank (*fig.*) رَجَع بِخُفَّيْ حُنَيْن ، لم يُوَفَّق في مُحاوَلاتِه

2. (cartridge) طَلْقَة فارِغَة ، فَشَك خُلَّب

3. (piece of metal before stamping or shaping) مَعْدِن غُفْل

blanket, *n.* بَطّانِيّة (بطاطين)

wet blanket (*fig.*) مُعَكِّر أَفْراح الآخَرين

a. شَامِل ، عامّ ، إجمالي

blanket permission إِذْن أو تَرْخِيص عامّ أو شامِل

v.t. (*usu. fig.*) غَطَّى بِبَطّانِيَّة ؛ كَتَم

blare, *v.i.* & *t.*, *oft. with adv.* out بَوَّق ، دَوَّى ، صَرَخ ، ضَجَّ

n. دَوِيّ ، صَوْت يَصُكّ السَّمْع

blarney, *n.* مُداهَنَة ، مُصانَعَة ، تَمَلُّق

v.t. & *i.* دَاهَن ، صانَع ، تَمَلَّق

blasé, *a.* سَئِم من المَلَذّات ، مَلُول من المَسَرّات

blasph/eme, *v.t.* & *i.* (**-emy,** *n.*) جَدَّف عَلَى ؛ تَجْدِيف ، الكَلام عن اللّه بالكُفْر

blasphemous, *a.* تَجْدِيفِيّ ، مُجَدِّف

blast, *n.* 1. (of wind or air) هَبَّة ، عَصْفَة

blast-furnace أَتُون الصَّهْر

2. (sound) صَفِير ، نَفِير

3. (explosion or its effect) اِنْفِجار ، فَرْقَعة

v.t. 1. (blow up) فَجَّر ، نَسَف

2. (wither; *fig.*, destroy) أَذْبَل ، أَباد

3. (*in imprecations*) اللَّعْنَة على ...

blat/ant, *a.* (**-ancy,** *n.*) صَاخِب ؛ (كَذِب) صَرِيح ، واضِح

blather, *see* **blether**

blaze, *n.* 1. (bright flame or glow) اِشْتِعال ، لَهِيب ، نار ، وَهَج ، حريق

a blaze of colour مَزِيج من الألوان الزّاهِية أو الصّاخبة (في الحَدِيقة مثلاً)

blaze of glory أَوْج المَجْد ، قِمَّة العَظَمَة

put out the blaze أَطْفَأَ الحَرِيق ، أَخْمَدَ اللَّهِيب

go to blazes! (*coll.*) اِذْهَبْ إِلى جَهَنَّمْ ! رُحْ في داهية (مصر)

2. (white mark on horse's head) غُرَّة

v.i. اِلْتَهَبَ، تَأَلَّقَ، اِشْتَعَلَ، اتَّقَد

blaze away (with gunfire) at someone أَصْلاه نارًا، أَمْطَرَه وابِلًا من الطَّلَقات

his eyes blazed اِتَّقَدَتْ عَيْناه

blaze up

(of a fire) اِلْتَهَبَت النار أو اشْتَعَلَتْ

(of hostilities, etc.) اضْطَرَمَتْ نِيران الحَرْب، اِسْتَعَر أُوار الحرب

v.t. 1. (mark *trees*) *now usu. in* blaze a trail شَقَّ طريقًا جديدة، رَادَ سبيلًا جديدًا، اِخْتَرَع

2. (proclaim) blaze abroad أَعْلَنَ، أَذَاعَ، أَشْهَرَ، أَشَاعَ

blazer, *n.* جاكِتَة خفيفة ذات شِعار عَلَى الصَّدر ، بِلِيزَر

blazing, *a.* مُسْتَعِر، مُتَوَهِّج، مُلْتَهِب، مُشْتَعِل

blazing heat حَرّ لافِح، هَجِير، قَيْظ

blazon, *n.* & *v.t.* وَسْم، شِعار النَّبالة؛ أَعْلَنَ

bleach, *v.t.* & *i.* بَيَّضَ، قَصَرَ؛ اِبْيَضَّ

bleaching powder مَسْحُوق تَبْيِيض أو قَصْر

n. مَسْحُوق أو محلول التَّبْيِيض أو القَصْر

bleak, *a.* (**-ness,** *n.*) قَفْر، مكشوف للرياح

bleary, *a.* أَغْمَص، أَغْمَش، ضعيف البَصَر، أَعْمَش

bleat, *v.i.* & *t.*, & *n.* (*lit.* & *fig.*) مَأْمَأَ ، ثَغَا (الخروف)؛ بَرْطَم ، غَمْغَم شاكِيًا

bleed (*pret.* & *past p.* bled), *v.i.* دَمِيَ ، نُزِفَ، رَعَفَ (من أنْفه)

bleed to death نُزِفَ دَمُه حَتّى مات

my heart bleeds for you قَلْبِي يَقْطُر دَمًا مِن الأَسَى لأجلك

v.t. (*lit.* & *fig.*) أَدْمَى، فَصَدَ

bleed someone white اسْتَنْزَف أَمْوالَه، سَلَبه كُلَّ ما يَمْلِك

blemish, *n.* & *v.t.* عَيْب، شائبة؛ عاب، ثَلَم

blench, *v.i.* أَجْفَلَ، أَحْجَم، نَكَصَ

blend, *v.t.* & *i.* خَلَطَ، مَزَجَ، ضَرَّب بِ؛ اِخْتَلَطَ، اِمْتَزَجَ

n. خَليط، مَخْلوط، مَزيج

bless (*pret.* & *past p.* blessed, blest),

v.t. 1. (consecrate, pronounce blessing on) قَدَّسَ، بارَكَ، سَبَّحَ اللّٰهَ (أو لِلّٰهِ)

2. (favour) أَنْعَمَ على، أَغْدَقَ على، وَهَبَ

3. (*coll.*, in exclamations)

bless you! بارَكَ الله فيك!

bless my soul! يا لَلْمُفاجَأَة! يا للعَجَب!

well, I'm blest! إِنِّي مُنْدَهِش! عَجِيب!

I'm blest if I know! واللّٰهِ ما أعرِف!

4. (*euphem.*, curse) لَعَنَ

blessed, *a.* 1. (sacred) مُقَدَّس، مُبارَك

the Blessed Virgin مَرْيَم العَذْراء، البَتُول

2. (fortunate, favoured *with*) مَيْمُون، مَحْظُوظ

3. (*euphem.*, cursed) لَعِين، مَلْعون

blessing, *n.* 1. (divine favour, invocation of this) بَرَكة، نِعْمة (نِعَم)، تَبْرِيك

pronounce a blessing upon بَارَكَ، دعا بالبَرَكة لِ

2. (advantage, good fortune) خَيْر، يُمْن، حَظّ سَعيد، نِعْمة

a blessing in disguise رُبَّ ضارّةٍ نافعة، وَعَسَى أَنْ تَكْرَهُوا شَيْئًا وَهُوَ خَيْرٌ لَكُمْ

count one's blessings رَضِيَ بحظّه ؛ اِحْمَد رَبَّك!

blether, *v.i. & n.*; *also* **blather** ثَرْثَرَ، هَذَرَ، لَغَطَ، لَغَى، لَغَا

blew, *pret. of* **blow**

blight, *n. & v.t.* (*lit. & fig.*) عَاهة، آفة (الزرع)، يَرَقان ؛ نَكَبَ، أَفْسَدَ ؛ إبتلى

blighted hopes آمَال خائبة، آمال لم تتحقّق

blighter, *n.* (*sl.*) وَلَد شَقِيّ، آفة، مَلْعون

Blighty, *n.* (*sl.*) اِنْكِلْتِرا، بريطانيا (عامّيّة)

blimey, *int.* (*vulg.*) يَا خَبَر! يا نهار! عجايب!

blimp, *n.* مُنْطاد

Colonel Blimp مُتَعَصِّب وثقيل الدّم

blind, *a.* (**-ness,** *n.*) (*lit. & fig.*) أَعْمَى، ضَرِير، كفيف ؛ عَمًى

blind alley طَريق مسدودة، زُقاق مسدود

blind corner مُنْعطَف أو مُنْحَنًى فِي الطَّرِيق يَحْجُب الرّؤية

blind drunk سَكْرَان طِينَة، مسطول

turn a blind eye to تَعامَى عن، غضّ النظر عن

blind flying طَيَران أعْمَى

blind-man's-buff لُعْبة الغُمَّيضة أو القطّة العمياء

blind rage غَضَب جنوني أو أعمى

blind spot البُقْعَة العَمْياء (بصريات)؛ مِنْطَقَة صَمّاء (لاسلكي)

blind to someone's faults مُتَغَاضٍ عن نَقَائِصِ أو عُيوب فلان

v.t. (*lit. & fig.*) أَعْمَى، بَهَرَ

blinded by science مَخْدُوع بمظاهر العِلم

n. 1. (*collect.*, those without sight) العُمْيَان

2. (screen for windows) سِتَارَة (النّافذه)

3. (pretext) تَعِلّة، حُجّة، تَغْطِيَة لِخِداع...

blindfold, *a. & adv.* مَعْصُوبُ ٱلْعَيْنَيْنِ

v.t. عَصَبَ عَيْنَيْه

blink, *v.i. & t.* 1. (*of eyes*) رَفَّ، رَمَشَ، طَرَفَت عَيْناه

2. (*of lights*) وَمَضَ، تَلأْلأَ

v.t. (ignore) تَغَاضَى عن، غَضَّ الطَّرْف عن

blink the facts تَعامَى أو تَغَاضَى أو غَضَّ الطَرْف عن الحقائق

n. طَرْفَة عَيْن؛ رَمْشة؛ وَمِيض

ice blink وَمِيض جليدي، وميض الثّلج

blinker, *n.* (*lit. & fig.*) غِمامَة إلى جانِب العَيْنَيْن

blinkered, *a.* على عَيْنَيْه غِمامة، نَظْرَته مَحْدُودة

blip, *n.* نُقْطَة مُضيئة على شَاشَة الرَّادار

bliss, *n.* سَعادَة، هَناء، بَهْجة، نَشْوَة نَعِيم، غِبْطة

blissful, *a.* مُنَعَّم، هانِئ، سعيد، مُبْتَهِج

blister, *n.* نَفْطَة، بَقْبُوقة، فَقْفُوقة (مصر)، بطباطة (عراق)، بُجْلَة (سوريا)

v.t. & i. بَقْبَقْ، فَقْفَق؛ تَنَفَّط (الجِلْد)

blithe, *a.* مَرِح، مُبْتَهِج، سَعِيد فَرِح

blitz, *n.* 1. *coll. contr. of* ***Blitzkrieg***; *also v.t.* هُجُوم خاطِف (جَوّي غالبًا)

2. (*coll.*, attack, drive) حَمْلَة، هُجوم مفاجِئ

blizzard, *n.* عَاصِفة ثَلْجِيّة عَنيفة

bloated, *a.* مُنْتَفِخ الأوداج، مُتَرهِّل، مُتَضَخِّم

bloater, *n.* سَمَك رِنْجَة (رَنْكَة) مُمَلّح ومُدخَّن

blob, *n.* نُقْطة، قَطْرة، بُقْعَة (من الدِّهان)

bloc, *n.* كُتْلة (كُتَل)، مجموعة

Soviet bloc الكُتْلَة السُّوڤييتيّة، الاتّحاد السُّوڤييتي والبلدان الدّائرة في فَلَكِه

block, *n.* كُتْلة؛ قِطْعة؛ قَالَب

block 〈of buildings〉 مَجْمُوعَة من العِمَارَات محاطة بشوارع من كلّ جانِب

a chip off the old block (*coll.*) هَذا الشِّبْل مِن ذاك الأَسَد، 'ابْنُ الوَزّ عَوّام'

block and tackle بَكَرة وحبل، بَكّارة مُرَكَّبة

block of flats مَجْموعة شِقَق سَكَنِيّة

block of shares مَجْمُوعَة من الأسهم المَالِيَّة، جُمْلة أوراق مالية

block letters (capitals) حُرُوف كبيرة مُنْفَصِلة

butcher's block وَضَم (أوضام)، قُرْمة (قُرَم)

road block حَاجِز الطَّريق

v.t. 1. (obstruct); *also* block up مَنَع، سَدَّ، أَوْصَدَ، أَغْلَق، عَرْقَلَ

blocked currency عُمْلَة مُجمَّدة، أموال مُجمَّدة

2. (shape *hat* on a wooden dummy) شَكَّلَ القُبَّعة على قالب خشبي

3. (sketch *out* roughly) رَسَمَ الخطوط الأُولَى

blockade, *n.* حِصَار، مُحَاصَرَة بحرًا وبرًّا

raise a blockade رَفَعَ الحِصار

run the blockade خَرَقَ أو اخْتَرَق الحِصار

v.t. حَاصَرَ، فَرَضَ الحِصار

blockage, *n.* اِنْسِداد، عائق، مانِع؛ اِنْغِلاق

blockhead, *n.* غَبِيّ، أَحْمَق، ثَخِين الدِّماغ

blockhouse, *n.* حِصْن صغير (عسكرية)

bloke, *n.* (*vulg.*) رَجُل، شَخْص، جَدَع، وَلَد

blond(e), *n. & a.* شَقْرَاء (شقراوات)، أشقر

blood, *n.* 1. (*physiol.*; *also fig. of bloodshed, temper, inheritance, relationship*) دَم (دِماء)

blood bank بَنْك أو مَصْرِف الدم

blood-brother شَخْص يَمْزِج دَمَه بدم صَدِيق له دَليلًا على الأُخُوَّة بينهما

blood count تَعْداد كُرَيّات الدّم الحمراء

blood-feud ثأر (بَيْنَ عائِلَتَيْن مَثلاً)

blood group فَصِيلَة أو فِئة الدم

blood-heat دَرَجَة حرارة الجسم (٣٧°م)

blood-letting فَصْد، فِصاد، حِجامة

blood-money دِيَة القتيل، أَرْش، عَقْل

blood orange بُرْتُقال قاني اللُّب، بُرتقال بِدَمه (مصر)، وَرْدي (سوريا)

blood-poisoning تَسَمُّم الدَّم

blood-red, *a.* أَحْمَر قانٍ

blood relation مِن ذَوِي الأَرْحام

blood-sucker (*lit. & fig.*) عَلَقَة ؛ طُفَيْلِيّ مَصّاص الدِّماء

blood test فَحْص الدَّم

blood transfusion نَقْل الدَّم

blood-vessel وِعَاء دَمَوِيّ (أَوْعِيَة دمويّة)

blood-and-thunder fiction رِوَايَات العُنف والمغامرات

bad blood عِداء، شَحْناء، حَزازة، خُصُومة

blue blood كَرَم الأَصْل، عَراقة النَسَب

new (fresh) blood عُنْصُر جديد، دِماء جديدة

royal blood نَسَب مَلَكي، دَم مَلَكي

draw blood أَرَاقَ الدّم، أَهْرَقه

let blood فَصَدَ، أَدْمَى

blood is thicker than water رَابِطَة الدَّم أَقْوَى من كُلّ رابِطة، الدَّم لا يَصير ماءً

his blood is up لَقَدْ ثَارَت ثائِرته، فارَ دَمُه، هاجَ وماجَ

his blood be on his own head فَلْتَقَعْ على رَأْسِهِ مَغَبَّةُ عَمَلِهِ

it makes my blood boil يَجْعَلُ الدَّم يَغْلِي في عروقي، يُثيرني ويُهيجُني

it makes my blood run cold يُرْعِبُني، يُجَمِّد الدَّم في عروقي، يُفْزِعني

get blood out of a stone حَاوَل أن يَسْتَحْلِب الصَّخْر أو يَفْعَلَ المُحال

out for blood يَنْوِي شَرًّا، يَبْتَغِي إراقة الدِّماء

blood will tell, blood will out العِرْق دَسّاس، الدَّم لا يَخُون

2. (dandy) غَنْدُور، مُتَأَنِّق

v.t. (*hunting*) أَذَاقَ الكلب طَعْم الدّم (صيد)

bloodcurdling, *a.* مُرْعِب، تَقْشَعِرّ لَهُ الأَبْدَان، مُفْزِع

-blooded, *a. in comb.*

cold-blooded بَارِد الدَّم أو الحِسّ؛ عَمْدًا، (قتل مع) سَبْق الإِصْرار

hot-blooded حَادّ المِزاج، سريع الاِنْفِعال

bloodhound, *n.* كَلْب بوليسي؛ بُوليس سِرِّي

bloodless, *a.* 1. (without blood, pale) شَاحِب اللَّوْن، مُمْتَقِع أو مُصْفَرّ الوجه

2. (without bloodshed) دُونَ إراقة دِمَاء، دون سَفك الدِماء

bloodshed, *n.* إِرَاقَة أو سَفْك الدِّماء

bloodshot, *a.* (عَيْن) مُحْمَرَّة، مُحْتَقِنة

bloodstained, *a.* مُلَوَّث أو مُلَطَّخ بالدِّماء

bloodstock, *n.* جِيَاد أَصِيلة

bloodthirsty, *a.* سَفَّاح ، مُتَعطِّش لِسَفْك الدَّم

bloody, *a.* 1. (bloodstained) مُلَوَّث بِالدَّم

2. (involving bloodshed) دَمَوِيّ ، (مَعْرَكَة) دامِية

3. (*in oaths*); *also adv.* لَعِين

bloody-minded, *a.* صَعْب المِراس ؛ شَرِس

bloom, *n.* 1. (flower, *lit. & fig.*) زَهْرة ، نَضارة ، عُنْفُوان (الشّباب)

it was in full bloom إِزْدَهَر ازْدِهارًا تامًّا ، كان في أَوْج النَّضارة

come into bloom أَزْهَرَ، ازْدَهَر ، تَفَتَّح

the bloom of youth عُنْفُوان الشَّباب

2. (powdery deposit on fruit, etc.) مادّة عُضْوِيَّة لَزِجة كَذَرّ الغبار على سطح الثِّمار أو أوراق الشجر الخ .

v.i. (*lit. & fig.*) أَزْهَر ، ازْدَهَر (النبات)؛ اِزْدَهَرَت (التِّجارة مثلاً)

bloomer, *n.* (*sl.*) غَلْطَة ، زَلّة ، خَطأكبير

bloomers, *n.pl.* (*coll.*) سِرْوال نِسائيّ (للرّياضة)

blooming, *a.* 1. (in flower, *lit. & fig.*) مُزْدَهِر، مُزْهِر ، وارِف ، مُتَفَتِّح

2. (*sl., euphem. for* bloody (3)) مَلْعُون ، لَعِين

blossom, *n.* زَهْرَة ، بُرْعُم متفتِّح ، نَوّار

v.i. أَزْهَر ، ازْدَهَر ، تَفَتَّح

blot, *n.* (*lit. & fig.*) بُقْعَة ، وَصْمَة ، لَطْخَة ؛ شائِبة

a blot on one's scutcheon وَصْمة عارٍ في جَبينه

v.t. & i. 1. (deface, sully) لَوَّث ، لَطَّخ

blot one's copybook اِرْتَكَب ما جَلَب عَلَيْه سُوء السُّمْعَة

blot out the memory of مَحَا ذِكْرَى ...

2. (dry *ink*) نَشَّف أو جَفَّف الحِبْر

blotting-pad نَشّافة

blotting-paper وَرَق نَشّاف، نَشّاش(سوريا)

blotch, *n.* لَطْخَة ، بُقْعَة

blotchy, *a.* مُلَطَّخ ، مُبَقَّع

blotter, *n.* نَشّافَة

blotto, *a.* (*sl.*) سَكْرَان طِينَة ، مَسْطُول

blouse, *n.* بُلُوزة ؛ سُتْرة ذات شكل خاصّ يَرْتَدِيها العُمّال ورجال القُوّات المُسَلَّحة

blow (*pret.* blew, *past p.* blown), *v.t. & i.*

1. (*of wind or things moved by wind*) هَبَّ ، عَصَف ؛ أَطار

it's blowing a gale لَقد اشتدَّت العاصِفة

the storm blew over (*lit. & fig.*) هَدَأَت العَاصِفَة ؛ مَرَّت العاصفة

it's blowing up for rain يُنْتَظَر أن تُمطِر ، الجوّ يُنْذِر بالمَطَر

the fence blew down أَطاحَت الرّيح بالسِّياج

his hat blew off طَارَت قُبَّعَته ، أَطاحَت الريح بِقُبَّعَتِه

he blew in (*coll.*, arrived casually) زَار زِيارة عابِرة ، جاء على غير تَوَقُّع

2. (emit or inject air by mouth or other means) نَفَخ ، نَفَث

blow a kiss to someone أَشار (إليها) بِقُبْلة من بَعيد (عند تحرُّك القِطار مَثَلاً)

blow bubbles نَفَخَ في رَغوة الصابون وأطار فقاقيع منها

blow one's own trumpet اِمْتَدح نفسه، أَطْنَبَ في مَدْح نفسه، تَباهَى، تفاخَر

blow hot and cold تَقَلَّبَ في أطواره، تأرْجَحَ، لم يَثْبُتْ على حال

blow one's nose مَخَطَ، تَمَخَّطَ

blow one's top (*sl.*) اِنْفَجَرَ غاضبًا، ثارَتْ ثائرته، اِسْتَشاط غضبًا

blow off steam (*lit. & fig.*) نَفَثَ بخارًا؛ نَفَّس عن الانفِعالات المَكبوتة

blow out a candle أطْفَأ الشَّمْعة (بِنَفْخَة من فَمِه)

blow-out, *n.* (large meal) وَجْبَة كبيرة، مِلْء البَطن

(burst tyre) اِنْفِجار إطار السيّارة

blow up a tyre نَفَخَ الإطار، مَلأه بالهواء

blow up a photograph كَبَّرَ الصّورة

blown, *a.* (out of breath) مَبْهُور النَّفَس

3. (explode, cause to explode; *also fig.*) فَجَّرَ، نَسَفَ، اِنْفَجَر

blow ⟨up⟩ a bridge نَسَفَ جِسرًا

blow ⟨in⟩ a safe نَسَفَ خِزانة حَديدية

blow out one's brains أطْلَقَ الرّصاص عَلَى نفسه

a fuse has blown اِحْتَرَقَ المِصْهَر أو الكُبْس أو الفيوز (كهرباء)

blow all one's money (*sl.*, squander) بَدَّدَ أو بَعْثَرَ أو بَذَّرَ أو بَعْزَقَ أمواله

blow up (*sl.*, lose one's temper) اِسْتَشَاط غَضَبًا، فَقَدَ أعصابه، اِنْفَجَرَ غاضبًا

4. (curse)

blow the expense! (*sl.*) لا تَهُمّك الفلوس!

n. 1. (current of air) نَفْخة

go for a blow ذَهَبَ للتَّرَيُّض أو لشَمّ الهواء

2. (hard stroke) ضَرْبة، لَكْمة

come to blows لَجَأوا إلى العُنْف، اِشْتَبَكوا، تَخانَقوا

exchange blows تَبادَلُوا الضَّربات، تضاربوا

strike a blow for freedom رَمَى بِسَهْمٍ في سَبِيل الحُرّية، نَاصَرَ الحُرّية

(*fig.*, shock, disaster) كَارِثَة، مُصيبة

a blow to one's pride طَعْنَة لِكَرامته، جَرْح لِكِبْرِيائه

blowfly, *n.* ذُبَابَة زرقاء كبيرة، خَوْمَع

blowlamp, *n.* مَوْقِد لِحام، وابور لِحام

blowpipe, *n.* أُنْبُوبة نَفْخ، مِنْفاخ الصَّائغ، حِمْلاج (مصر)، بوري

blowy, *a.* (جَوّ) عاصِف، (يَوْم) شَدِيد الرِّياح

blowsy (blowzy), *a.* رَعْبَل، مُهْمِلَة في هِندامِها، شَعْثاء

blub, *v.i.* بَكَى، دَمَعَتْ عَيْناه (عامّية)

blubber, *n.* شَحْم الحُوت؛ نَحيب، بُكاء

v.i. بَكَى، دَمَعَت عيناه

bludgeon, *n.* & *v.t.* هِراوَة؛ هَرا، ضرب بهراوة

blue, *a.* أَزْرَق، سَماوِيّ اللَّون، سَمَنْجُونِيّ

blue baby وَلِيد مُصاب بازْرِقاق خِلْقِيّ

once in a blue moon (أَمْر) قَلَّما يَحْدُث

blue pencil قَلَم أَزرق للتَّصحيح؛ قَلَم الرَّقابة

blue ribbon وِسام رَبْطَة السّاق؛ وِسام شَرَف

feel (look) blue شَعَرَ بالغَمّ، اِكْتَأَبَ، حَزِنَ؛ بَدَا مَهْمُومًا

talk till one is blue in the face أَجْهَدَ نَفْسَه بالكلام دون جَدْوَى

true blue أَمِين، وفِيّ، حافِظ العهد

n. 1. (colour) اللَّوْن الأزرق

get one's blue (at University) مَثَّلَ جامِعَتَه في المسابقات الرياضية

2. (for laundering) زُهْرَة الغسيل

3. (sky) السَّماء، القُبَّة الزرقاء

a bolt from the blue مُفاجأة (غيْر سارّة)

out of the blue فَجْأَةً، بَغْتَةً

v.t. 1. (make blue) زَرَّقَ، لَوَّنَ بالزُرقة

2. (treat with laundering blue) اِسْتَعْمَلَ زُهْرة الغَسيل

3. (*sl.*, squander) بَذَّرَ، بَعْثَرَ، بَدَّدَ

Bluebeard, *n.* (*fig.*) قاتِل زوجاته

bluebell, *n.* زَهْرَة بَرّية صَغيرة تَتَدَلَّى من ساقِها أزهار زَرْقاء جَرَسِيّة الشكل

bluebottle, *n.* ذُبابة زرقاء كبيرة، خَوْمَع

bluejacket, *n.* بَحّار، مَلّاح، نُوتي

blueprint, *n.* صُورة الرَّسم أو التَّصميم الهَنْدَسي؛ مُخَطَّط تفصيلي

blues, *n.pl.* 1. (Negro song) نَوْع حَزِين من أغاني زُنوج امريكا ورَقَصاتِهم

2. (*sl.*, depression) كآبة، حُزْن، غَمّ

bluestocking, *n.* إمْرَأة متعلِّمة أو مُتَحَذْلِقة

bluetit, *n.* عُصْفور صغير أزرق، قُرْقُف أزرق

bluff, *n.* 1. (headland) جُرْف عالٍ، مُنْحَدَر

2. (threat, threatening, without action) خُدْعَة، بَلْف، تَهْدِيد بِدون تَنْفِيذ

call someone's bluff كشف خُدْعة أو بَلْف فلانٍ أو تهديده

v.t. & *i.* أَوْهَم، احْتالَ على، بَلَفَ، هَدَّد بِغَيْر تَنْفِيذ تَهْدِيده

a. (hearty) جافِي الطَّبْع وطَيِّب القلب

blunder, *n.* خَطَأ فاحِش، حَماقة، غَلْطة، هَفْوَة

v.i. & *t.* أَخْطَأَ، غَلِطَ، زَلَّ، ارتكب حَماقة، ضَلّ

blunder on the truth عَثَر على الحقيقة صُدْفةً

blunderbuss, *n.* غَدّارة، بُنْدُقيّة قصيرة قديمة

blunderer, *n.* أَهْوَج، أَخْرَق، تُعْوِزُه اللّباقة

blunt, *a.* (*lit. & fig.*) (سِكِّينة) غير حادّة ، ثَالِمَة الحدّ ، كَلِيل ؛ خَشِن ، فَظّ

v.t. أَثْلَمَ، أَكَلَّ (حَدَّ السِّكِّين)

bluntness, *n.* كَلال ، كَلالة (حدِّ السِّكِّين)؛ خُشُونة ، صَراحة

blur, *v.t. & i.* (*lit. & fig.*) شَوَّش ، غَشَى ، عَتَّم ؛ شَوَّه

n. لَطْخَة ، بُقْعة ؛ مَظْهَر غَيْر واضِح

blurb, *n.* تَعْرِيف بالكِتاب على الغِلاف

blurt, *v.t., with adv.* out أَفْلَتَت مِنه العِبارة ، نَطَق بِغَيْر تَبَصُّر

blush, *v.i.* اِحْمَرَّ وَجْهُه خَجَلاً ، تورَّد خَدُّه

blush for someone خَجِل مِن أَجْل فُلان

the blushing bride العَرُوس الخَجُول أو الخَفِرَة (نِسْبَةً إلى حيائها أمام المَدْعُوِّين)

n. احْمِرار الوَجْه (من الحَياء مثلاً)

at first blush لِأَوَّل وَهْلة ، لأول نَظْرَة ، مُنْذُ اللَّحظة الأولى

in the first blush of youth فِي مَطْلَع الشَّباب ، في مَيْعَة الصِّبا

bluster, *v.i. & n.* (*usu. fig.*) عَرْبَد ، صَخَب ، هَدَر ، ضَجَّ وعَجَّ ، جَعْجَع

boa, *n.*; *also* **boa-constrictor** بُوَاء ، أَصَلَة عاصِرة ، حَيَّة كبيرة تَعْصِر فَرِيسَتها

boar, *n.* ذَكَر الخِنْزِير البَرِّي ، رَتّ ، عِفْر

board, *n.* 1. (sawn timber, plank) لَوْح من الخَشَب ، عارِضة خَشَبِيّة

diving-board خَشَبَة القَفْز ، مِنَطّ (مصر)

running-board سُلَّم السيّارة أو دَرَجُها

on the boards عَلَى خَشَبة المَسْرَح

2. (flat wooden structure); *oft. used alone for the following:*

chess-board رُقْعة الشَّطْرَنج

notice-board لَوْحَة الإعْلانات

3. (table) مِنْضَدة ، مائدة ، طاولة ، ميز

above-board عَلانِيةً ، صَراحَة ، على المَكْشُوف

sweep the board رَبِحَ كُلَّ ما على مائدة القِمار ؛ فاز بِكُلّ شيء

4. (provision of meals)

board and lodging إقامَة في نَزْل مَثَلاً بما فيها المَبِيتُ والمَأْكَل

board wages مَبْلَغ يدفع للخادم عوضًا عَن الأكل ، بَدَلُ أَكْل

5. (stiffener for book cover) وَرَق مُقَوًّى ، كَرْتون خاصّ لِتَجْليد الكُتُب

6. (committee) لَجْنَة ، هَيْئة ، مَجْلِس

board-room غُرْفَة اجْتماع مَجْلِس الإدارة

Board of Trade وِزارة التِّجارة البريطانيّة

7. (ship's side) جانِب السَّفينة (بحرية)

on board على ظَهْر السَّفينة أو مَتْن الطّائرة

go by the board (*fig.*) أَخْفَق ، فَشِل ؛ أُهْمِلَ (المَشْرُوعُ مثلاً)

v.t. 1. (cover with boards); *usu. with advs.* off, up, *etc.* غَطَّى بِأَلْواح مِنَ الخشب

2. (embark on, force one's way on to, *ship, etc.*) رَكِبَ ، صَعِدَ ؛ اِقتحَمَ السّفينة

boarding party مِفْرَزة أو فِرقة تفتيش السَّفِينَة أو اِقتحامها

board a train رَكِبَ ، صَعِدَ إلى أو اِسْتَقلَّ القِطار

v.t. & i. (supply, be supplied, with food) زَوَّدَ أو تناول الطعام (في نُزُل)

boarding-house نُزُل (نُزْل، أَنْزال)، بنسيون

boarding-school مَدْرَسة داخلية (يَبِيت فيها تلامِيذها)

boarding out يأْكُل خارج مَسْكَنه

boarder, *n.* 1. (one who receives food at lodging-house or school) نَزِيل، تِلْميذ [داخلي

2. (attacker of ship) مُهَاجِم أو مُقْتَحِم السّفينة

boast, *n.* مُباهَاة، مُفاخَرة، اِدِّعاء، تَنفُّج

v.i. تَباهَى، تَفاخر، تَنفَّجَ

nothing to boast of (about) لا يَدْعُو إلى التّباهي أو الفَخْر

v.t. (*fig.*, be the proud possessor of) تَفاخَرَ أو تَباهَى بامْتِلاك ...

boast/er, *n.* (**-ful,** *a.* **-fulness,** *n.*) مُتفاخِر، مُتَباهٍ، نفَّاج، مُتَبَجِّح، دَعِيّ

boat, *n.* زَوْرَق، قارِب، مَرْكَب، بَلَم (عراق)

boat-deck مَكان قَوارِب النّجاة في السّفينة

boat-hook عُقَّافَة أو مِحْجَن لِسَحْب القوارب

boat-house عَنْبَر القوارب

boat train قِطار خاصّ لِنَقْل المسافرين إلى المِيناء (لِيَسْتَقِلّوا سفينة في الاِنتظار)

burn one's boats قَطَعَ على نفسه سَبيل الرَّجْعة، أحْرَقَ مَراكِبه (مجازًا)

we are all in the same boat كُلُّنا في الهَوَا سَوا ، كلّنا في نفس الورطة ، « وَلَكِنْ كُلّنا في الهَمِّ شَرْقُ »

v.i. تَنزَّه في قارِب

boater, *n.* قُبَّعَة مَصْنوعة من القَشّ المُقَوَّى ذاتُ حافة عَريضة

boatman, *n.* مَراكِبيّ، بَلّام (عراق)، نُوتِيّ، صاحب قوارب

boatswain (**bo'sun, bos'n**), *n.* كَبِير مَلّاحِي السَّفِينة ، رَيِّس ، نُوخَذة

bob, *v.i., with advs.* up, down, *etc.* تَنطَّطَ،

v.t. قَصَّرت شَعْرَها كثيرًا

bobbed hair شَعْرقصير جدًّا (عند النساء)

n. (*sl.*, shilling) شِلِن (عُمْلة انكليزية)

bobbin, *n.* بَكَّارَة ، بَكَرة ، بوبينة

bobby, *n.* (*sl.*) لَقَب يُطْلَق على الشُّرْطِيّ البريطانيّ

bobsleigh, *n.* نَوْع من زحّافات الجليد

bobtail, *n.* ذو ذَنَب أَبْتَر ؛ ذَيْل قَصِير أو مَقْطوع

rag tag and bobtail الأَوْباش، الغَوْغاء، الدَهْماء، الصَعاليك

bode, *v.t. & i.* دَلَّ على، أَنبأ بِشَرّ أو بخَيْر

it bodes no good for him لا يُبَشِّر لَهُ بِخَيْر، لا يَنْطَوي على خير له

bodice, *n.* صُدْرَة ، صَدْرِيّة ، صُدَيْري (للنساء)

bodily, *adv. & a.* بِكامِلِه، بَدَنِيّ ،جُسمانيّ

bodkin, *n.* إبْرَة غليظة، مِسَلّة، مِخْيَط ؛ دَبُّوس شَعْر ؛ خَنْجَر

body, *n.* 1. (frame of man or animal) جَسَد ، جِسْم ، بَدَن

body-building, *a.* مُقَوٍّ لِلبِنْيَة

body odour; *abbr.* B.O. رَائِحَة البَدَن، رَائِحَة العَرَق

keep body and soul together سَدَّ أو أَمْسَكَ الرَّمَق ، أَقَامَ الأَوَدَ

2. (corpse) جُثَّة ، جُثْمان

body-snatcher سَارِق الجُثَث، نَبّاش القُبور

3. (main portion)

body of the hall وَسْط القاعة ، صَحْنُها

car body جِسْم السَّيّارة ، هَيْكَلُها

4. (*coll.*, person) فَرْد ، شخص، إنْسان

5. (aggregate of persons or things) جُمْلة، جَماعة، لفيف؛ كُتْلة ، هَيْئَة

body of opinion جُمْلة أو مَجْموع الآراء

body politic الدَّوْلة، الأُمّة كَوَحْدة سياسيّة

in a body جَميعًا في آن واحد

6. (object) شَيْء، مَادَّة ، جِسْم

foreign body جِسْم غريب

heavenly body جِرْم سَماويّ

bodyguard, *n.* حَرَس خَاصّ لشَخْصيَّة هامَّة

bodywork, *n.* جِسْم السَّيّارة ؛ سَمْكَرة السّيارة

Boer, *n. & a.* بُوَيْرِيّ ، أَحَد أَهالي جَنُوب إفْرِيقيا (مِنْ أَصْل هُولنديّ)

boffin, *n.* (*sl.*) عَالِم ، بَحّاثَة (في التِكْنُولوجيا)

bog, *n.* مُسْتَنْقَع ؛ مِرْحاض (عامّيّة)

v.t., esp. in أَوْحَل ، ساخَ ، تَسَوَّخ

bogged down (*lit. & fig.*) مُوحَل ؛ مُعَرْقَل ، عاجِز عن التَّقدُّم

boggle, *v.i.* أَجْفَلَ، تَرَدَّد ، اِنْكَمَش

bogie, *n.* بُوجي، مَجْمَع عَجَلات (سِكَّة حديدية)

bogus, *a.* زَائِف، كاذِب، مُصْطَنَع

bogy (bogey), *n.* (*lit. & fig.*) غُول (غِيلان ، أغوال)، بُعْبُع

Bohemian, *a. & n.* بُوهِيمِيّ

boil, *v.t.* غَلَى، فَوَّر، سَلَق

boiled egg بَيْض مَسْلوق

boiled shirt قَمِيص مُنَشّى (ملابس سَهْرة)

hard boiled (*of eggs*) بَيْض مسلوق جَامِد

(*fig.*, callous) قَاسٍ، فظّ، جامد الحِسّ

v.i. غَلَى

boil away غَلَى، تَبَخَّرَ

boil down قَلَّ، تَناقَصَ بالغَلَيان

it all boils down to this وَقُصَارَى القَوْل، خُلاصة الأمر، والحَاصِل

boil up (*usu. fig.*) غَلَى، هَاجَ، ثَارَ، جَاشَ

boiling ⟨hot⟩ (*coll.*) حَارّ أو ساخن جِدًّا

boiling-point نُقْطَة أو دَرَجة الغَلَيان

keep the pot boiling (*fig.*) تَكَسَّبَ عَيْشَه ، اِرْتَزَق (بِمَشَقَّة)

n. 1. (boiling-point) غَلَيَان

bring to the boil فَوَّر، سَخَّنَ حَتَّى دَرَجة الغَلَيان

go off the boil تَوَقَّف عن الغَلَيان

at (on) the boil في غَلَيان ، يَغْلي

2. (tumour) دُمَّل ، بَثْرَة ، خُراج ، خُراجَة

boiler, *n.* مِرْجَل، غلّاية ، قَزان ، دَسْت ، صِهريج كبير لِغَلْي الماء

boiler-house غُرْفَة المِرْجَل

boisterous, *a.* (**-ness,** *n.*) عَاصِف ، عَجَّاج ؛ مُعَرْبِد ، صَخّاب

bold, *a.* 1. (courageous) جَرِيء ، مِقْدام ، شُجاع ، باسِل ، جَسور

put a bold face on the matter صَمَدَ للصُّعُوبات ، وَاجَهَ الموقِف بشَجاعة

2. (forward, immodest) وَقِح ، سَفِيه ، صَفِيق ، صَلِف

bold-faced, *a.* وَقِح، صَفِيق الوجه ، صَلِف ؛ حُرُوف بارزة (طباعة)

as bold as brass صَفِيق الوجه ، (خاطَبَه) بِكُلِّ جُرْأَة

make so bold as to ... تَجاسَرَ أو تَجَرَّأَ على أن ...

3. (vigorous, clear)

bold type حُرُوف مَطْبَعِيّة أكثر سَوادًا وَثَخانَةً من الحروف المُعْتادة

bole, *n.* جِذع ، ساق (الشّجرة)

bolero, *n.* 1. (dance) بُولِيرو ، رَقْصة اسْبَانِيَّة أو اللَّحن الذي يرافقها

2. (jacket) جَاكِيتة نسائية قَصِيرة ، بوليرو

boll, *n.* لَوْزة أَو جَوْزة القُطن

boll-weevil دُودة القُطْن

bollard, *n.* مَرْبَط حِبال (بَحْرِية) ؛ حاجِز

Bolshevik, *n.*; *coll. contr.* **Bolshie** (**Bolshy**) بَلْشَفِيّ ؛ مُتمرِّد

Bolshevism, *n.* البَلْشَفِيّة (مَذْهَب سِياسيّ)

Bolshevist, *n.* & *a.* بَلْشَفِيّ

bolster, *n.* مِخَدَّة اُسْطوانِيّة طويلة صُلْبة

v.t.; *also* bolster up دَعَمَ ، أَسْنَدَ ، صَلَّبَ ، شَدَّ ، أَيَّدَ ، سَانَدَ

bolt, *n.* 1. (arrow) سَهْم يُقْذَف بقَوْس فولاذي

he sat bolt upright جَلَسَ منتصبًا

shoot one's bolt (*fig.*) أَفْرَغ ما في جُعْبَتِهِ ، قامَ بِمُحاوَلة نِهائِيّة

2. (= thunderbolt) رَعْد وبَرْق، صاعِقة

a bolt from the blue حادِثَة غير مُتَوَقَّعة ، مفاجأة غير سارّة

3. (door or window fastening) تِرْباس ، مِزْلاج ، سَقّاطة ، لسان القُفْل

4. (threaded pin) مِسْمار قلاوُوظ ، بُرْغي

5. (quick dash) اندفاعة ، فِرار فُجائيّ

bolt-hole مَخْبأ ، جُحْر ، نافِقاء ، وِجار

make a bolt for it	إِنْزَرَقَ، شَمَّعَ القَتْلَة أو الخَيْط ، فَرَّ فَجْأَةً
v.t. I. (gulp down *food*)	اِزْدَرَدَ الطَّعَامَ ، الْتَهَمَ ، اِبْتَلَعَ
2. (fasten *door*)	تَرْبَسَ ، أَزْلَجَ البابَ
v.i. (run away)	اِنْزَرَقَ ، مَلَصَ؛ جَمَحَ (الفرس)
bomb, *n.*	قُنْبُلَة (قَنَابِل) ، دانة
v.t. & i.	ضَرَبَ أو قَذَفَ بالقَنَابِل، أَلْقَى القَنَابِل على، قَنْبَلَ
bombard, *v.t.* (**-ment,** *n.*) (*lit. & fig.*)	ضَرَبَ أو قَذَفَ بالقَنَابِل؛ أَمْطَرَ وابِلاً مِنْ...
bombardier, *n.*	أُومْبَاشِي أو عَرِيف مِدْفَعِيَّة
bombast, *n.*	جَعْجَعَة بلا طِحن، كلام أَجْوَف
bombastic, *a.*	(كلام) أَجْوَف ، مُغَالٍ ، طَنَّان
bomber, *n.*	قاذِفَة قنابل؛ قاذف القنابل اليَدَوِيَّة
dive-bomber	قاذِفَة قنابل انقضاضِيَّة
bombshell, *n.* (*fig.*)	مِثْلَ الصَّاعقة ، مفاجأةً
bon mot, *n.* (F.)	مُلَاحَظَة ذكِيَّة ، مُلْحة
bon vivant, bon viveur, *n.* (F.)	صَاحِب مِزَاج أو ذَوْق ، مُحِبّ للذَّات الحياة
bon voyage, *int.* (F.)	مَعَ السَّلامة ، عَلَى الطَّائِر المَيمون ، سَفْرَة طَيِّبة !
bona fide, *a. & adv.* (Lat.)	بِحُسْنِ نِيَّةٍ
bon-bon, *n.*	حَلْوَى ، بُونْبُون
bond, *n.* I. (fetter)	قَيْد، غُلّ ، صَفَد
in bonds	مَغْلُول ، مُقَيَّد ، مُصَفَّد
2. (*fig.*, restraining or uniting force)	آصِرَة، رِباط ، عُرْوَة (عُرًى)
bonds of friendship	أَوَاصِر أو رَوابِط الصَّداقة، عُرَى الصَّداقة
3. (binding agreement, surety, promise to pay)	تَعَهُّد، عَقْد، سَنَد ، صَكّ مالِي
bond-holder	حَامِل السَّنَد
his word is as good as his bond	كَلِمَتُهُ كَلِمَة شَرَف ، 'وَعْدُ الحُرّ دَيْن'
4. (custody of goods)	إِسْتِيداع البَضائع لحين دَفْع رسوم الجُمْرُك
in bond	
take out of bond	خَلَّصَ البَضائع مِن الجُمْرُك
5. (bricklaying, etc.)	مِدْمَاك ، نِظام صفّ الحِجارة في البِناء
v.t. I. (put *goods*, etc., into bond, *n.* (4))	إِسْتَوْدَعَ البَضائع في الجُمْرُك
bonded warehouse	مَخْزَن الاستيداع في الجُمْرُك
2. (bind together)	نَظَّمَ اللِّبِنَات في المِدْمَاك
bondage, *n.*	عُبُودِيَّة ، رِقّ ، اِسْتِرْقاق
bond(s)man, *n.*	قِنّ (أَقْنَان)، رقيق الأرض
bone, *n.*	عَظْمَة ، عَظم
bone-dry	جَافّ كالحَجَر، ناشِف كالحَطَب
bone idle	مِكْسَال، تَنْبَل
bone-meal	مَسْحُوق العِظام (نوع من السِماد)
bone-setter	مُجَبِّر العِظام ، مُجَبِّراتي
bone of contention	مَثَار النِّزاع أو الجَدَل، مَوْضِع الخِلاف

all skin and bone جِلْد على عَظْم، نَحِيل، نَحِيف، ضامر

what is bred in the bone will come out in the flesh العِرْق دَسَّاس، كلّ إناءٍ بِالّذي فيه يَنْضَح

have a bone to pick with someone كانَ لَدَيْه أمْر يَدْعو إلى مُعاتَبَته أو مُحاسَبَته

I feel it in my bones أُحِسُّه في قَرارة نَفْسِي، إنّي مُتَيَقِّن من الأَمْر

make no bones about لَمْ يَجِدْ حَرَجًا في ....، لَمْ يَتَرَدَّد في القِيام بالأَمْر

v.t. (remove bones from) أَخْرَج العِظام (من دَجاجَة مَثلاً)

bonfire, *n.* نارمُوقَدة في الهَواء الطَّلْق

bonhomie, *n.* دَماثَة، حُسْن الخُلق

bonnet, *n.* 1. (head-dress) قُبَّعَة صغيرة من القُماش تُشَدُّ بِشَريط تَحْتَ الذَّقْن

have a bee in one's bonnet مَهْوُوس بِشَيْء مُعَيَّن، تَتَسَلَّطَ عليه فِكرة مُعَيَّنة

2. (hinged cover over motor of car) غِطاء مُحَرِّك السَّيَّارة

bonny, *a.* ذُو عافِيَة، بادي الصِّحّة

bonus, *n.* مُكَافأة، إكراميّة

bony, *a.* نَحِيف، كثير العظام، عَظْمِيّ

boo, *int.* صَوْتٌ يُعَبِّر عن الاِزْدِراء

he wouldn't say boo to a goose يَخاف مِنْ ظِلّه، خوّاف، رِعديد

v.t. & i. أبْدَى استنكاره، صفر مُسْتَنكِرًا

booby, *n.* غَبِي، جَحْش، بليد

booby-prize جائِزَة تافهة للخاسِر على سبيل المِزاح

booby-trap مَقْلَب؛ شَرَك مُتَفَجِّر

book, *n.* 1. (volume) كِتَاب (كُتُب)

book-jacket غِلَاف خارِجِيّ لكتاب

book-learning; *also* book-lore عِلم مُسْتَقى مِنَ الكُتُب لا من الحياة، مَعْرِفة نظرية

book-mark(er) عَلامَة موضع القِراءة في كتاب

book-rest مِسْنَد الكتاب

book review عَرْض نقدي، تَحْلِيل لكتاب (في مَجَلَّة أَدَبِيّة مثلاً)

book token سَنَد يُسْتَبْدل بكتاب، كُوبُون لشراء الكتب

book of fate; *also* book of life كِتَاب الحَيَاة، سجلّ أسماء المُختارين

bring to book حَاسَبَ، طلَبَ مِنْهُ تبرير تَصَرُّفاته

go by the book اِتَّبَعَ التعاليم وَالإِرْشادات حرفيًّا

in someone's good (bad) books ذُو حُظْوة (مَكْرُوه) عند فلان

take a leaf out of someone's book اِقْتَدَى بِفُلَان، حَذَا حَذْوَهُ

swear by the Book حَلَفَ أو أَقْسَمَ بِكِتَاب الله

2. (division of Bible) سِفْر (أَسْفار)

3. (record of bets) دَفْتَر تسجيل المُراهَنات (في سِباقٍ ما)

it suits his book to . . . مِنَ المُنَاسِب له

4. (*pl.*, accounts) حِسابات

book-keeping مَسْكُ الدَّفاتِر

v.t. & i. (**-ing,** *n.*). 1. (enrol; enter in book or list) قَيَّدَ، سَجَّلَ، دَوَّنَ

book in (out) سَجَّلَ أو قَيَّدَ الدُّخول في (فُنْدُق) أو الخُروج مِنه

2. (engage in advance) حَجَزَ مقعدًا

all seats booked كُلّ المقاعد مَحْجوزة

booking-clerk مُوَظَّف قِطَع التّذاكر

bookbinding, *n.* تَجْليد الكُتُب

bookcase, *n.* خِزَانَة الكُتُب، مكتبة

bookie, *coll. contr. of* **bookmaker** مَاسِك دَفْتَر المُراهَنات (في السِّباق)

bookish, *a.* مُولَع بِالكُتُب، مُنْصَرِف عَنِ الحياة إلى القِراءة

booklet, *n.* كُتَيِّب، كُرّاسَة، رِسالة

bookmaker, *n.*; *coll. contr.* **bookie** ماسِك دَفْتَر المُرَاهَنات (في السِّباق)

bookseller, *n.* بَائِع كُتُب، كُتُبي، صاحب مَكْتَبة

bookshel/f (*pl.* -ves), *n.* رَفّ الكُتُب

bookshop, *n.*; *also* **bookstore** مَكْتَبَة، مَحَلّ بَيْع الكُتُب

bookstall, *n.* كُشْك لِبَيْع الكُتُب والصُّحُف

bookworm, *n.* (*usu. fig.*) دُودَة الكُتُب؛ مُغْرَم بالمُطَالعة، مُولَع بالقِراءة

boom, *n.* 1. (spar) عَارِضة الشِّراع

2. (barrier) حَاجِز، مانع مُرور السُّفن

3. (time of activity or prosperity); *also v.i.* اِنْتِعَاش السّوق، رَواج في التِّجارة؛ رَاجَ

4. (deep, hollow sound); *also v.i.* هَدِير، دَوِيّ، صَوْت جَهْوَرِيّ أَجْوَف؛ قَصْف؛ دَوَّى، هَدَرَ

boomerang, *n.* قَوْس خَشَبِيّ يُقْذَف فيَرْتَدّ إِلَى رامِيه (يَسْتَعْمِلُه سُكّان استراليا الأَصْليّون)

(*fig.*); *also v.i.* حُجَّة ترتدّ إلى نَحْر قَائِلِها

boon, *n.* بَرَكة، مِنّة، نِعْمة، فَضْل، عَطِيّة

a., only in

boon companion نَدِيم، أنيس، سمير

boor, *n.* جِلْف، فظّ، غَليظ الطَّبْع

boorish, *a.* (**-ness,** *n.*) غَلِيظ الطبع، خَشِن، فظّ؛ خُشونة الطَّبْع

boost, *v.t. & n.* 1. (advance progress, reputation of) عَزَّزَ، رَفَعَ شَأْنَه

2. (*elec. & engin.*, increase power of) عَزَّزَ الجَهْد الكَهْرَبائي

booster, *n.*; *also attrib.* مُحَرِّك إضافي لِمُسَاعَدة المحرِّك الأصلي

boot, *n.* 1. (footwear) حِذَاء ذو رَقَبَة، جَزْمة

too big for his boots مُتَعَجْرِف، مُتَغَطْرِس، مُدَّعي العَظَمة لنفسه

the boot is on the other leg (foot) الأَمْر عَلَى العَكْس من ذلك، على العَكْس تمامًا

his heart was in his boots اِرْتَعَبَ، سَقَط قَلْبُه، اِنْقَبض صدرُه

lick someone's boots (*fig.*) تَذَلَّلَ أمامه، تَزَلَّف إليه، قَبَّلَ قَدَمَيْه، تَخَضَّع له

wipe one's boots on (*fig.*) إِسْتَهان بِ، أَذَلَّ، داس بقدميه على

2. (luggage receptacle) صُنْدُوق السَّيَّارة (لِوَضْع الأَمْتِعَة)

3. (advantage); *now only in*

to boot زِيادَةً، عِلاوةً، فَضْلًا عن

v.t. 1. (equip with boots); *usu. past p.* أَلْبَسَهُ حِذاءً

2. (kick) رَفَسَ، ضَرَبَ بِالشَّلُّوط (مصر)

boot out (*fig.*, expel) طَرَدَ، أَخْرَجَ، كَسَحَ

bootblack, *n.* صَبَّاغ أو ماسح الأَحْذِيَة، بُويَجي

bootee, *n.* حِذاء نسائي مُبَطَّن بالصّوف

booth, *n.* كُشْك، خَيْمة في سوق

polling-booth غُرْفَة أو كُشْك للتّصويت

bootlace, *n.* قِيطان، رِباط الحِذاء

bootlegg/er, *n.*, **-ing,** *n.* مُهَرِّب الخُمور

bootless, *a.* حافٍ؛ عَبَثًا، دون جَدْوَى

bootmaker, *n.* صَانِع الأَحْذِيَة، نعّال، إِسْكَافِيّ، قُنْدَرْجي

boots, *n.* مَاسِح الأَحذية وحامِل الأَمتعة في فُندق

booty, *n.* غَنِيمَة أو أسلاب الحرب

booze, *n.* & *v.i.* (*sl.*) خَمْر؛ إِحْتَسَى الخمر، أَسْرَف في الشّراب

borax, *n.* بَوْرَق، بوركس (كيمياء)

border, *n.* 1. (edge) حَافَّة، طَرَف، حَاشِيَة، هامِش

2. (frontier) حَدّ (حُدُود)، تُخْم (تُخُوم)

v.t. 1. (make an edge to) وَضَعَ للثَّوْب حَاشِيَة أو سِجافًا، هَدَّبَ، حَفَّ

2. (adjoin) جَاوَرَ، لاصَقَ، تاخَمَ

v.i., *with prep.* on (*lit.* & *fig.*) جَاوَرَ، تَاخَمَ؛ قَارَبَ، شَابَهَ

bordering on the absurd يَبْلُغ حَدّ السُّخْف، يَقْرُب من الهَوَس

borderline, *n.* (*fig.*) حَدٌّ أو خطّ فاصِل

a borderline case عَلى حَافّة أو شَفا الجنون

bore, *n.* 1. (interior, internal diameter, of gun barrel, etc.) قُطْر أو عِيار مَاسُورَة البُنْدُقية الخ

2. (hole made in earth); *also* bore-hole نَقْب، نُقْرة

3. (tiresome person or thing) مُمِلّ، مُضْجِر، ثقيل الدَّم أو الظِّلّ

4. (tidal wave on river) مَوْجة مَدٍّ عالية وكبيرة (في مَصَبّ النَّهْر)

v.t. 1. (make *hole*, make hole in) نَقَبَ، حَفَرَ، ثَقَب

2. (weary) أَسْأَم، أَضْجَرَ، أَتْعَبَ

bored to death; *also* bored stiff قَتَله السَّأم، أَعْيَاه المَلَل

bore, *pret. of* **bear,** *v.t.* حَمَل

boredom, *n.* سَأَم، مَلَل، ضَجَر

boric, *a.* بُورِيك (كيمياء)

boric acid حَامِض البوريك (كيمياء)

boring, *a.* مُمِلّ، مُضْجِر، مُسْئِم

born, *past p. of* **bear,** *v.t.* (2); *also a.* مَوْلُود

he's a born musician إنَّه مُوسِيقِيّ بالفِطْرَة، لَقد جُبِلَ على حُبِّ المُوسِيقَى

in all my born days طُولَ عُمْرِي أو حَيَاتِي أو أيَّامِي

borne, *past p. of* **bear,** *v.t.* (except meaning (2)) & *v.i.*

boron, *n.* بُورُون (عنصر كيميائي)

borough, *n.* بَلْدَة أو مدينة تَتَمَتَّع بحُكم ذَاتِي، مدينة فيها دائرة انتخابية

borrow, *v.t.* & *i.* (*lit.* & *fig.*) إِسْتَعَارَ، اِقْتَرَضَ، اِسْتَلَفَ؛ اِقْتَبَسَ

borrowing, *n.* اِسْتِعَارَة، اقتراض، اقتباس

bosh, *n.* & *int.* (*sl.*) كَلَام فارغ، هُرَاء، هَذْر، سَخَافَة، خَرْط (عراق)

bosom, *n.* (*lit.* & *fig.*) حِضْن، صَدْر، كَنَف

clasp to one's bosom اِحْتَضَنَ، عَانَقَ

bosom friend صَدِيق حَمِيم، خَلِيل، صَفِيّ

boss, *n.* 1. (protuberance) حَدَبَة، نُتُوء

2. (*coll.*, master) رَئِيس، صاحب الأَمْر والنَّهْي، أُسْطَة (عراق)

the bosses الرِّيَاسَة، أُولو الأمر، الحُكَّام

v.t. تَحَكَّمَ، تَرَأَّسَ (المَشْرُوع)

boss-eyed, *a.* أَحْوَل

bossy, *a.* مُتَأَمِّر، مُتَسَلِّط، مُتَحَكِّم، مُتَزَعِّم

bo'sun, *see* **boatswain** رَيِّس السَّفِينة

botanist, *n.* عَالِم نبات

botanize, *v.i.* دَرَسَ النَّبَاتَات في بِيئَاتها الطَّبيعية

botan/y, *n.* (**-ical,** *a.*) عِلْم النَّبَات؛ نباتي

botch, *v.t.* لَهْوَجَ، طصلق العمل (مصر)

both, *a.* & *pron.* كِلَا، كِلْتا، الاِثْنان

you can't have it both ways إِمَّا هذا أَوْ ذاك، لا يُمْكِنك الجمع بين النَّقِيضَيْن

conj.

both you and I كِلَانَا، أنا وأنْت

bother, *n.* أَذًى، إِزْعاج، تَعَب، مُضايقة

it's no bother الأَمْر بسيط! ما فيش تَعَب!

v.t. ضَايَقَ، أَزْعَجَ، أَقْلَقَ

bother one's head (oneself) about شَغَلَ بالَه ب، اِهْتَمَّ ب

v.i. شَغَلَ أو ضَايَقَ نفسه

don't bother to reply لَا تُكَلِّفْ نَفْسَك عَنَاءَ الجَوَاب أو الرَّدّ

int. أُفٍّ! أَعُوذ بالله!

botheration, *n.* & *int.* إِزْعَاج، تَعَب، أَذِيَّة، أُفٍّ؛ أَعُوذ بالله!

bothersome, *a.* مُزْعِج، مُتْعِب، مُؤْذٍ

bottle, *n.* قِنِّينَة (قَنَانٍ)، قارورة، زُجَاجة

bottle-fed, *a.* طِفْل يُرْضَع من الزُّجَاجة

bottle-green, *a.* & *n.* أَخْضَر داكن أو حانئ

bottle-opener مِفْتَاح أو فَتَّاحة الزجاجات أو القَنَانِي

fond of the bottle (*coll.*) مُدْمِن على شُرْب المُسْكِرات ، مُدْمِن خَمْر

hot-water-bottle قِرْبَة أو كِيس ماء ساخِن لتَدْفِئَة الفراش

v.t. عَبَّأَ في زُجاجات

bottle up one's feelings كَتَمَ مشاعرَه ، كَبَتَ عواطِفَه

bottleneck, *n.* عُنُق الزُّجاجة ، مَضِيق عائِق للمُرور

bottom, *n.* 1. (lowest part) أَسْفَل ، قاع ، قَعْر ، حَضِيض

the bottom of the sea قَاع البَحْر ، قَرَار البَحْر

go (send) to the bottom (*i.e.* sink) غَاص ، غَرِق ، رَسَبَ ؛ أَغْرَق

touch (reach) rock bottom (*fig.*) هَبَطَ إلى أدْنَى مُسْتَوَى (الأسْعار غالبًا)

knock the bottom out of an argument فَنَّد الحُجَّة أو دَحَضَها ، أبطل الادّعاء ، أفحم خصمه

the bottom has fallen out of the market كَسَدَت أو بارت السوق، تَدَهْوَرَت الأسعار

start at the bottom بَدَأَ من أَسْفَل السُّلَّم، بَدَأَ من لا شيء

(*fig.*, root, foundation) أَسَاس، أَصْل

from the bottom of one's heart مِنْ صَمِيم قَلْبِه ، من أعماق نَفْسه ، بكل إخلاص

at bottom جَوْهَر الأمر أو حقيقته، أصْلًا

who is at the bottom of it? مَنْ وَرَاءَ الأمر؟ مَن هي اليد المُحَرِّكة؟

get to the bottom of سَبَرَ غَوْرَ الأمر، كَشَفَ خَبَايَاه

(*attrib.*, lowest, last) أَسْفَل، أَدْنَى، آخِر

bottom drawer دُرْج تَحْتَفِظ فيه الفَتَاة بما تُعِدّه لعُرْسِها، صُندوق العَروسة

2. (seat) عَجُز ، اِسْت ، عَجِيزة

3. (*naut.*) قَاعُ المَرْكَب

bottomless, *a.* لَا قَرَارَ له، لا يُسْبَر له غَوْر

bottommost, *a.* أَسْفَل ، أَدْنَى ، أَوْطَأ

bottomry, *n.* قَرْضٌ بِرَهْن السَّفِينَة

botulism, *n.* تَسَمُّم من اللحوم المحفوظة كالسُّجُق

boudoir, *n.* خِدْر (خدور، أخدار)، مَخْدَع

bough, *n.* غُصْن ، فَرْع (الشَّجَرة)

bought, *pret. & past p. of* **buy** اِشْتَرَى

boulder, *n.* جَلْمُود، صخرة تَنْقَلِع عَنِ الجبل

boulevard, *n.* شَارِع عريض مُشَجَّر

bounce, *v.t.* نَطَّطَ ، أَوْثَبَ ، جَعَل (الكُرَة مَثَلًا) تَقْفِز (بإلْقائها على الأرض)

v.i.; *also fig. of persons* وَثَبَ، قَفَزَ

a bouncing baby طِفْل قويّ البَدَن

his cheque bounced أُعِيدَ شِيكه دُونَ صَرْف (لِعَدَم وُجود رَصيد)

bound, *n. & v.t.* (limit) حَدّ ؛ حَصَرَ، وَضَعَ حَدًّا ، حَدَّدَ

beyond the bounds of reason لَا يَكادُ يُصَدِّقُهُ العَقل، لا يقبله العَقْل

break bounds	تَعَدَّى أَوْ جَاوَزَ الحُدُود
out of bounds	مِنْطَقَة مُحَرَّمَة ، لَا يُسْمَح بِدُخُولِها (للجُنُود مَثَلاً)
his joy knew no bounds	طَارَ فَرَحًا ، بَلَغَتْ فَرْحَتُه أَشَدّها
_v.i. & n._ (spring)	قَفَزَ، نَطَّ، فَطَّ؛ وَثْبَة
at one bound	فِي وَثْبَة وَاحِدة
by leaps and bounds	وَثْبًا وَعَدْوًا، بِسُرْعة فَائِقة
_a._	مُقَيَّد، مربوط؛ مُؤَكَّد
outward bound	مُتَوَجِّه للخارج؛ تدريب جِسْمَانِيّ وروحي للمُراهِقين في الهواء الطَّلق
where is he bound for?	أَيْنَ هُوَ مُتَوَجِّه؟؛ مَا مَصِيرُه؟
bound, _pret. & past p. of_ **bind**	
boundary, _n._	حَدّ فاصِل؛ حَدّ (حُدُود)، تُخْم (تُخُوم)
bounden, _a., esp. in_ bounden duty	وَاجِب لا بُدّ من تَأْدِيَته
bounder, _n. (sl.)_	وَغْد، نَصَّاب
boundless, _a._ (-ness, _n._) (_lit. & fig._)	لَا حَدَّ لَهُ ولا نهاية، شَاسِع، واسِع
bounteous, _a._ (-ness, _n._)	سَخِيّ، جَوَّاد، مِفْضال، كريم، طَلْق اليدين
bountiful, _a._	وَفِير، فَيَّاض؛ مُنْعِم، كريم
bounty, _n._ I. (largesse)	هِبَة، فَضْل، كَرَم، عَطِيَّة
2. (payment)	مِنْحَة أو مُكافَأة مالِيَّة

bouquet, _n._ I. (bunch of flowers)	بَاقَة زُهُور، ضُغْبَة (مصر)، شَدَّة (عراق)
(_fig._, compliment)	مُجَامَلَة، ثَناء، إِطْراء
2. (aroma of wine)	شَذا الخَمْر، عَبَق النَّبِيذ أو عَصْفَته
bourgeois, _n. & a._	بُورْجُوازِيّ
bourgeoisie, _n._	البُورْجُوازِيَّة، الطَّبَقة المُتَوَسِّطة
bourse, _n._	بُورْصَة، سوق مالِية
bout, _n._	نَوْبة، شَوْط، دَوْر
bout of illness	نَوْبة مَرَض
drinking-bout	حَلْقة أو مَجْلِس شَرَاب، قَصْف
boutique, _n._	مَحَلّ صغير لِبَيْع لَوازِم النِّساء وأَحْدَث أَزْيائِهِن، بُوتِيك
bovine, _a._ (_lit. & fig._)	بَقَرِيّ؛ بَلِيد، خَامِل
bow, _n._ I. (curve)	قَوْس، اِنْحِناء
bow-legged, _a._	مُعَوَّج أو مُقَوَّس السَّاقَيْن، الفَجَج
bow window	نافِذة بارِزة تُشبِه المَشْرَبِيَّة (مصر) أو الشَّناشِيل (عراق)
2. (weapon)	قَوْس
draw a bow at a venture	يَخْبِط خَبْط عَشْواء
draw the long bow	بَالَغَ، غالَى، هَوَّلَ، ضَخَّمَ الأَمْر
have two strings to one's bow	في جَعْبَته أَكْثَر من سَهْم، لا يَعْدَم وسيلة
3. (_mus._)	قَوْس للعَزْف على الكَمَان والرَّبَابة آلخ

4. (slipknot) أُنْشُوطَة (أَناشيط)

bow-tie وَرْدَة العُنُق، بُمْباغ، بَابِيُون

5. (front part of ship) جُؤْجُؤ أو قَيْدُوم السَّفينة، مُقَدِّمتها

cross someone's bows (*lit.* & *fig.*) اِعْتَرَضَ السَّفِينَة؛ اِعْتَرَضَ سبيله، أَحْبَطَ مَساعِيه

6. (forward inclination of body) اِنْحِنَاءَة، اِنْثِناءَة، رُكُوع (اِحْتِرامًا)

make one's bow (*fig.*) اِنْحَنَى تَحِيَّةً؛ اِنْصَرَفَ مُوَدِّعًا، اِنْسَحَبَ

take a bow اِنْحَنَى تَحِيَّةً للجمهور

v.i. & *t.* اِنْحَنَى، اِنْثَنَى؛ أَحْنَى، ثَنَى

bow down (to) اِنْحَنَى، رَكَعَ، أَذْعَنَ، خَضَعَ، رَضَخَ

bowed ⟨down⟩ with care أُثْقِلَ كاهِله بِالهُمُوم، أَحْنَتِ الأَيَّام ظهره

bow one's head أَحْنَى أو طَأْطَأَ أو نَكَّس رأسه

bow someone out حَيَّى(الزّائرَ) مُوَدِّعًا

bowdler ize, *v.t.* (**-ization,** *n.*) حَذَفَ الأَلْفَاظ المُسْتَهْجَنة من كتاب، هَذَّبَ

bowel, *n.*, *usu. pl.* أَمْعَاء، أحشاء، مَصارين

empty (move) the bowels تَغَوَّطَ، تبرَّزَ، أَفْرَغَ أمعاءه

(*fig.*)

bowels of compassion تَحْنان، شَفَقَة، رَأْفَة، رَحْمة، شَغاف القلب

in the bowels of the earth فِي جَوْفِ الأَرْضِ أو باطِنها

bower, *n.* مَكَان يُظَلِّلُهُ الشّجر، عَرِيش

bowie-knife, *n.* سِكِّين يُشْبه الحَرْبَة أو السُّونْكي

bowl, *n.* 1. (receptacle) وِعَاء، سُلطانِيّة، طَاسَة

bowl of a pipe رَأْسُ الغَليون أو دَوايته

bowl of a spoon بَطْن المِلْعقة

(*fig.*, geographical depression) مُنْخَفَض فِي سَطْح الأرض

dust-bowl يَبَاب، أَرضٌ قَفْر

2. (weighted ball) كُرَة خشبيّة مُثَقَّلة

(*pl.*, game played with these) لُعْبَة الكُرَة الخشبية

v.t. & *i.* لَعِبَ بالكُرَة الخشبية

bowl along (in a vehicle) اِنْطَلَقَ (بِسَيَّارَة أو درّاجة)

bowl someone over (*lit.* & *fig.*) أَسْقَطه؛ أَدْهَشَه، فاجَأه، صَعَقَه

bowler, *n.* 1. (thrower of ball) لَاعِب أو رامِي الكُرَة (في الكريكيت)

2. (hat) نَوْع مِنْ قُبَّعات الرِّجال

bowline, *n.* كَرّ، حبل الشراع (سفن)؛ عُقْدة لِرَبط الحِبال

bowling, *n.* 1. (playing bowls) لُعْبَة الكرة الخَشَبِيَّة

bowling-green أَرْض مُعْشِبة لِلَعب الكرة الخَشَبِيّة

2. (playing skittles) لُعْبَة القُلَل الخشبيّة

bowman, *n.* قَوّاس، نَبّال، رَامِي السِّهام

bowshot, *n. only in*
within bowshot عَلى مَرْمَى سَهْم

bowsprit, *n.* عَامُود مُقَدَّم السَّفينة

bow-wow, *n.* (*nurs.*) كَلْب (في لُغَة الأَطْفال)، بُوبِي

box, *n.* 1. (receptacle) صُنْدُوق، عُلْبَة

box-camera آلَة تَصْوِير بِشَكْل صُنْدُوق

box-kite طَيَّارَة من قُماش على شَكْل صُنْدوق

box spanner مِفْتاح رَبْط صُنْدوقي

2. (special compartment)

box number صُنْدُوق رَقْم ... (إعلانات)

jury-box مَقْصُورَة المُحَلَّفِين في المَحْكَمة

sentry-box كُشْك الدَيْدَبان أو جُندي الخَفارة

shooting-box بَيْت رِيفِيّ لإقامة القَنّاص وصَحْبه

signal-box كُشْك الإشارات (سِكَك حديدية)

witness-box; *also* the box مَقْصُورَة الشُّهود في المَحْكَمة

3. (in a theatre) مَقْصُورَة، لُوج (بالمَسْرَح)

box-office شُبّاك صَرْف أو قَطْع التذاكِر

4. (shrub; its wood) بَقْس؛ خَشَب البَقْس

5. (slap *on the ears*) صَفْعَة على الأُذن

6. (present, gratuity); *only in*
Christmas box هِبَة بمناسبة عيد الميلاد، عِيدِيَّة لخادِم أو لعامِل يتردَّد على المنزِل

v.t. 1. (enclose in box, *n.* (1));
also box up, box in عَلَّب، عَبَّأ في صُندوق

2. (slap *someone's ears*) صَفَعَه على أُذُنِه

v.i. (fight with fists) لاكَمَ، تَلاكَمَ (رياضة)

Box and Cox, *only in*
play Box and Cox ⟨with⟩ شَخْصان يتهرَّبان مِنَ الظهور معًا، حيلة عبد الرَّزاق وعبد الرَّازق

boxcalf, *n.* جِلد العِجْل المدبوغ بأملاح مَعْدِن الكروم

boxer, *n.* 1. (pugilist) مُلاكِم

2. (breed of dog) فَصِيلَة كِلاب بوكسر

boxing, *n.* مُلاكَمة

boxing-gloves قُفَّاز المُلاكَمة، كُفوف الملاكمة

Boxing Day, *n.* اليَوْمُ التَّالي لعيد ميلاد المسيح (٢٦ ديسمبر)

boy, *n.* وَلَد، صَبِيّ، غُلام، فَتًى (فِتْيان، فِتْيَة)

boy-friend رَفِيق، صديق، خليل (الفتاة)

Boy Scout فَتًى كَشّاف

boycott, *n.* & *v.t.* مُقاطَعَة؛ قاطَعَ

boyhood, *n.* صِبا، فُتُوَّة؛ سِنّ الحَداثة

boyish, *a.* (**-ness,** *n.*) صِبْيانيّ؛ صِبْيانيّة

bra, *coll. contr. of* **brassière** حَمّالة الصَّدْر، سُوتيان، زِخْمة (عراق)

brace, *n.* 1. (thing that secures or strengthens) دِعامة، سَنَد، رَكيزة

(*pl.*, support for trousers) حَمّالات البَنْطَلون

2. (tool) مِثْقاب، مِثْقَب

brace and bit مِثْقاب، مِثْقَب، خَرّامة يَدَوِيّة

3. (pair) زَوْج (من حيوانات القنص غالبًا)

قَوَّى ، *v.t.* (strengthen; *fig.*, invigorate)
شَدَّ ، دَعَّمَ ، عَزَّز ، عاضَد

اِسْتَجْمَع قُواه ، brace oneself for (against)
شَحَذ عَزْمَه

bracelet, *n.* سِوار ، أُسْوار (أَسْوِرَة، أَساوِر)

(*pl.*, *sl.*, handcuffs) أَغْلال ، قَيْد لِلْيَدَيْن

bracing, *a.* (جَوّ) مُنْعِش أو مُنَشِّط

bracken, *n.* سَرْخَس، خُنْشار ،خِيشار (نبات)

bracket, *n.* 1. (support) رَكِيزة أو حَمّالة
لِلرُّفوف ، ذِراع ، كَتِيفَة

2. (parenthesis); *also v.t.* قَوْس، هِلال ؛
وَضَع كَلِمة أوعِبارَة بَيْن قَوْسَيْن

3. (group bracketed together) فِئَة

higher income bracket ذَوُو الدَّخْل الكَبِير

brackish, *a.* مَاء غَيْر عَذْب ، أُجاج ،
زُعاق ، خَمْجَرِير

brad, *n.* مِسْمار صَغير بدون رأس ؛ مِسْمار
ذُو رأس مُرَبَّعة معقوفة لتثبيت ألواح الأرضيّة

bradawl, *n.* مِخْراز لِثَقْب الخَشَب أو
الجِلْد الخ.

brag, *v.i.* & *n.* تَفاخَر ، تَباهَى ، تَبَجَّح ،
فَشَر؛ مُتَفاخِر ، مُتَنَفِّج ؛ فَشْر ، تَبَجُّح

braggadocio, *n.* مُباهاة ، تَنَفُّج ،
تَبَجُّح ، فَشْر

braggart, *n.* دَعِيّ ، مُتباه ، مُتَبَجِّح، فَشّار

Brahmin, *n.* أَحَد أَفْراد الطَّبَقَة العُلْيا عند
الهِنْدوس ، بَرَهْمِيّ ، بَراهِمِيّ

braid, *v.t.* & *n.* عَقَص ، جَدَلَ ؛ ضَفِيرة ،
جَدِيلة ، شَرِيط

gold braid قَصَب (زِينَة لِلْمَلابِس)

braille, *n.* طَرِيقة برايل للقِراءة (تقوم على
نِقاط بارِزة يَمَسُّها الأَعْمَى بِأَطْرافِ أَصابِعه)

brain, *n.* الدِّماغ ، المُخّ (كُتْلة النَّسِيج
العَصَبِيّ داخِل الجُمْجُمَة)

brain-child مِن بَنات أَفْكار المَرْء ،
وَلِيد أَفْكاره

brain fever الحُمَّى الدِّماغيّة أو المُخِّيّة

brain-storm اِضْطِراب عَقْلِيّ حادّ ومُفاجِئ

brain-wave إِلْهام ، وَحْي ، فِكْرة نَيِّرة

brains trust خُبَراء يُجِيبُون على أَسْئِلة الجُمْهُور

blow one's brains out اِنْتَحَر بإطْلاق
الرَّصاص على نفسه

cudgel (rack) one's brains قَدَح زِناد
فِكْرِه

have something on the brain تَمَلَّكَتْه
أو سَيْطَرَت عليه فِكْرَة ما

it has turned his brain أَدارَت عَقْلَه ،
جَعَلَتْه يَفْقِد اِتِّزانه العَقْلِيّ

v.t. شَجَّ أو حَطَّم رأسَه

brainwash, *v.t.* (**-ing,** *n.*) أَكْرَه شَخْصًا على
التَّخَلِّي عن مُعْتَقَداتِه لأَهْداف سِياسِيّة؛ غَسْل الدِّماغ

brainy, *a.* ذَكِيّ ، نَبِيه ، فَطِن ، شاطِر

braise, *v.t.* سَبَّك اللَّحم ، طَهاه في قِدْر مُقْفَلَة

brake, *n.* 1. (device for stopping machine
or vehicle); *also fig.* مِكْبَح ، كَمّاحة ،
فَرْمَلة (مصر) ، برِيك (عراق)

brake-drum إِطار الكَمّاحة ، دارَة الفَرامِل

brake horse-power القُدْرَة الحِصانيّة الفَرْمَلِيّة (ق.ح.ف.)

brake-lining بِطانَة الفَرْمَلة

brake-shoe قُبْقاب الفَرْمَلة

brake-van عَرَبَة الفرامِل، سبِنْسَة (مصر)

apply (put on) the brakes كَبَح، فَرْمَلَ، أوْقَفَ

2. (vehicle) عَرَبَة كبيرة

shooting-brake سَيّارة صَالُون لِنَقْل المُسافِرين والبضائع

v.t. & i. كَبَحَ، فَرْمَلَ

bramble, *n.* عَوْسَج، عُلَّيْق، شُجَيْرة شائِكة

bran, *n.* نُخالَة، رَدّة، سِنّ (مصر)

bran-tub صُنْدُوق البَخْت (خُبِّئَت فيه هِدَايا شَتَّى)، طُمّه خريزة (عراق)

branch, *n.* فَرْع، غُصْن؛ شُعْبة

branch line خَطّ فَرْعي (سِكّة حَديد)

v.i. تَشعَّبَ، تفرَّعَ

branch off تَشَعَّبَ، تفرَّعَ

branch out in a new direction اِتَّخَذَ اتّجاهًا جديدًا

brand, *n.* 1. (burning log) جُذْوة، جَمْرة، بَصْوة، قِطعة خَشَب مُشْتعِلة

2. (mark made by hot iron); *also fig.* وَسْم، كَيّ المَواشِي؛ وَصْمَة

3. (trade mark; type of goods) عَلامَة أوْ مارْكة تِجارية، صِنف

brand-new جَديد خالِص، جديد لَمْ يُمَسّ

v.t. (*lit. & fig.*) وَسَمَ، رَقَمَ؛ دَمَغَ، وَصَمَ

branding-iron مِيسَم، مِكواة، مِرْصَن

branded goods بَضائِع تحمِل ماركة مُسَجَّلة

brandish, *v.t.* لَوَّحَ مُهَدِّدًا أو مُوَبِّخًا (بالسّيف مثلًا)

brandy, *n.* بَرانْدِي، كونياك؛ نَوع مِنَ المشروبات الرّوحية المُقَطَّرة

brash, *a.* وَقِح، صفيق؛ نَزِق، مُتَهَوِّر

brass, *n.* 1. (metal); *also a.* صُفْر، نُحاس أصْفَر

brass-hat (*sl.*) مِنْ كِبار ضُبّاط الجيش (فَوْقَ رُتْبة عقيد)

top brass (*sl.*) ذَوُو الرُتَب العالية في الجَيْش

get down to brass tacks (*sl.*) دَخَلَ في صَمِيم أو صُلْب الموضوع

2. (section of orchestra) الفِرْقَة النُّحاسِيَّة (موسيقى)

3. (effrontery) وَقاحَة، صَفاقة، قِلّة حَياء

4. (*sl.*, money) نُقُود، فُلوس، دَراهِم، مَصاري

brasserie, *n.* حَانة ومَطْعَم، بار، مَيْخانَة (عِراق)

brassière, *n.*; *coll. contr.* **bra** حَمّالة الصَدْر

brassy, *a.* نُحَاسِيّ، أَصفر نُحاسيّ؛ وَقِح، صفيق الوجه

brat, *n.* عَيِّل، جاهل، وَلَد

bravado, *n.* تَظاهُر بالشجاعة، استِئْساد

brav/e, *a.* (**-ery,** *n.*) 1. (courageous) بَاسِل، مِقْدَام، جريء، شُجاع، جَسور

2. (admirable) رَائِع، بديع، عَظِيم، جميل

n. مُحارِب مِن الهُنود الحُمْر

v.t. تَحَدَّى، جَابَهَ، وَاجَهَ، قاوَمَ بشَجاعة

brave the elements تَحَدَّى قَسْوة الجَوّ

bravo, *n.* 1. (assassin) شِرِّير، قاتِل مُحْتَرِف

2. (cry of approval); *also int.* أَحْسَنْتَ! عَفارِم! عظيم! برافو!

bravura, *n.* أداء مُتْقَن؛ مَهارة؛ برافورا (موسيقى)

brawl, *n.* شَغَب، عِراك، شِجار

v.i. تَشاجَرَ، تَعارك

brawn, *n.* 1. (strength) ضَلَاعَة، قُوّة

2. (pickled meat) لَحْم (رأس) الخِنْزِير (يُطْهَى ويُتَبَّل ويُقَطَّع ويُضْغَط مع هُلامِه)

brawny, *a.* مَفْتُول العَضَلات، قَوِيّ الجِسْم

bray, *v.i. & n.* نَهَقَ؛ نهيق

braze, *v.t.* لَحَمَ بِسَبِيكة من النُحاس والزِّنْك

brazen, *a.* 1. (of brass) نُحاسِيّ، أصفر نُحاسِي

2. (shameless) قَلِيل الحَياء، صفيق الوَجْه؛ خَشِن

brazen hussy اِمْرَأَة وَقِحة وسَليطة

v.t.; *only in*

brazen it out أَنْكَرَ بوَقاحة وإصرار، كَابَرَ

brazier, *n.* 1. (worker in brass) نَحّاس، صَفّار، مُحْتَرِف صناعة النّحّاس

2. (fire-basket) مِجْمَرَة، حارون، مَنْقَد (مصر)، مَنْقلة (عراق)

breach, *n.* 1. (infringement) إخْلال، خَرْق، اِنْتِهاك، نَقْض

breach of contract نَقْض أو خَرْق العَقْد، إخلال بالعَقْد

breach of the peace الإِخْلَال بالأَمْن، خَرْق السّلام

breach of promise نَكْثُ الوَعْد بالزَّواج (قانون مَدَني)

2. (gap) ثُغْرة، فَجْوة، شَقّ، فَتْحة

fill the breach (*fig.*) مَلأَ الفَراغ، سَدَّ الحَاجَة

v.t. نَقَبَ، شَقَّ، صَدَعَ

bread, *n.* (*also fig.*, livelihood) خُبْز؛ عَيْش، رِزْق، طَعام، قُوت

bread and butter (*lit.*) شَرِيحة خُبْز بالزُبدة

(*fig.*, livelihood) قُوتُ اليوم، رِزْق، عَيش

on the bread-line عَاطِل يتلقّى مُساعَدَة حكومية

know which side one's bread is buttered يَعْرِفُ من أين تُؤكَل الكَتِف

earn one's ⟨daily⟩ bread تَكَسَّبَ قُوت يَوْمِهِ، سَعَى وراء رِزقه، اِرْتَزَقَ

breadth, *n.* عَرْض، اِتِّساع

breadth of mind سَعَة الصّدر

to a hair's breadth بِدِقَّة، بالضَّبْط

breadwinner, *n.* عَائِل أهله، قَوَّام العَائِلَة، كاسِب العَيْش

break (*pret.* broke, *past p.* broken), *v.t.*

1. (sever, fracture, smash); *also v.i.* كَسَرَ، حَطَّمَ؛ قَطَعَ، فَصَلَ؛ اِنْكَسَرَ، تَحَطَّمَ

break the back of a job أَنْجَزَ مُعْظَم العَمَل أو الجُزْء الصّعب منه

break bread with someone أَكَلَ معه الخُبْزَ والمِلْح، تَمَالَحَ

break new ground (*fig.*) رَادَ سبيلًا جَدِيدَةً، شَقَّ طريقًا جديدًا

broken ground أَرْض وَعِرة، أرض غَيْر سَهْلة أو غير مُسْتَوية

break someone's heart فَطَرَ قلبه، قَطَّعَ قلبه

break one's heart over something تَحَسَّرَ أو بَكَى على، جَزِع بِسَبَبِ إِخْفاقِه

broken-hearted, *a.* كَسِير القلب

a broken home عَائِلَة مُفَكَّكة، بَيْت مُهَدَّم (بالطّلاق مثلًا)

break the ice (*fig.*) قَطَعَ حَبْلَ الصَّمْت، اِتّخذ الخُطوة الأولى واسْتَهَلَّ الحديث مثلًا

break open فَتَحَ عَنْوةً، كَسَرَ، اِقْتَحَمَ

at breaking-point عَلَى وُشْك الاِنهيار

break a record ضَرَبَ الرَّقْم القياسي، حَطَّمَ الأرقام السابقة

a broken reed قَصَبَة مرضوضة، شخْص لَا يُمْكِن الاعتماد عليه، حائط مائل

his voice is breaking اِخْشَوْشَنَ صوته

broken-winded, *a.* حِصَان مُصاب بِضِيق النَّفَس

they broke with one another اِنْشَقَّت عَصَاهُم، اِنقسموا على أنفسهم

2. (violate, infringe)

break the law خَالَف القانون، اِنتهك القَانُون

break a promise أَخَلَّ بالوَعْد، خَانَ العَهْد

break one's word كَذَبَ وَعْده، نَكَثَ عَهْدَه

he spoke broken English تَكَلَّمَ لغة انكليزية غَيْرَ سليمة

3. (interrupt) قَاطَعَ؛ أَعَاقَ

break the blow خَفَّفَ وَقْع الضّربة

break one's fast أَفْطَرَ بعد صيام، فَطَرَ

break silence فَضَّ أو بَدَّدَ الصَّمْت

break the spell فَكَّ السِّحْر أو الرَّصَد، أَبْطَلَ مفعول السِّحْر

4. (crush, subdue)

break a habit أَقْلَعَ عن عادةٍ أو أَبْطَلَها

break someone's nerve (spirit) فَتَّ في عَضُدِه، ثَبَّطَ عَزْمه، كَسَّرَ مجاذيفه

a broken man رَجُل كَسِير، مَهِيض الجَناح، شَخْص مُحَطَّم

5. (make bankrupt) أَفْلَسَ ؛ جَعَلَه يُفْلِس

6. (disclose, let out); *also v.i.* (emerge, erupt) أَفْشَى، بَزَغَ ؛ ذاعَ ، ظَهَرَ

break it gently أَعْلَن (خبَر الكارِثة مثلاً) بِلُطْف

break the news أَعْلَن الخَبَر، أذاعَ النَّبَأ

break wind أَخْرَج رِيحًا كريهًا من الإِسْت

day (dawn) is breaking يَنْبَلِج الفَجْر، يَبْزُغ النَّهار، يتنفَّس الصُّبح

the storm broke هَبَّت العاصِفة فَجْأةً

break loose (free) أَفْلَتَ، اِنْفَكَّ، تَمَلَّصَ

break into a trot أَخَذَ (الحِصانُ) يَخُبّ

7. (adverbial compounds), *v.t. & i.*

break away

(detach; come loose) فَكَّ، فَصَلَ ؛ اِنْفَكَّ، اِنْفَصَلَ، اِنْحَلَّ

(escape) أَفْلَتَ، هَرَبَ، فَرَّ

break down

(demolish; collapse) حَطَّمَ، كَسَّرَ، اِنْهارَ

break down someone's resistance كَسَرَ شَوْكَته، حَطَّمَ مُقاومته

his health broke down اِنْهارَت أو تَدَهْوَرَت صِحّته

she broke down in tears اِنْخَرَطَت في البُكاء، أَجْهَشَت بالبُكاء

(cease to function) تَوَقَّفَ، تَعَطَّلَ (الجِهاز لِخَلَلٍ فيه)

(analyse; submit to analysis) حَلَّلَ، شَرَّحَ، فَصَّلَ

break in

(tame) رَاضَ، رَوَّضَ، طَوَّعَ

break in a horse رَاضَ أو رَوَّضَ الحِصانَ

(enter premises unlawfully); *also* break *into* a house, etc. اِقْتَحَمَ (المكان)، فَتَحَ المكان أو دَخَلَه عَنْوَةً

(interrupt) قاطَعَ الحديث، تَدَخَّلَ في الكلام

break off

(detach; become detached) فَصَلَ، فَكَّ، اِنْقَطَعَ، اِنْفَصَلَ، انْفَكَّ

(stop) قَطَعَ، أَوْقَفَ، عَطَّلَ ؛ تَوَقَّفَ، تَعَطَّلَ، انْقَطَعَ

break off negotiations قَطَع المُفاوَضات

break off for lunch كَفَّ عن العَمَل لِتَناوُل الغَداء

break off in the middle of a sentence تَوَقَّفَ عن الحديث فَجْأةً

break out

(escape) أَفْلَتَ، هَرَبَ، فَرَّ (مِن السِّجْن مثلاً)

(erupt, begin, burst out) نَشِبَ، اِنْدَلَعَ، اِنْتَشَرَ

war broke out نَشِبَت الحَرْب، اِنْدَلَعَت (أو اشْتَعَلَت نِيران الحَرْب)

break out into a sweat تَصَبَّبَ (تَفَصَّدَ) عَرَقًا

(exclaim) صَاحَ، صَرَخَ، اِنْفَجَرَ صائحًا

break through, *whence* اِخْتَرَقَ، نَفَذَ

break-through, *n.* (*mil.*) اِخْتِراق

(*fig.*, of advance made in research) فَتْح في مَيْدان (العِلْم)، اكتشاف، خُطْوة جديدة

break up

(smash; disintegrate) كَسَّرَ، حَطَّمَ، هَدَمَ، انهار؛ تَبَدَّدَ؛ اِنْحَلَّ

(come to an end) اِنْتَهَى، اِنْفَضَّ

when do you break up? (*i.e.* when does the school term end?) مَتَى يَنْتَهِي الفَصْل الدِّراسي؟

n. 1. (fracture) كَسْر، فَطْر، صَدْع

2. (beginning) مَطْلَع، بَدء، مُسْتَهَلّ

at break of day عِنْدَ بُزُوغ الفَجْر، فِي مَطْلَع النَّهار

3. (intermission) فَتْرة اسْتِراحة، فاصلة

a break in the weather تَغَيُّر في الطَّقس تَبَدُّل مُفاجِئ في حالة الجوّ

without a break دُونَ تَوَقُّف أو اِنقطاع، بِاسْتِمْرار

4. (*billiards*) النُقاط المُسَجَّلة في دَوْر واحد في [البلياردو

breakable, *a.* قابِل للكَسْر

breakage, *n.* كَسْر؛ مَوْضِع الكَسْر؛ مكسورات

breakdown, *n.* 1. (stoppage of machine, etc.) تَوَقُّف، تَعَطُّل، عَطَب

2. (collapse of health) اِنْهِيار في الصِّحّة

nervous breakdown اِنْهِيار عَصَبِيّ

3. (analysis, itemization) تَفْصِيل، كَشْف أو بَيَان تفصيلي

breaker, *n.* 1. (person who breaks) مُكَسِّر، مُحَطِّم

2. (wave) مَوْجة عارمة، موْج كالجبال

breakfast, *n.* & *v.i.* إفْطار، فُطُور، ترويقة

breakneck, *a.* (سُرْعَة) خَطِرة، (سِياقة) بتَهَوُّر

breakwater, *n.* حَاجِز الأمواج، حاجز لِحِمَاية المِيناء من الأمواج

bream, *n.* اِبْرَامِيس (نوع من السّمك النّهري والبحري)

breast, *n.* صَدْر، ثَدْي (أَثداء)، نَهْد

breast-feeding إِرْضَاع الطّفل من ثَدْي أُمِّهِ، رَضاعة طبيعيّة

breast-pocket جَيْب الصّدر (في السُّتْرة مثلاً)

breast-stroke السِّبَاحَة على الصّدر

make a clean breast of بَاحَ بمكنون صَدْرِه، اِعترف بما في نفسه

v.t. وَاجَهَ، جَابَهَ، تَصَدَّرَ، تَلَقَّى بِصَدْرِهِ

breastbone, *n.* عَظْم القَصّ

breastplate, *n.* دِرْع أو تُرْس لِوقاية الصَّدْر

breastwork, *n.* مِتْراس (متاريس)

breath, *n.* نَفَس؛ نَسْمة

catch one's breath أَمْسَكَ أنْفاسه

hold one's breath حَبَسَ أو أَمْسَكَ أَنْفاسه

in the same breath فِي آنٍ واحد ، في نَفَس وَاحِد، سَوِيّةً

in one's dying breath (قَالَ) وهو يُحْتَضَرُ، فِي النَّزْع الأخير

out of breath مَقْطُوع النَّفَس ، لا هِث ، مَبْهُور

take a deep breath أَخَذَ نفسًا عميقًا؛ تَشَجَّعَ

take someone's breath away أذْهَلَ، أدْهَشَ أَبْهَتَ ، فَاجَأَ

under one's breath بِصَوْت خَفِيت ،هَمْسًا

waste one's breath ضَاعَ كلامه سُدًى، تَكَلَّمَ دُون جَدْوَى

a breath of fresh air نَسْمَة هَواء، نَفْحة رِيح

breathe, *v.i. & t.* تنَفَّس ؛ اسْتَنْشَقَ (الهَواء الطَّلْق مثلاً)

breathe in (out) إِسْتَنْشَقَ ، شَهِقَ ؛ زَفَرَ

breathe life into نَفَخَ الحياة في

breathe one's last لَفَظَ النَّفَس الأخِير، أَسْلَمَ الرُّوح، فاضت رُوحُه

don't breathe a word لَا تَفُهْ بكلمةٍ، لا تَنْبِسْ بِبِنت شَفَةٍ، لا تَتَنفّسْ

breathing-space مُتَنَفَّس، بُرْهة

breather, *n.* (*coll.*) إِسْتِرَاحَة قصيرة ، تَرْوِيحَة ، ترويضة (سوريا)

breathless, *a.* (**-ness,** *n.*) مَقْطُوع النَّفَس، لَاهِث، مَبْهور

bred, *pret. & past p. of* **breed,** *v.t. & i.*

breech, *n.* 1. (part of gun) مِغْلاق (المِدْفَع أو البُنْدُقِية)، مؤَخَّرة البندقية

breech-loaded بُنْدُقِيَّة تُحْشَى من مُؤَخَّرتها

2. (*pl.*, trousers) بَنْطَلُون قصير يغطّي الركبتين

riding-breeches بَنْطَلُون لرُكوب الخيل

breed (*pret. & past p.* bred), *v.t. & i.* رَبَّى، وَلَّدَ، أَنْتَجَ ، تَوَالَدَ

bred in the bone وِرَاثِيّ ، في دَمِه

well-(ill-)bred حَسَن (سَيِّئ) التربية ، طَيِّب النَّشْأة

n. سُلالة ، فَصيلة، نَسْل ؛ مَحْتِد

breeder, *n.* مُرَبٍّ، مُولِّد ؛ مُولِّد نَوَوِيّ

breeding, *n.* 1. (propagation) تَوْلِيد، تَربية

breeding-ground (*oft. fig.*) مَهْد ، مَنْبِت، مَبَاءَة

stock-breeding تَهْجِين وتَربية المواشي

2. (good manners) تَهْذِيب، حُسْن السُّلُوك والخُلُق، تَنْشِئَة

breeze, *n.* 1. (light wind) نَسِيم ، نَسْمة ، نَفْحَة رِيح

2. (cinders) سُقاط فَحْم الكوك

breeze block آجُرَّة مَصْنُوعة من سُقاط فَحْم الكوك والأسْمِنْت

v.i., with advs. in, out, *etc.* (*sl.*) مَرَّ مُرورًا عَابِرًا ، مَرَّ مُرور الكِرام

breezy, *a.* (*lit. & fig.*) هَفْهاف ؛ كثير الرياح؛ خَفِيف الدَّم والظِل

brethren, *arch. pl. of* **brother** أُخْوان، أُخْوَة

brevet, *n.* تَرْقِيَة استثنائية مُؤَقَّتة دون زِيادة في الرّاتِب (جيش)

breviary, *n.* كِتاب الشَّعائر اليومية للرُّهْبان الكاثوليك

brevity, *n.* إيجاز، اِخْتصار، قِصَر

brew, *v.t. & i.* (*lit. & fig.*) خَمَّرَ؛ اِخْتَمَرَ؛ دَبَّرَ (مكيدة)

brew tea أَعَدَّ أو جَهَّزَ الشّاي، خَدَّر الشّاي (عراق)

brew up اِخْتَمَرَ

a storm is brewing اِكْفَهَرَّ الجوّ، تُوشِك العاصفة أن تَهُبّ

n. نَقِيع، شَراب؛ خَمير

brewer, *n.* صانِع البِيرة أو الجِعة

brewery, *n.* مَصْنَع بِيرة، مَعْمَل جِعة

briar (brier), *n.* 1. (wild rose) وَرْد جَبَلي، وَرْد بَرّي شائك؛ خَلَنْج

2. (pipe) غَلْيُون مصنوع من جُذُور الخَلَنْج، بيبة، سِبيل (عراق)

bribe, *v.t.* رَشا، بَرْطَلَ

n. رَشْوَة، بِرْطيل

take bribes اِرْتَشَى

bribery, *n.* رَشْوَة، اِرْتِشاء

bric-à-brac, *n.* طُرَف مُنَوَّعة غير ذات قيمة؛ خُرْدَة، خُرْدَوات (عراق)

brick, *n.* 1. (block of baked clay); *also attrib.* لَبِن، آجُرّ، قِرْميد، طُوب، طابوق

brick-kiln قَمِين أو أتون الطّوب أو الآجُرّ

brick-red, *a.* أَحْمَر طُوبِيّ، بلون الآجُرّ الأحمر

drop a brick (*sl.*) جَرَحَ شُعوره سَهْوًا، عَلَّقَ بِغَباوة

come up against a brick wall (*fig.*) صادَفَتْه عَقَبة كَؤود، حالت دونه الصِعاب

2. (*sl.*, trustworthy and generous person) نَفْسُه طيّبة، إنسان طيّب

v.t., with advs. in, up سَدَّ بالطّوب

brickbat, *n.* كِسْرة أو قِطْعة مِن الطّوبة، أو الآجُرّ، دَقْشوم (مصر)

bricklayer, *n.* بَنّاء بالآجُرّ أو الطُوب

brickwork, *n.* بِناء من الآجُرّ أو الطُوب

bridal, *n. & a.* عُرْس، زِفاف؛ خاصّ بالعُرْس

bridal suite جَناح في فُنْدُق لِقَضاء شَهْر العَسل

bride, *n.* عَرُوس، عَرُوسة

bride-cake كَعْكَة العُرْس أو الزِفاف

bridegroom, *n.* عَرِيس (عُرْسان)

bridesmaid, *n.* اِشْبِينَة، وَصيفة الشّرف

bridge, *n.* 1. (connecting or crossing structure) قَنْطَرة، جِسْر، كُوبْرِي

bridge of a ship بُرْج القِيادة في السَّفِينَة

bridge of the nose قَصَبَة الأَنْف، عَظْمَة الأَنْف

bridge of a violin or lute مُشْط الكَمان أو فَرَس الكَمَنْجَة

2. (card game) البْرِيدج (من ألعاب الورق)

v.t. جَسَرَ ، أَقَامَ جِسْرًا

bridge the gap (*fig.*) سَدَّ النَّقْص أو الثُغْرة

bridgehead, *n.* مَوْقِع ساحلي مُحَصَّن للهُجُوم ، رأس الجِسر ، ربيئة

bridle, *n.* لِجام (يَشْمَل الشَّكيمة والعِنَان)

bridle-path مَمَرٌّ لراكِبي الخَيْل (في غابة)

v.t. (*lit. & fig.*) أَلْجَمَ ، شَكَمَ ، كَبَحَ ؛ كَبَحَ جِماح ، ضَبَطَ

v.i. (*usu. fig.*) صَعَّرَ خَدَّه ، أَشَاحَ بِوَجْهِه ، أَعْرَض متكرّهًا

brief, *a.* مُوجَز ، قَصير ، وَجيز ، (لمحة) مُخْتَصَرة

in brief بالاخْتِصار ، قُصارَى الكلام ، خُلاصة القَوْل

n. 1. (summarized instruction) مُلَخَّص الدَّعْوَى (قضاء) ؛ تلقين (عسكري)

brief-case شَنْطَة أو حافظة أوراق وكتب

hold no brief for لَا يُؤَيِّد ، لا يَسْتَحْسِن ، لَا يُنَاصِر (رأيًا ما)

keep a watching brief رَعَى مَصالح طَرَف آخر كَمَنْدوب يُرَاقِب تطَوُّرات المَوْقف

2. (size of paper) وَرَق ذو حَجْم مُعَيَّن (٣٣ × ٤٠ سم تقريبًا)

3. (*pl.*, short pants) لِباس تَحتانيّ قَصير

v.t. أَعْطَى أوامر وتَعْليمات ، نَبَّه على ؛ أَطْلَع (على)

brier, *see* **briar**

brig, *n.* سَفِينَة شِراعيّة ذات صاريَتَيْن

brigade, *n.* لِوَاء

fire brigade فِرْقة المَطافئ ، إطْفائية

brigadier, *n.* عَمِيد ، قائِد لِواء (عَسْكَرِيّة)

brigand, *n.* قَاطِع طريق ، لِصّ ، حَرامي

brigandage, *n.* قَطْع الطُّرُق ، لُصوصية ، سَطْو

brigantine, *n.* سَفِينَة شِراعيّة ذات صاريَتَيْن

bright, *a.* (**-ness,** *n.*) 1. (shining, vivid) سَاطِع ، لامِع ، مُضيء ، نَيِّر ، مُشْرِق ، وضّاء

bright red أَحْمَر فاقِع ، أَحْمَر زاهٍ

2. (cheerful, vivacious) بَشُوش ، طَلْق المُحَيَّا ، مَرِح ، مُبْتَهِج

3. (clever) ذَكِيّ ، نَبِيه ، فَطِن ، لامِع ، شاطِر

brighten, *v.t. & i.* أَضَاءَ ، أَنَارَ ، أَبْهَجَ ، أَحْيَا ، أَشْرَقَ ، زها ، سَطَعَ

it's brightening up الجَوّ آخِذ في التَّحَسُّن

brilli/ant, *a.* (**-ance, -ancy,** *n.*) 1. (sparkling) لامِع ، مُتلألِئ ، وَضَّاء ، مُتأَلِّق

2. (clever) أَلْمَعِيّ ، نابِه ، نابِغ ، عَبْقَري ، (شَخصِيَّة) لامِعَة

n. أَلْماس ، ماسة ، حجر بِرْلَنْتي

brilliantine, *n.* بريَّانْتين ، دِهان لتلميع الشَّعْر

brim, *n.* حَافَّة، حَرْف، شَفَا

brim-full مُفْعَم، مُتْرَع، طافِح

v.i., usu. brim over; *also fig.* طَفَحَ، فَاضَ

brimstone, *n.* مَعْدِن الكِبْرِيت، كِبْرِيت عَمُود

brindle(d), *a.* بُنِّيّ مُخَطَّط أو مُقَلَّم؛ أَرْقط

brine, *n.* مَحْلُول مِلْحِيّ مُشَبَّع؛ مِياه البحر

bring (*pret. & past p.* brought), *v.t.* 1. أَتَى ب، جَاءَ ب، جَلَبَ، أَوْصَلَ، أَحْضَرَ

I cannot bring myself to do it لا تُطَاوِعُنِي نَفْسِي على فِعْله

he has brought it on himself لَقَد جَلَب على نَفْسِه المتاعِب

brought low إنْحَطَّ شَأْنُه، تَضَعْضَعَت حَالُه، أُذِلَّ

bring into play عَمَدَ إلى استِغلال، لَجَأَ إلى استِخدام...

bring into the world جَاءَ بالطِّفل إلى الدُّنْيَا، أَشْرف على الولادة

bring home to someone بَيَّنَ له حَقِيقَة الأَمْر، أَفْهَمَه خُطُورَة المَوْقِف حتّى اقْتَنَع

bring to bear ⟨on⟩ سَخَّرَ جُهوده في سبيل...

bring to book حَاسَبَ، طَلَبَ منه تَبْرير تصرُّفاته

bring to an end أَنْهَى، وَضَعَ حدًّا ل، حَسَمَ، فَضَّ (النِّزاع)

bring to light كَشَفَ، أَظْهَرَ، أَجْلَى، أَخْرَجَ الى النُّور، اكْتَشَفَ

bring to mind أَعَاد إلى الذّاكرة، ذَكَّرَ

bring to pass أَحْدَثَ، سَبَّبَ

bring someone to his senses أَعَادَهُ إلى صَوَابِه أو رُشْده

bring up to date جَعَلَه يُماشِيَ العصرَ

2. (adverbial compounds)

bring about أَحْدَثَ، أَوْجَدَ، سَبَّبَ، أَدَّى إلى، أَنْتَجَ

bring back

(recall) أَرْجَعَ، رَدَّ، أَعَادَ

(call to mind) أَعَادَ إلى الذّاكرة، ذَكَّرَ

(regurgitate) قَاءَ، تَقَيَّأَ، رَجَّعَ، اِستفرغ

bring down

(cause to fall) أَسْقَطَ، حَطَّ، أَنْزَلَ، أَوْقَعَ، أَذَلَّ

he brought down the house دَوَّى المكان بالتَّصْفِيق له، نَالَ غاية الإعجاب

(lower *price*) نَزَّلَ، خَفَّضَ (الثمن أو السِّعْر)

(kill by shooting) أَصَابَ منه مَقْتَلاً

bring forth

(give birth to) وَلَدَتْ، أَنْجَبَتْ، وَضَعَتْ

(produce, cause) أَنْتَجَ، أَحْدَثَ، سَبَّبَ، أَتَى بِ، أَوْجَدَ

bring forward

(carry over *figures* to next page) رَحَّلَ أو نَقَلَ إلى صَفْحة تالية (مَسْك الدفاتر)

(advance *date*) قَدَّمَ التّاريخ

bring in	
(introduce, adduce)	قَدَّمَ، أَحْضَرَ،
	أَدْخَلَ؛ نَطَقَ بِالحُكْمِ أَو بِالقَرَار
(yield)	أَغَلَّ، أَثْمَرَ، حَصَّلَ، جَاءَ بِدَخْل
bring off	
(rescue)	أَنْقَذَ، نَجَّى، خَلَّصَ
(achieve)	أَنْجَزَ، حَقَّقَ،
	نَجَحَ فِي مُهِمَّة عَسِيرة
bring on	
(present)	قَدَّمَ لِلجُمْهُور، أَحْضَرَ
(precipitate)	عَجَّلَ بِ، أَدَّى إِلى
bring out	
(show clearly)	أَظْهَرَ، أَبْرَزَ شَيْئًا
	بِالنِّسْبَة إِلَى مَا يُحِيط بِه
(publish)	نَشَرَ كِتابًا، أَصْدَرَه
(introduce to public)	قَدَّمَ (فَتاةً)
	لِلْمُجْتَمَع لِلمَرَّة الأُولَى
bring over (convert)	كَسَبَه إِلَى جانِبه،
	اِسْتَمَاله إِلَيه
bring round	
(convert)	اِسْتَمَال، أَقْنَعَ، ضَمَّ
	(شَخْصًا) إِلَى صَفِّه
(revive)	جَعَلَه يُفِيق، أَنْعَشَ،
	فَوَّقَ (مصر)
bring to (revive)	جَعَلَه يُفِيق،
	أَنْعَشَ، فَوَّقَ (مصر)
bring under (subdue)	أَخْضَعَ،
	طَوَّعَ، قَمَعَ

bring up (raise *children*)	رَبَّى، نَشَّأَ،
	أَنْشَأَ
well brought-up	مُؤَدَّب، مُهَذَّب،
	حَسَن التَّرْبِية
(raise *a topic*)	أَثَارَ نُقْطة أَو موضوعًا
	فِي الحَدِيث
(vomit)	قَاءَ، تَقَيَّأَ، اِستَفْرغ
(cause to stop)	أَوْقَفَ، أَرْسَى (السَّفِينة)
bring up sharp (short)	أَوْقَفَه فَجْأَةً،
	أَخْرَسَه
(convey from below or behind)	
bring up the rear	جَاءَ فِي المُؤَخَّرة
	أَو فِي نِهاية الصَّفّ
brink, n. (*lit. & fig.*)	حَافَّة، شَفَا،
	حَرْف، (عَلى) وَشْك
on the brink of disaster	عَلَى قَاب قَوْسَيْن
	أَو أَدْنَى مِن الكارِثة، عَلَى شَفا الكارِثة
briny, a.	مَالِح، شَدِيد المُلُوحَة،
	(مَاء) أُجَاج
briny soil	سَبِخ، أَرْض مِلْحِيَّة
the briny, n. (*joc.*)	البَحْر، المَالِح (مصر)
brio, n.	حَيَوِيَّة، نَشاط، قُوَّة
briquet(te), n.	قَالَب مِن مسحوق الفَحْم
	مَعَ مَادّة لا صِقة كالزِّفْت (وَقود لِلتَّدْفِئة)
brisk, a. (-ness, n.)	رَشِيق أَو سَرِيع
	الحَرَكة، نَشِيط؛ سرعة الحَرَكة
a brisk market	سُوق نشِيطة أَو رَائِجة
v.t. & i., with adv. up	نَشَّطَ، أَنْعَشَ؛
	نَشِطَ، تَحَرَّك بِخِفَّة

brisket, *n.* لَحم صَدْر البَقَر

brisling, *n.* سَمك صغير كالسّردين ، بِسَارِية

bristle, *n.* شَعْر خَشِن ، شَعْر الخنزير ، هلب

v.i. (*lit.* & *fig.*) وَقَف أو قَبَّ (مصر) الشَّعْر

bristling with difficulties مَحْفُوف بالمصاعب

bristling with arms مُدَجَّج بالسِّلاح

bristly, *a.* خَشِن الشَّعر ، شائِك

Britain, *n.*; *also* **Great Britain** بريطانيا ، بريطانيا العُظْمَى

Britannic, *a.*, *only in*

Her (His) Britannic Majesty صَاحِبَة (صَاحِب) الجلالة البريطانية

British, *a.* بريطاني

the British Isles الجُزُر البريطانية

Britisher, *n.* بريطاني

Briton, *n.* بريطاني ، أحد سُكّان بريطانيا

brittle, *a.* (**-ness,** *n.*) هَشّ ، سَهْل الانكسار ، قَصِم ؛ هَشاشة

broach, *v.t.* (*lit.* & *fig.*) فَتَح بِرْميلاً أو قِنّينة

broach the subject فَتَحَ باب الكلام ، طَرَقَ الموضوع

broad, *a.* عَرِيض ، واسِع ، فسيح ، رَحْب

broad bean فُول رُومي أو جِراثي ، باقلّاء

broad humour مُزاح بِكلمات فظّة

broad-minded مُتَحَرِّر الفكر ، رَحْب الصَّدْر أو واسِعُهُ ، غير مُتحيِّز

broadly speaking بِصِفَة عامَّة ، على الإجْمال ، على وَجْه العُموم

a broad accent لَهْجَة ريفيّة

a broad hint إشَارَة صريحة أو واضحة

in broad agreement عَلَى اتِّفَاق بوجه عامّ

in broad daylight فِي رَابِعَة النّهار ، في وَضَح النّهار

in broad outline فِي خُطوط عريضة

in the broadest sense بِوَجْه عامّ ، بأوسع مَعَاني الكلمة

it is as broad as it is long لَا فَرْق بين هَذا وذاك ، الأَمْر سِيّان

broadcast, *v.t.* 1. (scatter *seed*) نَثَرَ ، بَذَرَ

2. (disseminate *information*, *etc.*, esp. by radio) أَذَاعَ ، نَشَرَ ، بَثَّ

broadcasting station مَحَطَّة الإذاعة ، دَار الإذاعة

n. إذَاعَة

outside broadcast إذَاعَة خارجية

broadcaster, *n.* مُذِيع

broadcloth, *n.* جُوخ ، قُماش صوفي ناعم

broaden, *v.t.* عَرَّضَ ، وَسَّعَ

broadsheet, *n.* وَرَقَة كبيرة مطبوعة مِنْ وَجْه واحد

broadside, *n.* مَدَافِع على جانب السفينة ؛ هُجُوم مُرَكَّز

broadsword, *n.* سَيْف عَرِيض النَّصل

brocade, *n.* & *v.t.* بروكار ، نسيج مُوَشًّى بِالقَصَب ؛ وَشَّى ، قَصَّب

broccoli, *n.* نوع من القَنَّبِيط أو القَرْنَبِيط

brochure, *n.* كُرّاسَة ، كُتَيِّب

brogue, *n.* 1. (shoe) نَوْع مَتِين من الأَحْذِية مَصْنوع من الجِلْد السَّمِيك

2. (accent) اللَّهْجَة الإيرلندية في نُطْق اللغة الانكليزيّة

broil, *v.t.* & *i.* شَوَى اللّحم ؛ انْشَوَى

broke, *a.* (*coll.*) مُعْدِم ، مُفْلِس

broke, *pret. of* **break,** *v.t.* & *i.* كَسَر؛ انْكَسَر

broken, *past p. of* **break,** *v.t.* مَكْسور

broker, *n.* سِمْسار ، وَسِيط (بورصة) ، دَلّال ، قُومِسْيُونجي

brokerage, *n.* سَمْسَرَة ، عُمُولة ، دِلالة ، أَجْر الوَساطة

brolly, *n.* (*sl.*) شَمْسِيَّة ، مِظَلَّة

bromide, *n.* (*lit.* & *fig.*) بُرُومِيد ، دَواء مُسَكِّن ؛ شَخْص مُمِلّ ؛ كَلام مُبْتَذَل

bromide paper وَرَق بُرُومِيد (تَصْوِير)

bronchial, *a.* شُعَبِيّ ، نِسْبَةً إلى الشُّعَيْبات أو القُصَيْبات الهوائية

bronchitis, *n.* الْتِهاب شُعَبِيّ ، نَزْلَة شُعَبِيَّة ، الْتِهاب القَصَبات (طِبّ)

bronco, *n.* حِصان وَحْشِيّ لم يَتِمّ تَرْوِيضُه (في شِمال غَرْب امريكا)

brontosaurus, *n.* البْرُونْتُوصُور (حَيَوان مُنْقَرِض من فَصِيلة الدَّيْنُوصُور)

bronze, *n.* 1. (metal); *also a.* البُرُونْز ، سَبِيكة من النُّحاس الأَحْمَر والقَصْدِير

2. (colour); *also a.* لَوْن بُرُونْزِيّ

3. (work of art) تُحْفَة مَصْبُوبة من البُرُونْز

v.t. & *i.* طَلَى بالبرونْز ؛ لَوَّحَتْه الشَّمْس

brooch, *n.* بروش ، دَبُّوس أو مِشْبَك صَدْر لِلزِّينة

brood, *n.* حَضْنَة ، نِتاج الفَقْسَة الواحدة من البيض ؛ الصِّغار

v.i.; *also fig.* وَكِنَت ، رَخَمَت ، حَضَنَت البَيْض أو رَقَدَت عليه ؛ تأمَّل ، تَدَبَّر

brood on (over) something أَطال التَّفْكِير في الأَمْر أو التَّأَمُّلَ فيه

broody, *a.* (دَجاجَة) حَضُون

brook, *n.* جَدْوَل مائِيّ ، نُهَيْر ، غَدِير ، مَجْرًى صَغِير

v.t. تَحَمَّل ، أطاق ، صَبَر على ، (هَذا أَمْرٌ لا) يَحتمَّل (التَّأجِيل)

broom, *n.* 1. (shrub) رَتْم ، وَزّال (نبات)

2. (sweeping-brush) مِكْنَسة ، مِقَشَّة

a new broom ⟨sweeps clean⟩ الغِرْبالُ الجديد له شَدَّة (يُقال عن حَماس مُوَظَّف حَدِيث عَهْدٍ بالعَمَل إلى إدْخال التَّجْدِيدات)

broomstick, *n.* يَدُ المِكْنَسَة أو عَصاها

broth, *n.* مَرَق ، شُورِبَة ، حِساء اللَّحْم

brothel, *n.* بَيْت الدَّعارَة ، ماخُور ، كَرَخانة

brother, *n.* 1. (relation) أخ (إِخْوَة ، إِخْوَان) ، شقيق (أَشِقّاء)

half-brother أخ غَير شَقيق

brother-in-law أَخُو الزَّوج، زوج الأُخت

2. (fellow) زَميل، صاحب، رفيق

3. (member of religious order) أَخ ، عُضْوٌ في جَماعة دينية

brotherhood, *n.* 1. (fraternal tie) إِخَاء، أُخُوَّة، رباط الأُخُوَّة

2. (association) إِخْوَان، رابِطة، جَماعة

brotherly, *a.* أَخَوِيّ

brougham, *n.* عَرَبة يَجُرّها حِصان واحد

brought, *pret. & past p. of* **bring** أَحْضَر ، جَلَب ، أَتَى بِ ...

brow, *n.* 1. (hair over eye; forehead) حاجِب، جَبْهَة، جَبين

knit one's brows قَطَّبَ جَبينه ، عَقَدَ مَا بَيْنَ حاجِبَيْهِ ، عَبَسَ

2. (projection of cliff, top of hill) حَرْف الجَبَل، طُنُف التلّ

browbeat, *v.t.* عَنَّفَ، هَدَّد ، أَجْبَرَ على

brown, *a. & n.* بُنِّي، أَسْمَر اللَّوْن

brown coal اللِّجْنِيت، الفَحْم الأَسْمَر (وَقود كَرْبوني متوسِّط بين الخَشَب الصَّخْري والفَحْم)

brown study شُرُود أو سَرَحان الفِكْر

v.t. & i. أَعْطَى لَوْنًا بُنِّيًّا، سَمَّر ؛ اِسْمَرَّ

browned off (*sl.*) زَهْقان، طَهْقان، مَلول

brownie, *n.* 1. (goblin) جِنِّيّة، حُورِيّة

2. (junior Girl Guide) زَهْرة، فتاة من فَرِيق الزَّهْرَات

browse, *v.t.* أَكَل الخُضرة ، رَعَى، كَلأَ العُشْب

v.i. (*lit. & fig.*) تَنَقَّل بين الكُتُب مُتَصَفِّحًا

bruise, *n.* كَدْمة، رَضّ، إزرقاق نتيجة صَدْمَة أو ضربة

v.t. & i. كَدَمَ، رَضَّ، ازْرَقَّ الجلد نَتيجَة لضربة

bruiser, *n.* مُلاكِم مُحْتَرِف (تُقال احتقارًا)

bruit, *v.t.*; *usu.* bruit abroad رَوَّج إشاعةً

brunette, *n.* سَمْراءُ، ذات شَعْر أَسْوَد

brunt, *n., esp. in* شِدَّة أو حِدّة الصَّدْمة

bear (take) the brunt of تَحَمَّلَ العِبء الأكبر

brush, *n.* 1. (for painting) فُرْشاة أو فُرْشة الرَّسْم أو الطِّلاء

brush-stroke لَمْسَة الفُرْشة

brush-work الرَّسْم بالفُرْشاة

2. (for cleaning, etc.)

clothes-brush فُرْشاة لِتَنْظِيف الثِّياب

3. (tail of fox) ذَنَب الثَّعْلَب

4. (undergrowth) شَجَر دِقّ ، دَغَل

5. (*elec.*) فُرْشَة كَرْبُون (لِتَوْصِيل الكَهْرَباء بِداخِل الدِّينامو)

6. (skirmish) مُناوَشة، صِدام

v.t. 1. (sweep); *also fig. with advs.* كَنَسَ، نَفَضَ الغُبار، فَرَّشَ؛ لَمَسَ، مَسَّ بِرِفْق، مَسَحَ

brush aside (dismiss, reject) تَجاهَلَ، تَرَكَ الأَمْرَ جانِبًا، لم يُبالِ بِ...

brush off (rebuff) صَدَّ، رَفَضَ بِخُشُونَة

brush up (*lit. & fig.*) نَظَّفَ، لَمَّعَ؛ دَرَسَ من جَديد (عِلْمًا كادَ أن يَنْساه)

2. (graze in passing); *also v.i.* لامَسَ،مَسَّ

brushwood, *n.* حَطَب؛ شُجَيْرات صغيرة مُتشابِكة، دَغَل، أَجَمَة، شَجَر دِقّ

brusque, *a.* (**-ness,** *n.*) فَظّ، غليظ، خَشِن، عنيف، جافّ

Brussels sprouts, *n.pl.* كُرُنْب برُوكْسِيل

brutal, *a.* (**-ity,** *n.*) وَحْشِيّ، بَهيميّ؛ فَظّ، قاسٍ، عديم الرَّحمة

the brutal fact الحَقِيقَة المُرّة

brutalize, *v.t.* جَرَّدَته (الحَرْب) من إنْسانِيَّتِه

brute, *n.* (*lit. & fig.*) وَحْش، بَهيم؛ شَرِس، غليظ القلب

a. وَحْشِيّ، بَهيميّ

brute force القوّة البهيمية، القوّة العَمياء أو الغَشوم

brutish, *a.* بَهيميّ، وحشيّ، شهوانيّ، شَرِس، هَمَجي

bubble, *n.* فُقَّاعَة (فقاقيع)، حَبَب، حَباب

(*fig.*) وَهْم، خَيال

burst (prick) the bubble (*fig.*) بَدَّدَ الأوهام، حَطَّمَ الخَيالات

v.i. أَصْدَرَ فُقّاعات، بَقْلَلَ، فَارَ

bubbly, *n.* (*sl.*) مَشْرُوب الشمپانيا

bubonic plague, *n.* طَاعُون دُمَّلي

buccaneer, *n.* قُرْصَان البحر

buck, *n.* 1. (male of deer, rabbit, etc.) ذَكَر الظَبْي أو الماعِز أو الأرنب، تَيْس

2. (dandy) غَنْدُور، شَلَبي

3. (*U.S. sl.*, dollar) دُولار أمريكي

v.i. & t. 1. (*of horse*) قَفَزَ الحِصان هائجًا

2. with *up* (*sl.*) أَنْعَشَ، شجَّع، قَوَّى؛ أَسْرَعَ، شَهَّلَ، عَجَّلَ

bucket, *n.* دَلْو، سَطْل، جَرْدَل

kick the bucket (*sl.*) مَاتَ، قَرَضَ الحَبْلَ (عراق)

buckle, *n.* مِشْبَك، إِبْزِيم، بُكْلة، تُوكة (مصر)

v.t. 1. (fasten) رَبَطَ بالإِبْزِيم، شَبَكَ

2. (crumple, crush) ثَنَى، حَنَى

v.i. اِنْثَنَى، اعْوَجَّ

buckle down to work شَرَعَ أو بَدَأَ بِهِمَّة

buckle to شَمَّرَ عن ساعِدِ الجِدّ، تَحَفَّزَ لِلْعَمَل

buckler, *n.* تُرْس، دِرْع

buckram, *n.* بَكْرَم، قُماش تيلي مُنشًّى ومُصمَّغ (يُسْتَعْمَل في تجليد الكُتُب)

buckshee, *a. & adv.* (*sl.*) مَجّانًا، بِبَلاش

buckshot, *n.*	رَشٌّ (صيد)
buckskin, *n. & a.*	جِلْدُ الغَزال؛ سِرْوال مصنوع مِنْ جِلْدِ الغَزال
buckthorn, *n.*	النَّبَق المُسْهِل (نَبات يُسْتَخْدَم في الدِّباغَة والعِلاجات البَيْطَرِيّة)
buckwheat, *n.*	حِنْطة سَوْداء، قَمْح البَقَر
bucolic, *a.*	رَعَوِيٌّ، رِيفِيٌّ، سَاذَج
bud, *n.*	بُرْعُم (بَراعِم)، زِرٌّ (أَزْرار)
nip something in the bud	قَضَى على شيءٍ في مَهْدِهِ (قَبْلَ أَنْ يَتَفاقَم)
v.i.	بَرْعَمَ، تَبَرْعَمَ، بَدَأَ في النُّمُوّ
v.t.	طَعَّمَ بِبَراعِم (بَسْتنة)
budding, *a. (fig.)*	نامٍ، ناشئ، صاعِد، في بِداية نُمُوِّه
Buddha, *n.*	بُوذا (لَقَبُ جَوْتاما مُؤَسِّس البُوذِيّة)
Buddh/ism, *n.*, -ist, *n.*	البُوذِيّة؛ بُوذي
buddy, *n. (coll.)*	رَفيق، صاحِب، صديق
budge, *v.i. & t.*	تَزَحْزَحَ، تَحَرّكَ؛ زَحْزَحَ
budgerigar, *n.*	طائِر صغير من فَصيلة البَبَّغاء
budget, *n.*	مِيزانِيّة، تقدير حِساب الإِيرادات والمصروفات
v.i.	
I didn't budget for that *(fig.)*	لَمْ أَحْسُبْ حِساباً لِذلك
budgetary, *a.*	مُتَعَلِّق بالميزانِيّة
buff, *a.*	أَصْفَر داكِن؛ جِلد الجاموس المدبوغ
v.t.	صَقَلَ، لَمَعَ

buffalo, *n.*	جَامُوسَة (جاموس)، ثَوْر بَرِّي
buffer, *n.*	مِصَدّ، مُخَفِّف وَقْع الصَّدْمَة (في قِطار)
buffer state	دَوْلَة مُحايدة تَقَع بين دَوْلَتَيْن مُتَخاصِمتين، دَوْلَة حاجِزَة
buffet, *n.* 1. (blow)	ضَرْبَة، صَفْعة، لَطْمة؛ مَصيبَة، بَلِيَّة، نائبة (نُوَب، نَوائِب)
2. (sideboard, refreshment bar)	بُوفيه، مِقْصَف، بار
buffet car	بُوفيه أو مَقْصَف القِطار
v.t.	لَطَمَ، صَفَعَ، دَفَعَ
buffoon, *n.*	مُهَرِّج، بَهْلول، بِلّياتْشُو، مُسْخة (مصر)
buffoonery, *n.*	تَهْريج، هَزْل مُبْتَذَل
bug, *n.* 1. (insect)	بَقَّة (بَق)، فَسْفسة (فَسافِس)
a big bug *(sl.)*	كَبير، عظيم الجاه، ذو شَأن، مُهِمّ
2. (coll., germ)	جُرْثُومَة، مَيْكرُوب
bugbear, *n.*	بُعْبُع، مَصْدَر خَوْف أو تَقَزُّز
bugger, *n.*, *v.t. & i.*	لُوطِي، مُضاجِع الذكور؛ لاطَ، جَامَعَ أو ضَاجَعَ الذكور
buggery, *n.*	لِواط، سَدومية، مُضاجعة الذُّكُور أو البهائِم
bugle, *n.*	بُوق، نَفير، صُور، بَرَزان
bugler, *n.*	بُوقِي، بَوّاق، نافِخ البُوق أو النَّفير، بُروجي (بُرُوجية)
build *(pret. & past p. built)*, *v.t. & i.*	بَنَى، شَيَّدَ، عَمَّرَ، أنشأ، أقام؛ رَكَّبَ ماكينة

well-built (*of persons*) قَوِيُّ البُنْيَة، عَفِيٌّ، مَرْبُوع (عراق)، ضَلِيع

built-in, *a.*

(incorporated, integral) مُرَكَّب داخِليًّا

(*fig.*, innate) فِطْرِيّ، طبيعيّ

build up a reputation بَنَى شُهْرَة أو صِيتًا

the pressure is building up الضَّغْط آخِذ في الازْدِياد

build-up, *n.* تَجَمُّع، حَشْد؛ اسْتِعْدادات عَسْكَرِيَّة على نِطاق واسِع

(laudatory description) مَدِيح، ثَناء

built-up area مِنْطَقَة عامِرة

this will build you up هَذا(الدّواء) يُقَوِّيك، سَيَعُود عَلَيْك بالعافِية

n. (physique) بُنْية

builder, *n.* بَنَّاء، بانٍ

building, *n.* 1. (construction of houses, etc.) بِناء، تَشْييد، إنْشاء، تَعْمير

building society جَمْعِيَّة بِناء المَساكِن

2. (edifice) مَبْنًى، عِمارة، بِناء، بُنْيان

built, *pret. & past p. of* **build,** *v.t. & i.*

bulb, *n.* 1. (*bot.*) بَصَلَة (أبْصال، بصلات)

2. (*elec.*) لَمْبة كَهْرِبائية، مِصباح كَهْرَبائي

bulbous, *a.* بَصَلِيُّ الشَّكْل، ذو أبْصال أو بَصَلات

Bulgarian, *a.* بُلْغارِي

n. 1. (native) بُلْغارِي

2. (language) اللُّغة البُلْغارِية

bulge, *n.* انْتِفاخ، نُتوء؛ ازْدِياد العَدَد أو الحَجْم

v.i. انْتَفَخ، نَتَأ، تَضَخَّم؛ جَحَظَت (العين)

bulging (with), *a.* مُنْتَفِخ، مُمْتَلِئٌ بِ

bulk, *n.* 1. (mass) كُتْلة، حَجْم، مِقْدار، جُمْلة

bulk-buying شِراء بالجُمْلة

bulk cargo بِضاعة أوْشِحَنة غير مُعَبَّأة

in bulk بَيْع بالجُمْلة ودون تَعْبِئة

2. (majority) مُعْظَم، أغْلَبِيَّة، أكْثَرِيَّة، جُلّ

v.i., esp. in

bulk large بَدا كبيرًا أو مُهِمًّا أوخطيرًا، (نفقات الدِّفاع) تَقْتَطِع حِصَّة كبيرة (من الميزانِيّة)

bulkhead, *n.* حاجِز مانِع للماء يَفْصِل بَيْنَ قِسْم وآخَر في سفينة

bulk/y, *a.* (-iness, *n.*) كَبير الحَجْم، ضَخْم، جَسيم

bull, *n.* 1. (animal) ثَوْر (ثيران)

bull-terrier نَوْع من الكِلاب

a bull in a china-shop أخْرَق، أهْوَج، عَدِيم الكِياسة

take the bull by the horns جابَه المَوْقِف الحَرِج غير هَيّاب ولا وَجِل

2. (centre of target); *also* bull's-eye عَيْن الهَدَف، مَرْكَز التصويب

3. (papal edict) مَرْسُوم أو طِرْس بابوِيّ

4. (*on Stock Exchange*) مُضَارِب على رفع الأسْعَار في السّوق المالية

bulldog, *n.* بُولْدُج ، كلب ذو رأس كبير وأنْف أفطس

bulldoze, *v.t.* (*coll., lit. & fig.*) خَوَّفَ ، أجْبَرَ ، قَسَرَه على ؛ دَكَّ ، سَوَّى

bulldozer, *n.* بولدوزر، آلة جَارِفة

bullet, *n.* رَصاصَة ، طَلْقة نارِيّة من بُندقيَّة أو مُسَدَّس

bullet-headed, *a.* ذُو رَأسٍ مُسْتَدِير

bullet-proof, *a.* صامِد للرَّصَاص

bulletin, *n.* نَشْرَة ، نَشْرة رَسميّة أو عِلْمِيّة

news bulletin نَشْرَة إخبارية ، نَشْرة الأنْبَاء

bullfight, *n.* مُصارَعَة الثّيران

bullfighter, *n.* مُصَارِع الثّيران

bullfinch, *n.* دُغْناش أوروبي ، عُصْفُور مُغَرِّد

bullfrog, *n.* ضِفْدَع امريكي كبير

bullion, *n. & a.* سَبِيكَة من الذَّهب أو الفِضّة

bullock, *n.* ثَوْر مَخْصِيّ

bullring, *n.* حَلْبة مصارَعة الثّيران

bully, *n.* بَلْطَجي ، قَبَضَاي ، شقيّ؛ قوَّاد ، دَيُّوث

v.t. طَغَى ، اِسْتَبَدَّ ، عَذَّب ، أجْبَرَ

bully beef, *n.* لَحْم بقر مَطْبوخ ومُعَلَّب ، بُولِبيف

bulrush, *n.* بَرْدِيّ ، حِلال (جِنْس نَباتات مِنْ فَصِيلة السَّعْدِيّات)

bulwark, *n.* (*lit. & fig.*) مِتْراس ، اِسْتِحْكام؛ جانِب السفينة العُلْوي؛ دِعامة، حامٍ ، عِماد

bum, *n.* 1. (*vulg.*, backside) عَجِيزَة رِدْف (لفْظَة سُوقِيّة)

2. (*U.S. sl.*, loafer, tramp) مُتَشَرِّد ، مُتَسَكِّع ومُتَسَوِّل ، صُعْلوك

bumble-bee, *n.* نَحْلة كبيرة طَنَّانة

bump, *v.t.* صَدَمَ ، خَبَطَ ، ضَرَب ، رَطَمَ

v.i. اِرْتَجَّ

bump into (against) something اِصْطَدَمَ ، اِرْتَطَمَ بِشيءٍ

bump into someone (*coll.*, meet) اِلْتَقَى بِفُلان صُدْفةً ، صَادَفَ ، قابَل مُصادَفةً

n. 1. (blow) خَبْطة ، صَدْمة

2. (jolt; unevenness causing jolting) رَجّة

3. (swelling) وَرَم ، نُتُوء ، بُروز

bumper, *n.* 1. (full glass of wine) كَأْس مُتْرَعة (بالخَمْر مثلًا)

(*attrib.*, full, large) وَفِير ، وافٍ ، غَزِير ، فيّاض

2. (car fender) رَفْرَف ، مِصَدّ ، دَعّامِيّة (عراق) ، إكْصِدَام (مصر)

bumpkin, *n.* شَخْص رِيفي ، ساذَج ، لَخْمة

bumptious, *a.* (**-ness,** *n.*) مُعْتَدّ بنفسه إلى حَدّ الغُرور، مُفْرِط في الإعجاب بِذاته

bumpy, *a.* غَيْر مُسْتَوٍ، كثير الحُفَر والنُتوءات، مليء بالمَطَبّات

bun, *n.* 1. (cake) كَعْكَة فيها زَبيب أو كِشْمِش

2. (pad of hair) تَسْرِيحة الشَّعْر على شَكْل كَعْكَة، شِينيُون

bunch, *n.* حُزْمَة، لَمّة؛ عُنْقود عِنَب، عِذْق أو سُباطة تَمْر، باقَة زهر

best of the bunch خَيْر مَنْ في القوم، أحْسَن الموجودين

v.t. & *i.*; *also* bunch up, bunch together حَزَم، رَبَطَ في باقة؛ تَجَمَّعَ

bundle, *n.* حُزْمة، رَبْطة، صُرّة، بُقْجَة، لَفَّة

v.t. 1. (pack) صَرَّ، حَزَمَ، لَفّ بِغَيْر عِناية

2. (send packing), *esp. with advs.* off, out طَرَدَه (من المَنْزل مَثلًا)، أَلْقاه خارجًا

bung, *n.* سِدَادة، سِطام، فِلّينة (للبَراميل خاصّةً)

bung-hole ثَقْب أو فَتْحة البِرْميل

v.t. سَدَّ، أغْلَقَ البِرْميل بِفلّينة؛ رَمَى

bunged up مَسْدود، مُغْلَق

bungalow, *n.* بَنْگلة (عراق)، مَنْزل ذُو طابَق واحد

bungle, *v.i.* & *t.*, & *n.* لَهْوَجَ، كَلْفَتَ، لَخْبَطَ، أَفْسَدَ، خَرْبَطَ، طَصْلَقَ (مصر)

bungler, *n.* مُلَهْوِج، مُلَخْبِط، مُلَفْلِف، مُخَرْبِط

bunion, *n.* وَرَم مُلْتَهِب في مَفْصِل إبْهام القَدَم

bunk, *n.* 1. (sleeping-berth) سَرِير مُثَبَّت (في سفينة أو قطار)

2. (*sl.*, disappearance), *only in* do a bunk; *also* bunk, *v.i.* شَمَّعَ الفَتْلة أو الخَيْط، هَرَبَ، فَرَّ

3. (*sl.*, nonsense) كَلام فارِغ، هُراء، تَخْريف

bunker, *n.* 1. (container for coal or ship's fuel) مَخْزَن الفحم أو الوَقود

2. (*mil.*) مَخْبَأ أو مَلْجأ مُسَلَّح تَحْت الأَرْض

3. (*golf*) شَرَك يَعْتَرِض طريق الكرة في لُعْبَة الجولف

v.t. 1. (refuel); *also v.i.* زَوَّدَ بالوَقود

2. (*golf*; (*lit.* & *fig.*), *usu. past p.*) عَرْقَلَ (لُعْبة الجولف)؛ عَرْقَلَ مَساعيه

bunkered مُعَرْقَل، مُعاق

bunkum, *n.* (*sl.*) كَلام فارِغ، لَغْو، تخريف، هُراء، سُخْف

bunny, *n.* (*fam.* & *nurs.*); *also* **bunny rabbit** أرْنَب (بِلُغة الأطفال)

bunting, *n.* 1. (bird) دُرُّسة، صَعْو (مصر)

2. (flags) قُماش مُلَوَّن لصُنْع الرَّايات

buoy, *n.* 1. (channel marker) شَمَنْدُورَة، عَوَّامَة، صُوَّة بحرية، طوّافة

2. (= life-buoy) طَوْق النَّجاة

v.t. (*lit.* & *fig.*); *usu.* buoy up عَوَّمَ، رَفَعَ؛ قوّى الرّوح المَعْنوِيّة، عَضَدَ

buoy/ant, *a.* (**-ancy,** *n.*) (*lit. & fig.*) طَافٍ، عَائِم؛ مَرِح، مُبْتَهِج؛ (الأسعار) في ارتفاع

bur, *see* **burr**

Burberry, *n.* مِعْطَف مَطَرٍ من صِنْف جَيِّد

burble, *v.i. & t.* (*coll.*) غَمْغَمَ، هَمْهَمَ؛ خَرَّ (ماءُ الجَدْوَل)

burden, *n.* 1. (load, *lit. & fig.*) عِبْء (أَعْبَاء)، وِزْر، حِمْل ثَقِيل

beast of burden دَابَّة من دَوابّ الحَمْل

burden of proof مَسْؤُولِيّة الإثبات، عِبْء الإثبات

make someone's life a burden نَغَّصَ عليه عَيْشَه، أذاقه الأَمَرَّين، أثقل كاهله

2. (tonnage of ship); *also* burthen حُمُولة السَّفِينة أو وَسْقها

3. (refrain; *also fig.*, theme) فَحْوَى، مَغْزَى؛ قَرار، لازِمة

v.t. (*lit. & fig.*) حَمَّلَ، أَثْقَلَ، ضَايَقَ، كَلَّفَ

burdensome, *a.* شَاقّ، ثقيل، مُتْعِب، مُمِلّ

bureau, *n.* 1. (writing desk) مَكْتَب، مِنْضَدَة كتابة

2. (office) مَكْتَب، دائرة، إدارة

bureau de change, *n.* مَكْتَب تَحْويل العُمْلَة، مَكْتَب الصَّرّاف

bureaucracy, *n.* بيروقراطيَّة، تحكُّم مُوَظَّفي الدَّولة وتَزَمُّتهم

bureaucrat, *n.* (**-ic,** *a.*) مُوَظَّف حُكُوميّ مُسْتَبِدّ

burette, *n.* أُنْبُوبة مُدَرَّجَة ذاتُ صُنْبور (كيمياء)

burgeon, *v.i.* (*lit. & fig.*) بَرْعَمَ، تَبَرْعَم، بَدَأَ في الظّهور والنُّمُوّ

burgess, *n.* مُوَاطِن له كافّة الحقوق المَدَنِيّة

burgh, *n.* بَلْدة، مدينة، بَنْدَر

burglar, *n.* لِصّ، حَرامي

burglar-alarm جَرَسُ إنذارٍ بالسَّرِقة

burglary, *n.* سَطْو، سَرِقة، لُصُوصية

burgle, *v.i. & t.* سَطَا على بَيْت، اقْتَحَمه بِقَصْد السَّرِقَة

burgomaster, *n.* رَئِيس بلدية في هُولَنْدَا

Burgundy, *n.* مُقاطَعَة برغندي في فرنسا؛ نَبِيذ مُنْتَج فيها

burial, *n.* دَفْن، جِنازة

burial-ground مَقْبَرة، مَدْفَن، تُرْبة، جَبَّانة

burial-service صَلاة الجِنازة، مراسيم الدَّفْن

burke, *v.t., esp. in* خَنقه خِفْيَةً

burke the issue أَخْفَى الأمر، كَفَى على الخَبَر ماجورًا، طَمْطَمَ القضية

burlap, *n.* خَيْش، نَسيج من الجُوت

burlesque, *a., n., & v.t.* تَقْليد هَزْلي، مُعالَجَة ساخِرة لموضوع جدّي

burly, *a.* بَدِين، مَفْتول العضل، مَتِين البِنْيَة

Burmese, *a.* بُورْمِيّ، مِن سُكّان بُورما

n. 1. (native) مُوَاطِن بورْما

2. (language) لُغَة بورْما

burn (*pret. & past p.* burnt, burned), *v.t. & i.* أحْرَق؛ أضاءَ المِصْباح، اِحْتَرَق، اِشْتَعَل

burn out اِحْتَرَق (المِصْباح)، خَبا أو خَمَدَ (اللهب)، نَفَدَ (الوَقود)

burn up اِسْتَهْلَكَ الطاقة، أحْرق؛ تميّز غيظًا؛ نَهَبَ الطريق

have money to burn يَلْعَب بالفلوس

money burns a hole in his pocket فُطِر على التَّبْذير، 'إيده سايبة'،'إيده فالتون' (عراق)

burn one's boats (*fig.*) قَطَعَ على نفسه خطّ الرَجْعة، أحْرَق مَراكِبَه (مجازًا)

burn the candle at both ends أفْرَط في السَّهَر، أنْهَكَ صِحّته، اِسْتَنْفَدَ طاقته

burn one's fingers (*fig.*) جَلَبَ على نفسه الأذَى، جَنَى على نفسه بتَهَوُّرِه

burn the midnight oil أحْرَقَ فَحْمة ليلِه

burning desire شَوْق مُلِحّ، رَغْبة عارِمة، حَنِين جارف، شَغَف شَدِيد

burning question مَوْضُوع السّاعة، عَلَى كلّ لسان، مَسْأَلة تُثير نِقاشًا حاميًا

my ears are burning أشْعُرُ أَنَّ أحدًا يَتحدَّث في سيرتي

the food is burnt to a cinder تَفَحَّمَ أو اِحْتَرَقَ الطعام (لِتَرْكِه على النّار طَويلاً)

burnt offering مُحْرَقة، قُرْبان مَحْروق

n. 1. (result of burning) حَرْق، كَيّ، لَسْعَة

2. (*Sc.*, stream) جَدْوَل، نُهَيْر (في اسكتلندا)

burner, *n.* شُعْلَة أو قَلْب المِصْباح

burnish, *v.t. & n.* صَقَلَ، لَمَّعَ، جَلَى؛ صَقْل، بَريق

burnisher, *n.* (*tool*) مِصْقَلة

burnous(e), *n.* بُرْنُس (بَرانِس)، ثَوْب فَضْفاض ذو قَلَنْسُوَة

burp, *v.i. & n.* (*sl.*) تَجَشَّأ، تَكَرَّعَ؛ تَجَشُّؤ، تكريع

bur(r), *n.* 1. (prickly seed-case) كِيس وَبَرِيّ شائِك بداخِلِه البُذُور

2. (rough excrescence or ridge) رائِش، حَلْقَة مَعْدِنية صغيرة

3. (rough sound of letter 'r') تَفْخِيم أو تَشْدِيد الرّاء في نُطْق الانكليزية

burrow, *n.* جُحْر، وِجار (أوْجِرة)، مَخْبأ في الأرض لِلحيَوانات

v.i. & t. حَفَرَ جُحْرًا، عاشَ في جُحْر، نَبَشَ؛ نقب بَحْثًا عن

bursar, *n.* 1. (treasurer) أمِين صندوق الجامِعَة أو الدَيْر، صَرّاف المدرسة

2. (assisted student) طالِب يُمْنَح إعانَة ماليّة

bursary, *n.* إعانَة ماليّة للطَّلَبَة

burst (*pret. & past p.* burst), *v.t. & i.* اِنْفَجَر، اِنْبَثَق، تَدَفَّق، تَدَفَّعَ، تَفَتَّق

burst down (open) the door فَتَحَ الباب عَنْوَةً

burst forth تَدافَعَ، اِنْدَفَعَ، تَدَفَّق

burst into the room اِقْتَحَمَ الحُجْرة، دَخَلَ الغُرْفة مُنْدَفِعًا

burst into tears; *also* burst out crying
أجْهَش بالبُكاء، اِنْفَجَرَ باكيًا

laugh fit to burst كادَ يَنفجر من الضحك، ضَحِكَ بِمِلْءِ شِدْقَيْه

bursting with energy يَفِيضُ قُوَّةً ونَشاطًا

n.

burst of speed قِيادَة سَرِيعَة لِفَتْرَة مَحْدُودة

shell burst اِنْفِجَار القنبلة

bury, *v.t.* قَبَرَ، دَفَنَ، وارى التُّراب، دَمَسَ في الأرض، طَمَر

bury the hatchet دَفَنَ الأحقاد، فَضَّ النِّزَاع، تَصَالَحَ، تَصَافَى

(*fig.*)

bury the past طَوَى الماضي

bury oneself in the country اِنْعَزَلَ أو اِنْزَوَى في الريف

bury oneself in something اِسْتَغْرَقَ أو اِنْهَمَكَ في، انْغَمَرَ في (العَمَل مثلاً)

bus, *n.* حَافِلَة، أُوتوبيس، باص، بَص

bus conductor كُمْسَارِي الأتوبيس

bus-shelter مَحَطَّة اوتوبيس مُظَلَّلة، مَوْقِف باص مُغَطًّى بِسَقْف

bus station مَحطَّة رئيسية للأتوبيسات أو الباصات

miss the bus (*fig., coll.*) فَاتَه القطار، فَاتَتْه الفُرصة، فَشِل

bus-bar (*elec.*) قَضِيب أو مُوَصِّل عُمُومِيّ (كهرباء)

busby, *n.* قُبَّعَة من فراء الدبّ يَلْبَسُها الحَرَسُ المَلَكِيّ البريطانيّ

bush, *n.* 1. (shrub) شُجَيْرة، عُلَّيْقة، أَيْكة (أَيْك)

a bird in the hand is worth two in the bush عُصْفُور في اليد خير من عَشَرَة على الشجرة

beat about the bush حَام حول الموضوع، لَفَّ ودار حوله

(*fig., of hair, etc.*) غَزارة أو كثافة الشَّعْر

2. (untilled district) غابَة، دَغَل، حَرْش

bush-ranger لِصّ، حِرامي، قاطع الطريق (في أستراليا)

bush telegraph نَقْل الأخبار بِقَرْع الطّبول

3. (metal lining for hole) جُلْبَة (ميكانيكا)

bushel, *n.* مِكْيَال انكليزي للحبوب (٣٦٫٣٥ لتر)

hide one's light under a bushel أَخْفَى عِلْمه أو مَعرفته تَوَاضُعًا

bushman, *n.* رَجُل الغابة (في استراليا)؛ أَحَد سُكّان جَنُوب افريقيا الأصليّين

bushy, *a.* أَوْطَف، كثيف الحاجِبَيْن؛ كَثِيف أو كثير الأشجار

business, *n.* 1. (duty, concern, province)
مُهِمَّة، وظيفة، عمل، شأن، واجِب

make it your business to be here tomorrow حَاوِلْ بكلّ وسيلة أن تَحْضُرَ غدًا

it's no business of yours; *also* it's none of your business لَيْسَ هذا من شأنك، لا دَخْل لك في هذا

send someone about his business طَرَدَه، صَرَفَه بغِلْظة، أَبْعَدَه

like nobody's business (*coll.*) عَلَى أَحْسَن مَا يُرام، كأَحْسن ما يكون

2. (trade, occupation; commercial enterprise) تِجارَة، شُغْل، مِهْنة، صَنْعَة، وَظيفه، عَمَل، كار

business deal صَفْقَة تِجارِيَّة

business-like (*a*.) مُرَتَّب، مُنَظَّم، جادّ، عَمَليّ، كُفء

business-man رَجُل أعمال، تاجِر

go into business مَارَسَ التجارة

he means business إنَّه يَعْنِي مايقول، إنه جادّ

put someone out of business جَعَله يُفْلِس

3. (affair) أَمْر، مَسْأَلة، قضية

it's a bad business هَذا أمر يُؤْسَف له، خَازُوق! يا لَهُ مِن مَقْلَب!

busker, *n*. مُغَنٍّ أو مُمَثِّل مُتَجَوِّل، مَدّاح (يُغَنِّي للمُنْتَظِرين دُخولَ المَسْرح مَثلاً)

busman, *n*. سَائِق أو مُحَصِّل الأُوتُوبِيس

busman's holiday مُزَاوَلة العمل نفسه أَثْنَاءَ العُطلة

bust, *n*. 1. (sculpture) تِمْثَال نِصْفِيّ

2. (bosom) صَدْر أو مَقاس الصّدر (للنساء)

bust, *v.t. & i.* (*sl*.) كَسَّرَ، دَشْدَش؛ اِنْكَسَرَ

go bust أَفْلَس، عَجِز عن إيفاء دُيُونِه

bust-up (*n*.) مُشَاجَرة، خِصام، مُشادّة كَلامِيّة، عَرْكة

bustard, *n*. حُبَارَى (طائر يشبه الغُرْنوق)

bustle, *v.i. & t., esp. with adv.* about نَشِطَ فِي العمل، راح وجاء كَمَكُّوك الحائك

n. 1. (activity) نَشَاط وحركة في العمل، ضَوْضَاء

2. (frame for skirt) إطار لنَفْش الفستان مِنَ الخَلْف

busy, *a*. مَشْغُول

he is busy writing إنَّه مشغول بالكتابة

a busy road طَريق يَكْثُر فيه المرور، طَرِيق مُزْدَحِم

busybody, *n*. فُضُولِيّ، يَتَدَخَّل في شُؤون الغَيْر، مُتَطَفِّل

but, *conj*. لَكِنْ، ولكن، غَيْر أن، إنَّما

adv. 1. (only) لَوْ أنّ

had I but known لَوْ أَنَّنِي عَرَفْتُ

2. (except, if . . . not) إلَّا، ما عدا، خَلَا، سِوَى، غير، لَوْلا

all but completely isolated يَكادُ يكون في عُزْلة تامّة

it's anything but! (*coll*.) أَبَدًا! ليس بِالمَرَّة! بالعَكْس!

3. (at least)

you can but try مَا عَلَيْكَ إلّا أن تُحاول، لَا بَأْسَ من المحاولة

butane, *n*. غَاز البُوتَان، بُوتَاغَاز

butcher, *n*. 1. (dealer in meat) قَصَّاب، جَزَّار، لَحَّام

2. (*fig.*, brutal killer) سَفّاح، سَفّاك للدِّماء، جَزّار، قاتِل وَحْشِيّ

v.t. (*lit. & fig.*) ذَبَحَ، جَزَرَ، سَفَكَ، قَتَلَ

butchery, *n.* (*usu. fig.*) مَجْزَرَة، مَذْبَحة؛ فَتْك

butler, *n.* سَاقٍ، قَهْرَمان، رَئيس الخَدَم (في مَنْزِل كَبير)

butt, *n.* 1. (cask) بِرْميل سوائل

2. (thick or square end) الطَّرَف الغليظ أو المُرَبَّع

butt of a cigarette عُقْب السِّيكارة

butt of a rifle المِقْبَض الخشبي للبُنْدُقية، عَقِبُ أو أَخْمَص أو قَنْدَق البُنْدُقِيّة

butt-joint وَصْلَة رَأْسِيَّة (نِجارَة)

3. (shooting range)

the butts مَرْمًى، الأهداف وما وراءها من المُرْتَفَعات (رِماية)

4. (object of ridicule) هُزْأَة، أُضْحوكة، مَوْضِع سُخْرية واستهزاء

5. (push with the head) نَطْح، ضَرْب بالرّأس

v.t. & i. نَطَحَ، رَطَمَ؛ اِرْتَطَمَ

butt in (*coll.*) تَدَخَّلَ (في الحديث مثلًا)، قاطَعَ

butter, *n.* زُبْد، زُبْدة

butter-bean فَاصُوليا بَيْضاء مُجَفَّفَة

butter-fingers (*coll.*) أَصابِع رَخْوة (يسقُط مِنها ما تحمِله)، يَد سائبة

butter-muslin شَاش

he looks as if butter wouldn't melt in his mouth يَتَظاهَر بِالبَراءَة والوَداعَة، يَلْبَس مُسُوح الرُّهْبان

v.t. دَهَنَ بالزُّبْدة، وَضَعَ الزُّبد على

butter up (*fig.*, flatter) داهَنَ، صانَعَ، تَزَلَّفَ إلى، تَمَلَّقَ

buttercup, *n.* رَبِيعَة، الشّقيق الأصْفَر، حَوْذان حِرِّيف (نبات مُزْهِر)

butterfly, *n.* فَراشَة

butterfly-nut صَمُولة مُجَنَّحة، حَزَقه (سوريا)

butterflies in the stomach (*coll.*) قَلَق، خَوْف، اِنْزِعاج

buttermilk, *n.* لَبَن أو حَلِيب خَضّ

butterscotch, *n.* نَوْع مِن الحَلْوَى مصنوع من السُّكَّر والزُّبد

buttery, *n.* مَخْزَن أو مَحَلّ المأكولات أو المشروبات

buttock, *n.* رِدْف (أَرْداف)، أَلْيَة (أَلايا، أَلَيات)، عَجِيزة

button, *n.* 1. (fastening on garment) زِرّ (أَزْرار)، دُكْمة (عراق)

2. (actuating knob) مِفْتاح، زِرّ

press the button (*fig.*, *e.g.* initiate nuclear war) أَعْلَنَ الحرب الذرّية

push-button control التَحَكُّم بِضَغْط الأَزْرار

v.t. زَرَّرَ، أَقْفَلَ، دَكَّمَ (عراق)

button up زَرَّرَ، أَقْفَلَ، دَكَّمَ (عراق)؛ حَسَبَ لكل شيء حِسابًا

v.i.

this dress buttons down the back هَذا الفُسْتان يُزَرَّر مِن الخَلْف

buttonhole, *n.* 1. (slit for button) عُرْوة (عُرًى)، فَتْحة الزِرّ
2. (posy worn in lapel) زَهْرة تُوضَع في عُرْوة الصَّدر
v.t. (*esp. fig.* seize, detain) أَمْسَكَ بِتَلابيبِه، أَوْقفه للتَّحدُّث إليه على كُرْه منه

buttonhook, *n.* زَرّارة، صِنّارة التَّزْرير

buttons, *n.* (*coll.*, page-boy) غُلام في فُنْدُق

buttress, *n.* (*lit.* & *fig.*) رَكِيزة (في البِناء)، رافِدة، مِسْنَد، دِعامة
flying buttress زافِرة (زَوافِر)، دِعامة جانِبيّة لِبناءٍ (هَنْدَسة مِعْماريّة قديمة)
v.t. (*lit.* & *fig.*) دَعَمَ، سَنَدَ، عَزَّزَ، عَضَدَ، أَيَّدَ، عاضَدَ

buxom, *a.* (اِمْرَأة) مُمْتَلِئة الجِسْم، تَفيض صِحّةً وعافيةً، حَسْناء تَميل إلى السِّمنة

buy (*pret.* & *past p.* bought), *v.t.* شَرَى، اِشْتَرَى، اِبْتاعَ
buy in اِشْتَرَى كمِّيَّة كبيرة (مِن السِّلَع)
buy off رَشا شَخْصًا ليتنازَلَ عن حَقّه
buy out اِشْتَرَى حِصّة غيره (في الشَّرِكة)
buy up اِشْتَرَى البِضاعة كلّها لِيَحْتَكِرَها
buy a pig in a poke اِشْتَرَى شيئًا دون تَبصُّر أو فَحْص سابِق
I'll buy it! (*sl.*) غُلِب حِماري، ما أتَكلَّم بَعْد، سَلَّمْتُ
n. شَرْوة، صَفْقة
a good buy صَفْقة جَيِّدة، لُقْطة (عامِّيّة)

buyer, *n.* شارٍ، مُشْتَرٍ؛ المسؤول عن المُشْتَريات
a buyer's market الرِّبْح للمُشْتَري

buzz, *v.i.* طَنَّ، أَزَّ، دَنَّ، زَنَّ
buzzing with rumours يَعِجُّ بالشّائِعات، تَكْثُر حَوْله الإشاعات
buzz off (*sl.*) اِمْشِ، اُبْعُدْ، اُغْرُب، اِمْضِ
v.t. (*coll.*, *of aircraft*) حامَ، هَدَّد بالهجوم
n. طَنين، أَزيز

buzzard, *n.* صَقْر جَرّاح، صَقْر حَوّام، سَقاوة، حُمَيْمِق (طائر)

buzzer, *n.* زَنّان كهرَبائي

by, *prep.* 1. (near) عِنْدَ، جَنْبَ، بجانب بِقُرْبِ
he has something by him عِنْده مُدَّخَر مِن المال
fall by the way⟨side⟩ تَخلَّفَ عَنْ الرَّكْب، تَخاذَلَ في مُنْتَصَف الطَّريق
by the way; *also* by the by عَلَى فِكْرةٍ، بِالمُناسَبة، خَطَرَ ببالي أن
2. (via) عَنْ طَرِيق، عَبْرَ
by land and sea بَرًّا وبَحْرًا
3. (during) في غُضُون، خِلالَ، أَثْناءَ
by day and night لَيْلًا ونَهارًا
4. (no later than)
by now الآنَ، حان وقتُ (مَجِيئه)

5. (denoting agent, means, or instrument)
بِ، بِوِساطةِ، من قِبَلِ، عن طريقِ

by mistake سَهوًا، خَطأً، بالغَلَط

by oneself وَحْدَه، بنفسه؛ مِن تِلقَاءِ نفسه، بِمُفْرَدِه

by your leave بَعْدَ إِذْنِك، إذا سَمَحْت لي

by all (no) means بِالتَّأْكيد، بالطَّبْع؛ لا... بِأيِّ حالٍ من الأحوال

three by four (measurement) ثلاثة في أربعة

learn by heart حَفِظَ عن ظَهْر قلب، دَرَسَ (قصيدة مثلًا) واسْتَظْهَرَها

6. (according to, in the measure of)
عَلَى قَدْر، حَسَبَ، بِحَسَبِ، وَفْقًا لِ...

by all accounts عَلَى مَا يُسْمَع، على ما يُقال

go by the name of يُقَالُ له كذا، يُدْعَى، يُسَمَّى كذا، يُعْرَف بِاسْمِ...

by rights he should be here يَنْبَغِي أن يَكُونَ حاضرًا، من المفروض أن يَكونَ هُنا (لأنّ هذا من حَقِّه)

7. (succeeding, in a succession of)
one by one وَاحِدًا واحدًا، واحدًا بَعْدَ الآخر

by degrees بِالتَّدْرِيج، تَدْرِيجيًّا

8. (in respect of)
what do you mean by it? كَيْفَ تَجْرُؤُ أو تَتَجاسَرُ على هَذا القَوْل؟

he did his duty by his mother عَامَلَ أُمَّه كَمَا يَنْبغي، بَرَّ بِأُمِّه

9. (in comparisons; to the extent of)
this is not good enough by half هَذَا دُونَ المُسْتَوَى المَطْلوب، لا يَنْفَع ولا يَشْفَع

by far the best أَفْضَلُ شيءٍ حَقًّا، لا يُضاهَى

10. (as surely as I believe in) وَ، ب، ت (حروف القَسَم)

by God وَاللهِ، بِاللهِ، تَاللهِ

adv. 1. (near)
by and large بِصِفَة عامّة، على وجه الإجْمال، على العُموم

stand by وَقَفَ إلى جانب...؛ وَفَى بِوَعْده؛ تَأَهَّبَ؛ وَقَفَ مكتوفَ اليدَيْن

2. (aside)
set something by وَضَع شَيْئًا جانبًا لِاسْتِعْمالِه عِند الحاجَة

3. (past)
get by (*lit.*) مَرَّ خِلَالَ

(*fig.*, manage, survive) اِكْتَفَى ب، دَبَّرَ الأمر

4. by and by (= later) فِيمَا بَعْد، في وَقْتٍ آخَر، عَمَّا قريب

pref. (sometimes combined with following word); *also* **bye-**

by-election اِنْتِخَاب فَرْعيّ أو تكميليّ

by-law قَانُون فَرْعي، لائحة داخلية

by-pass (*n.*) مَمَرّ أو طريق جانبي أو فَرْعي

(*v.t.*, *lit.* & *fig.*) لَفَّ أو دارحَوْلَ؛ تَجَنَّبَ

by-play الإيماءات والحركات الثانويّة الّتي يُؤَدّيها المُمَثِّلون على المَسْرَح

by-product مَحْصُول أو إِنْتاج ثانَوِيّ

by-road طَرِيق فَرْعِيّ ، طريق جانبي

by-way طَرِيق جانبي ؛ نُقْطة ثانَوِيّة (في موضوع)

by-word مُضْغَة في الأفواه، مضرِب المَثَل في السُّوء

bye, *pref.*, *see* **by,** *pref.*

bye-bye, *n. oft. pl.* (*nurs.*) نَوْم، رُقاد (بلُغة الأطفال)

int. مَعَ السَّلامة، في أَمان الله، سَعِيدة !

bygone, *a.* غابِر، ماضٍ، فائت، بائد، سالِف

n.pl.

let bygones be bygones مَا فات مات، عَفَا الله عَمَّا سَلَفَ

bypass, *see* **by,** *pref.*

byre, *n.* حَظِيرَة (للمواشي)، زَرِيبة

by-road, *see* **by,** *pref.*

bystander, *n.* مُتَفَرِّج، واقِف على جانب

byway, *see* **by,** *pref.*

byword, *see* **by,** *pref.*

Byzantine, *a.* بِيزَنْطِيّ، روميّ

C

C, 1. (letter) الحَرْف الثّالث من الأبجدية الإنْكِلِيزِية

2. (Rom. num. = 100) رَقْم ١٠٠ (في الأرْقَام الرّومانية)

cab, *n.* 1. (horse-drawn vehicle) عَرَبة أُجْرَة تَجُرُّها الخَيْل، حَنْطُور

2. (= taxi-cab) سَيَّارة أُجْرَة، تاكْسِي

cab-rank مَوْقِف عَرَبات الأُجرة أو التّاكسي

3. (driver's shelter on locomotive, etc.) كَابِينَة السّائق (في لوري أو قاطرة الخ)

cabal, *n.* عِصَابَة سِرِّية ؛ مُؤامَرة، مَكِيدة

cabaret, *n.* كَابَارِيه، مَلْهًى

cabbage, *n.* كُرُنْب، مَلْفوف، لَهَانَة (عراق)

cabbage lettuce خَسّ إفْرَنْجِيّ، خَسّ على شَكْلِ كرنب، خَسّ قَلْبِيّ

Cab(b)al/a, *n.* (**-istic,** *a., oft. fig.*) القَبَّالَة، القَبَلَة، تَعْلِيم نَقْلِي تَصَوُّفي عِند اليهود

cabby, *n.* (*coll.*) حُوذِيّ، عَرْبَجِيّ، سائق سَيَّارة أُجْرة أو تاكسي

caber, *n.* جِذْع شجرة الصَّنَوْبَر يُقْذَف اختِبَارًا للقوّة (لُعْبة اسكتلندية)

cabin, *n.* 1. (hut) كَابِينَة، كُوخ، عُشَّة، خُصّ

2. (room in ship) قَمْرة، كابينة، حُجْرة في السّفينة، قَمارة (عراق)

cabin-boy خَادِم رُكّاب السّفينة وضُبّاطها

cabin-trunk صُنْدُوق كبير للأَمْتِعة (للسَّفَر)

3. (crew compartment in aircraft) كَابِينة، غُرْفَة أو قَمْرَة الطَّيّار

cabinet, *n.* 1. (small private room) غُرْفَة، حُجْرة صَغيرة

2. (piece of furniture) دُولَاب ؛ قِطعة مِن الأثاث لِحفظ أشياء ثمينة

cabinet-mak/er, -ing نَجَّار موبيليا، صَانِع الدّواليب

filing cabinet خِزَانة الأوراق، دولاب بأَدْراج

3. (group of ministers) هَيْئَة الوِزارة، مَجْلِس الوُزراء، أعضاء الوِزارة

form a cabinet أَلَّف أو شَكَّل وزارةً

cable, *n.* 1. (fibre or wire rope) سِلْك، حَبْل، سَلَب (مصر)، مَرَسة، تِيل

cable-car عَرَبَة يَجُرُّها سِلْك إلى أعلى الجبل

cable-stitch غُرْزة الضّفيرة (ترِيكو، حياكة)

2. (measure of length) مِقْيَاس طُول بَحْرِيّ (١٠٠ قامة أو ٦٠٠ قدم تقريبًا)

3. (*elec.*) كابِل، سلك تِلِغْرَافِيّ، قابلو (عراق)

power cable كابِل القوّة الكَهرَبائية

4. (telegraph message); *also* **cablegram** بَرْقِيَّة، رسالة سِلكية، تِلِغْراف

v.i. & t. أَبْرَق، أَرْسَلَ بَرْقيّة

cabman, *n.* سَائِق عَرَبة أُجرة، عَرْبَجِيّ، حُوذِيّ

cacao, *n.* كاكاو، شجرة الكاكاو

cache, *n.* مَخْبَأ المُؤَن والذخائر (يَتْرُكه المُكتَشِفون)

cachet, *n.* خَتْم، طابع ؛ بُرْشامة دواء ؛ عَلامَة مُمَيِّزة

cachinnation, *n.* قَهْقَهة، ضَحِك عالٍ

cachou, *n.* قُرْص حُلْو لِتطييب الفم

cackle, *v.i. & n.* (*lit., of a hen, and fig.*) قَاقَ، قَوَّقَ، وَقْوَقَ ؛ وَقْوَقة، تَقْوِيق

cacophon/ous, *a.* (**-y,** *n.*) نَشَاز، مُتَنافِر الأَصْوَات، (صَوْت) يَخْدِش الأَسْماع

cact/us (*pl.* -i, -uses), *n.* صُبّار، صُبَيْر، صَبْر ؛ فصيلة الصبّاريات

cad, *n.* نَذْل، خَسيس، دَنِيء

cadastral, *a.* نِسْبَةً إلى مِساحة الأراضي وقِيمَتِها (لِغَرض تَقْدِير الضّرائب)

cadaverous, *a.* (**-ness,** *n.*) شَاحِب أو باهت أو مُمْتَقَع اللون، كالمَوْتَى

caddie (**caddy**), *n. & v.i.* حَامِل أدوات الجولف

caddish, *a.* سَافِل، دَنِيء، دُون، نَذْل، دُونِي (عراق)

caddy, *n.* 1. (box for tea) عُلْبَة لِحِفْظ الشّاي

2. *see* **caddie**

cadence, *n.* إيقَاع النَّغَم ؛ نَبَرات ؛ اِنْخِفاض الصَّوْت في نِهاية الكَلام

cadenza, *n.* كَادِنْزَا، جزء من مقطوعة مُوسِيقِيّة يقوم بها عازف حاذق

cadet, *n.* 1. (younger son or brother) الاِبْن الأَصْغَر، الأخ الأَصْغَر

2. (mil. student) طَالِب في مدرسة حَرْبِيّة

cadge, *v.t. & i.* (*coll.*) سَفْلَق، تَطَفَّلَ، عَاشَ على قَفا غيره ؛ هُوَ عِشْت (عراق)

cadmium, *n.* مَعْدِن الكادميوم (كيمياء)

cadre, *n.* كَادِر، مِلاك، إطار (أُطُر)، فِئَة أو طَبَقة

caec/um (*pl.* -a), *n.* المُصْران الأَعْوَر (طبّ)

Caesar, *n.*; *also fig.* قَيْصَر؛ حاكِم مُطْلَق، فِرْعَوْن

render unto Caesar the things that are Caesar's أَعْطِ ما لِقَيْصَر لقيصر وما للّه للّه

Caesar/ean (-ian), *a.* قَيْصَري

Caesarean operation (section) عَمَليّة قَيْصَريّة، فَتْح بطن الحامل لإخراج الوليد

caesium, *n.* مَعْدِن السيزيوم (كيمياء)

caesura, *n.* وَقْفَة في بيت شِعر (لَفْظ لاتينيّ)

café, *n.* 1. (*F.*, coffee)

café au lait قَهْوَة مع حليب، قَهْوة باللَّبَن

2. (restaurant) مَقْهًى (مَقاهٍ)، كافيه، كازينو؛ مَطْعَم صغير

cafeteria, *n.* مَطْعَم يَخْدِم فيه الزّبائنُ أَنْفُسَهم

caffeine, *n.* كافِيين، مادّة مُنبِّهة تُسْتَخْلَص مِن البُنّ وأوراق الشاي

cage, *n.* قَفَص (أَقْفاص)، تَقْفِيصة

mine cage مِصْعَد المَنْجَم

v.t. حَبَسَ أو وَضَعَ في قَفَص

cag/(e)y, *a.* (**-iness,** *n.*) (*sl.*) كَتُوم، حَوِيط

Cain, *n.* قايين، ابْن آدم وحَوّاء وقاتِل أخِيه هابِيل، (قابِيل في القُرآن)

raise Cain أَقام الدُّنْيا وأَقْعَدَها

caïque, *n.* زَوْرَق أو بَلَم شِراعي خفيف يُسْتَعْمَل في البحر الأبيض المُتَوسِّط

cairn, *n.* رَجْم، تَلَّة من الحِجارة لِتَحْدِيد موضِع ما

caisson, *n.* صُنْدُوق أو عَرَبة ذخيرة؛ صُنْدُوق مُحْكَم لِوَضْع أُسُس الجُسُور في أَعْماق النّهر؛ آلة لِانتِشال السُّفن الغارقة

cajole, *v.t.* (**-ment, -ry,** *n.*) تَمَلَّق، داهَن، مَسَح جُوخ فُلان لإِقْناعِه، الْتَجَأ إلى المُداهَنة

cake, *n.* كيك، كَعْك، كَعْكة

you can't have your cake and eat it لا يُمْكِنك الجَمْع بين الضِّدّين، إمّا هذا أو ذاك

sell like hot cakes رائج جِدًّا

that takes the cake هذا يَفُوق الكُلّ، أَصْبَتَ كَبِد الحَقِيقة، ما شاءَ اللّه!

cake of soap قالَب صابون، صابونة

v.i. & t. تَجَمَّدَ، عَلَتْه طَبَقة يابسة

calabash, *n.* دُبّاء، قَرْعة فارغة تُسْتَعْمَل وِعاءً، قَرْعة يابِسة

calamine, *n.* حَجَر التُّوتِيا، كَرْبُونات الزِّنك أو الخارَصِين

calamit/y, *n.* (**-ous,** *a.*) نَكْبة، خَطْب، كارِثة، مُصِيبة؛ نَحْس، منحوس

calcareous, *a.* كِلسيّ، جِيريّ، طَباشيريّ

calcif/y, *v.t. & i.* (**-ication,** *n.*) كَلَّسَ، غَطّى بِطَبَقة من الكِلْس

calcin/e, *v.t. & i.* (**-ation,** *n.*) كَلَّسَ، أَحْرَقَ

calcium, *n.* كَلْسِيُوم

calculable, *a.* يُمْكِن تقديره أو حسابه

calcul/ate, *v.t. & i.* (**-ation,** *n.*) عَدَّ، قَدَّرَ، أَحْصَى؛ اِعْتَمَدَ على، وَثِقَ بـ؛ ظَنَّ، حَدَسَ

calculating machine آلة حاسِبة

don't calculate on it لا تُرَتِّب خِطَّتك على أَسَاسِ حُدُوثِ هَذا الأَمْر

a calculating mind عَقْل واعٍ، دَاهِيَة، يُتْقِن حَبْكَ الخِطَط

upset someone's calculations أَحْبَطَ خِطَط شَخْص، أَفْسَدَ تدبيرَه وآماله

calculator, *n.* حَاسِب، عَدّاد

calculus, *n.* 1. (*med.*) حَصَاة، حَصْوَة (حَصًى)

2. (*math.*) حِسَاب التّفاضُل والتّكامُل (رياضيات)

Caledonian, *a. & n.* كَالِيدُوني، اسْكُتْلَنْدي

calendar, *n.* 1. (system of reckoning dates) تَقْوِيم، رُوزْنَامَة (عراق)

calendar month شَهْر شَمْسِيّ

2. (almanac) يَوْمِيَّة، نَتيجة، رُوزْنَامَة

3. (list) جَدْوَل (للقضايا أمامَ المَحْكَمة مثلاً)

calender, *n. & v.t.* آلَة لِصَقْل القُماش أو الوَرَق وتَنْعِيمِهِ؛ عالجَ (الوَرَق) بِهذه الآلَة

cal/f (*pl.* -ves), *n.* 1. (young cow) عِجْل صغير

calf-love الحُبّ الصِّبْيَاني العابِر

in calf بقَرَة حُبْلَى أوحامل أو عِشار (مصر)

kill the fatted calf ذَبَحَ العِجْل المُسَمَّن إحْتِفَاءً بضيفٍ، ذبح الحَوْلِيّة أو الرُّومِيّ

2. (leather) جِلْد العِجْل المدبوغ

3. (back of leg) بَطْن السّاق، كِرشة الرِّجْل (عراق)، بَطّة السَّاق

calibr/ate, *v.t.* (**-ation,** *n.*) عَايَرَ (قُطْر مَاسُورة البُنْدُقِيَّة)، دَرَّجَ (التِّرْمُومِتر)

calib/re (*U.S.* **-er**), *n.* 1. (diameter of gun barrel, etc.) قُطْر مَاسُورة البُنْدُقِيَّة أو المِدْفَع، قُطْر الفُوَّهة

2. (quality) مَنْزِلَة الشَّخص أو أَهَمِّيّتُه

calico, *n. & a.* قُمَاش قُطْنِي أَبْيَض، بَفْتَة، الخَام

caliper, *see* **calliper**

cal/iph (**-if**), *n.* خَلِيفة (خُلَفاء)

caliphate, *n.* الخِلافَة

call, *v.t.* 1. (summon, invoke, draw) اِسْتَدْعَى، دَعَا، طَلَبَ، نَادَى

call a meeting عَقَدَ اِجْتِمَاعًا

call attention to لَفَتَ النَّظَرَ إلى

call forth سَبَّبَ، جَلَبَ، اِسْتَخْرَجَ

call in one's loans طَالَبَ بِرَدِّ القَرْض

call to account حَاسَبَ، نَاقَشَه الأمر

call to arms جَنَّدَ، دعا إلى حَمْل السِّلاح

call to mind اِسْتَعَادَ إلى ذاكِرَته، تَذَكَّرَ، مَثَّلَ في خاطِرِه

call to order طَلَبَ منه (إليه) حِفْظ النِّظام

call up the reserves اِسْتَدْعَى القُوّات الاِحْتِيَاطِيّة إلى الخِدمة

call-up, *n.* تَعْبِئة، اسْتِدْعاء لحَمْل السِّلاح، نَفِير عامّ

2. (contact by telephone or radio); also v.i. اِتَّصَلَ بشخص (تليفونيًا أو بالراديو)

call someone up اِتَّصَلَ به ، خابَرَه بالتّليفون

call-box كُشْك أو صُنْدُوق التِّليفون

call-sign إسْمُ نِداء أو رَمْز لاسِلْكيّ

3. (challenge)

call someone's bluff قَبِل التَّحَدِّي أو التَّهْديد ، طَلَب مِنه تَنْفِيذ وَعِيدِه

call in question اِرْتابَ في أَمْرِهِ أو ادِّعائه

4. (cry, speak or read aloud) صَرَخ ، صاحَ ، عَيَّطَ ، رَفَعَ صَوْته

call a halt to وَضَعَ حَدًّا لِ، أَوْقَفَ

call off أَلْغَى، فَسَخَ ، أَبْطَلَ

call out a name نادَى اسْمًا

call-over, n. (roll-call) مُناداة (كَشْف) الأَسْماء

call quits اِتَّفَق على وَقْف المُبارَزة ، صَفَّى الحِساب

call the roll نادَى كَشْف الأَسْماء

5. (name, pronounce, consider) سَمَّى ، أَطْلَقَ (عليه) اسْمًا ، اعْتَبَرَ

call someone names شَتَمَ ، سَبَّ، لَحَا ، أَلْحَى

called after his father يَحْمِل اسْمَ أَبِيه ، أُطْلِقَ عليه اسْمُ أَبِيه

v.i. (cry, appeal) صَرَخَ ، دَعَا، ناشَدَ، طَلَبَ إلى ، تَوَسَّل إلى

call for help اِسْتَغاثَ، اسْتَعانَ ،اِسْتَنْجَدَ

this calls for a celebration هَذا مِمَّا يدعو إلَى الاحْتِفال، يَسْتَحِقّ أن يُحْتَفَلَ به

call on (upon) someone to speak طَلَبَ إلَيْهِ أن يتكلَّم ، دعاه إلى الكلام

call out تَحَدَّاه للمبارَزة ؛ صَرَخَ، صاحَ

2. (visit) مَرّ على، زار، ذَهَبَ إلى، وَفَدَ على

to be left till called for شَيْء يُشْتَرَى في مَخْزَن مثلاً ويُحْفَظ لِحِينِ طَلَبِه فِيما بَعْد

call on someone مَرَّ على فلان ، زاره

shall I call back? هَلْ أَمُرّ عليك ثانيةً ؟

n. 1. (cry) نِداء، صُراخ، صَيْحة ، عِياط

2. (summons) اِسْتِدْعاء ، طَلَب الحُضور

bugle-call نَفِير، نِداء النَّفير، صَوْت البوق

at someone's beck and call طَوْعَ بَنانِه، رَهْنَ إشارتِه

call-boy شَخْص مُكَلَّف بدَعْوَة المُمَثِّلين إلى الظُّهُور على خَشَبة المَسْرَح حِينما يَحين دَوْرُهم

obey the call of nature قَضَى حاجَتَه، تَبَرَّزَ

on (at, within) call تَحْتَ الطَّلَب ؛ عن كَثَب أو قُرْب

curtain-call دَعْوَة النَّظارة للمُمَثِّلين للظُّهور على المَسْرَح للتَّصْفِيق لهم

3. (visit) زِيارَة

pay (make) a call مَرَّ على، زار، دَخَلَ عَلَى، حَضَرَ عند

port of call مِيناء تَمُرُّ عليه السَّفينة في رِحْلَتِها المقرَّرَة

4. (need) دَاعٍ ، حاجَة ، مُبَرِّر

there is no call for that لَا دَاعِيَ إلى ذَلِكَ

5. (contact by telephone or radio) اِتَّصَل بِشَخْصٍ تِليفونيًّا ، تَلْفَنَه

6. (reading of names) تِلاوَة كَشْف الأَسْماء

roll-call مُنادَاة كَشْف الأَسْماء

7. (*at cards*) ضَمْن ، مُزايَدَة (في أَلْعاب الوَرق)

caller, *n.* زَائِر زِيارَة قَصِيرة ؛ مُتَحَدِّث بالتِّليفون

calligrapher, *n.* خَطَّاط

calligraphy, *n.* خَطُّ اليَد ، فَنّ الكِتابَة الجَميلَة

calling, *n.* صَنْعَة ، حِرْفة ، مِهْنَة

cal(l)ipers, *n.pl.* بَرْجَل دائِريّ ، فِرْجار لِقياس السُّمْك (هندسة)

callisthenics, *n.* تَمْرِينَات رِياضِيَّة تُكسِب الجِسْم قُوّة ورَشاقةً وتَناسُقًا

callous, *a.* (**-ness,** *n.*); *usu. fig.* قاسٍ ، صارِم ، غَلِيظ القَلْب

callow, *a.* سَاذَج ، غَشِيم ، قَلِيل الخِبْرة ، (شابّ) غِرّ ، تُعْوِزه الحُنْكَة

callus, *n.* جُسْأة ، كالُو (مصر) ، بِسْمار (عراق)

calm, *a.* (**-ness,** *n.*) سَاكِن ، هادِئ ، مُطْمَئِنّ ، (بَحْر) ساجٍ

n. سُكُون ، هُدوء ، إطْمِئْنان ، سُجُوّ (اللَّيْل)

v.t. سَكَّن ، طَمَّن ، طَمْأَن ، هَدَّأ رَوْعَه

calm down; *also v.i.* طَمْأَن (خاطِرَه) ، هَدَّأ (رَوعَه) ؛ اطْمَأَنّ قَلْبُه

calomel, *n.* الكَالُومِيل ، كلوريد الزِّئْبَق (يُسْتَعْمَل دواءً مُسْهِلاً)

calorie, *n.* سُعْر حَرارِيّ ، وَحْدَة حرارية ، كالوري

calorific, *a.* حَرارِيّ ، سُعْرِيّ ، (القِيمَة) الحرارِيّة (لِلوَقُود أو لِلغِذاء)

calumni/ate, *v.t.* (**-ation,** *n.*) افْتَرَى على ، ذَكَر بِالسُّوء ، ثَلَب ، طَعَن أو قَذَف في ، دَسّ على ؛ افْتِراء

calumniator, *n.* مُفْتَرٍ ، دَسَّاس ، واشٍ ، فَتّان ، نَمّام

calumny, *n.* اِفْتِرَاء ، قَدْح ، دَسِيسَة ، شَتِيمَة ، طَعْن ، نَمِيمَة

Calvary, *n.* مَوْضِع صَلْب السَّيِّد المَسِيح ، 'مَوْضِعُ الْجُمْجُمَة' ، تِمْثال لِلمَسِيح المَصْلوب

calve, *v.i.* وَلَدَت (البَقَرةُ) عِجْلاً

calves, *pl. of* **calf** عُجُول

Calvin/ism, *n.,* **-ist,** *n.* (**-istic,** *a.*) مَذْهَب مَسِيحِيّ قائم على تَعالِيم 'جُون كَلْفِن'

calypso, *n.* كَالِيبْسُو ، أُغْنِية شَعْبِيَّة اِرْتِجَالِيَّة مِن جُزُر البَحْر الكارِيبِيّ

calyx, *n.* كَأْس الزَّهْرة أو قُمْعُها ، كِمّ (أَكْمام)

cam, *n.* حَدَبَة ، كامَة (مِيكانِيكا)

camaraderie, *n.* الأُلْفَة والمَوَدَّة بين الرِّفاق

camber, *n.* نِسْبَة احْدِيداب مُنْتَصَف الطَّرِيق إلى جانِبَيْه ، تَحَدُّب في سَطْح الطَّرِيق

v.t. & i. جَعَلَ جَانِبَي الطَّرِيق مُنْحَدِرَيْن

cambric, *n. & a.* نَسِيج ناعِم مِن الكِتّان أو القُطْن

came, *pret. of* **come** جاء ، أتى ، حضر

camel, *n.* جَمَل (جِمال)، بَعير، ناقَة (نُوق)

cameleer, *n.* جَمّال ، هَجّان ، سائق الجِمال

camellia, *n.* كامِيلِيا ، شُجَيْرَة دائِمَة الخُضْرَة ذاتُ أَزْهار حَمْراء أو بَيْضاء

cameo, *n.* حَجَر ثَمين ذو لَوْنَيْن تُنْحَت طَبَقَته العُلْيا لِيُكَوّن حِلْيَة

camera, *n.* كامِيرا ، آلَة التصوير الفوتوغرافيّ

camera-man مُصَوِّر سِينَمائيّ أو تِلِيفِزيُونيّ

camisole, *n.* قَميص قَصير من مَلابِس النِّساء الدّاخِلِيّة (مُطَرَّز بالدّانْتِيلا أو التَّخْريم عادةً)

camomile, *n.* أُقْحُوان (أَقاحٍ ، أَقاحَى) ؛ بابُونَج ، شِيح

camouflage, *n.* & *v.t.* (*lit.* & *fig.*) تَمْوِيه ، كامُوفْلاج ، تَعْمِيَة ؛ تَنَكُّر ؛ مَوَّه ، غَطّى شيئًا لإخْفاء حَقيقَتِه

camp, *n.* مُخَيَّم ، مُعَسْكَر ، مَضْرِبُ الخِيام (للكَشّافة أو الجُنود الخ)

camp-bed سَرير سَفَريّ يُمْكِن طَيُّه

camp-follower خادِم (وبِخاصّةٍ مُومِس) يَلْحَق بالمُعَسْكَر أو الجَيْش في تَنَقُّلاته

holiday camp مُعَسْكَر صَيْفِيّ ، مُخَيَّم صَيْفِيّ

v.i. خَيَّم ، عَسْكَر

camp out سَكَن خَيْمَةً في الخَلاء

campaign, *n.* حَمْلَة (عَسْكَرِيَّة أو سِياسِيَّة أَوْ إعْلانِيَّة الخ)

v.i. قامَ بِحَمْلة (لمكافحة الأُمِّيَّة مَثَلاً)

campaigner, *n.* أَحَد أَفْرادِ الحَمْلَة ؛ شَخْص حَنَّكَتْه التَّجارِب

campanile, *n.* بُرْج للأجراس (مُنْفَصِل عن الكَنِيسة)

campanolog/y, *n.*, **-ist**, *n.* فَنّ صِناعةِ الأَجْراسِ أو قَرْعِها

campanula, *n.* الفَصِيلَة الجَرَسِيّة أو النّاقُوسِيّة (نَبات)

camphor, *n.* كافُور (مادَّة عِطرِيّة)

camphorated oil, *n.* زَيْت الكافُور

campus, *n.* ساحَة ، باحَة ، حَرَم الجامِعة

camshaft, *n.* (ميكانيكا) عَمُود الحَدَبات أو الكامَة

can, *n.* 1. (metal vessel with handle) عُلْبَة أَوْ وِعاء من الصَّفيح ، صَفِيحة ، تَنَكَة

oil-can مِزْيَتَة ، وعاء التَّزْييت

watering-can مِرَشَّة ، إبْرِيق الرَّشّ

carry the can (*sl.*) وَقَعَت عَلَيْه التَّبِعَة ، حَمَل العِبْء ، جاءَت على رَأْسِه (عامّيّة)

2. (tin for preserved food) عُلْبَة (من الصَّفيح عادةً) لِحِفْظ الأغذية المُعَلَّبة

v.t.; *see also* **canned** عَلَّبَ ، عَبَّأ في صَفائح ، حَفِظ (المأكولاتِ) في عُلَب

can (*pret.* & *cond.* could, *neg.* cannot, *coll.* can't), *v.aux.*

1. (be able to, be possible) قَدِر على.. ، اسْتَطاعَ ، تَمَكَّنَ ، في وُسْعِه أن

2. (know how to) عَرَفَ كَيْف ...

3. (have the right to, permission to)

can I come in? أَتَسْمَحُ لِي بالدُّخول ؟

Canad/a, *n.* (**-ian,** *a.* & *n.*) كَندا؛ كَندي

canaille, n. دَهْماء، أَوْباش، طُغام، رِعاع، غَوْغاء، سَرْسَرِيّة (عراق)

canal, *n.* 1. (artificial watercourse) قَنَاة (قَنوات)، تُرْعة (تُرَع)، قنال، رَيَّاح

2. (*biol.*, duct) قَناة (هَضْمِيّة مَثَلاً)

canal/ize, *v.t.* (**-ization,** *n.*) (*lit.* & *fig.*) شَقَّ القَنَوات؛ رَكَّزَ أو وَجَّهَ جُهوده، نِظام المصارف والمجاري المائيّة

canary, *n.* عُصْفُور كَنَاري (كناريا)؛ نَبيذ حُلْو

canasta, *n.* كَانَاسْتَا، لُعْبَة من أَلْعاب الورق

cancan, *n.* كَانْكَان، رَقْصَة فرنسية صاخِبَة

cancel, *v.t.* (**-lation,** *n.*) أَلْغَى، أَبْطَلَ، فَسَخَ؛ شَطَبَ، حَذَفَ؛ إِلْغاء

v.i.; *also* cancel out بَطَل (دَيْنُ زَيْدٍ لِأَنَّ ما عَلَيْه لِعَمْرو يُساوِي ما على عَمْرو لِزَيْد)

Cancer (**cancer**), *n.* 1. (constellation) بُرْج السَّرَطان

Tropic of Cancer مَدار السَّرَطان، (٢٣٫٥° شمال خَطّ الاستواء)

2. (disease) (**-ous,** *a.*) سَرَطان، وَرَم خَبِيث؛ سَرَطانِيّ

candelabr/um (*pl.* -a), *n.* شَمْعَدان كبير مُشَعَّب عادةً (شَمْعَدانات، شَماعِد)

candid, *a.* مُخْلِص؛ صَرِيح، لا يَتَرَدَّد في مُواجَهَتِك بِرَأيه صَراحَةً

candidate, *n.* مُرَشَّح؛ طالب؛ مُتَقَدِّم لِلامْتِحان

candidature, *n.* تَرْشِيح للانْتِخاب

candle, *n.* شَمْعَة (شُمُوع)

burn the candle at both ends أَنْهَكَ صِحَّتَه، أَسْرَفَ في السَّهَر

not fit to hold a candle to لا يَسْتَحِقُّ المقارَنة بِ

the game is not worth the candle أَمْر لا يَسْتَحِقّ العَناء، لا يساوي قلامة ظُفْر

candlelight, *n.* ضَوْء الشُمُوع

candlestick, *n.* شَمْعَدان (شماعِد، شَمْعَدانات)

candour, *n.* إِبْداء الرَّأي بِصَراحة تامّة وبغير تَحَيُّز

candy, *n.* 1. (crystallized sugar) سُكَّر مُبَلْوَر

2. (*U.S.*, any sweetmeat) حَلْوَى، حَلَوِيَّات

candy floss غَزْل أو شَعْر البنات (حلويات)

candy stripe نَسِيج مُقَلَّم بِخُطوط بَيْضاء ومُلَوَّنة

v.t. & *i.* شَبَّعَ وَشَرَّبَ بالسُكَّر، سَكَّرَ

candied peel قِشْر البُرْتُقال المُشَبَّع بالسُكَّر، قِشْر الحَمْضِيّات المسكَّر

cane, *n.* 1. (stem of bamboo and similar plants) قَصَبة، خَيْزُرانة

cane sugar سُكَّر القَصَب

2. (walking-stick) عَصًا (عِصِيّ)

3. (switch) خَيْزُرانة، عَصًا، عُودة

get the cane ضَرَبَه بالعَصَا، أَدَّبَه بالعَصَا

v.t.; *also fig.* (*sl.*, defeat) ضَرَبَه أو أَدَّبَه بالعَصَا؛ سَحَقَه، هَزَمَه شرَّ هزيمة

canine, *a.* كَلْبِيّ ، نِسْبَة إلى فَصيلة الكِلاب ؛ مُخْتَصّ بِالأنياب

canine tooth; *also* canine, *n.* نَاب (أنياب)

canister, *n.* حُقّة أو عُلْبة معدِنيّة لِحِفْظ الشَّاي أو القهوة أو التِّبْغ آلخ

canker, *n.* (**-ous,** *a.*) قُرْحَة الفم ؛ آفة زِرَاعِيّة ؛ مَفْسَدة ؛ عَفِن

canned, *past p.* & *a.* مُعَلَّب ، محفوظ أو مُعَبَّأ في عُلَب

canned food أَطْعِمَة مُعَلَّبة ، مَأْكولات مَحْفُوظَة في عُلَب

(*sl.*, drunk) سَكْران ، مَخْمُور ، مَسْطُول

cannery, *n.* مَعْمَل لِتَعْليب الأَطْعِمة المَحْفُوظَة ، مَصْنَع مُعَلَّبات

cannibal, *n.* & *a.* مِن أَكَلَة لُحُوم البَشَر ، الحَيَوان الذي يأكل لَحْم جِنْسه

cannibal/ism, *n.* (**-istic,** *a.*) أَكْلُ اللَّحْم البَشَري

cannibal/ize, *v.t.* (**-ization,** *n.*), *usu. fig.* فَكَّكَ آلة لاِسْتِعْمال أَجْزائِها كَقِطَع غِيَار

cannon, *n.* 1. (firearm) مِدْفَع من طِراز قديم

cannon-ball قَذِيفَة مِدْفَع قَديم

cannon-fodder جُنُود لا يُكْتَرَثُ لِفَقْدِهم خِلال الحَرْب

2. (*billiards*) كَرَمْبُولا ، ضَرْبَة مُزْدَوَجة

v.i.; *also fig.* صَدَمَ ، تَصَادَمَ ، اصْطَدَمَ

cannonade, *n.* & *v.t.* قَصْف المَدافِع ، إطْلاق المَدافِع باسْتِمْرار ؛ ضَرَب بالمَدافِع

cannot, *neg. of* **can,** *v.aux.* لا يَسْتَطِيع ، لا يَقْدِر ، لا يُمْكِنه

canny, *a.* حَرِيص في ماله ، مُقَتِّر ؛ شَدِيد الحَذَر والحِيطَة

canoe, *n.* زَوْرَق من طراز خاصّ ، مَشْحُوف (عراق)

paddle one's own canoe إعْتَمَدَ على نَفْسَه ، دَبَّر حاله بنفسه

v.i. رَكِبَ زَوْرَقًا أو مَشْحوفًا

canon, *n.* (**-ical,** *a.*) 1. (Church decree) مَرْسُوم كَنَسِيّ

Canon law قَانون كَنَسِيّ أو كَهَنوتي

2. (principle, rule) مَبْدَأ ، قاعِدة ، أَصْل

3. (list of accepted books) أَسْفار الكِتاب المُقَدَّس المُعْتَرَف بِصِحَّة وَحْيِها

4. (*mus.*) إتْبَاع (موسيقى)

5. (member of cathedral chapter) قِسِّيس ذُو رُتْبَة عالية

cañon, *see* **canyon** أُخْدُود جَبَلِيّ ، وادٍ ضَيِّق عَمِيق ، عَقيق

canon/ize, *v.t.* (**-ization,** *n.*) أَعْلَنَ قَدَاسَة شَخْص ، رَفَعَه إلى رُتْبَة القِدِّيسين

canopy, *n.* ظُلَّة (فوق سَرير أو عَرْش) ؛ قُبَّة البَرَاشوت ؛ غِطاء شَفّاف لِرُكْن الطَيّار

v.t. ظَلَّلَ (مُظَلَّل ب) ، عَرَّشَ (مُعَرَّش ب)

cant, *n.* 1. (slope, tilt); *also v.i.* & *t.* اِنْحِراف ، مَيْل ؛ اِنْحَرَفَ ، مَالَ

2. (jargon, hypocrisy); *also v.i.* لَغْو ، هُرَاء ؛ رَطانة ؛ رِياء ، نِفاق

can't, *coll. abbr. of* **cannot**

cantaloup, *n.* شَمّام، قاوون (مصر)، بَطِّيخ (عراق)

cantankerous, *a.* (**-ness,** *n.*) شَرِس، مُشاكِس، نَكِد ، مُشاغِب

cantata, *n.* أُنْشُودة دينيّة طويلة تَصْحَبُها الأورْكِسْترا، كانْتاتا

canteen, *n.* 1. (refreshment room) كانْتِين، مَطْعَم في مَعْمَل أَوْ مُعَسْكَر أَوْ دائِرة ، مَقْصَف

2. (soldier's utensil) زَمْزَمِيّة، مَزادة

3. (chest of cutlery) خِزانة أَدوات المائِدة (السُّفْرة)

canter, *n.* خَبَبُ الحصان

preliminary canter (*fig.*) تَجْرِبة تَمْهِيديّة

v.i. & t. خَبَّ ، جَرَى باعتدال

canticle, *n.* نَشِيد ديني ، تَسْبِحَة تَرْنِيمة دينيّة مُقتبَسة مِن آيات الكِتاب المُقَدَّس

cantilever, *n.* كابُولي ، قَنْطَرُوس، عارِضة مُثَبَّتة مِن طَرَف واحِد

canto, *n.* جُزْء أَوْ مَقْطَع رئيسي من قَصِيدَة طويلة

canton, *n.* إقْليم ، مُقاطعة (في سويسرا عادَةً)؛ ولاية في دولة

cantonment, *n.* ثُكْنات عَسْكريّة دائمة (سابِقًا في الهِنْد)، مُعَسْكَر

canvas, *n.* 1. (material) خَيْش ، جُنْفاص، قُماش لِلرَّسْم

under canvas
(with sail hoisted) سَفِينة مَنْشُورة الشِّراع
(living in tents) مُخَيِّم ، مُقيم في خِيَم، مُعَسْكِر

2. (painting) لَوْحَة أو صورة زَيْتِية

canvass, *v.t.* طافَ (بالمَنازِل) عارِضًا سِلَعَه للرّاغِبين في شِرائها أو الِتماسًا لأصْوات النّاخِبين

canvasser, *n.* مُتَجَوِّل لعَرْض سِلَعه على الرّاغِبين في شِرائها أو التماسًا لأصْوات النّاخِبين

canyon (*cañon*), *n.* أُخْدُود جَبَليّ ، وادٍ ضَيّق عَميق ، عَقِيق

cap, *n.* قُبَّعة، قَلَنْسُوَة (قلانِس) طاقِية (طواقٍ)

go cap in hand اِلْتَمَسَ، تَوَسَّلَ، تَذَلَّل

if the cap fits ⟨wear it⟩ إيّاكِ أَعْنِي فاسْمَعِي يا جارَة

set one's cap at وَضَعَت عينها عليه

in cap and gown بالرِّداء الجامعي

put on one's thinking-cap شَرَعَ في تفكير عَميق

(*fig.*) غِطاء

ice-cap الثَّلْج الذي يُغَطِّي القُطْب

percussion-cap كَبْسُولة القَدْح، مُفَرْقعة

screw-cap غِطاء بَرِيمِيّ أَوْ مُحَوِّي، قَبَغ

v.t. (*lit. & fig.*) غطّى ؛ تفوّق على، بزّ

capab/le, *a.* (**-ility,** *n.*) قادِر، مُقْتدِر، قدير، مُتمكِّن، مُسْتطيع، كُفْء ل؛ قُدْرة، طاقة، إمكان

capacious, *a.* (**-ness,** *n.*) وَسيع، مُتّسِع، فَسيح

capacitance, *n.* تَكْثيف كهرَبائي

capacitor, *n.* مُكثِّف كهرَبائي

capacity, *n.* 1. (holding power, cubic content) قُدْرة، مَقْدِرة، طاقة، سَعَة

filled to capacity مَليء تمامًا ؛ كامِل العَدَد ، لَيْس به مَقْعَد خالٍ

2. (position, status) صِفَة، اِعْتِبار

in the capacity of بِوَصْفِهِ، باعْتِبارِه (كذا)

caparison, *n. & v.t.* غِطاء مُزَرْكَش يُوضَع فَوْقَ السَّرج ؛ زَيَّنَ (الخيل)

cape, *n.* 1. (cloak) رِداء خارِجي فَضْفاض بلا كُمَّيْن (للنِّساء والرِّجال)

2. (headland) رَأْس، لِسان، أرض داخلة في البحر

the Cape ⟨of Good Hope⟩ رَأْس الرَّجاء الصَّالح (في جَنوب افْرِيقيا)

caper, *n.* 1. (seed used for condiment) كَبَر، قَبّار (نبات تُسْتَعْمَل ثِماره في المخلَّلات)

2. (frisky movement); *also v.i.* قَفْز، وُثوب؛ قَفَزَ، وَثَبَ، نَطَّ

cut a caper طَفَرَ، وَثَبَ، قَفَزَ، حَنْجَلَ

capillary, *a.* 1. (of the hair) شَعْري، مختصّ بِالشَّعْر، دقيق كالشَّعْر

2. (of minute diameter) رَفيع كالشَّعْر، دَقيق

capillary tube; *also* capillary, *n.* أُنْبوب شَعْرِيّ (طبيعيات)

capital, *a.* 1. (involving loss of life)

capital punishment عُقوبة الإعْدام، الحُكْم بِالموت

2. (larger than, leading, all others)

capital city عاصِمَة (عَواصِم)، حاضِرة (حَواضِر)

capital letter حَرْف كبير، حَرْف التّاج

capital goods مَوادّ ووَسائِل إنْتاج البَضائِع الاِسْتِهْلاكية، الصِّناعات الرئيسية

3. (*coll.*, first-rate) عال العال، مُمْتاز، عَظِيم، فاخر، هائل

n. 1. (head of a column) رَأْس الدِّعامة، تاج العَمود (هندسة مِعْمارية)

2. (= capital city) عاصِمة، حاضِرة

3. (= capital letter) حَرْف كبير، حرف التّاج

4. (original stock; accumulated wealth); *also attrib.* رَأْس مال؛ ثَرْوَة، مال

fixed capital رَأْس مال ثابت

floating capital رَأْس مال جارٍ أو مُتَداوَل

capital expenditure نَفَقات إنشائية

capital levy ضَريبة رأس المال

make capital out of (*fig.*) اسْتَغَلَّ لِمَصْلَحَتِه، سَخَّر لفائدته

5. (wealth-owning class)

Capital and Labour أَصْحاب العَمَل والعُمّال

capitalism, *n.* الرَّأْسمالية ، النِّظام الرأسمالي

capitalist, *n. & a.* رَأْسمالي ، أَحَد أَرْباب المال (يَسْتَثْمِر أمواله في المشاريع الاقتصادِيّة)

capital/ize, *v.t.* (**-ization,** *n.*) حَوّل الفوائد إلى رأس مال ؛ اسْتَغَلّ (وقتَ فَراغِه مثلاً)

capitation, *n.* ضَريبة الرُّؤوس (مَبْلَغ مُحَدَّد يُفْرَض على كُلِّ شَخْص)

Capitol, *n.* 1. (*Roman*) هَيْكَل جُوبِيتَر فى رُوما

2. (*U.S.*) الكابيتول، مَقَرّ الكُونْجْرِس في واشِنطون (الولايات المتّحِدة)

capitul/ate, *v.i.* (**-ation,** *n.*) اِسْتَسْلَمَ بشروط مُعَيَّنَة ؛ (اتِّفاقيّة) الاسْتِسْلام

Capitulations, *n.pl.* (*hist.*) الامْتيازات المَمْنُوحَة لِلرَّعايا الأجانب (في الدّولة العثمانية سابقًا)

caprice, *n.* نَزْوَة ، هَوًى مُفاجِئ

capricious, *a.* (**-ness,** *n.*) ذُو نَزَوَات ، هَوائي ، مُتَقَلِّب الأَطْوار

Capricorn, *n.* بُرْج الجَدْي (فلك)

Tropic of Capricorn مَدار الجَدْي

capsicum, *n.* فُلَيْفِلة ، فِلْفِل أَحْمَر حِرِّيف

capsize, *v.i. & t.* اِنْقَلَب (القارِب) ؛ قَلَبَه

capstan, *n.* كابستان ، رَحَوِيَّة ، آلَة يَدُور حَوْلَها حَبْل لِرَفْع المِرْساة

capsule, *n.* 1. (*bot., etc.*) غِلاف،كِيس (بُذُور)

2. (*med.*) كَبْسُولة ، مِحْفَظَة صغيرة من مَادّة هُلامِيّة يُعَبَّأ فيها الدّواء

3. (metallic top for bottle) غِطاء مَعْدِنيّ لِفَم الزُّجاجة أو القِنِّينَة

4. (sealed compartment for astronauts) كابِينَة الطيَّار في سَفينة الفَضاء

captain, *n.* 1. (leader of team, etc.) رَئِيس ، زَعِيم ، كابْتِن (فريق الكرة مثلاً)

captains of industry أَرْباب الصِّناعَة

Group Captain قَائِد لِواء جَوّي (رُتْبة عالِية بِسِلاح الطَّيَران البِريطانيّ)

ship's captain رُبّان السَّفِينة ، قُبْطانُها

2. (Army rank) رَئِيس فِرْقة ، نَقِيب

3. (Naval rank) أمِيرالاي (الأسطول)

v.t. تَرَأَّس ، تَزَعَّم ، قادَ

captaincy, *n.* رِئاسَة ، زَعامَة ، قيادة ؛ رُتْبَة الرَّئِيس

caption, *n.* تَعْلِيق على صُورَة في صَحِيفة ، تَذْيِيل ؛ عُنْوان (لمقالة مثلاً)

captious, *a.* (**-ness,** *n.*) مُفَنِّد لِصَغائر الأُمور ، مُماحِك ؛ مُماحَكَة

captiv/ate, *v.t.* (**-ation,** *n.*) سَلَب العَقْل ، سَبَى ، أَسَر ، خَلَب ، فَتَن ، جَذَب ، سَحَر

captive, *a. & n.* أَسِير ، سَبِيّ ؛ مُقَيَّد ، مَرْبُوط ، في الأَسْر

take (hold) someone captive أَسَرَه ، أَخَذَه أَسِيرًا ، اعْتَقَلَه

captive balloon مُنْطاد أو بالون مَرْبُوط بِحَبْل إلى الأرض

captivity, *n.* سَبْي ، أَسْر ، عُبُودِيّة ، قَيْد

captor, *n.* آسِر ، خَلّاب

capture, *n.* أَسْر، اِسْتِيلَاء، سَبْي؛ غَنِيمَة

v.t.; *also fig.* أَسَرَ، غَلَبَ، اِسْتَوْلَى عَلَى، قَبَضَ على؛ خَلَبَ، فَتَنَ

capture someone's attention اِسْتَرْعَى اِنْتِبَاهَهُ أو اِلْتفاته، جَذَبَ نَظَره

car, *n.* 1. (wheeled vehicle) عَرَبَة (عربات)، مَرْكَبَة للنَّقل

motor-car سَيَّارَة، عَرَبَة

side-car عَرَبَة جانبية (لِدَرّاجة بخاريّة)، سَبَت الدرّاجة الناريّة

tram-car عَرَبَة ترام أو تراموای

2. (= motor-car) سَيَّارَة، عَرَبَة

car park مَوْقِف عامّ للسّيّارات

3. (railway carriage) عَرَبَة سِكَّة حديد

4. (vehicle travelling on cables)

lift-car كَابِينَة المِصْعَد (أو الأَسَانْسِير)

carafe, *n.* دَوْرَق (دَوارق)، شَفْشَق (شَفاشِق)، سرّاحيّة (عراق)

caramel, *n.* 1. (burnt sugar) سُكَّر يُسَخَّن حتّى يَحْتَرِق ويُسْتَعْمَل في تَنْكِيه الطّعام

2. (sweetmeat) حَلْوَى ناعِمة تُشبه الطّوفي

carapace, *n.* ذَبْل، غِلاف عَظْمِيّ أو قَرْنِيّ يُغَطِّي ظَهْر السُّلَحْفاة وغيرها

carat, *n.* 1. (measure of gem weight) قِيرَاط (وَحْدَة وَزْن الأَحْجار الكَرِيمة)

2. (measure of gold purity) قِيرَاط (الذهب)

caravan, *n.* 1. (travelling train of merchants) قافلة (من الحُجّاج أو الرَّحّالة الخ.)

2. (covered cart; house on wheels) بَيْت خَشَبِيّ ذُو طابَق واحِد قائم على عَجَلات تَجُرُّه سَيَّارة، مَقْطُورة سَكَنِيّة

caravanser/ai (-y), *n.* خان لاستراحة القافلة

caraway, *n.* كَرَاوِيا، كَرَاوِيَة، كَمّون أَرْمَنِيّ (حبوب بهارية)

carbide, *n.* فَحْم الإِضَاءة؛ مُرَكَّب من الكَرْبُون وعُنْصر آخر

carbine, *n.* قَرَبِينَة (سلاح كالبارودة)، غَدّارَة قصيرة، بندقية الفُرسان

carbohydrate, *n.* كَرْبُوهَيْدرات (كيمياء)

carbolic, *a.* كَرْبولي، كربوليك (كيمياء)

carbolic acid حَامِض كربولي، (حامض الفِنِيك، اسفنيك (عراق)

carbon, *n.* (chem. element) كَرْبُون، فَحْم

carbon monoxide أَوّل أكسيد الكربون

carbon tetrachloride رَابع كلوريد الكربون

carbon paper; *also* carbon, *n.* وَرَق كَرْبُون

carbon copy (*lit. & fig.*) صُورَة أو نُسْخَة بالكربون؛ صورة طِبْقَ الأصل

carbonaceous, *a.* كَرْبُونِيّ، فَحْمِيّ

carbonate, *n.* كَرْبُونَات (كيمياء)

carbonic, *a.* كَرْبُونِيّ، فَحْمِيّ (كيمياء)

carbonic acid حَامِض الفَحْم، حامض كَرْبُوني

carboniferous, *a.* فَحْمِيّ ، (طَبَقات أَرْضِيّة) تَحْتَوِي على الفَحْم ؛ (العَصْر) الكَرْبُونيّ

carbon/ize, *v.t.* (**-ization,** *n.*) فَحَّمَ، صَيَّرَ فَحْمًا، كَرْبَنَ ؛ تَفحيم

carborundum, *n.* كَرْبُورَاندُم (للتَّجْلِيخ)

carboy, *n.* دَمْجَانة، زُجاجَة كُرَوِيّة كَبيرة

carbuncle, *n.* 1. (gemstone) عَقِيق أحْمَر، يَاقُوت جَمْري

2. (tumour) فَرْخ الجَمْرَة، دُمَّل كَبير

carbur/ation (-etion), *n.* عَمَلِيَّة مزج بُخَار الوَقود بالهَواء (في مُحَرِّك سَيّارة)

carburett/er (-or), *n.* مُبَخِّر السَّيَّارة، كاربوراتير

carc/ass (-ase), *n.* 1. (dead body) جُثّة، جِيفة، رِمّة، حَيَوان ذُبِح وانتُزِعَت أحشاؤه

2. (framework) هَيْكَلُ بِناءٍ أو سَفينة

carcinoma, *n.* كَارْسِينُوم، سَرَطان في الأَنْسِجة

card, *n.* 1. (piece of thin pasteboard) بِطَاقَة، كَارْت، تَذْكِرة (من الورق المُقَوَّى)

leave one's ⟨visiting-⟩card تَرَكَ بِطاقته (لِغِيَاب الشّخص المقصود زِيارته)

greetings card بِطاقَة للتَّحِيّة أو للتَّهْنِئة

card-index; *also v.t.* مَجْمُوعَة بِطاقات مُفَهْرَسة تَشْمَل مَعْلومات شَتَّى في مَوْضوع ما كُلٌّ مِنها على بطاقة مُسْتَقِلَّة

card vote انْتِخاب يَجْرِي بِتَفْوِيضِ مَنْدوبين لِيُصَوِّتوا نِيابةً عن أَعْضاء النِّقابة

get one's cards (leave or be dismissed from employment) فُصِل، رُفِتَ مِن عمله

2. (one of a pack used in games); *also* playing-card وَرَقَة اللَّعِب أو الكُوتْشِينَة

card-sharper غَشّاش مُحْتَرِف في لَعِب الورق

card-table مِنْضَدَة صغيرة للعب الورق، المَائِدَة الخضراء

court card وَرَقَة لعب مُصَوَّرة

he has a card up his sleeve (*fig.*) لا يَعْدَم حِيلة، يَحْتَفِظ بِخِطّة سِرِّيّة (احْتِياطًا)

it's on the cards that . . . مِنَ المُمْكِن أو المُحْتَمَل أن . . .

play one's cards well لَعِبَ أَوْراقَه بِدَهاء ومَهارَة، اسْتَغَلَّ الظُّرُوف لِتَحْقِيق غَرَضه

put one's cards on the table (*fig.*) كَشَفَ أَوْرَاقَه، لَمْ يَكْتُم ما لَهُ و ما عَلَيْه

3. (eccentric) شَاذّ، غريب الأطوار، هوائي

4. (comb for textiles) مِمْشَطَة للصّوف، مِنْدَف لِتَمْشِيط القُطْن والكِتّان الخ.

v.t. 1. (record on index-card) دَوَّنَ أو سَجَّلَ في بطاقة

2. (clean, comb *wool, cotton, etc.*) نَدَفَ (الصُّوف)، نَجَّدَ (القُطْن)، نَفَّشَ، مَشَّطَ

cardamom, *n.* حَبَّهان، حبّ الهان، هَيْل، قاقُلّة، حَبُّ الهال

cardboard, *n.* وَرَق مُقَوًّى، كَرْتون

cardiac, *a.* قَلْبِيّ، مُخْتَصّ بالقلب

cardinal, *n.* كَرْدِينَال (في الكنيسة الكَاثُولِيكِيَّة)

a. أَسَاسِيّ، رَئِيسي، أَصْلي، جَوْهَري

cardinal number العَدَد الأَصليّ (١، ٢، ٣ ...)

cardinal points (of compass) الجهات الأَصْلِيّة في البُوصْلَة

of cardinal importance جَوْهَرِيّ، ذو أَهمِّيّة قُصْوى ، (أَمْر) أَلْزَم مايَكُون

cardiogram, *n.* رَسْم القلب ، تَسْجِيل نَبَضاتِه

care, *v.i.* 1. (feel concern, interest, regard) اهْتَمَّ أو عُنِيَ بِ ، (لم) يُلْقِ بالاً لِ.. ، حَرِصَت على (راحَة أولادِها مثلاً)

I don't care what you say لا أُبالي بِما تَقُول ، لا يُهِمُّني كلامُكَ !

for all (aught) I care لا يَعْنِيني مُطْلَقًا

2. (*with neg. or interrog.*, like *to*, have a liking *for*)

would you care for a drink? هَلْ تُحِبّ أن تَشْرَبَ شيئًا؟

n. 1. (solicitude) اِعْتِناء، عناية ، اهتمام، رِعايَة

2. (protection, responsibility) عُهْدة، حِمايَة ، رِعاية

care of (in addresses; *abbr.* c/o) طَرَف ...، في رِعايَة (فلان)

in (under) the care of في عُهْدة ...، تَحْتَ إشراف...، تحت رِعاية...

take care of اِعْتَنَى ب، رَعَى

care and maintenance صِيانة ورِعَاية، حِفْظ وصِيانة

3. (caution) حِذْر، اِحتراس، اِنتباه

take great care حَذِرَ، كان على حَذَرٍ، اِحْتَرَسَ

4. (anxiety) هُمُوم ومَشاغِل ، مَتاعِب

care-worn, *a.* مُضْنًى، مُثقَّل بالمتاعِب وَالهُمُوم

careen, *v.t. & i.* أمالَ مَرْكَبًا إلى جانِب لِلجَلْفَطة أو الإصْلاح ؛ مالَ (المركَب)

career, *n.* 1. (course, progress) سَيْر الحياة العَمَليّة ، تَطَوُّرها بِنَجاح

in full career في مُنْتَهَى السُرعة، بِأَقْصَى سُرْعَة

2. (way of earning living) صَنْعة، حِرْفة، مُسْتَقْبَل مِهْنِيّ أو وَظيفي

career diplomat دِبْلُوماسِي مُحْتَرِف

v.i. أَسْرَعَ، نَهَبَ الطَّرِيق

careerist, *n.* مُحْتَرِف، (شخص) ذو مَنْصِب عالٍ يَهْدُف إلى الكَسْب الشَّخصي

carefree, *a.* مُرْتاحُ البَال، خالي القلب، مُطْمَئِنّ النَّفس

careful, *a.* (**-ness,** *n.*). 1. (painstaking) مُعْتَنٍ، مُدَقِّق، حَرِيص

2. (cautious, economical) حَرِيص، مُدَبِّر

careless, *a.* (**-ness,** *n.*) غافِل، مُسْتَهْتِر، مُهْمِل، غير مُكْتَرِث

caress, *v.t. & n.* دَاعَبَ، دَلَّلَ، دَلَّعَ، لَاطَفَ؛ مُداعَبة ، مُلاطَفَة

caret, *n.* عَلامَة (٨) تُوضَع أَسْفَلَ السَّطْر لِلدَّلالة على سقوط حَرْف أَوْ كَلِمة أو عِبارة

caretaker, *n.* حَارِس، فَرَّاش في مدرسة أَوْ مُؤَسَّسة

caretaker government حُكُومَة اِنْتِقالِيّة

cargo, *n.* شَحْنة، حُمُولة، وَسْق

caribou, *n.* وَعْل، أَيِّل (من أمريكا الشمالية)

caricature, *n.* & *v.t.* (*lit.* & *fig.*) كَارِيكَاتِير، صُورة هَزْلية؛ رَسَمَ صورة كَارِيكَاتِيرِيَّة

caricaturist, *n.* رَسَّام كاريكاتير

caries, *n.* تَسَوُّس الأسنان أو العِظام، نَخْر

carillon, *n.* رَنِين الأجراس، موسيقى الأجراس

carious, *a.* مُتَسَوِّس (للعظام والأسنان)

Carmelite, *a.* & *n.* كَرْمَلِيّ؛ راهب كَرْمَلِيّ

carminative, *a.* & *n.* طَارِد للغازات (من المَعِدة)

carmine, *n.* & *a.* قِرْمِزِيّ اللَّوْن؛ صِبْغة مُسْتَخْرَجة من الحَشَرة القِرْمِزية

carnage, *n.* مَجْزَرة، مَذْبَحَة، بَحر من الدِّمَاء، حَمّام دَم

carnal, *a.* حِسِّيّ، جَسَدِيّ؛ جِنْسِيّ؛ مَادِّيّ، دُنْيَوِيّ

carnal knowledge اِتِّصَال جِنْسِيّ

carnation, *n.* زَهْر القَرَنْفُل

carnival, *n.* مَرْفَع؛ مِهْرَجان، كَرْنَفال؛ مُجُون

carnivore, *n.* نَبَات أو حَيَوان من اللواحم

carnivorous, *a.* (**-ness,** *n.*) ضَارٍ، لاحِم، آكِل اللحوم

carol, *n.* أُنْشُودة عِيد الميلاد، أُغْرودة

v.t. & *i.* أَنْشَدَ، غَرَّدَ، تَرَنَّمَ

caroller, *n.* مُنْشِد، مُغَرِّد، مُغَنِّي ترانيم عيد الميلاد

carotid, *a.* سُبَاتِيّ (طبّ)

carotid artery; *also* carotid, *n.* الشِّرْيان السُّبَاتِيّ (طبّ)

carousal, *n.* قَصْف، حَفْلة سُكْر ومُجُون

carouse, *v.i.* أَفْرَطَ في شرب الخَمْر، قَصَفَ

carp, *n.* شَبُّوط، سَبُّوط (سمك)

v.i., oft. with prep. at تَصَيَّد له الأخطاء، مَاحَكَ، مَسَكَ له على الواحدة (مصر)

carping criticism مُمَاحَكة، نَقْد مُتَحامِل

carpenter, *n.* نَجَّار

v.i. & *t.* نَجَرَ (الخَشَب)

carpentry, *n.* نِجَارة، حِرْفة النَّجَّار

carpet, *n.* (*lit.* & *fig.*) سَجَّادة، بِساط، طِنْفِسَة، نَخّ، نُمْرُق (نَمارِق)

carpet-slipper بَابُوج، بَنْطُفْلة، كَوْث

carpet-sweeper مِكْنَسَة البُسُط

magic carpet بِسَاط الرِّيح

on the carpet

(under discussion) عَلَى بِساط البَحْث، تَحْتَ ٱلْبَحْث

(being reprimanded) مَوْضِع التَّوْبيخ واللَوْم

v.t. (*lit.* & *fig.*) فَرَشَ أو غَطَّى بِبِساط؛ عَنَّفَ، وَبَّخَ، أَنَّبَ

carpeting, *n.* تَغْطِية بالسَجّاد؛ سَجّاد؛ تَوْبِيخ، لَوْم

carriage, *n.* 1. (conveying; cost of this) نَقْل، شِيالة ؛ أُجْرة النَّقْل

carriage paid; *also* carriage free أُجْرَة النَّقْل مَدْفُوعَة سابقًا؛ خالص أُجرة النَّقل

2. (carrying of a motion, etc.) إجَازَة اِقْتِراح أو الموافقة عليه

3. (deportment) مِشْيَة ، قامة ، قَوَام

4. (wheeled vehicle, esp. horse-drawn) عَرَبَة ، مَرْكَبة ، عَجَلة

carriage and pair عَرَبَة خُصوصية يَجُرُّهَا زوج من الخَيْل

⟨railway-⟩carriage مَقْطُورة ، عَرَبَة (في قِطار)

5. (mechanism)

typewriter carriage حَامِلة الوَرَقة في الآلَة الكاتبة

carrier, *n.* 1. (person, etc., conveying goods) حَمَّال، شَيَّال ، عَتَّال ؛ مُتعَهِّد النَّقل

common carrier مُتَعَهِّد نَقْلٍ مُرَخَّص

carrier-pigeon حَمام زاجِل

2. (thing which supports or contains others in transit) نَاقِلة، حامِلة

⟨aircraft-⟩carrier نَاقِلَة الطَّائرات، حَامِلَة الطَّائرات

⟨bicycle⟩ carrier قَفَص لِحَمْل الأشياء في مُؤَخَّرة الدرّاجة

3. (conveyer of germs) نَاقِل جَراثيم المَرَض، حامل المَرَض أو العَدْوَى

carrion, *n.* مَيْتة، رِمّة، فطيسة، جِيفَة

carrion crow غُرَاب آكل الجِيَف

carrot, *n.* جَزَر، جَزَرة

(*fig.*, incentive) بَاعِث، حاثّ، حافز

carry, *v.t.* 1. (convey) حَمَلَ، نقلَ، عتَلَ، شَالَ

get carried away (*fig.*, by enthusiasm, etc.) اِنْدَفعَ وَراءَ شعورِه، تَمَلَّكه الحَمَاس

that carries me back تَعُود بي الذِّكْرَى، يُذَكِّرُني بِسالِف الأيّام

carried down from one generation to another تَوَارَثه الأبناء عن الأَجْداد، توارثوه أبًا عن جَدٍّ

carried forward (*of figures*) مُرَحَّل (مَبْلَغ أوْ رَصِيد في مَسْك الدَّفاتر)

2. (support, bear) حَمَلَ

carry oneself well مَشَى مُعْتَدِل القامة؛ أَبْلَى بَلاءً حَسَنًا

carry one's liquor شَرِبَ دون أن يَفْقِد وَعْيَه أو يَسْكَر

carry weight (conviction) (رَأْيٌ) له وَقْع، له وَزْنُه، مُقْنِع

3. (extend, continue); *also v.i.*

carry something to excess أَفْرَط في شيءٍ، بَالَغ فيه حَتَّى تجاوَز الحدّ

carry on with what you are doing وَاصِلْ أو اسْتَمِرّ في عَمَلك

carry on with someone (*coll.*, have an affair) مَاشٍ معها، بينهما عَلاقَة غَرامِيَّة

carryings-on (*coll.*) دَوْشة؛ تَصَرُّفات مُرِيبة

carry on about something (*coll.*, make a fuss) اِسْتَمَرَّ في الشَّكوَى، بَالَغَ في التَّذَمُّر، أقامَ الدُّنيا وأقْعَدَها

4. (capture, win)

carry all before one نَجَحَ نجاحًا باهِرًا، اِكْتَسَحَ ما في طريقه

carry off a prize فَازَ بِجائِزة

5. (bring to success or safety)

carry the day أَحْرَزَ قَصَبَ السَّبْق

carry a resolution وَافَقَ (المَجْلِس مثلاً) عَلَى الاقتِراح

this will carry me through (over) هَذا يَسُدّ حاجتي مُؤَقَّتًا

carry something through أَنْجَزَ أو أَتَمَّ شَيْئًا، نَفَّذَه

he carried it off well تَصَرَّفَ بِلَبَاقة في مَوْقِف صَعْب، أَحْسَن التَصَرُّف

6. (perform, conduct)

carry something into effect وَضَعَ شيئًا مَوْضِع التّنفيذ، أَجْراه

carry on a business أَدَارَ عَمَلاً حُرًّا، مَارَسَ تِجارة، تَعاطَى

carry out نَفَّذَ، أَجْرَى، قام بِ، أَنْجَزَ، وَفَى ب، أَدَّى، حَقَّقَ

v.i. (travel)

his voice carries well يُسْمَعُ صوتُه بِسُهُولة عن بُعد

the news carried fast اِنْتَشَرَ الخَبَر بِسُرْعَة، شاع النَّبأ

cart, *n.* عَرَبَة يَد أو نَقْل، عَرَبة كارّو، عَرَبانة (عراق)

cart-horse دَابَّة نَقْل، بِرْذَوْن (بَرَاذِين)

in the cart (*sl.*) في وَرْطَة، في مَأزِق، في مَوْقِف حَرِج

put the cart before the horse فَعَلَ المُهِمَّ قَبْلَ الأَهَمّ، عَكَس التَّرتيبَ الطّبيعيّ للأمور

cart-wheel (*lit. & fig.*) عَجَلَة العَرَبة؛ شَقْلَبة جانبية متواصلة، عَجَلة (جمباز)

v.t. حَمَلَ، نَقَلَ، جَرَّ، شَالَ، عَتَلَ

cartage, *n.* أُجْرَة النّقل أو الشَّحن

carte blanche, *n.* (*F.*) حُرِّيّة كاملة في التّصَرُّف، شِيك على بَياض

cartel, *n.* اِتِّفَاق اِحْتِكاري، كَارْتِل لمُرَاقَبة الإنتاج والأسعار

carter, *n.* سَائِق عَرَبة (نَقْل البضائع)، مُتَعَهِّد النقل

Cartesian, *a.* دِيكَارْتِي، مختصّ بفلسفة دِيكَارْت؛ فيلسوف من أَتْبَاع ديكارت

Carthag/e, *n.* (**-inian,** *a.*) قَرْطَاجة، قَرْطَاجِنّة (مَدِينَة فِينِيقيّة)

cartilage, *n.* (طبّ) غُضْروف (غضارِيف)

cartographer, *n.* رَسّام الخَرائط الجُغْرافية

cartograph/y, *n.* (**-ic, -ical,** *a.*) فَنّ رَسْم الخَرَائِط

carton, *n.* عُلْبَة من الورق المُقَوَّى أو الكارتون؛ قُرْص أبيض في مركز الهدف

cartoon, *n.* 1. (drawing as a design for painting, etc.) مُسَوَّدة اللوحة؛ رَسْم تمهيديّ

2. (humorous or satirical drawing) كَارِيكَاتِير، رُسوم هَزْلية

3. (film from animated drawings) فِلْم الرُّسُوم المتحرّكة

cartoonist, *n.* مُصوِّر الصّور الهَزْلية أو الكاريكاتيرية

cartridge, *n.* خَرْطُوشة، فَشَكة، فشك، طَلْقَة

blank cartridge فَشَك خُلَّب

cartridge paper وَرَق سَميك خَشِن لصنع الخَرَاطِيش (وللرّسم والمغلّفات أيضًا)

carve, *v.t. & i.* نَحَتَ، قَطَعَ، حَفَرَ، نَقَشَ، نَقَرَ

carve the joint قَطَّع قِطْعَة كَبيرة من اللّحم المَشْوِيّ إلى شَرائح

carve out a career for oneself شَقَّ لنفسه طَرِيقًا في الحياة

carving-knife (-fork) سِكِّين لتقطيع اللَّحْم المطبوخ؛ شَوْكَة ذات سِنَّيْن

carver, *n.* 1. (one who carves in wood or stone) نَحَّات، نَقَّاش

2. (= carving-knife) سِكِّينَة طويلة لِتَقْطِيع اللحم

(*pl.*, knife and fork) سِكِّين وشَوْكة يُكوِّنان طَقْمًا لِتَقْطِيع الشِّواء

carving, *n.* فَنّ النَّحْت ؛ فَنّ تَقْطيع الشِّواء

cascade, *n.* 1. (waterfall); *also v.i.* شَلَّال، مَسْقَط مِياه؛ تَهَدَّلَ، اِسْتَرْسَلَ

2. (*elec.*) حُزْمَة مُتوالية (في الكهرباء)

cascara (sagrada), *n.* كَسْكَره، دواء مُسْهِل

case, *n.* 1. (occurrence, instance) حَالَة، مَثَل، إصابة

a case in point مَثَل يَنْطَبِق على الحالَة

a case of typhoid مُصَاب بالتيفوئيد، حَالَة تيفوئيد

a hard case لَا يُمْكِن إصلاحه

2. (circumstances)

in any case عَلَى كُلِّ حالٍ، مَهْما كان الأمر

in case of doubt فِي حَالة الشّكّ

that (such) being the case مَا دامَ الأَمْرُ هَكَذا، والحالَةُ هذه (فالنتيجة أنّ...)

3. (person under medical treatment) مَرِيض تحت العِلاج، حالة مَرَضية

case-book سِجِلّ المَرْضَى عند الطّبيب

case-history تَارِيخ الحالَة المَرَضِيَّة وتَطَوُّرُها عِنْدَ المَرِيض

4. (*sl.*, eccentric person) شَخْص شاذّ غَرِيب الأطوار والتَّصَرُّفات

5. (*leg.*, matter for trial) دَعْوَى (دَعَاوٍ)، قَضِيَّة (قَضايا)، شَكْوَى (شَكاوَى)

case-law قَانُون السّوابق والأحكام القضائية

6. (*leg. etc.*, supporting arguments) حُجَّة

case for the defence مُرَافَعة الدِّفاع

7. (*gram.*) الحالَة الإعْرابيّة (نحو)

8. (container for storage, transit, display) صُنْدُوق ، عُلْبة ، حُقّة

note-case مِحْفَظة أَوْراق نَقْدِيّة، جِزْدان

show-case شُبّاك العَرْض، فِتْرِينَة

9. (protective covering) غِلاف، ظَرْف ، كِيس

pillow-case كِيس المِخَدّة ، بَيْت الوِسادة

case-harden, *v.t.* صَلَّدَ الفولاذ بالسَقْي ، قَوَّى سَطح قِطعة حديد

10. (*print.*)

upper (lower) case صُنْدُوق الأَحْرُف الكَبِيرَة (الصّغيرة)

v.t. حَفِظَ أو عَبَّأ (في صندوق مثلًا)

casein, *n.* كَازِين ، جُبْنِين ، بروتين الجُبْن

casemate, *n.* مَلْجَأ مسقوف (في الاستحكامات)، وَقَاء المدافع في سفينة حربية

casement, *n.* شُبَّاك زُجاجِيّ يُفْتَح كالباب؛ إطار النَافِذة وزُجاجُها

cash, *n.* دَرَاهِم ، نقود، فُلوس، مَصَارِي (سوريا)

cash-book دَفْتَر الصُّندوق ، دفتر يَوْمِيّةِ النّقديّة ، دفتر الخزينة

cash price سِعْر البِضاعة المدفوع نَقْدًا وَقْتَ شِرائِها

cash register آلَة تَسْجِيل النُّقود

v.t. صَرَفَ ، قَبَضَ ، سَحَبَ

cash a cheque قَبَضَ قِيمة الصّكّ ، سَحَبَ قِيمة الشيك ، صرف الشيك

v.i., *only in*

cash in (*coll.*, *oft. with prep.* on) اِسْتَغَلَّ ، اِنْتَفَعَ من ، اِنْتَهَزَ الفُرصة

cashier, *n.* أَمِين الصندوق، صَرّاف، مُحَصِّل المال

v.t. فَصَلَ ، سَرَّحَ ، عَزَلَ ، طَرَدَ (ضَابِطًا من الجيش)

cashmere, *n.* الكَشْمِير ، صُوف ناعِم مِن شَعْر الماعز ؛ نَسِيج مَصْنُوع مِنه

casing, *n.* غِطَاء ، غِلاف، قَالَب، تغليف

casino, *n.* كَازِينُو، مَلْهًى ، نادٍ (للقِمار)

cask, *n.* بِرْمِيل خَشَبِيّ للخمور والمُخَلَّلات، دَنّ (دِنان)

casket, *n.* صُنْدُوق صغير لِحِفظ النفائس؛ عُلْبَة ؛ تابوت

casserole, *n.* إِنَاء فخّاري للطّهي، بُرْمة (بِرام)

cassia, *n.* قاسيا، سَنَا (نبات من فَصِيلة القَرْنيّات)

cassock, *n.* رِدَاء القِسِّيس، ثَوْب الكاهن، الغفّارة

cast, *v.t.* 1. (throw, shed) أَلْقَى ، رَمَى ، طَرَح ، قَذَف ، زَجَّ (به في السّجن مثلًا)

cast anchor رَسَى ، أَلْقَى المِرْسَاة أو الهِلْب

cast an eye over أَلْقَى نظرة على، تَصفَّحَ ؛ راجَعَ بسُرعة

cast light on أَلْقَى ضَوْءًا على، أَضَاءَ جَوَانِب موضوعٍ ما

cast lots أَلْقَى قُرْعَة، اِقْتَرَعَ

cast a shadow أَلْقَى ظِلًّا ، أَظْلَمَ

the snake cast its skin خَلَعَ الثُّعْبانُ ثَوْبه، جَدَّدت الحيّة جلدَها

cast a spell on (over) سَحَرَ، فَتَنَ، خَلَبَ

cast one's vote صَوَّتَ في انتخاب

the casting vote الصَّوْتُ المُرَجِّح لِكَفّةٍ ما

cast one's mind back إِسْتَعَاد الماضي

cast down (*esp. past p.*, dejected) مُطْرِق الرَّأس، مهموم، منكسر الخاطر، مُغْتَمّ

cast in one's lot with اِنْضَمَّ إلى، اِنْخَرَطَ فِي سِلك ...؛ شارَكَ المصير

cast off

(abandon) تَخَلَّى عن، أَهْمَلَ، تَرَكَ

(*naut.*; *also v.i.*) أَقْلَعَ، غَادَرَ الميناء

(*knitting*; *also v.i.*) أَسْقطَ أو أَنْقَصَ الغُرَز في التريكُو أو الحِياكة

cast-off clothing; *also* cast-off, *n.* مَلابِس قَديمة مُهْمَلَة، رُوبابِيكْيا، لَنْكات (عراق)

cast on (*knitting*; *also v.i.*) اِشْتَغَلَ التريكو، زادَ الغُرَز في التريكو أو الحِياكة

cast out أَخْرَجَ، طَرَدَ، نَبَذَ، أَبْعَدَ

cast up by the sea لَفَظَه أو طَرَحَه البحر

2. (calculate); *also* cast up جَمَعَ الأرقام، حَسَبَ، عَدَّ

cast accounts جَمَعَ الحِسابات

cast a horoscope رَاقَبَ الأَبْرَاج السَّماوِيّة لِمَعْرِفة طالِع شَخْص، نَجَّمَ

3. (allocate parts in *play*; designate *actor* for part) وَزَّعَ أدوارًا تمثيلية عَلَى مُمَثِّليها

4. (mould) سَبَكَ، صَبَّ فِي قالب (المَعَادِن)

cast iron حَدِيد الزَّهر أو الصَّهْر، حَدِيد الصَبّ

he has a cast-iron case حُجَّتُه لا تُرَدّ

n. 1. (throw) رَمْي، رَمْية، طَرْحة

2. (matter shed by animal) ثَوْب الحيّة

worm-cast تَلّ تُرابي صغير تُخَلِّفه الدِّيدان

3. (twist)

have a cast in one eye فِي عَيْنِه حَوَل

4. (shade, quality) شَكْل، تقاطيع الوجه

a pleasant cast of feature تَقَاطِيع لَطِيفَة

5. (actors) تَوْزِيع الأدوار؛ المُمَثّلون وَالمُمَثِّلات في مسرحية

6. (moulded model) تِمْثَال مصبوب في قالَب

castanet, *n.*, *usu. pl.* صَنْج (صنوج)، سَاجَات

castaway, *n.* نَاجٍ من سفينة غارقة؛ منبوذ

caste, *n.* طَائِفَة، طبقة خاصّة (عند الهنُود)، طبقة اجتماعية مُغْلَقة

lose caste خَسِرَ منزلته الاجتماعية، فَقَدَ اعْتِباره ومقامه

castellated, *a.* (بناء قَدِيم) ذُو شَرَفات مُفَرَّجَة؛ (صامولة) بِمَجَارٍ (هندسة)

caster, *see* **castor**

castig/ate, *v.t.* (**-ation,** *n.*) عَنَّفَ، وَبَّخَ، عَاقَبَ، أدّب ؛ عُقُوبَة

casting, *n.* رَمْي ؛ سَبك ؛ قطعة مَصْبوبة

castle, *n.* 1. (building) قَلْعَة، حِصْن، مَعْقِل، قَصْر

castles in the air; *also* castles in Spain قُصُور في الهواء، أحلام، خَيَالات

2. (chess-piece); *also v.t. & i.* رُخّ أَوْ قَلْعَة أَوْ طَابِيَة (شطرنج)

castor (**caster**), *n.* 1. (container with holes for sprinkling) رَشَّاشَة السُّكَّر أَو الدَّقيق أَو الفلفل

castor sugar سُكَّر أَبْيَض ناعم

2. (wheel on furniture) إِحْدَى العَجَلات التي تُثَبَّت بِأسْفَل أَرْجُل(الموائد) لِيَسْهُل تحريكها

castor oil, *n.* زَيْت الخِرْوَع

castr/ate, *v.t.* (**-ation,** *n.*) خَصَى، طَوَّش

casual, *a.* 1. (accidental) عَرَضِيّ، طارِئ، بِالمُصَادَفَة، بلا قَصْد

casual acquaintance أَحد المَعارِف العابرين

2. (irregular) غَيْرُ مُنْتَظِم، غير مُسْتَمِرّ، مِنْ حِينٍ لِآخر، مُؤَقّت

casual ward مَلْجأ يأوِي إليه العَجَزة وَالمُتَسَوِّلُون

3. (offhand in manner) غَيْرُ مُكْتَرِث أَوْ مُبالٍ بِ

4. (of dress, informal), *whence*

casuals, *n.pl.* مَلَابِس خفيفة لِأَوْقات الفَرَاغ

casually, *adv.* عَرَضًا، صُدفةً، اِتّفاقًا

casualty, *n.* حَادِث، كارثة ؛ مُصاب، إِصَابَة؛ خَسارَة (خسائر)

casualty list قَائِمَة بأسماء المُصَابين أو الضَّحايا

casualty ward جَنَاح في مُسْتشفى لضَحايا الحَوَادِث

road casualty ضَحِيّة حادث مرور، كَارِثَة طريق

suffer heavy casualties تَكَبَّدَ خَسائر كبيرة فِي الأَرْوَاح والأموال

casuist, *n.* (**-ic,** *a.*) مُفْتٍ، مختصّ بالفتاوى الشَّرْعِيَّة ؛ سَفْسَطِيّ

casuistry, *n.* سَفْسَطَة ؛ إِفْتاء

cat, *n.* 1. (animal) قِطّ، هِرّ، سِنَّور، بَزُّونَة (عراق)

cat burglar لِصّ يَتَسَلَّل إلى البُيُوت مُتَسَلِّقًا أَنابِيبَ المِياه

cat's-eyes نُقَط بِوسط الطَّرِيق تَعْكِس ضَوْءَ المَصَابِيح الأمامِيّة للسَّيارات لإرْشاد السّائقين ليلاً

cat's-paw مِخْلَب القِطّ ؛ شخص يَسْتَغِلّه آخَرُ كَأَدَاة

like a cat on hot bricks عَلَى أَحَرَّ من الجَمْر، متلهّف

a cat-and-dog life حَيَاة كُلّها نزاع وَعِرَاك بين شخصين

let the cat out of the bag أَفْلَتَ منه السِّرّ، أَفْشَى السرّ

no room to swing a cat مَكان ضَيِّق لِلغايَة

rain cats and dogs هَطَل المَطَر بِغَزارَة، أَمْطَرت السَّماء مِدْرارًا

let us see which way the cat jumps لِنَسْتَطْلِعْ سَيْرَ الأمورَ (ثمّ نُبدي رأينا)

2. (whip); *also* cat-o'-nine-tails سَوْط (سِيَاط)، كُرباج، مِجْلَد، مِجْلَدة

3. (*coll.*, spiteful woman) إِمْرَأَة حَقُود، مُشاكِسة، سَلِيطة

cataclysm, *n.* (**-al, -ic,** *a.*) كارِثَة، نَكْبة (مِثْلُ فَيَضانٍ، زِلْزال، مَجاعة ...)

catacomb, *n.* سِرْدَاب المَوْتى (سراديب)، دِيمَاس (دياميس)

catafalque, *n.* مِنَصَّة لِوَضْع النَّعْش

catalep/sy, *n.* (**-tic,** *a.* & *n.*) دَاء الجُمْدَة: مِن أَعْراضِه الإغْماء وتَخَشُّب عَضَلات الجِسْم

catalogue (*U.S.* **catalog**), *n.* & *v.t.* كَتالُوج، قائِمَة مُبَوَّبة، جَدْوَل، كَشْف

cataly/sis, *n.* (**-tic,** *a.*) عَامِل مُساعِد في تَعْجِيل العَمَلِيّات الكيميائية، الحَفْز

catalyst, *n.* عَامِل مُساعد، وَسِيط كِيمْيَائي

catamaran, *n.* زَوْرَق ذو هيكلين مُتَّصِلَيْن؛ اِمْرَأَة شَكِسَة

catapult, *n.* & *v.t.* مَنْجَنِيق (مجانِق)، عَرّادَة، مِرْجام، مِقْلاع، نِبْلَة (مصر) مِصْيَادة (عراق)

cataract, *n.* 1. (waterfall) شَلّال، مَسْقَط مِيَاه

2. (disease) إِعْتَام عَدَسة العَيْن، ماء أَزْرَق في العين، كَتارَكْت

catarrh, *n.* (**-al,** *a.*) اِلْتِهاب الغِشَاء المُخَاطِيّ، زُكام، رَشْح

catastroph/e, *n.* (**-ic,** *a.*) كارِثَة، نَكْبة، فَاجِعَة، نازلة؛ نقطة التَحوُّل في المَأْساة التَّمْثيلية

catcall, *n.* صَفِير الاِحتجاج والسُّخرية

catch (*pret.* & *past p.* caught),

v.t. 1. (capture, grasp) أَمْسَكَ بِ، قَبَضَ (على)، لَقِفَ

catch fish صَادَ، اِصْطَادَ الأسماك

catch a crab فَقَدَ السَّيْطرة على المجداف

catch hold of قَبَضَ بِشِدَّة على، أَمْسَكَ بِ، عَرَّتَ بِ (عراق)

catch someone's attention (eye) لَفَتَ نَظَره، اِسْتَرْعَى انْتِباهَه، أَثَارَ اهْتِمامه

catch-phrase عِبارَة شائعة؛ شِعار بَرَّاق

catch-penny, *a.* بَهْرَج، شيء بَرَّاق وتافه

catch sight (a glimpse) of لَمَحَ، بَصُرَ، شَافَ، وقع نظرُه على

I didn't quite catch what you said فَاتَتْنِي كَلِماتُك، عَفْوًا – لم أسمعْك

catch a train لَحِقَ بالقطار، رَكِبَ القطار

catch someone at it قَبَضَ عليه مُتَلَبِّسًا بِالجَرِيمَة

catch someone napping أَخَذَهُ عَلَى حِينٍ

غِرَّةٍ أو في غَفْلَةٍ من أمرِهِ

catch me doing that! لَنْ تَرَانِي أَفعل ذلك أَبَدًا

caught in the act قُبِضَ عليه مُتَلَبِّسًا بالجريمة

that caught you! اِنْطَلَتْ عليك الحيلة ،

وَقَعْتَ في الفَخِّ ، دَخَلَت عليك !

catch someone up لَحِقَ به ، أَدْرَكَه ؛ أَسْرَعَ
في المَشْي حَتَّى وَصَلَ إلى مَن تقدَّم عَلَيْه

2. (entangle, trap) شَبَكَ ، عَقَّدَ ،

أَوْقَعَ في الشَّرَكِ

catch one's fingers in a door أَغْلَقَ الباب
عَلَى أَصَابِعِه

catch one's breath شَهِقَ دَهْشَةً

get caught up in something (lit. & fig.)
أُمْسِكَ به ؛ أُشْرِكَ في أمرٍ على كُرْهٍ منه

3. (strike)
he caught me one on the jaw لَكَمَنِي على فَكِّي

4. (become infected with, victim to)
catch cold أُصِيبَ بِبَرْدٍ أُو زُكامٍ أو
رَشْحٍ ، أخذ بَرْدًا

catch one's death (coll.) أُصِيبَ بِبَرْد
قد يُؤَدِّي إلى المَوْت

I caught the habit from you أَخَذْتُ
هَذِهِ العادة عَنْكَ

you'll catch it! سَتُعَاقَب ! راح تاكلها !

v.i. 1. (become entangled, trapped)
تَعَقَّد (الخَيْط) ، أَمْسَكَ (طَرَفَ الثَّوْبِ) بِـ...

2. (ignite); also catch fire (alight) اِتَّقَدَ ،
تَوَقَّدَ ، اِضْطَرَمَ ، اِلْتَهَبَ ، اِشْتَعَلَ

3. (adverbial compounds)
catch on
(become popular) رَاجَت(أُغْنِيَة) ، شَاعَت
(understand) أَدْرَكَ ، تَفَهَّمَ
catch up ‹with› (lit. & fig.) لَحِقَ بِ ، أدرك ؛
عَوَّضَ ما فاته

n. 1. (haul of fish) اِصْطِيَاد أو قَنْص
(السَّمَك) ، كمّية السَّمك المُصْطاد
2. (trick) حِيلَة ، عَيْب خَفِيّ
there must be a catch in it هُنَاكَ خُدْعَة ما
3. (fastener) مِشْبَك ، شَنْكَل
4. (break in the voice) ، تَهَدُّج الصوت
رِعْشَة في الصّوت

catching, a. 1. (infectious) مُعْدٍ ، مُنْتَقِل
بالعَدْوَى
2. (attractive) جَذَّاب ، أَخَّاذ ، لافِت،
فاتِن

catchment, n. جَمْع مِياه الأَمْطار وتَوْجِيهِها؛
حَوْض المجرى المائي ؛ مِنْطقة إدارية

catchword, n. شِعَار ؛ كَلِمة مُعَنْوَنة

catchy, a. سَهْل الحِفْظ والتذكُّر ؛ خَدَّاع

catechism, n. (lit. & fig.) تَعْليم الديانة
المَسِيحِيَّة ؛ كتاب المبادئ الدينية ؛ استجواب

catechize, v.t. (lit. & fig.) عَلَّمَ الدِّين
بِطَرِيقَة السؤال والجواب

categoric(al), a. مُطْلَق ، بات ، قاطِع

categorically, adv. مُطْلَقًا ، قَطْعًا ،
جَزْمًا ، دُونَ قَيْدٍ أو
شَرْط

categor/ize, *v.t.* (**-ization,** *n.*) صَنَّفَ ، نَظَّم على هَيْئَة طَبَقات

category, *n.* صِنْف، باب ، فَصْل ، فِئَة ؛ إِحْدَى المَقُولات العَشْر (علم المنطق)

caten/ary, *n.* (**-arian,** *a.*) مُنْحَنَى السِّلْسلة

cater, *v.i.* 1. (provide food *for*) مَوَّنَ أو زَوَّدَ بالطَّعام، وَرَّدَه لِ

2. (provide *for*) قَدَّم ما يُرْضي أَذْواق (العامَّة مثلاً)

caterer, *n.* مُتَعَهِّد توريد الأَطْعِمة ، مُمَوِّن، قَنْطَرجي (عراق)

catering, *n.* تَمْوِين أو توريد الأطْعِمة

caterpillar, *n.* 1. (larva) يَرَقة ،أُسْرُوع ، يُسْروع ، سُرْفَة (دِيدان الفَراشات)

2. (type of tractor) جَرّارَة ذات جَنازِير أَوْ زَناجير، حصيرة جَرّ

caterwaul, *v.i.* & *n.* مَاءَ، مَعَا؛ مُوَاء ، مُعَاء

catfish, *n.* سِلَّوْر، صِلَّور (سمك)

catgut, *n.* أَوْتار مصنوعة من أمعاء الخيل والحَمِير والغنم

cathar/sis, *n.* (**-tic,** *a.* & *n.*) 1. (*med.*) تَطْهِير الجَوْف؛ مُسْهِل، مُطَهِّر

2. (*fig., of emotions*) التَّخَلّص من الانْفِعالات المَكْبُوتة عِند مُشاهَدة مَأْساة تَمْثِيليّة مثلاً

cathedral, *n.* كَاتِدْرَائِيَّة

catheter, *n.* قَسْطَرة (طبّ)

cathod/e, *n.* (**-ic,** *a.*) كَاثُود، مَهْبِط ، قُطْبٌ سالب (كهرَباء)

cathode rays أَشِعَّة المَهْبِط (كهرَباء)

cathode-ray tube; *abbr.* C.R.T. أُنْبُوب أَشِعَّة الكاثود، صِمام شعاع مَهْبِطي

catholic (**Catholic**), *a.* 1. (universal, wide) جَامِع، شا مل، عامّ

the Holy Catholic Church الكَنِيسة الجامِعَة ؛ الكنيسة الكاثوليكية

2. (= Roman Catholic); *also n.* كَاثُولِيكِي ، تَابِع لكنيسة روما

catholicism, *n.* الكَاثُولِيكيَّة، المَذْهَب الكاثوليكي

catholicity, *n.* صِفَة العُموم و الشُمول ؛ الاِتِّفَاق مع العَقيدة الكاثوليكية

catkin, *n.* زَهْرَة تَتَدَلَّى كذَيْل القِطّ (صَفْصاف مثلاً)

catmint, *n.* نَعْناع بَرّي ، قَطْرَم الهِرّ (نبات)

catsup, *see* **ketchup**

cattle, *n.* مَواشٍ، بَقر، أَنْعام

cattle-grid شَبَكَة مَعْدِنيّة على الأَرْض أمام بَوّابة حَقْل لِمَنْع عُبور المَواشي

cattle dealer تَاجِر مواشٍ، بَقَّار

catty, *a.*; *also* **cattish** حَقُود، ماكر، خبيث

caucus, *n.* لَجْنَة حِزْبِيَّة تَنْظِيميّة

caught, *pret.* & *past p. of* **catch,** *v.t.* أَمْسَك ، قبض على

caul, *n.* غِشَاء الجَنِين أو الأَمْنِيُوس

ca(u)ldron, *n.* مِرْجَل، قَزَان، قِدْر كَبِير، غَلّاية ، دِسْت

cauliflower, *n.* قَرْنَبِيط، قَنَّبِيط (خضراوات)

caulk, *v.t.* قَلَّفَ السّفينة، حَشَا ما بين أَلْواحها

causal, *a.* (**-ity,** *n.*) سَبَبِيّ ، عِلّي ؛ السَّبَبِيَّة

causation, *n.* سَبَبِيَّة ، تَسْبِيب ، إِحْداث

causative, *a.* مُسَبِّب (عِلْم اللُّغَة)

cause, *n.* 1. (origination, reason, ground) سَبَب ، عِلَّة ، باعِث ، مَبْعَث ، داعٍ ، مُوجِب ، مَنْشأ

the law of cause and effect قانُون العِلّة وَالمَعْلُول ، السبب والمُسَبَّب

First Cause العِلَّة الأُولى ، عِلّة الوجود

give cause for alarm سَبَّبَ ذُعْرًا ، أَقْلَقَ ، أَرْعَبَ ، أَزْعَجَ

with good cause لِسَبَبٍ وَجيه

2. (interest; object of common effort)

in the cause of freedom فِي سَبيل الحُرّيّة ، مِنْ أَجْل الحُرّية

plead a cause دافَعَ عن قضيّة في مَحْكَمة ، تَرافَعَ ، حامَى

make ⟨common⟩ cause with حالَفَ ، تَشَيَّعَ لِ

v.t. سَبَّبَ ، أَحْدَثَ ، أَنْتَجَ ، وَلَّدَ ، أَدَّى إلى

cause it to be known أَشْهَرَ أَمرًا أو أَعْلَنَهُ ، أشاعه ، أذاعه

cause célèbre, *n. (F.)* قَضِيَّة مَشْهورة ، فَضِيحَة تُحْدِث ضَجّة في الأوساط الاجْتماعية

causerie, *n.* مُحاوَرَة ، حديث أَدَبيّ

causeway, *n.* طَرِيق مُرْتَفِع لِعُبور المُسْتَنْقَعات ، جِسر

caustic, *a.* (*lit. & fig.*) كاوٍ ، مُحْرِق ؛ لاذِع ، قارِص

caustic soda صُودا كاوِية

a caustic tongue لِسان لاذِع أو قارِص ، لِسان حادّ أو سَلِيط

cauter/ize, *v.t.* (**-ization,** *n.*) كَوَى أو حَرَقَ بمادّة كاوية ؛ بَلَّدَ حِسَّه

cautery, *n.* آلَة مَعْدِنيّة تُسَخَّن للكَيّ ؛ مِيسَم

caution, *n.* 1. (care, prudence) اِحْتِراس ، حَذَر ، حِيطة ، اِنتباه ، احْتِياط

2. (warning, reproof) تَحْذِير ، إِنْذار

v.t. حَذَّرَ ، أَنْذَرَ ، نَبَّهَ على أو إلى

cautionary, *a.* تَحْذِيرِي ، إنذاري

cautionary tale رِوايَة ذات مَغْزًى وعِبْرة

cautious, *a.* (**-ness,** *n.*) حَذِر ، مُحْتَرِس ، مُحْتاط ؛ حَذَر ، اِحتراس ، حِيطَة

cavalcade, *n.* مَوْكِب ، رَكْب

cavalier, *n.* فارِس ؛ مُرافِق لِسَيِّدة (في الرَّقْص)

a. (off-hand, supercilious) مُتَعَجْرِف ، غَيْر مُبالٍ ، مُخْتال

cavalry, *n.* سِلاح الفُرْسان أو الخَيّالة ؛ الدَّبّابات

cavalryman, *n.* فارِس ، خَيّال

cave, *n.* غار (أَغْوار ، غِيران) ، كَهْف (كُهُوف) ، وَجْر (أَوْجِرة) ، مَغارة

cave-man (*lit. & fig.*) إِنْسان الكُهُوف (فِيما قَبْلَ التّاريخ) ؛ شَخْص يُشْبِه الانْسان البِدائيّ في خُشُونَة الطِّباع

v.i.

usu. cave in (subside) اِنْقاضَ (سَقْف المَنْزِل نَتيجةَ الزِّلْزال مثلًا) ، انْهارَ ، تَقَوَّضَ

(yield to pressure) اِسْتَسْلَمَ ، خَضَعَ

cave, *int.* (*school sl.*) حَذارِ، حاسِبْ

caveat, *n.* 1. (*leg.*) طَلَب وَقْف الإجراءات

2. (warning) إِنْذار

caveat emptor (*Lat.*) لِيَكُن المُشْتَرِي عَلَى حَذَر (قانون)

cavern, *n.* (**-ous**, *a.*) كَهْف ؛(صوت) خَفيض

caviar(e), *n.* الكافيار، خَبْياري أو صُعْتُر سَمَك الحَفْش (يُشْبه البَطْرَخ المُحَضَّر)

cavil, *v.i.* & *n.* أَثار اعْتِراضاتٍ تافِهَة

cavity, *n.* تَجْويف، فَجْوة، نُقْرة، حُفْرة، نُخْروب، ثَغْرة

cavort, *v.i.* وَثَبَ، تَوَثَّبَ، قَفَزَ ونَطَّ

caw, *v.i.* & *n.* نَعَق (الغُراب) ؛ نُعاب

cayenne ⟨**pepper**⟩, *n.* فِلْفِل أَحْمَر مَطْحُون ذُو مَذاق حِرِّيف، شَطَّة (مصر)

cease, *v.i.* & *t.* كَفَّ أَوْ تَوَقَّفَ أو انْقَطَع عَنْ؛ أَنْهَى

cease-fire, *n.* وَقْف إطلاق النّار، هُدْنَة مُؤَقَّتة

n., *only in*

without cease دُونَ تَوَقُّف أو انْقِطاع

ceaseless, *a.* مُسْتَمِرّ، غير مُنْقَطِع، مُتَواصِل

cedar, *n.* شَجَرة الأَرْز، أَرْزة

cede, *v.t.* تَخَلَّى أو تَنازَلَ عن، تَنَحَّى

cedilla, *n.* عَلامة تُوضَع تَحْتَ حَرْفِ **c** لِيُنْطَق كَحَرْفِ **s** (كما في كلمة **façade**)

ceiling, *n.* 1. (roof of room) سَقْف (حُجْرة)

2. (upper limit) الحَدُّ الأَقْصَى أو الأَعْلَى

aircraft ceiling أَقْصَى حَدّ لِآرْتِفاع الطيّارة

celebr/ate, *v.t.* & *i.* (**-ation**, *n.*) اِحْتَفَل (بِعِيدٍ أو بِمناسَبة سَعيدة)؛ اِحتفال

celebrate Mass أَقامَ قُدّاسَ (صلاةٍ)

celebrated, *a.* مَشْهُور، شَهير، ذائع الصِّيت

celebrity, *n.* شُهْرَة ؛ شخص شَهير أَوْ ذائع الصِّيت

celeriac, *n.* كَرَفْس لِفْتي (تُؤْكَل أَوْرَاقُه)

celerity, *n.* خِفَّة وسُرْعة في العَمَل، تعجيل

celery, *n.* كَرَفَس (نبات تُؤْكَل سِيقانُه)

celestial, *a.* سَمَاوِيّ، سمائيّ؛ عُلْويّ، مقدّس

celestial body نَجْم، جِرْم سَماوِيّ، كَوْكَب

celib/ate, *a.* & *n.* (**-acy**, *n.*) أَعْزَب، غير مُتَزَوِّج؛ عُزوبة

cell, *n.* 1. (small room) حُجْرَةٌ صغيرة

monastic cell صَوْمَعة النّاسِك، كِرْح، قِلّيّة، قَلّاية الرّاهب

prison cell زِنْزانة، غُرْفة السَّجين

2. (*zool.*) خَلِيَّة، نُخْروب في قُرْص العَسَل

3. (*biol.*) خَلِيّة حَيَويّة

4. (*elec.*) قِسْم من بَطارية كهربائية، عَمود

5. (*polit.*) خَلِيّة (خلايا)، وَكْر

cellar, *n.* قَبْو، سِرْداب، مَخْزَن، مَطْمُورة، كَلَر (عراق)

cellist, *n.* عَازِف الڤيولونسيل أو الكَمان الجَهير

cello (**'cello**), *n.* ڤيولونسيل، كَمان جَهير

cellophane, *n.* وَرَق السِّلوفان

cellular, *a.* خَلَوِيّ، متعلّق بالخلايا؛ مساميّ

cellular tissue نَسِيج خَلَوِيّ

cellule, *n.* خَلِيّة

celluloid, *n.* مَادَّة السليولود

cellulose, *n.* 1. (*chem.*) سِلْيُولوز، المادّة المُكَوِّنة لخلايا النبات

2. (*pop.*, paint) دِهَان سليولوزي

v.t. طَلَى بِدِهان السِّليولوز

Celsius, *attrib. n.* مِئَوِيّ (في قِياس دَرَجَة الحَرارة طِبْقَ نِظام العالِم سِلْسيوس)

Celt (**Kelt**), *n.* (**-ic,** *a.*) الكِلْتِيّ ؛نِسْبَةً إلى جِنْس قَديم يَنْتَمي إليه سُكّان بريطانيا الأوّلون

cement, *n.* 1. (builder's material) مَادَّة الاسْمَنت، سِمِنْتو، شبنتو (عراق)

2. (adhesive or filler substance) مَادَّة لاصِقَة، غِراء من نَوْعٍ خاصّ

v.t.; *also fig.* لَصَق، ثَبَّتَ ؛ وَطَّدَ، قَوَّى، دَعَمَ، دَعَّمَ

cemetery, *n.* مَدْفَن، مَقْبَرة، تُرْبة، جَبّانة

cenotaph, *n.* نُصْب تَذْكارِي، مَقْبَرة الجندي المجهول

censer, *n.* مِجْمَرة، مِبْخَرَة، شُورِيَة (مصر)

censor, *n.* (**-ial,** *a.*) رَقيب؛ مُتَعلِّق بالرَّقابة

v.t. رَاقَبَ

censorious, *a.* (**-ness,** *n.*) شَديد اللَّوْم، مُنَدِّد، مُفْرِط في المُماحَكَة

censorship, *n.* رَقابَة، مُراقَبة

censure, *n.* & *v.t.* لَوْم، ذَمّ، تَوْبيخ؛ آخَذَ، لامَ، ذَمَّ، وَبَّخَ، زَجَرَ، بَكَّتَ

pass a vote of censure أَخَذ الأصوات لِتَوْجِيه اللوم أو التوبيخ إلى شَخْص

census, *n.* إحْصاء، تَعْداد الأنفس

cent, *n.* 1. (coin) سِنْت (عُمْلة أمريكية)

2. (hundred), *only in*

per cent. في المِائَة، بالمِائة

centaur, *n.* كَائِن خُرافِي نصفه الأعلى إنسان وَنِصْفُه الأسفل حصان، قِنْطَوْرَس

centenarian, *n.* شَخْص عُمْره مائة عام

centenary, *a.* & *n.* (عِيد) مِئَوِيّ؛ ذِكْرَى مُرورِ مائةِ عامٍ على حَدَثٍ ما

centennial, *a.*; *also n.* (*U.S.*) ذِكْرَى السَّنة المِئَوِيَّة، قَرْنِيّ

center, *see* **centre**

centesimal, *a.* مُتَعَلِّق بقسم من أقْسام مقياس مِئَوي

centi-, *prefix* بَادِئَة بمعنى واحد بالمائة

centigrade, *a.* مِئَوِيّ، سَنْتِغْرادِيّ (في قِياس الحَرارة)

centime, *n.* سَنْتِيم، $\frac{1}{100}$ من الفرنْك الفَرَنسيّ

centimet/re (**-er**), *n.* سنتيمتر (سم)

centipede, *n.* أم أربع وأربعين ، حَرِيش (حُرُوش ، حُرُش)

central, *a.* مَرْكَزِيّ ، متوسّط ، أَوْسَط

central heating تدفئة مركزية

central European نسبةً إلى أوربّا الوُسْطَى

centralization, *n.* تركيز ، حصر ؛ تمركز

centralize, *v.t.* رَكَّزَ ، مَرْكَزَ

cent re (*U.S.* **-er**), 1. *n.*, مَرْكَز ، وَسَط ؛ كَبِد ، جَوْهَر ، لُبّ ، قَلْب

centre of attention قِبْلة الأنظار ، مِحْوَر الإهتمام

centre of gravity مَرْكَز الثِقَل

centre-punch دَنّابة تعيين المَرْكَز

dead centre النقطة الميّتة (ميكانيكا)

nerve centre (*also fig.*) مَرْكَز الأعْصاب ؛ مركز الحركة والنشاط

off centre مُنْحَرِف عن مركز الدائرة

shopping centre منطقة تجارية ، سوق

soft centre (of chocolate) حَشْو الشكولاتة

2. (*polit.*) (أحزاب) الوَسَط

3. (*games*) الوسط ، المتوسّط (رياضة)

centre-forward قلب الهجوم ، متوسّط الهجوم (كرة قدم وهوكي)

v.t. 1. (place in centre) وضع في الوسط

self-centred, *a.* مهتمّ بذاته ، ذاتيّ ، أناني

2. (concentrate) رَكَّزَ ، جَمَّعَ ، حَصَرَ

v.i., usu. with preps. in, on, at تَرَكَّزَ

centremost, *a.* في قلب الوسط ، الأوسط

centrifugal, *a.* طارد من المَرْكَز ، يبتعد عن المركز

centrifugal force القوّة المَرْكزية الطاردة (الدافعة)

centrifuge, *n.* نابذة ، جهاز طرد مركزيّ

centripetal, *a.* مركزيّ جاذب ، متقارب أو مائل نحو المركز

centurion, *n.* قائد مائة جندي عند الرومان القدماء ؛ نوع من الدبّابات

century, *n.* 1. (hundred years) قرن من الزمان ، مائة عام

reach one's century بَلَغَ المائة من عُمْرِه

2. (score of a hundred) مائة نقطة (رياضة)

cephalic, *a.* متعلّق بتكوين الرأس

ceramic, *a.* خَزَفيّ ، فَخّاري ، متعلّق بالفخّار

n.pl. خَزَف ، فنّ صناعة الخَزَف

cereal, *n.* 1. (grain); *also a.* غَلّة (غِلال) ، حَبّ (حبوب) ؛ متعلّق بالغلال

2. (breakfast food) أكلة مُعَدّة من الحبوب للفطور غالبًا

cerebellum, *n.* المُخَيْخ ، مُؤَخر الدماغ

cerebral, *a.* مُخّيّ ، متعلّق بالمُخّ

cerebration, *n.* نشاط المُخّ الفسيولوجي ؛ إمْعان في التفكير

cerebro-spinal, *a.* مُخّيّ شوكي، نسبة إلى المخّ والنُخاع الشوكيّ

ceremonial, *a. & n.* رسمي؛ حفل أو اِحتفال رسمي، مراسم

ceremonial dress ملابس رسمِيّة، ملابس التشريفة

ceremonious, *a.* مُتَمَسِّك بالرسميات؛ رسمي، احتفالي

ceremony, *n.* 1. (religious or other rite) طقوس أو اِحتفالات دينية

Master of Ceremonies; *abbr.* M.C. رئيس التشريفات

2. (formalities) رسميات، مَرَاسيم

stand on ceremony تَمَسَّكَ بالرسميات

cerise, *n. & a.* لون أحمر فاتح، لون كَرَزي

certain, *a.* 1. (sure) مُتَأَكِّد، مُوقِن؛ أكيد، مُحَقَّق، مُؤَكَّد

face certain death واجَهَ المصير المحتوم

for certain على وجه اليقين، بلا جِدال

2. (unspecified; *with pl.n.*, some) واحد، شخص ما

a certain party شخص ما، فلان، أحد الأشخاص

certain people بَعْض الناس، بَعْضهم

3. (*with abstract n., a* degree of, some) بعض الشيء، درجة ما

he showed a certain reluctance to go أظْهَرَ شيئًا من التردّد في الذهاب

certainty, *n.* تأكيد، توكيد، تَحَقُّق، يَقين

certifiable, *a.* ممكن تحقيقه؛ معتوه، مختلّ العقل

certificate, *n.* إجازة، شِهادة

certify, *v.t.* شَهِدَ بِ، صَدَّقَ على، أقَرَّ بِ، قَرَّر أن

certified copy نسخة مُعْتَمَدة

certitude, *n.* يَقين، تَثَبُّت، اِقتناع

cerv/ix, *n.* (**-ical,** *a.*) عنق، رقبة؛ عنقي

cessation, *n.* تَوَقُّف، اِنقطاع، وَضْع حَدّ

cession, *n.* (*leg.*) تَنَازُل عن الشيء، تسليم

cess/pit, -pool, *n.* بالوعة (بواليع)، بَلّوعة (بلاليع)، إرْدَبَّة

cetacean, *a. & n.* منسوب الى الحيوانات الثديية ومنها الحوت، حيتاني

chafe, *v.t.* 1. (warm, *now only* by rubbing) اِستدفأ بحكّ الجلد

chafing-dish مُسَخِّن، مَوْقد صغير لإبقاء الطعام حارًّا لحين تناوله

2. (abrade); *also v.i.* حَكَّ، فَرَكَ

(*fig.*) ثَارَ، غَضِبَ

chaff, *n.* 1. (husks of corn); *also fig.* عُصافة، قَصَلة

2. (chopped hay and straw) قشّ، قصل، تِبْن، هَشيم

3. (banter) عَاكَسَ، مَزَحَ مع، نَكَّتَ على

v.t. مَازَحَ، تَفَكَّهَ مع

chaffer, *v.i.* سَاوَمَ أو جَادَلَ حول الأسعار، عَامَلَ (عراق)

chaffinch, *n.* ظالم، بِرْقِش، طائر صغير ذو ألوان زاهية

chagrin, *n. & v.t.* غَمّ، كَدَر؛ أزعج، كَدَّر، غَمّ

chain, *n.* 1. (series of metal links) سِلْسِلة، صَفْد، زِنْجير، زنجيل (عراق)

chain-mail زَرَد (زرود)، دِرْع (دُروع)،

in chains مَغْلول، مُقَيَّد، مُكَبَّل،

2. (measure) مِقْياس طول ٦٦ قدمًا

3. (series) سلسلة (أحداث، أفكار آلخ)

chain (of events, circumstances) تَسَلْسُل (الأحداث) أو تتابعها، توالِيها

chain reaction (*chem. & fig.*) تَفَاعُل مُتَسَلْسِل، رَدّ الفعل المُتَسَلْسِل

chain-smok/er, -ing مُفرط في التدخين (سيجارة بعد أخرى)

chain-store واحد من مجموعة محلّات تجارية تابعة لشركة واحدة، فَرْع

v.t. قَيَّدَ بسلسلة، كَبَّلَ، صَفَدَ

chair, *n.* 1. (seat) كُرْسي، مَقْعَد، سِكَمْلي

deck-chair كرسي شطح (عراق)، كرسي بلاج (مصر)

easy chair مَقْعَد مريح، فوتيل، قلطغ

electric chair كُرسي الإعدام الكهربائي (في أمريكا)

take a chair قَعَدَ، جَلَسَ، إستراح

2. (professorship) كُرسي الأستاذية (في جامعة)

3. (office of person presiding) رئاسة جلسة أو اِجْتِماع

take the chair تَوَلّى رئاسة الجلسة، ترأَّسَ الجلسة

v.t. 1. (instal in office) عَيَّنَه، وَلّاه مَنْصِبًا

2. (preside over *meeting*) رَأَس أو ترأس جلسة أو اِجتماعًا

3. (carry aloft) رَفَعَه على الأكتاف اِحتفالًا وحفاوةً به

chair/man (*fem.* **-woman**), *n.* رَئيس (رئيسة) جلسة

chairmanship, *n.* رئاسة جلسة

chaise-longue, *n.* شيزلونج، أَرِيكة

chalcedony, *n.* حجر شفاف حليبي اللون

chalet, *n.* بَيْت على سفوح الألب؛ شاليه، عشة (مصر)، مصيف (عراق)

chalice, *n.* كأس العشاء الرّبّانيّ؛ كأس الخمر

chalk, *n.* 1. (limestone) كربونات الكِلس، جير، جِصّ

he does not know chalk from cheese لا يعرف الكوع من البوع

2. (crayon) طباشير، طبشور

by a long chalk هيهات أن...، بكثير، إلى درجة كبيرة

v.t. كَتَبَ أو رَسَمَ بالطباشير

chalky, *a.* 1. (containing, consisting of, chalk) كِلْسي، جيري

2. (white, pale) شاحِب، أبيض

challenge, *v.t.* تَحَدَّى، اِعْتَرَضَ على، بَارَى

he challenged his competence طَعَنَ في كفاءته

n. تَحَدٍّ (تحدّيات)؛ بلاء

challenger, *n.* مُتَحدٍّ، مُبارٍ

chamber, *n.* 1. (room) حُجْرة، غرفة صغيرة

chamber-maid خادمة في فندق، وصيفة

chamber music (concert, orchestra) موسيقَى تعزفها فرقة صغيرة

chamber⟨-pot⟩ قصرية، مِبْوَلة، قعادة (عراق)

(*pl., leg.*) جناح المحامين، قاعة خاصّة للقاضي

2. (assembly) مَجْلِس (النُّوّاب مثلاً)

Chamber of Commerce غُرفة تجارة، الغرفة التجارية

3. (*mech.*, compartment, cavity) مخزن

combustion chamber غرفة الاحتراق، خزانة الاِشتعال (ميكانيكا)

4. (part of gun bore containing charge) غُرفة الخرطوشة

chamberlain, *n.* رئيس التشريف

Lord Chamberlain كبير أمناء البلاط

chameleon, *n.* (*lit. & fig.*) حِرْباء (حرباوات)؛ شخص مُتَلَوِّن

chamfer, *n. & v.t.* شَطْب، شَطْف؛ شَطَبَ

chamois, *n.* 1. (wild antelope) وَعْل جبليّ

2. (leather); *also* chamois leather, shammy جلد الوعل المدبوغ، شمواه

champ, *v.t. & i.* صَكَمَ، عَلَكَ (الشكيمة)، عَضَّ

champing at the bit (*fig.*) عِيل صبره، ضاق ذرعًا بالانتظار

champagne, *n.* شمبانيا، مشروب الشمبين

champion, *n.* 1. (defender); *also v.t.* نَصير، حامٍ، منافح عن؛ دَافَع عن

2. (victor); *coll. contr.* **champ** بطل، الأوّل أو الفائز في سِباق

a. ممتاز؛ عال العال

championship, *n.* 1. (defence of another) مناصرة، حماية، منافحة

2. (competition) بطولة، سباق

chance, *n.* 1. (fortune, accident) صُدفة، مُصادفة، حَظّ، بَخْت

by chance صُدفةً، مُصادَفةً، بطريق الصدفة، اِتّفاقًا

game of chance لعبة من ألعاب الحظّ

leave nothing to chance اِحتاط للأمر من جميع نواحيه، لم يترك شيئًا للصدف

take a chance جَرَّبَ حَظّه، جازَفَ

2. (opportunity) فُرصة، نُهْزة

rare chance فُرصة نادرة، فرصة لا تُعَوَّض

an eye on the main chance يَسْعي وراء مصلحته الخاصّة، نفعي

3. (possibility, probability) اِحْتِمال، إمْكانية

stand a ⟨good⟩ chance هناك احتمال(كبير) لنجاحه

the chances are . . . من المرجّح أن، أغلب الظنّ أن

on the off-chance; *also* on chance عَسَى أن . . .، لعلّ، ربَّما

a. عابِر، بطريق المصادفة

v.i. تَصادَفَ أو اِتَّفَقَ أن

as it chanced حسبما اِتَّفَق

chance upon صَادَفَ، عَثَرَ صدفةً

v.t. جَرَّبَ، قَامَرَ، غامَرَ

chance one's arm (*coll.*) جَرَّب حَظّه

chancel, *n.* القسم الشرقي من الكنيسة الخاصّ بالقسُس والمرتّلين

chancellery, *n.* دار المستشارية أو السفارة

chancellor, *n.* 1. (official of State)

Lord ⟨High⟩ Chancellor قاضي القضاة، رئيس مجلس اللوردات

Chancellor of the Exchequer وزير المالية (في انكلترا)

2. (head of university) مدير الجامعة الاِسمي، رئيسها الأعلى

chancery, *n.* مجلس قضائي إداري ملكيّ؛ شعبة بالمحكمة العليا

chancy, *a.* غير مأمون العواقب

chandelier, *n.* ثُرَيّا (ثُرَيّات)، نَجَفة (نجف)

chandler, *n.* شَمّاع؛ بقّال أو بدّال صغير

corn-chandler بائع الحبوب، علّاف

ship-chandler تاجر يَبيع لوازم السفن والمراكب

change, *n.* 1. (alteration, substitution) تَغْيِير، تبديل، تَغَيُّر، تَحَوُّل

change of life سِنّ اليأس (عند النساء)

change of clothes تغييرة ملابس

2. (money) الباقي (بعد الدفع)، فَكّة، فراطة، خُرْدة

get no change out of someone (*fig.*) لم يأخُذْ منه حَقًّا ولا باطِلًا

3. (*bell-ringing*) نِظام قَرْع الأجراس

ring the changes on (*fig.*) كرّر القول أو الشيء بأساليب مختلفة

v.t. & i. 1. (alter) غَيَّرَ، بدَّل، حَوَّل؛ تغَيَّرَ، تَبَدَّل، تَحَوَّلَ

change one's tune (*fig.*) غَيَّرَ أُسلوبه

2. (go from one to another) تَحَوَّلَ، اِنْتَقَلَ

change hands انتقلت مِلْكية الشيء

changing-room حُجْرة تغيير الملابس

change ⟨gear⟩ بَدَّلَ سرعة السيّارة

3. (exchange) حَوَّلَ عُمْلةً، استبدلها

changeab/le, *a.* (**-ility,** *n.*) 1. (unstable) مُتَغَيِّر، مُتَقَلِّب؛ تغيُّر، تقلُّب

2. (fickle) متقلِّب، هوائي، مُتَلَوِّن

changeless, *a.* (**-ness,** *n.*) ثابت، لا يتبدّل

changeling, *n.* طفل مستبدل بآخر قبيح وغبيّ (في الأساطير)

channel, *n.* 1. (strait) مضيق، بوغاز

2. (watercourse, conduit) قناة، تُرعة

3. (medium) طريق، وساطة، وسيلة

through the proper channels عن طريق الدوائر المختصّة، بالطريق الرسمي

4. (*teleg.*, *television*, *etc.*) قناة (لاسلكي)

television channels قنوات التليفيزيون

5. (*engin.*, groove) مَجْرًى، قناة

v.t. وَجَّهَ، وَصَّلَ، أَوْصَلَ، أدّى إلى

chant, *n.* ترتيلة، ترنيمة، أُنْشودة دينية

plain-chant قطعة موسيقية كَنَسية

v.t. & i. أنْشَدَ، غنَّى، رَتَّلَ؛ شَدَا، صَدَحَ؛ أطرأ

chantry, *n.* مال يُعْطَى للكاهن للصلاة على روح الميّت

cha/os, *n.* (**-otic,** *a.*); *now usu. fig.* فَوْضَى، هَرْجلة، اِضطراب، تَشَوُّش

chap, *v.t. & i.* شَقَّقَ، تَشَقَّقَ (الجلد)

chapped hands يدان مُشَقَّقَتان

n. 1. (crack in skin) تَشَقُّق أو شَرَث الجلد

2. (jaw) فَكّ، حَنَك (الحيوان خاصّةً)

chap-fallen, *a.* مكتئب، كسير، قانِط

3. (*coll.*, fellow) رجل، جَدَع، ولد، زَلَمَة

chapel, *n.* 1. (place of worship subordinate to or inside a church) كنيسة أو معبد صغير (في كاتدرائية أو مستشفى)

2. (nonconformist place of worship) كنيسة خاصّة لطائفة مسيحية معيّنة

chaperon, *n. & v.t.* سيدة مرافقة لفتاة في المناسبات الاجتماعية؛ رَافَقَ

chaplain, *n.*, **-cy,** *n.* قسيس في كنيسة خاصّة أو مُشرف على جنود مثلاً

chaplet, *n.* إكليل، سُبْحة للصلاة، مِسْبحة

chapter, *n.* 1. (division of book, etc.; *also fig.*) فَصْل، باب، أصحاح (توراة)، سورة (قرآن)

chapter of accidents ضربات الدهر المتوالية

quote chapter and verse أشار بدِقّة وأمانة إلى مَصْدَرٍ ما

2. (cathedral canons) مجلس الرهبان أو الكهنة

chapter-house مكان انعقاد مجلس الرهبان

char, *v.t. & i.* لَفَحَ، أَحرق؛ تَفَحَّمَ

char, *coll. contr. of* **charwoman**; *also v.i.* خادمة بأجر يومي، إمرأة لتنظيف المنزل

charabanc, *n.* أوتوبيس رحلات، سيارة ركّاب مكشوفة غالبًا

character, *n.* 1. (graphic sign) حرف؛ علامة، رسم، سيماء

2. (distinguishing qualities; moral nature) شخصية، طبع، سِمة، صفة مميّزة

in (out of) character مُتمشٍّ (غير مُتمشٍّ) مع شخصيته

character-building تكوين الشخصية

3. (reputation) شُهْرة، سُمْعة، صيت

take away (destroy) someone's character أساء إلى سُمْعة شخص أو هَدَمَها

4. (testimonial) شهادة، توصية

5. (personage, esp. in fiction) شخصية

6. (noteworthy or eccentric person) شاذّ، شخصية غريبة

he's quite a character فلان ذو شخصية

characteristic, *a.* & *n.* مُميِّز؛ طابع، خصيصة، صِفة، خُلّة

character/ize, *v.t.* (**-ization,** *n.*) ميّز، وَسَمَ، خَصَّصَ؛ رسم الشخصيات

characterless, *a.* لا شخصية له، باهت

charade, *n.* فزّورة، حزورة

charcoal, *n.* فَحْم نباتي، فَحْم الخشب

charcoal-burner صانع الفَحْم النباتي؛ مَنْقَل

charcoal grey رمادي داكن، أطْحل

charge, *v.t.* 1. (load) شَحَنَ، غَذّى، عَبّأ، مَلَأ

charge a battery شَحَنَ المركم أو البطاريّة

charge a weapon حَشَا سلاحًا ناريًّا

charged with emotion سيطرت عليه عاطفة ما

2. (entrust *with,* instruct) كَلَّفَ، فَوَّضَ، عَهِدَ إلى، أناط، أَوصَى ب

3. (accuse) اِتَّهَمَ، رماه ب

4. (attack); *also v.i.* هَجَمَ على، هَاجَمَ، أغارَ على، حَمَلَ على

5. (ask in payment) تقاضَى أجرًا، طَلَبَ مبلغًا مقابل...، طَلَبَ

6. (put to someone's account); *also* charge up قيّد على حسابه، حَسَبَ على، حَاسب

n. 1. (loading, amount loaded) شَحْنة، حِمْل، حُمولة

depth charge قذيفة الأعْماق

2. (control, custody) عُهْدة، رعاية، وصاية

in charge of مُكلَّف ب، مناط به

in (under) someone's charge في عُهْدَته، تحت رِعايَتِه

who is in charge? مَن المسؤول؟ مَن صاحب الشأن؟

take charge of تَوَلَّى، قام ب

3. (instruction, entrusting) تفويض، تكليف، توكيل، تخويل

4. (accusation) اِتّهام ، تُهْمة ، اِدِّعاء

charge-sheet سِجِلّ الاِتّهامات

give someone in charge سَلَّمَ المُجْرِم إلى الشُرْطة

put on a charge (*mil.*) اِتَّهم جُنْدِيًّا بالإهمال

5. (attack) غارَة ، هُجوم ، حَمْلة

6. (price asked) أَجْر مطلوب

chargé d'affaires, *n.* قائِم بأعمال السَّفير ، نائِب السَّفير

charger, *n.* فَرَس الضّابِط (عسكرية) ؛ صَحْفَة

chariot, *n.* عَجَلَة حربيّة ، مَرْكَبة ، عَرَبة

charioteer, *n.* قائِد عَجَلة حربيّة

charitable, *a.* مُحْسِن ، خَيِّر ، مُتَصَدِّق ، عَطوف

charitable institution مُؤَسَّسة خَيْرِيّة

charity, *n.* 1. (fellow-feeling, generosity) إحْسَان ، خير ، بِرّ ، صَدَقة ، تصدُّق

2. (institution for helping poor) مُؤَسَّسة خَيْرِيّة ، مَبَرَّة

charlatan, *n. & a.* دَجّال ، نَصّاب ، مَكّار ، حَيّال

charm, *n.* 1. (spell) عُوذة ، تَعْويذة ، رُقْيَة (رُقًى) ، سِحْر

(*fig.*, attractive quality) جاذِبِيَّة ، فِتْنة ، سِحْر

2. (amulet; *mod.*, trinket) طِلَسْم (طَلاسِم) ، حِجاب ، تَمِيمَة

v.t. 1. (bewitch) سَحَرَ ، فَتَنَ ، أَسَرَ ، سَبَى عقله ، خَلَبه

lead a charmed life مَعْصُوم من المَكارِه

2. (delight) أَطْرَبَ ، أَبْهَج ، أَمْتَعَ

charming, *a.* ساحِر ، فتّان ، أَخّاذ ، مُمْتِع ، ظَريف

charnel-house, *n.* قَبْو أو سِرْداب تُحْفَظ فيهِ رُفات المَوْتَى ، مَعْظَمة

chart, *n.* 1. (map); *also v.t.* ، خَرِيطَة بحرية ، خارِطة ؛ وضع على خَرِيطة

2. (graphical or tabular record); *also v.t.* رَسْم بَيانِيّ ؛ خَطَّطَ

charter, *n.* 1. (written grant of rights); *also v.t.* دُسْتُور ، مِيثاق ، عَهْد ، مَرْسُوم ، لائحة

chartered accountant مُحاسِب قانونيّ

2. (hiring of ship, etc.); *also v.t.* اِسْتِئْجار (سفينة أو طائرة)؛ اِستأجر

charter-party عَقْد استئجار سفينة (لنقل البِضاعَة مثلًا)

charter flight السَّفَر بطائرة مُسْتَأْجَرة

charwoman, *n.*; *coll. contr.* **char** خادِمَة مَنْزِل بأَجْر يوميّ

chary, *a.* حَذِر ، محترس ؛ حريص ، مُمْسِك

chase, *n.* مُطارَدَة ، ملاحَقة ، تَتَبُّع ، صَيْد

give chase طارَد ، تَتَبَّعَ ، لاحَقَ ، تَعَقَّبَ

v.t. 1. (pursue) طارَد ، تَعَقَّبَ ، جَرَى وَراءَه بِقَصْد مُلاحَقَتِه

2. (engrave) حَفَرَ ، نَقَشَ

chaser, *n.* 1. (pursuer) مُطارِد، مُلاحِق

2. (*coll.*, drink) مشروب إضافي

chasm, *n.* (*lit. & fig.*) وَهْدة (وِهَاد، وُهَد)، هاوية، هُوّة

chassis, *n.* شاسيه، هَيْكَل السيّارة

chaste, *n.* (*lit. & fig.*) نَقِيّ، طاهر؛ عفيف، نزيه

chasten, *v.t.* عَاقَبَ، أَدَّب؛ زَكَّى، طَهَرَ

chastise, *v.t.* (**-ment,** *n.*) عاقَبَ، أَدَّبَ بالعقاب؛ معاقبة، تأديب

chastity, *n.* عفاف، عِفَّة، طهارة، طُهْر

chasuble, *n.* بَدْلة القُدّاس (عند المسيحيين)

chat, *v.i. & n.* دَرْدَشَ؛ دَرْدَشة

châte/au (*pl. -aux*), *n.* قلعة (قلاع)، قَصْر

chattel, *n.*, *now usu. pl.* ممتلكات منقولة، أثاث، أمْتِعة شخصية

chatter, *v.t. & n.* 1. (talk) ثَرْثَرَ، دَشَّ؛ ثَرْثرة، دَشّ، رَغْي

2. (twitter) شَقْشَقَ

3. (rattle) شَخْشَخَ، خَشْخَش

my teeth were chattering اِصْطكّت أسناني، صَرَّت أسناني

chatterbox, *n.* ثرثار، رَغّاي، غلباوي، بقباق، لقلاق (عراق)

chatty, *a.* كثير الكلام والدَرْدَشة

chauffeur, *n.* سائق السيارة، سَوّاق، شوفير

chauvin/ism, *n.*, **-ist,** *n.* (**-istic,** *a.*) نَعْرة إقليمية، مغالاة في الوطنية، تعصُّب مفرط للقومية، شوفينية

cheap, *a.* (**-ness,** *n.*) 1. (inexpensive); *also adv.* رخيص، زهيد الثمن

dirt cheap بُرخص التراب، بَلاش

2. (contemptible) محتقر، تافه، زائف، رخيص

make someone look cheap حَقَّرَه، صَغَّرَه، سوّد وَجْهَه، أَخْجَلَه

cheapen, *v.t. & i.* رَخَّص، خَفَّضَ، قَلَّلَ الثمن

cheapjack, *n. & a.* بائع مُتَجَوِّل؛ غير ذي قيمة

cheat, *n.* 1. (swindler) غَشّاش، نَصّاب، مُحْتال، دَجّال

2. (deception) غَشّ، نَصْب، اِحتيال

v.t. & i. غَشَّ، خَدَعَ، اِحْتالَ أو نَصَب على، خَتَلَ

check, *n.* 1. (arrest, restraint) ضَبْط، صَدّ، إِيقاف، تحكُّم، كَبْح

keep in check ضَبَطَ، حَصَرَ، تحكَّم في، كَبَحَ

2. (*chess*); *also int.* كشّ الملك في لعبة الشطرنج؛ كِشّ!

3. (control, scrutiny) مراقبة، فَحْص

check-point نقطة مراقبة (للتفتيش والفحص عند الحدود مثلاً)

keep a check on رَاقَبَه، وضعه تحت المراقبة أو النظر

4. (token of identification) إيصال يُمكّن حامله من إسترداد أمتعته التي تركها

5. (bill for a meal) فاتورة أو قائمة الحِساب (في مطعم)، الحِساب

6. (cross-lined pattern) قُماش مُربَّعات أو كارُوهات أو مُحَقَّق (عراق)

7. *see* **cheque**

v.t. 1. (arrest, restrain) ضَبَطَ، حَصَرَ، أوقف، تحكّم في، كبح

2. (examine; test by comparison); *also v.i.* فَحَصَ، إختبَرَ؛ أعَادَ النظر في، تَحَقَّقَ أو تَثَبَّتَ من

check up, *whence* فَحَصَ، تحقّقَ أوتثبّت من

check-up, *n.* فَحْص طبّي عام

3. (*chess*) كَشَّ الملك (شطرنج)

v.i. 1. (tally) وَافَقَ، طَابَقَ

2. (notify oneself) أثبت وجودة

check in (out) (*U.S.*) قَيَّدَ إسمه في فندق (عند الدخول أو الخروج)

checked, *a.* قُماش مُربّعات أو كاروهات

checker, *see* **chequer**

checkmate, *n. & int.* مات الملك أو الشاه (شطرنج)

v.t.; *also fig.* قَهَرَ، غَلَبَ، هَزَمَ

Cheddar ⟨**cheese**⟩, *n.* نوع من الجبن شبيه بالشستر

cheek, *n.* 1. (side of face) وجنة، خَدّ

cheek-bone عظمة الوجنة أو الخَدّ

cheek by jowl جَنْبًا إلى جَنْبٍ، متلاصقان

turn the other cheek مَنْ لطمك على خَدِّك الأيمن فأدِرْ له الآخر

2. (effrontery) وقاحة، صَلَف، صَفاقة

have the cheek to تَجرَّأَ أو تجَاسَرَ على

v.t. تَوَقَّحَ على، تَجرَّأَ

cheek/y, *a.* (**-iness,** *n.*) جري ء، وَقِح، صفيق الوجه

cheep, *v.i. & n.* زَقْزَق، سَقْسَقَ، صَوْصَوَ

cheer, *n.* 1. (shout of applause) هُتاف، تهليل

give three cheers (for) هتف ثلاثًا (لِ)

2. (frame of mind)

what cheer? كيف الحال؟

be of good cheer طِبْ نفسًا وقَرّ عينًا

3. (fare, food) طعام، مَأكل

v.t. & i. 1. (applaud) هَتَفَ، هَلَّلَ لِ

cheer someone on شَجَّعَهُ، حَثَّه

2. (hearten) فَرَّحَ، أَبْهَجَ

cheer up رَفَّهَ عنه؛ إنْشَرَحَ صدره، سُرَّ

cheerful, *a.* (**-ness,** *n.*) 1. (happy) مَرِح، بَشوش، فرحان، سعيد

2. (*fig.*, bright) طَلْق المُحَيّا، مُشرق الوجه؛ ساطع اللون

cheering, *a.* (heartening) مُفْرِح، سارّ، مُطَمْئِن

n. (applause) هُتاف، تهليل

cheerio(h), *int.* (*coll.*) إلى اللقاء؛ في صحّتك

cheerless, *a.* (**-ness**, *n.*) كئيب، عابِس، مُوحِش، قاتم، مُقْبض

cheery, *a.* مَرِح، فَرِح، مبسوط، مسرور

cheese, *n.* جُبْنة، جُبْن

cheese-paring, *a.* بخيل، شَحيح، ممسك اليد

cheese straws بسكويت بالجُبْن بشكل أصابع

lemon-cheese مربّى من الليمون وصَفار البيض

cheesecake, *n.* فطير محْشوّ بالجُبْن الأبيض والبيض والزبيب

cheesy, *a.* يشبه الجُبْن، طعمه كالجبن

cheetah, *n.* فَهْد هندي

chef, *n.* رئيس الطُهاة، كبير الطبّاخين

chef d'œuvre, *n.* تُحفة، خيرما أبدع مؤلِّف

chemical, *a.* كيميائي، كيماوي

chemical action تفاعُل كيميائي

chemical warfare الحرب الكيميائية

n. مادة كيميائية، مُرَكَّب كيميائي

chemise, *n.* قميص داخلي للنساء

chemist, *n.* 1. (scientist) كيميائي، كيماوي

2. (pharmacist) صيدليّ، أجزجي

chemistry, *n.* كيمياء، علم الكيمياء

cheque (*U.S.* **check**), *n.* صكّ (صُكوك)، شيك (شيكات)

blank cheque شيك على بياض (دون ذكر القيمة)

crossed cheque شيك مُسَطّر

cheque-book دفتر الشيكات أو الصكوك

chequer (*U.S.* **checker**), *n.* 1. (criss-cross pattern) قماش ذو مُربّعات

2. (*U.S.*, draughtsman) قطعة الداما، قُشاط (مصر)

(*pl.*, game of draughts) لعبة الداما

v.t.; *esp. in*
chequered career حياة فيها فَشل ونجاح

cherish, *v.t.* رَعَى بحنان، صان؛ اِعْتَزَّ ب، تاقت نفسه إلى

cheroot, *n.* سيجار مفتوح الطرفين

cherry, *n.* 1. (fruit) كَرْز، كَرِيز

2. (tree; its wood) شجرة الكرز، خشبها

3. (colour); *also a.* كرزي، كرزي اللون

cherub (*pl.* -s, -im), *n.* (**-ic**, *a.*)
(*lit. & fig.*) ملاك، كروبيم أو شاروبيم؛ طفل ملائكي؛ ملائكي

chess, *n.* لعبة الشطرنج

chess-board رُقعة أو لوحة الشطرنج

chess-man قطعة الشطرنج

chest, *n.* 1. (box) صندوق كبير، صَحّارة

chest of drawers صوان الثياب، بوريه أو دولاب صغير للملابس

(*fig.*, treasury) خزينة، بيت المال

2. (part of body) صدر، كَلْكل

get something off one's chest (*fig.*) أزاح عن صدره عِبئًا، أفصح عمّا في نفسه

chesterfield, *n.* مِعْطَف؛ أريكة

chestnut, *n.* 1. (tree; wood; fruit) شجرة القسطل أو الكستناء، أبو فَرْوَة (مصر)، شاهَبَلّوط

horse-chestnut شاهنبلوط هندي

sweet (Spanish) chestnut أبو فَرْوَة

2. (colour); *also a.* كستنائي

3. (horse) حصان كُمَيْت، أصدأ (بين الأسود والأحمر)

4. (*coll.*, stale joke) نكتة أو حكاية قديمة، بايخة

cheval-glass, *n.* مرآة كبيرة ترتكز على قائمة

chevalier, *n.* فارس، نبيل؛ رتبة شرف في فرنسا

chevron, *n.* شريط للكتف (على شكل ٧) يبين رتبة الجندي أو الشرطي

chew, *v.t. & i.* 1. (masticate) عَلَكَ، لَاكَ، مَضَغَ

chew the cud اِجْتَرَّ؛ تَأَمَّلَ، تَفكَّرَ

chewing-gum عِلْك، مستيكة، لِبان (مصر)

bite off more than one can chew أَقْدَمَ على ما لا طاقة له به

2. (turn *over* in mind) قلَّبَ الأمر وجهًا لبطن، أعْمَلَ فِكْرَه

chic, *n. & a.* أناقة، شياكة؛ أنيق، مُهَنْدم

chicanery, *n.* اِحتيال، سَفْسَطة

chick, *n.* كَتْكوت (كتاكيت)، فرخ، فرّوخ، صوص (سوريا)؛ فتاة

chick-pea حِمِّص، حُمُّص (عامّية)

chicken, *n.* 1. (young bird) دجاجة، فَرْخة

chicken-feed (*fig.*) لا قيمة له؛ قليل من النقود

chicken-hearted, *a.* جَبان، خَوّاف، وَجِل، رِعْديد

chicken-pox جُدَيْري، حُماق

do not count your chickens before they are hatched لا تَبِعْ جلد الدبّ قبل صيده

2. (meat of domestic fowl) لحم الدجاج

chickweed, *n.* أعشاب تقتات عليها الطيور

chicory, *n.* هندباء، شيكوريا

chide (*pret.* chid, chided, *past p.* chid, chidden), *v.t. & i.* وَبَّخَ، عَنَّفَ، زَجَرَ، أَنَّبَ، قَرَّعَ

chief, *n.* رَئيس، شيخ، رأس، سَيِّد، قَيْل (أقيال، قيُول)، مُدير

Chief of Staff رئيس أرْكان الجيش، ضابط أركان حرب

Commander-in-Chief قائد عامّ

a. رئيسي، أساسي، أوَّلي، الأهمّ

chiefdom, *n.* رئاسة، مَشْيَخة، زعامة

chiefly, *adv.* في الأغلب، غالبًا، لا سيّما، على الخصوص، بالأخصّ

chieftain, *n.* زعيم، شيخ؛ رئيس عصابة

chieftaincy, *n.* زعامة، رئاسة، مَشْيَخة

chiffon, *n.* شيفون، مَلْمَل (عراق)، قماش شفاف رقيق

chignon, *n.* عقص جدائل الشعر الخلفية، شينيون

chilblain, *n.* تورُّم الأصابع من البرد

child (*pl.* -ren), *n.* طِفْل، ولد؛ إبن

child's play هيّن، يسير

childbirth, *n.*; *also* **childbed** ولادة، نِفاس، مَخاض، طَلْق

childhood, *n.* طفولة، صِبا، سن الطفولة أو الصِبا

second childhood طفولة ثانية، هُتْر

childish, *a.* (**-ness,** *n.*) طفليّ، طفوليّ، صبياني، جاهل، نَزِق، مُضْحِك

childless, *a.* بلا نسل أو عَقِب، أبْتَر

childlike, *a.* بريء، وديع، صريح

chill, *n.* 1. (coldness); *also fig.* بَرْد، قِرّة، قُشَعْريرة؛ جفاء

cast a chill over برَّد هِمَّتهم، أخمد حماسهم

2. (ailment) قُشَعْريرة، بَرْد، البُرَداء

catch a chill أُصيب بزكام، أخذ بردًا

a. بارد، قارّ

v.t. برَّدَ، أثْلَجَ

chill/i (-y), *n.* فلفل أحمر حارّ، شطّة

chill/y, *a.* (**-iness,** *n.*); *also fig.* مائل للبرودة

chime, *n.* رنين الجرس

v.i.; *also v.t.* دقّ الجرس بِرَنين موسيقيّ

chime the hour دقّت الساعة

(*fig.*, harmonize) وافق، ناسَبَ

chim(a)er/a, *n.* (**-ical,** *a.*) (*fig.*) خَيال، وهم

chimney, *n.* 1. (vent for smoke, etc.) مَدْخَنة (مداخن)، داخِنة

chimney-corner مقعد بجانب المدفأة

chimney-piece رفّ فوق المدفأة

chimney-pot أنبوب فخّار أو معدني في رأس المَدْخَنة

chimney-stack مجموعة رؤوس المداخن

chimney-sweep(er) منظّف أو كنّاس المداخن

2. (cleft in cliff) شقّ طولي في جبل

chimpanzee, *n.* شمبانزي، بَعام

chin, *n.* ذِقَن (أذقان)

chin-wag, *n.* & *v.i.* (*sl.*) لَغْو، دَرْدَشة

double chin لُغد، غبغب

keep one's chin up شَدّ حَيله، احتفظ برباطة جأشِه

china, *n.* & *a.* خَزَف ، فَخّار

china-clay صَلْصال أبيض ، كاولين

China, *n.* بلاد الصين

China/man (*pl.* -men), *n.* رجل صينيّ

Chinatown, *n.* الحيّ الصيني في مدينة

chinchilla, *n.* نوع من السِنجاب ذو فراء ناعم؛ فراء هذا الحيوان

chine, *n.* صُلْب الحيوان

v.t. جَرَّد اللحم من عظم السلسلة

Chinese, *a.* صينيّ ، نسبة إلى الصين

Chinese lantern فانوس من الورق

Chinese white دهان أبيض ، أوكسيد الزنك

n. 1. (native) صينيّ

2. (language) اللغة الصينية

chink, *n.* 1. (small opening) شقّ ، فَجْوة ، فَتحة ، فَرْجة

(*fig.*) عيب ، ضُعْف ؛ موضع الضعف مطعن

2. (metallic sound) رنين ، صليل ، جَرْس

v.i. رَنَّ ، صَلَّ

chintz, *n.* قماش قطنيّ منقوش ، شيت

chip, *n.* 1. (sliver of wood, etc.) شظيّة ، فلقة ، كِسْرة ، شكّاء

have a chip on one's shoulder شكّاء ، بكّاء ، لا يَرْضَى ولا يَقْنَع

a chip of (off) the old block هذا الشبل من ذاك الأسد ، ابن الإوزّ عوّام

2. (thin slice of potato) بطاطس أو بطاطا مقلية على شكل أصابع

fish and chips سمك مقلي مع بطاطس مقلية على شكل أصابع

3. (counter for games) قُرْص من العاج أو المعدِن يستعمل في القمار بدلاً من النقود ، فيشة

4. (surface defect) ثَلْم ، ثُلْمة

v.t. 1. (knock small piece off) ثَلَم ، ثَغَرَ الإناء ، هَشَمَ

2. (cut into small slices) قطع على شكل أصابع أو شرائح

v.i. تَثَلَّمَ ، تَكَسَّرَ

chip in (*coll.*) قاطع الحديث بملاحظة

chipmunk, *n.* سنجاب أمريكي مُخَطَّط

chiromancy, *n.* قراءة الكفّ

chiropodist, *n.* مختصّ في معالجة أمراض القدم

chiropod/y, *n.* معالجة أمراض القدم

chirp, *v.i.* & *n.* صَرَّ ، صَفَرَ ، زَقْزَقَ ، شَقْشَقَ ، صَوْصَوَ ، وَصْوَصَ

chirpy, *a.* مَرِح ، فَرْحان ، هاشّ باشّ

chirrup, *v.i.* & *n.* شقشقة ، زقزقة

chisel, *n.* إزميل ، مِنْحات

cold chisel أجَنة قطع على البارد

v.t. 1. (cut) نَحَتَ أو حَفَرَ بالإزميل

2. (*sl.*, defraud) غَشَّ ، خَدَعَ ، اِحْتال على

chit, *n.* 1. (brat) طفل؛ جِنّة بنت، زَعْطوطة

2. (certificate) ورقة، شهادة

chit-chat, *n.* دردشة، ثرثرة، كلام خفيف وعابر، في الفاضي والمليان

chitterlings, *n.pl.* مصارين مطبوخة، طبق مُعَدّ من أمعاء الخنزير الدقيقة

chivalrous, *a.*; *now usu. fig.* ذو مروءة، نبيل

chivalry, *n.* 1. (medieval knights; their way of life) نظام الفروسية

2. (courteous behaviour) شهامة، نخوة، نبالة، نظام الفتوّة

chive, *n.* نبات يشبه البصل المعمَّر، توم مُعمَّر، كرّاث بلدي

chiv(v)y, *v.t.* أَلْحَفَ، أَلَحَّ في الطلب؛ طارد

chloral, *n.* كلورال، سائل زيتي عديم اللون نفّاذ الرائحة

chlorate, *n.* كلورات

chloride, *n.* كلوريد

sodium chloride كلوريد الصوديوم، ملح الطعام

chlorin/ate, *v.t.* (**-ation,** *n.*) عَامَلَ بالكلور

chlorine, *n.* كلورين، غاز الكلور

chloroform, *n.* كلوروفورم (مادّة لتخدير المرضَى)، بنج

v.t. بَنَّجَ بالكلوروفورم

chlorophyll, *n.* كلوروفيل، يخضور

chock, *n.* خشبة توضع تحت عجلة لتَمْنَعَها من الحركة

v.t. مَنَعَ عجلةً من الحركة بوضع خشبة

adv. (*coll.*), *only in*

chock-full; *also* chock-a-block مترّوس، مُكْتَظّ، ممتلئ، مزدحم

chocolate, *n.* شكولاتة، جوكليت

drinking chocolate شراب الشكولاتة أو الكاكاو

choice, *n.* إِختيار، إِنتقاء، إِنتخاب، اصطفاء؛ مختار؛ مجموعة للاختيار

take one's choice اختار ما يرغب فيه أو ما يحلو له

a. مختار، مُنْتَخَب، ممتاز، فاخر

choir, *n.* 1. (group of singers) جوقة المرنّمين أو المرتِّلين في كنيسة

choir boy صبيّ في جوقة المرنِّمين

2. (part of church) جناح المرنِّمين في كنيسة

choke, *v.t.* خنَقَ، أَغَصَّ

choke someone to death خنقه حتى الموت، قتله خنقًا

choke someone off (*sl.*) تَخَلَّصَ منه

choke back (down) one's tears تَمَاسَكَ عن البكاء، خَنَقَ عبراته

choked up (*fig.*, *of pipes, etc.*) مَسْدود

v.i. إِخْتَنَقَ، غَصَّ، جَرَضَ بريقه

choke with rage إِخْتَنَقَ غيظًا، شَرِقَ وازدرد ريقه غضبًا

choking fit نوبة خانقة

n. 1. (engine valve; its control) خانق (في محرّك السيارة)

2. (*elec.*) خانق (كهرباء)

choker, *n.* ياقة أو قلادة ضيّقة

choler, *n.* (**-ic,** *a.*) غضب ؛ سريع الغضب

cholera, *n.* كوليرا، هَيْضة، الهواء الأصفر

choose (*pret.* chose, *past p.* chosen), *v.t. & i.* اِخْتارَ، اِنْتَخَبَ، اِصْطَفَى، اِنْتَقَى

he chose not to answer أبى أن يجيب، اِمتنع عن الردّ

I cannot choose but come لا مندوحة لي عن المجيء، لا مفرّ من المجيء

the Chosen People شعب الله المختار

choos(e)y, *a.* (*coll.*) صعب الإرضاء، دِقْداقي (عراق)، مُتَعَنِّت (مصر)

chop, *v.t.* قَطَّعَ، فَرَمَ، فَرَى، قَرَّطَ

chop ⟨up⟩ firewood قَطَّعَ الحطب

chop off someone's head قَطَعَ رقبته، قصّ رأسه

chopping block وَضم، مهرمة، قُرْمة

(*fig.*) logic-chopping سفسطة، جدل عقيم، نقاش فارغ، مناقشة بيزنطية

v.i. chop and change تَقَلَّبَ، تَرَدَّد

n. 1. (blow with axe) ضربة فأس

2. (meat) ضِلَع لحم، كستليتة

chop-house كبابجي، حاتي (مصر)

3. (*pl.*, jaws) شدقان، فكّان

chopper, *n.* ساطور، شاطور

choppy, *a.* بحر مائج

chopsticks, *n.pl.* زوج من العيدان يستعملها الصينيون لتناول الطعام

chop-suey, *n.* طبق صيني من اللحم والرز والبصل

choral, *a.* مُختصّ بالترتيل الكنسي، كورالي

chorale, *n.* ترنيمة كنسية خاصّة

chord, *n.* 1. (*math.*) وتر القوس

2. (string of mus. instrument, etc.) وَتَر

vocal chords الأوتار الصوتية

strike a chord (*fig.*) ضرب على الوتر الحسّاس

3. (combination of notes) تَناغُم

chore, *n.* أشغال البيت ؛ شغل مُضْجِر

choreographer, *n.* مُصَمِّم رقص وحركات الباليه

choreograph/y, *n.* (**-ic,** *a.*) فَنّ الرقص، تصميم رقص الباليه

chorister, *n.* مُرَتِّل في كنيسة

chortle, *v.i. & n.* قَهْقَهَ؛ قَهْقَهة

chorus, *n.* 1. (actor or actors commenting on drama) كُورس، خُورُس

2. (group of singers) فِرْقَة مُغَنِّين في أُوبرا أو مَسْرَحِيّة كُوميديّة

3. (composition for several voices) تأْلِيف مُوسِيقي لِعِدة أصوات

(*fig.*, simultaneous utterance) بِصَوْت واحِد

4. (refrain) دَوْر، لازِمة (موسيقى)

v.t. قَالُوا بِصوت واحد، في آن واحد

chose, chosen, *pret. & past p. of* **choose**

chough, *n.* غُرَاب أَعْصَم ، زُمَّت (طائر)

chow, *n.* كَلْب صينيّ ؛ طَعام

chrestomathy, *n.* مُخْتَارات أَدَبية تُسْتَخدم لِتَعْلِيم اللغة

Christ, *n.* السَّيِّد المَسيح

christen, *v.t.* 1. (baptize) عَمَّدَ ، نَصَّرَ

2. (give name to) سَمَّاه عند تعميده

Christendom, *n.* العَالَم المسيحيّ ، المَسِيحِيّة ، النَّصْرانيّة

Christian, *a. & n.* مَسِيحِيّ ، نَصْرانيّ

Christian name الإِسْمُ الأَوّل أو الشخصيّ

Christian Science (Scientist) طَائِفة مَسِيحِيّة ، نِظام ديني

Christianity, *n.* المَسِيحِيّة ، النَّصْرانِيّة

Christmas, *n.* عِيد المِيلَاد ، الكرِيسْمَس

Christmas box هَدِيّة الكريسْمس (تُعْطَى لِخادِم أو لِعامِل يَتَرَدَّد على المَنْزِل)

Christmas card بِطَاقة الكريسمس

Christmas Eve لَيْلَة عيد المِيلاد ، عَشِيَّة عيد المِيلاد

Father Christmas بَابَا نويل، سَانْتَا كلُوز

chromatic, *a.* 1. (of colour) لَوْنِيّ

2. (*mus.*) السُّلَّم المُلَوَّن (موسيقى)

chrome, *n.* 1. (chromium) مَعْدِن الكروم

2. (yellow pigment) لَوْن أصفر كرومي

chrom/ium, *n.* (**-ic, -ous,** *a.*) مَعْدِن الكروم

chromium-plate, *n. & v.t.* طِلَاء بالكروم

chromosome, *n.* كرُومُوزُوم ، صبغيّ (صَبْغِيّات)، جُزْء من نَوَاة الخَلِية، وحدة المادّة العُضْويّة والعامل في نَقْل الصِّفات الوِراثِيّة

chronic, *a.* 1. (inveterate) مُزْمِن ،مُتأَصّل، عُضال

2. (*pop.*, severe) خَبِيث،رَدِيء، حادّ

chronicle, *n. & v.t.* تَأْرِيخ، تَسْجِيل الأحداث؛ سَرَدَ ، أَرَّخَ ، سَجَّلَ

Book of Chronicles سِفْرُ أَخْبار الأيّام (مِنْ كتاب العَهْد القديم)

chronicler, *n.* مُؤَرِّخ الأحداث، مُدَوّن الأَخْبَار كما يشهدها أو يتلقّاها

chronolog/y, *n.* (**-ical,** *a.*) عِلْم تَدْوِين الأَحْدَاث التاريخية ؛(تسلسل) زَمَنِيّ

in chronological order فِي تَرْتِيب زَمَنِيّ، تَسَلْسُل زَمَنِيّ للأحداث

chronometer, *n.* آلة دقيقة لِضَبْط الوقت (في المِلَاحَة خاصّة)، كرونومِتر

chrysal/is (-id), *n.* شَرْنَقَة؛ خادِرة، عَذْراء الحَشَرات

chrysanthemum, *n.* زَهْرَة الكرِيزانْتِيم، أَراوُلة، أراوية، أُقْحُوان

chub, *n.* سَمَك من فصيلة الشَبّوط

chubby, *a.* ذو وجه مدوّر وممتلئ

chuck, *v.t.* 1. (*coll.*, throw); *also n.* رَمَى، أَلْقَى

chuck it! (*sl.*) كُفّ، كِفاية!

chuck out طَرَدَ، أَلقى خارجًا

chuck up one's job هَجَرَ وَظيفته أو عَمَلَه (نَتيجةً للسَّأم مثلاً)

2. (tap *under the chin*) رَبَت بلُطْف تَحْتَ الذَّقَن

n. 1. (cut of beef) قِطْعة من لَحْم البَقَر للسَّلق

2. (lathe attachment) طَرْف المِثْقاب

chuckle, *v.i. & n.* ضَحِكَ في سِرِّه

chug, *v.i.* قَرْقَرَت الماكنة

chug along (*fig.*, make slow progress) تَقَدَّم ببُطْءٍ، سار بِتُؤَدَة

chum, *n.* (*coll.*) صَدِيق، صاحِب، رفيق

v.i., esp. in
chum up with صَاحَبَ، صَادق، خادَن

chump, *n.* 1. (joint of mutton) لَحْم خاصِرة الضَّأن

2. (*coll.*, head) رَأْس

off one's chump مَخْبول، طار صَوابه

3. (*coll.*, blockhead) بَلِيد، أَحمق، غبيّ

chunk, *n.* قُرْص (من الجبن)، قِطْعَة كبيرة (من الخبز)، وُصْلة (عراق)

church, *n.* 1. (Christian community) الطَّائِفة المَسِيحيّة، أعضاء الكنيسة

church-go/er, -ing مُواظِب على الذِّهاب إلَى الكنيسة

high church فَرْع من الكنيسة الانكليزية له طُقُوس تشابه الطّقوس الكاثوليكية

low church فَرْع من الكنيسة الانكليزية له طُقوس بسيطة

2. (clerical profession) الإكْلِيرُوس

go into the church دَخَل في خِدمة الكَنِيسة، اِنْخَرَط في سِلْك الكنيسة

3. (building for public worship) كَنِيسة (كنائس)، بِيعَة (بِيَع)

churchman, *n.* أَحَد أعضاء الكَنيسة، أَحَد رِجال الكَهَنُوت

churchwarden, *n.* 1. (official) وَكِيل الكنيسة

2. (pipe) غَلْيُون طينيّ طويل

churchyard, *n.* فِناء الكنيسة أو حَوْشها؛ مَقْبَرة في حَوْش الكنيسة

churl, *n.* فَظّ، جِلْف، غليظ

churlish, *a.* (**-ness,** *n.*) جِلف، فَظّ، غليظ

churn, *n.* مِزْبَد، مِمْخَضة، شِجْوة (عراق)

v.t. خَضَّ الحليب، خَضْخَض

v.i. أَزْبَد، أَرْغَى

chute, *n.* مَزْلَق، مُنْحَدَر، قَناة

chutney, *n.* مُخَلَّلات حلوة ، شَطْني

cicada, *n.* زِيز (زِيزَان)

cicatrice, *n.* نَدْبَة (ندوب) ، أَثر الجُرْح

cicatrize, *v.t.* اِلْتَأَم ، لَأَم ، اِنْدَمَل ، دَمَل

cicerone, *n.* دَلِيل أو مُرْشِد السُّيَّاح

cider, *n.* شَرَاب التُّفاح ، عَصير التفاح المخمَّر ، سايْدر

cigar, *n.* سِيجَار ، سيكار
جَرِد (جرود - عراق)

cigarette, *n.* سِيكَارة ، سِيجَارة ، لِفافة

cigarette-card بِطَاقة مُصَوَّرة في عُلْبة السكاير

cigarette-holder فَم السِّيكارة ، مَبْسِم ، امزِك

cigarette-lighter قَدَّاح ، قَدَّاحة ، وَلَّاعة

cincture, *n.* حِزَام ، زُنَّار ، مِنْطَقة

cinder, *n.* بَقَايَا الفَحْم أو الخَشَب المحترق ، جَمْر مُنْطَفِئ

cinder-path (-track) طَرِيق مُغَطًّى بِسُقاط الفَحْم ومُمَهَّد للسِّباق

Cinderella, *n.* (*fig.*) مَا لا يُقدَّر حقَّ قَدْرِه ، مُهْمَل

ciné, *in comb., contr. of* **cinematograph**

ciné-camera آلَة تصوير سِينِمائيّة

cinema, *n.* 1. (cinematography) فَنُّ السِّينِما ، السِّينِما

2. (film theatre) سِينِما ، دار السِّينِما

cinema screen شَاشَة السِّينِما ، الشّاشة البَيْضاء ، السِّتار الفِضّي

cinematic, *a.* سِينِمائيّ

cinematograph/y, *n.* (**-ic,** *a.*); *contr.* **ciné** صِنَاعَة السِّينِما

cineraria, *n.* زَهرة الرَّماد ، رَمادِيّة

cinerary, *a.* مُتَعلِّق بِرَماد الميِّت

Cingalese, *see* **Sinhalese**

cinnamon, *n.* قِرْفة ، دارَصِيني

cipher (**cypher**), *n.* 1. (zero) صِفْر ، لا شَيْء

(*fig.*, nonentity) شَخْص لا يُعْتَدُّ به ، صِفْر على الشِّمال

2. (Arabic numeral) رَقْم عَرَبِيّ

3. (secret writing, code) شِفْرَة ، رُموز سِرِّية

4. (monogram) طُغْرَى ، طُغْراء ، حُرُوف مُتشابِكة

v.i. (do arithmetic, calculate) حَسَبَ ، عَدَّ

v.t. (put into secret form) كَتَبَ بِالشِّفْرة

circa, *prep.*; *abbr.* **c.** حَوَالِي ، على التَّقْرِيب ، تَقْريبًا

circle, *n.* 1. (*geom. & fig.*) دائرة ، حَلْقَة

great circle الدائرة العُظمَى ، دائرة وَهْمِيّة تَقْسِم الأرض إلى نصفي كرة

square the circle حَاوَل المستحيل

run round in circles (*coll.*) دَارَ على نَفْسِه كالنَّحْلة ، ذَهَب جُهْده هَباءً مَنْثُورًا

the wheel has come full circle رَجَعَت الأُمور إلى نَفْس النُّقْطَة الّتي بَدأت مِنها

vicious circle حَلْقَة مُفْرَغة (يَصْعُب إيجادُ مَخْرَجٍ منها)

2. (*theatr.*)

dress circle البَلْكُون الأعْلَى (في المسرح)

upper circle البَلْكُون الأسفل (في المسرح)

3. (group of persons; sphere of society) حَلْقَة، دائرة، وَسْط، جَماعة، بِيئَة

move in exalted circles عَاشَرَ صَفْوة القوم، خَالَط خاصّة النّاس

v.i. & t. حامَ، حَوَّم؛ طاف (ب، حَوْلَ)، طَوَّف (ب)، دَوَّر، أحَاطَ، دَار حَوْلَ؛ حلّقت (الطائرة فوق أو على)

circlet, *n.* حُلْيَة دائرِيّة الشّكل تُوضَع عَلَى الرَّأس

circuit, *n.* 1. (encompassing distance or journey) جَوْلة، دَوْرة؛ نَوْبة، طَوَاف، دائرة

2. (*leg.*) جَوْلة القاضِي في دائرة اخْتِصاصِه

3. (chain of theatres, etc.) سِلْسِلَة دُور سِينِما أو مسارح خاضِعة لإدَارة واحدة

4. (*elec.*) دائِرة كهرَبائية، دَارة كَهْرَبائية

short circuit, *whence* دَائرة قِصَر

short-circuit, *v.t.* (*lit.*) قَصَّرَ الدَّائِرة

(*fig.*) تَوَصَّلَ إلى هَدَفه بأقصر طَريق؛ تَخَطَّى

circuitous, *a.* (**-ness,** *n.*) طَرِيق غير مُباشِر، مُلْتوٍ

circular, *a.* مُسْتَدِير، مُدَوَّر، دائِري، مُخْتَصّ بالدّائرة

circular saw مِنْشار قُرْصِيّ أو دائِرِيّ

circular tour جَوْلَة تَنْتَهِي حَيْثُ بَدَأت

n.; *also* circular letter مَنْشُور، نَشْرَة، بَيَان يُبْعَث إلى كلِّ مَن يَهُمُّه الأمر

circular/ize, *v.t.* (**-ization,** *n.*) عَمَّمَ نَشْرة أو بَيَانًا

circulate, *v.t. & i.* نَشَرَ، وَزَّعَ، دَوَّرَ، دَارَ؛ تَنَقَّلَ، جالَ

circulating library مَكْتَبَة تُعير الكُتُب لِلْمُشْتَرِكِين فيها

circulation, *n.* 1. (moving round) دَوَران، جَرَيان، تَداوُل، دَوْرة

in circulation مُتَدَاوَل، في التَّداوُل

2. (movement of blood) دَوَران أو جَرَيان الدّم، الدَّوْرة الدَّمويّة

3. (distribution; number of copies) تَوْزِيع، عَدَد النُّسَخ الموزَّعة من جريدة مثلاً

circulatory, *a.* دَوْرِيّ

circulatory system جِهاز الدَّوْرة الدَّمويّة، الجِهاز الدَّوْرِيّ

circumambulate, *v.t.* طَافَ حَوْله

circumc/ise, *v.t.* (**-ision,** *n.*) خَتَنَ، طَهَّرَ، نَزَع القُلْفة؛ خِتان

circumfer/ence, *n.* (**-ential,** *a.*) مُحِيط الدَّائِرة ، دائِرة ، مُحِيط ؛ مُحِيطيّ

circumflex ⟨**accent**⟩, *n.* عَلَامَة (^) فَوْقَ حُرُوف العِلّة تُشير إلى طريقة نُطْقها

circumlocution, *n.* لَفّ وَدَوَران في الكَلام ، إطْناب ، إسْهاب

circumnavig/ate, *v.t.* (**-ation,** *n.*) طَاف بَحْرًا حَوْلَ العالم

circumscribe, *v.t.* 1. (*geom.*) أَحَاط ب ، حَصَرَ ضِمْنَ دائرة

2. (confine) حَدَّد ، حَصَرَ

circumspect, *a.* (**-ion,** *n.*) حَذِر ، مُحْتاط ، مُحْتَرِس ، مُتَيقِّظ ، مُحْتَرِز

circumstan/ce, *n.* (**-tial,** *a.*) 1. (event; *pl.*, external conditions) ظَرْف ، حال ، حَالة ، مُلابَسات

in (under) the circumstances في مِثْل هذه الظُّروف

under no circumstances لَا (يُمْكِن) بأيّ حَال من الأحوال ، مُطْلَقًا ، بَتاتًا

attendant circumstances ظُروف ثانَوِيّة

circumstantial evidence دَليل اِسْتِنْتاجِيّ

2. (full detail in narrative) تَفْصيلات ، دَقَائِق الموضوع

3. (*pl.*, material welfare)

in reduced circumstances مِسْكين ، فَقِير ، يعيش في شَظَف

4. (formality, ceremony) رَسْمِيَّات ، تَكْلِيف ، أُبَّهة

circumvent, *v.t.* (**-ion,** *n.*) أَحْبَطَ مَساعِيه ؛ نَالَ منه ؛ تَحايَل (على القانون)

circus, *n.* 1. (arena) مَيْدَان ، مَلْعَب ، حَلْبة

2. (equestrian show) سِرْك

3. (junction of streets) مَيْدان ، ساحة ، مَفْرَق الطُّرق

cirrhosis, *n.* مَرَض تَلَيُّف الكَبِد

cirrus, *n.* (*in comb.*, cirro-) سُحُب عالِيَة رِيشِيّة الشَّكل

cissy (**sissy**), *n.* (*coll.*) مُخَنَّث ؛ (يا) خَوّاف !

cistern, *n.* خَزَّان ماء ، صِهْرِيج

citadel, *n.* قَلْعَة ، حِصْن ، طابِية

cit/e, *v.t.* (**-ation,** *n.*) 1. (quote, name) اِقْتَبَس ، اِسْتَشْهَد ، أَوْرَدَ ، نَقَلَ عن

2. (summon to law-court) اِسْتَدْعَى لِلْمَحْكَمة

citizen, *n.* مُواطِن ؛ من سُكَّان المُدُن ، حَضَرِيّ

citizenship, *n.* مُوَاطَنة ، حُقوق المواطَنة

citrate, *n.* سِتْرات ، مِلْح اللَّيمون

citric, *a.* لَيْمُونِيّ ، حَمْضِيّ ، سِتْريك

citric acid حَامِض اللَّيْمون

citron, *n.* أُتْرُج ، أُتْرُنْج ، تُرُنْج

citrous, *a.* نِسْبَةً إلى فَصيلة الحَمْضِيّات

citrus, *n.* فَصِيلة الحَمْضِيّات (بُرْتُقال ، لَيْمُون)

city, *n.* مَدِينَة ، بَلْدة ، حاضِرة (حَوَاضِر)

the City مَرْكَز النَّشاط الماليّ والتِّجارِيّ في لندن

the Holy City بَيْتِ المَقْدِس، القُدْس، أُورْشَلِيم

civet, *n.* مادَّة الزَّباد؛ قِطّ الزَّباد

civic, *a.* مَدَنِيّ

n.pl. عِلْم الحُقوق والواجِبات المَدَنيّة

civil, *a.* 1. (of a citizen community) مَدَنِيّ، مَلَكِيّ، غير عَسْكَرِيّ، أَهْلِيّ

civil disobedience عِصْيان مَدَنِيّ غَيْر مُسَلَّح

civil law القانون المَدَنِيّ، مجموعة القَوانِين المدنيّة

Civil List مُخَصَّصات المَلِك (بريطانيا)

civil marriage الزَّواج المَدَنِيّ

Civil Servant مُوَظَّف حُكُومِيّ

Civil Service الخِدْمة المَدَنِيّة، الخِدْمة في دوائر الدَّولة المَدَنيّة

civil war حَرْب أَهْلِيّة، حرب داخليّة

2. (polite) مُؤَدَّب، مُهَذَّب، رَقِيق الحاشِية، مُتَمَدِّن

keep a civil tongue in one's head صَان لِسانه، كَفَّ عن الشَّتائم والسِّباب

civilian, *a.* & *n.* مَدَنِيّ، مَلَكِيّ، أَهْلِيّ

civility, *n.* أَدَب، حِشْمة، خُلُق

civilization, *n.* مَدَنِيّة، حَضارة، عُمْران

civilize, *v.t.* مَدَّنَ، حَضَّرَ؛ هَذَّب، عَلَّم

the civilized world العالَم المتحضِّر، العالَم المتمدِّن

civvy, *a. coll. contr. of* **civilian**

civvy clothes; *also* civvies بَدْلة مَدَنِيّة، بِزّة مَلَكِيّة

in civvy street في الحَياة المَدَنيّة (بِخِلاف الحياة العسكريّة)

clack, *n.* 1. (sound); *also v.i.* طَقْطَقَة، خَشْخَشة؛ طَقَّ، طَقْطَقَ

2. (valve) نَوْع من الصِّمامات في الطُّلُمْبة

clad, *past p.* (*arch.*) *of* clothe; *also a. in comb.* لابِس، مُتَّشِح بِ، مَكْسُوّ، مُرْتَدٍ

ill-clad رَثّ الثِّياب

claim, *v.t.* & *n.* 1. (demand) طَالَب، طَلَبَ

I claim my rights إنّي أُطالب بِحُقوقي

2. (assert, assertion) زَعَمَ، اِدَّعَى

claimant, *n.* مُطالِب، طالِب حَقّ، مُدَّعٍ

clairvoy/ant, *a.* & *n.* (**-ance,** *n.*) ذُو مَقْدِرة عَلَى رُؤْيَة الغَيْب؛ عَرّاف؛ اسْتِشْفاف

clam, *n.* صَموت؛ لُزَّيق (سَمَك صَدَفي)

clamant, *a.* صَخّاب، مُعَرْبِد؛ (طَلَب) مُلِحّ، (حاجَة) ماسّة

clamber, *v.i.* تَسَلَّق بِصُعوبة

clamm/y, *a.* (**-iness,** *n.*) رَطْب وبارِد؛ لَزِج، دَبِق

clamour, *n.* ضَجّة، صَخَب

v.i. ضَجَّ، عَرْبَدَ، طَالَب بِصَخَب

clamorous, *a.* (**-ness,** *n.*) ضَجّاج ، صخّاب

clamp, *n.* 1. (fastening, grip) كُلّاب ، قامِطة

2. (pile of potatoes, etc.) كَوْمَة بَطاطِس مَطْمُورة

v.t. رَبطَ ، شَدَّ بِقامِطة

clan, *n.* عَشيرة ، بَطْن ، فَخْذ ، آل

clandestine, *a.* خَفِيّ ، مَستور، مُسْتَتر ، سِرّي

clang, *v.t. & i.*; *also n.* قَعْقَعَ ، ضَجَّ ؛ قَعْقَعة

clangour, *n.* صَلْصَلة

clank, *v.t. & i.*; *also n.* قَعْقَعَ ، شَخْشَخَ ، خَشْخَش ، صَلْصَلَ

clannish, *a.* مُتَعَصِّب لعَشيرته أو جَماعَتِهِ

clansman, *n.* مِن أَفْراد العَشِيرة

clap, *v.t.* 1. (strike *hands* together; slap) صَفَّقَ ؛ صَفَعَ

clap someone on the back رَبَتَ على ظهره

2. (applaud); *also v.i.* أَظْهَرَ إعجابه بِالتَّصْفِيق

3. (*coll.*, set) حَطَّ ، أَلْقَي

clap eyes on شَاهد، رَأَى، شَافَ

clap someone in prison أَلْقاه في السِّجْن

n.

clap of thunder هَدِير الرَّعد ، قَصْف الرَّعْد

clapper, *n.* 1. (tongue of bell) لِسَان الجَرَس

2. (rattle) شُخْشِيخَة (مصر) ، خِرْخاشَة (عراق)

claptrap, *n.* كَلَام فارغ ، تَهْرِيج ، هُرَاء ، لَغْو

claret, *n.* 1. (wine) نَوْع من الخَمْر الأَحْمر الخَفِيف

2. (colour); *also a.* أَحْمر غامِق أو داكِن، أحمر نبيذيّ

clarif/y, *v.t.* (**-ication,** *n.*) 1. (make *liquid* clear) رَوَّق ، نَقَّى ؛ ترويق، تَنْقِيَة

2. (explain) أَوْضَحَ ، فَسَّرَ ، أَفْصَحَ ، جَلَا ، أَبان

clarinet, *n.* الكلارِينِت (آلة نَفْخ مُوسِيقيّة)

clarinettist, *n.* عَازِف الكلارِينِت

clarion, *n.*; *often attrib.* نَفِير، بُوق

clarity, *n.* جَلاء، وُضوح ، صَفْو، صَفاء ، صَحْو

clash, *n.* 1. (noise); *also v.t. & i.* صَليل ، قرقعة ؛ صَلَّ، قَرْقَعَ

2. (conflict, disagreement); *also v.i.* تَضارُب ، تَنافُر، تناقُض ، تصادُم

clash of arms اشْتِباك مُسَلَّح

clash of opinion تَضَارُب أو تعارض الآرَاء ، تَناقُضُها

the colours clash تَتَنَافَر الألوان ، لا تَنْسَجِم

3. (coincide in time) تَعَارَضَ مع ، حَدَثَ في الوقت ذاتِه

clasp, *n. & v.t.* 1. (buckle, fastening) ، إِبْزِيم
مِشْبَك ، مِقْبَض ؛ ضَمَّ بِمِشْبَك ؛
شَبَك

clasp-knife   مِطْواة كبيرة ، مُدْيَة

2. (embrace) ، عَانَقَ ، اِحْتَضَنَ ،
مَسَك ، أَمْسَك

clasp hands   صَافَح ، شَدَّ على يده ،
تَصَافَح (الصَّدِيقان مثلاً)

class, *n.* 1. (rank of society) ، طَبَقَة ، دَرَجَة ،
رُتْبَة ، فِئَة ، طَائِفَة (طَوائِف)

upper (lower) classes الطَّبَقَات الرّاقِية
أو العُلْيا ؛ الطَّبَقات الدُّنْيا

middle-class, *a.* نِسْبَةً إلى الطَّبَقات
المُتَوَسِّطة

class-conscious, *a.* (-ness, *n.*) ذو وَعْي
طَبَقِيّ ؛ الوَعْي الطَّبَقِي

class warfare صِرَاع الطَّبَقَات (في
المِيدان السِّياسِيّ)

2. (division by merit or quality) ، دَرَجَة
نَوْع ، صِنْف

first-class, *a.* دَرَجَة أُولَى ، بْرِيمُو
(مصر)،   مُمْتَاز

in a class by itself فَرِيد ، لا يُضَاهَى

3. (group of students) فِرْقَة ، صَفّ ، فَصْل

history class حِصَّة (أو دَرْس) التّاريخ

class-mate زَمِيل أو رَفِيق الدِّراسة

v.t. صَنَّفَ ، وَضَع في طبقة

class someone with وَضَعَه في مَصافّ
أو صُفُوف . . .

classic, *a. & n.* ، كَلَاسِيكِيّ ؛ مُتَنَاسِق ،
مُمْتَاز ؛ تُحْفَة

the classics الدِّراسات القَدِيمة ، أدب
الإغْرِيق والرُّومَان

a classic example نَمُوذَج فَرِيد ورائِع

classical, *a.* كَلَاسِيكِيّ، عَظِيم، من الطِّراز
الأَوَّل (في الأدب)، تَقْلِيدِيّ

classic/ism, *n.,* **-ist,** *n.* ، كَلَاسِيكِيّة
اِتِّباعِيَّة (للآداب والفُنون القَدِيمة)

classif/y, *v.t.* (-ication, *n.*) ، صَنَّف ، نَوَّع ،
نَسَّق ، نَظَّم ، بَوَّبَ ، فَرَّق

classified document وَثِيقة سِرِّيَّة

classification of documents تَصْنِيف أو
تَبْوِيب الوثائق

classroom, *n.* قَاعَة التَّدرِيس، صفّ، فَصْل

classy, *a.* (coll.) (بَدْلة) أَنِيقة ، (سَيّارة)
فَاخِرة ؛ أَرِسْتُقْراطِي

clatter, *v.i. & t. & n.* ، قَعْقَعَ ، صَلْصَلَ ،
صَلَّ ، جَلْجَلَ ؛ قَبْقَبة ، شَخْشَخة

clause, *n.* 1. (gram.) ، جُزْء من جُمْلة
فِقْرَة

2. (provision of treaty, etc.) ، فِقْرَة ، بَنْد
مَادَّة ، شَرْط

claustrophob/ia, *n.* (-ic, *a.*) خَوْف مَرَضِيّ
مِنَ الأَماكِن المُغْلَقة

clavichord, *n.;* also **clavier** كَلَافِير، طِراز
قَدِيم من البِيانو

clavicle, *n.* عَظْم التَّرْقُوة (تَراقٍ)

claw, *n.* ظُفْر (أظفار)، مِخْلَب (مَخالب)

v.t.; also v.i. with prep. at خَرْبَش، خَرْمَش، خَدَش، خَمَش

clay, *n. & a.* طِين، صَلْصال؛ طِينيّ، صَلْصالي

clean, *a.* (**-ness,** *n.*) 1. (free from dirt; fresh; *fig.*, pure) نَظِيف، نَقِيّ، طاهِر، طَهُور

clean-living, *a.* طَاهِر الذَّيْل

2. (neat, well-shaped) أنِيق، مُرَتَّب، مُهَنْدَم، جَميل، بديع المَنْظَر

3. (unobstructed; complete) دُونَ عائق؛ كامِل، تامّ

make a clean sweep أزال كُلَّ شيء، أَطاح بِ

adv.

I clean forgot نَسِيتُ تمامًا، غابَ عَن ذِهْنِي

v.t. نَظَّف، غَسَل، نَقَّى، طَهَّر، أَزال الأَوْساخ

clean down نَظَّف، غَسَل (السَّيارة مثلاً)

clean out نَظَّفَ تنظيفًا تامًّا، أزالَ القاذورات (من الاسْطَبْلِ مثلاً)

he was cleaned out (*sl.*) أُفْلِس، شَلَّحوه

clean up (*lit.*); *also v.i.* نَظَّف، غَسَلَ؛ طَهَّرَ، نَقَّى

(*sl.*, win) رَبِح، كَسَب في قِمار

cleaner, *n.* 1. (domestic worker) خادِم للتَّنظيف، عامِل نظافة

2. (machine or preparation for cleaning) آلة ميكانيكية للتنظيف؛ مادّة مُنَظِّفة

cleanl/y, *a.* (**-iness,** *n.*) نَظِيف؛ نَظافة

cleanse, *v.t.* (*lit. & fig.*) نَظَّفَ، طَهَّرَ، نَقَّى

clear, *a.* 1. (unclouded, unblemished) صافٍ، رائق، صاحٍ، بِلا عَيْب، نَقِيّ

clear sky سَماء صَحْوٌ أو صافِية

clear conscience نَقِيّ الضَّمير

2. (lucid, unambiguous) وَاضِح، جَلِيّ، ظاهِر، فصيح، بيّن، ناصع، صريح

make oneself clear شَرَح رأيه بِوُضوح

crystal-clear واضح كلّ الوضوح، جَلِيّ لا رَيْب فيه

3. (unconfused, discerning) بَصير، مُدْرِك، مُمَيِّز

keep a clear head لَمْ يَفْقِدْ اِتِّزانَه، ضبط نفسَه

4. (unobstructed, free) خالِص، سَالك، غَيْر مسدود

all-clear, *n.* إشارة الأَمان؛ إشارة البَدْء

keep clear of اِبْتَعَدَ عن، تَجَنَّبَ، تَحاشَى

adv. 1. (distinctly) بِصَراحة، بِجَلاء، بِوُضوح

clear cut وَاضِح، مُحَدَّد الخُطوط

2. (apart)

stand clear وَقَف جانِبًا، تَنَحَّى، اِبْتَعَد

v.t. 1. (clarify, *lit. & fig.*) نَظَّف، صَفَّى، جَلَّى، أَوْضَحَ، وَضَّحَ

2. (remove obstructions from); *also* clear up, clear out مَهَّدَ، أَخْلَى، أَفْسَحَ، أَزال العَقَبات

clear the decks (*fig.*) مَهَّدَ الطَّريق، نَظَّفَ أو رَوَّقَ المكان لبَدْء العَمَل

clear one's throat تَنَحْنَحَ، تَنَخْنَخَ، نَحَمَ، سَلَّكَ صَوْتَه

3. (pass without touching) تَخَطَّى، مَرَّ بِهِ دُون لَمْسه

clear an obstacle or hurdle اِجْتاز الحاجز أو العَقَبات، تَغَلَّب عليها

4. (absolve) بَرَّأ، أبرأ ساحته (مِن تُهْمة مثلاً)

5. (realize *profit*) كانَ له صافي الرِّبْح، رَبِحَ

v.i. 1. (become clear); *also* clear up اِنْجَلَى أو صحا الجوّ، راق

2. (*with advs.* off, out; go) اِنْطَلَق مُسْرِعًا، اِنْصَرَفَ، رَاحَ

clearance, *n.* 1. (removal of obstruction, etc.) تَصْفِيَة، تَخْلِيص، تَفْرِيغ

clearance sale تَنْزِيلات لِتَصْفِية البَضائع، بَيْع التَّصْفِية

customs clearance تَخْلِيص البضائع من الجُمْرك

2. (permit) إذْن، رُخْصة، تَصْرِيح

3. (clear space) مَجال، فُسْحة

clearing, *n.* أَرْض قُطِعَت أشجارُها وأدغالُها لغَرَض اسْتِغلالها

clearing-house (*finan.*) غُرْفَة المُقاصّة (بنوك)

cleat, *n.* مِرْبَط للحِبال؛ عَوارض خَشَبِيّة في سُلّم السفينة

cleavage, *n.* شَقّ، فَطْر، اِنْفِلاق؛ اِنْشِقاق

cleave (*pret.* clove, cleft; *past p.* cloven, cleft), *v.t.* (split, divide) شَقَّ، فَطَرَ، فَلَقَ، فَلَعَ

v.i. (adhere *to*) تَشَبَّثَ، تَمَسَّكَ، دَبِقَ؛ أَخْلَصَ الى

cleaver, *n.* سَاطور، شاطور

clef, *n.* مِفْتاح موسيقي

cleft, *pret. & past p. of* **cleave**; *also a.*

cleft palate حَنَك مَشْقوق

have someone in a cleft stick أَوْقَعَه في وَرْطَة؛ تَمَكَّنَ منه

n. شَقّ، فَلْق، صَدْع، شَرْخ

clematis, *n.* قليماتيس، الياسْمين البرّي، ظَيَان (نبات مزهر متسلّق)

clem/ent, *a.* (**-ency,** *n.*) 1. (showing mercy) رَحِيم، رَؤُوف، حَنّان

2. (*of weather*, mild) مُعْتَدِل، رَقِيق

clench, *v.t.* 1. (close tightly) شَدَّ، قَبَضَ بِشِدّة

clench one's fists شَدّ قَبْضَته، جَمَعَ يَدَه

clench one's teeth كَزَّ أسنانه، صَرَّ أسنانه

2. *see* **clinch**

clergy, *n.* إكْلِيروس، رِجال الكَهَنوت (عِنْد النصاري)

clergyman, *n.* قَسّ أو كاهِن انْجِليكاني

cleric, *n.* كاهِن، خُورِيّ

clerical, *a.* 1. (of the clergy) إكْليركي، مُختَصّ بالإكليروس، كَهَنوتي

2. (of clerks) كِتابِيّ

clerical error سَهْو أو خَطأ كِتابيّ

clerk, *n.* مُوَظَّف كِتابيّ، كاتِب، كاتِب حِسابات؛ بائع في مَخزن

Town Clerk سِكْرِتير المَجْلِس البَلَديّ

Clerk of the Works مُراقِب أو مُشْرِف عَلَى أعمال إنشائيّة

clever, *a.* (**-ness,** *n.*) ذَكِيّ، حاذِق، أريب، ماهِر، شاطِر

cliché, *n.* كليشيه، تَعْبير أو اصْطِلاح مُكَرَّر ومُبْتَذَل

click, *v.i.* 1. (make a sound); *also n.* طَقّ

2. (*sl.*, be lucky) صَادَفه أو حالَفه الحَظّ

3. (*sl.*, become friends) تَصاحبا(فتىً وفتاة)

client, *n.* زَبون (زَبائن)، عَميل، شارٍ؛ مَوْلى، تابع

clientele, *n.* زَبائن، عُملاء (المَتجَر مثلاً)

cliff, *n* جُرُف، مُنْحَدَر صَخْرِيّ شاهِق (عند شاطئ البحر مثلاً)

climacteric, *n.* فَترة حَرِجه، سِنّ اليأس

climat/e, *n.* (**-ic,** *a.*); *also fig.* المُناخ؛ الأفْكار السّائدة (في فَتْرة ما)؛ مُناخي

climatolog/y, *n.* (**-ical,** *a.*) عِلْم المُناخ، دِراسَة المناخ وظواهِره

clim/ax, *n.* (**-actic,** *a.*) ذُروة، قِمّة، أَوْج، غاية؛ اللَّحْظة الحاسِمة في التَّمْثيليّة

climb, *v.t. & i.* (*lit. & fig.*) صَعِدَ، طَلَعَ، تَسَلَّقَ؛ اِرْتَفعَ، اِرْتَقى

climb down (*lit.*) نَزَلَ، هَبَطَ، اِنحدر

(*fig.*, give up one's position, retreat, give in) نَزَلَ عن رأيه، أَذْعَنَ، سَلَّمَ، نزَلَ عن بَغْلَتِه (عراق)

n. طُلُوع، صُعُود، تسلُّق

climber, *n.* 1. (mountaineer) مُتَسلِّق(الجِبال)

2. (climbing plant) نَبات مُتَسلِّق أو مَدّاد، عُلَّيق

3. (person advancing himself socially) مَن يَتّخذ التقرُّب من الكُبَراء وَسيلة للتَّرَقّي

clime, *n.* (*poet.*) مُناخ، طَقْس

clinch (clench), *n.* 1. (fastening) مِسْمار مَحْنِيّ، نوع من البُرْشامات

2. (grip, embrace) مَسْك، قبض؛ حَضْن، قَبْضَة خاصّة (في المُلاكمة)

v.t. (*lit. & fig.*) حَنَى المِسْمار بعد دَقِّه، بَرْشَمَ؛ أمْسَكَ المُلاكم بِخَصْمِه

clinch an argument حَسَمَ النِّقاش، أنْهى الجَدَل، أتَى بِبُرْهان مُفْحِم

clinch a bargain عَقَدَ صَفْقة ، أَتَمَّ البَيْع

cling (*pret. & past p.* clung), *v.i.* تَمَسَّكَ ، تَشَبَّثَ ، اِلْتَصَقَ ب

cling together تَرَابَطَ ، اِتَّحَدَ ، وَحَّدوا جُهودهم

clinging, *a.* مُتَعَلِّق (بأُمِّه) ، مُلْتَصِق

clinic, *n.* عِيادة طِبِّيّة ، مُسْتَوصَف

clinical, *a.* (تَدْرِيس طِبّي) عند سَرِير المريض

clinical thermometer تِرْمومتر طِبّي

clink, *v.i. & t.* صَلْصَلَ ، خَشْخَشَ ، دَقَّ القَدَح بالقَدَح (عِنْد الشُّرب)

n. 1. (sound) صَلْصَلَة ، خَشْخَشة

2. (*sl.*, prison) تَخْشِيبة ، مَحْبِس ، سِجْن

clinker, *n.* بَقايا فَحْم حَجَرِيّ أو كوك مُحْتَرِق

clip, *v.t.* 1. (cut) قَصَّ بِمِقَصّ ، جَزَّ ، شَذَّبَ ، قَرْطَف (عراق) ، جَلَمَ (الصُّوف)

clip someone's wings (*fig.*) قَصَّ أَجْنِحَته ، أَعْجَزَه ، شَلَّ يَدَيه

clip a ticket ثَقَبَ أو قَصَّ تَذْكِرَة

(*fig.*, curtail *words, etc.*) تَرْخِيم في الأسماء والكَلِمات ، حَذْف جزءٍ من آخرها

2. (fasten) شَبَكَ ، دَبَّسَ (أَوْرَاقًا)

3. (*sl.*, hit) لَطَمَ ، صَفَعَ ، ضَرَبَ

n. 1. (fastener) مِشْبَك ، دَبّوس ، كلِبس

cartridge clip مِشْط الطَّلَقات

2. (shorn wool) جِزَّة ، قُصاصة

3. (*sl.*, blow) ضَرْبَة ، لَطْمَة ، صَفْعة

clipper, *n.* سَفينة شِراعِيّة سَريعة

clippers, *n.pl.* آلة قَصّ الشَّعر ، قَلّامة (أظافر)

clipping, *n.* قُصاصة أو جُزازَة صُحُف

cliqu/e, *n.* (**-ey, -ish,** *a.*) حِزْب ، شِلّة ، عُصْبَة ، زُمْرة ؛ يَخْتَلِط بعُصْبَتِه فقط

cloak, *n.* عَباءَة ، قَباء ، قُفْطان ، شَمْلة ، جُبّة ، بُرْنُس

(*fig.*) سِتار ، حُجّة

v.t., usu. fig. سَتَرَ ، حَجَبَ

cloakroom, *n.* غُرْفة لِتَرْك المعاطف ونحوها ؛ مِرْحاض

clobber, *n.* (*sl.*) 1. (clothes) هُدوم ، لِبْس

2. (clutter) لَخْبَطة ، فَوْضَى

v.t. 1. (patch) رَتَّقَ ، رَقَّعَ

2. (belabour) ضَرَبَ ، لَطَمَ

cloche, *n.* 1. (hat) قُبَّعة نِسائيّة على شَكْل جَرَس

2. (glass cover for plants) نَاقُوس زُجاجيّ يَحْمي النَّباتات

clock, *n.* سَاعَة كبيرة

three o'clock السَّاعة الثالِثة

put the clock back (*lit. & fig.*) أَخَّرَ عَقْرَبَي السَّاعة ؛ عَادَ بعَجَلة التاريخ إلى الوَراء

he worked round the clock اِشْتَغَلَ أربعًا وَعِشْرِين ساعةً في اليوم

watch the clock	عَدَّ الثَّوانِي، تَطَلَّعَ إِلَى انقِضاء الوقت (لِأَنَّ عملَه مُمِلّ)
work against the clock	سَابَقَ الزَّمَن
v.i.	
clock in (out)	سَجَّلَ وقتَ الدُّخول أو الخُرُوج (في مَحَلِّ عَمل)
clockwise, a. & adv.	في اتِّجَاه عَقْرَبِي السَّاعَة (من اليَسار إلى اليَمين)
clockwork, n.	يَعْمَل بِزُنْبُرك؛ مِثْل السَّاعَة
it went like clockwork	سَار كُلّ شيءٍ بِاَنْتِظام
clod, n. 1. (lump of earth)	كُتْلَة من الطِّين
2. (lout); also clodhopper	خَشِن، فَظّ، غَلِيظ، جِلْف
clog, v.t. & i.	سَدَّ، عَرْقَلَ، أَرْبَكَ، حَصَرَ
n.	حِذَاء خَشَبِيّ يُشْبِه القَبْقاب
cloister, n.	رُوَاق دَيْر مُسَقَّف ومُحِيط بِفِنَاء أو حَدِيقة؛ دَيْر (أَدْيِرَة)
v.t., esp. past p.	وَضَعَ في دَيْر؛ مُنْعَزِل
close, a. (-ness, n.) 1. (narrow, restricted)	ضَيِّق، مَحْدود، مَحْصور
close season	مَوْسِم تَحْرِيم الصَّيْد
close secret	سِرّ مَكْتُوم أو دَفِين
2. (near); also adv.	بِجَانِب، بِجِوار، بِالقُرْب من، على مَقْرُبة من
close co-operation	تَعَاوُن وَثِيق
close friend	صَدِيق حميم، خليل، صَفِيّ، خِدْن، خِلّ

at close quarters	مِنْ أو عن كَثَب، عن قُرْب
close shave (lit.)	حِلَاقة ناعمة (لِلذِّقَن)
(fig.)	نَجاة بِأُعْجُوبَة أو مُعْجِزَة
it was a close thing	كُنَّا على قاب قَوْسَيْن من المَوْت (ولكِنّا نَجَوْنا بِأُعْجُوبة)
close together	(جَلَسوا) جَنْبًا إلى جَنْب
he was close on fifty	نَاهَزَ أو قَارَبَ أو شَارَفَ الخَمسين مِن عُمْره
close-up, n.	لَقْطَة سينمائِية قَرِيبة، مَنْظَر قريب (تصوير)
3. (dense, concentrated); also adv.	مَحْبُوك، مُحْكَم النَّسْج، كَثِيف
close attention	إِمْعَان، تَدْقِيق، إِنتباه خاصّ
close formation (order)	مُتَقَارِبون (في صفّ)
4. (stuffy)	(جَوّ) خَانِق، مَكْتُوم، رَاكِد
5. (niggardly); also close-fisted	مُمْسِك، شَحِيح، بَخِيل
n. 1. (enclosed place)	زُقاق (أزِقّة)، دَرْبونة (عراق)؛ فِناء الكَاتِدرائِية
2. (conclusion)	خِتام، نهاية
at the close of the debate	عِند اخْتِتام المُنَاقَشة
draw to a close	قَارَب أو شَارَفَ النِّهاية، أَوْشَكَ (النّهار) أن يَنْصَرِم
v.t. & i. 1. (shut)	سَدَّ، قَفَلَ، أَوْصَدَ، غَلَقَ، أَغْلَقَ، سَكَّر
a closed book (fig.)	سِرّ مُغْلَق

close the door on (*fig.*)... أَغْلَقَ الباب في وَجْهِ

in closed session في جَلْسة خاصّة بالأعضاء فقط

closed shop مَصْنَع لا يَسْتَخْدِم إلّا العُمّال المُنْتمين لنِقابة مُعترَف بها

early closing day إغْلاق المحلّات التِّجارية بَعْدَ الظّهر في يوم مُعَيَّن

2. (conclude) أَنْهَى، أَتَمَّ، اِخْتَتَمَ، فرَغَ من

close an account أَقْفَلَ أو صَفَّى حِسابًا

close a bargain عَقَدَ صَفْقةً، أَتَمَّها

3. (draw near or together) تَقارَبَ، تَدانَى

close the ranks ضَمَّ الصُّفوف

close with the enemy اشْتَبَكَ مع العَدُوّ (في قِتال)

4. (adverbial compounds)

close down (a business) صَفَّى (مَحَلًّا تِجارِيًّا)، حَلَّ (شَرِكة)

(a radio transmission) اِنْتَهَى البَثُّ، إختتمت الإذاعة بَرامِجها

close in (draw near on all sides) أَطْبَقَ على، ضَيَّقَ الخِناق على

(of days, become shorter) قَصُرَ (النهار)

close off سَدَّ، حَجَزَ، عَزَلَ

close up (shut) أَوْصَدَ، سَدَّ، سَكَّرَ

(draw together) ضَمَّ، اِنْضَمَّ، تَجَمَّعَ

closet, *n.* دُولاب، خِزانة؛ حُجْرة صَغِيرة خاصّة، مَخْدَع

water-closet, *abbr.* W.C. مِرْحاض، خَلاء، دَوْرَة المِياه

v.t.

he was closeted with him اخْتَلَى به (لِلتّشاور على انْفِراد)

closure, *n.* خِتام، نِهاية؛ إنْهاء المناقَشة وَالتَّصْوِيت على اللائحة

clot, *n.* 1. (coagulation) جُلْطة، تَخَثُّر في الدَّم

clot of blood جُلْطة دَمَوِيّة

2. (*sl.*, fool) غَبِيّ، أَحْمق، دُهُلّ (مصر)

v.i. & t. جَمَدَ، تَخَثَّرَ؛ جَمَّدَ، خَثَّرَ؛ تَلَبَّدَ (شَعْر الجَرِيح بِالدَّم)

clotted cream قِشْطة مُعَدّة بطريقة خاصّة

cloth, *n.* 1. (fabric) قُماش، نَسِيج

2. (piece of fabric for special purpose) خِرْقة أو قِطعة قُماش للتَّنظيف مثلًا

3. (= tablecloth) سِماط، غِطاء أو شَرْشَف مائدة، مَفْرَش

4. (clerical profession) رِجال الكَهَنوت، قَساوِسة

clothe (*pret. & past p.* clothed, clad),
v.t. (*lit. & fig.*) أَلْبَسَ، لَبَّسَ؛ غَطَّى

clothes, *n.pl.* 1. (garments) مَلابِس، ثِياب، هُدوم، كِسوة

clothes-horse حامِل لتنشيف الغسيل، مَنْشَر خَشَبِيّ

clothes-line حَبْل الغسيل

clothes-peg مِشْبَك أو قَرّاصة الملابس

clothes-prop قَائِم خَشَبِيّ يُرْفَع به حَبْل الغسيل

2. (bed-linen); *also* **bed-clothes** أَغْطِيَة الفِراش، فَرْش السرير، شَراشِف

clothier, *n.* تَاجِر ملابِس للرِّجال؛ بَزَّاز، بَائِع أَقْمِشة

clothing, *n.* مَلَابِس، هُدوم، كِسوة ثِيَاب

cloud, *n.* (*lit. & fig.*) سَحَابَة، غَمامة، غَيْم

cloud-burst وَابِل، هُطول، شُؤْبوب، رَخّة أو زَخّة مطر

have one's head in the clouds كَان شارِد الذِّهن بَعيدًا عن عالَم الواقِع

under a cloud (*fig.*) مَشْكوك في أَمْرِهِ؛ فاقِد الحُظْوة (لَدَى المَلِك مثلاً)

v.t. كَدَّر، غَيَّم، غَشَّى

his judgement was clouded لم يُمَيِّز الأُمُور حَقَّ التَّمييز بِسَبَب غَشاوة على بَصِيرَته

v.i. غَامَ، تَلَبَّدَ بالغُيوم

cloud over غَامَ، أَعْتَمَ الجوّ

cloudless, *a.* صَحْو، صافٍ، رائق، بِلَا غَيْم

cloud/y, *a.* (**-iness,** *n.*) 1. (occluded) غَائِم، مُغَيَّم، مُلَبَّد بالغُيوم

2. (turbid) غَيْر صافٍ، عَكِر

clout, *n.* 1. (piece of cloth or dish-cloth) خِرْقَة، مِمْسَحَة أو مِنْشَفة لِلمَواعين

2. (blow) ضَرْبة، خَبْطة، طَرْقة

v.t. ضَرَبَ، لَطَمَ، طَرَقَ، دَقَّ

clove, *n.* 1. (part of compound bulb) فِصّ، بُصَيْل

clove of garlic فَصّ أو سِنّ الثُوم

2. (spice) كَبْش قَرَنْفُل

clove hitch, *n.* عُقْدَة خاصَّة لِشَدِّ الحَبْل (حَوْل عَمُود الصّاري مَثلاً)

cloven, *past p. of* **cleave**; *also a.*

cloven hoof حَافِر مشقوق لحيَوانٍ مُجْتَرّ؛ شيطان

clover, *n.* النَّفَل، الشَّبْذَر، نَبات يُشْبِه البِرْسِيم

be (live) in clover في تَرَف ورَفاهِيَة، مُنَعْنَغ (أو مُبَغْدَد) في العِزّ

clown, *n.*; *also fig.* بَهْلول، بَلْيَاتشو، مُهَرِّج، مُضْحِك؛ أَخْرَق، جِلْف

v.i. هَرَّجَ

cloy, *v.t. & i.* أَشْبَعَ، أَتْخَمَ؛ شَبِعَ لحدّ التخمة، بَشِم، تَخِم

club, *n.* 1. (cudgel) هِراوة، عصا، نبّوت (مصر)

club-footed أَحْنَف القَدَم (تَشْويه خِلْقِيّ)

2. (stick used in certain games) صَوْلَجان (صَوَالِجة)، عَصا (في لُعْبة الجُولف مثلاً)

3. (*of cards,* suit) سِبَاتِيّ (في ورق اللعب)

4. (association; its premises) نادٍ (نَوَادٍ)؛ مُنْتَدًى (منتديات)

v.t. (beat) هَرَا، ضَرَبَ بِهِراوة

v.i. (associate); *usu.* club together تَشارَكوا في أمرٍ ما، اِشتركوا

cluck, *v.i. & n.* قَاقَ، قَرَق؛ قَوْق، قَرْق

clue, *n.* مِفْتاح (الجَريمة مثلًا)، إشارة، دَليل، عَلامة، خَيْط

I haven't a clue (*coll.*) لَيْسَت لَدَيّ أَدْنَى فِكْرة

clump, *n.* مَجْمُوعة أشجار أو أزهار

v.i. خَطَا بخُطُوات ثقيلة

clums/y, *a.* (**-iness,** *n.*) ثَقِيل الحَرَكة؛ أَخْرَق، عَديم الكِياسة؛ خَرَق

clung, *pret. & past p. of* **cling**

cluster, *n. & v.i.* عُنْقود، قِطْف، عِذْق؛ ثُلة، مَجْموعة؛ تَجَمَّعَ، اِلْتَفَّ

clutch, *v.t. & i.* قَبَضَ (على)، كَمَشَ، أَمْسَكَ، خَلَبَ، هَبَشَ، تَشَبَّثَ ب

clutch at a straw (غَرِيق) يَتَعَلَّق بقَشّة، يَتَعَلَّق بالأوهام

n. 1. (grasp) قَبْضَة، قَبْض، كَمْش

fall into someone's clutches وَقَعَ في بَراثِنِه، وَقَعَ في قبضته

2. (*mech.*) جِهاز تَعْشيق تُروس الحَرَكة، قابِض، دِبْرَياج، كلاتش

3. (set of eggs) حَضْنة بَيْض؛ مجموعة أَفْراخ حديثة

clutter, *n. & v.t.* كَوْمة عَديمة التَّرتيب، لَخْبَطة؛ خَبْط؛ لَخْبَطَ، خَبَّطَ

co-, *pref. and in comb.* (*compounds whether hyphenated or not are given separate entries*)

coach, *n.* 1. (carriage) عَرَبة، مَرْكَبة، كَرُوسّة

⟨railway-⟩coach عَرَبة القِطار، فَارْكُون (عراق)

stage-coach مَرْكَبة بريد، عَجَلة لِلْمُسافِرين قديمًا

2. (long-distance bus) أوتوبيس للسفر، باص، حافلة للمسافات البعيدة

3. (tutor; trainer); *also v.t.* مُدَرِّس خُصُوصيّ، مُدَرِّب، مُمَرِّن؛ أَعْطَى دَرْسًا خُصوصيًّا، دَرَّبَ، مَرَّنَ

coachman, *n.* سَائِق عَرَبة، عَرْبَجي، حُوذِيّ

coachwork, *n.* هَيْكَل العربة الخشبي، سَمْكَرة العَرَبات

coagul/ate, *v.t. & i.* (**-ation,** *n.*) خَثَّرَ، جَمَّدَ، كَثَّفَ؛ تَخَثَّرَ، غَلُظَ، ثَخُنَ

coal, *n.* فَحْم، فَحْم حجري

coal-black, *a.* أَسْوَد فاحِم

coal-box; *also* coal-hod, coal-scuttle صُنْدوق أو خِزانة الفَحْم

coal-field حَقْل أو مَنْجَم فَحْم

coal-gas غاز الفَحْم

coal-heaver عَتّال أو حَمّال الفَحْم

coal-mine; *also* coal-pit مَنْجَم فَحْم

coal-tar قار أو قطران الفَحْم

call (haul) someone over the coals أَنَّبَه عَلَى أَخْطائه، عَنَّفَه، زَجَره

carry (take) coals to Newcastle يَبيع الماء في حارة السَّقّايِين، جالِبُ التَّمْرِ إلى هَجَر

heap coals of fire on قابَلَ الإِساءة بِالإِحْسان، «وَضَعَ جَمْرَ نارٍ على رأسه»

v.t. & i. مَوَّن السَّفِينة بالفَحْم ؛ تَمَوَّنَت

coaling-station مِيناء تَمْوِين الفَحْم

coalesce, *v.i.* اتَّحَدَ ، انْدَمَج ، تَكَتَّل ، تَجَمَّع ، تآلَف

coalesc/ent, *a.* (**-ence,** *n.*) مُتَّحِد ؛ اتِّحاد

coalition, *n.* إتِّحاد ، ائتلاف ، اِنْدِماج ، مُعاهَدة ؛ ائتلافيّ

coalman, *n.* فَحّام ، شَيّال الفَحْم

coaming, *n.* حِتار ، حاجِز بِسَطْح السَّفينة يَمْنَع دُخول الماء إلى مَخازِنها

coarse, *a.* (**-ness,** *n.*) خَشِن ، جافّ ، غَلِيظ ؛ خُشُونة ، غِلْظَة

coarse-grained, *a.* (*lit. & fig.*) كَثيف ، غَلِيظ ، خَشِن ؛ بليد الحِسّ

coarsen, *v.t. & i.* خَشَّن ، غَلَّظ ؛ اِخْشَنَّ ، اخْشَوْشَن ، غَلُظ

coast, *n.*; *also* **sea-coast** سَاحِل ، شاطِئ

the coast is clear (*fig.*) خَلا لَكِ الجَوّ فَبِيضِي واصْفِرِي ، لَمْ يَعُد هُناك عائِق

v.i. 1. (sail along shore) أَبْحَر بالقُرْب مِنَ الشَّاطِئ

2. (ride downhill) انْحَدَرَت (السَّيَّارة أو الدّرّاجة) مِن تِلْقاء نَفْسِها

coastal, *a.* سَاحِلِيّ

coastal waters المِياه الإقْلِيمِيّة

coaster, *n.* سَفِينة ساحِلِيّة ، مَرْكَب يُسْتَخْدَم في التِّجارة السّاحِلِيّة

coastguard(sman), *n.* خَفِير السَّواحِل (خُفَر ، خُفَراء)

coastline, *n.* الخَطّ السّاحِلِيّ

coat, *n.* 1. (garment) سُتْرَة ، جاكِتّة ؛ مِعْطَف

coat of arms شِعار (أو دِرْع) النَّبالة

coat of mail (*armour*) دِرْع ، زَرَد ، تُرْس

coat-hanger شَمّاعة ، مِشْجَب

frock-coat سُتْرَة مشقوقة الذَّيْل ، 'فَراك'

top-coat مِعْطَف ، بالْطو ، قَبّوط

cut one's coat according to one's cloth
عَلَى قَدّ (قَدْر) لِحَافَك مدّ رجلك

2. (hair of animal) فِراء الحَيَوان أو شَعْرُه

3. (covering) غِطاء ، غِلاف ، غِشاء

coat of paint طَبَقة مِن الطِّلاء

v.t. لَبَّس ، غَلَّف ، طَلَى ، غَطَّى ، كَسا

coated tongue لِسان مُبْيَضّ (لاعْتِلال الصِّحّة

coating, *n.* طِلاء ، طَبَقة خارِجيّة

coax, *v.t. & i.* تَمَلَّق ، داهَن ، لاطَف ، اسْتَمال ؛ أَقْنَع بِاللِّين والمُلاطَفة

coaxial, *a.* (**-ity,** *n.*) مُتَّحِد المِحْوَر

cob, *n.* 1. (male swan) التَّمّ ، الإوَزّ العِراقِيّ

2. (horse) حِصان صَغِير للرُّكوب

3. (rounded article) حَجَر كُرَوِيّ الشَّكْل

corn on the cob كُوز الذُّرة الشّامِيّة

cobalt, *n.* 1. (mineral) مَعْدِن الكوبالت

2. (pigment) أَزْرَق كوبالتيّ

cobble, *n.*; *also* **cobble-stone** حَصاة (حَصًى) لِرَصْف الشَّوارع (قديمًا)؛ فَحْم بِحَجْم الحَصى

v.t. 1. (pave) رَصَف الشّارع بالحَصَى

2. (mend *shoes*) رَقَّع الحِذاء ، خَصَفه

cobbler, *n.* إسْكافيّ ، رَقّاع أو خَصّاف الأَحْذِية

cobra, *n.* الصِّلّ النّاشِر ، حَيَّة خَبيثة جدًّا

cobweb, *n.* بَيْت العَنْكبوت ، عُكاشَة ، نَسِيج العَنْكَبُوت

blow away the cobwebs (*fig.*) (خَرَج لِكَي) يَشُمَّ الهَواء أو يَسْتَعيد نَشاطه الذِّهْني

cocaine, *n.* كُوكائين (من المُخَدِّرات)

coccyx, *n.* عَظْم العُصْعُص (تَشْرِيح)

cochineal, *n.* دُودَة القِرْمِز ؛ لَوْن قِرْمِزيّ

cock, *n.* 1. (male bird) دِيك (دُيُوك ، دِيَكَة) ، ذَكَر الطَّير

cock-a-doodle-doo, *n.* (*nurs.*); *also int.* صِياح الدِّيك ، كُوكُوكُو

cock-a-hoop, *a.* (*coll.*) اخْتال زَهْوًا كالدِّيك

cock-and-bull story قِصَّة مُخْتَلَقة ، خُزَعْبَلَة ، تَلْفِيقَة

cock-crow وَقْت صِياح الدّيك ، السَّحَر

live like fighting cocks يَأْكُل مِمّا لَذّ وطاب

cock of the walk بَيْضَة البَلَد (تُقال سُخْرِيةً عَنْ أَهَمّ شَخص في جَماعة من الناس)

2. (tap) حَنَفِيّة ، صُنْبور ، طُرُمبة (عراق)

stop-cock مِحْبَس المِياه ، حَنَفِيّة رَئِيسِيَّة

3. (lever in gun) زِناد البُنْدُقِيّة

at half cock (*lit.*) (فَتح زِناد البُنْدُقِيّة) نِصْف فَتْحَة

(*fig.*) (فَعَل شيئًا) بِدون تَرَوٍّ أو اسْتِعْداد

v.t. 1. (turn upwards) رَفَع ، أَقام

cock ⟨up⟩ one's ears رَفَع (الحصانُ) أُذُنَيْه انْتِباهًا ، أَرْهَف أذنيه ؛ أَصاخ السَّمْع

cock-eyed, *a.* (*coll.*) أَحْوَل ؛ مُعْوَجّ ، مَوْرُوب ؛ مُقَلْقَل ؛ أَحْمَق ؛ مَسْطُول

cocked hat قُبَّعَة ذات حافة مُثَلَّثة مَطْوِيّة إلى أعلى (شاعَت في أوائل القَرْن الثامِن عشر)

cock a snook at وَضَع إبْهامَه على أَنْفه وَبَسَط أَصابِعَه سُخْرِيَةً ، زَمَّر له

2. (raise cock of *gun*) رَفَع زِناد البُنْدُقيّة

cockade, *n.* شَرِيط أو شارَة في قُبَّعَة

cockatoo, *n.* بَبْغاء ذو عُرْف ، كَكَتُوه

cockatrice, *n.* حَيَّة أُسْطُورِيّة تَخْرُج من بَيْضة دِيك

cockchafer, *n.* جُعَل كَبير (حَشَرات)

cocker ⟨**spaniel**⟩, *n.* نَوْع من كِلاب الصَّيْد

cockerel, *n.* دِيك صغير السِّنّ

cockle, *n.* مَحار صالِح للأَكْل ، صَدَف بَحْرِيّ

warm the cockles of the heart أَثْلَج الصَّدْر

cockney, *n.* & *a.* شَخْص وُلِدَ في حَيٍّ بِشَرْق لَنْدن ؛ اللَّهْجَة الشَّعْبِيّة بِلَنْدَن

cockpit, *n.* 1. (arena) حَلْبَة صِراع الدِّيَكَة ، مَيْدان المَعْرَكَة

2. (crew compartment in aircraft) غُرْفة القِيادة في طائرة ، رُكْن الطّيّار

cockroach, *n.* صَرْصُور ، صُرْصَار، بنت وَرْدان

cock-sure, *a.* مُعْتَدّ بِنَفْسِه أكثر مِمّا ينبغي ، مُفْرِط في الثِقة بِنَفْسِه إلى حَدِّ الغُرُور

cocktail, *n.* كُوكْتِيل ، خَليط من المَشْروبات

cocktail-cabinet دُولاب الخَمْر، بار في البيت

cock/y, *a.* (**-iness,** *n.*) (*coll.*) مَغْرُور، مُعْتَدّ، شايِل خَشْمَه (عراق)

cocoa, *n.* كاكاو (المَسْحُوق والشَّراب المُعَدُّ مِنْه)

coconut, *n.*; *also* **cocoanut, cokernut** جَوْز الهِنْد

coconut matting حَصِيرة من أَلْياف جَوْز الهند

cocoon, *n.* شَرْنَقة (شرانق)، فَيْلَج ، فَيْلَجَة (فيالج)

v.t.; also fig. أَحاطَ بِشَرْنَقة، غلّف للوِقاية

cod, *n.*; *also* **codfish** قُدّ (نوع من السّمك)

coda, *n.* تَقْفِيلة في الموسيقى

coddle, *v.t.* 1. (treat as an invalid) دَلَّل، دَلَّع، بالَغَ في المُعامَلة برِقّة ولُطْف

2. (cook gently) سَلَق سَلْقًا خفيفًا، بِرِشْت

code, *n.* 1. (collection of laws or rules) قانُون، شَرِيعَة، نِظام

highway code نِظام أو أَنْظِمة المُرور

2. (form of communication for brevity or secrecy) شِفْرة، رُموز

Morse code إشارات مورس، تِلِغْراف مُورس

v.t. حوَّل (رسالة) إلى رموز الشِّفرة

codeine, *n.* كُودِين ، دَواء مُسَكِّن

codex, *n.* مَخْطُوط أَثَرِيّ

codger, *n.* (*coll.*) عَجُوز شاذّ الأَطْوار ؛ جَدَع

codicil, *n.* مُلْحَق لِوَصِيّة، تَعْدِيل أو إضافة لِوَصِيَّة

codif/y, *v.t.* (**-ication,** *n.*) قَنَّنَ ، شَرَّعَ ، جَمَعَ القوانين ونَظَّمَها ؛ تَقْنين

co-education (**-al,** *a.*; *coll. contr.* **co-ed**) التَّعْلِيم المُخْتَلِط (الذُّكور والإناث معًا)

coefficient, *n.* 1. (*alg.*) مُعامِل (الجبر)

2. (*phys.*) مُعامِل (فيزياء)

coelocanth, *n.* سَمَك عَرِيق في القِدَم تعيش بَقايَا منه في بِحار أفريقيا الجنوبية

coequal, *a.* نِدّ (أنداد)، صِنْو (صِنْوان)

coerc/e, *v.t.* (**-ion,** *n.*) أَجْبَرَه (على فِعْلٍ ما يَكْرَه)، قَسَره ، أَكْرَهَه ؛ قَسْر ، إجْبار ، إكْراه

coercive, *a.* إلْزاميّ، قَهْرِيّ ، إجْبَارِيّ

coeval, *a.* & *n.* مُعَاصِر؛ يَرْجِع إلى نفس الفَتْرَة، مُشْتَرِك في القِدَم

coexist, *v.i.* (**-ence,** *n.*) عَاشَا معًا في نفس الزَّمَن؛ تعايُش

peaceful coexistence التَّعَايُش السِّلْمِيّ (بَيْن دَوْلَتين مُخْتَلِفَتَيْن في المَبْدَأ السِّياسِيّ)

coffee, *n.* قَهْوَة ، بُنّ

coffee-bean حَبّة بُنّ

coffee-grounds ثُفْل أو تَنْوة القهوة

coffee-house مَقْهًى ، چَايْخانة (عراق)

coffee-pot رَكْوَة القَهْوَة ، كَنَكَة (مصر) ، دِلّة (عراق)

coffee-stall مَطْعَم أو مقهًى صغير مُتنقِّل

coffee-table مِنْضَدَة مُنخفِضة

coffer, *n.* صُنْدُوق،حُقّة أو عُلْبة مَتينة

the public coffers بَيْت المال، خِزانة الدَّوْلة

coffin, *n.* تَابُوت، صُندوق المَيِّت ؛ نَاوُوس، نَعْش

cog, *n.* تُرْس العَجَلة

cog-wheel عَجَلة مُسَنَّنة

cog/ent, *a.* (**-ency,** *n.*) مُقْنِع ، قويّ ، قاطِع ؛ قوّة الإقناع

cogit/ate, *v.i.* (**-ation,** *n.*) فَكَّر، تَأَمّل ، تَمَعَّنَ ؛ تَفَكُّر، تَأَمُّل ، تَمَعُّن

cogitative, *a.* مُتَأَمِّل ، متفكِّر، ذو تَبَصُّر

cognac, *n.* مُشْروب الكونياك

cognate, *a.* مِنْ جِذْر واحد ، من أَصْل مُشتَرَك ؛ (مفعول) مُطْلَق

cognition, *n.* إِدْراك، دِراية ، مَعْرِفة

cogniz/ant, *a.* (**-ance,** *n.*) مُدْرِك ، عَالِم بِ ، مُطَّلِع على ، متضلِّع (في القانون)

take cognizance of أخذ بِعَيْن الاعتبار، اِطَّلع على

cognomen, *n.* اِسْمُ ٱلعَائِلة ، لَقَب ، كُنْية

cohabit, *v.i.* (**-ation,** *n.*) عَاشَر مُعاشرة الأَزْوَاج ، عاشا تحت سَقْفٍ واحدٍ

cohere, *v.i.* اِلْتَصق بِ ، تَمَاسَكَ ، اِرتَبطَ

coher/ent, *a.* (**-ence,** *n.*) مُتَمَاسِك ، متّصل، مُتَرابِط ؛ تَمَاسُك

cohesive, *a.* مُلْتَصِق ، مُتلاحِم، مُتَمَاسِك

cohesion, *n.* تَلَاصُق ، تماسُك، اِلتحام، ترابُط

cohort, *n.* فَيْلَق أو فِرْقة جنود في الجَيْش الرُّوماني

coiff/eur (*fem.* **-euse**), *n.* مُزَيِّن ، مُصَفِّف الشَّعر، حَلّاق نِسائِيّ، كوَافِير

coiffure, *n.* تَسْرِيحة ، تصفيف الشَّعْر

coign, *n.*, *only in*

coign of vantage نُقْطَة مُرَاقَبَة

coil, *n.* لَفّة ، مِلَفّ، حَوِيّة

coil of rope لَفّة حِبال

ignition coil مِلَفّ الاِشْتعال أو الاحْتِراق

induction coil مِلَفّ تأْثير، وَشِيعة حَثّ

v.t. & i. لَفّ، كَوَّر ؛ اِلْتَفَّ، تَلَوْلَبَ ، تَلَوَّى

coin, *n.* عُمْلة مَعْدِنيّة، مسكوكة

pay someone back in his own coin عَامَلَه بِالمِثْل، كَالَ له بِنفس المِكْيال، رَدَّ عَلَى إسَاءَته بِإِسَاءة مِثْلِها

v.t. (*lit. & fig.*) ضَرَبَ أو سَكَّ العُمْلة؛ أَثْرَى، اِغْتَنَى، زَيَّف النقود

to coin a phrase نَحَتَ أو صَاغَ أو اسْتَحْدَثَ تعبيرًا جديدًا

coinage, *n.* 1. (currency and system) سَكّ أَوْ ضَرْب النُّقود؛ العُمْلة

2. (invented word) كَلِمة مَصُوغة أو مَنْحُوتة أو مُسْتَحْدَثة

coincide, *v.i.* صَادَفَ، اِتَّفَقَ، طَابَقَ، حَدَثَ في نفس الوقت

coincidence, *n.* صُدْفة، مُصادَفَة، اِتِّفاق الظُّروف

coincidental, *a.* عَرَضِيّ، اِتِّفاقي، مُصادِف

coiner, *n.* مُزَيِّف النُّقُود

coir, *n.* لِيف هِنْدي

coition, *n.*; *also* **coitus** جِماع، وِقاع

coke, *n.*; *also v.t.* كُوك، فَحْم الكُوك؛ حَوَّلَ الفَحْم الحَجَرِيّ إلى فَحْم كُوك

cokernut, *see* **coconut**

col, *n.* شِعْب (شِعاب)، مَمَرّ مُرْتَفِع في الجبل

colander, *n.* مِصْفاة (مَصافٍ)، إناء به ثُقوب كثيرة لتَصْفِية الخضراوات بعد غَسْلِها

cold, *a.* بارِد، قارّ

he killed him in cold blood قَتَلَه عَمْدًا أو مَعَ سَبْق الإصرار

cold-blooded, *a.* (*lit.*) مِنْ ذَواتِ الدَّمِ البارِد

(*fig.*, ruthless) قاسٍ، غَليظ القَلْب، لا يَعرِف الرَّحمة

cold chisel مِنْقَش المعادِن، أَجَنَة للحِجارة

have cold feet (*fig.*) جَبُنَ، أَحْجَمَ عَن، تَراجَعَ، تَخَوَّفَ

cold frame مَنْبِت مُغَطًّى بِالزُّجاج

cold front جَبْهة باردة (في الأرصاد الجوّيّة)

cold-hearted, *a.* قاسي القَلْب، عَدِيم الرَّحْمة

give someone the cold shoulder تَنَكَّرَ له، أَعْرَضَ عنه، عامَلَه بِبُرود وجَفاء

cold snap (spell) فَتْرة قارِسة البَرد، صَبارّة، صَرْد

cold steel سُيُوف ورِماح وحِراب

in cold storage (*lit.* & *fig.*) تَحْتَ التبريد، حُفِظَ جانبًا

the cold war الحَرْب البارِدة

throw cold water on an idea أَخْمَدَ التحمُّسَ لِفِكرة، ثَبَّطَ عزيمة الغير

it leaves me cold لا يُؤَثِّر فِيَّ (الخَبَر)

n. 1. (low temperature) بَرْد، بُرودة، صَرْد

be left out in the cold (*fig.*) أُهْمِلَ شَأْنه، هُجِرَ، لم يُشْرِكوه مَعَهم

2. (ailment) بَرْد، زُكام، رَشْح، نَزْلة

take (catch) cold أَصابَه بَرْد أو زُكام، زُكِمَ

coleoptera, *n.pl.* حَشَرات غِمْدِيّة الأَجْنِحة

colic, *n.* (**-ky,** *a.*) مَغَص، قَوْلَنْج، قُضاع

colitis, *n.* اِلْتِهاب القَوْلون

collabor/ate, *v.i.* (**-ation,** *n.*) 1. (work together) اِشْتَرَكَ أو تَعاوَنَ مع

2. (work for the enemy) مَالأَ الأعداء

collage, *n.* فَنّ تَصْويريّ يقوم على لَصْق الوَرَق أو القُماش على الخَيْش

collapse, *v.i. & n.* (*lit. & fig.*) سَقَطَ، تَهَدَّمَ، تَقَوَّمَ، اِنْهارَ، تَداعَى، تَهافَتَ، تَهَاوَى

collapsible, *a.* يُمْكِن طَيُّه أو بَسْطه

collar, *n.* 1. (neck-band) يَاقَة، طَوْق، حَلْقَة

collar-bone عَظْمَة التَّرْقُوَة

collar-stud زِرّ الياقة

hot under the collar (*fig.*) قَلِق، زَعْلان، غَضبان، حانِق

2. (*mech.*) طَوْق، حَلْقة

v.t. (*coll.*) أَمْسَكَ بِخِنَاقِهِ، قَبَضَ عليه؛ لَطَشَ

coll/ate, *v.t.* (**-ation,** *n.*) قَابَلَ أو قَارَنَ نُصُوصًا؛ أكلة خفيفة

collateral, *a. & n.* إِضَافِيّ، جانِبِيّ، ثانَوِيّ

collateral security ضَمان جانِبِيّ، ضمانة إضافيّة

colleague, *n.* زَمِيل فِي العَمَل (زُمَلاء)

collect, *v.t. & i.* (**-ion,** *n.*) جَمَعَ، حَصَّلَ، ضَمَّ، جَبَى، حَوَّشَ؛ تَجَمَّعَ، اِلْتَفَّ؛ مَجْموعة، جَمْع، تَجَمُّع

collect one's thoughts (wits) اِسْتَجْمَعَ أَفْكارَه، شَحَذَ فِكْرَه

they collected about the speaker تَجَمَّعوا أو الْتَفّوا حَوْلَ المُتَكَلِّم

collecting-box حَصّالة، صُندوق التَّبرُّعات

take the collection جَمَعَ العَطاء (في كنيسة)

n. صَلاة أو طَلْبَة قَصِيرة (عند المَسيحيّين)

collected, *a.* (*esp.*, composed) رَابِط الجَأْش، رَصِين، رَزِين

collective, *a. & n.* 1. (*gram.*) صِيغَة الجَمْع

2. (communal) جَمَاعِيّ، مُشتَرَك بَيْنَ كثيرين

collective ownership مِلْكِيّة مُشاعة

collectivism, *n.* جَمَاعِيّة، مُشاع، (مَبْدَأ اِشْتِراكِيّ في الاِقْتِصاد والسِّياسَة)

collector, *n.* 1. (one who collects money) مُحَصِّل، جابٍ، جامِع

2. (one who collects objects for interest or rarity) مَنْ يَهْوَى جَمْع التُّحَف أو الأَشْيَاء النّادِرة

college, *n.* 1. (educational establishment) كُلِّيَّة، مَدْرَسة عَالِية

2. (society) جَمْعِيّة، هَيْئة

collegiate, *a.* جامِعِيّ، مُخْتَصّ بالكُلِّيّة

collide, *v.i.* صَدَمَ، اِصْطَدَمَ، تَصادَمَ؛ تَعارَضَ

collie, *n.* كَلْب اسْكُتْلَنْدِيّ لِحِراسة الغَنَم

collier, *n.* 1. (coal miner) عَامِل فِي مَنْجَم فَحْم

2. (coal-ship) سَفِينَة لِنَقْل الفَحْم

colliery, *n.* مَنْجَم فَحْم ومُلْحَقاته

collision, *n.* تَصادُم، اصْطِدام؛ تَضارُب، تَعارُض

come into collision (with) اصْطَدَمَ مع أو بِ، تَعارَضَ مع

colloc/ate, *v.t.* (**-ation,** *n.*) وَضَعَ فِي مكان واحد

colloid, *n.* (**-al,** *a.*) مَادَّة في حالة غِرائيّة أو هُلامِيّة ؛ غَرَوانيّ

colloquial, *a. & n.* عَامّيّ ، دارِج ، اللّغة العامّيّة أو الدّارِجة

colloquialism, *n.* تَعْبير عامّيّ

colloquy, *n.* مُحادَثة ، مُحاوَرة

collusion, *n.* تَواطُؤ ، تَآمُر

colocynth, *n.* الحَنْظَل ، العَلْقَم ، مُرّ الصّحارَى

colon, *n.* 1. (*anat.*) قَوْلُون ، المَعِيّ الغَليظ

2. (punctuation mark) نُقْطَتان (:) في الكِتابة والطّباعَة

colonel, *n.* عَقيد ، بِكْباشي ، الكُولُونيل

colonial, *a. & n.* نِسْبَةً إلى المُسْتَعْمَرات

colonialism, *n.* النِّظام الإسْتِعْماريّ

colonist, *n.* مُسْتَوْطِن في مُسْتَعْمَرة

colon/ize, *v.t.* (**-ization,** *n.*) اسْتَعْمَر

colonnade, *n.* صَفّ أعْمِدة ، رِواق مُعَمَّد

colony, *n.* 1. (community of settlers or their descendants) مُسْتَعْمَرة وقاطِنوها

2. (community of persons living together or segregated) مُسْتَعْمَرة ، جَماعة مُنْعَزِلة (من الفَنّانين مَثلاً)

3. (community of plants or animals) سِرْب (مِنَ الجَراد مَثَلًا)، مَجْمُوعة (نَباتات أو حَيَوانات)

colophon, *n.* بَيانات تُذْكَر في نِهاية المخطوطة أو الكتاب تتعلّق بالنَّسْخ أو النَّشْر الخ.

colophony, *n.* القَلْفُونِيَة ، صَمْغ الصَّنَوْبَر

color, *see* **colour**

coloration, *n.* تَلْوين ، تَوْزِيع الألْوان

coloratura, *n.* كُولُورَاتُورا ، تَنْويع الغِناء في السُّوبرانو

colossal, *a.* ضَخْم ، كَبير الحَجْم ؛ لا يَكاد يُصَدَّق

colossus, *n.* تِمْثال ضَخْم ؛ عِمْلاق

colour (*U.S.* **color**), *n.* 1. (hue) لَوْن ، صِبْغَة

colour-blind, *a.* مُصاب بِعَمَى الألْوان

colour scheme اِخْتِيار الأَلْوان المُتَناسِقة

primary (secondary) colours أَلْوان أَوَّلِيَّة أو أَصْلِيَّة ؛ أَلْوان ثانَوِيَّة

(*fig.*)

a horse of another colour هَذا مَوْضُوع آخَر ، تِلْك حِكايَة أُخْرَى

local colour تَفاصِيل تُضْفِي على القِصَّة صِبْغَة مَحَلِّيَّة واقِعِيَّة

see something in its true colours رَأَى الشَّيْء على حَقِيقَتِه

see the colour of someone's money قَبَض الثَّمَن (من المُشْتَرِي)

2. (pigment) صِبْغة ، طِلاء

water-colour

(medium) أَلْوان مائِيّة

(painting) لَوْحَة أو رَسْم بالأَلْوان المائِيّة

3. (pigment of skin) لَوْن البَشَرَة

colour bar التَّمْيِيز العُنْصُرِيّ

the colour problem مُشْكِلة المُلَوَّنِين

4. (complexion) لَوْن الوَجْه أو البَشَرة

have a high colour اِحْمَرَّ وَجْهُه

off colour مُنْحَرِف الصِّحّة أو المِزاج، مُتَوَعِّك، ماعنده كيف (عراق)

5. (pretext)

under colour of تَظاهُرًا ب، تَحْتَ شِعار

6. (*usu. pl.*, favour; token of membership)

get one's colours اُنْتُخِبَ لِعُضْوِيّة فريق رِياضيّ جامِعيّ

show one's true colours أَظْهَرَ نفسه على حَقِيقَتِها، كَشَفَ أوراقه

7. (*usu. pl.*, flag)

colour-sergeant رَقِيب، حامل اللِّواء (رُتْبَة عسكريّة)

come off with flying colours حَقَّقَ نَجاحًا كَبِيرًا، نال قَصَب السَّبْق

join the colours اِلْتَحَقَ بالجيش، تَجَنَّدَ

nail one's colours to the mast أَعْلَنَ تصميمه، تَشَبَّثَ بِمَوْقِفِه، قَاتَلَ حَتّى النَّفَس الأَخِير

sail under false colours تَظاهَرَ، اِنْتَحَلَ شِعارًا كاذِبًا، اِدَّعَى

v.t. 1. (give colour to) لَوَّنَ، صَبَغَ

2. (paint) طَلَى، صَبَغَ، دَهَنَ

3. (influence) أَثَّرَ في

v.i. 1. (take on colour) بَدَّل لونه (نبات)

2. (blush) احْمَرَّ وَجْهُه خَجَلاً

coloured, *a.* 1. (having a colour or colours) مُلَوَّن، ذو لَوْن

2. (dark-skinned) أَسْمَر اللون، أسود، زَنْجي

colouring, *n.* صِبْغ، تلوين؛ لَوْن طَبيعيّ؛ بَشَرة

colourist, *n.* مَاهِر في ٱسْتِعْمال الألوان

colourless, *a.* (*lit. & fig.*) بِلا لَوْن؛ باهت؛ شاحِب؛ إِمَّعة، بِلا طَعم

colt, *n.* فَلْو (أفلاء)، مُهْر؛ غِرّ

Colt, *n.* مُسَدَّس أمريكي من طِراز خاصّ

columbine, *n.* كُولُمْبِين، أَكِيلاجيا (نَبات مُزْهِر)

column, *n.* 1. (*archit.*) (**-ar,** *a.*) عَمُود، أَسْطُوانَة، سارية

2. (object of this shape) عَامُود، صَفّ

spinal column العَمود الفِقْري، سلسلة الظَّهْر

3. (vertical division of page) عَمُود (صحافة)

4. (line of troops, etc.) طَابُور، قافِلة، رَتْل

fifth column الطَّابور الخامس، الجاسُوسيّة

columnist, *n.* مُعَلِّق صُحُفِيّ أو صِحافيّ

coma, *n.* غَيْبُوبَة، إغماءة، فُقْدان الوَعْي

comatose, *a.* في حَالة غَيْبوبة أو إغماء، يُحِسّ بِكَسل وخُمول وفُتُور

comb, *n.* 1. (toothed instrument for arranging hair, etc.) مِشْط (أمْشاط)

2. (cock's crest) عُرْف أو زَيْن الدِّيك

3. (= honeycomb) نَخارِيب النَّحْل

v.t. (*lit. & fig.*) مَشَط، مَشَّطَ، مشق، صَفَّفَ أو سَرَّحَ الشَّعْر؛ بَحَثَ بِدِقّة

combat, *n.* قِتال، مَعْرَكة، وَقْعة، مَوْقِعة، كِفاح، نِزال

v.t. قاتَلَ، صارَعَ، نازَلَ، حارَبَ، كافَحَ

combatant, *a.* & *n.* مُحارِب، مُقاتِل، مُعارِك

combative, *a.* مَيّال للقِتال، عَرّاك

combination, *n.* 1. (union, mixture) جَمْع، مَزْج، ضَمّ؛ مزيج، خليط، مجموعة

in combination with بالاشْتراك مع

2. (motor-cycle and sidecar) دَرّاجة بُخارِيّة أو نارِيّة ذات سَبَت جانِبيّ

3. (lock; code for this) قُفْل يُفْتَح بِتآلف أَرْقام أو حُروف خاصّة بِنظام مُعَيَّن

4. (*pl.*, under-garment) ثَوْب داخِليّ يَجْمَع بين القَميص والسِّرْوال

combine, *v.t.* & *i.* وَحَّدَ، ضَمَّ، جَمَعَ، مَزَجَ؛ اِنْضَمَّ لِ، اِتَّحَدَ مع، اِمتزج ب

combined operations عَمَلِيّات عَسْكَرِيّة تَشْتَرِك فيها قوّات بَرِّيّة وبحرية وجوّية

n. 1. (association) اِتِّحاد، جَمْعِيّة

2. (harvesting machine) حَصّادة دَرّاسة

combustib/le, *a.* & *n.* (**-ility,** *n.*) قابِل لِلْاِحْتِراق؛ مادّة قابلة للاِشتعال؛ قابِلِيّة للاحتراق

combustion, *n.* اِحْتِراق، اِشتعال

combustion chamber غُرْفة الاحتراق

internal-combustion engine مُحَرِّك اِحْتِراق داخلي

spontaneous combustion الاِحْتِراق العَفْوِيّ أو الذّاتيّ أو التِّلْقائيّ

come, *v.i.* 1. (arrive, move, be brought) جاءَ، أَقْبَلَ، قَدِمَ، أَتى، وَصَلَ، حَضَرَ، وَرَدَ، وَفَدَ

come into being بَرَزَ إلى حَيِّز الوُجود، نَشَأَ

come into effect (force) سَرَى مَفْعُولُه، جَرَى تطبيقه أو تنفيذه

come into a fortune (money) وَرِثَ مالاً عَظيمًا، أَصابَ ثَرْوَة

come into one's own اِسْتَعادَ أو نالَ حَقَّه، عاد الحَقّ إلى نِصابه

come into play بَرَزَ في المَيْدان، قام بدَوْر فعّال

come to blows تَضارَبَ، تَشاجَرَ، تَعارَكَ، تَلاكَمَ، تَشابَكَ

come to the fore بَرَزَ في المُقَدِّمة، حازَ الأَوْلَوِيّة

come to grief خابَ، أَخْفَقَ، فَشِلَ

come to hand أَصْبَحَ في مُتناوَل اليَد، وَصَلَ إلى يَدِه

come to harm مَسَّه ضُرّ، أَصابه مَكروه

come to a head نَضِج الدُّمَّلُ وامْتَلأَ بِالقَيْح؛ بَلغ السَّيْل الزُّبَى، طَفَح الكَيْل

come to light ظَهَرَ، بانَ، وَضَحَ، اِنكَشَفَ، اِنْجَلَى

come to pieces تَكَسَّرَ، اِنْكَسَرَ؛ تَفَكَّكَ

come to the point دَخَلَ في صَميم الموضوع

come to one's senses (*lit. & fig.*) إسْتَفاق، صَحَا، ثَاب إلى رُشْده أو صوابه

come to terms تَصالَحا، تَهادَنا، تَقَبَّل الأَمْر الواقِع

come Monday he will be here (*coll.*) سَيَحْضُر يومَ الاثنينِ القادِم

easy come, easy go مَالٌ تَجْلِبُه الرِّياح تَأْخُذه الزَّوابِع

2. (happen, occur, result)

come to pass حَدَث، تَصادَف، وَقَعَ، جَرَى

come what may مَهْما يَكُنْ مِن أَمْر، فَلْيَحْدُث ما يحدُث

how comes it that . . .? *also* how come? (*sl.*) كَيْفَ حَدَثَ أن...؟ لماذا...؟

that's what comes of . . . تِلْكَ هي عاقِبة (الإهْمال مثلاً)

what will come of it? ما الّذي سَيَتَرتَّب عَلَيْه؟ ما نَتِيجَته؟ ما جَدْوَى ذلك؟

3. (amount)

come to nothing (nought) أَخْفَق، ضَاعَ سُدًى، ذَهَبَ أَدْراج الرِّياح

come short of قَصُرَ عن، لم يَبْلُغ المُسْتَوَى

if it comes to that إنْ حَدَثَ ذلك، إنْ كان الأمر كذلك

if the worst comes to the worst إنْ لَم يَكُنْ مِن الأَمْرِ بُدٌّ، إذا اقْتَضَى الحال، عند الضَّرُورة

4. (become, grow, bring oneself)

come of age أَدْرَكَ، بَلَغَ، بَلَغَ سِنَّ الرُشْد

he came to be regarded as an expert أُعْتُبِرَ خَبِيرًا مع مُرور الوقت

now that I come to think of it والآن إذ أُعاوِد النَّظَر في الأَمْر

come true تَحَقَّقَ (الحُلْم مثلاً)

come unstuck (*lit. & fig.*) اِنْحَلَّ، اِنْفَكَّ؛ فَشِلَ، أَخْفَق

how did you come to do it? ما الّذي حَمَلَك على هذا؟ لِمَ فَعَلْتَ ذلك؟

5. (*adverbial compounds*)

come about (happen) حَدَثَ، حَصَلَ، جَرَى، وَقَعَ

come again! (*coll.*, repeat what you have said) ماذا قُلْتَ؟

come along! هَيَّا بنا! تَقَدَّم! أَسْرِع، يَللّه!

come apart اِنْحَلَّ، تَفَكَّكَ، اِنْفَكَّ

come away

(leave) غَادَرَ، بَرِحَ، خَرَجَ

(break off) اِنْقَطَعَ، اِنفَصَلَ، اِنْفَلَتَ

come back

(return) عَادَ، رَجَعَ

(retort), *whence* أَجَابَ فَوْرًا

come-back, *n.* رَدٌّ لاذِع وسَرِيع؛ عَوْدة

come down

(descend) اِنْحَدَرَ، نَزَلَ؛ هَبَطَ، هَوَى

(extend downwards *to*) اِنْحَدَرَ أو نَزَلَ إلى

(get cheaper) رَخُصَ، هَبَط سِعْرُه، اِنخفَضَ ثَمَنُه

(be handed down) جاء عن، اِنْتَقَلَ، وُرِثَ

(be humbled), *whence*

come-down, *n.*   ذِلّةٌ بَعْدَ عِزٍّ، ضَعَةٌ، مَهانة

come down in the world   عَزيزُ قَوْمٍ ذَلَّ، ضَاعَتْ مَكانَتُه، اِفْتَقَرَ

come down on someone   أنَّبَه، عَنَّفَه، وَبَّخَه

come down on the side of   قَرَّ رَأْيُه على ...

come forward   تَقَدَّم (بِاقْتِراحٍ مثلاً)، أفْتَى (بِرَأْي)، صَرَّحَ بِ ...

come forth   طَلَعَ، بَزَغَ، خَرَجَ، ظَهَرَ

come in

   (enter)   دَخَلَ، وَلَجَ

   (be of use, fit)   لَهُ فائِدة أو نَفْع، صالِح لِ

come in for (be recipient, target, of)   تَعَرَّضَ لِ، كان عُرْضَةً أو هَدَفًا لِ

come off

   (become detached)   اِنْفَصَلَ، اِنْفَكَّ

   (take place)   حَدَثَ، وَقَعَ

   (succeed)   نَجَحَ، أفْلَح

come on

   (approach)   أقْدَم، أقْبَلَ، دَنا

   (begin *to rain*, etc.)   أخَذَت السَّماء تُمْطِر

   (make appearance on stage)   ظَهَرَ على خَشَبة المَسْرَح

   (make progress)   تَقَدَّم، تَحَسَّنَ

   (*imperat.*, hurry up)   هَيّا، أسْرِع !

come out

   (emerge)   خَرَجَ، طَلَعَ، بَزَغَ، بَانَ، تَجَلَّى

   (be disclosed)   اِنْكَشَفَ، ظَهَرَ

   (be published)   صَدَرَ، نُشِرَ

   (go on strike)   أضْرَبَ عن العَمَل

come out with   (utter)   أفْتَى بِ ...، أدْلَى (بِتَعْليقٍ مُضْحِك)، خَرَجَ (بِفِكْرَة)

come over

   (pay a visit)   مَرَّ على، زَارَ

   (change sides)   غَيَّرَ مَوْقِفه، تَحَوَّلَ إلى الجانِب الآخَر

come round

   (pay a visit)   مَرَّ على، زَارَ، جَاءَ زَائِرًا

   (change one's mind, be persuaded)   اِقْتَنَع، تَنَازَلَ عن مَوْقِفه

   (recover)   أفاقَ، عَادَ إلى وَعْيِه

   (recur)   عَادَ مَرَّةً كلَّ فَتْرة مُعَيَّنة

come to   (recover consciousness)   صَحَا من غَيْبُوبَتِه، اِسْتَرَدَّ وَعْيَه

come up

   (ascend)   صَعِدَ، طَلَعَ، اِرْتَقَى

   (approach)   تَقَدَّم، دَنا أو اقْتَرَب مِن

   (show through the ground)   طَلَعَ الزَّرْع

   (become subject of debate)   نُوقِشَ المَوْضُوع، جاء دَوْر مُناقَشَتِه

(be equal *to*) اِرْتَفَعَ إلى المُسْتَوَى المَطْلوب، حَقَّق الأَمَلَ المرجُوَّ منه

come up with a suggestion اِقْتَرَحَ أو تَقَدَّمَ بِاقْتِراحٍ فَجْأَةً

6. (*special uses with preps. other than* into, of, to)

come across (meet, find) اِلْتَقى ب، صَادَفَ، عَثَرَ على، وَقَعَ على

come after

(succeed to) خَلَف، أَتَى خَلَفًا ل، تَلا

(pursue) طَارَدَ، لَاحَقَ، تَعَقَّبَ

come at

(attack) هَجَمَ أو انقضَّ على، اِنْدَفع نحو

(get access to) تَوَصَّلَ إلى

come by (obtain) نَالَ ، حَصَلَ على

come for

(call to collect) أَتَى أو جَاءَ لِأَخْذِ ...

(attack) هَجَمَ على، اِنْدَفَع نحو

come under

(be subordinate to) خَضَعَ لِ

(be classified with) دَخَلَ في بابِ ...

come upon (on) (meet, find) اِلْتَقى ب، عَثَرَ على، صَادَفَ، وَقَعَ على

comedi/an (*fem.* **-enne**), *n.* مُمَثِّل هَزْلِيّ أو فُكاهِيّ أو كُومِيدِيّ

comedy, *n.* مَلْهَاة، مَسْرَحِيَّة فُكاهِيَّة، كُومِيدْيَا

comel/y, *a.* (**-iness,** *n.*) يَرُوق العَيْنَ، حَسَن، مليح الوجه

comer, *n.* قَادِم، وافِد، آتٍ

take on all comers وَاجَهَ كُلَّ مُتَحَدٍّ

comestible, *n.* (*usu. pl.*) مَوادّ غِذَائِيّة، أَطْعِمة

comet, *n.* مُذَنَّب، نَجْم مُذَنَّب

comfort, *n.* 1. (consolation; source of this) سَلْوَى، مُؤاساة، عَزاء، سُلْوان

cold comfort (نَصِيحة) لا تَنْفَع ولا تَشْفَع

2. (ease, luxury) سَعة، يُسْر، راحة، تَرَف، رَغَد، رَفاهة، رَفاهِيَة

creature comforts مُسْتَلْزَمات وَوَسائل الرَّاحة، أسباب الرَّاحة المادِّيَّة

v.t. وَاسَى، عَزَّى، سَلَّى، طَيَّب خاطِر...، أَرَاحَ

comfortable, *a.* 1. (at ease) مُرْتاح، مُسْتَرِيح

2. (providing comfort) مُرِيح

3. (affluent) مَيْسُور الحال

comfortably off في سَعة ، مَيْسُور الحَال ، بِدُونِ مَتَاعِب مالِيَّة

comforter, *n.* 1. (consoler) مُعَزٍّ، مُواسٍ

Job's comforter مُعَزٍّ يَزيد أَشْجان المَحْزون

2. (woollen scarf) لِفافَة من الصُّوف للرَّقَبة، تَلْفِيعة

3. (baby's dummy) بَزّازة لإسْكات الرَّضيع

comfy, *coll. contr. of* **comfortable,** *a.* (1 & 2)

comic, *a.* مُضْحِك، هَزْلِيّ، فُكاهِيّ

comic strip قِصّة فُكاهية مُصوّرة تَصْدُر مُسَلْسَلةً في جَريدة

n. (*coll.*) 1. (comedian) مُمَثِّل هَزْلِيّ ، مُضحِك ، كُومِيدِيّ

2. (illustrated paper for children) مَجَلَّة فُكاهِيَّة مُصَوَّرَة لِلأَطْفال

comical, *a.* مُضْحِك ، مُثِير لِلضَّحِك ، هَزْلِيّ

coming, *a.* مُقبِل، قادِم، آتٍ

up-and-coming, *a.* يُنْتَظَر له مُسْتَقْبَل مَرْموق، طَمُوح

comity, *n.* صَدَاقَة الشُّعوب ؛ دَماثة

comma, *n.* فَاصِلة، فَارِزة، عَلامَة وَقْفٍ قصيرة (مِن عَلامَات التَّرْقِيم)

inverted commas (" ") عَلَامَات اقْتِباس

command, *n.* 1. (order) أَمْر (أَوامِر) ، حُكْم (أَحْكام)، فَرْض (فُروض)

command performance عَرْض مَسْرَحِيّ بأَمْر مَلَكِيّ (يَحْضُره المَلِك أو مَنْ يُنِيبه)

2. (exercise or tenure of authority) إِمْرَة ، قِيَادَة، سُلْطة، إِشْراف

he has a good command of English إِنَّه يُتْقِن اللُّغَة الانكِلِيزِيّة أو يُجِيدُها

High Command القِيَادَة العُلْيا (عَسْكَرِيّة)

second in command نَائِب المُدِير، وَكِيل

3. (troops, district, under commander) قِيَادَة ، مِنْطَقَة القِيادة في الجَيْش

v.t. 1. (order) أَمَرَ ، فَرَضَ، وَصَّى، أَوْصَى

2. (control; *also fig.*) رَأَسَ، قَادَ ؛ تَحَكَّمَ في ، حَكَمَ ، سَيْطَرَ على

it commands respect يَسْتَوْجِب التَّقْدِير، يَسْتَدْعِي ٱلِاحْتِرام

command a fine view أَطَلَّ أو أَشْرَفَ عَلَى مَنْظَرٍ بَدِيع

commandant, *n.* قَائِد ، رَئِيس ، قُومَنْدان ، حِكِمْدار، حاكم

comandeer, *v.t.* إِسْتَوْلَى على أو صَادَرَ لأَغْراض عَسْكَرِيّة

commander, *n.* قَائِد ، آمِر (رُتْبَة في البَحْرِيّة البريطانيّة دُونَ الكابتن مُبَاشَرَةً)

Commander-in-Chief قَائِد عامّ القُوّات المُسَلَّحة

commanding, *a.* سَائِد؛ مُشْرِف، مُطِلّ على ما حَوالَيْهِ

commanding officer, *abbr.* C.O. قَائِد وَحْدَة

a commanding presence ذُو هَيْبَة، مَهِيب

commandment, *n.* أَمْر ، وَصِيّة ، حُكم، سُنَّة، فَرْض

the Ten Commandments الوَصَايَا العَشْر

commando, *n.*; *also attrib.* مِغْوار (مَغاوِير) ، جُنْدِي فِدائِيّ يَقْتَحِم أَرْض العَدُوّ

comme il faut, *adj.* (*F.*) مُهَذَّب ، مُرَاعٍ لِلأُصُول والرَّسْمِيَّات

commemor/ate, *v.t.* (**-ation,** *n.*) أَحْيَا أو خَلَّدَ ذِكرَى؛ الاِحْتِفال بِذِكْرَى...

commemorative, *a.* تَذْكارِيّ، مُقام لِتَخْلِيد ذِكْرَى شَخصٍ أو حَدَثٍ ما

commence, *v.t. & i.* (**-ment,** *n.*) بَدَأَ، شَرَعَ؛ حَفْل تَوْزِيع دَرَجات جامِعِيّة

commend, *v.t.* (**-ation,** *n.*) اِمْتَدَحَ، زَكَّى؛ أَوْصَى؛ اِسْتِحْسان، تقدير

highly commended حائِز تَقْدِير الجَمِيع

it doesn't commend itself لا يَسْتَهْوِيني، لا يَرُوق لي

commend me to اُذْكُرْني بالخير لديه

commendable, *a.* حَمِيد، جَدير بالثَّناء، أَهْلٌ لِلمَنْح

commendatory, *a.* مَدِيحيّ، ثَنائيّ

commensurable, *a.*; *also* **commensurate** مُساوٍ لِ، مُتناسِب أو مُتكافِئ مع، على قَدْر . . .

comment, *n. & v.i.* تَعْلِيق، مُلاحَظة؛ عَلَّقَ على، أَبْدَى مُلاحَظات على

commentary, *n.* تَعْلِيق (في الصِّحافة وَالرّاديو)، تفسير، تأويل، شَرْح

running commentary تَعْلِيق (بالإذاعة عَادَةً) على واقِعةٍ في حِينها

commentator, *n.* مُعَلِّق أو مُعَقِّب صُحُفيّ أو إذاعيّ؛ شارِح

commerce, *n.* تِجارة، بَيْع وشِراء

Chamber of Commerce غُرْفة التِّجارة، غُرْفَة تِجارِيّة

commercial, *a. & n.* تِجاريّ؛ إعلان عَن سِلْعَة على شاشَة التِّلِيفِزْيون

commercial traveller وَكيل مُتَجَوِّل (يَعْرِض عَيِّنات البَضائع على التُّجّار)

commercialism, *n.* اِهْتِمام زائد بالكَسْب التِّجاريّ

commercial/ize, *v.t.* (**-ization,** *n.*) اسْتَغَلَّ (الأَلْعاب الرِّياضِيّة مثلاً) في الكَسْب التِّجاريّ

commingle, *v.i. & t.* خَلَطَ، اِخْتَلَطَ، تَخالَطَ، امْتَزَجَ

commiser/ate, *v.t. & i.* (**-ation,** *n.*) أَشْفَقَ على، وَاسَى، عَزَّى؛ مُواسَاة، مُشارَكَة وِجْدانِيّة

commissar, *n.* قُومِيسَار، رئيس مَصْلَحة حُكومِيّة

commissariat, *n.* مَصْلَحَة حُكُومِيَّة سُوفِيتيّة، إِدَارَة المِيرَة والتَّمْوِين

commission, *n.* 1. (charge; delegated authority) مَأْمُورِيّة، مُهِمّة؛ تَكْلِيف، تَفْوِيض

out of commission (*fig.*) مُعَطَّل، غير صالِح للعمل

2. (appointed investigating body) لَجْنة، هَيْئَة تحقيق

3. (officer's warrant) بَرَاءَة، تكليف (فِي القُوَّات المُسَلَّحة)

4. (money paid to agent) عُمُولة، سَمْسَرة، كُومِسْيُون، عَوائد الدِّلالَة

5. (committing) اِرْتِكاب (جَرِيمة مثلاً)

v.t. 1. (empower, order, charge) كَلَّفَ، فَوَّضَ، خَوَّلَ، أَمَرَ، عَهِدَ، أَنابَ

2. (give officer's rank to) قَلَّدَه رُتْبَة ضَابِط

non-commissioned officer, *abbr.* N.C.O. ضَابِط صَفٍّ

3. (put *ship* in service) أَمَر بِإِعْداد سَفِينة وتَجْهِيزِها لِلإِبْحار

commissionaire, *n.* قَوَّاس، حاجِب خاصّ

commissioner, *n.* مَنْدُوب، مفوَّض، مُوَكَّل، وَصِيّ

High Commissioner المَنْدُوب السَّامي

commit, *v.t.* 1. (consign) وَضَعَ، حَوَّل، أَرْسَلَ، أَوْدَعَ، اسْتَوْدَعَ

commit to memory حَفَظَ غَيْبًا أو عن ظَهْر قلبٍ

commit to paper سَجَّلَ، دَوَّنَ، سَطَّرَ

commit for trial أَحالَه للمُحاكمة، قَدَّمَه لِلْقَضاء

2. (perpetrate) اِرْتَكَبَ ذَنْبًا أو جَرِيمة

commit suicide اِنْتَحَرَ، قَتَلَ نفسه

3. (bind to a course of action) كَلَّفَ، أَوْجَبَ، أَوْلَى، عَهِدَ إليه بِ...

commit oneself أَخَذ على عاتِقه؛ أَلْزَمَ نَفْسَه، عَبَّرَ عن رأيه بِصَراحة

committal, *n.* إِحَالة إلى سِجْنٍ أو مَصَحَّة عَقْلِيَّة

committee, *n.* لَجْنة، مَجْلِس، هَيْئة

commitment, *n.* 1. (involvement) اِلْتِزام، تَعَهُّد

2. (duty) تَكْلِيف، واجِب، اِلْتِزام

commode, *n.* 1. (chest of drawers) خِزانة ذاتُ أَدْراج لِحِفْظ المُلاءات والشَّراشِف الخ.

2. (chair containing chamber-pot) مَقْعَد خاصّ به قَصْرِيَّة أو قَعَّادة

commodious, *a.* (**-ness,** *n.*) ذُو سَعَة ورَحابة، فَسِيح، مُتَّسِع

commodity, *n.* سِلْعة، بِضاعة

commodore, *n.* قَائِد أو رئيس عِمارة بَحْرِيَّة، كومودور، مير آلاي

common, *a.* 1. (belonging equally *to*; publicly or universally shared) عَامّ، شائع، مُتَداوَل، مَأْلوف؛ مُشْتَرَك

by common consent إِجْماعًا، بالإِجماع

common factor عَامِل مُشْتَرَك، قاسِم مُشْتَرَك

common gender اِسم يَجُوز فيه التذكير والتَّأنيث (نحو)

on common ground نُقْطَة الْتِقاء وُجْهات النَّظَر

common interests مَصالِح مُشْتَرَكة

common knowledge أَمْر مَعْروف، قَضِيَّة شائعة

common law القَانُون العامّ، قانون العُرْف والعادة

Common Market السُّوق الأوروبِّيَّة المُشْتَرِكة

common noun اِسْم نَكِرة (نحو)

common property مِلْك مُشاع أو مُشْتَرَك

common-room غُرْفَة الاسْتِراحة أو النَّادي في المَعاهد العلميّة

2. (frequent, ordinary) عادِيّ، مَأْلوف

common or garden مُبْتَذَل، سُوقِيّ، مُعْتاد

the common people عامّة الناس ، الجمهور، الدَّهْماء ، العامّة

common sense, *whence* common-sense, *a.* تَعَقُّل، رُشْد، إدراك؛ (جواب) مَعْقُول

commonly known as مَعْرُوف (عند النّاس) ب

3. (vulgar) مُبْتَذَل، واطِئ، عادِيّ

n. 1. (unenclosed land) أَرْض مُشاعة

2. (joint use) حَقّ الانْتِفاع من أَرْض عامّة ، حَقّ الارْتِفاق (قانون)

they have nothing in common لا يَشْتَرِكان في شيء ، لا تَرْبُطُهما صِلة

commonalty, *n.* العَامّة، عامّة الناس، الجمهور

commoner, *n.* مِنْ عامّة النّاس

commonplace, *a.* مُبْتَذَل، عادي ، تافِه

n. أَمْر تافِه أو مُعْتاد

commons, *n.pl.* 1. (lower house of Parliament) مَجْلِس النُّوّاب

House of Commons مَجْلس العُمُوم البريطانيّ

2. (provisions at University, etc.) وَجْبَة بَسِيطة تُقَدَّم لِطَلَبَة الجامِعة أو لِلرُّهْبان

on short commons يَعِيش على الكفاف ، مَا يَسُدّ الرَّمَق مِن الطَّعام

commonwealth, *n.* كُومُنْولث

the British Commonwealth of Nations الكُومُنْولث البريطانيّ

commotion, *n.* هِياج، هَرْج وَمَرْج ، اضطِراب؛ شَغَب ، فِتنة

communal, *a.* نِسْبَةً إلى عامّة الشَّعْب ؛ ذُو عَلاقة بِكُومْيُون باريس

commune, *n.* أَصْغَر وَحْدة إداريّة في فرَنْسا؛ حُكُومة العامّة في باريس (١٨٧١م)

v.i. حادَث بِهَمْس ، ناجَى

communicab/le, *a.* (**-ility,** *n.*) (فِكْرة) يُمكن التَّعْبِير عنها، (مَرَض) يَنْتَقِل بِالعَدْوَى

communicant, *n.* 1. (informant) نَاقِل الخَبَر، مُبَلِّغ

2. (receiver of Holy Communion) مُشْتَرِك في العَشَاء الرَّبّاني، مُتَناوِل

communicate, *v.t.* (impart, transmit) نَقَل، أَوْصَل، بَلَّغ

v.i. 1. (exchange words, ideas, etc.) تَبادَل (الآراء مثلًا)، أَجْرَى اتّصالات

2. (be connected *with*) اِتَّصَل ب

3. (receive Holy Communion) اِشْتَرَك في العَشَاء الرَّبّاني، تَناوَل

communication, *n.* 1. (imparting) إِخْبار، تَبْلِيغ، إعلام، توصيل

2. (message) رِسَالة، نَبأ ، بَلاغ

3. (interconnection; *pl.*, system of interconnection by transport, radio, etc.) اِتِّصال؛ مُوَصِّل؛ المُوَاصَلات

communication cord سِلْسِلة يَسْحَبُها الرَّاكِب لِإيقاف القِطار عند الطَّوارِئ

communicative, *a.* مَفْتُوح، ميّال إلى كَشْف أفكاره؛ كثير الكلام

communion, *n.*   مُشَارَكَة ؛ صِلَة ؛ طَائِفَة
دِينِيَّة ؛ تَنَاوُل العَشَاء الرَّبَّانِيّ

Holy Communion   العَشَاء الرَّبَّانِيّ أَو
السِّرِّيّ ، سِرّ القُرْبَان المُقَدَّس (عند المسيحيّين)

communiqué, *n.*   بَيَان ، بَلَاغ رَسْمِيّ

Communism, *n.*   الشُّيُوعِيَّة

Communist, *a. & n.*   شُيُوعِيّ

community, *n.* 1. (sharing; joint ownership)
مُشَارَكَة ، جَمَاعِيَّة ؛ مِلْك مُشَاع
community of interest ، وَحْدَة المَصْلَحَة
مَصْلَحَة جَمَاعِيَّة

2. (body of persons) ، جَمَاعَة خَاصَّة
طَائِفَة ؛ جَالِيَة

community centre   مَرْكَز ثَقَافِيّ اجْتِمَاعِيّ

community singing   غِنَاء جَمَاعِيّ

community spirit   رُوح الجَمَاعَة

commutator, *n.*   مُحَوِّل ، مِفْتَاح تَوْزِيع
(تِلِغْرَاف) ؛ مُبَدِّل (كَهْرَبَائِيّ)

commut/e, *v.t.* (**-ation,** *n.*) ، أَبْدَل ، حَوَّل
اسْتَبْدَل ؛ خَفَّف (الحُكْم)
v.i. سَافَر يَوْمِيًّا إلى مَكَان عَمَلِه بِاشْتِرَاك
مُوَاصَلَات مَوْسِمِيّ

commuter, *n.*   مَنْ يُسَافِر يَوْمِيًّا إلى مَكَان
عَمَلِه بِاشْتِرَاك مُوَاصَلَاتٍ مَوْسِمِيّ

compact, *a.* ، مَضْغُوط ؛ مُحْكَم ، مَتِين
مُرَكَّز ، (أُسْلُوب) مُتَرَابِط
v.t. ضَغَطَ ، أَحْكَمَ ، رَكَّزَ ؛ رَكَّبَ
n. 1. (agreement) ، مِيثَاق ، حِلْف
اتِّفَاق ، عَهْد

2. (cosmetic case) عُلْبَة بُودْرَة لِلْوَجْه
(من مُسْتَحْضَرَات التَّجْمِيل النِّسَائِيَّة)

companion, *n.* 1. (associate) ، رَفِيق ، زَمِيل
مُرَافِق ، عَشِير

2. (female paid to live with another)
سَيِّدَة تُرَافِق أُخْرَى بِأَجْر ، وَصِيفَة

3. (matching member of a pair)
فَرْدَة (الحِذَاء أو القُفَّاز الخ)

4. (member of order of knighthood)
لَقَب فَخْرِيّ في بِرِيطَانِيا ، فَارِس

5. (*naut.*); also **companion-way**
سُلَّم دَاخِلِيّ في السَّفِينَة

companionable, *a.*   حُلْو المَعْشَر ، أَنِيس

companionship, *n.*   رِفْقَة ، صُحْبَة ، زَمَالَة

company, *n.* 1. (companionship, association)
عِشْرَة ، مُخَالَطَة ، صُحْبَة

bear (keep) someone company ، رَافَقَه
عَاشَرَه ، خَالَطَه ، صَاحَبَه

in company (with) في صُحْبَة ...، بِمُرَافَقَة

part company (with) افْتَرَق أو انْفَصَل
عنه ، هَجَرَه

2. (guests; assemblage of persons) ضُيُوف

in doing this he was in good company
لَمْ يَكُنْ الوَحِيد الذي فَعَل ذَلِك بل
شَارَكه كَثِيرُون
present company excepted فِيمَا عَدَا الحَاضِرِين

3. (business enterprise) ، شَرِكَة تِجَارِيَّة
مُؤَسَّسَة اقْتِصَادِيَّة ؛ شُرَكَاء

company law   قَانُون الشَّرِكَات

limited company شَرِكَة محدودة الضَّمان أو مَحْدودة المَسْؤوليّة

4. (team, crew) فِرْقَة، جَماعة

ship's company قُبْطان السَّفِينة وبَحّارَتُها

theatrical company فِرْقة مَسْرحيّة

5. (military unit) وَحْدَة أو قِطْعة عسكريّة

comparable, *a.* يُمْكِن مُقارَنَتُه بِ ... ؛ مُساوٍ، مُشابِه

comparative, *a.* مُقارَن، نِسْبِيّ

comparative degree (*gram.*); *also* comparative, *n.* صِيغَة التَّفْضِيل أو المُقارَنة (نحو)

comparative religion دِراسَة الأَدْيان وَمُقارَنَتها الوَاحِد بالآخَر

compare, *v.t.* قَارَن، قَابَلَ، نَاظَرَ، وَازَنَ

compare notes تَبادَلَ الآراء، تَطارَحَ الأفكار

v.i. قَارَنَ، قَابَلَ، وَازَنَ

how do they compare? مَا ٱلْفَرْقُ بَيْنَهما؟

n.

beyond compare لَا مَثِيلَ له، ليس له نَظِير، لا يُضاهَى

comparison, *n.* مُقارَنة، مُقابلة، مُوَازَنة

by (in) comparison (with) بِٱلْمُقَارَنة مع، بِالْقِيَاس إلى

compartment, *n.* دِيوَان أو مَقْصورة أو جَناح (في قِطار)

compass, *n.* 1. (navigational instrument) بُوصُلَة، إِبْرَة المَلَّاحِين، حُكّ

2. (range, scope) دَائِرة، حدود، نِطَاق، مَجال، مدًى

3. (*usu. pl.*, instrument for describing circles) فِرْجار، بِرْكار، بَرْجَل

v.t. حَصَرَ، طَوَّقَ، أدار، أحاط بِ

compassion, *n.* شَفَقَة، رَحْمة، حَنان، رَأْفَة، عَطْف

have (take) compassion on أَشْفَقَ أو عَطَفَ على، تَوَجَّعَ لِ، تَحَنَّنَ على

compassionate, *a.* رَحُوم، رَحيم، حَنُون

compatib/le, *a.* (**-ility,** *n.*) لَائِق، مُناسِب، مُلَائِم، مطابِق

compatriot, *n.* مُوَاطِن، من بلد أو وَطَن واحد

compeer, *n.* نِدّ، نَظِير؛ زميل، رفيق

compel, *v.t.* أَجْبَرَ، أَلْزَمَ، أَكْرَهَ، أَرْغَمَ، اِضْطَرَّ إلى، حَمَلَ عَلَى

compelling, *a.* قَهْرِيّ، اِضْطِرَارِيّ؛ مُفْحِم، مُقْنِع؛ لا يُقَاوَم

compendious, *a.* (**-ness,** *n.*) مُجْمَل، مُوجَز، جامِع، شامِل؛ إجمال، شُمول

compendium, *n.* خُلَاصَة، مُوجَز، مُلَخَّص

compens/ate, *v.t.* & *i.* (**-ation,** *n.*) عَوَّضَ، كَافَأَ، جَازَى؛ تَعْوِيض، مُكافَأَة

compensatory, *a.* تَعْوِيضِيّ

compère, *n.*: *also v.t. & i.* مُقَدِّم برامج الحَفلات الإذاعيّة أو المسرحيّة

compete, *v.i.* تَنافَسَ ، تبارَى

competen/ce (-cy), *n.* 1. (ability; legal capacity) كَفاءَة، جَدارة ، مَقْدِرة، أَهْلِيّة ؛ اِخْتِصاص ، سُلْطة

come within one's competence يَدْخُلُ في نِطاقِ اخْتِصاصِه

2. (sufficiency of means) دَخْل كافٍ

competent, *a.* قادِر، مُقْتَدِر، مُتَمَكِّن ؛ مُخْتَصّ، ذو صلاحيّة

the competent authorities الجِهات أو السُّلْطات المختصّة، الدوائر ذات الشأن

competition, *n.* 1. (rivalry) مُنافَسة ، مُزاحَمة، مُضارَبة

2. (contest) مُباراة، مُسابَقة

competitive, *a.* مُزاحِم ، مُنافِس

competitive prices أَسْعار لاتقْبل المُزاحَمة

competitor, *n.* مُنافِس، مضارِب، مسابِق

compil/e, *v.t.* (**-ation,** *n.*) صَنَّف كتابًا ، جَمَعَ ؛ مَجْموعة مُقْتَطَفات

complac/ent, *a.* (**-ence, -ency,** *n.*) مُعْجَب بِذاتِه ؛ مُتَواكِل؛ لا مُبالاة

complain, *v.i.* اِشْتَكَى، تَظَلَّمَ ، تَوَجَّعَ ، تَذَمَّر

complainant, *n.* مُشْتَكٍ ؛ مُدَّعٍ

complaint, *n.* 1. (grievance, protest) شَكْوَى (شَكاوَى)، تَظَلُّم ، تذمُّر

lodge a complaint اِشْتَكَى، تَظَلَّمَ، رَفَعَ شَكْوَى

2. (ailment) عِلّة ، مَرَض

complais/ant, *a.* (**-ance,** *n.*) دَمِث ، لَطِيف ، كَيِّس ، لَيِّن الجانِب

complement, *n.* 1. (amount required to complete) تَتِمّة، تَكْمِلة

2. (full number, esp. of men in ship or mil. unit) عَدَد مُقَرَّر لِتأْدِية عَمَل ما

3. (*gram.*) كَلِمَة أو أكثر مُتمِّمة للخَبَر

v.t. كَمَّلَ، أَتَمَّ، تمَّمَ

complementary, *a.* مُتَمِّم ، مُكَمِّل، تَكْمِيليّ

complementary angles زاوِيَتان مُتَتامَّتانِ (مَجْمُوعُهما ٩٠ دَرَجَة)

compl/ete, *v.t.* (**-etion,** *n.*) كَمَّلَ، أَكْمَلَ، أَتَمَّ، أَنْهَى، أَنْجَزَ، فَرَغَ من

a. تامّ، كامِل

he is a complete stranger لَمْ تَسْبِق لي رؤيَته ، هو شَخص مَجْهُول تمامًا

complex, *a.* (**-ity,** *n.*) مُرَكَّب ، مُعَقَّد ؛ تَعْقِيد ، تَعَقُّد

n. 1. (composite whole) كُلّ مُرَكَّب من أجزاء

2. (*psychol.*) مُرَكَّب ، عُقْدة نفسيّة

complexion, *n.* (*lit. & fig.*) بَشَرة، لَوْن ؛ صُورة ، وَجْه، شَكْل

compli/ant, *a.* (**-ance,** *n.*) خاضِع ، مُذْعِن، طَيِّع ، راضِخ ؛ خُضوع ، إذْعان، رُضوخ

in compliance with تَمَشِّيًا مع، اِمْتِثالًا أو اسْتِجابةً لِ، عَمَلًا بِ

complic/ate, *v.t.* (**-ation,** *n.*) عَقَّدَ، عَرْقَلَ، صَعَّبَ؛ تَعْقِيد

complicate the issue عَقَّدَ المَسْأَلة

complications set in (*of an illness*) حَدَثَتْ مُضَاعَفات للمَرَض

complicity, *n.* مُشارَكة في ذَنْب، تَواطُؤ

compliment, *n.* تَحِيَّة، مَدْح، ثَناء، مُجامَلة

Compliments of the Season! (أُقَدِّمُ لكم) تَحِيّاتِي بِمُناسَبة العِيد

pay someone a compliment جامَلَهُ، قَدَّمَ لَهُ عِبارات المُجامَلة

pay one's compliments حَيّا، قَدَّمَ التحيّة (لِرَبَّة المَنْزِل مثلًا)

v.t. أَثْنَى على، مَدَحَ، اِمْتَدَحَ، جامَلَ، هَنَّأَ، أطرى

complimentary, *a.* مَدِيحِيّ، تكريمِيّ؛ (تذكرة) مجّانية (لِحَفْلَة مُوسِيقِيّة مثلًا)

comply, *v.i.* اِمْتَثَلَ، راعَى، حافَظ، اِسْتَجاب، أَطاعَ

comply with اِمْتَثَلَ لِ، اِسْتَجاب لِ ...

component, *a.* & *n.* جُزْء أو قِسْم من كلّ، قِطْعَة مُكَوِّنة، عُنْصُر

comport, *v.t.* (conduct *oneself*) سَلَكَ، تَصَرَّفَ

v.i. (accord *with*) ناسَبَ، طابَقَ، وافَقَ، لاقَ لِ

compose, *v.t.* 1. (constitute) كَوَّنَ، شَكَّلَ

composed of مُكَوَّن أو مُؤَلَّف من

2. (create *a musical or literary work*) أَلَّفَ، وَضَعَ، كَتَبَ

compose a letter كَتَبَ أو حَرَّرَ رِسالة

compose music لَحَّنَ، أَلَّفَ أو وَضَعَ لَحْنًا

3. (*print.*) نَضَّدَ أو رَتَّبَ الأحْرُف (طِباعة)

4. (arrange, settle) نَظَّمَ، رَتَّبَ، سَوَّى

compose oneself تَمالَكَ نَفْسَه، تَماسَكَ، هَدَّأَ نَفْسَه

compose one's features تَظاهَرَ بالهُدوء، رَصُنَ، تَرَزَّنَ، ضَبَطَ نفسه

compose a quarrel صالَحَ، وَفَّقَ بين، أَنْهَى أو فَضَّ نِزاعًا

composed, *a.* هادِئ، رَصِين، مُتَماسِك، رابِط الجَأش

composer, *n.* مُؤَلِّف مُوسِيقِيّ، مُلَحِّن

composite, *a.* & *n.* مُرَكَّب مِن عَناصر مُخْتَلِفة

composition, *n.* 1. (constitution, structure, make-up) تَرْكِيب، تَكْوِين، تَشْكِيل

2. (compound substance) مادّة مُرَكَّبة

3. (musical work) تَأْلِيف مُوسِيقِيّ

4. (essay) إِنْشاء

5. (*print.*) تَنْضِيد الحُرُوف (طِباعة)

6. (compromise payment) تَسْوِيَة بَيْنَ الدّائن والمَدِين (لِتَصْفِيَة الدَّيْن)

compositor, *n.* مُنَضِّد حُرُوفِ الطِّباعَة

compos ⟨mentis⟩, *Lat. a.* سَلِيم العَقْل، بِكامِل قُوَاه العَقْلِيّة

non compos مُخْتَلّ العَقْل، مَجْنُون، غَيْر مُتَمَالِك قُواه العَقْلِيّة

compost, *n. & v.t.* مَوادّ نَباتِيّة مُتَحَلِّلَة لِتَسْمِيد الأَرْض؛ سَمَّد بهذا السِّماد العُضْوِيّ

composure, *n.* هُدوء، رَصانة، رَزانة، رَباطة جَأش

compote, *n.* فَواكه مَسْلوقة بالسُّكَّر، نَوع مِن الخِشاف

compound, *v.t.* 1. (mix, combine) خَلَطَ، مَزَجَ، رَكَّبَ

2. (settle) سَوَّى (الدَّيْن)

3. (condone) تَنازَلَ عَن إقامة الدَّعْوى لِمَنْفَعَةٍ شَخْصِيَّةٍ (قانون)

a. مُرَكَّب

compound fraction كَسْر مُرَكَّب (رِياضيات)

compound fracture كَسْر مُرَكَّب (طِبّ)

compound interest رِبْح مُرَكَّب، فائِدة مُرَكَّبة

n. 1. (composite substance) مُرَكَّب كِيمْيائِيّ

2. (composite word) كَلِمة مَنْحوتة أو مُرَكَّبة من كلمتَيْن أو أَكْثَر مِثل بَسْمَلة أو بَرْمائِيّ

3. (enclosure) فِناء مُسَوَّر حَوْل بِناءٍ ما، فِناء داخِلِيّ

comprehen/d, *v.t.* (**-sion,** *n.*) 1. (understand) أَدْرَك، فَقِهَ، تَفَهَّمَ

2. (embrace) شَمِلَ، وَسِعَ، اِسْتَوْعَبَ

comprehensib/le, *a.* (**-ility,** *n.*) مَفْهُوم، واضِح، مَعْقول، يُدْرِكه العَقْل

comprehensive, *a.* شامِل، جامِع، حاوٍ أَشْياء كَثيرة

comprehensive school مَدْرَسَة تَجْمَع تلاميذ ذَوِي مُسْتَوَيات ذِهنيّة مختلِفة

compress, *v.t.* (**-ion,** *n.*) ضَغَطَ، كَبَسَ، رَكَّزَ؛ ضَغْط، اِنْضِغاط (ميكانيكا)

compressed air هَواء مَضْغوط

compression ratio نِسْبَةُ الاِنضغاط (ميكانيكا)

n. كِمَادَة (كمادات)، مُكَمَّدات

compressib/le, *a.* (**-ility,** *n.*) يُمْكِنُ ضَغْطُه أو كَبْسُه

compressor, *n.* مِكْبَس، كَبَّاس، آلة ضَغْط

comprise, *v.t.* ضَمَّ، شَمِلَ، تَضَمَّنَ، اِشْتَمَلَ أو اِحْتَوَى على

compromise, *n.* تَراضٍ، تَسْوِية، حلّ وَسَط، اِتِّفاق لِفَضّ نِزاع

v.i. وَصَلا (أو وَصَلُوا) إلى حلّ وَسَط، اِتَّفَقا على فضّ نِزاع، تَراضَيا

v.t. وَضَعَه موضِع الشُّبْهة، فَضَحَه، عَرَّضَه للقيل والقال

comptroller, *n.* مُراقِب أو مُفَتِّش عامّ

compulsion, *n.* إجْبار، اِضْطِرار، إرْغام، إكْراه، ضَغْط

compulsive, *a.* مُجْبِر، مُلْزِم؛ مرغم، قَهْرِيّ، مُضْطَرّ

compulsory, *a.* إجْبَارِيّ ، إلزامِيّ ، قَهْرِيّ ، لا بُدَّ مِنه

compunction, *n.* تأنِيب أو تبكيت الضّمير، وَخْز الضّمير

comput/e, *v.t.* (**-ation,** *n.*) حَسَبَ ، أَحْصَى ؛ تَقْدِير حِساب

computer, *n.* آلة حَاسِبَة (اِلِكْتُرونِيّة)

comrade, *n.* رَفيق (رُفَقاء)، زَميل (زُمَلاء)، صاحِب (أصحاب)

comrades-in-arms إخْوَة في السِّلاح

comradeship, *n.* رِفْقَة، زَمالة ، صَداقة ، صُحْبة

con, *v.t.*; *also* con over اِسْتَظْهَرَ، اِسْتَذْكَرَ، حَفِظَ عَنْ ظهْر قلْبٍ

prep. contr. of **contra**

concatenation, *n.* تَسَلْسُل ، اِرتباط

concav/e, *a.* (**-ity,** *n.*) مُقعَّر ؛ تقعُّر

conceal, *v.t.* (**-ment,** *n.*) أَخْفَى ، خَبَّأَ ، وَارَى، حَجَبَ، سَتَرَ، طَوَى

concede, *v.t.* أَذْعَنَ ، رَضَخَ ؛ سَلَّم جَدَلاً أو حَسْمًا للخِلاف

conceit, *n.* 1. (vanity, esteem) غُرور، خُيَلاء، عُجْب ، تِيه ، شِدّة الإعجاب بالذّات

wise in one's own conceit يَحْسُب نفسَه عاقِلاً ، مَغْرور بِذاتِه

2. (fanciful notion) فِكْرة خياليّة

conceited, *a.* مَغْرُور، مُتباهٍ ، غِطْرِيس، مُعْجَب أو مَفْتون بنفسه

conceivab/le, *a.* (**-ility,** *n.*) مَعْقول، يُمْكِن إدْرَاكُه أو تَصَوُّره ؛ إمكانيّة الإدراك

conceive, *v.t.* 1. (become pregnant with); *also v.i.* حَمَلَتْ ، حَبِلَتْ ، لَقِحَتْ ، عَلِقَتْ

2. (imagine, devise); *also* conceive of تَخَيَّلَ، تَصَوَّر، مَثَّلَ (في خاطِره)

concentrat/e, *v.t. & i.* (**-ation,** *n.*) 1. (bring or come together at one point) رَكَّزَ، جَمَّعَ ، حَشَدَ ؛ تَرَكَّزَ، تَجَمَّعَ

concentration camp مُعْتَقَل، مُعَسْكر اعتقال

troop concentration حَشْد عسكريّ

2. (*chem.*) رَكَّزَ (كيمياء)

concentrated solution; *also* concentrate, *n.* مَحْلول مُرَكَّز

concentric, *a.* (**-ity,** *n.*) (دَوَائِر) مُتَّحِدة المَرْكز

concept, *n.* فِكْرَة (أفكار)، تَصَوُّر لِشَيْءٍ ما ، مَفْهُوم (مَفاهِيم)

conception, *n.* 1. (becoming pregnant) حَبَل ، حَمْل

2. (imagining, idea) فِكْرة ، إدْرَاك، فَهْم، تَخَيُّل ، تَصَوُّر

conceptual, *a.* تَصَوُّريّ، نَظَريّ، إدْرَاكِيّ

concern, *v.t.* 1. (affect, involve) خَصَّ

as far as the price is concerned مِنْ حَيْثُ الثَّمَن، أمّا فيما يَتَعَلَّق بالسِّعْر

concerned with مَعْنِيّ أو مُخْتَصّ ب

the person concerned الشَّخْص المُخْتَصّ، صاحِب الشَّأن ، مَنْ يَهُمُّهُ الأَمْر

as far as I'm concerned مِنْ جِهَتي ، فيما يَتَعَلَّق بي

2. (trouble) أَقْلَقَ ، شَغَلَ البال

concerned at (about, by) قَلِق ، مَشْغُول البَال بِأمر ما

concern oneself اِهْتَمَّ أو عُنِيَ ب ، شَغَلَ نفسه ب

n. 1. (business) مؤَسَّسة تِجارِيّة ، مَحَلّ تِجاريّ

it's no concern of mine لَيْسَ من شأني ، أمْر لا يَهُمُّني

a going concern مُؤَسَّسة ناجحة ، شَغْلة ماشِية (عراق)

2. (anxiety) قَلَق ، اِنْشِغال البال ، اِهْتِمام

concerning, *prep.* بِشأن ، بِخُصوص ، بالنِّسْبة إلى ، فيما يتعلّق ب

concert, *n.* 1: (musical entertainment) حَفْلة مُوسِيقيّة ، كُونْسِرت

at concert pitch (*fig.*) فِي أَوْج النَّشاط ، على أهْبة الاِستعداد

2. (agreement) تَوافُق ، اِتّفاق ، وِفاق

act in concert عَمِل بالاِتّفاق أو بالاِشْتراك مع

v.t., esp. past p. وَحَّدَ ، جَمَّعَ ، نَظَّمَ

concerted efforts جُهُود مُوَحَّدة ، مُتَّفَق عليها ، جهود جَماعيّة

concertina, *n.* أَكُورْدِيُون صغير

concerto, *n.* كُونْشِيرتو (موسيقى)

concession, *n.* اِمْتِيَاز ، ترخيص ، تَصْرِيح ؛ تَساهُل ، تَنازُل

conch, *n.* قَوْقَع ، وَدْعة

conchology, *n.* عِلْم الوَدْع والأَصْداف

concierge, *n.* بَوَّاب أو حارِس مَنْزِل

concili/ate, *v.t.* (**-ation,** *n.*) أَصْلَح ذاتَ البَيْن ، وَفَّق بَيْن ؛ تَوْفِيق

conciliatory, *a.* اِسْتِرْضائيّ

concise, *a.* وَجِيز ، موجَز ، مُخْتَصَر

conclave, *n.* اِجْتِماع خاصّ

concl/ude, *v.t.* (**-usion,** *n.*) 1. (terminate, settle); *also v.i.* أَنْهَى ، خَتَمَ ، أَتَمَّ ، فَرَغَ مِن ، قَضَى ، أَنْجَزَ

in conclusion خِتامًا ، في الختام ، أخيرًا

try conclusions with لَجَأَ الخَصْمان لِلْمُبارَزة

conclude a bargain عَقَدَ صَفْقةً ، أَنْهَى عَمَلِيّة تِجارِيّة

2. (infer) اِسْتَنْتَجَ ، اِنْتَهَى إلى رأي أو قَرار

come to a conclusion; *also* draw a conclusion اِسْتَنْتَجَ ، اِنْتَهَى إلى رَأْيٍ أو قَرارٍ

a foregone conclusion أَمْر مفروغ منه ، أَمْر مَقضِيّ ، قضية لا جِدالَ فيها

conclusive, *a.* (**-ness,** *n.*) قَاطِع ، باتّ ، حَاسِم ، نِهائي ؛ مُقْنِع

concoct, *v.t.* (**-ion,** *n.*) (*lit. & fig.*) اِخْتَرَعَ أَكْلَة جَديدة ؛ اِخْتَلَقَ ، لَفَّقَ

concomitant, *a. & n.* مُلازِم ، مُصَاحِب

concord, *n.* وِفَاق، وِئام، تفاهُم

concordance, *n.* 1. (agreement) اِتِّفَاق، تَوَافُق

2. (glossary) فِهْرِس لِكَلِمات مُؤلِّف ومَوَاضِع وُرُودِها في كُتُبِه

concordant, *a.* مُتَنَاسِق، مُتَّفِق، مُناسِب

concordat, *n.* صُلْح، اِتِّفاقِيَّة

concourse, *n.* اِجْتِماع، زِحام، حَشْد

concrete, *a.* مَلْمُوس، مَحْسُوس، واقِعِيّ، مَادِّيّ، مُجَسَّم

concrete problems مَشَاكِل مَلْمُوسة

concrete noun اِسْم عَيْنٍ

n.; *also attrib.* خَرَسانة

reinforced concrete خَرَسانة مُسَلَّحة

v.t. مَلَّطَ (بِالخَرَسانَة)

concubine, *n.* مَحْظِيَّة، سُرِّيَّة (سَرَارِيّ)

concur, *v.i.*; *also* concur with وَافَقَ، اِتَّفَقَ مع، طَابَقَ

concurr/ent, *a.* (**-ence,** *n.*) 1. (agreeing) مُطَابِق، موافِق، مُتَّفِق

2. (running or occurring together) حَادِث في نفس الوقت؛ (عُقوبة) مُتَداخلة

concussion, *n.* 1. (violent shock) صَدْمة، رَجّة، اِرتجاج، زَعْزعة

2. (injury to brain) اِرْتِجَاج المُخّ (عَلَى أثَر حادِث)

condemn, *v.t.* (**-ation,** *n.*) 1. (sentence, censure) أَدانَ، حَكَمَ على، اِسْتَنْكَرَ، نَدَّد ب، اِنْتَقَدَ

condemned to death حُكِمَ عليه بالإعْدام

condemned cell زِنْزَانة المحكوم عَلَيْه بالإعْدام

2. (pronounce unfit for use) قَضَى بِعَدَم صَلاحِيّة شيء للاستعمال

condens/e, *v.t.* (**-ation,** *n.*) 1. (reduce in size; concentrate) لَخَّصَ، أَوْجَزَ، اِخْتَصَرَ؛ رَكَّزَ

2. (*chem.*, reduce *vapour* to liquid); *also v.i.* كَثَّفَ؛ تَكَثَّفَ

condensation on the walls رُطُوبة مُتَكَثِّفة على الحِيطان

condensation trail آثار البُخار (طيران)

condenser, *n.* مُكَثِّف

condesc/end, *v.i.* (**-ension,** *n.*) تَنازَلَ، تَفَضَّلَ ب، تعَطَّفَ، تَكَرَّمَ

condign, *a.* (عُقُوبَة) لائِقة أو مُناسِبة

condiment, *n.* تابِل (تَوابِل)، بَهار (بَهَارَات)

condition, *n.* 1. (state) حَال، حالة، وَضْع (أَوْضاع)

in no condition to .. في حَالٍ لاتَسْمَح لَه أن..

out of condition مُنْحَرِف الصِّحّة

2. (*pl.*, circumstances) ظُرُوف، أحوال

3. (stipulation) شَرْط، قَيْد

on condition that بِشَرْط أن، عَلى شَرِيطَةِ أن

v.t. 1. (fix, limit) قَيَّدَ، حَدَّدَ، تَحَكَّمَ في

2. (bring into desired state) كَيَّفَ، عَوَّدَ، عَوَّدَ على الاِسْتِجابة التِّلْقائِيّة

conditional, *a.* شَرْطِيّ، مَشْرُوط؛ صِيغَة الشَّرْط

conditional on مُرْتَبِط ب، مُتَوَقِّف على مُعْتَمِد على

conditional sentence حُكْم مَوْقُوف التَّنْفِيذ (قانون)، جُمْلة شَرْطِيَّة (نَحْو)

condol/e, *v.i.* (**-ence,** *n.*) أَسَى، عَزَّى، شَارَكَه أو شَاطَره الأَحْزَان؛ عَزَاء

condominium, *n.* حُكْم ثُنَائي أو مُشْتَرَك

condon/e, *v.t.* (**-ation,** *n.*) عَفَا أو صَفَح عَنْ، تَغَاضَى، تَسَامح مع فلان في

condor, *n.* كُنْدُور، نَوْع من النُّسُور

conducive, *a.* مُؤَدٍّ أو مُفْضٍ إلى، مُسَاعِد على قِيَام ...

conduct, *v.t.* 1. (lead) قَادَ، دَلَّ، سَاقَ، وَجَّه

2. (manage) أَدَارَ، تَوَلَّى أَمْرًا، دَبَّر أُمُور العَمَل

3. (direct *orchestra*); also *v.i.* قَادَ الأُورْكِسْتَرَا

4. (comport *oneself*) سَلَكَ، تَصَرَّف، سَار سِيرة (حسنة أو رديئة)

5. (*phys.*, convey) وَصَّلَ، أَوْصَلَ، نَقَلَ

n. 1. (leading), *esp. in*
safe-conduct تَصْرِيح يُخَوِّل حامِلَه المُرُور بأَمْن

2. (management) إِدَارة، تَدْبِير شُؤُون

3. (behaviour) سُلُوك، تَصَرُّف، سِيرة

conduction, *n.* تَوْصِيل (طبيعيّات)

conductiv/e, *a.* (**-ity,** *n.*) قَابِل للتَّوْصِيل، مُوَصِّل؛ قَابِلِيّة للتَّوْصِيل

conductor, *n.* 1. (leader) قَائِد، دَلِيل، مُرْشِد

2. (director, esp. of orchestra) قَائِد، مُدِير أو رَئِيس فِرْقة موسيقيّة

3. (*fem.* **conductress**; transport official) مُحَصِّل، جَابٍ، كُمْسَارِي

4. (*phys.*) مُوَصِّل جَيِّد (طبيعيّات)

lightning-conductor مَانِعَة الصَّوَاعِق

conduit, *n.* قَنَاة، مَجْرًى مَائِي؛ أُنبُوب، مَاسُورة، أَنابِيب وَاقِية

cone, *n.* 1. (geom. figure; object so shaped) مَخْرُوط، شَكْل مخروطيّ

2. (fruit of conifer) كُوز الصَّنَوْبر

confabul/ate, *v.i.* (**-ation,** *n.*); usu. in coll. *contr.* **confab** (*n.* & *v.i.*) تَحَادَثَ، تَشَاوَر؛ مُحَادَثة، مُشَاوَرة

confection, *n.* 1. (sweet mixture) حَلْوَى، مُسَكَّرات؛ خَلِيط، مَزِيج

2. (*fig.*, elegant dress novelty) تَقْلِيعَة، اِبْتِكار (أَزياء)

confectioner, *n.* حَلَوَانِيّ، شَكَرْجِي (عراق)

confectionery, *n.* حَلَوِيّات، سَكاكر

confederacy, *n.* اِتّحاد، حِلْف؛ تَوَاطُؤ

confeder/ate, *v.t.* & *i.* (**-ation,** *n.*) اِتَّحَدَ، تَحَالَفَ، تَعَاهَدَ؛ اِتِّحاد، تحالُف

a. & *n.* حَلِيف، مُحَالِف، شَرِيك

confer, *v.t.* (grant, bestow) مَنَح ، أَهْدَى ، وَهَبَ، خَلَعَ أو أَنْعَمَ على

v.i. (take counsel *with*, etc.) تَشَاوَرَ ، تَفَاوَض، تَدَاوَلَ، تَبَاحَثَ

conference, *n.* مُؤْتَمَر، اِجْتِماع ، مُشاوَرة

conferment, *n.* مَنْح، إنْعام، إهْداء

confess, *v.t. & i.* اِعْتَرَفَ أو أَقَرَّ أو صَرَّحَ بِ

confess to a crime اِعْتَرَفَ بِاْرْتِكاب جَرِيمة

confessed criminal مُجْرِم مُعْتَرِف بجُرْمِه

confession, *n.* 1. (admission of guilt, etc.) إقْرَار أو اعْتِرَاف بِ

2. (declaration)

confession of faith التَّشَهُّد، قانون الإيمان

3. (religious ceremony)

go to confession تَقَدَّم إِلَى الاِ عْتِرَاف فِي الكنيسة

4. (religious belief) مَذْهَب، طَائِفة، مِلّة

confessedly, *adv.* بِاْعْتِرَافِه

confessional, *a. & n.* مُتَعَلِّق بالإعْتِرَاف ؛ كُرْسِيّ الاِعتراف (عند الكاثوليك)

confessor, *n.* 1. (one who makes confession) مُعْتَرِف

2. (priest who hears confession) كَاهِن يَتَوَلَّى الاِعْتِرَاف، أَبُ اعْتِراف

confetti, *n.pl.* نِثَار (يُنْثَر على العَرُوسَيْن)

confid/ant (*fem.* **-ante**), *n.* نَجِيّ ، مُؤْتَمَن أَسْرَار شخصيّة

confide, *v.t. & i.* اِسْتَوْدَعَ سِرًّا، اِئْتَمَنَ عَلَى سِرّ

confide a secret to أَسَرَّ له بِ

confidence, *n.* 1. (trust) ثِقَة ، اِئْتِمان ، يَقِين

confidence trick نَصْب ، اِحْتِيال

2. (private matter, secret) سِرّ، أمر سِرِّيّ

he took him into his confidence أَسَرَّ إليه، اِئْتَمَنَهُ عَلَى سِرّه

3. (assurance); *also* self-confidence اِعْتِدَاد أو ثِقَة بالنَّفس

confident, *a.* مُطْمَئِن، واثِق، مُتأكِّد، مُتيقِّن

confidential, *a.* سِرّيّ، خُصوصيّ

configuration, *n.* مَنْظَر، تَشْكيل

confine, *v.t.* (**-ment,** *n.*) 1. (restrict) حَصَرَ، قَصَرَ ، حَدَّدَ ، قَيَّدَ ، اِقْتَصَر على

confine oneself to اِقْتَصَر، اِكْتَفَى، اِنْحَصَرَ

confined to bed لَزِمَ أو لَازَمَ الفِرَاش

2. (imprison) حَبَسَ، اِعْتَقَلَ، حَجَزَ

solitary confinement حَبْس اِنْفِراديّ

3. (*pass.*, be in childbed) وَضَعَتْ مَوْلُودًا، أَنْجَبَتْ طِفْلًا

n., usu. pl. (*lit. & fig.*) حُدُود، تُخُوم

confirm, *v.t.* (**-ation,** *n.*) 1. (establish, corroborate) أَكَّدَ، أَيَّدَ ، أَقَرَّ ، أَبْرَمَ ؛ تأكيد، تأييد ؛ تَثْبِيت العِمَاد

a confirmed drunkard سِكِّير مُدْمِن، مُدْمِن خمر لا شِفاءَ من إدْمانه

2. (*eccl.*) ثَبَّتَ العِماد (عند المَسِيحيّين)

confirmatory, *a.* مُؤَكِّد أو مُؤَيِّد لِ

confisc/ate, *v.t.* (**-ation,** *n.*) صَادَرَ (أموالًا أو مُمْتَلَكَات) حَجَزَ عليها

conflagration, *n.* حَرِيق هائل، نار مُسْتَعِرة

conflict, *n.* (*lit.* & *fig.*) صِرَاع، صِدام، نِزَاع، تَعارُض، تَضارُب

v.i. تَنَاقَضَ أو تَعارَضَ أو تَضارَبَ مع

confluence, *n.* مُلْتَقَى أو مَقْرَن (أنهار)

conform, *v.i.* وَافَقَ، طَابَقَ؛ جَارَى، تَمَشَّى مع، رَاعَى، اِمْتَثَلَ

he conforms to type لَا يَشِذُّ عن بني جِلْدَتِه، يَلْتَزِم بِعادات قَوْمه

conformab/le, *a.* (**-ility,** *n.*) مُطابِق، مُماثِل

conformance, *n.* تَطابُق، تَوافُق

in conformance with طِبْقًا أو وَفْقًا لِ، تَمَشِّيًا مع

conformation, *n.* تَكْوِين، تَشْكِيل، تَرْكِيب

conformist, *n.* مُلْتَزِم (بالقوانين مثلًا)

conformity, *n.* اِتِّفاق؛ إِذْعَان

in conformity with طِبْقًا أو وَفْقًا لِ، تَمَشِّيًا مع

confound, *v.t.* 1. (overthrow) أَطَاحَ بِ، غَلَبَ، تَغَلَّبَ على، قَهَرَ، اِنْتَصَرَ على

2. (perplex, confuse) حَيَّرَ، شَوَّشَ، رَبَكَ، بَلْبَلَ، خَلَطَ، لَخْبَطَ

3. (send to perdition) أَهْلَكَ

confound it! يا لَلَّعْنة! وَيْح...

confounded, *past p.* & *a.* مُرْتَبِك، حائر؛ مَلْعُون، لعين

confraternity, *n.* أُخُوَّة، رابطة (دينيّة غالبًا)

confrère, *n.* زَمِيل (في المِهْنة)

confront, *v.t.* (**-ation,** *n.*) 1. (meet, face) جَابَهَ، وَاجَهَ، تَصَدَّى لِ، تَحَدَّى؛ مُجابَهَة

2. (bring face to face *with*; *oft. fig.*) وَاجَهَه بِ..؛ مُواجَهَة

confus/e, *v.t.* (**-ion,** *n.*) حَيَّرَ، شَوَّشَ، أَرْبَكَ، خَلَطَ بَيْنَ الأمور

confut/e, *v.t.* (**-ation,** *n.*) دَحَضَ، نَقَضَ

congeal, *v.t.* & *i.* (**-ment,** *n.*) جَمَّدَ، تَعَقَّدَ أو اِنْعَقَدَ (الدِّبْس والزَّيت)، تجلط(الدمّ)

congenial, *a.* (**-ity,** *n.*) مُتَقارِب في المُيُول والمَشَارِب، مُناسِب، مُلائم

congenital, *a.* خِلْقِي، بِالْوِلادة

conger ⟨**eel**⟩, *n.* ثُعْبانُ البحر، حَنْكَلِيس

congest, *v.t.* (**-ion,** *n.*) زَحَمَ، سَدَّ، كَظَّ، حَشَرَ، اِكْتَظَّ؛ اِزْدِحام، اِحْتِقان

traffic congestion اِزْدِحام الطُّرُق بالمُرُور

congestion of the lungs اِحْتِقان الرِّئَتَيْن

conglomer/ate, *v.t.* (**-ation,** *n.*) كَتَّلَ، تَكَتَّلَ

a. & *n.* (خَلِيط) مُتَماسِك؛ خَرَسان طَبِيعيّ، كُتلة صَخْرِيَّة مُلْتَحِمة(مِن الحَصَى والرَّمْل مَثَلًا)

Congo, *n.* (**-lese,** *a.* & *n.*) بِلَاد الكُونْغُو

congratul/ate, *v.t.* (**-ation,** *n.*) هَنَّأَ، قَدَّم التَّهانِئ، تَهْنِئة

congratulate oneself on حَمَدَ اللّه على (نَجاتِه)

congratulations! أُهَنِّئكم ! مبْرُوك !

congratulatory, *a.* (رِسالَة بَرْقِيَّة) للتَّهْنِئة

congregate, *v.t. & i.* جَمَعَ، لَمَّ؛ تَجَمَّعَ، تَجَمْهَرَ، اِجْتَمَعَ، اِحْتَشَدَ

congregation, *n.* 1. (assemblage) مَلَأٌ (أَمْلاء)، مَحْفِل، حَشْد، جَمْع

2. (University assembly) مَجْلِس الجامِعة

3. (assembly of worshippers) جَماعة المُصَلِّين

congress, *n.* (meeting) مُؤْتَمَر، اِجْتِماع

Congress, *n.* (U.S. legislative body) مَجْلِس الكُونغرِس، مَجْلِس النُّوَّاب الأميركي

Congressional, *a.* مُخْتَصّ بِمَجْلِس الكُونْغرِس

Congressman, *n.* عُضْوُ مَجْلِس الكُونْغرِس

congru/ent, *a.* (**-ence, -ency,** *n.*) مُتَطابِق؛ مُناسِب

congru/ous, *a.* (**-ity,** *n.*) مُطابِق؛ مُلائم، لائِق

conic, *a.* مَخْرُوطِيّ الشَّكْل

conic section مَقْطَع أو قِطاع مَخْروطيّ

conical, *a.* مَخْرُوطيّ، على شَكْل مَخْرُوط

conifer, *n.* (**-ous,** *a.*) شَجَر ذُو ثِمار مَخْرُوطيّة، أشجار صَنَوْبَرِيّة

conjectural, *a.* حَدْسِيّ، تَخْمِينِيّ، اِفْتِراضِيّ

conjecture, *n.* تَخْمِين، حَدْس

a matter for conjecture مَسْأَلة فيها نَظَر

v.t. & i. خَمَّنَ، حَدَسَ

conjoin, *v.t. & i.* رَبَطَ، ضَمَّ، قَرَنَ، وَحَّدَ؛ اِرْتَبَط، اِقْتَرَن

conjoint, *a.* مُرْتَبِط، مُقْتَرِن، مُشْتَرَك

conjugal, *a.* زَوْجِيّ، زِيجِيّ

conjugal rights الحُقوق الزَّوْجِية

conjug/ate, *v.t.* (**-ation,** *n.*) صَرَّفَ (نحو)

a. مُزْدَوِج؛ مُتَرافِق، مُتَوافِق (نَبات)

conjunction, *n.* 1. (connexion) اِرْتِباط، اِقْتِران، اِتِّحاد

in conjunction with بِالتَّعاوُن مع، بالاِشْتِراك مع

2. (*astron.*) اِقْتِران (فَلَك)

3. (*gram.*) حَرْف أو أداة عَطْف (نَحْو)

conjunctiva, *n.* المُلْتَحِمَة (طبّ العيون)

conjunctive, *a. & n.* رَابِط، وَاصِل؛ مَوْصُول

conjunctivitis, *n.* اِلْتِهاب المُلْتَحِمَة

conjuncture, *n.* تَضافُر الأَحْداث، تَأَزُّم الحالَة

conjure, *v.t.* 1. (appeal solemnly to) تَوَسَّلَ، تَضَرَّعَ، نَاشَدَ، أَقْسَمَ على

2. (*with advs.*, bring by magic means),

conjure(up) مَارَسَ الأَلْعابَ السِّحْرِيَّة؛ اِسْتَعادَ (رُؤَى الماضِي)؛ اسْتَحْضَرَ (الأَرْواح)

v.i. شَعْبَذَ، شَعْوَذَ، دَجَّلَ

a name to conjure with أَشْهَرُ مِنْ نارٍ على عَلَمٍ، ذو شأن عظيم، ذائع الصِّيت

conjur/er (-or), *n.* مُشَعْوِذ ، ساحِر، حاوٍ

conjuring, *n.* شَعْوَذَة ، شَعْبذة ، مُمارَسة الألْعاب السِّحْرِيَّة لِلتَّسْلِيَة

conk, *v.i.* (*sl.*), *esp.* conk out خَرِبت، وَقَفَت (الماكِينة مثلاً) ، تَعَطَّل (مُحَرِّك السَّيّارَة مَثلاً)

conker, *n.* ثَمَرَة القَسْطَلَة المُرَّة (يَلْعَب بِها الصِّغار)

connect, *v.t.* & *i.* وَصَل ، رَبَط ، اِرْتَبَط

connected by marriage بَيْنَهما مُصاهَرة (أيْ أنَّ أحَدَهُما نَسِيبُ الآخَر)

a connected narrative تَسَلْسُل مَنْطِقِيّ مُترابِط لِأحْداث القِصَّة ، سَرْد مُتَّسِق

connecting-rod; *coll. contr.* con rod قَضِيب أو ذِراع التَّوْصِيل (مِيكانِيكا)

well-connected (شَخْص) له صِلة أو عَلاقة بِذَوِي الشَّأن ، ذُو حَسَبٍ ونَسَبٍ

conn/exion (-ection), *n.* 1. (joining, junction, link) صِلَة ، تَوْصِيل ، اِتِّصال ، اِرْتِباط

2. (context, relation) بِصَدَد (هذا الموضوع)، (بهذا) الشَّأن أو الخُصوص

3. (vehicle) قِطار يغادِر المَحَطَّة بَعْدَ أخْذ رُكّاب قِطار آخَر ، مُواصَلَة

4. (family relationship) قَرابَة ، نَسَب

5. (clientele) زَبائِن ، عُمَلاء ، مَعامِيل(عراق)

conning-tower, *n.* بُرْج القِيادَة في مُدَرَّعة ؛ بُرْج المُراقَبَة في غَوّاصَة

conniv/e, *v.i.* (**-ance,** *n.*) أغْضَى عَيْنَه عَن ، تَغاضَى عَن ، تَسَتَّر على (السَّرِقَة مَثلاً) ، لم يُبَلِّغ السُّلْطات عنها

connoisseur, *n.* العارِف بِتَمْيِيز الجَيِّد مِن الرَّدِيء ، ذَوّاقة ، خَبِير مُعْتَرَف بِه في حَقْل فَنِّيّ

connot/e, *v.t.* (**-ation,** *n.*) تَضَمَّن (الكَلام فِكْرَة أُخْرَى) ؛ ما يُسْتَنْبَط مِن ثَنايا الحَدِيث

this connotes another factor هذا يُوحِي بِوُجُود عامِل آخَر

connubial, *a.* زِيجِيّ ، نِسْبَةً إلى العَلاقات الزَّوْجِيَّة

conquer, *v.t.* & *i.* قَهَر ، غَلَب ، اسْتَوْلَى عَلَى

conqueror, *n.* فاتِح ، مُنْتَصِر ، قاهِر ، غالِب

the Conqueror وِلْيَم الفاتِح (تارِيخ انكِلْترا)

conquest, *n.* فَتْح ، قَهْر ، اِنْتِصار ، اسْتِيلاء

the Conquest فَتْح انْكِلْترا (عام ١٠٦٦م)

make a conquest أسَرَت لُبَّه ، سَبَت قَلْبَه، مَلَكَت عَواطِفَه ، سَحَرَت فُؤادَه

consanguine, *a.* (شَخْصانِ) مِن دَمٍ واحِد

consanguinity, *n.* قَرابَة رَحِم أو دَم ، عَصَب

conscience, *n.* ضَمِير ، سَرِيرة ، وِجْدان

payment of conscience money الوَفاء بِضَرِيبَة طَوْعًا بَعْدَ التَّهَرُّب مِن دَفْعِها

conscience-stricken نادِم ، مُعَذَّب الضَّمِير

have a clear (guilty) conscience مُرْتاح (مُعَذَّب) الضَّمِير

in all conscience! بِاللهِ عَلَيْكَ ! بِحَقِّ الله !

conscientious, *a.* (**-ness,** *n.*) ذُو ضَمِير حَيّ ؛ القِيام بالواجِب على الوجه الأكمل

conscientious objector مَنْ يَرْفُض الخِدْمَة العَسْكَرِيَّة لاعْتِبارات دِينِيَّة أو أخْلاقِيَّة

conscious, *a.* (**-ness,** *n.*) 1. (in possession of one's senses) يَقِظ ، مُتَنَبِّه ، شاعِر بِ ؛ يَقْظَة ، تَنَبُّه ، وَعْي

lose (regain) consciousness فَقَد وَعْيَه ، غُشِيَ عَلَيْه ؛ أَفاق ، عادَ إلى وَعْيِه

2. (aware) واعٍ ، مُدْرِك ، على عِلْم بِ ...

make a conscious effort حاوَل عن وَعْي

conscript, *v.t.* (**-ion,** *n.*) جَنَّد لِلْخِدْمة العَسْكَرِيَّة ؛ تَجْنِيد إلْزامِيّ

n. مُجَنَّد إلزامِيًّا

consecr/ate, *v.t.* (**-ation,** *n.*) 1. (devote) كَرَّسَ ، خَصَّصَ ، وَهَبَ ؛ تَكْرِيس

2. (sanctify) قَدَّس ، كَرَّز ، دَشَّن

consecutive, *a.* مُتَتالٍ ، مُتَوالٍ ، مُتَتابِع ، مُتَعاقِب

consensus, *n.* إجْماع الآراء ، اِتِّفاق في الرَّأي

consent, *v.i.* وافَق ، قَبِلَ ، رَضِيَ ؛ مَنَحَه الإذْن

n. مُوافَقَة ، قَبُول ، رِضًى ، رِضًا ، تَسْلِيم

age of consent سِنّ القَبول أو الرِّضَى (للفَتاة)

with one consent بالإجْماع ، إجْماعًا ، بِرَأْيٍ واحِد

consequence, *n.* 1. (result) عاقِبة ، نَتِيجَة ، مايَتَرَتَّب على ، حاصِل

in consequence ⟨of⟩ بِسَبَب ، بِناءً على ، نَتِيجَةً لِ ، مِن جَرّاءِ

take the consequences تَحَمَّل عاقِبة عَمَلِه

2. (importance) أَهَمِّيَّة ، وَزْن ، اِعْتِبار ، شَأْن ، قِيمَة

consequent, *a.* ناتِج ؛ تالٍ ، تابِع

consequential, *a.* 1. (resultant) ناتِج أو ناشِئ عَن ، مُتَرَتِّب عَلَى

2. (self-important) مَغْرُور ، مَزْهُوّ

consequently, *adv. & conj.* نَتِيجَةً لِذلك ، وَبِالتّالي ، وبِناءً عَلَيْه ، وَلِذَلِكَ

conservancy, *n.* هَيْئَة حُكُومِيّة لِصِيانة المَوانِئ أو الغابات أو شَواطِئ الأَنْهار

conservation, *n.* صِيانَة ، حِفْظ ، حِمايَة ؛ وِقايَة (الطَّبِيعَة وَما بِها مِن الكائِنات)

conservativ/e, *a.* (**-ism,** *n.*) 1. (cautious, traditional) مُحافِظ ، تَقْلِيدِيّ ، مُقاوِم لِلتَّغْيِير

2. (*polit.*); *also n.* مُحافِظ ، عُضْو حِزْب المُحافِظِين

conservatoire, *n.* مَعْهَد مُوسِيقِي ، كونْسِرْقاتْوار

conservatory, *n.* دَفِيئة زُجاجِيَّة مُلْحَقة بِالمَنْزِل لِتَرْبِيَة نَباتاتٍ وَزُهُور خاصَّة

conserve, *v.t.* حَفِظَ ، صانَ ، حافَظَ عَلَى

n. الفَواكِه المحفوظة ، المُرَبَّى

consider, *v.t. & i.* 1. (think about) أَمْعَن النَّظَر في ، فَكَّر مَلِيًّا ، تَدَبَّر

all things considered بَعْدَ تَدَبُّر أَوْجُه النَّظَر ، بَعْد اعْتِبار كُلِّ الظُّروف والمُلابَسات

2. (think, reckon) حَسِبَ ، ظَنَّ

3. (make allowances for) راعَى ، اعْتَبَر

considerable, *a.* ذُو أَهَمِّيَّة أو وَزْن، كَبِير، ضَخْم

considerate, *a.* (**-ness,** *n.*) مُراعٍ لِشُعور الآخَرِين

consideration, *n.* 1. (reflection, review, account) تَدَبُّر، تفكُّر، إِمْعان النَّظَر

in consideration of مُقَابِل؛ نَظَرًا إلى

take into consideration رَاعَى، أَخَذَ في الحُسْبان، أَخَذَ بِعَيْنِ الاِعتبار

on (under) no consideration لَا يُمْكِن بِأَيّ حالٍ من الأحوال

the matter is under consideration المَوْضُوع قَيْدَ المناقَشة، الأمر مَطْروح على بِساط البَحْث

2. (reward) مُكافَأَة، تَعْويض

do something for a consideration قَامَ بِعَمَل مَا نظيرَ مَبْلَغٍ من المال

3. (thoughtfulness) مُرَاعَاة، إِهْتِمام

show consideration رَاعَى شُعُور الآخَرِين، إِهْتَمَّ بِمَشاعِرهم

considering, *prep.* بِاعْتِبَارِ أَنَّ، على اعتبار أَنَّ، نَظَرًا لِ

consign, *v.t.* أَوْدَعَ، اِسْتَوْدَعَ، أَرْسَلَ

consignee, *n.* المُرْسَل إليه

consignment, *n.* شِحْنَة مُرْسَلَة أو مُصَدَّرَة

consignor, *n.* مُودِع أو مُرْسِل، مُصَدِّر

consist, *v.i.* 1. (be comprised *in*, composed *of*) اِحْتَوَى أو اشْتَمَلَ على، تَأَلَّفَ أو تَكَوَّن من

2. (be consistent *with*) طَابَقَ، وَافَقَ

consistency, *n.* 1. (composition, density); *also* **consistence** صَلابة، كَثافة؛ قِوام

2. (stability, constancy) ثَبَات، رُسوخ

consistent, *a.* 1. (compatible *with*) مُوافِق أَوْ مُطابِق لِ، مُنْطَبِق على

2. (constant) ثَابِت، راسِخ

consolatory, *a.* مُعَزٍّ، مُوَاسٍ، مُسَلٍّ

consol/e, *v.t. & i.* (**-ation,** *n.*) عَزَّى، آسَى، وَاسَى، سَلَّى؛ عَزاء، تَرْفِيه

consolation prize جَائِزَة صَغِيرَة لِلخاسِر

console, *n.* خِزَانة، كُنْصُول؛ حامِل الإفريز

consolid/ate, *v.t. & i.* (**-ation,** *n.*) دَعَمَ، وَطَّدَ، ثَبَّتَ، قَوَّى، عَزَّزَ؛ تَدَعَّمَ، اِسْتَقَرَّ؛ دَعْم، تَعْزِيز

Consols, *n.pl.* أَحَد سَنَدات الحُكومة البرِيطانيّة

consommé, *n.* مَرَق اللَّحْم، شُورْبَة صَافِية

consonance, *n.* اِتِّفاق، مُطابَقة

consonant, *a.* مُوَافِق، مُطابق، مُنْطَبِق على

n. (**-al,** *a.*) حَرْف ساكِن، حَرْف صامِت

consort, *v.i.* رَافَقَ، عَاشَرَ؛ اِنْسَجَمَ مع

n. قَرِين؛ قَرِينَة

prince consort, queen consort زَوْج المَلِكَة، زَوْجَة المَلِك (لَيْس لَهُما حَقّ المُلْك)

consortium, *n.* اِتِّحاد بَيْن بَعْض المُؤَسَّسات المالِيَّة لِتَمْوِيل مَشْرُوع اقْتِصادِيّ ضَخْم

conspectus, *n.* خُلاصة، مُجْمَل، جَدْوَل

conspicuous, *a.* (**-ness,** *n.*) بارِز، مُلْفِت لِلنَّظِر، إِلْفات النَّظَر

conspiracy, *n.* مُؤَامَرَة، مَكِيدة

conspiracy of silence الاِتِّفَاق على كِتْمان أَمْرٍ ما

conspirator, *n.* (**-ial,** *a.*) مُتآمِر، مُدَبِّر مَكِيدة

conspire, *v.i.* & *t.* تآمَرَ على، كادَ لِ، دَبَّرَ مَكِيدة؛ تضافرت (ظروف مختلفة)

constable, *n.*; *also* police constable شُرْطِيّ، عسكريّ بولس، كونسْتابْل

Chief Constable رَئِيس شرطة

constabulary, *n.* رجال الشُّرطة

const/ant, *a.* (**-ancy,** *n.*) ثابِت، راسِخ، وَطِيد؛ وفيّ، مُقيم على العهد؛ مُسْتَمِرّ

n. الثَّابِت (طبيعيّات)

constantly, *adv.* بِٱسْتِمْرار، على الدَّوام

constellation, *n.* مَجْمُوعَة نُجوم ثابِتة، بُرْج

consternation, *n.* شُعُور فَزَع ودَهْشَة، ذُهُول، اِمْتِعاض

constip/ate, *v.t.*, *usu. past p.* (**-ation,** *n.*) سَبَّب إِمْساكَ الأمعاء أوحَصْر البَطن؛ قَبْض، إِمْساك

constituency, *n.* دائِرة اِنْتِخَابِيّة؛ مجموع النَّاخِبِين والمُؤَيِّدين

constituent, *a.* لَهُ حَقّ الاِشْتِراك في وضع الدُّسْتُور أو تَعْدِيله

n. 1. (component) جُزْء داخل في تَرْكِيب كلٍّ

2. (elector) ناخِب، مُصَوِّت

constitute, *v.t.* 1. (form) كَوَّنَ، شَكَّلَ، عُدَّ

2. (appoint) عَيَّنَ، وَلَّى، أقامَ

he constituted himself a judge نَصَّبَ أو أَقام نَفْسَه قاضِيًا

constitution, *n.* 1. (constituting) تَرْكِيب تَشْكِيل، تَكْوِين

2. (bodily system) بِنْيَة، خِلقة، قُدْرة الجِسْم على التَّحَمُّل

3. (system of government) دُسْتُور (دَساتِير)

constitutional, *a.* 1. (pertaining to the bodily or mental system) مُتَعَلِّق بالبِنْية

2. (consonant with the system of government) دُسْتُورِيّ

n. نُزْهَة، تَرْوِيحة، تَرَيُّض

constrain, *v.t.* (**-t,** *n.*) 1. (compel) أَجْبَرَ، أَرْغَمَ، أَكْرَهَ، دَفَعَ، اِضْطَرَّ

2. (confine) قَيَّدَ، ضَيَّقَ، أَلْجَمَ

constrict, *v.t.* (**-ion,** *n.*) ضَغَطَ أو قَبَضَ على؛ اِخْتِناق، ضِيق

constrictive, *a.* مُقْبِض، خانِق

construct, *v.t.* (*lit.* & *fig.*) أَنْشَأَ، أَقامَ، شَيَّدَ، بَنَى، رَكَّبَ

construction, *n.* 1. (act or mode of constructing) إِنْشاء، إِقامة، تَشْيِيد، تَرْكِيب

2. (edifice) بِناء، مَبْنَى

3. (*gram.*; *also fig.*, interpretation) تَرْكِيب (نحو)، تأوِيل

genitive construction إضافة (نحو)

put another construction on the words
حَمَلَ الكلام على مَحْمَلٍ آخر

constructional, *a.* تَرْكِيبيّ، بِنائي، إنشائيّ

constructive, *a.* بَنّاء، صالح، مُفيد

constructor, *n.* مُشَيِّد، بانٍ

construe, *v.t.*; *also v.i., as in* أَوَّلَ، شَرَحَ، تَرْجَمَ، فَسَّرَ

this sentence does not construe هَذِهِ الجُمْلة لا تَتَّفِق مع قواعد اللّغة

consul, *n.* قُنْصُل (قَناصِل)

consular, *a.* قُنْصُليّ، مُختَصّ بالقُنْصُل

consulate, *n.* قُنْصُلِيَّة، دار القُنصليّة، قُنْصُلاتو

consult, *v.t. & i.* (**-ation,** *n.*) إسْتَشارَ، إسْتَطْلَعَ رأيه، شاوَرَه؛ إسْتِشارة

consult one's own interests نَظَرَ إلى مَصْلَحَتِه الشخصيّة

consulting physician مُسْتَشار طِبّيّ

consulting room (*of a doctor*) عِيادة طَبيب، غُرْفة يَفْحَصُ فيها مَرْضاه

consultant, *n.* مُسْتَشار أو خَبير (طِبّيّ)

business consultant مُسْتَشار تِجاريّ

consultative, *a.* إسْتِشارِيّ

consumable, *a.* (سِلَع) تُسْتَهْلَك في الاسْتِعْمال اليَوْميّ - كالصّابون (نَقيض السِّلَع التي لاتُسْتَهلَك)

consume, *v.t.* (*lit. & fig.*) إسْتَهْلَكَ، أَبادَ، أَفْنَى؛ أَتَتِ (النّارُ على الكوخِ مَثلاً)

consumed with anger إئْتَكَلَ مِن الغَضَب

consumer, *n.* مُسْتَهْلِك

consumer goods بَضائِع اسْتِهْلاكِيّة

consumm/ate, *v.t.* (**-ation,** *n.*) أَكْمَلَ، أَنْجَزَ، أَتَمَّ؛ إنْجاز، إتْمام

consummate a marriage دَخَلَ بِزَوْجَتِه أو بَنَى بها، نَكَحَ (زَوْجَتَه بعْد الزِّفاف)

a. كامِل، تامّ

consumption, *n.* 1. (using up, expenditure) إسْتِهْلاك، استنفاد

2. (disease) مَرَض السُّلّ الرِّئَوي، هَلْس، هُلاس

consumptive, *a. & n.* مَسْلول، مُصاب بِالسُّلّ، مَصْدور، هالِس

contact, *n.* 1. (state of touching; *fig.*, communication, association) اِتِّصال، صِلة، اِحْتِكاك

be in (come into) contact with someone
كانَ على اتِّصالٍ أو صِلةٍ بِشَخْصٍ ما

lose contact فَقَدَ الصِّلة بِ

make (break) contact (*elec.*) وَصَّلَ (قَطَعَ) التَّيّار الكَهْرَبائيّ

contact-breaker قاطِع التَّيّار الكَهْرَبائيّ، عازِل أو مانِع الإتِّصال

contact lenses عَدَسات لاصِقة (بَصَرِيّات)

2. (person with whom one communicates)
شَخْص مِن مَعارِف المَرْء، مَصْدَر مَعْلومات

3. (potential carrier of disease) مُعْدٍ، حامِل أو ناقِل العَدْوَى

v.t. اِتَّصَلَ بِ، راجَع، خابَرَ

contagion, *n.* عَدْوَى بالمُلامَسة، تأثير ضارّ

contagious, *a.* (**-ness,** *n.*) (*lit. & fig.*) مُعْدٍ، مُنْتَقِل بالعَدْوى، سارٍ

contain, *v.t.* 1. (hold, envelop, include) شَمِلَ، اِشْتَمَلَ على، ضَمَّ، تَضَمَّنَ، اِحْتَوَى
2. (restrain) حَصَرَ، حَجَزَ، سَدَّ، مَنَعَ
contain oneself تَمَاسَكَ، تَمَالَكَ أو ضَبَطَ نفسَه

container, *n.* وِعَاء، مَاعُون، إناء، مُسْتَوْدَع

contamin/ate, *v.t.* (**-ation,** *n.*) لَوَّثَ، نَجَّسَ، دَنَّسَ، أَفْسَدَ، سَمَّمَ؛ تَلَوُّث

contemn, *v.t.* اِزْدَرَى، اِسْتَصْغَرَ، اِحْتَقَرَ

contempl/ate, *v.t.* (**-ation,** *n.*) 1. (gaze on) أَنْعَمَ النَّظَر في، تَأَمَّلَ؛ تَأَمُّل
2. (intend) نَوَى، فَكَّرَ في، قَصَدَ
v.i. تَأَمَّلَ، تَبَصَّرَ، تفكَّرَ، تَدَبَّرَ

contemplative, *a.* مُتَأَمِّل، تأَمُّلِيّ النَّزْعَة

contemporaneous, *a.* مُعَاصِر؛ مُزامِن

contemporary, *a.* مُعَاصِر؛ عَصْرِي
n. مُعَاصِر، تِرْب (أَتراب)، مُتَعاصِر

contempt, *n.* اِزْدِراء، زِرَايَة، اِسْتِهْتَار، اِحْتِقار، سُخْرِيّة، اِسْتِصْغار
hold in contempt اِسْتَهَانَ به، ازْدَراه، نَظَرَ إليه باحْتِقار
contempt of court إهَانة المَحْكَمَة

contemptib/le, *a.* (**-ility,** *n.*) ذَلِيل، حَقِير، يَبْعَث على الاِزْدِراء

contemptuous, *a.* (**-ness,** *n.*) مُزْدَرٍ، مُسْتَحْقِر، مُسْتَخِفّ، مُسْتَهِين بِ

contend, *v.i.* 1. (strive, compete) نَاضَلَ، نَافَسَ، بَارَى، خَاصَمَ
2. (argue *with*) نَاقَشَ، جَادَلَ، مَارَى
v.t. (maintain *that*) زَعَمَ، اِدَّعَى

content, *n.* 1. (capacity) سَعَة، حَجْم، مِقْدار
2. (substance; constituent) مَادّة مُكَوِّنة
3. (*pl.*, what is contained) مُحْتَوَيات؛ مَضْمُون، مُحْتَوَى
table of contents فِهْرِسْت، فِهْرِس (فَهارس)، مُحْتَوَيات الكِتاب
4. (satisfaction) قَنَاعة، رِضًى، رِضا
to one's heart's content مَا شاء له أن ...، كَمَا يَهْوَى قلبُه
a. رَاضٍ، قانِع، قَنُوع، مَبْسوط
v.t. أَرْضَى، أَقْنَعَ، طَيَّبَ خاطِرَه
content oneself with رَضِيَ أو اِقْتَنَعَ أو اِكْتَفَى بِ

contented, *a.* (**-ness,** *n.*) رَاضٍ، مُرْتَاح، قَنُوع، مَبْسوط؛ رِضًى، قَناعَة

contention, *n.* جِدَال، نِزَاع، رَأْي يجادِل المَرْء بِسَبَبِه، حُجّة، زَعْم
bone of contention مَثَار النِّزاع أو الجَدَل، سَبَب الشِّقاق

contentious, *a.* (**-ness,** *n.*) مُمَاحِك، لَجُوج؛ مَيْل لِلْجَدَل والخِلاف

contentment, *n.* رِضًى ، قَناعة ، اِطْمِئْنان

contest, *n.* مُباراة، مُسَابَقة، مُنَافَسة؛ مُنَازَعة، نِزاع

v.t. & i. 1. (dispute) طَعَنَ (في حُكْم)، عَارَضَ، خَاصَمَ

2. (compete for) بَارَى، تَسَابَقَ، تَنَافَسَ

contestable, *a.* قابِل لِلطَّعْن فيه أو الاِعْتِراض عَلَيْهِ

contestant, *n.* مُبارٍ، مُتَسابِق، مُنافِس غَرِيم، خَصم

context, *n.* (**-ual,** *a.*) سِيَاق أو مَجْرَى الكَلام

contigu/ous, *a.* (**-ity,** *n.*) مُجاوِر أو مُتاخِم أو مُلاصِق لِ ؛ تَجَاوُر، تَمَاسّ

contin/ent, *a.* (**-ence,** *n.*) زاهِد، متورِّع، عَفِيف ؛ زُهد ؛ التَّحَكُّم في البَوْل (طبّ)

n. قَارَّة

the Continent أُورُوبّا (باسْتِثْناء بريطانيا)

continental, *a. & n.* مُخْتَصّ بالقارّة أو نِسْبَة إليها، قارّيّ؛ أوربِّيّ

contingency, *n.* طَارِئ (مُحْتَمَل الوُقوع)

contingent, *a.* 1. (accidental) عَرَضِيّ، طارِئ

2. (conditional *on*) مُتَوَقِّف على أو مُرْتَبِط بِ

n. فِرْقة، قُوّة عَسْكريّة

continual, *a.* مُسْتَمِرّ، دائِم، مُتَواصِل، مُتَوَالٍ، مُتَلاحِق، مُتتابِع

continuance, *n.* اِسْتِمْرار، بَقاء، دَوام، تَتَابُع، توالٍ، تَعاقُب، تلاحُق

continu/e, *v.t. & i.* (**-ation,** *n.*) اِسْتَمَرّ، بَقِيَ، دَامَ، ظَلَّ؛ اِسْتَطْرَدَ

to be continued يُتْبَع، له تابِع أو تتِمّة

continuity, *n.* اِسْتِمْرار، توالٍ، تَعاقُب، تَتَابُع، اِطِّراد

continuous, *a.* مُسْتَمِرّ، مُتواصِل، مُتوالٍ؛ مُتَتَابِع، مُسْتَدِيم

contort, *v.t.* (**-ion,** *n.*) شَوَّه، مَسَخَ، عَوَّج، لَوَى ؛ اِلتواء، تَشْوِيه

contortionist, *n.* بَهْلَوان يَلْوِي جِسْمَه

contour, *n.* حَدّ فاصِل، خُطوط خارِجية

contour lines خُطوط الاِرْتِفاعات المُتَسَاوِية، الخطوط الكُنْتُورِيّة

v.t. بَيَّنَ خُطوط الاِرْتِفاعات على خَريطة

contra, *Lat. prep.*; *usu. in contr.* **con** ضِدّ، عَكْس

contraband, *n. & a.* بَضائِع مُهَرَّبة، مَمْنُوعات، تِجارة المُهَرَّبات

contraception, *n.* مَنْع الحَمْل (طبّ)

contraceptive, *a. & n.* مَانِع لِلحَمْل أو الحَبَل؛ وَسِيلة مِن وَسائِل مَنْع الحَمْل (طبّ)

contract, *n.* عَقْد، تَعاقُد، اِتِّفاقِيّة، تَعاقُد

contract ⟨bridge⟩ نَوْع من البرِيدْج

v.t. 1. (reduce in size or scope); *also v.i.* ضَمَّ، اِخْتَصَرَ؛ صَغُرَ، ضَمُرَ، اِنْكَمَشَ

2. (acquire)

contract a disease أُصِيبَ بِعَدْوَى مَرَض

contract a habit اِكْتَسَبَ عادَةً ، تَعَوَّد عادَةً (سَيِّئَةً مثلاً)

v.i. (make an agreement) تَعاقد، تَعَهَّدَ، أَبْرَمَ عَقْدًا، اِلْتَزَم ب

contract out تَخَلَّصَ أو تَمَلَّصَ أو اِنْسَحَبَ من

contraction, *n.* 1. (shortening, shrinking) اِنْكِماش، تَقَلُّص، اِنْقِباض

2. (shortened word) اِخْتِصار لِكَلمة طَوِيلَة

contractor, *n.* مُقاوِل، مُتَعَهِّد، مُلْتَزِم

contractual, *a.* (اِلْتِزامات) تَعاقُدِيّة

contradict, *v.t.* (**-ion,** *n.*) نَاقَضَ، عَارَضَ، خَالَفَ، كَذَّبَ؛ تناقُض

contradiction in terms تَنَاقُض في التَّعْبِير أو اللَّفْظ (نَحْوَ هو بَخيل كَرِيم)

contradictory, *a.* مُتَنَاقِض، نَقِيض، مُخَالِف، مُنافٍ

contradistinction, *n.* التَّمْيِيز بين شيئين بإظهار التَّضادّ بينهما

contralto, *n.* & *a.* كُونْترالتو، أَوْطَأُ الأَصْوات النِّسائِيّة (موسيقى)

contraption, *n.* (*coll.*) تَرْكِيب آلِيّ غريب

contrapuntal, *a.* مُخْتَصّ بالطِّباق الموسيقِيّ

contrariwise, *adv.* عَلَى العَكْس أو النَّقِيض من ذلك

contrary, *a.* 1. (opposite); *also adv.* مُضادّ، مُتَضادّ، مُعاكِس، مخالِف، مُنَاقِض؛ ضِدّ

2. (perverse) عَنِيد، مُناقِض، مُخالِف

n. الضِّدّ، العَكْس

on the contrary بالعَكْس، على خِلاف ذلك

contrast, *n.* تَضادّ، تَفاوُت، تَبايُن، خِلاف

in contrast to (with) عَلَى العَكْس من، على خِلاف

v.t. & *i.* قَارَنَ أو طَابَقَ بين، أَبْرَزَ الفَرْق بين

contrav/ene, *v.t.* (**-ention,** *n.*) خَرَقَ، أَخَلَّ، خَالَفَ، عَارَضَ؛ خَرْق، إخلال

contretemps, *n.* عَائِق غير متوقع؛ سُوء الحَظّ

contrib/ute, *v.t.* & *i.* (*lit.* & *fig.*) سَاهَمَ، شَارَكَ، اِكْتَتَبَ، تَبَرَّعَ، سَاعَدَ؛ أَدَّى إلى؛ سَاهَمَ بِمقالاته في الصُّحُف

contribution, *n.* إِسْهام، اِشْتِراك؛ تَبَرُّع، مال مُتَبَرَّع بِهِ؛ مَقالة لِلنَّشْر في جَرِيدة؛ ضَرِيبة إِجْبارِيَّة

contributor, *n.* مُكْتَتِب، مُشْتَرِك، مُتَبَرِّع، مُساهِم (في كتابة مقالات لِمَجَلَّةٍ)

contributory, *a.* مُؤَدٍّ إلى، مُساهِم

contr/ite, *a.* (**-ition,** *n.*) تائِب، مُنْسَحِق القَلْب نَدَمًا؛ تَوْبة، نَدَم، نَدامة

contrivance, *n.* اِبْتِكار؛ حِيلة، مَكِيدة، تَدْبِير

contrive, *v.t.* اِبْتَكَر ، اِخْتَرَع ، اِبْتَدَع وَسِيلة ؛ دَبَّر طَرِيقَةً لِلْخُرُوج مِن الأَزْمة ، اِحْتال لِلأَمْر

control, *n.* 1. (direction, regulation, restraint) قِيادَة ، سَيْطَرَة ، مُرَاقَبَة ؛ تَحَكُّم ، تَنْظِيم

beyond one's control (ظُروف) خارِجة عَن إرَادَة المرء ، لا يُمْكِن التَّحَكُّم فيها

control tower بُرْج المُرَاقَبة (بالمَطار)

gain control of (over) أَمْسَكَ (الحاكِم) بِزِمام المَوْقِف ، سَيْطَر (الثّوّار) على (المِنْطَقة)

in control ⟨of⟩ مُشْرِف أو مُسَيْطِر على ، مَسْؤُول عن

he lost control of himself فَقَدَ زِمام أَعْصابِه

out of control في حَالَة يَصْعُب فيها التَّحَكُّم بِشَيْءٍ أو السَّيْطَرَة عليه

self-control ضَبْط النَّفْس أو العَواطِف

under control (أَمْكَن) التَّحَكُّم في المَوْقِف أو الإِمْساكُ بِزِمام الأَمْر

2. (check; standard of comparison) مِعْيَار

3. (regulating mechanism) جِهاز التَّنْظِيم أو الضَّبْط

at the controls ضَابِط السَّيْطرة

v.t. 1. (command, dominate) تَحَكَّم في ، تَسَلَّط ، سَيْطَرَ ، أَشْرَف ، قَادَ

2. (regulate, check) نَظَّم ، ضَبَطَ

control yourself! اِضْبِط نَفْسَك !

3. (verify) فَحَصَ ، دَقَّقَ ، حَقَّقَ

controllab/le, *a.* (**-ility,** *n.*) قَابِل للتَّوْجِيه ، يُمْكِن السَّيْطرة عليه أو كَبْحه

controller, *n.* 1. (steward); *also* **comptroller** مُرَاقِب ، مُفَتِّش أو مُدَقِّق حِسابات (في قَصْر مَلَكِيّ مثلاً)

2. (director of operations) مُوَجِّه ، مُدِير

controversial, *a.* مَوْضِع خِلاف ، (مَسْأَلة) فِيها أَخْذٌ ورَدٌّ ، (مَوْضُوع) مُثِير لِلْجَدَل

controversy, *n.* جِدَال ، نِقاش ، خِلاف ، مُنَاظَرَة

contumac/ious, *a.* (**-y, -iousness,** *n.*) عاصٍ ، عَنِيد ، مُتَمَرِّد ، خارِج عن الطَّاعَة

contumely, *n.* إِهَانة ، (كَلِمات) الازْدِراء

contusion, *n.* رَضّ (رُضُوض) ، كَدْمة

conundrum, *n.* لُغْز ، أُحْجِيَّة ، حَزُّورَة

conurbation, *n.* مُدُن صَغِيرة مُتَقارِبَة

convalesce, *v.i.* نَقِهَ ، اِنْتَقَهَ (من مَرَضِه)

convalesc/ent, *a.* & *n.* (**-ence,** *n.*) نَاقِه ؛ نَقاهَة

convection, *n.* حَمْل أو إِنْفاذ (الحَرَارَة أو الكَهْرَباء)

convector, *n.* جِهَاز تَدْفِئة بِالهَواء السَّاخِن

convene, *v.t.* & *i.* دَعَا إلى اجْتِماع ؛ اجْتَمَعوا

convenience, *n.* 1. (suitableness, advantage) مُنَاسَبة ، مُلاءَمة ، مُوافَقة

at your convenience حِينَمَا تُمَكِّنك الظُّروف

at your earliest convenience في أَقْرَب فُرْصَة تَسْنَح لَك

for convenience ⟨sake⟩ لِسُهولة الإِسْتِعمال

marriage of convenience زَوَاج مَصْلَحة، زَوَاج لِمَنْفعة مادّيّة

2. (amenity) وَسَائِل الرَّاحة، مَرَافِق صِحّية

3. (lavatory) مِرْحاض، دَوْرة مِياه، خَلاء

convenient, *a.* مُلائِم، مُناسِب، مُوافِق، مُرِيح

convent, *n.* دَيْر (أَدْيُرة) للرَّاهِبات عادةً

convention, *n.* 1. (assembly) اِجْتِماع أو مُؤْتَمَر لِغرض مُعَيّن

2. (accepted practice) عُرْف، تَقْليد

conventional, *a.* عُرْفِيّ، تَقْليديّ، اِصْطلاحِيّ

conventional weapons أَسْلِحَة تَقْليدِيّة (غَيْرُ نَوَوِيّة)

converge, *v.i.* تَلاَقَى في أو تَوَجَّهَ نحو نُقْطة واحدة

converg/ent, *a.* (**-ence,** *n.*) مُلْتَقٍ في نُقْطة واحدة

conversant, *a.* عَارِف أو مُلِمّ أو خَبِير بِ

conversation, *n.* (**-al,** *a.*) حَدِيث، مُخَاطَبة، مُكالَمة، مُحاوَرة

hold a conversation أَجْرَى مُحادَثة

conversationalist, *n.* مُتَحَدِّث لَبِق، حَسَن الحَدِيث

converse, *v.i.* تَحَدَّثَ، تَحَادَثَ أو تَحَاوَرَ أو تَخَاطَبَ مع

n. 1. (*arch.*, talk) حَديث، مُخاطَبة

2. (opposite) عَكْس، ضِدّ، نَقِيض

a. مُنَاقِض، عَكْسِيّ

conver/t, *v.t.* (**-sion,** *n.*) حَوَّل، غَيَّرَ

convert money to one's own use اِخْتَلَسَ نُقود الغير

conversion of stocks اِسْتِبْدال الأَسْهُم

n. مُعْتَنِق عَقيدة جَديدة، مُتَحوِّل إلى ...

convertib/le, *a.* (**-ility,** *n.*) قَابِل للتَّحْوِيل أو لِلتَّبْدِيل

convertible currency عُمْلة قابلة للإِسْتِبْدال أو التَّحْوِيل إلى عُمْلَة أَجْنَبِيّة

n. (type of car) سَيّارة مَكْشُوفَة

convex, *a.* (**-ity,** *n.*) مُحَدَّب؛ اِحْدِيداب

convey, *v.t.* 1. (transport) حَمَلَ، نَقَلَ

2. (transmit, communicate) أَوْصَلَ، بَلَّغَ، أَفَادَ

it conveys nothing to me لا أَفْهَمُ شيئاً منه

3. (*leg.*) حَوَّلَ أو نَقَلَ مِلْكِيّة عَقَارٍ لِشَخْصٍ آخَر

conveyance, *n.* 1. (transportation) نَقْل، حَمْل

2. (vehicle) سَيَّارة نَقْل أو حَمْل، مَرْكَبة

3. (document) عَقْدُ تَحْوِيل المِلْكِيّة

conveyancing, *n.* إِجْرَاءات تَحْوِيل المِلْكِيّة

convey/er (**-or**), *n.* ناقِل، موصِّل، مُبَلِّغ

conveyor-belt ناقِلة بالسَّيْر، ناقلة طَوْقِيّة ، سَيْر مُتَحَرِّك

convict, *v.t.* أَدَانَ، أَثْبَتَ عليه التُّهْمة

n. مُدان ، سَجين

conviction, *n.* 1. (finding guilty) إدانة

2. (convincing) إِقْناع ، اِقتناع

this carries conviction هٰذا شيء مُقْنِع

3. (belief) عَقيدة، إيمان ، يَقين

convince, *v.t.* أَقْنَعَه ، حَمَلَه على الاقْتِناع

convincing, *a.* مُقْنِع ، قاطِع

convivial, *a.* (**-ity,** *n.*) مَرِح ، حُلْو المَعْشَر، أنِيس؛ قَصْف و مُنادَمة، أُنْس

convocation (**Convocation**), *n.* 1. (summoning) دَعْوة لِاجْتِماع، اِسْتِدْعاء

2. (University or Church assembly) مَجْلِس أو مَجْمَع الأعضاء في جامِعة أو كَنِيسة

convoke, *v.t.* دَعَا لِلِاجْتِماع ، أَمَرَ بالاِجْتِماع

convolute, *a.* مَلْفوف، مُلْتَفّ ، ملتوٍ

convolution, *n.* تَلْفِيف، تَجْعِيد، ثَنْيَة ، طَيَّة ، اِلْتِفاف

convolvulus, *n.* نَباتات لَفْلافِيّة مُتَسَلِّقة مُزْهِرة

convoy, *n.*; *also v.t.* قَافِلة سَيَّارات ؛ مَجْمُوعة سُفُن تَحْت الحِماية

convul/se, *v.t.* (**-sion,** *n.*) اِهْتَزَّ، اِرْتَجَّ ، تَلَوَّى، اِخْتَلَجَ، رَعَش

have convulsions تَشَنَّجَ ، أُصِيب بِنَوْبَة تَقَلُّص عضليّ

convulsed with laughter تلَوَّى من الضَّحِك، أغرق في الضَّحِك

convulsive, *a.* تَشَنُّجِيّ ، عَصَبِيّ

coo, *v.i.* & *t.*; *also n.* هَدَلَ، سَجَعَ ؛ هَديل

cook, *v.t.* & *i.* طَبَخ ، طَهَا (يَطْهُو، يَطْهَى)

(*fig.*)

cook someone's goose أَحْبَطَ مَسْعاه ، أَجْهَزَ على مشاريعه، حَطَّمَ آماله

cook the books تَلاعَبَ أو زَوَّر في دَفاتِر الحِسابات

what have you cooked up? مَاذا لَفَّقْتَ أو حُكْتَ أو دَبَّرْتَ أو اخْتَلَقْتَ؟

n. طَبّاخ ، طاهٍ ، آشْجِي (عراق)

too many cooks spoil the broth المَرْكِب اللّي فيها رَيِّسين تغرق (مَثَل عامّيّ)

cook-house مَطْبَخ ومَطْعَم عَسْكَرِيّ

cooker, *n.* جِهاز لِلطَّبْخ ، فُرْن مَنْزِلي

cookery, *n.* فَنّ الطَّبْخ

cook/ie (**-y**), *n.* كَعْك خفيف ، بَسْكَويت

cool, *a.* (**-ness,** *n.*) بَارِد ، رَطِيب ؛ بُرُودَة

(*fig.*) بَارِد الطَّبع ، فاتِر ، هَادِئ ، رَابِط الجَأْش؛ عَدِيم الاِكْتِراث

cool cheek وَقَاحَة وصَفَاقَة

keep a cool head اِحْتَفَظَ بِرَباطَة جَأْشِه ، بَقِي هادِئ الأَعْصاب

cool reception اِسْتِقْبال فاتِر

n. بُرُودَة

the cool of the evening أَنْسام المَساء

v.t. & i. بَرَّدَ ؛ بَرُد (الحِساء مَثلاً) ؛ هَدَّأَ ؛ فَتَرَ (حَماسُه مثلاً)

cool down (off) (*lit. & fig.*) بَرُدَ ؛ أَخَذَ (حَماسُه) يَفْتُر ، سَكَنَ (غَضَبُه) ، هَدَأَ

cool one's heels تُرِكَ يَنْتَظِر طَويلاً (في حُجْرَة الانْتِظار) ، تُرِكَ يَنُشّ الذِّبّان (عامِّيّة)

cooling-tower بُرْج التَّبْرِيد (هَنْدَسة)

coolant, *n.* مَحْلُول التَّبْرِيد ، مادَّة مُبَرِّدَة

cooler, *n.* 1. (vessel for cooling) بَرّادَة ، قُلَّة

2. (*sl.*, prison) سِجْن ، حَبْس ، تَخْشِيبَة

coolie, *n.* إسْم يُطْلَق على حَمّال أو عَتّال في الهِنْد والصِّين ، كُولِي (عِراق)

coop, *n.* عُشّة ، قَفَص ، خُمّ (للدَّجاج)

v.t., esp. with adv. up حَبَس بِمَكان ضَيِّق

co-op, *coll. contr. of* **co-operative society**

cooper, *n.* صانِع البَرامِيل أو من يُصْلِحها

co-oper/ate, *v.i.* (**-ation,** *n.*) تَعاوَن مع .. ؛ تَعاوُن

co-operative, *a.* تَعاوُنِيّ ؛ مُتَعاوِن ، (كانَ المَرِيض) مُسْتَجِيبًا (لِنَصائح الطَّبِيب مثلاً)

co-operative society; *also* co-operative جَمْعِيّة أو مُؤَسَّسة تَعاوُنِيّة

co-opt, *v.t.* إنْتَخَب (أَعْضاءُ اللَّجْنَة) زَمِيلاً أو عُضْوًا إضافِيًّا

co-ordin/ate, *v.t.* (**-ation,** *n.*) نَسَّق ، نَظَّم (خِطَط مَشْرُوعٍ مَثلاً) ؛ تَنْسِيق ، تناسُق

a. قِسْم مِن جُمْلَة مُرَكَّبة يُساوِي في أَهَمِّيَّته قِسْمها الآخَر (نَحْو انكليزيّ)

n. إحْداثِيّ (رِياضِيّات) ؛ نَظِير ، نِدّ ، شَيْء أو شَخْص مُساوٍ في الأَهَمِّيّة لِآخَر

coot, *n.* غُرَّة ، طَيْر مائيّ ؛ أَبْله (عامِّيّة)

bald as a coot أَصْلَع مِثْل الطّاسة (عامِّيّة)

cop, *n.* 1. (*sl.*, policeman) عَسْكَري بُولِيس (لفظ عامّيّ)

2. (*sl.*, capture); *esp. in*

a fair cop! (لا سَبِيل إلى الإنكار) إذْ أنْتُم قَبَضْتُم عَلَيّ مُتَلَبِّسًا بِالجَرِيمة (تعبير عامّيّ)

v.t. (*sl.*) قَبَض عَلَى ، أَوْقَف شَخْصًا

you'll cop it! سَوْفَ تُعاقَب !

copartner, *n.* شَرِيك مُتَضامِن ، عامِل له نَصِيب في أَرْباح الشَّرِكة

copartnership, *n.* مُشارَكة العُمّال في الأَرْباح

cope, *n.* غَفّارَة ، رِداء واسِع خاصّ بِأَحْبار الكَنِيسة

v.i., with prep. with إسْتَطاع تَدْبِير أَمْرٍ أو مُعالَجَتِه ، تَمَكَّن من حَلّ (المُشْكِلة)

co-pilot, *n.* طَيّار مُساعِد (في الطّائرات الّتي تَحْتاج إلى أَكْثَر مِن طَيّار واحِد)

coping, *n.* إفْرِيز (أَفارِيز) ، طَنَف (طنوف) (هَنْدَسة مِعْمارِيّة)

coping-stone حِجارة الإفْرِيز ؛ اللَّمْسَة الأَخِيرة

copious, *a.* غَزِير ، كَثِير ، وَفِير ، فَيّاض ، (كاتِب) غَزِير الإنْتاج

copper, *n.* 1. (metal) نُحاس أَحْمَر

2. (colour) نُحاسِيّ اللَّوْن

copper beech شَجَرة الزّان الأورُوبّي النُّحاسِيّ

3. (coin) عُمْلَة نُحاسيّة (فَلس، بِنس)

4. (boiler) قَزان نُحاسيّ لِغَلْيِ الملابس

5. (*sl.*, policeman) عَسْكَرِي بُولِيس (عامّيّة)

v.t. طَلَى بالنُّحاس

copperplate, *n.* 1. (metal) لَوْح أو صَفيحة مِن النُّحاس

2. (writing) خَطّ انكليزيّ مُنَمَّق، كِتابة عَلَى غِرار خَطّ الثُّلْث العَرَبيّ

coppersmith, *n.* صَفَّار، نَحَّاس

coppice, *n.* غابَة صغيرة تُقْطَع أشجارُها دَوْرِيًّا

copra, *n.* لُبَاب جَوْز الهِنْد المجفَّف

copse, *n.* غابَة صغيرة

Copt, *n.* (**-ic,** *a.* & *n.*) قِبْطِيّ (قِبط، أقْباط)

copula, *n.* وَصْلة، صِلة؛ الفِعْل الرّابِط بَيْن مُبْتدأ الجُمْلة وخَبَرها

copul/ate, *v.i.* (**-ation,** *n.*) جامَعَ، ضاجَعَ؛ جِماع، مُضاجَعَة

copy, *n.* 1. (reproduction; imitation; specimen) صُورَة، نُسْخة، تَقْليد، مِثال، أُنْمُوذَج

copy-book دَفْتَر خَطّ، كُرّاس المَشْق (للتَّدَرُّب على تَحْسِين الخَطّ)

fair copy نُسْخَة مُبَيَّضَة (نَقِيض المُسَوَّدَة)

2. (subject-matter for printing) نُسْخَة مُعَدَّة للطَّبْع (مِن نَصّ مُؤَلَّف)

v.t. نَقَل، قَلَّد، حاكَى، تَشَبَّه بِ، تَمَثَّل، حَذا حَذْوَه؛ نَسَخ

copy-cat مُقَلِّد أَعْمَى، تِلْمِيذ يَنْقُل كِتابة زَمِيلِه

copyist, *n.* نَاسِخ، نَسَّاخ، وَرّاق، ناقِل

copyright, *n.* & *a.* حُقُوق الطَّبْع والنَّشْر، مِلْكِيّة أدَبِيّة

v.t. سَجَّل حَقّ التَّأْلِيف والطَّبْع والنَّشْر

coquetry, *n.* دَلَال، غُنج

coquette, *n.* & *v.i.* مِغْنَاج؛ تَدَلَّل، تَدَلَّع، تَغَنَّج

coracle, *n.* زَوْرَق صغير مَكْسُوّ بِالجِلْد أو الخَيْش المُشَمَّع

coral, *n.* & *a.* مَرْجَان، قَرْن البَحْر؛ مَرْجَانِيّ اللَّوْن

coral island (reef) جَزِيرة مَرْجانيّة، شِعاب مَرجانيّة

cord, *n.* 1. (string) كَبْل، حَبْل مَتِين

2. (*anat.*)

spinal cord الحَبْل (أو النُّخاع) الشَّوْكِيّ

vocal cords الأَوْتَار أو الحِبال الصَّوْتِيّة

3. (ribbed cloth) قَطِيفة مُضَلَّعة، نَوْع مِنَ النَّسِيج المضَلَّع

cordage, *n.* حِبال السَّفِينة، قَلْس

cordial, *a.* (**-ity,** *n.*) وُدّي، وَدُود؛ وُدّ، وِداد

n. (مَشْرُوب) مُنْعِش أو مُقَوٍّ

cordite, *n.* مَادّة مُتَفَجِّرة لا دُخانَ لَها

cordon, *n.* 1. (line of troops or police) حِصَار

cordon sanitaire حَاجِز يَحْمِي مِنْطَقَة مِن أُخْرى بها مَرَض مُعْدٍ

2. (specially trained fruit tree) شَجَرة فاكِهة مُقَلَّمة ومُعَرَّشة بِطَرِيقة خاصَّة

3. (decoration) وِسَام، وِشاح

v.t., with adv. off ضَرَب نِطاقًا حول

corduroy, *n. & a.* قَطِيفة مُضَلَّعة، نَوْع مِنَ النَّسِيج المُضَلَّع

n.pl. بَنْطَلُون مِن هَذِه القَطِيفة

core, *n.* (*lit. & fig.*) نَوَاة، لُبّ، لُباب؛ قَلْب، جَوْهَر، صَمِيم

the core of the matter لُبّ المَوْضوع، خُلاصة الأمر، جَوْهَره، صَمِيمُهُ

rotten to the core فَاسِد قَلْبًا وقَالَبًا، مُتَعَفِّن، فاسِد حتّى العَظْم

v.t. جَوَّف، نَزَعَ نواةَ الثَّمرة أو بُذورها

co-religionist, *n.* مَن يَنْتَمي إلى دِين شَخْص آخَر، أَخ في الدِّين

co-respondent, *n.* شَرِيك في الزِّناء في قَضِيَّة طَلاق

coriander, *n.* كُسْبَرة، كُزْبَرة (النَّبات وبُذُوره)

cork, *n.* 1. (substance); *also a.* فِلِّين، فِلّ

2. (stopper) فِلِّينة، سِدَادة القِنِّينة

v.t. سَدَّ قِنِّينة بِفِلِّينة

corked wine نَبِيذ له طَعْم الفِلِّين

corkscrew, *n.* بَرِّيمة أو مِبْرَم الزُّجاجات

a. حَلَزُوني، لَوْلَبيّ الشَّكل

corkscrew road طَرِيق مُلْتَوٍ

corm, *n.* كَوْرَمَة، جِذْر كُرَوِيّ

cormorant, *n.* قَاقُ الماء، قَوْق، غُراب البَحْر (طائِر مائيّ يَلْتَهِم الأَسْماك)

corn, *n.* 1. (grain) غَلّة، غِلال، حُبوب (تَشْمَل الحِنْطَة والشَّعِير والشُّوفَان الخ)

2. (*U.S.*, maize); *also* Indian corn ذُرة

corn-cob كُوز (كِيزان) الذُّرَة، عُرْنُوس

3. (hard skin) كالُّو، عين السَّمَكة

corncrake, *n.* صِفْرِد (طائر)، سَلْوَى (سوريا)

cornea, *n.* (**-l,** *a.*) قَرْنِيَّة العَيْن

corned beef, *n.* لَحْم بَقَر مطبوخ ومُعلَّب غَالِبًا، بُولِبِيف (مصر)

corner, *n.* 1. (angle) رُكْن، زَاوِيَة

corner-stone حَجَر الزَّاوية؛ الحجر الأَساسيّ، أساس أو سرّ (نَجاحِه مثلاً)

street-corner مُنْعَطَف الطَّريق، ناصِية

cut off a corner اِخْتَصَرَ الطَّريق، خَرَّم

drive someone into a corner ضَيَّقَ عليه الخِناق، سَدَّ عليه سُبُل النَّجاة

put (stand) someone in the corner أَمَرَ تلميذًا بالوُقوف في رُكن الحُجْرة عِقابًا له

in a tight corner فِي وَرْطَة، في مَأْزِق حَرِج

turn the corner (*fig.*) اِجْتَازَ الأَزْمة، تَحَسَّنت حاله بَعْد خُطُورَتِها

2. (nook) كِنّ، رُكْن

all the corners of the earth كُلّ أَنْحاء العالَم، كُلّ أطرافِ المَعْمورة

hole and corner (وَسَائل) غير شريفة (في التِّجارة مثلاً)، (عَلاقة غَرامِيّة) في الخَفاء

3. (*commerc.*) اِحْتِكار (البضائع)

4. (*football*); *also* corner-kick ضَرْبة رُكْنِيّة، كورْنر، ضَرْبة زاوية

v.t. 1. (trap) سَدَّ عليه السُّبُل، ضَيَّقَ عَليه الخِناق

2. (*commerc.*) اِحْتَكَرَ (البَضائع، السِّلَع)

v.i. (make a turn when driving) اِنْعَطَفَ، حَوَّدَ (عند سِياقة السَّيارة مثلاً)

cornet, *n.* 1. (musical instrument) نَفير، بُوق

2. (cone for ice-cream) قِرْطاس؛ قُمْع مِنَ البَسْكَوِيت الهَشّ لِلْبُوظَة أو الأَيْس كريم

cornice, *n.* إفْرِيز، كُرْنِيش، طُنُف

Cornish, *a.* نِسْبَةً إلى كُورنْوُل (مُقاطَعَة انكليزيّة)

cornucopia, *n.* قَرْن الخِصْب، رَمْز النَّماء

corny, *a.* (*sl.*) (مُلاحَظَة) مُبْتَذَلة أو سَخِيفة

corollary, *n.* تَابِعة، نَتيجة لازِمة، اِسْتِدْلال

corona, *n.* دارة (الشَّمس)، هالة، إكْلِيل

coronary, *a.* تاجِيّ، إكْلِيليّ

coronary thrombosis جُلْطَة دَمَوِيّة في الشِّرْيان التّاجيّ (طبّ)

coronation, *n.* تَتْوِيج، اِحْتِفال بِتَتْوِيج ...

coroner, *n.* مُوَظَّف قضائِيّ يُحقِّق أسباب الوَفَيات المُشْتَبَه فِيها

coronet, *n.* تَاج صغير، إكْلِيل، تُوَيْج

corporal, *n.* أُونْباشِي، قائِد عَشَرة (قَدِيمًا) نَائِب عَرِيف (رُتْبَة عَسْكَرِيَّة)

a. جُسْمانيّ، جَسَديّ، بَدَنيّ

corporal punishment عُقُوبة بَدَنيّة أو جُسْمانيّة

corporate, *a.* مُتَّحِد، مُشْتَرَك، مُتَضامِن في المَسْؤُولِيّة مع بَقِيَّة الأَعْضاء

corporate body هَيْئَة عامّة

corporation, *n.* 1. (body of officials) هَيْئَة؛ مَجْلِس بَلَدِيّ

2. (*sl.*, protruding abdomen) كِرْش

corporeal, *a.* جُسْمانِيّ، بَدَنِيّ

corps, *n.* 1. (body of troops) سِلاح

2. (organized group) هَيْئَة، سِلْك

Corps Diplomatique السِّلْك السِّياسيّ، الهَيْئَة الدِّبْلوماسيّة

corps de ballet هَيْئَة أو فَرِيق رَقْص البَاليه

corpse, *n.* جُثّة (جُثَث)، جُثْمان

corpul/ent, *a.* (**-ence,** *n.*) بَدِين، مُمْتَلِئ الجِسْم، مُكْتَنِز، سَمِين؛ بَدانة

corpus, *n.* مَجْمُوعة كِتابات في مَوْضوع مُعَيَّن

corpus/cle, *n.* (**-cular,** *a.*) كُرَيّة الدَّم

corral, *n.* & *v.t.* حَظِيرة للخَيْل والماشِيَة؛ حَبَسَ (المَواشِي)

correct, *v.t.* (**-ion,** *n.*) 1. (amend, counteract) صَوَّبَ، صَحَّحَ؛ تَصْوِيب، تَصْحِيح

I stand corrected أَعْتَرِفُ بِخَطإِي

2. (admonish) عَاقَبَ ، وَبَّخَ

house of correction (*hist.*) إِصْلَاحِيَّة، سِجْن

a. (**-ness,** *n.*) 1. (accurate) صَحِيح ، مَضْبُوط، صائِب ؛ صِحَّة، صَواب

2. (proper) نَزِيه، صالِح، مُسْتَقِيم، لائِق، مُلائِم، مُناسِب

corrective, *a. & n.* مُصْلِح، مُقَوِّم، مُعَدِّل، مُهَذِّب ؛ إِصْلاحِيّ، تهذيبيّ، تأديبيّ

correl/ate, *v.t.* (**-ation,** *n.*) أَقام علاقَة أو رَابِطَة (بَيْن ظاهِرَتَيْن) ؛ علاقَة مُتَبادَلَة

correspond, *v.i.* (**-ence,** *n.*) 1. (be analogous) سَاوَى، مَاثَلَ، طَابَقَ، وَازَى ؛ (نُقَط) التَّماثُل، (أَوْجُه) التَّطَابُق

2. (communicate by letter) رَاسَلَ، كَاتَبَ ؛ تَراسَلا، تبادَلا الرَّسائِل

correspondence course دِرَاسة بِالمُراسَلة (لِشهادة خاصَّة غالبًا)

correspondent, *n.* 1. (letter-writer) مُكَاتِب

2. (press contributor) مُرَاسِل، مَنْدوب جَرِيدة

corridor, *n.* 1. (passage) مَمَرّ (مَمَرّات)، دِهْلِيز (دَهالِيز)، رِوَاق (أَرْوِقَة)

corridor train قِطار به مَمَرّ جانِبِيّ لِلانْتِقال بين عَرَباتِه

2. (strip of territory) مَمَرّ، شَرِيط مِن الأَرْض (يَمْتَدّ عَبْرَ دَوْلَة أُخْرَى)

corrigend/um (*pl.* -a), *n.* تَصْوِيب الخَطَأ

corrobor/ate, *v.t.* (**-ation,** *n.*) عَزَّزَ، أَيَّدَ، أَثْبَتَ، دَلَّلَ على

corroborative, *a.*; *also* **corroboratory** مُؤَيِّد، تَأْيِيدِيّ، إِثْباتِيّ

corr/ode, *v.t. & i.* (**-osion,** *n.*) أَكَلَ (الصَّدَأُ مثلًا)؛ تَآكَلَ ؛ تَآكُل، تَحَاتّ

corrosive, *a.* آكِل ، قارِض ، حافِر ، حَاتّ

corrug/ate, *v.t. & i.* (**-ation,** *n.*) جَعَّدَ ، مَوَّجَ ، ضَلَّعَ ؛ تَمْوِيج ، تَجْعِيد

corrugated iron حَدِيد مُمَوَّج، صاج مُضَلَّع

corrupt, *a.* فَاسِد، مُرْتَشٍ ، سَيِّئُ الخُلُق

corrupt practices الإِدَارة الفَاسِدَة

corrupt text نَصّ مُحَرَّف أو مُشَوَّه

v.t. 1. (infect; make impure) أَفْسَدَ

2. (bribe) رَشَا، بَرْطَلَ

corruptib/le, *a.* (**-ility,** *n.*) يُمْكِن إِفْسادُه أو رَشْوَتُه؛ اِرْتِشاء

corruption, *n.* 1. (decay; debasement) فَسَاد، تَعَفُّن، تلف؛ اِرْتِشاء؛ تَحْرِيف

corsage, *n.* صَدْر الفُسْتان ؛ زَهْرَة أو بَاقَة صَغِيرة لِتَزْيِين صَدْر الفُسْتان

corset, *n.* كُورْسيه، مِشَدّ للخَصْر

cortège, *n.* جَمَاعَة المُشَيِّعِين لِلْجَنازَة، مَوْكِب ، رِكاب (المَلِك أو الحاكِم الخ)

cort/ex, *n.* (**-ical,** *a.*) لِحاء ؛ سِحاء ، غِلاف

cortisone, *n.* الكُورْتيزون (هُورْمُون اِصْطِناعِيّ)

corusc/ate, *v.i.* (**-ation,** *n.*) وَمَضَ، تَأَلَّق

corvée, *n.* (*hist.*) السُّخْرَة ، عَمَل شَاقّ بِغَيْر أَجْر

corvette, *n.* سَفِينة حَرْبِيّة، طَرَّاد صَغِير، نَقِيرة

cos ‹**lettuce**›, *n.* خَسّ، خَسّ بُسْتانِيّ

cos, *contr. of* **cosine** جَتَا (حِسَاب المُثَلَّثات)

cosh, *n. & v.t.* (*sl.*) هِرَاوَة، نَبُّوت

co-signatory, *n. & a.* المُوَقِّع مع غَيْره

cosine, *n.* جَيْب التَّمام، جَتَا (حِسَاب المُثَلَّثات)

cosmetic, *n. & a.* مُسْتَحْضَر للتَّجْمِيل أو الماكِياج

cosmic, *a.* كَوْنِيّ، نِسْبَةً إلى الكَوْن

cosmic rays الأَشِعَّة الكَوْنِيَّة

cosmography, *n.* عِلْم أَوْصَاف الكَوْن، الكوزْمُوغرافيا

cosmolog/y, *n.* (**-ical,** *a.*) الكوزْمُولُوجيا، فَرْع من المِيتافِيزِيقا يَعْتَبِر العالَمَ كُلاًّ مُنَظَّمًا

cosmonaut, *n.* رَائِد الفَضَاء

cosmopolitan, *a. & n.* مُتَحَرِّر من النَّزَعاتِ الإقْلِيمِيَّة ؛ (مَدِينَة) بِها قَوْم من شُعُوب شَتَّى

cosmos, *n.* العَالَم، الكَوْن

Cossack, *n. & a.* قُوزَاق، فارِس من جَنُوبِيّ روسيا

cosset, *v.t.* دَلَّلَ، لاطَفَ

cost, *n.* قِيمَة، سِعْر، ثَمَن، تَكْلِفة

cost of living تَكَالِيف المَعِيشَة

cost price الثَّمَن الأَصْلِيّ، سِعْر التكْلِفة، ثَمَن الشِّراء

costs (*leg.*) مَصَارِيف الدَّعْوَى

at all costs مَهْما كَلَّفَ الأَمْر، بِأَيِّ ثَمَنٍ كان

count the cost حَسَبَ لِكُلّ شيءٍ حِسابَه، تَدَبَّر الأمر من كُلّ وُجُوهِه

to one's cost كَلَّفَه كَثِيرًا، في غَيْر صَالِحِه

v.t. 1. (entail expenditure of) كَلَّف، تَكَلَّف

it will cost the earth سَيُكَلِّف كَثِيرًا جدًّا، هَذَا غالٍ جدًّا

2. (fix or estimate price of); *also v.i.* سَعَّرَ، ثَمَّنَ، عَيَّنَ أو قَرَّرَ سِعْرَه

cost‹ing› clerk كَاتِب حِسابات المَصْرُوفات

costermonger, *n.*; *also* **coster** بائِع فَواكِه وَخُضْراوات مُتَجوِّل

costl/y, *a.* (**-iness,** *n.*) بَاهِظ، غالٍ، نَفِيس، ثَمِين ؛ فَدَاحَة الثَّمن

costume, *n.* 1. (mode of dress) زِيّ، رِداء، كُسْوَة، لِباس

costume play مَسْرَحِيَّة يَرْتَدِي مُمَثِّلُوها زِيًّا تارِيخِيًّا

2. (woman's suit) تَايُور، رِدَاء من تَنُّورة وجاكيت

costumier, *n.* خَيَّاط الأزياء، بائِعُها ومُؤَجِّرُها

cos/y, *a.* (**-iness,** *n.*) (حُجْرة) صَغِيرة دافِئَة (كُرْسِيّ) مُرِيح، (دَرْدَشَة) مُسَلِّيَة (بَيْن صَدِيقَتَيْن)

n. غِطاء مُبَطَّن لِحِفْظ حَرارة (إبْرِيق الشّاي)

cot, *n.* سَرِير أَوْ مَهْد (للأطفال)

coterie, *n.* زُمْرَة، جَمَاعَة مُؤْتَلِفة، شِلَّة

cottage, *n.* كُوخ، بَيْت رِيفِيّ صَغِير (لِقَضاء العُطْلَة)، عُشَّة

cottage hospital مُسْتَشْفى القَرْية

cottage industry صِناعة رِيفِيَّة أو مَنْزِلِيَّة

cottage pie طَبَق انكليزيّ يُعَدّ بالفُرْن وَيتكوّن مِن اللّحم المَفْروم والبَطاطِس المَهْروسة

cottager, *n.* سَاكِن كُوخ أو عُشَّة

cotter, *n.* (*mech.*) وَشِيظة (وَشائِظ)، خابُور تَوْصِيل (لَفْظَة دارِجة)

cotton, *n.* قُطْن ؛ خَيْط

cotton wool قُطْن طِبّي

v.i. (*sl.*), *usu. in*

cotton on (to) فَهِمَ ، اِفْتهَمَ

couch, *n.* أَرِيكة (أرائك)، مُتَّكأ، كَنَبَة

v.t. (express) عَبَّرَ (بكلِمات مُختارة)

couch ⟨**grass**⟩, *n.* نَجِيل، نوع من الحَشَائِش الضَّارّة بالزَّرْع

cough, *n.* سُعَال، كُحّة

cough-drop قُرْص لِعِلاج السُّعال

cough mixture مَزيج أو مُرَكَّب لِعلاج السّعال

v.i. & t. سَعَلَ، كَحَّ

cough up (*sl.*, part with grudgingly) تَبَرَّعَ كارِهًا، دَفَعَ النُّقود على مَضَضٍ

could, *pret. & conditional of* **can**

council, *n.* مَجْلِس ، دِيوان

council-chamber دِيوان، قاعة المَجْلِس

council house مَسْكَن للإيجار تَمْتَلِكه البَلَدِيّة

Privy Council دِيوَان الشُّورَى الخَاصّ في بريطانيا

councillor, *n.* عُضْو مَجْلِس (بَلَدِيّ)

counsel, *n.* 1. (consultation, advice) شُورَى، نَصِيحة، تَوْصِية ، تَشاوُر

take counsel اِسْتَشَارَ، تَشَاوَرَ مع

he kept his own counsel لَزِمَ الصَّمْت، اِحْتَفَظَ بِرأيه لِنفسه

2. (barrister) مُحامٍ ، مُسْتَشار قانُونِيّ

Queen's (King's) Counsel; *abbr.* Q.C. (K.C.) أَرْفَعُ رُتْبَةٍ في سِلْك المُحَامَاة بِبريطانيا

v.t. نَصَحَه، أَشارَ عليه بِ

counsellor, *n.* مُسْتَشار

count, *v.t.* عَدَّ، أَحْصَى ، حَسَبَ

count in أَدْخَل في حِسابه ؛ شَمِلَ ، حَوَى

count out

(enumerate) عَدَّدَ، رَقَّمَ ، أَحْصَى، سَرَد

(leave out of count) أَسْقَطه مِن الحِساب

(boxing)

he was counted out خَسِرَ المُلاكِم المُباراة لِعَدَم نُهُوضِه قَبْل انْتِهاء الحَكَم مِن العَدّ

(*parl.*) أَجَّل الجَلْسة لِعَدَم تَوافُر النِّصاب

count up جَمَع الأَعْداد مِن أَسْفَل إلى أَعْلَى

v.i.

that doesn't count لا يُعْتَدّ به، لا وَزْنَ له

it doesn't count for much لَيْسَ له أهمّيّة كَبِيرة ، لَيْسَ بِذِي قِيمة تُذْكَر

count down, *whence* count-down, *n.* عَدَّ عدًّا تنازُلِيًّا (قَبْل إطْلاقِ صاروخٍ مَثَلاً)

count on someone إِعْتَمَد عَلى فُلان ، وَثِق بِه ، عَوَّل عليه

n. 1. (reckoning) عَدٌّ ، إِحْصاء عَدَدِ ...

2. (*leg.*) مَادَّة مِن مَوادّ الإِتِّهام

3. (boxing)

out (down) for the count (مُلاكِم) طَرِيح الأَرْض ، عَلى وَشْك الهَزِيمة

3. (noble) الكُونْت ، لقَب شَرَف في بَعْض البِلاد الأُورُوبّيّة

countenance, *n.* (*lit. & fig.*) وَجْه ، طَلْعَة ، مُحَيًّا ، سِيماء

he was put out of countenance أُحْرِج أَمام المَلأ ، أُسْقِطَ في يَدِه

v.t. قَبِلَ ، وافق عَلَى ، اِرْتَضَى بِ...

counter, *n.* 1. (token used in games) قِطْعة تُسْتَعْمَل بَدَلًا من النُّقُود في أَلْعاب القِمار، فِيشَة

2. (table in shop, etc.) مِنْضَدة التّاجِر (يَعْرِض عَليها بَضائِعه) ، النَّضَد ، كاونتر

under the counter (البَيْع والشِّراء) خِفْيَةً

a. & adv. مُضادّ ؛ على العَكْس

v.t. & i. عارَضَ ، وَاجَه ؛ رَدّ على

counter-, *pref. & in comb.* (*compounds, whether hyphenated or not are entered in alphabetical order*) مُضادّ ، مُعاكِس

counteract, *v.t.* (**-ion,** *n.*) قاوَم ، أَبْطَل

counter-attack, *n.*; *also v.t. & i.* هُجُوم مُضادّ ؛ قام بِهُجُوم مُعاكِس

counter-attraction, *n.* إِغْراء أَقْوَى ؛ شيء يُشَتِّت الفِكْر والانْتِباه

counterbalance, *n. & v.t.* مُعادِل ؛ عَادَلَ

counterblast, *n.* رَدّ مُفْحِم

counter-charge, *n.* تُهْمَة مُضادّة ، إِتِّهام مُقابِل (من المُدَّعَى عليه ضِدّ المُدَّعِي)

counter-claim, *n.* دَعْوَى مُقابِلة (من المُدَّعَى عليه ضِدّ المُدَّعِي)

counter-espionage, *n.* مُكافَحَة الجاسُوسِيَّة

counterfeit, *a. & n.* مُزَيَّف ، مُزَوَّر

v.t. (*lit. & fig.*) زَيَّفَ ، زَوَّر (العُمْلَة مَثَلًا) ؛ دَلَّس ، غَشَّ

counterfoil, *n.* كَعْب الشِّيك أو الإِيصال (يَحْتَفِظ به الدّافِع)

countermand, *v.t.* أَلْغَى (قرارًا سابِقًا)

countermeasure, *n.* إِجْراء مُضادّ

counter-offensive, *n.* هُجُوم مُضادّ

counterpane, *n.* مَفْرَش أو غِطاء خاصّ لِلسَّرِير ، ضَرّابِيّة (مصر)

counterpart, *n.* نَظِير ، مَثِيل ، قَرِين

counterpoint, *n.* لَحْن يُصاحِب لَحْنًا آخَر ؛ فَنّ إضافة هذا اللَّحْن ، طِباق (مُوسِيقَى)

counterpoise, *n. & v.t.* ثِقْل مُوازِن ؛ وَازَن

counter-revolution, *n.* ثَوْرَة مُضادَّة

countershaft, *n.* عَمُود المُناوِلة الأَوْسَط

countersign, *v.t.* صَدَّق أو صَادَق على التَّوْقِيع أو الإمضاء

n. كَلِمَة السِّرّ

countersink, *v.t.* خَوَّش ، غَطَّى رَأْسَ المِسْمار

counterweight, *n.* مُوَازَنَة، ثِقْل مُوازِن

countess, *n.* كُونْتِيسة (لقب شرف في بَعْضِ أقطار أوربّا)

counting-house, *n.* مَكْتَب المُحاسَبة (في مَصْرِف)

countless, *a.* لا يُعَدّ ولا يُحْصَى

countrified, *a.*; *also* **countryfied** رِيفِيّ

country, *n.* 1. (national or native territory) بَلَد، قُطْر، وَطَن

country-wide عَلَى نِطاق القُطْر كُلِّه

(*fig.*, nation) أُمّة، شَعْب، دَوْلَة

2. (terrain) أَرْض، صَعِيد

open country بَرِّيَّة (بَرارٍ)، بَطْحَاء (بِطاح)، أراضٍ مَكْشوفة

3. (rural districts) رِيف (أرْياف)

country club نادٍ في الرِّيف يَرْتاده الأَغْنِياء غالِبًا

country cousin بَسِيط، ساذَج

country-dance رَقْصَة رِيفِيّة، دَبْكَة

country house (seat) بَيْت أو فيلّا في الرِّيف (ضَيْعة أُسْرة نَبيلة)

country/man (*fem.* **-woman**), *n.* 1. (person of the same country) مُواطِن، مُواطِنة، شَخْص من نفس البلد

2. (rural inhabitant) قَرَوِيّ، رِيفِيّ، فلّاح

countryside, *n.* رِيف، بَرِّيّة، مَناظِر رِيفيّة

county, *n.* مُقاطَعة، مُحافَظة، لِواء

county council مَجْلِس إقْلِيمِيّ

county family أُسْرَة ذاتُ أَمْلاك واسِعة في الرِّيف

county town عَاصِمَة المُقاطَعَة (في انكلترا)، حاضِرَة الإقليم

coup, *n.* ضَرْبة أو خُطوة ناجِحة

coup d'état اِنْقِلاب عَسْكَرِيّ، قَلْب نِظام الحُكْم

coup de grâce ضَرْبة قاضِية، ضَرْبة تُجْهِز على جريح

coupé, *n.* عَرَبة أو سَيَّارة لراكِبَيْن، 'كُوبِيه'

couple, *n.* اِثْنَان، زَوْج؛ زَوْجان

v.t. & i. رَبَطَ، زَوَّجَ، جَمَعَ بين اثنين

couplet, *n.* ثُنائِيّ من أبيات الشعر، كُوبْليه

coupling, *n.* وُصْلَة مَرْكَبات السّكّة الحَدِيدِيّة؛ اِزْدِواج

coupon, *n.* كُوبُون، قُسيمة

courage, *n.* شَجَاعَة، بَسَالة، إقْدام، جُرْأة

have the courage of one's convictions جَاهَرَ بِعَقِيدَتِه، جَرُؤَ على عَمَلِ ما يَراه صَوابًا

pluck up (take) courage تَشَجَّعَ، لَمَّ أطراف شَجَاعَتِه، شَحَذَ عَزِيمَتَه

courageous, *a.* شُجاع، باسِل، مِقْدام، جَرِيء

courier, *n.* رَسُول خاصّ، حامِل وَثائِق الدَّوْلة؛ دَلِيل السُّيّاح

course, *n.* 1. (natural movement, flow) مَجْرًى، مَسَار (النُّجُوم)

in the course of the conversation في سِيَاق الحَدِيث، أَثْنَاء الكَلام

in the course of the week في خِلال أوْ في بَحْرِ الأسْبوع

course of nature التَّطوُّر الطَّبيعيّ للأحداث، ماجَرَيات الأمور

in the course of time بِمُرُور الزَّمن، عَلَى مَرِّ الأيّام

in due course عِنْدَما يَحِين الوَقْت، حِينَ يؤُون الأوان

let things take (run) their course تَرْكُ الأُمور تَأخُذ مَجْراها أو تَجْري في أعِنَّتِها

as a matter of course بِطَبيعةِ الحَال، كأمرٍ مفروغٍ منه، كشيءٍ مُسلَّمٍ به

of course طَبْعًا، بِالطَّبْع

2. (direction; *fig.*, line of conduct) خَطّ سَيْر، اِتّجاه، سُلوك

change course غيَّرَ اتّجاهه؛ حَوَّل دَفّة السَّفينة، غيَّر المَجْرى

set course for حَدَّدَ أو عَيَّن اتّجاهه، سَمَت نحو

a dangerous course ⟨of action⟩ مَسْلك وَعْر، إجْراء مَحْفُوف بالمَخاطِر

3. (area for racing, golf, etc.) حَلْبة، مَيْدان

4. (series of lectures) سِلْسِلة مُحاضَرات، دَوْرَة (دِراسيّة)

5. (part of a meal)

a three-course lunch وَجْبة غَدَاء من ثلاثة أطْباق مُخْتَلِفة

6. (layer of stone, etc. in building) مِدْماك (مَداميك)، صَفّ من الحَجَرِ أو اللَّبِن

v.t. (pursue *game*); *also v.i.* تَعقَّبَ، طَارَدَ، جَرَى مُطارِدًا صَيْدًا

v.i. (*of liquids*, flow freely) سَال، جَرَى

courser, *n.* (*poet.*) جَواد (جِياد)

court, *n.* 1. (yard) حَوْش، فِناء

2. (enclosed area for games) ساحَة اللَّعب

3. (Sovereign's entourage) حاشِيَة المَلِك أو المَلِكة، البِلاط المَلَكيّ

court card صُورَة في وَرَق اللَّعِب

court circular أخْبار البِلاط المَلَكيّ الّتي تَنْشُرها الصُّحُف، تَشْريفات مَلَكيّة

4. (place where justice is administered) مَحْكَمة، مَجْلِس قَضائيّ

court of appeal مَحْكَمة الاِسْتِئْناف

court-martial, *n.* & *v.t.* مَحْكَمة عُرْفِيّة؛ حَاكَمَ أمام مجلِس عَسْكَرِيّ

settle something out of court سَوَّى القَضِيَّة أو النِّزاع خارِجَ المَحْكَمة

5. (attention); *only in*

pay court to غازَلَ، تَوَدَّدَ إلى

v.t. غازَلَ، تَوَدَّدَ إلى، تَصَبّى، خَطَبَ

(*fig.*)

court disaster (trouble) ألْقَى بِنفسه إلى التَّهْلُكة، سَعَى إلى حَتْفِه بِظِلْفِه

courteous, *a.* (**-ness,** *n.*) مُهذَّب، مُجامِل

courtesan, *n.* حَظِيّة (حَظايا)، مَحْظِيّة (مَحْظِيّات)؛ خَليلة، بَغِيّ

courtesy, *n.* لُطْف، مُجامَلة، اِحْتِرام

by courtesy of يَرْجِع الفَضْل إلى ...، بِفَضْل مُساعَدة أو إذْن فلان

courtier, *n.* رَجُل من حَاشِية المَلِك أو من بِلاطه

courtly, *a.* كَيِّس، مُهَذَّب، مجامِل

courtship, *n.* خَطْب الوُدّ، تَغَزُّل

courtyard, *n.* حَوْش، فِناء، صَحْن (الدّار)

cousin, *n.* اِبن أو بِنْت العَمّ أو العَمّة (الخَال أو الخالة)

cousin once removed اِبْن أو بِنْت العَمّ أو الخال من الجِيل السَّابِق أو التَّالي

couture, *n., esp. in haute couture* تَصْمِيم أو ابْتِكار الأَزْياء

couturier, *n.* خَيَّاط حَرِيمِيّ، مُصَمِّم الأزْياء

cove, *n.* 1. (small bay) شَرْم، خَلِيج صَغير

2. (*sl.*, fellow) شَابّ، جَدَع، زَلَمَة

covenant, *n.* عَهْد، مِيثاق، مُعاهَدة

v.i. تَعَاهَدَ، تَعهَّدَ

Coventry, *n.* كُوفِنْتري (مدينة بانكلترا)

send someone to Coventry نَبَذُوه، تَخَلَّوْا عَنْه، اِنْفَضّوا من حَوْله

cover, *n.* 1. (lid, casing) غِطَاء، غِلاف

book cover غِلَاف أو جِلْدة كِتابٍ

cover girl فَتَاة الغلاف

read from cover to cover قَرأَ (الكتاب) مِنْ أَوَّله إلى آخِره أو من الجِلْدة لِلجِلْدَة

tyre cover الإِطار الخارِجي لعَجَلة السَّيّارة مثلاً

under separate cover عَلَى حِدَةٍ، في مَظْرُوف مُنْفَصِل

(*fig.*)

air cover حِمَايَة أو وِقَايَة جَوِّيَّة

cloud cover كَمِّيّة الغَيْم (مُقَدَّرة بِكَسْر ثُمانِيّ)

take cover اِخْتَبأَ، اِحْتَمَى، اِلْتَجَأ

under cover of darkness تَحْت جُنْح الظلام

2. (*commerc.*) ضَمَان أو ضَمانة ماليّة

3. (*insurance*) تَأْمِين

4. (place laid for a meal) مَا يَلْزَم الفَرْدَ الوَاحِدَ من أَدوات المائِدة

cover charge أَجْر إِضافِيّ على الحِساب في مَطْعَم

v.t. 1. (overspread) غَطَّى، شَمِلَ، اِنْتَشَر

2. (traverse) قَطَعَ مَسافة، عَبَرَ، اِجْتَازَ

3. (conceal) كَتَمَ، أَخْفَى، خَبَّأَ، كَتَمَ السِّرَّ، غَطَّى

4. (protect) حَمَى، صَانَ، دافَعَ عَنْ، وَقَى

covering letter خِطَاب تَوْضِيحِيّ أو تَفْسِيرِيّ؛ رِسالة معها مُرْفَقات

5. (*of animals*) سَفَدَ (لِلْحَيَوان فَقَط)

6. (insurance) أَمَّنَ على

7. (*commerc.*)

cover expenses غَطَّى المَصَارِيف

8. (aim or present gun at) صَوَّبَ أو سَدَّدَ البُنْدُقِيّة نحو

coverage, *n.* (*lit. & fig.*) تَغْطِية الأَحْداث

covering, *n.* غِطاء ، غِلاف ، ظَرْف

coverlet, *n.* غِطاء الفِراش الخارِجيّ ، مِفْرَش السَّرِير ، لِحاف

covert, *n.* مَخْبأ الصَّيْد أو مَكْمَنُه (في الغابة)

a. (مَصْدر) خَفِيّ ، مَسْتور ، مُقَنَّع

covet, *v.t.* اشْتَهى ، طَمِع في مِلْك غَيْرِه

covetous, *a.* (**-ness,** *n.*) تَوّاق ؛ اِشْتِهاء إلى..

covey, *n.* حَضْنَة مِن الحِجْلان ، سِرْب صَغِير

cow, *n.* بَقَرة ؛ أُنْثَى الفِيل أو الكَرْكَدَّن أو الحُوت أو عِجْل البَحْر

sacred cow اِعْتِقاد فَوْقَ مُسْتَوى النَّقْد (ازدراءً)

v.t., esp. past p. أَرْعَبَ ، أَفْزَع ، رَوَّع ؛ فَزِع ، مُرَوَّع ، خائِف

coward, *n.* جَبَان ، رِعْدِيد

cowardice, *n.* الجُبْن ، الجَبانَة

cowardly, *a.* جَبان ، رِعْدِيد

cowboy, *n.*; *also* **cow-puncher** رَاعِي البَقر (رُعاة البقر) في امريكا (يَرْكَب حِصانًا)

cower, *v.i.* جَثَم أو انكمَش مُرْتَعِدًا (من تَهْدِيدٍ أو خَوْف مَثَلاً)

cowherd, *n.* بَقّار ، راعِي البَقَر

cowl, *n.* 1. (cloak with hood, hood) رِداء فَضْفاض ذُو قَلَنْسُوَة ؛ قَلَنْسُوَة الرّاهِب

2. (covering of chimney) غِطاء المِدْخَنَة

cowr/ie (-y), *n.* أَصْداف تُسْتَعْمَل بَدَلاً مِن النُّقود في بَعْض بِلاد آسيا وافريقيا

cowslip, *n.* زَهْر الحَقْل ، نَبات الرَّبيع

cox, *n.*; *also* **coxswain** قائد الدَّفَّة ، مُوَجِّه سُكّان (الزَّوْرَق) ، الدُّومانجي

v.t. & i. وَجَّه دَفَّة (القارِب)

coxcomb, *n.* غَنْدور ، مُتَباهٍ أو مُزْدَهٍ بِنَفْسِه

coy, *a.* (**-ness,** *n.*) (فَتاة) حَيِيَّة ، خَفِرَة

coyote, *n.* ذِئْب البَراري (في شمال امريكا)

crab, *n.* 1. (crustacean) سَرَطان البَحْر ، خَمْخَم ، أَبو جَلَمْبُو (مصر) ، أَبو جِنِّيب (عراق)

2. (wild apple); *also* **crab-apple** تُفّاح بَرّيّ (حامِض المَذاق)

v.t. (*coll.*) عَابَ ، اِنْتَقَد ؛ تَشَكَّى

crabbed, *a.* 1. (bad-tempered) نَكِد الطَّبْع ، عَكِر المِزاج

2. (*of writing*) (خَطّ) تَصْعُب قِراءَتُه لِتَداخُل حُرُوفه

crack, *v.t. & i.* 1. (break) فَلَعَ ، فَلَقَ ، شَقَّ ؛ تَشَقَّق ، انْفَلق ، تَصَدَّع

crack up (*v.i.*, disintegrate) اِنْهارَ ، تَحَطَّم ، اِنْحَلَّ

(*v.t.*, *coll.*, extol) بالَغ في المَدْح والإِطْراء

cracked; *also* crack-brained مَجْنُون ، مَخْبُول ، مَهْوُوس (مصر) ، مَشْخُوط (عراق)

crack a joke أَطْلَق أو رَوَى نُكْتَةً ، نَكَّتَ

2. (make a noise; make a noise with) طَقْطَقَ ، فَرْقَع

crack a whip فَرْقَع أو طرقع بالسَّوْط ، صَفَق بالسوط (مُهَدِّدًا مَثَلاً)

n. 1. (sharp noise) طَقْطَقة ، فَرْقَعَة

crack of doom القَارِعَة، يَوْم الحِساب

2. (sharp blow) ضَرْبة، لَطْمة

3. (fissure) شَقّ، شَرْخ، صَدْع

4. (*sl.*, cutting comment); *also* **wise-crack** تَعْلِيق ساخِر، مُلاحَظة قارِصة، قَفْشَة (مصر)

a. (expert), *esp. in*

crack shot رَامٍ حاذِق أو ماهِر أو مُمْتاز

cracker, *n.* 1. (explosive toy or firework) نَوْع من الألعاب النّاريّة

2. (biscuit) نَوْع من البَسْكَوِيت الهشّ

3. (*pl.* = nut-crackers) كَسَّارَة البُنْدُق

crackle, *v.i. & n.* خَشْخَشَ، طَقطَقَ

crackling, *n.* 1. (sound) قَرْقَعَة، طَقْطَقَة

2. (skin of roast pork) جِلْد الخِنْزير المَشْوِيّ

cradle, *n.* (*lit. & fig.*) مَهْد؛ سِقالة؛ مَسْقَط الرَّأس، مَنْشَأ، مَنْبِت

v.t. حَضَنَ، اِحْتَضَنَ؛ غَلَّفَ بِعِناية

craft, *n.* 1. (skill; trade) حِرْفة، صَنْعة، مِهْنَة

2. (cunning) حِيلة، خِدْعة، مَكْر

3. (boat) مَرْكَب، قارِب، قوارب

craftsman, *n.* صَاحِب صَنْعة أو حِرْفة يَدَوِيَّة، عامِل ماهِر

craftsmanship, *n.* مَهارَة الصَّنْعة

crafty, *a.* حَيَّال، مَكّار، خَدّاع، شاطِر

crag, *n.* صَخْرة شامِخة ووَعْرة، جُرُف

craggy, *a.* (*lit. & fig.*) مَكان فيه صُخور وَعْرَة؛ خَشِن

cram, *v.t.* 1. (stuff) حَشَرَ، حَشا، حَشَكَ؛ كَدَّس

the house was crammed with people اِكْتَظَّ (أو ازْدحَمَ أو غَصَّ)البيتُ بِالنَّاس

2. (prepare for examination); *also v.i.* اِنْكَبَّ على الدَّرس

cramp, *n.* 1. (spasm) تَشَنُّج وَقْتِيّ، تَقَلُّص العَضَلات

2. (appliance) قَامِطة، كُلَّاب النَّجّار

v.t. شَدَّ، قَمَطَ؛ ضَيَّقَ

cramp someone's style عَرْقَلَ مَساعِيه، أعَاقَه، خَرْبَطَ شُغْلَه

cranberry, *n.* نَوْع من التُّوت البَرّيّ

crane, *n.* 1. (bird) غُرْنُوق، لَقْلَق، كُرْكي

2. (machine) وِنْش (ونشات)، رافِعة

v.t. & i. اِشْرَأَبَّ، مَدَّ عُنُقه (لِيَرَى)

cranium, *n.* جُمْجُمْة، قِحْف

crank, *n.* 1. (*mech.*) ذِراع تَدْوِير، ساعِد، كَرَنْك (ميكانيكا)

2. (eccentric) غَرِيب أو شاذّ الأَطْوار

v.t. لَفَّ أوحَرَّكَ بِذِراع التَّدْوِير

cranny, *n.* شَقّ، صَدْع، ثلم

crape, *n.* قُمَاش قُطْنِيّ أو حَرِيرِيّ تُصْنَع مِنْهُ مَلابِس الحِداد

crash, *n.* 1. (loud noise); *also v.i. & t.* رَطْم، اِرْتِطام؛ اِرْتَطَمَ، رَطَمَ

2. (collapse); *also v.i.* اِنْهَارَ، سَقَطَ، تَحَطَّمَ

3. (accident to vehicle); *also v.i. & t.* اِصْطِدام؛ اِصْطَدَمَ، صَدَمَ

crash helmet خَوْذَة للوقاية مِن خَطَر الاصطدام

crash landing هُبُوط اِضْطِراريّ بدون عَجَلات

crass, *a.* (جَهْل) مُطْبِق

crate, *n. & v.t.* صُنْدُوق أو قَفَص شَحْن؛ وَضَعَ في صُنْدوق شَحْن

crater, *n.* فُوَهَة بُرْكان؛ فَجْوَة بِسَبَب انفِجار

cravat, *n.* رِباط العُنْق، مُنْباغ، كَرَافَتَّة

crave, *v.t. & i.* تَلَهَّفَ، اِشْتَاقَ، تاقَ، اِشْتَهَى؛ تَوَسَّلَ أو تَضَرَّعَ إلى

craven, *a. & n.* رِعْديد، جَبَان، نَذْل

craving, *n.* شَهْوَة، تَحَرُّق إلى...؛ وَحَم

crawfish, *n.; also* crayfish نَوْع من السَّمَك يُشْبِه جَراد البَحْر، سَلْطَعُون

crawl, *v.i.* 1. (creep); *also n.* زَحَفَ، حَبَا

2. (move slowly); *also n.* سَارَ بِبُطْء

3. (be alive with crawling things; have this sensation) غَصَّ (بالنَّمْل أو القَمْل مَثَلًا)؛ نَمِلَت (رِجْله)، خَدِرَت

n. (swimming stroke) سِباحَة بِضَرْب الماء بالذِّرَاعَيْن

crayfish, *see* crawfish

crayon, *n. & v.t.* قَلَم طَباشير مُلَوَّن؛ رَسَمَ بهذا القَلَم

craze, *v.t.* 1. (make insane), *esp. past p.* جَنَّنَ، خَبَلَ، فَتَنَ؛ مَخْبُول، مَهْوُوس

2. (produce small cracks in) شَرَّخَ السَّطْحَ أو الطِّلاء الخَارِجيّ

n. هَوَس، خَبَل

crazy, *a.* 1. (insane; *fig.*, enthusiastic) مَخْبُول مَعْتُوه، مَجْنون؛ مُغْرَم، مُولَع

2. (made of irregular pieces), *only in*

crazy paving رَصْف بِبَلاط غير مُنْتَظِم الشَّكْل

creak, *v.i. & n.* صَرَّ، صَرَفَ؛ صَرِير

cream, *n.* (*lit. & fig.*) قِشْدة، قِشْطة، كُثْأة؛ زُبْدَة، نُخْبَة، صُفوة

cream cheese جُبْن أَبْيَض، بِدهْنَة (عِراق)

cream of tartar مَسْحُوق زُبْدَة الطَّرْطير

cold cream (cosmetic) دِهَان أو كريم للوَجْه (مُسْتَحْضَر تَجْميليّ)

the cream of the jest حَلاوَة النُّكْتَة

a.; also cream-coloured لَوْن أَصْفَر باهِت

v.t. اِسْتَخْلَصَ القِشْدة مِن الحَليب

creamery, *n.* مَعْمَل أو مَتْجَر أَلْبان

cream/y, *a.* (-iness, *n.*) كَالقِشْدة، دَسِم

crease, *n., v.t. & i.* طَيَّة، ثَنْيَة؛ كَوِيَة؛ كَرْمَشَة؛ جَعَّدَ، كَرْمَشَ

create, *v.t.* خَلَقَ، بَرَأَ، اِبْتَكَرَ، أَوْجَدَ؛ أَنْشَأَ، كَوَّنَ؛ مَنَحَ (لَقَبًا)

create the impression that خَلَقَ أو أوجَدَ أو كَوَّنَ شُعورًا بأن

v.i. (*sl.*) عَيَّطَ، ضَجَّ بالصِّياح

creation, *n.* 1. (act of creating) خَلْق ، إِبْداع ، تَكْوِين
2. (all created things) الخَلِيقة ، المخلوقات، البَرِيَّة
3. (a production of the mind) اِبْتِكار
4. (fashion) ثَوْب على آخِر طِراز

creative, *a.* (**-ness,** *n.*) مُبْدِع ، خَلَّاق

creator, *n.* خَالِق ، مُبْتَكِر ، مُبْدِع
the Creator اللّٰه ، الخالِق ، المُبْدِع

creature, *n.* 1. (animate being, esp. animal) مَخْلُوق ، كائِن ؛ حَيَوان
creature comforts وَسَائِل الرَّاحة (المَنْزِلِيّة)
2. (person, *expressing contempt or admiration*) مَخْلُوق (لَفْظَة تُسْتَعْمَل عَلَى سَبِيل الاِزْدِراء أو الإعجاب)

crèche, *n.* دَار الحَضَانَة

credence, *n.* تَصْدِيق

credentials, *n.pl.* أَوْراق الاعْتِماد

credib/le, *a.* (**-ility,** *n.*) يُمْكِن تَصْدِيقُه

credit, *n.* 1. (belief) ثِقَة ، إيمان
give credit to صَدَّق أو وَثِقَ بِ
2. (acknowledgement, honour) إِقْرار أو اعْتِراف بِفَضْل ؛ مَوْضِعُ فَخْر
give someone credit for... اعْتَرَف بِفَضْلِه في...
all the credit goes to him يَرْجِع الفَضْل كُلُّه إِلَيْه
he is a credit to his parents إِنّه مَوْضِع فَخْرِ والِدَيْه

credit-titles قَائِمَة بِأَسْماء المُشْتَرِكين في إِخْراج فِيلم سِينمائِيّ وإِنْتاجِه وتَمْثِيله
3. (deferment of payment) تَأْجِيل الدَّفع ، نَسِيئَة ، دَيْن ، شُكُك (مصر)
buy on credit اِشْتَرَى نَسِيئَةً أو بالدَّيْن ، على الحِساب ، اِشْتَرَى بالشُّكُك (مصر)
letter of credit خِطَاب أو رِسَالَة اعْتِماد
credit account حِساب دائِن ، حِساب اعْتِماد
4. (money received by or belonging to someone) اِعْتِماد (في مَصْرِف)، تَسْلِيف لَهُ ، لِحِسابِه
on the credit side (*lit. & fig.*) لِصالِحِه ؛ مِنَ الحَسَنات الّتي تُذْكَر له
v.t. 1. (believe) صَدَّق ، سَلَّم بِصِحَّةِ قَوْلٍ
2. (assign) قَيَّد (مَبْلَغًا) لِحِسابِ شَخْصٍ ما؛ عَزَا إليه ، نَسَبَ إِلَيْهِ (أَمْرًا ما أو قُدْرَة خاصَّة)

creditable, *a.* (مَسْعًى) مَشْكُور ، (سُلُوك) حَمِيد

creditor, *n.* دَائِن ، صاحِب الدَّيْن

credo, *n.* (*lit. & fig.*) عَقِيدة ، قانُون الإِيمان (عند المَسِيحيّين) ؛ مَبْدَأ أَساسِيّ

credulity, *n.* سُرْعَة التَّصْدِيق ، سَذاجَة

credulous, *a.* سَرِيع التَّصْدِيق ، سَاذِج

creed, *n.* عَقِيدة ، إِيمان ، مَذْهب

creek, *n.* جَدْوَل مائِيّ صَغِير ، نهير ؛ خُور

creel, *n.* سَـفَط أو قُفّة السَّمّاك

creep (*pret. & past p.* crept), *v.i.* زَحَفَ ، دَبَّ ، تَسَلَّل

it makes one's flesh creep يَقْشَعِرّ له البَدَن

n.pl. (*coll.*) قُشَعْرِيرة ، إِرْتِعاد

creeper, *n.* نَبات مُتَسَلِّق أو مُعْتَرِش

creepy, *a.* مُقْشَعِرّ ، تَرْتَعِد منه الفَرائص

crem/ate, *v.t.* (**-ation,** *n.*) حَرَق جُثّة مَيّت

crematorium, *n.* مَحْرَقة ، مكان حَرْق الموتى

crenell/ate, *v.t.* (**-ation,** *n.*) سَنَّن الحائط

creole, *n.* & *a.* أوروبّيّ مَوْلود في جُزُر الهِنْد الغَرْبيّة ؛ مُوَلَّد (من أبَوَيْن أحَدُهما مُلوَّن والآخَر أوروبّيّ)

creosote, *n.* كرِيُوزُوت ، طِلاء لِصيانة الخَشَب

crêpe, *n.* كرِيب ، نَسيج مُجَعَّد

crêpe paper وَرَق كُرَيْشة ، وَرَق رقيق مُجَعَّد

crêpe rubber مَطّاط مُجَعَّد ، كرِيب الأحْذِيَة

crept, *pret.* & *past p. of* **creep**

crescendo, *adv.* & *n.* تَزايُد الشِّدّة في الصَّوْت أو النَّغمة

(*fig.*) تَدَرُّج نحو الذِرْوة أو القِمّة

crescent, *n.* 1. (shape of waxing moon) هِلال (أهِلّة)

2. (curved row of houses) طَريق هِلاليّ الشَّكل تَنْتَظِم فيه مَجْموعة من المَنازل

cress, *n.* نَبات يُشْبِه الرَّشاد أو الحُرْف يُسْتَعْمَل عِنْد أوّل طُلوعِه في السَّلاطَة

crest, *n.* 1. (tuft of hair, etc.) عُرْف (الدِّيك)

crest-fallen مُطَأْطِئ الرَّأس ، كَسِير الخاطِر

2. (summit) قِمّة ، أَوْج ، ذُرْوَة

on the crest of the wave (*fig.*) في أَوْج العَظَمة أو الشُّهرة

3. (heraldic device) شارة ، طُغْراء

cretin, *n.* (**-ous,** *a.*) مُشَوَّه وضَعيف العَقْل ؛ أبْله ، أحْمق

cretonne, *n.* قُماش قُطْنِيّ يُسْتَعْمَل للسَّتائر والمَفْرُوشات ، كرِيتُون

crevasse, *n.* أُخْدُود ، مَهْوَاة

crevice, *n.* شَقّ ، صَدْع

crew, *n.* (*lit.* & *fig.*) مَلّاحو أو طاقَم سَفينة أو طائرة ؛ جَماعة ، فِرْقة ، زُمْرة

crew-cut قَصّ قَصير لشَعْر الرِّجال (في أمريكا)

crib, *n.* 1. (bed) سَرير للطِّفْل (ذو حواجز)

2. (hut, hovel) كُوخ ، خُصّ (خِصاص)

3. (manger) مِذْوَد ، مِعْلَف

4. (translation for students) تَرْجَمة حَرْفِيّة

5. (*coll.*, plagiarism); *also v.t.* & *i.* إِنْتِحال ، سَرِقة أدَبِيّة ؛ إِنْتَحَل ، سَرَق

cribbage, *n.* لُعْبة بالوَرَق لِشَخْصَيْن أو ٣ أو ٤

crick, *v.t.* & *n.* تَشَنَّج ؛ تشنُّج مُفاجِئ

cricket, *n.* 1. (insect) جُدْجُد ، صَرّار اللَّيْل ، صُرْصُر (صَراصِر)

2. (game) لُعْبة الكرِيكت

it's not cricket لا يَليق ، لا يَصِحّ ، لا يَجُوز

cricketer, *n.* لاعِب الكرِيكت

crikey, *int.* (*sl.*) عَجِيب ! يا لَلْعَجَب، عجَبًا ! غَرِيب !

crime, *n.* جَرِيمة، ذَنْب، إِثْم، جِناية

crime fiction رِوَاية أو قِصّة بُولِيسِيّة

crime-sheet سِجِلّ المُخالَفات العَسْكَرِيّة

criminal, *a.* & *n.* إِجْرامِيّ؛ مُجْرِم، جانٍ، مُذْنِب

criminal law القَانُون الجِنائيّ

criminology, *n.* عِلْم الإِجْرام

crimp, *v.t.* عَقَصَ أو جَعَّدَ (الشَّعْر مثلًا)

crimson, *a.* & *n.* قِرْمِزِيّ، أَحْمَرُ قانٍ

v.t. & *i.* جَعَلَه قِرْمِزِيًّا؛ اِحْمَرَّ

cringe, *v.i.* اِنْكَمَش خائِفًا؛ تَذَلَّلَ، تَخَضَّعَ

cringing, *a.* صَغِير النَّفْس، ذَلِيل، مُتَذَلِّل

crinkle, *v.t.* & *i.*; *also n.* جَعَّدَ، تَجَعَّدَ؛ تَجْعِيد

crinoline, *n.* كرِينُولِين، نَوْع خاصّ من النَّسِيج المتين؛ تَنّورة مُنْتَفِخة ذات أَسْلاك

cripple, *n.* كَسِيح، مُقْعَد، أَعْرَج (عُرْج)

v.t. (*lit.* & *fig.*) أَقْعَدَ، أَعْجَزَ

cris/is (*pl.* -es), *n.* أَزْمة، ضائقة، شِدّة

crisp, *a.* (**-ness,** *n.*) (*lit.* & *fig.*) هَشّ، قَصِم، مُقَرْمَش؛ (جوّ) مُنْعِش، (شَعْر) مُجعَّد

n.pl. شَرائح رَقِيقة مِن البَطاطِس (البَطاطا) مَقْلِيّة فِي الزَّيْت

v.t. & *i.* حَمَّصَ، قَسَّبَ؛ تَحَمَّصَ

criss-cross, *a.*; *sometimes adv.* & *n.* عَلَى شَكْل خُطُوط مُتَقاطِعة

v.t. & *i.* رَسَمَ خُطوطًا مُتَشابِكة

criter/ion (*pl.* -ia), *n.* مِعْيار، مِقْياس؛ مَعايِير

critic, *n.* ناقِد؛ مُنْتَقِد، مُتَصَيِّد لأَخْطاء غيره

critical, *a.* 1. (exercising judgement; censorious) نَقْدِيّ، اِنْتِقادِيّ

2. (involving a crisis) مُتَأَزِّم، حَرِج، خَطِير، عَصِيب؛ حاسِم

3. (*math.*, *etc.*, marking a transition) نُقْطَة الحَرَج (رِياضيّات)

critic/ize, *v.t.* & *i.* (**-ism,** *n.*) نَقَدَ، اِنْتَقَدَ، نَقْد، اِنْتِقاد

critique, *n.* بَحْث أو مَقالة نَقْدِيّة؛ فَنّ النَّقْد

croak, *v.i.* & *t.*; *also n.* نَعَبَ أو نَعَقَ (الغُرَاب)؛ نَقَّتْ (الضِّفْدَعة)؛ نَعِيب، نَعِيق

crochet, *v.i.* & *t.* اِشْتَغَلَ الكرُوشِيه

crock, *n.* 1. (piece of earthenware or crockery) قِطْعة من الخَزَف أو الفَخّار

2. (*sl.*, broken-down or worn-out person) (إِنْسَان) مُحَطَّم، عاجِز

v.i. & *t.*, *oft. with adv.* up أَعْجَز، أَضْنَى، أَنْهَك، عَطَّل؛ اِنْهارت صِحَّتُه

crockery, *n.* آنِيَة فَخّارِيّة

crocodile, *n.* تِمْسَاح (تَماسِيح)

crocodile tears دُمُوع التَّماسِيح، حُزن كاذِب

(*fig.*, long file) صَفّ ثُنائي من الطّالِبات

crocus, *n.* زَعْفران، نَبات مِن فَصِيلة السَّوْسَنِيّات

croft, *n.* حَقْل أو بُسْتان بِجوار مَسْكِن

crofter, *n.* مُسْتَأْجِر لجُزء من حَقْل (في اسكتلندا)

cromlech, *n.* نُصْب أثَرِيّ حَجَرِيّ قائم

crone, *n.* عَجُوز، حَيْزَبون، شَمْطاء

crony, *n.* صَدِيق حَمِيم، خِلّ

crook, *n.* 1. (hooked staff) مِنْسَأة، عَصا مَعْقُوفة يستعملها الرُّعاة

by hook or by crook بِأيَّة وَسِيلة، مَهْما كَلَّفَ الأمرُ

2. (bend or curve) اِنْحِناء، اِلْتِواء، اِنْثِناء

in the crook of his arm (حَمَلَت طِفْلَها واضِعة رَأسَه) في ثَنْيَة ذِراعِها

3. (*sl.*, rogue, criminal) حَيّال، نَصّاب

v.t. & i. عَقَفَ، لَوَى، ثَنَى؛ اِنْثَنَى

crooked, *a.* (**-ness,** *n.*) 1. (not straight) أعْوَج، مُنْحَنٍ، مَعْقُوف، مُلْتَوٍ

2. (dishonest) (شَخْص) مُلْتَوٍ، نَصّاب

croon, *v.t. & i.* غَنَّى بِصَوْتٍ خافِتٍ؛ ناغَى

crooner, *n.* مُغَنٍّ بِصَوْتٍ خافِتٍ

crop, *n.* 1. (bag in bird's throat) حَوْصَلة الطّائِر

2. (handle of whip) مِقْبَض السَّوْط

3. (agricultural yield; *also fig.*) غَلّة، حِصاد، مَحْصول

4. (short hair style) قَصّة قَصِيرة لِلشَّعْر

v.t. 1. (cut off) قَصَّ، قَلَّمَ، شَذَّبَ

2. (graze) رَعَى، كَلَأَ

3. (sow or plant *land*) زَرَعَ الأرْض

v.i. 1. (yield) غَلَّ، أنْتَجَ

2. (turn *up* unexpectedly) ظَهَرَ بَغْتَةً، حَدَثَ فَجْأةً أو صُدْفةً

cropper, *n.* 1. (plant yielding a crop) (نَبات) مُنتِج، مُغِلّ، مُثْمِر

2. (*coll.*, fall), *esp. in*

come a cropper وَقَعَ، سَقَطَ؛ فَشِلَ، خابَ، أخْفَقَ

croquet, *n.* لُعْبة الكُروكيه (بِكُراتٍ خَشَبِيّة)

croquette, *n.* كُفْتة أو كُبّة لَحْم أو سَمَك

crosier (crozier), *n.* عَصا مَعْقُوفة يَحْمِلها أُسْقُف

cross, *n.* 1. (stake with transverse bar, esp. associated with Crucifixion of Christ) صَلِيب (صُلْبان)

(*fig.*, affliction) مِحْنة، بَلاء، عَناء

take up one's cross كابَدَ أو عانَى بِصَبْر

(*fig.*, Christianity) النَّصْرانِيّة، المَسِيحِيّة

2. (emblem or decoration)

Victoria Cross وِسام صَلِيب المَلِكة فِكْتُورْيا

3. (mark or object so shaped)

Southern Cross (فلك) الصَّلِيب الجَنُوبِيّ

4. (intermixture of breeds) التَّهْجِين، مَزْج السُّلالات المُخْتَلِفة ؛ هَجِين

5. (diagonal) مَائِل، مُنْحَرِف

on the cross بِالوَرْب، طَرِيقة قَصّ في الخِيَاطَة، على (شكل) السَّمَكة

v.t. 1. (place crosswise)

cross one's legs وَضَع سَاقًا على سَاقٍ، صَالَبَ ساقَيْه

cross swords with (*fig.*) قَارَعَه الحُجَّة بالحُجَّة، تَجادَل مع ...

2. (draw line across)

cross a cheque سَطَّر الشِّيكَ (وذلك لِصَرْفِهِ من حِساب مُعَيَّن بالمَصْرِف)

cross off (out) شَطَبَ، حَذَفَ، رَقَنَ

3. (pass the hand across)

cross oneself رَسَمَ شَارَةَ الصَّلِيب اِبْتِهالًا أو تَضَرُّعًا

cross someone's palm (hand) with silver دَفَعَ له مَبْلَغًا من المال، اِرْمِ بَيَاضَك! (مصر)، لَعِّب إيدَك! (عراق)

4. (go across); *also v.i.* اِجْتَاز، عَبَرَ، قَطَعَ

cross one's mind خَطَرَ بِباله، عَرَضَ له

cross someone's path (*lit. & fig.*) اِلْتَقَى، قَابَلَ؛ اِعْتَرَض سَبِيلَه

5. (meet and pass); *also v.i.* لَقِيَ، مَرَّ بِ

our letters crossed in the post أَرْسَلَ كلٌّ مِنّا خِطابَه للآخَر في نفس الوَقْت

6. (thwart) قَاوَمَ، عَارَضَ

7. (interbreed) هَجَّنَ

a. 1. (annoyed, peevish) زَعْلان، غَضْبَان

cross-patch سَرِيع الإثارة، غَضُوب، زَعْلان

2. (contrary) مُضَادّ، مُعاكِس

at cross purposes بَيْنَهُمَا سُوءُ تَفاهُم، لَيْسَا عَلَى اتِّفاق

3. (*in comb.*, from one side to the other; across); *also adv.*

cross-bar قَضِيب مُسْتَعْرِض، عارِضة

cross-beam عَتَبَة مُتَقاطِعَة، عارِضَة قَوِيّة داخِل الحائِط فَوْقَ فَتْحة باب أو نافِذة

cross-benches مَقاعِد المُسْتَقِلِّين بالبَرْلَمان

cross-bow قَوْس ونُشّاب على هَيْئة المَنْجَنِيق

cross-bred, *a.* هَجِين (لِلْحَيَوانات خاصّةً)

cross-breed, *n. & v.t.* مُهَجَّن؛ هَجَّنَ، وَلَّدَ

cross-check, *n. & v.t.* أَعادَ الفَحْصَ والتَّدْقِيق

cross-country race سِبَاق الضَّاحِيَة

cross-cut ⟨saw⟩ مِنْشَار ذو أَسْنانٍ غَلِيظة ومِقْبَضَيْن، مِنْشار قَطْع مُتَعَارِض

cross-examin/e, *v.t.* (-ation, *n.*) اِسْتَنْطَقَ

cross-eyed, *a.* أَحْوَلُ

cross-fertiliz/e, *v.t.* (-ation, *n.*) لَقَّحَ النَّبَاتَ بِغُبارِطَلْع نَباتٍ مِن فَصِيلةٍ أُخرى

cross-fire نِيرَان مُتَقاطِعة (عَسْكَرِيَّة)

cross-grained, *a.* (*lit. & fig.*) خَشَب ذو أَلْيَاف مُتَقاطِعة؛ شَرِس، عَنِيد

cross-hatch, *v.t.* رَسَمَ خُطوطًا مُتَقَاطِعة

cross-legged, *a.* جَالِسٌ والسَّاق على السَّاق

cross-question, *v.t.* اِسْتَجْوَبَ

cross-refer, *v.i.* (-ence, *n.*) لَفت (المُؤلِّف) نظر القارئ إلى نُقطَة أُخْرى بِالكِتاب نَفْسِه

cross-road(s) (*lit. & fig.*) مَفْرَق، تَقاطُع الطُّرق، مُفْتَرق الطُّرق

cross-section (*lit. & fig.*) مَقْطَع عَرْضيّ أو أومُسْتَعْرِض؛ قطاع يُمَثِّل فئاتٍ مُخْتَلِفَة

crossing, *n.* عُبُور؛ مَعْبَر (الطَّريق)؛ تقاطع طُرُق وخُطوط حَديديَّة

crossing-sweeper (*hist.*) كَنّاس الطُّرُق (كان يُزيل فَضلاتِ الخَيْل مِن الشَّوارع قَديمًا)

level crossing مَعْبر السِّكَّة الحَديديّة، مَزْلَقان

crosspiece, *n.* عارِضة، قِطْعَة مُسْتَعْرِضة

cross/wise (-ways), *adv.* على هَيْئَة صَليب

crossword, *n.* لُغْز الكَلِمات المُتَقاطِعة

crotch, *n.* مَوْضع تَفَرُّع الغُصْنِ مِن ساقِ الشَّجَرة

crotchet, *n.* 1. (*mus.*) ♩ عَلامَة مُوسِيقيّة تساوي نِصْف النَّغمة

2. (whim) هَوَس، هَوًى، نَزْوَة

crotchety, *a.* ذُو أوْهام ونَزَوات

crouch, *v.i.* جَثَم، رَبَض

croup, *n.* 1. (rump, esp. of horse) كَفَل، عَجُز، رِدْف (لِلحِصانِ خاصَّةً)

2. (disease) اِلْتِهاب القَصَبة الهَوائيّة عِند الأَطْفال

croupier, *n.* مَن يُدِيرُ مائِدة القِمار

crow, *n.* زاغ، قاق، غاق (طائِرٌ كالغُراب)

crow's feet غُضُون حَوْلَ طَرَف العَيْن

crow's nest مَرْقَب صَغير بِأَعْلى صاري السَّفِينَة

as the crow flies في خَطٍّ مُسْتَقيم

v.i. 1. (*of a cock*); *also n.* صاحَ الدِّيكُ؛ صِياح الدِّيك

(*fig.*, exult *over*) شَمِتَ (بِخَصْمه مثلاً)، اِبْتَهَج (لفَشَل غَرِيمه مثلاً)

2. (*of a child*); *also n.* نَغا (الرَّضيع)

crowbar, *n.* مُخْل (أَمْخال، مُخُول)، عَتَلَة حَديديَّة

crowd, *n.* حَشْد (مِن النّاس)، جُمْهُور، زُمْرَة، جَماعَة؛ زِحام

v.i. اِحْتَشَد، تَجَمَّع، تَجَمْهَرَ

v.t. زَحَمَ، حَشَد

crowd out مَنَعَتْه (شِدَّة الزِّحام) من الدُّخُول إلى (القاعَة مثلاً)

crown, *n.* 1. (emblem of sovereignty or distinction) تاج (تِيجان)، إكْليل (أكاليل)

(*fig.*, monarch, monarchy) مَلِك؛ مَلَكيَّة

Crown Colony مُسْتَعْمَرة التّاج

crown land أراضِي التّاج، أراضٍ أَمِيريّة

Crown Prince وَليّ العَهْد

2. (top of skull, etc.; *fig.*, summit) قِمَّة الرَّأس، اليافُوخ؛ ذُرْوة

crown of the road جادَّة الطَّريق

crown of a tooth القِسْم الظّاهِر من السِّنّ، تاجُ السِّنّ

crown-wheel التُّرْس الرَّئيسيّ في مَجْمُوعَة المُسَنَّنات التَّفاضُلِيَّة (ميكانيكا السَّيّارات)

3. (coin) قِطْعَة نَقْدِيَّة تُساوِي خَمْسَة شِلِنات

4. (size of paper) وَرَق مِن قَطْعٍ خاصّ (١٥ × ٢٠ بُوصَةً أو إنْشًا)

v.t. 1. (place crown on) تَوَّج ، كَلَّل

2. (*draughts*) حَوَّل قُشاط الدّاما إلى رُتْبة مَلِك

3. (top, perfect) أَكْمَلَ بِنَجاحٍ

the crowning touch اللَّمْسَة الأخِيرة ، الجُزْء المُكَمِّل للشَّيْء ، ثالثة الأثافي

crozier, *see* **crosier**

crucial, *a.* (مَوْقِف) حَرِج ، (فَتْرَة) عَصِيبة ، (تَجْرِبة) حاسِمَة ، (لَحْظَة) فاصِلَة

crucible, *n.* (*lit. & fig.*) بُوتَقَة ، بُودَقَة ؛ اِمْتِحان عَسِير ، بَلاء ، مِحْنَة

crucifix, *n.* صَلِيب يُمَثِّل المَسِيح مَصْلُوبًا

crucifixion, *n.* الصَّلْب ؛ صَلْب السَّيِّد المَسِيح

cruciform, *a.* تَصْمِيم على شَكْل صَلِيب

crucify, *v.t.* (*lit. & fig.*) صَلَبَ ، سَمَّر على صَلِيب ؛ عَذَّب ؛ أَخْضَع ، قَهَر (الجَسَد)

crude, *a.* (*lit. & fig.*) (رِكاز مَعْدِنِيّ) خام ؛ فِجّ ، (تَصَرُّفات) نابِية ، فَظّ ، خَشِن

crude oil النَّفْط ، بِتْرُول خام

crudity, *n.*; *also* **crudeness** فَظاظَة ، خُشُونَة ، غِلْظَة ، فَجَاجَة

cruel, *a.* (**-ty,** *n.*) قاسٍ ، عَدِيم الرَّأْفَة ؛ قَسْوَة

cruet, *n.* (مَجْمُوعة) قَوارِير صَغِيرة للزَّيْت والخَلّ والمِلْح والفِلْفِل على مائِدة الطَّعام

cruise, *v.i. & n.* اِنْطَلَقَت (السَّيّارة) بِأَنْسَب سُرْعَةٍ للاسْتِفادة من الوَقُود ؛ جَوْلَة بَحْرِيّة

cruiser, *n.* طَرّادة

crumb, *n.* (*lit. & fig.*) فُتات ؛ قَلِيل (مِن العَزاء)

crumble, *v.t. & i.* ثَرَدَ ، فَتَّت ، هَشَم ؛ تَحَطَّم ، اِنْهار ، تَداعَى

crumpet, *n.* فَطِيرة صَغِيرة مُسْتَدِيرة يُحَمَّص سَطْحُها وتُؤْكَل بالزُّبْد

crumple, *v.t. & i.* كَرْمَش ، جَعَّد ؛ كَرِش ، تَكَرْمَش

crumple up (crush) تَكَرْمَشَت (الثِّياب)

(*coll.*, collapse) سَقَطَ ، اِنْهار

crunch, *v.t. & i.*; *also n.* مَضَغ بِصَوْتٍ مَسْمُوع ، قَرْقَش ؛ صَوْت المَضْغ

crupper, *n.* ثَفْر ، حِزام وَراء ظَهْر الحِصان (وهو جُزْء من السَّرْج)

crusade, *n.* (*lit. & fig.*) حَمْلَة صَلِيبِيَّة

v.i. جاهَدَ ، شَنَّ حَمْلَةً أو قامَ بِها

Crusader (**crusader**), *n.* (*lit. & fig.*) صَلِيبِيّ ، مُشْتَرِك في حَمْلَة صَلِيبِيّة ؛ مُجاهِد

cruse, *n.*; *now only in*

widow's cruse (*fig.*) مَعِين لا يَنْضُب ؛ مَصْدَر لا يَنْفَد

crush, *v.t.* 1. (compress forcibly, squeeze); *also v.i.* سَحَقَ ، هَرَسَ ، عَصَرَ

2. (subdue) قَمَع ، قَهَر ، أَخْضَع ، غَلَبَ ، هَزَم

he inflicted a crushing defeat on him أَنْزَلَ بِهِ هَزِيمَةً شَنْعاءَ ، هَزَمَهُ هَزِيمةً نَكْراء

crushing retort رَدٌّ مُفْحِم

n. 1. (crowd) زِحام أو ازْدِحام شَدِيد ، حَشْد كَبير

2. (fruit drink) عَصِير الفاكِهَة الطّازِجة

3. (*sl.*, infatuation), *esp. in* غَرَام صِبْيَانيّ

have a crush on أُولِعَ أو تَوَلَّهَ بِ

crust, *n.* 1. (hard outer covering of loaf, etc.) السَّطح الخارِجيّ المُحَمَّص مِن رَغِيف الخُبْز

the earth's crust القِشْرَة الأَرْضية ، الغِلَاف الصَّخْرِيّ (للأَرْض)

2. (scrap of dry bread) كِسْرة خُبْزٍ يَابِسٍ، لُقْمة عَيْش

crustacean, *a.* & *n.* قِشْرِيّ، حَيَوانات قِشْرِيّة

crusty, *a.* 1. (*of bread*) خُبْز مُحَمَّص

2. (testy) سَرِيعُ الغَضَب

crutch, *n.* 1. (support for lame person) عُكّاز (عَكاكِين)

2. (fork of body) مَا بَيْن الرِّجْلين، العَوْرة

crux, *n.* عُقْدَة أو صُلْب المَوْضُوع، النُّقْطَة الجَوْهَرِيّة

cry, *v.i.* & *t.* 1. (utter loudly) صَرَخَ ، صَاحَ ، عَاطَ ، عَيَّطَ ، زَعَق

cry down (*v.t.*, disparage) حَطَّ مِن شَأْن أو قِيمة ... ، اِنْتَقَدَ

cry off (*v.i.*, excuse oneself) رَفَضَ أو اعْتَذَرَ بَعْد قَبُول

cry out صَرَخ ، صاحَ بِصَوْت عالٍ

it cries out for action إنَّهُ يَسْتَلْزِم أو يَسْتَوْجِب إجْراءً سَرِيعًا

it's a crying shame إنَّها فَضِيحة شَنْعاءُ، عَار وشَنار

2. (weep) بَكَى، أَعْوَلَ، نَحَبَ

cry-baby طِفْلٌ بَكَّاء، سَرِيع البُكاء، دَمِع

cry for the moon طَلَبَ المُحال، قَصَدَ المُسْتَحِيل، رَامَ شَطَطًا

cry one's eyes out بَكَى بِحَرارة ومَرارة، بَكَى بُكاءً شَدِيدًا

n. 1. (call) نِدَاء، هُتاف، صَرْخَة ، صَيْحَة

a far cry مَسَافَة بَعِيدة، قَصِيّ

hue and cry مُلَاحَقة ؛ غَضَب وحَنَق الجُمْهُور، ضَجَّة

2. (fit of weeping) نَوْبَة بُكاء أو نَحِيب

crypt, *n.* سِرْدَاب، دِيْمَاس ، دَيْمُوس، قَبْوٌ تَحْتَ الأرض

cryptic, *a.* غَامِض، مُبْهَم، غَيْر مفهوم، مُسْتَغْلِق ؛ سِرِّيّ

cryptogam, *n.* فَصِيلة النَّباتات اللَّازَهْرِيّة، خَفِيّة اللَّواقِح

cryptogram, *n.* كِتابَة سِرِّية، شِفْرة

cryptograph/y, *n.* (**-ic,** *a.*) عِلْم الكِتَابة السِّرّية

crystal, *n.* 1. (transparent mineral) بِلَّوْرة

crystal-clear, *a.* وَاضِح كلّ الوُضوح، وَاضِح جَلِيّ، مُبِين

crystal-gazing (*lit.* & *fig.*) رُؤْية الطَّالع، تَنَبُّؤ بِالمُسْتقبَل ؛ رَجْم بالغَيْب

2. (clear glass) زُجَاج بِلَّوْرِيّ، كِرِيسْتَال

crystalline, *a.* بِلَّوْرِيّ

crystalliz/e, *v.t. & i.* (**-ation,** *n.*) (*lit. & fig.*) تَبَلْوَرَ ؛ بَلْوَرة، تبلْوُر

crystallized fruit فَوَاكِه مُسَكَّرة ومُجَفَّفة

crystallography, *n.* عِلْمُ البِلَّوْرِيَّات

cub, *n.* (*lit. & fig.*) شِبْل (أشبال)، جُرو (جِرَاء، أَجْرٍ)، دَيْسَم ؛ مُسْتَجِدّ

cubby-hole, *n.* حُجَيْرة، غُرَيْفة

cube, *n.* 1. (solid figure) كَعْب، نَرْد

2. (*math.*) مُكَعَّب

cube root الجَذْر التَّكْعِيبِيّ

v.t. كَعَّبَ

cubic, *a.* مُكَعَّب، كَعْبِيّ

cubic foot قَدَم مُكَعَّب

cubic content الحَجْم بالأَقْدام المُكَعَّبَة

cubicle, *n.* مَقْصُورة في عَنْبَر نَوْم بِمَدْرَسَة أو مُسْتَشْفَى

cub/ism, *n.* **-ist,** *n.* المَذْهَب التَّكْعِيبِيّ في فَنّ الرَّسْم

cubit, *n.* ذِرَاع (مِقْياس)

cuckold, *n.* زَوْج مَخْدُوع، زَوْج امْرَأَة فاسِقَة

v.t. دَنَّسَ عِرْضَ الزَّوْج بِالزِّناء

cuckoo, *n.*; *also v.i.* وَقْواق، قَيْقُوب (شام)

cuckoo-clock سَاعَة مُغَرِّدة

cucumber, *n.* قِثَّاء، خِيَار، عَجُّور، فَقُّوس

as cool as a cucumber رَابِط الجَأْش، بَارِد الأَعْصَاب

cud, *n.* جِرَّة، ما يَجْتَرُّه الحَيَوان

chew the cud (*lit. & fig.*) اِجْتَرَّ، مَضَغَ الجِرَّة؛ تَفَكَّر مَلِيًّا، ردَّد في فِكْرِه

cuddle, *v.t. & i.*; *also n.* دَلَّل، دَلَّعَ، حَضَنَ ضَمَّ إلى صَدْره

cuddly, *a.* (*coll.*); *also* **cuddlesome** حُلِيوَة، قَمُّور، حَبُّوب، نَنُّوس (مصر)

cudgel, *n.* هِرَاوة، مِقْرَعة، نَبُّوت، شُومة

take up the cudgels for ذَادَ عن ...، هَبَّ لِلدِّفاع عن ...

v.t. قَرَعَ، ضَرَب بالهِرَاوة

cudgel one's brains قَدَحَ زِنادَ فِكْرِه، أَجْهَدَ قَرِيحَتَهُ

cue, *n.* 1. (actor's lead; *also fig.*) إشَارة لِبَدْء الحَدِيث أو التَّمْثيل (مسرح)

2. (billiards stick) عَصَا البِلْيَارْدُو

cuff, *n.* 1. (end of sleeve) أُسْوَرَة القَمِيص، طَرَف الكُمّ

cuff-link زِرّ كُمّ القَمِيص

off the cuff بِطَرِيقَة ارْتِجَالِيَّة

2. (blow); *also v.t.* صَفْعَة، لَطْمَة ؛ صَفَعَ

cuisine, *n.* فَنّ الطَّبْخ أو الطَّهْي

cul-de-sac, *n.* طَرِيق مَسْدُود أو غَيْر نافِذ، رَدْب

culinary, *a.* مُخْتَصّ بالطَّهْي ، (فنّ) الطَّهْو ، (نَبَاتَات) صَالِحَة لِلطَّبْخ

cull, *v.t.* اِقْتَطَفَ، اِنْتَخَبَ ، اِنْتَقَى

culminate, *v.i.* (*lit. & fig.*) بَلَغَ الأَوْجَ أو الذِّرْوة أو القِمّة؛ اِنْتَهَى إلى

culmination, *n.* أَوْج ، ذُرْوة، قِمّة ؛ نِهَايَة

culpab/le, *a.* (**-ility,** *n.*) يَسْتَحِقّ اللَّوْم ، يَسْتَأهِل العُقُوبة ، مَلوم

culprit, *n.* مُذْنِب، مُسِيء ، آثِم ، مُجْرِم ، جَانٍ

cult, *n.* نِظَام دِينيّ ؛ عِبَادة

cultiv/ate, *v.t.* (**-ation,** *n.*) 1. (till) فَلَحَ أو حَرَثَ الأَرْض

under cultivation أَرْض تحت الزِّراعة

2. (develop *the mind*, *friendship*, etc.) نَمَّى، رَبَّى ، هَذَّبَ، نَمَّى عَلاقة مع ...

a cultivated man رَجُل مُهَذَّب ، مُثَقَّف، مُتَعَلِّم، مُطَّلِع ، أَدِيب

cultivator, *n.* زَارِع ؛ آلَة الحِراثة

cultural, *a.* ثَقَافيّ، حَضاريّ

culture, *n.* 1. (rearing, growth) تَرْبِيَة

2. (set of bacteria) مَزْرَعَة بَكْتِيرْيَا

3. (development, esp. of intellect) ثَقَافة ، تَثْقِيف العَقْل

physical culture تَرْبِيَة بَدَنِيّة

cultured, *a.* مُثَقَّف، مُهَذَّب ، رَفِيع الذَّوْق ، أَدِيب

culvert, *n.* مَجْرُور تَحْتَ الطَّرِيق للمِياه القَذِرة ، بَرْبَخ (بَرابِخ)

cumber, *v.t.* عَاقَ، أَعاقَ، أَثْقَلَ على، عَرْقَلَ

cumbersome, *a.* مُرْبِك ، ثَقِيل ومُتْعِب

cumbrous, *a.* مُرْبِك، مُعِيق

cummerbund, *n.* كَمَر، حِزام عَرِيض يُلَفّ حَوْلَ الخَصْر

cumulative, *a.* مُتَرَاكِم ، مُتَجَمِّع، مُتَزَايِد

cumul/us, *n.* (*in comb.* **-o**) سَحَاب مُتَرَاكِم، رُكَام، كيُومُولُوس

cuneiform, *a. & n.* الخَطّ المِسْمَارِيّ

cunning, *a.* دَاهِيَة، مَاكِر، مَكّار، شاطِر، حَيَّال، مُحْتال

n. دَهَاء، مَكْر؛ مَقدِرة، مَهارة ، بَراعة ، حُنْكَة

cup, *n.* 1. (vessel) فِنْجَان ، كَأْس، كُوب

cup-final مُبَارَاة نِهَائِيّة ، مُباراة الكَأْس (في كُرَة القَدَم مثلاً)

it's not my cup of tea (*coll.*) هَذَا عَمَل لا يُنَاسِبُنِي، لا يُوَافِق مِزاجِي

in his cups في حَالة سُكْر

2. (drink)

fruit cup مَشْرُوب من عَصِير الفَاكِهة والخَمْر

v.t. 1. (put in shape of cup)

cup one's hands ضَمَّ كَفَّيْه لِيَغْتَرِفَ بِهِما

2. (draw blood from) حَجَمَ (طبّ)

cupboard, *n.* خِزَانة أو دُولاب ذُو رُفوف

cupboard love إظْهَار المَوَدَّة المُصْطَنَعة بُغْيَةَ الحُصولِ على مَنْفَعَة شَخْصِيّة

cupful, *n.* مِلْء فِنْجان

Cupid, *n.* كيُوبيد، إلَه الحُبّ عند الرُّومان

cupidity, *n.* طَمَع ، جَشَع ، شَرَاهة لِلْمَال

cupola, *n.* قُبَّة صَغيرة

cupric, *a.* نُحَاسِيّ ،نِسْبةً إلى النُّحاس

cur, *n.* (*lit. & fig.*) كَلْب ؛ وَغْد،لَئيم ،لَعِين

curable, *a.* يُمْكِن الشِّفاءُ منه أو عِلاجُه

curacy, *n.* وَظِيفة القَسّ أو الخُورِيّ

curate, *n.* قَسّ ، خُورِيّ

curative, *a. & n.* شافٍ ، نَاجِع ؛ دَوَاء

curator, *n.* أَمِين، مُحافِظ ، مُرَاقِب، وَصِيّ (على مَتْحَفٍ أو مَعْهَدٍ فَنِّيّ)

curb, *v.t.* (*lit. & fig.*) شَكَم، لَجَمَ ؛ كَبَحَ، قَمَعَ، ضَبَطَ، حَدَّ مِن ...

n. 1. (check) (*lit. & fig.*) رَادِع ، كَابِح ؛ شَكِيمة

2. (edge of pavement); *also* **kerb** حَافَة الرَّصِيف (فِي شارِع)

curd, *n.* رَوْب ، لَبَن رَائِب أو خَاثِر

curdle, *v.t. & i.* جَبَّنَ ، خَثَّرَ ، أَخْثَرَ، رَابَ

blood-curdling, *a.* مُرْعِب ، مُفْزِع ، (مَنْظَر)يَقْشَعِرّ لِهَوْلِه البَدَن

cure, *v.t.* 1. (restore to health) شَفَى مِن عِلّة ، أَبْرَأَ من مَرَض

2. (remove an evil from) (سَاعَدَه على أَنْ) يَتَخَلَّصَ مِن عادة ضارّة (كالتَّدْخِين مثلاً)

3. (treat, usu. for preservation) خَلَّل،مَلَّح

n. (remedy, course of treatment) عِلاج اِسْتِشْفَاء ، تَطْبِيب ، تَدَاوٍ ، مُداواة

curé, *n.* قَسّ ، خُورِيّ

curfew, *n.* مَنْع أو حَظْر التَّجَوُّل

curio, *n.* تُحْفَة أو طُرْفَة لِلزِّينة

curi/ous, *a.* (**-osity,** *n.*) 1. (strange) غَرِيب ، عَجِيب ؛ غَامِض ؛ تُحْفَة ، طُرْفة

2. (inquisitive) فُضُولِيّ ، مُحِبّ لِلاسْتِطْلاع ؛ فُضول ، حُبّ الاسْتِطْلاع

curl, *v.t. & i.* جَعَّدَ ؛ تَجَعَّدَ

curl up تَكَوَّرَ ، اِنْطوى

curling-pins; curlers مِشْبَك لِتَجْعِيد الشَّعْر

curlew, *n.* كَرَوان (طائر مائِيّ)

curly, *a.* مُجَعَّد، أَكْرَت ، مُشَرْشَر

curmudgeon, *n.* (**-ly,** *a.*) شَحِيح ، بَخيل ، مُمْسِك اليد

currant, *n.* كِشْمِش ؛ زَبِيب رُومِيّ

currency, *n.* 1. (prevalence) شُيُوع

give currency to رَوَّجَ ، ساعَدَ على انْتِشار

2. (money) عُمْلة ، نَقْد ، نُقُود

current, *n.* 1. (movement of fluid; *also fig.*, tendency) تَيَّار مائِيّ أو هَوائِيّ ؛ اِتِّجاه أو تَيّار (فِكْرِيّ مثلاً)

2. (*elec.*) تيّار (كهْرَبائي)

a. (إسْتِعْمال) شائع أو مُتَداوَل (لِكَلمة)، (عَدَد من مَجَلّة أو جَريدة) صَدَر أخيرًا

current account حِسَاب جارٍ (في مصرف)

current affairs شُؤُون السّاعة، الأحداث الجارِيَة

curricul/um (*pl.* -a), *n.* مَنْهَج تَعْليميّ، بَرْنامَج دِراسِيّ؛ مَناهِج، بَرامِج

curriculum vitae, *n.* مُلَخَّص لِلْمَراحِل العِلْمِيّة والعَمَلِيّة لِشَخْص، تَرْجَمَة حال

curry, *n.* الكاري، مَزِيج من بَهارات هِنْدِيّة

v.t. 1. (prepare with curry) طَبَخ بالكاري

2. (brush down *horse*) فَرْجَنَ حِصَانًا

curry favour with تَزَلَّفَ إليه، صَانَعَه، دَاهَنَه، مَسَحَ له الجُوخ

curry-comb مِحَسَّة، فِرْجَون

curse, *v.t.* & *i.* لَعَنَ، إسْتَنْزَلَ اللّعْنة على؛ سَبَّ، شَتَمَ

n. 1. (imprecation) لَعْنَة، سِباب؛ شَتِيمة

2. (evil) شُؤْم، شَرّ، نَحْس، سُوء الطّالع

cursive, *a.* خَطّ يَدٍ مُشَبَّك (غَيْر المَطْبَعيّ)

cursor/y, *a.* (**-iness**, *n.*) عَابِر، خاطِف، عَاجِل، سَرِيع، سَطْحِيّ

curt, *a.* (**-ness**, *n.*) (رَدّ) جافّ، مُقْتَضَب

curtail, *v.t.* (**-ment**, *n.*) قَصَّر، قَطَع أو حَذَف جُزْءًا من (مَقالة مَثَلًا)

curtain, *n.* 1. (cloth screen) سِتار (سُتُر)، سِتَارَة (ستائر)، سِدْل (سُدول)

curtain rod قَضِيب أُفُقيّ لتَعْلِيق سِتار

2. (*theatr.*) سِتار

curtain-raiser تَمْثِيلِيّة قَصيرة تَسْبِق المَسْرَحِيّة الرَّئِيسِيّة

Iron Curtain السِّتار الحَدِيديّ

v.t. سَتَرَ، حَجَبَ

curts(e)**y**, *n.* & *v.i.* اِنْحِنَاء مع ثَنْيِ الرُّكْبَتَيْن اِحْتِرامًا

curvature, *n.* تَقَوُّس، اِنْحِنَاء، اِعْوِجاج، اِلْتِوَاء، اِنْثِنَاء

curve, *v.t.* & *i.* قَوَّسَ، حَنَى؛ تقَوَّسَ، اِنْحَنَى، اِنْعَطَفَ

n. مُنْحَنًى، مُنْعَطَف، حَنْيَة

cushion, *n.* (*lit.* & *fig.*) وِسَادَة، مِخَدَّة؛ وِقَايَة من ...، تأمِين ضدّ ...

v.t. خَفَّفَ شِدَّة الاِصْطِدام

cusp, *n.* قِمّة أو قَرْنة المُنْحَنَى

cuspidor, *n.* مِبْزَقة، مِبْصَقة

cuss, *n.* (*sl.*) 1. (curse) شَتِيمَة، لَعْنَة

not worth a tinker's cuss لا يُسَاوِي شَرْوَى نَقِير، لا يُسَاوِي قِشْرَة بَصَلَة

2. (person) وَغْد، جِلْف، بَقْف (مصر)

cussedness, *n.* (*sl.*) عِناد، حُرُون

custard, *n.* كَسْتَرْدَه، طَبَق مُعَدّ من الحَلِيب والبَيْض والسُّكّر

custodian, *n.* حَارِس (مُؤسَّسَة حُكومِيّة مَثَلًا) مَسْؤول عَن رِعايَة المَبْنَى، أَمِين

custody, *n.* رِعَايَة (الأَطْفال مثلاً)، حِراسة، قَبْض (عَلَى سارِق مثلاً)؛ حَبْس، إِعْتِقال

custom, *n.* 1. (habit, usage) عَادَة، تَقْلِيد، عُرْف، سُنَّة

2. (trade) زِبَانة، إِسْتِمْرار التَّعامُل مع مَتْجَر

3. (*pl.*, import duties) ضَرَائِب أَوْ رُسُوم أو عَوائِد جُمرُكِيّة، مُكُوس

custom-house دَار الجُمْرُك أو الكُمْرُك، نُقْطَة جَمْرُكِيَّة

through the Customs التَّخْلِيص على البَضَائِع وَإِخْراجُها من الجُمْرُك

customary, *a.* مَأْلُوف، مُصْطَلَح أو مُتَوَاضَع عليه، مُعْتاد

customer, *n.* 1. (buyer) عَمِيل (عُمَلاء)، زَبُون (زَبَائِن)، مُشْتَرٍ

2. (*coll.*, person to deal with)

a queer customer شَخْص شاذّ

cut (*pret. & past p.* cut), *v.t.* 1. (incise; shear; divide, detach or produce with a sharp instrument; *also fig.*) قَطَعَ، قَصَّ، فَصَلَ، أَنْقَصَ، كَسَرَ

cut the cards قَطَع وَرَق اللَّعِب

cut one's coat according to one's cloth مُدَّ رِجْلَيْكَ عَلَى قَدِّ لِحَافِك!

cut and dried أَمْر مُنْتَهٍ، مَفْرُوغ منه

cut-glass, *a.* (دَوْرَق) مَصْنُوع مِن زُجاج بِلَّوْرِيّ مَنْحُوت ومَصْقُول

cut the ground from under him أَوْقَعَه فى حَيْص بَيْص، أَبْطَل حُجَّتَه

it cuts no ice لَا يُقَدِّم ولا يُؤَخِّر، لَا طَائِلَ وَرَاءَه، لا تَأْثِيرَ له

cut someone short قَاطَعَه أو قَطَعَ حَدِيثَه، أَسْكَتَه

cut a tooth سَنَّنَ (الطِّفْلُ)

it cuts both ways يَضُرُّ مِثْلَمَا يَنْفَعُ

2. (perform)

cut a poor figure ظَهَرَ بِمَظْهَر مُخْجِل أَوْ غير لائِق

3. (reduce)

cut one's losses تَرَكَ المَشْروع (مثلًا) تَفَادِيًا لِخَسَارة أَكْبَر

cut-price, *a.* (سِلَع تُباع) بِأَسْعار مُخَفَّضَة

4. (omit) حَذَفَ، أَلْغَى؛ تَغَيَّبَ عَن

5. (ignore) تَجَاهَلَ، أَنْكَرَ (مَعْرِفَتَه مثلًا)

cut someone dead تَجَاهَل شَخْصًا، تَظاهَر بِعَدَم مَعْرِفَتِه بِه

6. (*adverbial compounds*)

cut away (excise) قَطَّعَ، بَتَرَ، اِسْتَأْصَلَ

cut back (prune) قَلَّمَ، شَذَّبَ

cut down

(fell) قَطَعَ (الشَّجَرة)

(reduce); *also v.i.* قَلَّلَ، نَقَّصَ، خَفَّضَ

cut off

(sever) قَطَع (الرَّأْسَ مثلًا)، قَصَّ (قِطْعَة قماش من لَفَّة مَثَلًا)

(exclude; disinherit) حَرَمَ من إِرْثٍ أو تَرِكَةٍ

(isolate) قَطَعَ (المُكالَمَة التّليفونيّة مَثلًا)

cut out
(excise) قطع ، بَتَرَ
(produce by cutting) فَصَّل (رداءً)

cut out for the job مَخْلُوق لهذا العَمَل، هُوَ أنسَبُ شَخْصٍ للوَظيفة

cut up
(dissect) قَطَّعَ ، فَصَّصَ (مصر)، شَرَّحَ
(*pass.*, upset) مُكْتَئِب، مُكَدَّر، حَزين
v.i. 1. (intersect) قَطَعَ ، تَقَاطَعَ مع
2. (*adverbial compounds*)
cut and run شَمَّعَ الفَتْلَة أو الخَيْط ، أَطْلَقَ سَاقَيْه للرِّيح

cut in
(interrupt) قَاطَعَه أو قَطَعَ حَدِيثَه

(obstruct overtaken vehicle) سَبَقَ سَيَّارة وقَطَعَ عليها المُرُور

cut out (stop, *esp. elec.*) *whence* cut-out, *n.*
قَطَعَ أو مَنَعَ (التيّار الكَهْرَبائي)

cut up rough (*coll.*) خَاصَمَ، شَاكَسَ، شَاجَرَ

n. 1. (act of cutting) قَطْع، قَصّ، تَفْصِيل
2. (piece cut off) قِطْعَة، شَرِيحة
3. (wound) جُرْح (جِراح، جُرُوح)، كَلْم
4. (excision of part of play, etc.) حَذْف جُزْء (من رِوَاية تَمْثِيلِيّة مثلاً)
5. (reduction) تَخْفِيض، تَنْزِيل، تَقْلِيل

power cut قَطْعُ التَّيّارِ الكَهرَبائيّ

short cut طَرِيق مُخْتَصَر يُوَصِّل بَيْن مَكانَيْن ، غَرِيمة (مصر)

6. (style of garment, etc.) تَفْصِيلَة، كَسْم، قَصَّة (لِثَوْب أو بَدْلة)

cute, *a.* (*coll.*) شَاطِر، ذَكِيّ؛ لَطيف، ظَرِيف، حُلْو، جَذّاب

cuticle, *n.* جِلْد يُغَطِّي مَنْبِتَ الظُّفر

cutlass, *n.* سَيْف المَلّاحين (قديمًا)

cutler, *n.* سَكَاكِينيّ، صَانِع الأَدَوات القاطِعة

cutlery, *n.* مَا يَلْزَم لِلْمَائِدة من سَكَاكِين وَمَلَاعِق وشَوْكات

cutlet, *n.* قِطْعَة من لَحْم الضُّلوع، كُسْتِلِيتَة

cutpurse, *n.* نَشَّال، لِصّ

cutter, *n.* 1. (person who cuts) مُفَصِّل الثِّياب في مَحَلّ الخيّاط أو التَّرْزيّ
2. (cutting tool) آلَة قَاطِعة
3. (boat) زَوْرَق سَرِيع

cutting, *n.* 1. (excavation for railway, etc.)
نَفَق غير مَسْقُوف (للسِّكَك الحَدِيديّة أو الطُّرق الخ)
2. (piece cut from printed page) قُصَاصَة
3. (piece of stem of plant) عُقْلَة، فَسِيلَة، قِطْعَة مِن ساقِ نَباتٍ تُغْرَس في الأرض
a. (*lit. & fig.*) (حَدّ السِّكّين) القاطع ؛ ماضٍ ، (تَعْليق) لاذِع ، قارِص

cutthroat, *n. & a.* سَفَّاح، فَتَّاك ؛ (مُنَافَسَة) حادّة

cuttlefish, *n.* حَبّار، أُمّ الحِبْر، سَبِّيدَج (حَيَوان هُلاميّ شَبِيه بالأُخْطُبوط يُؤْكَل)

cyanide, *n.* السَّيَانِيد (كيمياء)

cybernetics, *n.pl.* السّيبرنطيقا، دِراسَة فاعِليّة العَقل البَشَريّ بمقارَنتها بفاعِليّة الآلاتِ الحاسِبَة

cyclamen, *n.* زَهْرَة السِّيكْلامِين، بُخُور مَرْيَم

cycle, *n.* 1. (period) دَوْرة

2. (series of poems, etc.) سِلْسِلة قصائِد

3. (bicycle, tricycle, etc.) دَرَّاجة

motor-cycle دَرّاجة بُخارِيَّة، مُوتُوسِيكل

v.i. رَكِبَ دَرَّاجة

cyclic(al), *a.* دَوْرِيّ

cycling, *n.* رُكُوبُ الدَّرَّاجة

cyclist, *n.* رَاكِبُ دَرَّاجة

cyclon/e, *n.* (**-ic,** *a.*) إِعْصَار، عاصِفة دَوَّارة ؛ إِعْصارِيّ

cygnet, *n.* فَرْخ التَّمّ (طَائِر مَائِيّ طَوِيل العُنُق)

cylinder, *n.* 1. (*geom.*) أُسْطُوَانة

2. (*mech.*) أَسْطُوانة، سِلِنْدَر

cylinder block سَبِيكة مَعْدِنِيّة خاصَّة تَحتوِي عَلَى مَجْمَع الأُسْطوانات اللّازمة لِغُرَف الاِحْتِراق الدّاخِلِيّ بِمُحرِّك السَّيّارة

cylindrical, *a.* أُسْطُوانِيّ

cymbal, *n., usu. pl.* صَنْج نُحاسِيّ (صُنُوج)

cynic, *n.* (**-al,** *a.*) مُتَهَكِّم، سَاخِر، مُسْتَخِفّ

cynicism, *n.* اِسْتِخْفاف بِالدُّنْيا، الكَلْبِيَّة

cynosure, *n.* قِبْلَة الأَنْظار، مَرْكَز الجاذِبيّة مِحْوَر الاِهْتِمَام

cypher, *see* **cipher**

cypress, *n.* شَجَرة السَّرْو (من الصَّنَوْبَرِيّات)

Cypriot, *a. & n.* قُبْرُصِيّ (قَبارِصَة)، مَنْسُوب إِلى جَزِيرَة قُبْرُص

cyst, *n.* كِيس به مادَّة مُتَقَيِّحَة (طبّ)

czar, *n.*; *also* **tsar, tzar** قَيْصَر، عَاهِل الرُّوس (سابقًا)

czarina, *n.* قَيْصَرَة، زَوْجَة قَيْصَر الرُّوس

Czech, *a. & n.* تشِيكِيّ، نِسْبَةً إلى بِلاد تشِيكوسْلوفاكيا؛ لُغة التّشِيكِيِّين

Czechoslovak, *a. & n.* تشِيكُوسْلُوفاكِيّ

Czechoslovakia, *n.* تشِيكوسْلوفاكيا

D

D, 1. (letter) الحَرْف الرَّابِع من الأَبْجَدِيّة الاِنْكلِيزِيّة

2. (Rom. num. = 500) رَقْم ٥٠٠ في الأَرْقام الرُّومانيّة القَدِيمة

dab, *v.t.* مَسَحَ بِمِنْدِيل، لَمَسَ بِخِفّة

n. 1. (light blow) لَمْسَة خَفِيفة (دِهَان)

2. (fish) سَمَك صَغِير يُشْبِه سَمَك مُوسَى

3. (*coll.*, adept), *also attrib., esp. in* a dab hand at مَاهِر أو حاذِق في ...

dabble, *v.t.* بَلَّلَ، بَلْبَطَ، طَبَّشَ في الماء

v.i. (*esp. fig.*) شَغَلَ أو أَلْهَى نفسَه في شَيْء

dabbler, *n.* هاوٍ، غير مُحْتَرِف

dabchick, *n.* الغَطَّاس الصَّغِير، زُغَوْيطة (طائر)

dace, *n.* سَمَك نَهرِيّ صَغير

dachshund, *n.* كَلْب صَغير ذو أرْجُل قَصيرة

dactyl, *n.* (**-ic,** *a.*) تَفْعيلَة شِعْرِيَّة (‒ ‿ ‿)

dad, *n.* (*coll.*); *also* **dada, daddy** بَابَا، أَب (بلغة الأطفال)

daddy-longlegs الإسْم الشّائع لِحَشَرة ذاتِ جَناحَيْن وأرْجُل طويلة ، قَمَص البُقول

dado, *n.* حُدَّة مُسْتَعْرِضَة (نجارة) ، إفْريز الجِدار

daemon, *see* **demon**

daffodil, *n.* نَوْع من النَّرْجِس الأَصْفَر

daft, *a.* (*coll.*) سَخِيف، أَحْمَق ، أَبْلَه

dagger, *n.* 1. (weapon) خَنجَر، مُدْيَة

at daggers drawn بَيْنَهُمَا عِداء مُسْتَحْكِم

look daggers نَظَر إلَيْه بِحِقْد، نَظَر إليه شَزْرًا

2. (printing symbol) عَلامَة مَطْبَعِيّة عَلَى شكل خَنْجَر (†)

daguerrotype, *n.* تَصْوِير شَمْسِيّ على أَلْوَاح فِضِّيَّة (قديمًا)

dahlia, *n.* زَهْرَة الدَّالِيَا، ضَالِيَا

daily, *adv.* & *a.* يَوْمِيّ، يَوْمِيًّا، كُلّ يومٍ

daily bread قُوت يَوْمِيّ

daily help خَادِمَة مَنْزِلٍ تعمَل بِأُجْرةٍ يَوْمِيَّة

n. 1. (newspaper) جَرِيدة أو صَحِيفة يَوْمِيّة

2. (*coll.*, non-resident servant) خَادِمَة لا تَسْكُن فِي بَيْتِ مَخْدُومِها

dainty, *a.* أَنِيق، صَعْب الإرْضَاء؛ رَقِيق؛ لَذِيذ

n. مَأْكُولَات لَذِيذة، طَيِّبَات

dairy, *n.* مَعْمَل أَلْبَان ؛ مَخْزَن أو مَحَلّ بَيْع الأَلْبَان

dairy-cattle مَاشِيَة تُرَبَّى لِحَلِيبِها، مَاشِيَة الحَلِيب أو اللَّبَن

dairy produce الأَلْبَان ومُنْتَجاتها (مِثْل القِشْطَة والجُبْن الخ)

dairymaid, *n.* عَامِلة في مَعْمَل أَلْبان

dairyman, *n.* عَامِل في مَعْمَل أَلْبان، لَبَّان

dais, *n.* مِنَصَّة، مِنْبَر

daisy, *n.* أُقْحُوان (أقاح)، لُؤْلُؤِيّة صَغِيرَة، زَهْرة الرَّبِيع

dale, *n.* وَادٍ صَغِير (في شِمال انكلترا خَاصَّةً)

dalliance, *n.* غَزَل، مُدَاعَبَة، عَبَث

dally, *v.i.* 1. (make sport *with*) غَازَلَ، دَاعَبَ، عَبِثَ ؛ اسْتَخَفَّ بِ...

2. (loiter) تَسَكَّعَ، تَلَكَّأَ، أضاع وَقْتَه

dam, *n.* 1. (barrier) سَدّ، خَزَّان

2. (mother) أُمّ (لِذَوَات الأَرْبَع)

v.t.; *also* dam up; *also fig.*, *of feelings* أَقام سَدًّا، حَبَس، حَصَرَ؛ كَبَتَ، كَتَمَ

damage, *n.* 1. (harm, loss) ضَرَر، تَلَف، خَسَارة

2. (cost of compensation; *usu. pl.*) تَعْوِيض مَالِيّ عن أَضْرار

what's the damage? (*coll.*) كَمْ عَلَيَّ أن أَدْفَعَ؟ عاوِز كام ؟(مصر)،اِشْقَد؟(عراق)

v.t. (*lit. & fig.*) أَحْدَثَ ضَرَرًا، أَتْلَف؛ آذَى، شَوَّهَ

damask, *n. & a.* 1. (rose colour) أَحْمَر وَرْدِيّ ، لَوْن الوَرْد البَلَديّ أو الشّامِيّ

2. (fabric with woven figures) دِيبَاج لا تَظْهَر رُسومُه إلّا بِانْعِكاس الضَّوْء

dame, *n.* 1. (lady; now usu. elderly) سَيِّدة (مُتَقَدِّمة في السِّنّ)

Dame Fortune (*arch.*) (كِنايَة عَن) الحَظّ

dame-school مَدْرَسة ابْتِدائِيّة تُدِيرها مُعَلِّمَة (في انكلترا سابِقًا)

2. (title) لَقَب شَرَف لِامْرَأَة (يُمْنَح من قِبَل العَرْش تَقْدِيرًا لِخَدَماتِها)

damn, *v.t.* لَعَنَ، سَبَّ، ذَمَّ

damned from the start كُتِبَ عَلَيْه الفَشَل

damn with faint praise ذَمٌّ في صورة مَدْح

n. كَلِمة لَعْنَة ؛ شَيْءٌ تافِه

I don't care (give) a damn لا تُهِمُّنِي أَبَدًا، لا أُبَالِي

int. أُفٍّ! يا لَلْفَظاعَة!

damn it all! أَعُوذ بِاللّهِ من بَلاهَتِك!

damnable, *a.* شَنِيع، فَظِيع، لَعِين

damnation, *n. & int.* (الحُكْم) بالجَحِيم أو الهَلاك الأَبَدِيّ ؛ تَبًّا (له)، يا لَلَّعْنَة!

damned, *a. & adv.* مَلْعُون، لَعِين، رَجِيم

the damned المَلْعُونُون، أَهْل النّار

damning, *a.* مُثْبِت لِلْإِدانة، مُؤَكِّد لِلاتِّهام

damp, *a.* رَطْب، نَدِيّ، مُبْتَلّ

n. رُطُوبَة، بَلَل

damp-proof course طَبَقة عازِلة أو مانِعة للرُّطُوبة في البِنَاء

(*fig.*)

cast a damp on (over) كَدَّرَ الجَوّ، عَكَّرَ الصَّفْو

v.t. 1. (make slightly wet) رَطَّبَ، بَلَّلَ، نَدَّى

2. (stifle); *also* damp down خَفَّف حِدَّة النَّار بِإلْقاء (رَماد عليها مثلًا)؛ أَخْمَد

his spirits were damped ثُبِّطَت هِمَّته ، وَهَن عَزْمه ، أُخْمِد حَماسُه

dampen, *v.t. & i.* رَطَّب ،بَلَّل خَفيفًا

damper, *n.* 1. (depressing influence) مُوهِنٌ لِلعَزْم ، مُقْعِد لِلهِمّة؛ مُثِير للكَآبَة

cast a damper on صَبَّ الماء البارِد على؛ أَخْمَدَ الحَماس أو العَزِيمة

2. (draught regulator) صِمَام تَنْظِيم تَيّار الهَوَاء المارّ بِلَهَب الفُرْن أو المِدْفَأَة

3. (suppressor of vibrations) كَاتِم أو مُضْعِف الذَّبْذَبات

damper pedal (*of piano*) دَوّاسَة مانِعة لِاهْتِزاز الأَوْتار في البيانو

damsel, *n.* فَتاة، عَذْراء، آنِسة، خَرِيدة، غَادة

damson, *n.* بُرْقُوق صَغِير الحَجْم داكِن اللَّون، إجّاص بَرِّيّ، آلُوبَالُو (عراق)

dance, *n.* رَقْص ؛ رَقْصَة

dance-floor — صَالَة أو حَلْبَة رَقْص

lead someone a dance — أَتْعَبَه جَرْيًا بِلا طَائِل

v.i. (*lit. & fig.*) — رَقَص ؛ قَفَزَ (فَرَحًا)

v.t. 1. (perform)

dance attendance on — حَامَ حَوْلَ، سَارَ في رِكَاب أو مَعِيَّة فلان

2. (dandle) — رَقَّص أو هَدْهَدَ الطِّفل

dancer, *n.* — راقِص، راقِصة

dandelion, *n.* — هِنْدِبَاء بَرِّية ، سِنّ الأَسَد، طَرَخْشَقُون (نبات)

dandle, *v.t.* — رَقَّص الطِّفل ؛ دَلَّل

dandruff, *n.* — قِشْرَة الرَّأْس، نُبَّاغَة، سَكَبة

dandy, *n.* — غَنْدُور، مُفْرِط في تَهَنْدُمِه

a. (*coll.*)

fine and dandy — عَلَى ما يُرَام

Dane, *n.* — دَانْمَارْكِيّ

Great Dane — فَصِيلة من الكِلاب ضَخْمة الحَجْم قصيرة الشَّعْر

danger, *n.* — خَطَر (أخطار)

in danger (of) — فِي خطَر، مُعَرَّض لِخَطَر...

go in danger of one's life — كَانَت حَياتُه عُرْضَةً لِلْخَطَر

out of danger — اِجْتَازَ المَرِيض مَرْحَلة الخَطَر، مرّت الأَزْمَة بسلام

there's no danger of that — ذَلِكَ أَمْر بَعِيدُ الاِحْتِمال، لا يُمْكِن حُدوثُه، مُسْتَحِيل

a public danger — خَطَر عَلَى المَصْلَحَة العَامَّة

dangerous, *a.* — خَطِر، مُخْطِر، خَطِير، مُهْلِك

he was dangerously ill — كانَ مَرَضُه خَطِيرًا، سَاءَت حَالَتُه الصِّحِّيَّة ودَنا مِن المَوْت

live dangerously — اِسْتَهَان أو اسْتَخَفَّ بالأَخْطار، غَامَرَ وقامَرَ

dangle, *v.t.*; *also fig.* — دَلَّى، هَدَلَ، لَوَّحَ لَهُ به

dangle prospects before someone — لَوَّحَ له بِالآمَال

v.i.; *also fig.* (hang about) — تَدَلَّى، تَأَرْجَحَ ؛ اِسْتَرْسَلَ (الشعر)، تَدَلْدَلَ

dangle round (after) someone — حَامَ حَوْلَه، لازَمَه بُغْيَةَ الانْتِفاع منه

Daniel, *n.* (*fig.*) — عَادِل ؛ كالفَارُوقِ في عَدْلِه

Danish, *a. & n.* — دَانمارْكِيّ ، نِسْبَةً إلى الدَّانمارك ؛ لُغة الدَّانمركيّين

dank, *a.* (**-ness,** *n.*) — شَدِيد الرُّطُوبة وفاسِدُ الهَوَاء

dapper, *a.* — مُتَأَنِّق، مُهَنْدَم ؛ سَرِيع الحَرَكة، نَشِيط، خَفِيف

dapple, *v.t.* — رَقَّطَ ،مُنَقَّط بِبُقَع مِن لَوْن آخَر

dapple-grey, *n. & a.* — (حصان) أَبْلَق

dare, *v.i. & aux.* — تَجَاسَرَ، تَجَرَّأَ، جَرُؤَ

I dare say — أَظُنّ (أَنَّهَا ستُمْطِر)، يُحْتَمَل أن

v.t. 1. (challenge); *also n.* — تَحَدَّى ؛ تَحَدٍّ

2. (attempt); *also v.i.* — تَجَاسَرَ، جَازَفَ

daredevil, *n. & a.* — مُتَهَوِّر، مِقْحَام

daring, *a.* جَرِيء ، جَسُور ، مِقْحَام

n. جُرْأة ، جَراءَة ، جَسارَة

dark, *a.* 1. (with little or no light) مُعْتِم ، مُظْلِم ؛ قَاتِم ، داجِن ، داجٍ

dark-lantern فَانُوس يُمكِن تَغْطِيَة ضَوْئِه، مِصْباح مُعْتِم

dark-room غُرْفة مُظْلِمة (تصوير)

get (grow) dark أَظْلَمَ، دَجَا، أَعْتَمَ

2. (*of colour*, deep or blackish) داكِن

dark blue أَزْرَق قاتِم

dark-eyed, *a.* ذُو عَيْنَيْن سَوْدَاوَيْن

3. (*fig.*, gloomy)

look on the dark side يَنْظُرُ لِلدُّنيا بِمِنْظار أَسْوَد، مُتَشَائِم

4. (*fig.*, obscure, mysterious, unenlightened) غَامِض، خَفِيّ، مُبْهَم

the Dark Ages العُصُور المُظْلِمَة (في أوروبّا)

the Dark Continent القَارَّة السَوْداء، إفْرِيقيا

a dark horse ذُو إمْكانيات مَجْهُولة، يَصْعُب سَبْرُ غَوْرِه

dark secret سِرّ مَصُون، سِرّ مُبْهَم

keep dark about أَخْفَى، كَتَمَ، سَكَتَ

keep something dark أَخْفَى أو سَتَرَ شيئًا، أَحَاطَه بِسِرّيّة تامّة

n. 1. (absence of light) ظُلْمَة، ظَلام، دَيْجُور، حُلْكَة

2. (nightfall) غَسَق، بعد غُروب الشَّمْس

after dark في دَيَاجِي أو دَيَاجِير اللَّيْل

3. (obscurity) غمُوض، إبْهام

a leap in the dark خُطْوَة مَجْهُولة العاقِبَة

darken, *v.t. & i.* عَتَّمَ، أَظْلَمَ ؛ دَجَى، أَظْلَمَ، اِكْفَهَرّ

do not darken my door again لَا تَطَأْ عَتَبَةَ دارِي بَعْدَ اليَوْم

darkness, *n.* ظَلَام، عَتَمَة ؛ سَوَاد؛ جَهْل؛ غُمُوض

darling, *a. & n.* حَبِيب، عَزِيز

darn, *v.t.*; *also n.* رَفَا أو رَفَأَ أو رَتَقَ (الجوارب مثلًا)؛ رَفْو، رَتْق

dart, *n.* 1. (missile) نَبْلة، حَظْوة، سَهْم صَغِير مُرَيَّش

2. (sudden rush) اِنْدِفَاع، اِنْطِلاق، وَثْبة

3. (*dressmaking*) دَرْز مَخْرُوطِيّ، بِنْسَة

v.i. مَرَقَ، اِنْطَلَقَ بِسُرْعة، اِنْدَفَعَ

v.t. قَذَفَ ؛ حَدَجَ

dash, *n.* 1. (rush) اِنْدِفاع، اِنْطِلاق، وَثْبَة

make a dash for it اِنْطَلَقَ هارِبًا، اِنْدَفَعَ نَحْوَ أو إلى

2. (infusion of colour, liquid, etc.)

a dash of soda مِقْدار قَليل من الصُّودا (يضاف إلى الوِيسكي مَثَلًا)

3. (showy appearance)

cut a dash ظَهَرَ بِمَظْهَرٍ أنيق

4. (horizontal stroke) خَطٌّ أُفُقِيٌّ قَصِير فِي الكِتَابة والطِّبَاعة ، شَرْطَة

v.i. اِنْدَفَع ، اِنْطَلَق ؛ اِرْتَطَم

v.t. 1. (knock, shatter; *also fig.*, frustrate) حَطَّم ؛ أَحْبَطَ ، خَيَّب

his hopes were dashed اِنْهَارَت آمَالُه ، (تبدّدت أو تحطّمت)

2. (bespatter) طَرْطَش

he dashed water over her face قَذَفَ أو طَشَّ أو رَشَّ الماءَ على وَجْهِهَا

3. (*with adv.* off)

dash off a letter كَتَبَ خِطَابًا على عَجَل

4. (*coll.*, damn)

dash it all! وَهَلْ يَحْتَاج الأَمْر إلى بُرْهان؟! أُفٍّ!

dashboard, *n.* لَوْحَة عَدَّادات السَّيَّارة ، لَوْحَة أَجْهِزة قِيَاس

dashing, *a.* جَسُور ، مِقْدام ؛ مُخْتال

dastard, *n.* (**-ly,** *a.*) جَبَان ، وَضِيع ، دَنِيء ، نَذْل

data, *pl. of* **datum** حَقَائِق عِلْمِيّة ، فُرُوض أو مُعْطَيات تُوصِل إلى نَتَائِج

date, *n.* 1. (tree); *also* **date palm** نَخْلَة (نَخْل ، نخيل)

2. (fruit) تَمْرَة (تَمْر) ، بَلَحة (بَلَح)

3. (numerical designation of day or year, period) تَارِيخ ؛ وَقْت ، زَمَن

do you know his dates? (*i.e.* of birth and death) هَلْ تَعرِف تارِيخَ مَوْلِدِه ووَفاتِه ؟

out of date; *also* out-of-date, *a.* قَدِيم العَهْد ، مَضَى زمانه ، بَطَلَ اسْتِعْمَالُه

⟨up⟩ to date (till now) حَتَّى الآن ، حتّى السَّاعَة

he is up to date in his payments يَدْفَع ما عَلَيْه فِي حِينِه ، يُسَدِّد أَوَّلًا بأَوَّلٍ

up-to-date, *a.* عَصْرِيٌّ ، حَديث ، مُجارٍ للعَصْر

4. (*coll.*, engagement) مَوْعِد ، مِيعاد

v.t. & i. أَرَّخ (خِطابًا) ، حَدَّد تاريخ (مَخْطُوطَة) ضَرَب مَوْعِدًا لِلِّقاء ؛ عادَ تاريخُه إلى ؛ قَدُمَ

dated, *a.* مُؤَرَّخ ؛ قَديم ، عَتيق

dateline, *n.* (*geog.*) خَطّ الاِنْتِقال من يوم إلَى يوم (١٨٠° شرقًا وغربًا - مِلاحة)

dative, *a. & n.* حَالَة المَجْرُور بحَرْف الجَرّ ، القابِل أو المَقْصُود (نَحْو)

dat/um (*pl.* -a), *n.* حَقِيقَة أو فَرْض عِلْمِيّ

datum-line خَطّ إسْناد (مِساحة)

daub, *n.* 1. (wall coating) طَبَقَة طِلاء

2. (smear) بُقْعَة من الدُّهْن أو الطِّلاء

3. (bad painting) رَسْم مُهَوَّش ، تَلْطِيخ

v.t. & i. لَطَّخ ، لَوَّث

daughter, *n.* اِبْنَة ، بِنْت (بنات)

daughter-in-law كَنَّة ، زَوْجة الاِبن

daunt, *v.t.* ثَبَّطَ عَزِيمَتَه ، جَعَلَه يَتَهَيَّب ، أَخَافَ ، هَدَّد ، أَرْهَبَ

nothing daunted دُون أَدْنَى تَرَدُّد ، غير هَيَّابٍ وَلا وَجِل

dauntless, *a.*   مِقْدَام ، غَيْر هَيَّاب

davit, *n.*   وِنْش في سَفينة لِرَفْع (وإِنْزال)
قَوَارِب النَّجَاة

Davy lamp, *n.*   مِصْبَاح دَيْفِي (تعدين)

Davy Jones's locker, *n.*   قَاع البَحْر حَيْثُ
يَرْقُد الغَرْقَى

dawdle, *v.i. & t.*   تَلَكَّأَ، تَسَكَّعَ، تَبَاطَأَ

   dawdle away the time   أَضَاعَ الوَقْتَ
سُدًى، أَنْفَقَه فيما لا يُجْدِي

dawdler, *n.*   مُتَسَكِّع ، لُكَأَة

dawn, *n.* (*lit. & fig.*)   فَجْر، سَحَر، فَلَق ؛
مَطْلَع عَهْد جديد

   v.i. (*lit. & fig.*)   بَزَغَ (الفَجْر)، طَلَعَ

   it's just dawned on me   تَذَكَّرْتُ لِتَوِّي،
لم أُدْرِكْ حَقيقة الأمر إلّا في هَذِه اللّحْظَة

day, *n.*   يَوْم (أَيَّام)، نَهَار (أَنْهُر، نُهُر)

   by day   بالنَّهَار، نَهَارًا

   day after day   يَوْمًا بعد يوم

   day by day   يَوْمًا فَيَوْمًا، يَوْمًا بِيَوْمٍ

   day-book   دَفْتَر اليَوْمِيَّة، مُسَوَّدة حِسابات

   day-boy   تِلْميذ خارِجيّ يَنْصَرِف بَعْدَ
انْتِهَاء اليوم المَدْرَسِيّ

   day off   يوم إِجَازة (للتَّغَيُّبِ عن العَمَل)

   one day; *also* some day   في يَوْمٍ من الأيَّام ،
يَوْمًا مَا، ذَاتَ يَوْمٍ

   in two days' time   بَعْدَ يَوْمَيْن

   any day now   (يُتَوَقَّعُ وصوله) بَيْنَ يَوْمٍ وآخَر

   the other day   مُنْذُ أَيَّام، ذَاك النَّهَار،
ذَاك اليَوْم

   to this (very) day   حَتَّى يَوْمِنا هذا، حَتَّى السَّاعة

   the Last Day   اليَوْم الآخِر، يَوْم الحِسَاب
أو الدِّين أو الحَشْر، السَّاعة

   Day of Judgement   يَوْم الحِسَاب أو الدِّين

   win (carry) the day   تَفَوَّقَ، فَازَ، انْتَصَرَ ،
أَحْرَزَ قَصَبَ السَّبْق

   in days of old   في قَديم الزَّمَان، في سالِف
العَصْر والأَوَان

   he has seen better days   عَاشَ أَيَّامًا أَكْثَرَ
رَفَاهَةً من هَذِه الأيام ، هَجَرَه نَعِيم الماضِي

   these days   في هَذِه الأيام، في يَوْمِنا
هَذَا، في الوَقْت الحَاضِر

   his days are numbered   أَيَّامُه مَعْدُودات ،
دَنَت نِهَايَتُه

   in all my born days   طِيلَةَ حَيَاتي، عُمْري

   end one's days   قَضَى أَيَّامه الأَخِيرة

   let us call it a day (*coll.*)   يَكْفِي ما عَمِلْناه
اليَوْم، كِفَايَة، فَلْنَتَوَقَّفْ

   one of these days   يَوْمًا مَا، في المُسْتَقْبَل

   it's one of those days (*coll.*)   هَذَا يَوْمٌ نَحْس

daybreak, *n.*   فَجْر، سَحَر، انْبِلاج الصُّبْح

daydream, *n. & v.i.*   حُلْم اليَقَظة ؛ شَرَد فِكْره

daylight, *n.*   ضَوْء النَّهَار، النُّور

   in broad daylight   في وَضَح النَّهَار

   daylight robbery   سَرِقة في رَابِعة النَّهَار

daylight saving نِظام التَّوْقِيت الصَّيْفِيّ ، تَقْدِيم السَّاعَة للانْتِفاع بِضَوْءِ النَّهار

(*fig.*)

see daylight (أخيرًا) وَضَحَ له الأَمْر ، أَدْرَك المَوْقِف على حَقِيقَتِه

daze, *v.t.* (*esp. past p.*); *also n.* أَذْهَلَتْه (الكارِثَة أو الصَّدْمَة)، كادَت تُفْقِدُه وَعْيَه أو اتِّزانَه

dazed, *a.* مَذْهُول ، غائِب عَن رُشْدِه

dazzle, *v.t.* (*lit.* & *fig.*); *also n.* خَطَف البَصَر ، بَهَر العُيُون ، زَغْلَلَ ؛ إنْبِهار البَصَر

dazzling, *a.* بَرَّاق ، مُتَأَلِّق ، يَخْطِف البَصَر

de, *Lat. prep.*

de facto أَمْر واقِعِيّ أو فِعْلِيّ

de jure بِصِفَة قانُونِيّة أو شَرْعِيّة

de, *F. prep.*

de luxe فَاخِر ، مُمْتاز

de rigueur ضَرُورِيّ ، تَقْتَضِيه التَّقالِيد

de trop مُتَطَفِّل (على شَخْصَيْن يُفَضِّلان الانْفِرادَ مثلاً)

deacon (*fem.* **-ess**), *n.* شَمّاس (رُتْبَة كَنَسِيَّة)

dead, *a.* 1. (not living) مَيِّت ، مُتَوَفًّى ؛ لا رُوحَ ولاحَياةَ فيه ، (جُثَّة) هامِدَة

flog a dead horse يَضْرِب في حَدِيد بارِد ، يَنْفُخ في قِرْبَة مَقْطُوعَة

dead to the world غائِب عَن الوُجود ، فاقد الوعي

dead language لُغَة مَيِّتَة

dead letter رِسالَة تُحْفَظ بِمَكْتَب البَرِيد لِعَدَم وُجُود المُرْسَل إِلَيْه ؛ قانُون بَطَل تَنْفِيذه

Dead Sea البَحْر المَيِّت

dead weight حِمْل أو عِبْء ثَقِيل ، وِزْر (أَوْزار) ، وِقْر (أَوْقار)

2. (complete, exact)

dead calm سُكُون مُطْبِق ، هُدُوء شامِل

dead centre قَلْب المَرْكَز ؛ النُّقْطَة المَيِّتَة (وَضْع خاصّ لِذِراع التَّدْوِير بِالمُحَرِّكات)

dead end طَرِيق مَسْدُود ، حارَة سَدّ ؛ (عَمَل) لَيْسَ به مَجال لِلتَّرَقِّي

dead heat التَّعادُل في سِباقٍ ما ، وُصُول (عَدّائَيْن مثلاً) إلى نِهايَة السِّباق في لَحْظَة واحِدَة

dead loss (*sl.*) خَسارة تامَّة ، مَجْهُود ضاعَ عَبَثًا

dead reckoning تَحْدِيد مَوْقع السَّفِينَة بالحِسابات الرِّياضِيّة فَقَط

dead spit of (*coll.*) صُورَة طِبْق الأَصْل من..، هُو عَطْسَة فُلان

come to a dead stop تَوَقَّف أو تَعَطَّلَ فَجْأَةً

adv. بِالضَّبْط ، تَمامًا

dead on ⟨target⟩ في صَمِيم (الهَدَف)

dead on ⟨time⟩ (وَصَل القِطار إلى المَحَطَّة) في مَوْعِده المُحَدَّد بِالضَّبْط

dead drunk سَكْران طِينَة ، مَسْطُول

dead tired أَكاد أَمُوت مِن شِدَّة التَّعَب

n.

at dead of night في سُكُون اللَّيْل أو هَدْأَتِه ، في مَوْهِن اللَّيْل

deaden, *v.t.* سَكَّنَ (الأَلَم) ، خَفَّف (الصَّوْت) أو أَخْفَتَه

deadline, *n.* الوَقْت المُحَدَّد لإنْهاء عَمَلٍ طِبْقَ اتِّفاقٍ سابِقٍ ، آخِر مَوْعِد، أَجَل

deadlock, *n.* فَشَل المُفاوَضات، عَدَم الوُصول إلى اتِّفاقٍ بَيْنَ الطَّرَفَيْن

deadly, *a.* مُميت ، مُهْلِك ، قاتِل؛ زُعاف

deadly enemy عَدُوّ لَدود ، أَعْدَى عَدُوٍّ، عَدُوّ لا يَرْحَم ، عَدُوّ أَزْرَق

deadly nightshade سِتُّ الحُسْن ،بِلّادُونا (نَبات يُسْتَخْدَم عقّارًا طِبِّيًّا)

deadpan, *a. & n.* وَجْه جامِد، سَحْنَة لا تُعَبِّر عن أيّ شُعور

deaf, *a.* (**-ness,** *n.*) (*lit. & fig.*) أَطْرَش ، أَصَمّ ؛ طَرَش، صَمَم ؛ لا يَكْتَرِث

deaf-mute أَطْرَش أَخْرَس، أَصَمّ أَبْكَم

turn a deaf ear أَعارَهُ أُذُنًا صَمّاء، أَعْطاه الأُذُن الطَّرْشاء (عراق)

deafen, *v.t.* (ضَجّة) تَصُمُّ الآذان

deal, *n.* 1. (amount) مِقْدار ، مَبْلَغ ، كَمِّيَّة، قَدْر

a good (great) deal of مِقْدار كَبير من، كَمِّيَّة ضَخْمة من

2. (*cards*) تَوْزيع أو تَفْريق وَرَق اللَّعِب على اللاّعِبين

(*fig*., bargain, transaction) صَفْقَة تِجارِيَّة، عَمَلِيّة مالِيّة

it's a deal! تَمَّ الاِتِّفاق بَيْنَنا، تعاقَدْنا !

new deal خِطّة اقْتِصادِيَّة جَدِيدة

raw deal مُعامَلة مُجْحِفة

square deal مُعامَلة مُنْصِفة أو مُرْضِيَة لِلطَّرَفَيْن، إنْصاف الجَميع

3. (wood) خَشَب الشُّوح ، خَشَب أَبْيَض، خَشَب الصَّنَوْبَر

v.t.

deal a blow at somebody سَدَّد له ضَرْبَة

deal ⟨out⟩ the cards وَزَّعَ أَوْراق اللَّعِب على اللاّعِبين

v.i.

deal in اِتَّجَرَ في ، اشْتَغَلَ بِتِجارَة (الكُتُب أو الأَقْمِشَة الخ)

deal with

(do business with, treat) عامَلَ، تَعامَلَ مع

(settle) عالَجَ، دَبَّرَ

(be concerned with) بَحَثَ، تَناوَلَ

dealer, *n.* تاجِر (يَشْتَري البَضائع ويَبيعُها)

dealing, *n.* تَعامُل، بَيْع وشِراء

have dealings with لَهُ عَلاقَة ب أو تَعامُل مع ...

double-dealing غِشّ، خِداع، نَصْب

dealt, *pret. & past p. of* **deal**

dean, *n.* عَميد كُلِّيّة، رُتْبَة كَنَسِيّة عالِيَة

dear, *a.* 1. (held in affection, cherished); *also n.* عَزيز، غالٍ ، مَحْبوب

dear Sir سَيِّدي الفاضِل أو المُحْتَرَم (في المُكاتَبات الرَّسْمِيّة)

for dear life (هَرَب) خَوْفًا على حَياتِه

2. (costly); *also adv.* غَين، غالٍ

int.
oh dear ⟨me⟩! يَا سَلام ! يا سَتَّار! يَا لَطيف !

dearth, *n.* قَحْط ، مَجاعة

death, *n.* مَوْت، مِيتَة، وَفاة، مَنِيَّة

death-blow (*lit. & fig.*) ضَرْبَة قاضِيَة، طَعْنة نَجْلاء

death duties ضَرِيبَة التَّرِكات أو المِيرَاث

death-mask تِمْثَال من قالَب لِوَجْهِ مَيِّتٍ

death-rate مُعَدَّل أو نِسْبَة الوَفَيات

death-roll عَدَد الضَّحَايا أو قَائِمَة بِأَسْمائهم

death's-head جُمْجُمة بَشَرِيّة

death throes النَّزْع الأَخير، سَكَرَات المَوْت

death-trap مَصْدَر هَلاكٍ

death-warrant وَثِيقَة إِعْدام (قاتِل مَثلاً)

death-watch ⟨beetle⟩ نَوْع من الخَنَافِس تَنْقُر يَرَقاتُها الأَخْشاب ، غِفْرِيَّة الخَشَب

be the death of (*coll.*) سَتُقَصِّر عمري (بِسُلُوكِكَ)

catch one's death تَعَرَّضَ لِنَزْلَة بَرْد قَد تُمِيتُه

in at the death شَاهَدَ الكِلاب تَقْتَنِص الثَّعْلَب ؛ حَضَرَ المَرْحَلة الأَخيرة

at death's door يُحْتَضَر، في النَّزْع الأَخير، مُشْرِف على المَوْت

put to death أَعْدَمَ ، قَتَلَ ، أَمَاتَ

sick to death of زَهَقَت أو طَلَعَت رُوحُه مِن، قَرِفَ مِن .. ، لم يَعُدْ يَحْتَمِل ...

deathless, *a.* خَالِد، أَبَدِيّ، لا يَمُوت

deathly, *a. & adv.* يُشْبِه المَوْت

deathly hush سُكُون عَمِيق، صَمْت القُبُور، ‹صَمَتُوا كَأَنَّ على رُؤُوسِهِم الطَّيْرُ›

deathly pale شَاحِب شُحُوبَ المَوْتِ، عَلَتْ وَجْهَه صُفْرَةُ المَوْت

deb, *contr. of* **débutante**

débâcle, *n.* اِنْدِحَار، اِنْهِيار، نَكْبَة

debar, *v.t.* مَنَعَ أو حَرَمَ من ، سَدَّ بِوَجْهِه (بابَ التَّرْقِيَة مَثَلاً)

debase, *v.t.* (**-ment,** *n.*) خَفَّضَ قِيمَةَ العُمْلَة بِتَقْلِيل عُنْصُر الذَّهب أو الفِضّة

debatable, *a.* مُتَنَازَع عليه، يَقْبَل الأَخْذ والرَّدّ، فيه خِلاف

debate, *n.* مُنَاظَرَة ، مُناقَشة، جِدال (بَيْنَ فَرِيق مُؤَيِّد وفَرِيق مُعارِض)

v.t. & i. 1. (argue) جَادَلَ، نَاقَشَ، نَاظَرَ، حَاجَّ

2. (ponder) قَلَّبَ الأَمْرَ في ذِهْنه

debauch, *n.* فَتْرَة مُجُون ، دِعَارة

v.t. أَفْسَدَ، أَغْوَى

debauched, *a.* فَاسِد، فاجِر، مُتَهَتِّك

debauchee, *n.* مُنْغَمِس في اللَّهْو والمُجُون، فَاسِد

debauchery, *n.* فِسْق، دِعَارة، فُجُور

debenture, *n.* سَنَد (سَنَدات) دَيْن

debilit/ate, *v.t.* (**-ation,** *n.*) أَضْعَفَ، أَوْهَنَ، أَوْهَى صِحّته ؛ وَهَن

debility, *n.* ضَعْف (في الصِّحّة)، وَهَن

debit, *n.* (الحِسَاب) عليه، (رَصِيد) مَدِين

v.t. حَسَبَ على، قَيَّدَ عليه الحِساب

debonair, *a.* مُتَأَنِّق في مَظْهَره وتصرُّفاته، خَفيف الرُّوح، بَشُوش

debouch, *v.i.* خَرَجَ من مكان ضَيِّق

debris, *n.* حُطام، أَنْقاض؛ أَطْلال

debt, *n.* دَيْن (دُيُون)

debt of honour دَيْن شَرَف؛ خَسارة في القِمار

bad debt دَيْن عادِم أو مَيِّت، دَيْن هالِك (مصر)

debtor, *n.* مَدِين (مَدِينون)

debunk, *v.t.* (*coll.*) فَضَحَ ادِّعاءه، كَشَفَه على حَقيقَتِهِ

début, *n.* أَوَّل مَرَّة يَظْهَر فِيها المَرْءُ على المَسْرَح (الفَنِّيّ أو السِّياسِيّ مثلًا)

débutante, *n.*; *contr.* **deb** فَتاة من الطَّبَقة الرَّاقِية تُقَدَّم للمُجْتَمع (للمَرَّة الأُولى)

deca-, *in comb.* (بَادِئة بِمَعْنَى) عَشَرَة؛ عَشَرَة أَضْعَاف

decade, *n.* فَتْرَة عَشْرِ سَنَوَات، عَقْد (عُقُود)

decad/ent, *a.* (**-ence,** *n.*) مُنْحَطّ ثَقَافِيًّا، مُنْحَلّ خُلُقِيًّا؛ اِنْحِطاط، اِنْحِلال

decalogue, *n.* الوَصَايا العَشْرُ، وَصَايا مُوسَى (في التَّوْرَاة)

decamp, *v.i.* أَفْلَتَ، هَرَبَ خِلْسَةً

decant, *v.t.* أَفْرَغ (الخَمْر) في دَوْرَق لِيَصْفُو

decanter, *n.* دَوْرَق للخَمْر

decapit/ate, *v.t.* (**-ation,** *n.*) قَطَعَ رأسه، ضَرَبَ عُنُقه؛ فَصْل الرَّأس

decarbonize, *v.t.* أَزَالَ الكَرْبونَ من مُحَرِّك السَّيّارة

decay, *v.i.* & *n.* فَسَدَ، تَعَفَّنَ، تَسَوَّس، تَلَفَ؛ فَسَاد، تَعَفُّن، تَسَوُّس

decease, *v.i.* مَاتَ، تُوُفِّيَ، قَضَى نَحْبَه

the deceased الفَقِيد، الرَّاحِل، المُتَوَفَّى

n. مَوْت، وَفاة

deceit, *n.* خِدَاع، تَضْلِيل، غِشّ

deceitful, *a.* (**-ness,** *n.*) مُحْتال، غَشَّاش، مُنَافِق؛ اِحْتِيَال، غِشّ، نَصْب

deceive, *v.t.* خَدَعَ، أَضَلَّ

deceler/ate, *v.i.* & *t.* (**-ation,** *n.*) خفَّض السُّرْعة، أَبْطَأَ؛ إِبْطاء

December, *n.* دِيسِمْبِر، كَانُون الأَوَّل

decency, *n.* حِشْمة، لِياقة، أَدَب

decent, *a.* 1. (respectable) لَائِق، مُحْتَرِم، مُحْتَشِم

2. (*coll.*, fair, passable) مَعْقُول، مُنَاسِب

decentraliz/e, *v.t.* (**-ation,** *n.*) فَصَلَ عن المَرْكَز؛ أَعْطَى سُلْطَة لِلتَّصَرُّف

deception, *n.* تَضْلِيل، غِشّ، حِيلة، خُدْعة

deceptive, *a.* مُضَلِّل، كاذِب، وَهْمِيّ

deci-, *in comb.* (سَابِقة مَعْناها) العُشر من الشيء

decibel, *n.* وَحْدَة قِياس شِدَّة الصَّوْت، دِيسِيبِل (فِيزياء)

decide, *v.t. & i.* قَرَّر ، عَزَم عَلَى ، قَضَى أو بَتّ في أَمْر ، فَصَل فِيه

decided, *a.* مُصَمِّم على ، غَيْر مُتَرَدِّد ، حازِم ، جازِم ؛ قاطِع ، باتّ

decidedly, *adv.* قَطْعًا ، حَتْمًا ، بالتَّأكِيد ، بِلا رَيْب ، دُونَ شَكٍّ

deciduous, *a.* (أَشْجار) نَفْضِيَّة تَسْقُط أَوْراقُها في فَصْل الخَرِيف

decimal, *a.* عُشْرِيّ

decimal fraction كَسْر عُشْرِيّ (رِياضِيّات)

decimal point عَلامَة أو نُقْطَة عُشْرِيَّة

decimal system النِّظام العُشْرِيّ (قائِم عَلَى العَشَرَة ومُضاعَفاتها)

n. كَسْر عُشْرِيّ

to three places of decimals (عَدَد مُقَرَّب) إلى ثَلاثَة أرقام عُشْرِيَّة

decim/ate, *v.t.* (**-ation,** *n.*) قَتَل عُشْر عَدَد (السُّكّان) ؛ أَهْلَكَ الكَثِيرَ مِنْهم

decimet/re (*U.S.* **-er**), *n.* الدِّيسِيمِتْر ، عُشْر المِتْر ، عَشَرَة سَنْتِيمِتْرات

decipher, *v.t.* (**-ment,** *n.*) (*lit. & fig.*) فَكّ رُموز الشِّفْرَة ؛ فَكّ الطَّلاسِم

decision, *n.* 1. (resolution) قَرار ، حُكْم ، فَصْل (في مسألة) ، بَتّ

2. (resoluteness) تَصْمِيم ، عَزْم

decisive, *a.* باتّ ، حاسِم ، جازِم ، قاطِع ، فاصِل

deck, *n.* 1. (*of ship*) ظَهْر السَّفِينة ، سَطْح طَبَقَة من طَبَقاتِها

deck-chair كُرْسِيّ لِظَهْر المَرْكَب أو لِلْبِلاج (مصر)

deck-hand بَحّار أو نُوتِيّ يَعْمَل على سَطْح السَّفِينة

on deck عَلَى ظَهْر السَّفِينة

clear the decks (*fig.*) أَخَذ أُهْبَتَه ، شَمَّر عن ساعِدَيه ، تَهَيَّأ لِلْعَمَل

2. (*of playing cards*) مَجْموعة مِن وَرَق اللَّعِب ، شَدَّة كُوتْشِينة (مصر)

v.t.; *also* deck out زَخْرَف ، زَيَّن ، حَلَّى

decl/aim, *v.t. & i.* (**-amation,** *n.*) خَطَب في النّاس بِلَهْجَة حَماسِيَّة ؛ أَنْشَد قَصِيدَة

declamatory, *a.* حَماسِيّ ، خَطابِيّ

declaration, *n.* إعْلان ، تَصْرِيح ، بَيان

declare, *v.t. & i.* أَعْلَن ، صَرَّح ؛ أَعْلَن رئيسُ فَرِيق الكِرِيكِيت تَوَقُّفَ اللاّعِبين عَن الضَّرْب

have you anything to declare? هَلْ تَحْمِل شَيْئًا مُسْتَوْرَدًا يَسْتَحِقّ ضَرِيبة جُمْرُكِيّة ؟

déclassé, *a.* شَخْص فَقَد مَنْزِلَته أو طَبَقَته الاجْتِماعِيّة

declension, *n.* تَصْرِيف الأَسْماء (في النَّحْو)

declination, *n.* اِنْحِراف ، مَيْل عن المُسْتَوَى الرَّأْسِيّ أو الأُفُقِيّ ، زَيَغان (مِلاحة)

decline, *v.i.* اِنْحَدَر ؛ اِنْحَطّ ، هَبَط ، ضَعُف ، تَضاءَل ، تَدَهْوَر

v.t. 1. (refuse) رَفَض ، أَبَى ، اِمْتَنَع عن

2. (*gram.*) صَرَّف الأسماء (في النَّحْو)

n. 1. (slope) اِنْحِدار ، مُنْحَدَر ، مَيْل

2. (waning, deterioration) اِنْحِطاط ، تَدَهْوُر

3. (wasting disease) تَدَهْوُر الصِّحّة

declivity, *n.* اِنْحِدار ، مَيْل ، صَبَب ، مُنْحَدَر

declutch, *v.i.* ضَغَط دَوّاسة تَعْشِيق التُّرُوس (الدِّبْرِياج ـ مصر ، الكلاتش ـ عراق) لِلْفصل بَيْنَ مُحَرِّك السَّيّارة وعَجَلاتِها

decode, *v.t.* فَكَّ رُمُوز الشِّفْرَة

décolleté, *a.* دِيكُولْتِيه ، ثَوْب نِسائِيّ ذو فَتْحَة واسعة يَكْشِف أَعْلَى الصَّدْر

decompos/e, *v.t.* & *i.* (**-ition,** *n.*) حَلَّ ؛ اِنْحَلَّ ؛ تَفَسَّخَ ، تَعَفَّنَ ؛ اِنْحِلال ، تَحَلُّل

decompress, *v.t.* (**-ion,** *n.*) خَفَّفَ أو أَزالَ الضَّغْط

decontamin/ate, *v.t.* (**-ation,** *n.*) أَزالَ التَّلَوُّث (من آثار الغاز أو الإشعاع)

decontrol, *v.t.* رَفَعَ السَّيْطرة أو القُيود عن

décor, *n.* دِيكُور ، زُخْرُف

decor/ate, *v.t.* (**-ation,** *n.*) 1. (adorn) زَيَّنَ ، زَخْرَفَ ، زَرْكَشَ ؛ تَزْيِين ، زِينة

2. (paint *a house, etc.*) طَلَى جُدْرانَ الغُرَف

3. (invest with medal) قَلَّدَ أو مَنَحَ وِسامًا

decorative, *a.*… تَزْيِينِيّ ، يُضفي زُخْرُفًا على

decorator, *n.* نَقّاش وَمُزَيِّن المَباني

interior decorator مُصَمِّم تَزْيِين البُيُوت وزَخْرَفتها من الدّاخِل

decorous, *a.* مُهَذَّب ، مُؤَدَّب ، لائِق

decorum, *n.* وَقار ، حِشْمة ، لِياقَة

decoy, *n.* شَرَك (كَطائِر الخ) يَجْذِب الفَرِيسة

decoy-duck (*lit.*) شَرَك على شَكْل بَطّة

(*fig.*) تَمْوِيه ، تَضْلِيل الخَصْم

v.t. أَوْقَعَ في شَرَك ، خَدَعَ ، ضَلَّلَ

decrease, *v.t.* & *i.* أَنْقَصَ ، قَلَّلَ ، خَفَّضَ ؛ تَناقَصَ

n. تَناقُص ، تَضاؤُل ، هُبوط

decree, *n.* مَرْسُوم ، قَرار ، أَمْر ، إرادة

decree nisi حكم بالطّلاق يُنَفَّذ بَعْد سِتَّة أَسابِيع إنْ لَمْ يَظْهر ما يَنْقُضه

v.t. أَصْدَرَ مَرْسُومًا ، حَكَمَ ، قَضَى

decrepit, *a.* (**-ude,** *n.*) هَرِم ، عاجِز لِكِبَر السِّنّ ، مُتَداعٍ ، أَنْهَكَته الشَّيْخُوخَة

decry, *v.t.* ذَمَّ ، قَدَحَ ، عابَ

dedic/ate, *v.t.* (**-ation,** *n.*) كَرَّسَ ، نَذَرَ ، وَهَبَ أو أَوْقَفَ نفسه على

dedicate one's life to كَرَّسَ حَياته لِ ، أَوْقَفَ حَياته على

dedicate a book to someone أَهْدَى المُؤَلِّف كِتابَه إلى شَخْصٍ مّا لتسجيل تَقْدِيرِه له

deduce, *v.t.* اِسْتَنْتَجَ ، اِسْتَدَلَّ

deduct, *v.t.* خَصَمَ ، طَرَحَ ، حَسَمَ ، أَسْقَطَ

deduction, *n.* 1. (subtraction) طَرْح ، خَصْم

2. (inference) اِسْتِدْلال ، اِسْتِنْتاج

deductive, *a.* اِسْتِدْلالِيّ ، اِسْتِنْتاجِيّ

deed, *n.* 1. (action, fact) عَمَل ، فِعْل ، صَنِيع

2. (legal document) مُسْتَنَد، وَثِيقَة (وَثَائِق)، حُجّة، سَنَد

deem, *v.t.* حَسِبَ، رَأَى أن

deep, *a.* عَمِيق، مُبْهَم، صَعْب؛ (صَوْت) وَاطِئ؛ غارِق (في أفْكارِهِ)

deep blue لَوْن أزْرَق غامِق أو داكِن

the deep end الجانِب العَمِيق في حَوْض السِّباحة

go (in) off the deep end (*sl.*) اِحْتَدَّ، فَقَدَ أعْصابَه، فَقَدَ السَّيْطرة على نفسه

deep secret سِرّ عَمِيق أو دَفِين أو مَصُون

deep voice صَوْت جَهِير

in deep water (*fig.*) في مَأْزِق، في حَيْص بَيْص

the deep, *n.* اليَمّ، الخِضَمّ، البَحْر

adv. بِعُمْق، عَمِيقًا

deep-rooted, *a.* مُتَأَصِّل الجُذُور، راسِخ، مُسْتَحْكِم

deep-seated, *a.* رَاسِخ، ثابِت، دَفِين

knee-deep عُمْقُه يَبْلُغ الرُّكْبَتَيْن

deepen, *v.t. & i.* عَمَّقَ؛ تَعَمَّقَ

deer, *n.* (*sing. & pl.*) أيِّل، أيِّل (أيائِل)، غَزال (غِزلان)، (حَيَوان ذُو قُرون مُتَشَعِّبة)

deerskin, *n. & a.* جِلْد الأيِّل (المَدْبوغ)

deerstalker, *n.* 1. (hunter of deer) صَيّاد الغِزْلان

2. (hat) قُبَّعة بِحافَتَيْن (أماميّة وخَلْفيّة)

deface, *v.t.* (**-ment,** *n.*) شَوَّهَ (الشَّكْل أو الصُّورة)، طَمَسَ مَعالِم الحَجَر (مثلًا)

defaecate, *v.t. & i.* تَغَوَّطَ أو تَبَرَّزَ

defalcation, *n.* اِخْتِلاس، تَلاعُب بِالأموال

defamatory, *a.* قَذْفِيّ، تَشْهِيرِيّ، اِفْتِرائِيّ

defam/e, *v.t.* (**-ation,** *n.*) أساءَ إلى سُمْعَتِه، طَعَنَ، اِفْتَرَى على...؛ اِفْتِراء

default, *n.* قُصُور أو تَقْصِير، إهْمال (في دَفْع دَيْن)، عَدَم حُضُور (مُحاكَمة)

in default of لِعَدَم وُجُود أو حُضُور أو تَوَفُّر...

v.i. قَصَّرَ عن القِيام بِواجِب ما، لَمْ يَفِ بِدَيْنِه عِند الاِسْتِحْقاق

defeat, *v.t.* غَلَبَ، قَهَرَ، هَزَمَ، دَحَرَ، فازَ أو تَغَلَّبَ على

defeat one's own ends أَحْبَطَ مَساعِيه بِنَفْسِه، هُوَ السَّبَب في إخْفاق مَرامِيه

n. هَزِيمة، اِنْدِحار

defeatism, *n.* الرُّوح الاِنْهِزامِيّة، تَخاذُلِيّة

defeatist, *n.* اِنْهِزامِيّ، تَخاذُلِيّ

defect, *n.* عَيْب، نَقْص، خَلَل

defect, *v.i.* (**-ion,** *n.*) خَرَجَ على، مَرَقَ، اِرْتَدَّ، فَرَّ إلى جانِب العَدُوّ

defective, *a.* بِه عَيْب أو خَلَل؛ فِعْل ناقِص

defector, *n.* خائِن، مُرْتَدّ، مارِق، هارِب إلى جانِب العَدُوّ

defen/ce (*U.S.* **-se**), *n.* دِفاع، حِماية، وِقايَة

self-defence الدِّفاع عن النَّفْس

defences (*lit. & fig.*) اِسْتِحْكامات

counsel for the defence مُحَامِي الدِّفاع

defenceless, *a.* (**-ness,** *n.*) عَاجِز عن الدِّفاع عَنْ نَفْسِه، أَعْزل

defend, *v.t. & i.* دَافَعَ عن، صَانَ، وَقَى

defend oneself (*lit. & fig.*) دَافَعَ عن نفسه

defendant, *n.* مُدَّعًى عَلَيْه، مُتَّهَم في قَضِيَّة أمام المَحْكَمَة

defender, *n.* حَامٍ (حُمَاة)، مُدافِع، ذائد

defense, *see* **defence**

defensible, *a.* يُمْكِن الدِّفاع عنه أو تَبْرِيرُه

defensive, *a.* دِفَاعِيّ، وِقَائِيّ

n. حَالة أو مَوْقِف دِفاع

on the defensive مُتَحَفِّز للدِّفاع

defer, *v.t.* أَجَلَّ، أَرْجَأَ، أَخَّرَ، أَمْهَلَ

v.i. 1. (procrastinate) تَأَخَّرَ، تَلَكَّأَ، تَوَانَى

2. (yield *to*) نَزَلَ عِنْدَ إرادَة غَيْرِه

deference, *n.* تَلْبِيَةً أو انْصِيَاعًا لِ، مُرَاعَاةً أو اسْتِجَابَةً لِ؛ تَبْجِيل

deferential, *a.* مُغَالٍ في الاِحْتِرَام والمُجَامَلة وَالتَّقْدِير

deferment, *n.* تَأْجِيل، إرجاء، تَأْخير

defi/ant, *a.* (**-ance,** *n.*) مُتَمَرِّد، عاصٍ، مُتَحَدٍّ، مُنَاوِئ؛ تَمَرُّد، تَحَدٍّ

in defiance of تَحَدِّيًا لِ

defici/ent, *a.* (**-ency,** *n.*) نَاقِص، عَاجِز؛ نَقْص، عَجْز

mentally deficient نَاقِص العَقْل، مُخْتَلّ

deficit, *n.* نَقْص أو عَجْز مالِيّ

defile, *n.* خَانِق، شِعْب، فَجّ

v.t. (**-ment,** *n.*) أَفْسَدَ، لَوَّثَ؛ دَنَّسَ، نَجَّسَ، اِنْتَهَكَ؛ اِنْتِهاك، تَدْنِيس

define, *v.t.* حَدَّدَ، عَيَّنَ، عَرَّفَ، بَيَّنَ

definite, *a.* مُحَدَّد، مُعَيَّن؛ جازِم

definite article أَدَاة التَّعْرِيف (نحو)

definitely, *adv.* 1. (clearly, precisely) بِلَا رَيْب، بِلا أَدْنَى شَكّ

2. (*coll.*, yes, certainly) نَعَم، بَلَى، بِالتَّأْكِيد

definition, *n.* 1. (precise statement of meaning) تَعْرِيف، تَحْدِيد مَعْنًى

2. (degree of distinctness) وُضُوح، جَلَاء

definitive, *a.* جَازِم، قَاطِع، نِهَائِي، لا يَقْبَلُ التَّغْيِير

defl/ate, *v.t.* (**-ation,** *n.*) 1. (expel air from; *fig.*, reduce importance of) أَفْرَغَ (البالونَ) مِن الهواء؛ فَضَحَ كِبْرِياءَه الكاذِب

2. (*finance*)

deflation of currency اِنْكِماش اقْتِصادِيّ، نَقْص المُتَدَاوَل من العُمْلَة

defl/ect, *v.t.* (**-exion, -ection,** *n.*) أَمَالَ، حَرَفَ، زَاغَ، أَزَاغَ؛ زَيَغَان

deflector, *n.* حَارِف، حارِفة

defl/ower, *v.t.* (**-oration,** *n.*) اِفْتَضَّ البَكَارَة

deforest, *v.t.* (**-ation,** *n.*) اِجْتَثَّ الأَشْجَار

deform, *v.t.* (**-ation,** *n.*) مَسَخَ أو شَوَّهَ (الشَّكل عادةً)؛ مَسْخ، تَشْوِيه

deformity, *n.* عَاهة، تشوُّه، عَيْب جُسْماني

defraud, *v.t.* غَشَّ، دَلَّسَ، غَبَنَ

defray, *v.t.* قَامَ بِدَفع النَّفَقَات

deft, *a.* (**-ness,** *n.*) مَاهِر أو حاذِق في الأَعْمَال اليَدويّة، خَفِيف اليد

defrost, *v.t.* أَذَابَ الجَليد المُتَكَوِّن في ثلاجة

defunct, *a.* مَيِّت؛ بائِد

defy, *v.t.* تَحَدَّى، وَقَفَ في وَجْه، قَاوَمَ

degener/ate, *a.* (**-acy,** *n.*) مُنْحَطّ، مُنْحَلّ، مُتَدَهْور؛ اِنْحِطاط

v.i. (**-ation,** *n.*) اِنْحَطَّ، تَدَهْوَرَ، فَسَدَ

degrad/e, *v.t.* (**-ation,** *n.*) أَذَلَّ، حَقَّرَ، حَطَّ من شأنه، أَنْزَلَ من قَدْره

degree, *n.* 1. (stage in scale; amount) دَرَجة، مَنْزِلة، مَرْتَبة؛ مِقْدار

a high (large) degree of قَدْر عَظيم من، دَرَجة كبيرة من

of high degree ذُو مَقام، ذو مَنْزِلة سامية

to a degree (*coll.*) إلَى دَرَجة (كبيرة)، إلَى حَدّ عظيم

by degrees بِالتَّدْرِيج، تَدْرِيجِيًّا

third degree الحُصُول على اعْتِراف من المُتَّهَم بالتَّعْذيب

2. (academic rank) دَرَجة عِلْمِيّة، شَهادة

3. (graduation of scale, esp. of thermometer) دَرَجة (الحَرَارة مثلا)

4. (unit of angular measurement) دَرَجَة (في قِياس الزَّوَايا)

degree of latitude خَطّ العَرْض

dehumaniz/e, *v.t.* (**-ation,** *n.*) جَرَّدَتْه (الحرْبُ مثلاً) مِن صِفاتِه الانسانيّة

dehydr/ate, *v.t.* (**-ation,** *n.*) جَفَّفَ، أَزَال عُنْصُر الماء؛ تَجْفيف

deif/y, *v.t.* (**-ication,** *n.*) أَلَّهَ، جَعَلَ منه إلهًا؛ تأليه، تمجيد

deign, *v.i.* تَنَازَلَ، تَكَرَّمَ، تَفَضَّلَ بِ ...

de/ism, *n.* **-ist,** *n.* الاِعْتِقاد بالله وحده (دُونَ الوَحْي والتَّنزيل)

deity, *n.* الأُلُوهِيَّة؛ إلَه أو إلاهَة؛ شَخْص تُضْفَى عليه صِفات الآلِهَة

the Deity اللّٰه تَعَالَى

deject, *v.t.* (**-ion,** *n.*) أَحْزَنَ؛ اِكْتِئاب

dejected, *a.* مَحْزُون، مُكَدَّر، مُغْتَمّ

delay, *v.t.* & *i.*; *also n.* أَمْهَلَ، عَطَّلَ، أَخَّرَ، أَجَّلَ؛ تَبَاطَأَ، تَوَانَى؛ تأخُّر

delectable, *a.* مُمْتِع، سارّ، لذيذ

delectation, *n.* مُتْعَة، سُرور، تَسْلِيَة

delegate, *v.t.* اِنْتَدَبَ، أَوْفَدَ، فَوَّضَ، خَوَّلَ؛ أَنَاب

n. مَنْدوب، مَبْعوث، نائب

delegation, *n.* 1. (hand-over of authority) نَدْب، تَفْويض، إنابة

2. (body of deputies) وَفْد، بَعْثَة

delet/e, *v.t.* (**-ion,** *n.*) حَذَفَ، شَطَبَ، أزال، مَحَا؛ حَذْف

deleterious, *a.* ضَارّ، مُضِرّ، مؤذٍ

deliberate, *a.* (**-ness,** *n.*) 1. (intentional) عَمْدِيّ، قصدي، عن عَمْد؛ عَمْد
2. (cautious) مُتَأَنٍّ، مُتمهِّل، مُتَرَوٍّ، فَطِن
v.i. & t. تَشَاوَرَ، تباحث؛ تَبَصَّرَ، تَمَعَّنَ (في التَّفكير)، أَمْعَن الفِكْر

deliberately, *adv.* عَمْدًا، قصدًا، عن عَمْد

deliberation, *n.* 1. (discussion, consideration) مُبَاحَثة، مُشَاوَرة، تَبَصُّر
2. (caution) تَمَهُّل، تُؤَدَة، اِحْتِراس

deliberative, *a.* تَشَاوُرِيّ، تَباحُثِيّ

delicacy, *n.* رِقَّة، نَزَاكة؛ لُقْمَة شَهِيَّة

delicate, *a.* 1. (fine, soft) ناعِم، لَيِّن، رقيق
2. (weak, sensitive) رَقِيق، (سُؤال) مُحْرِج
3. (gentle, tactful) لَطِيف، دَمِث

delicatessen, *n.pl.* مُخَلَّلات وأَطْعِمة حِرِّيفة وما شابَهَها من المُقَبِّلات؛ مَحَلّ لِبَيْعِها

delicious, *a.* (*lit. & fig.*) حُلْو، لَذِيذ، طَيِّب، شَهِيّ؛ (نُكْتَة) لَطِيفَة

delight, *n.* سُرُور، بَهْجَة، غِبطة، فَرَح
take delight in وَجَدَ لذّة أو سرورًا في، اِسْتَمْتَع ب، حلا له أن
v.t. & i. أَبْهَج، سَرَّ، أَفْرَحَ؛ اِبْتَهَجَ، سُرَّ، فَرِحَ
‹I'm› delighted to hear it يسرُّني كثيرًا أن أَسْمَعَ ذلك، أبتهج لسماعِه
delight in وَجَدَ مُتْعَة أو لَذّة في، اِبْتَهَجَ لِ

delightful, *a.* مُمْتِع، مُسَلٍّ، حُلْو، مُبْهِج، لَذِيذ، لطيف

delimit, *v.t.* (**-ation,** *n.*) خَطَّطَ الحدود

deline/ate, *v.t.* (**-ation,** *n.*) صَوَّر شَخْصِيَّةً

delinqu/ent, *a. & n.* (**-ency,** *n.*) (حَدَثٌ) جَانِح؛ جُنُوح (الأَحْداث)؛ تَقْصِير في أداءِ واجبٍ

deliquesc/ent, *a.* (**-ence,** *n.*) مُتَمَيِّع، سائل

delirious, *a.* (*lit. & fig.*) هاذٍ، مُهَلْوِس

delirium, *n.* هَذَيان عقليّ، هَلْوَسَة
delirium tremens هَذَيان ارْتِعاشِيّ يُسَبِّبُه إدْمان المُسْكِرات

deliver, *v.t.* 1. (rescue) أَنْقَذَ، خَلَّصَ، نَجَّى
2. (disburden, *esp. in childbirth*) وَلَّدَت (القابِلَةُ) المرأةَ، ساعَدَتْها على الوَضْع
deliver oneself of an opinion أَدْلَى بِرَأْيٍ
3. (hand over) سَلَّم، أَوْصَلَ
deliver the goods (*fig.*) وَفَى بالعَهْد؛ قَامَ بالمُهِمَّة الّتي كُلِّف بِها
4. (launch *blow, ball, etc.*) سَدَّد ضَرْبَةً
5. (recite, give *speech, etc.*) أَلْقَى (خِطابًا مَثَلًا)
deliver judgement نَطَق (القاضِي) بِالحُكْم

deliverance, *n.* نَجَاة، خَلَاص، إِنْقَاذ

delivery, *n.* 1. (childbirth) وَضْع، وِلادة
2. (handing over, distribution) تَوْصِيل، تسلِيم؛ تَوْزِيع
3. (method of throwing) طَرِيقَة رَمْي أو قَذْف (الكُرة مثلًا)

4. (uttering of speech, statement) أُسْلُوب
الإلْقَاء، طَرِيقَة الحَدِيث

dell, *n.* وادٍ صَغِير على جانِبيه أَشْجار

delouse, *v.t.* فَلَّى، نَقَّى من القَمْل وغيرِه

delta, *n.* 1. (Greek letter) الحَرْف الرابِع
في الأَبْجَدِيَّة الإغْرِيقِيَّة

delta-wing جَنَاح مُثَلَّثِيّ (طيران)

2. (river mouth) دِلْتَا أو دال النَّهْر،
مَصَبّ على هَيْئَة مُثَلَّث

delude, *v.t.* أَوْهَمَ، خَدَعَ، ضَلَّلَ

deluge, *n. & v.t.* (*lit. & fig.*) طُوفَان،
فَيَضَان، مَطَر غَزِير؛ فَاضَ؛ غَمَرَ

delusion, *n.* وَهْم، هَوَس

delusive, *a.* وَهْمِيّ، كاذِب، خُلَّب

delve, *v.t. & i.* حَفَرَ؛ نَقَّبَ، تَعَمَّقَ، تَبَحَّرَ

demagnetiz/e, *v.t.* (-ation, *n.*) أَزَالَ المِغْناطِيسِيَّة

demagog/ue, *n.* (-ic, *a.*) خَطِيب سِياسِيّ
يَلْعَب بِعَواطِف العامَّة، مُهَيِّج

demand, *n.* طَلَب، مُطَالَبَة

payable on demand الدَّفْع عِنْد الطَّلَب

in great demand رائِج، عليه طَلَب مُتَزايِد

v.t. طَلَبَ، اِقْتَضَى، تَطَلَّبَ؛ اِسْتَوْجَبَ

demanding, *a.* مِلْحَاح، مُلْحِف

demarc/ate, *v.t.* (-ation, *n.*) عَيَّنَ الخَطَّ الفاصِل

démarche, *n.* خَطْوَة سِياسِيَّة
جَدِيدة

demean, *v.t.,* *esp. reflex.* حَقَّرَ أو أَذَلَّ نَفْسَه

demeanour, *n.* سُلُوك، تَصَرُّف، سِيرَة

demented, *a.* مَخْبُول، مَجْنُون، فاقِد العَقْل

démenti, *n.* تَكْذِيب الإشاعات رَسْمِيًّا

dementia, *n.* فُقْدان القُوى العَقْلِيَّة
(سَبَبُه خَلَل في الدِّماغ)

demerara ⟨sugar⟩, *n.* نَوْع من السُّكَّر البُنِّيّ

demerit, *n.* مَثْلَبَة، نَقْص، سَيِّئَة

demesne, *n.* 1. (estate) مِلْك، عَقَار

2. (*leg.*) قِطْعَة أَرْض يَضَعُها كِبار
المَلَّاكِين تحت تَصَرُّفِهم الخاصّ

demi-, *in comb.* بادِئَة بِمَعْنى نِصْف أو شِبْه

demigod, *n.* شِبْه إِله

demijohn, *n.* دَامَجَانة، قِنِّينة واسِعة الجَوْف
ضَيِّقة العُنْق مُغَطَّاة بِقَشّ

demi-monde, *n.* نِساء مَشْبُوهات، ساقِطات

demilitarized, *a.*

demilitarized zone مِنْطَقة مَنْزُوعة السِّلاح

demise, *n.* مَوْت، وَفاة؛ تَوْرِيث مِلْكِيَّة

demisemiquaver, *n.* ثُلاثِيَّة الأَسْنان (موسيقى)

demob, *contr. of* **demobilize, demobilization**

demobiliz/e, *v.t.* (-ation, *n.*) سَرَّحَ الجُنُود

democracy, *n.* دِيمُقْراطِيَّة، حُكْم الشَّعْب

democrat, *n.* (-ic, *a.*) دِيمُقْراطِيّ

démodé, *a.* (زِيّ) بَطَلَ اسْتِعْمالُه

demol/ish, *v.t.* (-ition, *n.*) (*lit. & fig.*)، هَدَمَ،
قَوَّضَ، حَطَّمَ؛ تَهْدِيم، تَقْوِيض، هَدْم

demon (daemon), *n.* شَيْطان، جِنّ، عِفْريت

a demon for work ذُو طاقةجَبّارة على العَمل، شغّال

demoniacal, *a.* شَيْطانيّ

demonstrab/le, *a.* (**-ility,** *n.*) يُمْكِن إثباتُه أو إيضاحُه بالبَراهين

demonstrate, *v.t.* 1. (show *feelings, etc.*) أَظْهَرَ (اِنْفِعالاته)، كَشَفَ (عواطفَه)

2. (prove) بَرْهَنَ، أَثْبَتَ، دَلَّلَ على

demonstration, *n.* 1. (exhibition, proof) تَجْربة لإيضاح كيفيّة الإستعمال؛ بُرْهان

2. (public manifestation) مُظاهَرة عامّة

demonstrative, *a.* 1. (serving to point out, *esp. gram.*) اِسْمُ الإِشارة (نحو)

2. (expressing feelings openly) يُطْلِق لِعواطفه العِنان، لا يكتم مشاعره

demonstrator, *n.* 1. (instructor using practical methods) مُعِيد في العلوم الطَّبيعيّة

2. (partaker in public meeting) مُتَظاهِر، مُشْتَرِك في مُظاهَرة

demoraliz/e, *v.t.* (**-ation,** *n.*) أَضْعَفَ أو أفْسَدَ الأخلاق، أَوْهَنَ العزيمة

demot/e, *v.t.* (**-ion,** *n.*) أَنْزَلَ رُتبة أو مَرْكَز أو مَقام (شخص)

demur, *v.i.* اِعْتَرَضَ أو اِحْتَجَّ على، مانَعَ في

n., esp. in

without demur بِلا اعْتِراض

demure, *a.* خَجُول، مُحْتَشِم، حَيِيّ، وَدِيع، ذو اِسْتِحْياء

demurrage, *n.* غَرامَة تأْخِير عَنِ اسْتِلام بِضاعَة

demy, *n.* حَجْم مُعَيَّن من ورق الطِّباعة

den, *n.* 1. (lair) عَرِين (عرائن)، وَجْر (أوجار)

2. (study) غُرْفة شخصيّة صغيرة

denationaliz/e, *v.t.* (**-ation,** *n.*) أَلْغَى تأْميم صِناعة ما؛ جَرَّدَ من الجِنسيّة

denaturaliz/e, *v.t.* (**-ation,** *n.*) أَزالَ الصِّفات الطَّبِيعِيَّة؛ جَرَّد من حُقوق المُواطَنة

denature, *v.t.* غَيَّرَ أو أَفْسَدَ الصِّفات الطَّبِيعِيّة

denial, *n.* 1. (refusal) رَفْض، إنكار، اِمْتِناع

self-denial إِنكارُ الذَّات

2. (contradiction) رَفْض، تَكْذيب، رَدّ

denigr/ate, *v.t.* (**-ation,** *n.*) ثَلَبَ، قَدَحَ، تناوَلَه بالسُّوء، اِسْتَصْغَر؛ تحقير

denizen, *n.* ساكِن، قاطِن، مقيم؛ أَجْنَبِيّ يَتَمَتَّع بِبعض الحقوق

denomination, *n.* 1. (name) تَسْمِية

2. (class) طَبَقة، مَجْموعة

3. (religious sect) طائِفة، مِلّة، مَذْهب

denominator, *n.* مَقام لِلْكَسْر (رياضيات)

denot/e, *v.t.* (**-ation,** *n.*) دَلَّ على، أَشار إلى

dénouement, *n.* حَلُّ عُقْدةِ المَسْرَحِيّة الخ

denounce, *v.t.* (**-ment,** *n.*) اِتَّهَمَ أو أَدانَ عَلَنًا، وَشَى ب، فَضَحَ

dense, *a.* 1. (closely compacted) كَثِيف، مُلَبَّد؛ مكتظ، مُحْتَشِد

2. (stupid) غَلِيظ الدِّماغ، ثَخِين المُخّ

density, *n.* كَثَافَة، اِزْدِحَام

dent, *n. & v.t.* خَدْش، فَعْصَة؛ طَبَّقَ (السطح)

dental, *a.* مُتَعَلِّق بِالأَسْنان

dental plate طاقَم أَسْنان اِصْطِناعِيّة

dental surgeon طَبِيب وجَرّاح الأَسْنان

n. (phon.) حَرْف نِطْعِيّ (كالدَّال والتَّاء)

dentifrice, *n.* مَسْحُوق أَو مَعْجون الأَسْنان

dentist, *n.* طَبِيب الأَسْنان

dentistry, *n.* طِبّ الأَسْنان

denture, *n.* طاقَم أَسْنان اصْطِناعِيّة

denud/e, *v.t.* (**-ation,** *n.*) عَرَّى، شَلَّحَ، جَرَّدَ

denunciation, *n.* اِسْتِنْكار، إِدَانة

deny, *v.t.* 1. (declare untrue) كَذَّبَ، أَنْكَرَ

2. (repudiate) أَنْكَرَ، رَفَضَ، دَحَضَ

3. (refuse) حَرَّمَ مِن، مَنَعَ

deodorant, *a. & n.* مُزيل للروائح الكريهة

depart, *v.i.,* rarely *v.t.* غادَرَ، رَحَلَ، تَرَكَ

depart from tradition خَرَجَ على العُرف والتَّقاليد

depart this life اِنْتَقَلَ إِلى جِوار رَبِّه تُوُفِّيَ إِلى رحمة الله

the departed المُتَوَفَّى، الرّاحِل

department, *n.* (**-al,** *a.*) قِسْم، إِدارة، دائِرة، شُعْبة، مَصْلَحة

department store مَخْزَن ذو أَقسام مُتَنَوِّعة

departure, *n.* 1. (leaving) رَحِيل، مُغادَرة

take one's departure غادَرَ، اِنْصرف، رَحَلَ، ذَهَبَ

2. (deviation) اِنْحِرَاف، خُروج عن القاعدة

depend, *v.i.* اِعْتَمَدَ أَو تَوَقَّفَ على، تَعَلَّقَ ب

depend on someone اِعْتَمَدَ على فلان، اِطْمَأَنَّ إِليه، اِتَّكَلَ عليه

it all depends (هَذَا) يَتَوَقَّف على الظُّروف

depend upon it! كُنْ وَاثِقًا من ذلك، ثِقْ

dependable, *a.* يُعْتَمَد عليه، يُرْكَن إِليه

depend/ant (**-ent**), *n.* عَيِّل، تابِع؛ خادِم

dependence, *n.* تَوَقُّف (على)، اِسْتِناد، تَعْوِيل، اِعْتِماد (على)

dependency, *n.* (دَوْلة) تابِعة لِأُخْرَى

depend/ent, *a.* مُتَوَقِّف أَو مُعْتَمِد على، مَنُوط ب

dependent on مُعْتَمِد أَو مُعَوِّل على

depict, *v.t.* (**-ion,** *n.*) صَوَّرَ، رَسَمَ؛ وَصَفَ زاهٍ

depilatory, *a. & n.* تَرْكِيب مُزيل للشَّعْر

deplet/e, *v.t.* (**-ion,** *n.*) اِسْتَنْفَدَ، اِسْتَهْلَكَ؛ أَفْرَغَ؛ أَنْهَكَ

deplorable, *a.* يُرْثَى أو يُؤسَف له، مُحْزِن

deplore, *v.t.* اِسْتَهْجَنَ؛ حَزِنَ أو أَسِفَ على

deploy, *v.t. & i.* (**-ment,** *n.*) وَسَّعَ الجَبْهَة، نَشَرَ، وَزَّعَ؛ اِنْتَشَرَ، تَوَزَّعَ

depolariz/e, *v.t.* (**-ation,** *n.*) مَنَعَ أو أَزالَ الاسْتِقْطَاب

(*fig.*) زَعْزَعَ العَقِيدة أو الإيمان

deponent, *a. & n.* مَن يُدْلِي بإفادة (شفوية أو كتابيَّة) مَشْفوعة باليَمين

depopul/ate, *v.t.* (**-ation,** *n.*) خفَّض أو قَلَّلَ عدد سكّان مِنْطَقة ما

deport, *v.t.* I. (remove) أَبْعَدَ، نَفَى، طَرَدَ

2. (conduct *oneself*) سَلَكَ، تَصَرَّفَ

deportation, *n.* إبْعاد، نَفْيٌ، طَرْد؛ تَرْحيل

deportee, *n.* مَنْفٍ، مُبْعَد

deportment, *n.* تَصَرُّف؛ فَنّ المِشْية

depose, *v.t.* عَزَلَ، خَلَعَ، أقالَ

v.i. شَهِدَ أمام مَحْكمة

deposit, *n.* I. (sum of money); *also v.t.* عَرْبُون، تأمين؛ وَديعة؛ وَضَعَ، أَوْدع

2. (natural accumulation); *also v.t.* رَاسِب (رواسب)، مَوادّ رُسوبيّة

v.t. (put down) رَسَّبَ

deposition, *n.* عَزْل، خَلْع، إقالة؛ شَهادة أمام مَحْكَمة

depositor, *n.* مُودِع مالاً في بَنْك أو مَصرِف

depository, *n.* مُسْتَوْدَع لِحفظ الأثاث

depot, *n.* I. (*mil.*) مُسْتَوْدَع أو مَرْكز عسكريّ

2. (transport centre) مُسْتَوْدَع أو جَرَاج رَئِيسي

3. (storehouse) مُسْتَوْدَع، مَخْزَن

deprave, *v.t., esp. past p.* أفْسَدَ، ضَلَّلَ

depravity, *n.* اِنْحِلال أَخلاقيّ، فَساد، تفسُّخ

deprec/ate, *v.t.* (**-ation,** *n.*) لَمْ يَسْتَحْسِنْ

depreci/ate, *v.t. & i.* (**-ation,** *n.*) اِنْتَقَصَ من قِيمَة شيء؛ اِنْخفضت (قيمة العُمْلة مثلا)

depreciatory, *a.* مُسْتَخِفّ، لائم، عَيّاب

depredation, *n.* سَلْب، نَهْب، تَدْمير

depress, *v.t.* I. (push or pull down) ضَغَطَ على، خفَّض

2. (dispirit); *also fig.* كَدَّرَ، غَمَّ، أَحْزَنَ

depressed area مِنْطَقَة يَكْثُر فيها الفَقْر والبَطالة

depressing, *a.* مُكدِّر، مُحْزِن، كَئِيب

depression, *n.* I. (lowering) اِنْخِفَاض، هُبوط

2. (hollow) مُنْخَفَض، غَوْر

3. (*meteorol.*) اِنْخفاض جَوِّيّ، هُبوط الضَّغْط

4. (low spirits) كَآبة، هَمّ، غَمّ، حُزْن، اِنْقِبَاض

5. (*econ.*) رُكُود أو كساد اقْتِصادِيّ

depriv/e, *v.t.* (**-ation,** *n.*) جَرَّدَ من؛ حَرَمَ، مَنَعَ من؛ حِرمان

depth, *n.* I. (extent downwards or inwards from surface) عُمْق، غَوْر (أغوار)

depth-gauge مِقْيَاس العُمق، مِسْبار لِقِياس العُمق

defence in depth خَطّ دِفاع عَميق

out of one's depth فِي مِياه أكثر عُمْقًا مِن قامَة السّابح ؛ عاجِز عن تَتَبُّع مَوْضوع (المحاضَرة)

2. (lower reaches of sea) أَعْماق البَحْر

depth-charge قَذِيفة أعماق (مضادّة للغوّاصات)

plumb the depths (*fig.*) سَبَرَ الأغوار، نَزَلَ إلى الحَضيض

3. (inmost part) بَاطِن، أَقاصِي (البِلاد)

the depth of winter فِي عِزِّ الشّتاء، حِينَ يَكُونُ البَرْد على أَشَدِّه

from the depth of my heart مِن أَعْماق قلبي

deputation, *n.* وَفْد، بَعْثَة

depute, *v.t.* أَوْفَدَ، فَوَّض، وَكَّلَ

deputize, *v.i.* نَابَ عن، قَامَ مقامَ فلان

deputy, *n.* مُمَثِّل، نائب، وَكِيل، مَنْدُوب

derail, *v.t.* (**-ment,** *n.*) أَخْرَج القِطارَ عَن الخَطّ

derange, *v.t.* (**-ment,** *n.*) 1. (throw out of order) شَوَّش، أَرْبَكَ، حَيَّرَ

2. (make insane) أَفْقَدَه صَوابه، خَبَّلَ، جَنَّنَ

derelict, *a. & n.* مَهْجور، مَتْروك، مُهْمَل

dereliction, *n.* إِهْمال، تَقْصير (في أداء الوَاجِبات)

der/ide, *v.t.* (**-ision,** *n.*) سَخِرَ من، ضَحِكَ عَلَى، هَزَأَ بِ، اِزْدَرَى

hold in derision اِزْدَرَى، اِسْتَحْقَر، اِسْتَهانَ بِشأنِه، اسْتَهْجَنَ

deris/ive (-ory), *a.* 1. (contemptuous) سَاخِر، مُسْتَهْزِئ، مُسْتَخِفّ، مُسْتَحْقِر

2. (contemptible) تَافِه، لا يستحقّ الذِّكْر

derivative, *a. & n.* اِشْتِقَاقِيّ ؛ مُشْتَقّ

deriv/e, *v.t. & i.* (**-ation,** *n.*) اِشْتَقّ؛ حَصَلَ عَلَى، اِسْتَنْتَج ؛ اشْتِقاق

dermatitis, *n.* اِلْتِهاب الجِلْد

dermatology, *n.* طِبّ الأمراض الجِلْدِيّة

derog/ate, *v.i.* (**-ation,** *n.*) اِنْتَقَصَ، حَطَّ من..

derogatory, *a.* مُحِطّ لِلْقَدْرِ أو للسُّمْعة

derrick, *n.* مِرْفاع، آلة لِرَفْع الأَثْقال من أو إلى (السفينة مثلاً)

derris, *n.* نَبات من فَصيلة البازِلّاء؛ مَسْحُوق مُبِيد لِلحَشَرات

dervish, *n.* دَرْوِيش، زاهِد، فَقير

descend, *v.i. & t.* نَزَلَ، هَبَطَ، اِنْحَدَرَ

descend on (*fig.*) هَاجَمَ فجأةً

descend to (*fig.*) دَنَّى نَفْسَه

in descending order فِي تَرْتيب تنازُلِيّ

descended from اِنْحَدَر مِن نَسَبٍ أو سُلالَةٍ

descendant, *n.* حَفِيد (أَحْفاد)، سَلِيل

descent, *n.* 1. (downward motion or slope) نُزُول، هُبُوط، اِنْحِدار

2. (sudden attack) هُجُوم مُباغِت

3. (lineage) سُلالة، نَسَب، أَصْل، نَسْل

describe, *v.t.* 1. (convey in words) وَصَفَ

2. (*geom.*) رَسَم، خَطَّطَ شَكْلًا هَنْدَسِيًّا

description, *n.* وَصْف، شَرْح، بَيان؛ نَوْع

answer to a description مُطابِق لِلوَصْف؛ يَنْطَبِق عَلى المُواصَفات المَطْلُوبَة

descriptive, *a.* وَصْفِيّ، نَعْتِيّ؛ أُسْلُوب يَمْتاز بِكَثْرة الوَصْف

descry, *v.t.* لَمَحَ أو شَاهَدَ مِن بَعِيد، أَبْصَرَ

desecr/ate, *v.t.* (**-ation,** *n.*) دَنَّسَ أو انْتَهَكَ قُدْسِيَّة (المَعْبَد)؛ تَدْنِيس (الحُرْمَة)

desert, *n.* 1. (barren region); *also a.* صَحْراء، بادِية، بَيْداء، مَفازَة، قَفْر

2. (*usu. pl.*, recompense) جَزاء، مُكافأة؛ (نالَ) ما يَسْتَحِقّه

v.t. & i. (**-ion,** *n.*) تَرَكَ، هَجَرَ، تَخَلَّى عن؛ فَرَّ، هَرَبَ؛ الهَجْر

deserter, *n.* (جُنْدِيّ) هارِب أو فارّ

deserve, *v.t. & i.* اِسْتَحَقَّ، اسْتَأْهَلَ

deservedly, *adv.* بِجَدارة، باسْتِحْقاق

deserving, *a.* جَدِير، مُسْتَحِقّ، مُسْتَأْهِل

déshabillé, *n.* المِفْضَلَة، ثَوْب يُلْبَس فِي البَيْت

desicc/ate, *v.t.* (**-ation,** *n.*) جَفَّفَ؛ تَجْفِيف

desidera/tum (*pl.* **-ta**), *n.* مَطْلُوب، بِحاجة إلى

design, *n.* 1. (intention) قَصْد، نِيَّة، هَدَف، غَرَض

by design قَصْدًا، عَمْدًا

have designs on يُضْمِر نَوايا سَيِّئَة

2. (plan, *lit. & fig.*) خِطّة، مَشْرُوع

3. (decorative pattern) تَصْمِيم، تَشْكِيل

v.t. 1. (destine, intend) نَوَى، قَصَدَ، تَوَخَّى، تَعَمَّدَ

2. (make plan of) صَمَّمَ، خَطَّطَ، رَسَم

design/ate, *v.t.* (**-ation,** *n.*) 1. (specify) عَيَّنَ، حَدَّدَ

2. (denote) سَمَّى، دَعا، أَطْلَقَ عَلَيْه لَقَبًا

3. (appoint) عَيَّنَ، وَظَّفَ

a. مُرَشَّح (لَمْ يَلْتَحِق بِوَظِيفَتِه بَعْد)

designer, *n.* مُصَمِّم (أَزْياء الخ)

designing, *a.* مَاكِر؛ مُولَع بِالتَّآمُر

desirab/le, *a.* (**-ility,** *n.*) مَرْغُوب، مَطْلُوب، مُشْتَهًى؛ مِن المُسْتَحْسَن أو الأَفْضَل

desire, *n.* رَغْبة، بُغْيَة، مَرام، أُمْنِيَة

at someone's desire بِناءً عَلى رَغْبَة فُلان

heart's desire مُنْيَة القَلْب

v.t. رَغِبَ، اِبْتَغَى، اِشْتَهَى، تَمَنَّى

desirous, *pred. a.* رَاغِب فِي، مُشْتاق إلى

desist, *v.i.* تَوَقَّفَ أو كَفَّ أو أَمْسَكَ أو امْتَنَعَ عن

desk, *n.* (*lit. & fig.*) مِنْضَدَة كِتابَة، مَكْتَب، رَحْلة (عراق)؛ حامِل النَّوتَة المُوسِيقِيَّة

desolate, *a.* 1. (uninhabited) قَفْر ، مَهْجُور ، غَيْر مَأْهُول

2. (forlorn) مَنْبُوذ ، مُوحِش

v.t. خَرَّب ، دَمَّر

desolation, *n.* 1. (devastation) خَراب ، دَمار

2. (disconsolate state) وَحْشَة ، تَعاسَة

3. (barren region) أَرْض يَباب أو جَدْباء

despair, *n.* يَأْس ، قُنُوط

v.i. يَئِسَ ، قَنَط ، قَطَع الأَمَل من ...

despatch, *see* **dispatch**

desperado, *n.* مُتَهَوِّر

desperate, *a.* 1. (serious; almost beyond hope) (حَاجَة) ماسَّة ؛ (شَخْص) يائِس من ...

be desperately ill مَرِيض مَيْئُوس من شِفائِه ، مُشْرِف عَلَى المَوْت ، دَنِف

2. (reckless, dangerous) مُتَهَوِّر ، مُسْتَقْتِل

desperation, *n.* شِدَّة اليَأْس ، قُنُوط

despicable, *a.* حَقِير ، مَقِيت ، خَسِيس ، دَنِيء ، بَغِيض ، مُزْدَرًى

despise, *v.t.* اِحْتَقَر ، مَقَت ، اِزْدَرَى

despite, *n.* حِقْد ، ضَغِينَة

prep. رَغْمَ ، بِالرَّغْم أو على الرَّغْم مِن

desp/oil, *v.t.* (**-oliation,** *n.*) نَهَب ، سَلَب ، غَنِم ؛ سَلْب ، نَهْب

despond, *v.i.* اِسْتَسْلَم لِلْيَأْسِ والقُنُوط

despond/ent, *a.* (**-ency,** *n.*) يائِس ، قانِط ؛ يَأْس ، قُنُوط

despot, *n.* (**-ic,** *a.*) طاغِيَة ، حاكِم مُطْلَق ، مُسْتَبِدّ ؛ جَبَّار ، مُتَجَبِّر ، طاغٍ

despotism, *n.* طُغْيان ، اسْتِبْداد ، ظُلْم

dessert, *n.* الطَّبَق الحُلْو في نِهاية الأَكْلَة (مِثْل الفَطائِر والأَيْس كرِيم أو البُوظَة الخ)

dessert-spoon مِلْعَقَة مُتَوَسِّطَة الحَجْم

destination, *n.* الجِهَة المَقْصُودَة (في السَّفَر)

destine, *v.t.* خَصَّص ، عَيَّن ؛ قُدِّرَ لَه

destiny, *n.* القَدَر ، القِسْمَة ، النَّصِيب

destitute, *a.* 1. (in dire poverty) مُعْدِم ، مُعْوِز ، خالِي الوِفاض

2. (not in possession *of*) (شَخْص) مُجَرَّد من (العَطْف مَثَلًا) ، (اِمْرَأَة) عَدِيمَة (الرَّأْفَة)

destitution, *n.* عَوَز ، فاقَة ، إِمْلاق

destroy, *v.t.* خَرَّب ، دَمَّر ، أَبَاد ، أَهْلَكَ ، قاضَ (البِناء مَثَلًا) ، هَدَم

destroyer, *n.* 1. (one who destroys) مُخَرِّب ، مُدَمِّر ، مُبِيد ، مُهْلِك

2. (ship) مُدَمِّرَة (سَفِينَة حَرْبِيَّة سَرِيعَة)

destructib/le, *a.* (**-ility,** *n.*) قابِل لِلدَّمار ؛ دَرَجَة قابِلِيَّة الشَّيْءِ لِلتَّلَف أو الهَلاك

destruction, *n.* خَراب ، دَمار ، هَلاك ، تَخْرِيب ، تَدْمِير ، هَدْم

destructive, *a.* (**-ness,** *n.*) مُخَرِّب ، مُدَمِّر ؛ (نَقْد) هَدَّام ؛ تَدْمِير ، إِبادَة

desuetude, *n.* بُطْلان اسْتِخْدام (تَعْبِير مَثَلًا)

desultory, *a.* غَيْر مَنْهَجِيّ ، مُتَقَطِّع ؛ عابِر

detach, *v.t.* (*lit. & fig.*) فَصَل ، فَكَّ ؛ عَزَل

detachable, *a.* (بِطانة مِعْطَف) يُمْكِن فَصْلُها

detached, *a.* 1. (not joined to others) مُنْفَصِل، مُنْفَرِد، قائِم بِذاتِه

semi-detached house مَنْزِل مُتَّصِل بِآخَر مِن ناحِيَة واحِدَة فَقَط

2. (impartial) (نَظْرة) غَيْر مُتَحَيِّزَة

detachment, *n.* 1. (*lit. & fig.*) فَصْل، اِنْفِصال، اِعْتِزال

2. (*mil.*) تَجْرِيدَة (عَسْكَرِيّة)

3. (impartiality) عَدَم التَّحَيُّز، تَجَرُّد

detail, *n.* 1. (particular); *also v.t.* نُقْطَة، إحْدَى جُزْئِيّات (المَوْضُوع)؛ أَمْر جانِبِيّ

go into detail فَصَّل، شَرَح بِتَفْصِيل أو إِسْهاب

2. (*mil.*); *also v.t.* مِدْفَعِيّ؛ تَجْرِيدة عَسْكَرِيّة؛ كَلَّف بِمُهِمّة خاصَّة

detain, *v.t.* 1. (keep in confinement) حَجَزَ، اِعْتَقَل، أَوْقَف

2. (hinder, delay) عطَّل، أعاقَ، أَخَّر

detect, *v.t.* اِكْتَشَفَ، لاحَظَ، اِسْتَبان

detectable, *a.* يُمْكِن اكْتِشافُه أو الاهْتِداء إليه

detection, *n.* 1. (discovery) كَشْف أو اِهْتِداء إلى (سَبَب مُبْهَم مَثَلاً)

2. (detective's profession) التَّحَرّي

detective, *n.* بُولِيس سِرّيّ، مُخْبِر

detective story (fiction) قِصّة بُولِيسِيّة

detector, *n.* مِكْشاف، جِهاز كَشْف؛ مُقَوِّم (اِلِكْترونِيّات)

lie-detector جِهاز لِكَشْف الكَذِب

detector ⟨valve⟩ صِمام كاشِف (راديو)

détente, *n.* تَخْفِيف حِدّة التَّوَتُّر بَيْن دَوْلَتَيْن

detention, *n.* اِعْتِقال، حَجْز؛ حَبْس مَدْرَسِيّ

deter, *v.t.* (**-ment, -rence,** *n.*) ثَبَّط؛ رَدَع، صَدَّ عن؛ تَثْبِيط، رَدْع

detergent, *a. & n.* مُنَظِّف؛ مادَّة تُضاف إلى الماء لِتَسْهِيل إزالَة الأَوْساخ

deterior/ate, *v.i.* (**-ation,** *n.*) تَدَهْوَر، فَسَد، تَلَف؛ تَدَهْوُر، فَساد

determination, *n.* 1. (definition) تَحْدِيد

2. (fixed intention; resoluteness) عَزِيمة، عَزْم، ثَبات، هِمّة، إِصْرار

determine, *v.t.* 1. (define, fix, settle) قَرَّر، حَكَم، بَتَّ؛ حَدَّد، عَيَّن

2. (resolve); *also v.i.* عَزَم أو صَمَّم على، عَقَد النِّيَّة على

determined, *a.* 1. (resolute) مُصِرّ، ذُو عَزْم

2. (fixed, settled) مُقَرَّر، مُعَيَّن، مُحَدَّد

deterrent, *a. & n.* رَادِع، مانِع

the nuclear deterrent الرّادِع النَّوَوِيّ

detest, *v.t.* (**-ation,** *n.*) أَبْغَض، كَرِهَ، مَقَتَ

detestable, *a.* بَغِيض، كَرِيه، مَقِيت

dethrone, *v.t.* (**-ment,** *n.*) خَلَع (مَلِكًا)، أَنْزَلَه عن العَرْش؛ خَلْع المَلِك

deton/ate, *v.t. & i.* (**-ation,** *n.*) فَجَّر؛ اِنْفَجَر

detonator, *n.* مُفَجِّر، شُمْرُوخ (مُفَرْقَعات)

detour (*détour*), *n.* طَرِيق غَيْر مُباشِر للمُواصَلات ، تَحْوِيل وَقْتِي للمُرُور

detract, *v.i.* (**-ion,** *n.*) حَطَّ من شَأنِه ، اِنْتَقَصَ من قِيمَتِه ؛ اِنْتِقاص

detractor, *n.* قَادِح ، ذامّ ، مُنْتَقِص مِن قِيمة (شيء) ، طاعِن في سُمْعَة (شخص)

detrain, *v.i. & t.* نَزَل من القِطار ؛ أنزل جُنودا أو شِحْنَة من قِطار

detriment, *n.* (**-al,** *a.*) ضَرَر ، أذًى ، إساءَة ؛ ضارّ ، مُؤْذٍ ، مُفْسِد

detritus, *n.* سُقاط الصُّخُور المُتَفَتِّتَة ، حُتات

deuce, *n.* 1. (two cards or dice) 'الدُّو' أو الاثنان في النَّرْد أو وَرَق اللَّعِب

2. (tennis score) تَعادُل أَرْبَعين نُقْطة (تِنِس)

3. (*coll.*, devil), *whence* **deuced,** *a.* (ماذا تَفْعَل) بِحَقِّ الشَّيْطان؟ ؛ لَعِين

deus ex machina, *n.* (*Lat.*) عامِل خارجيّ لِحَلّ عُقْدَة المَسْرَحِيّة بَدَلاً من تطوُّرِها الطَّبِيعيّ

Deuteronomy, *n.* سِفْر التَّثْنِية (مِن أَسْفار العَهْد القَدِيم)

devalu/ate, *v.t.* (**-ation,** *n.*); *also* **devalue** خَفَض القِيمَة ؛ تَخْفِيض قِيمَة العُمْلَة

devast/ate, *v.t.* (**-ation,** *n.*) (*lit. & fig.*) خَرَّب، دَمَّر ، أَهْلَكَ ؛ خَراب ، دَمار ، تَدْمِير

develop, *v.t.* 1. (extend, enlarge); *also v.i.* (grow) نَمَّى ، وَسَّع ، طوَّر؛ نَما، تَطَوَّر

2. (take on, acquire, contract); *also v.i.* (come about) اِكْتَسَب (عادَةً) ، أَصابَتْه (عَدْوَى)

3. (use *land* for building) عَمَّر الأَراضي

4. (*photog.*) حَمَّض صُورَة فُوتُوغرافِيّة

development, *n.* نُمُوّ، تَطَوُّر ، تَنْمِيَة

devi/ate, *v.i.* (**-ation,** *n.*) اِنْحَرَف ، حاد ، خَرَج أو عَدَلَ (عن طريق) ؛ اِنْحِراف

device, *n.* 1. (plan, scheme) حِيلَة ، وَسِيلة لِلْوُصول إلى تَحْقِيق غَرَضٍ ما

leave him to his own devices تَرَكَه وشأنه، تَرَكَه يَفْعَل ما يَشاء

2. (invention) أَداة ، جِهاز

3. (*heraldry, etc.*) رَسْم شِعارِيّ، شِعار

devil, *n.* شَيْطان ، إِبْلِيس (أَبالِسَة)

the Devil الشَّيْطان الرَّجِيم ، إِبْلِيس

devil-may-care, *a.* مُسْتَهْتِر ، لاهٍ ، غَيْر مُبالٍ ولا مُكْتَرِث

the devil to pay (تَصَرُّف مِثْل هذا) سَوْفَ يُؤَدِّي إلى عَواقِب وَخِيمَة

between the devil and the deep blue sea بَيْنَ نارَيْن ، أَمامَ أَمْرَيْن أَحْلاهُما مُرّ

play the devil with أَضَرَّ بِ ، خَرَّبَ

talk of the devil! اِفْتَكَرْنا القطّ جاء يَنُطّ ! (مصر) ، اِبْن الحَلال بذكره (عراق)

(*fig.*)

lucky devil! يا بَخْتَك ! اللّه رَبَّك (عراق)

poor devil! مِسْكِين ! غَلْبان ! (مصر)

printer's devil صَبِيّ يَعْمَل في مَطْبَعَة ، صَبِيّ مَطْبَعْجِيّ (مصر) ، صانِع مَطْبَعة (عراق)

v.i. عَمِل مُساعِدًا لِمُحامٍ أو مُؤَلِّف

v.t. شَوَى (اللَّحْم) بِإِضافَة تَوابِل حِرِّيفة

devilish, *a.* شَيْطانِيّ ، جَهَنَّمِي

devilment, *n.*; *also* **devilry** شَيْطَنَة، عَفْرَتَة، هِزار (مصر)، خُبْث (عراق)

devious, *a.* (*lit. & fig.*) (طَرِيق) غَيْر مُباشِر أو غير مُسْتَقِيم ؛ (وسائل) مُلْتَوِيَة

devise, *v.t.* اِبْتَكَرَ، اِخْتَرَعَ، اِبْتَدَعَ

devitaliz/e, *v.t.* (**-ation,** *n.*) جَرَّدَه من الحَيَوِيّة والنَّشاط ؛ إضْناء

devoid, *pred. a.* خالٍ أو مُجَرَّد من

devol/ve, *v.i.* (**-ution,** *n.*) اِنْتَقَلَت (المَسْؤُولِيّة)

devote, *v.t.* كَرَّسَ، خَصَّصَ، وَهَبَ

devote oneself to كَرَّسَ نَفْسَه، تَفَرَّغَ لِ، أوْقَفَ جُهُودَه على

devoted to music مُولَع أو مُغْرَم بالمُوسِيقَى، شَدِيد الكَلَف بِها

a devoted wife زَوْجَة أَمِينة أو وَفِيَّة

devotee, *n.* مُخْلِص أو مُتَحَمِّس لِفِكْرَة أو إنْسان، مُتَفانٍ في ...

devotion, *n.* 1. (dedication, deep love) وَلاء، إخْلاص، تفانٍ، مَوَدَّة، حُبّ

2. (*pl.*, prayers) أوْراد، صَلاة، تَعَبُّد

devotional, *a.* (كِتاب) عِباداتٍ وأوْراد

devour, *v.t.* (*lit. & fig.*) اِفْتَرَسَ، اِزْدَرَدَ

devour a book اِلْتَهَمَ الكِتابَ (قِراءةً)

devout, *a.* تَقِيّ، وَرِع، مُتَعَبِّد، مُخْلِص

dew, *n.* نَدًى، طَلّ

dew-drop قَطْرَة نَدًى أو طَلٍّ

dew-point نُقْطَة النَّدَى (طَبِيعيّات)

dewlap, *n.* لُغْد، غَبَب، تَرَهُّل اللَّحْم تَحْت الرَّقَبَة

dewy, *a.* نَدِيّ، مُبَلَّل بِالنَّدَى

dexterity, *n.* خِفَّة اليَد، مَهارة

dext/erous (-rous), *a.* خَفِيف اليَد، ماهِر

dextrin, *n.* دِكْسْتِرِين، غِراء نَشَوِيّ

dextrose, *n.* دِكْسْتروز، سُكَّر العِنَب

dhow, *n.* الدَّهْو، مَرْكَب شِراعِيّ عَرَبِيّ

di-, *pref.* (سابِقَة بِمَعْنَى) ثُنائِيّ

diabet/es, *n.* (**-ic,** *a. & n.*) مَرَض السُّكَّر، داء البَوْل السُّكَّرِيّ ؛ مُصاب بِهَذا الدّاء

diabol/ic (-ical), *a.* شَيْطانِيّ، (مَكِيدة) جَهَنَّمِيّة

diacritical, *a. & n.* علامة كِتابيّة أو مَطْبَعِيَّة (مثل ً ٍ ^ ` ´) تُحَدِّد طَرِيقَةَ نُطْقِ الحَرْف

diadem, *n.* إكْلِيل، تاج

diaeresis, *n.* نُقْطَتان فَوْق أَحَدِ حُرُوفِ العِلَّة (¨) لِضَرُورَة نُطْقِه مُنْفَصِلاً كما في **naïve**

diagnose, *v.t.* شَخَّص (المَرَض)

diagnos/is, *n.* (**-tic,** *a.*) تَشْخِيص (مَرَض)

diagnostician, *n.* إخْصائِيّ في تَشْخِيص الأَمْراض

diagonal, *a. & n.* قُطْرِيّ ؛ خَطّ قُطْرِيّ ؛ مائِل، مُنْحَرِف، مَوْرُوب

diagram, *n.* (**-matic,** *a.*) رَسْم بَيانِيّ، شَكْل هَنْدَسِيّ ؛ بَيانِيّ، تَخْطِيطِيّ

dial, *n.* مِيناء السّاعة ؛ لَوْحَة العَدّاد

telephone dial قُرْص أَرْقام التِّلِيفُون

v.t. & i. أَدَار قُرْصَ التِّلِيفُون

dialling tone طَنِين اِلْتِقاط الخَطِّ التِّلِيفُونيّ

dialect, *n.* لُغَة مَحَلِّيّة ، لَهْجَة إِقْلِيمِيّة

dialect/ic (-ics), *n.* جَدَل ، دِيالِكْتِيك

dialogue, *n.* حِوار ، مُحاوَرَة ، دِيالُوج

diamet/er, *n.* **(-ral, -ric, -rical,** *a.*) قُطْر الدّائِرة أو أيّ شَكْل هَنْدَسِيّ ؛ قُطْرِيّ

diametrically opposed عَلَى طَرَفَي نَقِيض

diamond, *n.* 1. (precious stone) ماسَة ، الماس

rough diamond (*fig.*) شَخْص حَسَن المَخْبَر سَيِّئ المَظْهَر

diamond wedding اليُوبِيل الماسِيّ لِلزَّواج ، الاِحْتِفال بِمُرور سِتِّينَ عامًا على الزَّواج

2. (rhombus) مُعَيَّن (شَكْل هَنْدَسيّ)

3. (*of cards,* suit) الدِّيناريّ في وَرَق اللَّعِب

diaper, *n.* قِماط الطِّفْل ؛ قُماش ذُو تَصْمِيم دِينارِيّ ؛ حِفاظ الحَيْض

diaphanous, *a.* (قُماش) شَفّاف

diaphragm, *n.* 1. (*physiol.*) الحِجاب الحاجِز

2. (*mech.*) طَبْلَة ، دَفّ (ميكانيكا)

diarist, *n.* مُدوِّن مُذَكِّرات يَوْمِيّة

diarrhoea, *n.* إِسْهال (طبّ)

diary, *n.* مُفَكِّرة أو مُذَكِّرة لِقَيْد الأَعْمال اليَوْمِيّة ، يَوْمِيّات

Diaspora, *n.* تَشَتُّت الأُمَّة اليَهُودِيّة قَدِيمًا

diathermy, *n.* الاِسْتِحْرار الكَهْرَبائِيّ (طبّ)

diatonic, *a.* (أَنْغام) مِن سُلَّم مُوسِيقِيّ واحِد

diatribe, *n.* هِجاء ، قَدْح شَدِيد ، اسْتِنْكار شَدِيد اللَّهْجَة ، نَقْد لاذِع

dibasic, *a.* ثُنائِيّ القاعِدة (كيمياء)

dibber, *n.* خَشَبَة مُدَبَّبَة لِلشَّتْل ، مِغْرَس

dice, *pl. of* **die,** *n.* النَّرْد ، زَهْر الطّاولة

v.i. لَعِب النَّرْد

dice with death قامَرَ بِحَياته

v.t. قَطَّع أو خَرَّطَ (الخُضْراوات) مُكَعَّباتٍ

dicey, *a.* (*sl.*) غَيْر مَضْمُون أو مَأْمُون

dichloride, *n.* ديكلوريد (كيمياء)

dichotomy, *n.* اِنْقِسام إلى فَرْعَيْن

dick/y (-ey), *n.* 1. (child's word for bird); *also* **dicky-bird** عُصْفُور (بِلُغَة الأَطْفال)

2. (false shirt front) صَدْر مُنْفَصِل لِلقَمِيص

3. (back seat in carriage) مَقْعَد مُنْفَصِل وَراءَ كَبُّوت السَّيّارة أو العَرَبة

dictaphone, *n.* دِكْتافُون ، مِمْلاة (تُسَجِّل الإملاء)

dict/ate, *v.t. & i.* **(-ation,** *n.*) 1. (read aloud for another to write) أَمْلَى ، اِسْتَكْتَب

2. (prescribe; determine) أَمْلَى ؛ فَرَضَ أوامِرَه على ، تَحَكَّم في ؛ أَمَرَ

dictator, *n.* دِكْتاتُور ، حاكِم مُطْلَق

dictatorial, *a.* دِكْتاتُورِيّ ، مُسْتَبِدّ

dictatorship, *n.* دِكْتاتُورِيّة ، حُكْم مُطْلَق

diction, *n.* اِنْتِقاء الكَلِمات ؛ أُسْلُوب الحَدِيث أو الكِتابة ؛ إِلْقاء

dictionary, *n.* قامُوس ، مُعْجَم

dict/um (*pl.* **-a**), *n.* مَثَل (أَمْثال) ، قَوْل مَأْثُور ؛ تَعْليق القاضِي في مَسْألة قانُونيّة عارِضَة

did, *pret. of* **do**

didactic, *a.* (شِعْر) تَعْليميّ ، تَدْرِيسيّ ، إِرْشادِيّ

diddle, *v.t.* (*sl.*) غَشّ ، ضَحِكَ عَلَيْه (عامّيّة)

die, *v.i.* (*lit. & fig.*) مَاتَ ، تُوُفِّيَ ، قَضَى نَحْبَه ؛ اِنْتَهَى ، فَشِل ، زالَ ، اِضْمَحَلّ

die away تَضاءَلَ ، خَفَتَ (الصَّوْتُ تَدْرِيجيًّا)

die down سَكَنَ ، هَدَأَت (الرِّيح) ، خَمَدَت (النّار)

die off مَاتَت (الزُّهور مثلاً) واحِدة بَعْدَ أُخْرَى

die out تَلاشَى ، خَمَد ؛ اِنْقَرَضَت (الأُسْرة)

die of shame مَاتَ خَجَلاً ، ذَابَ حَياءً

dying for a drink في شِدَّة العَطَش ؛ (إنّي) في حاجَة شَدِيدَة إلى شَراب

I nearly died laughing كِدْتُ أَمُوت من شِدَّة الضَّحِك

it dies hard (عَادَة) لا تَزُول بِسُهُولة

never say die تَجَلَّد ! تَصَلَّب ! 'شِدّ حِيلَكْ' !

n. 1. (*pl.* dice, *freq. used as sing.*, numbered cube for gaming) النَّرْد ، زَهْر الطَّاولة

the die is cast نَفَذَ السَّهْم ، قُضِيَ الأَمْر ، سَبَقَ السَّيْفُ العَذَل

the dice was loaded in his favour حَاباه الحَظّ ، كان الحَظّ حَلِيفَه

2. (*pl.* dies, stamp; tool) آلة تَشْكيل المَعادِن

die-casting صَبّ السَّبائِك تَحْتَ ضَغْط شَديد

diehard, *n. & a.* سِياسِيّ عَنيد يَتَشَبَّث بِمَبادِئِه ، مُحافِظ مُتَعَصِّب أو مُتَطَرِّف

dielectric, *a. & n.* حَاجِز أو عازِل الكَهْرَباء

diesel, *n.* (مُحَرِّك) دِيزِل

diet, *n.* 1. (usual or prescribed food) تَغْذِيَة ؛ نِظام خاصّ لِلتَّغْذِية ، حِمْيَة ، 'رِجِيم' (مصر)

2. (assembly) مَجْلِس تَشْرِيعِيّ عامّ

v.i. اِتَّبَع نِظامًا غِذائيًّا خاصًّا

dietary, *a.* نِسْبَة إلى الطَّعام أو التَّغْذِيَة

dietician, *n.* إِخْصائِيّ في شُؤُون التَّغْذِية ونُظُمِها

differ, *v.i.* 1. (be different) اِخْتَلَف ، تَبايَن ، تَفَاوَتَ ، تَمايَزَ

2. (disagree) اِعْتَرَض ، ناقَضَ ، خالَفَ

difference, *n.* 1. (dissimilarity) اِخْتِلاف ، فَرْق ، تَبايُن ، تَمايُز

2. (separating quantity) فَرْق بَيْن كَمِّيَّتَيْن

split the difference اِتَّفَقا عَلى حَلّ وَسَطٍ ، 'لِنَقْسِم البَلَد بِنُصْفَيْن' (مصريّة عامّيّة)

3. (disagreement) خِلاف ، خِصام ، نِزاع

different, *a.* مُخْتَلِف ، مُتَبايِن ، مُتَمايِز ، مُتَفاوِت ؛ غَيْر مُعْتاد

differential, *a. & n.* تَفاضُلِيّ ، تَفاضُل

differential calculus حِساب التَّفاضُل (رِياضِيّات)

differential gear مَجْمُوعة مُسَنَّنات تَفاضُلِيّة (مِيكانِيكا السَّيّارات)

differenti/ate, *v.t.* (**-ation,** *n.*) مَيَّزَ ، فَرَّقَ

difficult, *a.* 1. (hard) صَعْب، عَسِير، شاقّ، عَوِيص

2. (*of persons*, awkward) شَرِس، شَكِس، عَنِيد، صَعْب الإرضاء

difficulty, *n.* صُعُوبة، مُشْكِلَة؛ عائِق

in difficulties في ضِيق أو شِدَّة، في حَرَج

make (raise) difficulties أثارَ صُعوبات

diffid/ent, *a.* (**-ence,** *n.*) حَيِيّ، خَجُول، مَكْسُوف، قَلِيل الثِّقَة بِنَفْسِه؛ خَجَل

diffract, v.t. (**-ion,** *n.*) شَتَّتَ أَشِعَّة الحُزْمة الضَّوْئِيّة؛ تَشَتُّت الضَّوْء

diffus/e, *v.t.* (**-ion,** *n.*) نَشَرَ (الضَّوْء)؛ نَشْر

a. مُسْهَب، مُطْنَب؛ (كاتب) مُسْهِب

dig, *v.t. & i.* حَفَرَ، نَقَّبَ

dig oneself in إسْتَقَرَّ؛ تَخَنْدَقَ

dig one's heels in تَمَسَّكَ بِمَوْقِفه، رَفَضَ أنْ يَتَزَحْزَح، صَمَد بِعِناد

dig out نَبَشَ أو نَقَّبَ عن؛ وَجَدَ بَعْدَ عَناء

n. 1. (excavation) حَفْر وتَنْقِيب

2. (thrust, gibe) طَعْنة، مُلاحَظة قارِصة

digest, *v.t.* 1. (absorb *food*); *also v.i.* هَضَمَ؛ الطَّعام؛ إنْهَضَم

(*fig.*) إسْتَوْعَبَ، تَفَهَّمَ

2. (summarize) لَخَّصَ، اخْتَصَرَ، أَوْجَزَ

n. خُلاصة وافِيَة؛ مَجْمُوعة قَوانِين؛ مُقْتَطَفات

digestib/le, *a.* (**-ility,** *n.*) قابِل لِلْهَضْم

digestion, *n.* الهَضْم

digestive, *a.* نِسْبَةً إلى الهَضْم؛ مُساعِد على الهَضْم

digestive system الجِهاز الهَضْمِيّ

diggings, *n.pl.* 1. (*mining*) مَنْجَم، حَفْرِيّات

2. (*coll.*, lodging) *usu. contr.* **digs** غُرْفَة مَفْرُوشة (يَسْتَأْجِرها الطّالِب عادةً)

digit, *n.* (**-al,** *a.*) أُصْبُع؛ أُصْبُعِيّ؛ عَدَد تَحْت العَشَرة (مِن صِفْر إلى تِسْعة)

digital computer آلَة حاسِبَة رَقْمِيّة

digitalis, *n.* الدِّيجِيتال الأرجُوانِيّ (نَبات مُزْهِر)؛ عَقّار طِبِّيّ يُسْتَخْرَج مِن هذا النَّبات

dignified, *a.* وَقُور، مَهِيب، رَزِين

dignify, *v.t.* كَرَّمَ، بَجَّلَ

dignitary, *n.* رَئِيس دِينِيّ، مِن عِلْية القَوْم أو كِبارِهم، عَيْن (أعيان)، وَجِيه

dignity, *n.* 1. (importance, worth, nobleness) رِفْعة، وَقار، هَيْبَة (المَنْصِب)، إعْتِبار

2. (honourable office) مَنْصِب سامٍ

digress, *v.i.* (**-ion,** *n.*) إسْتَطْرَدَ، حادَ أو خَرَجَ عن المَوْضوع؛ إسْتِطْراد

digs, *contr. of* **diggings**

dihedral, *a. & n.* ثُنائِيّ السَّطْح، شَكْل ذو سَطْحَيْن مُتَقابِلَيْن

dike (**dyke**), *n.* 1. (ditch) خَنْدَق، حُفْرة، قَناة (قَنوات)، تُرْعة (تُرَع)

2. (embankment) سَدّ أو حاجِز مِياه

dilapidated, *a.* مُتَداعٍ، مُتَهَدِّم، مُخَرَّب

dilapidation, *n.* تَدَاعٍ، تَقَوُّض

dil/ate, *v.t.* (**-atation, -ation,** *n.*) أَسْهَبَ

v.i. إِتَّسَعَتْ (حَدَقَة ٱلعَيْن مثلًا)

dilatory, *a.* مُتَبَاطِئ، مُتَلَكِّئ

dilemma, *n.* وَرْطَة، حِيرَة؛ قِياسُ الإِشْكال

on the horns of a dilemma فِي وَرْطَة أو حِيرَة، بين النَّار والرَّمْضاء

dilettante, *n.* & *a.* هَاوٍ للفَنّ (هُواة)، غاوٍ (مصر)، ذو اهْتِمام سطحيّ

dilig/ent, *a.* (**-ence,** *n.*) مُجْتَهِد، دَؤُوب، مُثَابِر

dilly-dally, *v.i.* (*coll.*) تَرَدَّدَ وتَلَكَّأَ، توانَى وَأَضاع الوَقْت

dilut/e, *v.t.* (**-ion,** *n.*) (*lit.* & *fig.*) أَضَاف (ماءً مَثَلًا) لتَخْفيف كَثافة سائل

a. (مَحْلول) مُخَفَّف

dim, *a.* (*lit.* & *fig.*) مُعْتِم، خَافِت، ضعيف أو كَليل (البَصَر)؛ غبيّ، بليد

take a dim view (*sl.*) اِسْتَبْعَدَ، لم يتوقّع؛ اِسْتَنْكَرَ، اِسْتَهْجَنَ

v.t. & *i.* عَتَّمَ، غَشَّى؛ عَتِمَ، أَظْلَمَ، خَفَتَ (الضوء)

dime, *n.* عملة أمريكية (عشرة سنتات)

dimension, *n.*, (**-al,** *a.*) بُعْد (أبعاد)، حَجْم، سَعَة؛ أبعاد، أُفُق، مَجال

fourth dimension البُعْد الرّابع (طبيعيات)

three-dimensional ذُو ثَلاثة أَبْعاد

diminish, *v.t.* & *i.* نَقَّصَ، قَلَّل، خَفَّض؛ نَقَصَ، تَضَاءَل، اِنكَمَشَ، صَغُرَ

diminuendo, *adv.* خُفُوت تَدْريجيّ في شِدّة النَّغَمة (موسيقى)

diminution, *n.* تَنْقِيص، تَقْلِيل، تَخْفِيض؛ تَنَاقُص، تَضَاءُل، اِضْمِحْلال

diminutive, *a.* & *n.* صَغِير؛ صِيغة التَّصْغير

dimity, *n.* نَسِيج قُطْنِيّ بارز النُّقوش، ديمي

dimple, *n.*; *also v.t.* & *i.* غَمَّازَة (الخَدّ)، نُونَة (الذَّقَن)، نُغْزَة (مصر)، رَصْعَة (عراق)

din, *n.* ضَوْضَاء، ضَجّة، ضَجيج

v.i. & *t.* ضَجَّ، طَنَّ، صَخِبَ

it was dinned into me كَرَّرَ الشَّيء وأعاده عَلَيَّ، قرأ بِأُذْني (عراق)

dine, *v.i.* & *t.* تَناوَلَ الغَداء أو العَشاء؛ عَشَّى

dine out تَناوَلَ الغَداء أو العَشاء خَارِج داره

dining-car عَرَبَة الأَكْل بِقِطار

dining-room غُرْفَة السُّفرة أو الطَّعام

diner, *n.* 1. (one who dines) مَنْ يَتناوَل العَشاء؛ ضَيْف مدعوّ للعَشاء

2. (railway dining-car) عَرَبَة الأكل بِقِطار

ding-dong, *adv.* & *n.* رَنِين أو طَنْطَنة الأَجْراس

a. (*coll.*) بالتَّناوُب، مُناوَبة

ding-dong battle تَعاقُب النَّصْر والهَزِيمة

dinghy, *n.* زَوْرَق أو قارِب صَغير

dingle, n.   وَادٍ صَغِير

dingo, n.   كَلْب وَحْشِيّ أُسْتُرالِيّ

ding/y, a. (**-iness**, n.)   قَذِر، مُعْتِم، وَسِخ
وَمُهْمَل، مَكان قابِض لِلصَّدْر

dinner, n.   الوَجْبَة الرَّئِيسِيَّة (غَداء أَو عَشاء)

dinner-hour   فَتْرَة يَتَناوَل فِيها العُمّال غَداءَهم

dinner-jacket   بَدْلَة السَّهْرَة، 'سْموكِنْج '

dinner-party   حَفْلَة عَشاء

dinner-service   طَقْم صِينِيّ لِلمائِدة

dinner-wagon   عَرَبة صَغيرة بها رُفُوف
لِنَقْل الأَكْل في غُرْفة الطَّعام

dinosaur, n.   دِينا صُور (زَواحِف مُنْقَرِضَة)

dint, n. & v.t.   خَدْش، انْبِعاج؛ خَدَشَ،
بَعَجَ

by dint of   بِفَضْل (جُهُودِه)

dioces/e, n. (**-an**, a.)   أُسْقُفِيَّة، مِطْرانِيَّة

dioxide, n.   ثاني أُكْسيد

dip, v.t. & i.   غَمَسَ، نَكَّسَ، غَطَّسَ؛
صَبَغ؛ انْحَدَرَ، انْخَفَضَ، مالَ

dip the colours   خَفَّضَ العَلَم ورَفَعَه لِلتَّحِيَّة

dip into a book   تَصَفَّح كِتابًا أَو أَلْقَى
نَظْرَة عاجِلَة على مُحْتَوَياتِه

dip (one's hand) into one's pocket   أَنْفَق أَو
صَرَفَ مِن جَيْبِه الخاصّ

sheep-dipping   تَغْطِيس الغَنَم في مُحْلول مُعَقِّم

n. 1. (immersion)   غَطْسَة

2. (liquid, esp. for dipping sheep)   مَحْلُول
مُطَهِّر (لِتَنْظِيف الغَنَم غالِبًا)

3. (depression)   غَوْر، وَهْدة

diphtheria, n.   الدِّفْتِرْيا، الخُناق (طِبّ)

diphthong, n.   اجْتِماع حَرْفَيْن مُتَحَرِّكَيْن في النُّطْق

diploma, n.   دِبْلُوم، شَهادة دِراسِيَّة

diplomacy, n.   دِبْلوماسِيَّة، لِياقَة، كِياسَة

diplomat, n.   الدِّبْلُوماسِيّ، مُشْتَغِل بالدِّبْلوماسِيَّة

diplomatic, a.   دِبْلُوماسِيّ، كَيِّس، لَبِق

diplomatist, n.   مِن رِجالِ السِّلْكِ الدِّبْلوماسِيّ

dipper, n. 1.   مِغْرَفَة؛ مُخَفِّض الضَّوْء (سَيّارات)

2. (bird)   الغَطّاس، الدُّنْقُلَة (طائِر مائِيّ)

dipsomania, n.   إدْمان الخَمْر أَو المُسْكِرات

dipsomaniac, n.   مُدْمِن على تَعاطِي الخَمْر،
وَلِع بالمُسْكِرات

dire, a.   أَلِيم، كَئِيب، فَظِيع

dire need   عَوَز شَدِيد، حاجَة ماسَّة

direct, v.t. 1. (aim, guide)   دَلَّ، أَرْشَدَ،
هَدَى إلى

direct one's attention (energies) to   وَجَّه
اهْتِمامَه نَحْوَ..، أَوْقَف جُهودَه على ..

can you direct me?   هَل تَسْتَطِيعُ أَن
تَدُلَّني على الطَّرِيق إلى ...؟

2. (control)   أَدارَ، أَشْرَفَ عَلى

3. (order, instruct)   أَمَرَ أَو أَوْصَى بِ

a.   مُباشِر

direct action   مُمارَسَة ضَغْط مُباشِر

direct current; *abbr.* D.C. تيّار كَهْرَبائيّ مُسْتَمِرّ أو مُتَّصِل

direct descent عَلاقَة نَسَب أو سُلالَة مُباشِرَة

direct hit إصابَة مُباشِرَة لِلْهَدَف

direct method (of teaching) الطَّرِيقة المُباشِرة في تَعْلِيم لُغَة أَجْنَبِيّة

direct object (*gram.*) مَفْعُول بِه (لِفِعْلٍ مُتَعَدٍّ)

direct speech سَرْدُ أَقْوالِ المُتَحَدِّث نَفْسِها مُباشَرَةً

adv. مُباشَرَةً

direction, *n.* 1. (aiming) تَوْجِيه، إحكام الهَدَف

2. (control) إدارَة، قِيادة، إشْراف

under the direction of بِإدارَة، بِقِيادَة ...

3. (*usu. pl.*, instructions) تَعْلِيمات، إرْشادات، أَوامِر، تَوْجِيهات

4. (line of movement) اِتِّجاه، جِهَة

in the direction of نَحْوَ، في اتِّجاه، في الطّرِيق إلى..

sense of direction حاسَّة إدْراك الاتِّجاهات

direction-finding تَعْيِين الاتِّجاه (لاسِلْكيّ)

directional, *a.* اِتِّجاهِيّ، مُخْتَصّ بإرْسال الإشارات اللاسِلْكِيّة

directive, *n.* تَوْجِيه، أَمْر، قَرار رَسْمِيّ

directly, *adv.* 1. (at once) فَوْرًا، عَلَى الفَوْر، حالًا، في الحال

2. (straight) مُباشَرَةً، رَأْسًا

conj. (*coll.*) بِمُجَرَّد أن، ما أن ... حتّى

director, *n.* مُدِير، قائِد، مُشْرِف

directorate, *n.* إدارَة، مَجْلِس إدارَة

dirge, *n.* تَرْنِيمَة جَنائِزِيّة؛ لَحْن حَزِين

dirigible, *n.* مُنْطاد (مَناطِيد)

dirt, *n.* قَذارَة، وَساخَة، تُراب؛

dirt-cheap, *a.* (سِلْعَة) رَخِيصَة جِدًّا

dirt-road طَرِيق تُرابِيّ غَيْر مُعَبَّد

dirt-track حَلْبَة لِلسِّباق يُغَطّى سَطْحُها بِمَسْحُوق الطُّوب ورَمادِ الفَحْم

eat dirt بَلَعَ الإهانة

treat like dirt عامَلَه بِازْدِراء واحْتِقار

dirty, *a.* (*lit. & fig.*) قَذِر، وَسِخ؛ بَذِيء، فاحِش؛ (جَوّ) عاصِف

dirty joke نُكْتَة بَذِيئَة أو قَذِرَة

dirty word كَلِمَة تُشِير إلى مَوْضُوع يَكْرَهُه السّامِع ويُفَضِّل تَجَنُّبها مَنْعًا لإثارَتِه

dirty work أَعْمال وتَصَرُّفات دَنِيئَة، غِشّ وخِداع

v.t. وَسَّخَ، دَنَّسَ، لَوَّثَ

disability, *n.* عَجْز، عَدَم مَقْدِرَة؛ فُقْدان أو عَدَم الأَهْلِيّة

disable, *v.t.* (**-ment,** *n.*) أَعْجَزَ، أَقْعَدَ عَن العَمَل

disabled, *a. & n.* مُقْعَد، مِن مُشَوَّهِي (الحَرْب)

disabuse, *v.t.* أَزالَ الغَشاوَة عن

disadvantage, *n.* عَيْب، نُقْصان، سَيِّئة

take someone at a disadvantage هاجَمَه على حِينِ غِرَّة ، باغَتَه في وَضْع غيرِ مُؤاتٍ

disadvantageous, *a.* في غَيْرِ صالِحِه ، ضارّ ، يُؤدّي إلى الضَّرر

disaffect, *v.t., usu. past p.* (**-ion,** *n.*) أثار الفِتْنَة؛ ثائِر ومُتَمَرِّد، عاصٍ

disagree, *v.i.* (**-ment,** *n.*) خالَفَ أو عارَضَ (في الرأي)؛ مُخالَفَة ، مُعارَضَة (لِرَأْيٍ)

(*fig., of food, etc.*) (جَوّ أو طَعام) لا يُلائِم الصِّحَّة

disagreeable, *a.* غَيْر مَقْبول، مَكْرُوه ؛ ضَيِّق الصَّدْر؛ بَغِيض ، مَقِيت

disallow, *v.t.* رَفَضَ (أن يُقِرّ أو يَسْمَح بِ)

disappear, *v.i.* (**-ance,** *n.*) اِخْتَفَى، تلاشى، توارى، زال؛ زَوال ، اِخْتِفاء

disappoint, *v.t.* (**-ment,** *n.*) خَيَّبَ الأَمَلَ أو الظَّنَّ ، خَذَلَ ؛ خَيْبَة أَمَل، خِذْلان

disapprov/e, *v.i. & t.* (**-al,** *n.*; *also* **disapprobation**) اِسْتَنْكَرَ، اِسْتَهْجَنَ، اِسْتَقْبَحَ ؛ اِسْتِهْجان

disarm, *v.t.* (*lit. & fig.*) نَزَعَ أو جَرَّدَ مِن السِّلاح ؛ لَطَّفَ (حِدَّة الغَضَب)

v.i. أَلْقَتْ (دَوْلَةٌ) السِّلاحَ

disarmament, *n.* نَزْعُ السِّلاح

disarming, *a.* (*fig.*) آسِر، خَلّاب، فاتِن

disarming smile اِبْتِسامَة خَلّابَة

disarrange, *v.t.* (**-ment,** *n.*) بَعْثَرَ، نَكَشَ (الشَّعْر أو المَلابِس)، أَفْسَدَ النِّظام

disarray, *n.* اِنْعِدام النِّظام أو التَّرتيب، فَوْضَى ، تَشَوُّش

disarrayed, *a.* مُنْعَدِمُ النِّظام أو التَّرْتِيب

disaster, *n.* كارِثَة (كَوارِث)، مُصِيبَة (مَصائِب)، نَكْبَة ، رُزْء (أَرْزاء)

disastrous, *a.* فادِح، وَخِيم العاقِبَة

disavow, *v.t.* (**-al,** *n.*) أنكَرَ، نَفَى، تَنَصَّلَ من

disband, *v.t. & i.* (**-ment,** *n.*) سَرَّحَ أو حَلَّ (جَيْشًا أو مُنَظَّمة)، صَرَفَ ؛ تَسْرِيح

disbel/ieve, *v.t.* (**-ief,** *n.*) كَذَّبَ ؛ أَنْكَر، جَحَدَ؛ تَكْذِيب، نُكْران، عَدَم التَّصْدِيق

disburden, *v.t.* أَزالَ عِبْئًا، أَزاح حِمْلًا

disburse, *v.t. & i.* (**-ment,** *n.*) أَنْفَقَ، قامَ بِإِنْفاق؛ إِنْفاق مَبْلَغ مِن المال

disc (disk), *n.* 1. (round flat plate) قُرْص (أَقْراص) التِّلِيفُون مَثَلًا

disc brakes فَرْمَلَة قُرْصِيّة (ميكانيكا)

slipped disc اِنْزِلاق غُضْروف الفِقْرة

2. (gramophone record) أُسْطُوانَة

disc-jockey مُقَدِّم الأُسْطُوانات المُوسِيقِيّة في الإِذاعَة والتِّلِفِزْيُون

discard, *v.t.* طَرَحَ جانِبًا، نَبَذَ، تَخَلَّى عَن ، هَجَر (ثَوْبًا قَدِيمًا مَثَلًا)

discern, *v.t.* (**-ment,** *n.*) 1. (descry) مَيَّزَ، رَأى بِوُضُوح ؛ صَواب الرَّأْي، فِطْنَة

2. (distinguish) مَيَّزَ، فَرَّقَ بَيْن

discernible, *a.* مُشاهَد، مُمَيَّز

discerning, *a.* فَطِن، بَصِير، حَصِيف

discharge, *v.t.* 1. (unload) فَصَلَ، عَزَلَ

2. (fire *a gun, etc.*) أَطْلَقَ النَّار

3. (emit); *also v.i.* أَفْرَز (الجُرْح) قَيْحًا ، خَرَج القَيْح من الدُّمَّل

4. (release, dismiss) أَخْرَج (مَرِيضًا من مُسْتَشْفى) ؛ أَفْرَجَ (عن سَجِين)

5. (pay; acquit oneself of) وَفَى دَيْنَه ، أَدَّى واجِبَه ؛ رَدَّ اعْتِبار (المُفْلِس)

n. 1. (unloading) تَفْرِيغ شِحْنَة السَّفِينَة

2. (firing off of gun, etc.) إِطْلاق النّار

3. (emission) قَيْح ، صَدِيد ، مِدَّة

4. (release, dismissal) إِفْراج عَن .. ، إِطْلاق سَراح ؛ تَبْرِئَة ؛ فَصْل ، طَرْد

5. (payment; performance *of obligation*) إِيفاء الدَّيْن ، تَأْدِيَة الواجِب ، أَداء المُهِمَّة

disciple, *n.*; *also fig.* تِلْمِيذ ، مُرِيد ، تابِع ؛ أَحَد تَلامِيذ (السَّيِّد المَسِيح) أو حَوارِيِّيه

disciplinarian, *n.* (ناظِر مَدْرَسة) صارِم

disciplinary, *a.* (عُقوبَة) تَأْدِيبِيَّة

disciplinary action إِجْراء تَأْدِيبِيّ

disciplinary board مَجْلِس تَأْدِيب أو انْضِباط

discipline, *n.* نِظام ، ضَبْط ، عِلْم ؛ عِقاب

v.t. عاقَب ، قَوَّم ؛ أَدَّب

disclaim, *v.t.* تَنَصَّل (مِن المَسْؤُولِيَّة) ، تَخَلَّى (عن حَقٍّ) ، أَنْكَر ، نَفَى

disclaimer, *n.* وَثِيقَة تَنازُلٍ عَن حَقٍّ

disclos/e, *v.t.* (**-ure,** *n.*) أَفْشَى (السِّرّ) أو أَباحَه ؛ إِفْشاء (السِّرّ) ، إِباحَتُه

discol/our (*U.S.* **-or**), *v.t.* (**-ouration, -oration,** *n.*) أَفْسَد اللَّوْنَ الأَصْلِيَّ

discomfit, *v.t., esp. past p.* (**-ure,** *n.*) دَحَر ، هَزَم ؛ هَزِيمَة ؛ اِرْتِباك

discomfort, *n.* إِزْعاج ، اِنْزِعاج ، عَناء

discompos/e, *v.t.* (**-ure,** *n.*) أَزْعَج ، أَقْلَق ، أَرْبَك ؛ إِزْعاج ، قَلَق

disconcert, *v.t.* أَرْبَك ، حَيَّر ، أَقْلَق

disconnect, *v.t.* قَطَعَ أو فَصَلَ (تَيّار الكَهْرَباء)

disconnected, *a.* 1. (with severed connection) (تيار) مُنْقَطِع (بَعْد إِخْلاء مَسْكَنٍ مَثَلًا)

2. (incoherent) (كلام) مُفَكَّك ، غَيْر مُتَرابِط

disconsolate, *a.* مُكْتَئِب ، لا يَرْقَأُ دَمْعُه

discontent, *n.* سُخْط ، تَذَمُّر ، تَبَرُّم ، كَدَر ، اِسْتِياء

discontented, *a.* ساخِط ، مُتَبَرِّم ، مُسْتاء

discontinu/e, *v.t. & i.* (**-ance, -ation,** *n.*) أَوْقَف ، عَطَّل ؛ اِنْقَطَع ؛ تَوَقَّف ، اِنْقِطاع

discontinu/ous, *a.* (**-ity,** *n.*) مُتَقَطِّع ، غَيْر مُسْتَمِرّ ؛ عَدَم التَّتابُع

discord, *n.* 1. (disagreement) خِلاف (في الرَّأْي) ، فُرْقَة (بَيْن طَرَفَيْن)

2. (*mus.*) نَشاز ، تَنافُر ، عَدَم الانْسِجام

discord/ant, *a.* (**-ance,** *n.*) ناشِز ، (نَغْمَة) مُتَنافِرة ؛ عَدَم التَّوافُق

discount, *n.* خَصْم ، حَسْم ، تَنْزِيل ، تَخْفِيض

at a discount أَقَل مِن القِيمَة الاسْمِيَّة ؛ تافِه ، لَيْسَ بِذِي قِيمَة

v.t. 1. (*finance*) قَطَع أو خَصَم كَمْبِيالَة بِأَقَلّ مِن سِعْر الإِصْدار

2. (treat with reserve) أَخَذَ كَلامًا أو شَهادةً بتحفُّظ، وَضَعَه موضِعَ الرِّيبة

discountenance, *v.t.* إِسْتَهْجَنَ، ثَبَّطَ

discourage, *v.t.* (**-ment,** *n.*) 1. (deprive of confidence) ثَبَّطَ عَزيمته، بَرَّد هِمَّته

2. (deter) حَاوَلَ مَنْعه

discourse, *n.* 1. (conversation); *also v.i.* حَدِيث، خِطاب؛ مُحاوَرة، مُحادثة

2. (dissertation); *also v.i.* مَقَالة، بَحْث عِلميّ، رِسالة؛ عِظة، مَوْعِظة

discourt/eous, *a.* (**-esy,** *n.*) خالٍ من الكِياسة، غير مُهذَّب؛ خُشُونة

discover, *v.t.* (**-y,** *n.*) اِكْتَشَفَ، وَجَدَ، اِهْتَدَى إلى؛ كَشْف، اِكتشاف

discredit, *n.* 1. (lack of belief); *also v.t.* فُقْدان الثِّقة، شَكّ، رِيبة؛ نَزَعَ الثِّقة من

2. (loss of repute); *also v.t.* تَشْوِيه، حَطّ من الشَّأن؛ شانَ، أخزى

discreditable, *a.* مُشِين، مُعِيب، مضيِّع لِلاعْتِبار، فاضِح

discreet, *a.* حَصِيف، كيِّس، حَذِر، مُتَحَفِّظ

discrepancy, *n.* تَنَاقُض، تضارُب، تعارُض، تَفَاوُت

discrete, *a.* مُنْفَصِل، مُتميِّز؛ مَعْنَوِيّ (فلسفة)

discretion, *n.* 1. (prudence) حَصَافة، فِطْنة، حَذَر

2. (liberty to decide) حُرِّيَّة التَّصرُّف أو الاِخْتِيار أو التَّقْدِير

at his discretion كَمَا يَتَرَاءَى له، حَسْب تَقْدِيره

the age (years) of discretion سِنّ الرُّشْد أو البُلوغ

discretionary, *a.* سُلْطة اِخْتِياريّة

discrimin/ate, *v.i.* & *t.* (**-ation,** *n.*) مَيَّزَ، فَرَّقَ؛ تمييز، تَفْرِقة

discriminate against تَحَيَّزَ ضدّ، تَحَامَلَ عَلَى، لم يساوِ بين ...

show discrimination أَظْهَرَ حُسنَ ذَوْقِه في...

discursive, *a.* (**-ness,** *n.*) (كَلام) لا سِيَاقَ وَلَا آرْتِباطَ فيه

discus, *n.* جُلَّة، قُرْص رَمْي (رياضة)

discuss, *v.t.* (**-ion,** *n.*) نَاقَشَ، بَحَثَ، بَاحث، حاجَّ، تناوَلَ أوجُه النَّظر

the subject under discussion المَوْضُوع قَيْدَ البَحْث أو على بِساط البَحْث

disdain, *n.* أَنفَة، اِسْتِنكاف، ترفُّع، اِزْدِراء، اِحْتقار، اِسْتِخفاف

v.t. أَنِفَ، اِزْدَرَى، اِحْتَقَرَ، اِمْتَهَنَ

disdainful, *a.* مُزْدَرٍ، مُتَرَفِّع

disease, *n.* مَرَض، داء، عِلّة

diseased, *a.* مَرِيض، عَلِيل، سَقِيم

disembark, *v.t.* & *i.* (**-ation,** *n.*) أَفْرَغَ شِحْنَة؛ نَزَلَ إلى البرّ

disembarrass, *v.t.* خَلَّصَ من وَرطة، أَخْرَجَ من مَأزِق

disembodied, *a.* مُتَجَرِّد عَن الجَسَد

disembowel, *v.t.* أَخْرَجَ الأَحْشاء ، بَقَرَ

disenchant, *v.t.* أَزالَ الأَوْهامَ مِن الأَذْهان

disenchantment, *n.* إزالَة الغَشاوة عَن العُيُون

disengage, *v.t.* فَكَّ، أَطْلَقَ، حَرَّرَ (مِن وَعْدٍ)

disengagement, *n.* تَحَرُّر، عَدَم الانْشِغال

disentangle, *v.t.* (**-ment,** *n.*) أَزَالَ الإلْتِباس؛ حَلَّ ، فَكَّ ؛ كَشْف الغُمُوض

disestablish, *v.t.* فَصَلَ الكَنِيسَة عن الدَّوْلة

disestablishment, *n.* فَصْل الكَنِيسَة عن الدَّوْلة

dis/eur (*fem.* ***-euse***), *n.* مُمَثِّل يُسَلِّي الجُمْهُور بِمُفْرَده

disfavour, *n.* اِسْتِياء، فُقْدان الحَظْوة

disfigure, *v.t.* (**-ment,** *n.*) شَوَّهَ ، مَسَخَ ؛ تَشْوِيه، مَسْخ

disfranchise, *v.t.* (**-ment,** *n.*) جَرَّدَ من الحُقُوق المَدَنِيّة وعلى الأَخَصّ حَقّ التَّصْوِيت

disgorge, *v.t.* (*lit. & fig.*) قاءَ ، تَقَيَّأَ ؛ دَفَع مالاً على كُرْهٍ مِنه

disgrace, *n.* 1. (loss of favour; dishonour) ضَياع الكَرامة، جَلْب العَار أو الشَّنار

2. (shameful thing) عَار، إهانَة، فَضِيحَة، شَيْن، خِزْي

v.t. عَابَ، شَانَ، فَضَحَ

disgraceful, *a.* مُخْزٍ ، مُعِيب، شَائِن، فَاضِح

disgruntled, *a.* مُتَذَمِّر، سَاخِط، مُسْتَاء

disguise, *n.* تَخَفٍّ، تَنَكُّر

v.t. أَخْفَى، تَنَكَّرَ ؛ مَوَّهَ

disguise one's feelings أَخْفَى مَشاعِرَه، كَتَمَ عَواطِفَه

disgust, *n.* تَقَزُّز، اِشْمِئْزاز، اِمْتِعاض، قَرَف

v.t. جَعَلَه يَشْمَئِزّ أو يَمْتَعِض أو يَتَقَزَّز

dish, *n.* 1. (plate) صَحْن، طَبَق، مَاعُون (مَوَاعِين)، صَحْفَة (صِحاف)

dish-cloth فُوطَة لِتَنْشِيف أو غَسْل الصُّحُون

dish-water مَاء الغَسِيل، غُسالَة

dish-washer غَسّال الصُّحُون ؛ جِهاز كَهْرَبائِيّ لِغَسْل الصُّحُون

2. (kind of food) طَبَق، أَكْلة

v.t. 1. (*lit. & fig.*, serve) غَرَفَ (الطَّعام)

dish out وَزَّعَ الطَّعام عَلَى الآكِلِين

dish up وَضَعَ الطَّعام المَطْهِيّ في أَطْباق أو صُحُون

2. (*sl.*, outwit, defeat) وَرَّطَ، دَبَّرَ مَقْلَبًا، أَحْبَطَ (مَساعِيه)

disharmony, *n.* تَنافُر ؛ اِخْتِلاف (الرّأي)

dishearten, *v.t.* ثَبَّطَ عَزِيمَتَه، بَرَّدَ هِمَّتَه، أَوْهَنَ عَزْمَه

dishevel, *v.t.* (**-ment,** *n.*) شَعَّثَ (الشَّعْر) ، نَكَشَ (الملابس) ؛ تَشَعُّث

dishonest, *a.* (**-y,** *n.*) غَيْر أَمِين ، مُضَلِّل، خادِع ؛ عَدَم الأَمانَة

dishonour, *n.* خِزْي، عار، إهانَة

v.t. 1. (bring shame on) جَلَبَ (العارَ) عَلى ، لَوَّثَ (السُّمْعَة) ؛ هَتَكَ (عِرْض..)

2. (refuse payment of) رَفَض البَنْك أن يَصْرِف شيكًا أوكمْبيَالة لِعَدَم وُجُود رَصِيد

dishonourable, *a.* مُشِين، شائن، فاضِح، مُخْزٍ، جالِب لِلْعار

disillusion, *n.* تَخَلُّص مِن الأَوْهام، صَحْوة

v.t. (**-ment,** *n.*) أَزَالَ الوَهْم أو الغَشاوَة

disincentive, *a. & n.* مُثَبِّط لِلْعَزِيمة

disinclin/e, *v.t., esp. past p.* (**-ation,** *n.*) نَفَّرَ؛ غَيْر راغِب أو مُسْتَعِدّ، عَزُوف عَن ...

disinfect, *v.t.* (**-ion,** *n.*) عَقَّمَ، طَهَّرَ

disinfectant, *n.* مُعَقِّم، مُطَهِّر

disingenuous, *a.* (**-ness,** *n.*) مُراوِغ، مُخادِع، غَيْر أَمِين أو صَرِيح؛ مُراوَغة

disinherit, *v.t.* (**-ance,** *n.*) حَرَمَ مِن مِيراث أو تَرِكة؛ حِرْمان مِن المِيراث

disintegr/ate, *v.i. & t.* (**-ation,** *n.*) تَفَكَّكَ، تَحَطَّمَ، فَكَّكَ؛ تفكُّك؛ إخْتِلال (عقليّ)

disinter, *v.t.* (**-ment,** *n.*) نَبَشَ

disinterested, *a.* (**-ness,** *n.*) غَيْر مُغْرِض أو مُتَحَيِّز، لا يَتَوَخَّى مَصْلَحَته الشَّخْصيّة

disjoin, *v.t.* فَصَلَ، خَلَعَ، فَكَّ، فَكَّكَ

disjointed, *a.* (كَلام) غَيْر مُتَرابِط

dislike, *v.t. & n.* كَرِهَ، نَفَرَ، أَبْغَضَ

disloc/ate, *v.t.* (**-ation,** *n.*) (*lit. & fig.*) خَلَعَ او مَلَخَ العَظْم؛ خَلْع

dislodge, *v.t.* زَحْزَحَ أو نَزَعَ مِن مَوْضِعِه

disloyal, *a.* (**-ty,** *n.*) خائِن، غَيْر مُخْلِص

dismal, *a.* كَئِيب، تَعِس، مُوحِش

dismantle, *v.t.* فَكَّ، فَكَّكَ؛ جَرَّدَ (حِصْنًا) مِن وَسائِل الدِّفاع

dismay, *n.* رُعْب، فَزَع، هَلَع

v.t. أَرْعَبَ، أَفْزَعَ

dismember, *v.t.* (**-ment,** *n.*) قَطَعَ أَوْصالَ...، مَزَّقَ إِرْبًا إِرْبًا؛ تَمْزِيق (أَطْراف الجِسْم)

dismiss, *v.t. & i.* (**-al,** *n.*) أَقالَ، عَزَلَ، طَرَدَ، فَصَلَ؛ صَرَفَ،؛ أَبْعَدَ

dismiss! (*mil.*) اِنْصَرِفْ! اِنْصِراف!

dismiss the idea طَرَحَ الفِكْرة جانِبًا، صَرَفَ النَّظَر عن الفِكْرة

he was dismissed ⟨from⟩ his job أُقِيلَ أو عُزِلَ أو طُرِدَ من مَنْصِبه

case dismissed يُرْفَض النَّظَر في الدَّعْوى، تُغْلَق القَضِيّة

dismount, *v.i. & t.* تَرَجَّلَ، نَزَلَ مِن (دَرّاجة مثلًا)؛ أَنْزَلَ

disobedi/ent, *a.* (**-ence,** *n.*) عاصٍ، غَيْر مُطِيع؛ عِصْيان، تَمَرُّد

disobey, *v.t. & i.* عَصَى، تَمَرَّدَ، خَرَجَ على الطّاعة، خالَفَ

disoblige, *v.t.* رَفَضَ تَلْبِيَة طَلَب

disorder, *n.* 1. (untidiness) اِنْعِدام التَّرْتِيب والنِّظام، لَخْبَطَة، خَرْبَطَة

2. (civil disturbance) اِضْطِراب، فَوْضَى، شَغَب، اِخْتِلال

3. (disease) اِعْتِلال، اِضْطِراب (طِبّ)

v.t. شَوَّشَ، أَفْسَدَ النِّظام، بَثَّ الفَوْضَى

disorderly, *a.* 1. (untidy) مُشوَّش، غير مُرتَّب، مُخَرْبَط، مُلَخْبَط

2. (constituting a public nuisance) مُخِلّ بالنِّظام، مَدْعاة لِلفَوْضَى

disorderly house مَاخُور (مَواخِير)

disorganiz/e, *v.t.* (**-ation,** *n.*) أَخَلَّ بالنِّظام، شَوَّش ؛ إِفْساد النِّظام

disorient/ate, *v.t.* (**-ation,** *n.*) وَجَّهَ تَوْجِيهًا غَيْر صَحِيح ،حَيَّرَ، أَضَلَّ ؛ حَيْرة

disown, *v.t.* أَنْكَرَ، تَبرأَ من، نَبَذَ

disparage, *v.t.* (**-ment,** *n.*) حَطَّ من قَدْره أو شَأنه ، نَدَّدَ به ؛ اِنْتِقاص، اسْتِخْفاف

disparate, *a.* مُتَبايِن ، مُتفاوِت ، مُخْتَلِف، غير مُتَكافِئ أو مُتناسِب

disparity, *n.* تَبايُن ، تَفاوُت ، اِخْتِلاف عَدَم تَساوٍ

dispassionate, *a.* مُحايِد، خالٍ من الأَهْواء، غير مُتَحَيِّز

dispatch (**despatch**), *v.t.* 1. (send off) أَوْفَدَ، أَرْسَلَ، بَعَثَ

2. (finish) أَنجَزَ بِسُرْعة، نَفَّذَ

3. (kill) أَجْهَزَ على، قَتَلَ

n. 1. (sending off) إيفاد، إرْسال

2. (written message) رِسالة أو بَيان أو بَلاغ رَسْمِيّ، نبأ عاجِل

dispatch-box (-case) حَقيبة لِحِفْظ الأَوْراق الرَّسْمِيّة

dispatch-rider ساعٍ (رسائل عسكرية)

3. (rapidity) في التَّوِّ واللَّحْظَة

dispel, *v.t.* بَدَّد، قَشَعَ، أَزَالَ

dispensable, *a.* يُمْكِن الاِسْتِغْناء عنه، غير ضَرورِيّ

dispensary, *n.* صَيْدَلِيّة، مُسْتوصَف

dispensation, *n.* 1. (meting out) تَوْزِيع

2. (permission of church or law) حِلّ، تَحِلّة، تَرْخِيص كَنَسِيّ أو قَانُونِيّ

3. (fate) قَدَر، عَمَل آلِهِيّ

dispense, *v.t.* وَزَّعَ ؛ مَنَحَ ؛ أَدارَ ؛ أَعْفَى

dispense drugs حَضَّرَ أَدْوِيَة، رَكَّبَ عَقاقِير طِبِّيّة

dispense charity وَزَّع صَدَقة

dispense justice نَشَرَ العَدالة ، أَقَامَ العَدْل والقِسْطاس

v.i., only in

dispense with اِسْتَغْنَى عن

dispenser, *n.* صَيْدَلِيّ ؛ عُلْبَة ذاتُ فَتْحَة خاصَّة

dispers/e, *v.t. & i.* (**-al,** *n.*) بَدَّدَ، فَضَّ، شَتَّتَ، فَرَّق ؛ تَبدَّدَ، تَفَرَّقَ

dispirit, *v.t., esp. pres. & past p.* ثَبَّطَ هِمَّته ، أَوْهَن عَزِيمَتَه

displace, *v.t.* أَزاحَ، اِسْتَبْدَلَ (شخصًا بآخَر)، حَلَّ مَحلّ...

displaced person مُتَشَرِّد (عن وَطَنِه)

displacement, *n.* 1. (shifting, ousting) اِسْتِبْدال، إِحْلال مَحَلّ...

2. (*naut.*) كَمِّيّة السَّائِل المُزاح

display, *v.t.* (*lit. & fig.*) عَرَضَ، أَظْهَرَ

n. عَرْض، إظهار؛ تظاهُر، تَباهٍ

displease, *v.t.* (تَصَرُّف) لم يقع موقِع الاِسْتِحْسان أو لم يصادف قَبولاً عند ...

displeasure, *n.* عَدَمُ رِضًى، اِستياء، تَبَرُّم

disport, *v. refl.* تَسَلَّى، أَلْهَى (نفسه)

disposable, *a.* (شيء) يُلْقَى بعد ٱسْتِعْماله

disposal, *n.* 1. (getting rid of) تَخَلُّص من (النِّفاية مثلاً)

2. (arrangement) تَنْظِيم خاصّ

3. (control, command) تَصَرُّف، إدارة

at one's disposal تَحْتَ تصرُّفه، رَهْن إشارَتِه، تَحْتَ يَدِه

dispose, *v.t.* 1. (arrange) قَامَ بِتوزيع ...

2. (incline) رَغَّبَه في، اِسْتَمالَه

well-disposed towards أَظْهَرَ نيّة حسنة نَحْوَ، أَبْدَى مَيْلاً للمساعَدة

v.i., only in

dispose of تَخَلَّصَ من، قَضَى على؛ بَاعَ؛ اِسْتَهْلَكَ

disposition, *n.* 1. (arrangement) تَنْظِيم، تَنْسِيق، تَرْتِيب؛ تَوْزِيع القُوّات الحربيّة

2. (control) تَحْتَ تَصَرُّفه أو يَدِه

3. (temperament) مِزاج، خُلُق، طَبْع مَيْل، نَزْعة، فِطْرة

dispossess, *v.t.* (-**ion,** *n.*) اِنْتَزَعَ أو سَلَبَ أو جَرَّدَ (مِن حِيازَة)

disproof, *n.* دَحْض، تَفْنِيد، نَقْض

disproportionate, *a.* غَيْر مُتَناسِب أو مُتَكافِئ

disprove, *v.t.* دَحَضَ، فَنَّدَ، كَذَّبَ، نَقَضَ

disputant, *n.* مُجادِل، مُناقِش

disputation, *n.* مُناقَشَة، مُجادَلة، مُناظَرة

dispute, *n.* خُصُومة، نِزاع

in dispute (نُقْطة) موضوع النِّقاش، (قَضِيّة) يدور حولها الجدل

beyond dispute لَا جِدَالَ أو نِقاشَ أو ريب أو مِراءَ فيه

v.t. 1. (discuss); *also v.i.* بَحَثَ، نَاقَشَ، جادَلَ؛ تَباحَثَ، تَناقَشَ

2. (call in question) عَارَضَ، نَاهَضَ، خَالَفَ، أَنكَرَ

3. (contend for) اِخْتَصَمَ، تَنازَعَ

disqualif/y, *v.t.* (-**fication,** *n.*) أَسْقَطَ حَقَّه، حَرَمَه (من امْتِحان مثلاً)

disquiet, *n. & v.t.* قَلَق، اِنزعاج، توجُّس؛ أَقْلَقَ، أَزْعَجَ

disquietude, *n.* قَلَق، اِنْزِعاج

disquisition, *n.* بَحْث مُطَوَّل في موضوع ما؛ خِطاب مُسْهَب

disregard, *n.* تَغاضٍ، إغْفال، إهْمال

v.t. أَغْفَلَ، تَجاهَلَ، أَهْمَلَ

disrepair, *n.* فِي حَاجة لإصلاح، خَلَل

disreputable, *a.* سَيِّئ السُّمْعة أو الصِّيت، شَائِن، شَنِيع

disrepute, *n.* عَار وشِنار، رَداءَة السُّمعة، سُوء الصِّيت

disrespect, *n.* عَدَمُ ٱحْتِرام، قِلّة أَدب أوحَياء

disrespectful, *a.* قَلِيل الأدب، عَديم الحياء

disrobe, *v.i. & t.* خَلعَ أو نزَعَ ثيابًا، تَجرَّدَ

disrupt, *v.t.* (**-ion**, *n.*) حَطَّمَ، عَطَّلَ؛ اِضْطراب

disruptive, *a.* مُخَرِّب، مثير الفَوْضَى والاِضْطِراب، هَدّام

dissatis/fy, *v.t.* (**-faction**, *n.*) فَشَلَ في إرضائه، جَعَله غير راضٍ؛ تبرُّم، عدم رضًى

dissect, *v.t.* (**-ion**, *n.*) (*lit. & fig.*) شَرَّحَ أو بَضَعَ (جثةً مثلًا)، تشريح

dissemble, *v.i. & t.* أَظْهَرَ غير ما يُبْطِن، نَافَقَ، تَظاهر بجَهْلِهِ بموضوع ما

dissemin/ate, *v.t.* (**-ation**, *n.*) بثَّ، نَشَرَ

dissension, *n.* نِزَاع (نتيجة خِلاف في الرأي)، شِقَاق، مُخاصَمة

dissent, *v.i.* خَالَفَ، عَارض؛ اِنْشقَّ أو خَرَجَ عن (عَقِيدة دينيّة)

n. مُخَالَفة، اِعتراض

dissenter, *n.* مَارِق أو مُنْشَقّ (عن عَقيدة)

dissentient, *a. & n.* مُخَالِف (للرَّأي أو للعَقيدة السَّائِدة)، مُنْشَقّ، مُعارِض

dissertation, *n.* رِسَالة عِلْمِيّة، بَحْث أدبي

disservice, *n.* إساءَة، أذًى

dissid/ent, *a. & n.* (**-ence**, *n.*) خَارِج عَلَى، مُنْشَقّ عن، مُتَمَرِّد؛ خُروج على

dissimilar, *a.* (**-ity**, *n.*) غَيْر مُتَشَابِه أو مُتَمَاثِل، مُتَباين، مُخْتَلِف؛ اِخْتِلاف

dissimul/ate, *v.i. & t.* (**-ation**, *n.*) تَظَاهَرَ، نَافَقَ، أَظْهَرَ غير ما يُبطِن

dissipate, *v.t.* 1. (disperse); *also v.i.* بَدَّد، قَشَعَ، أَزالَ؛ اِنْقَشَعَ

2. (squander) بَدَّدَ، بَذَّر، بَعْزَق، بَعْثَرَ

dissipated, *a.* خَليع، مَاجن، مُنْهَمِك في المَلَذّات

dissipation, *n.* 1. (dispersal) تَبَدُّد، اِنْقِشاع، زَوَال

2. (squandering) إسْراف، تَبْذير، بَعْثَرَة

3. (vicious living) خَلَاعَة، مُجُون، اِنْهِماك في الشّهوات والمَلَذّات

dissoci/ate, *v.t.* (**-ation**, *n.*) مَيَّزَ، فَرَّقَ، فَصَلَ

dissoluble, *a.* (عَقْد أو اتِّفاق) قابِل لِلحَلّ أو الفَسْخ

dissolute, *a.* خَلِيع، مَاجن، مُسْتَهْتِر

dissolution, *n.* 1. (break-up, *lit. & fig.*) فَسْخ، حَلّ (برلمان مثلًا)، فَصْم

2. (decomposition; death) حَتْف، مَوْت (كَلِمَة بطَل استعمالُها)

dissolve, *v.t. & i.* 1. (make, become liquid) حَلَّ، أَذَابَ، ذَوَّبَ؛ اِنْحَلَّ، ذَابَ

2. (disperse, break up) تَفَرَّقَ، اِنْقَشَعَ، تَبَدَّد، تَشَتَّتَ

disson/ant, *a.* (**-ance**, *n.*) مُتَنَافِر (أصوات)، مُتَبَايِن (نغمات)، مُخالِف؛ نَشاز

dissu/ade, *v.t.* (**-asion,** *n.*) أَقْنَعه بالعُدُول عَن، صَرَفه أو ثَنَاه (عن قَصْدِه)

dissuasive, *a.* مُثْنٍ عن، مُقْنِع بالعُدُول

distance, *n.* 1. (remoteness) بُعْد (أبعاد)، مَسافة

in the distance عَلَى بُعْدٍ، بَعيدًا، مِن بَعِيدٍ

2. (extent of space, interval) بُعْد، مَسافة، بَوْن

keep one's distance تَجَنَّبَ أو تَحَاشَى الاِخْتِلا ط بالغَيْر

long-distance call مُكالَمَة تِليفونيّة خارِجيّة، نِداء خارِجيّ

no distance at all عَلى قَيْد خُطْوات، على مَقْرُبَة، لَيْس بِبَعِيد

within striking distance عَلى قَيْدِ رُمْح، شَمْرَة عَصا (عراق)

distant, *a.* 1. (removed) بَعِيد، قاصٍ، ناءٍ

distant ages عُصُور سَحِيقة، أَزْمِنة غابِرة، سَالِف العَصْر والأوان

distant relative ذُو قَرابَة بَعِيدة

2. (reserved; not intimate) مُتَحَفِّظ، (مُقابَلة) باردة أو فاترة

distaste, *n.* نُفور، كُرْه، اشمئزاز

distasteful, *a.* مُنَفِّر، تعافه النفس، ممقوت، مكروه

distemper, *n.* 1. (disease of dogs) سُلّ الكِلاب

2. (water paint); *also v.t.* طِلاء جِيرِيّ لِلجُدْران والسُّقوف، ستِمْبر (عراق)

disten/d, *v.t. & i.* (**-sion,** *n.*) تَوَسَّعَ، تَمَدَّدَ

distil, *v.t. & i.* (**-lation,** *n.*) قَطَّرَ، اسْتَقْطَرَ؛ تقطير

distiller, *n.* مُقطِّر (الكُحُول مثلًا)

distillery, *n.* مَعْمَل تَقْطِير الكُحُول

distinct, *a.* (**-ness,** *n.*) 1. (separate, different) مُتَمَيِّز، مُنْفَصِل، مُتَباين

2. (clear) وَاضِح، ظاهِر، بَيِّن

distinction, *n.* 1. (separation, difference) تَمْيِيز، تفْرِيق

make a distinction between فَرَّقَ أو مَيَّزَ بَيْن

without distinction دُونَ تَمْييز أو تفْرِقَة

2. (eminence) رِفْعَة، سُمُوّ، نُبُوغ، تَفَوُّق

3. (mark of honour) تَفَوُّق، اِمْتِياز، لَقَب شَرَف

distinctive, *a.* (**-ness,** *n.*) (سِمَة) مُمَيِّزَة

distingué, *a.* مَهِيب، سامِي الخُلُق

distinguish, *v.t.* 1. (differentiate); *also v.i.* فَرَّقَ، مَيَّزَ، فَصَلَ، فَرَزَ

2. (recognize) أَدْرَكَ الفَرْق أو تَبَيَّنَه

3. (make eminent) مَيَّزَ، رَفَعَ شَأْنَه

distinguish oneself اِمْتَازَ، تَفَوَّق على، نَبَغَ

distinguishable, *a.* يُمْكِن التَّمْيِيز بَيْنَهما؛ يُرَى بِوُضُوح عن بُعْد

distinguished, *a.* بارِز، شَهِير، مُمْتاز، رَفِيع

distort, *v.t.* (**-ion,** *n.*) (*lit. & fig.*) شَوَّهَ، حَرَّفَ

distract, *v.t.* (**-ion,** *n.*) 1. (divert) صَرَفَ أو أشْغَلَ أو ألْهَى عن؛ تسلية

distract someone's attention حَوَّلَ انْتِباهه عن

2. (bewilder, make frenzied) حَيَّرَ، أرْبَكَ، شَوَّش؛ خَبَّلَ، جَنَّنَ

drive to distraction أفْقَده أعْصابَه، جَنَّنَه، خَبَّله

love someone to distraction جُنَّ حُبًّا أو هَامَ عِشقًا به، شُغِفَ به حُبًّا

distr/ain, *v.t.* (**-aint,** *n.*) (*leg.*) حَجزَ على المَنْقُولات لاِسْتِيفاء الدَّيْن

distrait, *a.* شَارِد الفكر، ساهٍ

distraught, *a.* مُنْفَعِل، مَذْهول، مُرْتبك

distress, *v.t.* أحْزَنَ، كَدَّرَ، أزْعَجَ

n. 1. (anguish) كَرْب، لَوْعة، قلق شديد

2. (want) عُسْر، شِدّة، ضِيق، ضَنْك

3. (danger) خَطَر

distress signal إشَارة الخَطَر

4. (distraint)

distress warrant أمْر بٱلحَجْز على المنقولات لاِسْتِيفَاء الدَّيْن

distribut/e, *v.t.* (**-ion,** *n.*) وَزَّعَ، قَسَّمَ، فَرَّقَ

distributive, *a.* تَقْسِيمِيّ، تَوْزِيعِيّ (بَيْع بالتَّجْزِئة)؛ مُتعلِّق بتوزيع الحُدود (منطق)

distributive pronoun كلّ، بَعْض ...(نحو انكليزي)

district, *n.* مِنْطَقة، ناحيَة، قِسْم

distrust, *n.* عَدَم ثِقَة، اِرْتِياب

v.t. شَكَّ أو اِرْتَاب

distrustful, *a.* مُرْتاب، شكّاك، ظَنُون

disturb, *v.t.* 1. (disorder, interrupt) أخَلَّ أو أفْسَدَ النِّظام، عَكَّرَ؛ قاطَعَ، شَوَّشَ

2. (disquiet) أزْعَجَ، أقْلَقَ، ضَايَقَ

disturbance, *n.* اِضْطِراب، تشويش، شَغَب، فَوْضى؛ إخلال بالأمن

disuse, *n.* عَدْم أو بُطْلان استعمال، تَرْك

disused, *a.* مَتْرُوك، مَهْجور، مُهْمَل، بَطَلَ اِستعمالُه

disyllab/le, *n.* (**-ic,** *a.*) عِبَارة من مَقْطَعَيْن

ditch, *n.* خَنْدَق، أُخْدود

a last-ditch stand دِفَاع مُسْتَمِيت، حَتَّى الرَّمَق أو النَّفَس الأخير

dull as ditch-water مُمِلّ أو مُضْجِر إلى دَرَجَة كبيرة

v.t. 1. (drain *land* by trenches); *also v.i.* شَقَّ أو أصْلَحَ خَنْدَقًا

2. (*sl.*, abandon) تَرَكَ، هَجَر، تخلّى عن

dither, *v.i.* (*lit. & fig.*); *also n.* اِرْتَعَدَ، اِرْتَعَشَ؛ تَرَدَّدَ؛ تردُّد، اِرتعاش

all of a dither (*fig.*) مُرْتَعِش، مُتَرَدِّد، مُحْتار، مُرْتَبِك

ditto, *n. & adv.* بِٱلمِثْل، كذلك

ditty, *n.* أُغْنِيَّة قَصِيرة، طَقْطُوقَة (مصر)

diuretic, *a. & n.* مُدِرّ للبَوْل

diurnal, *a.* نَهَارِيّ، يَحْدُث يَوْمِيًّا

divalent, *a.* ثُنَائِي التَّكافُؤ (كيمياء)

divan, *n.* أرِيكَة؛ دِيوان

dive, *v.i. & n.* غَطَسَ، غَاصَ، هَوَى، اِنْقَضَّ؛ غَطْسة، اِنقضاض

diving-bell غُرْفَة الغَطْس، نَاقوس الغوّاصين

diver, *n.* غَطَّاس، غَوّاص

diverge, *v.i.* تَشَعَّبَ، تفرّع؛ اِنْحَرَفَ، زَاغ

diverg/ent, *a.* (**-ence,** *n.*) مُتَشَعِّب، مُتفرِّع، مُنْفَرِج، مُختلِف

divers, *a.* شَتَّى، مُتَعَدِّد

divers/e, *a.* (**-ity,** *n.*) مُختَلِف، مُبَايِن

diversif/y, *v.t.* (**-ication,** *n.*) نَوَّعَ، شَكَّلَ، أَعْطَى أشكالًا مُختلِفة؛ تَنوُّع

diver/t, *v.t.* (**-sion,** *n.*) 1. (turn aside) حَوَّلَ اِتّجاهًا، غَيَّرَ مَجْرًى

2. (entertain) أَلْهَى، سَلَّى

divertissement, *n.* رَقْصَة باليه قَصيرة

divest, *v.t.* (*lit. & fig.*) جَرَّده من ثَوْبه؛ نَزَعَ؛ جَرَّدَ أو سَلَبَ (حَقًّا مثلًا)

divide, *v.t. & i.* قَسَّمَ؛ اِنْقَسَمَ

divided attention اِنْتباه مشتَّت أو مُوَزَّع، اِنْتباه غير مُرَكَّز

divided opinion آراء مُتَضارِبة أو مُختلِفة

divide by two قَسَمَ عَلَى ٱثْنَيْن

divide and rule فَرِّقْ تَسُدْ

dividend, *n.* 1. (*math.*) المَقْسُوم (رياضيات)

2. (*finance*) فَائِدة أو رِبْح أو عوائد أَسْهُم

it pays dividends (*fig.*) بِهِ فَائِدة، يُجْدِي نَفْعًا، يُسْتَفاد منه

dividers, *n.pl.* فِرْجار ذو سِنَّيْن

divin/e, *v.t. & i.* (**-ation,** *n.*) تَكَهَّنَ، حَدَسَ، رَجَمَ بالغيب؛ تكهُّن، حدْس

divine the truth خَمَّنَ حَقِيقةَ الأَمْر

water-divining اِسْتِكْشاف مواقع المياه الجوفية

n. حَبْر (أحبار)، من عُلَمَاء اللاهوت

a. 1. (relating to God; sacred) إِلَهِيّ، سَمَاوِيّ، رَبَّانِيّ

2. (*coll.*, wonderful) رَائِع، يَا لَلْبَداعة!

divinity, *n.* 1. (god-like nature) أُلُوهِيَّة

2. (god) إله، رَبّ

3. (theology) عِلْم اللَّاهُوت

divisible, *a.* قَابِل للقِسْمة

division, *n.* 1. (separation, splitting) تَقْسِيم، تَجْزِئة؛ جُزْء، نَصِيب؛ تَضَارُب

division of labour تَقْسِيم العَمَل

2. (boundary) فَاصِل، حاجز، حدّ

3. (*math.*) القِسْمَة (رياضيات)

long division القِسْمَة المُطَوَّلَة أو الطَّوِيلَة

4. (*parl.*) قِسْمَة البرلمان إلى قسمين لغرض التصويت

5. (category, class) صِنْف، رُتْبَة، درجة

6. (district) قِسْم (شُرْطة مثلًا)

7. (military formation) (**-al,** *a.*) فِرْقة عَسْكَرِيّة

divisor, *n.* العَدَد المقسوم عليه (رياضيات)

divorce, *v.t. & i.* طَلَّق

(*fig.*) فَصَلَ (الرّوح عن الجسد مثلًا)

n. طَلَاق، إنفصال

divorcée, *n.* طَالِق، مُطَلَّقة

divulg/e, *v.t.* (**-ence,** *n.*) أَفْشَى أو أَبَاحَ أو كَشَفَ سِرًّا ؛ إِفْشاء السِرّ

dixy (**dixie**), *n.* غَلَّاية كبيرة ، قِدْر (في الجيش)

dizz/y, *a.* (**-iness,** *n.*) دَائِخ، مادَت به الأرض

do (*pret.* did, *past p.* done), *v.t. & i.*

1. (perform; act, acquit oneself) عَمِلَ، فَعَلَ

do good أَحْسَنَ، عَمِلَ خيرًا

do well نَجَحَ، أَفْلَحَ ، نَمَا بغزارة

do one's best بَذَل غاية جهده أو كلّ ما في وسْعه

well done! أَحْسَنْتَ ! نِعْمَ ما فَعَلْتَ

the done thing حَسْبَ العادةِ الجارِيَة أو الأُصول المتّبَعة

it does me good يُفِيدُنِي ؛ يُبْهِجُنِي

do as you would be done by عَامِلِ النّاس بِمَا تُحِبُّ أن يُعامِلوك به

nothing doing! لَا، لَا أَتَمَكَّن

2. (fare, manage)

how do you do?, *whence* كَيْفَ حالُك ؟

a fine how d'ye do (*coll.*) وَرْطَة، حالة ارتباك

he could do with some help إنّه في حاجة إِلَى مُساعَدة ما

do without اِسْتَغْنَى عن ؛ اِمْتَنَع عن

3. (have dealings)

it has to do with يختصّ أو يتعلّق بِ، له شأن بِ

he has nothing to do with it لَيْس له ضِلْع في الأمر، لَا شأنَ له به

4. (suffice)

that will do! كِفَايَة، هَذا يَكْفِي ؛ هذا يَسُدُّ الحاجة

that will do me fine (*coll.*) هَذَا يَكْفِينِي

5. (prepare) أَعَدَّ، جَهَّزَ، هَيَّأ

6. (cook) حَضَّرَ الأكْل، طَبَخ

done to a turn مَطْبُوخ تَمامًا أو كما يَنْبَغِي

under- (over-)done, *a.* نَاقِص (زائد) الطَبْخ

7. (finish, dispose of, kill)

have done with اِنْتَهَى من ؛ تَخَلَّى عن (عَادة مثلًا)، نَبَذَ، أَبْطَلَ

do away with أَجْهَزَ على، أَلْغَى، أَزَالَ

do someone in (*sl.*) قَضَى عَلَى شخص، خَلَصَ عليه، فَتَكَ به

done for (*sl.*) اِنْقَضَى أو اِنتهى أمره

done in (done up) (*sl.*) مُجْهَد، تَعبان، خَائِر، هَمْدَان (مصر)

8. (swindle)

do someone in the eye (*sl.*) غَشَّ أو نَصَبَ أو احْتَالَ عليه

do someone down تَغَلَّبَ عليه بِالْمَكْر

do someone out of something غَبَنَه في شَيْءٍ، اِغْتَصَبَهُ حَقَّه

9. (clean, renovate, put in order) نَظَّفَ، رَتَّبَ، نَظَّمَ، وَضَّبَ (مصر)

do the dishes غَسَلَ أو نَظَّفَ الصحون

do out a room رَتَّبَ أو وَضَّبَ غرفةً

do up

(*coll.*, renovate) أَصْلَحَ، جَدَّدَ، رَمَّمَ

(fasten) زَرَّرَ، رَبَطَ (الحِذاء مثلًا)

10. (study)

he is doing mathematics يَدْرُس الرِّياضيّات

v. aux. 1. (*with interrog. or neg.; sometimes with ellipsis of main verb*)

do you drink? I don't هَلْ تَشْرَبُ (خمرًا)؟ أَنَا لَا أَشْرَبُ

2. (for emphasis)

I do want to go كَمْ أَوَدُّ أَنْ أَذْهَبَ!

3. (*with imperat.*)

do tell me أَخبِرْني بِحَيَاتِك أو من فضلك!

n. (*coll.*, entertainment, function) حَفْلَة

do (doh), *n.* (*mus.*) دُو (النَّغَمة الأولى والأخيرة في السُّلَّم المُوسِيقي)

docil/e, *a.* (**-ity,** *n.*) طَيِّع، سَلِس القِياد، سَهْل المِراس، لَيِّن العَرِيكة

dock, *n.* 1. (plant) حُمّاض أو حُمَّيْض الحَقْل

2. (basin or wharf for ships) حَوْض السُّفن، مَرْفَأ (مرافئ)، رَصيف المِيناء

dry dock حَوْض جافّ للسُّفن

3. (enclosure in court) قفص الإتّهام في قاعة المَحْكمة

v.t. 1. (cut short, *lit. & fig.*) قَصَّ، قَطَعَ، خَفَضَ (أجر عامل مثلًا)، بَتَرَ

2. (berth *a ship*); *also v.i.* أَرْسَى السفينة؛ رَسَت، أَلْقَت مراسيها

docker, *n.* عَامِل المِيناء

docket, *n.* خُلاصَة الدَّعوى أو الحُكْم؛ قائمة مُحْتَوَيات تسليم البِضاعة؛ إيصال جُمْركي

dockyard, *n.* تِرْسَانة بحريّة، حَوْض لِبناء وإصلاح السُّفن

doctor, *n.* 1. (holder of university degree) دُكْتور، حامل دَرَجة الدُّكتوراة

2. (medical practitioner) دُكْتور، طَبيب

v.t. 1. (treat medically) طَبَّبَ، داوَى

2. (sterilize *animals*) خَصَى الحَيَوانات (الأَليفة غالبًا)

3. (adulterate, falsify) زَوَّرَ، زَيَّفَ

doctorate, *n.* (دَرَجة) الدّكتوراة

doctrinaire, *a. & n.* مُغالٍ في العَقيدة والرَّأي

doctrinal, *a.* مَذْهَبِيّ، عَقائديّ، متعلّق بالمبادئ

doctrinarian, *n.* مُتَطرِّف في مَبْدَئِه

doctrine, *n.* مَذْهَب، قاعِدة قانونية

document, *n.*; *also v.t.* وَثيقة، مُسْتَنَد، دَلِيل كتابيّ؛ أَيَّدَ مُسْتعينًا بمُسْتَنَدات

documentary, *a.* مُدْعَم بِالوَثائق

documentary film; *also* documentary, *n.*

documentation, *n.* تَقْديم الأَدِلَّة الكِتابيّة

dodder, *v.i.* تَرَنَّحَ لِكِبَر سِنِّه

doddering, *a.*; *also* **doddery** وَاهِن القُوَى ، عَجُوز أخْرق مُتَهاوٍ

dodge, *v.i. & t.* تَفادَى، تَجَنَّبَ؛ تَنصَّل، تَملَّص

n. حِيلة، خِدْعة

dodger, *n.* شَخْص مراوِغ أو متملِّص

dodo, *n.* طَائِر كبير مُنْقرِض

dead as a dodo عَفَا عليه الزَّمن، أدْرَكه العَفاء، اِنْدثر، اِنْقرض

doe, *n.* أُنْثَى الغَزال أو الأرْنَب

doer, *n.* فاعِل الشّيء أو صانِعه، عامِل

doeskin, *n.* جِلْد الغَزال

doff, *v.t.* خَلَعَ أو رَفَعَ (قُبَّعة مثلًا)

dog, *n.* كَلْب (كِلاب)

dog clutch قَابِض كَلَّابي (ميكانيكا)

dog-collar (*fig.*, *of clergyman*) طَوْق لرقَبة كَلْب؛ ياقة القِسِيس

dog days أيّام القَيْظ الشّديد في يوليو وأغسطس

dog-eared, *a.* (كِتاب) ذُو صَفَحات مَطْوِيَّة الزَّوَايا (مِن كَثْرة الاسْتِعْمال)

dog-fight (*fig.*, *of aircraft*) مُناوَشة جوّية

dog Latin لَاتِينيّة رَدِيئة

dog-rose وَرْد بَرّي

dog-tired, *a.* مُضْنًى، مُرْهَق، مُنْهَك

dog watch نَوْبَة حِراسة ساعَتَيْن (بحرية)

dog in the manger حَرَمَ غيره ممّا لا يَنْتَفِع به، ‹أَبْخَلُ من مادِر›

a dog's life حَيَاة بُؤْسٍ وشقاء

the dogs (stadium) سِبَاق الكلاب (السلوقية)

go to the dogs تَدَهْوَرَت أو ساءت حاله، تَلِفَ، عَمَّ الفساد

every dog has his day إنّ بعد العُسر يسرًا، سَيَبْتَسِم له الحظّ يومًا ما

give a dog a bad name رُبَّ مَلومٍ لا ذَنْبَ لَهُ

let sleeping dogs lie دَعِ الْفِتْنَة نائمة، دَعِ الأُمُور وشأنها

a gay dog مُولَع بالملذّات

top dog مُسَيْطِر، متسلّط، رَيِّس

under-dog مَغْلوب، مظلوم، مستغَلّ

v.t. تَعقَّبَ، اِقتفى أثره

dogged by misfortune لَازَمَه النَحْس

dogcart, *n.* عَرَبة دُوكَار (بِعَجَلَتَيْن)

doge, *n.* رَئِيس القُضاة في جُمهوريّتي جِنُوَا والبُنْدُقِيّة قديمًا

dogfish, *n.* سَمَك متوسِّط الحجم من نوع القِرش

dogged, *a.* (**-ness,** *n.*) عَنِيد، مُصِرّ، مِلْحاح؛ إصْرار، تصميم

doggerel, *n. & a.* شِعْر رَكِيك

dogg/y (-ie), *n.* كَلْب (بِلغة الأطفال)

doglike, *a.* مِثْلُ الكلب (في إخلاصه)

dogma, *n.* عَقَائِد دِينيّة جَوْهَرِيَّة

dogmatic, *a.* مُتَعَنِّت، مُتَعَسِّف

doh, *see* **do,** *n.*

doily (doyley), *n.* مفرش مُسْتدير صغير مُطرّز (للأطباق والرفوف)

doings, *n.pl.* أَعْمال؛ الإسْمُو أَيْه، شُو اسْمُه

doldrums, *n.pl.* (*lit. & fig.*) مِنْطَقَة الرّكود أو الرَّهْو الاِسْتِوائيّة؛ كَساد؛ اِكْتِئاب

dole, *n.* إِعانة أُسبوعيّة تُدْفَع للمُتَعطّلين؛ صَدَقَة تافِهة

on the dole مُتَعطِّل يَتَقاضَى إعانة أُسْبُوعِيّة من الدّولة

v.t., esp. with adv. out وَزَّع بِتَقْتِير، بَخَلَ بالإعطاء

doleful, *a.* حَزِين، مُكْتَئِب، مَهْموم

doll, *n.* دُمْيَة (دمًى)، عَروسة

v.t. & i., with adv. up زَوَّق؛ تَهَنْدَمَ

dollar, *n.* دُولار (عُملة)

dollop, *n.* (*coll.*) كَبْشَة (مصر)، كَمْشَة (عراق)

dolly, *n.* 1. (toy) دُمْية، عَروسة

2. (washing implement) مِضْرَب خشبيّ لغَسْل الملابس، مِخْضجة

dolorous, *a.* مُؤْلِم؛ مَحْسور

dolphin, *n.* دُلْفِين، دَرْفِيل، دُخَس، دُخَس، خِنْزِير البحر، أبو سلام

dolt, *n.* أَبْلَه، أَهْبَل، بليد

domain, *n.* (*lit. & fig.*) ضَيْعة، أراضٍ، أَمْلاك، مَيْدان، مَجال

dome, *n.* قُبّة (قِباب)

Domesday Book, *n.* سِجِلّ أُعِدّ في عهد وِلْيَم الفَاتِح لبَيان الأراضي ومالكيها

domestic, *a.* 1. (of the home) عَائِليّ؛ بيْتيّ؛ منزِليّ

domestic animal حَيَوان أليف

domestic science عِلْم التّدبير المنزليّ

2. (not foreign) دَاخِليّ، مُتَعَلِّق بالشّؤون الدّاخِلية، وطنيّ، محلّيّ

n. خَادِم (خُدّام)، خَادِمة

domestic/ate, *v.t.* (**-ation,** *n.*) دَجَّنَ

domesticity, *n.* الحَيَاة العائليّة

domicile, *n.*; *also v.t.* مَسْكَن، محلّ أو مَكان إقَامَة؛ مُقِيم، ساكِن

domin/ant, *a.* (**-ance,** *n.*) سَائِد، مُسَيْطِر

n. (*mus.*) النَّغَمَة الخامِسة من السُّلَّم الموسِيقيّ

domin/ate, *v.t.* (**-ation,** *n.*) 1. (rule); *also v.i.* سَادَ، سَيْطر، تحكّم في ...

2. (overlook) أَطَلّ أو أَشْرَفَ على

domineer, *v.i.* (**-ing,** *a.*) تَحَكَّمَ، تَسَلَّطَ على؛ جَائِر، طاغٍ، مسيطِر، مستبِدّ

Dominican, *a. & n.* رَاهِب دومنيكي

dominie, *n.* مُعَلِّم أو مُدَرِّس في مدرسة اسْكُتْلَنْدِيّة

dominion, *n.* 1. (control) سِيادة، سُلطة، سُلطان، سَيْطَرة

2. (area under control) مِنْطَقَة سِيادة، أَرَاضٍ خاضِعة لسُلطة حاكِم

the Dominions الدُّومِينْيون : بِلاد خاضِعة لِلتّاج البرِيطانيّ تتمتّع بِحُكْم ذاتيّ

domino, *n.* 1. (cloak) عَبَاءَة للتّنكّر، قِناع

2. (piece used in game; *pl.*, game) قِطْعَة الدُّومِينُو؛ لعبة الدومينو أو الدومِنة

don, *n.* لَقَب إسْبَانيّ بمعنَى «سيّد»؛ محاضر أو زَمِيل في اكسفورد أو كمبردج

v.t. اِرْتَدَى، لَبِس

don/ate, *v.t.* (**-ation,** *n.*) تَبرَّع، وَهَبَ؛ هِبَة

done, *past p. of* **do** عُمِلَ، فُعِلَ؛ معمول، مَفْعُول؛ أُتِمَّ؛ كامِل الطبخ؛ مخدوع

donkey, *n.* حِمار، أتان، جَحْش؛ بليد

donkey engine مُحَرِّك بُخاري صغير في سفينة

donkey's years (*coll.*) مِن زَمَان طويل

donnish, *a.* مُتَحَذْلِق

donor, *n.* مُتَبَرِّع، واهِب؛ مُنْعِم، مانِح

blood donor مُتَبَرِّع بدَمِه (طِبّ)

don't, *contr. of* **do not**

doodle, *n.* & *v.i.* شَخْبَطَة؛ شَخْبَطَ

doom, *n.* مَصِير؛ هَلاك؛ حِساب الآخرة

the crack of doom القَارِعة، يوم الحِساب أو الحَشْر، يوم الدِّين

go to one's doom لَقِي حَتْفَه أو مصِيره

v.t. قَضَي أو كتب على ...

doomsday, *n.* يَوْمُ الدَّينونة، يوم الحشر، يَوْمُ الحِساب، الآخرة

Doomsday Book, *see* **Domesday Book**

door, *n.* بَاب، مَدْخل

at death's door عَلَى شَفا المَوْت، على حافَة أو وَشْك الموت

get in by the back door (*fig.*) تَسَلَّل خِفية، حَصَلَ على وظيفة بطريق مُلْتوٍ

lay at someone's door أَلْقَى اللَّوْم على، أَلْصَقَ تُهْمَة ب

next door الدّار المُلاصِقة أو المجاوِرة

out of doors فِي الهَواء الطَّلْق، في الخَلاء

show someone the door طَرَدَ، أَخْرج من البيت

within doors دَاخِل البيت أو فيه

doorbell, *n.* جَرس الباب

doormat, *n.* (*lit.* & *fig.*) مِمْسَحَة الأَحْذِية عِنْد الباب؛ شخص يقبَل المَهانة بخنوع

doornail, *n.*, *usu. in*

dead as a doornail مَيّت، جثّة هامدة

doorstep, *n.* عَتَبَة باب البيت

doorway, *n.* فَتْحَة الباب، مَدخل

dope, *n.* 1. (drug; narcotic) مُخَدِّرات (لَفْظَة عامّيّة)

2. (varnish) وَرْنيش، دِهان شَفّاف

3. (*sl.*, information) مَعْلُومات (سِرّيّة)

v.t. وَرْنَش؛ أَعْطَى مخدرًا

dop(e)y, *a.* (*sl.*) نَعْسَان، بَليد، مخدَّر

dormant, *a.* نَائِم، كامن

dormer⟨-window⟩, *n.* شُبَّاك جَمْلُون بَارِز

dormitory, *n.* قَاعَة نَوْم (لِلطَّلَبة الدَّاخِلِيِّين)

(*fig.*, suburb) ضَاحِيَة (ضواحٍ)

dormouse, *n.* الفَارة النَوَّامة ، زُغْبة

dorsal, *a.* ظَهْرِيّ (تشريح)

dory, *n.* زَوْرَق مُسَطّح القاع ؛ سَمَك بَحْرِيّ

dosage, *n.* تَنَاوُل الدَّواء بِجُرْعات؛ مِقدار الجُرْعات، جُرعة

dose, *n.* جُرْعة، شُرْبة دَواء

(*fig.*)

a dose of flu إِصَابَة بِنَوْبة مِن الإِنْفلوِنْزا

v.t. جَرَّعَ ، أَعْطَى الدَّواء

doss, *n.* (*sl.*) سَرِير في مُسافِرخَانة أو نَزْل رَخِيص ؛ نَوْم في مَكانٍ غير مُريح

doss-house مُسَافِرخانة ، نَزْل رَخِيص

v.i. (*sl.*); *also* doss down اِفْتَرَشَ مكانًا

dossier, *n.* إِضْبَارة، مِلَفّ، دُوسِيه

dot, *n.* نُقْطَة (في الكِتابة مثلًا)

v.t. نَقَّطَ، وَضَع نِقاطًا على

dot one's i's and cross one's t's وَضَع النِّقاط عَلَى الحروف، أَوْرَدَ كُلّ تفاصِيل (الموقف)

sign on the dotted line وَقَّعَ في المكان المُخَصَّص، تَحَمَّلَ المَسْؤُولِيّة قانونيًّا

dot, *n.* بَائِنَة العَرُوس عِنْد زِفافِها؛ مَوْهِبة

dotage, *n.* خَرَف، هَرَم

dotard, *n.* عَجُوز ضَعُفَ ذِهْنُه وخَفّ عَقْله

dote, *v.i.* شُغِفَ أو أُغْرِمَ بِ

she dotes on him إِنَّهَا مَفْتُونَة بِحُبِّه ، تُحِبُّه حُبًّا أَعْمَى

doting, *a.* وَلِه؛ مُهْتَر

dotty, *a.* (*coll.*) أَهْبَل ، عَبيط ، أَبْلَه

double, *a.* 1. (consisting of two members) ثُنائِيّ ، مُزْدَوِج ، يَتكَوَّن من شِقَّيْن

double-breasted, *a.* سُتْرَة بِصَفَّيْن من الأَزْرَار ، بِسِراوين (عراق)

double chin لُغْد ، غبَب (تحت الذِّقن)

double-edged (*lit. & fig.*) ذُو حَدَّيْن

double-entry مَسْك الدَّفاتِر بالطَّرِيقة المُزْدَوِجَة، دُوبيا، قَيْد مُزْدَوِج

double-faced, *a.* مُراءٍ، مُنافِق، ذُو وَجْهَيْن، مُدَاهِن

2. (twice as much) ضِعْف، مُضاعَف

double Dutch (*coll.*) كَلام غَيْر مَفْهُوم، رَطانَة

3. (for two people)

double bed سَرِير مُزْدَوِج، سَرِير لِاثْنَيْن

4. (*mus.*)

double-bass كَمان أَجْهر، كُونْترا باص

5. (*of pace*)

double-quick مُتَنَاهِي السُّرْعة، بِسُرْعَة فَائِقة أو مُضاعَفة

n. 1. (twice the quantity) ضِعْف الكَمِّيَّة

2. (counterpart, twin) صِنْو، شَبِيه ، مَثِيل، نَظِير، ضَرِيب

3. (running step)

at the double بِخُطًى سَرِيعَة (عَسْكَرِيّة)

4. (game between two pairs) مُباراة زَوْجِيّة ، مُباراة بَيْنَ زَوْجَيْنِ مِن اللّاعِبين

adv.

see double (ثَمِل) يَرَى الشَّيْءَ شَيْئَيْن

double-cross, *n. & v.t.* غِشّ ، اِحتيال ، خَدِيعَة ؛ غَشّ ، خَدَعَ ، خَتَلَ

double-dealing نِفاق (في مُعامَلَة الطَّرَفَيْن)

v.t. 1. (increase to twice the size); *also v.i.* ضاعَفَ ؛ تَضاعَفَ

2. (*with adv.*, bend); *also v.i.* ثَنَى ، طَوَى ؛ اِنْثَنَى ، اِنْطَوَى

doubled up with pain تَلَوَّى أو تَضَوَّر مِن شِدَّة الأَلَم

v.i.

(*fig.*, deputize) حَلَّ مَحَلّ (فلان)

double entendre, *n.* تَوْرِيَة ، كَلام ذُو مَعْنَيَيْن

doubt, *n.* شَكّ ، رِيبة (رِيَب)

he was given the benefit of the doubt بُرِّئَ لِعَدَم تَوافُر الأَدِلَّة ضِدّه

v.i. & t. شَكَّ ، اِرْتابَ

doubtful, *a.* مَشْكُوك فيه ، شاكّ في ، مُرْتاب

doubtless, *adv.* دُون شَكّ ، بلا رَيْب

douche, *n. & v.t.* دُوش ؛ رَشَّ الماء على البَدَن

dough, *n.* 1. (mixture of flour and water) عَجِين ، عَجِينة

2. (*sl.*, money) فُلوس ، دَراهِم ، مَصارِي

doughboy, *n.* 1. = **dumpling**

2. (*sl.*, U.S. infantryman) جُنْدِيّ أمْرِيكِيّ

doughnut, *n.* فَطِيرَة كالزَّلابِية أو لُقْمَة القاضِي

doughty, *a.* شُجاع ، باسِل ، مِقْدام

doughy, *a.* عَجِينِيّ ، شاحِب

dour, *a.* (**-ness**, *n.*) عَنِيد ، قاسٍ ، عَبوس ؛ عِناد ، قَسوة ، صَرامة

douse (**dowse**), *v.t.* رَشَّ عليه الماء ، بَلَّل ؛ أطْفأ (الضَّوْء)

dove, *n.* حَمامة ، يَمامة

dove-grey رَمادِيّ يَشُوبُه لَوْن وَرْدِيّ

dovecot(e), *n.* بُرْج حَمام

dovetail, *n.* غَنْفَرَة ، تَعْشِيق الخَشَب (نجارة)

v.t. (*lit. & fig.*) غَنْفَرَ الخَشَب ؛ توافَق مع

dowager, *n.* أَرْمَلة أحَد الأَشْراف

dowdy, *a.* (ثَوْب) بالٍ ، عَتِيق ؛ (اِمْرأة) رَعْبَل

dowel, *n. & v.t.* قَضِيب خَشَبِيّ صَغير لِلرَّبط في النِجارة ؛ رَبَط بدِسار

dower, *n. & v.t.* نَصِيب أَرْمَلة مِن تَرِكَة زَوْجِها ؛ مَوْهِبَة ؛ أَعْطَى دُوطة

down, *n.* 1. (*usu. pl.*, open high land) مُرْتَفَعات طباشِيرِيّة التَّكْوين في جَنوب انكلترا

2. (feathers; short fine hair) زَغَب ، غُفار

3. (descent; *usu. fig.*)

ups and downs تَقَلُّبات الأَيّام ، تَصارِيف الدَّهر ، اِبتسام الحَظّ وعُبوسُه

have a down on someone تَغَرَّض ضِدّ ، أَبْغَضَ ، نَقَمَ أو حَقَدَ على فلان

adv. إلى أَسْفَل

down-and-out, *a. & n.* ، صُعْلوك (صَعاليك) مَهْتُوك (عراق)، طَفران (سوريا)

down at heel مِسْكِين الحال، غَلبان (مصر)

down in the mouth مُغْتَمّ، وَجْهه تَعْلوه الكَآبة، مُكْتَئب

down on one's luck في ضِيق ماليّ، في عُسْر، ساءَت حالُه

down to earth واقِعِيّ، عَمَلِيّ، يُمْكِن تَنْفِيذُه

down under في أُسْتراليا أو نيوزيلَنْدَة (تَعْبير عامّيّ)

be down on someone تَحامَلَ أو حَقَدَ أو نَقَمَ على فلان

cash down الدَّفع نَقدًا

come down in the world عَزِيزُ قَوْمٍ ذَلّ، فَقَدَ مَكانته الاجْتِماعِيَّة

get down

(descend; dismount) نَزَل، تَرَجَّل

(procure from an elevated position) أَنْزَلَ أو نَزَّلَ من مَوْضع عالٍ

go down

(descend) نَزَلَ، هَبَطَ

(leave university) غادَرَ أو تَرَكَ الجامِعة في العُطلة؛ تَرَكَ الجامِعة

(find acceptance) لَقِيَ قُبولاً، صادَف اسْتِحْسانًا، نالَ رِضًى

put down

(deposit) وَضَعَ، أَوْدَعَ

(crush) قَمَعَ، أَخْمَدَ، مَحَقَ

run down

(devalue) تَحَدَّثَ بالسُّوء عن، شَنَّعَ على، لَمَزَ

(*of mechanisms*, come to a stop) تَوَقَّفَت (السَّاعة) لِعَدَم مَلْئها

(*past p.*, in poor health) مُتَوَعِّك أو مُنْحَرِف الصِّحّة

take down particulars دَوَّنَ التَّفاصيل، سَجَّلَ الصَّغِيرة والكَبيرة

prep.

down the ages عَبْرَ العُصور، على مَرّ الأَجْيال، مُنْذ القِدَم

down river مَع مَجْرَى النَّهر

down wind مَع أو بِاتِّجاه الرِّيح

up and down the land في طُول البِلاد وعَرْضها، مِن أَقْصاها إلى أَقْصاها

a.

down draught تَيّار هَوائِيّ يَتَّجه مِن أَعْلى مِدْخَنة إلى أَسْفلها

on the down grade في تَدَهْوُر وانْحِطاط، في نُزُول

down train القِطار الخارِج من العاصِمة إلى بَقِيَّة المُدُن

v.t. وَضَعَ، حَطَّ، طَرَح أرضًا

down a drink اِجْتَرَعَ الشَّراب، أَفْرَغَ الكَأسَ في فِمِه

down tools أَضْرَب أو تَوَقَّفَ عن العَمَل

downcast, *a.* مُنْكَسِر الخاطِر، مُكْتَئب، مُطْرِق أَسَفًا

downfall, *n.* 1. (ruin) سُقُوط، اِنْهِيار، خَراب

2. (deluge) مَطَر شَديد، وَبْل، زَخَّة

downhill, *adv. & a.* مُنْحَدِر، نازِل، هَابِط إلى أَسْفَل

go downhill (*fig.*) تَدَهْوَرَت حاله

downpour, *n.* وَابِل، هَطْل، زَخَّة

downright, *a.* 1. (candid) صَرِيح، يُعَبِّر عن رَأيه بِدُون مُوارَبَة

2. (out-and-out); *also adv.* مُطْلَق، (كَذِب فَاضِح؛ تَمامًا، كُلِّيَّةً

downstairs, *adv. & a.* في أوْ إلى الطّابِق التّحتانيّ أو الأسْفل، جُوَّه (عراق)

downstream, *adv. & a.* مَع مَجْرَى النَّهر

downtrodden, *a.* مَظْلوم، مُضْطَهَد، (شَخْص) اُغْتُصِبَت حُقُوقُه

downward, *a.* إلى الأسْفَل؛ في انْحِدار

adv.; *also* **downwards** إلى أسْفَل

downy, *a.* 1. (feathery) أَزْغَب، ذو شَعْر ناعِم

2. (*sl.*, wide awake, knowing) مَاكِر، مُراوِغ كالثَّعْلَب؛ لا يُخْدَع بِسُهُولَة

dowry, *n.* دُوطَة، مَهْر؛ مَوْهِبة

dowse, *see* **douse**

dowser, *n.* قِنْقِن، مَن له القُدْرَة على اكْتِشاف الماءِ في جَوْف الأرض

doxology, *n.* تَسْبِيحَة أو تَرْنيمَة دِينيَّة

doyen, *n.* عَمِيد في مَجال الأَدَب أو الفَنّ أو السِّلك الدِّبلوماسيّ

doyley, *see* **doily**

doze, *v.i. & n.* نَعَس، هَوَّمَ، غَفا؛ غَفْوَة، نَوْمَة خَفِيفة وقَصِيرة

doze off غَلَبه النُّعاس، غَفا (أثْناء القِراءَة مثلًا)

dozen, *n.* اِثْنَا عَشَر، دَسْتَة، دَرْزَن (عراق)

a dozen times; *also* dozens of times مِرارًا

half a dozen سِتَّة، نِصْف دَسْتَة

a round dozen لا أَقَلّ ولا أَكْثَر من ١٢

talk nineteen to the dozen تَكَلَّمَ بِسُرْعَة ودُون تَوَقُّف، وَرْوَر في الكلام

drab, *a.* (**-ness,** *n.*) كَمِد أو سِنجابيّ اللَّوْن، مُغْبَرّ؛ رَتِيب؛ مَلَل ورَتابَة

drachm, *n.* دراخْمَة (عُمْلَة فِضِّيَّة يُونانيّة قَدِيمة)؛ جُرْعَة خَمْر صَغيرة

drachma, *n.* دراخْمَة، عُمْلَة يُونانيّة؛ وَحْدَة وَزْن يُونانيّة قَديمة

draft, *n.* 1. (sketch) مُسَوَّدَة، تَخْطِيط

2. (*finance*) حَوَالَة ماليّة، سُفْتجة، تَحْوِيل

3. (*mil.*) تَجْنِيد، قُرْعَة عَسْكَرِيّة

v.t. 1. (sketch; prepare in rough) أَعَدَّ مُسَوَّدة، خَطَّط، وَضَع خُطوطًا عامَّة لِ

draft a motion أعَدَّ اقْتِراحًا لِطَرْحِه لِلْمُناقَشة والتَّصْويت عليه

2. (*mil.*) جَنَّدَ (لأغْراض خاصَّة)

drag, *v.t.* 1. (pull, trail) جَرَّ على وَجْه الأَرْض؛ سَحَبَ بِجَهْد

drag one's steps (feet) (*also fig.*) جَرْجَرَ خُطاه؛ تَباطَأَ في عَمَلِه مُتعمِّدًا

drag someone down (*lit. & fig.*) أَنْزَلَه رَغْم أَنْفِهِ؛ جَرَّه إلى المفاسد

drag in a reference أَثَارَ نُقْطَةً لا صِلة لَهَا بالمَوْضوع

2. (dredge) بَحَثَ في قاع النهر بالكرّاكة

v.i. (trail) اِنْجَرَّ، تَجَرْجَرَ

(*fig.*, be protracted); *also* drag on, drag out اِمْتَدَّ أكثر مما ينبغي، طال أَمَدُه

n. 1. (heavy harrow) زَحَّافَة، مِسْلفة

2. (net); *also* drag-net شَبَكَة صيد (أسماك)

dragée, *n.* مُلَبَّس؛ قرص (دواء)

draggle, *v.t. & i.* لَوَّثَ ذيل الثوب بالوحل

dragoman, *n.* تَرْجُمَان (في الشَّرْق الأَوْسَط)

dragon, *n.* (*lit. & fig.*) تِنِّين؛ إمْرأة صارمة

dragon-fly ذُبَاب فَارِسيّ، يَعْسُوب، سُرْمان (ذُو أربعة أجنحة شفّافة)

dragoon, *n.* خَيَّال أو فارس في الجيش

v.t. أَجْبَرَه أو أَرْغَمَه على

drain, *n.* 1. (channel) مَصْرِف، أنبوب أو قَنَاة أو مَجْرى لتصريف المياه الزائدة

2. (expenditure) اِسْتِنْزَاف للمال؛ عِبْء

v.t. 1. (draw liquid *off* or *away*) جَفَّفَ، صَرَّفَ الماء، نَزَحَ، أَفْرَغَ

draining-board لَوْحة لتصريف الماء عن آنِيَة الطَّعام بعد غَسْلها

2. (remove liquid from) نَزَحَ أو أَزَالَ الماء من، جفَّفَ (المستنقعات مثلًا)

drain one's glass شَرِبَ الكأس حتّى الثُمَالة

v.i. 1. (lose moisture) تَصَفَّى تَدْرِيجِيًّا

2. (flow away) صَبَّ في، جَرَى في مَصَبِّه

drainage, *n.* تَصْرِيف المِياه؛ تجفيف، صَرْف

drake, *n.* ذَكَرُ البَطّ

dram, *n.* 1. (weight) دِرْهَم (وزن)

2. (small drink) جُرْعَة خَمْر صغيرة

drama, *n.* 1. (art); *also fig.* الفَنّ المسرحيّ

a moment of high drama فَاجِعة، ساعة عَصِيبَة، موقِف شديد التَوَتُّر

2. (play); *also fig.* مَسْرَحِيَّة، تمثيلية؛ تهويل

dramatic, *a.* 1. (pertaining to drama) مَسْرَحِيّ، دَرَامِيّ، تمثيليّ

2. (striking, impressive) مُذْهِل، هائل، بَالِغ التأثير والرَوْعة

dramatics, *n.pl.* فَنّ التَّمْثيل؛ تهويل الموقِف

dramatis personae, *n.pl.* شَخْصِيَّات المَسْرَحِيّة أو التمثيلية

dramatist, *n.* كَاتِب مَسْرَحِيّ

dramatiz/e, *v.t.* (**-ation,** *n.*) (*lit. & fig.*) حَوَّلَ قِصَّة إلى مسرحية، مَسْرَحَ؛ فَخَّمَ الأمور

drank, *pret. of* **drink**

drape, *v.t.* اِلْتَحَفَ بكِسوة فَضْفاضة

n. سَدْل، سِدل (سُدُول أو أَسْدال)

draper, *n.* تَاجِر أَقْمِشة أو أجواخ، بزّاز، تَاجِر مانيفاتورة

drapery, *n.* 1. (fabrics) مَنْسُوجَات، أَقْمِشة، أَجْوَاخ؛ دكّان منسوجات

2. (trade) تِجَارة الأَقْمِشة أو المنسوجات

3. (clothing in folds) إِسْدَال الثِّيَاب (فنّ)

drastic, *a.* مُشَدَّد، صارِم، عَنيف

drat, *int.* (*vulg.*) أُفّ! أَعوذُ بالله

dratted, *a.* (*vulg.*) مَلْعُون

draught (*U.S.* **draft**), *n.* 1. (current of air) تَيَّار أو مَجْرَى هوائيّ

feel the draught (*sl.*) شَعَر بالضّائقة الماليّة، وَقَعَ في ضِيق مالي

2. (drink) جُرْعة، شَرْبة

3. (*pl.*, game) ضَامَة، دَامَا (لعبة)

4. (*naut.*) غَاطِس السَّفينة

shallow-draught, *a.* (سَفِينَة) ذات غاطِس ضحْل

5. (*attrib.*, associated with drawing)

draught horse حِصَان للجرّ

draught beer; *also* beer on draught بِيرَة فِي بَراميل

draughtsman, *n.* 1. (maker of plans or sketches) رَسَّام هَنْدسيّ

2. (piece in game) القِطْعَة المُسْتعملة في لعبة الداما

draughtsmanship, *n.* فَنّ رسم التَّصْميمات الهَنْدسية

draughty, *a.* مَكان مُعَرَّض لتيّارات الهواء

draw, *n.* 1. (pull; *usu. fig.*, attraction) جَرّ، سَحْب؛ قِبلة الأنظار، جاذِبية

quick on the draw سَرِيع في سَحْب المسدّس وَتَصْوِيبه؛ مبادِر

2. (drawing of lots) سَحْب اليا نصيب، إِجْرَاء القُرْعة

the luck of the draw قِسْمة ونصيب، حَظّ، مِن باب الصّدفة

3. (game with final score equal) تَعَادُل فِي نَتِيجة المُباراة

v.t. (*pret.* drew, *past p.* drawn). 1. (pull; *fig.*, attract, evoke) جَذَب، اِجْتَذَب، جَلَب

draw a bow at a venture رَجَمَ بالغيب، حَدَسَ

draw a veil over (*fig.*) أَسْدَلَ سِتارًا على، كَتَمَ، أَخْفَى أو سَتَرَ (فضيحة مثلاً)

draw tears اسْتَدَرَّ الدَّمْع

2. (extract; *fig.*, obtain, derive) أَخْرَجَ؛ حَصَلَ على، اِسْتَخْلَصَ

draw a blank عَادَ بِخُفَّي حُنين، ذَهَبَ سَعْيه سُدًى

draw a conclusion اِسْتَنْتَجَ، اِسْتَدَلَّ من وَقَائِع مُعَيَّنة

draw a sword (gun); *also* draw, *v.i.* اِسْتَلَّ أو امْتَشَقَ سَيْفًا، سَحَبَ مسدّسًا

draw a tooth خَلَعَ أو قَلَعَ سِنًّا

draw blood أَسَالَ الدم

draw lots; *also* draw, *v.i.* أَجْرَى أو أَلْقَى قُرْعَةً، سَحَبَ اليا نصيب

draw water سَحَبَ الماء من بئر، اِسْتَقَى

draw ⟨out⟩ money; *also* draw, *v.i.* سَحَبَ مَبْلغًا من المال (من البنك مثلاً)

3. (trace, depict) رَسَمَ، خَطَّطَ

draw the line at رَفَضَ تخطّي حدّ معيّن، لَمْ يَسْمَح مُطْلَقًا أن ...

draw a distinction مَيَّزَ أو فَرَّقَ بين شَيْئَيْن مُتقارِبين

draw a picture; *also* draw, *v.i.* رَسَمَ صُورة

4. (*naut.*, have a draught of) (سَفِينة) غاطِسها..

5. (make out *cheque*) سَحَبَ شِيكًا

6. (leave *game* undecided); *also* draw, *v.i.*
تَعادَلَ الفَريقان في مباراة

7. (disembowel) أَخْرَجَ أحشاء الطّير أو القَنَص

hung, drawn, and quartered مَشْنُوق وَمَبْقُور البطن ومقطّع الأوصال

8. (*adverbial compounds*)

draw down abuse جَلَبَ على نفسه الشَّتائم

draw in one's horns (*fig.*) اِقْتَصَدَ في نَفَقاته أو مَصْروفاته

draw off liquid سَحَبَ سائِلًا

draw someone on أَغْراه أو جَرَّه إلى، اِسْتَدْرَجَهُ

draw someone out اِسْتَدْرَجَهُ، اسْتَخْلَصَ مِنْه الحديث

draw out a plan رَسَمَ خُطّة ، صَمَّمَ مَشْرُوعًا

draw up a chair سَحَبَ كرسيًّا إلى الأمام

draw up one's will أَعَدَّ وَصِيَّته أو كَتَبَها

long-drawn-out طَوِيل الأَمَد؛ مُسْهَب

v.i. 1. (exert pulling action)

the fire draws well نارُ المِدفأة تَشْتَعِل جَيِّدًا

2. (*with preps. and advs.*, move, approach)

draw away

(recoil) نَكَصَ عَن ، تَراجَعَ وانْكَمَشَ

(move into the lead) تقدّمَ على الآخَرين في السِّباق

draw back تَراجَعَ ، اِنْسَحَبَ، اِنْتَكَصَ

the days are drawing in أَخَذَ النّهار يَقْصُر (واللَّيْل يَطُول)

draw level لَحِقَ به أو أَدْرَكَه

draw near دَنَا، دَانَى ، اِقْتَرَبَ

the train drew out تَحَرَّكَ القطار من المحطّة

the days are drawing out أَخَذَ النّهار يَطُول (والليل يقصُر)

draw round تَجَمَّعُوا أو التفّوا حول...

draw to a close أَشْرَفَ على أو دَنَا من نِهايَتِه، أَوْشَكَ على الانتهاء

draw up

(come to a standstill) وَقَفَ، تَوَقَّفَ

(come level *with*) لَحِقَ به، حاذاه

drawback, *n.* عَيْب، نَقْص، قُصور، شائِبَة، عائق يحول دون ...

drawbridge, *n.* جِسْر يُرْفَع ويُنْزَل

drawer, *n.* 1. (one who draws) مَنْ يَسْحَب الماء

hewers of wood and drawers of water
مَنْ يقوم بالأعمال الحَقيرة

2. (receptacle) دُرْج (أدراج)، مُجَرّ (عراق)

chest of drawers خِزَانة أو دُولاب ذُو أَدْراج ، بُورِيه ، شِيفُونِيرة (مصر)

out of the top drawer (*fig.*) ذُو حَسَب وَنَسَب، من الطِّراز الأوّل

3. (*pl.*, undergarment) كَلْسُون، لِباس

drawing, *n.* 1. (art) فَنّ الرَّسْم (بالقَلَم مَثَلاً)

2. (representation) صُورَة

drawing-board لَوْحَة الرَّسْم

drawing-pin دَبّوس رَسْم

drawing-room, *n.* غُرْفَة الاسْتِقبال، حُجْرَة الضُّيوف، صالون

drawl, *v.i. & t.*; *also n.* مَدَّ في كَلامه، مَطَّ شِدقه في الحديث

drawn, *past p. of* **draw,** *v.t. & i.*

drawn features وَجْه مَمْطُوط القَسَمات

drawn game تَعادُل في نَتيجَة اللَّعِب

dray, *n.* عَرَبة لِنَقْل البَراميل، كارو

drayman, *n.* سَائِق عَرَبة كارو

dread, *n. & v.t.* هَلَع، فَزَع، رُعْب؛ اِرْتاعَ، وَجِلَ، اِرْتَعَدَ من

a.; *also* **dreaded** رَهيب، مُفْزِع، مُريع، مُرْعِب

dreadful, *a.* مُرِيع، فَظِيع، فادِح

dreadnought, *n.* سَفِينَة مُدَرَّعة ضَخْمة

dream, *n.* حُلْم (أَحْلام)، رُؤْيا (رُؤًى)

bad dream حُلْم مُفْزِع، كابُوس، جُثام

dream-land أَرْض الأحلام أو الخيال

dream-world عالَم الخَيال، دُنْيا الأحلام

v.i. & t. حَلَم، رَأَى في مَنامِه

I wouldn't dream of it لَنْ أَسْمَح لنفسي بِقَبُول هذا

dreamer, *n.* حالِم، يَعِيش في دُنْيا الأَحْلام والأَوْهام

dreamy, *a.* سَرْحان، شارِد الذِّهن؛ (موسيقى) حالمة

drear/y, *a.* (**-iness,** *n.*) مُوحِش، مُقْبِض، كَئِيب، مُمِلّ؛ وَحْشة، ضِيق

dredge, *n.* كَرَّاكة، آلة للجَرْف والتَّطْهير

v.t. 1. (clear mud from) كَرَى، طَهَّرَ

2. (sprinkle with flour, etc.) رَشّ الدَّقيق أو السُّكّر على الطَّعام

dredger, *n.* كَرَّاكة، جَرّافة

dregs, *n.pl.* (*lit. & fig.*) ثُمالَة، ثُفْل؛ حُثالَة

drench, *v.t.* غَمَرَ، بَلَّلَ

dress, *n.* 1. (clothing; *fig.*, outward form) مَلْبَس، رِداء، ثِياب، كِساء

dress circle الشُّرْفَة الأولى التي تَعْلُو صَالَة المَسْرَح مُباشَرَةً

dress rehearsal بْرُوفة المسرحيّة بملابس التَّمْثِيل

evening dress مَلَابِس السَّهْرة الرّسمية

fancy dress مَلَابِس تَنَكُّرِيّة

full dress بِزّة كامِلة

2. (frock) فُسْتَان (فساتين)، نَفْنُوف (عراق)

v.t. 1. (put clothes on; *fig.*, adorn); *also v.i.* كَسَى، أَلْبَسَ؛ زَيَّنَ؛ اِكْتَسَى

dress for dinner اِرْتَدَى ملابِس رَسْمِيّة للسَّهْرة

dress oneself اِرْتَدَى مَلابِسَه

dress up (*lit. & fig.*) اِرْتَدَى ملابِسَ سَهْرة أو تنكّرية ؛ زَيَّنَ

well-dressed, *a.* مُهَنْدَم، أَنِيق المَلْبَس، شِيك

2. (*mil.*); *also v.i.* اِصْطَفَّ، تَراصَفَ

3. (treat *wound*) ضَمَّدَ جُرْحًا

4. (prepare or garnish *food*) هَيَّأَ الطَّعام

5. (manure) سَمَّدَ

6. (finish surface of) سَوَّى أو صَقَلَ السَطْح

dressage, *n.* تَرْوِيض أو تَدْرِيبُ الخَيْل

dresser, *n.* 1. (sideboard) خِزَانة ذَات رُفوف

2. (surgeon's assistant) مُضَمِّد، مُمَرِّض

3. (*theatr.*) مَنْ يُلْبِس المُمَثِّلين مَلابِسَهم

dressing, *n.* 1. (clothing) اِرْتِداء المَلابِس، لِبْس الثِّياب

dressing-case حَقِيبَة أَدَواتِ الزِّينَة

dressing-gown رُوب، رُوب دي شامْبر

dressing-room غُرْفة لِارْتِداء الملابس

dressing-table مِنْضَدَة الزِّينة أو التَّواليت ، التَّسْرِيحَة (مصر)

2. (seasoning) مُرَكَّب من التَّوابِل

salad dressing تَوابِل السَّلَطَة

3. (reproof)

dressing down تَوْبِيخ، تَعْنِيف، تأْنِيب

dressmak/er, *n.* (**-ing,** *n.*) خَيَّاطَة ؛ فَنّ التَّفْصِيل والخِياطَة

dressy, *a.* مُفْرِط في التَّأَنُّق ؛ (ثوب) عَلَى آخِر طِراز

drew, *pret. of* **draw,** *v.t. & i.*

dribble, *v.i. & t.*; *also n.* 1. (emit saliva; trickle) رَوَّلَ ؛ رِيالة، نَزْر أو قليل من ...

2. (*football*) دَحْرَجَ الكُرَة بقَدَميه

drib(b)let, *n.* قَطْرَة، نُتْفَة

drier (dryer), *n.* مُجَفِّف، آلَة تَجْفيف

spin-drier جِهاز كَهْرَبائي لتجفيف الملابس

drift, *v.i. & t.* (*lit. & fig.*) اِنْسَاقَ وراء..، اِنْجَرَفَ مع التيّار؛ جَرَفَ، اِكتسح

n. 1. (movement due to current; *fig.*, aimless movement, tendency) اِنْجِراف مَعَ التَّيّار، اِنْسِياق

drift-ice جَلِيد مُتَراكِم

drift-net شَبَكة لِصَيْد السَمَك المُنْجَرِف مَعَ التَّيّار

2. (*aeron.*) الاِنْحِرَاف عَن خَطِّ الطَّيَران

3. (meaning) المَعْنَى الإجْمالي، المَضْمون العامّ

catch the drift (*coll.*) فَهِمَ غَرَضَه، أَدْرَكَ مَا يَرْمِي إليه

4. (mass of snow) كَوْمة ثَلج كَوَّنَتها الرِّياح

5. (tool) سُنْبُك، قَضِيب من الصُلب أو النُحاس يُسْتَعْمَل كمِخْرَز (هندسة)

drifter, *n.* 1. (aimless person) هَائِم على وجهه

2. (boat) قَارِب لِصَيْد الأَسْماك تُلْقَى مِنه شَبَكَة تَنْحَدِر مع التَّيّار

drill, *n.* 1. (tool) مِثْقَب، خَرَّامة، مِخْرَمة

2. (*mil.*) تَمْرين أو تَدْريب عَسْكريّ ، تَمْرينات رِياضِيَّة

foot-drill تَمْرين أو تدريب المُشاة

3. (small furrow) خُدّة (خُدَد)، تَلَم

4. (agricultural instrument) آلة زِراعِيّة لِغَرْسِ البُذور في صُفوف مستقيمة

5. (fabric) نَسيج مُضَلَّع مَتين من القُطْنِ أو الكِتّان

v.t. 1. (make hole in) ثَقَبَ، خَرَمَ، خَرَزَ؛ حَفَرَ (بِئْرًا لِاسْتِخْراج النِّفط)

2. (*mil.*); *also v.i.* دَرَّبَ، مَرَّنَ؛ تَدَرَّبَ

well-drilled, *a.* (*fig.*) حَسَن التَّدريب، مُتَمَرِّن؛ مُتْقِن (دراسة ما)

3. (sow with seed) وَضَعَ الحُبوب في خُدَد (زِراعة)

drink, *n.* 1. (draught) جُرعة، شَرْبة، رَشْفَة، اِحْتِساء

2. (beverage) شَراب، مَشْروب (مَشْروبات)

soft drinks عَصير فَواكه، مَشْروبات غَيْر كُحُولِيّة

3. (intoxicating liquor) مَشْروبات كُحُولِيّة أو روحيّة، مُسْكِرات

strong drink شَراب كُحُولِيّ أو مُسْكِر

drive someone to drink أَرْغَمَته (الظُّروف) عَلَى الإلْتِجاء إلى الخَمْر

v.t. & i. شَرِبَ، اِحْتَسَى، اِرْتَشَفَ

drink ⟨to⟩ someone's health شَرِب نَخْب أو لِصِحَّة فُلان

drink oneself to death أَفْرَطَ في شُرب الخَمْر حتّى مات

drink in (*fig.*) اِسْتَمَعَ إليه بِشَغَف

drink up (down) شَرِب كلّ ما في الكأس

drinking-water مَاء للشُّرْب

drip, *v.i. & t.* قَطَرَ، نَقَّطَ، تَصَبَّبَ (العَرَق)

dripping wet مُبْتَلّ، مُنقَع

n. قَطْرة؛ شخص تافِه

dripping, *n.* الشَّحْم المتجمّع من اللَّحْم المَطْبُوخ، صُهارة

drive (*pret.* drove, *past p.* driven), *v.t.* 1. (urge, impel, compel, force) سَاقَ، دَفَعَ إلى، أَجْبَرَ، اِضطرّ، قَادَ

drive someone mad أَفْقَدَهُ أَعْصابه

drive in a nail دَقّ المِسْمار حتّى أَثْبَتَه، دَسَرَ المِسْمار

drive the point home أَفْهَمه النُّقْطة إفْهامًا تامًّا، أَوْضَحَ النقطة إيضاحًا وافيًا

drive a tunnel حَفَرَ نَفَقًا

2. (impart motion to) حَرَّكَ، دَفَعَ، شَغَّل المُحَرِّك، سَيَّرَ، أَدارَ

driving belt سَيْر تَدْوير الآلات (هندسة)، سَيْر مُتَحَرِّك

3. (direct *vehicle*); *also v.i.* سَاقَ، قادَ

driving test اِمْتِحَان للحُصول على إجازة سِياقَة أو رُخْصَة قِيادة سَيَّارات

drive-in, *n.* مَطْعَم أو بَنْك مَثَلًا يُخدَم فيه العُمَلاء وهم في سَيَّارَاتِهم

4. (convey *passengers*) وَصَّلَ شَخْصًا بسيّارته

v.i. (move with force) اِنْدفَعَ، اِنْطَلَقَ

driving rain مَطَر غَزِير و شديد

(*fig.*)
what is he driving at? ماذا يقصِدُ؟ ماذا يَرْمِي إليه؟ ماذا يَعْنِي؟

n. 1. (excursion) جَوْلة في سيّارة

2. (stroke) الضَّرْبة الأُولى (جولف)

3. (energy) نَشَاط، حَيَويّة

4. (beating of game) أفْزَعَ الحيوانات البَرِّيّة لغَرَض صَيْدها

5. (method of transmission) طَرِيقة لتَوْصِيل القُوّة المحرّكة في الماكينات

6. (movement, tendency) حَمْلة لغاية ما

7. (carriage-road) مَمَرّ خاصّ للسّيّارات

8. (position of driving-wheel in car) مَوْضِع عَجَلَة القِيادة في الجانب الأيمن أو الأيسر

drivel, *v.i.* رَوَّلَ؛ لَغَى في القَوْل

n. لَغْو فارِغ، هُراء

driven, *past p. of* **drive**

driver, *n.* 1. (person in control of vehicle)
سَائِق (سيّارة أو قطار مثلًا)

2. (golf-club) مِضْرَب خاصّ في لعبة الجُولْف

driveway, *n.* مَمَرّ خاصّ للسّيّارات

drizzle, *v.i. & n.* رَذّت السّماء، أمْطَرَت رَذَاذًا؛ رَذاذ، مَطَر خفيف

drogue, *n.* هَدَف تَقْطُرُه طائرة للتَّدْرِيب

droll, *a. & n.* هَزْلي، غريب الأطوار

drollery, *n.* هَزْل، شُذوذ

drome, *coll. contr. of* **aerodrome** مَطار

drone, *n.* 1. (non-working male bee) ذَكَرُ النَّحْلِ

(*fig.*, idler) عَالَة، طُفَيْلي، كَسول

2. (humming sound) طَنِين، دَنِين، دَنْدنة

v.i. & t. دَنْدَنَ، طَنَّ

drool, *v.i.* (*lit. & fig.*) سَالَ لُعابه، رَوَّلَ؛ لَغَى؛ نَظَرَ باشتهاء

droop, *v.i. & t.* تَدَلَّى، تَهَدَّلَ، أَطْرَقَ (رأسه مثلًا)؛ تَخَاذَلَ، ضَعُفَت هِمَّته

drop, *v.t.* 1. (let fall); *also fig.* أَسْقَطَ، أَوْقَعَ؛ تَخَلَّى عن، نَبَذَ، تَرَكَ

drop anchor أَلْقَى المِرْساة، رَسَا

drop a brick (*coll.*) جَرَحَ شُعُورَهُ سَهوًا، عَلَّقَ بِغَبَاوَة

drop a curtsey اِنْحَنَتْ تَحِيّةً وخُضُوعًا

drop a hint أَشَارَ من طَرْف خَفيّ

drop a line أَرْسَلَ رِسالة قصيرة، كَتَبَ كَلِمَتَيْن

drop the subject تَرَكَ الموضوع جانِبًا، كَفَّ أو تَوَقَّفَ عن الحَديث في الموضوع

drop one's voice أَخْفَضَ صَوْتَه، أَخْفَتَ صَوْتَه

2. (set down from vehicle) نَزَّلَ رَاكِبًا

3. (omit) حَذَفَ، أَسْقَطَ، هَوَى

v.i. وَقَعَ، سَقَط، هَوَى

drop dead سَقَطَ مَيِّتًا، خَرَّ صَرِيعًا

ready to drop مَنْهُوكُ القُوى، يَكاد أنْ يَقَع مِن شِدَّة التَّعَب

the temperature dropped اِنْخَفَضَت أو هَبطَت دَرجة الحَرارَة

drop in (visit unexpectedly) زارَ على غَيْر مِيعَاد، مَرَّ بِدون وَعْدٍ سابِق

drop in someone's estimation اِنْحَطَّ مَقامُه في نَظَر فلان، فَقَدَ اعْتِباره عِنْد ...

drop back (behind) تَأَخَّرَ، تَلَكَّأَ، تَقَهْقَرَ، تَراجَعَ، نَكَصَ

drop down وَقَعَ، هَوَى، سَقَطَ

drop off

(fall) وَقَعَ، سَقَطَ، هَوَى

(fall asleep) غَفا، نَعَسَ

(diminish) تَناقَصَ، اِنْخَفَضَ أو تَضاءَلَ (العَدد)

drop out

(fall out) سَقَطَ مِن

(cease taking part) لَمْ يَسْتَمِرّ في ...، لَمْ يُواصِل، تَرَكَ

n. 1. (particle of liquid; *fig.*, small quantity) قَطْرَة

a drop in the ocean قَطْرَة مِن بَحْر، شَيْء تافِه

have a drop too much سَطَلَته الخَمْر

2. (hanging ornament) قُرْط، حَلَق (مصر)

3. (sweet) قُرْص مِن السُّكَّرِيّات

acid drop حَلْوَى حامِضة المَذاق

4. (fall) وَقْعَة، وُقُوع، سُقُوط، سَقْطة، اِنْخفاض، نُزُول

drop in prices اِنْخِفاض أو هُبُوط في الأَسْعار

5. (vertical distance) مَسافَة عَمُودِيَّة بَيْن مَوْضِعَيْن، (قِياس) المَهْبِط

6. (*theatr.*); *also* drop-curtain سِتار المَسْرَح (يُنْزَل ويُرْفَع بين فُصُول الرِّواية)

droplet, *n.* قُطَيْرَة، نُقْطَة صَغيرة

droppings, *n.pl.* رَوْث البَهائِم، زَرَق الطُّيُور، بَعْر الغَنَم

dropsy, *n.* مَرَض الاِسْتِسْقاء (طِبّ)

dross, *n.* (*lit.* & *fig.*) كُدارة أو نُفاية المَعادِن؛ تَفاهَة، زَيْف، غِشّ

drought, *n.* جَفاف، قَحْط، قَحْل، اِنْحِباس المَطَر

drove, *n.* قَطِيع مِن الماشِيَة السّائِمَة

drove, *pret. of* **drive,** *v.t.* & *i.*

drover, *n.* تاجِر الماشِيَة؛ رَجُل يَنْقُل الماشِيَة لِلأَسْواق

drown, *v.t.* أَغْرَقَ، غَرَّقَ

(*fig.*)

drown one's sorrows أَغْرَقَ هُمُومَه (في الكَأْس)، تَناسَى أَحْزانَه (بالانْغِماس في ...)

like a drowned rat مُبْتَلّ كالغَرِيق، يَقْطُر من شِدَّة البَلَل

drown someone's voice أَضاعَ الصَّخَب صَوْتَه، اخْتَفَى صَوْتُه في الضَّجِيج

v.i. غَرِقَ

drowse, *v.i.* نَعَسَ، غَلَبَه النَّوْم

drows/y, *a.* (**-iness,** *n.*) نَعْسَان؛ هَوْم

drub, *v.t.* ضَرَبَه بِعَصا، خَبَطَه، عَنَّفَه

drudge, *n. & v.i.* مُسَخَّر للقيام بأعمال شاقّة، عَبْد ذَليل؛ عَانَى عَناءً شديدًا

drudgery, *n.* شُغْل شاقّ رَتيب، عَمَل مُتْعِب مُمِلّ، مَشَقّة وعَناء

drug, *n.* عَقَّار (عَقاقير)، دَواء (أدوية)، مُخَدِّر (مُخدّرات)

drug-store (*U.S.*) مَخزن لِبَيْع الأدْوِية والمُرَطِّبات والمأكولات آلخ

drug-addict مُدْمِن مُخَدِّرات

drug traffic تَهريب المخدِّرات

(*fig.*)

a drug on the market سِلْعَة كاسِدة أو بائرة، بِضاعة لَيْس عليها طَلَب

v.t. خَدَّرَ، وَضَعَ مُخَدِّرًا في ...

druggist, *n.* صَيْدَلي، أجْزَجي

drum, *n.* I. (musical instrument) طَبْل(طبول)

drum-major رَئِيس فِرْقَة موسيقى الجَيْش

2. (cylindrical object)

ear-drum طَبْلة الأُذُن

oil-drum صَفيحَة زَيْت مُستديرة

v.i. & t.; *also fig.* طَبَّلَ؛ ضَرَبَ أو دَقَّ الطَّبْل؛ لَقَّنَ بالتَكرار

drum one's fingers on the table نَقَرَ بِأَصابِعِهِ عَلَى المِنْضَدة

drum it into someone عَلَّمَ بِالإِعادة والتَّكرار، قَرَأَ بِإذنه (عراق)

drummed out of the regiment جُرِّدَ مِن رُتْبَتِهِ العسكريّة وطُرِدَ من وحدته علنًا

drummer, *n.* طَبّال أو ضارِب الطبْل

drumstick, *n.* I. (instrument) عَصا أو مِطرقة الطبْل

2. (cooked leg of fowl) رِجْل الدَّجاج المَطْبوخ وغيرِه من الطُّيور

drunk, *past p. of* **drink,** *v.t. & i.*

pred. a.; *also n.* سَكران، مَخْمُور، ثَمِل

drunkard, *n.* سِكّير، مُدْمِن خَمْر

drunken, *a.* (**-ness,** *n.*) سَكران، في حالة سُكْر

dry, *a.* I. (not moist or wet) جافّ، يابِس، ناشِف

dry battery بطّارية جَافّة

dry bread خُبْز فقط، عيش حاف (مصر)

dry-clean, *v.t.* (-er, -ing, *n.*) تَنْظيف الملابس بالبخار، تنظيف على الناشف

dry cough سُعال جافّ (بلا بلغم)

dry-dock حَوْض جافّ

dry eyes عُيون لا تَدمَع، عيون عَصِيَّة الدَمْع

dry goods مَوادّ غِذائية جافّة؛ مَنْسوجات

on dry land على اليابِسة، في البَرّ

dry measure مِكْيال للموادّ الجافة (كالحُبوب مثلًا)

dry rot تَسَوُّس الأَخْشاب ، نَخَر جافّ تُسَبِّبه بَعْض الفُطْرِيّات(المِجْهَرِيّة)

dry-shod دُونَ أن تَبْتَلَّ قَدَماه ، بِحِذاءٍ واقٍ من البَلَل

2. (thirsty; without drink) عَطْشان (عطاشى)، ظمآن (ظمأى)

3. (*of wine, etc.*, astringent) خمر غير حلوة

4. (caustically witty) (تَعْليق) ساخِر، لاذِع

5. (uninteresting) جافّ، غير مشوِّق

v.t. & i. يَبَّسَ، جَفَّفَ، نَشَّفَ

dry one's eyes (tears) جَفَّفَ دموعه، كَفْكَفَ دَمْعه ؛ كَفَّ عن البُكاء

dry out جَفَّ أو نَشَفَ تمامًا

dry up

(cease giving water, milk, etc.) جَفَّ ، نَضَبَ ماؤُه ؛ (بَقَرَة) نَضَبَ حَلِيبُها

(become exhausted) نَفِدَ

(cease talking) اِنْعَقَدَ لسانه بسبب النِسْيان

dryad, *n.* آلهة الأشجار في الأساطير اليونانية ، جِنّيّة

dryer, *see* **drier**

dual, *a.* ثُنائي، مُثَنًّى ، مُزْدَوج

dual carriage-way طريق مزدوج للسيّارات

dual role يؤدي وظيفتين معًا، مُمَثِّل يقوم بدورين

n. (*gram.*) التثنية (نحو)

dualism, *n.* مَذْهَب الثُّنائِيّة أو الاثْنَيْنِيّة ؛ فَلْسَفة تَفْسِير الكَوْن ، بِقِدَم الخَيْر والشَّرّ (لاهوت)

duality, *n.* ثُنائِيّة ، اِزدواجِيّة

dub, *v.t.* 1. (make *a knight* of) مَنَحَه لَقَب فارِس (في انكلترا)

2. (name) لَقَّبَ، أَطْلَقَ عليه اسْمًا

3. (smear with grease) دَهَن بِالشَّحْم

4. (*cinemat.*) دُوبلاج (سينما)

dubbing, *n.* 1. (grease); *also* **dubbin** تَشْحِيم

2. (*cinemat.*) دُوبلاج (سينما)

dubiety, *n.* شَكّ ، رِيبَة ، غُمُوض ، اِلْتِباس ، إبْهام

dubious, *a.* مَشْكوك فيه، مُرِيب، مُبْهَم ؛ لا يمكن التحقّق منه

ducal, *a.* دُوقي، خاصّ بِدُوق

duchess, *n.* دُوقة، دُوشيس

duchy, *n.* دُوقيّة، مُقاطعة يحكمها دُوق

duck, *n.* 1. (bird) بَطّة

ducks and drakes رَمى حَصاة مُفلطَحة لتقفز عدّة مرّات عند مسّها سطح الماء

play ducks and drakes (*fig.*) بَعْثَرَ أو بَدَّد أو بَذَّر أمواله

like water off a duck's back (تَوْبيخُه) لم يحدِثْ أيَّ أَثَر ، غَيْر ذِي مَفْعول

lame duck (*fig.*) عاجِز مسكين ؛ عاجز عن الدفع (بورصة)؛ سفينة جانحة

2. (*coll.*, darling) (يا) حَبِيبي ، (يا) حَبِيبَتِي

v.t. & i. 1. (immerse temporarily); *also n.* أَلْقَى شَخْصًا في الماء فَجْأَةً ؛ غَطَس

2. (bob down); *also n.* إنْحَنَى أو خفَض رَأْسَه لِيَتَفادَى (الضَّرْبَة مثلاً)

ducking, *n.* بَلَل شامِل، تغطيس

duckling, *n.* فَرْخ البَطّ

ugly duckling (*fig.*) فَتاة كانَت دَمِيمَة الشَّكْل ثُمَّ غدت امْرأة جَمِيلة

duckweed, *n.* طُحْلُب (طحالِب)

duck/y (-ie), *n.* (*coll.*) يَا حَبِيبي، حبّوب

duct, *n.* 1. (conduit) قَناة، أنبوب

2. (*physiol.*) مَجْرى (مَجارٍ)، قناة (قَنوات)

ductil/e, *a.* (**-ity,** *n.*) (مَعدِن) قابل للسحب والمطّ، مطيل؛ مَطيلية؛ سَلِس القِياد

dud, *n.* 1. (shell, etc., that fails to explode) آلة بها خَلَل أو نَقْص

2. (*coll.*, useless or unintelligent person) (شَخْص) لا خيْر فيه

a. (عُمْلَة) زائِفة، (شِيك) بِلا رَصِيد

dudgeon, *n., only in*

in high dudgeon في سَوْرة غَضَب وسُخْط، في حالة حَنَقٍ واسْتِياء

duds, *n.pl.* هُدوم، ملابس (بلغة العامّة)

due, *a.* 1. (owing) مُستحِقّ أو واجِب الدفْع

fall due حان مِيعاد دَفْعه

2. (proper) لائق، مُناسِب، كافٍ

after due consideration بَعْدَ إمْعان النَّظَر، بَعْد التَّمعُّن في الأمْر

in due course (time) بَعْدَ مُرُور مُدّة مُناسِبة

3. (ascribable *to*) بِسَبَبِ، نتيجة لِ...

4. (expected) يُنْتَظر أو يُتوقّع وصوله

n. حَقّ، اسْتِحْقاق

give him his due أَوْفاه حقَّه، لَمْ يُنكِر محاسِنَه

n.pl. رُسوم قانونية أو تجاريّة

adv. بِالضَّبْط

due east في اتِّجاه الشَّرْق تمامًا

duel, *v.i. & n.* مُبارَزَة؛ تَبارَز

duellist, *n.* مُبارِز (بالسَّيْف أو المُسَدَّس)

duenna, *n.* اِمْرَأَة مُسِنَّة تَرْعَى الفَتَيات في الأُسَر الإسْبانِيّة؛ اِمْرَأة صارِمَة تُصاحِب الفَتَيات

duet, *n.* قِطْعَة مُوسِيقِيَّة يُؤَدِّيها عازِفان

duff/el (-le), *n.* نَسِيج صُوفِيّ خَشِن

duffel bag مِخْلة، مِخْلاة، شَنْطة من نَوع خاصّ

duffel coat مِعْطف من نَسيج صُوفِيّ خَشِن

duffer, *n.* (*coll.*) غَبِيّ، عَبِيط، أَحْمَق

dug, *pret. & past p. of* **dig,** *v.t. & i.*

dug, *n.* حَلَمة (حَلَم) الضَرْع، ضَرْع

dug-out, *n.* 1. (canoe) زَوْرَق يُصْنَع بِتَقْوير جِذْع شَجَرة

2. (underground shelter) مَخْبأ تَحْتَ الأرض

duke, *n.* دُوق (أَعْلَى رُتْبَة شَرَف وِراثِيّة)

dukedom, *n.* دُوقِيّة

dulcet, *a.* صَوْت رَخِيم عَذْب

dulcimer, *n.* سُنطور، سِنْطِير، قانُون

dull, *a.* 1. (slow-witted) بَطِيء الفَهْم ، بَلِيد العَقْل ، ثَخِين الدِّماغ

2. (blunt) (سَيْف) كَلِيل، (سكّين) غير حادّة

3. (*of pain*, indistinctly felt) أَلَم غير حادّ

4. (not bright) غَيْر لامِع ، قاتِم ، مُعْتِم

5. (uninteresting, tedious) مُمِلّ، رَتيب

v.t. & i. أَكَلّ، قَلَّل من حِدّة؛ كَلّ، ضَعُف

dullard, *n.* غَبِيّ، بَليد

duly, *adv.* عَلَى الوَجْه المَطْلوب ، كما ينبغي ، في حِينِه أو وَقْتِه

dumb, *a.* 1. (without speech, speechless) أَبْكَم، أَخْرَس ؛ لا يَنْطِق ، صامِت

our dumb friends الحَيَوان الأَعْجَم، العَجْماوات

dumb-show التَّمْثِيل أو التَّعْبِير بالإشارات

dumb-waiter مِنْضَدة بِعَجَلات لِحَمْل أَطْباق الطَّعام في غُرْفَة الأَكْل

struck dumb عَقَدَت الدَّهْشة لِسانَه ، (وَقَف) مَشْدُوهًا

2. (*coll.*, stupid) سَخِيف ، غَبِيّ

dumb-bell, *n.* ثِقْل حَدِيدِيّ لتَمْرين العَضَلات، دَمْبِلْز

dumbfound, *v.t.* أَذْهَل، أَدْهَش، أَشْدَه، أَسْكَت، أَفْحَم

dumdum, *n. & a.* رَصاص دَمْدَم، رَصاصة تَنْتَشِر أجزاؤها داخِل الهَدَف

dummy, *n.* 1. (lay figure; counterfeit object) تِمْثال لِعَرْض الأَزْياء ؛ تقليد

(*fig.*, tool) آلة صَمّاء

2. (baby's teat) حَلَمَة مَطّاطِيّة لِلرَّضِيع

3. (*cards*) شَرِيك غائِب في لُعْبَة البرِدْج

a. مُقَلَّد، كاذِب

dummy round طَلْقَة كاذِبة، خَرْطوشة فارِغة

dump, *n.* مَكان تُلْقَى فِيه النُّفايات ؛ مُسْتَوْدَع ذَخائِر

refuse (rubbish) dump مَزْبَلة، كَوْم أو مَقْلَب زِبالة

v.t. 1. (deposit *refuse, etc.*) أَلْقَى النُّفايات ، أَفْرَغَ الزُّبالة أو القُمامَة

2. (*commerc.*) أَغْرَق السُّوق الأَجْنَبِيّة بِبَضائِع مُخَفَّضَة الأَسْعار

3. (put down heavily) أَلْقَى حِمْلًا ثَقِيلًا على الأرض

dumpling, *n.* عَجِينة كُرَوِيّة مَسْلوقة

dumps, *n.pl., esp. in*

⟨down⟩ in the dumps مُتَكَدِّر، مَغْمُوم، مَهْمُوم ، حَزِين ، مُزَرْبَن (مصر)

dumpy, *a.* قَصِير وسَمِين ، دَحْدَح

dun, *n.* 1. (colour); *also a.* أَشْهَب داكِن اللَّوْن

2. (creditor; creditor's demand) دائِن مِلْحاح في طَلَب الدَّيْن؛ أَمْر بِدَفْع الدَّيْن

v.t. أَلَحّ أو أَلْحَف في طَلَب الدَّيْن

dunce, *n.* بَلِيد، جَهول، ثَخِين الدِّماغ

dunderhead, *n.* (**-ed,** *a.*) أَحْمَق، سَخِيف، غَبِيّ

dune, *n.* كَثِيب (كُثْبان)، نَجَف (نِجاف)

dung, *n.*; *also v.t.* رَوْث، جُلّة، بِراز (الحيوانات)؛ سَماد؛ سَمَّد

dungarees, *n.pl.* سِرْوال أو رِداء عَمَل مصنوع من قماش قُطني خَشِن

dungeon, *n.* دِيماس، سِجن تحت الأرض

dunghill, *n.* مَزبلة، كَوْمة قاذورات

dunk, *v.t.* غَمَّسَ (الطعام)

duodecimal, *a.* اِثناعشري

duoden/um, *n.* (**-al,** *a.*) (المعىّ) الاثناعشري

duodenal ⟨ulcer⟩ قُرحة الاثنى عشري

duologue, *n.* مَسرحيّة يؤدّيها مُمَثِّلان

dupe, *n.* ضَحيّة مَكر وخِداع، مَغْبون، غِرّ

v.t. خَدَعَ، غرّر بِ، غَشَّ، خَتَلَ، اِحْتال على

duplex, *a.* & *n.* (*teleg.*) مُزْدَوج؛ يؤدّي عملين معًا

duplic/ate, *v.t.* (**-ation,** *n.*) اِسْتَنْسَخ؛ ضاعَفَ

a. & *n.* صورة طِبق الأصل، نُسخة ثانية، شاهِدة

duplicator, *n.* جِهاز استنساخ، رُونيو

duplicity, *n.* رِياء، نِفاق، مُخاتلة

durab/le, *a.* (**-ility,** *n.*) متين، شَديد التحمّل، يدوم طويلًا؛ متانة، قوّة التحمّل

duralumin, *n.* سَبيكة قوية وخَفيفة من الالومنيوم والنحاس

duration, *n.* مُدّة، أمَد، زَمَن، دَوام، اِستمرار

for the duration طالما دامت الحرب، خلال الحرب فقط

duress, *n.* إكراه، إجبار، إرغام، قَسْر (تحت) ضَغْط؛ حَجْز

during, *prep.* 1. (throughout) طَوالَ أو طِيلةَ (الوَقت)، وَقْتَ ...

2. (at some point in) خِلال، أثناء، في أثناء، في غضون

dusk, *n.* غَسَق، شَفَق، دَغَش

dusky, *a.* قاتِم اللَّوْن؛ كَئيب

dust, *n.* غُبار، تُراب، عَفَر

dust bowl قَفْر، يَباب

dust-cart عَرَبة الزِبالة

dust-coat مِعْطَف للوُقاية من الغُبار

bite the dust خَرَّ صرِيعًا، سَقطَ مَيّتًا

make (raise) a dust أَطْبَقَ السماءَ على الأرض، أقامَ الدنيا وأقْعَدَها

shake the dust from one's feet نَفَضَ يَدَه من ...، نَفَضَ غُبار قدَمَيْه

throw dust in someone's eyes ذَرَّ الرمادَ في عينيه، ضَلَّلَه، مَوَّهَ الحقيقة عليه

v.t. 1. (sprinkle *with powder, etc.*) رَشَّ مسحوقًا (كالسكّر مثلًا) على ...

2. (clean) نَظَّفَ من الغُبار

dustbin, *n.* صَفيحة الزِبالة، تنكة (عراق)

duster, *n.* قِطعة قُماش للنَفْض، مِنْفَضة

dustman, *n.* زَبّال

dustpan, *n.* جَاروف أو مِجْرفة للكُناسة

dusty, *a.* مُتْرَب، مُعفَّر، مُغبَّر

a dusty answer رَدّ جافّ

not so dusty (*coll.*) لا بَأْسَ بِه ، مُشْ بَطّال (مصر) ، مُوعاطِل (عراق)

Dutch, *a.* هُولَنْدِيّ

Dutch courage جُرْأَة مُصْطَنَعَة يُسَبِّبها السُّكْر

talk like a Dutch uncle أَلْقَى عليه مَوْعِظَة، أَرْشَدَه إِرْشادَ الأَب لِابْنِهِ

the Dutch (*pl.*) الشَّعْب الهُولنديّ

n. اللُّغَة الهُولَنْدِيّة

Dutch/man (*pl.* -men), *n.* (رَجُل) هُولَنْدِيّ

duteous, *a.* (**-ness,** *n.*) مُطِيع ، مُمْتَثِل

dutiable, *a.* (سِلَع) خاضِعَة للرَّسْم الجُمْرُكِيّ

dutiful, *a.* مُطِيع ، وَفِيّ ، قائم بِواجِباته

duty, *n.* 1. (obligation) وَاجِب ، فَرْض

do one's duty أَدّى وَاجِبَه ، قامَ بِواجبه ، وَفَى بالْتِزاماتِه

in duty bound يُحَتِّم الواجِبُ عليه ، عَلَيْه أن ، هو مُلْزَم بِ

2. (task) مُهِمَّة (مَهامّ) ، واجِب (وَاجِبات) ، فَرْض (فُرُوض)

on (off) duty قَائِم بِعَمَله ، مُداوِم في عَمَلِه؛ في غَيْر ساعات عَمَلِه

light duties أَعْمال خَفِيفة أو بَسِيطة

3. (tax) ضَرِيبة جُمْرُكيّة

duty-free, *a.* مُعْفًى من الرَّسْم الجُمْرُكيّ ، خالِص الضَّرِيبَة الجُمْرُكيّة

dwarf, *n.* 1. (small legendary creature) قَزَم (في الأَساطِير)

2. (undersized being or specimen); *also a.* قَزَم (إِنْسان أو حَيَوان أو نَبات)

v.t. 1. (stunt) قَزَّم ، أَوْقَف النُّمُوّ الطَّبيعيّ

2. (make look small) جَعَل ما عَداه يَبْدُو كالقَزَم إلى جانِبه

dwell, *v.i.* 1. (live) سَكَنَ ، قَطَنَ ، أَقام ، حَلّ

2. (concentrate thought or speech *on*) تَناوَلَ (نقطة) بإسْهاب وتَفْصِيل

dweller, *n.*, *usu. in comb.*

cave-dweller مِن سُكّان الكُهوف

dwelling, *n.* مَنْزِل ، مَسْكَن ، بَيْت

dwelling-house مَنْزِل للسَّكَن ، بَيْت

dwelling-place مَحَلّ الإِقامَة ، سَكَن

dwindle, *v.i.* نَضَبَ ، شَحَّ ، قَلَّ ، تَضاءَلَ ، تَناقَصَ

dye, *n.* صِبْغة ، خِضاب

v.t. صَبَغ ، خَضَبَ ، لَوَّن

dyed in the wool (*usu. fig.*) (مُحافِظ) قُحّ ، مُتَعَصِّب مُتَطَرِّف ، أَصِيل

dyestuff, *n.* صِبْغة ، صِبْغ ، خِضاب

dying, *vbl. n. & a. from* **die,** *v.i.* اِحْتِضار ؛ مُشْرِف على المَوْت

dynamic, *a.* (*lit. & fig.*) (قُوّة) مُحَرِّكة ، حَرَكِيّ ، دِيناميكيّ ؛ قَوِيّ التَّأْثير ، فَعّال

dynamics, *n.pl.* الدِّينامِيكا ، عِلْم القُوَى المُحَرِّكة ، عِلْم الطّاقة الحَرَكيّة

dynamism, *n.* المَذْهَب الدِّينامِيّ في تفسِير الكَوْن

dynamite, *n.* دِيناميت

v.t. نَسَفَ أو دمَّرَ بالدِّيناميت

dynamo, *n.* مُوَلِّد كَهْرَبائِيّ، دِينامُو

dynast, *n.* (**-ic,** *a.*) حَاكِم بالوِراثَة

dynasty, *n.* أُسْرَة حاكِمَة

dyne, *n.* وَحْدة لِقِياس القُوَّة ، داين (ميكانيكا)

dysentery, *n.* دُوسِنْطارِيا ، زُحار (طبّ)

dyspepsia, *n.* عُسْرالهَضْم ، التُّخْمَة (طبّ)

dyspeptic, *a.* مُصَاب بعُسْرأوْ سوء الهَضْم

E

E, 1. (letter) الحَرْف الخامِس من الأَبْجَدِيّة الإِنْكِلِيزِية

2. (*mus.*) مِي ، سُلَّم مِي (مُوسِيقى)

each, *pron.* كُلّ ، كُلّ واحد، كُلٌّ مِن

each according to his taste كُلٌّ وَذَوْقُه، كُلٌّ حَسْبَ ذَوْقِه ، الأَذْواق تَخْتَلِف

each other بَعْضُهم بعضًا

a. كُلٌّ ، لكُلّ واحد

eager, *a.* (**-ness,** *n.*) شَدِيد الرَّغْبَة، مُتَلَهِّف عَلى، توّاق أو متشوِّق إلى؛ حَريص

eagle, *n.* نَسْر، عُقاب، نُسارِيّة (نُسور وعُقبان)

eagle-eyed حادّ البَصَر، له عيْنا عُقاب، لا تَفُوتُه شارِدة ولا وارِدة

eaglet, *n.* فَرْخ النَسْر

ear, *n.* 1. (organ of hearing) أُذُن (آذان)

bring about one's ears جَنَتْ على أهْلها بَراقِش، جَلَبَ على نفسه المشاكل

prick up one's ears تَنَبَّه صَاغِيًا، مَدَّ سَمْعه، حَدَّ أذنيه (عراق)

a word in your ear كَلِمَة في أُذُنِك، أسِرُّ إلَيْك

bring (come) to one's ears أَبْلَغَ (بلَغ) مَسَامِعَهُ، نَمَا إليه

be all ears كُلُّه آذان صاغِيَة ، يُصْغِي بِانْتِباهٍ كامِل

go in at one ear and out at the other دَخَلَ مِنْ أُذُنٍ وخَرَجَ من أُخْرَى

have someone's ear يَتَمَتَّع بِثِقَة (الوَزِير مثلًا) ويُمْكِنه التَّحَدُّث إلَيْه مَتى شاء

ear-drum طَبْلَة الأُذن

ear-phone سَمَّاعة الأُذُن

ear-ring قُرْط ،حَلَق

ear-trumpet بُوق الأُذُن لِلأَصَمّ

2. (faculty of discriminating sound)

an ear for music أُذُن حَسّاسَة للمُوسِيقَى

3. (head of corn) سُنْبُلة (سَنابِل)

earl, *n.* إيرْل (رُتْبَة سامِيَة في الطَّبَقة الأرِسْتُقْراطِيّة)

earldom, *n.* رُتْبَة الإيرْل

early, *a.* 1. (near the beginning) (صَباح) مُبَكِّر، باكِر؛ (في) مُقْتَبَل (العُمْر)؛ (في) أوائل...

2. (before the usual time) مُبَكِّر، قَبْلَ الأوان أو المِيعاد

it's the early bird that catches the worm البَرَكَة في البُكُور، 'بَاكِرْ تَسْعَدْ'

adv. بَاكِرًا، مُبَكِّرًا؛ قَبْلَ حِينِه

earmark, *n. & v.t.* (*lit. & fig.*) عَلامَة مُمَيِّزة؛ مَيَّزَ؛ أَفْرَدَ لِغَرَضٍ مَخْصوص

earn, *v.t.* كَسَبَ، رَبِحَ، نَالَ؛ اِسْتَحَقَّ

earnest, *n.* 1. (money instalment) عُرْبُون

an earnest of one's good intentions دَلِيلٌ عَلى حُسْن نِيَّتِه

2. (presage) نَمُوذَج، عَيِّنَة، دَلِيل

3. (seriousness) جِدّ، رَزانة

in deadly earnest جَادّ كلَّ الجِدّ، بِدُون أدْنى مُزاح

a. جَادّ، جِدِّيّ؛ مُخْلِص؛ عاقِد العَزْم

earnings, *n.pl.* مَكاسِب، أَرْباح، إيراد

earshot, *n.*, *only in*

within (out of) earshot عَلى مَسْمَعٍ من، عَلى مَدَى السَّمْع (بَعِيدٌ عَنْ مَدَى السَّمْع)

earth, *n.* 1. (this planet) الأَرْض، الكُرَة الأَرْضِيَّة، الدُّنْيا

to the ends of the earth إلى أَقَاصِي الأَرْض، في أَطْراف المَعْمُورة

what on earth has happened to you? مَاذَا حَدَثَ لك ... بِاللّه عَلَيْكَ؟

2. (soil, ground) أَرْض، تُراب، ثَرًى، الغَبْراء

earth-closet مِرْحاض رِيفِيّ بِدائِيّ

earth-worm الدُّودَة الحَمْراء

3. (hole of fox, etc.) وَجْر، وِجار (أَوْجِرة)، جُحْر، نافِقاء

run to earth (*fig.*) عَثَرَ بَعْدَ جُهْد جَهِيد، وَجَدَ بَعْدَ مَشَقَّة وعَناء

4. (*elec.*) مُوَصِّل أَرْضِيّ (كَهْرَباء)

v.t. 1. (cover with earth); *also* earth up غَطَّى (بُذُورًا) بالتُّراب

2. (*elec.*) أَرَّضَ، أَوْصَلَ بِالأَرْض

earthen, *a.* طِينِيّ، فَخّارِيّ، أَرْضِيّ

earthenware, *n.*; *often attrib.* خَزَف، فَخّار، أوانٍ خَزَفِيَّة

earthly, *adj.* 1. (terrestrial) عَلى وَجْه الأَرْض

2. (worldly) دُنْيَوِيّ، مادِّيّ

3. (*coll.*, possible) مُحْتَمَل

he has not an earthly ⟨chance⟩ (*sl.*) سَيَفْشَل حَتْمًا، لَنْ يَنْجَحَ أَبَدًا

earthquake, *n.* زِلْزال، زَلْزَلة

earthwork, *n.* أَعْمال تُرابِيَّة، سَدّ أو حاجِز تُرابِيّ

earthy, *a.* تُرابِيّ، مُتَرَّب؛ دُنْيَوِيّ

(*fig.*) مادِّيّ ، خَشِن الطَّبْع

earwig, *n.* أَبُو مِقَصّ (حَشَرة صَغِيرة)

ease, *n.* 1. (comfort) رَاحَة ، هُدُوء ، رَخاء

اِطْمِئْنان ، رَفاهِيَة

at one's ease بِارْتِياح واطمِئْنان ، فِي غيْرِ حَرَج

take one's ease اِرْتاحَ ، اِسْتَراح

set someone's mind at ease هَدَّأَ مِن رَوْعِه ، أَعَادَ السَّكِينة إلى نَفْسه

stand at ease ! صَفًا ! اِسْتَرِحْ ! (عَسْكَرِيّة)

2. (facility) سُهُولة ، يُسْر

v.t. 1. (relieve from pain or trouble) طَمْأَن ، خَفَّفَ أو رَوَّح عَن

2. (relax, slacken) أَرْخَى ، وَسَّعَ

ease off; *also v.i.* سَكَّنَ ، خَفَّفَ ، هَدَّأَ ؛ سَكَنَ ، خَفَّ ، هَدَأ

easel, *n.* حَامِل لَوْحَة رَسْم أو سَبُّورة

easement, *n.* تَيْسِير ، تَسْهِيل ، تَخْفِيف ، (حَقّ) الارْتِفاق (قانون)

east, *adv.*, *n.*, & *a.* 1. (point where sun rises) الشَّرْق ، المَشْرِق ؛ شَرْقِيّ ؛ شَرْقًا ، نَحْوَ الشَّرْق

2. (eastern part of world) الشَّرْق

Far (Middle, Near) East الشَّرْق الأَقْصَى (الشَّرْق الأَوْسَط ، الشَّرْق الأَدْنَى)

Easter, *n.* عِيد الفِصْح ، عِيد القِيامَة (عِنْدَ المَسِيحيّين)

Easter egg بَيْضَة مَسْلُوقَة مُلَوَّنَة أو شُوكُولاتَة على هَيْئَة بَيْضَة لِعِيد الفِصْح

Easter Day (Sunday) أَحَدُ الفِصْح

easterly, *a.* & *adv.* شَرْقِيّ ؛ نَحْوَ الشَّرْق

eastern, *a.* شَرْقِيّ

easterner, *n.* رَجُل مِن الشَّرْق ، شَرْقِيّ

easternmost, *a.* فِي أَقْصَى الشَّرْق

eastward, *a.* & *n.* شَرْقِيّ ؛ جِهة الشَّرْق

eastward(s), *adv.* شَرْقًا ، نَحْوَ الشَّرْق

easy, *a.* 1. (not difficult) سَهْل ، هَيِّن

2. (comfortable) مُرْتاح ، هادِئ ؛ مُرِيح

easy circumstances يُسْر الحال

easy in one's mind مُطْمَئِنّ ، هَادِئ النَّفْس ، مُرْتاح البال

easy chair مَقْعَد ذُو مِسْنَدَيْن ، فُوتِيه (مصر) ، كُرسِي أَبُو يَدّات (عراق)

3. (not strict) مُتَسَاهِل ، لَيِّن

easy-going مُتَسَاهِل ؛ مُتَكاسِل ، مُهْمِل

adv.

take it easy هَوِّن عَلَيْك ! لا تَنْزَعِج ! على مَهْلِك ! حِلْمَك شُوَيَّه !

eat (*pret.* ate, *past p.* eaten), *v.t.* & *i.* أَكَل ، تَناوَل طعامًا

eat one's words رَجَع عن كَلامِه ، سَحَب كلامه مُرْغَمًا

eat out of someone's hand اِنْصاع إلى أَوَامِر (فلان) ، كانَ رَهْنَ إشارَتِه

eatable, *a.* & *n.* (*usu. pl.*) (طَعام) صالِح لِلأَكْل ؛ أَطْعِمة ، مَأْكُولات

eaten, *past p. of* **eat**

eau-de-Cologne, *n.* مَاء الكُولُونْيا

eau-de-Nil, *n.* اللَّوْن الأَخْضَر الباهِت

eau-de-vie, *n.* إِسْم يُطْلَق على البرانْدِي والوِسْكي

eaves, *n.pl.* طُنُف بارِز من سَقْف المَنْزِل

eavesdrop, *v.i.* (**-per,** *n.*) إِسْتَرَق السَّمْع، تَصَنَّت، إِسْتَمَع مُسْتَخْفِيًا

ebb, *n.* 1. (reflux of tide) جَزْر، إِنْحِسار الماء بَعْدَ المدّ

ebb and flow المَدُّ و الجَزْر

2. (decline) مُسْتَوًى مُنْخَفِض

at a low ebb في حالة تَدَهْوُر أو هُبُوط

v.i. 1. (flow back) إِنْحَسَر، غاضَ (الماء)

2. (decline) إِنْحَطَّ، تَضاءَلَ، ضَعُفَ

ebb away تَضاءَل، تَدَهْوَر، إِضْمَحَلَّ أو تلاشَى تَدْرِيجيًّا

ebonite, *n.* إِيبُونِيت، مَطّاط صَلْد أَسْوَد

ebony, *n.* خَشَب الأَبْنُوس أو الآبَنُوس

a. 1. (made of ebony) أَبْنُوسِيّ، مَصْنُوع مِن الأَبْنُوس

2. (black as ebony) أَسْوَد أَبْنُوسِيّ

ebulli/ent, *a.* (**-ence,** *n.*) في حَالة غَلَيان؛ مُضْطَرِم بالحَماس، فائِر

ebullition, *n.* (*lit. & fig.*) فَوَران، غَلَيان، تفجُّر

eccentric, *a. & n.* (**-ity,** *n.*) 1. (capricious, odd (person)) شاذّ، غَرِيب الأَطْوار

2. (*mech.*) لا مُتَمَرْكِز، إِكْسِنْتْرِيك (هندسة)

ecclesiastic, *n.* (**-al,** *a.*) رَجُل دِين، قِسِيس (قَساوِسة)؛ كَنَسِي

echelon, *n.* تَشْكِيل دَرَجِيّ (طَيَران-بَحْرِيّة)؛ طَبَقَة من طَبَقات المُجْتَمَع

echo, *n.* صَدًى (أَصْداء)، رَجْع الصَّوْت؛ مُحاكاة

echo-sounder مِسْبار الأَغْوار بالصَّدَى

v.i. & t. دَوَّى، أَصْدَى، رَجَّع أو رَدَّد الصوت

éclair, *n.* فَطِيرة مَحْشُوَّة بالقِشْدَة

éclat, *n.* رَوْعَة، بَهاء؛ ثَناء عام؛ نَجاح باهِر

eclectic, *a. & n.* (آراء) مُقْتَبَسة من مَصادِر شَتَّى؛ مُجْتَبًى، إِنْتِقائِيّ، إِصْطِفائِيّ

eclipse, *n.* 1. (interruption of light) كُسُوف (الشَّمْس)، خُسوف (القمر)

2. (loss of brilliance) ضَياع المَجْد

in eclipse مَغْمُور (الذِّكر)، مُتوارٍ

v.t. 1. (*of heavenly body*) كَسَفَ، خَسَفَ

2. (*fig.*, outshine) تَفَوَّق (على أَقْرانِه) تَفَوُّقًا تامًّا، بَزَّهُم

ecliptic, *a. & n.* مُتَعَلِّق بالخُسوف والكُسوف؛ الدَّائِرة الكُسوفية، فَلَك البُروج

ecology, *n.* دِراسَة أَثَر البِيئَة على الكائِنات

economic, *a.* 1. (of economics) إِقْتِصادِيّ

economic policy سِياسَة إِقتصاديّة

2. (reasonably profitable) إِقْتِصادِيّ، مُرْبِح، يَعود بِالفائدة

economical, *a.* 1. (thrifty) مُقْتَصِد، مُدَبِّر

2. (relating to economics) اِقْتِصادِيّ

economics, *n.pl.* عِلْم الاِقْتِصاد

economist, *n.* خَبير أو عَالِم اقْتِصاديّ

economize, *v.t. & i.* اِقْتَصَد، وَفَّر، دَبَّر ؛ اِقْتِصاد في النَّفَقات

economy, *n.* 1. (administration of resources) الاِقْتِصاد

political economy الاِقْتِصاد السِّياسيّ

2. (thrift) اِقْتِصاد، تَوْفِير

ecstasy, *n.* نَشْوَة، طَرَب، فَرْط السُّرور، وَجْد، اِبْتِهاج

ecstatic, *a.* نَشْوان، مُنْتَشٍ، مَذْهول مِن الفَرَح

eczema, *n.* اِكْزِيمَا (مَرَض جلديّ)

eddy, *n.* دُوّامة (هَوائيّة أو مائيّة) صَغيرة، دُرْدُور

eddy current (*elec.*) تَيّار دُوّاميّ (كَهْرَباء)

v.t. & i. دَارَ بِشَكْل دُوّامة

Eden, *n.* عَدْن، الفِرْدَوْس، النَّعِيم

the Garden of Eden جَنَّة عَدْن

edge, *n.* 1. (sharpened side of blade) حَدّ، حُسام (السَّيْف)، حافّة حادّة

take the edge off (*lit. & fig.*) ثَلَم، كَسَرَ شِدّة (الحَرّ)، خَفَّفَ من حِدّة ...

edge(d)-tool آلة قاطِعة أو حادّة

(*fig.*)
on edge عَصَبِيّ، مُحْتَدّ، مُتَوتّر، مُنَرْفَز

set one's teeth on edge ضَرَّس الأسنان ؛ هَيَّجَ أو أثار الأعْصاب

2. (border, brink) حَدّ، حافّة، شَفًا، طَرَف، حَرْف ؛ (على) وُشْك

v.t. 1. (sharpen *tool, etc.*) سَنَّن، سَنّ، أحَدّ، شَحَذَ

2. (insinuate, push, *into, out, etc.*) تَسَلَّل، اِنْسَلّ ؛ أقْحَم

3. (border) وَضَع حاشية أو كنارًا

v.i.

he edged away اِبْتَعَد تَدْرِيجيًّا عن ...

edge/ways (-wise), *adv.* بِالحَدّ، بالحافّة، بالجَنْب

unable to get a word in edgeways لَمْ يَجِدْ أيَّة فُرْصَة لِيقول كَلِمة

edging, *n.* تَحْفِيف، حاشِية، كَنَار، هُدْب

edgy, *a.* مُتَوتِّر الأعصاب، مُنَرْفَز، حادّ الطَّبْع

edible, *a. & n.* (*usu. pl.*) صَالِح لِلأكْل؛ مَأكولات

edict, *n.* مَرْسُوم، قَرار، أمر (مَلَكِيّ أو جُمْهُورِيّ)

edifice, *n.* عِمارة، بِنَاء كَبير، صَرْح

edif/y, *v.t.* (**-ication,** *n.*) حَضّ على الفَضيلة

edit, *v.t.* 1. (prepare *another's work* for publication) أعَدَّ لِلنَّشْر، حَقَّق (نصًّا أدبيًّا) لِطَبْعِه، رَاجَع

2. (act as editor of) حَرَّر (صَحِيفةً)، أشْرَف على تَحْرِيرها

edition, *n.* طَبْعَة (كِتاب أو صَحيفة)

edit/or (*fem.*, **-ress**), *n.* مُحَرِّر، مُدير التَّحْرِير

editorial, *a.* تَحْرِيرِيّ، مُخْتَصّ بِتَحْرير المَجَلّات والصُّحُف

n. المَقالة الرَّئيسِيّة ، الافتِتاحِيّة (تُعَبِّر عَنْ رَأْي مُحَرِّري الجَريدة)

educ/ate, *v.t.* (**-ation,** *n.*, **-ator,** *n.*) 1. (bring up, train) رَبَّى ، هَذَّب ؛ تَرْبِيَة ؛ مُرَبٍّ

2. (provide schooling for) عَلَّمَ ، ثَقَّفَ

educational, *a.* 1. (pertaining to schools) تَرْبَوِيّ ، تَعْليميّ ، دِراسِيّ ، مَدْرَسيّ

educational facilities تَسْهيلات دِراسِيَّة

2. (instructive) تَهْذِيبِيّ ، مُثَقِّف

education(al)ist, *n.* إخْصائِيّ في التَّرْبِيَة

educative, *a.* تَرْبَوِيّ ، مُثَقِّف

educe, *v.t.* اِسْتَنْتَج ، اِسْتَدَلَّ

eel, *n.* سَمَك الأنْكَلِيس ، حَنْكَلِيس ، ثُعْبان الماء

e'en, *poet. variant of* **even**

e'er, *poet. variant of* **ever**

eerie (eery), *a.* مُوحِش ، مُقْبِض لِلصَّدْر

efface, *v.t.* (**-ment,** *n.*) (*lit. & fig.*) مَحَا ، طَمَسَ ، أَزَال الأَثَر ؛ مَحْوُ (الذِّكْر)

self-effacing مُتَواضِع ، مُتَوارٍ عَن الأَضْواء

effect, *n.* 1. (result) تَأْثِير ، أَثَر ، وَقْع ، نَتِيجة ، عاقِبَة

cause and effect العِلّة والمَعْلول ، السَّبَب والنَّتِيجة

have an effect on كَانَ له أَثَر على ...

of no effect غَيْر مُجْدٍ ، بِلا طائِل

to no effect (حَاوَل) عَبَثًا ، بِلا جَدْوَى ، بِدُون تَأْثِير ، سُدًى

2. (efficacy) مَفْعُول ، فاعِلِيّة

give effect to نَفَّذَ ، وَضَع مَوْضِعَ التَّنْفيذ

take effect سَرَى مَفْعُول (القانُون) ، صارَ نافِذَ المَفْعُول

come into effect from يَسْرَى مَفعولُه اعْتِبارًا من ... ، يُنَفَّذُ ابْتِداءً من ...

3. (meaning) مَعْنًى ، مَضْمُون ، مُفاد

to the effect that بِما مَعْناه أنَّ ، مَضْمُونه أَنَّ

in effect فِي الواقِع ، فِي الحَقِيقة

4. (impression produced on the mind) اِنْطِباع ، تَأْثِير

talk for effect (خَطِيب) يَتَحَدَّث لِمُجَرَّد التَّأْثِير على مُسْتَمِعِيه

5. (*pl.*, goods) مَتاع ، أَمْتِعَة ، مُمْتَلَكات

v.t. أَنْجَزَ ، حَقَّقَ ، أَحْدَثَ

effective, *a.* (**-ness,** *n.*) 1. (having an effect, powerful in effect) مُؤَثِّر ، فَعّال ؛ ناجِع ؛ فَعالِيّة

2. (*of soldiers, etc.*) صَالِح لِلخِدْمَة

3. (existing) مَوْجُود ، قائِم ، فِعْلِيّ

effectual, *a.* فَعّال ، مُؤَثِّر

effectu/ate, *v.t.* (**-ation,** *n.*) أَنْجَزَ ، نَفَّذَ ، حَقَّقَ ، أَتَمَّ

effemin/ate, *a.* (**-acy,** *n.*) مُخَنَّث ، ذُو خَصائِص أُنْثَوِيَّة ؛ تَخَنُّث

efferves/ce, *v.i.* (**-cence,** *n.*, **-cent,** *a.*) فارَ (مِلْح الفَواكِه مثلاً) ؛ فَوَران ؛ فَوّار

effete, *a.* مَنْهُوك ، خائِر القوى ؛ ضَعِيف ، عاجِز

efficac/ious, *a.* (**-y,** *n.*) فَعّال ، (دَواء) ناجِع

efficiency, *n.* 1. (competence) كَفاءَة ، مَقْدِرَة

2. (*phys.*) قُدْرة، كِفاية (طبيعيّات)

efficient, *a.* كُفْء، قَدِير؛ فَعّال

effigy, *n.* تِمْثال لِشَخْص (قد يُحْرق في المُظاهَرات)

efflores/ce, *v.i.* (**-cence,** *n.*, **-cent,** *a.*) 1. (burst into flower) أَزْهَرَ، نَوَّرَ؛ إزهار؛ مُزْهِر

(*fig.*) اِزْدَهَرَ، أَزْهَر

2. (*chem.*) تَزَهَّر (كيمياء)

effluence, *n.* اِنبثاق، تدفُّق، انسياب

effluent, *a.* & *n.* مُتَدَفِّق؛ مِياه قَذِرة

effluv/ium (*pl.* -ia), *n.* رَائِحة كَرِيهَة

efflux, *n.* تَدَفُّق، اِنْسِياب

effort, *n.* 1. (strenuous exertion) جُهْد، مَجْهُود، مُحاوَلة، مَسْعًى؛ عَناء

2. (*coll.*, something accomplished with effort) مُحاوَلة ناجِحة

effortless, *a.* (**-ness,** *n.*) هَيِّن، سَهْل

effrontery, *n.* وَقاحَة، صَفاقة

effulg/ent, *a.* (**-ence,** *n.*) مُشِعّ، لامِع، ساطِع نَيِّر؛ اِنْبلاج، لَمَعان

effusion, *n.* 1. (pouring forth) تَدَفُّق اِنْبِجاس، تَصَبُّب، اِنسكاب

2. unrestrained utterance تَدَفُّق أو إفاضَة في الكَلام، اِسْتِرْسال في الحَدِيث

effusive, *a.* فَيَّاض في المَشاعِر والتَّعْبِير

egalitarian, *a.* & *n.* مُؤْمِن بِمَبْدَأ المُساوَاة التّامّة بَيْن البَشَر (اجْتِماعيًّا وسِياسيًّا)

egg, *n.* بَيْضة، بَيْض

don't put all your eggs in one basket ! لا تُجازِفْ بِكُلّ إمْكانيّاتك في مَشْرُوع واحِد

teach one's grandmother to suck eggs نَصَحَ مَنْ هو في غِنًى عن النُّصْح

egg-cup قَدَح أو فِنْجان للبَيْضة المَسْلوقة

egg-nog بَيْض مَخْفوق في شَراب مُسْكِر

egg-plant بَاذِنْجان

egg-shell قِشْر البَيْض، قَيْض

egg-shell china نَوْع من الخَزَف الصِّينيّ رَقيق وشِبه شَفّاف

egg-shell finish صِبْغة لا تعكس ولا تَمْتَصّ النّور؛ طِلاء غير لامِع

egg-whisk مِخْفَقة، رَبّابة بَيْض (مصر)

egg, *v.t.* (urge *on*) حَثَّ، حَضَّ، حَرَّضَ

eglantine, *n.* نِسْرِين، جُلْنِسْرِين (وَرْد بَرِّيّ)

ego, *n.* الأنا، الذّات

egocentric, *a.* مَن يُرَكِّز اهْتِمامَه في ذاتِه أَوَّلًا

ego/ism, *n.*, **-ist,** *n.* (**-istic(al),** *a.*) أنانِيَّة، حُبّ الذّات

egot/ism, *n.*, **-ist,** *n.* (**-istic(al),** *a.*) الغُرور بالنَّفس؛ مَنْ يُفْرِط في التَّحَدُّث عن نفسه

egregious, *a.* فَظيع، شَنيع

egress, *n.* 1. (going out) خُروج، حقّ الخروج أو الذَّهاب

2. (way out) مَخْرَج، مكان الخروج

Egyptian, *n.* & *a.* مِصْرِيّ

Egyptolog/y, *n.*, **-ist,** *n.* عِلْم المِصْرِيَّات، دِراسَة الحَضارَة المِصْرِيّة القَدِيمَة

eh, *int.* ماذا قُلْتَ؟ (للدَّهْشَة والاسْتِفْهام والشَّكّ)

eider, *n.* بطّ بَحْرِيّ يقطُن المَناطِق القُطْبِيّة الشّماليّة

eider-down

(feathers) زَغَب هٰذا البَطّ

(quilt) لِحاف محْشُوّ بِهذا الزَّغَب النّاعِم

eight, *a. & n.* ثَمانِية ، ثَمانٍ

eighteen, *a. & n.* ثَمانِية عَشَر، ثَماني عَشْرَة

eighteenth, *a. & n.* الثّامِن عَشَر؛ جُزْء مِن ١٨

eighth, *a. & n.* ثامِن ؛ ثُمْن

eightieth, *a. & n.* الثّمانُون؛ جُزْء من ثَمانين

eightsome, *n.* مَجْمُوعَة مِن ثَمانِيَة أفْراد

eightsome reel رَقْصة يُؤَدِّيها ثَمانِيَة أشْخاص

eighty, *a. & n.* ثَمانون

either, *a. & pron.* 1. (each of two) كُلٌّ مِنْهُما، أيّ مِنهما

on either side على كِلا الجانِبَيْن

2. (one or other of two) أيّ أو أحَدُ الاثْنَيْن

either this or that إمَّا هٰذا أو ذاك

adv. & conj. إمّا ... أوْ ... ؛ أيْضًا

if you do not go I shall not go either إنْ لم تَذْهَب فَلَنْ أذْهَب

nor that either وَلا حَتّى هٰذا

ejacul/ate, *v.t.* (**-ation,** *n.*) 1. (utter suddenly) صاحَ فَجأةً وبِقُوَّة

2. (eject *fluids* etc. from body) قَذَف (السّائِل المَنوِيّ مثلًا)؛ قَذْف المَنِيّ

eject, *v.t.* (**-ion,** *n.*) 1. (expel) طَرَد (السّاكِن من المَنْزِل)، أخْرَجه بِعُنْف ؛(أمْر) إخْلاء

2. (emit) قَذَف، أطْلَقَ ، لَفَظَ

ejector, *n.* آلَة قاذِفَة أو لافِظَة

ejector seat مَقْعَد يَقْذِف الطَّيّار عِند الحاجَة

eke, *v.t.* (with *out*) زادَ مِن ، أضاف إلى

eke out a livelihood دبَّر قُوتَ يَوْمِه بِشِقّ النَّفْس ، سَدَّ رَمَقَه بِالْكاد

elaborate, *a.* مُسْتَفيض، مُفصَّل، مُسْهَب ؛ مُعَقَّد التركيب، مُزَخْرَف

elabor/ate, *v.t.* (**-ation,** *n.*) أفاضَ أو أسْهَبَ في...، توسَّع ؛ أحْكَمَ الصُّنْع

élan, *n.* حَمِيَّة ، اِنْدِفاع، حَيَوِيَّة

elapse, *v.i.* مضَى (الوقت)، اِنْقَضَى (الزَّمن)

elastic, *a.* (**-ity,** *n.*) مَرِن ،مَطّاط؛ مُرُونة

n. شَريط أو خَيْط لاسْتِيك

elate, *v.t.* أفْرَحَ، أبْهَجَ

elated, *past p. & a.* مُنْتَشٍ مِن الفَرَح ،مُبْتَهِج

elation, *n.* تِيْه ، بَهْجة ، جَذَل

elbow, *n.* 1. (joint of arm) مِرْفَق، كُوع

at one's elbow في مُتَناوَل اليَد، عَن قُرْب

out at elbows رَثُّ الثِّياب، بادِي الفَقْر، رَقِيق الحَال

elbow-room حَيِّز كافٍ (لِلعَمَل)

2. (bend) حَنِية أو كُوع (في أُنْبوب)

elbow-joint مَفْصِل المِرْفَق

v.t. & i.

he elbowed his way شَقّ طَرِيقَه في الزِّحام

elder, *n.* 1. (person of greater age, *usu. pl.*) شَيْخ ، رَئِيس ، زَعِيم
2. (*eccl.*) شَيْخ الكَنِيسَة
3. (tree) شَجَر أو شَجَرة البَيْلَسان
a. أَسَنّ ، أَكْبَر سِنًّا

elderberry, *n.* شَجَرة أو ثَمَر البَيْلَسان

elderly, *a.* مُسِنّ، متقدِّم في العُمر

eldest, *a.* الاِبْنُ الأكبر، البِنْت الكُبْرَى، بِكْر

elect, *a.* 1. (chosen) مُنْتَخَب، مُختار
2. (*theol.*) مُصْطَفًى، مُختار
3. (chosen to office etc. but not yet installed) مُنْتَخَب لِمَنْصِب لم يتسلّمْه بعْد
president elect رَئِيس مُنْتَخَب لم يتقلّد مَنصِبَه
v.t. اِنْتَخَبَ (بِالتَّصْوِيت) ؛ اِخْتارَ

election, *n.* اِنْتِخاب (بِالتَّصْويت)
general election اِنْتِخابات عامّة
by-election اِنْتِخاب تكميليّ أو فَرْعيّ

electioneer, *v.i. & n.* سَعَى لِفَوْز شَخْص أو حِزْبٍ في الاَنْتِخابات

elective, *a.* 1. (appointed by election) (مَجْلِس) اِنْتِخابِيّ ، يُعَيَّن (أَعْضاؤه) بِالاِنْتِخاب
2. (having power to elect) له حَقّ الاِنْتِخاب ؛ (مَوْضوع دِراسيّ) اِخْتِياريّ

elect/or (*fem.*, **-ress**), *n.* نَاخِب ، مُنْتَخِب

electoral, *a.* اِنْتِخابِيّ، يتعلّق بالانتخابات

electorate, *n.* نَاخِبُون، مَن لهم حقّ الاِنْتِخاب

electric, *a.* (تَيّار) كَهْرَبِيّ ، كَهْرَبائِيّ

electrical, *a.* (مُهَنْدِس) كَهْرَبائيّ

electrician, *n.* عَامِل كهرَبائِيّ

electricity, *n.* الكَهْرَباء، طاقة كهربائية
static electricity كَهْرَباء اسْتَاتِيكِيَّة أو إِسْتَاتِيَّة (ساكِنة أو اِحْتكاكيّة)

electrif/y, *v.t.* (**-ication,** *n.*) 1. (charge with electricity) شَحَنَ بالكَهْرَباء
2. (subject to electric shock) كَهْرَبَ
3. (convert to electric power) زَوَّدَ بِالطّاقة الكَهْرَبائيّة
4. (*fig.*, excite) أَبْهَتَ، أَذْهَلَ، أَدْهَشَ، كَهْرَبَ، أَلْهَبَ (حماسهم)

electro-, *in comb.* (بَادِئة بِمَعْنَى) كَهْرَبائي

electrochemistry, *n.* الكِيمِياء الكَهْرَبائيّة

electroc/ute, *v.t.* (**-ution,** *n.*) قَتَل بِالصَّدْمَة الكَهْرَبائيّة ، أَعْدَم (مُجْرِمًا) بالكَهْرَباء

electrode, *n* الإِلِكْتْرُود ، القُطْب الكَهْرَبائيّ (المَهْبِط أو المصعد) ، اللّاحِب

electrodynamics, *n.pl.* الدِّينامِيكا الكَهْرَبائيّة

electrolysis, *n.* التَّحْلِيل الكَهْرَبائيّ

electrolyte, *n.* سَائِل يَنْحَلّ بِالكَهْرَباء

electromagnet, *n.* مَغْنَطِيس كَهْرَبائيّ

electromagnet/ic, *a.* (**-ism,** *n.*) مَغْنَطِيسيّ كَهْرَبائيّ ، المَغْنَطِيسيّة الكَهْرَبائيّة

electromotive, *a.* (القُوَّة) الدّافِعة أو المُحَرِّكة الكَهْرَبائيّة

electron, *n.* الإِلِكْتْرون ، الكُهَيْرِب

electronegative, *a.* سَالِب الشِّحْنَة الكَهْرَبائيّة ، ذو كَهْرَبائية سالِبة

electronic, *a.* إِلِكْترونيّ
electronic computer آلَة حاسِبة إِلِكْترونيّة

electronics, *n.pl.* عِلْم الإِلِكْترونيّات

electron microscope, *n.* مَيْكروسكوب أو مِجْهَر إِلِكْترونيّ

electroplate, *n.* آلَة مَعْدِنيّة مَطْلِيَّة بِطَبَقَة مِن مَعْدِن آخر (فِضّة عادةً) بِاسْتِخْدام الكَهْرَباء
v.t. طَلَى أو لَبَّس بِاسْتِخْدام الكَهْرَباء

electrostatics, *n.pl.* عِلْم الكَهْرَباء السَّاكِنة أو الاسْتاتِيكِيَّة

electrum, *n.* سَبِيكة ذَهَبِيّة فِضِّيّة ؛ كَهْرَمان

eleg/ant, *a.* (**-ance,** *n.*) أَنِيق ، رَشِيق ، ظَرِيف ؛ لَبِق ، كَيِّس ؛ رَشاقة

elegiac, *a.* (شِعْر) رِثائيّ ، نَدْبِيّ

elegiacs, *n.pl.* الشِّعْر الرِّثائيّ

elegy, *n.* مَرْثِيَّة ، مَرْثاة (مَراثٍ)

element, *n.* 1. (part) قَدْر ، مِقْدار ، جُزْء
there is an element of truth in that
هُناك شَيْءٌ مِن الحَقِيقَة في هَذا القَوْل
2. (*chem.*) عُنْصُر (كيمياء)
3. (earth, water, air, or fire) أَحَد العَناصِر الأَرْبَعَة (الأَرْض والماء والهَواء والنّار)
in (out of) his element في بِيئَةٍ تَتَّفِق (أو تَتَعارَض) ومُيُولَه
4. (*pl.*, the weather, forces of nature)
(تَحَدَّى) قَسْوَة العَوامِل الجَوِّيّة
5. (*pl.*, rudiments of learning) مَبادِئ ، أُصُول ، أَوَّلِيّات (عِلْمٍ ما)

6. (*elec.*) مَبْعَث الحَرارَة في آلَة كَهْرَبائيّة

elemental, *a.* 1. (of the powers of nature)
عُنْصُرِيّ ، جَوْهَرِيّ
2. (simple, uncompounded) بَسِيط

elementary, *a.* 1. (rudimentary) أَساسِيّ
2. (not analysable) عُنْصُرِيّ (كيمياء)

elephant, *n.* فِيل (أَفْيال ، فِيَلة ، فُيُول)
white elephant (*fig.*) مُقْتَنًى لا يُسْتَفاد مِنْه

elephantiasis, *n.* دَاء الفِيل (طبّ)

elephantine, *a.* فِيلِيّ ؛ أَخْرَق ؛ ضَخْم

elevate, *v.t.* رَفَع ، رَقَّى ، عَلَّى

elevated, *a.* مُرْتَفِع ؛ رفيع
elevated railway
سِكَّة حَدِيدِيّة مُرْتَفِعَة فَوْق مُسْتَوَى الشّارِع

elevation, *n.* 1. (elevating, being elevated)
رَفْع ، إِعلاء ، سُمُوّ
2. (rising ground) مُرْتَفَع مِن الأَرْض ، تَلّ (تِلال ، تلول) ، أَكَمَة (أَكَم ، آكام)
3. (angle with horizon) زَاوِيَة الارْتِفاع
4. (height above given (*usu.* sea) level)
اِرْتِفاع (فَوْق مُسْتَوَى سَطْح البَحْر)
5. (drawing on vertical plane)
رَسْم واجهة (المبنى) ، مَسْقَط رَأْسِيّ

elevator, *n.* 1. (muscle) عَضَلة رافِعَة
2. (machine for hoisting) مِرْفَعَة ، رافِعة (لِلأَثْقال) ، وِنْش
grain elevator مَخْزَن لِحِفْظ الحُبُوب ، سيلو ؛ جِهاز مِيكانِيكيّ لِرَفْع الغِلال وتَفْرِيغِها في صَوامِع
3. (*U.S.*, lift) مِصْعَد ، أسانْسير

eleven, *a.* & *n.* 1. (number) أَحَدَعشر

2. (cricket, etc.) فَرِيق (الكرِيكِيت مثلاً)

elevenses, *n.pl.* (*coll.*) تَصْبِيرة صَباحِيّة

eleventh, *a.* & *n.* الحَادِي عَشر

at the eleventh hour في اللَّحْظَة الأَخِيرة

elf, *n.* (*pl.* elves) (**-in, -ish,** *a.*) جِنّيّ ، عِفْرِيت صَغيرأَو قَزَم ؛ شَيْطانيّ

elicit, *v.t.* إِسْتَخْلَص (مَعْلُومات)، اِنْتَزَع (إجابة)

elide, *v.t.* حَذَفَ أو أَسْقَطَ حَرْفًا

eligib/le, *a.* (**-ility,** *n.*) أَهْل أو مُسْتَحِقّ لِ، جَدِير ب ؛ توفّر الشروط المطلوبة

elimin/ate, *v.t.* (**-ation,** *n.*) أَبْعَدَ أو اِسْتَبْعَدَ أو أَسْقط (اسمًا مثلًا)؛ أَلْغَى، أَزالَ

elision, *n.* إِسْقاط حَرْف عِلّة أو حَذْف مَقْطَع من الكَلِمة عند نُطقها، تَرْخِيم

élite, *n.* نُخْبَة ، صَفْوَة ، خِيرة ، عِلْيَة القَوْم

elixir, *n.* إِكْسِير، دواء مُقَوٍّ

elixir of life إِكْسِير الحياة والخُلود

Elizabethan, *a.* & *n.* نِسْبَةً إلى عهد الملكة اِلِيزَابِيث الأولى، مَنْ عاش في هذا العهد

elk, *n.* أَيِّل كَبِير (في شَمال امْرِيكا)

ell, *n. obs. exc. in*

give him an inch and he'll take an ell أَعْطِهِ خَيْطًا يطلُب الشِّلِيلة (الشِّلّة)

ellipse, *n.* 1. (oval) القَطْع النَاقِص ، قَطْع اهْلِيلجيّ ، شَكل بَيْضِيّ أو بَيْضَوِيّ

2. (= ellipsis) حَذْف كلِمة (أو أكثر) في تَرْكيب لُغَوِيّ

ellipsis, *n.*; *also* **ellipse** حَذْف ، إِضْمار

ellipsoid, *n.* مُجَسَّم القَطْع النّاقِص (هندسة)

elliptic, *a.* (**-ity,** *n.*) بَيْضيّ، على شَكل قَطْع نَاقِص، إهليلجيّ

elliptical, *a.* 1. (oval) بَيْضيّ الشكل، اِهليلجيّ

2. (of omission of words) عِبارة ينقُصها جُزْء يُفْهَم ضِمْنًا، رَمْزِيّ، تَقْدِيريّ

elm, *n.* شَجَرة دَرْدار أو بَقّ أو بُقَيْصاء

elocution, *n.* (**-ary,** *a.*, **-ist,** *n.*) فَنّ الخَطابَة والإِلْقاء ؛ مُدَرِّس فَنّ الإلقاء

elong/ate, *v.t.* & *i.* (**-ation,** *n.*) طَوَّلَ، أَطالَ؛ اِسْتَطَالَ، اِمْتَدَّ ؛ اِسْتِطالة، اِمتِداد

elope, *v.i.* (**-ment,** *n.*) فَرَّت (اِمْرَأة) مع عَشيق لها سِرًّا بِقَصْد الزَّواج مِنه

eloqu/ent, *a.* (**-ence,** *n.*) بَليغ، فَصيح ، مُفَوَّه، ذَلِقُ اللِسان ؛ فَصاحَة

else, *adv.* 1. (besides) آخَر

anything else? هَلْ مِن شيْء آخَر؟

2. (instead) بَدَلًا من، عِوَضًا عن

what else could one say? مَاذَا عَسايَ أَنْ أَقولَ؟

3. (otherwise) وَإِلّا

come in or else go out أُدْخُل وإلّا فاخْرُج

elsewhere, *adv.* إلى أَوْ في مكان آخر، في غَيْر هذا المكان

elucid/ate, *v.t.* (**-ation,** *n.*, **-atory,** *a.*) وَضَّحَ

el/ude, *v.t.* (**-usion,** *n.*) (*lit. & fig.*) تَمَلَّصَ أو تَهَرَّب مِن، رَاغَ عَن أو مِن؛ أَفْلَتَت (الكلمة)

elusive, *a.* مُتَهَرِّب مِن الجَواب، مُراوِغ

elver, *n.* سَمَك الأَنْكليس (الحَنْكليس) أو ثُعْبان البَحْر في مَرْحَلة مُبَكِّرة من نموّه (يُصاد في أسراب)

elves, *pl. of* **elf** مَخْلُوقات خُرافِيّة صَغيرة آدَمِيّة الشَّكْل (في الأَساطِير الأوروبّية)

Elysian, *a.* سَماوِيّ، فِرْدَوْسِي

Elysian fields جِنان الخُلْد أو النَّعيم أو الفِرْدَوْس

'em (*dial.*) = **them** هُم (باختصار)

em, *n.* 1. (letter) حَرْف M فى الأَبْجَدِيّة الإِنْكليزِيّة

2. (*typ.*) وَحْدة قِياس مَطْبَعِيّة

emaci/ate, *v.t.* (**-ation,** *n.*) أَنْحَلَ، أَهْزَلَ، أَسْقَمَ، أَضْنَى؛ نَحِيل، مَمْصوص؛ هُزال

eman/ate, *v.i.* (**-ation,** *n.*) اِنْبَثَق، اِنْبَعَث

emancip/ate, *v.t.* (**-ation,** *n.*) أَعْتَقَ، حَرَّرَ، أَطْلَقَ؛ إعْتاق، تَحَرُّر

emascul/ate, *v.t.* (**-ation,** *n.*) 1. (castrate) خَصَى، طَوَّش

2. (enfeeble) أَضْعَفَ، جَرَّده من الحيويّة

embalm, *v.t.* (**-ment,** *n.*) حَنَّطَ، صَبَّرَ؛ ضَمَّخ

embank, *v.t.* حَصَرَ الماء بإقامة سَدٍّ أو جِسْرٍ

embankment, *n.* 1. (of river) سَدّ أو سَدَّة عَلَى ضِفّة نَهْر، رَصيف بمُحاذاة نَهْر

2. (of railway or road) تَعْلِية تُرابِيّة لتكوين جِسْر (لمُرور القِطارات مثلًا)

embargo, *n.* حَظْر دُخول أو خُروج السُّفُن التِّجارِيّة مِن المِيناء؛ حَظْر الاِتِّجار في ...

lay an embargo upon حَظَرَت السُّلطات الرَّسْمِيّة الاِتِّجار في ...

v.t. حَظَر، حَجَز سَفِينة أو بِضاعة في المِيناء

embark, *v.i.* (**-ation,** *n.*) 1. (go on board); *also v.t.* (put on board) اِعْتَلَى ظَهْر السَّفِينة؛ وَسَق (سَفِينة)، شَحَنَها

2. (*with preps.* on, upon; begin) شَرَع في، بَدَأَ، بَاشَر؛ خاضَ في ....

embarras de richesse, *n.* وَفْرَة تُسَبِّب وَرْطَة، عَيْن في الجَنّة وعَيْن في النّار

embarrass, *v.t.* (**-ment,** *n.*) 1. (make confused, uncomfortable) أَوْرَط، أَرْبَك

2. (impede) أَعاقَ، عَرْقَلَ، ضايَقَ

embassy, *n.* 1. (ambassador's function) سِفارَة

2. (ambassador's residence) دَار السِّفارة

3. (deputation) وَفْد من رَئِيس دَوْلة

embed (**imbed**), *v.t.* (*usu. pass.*) مُثَبَّت، رَاسِخ، وَطِيد، (آراء) متأصِّلة

embellish, *v.t.* (**-ment,** *n.*) زَوَّق، زَيَّنَ، زَخْرَف، نَمَّقَ، وَشَّى، حَسَّنَ

ember, *n.* (*usu. pl.*) جَمْرة، بَصْوة، جَذْوة

embezzle, *v.t.* (**-ment,** *n.*) اِخْتَلَس، تَصَرَّف فِي مالٍ كان مُؤْتَمَنًا عليه لمصلحته الشّخصية

embitter, *v.t.* (**-ment,** *n.*) نَغَّصَ أو نَكَّدَ (حَياتَه)، وَغَّرَ صدره؛ ناقِم، حاقِد

emblazon, *v.t.* (*lit. & fig.*) نَقَش شِعار النَّبالة عَلى الدِّرع؛ أَطْنَبَ في المَدِيح والإِطراء

emblem, *n.* (**-atic, -atical,** *a.*) شِعَار (شِعَارات)، رَمْز (رُمُوز)

embodiment, *n.* تَجْسِيد، تَجَسُّم؛ عُنْوان (الشَّرَف)

embody, *v.t.* 1. (give body or substance to) صَبَّ فِكْرةً أو صاغَها في قالَب
2. (incorporate) تَضَمَّنَ، شَمِلَ، اِحْتَوى على

embolden, *v.t.* شَجَّعَ على، تَجَرَّأَ على ...

embolism, *n.* جُلْطة دَمَوِيّة تُسَبِّب انْسِداد شِرْيان، سَدّة شريانية (طبّ)

embonpoint, *n.* سِمْنة، اِكْتِناز (البَدَن)

emboss, *v.t.* زَيَّنَ بنَقْش بارِز

embrace, *v.t.* 1. (clasp in the arms) ضَمَّ إلى صَدْره، عَانَقَ، حَضَنَ، طَوَّقه بذِراعَيْه
2. (accept) تَقَبَّلَ (رأيًا)، اِنْتَهَزَ (فُرصة)

embrace Christianity اِعْتَنَقَ المسيحيّة

3. (include) حَوَى، شَمِلَ، تَضَمَّنَ

all-embracing شامِل كامِل، جامِع

embrasure, *n.* 1. (of door or window) فَتْحَة لِبابٍ أو شبّاك، كُوّة، طاقة
2. (for gun) فَتْحَة في جِدار لِمِدْفَع

embrocation, *n.* مَرُوخ، دَلوك

embroider, *v.t.* (*lit. & fig.*) طَرَّزَ، وَشَّى بأشْغال الإبْرة؛ وَشَّى أو نَمَّقَ الكَلام

embroidery, *n.* (*lit. & fig.*) تَطْريز، أشْغال الإبرة؛ تَوْشِيَة الأسْلوب

embroil, *v.t.* (**-ment,** *n.*) زَجَّهَ في خِصام أو مُناقَشة، أدْخَلَه في نِزاع ما

embry/o, *n.* (**-onic,** *a.*) جَنِين (أجِنّة)

in embryo (*fig.*) في طَوْر الجَنِين، مازال في المَرْحَلة الأولى من النُّمُوّ

embryology, *n.* عِلْم الأَجِنّة (طبّ)

emend, *v.t.* (**-ation,** *n.*, **-atory,** *a.*) صَحَّحَ، صَوَّبَ؛ تَصْويب أو إصلاح الخَطَأ

emerald, *n.* 1. (stone) زُمُرُّد (حَجَر كَرِيم)
2. (colour) زُمُرُّدِيّ اللَّوْن

the Emerald Isle الجَزِيرَة الزُّمُرُّدِيّة (اِسْم يُطْلَق على ايرلَنْدا لِكَثْرة مُرُوجها)

emerg/e, *v.i.* (**-ence,** *n.*, **-ent,** *a.*) (*lit. & fig.*) بَرَزَ، بَزَغَ، لَاحَ، ظَهَرَ، بَدا، انْبَثَقَ، اِنْبَعَثَ؛ اِنْبِثاق، بُزُوغ

emerge from obscurity اِشْتَهَرَ بعد أن كانَ خامِلَ الذِّكر

emergency, *n.* حالةٌ اضْطِرارِيَّةٌ

emergency exit بابٌ لِلخُروج في الحالات الاِضْطِرارِيّة

a state of emergency حَالة الطَوارِئ

emeritus, *a., usu. in*

professor emeritus لَقَب شَرَف يُمْنَح لأُسْتاذ جامِعِيّ مُتَقاعِد

emery, *n.* سَنْفَرة، صَنْفرة، سنْباذج

emery-paper وَرَق سَنْفَرة، كاغَد سنْبادة (عراق)

emetic, *n. & a.* مُقَيِّئ (طبّ)

emigr/ate, *v.i.* (**-ant,** *a. & n.*, **-ation,** *n.*) هَاجَرَ، نَزَحَ من وَطَنه؛ مُهاجِر؛ هِجْرة

émigré, *n.* لَاجِئ سِياسِيّ هارِب أثناء الثَّوْرة الفَرَنْسِيّة أو الرُّوسِيّة

eminence, *n.* 1. (rising ground) مَكان مُرْتَفِع، عَلٍ، رَبْوة (رُبًى، رَوابٍ)

2. (distinguished superiority) صِيت

3. (with cap., cardinal's title) نِيافَة الكَرْدِينال

eminent, a. 1. (distinguished) فائِق، نابِغ،
بارِز، بارِع، عَلَم مِن أَعْلام

2. (remarkable in degree), esp. as adv.
عَظِيم الشَّأْن

this is eminently suitable هَذا مُلائِم كُلَّ
المُلاءَمة

emir, n. أَمِير (أُمَراء)

emissary, n. مَبْعُوث (لِأَداء مُهِمَّة دقيقة)

emission, n. إِشْعاع، إِصْدار، انْبِعاث

emissivity, n. (phys.) قُوَّة الاشْعاع (فيزياء)

emit, v.t. أَصْدَر، بَعَث، أَشَعَّ

emollient, a. & n. (lit. & fig.) مادَّة مُلَيِّنة

emolument, n. أَتْعاب (مُحام)، مُكافَأَة
مالِيَّة؛ دَخْل (مُوَظَّف)

emotion, n. 1. (feeling) عاطِفة (عَواطِف)،
انْفِعال (انْفِعالات)، إِحْساس

2. (excited mental state) انْفِعال، تَأَثُّر

emotional, a. (-ism, n.) 1. (of the emotions)
عاطِفِيّ، مُتَعَلِّق بالعَواطِف؛ عاطِفِيَّة

2. (excitable, easily moved) عاطِفِيّ، سَرِيع
التَّأَثُّر والانْفِعال

emotive, a. عاطِفِيّ، يُثِير العَواطِف

empanel (impanel), v.t., esp. in
empanel a jury اخْتار أَشْخاصًا لِتَكْوِين
هَيْئَة المُحَلَّفِين

empathy, n. امْباثِية، تَقَمُّص وِجْدانِيّ

emperor, n. امْبراطُور (أَباطِرة)

emphasis, n. 1. (stress laid on word) تَفْخِيم
كَلِمة أَو لَفْظ

2. (vigour of expression) تَأْكِيد، تَوْكِيد

3. (importance assigned to thing) أَهَمِّيَّة
خاصَّة

emphasize, v.t. شَدَّد، أَكَّد، نَوَّهَ بـ

emphatic, a. 1. (forcibly expressive) مُؤَكَّد،
(إِنْكار) بات، (رَفْض) قاطِع

2. (of words, bearing the stress) (كَلِمة) مُفَخَّمة

3. (of person, expressing oneself with
emphasis) جازِم، بات

4. (of an action or thing, significant,
forcible) حاسِم، قاطِع، شَدِيد اللَّهْجَة

empire, n. امْبراطُورِيَّة

empiric(al), a. تَجْرِيبِيّ، اخْتِبارِيّ، اسْتِقْرائِيّ

empiricism, n. الفَلْسَفة التَّجْرِيبِيَّة
(تَقُوم على المُلاحَظة والتَّجْرِيب)

emplacement, n., usu. in
gun emplacement مَوْقِع مُعَدّ لِإِقامَة مَدافِع
ثَقِيلة في مَيْدان القِتال

emplane, v.i. & t. اسْتَقَلَّ طائِرة

employ, v.t. اسْتَخْدَم، اسْتَعْمَلَ، وَظَّف

self-employed ذُو مِهْنة حُرّة

n. اسْتِخْدام، وَظِيفة

employable, a. صالِح لِلْخِدْمة أَو العَمَل

employee, n. مُوَظَّف، مُسْتَخْدَم

employer, n. رَبّ العَمَل، مُسْتَخْدِم

employment, *n.* وَظِيفة، خِدْمَة، شُغْل، عَمَل؛ اسْتِخدام، تَوْظيف

emporium, *n.* سُوق تِجاريّة، مَتْجَر كبير

empower, *v.t.* فوَّض، خَوَّل، مَنَح سُلْطة

empress, *n.* إمْبَراطُورَة

empt/y, *a.* (**-iness,** *n.*) 1. (containing nothing, vacant) فارِغ، فاضٍ، خالٍ، شاغِر

empty-handed صِفْر اليَدَيْن، خاوِي الوِفَاض، (عادَ) بِخُفَّي حُنَيْن

on an empty stomach عَلَى الطَّوَى، جائع

2. (*coll.*, hungry) جَوْعَان، جائع

3. (frivolous, vain) فارِغ، تافِه

empty-headed فارِغ العَقْل

v.t. 1. (remove contents of) أَفْرَغَ، أَخْلَى

2. (transfer *contents of one thing into another*) أفرغَ أو فرَّغَ في ...

v.i. 1. (*of river*) صَبَّ (النهرُ) في ...

2. (become empty) خلا، فرَغ، فضَا

empyrean, *a. & n.* سَماوِيّ، عُلْوِيّ؛ عَرْش الله

emu, *n.* طائِر اسْتُراليّ يُشْبِه النَّعامَة

emul/ate, *v.t.* (**-ation,** *n.*) تَشَبَّه به، حَاوَلَ تَرَسُّم خُطاه، نافَسَه

emulous, *a.* مُنافِس غَيور

emulsify, *v.t.* إسْتَحْلَبَ (كيمياء)

emulsion, *n.* مُسْتَحْلَب

en, *F. prep.*

en bloc جُمْلةً، بِالجُمْلَة، كُتْلَة واحِدة

en famille بَيْنَ أَهْلِه وعَشِيرَته، بِدُونِ كُلْفة

en fête (سَادَت بالمَدِينة) رُوح البَهْجَة والمَرَح

en masse سَوِيّة، جُملة واحِدة

en passant عَرَضًا، (ذَكَر) في سِياق الحديث

en rapport (بَيْنَهُمَا) تفاهُم وتعاطُف

en route فِي الطَّرِيق إلى...

enable, *v.t.* 1. (authorize) خَوَّله، أعْطاه أو مَنَحه الحقّ في ...

2. (supply with means) مَكَّنَ مِن ...

enact, *v.t.* (**-ion, -ment,** *n.*) 1. (ordain) سَنَّ أو وَضَعَ قانونًا، شَرَّعَ

2. (act) مَثَّلَ أو لَعِبَ دَوْرًا، قام بدَوْر...

enamel, *n.* 1. (coating) مِيناء (المَعادِن)

2. (hard oil paint) طِلَاء زَيْتيّ لامِع

v.t. طَلَى أو لَبَّس بالمِيناء، زَجَّجَ (سطْح أواني المَطْبَخ مَثلًا) بِالمِيناء

enamour, *v.t.* (*usu. pass.*) فَتَن، إسْتَهْوَى، خَلَب، هامَ عِشقًا بِ، أُغْرِم

encamp, *v.t. & i.* (**-ment,** *n.*) خَيَّم، عَسْكَرَ، ضَرَب الخِيام

encase (incase), *v.t.* غَلَّفَ، أَحَاطَ بِغِطاء أو غِلاف

enceinte, *a.* حَامِل، حُبْلَى

encephalitis, *n.* اِلْتِهاب المُخّ (طبّ)

enchant, *v.t.* (**-ment,** *n.*) سَحَرَ، فَتَنَ، خَلَبَ اللُّبّ، اسْتَهْوَى

enchant/er (*fem.* **-ress**), *n.* سَاحِر، فاتِن (سَاحِرة، فاتِنة)

enchanting, *a.* أَخَّاذ ، فَتَّان ، ساحِر ، جَذَّاب

encircle, *v.t.* (**-ment,** *n.*) طَوَّق ، حاصَرَ ،
أَحاط أَو أَحْدَقَ بِ ؛ تَطْوِيق ، مُحاصَرَة

enclave, *n.* مُقاطَعَة مُحاطَة بِأَراضٍ أجنبية ؛
أَرْض مَسْدُودَة المَسالِك

enclitic, *a. & n.* جُزْء يُضاف إلى آخِر الكلمة
لإعْطائِها مَدْلُولًا خاصًّا

enclose (inclose), *v.t.* 1. (surround, fence in)
طَوَّق ، حَصَر ، سَوَّر ، سَيَّج
2. (shut up in receptacle, letter, etc.)
أَرْفَق (وَثِيقَة) طَيَّ (رسالة)

enclosure, *n.* 1. (enclosing of common land)
اسْتِمْلاك أَرْض عامّة من قِبَل السُّلُطات
2. (enclosed place) فَناء مُسَيَّج لِغَرَضٍ خاصّ

3. (paper, etc., enclosed with letter)
مُرْفَقات ، وَثِيقَة مُرْفَقة طَيَّ رسالة

encomium, *n.* ثَناء ، تَقْرِيظ ، إطْراء

encompass, *v.t.* طَوَّق ، أَحاط أَو أَحْدَقَ بِ

encore, *int. & n.; also v.t.* أَعِدْ ! زِدْنا ! ؛
طَلَب الجُمْهُور (من مُطرب مثلًا) إعادة الأَداء

encounter, *n.* 1. (meeting) لِقَاء ، التِقاء ،
تَلاقٍ
2. (conflict) مُجابَهَة ، اشْتِباك ،
صِدام ، عِراك
v.t. واجَه ، صادَف ، التَقَى بِ

encourage, *v.t.* (**-ment,** *n.*) شَجَّع ، حَثَّ

encroach, *v.i.* (**-ment,** *n.*) تَجاوَز حَدًّا مُعَيَّنًا
تَعَدَّى على حَقِّ غيره

encumber, *v.t.* عَرْقَل ، أَثْقَل كاهِلَه ؛ زَحَم

encumbrance, *n.* عِبْء ، تَعَهُّد يَصْعُب تَنْفِيذُه

encyclical, *a. & n.* مَنْشُور بابَوِيّ

encyclop(a)ed/ia, *n.* (**-ic,** *a.*) دائِرَة مَعارِف ،
مَوْسُوعة ، مَعْلَمَة

end, *n.* 1. (conclusion) خِتام ، آخِر
put an end to قَضَى على ، وَضَع حَدًّا
لِ... ، أَنْهَى ، أَوْقَف
end-product إنْتاج نهائيّ ، حَصِيلة أَو
نِتاج نهائيّ (لِسِلْسِلة من المَراحِل)
no end to it (without limit) لا حَدَّ له ،
لا يَقِف عِند حَدٍّ ، لا يَنْتَهِي
2. (furthest limit) الطَّرَف القَصِيّ
at one's wits' end وَقَع في حَيْص بَيْص ،
في حَيْرَةٍ من أَمْرِه ، ضاقَت به السُّبُل
the ends of the earth أَقاصِي الأَرْض ،
أَطْراف المَعْمُورة
3. (side, top, or bottom) طَرَف ،
جَانِب ، حافَة ، حافَّة
burn the candle at both ends أَفْرَط في
العَمَل والسَّهَر إلى حَدٍّ أَنْهَكَ صِحَّته
make both ends meet اقْتَصَد في الإنْفاق
لِمُوازَنة الدَّخْل والمُنْصَرِف
on end
(upright) قائِم ، مُنْتَصِب ، واقِف
(continuous) مُتَواصِل ، مُسْتَمِرّ
4. (remnant) بَقِيَّة ، فَضْلَة
odds and ends حاجِيّات مُتَنَوِّعة قَلِيلة
القِيمَة ، مُتَعَلِّقات تافِهة

5. (death, destruction) مَوْت ، وَفاة ، حَتْف ، هَلاك

meet one's end لَقِيَ حَتْفَه

6. (purpose) مَقْصِد ، غَرَض

the end justifies the means الغايَة تُبَرِّر الواسِطة

v.t. أَنْهَى ، إِخْتَتَم

end one's life قَضَى أواخِر عُمْرِه أو أُخْرَيات أيّامه

v.i. 1. (come to an end) اِنْتَهَى ، اِنْقَضَى ، نَفَد

2. (result *in*) انتهى الأَمْر إلى

3. (finish); *also* end up آلَ مَصِيرُه إلى

endanger, *v.t.* عَرَّض لِلخَطَر

endear, *v.t.* (**-ing,** *a.*) حَبَّبَ ؛ مَحْبُوب

endear oneself to تَحَبَّبَ إليه ، حازَ رِضاه ، نال وُدَّه

endearment, *n.* مُلاطَفَة ، تَدْلِيل

endeavour, *n.* مَسْعًى ، مُحاوَلَة

v.t. & i. سَعَى ، حاوَل

endemic, *a. & n.* (مَرَض) مُسْتَوْطِن

ending, *n.* نِهايَة (القِصَّة)، آخِر (الكَلِمَة)

endive, *n.* هِنْدَب ، هِنْدَباء (نبات)

endless, *a.* 1. (infinite, incessant) لا يَنْقَطِع ، لا نِهايَة له ، مُسْتَمِرّ

2. (*mech.*) (سَيْر) مُقْفَل أو مُتَّصِل

endo-, *in comb.* (سابِقة بِمَعْنَى) داخِليّ

endocrine, *a.* باطِنِيّ الإفْراز ، أَصَمّ (طبّ)

endocrine gland غُدَّة صَمّاء (طبّ)

endogam/ous, *a.* (**-y,** *n.*) التَّزاوُج بَيْنَ أَفْراد عَشِيرَة واحِدة

endogenous, *a.* (نَبات) باطِنِيّ النُّمُوّ، بِفلقة واحِدَة

endorse (**indorse**), *v.t.* (**-ment,** *n.*) 1. (write on back of) ظَهَّر ، وَقَّع على ظَهْرِ ...

endorse a cheque ظَهَّر شِيكًا

endorse a driving licence سَجَّل مُخالَفة المُرُورِ على رُخْصَة القِيادَة

2. (confirm) صَدَّق أو صادَق على ، أَيَّدَ أو أَقَرَّ (رأيًا)

endow, *v.t.* أوقف بعض المال على ... ؛ وَهَبَ ، مَنَح ، أَعْطَى

endowment, *n.* 1. (bequest) وَقْف بَعْض المال (لِلإِنْفاق على مُؤَسَّسة خَيْرِيّة مثلاً)

endowment assurance بُولِيصَة تَأْمِين تُدْفَع قِيمتُها في تاريخ مُعَيَّن أو عِنْد الوَفاة

2. (ability) مَوْهِبة ، مَلَكَة ، قَرِيحَة

endue, *v.t.* وَهَبَ ، مَنَح ، أَعْطَى

endurable, *a.* يُمْكِن تَحَمُّله ، يُطاق

endurance, *n.* قُوَّة التَّحَمُّل ، جَلَد ، صَبْر

beyond endurance فَوْقَ طاقَة البَشَر

endure, *v.t. & i.* اِحْتَمَل ، اِصْطَبَر على ؛ دَامَ

enduring, *a.* دَائِم ، باقٍ

end/ways (**-wise**), *adv.* 1. (with end towards) في وَضْع يَكُون فِيه طَرَف الشَّيْء مُواجِهًا للنّاظِر

2. (end to end) (صَفَّ المَوائد)طَرَفًا إلى طَرَف

enema, *n.* حُقْنة شَرْجِيّة (طبّ)

enemy, *n.* عَدُوّ (أعداء)؛ مُعادٍ

energetic, *a.* نَشِيط، فَعَّال، يَفيض حَيَوِيَّة

energize, *v.t.* بَعَثَ النَّشاط في

energy, *n.* 1. (vigour) حَيَوِيّة، نَشاط، قُوّة، هِمّة، عَزْم

2. (*phys.*) طَاقَة (فيزياء)

kinetic energy الطَّاقة الحَرَكِيّة أو الكِينِيتِيّة

conservation of energy حِفْظ أو إبْقاء الطَّاقة

enerv/ate, *v.t.* (**-ating,** *a.*, **-ation,** *n.*) (طَقْس) يَبْعَث على الكَسَل والخُمول

enfant terrible, *n.* طِفْل يُحْرِج الحاضِرين بِوَقاحَته وتَعْلِيقاته الصَّرِيحَة

enfeeble, *v.t.* (**-ment,** *n.*) أَضْعَفَ، أَوْهَنَ، أَنْهَكَ؛ إضْعاف، إنْهاك

enfold, *v.t.* طَوَّقَ أو أَحاطَ (بِذِراعَيْه)، طَوَى، ضَمَّ

enforce, *v.t.* (**-able,** *a.*, **-ment,** *n.*) فَرَضَ عَلَيْه؛ نَفَّذَ (قانونًا)؛ إلْزام

enfranchise, *v.t.* (**-ment,** *n.*) 1. (set free) أَعْتَقَ أو حَرَّرَ (عبدًا)؛ تَحْرِير

2. (invest with municipal rights) مَنَحَه الحُقُوق المَدَنِيّة

3. (admit to electoral franchise) مَنَحَه حَقَّ التَّصْوِيت أو الاِنْتِخاب

engage, *v.t.* 1. (bind by contract) أَلْزَمَه ب..، اِرْتَبَطَ بِتَعَهُّد معه؛ خُطِبَت له أو عليه

2. (hire, bespeak) اِسْتَخْدَمَ (عامِلًا مَثَلًا)

3. (occupy) شَغَلَ؛ مَشْغُول

4. (come into contact with, interlock); *also v.i.* تَعَشَّقَت (التُّروس)؛ نازَلَ (العَدُوّ)

v.i. 1. (pledge oneself) اِرْتَبَطَ، اِلْتَزَمَ

2. (to take part *in*) اِنْشَغَلَ ب، اِشْتَغَلَ في؛ اِشْتَرَكَ في

engagement, *n.* تَعَهُّد، اِرْتِباط؛ شُغْل؛ مَوْعِد؛ خِطبة؛ اِشْتِباك (حربي)؛ تَعْشِيق

engagement ring خاتَم أو حَلْقة الخطوبة، دِبْلة (مصر)، مِحْبَس (عراق)

meet one's engagements أَوْفَى بِعُهوده، نَفَذَ تَعَهُّداته، قامَ بِالْتِزاماتِه

naval engagements اِشْتِباكات بَحْرِيّة

engagement book دَفْتَر المَواعيد، أَجِنْدة

engaging, *a.* جَذّاب، خَلّاب، أَخّاذ

engender, *v.t.* أَوْلَدَ، أَحْدَثَ، سَبَّبَ

engine, *n.* مُحَرِّك، ماكِينة، مُوتُور؛ قاطِرة (سِكّة حَديدِيّة)؛ جِهاز (تدمير)

engine-driver سائِق القِطار

engine-shed حَظِيرة القاطِرات

engineer, *n.* مُهَنْدِس (مَدَنِيّ، مِيكانيكِيّ، كَهْرَبائِيّ)

v.t. 1. (construct) صَمَّمَ عَمَلًا هَنْدَسِيًّا

2. (*coll.*, contrive, bring about) دَبَّرَ أمرًا بِمَهارة ودَهاء، نَجَحَ في تَدْبِير (مُؤامَرة)

engineering, *n.* هَنْدَسة

engirdle, *v.t.* أَحاطَ بِنِطاق، حَزَّمَ، طَوَّقَ بِحِزام

England, *n.* إنْجِلْترا، إنْكِلْترا

English, *n.* اللُّغَة الإنكليزية ؛ الانكليز

queen's (king's) English الإنْكِليزيّة الصَّحيحة

(in) plain English بلُغة مَفْهومة، بصَراحة تامّة، بِدون لفّ ودَوران؛ بالعربي

a. إنْجليزيّ، إنكليزيّ

English Channel القَنال الانكليزي، بحر المانْش

English/man (*fem.* **-woman**), *n.* رَجُل إنكليزيّ، إمْرأة انكليزيّة

engorge, *v.t.* إلْتَهَمَ ؛ احْتَقَنَ (بالدم)

engraft, *v.t.* طَعَّمَ (نباتًا)

engrain (ingrain), *v.t.* صَبَغَ (قَبْلَ النَّسج)؛ تأصَّلَت أو رَسَخَت (عادَة ما)

engrave, *v.t.* نَحَتَ، نَقَشَ، حَفَرَ

engraver, *n.* نَحّات، نقّاش، حفّار

engraving, *n.* فَنّ الحَفْر أو النَّقْش، صورة مَطْبُوعة من لوح معدِنيّ منقوش

engross, *v.t.* (**-ment,** *n.*) 1. (*leg.*) نَسَخَ بِخَطّ حَسَن واضح، صاغ في أُسلوب قانونيّ

2. (absorb) إسْتَحْوَذَ على..

be engrossed in إنْهمكَ أو اسْتغرق في

engulf (ingulf), *v.t.* (**-ment,** *n.*) إبْتَلَعت الأَمْواج قاربًا مثلًا، أطْبقت الأرض على

enhance, *v.t.* (**-ment,** *n.*) رَفَعَ قدْر أو قِيمة (شيء)، زادَ من نَفْع (كتاب مثلًا)

enigma, *n.* (**-tic(al),** *a.*) لُغْز (ألْغاز)، أُحْجِيَّة (أحاجٍ)، مُعَمًّى (مُعَمَّيات)

enjambment, *n.* تَكْمِلَة التَّعْبير عَن فِكْرة في السَّطر التّالي مِن الشِّعر دُون توَقُّف

enjoin, 1. (impose *action on*, command) أَصْدَرَ أمرًا، فَرَضَ (الصمْت) على

2. (restrain by legal injunction, *esp. U.S.*) ألْزَمَه بالقِيام بعَمَل أو الإمْتِناع عنه

enjoy, *v.t.* (**-ment,** *n.*) تَمَتَّعَ أو اِسْتَمْتَعَ بِ، تَلَذَّذَ، سُرَّ بِ، تنعَّمَ

enjoy oneself قَضَى وقتًا طيِّبًا

enjoy good health تَمَتَّعَ بِصِحّة جَيِّدة

enjoyable, *a.* مُمْتع، شَيِّق، لَطيف، (أَكْلة) هَنِيئة، (سَهْرة) مُسَلِّية

enkindle, *v.t.* أَضْرَمَ أو أَلْهَبَ (عواطِفَه)

enlace, *v.t.* (**-ment,** *n.*) حَبَكَ، ضفر، شَبَكَ

enlarge, *v.t.* (**-ment,** *n.*) كَبَّرَ، وَسَّعَ؛ عَظَّمَ، ضَخَّمَ؛ تكبير (صورة)، توسيع

v.i.

enlarge upon أَسْهَبَ، دَخَلَ في تفاصيل المَوْضوع، عالَج (نقطة) بالتَّفْصيل

enlarger, *n.* (*photog.*) جِهاز تكبير الصُّوَر

enlighten, *v.t.* (**-ed,** *a.*, **-ment,** *n.*)

1. (instruct) نَوَّرَ الأذْهان، زادَه علمًا

2. (free from prejudice, etc.) حَرَّر الأفكار مِن التَّحَيُّز والجهْل؛ مُتنوِّر، واعٍ

enlist, *v.t.* (**-ment,** *n.*) 1. (engage for military service); *also v.i.* جَنَّدَ؛ تَجَنَّدَ، إنْخَرَطَ في الخِدْمَة العَسْكَرِيَّة

2. (secure co-operation of) اِسْتَعانَ بِهِ، طَلَبَ مِنه العَوْن والمُساعَدَة

enliven, *v.t.* أَنْعَش، بَعَثَ الروح والبَهْجة في

enmesh, *v.t.* عَقَّد (الأمرَ) ، أَوْقعَه في شَرَكٍ أو فَخّ

enmity, *n.* عَداوة، عداء، شَحْناء، خصُومة شديدة

ennoble, *v.t.* (**-ment,** *n.*) مَنَحَ رتبةَ نبيل ؛ زَادَه نُبلًا أو شرفًا؛ طَهَّرَت(الآلام) رُوحَه

ennui, *n.* مَلَل، تَبَرُّم، سَأَم

enormity, *n.* جَسامة (الجريمة،) فَظاعة (الإثم)، شَناعة، فُحْش

enormous, *a.* ضَخْم، هائل، يَفوق الحَدّ

enough, *n.* كِفاية، ما يَسُدّ الحاجة، مقدار كافٍ من ..

enough is as good as a feast حَسْبُك من غِنًى شَبْع وَرِيّ

enough and to spare ما يفضُل عن الحاجة، ما يكْفي وأكثر

a. كافٍ، وافٍ، على قدْر الحاجة

adv. بمقدار كافٍ أو يكفي بأن ...

it is good enough إنّه يسدّ الحاجة، يفي بالغرض المطلوب

oddly enough مِمّا يُدْهِش أو يدعو إلى الاستغراب

enounce, *v.t.* نَطَقَ، لَفَظَ بالكلام، أَعْلَنَ

enqu/ire, -iry; *see* **inquire, inquiry**

enrage, *v.t.* أَغاظَ، أَغْضَبَ، أَحْنَقَ

enrapture, *v.t.* فَتَنَه أو خَلَبَ لُبَّه

enrich, *v.t.* (**-ment,** *n.*) زَادَ غِناه أو ثَرْوته، أَضافَ جديدًا إلى محتويات ...

enrich the soil أَخْصَبَ التُّرْبَة

enrich the mind وَسَّعَ أفُق التفكير، غَذَّى العقل

enrobe, *v.t.* وَشَّحَ، أَلْبَسَه الروب

enrol(l), *v.t. & i.* سَجَّلَ أو قَيَّدَ اسْمَه في ...، اِنخَرطَ في ...

ensconce, *v.t.*

ensconce oneself in تَرَبَّعَ فوْق (كُرْسِيّ)

ensemble, *n.* 1. (thing viewed as whole) طَقْم ملابس ؛ مجموعة

2. (*mus.*) اَنسَمْبل، جوقة موسيقية صغيرة ، فِرقة غِنائية

enshrine, *v.t.* اِحْتَفَظَ بِشَيْءٍ في مَكانٍ مُقدَّس

enshrined in one's memory ذِكْرَى مقدَّسة في ذِهْنه، بَقِيَت ذُخْرًا في ذاكرته

ensign, *n.* 1. (badge) شِعار، رَمْز، عَلامة

2. (*esp. naut.*, flag) بَيْرق بحري، عَلَم (أعْلام)

3. (standard-bearer) حامِل العَلَم، بيرقدار

ensilage, *n. & v.t.* حِفْظ العلَف في صَوامِع لِفَصْل الشِّتاء

enslave, *v.t.* (**-ment,** *n.*); *lit. & fig.* اِسْتَعْبَدَ، اِسْتَرَقَّ، اِستولى على؛ اِسْتعباد

ensnare, *v.t.* أَوْقَعَ في شَرك أو فخّ أو أحْبُولة، اِحْتَال عليه

ensue, *v.i.* تَبِعَ، تَلا، نَشَأ عن

ensuing, *a.* تالٍ، تابِع، لاحِق

ensure, *v.t.* 1. (make safe *against, from*) أَمَّنَ، ضَمِنَ، احْتاطَ

2. (make certain) تأكَّدَ، تيقَّنَ، إسْتَوْثَقَ، تحَقَّقَ من الأمْر

entail, *n.* 1. (settlement of succession) وَقْف إرْثًا على وَرَثَة مُعَيَّنين

2. (estate so secured) مِلْك مَوْقوف على وَرَثة معيّنين

v.t. 1. (secure *estate* by entail) حَجَزَ عقارًا، أوْقَفَ أملاكه على ورثة معيّنين

2. (necessitate) إسْتَلْزَمَ، تطَلَّبَ، اسْتَتْبَعَ، إسْتَدْعَى

entangle, *v.t.* عقَّدَ؛ إشْتَبَكَ؛ أَرْبَكَ

barbed-wire entanglement شَبَكة من الأسْلاك الشّائكة

entente, *n.* اِتِّفاق، اِتِّفاق دُوَلي (دَوْلي)

entente cordiale مُعاهَدة صَداقة

enter, *v.i.* دَخَلَ، وَلَجَ، خَشَّ

enter into

(engage in) دَخَلَ أَوْ شَرَعَ في

(form part of) دَخَلَ ضِمْنَ (مَوْضوعٍ مثلًا)

enter upon

(assume possession of) حَصَلَ على ملكيّة شَيْء، تَمَلَّكَ

(begin) بَدَأَ، شَرَعَ في، أَقْدَمَ على

v.t. 1. (go, come, into) دَخَلَ في

it never entered anyone's head that . . . لَمْ يَخْطُر بِبال أحدٍ أن ..

2. (become member of)

enter the Foreign Ministry اِنْخَرَطَ في سِلْك وِزارة الخارجيّة

3. (write in list) سَجَّلَ أو دَوَّنَ في قائمة، أدْرَجَ، قَيَّدَ

enter a protest قَدَّمَ احْتِجاجًا، رَفَعَ شَكْوَى أو اعْتِراضًا

enter up أَدْخَلَ أو قَيَّدَ في الدفتر

enteric, *a.* & *n.* مِعَوِيّ، مُخْتصّ بالأمعاء

enteric fever حُمَّى مِعَوِيّة، تيفوئيد

enteritis, *n.* نَزْلة مِعَوِيّة، التهاب الأمعاء

enterprise, *n.* 1. (bold undertaking) مَشْرُوع (يتطلّب جُرْأة لِتَنْفيذه)

2. (initiative) إقْدام، جُرْأة، عَزيمة

3. (business firm) مُؤَسَّسة تِجاريّة

private enterprise الأعْمال أو المِهَن الحُرّة

enterprising, *a.* مِقْدام، مُغامِر، جَرِيء

entertain, *v.t.* 1. (amuse) سَلَّى (ضُيوفَه مَثلًا)، أَلْهَى (الأطْفال ببَعْض الألْعاب)

2. (receive hospitably); *also v.i.* إسْتَضافَ، ضَيَّفَ، رَحَّبَ بِ، أَكْرَمَ

3. (harbour, consider) كَنَّ، أضْمَرَ شُعُورًا؛ فكَّرَ أو نظرَ في أمرٍ ما

entertainer, *n.* مُمَثِّل هَزْلي أو كُوميدِيّ

entertaining, *a.* (قِصّة) مُسَلِّية، تَبْعَث السُّرور والتَّرْفيه

entertainment, *n.* 1. (amusement) تَسْلِيَة

2. (public performance) حَفْلة تَرْفيهيّة

3. (hospitality) كَرَم الضِيافة

enthral(l), *v.t.* (**-ment,** *n.*) سَبَى أو خَلَبَ اللُبَّ، أسر القلْب، سَحَرَ؛ اِفْتِتان

enthrone, *v.t.* (**-ment,** *n.*) أَجْلَس (مَلِكًا) على العَرْش، نَصَبَ (أُسْقُفًا) على كُرْسِيِّه

enthuse, *v.i.* (*coll.*) تَحَمَّسَ أو بالَغَ في المدْح

enthusi/asm, *n.*, **-ast,** *n.* (**-astic,** *a.*) حَماس، حَمِيّة، هِمَّة؛ مُتَحَمِّس

entice, *v.t.* (**-ment,** *n.*) أغوَى، أغرَى، غرَّرَ ب، اِشْتَهَى؛ إغراء، إغْواء

entire, *a.* كامِل، شامِل؛ (النصّ) بأكمله، (الحاضِرُون) بأَسْرِهم

entirely, *adv.* كُلِّيةً، تمامًا، بأجْمَعِه

entirety, *n.* الكُلّ، المَوْضوع بأكمله

in its entirety بِكُلِّيته، برمَّته، بأجْمعه، بِأَسْره، بقضِّه وقَضِيضه

entitle, *v.t.* (**-ment,** *n.*) 1. (give the title of) أطْلَقَ عُنْوانًا على (كتاب أو محاضَرة)

2. (give a right to) أعْطَى حقًّا لِ، خَوَّلَ، أجاز، سَمَحَ

be entitled to do something يُخَوَّل له حقّ..، يحِقّ له أن، يُجيز له القانون أن

entity, *n.* كِيان، ذُو كِيان أو وُجود فِعْليّ؛ وَحْدة مُستقِلّة

entomb, *v.t.* وَضَعَ الجُثّة في ضريح أو رَمْس

entomo-, *in comb.* جُزْء من كَلِمة مَعْناه حَشَرة

entomolog/y, *n.* (**-ical,** *a.*, **-ist,** *n.*) عِلْم الحَشَرات، الحَشَرِيّات

entourage, *n.* حَاشِيَة، مَعِيّة، بِطانة

entr'acte, *n.* اِسْتِراحة بين فَصْلَيْ تمثيلية، قِطْعَة مُوسيقية تتخلّل الإسْتراحة

entrails, *n.pl.* أَحْشاء، أمعاء، مَصارين

entrain, *v.t. & i.* اِسْتَقَلَّ (الجنود) القِطار

entrammel, *v.t.* أعاقَ أو عَرْقَلَ السَّير

entrance, *n.* 1. (coming or going in) دُخُول

2. (coming of actor on stage) ظُهُور المُمَثِّل على خَشَبة المَسْرح

make an entrance ظَهَرَ على المَسْرَح

3. (right of admission)

entrance fee رَسْم الدُّخُول

entrance examination اِمْتِحان القُبول (لِمَدْرَسة أو جامِعة)

4. (way in) مَدْخَل، باب، فَتْحة

entrance, *v.t.* فَتَنَ؛ مَسْلوب العقْل، مَأْخُوذ، مَفْتون، مُنْتَشٍ

entrant, *n.* مُشْتَرِك في أو مُتَقَدِّم (لِاَمْتِحان)

entrap, *v.t.* أَوْقَعَه في شَرَك، جَرَّه إلى مِصْيَدة، غَرَّرَ به

entreat, *v.t.* تَوَسَّلَ إليه بخُضُوع وإلْحاح، تَضَرَّعَ، تَرَجَّى

entreaty, *n.* تَضَرُّع، تَوَسُّل، تَرَجٍّ، اِسْتِعْطاف، اِلْتِماس

entrecôte, *n.* شَرِيحة مَطْبُوخة من لَحْم الضُّلوع

entrée, *n.* 1. (right of admission) حَقّ الدُّخُول

2. (made dish) الطَبَق الرئيسي في وَجبة كاملة

entrench (intrench), *v.t. & i.* (**-ment,** *n.*)
أحاطَ (معسكرًا) بخندق ؛ عَزَّزَ موقِعَه

entre nous*, *adv. بيني وبينك، فليكن سرًّا بيننا

entrepôt*, *n. مُسْتَوْدَع بضائع ، مَخْزَن

entrepreneur, *n.* مُتَعَهِّد (فنيّ) ، مُقاوِل ، مُدير عَمَليّات تِجارِيّة

entrust (intrust), *v.t.* إِئْتَمَنَ على ، عَهِدَ أو أَوْكَلَ إلى ؛ أَوْدَعَ

entry, *n.* 1. (coming or going in) دُخول ، وُلوج ، نَفاذ إلى

gain entry تَمَكَّنَ من دخول

2. (place of entrance) مَدْخَل ، باب ، فتحة ؛ مَمَرّ

3. (registration in records) قَيْد في سِجِلّ ، مادّة مُدْرَجَة أو مُدَوَّنة

double entry القَيْدالمزدوج (في مَسْك الدفاتر)، حساب الدوبيا أو الزِنْجير

4. (list of competitors) عَدَد المُتَقَدِّمين (لامْتِحان مَثَلاً) ؛ المُتَسابِقون

entwine (intwine), *v.t.* ضَفَرَ ، جَدَلَ ؛ اِلْتَفَّ أو اشْتَبَكَ حَوْل...

enumer/ate, *v.t.* (**-ation,** *n.*) عَدَّدَ ، سَرَدَ ؛ سَرْد

enumerator, *n.* عَدّاد (في عَمَليّات الاحْصاء)

enunci/ate, *v.t.* (**-ation,** *n.*) نَطَق بوضوح ، فاهَ ؛ أَعْلَنَ (نظريته) بتَعابِير دَقيقة

envelop, *v.t.* (**-ment,** *n.*) غَلَّفَ ، أَحاطَ ، غَطَّى ، غَشَّى ؛ اِلتفاف ، تطويق (عسكري)

enveloping movement حَرَكَة تَطْوِيق (عسكريّة)

envelope, *n.* 1. (cover for letter) ظَرْف خِطاب ، مَظْروف (مظاريف)

2. (outer skin, of balloon, airship, etc.) غِلاف (البُذور) ، كِيس الغاز بالمُنْطاد

envenom, *v.t.* سَمَّمَ ، نَفَثَ السُمّ في... ، أَوْغَرَ صَدْرَه على...

enviable, *a.* مُسْتَحَبّ ، يدعو إلى الإعجاب

he was in an enviable position كان في حال يُحْسَد عليها (أو يُغْبَط مِن أجلها)

envious, *a.* حَسود ، حَقود

environment, *n.* بيئة ، مُحيط ، وَسَط

environs, *n.pl.* ضَواحٍ ، مشارِف ، نواحٍ

envisage, *v.t.* تَصَوَّرَ ، تَخَيَّلَ ، قَدَّرَ

envoy, *n.* مَبْعوث ، مندوب ، مُعْتَمَد

envy, *n.* 1. (grudging contemplation) حَسَد

he did it out of envy فَعَلَه بدافع الحَسَد أو الغَيْرة

be green with envy أَكَلَ الحَسَد قلبَه

2. (object of grudging contemplation) مَوضِع حَسَدٍ

be the envy of all يحسده الجميع

v.t. حَسَدَ

enzyme, *n.* (*chem.*) خَميرة (خمائر) ، اِنزيم

eocene, *a.* أوائل العَصْر الجيولوجي الثالث ، ايوسيني

eon, *see* **aeon**

epaulet(te), *n.* اِسْبليطَة ، شَريط مُقصَّب على كتف السترة العسكرية

ephemera, *n.* 1. (insect) حَشَرة تَعِيش يَوْمًا وَاحِدًا

2. (short-lived thing) سَرِيع الزَّوال، كَسَحَابَة صَيْف، اِبْن يَوْمِه

ephemeral, *a.* زَائِل، سَرِيع الزَّوال، عابِر

ephod, *n.* أفود، قَمِيص لِكَهنة اليَهُود القُدَمَاء

epic, *n. & a.* مَلْحَمة شِعرِيّة ؛ مَلْحَمِيّ، حَماسِيّ

epicene, *a.* مُخَنَّث، خُنْثَى؛ اِسم يُسْتَعْمَل للمُذَكَّر أو المُؤَنَّث على حَدٍّ سَواء

epicentre, *n.* مَرْكَز الهَزَّة الأرضِيَّة

epicure, *n.* أَبِيقُورِيّ ، ذَوَّاقَة في الطَّعام والشَّراب

epicurean, *a. & n.* مُنْغَمِس في المَلَذّات الحِسِّيّة

epicycle, *n.* اِبيسَيْكل ، دائرة تَلِفّ حول مُحِيط دائرة أخرى

epicyclic, *a.* تَدَاوِيرِيّ ، ابيسيكلي

epicyclic gear نِظَام التُرُوس التَّداوِيرِيّ، تُرُوس تَدور حَوْل مَرْكَز مُشتَرَك

epidemic, *a. & n.* وَبَائِيّ ؛ وَباء (أوبِئة)

epiderm/is, *n.* (**-al,** *a.*) أَدَمة ، طَبَقة الجِلْد الخَارِجِيّة

epiglottis, *n.* لِسَان المِزمار، غَلْصَمة الحَلْق

epigram, *n.* (**-matic,** *a.*) قَوْل لاذِع ، مَثَل فِيه سُخرِيّة ؛ (أسلوب) كلّه حِكَم وأمثال

epigraph, *n.* كِتابَة مَنْقُوشَة (على تِمْثال) ؛ عِبارَة اسْتِشْهادِيّة في صَدْر كتابٍ

epilepsy, *n.* دَاءُ الصَّرْع (طبّ)

epileptic, *a. & n.* مُصَاب بِدَاء الصَّرْع

epilogue, *n.* خِتام ، خاتِمة الكِتاب أو القَصِيدة

Epiphany, *n.* عِيدُ الغِطاس أو الظّهور (عِنْد النَّصَارَى)

episcopacy, *n.* أُسْقُفِيَّة

episcopal, *a.* تَحْتَ رِعَايَة الأَساقِفَة

episcopal church الكَنِيسَة الأُسْقُفِيّة

episcopalian, *a. & n.* (**-ism,** *n.*) مِنْ أَعْضَاء أَوْ أَتْبَاع الكَنِيسَة الأُسْقُفِيّة

episcopate, *n.* أُسْقُفِيّة، هَيْئة الأساقفة

episode, *n.* حَادِث عَرَضِيّ في رِوَاية، فَصْل أو حَلَقة من سِلسِلة أحداث

episodic(al), *a.* مُؤَلَّف من فُصول وحَلَقَات؛ اِسْتِطْرادِيّ ؛ عَرَضِيّ

epistemology, *n.* نَظَرِيّة المَعْرِفة (فلسفة)

epistle, *n.* 1. (letter) رِسَالة، كِتاب

2. (*in Bible*) رِسالة (في الانجيل)

epistolary, *a.* رَسَائِلِيّ، (قِصّة) على هيئة رسائل

epitaph, *n.* كِتابة على ضَرِيح أو قبر ؛ مَرْثِيَة

epithalamium, *n.* أُغْنِيَة الزِّفاف

epithelium, *n.* الظِّهارة (غِلاف خَلَوِيّ فِي النَّبات والحيوان)

epithet, *n.* 1. (adjective) نَعْت، صِفة

2. (significant appellation) لَقَب، كُنْية

epitome, *n.* خُلاصَة ؛ مِثَال أو عُنْوان (لِلفَضِيلة مَثلا)، نَمُوذَج (المُرُوءَة)

epitomize, *v.t.* لَخَّصَ ؛ رَمَزَ ، مَثَّلَ

epoch, *n.* عَهْد (زاهِر) ، عَصْر (مَجيد)

epoch-making (اِكْتِشاف) يُغَيِّر مَجْرى التّاريخ ، (تأليف) يَفْتَح آفاقًا جَدِيدة

epochal, *a.* (حَدَث) تاريخيّ هامّ

eponym, *n.* شَخْص يُطْلَق اسْمُه على قَبِيلة أو بَلَد أو أُسْرَة أو مَكان

eponymous, *a.* (بَطَلٌ) يُطْلَق اسْمُه على ...

Epsom salts, *n.pl.* مِلْح انْكِلِيزيّ ، سُلفات المَغْنِسْيوم أو المانِيزيا (صَيْدَلَة)

equable, *a.* (مَناخ) مُعْتَدِل ، (مِزاج) غير مُتَقَلِّب ، هادِئ ، رَصِين

equal, *a.* 1. (same in number, size, etc.) مُساوٍ لِـ.. ، مُتَساوٍ ، مُتَماثِل ، مُضاهٍ

2. (having strength adequate to)

be equal to the occasion كانَ كُفْؤًا لِلْقِيام بِالأَمْر ، عالَجَ المَوْقِف على خَيْر وَجْه

I don't feel equal to it لا أَظُنّ أنّني في حالٍ يَسْمَح لي بِالقِيام بِـ ...

3. (evenly balanced)

other things being equal عِنْد تَعادُل كُلّ (الشُّروط) الأُخْرى

n. نَظِير ، مَثِيل ، عَدِيل ، نِدّ

he has no equal لَيْس له مَثِيل ، لا يُضاهَى ، لا نَظِيرَ له

v.t. ساوَى ، ماثَل ، عادَل ، ضاهَى

equality, *n.* مُساوَاة ، تَساوٍ ، تعادُل ، تكافُؤ

equality of opportunity تَكافُؤ الفُرَص

on an equality with على قَدَم المُساوَاة ، بِالمُساوَاة أو بالتَّعادُل مع ...

equaliz/e, *v.t.* (**-ation,** *n.*) ساوَى ، سوّى ، عادَل ، وازَن ؛ تسوية ، موازنة

equally, *adv.* بالتَّساوِي ، على حَدٍّ سواء

equanimity, *n.* رَصانَة ، اِتِّزان ، رَباطَة الجَأْش

equate, *v.t.* 1. (state equality of) عادَل

2. (treat as equivalent) عامَلَهُما بالمِثْل ، ساوَى أو عَدَّل بَيْنَهُما

equation, *n.* 1. (making equal) مُوازَنَة ، مُعادَلة ، تَسْوِية بَيْن شَيْئَيْن

2. (compensation for inaccuracy)

personal equation إدْراك الأَخْطاء الفَرْدِيّة عِنْد القِياس (علم النفس)

3. (math. formula) مُعادَلة (رِياضِيّات)

4. (*chem.*) مُعادَلة كِيميائيّة

equator, *n.* خَطّ الاِسْتِواء

magnetic equator خَطّ الاِسْتِواء المَغْنَطِيسيّ

equinoctial equator خَطّ الاِسْتِواء الاعْتِداليّ

equatorial, *a.* اِسْتِوائيّ ، في المِنْطَقة الاسْتِوائية

equerry, *n.* خادِم شَخْصيّ (ذو رُتْبَة عالِية) بالأُسْرَة المالِكة

equestrian, *a.* & *n.* على مَتْن جَواد ؛ فارِس

equestrienne, *n.* 1. (horsewoman) فارِسَة

2. (female circus-rider) لاعِبَة في السِّيرك تؤدِّي حَرَكات بَهْلَوانِيّة على ظَهْر حِصان

equi-, *in comb.* (سَابِقة بِمَعْنى) مُتَساوٍ ، مُساوٍ لِ ...

equiangular, *a.* مُتَسَاوِي الزَّوايا

equidistant, *a.* عَلَى بُعْدٍ مُتَساوٍ بين ...

equilateral, *a.* مُتَسَاوِي الأَضْلاع (هندسة)

equilibr/ate, *v.t. & i.* (**-ation**, *n.*) عَادَل بَيْن ثِقْلَيْن ؛ إيجاد التَّوَازُن

equilibrium, *n.* تَوازُن، اِتِّزان

equine, *a.* مُتعَلِّق بِفَصِيلة الخَيْل

equinoctial, *a.* 1. (of equal day and night) مُتَعَلِّق بِتَسَاوِي اللّيل والنَّهار

2. (happening at or near equinox)

equinoctial gales عَوَاصِف تَحْدُث عِنْد الاعْتِدالين

equinoctial line خَطّ الاعْتِدال (في الفَلَك والجُغْرافيا)

equinox, *n.* الاعْتِدال الرَّبِيعيّ أو الخَرِيفيّ

equip, *v.t.* جَهَّز ، زَوَّدَ ، مَوَّن

equipage, *n.* مَرْكَبة الأغْنياء ومَعِيَّتهم (قديمًا)، خَدَم وحَشَم

equipment, *n.* 1. (act of equipping) تَجْهِيز، تَزْوِيد ، تَمْوِين

2. (necessary supplies) جِهاز (أجْهِزة) ، عُدَّة (عُدَد) ، مُعِدّات ، لَوازِم

equipoise, *n.* التَّوَازُن بَيْن قُوَّتَيْن

equitable, *a.* عَادِل، مُنْصِف، مُقْسِط

equitation, *n.* فَنّ رُكوب الخيل ، فُروسيَّة

equity, *n.* 1. (fairness) إنْصَاف، عَدْل، عَدَالة

2. (recourse to principles of justice) مَبَادِئ العَدالة الإنسانية

3. (system of law) مَجْمُوعَة قَوانِين العَدالة

4. (net value of mortgaged property) قِيمَة عَقار مَرْهُون بَعْدَ دَفْع المَصارِيف

5. (Equity: actors' trade union) نِقَابَة المُمَثِّلين والمُمَثِّلات في بريطانيا

6. (*pl.*, stocks and shares) أَسْهُم عادِيّة، سَنَدات ماليّة غير ممتازة

equival/ent, *n.* (**-ency**, *n.*) مُكَافِئ، كُفُوء ، كُفْء، مُماثِل، مُساوٍ، مُوازٍ

equivalent, *a.* 1. (equal in value or meaning) مُعادِل، مُساوٍ، مُكافِئ

2. (*chem.*)

equivalent weight الوَزْن المُكافِئ (كيمياء)

equivocal, *a.* مُلْتَبِس، مَشْكُوك فيه

equivoc/ate, *v.i.* (**-ation**, *n.*) تَهَرَّب مِن الإجَابَة المُباشِرَة ، رَاوَغَ ؛ مُراوَغة

era, *n.* عَصْر، عَهْد

eradicable, *a.* (عادة) يُمْكِن التَّخَلُّص منها

eradic/ate, *v.t.* (**-ation**, *n.*) اِسْتَأْصَلَ، اِجْتَثَّ، قَطَعَ دابِر (الإجرام)، اقتلع جُذور

erase, *v.t.* مَحَا، أَزالَ أثَرَه ؛ مَحْق

eraser, *n.* مِمْحاة ، مِمْسَحَة

erasure, *n.* مَحْو ، كلِمة مَمْحِيَّة

ere, *prep. & conj.* (*poet.*) قَبْلَ أن، قَبْلَمَا

ere long عَمَّا قَرِيب

erect, *a.* قَائِم ، عَمُودِيّ ، مُنْتَصِب

v.t. 1. (set upright) نَصَب ، أقامَ

2. (build) بَنَى ، شَيَّد ، أقامَ

erectile, *a.* قابِل لِلانْتِصاب (طبّ)

erection, *n.* 1. (erecting) تَشْيِيد ؛ اِنْتِصاب

2. (building) بِناء ، مَبْنَى

erector, *n.* مُهَنْدِس تَرْكِيب ؛ عَضَلَة ناصِبَة

erg, ergon, *n.* (*phys.*) الإرْج ، وَحْدَة الطّاقَة في النِّظام المِتْرِيّ (فيزياء)

ergo, *adv.* وَلِهذا ، وبناءً عَلَيْه

ergot, *n.* شَقْرَّان ، عَفَن الجاوادار (مَرَض يُصِيب الحِنْطة) ؛ عقّار قابِض للعَضَل (طبّ)

ermine, *n.* قاقُم (حيوان) ؛ فَرْو القاقُم

erode, *v.t.* حَتَّ ، فَتَّت ، قَرَضَ ، تآكَل ، نَحَتَ

erosion, *n.* تَعْرِيَة ، تَآكُل ، حَتات

erosive, *a.* (حَامِض) حاتّ ، قارِض

erotic, *a.* (نِسْبَةً إلى) الشَّهْوَة الجِنْسِيَّة

err, *v.i.* 1. (make mistakes) أَخْطَأ ، غَلِطَ

err on the right side تَجاوَز الحَدَّ المُعَيَّن تفادِيًا للضَّرر

2. (sin) ضَلَّ ، زَلَّ ، أَذْنَب

to err is human ⟨to forgive divine⟩ الخَطَأ مِنَ الإنْسان والمَغْفِرَة مِن الرَّحْمن

errand, *n.* 1. (short journey) مُهِمَّة ، مِشْوار ، الذَّهاب إلى مَكان قَرِيب لِتأدِيَة خِدْمة

run errands قامَ بِخَدَمات لِشَخْصٍ ما

errand-boy صَبِيّ يَعْمَل في مَتْجَر

2. (object of journey) مَأمُورِيّة ، مُهِمّة

fool's errand (كَلَّفه القِيام) بِمُهِمَّة يَسْتَحِيل تَحْقِيقُها (كَشِراء شَيْءٍ غَيْر مَوْجُود بالسُّوق)

errant, *a.* 1. (roaming in search of adventure) رَحّالة يَسْعَى وَراء المُغامَرات

knight-errant فَارِس جَوّال أو مُطوّف (مِن الأشْراف القدماء)

2. (erring, straying) هَائِم ، تائِه ، شارِد

errantry, *n.* تَجْوال الفُرْسَان القُدَماء اِلْتِماسًا لِلمُغامَرات

erratic, *a.* 1. (irregular in movement) غَيْر مُنْتَظِم أو ثابِت

2. (wild, unreliable) مُتَقَلِّب الأطوار ، طَائِش ، عُرْضَة لارتكاب الأخْطاء

erra/tum (*pl.* -ta), *n.* خَطَأ مَطْبَعِيّ ؛ كَشْف الخَطَأ والصَّواب في كِتاب

erroneous, *a.* خاطِيء ، غَيْر صَائِب ، (مَعْلُومات) مَغْلُوطة

error, *n.* 1. (mistake) خَطَأ ، غَلْطة ، زَلّة ، ضَلالَة ، سَقْطَة

clerical error خَطَأ أو سَهْو كتابيّ

2. (*math.*, quantity of deviation) خَطَأ

margin of error اِحْتِياطِيّ الخَطأ ، دَرَجَة أو نِسْبَة الانْحِراف عَن الصَّواب

ersatz, *n. & a.* بَدِيل أقَلّ جَوْدَة

erstwhile, *adv.* سَابِقًا ، سالِفًا ، فِيما مَضَى

eructation, *n.* تَجَشُّؤ ، تَدَشٍّ

erud/ite, *a.* (**-ition,** *n.*) وَاسِع العِلْم، ضَلِيع، جِهبَذ (جَهابذة)

erupt, *v.i.* (**-ion,** *n.*, **-ive,** *a.*) اِنْفَجَرَ، ثارَ؛ طَفْح جِلْديّ، شَرًى (طبّ)

erysipelas, *n.* الحُمْرة (مَرَض جِلديّ)

escalade, *n.* تَسَلُّق الأسْوار بِسَلالِم

escalator, *n.* سُلَّم كَهْرَبائي مُتَحَرِّك

escapade, *n.* طَيْش أو نَزَق الشَّباب

escape, *n.* 1. (act of escaping) فِرار، هَرَب، هُروب، إفْلات

make good one's escape تَمَكَّنَ من الهُروب، نَجَحَ في الفِرار

2. (fact of having escaped) نَجاة، خَلاص، تَمَلُّص

he had a narrow escape نَجا مِن الخَطَر بأُعْجُوبَة، كان على قَيْد شَعْرَة مِن الهَلاك

3. (mental distraction) الهُرُوب مِن الواقع المُرّ إلى عالَم الخَيال، تَسْلِيَة

4. (leakage)

an escape of gas تَسَرُّب الغاز (من جِهاز فِيهِ خَلَل)

5. (means of escaping) مَفَرّ، مَهْرَب؛ لا مَناص أو مَخْرَج مِن ...

escape mechanism تُرْس الشَّاكِم (في ساعة)

fire-escape سُلَّم النَّجاة مِن الحَرِيق

v.i. فَرَّ، هَرَبَ، أَفْلَتَ

v.t. 1. (get clear away from) أَفْلَتَ، تَخَلَّصَ، نَجا

2. (elude)

escape one's mind غابَ عَن بالِه، فاتَه أن ...

nothing escapes him لا تَفوتُه شارِدة ولا وارِدَة، إنه واعٍ كلّ الوَعْي

3. (*of words*, issue unawares from)

not a word escaped him لم تَفلِت منه كلمة واحِدة في هذا المَوْضوع

escapement, *n.* تُرْس الشَّاكِم (في ساعة)

escapism, *n.*, **-ist,** *n.* الهُرُوب من الواقع إلى عالَم الخيال

escarpment, *n.* سَفْح شَديد الاِنْحِدار، جُرُف

eschatology, *n.* ما يتعلَّق بالآخِرة (لاهُوت)

eschew, *v.t.* اِجْتَنَبَ، تَحاشَى، اِمْتَنَعَ عن

escort, *n.* 1. (body of men acting as guard) حَرَس، خَفَر

under escort تَحْتَ الحِراسة

2. (ships, aeroplanes, etc.)

escort vessel سَفِينَة حامِية أو مُرافِقة

3. (person(s) accompanying another) مُرافِق، حَرَس؛ حاشِيَة، معيَّة

v.t. رافَقَ، حَرَسَ؛ ظَلَّلَ، خَفَرَ

escritoire, *n.* مِنْضَدَة خاصَّة لِلكِتابة

escudo, *n.* إِشْكُودُو (عُمْلة بُرْتُغاليّة)

escutcheon, *n.* 1. (shield) دِرْع عَلَيه طُغراء أو شِعار أسْرة نَبِيلة

blot on one's escutcheon وَصْمة عارٍ على جَبِينه

2. (keyhole-cover) غِطاء ثَقْب المِفْتاح

3. (name on ship's stern) مَوْضِع بِمُؤَخَّرة السَّفِينة يَحْمِل اسْمَها

Eskimo, Esquimau, *n.* (*pl.* -oes, -aux) الاسْكِيمو

esoteric, *a.* خَفِيّ ، لا يَفْهَمُه إلّا الخاصّة ، مَقْصُور على فئة مُعَيَّنة

espalier, *n.* تَعْرِيشة ، تكْعِيبة شَجَرة الكَرْم

esparto (grass), *n.* حَشِيشة الحَلْفا أو الإسْبَرْتو

especial, *a.* 1. (pre-eminent) مُمْتاز ، رَئِيسِيّ ، أَوَّلِيّ

2. (belonging chiefly to one case) خاصّ ، خُصُوصِيّ

especially, *adv.* بِصِفَة خاصّة ، بِوَجْه خاصّ ، لا سِيَّما

Esperanto, *n.* لُغَة الاسْبِرانتو

espionage, *n.* جاسُوسِيّة ، تَجَسُّس

esplanade, *n.* مُتَنَزَّه ، مُنْتَزَه ، مَيْدان فَسيح

espousal, *n.* (*fig.*) اِعْتِناق أو مُناصَرة (مبدأ)

espouse, *v.t.* 1. (*of man*, marry) تزَوَّج

2. (support *a cause*, etc.) تَبَنَّى قَضِيَّة

esprit, *n.* حُضُور البَدِيهَة

esprit de corps حِمَاية شَرَف الجَماعَة ، عَصَبِيّة

esprit fort قَوِيّ الشَّكِيمة ؛ مُفَكِّر حُرّ

espy, *v.t.* لَمَح ، وَقَع بَصَرُه على

esquire, *n.*; *abbrev.* **Esq.** السَّيِّد ... (اِخْتِصار يَتْلُو الاسْم على مَظْرُوف الرِّسالة)

essay, *n.* 1. (attempt) تَجْرِبة ، مُحاوَلة

2. (literary composition) مَقال ، بَحْث أدبيّ

v.t. & i. جَرَّب ، حاوَل

essayist, *n.* كاتِب مَقالات أدَبِيَّة

essence, *n.* 1. (intrinsic nature) جَوْهَر ، لُبّ الأَمْر ، ماهِيَّته

in essence فِي جَوْهَرِه أو حَقِيقته ، خُلاصَة الأَمْر ، والحاصِل أن ...

2. (extract obtained by distillation) خُلاصَة ، مُسْتَخْلَص ، مُسْتَقْطَر ، رُوح

3. (perfume) عِطْر ، رَوائح عِطْرِيَّة

essential, *n.*

the essentials of existence مُسْتَلْزَمات أو ضَرُورات الحياة

a. 1. (of a thing's essence) جَوْهَرِيّ

2. (absolutely necessary) ضَرورِيّ ، لازِم

3. (distilled) عِطْرِيّ ، مُقَطَّر

essential oil زَيْت عِطْرِيّ

establish, *v.t.* أَسَّس ، أَنْشَأ ، أَقام ؛ أَقَرَّ

establishment, *n.* 1. (establishing) تأْسِيس ، إنْشاء ، إقامَة ؛ إقْرار

2. (thing established) مُؤَسَّسة ، مُنْشَأة ، مُنَظَّمة ؛ أرْكان الحُكْم في دَوْلة

estate, *n.* 1. (part of body politic) هَيْئَة أو طَبَقة مُشْتَرِكَة فِي الحُكْم

the Fourth Estate الصِّحافَة ، السُّلطة الرّابعة

2. (landed property) ضَيْعَة (ضِياع) ، عَقار (عقارات) ، عِزْبَة

real estate عَقار ، أَمْلاك عَيْنِيّة ، أَمْوال ثابِتة

housing estate وَحْدَة أو مِنْطَقَة سَكَنِيّة

estate-agent سِمْسَار أو دَلّال عَقارات

estate car سَيّارة ستيشن (لها باب بِمُؤَخّرتها) تَتَّسِع لِلرُّكّاب والأَمْتِعة

3. (one's collective assets and liabilities) جُمْلَة المُمْتَلَكات بَعْدَ دفع الدُّيون

estate duty ضَرِيبة الإرْث أو التَّرِكات ، رَسْم يُفْرَض على أموال المُتَوَفَّى

4. (stage in life)

reach man's estate بَلَغ سِنَّ الرُّشْد أو مَرْحَلَة الرُّجُولَة

esteem, *n.* تَقْدِير ، احْتِرام ، اعْتِبار

self-esteem عِزّة النَّفْس ؛ غُرُور

v.t. 1. (think highly of) احْتَرَم ، وَقَّر ، وَضَعَه مَوْضِع التَّقْدِير

2. (consider) اعْتَبَر ، قَدَّر

ester, *n.* (*chem.*) إسْتِر (مِلْح عضْوِيّ)

estimable, *a.* جَدِير بِالاحْتِرام، أَهْلٌ لِلتَّقْدِير

estimate, *n.* 1. (approximate calculation) تَقْدِير بِصُورَة إجْمالِيّة ، تَخْمِين

2. (statement of cost of work under contract) مُقايَسة

3. (judgement of character) تَقْدِير أو تَقْوِيم أو تَقْيِيم لِلشَّخْصِيَّة

v.t. 1. (form an estimate, opinion, of) قَدَّر ، خَمَّنَ ، قَيَّم

2. (fix by estimate at) ثَمَّنَ ، قَيَّمَ ، قَدَّر

estimation, *n.* تَقْدِير ، تَخْمِين ؛ اعْتِبار

rise in one's estimation ارْتَفَعَت مَكانَتُه فِي عَيْنَيْه ، زادَ قَدْرًا عِنْدَه

estrange, *v.t.* نَفَّر ، أَمالَ عَن ، أَبْعَدَ أوْ أَقْصَى عن

estrangement, *n.* نُفُور ، تَباعُد ، جَفْوَة

estu/ary, *n.* (**-arine,** *a.*) مَصَبّ خَلِيجِيّ لِنَهْر

etc., et cetera, etcetera, *phr.* إلَى آخِرِه ، وهَلُمَّ جَرًّا ، وما إلى ذَلِك ، (الخ)

etch, *v.t. & i.* طَبَع بِطَرِيقة الحَفْر على أَلْواح مَعْدِنِيّة

etching, *n.* 1. (act of etching) الحَفْر على الأَلْواح المَعْدِنِيّة بِاسْتِعْمال الحامِض

2. (copy from etched plate) صُورَة مَطْبُوعَة مِن لَوْح مَعْدِنِيّ مَحْفُور

eternal, *a.* 1. (always existing) أَبَدِيّ ، خالِد ، أَزَلِيّ ، دائِم

the Eternal اللّٰه ، السَّرْمَدِيّ ، الصَّمَد ، الباقي

the Eternal City مَدِينَة رُوما الخالِدَة

eternal life الحَياة الآخِرَة

eternal triangle عَلاقَة عاطِفِيّة بين رَجُلَيْن وامْرَأة أَو امْرَأَتَيْن و رَجُل

2. (*coll.*, incessant) دُون انقطاع ، مُسْتَمِرّ ، دائِم

eternity, *n.* 1. (state that will last for ever) خُلُود ، أَبَدِيّة ، سَرْمَدِيّة ، أَزَلِيّة

for all eternity إلَى أَبَدِ الآبِدِين

2. (seemingly endless period of time) وَقْت طَوِيل جِدًّا ، دَهْر

ethane, *n.* الإِثِين (كيمياء)

ether, *n.* 1. (clear sky) الأَثِير، الفَضاء

2. (*phys.*) أَثِير (طبيعيّات)

3. (*chem.*) أَثِير (كيمياء)

ether/eal, -ial, *a.* (**-ize,** *v.t.*) 1. (delicate, unearthly) هَوائي، أثيريّ، روحيّ

2. (of, like, ether) أثيريّ، طَيّار

ethical, *a.* أخْلاقيّ، مَقْبول أَدَبِيًّا

ethic, *n., usu. pl.* نِظام أو مَبْدَأ أَخْلاقيّ؛ عِلْم الأَخْلاق؛ قَواعِد أَخْلاقيّة

Ethiopian, *a. & n.* إثْيُوبِيّ، نِسْبَة إلى بِلاد الحَبَشَة، حَبَشيّ

ethnic(al), *a.* خاصّ بالسُّلالات أو الأَجْناس البَشَرِيّة؛ وَثَنِيّ

ethnograph/y, *n.,* **-er,** *n.* (**-ic(al),** *a.*) دِراسة الأَجْناس والسُلالات البَشَرية وعاداتِها

ethnolog/y, *n.* **-ist,** *n.* (**-ic(al),** *a.*) عِلْم الأَجْناس والسُلالات البشَرِيَّة

ethos, *n.* الطِّباع المميّزة لشَعْب ما

ethyl, *n.* (*chem.*) مَادَّة الإِثِيل (كيمياء)

ethylene, *n.* مَادَّة الإِثِيلِين (كيمياء)

etiquette, *n.* 1. (conventions of polite society) آداب السُّلوك، أُصُول المجامَلات، اتيكيت

2. (ceremonial of court) المَراسِم والتشْريفات الرَّسْمِيَّة

3. (code of medical and other professions) التَّقالِيد المَرْعِيَّة في مِهْنَة (الطِّبّ مثلًا)

étude, *n.* قِطْعَة موسيقيّة قَصيرة

etymolog/y, *n.* **-ist,** *n.* (**-ic(al),** *a.*) دِراسَة اشْتِقاق الكَلِمات؛ اشْتِقاق

eucalyptus, *n.* يُوكالِبْتُوس (شَجَر وعِطْر)

Eucharist, *n.* سِرّ الأَفْخارِسْتيا أو العَشاء المُقَدَّس عند المسيحيين

Eucharistic(al), *a.* مُتَعَلِّق بالأَفْخارِسْتيا أو العَشاء الربّانيّ

eugenic, *a.* نِسْبَة إلى تَحْسين النَّسْل

eugenics, *n.pl.* عِلْم تَحْسين النَّسْل

eulog/ize, *v.t.* (**-ist,** *n.,* **-istic,** *a.*) أَطْرَى، قَرَّظَ، مَجَّدَ، أَثْنَى على، أَشادَ بذِكْره

eulogy, *n.* ثَناء، إِطْراء؛ رِثاء

eunuch, *n.* الخَصِيّ، الطَّواشيّ

euphem/ism, *n.* (**-istic,** *a.*) اِسْتِخْدام تَعْبيرات رَقِيقة لِتَجَنُّب كلماتٍ خَشِنة

euphonium, *n.* (*mus.*) آلَة مُوسِيقِيّة نُحاسيّة هَوائِيّة

euphon/y, *n.* (**-ious,** *a.*) رَخامَة الصَّوْت، عُذُوبَتُه؛ (تَغْيِيرات صَوْتِيّة) لِتَسْهِيل النُّطْق

euphoria, *n.* الشُّعُور بالنَّشْوة وطَعْم السَّعادة، اِبْتِهاج، اِغْتِباط

euphoric, *a.* في حالةِ سُرور ونَشْوة، مُغْتَبِط، مُبْتَهِج، جَذْلان

Eurasian, *a. & n.* مَوْلود من أبَوَيْن أحدُهما أُورُوبِيّ والآخر آسْيَوِيّ (هِنديّ غالبًا)

eureka, *int. & n.* «وَجَدْتُها» كلِمة يُونانِيّة، صَيْحة فَرَح عند التوصّل إلى حَلّ مُشْكِلَة ما

eurhythmics, *n.pl.* دِراسَة أو فنّ الحَرَكات الإِيقاعِيّة المُصاحِبَة لِلْموسِيقى

European, *a. & n.* أُورُوبِّيّ

Eustachian, *a.* نِسْبَة إلى العالم الإيطالي أُسْتاكيُوس

Eustachian tube قَناة أُسْتاكِيُوس، القَناة السَّمْعِيّة

euthanasia, *n.* تَعْجِيل مَوْت المَرِيض لِإراحَتِهِ من آلامِه

evacu/ate, *v.t.* (**-ation,** *n.*) جَلا عَن، تَرَكَ، أَخْلَى، أَجْلَى، أَفْرَغَ (طِبّ)

evacuee, *n.* طِفْل أُخْلِيَ من مِنطقة خَطِرة خِلال الحَرْب

evade, *v.t.* 1. (escape from) أَفْلَتَ، هَرَبَ

2. (avoid doing or answering) تَجَنَّبَ، تَحاشَى، تَمَلَّصَ، تَهَرَّبَ من

evalu/ate, *v.t.* (**-ation,** *n.*) قَدَّرَ، ثَمَّنَ؛ تَقْيِيم

evanesce, *v.i.* اِخْتَفَى، تَلاشَى

evanescent, *a.* 1. (quickly fading away) سَرِيع الزَّوال، لا يَدُوم، يَضْمَحِلّ تدْرِيجيًّا

2. (*math.*) مُتَناهِي الصِّغَر

evangelic(al), *a. & n.* إِنْجِيلِيّ؛ تابع للكَنِيسَة الإِنْجِيلِيّة

evangelism, *n.* الإِنْجيلِيّة، التَّبْشِير بالإنجيل

evangelist, *n.* 1. (writer of Gospel) أَحَد كُتّاب الأَناجِيل الأَرْبَعَة

2. (preacher of the Gospel, usu. layman) مُبَشِّر بالإنجيل، واعِظ

evangelize, *v.t.* بَشَّرَ بِالإنْجيل

evaporate, *v.t.* 1. (turn into vapour) بَخَّرَ، صَعَّدَ، حوَّل إلى بُخار

2. (reduce liquid part of) كَثَّفَ

evaporated milk حَلِيب أو لَبَن مُكَثَّف

v.i. تَبَخَّرَ؛ فَتَرَ (حماسُه)

evaporation, *n.* 1. (turning into vapour) تَبْخِير، تبخُّر

2. (removal of liquid part) تَكْثِيف، تكثف

evaporator, *n.* مُبَخِّر، مُكَثِّف

evasion, *n.* تَهَرُّب، تمَلُّص، تَجَنُّب، تَحاشٍ، مُراوَغة

evasive, *a.* مُتَهرِّب، مُتَملِّص، مُراوِغ

Eve, *n.* حَوّاء

eve, *n.* 1. (evening or day before) عَشِيّة، لَيْلَة (الجُمْعَة مثلاً)

Christmas Eve لَيْلَة عِيد المِيلاد

New Year's Eve لَيْلَة رَأس السَّنة

2. (time immediately preceding)

on the eve of his departure عَشِيّة سَفَرِه، لَيْلَة رَحِيلِه، قُبَيْل سَفَرِه

3. (*arch. or poet.*, evening) مَساء، أُمْسِيَة

even, *a.* 1. (level) مُسْتَوٍ، مُنْبَسِط، مُسَطَّح، (طريق) مُمَهَّد، (أرض) سَهْلة

2. (regular, uniform in quality) مُنْتَظِم، عَلى وَتِيرة واحِدَة؛ (طَبْع) هادِئ

3. (equally balanced, equal in number or amount) مُتَساوٍ، مُتَعادِل، مُتَوازِن

of even date (رِسالَتان) بِنَفْس التّارِيخ

be even with تَعادَل أو تَساوَى مَع ...

get even with أَخَذ ثَأْرَه أو انْتَقَم من ...

4. (equable)

even tempered هَادِئ الطَّبْع

5. (*of numbers*) عَدَدٌ زَوْجِيٌّ

adv.

even though (if) بِالرَّغْم مِن ..، حَتَّى وَلَوْ..، مَعَ أَنَّ ...

even better than وَأَفْضَل مِن ذَلِك

even I can see that حَتَّى أنا يُمْكِنني أَنْ أَفْهَمَ ذلك

v.t. سَوَّى، عَادَلَ

even out سَاوَى، عَدَّلَ

even up وَازَنَ، عَادَلَ

evening, *n.* 1. (close of day) مَساء، سَهْرة، عَشِيَّة، أَمْسِية

evening dress بَدْلَة أو لِباس السَّهْرة

make an evening of it قَضى سَهْرة مُمْتِعة أو حَفلة ساهِرة

2. (*fig.*, end *of life*) أُخْرَيَات أَيَّامِه

evensong, *n.* تَرْتيلة أو تَسْبيحة المَساء (عِنْدَ النَّصارَى)

event, *n.* 1. (happening) وَاقِعة، حادِث، حَدَث؛ مَاجَرَيات

in the event of فِي حالةِ..، عِنْدَ حُدُوث أو وُقُوع

in the natural course of events إِذا أَخَذَت الأمُور مَجْراها الطَّبِيعيّ

be wise after the event لا فَائِدة فِي الفَتْوى بَعْدَ فَوَاتِ الأَوَان (فقد سَبَق السَّيفُ العَذَل)

2. (item in sporting programme) نِمْرَة أو دَوْر فِي بَرْنامَج رِياضِيّ

3. (outcome, result) نَتِيجة، عاقِبة، مَا يَتَرَتَّب على أمرٍ ما

in any event عَلَى أيِّ حالٍ، مَهْما يَحْدُث، مَهْما كانت الظُّروف

at all events عَلَى كُلِّ حالٍ، مَهْمَا يَكُنْ مِن أمرٍ، مَهْمَا كان

eventful, *a.* حَافِل بالأحْدَاث

eventide, *n.* وَقْت المَساء، عَشِيَّة، لَيْل

eventual, *a.* نِهائِيّ، غَائِيّ

eventuality, *n.* اِحْتِمَال، حَدَث يُحْتَمَل وُقوعُه، (مُسْتَعِدّ لِكُلّ طارِئ)

eventuate, *v.i.* تَأَتَّى، نَتَجَ مِن

ever, *adv.* 1. (always) أَبَدًا، على الدَّوَام، دَوْمًا، دائمًا

for ever عَلَى الدَّوَام، إلى الأَبَد

ever after مِنْ ذَلِك الحِين فصاعِدًا

yours ever المُخْلِص لَك (فِي خِتام رِسالة لِصَدِيقٍ عَزِيز)

2. (at any time)

as mild a winter as ever one saw لَمْ يَمُرّ عَلَيْنَا شِتَاء أكثر اعْتِدالًا مِنْ هَذا

as if one would ever do such a thing حَاشَا لَكَ أَنْ تَفْعَلَ هَذا

better than ever أَحْسَن مِمَّا كان، عَلَى أَفْضَل ما يُرام

hardly ever نَادِرًا، قَلَّمَا

he is a genius if ever there was one لَوْ كان هُنَاكَ عَبَاقِرة فَهو عَبْقَرِيّ بلا شكّ

3. (for emphasis)

ever so nice (*coll.*) لَطِيف جدًّا

ever such a rich man (*coll.*) إنّه لَرَجُل غَنِيّ جِدًّا ، غَنِيّ إلى حدٍّ غَيْر مَعْقُول

4. (emphasizing question)

what ever is the matter? بِحَقِّ السَّماء ... مَاذا حَدَث ؟

who ever heard of such a thing? يا لَلْغَرابة ! هَلْ سَمِعت بِمِثل هذا ؟

evergreen, *a.* & *n.* (*lit.* & *fig.*) أَشْجار دائمة الخُضْرة ؛ دائم الحَيَوِيّة والنَّشاط

everlasting, *a.* & *n.* 1. (lasting for ever) أَبَدِيّ، خَالِد، سَرْمدِيّ، باقٍ، دائم

2. (lasting too long) مُسْتَمِرّ، لا يَنْقطع

3. (*of plants*) نَباتات تحتفظ بِلَوْنها وَشَكْلِها بعد تَجْفِيفها

evermore, *adv.* إِلَى الأَبَد، دائمًا

every, *a.* 1. (each, all taken separately) كُلّ، كُلّ واحد

I expect him every minute أَنْتَظِرُ مَجِيئه بَيْنَ لحظة وأُخْرَى

2. (indicating frequency)

every now and then (again) مِنْ حِين إلى آخر، تارةً بَعْد أُخرى

every other day مَرّة كُلّ يومين

everybody, *n.* كُلّ واحد، كلّ شَخْص ، الجميع

everybody else البَاقُون ، الآخَرون

everyday, *a.* مَأْلُوف ، اِعْتِيَادِيّ، عادِيّ

everyone, *n.* كُلّ واحِد، كلّ شخص ، جَمِيع النَّاس

everything, *n.* كُلّ شَيْء

everywhere, *n.* فِي كُلِّ مكان ، في كلّ حَدَب وصَوْب

evict, *v.t.* (**-ion,** *n.*) طَرَد مُسْتَأْجِرًا مِن (مَسْكَنِه) ؛ (أمر) بإخْلاء (مَسْكَن)

evidence, *n.* 1. (obviousness) وُضُوح، جَلاء

very much in evidence ظَاهِر للعِيان ، وَاضِح كلّ الوُضوح

2. (indication) دَلَالة، بُرْهان، إشارة

3. (testimony) شَهادَة، دَليل (أدلّة)، بَيّنَة، حُجَّة

turn Queen's (King's) evidence أَصْبح شاهِد المَلِكة (المَلِك) ، شَهِدَ على شُرَكائه

v.t. بَرْهَنَ، أَثْبَتَ، شَهِدَ

evident, *a.* وَاضِح ، ظَاهِر ، بَيِّن ، جَلِيّ

evil, *n.* شَرّ، أذًى، ضَرَر

a. شِرِّير ، خَبِيث ، فاسِد

evil eye عَيْن الحَسَد ، عَيْن الحَسُود

evince, *v.t.* أَظْهَر بِوُضُوح ، بَيَّنَ ، أَشار إلى

eviscer/ate, *v.t.* (**-ation,** *n.*) نَزَع الأَحْشاء ؛ جَرَّدَ من الصِّفات المُمَيِّزة

evo/ke, *v.t.* (**-cation,** *n.*, **-cative,** *a.*) أَثار (المَشاعِر) ، حَرَّكَ (العَواطِف)

evolute, *a. & n.*   مُنْشِئُ المُنْحَنَى (رياضيَّات)

evolution, *n.* (-ary, *a.*) 1. (opening out,
general development)   نُمُوّ ، تَطَوُّر

2. (origination of species from earlier
forms)   تَطَوُّر، نُشوء، اِرْتِقاء

3. (*math.*)   اِسْتِخْراج أو إِيجاد الجَذْر
(رياضيَّات)

evolve, *v.t.* 1. (unfold, develop gradually);
also *v.i.*   اِسْتَنْبَطَ نَظَرِيَّة ؛ تَطَوَّرَ

2. (give off)   بَعَثَ (حرارة)

3. (develop to more highly organized
condition); also *v.i.*   طَوَّرَ؛ اِرْتَقَى

ewe, *n.*   نَعْجَة (نِعاج) ، شَاة (شِياه)

ewe lamb (*fig.*)   أَعَزّ ما يَمْتَلِكُه فَقير
(يَطْمَع فيه جارٌ غَنِيّ)

ewer, *n.*   إِبْريق (أَباريق)

ex-, *pref.*   سَابِقًا ، سَابِق

ex, *prep.* (commerce, law)   بِدُون

ex dividend   بِدُون نَصيبٍ مِن الأَرْباح

ex ship   تَسْليم الباخِرة (تِجارة)

exacerb/ate, *v.t.* (-ation, *n.*)   زادَ الأَمْر
سُوءًا ، جَعَلَه يَتَفاقَم ؛ اِسْتِفْحال

exact, *a.*   مَضْبُوط، دَقيق، مُتْقَن،
تَامّ

v.t. 1. (demand and enforce payment of)
فَرَضَ عليه أو أَلْزَمَه بِدَفع مَبْلَغ ما

2. (insist upon)   أَصَرَّ عَلَى، طالَبَ بِإلْحاح

exact obedience   أَرْغَمَه أو أَجْبَرَه عَلَى
طاعَتِه؛ أَخْضَعَهم لِطاعَتِه

exacting, *a.*   مُرْهِق، مُضْنٍ، مُجْهِد،
مُنْهِك؛ كَثير المَطالِب

exaction, *n.*   اِغْتِصاب (الأَمْوال)، اِبْتِزازها

exactitude, *n.*   دِقَّة، إتْقان، ضَبْط

exactly, *adv.*   بِدِقَّة، بِالضَّبْط،
تَمامًا، على نَحْوٍ صَحيح

exagger/ate, *v.t.* (-ation, *n.*); also absol.
بالَغ، غالَى، أَفْرَطَ في؛ مُبالَغَة

exalt, *v.t.* 1. (raise)   أَعْلَى، رَقَّى، رَفَعَ

2. (praise)   مَدَحَ، أَطْرَأَ، أَثْنَى على

exaltation, *n.* 1. (raising to high position)
إعْلاء مِن شَأْنِه، تَفْخيم، تَعْظيم

2. (rapturous emotion)   نَشْوة، غِبْطة

exalted, *a.*   مُمَجَّد، سامٍ؛ نَشْوان

exam, *n.* (*coll.*)   اِمْتِحان، اِخْتِبار

examination, *n.*   اِمْتِحان، فَحْص؛ تَمْحيص

examine, *v.t. & i.*   اِمْتَحَنَ، فَحَصَ،
اِخْتَبَرَ، نَظَرَ بِدِقَّة في...، اِسْتَجْوَبَ

examinee, *n.*   (طالِب) مُمْتَحَن

examiner, *n.*   مُمْتَحِن، فاحِص

example, *n.* 1. (typical instance)   مَثَل، مِثال،
(أَمْثِلَة)، نَمُوذَج (نَماذِج)

for example   مَثَلًا، عَلَى سَبيل المِثال

a practical example   مِثال عَمَلِيّ

2. (warning to others)   عِبْرة لِغَيْرِه

make an example of someone   جَعَلَه
عِظَةً أو عِبْرَة للآخَرين

3. (precedent)   مِثال يُقْتَدَى

follow someone's example اِقْتَدَى بِه ، حَذا حَذْوه ، تَرَسَّمَ خُطاه

4. (model to be imitated) قُدْوَة ، أُسْوَة

set (give) a good example كَانَ قُدْوة حَسنة أَوْ مِثالاً صالِحًا لِغَيْره

exasper/ate, *v.t.* (**-ation,** *n.*) أَسْخَطَ ، أَغْضَبَ ، أَحْنَقَ ؛ إِسْخاط

exasperating, *a.* مُثِير لِلسُّخْط والاِنْزِعاج

ex cathedra, *adv. & a.* (رَأْي) يُنْسَب إلى سُلْطة دِينيّة عُلْيا

excav/ate, *v.t.* (**-ation,** *n.*) 1. (make *hole* by digging) حَفَرَ، نَقَّبَ ؛ حَفْرِيّات

2. (unearth by digging) نَقَّبَ عَن الآثار

excavator, *n.* 1. (person) مُنَقِّب عَن الآثار

2. (machine) آلة حَفْر، حَفّارة ،جَرّافة

exceed, *v.t.* 1. (do more than is warranted by) تَجاوَزَ أو تَعدَّى الحدود

2. (be greater than) فَاقَ، زادَ عن، أَنافَ على أو عَن

exceedingly, *adv.* لِلْغاية، جِدًّا

excel, *v.t. & i.* بَرَعَ ، اِمْتازَ ، تَفَوَّقَ على

excellence, *n.* جَوْدة، رَوْعة، فَضْل

Excellency, *n.* (صَاحِب) السَّعادة أو الفَخامة أو الرِّفْعة

excellent, *a.* مُمْتَاز، فائِق، فاخِر، رائع

except, *v.t.* اِسْتَثْنَى أو أَسْقَطَ مِن

present company excepted بِاسْتِثْناء الحاضِرين

except(ing), *prep.* مَا عَدَا، خَلا ، إلّا ، سِوَى، بِاسْتِثْناء

not excepting دُونَ ٱسْتِثْناء

exception, *n.* 1. (excepting) اِسْتِثْناء

with the exception of بِاسْتِثْناء ، سِوَى، مَا عدا

2. (thing excepted) مُسْتَثْنًى

make an exception of اِسْتَثْنَى لِسَبَبٍ ما

the exception proves the rule لِكُلّ قَاعِدة شَوَاذّ ،وُجُود الشّاذّ دَليل على صِحّة القاعِدة

3. (objection) اِعْتِرَاض

take exception to رَفَضَ قُبُولَ (رَأْيٍ مثلاً)

exceptional, *a.* 1. (forming an exception) اِسْتِثْنَائِيّ

2. (unusual) نَادِر، خارِق لِلْعادة

excerpt, *n.* قِطْعَة مُقْتَبَسَة (من كِتاب مثلاً)

excess, *n.* 1. (*usu. pl.*, outrage) اِرْتِكَاب الفَظَائِع أو المُنْكَرات

2. (intemperance) إِفْرَاط، إِسْراف، تَطَرُّف، عَدم اعْتِدال

to excess بِإِسْرَاف، بِتَطَرُّف، بلا حِساب

3. (exceeding of proper amount) زِيَادَة

in excess of زِيَادَةً عن، أَكْثَر مِن

excess fare أُجْرَة إِضَافِيّة

excess luggage أَمْتِعة زائدة عَن الوَزْن المُقرَّر

excess profits tax ضَرِيبة الأرباح الاِسْتِثْنائيّة (تجارة)

excessive, *a.* مُتَجَاوِز الحَدّ، زائِد، مُسْرِف، مُفْرِط، (غَلاء) فاحِش

exchange, *n.* 1. (act of exchanging) مُبَادَلة، تَبادُل، مُقايَضَة

2. (exchanging of coin) صَرْف، كَمْبيو، تَحْويل نَقْد أو إبْدَاله بآخَر

rate of exchange سِعْر تَحْوِيل العُمْلَة، سِعْر الصَّرْف

bill of exchange كِمْبِيالَة، سُفْتَجة (سَفاتِج)، حَوَالة، سَنَد

3. (thing exchanged) بَدَل

give in part exchange اِسْتَبْدَلَ شَيْئًا بشيء جَدِيد مع دَفْع الفَرْق

4. (building)

Labour Exchange دَائِرة أو مَصْلحة العَمَل

Stock Exchange بُورْصة، مِصْفَق

5. (telephone building) سِنْترال التِّلفون

v.t. & i. بَدَّل، بادَلَ، اسْتَبْدَل، تَبادَلَ، قَايَضَ

exchange greetings تَبادَلَ التَّحِيّات والتَّهاني

exchangeable, *a.* قَابِل للإبْدال أو التَّحْويل

exchequer, *n.* 1. (department of public service) وِزارة المالِيّة (بريطانيا)

Chancellor of the Exchequer وَزِير المالِيّة (بريطانيا)

2. (treasury) الخِزَانة، بَيْت المال

excise, *n.* 1. (duty charged on goods) ضَرِيبَة أو رَسْم الإنْتاج، مَكْس

2. (government office) دائِرة المُكُوس

Commissioners of Customs and Excise مَصْلَحَة المُكُوس والجمارِك

v.t. أَزَال، اِسْتَأْصَل، بَتَرَ، حَذَف

exciseman, *n.* مُحَصِّل ضَرِيبة الإنْتاج، مُقَدِّر الضَّرائِب

excision, *n.* بَتْر، اسْتِئْصال، حَذْف

excitab/le, *a.* (**-ility,** *n.*) اِنْفِعاليّ، سَرِيع الهِياج، يَنْفَعِل بِسُرْعَة

excitation, *n.* 1. (provoking, rousing) إثارَة، إهَاجَة، تَحْرِيك، اِسْتِفْزاز

2. (*elec.*) إثارَة، اِسْتِثارة (كَهْرَباء)

excite, *v.t.* (**-ment,** *n.*) 1. (rouse, set in motion) أَثارَ، أَهاجَ، اسْتَفَزَّ

2. (*elec.*) اِسْتَثَارَ (كَهْرَباء)

excitedly, *adv.* بِانْفِعال، في حَالَةِ تَهَيُّج

exciting, *a.* مُثِير، مُهَيِّج، مُشَوِّق

exclaim, *v.i. & t.* صَاحَ أو صَرَخَ فَجْأَةً (مِن الأَلَم أو مِن التعجُّب)

exclaim against (at) صَرَخَ مُحْتَجًّا على

exclamation, *n.* صَيْحة تعجّب أو اسْتِغْراب

note of exclamation عَلامة تعجّب (!)

exclamation mark عَلامَة تعجّب (!)

exclamatory, *a.* نِدائيّ، تَعَجُّبيّ

excl/ude, *v.t.* (**-usion,** *n.*) اِسْتَثْنَى، أَبْعَدَ، حَرَمَ شَخْصًا من الانْضِمام إلى

to the exclusion of   ... بِاسْتِثْناءِ ...

فِيمَا عَدَا ، فِيمَا خَلَا ...

exclusive, a.   قَاصِرٌ عَلَى فِئَةٍ خاصَّةٍ ؛

exclusive of   فِيمَا عَدَا ، بِاسْتِثْناءِ

exclusive right   حَقٌّ خاصٌّ يَقْتَصِر

عَلَى صاحِبهِ دُونَ غَيْرِه

exclusively, adv.   بِالِاقْتِصارِ عَلَى ، عَلَى

وَجْهِ الحَصْر

excommunic/ate, v.t. (-ation, n.) (eccl.)

حَرَمَ شَخْصًا مِنَ الكَنِيسة ؛ حِرْمانٌ كَنَسِيّ

excoriate, v.t.   سَلَخَ (الجِلْدَ) ؛ نَدَّدَ بِ

excrement, n.   البُراز ، الغائِط

excrescence, n. (lit. & fig.)   نُمُوٌّ بارِزٌ على

السَّطح ؛ شَيْءٌ إِضافِيٌّ غَيْرُ مَرْغُوبٍ فيه

excreta, n.pl.   فَضَلات الجِسْم وإِفْرازاتُه

مِنَ البَوْلِ والبِراز (طبّ)

excr/ete, v.t. (-etion, n.)   فَرَزَ ، أَفْرَزَ ،

إِفْرازُ (العَرَق والفَضَلات)

excret/ive, a., -ory, a.   مُفْرِز

excruciate, v.t.   عَذَّبَ ، نَكَّلَ أَوْ بَرَّحَ بِ ...

excruciating, a.   أَلَمٌ مُبَرِّح

exculp/ate, v.t. (-ation, n., -atory, a.)   بَرَّأَ ،

أَبْرَأَ ساحةَ (مُتَّهَمٍ) ؛ تَبْرِئَه

excursion, n. 1. (journey, outing)   نزهة ،

جَوْلَة قَصِيرة لِغَرَضِ المُتْعَة أو التَّنَزُّه

excursion train   قِطار سِياحِيّ

2. (arch., sortie)   غارَة ، غَزْوَة

alarms and excursions   ضَوْضاء وصَخَب ،

ضَجِيج وعَجِيج ، هَرْج ومَرْج

3. (astron.)   اِنْحِراف في المَسار (فلك)

excursionist, n.   مُشْتَرِك في جَوْلةٍ سِياحِيّة

excursive, a.   مُفَكَّك ، بِغَيْرِ تَرابُط أو اِتِّساق

excusable, a.   (هَفْوة) تُغْتَفَر ، يُلْتَمَس

لَهَا العُذْر ، يُصْفَح عَنْها

excuse, v.t. 1. (pardon)   صَفَح عن ، غَفَر

excuse me   عَن إِذْنِك ، اِسْمَح لي

2. (give exemption for)

excuse someone from doing something

أَعْفَى شَخْصًا مِن القِيام بِعَمَلٍ ما

excuse oneself   اِسْتَأْذَنَ ، اِعْتَذَر

n. 1. (explanation for conduct, whether true or false)

عُذْر ، تَعِلَّة ، تَحَجُّج

2. (ground for exculpation)

مُبَرِّر ، حُجَّة لِتَبْرِير تَصَرُّفٍ ما

exeat, n.   إِذْن بِالتَّغَيُّب (عَن المَدْرَسَة الخ)

execrable, a.   لَعِين ، مَقِيت ، فَظِيع

execr/ate, v.t. & i. (-ation, n.)   تَفَوَّهَ بِالشَّتائِم

executant, n.   عازِف بارِع في حَفْلة مُوسِيقِيّة

execute, v.t. 1. (carry into effect, perform)

أَنْجَزَ ، أَدَّى ، نَفَّذَ ، أَدَّى

2. (make valid by signing)

execute a will   وَقَّع عَلَى وَصِيّة ، نَفَّذَها

3. (inflict capital punishment on)   أَعْدَم ،

نَفَّذ حُكْم الإِعْدام في

execution, n. 1. (carrying out)   تَنْفِيذ ،

إِنْجاز ، إِجْراء

carry into (put in) execution   وَضَع

الأَمْر مَوْضِع التَّنْفِيذ

2. (dexterity in performing esp. music) بَراعَة أو مَهارَة في الأَداء

3. (infliction of capital punishment) تَنْفِيذُ حُكْمِ الإِعْدام، إِعْدام

executioner, *n.* جَلّاد، مُنَفِّذ حُكم الإعدام

executive, *a.* تَنْفِيذِيّ

executive power سُلْطَة تنفيذيّة

n. 1. (branch of government) السُّلْطة أو الهَيْئَة التنفيذيّة

2. (person) مُنَفِّذ؛ ذو مَنْصِب كبير

executor, *n.* (**-ship,** *n.*) 1. (one who performs) مُنَفِّذ، قائم ب

2. (*leg.*) مُنَفِّذُ الوَصِيَّة، وَصِيّ (أوصياء)

literary executor وَصِيّ مُعَيَّن لِحِماية حُقوق مُؤَلِّف بعْد موتِه

executrix, *n.* مُنَفِّذة الوَصِيّة

exegesis, *n.* تَفْسِير وتَأْوِيل الكتاب المقدَّس

exemplar, *n.* نَمُوذَج أو مِثال أو قُدوَة أو أُسْوة (للآخَرين)

exemplary, *a.* 1. (fit to be imitated) مِثَالِيّ، نَمُوذَجِيّ، مُمْتاز، (تصرُّف) يُقْتَدى به

2. (serving as a warning) رَادِع، تَنكيليّ

exemplary damages تَعْوِيض يَتجاوَزُ الحَدّ المُقَرَّر ليكونَ عِبرة للغير، نَكال

exemplif/y, *v.t.* (**-ication,** *n.*) 1. (illustrate by example) ضَرَبَ مَثَلًا لِ أو على

2. (make official copy of) اِسْتَخْرَج نُسْخَة رَسميّة من وَثيقة

exempt, *a.* مُعْفًى من؛ خالٍ من

v.t. أَعْفَى، اِسْتَثْنَى

exemption, *n.* إِعْفَاء، اِسْتِثْنَاء

tax exemption إِعْفَاء من الضَّرائب

exequatur, *n.* (*leg.*) بَرَاءة الاِعْتماد، الاعتراف بِمُمَثِّلي الدُّول الأجنبيّة

exequies, *n.pl.* الطُّقُوس الجَنائِزِيّة، مَراسِيم تَشْيِيع الجَنائز

exercise, *n.* 1. (bodily activity for sake of health) الرِّياضَة البَدَنِيّة

2. (mental activity or training) تَمْرِين ذِهْنِيّ، رِياضة عَقْلِيّة

3. (practice) مُمَارَسة، أَداء، قِيام بِ

in the exercise of one's duties أَثْنَاءَ تَأْدِيَة المَرْء لِواجِباتِه الرَّسْمِيّة

4. (task set for training) تَمْرِين (تَمارين، تَمْرينات)، تَدْرِيب (تَدْرِيبات)

exercise-book دَفْتَر أو كُرّاس مَدْرَسِيّ لِلكِتابة

5. (*pl., mil.*) تَمْرينات عَسْكَرِيّة

v.t. 1. (make use of) مَارَسَ، بَاشَرَ؛ أَقْلَقَ أو أَشْغَل البال

exercise one's right مَارَسَ أو بَاشَرَ حَقّه، اِسْتَعْمَل حَقّه

2. (give exercise to) دَرَّبَ، مَرَّنَ، رَوَّضَ

exercise a horse رَكِبَ حِصانًا لِتَمْرِينِه ومَنْعه من السِّمَن

v.i. أَدَّى تَمْرِيناتٍ رِياضِيّة

exert, *v.t.* (**-ion,** *n.*) أَجْهَدَ نَفْسَه أو فِكْرَه في ؛ مَجْهود

exert oneself بَذَلَ جُهده

exert pressure ⟨on⟩ ضَغَط أو مارَس ضَغْطًا على ، حَاوَلَ التَّأْثِير على

exeunt, *v.i.* غادَرَ (المُمَثِّلون) خَشَبة المسرَح (تَعْبير لاتينيّ بِمَعْنَى)

exeunt omnes انصِراف جميع المُمَثِّلين مِن فَوْق خَشَبة المَسْرَح

exfoliate, *v.i.* تَقَشَّرَ (الجِلْد أو لِحاءُ الشَّجَرة الخ)

ex gratia, *phr.* عَلى سَبِيل الهِبَة

exhalation, *n.* 1. (puff of breath) زَفير، إخْراج الهواء من الرِئتين؛ ضَباب

2. (effluvium) بَخْر، تَصْعيد

exhale, *v.t.* 1. (give off in vapour) تَبَخَّرَ، تَصَعَّدَ

2. (breathe out) زَفَرَ؛ نَفَث

v.i. زَفَرَ

exhaust, *n.* إخْراج أو تفريغ العادم

exhaust-pipe; *also* exhaust أُنْبُوبة أو ماسورة العادِم (في سَيَّارة مثلًا)

v.t. 1. (use up completely) اِسْتَنْفَدَ، اِسْتَهْلَكَ

his patience was exhausted عِيلَ صَبْرُه ، لم يَبْقَ في قَوْسِ صَبْرِه مَنْزَع

2. (tire) أَتْعَبَ، أَنْهَكَ، أَضْنَى، أَكَلَّ

3. (make empty) أَفْرَغَ، اِسْتَنْزَفَ

4. (treat fully)

exhaust the subject قَتَلَ المَوْضُوعَ بَحْثًا

exhausted, *a.* مُتَهالِك، مُضْنىً، مَنهوك القوى، مُتْعَب، مُرْهَق

exhaustible, *a.* يُمْكِن اسْتِنْفاده أو اسْتِهْلاكه

exhaustion, *n.* ضَنًى، تَعَب، إعْياء، إِنْهَاك، إِرْهَاق؛ اِسْتِنْفَاد

exhaustive, *a.* شَامِل، وَافٍ

exhibit, *n.* شَيْء مَعْرُوض (في مَتْحَف مَثَلًا)؛ مُسْتَنَد يُقَدَّم كَدَلِيل (قضاء)

v.t. عَرَضَ، أَظْهَرَ، أَبْدَى

exhibition, *n.* 1. (display) عَرْض، إظهار؛ مَعْرِض (مَعارِض)

make an exhibition of oneself تَصَرَّفَ تَصَرُّفاتٍ حَمْقاء جعلته مَوْضِع السُّخْرية

2. (fixed sum given to student) مِنْحَة دِراسِيَّة تُعْطَى للطَّلَبَة الفائزين في امتِحان خاصّ

exhibitioner, *n.* طَالِب يفوز بهذه المِنْحَة

exhibition/ism, *n.*, **-ist,** *n.* مُحاوَلة جَذْب الأنْظار بِتَصَرُّفات شاذّة؛ دَعِيّ

(*psychol.*) كَشْف مَواضِع خاصَّة مِن البَدَن للاسْتِثارة الجِنسِيّة (عِلم النَّفس)

exhibitor, *n.* عارِض، مَنْ يَعْرِض البضائع في مَعْرِض أو مَتْجَر

exhilar/ate, *v.t.* (**-ation,** *n.*) أَبْهَجَ، سَرَّ، أَنْعَشَ؛ اِنْتِعاش، اِبْتِهاج

exhort, *v.t.* حَضَّ، حَثَّ، نَاشَدَ

exhortation, *n.* 1. (exhorting) حَضّ، حَثّ

2. (formal address) مَوْعِظة، عِظَة

exhortative, -atory, *a.* حَاضّ، حَاثّ

exhum/e, *v.t.* (**-ation,** *n.*) أَخْرَجَ جُثَّةً من القَبْرِ (للتَّحقّق مِن سَبَب الوَفاة)

exigen/ce, -cy, *n.* ضَرُورة ، اِقتِضاء ، حَاجة مَاسّة ، طارِئ

exigent, *a.* مُلحِف في الطَّلَب ، مُضْنٍ، مُرْهِق

exigible, *a.* (ضَرِيبَة) واجِبة الأداء

exigu/ous, *a.* (**-ity,** *n.*) نَزْر، يَسير، زهيد، طَفِيف ، ضَئِيل

exile, *n.* 1. (banishment from one's country) نَفْي، إبعاد، غُرْبة ، مَنْفًى

2. (banished person) مَنْفِي، طَريد، مُبْعَد

v.t. نَفَى، أَبْعَدَ، طَرَدَ ، أَقْصَى

exist, *v.i.* 1. (have actual being) كَانَ، وُجِدَ

2. (continue living) عَاشَ بِالكاد ،ظَلَّ حيًّا

3. (occur) (في الحَالة)الرَّاهِنة أو(الوَضع) القائم

existence, *n.* 1. (existing) وُجُود؛ مَوْجودِيّة

in existence كَائِن، قائِم، مَوجود

bring (come) into existence أَوْجَدَ، أَنشأ، أَدْخَلَ ؛ تكَوَّن ، خُلِقَ، ظَهَرَ إلى الوُجود

2. (life) حَياة، عِيشه

3. (all that exists) الكَائِنات والمَوْجُودات

existent, *a.* كَائِن، قائم

existential, *a.* وُجُودِيّ

existential/ism, *n.* (**-ist,** *n.*) الوُجُودِيّة

exit, *n.* 1. (departure from stage) خُرُوج ، اِنْصِراف مِن خَشَبة المسرح

make one's exit خَرَجَ ، اِنْصَرَفَ

2. (death) (لَقِيَ) حَتْفه

3. (going out) خُرُوج، اِنْصِراف، رَحِيل، مُغادَرة

4. (passage to go out by) مَخْرَج، مَنْفَذ، بَاب الخُروج

v.i. خرج ، اِنصَرف (المُمثِّل المسرحي)

ex-libris, *n.* بِطاقة تُلْصَق داخل غِلاف كِتاب وتَحْمِل اسمَ صاحِبه

exo-, *in comb.* (سَابِقة معناها) خارِجي أَوْ ظَاهِرِيّ

exodus, *n.* رَحِيل أوخُروج جَماعي

⟨Book of⟩ Exodus سِفْرُ الخُرُوج (التوراة)

ex officio, *adv. & a.* بِحُكْم المَنصِب أو الوَظيفة

exogamous, *a.* مُتَعَلِّق بالزَّواج مِن خارج العَشِيرة أو مِن عائلة أُخرَى

exogamy, *n.* الزَّوَاج مِن خارِج العَشِيرة أَو الأُسْرة

exoner/ate, *v.t.* (**-ation,** *n.*) بَرَّأَهُ مِن تُهمة ، أَعْفَاه من التزام ؛ تَبْرِئة

exorbit/ant, *a.* (**-ance,** *n.*) (ثَمَن) فَادِح، (أجر) بَاهِظ، (سِعْر) فاحِش

exorc/ize, *v.t.* (**-ism,** *n.*, **-ist,** *n.*) طَرَدَ أو أَخْرَجَ الأرواحَ الشِّرِّيرة بالأَدْعية، عَزَّمَ

exordium, *n.* اِسْتِهْلال، كلام افتِتاحي، دِيباجة

exotic, *a. & n.* أَجْنَبِيّ؛ نادِر، طَرِيف

expand, *v.t.* وَسَّعَ ، مَدَّد

expanded metal شَبَكَ مَعْدِنِيّ مُمَدَّد

v.i. 1. (become larger) اِتَّسَعَ ، تَمَدَّدَ ، اِزْدادَ (حَجْمًا أو عددًا)

2. (become genial) اِنْشَرَحَ صَدْرُه

expanse, *n.* مَدًى ، اِتِّساع ، فُسْحة

expansion, *n.* تَمَدُّد ، اِزْدِياد

expansionist, *n.* & *a.* تَوَسُّعِيّ ، اسْتِعْمارِيّ

expansive, *a.* 1. (able, tending, to expand) قابِل لِلتَوَسُّع والتَمَدُّد

2. (effusive) مُنْشَرِح الصَّدْر ، بَشُوش الوَجْه ؛ (تَحَدَّث) بِغَيْر تَحَفُّظ

ex parte, *adv.* & *a.* مِن جَانِبِ خَصْمٍ واحدٍ فَقَط

expati/ate, *v.i.* (**-ation,** *n.*, **-atory,** *a.*) أَطْنَبَ ، أَسْهَبَ ، أَفَاضَ ، استَرْسَل (في الكلام)

expatiate on تَوَسَّعَ ، أَسْهَبَ ، اِسْتَرْسَل في

expatri/ate, *v.t.* (**-ation,** *n.*) نَفَى من الوَطَن

expatriate, *a.* & *n.* مُغْتَرِب ، شَخْص يَعِيش خارِج وَطَنِه

expect, *v.t.* 1. (anticipate) اِنْتَظَر ، تَوَقَّع ، تَرَقَّب ؛ (اِمْرَأة) تَنْتَظِر مَوْلُودًا

2. (*coll.*, suppose, think) ظَنَّ ، حَسَبَ

expectancy, *n.* اِنْتِظار ، تَوَقُّع ، أَمَل ، رَجاء

life expectancy مُتَوَسِّط العُمْر (تأمين)

expectant, *a.* مُنْتَظِر ، مُتَوَقِّع ، مُتَرَقِّب ، مُؤَمِّل ، راجٍ

expectant mother إمْرَأة حامِل ، حُبْلَى

expectation, *n.* 1. (anticipation) تَوَقُّع ، تَرَقُّب ، اِنْتِظار

fall short of one's expectations هَذا دُون ما كَان يَتَوَقَّعُه ، خَيَّبَ آماله

come up to expectations حَقَّق ما يُرْتَجَى مِنْه ، كان عِندحُسْن الظَّنّ به

2. (*pl.*, prospects of inheritance) تَوَقُّع الحُصُول على إرْث ، تَرِكة مأمول فيها

3. (degree of probability) مَدَى التَّوَقُّع

expectation of life مُتَوَسِّط العُمْر المُتَوقَّع (حَسَب إحْصائِيّات خاصَّة)

expector/ate, *v.t.* (**-ation,** *n.*) بَصَقَ ، تَفَل ؛ تَنَخَّمَ ؛ البُصَاق ، البَصْق

expedien/ce, -cy, *n.* اِسْتِغْلال الظُّرُوف ، اِنْتِهاز الفُرَص السّانِحة

expedient, *n.* وَسِيلة ، ذَرِيعة ، حِيلة

a. 1. (advantageous) مُفِيد ، مُناسِب

2. (politic rather than just) (حَلّ) يَتَطَلَّبُهُ الموقف ، (سِياسة) انْتِهازِيّة

expedite, *v.t.* عَجَّلَ تَنْفِيذَ عَمَلٍ ما

expedition, *n.* 1. (warlike enterprise) حَمْلة عَسْكَرِيّة ، غَزْوة ؛ المُرْسَلون في حَملة عسكرِيّة

2. (journey for definite purpose) رِحْلة اسْتِكْشافِيّة عِلْمِيّة أو المُشْتَرِكون فيها

3. (promptness) (بِأَقْصَى) سُرْعة

expeditionary, *a.* مُتَعلِّق بِحَمْلة عَسْكَرِيّة

expeditionary force قُوَّة مُسَلَّحة تَعمَل خارِجَ الوَطَن

expeditious, *a.* سَرِيع ، عاجِل

expel, *v.t.* طَرَدَ ، أَبْعَدَ ، أَقْصَى ؛ أَخْرَجَ ، أَفْرَغ

expend, *v.t.* صَرَفَ ، أَنْفَقَ ، بَذَلَ

expendable, *a.* يُمْكِن الاسْتِغْناء عنه أو التَّضْحِية به ؛ ذُو قِيمة تافِهة

expenditure, *n.* 1. (consuming) إِنْفاق ، إِسْتِهلاك ، صَرْف

2. (amount expended) مَصْرُوف

expense, *n.* مَصْرُوف ، نَفَقَة ، تَكْلِفة

at the expense of عَلَى حِساب ...

laugh at someone's expense سَخِرَ من شَخْص ، ضَحِكَ عليه أو مِنه

expensive, *a.* غالٍ ، باهِظ الثَّمَن

experience, *n.* 1. (actual observation of facts, etc.; knowledge) تَجْرِبة ، خِبْرة

learn from (by) experience عَلَّمَته التَّجارِب

2. (event that affects one)

talk about one's experiences تَحَدَّث عن تَجارِب حَياتِهِ

v.t. خَبَرَ ، ذاقَ ، جَرَّب

experienced, *a.* ذُو خِبْرة ، مُحَنَّك

experiment, *n.* تَجْرِبة ، إِخْتِبار

v.i. (**-ation,** *n.*) جَرَّب ، إِخْتَبَر ؛ تَجْرِيب

experimental, *a.* 1. (based on experience, not conjecture) تَجْرِيبِيّ

2. (based on experiment) إِخْتِبارِيّ

still at an experimental stage مَا زالَ في طَوْر التَّجْرِبة أو مَرْحَلة الاخْتِبار

experimentalist, *n.* (عالِم) تَجْرِيبِيّ

expert, *a. & n.* خَبِير ، مُتَضَلِّع ، إِخْتِصاصِيّ ، ماهِر ، ثِقَة ، حُجَّة

expert evidence (witness) شَهادة خَبِير (يُدْلي بِها أَرْباب المِهَن أو الحِرَف)

expertise, *n.* خِبْرة أو مَهارة فَنِّيّة خاصَّة

expiable, *a.* (خَطِيئة) يُكَفَّر عنها

expi/ate, *v.t.* (**-ation,** *n.*, **-atory,** *a.*) كَفَّر (عن ذَنْب أو خَطِيئة) ؛ تَكْفِير ، كَفَّارة

expiration, *n.* 1. (breathing out) زَفِير

2. (termination) إِنْتِهاء ، إِنْقِضاء

expire, *v.i.* 1. (die) قَضَى نَحْبَه ، لَفَظَ أنفاسَه الأَخِيرة ؛ (الشُّعْلة) إِنْطَفَأَت

2. (come to an end) إِنْتَهَى المَوْعِد المُحَدَّد

expiry, *n.* إِنْقِضاء (المَوْعِد) ، إِنْتِهاء (الأَجَل)

explain, *v.t.* 1. (make plain) شَرَح ، وَضَّح ، أَوْضَح ، بَيَّنَ ، أَبانَ

2. (account for) فَسَّر ، بَيَّنَ السَّبَبَ

explain away إِنْتَحَل الأَعْذار

explain oneself

(make one's meaning clear) أَفْصَح عَن رَأيه ، شَرَح (مَوْقِفه) بِوُضُوح

(account for one's motives) عَلَّل سُلُوكه ، شَرَح الأَسْباب (لِتَبْرِير تَصَرُّفاته)

explanation, *n.* شَرْح ، بَيان ، إِيضاح

explanatory, *a.* تَفْسِيرِيّ ، إِيضاحِيّ

expletive, *n.* أَلْفاظ سِباب تُضاف لِتَشْدِيد الوَقْع
a. إِضافِيّ ، زائِد عن الحاجَة

explicable, *a.* قَابِل لِلتَّفسير أو التَّبْرير

explicit, *a.* صَرِيح ، واضِح ، جَلِيّ ، مُحَدَّد

explode, *v.t.* 1. (bring into disrepute) دَحَضَ ، كَذَّبَ ، فَنَّدَ ؛ أَزاحَ السِّتارَ عن
that theory is now exploded لَقَد انهارَت تِلْكَ النَّظَرِيّة أو أَصْبَحت باطِلة
2. (cause to go off) فَجَّر ، فَرْقَعَ
v.i. إِنْفَجَر

exploder, *n.* مُفَجِّر كَهْرَبائِيّ

exploit, *n.* عَمَل بُطُولِيّ ، مَأْثُرة (مَآثِر)
v.t. (**-ation,** *n.*) إِسْتَغَلَّ ؛ إِسْتِغْلال

exploitable, *a.* قَابِل لِلاسْتِغلال

exploration, *n.* إِسْتِكشاف ، إِسْتِطلاع ، رِيادَة

explor/ative, -atory, *a.* إِسْتِكشافِيّ ، تَمْهِيدِيّ

explore, *v.t. & i.* 1. (investigate) إِسْتَكْشَفَ ، إِسْتَطْلَعَ ؛ سَبَرَ الغَوْرَ
explore the possibilities of إِسْتَطْلَعَ إِمْكانِيّات (الأَمْر) أو احْتِمالاتِهِ
2. (search into *country, place, etc.*) إِرْتادَ (المَجاهِل) ، إِسْتَكْشَفَ ، إِسْتَطْلَعَ

explorer, *n.* رائِد ، مُسْتَكْشِف

explosion, *n.* 1. (going off with loud noise) إِنْفِجار ، فَرْقَعَة
2. (sudden increase)
population explosion إِنْفِجار السُّكّان

explosive, *a.* مُنْفَجِر ، مُتَفَجِّر
(*fig.*)
an explosive situation مَوْقِف مُتَوَتِّر على وَشْك الإِنْفِجار
explosive consonant أَحَد الحُرُوف الانْفِجارِيّة (مثل ب ، ت ، د ، ق)
n. مادَّة مُتَفَجِّرَة
high explosive مادَّة شَدِيدة الانْفِجار

exponent, *a.* مُوَضِّح ، مُبَيِّن
n. 1. (one that sets forth or interprets) مُفَسِّر ، شارِح ، عارِض ، مُؤَيِّد
2. (executant *of music, etc.*) شَخْص مَشْهور بِأُسْلُوب مُعَيَّن في عَزْف مُؤَلَّفات مُوسِيقِيّة خاصّة
3. (*alg.*) الأُسّ ، دَلِيل القُوَّة (الجَبْر)

exponential, *a.* أُسِّيّ (رِياضِيّات)

export, *v.t.* (**-ation,** *n.*) صَدَّر (البَضائِع إِلَى الخارِج) ؛ تَصْدِير
n. 1. (*usu. pl.*, goods exported) صادِرات ، الصّادِر من البَضائِع
invisible exports صادِرات غَيْر مَنْظُورَة
2. (exportation) تَصْدِير
export duty ضَرِيبَة الصّادِر ، رَسْم الصّادِرات

exportable, *a.* (سِلْعة) قابِلة لِلتَّصْدِير

exporter, *n.* مُصَدِّر

expose, *v.t.* 1. (leave unprotected) عَرَّضَ ، كَشَفَ ، رَفَعَ الغِطاء عن
expose to the elements عَرَّضَ لِعَوامِل الجَوّ

expose oneself to danger عَرَّضَ نَفْسَه لِلخَطَر

expose a child تَرَكَ وَليدًا في العَراء تَحْتَ رَحمة الطَّبِيعَة

2. (*photog.*) اِلْتَقَطَ صُورَةً فُوتُوغرافِيَّة

3. (exhibit) عَرَضَ، أَظْهَرَ

4. (reveal the guilt of, unmask) كَشَفَ القِناعَ عن ، فَضَحَ ، شَهَّرَ بِ...

expose a plot كَشَفَ المُؤَامَرَة، أَزاحَ النِّقاب عَن المَكِيدة

***exposé**, n.* سَرْد (وَقَائِع)؛ تَشْهِير

exposed, *a.* 1. (unprotected) مُعَرَّض (لِلْخَطَر مَثَلًا)، مَكْشوف أو ظاهِر لِلْعِيَان

an exposed situation مَكان مَكْشُوف ، بُقْعَة مَكْشُوفة

2. (*photog.*)

over- (under-) exposed فِيلم تَعرَّض لِلضَّوْء أَكْثَرَ (أو أقلّ) مِمّا يَنْبَغي

exposition, *n.* 1. (setting forth) عَرْض أَدَبِيّ ، تَقْدِيم وشَرْح (نظرية مثلًا)

2. (exhibition) عَرْض (التُحف الفَنِّيَّة مثلًا)

***ex post facto**, a.* ذُو أَثَر رَجْعِيّ (قانون)

expostul/ate, *v.i.* (**-ation,** *n.*, **-atory,** *a.*) عَاتَبَ صَديقًا ، حَاجَّه لِيَثْنِيَهُ عن قَصْدِهِ

exposure, *n.* 1. (exposing, being exposed) عَرْض، إِظْهار، تَعْرِية ، تَعَرُّض

die of exposure مَاتَ بِسَبَب التَّعَرُّض لِقَسْوَة الجوّ

2. (aspect) إتِّجاه، وَاجِهة

a southern exposure وَاجِهة جَنوبية

3. (unmasking of imposture, etc.) فَضْح ، تَشْهِير ، كَشْف الادِّعاء

4. (act of exposing film) اِلْتِقاط صُورَة

5. (duration of exposing of film) مُدّة تَعْرِيض الفيلم للضَّوْء عِند التَّصْوِير

expound, *v.t.* وَضَّحَ، شَرَحَ ، أَوَّلَ

express, *a.* 1. (clear, definite) صَرِيح ، واضِح ، بَيِّن ، محدَّد

for the express purpose of لِغَاية معيَّنة، خِصِّيصًا لغَرَض ...

2. (exactly like)

the express image of مِثْلُه تَمامًا، صُورة طِبْقُ الأَصْل مِن ...

3. (quick and direct); *also adv.*

express letter رِسالة بالبريد المستَعْجل

express train قِطار سَريع ، إكْسبريس

n. القِطار السَّرِيع، الإكسبريس

v.t. 1. (squeeze out) عَصَرَ (الدُّمَّل مثلًا)

2. (manifest *thoughts, feelings*) عَبَّرَ عَنْ (رَأْيِه)، أَبْدَى (رُغْبَته)، أَظْهَرَ (مَخَاوِفِه)

express oneself عَبَّرَ عن أفكاره

expression, *n.* 1. (expressing in all senses) تَعْبِير، تَصْرِيح، إعراب عَن

give expression to عَبَّرَ أو أَعْرَبَ أو أفْصَحَ عن (مَشاعِرِه مثلًا)

read with expression قَرَأَ بِطريقة مُعَبِّرة

wear a serious expression بَدَت عَلَيْه سِيمَاء الجِدّ أو عَلائم الرَّزانة

2. (phrase) عِبَارَة ، تَعْبِير

expression/ism, *n.* (**-ist,** *n. & a.*) التَّعْبِيريّة في الفنّ والأدب ؛ تَعْبِيرِيّ

expressive, *a.* مُعَبِّر عن، (كلام) بَليغ

expressly, *adv.* خِصّيصًا، بِوُضوح

expropri/ate, *v.t.* (**-ation,** *n.*) نَزَع منه مِلْكِيَّتَه، جَرَّدَه مِن مِلكيّة (عقار)

expulsion, *n.* إبْعاد، طَرْد، إخْراج، نَفْي

expunge, *v.t.* مَحا، حَذَفَ، شَطَبَ

expurg/ate, *v.t.* (**-ation,** *n.*) أزالَ الفقرات البَذِيئَة من رِواية قَبْلَ الطّبْع

exquisite, *a.* 1. (of consummate excellence) مُمْتاز، رائع، فاخِر، لَذيذ
2. (acute) أَلَم حادّ، لَذّة شَديدة

ex-serviceman, *n.* مَن خَدَمَ في القوّات المَسَلَّحَة سابِقًا

extant, *a.* (مَخْطوط) لا يَزال باقيًا

extasy, *see* **ecstasy**

extemporaneous, *a.* مُرْتَجَل، ارتجاليّ

extemporary, *a.* ارْتِجاليّ، مِن دون تَحْضير

extempore, *adv. & a.* ارْتِجالاً، دون سابِق إعداد

extemporiz/e, *v.t. & i.* (**-ation,** *n.*) ارْتَجَل (كلامًا أو قطعة موسيقية)؛ ارتجال

extend, *v.t.* 1. (prolong, enlarge, stretch) وَسَّع، مَدَّ، أطالَ، طَوَّلَ، نَدَحَ
extend one's stay مَدَّدَ الإقامة أو جَدَّدَ مُدَّتَها بعد انتهائها
2. (hold out, accord) مَدَّ لَه (يَدَ المُساعَدَة)
3. (*mil.*) انْتَشَرَ (تَدرِيب عَسْكريّ)

v.i. امْتَدَّ، طالَ، اِسْتَطال

extensible, *a.* قابِل لِلامْتِداد، يُمْكِن تَمْديدُه

extension, *n.* 1. (making longer or larger) تَوْسيع، إطالة
extension ladder سُلَّم امْتِداديّ، سُلَّم يمكن مَدُّه
2. (addition or continuation) اِمْتِداد، تَمْدِيد، إطالة
build on an extension بَنَى مُلْحَقًا
University Extension lectures مُحاضَرات جامِعِيّة لِغَيْر طَلَبَة الجامِعة
3. (*of telephone*) تليفون فَرْعِيّ

extensive, *a.* وَاسِع النِّطاق، شامل، بعيد المَدَى، (أراضٍ) واسِعة
extensive agriculture الزِّراعة الخفيفة

extensor (**muscle**), *n.* عَضَلة باسِطة، باسِط

extent, *n.* مَدًى، مَجال، مِساحَة، مَسافَة؛ حَدّ، دَرَجة
the full extent الشّيْءُ كُلُّه أو بِكامِلِه
to the same extent as بِقَدْرٍ مُماثِل
to some (a certain) extent إلَى حَدٍّ ما، إلَى دَرَجة مُعَيَّنة
to such an extent that لِدَرَجة أنّ

extenu/ate, *v.t.* (**-ation,** *n.*) خَفَّف؛ حاوَلَ تَبْرِئَة (نَفْسِه مثلاً)
extenuating circumstances ظُروف مُخَفِّفة من شِدّة الجَرِيمَة

exterior, *n.* خَارِج ، مَظْهَر ، سَطْح خارِجيّ

a. خَارِجيّ ، ظاهِريّ ، سَطحِيّ

exterior angle زَاوِيَة خارِجَة أو خارِجِيّة

exteriorize, *v.t.* أَظْهَر عواطِفه

extermin/ate, *v.t.* (**-ation,** *n.*) أَباد ، قَضَى عَلَى ، أَهْلَكَ ، أَفْنَى ، مَحَقَ ، لاَ شَيء ؛ إبادة

exterminator, *n.* مُبِيد (للقوارض مثلاً)

exterminatory, *a.* مُبِيد ، قاضٍ على ، مُهْلِك

external, *a.* خَارِجيّ ، من الظَّاهِر

external affairs الشُّؤون الخارجيّة

externals, *n.pl.* الظَّوَاهِر ، ظواهِر الأمور

extinct, *a.* بَائِد ، منقَرِض ؛ (بُركان) خامِد ؛ مُنْدَثِر

extinction, *n.* اِنْقِراض ، زَوَال ، فَنَاء ؛ إبادَة ؛ اِنْطِفاء

extinguish, *v.t.* 1. (put out) أَطْفَأ ، أَخْمَدَ

2. (destroy) أَبادَ ، قَضَى على

extinguisher, *n.* مِطْفَأة (للشموع)

fire-extinguisher جِهاز لإطفاء الحرِيق ، مُطفِئ

extirp/ate, *v.t.* (**-ation,** *n.*) اِجْتَثَّ ، اِسْتَأصَلَ ، اقْتَلَع ، قَطَعَ دابر الشيء

extol, *v.t.* سَبَّحَ (بِحَمْدِ الله) ، مَجَّدَ ، بَجَّلَ ، عَظَّم

extort, *v.t.* سَلَبَ ، اِبْتَزَّ ، اِنْتَزَعَ ، اِغْتَصَبَ

extortion, *n.* 1. (extorting, *usu. of money*) اِبْتِزاز الأَموال بالتَّهْدِيد أو الإكْراه

2. (illegal exaction) اِنْتِزاع ، اِغْتِصاب

extortionate, *a.* 1. (using extortion) اِبْتِزازيّ ، قائِم على أساليب الابْتِزاز

2. (exorbitant) سِعْر باهِظ ، فاحِش

extortioner, *n.* مُبْتَزّ أو مُغْتَصِب لِلأَموال

extra, *a.* 1. (additional) إضَافِيّ ، زَائد

2. (of superior quality) مُمْتَاز ، فاخِر

adv. أَكْثَر مِن المُعْتَاد

n. 1. (additional thing) إضَافَة ، زِيادَة ، عَلاوَة

2. (thing for which additional charge is made) إضَافَة ، زِيادَة ، عَلاوَة

3. (*cinemat.*) مُمَثِّل يقوم بِدَورٍ تافه ، كُمْبارْس

4. (special edition of newspaper) طَبعة إضَافِيّة مِن جريدة (تحمل أنباء خاصّة)

extra-, *in comb.* (سَابِقة مَعْنَاهَا) خَارِج عن ، وَرَاءَ ، فوْقَ

extract, *n.* 1. (preparation) خُلاصَة ، مُسْتَقْطَر ، مُسْتَخْلَص

2. (abstract from book, etc.) مُنْتَخَب ، مُقْتَطَف ، مُقْتَبَس

v.t. 1. (copy out) اِنْتَخَبَ أو اِقْتَبَس

2. (take out by force) اِنْتَزَع ، خَلَعَ أو اقتَلَع (الضِّرْس مثلاً)

3. (obtain by suction, etc.) اِعْتَصَر ، اِسْتَخْلَصَ ، اِسْتَقْطَرَ

4. (derive, obtain) حَصَلَ على ، اِنْتَزَع

extract information from أَرْغَمه على الإفْضاء بِ

5. (math.) اِسْتَخْرَج الجَذْر (رياضيَّات)

extraction, n. 1. (extracting) اِسْتِخْلا ص، اِعْتِصَار، اِسْتِخْراج؛ خَلْع (الأسْنان)

2. (lineage) نَسَب، أَصْل

of foreign extraction مِن أَصْل أجنبيّ

extractive, a. اِسْتِخْلاَصِيّ، اِسْتِخْراجِيّ

extractive industries صِنَاعَات اسْتِخْراجِيَّة

extraditable, a. مُلْزِم بتَسْلِيم مُجْرِم لِوَطَنه

extrad/ite, v.t. (-ition, n.) سَلَّم مُجْرِمًا هَارِبًا بِنَاءً على طَلَب حُكُومَته

extrajudicial, a. خَارِج عَن اخْتِصاص المحكمة، خَارِج عَن نِطاق الدَّعْوَى

extramural, a. خَارِج أسْوار المدينة؛ (دِرَاسَات) تنظِّمها الجامِعة للجُمهور

extraneous, a. 1. (of external origin) مَادّة غَرِيبَة (في مَزيج مثلًا)

2. (not belonging) خَارِج عَن نِطاق البَحْث، لا صِلَة له بالمَوْضُوع

extra-official, a. (مَسْؤُوليّات) لا تَدْخُل ضِمْن اخْتِصاص الوَظِيفة

extraordinary, a. 1. (unusual, exceptional, surprising) غَيْر عادِيّ، عَجِيب، مُدْهِش، خارِق للعادة

2. (specially employed)
envoy extraordinary مَبْعُوث فَوْق العادة

extrapol/ate, v.t. (-ation, n.) (math.) قَدَّر حَسَب بَيَانَات مَعْرُوفة؛ اِسْتِنباط

extraterritorial, a. خَارِج حُدود الدَّوْلة

extravagance, n. 1. (being extravagant) تَبْذِير

2. (absurd statement or action) مُبَالَغَة، مُغَالاَة، غُلُوّ، إفْراط

extravagant, a. 1. (immoderate) مُغَالٍ

2. (wasteful) مُبَذِّر، مُسْرِف

extravaganza, n. هَزْل وهَوَس، 'فَنْطازْيَا'

extreme, a. 1. (outermost, utmost) أَقْصَى

the extreme north أَقْصَى الشِّمَال

the extreme penalty عُقُوبَة الإعْدام

an extreme case حَالة شَاذّة ونادِرة

2. (last); obs. exc. in
extreme unction مَسْحة المَرْضَى، مَسْحة المُحْتَضَر بالزَّيْت المُقَدَّس (مَسِيحيَّة)

3. (immoderate) مُتَطَرِّف

hold extreme views لَهُ آراء مُتَطَرِّفة

n. طَرَف

in the extreme إلى الدَّرَجَة القُصْوَى، لِلْغَاية

drive someone to extremes سَاقَه إلى الجُنون

go to extremes أفْرَطَ، شَطَّ، غَالَى في

extremes meet قَد يَتَلاقَى النَّقِيضان

go from one extreme to the other اِنْتَقَل مِن النَّقِيض إلى النَّقِيض

extremely, adv. لِلْغَاية، جِدًّا

extrem/ism, n. (-ist, n.) تَطَرُّف، غُلُوّ

extremity, n. 1. (extreme point) طَرَف، نِهاية

2. (extreme adversity) مِحْنَة ، ضِيق شِدَّة، لَوْعة، بُؤس، شَقاء

3. (*usu. pl., of the body*) أَطْراف الجِسْم

extricable, *a.* يُمْكِن إنْقاذُه مِن وَرْطَته

extric/ate, *v.t.* (**-ation,** *n.*) فَكَّ القَيْدَ (لإنقاذِه مثلاً) ، خَلَّصَه (مِن مَأزِق)

extrinsic, *a.* عَرَضِيٌّ، غيْر جَوهَرِيّ

extrovert, *n.* (*psych.*) ذُو شَخْصِيَّة اِنبساطِية (عَكْس الاِنْطِوائية في عِلم النَّفْس)

extr/ude, *v.t.* (**-usion,** *n.*, **-usive,** *a.*) مَرَّر المَعْدِن في مِكْبَس خاصّ لتشكيله

exuber/ant, *a.* (**-ance,** *n.*) 1. (luxuriantly prolific) غَزِير، فَيّاض، خَصِيب، وَفير

2. (full of life and vigour) يَفِيضُ حَيَوِيّةً وَنَشَاطًا، يطْفَح بِشرًا وسُرورًا

exud/e, *v.t.* & *i.* (**-ation,** *n.*) نَزَّ (الجُرْح) ، نَتَع (السّائل)، رَشَح ، تَفَصَّد

exult, *v.i.* (**-ancy,** *n.*, **-ation,** *n.*, **-ant,** *a.*) هَلل، تَهَلَّل، اِغْتَبَطَ، اِبْتَهَج، طارَ فرحًا

exult over someone شَمِتَ به ، تَشَفَّى منه، اِبْتَهَجَ لمكْروه أصاب (خَصمه)

ex voto, *adv.* & *n.* مَا يُقَدَّمُ وَفَاءً لِنَذْرٍ، نَذْر

eye, *n.* 1. (organ of sight) عَيْن، مُقْلة، الباصِرة

eye-bath كأْس خاصّ لغَسل العيْن

eye-opener خَبَر يَكْشِف عن حَقِيقه الأمر

eye-shade غِطَاء للعين؛ غِطاء يقي العينين مِن الضَّوْء

eye-strain إجْهَاد بَصَرِيّ، إجْهاد العيْن

eye-tooth نَابٌ (أنياب)

an eye for an eye العَيْن بالعَيْن(والسِّنّ بالسِّنّ)

be all eyes حَمْلَق بدَهْشة وتَعَجُّب، كادَ أن يلتَهِمه ببَصَرِه

cast an eye over أَلْقَى نظْرة على

catch someone's eye اِسْتَلْفَتَ نَظَر (فلان)، اِسْتَرْعَت (القُبَّعة الجميلة) نَظَرها

clap (set) eyes on (بِمُجرَّد أن) وَقَعَ نظره على، لَمَح

close one's eyes to غَضَّ النظَر عن، تَغاضَى عن

do something with one's eyes open فَعَل شَيْئًا وَهُو مُدْرِك خُطورَة عاقِبَته

have an eye to كَانَ دائمَ الاهْتِمام (بمصلحته الشَّخْصِيّة)

have an eye for لَهُ دِرَايَة خَاصّة (بالجواهِر مَثَلًا)؛ يَسْتهويه النظَر إلى

in the eyes of the law في نَظَر القانون، مِن النَّاحِية القانونيّة

in the mind's eye في المُخَيِّلة

keep an eye on رَاقَب، رَاعَى، أَشْرَف على

make eyes at غَازَلَ بعيْنيه، بَصْبَصَ (مصر)

the naked eye العَيْن المُجَرَّدة

see eye to eye with someone شَارَكه الرَّأي تَمَامًا، كان على اتّفاق كامِل معه

up to the eyes in work غَارِق في العَمَل، غارِق لأذُنَيْه في العَمَل

with an eye to لغَرَض أو قَصْد ...

2. (thing like an eye)

eye of a needle ثُقْب أو خُرْم الإبْرَة

eye-bolt قَضِيب حَدِيدِيّ ذُو حَلْقَة بِرَأْسِه

hook and eye كَبْشَة وعُرْوَة (مصر)

v.t. حَدَجَ ، تَفَرَّسَ في

eyeball, *n.* مُقْلَة العَيْن ، شَحْمَة العَيْن

eyebrow, *n.* حَاجِب (حواجِب)

raise one's eyebrows رَفَع حاجِبَيْه دَهْشَةً أو تَشَكُّكًا ، أَبْدَى اعْتِراضًا عَلى

eyehole, *n.* 1. (hole containing eye) حَجَاج أو تَجْوِيف العَيْن

2. (hole to look through) ثَقْب يُنْظَر منه، وَصْوَاص

eyelash, *n.* رَمْش (رُموش)، هُدْب (أهداب)

eyelet, *n.* ثُقْب أو خُرْم صَغِير

eyelid, *n.* جَفن (جُفون)

eyepiece, *n.* عَدَسَة عَيْنِيَّة

eyeshadow, *n.* ظِلّ العَيْن (ماكياج)

eyeshot, *n.* مَرْمَى النَّظَر، مَدَى البَصَر

eyesight, *n.* بَصَر ، نَظَر

eyesore, *n.* كَرِيه المَنْظَر

eyewash, *n.* 1. (lotion for eye) غَسِيل العَيْن

2. (*sl.*, humbug) دَجَل، كَلام فارِغ

eyewitness, *n.* شَاهِد العِيَان

eyrie, *see* **aerie**

F

F, 1. (letter) الحَرْف السَّادِس من الابجدية الإنكليزية

2. (*mus.*) فَا، النَّغَمَة الرَّابعة في السّلَّم المُوسِيقِيّ

Fabian, *a.* 1. (cautious) الحَذَر والتَّأَنِّي

2. (of Socialist reform) اِشْتِرَاكِيَّة فابِيَّة

fable, *n.* قِصَّة خُرَافِيَّة، خُزَعْبَلة ؛ تَلْفِيق ؛ لَغْو؛ قَصَص تَهْذِيبِيّ

fabled, *a.* مَشْهُور في الأَسَاطِير

fabric, *n.* 1. (structure, framework) مَبْنًى ، بِنْيَة (المُجْتَمَع مَثَلًا) ، تَرْكِيب

2. (woven material) نَسِيج، قُمَاش

fabric/ate, *v.t.* (**-ation,** *n.*) لَفَّقَ، حَاكَ (قِصَّة)، اِخْتَرَعَ ، زَوَّرَ، اِختلق ؛ اِختلاق

fabulous, *a.* 1. (legendary) خُرَافِيّ، أُسْطُورِيّ

2. (*coll.*, astonishing) عَجِيب، مُدْهِش، هَائِل، عَظِيم ، يَفوق الوَصْف، لا يُصَدَّق

façade, *n.* وَاجِهَة البِناء

(*fig.*) المَظْهَر الخارِجِيّ، ظاهِر خَدَّاع

face, *n.* 1. (front of head; countenance) وَجْه (وُجُوه ، أَوْجُه) ، مُحَيًّا

face-lift تَجْمِيل الوَجْه بإِزالة التجاعيد ؛ تَجْمِيل واجِهة بِناءٍ قَدِيم

face to face وَجْهًا لِوَجْهٍ

fly in the face of تَمَرَّد على ، ثارَ في وَجْه ... ، أَعْلَن عِصْيانَه

keep a straight face أَخْفَى أو كَتَم ضَحِكَه

make (pull) faces عَوَّج فَمَه ازْدِراءً

set one's face against عَارَض بِشِدَّة ، وَقَف مَوْقِف المُعارِض مِن ...

to someone's face (تجَرَّأ على النَّقْد) في وجهه أو أمامَه ، بِحُضُوره

wear a long face كانَ مُكْتَئِبًا أو عابِس الوَجْه

2. (boldness, impudence) وَقاحَة

have the face to بَلَغ مِن الوَقاحَة أو الصَّفاقَة أن ... ، تجَرَّأ على

3. (outward appearance)

face value القِيمَة الاسْمِيّة

on the face of it في ظاهِره ، كَما يَبْدُو ، حَسَب الظَّواهِر

put a bold (good) face on أَبْدَى شَجاعَةً أو رَباطَة جأش (في مُواجَهَة الصِّعاب)

4. (dignity)

lose face فَقَد اعْتِبارَه أو كَرَامَتَه ، أَراقَ ماءَ وَجْهِه

save one's face أَنْقَذَ سُمْعَتَه ، حَافَظَ على كَرامَتِه

5. (surface) وَجْه ، سَطْح

the face of the earth سَطْح الأَرْض

v.t. 1. (stand opposite to); *also v.i.* وَاجَهَ ، وَقَف مُواجِهًا لِ ...

2. (*fig.*, confront) جَابَه ، تَصَدَّى لِ ...

face it out لَم يَتَراجَع ، لَم يَسْتَسْلِم

face the music وَاجَه النُّقَّاد (دُونَ وَجَل)

let's face it! فَلْنَعْتَرِف بِالواقِع

3. (cover surface of) غَطَّى بِطَبَقَة مِن ... ، كَسا (جُزْءًا من الرِّداء بِقُماش آخَر)

facer, *n.* (*coll.*) صَفْعَة ، لَكْمَة بِالوَجْه ؛ مُشْكِلَة عَوِيصَة ، مَقْلَب (مصر)

facet, *n.* وَجْه جانِبِيّ في جِسْم بِلَّوْرِيّ ؛ جَانِب

facetious, *a.* (**-ness,** *n.*) هازِل ، فَكِه ، يَنْزَع إلى المُزاح ؛ دُعابَة سَخِيفَة

facial, *a.* وَجْهِيّ ؛ تَدْلِيك لِلْوَجْه

facile, *a.* سَهْل الأداء ، مَيْسُور ؛ طَيِّع ؛ ذَلِق اللِّسان ؛ (حَلّ) سَطْحِيّ

facilit/ate, *v.t.* (**-ation,** *n.*) سَهَّل ، هَوَّن ، سَاعَدَ أو عاوَن على ، مَهَّد

facility, *n.* 1. (ease) سُهُولَة ، يُسْر ؛ بَراعة ، حَذاقَة

2. (*usu. pl.*, amenity) تَسْهِيلات

facing, *n.* طَبَقَة تَكْسُو جِدار المَبْنَى ؛ تَلْبِيس أَجْزاء مِن الثَّوْب بِقُماش آخَر (لِلزِّينَة)

facsimile, *n.* صُورَة أو نُسْخَة طِبْق الأَصْل

fact, *n.* حَقِيقَة (حَقائِق) ، وَاقِعة (وَقائِع) ، أَمْر واقِعِيّ

as a matter of fact في الحَقِيقَة ، في الواقِع

matter-of-fact, *a.* (شَخْص) واقِعِيّ أو عَمَلِيّ ، غَيْر خَيالِيّ

the fact ⟨of the matter⟩ is حَقِيقَةُ الأَمْرِ أَنَّ ...، الوَاقِعِ أَنَّ

but for the fact that . . . لَوْلَا أَنَّ

in point of fact فِي واقِعِ الأَمْرِ، الحَقِيقَةُ أَنَّ

the facts of life حَقائِقُ الحَياة أو أَسْرارها

fact-finding إِسْتِقْصاء الوَقائع الّتِي تَتَعَلَّق بِمَسأَلة مُعَيَّنة

faction, *n.* فِئَة مُنْشَقَّة (عَلى حِزب سِياسِيّ)؛ صِراع أو انْقِسام(حِزْبِيّ)

factious, *a.* مُتَمَرِّد على (الحزب)

factitious, *a.* مُتَكَلَّف، مُصْطَنَع

factitive, *a.* (أَفْعال)تَدُلّ عَلى الظَّنّ أوالحُسْبان

factor, *n.* 1. (agent) وَسِيط تِجارِيّ

2. (*math.*) عَامِل، قَاسِم (رِياضِيّات)

common factor عُنْصُر مُشْتَرَك

3. (element; contributory circumstance) عَامِل (عَوامِل)

safety factor عَامِل الأَمان (هندسة)

factoriz/e, *v.t.* (**-ation,** *n.*) حَلّل عَدَدًا إلى عَوامِله

factory, *n.* مَصْنَع (مَصانِع)، مَعْمَل (مَعامِل)

Factory Act قَانُون يَنُصّ على الشُّروط الّتِي يَجِب تَوافُرها لِسَلامَة عُمّال المَصانِع

factory-hand عَامِل في مَصْنَع

factotum, *n.* خَادِم يَقُوم بِمُخْتَلف الأَعْمال المنزلِيّة

factual, *a.* قَائِم عَلى الحَقائِق المُجَرَّدة

facultative, *a.* إِخْتِيارِيّ، يَعْتَمِد على الظُّروف

faculty, *n.* 1. (mental or physical power) مَلَكَة، قُدْرَة، مَقْدِرَة (عَقْلِيَّة أو عَضَلِيّة)

2. (branch of study) فَرْع من الدِّراسات الجامِعِيّة؛ هَيْئَة الأَساتِذة والإِدارة بِهذا الفَرْع

fad, *n.* نَزْوَة طارِئَة، هَوًى، هَوَس، بِدْعَة

faddy, *a.* مُفْرِط في مُيُوله أو أَهْوائه

fade, *v.i. & t.* بَهَتَ (اللَّوْن)، خَفَتَ (الصَّوْت)، ذَبُلَ (الزَّهْر)، تَلاشَى (الأَمَل)

fade in (out) (*cinemat. and radio*) ظَهَرَت (أو تَلاشَت) الصُّورَة مِن الشّاشَة تَدْرِيجِيًّا

faec/es, *n.pl.* (**-al,** *a.*) البِرَاز، الغائِط، فَضَلات الجِسْم

fag, *n.* 1. (drudgery); *also v.t. & i.* عَمَل مُتْعِب، سُخْرَة، مَشَقَّة؛ أَتْعَب، أَنْهَكَ

fagged out مُتْعَب جِدًّا، مُرْهَق

2. (schoolboy serving a senior); *also v.i.* تِلْمِيذ يَخْدِم طالِبًا بالصَّفّ النِّهائي بِمَدْرَسَة داخِلِيّة

3. (*sl.*, cigarette) سِيجَارَة، سِيكارة (عامّيّة)

faggot, *n.* 1. (bundle of sticks) حُزْمَة حَطَب، إِبّالة، جُرْزَة وَقُود (سوريا)

2. (*pl.*, meat dish) كُفْتَة من الكَبِد أو اللَّحْم المَفْرُوم

Fahrenheit, *a. & n.* مِقْيَاس فَهْرِنْهَيْت لِلحَرارَة؛ دَرَجَة فَهْرِنْهَيْت

faïence, *n.* القِيشَاني، الزُّلَيْج، الزِّلْزِلي، خَزَف مُزَخْرَف ومُزَجَّج

fail, *v.i. & t.* 1. (be unsuccessful) فَشِلَ، خابَ، أَخْفَقَ

fail an exam رَسَبَ في امْتِحان ، تَخَلَّف فِيه

fail in business أَفْلَس في تِجارَة

if all else fails إِذَا فَشِلَت كلُّ المُحاوَلات الأُخْرى ، عِند الضَّرُورَة القُصْوَى

I fail to see why he doesn't come early لَا أَسْتَطِيع أنْ أفهمَ سَبَب تأخُّرِه

2. (not *to do*)

fail in one's duty قَصَّر في أَداءِ واجِبه ، لم يُؤَدِّ المُهِمَّة بِنَجاح

words fail me تُعْوِزني الكَلِمات، لا أعرف مَاذَا أقول، اِنْعَقَدَ لساني

he failed to turn up تَخَلَّفَ عَن الحُضور

3. (be insufficient; cease)

the water supply has failed اِنْقَطَعَ الماء من الأنابِيب

4. (grow weak) ضَعُفَ، عَجُزَ، تَدهورت صِحَّته

5. (let *someone* down) خَذَلَ شخصًا

you have failed me لَقَدْ خَيَّبْتَ أَمَلِي فيك، لَقَدْ خَذَلتني

n., esp. in

without fail بِكُلِّ تأكيد، سأحضر في المَوْعِد مهما يحدث

failing, *n.* نُقْطَة ضَعْف، عَيْب، نقيصة

prep. لَوْ لم يوجد...، في حالة عدم وجود أو انعدام ...

failure, *n.* 1. (lack of success) فَشَل، حُبوط، خَيْبة، إخفاق، قُصور

2. (unsuccessful person) خَائِب، فاشِل في حَياته

3. (omission) عَدْم القِيام ب

4. (breakdown) عَطَل أو تَعَطُّل (المحرّك)

heart failure سَكْتة قَلبية

power failure اِنْقِطاع التَّيّار الكَهْرَبائيّ

fain, *adv.* (*arch.*)

I would fain go حَبَّذا لو ذهبتُ، يا لَيْتَنِي أذهب

faint, *a.* 1. (feeble, indistinct) ضَعِيف، ضَئِيل؛ خائر، واهِن، واهٍ؛ باهِت

faint-hearted, *a.* جَبَان، ضَعيف القَلب، خائِر العَزْم، وَجِل

I haven't the faintest idea لَيْسَت لَدَيّ أية فِكْرَة، لا أعرف شيئًا عن الموضوع

2. (inclined to swoon) على وَشَك الغَشَيان

v.i. غُشِيَ أو أُغْمِيَ عليه، غَابَ عَن الوَعْي

n. غَشْية، إغماءة

fair, *a.* 1. (beautiful) جَميل، مَليح، حَسن الصُّورة

the fair sex الجِنْس اللَّطِيف، الجِنْس النّاعم، مَعْشَر النِّساء

2. (fine; unblemished) لَطِيف

fair-weather friend صَدِيق لا يعرفُك وقتَ الضِّيق، مَن يهجرك عند الشّدائد

set fair طَقْس يَدوم صَحوًا

fair copy نُسْخَة مُبَيَّضة

one's fair name صَفْحَته البَيْضاء، سُمْعَته الحَسَنة أو الطَّيِّبة، شَرَف

3. (not dark) أَشْقَر، أبيَض البَشْرَة

4. (of moderate quality) مُعْتَدِل، مُتَوَسِّط

fair to middling لا بَأْسَ بِه ، بَيْنَ بَيْنَ

5. (just, reasonable) (**-ness,** *n.*) عَادِل ، مُنْصِف ، مُقْسِط ؛ عاقِل

fair game شَخْص يُباح نَقْدُه

fair-minded, *a.* عَادِل، مُنْصِف ، مُقْسِط

fair play التَّصَرُّف طِبْقًا لِلأُصُول المُتَعارَف عَلَيْها ، مُراعاة الشُّرُوط

fair and square في المَوْضِع المُعَيَّن تمامًا ، في مَحَلِّه بِالضَّبْط

in all fairness بِكُلِّ إِنْصَاف

bid fair to مِن المحتَمَل أن ...، على الأرجَح، أَغْلَب الظنّ

n. مَعْرِض، سُوق ، مِهْرَجان

fairly, *adv.* 1. (in a just manner) بِعَدْل وَإِنْصاف، دون تحَيُّز

he treated me fairly لم يَبْخَسْني حَقّي

2. (moderately) إلى حَدٍّ ما

a fairly wide road طَرِيق عَرِيض بَعْض الشَّيْء أو نَوْعًا ما

3. (completely) إلى آخِرِ حَدٍّ

he was fairly beside himself with rage تَمَيَّزَ غَيْظًا، اِسْتَشَاطَ غَضَبًا، جُنَّ جنونه

fairy, *n.* جِنِّيَّة، حُورِيّة

fairy-tale حِكَايَة خُرافِيَّة، خُرافة

fairyland, *n.* دُنْيا الخَيال، أَرْض الأَحْلام

fait accompli, *n.* حَقِيقة واقِعة لا بُدَّ من تَقَبُّلِها، (أمام) الأمر الواقع

faith, *n.* عَقِيدَة؛ دِين، إيمان، ثِقة

have (put one's) faith in آمَنَ (بالله)، اِعْتَمَدَ عَلَى، وَثَقَ في

in good faith بِحُسْنِ نِيَّة ، بِسَلامَة طَوِيّة ، بِصِدْق وإخْلاص

faith-heal/ing, *n.* -er, *n.* العِلاج عَن طَرِيق الإيمان والإيحاء

faithful, *a.* (**-ness,** *n.*) 1. (loyal) وَفِيّ (أَوْفِياء)، مُخْلِص، أَمين، صَدِيق، مُؤْمِن

old faithful, *n.* نَافُورَة طَبيعيّة في أمريكا

the faithful, *collect. n.* المُؤْمِنُون (بالله)

yours faithfully المُخْلِص (في نهاية الخطاب)

2. (accurate) صَحِيح ، بِدُون تَحْرِيف

faithless, *a.* (**-ness,** *n.*) خَائِن، خَدَّاع، مُخاتِل، خَاتِر؛ غَدْر، خِيانة

fake, *n.*, *a.* & *v.t.* زَائِف، مُزَيَّف، كاذِب، مُسْتَعار؛ زَيَّفَ، زَوَّرَ

fakir, *n.* فَقِير هِنْدِيّ، دَرْوِيش

falcon, *n.* صَقْر، باز، شَاهِين

falcon/er, *n.* **-ry,** *n.* مُدَرِّب الصُقور، صَقَّار؛ فنّ الصَيْد بالصُقور

fall (*pret.* fell, *past p.* fallen), *v.i.* 1. (drop, descend, collapse); *also fig.* سَقَطَ، وَقَعَ، نَزَلَ ، اِنْحَطَّ، هَوَى، اِنْهارَ، تَداعَى

fall between two stools فَشِلَ بِسَبَب تَرَدُّدِه بَيْنَ أَمْرَيْن، صاحب بَالَيْنِ كذّاب

fall by the wayside تَخَلَّفَ عن الرَّكب، لم يُوَاصِلْ...، سَقَطَ في منتَصَف الطَّريق

fall flat (*lit. & fig.*) سَقَطَ على الأرض، اِنْبَطَحَ؛ (تعليق) لم يَسْتَهوِ السامعين

fall for someone (*coll.*) شُغِفَ بها، وَقَعَ في غرَامِها، أُغرِمَ بها

fall on one's feet (*lit. & fig.*) وَثَبَ وسَقَطَ واقِفًا، خَرَجَ من المَأْزِق بِسَلام

fall apart تَفَكَّكَ، تَصَدَّعَ، تَفَسَّخَ (إلى أجزاء)

fallen woman إِمْرَأة ساقِطة

falling star نَجْمٌ هاوٍ، نَيْزك، شهاب

his eyes fell on وَقَعَ نَظَره على، وَقَعَت عَيْنُه على

his face fell تَجَهَّمَ وَجْهه، اِعْتَلَت وجهه الكآبة

let fall a remark لَمَّحَ في كلامِه إلى ...، أشار

he fell for the trick اِنْطَلَت عَلَيْه الحِيلة، جَازَت عليه الخِدْعة

2. (come, pass)

fall asleep غَلَبَه النُعاس أو النوم، نَامَ

fall in love وَقَعَ في الحبِّ أو الغَرام

fall into line (place) اِصْطَفَّ؛ انْسَجَمَ مع

fall on evil times ضَاقَت به الأيام

it falls to my lot وَمِنْ نَصِيبِي، يَقَعُ على عَاتِقِي، يَنبغي علي أن ..

3. (occur)

fall due اِسْتَحَقَّ (وَفاء الدَّيْن مثلاً)، حَان أو حَلَّ مَوْعِد (الدَّفْع)

Christmas falls on a Thursday يَقَع عِيد المِيلاد (أو يُصادِف) يومَ الخَميسِ (هذه السّنة)

4. (*adverbial compounds*)

fall away
(slope) اِنْحَدَرَ، مَالَ إلى الاِنْحِدار
(diminish) قَلَّ، تَضَاءَلَ، تناقَصَ

fall back (behind) تَرَاجَعَ، تَقَهْقَرَ، تَلَكَّأَ، تَأَخَّرَ (في دَفْع الأقْساط مَثلاً)

fall back on لَجَأَ إلى، رَكَنَ إلى، اِسْتَعان بِ

fall in
(collapse) تَقَوَّضَ، اِنْهار، هَبَطَ، خَسَفَ (السّقف)؛ اِنْتَهَى (العَقد)
(*mil.*) اِصْطَفَّ، تَصَافَّ

fall off (decrease) قَلَّ، تَنَاقَصَ، تَضَاءَلَ

fall on هَاجَم؛ وَقَع (الاخْتِيارُ) على ...

fall out
(quarrel) تَشَاجَرُوا، دَبَّ الشِّقاق بَيْنَهم، اِخْتَلَفوا
(*of hair*) سَقَطَ أو تَحَسَّرَ الشَّعْر، حَصَّ
(*mil.*) تَفَرَّقَ، اِنْصَرَفَ

fall-out, *n.* السَّقْط (نَوَوِيّات)

fall over سَقَطَ أو وَقَعَ على الأرض؛ اِنْقَلَبَ (إناءُ الزَّهْر مثلًا)

fall over each other to ... تَزَاحَمُوا أو تدافَعُوا في طَلَب ...

fall over oneself to ... بَذَلَ كُلَّ ما في وُسْعِهِ في سَبِيل ...

fall short of لَمْ يَفِ بِالحاجَة ، قَصُر أو نَقَص (عن المطلوب)

fall through (fail to happen) فَشِلَت (الخِطَّة)، اِنْتَهى (المَشْرُوع) بِالفَشَل

fall to
(begin to fight) شَرَعُوا في القِتال
(begin to eat) شَرَعَ في الأَكْل ، اِنْهالَ على الأَكْل بِشَهِيَّة
(devolve upon) وَقَع عَلى عاتِقِه

fall under the heading of وَرَد (الموضوع) تَحْتَ عُنْوانِ ... أو في باب ...

n. 1. (descent, precipitation) سُقُوط ، هُبُوط ، اِنْحِدار ، وُقُوع

fall in prices هُبُوط الأَسْعار أو انْخِفاضُها

2. (capitulation, collapse) اِنْهِيار ، سُقُوط ، اِسْتِسْلام (لِلعَدُوّ)

3. (lapse) زَلّة ، خطيئة ، سقطة

the Fall ⟨of Man⟩ الخَطِيئة الأُولى، سُقُوط آدَم

4. (*U.S.*, autumn) الخريف

5. (*often pl.*, waterfall) مَساقِط مائيّة ، شَلّال (شَلّالات)

fallacious, *a.* (حُجَّة) باطِلَة

fallacy, *n.* قِياس خاطِئ، مُغالَطة مَنْطِقيّة

fallen, *past p. of* **fall,** *v.i.*

the fallen صَرْعَى الحَرْب

fallib/le, *a.* (**-ility,** *n.*) غَيْر مَعْصُوم ، عُرْضَة لِلخَطَأ

Fallopian tube, *n.* قَناة فالُوب (تشريح)

fallow, *a.*; *also fig.* أَرْض تُحْرَث ثُمَّ تُتْرَك بِدُون زِراعة مَوْسِمًا كامِلًا لإراحتها ؛ غَيْر تامّ التَّدْرِيب ؛ (غَزال) بُنِّي فاتِح ومُرَقَّط

false, *a.* 1. (erroneous) بَاطِل ، كاذِب

false alarm إِنْذار كاذِب

false step عَثْرَة ، زَلَّة

2. (counterfeit, artificial) زائِف ، مُزَوَّر ، مُصْطَنَع ، مُفْتَعَل

false modesty حَياء مُصْطَنَع

false teeth أَسْنان صِناعِيّة أو اصْطِناعِيّة

3. (deceitful) خادِع ، خائِن ، غَدّار ، مُنافِق ، لا يُؤْتَمَن

false witness شَاهِد زُور

adv.

play someone false خَانَ شَخْصًا ، غَشَّه ، نَكَث عَهْدَه

falsehood, *n.* الكَذِب ، الزُّور ، الافْتِراء ؛ كِذْبَة ، أُكْذُوبَة

falsetto, *n.* صَوْت أَعْلى مِن الدَّرَجَة الطَّبِيعيّة في غِناء الرِّجال

falsif/y, *v.t.* (**-ication,** *n.*) زَوَّرَ ، زَيَّف ، مَوَّه ، دَلَّس ، حَرَّفَ ؛ تَزْوِير، تَزْيِيف

falsity, *n.* أُكْذُوبَة ، اِفْتِراء ، زُور ، زَيْف ، تَلْفِيق

falter, *v.i.* 1. (move hesitantly); *also fig.* تَعَثَّرَ ، تَرَدَّدَ ، تَثَبَّطَت (عَزِيمَتُهُ)

2. (speak hesitantly) تَلَعْثَمَ أَوْ تَلَجْلَجَ في الكَلام

fame, *n.* شُهْرَة ، سُمْعَة ، صِيت

house of ill fame بَيْت يُدار لِلدَّعارَة ، بَيْت الرِّيبة

famed, *a.* شَهِير ، مَشْهُور ، ذائِع الصِّيت

familiar, *a.* (-ity, *n.*) مَأْلُوف ، عادِيّ ؛ أُلْفَة

familiar with a subject ذُو إِلْمام بِمَوْضُوع

he is too familiar إِنَّه يَتَخَطَّى حُدُودَ اللِّيَاقَة

familiar spirit جِنِّيّ يَزْعَم أَنَّه يَخْدِم السّاحِر

familiarity breeds contempt الأُلْفَة الزّائِدة تُوَلِّد الكَراهية

familiariz/e, *v.t.* (-ation, *n.*) تَعَرَّف على مَعالِم المَوْضُوع ، جَعَل الشَّيْءَ مَأْلوفًا

family, *n.* 1. (group of related persons; *oft. attrib.*) عائِلة ، أُسْرة

the Holy Family العائِلة المُقَدَّسَة

it runs in the family يَتَوارَثُه الأَبْناء عَنِ الآباء

family allowance إِعانة ماليَّة تَتَقاضاها الأُسَرات الَّتي تَعُول أَكْثَر مِن طِفل

family tree شَجَرة العائِلة أَو النَّسَب (خَارِطة تُبَيِّن تَسَلْسُل النَّسَب)

in the family way اِمْرَأة حُبْلَى أَوحامِل

2. (offspring) أَوْلاد ، أَبْناء ، نَسْل ، أَنْجال ، خَلَف

family man رَبُّ أُسْرَة ، شَخص يُفَضِّل الحَياة العائِليَّة عَمّا سِواها

family planning تَنْظِيم النَّسْل

3. (grouping of natural genera or other objects) فَصِيلة (نَباتِيَّة أَوحَيَوانِيَّة)

famine, *n.* مَجاعَة ، قَحْط ، جَدْب

famish, *v.t. & i., esp. past p.* جَوَّعَ ، أَجاعَ ؛ جاعَ

be famishing يَكاد يَمُوت جُوعًا

famous, *a.* ؛ مَشْهُور ، شَهِير ، ذائِع الصِّيت هائِل ، رائِع (عامِّيَّة)

fan, *n.* 1. (device for cooling face) مِرْوَحَة (مَراوِح) ، مِهَفَّة ، پَنْكَة (عِراق)

2. (object so shaped; *usu. attrib.*) شَيْء بِشَكْل المِرْوَحَة

fan-light طاقَة بِأَعْلى الباب ، شَرّاعَة

fan-tailed, *a.* (ذَيْلحَمامَة) بِشَكْل مِرْوَحَة

3. (apparatus for making a current of air) مِرْوَحَة(كَهْرَبائِيَّة)

4. (*coll. contr.* of fanatic; devotee) مُعْجَب (بِفَنّان) ، مُؤَيِّد ، نَصِير (فَرِيق رِياضِيّ)

fan mail الرَّسائِل الَّتي يَتَسَلَّمُها الفَنّانون من المُعْجَبات والمُعْجَبِين بِهم

v.t. 1. (drive current of air on) هَوَّى ، رَوَّحَ بِمِرْوَحَة

fan the flame (*fig.*) زادَ لَهِيبَ (الغَضَب أَو الحَرْب) اِشْتِعالاً

2. (spread *out*); *also v.i.* اِنْتَشَرَ بِشَكْل مِرْوَحَة

fanatic, *n.* (-al, *a.*) مُتَعَصِّب ؛ تَعَصُّبِيّ

fanaticism, *n.* تَعَصُّب ؛ تَزَمُّت في العَقِيدة

fancier, *n., usu. in comb. as*
rose-fancier هَاوِي الوُرُود

fanciful, *a.* خَيَالِيّ، هَوَائِيّ، مُتَقَلِّب الأَطْوَار؛
وَهْمِيّ؛ غَرِيب؛ مُبَرْقَش، مُزَخْرَف

fancy, *n.* 1. (imagination; mental image) خَيَال،
وَهْم، تَخَيُّل، تَصَوُّر

2. (unfounded opinion) فِكْرَة وَهْمِيَّة

3. (capricious liking) هَوًى؛ وَحَم

take (catch) the fancy of اِسْتَهْوَى، أَعْجَبَ، فَتَنَ

take a fancy to somebody اِسْتَلْطَفَ، اِفْتَتَنَ
بِ، صَادَفَ هَوًى عِنْدَ

fancy-free, *a.* خَالِي الفُؤَاد مِن الحُبّ

fancy man عَشِيق، خَلِيل، رَفِيق؛
قَوَّاد

a. 1. (decorative) مُزَخْرَف، مُزَيَّن، مُحَلَّى

fancy cakes جَاتُوهَات مُنَوَّعَة وَمُزَيَّنة

fancy dress مَلَابِس تَنَكُّرِيَّة

fancy goods (*commerc.*) تُحَف وخُرْدَوات
مُنَوَّعَة تُعْرَض في مَخْزَن تِجَارِيّ

2. (extravagant)
fancy prices أَسْعَار خَيَالِيَّة أَو بَاهِظة

v.t. 1. (think, imagine) تَخَيَّل، تَوَهَّم،
تَصَوَّر، ظَنَّ

fancy that!; *also* just fancy! عَجِيب!
تَصَوَّر! تَخَيَّل!

I fancy you're right (في أَغْلَب الظَّنّ أَنَّك
مُصِيب (في رَأْيِك)

2. (like; have a good opinion of) مَالَ إِلَى
(شَيْء مَا)، أَحَبَّ، رَغِبَ في (القِرَاءة مَثَلًا)

fancy oneself كَانَ مُعْجَبًا بِنَفْسِه أَو مَغْرُورًا؛
مُتَبَاهٍ، مُتَرَفِّع، مُتَغَطْرِس

fancy one's chances ظَنَّ أَنه سَيَنْجَح

fandango, *n.* رَقْصَة اسبانية أَو موسيقَاها

fanfare, *n.* نَفْخُ الأَبْوَاق

fang, *n.* (*lit. & fig.*) نَاب (أَنْيَاب) الحَيَوَان،
نَاب الأَفْعَى

fantasia, *n.* فَانْتَازِيَا (مُوسِيقَى)

fantastic, *a.* عَجِيب، غَرِيب، هَائِل

fantasy (phantasy), *n.* خَيَال (أَخْيِلَة)،
وَهْم، رُؤْيَا (رُؤًى)

far, *a. & adv.* بَعِيد، قَاصٍ، أَقْصَى

far and away the best أَفْضل الجَمِيع،
يَفوق الآخَرين بِمَرَاحِل

far and wide في أَرْجَاء البِلَاد، في كُلّ
أَنْحَاء المَعْمُورَة

far be it from me to ... حَاشَايَ أَنْ ...

far from it! كَلَّا ... بِالعَكْس؛ أَسْتَغْفِرُ اللَّهَ!

far from well صِحَّتُه تَدْعُو إلى القَلَق

far into the night حَتَّى سَاعات مُتَأَخِّرة
مِن الليل

as far as possible بِقَدْرِ الإِمْكَان

as far as I know فِيمَا أَعْلَم، حَسَبَ
مَعْرِفَتِي، على مَا أَعْرِف

he will go far	سَيَكُونُ لَهُ شَأْنٌ عَظِيم
go far	(لا) يَكْفِي (الجُنَيْه) لِشِراءِ الكَثِير (اليَوْم)
go too far	جاوَزَ الحَدَّ
so far	إلى الآن ، إلى هَذا الحَدّ
far-away look	نَظْرَة حالِمة أو هائِمة أو شارِدة
far-famed, a.	ذائِع الصِّيت ، ذُو شُهْرة واسِعة
far-fetched, a.	(مُقارَنة) يَصْعُب تَصَوُّرُها أو تَصْدِيقُها ، (أَمْر) غير طَبيعيّ
far-flung, a.	شاسِع ، واسِع ، بَعِيد المَدَى ، مُتَرامِي الأَطْراف
far gone	لا يُمْكِن إصْلاحُه أو تَدارُكُه ، (مَرَض) في مَرْحَلة مُتَأَخِّرة
far-off, a.	قاصٍ ، ناءٍ ، بَعِيد جِدًّا
far-reaching, a.	(إِصْلاحات) بَعِيدة المَدَى ، (نَتائج) بَعِيدة الأَثَر
far-sighted, a.	طَوِيل البَصَر ؛ بَعِيد النَّظَر ، بَصِير بعَواقِب الأُمُور
n.	
by far	بِكَثِير ، إلى حَدٍّ بَعِيد
come from far	أَتَى مِن مَكان بَعِيد ، قَدِمَ مِن بُعْد
a.	
the far end of	الطَّرَف القاصِي من
a far cry from	بَعِيد جِدًّا عن ... ، على مَسافة بَعِيدة من ...
farad, n.	الفاراد ، وَحْدَة سَعَة الكَثافة الكَهْرَبائِيّة

farce, n. (lit. & fig.)	مَسْرَحِيّة هَزْلِيّة ، سَخِيفة ، مَهْزَلة
farcical, a.	هَزْلِيّ ، سَخِيف ، مُضْحِك
fare, n. 1. (cost of conveyance)	أُجْرة السَّفَر أو الرُّكُوب (في المُواصَلات العامّة)
return fare	ثَمَن تَذْكِرة الذَّهاب والإياب
2. (passenger)	راكِب مُقابِلَ أَجْر
3. (food provided)	أَكْل ، زاد ، طَعام
bill of fare	قائِمة المَأْكُولات بالمَطْعَم
v.i.	سارَ ، سافَر ؛ صارَ ، حَدَث
it will fare ill with him	سَوْف يَلْقَى ما لا تُحْمَد عُقْباه
farewell, n. & int.	الوَداع ؛ وَداعًا ! أَسْتَوْدِعُكَ اللَّه !
farinaceous, a.	(طَعام) نَشَوِيّ ، كَرْبُوهِيدْراتِيّ
farm, n. 1. (tract of land for cultivation)	مَزْرَعة ، ضَيْعَة (ضِياع) ، عِزْبة (عِزَب)
farm-hand	عامِلٌ زِراعِيّ ، فَلّاح أَجِير
farm-house	بَيْت المَزارِع
2. (farmer's domicile)	بَيْت المَزارِع
v.t. 1. (cultivate); also v.i.	فَلَح الأَرْض ، حَرَثَها ، زَرَعها ؛ قامَ بأَعْمال زِراعِيّة
2. (put out to contract)	أَكْرَى ، أَجَّر
farmer, n.	مُزارِع ، صاحِب مَزْرَعة
farming, n.	أَعْمال الزِّراعة أو الفِلاحَة
farmyard, n.	حَوْش المَزْرَعة أو فِناؤُها ، زَرِيبة

farrago, *n.* خَلِيط مُهَوَّش غَيْر مُتَجانِس

farrier, *n.* البَيْطار ، مَن يُعالِج الخَيْلَ ويُسَمِّر نِعالَها

farrow, *n. & v.i.* خِنَّوْص (خَنانِيص) ، وَلَدُ الخِنْزِير ؛ وَلَدَت (الخِنْزِيرة) خِنَّوْصًا

fart, *v.i. & n.* (*indelicate*) ضَرَطَ ، فَسا ، أخرج رِيحًا ؛ فَسْوَة

farther, *adv.* (ذَهَب) إلى أبْعَد مِن (هذا)

a. أكثر بُعْدًا من ، أبْعَد

farthermost, *a.* الأَقْصَى ، الأبْعَد

farthest, *a. & adv.* الأَقْصَى ؛ على أَقْصَى بُعْد

farthing, *n.* ¼ بنس (عُمْلَة بَطَل اسْتِعْمالها)

fascin/ate, *v.t.* (**-ation,** *n.*) فَتَنَ ، خَلَبَ ، سَحَر ؛ فِتْنَة ، سِحْر

Fasc/ism, *n.* (**-ist,** *n.*) الفاشِيَّة ؛ فَاشِيسْتِيّ

fashion, *n.* 1. (manner) نَمَط ، أُسْلُوب ، طَرِيقة ، مِنْوال

after a fashion تَنْقُصُه المَهارة في تَأْدِية أَمْر ما

2. (mode, esp. of dress) المُوضَة ، المُودَة ، طِراز ، زِيّ (أَزْياء)

in fashion مُطابِق للمُوضة أو الزِّيّ الحَدِيث

all the fashion (زِيّ) رائِج ، شائِع

set the fashion اِبْتَكَر (مُصَمِّم الأزياء) مُوضَة جَدِيدة وشاعَت بَيْنَ النّاس

fashion-plate صُورَة المُوضَة الرّائِجَة (في مَجَلّات الأزياء)؛ نموذج الملبس الأنيق

v.t. شَكَّلَ ، صَاغَ ؛ جَبَلَ

fashionable, *a.* مُطابِق لِلزِّيّ الحَدِيث أو المُوضَة الرّائِجَة

fast, *n. & v.i.* صَوْم ، صِيام ؛ صامَ

break one's fast فَطَر (الصّائم) ، أَفْطَر

a. 1. (fixed); *also adv.* ثَابِت ، مَتِين ، مَكِين ، مُسْتَقِرّ ، مُحْكَم ؛ بِإحْكام

fast asleep مُسْتَغْرِق في النَّوْم

fast colour لَوْن ثابِت

hard-and-fast rules قَواعِد يَجِب اتِّباعُها

hold fast أَحْكَم أو أَوْثَق قَبْضَته عَلى

make fast رَبَط (قارِبًا) ، شَدَّه ، أوثق أو أَحْكَم رَبْطَه

play fast and loose with خاتَلَ ، رَاوَغ ، خادَع ، لم يكن وَفِيًّا أو مُخْلِصًا لِ...

stand fast قاوَم بِإصْرار ، ثَبُتَ

2. (rapid); *also adv.* سَرِيع ، عَجِل ؛ سَرِيعًا ، بِسُرْعَة ، عَلى عَجَل

3. (*of timepieces*, in advance) ساعة مُقَدِّمة

4. (loose-living) خَلِيع ، فَاجِر ، فَاسِد ، مُنْغَمِس في المَلَذّات

fasten, *v.t. & i.* ثَبَّتَ ؛ رَبَط ، شَدَّ (حزامًا) ، أَغْلَق ، أَقْفَل ، أَوْصَد (بابًا)

the dress fastens at the side هذا الفستان يقفل أو يُزَرَّر مِن الجانِب

fasten the blame on حَمَّلَه التَّبِعَة ، أَلْقَى عَلَيْه اللَّوْم

fasten on to... تَعَلَّق أو تَمَسَّكَ أو تَشَبَّثَ بِ...

fasten up أَغْلَقَ ، أَقْفَلَ ، زَرَّرَ

fastener, *n.* دَبُّوس (للأَوْراق)، سُوسْتَة لِلمَلابِس (مصر)، سَحَّابة (عراق)

fastening, *n.* وُصْلَة، أَداة تَثْبِيت أو رَبْط

fastidious, *a.* (**-ness,** *n.*) صَعْب الإرْضاء، مُفْرِط في التَّدْقيق، مُبالِغ في التَّأَنُّق

fastness, *n.* حِصْن، قَلْعَة؛ ثَبات (اللَّوْن)

fat, *a.* بَدِين، سَمِين، مُكْتَنِز، ثَخِين؛ دَسِم، دُهْنِيّ

fat-head, *n.*, *whence* fat-headed, *a.* غَبِيّ، ثَخِين العَقْل، أَبْلَه، بَلِيد

(*fig.*, abundant) وَافِر، كَثِير، مُمْتَلِئ

a fat lot of good (*coll.*) لاَ يَنْفَع ولا يَشْفَع، لا يُغْنِي فَتِيلاً، زَيّ قِلَّته (مصر)

n. 1. (excess or adipose flesh; *fig.*, abundance) سِمَن، بَدَانَة؛ وَفْرَة، دَسَم

run to fat اِزْدَادَ سِمَنًا أو بَدَانة، تَرَهَّل

the fat of the land خَيْرات الأَرْض وأَطايِبُها

2. (grease) دُهْن، شَحْم، وَدَك، دَسَم

the fat is in the fire لَقَد وَقَع المَحْذُور، اِنْكَشَفْنا! رُحْنا في داهية!

3. (*chem.*) دُهْن

v.t., *esp. in*

fatted calf العِجْل المُسَمَّن أو المَعْلُوف

fata morgana, *n.* سَرَاب، وَهْم

fatal, *a.* 1. (fateful, decisive) مَحْتُوم، حَتْمِيّ، حاسِم

2. (lethal) مُمِيت، مُهْلِك

fatal/ism, *n.* (**-ist,** *n.*) مَذْهَب الجَبْرِيَّة، الإيمان بالقَضاء والقَدَر؛ جَبْرِيّ

fatality, *n.* كَارِثَة، نَكْبَة، فاجِعَة؛ ضَحِيَّة

fate, *n.* 1. (destiny) القِسْمَة والنَّصِيب، القَضاء والقَدَر، المَكْتُوب

2. (inevitable end; death) الأَجَل المَحْتوم، النِّهاية، المَصِير، المَنِيَّة

seal someone's fate قَرَّرَ مَصِير شَخْصٍ

v.t., *esp. pass.* قُدِّرَ له، كُتِبَ عَلَيْه، قُضِيَ (عَلى المَشْرُوع بالفَشَل)

fateful, *a.* (يَوْم) مَشْؤُوم

father, *n.* 1. (parent) أَب (آباء)، وَالِد

father-figure أَبٌ رَمْزِيّ تَتَجَسَّم فِيهِ رِعايَة الأَب

father-in-law الحَمُو (أَبُو الزَّوْج أو الزَّوْجَة)

play the heavy father اِتَّخَذ مَوْقِف الأَب الصَّارِم بِإزاء أَفْراد عائِلَته

the wish is father to the thought مَبْعَث اعْتِقادِك في شَيْء تَمَنِّيك إيّاه

2. (ancestor) جَدّ، سَلَف

3. (founder, elder) أَب، مُبْتَدِع، مُنْشِئ؛ من شُيُوخ أو كِبار (الكَنِيسة أو البَلَد)

the City Fathers أَعْيان أَو وُجُوه البَلَد

4. (title of respect or veneration)

Father Christmas بَابَا نُويل

Father Thames اِسْم يُطْلِقه النّاس عَلى نَهْر التِّيمز رَمْزًا للعَلاقة الوُدِّية بَيْنَهما

Father Time رَمْز لِلزَّمان أو الدَّهْر

5. (priest) أَب (قِسّيس)

the Holy Father قَداسَة البابا

6. (God) اللّٰه تعالى، الرَّب ، أبانا (الذي في السَّموات)

v.t. (*lit. & fig.*) وَلَدَ، نَسَلَ، أَنْسَلَ ؛ تبَنَّى (مشروعًا مثلًا)،اضْطَلَعَ بِمَسْؤُولِيّة

father a child on someone نَسَبَ (لفلان) أُبُوَّةَ طِفل ؛ أَلقى على عاتِقِهِ المَسْؤُولِيّة

fatherhood, *n.* أُبُوَّة

fatherland, *n.* الوَطَن ، بَلَد الآباء والأَجْداد

fatherly, *a.* ذو حُنُوّ أبويّ

fathom, *n.* قامَة ، مِقْياس الأَعْماق (يُساوي سِتَّة أَقْدام)

v.t. (*fig.*) سَبَرَ الغَوْر ، أَدْرَكَ المَعْنَى

fathomless, *a.* لا يُسْبَر غَوْرُه (لِشِدَّة عُمْقِه)

fatigue, *n.* 1. (weariness) إِعْياء ، تَعَب شَدِيد

2. (weakness in metals) كَلال المَعادِن

3. (soldier's non-military task) تَسْخِير الجُنْدِيّ في أَعْمال يَدَوِيّة كالتَّنْظِيف والطَّبْخ

v.t. أَتْعَبَ ، أَنْهَكَ ، أَعْيا ، أَكَلَّ

fatten, *v.t. & i.* سَمَّنَ (الماشية) ؛ سَمِنَ

fatty, *a.* دَسِم ، شَحْمِيّ ، دُهْنِيّ

fatu/ous, *a.* (**-ity,** *n.*) تافِه ، سَخِيف ؛ اِبْتِذال

faucet, *n.* (*esp. U.S.*) حَنَفِيَّة ، صُنْبُور

fault, *n.* 1. (physical or moral defect) عَيْب ، مَعابة ، خَلَل ، شائِبة ؛ خطأ أو غَلَط

find fault with عابَ ، عَيَّبَ ، اِنْتَقَدَ ، تلَمَّسَ نُقَطَ الضَّعْف أو القُصُور في...

fault-finding, *a.* عَيّاب ، كَثير النَّقْد للآخَرين

generous to a fault مُفْرِط في السَّخاء ، أَكْرَم مِن حاتِم طَيّ

at fault مُقَصِّر (في أداء واجِبه)، خانَتْنِي (الذّاكِرة)

2. (culpability) تَقْصِير ، خَطأ

3. (*geol.*) تَصَدُّع أو اِنكِسار في طَبَقات الأَرْض ، فَلْق (فُلُوق)

v.t. اِنْتَقَدَ ، عابَ ، خَطَّأَ

faultless, *a.* (**-ness,** *n.*) لا عَيْبَ فيه ، لا غُبار عليه ، بِدُون أيّ خَطأ

faulty, *a.* ناقِص ، به خَلَل ، مَعِيب

faun, *n.* إلٰه الغابات والحُقول عند الرُّومان

fauna, *n.* حَيَوانات عَصر معيَّن أو مِنطقة مُعَيَّنة

fauteuil, *n.* كُرْسِيّ بِمَسانِد ، فُوتيه

faux pas, *n.* هَفْوة تَتَنافى مع الذوق السليم

fav/our (*U.S.* **-or**), *n.* 1. (approval) رِضاء

in favour مَرْضِيّ عنه

out of favour مَغْضُوب عَلَيْهِ (من قِبَل...)

curry favour تَزَلَّفَ ، تَمَلَّقَ ، تَوَدَّدَ إلى

find favour with نالَ حُظْوَة عند (لَدى) ، حازَ رِضاه

by (with) your favour مِن فَضْلِك ، بِإِذْنِك

2. (kindness, partiality)

ask a favour طَلَب مَعْرُوفًا أو جَمِيلاً

do someone a favour صَنَعَ أو عَمِلَ مَعْرُوفًا أو جَمِيلاً لِفُلان

without fear or favour دُونَ تَحَيُّز أو مُحاباة، بِالعَدْل والإِنْصاف

3. (support, advantage)

in someone's favour لِصالِحِه أو مَصْلَحَته، (شيك) لِأَمْرِ فلان

be in favour of something حَبَّذَ، فَضَّلَ، أَيَّدَ، سانَدَ

v.t. تَفَضَّلَ عَلَيْه ب ؛ فَضَّلَ، أَيَّدَ، وافَقَ عَلَى؛ شابَهَ (أباه)

favourable, *a.* (فُرْصَة) مُؤاتِية، مُلائِمة، (ظروف) مُناسِبة، سانِحة؛ مُوافِق

favoured, *a.* مَوْهُوب، مُنعَم عليه

ill-favoured مَنْحُوس، سَيِّء الطَّالِع

well-favoured جَمِيل الطَّلْعة، وَسيم

most-favoured-nation, policy سِياسَة الأَفْضَلِيَّة، أولى الدُّوَل بالمراعاة (قانون دولي)

favo(u)rite, *n. & a.* المُفَضَّل، المُقَرَّب، المَحْبُوب؛ الحِصان المُرَجَّح فَوْزه

favouritism, *n.* مَحْسُوبِيَّة، مُحاباة

fawn, *n.* 1. (deer) ظَبْي، غَزال صغير

2. (colour); *also a.* (لَوْن) بُنِّيّ فاتِح، طَحِينِيّ

v.i. تَزَلَّفَ، تَمَلَّقَ، مَسَحَ جُوخًا

fay, *n.* جِنِّيَّة (في الشِّعْر الانكليزيّ)

fear, *n.* خَوْف، وَجَل، هَلَع، خَشْيَة

for fear of خَشْيَةَ أن، خَوْفًا مِن ...

put the fear of God into هَدَّده بالوَيْل الشَّدِيد، «أوَدّي جلدك للدّباغ» (عراق)

there's no fear of that لا تَخَفْ - فَوُقُوع الأمر بَعيد الاحْتِمال

no fear! (*coll.*) اِطْمَئِنْ! (فَلَنْ أَنْسِي)، لا أبدًا

v.t. & i. خافَ، خَشِيَ، هابَ، رَهِبَ

fear God خافَ أو خَشِيَ أو اتَّقَى الله

fear the worst تَوَجَّسَ شَرًّا من ...، تَوَقَّعَ أَسْوَأ الاحْتِمالات

fear for one's life خافَ على حَياتِه

fearful, *a.* 1. (terrible) مُخِيف، مُفْزِع، مُرِيع، مُرْعِب

2. (frightened *of*) خائِف، مُتَخَوِّف من

fearless, *a.* (**-ness,** *n.*) مِقْدام، جَرِيء

fearsome, *a.* مُخِيف، مُفْزِع

feasib/le, *a.* (**-ility,** *n.*) يُمْكِن إجْراؤه أو القِيام به ؛ (حِكاية) يُمْكِن تَصْدِيقها

feast, *n.* 1. (festival) عِيد (أَعْياد)، مَوْسِم

2. (sumptuous meal) وَلِيمَة (وَلائم)، مَأْدُبة (مَآدِب)، ضِيافة، عُزُومة، عَزِيمة

v.i. اِحْتَفَلَ، عَيَّدَ

v.t. أَقامَ وَلِيمَةً (لِلضَّيْف)

feast one's eyes on مَتَّعَ ناظِرَيْه بِمُشاهَدة ...، استمتع بالنَّظَر إلى ...

feat, *n.* مَأْثُرة (مآثِر)، عَمَل جَلِيل أو فَذّ، مَفْخَرة (مفاخِر)

feather, *n.* رِيشَة ، رِيشَة السَّهْم ؛ رِيش

feather-bed, *v.t.* (*fig.*) بَالَغ في تَدْلِيله وتَرْفِيهه

feather-brained أَهْوَج، أَرْعَن، خَفيف العَقْل، شارِد الفِكر، أَهْبَل

feather-duster فُرْشَة من الرِّيش، مِنْفضة (مَنافِض)

feather-weight وَزْن الرِّيشة (في المُلاكَمَة)

a feather in one's cap غُرَّة في جَبِينِه

show the white feather بَدَت عَلَيه علائم الجُبْن

v.t. رَاشَ (سهمًا)؛ حَرَّكَ المِجْدَاف برِفْق

feather one's nest (*fig.*) أَثْرَى على حِساب الغَيْر ، اِسْتَغَلّ وَظِيفَتَه في تَكْوِين ثَرْوَة

our feathered friends الطُّيور

feathery, *a.* رِيشِيّ، مُغَطًّى بالرِّيش ؛ (فَطِيرَة) خفيفه جِدًّا

feature, *n.* 1. (*usu. pl.*, lineament) مَلَامِح أو قَسَمَات أو تقاطيع الوَجْه ؛ تضاريس (الأرض)

2. (characteristic) مِيزة، صِفَة مميِّزة، سِمَة، من خصائص

3. (prominent newspaper article, film, etc.) مَقال صحفيّ ذو أهمّيّة خاصّة ؛ فيلم رئيسيّ

v.t. مَيَّزَ، عَلَّمَ ؛ أعطَى أهمّيّة خاصّة ل.. ؛ قَامَ بالدّور الرّئيسيّ في فيلم

febrile, *a.* حُمِّيّ، مُتعلّق بالحمى، محموم

February, *n.* فِبْرَايِر، شُباط

feckless, *a.* (**-ness,** *n.*) مُهْمِل، مُتهاوِن ؛ مُسْتَهْتِر، لا مُبالٍ ؛ ضَعِيف

fecund, *a.* (**-ity,** *n.*) (اِمْرَأة) وَلُود، كَثِيرة الإنسال ؛ (كاتِب) خَصِب القَرِيحَة

fecundate, *v.t.* أَخْصَبَ، لَقَّحَ

fed, *pret. & past p. of* **feed,** *v.t. & i.*

federal, *a.* فِيدِرَالِيّ، اِتِّحادِيّ

federal/ism, *n.* (**-ist,** *n.*) الفِيدْرالِيَّة، اِتِّحاد دَوْلَتَيْن أو أكثر مع احتفاظ كلّ باستقلالها

feder/ate, *v.t.* (**-ation,** *n.*) وَحَّدَ أو اتَّحَدَ في نِظام فِيدرالِيّ ؛ اتِّحاد فِيدرالِيّ

fee, *n.* 1. (*leg.*, estate) إقْطَاعِيَّة ؛ عَقار مَوْرُوث

2. (payment) أَتْعَاب، مُكافأة، أُجْرة، رُسوم

fee-paying school مَدْرَسة بِمَصْرُوفات أو رُسوم

feeble, *a.* (**-ness,** *n.*) وَاهِن، ضَعِيف البَدَن ؛ (ضَوْء) خافِت أو ضئيل ؛ (حجّة) واهية

feeble-minded, *a.* ضَعِيف العَقْل، أحْمق، أَبْلَه، مَعْتُوه

feed, *v.t.* 1. (supply with food) أَطْعَمَ، غَذَّى، أَقاتَ، أرضع (طفلاً)

feeding-bottle زُجَاجة الرِّضاعة، بِزّازة

feed someone up (give extra nourishment) غَذَّى (مريضًا) تغذية جيِّدة

fed up (*coll.*) ضَجِر، سَئِم، بَرِم ؛ ضاق ذَرْعًا ؛ طهقان، قرْفان (مصر)

2. (keep supplied) مَوَّن، غَذَّى، أَمَدَّ

feed-pipe أُنْبُوب التَّغْذِية (هندسة)

v.i. أَكل، طَعِم، اِقْتات، تَغَذَّى

n. 1. (act of feeding; *coll.*, meal) تَغْذِيَة، إِطْعَام، إِقَاتَة؛ طَعَام؛ عُزُومة (عامِّيَّة)

go off one's feed فَقَدَ شَهِيَّتَه

2. (supply) تَمْوِين، تَغْذِيَة

feedback, *n.* تَغْذِيَة مُرْتَدَّة (كَهْرباء)

feeder, *n.* 1. (feeding-bottle) بَزَّازة، زُجاجة الرَّضاعة

2. (child's bib) مَرْيَلَة الطِّفل، صَدْرِيَّته

3. (tributary stream) فَرْع النَّهر، رافِد (رَوافِد)

4. (*elec.*) مُغَذٍّ (كَهْرباء)

feel (*pret. & past p.* felt), *v.t. & i.* 1. (touch; explore by touch) أَحَسَّ، تَحَسَّسَ، لَمَسَ

feel someone's pulse جَسَّ نَبْضَه

feel one's way (*lit. & fig.*) تَلَمَّسَ أو تَحَسَّسَ طَرِيقَهُ، تَقَدَّم حَذِرًا مُتَئِدًا

feel ⟨about⟩ for something تَحَسَّسَ باحِثًا عن شَيْء، فَتَّشَ (في جُيوبه مثلًا) عَن شيء

feel for words تَلَمَّسَ الكَلِمات

2. (be conscious of) شَعَرَ أو أَحَسَّ ب

feel one's feet اِسْتَوْثَقَ من مَوْضِع لِقَدَمَيْه، وَطَّدَ قَدَمَيْه في، اِعْتادَ على

feel the weight of his years أَحَسَّ بِثِقَل السِّنِين ووَطْأَة الأَعْوام

(*fig.*, be moved by; experience)

feel sympathy for شَعَر بالعَطْف والحَنان نَحْوَ ...

feel for someone شَارَكَه الحُزْن؛ عَطَفَ عليه

3. (seem)

feel fine شَعَر بالارْتِياح؛ تَمَتَّع بالصِّحَّة والعافِية

feel well شَعَرَ بصِحَّة جَيِّدة

feel like crying شَعَرَ بحُزْن شديد

feel like a drink شَعَر برَغْبة في الشُّرْب؛ هَلْ تحبّ أن تَشْرَب شيئًا؟

feel sure تأَكَّد، تَيَقَّن، وَثِق

I do not feel up to it لَسْتُ في حالٍ تَسْمَح لي (بالقِيام بالأَمْر)

how do you feel? كَيْفَ حالُك؟ كيف صِحَّتك؟

I don't feel quite myself لَيْسَت صِحَّتي على ما يُرام، صِحَّتي مُتَوَعِّكة بعض الشيء

it feels as if يَظْهَر أو يَبْدُو أَنَّ (أَمْرًا على وَشْك الوُقوع)

4. (consider, believe) ظَنَّ، اِعْتَبَرَ، رَأَى، اِعْتَقَدَ

n. لَمْس، جَسّ، مَسّ

get the feel of something أَلِف اسْتِعْمال (جهاز مثلًا)، تَعَوَّد عليه

feeler, *n.* لَامِس، قَرْن الاسْتِشْعار (حشرات)

(*fig.*)

put out feelers جَسَّ النَّبْض، اِسْتَطْلَع الجَوّ

feeling, *n.* 1. (sensation, sense, intuition) حِسّ، شُعُور؛ حَدْس، إِحْساس

lose all feeling تَخَدَّرَ حِسُّه

2. (emotion) شُعُور ، إِحْساس

ill-feeling سُوء النِّيّة ، بَغْضاء ، عَداوَة ، شَحْناء ، ضَغِينَة

arouse strong feelings أَلْهَب العَواطِف ، أَثار الوِجْدان

show one's feelings أَظْهَر مَشاعِره ، عَبَّرَ عَن عَواطِفه وإِحْساساتِه

3. (*pl.*, susceptibilities)

hurt someone's feelings جَرَح إِحْساسَه ، آذى مَشاعِرَه

a. حَنُون ، عَطُوف

feet, *pl. of* **foot**

feign, *v.t. & i.* تَظاهَر ، تَصَنَّع

feint, *n. & v.i.* حَرَكَة لِتَضْلِيل العَدُوّ (في المُبارَزَة والمُلاكَمَة والقِتال)

felicit/ate, *v.t.* (**-ation,** *n.*) هَنَّأَ ، قَدَّم التَّهانِئ ؛ تَهْنِئَة

felicitous, *a.* (مُلاحَظَة) مُناسِبَة للمَوْقِف ، لَها وَقْع حَسَن في النُّفوس

felicity, *n.* 1. (happiness) سَعادة ، هَناء ، غِبْطَة ، مَسَرَّة

2. (appropriateness) كِياسَة ، لَباقَة ، حُسْن التَّعْبِير أو الاخْتِيار

feline, *a. & n.* نِسْبَةً إلى فَصِيلة السِّنَّوْر ؛ يُشْبِه القِطّ في الخِفَّة والسُّرْعَة ؛ ماكِر

fell, *v.t.* قَطَع (شَجَرَة) ، صَرَع ، جَنْدَل ، أَوْقَعَ ، أَسْقَطَ

a. (*poet.*) عَنِيف ، فَظِيع ، رَهِيب

at one fell swoop بِضَرْبَة قاضِيَة

n. 1. (hide) جِلْد حَيَوان حَدِيث الذَّبْح

2. (upland) هِضاب بِشَمال انْكِلْتِرا

fell, *pret. of* **fall,** *v.i.* وَقَع ، سَقَط ، هَوَى ، هَبَط ، خَرَّ

fellah (*pl.* -een, -s), *n.* فَلّاح (مِصْرِي)

fellow, *n.* 1. (comrade, associate; *usu. attrib. in comb.*) زَمِيل ، رَفِيق

hail-fellow-well-met, *a.* (شخص) يُصادِق كُلَّ من يصادفه ، بَحْبُوح

fellow-creature أَخٌ في البَشَرِيّة

fellow-countryman مُواطِن مِن نَفْس البَلَد

fellow-feeling مُشارَكَة في الشُّعُور

fellow-traveller (*lit.*) رَفِيق في السَّفَر

(*polit.*) رَفِيق الطَّرِيق ، مَن يُناصِر الحِزْب الشُّيُوعِيّ دُونَ الانْتِماء إليه

2. (member of college or society) زَمِيل كُلِّيَّة

3. (the other one of a pair) الفَرْد الآخَر (قُفّاز أو حِذاء الخ)

4. (man, boy) شَخْص ، جَدَع (مصر) ، جَذَع (عراق) ، زَلَمَة (سوريا)

fellowship, *n.* 1. (companionship) رِفْقَة ، صُحْبَة ، زَمالة

2. (fraternity; body of associates) أُخُوَّة ، زَمالَة ، رابِطة

3. (college dignity or emolument) زَمالَة

felo de se, *n.* الانْتِحار ، قَتْل النَّفْس

felon, *n.* مُجْرِم ، مُذْنِب ، جانٍ (جُناة) ، أَثِيم (أَثَمَة)

felon/y, *n.* (**-ious**, *a.*) جُرْم ، جِناية ، إِثْم

felspar, *n.* الفلسبار ، سليكات الألومنيوم

felt, *n.*; *also v.t. & i.* اللِّبّاد ؛ لَبَّدَ ، تَلَبَّد (الصُّوف أو الشَّعْر)

felt, *pret. & past p. of* **feel**, *v.t. & i.*

female, *a. & n.* مُؤَنَّث ، أُنْثَوِيّ ؛ أُنْثَى

female screw قَلاوُوظ داخِلِيّ (هندسة)

feminine, *a.* 1. (of the female sex) مُؤَنَّث ، أُنْثَوِيّ ، نِسْوِيّ

2. (*gram.*) المُؤَنَّث

3. (womanly) نِسْوِيّ ، نِسائِيّ

femininity, *n.* الأُنُوثَة

femin/ism, *n.*, **-ist**, *n.* مَبْدَأ المُساوَاة بَيْنَ الرَّجُل والمَرْأة في مُخْتلف الحُقوق

fem/ur, *n.* (**-oral**, *a.*) عَظْم الفَخْذ (تشريح)

fen, *n.* مُسْتَنْقَعات تَحْتَ مُسْتَوَى سَطْح البَحْر

fence, *n.* 1. (railing, *etc.*) سِياج ، سُور

sit on the fence (*fig.*) بَقِي على الحِياد ، لَزِم الحِيادَ بِإزاءِ طَرَفَيْن مُتَخاصِمَيْن

2. (receiver of stolen goods) تاجِر يَحْتَفِظ بِالسِّلع المَسْرُوقة

v.t. 1. (shut *in, out, off*) سَيَّج ، حَجَز ، حَظَرَ (الماشية) في زريبة

2. (practice swordplay); *also fig.* سَايَف ، بَارَز بالسَّيْف ؛ تَمَلَّص مِن الإجابة

fencing, *n.* 1. (swordplay) لُعْبَة الشِّيش أو المُسايَفة ؛ المُراوَغة

2. (railing) سِيَاج ، مَادَّة تُسْتَعْمَل في بِناء الأَسْيَاج

fend, *v.t.* (ward *off*) صَانَ أو وَقَى نَفْسَه (من ضَرْبة مثلاً) ، دَرَأ (الخَطَر)

v.i. (provide *for oneself*) عَالَ نَفْسَه (بِنَفْسِه)، دَبَّر أمور مَعِيشَتِه بِنَفْسِه

fender, *n.* 1. (*naut.*) مِصَدّ ، حاجِز لِدَفْع خَطَر الصِّدام عن جِسْم السَّفِينة

2. (*U.S.*, bumper of car) مِصَدّ ، حاجِز اصْطِدام

3. (fire-guard) حَاجِز مُنْخَفِض حَوْل المدفأة

fennel, *n.* شَمَار ، شُمْرَة ، شُومَار ، رازِيَانِج (نَبات عُشْبِيّ تَفوح مِنه رَائِحَة ذَكِيّة)

ferment, *v.t. & i.* (**-ation**, *n.*) خَمَّر ، تَخَمَّر ، اِخْتَمَر ؛ تَخَمُّر

(*fig.*) أَثار ، أَهاج ، هَيَّج

n. (*lit. & fig.*) خَمِيرة ؛ تَخَمُّر ، تَخْمِير ؛ هِيَاج ، اِضْطِراب

fern, *n.* خَنْشار ، سَرْخَس (نبات)

feroc/ious, *a.* (**-ity**, **-iousness**, *n.*) وَحْشِيّ ، مُفْتَرِس ، كاسِر ؛ شَراسَة ، وَحْشِيّة

ferret, *n.* النِّمْس ، اِبْن مِقْرَض (حَيوان شَبِيه بِابْن عِرْس)

v.i. & t. صَادَ الأَرانِب مُسْتَعِينًا بِابْن مِقْرَض

ferret out وَجَد بَعْد الدَّأْب في البَحْث والتَّفْتِيش

ferric, *a.* حَدِيدِيّ ، حَدِيديك (كيمياء)

ferrite, *n.* الفِرِّيت (مُرَكَّب حَدِيدِيّ)

ferro-, *in comb.* (بَادِئة بِمَعْنَى) حَدِيديّ ، يتضمَّن حَديدًا

ferro-concrete خَرَسانة أو أَسْمَنْت مُسَلَّح

ferrous, *a.* حَدِيدُوز (كيمياء)

ferruginous, *a.* حَدِيدِيّ ، مَخْلُوط بِالحَدِيد أو بِصَدَأ الحَدِيد

ferrule, *n.* حَلْقة مَعْدِنيّة لِوِقاية طرف العصا مَثَلًا

ferry, *n.* & *v.t.* مِعْبَر ، مُعَدِّيَة ؛ نَقَلَ بِمِعْبر مَائِيّ أو جوّيّ

ferryman, *n.* مُعَدَّاوِي ، مَرَاكِبِي (مصر)

fertil/e, *a.* (**-ity**, *n.*) (*lit.* & *fig.*) خَصِب ، مُثْمِر ، وَلُود ؛ خُصُوبة

fertiliz/e, *v.t.* (**-ation**, *n.*) سَمَّدَ الأرْض ، أَخْصَبَ ، أَلْقَح أو لَقَّحَ

fertilizer, *n.* سَماد ، سِباخ ، مُخَصِّب

ferv/ent, *a.* (**-ency**, *n.*) مُلْتَهِب ، مُتأجِّج ، جَيَّاش ، مُتحمِّس ، مُتَّقِد ، مُضْطَرِم

fervid, *a.* حَارّ ، غَيور ، مُتوقِّد ، مُشْتَعِل

ferv/our (*U.S.* **-or**), *n.* حَمِيّة ، لَهِيب ، حَماس ، حَرَارة ، تَحَمُّس

festal, *a.* عِيديّ ، اِحتِفاليّ ؛ (مناسَبة) بهيجة

fester, *v.i.* قاحَ (الجُرْح) ، تَقَيَّح ، غَذَّ ؛ تَعَفَّن ؛ (أَخذَت الضَّغِينة) تَنْخُر في قَلْبِه

festival, *n.* عِيد ، مِهْرجان ، مَوْسِم

festive, *a.* حَافِل بالبَهْجة ، مُتعلِّق بالأعياد

festivity, *n.* فَرَح ، حَفْل ، احتِفال ، اِبتهاج

festoon, *n.* & *v.t.* حَبْل مِن أوراق الزِّينة أو إكْلِيل مِن الزُّهور ؛ علّق الزِّينة على الجدران

fetch, *v.t.* 1. (go for and bring back) جَلَبَ ، جَاءَ ب ، أَحْضَرَ ، ذَهَبَ لإحضار

fetch and carry قَامَ بخَدَمات بَسيطة

2. (realize *a price*) وَصَلَ ثمن السِّلعة إلى ...

fetching, *a.* (فَتاة) جَذّابَة ، (اِبْتِسامَة) خَلّابَة ، (قُبَّعَة) جَمِيلة

fête, *n.* حَفْلَة خَيْرِيَّة (في حديقة عادةً)

v.t. أَقامَ حَفْل تكريم لِ

fetid (**foetid**), *a.* كَرِيه الرَّائحة ، نَتِن ، عَفِن ، (هواء) فاسِد

fetish, *n.* (*lit.* & *fig.*) شَيْء مَعْبود ، صَنَم ، وَثَن

he made a fetish of . . . بَالَغ في الاهْتِمام بالشَّيْء حَتّى كادَ أن يَجْعَله مَعْبُودًا

fetish/ism, *n.*, **-ist**, *n.* الفتشية (نوع من الاِنْحِراف الجِنسِيّ)

fetlock, *n.* ثُنّة (شَعْر برُسغ الحِصان)

fetter, *n.* قَيْد (قُيُود) ، غُلّ (أَغْلال) ، صَفَد (أَصْفاد) ، كَبْل (أَكْبال)

v.t. (*lit.* & *fig.*) غَلَّل ، صَفَدَ ، شَدَّ وِثَاقَه ، قَيَّدَ ؛ عَاقَ ، عَرْقَلَ

fettle, *n.*, *only in*

in fine fettle بِصِحّة جَيِّدة ، بِعافِية

fetus, *see* **foetus**

feud, *n.* عَداء مُسْتَحكم بيْن أُسْرتين أو قَبِيلَتَيْن ، (بينهما) ثأر أو خُصومة

feudal, *a.* إقْطاعِيّ

feudalism, *n.* نِظام إقطاعِيّ ، إقطاعِيّة

feuilleton, *n.* مَقالة أدبيّة أو هزليّة في جريدة ، قِصّة مُسَلْسَلة

fever, *n.* حُمَّى، اِرْتِفاع دَرَجة حَرارة الجِسْم

at fever heat (pitch) مَحْموم، على أَشَدّ ما يكون

fevered, *a.* مُصَاب بالحُمَّى، مَحْموم

feverish, *a.* مَحْمُوم ؛ شَدِيد (النَّشاط)

few, *a. & pron.* (عَدَد) قَلِيل مِن، قلائل، بِضْع

some few عَدَد لَيْس بالقليل، لا يُسْتَهان بِهِ، لا بأس به

quite a few عَدَد لَيْس بالقليل، عَدَد لا بَأْسَ به

a good few عَدَد غَيْر يَسير، عَدَد كَبِير

few and far between نَادِر، غير كثير الحُدُوث، يَقَع على فَتَرات مُتَباعِدة

fez, *n.* طَرْبُوش (طرابيش)

fiacre, *n.* عَرَبَة أُجْرة صَغِيرة كالحَنْطور

fianc/é (*fem.* **-ée**), *n.* خَطِيب، خَطِيبة

fiasco, *n.* فَشَل ذَرِيع

fiat, *n.* إِجْرَاء أو أَمْر رَسْمِيّ، ’فَلْيَكُنْ‘

fib, *n. & v.i.* كَذِبَة بَسِيطة أو بَيْضاء، كَذب لا يُقْصَد مِنه أذًى

fib/re (*U.S.* **-er**), *n.* لِيف (أَلياف)، تِيلة (القطن)، أَنسِجة (العَضَلات)

(*fig.*)
moral fibre تَكْوِين خُلقِي مَتين

fibroid, *a. & n.* لِيفِيّ ؛ وَرَم لِيفِيّ (طبّ)

fibrositis, *n.* اِلْتِهاب النَّسِيج اللِّيفِيّ، رُومَاتِزْم عَضَلِيّ

fibrous, *a.* لِيفِيّ، ذو أَلياف

fibula, *n.* الشَّظِيَّة، القَصَبة الصُّغْرَى (تشريح)

fichu, *n.* مِنْدِيل لِلعُنُق، ’إيشارْب‘ لِلنِّساء

fickle, *a.* مُتَغَيِّر، مُتَقَلِّب الأَطْوار، لا يُعْتَمَد عليه

fiction, *n.* اِخْتِلاق، خُرَافة، خَيَال ؛ قِصَص أو رِوايات (خَيالية)

art of fiction فَنّ القِصّة

science fiction رِوَايَات قائمة على الخيال العِلْمِيّ

fictional, *a.* قَصَصِيّ، خَيالِيّ

fictitious, *a.* (اِسْم) مُخْتَلَق أو غير حقيقيّ، تَصَوُّرِيّ، وَهْمِيّ ؛ اِفْتِراضِيّ

fiddle, *n.* **1.** (violin) كَمان، كَمَنْجَة

fit as a fiddle بِصِحّة جَيِّدة، مَوفُور الصِّحّة، بعافية، على ما يُرام

play second fiddle (to) قَامَ بِدَوْر ثانوي (في مُهِمَّة)، عَمِلَ مرؤوسًا لفلان

2. (*sl.*, piece of trickery) تَحَايُل، غِشّ، اِحْتِيَال، تَلاعُب (في دفاتر الحِسابات)

v.i. **1.** (play violin); *also v.t.* عَزَف أو لَعِبَ (على) الكَمان

2. (tinker) عَبِثَ ب، أَضَاعَ وَقْتَه عَبَثًا

v.t. (*sl.*, swindle, fake) اِحْتَالَ أو نَصَبَ عَلَى، غَشّ، خَدَعَ

fiddlesticks, *int.* كَلَام فارِغ ! هُراء !

fiddling, *a.* تَافِه، طَفِيف، زَهِيد

fidelity, *n.* وَفَاء، وَلاء، أَمانة ؛ دِقّة

fidget, *v.i. & t.* أَتى بحَرَكات عَصَبِيَّة ، تَمَلْمَل من الضَّجَر ؛ أَضْجَر

n. 1. (restless mood) تَمَلْمُل، ضَجَر، قَلَق

2. (restless person) عصبي المزاج ، مُتَمَلْمِل

fidgety, *a.* مُتَمَلْمِل ، ضَجِر

fiduciary, *a. & n.* النُّقُود الورقيّة الائتمانيّة (بِدُون غطاء ذهبيّ)

fie, *int.* تَبًّا لك! أفّ! يا للخِزْي!

fief, *n.* ضَيْعة إقطاعِيّة

field, *n.* 1. (enclosed piece of land) حَقْل (حُقول)، غَيْط (غِيطان)، مَرْج (مُرُوج)

field-mouse فَأْر الغَيْط، فأر بَرّيّ

field events أَلْعَاب المَيْدان (رياضة)

2. (ground exploited for industrial purposes)

oil-field حُقول الزَّيْت، مِنْطقة آبار النَّفْط أو البترول

coal-field مِنْطَقة مناجِم الفَحْم، حُقُول الفَحم

3. (*mil.*) مَيْدَان أو ساحة القِتال

field artillery مِدفَعِيّة المَيْدان

field-day; *also fig.* يَوْم تُجرَى فيه مناورات عَسْكَرِيّة للتفتيش ؛ يوم مَشْهود

field dressing ضِمادات الإسْعاف (عسكريّة)

field-glasses نَظّارة مَيْدان

field hospital مُسْتَشفَى المَيْدان

Field Marshal مُشِير، مارشال

take the field نَزَلَ إلى مَيْدان المعركة، بَاشَرَ أو شَرَعَ في القتال

4. (competitors in races, etc.) المُتَسابِقُون في الألعاب الرِّياضيّة

5. (*cricket*) مَيْدَان أو مَلْعَب الكرِيكت

6. (area of operation, study, etc.) مَيْدَان، حَقْل، مِضْمار، مَجال (الاخْتِصاص)

field of vision (view) مَجال الرُّؤْيَة أو البَصَر، مَرْمَى النَّظر

7. (*elec.*) مَجال كَهْرَبائيّ أو مَغْنَطِيسيّ

v.t. & i. اِلْتَقَف الكُرَة ثمّ أعادَها (في الكريكيت والبيسبول)

fiend, *n.* شَيْطان، إبليس

(*fig.*) طَاغِية، مُتَجبِّر، فِرْعون

fresh-air fiend شَدِيد الوَلَع بالهَواء الطَّلْق

fiendish, *a.* (**-ness,** *n.*) شَيْطانِيّ ، (شخص) شِرِّير، قاسٍ ؛ وَحْشِيَّة

fierce, *a.* (**-ness,** *n.*) مُتَوَحِّش، ضارٍ، كاسِر؛ شرِس؛ (موج) عاتٍ

fiery, *a.* (*lit. & fig.*) نارِيّ، مُتَّقِد، مُضْطَرِم، مُلْتَهِب، حَماسِيّ

fiery temper سُرْعَة الغَضَب والانْفِعال

fiesta, *n.* اِحْتِفَال بِالْعِيد، مَوْلِد، مَوْسِم ديني

fife, *n.* مِزْمار مِن نَوْع خاصّ

fifteen, *a. & n.* خَمْسة عَشَر، خَمْس عَشْرَة

fifteenth, *a. & n.* الخامِس عَشر

fifth, *a.* الخامِس ، الخامِسة

fifth column الطّابور الخامِس

n. 1. (fraction) خُمْس (أَخْماس)

2. (mus. interval) البُعْد المُوسِيقِيّ بَيْن c و g

fiftieth, *a. & n.* الخَمْسون ؛ جُزء مِن خَمْسِين

fifty, *a. & n.* خَمْسُون

fifty-fifty مُناصَفَةً ، بِالنِّصف ، نِصْفًا بِنِصْف (في النَّفَقات مَثلاً)

go fifty-fifty تَشارَكا في النَّفَقات مُناصَفةً، دَفَع كُلٌّ مِنْهُما نِصْف المَبْلَغ

in one's fifties في الخَمْسِينات مِن عُمْرِه

fig, *n.* تِينَة ، تِين

I don't give a fig for him لا يَهُمّني رَأْيُه مُطْلَقًا ، لاقِيمَة (لِكلامِه) في نَظَري

fight (*pret. & past p.* fought), *v.i. & t.*

(*lit. & fig.*) قاتَل ، حارَب ، تَقاتَل ، تَحارَب ؛ كافَح ، ناضَل

fight down (*fig.*) قَمَع (عَواطِفه) ، قَهَرَها

fight off (*lit. & fig.*) قاوَم ، كافَح

fight it out تَجادَلُوا حَتّى تَوَصَّلوا إلى حلٍّ

fight one's way out شَقَّ طَرِيقه (في الحَياة) بِصُعوبة ومَشَقَّة

fight shy of تَحاشَى ، نَفَرَ من ...

a fighting chance (أُتِيحَت له) فُرْصَة النَّجاح في ظُرُوف حَرِجَة

fighting fit بِأَكْمَل صِحَّة وعافِية

n. صِراع ، كِفاح ، جِهاد ؛ شِجار

free fight اِخْتِلاط الحابِل بالنّابِل في العِراك

put up a good fight أَظْهَر بَسالة في الكِفاح ، بَذَل جُهدًا كَبِيرا في المُقاوَمَة

show fight لم يَجْبُن عَن المُقاوَمة

fighter, *n.* 1. (person) مُقاتِل ، مُحارِب ، مُكافِح ، مُناضِل ، مُجاهِد

2. (aircraft) طائِرة مُقاتِلة

figment, *n.* (مِن) نَسْج الخَيال

figuration, *n.* تَشْكِيل ، قالَب ؛ زُخْرُف مُوسِيقِيّ

figurative, *a.* تَصْوِيرِيّ ؛ مَجازِيّ ، اِسْتِعارِيّ

figure, *n.* 1. (shape) قَوام ، شَكْل ، مَظْهَر

she has a good figure لَها قَوام رَشِيق ، إنّها ذات قَدٍّ مَيّاس

keep one's figure حافَظ على رَشاقة جِسْمِه

2. (person as seen)

figure of fun مَوْضِع سُخْرِيَة النّاس، أُضْحُوكة

cut a poor figure ظَهَر بِمَظْهَر مُخْجِل ، لَمْ يَكُنْ مَظْهَرُه لائِقًا

3. (image, statue) تِمْثال ، صُورَة ، دُمْيَة

figure-head صُورَة مَنْحُوتَة في مُقَدَّم السَّفِينة ؛ رَئِيس رَمْزِيّ

4. (illustrative diagram, etc.) شَكْل هَنْدَسِيّ ، رَسْم إيضاحِيّ

figure of speech مَجاز ، اِسْتِعارة ، تَشْبِيه (عِلْم البَدِيع)

figure-skating تَأْدِيَة حَرَكات مُتَناسِقة مُتَنَوِّعة أَثْناء التَّزَحْلُق على الجَلِيد

5. (numerical symbol) رَقْم ، عَدَد

have a head for figures لَهُ مَهارة فائقة في الحِسَاب

in round figures عَدَد مُقَرَّب إلى العَشَرَة أو المائة أو الألف الخ.

double figures عَدَد مُكَوَّن مِن رَقْمَيْن (أكبر مِن ٩ وأقلّ من ١٠٠)

6. (sum of money) مَبْلغ من المال، رَقم

v.t. 1. (imagine) تَخَيَّلَ، تَصَوَّرَ

2. (embellish with pattern) زَرْكَشَ، زَخْرَفَ

3. (*coll., usu. with advs.* up, out; reckon) حَسَبَ، تَوَصَّلَ إلى الحلّ

v.i. 1. (appear, take part) بَدا، ظَهَرَ، إشْتَرَكَ

2. (*coll.*, reckon *on*) تَوَقَّعَ، قَدَّرَ، ظَنَّ

figurine, *n.* تِمْثال صَغير

filament, *n.* 1. (thread) شُعَيْرَة ، خَيْط رَفيع (في مادة حية)

2. (*elec.*) سِلْك رفيع داخِل المِصْباح الكَهْرَبائِيّ

filbert, *n.* بُنْدُق

filch, *v.t.* نَشَلَ، بَاقَ (عراق)

file, *n.* 1. (tool); *also v.t.* مِبْرَد ؛ بَرَدَ

2. (repository for papers; papers so kept); *also v.t.* مَلَفّ، إضْبارة، دُوسِيه (دُوسِيهات)

on ⟨the⟩ file⟨s⟩ مَحْفُوظ في المَلَفّات

filing cabinet خِزانة المَلَفّات

filing system نِظام حِفْظ المَلَفّات

file a petition قَدَّمَ التماسًا أو عريضة، قَدَّمَ أوراق الدعوى للمحكمة

3. (*mil.*, row of men); *also v.i.* طَابور، صَفّ؛ إصْطَفَّ

single (Indian) file صَفّ أو طابور فَرْدِيّ، رَتَل (من الجنود مَثلاً)

rank and file الجُنود؛ عامة الشعب

file out خَرَجوا على هَيْئَة صَفّ

filial, *a.* بَنَوِيّ، (تَصَرُّف) لائِق مِن الابْن لِأَبَوَيْه

filibuster, *n. & v.i.* قُرْصان ؛ إستمرّ في إلْقاء خُطْبة لمنع مرور لائحة برلمانيّة

filigree, *n.* مَصُوغات ذَهَبيّة أو فضّيّة مُزَرْكَشَة بثقوب دقيقة، شِفْتِشِي (مصر)

filing, *n.* (particle of metal filed off) البُرادَة ، ما يَسْقط مِن الحَدِيد عِند بَرْدِه

fill, *v.t. & i.* مَلَأَ، عَبَّأَ، حَشا ؛ إمْتَلَأَ

fill the bill سَدَّ الحاجة ، وَفَى بالغَرَض

fill a gap سَدَّ فَتْحة أو ثُغْرة

fill a vacancy شَغَلَ أو أَشْغَلَ وَظيفة شاغِرة

fill ⟨in⟩ the time أَشْغَلَ وقتَ فراغِه

fill in (out, up) a form مَلَأَ آسْتِمَارة أو آسْتِمَارة ، دَوَّنَ المعلوماتِ المطلوبةَ فيها

fill in مَلَأَ المسافات (الفارغة) بالكلمات ، سَدَّ حفْرة

fill out تَمَدَّد ، اتَّسَع ، اِنْتَفَخ ؛ اِمْتَلَأَ جِسْمه ، أَصْبَح بَدِينا

fill up مَلَأَ، عَبَّأَ، أفْعَمَ (إناءً)

n. مِلْء

eat one's fill أَكَل حَتَّى شَبِع

have one's fill of شَبِع من ؛ ضاق ذَرْعًا بِ..

filler, *n.* 1. (material) مَادَّة لِلْحَشْو

2. (device for filling tank, pen, etc.) أَدَاة خاصَّة (كالأنْبُوبَة) لِملء خَزّان أو قَلَم حِبْر

fillet, *n.* 1. (head-band) شَرِيط لِرَبْط الشَّعْر

2. (strip, esp. of meat or fish) شَرِيحة من اللَّحْم أو السَّمَك بِدُون عَظْم

v.t. قَطَّع (اللَّحْم أو السَّمَك) إلى شَرائح

filling, *n.* مَادّة لِحَشْو (الأسْنان مثلا)

filling station مَحَطَّة بِنْزِين (لِتَزْوِيد السَّيّارات بالبِنْزِين)

fillip, *n.* نَقْرَة أو ضَرْبَة خَفِيفة سَرِيعة بِطَرَف الأصبع ؛ حافِز ، مُشَجِّع

filly, *n.* 1. (female foal) مُهْرَة ، فِلْوَة

2. (*sl.*, girl) فَتاة ، بِنْت ، شابَّة

film, *n.* 1. (semi-transparent layer) غِشاء رَقِيق يُغَطِّي سَطْح شَيْء

2. (*photog.*) فِلْم ، فِيلْم (أَفْلام)

3. (*cinemat.*) فِيلْم سِينمائيّ

film star نَجْم أو نَجْمة (نُجُوم السِّينما)

v.t. & i. 1. (blur) غَطَّى بِغِشاء رَقِيق ؛ عَلَتْه طَبَقة رَقِيقة شِبْه شَفّافة

2. (*cinemat.*) اِلْتَقَط أو صَوَّر فِيلمًا (سينما)

filmy, *a.* غِشائيّ ، رَقِيق جِدًّا ، (ستارة) شِبْه شَفّافة

filter, *n.* مُرَشِّح ، جِهاز تَرْشِيح ، مِصْفاة خاصّة للسَّوائل أو الأشِعَّة

filter bed طَبَقة تَرْشِيح

filter paper وَرَق التَّرْشِيح

filter-tip cigarette سِيجارَة بِفِلّين (فِلْتَر)

v.t. & i. 1. (flow through filter) رَشَّح (سائلًا أو أشِعَّة ضَوْئيّة)، صَفَّى ؛ تَرَشَّح

(*fig.*, leak out) تَسَرَّب (الخَبَر مثلًا)

2. (*of vehicles*) اِنْعَطَفَت (السَّيّارة) نَحْو الجانِب الأقْرب أثْناء إشارَة المُرُور الحَمْراء

filth, *n.* قَذَر ، قَذارَة ، وَسَخ ؛ دَنَس

filth/y, *a.* (**-iness,** *n.*) قَذِر ، دَنِس ، بَذِيء؛ بذاءة ، فُحْش

filthy language كَلام فاحِش ، لُغَة بَذِيئة

filtr/ate, *v.t. & i.* (**-ation,** *n.*) رَشَّح ، صَفَّى ؛ تَرَشَّح ، تَرْشِيح ، تَصْفِية

fin, *n.* 1. (*of fish*) زِعْنِفَة (زَعانِف) السَّمَكة

2. (*of aircraft*) جُزْء قائِم بِذَيْل الطّائِرة

final, *a.* نِهائيّ ، خِتاميّ ، أخِير ؛ قاطِع ، حاسِم ، باتّ

the result is final النَّتِيجَة نِهائيّة

n. 1. (decisive game or contest) المُباراة النِّهائية أو الخِتامِيّة (رِياضة)

cup final مُباراة الكَأس (رِياضة)

2. (*usu. pl.*, examination) الامْتِحان النِّهائيّ لِلْحُصول على دَرَجة أو شَهادَة خاصّة

3. (last edition of newspaper) الطَّبْعة الأخِيرة من صَحِيفَة يَوْمِيَّة

finale, *n.* الحَرَكة النِّهائيّة (موسيقى)؛ الخِتام

grand finale المَشْهَد الخِتاميّ في أوبرا

finalist, *n.* مُشْتَرِك في الدَّوْر النِّهائيّ بِالسِّباق

finality, *n.* وَضْع نِهائيّ ثابِت

finalize, *v.t.* وَضَع في صُورة أو صِيغة نِهائيّة

finance, *n.* مال، عِلْم الماليّة

(*pl.*, pecuniary resources) المَوارِد أو الأَوْضاع الماليّة (لشَخْص أو لشَرِكة أو لدَوْلة)

v.t. مَوَّلَ، أَمَدَّ بالمال

financial, *a.* مالِيّ

financial year السَّنَة المالِيّة

financier, *n.* خَبير بِٱسْتِثمار الأموال

finch, *n.* طائِر مِن العَصافِير مِثل الخُضَيْري

find (*pret. & past p.* found), *v.t.* 1. (come across, discover) وَجَدَ، لَقِيَ، عثر على

find favour نالَ حُظْوة عند، حازَ رِضاه

find fault عَيَّبَ، اِنْتَقَدَ، تلمَّس الأخطاء

find oneself عَرَفَ حقيقة نفسه

find out اِكْتَشَفَ، وَقَفَ عَلى حَقِيقة أَمْر؛ اِسْتَطْلَع خبرًا

find someone out أَدْرَكَ حَقِيقة شَخص، كَشَفَ أو نَبَشَ سِرَّه

finding's keepings ما أَجِدُهُ حَلال لي

2. (*leg.*, decide); *also v.i.* أَعْلَنَ إدانة أو بَراءة مُتَّهم، فَصَلَ في خلاف قضائي

3. (procure, supply) أَعْطَى، مَنَحَ

ten pounds a week and all found (أُعْطِيَ) عَشَرَة جُنَيْهات بِالأُسْبُوع مَعَ الأَكْل والإقامة

n. لُقْطة، لَقِيَّة، اِكْتشاف

finder, *n.* مُكْتَشِف، مَن يَجِدُ شيئًا

view-finder مُعَيِّن المنظر (تصوير)

finding, *n.* (*leg.*) قَرار المُحَلَّفين أو المَحْكَمَة (قانون)

fine, *n.* 1. (penalty) غرامة أو عُقُوبَة مالِيّة (لِمُخالَفَة أمر أو قانُون)

2. (end); *only in*

in fine قُصارَى القَوْل، بِالاخْتِصار

v.t. 1. (penalize) فَرَضَ غَرامَة على، غَرَّمَ

2. (make thinner), *esp. in*

fine down صَفَّى أو رَوَّقَ (البِيرَة مَثلًا)

a. 1. (refined; of high quality) (ذَهَبٌ) خالِص، (جِهاز) دقيق، (جَوّ) بديع

fine arts الفُنُون الجميلة

2. (slender; subtle) دَقِيق، رَفيع

fine adjustment ضَبْط دَقيق

fine distinction اِخْتِلاف ضَئيل بين (فكرتين)

finer feelings عَواطِف نَبيلة، رِقة القلب، شَفَقَة

a fine point سِنّ (قلم) رفيعة أو مُدَبَّبة؛ نُقْطة دقيقة في المناقشة

3. (excellent; *oft. ironic*) عَظِيم، جَميل، مُمتاز

feel fine عال، مُرْتاح، بِخَيْر

4. (rainless; bright) صَحْو، مُشْمِس

one of these fine days يَوْمًا ما ، سَيأْتي يَوْم (تَنْدَم فِيه مثلاً)

5. (handsome) جَمِيل

a fine figure of a man رَجُل ذو قَوام رَشيق و قَدٍّ حَسَن

fine feathers make fine birds لَبِّس البُوصَة تِبْقَى عَرُوسَة ، أَلْبِس العُود فَيَجُود ، حُسْن الهِنْدام سِرّ الاحْتِرام

adv.

cut it fine لَمْ يَتْرُكْ مُتَّسعًا من الوقت لِ...

finery, *n.* أَفْخَر الثِّياب

finesse, *n.* كِياسَة ، بَراعَة ، مَكْر (في لَعِب البرِدج)

finger, *n.* أُصْبُع ، إِصْبَع ، أَصْبُع (أَصابِع)

finger-mark آثار الأَصابِع (على الحائِط مثلاً)

finger-nail ظُفْر (أَظافِر ، أَظْفار ، أَظافِير)

finger-post لافِتَة مُسْتَطِيلة عِند مَفارِق الطُّرُق تُبَيِّن الاتِّجاهات

finger-print بَصْمَة (بَصَمات) الأَصابِع ، طَبْع الأَصابِع

finger-tip أُنْمُلة (أَنامِل) ، طَرَف الأُصْبُع

all fingers and thumbs شَخْص أَهْوَج أو أَخْرَق في تَصَرُّفاته

burn one's fingers (*fig.*) خَسِرَ أَمواله في المُضارَبات بِسبب جَهْلِه بها

have a finger in every pie لَه ضِلْع في كُلّ مَسألة ، له أُصْبُع في كلّ مَشْروع

have something at one's finger-tips يُلِمّ بالمَوْضُوع إلمامًا تامًّا

don't lay a finger on him لا تَمُدّ يَدَك نَحْوَه بِسُوء ، إِيّاكَ أَن تَلْمَسَه

let something slip through one's fingers تَرَكَ الأَمْر أَو الفُرْصَة تُفْلِت مِن يَدَيْه

I cannot put my finger on the cause of his illness لا أَسْتَطِيع أَن أُحَدِّد سَبَب مَرَضِه بالضَّبْط

v.t. لَمَس بِالأَصابع

finicking, *a.*; *also* **finicky** صَعْب الإِرْضاء ؛ مُفْرِط في التَّأَنُّق ؛ مُدقق في مَأْكَلِه

finish, *v.t. & i.* أَنْهَى ، أَكْمَل ، أَنْجَز ، أَتَمَّ ؛ اِنْتَهَى

finish off a job أَنْجَز عَمَلاً أَو أَتَمَّه ، أَكْمَلَه

finish someone off (*coll.*) أَجْهَزَ على شَخْص ، قَضَى عليه ، قَتَلَه ، خَلَّص عليه (عامِّيّة)

finished performance أَداء مُتْقَن

finishing school مَدْرَسَة لِتَعْلِيم البَناتِ آدابَ المُجْتَمَع

finishing touches اللَّمَسات الأَخِيرة

finish up one's dinner فَرَغ أَو انْتَهَى مِن تَناوُل عَشائِه أَو غَدائِه

finish up by اِنْتَهَى به الأَمْر إلى ... آلَ مَصِيرُه إلى

finish with someone تَرَكَ شَخْصًا ، تَخَلَّى عنه ، اِنْتَهَى ما كانَ بَيْنَهُما

n. 1. (end) النِّهايَة ، الخاتِمَة

2. (exterior details of workmanship); *also fig.* صَقْل ، تَشْطِيب ، 'رُتُوش'

finite, *a.* مَحْدُود ، مُحَدَّد ؛ (فِعْل) تامّ (نحو)

Finland, *n.* فِنْلَندا

Finn, *n.* فِنْلندي

Finnish, *a.* فِنلندي

n. اللُغة الفِنْلندية

fiord (**fjord**), *n.* خَليج ضَيِّق عَميق ، فيورد

fir, *n.* شَجَر التَّنُّوب ؛ خَشَب الشُّوح

fire, *n.* 1. (result of combustion; conflagration) نار، حَريق

fire-alarm جَرَس الإنْذار بالحريق

fire-brick طُوب حَرارِيّ

fire-brigade فِرْقة المطافئ

fire-damp غَاز مَناجِم الفَحْم

fire-dogs قاعِدة حَدِيديَّة تَرْتَكِز عَليها قِطَع الخَشَب عِند إشْعالِها

fire-eater (*fig.*) حَاوٍ يأكل النَّار؛ سَريع الغَضَب ، شَرِس ، شَكِس

fire-engine سَيَّارَة الإطْفاء أو الحَريق ، وَابُور المطافِئ (مصر)

fire-escape سُلَّم النَّجاة من الحريق؛ سُلَّم إنقاذ (بسيّارة المطافئ)

fire-extinguisher مِطْفَأة الحريق

fire-fighting مُكافَحة النِّيران

fire-guard سِياج مَعْدِنِيّ يقي من شَرَر نارِ المِدْفأة

fire insurance التَّأْمين ضِدّ الحريق

fire-irons أدَوات مَعْدِنِيَّة لإشْعال النَّار وتَنْظِيف المِدْفأة

fire-water مَشْروب رُوحيّ أو كُحُوليّ

fire! حَريق ! نار !

catch fire اِشْتَعَلَت النَّارُ بِ ...

heap coals of fire on قابَلَ أو رَدَّ الإساءَة بالإحْسان

play with fire (*fig.*) يَلْعَب بالنّار، يُخاطِر بنَفْسِه

set fire to; *also* set on fire أَشْعَلَ أو أَضْرَمَ النَّار في ، أَصْلَى

2. (discharge of gun) نارُ المِدْفع

fire power قُدْرَة النِّيران (تَسْليح)

open fire on أَطْلَق النّار على ... ، فَتَح النِيران على ...

cease fire أَوْقَفَ إطْلاق النّارِ

under fire مُعَرَّض لِلنِّيران ؛ مُهاجَم بِشِدَّة

v.t. 1. (set fire to, kindle) أَشْعَل، أَوْقَدَ، أَصْلَى، أَضْرَمَ

2. (bake *pottery, etc.*) طَبَخ الفخّار الخ .

3. (discharge *gun, etc.*) أَطْلَق المِدْفَع

fire a salute أَطْلَق المَدافِعَ تَحِيَّةً

(*fig.*)

fire questions أَمْطَره وابلاً مِن الأَسْئِلة

fire away! هَاتِ ما عِنْدَكَ مِن أَسْئِلة ! اِسْأَلْ (فأنا مُسْتَعِدّ للإجابة)

4. (dismiss) فَصَل مِن الخِدْمَة ، رَفَتَ

firearm, *n.* سِلاح نَارِيّ

fireball, *n.* (*lit.* & *fig.*) نَيْزَك أو شهاب كبير

firebrand, *n.* (*usu. fig.*) شُعْلَة، جَمْرَة ؛ شَخْص أو داعِيَة يُثِير الفِتَن والقَلاقِل

firefly, *n.* يَراع ، حُباحِب (ذُباب يُضِيء في اللَّيْل)

fireman, *n.* إطْفائِيّ ، جُنْدِيّ المَطافِئ

fireplace, *n.* مِدْفَأة ، مُصْطَلًى ، مَوْقِد

fireside, *n.* مَكان حَوْل المِدْفَأة ؛ جَوّ عائِلِيّ

firewood, *n.* حَطَب

firework, *n.* أَلْعاب نارِيَّة

(*fig., pl.*) عاصِفة مِن الغَضَب

firkin, *n.* مِكْيال يُعادِل رُبْعَ بِرْمِيل

firm, *a. & adv.* ثابِت ، راسِخ ، مُحْكَم ؛ حازِم ؛ بِعَزْم ، بِثَبات

firm friends صَدِيقان حَمِيمان

take a firm line اِتَّخَذَ مَوْقِفًا حازِمًا

stand firm ثَبُتَ على مَوْقِفِه أو رَأْيِه

v.t. وَطَّدَ ، مَكَّنَ ، رَسَّخَ ، ثَبَّتَ ، أَحْكَمَ

n. شَرِكَة أو مُؤَسَّسَة تِجارِيّة

firmament, *n.* السَّماء ، القُبَّة الزَّرْقاء ، الجَلَد

first, *a.* الأَوَّل ، الأُولَى

first-aid الاسعافات الأَوَّلِيَّة

first-born, *a. & n.* أَوّل مَوْلُود لأَبَوَيْه ، بِكْر

first-class, *a.* (excellent) مِن الدَّرَجَة الأُولَى ، مُمْتاز

adv. (mode of travel) (سافَر) بالدَّرَجَة الأُولَى

first form الصَّفّ أو الفَصْل الأَوَّل

first-fruits بَواكِير ، بَشائِر ، باكُورَة (أَعْمالِه مَثَلًا) ، أَوَّل إنْتاج

at first hand دُونَ وَسِيط ، مُباشَرَةً

the First Lady السَّيِّدة الأُولَى ، زَوْجَة رَئِيس البِلاد

at first light مَع خُيُوط النَّهار الأُولَى ، مَع بُزُوغ الفَجْر

first night لَيْلَة العَرْض الأُولَى

first nighter مُتَفَرِّج يَحْرِص على مُشاهَدَة أَوَّل عَرْضٍ لِكلّ تَمْثِيلِيَّة أو فِيلم

first person ضَمِير المُتَكَلِّم (أَنا - نَحْن)

in the first place في أَوَّل الأَمْر ، أَوَّلًا ، بادِئَ ذِي بَدْء

take first place اِحْتَلَّ الصَّدارَة أو المَكانَ الأَوّل ، جاءَ في المُقَدِّمَة

first principles الأُصُول أو القَواعِد الأَساسِيَّة ، المَبادِئ الأُولَى

first-rate, *a.* مُمْتاز ، مِن الطِّراز الأَوَّل ، فائِق

at first sight مِن النَّظْرَة الأُولَى ، لِأَوَّل وَهْلَة

love at first sight حُبّ مِن أَوَّل نَظْرة

he doesn't know the first thing about it إنَّه يَجْهَل المَبادِئ الأُولَى لِلمَوْضُوع

first things first لِنَفْعَل الأَهَمَّ قَبْلَ المُهِمّ

n. بِدايَة ، بَدْء

on the first ⟨of the month⟩ في أَوَّل يَوْم مِن الشَّهْر ، في غُرَّة الشَّهْر

at first في البِداية ، في بادِئ الأَمْر، أَوَّلًا

get a first (in examination) حَصَلَ على دَرَجَة الاِمْتِياز في الاِمتِحان النهائي في جامِعة

adv. 1. (foremost) أَوَّلًا

first of all قَبْلَ كُلِّ شَيْء

first and foremost أَوَّلًا وَقَبْلَ كلّ شيء

2. (for the first time) لِلمَرَّة الأُولَى

firth, *n.* خَلِيج ضَيِّق طَوِيل (اسكتلندا)

fiscal, *a.* مَالِيّ ، نِسْبَةً إلى مالِيَّة الدَّوْلَة

fish, *n.* سَمَك ، سَمَكَة (أسماك)

fish-cake كُفْتَة سَمَك

fish-slice أَداة لتقليب السَمَك عند قَلْيه ؛ سِكِّينَة خاصّة لتقديم السَّمَك المطبوخ

fish-tail (بِشَكْل) ذَيْل السَّمَكَة

drink like a fish يَشْرَب الخَمْر كالماء

I have other fish to fry لَدَيّ أمور أُخْرَى أَكْثَر أَهَمِّيَّة

he is like a fish out of water إنَّه كالسَّمَكَة خارِجَ الماء (أي في بِيئَة لم يُخْلَق لَها)

a queer fish (*fig.*) شَخْص شاذّ أو غريب الأطوار

v.i. & t. صَادَ ، اِصْطَادَ السمك

fish in troubled waters اِصْطَادَ في الماء العَكِر

fish for compliments جَرَى وَراء المديح أو الثَّنَاء

fisherman, *n.* صَيَّاد السَّمَك، سَمَّاك

fishery, *n.* صَيْد الأَسْماك ؛ مَصَائِد الأَسْماك

fishing, *n.* صَيْد السَّمك

fishing-line خَيْط وصِنارة لصَيْد السَّمَك

fishing-net شَبَكة لصَيْد السَّمك

fishing-rod قَصَبَة أو بُوصَة لِصَيْد السَّمَك

fishing-tackle مُعِدّات صَيْد السّمك

fishmonger, *n.* بَائِع السَّمَك ، سَمّاك

fishplate, *n.* لَوْح وَصْل تَراكُبِيّ (سكّة حديد)

fishpond, *n.* بِرْكَة لِلأَسْماك ؛ حَوْض لِتَرْبِيَة الأَسْماك

fishwife, *n.* بَائِعة سَمَك ؛ سَلِيطة

fishy, *a.* 1. (of or like a fish) سَمَكِيّ ، كالسَّمك ، له رائحة كرائحة السَّمك ، زَنِخ ، زَفِر

2. (*sl.*, suspicious) مُرِيب ، مَوْضع شكّ

fissile, *a.* اِنْشِطارِيّ ، قابل للانشِطار

fission, *n.* (**-able,** *a.*) اِنشِطار، اِنفلاق، اِنقِسام ذاتي

fissionable materials مَوَادّ قابِلة للانشطار

fissure, *n.*; *also v.t. & i.* شَقّ ، صَدْع ، اِنْفِلاق ؛ فَلَقَ، اِنْفَطَرَ، اِنْشَقّ

fist, *n.* قَبْضَة أو جُمْع اليد

tight-fisted, *a.* مُمْسِك اليَد، مُقتِّر، بَخيل

fisticuffs, *n.pl.* (*coll.*) المُلاكَمَة

fistula, *n.* نَاسُور (طبّ)

fit, *n.* 1. (paroxysm; outburst) نَوْبَة (عصبية)

fit of coughing نَوْبَة سُعال أو كحّة

by fits and starts في نَوْبات أو فَتَرات مُتَقَطِعة ، بِغَيْرِ اِنتظام

2. (adjustment)

a tight fit مُحَزَّق ، مَحْزُوق

this dress is a good fit هَذا الفُسْتان حَسب المَقاس بالضَبْط

a. (**-ness,** *n.*) 1. (suitable, proper) صَالِح ، مُناسِب ، لائِق ، جَدِير ؛ لِيَاقَة

fit for nothing لا يَنْفع ولا يَشْفع

fit to eat صَالِح للأكل

do as you think fit! اِفْعَلْ ما يَبْدُو لك! تصرَّف كما يَحْلو لك !

see fit to وَجَدَ من الأنْسَب لَه أنْ .. ، تَراءَى لَهُ أن ...

survival of the fittest بَقاء الأَصْلَح

2. (ready) مُسْتَعِدّ

fit to drop يَكاد يَسْقط من التَّعَب ، مَنهوك القُوى

3. (in good health) لائِق صِحِّيًّا

v.t. 1. (suit); *also v.i.* لاءَمَ ، ناسَب ، وافَق ؛ اِنْطَبَق على مَقايِيس الجِسْم

2. (make suitable, prepare) أَعَدَّ ، هَيَّأَ ، حَضَّرَ ؛ رَكَّبَ (القُفل مثلًا)

fit oneself for اِسْتَعَدَّ أو تَهيَّأَ لِ ...

3. (equip); *also* fit out, fit up زَوَّدَ أو جَهَّزَ بِ

4. (*with adv.* in, accommodate); *also v.i.* أَعَدَّ مَكانًا لِ... ؛ اِنْسَجَمَ مع ...

5. (try *clothes* for size) جَرَّبَ قِياسَ ثَوْبٍ لِلتَّأَكُّد مِن مُناسَبَتِهِ له

fitful, *a.* (نَوْم) مُتَقَطِّع ، غَيْر مُتَّصِل

fitment, *n.* (دولاب مثلًا) مثبَّت بالحائط

fitness, *n.* (aptitude, skill) صَلاحِيّة ، أهليّة ، مُلاءمة

fitter, *n.* 1. (technician) بَرَّاد ، ميكانيكيّ

2. (tailor's employee) خَيّاط يختصّ بالبروفات

fitting, *n.* بُروفَة ملابس

a. مُلائِم ، مُناسِب ، مُوافق ، لائق ، مُطابِق ، كما ينبغي

five, *a.* & *n.* خَمْسة

five-day week خَمْسة أيّام عَمَل في الأسْبوع

five-finger exercise التَّمْرين على العَزْف عَلَى البِيانو بالاصابع الخمسة

fivefold, *a.* & *adv.* خَمْسة أضعاف

fiver, *n.* (*coll.*) وَرَقة من فئة الخمسة جُنَيْهات ، وَرَقة بخمسة ، أبو الخمسة

fives, *n.* لُعْبَة تُضْرب فيها الكرة باليد

fix, *v.t.* & *i.* 1. (make firm, fasten) ثَبَّتَ

fix one's eyes on; *also* fix with one's eyes رَكَّز نَظَره عَلَى ، لم يُحَوِّل عَيْنَيْه عن...

fixed gaze نَظْرَة شاخِصَة أو ثابِتَة

2. (*coll.*, repair, see to) أَصْلَح ، عَدَّلَ ، ضَبَط

3. (establish, arrange) عَيَّنَ ، حَدَّدَ ، رَتَّبَ ، دَبَّرَ

fix on a day for حَدَّدَ أو عَيَّنَ يومًا لِ

fix rules of procedure أَقَرَّ نِظامَ العَمَل أو الإجْراءات

n. 1. (dilemma) شِدَّة ، وَرْطَة ، مَأْزِق

2. (position determined by bearings) نُقْطَة مُحَدَّدة بِقياس زَوايا الاتّجاهات (ملاحة)

3. (*sl.*, injection of drug) (أَعْطَى) حُقْنة أو إبْرَة من مادّة مخدِّرة ؛ عِلاج

fixation, *n.* تَثْبيت ؛ تَعَلُّق شاذّ (بِشَخْص) يَحُول دُونَ النُّمُوّ العَاطِفِيّ السَّوِيّ (علم النَّفس)

fixative, *a. & n.* مُثَبِّت ؛ مادّة مثبِّتة (للصِّبْغة مثلًا)

fixity, *n.* ثَبات ، رُسوخ

fixture, *n.* 1. (non-movable article) مَا يَرْتَبِط بالعَقار مِن أثاثٍ يُعْتَبَرُ كالمِلْك الثّابِت

2. (appointment for game, etc.) مَوْعِد المُباراة (رياضة)

fizz, *v.i. & n.* فَارَ ؛ فَوَران

fizzle, *v.i.* فَقْفَقَ ، أَزَّ

fizzle out (*fig.*) أَخْفَقَ ، فَشِلَ

fjord, *see* **fiord**

flabbergast, *v.t., esp. past p.* أَدْهَشَ ، حَيَّرَ ، أَذْهَل

flabb/y, *a.* (**-iness,** *n.*) مُتَرَهِّل ، مُتَهَدِّل ، مُتراخٍ ؛ تَرَهُّل ، تَهَدُّل ، تَراخٍ

flaccid, *a.* (**-ity,** *n.*) مُتَرَهِّل ، مُتراخٍ ؛ مُتَهاوِن

flag, *n.* 1. (plant) السَّوْسَن (نبات)

2. (paving stone) بَلاطَة لِرَصْف المَمَرّات

3. (standard; emblem) عَلَم (أعلام)، راية، لِوَاء (أَلوِية، أَلْوِيات)، بَيْرَق

the Red Flag العَلَم الأَحْمَر (الشّيوعيّ)

white flag عَلَم الهُدْنَة أو الاسْتِسْلام

keep the flag flying (*fig.*) واصَل الكِفاح ، ظَلَّ رافِعًا العَلَم

strike (lower) the flag نَكَّس العَلَم ، خَفَضَ العَلَم (إشارةً إلى الاسْتِسْلام)

v.t. 1. (deck with flags) زَيَّنَ بالأَعْلام

2. (signal) لَوَّحَ أو أَشار بعَلَم

flag down لَوَّحَ للسَّيّارة بالوُقوف

v.i. ضَعُفَ ، تراخَى ، خَارَت قُوَّتُه ، وَهَنَت عَزِيمَته

flagellant, *n.* مَنْ يَجْلِد نَفْسَه بالسَّوْط تَوْبَةً وتَقَرُّبًا لله

flagell/ate, *v.t.* (**-ation,** *n.*) سَاط، جَلَدَ بالسَّوْط ؛ جَلْد بالسَّوْط

flageolet, *n.* نَاي صَغِير ، صافِرة (مُوسِيقَى)

flagon, *n.* إبْرِيق كَبير لِلْخَمْر

flagpole, *n.* قَناة أو سَارية العَلَم

flagr/ant, *a.* (**-ancy,** *n.*) صَارِخ ، فاحِش، فَاضِح ؛ شناعَة، قُبْح

flagship, *n.* سَفِينَة العَلَم ، بارِجَة أَمِير البَحْر

flagstaff, *n.* سَارِيَة أو صَاري العَلَم

flagstone, *n.* بَلاطة لرَصْف الممرّات

flail, *n.* عَصَا أو مِضْرَب لدَرْس الحبوب

flair, *n.* مَلَكَة (تَعلُّم اللُّغات مثلاً)، مَهَارة أو اسْتِعداد فِطريّ في فَنٍّ ما

flake, *n.* نُدْفَة، قِشرَة رَقيقة

corn flakes رَقَائِق صَغيرة مِن الذرة

soap-flakes صَابُون مَبْشور

v.t. & i. قَشَف، بَشَرَ؛ تَقَشَّف

flaky, *a.* قِشْرِيّ

flaky pastry فَطيرة مُسَلْتَتة (كالبقلاوة)

flambeau, *n.* مِشْعَل، شُعْلة

flamboy/ant, *a.* (**-ance,** *n.*) (*usu. fig.*) مُفْرِط في التَّنْمِيق والتَّزويق، مُبَهْرَج

flame, *n.* لَهَب، شُعلة، سَعير

flame-thrower قَاذِفة أو نافِثة اللهب

(*fig.*, passion) هُيام، عِشْق، غرام، نار الحُبّ

v.i. اِلْتَهَب، تَوَهَّج، اِشْتَعَل، اِضْطَرَم

flame up (*lit. & fig.*) هَاجَ، ثَارَ، اِتَّقَدَ (غَيْظًا مثلاً)، اِشْتَعَلَ، اِلْتَهَبَ

in a flaming temper فِي سَوْرَة من الغَضَب

fan the flames زَادَ النَّارَ اشتعالاً

flamenco, *n.* فلامِنكو، رَقصة اسبانيّة شَعْبِيّة أو موسيقاها

flamingo, *n.* بَشَرُوش، نُحام، رَهْو، غُرْنُوق، دَوَّاس (طائر مائي)

flan, *n.* فَطيرة عليها قِطَع من الفواكه المَطبوخة

flange, *n.* شِفَّة، شَفِير (هندسة)

flank, *n.* جَنْب، خاصِرَة، كَشْح

(*fig., of army, etc.*) جَنَاح (عسكرية)

v.t. جَانَبَ؛ هَاجَمَ العَدُوّ من الجانب

flanking movement حَرَكَة الْتِفاف

flannel, *n.* صُوف فَانِلّة، فانيلا

face flannel فُوطَة صَغيرة لِلْوَجْه

white flannels بَنْطَلُون أَبْيَض لِلأَلْعاب الصَّيْفِيّة (كالكريكيت)

flannelette, *n.* قُمَاش فَانِلة أو فانيلا

flap, *v.t. & i.* رَفْرَف، رَفَّ، خَفَقَ

n. 1. (light blow) رَبْتة

2. (piece hanging down; appendage) جُزْء (مِنْ مِنْضَدَة مثلاً) يرفع وينزل من الجانب

ear-flaps غِطَاء لِوِقاية الآذان من البَرْد

3. (*coll.*, fluster); *also v.i.* تَشَوُّش؛ اِرْتَبَك، اِضْطَرَب، تَهَيَّج

flapper, *n.* 1. (hanging piece; fin) زِعْنِفة

2. (young woman of nineteen-twenties) فَتاة مُراهِقَة

flare, *v.i.* 1. (burn brightly; blaze *up*); *also fig.* تَوَهَّج، اِنْدَلَع؛ اِحْتَدَم؛ اِسْتَشاط غَضَبًا

2. (spread outwards); *also v.t.* اِنْفَتَح، نَشَرَ

flared skirt تَنُّورَة أو جُونِلّة مُكَشْكَشَة

n. وَهَج، لَهَب، شُعْلة

flare path مَدْرَج مُضاء بِشُعَل (طيران)

flash, *v.i. & t.* وَمَض، أَضاءَ فَجْأَةً ؛ أَبْرَق

flash a message بَعَثَ رِسالة بإشارات ضَوْئِيّة

(*fig.*)

flashing eye عَيْن لامِعة أو بَرّاقة

the thought flashed through my mind فَجْأَةً خَطَرَت الفِكْرة بِذِهْنِي

the car flashed by (past) مَرَقَتِ السَّيّارة بِسُرْعَة خاطِفة

flash-back, *n.* إِنْتِقال فُجائِيّ إلى مَوْقف سابق في القِصّة السِّينمائية ،اِسْتِرجاع المَوْقف

n. 1. (sudden light or blaze) وَمِيض، بَرْق، لَمَعَان، ضَوْء فُجائي

flash in the pan (*fig.*) وَمِيض عابِر، (أضاء) كالشِّهاب ثُمَّ هَوَى

flash-lamp; *also* flash-light مِصْباح كَهْرَبائيّ يَدَوِيّ، مِصباح بَطّارِيّة

flash point دَرَجَة الاشتعال (فيزياء)

in a flash في لَمْحِ البَصَر، بِسُرْعة خاطِفة، في طَرْفة عَيْن

news flash نَبأ هامّ يَقْطَع البرنامج الإذاعيّ

2. (military emblem) شارَة عَسْكريّة للسِّلاح

flashing, *n.* حَشْو مَعْدِنيّ مانع للتَّسَرُّب

flashy, *a.* مُبَهْرَج، صارِخ، برّاق

flask, *n.* قارُورة، دَوْرَق، قِنِّينة

flat, *a. & adv.* 1. (level) مُسَطَّح، مُسْتَوٍ، مُنْبَسِط، مُفَلْطَح

flat-car (*U.S.*) عَرَبة نَقْل مُسَطّحة بدون جَوَانِب (سكّة حديد)

flat-fish سَمَك مُفَلْطَح

flat-iron مِكْوَاة باليَد (تُسَخَّن على النار)

flat race سِبَاق (جَرْي) دُون مَوانِع

flat rate سِعْر ثابت أو مُوَحَّد لِسِلْعَة مَا (بِغَضّ النَّظَر عَن الكِمِّيّة المُشْتَراة)

in a flat spin (*sl.*) في وَرْطَة ، حائر ، في دُوَّامَة

flat tyre إطار سَيّارة خالٍ من الهَواء ، إطار فاش (عراق)

fall flat on one's back اِنْبَطَحَ على ظَهْرِه

fall flat (*fig.*) فَشِل ، أَخْفَق ؛ لم يُحْدِث التَّأثير المُنْتَظَر على السّامِعين

2. (unqualified)

flat refusal رَفْض مُطْلَق أو باتّ

flat out (*sl.*) مَنْهُوك القوى، في شدّة التَّعب، (عَمِلَ) بِكُلّ مَجْهوده

in ten minutes flat في عَشْر دقائق بالضَّبْط

that's flat! هَذا هُوَ رَأْيِي النِّهائيّ! هذه آخِرُ كلمةٍ عندي!

3. (dull, tasteless) لا طَعْمَ له، (تعليق) بَايِخ أو تافه

4. (*mus.*) (نَغْمَة) مُنْخَفِضَة (موسيقى)

n. 1. (level object or area) سَطْح مُسْتَوٍ، الجُزْء المُسَطّح من شيء

mud-flat سَهْل طِينيّ ساحليّ

2. (*mus.*) عَلامة الخَفْض (موسيقى)

3. (apartment) شَقَّة لِلسُّكْنَى

flatten, *v.t. & i.* سَوَّى السَّطح، بَسَطَ ؛ دَكَّ (صَرح البُنْيان)

flatter, *v.t.* (**-y,** *n.*) تَمَلَّقَ ، بالغ في الإطْرَاء ، تزَلَّف ؛ تَمَلُّق ، زُلْفَى

flatter oneself بَالَغ في تَقْدِير مَوَاهِبه

flatterer, *n.* مُتَزَلِّف، مُتَمَلِّق

flatul/ent, *a.* (**-ence,** *n.*) نَافِخ للبَطْن

flaunt, *v.t. & i.* تَباهَى أو تَفَاخَرَ ب، اِسْتَعْرَض (نفسه أو ما عنده)

flautist, *n.* عَازِف على الفلوت

flav/our (*U.S.* **-or**), *n.* (*lit. & fig.*) طَعْم مُمَيَّز، مَذاق، نَكْهَة ؛ (أسلوب) يَتَّسِم ب

v.t. تَبَّلَ ، أَعْطَى لِشيءٍ نَكْهَةً

flavo(u)ring, *n.* مَادّة تُعْطِي مذاقًا خاصًّا

flaw, *n.* (*lit. & fig.*) عَيْب ؛ صدْع جيولوجي ؛ نَقِيصة، شائبة

flawless, *a.* (**-ness,** *n.*) لَا عَيْبَ فِيه ، لَا تَشُوبُه شَائِبَة

flax, *n.* كَتّان (نَبات)

flaxen, *a.* 1. (made of flax) كَتّانيّ، مَصْنوع مِن الكِتان

2. (pale yellow) (لَوْن) كَتّانيّ

flay, *v.t.* (*lit. & fig.*) سَلَخَ جِلْد (حيوان)؛ نَقَدَ نقدًا مُرًّا، سَلَخَ جلده

flea, *n.* بُرْغُوث (بَراغيث)

flea-bite (*lit. & fig.*) لَدْغة أو قَرْصة البُرغوث ؛ (لا يساوي) قُلامة ظِفر

send someone away with a flea in his ear طَرَدَه شَرَّ طَرْدَة

fleck, *n. & v.t.* بُقْعَة ، نُقْطَة ؛ بَقَّع ، نَقَّط

fled, *pret. & past p. of* **flee**

fledg(e)ling, *n.* فَرْخ نَبَتَ رِيشُه ؛ شَخْص قَلِيل الخِبْرة ، غِرّ ، ساذَج

flee (*pret. & past p.* fled), *v.i. & t.* هَرَبَ، فَرَّ، وَلَّى هاربًا

fleece, *n.* جِزّة الخَرُوف، صُوف الغَنَم

v.t. (*usu. fig.*) نَهَبَ مالَه، شَلَّحه

fleecy, *a.* نَاعِم كالوَبَر

fleet, *n.* أُسْطُول (أَساطِيل)

Fleet Air Arm قِسْم الطَّيَران في السِّلاح البَحْرِيّ

(*fig., of aircraft*) أُسْطُول جَوِّيّ

a. سَرِيع أو خَفيف الحَرَكة

fleeting, *a.* عَابِر، سَرِيع الزَّوال

Fleming, *n.* فَلَمَنْكِيّ (مِن قاطِني الفلاندر)

Flemish, *a. & n.* فَلَمَنْكِيّ ؛ اللّغة الفَلَمَنْكِيّة

flesh, *n.* لَحْم ؛ جَسَد

flesh-pots أَطايِب ومَلَذَّات الحياة

flesh tint لَوْن البَشَرة

flesh wound جُرْح بِسَطْح الجلد

in the flesh (جاء فلان) بِدَمِه ولَحْمِه، شَخْصِيًّا ، (رَأَيْته) بِعَيْنِه

lose (put on) flesh نَحَل جِسْمه، نَحِفَ ؛ سَمِنَ ، أَصْبَح بَدِينًا

make someone's flesh creep (مَنْظَر) يَقْشَعِرّ له البَدَن ، يُثِير الفَزَع والرُّعْب

more than flesh and blood can stand فَوْق طاقَة البَشَر ، فَوْق ما يَتَحَمَّل الإنسان

one's own flesh and blood أَهْل المَرْء وعَشِيرَتُه ، ذَوُو قُرْباه ، مِن لَحْمِه ودَمِه

one flesh (صَار الزَّوْجان) جَسَدًا واحِدًا

he demands his pound of flesh أَصَرّ على اسْتِرْداد دَيْنه بِلا رَحْمَة ولا هَوَادة

sins of the flesh خَطايَا الجَسَد ، الشَّهَوَات الجَسَدِيّة

the way of all flesh طَرِيق البَشَر جَمِيعًا ، (المَوْت) مَصِيرُ كلّ حَيّ

v.t. (*lit. & fig.*) أذاق (كلبًا) طَعْمَ اللَّحْم ليكون أَكْثَر وَحْشِيَّةً ؛ أَشْعَل الحَماس في ...

flesher, *n.* جَزّار ، قَصّاب في اسْكُتْلَندا

fleshly, *a.* جَسَدِيّ ، حَيَوَانِيّ ، شَهْوَانِيّ

fleshy, *a.* بَدِين ، سَمِين ، مُمْتَلِئ الجِسْم

fleur-de-lis, *n.* شِعار الكَشَّافة (بِشَكْل زَنْبَقَة) ؛ شِعار مُلوك فَرَنْسا (قديمًا)

flew, *pret. of* **fly**

flex, *v.t.* ثَنَى ، لَوَى ، جَنَا

n. سِلْك كَهْرَبائِيّ مَعْزُول

flexib/le, *a.* (**-ility,** *n.*) (*lit. & fig.*) قَابِل لِلانْثِناء ، مَرِن ؛ مُرُونة ، لُيُونَة

flexion, *n.* اِنْثِناء ، اِنْحِناء ، اِلْتِواء

flexor (muscle), *n.* عَضَلة قابِضَة أو عاطِفَة أو ثانِيَة (تشريح)

flibbertigibbet, *n.* شَخْص ثَرْثار ، بَقْباق ؛ مُتَقَلِّب ، طَائِش ، نَزِق

flick, *n. & v.t.* ضَرْبَة خفيفة (بالأَصابع) ؛ نَقَرَ

flick-knife مِطْوَاة تَنْفَتِح بِمُجَرَّد الضَّغْط على زُنْبُرك أو يَاي بِقَبْضَتِها

flicker, *v.i. & n.* رَفْرَفَ (العَلَم) أو خَفَقَ ، تَذَبْذَب (ضَوْء الشَّمْعَة)

flier, *see* **flyer**

flight, *n.* 1. (act, manner or instance of flying; distance flown) طَيَران ، رِحْلَة جَوِّيّة

flight-deck سَطْح الطَّيَران بِحَامِلَة طائِرات

flight of fancy شَطَحات الخَيال ، أَوْهام

2. (group in flight) سِرْب (طيور) ، مَجْمُوعَة سِهام مُنْطَلِقة في آنٍ واحدٍ

not in the first flight لَيْسَ مِن الأَوائِل ، مِن الدَّرَجَة الثّانِيَة

3. (air force unit) جُزْء مِن سِرْب طائِرات

flight lieutenant نَقِيب أو رَئِيس جَوِّيّ

4. (retreat) هُرُوب ، فِرار ، اِنْهِزام

put to flight هَزَم (العَدُوّ) ، رَدَّه على عَقِبَيْه ، دَحَرَه

take ⟨to⟩ flight أَطْلَق ساقَيْه لِلرِّيح ، وَلَّى الإِدْبار

5. (series of stairs) مَجْمُوعَة مِن دَرَج السُّلَّم

flighty, *a.* طَائِش ، أَهْوَج ، مُتَقَلِّب ، هَوَائِيّ ، ذو نَزَوَات

flims/y, *a.* (**-iness,** *n.*) (*lit. & fig.*) واهٍ، رَقيق؛ حُجَّة واهِية،(منطق) مُهَلْهل

n. وَرَقة خَفيفة جدًّا

flinch, *v.i.* تَراجَعَ، جَفَلَ، نَكَصَ، أَحْجَمَ

fling (*pret. & past p.* flung), *v.t.* أَلْقَى، رَمَى، قَذَفَ، طَرَحَ

fling down أَلْقى، طَرَحَ، جَنْدَلَ

fling in his teeth عَنَّفَه وَجْهًا لِوجه

fling open the door فتح الباب بحركة سَرِيعة

fling out (up) one's arms رَفَعَ ذِراعيه دَهْشَةً

n. 1. (throw) رَمْيَة

2. (Highland dance) رَقْص شَعبيّ اسكتلنديّ

3. (activity; indulgence)

have one's fling نالَ نَصِيبَه من الملاذّ

flint, *n.* صَوّان، حَجَر شديد الصَّلابة؛ ظِرّ؛ قَدَّاحة؛ حجَر الوَلّاعة

flinty, *a.* (*lit. & fig.*) صَوَّانِيّ، صَلْد، صلب؛ قاسٍ، مُتحجِّر، (نظرة) صارِمة

flip, *v.t. & n.* ضَرَبَ بخِفّة؛ خَبْطة خفيفة

egg flip مَزِيج مِن البَيْض والسُّكَّر والخمْر وَالْبَهارات

(*sl.*, pleasure flight in aeroplane) جَوْلة قَصِيرة بالطائرة

flipp/ant, *a.* (**-ancy,** *n.*) أَرْعَن، أهْوَج، طَائِش

flipper, *n.* 1. (limb for swimming) زِعنِفة

2. (*sl.*, direction indicator of car) مُؤَشِّر الاِتِّجاه في السَّيَّارة

flirt, *v.i.* (**-ation,** *n.*) (*lit. & fig.*) غازَلَ، داعَبَ، تَغَنَّجَ؛ مُغازَلَة

flirt with the idea داعَبَت الفِكْرة خَياله

n. لَعُوب، ذات غُنْج ودلال

flirtatious, *a.* مِغْناج

flit, *v.i.* 1. (fly lightly) هَفَّ، هَفْهَفَ

2. (remove); *also n.* عَزَّلَ بِدُونِ دفْع الإيجار

flitch, *n.* 1. (side of bacon) نِصْف جُثَّة خِنزير مُمَلَّحَة ومُقَدَّدة

2. (slice cut from tree-trunk) قِطْعَة مَقْطُوعة بالطُّول مِن ساق شَجَرة

flitter, *v.i.* هَفَّ، رَفْرَفَ، خَفَقَ

float, *v.i. & t.* عامَ، طَفا؛ عَوَّمَ، طَوَّفَ (عراق)

floating bridge جِسْر عائم

floating dock حَوْض عائم

(*fig.*)

floating capital رَأْسمال مُتَداوَل أو حُرّ

floating voter مُنْتَخِب غَيْر مُلْتَزِم بِحِزْبٍ مُعَيَّنٍ

float a company عَمِلَ على تَأْسِيس شَرِكة أو تَرْويجها

float a loan طَلَبَ قرضًا لتأسيس شَرِكة أو مَشْروع

n. 1. (buoyant object) عَوَّامة (من الفِلّين)

2. (cart) عَرَبة

milk-float عَرَبة اللبّان

3. (*pl.*, footlights) الأَضْواء السُّفْلَى على المسرح

floatation (flotation), *n.* تَكْوِين شَرِكَة

flock, *n.* 1. (tuft of wool, etc.; material made of these) بَقَايَا الصُّوف أو القطْن تُسْتَعمل لِحَشْوِ المراتِب والوَسائد

2. (group of sheep, goats, or birds) قَطِيع (قُطْعَان)، سِرب (أسراب)

3. (congregation) جَمَاعة، رَعِيَّة الكَنِيسة

v.i. اِحْتَشَدَ، تَجَمَّعَ، تَجَمْهَرَ

floe, *n.* طَبَقَة من الجَليد العائم

flog, *v.t.* 1. (beat) جَلَدَ، ضَرَبَ بسَوْط، سَاطَ

flog a dead horse (*fig.*) يَنْفُخ في قِرْبَة مَقْطوعة، يَضْرِب في حَدِيد بارِد

2. (*sl.*, sell) بَاعَ شَيْئًا (للتخلّص منه)

flood, *n.* فَيَضَان، طُوفان، سَيْل

the Flood الطُّوفَان

flood-tide طَلائِع المَدّ

flood-gates (*lit. & fig.*) عُيُون أو أَبْواب فِي سَدّ؛ (أطلق) العِنانَ (لعَوَاطِفِه)

flood of tears سَيْل من الدُّمُوع، (اِنْخَرَطَتْ في) بُكاء شَدِيد، فاضَت دُموعُها

in flood (نَهْر) في حَالة فَيَضَان

(*fig.*)

a flood of abuse سَيْل من السِّباب، وَابِل مِن الشَّتائم

v.t. (*lit. & fig.*) غَمَر؛ أَغْرَق؛ طَغَى على

flooded out جَعَلَه السَّيْل يَتْرُكُ مَنْزِله

flood the market with goods أَغْرَق السُّوقَ أو غَمَرَه بالبَضائع

flooded ⟨under⟩ with letters اِنْهالَت عَلَيه الخِطَابَات والرَّسائل

v.i. فَاضَ، طَغَى على

floodlight, *n.* ضَوْء غامِر، أنوار كَشَّافة

v.t. (*pret. & past p.* floodlit) سَلَّطَ الأنوار الكَشَّافة على (مَبنىً أو تِمْثال مَثلًا)

floor, *n.* 1. (level surface of room, etc.) أَرْض أو أَرْضِيَّة (الحُجْرة مَثلًا)

floor-boards أَلْواح أو خَشَب الأَرضِية

floor-cloth مِمْسَحة أو خِرْقة لتنظيف الأَرْض

floor-polish شَمْع لِتَلْمِيع الأَرْضية

floor-show رَقْص وغِناء (في النَّوادِي اللَّيْلِيَّة)

floor-space مِساحَة الأَرضيّة

(*fig.*)

wipe the floor with him مَسَحَ الأَرض بِفُلان، بَهْدَلَه، جَعَلَه مَسْخَرة

take the floor وَقَفَ لإلْقاء كَلِمة في اجْتِماع

2. (one level of building) طابِق (طوابق)، دَوْر (أدوار)

ground floor الطّابِق أو الدَّوْر الأَرْضِيّ

v.t. 1. (provide with floor) فَرَشَ أو غَطَّى الأَرْضِيّة بالخَشَب أو البَلاط

2. (knock down); *also fig.* طَرَحَ أو أَلقَى أَرْضًا؛ أَفْحَمَه، أَسْكَتَه، أَخْرَسَه

flooring, *n.* أَلْواح خَشَب لِلأَرْضِيَّة

flop, *v.i.* 1. (move heavily or awkwardly); *also v.t.* تَخَبَّطَ ؛ أَلْقَى على الأرض ..
2. (collapse) اِنْهارَ (تَعَبًا)
(*fig.*, *sl.*, fail); *also n.* فَشِلَ فشلًا ذريعًا؛ إخْفاق تامّ ، خَيْبة

floppy, *a.* مُتَهَدِّل، مُرْتَخٍ

flora, *n.* المَجْموعة النَّباتِيّة ، نباتات تَنْمو في إِقْلِيم مُعَيَّن

floral, *a.* زَهْرِيّ ، مُخْتَصّ بالزُّهور
floral tribute بَاقة زُهور لِجَنازة مَيِّت

floriculture, *n.* عِلْم تَرْبِية الزُّهور

florid, *a.* 1. (ornate) مُفْرِط في التَّنميق
2. (ruddy) (وَجْه) شَديد الإِحْمِرار

florin, *n.* قِطْعَة نقود انكليزية تساوي شِلِنَيْن ؛ عُمْلَة هولندية

florist, *n.* بائع الزُّهور

floss, *n.* خُيُوط حَرِيرِيّة حَوْلَ الشَّرْنقة
dental floss خَيْط يُسْتَعْمَل لتنظيف ما بَيْنَ الأسنان

flotation, *see* **floatation**

flotilla, *n.* أُسْطول صَغير

flotsam, *n.* طَفَاوة ، ما يَطْفو مِن سَفينة بَعْدَ غَرَقِها

flounce, *v.i. & n.* تَوَثَّبَ ، اِنْدَفَعَ (خارجًا)
v.t. & n. وَضَعَ كُرْنيشًا على ذَيْل الفستان ؛ كُرْنِيش (كرانيش)

flounder, *n.* نَوْع من السَّمَك المُفَلْطَح
v.i. (*lit. & fig.*) غَاصَ (في الوَحَل مثلًا)

flour, *n.* طَحِين ، دَقيق
v.t. رَشّ بالدَّقيق أو بالطَّحين

flourish, *v.i.* اِزْدَهَرَ ، زَهَا ، تَرَعْرَعَ ، أَفْلَحَ ، نَجَحَ ؛ عَاشَ في فترة ما
v.t. حَرَّكَ أو لَوَّحَ بشيء
n. 1. (ornament) تَزْوِيق في الخَطّ
2. (brandishing gesture) حَرَكة أو تلويح بِشَيْء (للتهديد)
3. (fanfare) نَفَخَ في البُوق (للتحيّة)

flourishing, *a.* زَاهِر، مُزْدهِر، مُتَرعرع ؛ نَاجِح ، مُوفَّق

flout, *v.t.* أَهان ، حَقَّرَ ، سَخِرَ من ، اِزْدَرَى

flow, *v.i. & n.* سَالَ ، جَرَى ، اِنساب ؛ فَيْض ، سَيْل ، جَرَيان
flow of conversation تَدَفُّق الحَديث
flowing hair شَعْر مُسْتَرسِل أو مُتَهَدِّل
flowing garments ثِيَاب فَضْفاضَة

flower, *n.* زَهْرة (زُهور، أَزْهار، أزاهير)
flower-girl بَيّاعَة الزُّهُور
flower-pot أَصِيص الزَّهْر، شَالية (مصر)
come into flower أَزْهَرَ ، اِزْدَهَرَ ، تَفَتَّحَ
(*fig.*) نُخْبَة ، خِيرَة ، صَفْوة
the flower of youth عُنْفُوان أو رَيْعان شَبَابِه ؛ خيرة الشباب
v.i. أَزْهَرَ ؛ اِزْدَهَرَ

flowery, *a.* (*lit. & fig.*) مُزْدَانٍ بالزُّهُور؛ (أُسْلُوب) مُنمّق، مُزَخْرَف، مُزَوّق

flown, *past p. of* **fly**

flu, *coll. contr. of* **influenza** انفلونزا

fluctu/ate, *v.i.* (**-ation,** *n.*) تَذَبْذَبَ، تَقَلَّبَ، تَأَرْجَحَ، تَرَاوَحَ بين

fluctuation of the market تَقَلُّبات الأسعار

flue, *n.* مَنْفَذ للهَواء السّاخِن أو الدُّخان أو الغاز

fluency, *n.* فَصَاحة، طَلاقة، سَلاسة (التَّعْبير، اللِّسان)

fluent, *a.* فَصِيح، طَلِق اللِّسان

fluff, *n.* زَغَب، وَبَر (الصوف)

a bit of fluff (*sl.*) فَتَاة لَعُوب، بِنْت 'لُقْطَة'

v.t. 1. (make fluffy); *also* fluff out (up) نَفَشَ (قطنًا أو صُوفًا)، نَفَشَ (الطّائر ريشه)

2. (*sl.*, bungle) لاصَ؛ أخطأ الممثّل في كلامه

fluffy, *a.* زَغِب، مَنْفُوش

fluid, *a.* (*lit. & fig.*) سَائِل، مَائِع؛ (موقف) مُتَميّع

n. سَائِل (سوائل)، مائع (موائع)

fluidity, *n.* سُيُولة، مُيُوعة

fluke, *n.* 1. (parasitic worm) دُودَة كَبِدِيّة (في كَبِد الغنم)

2. (barb, esp. of anchor) الطّرَف المدبّب للمرساة

3. (lucky stroke) رَمْيَة مِن غيْر رامٍ

flummery, *n.* (*usu. fig.*) مَدِيح أجْوف، هُراء

flummox, *v.t.* (*sl.*) أَرْبَكَ؛ حائر في أمْرِه

flung, *pret. & past p. of* **fling**

flunkey, *n.* خَادِم يَلْبَس رِداءً خاصًّا؛ مُتَزَلِّف

fluoresc/ent, *a.* (**-ence,** *n.*) ضَوْء فلورسنت

fluoride, *n.* مُرَكَّب الفلوريد (كيمياء)

fluorine, *n.* عُنْصُر الفلورين (كيمياء)

fluorspar, *n.* الحَجَر الفلوريّ، فلوريت، فلورسبار

flurry, *n.* 1. (gust) هَبّة (ريح فُجَائِيّة)

2. (nervous hurry); *also v.t.* تَهَيُّج واضْطراب

flush, *v.t.* 1. (cause *birds* to fly up) أَفْزَعَ الطُّيُور لتطير من مخابئها لغَرَض صَيْدِها

2. (sluice) سَحَبَ السِّيفُون في المِرْحاض

3. (redden); *also v.i.* تَوَرَّدَ، اِحْمَرَّ (وجهه)

flushed with victory مُنْتَشٍ بِالنَّصْر

n. 1. (reddening) إحْمِرار أو تَوَرُّد الخَدّين

(*fig.*, elation; vigour) نَشْوَة، حَماس

in the first flush في حَرارة أو حَماسِ النَّصْرِ

2. (number of birds put up) جَمَاعة مِن الطُّيُور المذعورة عِنْد صَيْدها

3. (hand at cards) فلوش، خَمْسَة أوراق مِن شَكْل واحِد (بوكر)

a. 1. (level *with*) عَلى مُسْتَوًى واحِد

flush joint وَصْلة مُتَساطحة (نجارة)

2. (*coll.*, well supplied *with*) عِنْدَهُ وَفْرة مِن (المال)

fluster, *v.t. & n.* حَيَّر، أرْبَك؛ إضطراب

flute, *n.* 1. (mus. instrument); *also v.i.* فلوت؛ عَزَف على الفلوت

2. (groove); *also v.t.* خُدَّة، مَجْرى، قَناة؛ حَفَر خدّة في سَطْح (خشبيّ أو حجريّ)

flutter, *v.i. & t.* (*lit. & fig.*) رَفْرَف، خَفَق؛ أهاج؛ قامَ بتَصَرُّفات عَصَبِيّة

n. 1. (excitement) خَفَقان، اضْطِراب

2. (*sl.*, gamble) مُرَاهنة

fluty, *a.* شَبِيه بنَغَمة الفلوت

fluvial, *a.* نَهْري

flux, *n.* 1. (flowing) فَيْض، سَيْل، تَدَفُّق

2. (succession of changes)

in a state of flux في حَالة تغيُّر أو تقلُّب مُسْتَمِرّ

3. (*phys.*) مُعَدَّل الجريان، تَدَفُّق (مغنطيسية)

4. (catalyst used in melting metal) مَادَّة تُسْتَعمل كعامِل مُسَاعِد في لِحام المعادن

5. (discharge of blood) نَزيف دَمَوي حادّ

fly (*pret.* flew, *past p.* flown), *v.i.* 1. (move through or in the air) طَارَ، حَلَّقَ

fly high (*fig.*) كَانَ شَدِيد الطُّمُوح

fly-over, *n.* مَعْبَر قَوْسِيّ فوق طريق

flying-boat طائرة مائية

flying-fish سَمَك طائر

flying squad شُرْطَة النَّجْدة

high-flown, *a.* (لغة) متكلَّفة أو مُفَخْفَخَة

let fly اِنْفَجَرَ غيظًا؛ اِنْهَال (عليه) لَكْمًا

get off to a flying start بَدَأ بِداية ناجِحة أو مُشَجِّعة

on a flying visit في زِيارة خاطِفة

pass with flying colours نالَ قَصَب السَّبْق، أحْرَزَ نَصْرًا

send someone flying اِصْطَدَمَ به وأطَاحَه بعيدًا، طَرَحه أرضًا

(*fig.*, hasten, burst) تَعَجَّلَ

fly at (upon) someone اِنْفَجَر في وَجْه فلان؛ هَبَّ (الكلب) لِمُهَاجَمَتِه

fly into a rage ثَارَت ثائرته، اِنْفَجَرَ غاضبًا، اِسْتَشَاطَ غضبًا

fly to someone's aid هَبَّ إلى مُسَاعَدَة فلان، خَفَّ لنَجْدَته

the door flew open اِنْفَتَحَ البابُ فجأةً

2. (run away) هَرَبَ، فَرَّ، غَادَرَ مُسْرِعًا

v.t. 1. (cause to move through or in the air) طَيَّرَ؛ حَمَلَ (عَلَمًا)

fly a kite (*lit. & fig.*) طَيَّرَ طَيَّارة (مِنْ وَرَق)؛ اِسْتَطْلَعَ الحال، تَحَسَّسَ الوَضْع

2. (traverse by air) طَارَ، سَافَرَ بالطائرة

3. (flee from) هَرَبَ، فَرَّ، وَلَّى الإدبار

fly the country هَرَبَ مِن البلاد

n. 1. (insect) ذُبابة (ذُباب)

fly-blown, *a.* مُلَوَّث ببَيْض الذباب، مُتَعَفِّن

fly-catcher طائر أو نَبات آكِل لِلذُّباب

fly-fishing صَيْد السَّمَك باستِعمال حَشَرة صِناعِيّة مُلَوَّنة

fly-paper شَرِيط وَرَقِيّ لقَتْل الذُباب

fly-swat مِذَبّة ، مِضْرَب الذُّباب

fly-weight وَزْن الذُّبابة (رياضة)

fly-whisk مِنَشّة الذُّباب

a fly in the ointment مَا يُفْسِد البهْجة أو السرور، مصدر قلق وإزعاج

there are no flies on him لَا يُمْكِنُ أن تَغِشَّهُ أو تَضْحَكَ عليه

2. (carriage) عَرَبة بِحِصان واحد

3. (flap)

fly-buttons أَزْرَار البنطلون الأماميّة

fly-leaf وَرَقة بيضاء بأوّل الكتاب

fly-sheet غِطاء خَارجي للخيْمة

a. وَاعٍ ، مُتَيقّظ ، شاطِر

flyer (flier), *n.* 1. (airman) طَيَّار

2. (person or thing that moves very fast) شَخْص أو شَيء سَرِيع الحَرَكة

flywheel, *n.* طَارة حَذّافة (لتنظيم حركة الآلة الميكانيكية)

foal, *n.* مُهْر (أمهار)، فِلْو (أفلاء)

in (with) foal فَرَس عِشار أو حُبلى

v.i. & t. وَلَدت الفَرس

foam, *n.* رَغْوة ، زَبَد ، غُثاء

foam rubber مَطَّاط اسفنجي

v.i. أَرْغَى ، أَزْبَدَ

foam at the mouth أَرْغَى وأزْبَد ، تَمَيَّزَ غَيْظًا ، اِسْتَشَاط غضبًا

fob, *n.* جَيْب السّاعَة (في بنطلون)

v.t., only in

fob something off on someone لَزَّقَ له أو عَلَيْه بِضاعة رَديئة ، تَخَلَّص منه بالوعود

focal, *a.* بُؤرِيّ ، مِحْرَقِيّ ، مَركزيّ

fo'c's'le, *see* **forecastle**

focus, *n.* 1. (*geom.*) مَرْكَز (هندسة)

2. (*opt.*) بُؤْرة ، مِحْرَق (بصريات)

in focus; *also fig.* (أبْعَاد) مَضْبوطة (تصوير)

3. (seat or centre) مَرْكَز الاهتِمام

focus of attention مَحَطّ أو قِبْلة الأنظار

v.t. & i. رَكَّز ، جَمَّعَ أو تَجمَّعَ في البؤرة ؛ رَكَّزَ اهتمامه

fodder, *n.*; *also v.t.* عَلَف ، عَليق الدَّوَاب

foe, *n.* عَدُوّ ، خَصْم

foet/us (fetus), *n.* (**-al**, *a.*) جَنِين (أجِنّة)

fog, *n.* ضَباب ، شَبُّورة (مصر)

fog-bound أَحاطَه وأوقفه الضَباب

fog-horn صَفّارة إنْذار في حَالة الضَّباب (بحريّة)

fog signal كَبْسُولة الضَباب (سِكّة حديد)

(*fig.*)

in a fog مُشَوَّش أو مُضْطَرِب الفِكر

v.t. & i. أَحَاطَ بالضَّباب أو الغُموض، أَضَبَّ

foggy, *a.* جَوٌّ مُضَبَّب ، يَلُفُّه الضَّباب

I haven't the foggiest (idea) لَيْسَت عِندي أَدْنَى فكرة ، لا أَدْرِي مُطْلَقًا

fogey (fogy), *n.* عَجوز مُتَمَسِّك بِعاداته القَديمة ، شَيْخ عَتيق

foible, *n.* شُذُوذ أو غَرابة (في التَّصَرُّفات)

foil, *n.* 1. (thin metal) صَفيحة رَقيقة من مَعْدِن (ذهب أو صفيح مثلًا)

2. (contrast) بِضِدِّها (تَتَمَيَّز الأشياء)، مُقارَنَة تُبْرِز الفَرْق

3. (sword) سَيْف أو شِيش المبارَزة

v.t. 1. (set off) أَبْرَزَ الفَرْقَ بِطَريقِ المقارَنة

2. (repulse, frustrate) أَحْبَطَ (مؤامَرة مثلًا)، أَفْسَدَ عليهم (تدبير الخطّة)

foist, *v.t.* أَجْبَرَه على قُبول ...

fold, *v.t.* 1. (double over; bend); *also v.i.* طَوَى، ثَنَى؛ اِنْطَوَى، اِنْثَنَى

folding chair كُرْسِيّ يمكن طَيُّه

the newspaper folded up (*coll.*) أَفْلَسَت أو مَاتَت الجَرِيدة

2. (clasp; enclose) ضَمَّ، اِحْتَضَنَ، طَوَى

fold one's arms كَتَّفَ يَدَيْه، عَقَدَ ذِراعَيْه

fold someone in one's arms; *also* fold one's arms round (about) someone اِحْتَوَى فلانًا بينَ ذِراعَيْه، ضَمَّه أو احتضنه

sit by with folded hands (*fig.*) وَقَفَ مَكْتوف اليَدَيْن

n. 1. (line, hollow, etc., caused by folding) طَيَّة ، ثَنْيَة (في الملابِس)

2. (enclosure for sheep) حَظِيرَة الغَنَم ، صِيَارة ، زَرِيبة ، مَراح الغَنَم

return to the fold (*fig.*) رَجَعَ إلى حظيرة الإيمَان ، رَجَعَ إلى أَحْضان الكَنيسة

folder, *n.* مَلَفّ، مَحْفَظة، دُوسِيه (دُوسيهات)

foliage, *n.* أَوْراق الشَّجَر، خُضْرة

folio, *n.* 1. (page; its number) صَفْحة ؛ رَقْم الصَّفْحَة؛ صَفحَة في دَفْتَر الحسابات

2. (sheet of paper folded once; book composed of these) وَرَقَة مَطْوِيَّة مَرَّة واحِدة ؛ كِتاب مِن حَجْم مُعَيَّن

3. (number of words) وَحْدَة تتكوّن من ٧٢ كلمة (في الوَثائق القانُونيّة)

folk, *n.* 1. (*arch.*, nation) شَعْب ، قوْم

2. (people) عَامّة النَّاس ؛ أَهْل، أقارِب

old folk's home مَلْجأ أو دار للعَجَزة

folklore, *n.* الفُولكلور ، عَادات وتَقالِيد شَعْبِيَّة

folksong, *n.* أُغْنِية شَعْبِيَّة

follow, *v.t. & i.* تتَبَّعَ ، تبِعَ ، تلا ، لحق

follow someone about تَعَقَّب شَخْصًا

follow the example of حَذَا حَذْو فلان ، اِقْتَدَى به ، اِتَّخَذه مثلًا

follow-my-leader لُعْبَة يُقلّد فيها الأطفال حَرَكات قائدِهم

follow one's nose تَصَرَّفَ على هَدْي غَريزته ، اِتَّجَهَ (نحوه) مباشرةً

follow out instructions عَمِلَ بموجب الإرْشَادَات ، اِتَّبَعَ التَّعْليمات

follow the plough اِشْتَغَلَ بالزراعة، حَرَثَ

follow a profession مَارَسَ أو زَاوَلَ أو اِحْتَرَفَ مهنة

follow up تَعَقَّبَ (مسألة أو قضيّة)

follow in the wake of جاءَ في أعقاب أو أثَرِ...، تَبِعَ، أَعْقَبَ

as follows كَمَا يَلِي أو يأتي، على الوَجْه التَّالِي

it follows that وَيَتَرَتَّبُ على ذلك أن

I don't follow ⟨you⟩ لَا أَسْتَطِيع متابعة مَا تَقُول، لا أفهم قولك

the following day اليَوْم التَّالِي

a following wind رِيح مُواتية؛ رِيح تهبّ في اتِّجاه السَّفينة

follower, *n.* تَابِع، مُرِيد، حَوارِيّ؛ عَشِيق

following, *n.* 1. (retinue; disciples) حَاشِية؛ أَتْبَاع، أَشْيَاع، مُنْقَادون، موالون

2. (what comes next) مَايَلِي، الآتِي، التَّالِي

folly, *n.* 1. (foolishness) حُمْق، حَماقة، غَباوَة

2. (eccentric structure) مَبْنىً ضخم قليل الفائدة

foment, *v.t.* (**-ation,** *n.*) (*lit. & fig.*) وَضَعَ كِمَادة سَاخِنة؛ أَثَارَ (الفَوْضى والاِضْطِراب)

fond, *a.* (**-ness,** *n.*) 1. (affectionate) (رِسَالَة) رَقِيقَة ولطيفة؛ رِقّة، لُطْف

fond of مُولَع أو مُغْرَم أو شَغُوف ب

2. (foolishly credulous) سَاذَج، بَسِيط

fond hopes آمال بَعِيدة التَّحْقِيق

fondant, *n.* نَوْعٌ مِن الحَلْوَى، فُنْدان (مصر)

fondle, *v.t.* دَلَّلَ، دَاعَبَ، دَلَّعَ

font, *n.* حَوْض المَعْمُودِيّة؛ بُنْط (طِباعة)

fontanelle, *n.* يَافُوخ بِرأس الرَّضِيع

food, *n.* طَعَام، أكْل، غِذاء، قُوت

food for thought مَوْضُوع يُثِير التأمُّل والتَّفكير

off one's food فَاقِد شَهِيَّته للطَّعام

foodstuff, *n.* مَوَادّ غِذائيّة، أَغْذِية

fool, *n.* 1. (idiot; jester; dupe) عَبِيط، أَحْمَق، أَبْلَه؛ هُزَأة؛ مُهَرِّج

fool's errand (أَرْسَلَه في) مُهِمّة متعذِّرة، مَشْوَرَه بالكذب (مصر)

fool's mate (*chess*) مَوْت المَلِك في النَّقْلة الثَّانِيَة (شطرنج)

fool's paradise سَعَادة وَهْمِية، جنّة العَبِيط

All Fools' Day أَوَّل نِيسان (أبريل)

April Fool مَن يُصَدِّق كِذْبة أبريل

make a fool of someone جَعَلَه أُضْحُوكة أَمَامَ النَّاس، سَخِرَ مِنه عَلانِيَةً

make a fool of oneself جَعَلَ مِنْ نفسه أُضْحُوكة

play (act) the fool تَصَرَّفَ تصرُّفات حَمْقَاء؛ لَعِبَ دَوْر الأبله

2. (sweet dish) طَبَق حُلْو من الفاكِهة المَطْبُوخة والقِشْدَة

v.t. خَدَعَ، ضَلَّلَ، غَشَّ

v.i., with advs. about, around أضاعَ وَقْتَه سُدًى، عَبِثَ

foolery, *n.* عَبَث، تَهْرِيج، حَماقة، هَزْل

foolhard/y, *a.* (**-iness,** *n.*) نَزِق، طائش، مُندفِع، مُتَهوِّر؛ تَهوُّر، طَيْش، نَزَق

foolish, *a.* (**-ness,** *n.*) أَحْمَق، غَبِيّ، عَبِيط، أَبْلَه، (تَصَرُّفات) غَبِيَّة؛ غَباوَة

foolproof, *a.* (جِهاز) لا يَتَعَطَّل حَتَّى مَع سُوء اسْتِعْمالِه

foolscap, *n.* وَرَقة فُولْسكاب (مقياس ١٣½ × ١٧ بوصة)

foot (*pl.* feet), *n.* 1. (*anat.*) قَدَم (أقدام)

foot-and-mouth disease الحُمَّى القُلاعِيَّة

foot-bridge جِسْر لِعُبور المارّة فقط

foot-loose, *a.* (شَخْص) حُرّ طليق

foot-slogger (*sl.*) جُنْدِيّ مُشاة أو پيادة

at one's feet (العالَم) تَحْتَ قَدَمَيْه؛ (وَقع) تَحْتَ رَحْمَتِه

stand on one's own feet اِعْتَمَدَ على نفسه، اِسْتَقَلَّ بشؤونه أو أموره

feet of clay مِن طِينة البَشَر، أَرْجُله مِنَ الطِّين

find one's feet اِسْتَطاعَ أن يقف على قَدَمَيْه، اِكْتَسَبَ مَهارة في حِرْفة جديدة

get to one's feet قامَ، نَهَض واقفًا

have cold feet (*fig.*) فَتَر حَماسُه، جَبُنَ، لَمْ يَجْرُؤْ

have one foot in the grave أَشْرَف على الموت، أَدْنَفَ (من القَبْر)

on one's feet (*lit. & fig.*) كانَ واقفًا؛ غادر فِراش المرض

on foot

(walking) ماشِيًا، (سيرًا) على قَدَمَيْه

(under way; projected) في دَوْر التَّنْفيذ

put one's foot down وَرَّى أو شَوَّف له العَيْنَ الحَمْراء، أَصَرَّ على تنفيذ أوامره

put one's foot in it (هَفْوة لسانه) أَوْقَعَتْه في حَرَج

put one's best foot forward بَذَل غاية جُهْدِه أو طاقته؛ أَسْرَعَ في المشي

set foot on وَطِئَ بقدمه (أرضًا)

set on foot بَدَأ في تنفيذ (المشروع)

set someone on his feet عاوَنَه ماليًا حتّى اسْتَطاعَ أن يقوم على قدميه

sit at someone's feet رَكَعَ أو جَلَسَ عند قَدَمَي فلان، تَتَلْمَذَ على (أستاذ كبير)

sweep someone off his feet بَهَرَه بروعة (حديثه)

2. (base; lower end) أَسْفَل، قاعدة (العمود)

at the foot of the page في ذَيْل أو أسفل الصَّفْحة

3. (infantry)

foot-soldier جُنْدِيّ أو عَسْكَرِيّ مُشاة

4. (linear measure) قَدَم (مقياس)

foot-rule مِسْطَرة مقسَّمة إلى أقدام

5. (*prosody*) تَفْعِيلة (تفاعيل) شِعْرِيّة

v.t. 1. (dance), *esp. in* foot it رَقَص ؛ مَشَى على قَدَمَيْه

2. (pay *bill*) دَفَعَ الحِسَاب ، تَحَمَّلَ النَّفَقَات

football, *n.* (لُعْبَة) كُرَة القَدَم

footballer, *n.* لَاعِب كُرة القَدَم

footfall, *n.* وَقْع أقدام أو خَطَوات

foothill, *n.* تلّ مُلَاصِق لسلسلة جبال

foothold, *n.* مَوْطِئ أو مَوْضع لِلقَدَم ، (ثَبَّت أو وَطَّد) قَدَمَيْه

footing, *n.* 1. (foothold); *also fig.* مَوْطِئ ، مَرْكَز ثابِت أو وَطِيد

2. (relationship) وَضْع نِسْبيّ

on an equal footing على قدم المساواة، سَوَاسِيَةً، بدون تَحَيُّز

footling, *a.* (*sl.*) تَافِه، سَخِيف

footlights, *n.pl.* صَفُّ الأَضْواء السُفليّة عَلَى المَسْرَح

footman, *n.* رَجُل خَادِم في مَنْزِل

footmark, *n.* أَثَر القَدَم

footnote, *n.* مُلَاحَظَة بأَسفَل الصَّحِيفَة، تَذْيِيل

footpad, *n.* قَاطِع الطَّرِيق

footpath, *n.* طَرِيق ضَيِّق للمَارَّة

footplate, *n.* مَكَان وُقوف سَائق القطار والعَطَشْجِيّ في القاطرة

footprint, *n.* أَثَر (آثار) الأَقْدام

footsore, *a.* كَلَّت قَدَماه (من المشي)

footstep, *n.* خُطْوة ، وقع الأقدام

follow in someone's footsteps (*fig.*) اِقْتَدَى بِفُلَان، حَذَا حَذْوَه، نَهَجَ نَهْجه

footstool, *n.* مَوْطِئ أو مِسْنَد لِلقَدَمَيْن

footwear, *n.* أَحْذِيَة

fop, *n.* (**-pish,** *a.*) غَنْدُور، غنّوج، شَلَبيّ

for, *prep.* 1. (denoting extent)

for ever إِلَى الأَبَد

he walked for miles and miles مَشَى مَسَافات طويلة

2. (denoting reason or motive)

for fear of خَوْفًا من

were it not for . . . لَوْلَا

3. (in the interests of, on behalf of)

for your own good لِمَصْلَحَتِك، لصالِحك

run for one's life أَفْلَتَ أو فَرَّ أو هَرَبَ خَوْفًا على حَياتِه

4. (in favour of) مُؤَيِّد (لرأي)

5. (in exchange for; in place of)

an eye for an eye العَيْن بِالعَيْن (والسِّنّ بالسِّنّ)

for one's pains لِقَاءَ أو مُقابلَ جهوده

6. (in order to get)

go for

(fetch) ذَهَبَ لإحْضار أو لجلْب

(attack) هَجَمَ على ، هَاجَمَ

oh for . . . ! لَيْتَ ! مَنْ لِي بِ ...!

you're ⟨in⟩ for it! سَوْفَ تُعاقَب ! رَاحْ تَأْكُل عَلْقَة !

out for blood يَنْوِي الانتقام أو الثَّأْر

7. (towards)

make for قَصَدَ مكانًا ، توجَّه إلى

8. (corresponding to)

word for word كَلِمَةً بكلمةٍ ، حَرْفِيًّا ، (تَرْجَمَة) حَرْفِيَّة

9. (in spite of)

for all that بِالرَّغْم من ، مع كلّ ذلك

10. (as being)

for certain بِكُلِّ تأكيد

11. (as regards; as affecting)

for myself فِيمَا يَتَعَلَّق بي ، مِن نَاحِيَتِي

12. (considering the nature of)

he is very big for his age هَذَا (الصَّبِيّ) ضَخْم الجِسْم بِالنِّسْبة إلى سِنّه

13. (with a view to)

stand for Parliament رَشَّحَ نفسَه للبرلمان

14. (designed, intended for)

for keeps (*coll.*) إلَى الأَبَد ، على طول (مصر)

conj. بِسَبَب ، لِأَجْل

forage, *n.* عَلِيق الدَّوابّ ، عَلَف

forage-cap سِدارَة ، فارُوقِيَّة

v.t. & i. بَحَثَ عن (الطّعام)

forasmuch as, *conj.* نَظَرًا لِكذا ، لَمّا كان الأمر كذا

foray, *n. & v.i.* غَزْوَة ، غارَة ؛ غَزا ، أَغارَ على

forbear (*pret.* forbore, *past p.* forborne), *v.t. & i.* أَمْسَكَ أو اِمْتَنَعَ عن

n. سَلَف (أسلاف)، الآباء والأجداد

forbearance, *n.* حِلْم، رَأْفَة، صَبْر ، هَوَادَة ، تَسَامُح ، طول الأناة

forbid (*pret.* forbade, forbad, *past p.* forbidden), *v.t.* مَنَعَ ، حَرَّمَ ، حَظَرَ ، نَهَى عن

forbid someone the house حَرَّمَ عليه دُخُول البيت

forbidden fruit (*fig.*) الفَاكِهة المحَرَّمة

forbidden area مِنْطَقَة مُحَرَّمة

God forbid! مَعاذَ الله ! حَاشَا الله ! لا سَمَحَ الله ! لا قَدَّرَ الله !

forbidding, *a.* صَارِم، قَاسٍ، مُنَفِّر

forbore, forborne, *pret. & past p. of* **forbear**

force, *n.* 1. (strength; violence) قُوَّة ؛ شِدَّة (الانفجار) ، عُنْف (الضَّرْبة)

force of character قوّة الشَّخْصِيَّة

brute force القُوَّة الغَشُوم ، القُوَّة الوَحْشِيَّة

by force بِالقُوَّة ، قَهْرًا ، قَسْرًا

force majeure سَبَب قاهِر، قُوَّة قاهِرَة

2. (binding power; effectiveness)

force of circumstances ضَغْط الظُّروف

come into force أَصْبَح (القَانون) نَافِذَ المَفْعول ، سَرَى مَفْعُوله

in force (تَعْليمات) سَارِيَة (أو نافِذَة) المَفْعُول

3. (organized body of men) القُوَّات

armed forces; *also* the Forces المُسَلَّحَة (عسكرية)

air force القُوَّة الجوِّيَّة، سِلاح الطَّيَران

police force قُوَّاتُ الشُّرْطة

join forces with (*fig.*) اِنْضَمَّ إلى، اِشْتَرَكَ مع

4. (*phys.*) قُوَّة

the forces of nature قُوَى الطَبيعة

v.t. أَجْبَرَ، أَرْغَمَ، أَلْزَمَ، أَكْرَهَ، اِضْطَرَّ

force down an aircraft أَرْغَمَ الطَّائرة علَى الهُبوط

force down (open) the door كَسَرَ الباب، فَتَحَ البابَ عَنْوةً

force someone's hand أجْبَرَه على تغيير خِطّته، حَمَلَه على القيام بعَمَل رَغْمَ أنفه

force the issue فَرَضَ حَلًّا معيَّنًا على

force the pace حَثَّ الخُطى، جَدَّ في العَمَل

force one's way in دَخَلَ عَنْوةً، اِقْتَحَمَ (البَيْت)

forced blooms أَزْهار عُولِجَت لإسْراع نُمُوِّها

forced labour أعْمال السُّخرة

forced landing هُبُوط اضطراري (طيران)

forced loan قَرْض إجباريّ (تَفْرِضُهُ الحكومة)

forced march سَيْر قسْري (عسكرية)

forced smile اِبْتِسَامة مُفتعلة أو مُصْطَنَعَة

forceful, *a.* (**-ness,** *n.*) ذُو بأس وشِدّة، قويّ؛ شِدَّة (اللهجة)، بأس

forcemeat, *n.* لَحْم مَفْروم ومُتَبَّل

forceps, *n.* مِلْقَط، جَفْت (جراحة)

forcible, *a.* قَوِيّ، (كلام) شَديد الوَقْع

ford, *n.* مَخَاضَة (مخاضَات، مخاوِض) النهر

v.t. قَطَعَ أو خَاضَ أو عَبَرَ النَّهر سَيْرًا على الأقدام

fore, *a., adv. & n.* قُدَّام، مُقدَّم، الجهة الأمامية

to the fore (بَرَزَ) إلى الصُّفُوف الأَمامِيّة

fore and aft مِن مُقَدِّمة السَّفِينة إلى مُؤَخِّرَتها

forearm, *n.* سَاعِد (سواعِد)

v.t. تَسلَّحَ مُقدَّمًا

forewarned is forearmed أَعْذَرَ مَن أَنْذَر

forebode, *v.t.* أَوْجَسَ، تَوَقَّعَ شرًّا

foreboding, *n.* تَوَجُّس بالشَرّ

forecast, *v.t. & n.* تَنَبَّأَ، تَكَهَّنَ

⟨weather⟩ forecast التَّنَبُّؤات الجوّيّة

forecastle (fo'c's'le), *n.* بَرْطوز، السَلوقية (مَقْعَد الرُّبّان من السفينة)

foreclos/e, *v.t. & i.* (**-ure,** *n.*) مَنع الرَّاهِنُ المدينَ من فَكّ الرهْن لمُضِيّ المدّة المحدّدة للدفع

forecourt, *n.* حَوْش أو فِناء أماميّ

forefather, *n.* سَلَف، جَدّ

forefinger, *n.* أُصْبُع السَّبّابة

forefront, *n.* (فِي) المُقَدِّمة أو الطَّليعة

foregather, *see* **forgather**

forego (*pret.* forewent, *past p.* foregone), *v.t. & i.; rare except in*

foregone conclusion   نَتِيجَة مَعْروفة مُقَدَّمًا، أَمْر لاٰبُدَّ مِن وُقُوعه

from the foregoing   مِمَّا سَلَف، مِما سَبَق ذِكْره، مِما تَقَدَّم

foreground, *n.*   المَنْظَر الأَمامِيّ، المُقَدِّمة، الأَمامِيَّة

forehand, *n. & a.*   الجِهَة اليُمْنى للاٰعب التِّنِس؛ ضَرَبَ الكرة من الجهة اليُمْنَى

forehead, *n.*   جَبِين، جَبْهة، ناصِية

foreign, *a.* 1. (alien *to*; extraneous)   خارِجيّ، غَرِيب

foreign to one's nature   لَيْس من طبيعته أَو شِيمَتِه

2. (of another country)   أَجْنَبِيّ، خارِجيّ

foreign affairs   شُؤُون خارجيّة

Foreign Legion   الفِرْقَة الأَجْنَبِيّة في الجيش الفَرَنْسيّ

Foreign Office   وَزَارَة الخارجيّة (بريطانيا)

foreigner, *n.*   أَجْنَبِيّ، غَرِيب

forejudge, *v.t.*   حَكَمَ (على شيء) مُقَدَّمًا

foreknowledge, *n.*   سابِق معرفة (بشيء)

foreland, *n.*   رَأْس أَو لِسان مُمْتَد في البحر

foreleg, *n.*   رِجْل أَمامِيّة (حيوانات)

forelock, *n.*   ناصِية، خُصلة بِمقدّم الرَّأْس

take time by the forelock   اِنْتَهَزَ أَو اِغْتَنَمَ أَوَّل فرصة، إِقْتَنَصَ الفرصة

touch one's forelock   ضَرَبَ له تعظيم سلام

foreman, *n.*   مُلاٰحِظ عُمّال، أُوسْطَى؛ رَئِيس هَيْئَة المحلَّفِين بَمَحْكَمة

foremast, *n.*   الصَّاري الأَمامِيّ (بحرية)

foremost, *a. & adv.*   الأَوَّل، في المقدّمة أَو الطَّلِيعة

forename, *a.*   الاِسْم الأَوّل للشخص (دُونَ لَقَبه)

forenoon, *n.*   ضُحًى، قبل الظُّهْر

forensic, *a.*   (الطِّبّ) الشَّرْعِيّ أَو العَدْلِيّ

foreordain, *v.t.*   قَدَّرَ أَو قَسَمَ له، كُتِبَ عليه

forerunner, *n.*   السَّابِقُ المبشِّرُ بٍ...، رائد

foresail, *n.*   الشِّراع الأَمامِيّ (بحرية)

foresee (*pret.* foresaw, *past p.* foreseen), *v.t.*   أَدْرَكَ الأَمَر قبل وُقوعه

foreshore, *n.*   أَرْض تَظْهَر بَعْد اِنْحِسار الجَزْر

foreshorten, *v.t.*   قَصَّرَ الأَبْعَاد في المنظور

foresight, *n.* 1. (prevision)   بُعْد النَّظَر

2. (front sight of gun)   مِهْداف أَمامِيّ، دِبّانة

foreskin, *n.*   غُرْلَة، قُلْفة

forest, *n.*   غابة، أَجَمة، حِرْش (أَحْراش) *also v.t.*   زَرَع غابة (في مِنْطقة)

forestall, *v.t.*   سَبَقَه في...

forester, *n.*   حارِس الغابة؛ متخصّص في دِراسة الغابات

forestry, *n.*   عِلْم الغابات

foretaste, *n.*   ذاقَ طَعْمَ (الحِرْمان أَو الاِنْتِصَار مثلاً) مُسْبَقًا

foretell (*pret. & past p.* foretold), *v.t.* تَنَبَّأ ، تَكَهَّن

forethought, *n.* رَوِيَّة ، تَفَكُّر ، تَدبُّر، تَبَصُّر

foretold, *pret. & past p. of* **foretell**

forewarn, *v.t.* (**-ing,** *n.*) أَنْذر، حَذَّر، أَخْطَرَ

forewent, *pret. of* **forego**

forewoman, *n.* رَئيسَة أو مُلاحِظة العامِلات ؛ رَئيسة هَيْئة المُحَلَّفِين

foreword, *n.* مُقدِّمَة الكتاب ، تمهيد ، تَقْدِمَة ، تصدير

forfeit, *n.* فُقْدان أوخُسران أو سُقوط الحَقّ في استرداد(مال مثلًا)، جَزاء

v.t. (**-ure,** *n.*) فَقَدَ أوخَسَرحقَّه في ...

forgather, *v.i.* اِجْتَمَعَ ، اِلْتَقى

forgave, *pret. of* **forgive**

forge, *n.* وَرْشة حِدادة ، كُور الحدّاد

v.t. 1. (shape *metal*); *also fig.* شَكَّلَ المعادِن بِتَسْخِينها وطرقها؛ أَقامَ (علاقات متينة)

2. (make fraudulent copy of) زَوَّرَ، زَيَّفَ، قَلَّدَ (إمضاءً)

v.i. تَقَدَّمَ، شَقَّ طريقه بصعوبة

forge ahead تَقَدَّمَ، شَقَّ طريقه إلى الأَمَام

forger, *n.* مُزَوِّر، مُزَيِّف؛ حَدّاد

forgery, *n.* تَزْوِير، تَزْيِيف

forget (*pret.* forgot, *past p.* forgotten), *v.t. & i.* نَسِيَ، فَاتَه أن، سَها، سَلَا

forget oneself نَسِيَ نَفْسَه ، أَتَى بِتَصَرُّفات مُنافِية للآداب

forget-me-not, *n.* أُذُن ٱلْفَأْر (زهور)

forgetful, *a.* (**-ness,** *n.*) كَثِير النِّسْيان، سَاهٍ؛ نِسْيان

forgive (*pret.* forgave, *past p.* forgiven), *v.t.* (**-ness,** *n.*) عَفا أو صَفَحَ عن، غَفَرَ لِ، أَعْذَرَ، سَامَحَ؛ غُفران، عَفو

forgiving, *a.* صَفُوح، غَفور، متسامِح

forgo (*pret.* forwent, *past p.* forgone), *v.t.* تَخَلَّى، اِمْتَنَعَ أو اسْتَغْنَى عن ؛ تَغَاضَى عن

forgot, forgotten, *pret. & past p. of* **forget**

fork, *n.* 1. (instrument) شَوْكَة (شوكات، شُوَك)

table-fork شَوْكَة المائدة، چَطَل (عراق)

tuning-fork شَوْكَة رنّانة

2. (bifurcation) مَفْرَق، مُفْترَق، تَفَرُّع

v.t. 1. (dig with fork) قَلَّبَ أرضًا بالشوكة

2. (*sl.*, pay *out, up*) دَفَعَ الفُلُوس، كَعَّ (مصر)

v.i. تَفَرَّعَ، تَشَعَّبَ (الطريق)

forked, *a.* مُتَشَعِّب (طريق أو شجرة مثلًا)

forked lightning بَرْق مُتَشَعِّب

forlorn, *a.* بَائِس، مَسكين، يائس؛ (بَيْت) مَهْجور

forlorn hope أَمَل ضَعيف أو ضَئيل، آخر أَمَل؛ إجْراء محفوف بالأخطار

form, *n.* 1. (outward shape; figure) شَكل، هَيْئة، صورة، قالب، صِيغة

in any shape or form بِأَيَّةِ صُورة منَ الصُّوَر، بِأَيِّ شكل من الأَشْكال

take the form of اِتَّخَذَ صورة ..، أَخَذَ شكل ..، بَدَا على هَيْئَة ...

2. (particular arrangement or system)

form of government شَكْل أو نِظام الحُكْم

3. (kind, species) نَوْع ، جِنْس، شَكْل

4. (outward rule; ceremony; formality) مَظْهَر، هَيْئَة، شَكل، صُورة

good (bad) form سُلُوك مُهَذَّب ؛ سُلُوك سَيِّء

know the form رَاعَى العُرف والتَّقاليد والمَرَاسِم

a matter of form مَسْأَلة شكليّات

5. (document to be filled in) اِسْتِمَارَة، اِسْتِثْمَارَة، نَمُوذَج (يُمْلأُ عند التَّقديم)

6. (good physical or mental condition)

in (on) form بِصِحَّة جَيِّدة ، (لاعِب رِيَاضِيّ) وُفِّق في أَدائِه

out of (off) form مُنْحَرِف الصِحّة أو المزاج ؛ لَمْ يَكُنْ مُوَفَّقًا كعادَته

7. (school class) صَفّ، فَصْل

8. (bench) دِكَّة، مَصْطَبَة خَشَبِيّة

v.t. 1. (give shape to; organize; develop) شَكَّلَ، صَاغ، أَلَّفَ، كَوَّنَ

form a company أَسَّسَ أو كَوَّنَ أو أَلَّفَ شَرِكة تجارِيّة

form an opinion كَوَّنَ رَأْيًا، تَوَصَّلَ إلى رأي

form a habit تَعَوَّدَ، اِعْتَادَ على

2. (make up, constitute)

form ⟨a⟩ part of كَوَّن أو شَكَّل جزءًا مِن (شَيْءٍ كبير)

v.i.

form up (*mil.*) اِصْطَفَّ، تَراصَّ ، تَرَاصَفَ

formal, *a.* 1. (essential) جَوْهَرِيّ، أساسيّ

formal logic المَنْطِق الشكليّ أو الصُوريّ

2. (of outward appearance) شَكْلِي، مَظْهري، صُورِيّ، يختصّ بالشَّكل

3. (ceremonial) رَسْمِيّ

formal dress لِبَاس رَسْميّ، بزّة رَسْمِيّة

4. (punctilious, stiff) (لُغَة أو لهجة) رَسْمِيّة

formaldehyde, *n.* فُورمالدهيد (كيمياء)

formalin, *n.* فورمالين (كيمياء)

formal/ism, *n.*, **-ist,** *n.* (**-istic,** *a.*) المُغَالاة في التَّمسّك بالمظاهِر؛ الشكليّة (فنّ)

formality, *n.* إجْرَاء رَسْميّ أو شَكليّ أو صُورِيّ، شكليّات

formaliz/e, *v.t.* (**-ation,** *n.*) أَحَاطَ بالشَّكْلِيَّات والرَّسْمِيَّات؛ أَعْطَى (شيئًا) شكلاً مُعَيَّنًا

format, *n.* قَطْع، حَجْم، شَكْل (الكتاب)

formation, *n.* تَشْكِيل، تَكْوِين، تَأْلِيف؛ صَفّ، سِرْب

in formation (*mil.*) فِي تَنْظِيم خاصّ (عسكريّة)

battle formation تَشْكِيلَات الجَبْهَة

rock formation تَكْوِين صَخْرِيّ (جيولوجيا)

formation flying طَيَرَان تَشْكِيلِيّ

formative, *a.* (عَوامِل) مُكَوِّنة أو مُشَكِّلة (لِشَخْصِيّة طفل مثلاً)

former, *a. & pron.* سَابِق؛ شيء تقدّم ذكره

formerly, *adv.* سَابِقًا، فيما سَبَقَ، فيما مَضَى، قبل ذلك، قَبْلاً

formic, *a.* نَمْلِيّ، (حامِض) النَّمْلِيك (كِيمياء)

formica, *n.* فُورْمَيْكا، صَفائِح لَدائِنية مُقاوِمَة لِلحَرارَة تُغَطّى بِها سُطوح أثاثِ المَطْبَخ

formidable, *a.* هَائِل، جَسيم، شاقّ

formula, *n.* (*lit. & fig.*) صِيغَة، عِبارَة، قاعِدَة، قانُون؛ تَقْليد مُتبَّع

formul/ate, *v.t.* (**-ation,** *n.*) صَاغ، وَضَعَ، رَسَمَ، خَطَّطَ؛ صَوْغ، صِياغة

fornic/ate, *v.i.* (**-ation,** *n.*) جَامَعَ، ضَاجَعَ إمْرَأة، نَكَحَ؛ جماع، نكاح، زِنًى

forsake (*pret.* forsook, *past p.* forsaken), *v.t.* تَرَكَ، هَجَرَ، تَخَلَّى عن، نَبَذَ

god-forsaken, *a.* (مَكان) مُوحِش، مَهْجُور، كَئيب

forsooth, *adv.* حَقًّا، حَقِيقَةً (تُقال تَهَكُّمًا)

forswear (*pret.* forswore, *past p.* forsworn), *v.t.* نَبَذَ (عادة)، أَقْسَمَ أن يمتنع أو يكفّ عن

forswear oneself حَنِثَ بِقَسَمه

forsythia, *n.* فُرْسِيتيّة (نبات من الفصيلة الزَّيْتونِيّة)

fort, *n.* قَلْعَة (قلاع)، حِصن (حصون)

forte, *n.* خيرُ ما يُجِيدُه شخص، (تتجلّى بَراعَته في ...

forte, *adv.* العَزْف بشدّة

forth, *adv.* نَحْوَ الخارج، خارجًا

back and forth جِيئَةً وذَهابًا

from this time forth مِن الآن فصاعدًا

and so forth إِلى آخِره (آلخ)، وهَلُمَّ جرًّا، ومَا إلى ذلك

forthcoming, *a.* 1. (about to appear) آتٍ، قادِم، مُقْبِل، وشِيك، منتظَر، متوقَّع

2. (readily available; explicit) مُتَيَسِّر، مُتَوَفِّر، تَحْتَ الطَّلَب، جاهِز، مُعَدّ

3. (*coll.*, friendly, informative) وَدُود، مُرَحِّب (بالغير)

forthright, *a.* (شَخْص) صَريح، دُغْرِي

forthwith, *adv.* عَلَى الفَوْر، توًّا

fortieth, *a. & n.* الأَرْبَعُون؛ جُزْء مِن أَرْبَعين

fortification, *n.* تَحْصين؛ استِحْكامات

fortify, *v.t.* (*lit. & fig.*) حَصَّنَ، قَوَّى، عَزَّزَ؛ أَضافَ الكُونياك إلى النَّبِيذ لِتَقْوِيَته

fortissimo, *adv.* أَقْصَى الشِّدّة (في العزف)

fortitude, *n.* صَبْر، جَلَد

fortnight, *n.* أُسْبُوعَانِ

this day fortnight بَعْدَ أُسْبوعين من تاريخ اليوم

fortnightly, *a. & adv.* مَرَّة كُلّ أُسبوعين؛ (مَجَلّة) نِصْف شَهْرية

fortress, *n.* حِصْن، قَلْعة، طابِيَة

fortuit/ous, *a.* (**-y, -ousness,** *n.*) اِتِّفاقِيّ؛ مُصادَفةً، عَرَضًا

fortunate, *a.* سَعِيد الحَظّ ، حَسَن الطّالِع ، مَحْظوظ ، مَيْمُون

fortune, *n.* 1. (chance) حَظّ ، نَصِيب ، طَالِع ، بَخْت

by good fortune لِحُسْن الحَظّ ، لِحُسْن الطّالِع

the fortunes of war مَا تَتَمَخَّضُ عنه الحروب ، مَا يُصِيبُ (الفرد) بِسَبَب الحَرْب

soldier of fortune مُرْتَزِق ، مُغامِر

2. (coming lot)

fortune-teller عَرَّاف ، قارِئ البَخْت ، ضَارِب الرَّمْل

3. (wealth) مَال ، ثَرْوة

make one's fortune جمع ثروة طائلة ، اِغْتَنَى ، أَثْرَى

cost a small fortune كَلَّفه مبلغًا ضخمًا

forty, *a.* أَرْبَعون

forty winks غَفْوَة ، قَيْلُولَة ، تَعْسِيلة (مصر)

n. أَرْبَعُون

the over-forties مَن جَاوز الأربعين مِنَ العُمْر

forum, *n.* 1. (public place) سَاحة ، مَيدان (فِي روما القديمة)

2. (place for discussion) نَدْوَة ، مُنتدًى ؛ مَكان عامّ للمنا قشات

forward, *a.* 1. (towards or in the front) أَمَامِيّ ، مُتَقَدِّم

2. (advanced) مُتَقَدِّم

he was forward for his age طِفل متقدّم بالنِّسْبَة إلى سِنّه ، مُبكِّر النُّضوج

3. (pert) قَلِيل الأَدَب ، وَقِح

adv.; *also* **forwards** نَحْوَ أو إلى الأمام

from this day forward مِنَ اليوم فصَاعدًا

bring forward قَدَّمَ (المَوْعِد) ؛ أثار (المَوْضوع)

come forward تَقَدَّمَ ، أَتَى إلى الأمام

look forward to تَرَقَّبَ ، تطلّع إلى

n. خَطّ الهُجُوم (كُرَة القَدَم)

v.t. 1. (further) سَاعَدَ ، أَيَّدَ ، عَضَّدَ

2. (dispatch onward) حَوَّلَ رِسالة إلى

forwent, *pret. of* **forgo**

fosse, خَنْدَق (خَنادِق) ، حُفْرة

fossil, *n. & a.* حَيَوان أو نَبات قَدِيم مُتحجِّر ، حَفْرِيّة (حَفْرِيّات)

(*fig.*) شَخْص عَتِيق ؛ فِكْرَة بالِية

fossiliz/e, *v.t. & i.* (**-ation,** *n.*) حَجَّرَ ، تَحَجَّرَ

foster, *v.t.* 1. (cherish) رَبَّى ، رَعَى ، تَعَهَّدَ ؛ تَبَنَّى طِفلاً

2. (encourage) تَبَنَّى (مَشْروعًا) ، اِحْتَضَنه

in comb.

foster-brother أَخٌ بالرِّضاع أو التَّبَنِّي

foster-parent أَبٌ أو أُمٌّ بالحَضانة أو الرّضاع

fought, *pret. & past p. of* **fight**

foul, *a.* 1. (offensive; dirty; evil) سَيِّئ ، شِرِّير ، وَسِخ ، بَذِيء ، مُتَعَفِّن

foul breath نَفَس كَرِيه الرّائِحَة

foul-mouthed, *a.* بَذِيء اللِّسان ، سليط

2. (unfair)

foul play

(*in game*) مُخالَفَة قَوانين اللَّعِب

(crime against the person) جَرِيمَة قَتْل

n. ضَرْبة جَزاء (رياضة)

through foul and fair في النَّعْماء والبَأْساء ، في السَّرّاء والضَّرّاء

adv.

fall foul of اِصْطَدَمَت (السَّفِينة بالصُّخور) ؛ وَقَع تَحْت طائِلَة (القانون)

v.t. 1. (pollute); *also v.i.* لَوَّثَ ، وَسَّخَ ، دَنَّسَ ؛ تَلَوَّثَ ، اِتَّسَخ ، تَدَنَّسَ

2. (collide with; entangle; block); *also v.i.* اِشْتَبَك ، تَصادَم ، سَدَّ (ماسُورَة مَثلاً)

found, *pret. & past p. of* **find**

found, *v.t.* 1. (establish) أَسَّسَ ، أَنْشَأَ ، أقامَ

found a family أَسَّسَ أُسْرَة أو عائِلَة ، أَنْجَب أَطْفالاً

well-(ill-)founded, *a.* ذُو أَساسٍ مَتِين (واهٍ)

2. (melt and mould) صَهَر، سَبَكَ (المَعْدِن)

foundation, *n.* 1. (establishing) تَأْسِيس ، إِنْشاء، إِقامَة

2. (base; basis) قاعِدَة ، أَساس

foundation cream دِهان أو كريم أَساس (مِن موادّ التَّجْمِيل النِّسائيّة)

foundation garment مِشَدّ لِلخَصْر (كُورْسِيه)

foundation-stone حَجَر الأَساس

he was shaken to the very foundations (*fig.*) اِهْتَزّ كِيانُه اهْتِزازًا (عِنْدما سَمِع النَّبأ)

3. (endowed institution) مُؤَسَّسَة

founder, *n.* 1. (originator) مُؤَسِّس ، مُنْشِئ

2. (metal-worker) سَبّاك المَعادِن

v.i. غاصَت (السَّفِينة) ، كَبا (الحِصان) ، ساخَت (الأرض) ؛ اِنْهارَ ، فَشِلَ ، أَخْفَق

foundling, *n.* لَقِيط (لُقَطاء) ، وَلِيد مَنْبُوذ

foundry, *n.* مَسْبَك ، مَصْنَع لِسَبْك المَعادِن

fount, *n.* 1. (spring, *usu. fig.*) عَيْن ، نَبْع ، مَنْبَع ، مَصْدَر ، مَعين ، يَنْبُوع

2. (set of type) بُنْط (طِباعة)

fountain, *n.* نافُورَة ، فَسْقِيّة ، نَبْع ، عَيْن ، شَدِرْوان (عراق)

fountain-head مَنْبَع ، مَصْدَر ، أَصْل

fountain-pen قَلَم حِبْر (أَبَنوس)، پاندان

drinking-fountain حَنَفِيّة عامّة للشُّرْب

four, *a.* أَرْبَع ، أَرْبَعَة

four-footed, *a.* حَيَوان مِن ذَوات الأَرْبَع

four-handed game لُعْبَة يُؤَدِّيها أَرْبَعَة لاعِبين فقط

four-poster ⟨bed⟩ سَرِير ذُو أَرْبَعة أَعْمِدة وسَقْف

four-pounder ⟨gun⟩ مِدْفَع يَقْذِف قَنابِل زِنَة كُلٍّ مِنْها أَرْبَعة أرطال

four-seater ⟨car⟩ سَيّارة ذات أَرْبعة مَقاعِد (بما فِيها مَقْعَد السّائِق)

four-square, *a.* شَخْص أَمِين وصَرِيح

four-stroke ⟨engine⟩ مُحَرِّك رُباعِيّ الأَشْواط (ذُو احْتِراق داخليّ)

four-wheeler عَرَبَة أُجْرَة ذات أَرْبَع عَجَلاتٍ ، حَنْطور (مصر)

four corners of the earth أَقاصي الأَرض ، أَرْكان الدُّنْيا ، أَرْجاء المَعْمُورَة

to the four winds (بَعْثَر) هُنا وهُناك ، في جَمِيع الأَنْحاء

n. 1. (number) أَرْبَعَة

2. (set of four) مَجْمُوعة مِن أربعة

on all fours عَلى قَدَمَيْه ورِجْلَيْه، ساجِدًا

fourfold, *a. & adv.* أَرْبَعَة أضعاف، رُباعِيّ

fourpence, *n.* أَرْبَع بِنْسات

fourpenny, *a.* (ثَمَنُه) أَرْبَع بِنْسات

a fourpenny one (*sl.*) لَطْمة، صَفْعة

fourscore, *a. & n.* ثَمانُون

foursome, *n.* لُعْبَة رُباعِيّة (جولف)

fourteen, *a. & n.* أَرْبَعَة عشر

fourteenth, *a. & n.* رَابِع عَشَر؛ جُزْء من أَرْبَعَة عشر

fourth, *a. & n.* الرَّابِع

fowl, *n.* 1. (bird) طَائِر، طَيْر

wild fowl طَيْر بَرِّي

2. (domestic cock or hen) دَجاجَة، فَرخة

fowl-pest وَبَاء الدَّجاج

fowl/er, *n.* **-ing,** *n.* صَيّاد الطيور البَرِّيّة

fowling-piece بُنْدقِيّة لصيْد الطّيور

fox, *n.* ثَعْلَب (ثعالِب)

old fox (*coll.*) ثَعْلَب، واسِع الحِيلة، دَاهِية، مَكَّار

fox-terrier كَلْب صَغير يُخْرِج الثعلبَ من مَخْبَئِه لِصَيْده

v.t. (*sl.*) إِحْتال، خَدَع ، غَشّ، ضَحِكَ على

foxglove, *n.* الدِّيجِيتال، كَفّ الثَّعْلَب ، زهْر الكَشاتِين

foxhole, *n.* خَنْدَق لِشَخْص واحد (عسكرية)

foxhound, *n.* كَلْب يُستخدم في صيْد الثَّعالِب

foxtail, *n.* ذَيْل الثَّعْلَب (نبات)

foxtrot, *n.* نَوْع من الرَّقْص، فوكستروت

foxy, *a.* حَيّال، داهِية، ماكِر ، ثَعلب

foyer, *n.* صَالة أو رَدْهة (في فُنْدق أو سينما)

fracas, *n.* جَلَبة ، ضَجَّة، عِراك، شِجار

fraction, *n.* (**-al,** *a.*) 1. (*math.*) كَسْر (رياضيّات) جُزْء أَو قِطْعَة صَغِيرة ؛ مَادَّة تُسْتَخْرَج بالتَّقْطِير التَّفاضُلِيّ (كيمياء)

fraction/ate, *v.t.* (**-ation,** *n.*) قَطَّرَ تَقْطِيرًا تَفاضُلِيًّا (كيمياء)

fractioniz/e, *v.t.* (**-ation,** *n.*) جَزَّأَ

fractious, *a.* (**-ness,** *n.*) شَكّاء، نَقَّاق

fracture, *n.* كَسْر، شَجّة

simple (compound) fracture كَسْر بسيط أو مُرَكَّب (طبّ)

v.t. & i. كَسَرَ، شجَّ، شقَّ

fragil/e, *a.* (**-ity,** *n.*) هَشّ، سَهْلِ الِانْكسار، رَقِيق، نَحِيف؛ قابِلِيّة للكَسْر

fragment, *n.* 1. (detached piece) شَظِيَّة، كَسْرَة، قِطْعَة صَغيرة (من إناء مكسور مثلًا)

2. (remnant of lost work of art) حُطام أو بَقَايا عمل فَنّيّ مفقود

fragmentary, *a.* نَاقِص، غير كامِل، جُزْئِيّ

fragmentation, *n.* تَجْزِيء، تكْسير

fragmentation bomb قُنْبُلَة شَظايا (تسليح)

fragr/ant, *a.* (**-ance,** *n.*) عَبِق، عَطِر، أَرِج، فوّاح؛ عبيق، عِطْر، أَرِيج، رائحة طيّبة

frail, *a.* (**-ty,** *n.*) 1. (fragile) هَزِيل، نَحِيف، نَحِيل، وَاهٍ؛ ضَعْف، نُحول

2. (in weak health) ضَعِيف، مُضَعْضَع الصِحّة

3. (prone to temptation) ضَعِيف الإرادة، ضَعِيف أمامَ الإغراء

frame, *n.* هَيْكَل، إطار، برواز

cinema frame لَقْطَة سِينَمائِيّة

picture-frame إطَار أو بَرْواز الصّورة

window-frame إطَار الشُّبّاك

frame of mind مِزَاج، حَالة نفسيّة (مؤقتة)

the human frame هَيْكَل أوجِسْم الإنسان

v.t. 1. (shape) شَكَّلَ، رَكَّبَ

frame a question صَاغَ سؤالًا

2. (set in a frame) بَرْوَزَ، وَضَعَ (صورة) فِي إطَار أو بَرْواز

3. (*sl.*, concoct false accusation against); *whence* لَفَّقَ (تُهْمَة)، اِتَّهَمَ زُورًا

frame-up, *n.* مَكِيدَة لِلإيقاع بِشَخْص

framework, *n.* (*lit. & fig.*) إطَار، هَيْكَل؛ حُدُود، مَجَال

franc, *n.* فرَنْك (فرنكات)

France, *n.* فَرَنسا

franchise, *n.* حَقّ الِانْتِخاب أو التَّصْويت

Franciscan, *a. & n.* (رَاهِب) فرنسيسكانِيّ

Franco-, *in comb.* (سَابِقَة معناها) فَرَنْسِيّ

Francophile, *a. & n.* مُحِبّ لِكُلّ ما هو فَرَنْسِيّ

frank, *a.* (**-ness,** *n.*) صَرِيح، مُخْلِص؛ صَراحة

frankly speaking بِصَرَاحة تامّة

v.t. & n. أَعْفَى من أجرة البريد

frankfurter, *n.* سُجُق أَلماني (يُغْلَى قَبْل أَكْلِه)

frankincense, *n.* لُبَان ذَكَر، بَخور

frantic, *a.* ثَائِر أو مُتَهيّج (حُزنًا)، جُنونِيّ

fraternal, *a.* أَخَوِيّ

fraternity, *n.* إخاء، أُخُوَّة؛ رابِطة

fraterniz/e, *v.i.* (**-ation,** *n.*) تَآخَى، تَصَادَق، تَحَابَّ، تَوَادَّ؛ تَآخٍ، إخاء

fratricid/e, *n.* (**-al,** *a.*) قَتْل الأخ؛ قاتِل أَخِيهِ أو أخته

fraud, *n.* غِشّ، نَصْب، تَدْليس، تَزْوير، اِحْتِيَال

fraudul/ent, *a.* (**-ence,** *n.*) غَشَّاش، مُخادِع، مُزَوِّر؛ غِشّ، خِداع

fraught, *pred. a.* مُفْعَم، حَافِل، مَشْحون أو مَلِيء بِ

the situation is still fraught with danger مَا زَال المَوْقِفُ مَشْحونًا بالمخاطِر

fray, *n.* (*usu. fig.*) شَغَب، عِراك، شِجار؛ هُجُوم

in the thick of the fray في حَوْمة الوَغَى، في وَطِيس المعَرَكة، في مَعْمَعان القِتال

v.t. & i. أَبْلَى طرَفَ الثوْب؛ تَهَرَّأ القُمَاش

frayed cuffs أَكْمام تَنَسَّلَت أَطْرافُها

frayed nerves أَعْصَاب تَالِفة

freak, *n.* 1. (vagary) هَوًى، نَزْوَة، تقلُّب فُجَائِيّ (للريح)

2. (monstrosity); *also* freak of nature غَرِيبُ الخِلقة، فَلْتة

freckle, *n.* نَمَش، كَلَف؛ بُقَع سَمْراء على البَشْرَة

v.t., usu. past p. أَنْمَشَ؛ بَقَّعَ

free, *a. & adv.* 1. (at liberty; unrestrained; unrestricted) حُرّ (أحرار)، طَلِيق

free and easy بِغَيْر كُلفة أو رَسْمِيّات

free association تَدَاعِي المعاني

free-born, *a.* حُرّ (أحرار)، وُلِدَ حُرًّا

the Free Churches الكَنائِس البروتسْتنتِيّة المُسْتَقِلّة عن الدّولة (في بريطانيا)

give someone a free hand أَعْطَى شَخْصًا مُطْلَقَ الحُرّيّة في التَّصَرُّف

free house حَانَة غير مُقيَّدة بِبَيْع مُنْتَجات مَعْمَل مُعَيّن للمشروبات

free-lance كَاتِب صحَفِيّ غير مُلتزِم بِصَحِيفة مُعيّنة

free fight; *also* free-for-all (*coll.*) عَرْكَة جَمَاعِيّة، خِناقة عامّة

free love مَبْدَأ حُرّيّة العَلاقات الجِنْسِيّة دُونَ التَّقَيُّد بِضَرُورَة الزَّوَاج

free play (مَجَال للسّماح) بِحُرّيّة الحَرَكَة في الآلات

free speech حُرّيّة الكَلام

free-thinker مُفكِّر حُرّ، مَن يُخْضِع المُعْتَقَدات الدِّينِيّة للتّفسير العَقْلِيّ

free translation تَرْجَمَة بتصرّف

free verse شِعْر حُرّ

free-wheel, *whence* freewheel, *v.i.* عَجَلة مُطْلَقة (في درّاجة أو سيّارة)

free will حُرّيّة الإرادَة أو الاخْتِيار

break free تَحَرَّرَ، اِنْطَلَق، اِنْفَكَّ

make free with رَفَع الكُلْفَة مع

set free حَرَّرَ، فَكَّ، أَعْتَقَ، أَطْلَقَ سراح

2. (unoccupied) مَنْزِل خالٍ، غير مشغول

3. (costing nothing) مَجّاني؛ دُون مُقَابِل

free on board: *abbr.* f.o.b. تَسْلِيم (البِضاعة) على ظهر الباخرة (ف. و. ب.)

4. (generous, liberal) طَلْق اليدين، سَخِيّ، كَرِيم، جَواد

v.t. حَرَّرَ، أَعْتَقَ، حَلَّ أو فَكَّ قُيودَه، أَطْلَقَ سَراحه

freebooter, *n.* قُرْصَان (قَرَاصِنة)

freedman, *n.* مُعْتَق، مُحَرَّر

freedom, *n.* 1. (liberty; absence of restraint) حُرِّيَّة، تَحَرُّر

freedom of the city شَرَف المواطَنة

freedom of movement حُرِّيّة التَّجَوُّل

2. (undue familiarity) رَفْع الكُلْفَة، عَدَم التَّحَفُّظ، انعدام الشَّكْلِيّات

freehand, *a. & adv.* (رَسْم) دُونَ ٱسْتِخْدام أَدَوَاتٍ هَنْدَسيّة،(كتابة) بخطّ اليد

freehold, *n. & a.* حِيازَة عقاريَّة مُطْلَقة المدّة، ملك صِرْف

freeman, *n.* مَنْ يَتَمَتَّع بكافَّة الحقُوق المدنية والسِّيَاسِيّة

freemason, *n.* مَاسُونِيّ، عُضو جَمْعِيَّة البَنَّائِين الأحْرار

freemasonry, *n.*; *also fig.* المَاسُونِيّة؛ تعاطف

freesia, *n.* زَهْرة متعدِّدة الألوان مِن فصيلة السَّوْسَن، فريزة

freeze (*pret.* froze, *past p.* frozen), *v.t. & i.*; *also fig.* جَمَّدَ؛ تَجَمَّدَ؛ تَوَقَّف (عن الحَرَكة مَثَلاً)

freeze over تَجَمَّدَ سطح (البِرْكة مثلا)

freeze up; *whence* freeze-up, *n.* تَوَقَّف فُجْأَةً عَنِ الكلام؛ فترة برد شديد يتجمّد فيها الماء

frozen solid مُتَجَمِّد تمامًا

freeze someone out تجاهَلَه للتخلّص منه؛ نافَسَ (تاجرًا) للتخلّص منه

freeze prices جَمَّدَ الأسْعار

frozen assets أَمْوال مُجمَّدة

deep-freeze, *n.* ثَلّاجَة خاصَّة لِحِفْظ الأطعِمة في دَرَجة حرارة تحت الصِّفْر

freezer, *n.* جُزْء التَّجْمِيد في ثلاجة

freight, *n.* أَجْر الشَّحْن، نَوْلون؛ شَحْن؛ حُمُولة أووسق السّفينة

freight charge تَكَالِيف الشَّحْن، أُجْرة النَّقْل

v.t. شَحَنَ، وَسَق

freightage, *n.* أُجْرة النَّقْل أو الشَحْن، مَصَاريف الشحْن

freighter, *n.* سَفِينَة شَحْن، ناقِلة بَضَائِع

French, *a.* فَرَنْسِيّ

French bean لُوبْياء أو فاصُوليا خَضْراء

French chalk مَسْحُوق الطلْق، طَباشِير فرنساوي

French horn البُوق الفَرَنْسِيّ (من الآلات الهَوائيّة)

take French leave اِنْصَرَفَ بدون استئذان

French polish مَحْلُول صَمْغ اللُّك والاسبرتو، لُسْتَر (مصر)

French window بَاب زُجاجيّ يُفْتَح على حَديقة

Frenchify, *v.t.* فَرْنَسَ، جَعَلَ فَرَنْسِيًّا

French/man (*fem.* **-woman,** *pl.* -men), *n.* رَجُل فَرَنْسِيّ ؛ اِمْرَأة فَرَنْسِيّة

frenzied, *a.* طَائِش، فَائِر، مُتَهَيِّج

frenzy, *n.* اِحْتِدَام العواطِف، تهيُّج شديد

frequency, *n.* 1. (frequent recurrence) تَكَرُّر، تَعَدُّد

2. (rate of recurrence) نِسْبَة حُدوث

3. (*phys., elec., radio, etc.*) ذَبْذَبة، تَعَدُّد

high frequency ذَبْذَبة عَالِيَة

frequent, *a.* مُتَكَرِّر، كَثِير الوُقوع أو الحُدوث

v.t. (**-ation,** *n.*) تَرَدَّد على، اِخْتَلَف إلى

frequented road طَرِيق مَطْروق

frequently, *adv.* مِرَارًا، كَثِيرًا ما

fresco, *n.* صُورَة مَرْسُومَة بالألوان على الجِبْس قَبْل جَفافِهِ

fresh, *a.* 1. (new) جَدِيد، حَدِيث

break fresh ground شَقّ طريقًا جَديدًا

make a fresh start بَدَأ مِن جديد

2. (not stale; lively, vigorous) (خُبْز) طازج، (جِسْم) نَشِيط، (عقل) يَقِظ

fresh air الهَوَاء الطَّلْق (النَّقِيّ)

a fresh wind رِيَاح نَشِطَة

fresh complexion بَشْرَة نَضِرة

fresh as a daisy في غَايَة النَّشَاط

3. (not preserved or salted) طَازَج، صَابِح

fresh vegetables خُضْرَوات (غير مُعَلَّبة)

fresh water مَاء عَذْب أو قَرَاح

freshwater fish سَمَك نَهْرِي

4. (*sl.*, impudent) وَقِح، قليل الحياء

freshen, *v.t. & i.* أَنْعَش، رَطَّب؛ نَشِطَت (الريح)

freshman, *n* طَالِب بالسَّنَة الأولى في جَامِعَة

fret, *v.t.* 1. (carve into pattern) نَقَش، زَخْرَف الخَشَب بالحَفْر

2. (worry); *also v.i.* أَقْلَق، أَزْعَج، ضَايَق؛ قَلِق، اِضْطَرَب

n. عَتَب العُود أو القِيثَارَة

fretful, *a.* (**-ness,** *n.*) بَكَّاء شَكَّاء، نَقَّاق

fretsaw, *n.* مِنْشَار زَخارِف أو أَركيت

fretwork, *n.* زَخْرَفة الخَشَب بالحفر

friab/le, *a.* (**-ility,** *n.*) هَشّ، سَهْل الانسِحاق

friar, *n.* رَاهِب كاثوليكيّ

friary, *n.* دَيْر لِلرُّهْبان الكاثُوليك

fricassee, *n. & v.t.* لَحْم دَجاج بِصَلْصة بَيْضاء

fricative, *a. & n.* صَوْت ناتج عن احتكاك اللِّسان والشّفتين (كالفاء)

friction, *n.* اِحْتِكاك؛ تصادُم (مع شخص)

Friday, *n.* يَوْم الجُمْعة

Good Friday الجُمْعة العَظِيمة أو الحَزِينة

fridge, *coll. contr. of* **refrigerator** ثَلَّاجة، بَرَّادة

friend, *n.* صَدِيق، صَاحب، خِلّ، زَمِيل

make friends صَادَقَ ؛ تَصَاحَبَ ، تَصَالَحَ

he has a friend at court عِنْدَهُ واسِطة ، له ظَهْرٌ (عند أصحاب النّفوذ)

Society of Friends طَائِفَة مَسِيحيّة تُعْرَف بِاسْم الكويكرز

friendl/y, *a.* (**-iness,** *n.*) وُدِّي، لَطِيف ، مُرَحِّب (بالغريب)؛ حُسْن المُعاملة

friendly society جَمْعِيّة للتأمين ضِدّ المرض أو العَجز

friendship, *n.* صَدَاقة ، مَودّة ، أُلْفة ، عِشْرة

frieze, *n.* 1. (border) إفْرِيز ، كورنيش (مباني)

2. (cloth) نَسِيج صُوفيّ خَشِن

frigate, *n.* فِرْجَاطة ، فِرْقَاطة ، سفينة حَرْبِيّة صغيرة

fright, *n.* 1. (sudden fear) فَزَع ، رُعْب ، ذُعْر ، وَهَل

give someone a fright أَفْزَع شَخْصًا على حِينِ غِرَّة ، أَلْقَى الرُّعْبَ في قَلبه

take fright فَزِعَ ، ارْتَعَب ، هَلِعَ

2. (*coll.*, person of grotesque appearance) فِزِع ، اِرْتَعَب ، هَلَع

frighten, *v.t.* خَوَّفَ ، أَفْزَعَ ، أَرْعَبَ ، رَوَّعَ ، هَالَ

frightful, *a.* 1. (terrible) مُفْزِع ، مُخِيف ، مُرْعِب

2. (*coll.*, very great) فَظِيع ، هَائِل ، ضَخْم

frightfully busy مَشْغُول إلى دَرَجَة فَظِيعَة

frigid, *a.* 1. (frozen, cold) (مِنْطَقة) مُنْجَمِدة ، شَدِيد البُرودة ، قَرّ ، قارس

2. (not ardent; sexually unresponsive) بَارِد الدَّم ؛ بارد جِنسيًّا

frigidity, *n.* جَفاء ، بُرود (العلاقات)

frill, *n.* (*lit. & fig.*); *also v.t.* هُدْب ، كَشْكَشَة في الثَّوْب ؛ هَدَّبَ ؛ زَخْرَفَة غَيْر لازِمَة

frilly, *a.* (ثَوْب) مُكَشْكَش

fringe, *n.* 1. (border) حَافة ، حَاشِية ، هُدب ، طَرَف ، فرنشة (مصر)

beyond the fringe خَارِج عَن حُدود التَّقاليد المتعارَف عليها

2. (front hair cut in straight line) شَعْر مُصَفَّف فَوْق الجبين (تسريحة) ، كَدْلة (عراق)

a. إِضَافِيّ ، خارجيّ ، زائد

fringe benefits اِمْتِيَازَات عَيْنِيّة لِلمُوَظَّفين

v.t. هَدَّبَ ؛ مُطَرَّز الحاشية

frippery, *n.* (مَلَابِس) مُزَرْكَشة ، حِلْية زائدة

frisk, *v.i.* تَنَطَّطَ ، قَفَزَ

v.t. (*sl.*) فَتَّشَ شخصًا بحثًا عن سلاحه

frisky, *a.* يَتَنَطَّط مَرِحًا

fritillary, *n.* عَرار ، فرِيتِيلّاريا ، حَشِيشَة الحَجَل (نبات) ؛ نَوْع مِن الفَراش

fritter, *n.* فَطِيرة خَاصّة مَحْشُوّة بالفاكهة أو اللحم ، قطايف

v.t., with adv. away بَدَّدَ (ماله) ، بَعْثَرَ (جُهُوده) ، ضَيَّعَ (وقته)

frivol/ous, *a.* (**-ity,** *n.*) تَافِه ، طائِش ، عَابِث ، أَرْعَن ؛ طَيْش ، رُعُونَة

friz(z), *v.t.* & *n.* جَعَّدَ الشَّعْر؛ شَعْر مُجَعَّد

frizzle, *v.t.* & *i.* 1. (curl) جَعَّدَ الشَّعْر؛ تَفَلْفَلَ

2. (fry) قَلَى (مُحْدِثًا أَزِيزًا)

frizzy, *a.* (شَعْر) أَجْعَد، مُفَلْفَل

fro, *adv., only in*

to and fro جِيئَةً وذِهَابًا، إقْبالًا وإدْبارًا

frock, *n.* فُسْتَان، نَفْنُوف (عراق)

frock-coat فَرَاك، رِدِنْجُوت

frog, *n.* 1. (animal) ضِفْدَع (ضَفادع)

frog-march حَمَلَ (سجينًا) من يديه ورِجْلَيْه ووَجْهه إلى الأرض

have a frog in the throat بَحَّ صَوْتُهُ من كَثْرَة الصِّياح

2. (fastening on garment) عُرْوَة مُطَرَّزة في مُقَدّمة رِداء لها زِرّ

3. (attachment to military belt) حَمَّالة للحَرْبة

4. (part of railway track) مَكَان تَقاطُع خَطَّيْن (سكّة حديد)

frogman, *n.* ضِفْدَع بَشَرِيّ

frolic, *n.* لَهْو، مَرَح، لَعِب

v.i. لَعِبَ، مَرَحَ

frolicsome, *a.* مَرِح، مَلِيء نَشاطًا وحَيَوِيَّة

from, *prep.* 1. (denoting point of departure or origin) مِنْ، مِن قَبْل، عَنْ

from now on مِن الآن فَصاعِدًا

from experience عَن خِبْرَة سَابِقة

from memory مِنَ الذّاكِرة أو الحافِظة، غَيْبًا

2. (denoting separation, difference) عَنْ

I can't tell one from another لا أستطيع التَّمْيِيز بينهما

3. (denoting motive or reason) عَن، بِسَبَب

from ignorance عَن جَهْل، بِسَبَبِ جَهْله

frond, *n.* وَرَقَة سَرْخَسِيّة (نبات)

front, *n.* 1. (foremost part) صَدْر، وَجْه

in front (of) أَمَام، قُبالَة، قُدّام

2. (*mil.* & *polit.*) جَبْهَة

on a broad front عَلَى نِطاق واسِع، على جَبْهَة واسعة

change of front (*fig.*) تَغَيُّر في الرَّأي، تَحَوُّل فُجائيّ مِن مَوْقِف إلى آخر

3. (promenade at seaside) طَرِيق مُمْتَدّ على شاطِئ البَحْر، كُورْنِيش

4. (*meteor.*) جَبْهَة (أرصاد جوّيّة)

cold (warm) front جَبْهَة بارِدة أو ساخنة (أرْصاد جَوِّيّة)

5. (effrontery) وَقاحة، صَفاقة

have the front to ... بَلغت به الجراءة أن ...

a.

front line; *also* front-line, *a.* الخَطّ الأمامِيّ، خطّ القِتال

take a front seat (*fig.*) تَصَدَّرَ، اِحْتَلَّ مَكان الصَّدارَة

v.t. & *i.* وَاجَه، أَطَلَّ أو أَشْرَفَ على

frontage, *n.* طُولُ قِطْعَةِ أَرضٍ (على شارع)

frontal, *a.* أَمَامِيّ ؛ مُتَعَلِّق بالجَبْهة ، جَبْهِي

frontier, *n.* حُدُود، تُخْم (تخوم)

frontiersman, *n.* سَاكِن على الحُدود بعيدًا عَن المُدُن

frontispiece, *n.* صُورَة في صَدْر الكِتاب مُواجِهة للعُنْوان الدّاخِليّ

frost, *n.* صَقِيع ، زَمْهَرِير

frost-bite ضَرْبَة الصَّقِيع ، تَقرُّح جِلْد (الأَصابع مثلاً) من شِدَّة البَرْد

black frost شِدَّة البَرْد دون تكوُّن صقيع

v.t. أَصَابَ الصَّقِيعُ (الزرْعَ)، ضَرَبَ البَرْد (المَزْرُوعَات)

frosted glass زُجاج مُصَنْفر أو مُغَبَّش

frosty, *a.*; *also fig.* بَرْد قَارِس، زَمْهَرِير؛ (اِسْتِقْبال) بارِد جافّ

froth, *n.* زَبَد، رَغوة ، لُغام

v.i. أَزْبَد ، أَرْغَى

frothy, *a.* مُزْبِد؛ ثَوْب كثير الكرانيش

frou-frou, *n.* حَفِيف (الثَّوْب)

frown, *v.i.* عَبَس، تَجَهَّمَ، قَطَّب وَجْهَه، عَقَدَ حَاجِبَيْه

frown on (*fig.*) لَمْ يَرْضَ عن، لم يتقبَّل

n. تَقْطِيب الجَبين، عُبوسة

froze, frozen, *pret. & past p. of* **freeze**

fructif/y, *v.t. & i.* (**-ication,** *n.*) أَثْمَر، أَخْصَبَ، لَقَحَ؛ أَغلَّت الأَرض

fructose, *n.* سُكَّر فواكه

frugal, *a.* (**-ity,** *n.*) مُقْتَصِد، مُدبِّر (في مَصْرُوفَاته)، قانع ومكتفٍ بالقليل

fruit, *n.* فَاكِهَة (فواكه)، ثَمَرَة

fruits of the earth غَلَّات الأرض، ثمر أو خَيْرات الأرض

(*fig.*)

the fruits of his labours ثَمَرَة أَعْماله، ثِمَار جُهُودِه

fruitarian, *n.* مَن يَقْتات على الفواكه فقط

fruiterer, *n.* فاكِهِيّ، بائع فواكِه

fruitful, *a.* (**-ness,** *n.*) مُثْمِر، مُنْتِج ؛ مُجْدٍ

fruition, *n.* تَحْقِيق أو تحقُّق (الآمال)

fruitless, *a.* (بَحْث) عقيم، غير مُجْدٍ

fruity, *a.* لَهُ طَعْم عَصير الفاكهة ؛ (نُكْتَة) بَذِيئَة

(*fig., coll.*)

fruity voice صَوْت رَخِيم عَذب

frump, *n.* (**-ish,** *a.*) رَعْبَل؛ مُرَعبلة؛ سَليطة

frustr/ate, *v.t.* (**-ation,** *n.*) أَحْبَط ، ثَبَّطَ

fry, *v.t. & i.* قَلى، قَلَا، حَمَّرَ (في الزّيت أو الزّبد)

frying-pan قَلَّاية، مِقْلاة، طاوَة أو طَاسَة للقَلْي

out of the frying-pan into the fire مِن الدُّبّ إلى الجُبّ، (كالمُسْتَجِير) من الرَّمْضاء بالنّار

n. 1. (young fish) صِغَارُ السَّمَك

small fry (*fig.*) صِغَارُ النَّاس

2. (fried food) طَعام مَقْلِيّ

fuchsia, *n.* فُوشية (نبات مُزْهِر)

fuddle, *v.t. & i.* شَوَّشت (الخَمْر) تَفكيره

fudge, *n.* 1. (toffee) نَوْع من السُّكَّريات أو الحَلْوَى

2. (nonsense) كَلام فارِغ! هُراء!

3. (makeshift job) خَرْبَط أو لَخبط الشُّغْل

v.t.; *also* fudge up لَفَّقَ، لَخْبَطَ

fuel, *n.* وَقُود، مَحْرُوقات

add fuel to the flames زادَ النّار اشتعالًا، زادَ في الطِّين بلّة

solid fuel وَقُود جافّ

v.t. & i. زَوَّدَ أو تَزَوَّدَ بالوقود

fug, *n.* (*coll.*) جَوٌّ فاسِد لقلّة التهوية، جَوّ مكتوم

fugal, *a.* مُتَسَلْسِل (موسيقى)

fugitive, *n.* هارِب، فارّ، طَريد

a. 1. (running away) هارِب، طَريد

2. (fleeting) سَرِيعُ الزَّوال، عابِر

fugue, *n.* التَّسَلْسُل (موسيقى)

fulcrum, *n.* نُقْطة ٱلِارْتكاز

fulfil, *v.t.* (**-ment,** *n.*) أَنْجَزَ، حَقَّقَ، نَفَّذَ، أَبَرَّ، أَوْفَى

when these conditions are fulfilled عِنْدَ تَوَفُّر هذه الشُّرُوط

full, *a. & adv.* 1. (filled to capacity) مَلِيء، مُفْعَم، مَشْحون، مَتْرُوس

full of oneself مُعْجَب أو مُغْتَرّ بنفسه، مُتباهٍ، مُتَبَجِّح

full up (*coll.*, replete with food) شَبْعان تَمامًا، مُكْتَظّ، مَمْلوء

have one's hands full (عَمَلُه) يَتطلّب كلّ جُهْدِه

his heart was too full for words انْعَقَدَ لِسانه من شدّة التأثّر

2. (complete; maximum) كامِل، تامّ؛ أَقْصَى

full-back ظَهِير، دِفاع (كرة القدم)

full-blooded, *a.* قَوِيّ، نَشِيط؛ أَصِيل، غَيْر هَجِين؛ شَهْوانِيّ

full-blown, *a.* (زَهْر) يانِع، ناضِج

full-dress uniform زِيّ أو رِداء التّشريفات، بزّة رَسْمِيّة

a full-dress debate مُناقَشَة على مُسْتَوًى عالٍ

full employment حالة عَدم وُجود البَطالة

full-grown, *a.* رَشِيد، ناضِج، بالِغ

at full length كامِل، بِالتَّفْصِيل، مُطوّل؛ مُتَمَدِّد

full-length, *a.* كامِل الطُّول

full moon بَدْر، القَمَر الكامِل

full name الاِسْم الكامل

full powers تَفْويض تامّ أو كُلِّي

full speed أَقْصَى سُرْعة

full stop نُقْطَة، عَلامة الوَقْف في الكِتابَة

come to a full stop (*fig.*) وَقَفَ، تَوَقَّفَ

a full-time job (*lit. & fig.*) وَظِيفَة كامِلة (لِكُلّ ساعات العمل)، دوام كامل (عراق)

n. مِلْء، غايَة

enjoy oneself to the full اِسْتَمْتَعَ كلّ الاِسْتِمْتاع

the moon is at the full اِكْتَمَلَ القَمَر، صَارَ القَمَرُ بدرًا

fuller, *n.* قَصَّار، مَن يُبيِّض الأقمِشة

ful(l)ness, *n.* شَبَع، مِلْء، اِمتلاء

in the fullness of time عِنْدَمَا يَحين الوَقْت، بِمُرُور الزَّمَن

fully, *adv.* تَمَامًا، كُلّيةً

fully-(full-)fashioned stockings جَوارِب مَنْسُوجة على قالب الرِّجل

fulmin/ate, *v.i.* (**-ation,** *n.*) اِنْفَجَرَ؛ هَاجَمَ بِكَلامٍ قارِصٍ

fulness, *see* **fullness**

fulsome, *a.* مُفْرِط، زائد، مُبالِغ أو مُغالٍ (في المَدْح مثلًا)

fumble, *v.i. & t.* تَخَبَّطَ؛ تَحَسَّسَ، تَلَمَّسَ، تَفَقَّدَ

fumble for words تَلَعْثَمَ بَحْثًا عَن الكَلِمة المُنَاسِبة

fume, *n., usu. pl.* أَبْخِرة، دُخان، غازات ضارَّة

v.t. نَشَرَ غازاتٍ أو أبخرة

fumed oak خَشَب بَلُّوط معالَج بالنشادر

v.i. 1. (emit smoke or vapour) نَفَثَ أو بَعَثَ أبخرة

2. (be angry) ثَارَت ثَائِرَتُه، أَرْغَى وأَزْبَدَ

fumig/ate, *v.t.* (**-ation,** *n.*) طَهَّرَ أو عَقَّمَ بالتَّدْخِين أو التبخير

fun, *n.* تَسْلِيَة، لَهْو، هَزْل، مِزاح، هَزار (مصر)

fun fair مَدينة الملاهِي أو الألعاب

for (in) fun; *also* for the fun of the thing عَلى سَبِيل المُزاح، لِغَرَض التَّفَكُّهة

good (great) fun مُسَلٍّ، ظَرِيف، لَطِيف

make fun of; *also* poke fun at تَهَكَّمَ على، سَخِرَ مِن، اِسْتَهْزَأَ بِ ...

function, *n.* 1. (proper activity; purpose) وَظِيفَة، مُهِمَّة، عَمَل

2. (formal social meeting) حَفْل رَسمِيّ

3. (*math.*) دالَّة (رياضيّات)

v.i. قَامَ بوظيفة، عَمِلَ

functional, *a.* 1. (*physiol.*) وَظِيفِيّ

2. (*math.*) خاصّ بالدَّالّة (رياضيّات)

3. (shaped with regard to its function) مُصَمَّم لأَدَاء غَرَض مُعَيَّن

functionary, *n.* مُوَظَّف

fund, *n.* 1. (stock, supply) ذَخِيرة، رَصِيد، رأس مال، صُندوق (النقد)

a fund of knowledge ثَرْوَة من العِلم، رَصيد مِنَ المعرفة

2. (money put to a special purpose) اِعْتِماد ماليّ مُخَصَّص لغَرَض مُعَيَّن

3. (*pl.*, financial resources) أَمْوال ، سَنَدات وأَوْراق مالِيّة الخ

v.t. خَصَّص رَأْسَ مالٍ لِ

fundament, *n.* أَسَاس؛ اِسْت ، عَجُز

fundamental, *a. & n.* أَسَاسِيّ ، أَصْلِيّ ، جَوْهَرِيّ؛ مَبْدأ أساسيّ

fundamental questions مَسَائِل جَوْهرِيّة

fundamental/ism, *n.*, **-ist,** *n.* المتمسّك بأصول الدّين

funeral, *a. & n.* جِنَازة ، مَرَاسِيم الدّفْن

funeral oration تَأْبِين ، رِثاء

that's your funeral! (*coll.*) ذَنْبك على جَنْبك ! لا تَلُم إلّا نفسك !

funereal, *a.* جَنَائِزِيّ ؛ حَزِين ، كَئِيب

fungicide, *n.* مُبِيد الفُطْرِيّات

fungoid, *a.* فُطْري

fung/us (*pl.* -i), *n.* فُطْر (فُطْرِيّات)

funicular, *a. esp. in*

funicular railway قَاطِرة تسير على سِكّة مِن أسْلاك مُعَلّقة في الجبال

funk, *n.* (*sl.*); *also v.i. & t.* جَبان؛ تَرَاجَعَ خوفًا

in a blue funk مَيّت من شِدّة الخَوْف

funnel, *n.* 1. (conical decanting device) قُمْع

2. (chimney of ship) مِدْخَنَة السَّفِينة

v.t. اِسْتَعْمَلَ قُمعًا في صَبّ سائلٍ

funny, *a.* 1. (comical) مُضْحِك ، فُكَاهِيّ ، هَزْلِيّ

funny-bone عَظْمَة الكَوع أو المِرفق، الكُعْبُرة

2. (peculiar) غَرِيب ، شاذّ

funnily enough مِنَ ٱلْمُدْهِش، والعجيب أن ...

fur, *n.* 1. (animal's coat) فَرْو ، فِراء

make the fur fly أثارَ عِراكًا شديدًا

2. (garment made from this) (مِعْطف) من الفَرْو

3. (coating, e.g. of tongue or kettle) طَبَقَة تَتَكَوّن على سطح اللِّسان أو بداخِل غَلّاية

v.t. & i.; *also* fur up تَكَوَّنت عليه طَبَقَة إضَافِيّة من التَّرَسُّبات

furbish, *v.t.* أزالَ الصَّدأ عن شَيء وجَلَاه

furious, *a.* مُحْتَدّ ، هائج ، حانِق ، مُحتدِم غيْظًا

furl, *v.t. & i.* طَوَى (عَلَمًا أو شَمْسِيّة)، لَفَّ أو لَمَّ (شراعًا)

furlong, *n.* مِقْيَاس طُولِيّ يُساوِي ٢٢٠ يَارْدَة

furlough, *n.* إجَازَة ، رُخْصَة التَّغَيُّب (عَسْكَرِيّة)

furnace, *n.* فُرْن ، أَتُون ، تَنُّور

blast furnace فُرْن لِصَهْر المَعَادِن

furnish, *v.t.* 1. (provide) أَمَدَّ ، زَوَّدَ ، مَوَّنَ ، أَعَدَّ ، جَهَّزَ

2. (fit up with furniture) أَثَّثَ ، جَهَّزَ ، فَرَشَ

to be let furnished (بَيْت) مُؤَثَّث لِلْإِيجَار

furnishings, *n.pl.* أَثَاث ، مَفْرُوشَات

furniture, *n.* 1. (contents of house) أَثَاث ، مَفْرُوشات ، فَرْش ، مُوبِيلْيا

2. (accessories) لَوازِم، مُتَعلِّقات

furore, *n.* تَصْفِيق وَٱسْتِحْسان بِحَماس شديد

furrier, *n.* فَرّاء، بائِع الفراء

furrow, *n. & v.t.* شَقّ، تَلَم، أُخْدود؛ حَرَث، مَخَر، شَقّ، فَلَح

furrowed brow عَبُوس، مُقَطِّب الجَبِين

furry, *a.* ذُو فِراء، وَبَرِيّ

further, *adv. & a.* 1. (to or at a greater distance) أَبْعَد، أَقْصَى

2. (in addition) بِالإِضافَة إِلَى ذَلك

until further notice حَتَّى إِشْعار آخَر، إلى حِينَ صُدُور تعليمات أُخْرَى

v.t. دَعَم (السَلام)، عَزَّز (مَشْروعًا)، مَهَّدَ الطريق لِ ...

furtherance, *n.* تَشْجِيع، مُسَانَدَة

furthermore, *adv.* زِيادَةً على ذلك، بالإضافة إِلَى ذلك، فضلًا عَن ذلك

furthermost, *a.* فِي غايَة البُعْد، أَقْصَى

furthest, *a.* الأَبْعَد

furtive, *a.* (**-ness,** *n.*) خَفِيّ، مُتَسَتِّر، مُتَلَصِّص؛ تَخَفٍّ، تَلَصُّص

fury, *n.* 1. (rage; violence) غَضَب شديد، اِحْتِدام الغَيْظ، اغتِياظ

work like fury أَكَبَّ على العَمَل بِهِمَّة، أَهْلَكَ نفسه بالعمل

2. (*myth. & fig.*) رَبَّة الثَّأْر (أساطير اليُونان)؛ ثائرة، مُتَمَرِّدة

furze, *n.* قُنْدُول، رَتَم (شجرة شائكة)

fuse (**fuze**), *n.* 1. (*elec.*) مِصْهَر، سِلْك للانصهار الوَاقِي، كُبْس، فيُوز، صاهِرة

fuse-wire سِلْك المِصْهَر

blow a fuse جَعَلَ الصَّاهرة أو الفيوز أو الكُبْس يحْترق

2. (for detonation, etc.) فَتِيلَة (للمُتَفَجِّرات)

time-fuse جِهاز تفجير زَمَني، صِمامة زمنيّة

v.t. & i.; also fig. لَحَم، صَهَر، أَدْمَج؛ اِلْتَأَم، اِلْتَحَم، اِنْدَمَج

fuselage, *n.* هَيْكَل الطَّائِرة

fusib/le, *a.* (**-ility,** *n.*) قَابِل للاِنصهار أو الذَّوَبان؛ قابليّة للانْصِهار

fusilier, *n.* اِسْم قديم يُطْلَق على جنديّ حَامِل بُنْدُقِيّة

fusillade, *n. & v.t.* وَابِل من الرَّصاص؛ أَطْلَقَ سَيْلًا مِن الرَّصاص عَلَى

fusion, *n.* (*lit. & fig.*) صَهْر، إِدْماج؛ اِنْصِهار، اِنْدِماج

fuss, *n.* ضَجّة، جَلبة، صَخَب، ضَوْضاء، شَغَب

make a fuss about أَثارَ ضَجَّة حَوْلَ مَوْضُوع تافِه

make a fuss of someone دَلَّل، لَاطَفَ

fuss-pot (*coll.*) صَعْبُ الإِرْضاء والإِقْناع

v.i. & t. تَشَكَّى، نَقْنَق

fustian, *n.* (*lit. & fig.*); *also a.* قُماش قُطْني خَشِن؛ مُبالَغَة؛ مَصْنُوع مِن هَذا القماش؛ (لُغَة) طَنَّانة

fusty, *a.* عَفِن، نَتِن، عَطِن، زَهِم، زَخِم، لَهُ رائحة الرُّطوبة

futil/e, *a.* (**-ity,** *n.*) سُدًى، عَبَثًا، بلا جَدْوَى، دُونَ طائل، هباءً

future, *a.* & *n.* مُقبِل، مُسْتَقْبَل، قادِم؛ المُسْتقبَل

the future life الحَيَاة الآخرة، الآجِلة، الحَيَاة بَعْد الموت

future tense صِيغَة المُسْتَقْبَل (قواعد النَّحْو)

futur/ism, *n.*, **-ist,** *n.* (**-ist, -istic,** *a.*) المُسْتَقْبَلِيَّة

futurity, *n.* المُسْتَقْبَل، الآجلة

fuze, *see* **fuse**

fuzz, *n.* زَغَب، وَبَر

fuzzy, *a.* مُجَعَّد، مُفلْفَل، مُكَعْكَل (شَعْر)

G

G, 1. (letter) الحَرْف السَّابع مِن الأبجديّة الإنْكليزيّة

2. (symbol for gravity) رَمْز الجاذِبيّة الأرْضيّة

3. (*mus.*) «سول» النَغمة الخامِسة في السُلَّم الموسيقيّ

G-string (of violin) الوَتَر الرَّابع في الكَمان

gab, *n.* (*coll.*) ثَرْثَرة، هَذر، لَغو، كَلام فارِغ

gift of the gab ذَلاقة أو طَلاقة اللِّسان؛ لَسَن

gabardine (gaberdine), *n.* قُماش الجَبَرْدِين

gabble, *v.i.* & *t.*; *also n.* هَذْرَمَ، غَمْغَمَ، تَكَلَّمَ بِسُرْعَة وعَدَم وُضوح؛ هذرمة، تمتمة

gable, *n.* وَاجِهة الجَمَلون (مباني)

gabled, *a.* مَسْقُوف بالجَمَلون

gad, *v.i.*, *usu. with adv.* about تَسَكَّعَ، تَنقَّلَ أو تَجوَّل دون هَدَف مُعيَّن

gadabout, *n.* & *a.* مُتَسَكِّع، يَجْرِي وَراء المُتْعَة

gadfly, *n.* نُعَرة، قُرْدة (قراد)، ذبابة تتعلّق بالدَّوَابّ

gadget, *n.* اِبْتِكار ميكانيكيّ، آلة جديدة

Gaelic, *a.* & *n.* غَيْليّ، اسْكُتْلَنْدِيّ أو أيْرْلَنْدِيّ

gaff, *n.* 1. (spear for fish) خُطَّاف، رُمح معقوف الطَّرَف لإخراج السَّمَك المصطاد

2. (*sl.*), *only in*

blow the gaff فَضَحَ أو أَفْشَى السرّ

gaffe, *n.* هَفوة، زَلَّة، غَلْطة

gaffer, *n.* 1. (elderly rustic) شَيْخ قَرَوِي، شايِب رِيفيّ

2. (foreman) أُسْطى، مُعَلِّم، رئيس عُمَّال، فورمَن (عراق)

gag, *n.* 1. (pad to block mouth); *also v.t.* (*lit. & fig.*) كِمامَة، كِعام؛ كَمَّمَ، كَعَمَ؛ أَخْرَسَ، شَكَمَ

2. (actor's interpolation; comedian's joke); *also v.i.* كَلِمات يرتجلها المُمَثِّل لإضحاك الجُمْهُور؛ نَكَّتَ

gaga, *a.* (*sl.*) مُخَرِّف؛ عَجُوز ضَعُف ذِهْنه وخفّ عقله

gage, *see* **gauge**

gaggle, *n.* سِرْب (من الأوزّ)، لَمّة (مِنْ النِّسْوان)

gaiety, *n.* بَهْجة، سُرور، مَرَح، حُبُور، جَذَل

gaily, *adv.* بِبَهْجَة، بِحُبور، بفَرَح، بسُرور، بمَرَح، بجَذَل

gain, *n.* 1. (profit; acquired wealth) رِبْح، كَسْب، نَفْع، فائدة، غُنْم

ill-gotten gains كَسْب حَرام

2. (increase; improvement) اِزْدِياد

v.t. 1. (win, earn, obtain, increase) رَبِحَ، كَسَبَ، حازَ، نالَ

gain confidence حازَ (على) الثِّقة، كَسَبَ الثِّقَة

gain the ear of اِسْتَرْعَى انْتِباه أو سَمْع فُلَان

gain ground تَقَدَّمَ، أَحْرَزَ تقدُّمًا

gain the upper hand تَمَكَّن من السَّيْطرة عَلَى، تَسَلَّطَ على

gain weight اِزْدَادَ وزنًا

2. (reach, attain) بَلَغَ، حَصَلَ عَلى، وَصَلَ إلى (الشاطئ مَثلاً)

v.i. 1. (profit) رَبِحَ، اِنْتَفَعَ، اِسْتَفادَ

he stands to gain by this مِنَ المُنْتَظَر أن يَسْتَفِيد من هذا الإجراء

2. (advance) تَقَدَّمَ على

gain on someone لَحِقَ بمنافِسِه في السِّباق تدريجيًّا

my watch is gaining سَاعَتي تُقدِّم

gainful, *a.* مُرْبِح، نافِع

gainsay, *v.t.* كَذَّبَ، ناقَضَ، أَنْكَرَ، عارَضَ

gait, *n.* مِشْيَة، هَيْئة المشي، خَطْو

gaiter, *n.* جِيتر، كِيْتَر (عراق)، طُزْلُق

gala, *n.*; *often attrib.* مِهْرَجان، احْتِفال، عِيد، مَوْلِد (مصر)

galactic, *a.* لَبَنِيّ، يتعلّق بالمَجَرّة أو دَرْب التبّانة (فلك)

galantine, *n.* طَبَق مُعَدّ من اللَّحْم الأبيض المَفْرُوم والهلام

galaxy, *n.* (*lit. & fig.*) مَجَرَّة (فلك)؛ جماعة مِن (النّساء الجميلات مثلًا)

gale, *n.* نَوْء، ريح شديدة هَوْجاء

gale force رِيَاح سُرْعَتُها بين ٣٩ و٥٤ ميلًا في السَّاعة

Galilean, *a.* 1. (of Galileo) نِسْبَةً إلى الفلكيّ الإيطاليّ غاليليو

2. (of Galilee) نِسْبَةً إلى مقاطعة الجليل بِشمالي فلسطين؛ يسوع المسيح

gall, *n.* 1. (bile; *fig.*, bitterness) صَفْراء، مَرارة ؛ ضَغينة ، غِلّ ، حِقْد

gall-bladder كِيس الصَّفراء، المرارة

gall-stone حَصْوة المرارة

2. (sore) دُمَّل، قَيْح ، قَرْح

3. (excrescence on tree's bark) حَنْظَل، عَلْقَم، مُرّ، عَفْص

v.t. (rub sore; *fig.*, annoy) آلَم أو أَوْجَع بالحَكّ ؛ أَزْعَج ، ضَايَق

gallant, *a.* 1. (brave) جَسُور، باسِل، شُجاع ، جَرِيء، مِغْوار، مِقْدام

gallant attempt مُحاوَلة جَرِيئة

2. (chivalrous) شَهْم ،ذو مُروءة ونَخوة

n. شَهْم ، مُلاطِف للنِساء

gallantry, *n.* شَهامة ، مُروءة ، فُتُوَّة ؛ تأدُّب مع النِّساء ؛ عَلاقة غَرامِيّة

galleon, *n.* غَلْيُون، سَفينة اسبانيّة حَربيّة أَوْ تِجارِيّة (قديمًا)

gallery, *n.* 1. (balcony in public hall or theatre) الشُّرْفَة العُلْيا في مسرح، كالري (عراق)

play to the gallery حَاوَلَ نَيْلَ استِحْسان الجُمْهُور بطُرق مُفْتَعَلة مُبالَغ فِيهَا

2. (long narrow passage or room) رُواق، دِهْلِيز، قاعَة ضَيِّقة وطويلة

shooting-gallery غُرْفَة للتَّدريب على الرِّماية

3. (building for exhibiting works of art) قاعَة أو صَالة عَرْض ، مَعرِض (للصُّوَر)

galley, *n.* 1. (oared ship) سَفِينَة مُسَطَّحة قَدِيمة تسير بالمجاديف (غالبًا)

galley-slave عَبْد أو مُجرِم محكوم عليه بالتَّجْدِيف في سفينة

2. (ship's kitchen) مَطْبَخ السَّفينة

3. (tray for type) لَوْح لتَنْضِيد حروف الطباعة

galley-proof مُسَوَّدة الطَّبْع، بروفة أَوَّليّة

Gallic, *a.* 1. (of the Gauls) غَاليّ، من بلاد الغال

2. (typically French) فَرَنْسِيّ تمامًا أو خالِص

gallicism, *n.* اِسْتِعْمَال تعبير فَرَنْسِيّ في لغة أخرى

gallivant, *v.i.* سَعَى بَحْثًا عَنِ المَسَرَّات

gallon, *n.* جَالُون ، غالون (مكيال السوائل غَالِبًا سَعَتُه ٤٫٥٥ لترًا)

gallop, *v.i.* & *t.* (*lit.* & *fig.*) رَكَضَ، اِنْطَلَقَ، عَدَا الحِصان ؛ (مَرَض) يزداد سُوءًا بِسُرعة

n. رَكْض، عَدْو

at a gallop رَكْضًا ، عَدْوًا

gallows, *n.pl.* مِشْنَقة (مشانق)

gallows-bird مُجْرِم يَسْتَحِقّ الشَّنْق

Gallup poll, *n.* اِسْتِفْتاء جالوب (لمعرفة رأي النّاس في موضوع ما)

galore, *adv.* بِوَفْرة ، فَيْض (من الشّراب)

galosh (**golosh**), *n.*, *usu. pl.* جُرْمُوق ، كَالُوش، خُفّ يلبس فوق الحِذاء لوقايته من الطِّين والمَطَر

galvanic, *a.* (*lit.* & *fig.*) جَلْفَانِيّ، كهربائيّ، مُكَهْرَب ؛ مُفاجِئ

galvaniz/e, *v.t.* (**-ation,** *n.*) 1. (stimulate by electricity; *now usu. fig.*) جَلْفَنَ ؛ حَثَّ

2. (coat with zinc) طَلَى (الحَديد) بالزِّنْك

galvanometer, *n.* جلفانومتر، جهاز لقياس شِدّة التَّيّار الكهربائيّ

gambit, *n.* 1. (chess opening) حَرَكة افتتاحِيّة في الشَّطْرَنج ؛ خَطْوَة أُولَى

2. (*fig.*, opening move) إجْراء تَمْهِيدِيّ

gamble, *v.i. & t.* (*lit. & fig.*) قَامَرَ ؛ جَازَفَ، خَاطَرَ

gambling-den وَكْر أو دار لِلْمُقَامَرَة

gamble away one's money بَدَّدَ ماله في القِمار، بَعْثَرَ أمواله (في البُورْصَة)

I wouldn't gamble on it لَا أَضْمَن النتيجَة، لَا أَسْتَطِيع أن أُراهِنك

n. مُقَامَرة ، مُجازَفة ، عَمَلِيّة غير مضمونة

gamboge, *n. & a.* صَمْغ كَمْبُودِيّ (لونه أَصْفَر فاقع)

gambol, *v.i. & n.* وَثَبَ ، قَفَزَ ، نَطَّ

game, *n.* 1. (sport, diversion; *fig.*, occupation) لُعْبَة ، رِياضة ، تَسْلِية

game of chance لُعْبة الحَظّ

game of skill لُعبَة تَتَطَلَّب المَهارة

games-mistress مُدَرِّسة الأَلْعاب الرِّيَاضِيّة

make game of اِسْتَهْزَأ منه ، سَخِرَ منه ، جَعَلَه أُضْحُوكَة

play the game (*fig.*) تَصَرَّف طِبْقَ الأُصُول والقَوَاعِد ، عامَل غَيْرَه بإنصاف

new to the game مُبْتَدِئ ، جَديد (في العمل مثلًا)

two can play at that game إنْ كُنْتَ مَكَّارًا فأَنَا أَمْكَر! ، لستُ أقلَّ حِيلَةً منك!

2. (scheme) مَكِيدة ، أُحْبولة ، حِيلة ، مَكْر

the game's up اِنْكَشَفَت الحِيلَة ، فَشِلَت الخِطَّة

what's the game? ماذا يَجْري هنا ؟ ما قَصْدُكَ بِهذا ؟ يا لَلْوَقاحَة !

3. (skill)

improve one's game اِزْدَادَ مَهارة في اللَّعِب

I am off my game today لَيْسَ لَعِبِي اليَوْمَ كَالمُعْتاد ، لِعْبِي مُوش وَلَا بُدّ (مصر)

4. (contest or stage in contest) مُباراة ، سِبَاق ؛ دَوْر ، شَوْط

have the game in one's hand (pocket) كَانَ فَوْزُه مضمونًا ، أَصبح في حُكْم الفائز

a losing game (*fig.*) لُعْبَة خاسِرة ، مشروع مَصِيرُه الفَشَل

5. (quarry) حَيَوَانات وطيور بَرِّيّة مُصْطادة ، قَنِيص ، قَنَص

big game (*lit. & fig.*) حَيَوَانَات مُصْطادة ؛ مَهامّ الأمور ؛ من ذوي النُّفوذ

fair game (*fig.*) شَخْص يُباح نَقْدُه ، مُمْكِن نَقْده

game-bag حَقِيبَة لِحَمْل الحيوانات المُصْطادة

game-hunter صَيّاد الحَيَوانات الوَحْشِيّة

game-laws قَوَانِين تَنْظيم الصَّيْد

6. (flesh of game animal eaten as food) لَحْم الصَّيْد أو القَنْص

a. 1. (plucky) شُجَاع، سَبُع جَسور

2. (disabled); *also* **gammy** (*sl.*); *usu. in* عَاجِز عن الحَرَكة، مَشْلول

game leg رِجْل عَرْجاء

v.i. قَامَر

gaming-table مَائِدة القِمار، المائدة الخَضْراء

gamekeeper, *n.* شَخْص مَسؤول عن حِماية وَتَرْبِيَة الحيوانات المصطادة

gamin, *n.* صَبِيّ مُتَشَرِّد ، مِن أَولاد الشَّوارِع

gamma, *n.* غَامَا، جَامَا، الحرف الثالث في الأَبْجَدِيّة الاغريقيّة

gamma-rays أَشِعَّة جاما

gammon, *n.* قِطْعَة مِن لحم خاصِرة الخنزير، لَحْم خنزير مُدَخَّن؛ كلام فارِغ

gammy, *see* **game,** *a.* (2)

gamp, *n.* (*coll.*) شَمْسِيّة كبيرة غير أنيقة

gamut, *n.* (*lit. & fig.*) كَافّة طَبَقات النَغَم

the whole gamut of crime (اِرْتَكَب) جرائم عَلَى اخْتِلاف أنواعها

gander, *n.* 1. (male goose) ذَكَر الأَوِزّ

2. (*sl.*, look) نَظْرة، شُوفَة (عراق)

gang, *n.*; *also v.i.* طُغْمة، عِصابة، شَرْذَمة، عُصْبَة، جماعة؛ تَجَمَّعَ

gang of thieves طُغْمَة أو عِصابة من اللُّصوص

gang up on (*coll.*) اِتَّحَدُوا أو تَحَالَفُوا ضِدّ ...

ganger, *n.* مُرَاقِب أو رئيس العُمّال والفَعَلة

gangling, *a.* (شَخْص) طويل كالنَّخْلة

ganglion, *n.* عُقْدَة عَصَبِيّة أو لِمْفَاوِيّة؛ مركز النَّشاط والقُوَّة

gangplank, *n.* لَوْح يُسْتَخدَم للوصول إلى القَارِب، سقالة

gangren/e, *n.* (**-ous,** *a.*); *also v.i. & t.* غَنْغرِينا؛ أَصَابَهُ داء الغنغرينا (طبّ)

gangster, *n.* بَلْطَجِيّ ، قَبَضاي ، مِن الأَشْقِياء

gangway, *n.* 1. (temporary bridge between ship and shore) سُلَّم بَيْنَ السَّفينة والشَّاطِئ

2. (passage between seats or crowds) مَمَرّ بَيْنَ الصُّفُوف (في محلّ عام)

gannet, *n.* أَطَيْش (طائر بحريّ)

gantry, *n.* جِسْر أو قَنْطَرَة للرَّوافع أو إشارة الخطر

gaol, gaoler, *n.*; *also* **jail, jailer, jailor** سِجْن، حَبْس ؛ سَجّان

gaol-bird مُجْرِم عائد

gap, *n.* 1. (breach, opening) ثُغْرَة ، فَجْوة، فَتْحَة

gap-toothed, *a.* مُفَلَّج أو مُنْفرج الأسنان

2. (*fig.*, hiatus) ثُغْرة ، فَجْوة

gape, *v.i.* 1. (open wide) اِنْفَتَح،اِتَّسَع ؛تَثاءَب

gaping wound جُرْح فاغِر أو بَلِيغ

2. (stare vacantly) فَغَر فاهُ دَهْشةً

garage, *n.*; *also v.t.* جَراج، كراج ؛ وَضَعَ السَّيّارة في جراج ، جَرَّجَ (مصر)

garb, *n.* زِيّ غَرِيب أو غيْر مألوف

garbage, *n.* زُبَالة، قُمامة؛ نُفاية؛ فَضَلات الأَطْعِمة

garble, *v.t.* حَرَّفَ، شَوَّهَ؛ (نصّ) ممسوخ

garden, *n.* رَوْضة، حَدِيقة، جُنَيْنة، بُسْتان

garden-city مَدِينة ذات شوارع فَسِيحة وَأَشْجار كثيرة

garden-party حَفْلَة رسميّة تُقام في حديقة

lead someone up the garden ⟨path⟩ ضَلَّله، خَدَعَه، مَوَّهَ عليه الحقيقة لغَرَض في نفسه

v.i. اِشْتَغَلَ في حديقة

gardener, *n.* بُسْتَانِيّ، جَنائِنِيّ

gardenia, *n.* غَرْدِينية (زَهرة)

gardening, *n.* بَسْتَنة، العَمَل في الحدائق (كهواية)

gargantuan, *a.* هَائِل، ضَخم

gargle, *v.i. & t.; also n.* تَمَضْمَضَ، تغرغَرَ؛ مَضْمَضَ، غَرْغَرَ؛ مَضْمَضة، غرغرة

gargoyle, *n.* مِزْرَاب أو ميزاب مَنْحوت على شَكْل رأس آدميّ أو حيوانيّ خرافيّ

garish, *a.* مُبَهْرِج، مُبَرْقَش، صَارِخ أو فَاقِع اللَّوْن، مُلعلع (مصر)

garland, *n. & v.t.* إِكْلِيل مِن الزُّهور

garlic, *n.* ثَوْم

garment, *n.* رِدَاء، ثَوْب

garner, *v.t.* خَزَنَ، جَمَعَ، ذَخَرَ

garnet, *n.* حَجَر سيلان

garnish, *v.t. & n.* زَيَّنَ، زَخْرَفَ، نَمَّقَ، وَشَى؛ زِينة

garret, *n.* حُجْرَة مُهْمَلة في أعلى البيْت

garrison, *n.* حَامِيَة، حرَس

garrison town مَدِينَة فيها مَقرّ حامِية عَسْكَرِيَّة

v.t. زَوَّدَ مَدينة بحامية

gar(r)otte, *v.t.* قَتَلَ أو أَعْدَمَ خَنقًا

garrul/ous, *a.* (**-ity,** *n.*) ثَرْثَار، مِهْذار، بَقْباق؛ شَقْشَقة اللِّسان، كَثْرة الكلام

garter, *n.* رَبْطة لِلْجَوارِب

⟨Order of⟩ the Garter وِسَام رَبطة السَّاق (أَعْلَى رُتَب الفروسيّة البريطانيّة)

gas, *n.* **1.** (gaseous substance) غاز

gas-turbine تُرْبِينَة الغاز

2. (carbon monoxide produced for domestic consumption) غَاز الوَقود

gas-cooker; *also* gas-oven, gas-stove مَوْقِد غاز، فُرْن أو طَبَّاخ بالغاز

gas-fitter عَامِل تَرْكِيب أَجْهِزة الغاز

gas-jet شُعْلة الغاز

gas-main المَاسُورة الرَّئِيسيّة للغاز

gas-mantle رَتِينَة أو شَمَّامة مِصباح الغاز

gas-ring عَيْن في فُرْن غاز

gas-works مَعْمل إِنْتَاج الغاز

3. (poisonous chemical agent) غَاز سامّ

gas-mask كِمَامَة واقِية من الغازات السّامّة

4. (*coll.*, *esp. U.S.*, gasoline) بَنْزِين

step on the gas

(accelerate car) زَادَ من سُرعة السَّيّارة، دَاسَ بنزين

(*sl.*, hurry) أَسْرَعَ، تَعَجَّلَ

5. (*sl.*, empty talk) ثَرْثَرَة، لَغْو، هَذَر، كَلام فارِغ

gas-bag ثَرْثَار، مِهْذار، كثير الكلام

v.t. أَعْدَمَ أو خَنَقَ بالغاز السّامّ

v.i. (*sl.*) ثَرْثَرَ، أَكْثَرَ مِن الكلام الفارِغ

gaseous, *a.* مِثْل أو نسبةً إلى الغاز، غازِي

gash, *n.* & *v.t.* جُرْح أو قَطْع بليغ؛ أَحْدَثَ جُرْحًا عميقًا في

a. (*sl.*) زَائِد عَن الحاجة، شَيْء متروك لِمَنْ يُرِيد أَخْذَه

gasholder, *n.* مُسْتَوْدَع للغاز

gasif/y, *v.t.* (**-ication,** *n.*) حَوَّلَ إلى غاز، بَخَّرَ

gasket, *n.* حَشِيَّة (هندسة)

gaslight, *n.* ضَوْء الغاز

gasoline, *n.* جَازُولِين، بِنْزِين

gasometer, *n.* مُسْتَوْدَع للغاز؛ جهاز لقياس الغاز

gasp, *v.i.* & *t.*; *also n.* شَهَقَ، نَهَجَ، لَهَثَ؛ شَهِيق، لهث

gasp for breath شَهَقَ، بُهِرَ، تَعَذَّر عليه التَّنَفُّس، لَهَثَ

at one's last gasp في النَّفَس الأخير، على وَشْك المَوْت، في النَّزْع الأخير

gasper, *n.* (*sl.*) سِيجَارة (من نوع رخيص)

gassy, *a.* (effervescent) غازِي، فَوّار

gastric, *a.* مَعِدِيّ، مَعَوِيّ

gastro-enteritis, *n.* اِلْتِهَاب مَعِدِيّ أو مَعَوِيّ

gastronom/e, *n.*, **-er, -ist,** *n.* ذَوَّاقَة أو خَبِير في أطايب الأَطْعِمة

gastronom/y, *n.* (**-ical,** *a.*) فَنّ طَهْي الطَّعام الجَيِّد، خِبْرة في إعداد وتَذَوُّق الأَطْعِمة

gate, *n.* 1. (means of entrance and exit) بوَّابَة، رِتاج، باب خارجيّ

gate-crash, *v.i.* & *t.* (*coll.*) حَضَرَ حفلًا بِدُون دَعْوة أو مُتَطَفِّلًا، وَغَلَ

gate-house بَيْت الحارِس عند مَدْخل (قصر)

gate-keeper بوّاب، حارس

gate-legged table مَائِدة ذات جَناحين يُمكِن طيُّها

gate-post أَحَد القائِمَيْن اللَّذيْن يَحْمِلان البَوّابة

between me and you and the gate-post
بَيْني وَبَيْنَك، كلام في سِرِّك

2. (number attending a show or game; attendance money) عَدَد جمهور المُتَفَرِّجين على المباراة؛ ثَمَن التَّذاكِر المباعة

gated, *a.* (طَرِيق) فيه بوّابة؛ (طالِب) محجوز بِكُلِّيّته عِقابًا له

gateway, *n.* (*lit.* & *fig.*) بَوّابة، مَمرّ، مَدْخَل، (على) أَعْتَاب (الشُّهْرَة)

gather, *v.t.* 1. (collect) جَمَعَ، لَمَّ، جَبَى، ضَمَّ، حَصَدَ، قَطَفَ (زهورًا)

gather one's wits اِسْتَجْمَعَ شَتات فِكْرِه

2. (infer) اِسْتَنْتَجَ أو ٱسْتَخْلَصَ أو فَهِمَ أَنْ، تَوَصَّلَ إلى مَعْرِفة ...

3. (increase) أَزادَ

gather speed (السَّيّارة) اِزْدادَت سُرْعَة

4. (*sewing*) كَشْكَشَ، شَلَّلَ (خياطة)

v.i. 1. (come together, swell) تَجَمَّعَ، اِحْتَشَدَ، اِلْتَمَّ، تَكاثَفَ (السَّحاب)

a gathering storm عَاصِفَة تُنْذِر بالهبوب، عَاصِفَة مقبِلة أو على وَشَك الهبوب

2. (become septic) تَجَمَّعَ الصَّديد، تَوَرَّم أو تَقَيَّحَ (الجُرْح)

gathering, *n.* جَمْع، حَشْد، لَمَّة، تَجَمُّع، اِحْتِشاد؛ خُراج، وَرَم

gathers, *n.pl.* كَشْكَشَة، شِلالة

gauch/e, *a.* (***-erie,*** *n.*) أَخْرَق، عَدِيم الذَّوْق والكِيَاسة؛ رُعُونَة، قِلَّة الذَّوْق

gaucho, *n.* رَاعِي البَقَر في أمريكا الجَنُوبيّة

gaudy, *a.* (لَوْن) صارِخ، مُبَهْرَج، مُلَعلع

n. حَفْلَة أو مَأْدُبة عَشاء (سنويّة في جَامِعَة)

gauge (*U.S.* **gage**), *n.* 1. (standard measure) مِعْيار، مُحَدِّد قياس، مقياس

narrow-gauge ⟨railway⟩ سِكّة حديد ضيّقة

take the gauge of (*fig.*) سَبَرَ غَوْر فلان، اِخْتَبَرَ مُسْتَواه

2. (instrument or tool) مِعْيَار، مِقياس

pressure gauge مِقْيَاس الضَّغْط

v.t. (*lit. & fig.*) قاس، قَدَّرَ، قَيَّمَ، عَايَرَ

gaunt, *a.* هَزِيل، نَحِيل، نَحِيف

gauntlet, *n.* 1. (glove) قُفَّاز من الحديد (كان يُسْتَعْمَل في القتال قديمًا)

throw down the gauntlet أَلْقَى القُفّاز في وَجْه فلان، تَحَدَّاه (للدِّفاع عن نفسه)

2. (ordeal); *only in*

run the gauntlet مَرَّ بَيْنَ صُفوف الأعداء مُتَلَقِّيًا ضرباتهم، تعرَّضَ لهجوم شديد

gauz/e, *n.* (**-y,** *a.*) شَاش، نسيج رقيق وَشَفَّاف، شَفّ؛ شَاشِيّ

gave, *pret. of* **give**

gavel, *n.* مِطْرَقَة رئيس الجلسة، مِطرقة الدَّلّال

gavotte, *n.* رَقْصَة فَرَنْسِيَّة مَرِحة

gawky, *a.* أَخْرَق، ثقيل الحركة

gay, *a.* فَرِح، مَرِح، مُبْتَهِج، مَسْرور؛ (لَوْن) زاهٍ أو ساطِع

gaze, *v.i. & n.* حَدَّقَ، حَمْلَقَ، حَدَّجَ، تفرَّسَ في

gazebo, *n.* بَلْكُون ذو نَوافِذ، شُرْفَة للمُرَاقَبَة

gazelle, *n.* غَزال (غُزْلان)

gazette, *n.* جَرِيدة، جريدة رَسْمِيّة

v.t. أَعْلَن في الجَرِيدَة الرَّسْمِيّة

gazetteer, *n.* فِهْرِس جُغرافيّ

gear, *n.* 1. (equipment; apparel) مُهِمّات، مُعِدّات

2. (toothed wheel; arrangement or ratio of these) مَجْمُوعَة تُروس أو عجلات مُسَنَّنَة مُعَشَّقَة (ميكانيكا)

gear-box (-case) (غِطَاء) صُنْدُوق تروس، فِيتيس

gear-lever نَاقِل أو مُغيّر السُّرعة (ميكانيكا)

v.t. رَكَّبَ أو عَشَّقَ التُّروس؛ وَافَقَ بين (العَرْض والطَّلَب مَثَلاً)

gecko, *n.* بُرْص (أبراص)

gee-gee, *n.* (*child's word*) حِصَان (بلغة الأطْفال)، سيسي

gee-up, *int.* حَا! شِي! ديه!

geese, *pl. of* **goose** إِوَزّ

Geiger ⟨-Müller⟩ counter, *n.* عَدّاد جيجر

geisha, *n.* فَتَاة الجيشا، غادة يابانية تجالس الزَّبَائِن في المَقْهَى

gelatin/e, *n.* (**-ous,** *a.*) جِيلَاتِين؛ هُلامِيّ

geld, *v.t.* طَوَّش أو خَصَى حصانًا

gelding, *n.* حِصَان مَخْصِيّ

gelignite, *n.* جِيلِيجْنَايت، مادّة متفجّرة

gem, *n.* جَوْهرة، حَجَر كريم، فَصّ جَوَاهِر؛ تُحْفَة

that was a real gem! يَا لَهَا مِن تحفة!

Gemini, *n.* بُرْجُ الجَوْزَاء، التَّوْأَمَان

gendarme, *n.* عَسْكَرِيّ بوليس فَرَنْسِيّ

gendarmerie, *n.* الشُّرْطَة، جندرمة

gender, *n.* جِنْس (التذكير والتأنيث)

gene, *n.* حَامِلَة الصِّفَة الوراثية، جينة

genealog/y, *n.* (**-ical,** *a.*) عِلم الأَنْسَاب

genealogist, *n.* عَالِم بالأنساب

genera, *pl. of* **genus**

general, *a.* 1. (of wide application) عَامّ، عُمُومِيّ، شائع، واسِع الانتشار

general knowledge مَعْلُومَات عامّة

general post (*usu. fig.*) تَبَادُل العَمَل بين أفراد مَجْمُوعَة كبيرة، حركة تنقُّلات واسعة

general practitioner; *abbr.* G.P. طَبِيب غير اخْتِصَاصِيّ، مُمارِس عامّ

as a general rule بِصُورَة عامّة، على وَجْه العُمُوم، عُمومًا

in general use شَائِع الاستِعمال

cook general طَبَّاخَة تُساعِد في مختلف الأعْمَال المنزليّة

2. (principal; sometimes as suffix)

General Post Office; *abbr.* G.P.O. مَكْتَب البَرِيد الرَّئِيسِيّ، دائرة البريد والبرق المركزية

general staff (*mil.*) هَيْئَة أَرْكَان الحَرْب

n. لِوَاء (رُتْبَة عسكريّة)

generalissimo, *n.* قَائِد عَامّ (للقُوات المُسَلَّحة البَرّيّة والبَحْرِيّة والجَوِّيّة)

generality, *n.* 1. (generalized statement) حُكْم عامّ، عُموميّات

2. (majority) أَغْلَبِيَّة، أَكْثَرِيَّة

generaliz/e, *v.i.* (**-ation,** *n.*) عَمَّمَ ؛ تَعْميم

generally, *adv.* بِوَجْه أو بِشكل عامّ، في الغَالِب، عادةً

generate, *v.t.* وَلَّدَ، أنْتَجَ، كَوَّنَ

generating station مَحَطَّة توليد الكهرَباء

generation, *n.* 1. (production) إنْتاج، تَوْليد، تَكْوين

2. (period averaging thirty years) جِيل

the younger generation الجِيل الصَّاعِد أو النَّاهِض أو الجديد

generative, *a.* ذُو قُوّة تناسُليّة

generator, *n.* مُوَلِّد (كهرَبائيّ)

generic, *a.* يَخْتَصّ بجنسٍ ما، (صفة) مشتركة بَيْنَ أفرادِ جنسٍ ما

gener/ous, *a.* (**-osity,** *n.*) جَوَاد، كَريم، سَخِيّ، أَرِيحِيّ، طلق اليدين ؛ وافِر، غَزير

genesis, *n.* تكوين، اِبتداء، مَصْدَر

⟨Book of⟩ Genesis سِفْر التَّكوين (في التَّوْرَاة)

genetic, *a.* وِرَاثِيّ

n.pl. عِلْم الوِرَاثة

genial, *a.* (**-ity,** *n.*) 1. (conducive to growth) (مَنَاخ) مُنَاسِب أو ملائم لنُمُوّ النَّباتات

2. (jovial, kindly) لَطِيف، وَدود، بَشوش، رَقِيق، مَرِح، حُلْو المَعْشَر

gen/ie (*pl.* -ii), *n.* جِنّ، جِنّي

genital, *a.* نِسْبَةً إلى أعضاء التناسُل عند الحَيَوَان، تناسُليّ

n.pl. أَعْضاء التَّناسُل (الخارِجِيّة)

genitive, *a.* & *n.* المُضاف إِلَيْه (نحو)

genius, *n.* 1. (spirit) رُوح (تُوَجِّه صاحِبَها)

evil genius رُوحُ الشَّرّ ، الرُّوح التي تحرِّض على ارْتِكاب الشَّرّ

2. (creative power; person endowed with this) عَبْقَرِيَّة، نُبوغ ؛ نابغ، نابِغة، عَبْقَرِيّ (عَباقِرة)

genocid/e, *n.* (**-al,** *a.*) إِبَادَة قَوْم من البَشَر

genre, *n.* نَوْع أو أُسْلوب (أَدَبِيّ)

gent, *vulg. or joc. contr. of* **gentleman**

genteel, *a.* دَمِث الأخلاق، مُهَذَّب ؛ مَن يُقَلِّد الطَّبَقة الرَّاقية في تصرُّفاتها

gentian, *n.* جِنْطِيَانَا، كَفّ الذئب، نبات جَبَلي

gentile, *n.* & *a.* غَيْر يَهوديّ، مِن الأُمم

gentility, *n.* دَماثة؛ كَرَم الأصل، شَرَف المَحْتِد

gentle, *a.* 1. (well-born; honourable) نَبِيل، عَرِيق النَّسَب، شريف المَحْتِد

of gentle birth مِن أَصْل عَريق، ذو حَسَب ونَسَب

2. (mild, kind; gradual) لَطِيف، رَقيق (القَلْب) ؛ تدريجيّ

gentle slope مُنْحَدِر سهْل

the gentle sex الجِنْس اللَّطِيف أو النَّاعِم

gently does it! (*coll.*) عَلَى مَهْلِك، رُوَيْدَك، بشويش! (مصر)

gentlefolk, *n.pl.* طَبَقة الأشراف أو النُّبَلاء

gentle/man (*pl.* -men), *n.* 1. (man of gentle birth or position) عَرِيق النَّسَب، كَرِيم المَحْتِد

gentleman farmer ثَرِيّ يَشْتَغِل بالزِّراعَة (كَهِوايَة ولَيْس كمَصْدَر أَسَاسِيّ لِلرِّزْق)

2. (man of honour and fine feelings) رَجُل مُهَذَّب، كَرِيم الأخلاق، نَبيل، جِنْتِلْمان

gentleman's agreement اِتِّفاقِيَّة شَرَف (لا تُعْتَبَر مُلْزِمةً قانونًا)

3. (complimentary term for man) سَيِّد

Gentlemen (lavatory) مَرَاحِيض عامّة للرِّجال

gentlemanly, *a.* مُهَذَّب، فاضِل، كَريم

gentlewoman, *n.* عَرِيقة النَّسَب، شَرِيفة، كَرِيمَة المَحْتِد

gentry, *n.* 1. (people of gentle birth) أَشْرَاف

landed gentry طَبَقَة المُلّاك الكِبار

2. (*derog.*, people) عامّة النّاس والشَّعْب

genufl/ect, *v.i.* (**-ection, -exion,** *n.*) جَثا، رَكَعَ، سَجَدَ، خَرَّ ساجِدًا

genuine, *a.* (**-ness,** *n.*) أَصْلِيّ، حَقيقِيّ، صَحِيح، خالِص، نقي، مُخْلِص؛ عَدَم التَّصَنُّع

gen/us (*pl.* -era), *n.* جِنْس (أجناس)

geocentric, *a.* مُخْتَصّ بمَرْكَزِيةِ الأرض (أي أنّها مَرْكَز النِّظام الشَّمسِيّ)

geod/esy, *n.* (**-etic,** *a.*), **-esist,** *n.* الجيوديسيا، عِلْم هَيْئة الأرض ومساحتها

geographer, *n.* عالِم في الجُغْرافيا

geograph/y, *n.* (**-ic, -ical,** *a.*) عِلْم الجُغْرافيا

geolog/y, *n.* (**-ical,** *a.*), **-ist,** *n.* جيولوجيا، عِلْم طَبَقات الأرض

geometr/y, *n.* (**-ic, -ical,** *a.*), **-ician,** *n.* عِلْم الهَنْدَسَة؛ هَندسيّ؛ عالِم هندسيّ

geometrical progression مُتَوالِية هَنْدَسِيَّة

geophysic/s, *n.pl.* (**-al,** *a.*), **-ist,** *n.* عِلْم الفِيزياء الأَرْضِيّة، جِيوفِيزْياء

georgette, *n.* جورْجِيت، نوع من القماش الحَرِيرِيّ الرَقيق

Georgian, *a.* 1. (of the time of English kings George) نِسْبَةً إلى الأسلوب الفَنّيّ بالقرن الثّامن عشر بانكلترا

2. (of Georgia in the Caucasus); *also n.* نِسْبَةً إلى مقاطعة جورجيا في مِنطقة القوقاز

3. (of Georgia in the U.S.) نِسْبَةً إلى ولاية جُورْجيا في الولايات المُتَّحِدة الأمريكيّة

geranium, *n.* إِبْرَة الرَّاعِي، غُرْنُوقِيّ، جيرانيوم

geriatr/ics, *n.pl.* (**-ic,** *a.*). **-ist,** *n.* مُعالَجَة الطّاعِنين في السِّنّ والعِناية بهم

germ, *n.* 1. (seed); *also fig.* جُرثوم، جُرثومة (جراثيم)، بَذْرة (بذور)؛ نواة الفكرة

2. (microbe) مِيكْرُوب، جُرْثوم

germ warfare حَرْب المِيكْرُوبات أو الجراثيم

German, *a.* أَلْمَانِيّ

German measles الحَصْبَة الأَلْمَانِيّة

n. 1. (native) أَلْمَانِيّ

2. (language) اللُّغَة الأَلْمَانِيَّة

-german, *in comb.* مِنْ نَسْل واحد

cousin-german اِبْنُ عَمٍّ أو خَالٍ، ابن عمّة أو خالة

germane, *a.* له عَلاقة وَثيقة بِ

Germanic, *a.* جِرْمَانِيّ، تيوتونيّ

Germany, *n.* أَلْمَانيا

germicid/e, *n.* (**-al,** *a.*) مُبِيد الجراثيم

germinal, *a.* جُرْثوميّ، مُتَعَلِّق بِأُولَى مَراحِل النُّموّ

germin/ate, *v.t. & i.* (**-ation,** *n.*) (*lit. & fig.*) نَبَتَت البُذُور ؛ اسْتِنبات

gerontolog/y, *n.*, **-ist,** *n.* دِرَاسَة الشَّيْخُوخة

gerrymander, *v.t.* أَعادَ تَوْزِيع الدَّوائر الانْتِخابيّة لِصالح حِزْب مُعَيَّن ؛ عَبَثَ بالحَقائق لِغَرَضٍ شخصيّ

gerund, *n.*; *also* **gerundive,** *a. & n.* صِيغَة المَصْدَر أو اسم الفعل (نحو)

Gestapo, *n.* الجِسْتَابُو، البوليس السِّرّيّ النَّازِيّ

gestation, *n.* حَمْل، فَتْرَة الحَمْل

gesticul/ate, *v.i.* (**-ation,** *n.*) اسْتَخْدَمَ الحركة والإِشَارَة (باليدَيْن مثلًا) للتَّعْبِير

gesture, *n.* 1. (significant movement of limb or body) إِشَارَة أو إِيماءَة (باليد مثلًا)

2. (expressive action) عَمَل ذو مَغْزى خاصّ

v.i. أَشَارَ (بيديه مثلًا)

get (*pret.* got; *past p.* got (*U.S.* gotten)), *v.t.* 1. (obtain, acquire, fetch, receive; contract *disease, etc.*)

get by heart حَفِظَ غيبًا أو عَن ظهْر قَلْبٍ، اِسْتَظْهَرَ

get hold of
(seize) أَمْسَكَ ب، قَبَضَ على؛ فَهِمَ المَضْمُون، أَدْرَكَ
(procure) حَصَلَ أو تَحَصَّلَ على

get six months حُكِمَ عليه بالسِّجْن لِمُدَّة سِتّة أشهر

2. (*esp. with advs., preps. or past participles,* cause to be in a place or state)

get one's point across (over) أَفْهَمَ، أَوْضَحَ أو أَبَان قَصْده أو غَرَضه

get something away
(detach) فَكَّ، أَبْعَدَ، أَزَالَ
(dispatch) أَرْسَلَ،بَعَثَ ؛ أَنْجَز

get something done أَكْمَلَ أو أَنْجَزَ عَمَلًا، فَرَغَ أو انْتَهَى مِنْهُ

it's getting me down إنَّه يُتْعِبُنِي أو يُرْهِقُنِي أو يُضَايِقُنِي

get something going سَيَّرَ، شَغَّلَ، أَدَارَ (آلة مثلًا)

get one's eye (hand) in مَرَّنَ عَضَلاتِه اسْتِعْدادًا (لِلَّعِب)

get one's clothes on لَبِسَ، اِرْتَدَى مَلَابِسَه

get a move on اِسْتَعْجِل، أَسْرِع !

get the dinner on شَرَعَ في طَهْي الغذاء

get a child off ⟨to sleep⟩ أَنَامَ أو نَوَّمَ الطِّفل

get someone off ⟨a punishment⟩ نَجَّاه من عِقاب

get something ready حَضَّرَ، أَعَدَّ، جَهَّزَ، هَيَّأَ

get it right أَصَابَ، أَحْسَنَ، قَامَ (بعَمَل) عَلَى الوَجْه الصَّحيح

get up

(exhume) أَخْرَجَ (البطاطس) من الأرض

(increase *speed*) زَادَ السُّرْعة، أَسْرَعَ

(organize; rehearse *play*, *etc.*) رَتَّبَ، نَظَّمَ، أَعَدَّ؛ حَفِظَ (دَرْسَه أو كلمات دوْرِه)

(adorn); *whence* get-up, *n.* زَيَّنَ، جَمَّلَ، زَوَّقَ، زَخْرَف؛ مَظْهَر، هَيْئة

get a woman with child حَبَّلَ امْرأة

3. (*coll.*, understand) فَهِمَ، أَدْرَكَ (قوله)

4. (*coll.*, impress, affect emotionally) أَثَّرَ فِي، تَرَكَ أثرًا عميقًا

5. (*coll.*, *past p. as adjunct to* 'have')

he's got to go لا بُدَّ مِنْ طَرْدِه

6. (induce, cause) جَعَلَه يَقُومُ (بعمَل مثلًا)

v.i. (come to be in, succeed in reaching, a place or state; become) وَصَلَ إلى

get about

(move about, travel) تَجَوَّلَ؛ تَنَقَّلَ

(become generally known); *also* get abroad, get (a)round اِنْتَشَرَ، ذَاعَ، شَاعَ

get across, get over

(surmount obstacle) اِجْتَازَ، تَخَطَّى، تَعَدَّى، تَغَلَّبَ على (عقبة مثلًا)

get along

(take steps to go; walk) سَارَ، مَشَى، مَضَى، اِنْطَلَقَ

I must be getting along أَسْتَأْذِنُ في الاِنْصِرَاف، أَسْتَرْخِص بالذَّهَاب (عراق)

(progress, fare, manage); *also* get on تَحَسَّنَ، تَقَدَّمَ

(be on good terms); *also* get on تَوَافَقَ، اِنْسَجَمَ أو تَلَاءَمَ مع

get at

(reach, ascertain); *whence* get-at-able, *a.* (*coll.*) وَصَلَ إلى، أَدْرَكَ، بَلَغَ؛ يمكن الوُصُول إليه بسهولة

(*coll.*, suborn) رَشَا، بَرْطَلَ

(*coll.*, insult) نَالَ منه (بالنَّقْد)، شَتَمَه

get away with it أَفْلَتَ مِن العُقوبة

get away with you! يَا شَيْخ رُوحْ! خَلِّينا مِنْ هذا الكلام!

get by (*coll.*, manage, pass muster) دَبَّرَ حَالَه، دَبَّرَ أُموره

get cold شَعَرَ بالبرْد، بَرُدَ

get down to business اِنْصَرَفَ إلى العَمَل الجِدِّيّ أو الفِعليّ

get in

(succeed in entering; be elected) اُنْتُخِبَ، نَجَحَ في الانتخابات

(arrive) وَصَلَ

get in the way وَقَفَ في طَرِيق ...، عَرْقَلَ، أَعَاقَ

get into the way of اِعْتَادَ، تَعَوَّدَ، أَلِفَ

get nowhere لَا يُؤَدِّي إلى أَيَّة نتيجة، لم يُحْرِز أي تَقَدُّم

get off

(dismount, alight) تَرَجَّلَ، هَبَطَ

tell someone where he gets off (*coll.*)
أَوْقَف شَخْصًا عند حَدِّه ، وَبَّخَه
(remove oneself from) اِبْتَعَدَ ، تَرَكَ
(escape penalty) أَفْلَتَ من العُقُوبَة
(succeed in falling asleep) غَلَبَه النُّعاس فَنامَ، أَخَذَه النَوْم
(depart) اِنْصَرَفَ، رَحَلَ ، غَادَرَ

get off one's chest أَفْصَحَ عَمَّا بنفسه

get on
(mount) رَكِبَ ، صَعَدَ
(grow older) تَقَدَّم فِي العُمْر ، طَعَنَ فِي السِّنّ
(progress) تَقَدَّم (فِي الدِّراسة مثلًا)، سَارَ
(be friendly) جَارَى، مَاشَى، سَايَرَ

get on to
(contact) اِتَّصَلَ ب
(begin to talk about) ...ثُمَّ بَدأَ في الحديث عن

get out
(descend, alight) نَزَلَ، تَرَجَّلَ
(go out of doors) خَرَجَ ، طَلَعَ
(escape) نَجَا، أَفْلَتَ
(clear off) ذَهَبَ، اِنْصَرَفَ ، اِبْتَعَدَ
(come to light) اِنْكَشَفَ الأمر، ظَهَرَ السِّرّ

get out of hand اِنْفَلَت منه زِمام الأُمور، فَقَدَ سَيْطَرته على المَوْقِف

get out of
(evade); *whence* get-out, *n.* (*coll.*) تَخَلَّصَ أَوْتَمَلَّصَ من؛ مَخْرَج ، مَنْفَذ ، مَهْرَب

get over
(recover from) عُوفِيَ أو شُفِيَ؛ تَغَلَّبَ على

get round
(make circuit of) طَافَ، لَفَّ، دَارَ (حول)
(evade, circumvent) اِجْتَنَبَ ، تَحاشَى
(cajole) تَمَلَّقه (إليه) لِمَصْلَحته

get round (*U.S.* around) to وَجَدَ وَقْتًا للقيام بِ

get somewhere أَحْرَزَ تَقَدُّمًا أو نجاحًا

get through
(finish; spend; eat) أَنْهَى ؛ اِسْتَهْلَكَ ؛ صَرَفَ ، أَنْفَقَ ؛ أَكَلَ
(pass; be accepted) نَجَح فِي امْتِحان ؛ تَمَكَّن من الاتِّصال تِليفُونيًّا بِشَخْصٍ ما

get to know اِنْتَهَى إليه خَبَرٌما ، نَمَا إلى عِلْمِه ، وَصَلَ إِليه أَنَّ ...

get to work
(arrive at place of work) وَصَلَ مَحلَّ عمله
(start) شَرَعَ فِي العَمَل

get together; *whence* get-together, *n.* (*coll.*) اِجْتَمَعَ ، تَجَمَّعَ ؛ تجمُّع ، حَفْل

get under way; *also fig.* أَقْلَعَ ، أَبْحَرَ ؛ تَقَدَّمَ ، حَقَّقَ تقدُّمًا

get up
(rise from lying or sitting position) قَامَ ، نَهَضَ ، وَقَفَ
(increase, *e.g. of wind*) هَبَّت الرِّيح ، عَصَفَت الرِّياح

get the wind up (*sl.*) خَافَ ، اِرْتَعَبَ

get up to
(reach) بَلَغَ ، وَصَلَ
(perpetrate) نَوَى ، اِبْتَغَى
get someone's back up عَكَّنَهُ ، أَزْعَجَه ، أَغَاظَه

getaway, *n.* إفلات ، مَهْرَب ، مَفَرّ

gewgaw, *n.* بَهْرَج ، لُعْبة أو زِينة بَرّاقة وَرَخِيصَة

geyser, *n.* 1. (hot spring) فَوّارَة ماء سَاخِن ، نَافُورَة حارَّة (جيولوجيا)
2. (domestic heating appliance) سَخّان أو مُسَخِّن الماء ، سَخَّانة الحَمّام
the old geyser (*sl.*) عَجُوز شَمْطاء ، دَرْدَبِيس ، حَيْزَبُون

ghastly, *a.* فَظِيع ، مُرِيع ، مُفْزِع

gherkin, *n.* خِيار (مُخَلَّل) صَغِير

ghetto, *n.* حَارَة اليَهُود (في القرون الوُسْطَى) ، مِنْطَقة تَسْكُنُها الأَقَلِّيَّة

ghost, *n.* 1. (soul, spirit); *esp. in* رُوح ، نَفْس
give up the ghost فَاضَت رُوحُه ، أَسْلَمَ الرُّوحَ ، مات حَتْفَ أنفه ؛ سَلَّمَ بالأمر
Holy Ghost الرُّوحُ القُدُس (عِند المَسِيحِيِّين)
2. (spectre); *also fig.* شَبَح (أَشْباح) ، طَيْف (أطياف)
ghost story قِصَص الأَشْباح أو العفاريت
he hasn't the ghost of a chance لَيْسَ هُناك أَيُّ احْتمالٍ لِنَجاحه

3. (literary hack); *also v.i.* مَنْ يُؤَلِّف كِتابًا يَظْهَر باسْم شخصٍ آخَر لِقاء أجر

ghostly, *a.* شَبَحِيّ ، طَيْفِيّ

ghoul, *n.* (**-ish,** *a.*) غُول (غيلان)؛ غُولِي ، شَيْطَانِيّ

giant, *n.* عِمْلاق (عَمالِقَة) ، مارِد (مَرَدَة)
(*fig., oft. attrib.*) كَبِير الحَجْم ، جَسِيم ، ضَخْم

gibber, *v.i.* هَذْرَمَ ، بَرْبَرَ ، بَرْطَمَ (مصر)

gibberish, *n.* هَذْرَمَة ، هُرَاء

gibbet, *n.* مِشْنَقة

gibbon, *n.* غِبُون ، شِقّ (نوع من القِرَدة)

gibbous, *a.* مُحَدَّب

gibe (jibe), *v.i. & n.* اِسْتَهْزَأَ أو سَخِرَ من ؛ سُخْرِيَة ، اِسْتِهزاء

giblets, *n.pl.* حَوْصَلة وكَبِد وقَلْب الدَّجَاج

Gibraltar, *n.* جَبَل طَارِق

giddy, *a.* 1. (dizzy) دَائِخ ، مُصاب بالدُّوَار
2. (frivolous) نَزِق ، طَائِش ، أَهْوَج

gift, *n.* هَدِيّة (هدايا) ، عَطِيَّة (عطايا) ، مَوْهِبَة (مواهب)
gift token كُوبُون لِشِراء الهَدَايَا
gift of tongues مَوْهِبَة لُغَوِية
do not look a gift horse in the mouth لَا تَنْتَقِصْ مِن قِيمة ما أُهْدِيَ لك
in someone's gift تَعْيِين (قَسٍّ مثلاً) من اخْتِصَاص (البَطْرِيَرْك مثلاً)

gifted, *a.* مَوْهُوب

gig, *n.* (carriage) عَرَبَة صَغِيرة ذاتُ عَجَلَتَيْن يَجُرُّها حِصان واحِد

gigantic, *a.* جَسِيم، ضَخْم، عَظِيم، هائل، عِمْلاق

giggle, *v.i. & n.* ضَحِكَ ضَحْكة بَلْهاء

gigolo, *n.* عَشِيق إمْرأة غَنِيّة

gild, *v.t.* ذَهَّبَ، طَلى أو زَيَّنَ بالذَّهب

gild the lily أَفْرَطَ في البَهْرَجَة والتَّزْيين

gild the pill خَفَّفَ من مَرارة الواقع

gilded youth الشَّباب المُنَعَّم أو المُرَفَّه، أَوْلاد الذَّوات

gill, *n.* 1. (*anat.*) خَيْشُوم، غَلْصَمة (غلاصِم)

green about the gills مُمْتَقَع اللَّوْن، يَبدو كأنّه على وشك الغَثَيان

2. (quarter- or half-pint) مِكْيال للسَّوائل مِقْداره ١/١٦ أو ١/٣٢ من الغالون

gillie, *n.* خادِم الصيّاد في اسْكُتْلَنْدا

gilt, *n.*; *also a.* ماء الذَّهب

gilt-edged security وَرَقة ماليّة مِن الدَّرجة الأُولَى

take the gilt off the gingerbread جَرَّد الواقع مِنْ زُخْرُفِهِ الكاذب، أَزَالَ أَوْهامه

gimcrack, *n. & a.* (حِلْيَة) رَخِيصة وتافِهة

gimlet, *n.* خَرّامة، مِثْقب، مِخْراز

gimmick, *n.* (*sl.*) حِيلة لِجَلْب الأَنْظار والاِهْتِمام، طُعْم لِخِداع العامّة

gin, *n.* 1. (alcoholic drink) الجِنّ (شَراب مُسْكِر)

2. (spinning device) مِغْزَل يَدَوِيّ، مِحْلَج القطن

3. (*arch.*, snare) شَرَك، فَخّ

v.t. حَلَجَ القُطْن

ginger, *n.* 1. (spice) زَنْجَبِيل، جَنْزَبِيل

ginger beer; *also* ginger ale, ginger pop (*coll.*) مِياه غازِية بِطَعْم الزَّنْجبيل

2. (*fig.*, zest); *also v.t.*, *usu. with adv.* up حَمِيّة، حَماس، نَشاط؛ حَمَّسَ، شَجَّعَ، حَثَّ

3. (colour); *also a.* أَصْهَب، أَحْمر

gingerbread, *n.* كَعْك له نَكْهة الزَّنْجبِيل

gingerly, *adv. & a.* بِحِيطَة وحَذَر، بِٱحْتِراس

gingham, *n.* قُماش قُطْنِيّ أو كَتّان ذو خُطوط أَوْ مُرَبَّعات

gipsy (gypsy), *n. & a.* نَوَر؛ نَوَرِي، غَجَري

giraffe, *n.* زَرافة

gird, *v.t.* (*pret. & past p.* girt) قَلَّدَ؛ وَشَّحَ؛ طَوَّقَ، أَحاطَ

gird ⟨up⟩ one's loins (*fig.*) شَمَّرَ عن ساعِد الجِدّ، تأَهَّبَ لِلْعَمَل

v.i. تَمَنْطَقَ بِحِزام

girder, *n.* رافِدة، عارِضة، كَمَرة حديد أو صُلْب

girdle, *n.* 1. (belt); *also v.t.* نِطاق، حِزام، مِشَدّ؛ حَزَمَ، مَنْطَقَ، شَدَّ

2. (variant of **griddle** (2))

girl, *n.* بِنْت، صَبِيَّة، فَتاة

girl-friend رَفِيقَة ، صَدِيقة ، زَمِيلَة ، مَحْبُوبَة

Girl Guides الفَتَيَات المُرْشِدَات

girlhood, *n.* فَتْرة الصِّبَى في حَياة البِنت

girlish, *a.* (**-ness,** *n.*) سُلُوك أو تَصرُّفات تَلِيق بالفَتيات فَقَط

girt, *pret. & past p. of* **gird,** *v.t.*

girth, *n.* 1. (part of harness) حِيَاصَة، حِزام أوْ بِطان الدَّابَّة، حِزام السَّرج

2. (circumference) مُحِيط جِسم شِبْه أُسْطُوانِيّ (كجِسْم الإنسان)

gist, *n.* خُلَاصَة، مُوجَز، فَحْوى؛ جَوْهر أوْ لُبّ أو زُبْدة الموضوع

give (*pret.* gave, *past p.* given), *v.t. & i.* أَعْطَى؛ وَهَب، مَنَح، أهْدَى؛ قَدَّمَ

give as good as one gets قَابَله أو عَامَله بِالمِثْل

give away

(make over, distribute) أَعْطَى، وَهَب

the father gave the bride away سَلَّمَ الأبُ ابْنَته العروس لعرِيسها عند زِفافها

(betray, divulge); *whence* give-away, *n.* كَشَفَ (سِرّه)، فَضَحَه، خَانَته (ابتسامته)

give oneself away فَضَح أو كَشَفَ نفسَه

give in (*v.t.*, hand over) سَلَّمَ (استِمَارة مثلًا)

(*v.i.*, surrender) سَلَّمَ بالأمر، أقَرَّ بالهَزِيمة

I'll give it to him (*coll.*, *in threats*) سَأُرِيه النُّجُوم في الظُّهْر!

give on to أَطَلَّ على، أَشْرَفَ على، أدَّى إلى

give off أَصْدَرَ، أَخْرَجَ، بَعَثَ

give out (*v.t.*, distribute, emit) وَزَّعَ، أَخْرَجَ؛ أَصْدَرَ، بَعَثَ

(*v.t.*, announce) أَعْلَنَ، أشَاعَ، أَذَاعَ

(*v.i.*, stop, break down) تَعطَّلَ، اِنْقطَعَ، خَارَ، اِنْهَارَ، نَفِدَ

give over (*v.t.*, hand over) سَلَّمَ، نَاوَلَ، أَعْطَى

(*v.t. & i.*, stop) كَفَّ عن، أَقْلَعَ عن؛ تَوَقَّف

give ground تَقَهْقَرَ، اِنْسَحَبَ، اِرتَدَّ

give rise to سَبَّبَ، أَحْدَثَ، أَدَّى إلى

give room أَفْسَح أو أَخْلَى مكانًا

give someone to understand أَفْهمه بِوُضُوح، أَوْضَح له الأمر

give up (*v.t. & i.*, stop) أَقْلَعَ عن، كَفَّ عَنْ، تَخَلَّى عن، تَرَكَ

(*v.t. & i.*, surrender) سَلَّمَ، خَضَعَ، أَذْعَنَ

he gave himself up to study كَرَّسَ نفسه لِلدَّرْس، عَكَفَ على البحث

(*v.t.*, abandon hope of) يَئِسَ، قَطَعَ الرجاء

give way

(yield) اِسْتَسْلَمَ، أَذْعَنَ، خَضَعَ

(collapse, fail to hold); *also* give, *v.i.* تَدَاعَى، اِنْهَارَ، سَقَطَ، تَقَوَّضَ

give someone what for أَعْطَاهُ دَرْسًا قاسِيًا لَنْ يَنْسَاه

given to مُدْمِن عَلَى، مُغْرَم أو مُولَع أو شَغُوف بِ؛ يَمِيل إلَى

given that .. إِذَا سَلَّمْنا بأنَّ، لَوِ ٱفْتَرَضْنَا أَنَّ

n. مُرُونَة، لُيُونة

give and take أَخْذٌ وعَطاء، أَخْذٌ وردّ

gizzard, *n.* قَانِصَة الطّائر، حَوْصَلة

glacé, *a.* 1. (*of leather*) (جِلْد) مَصْقُول

2. (*of fruit*) (فَاكِهَة) مُسَكَّرة

glacial, *a.* جَليدِيّ؛ شَدِيد البُرودة

glacier, *n.* نَهر جَليديّ

glad, *a.* (**-ness,** *n.*) فَرِح، مَسْرور، سَعيد، مُغْتَبِط؛ سُرور، اِغْتِباط

glad eye (*sl.*) نَظْرة إغْراء، نظرة ذاتُ معنًى

glad tidings بُشْرَى، أَنْباء سارّة

gladden, *v.t.* أَفْرَحَ، سَرَّ، أَبْهَجَ

glade, *n.* مَكَان أو مَمَرّ يَخْتَرِق غابَة

gladiator, *n.* (**-ial,** *a.*) مُجالِد، مُصارِع، مُحارِب (عِنْدَ الرُّومان)

gladiol/us (*pl.* -i, -uses), *n.* دَلْبُوث، سَيْف الغُراب، غلَدْيُول (نَبات مُزْهِر)

glam/our (*U.S.* **-or**), *n.* رَوْنَق، سِحْر، فِتْنَة

glamoriz/e, *v.t.* (**-ation,** *n.*) أَضْفَى بَهاءً أو سِحْرًا على

glamorous, *a.* سَاحِر، فاتِن، أَخّاذ، جَذّاب

glance, *v.i.* 1. (fly off obliquely) زَاغَ، زَوَّغَ، اِنْحَرَفَ، مَالَ، ازْوَرَّ

glancing blow ضَرْبَة سَطْحِيّة مائلة

2. (look quickly); *also n.* أَلْقَى نَظْرَة خاطِفَة على؛ وَمْضَة، لَمْحَة

gland, *n.* 1. (*biol.*) غُدَّة (غُدَد)

2. (*mech.*) جَلَنْد، صُنْدوق أو عُلبة الحَشْو (ميكانيكا)

glanders, *n.pl.* سِقَاوَة، سِرَاجَة (مَرَض مُعْدٍ)

glandular, *a.* غُدّي

glare, *v.i.* & *n.* 1. (shine); *also fig.* سَطَعَ، تَوَهَّجَ؛ تَوَهُّج باهِر

glaring fault عَيْب صارِخ أو واضِح

2. (stare fiercely) حَمْلَقَ، حَدَجَ، رَمَقَ

glass, *n.* 1. (material) الزُّجاج

glass-blower نافِخ الزُّجاج

glass eye عَيْن زُجاجِيّة اصطناعيّة

glass-paper وَرَق سَنْفرة، كاغِد سَنْباده (عراق)

glass wool صُوف زُجاجِيّ (مادّة عازِلة)

2. (one of various objects or instruments made of or containing glass)

(tumbler) قَدَح، كُوب، كأس

(looking-glass) مِرآة (مَراءٍ، مَرايا)

the glass is falling (*of a barometer*) الضَّغْط الجَوّيّ آخِذ في الانْخِفاض

glasses, *n.pl.* نَظَّارَات، عُوَيْنات

glassful, *n.* مِلْء كُوبٍ أو قَدَح

glasshouse, *n.* 1. (greenhouse) بَيْت زُجاجِيّ لِتَرْبِيَة النَّبَاتات

2. (*mil. sl.*, prison) سِجْن عَسْكَرِيّ

glassware, *n.* الأَواني الزُّجاجِيَّة

glassy, *a.* زُجَاجِيّ

a glassy stare نَظْرَة شارِدة أو جَامِدة أو شاخِصَة

glassy surface سَطْح مَصْقول وزَلِج

Glaswegian, *a. & n.* مَوْلود في جلاسجو (كلاسكو)

glaucoma, *n.* جلوكوما، الماء الأزْرق (مَرَض يُصيب العيْن)

glaze, *v.t.* 1. (fit with glass) رَكَّبَ ألواح الزُّجاج في النَّوافِذ

2. (give glassy surface to); *also v.i.* طَلَى الفَخّار بطَبَقَة زُجاجِيّة

his eyes glazed over شَخَصَت عَيْناه ، جَمَد بَصَرُه

n. طَبَقَة سَطْحِيّة زجاجيّة

glazier, *n.* زَجّاج، مُرَكِّب الزجاج

gleam, *v.i.* ضَاءَ، وَمَض، لَمَعَ، سَطَعَ، بَرَق

n. (*lit. & fig.*) وَمِيض، بَرِيق، وَمْضة؛ بَارِقة، بَصِيص

a gleam of hope بَارِقَة أو بَصِيص مِن الأمَل

glean, *v.t. & i.* لَقَط فَضلات الحِصاد، تَلَقَّطَ، جَمَعَ

(*fig.*) تَلَقَّطَ أو تَسَقَّطَ (الأخبار)

glebe, *n.* أَرْض تابعة لِأَبْرُوشِيَّة

glee, *n.* 1. (delight) غِبْطَة، انشراح، حُبور، بَهْجة، سُرور غامِر؛ تَشَفٍّ

2. (song) غِناء جَماعِيّ بدون آلات مُوسِيقِيَّة

gleeful, *a.* جَذْلان، مَرِح، فَرْحان، مُنشرح الصَّدْر

glen, *n.* وَادٍ ضَيِّق طَويل

glengarry, *n.* نَوْع مِن القُبَّعات الاِسْكُتْلَنْدِيَّة

glib, *a.* زَلِق اللِّسان، لَبِق، يُقْنِعُك بِحَلاوة لِسانِه

glide, *v.i. & n.* اِنْزَلَقَ، زَلَجَ، اِنساب؛ اِنْزِلَاق (رَقْص مثلًا)

glider, *n.* طَائِرة شِراعِيّة

glimmer, *v.i.* وَمَض، لَمَعَ لمعانًا خفيفًا

n. (*lit. & fig.*) وَمِيض، ضَوْء خافِت بَصِيص (من الأمل)

glimpse, *n. & v.t.* نَظْرة سَرِيعة أو خاطِفة؛ لَمْحَة؛ لَمَحَ

glint, *v.i. & n.* لَمَعَ، تَأَلَّقَ، تَلَأْلَأَ؛ لَمَعان لَأْلَأَة

glissade, *n. & v.i.* زَحْلَقَة، انزلاق، تَزَلُّج؛ تَزَحْلَقَ، اِنْزَلَقَ، تَزَلَّجَ

glisten, *v.i.* تَوَهَّجَ، تَأَلَّقَ، لَمَعَ، بَرَقَ

glitter, *v.i. & n.* تَوَهَّجَ، تَأَلَّقَ، تَرَقْرَقَ (الماء)، تَلَأْلَأَ؛ بَرِيق، لَمَعان، تَأَلُّق

gloaming, *n.* غَسَق، ظُلْمة أوّل اللَّيْل، دَغَش، شَفَق

gloat, *v.i.* نَظَرَ بِنَهَمٍ أو بِشَراهة؛ شَمِتَ، تَشَفَّى

global, *a.* عَالَمِيّ؛ شامِل

globe, *n.* 1. (sphere) كُرَة (كُرَى)، جِسْم كُرَوِيّ

2. (the earth) الكُرَة الأَرْضِيَّة ، الأَرْض، المَعْمُورَة

globe-trotter رَحَّالة، سائح

3. (spherical chart) كُرَة أَرْضِيَّة (عليها خَرِيطة العالم)

globul/e, *n.* (**-ar,** *a.*) كُرَيَّة ، قَطْرة صَغيرة

glockenspiel, *n.* أَجْرَاس الأوركسترا

gloom, *n.* 1. (darkness) ظُلْمة ، عَتْمة، دُجْنَة ، دَيْجُور، غَيْهَب ، دُجًى

2. (melancholy); *also v.i.* (*coll.*) اِكْتِئَاب ، كَآبَة، غَمّ ، تَشاؤم، وُجوم ، وَحْشة

gloom/y, *a.* (**-iness,** *n.*) مُظْلِم ، مُعْتِم ، مُكْفَهِرّ (الوجه) ؛ تَشاؤم، اِكْتِئاب

glorif/y, *v.t.* (**-ication,** *n.*) مَجَّدَ، عَظَّمَ ، سَبَّحَ بحَمْدِه ؛ تَمْجيد، تَعْظيم

glorious, *a.* مَجيد، جَليل، عَظيم، رائع، بَهِيّ

glory, *n.* مَجْد، جَلال ، عَظَمة

glory-hole (*sl.*) (غُرْفَة) غير مُرَتَّبَة ، مَنْكُوشَة (عامِّيَّة)

v.i. فاخَرَ، اِفْتَخَرَ، باهَى، تَباهَى

gloss, *n.* 1. (superficial lustre) رَوْنَق، لَمْعَة سَطْحِيّة ؛ مَظْهَر خادِع

2. (interpretation; comment) شَرْح أو إيضاح للكلمات المُبْهَمة في نَصّ

v.t. 1. (interpret) شَرَح أو وَضَّح معاني كلمات مُبهَمة في نصّ

2. (make glossy) صَقَل، لَمَّعَ

gloss over (*fig.*) غَضَّ النَّظَر عَن ، أَغْمَض عَيْنَيْه عَن ، تَغاضَى عَن

glossary, *n.* قَامُوس يَقْتَصِر على شَرْح مُصْطَلَحات خاصّة

glossy, *a.* مَصْقُول، لَمَّاع ؛ ذُو رَوْنق كاذِب

glossy magazine مَجَلَّة مُلَوَّنَة مَطْبُوعَة على وَرَق صَقِيل

glott/is, *n.* (**-al,** *a.*) فَتْحَة لِسان المِزْمار، فَتْحَة بين الحِبَال الصَوْتِيّة

glottal stop صَوْت الهَمْزَة عند نُطْقِها

glove, *n.* قُفّاز (قُفّازات ، قَفافيز) ، كَفّ (كُفُوف) ، جوَانْتي (مصر)

fit like a glove حَسَبَ المَقَاسِ تَمَامًا، مُطابِق تمام المطابَقة، كأنّه مُفصَّل عليه

take off the gloves to (*fig.*) أَخَذَ في الهُجوم بِدُون هَوادة

throw down the glove (*fig.*) أَلْقَى القُفّاز في وَجْهِه، تحدّاه

glow, *v.i.* (*lit. & fig.*) تَوَهَّجَ (الجمْر أو المِصْباح)، اِحْمَرّ (الحديد في النّار)

glow-worm يَرَاعة، يَرَاع، حَباحِب (حَشَرَة مُضِيئة)

glowing with health يَتَأَلَّقُ صِحّة وعافية

paint in glowing colours أَسْبَغَ عَلَيْه عاطِر الثَّناء ؛ وَصَفَ بِعِبارات مُزَرْكَشَة

n. وَهَج، لَمْعَة، تأَلُّق

glower, *v.i.* قَطَّبَ جَبينه ، عَبَس في وجهه ، رَمَقَه بِنَظْرة غاضِبة

glucose, *n.* سُكَّر العِنَب، جلوكوز (كيمياء)

glu/e, *n.* (**-ey,** *a.*) غِراء، صَمغ ؛ دَبِق

v.t. (*lit.* & *fig.*) صَمَّغ، غَرَّى، لَزَّق، لَصَق

glum, *a.* مُتَجَهِّم، كالح الوجْه، مُكْتَئِب

glut, *v.t.* & *n.* (*lit.* & *fig.*) أَشْبَع، أَتْخَم، أَفْعَم، أَغْرَق السُّوق ؛ وَفْرة، كَثْرة

gluten, *n.* مَادَّة لَزِجة مُغْذِيّة في الحِنْطة وَغَيْرِها

glutinous, *a.* غِرَائِيّ، غِرَوِيّ، لَصِق، لَزِج

glutton, *n.* شَرِه، نَهِم، فَجْعان (مصر)

a glutton for punishment لَا يَعْرِفُ للتَّعَب مَعْنًى

gluttonous, *a.* أَكُول، شَرِه، نَهِم

gluttony, *n.* بِطْنَة، نَهَم، شَراهَة

glycerin(e), *n.* كليسرين، جليسرين

gnarled, *a.* مُعَضَّن، مُعَجَّر

gnash, *v.t.* & *i.* صَرَّ أسنانه، عَضَّ بِالنَّوَاجِذ، حَرَّق الأُرَّم

gnat, *n.* بَرْغَش (حشرة)

gnaw, *v.t.* & *i.* قَضَمَ، قَرَضَ، نَخَر

gnom/e, *n.* (**-ish,** *a.*) حِكْمَة، مَثَل سائِر ؛ قَزَم، حارِس الكُنوز في القِصَص الخُرافِيَّة

gnomon, *n.* عَقْرَب ساعة الشَّمْس

Gnostic, *a.* & *n.* مِن أَصْحاب مذهب العارفين عِنْدَ النَّصارَى الأقدمين، غنوصيّ

gnu, *n.* نُو، ثَيْتَل أفريقيّ شبيه بالبَقَر

go (*pret.* went, *past p.* gone), *v.i.* ذَهَبَ، سَارَ، تَوَجَّه، مَضَى

go about one's business تَوَلَّى أَعْماله، شَافَ شُغْله، بَاشَرَ عَمَله

go back on one's word أَخْلَفَ وَعْده، نَقَضَ عَهْده، رَجَعَ في كلامِه

go-between, *n.* وَسِيط (وُسطاء)، شَفيع (شُفَعَاء)

go beyond تَجَاوَزَ، تَعَدَّى، تَخَطَّى الحَدَّ

give someone the go-by تَنَكَّر له، أَعْرَضَ عَنْه، تجاهَلَه، أَهْمَلَه

go down on one's knees رَكَعَ مُسْتَعْطِفًا

go down fighting حَارَبَ حتّى الرَّمَق الأخير، اِسْتَمَاتَ (في الدِّفاع)

go down to posterity سَيُخَلَّد ذكرُه على مَرِّ الأجيال

go down well نَالَ الإِستحْسان أو الرِّضَى أو القَبول

go for

(fetch) ذَهَبَ لِإِحْضار، جَلَبَ

(*coll.*, attack) هَاجَمَ، حَمَلَ على

(aim at) اِسْتَهْدَفَ، سَعَى وراء

(count for) (الأمر) يَنْطَبِق (عليك أيضًا)

the sun went in غَابَت أو اِخْتَفَت الشَّمْس

go in for دَخَلَ في، اِشْتَرَكَ، اِهْتَمَّ ب

go into the matter بَحَثَ في الموضوع، دَقَّقَ في الأمر أو أَمْعَنَ النَّظَر فيه

go into mourning أَعْلَنَ الحِداد، لبِس ثَوْب الحِداد

go off
- (depart, disappear) اِنْصَرَفَ، اِنْطَلَقَ
- (explode) اِنْفَجَرَ، اِنْطَلَقَ
- (deteriorate) فَسَدَ (اللبَن مثلًا)، بَاخَ (اللَّحْم)، نَتَنَ، عَفَنَ، عَطَنَ
- (fall asleep) أغْفَى، غَلَبَه النُّعَاس
- (turn out) (كَيْفَ) سارَت (الأُمور)؟

go off one's food فَقَدَ شهيَّته للطَّعام، عَزَفَ عن الأكل

go off one's head جُنَّ، فَقَدَ صَوابه، طَارَ عَقْلُه، ضاع رُشْده

go on
- (continue, proceed) اِسْتَمَرَّ، دَامَ، ظَلَّ
- (take place) وَقَعَ، حَدَث، دَارَ
- (behave) تَصَرَّفَ، سَلَكَ
- (be guided by) اِسْتَرْشَدَ (بِنَصِيحة مثلًا)
- (harp, scold) تَشَكَّى، تَذَمَّرَ
- (appear on stage) ظَهَرَ على خَشَبة المَسْرَح
- (fit) جَاءَ حَسَبَ مقاسِه

go on!
- (expressing disbelief) بَلَاش بَكَش!

go out
- (make an exit, leave) خَرَجَ، انْصَرَفَ
- (be extinguished) طُفِئَ، اِنْطَفَأَ
- (cease to be fashionable) بَطَلَ ٱسْتِعْمالُه، (زِيّ) بَطَلَت مُوضَته، مَضَى وقته
- (go on strike) أَضْرَب عن العَمَل

go out of one's mind ضَاعَ رُشْدُه، فَقَدَ صَوَابه، طار عَقلُه، جُنَّ

go out of one's way to كَلَّف نَفْسَه مجهودًا زائدًا في خِدْمَة غَيْرِه

go over
- (inspect) فَحَصَ، فَتَّشَ بِدِقَّة
- (clean) نَظَّفَ تنظيفًا سريعًا
- (revise) رَاجَعَ، أَعَادَ النظَر في، صَحَّحَ

go over to تَحَوَّلَ أو حَوَّلَ أو غَيَّرَ إلى

go round
- (encompass) دَارَ، طَافَ، أَحَاطَ، لَفَّ
- (make a call) زَارَ، لَفَّ على
- (suffice for distribution) (مِقْدار) يَكْفي المَطْلوب، (كمّيّة) تَسُدّ الحاجَة

go through
- (scrutinize) فَتَّشَ أو بَحَثَ في (جيوبه)
- (discuss) بَحَثَ، ناقَش، نَظَرَ في الأمر
- (perform) أَدَّى ٱلدَّوْر، مَثَّلَ
- (undergo) عَانَى، قَاسَى، كابَد؛ مَرَّ بِ
- (spend, exhaust) بَذَّرَ أو بَعْثَرَ أو بَدَّدَ كلّ أمواله

go through with it ثَابَرَ أو واصَل الكِفَاح حتّى النِّهاية

go together
- (keep company) تَصَاحَبَ، تَرَافَقَ
- (match, harmonize) تَوَافَقَ، تَطابَقَ، تَلاءَمَ، اِنْسَجَمَ مع

go under

(sink) غَطَسَ، اِنْغَمَرَ، غَاصَ

(fail, succumb) فَشَلَ (المشروع)، أَفْلَسَت الشَرِكة، اِنْهَارَ، أَخْفَقَ

go with

(agree with) اِتَّفَقَ أو اِنْسَجَمَ مع

(match) مَاشَى، لَاءَمَ

(belong to) تَبع، عادَ إلى ...

go without بَقِيَ بِدُون (طعام مثلا)

it goes without saying غَنِيّ عن القَوْل أو البَيَان، مِن الوَاضِح أنّ

go up

(rise) اِرْتَفَعَ، عَلَا، زَادَ

(be built) بُنِيَ، شُيِّدَ، ارْتَفَعَ (بناء)

(explode) تَفَجَّرَ، انْفَجَرَ

go it! اِسْتَمِرّ! واصِلْ!

go it alone لَمْ يَلْجأْ لمعونة أَحدٍ، اِعْتَمَدَ عَلَى نفسِه

how goes it? كَيْفَ الحال؟ كيف تَسير الأُمُور؟

anything goes! كُلّ شيءٍ مَسْمُوح بِه

is there anything going? هَلْ يوجَد ما يُؤكَل؟ هل هناك أيّ عَمَل؟

go bad تَعَفَّنَ، نَتَنَ، فَسَدَ، بَاخَ (اللَّحْم)، عَطَنَ

go bang فَرْقَعَ، اِنْفَقَعَ؛ أَفْلَسَ

go one better تَفَوَّقَ، بَرَّزَ (على)

here goes! فَلْنَبْدَأْ، هَيَّا بِنَا!

it goes to show ... وَهَذَا دَليل على أن ...، وَهَذَا يُبَيِّن أو يؤيد ...

it's going on for six السَّاعَة تُقارِب السَّادِسة

it's gone six السَّاعة الآن بعد السَّادِسَة

let go أَطْلَقَ، تَرَكَ

n. 1. (movement, animation) نَشَاط، حَرَكَة، حَماس

on the go لَمْ يَأْخُذ قِسْطًا من الرّاحَة، كانَ مَشْغُولاً طُولَ الوَقْت

2. (turn, attempt, shot) دَوْر، شَوْط، تجرِبة، محاوَلة

have a go at جَرَّبَ، حَاوَلَ

at one go دُفْعَةً واحدةً، فِي مرَّة واحدة، شَرِبَ (كوب ماء) جرعةً واحدةً

3. (success; bargain) نَجَاح؛ صَفْقة

make a go of it اِسْتَغَلَّ شَيْئًا اسْتِغْلالاً ناجِحًا، حَقَّق نَجاحًا

it's no go لَقَد فَشِل المشروع أو أَخْفَق

goad, *n.* مِنْخَس، مِهْماز، مِنكز

v.t. (*lit. & fig.*) نَخَسَ، هَمَزَ، نَكَزَ؛ دَفَعَ، حَرَّضَ؛ أضجَره (حتَّى ثار)

goal, *n.* 1. (purpose, destination) غَرَض، هَدَف، مَرْمَى، مَقْصِد، غاية

2. (football target or score) مَرْمًى؛ هَدَف

goal-keeper; *also* goalie (*coll.*) حارِس المَرْمَى

goat, *n.* عَنْزة ، ماعِز ، تيْس ، جَدْي

it gets my goat (*coll.*) يُهيّج أعْصابي ، يُغيظُني ، يُضايِقني ، يُنرفِزني

play the ⟨giddy⟩ goat تصرّف بعَبَث وطَيْش

goatee, *n.* لِحْيَة صَغيرة بالذَّقن

goatherd, *n.* مَعّاز ، راعي الماعِز

goatskin, *n.* جِلْد الماعِز ؛ قِرْبة

gob, *n.* (*vulg.*) 1. (spittle) بُصاق

2. (mouth) فَم ، بُقّ (مصر)

shut your gob (*sl.*) اُسْكُتْ ، اِخْرَسْ !

gob-stopper مَصّاصَة (حلويّات)

gobble, *v.t.* اِلْتَهَمَ ، اِزْدَرَدَ ، اِلْتَقَمَ ، اِبْتَلَعَ الطَّعام

v.i. أَخْرَجَ صَوْتًا مثل الدّيك الرُّوميّ

gobbledygook, *n.* (*sl.*) تَشدُّق بالألفاظ الجَوْفاء ، رَطانة

goblet, *n.* كأْس ذو قاعِدة

goblin, *n.* جِنّيّ ، عِفْريت ، قَزَم قبيح المَنْظَر (في الأساطير)

god, *n.* 1. (deity, idol) آله (آلِهة) ، مَعْبُود

a feast (sight) for the gods العَجَب العُجاب ؛ مَنْظَر رائع ، أكلة فاخِرَة

sit up in the gods (*i.e.* in theatre gallery) جَلَسَ في الطّابَق الأعلى في مَسْرَح

2. (supreme being) الله ، الرَّبّ ، الخالِق

god-fearing, *a.* وَرِع ، تقيّ ، يَخافُ الله ، صالِح ، مُسْتقيم

God forbid! لا قدّرَ الله ، لا سَمَحَ الله ، وَقانا الله !

for God's sake لِوَجْه الله ، بالله عليك ، أَرْجوكَ بحقّ الله

so help me God! يَشْهَد الله ، الله على ما أقول شَهيد ! اللّهمَّ اشْهَد

wish someone God-speed اِسْتَوْدَعَهُ الله ، دَعا له بالتَّوْفيق والسَّلامة

godchild, *n.* فَلْيُون ، ابن أو ابنة في العِماد (عند النَّصارَى)

goddaughter, *n.* فَلْيُونَة ، ابنة في العِماد

goddess, *n.* (*lit.* & *fig.*) رَبّة ، إلهة ، مَعْبُودَة ، اِمْرَأة بالِغة الجَمال

godfather, *n.* عَرّاب ، كَفيل المُعَمَّد (عِنْدَ النّصارَى)

godhead, *n.* رُبُوبِيّة ، أُلُوهِيّة

godless, *a.* (**-ness,** *n.*) غيْر مُؤْمِن بالله ، مُلْحِد ، كافِر ، شِرّير

godlike, *a.* آلِهيّ ، رَبّانيّ ، من صِفات الله

godl/y, *a.* (**-iness,** *n.*) تَقِيّ ، وَرِع ، دَيِّن ، صالِح ؛ تَقْوَى ، وَرَع

godmother, *n.* عَرّابَة ، أمّ في العِماد

godsend, *n.* مَعُونَة أو مُساعدة غير مُتَوَقَّعَة ، (حظّ) مِنَ السَّماء

godson, *n.* فَلْيُون ، اِبْن في العِماد

goggle, *v.i.* جَحَظَت (عَيْناه) ، حَمْلَقَ مُنْدَهِشًا

n.pl. نَظَّارات خاصَّة لِوِقاية
العَيْنَيْن مِن الوهج والغُبار

goggle-eyed, *a.* جاحِظ (العَيْنَيْن)

goitre, *n.* تَوَرُّم أو تَضَخُّم الغُدَّة
الدَّرَقية

gold, *n.* ١. (precious metal; *also fig.*) ذَهَب ،
إِبْرِيز

     a heart of gold قَلْب مِن ذَهَب ، قَلْب
يَفِيض عَطْفًا ورَأْفَة

     gold-beater طارِق الذَّهَب ، مُوَرِّق الذَّهَب

     gold-digger (*lit. & fig.*) باحِث عن الذَّهَب ؛
اِمْرَأَة اِسْتِغْلالِيَّة

     gold-dust تِبْر، مَسْحوق الذَّهَب

     gold leaf وَرَق أو صَحيفة الذَّهَب

     gold-mine (*lit. & fig.*) مَنْجَم ذَهَب ؛ ثَرْوة ؛
(مَخْزَن صغير) يُدِرّ أرباحًا طائلة

     gold plate أَدَوَات مَائِدة مَصْنوعة
مِن الذَّهَب

     gold standard مِعْيار الذَّهَب ، قاعِدة
الذَّهَب

     gold thread خُيُوط القَصَب

     ٢. (money, wealth) مَال ، ثَرْوة ، دَراهِم

     ٣. (colour) ذَهَبِيّ (اللَّوْن)

golden, *a.* (*lit. & fig.*) ذَهَبِيّ ، مَصْنُوع
مِن الذَّهَب ؛ نَفِيس ، مُزْدَهِر

     golden age العَصْر الذَّهَبِيّ

     the Golden Horn القَرْن الذَّهَبِيّ (البُسْفور)

     golden mean الوَسَط العَدْل ، خَيْر
الأُمُور أَوسَطها

     golden opportunity فُرْصة ذَهَبِيّة

     golden-rod العُود الذَّهَبِيّ (نبات)

     golden rule القاعِدة الذَّهَبِيّة أو
المُثْلَى

     golden syrup عَسَل القَصَب المُكَرَّر

     golden wedding الاِحْتِفال بِمُرُور
خَمْسِين عامًا على الزَّواج

goldfield, *n.* حَقْل الذَّهَب ، مِنْطَقة يوجَد
فِيها الذَّهَب الخام

goldfinch, *n.* حَسُّون (حَساسين)، أبو
زُرْقاية ، الشُّوَيْكِيّ (طائر)

goldfish, *n.* سَمَك ذَهَبِيّ (اللَّوْن)

     goldfish bowl (*lit.*) وِعَاء كُرَوِيّ الشَّكْل
لِحِفْظ الأَسْماك الذَّهَبِيّة

     (*fig.*) مَكْشوف لأَنْظار النَّاس

goldsmith, *n.* صائِغ (لِلمَصْنوعات الذَّهَبِيّة)

golf, *n.* لُعْبة الجُولْف

     golf-club
        (implement) مِضْرَب الجُولْف
        (institution) نَادِي الجُولْف

     golf-links مَلْعَب أو مَيْدان الجُولْف

     v.i. لَعِب الجُولْف

Goliath, *n.* (*fig.*) عِمْلاق ، مارِد ، جَبّار

golliwog, *n.* دُمَية على شَكْل زِنْجِيّ

golosh, *see* **galosh**

gondola, *n.* جُنْدُول ، زَوْرَق ذُو شَكْل خاصّ يُسْتَعْمَل في ڤِينِيسْيا

gondolier, *n.* مَرَاكِبِيّ أو بلّام الجندول

gone, *past p. of* **go,** *v.i.*

gong, *n.* قُرْص نُحاسيّ يُقرع للنِّداء

goniometer, *n.* جُونيُومِتْر، أداة لقياس الزَّوَايَا

gonorrh(o)ea, *n.* سَيَلان (طبّ)

good, *a.* 1. (wholesome) حَسَن، طَيِّب، جَيِّد، صالح، خير

good morning! صَبَاح الخير، طابَ صباحُك!

to have a good time إِسْتَمْتَع بِوقْت طيِّب

have a good time! أَتَمَنَّى لك وَقْتًا طَيِّبًا!

in good spirits مُنْشَرِح الصَدْر، رَائِق المِزَاج، بَشُوش، مُسْتَبْشِر

it's not good enough لَيْسَ على ما يُرام، دُونَ المُسْتَوَى المَطْلوب

2. (worthy, well-behaved, kind)

good breeding حُسْن التَّرْبِيَة، أَدَب، تَهْذِيب

of good family مِن عَائِلَة طَيِّبة، من أُسْرَة معروفة

Good Friday الجُمْعَة الحَزِينة أو العظيمة (عِنْدَ النَّصارى)

good humour رَحَابَة الصَّدْر، اِعتدال المِزاج، (تَقَبَّلَ الخبر) بروح طيِّبة

good-natured, *a.* لَطِيف، سَمْح أو كريم النَّفْس، حَمِيد السَّجَايا، مُتَسَاهِل

good offices مَسَاعِيهِ الحَمِيدة أو خَدَماته الجَلِيلة (لصالح فلان)

good sense صَوَاب، رَشاد، بَصيرة

good-tempered, *a.* دَمِث الخُلْق، حَسَن الطِباع

good works حَسَنات، أعمال صالحة أو خيِّرة

be good enough to; *also* be so good as to تَكَرَّمَ أو تَفَضَّل بِ...

put in a good word for ذَكَرَه بالخَيْر عِند فلان، أَوْصَى بِهِ خَيْرًا، تَوَسَّطَ لَه

take something in good part تَقَبَّلَ (الانتِقاد) بِصَدْر رَحْب

3. (skilful, clever) بَارِع، مَاهِر في...، يُتْقِن أو يُجِيد شيئًا

4. (valid, sound, ample) صَالِح، جَيِّد، مَوْثُوق به، وافِر

good counsel نُصْح، وَعْظ، إرشاد

a good deal مِقْدار كبير، وَفرة، كَثْرة

a good few (many) عَدَد لَيْس بالقَليل، قِسْم كبير من

good-for-nothing, *n.* شَخْص لا فائِدة مِنه، لا خَيْرَ فِيه

a good hiding عَلْقَة سُخْنَة، بَسْطَة قَوِيَّة

I've a good mind to في نِيَّتِي أَن ...، لَدَيَّ رَغْبَة قَوِيّة في أن...

he gets good money (هذا العامِل) يَتَقَاضَى أَجْرًا عالِيًا

a good ten miles عَشْرَة أَمْيال على الأقلّ

a good while ago مُنْذُ مُدَّةٍ لَيْسَتْ بِالقَصِيرَةِ، قَبْلَ وقتٍ غير قَصِير

in good time في وَقْتٍ مُبَكِّر

all in good time لِكُلِّ آنٍ أوانٍ، لِكُلِّ شيءٍ وَقْتُهُ المُناسِب

he is as good as finished بَاتَ في حُكْمِ المقضِيِّ عليه، لقد قُضِيَ أَمْرُه (في الواقع)

hold good (قانون) لا يَزال ساري المَفْعول، (قاعدة) يَصِحّ تَطْبِيقها

make good

(v.t., compensate for) عَوَّضَ

(v.t., repair) صَلَّحَ، أَصْلَحَ

(v.t., substantiate, maintain) أَثْبَتَ صِحّة ادِّعائه، بَرْهَنَ صِدْق زَعْمِه

(v.i., succeed) نَجَحَ، أَفْلَحَ، تَفَوَّقَ

n. 1. (virtue, right action) صَلاح، خَيْر

do good قَامَ بِعَمَلٍ صالِحٍ، فَعَلَ خَيْرًا، عَادَ بالفائدة (عليه)

he is up to no good إِنَّه لا يَنْوِي خَيْرًا، يُضْمِر سُوءًا

2. (profit, benefit) فائِدة، نَفْع، خَيْر، صالِح، طائِل

all to the good مِن الصّالِح، مِن المُفِيد، مِن النَّفْع، زِيادة الخير خَيْران

it will do you good فيه فائِدة لَك، سَيَعود عليك بالنَّفْع

for one's own good لِمَصْلَحَتِهِ الشَّخْصِيّة، لِمَنْفَعَتِهِ الذّاتِيّة

what is the good of it?; also what good is it? مَا الفائِدة مِنْ هَذا؟ ماذا يُفِيد هذا؟

3. (permanency)

for good ⟨and all⟩ نِهائِيًّا، إِلى الأَبَد، بِحَالة لَنْ تتغيَّر

4. (pl., property, merchandise) بَضائِع، سِلَع

goods train قِطَار بِضاعَة أو شَحْن

deliver the goods (fig.) وَفَى بالوَعْد أو بالعَهْد، قَامَ بِالتِزاماته في حِينها

worldly goods مَتَاع الدّنيا، مُمْتَلَكات

goodbye, int. & n. مَع السَّلامَة، في أَمَان اللّه، إِلى اللِقاء، أَسْتَوْدِعُكَ اللّه

goodish, a. (coll.) مُوش بَطّال، مُو عاطِل

a goodish step from here عَلَى مَسَافة طَوِيلة نَوْعًا ما

goodly, a. لَطِيف؛ (مبلغ) كَبِير (مِن المَال)

goodness, n. 1. (virtue, excellence) خَيْر (ما في اللَّحْم مَرَقُه)، طِيب، حُسْن

2. (kindness) لُطْف، طِيب

have the goodness to مِن فَضْلِكَ، تَكَرَّم

3. (in exclamations, substituted for God)

goodness gracious! سُبْحَان الله !

I wish to goodness ... يَا لَيْت...، أَتَمَنَّى أَن

for goodness' sake! اِعْمل مَعْروف! خاطِر الله!

thank goodness ... الحَمْد لله، لله الحَمْد

goodwill, n. 1. (friendliness) حُسْن النِّيَّة، وُدّ، صَدَاقَة

2. (*commerc.*) إِسْم أو شُهْرة مَحَلّ تِجارِيّ مَع قائِمَة بِأَسْماء زَبائِنه

goody, *n.* حَلَوِيّات، حَلْوَى

goody-goody, *n. & a.* مُتَزَمِّت، مُتَظاهِر بالتَّمَسُّك بالفَضائل، مُتَوَقِّر

goose, *n.* إِوَزّة (إِوَزّ)

silly goose سَاذَج، أَحْمَق، أَبْلَه، بَليد

goose-flesh القَشْعَريرة (مِن الخَوف أو شِدّة البَرْد)

goose-step, *n. & v.i.* خَطْوة الإِوَزّة (في العَسْكَرِيّة)

gooseberry, *n.* كِشْمِش شائك (ثِمار شُجَيْرة تُسْتَعْمَل في عَمَل المربّى)

play gooseberry (*coll.*) ظَلّ مُلازِمًا لعاشقَين يرغبان في الانفراد

Gordian knot, *n.* مُعْضِلة عَوِيصة يَستحيل حَلُّها

cut the Gordian knot حَلّ العُقْدَة أو المُشْكِلة بِاتّخاذ إجْراءٍ حاسِم

gore, *n.* 1. (blood) دَم مُتَجلِّط أو مُتَخَثِّر

2. (wedge-shaped piece, usu. of material) سَمَكة في الخِياطة، قِطعة مثلَّثة

v.t. نَطَح، طَعَن

gorge, *n.* 1. (throat) حَلْق، بُلْعُوم

it makes one's gorge rise يَبْعَث على السُّخْط وَالاِشْمِئْزاز، تَعافُه النَّفْس

2. (ravine) مَضيق أو وادٍ عميق بين جَبَلين، غَوْر (أغوار)

v.i. & t. أَكَل بِنَهَم وشَراهة، أَكَل من شيء إلى حَدّ التُخْمة

gorgeous, *a.* بَهِيّ، بَهيج، بَديع، فَخْم، فاتِن، رائع

gorgon, *n.* (*fig.*) (إمْرَأة) بَشِعَة ومُرْعِبة

gorilla, *n.* غُوريلا (نوْع من القِرَدة الضَّخْمَة)

gormandize, *v.i.* أَكَل بِنَهَم وشَراهة، اِلتَهَمَ الطَّعام

gorse, *n.* قَنْدُول، رَتْم (شُجَيْرة شائكة)

gory, *a.* دَام، مُخَضَّب أو مُلطَّخ بِالدَّم؛ (مَعْرَكة) دَمَوِيّة

gosh, *int.* (*coll.*) يا لَلعَجَب! اللّه!

gosling, *n.* إوَزّة صَغيرة، فَرْخ الإوزّ

gospel, *n.* 1. (Christian revelation) إِنْجيل

2. (absolute truth) حَقيقَة مُنزَّله، حَقيقَة لا رَيْب فيها

take something for gospel تَقَبَّلَ الخَبَر كَحَقِيقَةٍ لا جِدالَ فيها

gossamer, *n.* خُيُوط رَقيقة من نَسْج الحَشَرات سَابِحة في الجوّ؛ شاش رَقيق (أمريكا)

gossip, *n.* 1. (indiscreet talker) مَن يُحِبّ القِيل والقال، رَغّاء، لَتّات؛ نَمّام

2. (idle talk) القِيل والقَال، دَرْدَشة؛ نَميمة، اِغتياب

gossip-column عَمُود أَخْبار أو حَديث المُجْتَمع في الصَحيفة

v.i. دَرْدَش، ثَرْثَر، تَكَلَّم في سِيرة النَّاس، قَشَب (عراق)

got, *pret. & past p. of* **get**

Gothic, *a. & n.* 1. (of the Goths) قُوطِيّ، غُوطِيّ
2. (*archit.*) الفَنّ القُوطِيّ في العِمارة
3. (*print.*) خَطّ قُوطِيّ (طِباعة)

gotten (*U.S. & in compounds*), *past p. of* **get**

gouache, *n.* جُواش، رَسْم بألوان مَمْزوجة بالماء والصَّمْغ

gouge, *v.t., usu. with adv.* out قَوَرَ، إقْتَارَ؛ فقأ أو سَمَلَ (العين)
n. مِقْوَرة، إزميل مُقَعَّر

goulash, *n.* أكْلَة مَجَرِيّة من اللَّحْم المتَبَّل والخضر والفِلفِل الأحمر

gourd, *n.* يَقْطِين، قَرْعة مُجَوفة مجَفّفة

gourmand, *n.* نَهِم، شَرِه؛ ذَوَّاقة الأكل

gourmet, *n.* خَبير بالطَّعام والشَّراب

gout, *n.* النِّقْرِس، داء المفاصِل، داء المُلوك

govern, *v.t.* 1. (rule); *also v.i.* حَكَمَ، أدار أمور...
2. (determine, regulate) قَرَّر، نَظَّمَ، ضَبَطَ
3. (control, subdue) سَيْطَرَ على؛ هَيْمَنَ
govern one's temper كَظَمَ غَيْظه، ضَبَطَ أعْصابه، تَحَكَّمَ في عَواطِفه
4. (*gram.*) حَدَّدَ، قَرَّر (نحو)

governess, *n.* مُرَبِّية تَتَولَّى تَرْبِية وتَدْريس أطْفال عائلة خاصّة

government, *n.* (**-al,** *a.*) 1. (action or system of governing) حُكُومة، نِظام الحُكْم
2. (body of rulers) الهيْئة الحاكِمة، الحكومة

governor, *n.* 1. (ruler) حاكِم، والٍ، مُحافِظ
Governor-General حاكِم عامّ
2. (*coll.*, boss; father); *also* **guvnor** رَيِّس، أوسْطَى؛ الوالد
3. (*mech.*) مُنَظِّم السُّرْعة (هندسة)

gown, *n.* 1. (woman's dress) فُسْتان (فساتين)، ثوْب نِسائي، نفنوف (عراق)
2. (official robe) رِداء أو رُوب (المُحامِي مَثلاً)

grab, *v.t. & i.* قَبضَ على، أَخَذَ عَنْوة، انْتَزَعَ، خَطَفَ، اِخْتَطَفَ
n. 1. (snatch) إخْتِطاف، إنْتِزاع، اِغْتِصاب (أرْضٍ مثلاً)
2. (*mech.*) كَبّاشَة (آلة)

grace, *n.* 1. (charm, elegance) ظُرْف، رِقّة، رَشاقة؛ كِياسَة، لُطف، جاذِبيّة
airs and graces تَشامُخ زائف أو مُصْطَنع
have the grace to تَفَضَّلَ أو تَكَرَّمَ ب، اِعْتَذَرَ عن... بِلُطْف ورِقّة
with a good grace عَنْ طِيبِ خاطِر، بِرِضاً
2. (favour, mercy) إحْسان، نِعْمة، فَضْل، سَماحة
in someone's good graces نالَ حُظْوة عِند...
in the year of grace . . . في السَّنة الميلادِيّة
but for the grace of God . . . لَوْ لا لُطْف الله وعِنايته
state of grace حال النِّعْمة المبرِّرة (عند النَّصارَى)

three days' grace مُهْلَة ثلاثة أيام للوفاء بالتزام ما

3. (*with cap., myth.*) إحْدَى الحِسان الثَّلاث (أساطِير يُونانِيّة)

the ⟨three⟩ Graces ثَلاث إلَهات شَقِيقات يَمْنَحْنَ الجمال لِبنات حَوّاء

4. (*mus.*), *usu. in*

grace-note لَحْن إضافِيّ للتَّحْسِين أو التَّجْمِيل (موسيقى)

5. (thanksgiving at meal) صَلاة الشُّكْر لِلّه قَبْلَ الأكل وبَعْده

6. (title) نِيافَة ...، غِبْطة ...

v.t. أَضْفَى شَرَفًا على

graceful, *a.* (**-ness,** *n.*) رَشِيق، لَطِيف، ظَرِيف؛ رَشاقة، ظُرْف، خِفّة (الحَرَكَة)

graceless, *a.* سَمِج، فَظّ، وَقِح

gracious, *a.* (**-ness,** *n.*) 1. (full of charm) لَطِيف، حُلْو المعشَر، رقيق

gracious living (عاشَ في) تَرَف ونَعيم

2. (merciful, benevolent) كَرِيم، مُنْعِم، مُحْسِن، عَطوف

your gracious Majesty جَلالتكم

int.

good gracious!; *also* gracious me! يا لَلْعَجَب! يا لَطِيف! يا سَلام! سُبحان الله!

gradation, *n.* تَدْرِيج، تَدرُّج

grade, *n.* 1. (class) دَرَجة، رُتْبة، صِنْف

make the grade وَصَلَ إلى المسْتَوى المَطْلُوب، نجح

2. (slope)

on the down-grade في تَدَهْوُر، في انْحِطاط، في هُبُوط

3. (*U.S.*, school class) صَفّ أو فَصْل في مَدْرسة

v.t. 1. (classify) صَنَّفَ، رَتَّبَ

2. (make level) سَوَّى أو مَهَّدَ (طريقًا)

gradient, *n.* اِنْحِدار، دَرَجة المَيْل، زاوِية الانْحِدار

gradual, *a.* تدريجيّ، مُتَدرّج

gradu/ate, *v.t.* (**-ation,** *n.*) دَرَّجَ (مقياسًا)

graduated scale مِقْياس مُدَرَّج

v.i. (**-ation,** *n.*); *also fig.* تَخَرَّجَ في جامِعة

Graduation Day يَوم التَّخَرُّج، يَوم تَوْزيع الشَّهادات

n. & a. خِرِّيج، مُتَخَرِّج (في جامِعة)

Gr(a)eco-, *in comb.* بادِئة مَعناها إغريقي

graffiti, *n.pl.* رُسُوم أو نُقوش على الجُدْران

graft, *v.t.* طَعَّمَ (بستنة)، رَقَّعَ (جِراحة)

n. 1. (means of propagation) تَطْعِيم (بَسْتَنَة)

2. (*coll.*, corruption) رَشْوَة، بِرْطيل؛ فَساد، اِحتيال

3. (*sl.*, hard work) أَعْمال شاقّة

grail, *n.*, *esp. in*

the ⟨Holy⟩ Grail الكَأْس المقدَّسة (في أَساطِير القُرون الوُسْطَى)

grain, *n.* 1. (seed of corn, etc.) بَذْرة (بَذْر، بُذور)، حَبّة (حَبّ، حبوب)

2. (*collect.*, corn) حُبُوب، غِلال

3. (particle; *fig.*, vestige) ذَرَّة، حَبَّة

grain of sand ذَرَّة من الرَّمْل

grain of comfort وَجَدَ شيئًا من العَزاء والسَّلْوى في ...

4. (texture; lay of fibres) عُرُوق الخَشَب

against the grain (*lit.* & *fig.*) عَكْس ٱتِّجاه عُرُوق الخَشَب؛ يُخالِف طَبِيعَتَه

v.t. (paint to imitate grain, *n.* (4)) طَلَى (سَطْحًا) على شكْل عُرُوق الخَشَب

gram, *see* **gramme**

grammar, *n.* 1. (study of a language's structure; book expounding this) عِلْم النَّحْو؛ كِتاب نحو

2. (linguistic usage) قَواعِد اللُغَة؛ أُصُول النَّحو

grammarian, *n.* (عالم) نَحْوِيّ (نُحاة)

grammatical, *a.* نَحْوِيّ، ما يختصّ بالنحو

gramme, gram, *n.* غرام، جرام

gramophone, *n.* الحَاكِي، الغرَامُوفُون

gramophone record أُسْطُوانة جراموفون، قَوانَة (عراق)

grampus, *n.* دُخْس، دلفين (حيوان بحري)

granary, *n.* مَخْزن أو عَنْبر أو شُونة للغِلال، هُرْي (أهراء)

grand, *a.* 1. (chief, great, principal) كَبِير، عَظِيم، رَئِيسيّ

grand jury هَيْئَة المحلَّفين الكُبْرَى

grand piano بيانو كَبِير بأَوْتار أفقِيّة

grand total المَجْمُوع الكُلِّيّ

2. (solemn, distinguished) عَظِيم، فَخْم

grand opera أُوبِرَا ذات مَوْضوع جَدِّيّ وَغِناء مُسْتمرّ

the grand manner بِبَذَخ وإِسْراف

3. (splendid, admirable) رَائِع، هَائِل، فَخْم، مُمْتاز، عَظِيم

grandchild, *n.* حَفيد (حَفدة، أحْفاد)

granddaughter, *n.* حَفِيدة

grandad, *n.* (*coll.*) جَدّ، جِدُّو

grandee, *n.* شَرِيف أو نَبِيل اسْبانيّ

grandeur, *n.* عَظَمة، عُلُوّ، أُبَّهة، رَوْعة

grandfather, *n.* جَدّ (أَجْداد)

grandfather clock سَاعة دَقّاقة في إطَار خَشَبيّ كَبير

grandiloqu/ent, *a.* (**-ence,** *n.*) مُبالِغ في تفخيم العِبارة، مُتَحَذْلِق؛ حَذْلَقة

grandiose, *a.* مُتَعَاظِم، مُتَباهٍ

grandma, *n.* (*coll.*) جَدّة، سِتّي (مصر)، بيبي (عراق)

grandmother, *n.* جَدّة

grandpa, *n.* (*coll.*) جَدّ، جدّو

grandparent, *n.* جَدّ، جَدّة

grandson, *n.* حَفيد (حَفدة، أحفاد)، سِبْط (أسباط)

grandstand, *n.* مُدَرّج (في مَلْعب)

grange, *n.* بَيْت كبير في الرِّيف

granite, *n.* حَجَر الصَّوَّان أو الجرانيت، أعبل

granny, *n.* (*coll.*) جَدّة، سِتّي، ستّو

granny knot عُقْدَة مُزْدَوِجَة يَسْهُل حَلُّها

grant, *v.t.* مَنَح، وَهَب، أَعْطَى، خَوَّلَ؛ أَقَرَّ

grant a favour صَنَع مَعْرُوفًا، أَسْدَى جَمِيلًا، أَسْدَى إليه يدًا

grant a request لَبَّى طَلَبًا، اسْتَجَاب للطَّلَب

I grant you that أُوافِقُك على أن ...

take for granted أَخذه كَقَضِيّةٍ مُسَلَّم بها أو مَفْرُوغ منها

n. هِبَة، مِنْحَة، إنْعام

granular, *a.* مُحَبَّب، حُبَيْبي

granul/ate, *v.t. & i.* (**-ation,** *n.*) حَبَّبَ

granulated sugar سُكَّر ناعِم أو سَنْترفيش

granule, *n.* حُبَيْبَة، ذَرَّة

grape, *n.* عِنَب

grape-shot قَذِيفَة عُنْقُودِية

grape-sugar سُكَّر العِنَب، جلوكوز

grape-vine (*lit.*) شَجَرة العِنَب، كَرْمة

(*fig.*, channel of rumour) حَكَت لي العصفورة

grapefruit, *n.* جْرِيب فروت، لَيْمون هِندي

graph, *n.* رَسْم أو خَطّ أو مُخَطَّط بياني

graph-paper وَرَق رسم بياني

graphic, *a.* 1. (of drawing) مُخْتَصّ بالخَطّ

2. (vivid) (وَصْف) حَيّ، (صُورَة) حَيَّة

3. (of graphs) تَخْطِيطِيّ، بَيانيّ

graphit/e, *n.* (**-ic,** *a.*) جرافيت، نَوْع من الكَرْبُون النَّاعِم، رَصاص أسْود

grapholog/y, *n.*, **-ist,** *n.* فَنّ مَعْرفة الشَخْصيّة مِن طريقة الكِتابة

grapnel, *n.* مِخْطَاف، مَرْساة صَغيرة، كُلَّابَة، هِلْب (أهلاب)

grapple, *n.* خُطَّاف، كَلَّاب، ماسِك

v.i. قَبض على، تَصارَع، صَارَعَ

grapple with a problem جَاهَدَ في حَلّ المُشْكِلة، تَصارَعَ مع المُعْضِلة

grappling-iron كُلَّاب حَديديّ، خاطوف

grasp, *v.t.* 1. (hold firmly) قَبَضَ على، مَسَكَ بِشِدّة

2. (comprehend) أَدْرَكَ، فَهِمَ

v.i. (reach out *at*) تَشَبَّث أو تَمَسَّكَ بِ

n. 1. (grip) مَسْكَة، قَبْضة

2. (control, reach) في مُتَناوَل يَدِه

3. (comprehension) إتْقان، إطّلاع واسِع

grasping, *a.* طَمَّاع أو جَشِع للرِّبْح

grass, *n.* عُشْب، حَشيش، نَجِيل، كلأ

grass roots سُكّان مِنْطَقة رِيفيّة؛ أُصُول

grass-snake ثُعْبَان أو حَنَش غير سامّ

grass widow إمْرَأَة يَغيب عَنها زَوجها مُؤَقَّتًا

he does not let the grass grow under his feet إنّه يُعَجِّل ولا يُؤَجِّل

turn out to grass تَرَكَ حِصانًا في المَرْعَى؛ أحالَ إلى المَعاشِ أو التَّقاعُد

v.t. زَرَعَ (الأرْضَ) عُشْبًا

grasshopper, *n.* جُنْدُب (جنادب)، أبو نَطِيط، نطّاط

grasshopper mind ذِهْنُهُ سَرِيع التَنَقُّل

grassy, *a.* عُشْبِيّ، مُعْشِب

grate, *n.* وِجاق، مَوْقِد

v.t. 1. (reduce to small particles) بَشَرَ (الجُبْن أو الجَزَر مثلا) باستعمال المِبْشَرَة

2. (rub with harsh noise); *also v.i.* حَزَّ

it grates on my ear صَوْتُه يُزْعِج سَمْعي أوْ يَقْشَعِرّ له بَدَني

grate on someone's nerves هَيَّجَ أعصابَه

grateful, *a.* مُتَشَكِّر، مَمْنون، مُعْتَرِف بِالجَميل

grater, *n.* مِبْشَرة، مِحَكّة

gratif/y, *v.t.* **(-ication,** *n.*) أرْضَى، أشْبَعَ، سَرّ

gratifying, *a.* مُرْضٍ، مُشَجِّع

gratin, *n., usu. in au gratin* مَطْبوخ بالجُبْن المَبْشور

grating, *n.* شَبَكة مَعْدِنِيّة تُغَطِّي (بالوعة مَثَلًا)، مَشْرَبِيّة من الحديد

gratis, *adv. & a.* مجّانًا، دُون مقابِل؛ مجّانيّ

gratitude, *n.* شُكْر، اِمْتِنان، عِرْفان بالجميل

gratuitous, *a.* 1. (free of charge) مَجّانِيّ، دُونَ مُقابل، بلا أجْر

2. (uncalled-for) دُونَ داعٍ، بلا مُسَوِّغ أو مُبَرِّر

gratuitous insult إهانة لا داعِيَ لها

gratuity, *n.* 1. (tip) بَقْشيش، بَخْشِيش

2. (bounty) إكْرامِيّة، هِبَة، مِنْحة

gravamen, *n.* أساس التُهْمة، مَرْكَز الشَكْوى

grave, *n.* قَبْر (قبور)، لَحْد (ألحاد، لحود)، رَمْس (رموس)، جَدَث (أجداث)

grave-clothes كَفَن (أكفان)

grave-digger حَفّار القُبور، لحّاد

it would make him turn in his grave هٰذا الأمْر يجعله يتقلّب في قَبْره

a. 1. (solemn, distinguished) وَقُور، رَزِين، رَصين، جادّ

2. (serious, disquieting) هامّ، خَطِير، مُقْلِق

3. (of accent); *also n.* عَلامة (\`) فوق حَرْفَيْ à أو è في الفرنسيَّة

gravel, *n.* 1. (small stones); *also v.t.* حَصىً، حَصْباء، رَمْل خشن؛ رَصَفَ بالحصى

gravel⟨led⟩ path مَمْشىً مرصوف بالحصباء

2. (disease) الرَّمْل في البول (طبّ)

graven, *past p. of* **grave,** *v.t.* (*arch.*); *usu. in* مَحْفُور، مَنقوش، مَنحوت

graven image تِمْثال، صَنَم

gravestone, *n.* شاهِد (شواهد) القبر، رُجمة (رِجام، رُجَم)

graveyard, *n.* مَدْفَن، مَقْبَرَة، جَبّانَة

gravitate, *v.i.* (*lit. & fig.*)	اِنْجَذَبَ ، مالَ ، نَحْوَ مَرْكَزِ الجَاذِبِيَّة ، تَرَسَّبَ في القَاع
gravitation, *n.* (**-al,** *a.*)	قُوَّة جَاذِبَة ، جَاذِبِيَّة ، اِنْجِذاب
gravity, *n.* 1. (solemnity)	رَزَانَة ، وَقَار ، رَصَانَة
2. (seriousness)	أَهَمِّيَّة ، خُطُورة
3. (weight)	وَزْن ، ثِقَل
centre of gravity	مَرْكَز الثِّقَل
specific gravity	الثِّقَل أَو الوَزْن النَّوْعِيّ
4. (attractive force)	جَاذِبِيَّة، قُوَّة الجَاذِبِيَّة
gravy, *n.*	صَلْصَة أَو مَرَق اللَّحم
gravy-boat	وِعاء بِشَكْلِ القَارِب لِمَرَقِ اللَّحْم
gray, see **grey**	
graze, *v.t. & i.* 1. (feed on grass)	رَعَى ، كَلَأَ ، رَتَعَ
graze cattle	رَعَى المَاشِية
grazing (land)	مَرْعًى (مَراعٍ) ، مَرْتَع (مَراتع)
2. (brush lightly)	لَامَس، مَسَّ بِخِفَّة
3. (abrade)	خَدَشَ ، كَشَطَ
n.	خَدْش ، كَشْط
grazier, *n.*	رَاعِي الأَغْنَام ، مُرَبِّي المَوَاشِي
grease, *n.* 1. (fatty substance)	شَحْم ، دُهْن ، زَفَر
grease-paint	مُسْتَحْضَرَات دُهْنِيَّة يَطْلِي المُمَثِّل بها وَجْهه
2. (lubricant)	شَحْم (للماكينات)

v.t.	شَحَّم، دَهَنَ بِالشَّحْم
grease someone's palm (*fig.*)	رَشَا، بَرْطَلَ، دَهَّنَ يَده (عراق)
like greased lightning (*coll.*)	(مَرَق) كَالسَّهْم ، بِسُرْعَة البَرْق الخَاطِف
greas/y, *a.* (**-iness,** *n.*) 1. (smeared with grease)	دَسِم، مُدَهَّن، وَدِك، زَفِر
2. (slippery)	أَمْلَس، زَلِق، زَلِج
3. (disagreeably unctuous)	مُدَاهِن ، مُصَانِع ، مُنَافِق ، مُتَزَلِّف؛ خَسِيس
great, *a.* 1. (large, much)	عَظِيم ، كَبِير
Great Britain	بريطانيا العُظْمَى
great with child (*arch.*)	حُبْلَى ، حَامِل
the great majority	الغَالِبِيَّة العُظْمَى ، السَّواد الأَعْظَم
2. (important, outstanding, pre-eminent)	هَامّ ، كَبِير ، عَظِيم
the great, *n.pl.*	عِلْيَة القَوْم ، الأَكَابِر
great friends	أَصْفِيَاء ، خِلَّان ، أَصْدِقاء حَمِيمُون
great-hearted, *a.*	كَبِير القَلْب ، كَرِيم النَّفْس
great heavens!	يا سَلَام ، عَجِيب !
the Great Powers	الدُّوَل الكُبْرى أَو العُظْمَى
the Great War	الحَرْب العَالَمِيَّة الأُولَى ، الحَرْب العُظْمَى
3. (*pred., coll.,* splendid)	هَائِل، عظيم
that's great!	هَذَا جَمِيل أَو عَظِيم ! رَائِع !

4. (*in comb.*, denoting relationship)
great-aunt عَمّة أو خالة الأب أو الأمّ

great-great-grandfather جَدّ الجدّ

greatcoat, *n.* مِعْطَف سَميك (عسكريّ)

greaves, *n.pl.* دِرْع لِوقاية السّاقَيْن

grebe, *n.* غطّاس، غوّاص (طائر مائيّ)

Grecian, *a.* إغْرِيقيّ، يونانيّ

Greco-, *see* **Gr(a)eco-**

Greece, *n.* بِلاد اليونان

greed, *n.* نَهَم، جَشَع، طَمَع، شَرَه

greed/y, *a.* **(-iness,** *n.*) جَشِع، شَرِه، نَهِم؛ طَمّاع؛ شراهة، طَمَع

Greek, *a.* يُونانِيّ، إغْرِيقِيّ

n. 1. (native) يُونانِيّ، إغْرِيقِيّ

when Greek meets Greek عِنْدَما يَتَلاقى خَصْمانِ عَنِيدان، إذا التقى النِدّ بالنِدّ

2. (language) اليُونانِيّة

it's Greek to me غَلُق عَلَيَّ فَهْمُه

green, *a.* أَخْضَر؛ (شجر) مُورِق، (تفّاح) فَجّ، (خيار) طازج؛ (غُصن) غضّ

green with envy أَكَلَ أو نَهَشَ الحَسَد قلبه، يَقْطُر حَسَدًا

the green-eyed monster إله الحَسَد، حَسَد

he has green fingers كُلّ ما تَزرع يده يَنْبُت

green peas بازِلاء، بسِلّة خَضْراء

green-room غُرْفَة اسْتِراحة المُمَثِّلين

a green youth شَابٌ لا خِبْرَة له، غِرّ، يافِع

a green old age شَيْخُوخة كلُّها صِحّة ونَشاط

keep someone's memory green أَحْيا أو خَلَّدَ ذِكْرَى فلان

green wood خَشَب أخضر أو حديث القَطْع

n. 1. (colour) خُضْرة، اِخْضِرار (النّجيل)

do you see any green in my eye? أَتَرانِي غِرًّا لا أفْهَم؟، أتَعْتَقِد أنّي ساذج؟

2. (grassy expanse) خُضْرة، مَرْج (مروج)، بُقْعَة يغطيها العُشْب

village green مَلْعَب أو مَيْدان أو ساحَة القرية

3. (*pl.*, vegetables) خُضْرَوات، خُضْرة (عراق)

spring greens بَواكِير الكرنب أو اللهانة الخ تُقْطَف في أوّل الرَّبيع

greenback, *n.* (*U.S.*) وَرَقة ماليّة أمِركية

greenery, *n.* أَوْراق الشَّجَر الخَضْراء

greenfly, *n.* ذُبَابَة الزَّهْرة

greengage, *n.* بَرْقُوق أخضر (مصر)، كوجة (عراق)

greengrocer, *n.* خُضَرِيّ، بائع الخُضْرَوات، بقّال

greengrocery, *n.* خُضْرَوات؛ بيع الخضر والفاكِهَة، بقالة

greenhorn, *n.* غِرّ، مُبْتَدِئ، عديم الخِبْرة، خام

greenhouse, *n.* مُسْتَنْبَت أو بيت زُجاجيّ لِتَرْبِيَة النَّباتات في دَرَجة حَرارة خاصّة

greensward, *n.* مَرْجَة ، خُضْرة

greet, *v.t.* حَيَّا ، رَحَّبَ بِ ؛ قَابَلَ

greeting, *n.* تَحِيَّة ، تَرْحاب

greetings card بِطَاقَة مُعايدة أو تَهْنِئَة

gregarious, *a.* (**-ness,** *n.*) يَعِيش في جَمَاعَات أو قُطْعَان ؛ (الإنسان) مَدَنِيّ (بالطّبع)

Gregorian, *a.* غرِيغُورِيّ ، جرِيجُورِيّ

Gregorian calendar التَّقْوِيم الجريجوريّ وَهُوَ التَّقْوِيم الغَرْبِيّ الحاليّ

Gregorian chant تَرْتِيل في الكنائس الأَرْثُوذُكْسِيّة

gremlin, *n.* (*sl.*) جِنّيّة ، عِفْرِيتة تُسَبِّب كَوَارِث الطَّيَرَان

grenade, *n.* قُنْبُلَة صغيرة ، رُمّانة

grenadier, *n.* جُنْدِيّ قاذف للقنابل اليدويّة ؛ طَائِر إفريقيّ

Grenadier Guards لِوَاء الحَرَس الملكيّ البريطانيّ

grew, *pret. of* **grow**

grey (**gray**), *a. & n.* رَمَادِيّ اللَّوْن ، أشهب رَصَاصِيّ ؛ كالح الوجه

grey friar رَاهِب فرنسيسكانيّ

grey-headed, *a.* أَشْيَبُ ، وَخَطَ الشَّيب شَعْرَه ، أشمط ، شمطاء

grey horse حِصَان أشهب

grey matter دِمَاغ ، مُخّ

greybeard, *n.* شَيْخ أشيب اللِّحْيَة

greyhound, *n.* نَوْع من الكلاب السَّلُوقيّة

grid, *n.* 1. (grating, frame) شَبَكَة مَعْدِنِيّة

luggage-grid شَبَكَة مَعْدِنيّة للأَمْتِعة بِمُؤَخِّرة السَّيّارة

2. (component of electronic valve) شَبَكَة بداخِل صِمام إلِكْترونيّ

3. (network of lines on a map) شَبَكَة خُطوط مُتَعامِدة في خَرِيطة

4. (electrical power system) شَبَكَة تَوْزِيع الكَهْرَباء

griddle, *n.* 1. (baking-plate); *also* **girdle** مِشْوَاة ، شوّاية ، مُصَبَّع (مصر)

2. (screen) شَبَكَة مَعْدِنِيّة للغَرْبَلة

gridiron, *n.* مِشْوَاة ، شوّاية ، مُصَبَّع

grief, *n.* اِكْتِئَاب ، كَدَر ، آلام نفسِيّة ، حُزْن ، غَمّ

come to grief أُصِيبَ بِخَيْبَة ، أَخْفَقَ ، فَشِلَ

grief-stricken, *a.* غَارِق في الأَحْزان

grievance, *n.* شَكْوَى ، تَشَكٍّ ، تَظَلُّم

air a grievance بَثَّ أو أَعْلَنَ شكواه

grieve, *v.t.* آلَمَ ، أَحْزَنَ ، غَمَّ ، كَدَّرَ

v.i. اِكْتَأَبَ ، حَزِنَ ، تَأَلَّمَ ، اِغْتَمَّ

grievous, *a.* (أَذًى) بالغ

griffin (**griffon, gryphon**), *n.* عَنْقَاء ، حَيَوان خُرافيّ برأس وجَنَاحَيْ نَسْر وجسم أَسَد

grill, *v.t.* 1. (cook) شَوَى لحمًا على شوّاية

2. (*coll.*, interrogate) اِسْتَنْطَقَ ، اِسْتَجْوَبَ

n. 1. (grilled food) شِوَاء ، مَشْوِيّات

mixed grill صَحْن المَشْوِيّات المُتَنَوِّعة

2. (place where such food is served) غُرْفَة خَاصّة لِلْمَشْوِيَّات في مَطْعَم ؛ حاتي (مصر)

3. (appliance for grilling) شَوَّاية، مشواة

grill(e), *n.* حَاجِز من قضبان حديدية عَلَى شبّاك

grim, *a.* 1. (severe, forbidding) قَاس، صَارِم، شديد، متجهّم

2. (sinister) مُخِيف، رَهيب، كَريه

3. (*coll.*, very unpleasant) زَيّ الزّفت

grimace, *n.* & *v.i.* لَوَى عَضَلات وجهه (مِنْ الألم أو لإضحاك الآخرين)

grime, *n.* & *v.t.* قَذارة؛ لَوَّث، لَطَّخ

grimy, *a.* قَذِر، وَسِخ، مُلَوَّث

grin, *v.i.* & *n.* كَشَّر عن أسنانه (سُرُورًا أو استهزاءً)

grin and bear it تَحَمَّلَ الشّدائد دُونَ شَكْوَى، صَبَرَ على المكارِه

grind (*pret.* & *past p.* ground), *v.t.* 1. (rub harshly together); *also v.i.* حَكَّ

grind one's teeth صَرَّ على أسنانه، حَرَّق الأُرَم

2. (reduce to small particles; produce in this way) سَحَقَ، طَحَنَ، دَقَّ، جَرَشَ

3. (oppress); *also* grind down ظَلَمَ، دَاسَ الرِّقاب، أَذَلَّ الأعناق

4. (sharpen or smooth by friction) شَحَذَ (سِكِّينًا)، سَنَّ (موسًى)، صَقَلَ

grind in valves جَلَّخَ الصِّمامات

grinding-wheel عَجَلة السَّنّان، مِسَنّ

he has an axe to grind (*fig.*) لَهُ مَطْمَع شَخْصِيّ وراء ذلك

v.i. (study laboriously); *also* grind away at; *also n.* ثَابَرَ في عَمَله، اِنْكَبَّ على دِرَاسَتِه

it was a hard grind كَانَ عَمَلًا يُطَلِّع الرُّوح

grinder, *n.* 1. (one who grinds) سَنّان، مُجَلِّخ

2. (machine) مِسَنّ، عجلة سَنّ، جَلّاخَة

3. (molar tooth) ضِرْس، ناجِذ

grindstone, *n.* حَجَر جَلْخ أو مِسَنّ ·

keep one's nose to the grindstone عَكَفَ أو اِنْكَبَّ على العَمَل بدون توقُّف

grip, *n.* 1. (firm hold, grasp) قَبْضَة يد أو مَسْكَة قَوِيّة

come to (be at) grips أَخَذَ بِتَلَابِيب (المَوْقِف)، اِصْطَرَعَ مع (المُشْكِلة)

lose one's grip (*lit.* & *fig.*) فَقَدَ سَيْطرته عَلَى، فَقَدَ زِمَام الأمور

2. (mastery, fascination) سَيْطرة، اِسْتِحْوَاذ على الفكر

3. (clasping device) مِقْبَض (بطَرف مِقْوَد أو سُكّان الدَّرّاجه مثلًا)

4. (handbag) حَقِيبَة أو شَنْطة صغيرة (مِنَ القُماش عادةً)

v.t. كَمَشَ، قَبَضَ أو شَدَّ، أَمْسَكَ

(*fig.*) (خُطْبَة) اسْتَحْوَذت على انْتِباه السّامِعين ، (قِصَّة) مَلَكت المَشاعِر

gripe, *v.t.* مَغَصَ ، سَبَّبَ مَغَصًا ؛ قَرَصَ

gripe-water مَاء غرَيْب (للأطفال)

n.pl. مَغَص مَعَوي ، تقضيع

grippe, *n.* إنْفلُونْزا

gripping, *a.* جَذّاب، خَلّاب ، ساحِر ، آسِر، سابٍ ، أخّاذ ، فتّان

grisly, *a.* مُرِيع ، مُخِيف ، رَهيب

grist, *n.* حُبُوب مُعَدَّة للطَّحْن

all is grist that comes to his mill (*fig.*) إنَّهُ يَسْتَفِيد من كلّ مايقَعُ في يديه

gristl/e, *n.* (**-y,** *a.*) غُضْرُوف، لحم يَصْعُب مَضْغه

grit, *n.* 1. (particles of stone) حَصْبَاء، حَصًى

2. (coarse sandstone); *also* **gritstone** صَخْر رَمْليّ، حَجَر مِسَنّ

3. (*coll.*, pluck) جُرأة، شجاعة، جَلَد، قُوَّة تحمُّل، صلابة

v.t. 1. (strew with grit, *n.* (1)) فَرَشَ الطَّرِيق بِالحَصْباء أو الزَلط الرفيع

2. (grate), *esp. in*

grit one's teeth عَضَّ أو صَرَّ أسنانه ؛ أبْدَى صلابة في تحمُّل الألم

gritty, *a.* (طَعَام) فيه بعض الحَصَى أو الرَّمْل

grizzle, *v.i.* (*coll.*) نَقَّ (الطفل)، شَكَى وبَكَى

grizzled, *a.* أشْهَب، رَمَاديّ اللون ، أشْمَط، أشيب

grizzly, *a.* أَشْهَب ، رَمادِيّ ، أَشْيَب ، أَشْمَط

grizzly ⟨bear⟩ الدُبّ الأشهب

groan, *v.i. & n.* أنَّ، تَأَوَّهَ ؛ أنين، تَأَوُّه

(*fig.*) نَاءَ بِحِمْلٍ ثقيل، تَشَكَّى

groats, *n.pl.* شَعِير أو قَمْح مقشور، جريش

grocer, *n.* بَقَّال ، بدَّال ، عطّار

grocery, *n.* 1. (provisions trade or store) بِقَالَة، عَطَّارِيّة ، دكّان البقّال

2. (*pl.*, provisions) مَوَادّ البقالة أو العَطّاريّة

grog, *n.* شَرَاب الرُّوم مُخَفَّف بالماء

groggy, *a.* (*coll.*) مُتَوَعِّك ، مُطَوْطَح ؛ مُتَمَايِل، أو مُتَرَنِّح (من السُكْر)

groin, *n.* 1. (*anat.*) أرْبِيَّة ، مَا بَيْن الفَخْذَيْن

2. (*archit.*) مِنْطَقَة محْصُورة بين طَرَفَي القَوْس في البِناء

groom, *n.* 1. (servant in charge of horses) سَائِس (ساسة)

2. (bridegroom) عَرِيس (عرسان)

v.t. 1. (tend *horse*) فَرْجَنَ ، حَسَّ الخيل

(*fig.*) هَنْدَمَ ، زَيَّنَ ، زَوَّقَ ، جَمَّلَ

well-groomed, *a.* أنِيق ، مُهَنْدَم

2. (coach, prepare) أعَدّ (مُرَشَّحًا سِياسِيًّا)

groomsman, *n.* إشْبِين، شَبِين (العريس)

groove, *n.* أُخْدُود ، مَجْرَى

he is in a groove (*fig.*) اِعْتَادَ (على) طريقة في مَعِيشَتِه، تَحَكَّمت به العادة

in the groove (*sl.*) فِي أحْسَن مزاج ، على مَا يُرَام ، مُزَقْطَط (مصر)

grope, *v.i.* تحسَّس، تلمَّس (في الظّلام)

gross, *n.* قَرُوصة، ١٢ دستة أو دَرْزَن

a. 1. (rank; flagrant) (تصرُّف) شنيع، خطأ جسيم أو فاضح

2. (coarse, indelicate) خَشِن، غليظ، قبيح

3. (without deduction) (وَزْن) قائم؛ إجماليّ

grotesque, *a.* تَصَرُّف شاذّ، مُشَوَّه (الخلقة)

n. الشُّذُوذ في فنّ الرَّسْم والنَّحْت

grotto, *n.* مَغَارة؛ بِناء بشكل كَهْف

grouch, *v.i. & n.* (*coll.*) شَكَا، تذمَّر؛ شَكْوى

ground, *pret. & past p. of* **grind**

ground, *n.* 1. (surface of earth) سَطْح الأرض

ground-bait طُعْم القاع (في صيد السّمك)

ground floor الطَّابَق أو الدَّوْر الأرضيّ

ground-nut فُول سودانيّ

ground plan مُخَطَّط الطّابَق الأرضيّ (بِناء)؛ مخطّط إجماليّ

ground rent إيجار قِطعة أرض عليها بناء

ground staff مُوَظَّفُو المطار

break fresh ground (*fig.*) شَقَّ طريقًا جديدًا (في مَيْدان البحث العِلْمِيّ مثلاً)

common ground (*fig.*) نُقْطَة التقاء أو اتّفاق، رأي مُشْتَرك

cut the ground from under someone's feet (*fig.*) جَرَّده من سِلاحه (في المناقشة)، أَحْرَجَه بحُجَج دامغة

fall to the ground (*lit. & fig.*) وَقَع على الأرض؛ انْتَهَى بِفَشَل، أَخْفَق

it suits me down to the ground هَذا يُوَافِقُني أو يناسبني تمامًا

tread on dangerous ground (*fig.*) تَناوَلَ مَوْضُوعًا حسَّاسًا، نَاقَش مسألة دقيقة

2. (position, *lit. & fig.*) مَوْقِف، وضْع

gain ground أَحْرَز تَقَدُّمًا مَلْحُوظًا، أَخَذ في الانْتِشار

give (lose) ground تَقَهْقَرَ عن مَوْقِعه، تَخَلَّى عن مَوْضِعِه

hold one's ground تَشَبَّثَ أو تَمَسَّكَ بِرَأْيه، لم يَتَزَحْزح عن مَوْقِفه

shift one's ground غَيَّرَ الأُسُس الَّتِي أَقَامَ عَلَيْها رأيه

3. (basis, reason, plea) أَسَاس، مُبرِّر

on the ground(s) of عَلَى أَسَاس..، بِحُجّة

grounds for complaint مُبَرِّر أو داعٍ لِلشَّكْوَى

4. (background; underlying part) أَرْضِيَّة (القُمَاش أو الصُّورة)

5. (area) أَرْض، مَكان، مِنطقة، سَاحَة، مَيدان

cricket-ground مَلْعَب الكريكيت

in the grounds ⟨of the palace⟩ فِي الأراضي (أو الحَدَائِق) المحيطة بالقَصْر

6. (*pl.* dregs) رَوَاسِب (القهوة)، ثُفْل، حُثَالَة، عَكَر

v.t. 1. (establish, base, justify) أَقَامَ، بَنَى (عقيدة أو شكوى) على أساس

2. (instruct thoroughly) عَلَّمَ أُسَس

3. (lay on ground) وَضَعَ (بُنْدُقِيّة) عَلَى الأَرض

4. (run ashore); *also v.i.* شَطَحَت السَّفِينة أو جَنَحَت

5. (prevent or forbid flying) لَمْ يَسْمَحْ لِلطَّيَّار أو للطائِرة بالطيران

grounding, *n.* مَعْلُومَات أَوَّلِيّة أو أساسِيّة، مَبَادِئ (عِلمٍ ما)

groundless, *a.* لَا أَسَاسَ له من الصِّحّة

groundsel, *n.* بَابُونَج الطّيور (نبات)

groundsman, *n.* مَن يَعْتَنِي بأرض المَلْعَب

groundwork, *n.* أَعْمَال تحضيرية أو تَمْهِيدِيَّة توطئة لِ ...

group, *n.* فِرْقَة، فَرِيق، فِئَة، فصيلة، طَائِفَة، جَمَاعة، عُصْبة، مَعْشَر

discussion group نَدْوَة، حَلقَة مُنَاقَشَة

v.t. & i. نَظَّمَ في فِئَات، صَنَّفَ إلى مَجْمُوعَات؛ تَجَمَّعوا أو الْتَفُّوا حَوْلَ ...

grouping, *n.* تَجْمِيع في الرَّمْي (عسكريّة)

grouse, *n.* 1. (bird) طَيْهُوج (طائر)

2. (*coll.*, grumble); *also v.i.* تَشَكَّى، تَذَمَّرَ مِن أو على

grout, *n. & v.t.* إِسْمِنْت أو جصّ ممزوج بالماء لسَدّ الشُّقوق

grove, *n.* غابَة صغيرة، مَخرفة؛ شارع عَلَى صَفَّيْه أشجار

grovel, *v.i.* زَحَفَ على بَطنه؛ أذلَّ نفسه، تَمَسَّحَ بأعتاب فلان، اِرْتَعَدَ خوفًا

grow (*pret.* grew, *past p.* grown), *v.i.*

1. (develop, be cultivated) نَمَا، كَبُرَ، تَطَوَّرَ، تَرَعْرَعَ

growing pains آلَام النُّمُوّ عند الأحداث

good growing weather طَقْس ملائم أو صَالِح لنُمُوّ النَّبَاتات

grow out of

(arise from) نَتَجَ أو نَشَأَ عن، نَجَمَ عن

(outgrow *clothes, habits, etc.*) كَبُرَ على (ثِيَابه)؛ هَجَرَ (عادة) بمرور الزَّمَن

grow up كَبُرَ، نَمَا، نَضَجَ، شَبَّ عن الطَّوْق

grown-up, *a. & n.* بَالِغ، شَخْص ناضِج؛ مِنْ كِبار السِّنّ

2. (become larger, stronger) كَبُرَ، نَمَا

growing tendency مَيْل متزايد

it grows on me لَقَدْ أَلِفْتُهُ، قد تَعَوَّدْتُ عَلَيْه

3. (become) صَارَ، أَصْبَحَ، غَدَا

it grew dark أَظْلَمَت (الدنيا)، دَجَنَ

v.t. رَبَّى، أَنْبَتَ، زَرَعَ

grower, *n.* 1. (plant); *as in*

a fast grower نَبَات سَرِيع النُّمُوّ

2. (cultivator) مُزَارِع

growl, *v.i. & t.*; *also n.* زَمْجَر (الكلب)، هَدَر؛ زَمْجَرَة، هَدِير، هَمْهَمَة

grown, *past p. of* **grow**

growth, *n.* 1. (development) نُمُوّ، نَمَاء، اِزْدِيَاد، تقدُّم، تطوُّر

2. (what has grown, increase) نموّ، زيادة

3. (tumour or other morbid formation) وَرَم خَبيث أو غير خَبيث، دَرَن، دُمَّل

groyne, *n.* مِصَدّ يمتدّ داخل البحْر لتخفيف شِدّة الأمواج

grub, *n.* 1. (maggot) يَرَقَان، يَرَقة

2. (*sl.*, food) أَكْل، طعام

v.i. & t. عَزَق، حَفَرَ أو نَبَشَ الأرض لإزالة الحشائش

grubby, *a.* 1. (dirty) وَسِخ، قذر، ملطَّخ

2. (infested with grubs) مُدَوَّد

grudge, *v.t.* حَقَدَ على، فَعَلَه على كُرْه منه

n. حِقْد، ضَغينة، بَغْضاء، نَقمة، حَفيظة

bear someone a grudge أَضْمَرَ لفلان الحِقْد أو الضَّغينة، نَقَمَ عليه

grudging, *a.* حَاسِد، حاقِد؛ كُرْهًا

gruel, *n.* عَصِيدَة خفيفة غالبًا من الشَّعِير

gruelling, *a.* مُرْهِق، مُنْهِك، مُضْنٍ

gruesome, *a.* شَنِيع، بَشِع، فظيع، مُخِيف

gruff, *a.* (-ness, *n.*) فَظّ، غَليظ، خَشِن، شَرِس؛ فظاظة

grumble, *v.i. & n.* 1. (complain) تَشَكَّى، تَذَمَّر، بَرْطَمَ، دَمْدَمَ

2. (rumble) زَمْجَرَ (الرعْد)؛ قَرْقَرَة (البطْن)

grumpy, *a.* شَكِس، شَكّاء، وَعِق

grunt, *v.i. & t.*; *also n.* شَخَرَ (الخِنْزِير)، قَبَعَ؛ شَخِير، قِبَاع

guano, *n.* سَماد مِن زَرَق طُيُور البَحْر المُتَراكِم على الجُزُر

guarantee, *n.* ضَمان

v.t. ضَمِنَ، كَفَلَ

guarantor, *n.* ضَامِن، كَفِيل

guaranty, *n.* ضَمَان، كَفَالة

guard, *n.* 1. (watch, vigilant state) حَرَاسَة؛ اِحْتِرَاس، يَقْظَة، حذر وانتباه

off one's guard بِدُون حَذَر أو احْتِراز

on one's guard عَلَى حَذَر أو احْتِراس

be on guard; *also* keep (stand) guard حَرَسَ، خَفَرَ، قام بالحِراسَة

2. (*mil., etc.*) حَارِس، خَفِير، دَيْدَبَان

guard duty نَوْبَة حِراسة أو خَفَارة

guard-room غُرْفَة الحَرَس عِنْد مَدْخَل الثُّكْنَة

guard of honour حَرَسُ الشَّرَف

advance guard مُقَدِّمة الجَيْش أو طَلِيعَته

3. (railway official) حَارِس القِطار (له مَكان خاصّ بِمُؤَخِّرة القِطار)

4. (protective device) غِطاء يَدْرَأ الخَطَر في جِهاز ما

v.t. 1. (protect) حَرَسَ، حَمَى، وَقَى، صَانَ، حَفِظَ

2. (check)

guarded language تَحَفُّظ أو حَذَر في الكلام

v.i., with prep. against اِحْتَرَسَ أو أَخَذَ حَذَره من، اِحْتَرَزَ من

guardian, *n.* 1. (protector) حَارِس، حامٍ، حَافِظ، واقٍ، صائن

guardian angel المَلَاك الحَارِس

2. (one exercising tutelage) وَصِيّ(أوصياء)، وَلِيّ الأمر، قيِّم

guardsman, *n.* جُنْدِيّ من فِرْقة الحرَس

guava, *n.* جَوَافة (فاكهة)، غوافة

gubernatorial, *a.* مُخْتَصّ بالحاكِم أو المحافِظ

gudgeon, *n.* 1. (fish) سَمك نَهْرِيّ صغير يُسْتَخْدَم طُعْمًا في صيد السَّمَك

2. (*mech.*)

gudgeon-pin مِسْمار بَيْن المِكْبَس وذِراعه

guer(r)illa, *n.* 1. (warfare); *usu.* guer(r)illa war حَرْب العِصابات

2. (fighter) جُنْدِيّ في حرْب العِصابات

guess, *v.t. & i.* 1. (conjecture) خَمَّن، ظَنَّ، حَدَسَ، حَزَرَ

keep someone guessing تَرَكَ فُلَانًا نهبًا للظُّنُون أو الحَدَس والتَّخْمين

2. (*coll.*, suppose) حَسَبَ أو اِعْتَقَدَ أن

n. تَخْمِين، حَدْس، حَزْر، ظَنّ

guess-work حَزْر، حَدْس، تَخْمِين، ظَنّ

it's anyone's guess وَاللّٰهُ أَعْلَم، ومَن يَدْرِي؟

guest, *n.* ضَيْف، زائر

guest artist فَنَّان زائر لِفِرْقة أُخْرَى

guest-chamber (-room) غُرْفَة نوم للضُّيوف

guest-house بَنْسِيُون، فُنْدق صغير

guest-night سَهْرَة أو حفلة لِاسْتِقْبال ضُيُوف الأعضاء (في نادٍ مثلًا)

paying guest شَخْص يَسْكُن مع عائلة ويَدْفَع مَصارِيف إقامَتِه

guffaw, *v.i. & n.* كَرْكَرَ، قَهْقَهَ، أَغْرَقَ في الضَّحِك

guidance, *n.* إرْشَاد، هِداية، تَوْجيه، نَصِيحة

guide, *n.* دَلِيل (أَدِلّاء)، مُرْشد

guide-dog كَلْب يَتَّخِذُهُ الأَعْمَى دليلًا

guide-book دَلِيل السُّيَّاح

v.t. (*lit. & fig.*) دَلَّ، أَرْشَدَ، هَدَى

guided missile قَذِيفَة مُوَجَّهة

guild, *n.* رَابِطَة مِهَنِيّة، نِقَابَة

guilder, *n.* جِلْدَر (عُمْلة هُولَنْدِيّة)

guile, *n.* مَكْر، احتيال، خِداع، خَتْل

guileful, *a.* غَشَّاش، ماكِر، مُخاتِل

guileless, *a.* سَلِيم الطَّوِيّة، بَسِيط، سَاذَج، (طفل) بريء

guillemot, *n.* غلْموت (طائر مائي)

guillotine, *n. & v.t.* 1. (instrument of execution) مِقْصَلة، جِيلُوتِين

2. (cutter for metal, paper, etc.) مِقَصّ بِشَكل مِقْصَلة (لِقَطع الوَرَق والمَعادِن)

3. (parl. procedure) أَنْهَى المُناقَشَة فِي البَرْلَمَان بِتَحْدِيد مَوْعِدٍ لِلتَّصْوِيت

guilt, *n.* جُرْم، ذَنْب، إِثْم، جَرِيرة، خَطِيئَة

guilt-complex مُرَكَّب الشُّعُور بالذَّنْب

guilty, *a.* مُذْنِب، مُجْرِم، جانٍ (جُناة)

guilty conscience شُعور بالذَّنْب

guilty party الطَّرَف المُذْنِب، جانٍ

not guilty! بَرِيء، غَيْر مُذْنِب

guinea, *n.* عُمْلَة انكليزيّة (٢١ شِلِنًا)

Guinea, *n.* غِينْيا

guinea-fowl دَجاج سُودانيّ، غَرْغَر

guinea-pig (*lit.*) أَرْنَب هِنْديّ أو رُوميّ

(*fig.*, object of experiment) إِنْسان أو حَيَوان تُجْرَى عليه التَّجارِب العِلْمِية

guise, *n.* (*usu. fig.*) (فِي) ثِيَاب أَوْرِداء، مَظْهَر

guitar, *n.* قِيثار (آلة مُوسيقيّة)، جِيتار

guitarist, *n.* عَازِف القِيثار

gulf, *n.* 1. (narrow arm of sea) خَلِيج (خُلجان)، جُون (أَجْوان)

Gulf Stream تَيّار الخَلِيج الدّافِئ (في المُحِيط الأَطْلَسِيّ)

2. (abyss) هُوَّة (هُوًى)، هَاوِية

gull, *n.* 1. (bird) نَوْرَس، زُمَّج الماء

2. (*arch.*, dupe); *also v.t.* غَشَّ، خَدَعَ، اِحْتَالَ على، مَكَرَ أو غَرَّرَ بِ

gullet, *n.* بُلْعُوم، مَرِيء

gullib/le, *a.* (**-ility,** *n.*) سَهْل الانْخِداع، يُصَدِّق كُلَّ مايُقال لَه

gully, *n.* مَجْرًى أو أُخْدود طَبِيعِيّ

gulp, *v.t. & i.*; *also n.* اِبْتَلَعَ، اِزْدَرَدَ؛ اِبْتِلاع، اِزْدِراد

gum, *n.* 1. (flesh surrounding teeth) لِثَة (ما حَوْلَ الأَسْنان مِن اللَّحْم)

2. (secretion; rubber) صَمْغ، راتِينَج

gum Arabic صَمْغ عَرَبِيّ

gum-boot حِذَاء مِن المطّاط

gum(-tree) شَجَر الصَّمْغ، نَوْع من شَجَر الكافور

up a gum-tree (*sl.*) فِي مَأْزِق، في وَرْطة

3. (glue) صَمْغ سائل

4. (sweetmeat)

chewing-gum عِلْك، لُبان، مَسْتِيكة

fruit gums بَاسْتيليّة أو أقْراص للمَصّ

5. (*in exclamations, substituted for* God)

by gum! وَاللّهِ! باللّهِ!

v.t. صَمَّغَ الوَرَق

gumboil, *n.* قَرْحَة في اللِّثَة

gummy, *a.* صَمْغِيّ، دَبِق، لَزِج، لَزِق

gumption, *n.* (*coll.*) إِقْدَام على العَمَل، حَزْم

gun, *n.* 1. (firearm) مِدْفَع، سِلاح نارِيّ

gun-barrel مَاسُورة البندقيّة أو المِدْفع

gun-cotton قُطْن البارود

gun-dog كَلْب لِجَلْب القَنَص

gun-metal   بُرُونْز أَحْمَر، مَعْدِنِ المدافع

gun-runn/er, n. -ing, n.   مُهَرِّب أَسْلِحَة

stick to one's guns   أَصَرَّ على مَوْقِفِه، تَشَبَّثَ بِرَأْيه

2. (spray); *as in*

grease-gun   مِشْحَمَة يَدَوِيّة

v.t.

gun for someone (*sl.*)   تَصَيَّدَه؛ دَافَعَ عنه

gunboat, *n.*   قَارِب أو لَنْش مُسَلَّح

gunfire, *n.*   طَلَقَات نارِيّة

gunman, *n.*   لِصّ أو شَقِيّ مُسَلَّح

gunner, *n.*   مِدْفَعِي

gunnery, *n.*   عِلْم المِدْفَعِيّة

gunpowder, *n.*   بَارُود

Gunpowder Plot   مُؤَامَرَةٍ لِنَسْف البَرْلَمان الانكليزي في ٥ نوفمبر (كانون الثاني) ١٦٠٥ م

gunshot, *n.*   مَدَى الطَّلْق النَّارِي

gunsmith, *n.*   صَانِع الأَسْلِحة النَّارِيّة

gunwale, *n.*   الحَافَة العُلْيا لِجَانِب المَرْكَب أو الزَّوْرق

gurgle, *v.i. & n.*   بَقْبَقَ، قَرْقَرَ، غَرْغَرَ؛ قَرْقَرَة، غَرْغَرَة

gush, *v.i. & n.* (*lit. & fig.*)   تَدَفَّقَ، انْدَفَعَ، انْبَثَقَ؛ تَكَلَّمَ باندِفاع وحَماس

gusher, *n.*   بِئْرٍ يَتَدَفَّق منها النَّفْط أو البِتْرُول بِغَزَارة

gushing, *a.* (*fig.*)   مُتَدَفِّق، مُنْدَفِع؛ مُفْرِط أو مُغَالٍ في المُجَامَلات وإظهار العَوَاطِف

gusset, *n.*   وُصْلَة مُثَلَّثَة الشَّكْل تُخَاط في الثَّوْب لِتَوْسِيعه؛ لَوْح تَقْوِية (هندسة)

gust, *n.*   هَبَّة أو نَفْحَة ريح فُجائِيّة

gusto, *n.*   تَلَذُّذ، إسْتِمْتاع شَدِيد بـ

gusty, *a.*   عاصِف، زَوْبَعِيّ

gut, *n.* 1. (intestine)   القَنَاة الهَضْمِيّة، مَعِيّ (أَمْعَاء)

blind gut   المَصْرَان الأَعْوَر

2. (material for violin strings, etc.)   مُصْرَان لِصُنْع الأَوْتار الموسيقيّة

3. (*pl.*, bowels)   أَحْشَاء، أَمْعَاء، مَصَارِين

4. (*pl., sl.*, pluck, determination)   شَجَاعَة، جَرَاءَة، جَسَارة، بَسَالة

v.t. (*lit. & fig.*)   أَخْرَجَ أَحْشاء السَّمَك؛ لَمْ يَتْرُك الحَرِيق من المبنى سِوى هَيْكَله

gutta-percha, *n.*   صَمْغ جَاوَة، مَادّة مَطَّاطِيّة صَمْغِيّة عازِلة، جَاتا بِرْكا

gutter, *n.*   مَجْرًى لِتَصْرِيف مِياه الأَمْطار، مِيزَاب

gutter press   الصِّحافة الرَّخِيصة أو المُبْتَذَلة

v.i.   سَالَت الشَّمْعَة المُشْتَعِلة على الجانِب

guttersnipe, *n.*   مِن أَوْلاد الشَّوارع

guttural, *a.*   حَلْقِيّ، ما يُنْطَق بالحَلْق

n.   صَوْت حَلْقِيّ (علم الأصوات)

guvnor, *see* governor, *n.* (2)

guy, *n.* 1. (rope)   حَبْل أو سِلْسِلَة لَتَثْبِيت أو شَدّ خَيْمة مثلًا

2. (effigy of Guy Fawkes)   صَنَم من القُماش والخِرَق يُحرق يوم ٥ نوفمبر في انكلترا

3. (grotesquely dressed person) شَخْص في مَلَابس شَاذَّة أو مُبَهْدَلة

4. (*U.S. coll.*, fellow) شَخْص، رَجُل، زَلَمَة، شَابّ، جَدَع (مصر)

wise guy دَعِيّ، شايِف نَفْسه

v.t. 1. (secure with ropes) ثَبَّتَ أو شَدَّ بحَبْل

2. (ridicule) قَلَّدَه للسُخْرِية منه، جَعَلَه أُضْحُوكَة للآخرين

guzzle, *v.i. & t.* اِلْتَهَمَ بِشَرَاهَة

gym, *coll. contr. of* **gymnasium, gymnastics**

gym-shoes أَحْذِيَة الجُمْباز أو الرِّياضة

gymkhana, *n.* جِيمْخَانَة، حَفْلَة رِياضِيّة

gymnasium, *n.*; *coll., contr.* **gym** قَاعَة الجُمْباز، جِمْنازْيوم

gymnast, *n.* لَاعِبُ الجُمْباز

gymnastic, *a.* رِياضِيّ، جُمْبازِيّ

gymnastics, *n.pl.*; *coll. contr.* **gym** الأَلْعَاب أو التَّمْرِينات الرِّياضِيَّة، جُمْباز

gynaecolog/y, *n.* **-ist,** *n.* (**-ical,** *a.*) طِبّ الأَمْراض النِسَائِيّة

gypsum, *n.* جِصّ، جِبْس

gypsy, *see* **gipsy**

gyr/ate, *v.i.* (**-ation,** *n.*) دَارَ حَوْل مِحْوَر؛ دَوَران

gyratory, *a.* دَوّار، دائِر حَوْل مِحْوَر

gyro, *contr. of* **gyroscope**

gyro-compass, *n.* بُوصْلَة جِيْروسْكُوبِيّة

gyroscop/e, *n.* (**-ic,** *a.*) جِيرُوسْكوب

H

H (letter) الحَرْف الثَّامِن مِن الأَبْجَدِيّة الإِنْكِلِيزِيّة

H-bomb قُنْبُلَة هَيْدروجِينِيّة

ha, *int.*; *also* **hah**

ha, ha! ها... ها... (للضَحِك)

habeas corpus (*Lat.*) إِعْلام قَضَائِيّ بِإِحْضار السَّجِين أمام المَحْكَمة للنَّظَر في شَرْعِيّة حَبْسِه

haberdasher, *n.* بَائِع لَوازِم الخِياطة، خُرْدواتِيّ

haberdashery, *n.* لَوَازِم الخِياطَة، خُرْدَوات

habiliments, *n.pl.* رِدَاء لِمُنَاسَبَات خاصّة

habit, *n.* 1. (settled tendency or practice) عادَة، دَيْدَن، دَأْب

in the habit of مُعْتَاد أو مُتَعَوِّد على

form (make) a habit تَعَوَّد، اِتَّخَذَ عادةً

2. (dress), *esp. in* رِدَاء، لِبَاس، ثِيَاب

riding-habit مَلَابِس نِسائِيّة خاصّة لِرُكُوب الخيل

habitab/le, *a.* (**-ility,** *n.*) صَالِح لِلسُّكْنَى؛ صَلاحِيّة (مَنْزِل) لِلسُّكْنَى

habitat, *n.* بِيئَة طَبِيعِيّة، مَوْطِن، مَنْبِت

habitation, *n.* مَسْكَن ، مَنْزِل

habitual, *a.* مُعْتَاد، إِعْتِيادِيّ، مَأْلُوف

habitu/ate, *v.t.* (**-ation,** *n.*) عَوَّدَه على ، جَعَلَه يَعْتَاد على الشَّيْء، كَيَّفَ ؛ تَعْوِيد

habitué, *n.* مِنْ رُوَّاد (المَقْهَى) ، مُرْتَاد

hack, *n.* 1. (horse for hire) حِصَان للأُجْرة

2. (drudge) صُحُفِيّ يَكْتُب مَقالاتٍ تافِهَة

v.i. 1. (cut, chop; kick); *also v.t.* قَطَعَ اللَّحْم بساطُور ؛ شَقَّ طريقه

hack-saw مِنْشار مَعادِن

2. (emit short dry cough) كَحْكَحَ

hacking cough كَحْكَحَة ، سُعال مُتَقَطِّع

3. (ride a horse) اِمْتَطَى أو رَكِبَ حِصانًا

hacking-jacket جاكِتَة بِفَتْحَتَيْن خَلْفِيَّتين

hackle, *n.* رِيش على رَقَبة الدِّيك ؛ مُشْط مَعْدِنِيّ لخُيُوط الكَتّان

it makes one's hackles rise أَشْعَلَ نِيرانَ غَضَبِه، اِسْتَفَزَّه اِسْتِفْزازًا شَدِيدًا

hackney-carriage, *n.* عَرَبَة أو سَيّارة الأُجْرة

hackneyed, *a.* (عِبارة) كلِيشيه أو مُبْتَذَلة

had, *pret. & past p. of* **have**

haddock, *n.* نَوْع مِن سَمَك القُدّ

Hades, *n.* الجَحِيم، هادِس (أساطير)

hadn't, *contr. of* **had not**

haemoglobin, *n.* هِيمُوغْلُوبِين

haemophilia, *n.* مَرَض النَّزِيف الدَّمَوِيّ

haemorrhage, *n.* نَزِيف، نَزْف دَمَوِيّ

haemorrhoids, *n.pl.* مَرَض البَوَاسير

haft, *n.* مِقْبَض أو نِصاب (السِّكِّين مثلًا)، يَد (خَشَبِيّة) للفأس مثلًا

hag, *n.* عَجُوز شَمْطاء ، دَرْدَبِيس ، حَيْزَبُون ، سِعْلاة

hag-ridden, *a.* مَنْ يَنْتابُهُ الكابُوس أو الخَوْف كثيرًا

haggard, *a.* شاحِب الوَجْه وغائر العَيْنَيْن، مُمْتَقِع ومَهْزُول

haggis, *n.* طَبَق اسْكُتْلَنْدِي مِن أَمْعاء الغَنَم المَفْرُومَة والشُّوفان

haggle, *v.i.* أَلَحَّ في المُساوَمَة

hail, *n.* 1. (ice pellets) بَرَد، حَبُّ الغَمام، حالوب (عراق)

2. (*fig.*, shower) وَابِل (من الرَّصاص)

3. (salutation) نِداء

within hail على مَدَى السَّمْع

int. تَحِيَّةً، مَرْحَبًا بِك

hail-fellow-well-met, *a.* (شَخْص) يُصادِق كُلّ من يُصادِفُه، بَحْبوح (مصر)

Hail Mary, *n.* السَّلام لَكِ يا مَرْيَم (تحية لِلسَّيِّدة العَذْراء)

v.i. 1. (*of hail, n.* (1), fall) نَزَلَ البَرَد، أَمْطَرَت حالوبًا

2. (come *from*) قَدِمَ من؛ أَصْلُه مِن

v.t. 1. (pour down) أَمْطَرَ بِ...

2. (greet) حَيّا، رَحَّبَ بِ، سَلَّمَ على

3. (call to attract attention) ،نَادَى عَلى
أَوْقَفَ (تَكْسِيًا مَثَلًا)

hailstone, *n.* بَرَدَة (بَرَد)، حَبِّ الغَمام،
حَالُوبَة (عراق)

hailstorm, *n.* زَوْبَعَة مِن البَرَد أو الحالوب

hair, *n.* 1. (single strand) شَعْرَة

hair-line (*penmanship, etc.*) خَطّ دَقيق
كالشَّعْر

a hair of the dog that bit me إِزَالَة الخُمار
بِجُرْعَة خَمْر، كَسْرَ الخُمارية (عراق)

get someone by the short hairs (*sl.*) أَمْسَكَ
بِخْنَاقِه، تَمَكَّن منه

he never turned a hair ،ظَلَّ ثابِت الجَنان
اِحْتَفَظَ بِرَباطَة جَأْشِه

split hairs; *whence* hair-splitting, *n.* جادَلَ في
صِغار الأُمور، بالَغَ في إِظْهار فُروق تافِهة

2. (collect.) شَعْر؛ وَبَر

hair-do (*coll.*) تَسْرِيحَة أو تَصْفيفة شَعْر

hair-grip مَاسِكة شَعْر، تُوكة، مَاشَة
(عراق)، بِنْسة (مصر)

hair shirt قَمِيص خَشِن يَلْبِسه النّاسِك

keep your hair on! (*sl.*) ! هَدِّئ رَوْعَك
اِمْسِك نَفْسَك! اِضْبِط أَعْصابَك!

let one's hair down (*lit. & fig.*) أَسْدَلَتْ أو
حَلَّتْ شَعْرها، باحَت بأَسْرارِها لِصَديقتها

make someone's hair stand on end جَعَلَ
شَعْرُ رَأْسِه يَقِف فَزَعًا

hairbreadth, *a.*; *also* **hair's breadth** قَيْدَ
شَعْرَة، قَيْدَ أُنْمُلَة

hairbrush, *n.* فُرْشَة الشَّعْر

haircut, *n.* قَصّ أو حِلاقة الشَّعْر

hairdress/er, *n.* (-ing, *n.*) حَلّاق، مُزَيِّن

hairpin, *n.* فُرْشِينَة أو دَبُّوس الشَّعْر

hairpin bend مُنْعَطَف شديد الإِنْحِناء

hairspring, *n.* النّابِض الدَّقيق في سَاعَة

hairy, *a.* أَشْعَر، مُشْعِر، كَثير الشَّعْر

hake, *n.* سَمَك بَحْرِيّ مِن نَوْع القُدّ

halcyon, *a.* (أَيّام) سَعِيدة، ساعات (الصَّفاء)

hale, *a.* قَوِيّ الجَسَد، مُعافًى، عَفِيّ، سَلِيم
البِنْية

hale and hearty في أَتَمِّ صِحّة وعافِيَة

half (*pl.* halves), *n.*; *also a. & adv.* نِصْف
(أَنْصَاف)؛ بِمِقْدار النِّصْف

half-and-half مُناصَفَةً، بالنِّصْف

half as much again مَرَّة ونِصْف المرّة

half-back خَطّ شِبْه الدِّفاع (في كرة القدم
أو الهُوكي أو غيرها)

half-baked, *a.* (*fig.*) أَحْمَق، غَير ناضِج

half-breed مُوَلَّد، هَجين

half-brother أَخ لأُمّ أو لأَب فقط

half-caste مُوَلَّد، مِن أَبَوَيْن مُخْتَلِفي
الجِنْس

half-crown; *also* half a crown شِلِنان
ونِصْف الشِّلِن (عملة انكليزِيّة)

half-dead (*fig.*) مَنْهُوك أو خائر القِوَى، فِي غَايَة التَّعب

half-hearted, *a.* فَاتِر الهِمَّة، غير مُتحمِّس، مُتَرَاخٍ فِي عَزِيمَتِه

half-holiday عُطْلَة نِصْفِ يَوْم

half-hour; *also* half an hour نِصْف ساعَة

at half-mast مُنَكَّس (لعَلَم أو راية)

half measures أَنْصَاف حُلول

half-nelson لَزْمَة أو قَبْضَة نِلْسُن (مصارعة)

half-past four السَّاعَة الرَّابِعة والنِّصْف

half-term عُطْلَة نِصْف أو مُنْتَصَف الفَصْل الدِّراسِيّ

half-timbered, *a.* (بِناء) ذُو هَيْكَل خَشَبِيّ وجُدْران مِن الطُّوبِ أو الآجُرّ

half-time فَتْرَة بيْن شَوْطَيْ لعبة؛ عَمَل نِصْف يَوْمِيّ

half-tone تَدَرُّج اللَّوْن من الأسْوَد إلى الأبْيَض في صُورة (طِباعَة)

half-truth نِصْف الحَقِيقَة

half-way نِصْف المَسَافة بيْن نُقْطتيْن

meet someone half-way تَنازَل عن بعْض حَقِّه لفَضِّ الخِلاف، اِتَّفَقا على حَلٍّ وَسَط

half-wit (-ted, *a.*) بَلِيد، غَبِي، أَحْمَق، أَبْلَه

half-yearly, *a.* نِصْف سَنَوِيّ

better half زَوْجَة، قَرِينة، النِّصْف الحُلْو

not half! (*sl.*) كَثِيرًا جدًّا، هواية (عراق)

it is not half bad لَا بَأْسَ به! لا غُبار عَلَيْه

not half enough لا يَكْفِي مُطْلَقًا

go halves تَقَاسَما أو تَشَاركا بالتَّسَاوِي

he is too clever by half هُوَ مُفْرِط في الثِّقة بِنَفْسِهِ، مُغَالٍ في الاعْتِداد بِنَفْسِه

halfpenny, *n. & a.*; *also* **ha'penny** نِصْف بِنْس (عُمْلة انكليزية)

halibut, *n.* سَمك بَحْرِيّ مُفَلْطَح، قَفَنْدَر

halitosis, *n.* رَائِحَة كَرِيهة تَنْبَعِث من الفم

hall, *n.* 1. (large public room) قَاعَة، رَدْهة، بَهْو (أبهاء)

2. (building) بِنَاء، مَنْزِل كَبِير

3. (entrance room) مَدْخَل البَيْت، مَجَاز (عراق)، أَنْتَرِيه (مصر)

hall-porter بَوّاب، حاجِب

hall-stand شَمَّاعة عِنْد مَدْخَل البَيْت

booking hall صَالَة أمام شُبّاك التَّذاكر

hallelujah, *see* **alleluia(h)** هَلِّلُويَا، التَّسْبيح لِلّهِ؛ كُورَس في أوراتوريو «هانْدِل» المشهور

hallmark, *n. & v.t.* (*lit. & fig.*) دَمْغَة أو تَمْغَة المَصُوغات، خَتْم حُكومِيّ لِعِيار الذَّهَب والفِضَّة؛ عَلامَة الجَوْدة والأصالة

hallo (hello, hullo), *int. & n.* 1. (greeting; also used in answering telephone) آلُو

2. (expression of surprise) عَجِيب! غَرِيبة!

halloo, *n. & v.i.* نِدَاء مِن بَعِيد، صِيَاح

hallow, *v.t.* قَدَّس، كَرَّس (كَنِيسةً مثلًا)

Hallowe'en, *n.* عَشِيَّة ٣١ أكتوبر (تشرين أول) وتحْتَفِل بها الكَنائِس الغَرْبِيّة

hallucinat/ion, *n.* (**-ory,** *a.*) هَلْوَسَة

halo, *n.* هَالة ؛ دَارَة القمَر، طَفاوَة الشَّمْس

halt, *v.t.* أَوْقَفَ، وَقَّف (الجُنود عَن السَّيْر)

v.i. وَقَف، تَوَقف؛ تَرَدَّد؛ تَلعْثَمَ

halt! مَكانَك قِفْ! قِفْ!

a.; *arch., except in*

the halt and the blind العُمْي والعُرْج

n. I. (stoppage)

come to a halt تَوَقَّف، تَعَطَّلَ (العَمَل)

2. (railway stopping-place) مَوْقِف إخْتِيارِيّ (يقف فيه القِطار مُدَّة قَصيرة)

halter, *n.* مِقْوَد أو رَسَن للدَّابَّة ؛ حَبْل المِشْنَقة ؛ فُسْتان للسَّهْرة مَكْشوف الظَّهر

halting, *a.* مُتَرَدِّد ؛ مُتَلَعْثِم

halve, *v.t.* I. (divide into halves) نَصَّفَ، شَطَرَ، قَسَمَ إلى قِسْمين مُتَساويين

2. (reduce to half) خَفَّضَ إلى النِّصْف

halves, *pl. of* **half**

halyard, *n.* حَبْل لإنْزال أو لِرَفْع الشِّراع أو العَلَم (بحرِيّة)

ham, *n.* I. (back of thigh) مُؤَخِّرة الفَخْذ (عِنْدَ الحيوان عادةً)

ham-fisted, *a.* أَخْرَق، مَحْلول اليَدَيْن

2. (cured thigh of pig) لَحْم فَخْذ الخِنْزير بَعْد أن يُملّح ويُقَدّد ويُدَخّن

3. (*sl.*, poor actor) مُمَثِّل يُبالِغ في تَمْثيل دَوْرِه، مُمَثِّل مُبْتَذَل

4. (*sl.*, radio amateur) مِنْ هُواة الاتِّصال اللَّاسِلْكِيّ

hamburger, *n.* كُفْتة وكَباب مِنْ نَوْع خَاصّ، هامْبِركر

Hamitic, *a.* نِسْبَة إلى حام بْن نُوح، حامِيّ

hamlet, *n.* كَفْر (كُفور)، قَرْيَة صَغيرة (بِدُون كَنيسة غالبًا)

hammer, *n.* مِطْرَقة، شاكُوش

hammer-toe إصْبَع قَدَم مَعْقوفَة

hammer and sickle المِطْرَقة والمِنْجَل

go at it hammer and tongs تَجادَل بِشِدَّة، شَرَع يَعْمَل بحَماس وصَخَب

come under the hammer بِيعَ في المَزاد

v.t. & i.

hammer home a defeat هَزَمَه هَزيمةً نَكْراء

hammer out a plan تَوَصَّلَ إلى وَضْع خُطّة بَعْد بَحْثٍ طويل

hammock, *n.* أُرْجُوحَة للنَّوْم، شَبَكة تُعَلَّق من طَرَفَيْها وتُسْتَعْمَل للنَّوْم

hamper, *n.* سَبَت (أو سَفَط أو سَلَّة) بِغِطاء (لِلأَطْعِمَة أو المَلابِس الخ)

v.t. عَرْقَلَ، أَعاقَ

hamster, *n.* الهَمْستر، حَيَوان صَغير مِن فَصِيلة القَوارِض

hamstring (*pret. & past p.* hamstrung), *v.t., esp. fig.* عَرْقَبَ، قَطَعَ عُرْقُوبه؛ عَرْقَل مَسَاعِيه، شَلَّ حَرَكاتِه

hand, *n.* 1. (termination of arm; *fig.*, power, action, participation) يَد؛ سُلْطة، سُلْطان، قُدْرة، إشْتِراك في

bound hand and foot (*fig.*) مَشْلُول الحَرَكَة، مُقَيَّد، مَغْلُول اليَدَيْن

wait on someone hand and foot تَفانَت في خِدْمَته، كَرَّسَ نَفْسَه لِخِدْمَتها

go hand-in-hand with (*lit. & fig.*) تَمَشَّى أو تَمَاشَى مَعَ، سَارَ يدًا بِيَدٍ مع؛ اِنْسَجَمَ

hand in glove with هُما على رأي واحد؛ هُوَ مُتَوَاطِئ مع؛ هُما سَمْن على عَسَل

win hand over fist أَحْرَزَ تَفَوُّقًا كامِلًا، انْتَصَر انْتِصارا مبينًا

hand-to-mouth existence عَيْش الكَفاف، شَظَف العَيْش، حَياة الضَّنْك

hands off! اِرْفَعْ يَدَكَ عنه! لا تَتَدَخَّل في!؛ لَا تَلْمَس (شيئًا)!

hands up! اِرْفَع يَدَيْك! سَلِّم!

at hand عَلَى مَقْرُبة مِن، دانٍ، وَشِيك

write out by hand كَتَبَ بِخَطِّ اليَد

clean hands (*fig.*) بَرِيء، طَاهِر الذَّيْل

come to hand صَارَ فى مُتَنَاوَل اليَد

he won't do a hand's turn لا يَقوم بِأيِّ مَجْهُود، لا يُحَرِّك ساكِنًا

give someone a hand

(assist) سَاعَدَ، أَعَانَ، مَدَّ يدَ المُسَاعَدَة

(*sl.*, applaud); *also* give someone the big hand صَفَّقَ له

give someone a free hand أَعْطَاه مُطْلَق الحُرِّية

have a hand in the matter لهُ ضِلْع أو يَد في الأَمْر

in hand فِي أو تَحْتَ اليَد؛ تَحْتَ التصرُّف، فِي الحَوْزة، قَيْد التَّنْفِيذ

lend a hand مَدَّ يَدَ العَوْن أو المُسَاعَدَة

he won't lift a hand to . . . لَا يُحَرِّك ساكِنًا (لمُسَاعَدَة فُلان)

on hand فِي حَوْزَة، مَوْجود، في اليَد

on all hands; *also* on every hand فِي كُلّ مَكَان، مِن كلِّ جِهَة

on one's hands فِي عُهْدَته، على عاتِقِه

on the one hand هَذا مِن جِهة ...

on the other hand وَمِنَ النَّاحِيَة الأُخْرَى، وَمِن الجِهة الأخرَى

get out of hand اِنْفَلَتَ منه زِمام الأمور، فَقَدَ سَيْطرته على المَوْقِف

reject something out of hand رَفَض شَيْئًا دُون تَرَدُّد

he played into my hands هَيَّأَ لِي فُرْصَة التَّغَلُّب عليه دُون أن يَدْرِي

put (set) one's hand to   بَدَأَ أَوْ شَرَعَ فِي عَمَل ما

shake hands   صَافَحَ، تَصَافَحَ، شَدَّ على يَدَيْهِ

take a hand   لَعِبَ دَوْرًا، اِشْتَرَكَ أَوْ سَاهَمَ فِي

take something in hand   أَخَذَ عَلَى عَاتِقِهِ، تَعَهَّدَ أَوْ تَكَفَّلَ القِيَام بِهِ

take someone in hand   أَدَّبَهُ، أَرْشَدَهُ، تَوَلَّى توجيهه وتربيته

to hand   فِي مُتَنَاوَل اليد

have (get) the upper hand   تَفَوَّقَ، تَغَلَّبَ، اِنْتَصَرَ أَوْ سَيْطَرَ على

win hands down   هَزَمَهُ شَرَّ هَزِيمَة، فَازَ عليه فَوْزًا سَاحِقًا

(attrib., operated or performed by hand)

hand-grenade   قُنْبُلة يَدَوِيّة، رُمَّانَة

hand-made   شُغْل يَد

hand-picked; also fig.   مُنْتَقًى، مُخْتَار، مُنْتَخَب، مُجْتَبًى

hand-written   (رسالة أَوْ وَثِيقة) مَكْتُوبة بِخَطّ اليَد

2. (worker; agent, source)   عَامِل أَوْ شَغَّال فِي مَصْنَع؛ لَهُ ضِلْع فِي ...

all hands on deck!   هَيَّا إلى العَمَل جميعًا !

he is a cool hand   هُوَ جَرِيء، رَابِط الجَأْش، غَيْرُ هَيَّاب

at first hand   عَنْ طَرِيق مُبَاشِر

an old hand   مَنْ مَارَسَ عَمَلَهُ مُدَّة طَوِيلة، مُجَرَّب فِي حِرْفَتِهِ، مُحَنَّك

3. (type of writing; signature)   خَطّ أَوْ كِتابة (كالرِّقْعَة مثلًا)؛ إِمْضَاء، تَوْقِيع

4. (measure of horse's height)   كَفّ، مِقْيَاس يُسَاوِي أَرْبَع بُوصَات

5. (at cards)   دَوْر فِي لَعِب الوَرَق

v.t.   أَعْطَى، نَاوَلَ، سَلَّمَ، قَدَّمَ

you have to hand it to him! (coll.)   يَجِب أَنْ تَعْتَرِف له بِمَقْدِرَتِهِ

hand someone out of a vehicle   سَاعَدَ شَخْصًا على التَّرَجُّل مِنْ مَرْكَبَة

hand down

(reach down)   نَاوَلَهُ شيئًا مِن مَوْضِع مُرْتَفِع

(transmit, esp. pass.)   أَوْرَثَ؛ اِنْتَقَلَ

hand in   سَلَّمَ إلى، أَرْجَعَ، أَعَادَ

hand on   أَعْطَى، نَاوَلَ، أَوْصَلَ (رسالة مثلًا)

hand out, whence hand-out, n. (coll.)   وَزَّعَ، قَدَّمَ، فَرَّقَ (الصَّدَقَات)؛ صَدَقة

hand over, whence hand-over, n.   سَلَّمَ (مَفَاتِيح البيْتِ للمُسْتَأْجِر)

hand round   أَدَارَ عليهم (القهوة مثلًا)

handbag, n.   شَنْطَة أَوْ حَقِيبة يَدٍ نِسَائِيّة

handball, n.   كُرَة اليَد

handbell, n.   جَرَس يَدَوِيّ

handbill, n.   إِعْلَان يُوَزَّع بِاليَد

handbook, n.   (كِتاب) دَليل أَوْ مُرْشِد

handcart, n.   عَرَبة يَد بِعَجَلَتَيْن

handcuff, n. & v.t.   صَفَد، قَيْد، غُلّ لليَدَيْن؛ كَلَبْشَات؛ صَفَّدَ

handful, *n.* 1. (*lit.*) حَفْنَة، مِلْء اليد أو القَبْضَة، كَبْشَة

2. (small quantity) قَلِيل من، حَفْنَة

3. (onerous responsibility) صَعْب المَراس

handgrip, *n.* مَسْكَة اليد، قَبْضة

handicap, *v.t.* عَرْقَلَ، أَعاقَ

n. عائِق، عَرْقَلَة؛ تَنازُل القَوِيّ عن بَعْض النِّقاط في لُعْبَة (الجولف مثلاً)

handicraft, *n.* صِناعَة أو حِرْفَة يَدَوِيَّة

handiwork, *n.* (*lit. & fig.*) شُغْل يَد، شَيْء يَصْنَعه الشَّخْص بِنَفْسِه

handkerchief, *n.*; *coll. contr.*, **hanky**
مِنْدِيل (مَنادِيل)

handle, *n.* مِقْبَض، يد، عُرْوَة (الفِنْجان)

handle-bar مِقْوَد الدَّرّاجة، سُكّانُها

he has a handle to his name (*coll.*)
إنَّه مِن ذَوِي الأَلْقاب

fly off the handle (*sl.*) جُنَّ جُنُونُه، اسْتَشاطَ غَضَبًا، تَمَيَّزَ غيظًا

starting-handle ذِراع تشغيل مُحَرِّك (السَّيّارة)

v.t. 1. (touch) لَمَسَ (المعروضات) باليَد

2. (deal with) اِسْتَعْمَلَ (آلة مثلاً)؛ تَصَرَّفَ أو تَعامَلَ مع (شخص)؛ عَالَجَ (موضوعًا)

handmaid(**en**), *n.*; *now usu. fig.* أَمَة (إماء)، خادِمة، وَصِيفة؛ (يَمْشي) في رِكاب ...

handrail, *n.* مُتَّكَأ الدَرابْزين أو سُور السُلَّم

handshake, *n.* مُصافَحة باليد

handsome, *a.* 1. (good-looking) وَسِيم، حَسَن الصُّورة، جَمِيل الطَّلْعة

handsome is as handsome does جَمال الخُلُق خَيْر مِنْ جَمال الخِلْقَة

2. (substantial) كَبير، كَثِير، (مبلغ) مُحْتَرَم

handspring, *n.* شَقْلَبَة بالارْتِكازِ على اليَدَيْن

handwriting, *n.* خَطّ يَد، كِتابَة يد

that looks like his handwriting (*fig.*) يَبْدو أنَّهُ من فِعْلِ يَدِه، البَعْرة تَدُلّ على البعير

handy, *a.* 1. (convenient) تَحْتَ اليَد، في مُتَناوَل اليَد، قَرِيب، يَسْهل الوُصُول إليه

it will come in handy سَيَنْفع يومًا ما

2. (clever with one's hands) ذُو مَهارة أو حِذْق في الأعْمال اليَدَوِيَّة

handy-man رَجُل ماهِر في القِيام بالأعْمال اليَدَوِيّة المُخْتَلِفة

hang, *v.t. & i.* 1. (*pret. & past p.* hung; suspend in space or against wall, etc.; droop) عَلَّقَ، دَلَّى؛ تَعَلَّقَ، تَدَلَّى، اِنْسَدَلَ، اِسْتَرْسَلَ (شَعْرُها)

hanging committee لَجْنَة اخْتِيار اللَّوْحات الفَنِّيّة

hang wallpaper لَصَقَ وَرَق الحِيطان

hang one's head with shame طَأْطَأَ أو أَحْنَى رأسه خَجَلًا، أَطْرَقَ خَجَلًا

the threat hung over his head كانَ السَّيْف مُسَلَّطًا فَوْق رَقَبته

well-hung meat لَحْم صالح للطَّبْخ بعد التَّعْليق لمدّة ما

2. (*pret. & past p.* hanged; execute) شَنَق، أَعْدَمَ شنقًا

hanging judge قَاضٍ يُكْثِر مِن أحْكام الشَّنْق

hang it all! دَعْنَا مِنْ هَذا !

I'll be hanged if I know وَاللّٰهِ لا أَعْرِف شَيْئًا عَن هَذا المَوْضُوع

let things go hang تَوَانَى في وَاجِبَاتِه، أَهْمَلَ شُؤُونَه، أَلْقَى الحبْلَ عَلَى الغارِب

3. (adverbial compounds)

hang about (around) تَسَكَّع، حَامَ حَوْلَ

hang back (behind) تَخَلَّفَ، تَرَدَّد، تَأَخَّرَ

he hung up on him أَغْلَقَ التّليفونَ بِوَجْهِه، قَفَلَ السِّكَّة بِوَجْهِهِ

hang on

(cling *to*) تَشَبَّثَ أو أَمْسَكَ بِ

(linger) تَلَكَّأَ، اِنْتَظَرَ

(persevere) ثَابَرَ، تَشَبَّثَ

hang out

(protrude) تَدَلَّى مِن

(survive) بَقِيَ حَيًّا، عَاشَ

(*sl.*, reside)

where do you hang out? أَيْنَ تَسْكُن أو تَعِيش ؟

hang together

(work in unison) تَرَابَطَ، تَمَاسَكَ، تَسَانَدَ، تَآزَرَ

(cohere) تَجَانَسَ، تَوَافَقَ، اِتَّسَقَ، اِنْسَجَمَ

n. تَدَلٍّ ، تَعَلُّق ؛ تَرَابُط ، اِتِّسَاق

get the hang of تَعَلَّمَ سِرَّ المِهْنَة ؛ أَدْرَكَ مَضْمُونَ المَوْضُوع

hangar, *n.* حَظِيرَة الطَّائِرات

hangdog, *a.* ذَلِيل، ذَلُول

he had a hangdog air كَانَ وَجْهُه يَنْطِق بِالخَجَل

hanger, *n.* مِشْجَب، عَلَّاقَة، شَمَّاعَة (لِلْمَلَابِس)

hanger-on, *n.* مُتَطَفِّل، عالَة على غَيْرِه

hanging, *n.* 1. (drape) سِتَار؛ أشْياء مُعَلَّقَة عَلَى الجُدْران

2. (execution) الإِعْدَام شَنْقًا

hangman, *n.* مُنَفِّذ حُكْم الإعْدَام ، عَشْماوِي، جَلَّاد

hangover, *n.* 1. (*sl.*, effect of drink) خُمَار السُّكْر

2. (*coll.*, survival) تَقَالِيد بالِيَة

hank, *n.* شِلَّة أو ثَلَّة خَيْط ؛ لَفَّة من الحَبْل

hanker, *v.i.*; *with preps.* after, for تَاقَت نَفْسُه إلى، حَنَّ أو اشْتَاقَ إلى

hanky, *coll. contr. of* **handkerchief**

hanky-panky, *n.* (*sl.*) دَجَل، اِحْتِيَال، خِدَاع ، غِشّ ، حِيْلَة

Hansard, *n.* مَحَاضِر جَلَسات البَرْلَمان البرِيطانيّ

hansom ⟨**cab**⟩, *n.* عَرَبَة ذات عَجَلَتَين يَجُرّها حِصان

ha'/penny (*pl.* -pence), *see* **halfpenny**

haphazard, *a.* اِعْتِباطِي، عَشْوائِي، كَيْفَما اتَّفق

hapless, *a.* مَنْحُوس، نَكِد الطَّالِع

happen, *v.i.* حَدَثَ، جَرَى، حَصَلَ، وَقَعَ

if anything should happen to me فِي حَالَة وَفاتِي

I happen to know أُتِيحَ لِي أن أعْلَم ، شاءَت الظُرُوف أنْ يَكون لي عِلْم بالأمْر

happen upon عَثَرَ على، صَادَفَ

happening, *n.* حَادِث، وَاقِعة

happy, *a.* سَعِيد، مَسْرور، فَرْحان، جَذْلان

happy-go-lucky خَلِيّ البَال، لا أُبالِي، لا يُقيم للدُّنْيا وَزْنًا

trigger-happy مُسْتَعِدّ لإطْلاق النار لأتْفَه الأسْباب

hara-kiri, *n.* طَرِيقَة يابانِيّة للاِنْتِحار بِبَقْر البَطْن، هَاراكِيري

harangue, *n. & v.t.* خُطْبَة لِحَضّ الجُمْهور ؛ أَلْقَى خِطابًا حَماسِيًّا

harass, *v.t.* (**-ment,** *n.*) ضَايَقَ، أَضْجَرَ، أَتْعَبَ، أَزْعَجَ

harbinger, *n.* بَشِير، بادِرَة، بَاكُورَة (بَواكِير)، طَلِيعة (طَلائع)

harbour, *n.* مِيْناء، مَرْفأ، مَرْسًى ؛ مَلْجأ

v.t. (*lit. & fig.*) آوَى، سَتَرَ؛ أَضْمَرَ، كَنَّ

harbour a grudge against someone أَضْمَرَ لَهُ حِقْدًا و ضَغِينَةً

v.i. رَسَا في المِيناء

hard, *a. & adv.* (**-ness,** *n.*) 1. (solid, firm; *lit. & fig.*) صُلْب، صَلْد، شَديد ، مَتِين، قَوِيّ

hard and fast صَارِم، قَاطِع، ثَابِت

hard-boiled (*fig.*) (شَخص) صُلْب ، مُتَمَرِّس

hard cash نَقْد، بالنَّقْد أو نَقْدًا

hard currency عُمْلَة صَعْبَة أو نادِرَة

2. (difficult, severe) شَديد، صَعْب ، قَاسٍ، صَارِم، شَاقّ

he drives a hard bargain وَضَعَ شُرُوطًا قاسِيةً في المُساوَمَة

hard-earned, *a.* مَا يُكْسَب بِعَرَق الجَبِين

hard luck! *also* hard lines! مِسْكِين! حَظّ سَيِّئ!

hard labour أَشْغَال شَاقَّة

a hard nut to crack مُعْضِلَة، شَخْص يَصْعُب التَّعامُل مَعه

hard of hearing ثَقِيل السَّمْع ؛ أَطْرَش

hard pressed تَحْتَ ضَغْط، مَضْغُوط

he is hard put to it to make ends meet يَجِدُ مَشَقَّة في الحُصُول على قُوتِه اليَوْمِي

hard times وَقْت الضِّيق أو الشِّدَّة

hard up (*coll.*) في ضِيق أو عُسْر مالِيّ، عَلَى الحديدة (مصر)، في ضَنَك

hard water مَاء عَسِر

it dies hard (عَادَة) لا تَزُول بِسُهُولَة

it will go hard with him سَيُكابِد الصِّعَاب والمَشَقَّات في ...

3. (severe, tough)

hard-bitten, *a.* صَارِم، قاسٍ، عَنِيد

hard-drinking, *a.* سِكِّير، مُدْمِن على الخَمْر

hard-fisted, *a.* حَرِيص، بَخِيل، مُمْسِك

hard-headed, *a.* غَيْر عَاطِفِيّ، (تَاجِر) حَاذِق

hard-hearted, *a.* قَاسِي أو غَلِيظ القَلْب

hard hit فِي أَشَدّ الضِّيق، مُصَاب (بِكَارِثَة مثلًا)

look hard at someone حَمْلَقَ، حَدَّقَ النَّظَر فيه

hard wearing مَتِين، شَدِيد التَّحَمُّل

be hard on someone عَامَلَ شَخْصًا مُعَامَلَةً قَاسِيَة أو صارِمَة

4. (*adv. only*, near)

hard by قَرِيب، عَلَى مَقْرُبَة

hard upon his heels (جَاءَ) فِي إِثْرِه أو أَعْقَابِه

hardboard, *n.* (أَلْوَاح) فَبْر أو فايْبَر مَضْغوط

harden, *v.t. & i.* صَلَّبَ، حَجَّرَ، جَمَّدَ؛ تَصَلَّبَ، تَجَمَّدَ، اِشْتَدَّ

market prices hardened تَجَمَّدَتْ الأَسْعار

hardened criminal مُحْتَرِف الإِجْرَام، مُجْرِم عَتِيق أو عَنِيد

harden one's heart قَسَا، غَلُظَ قَلْبُه، تَحَجَّرَ قَلْبُه

hardihood, *n.* بَسَالَة، شَجَاعَة، جَسَارَة، إِقْدَام؛ وَقَاحَة، صَفَاقَة

hardly, *adv.* 1. (scarcely) قَلَّمَا، نادِرًا ما؛ بِالْكاد

2. (harshly) بِقَسَاوَة، بِشِدَّة، بِصَرَامَة، بِعُنْف

hardship, *n.* ضِيق، شِدَّة، مَشَقَّة، عُسْر، عَنَاء

hardware, *n.* 1. (utensils) أَدَوَات أو آلَات مَعْدِنِيَّة

2. (*mil. sl.*, equipment) أَسْلِحَة ومُعِدَّات

hardwood, *n.* خَشَب صُلْب أو صَلْد مثل الزَّان أو البَلُّوط

hardy, *a.* قَوِيّ، شَدِيد، مَتِين؛ جَسُور

hardy annual (*hort.*) نَبَات حَوْلِي يَتَحَمَّل عَوَامِل الجَوّ المُخْتَلِفة

(*fig.*) مَوْضُوع يتكَرَّر عَرْضه للبَحْث سَنَوِيًّا

hare, *n.* أَرْنَب بَرِّيّ

hare-brained, *a.* طَائِش، أَهْوَج، أَحْمَق

hare-lip اِنْشِقَاق الشَّفَة العُلْيا

run with the hare and hunt with the hounds لَعِبَ على الحَبْلَيْن، سَايَرَ الطَّرَفَيْن

harebell, *n.* جُرَيْسَة (نبات)

harem, *n.* حَرَم؛ الحَرَم، الحَرِيم

haricot ⟨**bean**⟩, *n.* فَاصُوليا، لُوبْيَا جَافَّة

hark, *v.i.* (*poet. & arch.*) نَصَتَ، أَنْصَتَ، أَصْغَى، أَصَاخَ السَّمْع

hark back (*fig.*) رَجَعَ إِلى مَكَانِه السَّابِق؛ (تَقْلِيد) يَعود إِلى عُهُود سابِقَة

harlequin, *n.* مُهَرِّج، مُضْحِك، بِلْياتشو

harlot, *n.* عَاهِرَة، زَانِية، مُومِس، فَاجِرَة، بَغِيّ

harm, *n.* ضَرَر، أَذًى، سُوء، ضُرّ

come to no harm لَنْ يُصِيبَه أَذًى، لن يَمَسَّه ضُرّ

out of harm's way فِي مَأْمَن، بَعِيدًا عَنِ الخَطَر

v.t. ضَرَّ، أَضَرَّ بِ، آذَى، أَصَابَ بِسُوء

harmful, *a.* ضَارّ، مُضِرّ، مُؤْذٍ

harmless, *a.* غَيْر مُؤْذٍ أو ضَارّ؛ (مُلاحَظَة) بَرِيئَة

harmonic, *a.* مُتَنَاسِق، مُتَوافِق، مُنْسَجِم

n. نَغَمَة في سُلَّم أَعْلَى مِن النَغْمة الأَصْلِيَّة

harmonica, *n.* هَارْمُونِيكَا (آلة مُوسِيقِيّة)

harmonious, *a.* مُتَناسِق، مُنْسَجِم، مُتَوافِق

harmonium, *n.* الهَرْمُونيوم، أُرْغُن عَلى شَكل بِيانو صَغير

harmoniz/e, *v.t.* (**-ation,** *n.*) وَفَّقَ، نَسَّقَ؛ لَحَّنَ؛ اِتِّساق

v.i. تَنَاسَقَ، تَوَافَقَ، اِنْسَجَمَ

harmony, *n.* هَارْمُونِي، تَوَافُق مُوسِيقِيّ؛ اِنْسِجام، وِئام، وِفاق، تَوَاؤُم، اِتِّساق

harness, *n.* طَقْم الحِصان أو عُدَّة لِجَامِه

die in harness (*fig.*) بَقِيَ في وَظِيفَتِه إلى يَوْم وَفاتِه

v.t. أَلْجَمَ الحِصَان؛ رَبَطَ الخَيْل بالمَرْكَبَة

(*fig.*) اِسْتَغَلَّ مَسَاقِط المِياه في تَوْليد الكَهْرباء؛ جَنَّدَ (قُواه)

harp, *n.* هَارْب، آلَة مُوسِيقِيّة وَتَرِيّة تُغْمَز بالأنامِل، قِيثَارَة، جُنك

v.i., now usu. fig. أَلَحَّ، يَضْرِب على وَتَر واحِد

harpist, *n.* عَازِف على الهَارْب

harpoon, *n.* & *v.t.* رُمْح خاصّ لِصَيْد الحِيتان؛ اِصْطاد الحِيتان بِهذا الرُّمْح

harpsichord, *n.* آلَة مُوسِيقِيّة قَدِيمة شَبِيهة بالبِيانُو، هارْبسِيكورد

harpy, *n.* (*fig.*) إمْرَأَة طَمَّاعة، جَشِعَة، نَهَّاشَة، شَرِهَة

harridan, *n.* شَمْطاء سَلِيطة، دَرْدَبِيس

harrier, *n.* كَلْب لصَيْد الأرانِب؛ عَدَّاء

harrow, *n.* آلَة لتَسْوية الأرْض المَحْرُوثَة، شَوْف، مِسْلَفة

v.t. 1. (*agric.*) سَوَّى الأرْض المَحْرُوثَة بِالشَّوْف أو المِسْلفة

2. (torture, *usu. fig.*) (قِصَّة) تُؤْلِم المَشاعِر؛ تُدْمِي القُلوب، تُسَبِّب كَدَرًا شَديدًا

harry, *v.t.* قَامَ بمُناوَشات مُتَتابعة لإقْلاق العَدُوّ؛ ضَايَقَ، أَزْعَجَ

harsh, *a.* 1. (rough to the senses) خَشِن، غَلِيظ، (صَوْت) أَجَشّ

2. (cruel, severe) قَاسٍ، عَنِيف، صَارِم، شَدِيد، فَظّ

hart, *n.* أَيِّل (أيائل)، وَعْل (أوْعال)

harum-scarum, *a.* مُسْتَهْتِر، طائش، أَرْعَن

harvest, *n.* (*lit.* & *fig.*) حِصَاد، مَوْسِم الحِصاد، مَحْصُول، غَلَّة

harvest-mouse فَأْرَة بَرِّيّة صَغيرة

v.t. حَصَدَ، جَنَى

harvester, *n.* 1. (person) حَاصِد، حَصَّاد

2. (machine) آلة حَاصِدة، حَصَّادة

has, *3rd pers. sing. pres. of* **have**

hash, *n.* أَكْلَة تُعَدّ من اللَحْم المَطْبوخ البائت؛ يَخْنِي، خَلِيط من موادّ غير مُتَجانِسة

make a hash of أَفْسَدَ مُعالَجَةَ المَوْضوع، بَوَّظَ الحِكاية (مصر)، خَرْبَطَ الشُّغْل

settle someone's hash وَضَعَ حَدًّا لتَصَرُّفاتِه، أَوْقَفَه عِند حَدِّه، أَحْبَطَ عليه تَدابِيرَه

v.t. فَرَمَ، فَرَى

hashish (hasheesh), *n.* حَشِيش (مُخَدِّرات)

hasn't, *contr. of* **has not**

hasp, *n.* سَقْطَة أو سَقّاطَة للصَّناديق والأَبْواب

hassock, *n.* وِسادَة صَغيرة للرُّكوع

haste, *n.* عَجَلَة، سُرْعة

make haste سارَعَ، أَسْرَعَ، اِسْتَعْجَلَ، هَرْوَلَ

more haste, less speed في التَّأَنِّي السَّلامَة وفي العَجَلة النَّدامَة، يا مُسْتَعْجِل عَطَّلَكَ الله

hasten, *v.t. & i.* عَجَّلَ، سَهَّلَ؛ سارَعَ، أَسْرَعَ؛ اِسْتَعْجَلَ

hasty, *a.* 1. (hurried) مُتَسَرِّع

2. (rash) أَهْوَج، مُتَهَوِّر

3. (quick-tempered) سَريع الغَضَب

hat, *n.* قُبَّعة، بُرْنيطة، قَلَنْسُوة، شَفْقَة (عراق)

hat-trick (*fig.*) إِحْراز النَّجاح ثلاث مَرّات مُتَتابِعة

a bad hat (*coll.*) نَصّاب؛ وَغْد

I'll eat my hat if . . . أَقْطَع ذِراعي لو...، أَقُصُّ يدي لو...

old hat, *a.* مَهْجُور، مَتْرُوك، مُهْمَل

go hat in hand تَسَوَّلَ، اِسْتَعْطَى، تَذَلَّلَ له

pass the hat round جَمَعَ تَبَرُّعات مالِيَّة من الحاضِرين

talk through one's hat تَكَلَّمَ كلامًا فارغًا، طَلَّعَ الكلام مِن جيبه

v.t. أَلْبَسَه قُبَّعة

hatch, *n.* فَتْحَة في سَطْح السَّفينة تُؤَدِّي إلى العَنْبَر؛ القِسْم الأَسْفَل من بابٍ ذي طَبَقَتين

serving-hatch شُبّاك صَغير في حائِط بين المَطْبَخ وغُرْفة الأكل

v.t. (*lit. & fig.*) وَكَنَ، حَضَنَ أو اِحْتَضَنَ (البَيْض)

hatch a plot دَبَّرَ مَكيدة، حاكَ مُؤامَرة أو دَسِيسَة

v.i.; *also* hatch out فَرَّخَتْ أو أَفْرَخَتْ أو فَقَسَتْ البيضة

hatchery, *n.* مَكان تَرْبِية الأَسْماك؛ مَعْمَل الكَتاكِيت (مصر)، مَحَلّ تَفْريخ الدَّجاج

hatchet, *n.* فَأْس (فُؤُوس)، بَلْطة

hatchet-faced, *a.* طَويل الوَجْه ونَحيفه، حادّ المَلامِح

bury the hatchet دَفَنَ الأَحْقاد، تَصالَحَ

hatchway, *n.* فَتْحَة في سَطْح السَّفينة لإنْزال البَضائع

hate, *n.* كُرْه، ضَغينة، حِقْد، بَغْضاء، مَقْت

v.t. كَرِهَ، حَقَدَ على، مَقَتَ

hateful, *a.* كَريه، مَقيت، مَمْقوت، بَغيض، شَنيع، يُثير الاِشْمِئْزاز

hatless, *a.* مَكْشُوف أو عارِي الرَّأْس، مُفَرَّع (عراق)

hatred, *n.* بُغْض، بَغْضاء، كُرْه، حِقْد، مَقْت

hatter, *n.* صَانِع أو بَائِع قُبَّعات

he is as mad as a hatter إنَّه فِي أَشَدِّ حَالَات الجُنُون، طار عَقْلُه

haughty, *a.* مُتَغَطْرِس، مُتَكَبِّر، شَامِخ الأَنْف، مُتَعَجْرِف، مُزْدَرٍ بالآخرين

haul, *v.t.* & *i.* جَرَّ أو سَحَبَ بِعَنَاء، جَذَبَ (مركبًا) بحَبْل

haul down one's flag (*fig.*) إِسْتَسْلَمَ، أَعْلَنَ إِسْتِسْلامَه

haul someone over the coals زَجَرَه، قَرَّعَه، عَنَّفَه، وَبَّخَه تَوْبِيخًا شَدِيدًا

n. 1. (tug; effort) عَمَل شَاقّ، عَنَاء شَدِيد، جُهْد

2. (catch; loot) مَجْمُوعَة السَّمَك المُصْطاد؛ غَنِيمَة، سَلْب

haulage, *n.* نَقْل البضائع بالحَمْل البَرِّيّ؛ أُجْرَة نَقْل البَضائع

haulier, *n.* مُتَعَهِّد نَقْل البَضَائع

haunch, *n.* خَاصِرة؛ (لَحْم) فَخْذ الغَزال؛ رِدْف

sit on one's haunches جَلَسَ القُرْفُصاء، تَرَبَّعَ على الأرض

haunt, *v.t.* (*lit.* & *fig.*) تَرَدَّدَ على مَكان؛ لازَمَ شخصًا كَظِلِّه؛ طَارَدَتْه أو سَكَنَتْه الأشباح، إِنْتَابَتْهُ المخاوف

n. (*oft. pl.*) مَكان يَتَرَدَّد عَلَيْه الشَّخْص

hauteur, *n.* أَنَفة، تَرَفُّع، خُيَلاء

have, *v.t.* 1. (possess, enjoy, command) مَلَكَ، إِمْتَلَكَ، تَمَتَّعَ ب، إِقْتَنَى، أَحْرَزَ

have it all one's own way تَصَرَّفَ كما يَحْلُو له مُتَجَاهِلًا آراء الآخرين

have nothing on
(have no engagements) غَيْر مَشْغُول أو مُرْتَبط بمَوْعِد
(be naked) عُرْيَان، مُجَرَّد مِن ثِيابه، عَارٍ

he has nothing on the foreman لا يَتَفَوَّقُ عَلَى الأُسْطَى بِأَيّ وجه من الوجوه

have the pleasure يَسُرُّنِي أَنْ ..، يُسْعِدُنِي أَنْ ...، مِنْ دَوَاعِي سُرُورِي أن ...

have something in mind فِي نِيَّتِي أن ...، أَنْوِي أن ...

have you the time?
(= have you enough time?) هَلْ لَدَيْكَ مُتَّسَع مِن الوَقْت؟
(= what time is it?) كَمْ السَّاعَة الآن؟

let him have it! عَاقِبْه! عَنِّفْه! وَبِّخْه! جابِهْه بالحقيقة

you've had it! (*sl.*) رَاحَت عَلَيْك! فاتَتْك الفُرْصَة

2. (engage in, undergo, experience)

have an affair عَلَى عَلاقَة غَرامِيَّة

have a cold أُصِيب بِبَرْد أو زُكام

have dinner تَنَاوَلَ العَشاء أو الغَداء

3. (permit)

I won't have it لَنْ أَقْبَلَه، لَن أَسْمَح بِه، لَن أَتحمَّله

4. (say, assert)

he will have it that يُصِرّ على، يَزْعُم أنَّ ...

5. (manifest)

please have the goodness to إذا تكرَّمْتَ أَوْ تَفَضَّلْتَ، مِنْ فَضْلِك

6. (cause to, cause to be)

have one's hair cut قَصَّ شَعْرَه، ذَهَبَ إلى الحلّاق لِقَصِّ شَعْره

have it out with صَفَّى المَوْضُوع أو الحِساب (بِالعِراك أو المُجادَلة)

have someone up

(cause to appear) أَحْضَرَ أو اِسْتَدْعَى شَخْصًا إلى ...

(prosecute) قاضَى شَخْصًا

I am having friends in tonight سَيَزورني اللَيلةَ بَعْض أَصْدِقائي

7. (give birth to, produce) وَضَعَتْ، وَلَدَتْ، أَنْجَبَتْ مَوْلُودًا

8. (cheat)

you've been had (*sl.*) خُدِعْتَ، اِنْطَلَت عَلَيْكَ الحِيْلَة

he had him on خَدَعَه، ضَحِكَ عَلَيْه، قَشْمَرَه (عراق)

9. (be obliged to) يَجِبُ، لا بُدَّ، يَلْزَم، يَنْبَغي

v. aux.

had I known لَوْ أَنِّي عَلِمْتُ مِنْ قَبْل، لَوْ كُنْت قَدْ عَرَفْتُ

I had better ... يَنْبَغي أَن، يَجْدُر بِي أَنْ، مِنَ الأَفْضَل أَنْ

I had rather ... كُنْتُ أُفَضِّل أن ...، أَرَى أَنَّه مِن الأَحْسَن أَنْ ...

n.

haves and have-nots الأَغْنِياء والفُقَراء، السُّعَداء والبُؤَساء

haven, *n.* (*lit. & fig.*) مِيناء، مَرْسًى؛ مَأْوًى، مَلْجَأ، مَلاذ

haven't, *contr. of* **have not**

haversack, *n.* حَقيبَة أو جِراب مِن القُماش يُعَلَّق على الظَهْر عادةً

havoc, *n.* دَمار، هَلاك، خَراب

make havoc of; *also* play havoc with أَشاعَ الفَساد؛ بَثَّ الفَوْضَى والاضْطِراب

haw, *n.* ثَمَر الزُّعْرور

v.i., esp. in

hum and haw تَرَدَّدَ أو تَلَعْثَمَ أو تَحَيَّرَ في الحَدِيث

hawk, *n.* صَقْر، بَاز، شَاهِين، باشِق (بَواشِق)

hawk-eyed, *a.* حادّ أو قَوِيّ البَصَر، ذُو عَيْن كَعيْن الصَّقْر

v.t. عَرَضَ بَضائع للبَيْع

hawk one's wares (*lit. & fig.*) نادَى على بِضاعَتِه؛ أَذاعَ خبرًا هُنا وهُناك

v.i. 1. (hunt with hawk) تَصَقَّرَ، اسْتَخْدَمَ الصَّقْر للصَّيْد

2. (clear throat) نَخَمَ، تَنَخَّعَ

hawker, *n.* بائِع جَوّال أو مُتَجَوِّل

hawser, *n.* حَبْل أو سِلْك سَمِيك ، قَلْس (قُلوس ، أَقْلاس)

hawthorn, *n.* شَجَرَة الزُّعْرور

hay, *n.* تِبْن ، قَشّ ، عَلَف

hay-box صُنْدُوق مُبَطَّن بالقَشّ يُسْتَعْمَل لِحِفْظِ الطَّعام حارًّا

hay-fever الحُمَّى القَشِّيّة ، حُمَّى التِّبْن (يُسَبِّبها اِنْتِشار حُبُوب التَّلْقِيح)

make hay while the sun shines اِغْتَنِم الفُرْصَة قَبْل فَوَاتِها

haymak/er, *n.* (**-ing**, *n.*) حَاصِد الحَشِيش اليَابِس؛ لَكْمَة قَوِيّة جِدًّا

haystack, *n.* كَوْمَة التِّبْن ، كَوْمة الدَّرِيس

haywire, *adv.* (*sl.*) مُخَبَّل، مَلْحُوس؛(جهاز)خَرْبان

hazard, *n.* مُخاطَرَة ، مُجازَفَة ؛ مَحْذُور، خَطَر

v.t. خاطَرَ، غامَرَ، جازَفَ، قامَرَ

hazard a guess قَالَ مِنْ بابِ التَّخْمِين

hazard one's life جَازَفَ أو غَامَرَ أو خَاطَرَ بِحَيَاتِه

hazardous, *a.* مُخْطِر، مَحْفُوف بالخَطَر

haze, *n.* 1. (mist) سَدِيم، ضَبَاب رَقِيق

2. (confusion) تَشَوُّش الأَفْكار

hazel, *n.* 1. (tree) شَجَرَة البُنْدُق

hazel-nut بُنْدُقَة

2. (colour); *also a.* بُنِّيّ أو قَهْوائِيّ فاتِح، عَسَلِيّ اللَّوْن (مصر)

hazy, *a.* 1. (misty) مُحاط بِضَباب رَقِيق، ضَبابِيّ

2. (vague) (فِكْرة) مُبْهَمة أو غَيْر واضِحة

he, *pron.* هُوَ (ضَمِير الغائِب)

n., often attrib.

he-goat جَدْيُ ٱلمَاعِز ، تَيْس

he-man رَجُل فَحْل أو كامِل الرُّجُولة

head, *n.* 1. (part of body) رَأْس، هَامَة

head first (foremost) وَقَع على أُمّ رَأْسِه،(قَفَز فِي الماء) بِرأْسِه أولًا ؛ بِغَيْر رَوِيّة

head and shoulders above بَزَّهم أو تَفَوَّق عَلَيْهِم بِمَراحِل، كانَ عِمْلاقًا بَيْن الأَقْزام

heads or tails صُورَة أو كِتابة، طُرَّة لُو كِتْبَة (عراق)

heads I win, tails you lose سَأَرْبَح فِي كِلْتا الحَالَتَيْن، طُرَّة أَرْبَح كِتبة تخسر (عراق)

head-hunter مُتَوَحِّش يَقْطَع رُؤُوس أَعْدائه وَيَحْتَفِظ بِها، قَنّاص الرُّؤُوس

head-rest مِسْنَد أو تُكَأَة للرَّأْس

she has a fine head of hair يُتَوِّج رأسها شَعْر جَمِيل

head over ears in debt غَارِق فِي الدُّيون

head over heels in love غَارِق فِي الحُبّ حتَّى أُذُنَيْه

I can't make head or tail of it لا أَعْرِف له رأسًا مِن رِجْلَيْن، لا أَسْتَطِيع أَنْ أَفْهَمَ شَيْئًا مِنه

from head to foot (toe) مِن قِمَّة الرَّأْس إلى أَخْمَص القَدَمَيْن

do it standing on one's head (*sl.*) بِمَقْدُورِه أَنْ يُؤَدِّي هَذا العَمَل بِدُون أَدْنى مَجْهود

give someone his head أَعْطاه مُطْلَق الحُرِّيَّة في ، أَطْلَق له العِنان

have a head for business لَهُ مَوْهِبة أو اسْتِعْداد فِطْرِيّ لِمُمارَسة التِّجارة

he is hiding his head in the sand إِنّه يُخْفِي رَأسَه في الرّمال ، يَتَعامَى عن المَشاكِل

keep one's head ظَلَّ مُتَمالِكًا أعْصابه أو مُحْتَفِظًا بِهُدُوئه أو بِرَباطَة جَأْشِه

keep one's head above water تَمَكَّن مِن تَدْبِير أُمُورِه دُونَ اللُّجُوء إلى الإِسْتِدانَة

laugh (talk, etc.) one's head off ضَحِكَ مِلْءَ شِدْقَيْه ؛ ظَلَّ يَتَحَدَّث دُون تَوَقُّف

they put their heads together تَشاوَرُوا فيما بَيْنَهم، تَداوَلُوا في الأَمْر

lose one's head

(be executed) أُعْدِمَ ، قُطِعَ رَأْسُه

(get flustered) اِرْتَبَكَ، طَاشَ صَوابُه، فَقَدَ أعْصابَه

make head against شَقَّ طَرِيقَه في وَجْه المُقاوَمة، تَقَدَّم بالرَغْم من المَصاعِب

off one's head مَجْنُون، مَعْتُوه، مَخْبُول، كادَ أن يَفْقِد صَوابَه

out of one's own head مِن آخْتِراعِه، مِن بَنات أفْكارِه

it's over my head هَذا فَوْقَ مُسْتَوَى فَهْمِي، لا أَسْتَطِيعُ إدْراكه

he did it over my head فَعَلَ هذا بدون الأَخْذ بِرأيي أو الرُّجُوع إليَّ

put a price on someone's head خَصَّصَ جائِزَة لِمَن يَقْبِض عَلَيه

two heads are better than one رَأْيان أَفْضَل مِن واحِد

weak (soft) in the head شَخْص غَبِيّ ، ضَعِيف العَقْل

2. (person, individual) رَأْس ، نَفَر، شَخْص

crowned head مَلِك ، مَلِكَة ، عاهِل (عَواهِل)

sixpence a head سِتّة بِنْسات لِكُلّ شَخْص

3. (chief, foremost part); *also attrib.* رَأْس

head office المَكْتَب الرَّئِيسيّ

head-waters مَنْبَع ، مَصْدَر

head of steam ضَغْط كافٍ من البُخار لِتَشْغِيل الآلة

head-wind رِيح مُعاكِسة أو مُضادّة

head-on, *adv. & a.* اِصْطِدام وجهًا لوَجْهٍ

head-on collision تَصادُم أو اِصْطِدام (سَيّارَتَيْن) وجهًا لوجهٍ

4. (*in place names*, headland) رَأْس أو لِسان (من الأرض) مُمْتَدّ في البَحْر

v.t. 1. (lead) رَأَسَ، تَرَأَّسَ (اللجنة)

2. (direct) وَجَّهَ، تَوَجَّهَ

head off أَجْبَرَه على تَغْيِير آتِّجاهِه

3. (strike with head at football) ضَرَبَ كُرَة القَدَم بِرأْسِه

v.i. (make *for*) اِتَّجَهَ نَحْوَ، قَصَدَ، تَوَجَّهَ إلى

heading for disaster مُقْبِل على الكارِثة، مُشْرِف على هاوِية

headache, *n.* (*lit. & fig.*) صُدَاع، وَجع الرَّأْس، أَلَم الدِّمَاغ؛ مُعْضِلَة؛ مَصْدَر مَتَاعِب

header, *n.* 1. (plunge) غَطْسَة رَأْسِيَّة

2. (tank) خَزَّان إضَافي لتَوْزِيع الماء السَّاخِن

3. (*bricklaying*)

header and stretcher حَلّ وشَدّ (مِدماك)

headgear, *n.* لِبَاس أو غِطاء الرَّأْس

heading, *n.* عُنْوَان (كِتاب أو مَقال مثلًا)؛ اِتِّجَاه

headland, *n.* رَأْسٌ بَحْري، اِمْتِداد أَرْضِيّ دَاخِل البَحْر، حُدود أَرْضٍ مَحْروثَة

headlight, *n.* الضَّوْء الرَّأْسِيّ في مُقَدِّمة سَيَّارة مَثَلًا

headline, *n.* عُنْوَان في أَعلَى الصَّحيفة أو المَجلَّة، مَانْشِيت

hit the headlines ذَاعَ صِيتُه، تَدَاوَلَته الأَلْسُن، اِشْتَهَرَ

headlong, *a. & adv.* رَأْسِيّ؛ مُتَهَوِّر، مُنْدَفِع؛ بِتَهَوُّر واندِفاع

head/master (*fem.* **-mistress**), *n.* مُدِير أو نَاظِر مَدْرَسَة؛ نَاظِرة مَدْرَسة

headphone, *n.* سَمَّاعَة تُثَبَّت على الرَّأْس

headquarters, *n.pl.* مَقَرّ أو مَرْكز القِيَادَة

headstone, *n.* شَاهِدة أو حَجَر القَبْر؛ حَجَر الزَّاوِيَة

headstrong, *a.* رَاكِب رَأْسَه، مُسْتَبِدّ برأيه، صُلْب الرَّأي، عَنيد؛ مُتعنِّت؛ مُتهوِّر

headway, *n.* تَقَدُّم، سَيْرٌ إلى الأمام

heady, *a.* قَوِيّ المفعول أو التَّأْثير؛ (خَمْر) يَصْعَد إلى الرَّأْس بسُرْعة؛ (عِطْر) نفَّاذ

heal, *v.t. & i.* شَفَى، أَبْرَأ، أَسَى (الجرح)، دَاوَى؛ اِلْتَأَم أو انْدَمَلَ (الجرح)

healer, *n.* مُعَالِج، دَوَاء شَافٍ

health, *n.* 1. (soundness of body) صِحَّة، عَافِيَة، سَلامَة (الجَسَد)

health resort مُنْتَجَع، بَلْدة يقْصِدها النَّاقِهُون للرَّاحَة والاستِجْمام

health salts مِلْح الفَوَاكِه أو الأثمار

2. (toast)

they drank his health شَرِبُوا نَخْبَ فلان أو في صِحَّتِه

healthful, *a.* مُفِيد أو نافِع للصِّحَّة

healthy, *a.* صِحِّيّ، نافِع أو مُلائم لِلصِّحَّة؛ صَحِيح البَدَن؛ موفور الصِّحَّة

he has a healthy respect for the law يَتَجَنَّب مُخَالَفة القانون (خَوْفًا من العِقاب)

heap, *n.* 1. (pile) كَوْمة، كَوْم، كُدْس، عُرْمَة

I was struck all of a heap (*coll.*) أَخَذَتْني الدَّهْشة، تَمَلَّكَني الذُّهُول

2. (*coll., esp. pl.*, large number) كَثِير من، مِقْدَار أو عَدَد كَبِير مِن، وَفْرَة من

v.t.

he heaped abuse on him أَمْطَرَه بالشَّتَائم، أَوْسَعَه شَتْمًا، اِنْهَال عَلَيْه بالسِّبَاب

hear (*pret. & past p.* heard), *v.t. & i.*

1. (perceive by listening, listen to) سَمِعَ، وَصَلَ إلى مَسَامِعِهِ أنّ، بَلَغَه

hear! hear! أَحْسَنْتَ! عَظِيم! بَرَافُو! عَفَارِم! لا فُضَّ فُوكَ

hear someone out اِسْتَمَعَ إِلَيْهِ حتّى فَرَغَ مِن كَلامِه

hear a case نَظَرَت المَحْكَمَة في الدَّعْوَى أو القَضِيّة

hear a prayer سَمِعَ (اللهُ) الدُّعاء، اِسْتَجَابَ (اللّٰهُ) للصَّلاة

he won't hear of it لَنْ يَسْمَحَ بالأَمْرِ، يَرْفُضُ النَّظَرَ فيه رَفْضًا باتًّا

2. (receive information) عَلِمَ بِ، سَمِعَ بِ، أُخْبِرَ بِ، عَرَفَ بأنّ، نَمَا إليه

you'll hear about this later سَتُعَاقَب، رَاح تَأكُلها (عراق)؛ راح تَشُوف شُغْلَك (مصر)

you will hear from my solicitor سَوْفَ أَرْفَعُ الأَمْرَ لِلقَضَاءِ، سَيَتَّصِلُ بِكَ مُحَامٍ مِن قِبَلِي

hearing, *n.* 1. (perception by ear) سَمَاع، اِسْتِماع، سَمْع

hearing-aid سَمَّاعَة الأَصَمّ

2. (judicial session) مُرَافعة قَضَائية، سَمَاع أطْرَاف الدَعْوَى، جَلْسَة مُحَاكَمة

hearken, *v.i.* اِسْتَمَعَ أو أَصْغَى إلى، أَنْصَتَ

hearsay, *n., often attrib.* تَقَوُّلات، إشَاعَة، القِيْل والقَال؛ شَهادة سَماع عَن الغيْر

hearse, *n.* عَرَبة أو سَيّارة لِنَقْل المَوْتَى

heart, *n.* 1. (*physiol.*) قَلْب، فُؤاد

heart-attack نَوْبَة قَلْبِيَّة

2. (seat of feelings) قَلْب، طَوِيَّة، سَرِيرة، فُؤَاد، جَنَان

heart to heart; *whence* heart-to-heart, *n.* (حَدِيث) من القَلْب إلى القَلْب

heart-breaking, *a.* يُمَزِّق أو يُقَطِّع نِياط القَلْب، (منظر) يُفَتِّت الأكباد

heart-broken, *a.* كَسِير القَلْب، مَفْجُوع، حَطَّمَته الكارِثة

heart-searching مُحاسَبَة النَفْس، مُرَاجَعة الضَّمِير

heart and soul بِكُلّ ما يَمْلِك من جهْد، بِحَمَاس؛ قَلْبًا وقَالبًا

after one's own heart مِثْلَمَا يَتمنّاه قَلْبُه، (هُوَ شَخْص) على هَوَاه تمامًا

eat one's heart out ذَابَ قَلْبُه أسىً

cry one's heart out اِنْفَطَرَ قَلْبُها من البُكاء

in one's heart of hearts فِي دَخِيلَة أو قَرارَة نَفْسِه، في سَرِيرَتِه

lose one's heart to أَحَبَّ، عَشِقَ، هَوِيَ، كَلِفَ، وَقَعَ في غَرام، شُغِفَ

set one's heart on تَمَلَّكَته الرَّغْبة في (الحُصُول على)، اِشْتَهَى مِن كُلِّ قَلْبه

take it to heart تَأَثَّرَ بالأَمْر تَأَثُّرًا شَدِيدًا، أَخَذَه مأخَذَ الجِدّ

3. (rote)

learn by heart اِسْتَظْهَرَ شَيْئًا، حَفِظَه عَن ظَهْرِ قَلْبٍ

4. (courage) شَجَاعَة ، بَسالَة ، جُرْأَة ، إِقْدام

in good heart بِرُوحٍ مَعْنَوِيّة عَالِيَة ، طَابَتْ نَفْسه

lose heart بَرَدَتْ هِمَّته، خَارَتْ عَزِيمَتُه ، فَتَرَ حَماسُه

take heart تَشَجَّع ، لَمَّ أَطْرَاف شَجَاعَتِه ، ازْدَادَ ثِقَةً بِنَفْسِه ؛ شِدّ حيلك !

5. (centre) قَلْب، وَسَط، مَرْكَز ؛ دَاخِل ؛ صَمِيم

the heart of the matter كُنْه أو لُبّ المَوْضُوع، جَوْهَر الشَّيْء، حَقِيقَة الأَمْر

6. (*of cards*, suit) الكُوبَة أو القَلْب في وَرَق اللّعِب

heartache, *n.* حُزْن عَمِيق ، غَمّ شَدِيد ، هُمُوم القَلْب، كَرْب وضِيق

heartbeat, *n.* دَقّات أو نَبْض القَلْب ، خَفَقَان القَلْب

heartbreak, *n.* أَسًى ، حُزْن عَمِيق ، أَلَم مُمِضّ

heartburn, *n.* حَرَقان تُسَبِّبُه حُمُوضَة في المِعِدَة ، حَرَقان القَلْب

hearten, *v.t.* شَجَّع ، أَحْيَى الأَمَل ، (أَخْبَار) تَبْعَث على التَفاؤُل

heartfelt, *a.* مُخْلِص ، صَادِق العاطِفَة، وُدِّيّ ، (مُشارَكَة) قَلْبِيَّة

hearth, *n.* مَكان يُحِيط بالمِدْفَأَة

hearthstone, *n.* مَادّة حَجَرِيّة لِتَبْيِيض أو تَنْظِيف بلاطِ المِدْفَأة

heartless, *a.* (**-ness,** *n.*) قَاسٍ ، خَشِن ، غَلِيظ القَلْب ، عَدِيمُ الرَأْفَة

hearty, *a.* 1. (cordial) (تَهْنِئَة) قَلْبِيَّة ، من القَلْب ، صَمِيمِيّ

a hearty dislike يُبْغِضُه كُلَّ البُغْض، يَكْرَهُه مِنْ كُلِّ قَلْبِه؛ نُفُور شَدِيد

2. (healthy) ذُو صِحَّة جَيِّدة ، مُعافًى، ذُو نَشاطٍ وحَيَوِيّة

eat heartily أَكَلَ مِلْءَ بَطْنِه، أَكَلَ بِشَهِيَّة

heat, *n.* 1. (hotness) حَرَارَة ، حَرّ ، سُخُونَة ؛ هَجِير ، قَيْظ ، رَمْضَاء

heat-stroke ضَرْبَة الشَّمْس أو الحَرّ

heat-wave مَوْجَة من الحَرّ الشَّدِيد ، مَوْجَة حَرارِيَّة

in the heat of battle فِي غَمْرة المَعْرَكة، في مَعْمَعَان القِتَال أو حِدَّته

2. (*of animals in breeding season*)

on heat وَدِقَت (الكَلْبَة) ، رَغِبَت في السِّفاد

3. (preliminary contest) سِباق تَمْهِيدِيّ

v.t. سَخَّنَ ، حَمَّى ، أَدْفأَ

heated, *a.* مُسَخَّن، مُحَمًّى

a heated argument مُناقَشَة حَامِيَة

heater, *n.* مُسَخِّن ، جِهاز تَدْفِئَة ، مِدْفَأَة (كَهْرَبَائِيّة مثلًا)

heath, *n.* 1. (tract of poor soil) أَرْض بُور مُغَطّاة بالأَعْشاب

2. (plant) الخَلَنْج (نَبات)

heathen, *a. & n.* وَثَنِيّ، مِن عَبَدَة الأَوْثان أو الأَصْنام؛ هَمَجِي، كافِر

heather, *n.* خَلَنْج (نبات)

heating, *n.* تَسْخِين، تَدْفِئة (مَرْكَزِيَّة مثلًا)

heave (*pret. & past p.* heaved *or* hove), *v.t.*

1. (lift, haul) سَحَبَ إلى أعْلى بِجُهْد، رَفَع حِمْلًا ثقيلًا بِصُعُوبة

heave ho! هِيلا هُوب!

heave a deep sigh تَنَهَّدَ، صَعَّدَ زَفْرةً، تأَوَّهَ

2. (throw) قَذَفَ، رَمَى (بحجر)، طَرَحَ

v.i. 1. (rise) (صَدْرُه) يَعْلُو ويَهْبِط، يَرْتَفِع ويَنْخَفِض

heave in sight (السَّفينة) لاحَتْ في الأُفُق، تراءَى، بَدا، ظَهَرَ مِن بعيد

heave to تَوَقَّفَت السَّفِينَة (وَسْطَ البَحْر)

2. (retch) حَاوَلَ التَّقَيُّؤ أو الاسْتِفْراغ

heaven, *n.* 1. (sky) سَماء (سَمَوات)

move heaven and earth أَقامَ الدُّنْيا وأَقْعَدَها، لَمْ يَأْلُ جُهْدًا في، فَعَلَ المُحال

the heavens opened أَمْطَرَتِ السَّماء مِدْرارًا، هَطَلَ المطَر كأَنَّه مِن أفْواه القِرَب

2. (God, providence) الله؛ العِناية الآلهيّة

heaven forbid! لا سَمَح الله! حَاشَا الله!

good heavens! يا لِلّه، عَجَبًا، عَجَايِب!

thank heaven(s)! الحَمْدُ لِلّه، شُكْرًا لِلّه

would to heaven that . . .! يا لَيْت

3. (place or state of bliss) الجَنَّة، الخُلْد، الفِرْدَوْس، النَّعِيم

in one's seventh heaven في السَّماء السَّابِعة، في مُنْتَهى السَّعادَة، في أَوْج النَّشْوة

heavenly, *a.* 1. (divine) سَماوِيّ، الهِيّ، مَلَكوتِيّ، مُقَدَّس

2. (in outer space) فَضائيّ، سَمائيّ، سَماوِيّ

heavenly body جِرْم سَماوِيّ، نَجْم، جِرْم فَلَكِيّ

the Heavenly Twins بُرْج التَّوْأَم، الجَوْزاء

the Heavenly Host المَلأُ الأَعْلَى

3. (*coll.*, delightful) رائِع، في غَايَة الجَمال

heavenward⟨s⟩, *adv.* نَحْوَ السَّماء، باتِّجاه السَماء

heavy, *a.* ثَقِيل، صَعْب الحَمْل، (خُطْوات) مُتَثاقِلة؛ ثِقَل (أَثْقال)

heavy-duty, *a.* (جِهاز) شَديد التَحَمُّل

heavy-handed, *a.* أَخْرَق، ثَقِيل اليَد؛ صَارِم، قاسٍ، عَنِيف

heavy-hearted, *a.* حَزِين، مُكَدَّر، مُثْقَل بِالهُمُوم

heavy-laden, *a.* مُثْقَل، مُثَقَّل؛ حَزِين، مَغْمُوم

a heavy sea أَمْوَاج عَاتِيَة

heavy soil تُرْبَة طِينيَّة وثَقِيلة

heavy-weight, *a. & n.* وَزْن ثَقِيل (مُلاكَمة)

his eyes were heavy with sleep أَثْقَلَ النُّعاسُ جَفْنَيْه، كانَ يُغالِبُ النَّوْم

time hangs heavy on his hands يَمُرُّ عَلَيْه الوَقْت بِبُطْء وتَثاقُل

hebdomadal, *a.* أُسْبُوعِيّ

Hebraic, *a.* عِبْرِيّ ، عِبرانِيّ

Hebrew, *a.* عِبري، عِبرانيّ

n. 1. (person) يَهودِيّ ، عِبْرَانِيّ

2. (language) اللُّغة العِبْرِيّة أو العِبْرانِيّة

hecatomb, *n.* ذَبيحَة مائة ثَور عِنْد قُدَماء اليُونان ؛ مَذْبَحة

heckle, *v.t.* قاطَعَ خَطيبًا أو مُحاضِرًا بأسْئِلَة أو مُلاحَظات مُحْرِجَة

hectare, *n.* الهِكْتار : عَشرة آلاف مِتر مربَّع

hectic, *a.* 1. (morbidly flushed) مَحْمُوم ، مُحْمَرّ الوَجْنَتَيْن مِن أثَر السُّلّ

hectic fever حُمَّى الدِّق

2. (*coll.*, exciting) حَياة صَاخِبة، فَتْرَة مُفْعَمة بالأحْداث المُثِيرة

hecto-, *in comb.* هِكْتو، بادئة بمعنى مائة

hectograph, *n.* هِكْتُوغْراف، مَطْبعة بالُوظَة

hector, *v.t.* طَغَى ؛ أَفْزَعَه بِالتَّهْديد

he'd, *contr. of* **he had, he would**

hedge, *n.* وَشِيع، سِياج من الشُّجَيْرات

hedge-hop, *v.i.* طَارَ على اِرْتفاع مُنْخَفِض جِدًّا

v.t. (confine, *lit. & fig.*), *usu. with adv.* سَوَّر، سَيَّجَ؛ أَحاطَ، حَاصَرَ؛ قَيَّدَ حُرِّيّته

v.i. 1. (make or trim hedges) قَلَّمَ شُجَيْرات السِّياج بِطَرِيقَة خاصَّة

2. (temporise) رَاغَ، تَمَلَّصَ من الجَواب المبَاشِر

3. (secure against loss) رَاهَنَ على جَانِبِي الرِّهان لتفادِي الخَسارة

hedgehog, *n.* قُنْفُذ، قُباع، حَسِيكَة

hedgerow, *n.* سِياج من الشُّجَيْرات

hedon/ism, *n.* **-ist,** *n.* (**-istic,** *a.*)، مَذْهَب اللَّذَّة، نَظرِيَة أن اللذَّة تُحَدِّد السُّلُوك البَشَرِي

heed, *v.t.* اِهْتَمَّ ب، اِنْتَبَهَ إلى، رَاعَى (القانُون)، أَصاخَ السَّمْع إلى

n. اِنْتِباه، اِحْتِراس، اِهْتِمام، مُراعاة

give (pay) heed to; *also* take heed of أَلْقَى بَالًا إلى، اِكْتَرَثَ لِ أو ب، أَعارَ اهْتِمامًا لِ

hee-haw, *int.*, *n. & v.i.* نَهِيقُ الحِمار؛ نَهَقَ

heel, *n.* 1. (back of foot) عَقِب، كَعْب

at (on) one's heels فِي إِثْرِه، (الدائِنون) يُلاحِقُونَه ويُطارِدُونَه

bring (come) to heel طَوَّقَ أو ذَلَّلَ (كلبًا)، رَاضَ؛ أَخْضَعَه ؛ (اِنْصاع إليه)

down at heel رَثُّ الثِّيَاب أو الهَيْئة

show a clean pair of heels فَرَّ هارِبًا، اِنْفَلَتَ بِسُرْعة، شَمَّعَ الفَتْلة

take to one's heels أَطْلَقَ سَاقَيْه للرِّيح

2. (inclination of ship) مَيْل السَّفِينَة على أَحَدِ جَانِبَيْها، اِجْتِناح المَرْكب

3. (*sl.*, cad) سَافِل، شَخْص دُون

v.t. 1. (kick with heel) ضَرَب بِكَعْب الحِذاء

2. (supply *shoe*, etc., with heel) وَضَعَ كَعْبًا جَديدًا لِحِذاء

v.i. (lean *over*) مَالَتْ أو اِجْتَنَحت السَّفِينة

hefty, *a.* (*coll.*) ضَخْم، كَبِير، قَوِيّ

hegemony, *n.* هَيْمَنَة دَوْلَةٍ على دُوَل أخرى

Hegira, *n.* (*lit. & fig.*) السَّنَة الهِجْرِيّة ؛ هِجْرَة أو خُروج

heifer, *n.* عِجْلة

heigh-ho, *int.* آه، أوّاه، وَا أسَفاه

height, *n.* 1. (elevation, altitude) اِرْتِفَاع ، عُلوّ؛ طُول القامَة

2. (high spot, hill) قِمَّة ، مُرْتَفَع ، رَابِيَة (رَوابٍ)

3. (highest degree, top) ذِرْوَة (ذُرًى)، قِمَّة (قِمَم)، أَوْج (المجْد)

heighten, *v.t.* زَادَ مِن حِدَّة أو شِدَّة التَّأْثير

heinous, *a.* شَائِن، شَنِيع ، فَظِيع

heir (*fem.* **-ess**), *n.* وَارِث (وَرَثة)، وَرِيث (وُرَثاء)؛ وَارِثة، وَرِيثة

heir apparent وَلِيّ العَهْد

heir presumptive الوَارِث الافْتِراضِيّ

heirloom, *n.* مَتَاع شَخْصِي مُتوارَث عَن الأَجْداد

held, *pret. & past p. of* **hold**

helical, *a.* حَلَزُوني ، لَوْلَبيّ

helicopter, *n.* طَائِرة هِلِيكوبْتر

heliograph, *n. & v.t.* هِلْيُوغْرَاف؛ أَرْسَلَ إِشَارَاتٍ عَن طَرِيق الانْعِكاسات الشَّمْسِيَّة

heliotrope, *n.* هِلْيُوتْرُوب (نَبات ولَوْن)

helium, *n.* غَاز الهِلْيُوم (كيمياء)

helix, *n.* حَلَزُون، لَوْلَب

hell, *n.* جَهَنَّم ، جَحِيم، النَّار

hell-cat سَلِيطَة، شَرِسَة

a hell of a time (*sl.*) مُدَّة طَوِيلَة جِدًّا ؛ أَوْقَعَه فِي مِحْنة أو مَأْزِق؛ قَضَى وَقْتًا مُمْتِعًا

hell for leather بِأَسْرَع ما يُمْكِن، بِسُرْعة البَرْق الخَاطِف

hell's bells! يا لَلْمُصِيبة ! يا لَلْكارِثة

for the hell of it لِمُجَرَّد التَّسْلِية ، بِدون مُبَرِّر مَعْقول

give someone hell طَلَّع روحَه، نَكَّلَ به

knock hell out of هَزَمَه شَرَّ هَزِيمة ، أَشْبَعَه ضَرْبًا، أَرَاه نُجُوم الظُّهْر

like hell

(desperately, extremely) كَأَنَّ الشَّيْطانَ فِي أَعْقابه ،(يجري) بسُرْعة جُنونيّة

(*iron.*, certainly not!) أَبَدًا، قَطْعًا لا ، بَتاتًا أو مُطْلَقًا لا

to hell with it! إِلَى جَهَنَّم ! في داهية! (مصر)

what the hell are you doing here? عَجَبًا ! مَاذَا تَفْعَلُ هُنا ؟ ما الّذي جاءَ بِكَ هُنا ؟

he'll, *contr. of* **he will**

Hellenic, *a.* يُونانيّ، إِغْرِيقِيّ

Hellenism, *n.* الرُّوح اليُونانيّة الكلاسِيكِيَّة ؛ العُلُوم والفنون عِند اليونان القُدَماء

hellish, *a.* جَهَنَّمِيّ؛ شَيْطانيّ؛ فَظِيع ، شَنِيع، لا يُطَاق

hello, *see* **hallo**

helm, *n.* 1. (*arch.*, helmet) خَوْذَة مَعْدِنيّة

2. (tiller, *lit. & fig.*) مِقْوَد أو سُكَّان الدَّفَّة في سَفِينة ؛ زِمام الأُمور

take the helm (*fig.*) أَمْسَكَ بدَفَّة الأُمور، تَوَلَّى مَقاليد الحُكم

helmet, *n.* خَوْذَة

helmsman, *n.* مُوَجِّه الدَّفَّة، دُومانْجي

help, *v.t.* 1. (aid, assist); *also v.i.* سَاعَدَ، أَعانَ، عَاوَنَ، آزَرَ، أَغَاثَ، أَنْجَدَ، أَسْعَفَ

help someone on سَاعَدَه؛ وَجَّهَه، دَلَّه إِلَى السَّبِيل

every little helps لا تَحْتَقِر شَيْئًا مَهْما كانَ صَغيرًا، رُبَّ قَليلٍ يُفِيد رَغْمَ قِلَّتِهِ

so help me ⟨God⟩! اللّهُمَّ اشْهَد! واللّه!

2. (serve, provide with food, etc.) غَرَفَ الطَّعامَ أَوصَبَّه في أطباق الجالِسين لِلأَكْل

help oneself to (*lit.*) تَناوَلَ، أَخَذَ

(*coll.*, steal) أَخَذَ مالَ الغَيْرِ خِفْيَةً أو خِلْسَةً

3. (*with auxiliary* can, prevent, avoid)

he could not help doing so لَمْ يَكُن في وُسْعِهِ إِلَّا أن يَفعلَ ذلك

it can't be helped لَمْ يَكُن مِمّا حَدَث بُدٌّ، لا يَنْفَع النَّدَم بعد العَدَم، لا مَناصَ منه

n. 1. (aid) مُساعَدة، عَوْن، غَوْث، نَجْدة، مُعاوَنة

self-help الاِعْتِماد على النَّفْس، القِيام بِعَمَل دُونَ الاِلْتِجاء لِمُساعَدة الغير

2. (remedy) حَلّ، عِلاج

there's no help for it لا مَفَرَّ منه، لا مَناصَ مِنْه، لَيس هُناك من حَلّ آخر

3. (domestic servant)

home help اِمْرَأة تأتي بِتَوْصِية من الطَّبيب لِتَدْبِير شُؤون المنزِل أثناء مَرَض رَبَّة البيْت

mother's help خادِمة تُساعِد الأُمّ بالبَيْت

helpful, *a.* مُعِين، ذُو فائِدة؛ عَطُوف

helping, *n.* حِصَّة من الطَّعام على المائدة

helpless, *a.* لا حَوْلَ له ولا قُوَّة، مَغْلوب على أَمْرِهِ، عاجِز

help/mate (-meet), *n.* زَوْج، شَرِيكة الحياة

helter-skelter, *adv.*, *a.*, & *n.* (تَفَرَّقُوا) أَيْدِيَ سَبَأ، خِلْط مِلْط، شَذَر مَذَر

helve, *n.* يَد أو يَدة الفَأْس

hem, *n.* حَاشِية، حافة، هُدب، ثَنْيَة، خُبْنة الثوْب، طَرَف (مِنْديل)

v.t. 1. (sew) خاطَ طَرَف الثَّوْب أو السِّتار، كَفَّ، خَبَنَ

2. (*with advs.*, enclose)

hem in أَحاطَ بِهِم (العَدُوّ) أو طَوَّقَهم

hemispher/e, *n.* (**-ical,** *a.*) نِصْف الكُرة الأرضيّة

hemistich, *n.* شَطْر، مِصْراع البَيْت (عَرُوض)

hemlock, *n.* شَوْكَران، شَيْكَران (من الأعْشاب السّامّة)

hemo-, *see* **haemo-**

hemp, *n.* قُنَّب

hemstitch, *v.t.* & *n.* كَفَّة؛ تَنْسِيل الحاشِية

hen, *n.* 1. (female bird) أُنْثَى الطَّيْر

2. (female of domestic fowl) دَجاجة، فَرْخة

henbane, *n.* البَنْج الأَسْوَد (نَبات أو عَقّار)

hence, *adv.* 1. (from this place) وَمِنْ هُنا، مِنْ هَذا المكان

2. (from this time) مِنَ ٱلْآنَ، مُنْذُ هذا الحين

3. (consequently) وَمِنْ ثَمَّ، وبالتَّالي، بِناءً عليه

hence/forth (-forward), *adv.* مِنَ ٱلْآن فَصاعِدًا، مُنْذ الآن

henchman, *n.* تابِع أَمين، نَصير سِياسيّ؛ ذَنَب، إمّعة

henna, *n.* حِنّاء

henpecked, *a.* (زَوْج) خَاضِع لمشِيئَةِ زَوْجَتِه

hepatitis, *n.* اِلْتِهَاب الكَبِد

heptagon, *n.* شَكْل سُباعِيّ، مُسَبَّع، ذُو سَبْعَة أَضْلاع

her, *obj. case of pron.* **she** ضَمِير الغائِبَة عِنْد وقُوعِه في حَالَة المَفْعُوليّة

pronominal adj. ضَمِير التَّمَلُّك للمفردة الغَائِبَة

herald, *n.* (*lit. & fig.*) مُنادٍ؛ رَسُول؛ بَشير

v.t. أَعْلَنَ قُرْب قُدُوم، بَشَّرَ بِ

herald/ry, *n.* (**-ic,** *a.*) فَنّ شِعارات النَّسَب؛ يَتَعَلَّق بالأنساب

herb, *n.* أَعْشَاب طَيِّبة الرائحة (طِبّ وطبْخ)

herbaceous, *a.* عُشْبِيّ

herbaceous border حَافّة (حَدِيقَة) تُزْرَع بِها نَباتات دَائِمَة الازْدِهار

herbage, *n.* أعْشاب؛ حقّ المرْعَى في أرض الغَيْر (قانون)

herbal, *a. & n.* عُشْبِيّ؛ كِتاب في وصْف الأَعْشَاب والنَّبَاتات

herbalist, *n.* عَالِم بالأَعْشَاب؛ بائع الأعشاب الطِّبّيَّة، عَطّار

herbivorous, *a.* حَيَوان يَقْتات على الأَعْشَاب

Herculean, *a.* (*fig.*) ذُو بأس شَديد، (عَمَل) شاقّ، (جُهود) جبّارة

herd, *n.* 1. (group of animals) قَطِيع، سِرْب، ماشِيَة

2. (crowd) جَمْع مِنَ النَّاس

the common herd العَوَامّ، الغَوْغاء، الدَّهْمَاء، الرِّعاع

herd instinct غَرِيزَة القَطِيع

v.t. & i. لَمَّ شَمْلَ القَطِيع؛ اِلْتَمُّوا

herdsman, *n.* رَاعِي الماشِيَة

here, *adv. & n.* هُنا، هَهُنا

the here and now عَالَم الواقِع، في دُنْيَانا

that's neither here nor there ذَلِكَ أَمْر خارِج عَن نِطاق البَحْث، لا عَلاقَة لَه بِهِ

here you are! إِلَيْكَ ما طَلَبْتَ! هاكُم!

here goes! هيّا بِنَا! هَلُمَّ بنا! فَلْنَبْدَأْ! فَلْنَتَوَكّل على اللّه!

here's to your success! فَلْنَشْرَب نَخْب نَجاحِك! تمنياتي لك بالنَجاح!

hereabouts, *adv.* بِالْقُرْب مِن هَذا المكان

hereafter, *adv.* مِنَ الآن فَصَاعِدًا

n. الحَيَاة الآخِرَة، الآجِلة

hereby, *adv.*	وَبِهٰذَا، وبِذٰلِكَ
hereditament, *n.*	إِرْث، تَرِكَة
hereditary, *a.*	وِرَاثِيّ، مُتَوَارَث، مَوْرُوث
heredity, *n.*	وِرَاثَة، توَارُثُ الصِّفَات
herein, *adv.*	في هٰذَا النَّصّ
hereinafter, *adv.* (leg.)	فيما بَعْد (يُعْرَف بِ)
heresy, *n.*	بِدْعَة، هَرْطَقَة، كُفْر؛ فِكْرَة تَتَعَارَض مَع التَّعَالِيم المُتَّفَق عَلَيْها
heretic, *n.*	كَافِر، هَرْطُوقِيّ، بِدْعِيّ، مُتَمَرِّد عَلَى التَّعَالِيم المَرْعِيَّة
heretical, *a.*	بِدْعِيّ، هَرْطوقِيّ، هَراطِقِيّ، فِكرة تتنافَى مع المُعْتقَدَات
hereto, *adv.*; also heretofore (leg.)	سَابِقًا، حَتَّى الآن، إلى هٰذا اليوْم
hereunder, *adv.* (leg.)	أَدْنَاه، فيما يَلي
herewith, *adv.*	طَيَّه، رِفْق هٰذا (الخِطاب)
heritage, *n.* (lit. & fig.)	إِرْث، مِيرَات، تَرِكَة؛ تُرَاث (ثَقافيّ أو فَنِّيّ)
hermaphrodit/e, *n.* (-ic, *a.*)	خُنْثَى، مَن له مُمَيِّزات الذَّكَر والأُنْثَى مَعًا
hermetic, *a.*	مُحْكَم السَّدّ والإغْلاق
hermetically sealed	(قِنِّينَة) مُحْكَمة الغَلْق بِحَيْث لا يَنْفُذ اليها الهَوَاء
hermit, *n.*	نَاسِك؛ مَن اعْتَزَل النَّاسَ
hermitage, *n.*	صَوْمَعة النَّاسِك
hernia, *n.*	مَرَض الفَتْق أو الفِتاق

hero, *n.* 1. (illustrious warrior)	بَطَل (أبطال)، صِنْديد، باسِل
2. (central character)	بَطَل الرِّوايَة
3. (idolized figure)	بَطَل، مَعْبُود
hero-worship	عبادَة أو تَأْلِيه الأَبْطال
heroic, *a.*	بُطُولِيّ؛ (شِعْر) مَلْحَمِيّ؛ هائِل
n.pl.	عِبَارات رَنَّانة، المُغالاة في تَفْخِيم العِبَارات
heroin, *n.*	هِيرُوين، عَقَّار مُخَدِّر
heroine, *n.* 1. (heroic woman)	بَطَلة
2. (central female character)	بَطَلة القِصّة
heroism, *n.*	بُطُولة، بَسَالة، شَجَاعَة، فَائِقة، اسْتِبْسال
heron, *n.*	مَالِك الحَزِين، بَلْشون (طائِر)
herpes, *n.*	مَرَض جِلْدِيّ على هيئة بُثور
herring, *n.*	سَمَك الرِّنْجة أو الرَّنكة
herring-bone, *a. & n.*	بِشَكْل سَبْعات وثَمانِيات
red herring (fig.)	تَغْيِير مَجْرَى الحَدِيث لِصَرْف النَّظَر عن النُّقْطة الرَّئِيسِيّة
hers, *absolute form of* her	مِلْكُها
herself, *pron.* 1. (emphatic)	بِذاتها، بنَفْسِها
2. (reflexive)	(أَضَرَّتْ) نَفْسَها
he's, *contr. of* he is, he has	
hesit/ant, *a.* (-ancy, *n.*)	مُتَرَدِّد
hesit/ate, *v.i.* (-ation, *n.*)	تَرَدَّد؛ تَلَعْثَم في
hessian, *n.*	خَيْش، قُماش الجِنْفاص
heterodox, *a.* (-y, *n.*)	مارِق، خارِج على ...

heterodyne, *n.* الفِعْل المُتَغايِر ، اِقْتِران تَرَدُّدَيْن أو قوّتين (الكترونيات)

heterogene/ous, *a.* (**-ity,** *n.*) غَيْر مُتَجانِس

heterosexual, *a.* & *n.* (**-ity,** *n.*) عَلاقَة جِنْسِيَّة طَبيعيّة (عكْس العَلاقة الشّاذّة)

hew (*past p.* hewn), *v.t.* & *i.* قَطَعَ الأخْشاب بِفَأْس؛ شَقَّ طريقه في ..؛ مَنْحوت

hexagon, *n.* (**-al,** *a.*) شَكْل سُداسِيّ، سُداسيّ الأَضْلاع، مُسَدَّس

hexameter, *n.* سُداسِيّ التَّفاعيل (شعر غَرْبِيّ)

hey, *int.* حَرْف تَنْبيه ونِداء

hey presto! جَلا جَلا (مصر)، صَيْحَة الحَاوِي

heyday, *n.* عُنْفُوان، فَتْرَة اِزْدِهار، أيّام العِزّ

hi, *int.* حَرْف نِداء؛ أَهْلًا بك، هَلو!

hiatus, *n.* فَجْوَة أو ثَغْرة بين ...

hibern/ate, *v.i.* (**-ation,** *n.*) نامَ (الحَيَوان) نَوْمة الشِّتاء، دَخَل في فَتْرَة السُّبات

hiccup, *n.* & *v.i.* فُواق، شَهْقة، زَغْطَة (مصر)؛ فاقَ فُواقًا مُتَكَرِّرًا، شَهَق

hickory, *n.* شَجَر أَمْرِيكِيّ مِن الجَوْزِيّات، قارية

hide (*pret.* hid, *past p.* hidden), *v.t.* & *i.* خَبَأَ، أَخْفَى، حَجَبَ، سَتَرَ؛ أَضْمَرَ، كَتَمَ

hide-and-seek إسْتُغُمّايَة (مصر)، خَتّيلة (عراق)

n. 1. (skin) جِلْد (الحَيَوان)؛ جِلْد خَام أو مَدْبُوغ

2. (place of concealment) مَخْبَأ

hide-out, *n.* (*coll.*) مَخْبأ الحَيَوان ؛ مُخْتَلًى

hidebound, *a.* (*fig.*) مُتَزَمِّت، لا يَتَزَحْزَح عَن رَأْيه، ضَيِّق الأُفُق

hideous, *a.* (**-ness,** *n.*) بَشِع، شَنيع، قَبيح، فَظيع؛ بَشاعَة، شَناعَة

hiding, *n.* 1. (concealment) اِخْتِفاء؛ إخْفاء

2. (*coll.*, thrashing) عَلْقة (مصر)، بَسْطة (عراق)

hierarch/y, *n.* (**-ical,** *a.*) ذَوُو النُّفوذ والسُّلْطة، تَدَرُّج المراتِب في النِّظام الإداريّ والكَنَسيّ

hieratic, *a.* هِيرَاطِيقِيّ، خطّ مِصْريّ قديم

hieroglyphic, *a.* هِيرُوغْلِيفِيّ

hieroglyphics, *n.pl.*; *also* **hieroglyphs** هِيرُوغْلِيفِيّة ؛ رُموز مُبْهَمة ، طلاسِم

hierophant, *n.* (**-ic,** *a.*) كاهِن إغْرِيقِيّ قَدِيم ؛ مَن يُفَسِّر غَوامِض الدِّين

higgledy-piggledy, *adv.* & *a.* في هَرْج ومَرْج، مُلَخْبَط، مُخَرْبَط، في حالة فوضى

high, *a.* 1. (tall, elevated, lofty) عالٍ، مُرْتَفِع، سَامِق، شامِخ، مُنِيف، شاهِق

high-chair كُرْسِيّ عالٍ للأطْفال

leave high and dry (*usu. fig.*) خَذَله، هَجَرَه، تَخَلَّى عنه في وقْت الضِّيق

on one's high horse مُتَعَجْرِف، مُتَغَطْرِس، مُتَكَبِّر، مُتَعاظِم، شايِف نفْسه، نافِخ شِدْقَيْه

high-hat (*U.S. sl.*), *v.t.* & *n.* أَهانَه، تَعالَى عَلَيْه، لم يَحْسِب له أدْنى حِساب

high jump (sporting event) القَفْز العالي

(*sl.*, hanging) المِشْنَقة

you're for the high jump! (*joc.*) سَتُعاقَب!
سَتَأْخُذ عَلْقَة! رَاح تأكُلها! (عامّيّة)

high water أَقْصَى ارْتِفاع لِلْمَدّ، وَقْت بُلُوغ المَدِّ أَقْصاه

high-water mark (*lit. & fig.*) الحَدُّ الأَعْلَى لِارْتِفاع المَدّ؛ أَوْج، ذُرْوَة

2. (exalted, superior, principal)

high altar المَذْبَح الرَّئِيسيّ في الكَنِيسة

high command القِيَادَة العُلْيا (عسكريّة)

high-level, *a.* (*lit. & fig.*) ذُو مُسْتَوًى عالٍ

High Mass (*eccl.*) قُدّاس كامِل المراسيم (في الكَنيسة الكاثوليكيّة)

high-minded, *a.* كَرِيم أو رَفيع الخُلُق، ذُو مَبادِئ سامِيَة

high and mighty مَغْرُور، مُتَغَطْرِس، مُتَكَبِّر، مُتَعَجْرِف، مُتَشامِخ

he has a high opinion of him يُقَدِّرُه كلَّ التَّقْدِير

high priest رَئِيس الكَهَنة، الكاهِن الأَعْظَم

high-ranking, *a.* (ضَابِط) ذُو رُتْبَة عَالِيَة، مِن كِبَار مُوَظَّفِي الدَّوْلة

high school مَدْرَسة ثانويّة خاصّة (في انكلترا)، مَدْرَسَة ثانويّة عامّة (في أمْريكا)

on the high seas في أَعَالِي البِحار، خارِجَ المِياهِ الإقليمِيّة

high-sounding (عِبارات) طَنّانة أو رَنّانة، كالطَّبْل الأَجْوَف

high street الشّارِع الرَّئِيسيّ في مَدِينة

high table مائِدَة الأَساتِذة في قاعَة الطَّعام

high tea وَجْبَة طَعام مَع الشّاي تُؤْخَذ حَوالِي السّاعَة السّادِسة مَساءً

high treason الخِيانَة العُظْمَى

3. (extreme, full, great)

High Church فَرْع في الكَنِيسة الانكليزيّة يُعَلِّق أَهمّيّة كَبيرة على الطُّقوس

high colour إِحْمِرار الخَدَّيْن (نَتيجةً لِمرضٍ أو تَهَيُّجٍ عَصَبيّ)

high-fidelity, *a.* نِسْبَةً إلى إِنْتاج الأَصْوَات المُسَجَّلة بالمحافظة على المدى التّامّ للذَّبْذَبات

high noon الظَّهِيرَة، وَقْت الظُّهْر تَمَامًا، هَجِيرَة الظُّهْر

high octane petrol بِتْرُول أو وَقود زَيْتيّ يَحْتَوِي على نِسْبة عالِيَة من الأوكْتين

high-powered, *a.* ذُو قُوّة شَدِيدة؛ في مَرْكَز خَطِير ومُهِمّ

high-pressure, *a.* (*fig.*) بِنَشاط وسُرْعَة فائِقة

play for high stakes قامَرَ مُقامَرة خَطِرة

high summer مَعْمَعَان الصَّيْف، عِزّ الصَّيْف، الصَّيْف في أَشَدِّه

it is high time لَقَد حَانَ الوَقْتُ لِلقِيام بِعَملٍ ما، هَذه آخِر لَحْظَة قبلَ فوات الأَوان

4. (animated, exuberant)

high spirits (يَفيضُ) حَيَوِيّةً ونَشَاطًا، فَرَح ومَرَح، بَهْجَة وحُبُور

high-spirited, *a.* هُمَام، باسِل؛ وَثَّاب، يَشْتَعِل حَماسًا

high jinks (*coll.*) لَعِب وصَخَب

high words مُشادَّة أو مُشاجَرة كَلامِيّة، تَبادُل الكَلِمات اللّاذِعة

5. (strong-smelling, tainted) زَنِخ، عَفِن، نَتِن، كَرِيه الرّائحة

6. (*sl.*, intoxicated) مَسْطول (بِتأثير الخَمْر أو المخدرات)، سَكْران

adv.

high-up, *n.*, *usu. pl.* (*coll.*) أَصْحاب النُّفوذ

high-born, *a.* عَرِيق النَّسَب، أَصِيل، كَرِيم المَحْتِد

high-pitched, *a.*

(*of a roof*) (سَقْف) شديد الاِنْحِدار

(*of a sound*) (صَوْت) حادّ النَّغْمَة

high-falutin(g), *a.* (كَلِمات) جَوْفاء أو طَنّانة أو رَنّانة

run high

(*of the sea*) اِضْطَرَب البَحْر، هاجَ وماج

(*of feelings*) اِضْطَرمت المَشاعِر، هاجَت النُّفوس

look high and low بَحَثَ عَن شَيْءٍ أو تَفَقَّده في كلّ مكان

highball, *n.* (*U.S.*) شَراب من الوِيسْكِي وَالصُّودا في كأس طويل

highbrow, *a.* & *n.* (*coll.*) ذُو ثَقافة رفيعة، مِنَ المُثَقَّفين المتباهِين بثقافتهم

higher, *comp. a.* أَعْلَى، عُلْيا

higher criticism تَحْليل لمصادِر الكتاب المقدَّس

higher education التَّعْلِيم العالي أو الجامِعيّ

highland, *a.* & *n.* مِنْطَقة جَبَلِيّة، مُرْتَفعات

the Highlands ⟨of Scotland⟩ مُرْتَفَعات اسكتلندا

Highland fling رَقْص شَعْبيّ اسكُتلنديّ

Highlander, *n.* مِنْ سُكّان مُرْتفعات اسكتلندا

highlight, *n.* الجُزْء البارِز في صُورة

(*fig.*, *usu. pl.*) النِّقاط الرَّئيسِيّة أو الأساسِيّة (في بَحْث مَثلاً)

v.t. رَكّزَ الأَضْوَاء على، وَضَعَ (الخبر) في مَكان بارِز (من الجريدة)

highly, *adv.* جِدًّا، لِلْغايَة

highly strung عَصَبِيّ المِزاج، سَرِيع الاِنْفِعال

think highly of كَنَّ له اَحْتِرامًا شَديدًا، قَدَّرَه كُلّ التَّقْدِير

Highness, *n.* صَاحِب السُّمُوّ

highroad, *n.* الطَّرِيق الرَّئِيسِيّ

highway, *n.*; *also fig.* طَرِيق عامّ (للسَّيّارات مَثلاً)؛ الطَّرِيق المُباشِر (للنَّجاح مثلاً)

highwayman, *n.* قاطِع الطَّريق

hijack, *v.t.* (*U.S. sl.*) اِخْتَطَف طائِرةً بركّابها أثناء طَيرانها أو عَرَبة محمَّلة بالبَضائع وذلك بَعد تَهْديد السّائق

hike, *v.i.* & *n.* (*coll.*) تَجَوَّل في الرِّيف

hiker, *n.* (*coll.*) مُتجَوّل في المَناطِق الرِّيفيّة

hilar/ious, *a.* (**-ity, -iousness,** *n.*)

جَذْلان، جَذِل، شَدِيد المَرَح ؛ جَذَل

hill, *n.* تَلّ (تِلال)، رَبْوَة (رُبًى)

hillock, *n.* تَلّ صَغِير، رابِية، أَكَمَة

hilt, *n.* مِقْبَض السَّيْف أو الخَنْجَر، قائم السَّيْف

up to the hilt (*fig.*) إلى أقصى حدّ، تمامًا، كُلِّيَّةً، (غارِق في الدُّيون) حتّى أُذُنَيْه

him, *obj. case of pron.* **he**

himself, *pron.* 1. (emphatic) هُوَ بذاتِهِ أو بنفسه

2. (reflexive) (جرَح) نَفْسَه

hind, *n.* أَيِّلة، غَزالة، وَعْلة

hind, *a.* خَلْفِيّ، وَرائِيّ

hind-quarters عَجِيزة، عَجُز؛ لَحْم الفَخْذ

hinder, *v.t.* عَرْقَلَ، أَعاقَ، حَالَ دون ...

Hindi, *n.* اللُّغة الهِنْدِيّة

hindmost, *a. & n.* مَن جَاءَ في المؤخِّرة

the devil take the hindmost (الشَّاطر ينجو بِنَفْسِهِ) والضَّعيف مآله الخُسْران

hindrance, *n.* عَائِق، عَرْقَلة

hindsight, *n.* إِدْرَاك الأمْر بَعْد فَوات الأوان، تَفَهُّم الماضي عَقِب حُدوثه

Hindu, *n. & a.* هِنْدُوسِيّ، هِنْدُوكِيّ

Hinduism, *n.* الدِّيَانة الهندوسِيّة

Hindustani, *n.* اللُّغة الهندوسْتانِيّة

hinge, *n.* مُفَصَّلة (الباب)، نُرْمادة (عراق)

v.t. & i; also fig. وَصَّلَ أو اتَّصَلَ بِمُفَصَّلة

it all hinged on his decision كَانَ الأمر كُلُّه رَهْنَ قرارِهِ أو مُتَوَقِّفًا على حُكْمه

hint, *n.* تَلْمِيح، إِلْماعَة، إشارة خَفِيّة

v.t. & i. لَمَحَ أو أَوْمَأَ أو أَلْمَحَ إلى

hinterland, *n.* مَا وَرَاء السَّاحِل أو الميناء، مَا وَرَاء النَّهر، ظَهِير

hip, *n.* 1. (part of body) وَرْك، مُفَصَّل الفَخْذ، حَرْقَفة (عَظْم الفَخْذ)

hip-bath بَانْيُو مُنْخَفِض الجوانِب

hip-pocket جَيْب خَلْفِيّ في بَنْطَلون

2. (fruit of rose) ثَمَر الوَرْد البَرِّيّ، دَلِيك (لَه فَوائد طِبِّيّة)

int., esp. in hip-hip-hooray يَا يَعِيش!

hippodrome, *n.* مَسْرَح المُتَنَوِّعات؛ مَيْدان سِبَاق الخيل (عند الإغريق والرُّومان)

hippopotamus, *n.*; *coll. contr.* **hippo** فَرَس البَحْر، سيِّد قِشْطة (مصر)

hire, *n.* أُجْرة، كِراء، إيجار

hire-purchase شِرَاء البَضائع بالتَّقْسيط

v.t. إِسْتَأْجَرَ، اِكْتَرَى، أَجَّرَ

hire out أَجَّرَ، أَكْرَى

hireling, *n.* أَجِير، مُرْتَزِق

hirsute, *a.* مُشْعِر، كَثِير الشَّعْر، هَلِب

his, *a. & pron.* ضَمِير التَّمَلُّك للغائب المُفْرَد

hispanic, *a.* إِسْبَانِيّ، نِسبةً إلى اسبانيا

hiss, *v.i. & t.*; *also n.* فَحَّ (الثُّعبان)، صَفَّرَ، حَسَقَت (الحيّة)؛ فَحيح

they hissed him off the stage صَفَّرَ الجمهور للمُمَثِّل ازْدِرَاءً وأَرْغَموه على تَرْك المسْرَح

hist, *int.* صَهٍ! أُصْمُت! اُسْكُت!

histology, *n.* عِلْم الأَنْسِجة ، دِراسة تركيب الأَنْسِجة العُضْوِيّة (طِبّ)

historian, *n.* مُؤَرِّخ، مِن عُلَماء التَّارِيخ

historic, *a.* 1. (recorded in history; momentous) تَارِيخِيّ؛ مَشْهود

an historic occasion حَدَث تَارِيخِيّ مَشْهُود

2. (*gram.*)

historic present إِسْتِعْمال صِيغَة الفِعْل المُضَارِع لِلدَّلالَة على حَدَثٍ ماضٍ

historical, *a.* تارِيخِيّ

historicity, *n.* الصِّفَة التَّارِيخِيَّة ، صِحَّة الوَقَائع التَّارِيخيَّة

historiographer, *n.* مُؤَرِّخ رَسْمِيّ، مُدوِّن الوَقَائِع التَّارِيخِيَّة

history, *n.* عِلْم التَّارِيخ

make history قَامَ بعَمَل يُخَلِّده التَّارِيخ

medical history بَيَان أو سِجِلّ أمراض الشَّخْص

natural history التَّارِيخ الطَّبِيعِيّ (حَيَوان ونبات)

histrionic, *a.* مَسْرَحِيّ، تَمْثِيلِيّ

n.pl. إِظْهَار عَواطِف زائفة؛ فَنّ التَّمْثِيل

hit, *v.t.* & *i.* ضَرَبَ، لَطَمَ، لَكَمَ، رَمَى بِ، أَصَابَ، اِصْطَدَمَ

hit-and-run, *a.* كَرّ وفَرّ؛ فِرار سَيَّارة بعْد حادِث

do not hit a man when he's down الضَّرْب فِي المَيِّت حَرَام، العفو عند المَقْدِرة

hit the nail on the head (*fig.*) أَصَابَ كَبِدَ الحَقِيقة ، سَدَّدَ في قَوْلِه

hit it off with someone اِنْسَجَمَ مَعَ فُلان ، وَجَدَ فِيه صَدِيقًا مُلائِمًا له

hit on a solution عَثَرَ على حَلٍّ صُدْفَةً

hit ⟨out⟩ at سَدَّدَ إليه ضَرْبةً شديدةً ، هَاجَمَه بِعُنْف

hit back at رَدَّ الهجُوم بِمِثْله

hit the mark أَصَابَ الهَدَف تمامًا

n. 1. (blow) ضَرْبَة، لَطْمة، لَكْمة

hit-or-miss, *a.* كَيْفَمَا اتَّفَقَ، بمحض الصُّدْفة، (مسألة) حَظّ أو نَصِيب

2. (success) نَجَاح، توفيق، اِنْتِصار

make a hit أَحْرَزَ نجاحًا باهِرًا، نَجَحَ

hit parade (*coll.*) (بَرْنَامَج) أَرْوَج الأغاني

hitch, *v.t.* & *i.* 1. (move with a jerk) سَحَبَ أو شَدَّ بِحَرَكة سَرِيعة

2. (fasten, catch) رَبَطَ، عَلَّقَ؛ تعلَّق

n. 1. (jerk) سَحْبَة أو جَرّة سَرِيعة

2. (kind of knot) عُقْدَة لِشَدّ حَبْلٍ بِوَتَد

3. (impediment, snag) مَا يَعُوق سَيْرَ الأُمُور، عَقَبة، خَلَل فَنِّي

hitch-hike, *v.i.* سَافَرَ مجّانًا بإيقاف السَّيَّارة المَارّة في طريق عامّ

hither, *adv.* إِلَى هُنَا

a. فِي الجَانِب الأَقْرب

hitherto, *adv.* حَتَّى الآن، حتّى ذلك الحِين

hive, *n.* (*lit.* & *fig.*) خَلِيّة نَحْل، كُوَّارة

hive of industry مَكَان يَعِجّ بِالنَّشاط والحَرَكَة

v.t. & i. أَدْخَلَ (دَخَلَ) النَّحْل في خَلِيَّة

hive off (*fig.*) اِسْتَقَلَّ عن (المُؤَسَّسة الرَّئِيسيّة)

ho, *int.* هِيه، آه (تعبير عن الدَّهْشة)

hoar, *a.*, *in*

hoar-frost صَقِيع فِضّيّ

hoard, *n.* كَنْز، ذَخيرة، مال مُدَّخر

v.t. & i. اِكْتَنَزَ، اِدَّخَرَ، اِخْتَزَنَ (سِلَعًا أو أَغْذِية)

hoarding, *n.* اِخْتِزَان؛ حاجز خَشَبيّ يُحيط بِفِنَاء؛ لَوْح كبير للإعلانات بالطُّرق العامّة

hoarse, *a.* مَبْحُوح الصَّوْت، أَجَشّ، خَشِن الصَّوْت

hoary, *a.* 1. (grey) أَشْيَب الشَّعْر

2. (ancient) (مَبْنًى) عَتيق أو قَديم

hoax, *n.* & *v.t.* خُدْعة لإِيقاع شخص في مَقْلَب

hob, *n.* حَامِل بِجانِب المِدْفَأة للاحْتِفاظ بِحَرارة قِدْر

hobble, *v.i.* & *n.* عَرَجَ في المَشْي

v.t. & *n.* عَقَّلَ (الحِصان)، عَقال (الجمل)

hobble skirt جُونِلّة أو تَنُّورة طويلة وَضَيِّقة عِنْد القَدَمَيْن

hobbledehoy, *n.* شَابّ أَخْرَق في سنّ المُرَاهَقة، غِرّ، طويل طولَ النَّخْلة وعقله عَقْل السَّخْلة

hobby, *n.* هَوَاية (تُمَارَس في أَوْقات الفِراغ)

hobby-horse

(effigy or toy) لُعْبَة يَرْكَبُها الصِّغار تَتَكَوَّن مِن عَصا بِطَرَفِها رَأْس حِصان

(craze) (لَجَاجَة في) مَوْضوعه المفَضَّل، هَوَس

hobgoblin, *n.* بُعْبُع، عِفْريت

hobnail, *n.* (**-ed,** *a.*) مِسْمار كَبير الرَّأس للأَحْذِية

hobnob, *v.i.* نَادَمَ، عَاشَرَ، رَافَقَ

hobo, *n.* (*U.S.*) صُعْلوك، أَفَّاق

Hobson's choice, *n.* أَمْر لا خِيار فِيه، حُرِّيّة اخْتِيار وَهْمِيّة ولَيْسَت حَقِيقيّة

hock, *n.* 1. (animal's leg joint) المَفْصِل الأَوْسَط في السّاق الخَلْفيّة للحَيَوان

2. (wine) نَبِيذ أَلْمَانِيّ أَبْيَض

hockey, *n.* لُعْبَة الهوكي (رياضة)

hocus-pocus, *n.* شَعْوَذَة، تَهْرِيج، ضَحْك عَلَى الذُّقُون، بَهْلَوانيّات الدَّجّال

hod, *n.* 1. (builder's implement) حَمّالة لِنَقْل الطّوب يَرْفَعُها عُمّال المَباني على أكتافِهم

2. (coal receptacle) صُنْدُوق للفَحْم

hodge-podge, *see* **hotch-potch**

hoe, *n.*; *also v.t.* & *i.* مِعْزَقة؛ عَزَقَ الأَرْض

hog, *n.* (*lit.* & *fig.*) خِنْزِير (يُخْصَى ويُرَبَّى لِلذَّبْح)؛ شَخْص أَنانِيّ غليظ الطِّباع

go the whole hog (*coll.*) مَضَى إلى نِهاية الشَّوْط، أَدَّى العَمَل بكامِلِه

hog's back هَضَبة مُتَمَوِّجة السَّطْح

road-hog سائِق سَيّارة يَحْتَكِر الطَّرِيق لِنفسه دُون مُراعاةٍ لِغَيْره

v.t. (*coll.*) لَمْ يَتْرُكْ لِغَيْره نَصيبًا، اِسْتَأْثَر بِـ..

Hogmanay, *n.* لَيْلَة رَأس السَّنة في اسْكُتْلَنْدا

hogshead, *n.* بِرْميل كَبير للبيرة سَعَته $52\frac{1}{2}$ جالونًا

hogwash, *n.*; *usu. fig.* بَقَايَا الطَّعام الَّتِي تُلْقَى لِلْخَنازِير؛ كلام فارِغ، هُراء

hoist, *v.t.* نَصَب (العَلَم)، رَفَع (حِمْلاً)

hoist with his own petard مَن حَفَرَ بِئرًا لِأَخِيه وَقَعَ فيها

n. مِرْفَع، رافِعَة (بِناء)

hoi polloi, *n.pl.* عامَّة الناس، السُّوقَة

hoity-toity, *a.* مُتَعَجْرِف، شامِخ الأَنْف

hold (*pret. & past p.* held), *v.t.* 1. (clasp) أَمْسَكَ بِ، قَبَضَ على، كَمَش

2. (keep)

hold oneself in readiness كَانَ على أُهْبَة الاِسْتِعْداد (لمجابَهة الطَّوارِئ)

hold someone to a promise طَالَبَه بِالقِيام بِما تَعَهَّد به، أَلْزَمَه أَنْ يَفِي بِوَعْدِه

3. (contain) اِحْتَوَى على، اِسْتَوْعَب، وَسِعَ

hold-all, *n.* شَنْطَة أو جَنْطَة من القُماش

this won't hold water (*fig.*) هَذا رأْي لا يَصْمُد أمام النَّقْد، هذه حُجَّة مُتَهافِتة

4. (remain in possession of)

hold someone's attention اِسْتَحْوَذَ عَلَى انْتِباهِهِ

hold the fort (*fig.*) تَوَلَّى مَسْؤُولِيَّة شَخْص نِيابَةً عنه أثناء غِيابه

hold one's ground (*lit. & fig.*) صَمَدَ في مكانه، لَمْ يَتَراجَعْ أمام الهُجوم، لم يَتَراخَ

5. (occupy)

hold office شَغَل وَظِيفَةً أو مَنْصِبًا، مَارَس (الحِزْبُ) الحُكْم

6. (conduct, convene) عَقَدَ، أَقَامَ

hold a party أَقَامَ حَفْلَة

7. (restrain, detain) حَبَسَ أو أَوْقَفَ

hold in custody مَتْهمًا حَتَّى مَوْعِد مُحاكَمَتِه

hold one's breath أَمْسَكَ أنفاسه

hold your tongue! اِمْسِكْ لسانَك! اُصْمُتْ! اِخْرَسْ!

hold your horses! (*sl.*) طَوِّل بالك!

he held his hand (*fig.*) لَمْ يَبُحْ بِنِيَّتِه

there's no holding him لا يُمْكِن كَبح جِماحِه، نَشاطُه لا يَقِف عند حَدٍّ

8. (consider) اِرْتَأَى أَنّ، اِعْتَبَرَ أَنّ، رَأَى (القُدَماء) أنّ ...

v.i. (stay; remain valid or firm)

hold aloof ظَلَّ بَعِيدًا عن، عَزَفَ عن، اِبْتَعَدَ عن، تَجَنَّبَ، اِنْزَوَى

hold by one's word وَفَى بِوَعْدِه، لم يَنْكث عَهْدَه، قَامَ بِما تَعَهَّدَ به

hold good (قَانُون) لا يزال ساري المفعول، (قَاعِدَة) ما تزال مُطَبَّقَة

hold hard! قِفْ مكانَك!

hold to one's opinion تَمَسَّكَ أو تَشَبَّثَ بِرَأْيِه، لم يَتَزَحْزَح عن مَوْقِفه

I don't hold with that لا أُشارِك الرَّأْي في ...، لا أُحَبِّذ ...

hold true (نَظَرِيَّة) ما تَزال صائبة

(*v.t. & i. in adverbial compounds*)

hold back اِمْتَنَعَ عن (الدَّفع مثلا)، أَمْسَكَ عن، تَرَاجَعَ عن (الخطر)

hold down (*lit.*) ضَغَطَ بِيَدِه على

(oppress, suppress) قَمَعَ (الفِتْنَة)

(keep *a job*) ظَلَّ في وَظِيفَتِه

hold forth أَلْقَى خطابًا طويلًا ومملًّا، أَطْنَبَ في القول؛ قَدَّم أو عَرَض

hold off مَنَعَ، صَدَّ، نَهَرَ؛ إِمْتَنَعَ عن تعاطي ...؛ إِحْتَبَس المَطَر حتّى...

hold on إِنْتَظِرْ، لا تَتْرُك الخَطّ (التّليفونيّ)

hold out (*v.t.*, stretch forth; *fig.*, proffer) مَدَّ (يده)؛ قَدَّمَ أو عرض (مُغْريات مثلًا)

(*v.i.*, endure, last) صَمَدَ (رَغْم المصاعِب)، تَحَمَّلَ؛ بَقِيَ، دَامَ، كَفَى

hold over أَرْجَأَ، أَجَّلَ، تَجَاوَزَ المدّة المقرَّرة

hold together تَمَاسَكَ؛ إِتَّحَدَ

hold up

(support, hold high) دَعَمَ، سَانَدَ، رَفَعَ

(*fig.*, exhibit) عَرَضَ، أَظْهَرَ، أَبْدَى

(obstruct, delay), *whence* hold-up, *n.* عَرْقَلَ، أَعَاقَ، عَطَّلَ؛ تَعْطيل في المرور

(stop and rob), *whence* hold-up, *n.* قَطَعَ الطَّرِيق على؛ ايقاف المُسَافِرِين وسَلْبهم

n. 1. (grasp) قَبْضَة؛ تَمَكُّن مِن ...

no holds barred بأيَّة وَسِيلة كانت، بأيَّة طريقة (مشروعة أو غير مشروعة)

2. (influence, power) (له) سَيْطَرَة كَبيرة على (أخيه)، له هَيْمنة على (الموقف)

3. (part of ship) عَنْبَر أو مَخْزَن السَّفينة (لخزن البضائع والأمتعة)

holder, *n.* 1. (one who holds) شَاغِل (مَنْصِب)، حَامِل (وِسَام)، حائز على (لقب)، مالِك أو مُسْتَأْجِر

2. (*esp. in comb.*, thing for holding) مِقْبَض، يَد أو يدة، حامِل (جهاز)

cigarette-holder مَبْسِم، فُم، أَمْزِك

holding, *n.* مَا في الحِيَازة أو تَحْت اليَد، أرض بِرَسْم الإيجار، مِلْكية، عِقار

hole, *n.* 1. (hollow, aperture, perforation) ثُقْب، فَتْحة، خُرم، حُفْرة، خَرْق، نَقْب

it makes a hole in a pound ضَاعَ الجنيه أو رَاحَ الدِّينار في شِراء حَاجَة بَسِيطة

pick holes in an argument أَظْهَر نِقاط الضَّعْف في حُجَّة، تَصَيَّد الأَخْطاء

hole-and-corner, *a.* خَفِيّ، من تَحْت لِتَحْت

2. (burrow) وِجار (الثَّعْلب مثلًا)

3. (mean abode) (يَعِيشُ في) جُبّ

4. (*coll.*, predicament) وَرْطَة، مَأْزِق

v.t. 1. (make holes in) ثَقَبَ، نَقَبَ، خَرَمَ

2. (put *ball* in hole); *also v.i.* ضَرَبَ كُرة الجُولْف وأَدْخلها في حُفْرة مُعَيَّنة

holiday, *n.* عُطْلة، (يوم) عِيد

holiday-maker مُصْطَاف، سَائِح (سُوَّاح)

holiness, *n.* قُدْس، قداسَة، قُدْسِيَّة، طَهَارَة

His Holiness قَدَاسَة البابا

Holland, *n.* هُولندا

holland, *n.* قُماش كَتَّانِيّ خَشِن ومَتِين يُشْبِه الدَّمُّور (مصر)

hollands, *n.* شَراب الجِين الهولنديّ

hollo(a), *v.i. & int.*; *also* **holler,** *v.i.* (*U.S. coll.*) صَاحَ مُنادِيًا؛ هيه! صَرَخ

hollow, *a.* أَجْوَف، مُجَوَّف، مُقَوَّر، (كرة) جَوْفاء

hollow-eyed غَائِر العَيْنَيْن

hollow ware أَوَانٍ أو أَوْعِيَة للمَطْبَخ (مَصْنُوعَة من المعدِن غالبًا)

(*fig.*)

hollow laugh ضَحْكَة زائفة أو مُصْطَنَعة

hollow victory نَصْر كاذِب لَا قِيمَةَ له

n. مُنْخَفَض صَغير في الأرض، غَوْر

v.t. جَوَّف، قَوَّر، قَعَّر

hollow out جوَّف (جِذْع شَجَرة مثلًا)

holly, *n.* آسٌ بَرّيّ، شرابة الراعي

hollyhock, *n.* خَطْمِيّ، خُبَّيزى افرنجية

holocaust, *n.* مَجْزَرة بَشَريّة، خَراب ودَمار، إِهْلاك وَمَحْو (البَشر)

holster, *n.* جِرَاب أو قِراب المسدَّس

holy, *a.* مُقدَّس، قُدسِيّ، قُدُّوس

the Holy City بَيْت المقْدِس، القُدْس، أورشليم

the Holy Ghost (Spirit) الرُّوح القُدُس (عِنْد النَّصارى)

he took holy orders رُسِمَ قسيسًا، أَصْبَحَ كاهِنًا لِكَنيسة

holy water ماءٌ مُقدَّس أو مُصَلًّى عَلَيْه

Holy Week أُسْبُوع الآلام (عند النَّصارى)

Holy Writ الكِتَاب المقدَّس، العَهْد القديم وَالعَهْد الجديد

the holy of holies (*lit. & fig.*) قُدْس الأَقْداس؛ مَوْضِع حَرام

holystone, *n. & v.t.* حَجَر رَمْلي ناعِم يُسْتَعْمَل فِي صَقل ألواح سَطْح السَّفينة

homage, *n.* بَيْعَة، تَكْرِيم

do (pay) homage to بَايَعَه، قَدَّم له فُرُوض الطَّاعة، أَظْهَرَ التَّقدير اللّائق به

home, *n.* 1. (house, abode, place of origin) بَيْت، دار، مَسْكَن، محلّ السُّكْنَى أو الإقامة

Home Counties المُقَاطعات المحيطة بِلَنْدَنْ

home-made, *a.* مُعَدّ في البيْت (خبز، فَطَائِر، مربًّى، مخلَّلات)

home stretch الشَّوْط الأخير (في سِباق مثلًا)

home win فَوْز الفريق المُضِيف (رياضة)

at home

(in one's own house) مَوْجُود في البيْت

(at one's ease) خُذْ رَاحَتك! مرتاح

(receiving callers)

she is not at home except to relatives today اليَوْمَ لا تَسْتَقْبِلُ أحدًا ما عَدَا أقارِبها

at-home, *n.* حَفْلَة اسْتِقْبال بمنزل المُضِيف

2. (native land) وَطَن، مَوْطِن؛ مَسْقَط الرَّأْس

home affairs الشُّؤُون الدَّاخِلِيَّة

Home Office وِزارَة الدَّاخِليّة البريطانيّة

Home Rule إسْتِقْلَال دَاخِلِيّ (بالأخَصّ مَا طَالَبَ به الإيرْلَنْدِيّون)

Home Secretary وَزير الداخلية البريطاني

3. (institution, asylum) مَلْجأ، دار للعَجَزة

mental home مَصَحّ أو مَصَحَّة لِذَوِي الأَمْرَاض العَقْلِيّة ، مُسْتَشْفى المَجاذِيب

adv.; *also attrib.* 1. (to, in, one's house or country)

home and dry نَجَحَ في المِهمَّة بعْد مَشَقّة

home-coming العَوْدة إلى البَيْت أو الوَطَن بَعْد غِياب

it's nothing to write home about شَيْء لا يَسْتَحِقّ اهْتِمامًا خاصًّا، أمر اعْتِياديّ

2. (to its goal)

he drove the nail home دَقَّ المِسْمار حَتّى آخِره

drive something home (*fig.*) ظَلَّ يَشْرَح مَوْضُوعًا حتّى أقْنَع سامِعيه

it came home to him فَطِنَ إلى أنَّ ... ، إسْتَبانَ له ، أدْرَكَ فَجْأةً

he told him some home truths وَاجَهَه بِبَعْض الحقائق المُرَّة الَّتِي تَخُصُّه

v.i. عَادَ، آب، رَجَعَ إلى الوطن

homing pigeon حَمَام زاجِل أو هَدِيّ

homeland, *n.* مَوْطِن، وَطَن

homeless, *a.* بِلَا مَأْوًى، شَرِيد

homel/y, *a.* (**-iness,** *n.*) 1. (unpretending) سَاذَج، بَسيط ؛ (جَوّ) عائليّ

2. (unattractive) غير جَذّابة أو جَميلة

homeo-, *see* **homœo-**

homer, *n.* 1. (pigeon) حَمَام زَاجِل أو هَدِيّ

2. (beacon) جَهاز لاسِلْكيّ في المَطار لِتَوْجِيه الطّائرات عِنْد هُبُوطِها

3. (*in baseball*) دَوْر كامِل في لُعْبة البَيْسْبُول

homesick, *a.* (**-ness,** *n.*) مَنْ يَشْعُر بِحَنِين أو شَوْق جارِف لِوَطَنه ؛ التَوْق إلى الوَطَن

homespun, *n.* & *a.* قُماش مَنْسُوج في البَيْت

(*fig.*) سَاذَج ، بَسيط

homestead, *n.* المَسْكَن وما يُحِيطُ به ؛ عِزْبَة

homeward, *a.* & *adv.*; *also* **homewards** مُتَوَجِّه إلى بَيْته، في طريق العَوْدة للوطن

homework, *n.* وَاجِبَات مدرسيّة (تُحَضَّر بالمنزِل)

homicid/e, *n.* (**-al,** *a.*) قَتْل الغَيْر، قاتِل إنْسَان ؛ قاتِل

homicidal maniac مُصَاب بِجُنُون القَتْل

homily, *n.* مَوْعِظة ، عِظَة ؛ خُطْبَة طَويلة مُمِلّة، نَصِيحة مُضْجِرَة

homo, *coll. contr. of* **homosexual**

homo sapiens (*Lat.*) الجِنْس البَشَرِيّ

homœo/pathy, *n.*, **-path,** *n.* المُداواة المِثْلِيّة ، مُدَاوَاة المَرْضَى بِما قد يُسَبِّب الدّاء للأَصِحّاء

homogene/ous, *a.* (**-ity,** *n.*) مُتَجانِس

homogenize, *v.t. esp. in*

homogenized milk لَبَن حَلِيب مُعالَج بطريقة تمنع تَكَوُّن القِشْدَة

homolog/ue, *n.* (**-ous,** *a.*) شَكْل مُماثِل ؛ مُشابِه ، مُقابِل ، مُناظِر

homonym, *n.* (**-ic, -ous,** *a.*) كَلِمات مُتَشابِهة اللَّفْظ مُخْتَلِفة المَعْنَى ؛ سَمِيّ

homosexual, *a. & n.* (**-ity,** *n.*) لُوطِيّ ، شاذ جِنْسِيًّا ؛ اللِّواط ، اِشْتِهاء المماثِل

homy, *a.* (*coll.*) (جَوّ) عائلي أو بَيْتي

hone, *n. & v.t.* حَجَر لِسَنّ أطراف المعادن الدَّقِيقة ؛ جَلَّخ ، شَحَذَ حافة المُوسَى

honest, *a.* 1. (candid) (رأي) صَرِيح ، مُخْلِص ، صَادِق ؛ أمين

2. (possessing or indicating moral probity)

make an honest woman of أَنْقَذَ شَرَف إمْرأة بالزَّواج مِنها بَعْد التَّغْرِير بها

turn an honest penny قامَ بِعَمَل إضافِيّ بَسِيط ليزيد مِن دَخْلِه

honesty, *n.* أمانة ، إخْلاص ، صِدْق

honey, *n.* 1. (substance made by bees) عَسَل النَّحْل ، شَهْد ، عَسَل أَبْيَض (مصر)

2. (*coll.*, darling) يَا حَبُّوبَة ! يا قَمُّورة !

honeycomb, *n.* (*lit. & fig.*) قُرص أو خُرُوب العَسَل ؛ زَخْرَفة على شَكْل خَلايا النَّحْل

v.t., esp. in past p. honeycombed مُخَرَّم ، مَلِيء بالثُّقوب والفَجَوات

honeydew, *n.* مَادَّة سُكَّرِية على أَوْراق النَّبات

honeydew melon كُوز العَسَل أو الشَّهْد

honeymoon, *n.*; *also v.i.* شَهْر العَسَل

honeysuckle, *n.* زَهْر العَسَل ، سُلْطان الجَبَل

honk, *v.i. & n.* ضَغَط على بُوق السَّيَّارة ، طَوَّط (عراق) ، زَمَّر (مصر) ؛ قاقة الإوزّ

honor, *see* **honour**

honorarium, *n.* أتْعاب أو مُكافأة (للمحامي مثلًا)

honorary, *a.* (رَئِيس) فَخْرِيّ

honorific, *a. & n.* عِبارات التَّعْظِيم

honoris causa, *adv. phr.* (دُكْتُوراة) فَخْرِيّة

honour (*U.S.* **honor**), *n.* 1. (probity; respect) شَرَف ، كَرامة ، عِرْض

in honour bound مُلْزَم بِشَرَفِه أن

debt of honour دَيْن شَرَف (في القِمار عادةً)

a point of honour مَسْألة شَرَف أو كَرامَة

put someone on his honour أَخَذَ منه وَعْد شَرَف

2. (title), *esp. in*

your honour سِيادَتكم ، حَضْرَتكم

3. (distinction conferred)

honours list قائِمة الشَّرَف في الإنْعام المَلَكِيّ

do someone the honour of شَرَّفه بِ

do the honours اِحْتَفَى بالضَّيْف ، أَكْرَمَهُ

4. (*pl.*, distinction in examination)

honours degree بَكالُورِيُوس شَرَف

v.t. 1. (respect highly) أَكْرَم ، بَجَّل ، اِحْتَرَمَ ، وَقَّرَ

2. (confer dignity on) شَرَّفَ (بِوِسام مَثلًا)

3. (acknowledge, fulfil) أَقامَ على عَهْده ، وَفَّى قِيمَة الكَمْبيالة أو الشِّيك

hono(u)rable, *a.* 1. (honest, upright) شَرِيف ، نَبيل ، صادِق ، مُسْتَقِيم

2. (creditable) جَدِير بِالتَّكْرِيم

3. (in titles)

Right Honourable لَقَب مَعالي أو فَخامَة في انكلترا

hooch, *n.* (*U.S. sl.*) مَشْرُوبات رُوحِيّة

hood, *n.* 1. (covering for head) قَلَنْسُوة،طَرْطور

2. (roof of car, perambulator, etc.) تَنْدة (لِعَرَبة الأطفال)، كَبّوت السّيّارة

hoodlum, *n.* (*U.S. sl.*) قَبَضاي ، بَلْطجيّ ، شَقِي (أشْقِياء)، أزْعر (شام)، عَيّار

hoodoo, *n.* & *v.t.* (*U.S. coll.*) نَحْس، شُؤم ، (مُصاب) بالعيْن الشّريرة ؛ أصابه بالعين

hoodwink, *v.t.* ذَرَّ الرَّماد في عيْن .. ، غَشَّ

hooey, *n.* (*sl.*) كَلام فارِغ ، بَكش (مص)، تُرَّهات

hoof (*pl.* hoofs *or* hooves), *n.* حَافِر (حوافر)

v.t. رَفَس

hoof it (*sl.*, walk); *also* hoof, *v.i.* مَشَى ، جاءَ بِيَادة أو ماشيًا، في باصْ رقم ١١ (عراق)

hook, *n.* 1. (curved tool or device) كُلّابَة ، خُطّاف ، صِنّارة ، شَنْكل

hook and eye عَقِيفَة وعُرْوة (خياطة)

hook-nosed, *a.* مَعْقُوف أو أَقْنَى الأنْف

hook, line, and sinker عَن آخِرِه ؛ (بلع الحِكَايَة بأكملها، دَخَلَت عليه الحكاية

2. (curving stroke) ضَرْبَة خُطّاف (ملاكمة)

v.t. شَدَّ بِخُطّاف

hook on; *also v.i.* عَلَّق بكُلّاب ؛ تَعَلَّق بِصِنّارة

hook-up, *n.* رَبْط بيْن عدّة محطّات إذاعِيّة ، بَثّ مُشْتَرَك

(*fig.*, catch) أَوْقَعَتْهُ في شِباكها، اصْطادته

hookah, *n.* نَارْجيلة، شِيشة (مصر)

hookworm, *n.* (مَرَض تُسَبِّبه)دُودة الانكلستوما

hooligan, *n.* بَلْطَجِيّ ، وَغْد ، شَقِيّ ، مُثِير لِلشَّغَب

hoop, *n.* طَوْق مَعْدِنِيّ أو خَشَبِيّ، طارة ؛ طَوْق للبرميل ، حَلقة معدنيّة في لعبة الكروكيه

hoop-la لُعبة الأطواق والخُطّاف

v.t. أحاطَ بطَوْق؛ صَوْت سُعال مُخْتَنِق

hoopoe, *n.* هُدْهُد (هداهد)

hoorah, *see* **hurrah**

hoot, *v.i.* & *n.* نَعَق البوم ؛ زَمَّرَ سائق السّيّارة، طَوَّط؛ صاحَ صَيْحة اسْتِهْزاء

not worth a hoot لَا يُسَاوِي قُلامة ظفر، تافِه ، لَا قِيمةَ له

hooter, *n.* بُوق السَّيّارة ، صَفّارة المَصْنع

hop, *v.i.* حَجَل ، قَفَز على رِجْل واحدة ؛ نَطَّ (الأرنب مثلًا)

hop it! (*sl.*) اِمْشِ مِن هُنا! أُغْرب عن وَجْهي!

n. 1. (jump) حَجْلة ، قَفْزَة على رِجْل واحِدة

2. (plant) حَشِيشَة الدِّينار (نبات)

hope, *v.i.* & *t.* أمَل ، رَجا، تَمَنَّى

hope against hope عَلَّقَ الآمال على أمر لا أَمَل فيه ، تَشَبَّثَ بأمَلٍ لا رَجاءَ فِيهِ

n. أمَل ، رَجاء ، تَمَنٍّ

hopeful, *a.* مُتَفائِل، مُؤَمِّل ؛ يُرْجَى مِنْه خَيْر

hopeless, *a.* يَائِس ، قانِط ؛ مَيْئوس مِنه ، لا أَمَل فيه

hopper, *n.* (*mech.*) قَادُوس الطَّاحُونَة

hopscotch, *n.* لُعْبَة الحَجْلَة

horde, *n.* قَوْم رُحَّل ، قَبِيلة مُغيرة ؛ أَسْراب (من الجراد) ؛ حَشْد من النّاس

horizon. *n.* أُفُق (آفاق)

horizontal, *a.* & *n.* أُفقيّ ؛ الخَطّ الأُفقيّ

hormone, *n.* هُورْمُون

horn, *n.* 1. (projection on animal's head) قَرْن (قُرون)

he drew in his horns (*fig.*) رَاعَى الاقْتِصاد في النَّفَقات ؛ حَصَر جُهُودَه

on the horns of a dilemma أمام أَمْرَيْن أَحْلاهُما مُرّ، (يُواجِه) مُعْضِلة

2. (material) مَادَّة مُكَوِّنَة لقُرون الحيوان

horn-rimmed spectacles نَظّارات ذات إطار عَاجِي أو مَصْنُوع من مادّة قَرْنِيّة

3. (musical instrument) هُورن ، صُور

hornbeam, *n.* شَجَر النِّير (من الفَصِيلة البَلّوطِيّة)

hornet, *n.* دَبُّور، نَوْع من الزَنابير الكَبيرة

stir up a hornet's nest (*fig.*) أَثَار زَوْبَعة مِن السُّخْط دون قَصْد

hornpipe, *n.* رَقْصَة خاصَّة يُؤَدِّيها البحّارة

horolog/y, *n.* (**-ical,** *a.*); **-ist, -er,** *n.* عِلْم قِياس الزَّمَن، فَنّ تَصْمِيم السَّاعات

horoscope, *n.* حِساب مَواقع النُّجُوم لمعْرِفة الطَّالِع، تنجِيم

horrible, *a.* شَنِيع، مُرِيع، فظيع، قَبِيح، كَرِيه

horrid, *a.* فَظِيع، مُقَزِّز، مُقْرِف

horrific, *a.* مُفْزِع ، مُرْعِب ، تقشعر لِهَوْلِه الأبْدان

horrify, *v.t.* أَفْزَعَ، أَرْعَبَ، رَوَّعَ، بَعَثَ الرُّعْب في أَوْصاله

horror, *n.* هَوْل، رُعْب ، هَلَع، فَزَع، خَوْف شَديد

horror film فِيلْم مِن أَفْلام الرُّعْب

the horrors هَذَيَان بِسَبِب السُّكْر

hors de combat (*Fr.*) عَاجِز عن مُواصَلَة القِتال

hors d'œuvres, *n.pl.* مُشَهِّيات، فاتِحات الشَّهِيّة ، مُقَبِّلات

horse, *n.* 1. (animal) حِصان، فَرَس

horse-box عَرَبَة نَقْل الخَيْل

horse-breaker مُرَوِّض الخَيْل

horse-chestnut (شجرة) كَسْتَنة الحِصان

horse-flesh لَحْم الخَيْل ؛ خَيْل

horse-fly نُعَرة، ذُبَابة ضَخْمة زَرْقاء

horse laugh قَهْقَهة عَالِية خَشِنَة

horse-play مِزاح سَمِج

horse-power, *abbr.* h.p. قُوّة حِصان

horse radish فِجْل بَرّيّ أو حِرِّيف

horse sense فَهْم أو إدْراك طَبيعيّ

eat like a horse أَكَل كالحَلُّوف، اِلْتَهَمَ كَمِّيّات كَبِيرة من الطَّعام

willing horse مَنْ يُقْبِل على العَمَل الشّاقّ عَن طِيبِ خاطِر، خَدوم

2. (*collect. sing.*, cavalry)

Horse Guards فُرْسَان الحَرَس المَلَكِيّ (بريطانيا)

3. (vaulting block) حِصان خَشَبِيّ لِلقَفْز

horseback, *n.*, *esp. in* صَهْوَة الجَوَاد

on horseback (جاء) مُمْتَطِيًا ظَهْر حِصان

horsehair, *n.* شَعْر الخَيْل

horse/man (*fem.* **-woman**), *n.* فَارِس، خَيَّال

horsemanship, *n.* فَنّ رُكوب الخَيْل

horseshoe, *n.* نَعْل أو حِذْوَة الحِصان

horseshoe bend اِنْحِناءَة في الطَّرِيق على شَكْل حِذْوَة الحِصان

horsetail, *n.* ذَيْل الحِصان

horsewhip, *n.* & *v.t.* كُرْباج ؛ جَلَدَهُ (بِسَوْط)

horsy, *a.* مِنْ هُوَاة الخَيْل

hortat/ive (**-ory**), *a.* مَلِيء بِالوَعْظ والتَّوْجِيه

horticultur/e, *n.* (**-al,** *a.*); **-ist,** *n.* بَسْتَنَة، فِلاحَة البَساتِين ؛ مُتَخَصِّص في البَسْتَنة

hosanna, *n.* أُوصَانا، تَسْبِيح وتَمْجِيد لله

hose, *n.* 1. (*collect.*, stockings) جَوارِب طَوِيلة، شَرابات (مصر)

2. (flexible tube); *also* hose-pipe خُرْطُوم المَاء (للرَّشّ أو للإطْفاء)، أُنْبوب مَطّاطِيّ

v.t., *usu. with adv.* down صَبَّ أو رَشَّ المَاءَ بِخُرْطُوم للتَّنْظِيف

hosier, *n.* تاجِر الجَوارِب والملابِس الدَّاخِلِيَّة

hosiery, *n.* مَحَلّ بَيْع الجوارِب والملابِس الدَّاخِلِيَّة (للرِّجال غالبًا)

hospice, *n.* مَلْجَأ للعَجائِز، تَكِيَّة، خان

hospitable, *a.* مِضْيَاف، حَفِيّ بالضُّيوف

hospital, *n.* 1. (medical establishment) مُسْتَشْفًى (مُسْتَشْفَيات)

2. (charitable institution) دَار العَجَزة، مَبَرَّة ؛ مَدْرَسَة خَيْرِيَّة

hospitality, *n.* كَرَم الضِّيافَة، حُسْن الوِفادَة

hospitaliz/e, *v.t.* (**-ation,** *n.*) أَدْخَل مَرِيضًا المُسْتَشْفَى للعِلاج ؛ عِلاج في مُسْتَشْفًى

host, *n.* 1. (large number) حَشْد، جَمْع غَفِير، جُمْهور كَبِير مِن النَّاس

Lord of Hosts رَبُّ الجُنود، رَبّ القُوَّات (مِن أَسْماء الله في التَّوْراة)

2. (one who lodges or entertains another) مُضِيف، صاحِب الدَّعْوَة

mine host صَاحِب حانَة أو خَمَّارَة

3. (*biol.*) حَامِل الطُّفَيْلِيّات (عِلْم الحَيَوان)

4. (consecrated bread) قُرْبَانَة عِنْد المَسِيحِيِّين، خُبْز الذَّبِيحَة

hostage, *n.* (*lit.* & *fig.*) رَهِينَة (رَهائِن)، أَسِير حَرْب يُحْتَجَز كَرَهِينة

hostage to fortune (وَضَعَ نَفْسَه) تَحْت رَحْمَة الأَقْدار، عُرْضَة لِلضَّياع

hostel, *n.* دَارٌ (داخِلِيّة) لإقامَة الطَّلَبة

Youth Hostel بَيْت الشَّباب

hostelry, *n.* (*arch.*) خَان (خانات)

hostess, *n.* مُضِيفَة

air hostess مُضِيفَة جَوِّيَّة

hostil/e, *a.* (**-ity,** *n.*) عِدَائِيّ ، مُعادٍ ، مُناوِئ؛ عَدَاء ، مُناوَأة

commence hostilities بَدَأ عَمليّات حَرْبيّة؛ اِنْدَلَعَت نِيران الحَرْب، نَشَبَ القتال

hostler, *see* **ostler**

hot, *a.* حارّ، ساخِن، حامٍ

hot and bothered (*coll.*) مُتَحَيِّر، مكركِب، مُغْثوث

he gave it to him hot and strong (*coll.*) وَبَّخَه بشِدَّة وعُنْف، شَواه على الجَنْبين

hot air (*fig.*) كَلام فارِغ ، تَخْريف ، هُرَاء

hot-blooded, *a.* سَرِيع الانْفِعال والتَّهَيُّج

hot dog سَنْدوِتْش سُجُق ساخِن (مصر)، سندويج مَقانِق (عراق)

hot favourite يُنْتَظر له نَجاح ساحِق (في سباق)

hot-foot, *adv.* (جاء) على عَجَل، مُسْرِعًا

he is hot for reform يَشْتَعِل حَماسًا للإِصْلاح

hot-headed, *a.* مُنْدَفِع ، غَيْر مُتَرَوٍّ

hot on the trail (scent) فِي أَعْقَابه أو في إِثْرِه مُباشَرةً، يلاحِقه

hot-plate جهاز للاحْتِفاظ بالطَّعام ساخِنًا

hot-pot أَكْلة من لَحْم الضَّأْن أو البَقَر المَطبُوخ مع خُضْروات وتَوابِل

in a hot spot فِي مَأْزِق حَرِج ، (وَقَعَ) في حَيْص بَيْص

hot war حَرْب ساخِنة

get into hot water (*fig.*, *coll.*) وَقَعَ في وَرْطة، جَرَّ على نَفْسِه المتاعِب

make it hot for someone (*coll.*) أَذَاقَه المُرّ، طَلَّع عينه

not so hot (*coll.*) مُوش ولا بُدّ، مُو زِين

v.t., *with adv.* up (*coll.*) سَخَّنَ ، حَمَّى

hotbed, *n.* (*lit. & fig.*) مَنْبِت فيه سَماد مُتَخَمِّر؛ مَرْتَع (للرذِيلة)

hotch-potch, *n.*; *also* **hodge-podge** طَبق مِن خُضْرَوات مُخْتَلِفة ومَرَق؛ لَخبَطة، خَرْبَطة

hotel, *n.* فُنْدُق (فنادِق)، أوتيل، نَزْل كَبِير (نُزُل)

hôtelier, *n.* مُدِير أو صاحِب فُنْدُق

hothead, *n.* شَخْص مُنْدَفِع أو غير مُتَرَوٍّ، أَهْوَج، مُتَهَوِّر

hothouse, *n.* بَيْت زُجاجِيّ لتَرْبِيَة النَّباتات تَحْت دَرجة حَرارة مُرْتَفِعة

hound, *n.* 1. (hunting dog) كَلْب الصَّيْد، ضِرْو (ضِراء)؛ كَلْب

2. (despicable man) نَصَّاب، وَغْد، نَذْل

v.t. تَعَقَّبه أو لاحَقه (الدائنون)، ضَايَقه

hour, *n.* 1. (division of time) سَاعَة (٦٠ دقيقة)

hour-glass سَاعَة رَمْلِيّة

hour-hand عَقْرَب السَّاعات

on the hour في تَمام السَّاعَة

in the small hours فِي السَّاعات الأُولى بَعْد مُنْتَصَف اللَّيْل، ساعات ما قَبْل الفَجْر

after hours	بَعْد ساعات العَمَل، بَعْد الوَقْت المُعَيَّن لإغْلاق المَحَلَّات التِّجارِيّة
keep late hours	يَسْهَرُ، مِن عادَته أن يَأْوَى إلى الفِراش مُتَأْخِّرًا
2. (moment)	
in one's hour of need	في أَوْقات الضِّيق أو الشِّدَّة
in an evil hour	في ساعة نَحْس، في يَوْم أَسْوَد
the question of the hour	قَضِيَّة الساعَة، مُشْكِلَة السّاعَة، مَوْضُوع يَشْغَل الأَذْهان
houri, *n.*	حُورِيّة (حُور، حُورِيّات)
hourly, *adv. & a.* 1. (occurring every hour)	مَرَّة كُلَّ ساعَة
2. (at any time)	في أَيَّة ساعَة مِن ساعَاتِ اليَوْم
we are expecting the news hourly	نَتَوَقَّع أَخْبَارًا مِن ساعَة لأُخْرَى
house, *n.* 1. (building for human habitation; abode)	بَيْت، مَنْزِل، دار، مَسْكَن
house agent	سِمْسَار (سَماسِرة) عَقارات، دَلَّال أَمْلاك
house arrest	إقامة جَبْرِيّة، تَحْديد الإقامة
house-boat	عَوَّامة، ذَهَبِيّة (مصر)
house-breaking	السَّطْو على البُيُوت
house-coat	روب أَنيق تَلْبَسه المَرْأة داخِلَ البَيْت
house of cards (*fig.*)	بَيْت مِن وَرَق، بِناء قائِم على الرَّمْل

house-party	اِسْتِضافة عَدَد مِن الزُّوَّار لقَضاء نِهاية الأُسْبوع مَعًا في مَنْزِل رِيفِيّ كَبير
house-proud, *a.*	(إمْرأَة) فَخُورة بِجَمال بَيْتِها ونِظامِه ونَظافَتِه
I wouldn't give it house-room	لا أَقْبَله بِأَيَّة صُورة مِن الصُّوَر
house-to-house salesman	بَيَّاع جَوَّال
proclaim from the house-tops	أَعْلَنَ على رُؤُوس الأَشْهاد، أَذاعَ على المَلَأ
house-trained, *a.*	(قِطّ أو كَلْب) مُدَرَّب على النَّظافة؛ حَسَن التَّرْبِية
house-warming	حَفْلة تَدْشين البَيْت
eat someone out of house and home	هَبَطوا عَلَيْه كالجَراد وأَتَوا على كُلِّ ما عِنْده
keep house	أَدارَ البَيْت، دَبَّرَ شُؤون المَنْزِل
keep open house	بَيْتُه مَفْتوح لِكُلِّ طارِق
they get on like a house on fire	هُما في غاية الانْسِجام، مِثْل السَّمْن على العَسَل (مصر)، دِهن ودِبس (عراق)
as safe as houses	في غَايَة الاِطْمِئْنَان، في أَمان تامّ
2. (inn)	حانة، خَمّارة
a drink on the house	كَأْس مِن الخَمْر على حِساب صاحِب الحانة
house charge	رَسْم دُخُول يُضاف إلى ثَمَن المَشْرُوب (في المَلاهِي مثلاً)
3. (*in comb.*, outbuilding)	
hen-house	بَيْت الدَّجاج، عُشّة الفِراخ

4. (subdivision of school) أُسْرَة في مَدْرَسَة

5. (institution or its premises)

House of Commons; *also* the House

مَجْلِس العُمُوم البريطانيّ

House of Lords (Peers); *also* the House

مَجْلِس اللورْدات

Houses of Parliament دَار البَرْلَمان البِريطانيّ

house of ill-fame بَيْت سَيِّء السُّمْعَة ، بَيْت مَشْبُوه (يُدار للدَّعارَة)

house-surgeon طَبِيب مُقيم في المُسْتَشْفَى، جَرّاح امْتِياز (مص)

6. (theatre; audience)

house-lights أَضْواء صَالَة المَسْرَح

first house العَرْض الأوّل أوحَفْلة الماتينيه

full house 'كامِل العَدَد'، الصالَة مَمْلوءة، جَمِيع المقاعِد مَشْغولة

bring the house down أَثارَ عاصِفة من الهُتاف أو التَّصْفيق أو الضَّحِك في القاعَة

7. (family; dynasty) بَيْت، آل، أُسْرَة

8. (business firm) مُؤَسَّسة تِجارِيّة، مَحَلّ تِجارِيّ

v.t. 1. (provide house or shelter for) أَسْكَنَ، آوَى

2. (store; accommodate) خَزَنَ؛ بَيَّت

household, *n.* عَائِلة، أَهْل الدار، البَيْت وما فيه

household gods آلِهَة تَحْمي البُيُوت (عِند الرُّومان)؛ لَوازِم البَيْت

a household word كَلِمَة شائعة الاِسْتِعمال، اِسْم ذائع الشُّهرة

householder, *n.* صَاحِب أو مُسْتأجِر مَنْزِل

housekeeper, *n.* مُدَبِّرة شُؤون البَيْت

housekeeping, *n.* تَدْبير المَنْزِل ، فَنّ إدارَة شُؤُون البَيْت

housekeeping ⟨money⟩ مَصْرُوف البَيْت

housemaid, *n.* خَادِمَة مُقيمة بالمنْزِل وتَتَولّى تَنْظِيف غُرَف الاسْتِقْبال والنَّوْم

housemaid's knee مَرَض التهاب الرُّكْبة

housemaster, *n.* مُدَرِّس يُشْرِف على إحْدى الجَماعات المَدْرَسِيّة ونَشاطِها

housewife, *n.* 1. (mistress of house) رَبَّة بَيْت، مُدَبِّرة شُؤون البيْت

2. (case for needles, etc.)

مِحْفَظَة صَغيرة لِلوازِم الخِياطة

housework, *n.* شُغْل البَيْت

housing, *n.* 1. (provision of houses) إِسْكَان، إيجاد دُور للسُّكْنَى

housing estate مِنْطَقَة سَكَنِيّة

2. (covering, case) غِطَاء، كِسْوة

hove, *pret. & past p. of* **heave** (*usu. naut.*)

hovel, *n.* كُوخ حَقير

hover, *v.i.* 1. (hang in air) حَلَّقَ (الطّائر)، حَامَ أو حَوَّمَ (الهليكوبتر)

2. (loiter) حَامَ، تَسَكَّعَ، تَلَكَّأَ

3. (waver)

he hovered between life and death تَأَرْجَحَ بَيْن الحَياة والمَوْت

how, *adv.* 1. (in what way; like what; by what means) كَيْفَ

how are you? كَيْف حالُك ؟ كَيْف صِحَّتُك ؟

how do you do? تَشَرَّفْنا (تُقال عِند تَقْدِيم شَخْصٍ لآخَر)

here is a fine how-d'ye-do! (*coll.*) يا لَها من مُشْكلة ! حِتّة مَقْلَب !(مصر)، خُوش وَرْطَة!

how about it? مَا رَأْيُك ؟ ما قولك ؟

how come? (*coll.*) شَيْء غَرِيب ! عَجايِب ! كَيْف حدث مثل هذا؟

how do you like your tea? كَيْف تُفَضِّل شايَك؟ (خفيفًا، ثقيلًا، سادة آلخ)

how so? كَيْف جَرَى ذلك؟ ما السَّبَب في ذلك ؟

2. (to what extent)

how do you like it? مَا رَأْيُك فيه ؟ كَيْف تَراه؟ أيُعْجِبُك ؟

3. (*in exclamations*)

how simply marvellous! يا لَلْبَداعة! يا لَلْجَمال ! يا لَلْحُسن !

and how! (*coll.*) بَلْ أَكْثَر مِن هَذا بِكَثِير ! (أعرفه) ونُصّ ! (اِصْطِلاح عامّيّ)

conj.

he told me how his father had been a teacher أَخْبَرَنِي أنّ أباه كان مُعَلِّمًا

howbeit, *adv.* (*arch.*) مَع ذَلِكَ، بالرَّغْم مِمّا سَبَقَ ذكره

howdah, *n.* هَوْدَج على ظَهْر فِيل غالبًا

however, *adv.* مَهْما (ازدادت سرعته مثلًا)، كيفما

conj. وَلَكِنْ، بَل

howitzer, *n.* مِدْفَع هاوِن، هاوتزر

howl, *v.i. & n.* عَوَى، وَلْوَل، وَعْوَع، تَناوَحت (الرِّيح)؛ وَلْوَلة، عُواء، نُواح

howling success (*coll.*) نَجاح ساحِق

howler, *n.* (*coll.*) غَلْطَة فاحِشة أو شَنيعة

howsoever, *adv.* كَيْفَما كان، مَع ذَلك

hoyden, *n.* (**-ish,** *a.*) فَتاة كَثِيرة الصَّخَب

hub, *n.* قُبّ أو سُرَّة العَجَلة

(*fig.*) مِحْوَر أو مَرْكَز النَّشاط

hubble-bubble, *n.* شِيشة، نارجِيلة

hubbub, *n.* ضَجِيج، صَخَب، جَلَبة، ضَوْضاء

hubby, *n.* (*coll.*) جُوزي (مصر)، رَجلي (عراق)

hubris, *n.* كِبْرِياء ، صَلَف ، عَجْرَفة

huckaback, *n.* نَسِيج خَشِن لصُنع المناشِف والفُوَط

huckster, *n.* بَيّاع مُتَجَوِّل ، بائع خُرْدوات في السُّوق

huddle, *v.t. & i.*; *also n.* رَكَمَ ، تراكَم، تَزاحَم ، تكدَّس ؛ التفّ أو تجمَّع حَوْل

go into a huddle (*coll.*) تَشاوَر مع

hue, *n.* 1. (colour) لَوْن (ألوان)

2. (clamour); *only in*

hue and cry ضَجِيج وعَجِيج ، فَوْضى واضْطِراب ؛ صُراخ للتَّنْبيه على لِصّ

huff, *v.i. & t.* نَفَخ، أَساءَ اليه ؛ شَعَرَ بالإهانة

huff and puff نَفَخَ بِشِدّة، نَفَخ وفَشّ

huff an opponent (*at draughts*) اِسْتَوْلَى على حَجَر (أو قُشاط) مُنافِسِه في لُعْبة الدّامة

n. نَوْبة غَضَب، تَبْوِيز، تَكْشِير

go off in a huff انْصَرَف حَانِقًا، خَرَج مُسْتَاءً، تَرَكَ (المكان) غاضِبًا

huffy, *a.* زَعْلَان ، مُبَوِّز ، مُكَشِّر

hug, *v.t.* 1. (embrace); *also n.* حَضَنَ، اِحْتَضَنَ، ضَمَّ إلى صَدْره

I could hug myself! كِدْت أطِير فَرَحًا ! لَمْ أتَمالَكْ نَفْسِي من السُّرُور

2. (keep close to) (مَشى) لِصْق (الحائط مثلًا)

huge, *a.* جَسِيم ، ضَخْم ؛ عِمْلاق، مارِد

hulk, *n.* هَيْكَل سَفينة مَهْجُورَة وغير صَالِحة للاسْتِعمال

(*fig.*) شَخْص ضَخْم الجُثَّة وأَخْرق

hulking, *a.* جَسِيم، ضَخْم، غَلِيظ ؛ أَخْرق

hull, *n.* 1. (frame of ship) هَيْكَل السَفِينة، بَدَن السَّفِينة (قبل تركيب الآلات والأثاث فيها)

2. (pod of peas or beans) القِشْرَة الخارِجيّة لِثِمار البازِلاء أو الفاصُوليا مثلًا

v.t. قَشَّر ، فَلَّس ، فَصَّص (البازِلّاء)

hullabaloo, *n.* ضَجَّة ، ضَجِيج ، عَجِيج ، دَوْشَة ، صَخَب ، ضَوْضاء

hullo, *see* **hallo**

hum, *v.i.* 1. (make murmuring sound); *also n.* هَمْهَم ، دَنْدَن، طَنَّ

humming-bird طائر طَنّان

humming-top نَحْلة أو خُذْرُوف طَنّان (لُعْبة)

humming with activity (مَكان) يَعِجُّ بِالنَّشاط والحَرَكة كَخَلِيَّة النَّحْل

2. (sing between closed lips); *also v.t.* دَنْدَن

3. (prevaricate), *esp. in*

hum and ha هَمْهَم بِرَدٍّ غَيْر واضِح

4. (*sl.*, stink); *also n.* عَفِن ؛ مُتَعَفِّن

human, *a. & n.* بَشَرِيّ، إنْسانِيّ ، آدَمِيّ

human being إنْسان ، بَشَر ، اِبْن آدَم

human nature الطَّبِيعة البَشَرِيّة

humane, *a.* 1. (compassionate) حَنُون ، رَؤُوف ، عَطُوف

humane killer آلَة لِذَبْح الحَيَوان بِسُرْعة وبِدُون ألم

2. (liberal)

humane studies الدِّرَاسَات الأدَبِيّة أو الإنْسانِيّة

human/ism, *n.*, **-ist,** *n.* دِراسة تأثير الثَّقافة الكلاسِيكيّة في الغَرْب ؛ الانْسانيّة

humanitarian, *a. & n.* (**-ism,** *n.*) إنْسانِيّ، خَيْرِيّ

humanity, *n.* 1. (human nature) إنْسَانِيَّة

2. (the human race) الجِنْس البَشَرِيّ، بَنُو آدَم، الخَلِيقة ، البَشَر

3. (benevolence) شَفَقَة ، رِفْق

4. (*pl.*, classical studies) دِرَاسَة الثَّقافَة اليُونانِيّة والرُّومانِيّة (في الجامِعة)

humaniz/e, *v.t.* (**-ation,** *n.*) أنَّس ؛ عالَج (لَبَن البَقر) لِجَعْلِه شَبِيهًا بِلَبَن الأُمّ

humankind, *n.* الجِنْس البَشَرِيّ، البَشَر

humanly, *adv., esp. in* مِنَ الوِجْهَة الإنسانيّة

if it is humanly possible إذا كان ذلك الأمر فِي حُدود طاقات البَشَر

humble, *a.* مُتَواضِع، ذَليل، وَضيع، حقير؛ وَدِيع، خَضوع

your humble servant عِبارة تُسْتَعْمَل لِإنْهاء خِطاب رسميّ بمعنَى خادِمكم المُطيع

v.t. أَذَلَّ، حَقَّرَ، ازْدَرى، أَهانَ، حطَّ من شأنِه؛ تَضَرَّعَ، تَذَلَّلَ، تدَنَّى

humble-bee, *n.* نَحْلَة كبيرة

humbug, *n.* 1. (fraud; impostor) دَجَل، نَصْب، اِحْتِيال، غِشّ، زيف؛ دَجّال، نَصّاب

2. (nonsense) كَلَام زائف، تَلْفيقة، هُراء

3. (peppermint sweet) حَلْوَى من النَّعناع

v.t. غَشّ، خَدَعَ، دَجَّل عليه

humdrum, *a.* مُبْتَذَل، مُمِلّ، رَتيب

humerus, *n.* عَظْم العَضُد

humid, *a.* (**-ity,** *n.*) رَطْب، نَديّ؛ رُطوبة (فِي الأرصاد الجوّية)

humidif/y, *v.t.* (**-ication,** *n.*) رَطَّبَ؛ تَرْطيب

humili/ate, *v.t.* (**-ation,** *n.*) أَذَلَّ، حَقَّرَ، أهانَ؛ مَهانة، تحقير، إذلال

humility, *n.* ضِعَة، تواضُع، ذِلّة، خضوع

hummock, *n.* رَبْوة (رُبًى)، أَكَمة (آكام)

humor, *see* **humour**

humoresque, *n.* لَوْن من الموسيقَى الخفيفة

humorist, *n.* كَاتِب فُكاهِيّ أو مازِح

humorous, *a.* فَكِه، هَزْلِيّ، مُضْحِك

humour (*U.S.* **humor**), *n.* 1. (mood) مِزَاج

good-humoured, *a.* رَائِق المِزَاج، لَطيف

out of humour ضَيِّق الصَّدْر، مُنَرْفَز، مُتَعَكِّر المزاج، زَعْلان

2. (amusing quality)

he has a good sense of humour يَتَقَبَّلُ المِزاح بِصَدْر رَحْب؛ هو ابن نُكْتة

v.t. جَارَى أهواء (طفل مثلًا)، دارَى

hump, *n.* 1. (protuberance) حَدَبة، سَنام

hump-backed, *a.* أَحْدَب، مُقَتَّب (مصر)

2. (*sl.*, fit of depression) نَوْبة اكتِئاب وَحُزْن، قَرْيَفة (مصر)

v.i. 1. (make hump-shaped) حَدَّبَ، قَوَّس

2. (*coll.*, hoist, lug) شَالَ الحِمْل على ظَهْرِه، عَتَل الحِمْل (مصر)

humph, *int.* لَفْظَة للتعبير عن عدَم الرِّضاء أو التَّشَكُّك؛ أُف!، هه!

humpty-dumpty, *n.* مُكَعْبَر (مصر)، مُدَعْبَل (عراق)؛ رجل بشكل بيضة (قصص الأطفال)

humus, *n.* دُبال (مادّة عضوية مُتَحلّلة لها خَوَاصّ السّماد)

hunch, *v.t.* قَوَّسَ، حَنَى، أَحْنَى

hunch one's shoulders حَنَى أو أَحنى كَتِفَيْه، قوَّس ظَهْره، قَتَّبَ (مصر)

n. 1. (hump) حَدْبة؛ قِطعة كبيرة

2. (*coll.*, intuition) حَدْس وتَخْمين

hunchback, *n.* أَحْدَب، مُقَتَّب

hundred, *n. & a.* 1. (number) مِائة ، مِئة

hundreds and thousands (sweets) قِطَع صَغيرة مُلَوَّنة من الحَلْوَى كالخرز لِتزيين الكَعْك

a hundred per cent efficient صَالِح مائة بالمِئة ؛ (آلة) تُنْتِج بِكامِل طاقَتِها

2. (one hundred pounds)

his car cost three hundred دَفَع ثَلاثمائة جُنَيْه ثَمَنًا لِسَيَّارَتِه

hundredfold, *n. & adv.* مِائَة ضِعْفٍ

hundredth, *n. & a.* جُزْء مِن مائة جُزْء ؛ (المَرَّة) المِائة

hundredweight, *n.*; *abbr.* cwt. الهَنْدَرْدويت ، وَحْدة وَزْن تُساوي ١١٢ باوندًا)

hung, *pret. & past p. of* **hang**

Hungarian, *a.* هنْغارِيّ ، مَجَرِيّ

n. 1. (native) (مُواطِن) هِنغارِيّ

2. (language) اللُّغة الهنغاريّة أو المَجَرِيّة

Hungary, *n.* المَجَر ، هنْغاريا

hunger, *n.* (*lit. & fig.*) الجُوع ، الطَّوَى ، الخَوَى ؛ شَوْق ، رَغْبَة مُلِحَّة

hunger-strike إضْراب عن الطَّعام

v.i., usu. with for, after جاعَ ؛ تَعَطَّشَ إلى

hungry, *a.* جائِع ، جَوْعَان ، خاوي البَطْن

hunk, *n.* قِطْعَة كبيرة ، قطعة من الخبز أو اللَّحْم مثلًا قُطعت كيفما كان

hunkers, *n.pl.* (*coll.*) *in*

he sat on his hunkers جَلَسَ أو قَعَدَ القُرْفُصاء ، تَقَرْفَصَ

hunt, *v.t. & i.* 1. (pursue, chase) صَادَ ، اِصْطَادَ ، تَصَيَّدَ ، قَنَصَ ، اِقْتَنَصَ

hunt down طَارَدَ (مجرمًا) حتّى قبض عليه

2. (search, search for) بَحَثَ أو فَتَّشَ عَنْ شيء مفقود

the engine is hunting فِي مُحَرِّك السَّيَّارة بَعْضُ العَطَل

n. 1. (search, pursuit) صَيْد ، اصطياد

2. (association of huntsmen) جَماعة من صَيَّادِي الثَّعالب (غالبًا)

hunter, *n.* 1. (one who hunts) صَيَّاد

2. (horse for hunting) حِصَان الصَّيْد

3. (type of watch) سَاعَة جَيْب ذات غِطاء مَعْدِنيّ مثبت بمفصَّلة

hunting, *n.* صَيْد ، اصْطِياد

hunting-crop عَصا قصيرة بطَرَفها أُنْشُوطَة من الجِلْد

happy hunting-ground (*fig.*) مَرْتَع خَصِيب ، النَّعِيم ؛ (العالم الآخر عند الهنود الحُمْر)

huntress, *n.* صَيَّادة (كناية عن الآلهة ديانا)

huntsman, *n.* صَيَّاد ، قنَّاص

hurdle, *n.* 1. (frame used as fencing) سِيَاج أو حاجز خشبيّ ؛ (سباق) الموانع

2. (*fig.*, obstacle) عَائِق ، عَقَبة ، عرقلة

v.i. سَوَّرَ ، سَيَّجَ ؛ قَفَزَ الموانع

hurdy-gurdy, *n.* أُرْغُن صَغير مُتَنَقِّل يُعْزَف بِتَدْوير يدٍ خَشَبِيَّة ، بيانِلّا (مصر)

hurl, *v.t.* قَذَفَ ، رَمَى ، أَلْقَى بِشِدَّة

hurly-burly, *n.* ضَجيج وعَجيج، هَرْج ومَرْج، ضوْضاء، صَخَب

hurrah (hurray), *int. & n.*; *also* **hoorah, hooray** عَظيم! هائل! يا يَعيش!

hurricane, *n.* إعْصار الهركين المداري، زَوْبَعة شديدة، ريح هَوْجاء

hurricane lamp فَانُوس مَصْنوع بحيث لا تُطفِئهُ الرِّياح أو الأمطار

hurry, *v.t. & i.* أَسْرَعَ، استعجل؛ عَجَّلَ

hurry up أسرع، عجّل، استعجل

n. عَجلة، تسرُّع

in a hurry على عَجَل، مستعجل

he won't come back in a hurry (*coll.*) لَن يَجْرُؤَ على العَوْدة مرّة ثانية

hurt, *v.t. & i.* آذى، جَرَحَ؛ آلَمَ، أَوْجَعَ، ضَرَّ

hurt someone's feelings جَرَحَ شعوره، سَبَّبَ له آلامًا نفسية

n. أَذًى، ألم، ضَرَر

hurtful, *a.* مُؤْذٍ، مؤلم، ضارّ

hurtle, *v.t. & i.* هَوَى، اِرْتَطَمَ (بالأرض)؛ اِنْدفع مُنطلِقًا

husband, *n.* زَوْج، بَعْل، قَرين

v.t. دبَّر، اِقْتصَد؛ حافظ، رَعَى

husbandman, *n.* فَلَّاح، حارِث، مُزارِع

husbandry, *n.* فِلَاحَة، زِراعة

hush, *n.* صَمْت، سُكوت، هُدوء

hush-money رِشْوَة تُعطَى لِكِتْمان سِرٍّ ما

v.t. & i. أسكت، هَدَّأَ، كَتَمَ، سَكَتَ، صَمَتَ

hush up (*fig.*) كَتَمَ الخَبَرَ، لم يَبُحْ بِهِ

int. صَه!

hush-hush, *a.* (مَعْلُومَات) سِرّيّة

husk, *n. & v.t.* غلاف خارجي جافّ للحبوب وَالبُذور؛ قَشَّرَ (العَدَس)

husky, *a.* 1. (hoarse) أَبَحّ، أجشّ، (صوت) خَشِن أو غَليظ، مَبْحوح

2. (*U.S.*, robust) قَوِيّ البنية، مفتول العَضَلات، صُلْب العود، متين

n. 1. (strong person) شَخْص متين البدن، رَجُل قويّ البِنْية

2. (Eskimo dog) كَلْب الاسكيمو

hussar, *n.* جُنْدِيّ من سلاح الخيالة أو الفرسان مُزَوَّد بأسلحة خفيفة

hussy, *n.* بِنْت سليطة وَقِحة

hustings, *n.pl.* دِعَاية انتِخَابيّة يقوم بها المُرَشَّح أو أَنْصارُه

hustle, *v.t. & i.* 1. (jostle) زَاحَمَ أو دَفَعَ (شخصًا)

2. (hurry) عَجَّلَ، شَهَّلَ؛ أَسْرَعَ

n. زِحام وتدافُع، (مكان يَعِجّ) بالنَّشاط

hut, *n.* كُوخ (أَكْواخ)، خُصّ (أَخْصاص)، كُشْك (أكشاك)، عُشَّة (عُشَش)

hutch, *n.* بَيْت أو قَفَص للأرانب

hutment, *n.* مُعَسْكَر من بُيوت خشبيّة

hyacinth, *n.* جَاسَنْت، مُكَحَّلَة، يَاقُوتِيّة (زَهْرَة من فَصِيلة الزَّنْبَقِيّات)

hybrid, *n. & a.* مُوَلَّد ، هَجين

hydra, *n.* (*biol.*) ثُعْبان أُسْطُوريّ ذو سَبْعة رُؤُوس، هِدريّة؛ حيوان الهيدرة

hydrangea, *n.* كُوبِيَة ، كُوب الماء (زهرة)

hydrant, *n.* حَنَفِيَة أو محْبس مِياه في الشوارع لِتَنْظِيفها أو لإطفاء الحرائق

hydr/ate, *v.t.* (**-ation,** *n.*) مَيَّه ، تَمَيَّه ؛ تَمَيُّؤ

hydraulic, *a.* هَيْدْرُوليّ ، هَيْدروليكيّ

n.pl. عِلمُ الهيدروليكا أو الموائع

hydro, *n.* (*coll.*) مُؤسَّسة للعِلاج بالمياه المَعْدِنيّة

hydrocarbon, *n.* هَيْدروكربون (كيمياء)

hydrochloric, *a.* (حامِض) الهيدروكلوريك

hydroelectric, *a.* هَيْدروكَهْرَبائيّ

hydrofoil, *n.* أَسْطح معدنيّة بشكل زَعانف لِتَسْهيل قِيام الطّائرة المائيّة عن سطح الماء؛ سفينة لها مِثل هذه الزعانف

hydrogen, *n.* هَيْدروجين، ايدروجين

hydrogen bomb قُنْبُلَة هَيْدروجينيّة

hydrogen peroxide ثَاني أوكسيد الهيْدروجين

hydrogen/ate, *v.t.* (**-ation,** *n.*) عَرَّض مادّة لِتَأْثِير الهيدروجين في عملية كيميائيّة؛ هَدْرَجة

hydrograph/y, *n.* (**-ic, -ical,** *a.*); **-er,** *n.* عِلْم مَسْح الأنهار والبِحار وتَخْطِيطها

hydrolysis, *n.* تَحْليل بالماء (كيمياء)

hydrometer, *n.* هَيْدرومتر، مِقياس الكَثافة أو الثِّقْل النَّوْعِيّ للسّوائل

hydrophob/ia, *n.* (**-ic,** *a.*) داء الكَلَب؛ رَهْبَة الماء

hydrostatics, *n.pl.* اسْتاتيكا الموائع

hydroxide, *n.* هَيْدروكسيد

hyena, *n.* ضَبُع (ضِباع، أَضْبع) (جنس مِن السِّباع)

hygiene, *n.* مَبادِئ الصِّحّة والنَّظافة

hygienic, *a.* خَالٍ من الجراثيم، واقٍ للصِّحّة

hygrometer, *n.* مِقْيَاس دَرَجة رُطوبة الهَوَاء أو الغازات

Hymen, *n.* (*myth.*) إلَه الزَّواج (أساطير)

hymen, *n.* (*anat.*) غِشَاء البَكارَة

hymenoptera, *n.pl.* حَشَرات غِشائيّة الأَجْنِحة

hymn, *n.* تَرْتِيلة، تَرْنيمة، أُنْشودة

v.t. سَبَّح بِحَمْده، مَدَحه

hymnal, *n.* كِتَاب تراتيل أو ترانيم، مَجْمُوعَة أناشيد كَنَسِيّة

hyper-, *pref.* بَادِئة بمعنى الإفْراط في ...

hyperbol/a, *n.* (**-ic,** *a.*) قَطْع زائِد، خَطّ هُذْلولي (رياضيات)

hyperbol/e, *n.* (**-ical,** *a.*) مُبالَغة، غُلُوّ، إفْرَاط، مُغالاة (علم البَلاغة)

hypercritical, *a.* مُفْرِط في الانْتِقاد، مُغالٍ في تصيُّد الهَفَوات

hypersensitive, *a.* شَدِيد الحَسَاسِيّة، سَرِيع التَّأثُّر، ذُوحَساسِيّة مفرِطة

hypertension, *n.* تَوتُّر في الأَوْعِية الدَّمَويّة

hypertrophy, *n.* تَضَخُّم في الغُدَد (طِبّ)

hyphen, *n. & v.t.* شَرْطَة بيْن جُزْئي كَلِمة مُرَكَّبَة؛ وَصَل كَلِمتين بِشَرْطة

hyphen/ate, *v.t.* (**-ation,** *n.*) وَصَلَ كلمتين بشَرْطة

hypnosis, *n.* تَنْوِيم مَغْناطيسيّ

hypnotic, *a.* ذُو تأثِير مغناطيسيّ

n. 1. (person under hypnosis) شَخْص تحت تأثير التَّنْوِيم المغناطيسيّ

2. (thing producing sleep) مُنَوِّم

hypnot/ism, *n.* (**-ist,** *n.*) تَنْوِيم مَغْناطيسيّ؛ مُنَوِّم مَغْناطِيسيّ، مُمارِس مِهْنة التَّنْوِيم

hypnotize, *v.t.* (*lit. & fig.*) نوَّم تنويمًا مَغناطيسيًّا، خَلَبَ لُبَّه، سَحَرَه

hypo, *n.* هَيْبُو، سُلْفات الصُّوديوم (تصوير)

hypo-, *pref.* بَادِئة بمعنى ما تحْت...

hypochondria, *n.* خَوْف زائد من الإصابة بالمَرَض

hypochondriac, *a. & n.* مُصابٌ بِهذا الخَوْف

hypocrisy, *n.* نِفَاق، مُراءاة

hypocrite, *n.* مُنَافِق، مُراءٍ

hypocritical, *a.* نِفَاقيّ، رِيائِيّ

hypodermic, *a.* حُقْنة تحت الجِلْد

hypodermic needle (syringe) إبْرَة للحَقْن

hypoglycaemia, *n.* زِيادة نِسْبة السُّكَّر في الدَم

hypostasis, *n.* 1. (*path.*) اِنْخِفاض الدَّم في الأعْضاء

2. (*metaphys.*) أحَد الأقانيم الثَّلاثة (لاهوت)

hypotension, *n.* اِنْخِفاض ضَغْط الدَّم

hypotenuse, *n.* وَتَر زاوِية قائمة

hypothes/is (*pl.* -es), *n.* فَرْض، فَرْضِيّة

hypothetic(**al**), *a.* فَرْضِيّ، على سبيل الافتِراض

hyssop, *n.* نَبات الزُّوفاء، أشْنان داود

hysteresis, *n.* التَّخَلُّفية (مغناطيسيّة)

hysteria, *n.* هِسْتِيرْيا، تهيُّج عَصَبيّ

hysterical, *a.* هِسْتِيرِيّ، مُتَهَسْتِر، مُصاب بِنَوْبات عَصَبِيّة

hysterics, *n.pl.* نَوْبة هِسْتِيرْيا

I

I, 1. (letter) الحَرْف التَّاسِع مِن الأبجديّة الإنكليزيّة

dot one's i's and cross one's t's وَضَع النُّقَط عَلَى الحروف، لم يترك نقطة إلا ووَضَّحَها

2. (Rom. num. = 1) الرَّقْم 'واحد' في الأرْقام الرُّومانيّة

I, *pron. & n.* أنا، ضَمير المُفْرَد المُتَكَلِّم

iambic, *a. & n.* نِسبةً إلَى وحدة في الشِّعْر الغَرْبيّ مُكَوَّنة من مَقْطَعَيْن (قصير ثمّ طويل)

iambus, *n.* وَحْدَة في الشِّعْر الغربيّ مُكَوَّنَة من مَقْطَعَيْن (قصير ثمّ طويل)

Iberian, *a. & n.* نِسْبَةً إلى شبه جزيرة إيبيريا؛ لُغَة الإيبيرِيّين القُدَماء

ibex, *n.* وَعْل ووَعِل ووُعْل (أوْعال، وُعول)، تَيْس الجَبَل

ibidem, *adv., usu. in contr.* ***ibid.*** نَفْس المَصْدَر أو المَرْجِع

ibis, *n.* عَنْز، حارِس، أبو مِنْجَل

ice, *n.* 1. (frozen water) جَلِيد ، (قالِب) ثَلْج

dry ice الثَّلْج الجافّ، ثاني أوكسيد الكَرْبون المُتَجَمِّد

ice-axe فَأْس صَغيرة يَسْتعملها مُتَسَلِّقو الجِبال لِحَفر مَواضِع لأَقْدامِهِم

ice age العَصْر الجليديّ أو الثلجيّ

ice-bound (مَرفأ) عَطَّل الجليد حَرَكة المِلاحة فيه

ice-box (*U.S.*) صُنْدُوق ثَلْج ، ثَلاَّجة

ice-breaker سَفينة تَكْسير الطّبقة المُتَجَمِّدة عَلَى سَطْح البِحار والأنهار

ice-cap غِطاء جَليديّ فَوْقَ الأراضي القُطْبيّة

ice-cream دَنْدُرْمة، جِيلاتي ، آيس كريم، بُوز (عراق)، بوظة (سوريا)

ice-field الحَقل الثَّلْجيّ (كُتْلة ثلجيّة تمتدّ امْتِدادًا كبيرًا على نَسَق واحِد عند القُطْبَيْن)

ice-hockey نَوْع من الهُوكي يُلْعَب عَلَى الجَلِيد

ice-pack قطع من الجليد تطفو متلاصقة ؛ كِمادَة أو كِيس ثَلج لِعِلاج المَحْموم

ice-pick فَأْس مُدَبَّبة لفَصْل قوالب الثلْج

ice-plant مَعْمَل أو مَصْنَع الثَّلْج

cut no ice (*sl.*) (حُجَّة) لا تُقَدِّم ولا تُؤَخِّر، لا يَنْفَع ولا يَشفع، ما يورِّث (عراق)

2. (= ice-cream) دَنْدُرْمة، جِيلاتي ، آيس كريم، بوز (عراق)، بوظة (سوريا)

v.t. 1. (*usu. pass.*, freeze *up, over*); *also v.i.* جمَّدَ، ثلَّج ؛ تجمَّدَ، تغطَّى بالثلج

2. (chill in or with ice)

iced drinks مَشْرُوبات مُثَلَّجة، مُثَلَّجات

3. (cover with icing) غَطَى كيكة بِطبقة معدّة مِنْ سُكَّر بُودْرة وبَياض البيض أو الماء

iceberg, *n.* جَبَل ثَلْجيّ عائم في المحيط ؛ شَخْص غيْر عاطِفيّ، بارِد الحِسّ

Iceland, *n.* (جَزِيرَة) ايسلنده

Icelander, *n.* أيسلنديّ

Icelandic, *a.* & *n.* أَيسْلَنْدِيّ، اللُّغَة الأَيْسلنديّة

ichneumon, *n.* نِمْس (حيوان)

ichthyolog/y, *n.* (**-ist,** *n.*) عِلْم الأَسْماك

ichthyosaurus, *n.* حَيَوان زاحِف بحرِيّ مُنقرض

icicle, *n.* تَجَمُّد قَطَرات مُتَتالية من الماء وتَدَلِّيها على شكْل عصا مُدَبَّبة

icing, *n.* 1. (formation of ice) تَكْوِين الثَّلْج (عَلَى أَجْنِحة الطَّائرات مَثلًا)

2. (sugar coating) طَبَقَة لِتَغْطِية سَطْح الكَعْك (قِوامُها السُّكَّر والماء وبَياض البَيْض)

icon, *n.* أَيْقُونَة، صُورة مُزَخْرَفَة لقدّيس (يكرّمها المسيحيون الشرقيون)

iconocl/asm, *n.* (**-ast,** *n.*) تَحْطِيم العادَات القَديمة

iconoclastic, *a.* مُحطِّم لِلْقِيَم المُتوارَثة، مهاجِم لِلمَبادِئ والتَّقاليد السَّائدة

icy, *a.* (*lit.* & *fig.*) قارِس البَرْد ؛ مُغَطًّى بالجَلِيد ؛ (اِسْتِقبال) شَدِيد الفُتُور

I'd, *contr. of* **I had, I should, I would**

idea, *n.* 1. (archetype) مِثال

2. (notion, conception) فِكْرَة ، رأي

I haven't the least idea لَيْسَت لديَّ أدنى فِكْرَة ، لا عِلْم لي به مُطْلَقًا

he has the right idea ، لَدَيْه فِكْرَة صَحِيحة
يَعْرِف مَبادِئ الأَمْر مَعْرِفة صَحِيحَة

the very idea! يَالَهَا مِنْ وَقاحة! صَفاقة!

don't get ideas! (*coll.*) لَا تَظُنَّ الظُّنُون!
لا تُطْلِق لِخَيالِكَ العِنان!

put ideas into someone's head ، أَلْقَى في رَوْعه
أَوْحَى إليه أن ...، جَعَلَه يَعْتَقِد أن ...

3. (plan)

I have an idea لَدَيَّ اقْتِرَاح أن ...

man of ideas رَجُل ذو عَقْل مُبْتَكِر، لا تُعْيِيهِ الحِيلة

4. (way of thinking)

the young idea أُسْلُوب الحياة عند الجِيل الجَدِيد، سُلُوك المراهِقين وتفكِيرهم

5. (*philos.*) مثال (نظرية المُثُل)

ideal, *a.* مِثَالِيّ، نَمُوذَجِيّ

n. مَثَل أَعْلَى، قُدْوَة؛ نَموذَج

idealism, *n.* المَذْهَب المِثالِيّ (عَكْس الواقعيّ)

idealist, *n.* مُؤْمِن بالمِثَالِيَّة

idealistic, *a.* مَنْ يَقْتَدِي بالمُثُل العليا؛ غَيْر عَمَلِيّ

ideal/ize, *v.t.* (**-ization,** *n.*) أَضْفَى عليه صِفات الكَمال، رَفَع (شخصًا) إلى السَّماء، جعل منه مثالًا

ideally, *adv.* 1. (to perfection) بِصُورَة مِثَالِيّة، على خيْر ما يُرام

2. (if things are to be at their best) لَوْ أَرَدْنَا الكَمال (لَفَعَلْنا كذا)، الحَلُّ المِثاليّ هو...

idée fixe, *n.* فِكْرَة مُسْتَحْوِذة على العَقْل، وَهْم مُتَسلِّط، رَكِبَته فكرة

identical, *a.* 1. (the same in all aspects) مُطَابِق، مُتَطَابِق، مُتَماثِل، طِبقَ الأَصْل

identical twins تَوْأَمانِ مُتماثِلان تكوّنا مِن بُوَيْضَة واحِدة مُخَصَّبة

2. (*math. and logic*) مُطَابِق، مُتماثل

identical propositions قَضَايا مُتَطابقة

identifiable, *a.* يُمْكِنُ تَمييزه أو تعْيينه

identification, *n.* تَعْيِين، تَمْيِيز؛ تحقيق الشَّخْصِيّة، هَوِيّة

identification parade إِسْتِعْرَاض بعْض أشخاص مِن بَيْنِهم المُتَّهَم أمامَ شاهِدٍ لِلتَّعَرُّف عليه

identify, *v.t.* 1. (treat as identical) إِعْتَبَرَهُ صِنْوًا أو مَثيلًا لآخَر

2. (establish identity of) مَيَّزَ شَيْئًا من بين أَشْيَاء؛ تَحَقَّقَ من شخصيّة أوهويّة (شخص)

3. (associate *oneself with*) أَعْلَنَ اشتراكَه في الرَّأْي مع ...؛ أَحَسّ بنفْس شُعور (بطل القِصّة)

identity, *n.* 1. (sameness) تَطابُق، تَشَابُه تامّ

2. (personality) شَخْصِيّة، هَوِيّة، ذاتِيّة

identity disc قُرْص الشَّخْصِيّة (يَحْمِله الجُنْدِيّ)

3. (*math.*) مُتَطابِقة (رِياضيات)

ideogram, *n.*; *also* **ideograph** وَحْدة كِتابية في بَعْض اللّغات (كالصِينيّة) تمثّل شيئًا أو فكرةً

ideological, *a.* أيديولوجيّ، عَقائِدي

ideology, *n.* مَذْهَب أو عَقيدة، أيديولوجيا

idiocy, *n.* بَلَاهة، عَتَه؛ مُنْتَهى العَبَط

idiom, *n.* 1. (phrase) تَرْكِيب لُغَوِيّ خاصّ

2. (style of expression) أُسْلُوب، لُغة

idiomatic, *a.*   (أُسْلُوبٌ) مَلِيءٌ بِتَعْبِيرات حيّة

idiosyncrasy, *n.*   شَوَاذَّات مِزاجِيَّة أو أُسْلُوبِيَّة يَتميَّز بها الشَّخص

idiosyncratic, *a.*   (شُذُوذ) مُميِّز لِشخْص عن غيره

idiot, *n.*   أَبْلَه، عَبِيط، مَعْتوة، غَبِيّ

idiotic, *a.*   في مُنْتهى العَبَط والغَباء، سَخيف

idle, *a.* 1. (vain, useless)   باطِل، عَقِيم، غَيرُ مُجْدٍ

   idle speculation   تَخْمِينات لا جَدْوَى منها

   2. (unoccupied, unused)   غَيرُ مُشْتَغَلٍّ، (مَاكِينة) غير شغّالة

   in an idle moment   في لَحْظة فراغ (من العَمَل)

   3. (lazy)   كَسْلان، كَسول، مُتوانٍ

   v.i. 1. (waste time); also *v.t.*   أَضاع الوقت، تَلَكَّأَ، تَكاسَلَ، لَمْ يَشْغَل نفسه بأيّ عَمَل

   idle time away   قَضَى وَقته بلا عَمَل مُجْدٍ

   2. (*mech.*, turn over)   ظَلَّ المُوتُور يَتَحَرَّك بِبُطْءٍ ويَعْمَل بِدُون تَشْغِيل

idler, *n.*   كَسول، مِكْسال، لُكَأة

idol, *n.* (*lit. & fig.*)   صَنَم، وَثَن، مَعْبود

   popular idol   مَعْبُود الجَماهير (تُطْلق على نَجْم سينمائيّ أو مُطْرِب آلَخ)

idola/ter (*fem.* -tress), *n.*   وَثَنِيّ، عابِد الأَصْنام

idolatrous, *a.*   (مُعْتَقَدات أو طُقوس) وَثَنِيّة

idolatry, *n.*   عِبَادَة الأَصْنام؛ وَلَع شَديد

   this side idolatry   هَام هُيَامًا شديدًا ولكن في حُدُود معقولة

idol/ize, *v.t.* (-ization, *n.*)   أَلَّه، عَبَد

idyll, *n.*   قَصِيدَة (في الأَدب الغربي) تَصف الطَّبيعَة ومَناظرها وأَحْداثها

idyllic, *a.*   (جَوّ) شَاعِرِيّ، يملأ النفس راحَة ورِضًى

if, *conj.*   إذا، لو، إن

   if only I knew!   لَسْت أَدْري وَلَيْتني كُنْتُ أَعْرِف!

   if ever I come back . . .   لَوْ شَاءَ سُوء حظّي أَنْ أَعُودَ يومًا ما ...

   it looks as if . . .   الظَّاهِر أَنَّه (سيَتَأَخَّر اليوم)، يَبْدُوأَنّ ...

   as if I could help it!   لَمْ يَكُنْ في استطاعتي أَنْ أَتَجَنَّب ما حدث، وهل أنا المَلُوم؟!

igloo, *n.*   بَيْت بِشَكْل قُبّة يبنيه الإِسكيمو مِن الثَّلْج للمَبيت فيه

igneous, *a.*   (صَخْر) نَارِيّ؛ بُرْكانِيّ

ignis fatuus, *n.* (*lit. & fig.*)   وَهَج فُسْفُورِيّ يَتراءَى فَوْق المُسْتَنْقَعات؛ أَوْهام

ignite, *v.t. & i.*   أَشْعَل، أَوْقَد، أَلْهَب، أَضْرَم؛ اشْتَعَلَ، اتَّقَدَ، اضْطرَمَ، احْتَرَقَ

ignition, *n.* 1. (igniting, being ignited)   إِشْعَال، إيقاد، اشْتِعال، اتِّقاد، احْتِراق

   2. (engine mechanism); also ignition system   جَهَاز الإِشْعَال في المُحَرِّك، دَوْرة الإِشْعَال في محرِّك (سيّارة مثلًا)

   ignition key   مِفْتَاح إدارة المحرِّك (في السَّيَّارة)، مِفْتَاح تشغيل السَّيّارة

ignoble, *a.*   حَقير، دَنِيء، خَسِيس، لَئِيم، رَذِيل، وَضِيع، (فِعْل) شَنِيع

ignom/inious, *a.* (-iny, *n.*)   قَبِيح، فاضِح، مُشِين؛ عار وَشِنار

ignoramus, *n.* جَهُول ، جاهِل ؛ صِيغَة رَفْض الحُلَّفين لِمُذَكِّرة الاتِّهام

ignor/ant, *a.* (**-ance,** *n.*) جَاهِل ؛ جَهْل

in ignorance of عَنْ جَهْلٍ (بِالقانُون مثلاً)

where ignorance is bliss ('tis folly to be wise) ‹أَخُو الجَهالَة في الشَّقاوَة يَنْعَمُ›، ‹المجانِين فى نَعِيم›

ignore, *v.t.* تَجَاهَلَ ، لم يَهْتَمّ بِ ...

iguana, *n.* حَيَوان زاحِف كَبِير من فَصِيلة السَّحالي بِأمْريكا الجَنُوبِيّة

ilex, *n.* البَلُّوط الأَخْضَر ، أَيْلِكس (شجرة)

iliac, *a.* حَرْقَفِيّ (طبّ)

Iliad, *n.* إلْيَاذَة هُومِيرُوس (مَلْحَمَة يُونانِيّة)

ilk, *n.* عَائِلَة ، أُسْرَة ، فَصِيلة ؛ نَفْس النَّوْع أو الجِنْس

of that ilk مَنْ لَفَّ لِفَّه ، عَلَى نَمَط واحِد

ill, *a.* 1. (in bad health) مَرِيض ، مُعْتَلّ الصِّحَّة

fall (be taken) ill مَرِضَ ، سَقِمَ ، أُصِيبَ بِمَرَض

2. (bad); *arch. exc. in compounds* سَيِّء ، رَدِيء ، عَاثِر

ill fame سُوء السُّمْعَة ، رَداءَة الصِّيت

ill health سُوء الصِّحَّة

ill luck حَظّ عاثِر ، نَحْس ، شُؤْم

ill nature حِدَّة الطَّبْع ، شَكَاسَة ، فَظاظَة ، خُشُونَة

ill-repute سُوء السُّمْعة ، رَداءَة الصِّيت

ill-use عَامَلَ بِخُشُونَة أو قَسْوَة

ill will حِقْد ، ضَغِينَة ، بَغْضاء ، سُوء النِّيَّة أو القَصْد

it's an ill wind that blows nobody good ‹مَصائِبُ قَوْمٍ عِنْدَ قَوْمٍ فَوائِد›

adv.

ill at ease مُضْطَرِب ، قَلِق ، يَشْعُر بِشَيْءٍ مِن الحَرَج

it ill becomes him لا يَنْبَغِي له

speak ill of ذَكَرَه بِالسُّوء ، قَدَحَ فِيه

take something ill أظهر استياءه من شيء

I can ill afford it سَيُكَلِّفُنِي هذا جُهْدًا (أو مالاً) فوق طاقتي

ill-advised غَيْر حَكِيم ، بِلا فِطْنَة

ill-bred سَيِّء التَّرْبية ، غَيْر مُهَذَّب

ill-contrived (مَشْرُوع) أَخْطَأه التَّوْفيق

ill-disposed لا يَنْظُر بِعَيْن العَطْف إلى...، لا يُحَبِّذ أَمْرًا ما

ill-fated سَيِّء الطَّالِع ، مَنْحُوس ، مَشْؤُوم

ill-favoured قَبِيح ، بَشِع ، دَمِيم

ill-founded (إشاعَة) لا أساسَ لَها مِن الصِّحَّة

ill-gotten gains مَالٌ حَرام ، سُحْت

ill-humoured مُعَكَّر المِزاج ، مُتَجَهِّم

ill-informed جَانَبَه الحَقّ

ill-judged (رأي) غَيْر حَصِيف

ill-mannered قَلِيل الحَيَاء ، سَيِّء السُّلُوك

ill-omened (يَوْم) مَشْؤُوم ، مَنْحُوس ، نَكِد الطَّالِع

ill-provided قَلِيل الزَّاد، لم يُجهَّز كما يَنْبَغي

ill-starred سَيِّئ أو نَكِد الطَّالِع

ill-timed في وَقْت غيْر مُناسِب

ill-treat, *v.t.* عَامَلَ (شخصًا) بخُشُونة وقَسْوة، اِمْتَهنه؛ أساءَ استعْمال (شيء)

ill-used مَظْلوم، عُومِلَ بقَسْوة وبفَظاظَة

ill-wisher, *n.* حَقُود، حَسُود

n. 1. (evil) شَرّ، سُوء، ضَرّ

it bodes ill for him لَا يُنْذِرُ بالخيْر

2. (*pl.*, misfortunes) مَتاعِب (الحياة)، مَصائِب (الدهْر)، بَلايا (الزَّمن)

I'll, *contr. of* **I shall, I will**

illeg/al, *a.* (**-ality,** *n.*) غَيْر قَانُونِيّ، غيْر شَرْعيّ

illegib/le, *a.* (**-ility,** *n.*) (خَطّ) لا يُقْرأ، لا يُمْكِنُ قِراءته؛ غُموض الخطّ أو الكِتابة

illegitim/ate, *a.* (**-acy,** *n.*) 1. (bastard) وَلَد غيْر شَرْعي، نَغْل، ابْن زِنا

2. (contrary to rule or authority) غيْرُ مَشْروع، يتنافَى وَمَبادئ القانون

illiberal, *a.* ضَيِّق الآفاق؛ شَحيح؛ غيْر مُتَساهِل أو مُتسامِح

illicit, *a.* مَحْظور، يُحَرِّمه القانون

illimitable, *a.* لا يُحَدّ، لا حَدَّ له

illiter/ate, *a.* (**-acy,** *n.*); *also n.* أُمِّيّ، لَا يَقْرأ وَلَا يَكْتُبُ؛ الأُمِّيّة

illness, *n.* مَرَض، داء (أدواء)، عِلّة، سَقَم

illogic/al, *a.* (**-ality,** *n.*) غَيْر مَنْطِقيّ

illumin/ate, *v.t.* (**-ation,** *n.*) 1. (light up) أَضَاءَ، أَنَارَ، نَوَّرَ؛ إنارَة

2. (throw light on *a subject*) أَنارَ أو نَوَّرَ الأذْهان، أَضَاءَ غوامِض المَوْضوع

3. (decorate *manuscript*) وَشَّى مَخْطوطًا بِألْوان شَتَّى (كما كان متَّبعًا في القرون الوُسْطى)

illuminati, *n.pl.* اِسْمٌ يُطْلَق على مَنْ يدَّعون الوَحْي أو الإلهام الالهي، الخاصّة عند المتصوّفة

illuminations, *n.pl.* أَنْوار كَهْرَبائيّة ملوَّنة للزِّينَة

illuminator, *n.* مُوَشِّي مَخْطوطات

illumine, *v.t.* أَشعّ نورًا على، أَلْهَمَه الصَّواب

illusion, *n.* وَهْم؛ خِداع، سَراب خادِع، أَضْغاث أحْلام؛ خِداع (البَصر)

illusionist, *n.* مُشَعْوِذ، مُشَعْبِذ، حاوٍ (حُواة)

illusive, *a.*, *also* **illusory** خَدَّاع، مُضَلِّل، خُلَّب، وَهْمِيّ، باطِل

illustrate, *v.t.* 1. (make clear with examples) ضَرَبَ أَمْثِلَة لزيادة الإيضاح، وَضَّحَ بِأَمْثِلَة

2. (ornament with pictures) زَوَّدَ كتابًا أو مَجَلَّة بِصُوَر لِلتَّوضيح أو للزَّخْرفة

illustration, *n.* 1. (example) مِثَال للشَّرْح أو لِلتَّوْضيح

by way of illustration على سَبيل المِثال

2. (picture) صُورَة إيضاحيّة أو زَخْرفيّة

illustrative, *a.* (مَثَل) مُوَضِّح (لنظريّة)

illustrator, *n.* رَسّام صُوَر (للطِّباعة)

illustrious, *a.* جَلِيل القَدْر، مُبَجَّل، ماجِد

I'm, *contr. of* **I am**

image, *n.* 1. (representation, likeness) صُورَة
graven image تِمْثَال مَنْحوت (توراة)، صَنَم
he is the image of his father إِنَّه صورة طِبْق الأصْل من أبيه
2. (*opt.*) صُورَة (بصريّات)
mirror image صُورَة شيء كما يُرَى لو اِنْعَكَس في مِرآة، صورة مِرآويّة
3. (figure of speech) مَجاز في التَّعبير اللُّغَويّ (تشبيه، استعارة مثلًا)
4. (idea) فِكْرَة، صُورة ذهنيّة
public image اِنْطِباع عند الجماهير عن شخصيّة

imagery, *n.* 1. (statues) التَّماثِيل
2. (imaginative language, *etc.*) المَجاز والاِسْتِعارة في الأسلوب الأدبيّ

imaginable, *a.* يُمْكِن تصوُّره أو تخيُّله

imaginary, *a.* 1. (fancied) وَهْميّ، غَيْر حَقيقيّ
2. (*math.*) (كَمِّيَّة) تخيُّليّة، (جَذْر) أَصَمّ

imagination, *n.* 1. (power to imagine) (مَلَكَة) التَّخَيُّل أو الإبْدَاع، خَيال
2. (illusion) وَهْم، أَوْهام

imaginative, *a.* وَاسِع الخيال، مُبْدِع

imagine, *v.t.* تَصَوَّر، تَخَيَّلَ، تَوَهَّمَ، خَالَ؛ ظَنَّ، اِفْتَرَض
you're imagining it! مُتَوَهِّمٌ! ما حَصَلْش! (مصر)
just imagine! يا لَلدَّهْشَة! عَجَبًا!

imago, *n.* 1. (*zool.*) اليَافِعَة، الحَشَرَة في آخر مَرَاحِل تطوّرها الجِنْسيّ
2. (*psych.*) صُورة مخاطة بهالَة من الأعجاب تُلَازِم الشَّخْصَ منذ طُفولته

imbalance, *n.* عدم التَّوازُن أو التَّناسُب (طبّ)

imbec/ile, *a.* & *n.* (**-ility,** *n.*) أَبْلَه؛ شَخْص ذُو مُسْتَوًى عَقليّ يُعادِل مُسْتَوى عَقْل الطِّفل

imbed, *see* **embed**

imbibe, *v.t.* شَرِب، تَشَرَّب، اِسْتَقَى؛ نَهَلَ؛ تَشَبَّعَ بآراء أو أفكار؛ أَصْبَح مَسْطولًا

imbroglio, *n.* مَوْقِف (سياسيّ) مُشَوَّش، (مَسْرَحِيَّة) كثيرة التعقّد، فَوْضى وضوضاء

imbue, *v.t.* نَقَعَ، شَرَّبَ، شَبَّعَ؛ صَبَغَ، خَضَّبَ؛ أَفْعَمَ بِ...
he was imbued with enthusiasm جَاشَ صَدرُه بالحماس

imitate, *v.t.* حَاكَى، قَلَّدَ، حَذَا حَذْوَ...

imitation, *n.* 1. (copying, mimicry) مُحاكاة، تَقْليد
2. (sham); *oft. attrib.* (مُنْتَجات) مُقَلَّدَة

imitative, *a.* يقوم على المحاكاة والتَّقليد

imitator, *n.* مُقلِّد (لأسلوب غيره)

immaculate, *a.* بِلَا شائِبة، بلا عَيْب؛ في غايَة النَّظافة؛ نَقِيّ، طاهِر
Immaculate Conception الحَبَل بلا دَنَس (مسيحية)

imman/ent, *a.* (**-ence,** *n.*) جَوْهري؛ مقيم أو حالّ فيه؛ حلول (اللّٰه في الكون)

immaterial, *a.* 1. (incorporeal) غَيْر مادّي
2. (unimportant) تافِه، طفيف، غير مُهِمّ

immat/ure, *a.* (**-urity,** *n.*) غَيْر ناضِج؛ غَيْر بالِغ (عاطِفيًّا)؛ عَدَم النُّضُوج

immeasurable, *a.* لَا حَصْرَ له، غير مُتناهٍ

immedi/ate, *a.* (**-acy,** *n.*) 1. (direct) مُباشِر، عَنْ طريق مباشر
2. (following closely; without pause) عَلى أثره مُباشرةً، في التوّ واللّحْظة
in the immediate future فِي القَرِيب العاجِل

immediately, *adv.* توًّا، فَوْرًا، رأسًا

immemorial, *a.* مُوغِل في القِدَم
from time immemorial مِن غابر العُصور

immen/se, *a.* (**-sity,** *n.*) جَسِيم، ضَخم، هائل

immensely, *adv.* (*coll.*) جِدًّا، لِلغايَة
I'm immensely grateful أَلْف شُكْر، أشكر فَضْلَك، كثر خيرك! مَرْسِي قويّ!

immerse, *v.t.* 1. (plunge *in liquid*) غَمَرَ، غَطَّسَ في سائِل
2. (*fig.*, absorb, involve, *in*; *esp. past p.*) غَرِق (في الدِّيْن أو التَّفكِير الخ)

immersion, 1. (*of objects in liquid*) غَمْر، غَمْس، غَطْس، تغطيس
immersion heater جِهاز كهرَبائي داخل صِهْرِيج لتسخين الماء في المَنْزِل
2. (baptism) عِماد عند بعض النَّصارى بِالتَّغْطِيس بالماء
3. (*fig.*, absorption) اِسْتِغْراق (في التَّفكير)، اِنْهِماك، اِنكباب، اِنغماس

immigrant, *n.* مُهاجِر مُقيم، مُغترب

immigr/ate, *v.i.* (**-ation,** *n.*) هَاجَرَ أو نَزَح إِلى قطر أجنبي للاستيطان فيه

immin/ent, *a.* (**-ence,** *n.*) وَشِيك الوُقوع، (خَطَر) مُحْدِق، على قاب قوسين أو أدنى

immob/ile, *a.* (**-ility,** *n.*) لَا يَتَحَرَّك، عديم الحَرَكَة، لاحَرَاكَ فيه، ساكن؛ جُمود عن الحركة

immobil/ize, *v.t.* (**-ization,** *n.*) أَقْعَدَه أو شَلَّه عن الحركة، جَرَّدَ (سيّارة) من إمكانية الحركة

immoderate, *a.* مُغَالٍ، مُفْرِط، مُتطرّف، مُبَالِغ، مَتجاوِز الحدّ؛ عدم الاِعْتِدال

immod/est, *a.* (**-esty,** *n.*) 1. (not decent) بَذِيء، يُنافِي أُصُول الأَدَب والحِشْمة
2. (impudent, boastful) قَلِيل الحَياء

immol/ate, *v.t.* (**-ation,** *n.*) ضَحَّى، قَدَّمَ قربانًا

immor/al, *a.* (**-ality,** *n.*) لَا أَخْلَاقِيّ، يُنافي مَبَادِئ الأخلاق، فاسِد، مُفْسِد

immort/al, *a.* & *n.* (**-ality,** *n.*) خَالِد، باقٍ مَدى الدَّهْر، دائم، غير فانٍ؛ خُلود

immortal/ize, *v.t.* (**-ization,** *n.*) خَلَّدَ

immortelle, *n.* زَهْرة خاصَّة تحتفظ بلونها وَشكلها بعد تجفيفها، ذَهَب الشَّمْس

immovab/le, *a.* (**-ility,** *n.*) ثَابت، راسِخ، صَامِد لا يَتزَحْزَح؛ (أموال) غَيْر مَنْقُولَة

imm/une, *a.* (**-unity,** *n.*) حَصِين، مَنِيع؛ حَصَانة، منعة، مناعة (ضدّ المرض)
diplomatic immunity حصانة دِبْلُومَاسِيّة

immun/ize, *v.t.* (**-ization,** *n.*) حَصَّنَ، أَكْسَبَ مَناعة؛ طَعَّمَ بِلَقَاح ضِدّ مَرَض ما

immunology, *n.* عِلْم التَّحْصين ضِدّ الأمراض

immure, *v.t.* سَجَنَ، حَبَسَ؛ اِعْتَكَفَ

immutab/le, *a.* (**-ility,** *n.*) ثَابِت لا يتغيَّر، لَا يقبَل التَّغْيِير، (سُنَن) راسخة

imp, *n.* 1. (devil) عِفْرِيت صَغير

2. (mischievous child) وَلَد شَيْطَان، عِفْرِيت

impact, *n.* 1. (collision) اِرْتِطَام، اِصْطِدَام

impact test (*mech.*) اِخْتِبَار الصَّلَادة بالصَّدْم

2. (effect) وَقْع، تَأْثِير، أَثَر

make an impact on أَحْدَثَ تَأْثِيرًا في ...
v.t., esp. past p.

impacted wisdom tooth ضِرْس عَقْل مَغْرُوس في اللِّثَّة

impair, *v.t.*، أَضْعَف (العَمَل الشَّاقّ صِحَّتَه) أَحْدَثَ أو أَلْحَقَ ضَرَرًا بِ ...

impale, *v.t.* خَرَقَه بِسِيخ أو بخَازُوق، خَوْزَقَه

impalpab/le, *a.* (-ility, *n.*) لا يُحَسّ به عند اللَّمْس؛ (أفكار) لا يُدْرِكها العَقْل بِسُهُولة

impanel, *see* **empanel**

impart, *v.t.* أَبْلَغَه خَبَرًا، أَطْلَعَه على، أَضْفَى على

imparti/al, *a.* (-ality, *n.*) غَيْر مُتَحَيِّز، مُنْصِف، لا يُحَابِي؛ عَدَم المُحَابَاة

impassable, *a.* (طَرِيق أو مَمَرّ) لا يمكن اجْتِيَازه أو عُبُوره

impasse, *n.* (*lit. & fig.*) زُقَاق غَيْر نافِذ، حَارَة سَدّ (مصر)؛ مَوقِف لا مَخْرَج منه

impassioned, *a.* (تَوَسُّلات) حَارَّة، (عواطف) مُتَّقِدة

impass/ive, *a.* (-ivity, *n.*) غَيْر عاطِفي، فاتِر الشُّعُور، مَيِّت الإِحْسَاس

impati/ent, *a.* (-ence, *n.*) 1. (intolerant *of, or absol.*) ضَيِّق الصَّدْر، قَصِير الأَناة؛ عَدِيم الصَّبْر

2. (eager *to, or absol.*) يَتَلَهَّفُ على، يَتَحَرَّق شَوْقًا إلى، شَدِيد الرَّغبة في

impeach, *v.t.* (-ment, *n.*) طَعَنَ في حُكْم أو قَرَار، اِتَّهَم فُلانًا بجريمة ضِدّ الدَّولة

impeccab/le, *a.* (-ility, *n.*) خَالٍ مِن كُلّ عَيْب، غَايَة في الإِتْقَان

impecuni/ous, *a.* (-osity, *n.*) رَقِيق الحَال، خَالي الوِفَاض

impedance, *n.* (*elec.*) مُعَاوَقة كَهْرَبَائِية

impede, *v.t.* عَرْقَلَ، أَعَاق، حَال دون

impediment, *n.* 1. (hindrance) عَائِق، عَرْقَلة

2. (of speech) تَمْتَمة أو ثِقَل اللِّسَان

impedimenta, *n.pl.* أَمْتِعة ومُتَعَلِّقات المُسَافِر

impel, *v.t.* دَفَعَه إلى، حَمَلَه على؛ حَثَّ، حَضَّ (على أمر)

impeller, *n.* (*mech.*) دَفَّاعة مِيكانِيكِيَّة

impend, *v.i.* أَوْشَكَ أو أَشْرَفَ على الحُدُوث

impenetrab/le, *a.* (-ility, *n.*) لا يُمْكِن اخْتِرَاقُه، (سِرّ) مُغْلَق، لا يُمْكِن فَهْمه

impenit/ent, *a.* (-ence, -ency, *n.*) سَادِر في غَيِّه، مُتَمَادٍ في خَطَايَاه

imperative, *a.* 1. (*gram.*) صِيغَة الأَمْر (نحو)

imperative mood; *also* imperative, *n.* أَمْر

2. (peremptory) لا يُنَاقَش ولَا يُخَالَف

3. (essential) لَا بُدَّ مِنْه، لازِم كُلّ اللُّزُوم

imperceptible, *a.* طَفِيف، لا تُدْرِكه العَيْن

impercipi/ent, *a.* (-ence, *n.*) مُتَبَلِّد الشُّعُور، لا يَتَعَاطَف مع الغَيْر

imperfect, *a.* 1. (not fully formed, faulty) نَاقِص التَّكْوِين، غَيْر سَلِيم، مَعِيب

2. (*gram.*)

imperfect tense; *also* imperfect, *n.* الزَّمَن المَاضِي المسْتَمِرّ (نحو انكليزيّ)، صِيغة 'يَفْعل'

imperfection, *n.* نَقْص، عَيْب، عَطَب، نقيصة، شَائِبَة، هَفوة، معابة (معايب)

imperforate, *a.* (طَابع بريد طَرَفُهُ) غيْر مثقَّب

imperial, *a.* 1. (of an empire) إمْبَرَاطُورِيّ، يَخْتَصّ بالامبراطوريّة

imperial preference الإمْتِيَازَات الامبراطوريّة (فِي التِّجَارة بين أعضاء الكومونولث البريطانيّ)

2. (of an emperor) امبراطوريّ، (صاحب الجَلَالَة) الامبراطوريّة

3. (*of weights and measures*) مُتَعَلِّق بالموازين وَالمَقَاييس والمكاييل الانكليزيّة

imperial gallon غَالون انكليزي (٤٫٥٤٦ لترًا)

n. (beard) لِحْيَة صغيرة مدبَّبة

imperial/ism, *n.* (**-ist,** *n.*) الإسْتِعْمَار

imperialistic, *a.* إسْتِعْمَارِيّ، امبرياليّ

imperil, *v.t.* عَرَّضَه للأخطار والمهالِك

imperious, *a.* مُتَجَبِّر، مُتصلِّف، أمّار؛ عاجِل جدًّا

imperishable, *a.* لَا يَبْلَى، لا يُمْحَى، خالِد

imperman/ent, *a.* (**-ence, -ency,** *n.*) زَائِل، عَابِر، فانٍ، مُؤَقَّت، لا بَقاء له

impermeab/le, *a.* (**-ility,** *n.*) لَا تَخْتَرِقُهُ أو تَنْفُذ منه السَّوائل، كَتِيم

impermissible, *a.* غَيْر جائز، غير مُصَرَّح به

impersonal, *a.* 1. (without personal quality) (نِقَاش) موضوعيّ، لاذاتيّ

2. (*gram.*) جُمْلَة مجْهول فاعِلها

impersonality, *n.* مَوْضُوعِيّة، لاذَاتِيّة

imperson/ate, *v.t.* (**-ation,** *n.*) إنْتَحَلَ شخصيّة غَيْرِه؛ قَلَّدَ شخصيّة مشهورة (للتسلية)

impersonator, *n.* مُمَثِّل يتقن تقليد الشَّخْصِيَّات

impertin/ent, *a.* (**-ence,** *n.*) (تعليق) نابٍ، وَقِح، سَفِيه؛ خارِج عَن مَوْضُوع البَحْث

imperturbab/le, *a.* (**-ility,** *n.*) رَابِط الجَأْش، ثَابِت الجنان، هادئ الأعصاب، لا يَهْتَزّ

impervious, *a.* (*lit. & fig.*) لَا يُمْكِن النَّفاذ منه؛ يَرْفُض (المحاجَجة أو التَّوَسُّلات)

impetigo, *n.* حَصَف (مرض جلديّ)

impetu/ous, *a.* (**-osity, -ousness,** *n.*) مُنْدَفِع، مُتهوِّر، غير متروٍّ، عديم التَّرَيُّث

impetus, *n.* (*lit. & fig.*) قُوَّة دافِعة، كمّيّة التَّحَرُّك (ميكانيكا)؛ دافِع، حافِز

impiety, *n.* الإسْتِخْفَاف بالمقدَّسات، عَدَم التَّقْوَى

impinge, *v.i.* (*lit. & fig., with preps.* on, upon) اِرْتَطَمَ، اِصْطَدَم ب، تَجَاوَزَ على

impious, *a.* مُسْتَخِفّ بالمقدَّسات؛ شَنِيع

impish, *a.* عِفْرِيتِيّ؛ (ابتسامة) بها شَمَاتَة

implacab/le, *a.* (**-ility,** *n.*) مُتَصَلِّب، لَدُود

implant, *v.t.* (**-ation,** *n.*) رَسَّخ، غَرَز، غَرَس

implausib/le, *a.* (**-ility,** *n.*) غَيْر مُقْنِع، لا يَسْهل تصْدِيقُه، لا يُحْتَمل وقوعه

implement, *v.t.* (**-ation,** *n.*) وَضَع (مَشْرُوعًا) مَوْضِع التَّنْفِيذ؛ تنفيذ أو تطبيق (القانون)

n. آلَة (آلات)، أَدَاة (أدوات)

implicate, *v.t.* عَزَا إِلَيْه اشْتِراكه في (الجرم)

implication, *n.* 1. (involvement) تَوَرُّط في

2. (inference) اِسْتِدْلال، مغزًى

by implication ضِمْنًا، كنايةً

implicit, *a.* 1. (implied) مَذْكور ضِمْنًا، مَفْهُوم بِالاسْتِدلال، مُضْمَر

2. (absolute) مُطْلَق، (إيمان) بلا كَيْف

implore, *v.t.* تَضَرَّع إلى، اِسْتَعْطَف، اِسْتَرْحَم، تَوَسَّل إلى

imply, *v.t.* يَدُلّ أو يَعْني ضِمنًا

impolite, *a.* (**-ness,** *n.*) غَيْر مُهَذَّب؛ قِلّة أَدَب

impolitic, *a.* إِجْراء لا يُحَبَّذ اِتّخاذه، لَيْسَ من الكِياسَة في شيء، غَيْر حكيم

imponderable, *a.* لا يُقَدَّر تأثيرُه أو وَزْنُه، (*fig.*); *also n.* عَوَامِل لا يُسْتَطاع التَكَهُّن بها

import, *v.t.* 1. (signify) يُفِيد أن، دَلَّ على

2. (bring into country) اِسْتَوْرَد، جَلَب

n. 1. (significance) فحوًى، معنًى، مغزًى، مُفاد؛ خُلاصَة القول أومؤدّاه؛ (أمر) ذو خَطَر

2. (bringing in) اِسْتِيرَاد، اِستجلاب

3. (commodity) بَضَائِع مُسْتَوْرَدة

import/ant, *a.* (**-ance,** *n.*) 1. (significant) مُهِمّ، هامّ، خَطِير، لا غِنى عنه

2. (distinguished) ذو شأن، مُمْتَاز

self-important مَغْرور، شايف نفسه

importation, *n.* عَمَلِيّة الاستيراد

importunate, *a.* مِلْحَاح، لَجوج، طَلُوب

importune, *v.t.* أَلْحَفَ في الطَّلَب، لَجَّ

importunity, *n.* إلْحَاف، لَجَاجة

impose, *v.t.* فَرَضَ عليه (رأيًا، غَرامة)

v.i., with preps. on, upon فَرَضَ نفسه عليه، اِسْتَغَلَّ طيبته، أَثْقَلَ عليه

imposing, *a.* مَهيب، يَبْعَث على الاحترام

imposition, *n.* 1. (laying on) وَضْع الأيدي

2. (tax, burden) فَرْض الضَّرائب، تكْليف

3. (deception) إيهَام، خِدْعة

4. (school punishment) وَاجِب إضافيّ يُفرَض على التِّلميذ عِقابًا له

impossib/le, *a.* (**-ility,** *n.*) مُسْتَحِيل، مُحال، غَيْر مُمْكِن؛ لا يُطاق (شخص، موقف)

impostor, *n.* دَعِيّ، دَجّال، مُنْتَحِل شخصيّة

imposture, *n.* الغِشّ بانتحال شخصيّة الغير

impot/ent, *a.* (**-ence, -ency,** *n.*) 1. (powerless) عاجِز، قَصُرَتْ يده عن

2. (without sexual power) عِنّين

impound, *v.t.* وَضَعَ يده على، حجزَ على، صَادَرَ؛ اِحْتَجَزَ الماشية الضالّة في حَظِيرة

impoverish, *v.t.* (**-ment,** *n.*) أَفْقَره، جَرَّده من ثروته؛ أَفْقَدَ (الأرضَ خِصْبَها)

impracticab/le, *a.* (**-ility,** *n.*) (مَشْرُوع) غير قابل للتّنفِيذ؛ (طريق) يتعذّر اجتيازه؛ ينافي الواقع

imprec/ate, *v.t.* (**-ation,** *n.*) اِسْتَنْزَلَ اللعنات على؛ لَعْنة، سِباب، شَتِيمة، بَهْلة

imprecatory, *a.* (كَلام) يَطْفح بالشتائم

imprec/ise, *a.* (**-ision,** *n.*) غَيْر دَقِيق ، (مَعْلُومات) تَنْقُصُها الدِّقّة

impregnab/le, *a.* (**-ility,** *n.*) (حِصْن) مَنِيع ، حَصِين ، حَرِيز ، (حُجَّة) لا تُنْقَض

impregn/ate, *v.t.* (**-ation,** *n.*) لَقَّحَ، شَبَّعَ بِ

impresario, *n.* مُتعهِّد حَفلات فنية

impress, *v.t.* 1. (stamp) دَمَغ ، خَتَمَ

2. (*fig.*, enjoin *on, upon*) اِنْطَبَع في ذِهْنه

3. (influence, affect) أَثَّرَ، أَحْدَثَ تأثيرًا أو انطِباعًا، حَازَ الإعجاب

4. (*hist.*, seize for public service or use) سَخَّرَ النّاس أو أموالهم لمصلحة عامّة؛ أَرْغَمَ شخصًا على الانضمام إلى البحريّة أو الجنديّة (سابقًا)

n. (*lit. & fig.*) دَمْغ، خَتْم، سِمَة، طابع

impression, *n.* 1. (stamping or result thereof) خَتْم ، دَمْغ ، بَصْم

2. (print from type or engraving) صُورة مطبوعة من اكليشيه تُؤْخذ كعيِّنة

3. (issue of book) مَجْموع النُّسَخ الصادرة، طبعة

4. (effect on mind or senses)

make a good impression (on) كانَ له وَقْع حَسن عند ...، تَرَكَ انطباعًا جيّدًا

5. (notion)

I got the impression that . . . شَعَرْتُ أو أَحْسَسْتُ (بطريقة ما) أن

he is under the impression that . . . يَتوَهَّمُ أنْ، يُخَيَّل اليه أن، يظنّ أن

impressionable, *a.* سَرِيع أو سَهل التّأثير

Impression/ism, *n.* (**-ist,** *n.*) الاِنْطِبَاعِيّة في الفنّ التّصويريّ ؛ المذهب التأثيريّ

impressive, *a.* (خِطاب) رائع، (مَجْهود) عظيم

imprest, *n.* قَرْض أو سُلْفة مُستديمة

imprimatur, *n.* إجازة لِطَبْع ونَشْر كتاب تَمْنَحُها كنيسة روما؛ تَصْريح

imprint, *n.* 1. (stamp, *lit. & fig.*) أَثَر؛ طابع ، سِيمَاء

2. (*in book*) اِسْم طابع الكِتاب وناشِره ومكان طَبْعِهِ وتاريخه

v.t. خَتَمَ ، دَمَغ ؛ اِرْتَسَمَ في ذِهْنه

imprison, *v.t.* (**-ment,** *n.*) سَجَنَ، حَبَسَ

improbab/le, *a.* (**-ility,** *n.*) لا يُرَجَّح حُدُوثه، بَعِيد الاحْتمال، (رواية) يَصْعُب تصديقها

impromptu, *adv. & a.* اِرْتِجالًا، بدون سابق إعْداد؛ (خطاب) مُرْتَجل

n. (*mus.*) قِطْعَة مُوسِيقِيّة (تبدو) مُرْتَجلة

improper, *a.* 1. (incorrect) غَيْر صَحيح أو سَليم

improper fraction كَسْر غير حقيقيّ (حساب)

2. (unseemly, indecent) غَيْر لائق أو ملائم أو مناسِب ؛ نابٍ، قَبيح، فاحِش

improper suggestion إغْراء بِآرتكاب الفَحْشاء

impropriety, *n.* 1. (unfitness) عَدَم لِيَاقة أو مُنَاسَبة (رداءٍ لحفلة رسميّة مثلًا)

2. (indecency) بذاءة، عَدَم الاِحْتِشام

improve, *v.t.* 1. (make better) حَسَّنَ، أَدْخَلَ تَحْسِينًا على

2. (take advantage of) اِغْتَنَمَ (الفُرصة)، اِسْتَغَلَّ (المَوْقِف)

improve the occasion اِنْتَهَزَ الفُرصة

v.i. تحَسَّنت (صحّته أو حاله)

improvement, *n.* تَحَسُّن، تقدُّم، إصْلاح

improver, *n.* صَبيّ أو صانِع تحت التَّمْرِين في حِرفة ما

improvid/ent, *a.* (**-ence,** *n.*) قليل التَّبَصُّر؛ غير مدبّر، مُسْرِف، مُبذِّر

improving, *a.* (كِتاب) تهذيبيّ أو أخلاقيّ

improv/ise, *v.i.* (**-isation,** *n.*) اِرتَجَل (قطعة موسيقيَّة)؛ تحايَل على مشكلة بحلّ مُؤَقّت

imprud/ent, *a.* (**-ence,** *n.*) غَيْر حَكِيم، عَديم الفِطْنة، غير مُتَرَوٍّ، طائش

impud/ent, *a.* (**-ence,** *n.*) وَقِح، صَفيق، قَليل الحَياء، (ألفاظ) بذيئة؛ وَقاحة

impugn, *v.t.* طعَن في نزاهته، اِرْتاب فيه

impulse, *n.* 1. (impetus) قُوّة دافِعة

2. (*elec.*) دافِع، نَبْضة (كهرباء)

3. (sudden inclination) نَزْوة

on impulse (فعَلَ شيئًا) بِوَحْي السَّاعة، بدون سَابق تفكير، ارْتِجالاً

impulsive, *a.* (**-ness,** *n.*) يَنْقاد للنَّزَوات الطَّارِئة، مُنْدَفِع في أعماله، طائش

impunity, *n.* حَصَانة، بدون قِصاص

impure, *a.* 1. (unchaste) غيْر شَريف أو عَفيف

2. (dirty) قَذِر، (هواء) مُلَوَّث

3. (adulterated, mixed) (مَعْدِن) غير صافٍ، (مادّة) غَيْر نَقِيَّة؛ مَغْشُوش

impurity, *n.* دَنَس؛ شائبة (شوائب)، موادّ غَرِيبة في مَعْدِن أو محلول

imput/e, *v.t.* (**-ation,** *n.*) نَسَبَ أو عَزَا (الجَرِيمة) إلى، أَسْنَدَ إليه؛ إلْصَاق تُهْمَة بِ

in, *prep.* 1. (expressing position in space or time) فِي، بِ، ضِمْنَ، داخل

in place of بَدَلاً أو عِوَضًا عن، بالنِّيابة عَن، يَقُوم مَقامَ ...

in it up to the neck مُتَوَرِّط في الأمر كلِّيّةً، لا يُمْكِنه الإفلات من (المَسْؤُوليّة)

2. (expressing circumstances)

in any case عَلَى أَيِّ حال، مَهْما يكن من أمرٍ، عَلَى كُلٍّ

in case of عِنْد (الحاجة)، إذا ما

in the event of عِنْدَ حُدوث

3. (expressing various relations)

trust in God اِتَّكَل على الله

wanting in courage تُعْوِزه الشَّجاعة

engaged in reading مُنْشَغِل بالقِراءة

blind in one eye أَعْوَر، عَمِيَت إحْدَى عَيْنَيْه

in liquor مَخْمُور، تحت تأثير السُّكْر

in pocket رَابح (في صَفْقة مثلاً)

in search of بَحْثًا عن

in order to كَيْ، لِكَيْ، حَتَّى، لِ

the latest thing in hats قُبَّعة آخر موديل، آخر صَيْحة أو طراز في القبَّعات

he hasn't got it in him تَنْقُصه الشَّجاعة، لا يَجْرُؤ على؛ ليْس مِن طبيعته أن

not in it لَا يُحْسَب له حِساب (بِالنِّسْبة إلى)، غَيْرجَدير بالذِّكْر، شيء تافِه

nothing in it

(incorrect) (إِشَاعَة) لا أَسَاس لها مِن الصِّحّة، (رِوَايَة) مُخْتَلَقة

(no difference) لَا فَرْقَ بَيْنَهما، على حَدٍّ سواء

in itself فِي حَدِّ ذاتِه

in that (*conj.*) مِن حَيْث أَنّ، من ناحِيَة أن

in so far as (*conj.*) وَبِقَدْر ما يَتَعَلَّق الأَمْر بِ، ما دَامَ أَنَّ

4. (*in comb.*)

in-laws (*n.pl., coll.*) (للزَّوْجَة) أفراد عائلة زوْجها، (للزَّوْج) أفراد عائلة زوجته، أَنْسِباء

adv. I. (denoting situation, *lit. or fig.*) حَرْف يقوم مقام ظَرْف المكان

he's not in (away from home or office) هُو غَيْر مَوْجود (في داره أو محلّ عَمله مثلًا)

the train is in لَقَدْ وصَل القِطار، القِطار وَقَف أمام رَصيف المحطّة

strawberries are in لَقَد حَلَّ مَوْسِم الفَراولة أو الشَّيْلك

short skirts are in الجُونِلّة أو التَّنُّورة القَصِيرَة هي موضة اليوم

Labour is in اِنْتَصَرَ حِزْب العُمّال، فَازَ فِي الانتخابات وتَسلَّم الحُكْم

the fire is still in نَارُ المِدْفَأة لم تَخْمد بعد

in with you! يالله ادخل! خُشّ!

come in! تَفَضَّل (اُدخل)!

2. (*special coll. uses*)

he is in for a surprise سَيُبَاغِته هذا النَّبأ، تَنْتَظِرُه أخبار غير سارّة

he is in for it سَيُعَاقَب، سَيَلقى جزاءه، رَاحَ يأكلها

in for a penny, in for a pound مَن بَدأَ في أَمْرٍ فلا بُدّ له من إكما له

to be in on something لَهُ ضِلْع في الأمر؛ كَانَ على عِلْم (بالقَرار)

well in with someone لَهُ حُظْوة عند فلان، هُوَ من محاسِيبه

a.

in-patient مَريض مُقيم أو نَزيل في مُستشفى، مَرِيض داخليّ

in tray سَلّة المُرَاسَلات الوارِدة (في المَصالح والدّوائر)

n.

the ins and outs of the matter شَوَارِد الأمر، (يَعْرِفُ) الأمْر بحذَافِيرِه

in, (*Lat.*)

in absentia غِيابِيًّا

in camera مُحاكَمة غيْر عَلَنِيَّة

in extremis فِي النَّزْع الأخير، عَلَى شفا المَوْت، مُدْنِف

in flagrante delicto مُتَلَبِّسًا بالجريمة

in loco parentis قَامَ مَقام الوالدين

in memoriam تِذْكَارًا لشخْص متوفًّى

in situ بِدُونَ أن يُنْقَل من مكانه الأصليّ

in statu pupillari مُلْزَم بالقوانين الخاصّة بِطُلّاب الجَامِعَة

in statu quo عَلَى مَا كان عليه بِدون تَغْيير، عَلَى حَالَتِه الأصليّة

in toto بِرُمَّتِهِ، بجُملته، بأكْمله

in vacuo فِي عُزْلة عمّا حوله، فى فراغ

in vino veritas الخَمْر تُظْهِر باطِنَ شارِبِها (تجْعَله يُفْشِي الأسْرار بِسُهُولَة)

inability, *n.* عَجْز، عَدَم المَقْدِرَة

inaccessib/le, *a.* (**-ility,** *n.*) (وَثائِق) يتعذَّر الوُصُول إليها، لا سَبيل إلى بُلوغه، مَنيع

inaccur/ate, *a.* (**-acy,** *n.*) (تَقْرير) غير مطابِق للوَاقِع، (معلومات) غير دقيقة

inaction, *n.* عَدَم النَّشَاط، تَكاسُل، خُمُود، اِمْتِناع أو قُعُود عَن العَمَل

inact/ive, *a.* (**-ivity,** *n.*) 1. (of things) (بُرْكان) خامِد أو ساكِن؛ غير فَعَّال

2. (of persons) غَيْر نَشيط، خامل، كَسِل، مَكْتُوف اليدين

inadequ/ate, *a.* (**-acy,** *n.*) لَا يَفِي بالغَرَض، غيْر كافٍ، ناقِص، غيْر مُلائم

inadmissib/le, *a.* (**-ility,** *n.*) غَيْر مَسْمُوح به، غَيْر جائز، مَرفوض، غير مَقْبول

inadvert/ent, *a.* (**-ence, -ency,** *n.*) غَيْر مقْصُود، ساهٍ، غافِل

inadvertently, *adv.* عَن غير قَصْد، سهوًا، دون انْتِبَاه، عفوًا، في غفلة منه

inalienab/le, *a.* (**-ility,** *n.*) (حَقّ) لا يُمكِن التَّصَرُّف فِيه؛ (مِلك) لا يباع ولا يُشْتَرى

inalterab/le, *a.* (**-ility,** *n.*) لَا يُمكِن تَغْييره أو تَحْوِيله، راسِخ، ثابِت، أَزَلِيّ

inamorata, *n.* عَشِيقة، خَليلة

inane, *a.* (مُلَاحَظة) سَخيفة، تافِه

inanimate, *a.* لَا حَياة فيه

inanition, *n.* خِواء؛ خَوَر بسَبَب الجُوع المُزْمِن، ضَوَر

inanity, *n.* سَفاهَة (الرّأي)، تَفاهَة (القَوْل)، اِبْتِذال (الكَلَام)

inapplicab/le, *a.* (**-ility,** *n.*) (قَانُون) لا يمكن تَطْبِيقه، لا يَسْرِي مَفْعُوله

inappreciable, *a.* (فَرْق) طَفيف أو ضَئِيل

inappropriate, *a.* (**-ness,** *n.*) فِي غَيْر مَحَلّه، عِبَارَة نَابِية، غَيْر لائق أو مناسب

inapt, *a.* غَيْر لَائِق؛ غير حَصِيف

inarticulate, *a.* 1. (not jointed) عَدِيم المَفَاصِل

2. (without clear expression) عَاجِز عن التَّعْبِير عن رأيه، عييّ عن الإفْصاح

inartistic, *a.* لَا يَتَذَوَّق الفنّ، غيْر فنّيّ

inasmuch, *conj.*, in

inasmuch as حَيْث أنّ، بما أنَّ

inattention, *n.* سَهْو، شُرود الذِّهْن

inattentive, *a.* غَيْر مُلْتَفِت إلى (الدّرس)

inaudib/le, *a.* (**-ility,** *n.*) (صَوْت) خافِت

inaugural, *a.* (خِطاب) افتتاحيّ، تَدْشينيّ

inaugur/ate, *v.t.* (**-ation,** *n.*), 1. (induct) وَلَّاه

2. (begin, open) اِفْتَتَحَ، دَشَّنَ

inauspicious, *a.* مَنْحُوس، يُنْذِر بالشُّؤم

inboard, *adv.* & *a.* دَاخِل السَّفينة؛ جُوّاني

inborn, *a.* (استعداد) غريزيّ أو فِطريّ

inbred, *a.* 1. (innate) فِطريّ، طَبيعيّ، غير مُكتسَب

2. (endogamous) سَليل التَّزاوُج بين الأقارب لِعدّة أجيال

inbreeding, *n.* تَزاوُج الأقارِب

incalculable, *a.* 1. (impossible to reckon) (عَدَد) لا يُحْصَى ولا يُقدَّر، يفوق الحَصْر

2. (enormous) (ضَرَر) جَسيم أو بالِغ

3. (unpredictable) (شَخْص) لا يمكن التَّكهُّن بِأَفْعاله، (إمرأة) متقلِّبة

incandesc/ent, *a.* (**-ence,** *n.*) مُتَوَهِّج بالضَّوْء

incantation, *n.* كلِمات التَّعْويذة أو الرُّقْيَة، تَعْزِيم، تَمتَمَة، جَمْجَمة

incapab/le, *a.* (**-ility,** *n.*) قَاصِر عن، عاجِز، لا يَسْتَطِيع (فِعْل شيئ ما)

incapable of improvement مَيْؤُوس منه

drunk and incapable سَكْرَان وفاقِد الوَعْي

incapacit/ate, *v.t.* (**-ation,** *n.*) أَقْعَده (المرض عَنِ العَمَل)، أعْجَزَه، أعياه

incapacity, *n.* عَجْز، قُصور، عدم الأهلية أو المَقْدِرة أو الكَفاءة

incarcer/ate, *v.t.* (**-ation,** *n.*) أَوْدَعَه السِّجْن، حَبَسَه في زنزانة، سَجَنَه

incarnate, *a.* (شَيْطان) مُجَسَّم، (فكرة) مُجَسَّمة في هَيْئة إنسان؛ رَمْز (الرَّحْمة مَثلًا)

incarnation, *n.* 1. (*theol.*) التَّجَسُّد (لاهوت)

2. (embodiment) رَمْز، مِثال، عُنْوان (لِفَضِيلةٍ أو رَذِيلةٍ ما)

incase, *see* **encase**

incautious, *a.* يَنْقُصُه الحَذَر، يُعْوِزه التَّأَنّي، عَدِيم الحَيْطَة، لا يَحْتَرِز

incendiarism, *n.* (**-ist,** *n.*) (جَرِيمَة) الحَرْق الجِنائيّ؛ مُرْتَكِب جَرِيمة الحَرْق عَمْدًا

incendiary, *a.* (*lit. & fig.*) حَارِق، مُتَعلِّق بالحَرْق العَمْدِيّ؛ مُشْعِل نار الفِتْنَة

incendiary bomb قُنْبُلَة مُحْرِقة

n. مُرْتَكِب جَرِيمَة الحَرْق عَمْدًا

incense, *n.* البُخُور، اللُّبان

v.t. (enrage) أَثار حَفِيظَة شَخْص أو غَيْظَه

incentive, *n.* حَافِز، مُثِير، بَاعِث، دَافِع

inception, *n.* مُسْتَهَلّ، اِفْتِتاح، بداية

inceptive, *a.* اِسْتِهْلاليّ، مُتَعَلِّق بالبداية

incertitude, *n.* اِلْتِبَاس الأمْر، عَدَم اليقين

incessant, *a.* لا يَنْقَطِع، دائِم، مُتَوالٍ، (جَلَبَة) مُتَواصِلَة

incest, *n.* اِرْتِكاب الزِّنا بين المحارِم (مثلًا بَيْنَ الأخ والأخت)، غشيان المحارِم

incestuous, *a.* مُتَعَلِّق بالزِّنا بين المحارم، (عَلاقَة) جِنْسيّة مُحرَّمة بين ذوي القَرابة

inch, *n.* بُوصَة (بوصات)، إِنْش (انشات)

dying by inches يَدْنُو حَثِيثًا من القَبْر، يَقْتَرِب أَجَله يومًا بعد يومٍ

every inch a king إنَّه مَلِك من قِمَّة رَأْسِه إلى أَخْمَص قَدَمَيْه

he did not yield an inch (*lit. & fig.*) لَم يَتَزَحْزَح قَيْدَ أَنْمُلَة

within an inch of قَابَ قوسَيْن أو أَدْنَى من، (بالرَّغم من أنه) كان على قيْد خُطوة من

v.t. & i. (*with advs.* along, forward, etc.) شَقَّ طريقه بِبُطْء و عَناء

inchoate, *a.* لَمْ يَتِمّ إعداده تمامًا، ما زال في أطْوَاره الأُولَى، مُبْتَسَر

incidence, *n.* 1. (*math.*) سُقُوط (رياضيات)

angle of incidence زَاوِية السُقوط (لِشُعاع ضَوْئِيّ مثلاً)

2. (manner, place of occurrence) طَرِيقَة أو كَيْفية حُدوث أَمْر ما

3. (frequency) نِسْبَة حُدوث أو تَكْرار

incident, *n.* حَادِث، واقِعة، حَدَث

a. 1. (*math.*) سَاقِط (رياضيات)

2. (attaching *to*) (وَاجِبَات) مَنُوطة (بوظيفة ما)، (أَخْطَار) تترتَّب على (مهنة ما)

incidental, *a.* عَرَضِيّ؛ يقوم بدور ثانَوِيّ

incidental music مُوسِيقَى تَصْوِيرِيَّة تُصَاحِب رواية مَسْرحِيّة

incidentally, *adv.* عَرَضًا، صُدْفةً، اِتِّفاقًا؛ وَبِهذِهِ المناسَبة، وعلى فِكْرة

inciner/ate, *v.t.* (**-ation,** *n.*) أَحْرَقَه وَصار رمادًا

incinerator, *n.* جِهَاز لإحراق الفَضَلات وَالقُمَامَة حرقًا تامًّا

incipi/ent, *a.* (**-ence, -ency,** *n.*) الأَطْوَار أو المَرَاحِل الأولَى (لمشروع مثلاً)

incise, *v.t.* بَضَعَ، شَرَّط، حَزَّ

incision, *n.* بَضْع، حَزّ، قَطع بآلة حادّة

incisive, *a.* (**-ness,** *n.*) (*lit. & fig.*) قاطِع، حادّ، ماضٍ؛ (نقد) لاذِع أو قارِس

incisor, *n.* إحْدَى الأسْنان القواطع (أربع بِكُلّ فَكّ)، سِنّ قاطعة

inc/ite, *v.t.* (**-itation, -itement,** *n.*) حَرَّضَ، حَثَّ، دَفع إلى، حَفَزَ على

incivility, *n.* سُوء الخُلُق، فَظاظة، غِلظة في مُعاملة النَّاس

inclem/ent, *a.* (**-ency,** *n.*) عَنِيف، صارِم، قاسٍ، عَديم الرَّأفة

inclement weather جَوّ عاصِف وقارِس

inclination, *n.* مَيْل؛ اِنْحِدار؛ طَأْطأة

incline, *v.t.* 1. (bend down, cause to lean) حَنَى، أَمَالَ (رأسه أو جسمه)

incline one's ear أعاره أُذنًا صاغيةً

inclined plane سَطح مائل (هندسة)

2. (dispose, *esp. past p.*)

inclined to be lazy يَمِيل أو يَجْنَح إلى الكسل

v.i. 1. (lean) مَال، اِنْحَنَى نحو

2. (be disposed, tend *to*) مَالَ إلى رأي

n. سَطْح مائل، مُنْحَدَر

inclinometer, *n.* 1. (for measuring slope) مِقْياس المَيْل أو الانحدار

2. (for measuring magnetic force) مِقياس قوّة المغناطيسيّة الأرضيّة

inclose, inclosure, *see* **enclose, enclosure**

include, *v.t.* اِحْتَوَى على، شَمَلَ، تَضَمَّنَ

inclusion, *n.* اِحْتِوَاء أو اشْتِمال على

inclusive, *a.* شَامِل، جَامِع

inclusive of بِمَا فِيه، مُتَضَمِّنًا ...

inclusive terms أَجْر شَامِل (لجميع الطّلبات)

(*absol.*)

one to ten inclusive مِنْ ١ إلى ١٠ بالكامل (أي بِدُون استثناء الأوّل أو العاشر)

incognito, *adv.* (سَافَرَ) مُتَنَكِّرًا أو مُتَخَفِّيًا

incognizant, *a.* غَيْر مُدْرِك أن، على غير دراية (بِالأَمْر)، جاهِل بِ

incoher/ent, *a.* (**-ence,** *n.*) (كَلَام) مُفَكَّك، غَير مُتَرابِط، مُتَهافِت

incombustible, *a.* غَيْر قابل لِلْاِحتراق

income, *n.* دَخْل، إِيراد

unearned income رَيْع من عَقار أو أَسْهُم وما إليها

income-tax ضَريبة الدَّخْل أو الإيراد

live within one's income عَاشَ في حُدود دَخْله

incoming, *a.* (بَرِيد) وارِد، آتٍ، قادِم

n.pl. اِيرَادات، مُتَحَصِّلات

incommensurab/le, *a.* (**-ility,** *n.*) لا وَجْهَ لِقِيَاسِه، لا يَدْخل تحت الحَصْر

incommensurate, *a.* (أَجْر) لا يَتَناسَب مَع (الوَظيفة)، لا يَتَكافَأ مع ...

incommode, *v.t.* ضَايَقَ، أَزْعَج راحته

incommodious, *a.* (مَنْزِل) غَيْر رَحْب أو مُرِيح، ضَيِّق

incommunicab/le, *a.* (**-ility,** *n.*) (عَوَاطِف) يَتَعَذَّر إشراك الغير فيها، لا تُوصَف

incommunicado, *a.* فِي حَبْس اِنْفِرَادِيّ؛ مُنْقَطع الصِّلة بالعالم الخارجيّ

incomparable, *a.* لا يُضَاهَى، لا مَثِيل له

incompatib/le, *a.* (**-ility,** *n.*) (رَأْي) يتنافى مع (رَأْي ثانٍ)، متناقضان؛ عدم التَّوَاؤُم (بين زوجين)

incompet/ent, *a.* (**-ence, -ency,** *n.*)

1. (lacking skill) تُعْوِزُه المَهارة اللَّازمة

2. (lacking authority) غَيْرُ ذي اختصاص؛ (شَهَادَة) غير مقبولة أو غير مَوْثوق بها

incomplete, *a.* (**-ness,** *n.*) نَاقِص، غير تامّ أو كامِل، غير مُكْتمل

incomprehensib/le, *a.* (**-ility,** *n.*) (كَلَام) يَتَعَذَّر فَهْمُه أو إدراكه، مُغْلَق، يُعْجِز الأفهام

incomprehension, *n.* العَجْز عن الفَهم

inconceivable, *a.* لا يَتَصَوَّره العَقْل، لا يُصَدَّق؛ مُحالٌ أَن يَحْدُث

inconclusive, *a.* (حُجّة) غَيْر دامِغة، لا تؤدّي إلى نَتِيجة حاسِمة، دليل غير مُقْنِع

incongru/ous, *a.* (**-ity,** *n.*) غَرِيب، يُثِير الدَّهْشَة والاسْتِنكار؛ مُتَنافِر

inconsequ/ent(ial), *a.* (**-ence,** *n.*) 1. (lacking sequence) عَدِيم الاِنْسِيَاق، غير مَنْطِقيّ

2. (unimportant) لا يُعْبأ به، تافِه

inconsiderable, *a.* (مَجْهُود) ضَئيل، طفيف، (مَبْلغ) زَهِيد، لا يُعْتَدّ به

inconsiderate, *a.* (**-ness,** *n.*) لا يُقِيم وزنًا لمشاعِر الآخرين، (رَدّ) فيه جفاء

inconsist/ent, *a.* (**-ence, -ency,** *n.*)

1. (contradictory) يُنَاقِض نَفْسَه

2. (not in harmony *with*) مُتَعارِض مع، غَيْر مُنْسَجِم مع (تَصَرُّفاتِه مَثلاً)

inconsolable, *a.* لا يَرْقأُ دَمْعُه

inconspicuous, *a.* (**-ness,** *n.*) غَيْرُ مُلْفِت للأنظار، مُتَوارٍ عن الأضواء، (ألوان) غير صارخة

inconst/ant, *a.* (**-ancy,** *n.*) (عَشِيق) مُتقلِّب، (رِيح) شَديدة التقلّب، قُلَّب

incontestable, *a.* لا خِلَافَ ولا نِزاع فيه، (حُجّة) لا تُنْقَض، حَقّ لا يُنكَر

incontinence, *n.* عدَم القُدْرة على التَّحكّم في

incontinent, *a.* لَا يَسْتَطِيع ضَبْط نفسه، عَبْد لِشَهَواته؛ مُصاب بِسَلَس البول

incontrovertible, *a.* (شَهَادة) لا تُنْقَض أو تُدْحَض

inconvenience, *n.* مُضَايَقَة، إزْعاج

put someone to an inconvenience كانَ سَبَبًا في إزعاج فلان أو مضايقته

v.t. ضَايقه، أزْعَجه

inconvenient, *a.* (وَقْت) غَيْرُ مُلَائِم

inconvertib/le, *a.* (**-ility,** *n.*) غَيْر قابِل للصرف

incorpor/ate, *v.t.* (**-ation,** *n.*) 1. (unite); *also v.i.* تَضَمَّنَ، اِحْتَوَى؛ اِنْدَمَجَ مع

2. (introduce as constituent) اِشْتَمَلَ على

incorporated, *a.* (*esp. of company*); *also* **incorporate** (شركة تجارية) مُسَاهمة

incorporeal, *a.* مَعْنَوِيّ، لا جِسْمَ له

incorrect, *a.* (**-ness,** *n.*) 1. (erroneous) مُخْطِئ، مَغْلوط، غير صَحيح، بَعيد عن الصِّحّة

2. (improper) يُنَافِي الأصول المَرْعيّة

incorrigib/le, *a.* (**-ility,** *n.*) لا يقبَل الإصلاح أو التَّقْوِيم؛ عادَة متأصِّلة

incorruptib/le, *a.* (**-ility,** *n.*) 1. (proof against bribery) لَا سَبِيلَ إلى رَشوته

2. (proof against decay) لَا يَبْلَى، باقٍ

increase, *v.t. & i.* زَادَ (السُّرْعة)؛ اِزْدَادَ

n. زِيادَة، اِزدياد؛ علاوة، نُمُوّ

on the increase فِي ازْدِياد مُستَمِرّ

incredib/le, *a.* (**-ility,** *n.*) لَا يُصَدَّق، لا يُعْقَل، لا يُتصَوَّر؛ مُدْهِش، هائل

incred/ulous, *a.* (**-ulity,** *n.*) شَاكّ أو مُرْتَاب، مُتَشَكِّك؛ (نظرة) شَكٍّ وارتياب

increment, *n.* عِلَاوَة (على المرتَّب مثلًا)

incrimin/ate, *v.t.* (**-ation,** *n.*) وَرَّطَه في تُهْمَة جِنَائِيّة، أَفْضَى بشهادة تدين غيره

incriminatory, *a.*; *also* **incriminating** (إقْرار أو بَيَان) تجريميّ، يثبت جُرم المتّهم

incrustation, *n.* طَبَقَة مترسِّبة على سطح ما

incub/ate, *v.t. & i.* (**-ation,** *n.*) حَضَنَ البيض للإفْرَاخ؛ حَضَنَ البَكْتِرْيَا قبل ظهور المرض

incubator, *n.* جِهاز للحضانة الصّناعية

incubus, *n.* (*lit. & fig.*) كابُوس، جاثوم؛ عِبْء ثقيل يصعب التّخلّص منه

inculc/ate, *v.t.* (**-ation,** *n.*) غَرَسَ في ذِهنه، لَقَّنَه، طَبَعَه على مبادئ معيّنة؛ تلقين

inculp/ate, *v.t.* (**-ation,** *n.*) يُلْقِي تَبِعَة الجُرْم على

incumbency, *n.* وَظِيفة القَسّ أو الخوري

incumbent, *n.* شَاغِل وَظيفة القسّ

a. (*with preps.* on, upon) يَنْبَغِي عليه أن

incunabula, *n.pl.* الكُتُبُ التي طُبِعت في المراحل الأولى لِفَنّ الطِّباعة حتّى عام ١٥٠٠م

incur, *v.t.* جَرَّ أو جَلَبَ على نفسه (الدّيون)

incurable, *a.* (مرض) عُضال أو مُسْتَعْصٍ

n. مَريض مُسْتَعْصٍ شفاؤه

incursion, *n.* غَزْوَة، غارة، هَجْمَة (هَجَمَات)

incurved, *a.* مُقَعَّر، مُلْتَوٍ إلى الدّاخِل

indebted, *a.* (**-ness,** *n.*) 1. (owing money *to*) مَدِين (ببعضِ المال) لِ...

2. (under obligation *to*) مَدِين له بالشُّكْر

indec/ent, *a.* (**-ency,** *n.*) غَيْر مُحْتَشِم، فاضِح، بَذيء، مُخِلّ بالآداب؛ قِلّة الاِحْتشام

indecent exposure جَرِيمة كَشْف العَوْرة

indecent haste (*coll.*) عَدَم الكِياسَة أو التّأني في القيام بِعَمَلٍ ما

indecipherable, *a.* خطّ يتعذّر قِراءته

indecision, *n.* تَرَدُّد في اتّخاذ قَرارٍ

indecisive, *a.* 1. (inconclusive) لا يُؤَدِّي إلى النّتيجة المَطْلوبة، غير حاسِم أو نهائيّ

2. (irresolute) مُتَرَدِّد في اتّخاذ قَراره، غَيْر حازِم في إدَارة أموره

indeclinable, *a.* اِسْم مَبْنِيّ أو غَيْر مُنْصَرِف

indecor/ous, *a.* (**-um,** *n.*) غَيْر لائِق

indeed, *adv. & int.* 1. (in truth, really) حَقًّا، حَقِيقَةً، بالفِعْل، في الواقِع

(*interrog.*, really?) أَصَحِيح هذا؟

2. (intensifying)

why indeed? تُرَى لماذا؟

3. (echoing last speaker's words, *sometimes iron.*)

oh, indeed? أَلَسْتَ مغاليًا في قولك؟

indefatigab/le, *a.* (**-ility,** *n.*) لا يَكِلّ، لا يَتْعَب، لا يَعْرِف للتّعب مَعْنًى

indefensible, *a.* (سُلوك) لا يمكن تَبْريره

indefinable, *a.* غامِض، مُبْهم

indefinite, *a.* 1. (vague, indefined) (فكرة) مُبْهَمَة، غامِضة، (مشروع) لم يَتَبَلْوَرْ بعد

2. (unlimited) (مَبْلغ) غير مُحدَّد

3. (*gram.*, of tenses) صِيغة فِعْل لَم يُحَدَّد وَقْت حُدُوثِه بالضَّبْط

4. (*gram.*, of pronouns, etc.) (ضَمِير أو ظَرْف) لا يُشِير إلى فاعِل مُعَيَّن

indefinite article أَداة النّكرة (a أو an)

indefinitely, *adv.* (for an indefinite time) لِأَجَلٍ غير مُسَمًّى

indelib/le, *a.* (**-ility,** *n.*) (*lit. & fig.*) (كِتابَة) لا تُمْحَى؛ (عار) لا يزول، (انطباع) باقي الأثر

indelible pencil قَلَم كُوبِيَا، قلم للرّسم يَتَعذّر مَحْو ما يُكْتَب به

indelicate, *a.* (**-acy,** *n.*) (تَعْليق) تَنْقُصُه الرِّقّة والكِياسَة، فيه بَعْض الخُشونَة

indemni/fy, *v.t.* (**-fication,** *n.*) 1. (insure *from, against*) أَمَّن (ضدّ الخَسارة)

2. (compensate *for*) عَوَّض (عن خَسارة أَوْ تكاليف وما إليها)

indemnity, *n.* 1. (security against damage, etc.) ضَمَان (ضدّ الخَسارة)

2. (exemption from penalty) إِعْفاء من عُقُوبَة ، اِسْتِثْناء

3. (reparation) تَعْوِيض عَن ضَرَر

indent, *v.t.* (**-ation,** *n.*) 1. (mark with notches or recesses) أَحْدَث فَلاًّ أو ثَلْمًا في ...

2. (set forward beginning of line) تَرَكَ فَرَاغًا فِي بِدَاية السَّطْر علامةً على بدء فَقَرة جديدة

v.i. (issue order *for*) قَدَّمَ طَلَبًا لاستحضار بِضاعة (من مخزن الجَيْش مثلاً)

n. طَلَب رَسْمِيّ لاستحضار بضاعة؛ فَرَاغ في أوّل السّطر يشير إلى فَقَرة جديدة؛ شَرْشَرَة أو حَزّ أو سُنُون في طَرَف شيء

indenture, *n.* وَثيقة من نُسْخَتَيْن أو أكثر بين صَاحِب العَمَل وتلميذ يَتَدَرَّب في مِهَن خاصّة

v.t. تعاقَدَ بمِثْل هذه الوثيقة مع تلميذٍ

independ/ent, *a.* (**-ence,** *n.*) 1. (free *of*) مُسْتَقِلّ، قائم بذاته؛ استقلال

Declaration of Independence إعْلَان استقلال (أمْرِيكا عن بريطانيا في ٤ يوليو ١٧٧٦م)

2. (living on, derived from, unearned income)

independent means إيرَاد مِن عَقَارات وأَسْهُم

3. (self-reliant) لا يَعْتَمِد إلّا على نَفْسِه

n. (*polit.*) سِياسِيّ مُسْتقلّ، غير مُنْضَمّ أو مُنْحاز إلى أحد الأحزاب السّياسيّة

indescribable, *a.* يَقْصُر عنه الوَصْف

indestructib/le, *a.* (**-ility,** *n.*) لا يفنَى، لا تُؤَثِّر فيه الأحداث

indeterminable, *a.* لا يُمْكِن تَعْيِينُه ،(نزاع) لا يُمْكِن البتّ فيه

indeterminate, *a.* 1. (not fixed in extent) لا يُمْكِن تحديد مداه، لم يُحَدَّد بَعْد

2. (vague, obscure) غامِض، مُبْهَم، غير وَاضِح المعالم، (عدد) غير مُحَدَّد

ind/ex (*pl.* -es, -ices), *n.* 1. (forefinger); *usu.* **index finger** أُصْبُع السَبّابة

2. (pointer) مُؤَشِّر في مِقياس مُدَرَّج

3. (sign, criterion) دَلِيل على، مِقياس لِ

4. (alphabetical list) فِهْرِس، فِهْرِست مُرَتَّب هجائيًا، قوائم أو بطاقات مُفَهْرَسة

5. (*math.*) دَليل، أُسّ (رياضيات)

v.t. 1. (supply *book* with index (4)) فَهْرَسَ كِتابًا، أَعَدَّ له فِهْرِسًا

2. (enter *word* in index (4)) أَدْخَل كَلِمَة في فِهْرِس ؛ أَدْرَجَ (كِتابًا) في قائمة

India, *n.* الهِنْد ، بلاد الهِنْد

India paper وَرَق رقيق للطِّباعة والرَّسم

india-rubber مَطّاط، كاوتشوك ؛ مِمْحاة ، مَسّاحة ، أَسْتيكة (مصر)

Indian, *a.* & *n.* 1. (of India) هِنْدِيّ ، نِسْبَةً إلى الهِنْد

Indian clubs عَصَا قارورِيّة الشَكْل تُسْتَعمل لِتَمْرِين عَضَلات الزَّنْد

Indian hemp القُنَّب الهندي، حَشيش

Indian ink حِبْر صينيّ أو شِينيّ

2. (of America)

Red Indian مِن الهُنُود الحُمْر

West Indian مِن جُزُر الهِند الغربيّة

Indian corn ذُرَة (شاميّة)، ذُرة صفراء

Indian file طَابُور يسير أفراده واحدًا خلف الآخر

Indian summer فَتْرَة جَوٍّ دافئ في أواخر الخريف

indic/ate, *v.t.* (**-ation,** *n.*) 1. (point out, show) دَلَّ على، أشَارَ إلى، بَيَّنَ أن

indicated horse-power القُدْرَة الحِصَانيّة المُبَيَّنة أو الاسميّة (هَنْدَسَة ميكانيكيّة)

2. (be a sign of) (إشارة) تَنُمُّ عن

3. (state) نَوَّهَ، أشَارَ (باختصار) إلى

indicative, *a.* 1. (*gram.*) خَبَرِيّ

indicative mood; *also* indicative, *n.* الصِّيغَة الخَبَرِيّة (يعادلها في العربيّة المضارع المرفوع)

2. (suggestive *of*, *or absol.*) دَالّ على

indicator, *n.* مُؤَشِّر، لَوْحة إرشادات للسّفر (في المحطّة مثلًا)

traffic indicator مُؤَشِّر الاتّجاه (يَسْتَعْمِلُه سَائِق السَّيّارة لِيُشِير إلى أنّه سَيَنْعَطِف)

indices, *pl. of* **index**

indict, *v.t.* (**-ment,** *n.*) قَاضَاه بِتُهمة

indictable, *a.* مَحَلّ اتّهام جِنائي أو قابل له

Indies, *n.pl., now only in*

East (West) Indies جُزُر الهند الشرقيّة (الغربيّة)

indiffer/ent, *a.* (**-ence,** *n.*) 1. (neutral, unconcerned) غَيْر مُكْتَرِث، غير مبالٍ، لا يَعْبَأُ (بالأمر)، غير متحيِّز

it is a matter of indifference to me سَوَاءٌ عِنْدِي هذا أو ذاك، هُما سِيّان

2. (mediocre) مُتَوَسِّط، ليس على ما يُرام

indigenous, *a.* مِن أبناء البَلَد الأَصْلِيّين؛ في بيئته

indig/ent, *a.* (**-ence,** *n.*) مُعْوِز، مُحوج، مُعْسِر، مُعدِم؛ ضَنْك، فاقة، إدقاع

indigestib/le, *a.* (**-ility,** *n.*) (*lit. & fig.*) عَسِير الهَضْم؛ (كتاب) لا يَسْهل هضمه أو استيعابه

indigestion, *n.* عُسْر أو سُوء الهَضْم

indign/ant, *a.* (**-ation,** *n.*) سَاخِط أو متذمِّر أو حَانِق (بسبب سوء المعاملة)؛ حَفيظة

indignity, *n.* إِذْلال، مَهانة، تحقير (عَلَنًا)

indigo, *n. & a.* صِبْغ النِّيلَة؛ لون نيلي، نيلج

indirect, *a.* غَيْر مُبَاشِر، (إجابة) مُلتوية، لَفّ وَدَوَرَان (في الكلام)

indirect evidence دَلِيل قائم على القرينة أو الاِسْتِنْتَاج، دليل سَبَبِيّ

indirect lighting إضاءة غيْر مباشرة

indirect result نَتِيجَة عَرَضِية

indirect taxation ضَرَائِب غير مباشرة

(*gram.*) indirect object المَفْعُول له أو إليه (انكليزية)

indirect speech كَلَام المتكلّم منقولًا أو مَرْوِيًّا في صيغة الغائب

indiscernible, *a.* لَا يُمكن تمييزه عن غيره، لا يكاد يُرى أو يُحَسّ به

indiscipline, *n.* عِصْيان، انعدام النِّظام

indiscr/eet, *a.* (**-etion,** *n.*) عَدِيم التَّبَصُّر، قليل الفِطْنَة والتّحفّظ؛ تصرّف فيه إحْراج للغير

indiscriminate, *a.* جُزَافًا، كَيْفَمَا ٱتَّفَقَ

indispensab/le, *a.* (**-ility,** *n.*) لا غِنًى عنه، لازم كلّ اللّزوم، ضربة لازِب

indispos/e, *v.t.* (**-ition,** *n.*) تَوعُّك (الصِّحّة)

indisposed, *past p. & a.* 1. (unwell) مُتوَعِّك أو مُنحرِف الصِّحّة، صِحّته ليست على ما يُرام

2. (disinclined *to*) لَا يُحبِّذ، غير ميّال إلى

indisputable, *a.* لَا جِدالَ ولا نِزاعَ فيه، لا مُشَاحَّةَ فيه، لا يمكن إنكاره

indissolub/le, *a.* (**-ility,** *n.*) (*lit. & fig.*) غَيْر قَابِل للذَّوَبان؛ (عُروة) وثقى، لا تَنْفَصِم عُراه

indistinct, *a.* (**-ness,** *n.*) غَيْر واضح، غامِض، مُشَوَّش، مُبْهم، طامِس

indistinguishable, *a.* لَا يُمكِن التَّفْرِقة أو التَّمْيِيز بَيْنَهُما، (فرق) لا يُحَسّ به

indite, *v.t.* نَظَم (قصيدة)، سَطَّر (خطابًا)، أَنْشَأَ

individual, *a.* 1. (single, particular) فَرْدِيّ، عَلَى حِدَة؛ قائم بذاته؛ فَرْد

2. (characteristic) (أُسْلُوب) شَخْصِيّ أو ذاتيّ

individual/ism, *n.* (**-ist,** *n.*) مَذْهَب الفردِيّة، الحُرِّيّة الفَرْدِيّة: أناني؛ فريد في سلوكه

individualistic, *a.* (رَأي) فيه شيء من الفَرْدِيّة

individuality, *n.* 1. (separate existence) كِيَان أو وجود مُستقِلّ

2. (distinguishing character) مَجْمُوع الصِّفات أو السِّمات المُميِّزة لِشَخْص أو شيء ما

individually, *adv.* 1. (personally) شَخْصِيًّا، بِصُورَة شَخصيّة، مُستقلًّا عن غيره

2. (one by one) فَرْدًا فردًا، واحدًا واحدًا، عَلَى انفرادٍ، كلّ بمُفْرده

3. (in a distinctive way) ذُو أُسْلوب خاصّ يُمَيِّزه عَن غَيْرِه

indivisible, *a.* لا يَتَجزَّأ، مُتَناهِي الصِّغَر

Indo-, *in comb.* (بَادِئَة بِمَعْنَى) هِنديّ

Indo-European, *a. & n.*; *also* Indo-Germanic (مَجْمُوعَة اللّغات) الهِنْدِيّة الأُوروبِّيّة

indoctrin/ate, *v.t.* (**-ation,** *n.*) رَسَّخ عقيدة أو مَبْدَأً في الذِّهن، لَقَّنه أو شَرَّبه (فكرةً)

indol/ent, *a.* (**-ence,** *n.*) مِكْسَال، قَعود

indomitab/le, *a.* (**-ility,** *n.*) لَا يَعْرِف معنى الخُضُوع والاسْتِسلام، لا يُقْهَر

Indonesia, *n.* اندونيسيا

Indonesian, *a. & n.* اندونيسيّ؛ اللّغة الاندونيسيّة

indoor, *a.* (نَشاط يُمارَس) دَاخِل المَبْنَى

indoors, *adv.* دَاخِل البَيْت، في الدَّاخل

indorse, *see* **endorse**

indubitable, *a.* بِدُون أدْنَى شَكّ، يقينًا

induce, *v.t.* 1. (persuade *to*) أَقْنَعه، حَمَلَه عَلَى، اِسْتَمالَه إلى

2. (bring about) سَبَّبَ، أَدَّى إلى

3. (*elec.*) (تيّار) مُسْتحثّ (كهرَباء)

inducement, *n.* حَافِز، دَافِع، مُغْريات

induct, *v.t.* قَلَّده وظيفة في حَفل رسميّ

inductance, *n.* مُحاثّة كهرَبائية

induction, *n.* 1. (form of inference) اِسْتِقْراء، الوُصُول إلى حُكْم عامّ من جُزْئيات مختلفة

2. (inducting into office, etc.) تَقْلِيد مُوَظَّف (أو قِسّ) مَهامَّ وظيفته

3. (*elec.*) حَثّ أو تأثير كهرَبائي

induction coil مِلَفّ حثّ، مِلَفّ تأثير (كهرَباء)

inductive, *a.* 1. (*log.*) مَنْطِق استقرائيّ

2. (*elec.*) حَاثّ، حَثّي، مُؤَثّر (كهرباء)

indulge, *v.t.* 1. (humour) عَامَلَه بِتَسَامُح، هاوَدَه

2. (gratify)

indulge oneself أَطْلَقَ العِنان لنَفْسه (في المأكل والمَشْرَب مثلًا)

v.i. 1. (take pleasure *in*) لَمْ يَبْخَلْ على نفسه في التَّمَتُّع بشيء (من حين لآخر)

2. (*coll.*, drink without restraint) شَرِبَ حَتّى انسَطَلَ، أَفْرَطَ في تعاطي الخَمْر

indulgence, *n.* 1. (gratification)

self-indulgence إطْلَاق العِنان للنّفس في رَغَباتها وملذّاتها

2. (tolerance) تَسَامُح في المُعامَلة

3. (*R.C. Church*) غُفْران، صَفْح (في الكَنِيسَة الكاثوليكيّة)

indulgent, *a.* مُفْرِط في التسامُح والتّدليل

industrial, *a.* صِنَاعِيّ، مُخْتصّ بالصِّناعة

Industrial Revolution الثَّوْرة الصِّناعيّة

n.pl. (shares) أَسْهُم في شَرِكات الصِّناعة

industrialism, *n.* السِّياسة الصِّناعيّة

industrialist, *n.* مِن أَرْبَاب الصِّناعة

industrial/ize, *v.t.* (**-ization,** *n.*) صَنَّعَ؛ تصنيع

industrious, *a.* دَؤُوب، كَدُود، مُجِدّ

industry, *n.* 1. (diligence) كَدّ، دَأْب

2. (manufacturing branch of trade) صِنَاعة

inebri/ate, *v.t.* (**-ation,** *n.*), *usu. past p.* أَثْمَلَ، أَسْكَرَ؛ في حالة سُكْر

a. & n. ثَمِل، سَكْران، سِكِّير

inedib/le, *a.* (**-ility,** *n.*) لَا يُؤْكَل

ineffab/le, *a.* (**-ility,** *n.*) لَا يُوصَف

ineffaceable, *a.* لَا يُمْحَى، لا ينْطَمِس، باقٍ

ineffective, *a.* عَدِيم الجَدْوَى، غير مُثْمِر أو مُنْتِج، أَخْفَقَت جهوده

ineffectual, *a.* فَاشِل، باطِل، بلا تأثير؛ (عِلاج) غير ناجِع

inefficí/ent, *a.* (**-ency,** *n.*) غَيْر كُفء

inelast/ic, *a.* (**-icity,** *n.*) (*lit. & fig.*) غَيْر مَرِن أو لَدِن، جامد؛ عَنيد، مُتَمَسِّك برأيه

ineleg/ant, *a.* (**-ance,** *n.*) غَيْر أَنِيق أو رَشيق

ineligib/le, *a.* (**-ility,** *n.*) لا تَتَوَفَّر فيه الشُّروط المَطْلوبة (لانتخابه)، غير مُصَرَّح له بِ

ineluctable, *a.* مُحَتَّم، (قَدَر) مَحْتوم

inept, *a.* (**-ness, -itude,** *n.*) أَخْرَق (في وظيفته)، (تَعْليق) سَخيف؛ غير لائق؛ غباوة

inequality, *n.* عَدَمُ المُسَاوَاة، تَفَاوُت

inequit/able, *a.* (**-y,** *n.*) غَيْر مُنْصِف أو عادِل

ineradicable, *a.* (فِكْرَة) مُتأَصِّلة، لا يُقْتَلَع

inert, *a.* 1. (without power to move or act) خَامِد، عَدِيم الفَعالِيّة، غَيْر قادِر على الحَرَكة

2. (without active chemical properties) خَامِل (كِيمياء)

inert gas غَاز خَامِل (كيمياء)

inertia, *n.* 1. (sloth) كَسَل، خُمول، عَدَم الحركة

2. (*phys.*) قُصُور ذاتيّ (ميكانيكا)

inescapable, *a.* (نَتِيجَة) مَحْتومة، لا مَفَرّ مِنه

inessential, *a.* & *n.* غيْر جوهريّ أو ضَروريّ

inestimable, *a.* (مَجْهُود) يَجِلّ عن التَّقْدير

inevitab/le, *a.* (**-ility,** *n.*) مَحْتُوم، لا مَحِيد عَنْه، لا مَناص مِنه؛ حَتميّة الأمر

bow to the inevitable لا بُدَّ مما ليس منه بُدّ

inexact, *a.* (**-ness, -itude,** *n.*) غَيْر مَضْبُوط، لا يَتَوَخّى الدِّقّة، حائد عن الصَّوَاب

inexcusable, *a.* لا يُغْتَفر، (سلوك) لا يُبرَّر

inexhaustib/le, *a.* (**-ility,** *n.*) (مَعِين) لا يَنْضب، (نَشاط) لا يقِف عِند حَدّ

inexorab/le, *a.* (**-ility,** *n.*) عَنِيد، (قَدَر) لا يَرْحَم

inexpedi/ent, *a.* (**-ency,** *n.*) غير مُناسِب، في غَيْر مَوْضِعِه، غَيْر مُسْتَحْسَن

inexpensive, *a.* رَخِيص الثَّمَن، مُتهاوِد السِّعْر

inexperience, *n.* عَدَم الخِبْرَة، قِلَّة التَّجْرِبة

inexperienced, *a.* عَدِيم الخِبْرَة، يَنْقُصه المِران، غير مُحَنَّك، غِرّ، غَشِيم

inexpert, *a.* غَيْر حاذِق، أخْرق

inexplicab/le, *a.* (**-ility,** *n.*) لا يُمكن تَعْليله

inexplicit, *a.* (رَأْي) لم يعبَّر عنه بوضوح، (تفاصِيل) لم تُذْكَر صراحةً

inexpressible, *a.* (سُرُور) يَفُوق الوَصْف

inextinguishable, *a.* (*lit.* & *fig.*) لا يُخْمَد

inextricable, *a.* (مَأْزِق) لا فِكَاك مِنه

infallib/le, *a.* (**-ility,** *n.*) 1. (incapable of erring) مَعْصُوم من الخطأ والزَّلل

2. (certain to succeed) أكِيد المفعول

infamous, *a.* (خِيَانَة) بَشِعة، (مؤامرة) دَنِيئَة، (سلوك) شائن، فظيع، فاضِح

infamy, *n.* شَنَاعَة، بَشاعة، فَظاعَة، شَيْن، عَار وَشِنار، رِجْس

infancy, *n.* (*lit.* & *fig.*) طُفُولة؛ مُسْتَهَلّ

the idea was in its infancy كَانَتِ ٱلْفِكْرَة في مَهْدِها أو في أطوارها الأولى

infant, *n.*, *oft. attrib.* طِفْل، حَدَث، قاصِر، صَغِير السِّنّ؛ ناشِئ

infant prodigy صَبِيّ نادِرَة زَمانِه

infant school مَدْرَسَة لِلأَطْفال

infanta, *n.* أمِيرَة اسبانيّة أو بُرْتُغاليّة (قديمًا)

infanticide, *n.* 1. (crime) قَتْل الوَليد

2. (criminal) مَن يَقتل مولودًا

infantile, *a.* 1. (of infants) طِفْلِيّ، طُفوليّ، (أمراض) تصيب الأطفال

infantile paralysis شَلَل الأطفال

2. (childish, inept) صِبْيانِيّ، (تَصَرُّف) سَخِيف لا يَليق بالكِبار

infantilism, *n.* تَأَخُّر النُّمُوّ البَدَنِيّ والعَقْلِيّ عِند بَعْض الأَطْفال

infantry, *n.* (سِلاح) المُشاة، جَماعَة جُنْد المُشاة، بِيادَة (عراق)

infantryman, *n.* جُنديّ مُشاة (عسكرية)

infatu/ate, *v.t.* (**-ation,** *n.*); *esp. in past p.* جُنَّ (بحبّها)، شُغف بها؛ صَبابة، هُيام

infect, *v.t.* (**-ion,** *n.*) (*lit. & fig.*) نَقَل العدوَى؛ تَسَمَّمَ أو تَلَوَّثَ (الجرح)؛ أَثَّرَ (عليهم)

infectious, *a.* (*lit. & fig.*) مُعْدٍ، سَرِيع العَدْوَى

his laughter was infectious سَرَت عَدْوَى الضَّحِك منه للآخرين

infelic/itous, *a.* (**-ity,** *n.*) (مُلاحَظة) جانبها التَّوْفِيق، (تعليق) نابٍ أو ناشِز

infer, *v.t.* 1. (deduce) اِسْتَدَلَّ، اِسْتَنْتَجَ، اِسْتَخْلَصَ، اِسْتَنْبَطَ

2. (*vulg.*, imply) لَمَّحَ أو أَلْمَحَ إلى

inference, *n.* 1. (process of deducing) اِسْتِدْلال، اِسْتِنْتاج، اِسْتخلاص، اسْتنباط

2. (conclusion) نَتِيجَة، خُلاصة، مُؤَدَّى

inferential, *a.* اِسْتِدْلاليّ، اسْتنتاجيّ

inferior, *a.* 1. (lower) (رُتْبَة) سُفْلَى أو مُنْخَفِضَة

2. (of poor quality) بِضاعة مِن صِنف رَدِيء، قليلة الجَوْدة

n.

social inferior دُونَه مَرْتبةً في المُجْتمع

inferiority, *n.* رَداءة، قُصور، حِطّة

inferiority complex مُرَكَّب أو عُقْدَة النَّقْص (عِلم النَّفس)

infernal, *a.* جَهَنَّمِيّ، جَحِيمِيّ

infernal machine نوْع من القنابل الزمنيَّة كانَ يستعمله الثوّار قديمًا

infernal regions الجَحِيم، النَّار، جَهَنَّم، دَار العذاب والهلاك

he is an infernal nuisance (*coll.*) شَخْص يطلّع الرُّوح، يزهّق، يكفّر (أي أنّه مملّ جدًا)

inferno, *n.* جَهَنَّم (عند دانْتي)؛ نار جهنَّميّة

infert/ile, *a.* (**-ility,** *n.*) أَرْض ضئيلة الخُصوبة؛ بَيْضة غير مُخْصَبَة، (إمرأة) عاقر

infest, *v.t.* (**-ation,** *n.*) غَصَّ (المَنْزِل بالفئران)

infidel, *n.* وَثَنِيّ، كافِر، غيْر مُؤمِن

infidelity, *n.* 1. (non-belief) كُفْر

2. (disloyalty, esp. conjugal) خِيانة (زَوْجِيّة)

infiltr/ate, *v.t. & i.* (**-ation,** *n.*) (*lit. & fig.*) رَشَّح محلولًا؛ تَسَلَّلَ، تَغَلْغَلَ

infinite, *a.* 1. (boundless) لا نِهائِيّ، لا مُتَناهٍ، لا حَدَّ له

2. (very much or many)

infinite pains لَمْ يَأْلُ جُهْدًا

3. (*math.*) لا نهائيّ

infinite series مُتَسَلْسِلة لا مُتَناهية

n. السَّرْمَد، الأَزَل، الأَزَلِيّ

infinitesimal, *a.* مُتَناهِي الصِّغَر، في غاية الدِّقّة والضَّآلة

infinitive, *a.* يَتَعَلَّق بِصيغة المَصْدَر

infinitive mood; *also* infinitive, *n.* صِيغَة المَصْدَر (نحو)

infinitude, *n.* اللّاتَناهِي، عَدَد لا يُحْصَى

infinity, *n.* 1. (boundlessness) لا نِهايَة، اللّانِهائِيّة، ما لا حَدّ له

2. (*math.*) اللّانِهايَة (∞)

infirm, *a.* (**-ity,** *n.*) وَاهِن، في شِدّة الضَّعْف؛ عِلّة

infirm of purpose مَشْلُول الإرادة، خائر العزيمة

infirmary, *n.* مُسْتَشْفى؛ غُرْفة مخصَّصة للعِلاج

inflame, *v.t.* 1. (*of passions*) أَشْعَل، أَلْهَبَ؛ أَهَاج عَوَاطِفه

2. (*med.*) اِلْتَهبَ (الجرح أو الدُّمَّل مثلًا)

inflammab/le, *a.* (**-ility,** *n.*) (*lit. & fig.*) سَرِيع الالْتهاب، قابِل للاشْتِعال؛ سريع التهيُّج

n. usu. pl. موادّ سريعة الالتهاب

inflammation, *n.* (*med.*) اِلْتهاب، تَوَرُّم

inflammatory, *a.* 1. (exciting) (خطاب) تَحْرِيضيّ

2. (*med.*) مُسَبِّب للالْتهاب

inflate, *v.t.* 1. (blow up) نَفَخ بالونًا، مَلأَه بِالغَاز أو الهواء

(*fig.*, puff up, exaggerate) (آراء) كلّها مُغَالَاة؛ مَنْفوخ (كبرياءً)؛ (عبارات) طنّانة

2. (raise *prices*) رَفَعَ الأسعار (نتيجة للتَّضخُّم)

inflation, *n.* (*finance*) تَضَخُّم نَقْديّ أو مَاليّ

inflationary, *a.* نِسْبَةً إلى التَّضخُّم المالي

infl/ect, *v.t.* (**-ection, -exion,** *n.*) 1. (of voice) غَيَّرَ درجة أو طبقة الصَّوت في النُّطق

2. (*gram.*); *also v.i.* صَرَفَ؛ اِنْصَرَفَ (نحو)

inflexib/le, *a.* (**-ility,** *n.*) (*lit. & fig.*) صُلْب، لا يَنْثَنِي، لا يَلِين؛ مُتَشَبِّث بِرَأْيِه؛ عِنَاد

inflexion, *see* **inflect**

infl/ict, *v.t.* (**-iction,** *n.*) (*lit. & fig.*) ضَرَبَ، وَجَّهَ أو سَدَّدَ (ضَرْبَة)؛ أَنْزَلَ (عُقوبة)؛ اِبْتَلَى أو أَصابَ بِـ...

inflict a blow سَدَّدَ له ضَرْبة

inflict a punishment فَرَضَ عُقوبة على

inflorescence, *n.* نِظام أو شكل الازْهِرار، نَوْرة، تَنْوير

inflow, *n.* انْصِبَاب، تَدَفُّق إلى الدَّاخل؛ مُعَدَّل التَّدفّق

influence, *n.* 1. (action, effect) تَأْثِير، أثر، فَعَّالِيَّة، مَفْعول

have (exert) an influence on أَثَّرَ فيه

under the influence ⟨of drink⟩ تَحْت تأثير السُّكْر

2. (moral power, ascendancy) نُفُوذ، سَطوة

v.t. أَثَّرَ في أو على، تَحَكَّمَ (في تصرُّفاته)

influential, *a.* ذُو نفوذ، ذو تأثير، ذو شأن

influenza, *n.*; *coll. contr.* **flu** انْفلونزا، النَّزلة الوَافِدة، نزلة برد تصحبها حُمًّى

influx, *n.* سَيْل (من الزوار)، تدفُّق (الأموال)

infold, *see* **enfold**

inform, *v.t.* أَطْلَعه على، أَعْلَمه، أَبلغه

v.i. (give information *against*) وَشَى بِهِ

inform/al, *a.* (**-ality,** *n.*) (اِسْتِقْبال) غير رَسْمِيّ، لا يَتَمَسَّك بالرَّسْمِيّات؛ رَفَع الكُلْفة

informant, *n.* مَن يُزَوِّدك بالمعلومات

information, *n.* 1. (telling) إِخْبار، إِعْلام

2. (knowledge, news) مَعْلومات، أَنْباء، أَخْبار

information service إدَارَة اسْتِعْلامات

informative, *a.*   (بَحْث) غَنِي بِالمعلومات، مُفيد

informed, *a.*   غَزِيرُ العِلم، مُلِمّ بموضوعه

informed opinion   المَصادِرُ المُطَّلِعة

informer, *n.*   مُخْبِر، مُبَلِّغ، واشٍ

infra, *in comb.*   (بادِئَة بِمَعْنَى) تَحْت أو دون

infra-red, *a. & n.*   (الأشَعَّة)دُون أو تَحْتَ الحمراء

infra dig, *(Lat.) (coll.)*   (عَمَل) لا يليق بمقامه

infraction, *n.*   انْتِهَاك أو إخْلال أو خَرْق (للقانون)

infrequ/ent, *a.* (-ency, *n.*)   قَلِيل الحدوث
أو الوُقوع؛ نادِر، نُدْرة

infringe, *v.t.* (-ment, *n.*)   انْتَهَك أو أَخَلَّ أو
خَرَقَ قانونًا ، تَعَدَّى على

infuriate, *v.t.*   أهاجَ ،أَغْضَبَ، أَحْنَقَ ،
جَعَله يَسْتَشِيط غَضَبًا

infuse, *v.t.* (instil *into*, imbue *with*)   أَفْعَم
(حَماسًا) ؛ غَرَسَ فيه ، شَرَّبه بِ ...

infusion, *n.*   تَنْقِيع ، نَقْع (مادَّة في سائل) ؛
إشْراب ، غَرْس في ...

ingathering, *n.*   تَجَمُّع ، (عيد) الحَصاد

ingenious, *a.*   واسِع الحِيلة ، (ابتكار) بارع

ingénue, *n.*   فَتاة ساذجة أو غَريرة

ingenuity, *n.*   بَراعة، إبْداع، دَهاء

ingenuous, *a.* (-ness, *n.*)   غَرير، ساذج، بَسِيط ؛
بِغير تكَلُّف أو تَصَنُّع، صافي النِّيَّة

ingest, *v.t.* (-ion, *n.*)   ازْدَرَدَ، ابْتَلَعَ (طعامًا)

ingle-nook, *n.*   مَقْعَد غائر في حائط المِدْفأة

inglorious, *a.*   مَغْمُور الذِّكْر؛ (عمل) شائن

ingoing, *a.*   وارِد، داخِل

ingot, *n.*   سَبِيكة أو صُبَّة مَعْدِنِية

ingrained, *a.*   عَادة راسِخة أو متأصِّلة

ingratiate, *v.t.*

ingratiate oneself with   تَزَلَّفَ أو تَوَدَّد إلى
فُلان، مَسَحَ له الجُوخَ (مصر)

ingratitude, *n.*   نُكْران الجَميل، جُحود بالفَضْل

ingredient, *n.*   مادَّة تَدخل في تركيب شيءٍ ما،
جُزْء مُقَوِّم من

ingress, *n.*   دُخُول؛ حقّ الدُّخول

ingrowing, *a.*   نامٍ إلى الدَّاخِل

ingrowing toe-nail   ظِفْرِ قَدَم مُنغرِس في اللَّحْم

inhabit, *v.t.*   سَكَنَ، قَطَنَ، أقَام في

inhabitable, *a.*   (مَكان) صالِح للسُّكْنَى

inhabitant, *n.*   سَاكِن ، قاطِن، مُقيم

inhalant, *n.*   دَواء للاسْتِنشاق

inhal/e, *v.t. & i.* (-ation, *n.*)   نَشَقَ، اسْتَنْشَقَ؛
ابْتَلَعَ دُخان السِّيجارة

inharmonious, *a.*   نَشاز، مُتضارِب، مُتنافِر

inhere, *v.i.*   وُجِدَ (كَصِفة لازمة)

inher/ent, *a.* (-ence, *n.*)   (الثِّقَل) من الصِّفات
الأساسِيّة للمادَّة، (ميل) فِطريّ؛ مُلازِم

inherit, *v.t.*   وَرِثَ ، تَوَارَثَ

inheritance, *n.* *(lit. & fig.)*   إرْث، وِراثة ؛
مِيراث، تَرِكة ؛ تُراث

inhibit, *v.t.*   أَعَاق ، كَبَحَ؛ مَنَعَ تَكَوُّن الصَّدَأ

inhibited, *past p. & a.* مَكْبوت العَواطف ، عاجِز عن الاسْتِجابة لِعَواطِفه

inhibition, *n.* 1. (prohibition) تَحْرِيم، نَهْي

2. (*psychol.*) الكَبْت النَّفسيّ (علم النَّفس)

inhibitory, *a.* (عَوامِل) مانِعة أو رادِعة

inhospitable, *a.* (*lit. & fig.*) غَيْر مِضْياف ، (مَناخ) قاسٍ لا يشجِّع على المعيشة

inhuman, *a.* (**-ity,** *n.*) (مُعامَلَة) وَحْشِيّة، لا رَأْفَةَ فيها، (شخص) عديم الرَّحمة والإنسانيّة

inimical, *a.* مُعادٍ لِ، ضارّ بصالحِه

inimitable, *a.* فَذّ، فريد، نَسيج وَحْدِه

iniquitous, *a.* جائِر، باغٍ أثيم، شِرّير، أمر شَنيع وبَشِع

iniquity, *n.* جُور، مُنكَر، بَغْي ، آثام

initial, *a.* خُطْوَة بدائية أو أُولَى

initial capital (*finance*) رَأْسمال تأسيسيّ

initial letter, *also* initial, *n.* الحَرْف الأوَّل مِن الكَلِمَة ، الحُروف الأولى مِن اسْم شخْص

v.t. وَقَّعَ وثيقة بالحروف الأولى من اسمه

initially, *adv.* مَبدئيًا، أوّلًا

initi/ate, *v.t.* (**-ation,** *n.*) 1. (originate) اِبْتَكَرَ (طَرِيقَةً)، اِبْتَدَعَ، وَضَعَ (مشروعًا)

2. (instruct *in a mystery*) أَشْرَكَهُ في أسرار مِهْنَة أو جماعة

3. (*fig.*, introduce to knowledge) عَلَّمَه،لَقَّنَه

n. مَن تعلّم أَسْرار جماعة وأَصْبَحَ عُضوًا فِيها؛ مُطَّلِع على سرّ

initiative, *n.* خُطْوَة أولى، مُبادرة

take the initiative بَادَرَ بعَمل شيء قبل غيره، قَامَ بالخُطْوة الأولى

on one's own initiative بِوَحْي من خاطِره

inject, *v.t.* (**-ion,** *n.*) حَقَنَ (سائلًا في الوريد مثلًا بِاسْتِعْمَال المِحْقَنَة)؛ حقنة ، حَقْن

injudicious, *a.* غَيْر حَكِيم ، بلا تَبَصُّر

injunction, 1. (admonition, order) أَمْر، فَرْض

2. (*leg.*) أَمْر قضائي يمنع شَخْصًا من القِيام بعَمل مُعَيَّن

injure, *v.t.* (*lit. & fig.*) أَضَرَّ، أَسَاءَ إلى، جَرَحَ، آذَى

injured, *past p. & a.* 1. (harmed) جَرِيح (جَرْحَى) ، مُصاب

2. (offended) مَن أَصابه أذًى أو نالته إسَاءة، مُساء إليه

wear a look of injured innocence تَصَنَّعَ البَراءَة ، تظَاهَرَ بها

injurious, *a.* ضارّ، مُؤْذٍ، مُسيئ، (كلمات) جارِحة أو مُهينة ، شائن

injury, *n.* ضَرَر، أذًى، إساءة، حَيْف

injustice, *n.* ظُلْم، جَوْر، ضَيْم، حَيْف

do someone an injustice ظَلَمَ فلانًا، جار عَلَيْه، لم يُنْصِف في معاملته

ink, *n.* حِبْر، مِداد

ink-slinger (*sl.*) صُحُفِيّ مُرْتَزِق، جُرْنَلْجِي (مصر) ،نُصّ كاتب (عراق)

ink-well مِحْبَرَة ،دواة الحبر، قارورة المِداد

v.t. 1. (mark purposely with ink); *usu.* ink in, ink over كَتَبَ بِحبر فوق كتابة بالرّصاص

2. (stain with ink) لَطَّخَ بِالحِبْر

inkling, *n.* (لَيْسَ لَدَيّ) أَدْنى فِكرة عن

inkstand, *n.* مِحْبَرَة أو دواة مِنْضَدِيّة

inky, *a.* 1. (stained with ink) مُلَطَّخ بِالمِدَاد، بِهِ بُقَع من الحِبْر

2. (black) حالِك السَّواد

inlaid, *pret. & past p. of* **inlay**

inland, *a.* بَعِيد عن السَّاحِل، داخِل البلاد، داخليّ

inland revenue عائد الضَّرائب والمكوس الدَّاخِلِيّة

adv. بَعيدًا عن السّاحل، في الدّاخِل

inlay (*pret. & past p. inlaid*), *v.t.* طَعَّم (بالصَّدَف مثلًا) للزَّخرفة، رَصَّعَ

n. زُخْرُف مُطعَّم

inlet, *n.* 1. (creek) شَرْم صغير في السّاحِل

2. (piece inserted) وُصْلَة لتوسيع ثَوْبٍ

inmate, *n.* نَزيل، مُقيم (بمستشفى مثلًا)

inmost, *a.* مِن صَمِيم القلب، باطنيّ

inn, *n.* خَان، فُنْدُق ريفيّ، مسافرخانة؛ نَزْل؛ خَمّارة، مَيْخَانة، حانة

Inns of Court الهَيْئَات القانونيّة الأَربع في لَنْدَن

innards, *n.pl.* (*sl.*) مَصَارِين (الدّجاج أو السَّمك)

innate, *a.* فِطريّ، بالطَّبْع لا بالتَطَبُّع

inner, *a.* دَاخِليّ

the inner man (*joc.*) (ملأ) بَطْنه (بالطعام)، تعبير يُطْلَق هزلًا على المعدة أو الشهية

inner tube الأَنْبوب المَطَاطِيّ الَّذِي بداخل إِطَار العجلة

innermost, *a.* مِن صَمِيم الفؤاد، سويداء القَلْب، باطنيّ

innings, *n.pl.* دَوْر في الكريكت أو البيسبول

(*fig.*) (جَاءَ) دوره للسَّيْطرة؛ حياة طافِحة

innkeeper, *n.* صاحِب فُنْدق أو حانَة

innocence, *n.* 1. (freedom from sin or guilt) بَرَاءة من ذَنْب، طهارة الذَّيْل

2. (simple-mindedness, harmlessness) سَذَاجَة، بَساطة، سَلامة النِّيّة

do something in all innocence فَعَلَ الشَّيء بِنِيّةٍ سليمة، أو دُون عِلْمٍ بأنّه محظور

innocent, *a.* 1. (guiltless, free from sin); *also n.* بَرِيء، طاهِر الذَّيْل، غير مُذْنِب

2. (harmless, lawful) غيْر مؤذٍ، مُباح، لا يُحَرِّمه القانون أو العُرف، (ألعاب) بريئة

3. (*fig.*, devoid *of*) مُجَرَّد من، عارٍ أو خَالٍ من

4. (simple-minded) سَاذج، غَشيم

innocuous, *a.* لا يُحْدِث ضررًا أو أذًى

innov/ate, *v.i.* (**-ation,** *n.*) اِبْتَكَرَ، ابْتَدَعَ، اِسْتَحْدَثَ؛ بِدْعة، ابتكار، جَديد مُحْدَث

innuendo, *n.* غَمْز أو تلميح فيه تجريح، هَمْز ولَمْز

innumerable, *a.* لا يُعَدّ ولا يُحْصَى

inocul/ate, *v.t.* (**-ation,** *n.*) (*lit. & fig.*) طَعَّمَ، لَقَّحَ؛ أَدْخَلَ في روعه، لَقَّنَه

inoffensive, *a.* غَيْر ضارّ أو مؤذٍ أو مُسيء؛ مُسْتَكِنّ، لا وَجْهَ للاعْتِراض عليه

inoperable, *a.*	يَتَعَذَّر استِئْصاله بِالجِراحة
inoperative, *a.*	(قَوانين أو تعليمات) غير سارِية المَفْعُول، غير مَعْمُول بها
inopportune, *a.*	في وَقْتٍ غيرِ مناسِب أو لائِق، في غيرِ مَحلّه أو أوانِه
inordinate, *a.*	(مَطالِب)مُفْرِطة، (عواطِف)جامِحة
inorganic, *a.*	غَيرُ عُضْوِيّ
input, *n.*	تَزْويد طاقة كَهْرَبائِيّة لِجِهازٍ ما، مايُزَوَّد به العَقْل الالِكْتروني من مَعْلومات
inquest, *n.* (*lit. & fig.*)	تَحَرٍّ، تحقيق رَسْمي في الوفيات المُشْتَبَه فيها؛ مُراجعة سَيْر لعبة ما
inquire (enquire), *v.i.*	اِسْتَفْسَرَ، اِسْتَطْلَعَ، تَحَرَّى، اِسْتَقْصَى، اِسْتَعْلَم عن
inquire into	بَحَثَ في، تَحَرَّى عن
inquire about (after)	اِسْتَفْسَرَ عن (صِحَّته)، سَأَل عن (مواعيد قِيام القِطارات)
inquire for	سَأَل عن وُجود (كِتاب مثلًا)
v.t.	
inquire the way	سَأَل عن الطَّريق إلى (مَحَلٍّ ما)، اِسْتَعْلَم أو اِسْتَدَلّ عن الطَّريق
inquiry (enquiry), *n.* 1. (investigation)	بَحْث، اِسْتِعْلام، تحقيق، تَحَرٍّ
court of inquiry	مَحْكَمة تَحْقيق
2. (question)	سُؤال أو اِسْتِفْسار عن
inquisition, *n.*	اِسْتِجْواب، اِسْتِنْطاق
the ⟨Spanish⟩ Inquisition	مَحَاكِم التَّفْتيش الإسْبانِيّة (الكاثوليكِيّة) في القرون الوُسْطى
inquisitive, *a.*	فُضُولِيّ، طَلَعة، كثير السُّؤال (فيمَا لا يُعْنِيه)
inquisitor, *n.*	مُسْتَجْوِب، محقِّق، مُسْتَنْطِق
inquisitorial, *a.*	مُفْرِط في الاستقصاء؛ يَسْتَجْوِب غيره بِلهْجةٍ آمِرة
inroad, *n.*	هَجْمة أو غارة لِلسَّلب والنَّهْب (*fig., esp. pl.*)
make inroads on	تَعَدَّى على (وقتِ فراغِه)
insalubrious, *a.*	وَخِيمُ العاقِبة، وَبِيل
insane, *a. & collect. n.*	مَجنون؛ المَجانين
insanitary, *a.*	يَحْمِل جَراثيم العَدْوى، غير صِحّيّ
insanity, *n.*	جُنُون، عُتْه
insatiab/le, *a.* (-ility, *n.*)	نَهِم لا يَشْبع، ظَمْآن لا يَرْتوى؛ نَهَم، جَشَع
insatiate, *a.*	يَطْلُب المَزيد دائمًا
inscribe, *v.t.*	نَقَش (اسمًا)، دَوَّن، قَيَّد
inscribed stock	أَسْهُم مُسَجَّلة في الدَّفاتر
inscription, *n.*	نَقْش (على نصب تِذْكارِيّ)
inscrutab/le, *a.* (-ility, *n.*)	يُحَيِّر الأَفْهام، غامِض، مُسْتَغْلِق؛ مُعَمَّيات
insect, *n.*	حَشَرة
insect-powder	مَسْحُوق لإبادة الحَشَرات
insecticid/e, *n.* (-al, *a.*)	مُبيد الحَشَرات
insectivorous, *a.*	حَيَوان يَقْتات على الحَشَرات
insecur/e, *a.* (-ity, *n.*) 1. (not safe or firm)	مُقَلْقَل، غير ثابِت، غير مأمُون
2. (without reliability or self-reliance)	لا يُؤْتَمَن؛ عَديم الثِّقة بِنفْسِه
insemin/ate, *v.t.* (-ation, *n.*)	لَقَّحَ؛ تلْقيح

insensate, *a.* 1. (without feeling) (حَجَر) أَصَمّ، خَامِد، بلا حِسّ، لا حَياةَ فيه

2. (senseless) أَهْوج، أَرْعن، (هياج) وَحْشي، (غَضَب) أعمى

insensibility, *n.* 1. (lack of emotion) انْعِدَام أو خُمود العاطِفة، فقدان الشُّعور

2. (indifference) عَدَم الاكْتراث أو التأثر

3. (unconsciousness, numbness) مَوْت الحسَّاسِيّة

insensible, *a.* 1. (imperceptible) (تَقَدُّم) غَيْر مَحْسُوس أو مَلْموس أو مَلْحوظ

2. (unaware) غَيْر واعٍ، غافِل عن

3. (callous) عَدِيم الاكْتراث لآلام الغير

4. (unconscious, numb) فاقد الوَعْي، مُخدَّر، (أنامل) لا تُحِسّ لشِدّة البَرْد

insensibly, *adv.* بِبُطْء شَديد، تَدْريجيًا

insensitive, *a.* 1. (*physically*) فَاقِد الشُّعور، عَديم الاحساس

2. (*mentally or morally*) جَامِد أو متبلّد الشُّعور، لا يكْترث لآلام الغير

inseparable, *a.* مُلازِم أو مُلاصِق لِ، لا ينفصِل عن؛ ألزم له من ظِلّه

(*fig. of close companions*); *also n.pl.*

they are inseparables هُما خَدِينان لا يفترقان

insert, *v.t.* (**-ion,** *n.*) أدْخَلَ (مِفتاحًا في قفل)، أدْرَجَ (في قائِمَة)، أولَجَ؛ عِبارة مُقْحَمة

inset, *n.* صُورة أو خَريطة صَغيرة داخِل أُخرى لِتوْضيح جُزء منها؛ مُلْحَق أرفق (عجلّة مثلًا)

v.t. أَدْخَلَ، أَدْرَجَ، رَصَّعَ

inshore, *a. & adv.* (تيّار) ساحليّ؛ قُرْبَ السّاحل

inside, *n.* 1. (interior, inner side) الدّاخِل، باطِن الشّيْء؛ السَّطْح الدّاخِليّ

inside out, *adv.* ظَهْرًا لِبطْن، (لَبِسَه) بِالمَقْلُوب

2. (*coll.*, stomach) بَطْن، أمعاء، مَصارِين

3. (side of path away from road) بَعِيدًا عن الحافَة الخارِجيّة لرصيف الشّارع

a. داخِليّ، باطنيّ

inside information مَعْلُومات من مصادِر مُطَّلعة

inside story التَّفاصِيل الحقيقيّة (لخبرٍ ما)

inside job (*coll.*) سَرِقَة تمّت بمعاونة أحد أفراد البَيْت، 'حاميها حراميها'، 'منهم فيهم'

adv. بِالدَّاخِل، في الدَّاخِل

prep. 1. (*of place*) في، بِ، داخِل

2. (*of motion*) نَحْوَ أو إلى داخِل

3. (*of time*); *also*, inside of خِلال، في بحْر أو في ظرْف (سنة مثلًا)

insider, *n.* مُطَّلِع على (سِرّ ما)، من أهل البيت

insidious, *a.* 1. (treacherous) مُخاتِل، خَبيث

2. (proceeding unnoticed) (شَرّ) خَفِيّ

insight, *n.* نَفاذ البَصِيرة، فراسَة

insignia, *n.pl.* شَارات (المناصِب)، رَمْز السُّلْطان

insignific/ant, *a.* (**-ance,** *n.*) تافِه، طَفِيف، لا قِيمَةَ له، لا يُعْبَأ به؛ ضَآلة القَدْر

insinc/ere, *a.* (**-erity,** *n.*) غَيْر مُخلِص، مُنافِق، مُرَاءٍ، مُداهِن؛ نِفاق

insinu/ate, *v.t.* (**-ation,** *n.*) 1. (introduce artfully) دَسّ، أدْخَلَ أو أَوْلَجَ خِفْيَةً

2. (hint) لَمَّحَ (بقصد التَّجريح)، أَشَارَ إِشارة خَفِيّة (فيها تعريض)

insinuating remarks تَلْمِيح يَنْطوي على تَجْرِيح، ملاحظات بها تَعْرِيض

insipid, *a.* (**-ity,** *n.*) 1. (tasteless) (طَعَام) مَسِيخ ، تَفِه ، لا نَكْهَةَ له

2. (dull, vapid) (فَتاة) لا رُوحَ ولا حَيوية فِيهَا، (كِتاب) غَثّ أو تافِه

insist, *v.t. & i.* أَصَرَّ على، أَلَحَّ في، لَجَّ في، تَمَسَّكَ أو تَشَبَّثَ بِ

insist on

(maintain or urge emphatically) تَمَسَّكَ (بِمَوْقِفِه)، تَشَبَّثَ (برأيه)

insist/ent, *a.* (**-ence,** *n.*) مُصِرّ، متشبِّث، مُلِحّ ؛ (طلبات) مُلِحَّة ؛ إلْحاف، إصْرار

insobriety, *n.* إِفْرَاط أو عَدَم اعْتدال (في شرب الخَمْر عادةً)، حالة سُكر

insole, *n.* 1. (part of boot or shoe) النَّعْل الدَّاخِلِيّ لِلْحِذَاء

2. (loose sole worn inside shoe) فَرْش يُسْتَعْمَل داخِل حِذاء واسِع لتضْييقه

insol/ent, *a.* (**-ence,** *n.*) صَفِيق، وَقح، سَلِيط اللِّسان ؛ وَقاحَة، سَفاهَة

insolub/le, *a.* (**-ility,** *n.*) 1. (impossible to dissolve) غَيْرُ قابل للذَّوَبان

2. (impossible to solve) (مُشْكِلة) لا تُحَلّ

insolv/ent, *a. & n.* (**-ency,** *n.*) عَاجِز عن الوَفاء بدُيونه، مُعْسِر

insomnia, *n.* أَرَق، سُهْد

insomuch, *adv.* إلى حَدٍّ أو دَرَجَة أنَّ...

insouci/ant, *a.* (**-ance,** *n.*) عَدِيم الاكْتِراث ، غير مُهْتَمّ ؛ عَدَم المُبَالاة

inspect, *v.t.* (**-ion,** *n.*) فَتَّش، فَحَص، تفقَّد، عَايَنَ (بضاعة)؛ تَفْتِيش، فَحْص؛ مُراقبة

inspector, *n.* 1. (examiner) مُفَتِّش، مُراقِب أو معايِن (بضاعة)، مَأْمور (ضرائب)

2. (officer of police, etc.) ضَابِط شُرطة

inspector(i)al, *a.* تَفْتِيشِيّ، بِدَرَجة مُفَتِّش

inspectorate, *n.* هَيْئَة أو مِنْطَقة تفتيش

inspiration, *n.* 1. (breathing in) اِسْتِنْشَاق

2. (divine influence) وَحْي، إلْهام

3. (person or thing which inspires) مَصْدَر الوَحْي، مَبْعث الإلهام

4. (prompting) إِيحاء (بالأفكار)

5. (*coll.*, happy idea) فِكْرة رائعة أو بَديعة

inspire, *v.t.* أَوْحَى، أَلْهَمَ ؛ شَجَّعَ، حَثَّ، أَوْعَز إليه ب

inspired, *past p. & a.* مُلْهَم، مُوحًى به

inspired article مَقالَة صُحُفِيَّة مُوعَز بها (مِن قِبَل شخْص ذي مكانة)

inspirit, *v.t. usu. in form*

inspiriting, *pres. p. & a.* مُشَجِّع (على القِيام بِشيء)، مُنَشِّط، مُحَمِّس، مُثِير للهِمَّة

instability, *n.* عَدَم الثَّبات أو الاسْتِقْرار، تَقَلُّب الأَوْضاع

install, *v.t.* 1. (place *in office*) نَصَبَه، وَلّاه

2. (place *in position*, settle) رَكَّبَ (جِهازًا كَهْرَبائيًّا مثلاً)

installation, *n.* 1. (installing) إقامَة، تَنْصِيب ؛ تَرْكِيب (جِهاز).

2. (thing installed, apparatus) تَرْكِيبات، مُنْشَآت (عسكرية)، أَجْهِزَة

instalment (*U.S.* **installment**), *n.* 1. (of a serial, etc.) فَصْل أو حَلْقَة في مُسَلْسَلَة

2. (payment) قِسْط، دُفْعَة تَحْتَ الحِساب

instalment system نِظام البَيْع بِالتَّقْسِيط، الدَّفْع عَلَى أَقْساط

instance, *n.* 1. (case) حَالَة (حَالَات)

in this instance في هَذِه الحالَة

2. (place)

in the first instance أَوَّلًا، في بادِئ الأَمْر، بادِئَ ذِي بَدْء

3. (example)

for instance عَلَى سَبِيل المِثال، مَثَلًا

4. (suggestion)

at the instance of بِناءً على اقْتِراح فُلان، بِمُوجِب أَمْرِه

v.t. أَوْرَدَ مِثالاً لِلتَّدْلِيل على

instancy, *n.* ضَرُورَة عاجِلَة ؛ حَاجَة مُلِحَّة

instant, *a.* 1. (urgent) عَاجِل، لايُمْكِن تَأْجِيله

2. (immediate) سَرِيع المَفْعُول

3. (*commerc.*, of the current month); *abbr.* inst. (في يوم ١٤) من الشَّهْر الجارِي

n. لَحْظَة، بُرْهَة، هُنَيْهَة

for an instant (غَابَ) لَحْظَةً وَاحِدَةً

instantaneous, *a.* (تَرْجَمَة) فَوْرِيَّة

instantly, *adv.* فِي الحال، تَوًّا، لِلتَّوّ، عَلَى الفَوْر

instead, *adv.* بَدَلًا مِنْه، عِوَضًا عَنْه

instead of بَدَلًا من، عِوَضًا عَن، فِي مَحَلِّ، بِالنِّيابَة عَن

instep, *n.* ظَاهِر أو وَجْه القَدَم

instig/ate, *v.t.* (**-ation,** *n.*) حَرَّضَ أو حَضَّ على...، حَثَّ على ؛ تَحْرِيض

instil(l), *v.t.* شَرَّبَه (العِلْمَ مثلاً)

instinct, *n.* غَرِيزة، بَدِيهة، سَلِيقة، فِطْرَة

a.

instinct with life مُفْعَم (أو طافِح) بِالحَيَاة

instinctive, *a.* غَرِيزِيّ، بَدِيهِيّ، فِطْرِيّ

institute, *n.* مَعْهَد (مَعاهِد)

v.t. أَنْشَأَ ؛ رَفَعَ (الدَّعْوَى) أو أَقامَها

institution, *n.* 1. (establishment, appointment) إِنْشاء، تَأْسِيس، إِقامَة

2. (established custom, etc.) عَادَات ونُظُم (اجْتِماعِيّة)، تَقْلِيد

3. (organization or its premises) مُؤَسَّسَة، مَعْهَد، هَيْئَة ؛ مَبْنَى المُؤَسَّسَة

instruct, *v.t.* 1. (teach) عَلَّمَ، دَرَّسَ، دَرَّبَ

2. (inform, brief) أَبْلَغَ، أحاط عِلْمًا بِ...

3. (order) أَعْطَى تَعْلِيمات

instruction, *n.* 1. (teaching) تَدْرِيس، تَدْرِيب

2. (*pl.*, directions) تَعْليمات ، إرْشادات (في طَرِيقة اسْتِعْمال شيءٍ ما)
3. (*usu. pl.*, orders) أَوامِر ، تَنْبِيهات

instructive, *a.* مُفِيد ، يُزَوِّدُكَ بِمَعْلُومات

instruc/tor (*fem.* **-tress**), *n.* مُعَلِّم ، مُدَرِّب

instrument, *n.* 1. (tool) آلَة ، أَداة
2. (*mus.*) آلَة مُوسِيقِيَّة
3. (means) وَسِيلة ، أَداة
4. (document) مُسْتَنَد ، عَقْد كِتابِيّ ، وَثِيقَة رَسْمِيَّة
v.t. وَزَّع التَّأْلِيف المُوسِيقِيّ على الآلاتِ المُخْتَلِفة

instrumental, *a.* 1. (serving as means, effective) (دَوْر) فَعَّال في ...
2. (*mus.*) مُلَحَّن لِلعَزْف على آلاتٍ مُوسيقِيَّة
3. (*gram.*); *also n.* حالَة الأداة (نَحْو رُوسِيّ)

instrumentalist, *n.* عازِف مُوسِيقِيّ مُحْتَرِف

instrumentality, *n.* وَساطَة ، وَسِيلة

instrumentation, *n.* تَوْزِيع التَّأْلِيف المُوسِيقِيّ

insubordin/ate, *a.* (**-ation,** *n.*) عاصٍ ، مُتَمَرِّد ، ثائر ؛ عِصْيان ، تَمَرُّد

insubstantial, *a.* (**-ity,** *n.*) لا وُجُودَ له في الواقِع ، وَهْمِيّ ، خَيالِيّ

insufferable, *a.* لا يُحْتَمَل ، لا يُطاق

insuffici/ent, *a.* (**-ency,** *n.*) غَيْر كافٍ ، دُون الكِفايَة ؛ عَدَم التَّوَفُّر

insular, *a.* 1. (of an island) جَزَرِيّ ، نِسْبة إلى الجَزِيرة ، (مَناخ) جَزَرِيّ
2. (narrow-minded) ضَيِّق الأُفُق العَقْلِيّ

insularity, *n.* اِنْعِزال فِكْرِيّ ، تَقَوْقُع ، تَعَصُّب

insul/ate, *v.t.* (**-ation,** *n.*) 1. (cut off) عَزَلَ عَن ، قَطَعَ الصِّلَة بَيْن ...
2. (*elec.*) عزل (كَهْرَباء)
insulating tape شَرِيط عازِل (كهرباء)

insulator, *n.* 1. (material) مادَّة عازِلة
2. (device) عازِل كَهْرَبائِيّ

insulin, *n.* الانسولين (مُسْتَحْضَر طِبِّيّ)

insult, *n.* إهانَة ، شَتِيمَة ، مَسَبَّة
and to add insult to injury . . . ومِمّا زادَ الطِّينَ بِلَّة ، 'زاد ضِغْثًا على إبَّالَة'
v.t. أَهانَ ، شَتَمَ ، سَبَّ

insuperab/le, *a.* (**-ility,** *n.*) (سَدّ) مَنِيع ، (عَقَبَة) كَؤُود ، (صُعوبة) لا تُذَلَّل

insupportable, *a.* لا يُطاق ، لا يُحْتَمَل ؛ (حُجَّة) لا يُمْكِن دَعْمُها

insurance, *n.* 1. (insuring) تَأْمِين ، ضَمان
insurance policy بُولِيسة (بُولِيصة) تَأْمِين
(*fig.*, safeguard) (على سَبِيل) الاحْتِياط
2. (premium) قِسْط التَّأْمِين ، مبلغ يدفع دَوْرِيًّا لِشَرِكَة التَّأْمِين
3. (policy) بُولِيسَة (بُولِيصَة) التَّأْمِين
4. (amount for which insured) مَبْلَغ تَدْفَعُه شَرِكَة التَّأمِين عِند اسْتِحقاق البُولِيصَة

insure, *v.t.* أَمَّن على (سَيّارَتِه مَثلًا) ؛ تَأَكَّد مِن ... ، ضَمِن
v.i. usu. with prep. against أَمَّن ضِدَّ ...

insurg/ent, *a.* & *n.* (**-ency,** *n.*) (قوّات) مُتَمَرِّدة ، ثائرة ؛ (أعْلَن) العِصْيان

insurmountab/le, *a.* (**-ility,** *n.*) (عقبة) كَؤُود ، لا تُذَلَّل ، (سَدّ) مَنِيع

insurrection, *n.* تَمَرُّد (على السّلطة)، فِتْنة

insusceptible, *a.* لَا يَتَأَثَّر (بالتَّمَلُّق مثلًا)

intact, *a.* عَلَى حالته الأصليّة، بكامله، سَليم

intaglio, *n.* نَقْش محفور في حَجَر ثمين ، حِلْيَة غائرة النَّقْش

intake, *n.* 1. (*engin., etc.,* place of entry) مَنْفَذ (لإدْخال الهواء أو الماء مثلًا) (ميكانيكا)

2. (thing or things taken in) المِقْدار الدَّاخِل

3. (persons taken in, recruits) عَدَد الملتحقين

intangib/le, *a.* & *n.* (**-ility,** *n.*) لَا تُدْرِكه الحَوَاسّ، لا يُلْمَس، يَصْعب إدراكه لغموضه

integer, *n.* عَدَد صَحيح (رياضيات)

integral, *a.* 1. (complete) كَامِل ، تامّ

2. (necessary for completeness) (جُزْء) مُتَمِّم

3. (*math.*) صَحِيح ، تكامُليّ (رياضيات)

integral calculus حِساب التّكامُل

integr/ate, *v.t.* (**-ation,** *n.*) 1. (complete) كَمَّلَ ، أَكْمَلَ

2. (combine) أَدْمَجَ ؛ اِنْدَمَجَ في

racial integration الانْدِماج العُنْصُرِيّ

3. (*math.*) أَوْجَد التَّكامُل (رياضيات)

integrity, *n.* 1. (wholeness) الحَالَة الأصليّة الكاملة

territorial integrity سَلَامة أراضِي الدَّوْلة

2. (honesty) اسْتِقامة، نَزاهة ، عِفّة اليَد

intellect, *n.* القُوَى العقليّة ، عَقل، ذِهْن

intellectual, *a.* & *n.* فِكريّ ، ذِهنيّ؛ مُثَقَّف

intelligence, *n.* 1. (brain-power) مَلَكَة الفَهْم والاِسْتِنْتَاج، ذَكاء، فِطْنة ، ألمعيّة

intelligence test اِخْتِبار الذَّكاء

intelligence quotient, *abbr.* I.Q. نِسْبة الذَّكاء

2. (information, esp. secret) اِسْتِخْبارات

Intelligence Service قَلَم المُخَابَرات أو الاِسْتِخْبارات السِّرِّيّة

intelligent, *a.* ذَكيّ، فهيم، نَبيه ، فَطِن

intelligentsia, *n.* طَبَقة المثقَّفين

intelligib/le, *a.* (**-ility,** *n.*) سَهْل الفَهم أو الإدْراك ، بَيِّن ؛ وضوح، سهولة الفهم

intemper/ate, *a.* (**-ance,** *n.*). 1. (immoderate) غير معتدل (في حياته العاطفية مثلًا)

2. (addicted to drinking) مُفْرِط في شُرْب الخَمْر، سِكّير متطرِّف

intend, *v.t.* 1. (have as one's purpose) نَوَى، اِنْتَوَى، اِعْتَزَمَ، قَصَدَ، عَقَدَ النيّة

2. (destine, assign) أعدّه (والداه لمهنة)

3. (mean) عَنَى أو قَصَدَ أنَّ

intended, *n.* (*coll.*) خَطِيب ، خَطيبة

intens/e, *a.* (**-ity,** *n.*) 1. (extreme) شَدِيد ، عَنِيف، قويّ، (برد) قارس، (حرّ) لافِح

2. (ardent) حَادّ في انفعالاته ، جادّ في نظرته للحياة

intensi/fy, *v.t.* & *i.* (**-fication,** *n.*) رَكَّز؛ اشتدّ

intensive, *a.* (دَوْرة دراسية) مُركَّزة، شَديد التركيز

intensive ⟨methods of⟩ agriculture (طُرُق) الزِّراعة الكثيفة (أي ضَيِّقة الرقعة كثيرة الانتاج)

intent, *n.* نيَّة، مَقْصد، مَرْمًى، مَأْرَب

to all intents and purposes في واقِع الأمر، في الحَقِيقة (تمّ العَمل سوى بعض أمور بسيطة)

with intent to defraud بِنيَّة الغشّ، بِقَصْد النَّصْب والاحْتيال

a. 1. (resolved *on*) مُصَمِّم أو عازم على. مُصِرّ على (الانتحار مثلاً)

2. (concentrated) (نَظْرة) كلّها اهتمام وتَرْكيز

intention, *n.* نِيَّة (نوايا)، غَرَض، هَدَف

intentional, *a.* (إساءَة) متعمَّدة أو مقصودة

intentioned, *a. only in*

well-(ill-)intentioned حَسَن (سيِّئ) النِيّة

inter, *v.t.* وَاراه التُّراب، دَفَنه

inter (*Lat.*) بَيْن، ضِمْن

inter alia (أَدْخَلَ إِصْلاحات كثيرة) منها أو من بينها

inter-, *pref.* (بَادِئة بِمَعْنَى) مُشْترك مع

inter-service اِشْتِراك القوّات المُسَلَّحة في

interact, *v.i.* (**-ion,** *n.*) تَفاعَل؛ تفاعُل

interbreed, *v.t. & i.* زاوَج بين سُلالتين مُختلفتين (بَشر أو حيوان)، هَجَّنَ

intercalary, *a.* مَا يُضاف لإتْمام حساب السَّنة

intercal/ate, *v.t.* (**-ation,** *n.*) كَبَسَ السَّنةَ بيوم

intercede, *v.i.* تَشَفَّعَ له، تَوَسَّطَ لديه

intercept, *v.t.* (**-ion,** *n.*) اِعْتَرَضَ طَرِيقَه؛ أَنْصَت (خِلْسة) لمحادثة لاسلكيّة؛ تَصَدَّى لطائرة (معادية)

interceptor, *n.* مُعْتَرِض الطَّريق؛ طائرة مقاتِلة

intercession, *n.* شَفَاعة، وَساطة

intercessor, *n.* شَفِيع، وَسِيط

interchange, *n.* 1. (exchange) تَبادُل

2. (alternation) تَناوُب، تعاقُب (اللّيل والنّهار)

v.t. تَبادَلا (الرَّسائل مثلاً)

interchangeable, *a.* قابِل للتبديل أو للاستبدال

intercom, *n.* نِظام الاتّصالات الدَّاخليّة في بِنَاية أو طائرة

intercommunic/ate, *v.i.* (**-ation,** *n.*) تَبادَلَ الاِتِّصال مع؛ جَعَلَ بابًا بين غرفتين

interconnect, *v.t. & i.* رَبطَ أو وَصَّلَ بين؛ اِرْتبط أو اتَّصَلَ

intercontinental, *a.* (صَارُوخ) عابر القارات

intercostal, *a.* بَيْنَضِلْعِيّ، بين الضُّلوع (تشريح)

intercourse, *n.* 1. (*social*) عَلاقات اجتماعيّة

2. (*commerc.*) تَعامُل تجاريّ

3. (*sexual*) اِتِّصال جِنْسِيّ، مُضاجَعة، جِماع

interdenominational, *a.* يَجْمع كُلّ الأديان

interdepend/ent, *a.* (**-ence,** *n.*) يَعْتَمِد كُلّ مِنْهُمَا على الآخر؛ اعتماد

interdict, *v.t.* حَرَّمَ (بأمر من سُلْطة عُلْيا)

n. قَرار كَنَسيّ بِحِرْمان شخص من (الكنيسة)

interdiction, *n.* تَحْرِيم، حَجْر، نَهْي، مَنْع

interest, *n.* 1. (advantage) مَصْلَحة ، مَنْفَعة

in one's interest لِصالِح المَرْء ، لِمَنْفَعَتِه

2. (concern, curiosity) اِهْتِمام ، اِكْتِراث

take an interest in اِهْتَمَّ بِأَمْرٍ ما

a matter of general interest أَمْر يَهُمّ الجميع، مَسْأَلة تَعْنِي سَواد الجُمْهُور

3. (sum charged on a loan) فائدة ، رِبْح

with interest (*fig.*) رَدَّ (الجميل) مضاعفًا

v.t. أَثارَ اهتمامه، جَعَلَه يُعْنَى بِ

interested, *past p. & a.* يَهُمُّه (الأمر) أو يَعْنيه

interested parties الأَطْراف المعنيّة

interesting, *a.* مُشَوِّق، شَيِّق، مُمْتِع

in an interesting condition إِمْرَأَة في أشهر الحَمْل، حامِل، حُبْلَى

interfere, *v.i.* تَدَخَّلَ (في مناقشة مثلًا)

interfere with

(impede) إِعْتَرَضَ، تَعارَضَ مع (مشروع آخر)

(meddle with) عَبَثَ (بجهاز حَسَّاس مثلًا)

interference, *n.* 1. (meddling) تَدَخُّل في شؤون الغير

2. (*radio*) تَشْوِيش البثّ الإذاعيّ

interim, *n.* بُرْهَة بين عملين

in the interim فِي هَذِهِ الغضون، في اثناء ذَلِكَ. في خلال هذا الوقت

a. (قِسْط يُدْفَع) مُعَجَّلًا

interim dividend رِبْح مُؤَقَّت يُوَزَّع مقدّمًا أثناء السّنة الماليّة

interior, *a.* 1. (internal) داخِليّ، باطنيّ

interior sprung mattress حَشية أو مَرْتبة فِراش ذات زنبركات أو سُست

2. (*of a house*)

interior decorator مُصَمِّم الدّيكُور الدَّاخِليّ

n. 1. (inside) دَاخِل، باطِن، جَوْف

2. (inland region) المِنْطَقَة الدَّاخِلِيّة

3. (home affairs) الشُّؤُون الدّاخليّة، ما يَتَعَلَّق بالأمور الدَّاخليّة للدَّوْلة

Minister of the Interior وَزِير الدَّاخِلِيّة، كاتب الدَّوْلة للشّؤون الدّاخليّة (مغرب)

interject, *v.t.* قَطَعَ حديثًا بكلمة أو مُلَاحَظَة مُقْحَمَة

interjection, *n.* 1. (remark thrown in) مُلَاحَظَة اعْتِرَاضِيّة مُقْحَمة أثناء حديث

2. (*gram.*) حَرْف نداء، صِيغة تعجُّب (مِثْل يا، أَوَّاه، ويلًا !)

interlace, *v.t. & i.* شَبَّكَ، شَابَكَ، حَبَكَ؛ (أَغْصَان) متشابكة

interlard, *v.t.* حَشَا كلامه بتعبيرات وَآسْتِشْهَادَات طَنَّانة

interleave, *v.t.* وَضَعَ أوراقًا بيضاء بين أَوْرَاق الكتاب عند تجليده

interline, *v.t.* كَتَبَ تعليقات بين السُّطور

interlink, *v.t.* رَبطَ شَيْئَيْن بحَلَقات

interlock, *v.t. & i.* شَبَكَ بين خيوط النّسيج

n. جِهَاز توشيج (في إشارات السّكّة الحديديّة)

interlocutor, *n.* مُحَدِّث، محاور

interloper, *n.* مُتَطَفِّل يُقْحِم نَفْسَه بِمَكانٍ ما

interlude, *n.* فاصِل من الوقْت، فاصِل مُوسِيقِيّ؛ فترة اسْتِراحة

intermarriage, *n.* تَزَاوُج بين عُنصرين

intermediary, *a.* (فَتْرَة) تتوسَّط (حدثين)

n. وَسِيط (في مفاوضات)

intermediate, *a.* مُتَوَسِّط، واقع في الوسط

interment, *n.* مُوارَاة في التُّراب، دَفْن

intermezzo, *n.* لَحْن قصير بين أجزاء سِيمْفُونية، قطعة موسيقية قصيرة

interminable, *a.* (عظة) طويلة ومملّة، (مناقشة) لا تقف عند حدٍّ

intermingle, *v.t. & i.* خَلَطَ؛ اِخْتَلَطَ، اِمتزج

intermission, *n.* 1. (cessation) اِنْقِطاع، توقُّف

2. (interval during performance) اِسْتِراحَة، فاصِل؛ فاصِل موسيقيّ

intermitt/ent, *a.* (**-ence,** *n.*) مُتَقَطِّع، غير مُتَوَاصِل؛ (حُمًّى) متقطّعة

intermix, *v.t. & i.* خَلَطَ، مَزَجَ؛ اخْتَلَطَ، امْتَزَجَ

intern, *v.t.* (**-ment,** *n.*) اِعْتَقَل، حَجَزَ؛ (مُعَسْكَر) اعْتِقال أثناء الحَرْب

n. (*U.S.*) طَبِيب تَحْتَ التَّمْرِين بِمُسْتَشْفًى، طَبِيب امْتِياز (مصر)

internal, *a.* دَاخِلِيّ، باطِنيّ

internal affairs شُؤُون أو أمور دَاخِلِيّة

internal combustion الاِحْتِرَاق الدَّاخِلِيّ (في مُحرِّك سيّارة مثلًا)

international, *a.* دُوَلِيّ، دَوْلِيّ، عالميّ

n. 1. (association) الاتّحاد الدَّوْلِي لِلعُمَّال

2. (sports contest) مُباراة رياضيّة دوليّة

3. (sportsman) لاعِب رِياضيّ دوليّ (يُمَثِّل دَوْلَته في مُباراة دوليّة)

Internationale, *n.* نَشِيد الانترناسْيُونال (تُنْشِدُه حَرَكَة العُمّال الثَّوريّة العالَمِيَّة)

international/ism, *n.* (**-ist,** *n.*) مَبْدأ الدوليّة، (يَدْعُو إلى التَّعاون الدّوليّ وتناسي الخلافات القوميّة)

internecine, *a.* (قِتَال) ينتهي بدمار الطّرفين معًا، (حَرْب) ضروس، لا تبقي ولا تَذَر

internee, *n.* مُعْتَقَل (مَحْجوز في معسكر)

interpenetr/ate, *v.t.* (**-ation,** *n.*) تَداخَلَ بعضه بِبَعْض؛ تَغَلْغَل؛ تداخُل متبادَل

interplanetary, *a.* بيْن الكواكب، في الفَضاء (فَلَك)

interplay, *n.* تأْثِير متبادَل، تفاعُل (بين ثقافتين)

Interpol, *n.* البُولِيس الدوليّ لتعقّب المجرِمين

interpol/ate, *v.t.* (**-ation,** *n.*) أَقْحَمَ في مخطوط عِبارات لا وُجودَ لها في النَّصِّ الأَصْليّ

interpos/e, *v.t. & i.* (**-ition,** *n.*) تَدَخَّل بَيْن..، قَاطَع، اِعْتَرَض، أَقْحَمَ (تَعْلِيقًا)

interpret, *v.t.* (**-ation,** *n.*) 1. (expound, construe) فَسَّرَ، أَوَّلَ، شَرَحَ

2. (perform) عَبَّرَ في أدائه لدور موسيقيّ أو تمثيليّ عن وِجهة نظر فنّيّة خاصّة

3. (translate orally); *also v.i.* تَرْجَمَ شَفَوِيًّا

interpreter, *n.* مُتَرْجِم (شَفَوِيّ)

interracial, *a.* تَشْتَرِك فيه أجناس مُخْتَلِفة

interregnum, *n.* فَتْرَة خُلُوّ العرش من مَلِك، فَتْرَة ما بين استقالة وزارة وقيام أخرى

interrel/ate, *v.t.* (**-ation,** *n.*) مُؤَثِّرَان بينهما ارْتِبَاط مُتَبَادل، يؤثر أحدهما في الآخَر

interrog/ate, *v.t.* (**-ation,** *n.*) إِسْتَجْوَب، أَجْرَى تَحْقِيقًا مع (متّهم)، اِسْتَنْطَق

mark (point, note) of interrogation إِسْتفهام

interrogative, *a.* (صِيغة) الاسْتفهام

n. ضَمِير الاسْتفهام (نَحْو)

interrogator, *n.* مُسْتَجْوِب، مُسْتنطِق

interrogatory, *a.* (مُلَاحَظة) فيها تساؤُل

interrupt, *v.t.* (**-ion,** *n.*) 1. (break into speech, etc.); *also v.i.* قَاطَعَ (كلام الغير)

2. (obstruct) حَالَ دون.., أَعَاقَ سَيْر..

3. (break continuity of) حَالَ دُون اسْتِمْراره (في الدِّراسة مثلاً)

intersect, *v.t. & i.* (**-ion,** *n.*) قطع الخطُّ خطًّا آخرًا ؛ نقطة التّقاطع؛ مُلتقَى الطُّرُق

intersper/se, *v.t.* (**-sion,** *n.*) (مَقال) تَخَلَّلَتْه (النِّكات)، (حديقة) تناثرت (فيها الورود)

interstate, *a.* (*U.S.*) تِجَارة داخليّة (في أمريكا)

interstellar, *a.* بَيْنَ النُّجُوم، من نجم إلى آخر

interstice, *n.* فُرْجَة، فَجْوة، خَصاص

interstitial, *a.* بَيْنَ الأنسِجة الخَلَوِيّة

intertribal, *a.* قَبَلِيّ، بين القبائل

intertwine, *v.t. & i.* شَبَكَ، تَشَابَكَ، جَدَلَ

interval, *n.* 1. (intervening space or time) فاصِل زَمَنِيّ ؛ فَجْوَة ؛ بُعْد

at intervals بَيْنَ حِينٍ وآخَر ؛ مِن وَقتٍ إلى آخَر

2. (intermission in game or performance) (فَتْرَة) استراحة، فاصِل بين فصول مسرحيّة

3. (*mus.*) فَاصِلَة موسيقيّة

interven/e, *v.i.* (**-tion,** *n.*) 1. (lie between) تَخَلَّلَ، تَوَسَّطَ

2. (occur in the meantime) (لَمْ) يَطْرَأ أيّ حادِث (خِلال تِلكَ الفَتْرة)

3. (interfere) تَدَخَّلَ (في نِزاع)

interview, *n.* مُقَابَلَة شَخْصيّة، حديث صُحُفِيّ (مع شخصيّة هامّة)

v.t. أَجْرَى مقابلة (الموظّف مع المدير مَثلًا)؛ أَجْرَى حديثًا صُحُفِيًّا معه

inter/weave (*pret.* -wove, *past p.* -woven), *v.t. & i.* شَبكَ، جَدلَ، ضَفرَ؛ تَشَابَكَ؛ اِخْتَلَطَ (الحقيقة بالخيال)

intest/ate, *a.* (**-acy,** *n.*) (مَاتَ) غَيْر مُوصٍ

intestinal, *a.* (*lit. & fig.*) مَعَوِيّ، مختصّ بالأمعاء؛ داخليّ

intestine, *n.* مَعِيّ (أمعاء)، مُصْرَان

intimacy, *n.* 1. (close acquaintance) أُلْفَة، مودّة، صَداقة حميمة، مَيانة (عراق)

2. (sexual relations) عَلَاقة جِنسيّة (غير شرعيّة عادَةً)

intimate, *a.* 1. (familiar *with, or absol.*) (صَدِيق) حَمِيم

intimate knowledge دِرَاية تامّة، معرفة عَمِيقة، إلمام تامّ

2. (private, personal) شَخصيّ

an intimate diary مُذَكِّرات تحوي أسرارًا شَخْصِيّة

n. صَدِيق حميم أو وَدود أو صَفيّ

intim/ate, *v.t.* (**-ation,** *n.*) أَحاطَه عِلْمًا، أبْلغه؛ نَوَّه، لَمَّحَ إلى (رغبته في الانصراف)

intimid/ate, *v.t.* (**-ation,** *n.*) أَرْهَبَ أو هَدَّدَ شَخْصًا لإرغامه على فعل ما؛ إرهاب

into, *prep.* 1. (motion or direction) إِلَى، في، بِ

come into property وَرِثَ مِلكًا أو عقارًا

I can't get into this book لَا أَسْتَطِيع مُواصَلة قِراءَة هذا الكتاب

far into the night (ظَلَّ يقرأ) حتّى ساعة مُتأَخِّرة من اللَّيْل

2. (change or result)

put into English تَرْجَمَ أو نَقَلَ إلى الانكليزيّة

divide into three قَسَّمَ إلى ثلاثة أقسام

intolerable, *a.* (حَرّ) لا يُطاق، لا يُحْتَمَل

intoler/ant, *a.* (**-ance,** *n.*) غَيْر مُتَسامِح، يَرْفُض مُعَارَضَة الغير له، يضيق صَدْره بالنَّقد؛ تعصُّب

intone, *v.t. & i.* جَوَّدَ (القرآن)، رَنَّمَ، رَتَّلَ

intonation, *n.* اِخْتِلَاف شدّة أو درجة الصّوت عند النُّطْق أو الكلام، ارتفاع أو انخفاض الصّوت

intoxicant, *a. & n.* مُسْكِر، شراب مسكِر

intoxic/ate, *v.t.* (**-ation,** *n.*) أَسْكَرَه، أَثْمَلَه (النَّصْر مثلًا)؛ حالة سُكْر؛ نَشْوَة الخَمْر

intra-, *in comb.* (بَادِئَة بمعنى) داخِل أو بَيْن

intractab/le, *a.* (**-ility,** *n.*) عَنِيد، مُتَمَرِّد، صَعْب المِراس، شَمُوس

intramuscular, *a.* (حُقْنة) في العَضَل

intransig/ent, *a.* (**-ence,** *n.*) (سِيَاسِيّ) عنيد، لا يَلِين، شديد الشَّكيمة، صُلب الرَّأي

intransitive, *a. & n.* فِعْل لازِم أو غير مُتَعَدٍّ

intravenous, *a.* (حُقْنَة) في أو داخل الوريد

intrepid, *a.* (**-ity,** *n.*) مِقْدَام، جَسور، بَاسل، جَرِيء، (بَطل) مِغْوار

intric/ate, *a.* (**-acy,** *n.*) مُعقَّد، عَويص، صعْب الفَهْم؛ (آلة) معقَّدة التَّركيب

intrigue, *v.i.* تآمَرَ على، دَبَّرَ مكيدة له

v.t. 1. (rouse curiosity of) أَثَارَ اهتمامه، أَثَارَتْه (الأخبار مثلًا)، حَيَّرَ لُبَّه

(*coll.*, fascinate) فَتَن، سَحَرَ عَقْلَه

n. 1. (conspiracy) مَكِيدة، دَسِيسة

2. (underhand love-affair) عَلاقة غَراميّة

intriguing, *a.* أَخّاذ، سَاحِر، خَلّاب، فاتِن، جَذّاب، يَأسِر اللُّبّ

intrinsic, *a.* قِيمَة الشَّخص أو الشَّيء في حدّ ذَاتِه، (صِفة) جوهريّة غير عَرَضيّة

intrinsic value القيمة الحقيقيّة (لعملة معدِنيّة) بِغَضّ النَّظَر عن القيمة الاسميّة

intro-, *in comb.* (بَادِئَة بمعنى) نحو الدَّاخل

introduce, *v.t.* 1. (bring or lead in) أَدْخَلَ، قَدَّمَ، أَتَى ب، جَلَبَ، أَوْرَدَ

introduce a bill قَدَّمَ لائحة في البرلمان

2. (insert) أَدْخَلَ، أَوْلَجَ، أَدْرَجَ

3. (bring into use) أَدْخَلَ أو اسْتَحْدَثَ طُرُقًا أو مُنتَجات جديدة

4. (present) قَدَّمَ (فلانًا لفلان)، عَرَّفَ شَخْصًا بآخر

introduction, *n.* 1. (bringing in) إِدْخَال

2. (preface, prelude) مُقَدِّمَة، تمهيد

3. (presentation) تَقْدِيم شَخصٍ لآخر

introductory, *a.* (مُلاحَظَة) تمهيديّة، استهلاليّة

introspection, *n.* اِسْتِبْطان (علم نفس)

introspective, *a.* مُتَعَمِّق في فَحْص تصرُّفاته

introversion, *n.* اِنْطِوَاء ذاتيّ

introvert, *n.* اِنْطِوائيّ، مُنْطَوٍ على نَفْسه

intrude, *v.t. & i.* أَقْحَمَ نفسه (أو آراءه)، دَخَلَ غير مَدْعُوّ، تَدَخَّلَ

intruder, *n.* دَخِيل، مُقْحِم نفسه فيما لا يخصّه، مُتَطَفِّل؛ طائرة خَرَقَت حُرْمة الجوّ

intrusion, *n.* تَدَخُّل، تَطَفُّل، الدخول بدون إذْن أو دعوة

intrusive, *a.* دَخِيل؛ حَرْف زائد في النُّطْق

intuition, *n.* حَدْس، بَدِيهة، بَصِيرة فِطرية

intuitive, *a.* حَدْسِيّ، بَدِهيّ، (معرفة) بالفِطرة

inund/ate, *v.t.* (**-ation,** *n.*) (*lit. & fig.*) غَمَرَ، أغْرَقَ، فَاضَ على؛ طوفان؛ وابِل من

inure, *v.t.* عَوَّدَه على احْتمال (الصعاب)

invade, *v.t.* (*lit. & fig.*) اِعْتَدى على، غَزا، هَجَمَ أو أَغارَ على؛ اِجتاحته (الهموم)

invade someone's privacy قَطَعَ عليه خَلْوته

invalid, *a.* 1. (not valid) (قانون) باطِل، لاغٍ، غير نافِذ، بَطَلَ مَفْعُوله

2. (disabled) مَرِيض مُقْعَد أو عاجز، مَعْلُول، مُعْتَلّ

n., oft. attrib.

invalid carriage عَرَبَة للمُقْعَدِين

invalid diet وَجَبات خاصّة للمَرْضَى

v.t., esp. in

invalided out سُرِّحَ من الخدمة العَسْكريّة لمَرَضٍ أو عَجْز

invalid/ate, *v.t.* (**-ation,** *n.*) نَقَضَ (اتّفاقًا أو عَقْدًا)، أَبْطَلَ، أَلْغَى، فَسَخَ

invalidism, *n.* مُبالَغة المريض في خُطورة مرضه

invalidity, *n.* بُطْلان أو عَدَم مفعوليّة (القانون)

invaluable, *a.* جَلِيل القيمة، لا يُقدَّر بِثَمَن

invariab/le, *a.* (**-ility,** *n.*) ثابِت، لا يتغيّر، دائم؛ (كَلِمَة) مَبْنِيّة، لا يتغيّر شكْلها (نحو)

invasion, *n.* (*lit. & fig.*) اِعْتِدَاء، غَزْو، هُجوم؛ مَوْجة (سيّاح تجتاح البلاد)، أَفْوَاج

invective, *n.* إهَانة بكلِمات قاسية، هِجاء

inveigh, *v.i., usu. with prep.* against حَمَلَ حَمْلَة شعواء على (الظّلم مثلًا)، نَدَّدَ بِ

inveigle, *v.t.* (**-ment,** *n.*) خَدَعَه بالمداهنة والمَكْر، أغواه بعسول الكلام، أَضَلَّه

invent, *v.t.* 1. (originate) اِخْتَرَعَ، اِبْتَكَرَ، ابْتَدَعَ

2. (concoct) لَفَّقَ، اِخْتَلَق

invention, *n.* 1. (inventing) اِخْتِرَاع، ابْتِكار

2. (contrivance) جِهاز مُبْتَكَر، اخْتِراع

3. (story) قِصَّة مُخْتَلَقة، تلفيقة

4. (ingenuity) حَذَاقة، تَفَنُّن؛ قُوَّة الابتكار

necessity is the mother of invention الحَاجَة أمّ الاختراع، الحاجَة تفتق الحيلة

inventive, *a.* (**-ness,** *n.*) ذُو قُدْرة على الابتكار

inventor, *n.* مُخْتَرِع، مُبْتَكِر

inventory, *n.* قَائِمة بمحتويات (المنزل)، جَرْد

inverse, *a.* عَكْسِيّ، مَعْكوس، مَقْلوب

inverse ratio نِسْبَة عَكْسِيَّة

n. عَكْس

inversion, *n.* اِنْعِكاس، ارْتِكاس

invert, *v.t.* 1. (turn upside down) قَلَبَ رَأْسًا على عَقِبٍ، عَكَسَ الوضْع

inverted commas عَلامَتَا الاقتباس في الكتابة أو الطِّباعة (" ")

2. (reverse order of) عَكَسَ وضْع كلِمتين، غَيَّرَ وضْعَ شَيْئَيْن

n. عَقْد منكوس في قاع المجاري؛ شَخْص مُصَاب بشذوذ جنسيّ

invertebrate, *a. & n.* لا فِقْرِيّ، عَدِيم الفِقْرَات؛ اللافِقْرِيّات (علم الأحياء)

invest, *v.t.* 1. (endue *with*) منَحه، خلع عليه

2. (lay siege to) حَاصَرَ، ضَرَبَ حِصارًا على

3. (*finance*); *also v.i.* وَظَّفَ أو شَغَّلَ أو اِسْتَثْمَرَ مالاً

invest in (*coll.*, buy) اِشْتَرَى

investig/ate, *v.t.* (**-ation,** *n.*) بَحَثَ أو حَقَّقَ في، تَحَرَّى، اسْتَقْصَى، فَحَصَ

investigator, *n.* مُحَقِّق أو باحِث في قضيّة

investiture, *n.* اِحْتِفال رَسْمِيّ بتَقْليد الأَوْسِمَة والنَّيَاشِين والأَلْقاب، تَقْلِيد مَنْصِب سامٍ

investment, *n.* اِسْتِثْمار أو تَوْظِيف أو استغْلال الأَمْوَال؛ مُحاصَرة، (ضرب) نطاقًا (حول)

inveter/ate, *a.* (**-acy,** *n.*) (عَادَة) راسِخة أو مُتَأَصِّلة، مُدْمِن أو مُعتاد على (التدخين)

invidious, *a.* (**-ness,** *n.*) (تَفْرِقة) تُثِير الضَّغائِن والخِصام، (نَقْد) يُسَبِّب كَدَرًا

invigil/ate, *v.i.* (**-ation,** *n.*) رَاقَبَ المُمْتَحَنِين

invigilator, *n.* مُلَاحِظ أو مراقِب قاعة الامتحان

invigorate, *v.t.* أَنْعَشَ، قَوَّى، نَشَّطَ

invincib/le, *a.* (**-ility,** *n.*) لا يُذَلَّل، (عزيمة) لا تُقْهَر، (حِصْن) حَصِين أو منيع

inviolab/le, *a.* (**-ility,** *n.*) مَصُون، لا يُنْتَهَك، (حقّ) لا يُمَسّ، (قَسَم) لا يُحْنَث به

inviolate, *a.* ذُو حُرْمة، مَصون، لم يُنتهك

invisib/le, *a.* (**-ility,** *n.*) خَفِيّ أو غائب عن الأنْظار، غير مرئي؛ توارٍ عن الأنظار

invisible exports صَادِرَات غير منظورة

invisible ink حِبْر خفيّ (لا يظهر على الورق إلّا بَعْدَ مُعَالَجة خاصّة)

invisible mending رَفْو الملابس، رَتْق خَفِيّ

invit/e, *v.t.* (**-ation,** *n.*) 1. (solicit) طَلَبَ بأدب وكِياسة، دَعَاه إلى

2. (solicit the company of) دَعَا (ضيفًا)

3. (tend to bring about) أَفْضَى أو أَدَّى إلى، شَجَّع على حُدُوث (سَرِقة أو جَرِيمة مثلاً)

invite trouble فَتَح على نَفْسِه بابَ المَتاعِب، تَصَرَّف بِطَرِيقة قد تُؤَدِّي إلى المَشاكِل

inviting, *a.* جَذَّاب، مُغْرٍ، فتّان، مُسْتَميل

invocation, *n.* دُعَاء (أدعية)، ابْتِهال، تَوَسُّل

invoice, *n.* فَاتُورَة ترسَل مع السلع المبيعة

v.t. أَعَدَّ فاتورة مفصَّلة لإرسالها للمشتري مَعَ السِّلع المبيعة

invoke, *v.t.* اِسْتَنْجَدَ (بالقانون)، اِبْتَهَلَ (لِلّٰه)

involuntary, *a.* (فِعْل) لا إراديّ، لا اختياريّ، تِلْقَائِيّ، (ردّ فعل) لا إراديّ

involute, *a.* مَطْوِي الحوافي (علم النبات)؛ ملتفّ أو حَلَزُونِيّ الشَّكل (علم حيوان)؛ المنحنَى المُنْشَأ

involution, *n.* 1. (curling inwards) الإِلْتِفاف أو الانْطِواء إلى الدَّاخل

2. (*math.*) التَّرْقِية، رَفْع قوّة العدد (رياضيات)

involve, *v.t.* 1. (entangle) وَرَّطه؛ (مشكلة) معقَّدة

2. (implicate) أَشْرَكَه أو أَوْقَعَه (في الجريمة)

3. (imply, entail) تَطَلَّبَ، اِقْتَضَى، اِسْتَدْعَى

invulnerab/le, *a.* (**-ility,** *n.*) حَصِين، منيع، مَعْصُوم، (حجّة) لا تُنْقَض

inward, *a.* 1. (situated within) (سَعَادة) باطِنة، (أَسْرار) دفينة، (فرح) داخليّ، في سريرته

2. (directed towards the inside) (مُنْحَنَى) يَميل إلى الدَّاخل، يتَّجه داخلاً

inward(s), *adv.* إلَى الدَّاخل، (بضائع) وارِدة

inwardly, *adv.* فِي سِرِّه، في حنايا نَفْسه، كاتمًا (حُزْنَه) بينه وبيْن نفسه

iodine, *n.* (صِبْغة) اليُود

ion, *n.* أَيُون، جُزَيء مَشْحون بالكهرَباء

Ionian, *a.* & *n.* نِسْبَةً إلى إِقْلِيم أيُونيا في اليُونان القَدِيمة

Ionic, *a.* أَيُونِيّ (زخرفة خاصّة لتيجان الأعمدة)

ioniz/e, *v.t.* (**-ation,** *n.*) أَيَّنَ، حَوَّلَ إلى الأيُونات ؛ تَأَيُّن ، تَأْيِين

ionospher/e, *n.* (**-ic,** *a.*) طَبَقة الأيونوسفير في الجوّ

iota, *n.* 1. (Greek letter) أَيُوتا، أَحد حُروف الأَبْجَدِيّة اليونانيّة

2. (jot) (لَيْسَ فيه) ذَرَّة (من الصِّدْق)

ipecacuanha, *n.* عَقَار الابيكاك، عِرْق الذَّهَب

ipse dixit (*Lat.*) «قَالَ بِنَفْسِهِ»، «هكذا زعم»، صِيغَة يستعملها كاتب للتّشكيك فيما زعمه كاتب قبله

ipso facto (*Lat.*) مِنْ تِلْقاء نفسه، في حَدِّ ذاته، كَأَثَر مُبَاشِر لحالة ما

Iran, *n.* إيرَان، الاسم الحديث لبلاد الفُرس

Iranian, *a.* & *n.* إيرَانيّ، فارِسيّ

Iraq, *n.* العِراق

Iraqi, *a.* & *n.* عِراقيّ

irascib/le, *a.* (**-ility,** *n.*) غَضُوب، سَرِيع الغَضَب، حادّ المزاج؛ سُرعة التهيُّج

irate, *a.* غَضْبَان، مُغتاظ، مُتهيِّج الأَعْصاب

ire, *n.* (*poet.*) غَضَب، حنق، سُخْط

iridesc/ent, *a.* (**-ence,** *n.*) مُتَقَزِّح الألوان

iridium, *n.* مَعْدِن الايريديوم

iris, *n.* 1. (*of eye*) قُزَحِيّة العين

2. (flower) نَبات مُزْهِر مِن فَصِيلة السَّوْسَنِيّات

Irish, *a. & n.* إِيرْلَنْدِيّ، اللّغة الإيرلنديّة

Irish bull كَلام فيه تَناقُض ظاهِرِيّ ـ مثل: « إنْ لم تَسْتَلِم خِطابي هَذا أَخْبِرْني على الفَوْر »

Irish stew طَبْخَة إيرْلَنْدِيّة تحتوي على لَحْم الضَّأن والبَطاطس والدّقيق

Irish/man (*fem.* **-woman**), *n.* ايرلندي، ايرلندية

irk, *v.t.* (*impers.*) يَشُقّ عَلَيّ أن ، يُضايِقُني

irksome, *a.* مُضْجِر ، (مُهِمَّة) شَاقَّة ، ثَقِيلة

iron, *n.* 1. (element) (عُنْصُر) الحديد

iron tonic دَواء مُقَوٍّ ، مُسْتَحْضَر طِبّيّ به مُرَكَّب الحَدِيد لِعِلاج الأَنِيميا

2. (metal) مَعْدِن الحديد

iron-bound, *a.* (*lit. & fig.*) (سَجِين) مُكَبَّل بالحَدِيد ؛ صُلْب ، لا يَلين ، عَنيد، قاسٍ

iron filings بُرادة الحديد

iron-foundry مَسْبَك الحديد

iron-grey, *a. & n.* لَوْن رَماديّ غامِق

iron lung رِئَة اصطناعيّة (جهاز طِبّيّ)

iron-mould بُقْعَة أو لَطْخَة من الصَّدأ

iron ore رِكاز الحديد، حَديد خام

man of iron (*fig.*) رَجُل ذو إرادَة من الحَدِيد ، صُلْب الرَّأْي

rule with a rod of iron (*fig.*) حَكَم بِصَرامة وقَسْوَة ، اسْتَبَدَّ بالحكم

3. (tool)

curling-iron مِكْوَاة لتَجْعيد الشَّعْر

fire-irons أَدَوات لإشْعال وتَنظيف المدفأة (سِيخ وماشة ومجرفة ومكنسة)

grappling-iron خَاطُوف ، كُلّابة من الحَدِيد

he has too many irons in the fire تَعَهَّدَ بِالقِيَام بأعمال كثيرة فوق طاقته

4. (*pl.*, fetters) أَغْلال ، أَصْفاد، قُيود

put someone in irons كَبَّلَه بالأَغْلال

5. (branding tool) آلَة لِكَيّ ووَسْم الماشية

6. (golf-club) مِضْرَب خاصّ في لعبة الجولف

7. (for smoothing linen) مِكْوَاة

flat iron مِكْوَاة تُسخَّن فوق النَّار

steam iron مِكْواة بُخارِيَّة

v.t. كَوَى (الملابس أو الأقمشة)

iron out (*fig.*) حَلَّ المشكِلات ، أزالَ المُعْضِلات ، يَسَّر الأمور العَسِيرة

ironing board حَامِل لكَيّ الملابس

a. (*lit. & fig.*) حَديديّ ؛ صُلْب

iron curtain السِّتَار الحديديّ

iron rations جِرايَة أو تعيينات (معلَّبة غالبًا) تُوَزَّع على الجنود لاستهلاكها عند الطَّوارئ

ironclad, *n.* سَفِينَة حربيّة مُدَرَّعة

ironic(al), *a.* مُتهكِّم، ساخِر، استهزائي

ironmaster, *n.* صَاحِب مَصنع الحديد

ironmonger, *n.* بائع الأدوات (المعدِنيّة) المَنْزِلِيّة ، تاجِر حدائد

ironmongery, *n.* 1. (business) تجارة الحدائد والأدوات المنزليّة، مخزن لبيع هذه الأدوات

2. (stock in trade) أدوات ومصنوعات (معدنيّة) للاستعمال المنزليّ

ironwork, *n.* تركيبات أو زخارف من الحديد

ironworks, *n.pl.* مصنع لصهر الحديد، مسبك

irony, *n.* 1. (mocking statement) سُخرية، تهكّم

2. (ironical event)

the irony of fate سُخرية الأقدار

irradiate, *v.t.* (**-ation,** *n.*) 1. (shine upon) أشعّ، أنار، أضاء

2. (*fig.*, light up) تألّق (وجهها فرحًا)

3. (subject to sunlight) عرّض شيئًا لأشعّة الشّمس أو للأشعّة فوق البنفسجيّة

4. (subject to radioactivity) عرّض (جسمًا) للمُعالجة بالأشعّة (مثل أشعّة إكس)

irrational, *a.* غير منطقيّ، (تصرّف) ينافي العقل

(*math.*); *also n.* عدد أصمّ أو غير جذريّ (مثلًا ٢٧)

irreclaimable, *a.* (أرض) لا يمكن استصلاحها

irreconcilab/le, *a.* (**-ility,** *n.*) 1. (implacably hostile) (خصمان) لا يتصالحان، (عدوّ) لدود

2. (incompatible) متنافر، (أفكار) غير منسجمة

irrecoverable, *a.* (خسارة) لا تعوّض، لا يمكن استرجاعه أو استرداده

irredeemable, *a.* 1. (not terminable by repayment) (سندات حكوميّة) لا تُستهلك (أي لا تُستردّ قيمتها قبل انتهاء الأجل المحدّد)

2. (*fiduciary*) (بنكنوت) لا يُستبدل (بذهب مثلًا)

3. (hopeless) ميئوس منه، لا أمل في خلاصه

irredentist, *n.* & *a.* منادٍ بتوحيد الأقاليم التي يتكلّم سكّانها نفس اللغة، متطرّف في القوميّة

irreducible, *a.* لا يمكن تخفيضه أو إنقاصه

irreducible minimum الحدّ الأدنى النهائيّ

irrefutab/le, *a.* (**-ility,** *n.*) (حقائق) لا تُنقض، (حجّة) لا تُدحض ولا تُفنّد

irregular, *a.* (**-ity,** *n.*) 1. (contrary to rule) (سلوك) مخالف للأصول المرعيّة

2. (not even or uniform) غير منتظم؛ (ساحل) كثير التّعاريج؛ غير نظاميّ

3. (*gram.*) ما لا تنطبق عليه القاعدة، شاذّ

irrelev/ant, *a.* (**-ance, -ancy,** *n.*) (نقطة) لا صلة لها (بالمناقشة)، خارجة عن الموضوع

irreligious, *a.* غير متديّن، مستخفّ بأصول الدين

irremediable, *a.* لا علاج له، لا يمكن إصلاحه

irremovable, *a.* (شخص) لا يمكن أن يزعزع من مكانه أو منصبه، ثابت، راسخ

irreparable, *a.* (خسارة) لا تعوّض، جسيمة

irreplaceable, *a.* لا بديل له، لا ندّ له

irrepressible, *a.* لا يُكبح جماحه

irreproachable, *a.* لا غبار عليه، نزيه

irresistible, *a.* (رغبة) لا تقاوم، (جمال) أخّاذ

irresol/ute, *a.* (**-ution, -uteness,** *n.*) ضعيف الإرادة، غير حازم، متردّد، متحيّر

irrespective, *a.* & *adv.*; *with prep.* of بصرف أو بغضّ النّظر عن

irresponsib/le, *a.* (**-ility,** *n.*) لَا يُبَالي بالعواقب، لَا يَشْعُرُ بالمسؤولية، مُسْتَهْتِر بالأُمور

irretrievable, *a.* لا يُمكِن استرداده أو استعادته

irrever/ent, *a.* (**-ence,** *n.*) عَدِيم التَّوقِير، يَسْتَخِفّ بِالمُقَدَّسات ؛ عَدَم الاحْتِرام

irreversible, *a.* (حُكْم) لا يُنْقَض

irrevocab/le, *a.* (**-ility,** *n.*) (قَرار) غير قابل لِلْإلْغَاء أو النَّقْض، لا رُجوعَ فيه، (حكم) باتّ

irrig/ate, *v.t.* (**-ation,** *n.*) رَوَى، سَقَى ؛ رَيّ

irritab/le, *a.* (**-ility,** *n.*) سَرِيع الانْفِعال أو الغَضَب والتَّهَيُّج . سَهْل الإزعاج

irritant, *a.* & *n.* (مَادّة) مُثيرة أو مُهيِّجة ، (سُلُوك) يُثير الأَعصاب

counter-irritant (تَخْفِيف ألم بإحداث) مهيِّج مُعاكِس

irrit/ate, *v.t.* (**-ation,** *n.*) 1. (annoy) أَزْعَج ، أَغَاظَ ، إِسْتَثَار

2. (cause to hurt or itch) سَبَّبَ تهيُّجًا (في الجِلْد مثلًا)، أثَارَ حكّة الجلْد

irruption, *n.* غَزْو أو هجوم مُفاجِئ، اقتِحام

is, *3rd pers. sing. pres. of* **be**

Isaiah, *n.* إشَعْيَاءُ (أحد كبار أنبياء اليهود)، سِفْر إشَعْيَاءُ (في العهد القديم)

isinglass, *n.* مَادَّة هُلاميّة تُسْتَخْلَص من بعض أَسْمَاك المِيَاه العَذْبَة

Islam, *n.* . (religion) الإِسْلَام. الدِّين الإسْلَامِيّ

2. (community) العَالَم الإِسْلَامِيّ

Islamic, *a.* إِسْلَامِيّ

island, *n.* 1. (land surrounded by water) جَزِيرَة (جزائر، جُزُر)

(*fig.*) فِي عُزْلة عن العالم، في بُرْج عاجيّ

2. (street refuge) رَصِيف إضافِيّ بِوَسْط شَارِع رَئِيسِيّ لِعُبُور المُشاة

isle, *n.* جَزِيرَة (جزائر، جُزُر)

islet, *n.* جَزِيرَة صَغيرة ، جُزَيْرَة

ism, *n.* (كِنَاية عن) نَظَرِيّة أو مَذْهب

the isms and ologies of modern thought أَصْنَام الايديولوجيَّات المستحدثة

isn't, *contr. of* **is not**

iso-, *in comb.* (بَادِئَة بِمَعْنَى) مُتَساوٍ أو مُعَادِل

isobar, *n.* (**-ic,** *a.*) أَحَد خُطوط الضَّغْط المتساوي، أَيْسُوبَار (أرصاد جَوّية)

isol/ate, *v.t.* (**-ation,** *n.*) 1. (separate, cut off) عَزَلَه (عن غيره) ؛ عُزْلة، انفِراد

2. (subject to quarantine) عَزَلَ مريضًا أو وَضَعَه في مَحْجَر صِحّيّ

isolation hospital مُسْتَشْفَى العزْل، مُسْتَشْفَى الأمراض المُعْدِية

isolation/ism, *n.* (**-ist,** *n.*) السِّيَاسة الانعزاليّة (خاصّة عند بعض الأمريكيّين)

isomeric, *a.* مُتَشَابِه في التَّركيب ومُختلف في الخواصّ الطَّبيعيّة والكيماويّة، أيسومريّ

isomorphous, *a.* مُتشابه الشكْل (كيمياء)

isosceles, *a.* (مُثَلَّث) مُتَسَاوِي السَّاقَين

isotherm, *n.* (**-al,** *a.*) أَحَد خُطوط الحرارة المُتَسَاوِيَة، أيسوثرم (أرصاد جوّية)

isotope, *n.* نَظَائِر مُشِعَّة، أيسوتوب (فيزياء - كيمياء)

Israel, *n.* 1. (Jewish people) بَنُو إِسْرَائِيل، الشَّعْب اليهوديّ، الأُمَّة اليهوديّة

2. (ancient Jewish Kingdom) المَمْلَكَة الإِسْرَائِيلِيّة القديمة

3. (modern Jewish state) دَوْلة إِسْرَائِيل

Israeli, *a. & n.* إِسْرَائِيليّ، نِسبةً إلى إِسْرَائِيل

Israelite, *n.* مِن بَني إِسْرَائِيل (في الكتاب المقدَّس)

issue, *n.* 1. (outflow, discharge) خُرُوج، إخراج، نَزِيف دمويّ

2. (outlet) مَخْرَج، مَنْفَذ

3. (progeny) سُلَالة، مِن نسْل ...

4. (outcome) نَتِيجة، عاقِبة، مَصير، مآل

await the issue إِنْتَظَرَ ما يَتَمخَّض عنه المَوْقِف أو ما تنجلي عنه الأمور

face the issue وَاجَهَ الأَمْر الواقع، جَابَهَ المُشْكِلَة بدون تهوّب

5. (subject of debate) المَسْأَلَة (المَطْروحة عَلَى بِساط البَحْث)

the point at issue نُقْطَة الخِلاف، مَوضوع البَحْث أو النِقاش

join issue (with) تَصَدَّى لِلْمُنَاقشة في أمرٍ ما، إِشْتَبَكَ معه في جِدال

6. (putting into circulation, publication, distribution) نَشْر؛ إصْدار؛ سَكّ (عملة)

7. (things put into circulation, etc.) نَشْرَة، طَبْعَة، نُسْخة، عَدَد (مجلّة)، مَسكوكات

v.i. 1. (go or come out) تَدَفَّقَ، إِنْبَعَثَ، سالَ، إِنْبَثَقَ (الدَّم من الجُرْح)

2. (result *from*) تَأَتَّى مِن، تَرَتَّبَ على، نَجَمَ عَن، نَشَأَ مِن

3. (be published) نُشِرَ، صَدَرَ

v.t. 1. (publish, give out) أَصْدَرَ، نَشَرَ، أَعْلَنَ؛ سَكَّ

2. (supply *with equipment*) جَهَّزَ أو زَوَّدَ أو أَهَّبَ (بمعدّات)، صَرَفَ (اللَّوازم للجنود)

isthmus, *n.* بَرْزَخ (أَرْض ضَيِّقَة تَفْصِل بَحْرَيْن)

it, *pron.* 1. (thing in question) هُو أو هِي (ضَمِير لغير العاقل)

it is I; (*coll.*) it's me أَنَا هو..، أنا هي ... (إِجَابَة عن السّؤال: مَن الطَّارق؟)

2. (*subj. of impers. verbs*)

it is raining السَّماء تُمْطِر

it is a long way إِنَّ المَسَافَة بعيدة، أمامك طَرِيق طويل

3. (anticipating virtual subject)

it is easy to see مِن الوَاضِح أو الجليّ أن ..، لَا خِلافَ في أنَّ...

4. (antecedent to relative)

it was he who began it إِنَّهُ البادِئ (في الخلاف)

5. (indef. object)

run for it (عَلَيْك) أن تَنْطَلِق مُسْرِعًا، جَرى مُحَاوِلًا اللِّحَاق أو الفِرار

keep at it ثَابَرَ على (العَمَل)، وَاظَبَ على (الدِّرَاسَة)، ظَلَّ يَشْقَى

6. (*coll.*, the best)

this is absolutely it هَذا هُو المَطْلوب بِعَيْنه، هَذا هُو عِزّ الطَّلَب

7. (*coll.*, sex appeal) الجَاذِبِيَّة الجنسيَّة

8. (*coll.*, Italian vermouth); *only in*

gin and it مَزِيج من الجِين والفِرْمُوت الإِيطاليّ (شَراب مُسْكِر)

9. (*coll.*, climax)

this is it! رُحْنا في داهية! لقد حَلَّ ما كنت أَخْشاه! ها قد وَقعت الواقعة!

Italian, *a.* & *n.* إيطاليّ، اللُّغة الإيطاليّة

Italianate, *a.* إيطاليّ الشَّكل أو الأسلوب

italic, *a.* نِسْبَةً إلى إيطاليا القديمة

italic script نَمَط من أنماط الخطوط الافرنجيّة كان يَكْتُبُ به الناسخون في القرن الـ١٥

italic type; *also* italics, *n.pl.* حُرُوف مَطْبَعِيّة مائِلة ورفيعة لإبراز كلمة أو جُملة في المَتْن

italicize, *v.t.* اِسْتَخْدَمَ تلك الحروف في الطِّباعة

Italy, *n.* إيطاليا

itch, *n.* 1. (physical sensation) حِكّة جِلدِيّة

2. (disease causing this) مَرض الحِكّة الجِلديّة

3. (craving) شَوْق، رَغْبة شديدة

v.i. 1. (*of skin*) حَكَّه جِلْدُهُ، هَرَش (مصر)

have an itching palm هُوَ جَشِع للرَّشْوة

2. (*of person*) حَكّ أو هَرَش جِلده

3. (be sorely tempted *to*) تَحَرَّق شوقًا إلى

itchy, *a.* مُصَاب بالحِكّة الجِلديّة

item, *n.* 1. (in list) فِقرة، بَنْد، مادّة، مُفْرَدة

2. (of news) نَبأ (في نشرة الأخبار)

itemiz/e, *v.t.* (**-ation,** *n.*) سَجَّلَ قائمة حِساب بالتَّفاصِيل؛ تَفْصيل الحسابات

iter/ate, *v.t.* (**-ation,** *n.*) كَرَّرَ (التُّهْمة مثلًا)

itinerant, *a.* (مُوسِيقِيّ) مُتجوِّل، (بائع) دوّار

itinerary, *n.* بَيَان تفصيليّ لخطّ سَيْر الرِّحلة؛ وَصْف رحلة أو سَفرية؛ دليل سِياحيّ

its, *poss. a.* ضَمِير المِلْكِيَّة لِلمُفْرَد الغائب غير العاقل

it's, *contr. of* **it is, it has**

itself, *pron.* (الكِتَاب) نَفْسه أو ذَاته

by itself

(without help) (آلة تَعْمَل) تِلْقَائِيًّا

(alone) بِمُفْرَدِهِ، لِوَحْده

in itself فِي حَدِّ ذاته، فِي جَوْهَرِهِ

of itself بِذَاتِهِ، مِن تِلقاء نَفْسه

I've, *contr. of* **I have**

ivory, *n.* 1. (natural substance) عَاج

2. (*pl.*, articles made of this), *esp.* مَصْنُوعَات عاجِيَّة

(piano keys) أَصَابِع البيانو

(billiard balls) كُرَات البِلْيَارْدو

(dice) زَهْر النَّرْد، كُعوب النَّرْد

3. (colour) لَوْن عاجِيّ

a. عاجِيّ اللَّوْن

ivory tower (*fig.*) بُرْج عاجِيّ، عُزْلة عن الواقع

ivy, *n.* اللَّبلاب، حَبْل المَساكِين (نبات)

J

J (letter) الحَرْف العَاشِر من الأَبْجَدِيّة الإِنْكلِيزِيّة

jab, *n.* 1. (thrust) نَخْزَة، نَخْسة، وَخْزة، لَكْزة (بِالكُوع أو بقبضة اليد)، طَعْنة

2. (*coll.*, medical injection) إِبْرَة (كناية عَنْ حُقْنة طبّيّة)

v.t. & i. نَخَزَ، لكَزَ، طعَنَ، وَخَزَ

jabber, *v.t. & i.* ثَرْثَرَ، هَذْرَمَ، هَذْرَبَ، بَرْبَرَ، لتّ وعَجَنَ (مصر)، لغا، هَذَرَ

Jack (jack), *n.* 1. (name) كِنَايَة لمن كان اسمه الأَصْلِيّ جون (دليلاً على الأُلفة)

before you could say Jack Robinson عِبَارَة تَفِيدُ أن الشيء حَدَثَ في مثل لمح البَصَر

Jack Frost إِسْم يُطْلَق على الجَلِيد أو الصَّقِيع عِندما يُغَطِّيان سَطْح الأَرْض

2. (ordinary fellow) فَرْد، شَخْص، زَلَمَة

every man jack (خَرَجُوا) عن بَكْرة أبيهم

jack in office مُوَظَّف صغير متغطرِس يعامِل النَّاسَ بإمارة وعجرفة

jack-in-the-box (toy) صُنْدوق صَغِير به دُمْيَة تَقْفِز بزُنْبُرُك عِند فَتْح الغِطاء، عِفْرِيت العُلْبَة (مصر)

(firework) نَوْع من الألعاب النَّارِيّة أو الصَّوارِيخ

jack of all trades ⟨and master of none⟩ صَاحِب سَبْع صنائع (والبخت ضائع)

3. (sailor); *also* Jack Tar نُوتِيّ، بحّار، اسم أُلفة يطلق على البحّارة الانكليز

4. (knave, *at cards*) الوَلَد (في ورق اللَّعِب)

5. (lifting device); *also* lifting jack آلَة رافِعة، مِرْفاع السَّيّارات، عفريت، جَكْ

6. (*telephony*) مَقْبِس لِتَحْوِيل خَطّ التِّليفون

7. (flag) عَلَم على صاري سفينة

v.t.; *also* jack up رَفَعَ شَيْئًا ثقيلًا برافِعة

jack up prices رَفَعَ الأسعارَ (مستغلًّا حاجَة النَّاس لِسِلْعة ما بمناسبة العِيد مثلًا)

jackal, *n.* اِبْن آوى

jackanapes, *n.* صَبِيّ وَقِح، وَلَد شقي، شابّ صَلِف، غَنْدور، شايف نفسه

jackass, *n.* 1. (male donkey) حِمار، جَحْش

2. (fool) أَحْمَق، أَهْبَل، عَبيط

laughing jackass (Australian bird) طَيْر أُسْتراليّ

jackboot, *n.* حِذاء برَقَبَة ومهماز يلبسه الجنود الخَيّالة غالبًا، جَزْمَة

(*fig.*) وَطْأة الطُّغْيان، ظُلْم واستعباد

jackdaw, *n.* غُراب الزَرْع، زَاغ (طائر)

jacket, *n.* 1. (short coat) سُتْرَة، جَاكِيتة، جَاكِيت

dinner jacket حُلَّة "سموكنج"، بَدلة رسميّة سَوْدَاء لحفلات السهرة

2. (outer covering) غِلَاف (أغلفة)

⟨book⟩ jacket; *also* dust jacket غِلَاف خارجيّ (إضَافِيّ) لِجِلْدة الكِتاب

cylinder jacket غِلَاف عازِل حول اسْطوانة المَاء السَّاخِن للاحتِفاظ بحرارته

water jacket قَمِيص المياه، غِلَاف أو دثار مَائِي لتبريد المحرِّك (ميكانيكا)

jacket potatoes بَطَاطِس مَشْوِيّة بالفُرْن بقِشْرها

jack-knife, *n.* سِكّينة كبيرة للجَيْب، مِطْوَاة كبيرة

v.i. (coll.) اِنزِلَاق المقْطورة وراء سيّارة النَّقْل عند الفَرْمَلة الفجائيّة

jack-plane, *n.* فَارَة كبيرة لقَشْط الأخْشاب، رَنْدَة طويلة (عراق)، مِسْحاج طويل

jackpot, *n.* مَجْمُوع المبالغ المُتَراكِمة عند المُقَامَرة يأخذها الرّابح الأخير

Jacobean, *a.* (فِي الآدَاب والفنون) نسبة إلى عصر جيمْس الأوّل ملك انكلترا (أوائل القرن الـ١٧)

Jacob's ladder, *n.* سُلَّم من الحِبال أو الأسلاك ذُو دَرَجَات خشبيّة (بحريّة)

jade, *n.* 1. (worn-out horse) كَدِيش (كُدُش)، فَرَس هزيل وعَجوز

2. (worthless woman) إمْرَأة لَعوب متقلّبة

3. (stone) يَشْب، يَشْم (حجر كريم يُشْبِه الزبرجد أو الزمرّد)

jade green خُضْرَة اليَشْب، لَوْن أَخْضر مائِل إلى الزُّرْقة

jaded, *a.* مُضْنًى، مَنْهوك القوى، متعَب، مُرْهَق

jaded palate اِنْعِدَام الشّهية للطّعام أو القدرة عَلَى تذوّقه نتيجة للإفراط

Jaffa ⟨**orange**⟩, *n.* بُرْتُقال يَافاوِيّ أو شَمُّوطِيّ

jag, *n.* بُرُوز أو نُتُوء حادّ

jagged, *a.* (سَطْح) محزَّز أو مسنّن، (حافّة) مثْلُومَة أو مُشَرْشَرَة

jaguar, *n.* فَهْد امريكيّ

Jahveh, *see* **Jehovah**

jail, jailer (jailor), *see* **gaol, gaoler** سِجْن؛ سَجّان

jalop(p)y, *n. (coll.)* سَيَّارة كُهنة (مصر)، سَيَارة قراضة (عراق)

jam, *v.t.* 1. (press tightly) كَبَس أو ضَغَط شَيْئًا في مكان ضيّق

jam on the brakes *(coll.)* فَرْمَل بِسُرعة، دَاس البريك فجأةً (عراق)

jammed together اِزْدَحَم (الناس) في المكان

jammed (jam) full with (of) غَصَّت أو اِكْتَظَّت الغُرْفة (بالحاضرين)

2. *(radio,* block by interference) شَوَّش

v.i. (get stuck) أَصْبَح (المفتاح) متروسًا (في ثَقْب الباب مثلًا)، زَرْجَنَ (مصر)

n. 1. (preserve of fruit) مُرَبَّى (مربّيات)، مُرَبَّى الفاكهة

jam-jar; *also* jam-pot وِعَاء أو بَرْطَمَان أو مَرْطَبان للمُرَبّى

jam roll; *also* jam roly-poly نَوْع من المعجّنات أو الكيك اسطوانيّ الشكل مَحْشِيّ بالمُرَبَّى

jam tart فَطِيرة مُسْتَدِيرة تُغَطَّى بالمُرَبَّى وتُخْبَز

money for jam *(coll.)* فُلُوس بِدُون تَعَب، رِبْح على الجاهِز أو بِدُون مَجْهُود

2. (blockage) اِنْسِداد

in a jam (*coll.*, in difficulties) فِي وَرْطَة ، فِي مأزِق ، فِي شِدَّة

traffic jam تَعَطُّلَ المُرور لازدِحام الطَّريق بِالسَّيّارات

jam session (*sl.*) حَفْلَة موسيقى جاز صاخِبة

jamb, *n.* إِحْدَى العارِضَتين الرأسِيَّتين للباب أو للنّافِذة

jamboree, *n.* مِهْرَجان أو جامبوري الكَشّافة ، حَفلة طَرَب

jammy, *a.* مُتَلَبِّك بالمُرَبّى ؛ «حاجة حلوة !»

jangle, *v.i.* خَشْخَشَ، صَلْصَلَ (الجرس)؛ تَجادَلا وتَشاحَنا

v.t. (*lit.*) خَشْخَشَ ، صَلْصَلَ؛ شَخْلَلَ (مصر)

(*fig. of nerves*) أَثارَ أو هَيَّجَ الأعصاب، شَوَّشَ، أَزْعَجَ الأَسماع

n. خَشْخَشَة، صَلْصلة، صَخَب

janissary, *n.*; *also* **janizary** جُنْدِيّ انكِشارِيّ؛ عَسْكَرِيّ من حَرَس السُّلطان العُثْمانِيّ

janitor, *n.* بَوّاب، حاجِب، حارِس (في مبنى عام)

January, *n.* يَنايِر، كانون الثّاني

Jap, *coll. contr. of* **Japanese,** *a.* & *n.*

Japan, *n.* بِلاد اليابان

japan, *n.* (lacquer) اللَّكّ اليابانِي الأَسْود ، وَرنيش أو لاكِيه خاصّ للاثاث

v.t. طَلَى باللَّكّ اليابانِيّ

Japanese, *a.* & *n.* يَابَانِيّ؛ اللُّغة اليابانِيّة

jar, *n.* 1. (container or contents) جَرَّة (جِرار)، خابِيَة (خواب) من الفُخّار، بَرْطَمان، مَرْطَبان

2. (jolt) هَزَّة أو رَجَّة فجائيّة

the news gave me a nasty jar كانَ الخَبَرَ صَدْمة عَنيفة لي

v.t. 1. (jolt) هَزَّ، أَزْعَجَ، رَجَّ

2. (*fig.*, shock) أَزْعَجَهُ فجأةً

jar the nerves أَثارَ أو هَيَّجَ الأعصاب، نَرْفَزَ

v.i. 1. (grate *on*, *against*) صَكَّ (السَّمْع)، صَرَّ (كصرير الباب)

jar on the ear يَخْدِش السَّمْع

2. (be at variance *with*) تَناقَضَ، تنافَرَ مع

jardinière, *n.* حامِل زُخْرُفي لأُصُص تنمو فيها الزُّهُور؛ طَبق خضروات متنوِّعة، طورلي

jargon, *n.* رَطانة، عُجْمة، كلام غير مَفْهوم

professional jargon لَهْجَة أهل مِهنة خاصّة

jasmine, *n.* (زَهْر) الياسمين

jasper, *n.* يَشْب، يَشْم، يَصْب، يَصْف، حَجَر الدَّم (من الأحجار الكريمة)

jaundice, *n.* يَرَقان، مرَض الصَّفْراء

jaundiced, *a.* صَفْراوِيّ، مُصاب بمَرَض اليَرَقان؛ حَسُود، حَقود، حانِق

a jaundiced view نَظْرة مرارة وحِقد، نظرة مُتَشائِمة، شُعور بالغَيْرة والحَسَد

jaunt, *n.* رِحْلَة أو جَوْلة قصيرة للتَّرَيُّض والتَّسْلِيَة، نُزْهة، فَسْحة

jaunty, *a.* مُتَبَخْتِر، يَتيه طَرَبًا وزَهْوًا

Java, *n.* جَزِيرة جَاوَة

Javanese, *a.*; *also* **Javan** مِنْ سكّان جزيرة جَاوَة؛ اللغة الجاويّة

javelin, *n.* رُمْح خَفيف يُرمَى باليد، مِزراق

⟨throwing⟩ the javelin (sporting event) رَمْي الرُّمْح أو الحرْبة (رياضة)

jaw, *n.* فَكّ، لَحْي

jaw-breaker لَفْظ صَعْب النُّطْق

jaws of a vice (or other machine) فَكّا الملزمة وَمَا شابهها من الآلات الميكانيكيّة

(*fig.*)

he gave him a jaw (*coll.*) وَبّخه ووَعظَه

stop your jaw! (*sl.*) اِخرس! اغلق فَمَك!

the jaws of death (اِنْتزَعه من) أنياب أو مَخالِب الموت، (على) شفا الموت

v.i. (*coll.*, speak at tedious length) أسْهَبَ في حَديث مُمِلّ

v.t. (*coll.*, preach at) وَعظَه مُوبِّخًا

jay, *n.* قِيق، أبو زُرَيْق (طائر)

jay-walker مَن يعبر الطَّريقَ في غير الأماكن المُخَصَّصة لذلك متجاهِلًا حَركة المرور

jazz, *n.* (موسيقى) الجاز

jazz band فِرْقَة موسيقى الجاز

v.t. (*lit.*, play in jazz style) عَزَفَ على طَرِيقَة الجاز

(*fig.*); *usu.* jazz up أَضْفَى جوًّا مَرِحًا، جَعَلَ شيئًا يبدو كأنّه عصريّ

a.; *also* jazzy مِن نَوْع مُوسيقى الجاز؛ (أَلْوان) صاخِبة أو صارِخة

jealous, *a.* 1. (envious *of*, *or absol.*) حَسُود لِشَخْص (على نجاحه مثلًا)، غيران

2. (fearing loss of, rivalry in, affection) غَيُور (من منافِس له في الحبّ مثلًا)

the jealous husband الزّوْج الغَيُور

3. (vigilant) غَيُور على

jealous of one's rights حَرِيص على حُقوقه

jealousy, *n.* غَيْرة، حَسَد

jeans, *n.pl.* (slacks) بَنْطَلون ضَيِّق مصنوع مِنْ قماش قُطنيّ خَشِن، «چينز»

jeep, *n.* سَيّارة الجِيب

jeer, *v.i.*; *oft. with prep.* at سَخِرَ من، اسْتَهْزأ بِ، تَهَكَّمَ على، اِزدَرَى (بِ)

n. (أصوات) سُخريّة أو تهكّم، شَماتة

Jehovah, *n.*; *also* **Jahveh** يَهْوَه (اسم الله في العبريّة القديمة)

Jehovah's Witnesses طَائفة مسيحيّة تُسَمَّى «شُهُود يَهْوَه»

jejune, *a.* (مُحاضَرَة) تافِهة، غير مُمْتِعة (بَحْث) ضَحْل أو عقيم

Jekyll and Hyde, *n.* (type of dual personality) إِنْسان مُزدوج الشَّخصِيَّة

jell, *v.i.* (*coll.*) تَجَمَّدَ؛ تَبَلْوَرت الفكرة (بعد أَنْ كانت مُبْهَمَة)

jelly, *n.* 1. (any gelatinous substance) هُلام، چيلي

petroleum jelly مُسْتَحْضَر الفَازْلين

2. (foodstuff); *properly* table jelly هُلام أَوْ چِيلي الفواكِه (طبق حلو)، الماظِية (مصر)

jelly baby حَلْوى مَصنوعة من الجِلاتين على شَكْل عَرائس صغيرة

v.i. & t. تَجَمَّدَ، جَمَّدَ

jellied eel طَبَق من سَمَك الثَّعابِين البَحْرِيَّة أو المَرْمَريج مُعَدّ بِهُلام السَّمَك

jellyfish, *n.* سَمَك قنديل البحر؛ انسان رَخْو

jemmy, *n.* عَتَلة (يستعملها اللُّصوص عادةً)، مُخْل

jenny, *n. usu.* **spinning-jenny** دُولاب الغزل، مَغْزَل، ماكينة لغزل الخيوط

jeopardize, *v.t.* عَرَّضَ للخطر، خاطَرَ أو جازَفَ بِ

jeopardy, *n.* خَطَر، (أَلقى نفسه في) التَّهْلُكة

jerboa, *n.* يَرْبُوع، فأر الغيط

jeremiad, *n.* شَكْوَى وأنِين

Jeremiah, *n.* (type of one prophesying calamity) أَرْمِيا النَّبِيّ؛ مُنْذِر بِالوَيْل

Jericho, *n.* مَدِينة أَرِيحا

go to Jericho! «رُحْ فِي داهية!» «روح ولِّي!»

jerk, *n.* 1. (sharp movement, usu. of limb) هَزَّة، رَجَّة، انتفاضة فجائية

physical jerks (*coll.*) جُمْباز، ألعاب سويديّة

put a jerk in it (*coll.*) إِسْرَعْ! يلّلا عجِّل! خِفّ ايدك! شهِّل!

2. (*sl., mostly U.S., derog.,* fellow) أَبْلَه، غَبِيّ

v.t. نَزَعَ بغتةً، هَزَّ، رَجَّ؛ قَدَّدَ لحم البقر لِحِفْظِهِ أو لعمل نوع من البَسْطُرْمة

v.i.; usu. about, up and down اِرْتَجَّ، اِهْتَزَّ، تَرَجْرَجَ (القطار)

jerkin, *n.* صُدَيْرِيّ أو صدريّة أو جاكتة ضَيِّقة (من الجلد غالبًا)

jerry, *n.* (*sl.,* chamber pot) قَصْرِيّة، قَعّادة

jerry-builder, *n.* مُقَاوِل جَشِع يَبْنِي بُيُوتًا متهافتة

Jersey, *n.* جَزِيرة جيرزي في المانش

Jersey cow; *also* Jersey, *n.* بَقَرة حَلُوب (أحدى سُلالات البقر نسبة إلى جيرزي)

jersey, *n.* 1. (material) قُماش جرسيه من الصُّوف أو الحرير

2. (garment) جِرْس صوفيّ برقَبة مقفولة، بلوزة تريكو بِكُمّ طويل

Jerusalem, *n.* أُورْشَلِيم، القُدْس، بَيْت المَقْدِس

the new Jerusalem أُورْشَلِيم الجديدة، المَدِينة السّماوية، دنيا المثال

jest, *n.* دُعابة، هَزَل، مِزاح، نُكْتة

in jest مازِحًا، على سبيل المِزاح

v.i. مَزَحَ، نَكَّتَ، هَزَّلَ، تَفَكَّهَ

jester, *n.* مُهَرِّج، مُضْحِك (الملك)

Jesuit, *n. & a.* مِنْ طائفة اليَسُوعِيِّين

jesuitical, *a.* (*fig.*) سَفْسَطائِيّ، يتعمّد اللَّبس

Jesus, *n.* السَّيِّد يسوع المسيح، عِيسَى بن مريَم

jet, *n.* 1. (hard black mineral) نَوْع من الفَحْم شَدِيد السّواد تصنع منه مجوهرات اصطناعيّة

jet-black; *also* jet, *a.* أَسْوَد حالِك، أَسْوَد فاحِم، شَدِيد السَّواد

2. (nozzle or pipe for emitting stream of gas or liquid) نافُورة، بَزْبُوز

gas-jet نافُورة غاز

fuel jet (*of carburetter, etc.*) مِنْفَث الوَقُود في المُكَرْبِن أو الكارْبُورِيتُور

3. (stream of gas or liquid) (مَاءٍأو غاز) مُنْدَفِع أو منبثق، (دم) منبجس

jet-propelled (طَائِرَة) نفّاثة، (محرِّك) يعمل بِالقُوَة النفّاثة؛ سريع جدًّا

jet propulsion الدَّفع النَّفْثيّ أو النافوريّ

jet⟨-propelled⟩ aircraft; *also* jet, *n.*, *as in* طَائِرة نفّاثة

the jet age عَصْر الطَّائرات النّفّاثة، عصْر النَّفَّاثات

jet fighter طَائِرة مقاتلة نفّاثة

jet engine; *also*, jet, *n.* مُحَرِّك نفّاث

jetsam, *n.* مَا يُطْرَح في البحْر من حمولة السَّفِينة لتخفيف وزنها في وقت الخَطَر

flotsam and jetsam حُطام السَّفِينة وما يُطْرَح مِنْها وتجرفه الأمواج إلى الشَّاطئ

(*fig.*, drifting person(s)) البُؤَساء والمتشرّدون، المُتَعطِّلون والصَّعاليك

jettison, *v.t.* طَرَح بعض حمولة السَّفينة في البحر

(*fig.*) هَجَرَ، تَخَلّى عن، تَرَكَ

jetty, *n.* رصيف الميناء (لتخفيف حِدّة الموج)

jeu d'esprit, *n.* (F.) مِن المُلَح والنَّوادر والنُّكت

Jew, *n.* يهوديّ، عبريّ، عبرانيّ

Jew-baiter مُضْطَهِد لليهود

Jew's harp آلة موسيقيّة معدِنيّة صغيرة تُوضَع في الفم وتنقر بالأصبع

the Wandering Jew اليَهودِيّ التائه

jewel, *n.* 1. (gem) جَوهرة

(*fig.*, highly-valued person) كَنز ثمين، دُرّة فريدة (كناية عن خادمة مُخلِصة مثلًا)

2. (*horol.*, used as bearing) حَجر ارتكاز

fifteen-jewel watch ساعة ذات خَمْسة عشر حجرًا

jeweller, *n.* جواهرجي، تاجر مجوهرات وأحجار كريمة

jewellery (jewelry), *n.* حُليّ ومجوهرات

Jewess, *n.* إمرأة يهوديّة

Jewish, *a.* يَهُودِيّ، عِبْرِيّ، عبرانيّ

Jewry, *n.* اليَهُود؛ حيّ اليهود في مدينة

Jezebel, *n.* (*fig.*, abandoned woman) إِسْم يُطْلَق على المَرْأة الخَلِيعة

jib, *n.* شِراع مُثلَّث الشّكل بمقدّم السّفينة؛ ذراع المِرْفاع (الوِنْش – مصر، السِلِنْك – عراق)

jib-boom قَضِيب خشبيّ أُفقيّ يُرْبَط الشِّراع الأماميّ به

(*fig.*, profile); *esp. in*

the cut of his jib (لم تُعْجِبْنِي) خِلْقته أو سِحْنَته أو مظهره العامّ

jib, *v.i.* 1. (*naut.*, swing round) تَطَوَّح

2. (*of a horse*, refuse to go on) جَفَلَ، حَرَنَ

(*fig.*, *of persons*); *usu.* jib *at something* رَفَض القِيام بِعَمَلٍ ما

jibe, *see* **gibe**

jiffy, *n.* (*coll.*)

in a jiffy في التَّوّ، في غمضة عين

jig, *n.* 1. (dance) رَقْصَة شعبيّة تشبه الدَّبْكَة

2. (*engin.*, appliance to hold work) جِهَاز تثبت به قطع آلة أثناء صُنعها وتشكيلها

v.i. & t.; *usu.* jig about, jig up and down تَنَطَّطَ، قَفَزَ، هَدْهَدَ، هَزْهَزَ

jigger, *n.* 1. (*naut.*, sail) شِراع صغير للزَّوارق

2. (harvest mite) حَشَرَة تتسلَّل تحت الجِلْد

v.t. (*sl.*, ruin); *only in pass.*

well, I'll be jiggered! يَا لَلدَّهْشَة! يا خبر! يا نَهار أبيض! شيء عجيب! أما غريبة!

jiggery-pokery, *n.* (*sl.*) الضَّحِك على الذقون، غشّ ونَصْب، شغل الثلاث ورقات (مصر)

jigsaw, *n.* مِنْشَار لقطع نماذج متنوعة، منشار أَزْكِت، منشار المنحنيات

jigsaw puzzle; *also* jigsaw (*n.*) لُعْبَة الصُّوَر المُقَطَّعة (يرتبها اللّاعب معيدًا تركيب الصّورة)

jilt, *v.t.* صَدَّت عن (خطيبها)، هَجَرَت (عشيقها)، تخلّت عن (حبيبها)

n. لَعُوب مُتَقَلِّبة (تهجر خليلها)

jingle, *n.* 1. (light ringing sound) جَلْجَلَة (الأَجْراس)، طَنطنة، صَلصلة، خَشخشة

2. (rhyme) أُرْجُوزَة، نظم ركيك

v.i. & t. جَلْجَلَ، طَنْطَنَ، صَلْصَلَ، خَشْخَشَ

jingo, *n.* مُغالٍ في قوميّته وتعصُّبه لوطنه، مؤيِّد للسِّياسة الاستعماريّة الحربيّة

by jingo! والله العظيم! وحقّ السّماء! وَأَيْمُ الحقّ! قسمًا لَ...

jingo/ism, *n.* (**-istic,** *a.*) مُغالاة في التَّعَصُّب والقَوميّة والدَّعْوَة إلى الحَرْب

jinks, *see* **high** jinks

jinnee (*pl.* jinn), *n.* جِنّ، جنّي، الجان

jinricksha, *n.*; *also* **jinrikisha** عَرَبَة يابانيّة خَفِيفة مسقوفة ذات عجلتين يَجُرُّها رَجُل

jinx, *n.* (*sl.*) جَالِب للنَّحْس

put a jinx on جَلَبَ النَّحْس، ضَرَبَ (المَشْرُوع) عينٌ (مصر)

jitter, *v.i.* (*coll.*) اِنْزَعَج بلا داعٍ، تنَرْفَزَ (مصر)، اِسْتَعْصَبَ (عراق)

jitterbug, *n.* (*coll.*) مُولَع بالرَّقص العنيف

jitters, *n.pl.* (*coll.*) اِنْزِعَاج، ذعر، خوف شَدِيد بلا سبب، رعدة

get (have) the jitters اِنْتابه خَوْف شَدِيد، تَمَلَّكَه الرُّعْب والهَلَع

jittery, *a.* (*coll.*) مَذْعُور، فَزْعان، مُنَرْفَز، مَرْعُوش

jiu-jitsu, *see* **ju-jitsu**

jive, *v.i. & n.* عَزَفَ أو رَقَصَ الجاز، نوع من رَقص الجاز بحركات عنيفة

Job, *n.* أَيُّوب الصِّدِّيق

the patience of Job صَبْر أيّوب

job, *n.* 1. (piece of work) عَمَل، شُغْل

a job lot (اِشْتَرى) مَجْمُوعة من البَضائع المُخْتَلِفة (على عَواهِنِها)

make a good job of أَدَّى العَمَل على أحسن وَجْه، أتقنَ العَمَل

odd-job man عامِل يُمْكِنه القِيام بِمُخْتَلِف الأعْمال المَنْزِلِيّة

on the job (العَامِل) شَغَّال في العمل المكلّف بِه؛ هو مواصِل العمل

2. (*coll.*, a difficult task)

it was a job (I had a job) to . . . كانَت مُشْكِلةً كَبِيرَة (ولكنّي نجحتُ في حَلّها)

that's a job and a half! هَذا عمل صعبجدًّا!، دي شغلانة كبيرة! (مصر)

you've got a job on! علىَ عاتِقِك عِبء ثقيل!

3. (employment)

job number رَقم الشُّغْلة (في وَرْشة مثلًا)

jobs for the boys (*coll.*) خَلْق أعمال ومناصب لتَوْظِيف الأصدقاء والمحاسيب

a soft job وَظِيفة سهْلة براتب لا بَأس به

4. (state of affairs)

and a good job too! تَسْتَأهِل! تستحقّ ما أصابَك! ...وهذا جزاؤك!

it's a good job he came انْتهَت الورطة بوصوله في اللحظة الأخيرة

5. (desideratum)

it's just the job! هَذا عزّ الطّلب! هذا - بِالضَّبْط - ما أحتاجه!

v.i., usu. in pres. p.

jobbing gardener بُسْتانيّ جوّال يعمل باليوميّة

jobber, *n.* سِمْسار وَسِيط (للأَوْراق الماليّة)

jobbery, *n.* اِسْتِغْلال مَنْصِب رسميّ للحُصول علَى منفعة مادِيّة شخصيّة

jock-strap, *n.* حِزَام رجاليّ يرتديه الرّياضيّون لِوِقاية الأعضاء التّناسُليّة

jockey, *n.* الجُوكي (في سِباق الخيل)

jockey, *v.t. & i.* خَدَعه بحيلة ماكِرة

jockey for position تَحايَلَ لِلحُصُول على مَنْصِب، ناوَرَ لِلتَّفَوّق على مُنافِسيه

jocose, *a.* هازِل، مازِح، فَكِه، مُنكِّت

jocosity, *n.*; *also* **jocoseness** هَزْل، مزاح، فُكاهَة، تنكيت

jocular, *a.* (**-ity,** *n.*) دَعِب، مُحِبّ للفكاهة والمُداعَبة، هزليّ

jocund, *a.* (**-ity,** *n.*) مِمراح، خفيف الرّوح، ظريف

jodhpurs, *n.pl.* بَنْطَلُون خاصّ لِرُكُوب الخَيْل (ضَيِّق من الرُّكْبَتَيْن حتّى القَدَمَيْن)

jog, *v.t.* دَفَع بحركة فجائيّة، هَزَّ

he jogged his elbow هَزّه مِن كُوعِه فَجْأةً (لِتَنْبِيهه إلى أمرٍ ما)

(*fig.*)

he jogged his memory جَعَله يَذْكُر شَيْئًا كانَ قد نَسِيَه

v.i. esp. in

jog along خَبَّ؛ سَارَ على مهل، اطّردت (الأمُور) بهدوء وبغير اضطراب

jog-trot, *n.* خَبَب (الحصان)، جَرْي وئيد

joggle, *v.t. & i.* رَجَّ، هَزَّ؛ اِرْتَجَّ، اِهْتَزَّ

John Bull, *n.* جُون بُول (كناية عن الشَّعْب الانكليزيّ)

John Doe, *n.* (*leg.*) اِسْم" افتراضي (في الوثائق القانونية) معناه زَيْدٌ" مِن النّاس

johnny, *n.* (*coll.*) شَخْص، زَلَمَة، جَدْع

joie de vivre, *n.* (*F.*) (يَفِيض) صِحّة وعافِيَةً، (مَلِيء) بالتّفاؤل والحَماس

join, *n.* (مَوْضِع) وُصْلة بين شيئين

v.t. 1. (unite, connect) رَبَطَ، وَصَلَ، ضَمَّ

join two persons in marriage عَقَدَ القِران بَيْنَ عريس وعروس

2. (become member of) اِنْضَمَّ إلى، اِلْتَحَقَ بِ، اِنْخَرَطَ في (سِلك)

join the army; *also* join ⟨up⟩, *v.i.* اِنْضَمَّ إلى الجَيْش، اِلْتَحَقَ بالجنديّة

3. (associate with *someone in* an activity) شارَكَه (في عمل ما)، اِشترك معه في ...

will you join me in a drink? هَلْ أُحْضِر لك كأسًا (مِنَ الخَمْر)؟ هل تشرب معي؟

4. (of things, meet, come up to) لاقَى، اِلْتَقَى بِ، اِتَّصَلَ بِ

this street joins the main road هَذَا الشّارِع يَلْتَقِي بالطّريق الرّئيسيّ

5. (engage in) اِشْتَرَكَ مع

join battle اِشْتَرَكَ الفريقان في معركة

join issue أُخَالِفُك الرّأي؛ تَصدَّى له في نِقاش

v.i. اِنْضَمَّ، اِتَّحَدَ، اِلْتَقَى (النّهران)

they joined in welcoming him اِشْتَرَكوا في التّرحيب به

joiner, *n.* 1. (woodworker) نَجَّار أثاث أو موبيليا

2. (person or thing that joins) مَا يَصِل شَيْئَيْن

joinery, *n.* نِجارَة الأثاث أو المُوبِيليا

joint, *n.* 1. (place where two parts are joined) مَوْضِع اتِّصال شَيْئَيْن

2. (device for joining) وُصْلة، توصيلة

ball-and-socket joint وُصْلة كُرَوِيّة (هندسة)

universal joint وُصْلة جامعة الحركة، وُصلة كِرْدَان (هندسة)

3. (point where two bones are joined) مَفْصِل (تشريح)

creak at the joints تَضَعْضَعَت صحّته، شَاخَ وعَجَزَ، «وهن العظم منّي»

put out of joint خَلَعَ (مفصل اليد مثلًا)، مَلَخَ (ذراعه أو ساقه)

the times are out of joint لَمْ تَعُد الأمور تجري كالمُعْتَاد، ’الدّنيا ماشية بالمقلوب‘

4. (piece of meat) قِطْعَة كَبيرة من اللَّحم تُعَدّ لِلطَّبْخ (بالفُرْن)

a cut (slice) off the joint قِطْعَة تُشَرَّح من اللَّحْم المحمَّر أو المشويّ في الفُرْن

5. (*sl.*, *esp. U.S.*, meeting place or establishment) قَهْوَة، بار، محلّ عامّ

a low joint قَهْوَة أو بار قَذِر، مَطْعَم من الدَّرَجَة الثّالثة

case the joint (*sl.*) عَايَنَ أو تَعَرَّف على مكان قَبْل أن يقوم بسرقته

a. مُشْتَرَك

joint account حِسَاب مشترك

joint-stock company شَرِكَة مساهمة محدودة

v.t. 1. (fit together) رَبَطَ بوَصْلة

2. (divide at the joints) قَطَّعَ (دجاجة مثلًا) إِلَى أجزاء عند مفاصلها

jointer, *n.* مِسْحَاج كبير، فارة طويلة (نجارة)، آلة لِتَسْوِيَة الملاط أو اللونة بين المداميك

jointly, *adv.* بِالتَّضَامُن، معًا، سويًّا

jointure, *n.* أملاك عينيّة يوصي الزّوج بأيلولتها إلى الزّوجة عند وفاته

joist, *n.* رَافِدة أو مورينة خشبيّة تُسَمَّر بها ألْوَاح الأرضيّة، كمرة من الصّلب

joke, *n.* أُضْحُوكة، نُكْتَة

a joke's a joke! كَفَى مِزَاحًا!، الهزار هزار! (مصر)

it is beyond a joke تَعَدَّى الأمر حدود المزاح، لم يَعُد الموضوع هزلًا، أصْبَحَ جادًّا

the joke's on me وَقَعْتُ في الفخّ أو المقلب (الّذِي أعددته لغيري)

practical joke مَقْلَب أو فصل مُضْحِك (للمزاح)

standing joke شَيْء أو حادث يثير الضّحك كلّما ذُكِرَ، نكتة باخة

v.i. مَزَحَ، هَزَلَ، نَكَّتَ

joking apart; *also* joking aside لِنَدَع المِزاحَ جانبًا، لِنَتَكَلّم جِدِّيًّا

it is no joking matter هَذَا لَيْسَ مدعاة لِلضَّحِك، ليس بهزل، إنّه أمر جدّيّ

joker, *n.* 1. (one who jokes) مُغْرَم بالمزاح

2. (playing card) جُوكِر (في ورق اللّعب)

3. (*sl.*, fellow) زَلَمَة، شخص، جدع

jollification, *n.* حَفْلة للسّمر واللهو والطّرب، فَرَح ومَرَح

jollity, *n.* بَهْجَة، حُبور، طَرَب، فَرَح

jolly, *a.* 1. (gay, full of fun) مَرِح، طَرُوب، خَفِيف الرُّوح، بَشُوش؛ فَرِح

2. (*coll.*, pleasant) لَطِيف، ظَرِيف، بَدِيع

adv. (*coll.*, very) جِدًّا

jolly well (emphasizing verb) بِلَا شَكّ، بكلّ تأْكِيد، طبعًا لازم (تعمل كذا...)

v.t. (*coll.*, cajole, banter) لَاطَفَ، جَارَى، دَارَى؛ عاكسه مداعبًا

jolly along (cajole into action) أَقْنَعَه أو دَاراه بِمَعْسُول الكَلام (لِيَفْعَل أمرًا ما)

jolly-boat, *n.* فَلُوكَة، قارِب (ملحق بسفينة)

jolt, *v.t. & i.* هَزَّ أو رَجَّ أو خَضْخَضَ بعُنف، اِهْتَزَّ، اِرْتَجَّ، تَخَضْخَض

n. هَزّة أو رجّة فجائية، صَدْمة (نفسية)

Jonah, *n.* (*fig.*, person whose presence brings bad luck) يُونان أو يونس النَّبِيّ (شَخْص يُظَنّ أنّه مَصْدَرُ شُؤْم)

jonquil, *n.* زَهْر النَّرْجِس أو النِّسْرِين

joss-stick, *n.* عُود البخور

jostle, *v.t. & i.* دَفَعَ بِمنكبيه؛ تدافَع (الجمع)، تَزَاحَمَ (الناس عند الخروج مثلًا)

jot, *n.* شَيْء طَفِيف جِدًّا، ذرّة من ...

not one jot or tittle ⟨shall be changed⟩ يَجِب الإِبْقَاء على الأمر كما هو بدون أدنى تغيير

v.t., *usu.* jot down كَتَبَ أو سَطَّرَ (ملاحظاته) بِسُرْعَة وإيجاز، قَيَّدَ بتلخيص

jottings, *n.pl.* مُلَاحَظَات عابرة كُتبت بسرعة

joule, *n.* (*elec.*) جول (وحدة طاقة كهربائيّة)

journal, *n.* 1. (publication) مجلّة دوريّة (تُصْدِرُها هيئة ما)؛جريدة، صحيفة، جرنال

2. (daily record of events) دَفْتَر اليوميّة؛ سِجلّ للأحداث اليوميّة

3. (part of shaft or axle resting on bearings) مِحْور على كرسيّ ارتكاز (هندسة)

journalese, *n.* الأسْلوب الصُحُفيّ السّريع، لغة الجرائد

journal/ist, *n.* (**-ism,** *n.*) صُحُفِيّ؛ الصحافة

journey, *n.* رِحْلة، سَفْرة

a day's journey مَسافَة بين بلدين يقطعها المُسَافِر في يوم، مسيرة يوم

journey's end نِهاية الرّحلة أو المطاف أو الطّريق، الجهة المقصودة

v.i. قَامَ بِرِحلة، سَافَرَ، سَاحَ

journeyman, *n.* صَانِع ماهر يشتغل لحساب غَيْرِه (باليوميّة عادةً)، عامل مُياوِم

joust, *v.i.* & *n.* تَبارَزا على ظهور الخيل؛ مُبارَزَة؛ مشادّة كلامية

Jove, *n.* رَبّ آلهة الاغريق، جوبيتر؛ المشتري (في الشّعْر القديم)

by Jove! سُبْحَان الله! يا صلاة النبي!

jovial, *a.* (**-ity,** *n.*) مَرِح، جَذِل، بَشوش، خَفِيف الرّوح؛ مَرَح، بَشاشة

jowl, *n.* (عَظْم) الفَكّ الأسفل؛ لُغد، غَبَب

joy, *n.* فَرَح، بهجة، غِبطة، سُرور

joy-ride جَوْلة بالسّيّارة للتّنزّه والفرفشة، نزهة بِسَيّارة مسروقة أو بدون إذن صاحبها

joy-stick عَمُود القيادة، عصا القيادة (طَيَران)

no joy (*sl.*, no result) بِدُون فائدة أو نتيجة، مَافِيش حَظّ أو بَخْت، فَشَلَت الحكاية

wish someone joy of (*iron.*) هَنِيئًا له! مَبْرُوك! (تقالُ تَهَكُّمًا)

joyful, *a.* سَارّ، بهيج، (مزاج) رائق

joyless, *a.* كَئِيب، مُقْبِض، مُوحِش

joyous, *a.* سَعِيد، (مناسبه) سارّة

jubilant, *a.* مُتَهلِّل، مُبْتَهِج (فرحًا أو شماتةً)

jubilation, *n.* تَهَلُّل، ابتهاج (بالانتصار)

jubilee, *n.* 1. (Jewish year of emancipation) يُوبِيل، عيد التحرُّر عند اليهود قديمًا

2. (50th anniversary) اليُوبِيل الذّهبيّ، الإحْتِفَال بمرور خمسين عامًا على ...

3. (season of rejoicing) مُنَاسَبَة شَعْبِيّة أو مَوْسِم الابتهاج العامّ

Judaism, *n.* الدِّيَانة اليهوديّة

Judas, *n.* (*fig.*, traitor) يَهُوذا؛ خائن، غدّار

kiss of Judas; *also* Judas-kiss قُبْلة يَهُوذَا، تَظاهُر بالودّ مع إضمار الغَدْر

judas-tree شَجَر ذو زهور أرجوانيّة اللَّوْن

judder, *v.i.* & *n.* اِرْتَجّ، اِهْتَزّ؛ هزّات عنيفة

judge, *n.* 1. (officer of law-court) قاضٍ (قضاة)، يُصْدِر أحكامًا في القضايا

sober (solemn) as a judge غَيْر سَكْران مُطْلَقًا؛ (تَعْلُوه) رصانة أو وقار القضاة

2. (person who decides a contest) حَكَم

3. (person of sound judgement) خَبِير أو عَلِيم بِ، سديد الرّأي في

a good judge of ثِقَة أو حُجّة في

he's no judge لَا يَفْهَم في (هذا الموضوع)

4. (*hist.*, supreme ruler of Jews) أَحَد قُضَاة اليهود (في التَّوْراة)

⟨Book of⟩ Judges سِفْر القضاة في التَّوْراة

v.t. 1. (pronounce sentence on) حَكَم أو نَطَقَ بالحكم على

2. (decide *question*, try *case*) قَرَّرَ حكمًا، قَضَى (في مسابقة)؛ حاكم مُتَّهمًا

3. (censure) اِنْتَقَدَ، نَدَّدَ بِ، لَامَ، «لا تَدِينوا لكي لا تُدانوا»

4. (estimate) خَمَّنَ أو قَدَّرَ أن

5. (suppose, consider) رَأَى، اِعْتَبَرَ، تَصَوَّرَ، حَسب ،كَوَّن رأيًا (عنه)

v.i. قَامَ بالحكم أو التَّحكيم

judge by (from) appearances أَخَذَ بالمَظاهِر

judg(e)ment, *n.* 1. (judging, being judged) حُكْم، قضاء

error of judgement خَطَأٌ في التَّقْدير

the Day of Judgement يَوم الدِّين، يوم الحَشْر، يوم الدَّينونة أو الحساب

judgement-seat مِنَصَّة الحُكْم، كُرْسِيّ القَضاء

they sat in judgement on . . . جَلَسوا في كُرْسِيّ القَضاء ، اِدَّعَوْا لِأَنْفُسِهم حَقَّ الحُكْم

2. (decision made by court or judge) حُكْم أو قَرار المَحْكَمَة

the judgement was against him حُكِمَ عليه، خَسَرَ القضية ، لم يكن الحكم في صالحه

judgement by default حُكْم غيابي

a Divine judgement; *also* judgement حُكْم إلٰهِيّ، حُكْم أو قضاء الله

3. (good sense or critical ability) سَلَامة أو نفاذ الرّأي، حصافة

a man of ⟨good⟩ judgement رَجُل ذو بصيرة، رَجُل حَصيف أو أصيل الرّأي

judicature, *n.* 1. (body of judges) القَضاء

2. (judge's term of office) مُدّة بَقاء القَاضي في مَنْصِبه ،مُدّة تولية القاضي

3. (administration of justice) تَطْبيق أو إِقامَة العَدْل

Supreme Court of Judicature مَحْكَمَة العَدْل العُلْيا، محكمة القضاء العليا

judicial, *a.* 1. (of a judge or law court) قَضائِيّ، عَدْلِيّ

the judicial bench; *also* the Bench هَيْئَة المَحْكَمَة، مَجْلِس أو منصّة القضاء

judicial murder قَتْل قَضائِيّ (تنفيذ الإعْدام حسب حُكْم قد ينافي مبادئ العَدالَة)

a judicial separation اِنْفِصَال أو افتراق قَضَائِيّ بين الزّوجين بناءً على أمر محكمة

2. (impartial) غَيْر متحيّز، غير مُغْرِض، ذو قُدْرَة على الحكم على الأشياء

a judicial mind عَقْل يُحْسِن التَّمييز بين الحَقّ والباطِل

judiciary, *n.* هَيْئَة القضاة، قضاة الدّولة

judicious, *a.* (رَأْي) حكيم أو سَديد، نا ضِج

judo, *n.* « الجُودُو »، نوع من المصارعة اليابانيّة

judy, *n.* (*sl.*) بِنْت، شابة، « خضرة » (للسخرية)

jug, *n.* 1. (vessel) إبْرِيق، دورق، شفشق (مصر)

2. (*sl.*, prison) سِجْن، حبْس، تخشيبة

v.t. 1. (stew); *as in*

jugged hare لَحْم أرنب برّي مطبوخ على نار هادئة مع التّوابل والنَّبيذ

2. (*sl.*, imprison) سَجَن، حَبَس

juggernaut, *n.* (*lit. & fig.*) آله الكون عند الهُنُود؛ قوّة عارمة تبيد كلّ ما يعترضها

juggle, *v.i., rarely v.t.* قَذَف عدة كرات في الهواء وَالْتَقطَها بِخِفة وسرعة، شَعْوَذَ

(*fig.*)

juggle with figures تَلَاعَبَ في الأرقام وَالإِحْصَائيّات لإعطاء صورة مشوَّهة

juggler, *n.* مُشَعْوِذ، حاوٍ، « جلاجلا »

jugular, *a.* وِدَاجي، وَدَجي

jugular vein; *also* jugular, *n.* وَرِيد وَدَجي، حَبْل الوريد (عرق في العُنُق)

juice, *n.* 1. (liquid content of fruit) عَصِير أو عُصارة الفاكهة

2. (body fluid); *rare exc. in*

gastric juices عُصَارات معدية أو هَضْمِيّة

let someone stew in his own juice (*fig.*) دَعْه يَحْصُد ما زرع، تركه يتحمّل مغبّة عمله

3. (*sl.*, petrol) بنزين

run out of juice نَفِدَ بِنْزِين السَّيّارة

4. (*sl.*, electricity) التّيّار الكهربائيّ

cut off the juice قَطَعَ التيّار الكهربائي (عند التَّصْلِيح أو لعدم دفع الحساب)

juicy, *a.* 1. (containing juice) (فَاكِهة) مليئة بِالعَصِير، ريان

2. (*coll.*, scandalously interesting) (أَخْبار) مُثِيرَة، (إشاعات) فاضحة ومُشوّقة

ju-jitsu, *n.*; *also* **jiu-jitsu, ju-jutsu** فَنّ المُصَارَعَة اليابانيّة

ju-ju, *n.* تَعْوِيذة، تميمة، حِجاب، رُقْية

jujube, *n.* أَقْرَاص أو باستيلية هلامية حلوة الطّعْم؛ عنّاب، زيزفون

juke-box, *n.* جِهاز آلي (في ملهى) لِعَزْف الأسْطوانات يُدِيره الزّبائن بِوَضْع قِطْعَة نقديّة

julep, *n.* شَرَاب حلو (لتحلية الدواء المرّ) (كلمة فَارِسيَّة الأصل معناها ماء الورد)

mint julep شَرَاب حلو مُسْكِر يعدّ من البراندي أو الوِيسْكي والنعناع والثّلج

Julian, *a.* نِسْبَةً إلى يوليوس قَيْصَر

Julian calendar التَّقْوِيم اليوليوسيّ (وضعه يوليوس قيصر بجعل السنة ٣٦٥¼ يومًا)

July, *n.* يُولْيُو، يوليه، تمّوز

jumble, *v.t., rarely v.i.* كَوَّم بغير نظام، لَخْبَطَ؛ اِخْتَلَطَ بغير ترتيب

jumbled up (أَشْيَاء) ملقاة بإهمال، مَتْرُوكَة في حالة فوضًى

n. خَلِيط مُهوّش من ...

jumble sale سُوق خيريّة تباع فيها أشياء مُتنوِّعَة تبرّع بها أصحابها

jumbo, *n.* فِيل (بلغة الأطفال)، أبو زَلُّومة (مصر)

jumbo size (*coll.*) (عُلْبَة حلوى مثلًا) من أَضْخَم حَجْم

jump, *n.* 1. (leap) قَفْزَة، وثبة، نطّة

he is one jump ahead of everybody يَسْبِق الآخَرِين دائمًا، يسارع إلى الابتكار

parachute jump; *also* jump (*alone in this sense*) القفز بالمظلّة أو بالباراشوت

2. (start)

give a jump اِنْتَفَض أو فَزَّ فجأةً

3. (gap in series) قَفْزَة (في التَّسَلْسُل العدديّ)، تخطّي بعض صفحات (الكتاب مثلًا)

4. (rise in price, temperature, etc.) اِرْتِفَاع أو صُعُود فجائيّ (في الأسعار أو الحرارة)

v.i. 1. (spring up, leap) قَفَزَ، وَثَبَ، نطَّ

jump about توثَّب، تَنَطَّطَ

jump at (accept eagerly) تَقَبَّلَ (عرضًا) بلهفة شَدِيدَة، سَارَعَ في انتهاز الفُرْصة

jump down (from wall, vehicle, etc.) قَفَزَ أو وَثَبَ (من مكان عالٍ)

jump down someone's throat انْتَهَرَه أو وَبَّخَه فَوْرًا، قَاطَعَه زاجرًا ومهاجمًا

jump for joy طَارَ أو جُنَّ فَرَحًا

jump in! (get into a vehicle) اركبْ! ادخلْ! خُشّ! (يقولها سائق السيّارة)

jump in at the deep end (*fig.*) أَلْقَى نفسه في خِضَمّ موضوع لا يَعْرِف عنه شيئًا، عَرَّض نفسه لمَوْقِف خطر بغير اسْتِعداد

jump on (attack, esp. with words) هَاجمه أو تَحامَل عليه بالكلام، انْقَضَّ عليه لائمًا

jump out (get out of a vehicle); *also* jump off تَرَجَّلَ (من قطار)، خَرَجَ (من سيارة)

jump out of one's skin وَثَبَ دَهْشةً وَارْتِيَاعًا، اقشعرّ بَدَنُه خوفًا

jump to attention قَامَ مُستعدًّا على الفور، هَبَّ مُنْتصبًا

jump to conclusions تسرّع في الحُكْم أو الاستنتاج بدون معرفة كلّ الحقائق

jump to it! يللّا عَجِّل! شَهِّل (مصر)

it jumps to the mind خَطَرَ بذهني فجأةً، طَرَأَ على البال في الحال

jump up هَبَّ على قدميه، وَثَبَ (الحيَوان) على قوائمه

2. (start with shock) اِنْتَفَض أو فَزَعَ فجأةً

that made him jump أَفْزَعَه أَلمًا أو خوفًا

3. (*of prices, temperature, etc.,* rise suddenly) طَفَرت أو ارتفعت الأسعار فجأةً (أو درجة الحرارة وما إليها)

v.t. 1. (leap over) قفز (فوق حاجِز)

jump a fence قَفَزَ (الفارس) فوق السّياج

jump the points تَخَطَّى القطار نقطة التحوُّل أو التَّحْوِيلة بدون تغيير اتّجاهه

(*fig.*)

jump several pages in reading تَخطَّى عدّة صَفَحَات، قَلَّبَ عدة صفحات دون قراءتها

jump the queue تَخطَّى أو تَعَدَّى دوره فِي الاِنْتِظَار في الصَّفّ

2. (grab); *only in*

jump a claim اغْتَصَبَ حَقّ الغير (من أرض أَوْ مَنْجَم)، استولى على أرض من حَقّ الغير (لِغِيَابه عنها أو إهماله لها)

jumped-up, *a.* (*sl.*) مُحْدَث نِعْمَة، اِبْن البارِحة

jumper, *n.* 1. (one who jumps) قَافِز (رياضة)

2. (garment) بلوزة من التريكو

3. (drilling implement) مِثْقَاب ثقيل للحجَر

jumpy, *a.* (*coll.*) مُنَرْفَز، عصبيّ، متوتّر الأعْصاب، سريع الانفعال أو التهيّج

junction, *n.* 1. (joining) تَوْصِيل، اتّصال

2. (meeting-place) نُقْطَة انْتقاء أو تجمّع

3. (of roads and railway lines) مَفْرِق الطَّرِيق، ملتقى خطوط حديديّة

juncture, *n.* نُقْطَة اتّصال؛ ظروف؛ أزمة

at this juncture عِنْدَئِذٍ.. عند ما حَدَث هَذَا، ولمّا تأزّمت الحالة

June, *n.* يونيو، يونيه، شهر حَزِيرَان

jungle, *n.* دَغَل (أدغال)، حُرش (أحراش) غَابَة كثيفة (استوائية غالبًا)

jungle warfare حَرْب الأدغال

(*fig.*, dangerous, lawless place) مِنْطَقَة تَسُود فيها شريعة الغاب

junior, *a.* & *n.* أَصْغَر؛ (تلميذ) ناشئ

junior partner شَرِيك أَصْغَر (في تجارة)، شَرِيك له حِصَّة أَصْغر

juniper, *n.* شَجَر العرعر أو السَّرْو الجبليّ

junk, *n.* 1. (Chinese boat) سَفِينَة شراعية صِينيّة مُسَطّحة القاع

2. (*coll.*, rubbish) نُفَايَة، سقاط، خُرْدة؛ هَذَر، لَغْو

junk-shop دُكَّان خُرْدة أو روبابيكيا، دُكّان لبَيْع أشياء قديمة

junket, *n.* حَلْوَى مُعَدَّة من الحليب المختر بالمِنْفَحَة والسكّر

junketing, *n.* اِحْتِفال، تسلية، حفلة

junkie, *n.* (*sl.*) مُدْمِن المخدّرات، حشّاش

Juno, *n.* الإلَهَة جونو، زوجة جوبيتر

Junoesque, *a.* حَسْنَاء ذات جمال مهيب كجمال الآلِهَة جونو، ربّة حُسْن وجمال

junta, junto, *n.* فِئَة سياسيّة (اِغْتَصَبَت الحُكْم)

Jupiter, *n.* الإله جُوبِيتر (رَبّ الآلِهة عند الرُّومان؛ المُشْتَرِي (أكبر الكواكب السيارة)

by Jupiter! وَاللهِ العظيم! قَسَمًا!

Jurassic, *a.* جُورَاسِيّ، نسبة إلى أحد عصور الزّمن الثّاني الجيولوجيّ

juridical, *a.* قَانُونِيّ، طبقًا للقواعد القانونيّة

jurisdiction, *n.* دَائِرَة اختصاص الموظّف، صَلاحية أو ولاية قضائية

jurisprudence, *n.* فِقْه وتشريع، دِراسة وَفَلْسَفَة القانون ومبادئه

jurist, *n.* فَقِيه أو عالم قانونيّ، من رجال القانُون والمحاماة

juror, *n.* مُحلَّف، من هيئة المحلَّفين

jury, *n.* هَيْئَة المُحلَّفِين، هيئة التَّحكيم

jury-box مَقْصُورة المحلَّفين، مكان منفصل فِي قاعة المحكمة لجلوس المحلّفين

jury service (وُجُوب) القيام بعمل المحلَّف

juryman, *n.* عَضْو هيئة المحلّفين، محلَّف

jury-mast, *n.* صَارٍ مؤقّت (في سفينة شراعيّة)

jussive, *a.* صِيغَة الأمر (في النحو الانكليزيّ)

just, *adv.* 1. (exactly) تَمَامًا، بالضَّبْط

just what do you want? مَاذَا تريد بِالضَّبط ؟ قُلْ لِي عاين إيه بدون لفّ ودوران!

it is just right هَذَا عزّ الطلب ، يسدّ الحَاجَة تمامًا، مضبوط

just so! وَهُوَكذ لك! صحيح ! بالضبط! تَمَام! كما تقول!

the table decorations were just so كَانَ تزيين المَائِدة وترتيبها على ما يرام

just as I thought (حَدَثَ) ما توقّعته تمامًا! مَا أنا عارف! (مصر)

2. (by a narrow margin) بِالْكَاد

I only just caught the train لَحِقْتُ القطار فِي آخر ثانية، لحقته بالكاد

we have just enough money لَيْسَ مَعَنَا من النُّقُود إلّا ما يكفينا

you are just in time to see him لَوْ كنت تَأَخَّرْت دقيقة لما رأيته

3. (in the immediate past or future)

I have just arrived لَقَدْ وَصَلْتُ لتوّي أو في هَذِهِ اللَّحْظة، ما وَصَلْتُ إلّا الآن

I am just going إِنِّي على وشك الذّهاب، هَا أنا ذاهب

just now (a moment ago) (وصلت) منذ لَحْظة

just coming! جاي! (ها أنا) آتٍ !

4. (only, simply, no more than)

that is just my opinion هَذَا هو رأيي أنا لَيْسَ إلّا، هذا مجرَّد رأيي لا غير

5. (only; with imperative expressed or implied)

just sit still! أُقْعُد ساكتًا! (ولا تضايقني)

just a moment (انْتَظِرْ) دقيقة إذا سمحت ، حِلْمك شوية! لحظة واحدة!

just leave it to me أُتْرُكْ لِي الموضوع (ولا تشغل بَالَك)، سيب لي الحكاية، خليها عليّ

just you try! إِيَّاك أن تحاول! إذا جرؤت عَلَى ذلك (سأريك ما لا يرضيك!)

6. (quite, positively)

it's just splendid يَا لَلرَّوْعَة! نجاح هائل! كُوَيِّس خالص! بديع والله!

I am not ready just yet لَسْتُ على أهبة الاِسْتِعْداد، لم أستعدّ بعد

7. (for emphasis)

just fancy! تَصَوَّرْ! إنه لأمر مُدْهِش!

just listen to this! عِنْدِي لك خبر مُدْهِش!

just think of it! أَلَيْسَ هذا في منتهى الغرابة!

a. 1. (*of persons*, fair) مُنْصِف، عادل، مُسْتَقِيم، مُقْسِط

2. (well-deserved) مُسْتَحِقّ

he got his just deserts نَالَ ما يستحقُّه (مِنَ العقاب)، لَقِي جزاءه

3. (based on reasonable grounds)

a just sentence   حُكْمٌ عَادِل، قرار مُنْصِف

justice, *n.* 1. (administration of law)   العَدَالة،
العَدْل، القِسطاس، القضاء

bring to justice   قَدَّمَه للقضاء (لمحاكمته)

court of justice   مَحْكَمة العدل

2. (fairness)   عَدْل، إنصاف

he did justice to her cooking   أَكَلَ بِتَلَذُّذ
وَشَهِية كلّ ما أَعَدَّت من طعام

he did not do himself justice   لَمْ يُحَقِّقْ الأمل
المَعْقُود عليه، لم يبذل قصارى جهده

in justice to   إنْصَافًا له، (أقول إنه ...)،
إحْقَاقًا للحقّ (يجب أن اعترف ...)

poetic justice   العَدَالة الالهِيّة، لَقِيَ جزاءَه
عَلَى يد القَدَر

3. (judge, magistrate)   قاضٍ، حاكم

Justice of the Peace (*abbr.* J.P.)   قَاضِي أمن
أو صلح، قاضٍ جُزْئِي

justiciary, *a.*   قَضَائِي، من اختصاص كبير القُضاة
  n. القُضَاة (في القانون الانكليزي القديم)، قاضي
القُضَاة (عضو محكمة العدل العليا)

justifiable, *a.*   (سُلُوك) يمكن تبريره

justification, *n.* 1. (showing to be right)
تَبْرِير، تسويغ، تعليل

2. (reason, excuse)   مُبَرِّر، مُسَوِّغ، عِلّة

justify, *v.t.* 1. (prove or make right)   بَرَّرَ،
سَوَّغ، الْتَمَسَ عُذْرًا لِ

the end justifies the means   الغَايَة تبرّر الواسطة

2. (*typ.,* space out neatly)   نَسَّقَ حروف
الطِّبَاعَة لتملأ السُّطور حتّى نهايتها

jut, *v.i.;* *usu.* jut out, jut forward, *or with prep.*
into   نَتَأَ، بَرَزَ

jute, *n.*   قُنَّب هِنديّ، جُوت

juvenile, *a. & n.*   صِبْيَانيّ؛ حَدَث، صبي

juvenile delinquency   انْحِرَاف الأحداث

juvenilia, *n.pl.*   الإنْتَاج المُبَكِّر لفنّان أو
مُؤَلِّف مشهور قبل نضوجه

juxtapose, *v.t.*   وَضَعَ جنبًا بجنب

juxtaposition, *n.*   تَوَاجُد شيء بجانب شيء
آخر، اتِّصال، تقارُب

K

K, *letter* الحَرْف الحادي عشر من الأَبْجَدِيَّة الانكليزيّة

Kabyle, *n.* إِحْدَى قبائل البربر في الجزائر أو تونس، اللغة القبائلية

Kaf(f)ir, *n.* من قَبَائل البانتو في جَنُوب أَفْرِيقيا ؛ أَسْهم شَرِكات المَناجِم بجَنُوب أَفريقيا

kainite, *n.* القينيت، ملح المغنسيوم والبُوتاس (يُسْتَعْمَل كسماد كيماوي)

Kaiser, *n.* قَيْصَر المانيا (منذ ١٨٧١ حتى ١٩١٨)؛ امبراطور

kale (kail), *n.; also* curly kale نَبات من فَصيلة الجذريات تؤكل أوراقه

kaleidoscope, *n.* كاليدوسكوب، لعبة كالمنظار بها مرايا وقطع صغيرة مُلَوَّنة تَنْعَكِسُ في أشكال متناظرة متناسقة

kaleidoscopic, *a.* (مَنْظَر) تتغيّر ألوانه وتتراقص

kangaroo, *n.* الكانجرو، الكنغر، القنقر (حَيَوان أُسْتَراليّ من الجرابيّات)

kaolin, *n.* كاولين، صلصال أبيض يُسْتَعْمَل في صناعة الخزف الصيني والأدوية

kapok, *n.* كابوك، ألياف تغطّي بذور نوع من الأشجار في الملايو وتستخدم في حشو الوسائد وأحزمة النجاة وما إليها

kaput, *a.* (*sl.*) تَحَطَّمَت أوخرِبت (الماكينة) نهائيًّا

karma, *n.* مُجْمَل أعمال الإنسان التي تُقَرِّر مصيره في الآخرة (حسب المعتقدات البوذيّة)

kayak, *n.* زَوْرَق من الجلد المشدود حول هيكل خَشَبيّ يستعمله الأسكيمو

kedgeree, *n.* طَبْخَة هندِيّة من الأرز والسمك والبيض، كشري هنديّ

keel, *n.* العَارِضَة الرَّئيسيّة بأسفل هيكل السفينة، قَاعِدة أو قعر السفينة، أرينا، رافدة القَصّ (بحرية وطَيَران)

on an even keel (*fig.*) يَتَقَدَّم العمل بهدوء وَاطِّراد، بدون تقلّبات، في اتّزان

lay down a keel شَرَعَ في بناء سفينة، وَضَعَ الأَرِينَا استعدادًا لبنائها

v.t. أَمَالَ السَّفينة على جانبها (للتّنظيف)

v.i.; also keel over اِنْقَلَبَت (السفينة)

keen, *a.* (*lit. & fig.*) حادّ، قاطع؛ ثاقب، مُتَحَمِّس

a keen wind ريح قارصة أوحادّة

keen sighted حادّ البصر أو النَّظر

he has a keen intelligence هُوَ حادّ الذِّهْن، لَهُ عقل مُتَيَقِّظ، هو ثاقب الفكر

keen interest اِهْتِمَام بالغ أو شديد

keen on مُشْتَاق أو تائق إلى، شديد الاِهْتِمام بِ، حَريص على، مُولَع بِ

keep (*pret. & past p.* kept), *v.t.* 1. (observe, abide by) رَاعَى أو اِتَّبَعَ أوحَافَظَ عَلَى (القانون مثلًا)

keep a promise وَفَى بوَعْده أو بقوله، صَدَقَ وَعْده

keep the peace حَافَظَ على الأمن، رَاعَى النّظام والقَانُون، حَافَظَ على الوئام (العائليّ)

keep one's word بَرَّ بوعده، اِحْتَرَمَ كلمته، أَنْجَزَ قوله، اِلْتَزَمَ بكلامه

2. (observe, celebrate) رَاعَى (الواجبات الدّينيّة)

keep Christmas يَحْتَفِل بِعيد ميلاد المسيح

keep late hours يَظَلُّ يعمل لساعة متأخره، يَعُود (لبيته) متأخرًا في اللّيل

3. (protect, guard) حَفِظَ، صَانَ، وَقَى

keep goal لَعِبَ كحارس المرمى، حَمَى الهَدَف

God keep you! حَفَظَك الله! يد الله مَعَك! رعاك الله!

4. (conceal)

keep a secret حَفِظَ أو كَتَمَ سِرًّا، صَانَ سِرًّا، لم يُفش سِرًّا

keep oneself to oneself اِنْطَوَى على نفسه، لم يَخْتَلِط بالآخرين، عَاشَ في عُزْلة، تَقَوْقَعَ، تَحَاشَى الناس

he kept the truth from his family كَتَمَ أو أَخْفَى الحقيقة عن أسرته

5. (retain possession of)

keep one's balance اِحْتَفَظَ بتوازنه، اِتَّزَنَ، لَمْ يتمايل ولم يترنّح

keep one's head ظَلَّ رابط الجأش، ظَلَّ هَادِئًا أو محتفظًا بأعصابه

he kept his seat ظَلَّ جالسًا؛ أُعيد انْتِخَابُه في البرلمان

6. (save, reserve) حَجَزَ، حَفِظَ

keep it for a rainy day احفظ القرش الأَبْيَض لليوم الأسود

she kept a meal for her son اِحْتَفَظَت لابنها بِنَصِيبِه من الطّعام

7. (detain) أَعَاقَ، أَخَّرَ

I won't keep you long لَنْ آخذ من وقتك كَثِيرًا، لن أتركك تنتظر طويلًا

8. (have charge of, maintain, run)

keep rabbits رَبَّى الأرانب (كهواية)

keep a shop عِنْدَه دكّان أو حانوت

keep open house يَسْتَقْبِل ضيوفه في أيّ وَقْت بدون دعوة، يفتح بيته لكلّ زائر

9. (maintain, provide for) عَالَ، زَوَّدَ

he keeps the family يَرْعَى شؤون أسرته، يَعُول الأسرة

a kept woman عَشِيقَة أو خليلة يصرف عَلَيْها عشيقها، سرية، مَحظِية

keep someone in clothes تَوَلَّى شراء الكساء لِفُلان، أَنْفَقَ على كسوته

10. (stock, have for sale) يُوجَدُ لديه في الدُّكَّان بضاعة ما للبيع

11. (maintain in a certain state)

keep it dark اِحْتَفَظَ بالأمر سِرًّا

keep someone in suspense تَرَكَه بِحالَة قَلَق وتَرَقُّب، تَرَكَه مُعَلَّقًا بِدون رَدّ نِهائيّ

she kept him from despair مَنَعَته من الاِسْتِسْلَام لليأس

he kept him to his word أَجْبَرَه على الوفاء أو العمل بكلمته

he kept the situation under control سَيْطَرَ عَلَى زِمام الموقف

keep one's hand in حَافَظَ على مستوى مَهارته بالمُوَاظَبة على الممارسة

12. (maintain)

keep company with رَافَقَ، عَاشَرَ، صَاحَبَ

keep a look out (for) رَاقَبَ (قدومة)، تَرَقَّبَ (حضوره)، ظَلَّ منتبهًا أو مترقّبًا

keep pace (step) with جَارَاه لكي لا يَتَخَلَّفَ عنه

keep track of تَتَبَّعَ (تطوّرات العلوم مثلًا)، بَقِيَ على اتّصال أو علم بأحوال فلان

keep time (with) سَايَرَ الإِيقَاع الموسيقيّ

13. (*adverbial compounds*)

keep apart عَزَلَ الواحد عن الآخر، فَرَّقَ بينهما

keep aside وَضَعَ جانبًا، اِدَّخَرَ

keep away أَبْعَدَ عن

keep back

(restrain) نَحَّاه جانبًا

(repel) مَنَعَ (العدوّ) من التقدّم

(reserve) اِحْتَفَظَ (بمبلغ) معه

(conceal) حَجَبَ عنه (بعض المعلومات)

keep by (hold in reserve) اِحْتَفَظَ به بِصِفَة احتياطيّة، ادّخره جانبًا

keep down قَمَعَ، ضَبَطَ، سَيْطَرَ على، كَظَمَ (غَيْظَه)؛ نَقَّصَ، خَفَّضَ (مصروفات)

keep in

(detain indoors) أَبْقَاه أو احتجزه (في البيت)

(suppress) كَتَمَ أو أَخْفَى (عواطفه مثلًا)

keep off تَحَاشَى مَوْضوعًا، تجنَّبَ الكلام فيه

he kept his hat off ظَلَّ خالعًا قُبَّعَته (أثناءَ حَدِيثه مع سيّدة مثلًا)

keep on اِسْتَمَرَّ في (نفس الاتّجاه)

he kept his hat on ظَلَّ مُرتديًا قُبَّعَته

keep your hair on (*sl.*) حِلْمك شويّة! طوّل بَالَك! اصبر شويّه!

he kept him on أَبْقَاه في خدمته أو في عَمَله (مُشْفِقًا عليه مثلًا)

keep out the cold أَبْعَدَ أو صَدَّ البَرْد

he kept the rebels under سَيْطَرَ على المُتَمَرِّدين، ظَلَّ متحكِّمًا فيهم

keep up (sustain) وَاصَلَ، وَاظَبَ

keep up one's courage لَمْ يَتَخَاذَل أمام الشَّدَائد، ظَلَّ مُتَمَسِّكًا بشَجَاعته

he has a reputation to keep up سُمْعَتُه الحَسَنة تُحَتِّم عليه سُلُوكًا حَسَنًا

he kept his end up نجح في مُهِمّته (بعد جهود)، أبلى بلاءً حسنًا (بالرَّغْم عن الصُّعوبات)

(maintain, continue)

keep up a correspondence ظَلَّا يتكاتبان، وَاصَلَ كلّ منهما مراسَلة الآخر

keep up a pretence اِسْتَمَرَّ في التَّظَاهُر أو الادّعاء أو انتحال شخصيّة ما

keep it up! اِحْتَفِظْ بهذا المستوى! استمرّ! لا تَتَخَاذَل! لا تتوان!

(hold up)

the wall was kept up by buttresses أُسْنِدَ الجِدَار بدعائم

(prevent from going to bed)

he kept him up مَنَعَه عن النوم، أَخَّرَه عن الرُّقَاد، أَلْزَمَه على السَّهَر

v.i. 1. (continue, remain, carry on) بَقِيَ، ظلَّ، اسْتَمَرَّ، دَامَ

keep cool رَبطَ جأشه، ضَبَطَ أعصابه

keep straight on! (اِمْشِ) على طول! دوغري!

keep to the path ظَلَّ ملازمًا الرصيف لا يَحِيدُ عنه؛ لم ينحرف عن المرّ (الراعي)

keep off the grass اِبْتَعِدْ عن النّجيل، لا تمشِ عَلَى الحشيش (تحذير في الحدائق العامّة)

keep off alcohol تَجَنَّبَ الخمْر، اِمْتَنَعَ عن المُسْكِرات، لم يعاقر خَمْرًا

keep at a job; *also* keep at it وَاظَبَ بلا يأس

keep in touch with لَمْ يَقْطَع صِلَتَه (بفلان)

2. (remain in good condition) دَامَ، بَقِيَ

the food will keep for days سَيَبْقَى هذا الطَّعَام أيّامًا دون أن يَتْلَف

the news will keep لا ضَرَرَ من تأجيل إذاعة الخَبَر (لأنّه لن يفقد جدّته)

3. (*with adverbs*, remain)

keep apart لَمْ يَخْتَلِطوا، اِنْعزَلَ (عنهم)

keep aside تَنَحَّى جانبًا

keep away تَحَاشَى، ابْتَعَدَ، تَجَنَّبَ

keep back أَمْسَكَ عن، تَلَكَّأَ

keep down (remain crouching) بَقِيَ رابضًا أو جَاثِمًا أو منبطحًا (عسكريّة)

keep in (remain on good terms *with*) حَافَظَ عَلَى علاقته الحسنة بِ أو مع

the rain kept off تَوَقَّعْنا المَطَر ولكِنّه لم يَنْزِل

keep on (persist) اِسْتَمَرَّ، دَاوَمَ، وَاظَبَ أَلَحَّ، لم تنقطع (أسئلته مثلًا)

keep on at; *also* keep at

she kept on at him نَغَّصت حياته بطلباتها وَشَكْوَاهَا المستمرّة، كَفَّرت عيشته

keep out بَقِيَ خارجًا، ممنوع الدخول

keep together

(consort) تَعَاشَرَا، اِنْسَجَمَا

(remain whole) لَمْ يَتَفرَّقوا، لم يتفرّق شَمْلهم

keep up with the Joneses اِضْطَرَّ إلى مجاراة الجِيرَان حفظًا على المظاهر

n. 1. (tower, stronghold) حِصْن أو برج فِي وَسْط قلعة (في العصور القديمة)

2. (maintenance) عَيْش، قُوت

earn one's keep كَسَبَ عَيْشَه أو قوته

(*pl.*)

for keeps (*coll.*, permanently) اِحْتَفَظَ به وَلا تُرْجِعه، خُذْه لك على طول (مصر)

keeper, *n.* 1. (person in charge) حَارِس (حديقة)، أَمِين (مَتْحَف)، ناطور، مراقب

2. (*elec.*, bar across poles of magnet) حَافِظَة على قُطْبَي المغناطيس (لحفظ قوّته)

keeping, *n.* 1. (custody) رِعَايَة، صِيَانَة، مُرَاقَبة، حِفْظ، عِنَاية

safe-keeping حِفْظ، أمان، حراسة، (اِئْتَمَنَه) في عُهْدَتِه

2. (agreement, harmony)

in keeping (with) تَمَشِّيًا مع ...، مُطَابِق أو مُوَافِق لِ ...

keepsake, *n.* هَدِيّة رمزيّة للتّذكار، «سوفنير»

keg, *n.* بِرْميل صغير سعته ١٠ غالونات

Kelt, *see* **Celt**

ken, *n., usu. in*

beyond his ken خَارِج نطاق معرِفته

kennel, *n.* بَيْت صغير للكلب (خارج الدّار)

kept, *past p. & pret. of* **keep**

keratin, *n.* مَادّة قرنيَّة

kerb, *n.*; *also* **curb** (*U.S.*) حَافّة أو حَرْف الرَّصِيف

kerb drill تَمْرِينَات عمليّة لإرشاد الأطفال في عُبُور الطُّرق

kerb-stone أَحْجَار مستطيلة الشكل تكوّن حافّة الرّصيف الخارجيّة

kerchief, *n.* مِنْدِيل أو عصبة لتغطية الرَّأْس للنّساء، ايشارْب

kernel, *n.* (centre of seed or nut) لُبّ (الجوْز أو اللوز)، قَلْب، حَبّ

(*fig.*, gist) لُبّ الموضوع، جَوْهَر الأمر

kerosene, *n.* كيروسين، نفط الوقود، (لمبة) جاز (مصر)

kestrel, *n.* صَقْر بلديّ، عوسق، عاسوق

ketch, *n.* سَفِينة صغيرة بِشِراعين

ketchup, *n.* صَلْصَة من الطّماطم (البندورة) أو من الفِطْرِيّات (عشّ الغراب)

kettle, *n.* غَلّاية، مغلاة (لغلي الماء للشّاي والقهوة مَثلًا)، كيتلي (عراق)

a pretty kettle of fish يَا لَهَا من وَرْطة! أمّا مَقْلب!

kettle-drum طَبْلة نُحاسيّة ذات سطح واحد وتَرْتَكِز على أرجل

kettle-holder مَسّاكة من القماش لوقاية اليَد عند رفع غَلّاية ساخنة

key, *n.* 1. (instrument for moving bolt of lock or winding a mechanism) مِفْتاح

key-ring حَلْقَة المفاتيح

key-money خُلُوّ الرِّجل، سَرْقَفْلِيّة (عراق)

(*fig., often attrib.*)

key position (يَشْغَل) مَنصِبًا رئيسيًّا (في إدارة)

2. (solution, explanation or translation)

key-word كَلِمَة السِّرّ، مفتاح الحلّ

3. (*mus.*)

major key سُلَّم مُوسِيقِيّ كَبير

minor key سُلَّم موسيقي صَغِير

4. (lever, etc., for operating instrument, pressed by the finger)

piano key أَحَد مَفاتِيح أو أصابِع البِيانُو

5. (*teleg.*)

morse key مِفْتَاح «مورس» (تلغراف)

v.t. شَدَّ الأوتار لتنغيمها، دَوْزَن

(*fig.*)

keyed up مُنَرْفَز، متوتّر الأعصاب

keyboard, *n.* مَجْمُوعَة المفاتيح (في الآلة الكَاتِبَة أو البيانو مثلًا)

keyhole, *n.* ثُقْب المِفتاح

keynote, *n.* الأَسَاس (في السّلّم الموسيقيّ)؛ الفِكْرة الرّئيسيّة، محور الحديث

keystone, *n.* حَجَر أو إقليد العَقْد (مِعْمار)؛ حَجَر الأساس أو الزّاوية (مجاز)

khaki, *a. & n.* 1. (colour) اللّوْن الكاكي؛ لَوْن مزيج من البنيّ والأخضر

2. (fabric) نَسِيج من هذا اللّوْن

Khan, *n.* خَان، لقب الأُمراء في افغانستان وبَعْض بلاد آسيا الوُسْطَى

kibosh, *n.* (*sl.*), *only in*

put the kibosh on هَدَمَ (المشروع) رأسًا على عَقِب، بَوَّظ الحكاية (مصر)

kick, *n.* 1. (blow with the foot) رَفْسة، ركلة، ضربة بالقَدَم

kick-starter دَوَّاسة تشغيل محرّك الدّرّاجة النّارية

more kicks than halfpence كُوفِئ المحسن بالإساءة، "جَزاه جَزاءَ سِنِمّار"

2. (recoil) اِرْتِدَاد البندقيّة عند إطلاقها

3. (*fig.*, thrill, excitement)

get a kick out of اسْتَمْتَعَ أو سُرَّ بِ، أعْجَبه

he does it for kicks (يَرْكَب المخاطر) جَرْيًا وَرَاءَ المُتْعَة أو اللذّة

4. (*fig.*, pungency, resilience) نَشَاط، حَيَوِيَّة

the drink had a kick in it كَانَ المشروب المُسْكِر قويَّ المفعول

v.t. رَفَسَ، رَكَلَ، لَبَطَ، ضَرَبَ بالقَدَم، شَاطَ الكرة (مصر)

kick one's heels (*fig.*, be idle) أَضَاعَ وقته في الانتظار عبثًا

I could kick myself كِدْت أضرب نفسي (بَعْدَ ارْتِكاب مثل هذه الغلطة)

(*fig.*, *usu. with adverbs*)

kick out (expel) طَرَدَه، أَبْعَدَه أو نَفَاه من بَلَدِه، رَفَتَه أو عَزَلَه من وظيفته

kick up a fuss أَثَارَ الشَّغَب باحتجاجه

kick up a row اِحْتَجَّ وتَذَمَّرَ

v.i. 1. (strike out with foot)

kick off (*football*), *v.i.*; *whence*

kick-off, *n.* لَحْظة بدء الشَّوْط الأوّل في كُرَة القدم

2. (show annoyance, objection)

kick at ⟨doing⟩ something رَفَضَ رفضًا بَاتًّا أن يقوم بخدمة أخرى

kick against the pricks أَضَرَّ بِمَصْلَحَته الشّخْصِيّة نَتِيجةً لِعِنادِه الطّائِش

3. (*of a gun*, recoil) اِرْتَدَّ (المِدْفَع، البندقيّة)

kid, *n.* 1. (young goat) جَدْي، صغير الماعِز

2. (leather made from goat-skin) جِلْد الماعز

handle with kid-gloves عَامَلَه بِلِين ورِقّة

3. (*coll.*, child) وَلَد، طِفل

v.t. (*sl.*, hoax or tease)

kid someone on يَضْحَك على ذِقْن فلان، يمازحه، يعاكسه، يعابثه

no kidding! بصحيح؟! بجدّ؟! أحقًّا؟!

kiddy, *n.* (*coll.*) طِفْل صَغِير، صغيرون (عراق)

kidnap, *v.t.* خَطَفَ أو اِخْتَطَفَ شخصًا

kidney, *n.* كُلْيَة، كُلْوة (كُلًى)

he met a man of his own kidney اِلْتَقَى بِرَجُلٍ عَلَى شاكلته، «وَافَقَ شَنٌّ طبقة»

kidney-bean فَاصُولِيَا خضراء؛ لُوبْيَا خضراء

kill, *v.t.* 1. (put to death, slay); *also v.i.* قَتَلَ، ذَبَحَ (الشاة مثلًا)

kill two birds with one stone أَصَابَ عصفورين بِحَجَر واحِد

kill off اِسْتَأْصَلَ شَأْفَتَهم ، قَضَى عَلَيْهِم وَاحِدًا واحِدًا

kill with kindness أفرط في تَدْليل (طِفل مَثلًا) حَتَّى أَفْسَدَه

my feet are killing me (*coll.*) أُحِسّ بألم فَظيع بِقَدَمَيّ (نتيجةً للمَشْي الطّويل)

2. (put an end to, annul)

kill a pain أَوْقَفَ أو أَخْمَدَ الشعور بالأَلَم، سَكَّنَ الأوجاع (بحقنه مخدِّرة مثلًا)

kill someone's hopes حَطَّمَ آمال فلان، قَضَى على آماله، خَيَّبَ أَمَانِيَّه

kill-joy مُكَدِّر الأفراح، مُعَكِّر الصَّفْو والسّرور

3. (neutralize *colour, etc.*, by contrast) (لَوْنان لا ينسجمان) يفسد أحدهما الآخر

4. (consume *time*) قَتَلَ الوقتَ (أثناء الاِنْتِظار)، أَزْجَى الوقْت

5. (overwhelm)

got up to kill تَبَرَّجَت وَتَأَنَّقَت لِتَفْتِكَ بِالقُلُوب، تَزَيَّنَت لِتَسْحَرَ العيون

n. 1. (act of killing) قَتْل (حيوان القنص)

he was in at the kill شَاهَدَ الثّعلبَ المصطاد لَحْظَة قتله؛ كان حاضرًا ساعة البتّ في الأمر

2. (animals killed) مَجْمُوع الحيوانات المصطادة

killing, *a.* (*sl.*) فَاتِن، (جَمال) قاتِل

killingly funny (نُكْتة) تُمِيت من شِدّة الضَّحِك

kiln, *n.* قَمِين، فُرْن، أتون

brick-kiln قَمِينة الطّوب

lime-kiln جيّارة، كُوشة (كُوَش)

kilo, *contr. of* **kilogram**(**me**), *n.* كِيلُو

kilo-, *in comb.* بَادِئة معناها ألف

kilocycle, *n.* كيلوسيكل، تناوب التّيّار الكَهْرَبائِيّ ألف دورة في الثّانية

kilogram(**me**), *n.* كيلو، كيلوغرام

kilometre, *n.*; *also* **kilometer** (*U.S.*) كيلومتر، ألف متر

kilowatt, *n.* كيلوواط (مقياس قوّة الكهرباء)

kilt, *n.* جُونِلّة أو تنّورة يلبسها الرّجال في مرتفعات اسكتلندا

v.t. only in past p. & a.

kilted skirt جُونِلّة أو تَنّورة كثيرة الطّيّات أو البليسيهات

kimono, *n.* كِيمُونُو، روب دي شامبر يابانيّ

kin, *n.* أَقْرِبَاء، أنسباء، ذوو الأرحام

kith and kin الأَهْلُون، أبناء جِلْد تنا

next of kin أَقْرَب الأقرباء، الأقارب الأَدْنَوْن

kind, *n.* 1. (natural group or species) جِنْس، فَصِيلة (فصائل)

2. (class, sort, variety) نَوْع، ضرب، شَكْل، طِراز

of any kind (قُمَاش) من أيّ نوع

nothing of the kind! بِخِلَاف ذلك! لا أبدًا!

two of a kind « شَهَاب الدّين أظرط من أخيه»، لَا يَمْتَاز أحدهما على الآخر

this is a chair of a kind هَذَا مَا لا يمكن تسميّته كُرْسِيًّا إلّا من باب التجاوُر

of all kinds مِن كُلّ نوع وصنف، أفانين شتَّى، أشكال وألوان

3. (*in phrases*, implying vagueness)

he is a kind of tradesman لَيْسَ هو تاجرًا بكلّ مَعْنَى الكلمة، هذا تويجر لا تاجر

I kind of expected it (*coll. or vulg.*) كُنْتُ أَتَوَقَّع ذَلِك

4. (goods as opposed to money)

he paid him in kind دَفَعَ له الثمن عينًا (وَلَيْس نقدًا)

a. حَنُون، لطيف، كريم

kind-hearted رَقِيق القلب، شفوق، ذو رَأْفَة وعَطْف

be kind enough to; *also* be so kind as to مِنْ فَضْلِك ...، تفضل ب، رجاءً

kindergarten, *n.* رَوْضَة الأطفال

kindle, *v.t. & i.* 1. (catch fire or cause to catch fire) أَضْرَمَ، أَشْعَلَ، أَوْقَدَ؛ اِضْطَرَمَ، اِشْتَعَلَ، اِتَّقَدَ

(*fig.*, rouse or be roused) أَلْهَبَ مشاعره، أَثَارَ (حماسه)، أَيْقَظَ (آماله)

kindling, *n.* 1. (lighting) إشعال، إضرام، إيقاد، اشتعال، اضطرام

2. (wood) حَطَب لإشعال النّار

kindly, *a.* لَطِيف، حليم، رؤوف، حَدِب

adv. 1. (in a kind manner) بِلُطْف، برقّة

2. (naturally, easily)

he took kindly to study أَقْبَلَ على الدِّراسة بِشَغَف، وَجَدَ في نفسه ميلًا إلى الدِّراسة

3. (*with imper.*, please)

kindly close the door أَغْلِقْ الباب من فضلك

4. (sincerely)

thank you kindly شُكْرًا جزيلًا! شكرًا يَا بُنَيّ!

kindness, *n.* شَفَقَة، رَأْفَة، جَمِيل، مَعْرُوف

a mistaken kindness أَرَادَ به خيرًا فإذا به أذًى، لُطْف في المعاملة يضرّ ولا ينفع

kindred, *n.* قَوْم، أهل، أقرباء، أنسباء

a. (لُغَات) من أصل واحد، مثيل، شَبِيه، من نفس المشارب

kine, *n.pl.* (*arch.*) بَقَرَات، بقر (لفظ قديم)

kinema, *alternative spelling of* **cinema**

kinetic, *a.* حَرَكِيّ، مُسَبِّب للحركة

kinetics, *n.* عِلْم القوى المحرِّكة، الكينيتيكا

king, *n.* 1. (ruler) مَلِك (ملوك)

2. (large person or thing)

king-size (سَجَاير) من حَجْم كبير

3. (chess-man) المَلِك أو الشاه (شطرنج)

4. (court card) الشّايب، الروا (في وَرَق اللعب أو الكوتشينا)

kingdom, *n.* 1. (country) مَمْلَكَة، دولة

the United Kingdom المَمْلَكَة المُتَّحِدة

2. (division of the natural world)

the animal, vegetable and mineral kingdoms مَمْلَكة الحيوان والنّبات والجماد

3. (*fig.*, realm or province)

the kingdom of science دُنْيا العِلْم، ميدان العُلُوم أو البحث العلميّ

4. (spiritual reign of God) مَلَكُوت

The Kingdom of Heaven مَلَكُوت السَّموات

Kingdom come (*coll.*) الآخِرَة، دار البقاء، (رَحَلَ إلى) العالم الآخَر

kingfisher, *n.* رَفْرَاف (طائر من فصيلة القرليات، صَائِد أسماك المياه العذبة)

kingly, *a.* (طَعَام) الملوك، يليق بالملوك

king-pin, *n.* المِسْمَار الرّئيسيّ (لمحور دوران العَجَلَة)، المزلاج الرّئيسيّ

(*fig.*) القَلْب النّابض أو اليد المحرّكة (لمشروع ما)

kink, *n.* عُقْدَة أو الْتِواء (في سلك)، نتوء، اعوجاج

(*fig.*) اِعْوِجَاج أو غرابة أطوار، شذوذ

v.t. & i. عَقَّدَ، لَوَى؛ تَعَقَّدَ، اِلْتَوَى

kinsfolk, *n.pl.* آل، أهل، أقارب، أقرباء

kinship, *n.* وَشِيجَة، قرابة، نَسَب

kins/man (*fem.* **-woman**), *n.* قَرِيب، نسيب، اِبْن جِلْدَتِه، من ذوي الأرحام

kiosk, *n.* كُشْك (لبيع الصّحف، للتّليفون ...)

kipper, *n.* سَمَك الرنجة المقدّد بالتّدخين

v.t. قَدَّدَ سَمَك الرّنجة بالتّدخين

kirk, *n.* كنيسة (في اللّهجة الاسكتلندية)

kismet, *n.* القِسْمَة والنَّصيب، إرادة الله

kiss, *v.t. & i.* قَبَّلَ، لَثَمَ، بَاسَ

kiss the Book لَثَمَ الكتاب المقدَّس عند القَسَم أو اليمين في المحكمة

kiss-curl قِصّة أو خُصْلة من الشَّعر عَلَى الجبين أو الخدّ

kissing of hands المُثُول في حضرة الملك لتسلّم مهامّ الوزارة

kiss the dust خضَعَ أو قبّل التّراب أمام عدوّه

kiss-in-the-ring لُعْبَة يجري فيها الصغار في حَلْقَة ويقبلون بعضهم بعضًا

(*fig.*, touch gently or lightly) مَسَّ أو لَامَسَ لَمْسًا خفيفًا

n. قُبْلة، لَثمة، بوسة

kiss of life طَرِيقة تنفُّس اصطناعيّ (فمًا لِفَم)

kit, *n.* صُنْدُوق العدّة، الآلات أو اللّوازم؛ ملابس خاصّة (للرّياضة مثلًا)

kit inspection تفتيش يُجْرِيه الضّابط على مُتَعَلِّقات الجنديّ للتأكّد من صَلاحيّتها

kit-bag شَنْطة العدّة، مِخْلاة الجنديّ

sports kit لَوَازم ألعاب الرياضية

tool kit مَجْمُوعة أدوات العامل الميكانيكيّ

v.t. usu. in

kit out (up) *with* جَهَّزَ أو أَعَدَّ (لوازم السَّفَر مثلًا)

kitchen, *n.* مَطْبَخ، مطهًى (في فندق)

kitchen-garden مَبْقَلَة، بستان مُعَدّ لِزِرَاعَة الخضار

kitchen range مَوْقِد بالفحم للطَّبخ ولتَسخين المَطْبَخ، وِجَاق

kitchen-maid خَادِمة تساعِد الطَّبّاخة

kitchen sink حَوْض لِغَسْل أَواني المَطْبَخ

(*attrib.*) (applied to school of writers or painters) تَصْوِير الحياة الواقعية (في الأدب والفَنّ) بكلّ مافيها من بشاعة وبلا رتوش

kitchenette, *n.* مَطْبَخ صغير، مُطَيْبِخ

kite, *n.* 1. (bird) حِدَأة (طائر من الصّقريّات)

2. (toy) طَيَّارة (مصنوعة من الورق والبُوص يطيّرها الصغار)

fly a kite (*fig.*) اسْتَطْلَع الجوّ، جَسّ النَّبْض؛ الحُصُول على نقود بكمبيالات صوريّة

kith, *n. see* **kin**

kitten, *n.* هُرَيْرة، قطيطة

v.i. وَلَدَت القطّة

kittenish, *a.* (بِنْت) عفريتة، مُحِبَّة للمداعَبة

kitty, *n.* 1. (*fam.* kitten) بُسَيْنة، بِسْبِس (مصر)، بزّونة (عراق)

2. (joint fund or pool in some card games) مَجْمُوع رِهانِ اللّاعبين على مائدة القِمار

kiwi, *n.* كِيوِي (طائر نيوزيلندي بلا أجنحة)

klaxon, *n.* بُوق (السّيّارة مثلًا)، كلاكس، كلاكسون، هُورِن (عراق)

kleptomania, *n.* دَاء السَّرِقة

kleptomaniac, *n.* مُصَاب بداء السَّرِقة

knack, *n.* مَهارة فِطْرِيّة أو مكتسبة من التدرّب، مَوْهِبَة (في إزعاج الآخرين – تُقال سخريةً)

knacker, *n.* مُتاجِر في الخيول المُسِنّة الهَزيلة لقَتْلِها وبَيْع لحمها

knapsack, *n.* حَقِيبَة من القماش تُحْمَل على الظَّهر، جَرَبَنْدِيّة (مصر)

knave, *n.* 1. (rogue) وَغْد، شرير، نصّاب

2. (court card) وَلَد (في ورق اللعب)

knavery, *n.* خُبْث، لُؤْم، خَتَل

knavish, *a.* (حِيلَة) غادرة أو لَئِيمة

knead, *v.t.* عَجَنَ، دَعَكَ

(*fig.*, massage) دَلَّكَ (العضلات)

knee, *n.* رُكْبة

on one's knees (subjugated) مُتَضَرِّعًا، جَاثِيًا، متذلّلًا، على رُكْبتيه

(*coll.*, exhausted) مَنْهُوك القوى

knee-deep حَتَّى الرّكبتين

bring someone to his knees أَخْضَعَه، أَجْبَرَه عَلَى الخضوع والاستسلام

bend the knee جَثَا راكعًا؛ خَشَعَ

knee-cap الرَّضْفة، العظمة المتحرّكة برأس الركبة، صَابُونة أو راقصة الرُّكْبة

knee-jerk انتفاضة أو رجفة الرُّكْبة

knee-breeches بَنْطَلون يصل إلى الرُّكْبَتَيْن ويُربَط تحتهما

knee-hole desk مِنْضَدة كتابة بأَدْراج مِن الجَانِبَيْن

kneel (*pret. & past p.* knelt), *v.i.*; *also* kneel down رَكَعَ، جَثَا، سَجَدَ، بَرَكَ، نَاخَ، اِسْتَنَاخَ

knell, *n.* دَقّات جَرَس المَوْت ؛ الإِيذان بِقُرْب زَوال شَيْء

v.i., rarely v.t. دَقَّ جَرَس الموت

knelt, *pret. & past p. of* **kneel**

knew, *pret. of* **know**

knickerbocker, *n. usu. pl.* بَنْطَلُون يصل إِلى الرُّكْبَتين ويُرْبَط تحتهما

knickers, *n.pl.* كَلْسُون ، لِباس

knick-knack, *n.*; *also* **nick-nack** تُحَف زَهِيدة القِيمة (للزِّينة)، خُرْدَوات (عراق)

knife (*pl.* knives), *n.* سِكّين ، سِكّينة، مُدْيَة (مُدًى)

the knife (surgical operation) عَمَلِيّة جِراحِيّة

war to the knife حَرْب ضَروس أو عوان، (قاتلوا) حتّى آخر قطرة من دمائهم

he has got his knife into him يَحْقِد عَلَيْه دائِمًا ، لا يَدَع فُرْصَة للنَّيْل مِنه

before you could say knife في لَمْح البَصَر ، في أَسْرَع من البَرْق

knife grinder سَنّان السَّكاكِين ، جلّاخ ، جَرّاخ (عراق) ؛ مِسَنّ السَّكاكِين

pocket knife مِطْوَاة (مطاوٍ)

knife-edge, *n.* حَدّ أو شفْرة السِّكّين؛ رَكِيزة الرَّوافع في الموازين

a. (*oft. fig.*) نَوْع من البليسِيهات (في التَّنُّورة أو الجونلة)

v.t. طَعَنَ بِخَنْجَر

knight, *n.* 1. (*hist.*) فَارِس (فرسان - قديمًا)

knight-errant فَارِس يَتَجَوَّل سَعْيًا وراء المُغَامَرات (قديمًا)

2. (title) فارِس أو نبيل (رتبة شرف انكليزية)

3. (chess-man) حِصَان، فرس (شطرنج)

v.t. مَنَحَه لَقَب فارس، رَفَعَه إلى رُتْبَة النُّبَلاء

knighthood, *n.* فُرُوسِيَّة (رُتْبة شرف انكليزيّة)

knit, *v.t.* 1. (make *material into a garment*, make *garment*, by looping thread on needles); *also v.i.* حَاكَ بإبر التريكو، اِشْتَغَلت (بلوفر)

2. (join together)

he has a well-knit frame هُوَ قَوِيّ البُنْيَة، مَفْتُول العضَلات

a closely knit argument حُجّة مُتماسِكة لا تدَع ثُغْرَة لِلخَصْم

3. (contract *the brow*) قَطَّب جَبينه، عَقَدَ حاجبيه مفكِّرًا

v.i. (*esp. of bones*, mend after fracture) اِلْتَحَمَت (العظام بعد تجبيرها)

knitting, *n.* 1. (the action of one who knits) أَشْغَال الإبرة أو التريكو ، حِياكة

knitting-needle إِبْرة التريكو أو الحياكة

2. (what is being knitted) التريكو، الإبر وخُيُوط الحِياكة والثَّوب المحاك

knives, *pl. of* **knife**

knob, *n.* مِقْبَض (الباب)، مفتاح (الراديو)، أكرة (مصر)، يدّة (عراق)؛ مكعّب سُكَّر

with knobs on (*sl.*) كَذا و نُصّ ! أنت مِثلي و أكثر ! (في لغة الصِّبْية)

knobby, *a.*; *also* **knobbly** كَثِير البُرُوز والنُّتُوء، (عصا) فيها عُجَر وبروز

knock, *v.t.* 1. (strike) ضَرَب، قَرَع، طَرَق

knock something on the head (*fig.*) أَحْبَط المَشْرُوع، قَضَى عليه قضاءً مُبرمًا

knock someone silly (senseless) أَفْقَدَه صوابه بِضَرْبَة، أَطَارَ رُشْدَه بِلَطْمَة

knock one's head against (*fig.*) ظَلَّ يَضْرِب الحائط بِرأسِه (عَبَثًا)

knock into the middle of next week (هَدَّدَه) بِضَرْبَة تفقده صوابه، سأُجْهِز عليك بضربة واحدة

knock the bottom out of (*fig.*) دَحَّضَ أو فَنَّدَ حُجَّته، أَفْحَمَه

2. (*with adverbial adjuncts to form compound verbs*)

knock about (belabour) كَالَ له اللكمات، عَامَلَه بقسوة وغِلْظَة

knock back (drink at one gulp) رَمَى بالكَأْس في فَمِه مَرَّة واحدة، شربه جرعة واحدة

knock down

(by a blow) أَلْقَاه أو طرحه أرضًا

(in a car) دَهَسَته أو دَاسَته (سيارة)، سَحَقَتْه (عراق)

(demolish *building*) هَدَّمَ أو دَمَّرَ مبنًى

(*in auction sale*, dispose of to bidder) بَاعَ بالمزاد؛ (lower price of) خَفَّضَ السِّعْر

knock in (hammer *a nail* in) طَرَقَ أو دَقَّ مِسْمَارًا (في لوح خشبيّ مثلًا)

knock off

(*lit.*) أَسْقَطَ أو أَوْقَعَ (الإناء مثلًا)

(*coll.*, dispatch, compose, quickly) أَنْجَزَ عَمَلًا بسُرْعَة وسهولة

(deduct *sum* from price) خَفَّضَ السِّعر (دِرْهَمًا مثلًا)، رَخَّصَه (شِلِنًا)

(*sl.*, steal) سَرَقَ، نَشَلَ، «عَلَّقَ»

knock out (strike unconscious), *whence*

a knock-out ⟨blow⟩ ضَرْبَة حاسمة أو قاضية في حلبة الملاكمة

a knock-out

(surprising thing) شَيْء مُدْهِش، هائل!

(empty by tapping) نَفَضَ أو أَفْرَغَ رماد التِّبْغ من البِيبة أو الغليون

knock over (upset) قَلَبَ (المَزْهَرِيّة مثلًا)

you could have knocked me over (down) with a feather كِدْتُ أن يُغمى عليّ عندما سَمِعْت الخبر

knock together (*lit.*) طَرَقَ واحدًا بالآخر

knock their heads together أَجْبَرَهم بشدّة عَلَى إنهاء الخصومة

(construct hastily) صَنَع (كرسيًّا مثلًا) بِسُرْعَة وبدون دِقّة، لَصَّمَ (مصر)

knock up

(*lit.*) طَرَقَ شَيْئًا من أسفل ليرفعه أو لِيُنْزِلَه

(prepare quickly) هَيَّأَ (أكلة مستعجلة) كيفما اِتَّفَق، جَهَّزَ (المونة أو الملاط)

(score *runs* at cricket) أَحْرَزَ نقاطًا في لَعِبَة الكريكيت

(practice before a game), *whence*

knock-up *n.* تَمْرِين خاطف قبل الشروع في المُبَاراة

(rouse from sleep) أَيْقَظَ نائمًا بِقَرْعِ باب بَيْتِهِ أو غرفته

(incapacitate) أَنْهَكَ

he was quite knocked up كَانَ في شدّة الإِعْيَاء، لم يبق فيه رمق من شدة التعب

3. (*U.S. sl.*, criticize) تَحَامَلَ عليه، عَيَّبَه عَلَى كلّ أفعاله، لم يكفّ عن نقده

v.i. 1. (make noise by striking) أَحْدَثَ صَوْتًا يُشْبِه الطَّرْق، دَقَّ، خَبَطَ

2. (strike)

knock against something اِصْطَدَمَ بشيء

knock ⟨up⟩ against someone (meet casually) لَقِيَهُ صُدْفةً، قَابله عَرَضًا

my knees were knocking اِصْطَكَّت ركبتاي

knock-kneed, *a.* مُقَوَّس الرِّجلَين إلى الدّاخل بِحَيْث تتقارب ركبتاه، أَصْفَد

4. (*of engines*) أَحْدَثَ المحرّك أصوات غير مُنْتَظِمَة، كَرْكَرَ، خَبَّطَ

5. (*with adverbial adjuncts*)

knock about (travel here and there) جَالَ في أَصْقَاع شتَّى؛ هَامَ على وجهه، تَسَكَّعَ

knock off (stop work) تَوَقَّفَ عن العمل، بَطَّلَ الشغل (للراحة مثلًا)

n. ضَرْبَة، قرعة، دَقَّة، خَبْطَة

(*fig.*)

he took some hard knocks لَطَمَتْه الأيّام لَطَمَاتٍ عَدِيدَة ، نُكِبَ مرارًا

knockabout, *a.*

knockabout clothes مَلَابِس متينة تُرْتَدى عِنْد القِيام بأعمال خَشِنة

knockabout turn نِمْرَة هَزْلِيّة يَكْثُر فيها الصَّخَب ، فَصْل في مُتَنَوِّعات الفُود فِيل

knocker, *n.* مِقْرَعَة الباب، يدّة لقرع الباب؛ شخص مكلّف بإيقاظ العمّال في ساعة معيّنة

knoll, *n.* رَابِيَة، رَبْوَة، أكمة، تلّ

knot, *n.* 1. (fastening in rope, etc.) عُقْدة (في حَبْل مثلًا)

tie ⟨up⟩ in knots (*fig.*) أَعْضَلَه، حَيَّرَه، أَرْبَكَه، دَوَّخَه

2. (nautical measure of speed) مِيل بَحْرِيّ (طُولُه ٦٠٨٠ قدمًا)، عُقْدة

3. (hard lump in wood) عُجْرة أو عُقْدة في الخَشَب، برّ (مصر)

4. (group of persons) شُلَّة من الناس، زُمْرة، رَهْط، لمّة من الناس

v.t. & i. عَقَدَ، عَقَّدَ؛ تَعَقَّدَ

knotting, *n.* مَحْلُول سميك تعالج به عُقَد الخشب قبل طلائه يشبه الجملكّا

knotty, *a.* 1. (*of wood*, full of knots) (خَشَب) كَثِير العُقَد أو النتوء

2. (intricate, puzzling) (مُشْكِلَة) معقّدة يَصْعُب حلّها، عَوِيصة

knout, *n.* كِرْبَاج بذيول عدّة لجلد العبيد

know (*pret.* knew, *past p.* known), *v.t. & i.*

1. (be sure of) عَرَفَ، عَلِمَ، دَرَى

he knows what's what مُجَرِّب (في مهنته)، مُلِمّ بموضوعه، ليس من السّهل خداعه

I don't know about that! (= I rather doubt it) رُبَّما يكون الأمر كما تقول (وَلَكِنّي أَشُكّ في هذا)

(*absol.*)

there's no knowing اللّه أعْلَم ! لا يُمْكِن التَّكَهُّن بِهذا !

you never know, it may rain ومَن يَعْلَم - قد تُمْطِر، (احذر) فمِن المحتمل نزول المطر

I wouldn't know! لَا عِلْمَ لِي بالأمر! إيش عرّفني يا أخي (مصر)، آني شمعرّفني (عراق)

I *know*! (sympathetic agreement) أنَا معك!

2. (be acquainted with, have learnt *about something*)

he knew it for certain عَلِمَ عِلْمَ اليقين، عَرَفَ حقّ المَعْرِفة، كان واثقًا به أو منه

know by heart (rote) يَحْفَظ (القصيدة) عن ظَهْر قلب، اِسْتَظْهَرَ

he knows it like the back of his hand يَعْرِفه مَعْرِفةً تامّة، يَعْرِف (المَدِينة) بِكُلّ أزِقّتها

he knows his own mind لَدَيْه فكرة واضحة عمّا سَيَفْعَلُه، هو متشبّث برأيه لا يتزحزح عنه

he knows a thing or two هُوَ يَعْرِف أكثر ممّا يُخَيَّل لك، إنّه مُلِمّ حقّ الإلمام

you should know better than to go out without a coat كَانَ يَجِب أن ترتديَ مِعْطَفَك عندما خرجت من البيت

what do you know ⟨about that⟩? (said in indignation or surprise) أَلَيْس هذا شيئًا مكدِّرًا؟؛ إنّك لتُدْهِشُني بما تقول!

if you must know . . . إذا كُنْتَ مُصِرًّا على المَعْرِفَة (فالأمر لن يَسُرَّك)

do this or I'll know the reason why عَلَيْك أن تَفْعَلَ هذا وإلّا...، لا مَفَرّ لك من ذلك

you know (*parenth.*) وبَعْدِين ... (مصر)، تعرف.. (عراق) - (تُكَرَّر تِلقائيًّا أثناء الحَدِيث)

3. (have information *of*, *about someone or something*)

not that I know of كَلّا... على حدّ عِلْمي (إجابة مَنْفِيّة على سؤال)

4. (be acquainted with *someone*)

he knows him by sight لَا يَعْرِف فلانًا إلّا بالشّكل فقط

5. (recognize, identify, distinguish)

I knew him at once (رَغْمَ مرور زمن طويل) فَقَدْ تَعَرَّفت عليه فورًا

he knows a good thing when he sees it يَسْتَطِيع لأوّل نظرة أن يُمَيِّزَ الصّالح من الطّالح

6. (experience)

know suffering ذاقَ طَعْمَ الألَم أو العذاب، صَهَرَته الآلام والأوجاع

I have known it ⟨to⟩ rain all day مَرَّت بي أيّام لم ينقطع فيها نزول المَطَر

n. (*coll.*)

he is in the know يَعْرِف السِّرّ أو الحيلة، لَهُ عِلْم بالموضوع

know-all, *n.* مَغْرُور بعلمه أو معرفته، مَنْ يَتَوَهَّم أنّه يعرِف كلّ شَيْء

know-how, *n.* خِبْرَة أو حُنْكة مكتَسَبة من المَرَان الطّويل، مَهارة فائقة في حِرْفةٍ

knowing, *a.*

a knowing look نَظْرة ماكِرة، نظرة ذات مَغْزًى أو معنًى

knowledge, *n.* اِطِّلاع، عِلْم، معرِفة، إدْرَاك، دِرَاية

it has come to his knowledge تناهَى أو نمَى إلى عِلْمه ، بلَغه مِن مَصادِر خاصّة

to my ⟨certain⟩ knowledge (= as I well know) أَنا على يَقين من ...

to ⟨the best of⟩ my knowledge (= as far as I know) علَى حَدّ عِلْمي، بقدر ما أعلم

knowledgeable, *a.* وَاسِع الاطّلاع، خبير، له دِرَاية واسعة (في هذا الميدان)

knuckle, *n.* بُرْجمة (براجم)؛ راجبة (رواجب)، مَفْصِل بين سلاميات الأصابع

knuckle-duster حِزام مَعْدِنيّ يُغَطّي بَراجِم اليَد ويَسْتَعْمِله الأشقياء

near the knuckle مُلَاحَظَة نابية ، تعليق بَذِيء يخدش الحياء

rap on (over) the knuckles (*fig.*) وَبَّخَ توبيخًا قاسِيًا ، نَقَد نَقْدًا لاذِعًا

v.i. only in

knuckle under to خَضَعَ لِ، أَذْعَنَ إلى، رَضَخ لِ

knurled, *a.* (مِقْبَض معدِنيّ) مُخَرَّش أو مُتَرْتَر

kohlrabi, *n.* كُرُنُب خاصّ غليظ السّاق

kope(c)k, *n.*; *also* **copeck** كُوبك، جزء من مئة مِنَ الرُّوبل (وحدة النقد الروسي)

kopje, *n.* رَابية، رَبْوة، أَكَمة، تلّ (في جَنُوب افريقيا)

Koran, *n.* القُرْآنِ الكريم، المصحف الشَّرِيف، الفُرْقان

kosher, *a.* طَعَام تتوفر فيه شروط التّعاليم اليهوديّة، مُبَاح أكله في الشريعة اليهودية

kow-tow, *v.i.*, *usu. to* someone or something خَرَّ ساجدًا بين يديه؛ قَبَّلَ قَدَمَيْه

kraal, *n.* مَجْمُوعة أكواخ يحيطها سياج (في جنوب أفريقيا)؛ حظيرة مواشٍ

krone, *n.* كرون، عملة فضية هي وحدة النّقد في اسكندنافيا

kudos, *n.* صِيت حسن، شُهرة، سُمعة مَجْد، فَخْر

kümmel, *n.* شَرَاب كحوليّ حلْو المذاق معطّر بِرُوح الكَمُّون والكراوية

Kurd, *n.* كُرْديّ (أكراد)

Kurdish, *a. & n.* كُرْديّ، اللّغة الكرديّة

L

L, 1. (letter) الحَرْف الثّاني عشر من الأَبْجَدِيّة الانكليزيّة

2. (Rom. num. = 50) رَقْم رومانيّ بِمَعْنَى العدد ٥٠

L-driver سَائِق تحت التّمرين (قبل الترخيص له)

L-plate لَوْحَة تشير إلى أن السائق لا يزال تحت التّدْرِيب ولم يحصل على رخصة قيادة

L-shaped (غرفة) على شكل حرف **L**

la, *n.* (*mus.*) الدَّرَجة السّادسة في السُّلّم المُوسِيقِيّ الأوروبيّ

lab, *coll. contr. of* **laboratory**

label, *n.* بِطَاقَة (تلصق أو تعلّق على شنطة سفر مَثَلًا) تُكتَب عليها بيَانات خاصّة

(*fig.*) كِناية عن انضمام فلان لفئة ما، رَمْز

v.t. لَصَق أو عَلَّق بطاقة الاسم والعنوان مثلاً

(*fig.*) نَعَته بصفة ما، وَصَمَه (بالفوضوية مثلاً)

labial, *a.* 1. (of the lips) مَا كان له صلة بالشَّفَة، شفهيّ، شفويّ

2. (*phon.*), *also n.* (حَرْف) يُنْطَق بالشَّفتين

laboratory, *n.*, *coll. contr.* **lab** مُخْتَبَر أو معمل (كيمياء أو فيزياء آلخ)

laborious, *a.* (عَمَل) شاقّ، مُرْهِق، مُضْنٍ

labour, *n.* 1. (work, exertion) عَمَل، جُهْد، كَدّ، مجهود، كَدح

hard labour أَعْمال أو أشغال شاقّة

labour-saving, *a.* (جِهَاز) يخفّف عَناء العَمَل

2. (task) خِدْمَة، عَمَل

he did it as a labour of love أَدّى له خدمة عن رَغْبَة وطيب خاطِر، ساعده حبًّا في مساعدته

the labours of Hercules مَجْهُود فوق طاقة البَشَر

3. (workers, working classes) العُمّال، الطَّبَقة العاملة، شغّيلة

skilled labour (عَدَد) العمّال المَهرة، عُمّال حَاذِقُون، حِرَفِيّون

Labour Exchange مَكْتَب العمل (المحلّي)، مَصْلَحَة استخدام العاطلين أو إعانتهم

labour market العَرْض والطَّلَب للأيدي العاملة

4. (political party); *also* Labour Party حِزْب العمّال البريطاني

5. (childbirth) وِلَادة، مَخاض، نفاس

labour pains آلام المخاض، الطَّلْق

in labour تَمَخَّضَت الحامِل، أَخَذَها الطَّلْق، أَدْرَكَتها آلام الولادة

v.i. 1. (work hard) كَدَح، كَدَّ، بَذَل مَجْهُودًا شاقًّا

2. (advance with difficulty) تَقَدَّم بِجُهْد جَهِيد، شَقَّ طريقه بصعوبة وعناء

(*fig.*)

labour under a delusion هُوَ أسير وهمه، يَجْرِي وراء السَّراب

v.t. (elaborate, overstress)

labour a point أَسْهَبَ بدون داعٍ، أَكَّدَ نُقْطَة وأَطْنَبَ فيها (رغم وضوحها)

laboured, *past p.* & *a.* (أُسْلُوب) مُتكلَّف، مُفْتَعَل

laboured breathing تَنَفُّس ثقيل وصعب

labourer, *n.* عَامِل (زراعي مثلاً)، فاعل (فَعَلَة)، شغّال (شغّيلة)

Labrador, *n.* 1. (place) لبرادور (شبه جَزيرَة كبيرة في شرق كندا)

2. (breed of dog) فَصِيلة من الكلاب

laburnum, *n.* شَجَرَة السَّوْقَم أو الأبنوس الكاذب

labyrinth, *n.* تِيه، متاهة؛ تعقُّد الأمور

labyrinthine, *a.* مُلْتَوٍ، مُعقَّد، كالمتاهة

lace, *n.* 1. (fabric) دَنْتِلّة، تخريم، (شريط يُحَاك بأشكال منتظمة ويستعمل للزَّرْكشة)

2. (cord) قِيطَان، بَرِيم

shoe-lace رِبَاط الحذاء

v.t. 1. (fasten); *also* lace up رَبَطَ (الحذاء)، شَدَّ بشريط أو قِيطَان

2. (*coll.*, fortify)
coffee laced with cognac قَهْوَة مقوّاة بِإِضَافة الكونياك

lacer/ate, *v.t.* (**-ation,** *n.*) مَزَّق أو نَهَش (جلده)، (أحدثت الأسلاك الشائكة) جروحًا متعدّدة

lacerated feelings قُلُوب أو مشاعر مُحطَّمة

lachrymal, *a.* دَمْعِيّ، ما يتعلّق بالغُدَد الدَّمْعِيّة (طبّ)

lachrymatory, *a.* مُسِيل للدّموع

lachrymose, *a.* يَنْزَع إلى البُكاء (إذا سَكِرَ مثلًا)

lacing, *n.* (system of laces) طَرِيقَة شبك أو حبك (قِطْعَتَيْ قماش مثلًا) بقيطان؛ ربط الحذاء

lack, *n.* اِنْعِدَام، فقدان؛ عَوَز، نَقْص، اِحْتِياج أو افتقار إلى (المال مثلًا)

for lack of (أخْفَق المَشْرُوع) لِانْعِدام (المال)، (لم يُتْقِن العَمَل) لِقِلَّة (التَّمَرُّن عليه)

no lack of لا تَنْقُصه (المهارة أو الخبرة)، (عِنْده) عدد وفير من (الكُتُب مثلًا)

v.t. يَعُوزُه، يَنْقُصُه، يفتقر إلى

lack judgement جَانَبَه الصَّواب، يَنْقُصه بُعْد النَّظَر

lack-lustre, *a.* اِنْطَفَأ بريق (العينين)، ضاعت حَيَوِيّته، (شعر) فقَدَ لَمْعانه

v.i. only in pres. part., as
lacking in courage تَنْقُصه الشَّجاعة

money was lacking لَمْ يَتَوَفَّر لديه المال، اِحْتاج المشروع إلى مزيد من المال

lackadaisical, *a.* مُتَكَاسِل، متواكل، فاتر الهِمّة

lackey, *n.* خَادِم يرتدي زِيًّا خاصًّا (سابقًا)

(*fig.*) مِنْ أَذْنَاب أو أعوان (الاستعمار)، خَانِع، مأجور، ذَيْل

laconic, *a.* مَا قَلّ ودَلّ (من الكلام)، وجيز العبارة، (مَقال) مُرَكَّز، موجز، مُقْتَضَب

lacquer, *n.* وَرْنِيش من مادّة اللك لطلاء الأثاث الخشبيّ؛ طلاء يبخّ على الشعر لتلميعه وتثبيته

v.t. طَلَى أو لَمَّع (أثاثًا) بهذا الورنيش؛ بَخَّ على الشَّعْر محاول التّلميع والتّثبيت

lacrosse, *n.* لُعْبَة كرة شائعة في كَنَدَا

lactation, *n.* دَرّ، (فترة) الإلبان، إرضاع

lactic, *a.* لَبَنِيّ، حَليبيّ

lactic acid حَامِض اللبنيك أو اللكتيك

lacuna (*pl.* -ae), *n.* فَجْوة، ثغرة، فراغ (في نصّ – أيْ نَقْصان سطور أو كلمات فيه)

lacy, *a.* يُشْبِه الدَّانتيلّة أو التَّخْريم

lad, *n.* صَبِيّ، فتًى، غلام، يافع، وَلَد

he is a bit of a lad بِهِ مَيْل إلى حياة العَبَث والمَرَح، طائش ومستخفّ، مِمراح

ladder, *n.* 1. (appliance); *also fig.* سُلَّم خَشَبِيّ أو معدني (كَسُلَّم المطافئ)

ladder of fame (اِرْتَقَى) سُلَّم الشهرة، (بلغ) عَتَبَات المجد

2. (flaw in stocking, etc.) تَسَلُّت أو تَنْسِيل طوليّ بجوارب السّيّدات

ladder-proof stockings جوارب تقاوم التَّنسيل

v.i. & t. (*of stocking*) نَسَلَ وتَنَسَّلَ الجورب

laddie, *n.* (*fam. or coll.*) (يا) صَبِيّ، (يا) ولد!

laden, *past p. of* **load,** *v.t., and a.* محمّل ب

laden with fruit (شَجَرَة) مُثْقَلة بالثّمار

laden with grief مُثْقَل بالهموم، ينوء كاهله بِالأَحْزان، مجروح الفؤاد

la-di-da, *a.* (*coll.*) مُتَكَبِّر ومُتَعَجْرِف، شايف نفسه، طالع فيها (مصر)، شايل خشمه (عراق)

lading, *n.* شَحْن (البضائع)

bill of lading بُولِيصة أو وثيقة الشَّحْن

ladle, *n.* مِغْرَفة، كبشة (لِصَبّ السوائل)

v.t., usu. ladle out غَرَف (الشّوربة مثلاً)، كالَ (الشتائم)، وَزَّع بِلاحِساب

lady (*pl.* ladies), *n.* 1. (woman of rank, position, or breeding) سَيِّدة

lady bountiful سَيِّدة مِعْطاء مُحْسِن (على سُكّان القَرْيَة مثلاً)

lady's maid وَصِيفة خاصّة لِسَيِّدة

Our Sovereign Lady ⟨the Queen⟩ صَاحِبة الجَلالة (ملكة بريطانيا)

Lady-in-waiting وَصِيفَة عندملِكة أو أميرة

she is no lady إمْرَأَة سوقية، تعوزها الرِّقَّة واللَّباقة والاتيكيت

2. (title) الليدي، لقب لزوجة نبيل أو ابنة لورد

3. (*relig.*)

Lady Chapel مَعْبَد في كاتدرائية (خلف الهَيْكل عادةً) مُكَرَّس للسيدة العذراء

Lady Day عِيد البِشارة عند المسيحيّين (يحلّ يوم ٢٥ مارس أو آذار)

Our Lady السَّيِّدة مريم العذراء

4. (woman)

lady doctor طَبيبة، دكتورة

lady-dog (*euphem.*, bitch) أُنْثَى الكلب

lady-killer زِير نساء، معبود النّساء

lady of leisure سِتّ مترفة تَسْرَح وتَمْرَح

lady-love مَحْبُوبة، عشيقة، خليلة

lady's fingers البَامْيا (نَبات تُؤْكَل ثِمارُه)

your good lady (wife) السَّيِّدة حَرَمُك أو زَوْجَتُك أو قرينتك

Ladies (lavatory) مَرَاحِيض السَّيِّدات

ladies' man زِير نِسَاء، رجل يتلطّف في مُعَامَلة النِّساء، غندور

ladies' night سَهْرَة (في نادٍ رجاليّ) يُسْمَح فِيها بدعوة النّساء

ladybird, *n.* دُعْسُوقَة (خنفساء مطوية الأجنحة)

ladylike, *a.* (تَصَرُّفات) تليق بسيِّدة محترمة

ladyship, *n.* لَفْظ للتَّقْدِير والاحترام عند مُخَاطَبة السَّيِّدات

Your Ladyship يَا صَاحِبة السُّمُوّ، سيادَتُكِ

lag, *n.* 1. (delay) تَلَكُّؤ، تباطؤ، تَخَلُّف

time-lag فَتْرَة بين (اتّخاذ قرار وتنفيذه)

2. (*sl.*, convict); *esp. in*

old lag مُجْرِم سُجِن مرارًا، من أرباب السوابق

v.i. (fall behind); *also*, lag behind تَلَكَّأَ، تَباطَأَ، تَخَلَّفَ (عن الرَّكْب)

v.t. (cover *pipes*, etc., with insulating material) كَسا (الأنابيب) بعازِل الحرارة

lager, *n.* نَوْع من البِيرة الخَفِيفة (لاجر ـ لاقر)

laggard, *n.* مِكْسَال، لُكَأة، مُتخَلِّف

lagging, *n.* (insulating material) مادّة عازلة لِلْحَرَارة تُكْسَى بها أنابيب الماء

lagoon, *n.* بُحَيْرَة شاطئية مُتَّصِلة بالبحر

laid, *pret. & past p. of* **lay**

lain, *past p. of* **lie,** *v.i.* (2)

lair, *n.* عَرِين، مَرْبَض، وَجَر (مأوى الوحوش)

laird, *n.* لورد اسكتلندي

laissez-faire, *n.* سِيَاسَة عدم التَدَخُّل (في حرّيّة التِّجَارة)، إطلاق الحرّية (في النّشاط)

laissez-passer, *n.* وثيقة أو جَواز مرور

laity, *n.* 1. (non-clergy) العِلْمانِيُّون (عند المَسِيحيّين)، مَنْ لَيْسَ من رِجال الدِّين

2. (non-members of a profession) مِنْ غَيْرِ الأخِصّائِيِّين في مهنة ما

lake, *n.* بُحَيْرة (بحيرات)

lake-dweller سُكَّان البُحَيْرات (فيما قبل التّاريخ)

the Lake Poets اِسم يُطْلَق على مجموعة من الشُّعَراء الانكليز في القرن التّاسع عشر

lam, *v.t.* (*sl.*) ضَرَبَ، لَطَشَه بقوة

v.i. (*sl.*); *only in*

lam into someone هَجَمَ عليه ضربًا ولطمًا، اِنهالَ عليه بالضرب الجنوني

lama, *n.* لامَا، كاهن بوذيّ في التِّبِت

lamasery, *n.* دَيْر رهبان اللاما

lamb, *n.* 1. (animal) حَمَل (حِملان)، حَوْلِيّ

as well be hanged for a sheep as a lamb إنْ سَرَقْتَ اسْرِقْ جَمَلًا

take it like a lamb تَقَبَّلَ (الإهانة) راضيًا مُسْتَسْلِمًا، صَبرَ على الشِّدّة

2. (*fig.*, weak, innocent, or dear person)

poor lamb! يا عَيْني عليه! مسكين! غلبان! (تقال للعطف على صغير في مأزق)

3. (fig., sacrificial victim)

the Lamb of God حَمَل الله (رمز للسّيِّد المسيح)

go like a lamb to the slaughter يُسَاق كالشَّاة إلى الذبح

4. (meat) لَحْمُ الحَمَل أو القُوزيّ

v.i. وَضَعَت الشاة حَمَلًا

lambast(e), *v.t.* (*coll.*) سَلَخَه (ضربًا أو نقدًا)

lambent, *a.* هَفّاف، رقيق؛ مُنكِّت

lambkin, *n.* حَوْلِيّ، قُوزِيّ

lambskin, *n. attrib.* جلد الحَمَل المدبوغ

lame, *a.* 1. (crippled) أعْرَج، أقْزَل

2. (*fig.*, feeble, halting) غير مُقْنِع

lame excuse عُذْر أو حُجّة واهية

v.t. أعْرَجَ، جَعَله أقْزَل

lamé, *n.* نَسِيج ذو خيوط مُذَهَّبة أو مُفَضَّضة، لاميه

lament, *n.* رِثَاء، نَدْب، نحيب

v.t. & i. رَثَا، نَدَبَ، بكى على

the late lamented الفَقِيد أو الرَّاحِل المأسُوف عليه

lamentable, *a.* (في حَالة) يُرْثَى لها، في منتهى الرَّدَاءة، رَكيك يُزْدَرَى به

lamentation, *n.* مِرْثَاة، نَحيب، بكاء

⟨Book of⟩ Lamentations مَرَاثِي أَرْمِيَا

lamin/ate, *v.t. & i.* (**-ation,** *n.*) (split into layers) كَوَّنَ من رقائق (كخشب الأبْلَكَاش أو المعاكس أو ألواح الزّجاج)

lamp, *n.* مِصْبَاح، سراج، لمبة

lamp-black سِناج الزَّيْت المَحْرُوق (يُسْتَعْمَل في صِناعة حِبْر الطِّباعة والطِّلاء الأَسْود)

lamp-post عَمُود (فانوس) الشَّارع

lamp-shade بُرْنيطَة أو شمسية المِصْباح، أبا جورة (مصر)

spirit lamp وَابُور سِبِرْتُو، سبرتاية (مصر)

lamplight, *n.* ضَوْء المصباح

lamplighter, *n.* عَامِل بالبلديّة يطوف الشّوارع لإيقاد مصابيحها (قديمًا)

lampoon, *n.* أُهْجِيّة، مقالة ساخِرة فاحشة

v.t. هَجَاه بقصيدة ساخرة لاذعة

lamprey, *n.* جَلَكَا، جَلكَى (جنس أسماك غُضْرُوفِيّة مستطيلة كالحنكليس)

lance, *n.* رُمْح (رماح، أرماح)

lance-corporal وَكيل عَرِيف، وَكيل أُومْباشِي (سابقًا)

v.t. (pierce); *now esp. med.* شَقَّ أو فَتَحَ بِمِبْضَع، فَصَدَ (طِبّ)

lance a boil فَتَحَ دُمَّلًا أو خُرَّاجًا لإزالة القيح

lancer, *n.* (جُنْدِي) فارِس يَحْمِل رُمْحًا

the Lancers (dance) رَقْصَة «لانسرز» لِمَجْمُوعَة من أربعة أزواج؛ موسيقى هذه الرقصة

lancet, *n.* 1. (instrument) مِبْضَع، مِشْرَط، مِفْصَد

2. (pointed arch or window) عَقْد مَخْمُوس

land, *n.* 1. (solid part of earth's surface) أَرْض، بَرّ، يابسة

land-breeze نَسِيم البَرّ، ريح تهبّ من اليابسة نَحْوَ البحر أثناء النّهار

land-locked مُحاط أو محصور باليابِسة

land-lubber اِسْم يُكْنَي به البحارة مَن لا خِبْرَة له بمصاعب المِلاحة

from Land's End to John o' Groats مِنْ أَقْصَى الجنوب إلى أقصى الشمال في بريطانيا؛ «من عَكّا إلى مكّة»

go by land سَافَر برًّا أو بطريق البرّ

reach dry land وَضَعَ قَدَمَيْه على اليابسة (بعد رِحْلة بحريّة طويلة)

sight land أَبْصَرَ اليابسة

2. (terrain)

get the lie (lay) of the land (*fig.*) اِسْتَطلع حَقَائق الأمر، اسْتَكْشَفَ الجوّ

see how the land lies (*fig.*) تَشَمَّمَ الأخبار، اِستجلى الأمور، جَسَّ النَّبْض

3. (soil; *fig.*, agriculture) تُرْبَة، أرض زِرَاعِيّة؛ حياة الرِّيف

land-girl فَتَاة تَتَطَوَّع للعمل في الفلاحة

work on the land اِشْتَغَلَ بالزراعة، مَارَسَ الزِّرَاعَة أو الفِلاحة

4. (property, estate) عَقَار، ضَيْعة

land agent سِمْسَار أراضٍ، وكيل بيوع وَمُشْتَرَيَات أراضٍ؛ ناظر شؤون العزبة

land-hunger جَشَع لِتَمَلُّك الأراضي

5. (country) بِلَاد، وَطَن

in the land of the living لَايَزَال حَيًّا يُرْزَق

the Promised land (*bibl. & fig.*) أَرْض الميعاد

v.i. 1. (*of ship's passenger*, disembark) غَادَر (الرُّكَّاب) السّفينة عند رسوّها

2. (*of aircraft, ball, etc.*, touch ground) هَبَطت أو حَطَّت (الطائرة)، لَمَسَت الكرة الأرض

3. (*fig.*, arrive, fetch up); *also*, land up

land in trouble جَرَّ على نفسه المتاعب

land on one's feet تَمَلَّصَ من المأزق، بَلَغَ برّ الأمان، (عنده حَظّ) ودائمًا يقع واقفًا

v.t. 1. (bring to land) اِصْطَادَ

land a catch أَخْرَجَ السَّمك إلى البرّ بعد اِصْطِيَاده

(*fig.*) اِصْطَادَت (العانس) زوجًا

2. (strike, place) سَدَّدَ ضَرْبَةً

he landed him one in the eye (*coll.*) أَعْطَاه ضَرْبَةً في عينه، لَكَمَه لكمة شديدة

land a ball in the next garden أَوْقَعَ الكرة في الحديقة المجاورة أثناء اللعب

3. (*coll.*, saddle *with*)

to be landed with the job of . . . فُرِضَ عليه القِيَام بعمل ما، كُلِّفَ بِمَأمورية غير محبّبة

landau, *n.* طِرَاز قديم من العربات يمكن طَيّ جُزْء من كَبُّوتها

landed, *a.* 1. (owning land)

landed gentry ذَوُو الأملاك، من الوارثين

2. (consisting of land)

landed property أَمْلاك أو أموال عقاريّة، أَمْوَال ثابتة، أطيان

landfall, *n.* ظُهُور اليابِسة لمسافر بالبحر أو الجوّ، رؤية البرّ

landing, *n.* 1. (platform at head of stairs) بَسْطة السُّلَّم (مصر)، مُنْبَسَط الدَّرَج

2. (reaching or bringing to land); *oft. attrib.* كَلِمَة مَعْنَاها نزول أو هبوط في التَّعَابِير التَّالِية:

landing craft زَوْرَق خاصّ لإنزال الجنود ومعدّاتهم إلى البرّ

landing gear مَجْمُوعة أجهزة الهبوط في الطَّائرة

landing party فِرْقَة جنود تنزل لمهمّة خاصّة

landing stage رَصِيف (عائم غالبًا) ينزل عليه المُسَافِرون والبضائع

landing strip مَدْرَج احتياطيّ لهبوط وَإِقْلَاع الطَّائرات

emergency landing نُزُول أو هبوط اِضْطِرَارِيّ (طائرات)

landlady, *n.* سَيِّدة تُؤَجِّر في بَيْتِها غُرَفًا مَفْرُوشَة (للطَّلَبة مَثلًا)

landlord, *n.* 1. (owner of land) صَاحِب المِلْك، مَالِك الأرض، ملّاك (عراق)

2. (owner of a house) مَالك أو صاحب المَنْزِل، مؤجر المنزل أو الغرف

3. (innkeeper) المَسْؤُول عن إدارة الفُنْدُق، مدير أو صاحب الحانة

landmark, *n.* 1. (conspicuous object) أَحَد المَعَالِم الّتي تسهل التعرّف على منطقة ما، نقطة بارزة

2. (boundary marker) عَلَامة الحدود

3. (*fig.*, outstanding event) حَدَث تاريخيّ هَامّ وذو شأن كبير، نقطة تحوّل

landowner, *n.* صَاحِب أو مالك الأرض. مُلّاك (عراق)

landscape, *n.* 1. (scenery) مَنْظَر طبيعيّ

landscape artist رَسّام المناظر الطبيعيّة

landscape gardener مُصَمِّم يقوم بتخطيط الحَدَائِق الكبرى وتزيينها

2. (painting) لَوْحَة تمثل منظرًا طبيعيًّا

landslide, *n.* اِنْهِيَال الصّخور أو الأتربة نتيجة لِزلْزَال أو تهدّم في الأرض

(*fig.*, sweeping political victory) فَوْز فجائيّ بأغلبية ساحقة في الانتخابات

landslip, *n.* اِنْهِيار في طَبَقات الأَرْض

landward, *a. & adv.* فِي اتّجاه البرّ أو اليابِسة

lane, *n.* 1. (narrow road) دَرْب ريفيّ على جَانِبَيْه أسياج أو وشائع. زُقاق

it is a long lane that has no turning إِنَّ بَعْد العُسْر يسرًا، «اشتدّي أزمة تنفرجي»

2. (route)

air lane مَمَرّ جَوّي

shipping lane طَرِيق الملاحة البحرية مِنْ مِيناء إلى آخر

3. (*of road traffic*) مَمَرّ السيّارات في طريق عامّ لإرشاد السّائقين عند الانحناء

language, *n.* 1. (power of speech) لُغَة

2. (manner of speech, vocabulary)

bad language كَلِمات بذيئة، سِباب وشتائم، أَلْفَاظ غير مهذّبة

strong language اِحْتِجَاج قاسي اللهجة، كلِمات تنقصها الرِّقّة

3. (system of utterance)

dead language لُغَة مَيّتة (كاللاتينية مثلًا)

they speak the same language (*fig.*) بَيْنَهُمَا تَفَاهُم تامّ، يَتّفقان في الميول والمشارب

languid, *a.* يُعْوِزه النَّشاط والحيويّة، كليل، كَسُول ومتراخٍ

languish, *v.i.* 1. (grow feeble) وَهَنَ، ضَعُفَ، فتَر، خارت قوّته، ذَبُلَ

2. (feel sentimental) تاقَ أو تَشَوَّقَ إلى، وَلِهَ، دلّه قلبه من الحبّ

languishing glances نَظَرات متيّمة أو وَلِهَة (كَنَظَرات العاشقين)

languor, *n.* 1. (weakness) كَلَال البَدَن، إعياء، فُتُور الذِّهن

2. (oppressive stillness) الخُمُود النَّاتِج مِن وَطْأة القَيْظ

lank, *a.* 1. (tall and lean) نَحِيف وطويل

2. (*of hair*, straight and limp) شَعْر سَبْط ومتهدّل

lanky, *a.* مُفْرِط في الطّول والنّحافة

lanolin, *n.* اللّانُولِين، دُهن يستخلص من صُوف الغنم ويدخل في تركيب المراهم

lantern, *n.* فَانُوس (سِحريّ)، نِبْراس

lantern-jawed ذُو فكّين طويلَين بارزَين وَخدَّين غائرَين

lantern-slide صُورَة مُلَوَّنة وشفافة تُعْرَض بالفانوس السحري على الشاشة أو السِّتَار، سلايد

lanyard, *n.* 1. (cord worn round neck) حَبْل قَصِير يطوّق الرَّقَبة وتعلّق به صَفَّارة أو مُدْية

2. (short rope) حَبْل قصير، مَرَسة

lap, *n.* 1. (waist to knees of seated person) حِجْر

lap-dog كَلْب صغير مُدَلَّل

in the lap of the gods فِي كفّ الأقدار، (الأمر) موكول إلى العِناية الالهية

in the lap of luxury فِي بَحْبُوحة العَيْش، (يَعِيش) في ترف ونعيم ورفاهية

2. (circuit of race-track) دَوْرة حول الملعب في سِباق ما؛ مرحلة في رحلة أو سياحة

3. (overlap) مِقْدار أو مدى بروز سَطْح أو لوح فوق الآخر، شفة

lap-joint وُصْلة شفة على شفة، وصلة محضنة، وُصْلة تراكب (نجارة)

4. (*of waves*) صَوْت الموج يَلعق (جانب القارب)

v.t. 1. (*fig.*, enfold) لَفَّ أو أَحاط بِ...، بطَّن (صندوقًا) بِصَفائح مَعْدِنيّة

lapped in luxury يَرْفُل في حُلَل الرَّفاهِيَة والنَّعِيم، يَتَقَلَّب في أَحْضان الرَّغَد

2. (*in track events*) دَارَ دوْرَة فِي سِباق

3. (drink) لَعَق، وَلَغ، لَحَس

lap up (*fig.*, accept *news*, *praise*, *etc.*, greedily) تَلَقَّف (المَدْح مَثلًا) بِشَغَف ولَهْفَة

v.i. 1. (*of waves*) اِرْتَطَمت الأمواج بالشاطئ

2. (project *over*) غطّى تاركًا بروزًا بالحافّة

lapel, *n.* ثَنْيَة أو طيّة في صدر الجاكيتة، (وَهِيَ استمرار الياقة)، رقير

lapis lazuli, *n.* لازُوَرْد (حَجَر كريم)

Lapland, *n.* لابلاندا (في شمال اسكندنافيا)

Lapp, *n.* مِنْ سُكّان لابلاندا

lapse, *n.* 1. (slip, deviation) هَفْوَة، زلّة، عثرة، خَطأ بسيط، انحراف، فَلْتة

lapse of memory سَهْو غير مقصود، نِسْيَان غير متعمَّد، خَانَته ذاكرته، غَابَ عن ذهنه أو فكره

2. (interval) فَتْرَة

lapse of time (مَعَ) مُرُور أو مضيّ أو انْقِضَاء الزّمن، تقادُم الزّمن

3. (*leg.*, termination of right or obligation) زَوَال (حقّ) أو سقوطه بالتقادم

lapse of a policy بُطْلان بُولِيصَة التّأمين، سُقُوط الحَقّ بالمطالَبة بِمَفْعُولِها

v.i. 1. (fall, deviate) زَلَّ، عَثَرَ؛ اِرْتَدَّ عَن السّبيل السّوِيّ

lapse into bad habits سَيْطَرَت عليه أو تَمَلّكته عادات مَرْذُولة

lapse into bad English أَصْبَحَت انكليزيته رَكِيكة؛ أَخَذَ كلامه يتضمّن ألفاظًا نابية

2. (*leg.*, become void) سَقَطَ حقّه لمرور المُدّة القانونيّة، بَطُلَ أثره

lapwing, *n.* زَقْزاق شاميّ، أبو طيط (طائر يَمِيل لونه إلى السواد مع الزرقة)

larceny, *n.* سَرِقة ، سَلْب ما للغير (من متاع مثلًا)

petty larceny سَرِقة صغيرة (لا تزيد فيها قيمَة المسروقات عن ١٢ بنسًا)

larch, *n.* شَجَر اللّاريس أو المَلَز (دَائِم الخَضْرة من فَصيلة الثّنُوبِيّات والصّنوبريات)

lard, *n.* دُهن أو شَحْم الخِنْزير (مُعَدّ كإعْدَاد السَّمْن) للطَّبخ

v.t. 1. (insert bacon into *meat*) أَدْخَل في اللّحْم شرائح رفيعة عمودية من دُهن الخِنْزِير

2. (*fig.*, garnish) بَالَغَ في حَشْو كلامة بِعِبَارات أجنبِيّة لِزخْرفته وزَرْكشته

larder, *n.* كُوَّار (مصر)، كِلَر (عراق)، مَخْزن صَغير بِقُرْب المطبخ لحفظ الأطعمة

large, *a.*, *n.*, & *adv.* كَبِير، ضَخْم، جَسِيم، وَافِر، واسع، غَزِير

larger than life فيه كَثِير من المبالغة ؛ هَا هُوَ بنفسه، بِلَحْمِه وشَحْمِه

in large measure لِلْغَاية، إلى حَدّ كبير، في أغلب الأحوال

large-scale (*of maps*) خرائِط ذات مِقْياس رسم كبير

(*fig.*)

at large
(free) (سَجِين) هارب أو فارّ (لم يُقْبَض عليه بَعد)

(in general) بِوَجْه عامّ، بصورة عامّة

the world at large السَّوَاد الأعظم من النّاس، أكثرِيّة النّاس

largely, *adv.* 1. (to a great extent) إلى حَدّ كبِير، إلى دَرَجَة كبيرة

2. (generously, widely) (يَتَبَرَّع) بِسَخَاء، (يَجُود) بدون تقتير

largess(e), *n.* (*arch.*, now *facet.*) هَدِيَّة، هِبة، جُود، كَرَم، إنعام، إهداء

largish, *a.* كَبِير نوعًا ما أو بعض الشيّء

largo, *mus. direction*; also *n.* لَحْن حزين يُعزف بِبُطْء شديد، لارجو (موسيقى)

lariat, *n.* وَهَق، حبل بطرفه أنشوطة

lark, *n.* 1. (bird) قُبَّرة، قُنْبُرة

rise with the lark استَيْقَظ وصياح الديكة، نَهَض مبكّرًا، صَحَا في الفجر

2. (escapade)

do something for a lark فَعَلَ شيئًا على سَبِيل الدُّعَابة أو المُزَاح

he is up to his larks again رَجَعَت حَلِيمة إلى عادَتها القديمة

what a lark! يَالَها من تسلية أو دعابة! يَا لَهُ من مَزاح أو لهو!

v.i.; *usu.* lark about هَزَل، مَزَح

larkspur, *n.* عَائِق الحَدَائِق، رِجْل القُبَّرة، المهماز (نبَات تَزْيينيّ مُزْهِر)

larrup, *v.t.* (*coll.*) أَعْطَاه عَلْقة، قَرَعَه بِمِقْرَعة، جَلَدَه، سَاطَه

larva (*pl.* -ae), *n.* يرقة، يَرَقَانة، دعموص (طَوْر انتقالِيّ بين الفقس والتشرنق)

larval, *a.* يرقِي، دودي، دعموصي

laryngitis, *n.* اِلْتِهاب الحَنْجرة

larynx, *n.* الحَنْجرة

lascar, *n.* بَحّار من جزر الهند الشرقيّة يعمل كخَادِم في سفينة أوروبيّة

lascivious, *a.* فَاسِق، شهوانيّ؛ داعِر، ماجِن؛ مُثير للشّهوة أو الشَّبَق

laser, *n.* جِهاز «لاسر» لانتاج أشعّة قويّة جدًّا

lash, *v.t.* 1. (fasten with cord) رَبَطَ أو أَوثَقَ بحَبْل، أَحْكَمَ الرَّبط بحَبْل

lash down ثَبَّتَ (الحمولة) بالحِبال

lash together رَبَطَ شيئين بحبل رَبْطًا وثيقًا

lash up (*coll.*, construct in rough-and-ready fashion) رَكَّبَ جِهازًا مُؤَقَّتًا (للتَّجْرِبة)

2. (beat); *also v.i.* جَلَدَ، سَاطَ، قَرَعَ

lash a horse ضَرَبَ الحِصان بالكُرْباج، سَاطَ الحِصان

the rain lashed against the window هَطَلَ المَطَر صافعًا زجاج النّافذة

lash out at someone اِنْدفَعَ مهاجمًا خَصْمه، اِنْقَضَّ على فلان بالضَّرب

lash out (*fig.*, spend extravagantly) أَخَذَ يبذّر مَالَه (لإقامة حفلة مثلًا) شرع يصرف بإفراط

(*fig.*, *of verbal attack*)

lash someone with one's tongue سَلَخَه أو سَلَقَه بلسانٍ حادٍّ، عَنَّفَه بكلام قارص

(*fig.*, excite) أَثَارَ، هَيَّجَ

lash oneself into frenzy اِنْدَفَعَ في إهاجة نفسه

3. (switch violently); *also v.i.* حَرَّكَ أو تَحَرَّكَ بشدّة، اِهْتَزَّ بعُنْف

the cat lashed its tail هَزَّت القِطّة ذيلها دليلًا على الغضب

n. 1. (whip, blow(s) with a whip) سَوْط، مَجْلَدة، كرباج؛ ضربة سوط، جلدة

sentence someone to the lash حَكَمَ عليه بالجَلْد

2. (*of eye*); *also* eyelash هُدْب الجفن، رِمْش العين

lashing, *n.* 1. (arrangement of cords) حَبْل لِرَبْط البِضاعة؛ طريقة شدّ الحبال في التَّنْجِيد

2. (beating) جَلْد، سوط، قَرْع، عَلْقة

3. (*pl.*, *coll.*, plenty) وَفرة، كَثْرة، غَزارة

lass, lassie, *n.* فَتَاة، صبيّة، شابّة، عَشِيقة، حبيبة

lassitude, *n.* فُتُور الهمّة والنَّشاط، تَعَب، إعْيَاء، كلال، خمول الجسم

lasso, *n.* وَهْق، حَبْل بطرفه أنشوطة

v.t. أَمْسَكَ المواشي بالوَهْق

last, *a.* 1. (final) أَخِير، آخِر، ختاميّ، نِهائيّ

with his last breath وَهُوَ يَلْفِظ أنفاسه الأخِيرة، وهو في النزع الأخير

the Last Day يَوْم الدَّيْنُونة، يوم الحَشْر والنَّشْر، اليوم الآخِر

at the last minute فِي اللَّحْظة الأخيرة، فِي آخَر ساعة، في آخر فرصة

last-minute, *a.* (إِجْرَاءات أو ترتيبات) تُعْمَل في آخَر لحظة

the last offices; *also* the last rites مَرَاسِيم الدَّفْن أو الجِنازة

the Last Post النَّفِير الأخير (في معسكر)، البُوق النهائيّ في جِنازة عسكريّة

the last straw القَشَّة التي قَصَمت ظَهْرَ الجَمَل، القَطْرَة الّتي أراقَت الإناء

have the last word (تُصِرُّ على أن تكون) لها الكَلِمة الأخيرة؛ كان له القول الفَصْل

that's the last thing I want أنا في غِنًى عن مثل هَذا الشيء. هذا لا ينفع ولا يشفع

last but not least أَخِيرًا وليس آخرًا

2. (latest, immediately preceding) الأَخِير، السَّالِف، السَّابق، الماضي، (العام) المنصرم

the last word in fashion آخر صَيْحة، أحدث مُوديل، آخر طِراز

the week before last الأُسبُوع السابق للأسبوع المَاضِي، الأسبوع الأسبق

n. 1. (end) الشَّيْء أو الشَّخص الأخير

at ⟨long⟩ last وأَخِيرًا، وفي النهاية، وبعد انْتِظار طويل، بعد لَأْيٍ

breathe one's last لَفَظَ أنفاسه الأخيرة، تَوَفَّاه الله

hold on to the last صَمَدَ أو قاوَمَ حتّى النهاية، تَشَبَّثَ بالمقاومة حتّى النفس الأخير

I shall never hear the last of it لَنْ يَنْسَى النّاس لي هذه الهفوة أبدًا

I was with him at the last كُنْتُ إلى جانبه أو ملازمًا له عند وفاته

2. (mould of shoe) قَالَب لِصناعة الأحذية

stick to one's last لَمْ يَعْمَلْ إلّا ما يتقنه من الأَعْمال أو الحِرَف

adv. 1. (after all others) أَخِيرًا، (وَصَلَ) بَعْدَ الآخرين جميعًا

2. (of the last occasion)

when did you last see him? مَتَى رأيته لِآخِر مَرّة؟

the last-named; *also* the last-mentioned المُشار إليه أخيرًا، آنِف الذِكْر

v.i. 1. (continue) ظَلَّ، دَامَ

this weather won't last لَنْ يدوم هذا الطَّقس

last out (endure); *also v.t.* تَحَمَّلَ، صَمَدَ

2. (suffice); *also* last out; *sometimes v.t.* كَفَى، وَفَى بالحاجة

enough money to last ⟨me⟩ a week مَا يَكْفِيني مِن المَال لمدّة أسبوع

3. (*of food*, keep fresh) دَامَ (الأكل) دون أن يَفْسُد، ظَلّ صالحًا للأكل

lasting, *a.* دَائِم، باقٍ

lasting benefit نَفْع باقٍ أو دائم

lasting peace سِلْم دائم

lastly, *adv.* أَخِيرًا، ختامًا، في النّهاية

latch, *n.* سَقَّاطة الباب، مزلاج

latch-key مِفْتَاح الشقّة أو البيت، مفتاح البَاب الرئيسيّ للمنزل

he left the door on the latch لَمْ يَتَرْبِس الباب

v.t. أَوْصَدَ الباب (بالسَّقّاطة)

v.i. إِنْغَلَقَ (الباب) بسهولة

latch on to (*U.S. coll.*) أَدْرَكَ، فَهِمَ؛ فَرَضَ صَدَاقَتَه على غيره

late, *a.* 1. (after a fixed or normal time) مُتَأَخِّر

late-comer مَنْ يَصِل متأخِّرًا عن الميعاد (فِي حَفْلَة أو مسرح مثلًا)

late dinner وَجْبَة عشاء؛ عَشاء متأخِّر

late pass تَصْرِيح أو إذن للرّجوع إلى المُعَسْكر مُتَأَخِّرًا

a late spring رَبِيع متأخِّر

a late summer صَيْف متأخِّر

2. (advanced)

the late eighteenth century أَوَاخِر القرن الثّامن عشر

in later life فِي سِنّ متأخِّرة من عمره، فِي سِنّ الكُهولة

six o'clock at the latest في السّاعة السّادسة عَلَى أكثر تقدير

3. (recent)

of late years فِي السَّنوات الأخيرة، منذ عَهْد قريب

the late administration (فِي) العَهْد السّابق، (فِي) الحكومة أو الإدارة السّابقة

the latest news آخَر الأنباء، أنباء آخَر ساعة

the latest thing أَحْدَث إنْتاج، آخر صَيْحة (فِي الأزياء مثلًا)، آخر طراز

have you heard the latest? هَلْ سَمِعْت آخر نُكْتَة؟ هل وَصَلَ إلى سمعك آخر خبر؟

of late فِي الأَيّام الأخيرة

4. (recently dead) المَرْحوم، الرّاحِل

the late King المَلِك الراحل أو المغفور له

adv. مُتَأَخِّرًا

better late than never مَجِيئك مُتَأَخِّرًا خَيْر مِن عَدَم مَجِيئك إِطْلاقًا

late in the day (*fig.*) أوشَكَت الفُرْصَة أن تَفُوت، لَاتَ حِينَ (مَنْدَم)

late in life عِنْدما تَقَدَّمَت به الأيّام، في السَّنَوات الأخيرة من عمره

later on فِيمَا بعد، بعد ذلك

not later than six قَبْل السَّاعة السّادسة على أكثر تقدير، لا تتأخر عن السّادسة

sooner or later آجِلًا أو عاجِلًا، طال الزّمان أو قصر

lately, *adv.* أَخِيرًا، حديثًا، منذ قريب

lat/ent, *a.* (**-ency,** *n.*) كَامِن، دَفين

latent heat الحَرَارَة الكامنة

lateral, *a.* جَانِبِيّ، جَنْبِيّ

n. فَرْع، غُصْن

latex, *n.* سَائِل لَزِج أبيض يسيل من بعض النَّبَاتات عِنْد قَطْعِها؛ نُسْغ شجر المطّاط، لبن نباتيّ

lath, *n.* لَوْح رفيع ورقيق من الخشب (كان يُسْتَخْدَم في بناء الحِيطان والسقوف)

lath and plaster بِنَاء بَغْدَادِيّ (مصر)، طريقة بِنَاء بألواح الخشب مع الجصّ

thin as a lath نَحِيل كالبوصة، مُسَلْوَع، في مُنْتَهَى النُّحُولة والنَّحافة

lathe, *n.* مِخْرَطة ميكانيكيّة، آلة لخرط الخشب والمَعَادِن آلخ

lather, *n.* رَغْوَة الصّابون وما إليه؛ زَبَد عرق الخَيْل؛ (انْتابته حالة) هِيَاج

v.t. 1. (cover with lather) غَطَّى (ذِقْنه) بِرَغْوة الصّابون، رَغَّى

2. (*coll.*, thrash) ضَرَبه عَلْقة، جَلَده

v.i. (form lather) (الصّابُون لا) يرغّي (في ماء البحر)

Latin, *a.* 1. (of ancient Rome) لاتينيّ، متعلّق بِدَوْلة الرّومان القدماء

the Latin language اللُّغة اللّاتِينِيّة

2. (in the Latin language)

the Latin rite الطُّقوس اللاتينيّة (كاثوليكيّة)

3. (*of language, race, culture*; derived from that of ancient Rome)

Latin America أمْرِيكا اللاتينيّة (الجَنوبيّة)

n. 1. (language) اللُّغة اللاتينيّة

2. (member of a Latin race) مِن أصل لاتينيّ

latitude, *n.* 1. (freedom of choice or action) مَدَى الحُرّيّة في التصرّف، حرّية الاختيار والعمل

2. (distance from Equator) خطّ الأرض

3. (geog. region); *usu. pl.* المَنَاطِق البعيدة

high (low) latitudes (القريبة) من خطّ الاستواء

latrine, *n.* مِرْحَاض، مِبولة (في مُعَسْكر)

latter, *a.* 1. (more recent) الأخِير، الأقرب عهدًا

latter-day, *a.* أحْدَث عَهْدًا، حديث، معاصِر

Latter-day Saints اِسْم يُطْلَق على طائفة المرمون (بِدْعة دينيّة مسيحيّة)

2. (second of two) اللاّحِق، المَذْكور أخيرًا

latterly, *adv.* في الأيّام الأخيرة، حديثًا، في هَذِهِ الأيّام، منذ أمَدٍ قريب

lattice, *n.* (تَنْظِيم) مشبّك، شَبِيكة (مصر)

lattice window نافِذة مشْرَبيّة أو شَعْرِيّة

latticed, *a.* مُشبَّك، شَبَكيّ الشَّكْل

Latvia, *n.* لاتفيا (في شِمال أوروبّا)

Latvian, *a.* لاتفيّ

n. 1. (native) مِنْ أهالي لاتفيا

2. (language) اللُّغة اللاتفيّة

laud, *v.t.* سَبَّح بحمده، مجَّدَه، مَدَحه، أثْنَى أو أطْرَى عليه، قرَّظَه

laudable, *a.* جَدِير بالثَّناء والاستحسان، حميد

laudanum, *n.* اللودانوم، مستحضر أو صبغة الأفيُون (لتسكين الآلام)

laugh, *v.i.* ضَحِكَ

laugh at ضَحِكَ ساخرًا منه

laugh in someone's face ضَحِكَ في وجهه، ضَحِكَ مستهزئًا به أو ساخرًا منه

I will make you laugh on the wrong (other) side of your face سَأَجْعَلُكَ تَنْدَم وَتَبْكِي (على أنّك استهزأت بكلامي)

he now laughs over his misfortunes لَمْ يَعُدْ يجزعُ أمام الشّدائد كما كان يجزع من قبل

laugh up (in) one's sleeve ضَحِكَ في سِرِّه شامتًا بخَصْمه

he who laughs last laughs longest مَنْ يَضْحَك أخِيرًا يَضْحَك طويلًا

I had to laugh لَمْ أتَمالَكْ نفسي من الضَّحِك، لم أستطع مقاومة الضَّحِك

it makes you laugh (*iron.*) شَرُّ البَلِيّة ما يُضْحِك، يالسخرية الأقدار!

v.t.
laugh someone to scorn (out of court) أَفْحَمه بِرَدِّه الدّامغ حتّى جَعَلَه أُضحوكة للنّاس

laugh something off (away) إِسْتَخَفّ بما حَدَث ولم يكترث به

n. ضَحْكَة

have a good laugh ضَحِكَ مِلْء شِدْقيه

have the laugh on (بِكَلِمَة واحدة غير متوقّعة) جَعَلَ خَصْمه مَوْضِع سخرية

he did it for laughs إنّما فَعَلَ ذلك للمزاح

laughable, *a.* يَدْعُو إلى الضَّحِك

laughing, *n. & a.* ضَحِك؛ ضَحوك، ضاحِك

laughing-gas غاز ضَحّاك (يُسْتَعْمَل كمخدّرٍ)

laughing-stock أُضْحُوكَة لِلنّاس، مَوْضِع الاستِهزاء والسُّخْرِيَة، مَسْخَرَة (مصر)

this is no laughing matter هَذا أمر في غاية الخُطُورة، هذه مسألة لا مجال فيها للضَّحِك

laughter, *n.* ضَحِك

burst into laughter إِنْفَجَر ضاحكًا

roar with laughter قَهْقَهَ أو كَرْكَرَ ضاحكًا

launch, *v.t.* أَنْزَلَ سفينة جديدة للماء، عَوَّمَها

launch a missile أَطْلَقَ قذيفة صاروخيّة

launching pad (platform, site) مِنَصّة أو قاعِدَة أو مرتكن لإطلاق القذائف

launch an attack شَنَّ حَمْلَة أو غارة أو هُجُومًا ضِدّ

n. زَوْرَق ذو مُحَرِّك قَوِيّ، لَنْش

v.i.; also launch out شَرَع، بَدَأ في...

launch into a description خاضَ في وَصْفٍ مُسْهَب، أفاضَ في التَّفاصِيل

launch out in a new direction إِنْتَهَج أو إخْتَطّ مَسْلَكًا جديدًا (في حياته العمليّة مثلًا)

launcher, *n.* (*for missiles*) جِهاز إطلاق القَذائِف والصَّواريخ، قاذفة

launder, *v.t. & i.* غَسَلَ وكَوَى (الثّياب والمفارش والمُلاءات وما إليها)؛ يقبل الغسل والكيّ

launderette, *n.* دُكّان لغَسْل الثّياب في غَسّالات مقابل أجر

laundress, *n.* عامِلة غسل وكيّ، غسّالة

laundry, *n.* مَغْسَل، محلّ للغسل والكيّ؛ غسيل، مَلابِس مغسولة أو معدّة للغسل

laundry/man (*fem.* **-woman**), *n.* غَسّال

laureate, *a.; usu. in* مُكَلّل بالغار
Poet Laureate; *also* Laureate, *n.* شاعِر البَلاط أو الدّولة (في بريطانيا)

laurel, *n.* 1. (shrub) شَجَر الغار، رَنْد

2. (emblem of victory) إِكْليل الغار، تاج النّصر، غار الظَّفَر

you must look to your laurels حافِظ على تَفَوّقك وامتيازك، حاذِرْ من منافسيك

rest on one's laurels كَفّ عن السَّعْي مُكْتَفِيًا بما أحرز من نجاح

lava, *n.* طُفوح أو حُمَم بُرْكانيّة، مقذوفات البَراكِين، لاڤا

lavatory, *n.* مِرْحَاض، دَوْرة مياه، خَلاء (عراق)

lavatory basin حَوْض (صينيّ) لغَسْل الوجه

lavender, *n.* 1. (plant) خُزَامَى، لاونده، نبات من فَصِيلة الشَّفويَّات ذو رائحة زكيّة

lavender-bag كِيس صغير به اللاونده الجافّة لتَعْطِير المُلاءات أو المفارش

lavender-water مَاء اللَّاوَنْدَه، عطر اللاونده المُخَفَّف، لاونطة (عراق)

lay up in lavender (*fig.*) حَافَظ بحرص وعناية عَلَى شيء عزيز للذكرى

2. (colour); *often attrib.*; *also* lavender blue لَوْن أزرق أو بَنَفْسَجِيّ فاتح

lavish, *a.* مِعْطاء، جواد، سَخِيّ؛ مُسرف؛ وَافِر، غزير؛ مُغدِق

lavish of one's praise أطْنَبَ في مَدْحه، أسْرَفَ في إطرائه والثّناء عليه

lavish with one's money يَصْرِف ماله بدون حِسَاب، يبذّر في النَّفقات

lavish expenditure نَفَقَات أو مصروفات طائلة

v.t. أغْدَقَ (العَطْف) عليه، أغرقه (بهداياه)

law, *n.* 1. (rule of conduct sanctioned by Church or State; such rules collectively) قَانُون، شريعة، قاعدة، سُنّة

law-abiding (مُوَاطِن) يراعي القوانين، لا يُخَالِف التَّعليمات؛ أهْل للاحترام

law-breaker خَارِج على القانون، خارق للقانون، مُنْتَهِك حُرْمَة القانون

law-court; *also* court of law مَحْكَمة، دار القَضَاء أو العدْل

law-giver شَارِع، مشرّع، مَن يضع أو يَسُنّ القَوَانِين

law-maker شَارِع، مشرّع، مقنّن، مَن يضع أو يَسُنّ القوانين

the law of the land قَانُون الدّولة، القانون السّاري في البلاد

the laws of the Medes and Persians تَقَالِيد وَإجْرَاءَات لا يمكن تغييرها مُطْلَقًا

in law مِنَ النَّاحِية القانونيّة، قانونًا، فِي نظر القانون

by law بِمُوجِب القانون، طبق القَانُون

by(e)-law قَانُون محلّيّ، اللَّوائح أو الأنظمة الإدَارِيّة لهيئة أو سُلطة محلّيّة

the bill became law أصْبَحَت اللائحة البَرْلمانيّة قانونًا (بَعْد التَّوْقيع المَلَكِيّ)

maintain law and order حَافَظ على اسْتِتْبَاب الأمْن في البِلاد

take the law into one's own hands اسْتَرْجَعَ حَقَّه بنفسه بدون الالتجاء إلى القانون

2. (legal profession) مِهْنَة المحاماة والقَضَاء

practise the law مَارَسَ مِهْنة المحاماة، زَاوَلَ مِهْنة القانون

3. (litigation)

go to law أقَامَ دَعْوَى ضدّ خَصْمه، رَفَعَ الأمر إلى المحكمة

have the law on (of) someone إشْتَكاه في المَحْكَمَة، قَاضَاه

4. (rules of an art or pursuit)
the laws of football قَوَاعِد أو قَوَانِين لَعِب كُرَة القَدَم

5. (rule of experience)
the law of gravity قَانُونِ الجاذبيّة الأَرْضِيّة

the law of self-preservation غَرِيزَة البَقاء، ردّ فِعْل فطريّ للنّجاة من الخطر الدّاهم

the law of supply and demand قَانُون العَرْض والطّلَب (في الاقتصاد)

6. (legal relationship)
mother (father)-in-law حَمَاة ، حَمُو

son (daughter)-in-law زَوْج الابنة ، زوجة الابْن

lawful, *a.* شَرْعِيّ، قانونيّ، حلال، مباح

reach lawful age بَلَغَ السِّنّ القانونيّة

lawless, *a.* بِلَا قَانُون، لا يخضع لقانون وَلَا يُرَاعِيه، لا سُلطةَ للقانون عليه

lawn, *n.* 1. (expanse of grass) مَسَاحة(في حديقة) تُزْرَع بالحشيش الذي يُجَزّ من وقت لآخر

lawn-mower آلة ذات عجلات لقطع الحشائش، آلة لجزّ العُشب أو النّجيل (مصر)

lawn-sand رَمْل مخلوط بمادّة مبيدة لِلْحَشَائش الضارّة ومادّة لتقوية العُشب

lawn tennis لُعْبَة التِّنِس

2. (fine linen) الشِّفّ، قماش من التّيل الخفيف

lawsuit, *n.* دَعْوَى، قضيّة قانونيّة (مدنيّة)

lawyer, *n.* مُحَامٍ، من رجال القانون

lax, *a.* 1. (loose) مُتَهَاوِن أو غير مدقّق (في تَطْبِيق قواعد اللّغة مثلًا)

2. (*fig. of conduct*) غَيْر مُهْتَمّ بالقيام بواجبه، (سُلُوك) لا يتمشّى مع الأصول المرعية

laxative, *a. & n.* (دَوَاء) مُسْهِل أو مليّن

laxity, *n.* تَوَانٍ، تراخ، تهاون (في اتباع القوانين وَالتَّقَالِيد)، رخاوة، لين

lay, *n.* 1. (song) نَشِيد، أُنشودة، أُغنية

2. (*sl.*, line of business) شُغْل، حِرْفة، صَنْعَة، مِهْنة

lay, *a.* 1. (not in holy orders) عِلمَانيّ، مَن يُؤَدِّي خَدَمات عامّة في الكنيسة

lay brother رَاهِب خادِم، راهب غير مَرْسُوم

lay reader عِلْمَانِيّ يُدير اجتماع الكنيسة

2. (not expert) غَيْر اخِصَّائِيّ (في ميدان علميّ مثلًا)، غير متخصّص (في حرفة)

lay, *pret. of* **lie,** *v.i.*

lay (*pret. & past p.* laid), *v.t.* 1. (set, place, deposit, *lit. & fig.*) وَضَعَ، حَطّ، أَوْدَعَ

lay an ambush (trap) نَصَبَ كمينًا أو فَخًّا (للعدو أو للقنص)، تَصَيّدَ

lay the blame on أَلْقَى اللَّوْم علي، حَمَّلَه المَسْؤُولية

lay one's bones (أَرادَ أن) يُدْفَن في مكانٍ أو بُقْعَة ما؛ وَارَى التُّراب

lay bricks بَنَى بالآجُرّ أو الطّوب أو القرميد

lay a cable مَدَّ سِلْكًا تحت الأرض أو البحر

lay a carpet فَرَشَ أرض الغُرْفة بالبِساط

lay a case (the facts) before someone بَسَطَ أمرًا أو عَرَضَ قضيّة بين يدي فلان

lay a charge against someone أَقامَ دعوًى على فُلان، رَفَعَ قضية عليه، اِتَّهَمَه ب

lay claim to طالَبَ بِحَقّ أو مِلْكِيّة شَيْءٍ، اِدَّعَى أو زَعَمَ أنّ ...

lay an egg; *also* lay, *v.i.* وَضَعَت الدَّجاجة بَيْضَة، باضَتْ

lay eyes on لَمَحَ، اِلْتَمَحَ، رَأَى، أَبْصَرَ، رَمَقَ

lay a finger on (touch; *fig.*, attack) مَسَّ، مَسَّ بأذًى، رَفَعَ إصبعه بوجهه

lay one's finger on (find) (مَعَ أن الكِتاب عندي لَكِنّني لا) أعرِف أين مكانه بالضَّبْط

lay the foundations (*lit.*) وَضَعَ أساس المنزل أو العِمارة، أَسَّسَ

(*fig.*) أَرْسَى الدَّعائم أو وَضَعَ حجر الأساس (للتَّبادُل الثَّقافيّ مثلاً)

lay a floor وَضَعَ ألواح الخشب لعمل أرضيّة المَنْزِل؛ بَلَّطَ الأرضية

lay ⟨one's⟩ hand(s) on

(acquire) حَصَلَ على، اِمْتَلَكَ، اِقْتَنَى (نُسْخَة من كتاب نادرٍ)

(do violence to) ضَرَبَهُ (بيديه أو بعصا)، اِعْتَدَى بالضَّرْب على

(find) وَجَدَ بعد بحث طويل، عَثَرَ على

(ordain, consecrate or confirm) «وضع اليد»

lay hold on (of) قَبَضَ على، أَمْسَكَ؛ أَلْقَى القَبْضَ على

lay mines بَثَّ الأَلْغام، لَغَمَ

lay someone to rest أَوْدَعَه مَقَرّه الأخير، وَارَى رفاته التراب

lay the scene وَصَفَ مَا وَرائيّات المنظر (في رواية)

lay siege to ضَرَبَ الحِصار على، حَاصَرَ

lay stress on أَوْلَى (الموضوع) أهمية خاصّة، خَصَّ (نقطة ما) بالذكر، شَدَّدَ على

lay a trail تَرَكَ آثارًا لترشد غيره عنه

2. (keep down, settle)

lay someone's doubts بَدَّدَ شكوكه، أَزَالَ رِيبَتَه وهَدَّأَ باله

lay the dust سَكَّنَ الغُبار الثّائر (بِرشّ الماء)

lay a ghost طَرَدَ الأرواح الشّريرة من مَنْزِل مَسْكُون؛ أَزَالَ كابوس مَخاوِفِه

3. (render)

lay bare أَمَاطَ اللِّثام عن (سرّ أو مؤامرة)؛ بَاحَ بمكنون صدره

lay low طَرَحَه أرضًا؛ أَلْزَمَه (المرض) الفراش

lay ⟨wide⟩ open كَشَفَ النِّقاب عن؛ عَرَّى؛ شَجَّت (الضربة رأسه)

he laid himself open to جَعَلَ نفسه عُرْضة (للنَّقْد)، عَرَّضَ نفسه (للقِيل والقال)

lay waste أَشاعَ الدِّمار في، أَهْلَكَ الزَّرْع والضَّرْع، أَبادَهم عن بِكْرة أبيهم

4. (seize) مَنَعَ مُجْرِمًا من الحركة بتقييد رِجْلَيْه بقيد خشبيّ خاصّ (قديمًا)

lay by the heels قَبَضَ عليه وزَجَّه في السِّجْن، أَمْسَكَ به ومَنَعه مِنَ التَّمَلُّص

5. (dispose, arrange)

lay the fire   أَعَدَّ المِدْفَأَة للإشعال (بوضع الحَطَب وقِطَع الفَحْم)

lay the table, *also* lay, *v.i.*   أَعَدَّ أَو حَضَّرَ المائِدة للأكل (بوضع الصُّحُون والملاعق آخ)

6. (place *a bet*)

lay a wager   رَاهَنَ، قَامَرَ

7. (*coll.*, bet)   رَاهَنَ (على حدوث شيء)

8. (adverbial compounds)

lay aside   وَضَع جانبًا؛ خَزَنَ أو ادَّخَرَ؛ تَخَلَّى عن (عادة ما)

lay by   ادَّخَرَ، وَفَّرَ لحين الحاجة

lay-by, *n.* (area on roadside for parking)   مَكَان مُخَصَّص لوقوف السَّيارات بعيدًا عن حَرَكة المُرور

lay down (surrender, abandon)   إسْتَسْلَمَ

lay down one's arms   أَلْقَى السِّلاح مستسلِمًا

he laid down his life for his country   ضَحَّى بنَفْسه في سبيل وطنه، إسْتَشْهَدَ

(prescribe)

lay down the law   تَكَلَّم بلهجة الآمر والناهي، تَحَدَّثَ كأنَّه حُجَّة في الموضوع

lay in (stock up with)   خَزَنَ أو ادَّخَرَ (المواد الغِذائِيَّة مثلًا)

lay off (dismiss *workers*)   سَرَّح العمَّال مُؤَقَّتًا (إبَّان أزمة اقتصادِيَّة مثلًا)

lay on

(*connect up gas or water supply*)   زَوَّدَ دارًا بأنابيب توصيل (الغاز أو الماء)

(*coll.*, furnish)   أَعَدَّ (حفلة أو وليمة)

(spread)   غَطَّى بِطَبَقَة من ...

lay it on thick (*coll.*)   بَالَغ في مدحه، أَسْرَف في تَمَلُّقِه، مَسَح له الجُوخ (مصر)

lay out (arrange, plan)   جَعَلَه جاهزًا للاستعمال

lay out someone for burial   غَسَّلَ وكَفَّنَ الجُثَّة قبل دَفْنها

(knock senseless)   أَوْقَعَه فاقد الوعي

(spend)   بَذَل ماله في شراء شيء ما

(exert *oneself*)   لَمْ يَدَّخِرْ وُسْعًا في ...، أَجْهَدَ نفسه (لإرضاء ضيوفه مثلًا)

lay up (store)   ادَّخَرَ لحين الحاجة

lay up treasure in Heaven   «اكْنِزُوا لكم كنوزًا في السَّماء»، عَمِلَ معروفًا لآخرته

(take temporarily out of service)

lay up a car   وَضَع السَّيَّارة في الجراج لِعِدَّة شهُور بعد إعدادها للخَزْن

(confine to bed); *usu. pass.*

laid up with flu   لازَمَ الفِراش لإصابَته بالانفلونزا

v.i. 1. (lay eggs)   بَاضَت (الدَّجاجة)

2. (lay the table)   أَعَدَّ (المائِدة)

3. (deal blows); *only in*

lay into someone   إنْهَال عليه ضرْبًا، كَالَ له اللَّكَمات واللَّطَمات

lay about one   ضَرَب يَمْنةً ويَسْرةً، قاتَل بِشِدَّة وضَراوة

4. (with prep. or adv.)

lay off alcohol   كَفَّ أو امْتَنَع عن تعاطِي الخَمْر

lay off! كَفَى! بِزِيَادة!

lay to تَوَقَّفَت (السّفينة)، ظَلَّت بغير حركة

layabout, *n.* (*sl.*) مُتَسَكِّع، تنبل، صعلوك، مُتَبَطِّل، متكاسِل عن أي عَمل

layer, *n.* 1. (stratum) طَبَقَة (من طبقات الأرض)

layer-cake كَعْكَة مُكَوَّنَة من عدّة طبقات متنوّعة تفْصِلُها القِشطة أو المُرَبَّى

2. (*of hens*) دَجاجة بيّاضة

a good layer دَجاجة تبيض بكثرة

3. (shoot from parent plant) تَرْقِيدة النّبات

v.t. (*hort.*) رَقَّدَ النّبات (إحدى طرق التّكثير)

layette, *n.* مَلابِس ومستلزمات للوليد الجديد (قدْ تجهّز قبل ولادته)

lay figure, *n.* دُمْيَة على شكل الجسم البشريّ يمكن تَحريك أجزائها وتستعمل كنموذج للفنّان

layman, *n.* عِلْمانيّ؛ غير متخصّص في هذه الحِرْفة أو المهنة

layout, *n.* تَخْطِيط وترتيب الصحيفة في الطباعة؛ تَصْمِيم (الإعلانات مثلاً)

laze, *v.i.* (*coll.*); *usu.* laze about تَكاسَلَ، أضاعَ وَقتَه سُدًى، اسْتَرْخَى

lazy, *a.* كَسْلان، كَسول

lazy-bones (اِسْتَيْقِظْ يا) كَسْلان (تقال للمعاتبة)

lazy-tongs مِلْقَط يمكن مدّه لالتقاط شيء عَنْ بُعْد

lea, *n.* مَرْج، مَرْعًى، سهل منبسط أخْضَر

leach, *v.t.* رَشَّح، صَفَّى، رَوَّق

lead, *n.* 1. (metal); *also attrib.* مَعْدِن الرَّصاص

lead-poisoning التَّسَمُّم بمادّة الرَّصاص

red lead أُكْسِيد الرَّصاص الأَحْمَر، سَيْلَقُون، زَيْرَقُون (مادّة تَمْنَع الصَّدَأ)

2. (weight used for soundings) ثِقْل من الرَّصاص يُسْتَعْمل لسَبْر أعماق البَحر

swing the lead (*sl.*) تَمارَضَ للتَّمَلّص من القِيام بواجبه

3. (*on a roof*) طَبَقَة من الرّصاص لتغطية سُقُوف المنازل (قديمًا)

4. (graphite) رَصاص القَلَم، الجرافيت

lead pencil قَلَم رصاص

v.t.

leaded lights نافِذَة مصنوعة من عدّة ألواح زُجاجِيّة صغيرة كلّ منها داخل إطار رصاصيّ

lead (*pret. & past p.* led), *v.t.* 1. (conduct, guide, induce to go) قَادَ، وَجَّهَ، أَرْشَدَ، سَاقَ إلى، دَلَّ

lead astray أَضَلَّ، ضَلَّلَ، حَادَ به عن الطريق القَوِيم، أغْوَاه، نَزَغَه

lead by the nose جَعَلَه يطيعه طاعة عمياء، جَعَلَه طَوْعَ إرادته، ساقهم سَوْق النِّعَام

lead someone on وَعَدَه وعودًا خلابة لِلتّغْرير به، اسْتَغَلَّ سَذاجته

lead to the altar تَزَوَّجَ بها في الكنيسة، عَقَد قِرَانَه عليها حَسَب الطُّقوس المسيحيّة

lead up the garden ⟨path⟩ اسْتَغَلَّ سذاجة شَخْص؛ أَوْهَمته برغبتها في الزواج منه

lead a witness اسْتَدْرَجه بأسئلة إيحائية

(*fig.*, influence, induce)

easily led سَهْل الاِنْقِياد، تَسْهُل غِوايته، (شَخْص) يمكن التّأثير عليه بسهولة

this leads one to suppose . . . هَذا يَدْفع المرء إلى الظَنّ أو الاعتقاد بأنَّ ...

2. (direct)

lead the attack تَرَأَّس أو قادَ الهجوم

lead the fashion سَبَقَ الآخرين في ميدان المودة (مِثْل الأزياء النِسائيّة)

lead the opposition تَزَعَّمَ الحِزْب المعارِض في البَرْلَمان، كان على رأس المعارضة البرلمانيّة

lead an orchestra قامَ بعزف الكمان الأول في فِرْقة موسيقيّة

3. (be first in, ahead of); *also. v.i.*

lead the field تَفَوَّقَ على الآخرين (في ميدان مَا)، هذا أفضل الجميع

lead by a mile سَبَقَ منافسيه بمراحل، بينه وَبَيْنَهم بون شاسِع

4. (pass, spend, go through)

lead a wretched existence عَاشَ حياة تَعِيسة وبَائِسة، كان في فقر مُدْقِع

lead a double life عَاشَ حياة مزدوجة، كانَ يعيش مع إمرأة أخرى سرًّا

5. (cause to go through)

she led him a dance سَبَّبَت له كثيرًا من المَتَاعِب بلا جَدْوى، أذاقته المرّ

v.i. 1. (*of roads, etc.*, proceed; *also fig.*)

أدّى إلى

all roads lead to Rome كلّ الطُرق تؤدّي إلَى رُوما، هناك أكثر من سبيل يُوَصِّل إلى نفس الهَدَف

where does it lead to? إلَى أين يؤدّي هذا (المَمَرّ أو الطَّريق أو الباب)؟

what will it lead to? (*fig.*) ماذَا ستكون نهاية الأَمْر؟ ماذا سَيَنْجُم منه؟ ما الفائدة منه؟

one thing led to another تَعَاقَبت الأمور وأدَّت إلى نهاية غير متوقّعة، كلمة من هنا وكلمة من هناك

lead up to a subject وَجَّهَ سِياق الحديث نحو مَوْضُوع معيَّن، مَهَّدَ أو وَطَّأَ النِّقاش لِ ...

2. (make the first move, begin)

lead off شَرَعَ في، اِفْتَتَحَ، بَدَأَ، اِبْتَدَأَ، بَاشَرَ، اسْتَهَلَّ

lead away! تَفضَّل وباشِر العمل! تَقدَّم! اِبْدَأْ!

lead with one's left (*boxing*) اِبْتَدَأَ (الملاكمة) بِضَرْبة من اليد اليُسْرَى

n. 1. (guidance) إرْشَاد، توجيه، قيادة

follow the lead of someone حَذَا حذوه، اِقْتَدَى به، تَتَبَّعَ خطاه، سَارَ في أعقابه

give a lead to أَرْشَدَ أو دَلَّ إلى

take the lead تزَعَّمَ أو تَرَأَّسَ الآخرين، اِسْتَوْلَى على زمام الحُكم، أَخَذَ بناصية الأمور، أَصْبَحَ رائدًا لقومه

lead-in, *n.* (introduction) تَمْهيد، تَقْدِيم، مَدْخَل، توطئة

2. (first place)

gain (take) the lead سَبَقَ، تَصَدَّرَ، أَصْبَحَ في الطَّلِيعة أو المقدِّمة

lose the lead فَقَدَ الأسبقيّة

3. (*at cards*)
whose lead is it? لِمَنِ الدَّوْر الآن ؟ (في لَعِب الوَرَق)

4. (leash, usu. for dog) مِقْوَد أو سَير أو سِلْسِلَة لِرَقَبة الكلب

on the (a) lead (كَلْب) مربوط بِمِقْوَد

5. (elec. conductor) سِلْك موصِّل (كهرباء)

leaden, *a.* رَصَاصِيّ، من الرصاص

(*fig.*) ثَقِيل الوَزْن؛ (غيوم) داكنة؛ بطيء السَّيْر

leader, *n.* 1. (person in guiding or foremost position) زَعِيم، قائد، مُرْشِد، رئيس

follow my leader (game); *sometimes fig.* لُعبَة يُقلِّد فيها اللاعبون شخصًا معيّنًا؛ محاكاة

2. (*leg.*, senior Counsel)
المُحامِي الأَوّل عن المُتَّهَم (قضاء)

3. (newspaper article) (المَقَالة) الافْتتاحيّة في جَرِيدة (يكتبها رئيس التحرير غالبًا)

4. (longest shoot from branch) غُصْن نامٍ عَلَى قِمَّة السّاق الرئيسيّة للنّبات

leadership, *n.* قِيادَة، زعامة، رئاسة

leading, *n.* قِيَادَة، سياسة (الأمور)، (هو من ذَوِي) الشّأن

leading-rein سَيْر اللِّجَام لقيادة (الحِصان)

leading-strings سُيُور جِلْديّة يُشَدّ بها الطّفل عِنْد تعلّمه المَشْي

a.
leading article المَقَالة الافتتاحيّة في جريدة

leading edge (*aeron.*) الحَافَة الأماميّة لجناح أَوْ ذَيْل الطائرة

leading lady البَطَلة، المُمثِّلة الأولى أو الرئيسيّة في فِيلْم أو مَسْرَحِيّة

leading note (*mus.*) النَّغْمَة السّابعة في السُّلَّم المُوسِيقِيّ المتصاعِد

leading question سُؤَال يُوحي بالإجابة التي يُرِيدها السّائل، سُؤال يستدرج (الشّاهد) لِإعْطاء إجابة يقصدها السائل

leaf (*pl.* leaves), *n.* 1. (foliage) وَرَقَة من أَوْرَاق النَّبات

leaf-mould خَلِيط مِن أوراق الشَّجَر المتعفّنة وَالتُّراب يُسْتَعْمَل لتسميد الحدائق

come into leaf أَوْرَقَ (النبات)

in leaf (نَبَات أو شجر) مُورِق

2. (page of a book) وَرَقَة (في كتاب أَوْ كُرّاسَة)

take a leaf out of someone's book حَذَا حَذْوه (فِي أمْرٍ ما)، اِقْتَدَى به، قَلَّدَه

turn over a new leaf بَدَأ صَفْحَة جديدة في حَيَاته، أَقْلَعَ عن عادة سيّئة

3. (hinged portion of a table, door) لَوْح خَشَبِيّ يُلْحَق بالمائدة لتوسيع سطحها

4. (metal in thin sheets) صَفْحَة رقيقة مِن المَعْدِن (الذّهب أو الفضّة غالبًا)

gold leaf صَفْحَة رقيقة من الذَّهَب، سفيقة

leaf spring مَجْمُوعة شرائط مَرِنة من الصُّلب لِتَخْفِيف شدّة الصَّدَمات (في سيّارة أو قطار)

v.i.
he leafed through the book قَلَّبَ صفحات الكِتَاب، تَصَفَّحَه بسرعة وعَجَل

leafage, *n.* أَوْرَاق الشّجر

leaflet, *n.* 1. (small leaf or section of leaf) صَحِيفة، وُرَيْقة

2. (printed sheet) نَشْرَة أو منشور مطبوع (يُوَزَّع للإعلان عادة)، كُرَّاسة تعليمات

leafy, *a.* كَثِير الأوراق، (في ظلّ) أوراق الشَّجَر

league, *n.* 1. (measure of distance) فَرْسَخ (فراسخ)، ثلاثة أميال (تقريبًا)

seven-league boots الحِذاء السِّحْرِيّ (في الأَساطِير والقِصَص الخُرافِيّة)

2. (association, organization) عُصْبَة، جَامِعة (الأمم)، رابطة، اتّحاد

in league with مُمَالِئ لِ، مُتَوَاطِئ مع

Football League اِتّحاد كُرة القدم البريطانيّ

League of Nations عُصْبَة الأمم

v.t. & i., oft. league together تَحَالَفوا، تَرَابَطُوا؛ تواطأوا، تضافروا على

leak, *n.* 1. (hole) شَقّ، فَتْحَة، ثُقْب

spring a leak اِنْثَقَبَ القارِب أو المَرْكَب

2. (escape or entry of fluid, etc.) نَزِين، نَضْح، تَسَرُّب السّائل أو الغاز

3. (*fig.*, divulgation of secrets) تَسَرُّب الأَسْرَار، إفشاء السِّرّ

v.i. 1. (*of fluids*); *also* leak out نَزَّ، نَضَحَ، تَسَرَّب (السّائل أو الغاز)

(*fig., of news, etc.*) تَفَشَّى الخَبَر، تَسَرَّبت الأَخْبَار (قبل إعلانها)

2. (allow fluid to escape or enter) تَسَرَّب السَّائل أو الغاز (من إناء مثلًا)

the roof leaks يَخُرّ السَّقْف

leakage, *n.* نزّ، نضح، تسرُّب (السوائل أو الغازات)

(*fig.*) تَسَرُّب (الأسرار أو النقود)

leaky, *a.* إِنَاء يَنْضِح أو يَتَسَرَّب منه السّائل، (قارِب) ذو ثُقُوب

lean, *a.* 1. (thin) نَحِيف، نَحِيل، ضامر

2. (*of meat*) لَحْم بِلَا شحم، بلا دُهن، غير دَهِين، لَحْم أحمر أو نسير (مصر)

3. (poor, scanty) ضَئِيل، شحيح، قليل، هَزِيل

lean harvest حَصاد قليل، غَلَّة أو محصول ضَئِيل؛ (جَنَى) النَّزْر اليَسِير

the lean years السُّنُون العِجَاف، أيّام الضِّيق والشِّدّة

have a lean time كَانَ في شِدّة أو ضنك، يُعَانِي أزمة شديدة

n. (*of meat*) اللَّحْم النّسير أو الهَبْر

lean (*pret. & past p.* leaned, leant),

v.i. 1. (incline) مَالَ، اِنْحَنَى

lean back in one's chair اِرْتَمَى جالسًا على مَقْعده، جَلَسَ مُسْتَنِدًا إلى ظَهْر الكرسيّ

lean over (across) to someone مَالَ أو انْحَنَى نَحْو فلان ليخاطبه

lean over backwards to . . . (*fig.*) بَذَلَ ما فوق طَاقَتِه لِخدمته، بَذَلَ جهدًا جَبَّارًا في

lean out of the window أَطَلَّ مخرجًا رأسه وَصَدْره من النَّافذة

lean-to, *a. & n.* بِنَاء أو مُلْحَق خارجيّ يَسْتَنِد إلى جِدار (المنزِل)

lean towards an opinion مَالَ إلى رأي ما، جَنَحَ إلى الاعتقاد بأن ...

2. (put weight of body *on, against*); *also fig.* اِسْتَنَدَ إلى، اِتَّكأ على

v.t. (cause to rest *on*, *against*) أَسْنَدَ ، وَكَّأَ

lean a ladder against a wall أَسْنَدَ سُلَّمًا إلَى حائط

lean one's elbows on the table وَضَعَ مِرْفَقَيْهِ عَلَى المائدة

she leant her head on his shoulder أَسْنَدَت رَأْسها إلى كَتِفه

leaning, *n., usu. pl.* مُيُول أو اتِّجاه نحو

leap (*pret. & past p.* leaped, leapt), *v.i.* وَثَبَ ، قَفَزَ ، نَطَّ

look before you leap قَدِّر لرجلك قبل الخطْو مَوْضِعها، العاقل من تبصّر العواقب

leap at the chance بَادَرَ بانتهاز الفرصة ، أَسْرَعَ إلى قبول ما عرض عليه

v.t. 1. (cause to jump)

leap a horse at a fence وَثَّبَ الحصانَ فوق السِّيَاج ، جَعَلَه يقفز فوق سور

2. (jump over)

leap-frog, *n.* النَّطَّة الانجليزيّة (مصر) ، سمبيلة السمبيلة (عراق) (عند الصِبْيَة)

v.t. & i.; *also fig.* لَعِبَ اللعبة السابقة ؛ تَخَطَّى أو تَفَوَّق على رئيسه المباشر

n. وَثْبَة ، قفزة ، نطّة

leap-year السَّنَة الكبيسة (٣٦٦ يومًا)

by leaps and bounds (تَقَدَّمَ أو تطَوَّر) بِخَطَوَات العِمْلاق ، بِسُرعة فائقة

learn (*pret. & past p.* learned, learnt), *v.t.*

1. (get knowledge of by study or experience); *also v.i.* تَعَلَّمَ ، دَرَسَ

learn by heart اِسْتَظْهَرَ (دروسه) ، حَفِظَ (القُرْآن) عن ظَهْر قلب

2. (be informed of, become aware of) عَلِمَ ، اِطَّلَعَ أو وَقَفَ على الخبر ، نَمَى اليه أن ...

learn the news بَلَغَه الخبر ، سَمِعَ النبأ ، وَصَلَ الخبر إلى مسامعه

I have yet to learn لَا عِلْمَ لِي به بعد ، لم تَصِلْنِي الأخبار بعد

3. (*dial. & vulg.*, teach)

that'll learn him! سَيَكُون ذلك دَرْسًا لَهُ لَنْ ينساه

learned, *a.* (رَجُل) علّامة ، واسع الاطّلاع ؛ (جَمْعِيّة) عِلْمِيّة ، (مؤلفات) على مستوى علميّ عالٍ

my learned friend زَمِيلِي المُحْتَرَم (عبارة يَسْتَعْمِلُها المحامي في المحكمة إشارة إلى زميله)

learner, *n.* تِلْمِيذ ؛ متعلِّم ، طالب العِلْم

learner⟨-driver⟩, *abbr.* L-driver سَائِق تحت التَّدْرِيب (لم يحصل على رُخصة القيادة بعد)

learning, *n.* مَعْرِفَة ، (تحصيل) العلم ، اِطِّلاع

lease, *n.* عَقْد الإيجار (لمدّة معيَّنة) ؛ مُدّة العقد

take ⟨out⟩ a lease on اِسْتَأْجَرَ عقارًا بِعِوَض معلوم ولمدّة معيَّنة

(*fig.*)

Lease-Lend; *also* Lend-Lease مَشْرُوع التّأجير والإعَارة ، اِتِّفَاق بموجبه أعارت الوِلَايَات المتّحدة مُعدّات عسكريّة لحلفائها

a new lease of life فُرْصَة تَمْنَح حياة جديدة (لشخص أو شيء)

v.t. تعاقَدَ لإيجار (عَقار مثلًا)

leasehold, *n.* حِيَازة إيجاريّة، عَقار أو أرض تُحاز بِمُوجِب شروط مُعَيَّنة

leaseholder, *n.* مُسْتَأْجِر عقار بمُوجِب عَقْد

leash, *n.* مِقْوَد أو سلسلة أو رباط (لِعُنُق الكلب)

hold in leash (*fig.*) كَبَحَ جِماحَه، سَيْطَرَ عليه، قَيَّدَ حرّيته، مَنَعَه من الاندفاع

strain at the leash (*fig.*) تَلَهَّفَ للقيام بعمل (ولٰكِنّه عاجز لسبب ما)

v.t. رَبَطَ بِمِقْوَد، قَيَّدَ

least, *a.* الأقَلّ، الأصغر، الأدْنَى

least common multiple; *abbr.* L.C.M. المُضَاعَف المشترك البسيط أو الأصغر

adv. عَلَى أقلّ تقدير

when you least expect it عِنْدَمَا لا يكاد يَخْطُر لك على بال، عند أقلّ احتمال

n.

at least

(not less than) عَلَى الأقَلّ، في القليل

(at all events) عَلَى أَيَّة حال، مهما كان الأَمْر، مهما يحدث

least said, soonest mended «لِسَانُك حِصَانك إن صنته صانك»، قِلّة الكلام تُؤَدّي إلى السَّلام

not in the ⟨very⟩ least كَلَّا مُطْلَقًا، بَتَاتًا، بِالمَرَّة، لا على الإطلاق

it was unsatisfactory to say the least ⟨of it⟩ أَقَلّ ما يُقال في هذا الصَدَد إنه كانَ غير مرضٍ

leastways, *adv.*; *also* **leastwise** عَلَى الأَقَلّ

leather, *n. & a.* جِلْد مَدبوغ؛ من الجِلْد

leather-jacket (*entom.*) يَرَقَة الطَّيْثار (حشرة سَمِيكة الجِلْد تنخر جذور الحبوب)

v.t. (*coll.*, beat) جَلَدَه، ضَرَبَه علقة

leatherette, *n.* قُمَاش أو مشمّع تقليد الجِلْد

leathery, *a.* مِثْلُ الجِلْد، (لحم) كَنَعْل الحِذاء

leave, *n.* 1. (permission; holiday) إذْن أو رُخْصَة (للتّغيّب عن العمل مثلًا)؛ إجازة

by (with) your leave عَنْ إذْنِك، لو سَمَحْتَ لي (أن أفعل كذا)

without a 'by your leave' بِدُون إحِم ولا دُسْتُور، بدون استئذان

leave of absence إذْن للغياب

absent without leave; *abbr.* A.W.O.L. غَائِب بدون إجازة أو إذن (عسكريّة)

ticket of leave شَهادَة تُعْطَى لِسَجِين أُطْلِق سَرَاحه طِبْقًا لِشُروط خاصّة

2. (departure)

now I must take my leave لَقَد آنَ لِي أن أَنْصَرِف، حانَ مَوْعِد انْصِرافي

he took leave of his friends وَدَّع أَصْدِقاءه وانْصَرَف، غادَرَهُم مُوَدِّعًا

take leave of one's senses فَعَل أمرًا طائشًا في لَحْظَة جُنُون وتَهَوُّر

leave (*pret. & past p. left*) *v.t.* 1. (depart from); *also v.i.* غَادَرَ، اِنْصَرَف

the train leaves London at nine يُغادِر القِطار لَنْدَن في السّاعَة التّاسِعَة

he has left for his office غادَرَ (مَنْزِلَه) في طريقه إلى مَكْتَبه، لقد توَجَّهَ إلى مكتبه

it is time we left آنَ لَنا أن ننصرف، حَانَ وقت ذَهابنا

2. (depart from finally); *also v.i.* تَرَكَ، هَجَرَ

my daughter has left home لَقَدْ تركَت ابنتي العَائِلَة لتعيش مستقِلّة

3. (allow or cause to remain) أَبْقَى، تَرَكَ

three from seven leaves four (إذا طَرَحْنا) ثَلاثَة من سبعة فالباقي أربعة

there is nothing left in the house لَمْ يَتَبَقَّ في البَيْت شيء يؤكَل، لم يَعُدْ عندنا بقية من طعام

there is nothing left for me to do but . . . لَيْسَ أمامِي إلاّ أن ...، لم يَعد في وسعي سوى ...

it leaves something to be desired هَذَا الإنْتَاج ناقِص بعض الشيء، لا يرضي إرضاءً تامًّا

let us leave it at that! لِنَتْرُكِ الأمر عند هذا الحَدّ! كفى (نقاشا)!

leave me alone! دَعْنِي وَشَأْنِي! لا تضايقني!

better left unsaid (رُبَّ أمرٍ) يستحسن السُّكُوت عنه، من الخير ألاّ يتفوّه بهذا الكلام

leave one's food رَغِبَ عن الأكل، (فقد شَهِيَّتَه) وتَرَكَ وجبة طعامه

leave someone to starve تَرَكَه يتضوّر جوعًا

I left him to get on with it تَرَكْتُه يعتمد على نفسه، (لَمْ يَقْبَلْ نَصِيحَتِي) فتركته يفعل ما يشاء

he left his wife ⟨for another woman⟩ هَجَرَ زَوْجَتَه (من أجل إمرأة أخرى)

he leaves a wife and six children تُوُفِّيَ وتَرَكَ وَرَاءَه أَرْمَلَة وستّة أطفال

it left a nasty taste ⟨in the mouth⟩ (*fig.*) خَلَّفَ (المشروع) أثرًا سيئًا، أثارت (القصّة) امْتِعَاض السَّامِعِين

it leaves me cold لا يُحَرِّكُ لِي ساكنًا، أخفق (الخَبَر) في إثارة اهتمامي

he left him speechless تَرَكَه والدَّهْشَة تَعْقِد لِسانه؛ أفْحَمَه (ببلاغته)

he left him in the dark (*fig.*) لَمْ يَبُحْ له بِنِيَّته، أَخْفَى أو تَكَتَّمَ الأمر عنه

he left him in no doubt of his intention تَرَكَه عَلَى يَقِين تامّ من نيّته أو قَصْده نحوه

she left her son in charge of the house تَرَكَتِ ابْنَها يرعي شؤون البيت

leave the door open (*fig.*) تَرَكَ الباب مفتوحًا، لَمْ يُوصِدْ باب المفاوضات

left-luggage office مَحَلّ إيداع حقائب السَّفَر، الأمانات (في المحطّات)

leave a message for someone تَرَكَ رِسالة لِتُبَلَّغ لِفلان

I leave it in your hands أَتْرُكُ الأمر لك تَتَصَرَّف فِيهِ كما تَرَى، أَدَعُ لك البَتّ فيه

leave it to chance تَرَكَ الأمر للصَّدف أو لِلطَّوارِئ، لَمْ يَحْتَطْ للأمر

leave money to charity أَوْصَى بمبلغ من المَال لأعمال البِرّ والإحسان

4. (= let)

leave go! اُتْرُكْ (الشَّيْءَ) مِن يَدِكَ!

leave go of the rope تَرَكَ الحَبْلَ يفلت مِنْ يَدِهِ

5. (*adverbial compounds*)
leave aside نَحّى جانبًا، أَهْمَلَ، تغاضى عن
leave behind
(intentionally) أَهْمَلَ، تَرَكَ
(accidentally) نَسِيَ (كتابه)، فَاتَه أن يحضِرَه
(outstrip, *lit.* & *fig.*) سَبَقَ شخصًا أو تَقدَّم عليه ؛ بَزَّ (أقرانه)
leave off; *also v.i.* تَخَلّى أو أَقْلَعَ (عن عادة)، كَفَّ أَوْ عَدَلَ عن ؛ لَمْ يَعُدِ (غِطاء الإناء مثلًا)
leave on أَبْقَى أو تَرَكَ (الحجرة مضاءة)
leave out (*lit.*) تَرَكَ (سَهْوًا أو عمدًا)
(neglect a *possibility, etc.*) لَمْ يَغْتَنِم الفرصة
leave me out! لا تُدْخِلُونِي ضِمْنَ .. لا تعملوا حسابي
leave over (defer) أَجَّلَ، أَرْجَأَ
(*past p.* & *a.*, remaining, unused), *whence*
left-overs, *n.pl.* مَا يَتَبَقّى، خشارة الطَّعام

leaven, *n.* خَمِيرَة، خَمِير
(*fig.*); *also* leavening تَأْثِير حسن
v.t., oft. fig. خَمَّرَ ؛ يضفي حيويّة على

leaves, *pl. of* **leaf,** *n.* أَوْرَاق

leavings, *n.pl.* بَقَايَا، مُخَلَّفات، فَضَلَات

lebensraum, *n.* مَجَال حَيَوِيّ

lecher, *n.* (رَجُل) داعِر، فاسِق، فاجِر

lecher/ous, *a.* (**-y, -ousness,** *n.*) شَهْوَانِيّ، شَبِق، غليم ؛ خلاعة، فجور

lectern, *n.* مِسْنَد خشبي أو نحاسي يوضع عليه الكِتَاب المقدَّس في الكنيسة، مِقْرأ

lecture, *n.* 1. (discourse) مُحَاضَرَة (محاضرات)
lecture tour رِحْلَة لإلْقاء محاضَرات بالمُدُن
2. (reprimand) نُصْحٌ فيه شيء من التّوبيخ
read someone a lecture وَبَّخَ فلانًا بقصد إسداء النُّصْح له، نَقَدَه بغرض إرشاده
v.i. & *t.* (instruct by discourse) أَلْقَى (الأُسْتَاذ أو الخطيب) محاضرة، حَاضَرَ
v.t. (admonish) بَكَّتَه لإِرْشَاده

lecturer, *n.* مُدَرِّس بجامعة، مُحَاضِر

lectureship, *n.* مَنْصِب المحاضر في جامعة

led, *pret.* & *past p. of* **lead,** *v.t.* & *i.*

ledge, *n.* حَافَة بارزة من الخشب أو الحجر أَو الصُّلب مثل الرَّفّ أو الصّفّة
window-ledge حَافَة الشّبّاك أو إفريزه، طُنُف النّافذة

ledger, *n.* دَفْتَر أو سِجِلّ الحسابات الجارية، دَفْتَر الأستاذ (مسْك الدَّفاتر)

lee, *n.* مَكان أو جانب (من سفينة أو سِوَاها) محجوب عن الريح، موضع بَعِيد عن مَهَبّ الرّيح
in (under) the lee of خَلْفَ حائط يحميه من (الرّيح)، تحت حِماية، في ظلّ أو وقاية
lee tide مَدّ بحريّ في اتّجاه الرّيح

leech, *n.* عَلَقَة ؛ طفيلي ؛ حكيم (بِمَعْنَى طبيب)
he sticks like a leech (*fig.*) إِنَّه أَعْلَق مِن قُراد ، لا يُمْكِن التَّخلّص منه

leek, *n.* كُرَّاث، كُرّاث رومي، كُرّاث أبو شُوشَة (مصر)

leer, *n.* نظرة خبيثة أو ماكرة ؛ نظرة شبقة ، فاضحة، ذات مغزى أو معنًى

v.i. نَظَرَ إليها بشَبَق

lees, *n.pl.* (شَرِبَ الكأس حتى) الثمالة، حثالة (الخمر)، رواسب (في قاع برميل أو دَنّ الخمر)

leeward, *n. & a.* جانب (الحائط مثلًا) المحميّ من الريح ؛ بمنجًى من الريح

leeway, *n.* 1. (drift of ship) انجراف السفينة أو انحرافها عن مجراها المقرّر بتأثير الريح

2. (loss of time) التأخّر في إنجاز عَمَل

make up leeway عَوَّضَ عمّا فات من الوقت، اِسْتَدْرَكَ ما فاته

left, *a. & adv.* يسار، الجهة اليُسْرَى ؛ (انعطف) يسارًا أو نحو اليسار

left hand (part of body) اليد اليُسْرَى

left-handed (*lit., of person*) (شخص) أعسر، يسراوي، عسراوي، أَشْوَل

(*fig.*, clumsy) ثقيل اليد

left-handed compliment مجاملة ظاهرها الثناء وباطنها الهجاء

left-hander شخص أعسر (يعمل بشماله)، ضربة يسار في الملاكمة

left hand (side) الجهة اليُسْرَى ، الجانب الأَيْسر ، الناحية اليسرى (من الطريق)

left-hand, *a.* يسراوي، عسراوي

left-hand drive قيادة (سياقة) السيَّارة بمقود على جانب الأيسر

left-hand thread سنّ شمال في مسمار محوّى، قلاووظ أو برغي يدور بالعكس

left wing (*football*) الجناح الأيسر

(*polit.*); *also* left-wing, *a.* الجناح اليساري، الأحزاب اليسارية ؛ (تفكير) يساري

left-winger, *n.* ذو ميول يسارية ، عضو (في حزب ما) يميل نحو الاشتراكية

n. 1. (*boxing*, left hand) اليد أو القبضة اليُسْرَى (في الملاكمة)

2. (*boxing*, blow delivered by left hand) لكمة باليد اليُسْرَى

3. (left-hand side or direction)

on the left (of) (توجد شجرة) إلى يسار (البيت)، في الجانب الأيسر من (الغرفة)

4. (*polit.*)

swing to the Left تحَوَّل الرأي العام إلى اليسار

left, *pret. & past p. of* **leave,** *v.t. & i.*

leftist, *a. & n.* مُحَبِّذ للأفكار اليسارية أو الراديكالية

leg, *n.* 1. (limb) رِجْل (أَرْجُل) ، ساق (سيقان)

give someone a leg-up وَطَّأَ له يديه ، مَدَّ له يد العون، سَاعَدَه

he stood up on his hind legs انْتَصَبَ على قائمَتيه ليلقي خطبة

he is on his last legs هو على حافة القبر؛ على وشك الإفلاس، على شفير الهاوية

he hasn't a leg to stand on لَيْسَ لديه ما يبرّر فعلته، لا حجة له في ذلك ولا عذر

pull someone's leg عَابَثَه ممازحًا، أَوْقَعَه في مقلب على سبيل المزاح

run someone off his legs لم يتركْ له فرصة لالتقاط أنفاسه، أَنْهَكَ فلانًا

he got his sea-legs أَصْبَحَ ثابت الخُطى في السَّفِينَة بعد نَوْبَة من دوار البحر

show a leg نِداء على البَحّارة بالاستيقاظ: «اصحَ يا نايِم إخلينا نشوف انك صاحي!»

stretch one's legs تَمَشَّى أو تنزَّهَ أو خَطَا بَعْض خطوات (بعد جلوس طويل)

2. (joint of meat)

leg of mutton فَخْذٌ من لحم الغنم أو الضأن

3. (branch of a forked object)

compass leg أَحَد ساقَي الفِرْجار، ذراع مِنْ ذراعي البَرْجل

4. (part of garment)

trouser-leg رِجْل البَنْطَلُون

5. (support)

table-leg أَحَد أَرْجُل المائدة أو المِنْضَدَة (و ما إليها)

6. (section of route) مَرْحَلَة في سفر، جزء مِن رِحْلَة بين عدّة أماكن؛ شَوْط

7. (*cricket*) نِصْف مَلْعَب الكِريكيت (الواقِع إلى يَسار ضارِب الكُرَة عادَةً)

legacy, *n.* مِيرَاث، وَصِيَّة، تَرِكة، إِرْث، تُراث

legal, *a.* 1. (pertaining to law) قَانُونِيّ، ذو صِفَة أو صِبْغَة قانونيّة

legal action (اتَّخَذَ) الإِجْراءات القانونيّة

legal adviser مُسْتَشار قانونيّ، مشاوِر عَدْلِيّ (عراق)

2. (allowed by law) جَائِز أو مباح قانونًا، مَشْرُوع، شَرْعِيّ، قانونيّ

legal tender عُمْلَة قانونيَّة، نقود يُلْزَم الدّائن بِقَبُولها عند الدَّفع

legality, *n.* شَرْعِيّة أو قانونيّة (الإجراء)

legal/ize, *v.t.* (**-ization,** *n.*) صَادَقَ على مشروع قَانُون، أَعْطَى (الإجراء) صفة قانونيّة

legate, *n.* قَاصِد رسوليّ، رسول أو مبعوث أو سَفِير (للبابا عادةً)

legatee, *n.* مُوصًى له، وارث بوَصِيّة

legation, *n.* مُفَوَّضِيّة؛ دار المفوّضيّة

legend, 1. (traditional story or group of stories) أُسْطُورَة (مثل أساطير اليونان)

2. (tradition) قِصَص منقولة عن القدماء، قِصَص وروايات (خرافية) متوارثة

3. (inscription) كِتَابَة (على مسكوكات، تحت صورة)

4. (explanation of signs on map, etc.) شَرْح للمُصْطَلَحات والرموز المستعملة على خارطة

legendary, *a.* (قِصَّة) أسطورية، (حكاية) خُرَافِيّة أو متوارثة عن القُدامَى

legerdemain, *n.* خِفّة اليَد، ألعاب سِحْرِيّة؛ شَعْوَذَة، شَعْبَذَة، احتيال

leggings, *n.pl.* غِطاء من الجِلْد أو القماش للسَّاقَيْن (والقدمين احيانًا)، طِمَاق، طُوزْلُق

leggy, *a.* طَوِيل السّاقَيْن بغير تناسب مع الجسم

leghorn, *n.* 1. (hen) نَوْع من الدَّجاج المنزليّ كَثِير البِيض، لجهورن، لجرن

2. (straw) قَشّ خاصّ لِصِناعة القُبَّعات

legib/le, *a.* (**-ility,** *n.*) (خطّ) تَسْهُل قِرَاءَتُه، (كِتابَة) واضحة الحروف؛ وُضوح الخطّ

legion, *n.* جَحْفَل، جَمْع أو حَشْد كبير من النَّاس، فَيْلَق في الجيش الرُّوماني القديم

British Legion رَابِطة المُحَارِبين البريطانيّين المسرَّحين (أُسِّست بعد الحرب العالمية الأولى)

Legion of Honour (وِسَام) جَوْقَة الشَّرف الفرنسيّة

(*fig.*)

their name is legion عَدَدُهم يفوق الحَصْر، (جمع) لا يُعَدّ ولا يُحْصَى

legionary, *a. & n.* عُضْو أو جنديّ في جَحْفَل أو فيْلَق (قديمًا أو حديثًا)

legisl/ate, *v.i.* (**-ation,** *n.*) شَرَّعَ، سَنَّ أو وَضَعَ قانُونًا؛ تشريع، مجموعة القوانين

legislative, *a.* تَشْرِيعِيّ، له سُلطة تَشْرِيعيّة

legislative assembly الجَمْعِيَّة التَّشْرِيعِيَّة

legislator, *n.* مُشَرِّع، مقنِّن، واضع القَوَانِين

legislature, *n.* السُّلْطَة التَّشْرِيعيّة، هيئة المُشَرِّعين أو واضعي القَوَانين

legitim/ate, *a.* (**-acy,** *n.*) (born in wedlock) (وَلَد) شَرْعِيّ؛ شرعيّة (المولد)

2. (lawful, valid) (عَمَل) قانونيّ أو مشروع، (سَبَب) حقيقيّ، صحيح؛ حَلال

legitimate drama مَسْرَحِيَّة طِبْقَ الأصول المتَّبَعَة لا تهريج فيها

legitimate purposes أَغْرَاض أو غايات مَشْرُوعَة

v.t.; *also* **legitim(at)ize** مَنَح الصِّفَة الشَّرْعِيَّة أو القانُونِيّة لِ...

legume, *n.* (قَرْن) النَّبَاتات القرنيّة أو القطانيّة

leguminous, *a.* مِنَ الفَصِيلة البقلية (مثل البازلّاء والفُول والبِرْسيم والعَدَس)

leisure, *n.* (وَقْت) الفِرَاغ من العَمَل

at leisure غَيْر مشغول أو قائم بعمل ما، عنده فِرَاغ أو مُتَّسع من الوقت

at one's leisure عَلَى مَهْل، بلا استعجال، (اِفْعَلْ هَذَا) عندما تجد متَّسعًا من الوقت

in one's leisure time (hours) فِي أَوْقَات أو سَاعَات الفراغ من العَمَل

leisured, *a.* (الطَّبَقَة) المنعَّمة أو المترفة، مَنْ يَتَمتَّع بأوقات فراغ كثيرة

leisurely, *a. & adv.* يَمْشِي الهُوَيْنا، بدون عَجَلة، على مهل، على رِسْلِك!

leit-motiv (***-motif***), *n.* اللَّحْن الرَّئيسيّ الّذي يَتَكَرَّر في (سيمفونية)، فكرة هامّة تتكرّر

lemming, *n.* لِمِين، حيوان من القوارض يَقْطُن الأماكن القُطْبيّة

lemon, *n.* 1. (fruit) (ثَمَرَة أو شجرة) اللَّيمون

lemon drop قُرْص من السَّكَّرِيَّات بِطَعْم الليمون

lemon squash عَصِير اللَّيْمون المحلّى بالسُّكَّر مَعَ الماء أو الصُّودا

lemon-squeezer عَصَّارَة اللَّيْمُون، آلة يُعْصَر بها الليمون

the answer's a lemon (*sl.*) مَفِيش فايدة (مصر)، مَاكُو حظّ (عراق)، لا أبدًا!

2. (colour) لَوْن أَصْفَر فاقع أو ليمونيّ

lemonade, *n.* لِيمُونَاده، مشروب عصير اللّيمون المُحَلّى بالسُّكّر (مع أو بدون الصّودا)

lemon sole, *n.* سَمك اللِّيمَنْدة، وهو يُشبه سَمك مُوسَى (ولا يضاهيه في الطّعْم)

lemur, *n.* لِيمُور، حيوان بيئته الأصلية مُرْتَفَعَات جزيرة مدغشقر وله ذيل أرقش

lend (*pret. & past p.* lent), *v.t.* 1. (give use of) أعَارَ، سَلَّفَ، أقْرَض

lending library مَكْتَبَة لإعارة الكتب (مجانًا أوْ مقابل أجر)

Lend-Lease; *see* Lease-Lend

(*fig.*)

lend an ear أعَارَه أُذُنًا صاغيةً، أعَارَه انْتِبَاهه، أصْغَى إليه منتبهًا

lend a hand مَدَّ له يد المساعدة، سَاعَدَه مُؤَقّتًا، عَاوَنَه (في عمل معيَّن)

2. (contribute, confer)

lend dignity to the proceedings (وُجُوده في الاجْتِماع) يضفي على الإجراءات هيبةً ووَقَارًا

it lends itself to the purpose يُمْكِنُ اسْتِعْمال هٰذِهِ الآلة للإيفاء بالغرض المطلوب

length, *n.* 1. (dimension) طُول (أطوال)

six feet in length طُولُه سِتّة أقدام

the length and breadth of the matter الحِكَايَة بِحَذَافِيرِها؛ خُلاصة الأمر، لُبّ الموضوع

2. (unit of measurement) وَحْدَة للقياس

dress length قِطْعَة من القماش تكفي لعَمَل فُسْتَان أو ثَوْب حَرِيمِيّ

swim a length سَبَحَ بطول الحوض أو البركة مِنْ طَرَف إلى الآخر (حوالي ١٠٠ قدم)

3. (extent, distance; *oft. fig.*)

he would go to any length to persuade me لا يَتَوَرَّع عن أيّة وسيلة بُغية إقناعي

he went to great lengths to make him comfortable بَذَلَ أقْصَى ما في وسعه أو لم يأْلُ جُهْدًا في توفير الراحة له

I would not go to the length of saying he was a liar لَنْ أذْهَبَ إلى حدّ القول بأنّه كذّاب (وَلٰكِنّ أقواله لم تطابق الواقع)

lie at full length تَمَدَّدَ بطول جسمه (على الأرِيكة مثلًا)، اِسْتَلْقَى، اِنْبَطَحَ

4. (of time)

at ⟨great⟩ length (for a long time, extensively) أسْهَبَ وأطْنَبَ في قوْله، ظَلَّ يتكلّم طويلًا (عن نقطة خاصّة)

at length (finally) وَبَعْد وقت طويل (عدنا إلى المَنْزِل)، وفي نهاية المَطَاف

lengthen, *v.t.* طَوَّل، أطَالَ، مَدَّ، مَدَّدَ

v.i. اِزْدَادَ (النهار) طولًا، طَالَ، اِمْتَدَّ، اِسْتَطَالَ

lengthwise, *adv.*; *also* **lengthways** بِالطُّول، طُولًا، طُولِيًّا

lengthy, *a.* (خِطَاب) مطوَّل، مُسْهَب، مُطْنَب

leni/ent, *a.* (**-ence, -ency,** *n.*) مُتَسَاهِل، مُتَسَامِح، رقيق أو ليِّن الجانب؛ تسامُح

lens, *n.* عَدَسة (بصريّات)

lent, *pret. & past p. of* **lend,** *v.t.*

Lent, *n.* الصَّوْم الكبير عند المسيحيّين، صيام أربعين يومًا قبل عيد الفِصْح

Lent term الفَصْل الدّراسيّ الثاني (في الجامِعات البريطانيّة)

Lenten, *a.* مُخْتَصّ بِالصَّوْم الكبير

lenticular, *a.* عَدَسِيّ الشَّكْل

lentil, *n.* نَبَات العَدَس أو البُلسن، عَدَسة

Leo, *n.* بُرْج الأَسَد (فلك)

leonine, *a.* مِثْل الأَسَد، أَسَديّ

leopard, *n.* نمِر (أنمر، نمور)، نمِر الهِنْد، فهد

can the leopard change his spots? هَل يُغَيِّر النِّمر رَقْطه؟ الطَّبْع يغلب التَّطبّع

leper, *n.* أَبْرَص، مَجْذوم، أجْذَم

lepidoptera, *n.pl.* الحَشَرات الحَرْشَفِيّة الأجنحة (مِنْ طَبَقَة سدنيات الجَناح، ومنها الفراشة)

leprechaun, *n.* جِنّيّ مشاغب (في الأساطير وَالخُرافات الإيرلَنْدِيّة)

leprosy, *n.* بَرَص، جُذام

leprous, *a.* أَبْرَص، مجذوم، أَجْذَم

Lesbian, *a. & n.* (مُيُول) سُحَاقِيّة، إمرأة مُسَاحِقَة؛ (اللواط بين الإناث)

lèse-majesté, *n.* الخِيَانة العُظْمى، العيب في الذَّات الملكيّة؛ وقاحة العبيد

lesion, *n.* جُرْح في أي عضو من أعضاء الجسم، خَلَل في وظائف أو تكوين الأعضاء

less, *adv.* أَقَلّ

less-known أَقَلّ شُهْرَةً أو شيوعًا

more or less تَقْرِيبًا، على وجه التَّقريب، (الخَبَر صَحِيح) إلى حدٍّ ما

none the less رَغْمَ ذلك، مع ذلك

a. أَقَلّ، أَنْقَص

less talking! الْزَمُوا السُّكوت أو الصَّمْت!

may your shadow never grow less! عَافَاكَ اللّه وأدام عَلَيكَ نِعْمَتَه!

no less a person than the minister هٰذا الشَّخْصُ هو الوَزير نفْسُه (ولا سِواه)

n.

in less than no time ما بَيْن طَرْفَة عين وَانْتِباهَتِها، في أقلّ من لمح البَصَر

less than nothing تَافِه جِدًّا، لا قيمة له

prep.

a year less three days سَنَة إلّا ثلاثة أيّام، (اِسْتَغْرَقَ المشروع) عامًا إلّا ثلاثة أيام

lessee, *n.* المُسْتَأْجِر، المؤجَّر له

lessen, *v.t.* خَفَّفَ (الوقع)، قَلَّلَ (أهمية الشيء أَوْ فُلان)، خَفَّضَ من قَدْرِه

v.i. قَلَّ، نقص، صَغُرَ، ضَؤُلَ

lesser, *a.* أَقَلّ، أَصْغَر

the lesser of two evils أَهْوَن الشَّرَّيْن، أَخَفّ الضَّرَرَيْن

lesson, *n.* 1. (instruction, period of instruction) دَرْس، حِصّة مدرسيّة

2. (corrective experience) (جَعَلَ منه) عبرة أَوْ أُمْثُولة، (أعطاه) دَرْسًا (لن ينساه)

he has learnt his lesson now قَدْ تَعَلَّمَ درسًا مِنْ مِحْنَتِه، أَخَذَ منها عِظَة وعبرة

let this be a lesson to you! فَلْتَكُنْ هذه عِظَةً أو دَرْسًا لك!

3. (Biblical passage read aloud) فَصْل أو فَقَرَات معيَّنة من الكتاب المقدّس تُتْلَى بالكنيسة

lessor, *n.* المُؤَجِّر بموجِب عَقْد

lest, *conj.* (أَسْرِعْ) لئلا (يفوته القطار)، خَشْيَةَ أَنْ، مخافة أن، كي لا ، حتّى لا

let, *n.* 1. (obstruction); *now only in*

without let or hindrance مِنْ غيرمانع ولا حَائِل، دون أن يعوقه عائق

2. (*tennis*) ضَرْبَة في لِعَب التِّنِس تَمَسُّ فيها الكُرَةُ الحافَةَ العُلْيا لِلشَّبَكَة

3. (contract of lease) عَقْد إيجار منزل أو مَبْنًى لمدّة قصيرة أو طويلة

v.t. 1. (allow to) سَمَحَ له (بالمرور مثلًا)، صَرَّحَ، أَجازَ، أَذِنَ، رَخَّصَ، مَكَّنَ

let me be! دَعْني وشأني! ابعد يدك عني!

let drop

(say casually) في سِياق حديثه ذَكَرَ أمرًا أو شَخْصًا وهو يتظاهر بعدم الاكتراث

(abandon *the matter, a subject*) كَفَّ أو تَوَقَّفَ عن المضيّ في الحديث، هَجَرَ أو تَرَكَ

let fall (*lit.*) أَسْقَطَ أو أَوْقَعَ (فنجانًا مثلًا)، (حَاذِرِي أَلَّا) يَسْقُطَ (الطِّفْل عند المشي)

(say casually) ذَكَرَ ملاحظة في سياق حديثه وَهُوَ يتظاهر بعدم الاكتراث

let go تَرَكَ شيئًا من قبضة يدِه، أَطلقه، سَمَحَ له بالذَّهاب، أَفْرَجَ عنه

let oneself go تَرَكَ لشهواته العِنان، خَلَعَ ثَوْبَ الوَقار؛ تَكَلَّمَ بدون تَحَفُّظ

let someone know (inform) أَحَاطَه علمًا، أَبْلَغَه، أعْلَمَه، أَخْبَرَه، أفادَه

let it pass! لَا تُدَقِّق! تجاهل! تغاضَ! مَا فَاتَ مات!

let slip an opportunity لَمْ يَنْتَهِز الفُرْصة، ضَاعَت أو أَفْلَتَت منه المناسبة

let slip a remark نَدَّت عنه ملاحظة، أَفْلَتَ منه تعليق

2. (leave *alone*)

let me alone! دَعْنِي وشأني! خليني وحدي! اُتْرُكْنِي وأمري! سيبني في حالي!

he hasn't a penny, let alone two pounds

لَيْسَ مَعه بِنْس واحِد - ناهِيكَ عن جُنَيْهَيْن أو دِينارَيْن!

3. (*jussive*)

let him just try to stop me! فَلْيَتَجَرَّأْ على مَنْعِي! لن يقوى على إيقافي مهما فَعَلَ

let me see now! دَعْنِي أُفَكِّرْ قليلًا! انتظرْ حَتَّى اتذكّر! أمهلني قليلًا!

let us say . . . لَوْ فَرَضْنَا، فلنفترض، فلنقل فَرْضًا أو جَدَلًا

4. (*adverbial compounds*)

let down

(lower) أَنْزَلَ، خَفَضَ، أَرْسَلَت (شعرها)

(deflate) أَفْرَغَ الهواء من إطار أو بالون

(*fig.*, disillusion) لَم يَفِ بوعده أن يساعده، تَخَلَّى عنه وقت الحاجة، خَيَّبَ أمله فيه

(fail, disappoint), *whence*

let-down, *n.* التَّخَلِّي عن صديق وقت الشِّدّة، الِامْتِناع عن مساعدته، قَلَبَ له ظهر المِجَنّ

let in

(admit) أَدْخَلَه، سَمَحَ له بالدُّخول

(involve) أَشْرَكَ (فلانًا في أمرٍ ما)

let someone in for a job أَشْرَكَه في عَمَل بلا عِلْمِه أو مُوافقتِه؛ وَرَّطَه في عَمَل

let loose أَفْرَجَ عن (السّجين)، أَطْلَقَ سراحه، فكّ قَيْدَه؛ صَبَّ (جام غضبه عليه)

let off (release) أَطْلَقَ (عِيارًا نارِيًّا)، نَفَثَ (دُخانًا)، نَفَّسَ عَن شَيْءٍ مَكْبُوت

let someone off lightly لَمْ يَتَشَدَّدْ في عقوبته، تَسَامَحَ معه، تَنَازَلَ عن بعض حقّه (في اتّفاق)

let on (*coll.*, disclose *that*) أَفْشَى السرّ، بَاحَ بِالمَكْنُون، كَشَفَ عن المكتوم

let out

(release, show to the door) حَرَّرَه أو حَلَّ عِقَالَهُ؛ مَكَّنه من الخروج، سَمَحَ له بالانصراف

(emit) نَفَثَ، بَعَثَ، قَذَفَ، أَخْرَجَ

(*coll.*, absolve) حَرَّرَه من مسؤولية ثقيلة، أَوْجَدَ له مخرجًا من مأزقه

(make *garment* looser) وَسَّعَ رداءً ضيّقًا

v.i. 1. (*in verbal phrases*)

let drive (at) ضَرَبَه بقوّة، رَمَاه بحجرة، كَالَ له اللَّطَمَات، لَكَمَه بشدّة

let fly (at) (صَوَّبَ بندقيّته ثمّ) أَطْلَقَهَا على الطائر؛ اِنفجَرَ في وجهه (غاضبًا)

let go (of) حَلَّ أو فَكَّ قبضة يده، سَيَّبَ

let up (*coll.*, slacken), *whence* كَفَّ أو تَوَقَّفَ عَنْ، خَفَّت حِدّة (الأمطار)، هَدَأت (ثورتها)

without a let-up, *n.* بِلا انْقِطاع أو توقُّف، بِٱسْتِمْرار، بدون هُوَادة أو رحمة

2. (*of a house, etc.*) يُؤَجِّر أو يستأجر

the house lets well هَذَا البيت يسهل تأجيره، لَا يَعْدَمُ مستأجرًا

lethal, *a.* (سُمّ) زُعَاف، (جرعة دواء) مميتة، (مَادّة كِيمَاوِيّة) مبيدة أو مهلكة

lethal chamber دُولَاب غاز محكم الغلق تقتل فِيهِ الحَيَوانات المريضة بدون ألم

letharg/ic, *a.* (**-y,** *n.*) يُسَيْطِر عليه النوم والخمول والكَسَل، بطيء وثقيل الحركة؛ كَسَل وخُمول وفُتور

let's, *contr. of* **let us**

Lethe, *n.* نَهْر النِّسْيَان (في أساطير اليونان والرُّومَان)؛ نِسْيان كلّ ما مَضَى

letter, *n.* 1. (*of alphabet*) حَرْف من حروف الأبجديّة

to the letter (نَفَّذَ التعليمات تنفيذًا) حرفيًّا، (اِمْتَثَلَ للقانون) بنصّه وفصّه

in letter and spirit نَصًّا وروحًا

the letter of the law النَّصّ الحَرْفِيّ للقانون، (سَلَكَ) وفق القانون أو بمقتضاه

letter-perfect يَحْفَظُ دَوْرَه بالمسرحية عن ظهر قَلْبٍ دون أن يَخْطِئ في كلمة واحدة

2. (missive) رِسَالة، خطاب، مكتوب

letter of introduction خِطَاب توصية

letters patent بَرَاءَة تمليك أو اختراع، شَهَادة منح وسام أو لقب

letter-box صُنْدُوق البريد (في الشارع أو المنزل)

letter-card بِطَاقة بريد تُطْوَى وتُلْصَق حافاتها

letter-writer كَاتِب خِطَابَات

(person) كَاتِب عُمُومِيّ أو عَرْضَحَالْجِي

(manual) كِتَاب لِتعليم كتابة الرَّسائل

by letter بِطَرِيق الكاتبة أو المراسلة (الرجاء أَنْ تخطرونا بذلك) كتابةً أو تحريرًا

3. (*pl.*, learning) آدَاب ، (عالم) الأدب
man of letters مِن رجال الأدب، أُديب
v.t. (print letters on) نَقَشَ (عُنوانَ الكتاب عَلَى غِلَافِهِ بحروف ظاهرة

lettered, *a.* مُثَقَّف في العلوم الإنسانيّة ، ذو آطِّلَاع واسع في الآداب

lettering, *n.* تَصْمِيم أو تشكيل الحروف (الرُّومانيّة غالبًا)

letterpress, *n.* نَصّ المتن في الكتاب باستثناء الصُّوَر والنّقوش الواردة فيه

lettuce, *n.* خَسّ لَتُوجِه (مصر)، خَسّ

leukaemia, *n.* مَرَض اللوكيميا، سَرَطَان الدَّم

Levant, *n.* البِلَاد الواقعة في شرق البحر الأَبْيَض المتوسّط

levant, *v.i.* إخْتَفَى دون دفع ديونه (في القمار مَثَلًا)، اِنْسَلّ هاربًا

Levantine, *a.* مِنْ سُكَّان البلاد الواقعة في شَرْق البحر الأبيض المتوسِّط

levee, *n.* 1. (reception) إِسْتِقْبَال مَلَكِيّ رسميّ للضُّيُوف (قديمًا كان في الصَّباح عادةً)
2. (embankment) سَدّ أو حاجز لصدّ مياه الفَيَضَان (على شواطئ الأنهار)

level, *n.* 1. (plane, elevation, standard) مُسْتَوًى، اِرْتِفَاع (الماء مثلًا)، منسوب (البحْر)
high level of attainment مُسْتَوًى عالٍ في التَّحْصِيل والانجازات العلميّة
on the level (*coll.*) أَحَقًّا ما تقول؟ بصحيح هَذَا الكلام ؟ بِجَدّ ؟!
top-level conference مُؤْتَمَر على مستوًى عالٍ، مُؤْتَمَر القِمّة أو الذِّرْوة
2. (instrument)
spirit-level ميزان البنّائين للتأكّد من أفقية السطح، شاقول أفقي، فادن مائي
3. (*geog.*) أرض منبسطة أو مستوية) سَهْل (سهول)

a. 1. (flat) مُسطَّح، سهْل، منبسِط
level-crossing مَزْلقان، مكان تقاطع السكّة الحديد والطريق العامّ
dead level (طريق) مستوٍ كلّ الاستواء
2. (equal) (المتسابقون) متعادلون (في الشوط)، (المرشحون للوظيفة) لايمتاز أحدهم عن الآخر
level pegging (أَحْرَزَ اللاعبان) نقاطًا متماثلةً
3. (*fig.*, even) على حالة واحدة
level-headed مُتّزِن ورابط الجاش دائمًا، لا يفقد اتّزانه مطلقًا (حتّى في الطوارئ)
do one's level best بَذَلَ غاية جهده، قامَ بأقصى ما في وسعه، لم يأل جهدًا في

adv.
draw level with لحق (الحصان الثاني بالأوّل) وبقيا على مستوًى واحد في السباق

v.t. 1. (make flat, smooth) سَوَّى (الأرض)، مَهَّدَ (الطريق)، جَعَلَ سطحه مستويًا
2. (aim) صَوَّبَ (بندقيته نحو الأسد)، وَجَّهَ (نقدًا لاذعًا إليه)
level a glance at رَمَقَه أو حَدَجَه بنظرة ، أَطْمَحَ بصره إليه، رماه بنظرة
level an accusation at (against) وَجَّهَ اتّهامًا اليه ، أَقَامَ تُهْمَة عليه

3. (raze, abolish) هَدَمَ، قَوَّضَ، نَسَفَ، دَكَّ ؛ أَلْغَى أو ذَوَّبَ (الفوارق الطبقية)

the house was levelled to the ground دُكَّ المَنْزِل على أساسه

v.i., only in

level off (out) اِنْعَدَمَت المطبّات من الطريق

leveller, *n.* دَاعِيَة إلى إلغاء الفوارق الاجتماعية (تَارِيخ انكلترا في القرن الـ ١٧)

lever, *n.* رَافِعة، ذراع، مُخْل، عَتَلة

tyre lever مُخْل لنزع إطارات (السَّيَّارة أو الدَّرَّاجة)

(*fig.*) وَسِيلَة لتنفيذ غَرَض ما؛ محور ارتكاز

v.t. رَفَعَ أو حَرَّكَ (حجرًا ثقيلًا مثلًا) بِاسْتِعْمَال رافعة أو مُخْل أو عَتَلة

leverage, *n.* قُوَّة الرَّافعة أو العَتَلة عند ارتكازها عَلَى مِحْوَرِهَا؛ وسيلة تنفيذ

leveret, *n.* خِرْنِق، صغير القواع (أرنب وحشي)

leviathan, *n.* حُوت لِوْيَاثَان (حوت كبير وارد في التَّوْرَاة)؛ سفينة ضَخْمة؛ عِمْلاق

levit/ate, *v.t. & i.* (**-ation,** *n.*) (خِدْعَة يؤديها السَّاحر تجعل شخصًا) يَرْتَفِع ويَطْفُو في الهواء

Levite, *n.* لَاوِيّ (توراة)

Leviticus, *n.* سِفْر اللَّاوِيِّين (توراة)

levity, *n.* مَرَح وطَيْش (في موقف جدّيّ)

levy, *n.* 1. (of money) ضَرِيبَة يَفْرِضُهَا الحاكم أو الحُكُومَة؛ ضريبة جبائية

capital levy ضَرِيبَة رؤوس الأموال

2. (of men) تَجْنِيد إجباريّ للرّجال

v.t. 1. (raise, collect); *also v.i.* فَرَضَ أو جَبَى أو حَصَّلَ ضريبة

levy an army جَنَّدَ جيشًا أو جُنْدًا

2. (proceed to make *war on, against*) أَعْلَنَ أو شَنَّ حربًا على، اِشْتَبَكَ في حرب

lewd, *a.* دَاعِر، فاسِق، خليع، فاجِر

lexicographer, *n.* مُصَنِّف أو مؤلّف قَوَامِيس أو معاجم

lexicography, *n.* مِهْنَة تصنيف أو تأليف القَوَامِيس أو المعاجم

lexicon, *n.* قَامُوس أو مُعجم (للّغات القديمة)

ley, *n.* أَرْض مزروعة عشبًا لإراحتها بين مواسم زِرَاعَتِهَا في الأقطار الزِّرَاعِيَّة

liability, *n.* مَسْؤُولِيَّة؛ ديون

it is the parents' liability to care for their children مِنْ وَاجِب الوالدين رعاية وَإِعَالَة أطفالهما

he can balance his liabilities and his assets يَسْتَطِيع (التَّاجِر) أن يوازن بين ديونه وَأُصُولَه أو موجوداته

he always honours his liabilities (مِنْ طَبِيعَتِهِ أَنْ) يَفِيَ بديونه والْتِزَامَاته

this car has a liability to stop suddenly مِن المُحْتَمَل أن يتوقّف أو يتعطّل محرّك هَذِهِ السَّيَّارة فجأةً

domestic animals can be a liability قَدْ تَكُون الحيوانات الداجنة عِبْئًا ثقيلًا

liable, *a.* 1. (legally answerable *for*) مَسْؤُول عَنْ، كفيل بـ

2. (subject *to*) مُعَرَّض أو عُرْضَة لِ

3. (apt, inclined, likely *to*) مَائِل إلى، قابل لِ ، يَنْزَع إلى، من طبيعته أن

he is liable to make mistakes هُو عُرْضَة لِارْتِكاب الأخطاء أو الهفوات

liaison, *n.* 1. (communication in person) عَلاَقَة أو اتِّصال أو ارتباط بين شخصين أو هيئتين

liaison officer ضَابِط اتّصال (في الجيش)

2. (illicit love affair) عَلاَقَة غير مشروعة بَيْنَ رجل وامرأة

liana, *n.* نَبَاتَات تتسلَّق أشجار الغابات المَدَارِيَّة

liar, *n.* كَاذِب، كذّاب، أفّاك، ميّان

lias, *n.* لِيَاس، حَجَرجيري أزرق (العصر الجوراسى)

libation, *n.* سَكْب النَّبِيذ إكرامًا لِآلِه وثنيّ

libel, *n.* 1. (defamation) قَذْف علنيّ، تشهير أو تَجْرِيح لسُمْعَة فلان عن طريق النَّشر

2. (discredit, injustice) الحَطّ أو الإقلال من شأن فلان، الطَعْن في كرامته

v.t. 1. (defame) شَهَّرَ به، طَعَنَ في كرامته، أَسَاءَ إلى سمعته، قَذَفه ب

2. (misrepresent) اِفْتَرَى عليه ، نَسَب إليه بِسُوء نِيّة أَمْرًا ما

libellous, *a.* (كَلَام) تَشْهِيرِيّ ، قَذْفِيّ ، تَجْرِيحِيّ

liberal, *a.* 1. (broad-minded) مُتَحَرِّر الفكر، غَيْر متعصّب ولا متزمّت، متسامح

2. (broadening the mind)

liberal studies دِرَاسَات ثقافية لتوسيع الأفق

3. (generous) كَرِيم، طَلْق اليدين؛ (مقدار) وافر

4. (reformist) (مَذاهب وأفكار) تقدُّمية

Liberal, *n.* عُضْو في حِزْب الأحرار (بريطانيا)

liberalism, *n.* أَهْدَاف ومبادئ حِزب الأحرار؛ تَسَامُح؛ ليبراليّة وتقدُّميّة

liberality, *n.* أَرِيحِيَّة، بَسْط اليد، سخاء

liber/ate, *v.t.* (**-ation,** *n.*) حَرَّر، أَعْتق، أَطْلَق سَرَاحَه؛ تحرير، انطلاق (في الكيمياء)

liberator, *n.* مُحَرِّر، مُعْتِق، منقِذ من العبودية

libertarian, *a.* & *n.* مُؤْمِن بحرّيّة الإرادة

libertine, *n.* خَلِيع ، مُنْغَمِس في المجُون

liberty, *n.* 1. (freedom from constraint) حُرِّيّة

at liberty حُرّ، (لَكَ) مطلق الحرية في أن ...، غير مرتبط (بعمل ما)

liberty of conscience حُرّيّة العقيدة

liberty of the press حُرِّيّة الصّحافة

liberty man (*naut.*) بَحَّار غائب في إجازة

Statue of Liberty تِمْثال الحُرّيّة في مدخل نيو يورك

2. (freedom of choice) حُرِّيّة الاختيار، خِيَار

he is at liberty to go لَهُ مُطْلَق الحرّيّة في الذَّهَاب

3. (licence)

may I take the liberty of reminding you? أَتَسْتَمِيحُكَ العُذر في أن أذكِّرك ب ...؟ هل لِي أن أذكّر سيادتكم؟

take liberties تَخَطَّى حدود التأدّب وَاللِّيَاقَة، رَفَعَ الكلفة بوقاحة

libidinous, *a.* شَهْوَانِيّ، شَبِق، داعِر

libido, *n.* الغَرِيزَة الجِنْسِيّة ؛ النّشاط الحَيَوِيّ

Libra, *n.* بُرْج المِيزان (فَلَك)

librarian, *n.* أَمِين أو قَيِّم مكتبة

librarianship, *n.* مِهْنَة إدارة المكتبات

library, *n.* **1.** مَكْتَبَة ، دار الكُتُب ؛ مجموعة كُتُب ؛ سِلْسِلة كُتُب

circulating library مَكْتَبَة إعارة بمُقابِل

lending library مَكْتَبَة إعارة خارجيّة بأجْر أَوْ دون أجْر

public library مَكْتَبَة عامّة (عمومية) مجانيّة تمتلكها البلديّة

reference library قِسْم المراجع في مكتبة عامّة ؛ مَكْتَبَة تشتمل على مراجع للاطّلاع فقط

librettist, *n.* وَاضِع كلمات الأوبرا أو الأوبريت

librett/o (*pl.* -i), *n.* نَصّ كلمات الأوبرا

lice, *pl. of* **louse**

licence (license), *n.* **1.** (legal authorization or document) تَرْخِيص، تصريح رسميّ، إجازَة، رُخْصَة، براءة

marriage licence تَرْخِيص رسميّ للزّواج

special licence تَرْخِيص كَنَسيّ أو مدنيّ بالزّواج يُمْنَح في حالات خاصّة

under licence to مُرَخَّص له، يحمل رُخْصَةً أو تصريحًا بمزاولة ...

2. (dispensation from rules) إعْفَاء من القُيُود أو الشُّروط المفروضة

poetic licence الضَّرُورَة الشِّعريّة الّتي تَفْرِض على الشّاعر الخروج على قواعد محدّدة

3. (abuse of freedom) تَصَرُّفات لا يَحُدُّها نِظَام، سلوك فَوْضَوِيّ، إساءة استخدام الحُرّيّة

license, *v.t.* أَذِنَ أو رَخَّصَ أو صَرَّحَ له

licensed house (premises) مَحَلّ مُرَخَّص أو مُجاز (لصاحبه) ببيع المشروبات الروحيّة

licensee, *n.* صَاحِب بار أو مَيْخَانة (غالبًا)، حامِل رُخْصة، مُرَخَّص أو مُجاز

licentiate, *n.* حَامِل درجة علميّة في مهنة

licentious, *a.* فَاجِر، ماجن، إباحي، خليع ، فَاسِق، داعر، شبق، متهتّك

lich, *see* **lych**

lichen, *n.* نَبَات طُفَيْلِيّ كالطُّحْلُب، بَهَق الحَجَر

lick, *v.t.* **1.** (pass the tongue over); *also fig.* لَعَقَ، لَحَسَ، وَلَغَ (الكلب الماء)

lick someone's boots تَذَلَّلَ له، تَمَلَّقَه بذلّة وَخُنُوع، بَاسَ رِجليه

lick one's lips تَلَمَّظَ بِشَفَتَيْه ، مَطَق ، تَمَطَّق (في انْتِظار الغَنِيمة مثلاً)

lick into shape دَرَّبَ تلميذًا لِيُتْقِنَ حِرْفة ، هَذَّبَه، مَرَّنَه، وَضَّبَه في المهنة (مصر)

lick the dust لَحَسَ التُّراب ، وَضَعَ أَنْفَهُ في الرَّغَام، صُرِعَ، خَرَّ قتيلًا

2. (*sl.*, beat) أَعْطاه عَلْقَة أو زُوبَة

n. **1.** (act of licking) لَعْق، لَحْس

a lick and a promise غَسْلة سريعة للوَجْه، نِصْف غسلة، شطفة (مصر)

2. (small quantity)

a lick of paint (دَهَنَ أو صَبَغَ الحائط) بِقَلِيل من الطِّلاء

3. (*coll.*, rapid pace) مَرَق بِسُرْعَة خاطِفة

licking, *n.* (*sl.*, beating) عَلْقة (مصر)، بَسْطَة أو زوبة (عراق)، «مَسَح» خَصْمه تمامًا

lickspittle, *n.* مُتَزَلِّف، مُتَمَلِّق، مَسّاح جُوخ

licorice, *see* **liquorice**

lid, *n.* 1. (cover) غِطاء (وِعاء، صُندوق، إناء)

that puts the lid on it (*sl.*) هذا أَجْهَز على المَشْروع، هذه ثالِثة الأَثافي، بَلَغَ السَّيْل الزُّبَى

with the lid off (*coll.*, laid bare) عارٍ، بِدُون قِناع، مَكْشوف، بِدون تَكَلُّف

2. (eyelid) جَفْن (جُفون، أَجْفان) العَيْن

lido, *n.* بلاج للسِّباحة والحمّامات الشَّمْسِيّة

lie, *n.* 1. (situation) الاتِّجاه أو الوَضْع الّذي يَتَّخِذه شَيْء (مُلْقًى على الأرض)؛ وَضْع الأُمور، حالَتها

2. (falsehood) كِذْبَة، إفْك، زُور

act a lie تَظاهَرَ، انْتَحَلَ شعارًا كاذبًا، راءَى

give the lie to

(accuse of lying) اِتَّهَمه بالكَذِب علنًا، رَدَّ عليه مُكَذِّبًا وناقِضًا حُجَّته

(deny) فَنَّد (دَحَض، أَنْكَر) ادِّعاءه

white lie كَذِبَة تُقال مِن باب المُجامَلة والتَّأَدُّب، كِذْبَة بَيْضاء

v.i., sometimes v.t. 1. (tell an untruth) كَذَبَ، اِفْتَرَى، أَفِكَ

he lies in his teeth يُمْعِن في الكَذِب، يَكْذِب بِوَقاحَة وسَلاطَة لِسان

lie like a trooper يَكْذِب عيني عينك، يَكْذب على المكشوف، أَكْذَب من مُسَيْلِمَة

lie one's way through (out of) تَمَلَّص (مِنَ المآزِق) بِكِذْبَة بَعْدَ أُخْرَى

2. (*pret.* lay, *past p.* lain; be in, adopt, horizontal position; be, remain) اِسْتَلْقَى، اِضطَجَعَ؛ بَقِيَ، ظَلَّ

lie-abed, *n.* نَؤُوم، كَسُول، نُوَمَة، خُمُّ نَوْم (مصر)

lie low اِسْتَتَر، اِحْتَجَبَ عَن الأَنْظار

lie at the mercy of بَقِيَ تَحْتَ رَحْمَة (الأَقْدار مَثلًا)، أَصْبَح رَهْنَ اسْتِبْداده

lie in state عُرِضَ جُثْمانُ مَيِّتٍ عَظيم في رِدائِه الرَّسْمِيّ للوَداع الأخير قَبْل دَفْنِه

lie in wait تَرَبَّصَ بالعَدُوّ، تَرَصَّدَ له

here lies . . . ما يُكْتَب على شاهِد القَبْر بِمَعْنَى «هُنا يَرْقُد ...» أو «هَذا ضَرِيح»

lie barren ظَلَّ (المَشْروع) عَقيمًا

lie heavy on the stomach كانت الأَكْلة عَسِرَة الهَضْم أو ثَقِيلة على مَعِدَتِه

lie heavy on the conscience (بَعْد هَذِه الفِعْلة) أَنَّبَه (عَذَّبَه، بَكَّتَه) ضَمِيرُه

lie idle (*of machinery, etc.*) بَقِيَت آلاتُ المَصْنَع بِدُون اسْتِعْمال (بِسَبَب إِضْرابٍ مَثَلًا)

the choice lies with you لَكَ الخِيار، اِخْتَرْ ما يَحْلُو لك (وَلَسْتُ مَسْؤُولًا)

do all that lies in one's power بَذَلَ أَقْصَى وُسْعه، لَمْ يَأْلُ جُهْدًا

as far as in me lies (*arch.*) ما اسْتَطَعْتُ إلى ذَلِك سَبيلًا

where his interest lies (يَعْرِفُ) أين تَكْمُنُ مَصْلَحَتُه، (يَعْرِف) مِن أَيْن تُؤْكَل الكَتِف

the remedy lies with you الخُرُوج من المَأْزِق يَتَوَقَّف عليك، إصلاح الأمر رَهْنَ مَشيئَتك

his strength lies in his foresight تَكْمُن بَرَاعَته فِي بُعْدِ نظره وتَرْجِع إلى قدرته على التَّكهُّن

the way lies open before you لَيْس ثَمَّة عائق يُعَرْقِل مسيرك، الطَّرِيق مُمَهَّد أمامك

what lies behind it? مَا وَرَاء الأَكَمة؟ ما الدَّافع لِذَلك؟ ماذا يَكْمُن وراء الأمر؟

lie with a woman جَامَعَ أو ضَاجَعَ أو غَشِيَ إمرأة

2. (*adverbial compounds*)

lie about (around) مُلْقًى هنا وهناك، (كتب) مَتْرُوكة بغير ترتيب

children leave their toys lying about يَتْرُك الأَطْفال لَعِبَهم مُبَعْثَرة هنا وهناك

lie back اِسْتَلْقَى، اِضْطَجَع، تَمَدَّدَ، اِتَّكَأَ (على ظَهْر كرسيّه)

lie down رَقَدَ، اضْطَجَعَ، اسْتَلْقَى، اِرْتَمَى (مُسْتَرِيحًا)

he took his reprimand lying down تَقَبَّلَ التَّوْبِيخ صَاغِرًا أو بدون اعتراض

lie in (stay in bed late) بَقِيَ في الفِراش ولم يَنْهَض مُبَكِّرًا

it is a treat to lie in on a cold morning يُسْتَحَبُّ البَقاء في الفراش في صباح يوم قارِص البرد

(give birth); *now usu. only in*

lying-in hospital مُسْتَشْفَى الولادة

lie over (wait in deferment) بَقِيَ الموضوع مُعَلَّقًا، لم يُبَتّ فيه

let it lie over until the next meeting فَلْنَتْرُك الأَمْر مُعَلَّقًا حَتَّى الجَلْسَة القادِمَة

lie to (*naut.*) تَوَقَّفت السّفينة عن التقدّم (بِسَبَب الأنواء مثلًا)

lie up (stay in bed) اِعْتَكَفَ في الفِراش

(*naut.*) بَقِيَت السّفينة في الحَوْض

lief, *adv. now only in*

I would (had) as lief do without as ask a favour of him أُفَضِّل الموت جوعًا على طَلَب مِنّة أو فَضْل منه

liege, *a. & n.* إقْطاعِيّ؛ مَوْلًى

liege lord صَاحِب أرض يتمتّع بحقّ السِّيادة على المشتغلين فيها

lien, *n.* حَقّ الحَجْز على أَمْوال المَدِين وَفاءً لِلدَّيْن أو ضَمانًا لِسَدادِه

lieu, *n. only in*

in lieu of بَدَلًا من، عِوَضًا عن، مقابل، (شيء) يَنُوب عن (شيء آخر)

lieutenant, *n.* 1. (rank in armed services) مُلَازم أَوَّل (جيش)، نقيب (بحرية)

lieutenant-colonel بِكْباشِي أو عقيد (رتبة عَسْكَرِيّة)

lieutenant commander مُقَدَّم (رائد) بحريّ

2. (deputy) نَائِب، قائم مقام

lieutenant-governor نَائِب الحاكم أو الوالي

Lord Lieutenant رَئِيس الهيئة التنفيذيّة بالإقْلِيم؛ ممثّل ملك انكلترا في ايرلندا سابقًا

life, *n.* 1. (existence) حَياة، وُجود

bring to life أَحْيَا، أَنْعَشَ، بَعَثَ فيه الحياة، نَفَخَ فيه الرُّوح

come to life عَادَت إليه الحياة ؛ أُضْفِيَت (على الوَصْف) حيويّة ، دَبَّت فيه الرّوح

for the life of me (لَا أَسْتَطِيع أن أتذكّر) مهما حَاوَلْتُ ، عُمْرِي ما أقدِر (أفعل كذا)

life everlasting الحَيَاة الأَبَديّة ، الخُلْد ، الخلود ، الحَيَاة الأزَليّة ؛ دار البَقاء

life is what you make it حَيَاتُك من صُنع يديك ، مِفْتَاح السَّعادة في يدك

they were discussing life with a capital L كَانُوا يَتَبَاحَثُون في استكناه معنى الحياة وسرّ الوجود ، يَتَعَمَّقُون في فَهْم لُغْز الحياة

a matter of life and death مَسْأَلة حياة أو مَوْت ، أمر بالغ الخُطورة

he ran for his life فَرَّ أو هَرَب طالبًا النّجاة مِنَ المَوْت ، أَفْلَتَ بأقصى سرعة

the struggle for life الكِفَاح في سبيل المعيشة أَوْ من أجل لُقْمَة العَيْش

take life قَتَل كائنًا حَيًّا ، جَرَّدَه من الحَيَاة

he took his own life إِنْتَحَرَ ، قَتَلَ نفسه

that's life!; *also* such is life! هَكَذَا الدُّنيا !

what a life! تَبًّا لها من حياة! ما أَتْعَسَها من حَيَاة !

life-blood (*usu. fig.*) عِمَاد (الصِّناعة) أو قِوَامُها ، (المال) عَصَب (الحياة التجاريّة)

life-cycle دَوْرة الحياة (علم الحيوان)

life-giving, *a.* مُحْيِي ، واهب للحياة ، مُقَوٍّ ومُنْعِش

life-guard (soldier) فارِس مِن فُرْسان الحَرَس المَلَكِيّ
(swimmer) غَطَّاس أوسَبَّاح لإِنْقاذ المُشْرِفين على الغَرَق

life-jacket صِدَار النّجاة للوِقاية من الغَرَق

life-preserver هَرَاوة ثقيلة للدّفاع عن النَّفس

2. (living things)

animal life and plant life الحَيَوَانات والنّبَاتات ، عَالَم الحيوان والنَّبات

3. (lifetime)

at my time of life فِي مِثْل عُمْرِي ، في سِنِّي (المُتَأَخِّرة) هذه

he is scarred for life أَثَرُ جُرْحه سَيَبْقَى على الدَّوَام ، ترك الجرح ندبة لن تزول

he gave up (devoted) his life to كَرَّس أو وَهَبَ حياته لِ أو في سبيل

she had the time of her life اِسْتَمْتَعَت (في الحَفْلة) أقصى استمتاع

life insurance تَأْمِين على الحياة

life-interest رَيْع أو فوائد مدى الحياة

life peer لُورْد لا يَرِثُ أولاده لَقَبَه

life sentence; *also* life term, life سِجْن مُؤَبَّد ، سِجْن مدى الحياة ، مؤبَّد

life-work (هَذَا الكِتَاب) ثمرة حياته ، عمل قضى عُمْرَه فيه أو كَرَّس حياته له

he spent his whole life in Baghdad قَضَى حَيَاته كلَّها في بغداد

(*fig.*, period of activity) مُدَّة ، عُمْر

life of a battery عُمْر البطاريّة ، مدّة صَلَاحِيّتها

4. (way of living) عِيشَة ، مَعِيشة

country life حَياة الأغنياء المُتْرَفِين في الرِّيف

the good life الحَيَاة الفاضلة؛ رَغَد أو بَحبوحة العَيْش، رَفَاهِيَة ونَعيم

high life حَياة التَّرَف (للطَّبَقات العُليا)

lead a full life يَسْتَغِلّ كُلّ إمكانيّات حياته

public (private) life حَيَاة الفَرْد العامّة أو الاِجْتِماعِيَة؛ حياته الخاصّة (في بيته)

5. (excitement, animation)

there's not much life in this town تَكَادُ تَنْعَدِم الحَيَاة الاجتماعيّة بهذه المدينة

see life شَافَ الدُّنيا، جَرَّبَ الحياة، اِخْتَبَرَها، نَزَلَ إلى مُعْتَرَك الحياة

full of life مَلِيء بالحيويّة، مُفْعَم بالنَّشاط

he is the life and soul of the party إنَّه رُوح الحَفْلة وقلبها النّابض ومَصْدَر بهجتها

there's life in the old dog yet لَمْ تَزَل فيه بقية مِنْ حياة، لم يفلت زمام الأمور من يده بعد

put some ⟨more⟩ life into it! اِجْعَلْ (عَزْفَكَ) أَكْثَرَ حيويّةً! خفّ إيدك شوّية!

6. (actuality, real object) حَقِيقة، واقعيّة

as large as life مِلْءُ العَيَان، بلحمه ودمه

life drawing رَسْم النَّماذج البشريّة عارية أو كاسية

true to life (قِصّة) من واقع أو صَميم الحياة

that's him to the life! هَذا هو بِعَيْنِهِ

7. (biography) سِيرة، تَرْجَمة حياة

lifebelt, *n.* طَوْق النَّجاة من الغَرَق

lifeboat, *n.* قَارِب النَّجاة، زَوْرَق الإنقاذ

lifebuoy, *n.* طَوْق النَّجاة من الغَرَق، عَوَّامة تُلْقَى إلَى المُشْرِفين على الغَرَق لإنقاذهم

lifeless, *a.* 1. (dead) مَيِّت، خامِد، هامِد

2. (*fig.*, dull) لَا رُوحَ ولاحياةَ فيه

lifelike, *a.* (صُورة) طِبْق الأصل، ناطقة وحيّة

lifeline, *n.* 1. (rope) حَبْل لِلْوِقَاية من خَطَر السُّقوط

(*fig.*) عَوْن لَا غِنَى للفَرْد عنه

2. (*palmistry*) خَطّ الحياة (قِراءة الكَفّ)

lifelong, *a.* (رَفِيق) مَدَى الحياة، (رفيقة) الدَّرْب، (طُمُوح) دام طول العمر

lifetime, *n.* مُدَّة حياة الشَّخْص أو عمره

lift, *v.t.* 1. (raise); *also* lift up رَفَعَ ، أَقَامَ ، اِلتَقَطَ (شيئًا من الأرض)

he will not lift a finger to help you لَنْ يَبْذُلَ أدنى جهد لمساعدتك، لَنْ يُحَرِّكَ ساكنًا لِخِدْمَتِك

lift one's hand against أَعْلَنَ عِصْيانه عليه

she must have had her face lifted الظَّاهِر أنها قَدْ أجريت لها جِرَاحَة تجميل الوجه

2. (dig up)

lift potatoes اِسْتَخْرَجَ البطاطس من الحَقْل

3. (*coll.*, steal, plagiarize) نَشَلَ ، سَرَقَ ، اِنْتَحَل (أبياتًا مِن الشِّعْر مثلاً)

v.i. اِرْتَفَع

the clouds are lifting (*lit.*) السُّحُب آخِذة في التَّفَرُّق أَوِ الاِنْقِشاع

(*fig.*) أوشكت الأزمة أن تنتهي، بدأ الليل ينجلي

n. 1. (encouragement) (أعطاه) حُقنةَ تشجيع

2. (act of conveying) نَقْل، رَفْع

give someone a lift إسْتَصْحَبَ شخصًا وأوصله بِسَيّارَته إلى مكان في طريقه

air-lift جِسْر أو مَعْبَر جوّيّ

face-lift (*lit.*) عَمَلِيّة جِرَاحِيّة لإزالة تجاعيد الوجه

(*fig.*) تَنْظِيف وترميم واجهات الأبنية العامّة

3. (elevator) مِصْعَد كهرَبائي، أسنسير

lift-attendant عَامِل المصعد أو الأسنسير

4. (*aeron.*) رَفْع ديناميكيّ هوائيّ (طيران)

ligament, *n.* رِبَاط بين عظمتي مَفْصِل (تشريح)

ligature, *n.* 1. (*surg.*) رِبَاط من الخيط لربط الأَوْعِيَة الدَمَوِيّة أثناء العمليّات الجراحيّة

2. (*typ.*) صَبّ حرفين أو أكثر كو حدة (طباعة)

light, *n.* 1. (brightness, illumination) ضَوْء، نُور، ضياء

at first light قُبَيْلَ أو عند بُزُوغ الفَجْر

he sees her only in a good light لا يَرَى إلّا مَحَاسِنَها، «وعين الرضى عن كلّ عيب كليلة»

the light of his eyes قُوّة إبصاره؛ نور عينيه، قُرّة عينه، زينة الحياة الدّنيا

the light in her eyes وَمِيض أو لمعة الفرح في عَيْنَيْها

light and shade (*lit. & fig.*) أَضْوَاء و ظِلَال

in the light of (*fig.*) عَلَى ضَوْء (ملاحظاتكم مثلا)

shed (throw) light on (*fig.*) أَلْقَى ضَوْءًا على

it is foolish to stand in your own light مِنَ الحَمَاقَة أن تُدِير ظَهْرَك للنّور (عند القِراءة)

2. (knowledge, enlightenment)

according to one's lights (تَصَرَّف) حَسَبَ مَعْرِفَتِه واعْتِقادِه، طِبقًا لِمَقْدِرَته العَقْلِيّة

bring to light كَشَفَ أو أظْهَرَ (التحقيق مثلًا)، أَزَاحَ النقاب عن (حقائق إضافية)

he did it by the light of nature فَعَل ذٰلك بِسَلِيقَتِه (بِفِطْرَتِه أو بَدِيهَتِه)

come to light اِتَّضَحَ أَنَّ، اِسْتَبَان

3. (flame) وَسِيلة الإشعال

would you give me a light? وَلِّعْ لي السِّيجَارة من فضلك

strike a light أَشْعَل عود ثِقاب، وَلَّعَ عُود كبريت

strike a light! (*sl.*) يَا سَتّار! أعوذ بالله! أَسْتَغْفِرُ اللهَ! يا حفيظ!

(*fig.*)

she is a leading light in her field لَهَا السَّبْق في هَذا المِضْمار

4. (source of illumination) نُور، ضَوْء

he left the light on تَرَكَ المصباح (الكهربائيّ) مُضَاءً، لم يطفئه

turn the light on (off) أَشْعَل (أطفأ) المِصْبَاح الكهرَبائيّ

lights out سَاعَة إطفاء الأنْوار (بالمُعَسْكَر)

traffic lights; *also* the lights أَضْوَاء أو إشَارَات المُرُور

he shot the lights لَم يُوقِف سَيّارَتَه عِندما كانت إشارَة المُرور حَمْراء

the green light (*coll.*, permission to proceed) المُوافَقَة الرَّسْمِيَّة على (مَشْرُوع مثلاً)، الإِذْن بِبَدْء عَمَل

5. (window)
sky-light كُوَّة، مَنْوَر (في السَّقْف)

Ancient Lights حَقّ ارتفاق يمنع الجار من حَجْب النُّور عن بيت جاره

6. (*pl.*, lungs of animal sold as offal) رِئَة الغَنَم أو العجول أو الخنازير تباع للأكل، فِشّة (مصر)، فشافيش (عراق)

a. 1. (bright) مُضِيء، غير معتم
it is getting light بَدَتْ تباشير الصَّباح

2. (pale) (لَوْن) فاتح
light blue أَزْرَق فاتح، سماويّ
light complexion بَشْرَة بيضاء
light hair شَعْر أَشْقَر

3. (not heavy, *lit.* & *fig.*) خَفِيف
light attack (of illness) نَوْبَة خفيفة من المَرَض، نَزْلة (بَرْد) بسيطة
light diet غِذَاء خاصّ سَهْل الهَضْم (للناقهين)
light duties وَاجِبَات أو أعمال خفيفة
light-hearted, *a.* (-ness, *n.*) خَالٍ من الهُمُوم، لا يُقْلِقه شيء، مبسوط، ناعِم البال
light literature مُؤَلَّفات أدبيّة سَهْلَة القراءة لا تَتَنَاوَلُ موضوعات جادّة
light soil تُرْبَة هشّة أو خفيفة
light-weight, *see* lightweight
light wine نَبِيذ خفيف أو غير قويّ

light-headed دَائِخ، مُصاب بِدُوار؛ طَائِش، أَرْعَن، غَيْر رَزِين

4. (gentle, delicate) رَقِيق، خفيف، لَطِيف
light footsteps خَطَوَات خفيفة الوَقْع

(*fig.*)
light-fingered (thievish) (نشّال) طويل اليَد، خفيف اليد

5. (unimportant) طَفِيف، تافِه
make light of اِسْتَخَفَّ أو اِسْتَهانَ (بالمشكلة)

6. (thoughtless, unprincipled) غَيْر مترقٍّ
light woman إِمْرَأَة خفيفة أو مُتَقَلِّبة، إمرأة مُسْتَهْتِرَة وطائشة

adv.; *also* lightly
travel light لا يَحْمِل أمتعة كثيرة أثناءَ سَفَره

light (*pret.* & *past p.* lit), *v.t.* 1. (cause to burn) أَشْعَلَ أو أَوْقَدَ نارًا

2. (illuminate) أَضَاءَ، أَنَارَ، نَوَّر

(*fig.*); *usu.* light up
a smile lit up his face أَشْرَق وجهه بابتسامة، أَضَاءَت وجهه ابتسامة
lit-up (*sl.*, intoxicated) سَكْرَان، مُشَعْلل (مصر)، مسطول

3. (guide)
light someone on his way أَنَارَ له الطَّرِيق؛ شَجَّعَه وطَمْأَنَهُ في سَفَره

v.i. 1. (alight) وَقَعَ (على قدميه)
a cat usually lights on its feet يَقَعُ القِطّ على أَرْجُله غالبًا، يَقَع واقفًا

2. (ignite) اِتَّقَدَ، اِشْتَعَلَ، اِضْطَرَمَ

3. (brighten) ضَاءَ، لَمَعَ، أَشْرَقَ؛ تَهَلَّلَ (وَجْهُه)، سَطَعَ

4. (come *on*, *upon* by chance) عَثَرَ على، وَجَدَ أو لَقِيَ شيئًا عَرَضًا

lighten, *v.t.* 1. (make brighter, *lit. & fig.*) أَنَارَ، نَوَّرَ، جَعَلَ اللون أفتح ممّا كان

2. (make less heavy) خَفَّفَ من ثِقْل شيءٍ ما؛ أزاحَ عن كاهلها عِبْئًا

v.i. 1. (grow brighter)

her heart lightened when she heard the news
اِنْشَرَحَ صَدْرُها عِنْدَما سَمِعَت الخَبَرَ

2. (*of lightning*) بَرَقَ، أَبْرَقَت (السماء)

lighter, *n.* 1. (person or thing that lights) مَن يَقُوم بإشعال النّار

⟨cigarette-⟩lighter قَدَّاحَة أو وَلّاعة سَجَاير

2. (boat) صَنْدَل أو مَاعُونة لتفريغ الحمولة أَوْ شَحْنِها من الشّاطئ إلى السّفينة

lighterman, *n.* عَامِل يشتغِل في الصَّنْدل

lighthouse, *n.* مَنَار، مَنارة، فَنار (فنارات)

lighthouse-keeper حَارِس المنار أو الفَنار

lighting, *n.* إضَاءة، إنارة

lighting effects اِسْتِخْدَام ألوان شتى من الأَضْوَاء في إنارة المناظر المَسْرَحِيّة

lighting-up time السَّاعة المُحَدَّدة رَسْمِيًّا لِإِضَاءة مصابيح السَّيّارات في الطُّرق

lightly, *adv.* 1. (not heavily) بِخِفَّة

2. (gently) بِلُطْف، بِرِقّة

3. (casually) بِاستِخْفَاف، بلا تَرَوٍّ

dismiss something lightly صَرَفَ النَّظَر عن أمرٍ ما بدون اهتمام، لم يَكْتَرِث به

think lightly of لا يُقِيم له وَزْنًا

4. (without severe penalty)

he got off lightly لم يَأْخُذْ ما يستحقّه من عِقاب، نَجَا من الخطر بدون إصابة شديدة

lightning, *n.* بَرْق (بروق)

lightning-conductor مُوَصِّل صواعق مُتَّصِل بالأرض لوقاية الباني من أخطارها

with lightning speed بِسُرْعَة البرق، في أَقَلّ من لمح البَصَر

lightship, *n.* مَنارة عَائِمة، سفينة ترسو عند مَوْضِع خطر وتحمِل أنوار التَّحذير

lightweight, *a.* (شَنْطة) خَفِيفَة الوَزْن

(*fig.*, unimportant) (شَخْص) تافِه أو غَيْر ذي قيمة أو أهمّيّة

n. (boxing); *also attrib.* مُلَاكِم من الوزن الخَفِيف (لا يَزيد عن ١٣٥ باوندًا - ٦١ ¼ كجم)

lignite, *n.* الليجنيت، نوع من الفحم الناعم ولَوْنُه بُنّي ضارب إلى السَّواد

likable, *see* **likeable**

like, *a.* 1. (similar) شَبِيه، مُشابِه، مُمَاثِل

as like as two peas «حَذْوَكَ النَّعْلِ بِالنَّعْل»، «فُولَة وَمَقْسُومَة»

in like manner عَلَى هَذه الصُّورة أو الشّاكلة، على هذا النّحو أو المَنوال

like-minded, *a.* مُتَشَابِهُون في لمُيول والأفكار، مُتَماثِلون في البيئة والتّعليم

like father like son دَأب الولد دَأب أبيه، هُوَ طالِع لأبيه،«ابن الوزّ عوّام»

it is just like old times تمامًا كأيام زمان، مِثْلما كنّا في سابق الأيّام

the picture looks nothing like you لَيْسَ في (هٰذِه) الصُّورَة أدنى شَبَه بِكَ

it looks like it! يَبْدُو أن الأمر كذلك!؛ وهل هٰذا معقول؟ (تقال تَهَكُّمًا)

what is he like? مَا شكْلُه؟ صفه لنا! شنو مِن شي هو (عراق)

something like . . .
(approximately) مَا يُقارِب، تقريبًا، على وَجْه التَّقْرِيب، ما يناهز، ... وَنَيِّف

(*coll.*, thoroughly satisfactory)

that's something like! مُش بطّال هذه المرّة!

nothing like as good هٰذا أقلّ مستوًى بمراحل

that's just like him! وَمَاذا تَتَوَقَّع منه؟!

2. (disposed to, likely to)

I don't feel like work today لا مِزاج لي لِلْعَمَل اليوم، لا أميل للعمل اليوم

it looks like rain يَبْدُو أن الدّنيا سَتُمْطِر بعد قليل، أنها على وَشْك المطر

prep. (in the manner of)

it goes something like this (النَّغمة الّتي سَمِعْتُها) تَجْري على النَّحْو الآتي

don't talk like that! لا تَتَكَلَّم بِهٰذا الأُسْلُوب أو بِهٰذِه الطَّرِيقة!

treat someone like dirt عَامَلَه بِازْدِراء وَاحْتِقَار، أذلّه، أهانه

adv.

she'll be late as like as not مِن المُحْتَمَل أن تَتَأخّر عَن المِيعاد

like, *n.* 1. (similar thing or person) مَثِيل، نَظِير، شبيه، قرين

we shall not see his like again لَنْ يَجُودَ الزّمان يَوْمًا بمثله، كان (الراحل) نسيج وَحْدِه

I never heard the like ⟨of it⟩ لَمْ أَسْمَعْ مثل هٰذِهِ الحكاية في حياتي

. . . and the like وَنَحْوه، وغيره، وما إلى ذٰلِكَ ...، الخ ...

the likes of him (*coll.*) هُوَ وأمثاله، وَمَنْ على شاكلته

2. (*pl.*, preferences)

likes and dislikes مَا يُحِبّه المرء وما يَكْرَهُهُ

like, *v.t. & i.* 1. (be fond of) أَحَبَّ، وَدَّ، اِسْتَطَابَ، اِسْتَحْسَنَ، اِسْتَلَذَّ

I don't like it at all! فِي الأمر ما يثير قَلَقِي، لا أَرْتاح لذلك إطلاقًا!

(*iron.*)

how do you like that? تَصَوَّر أنّه جَرُؤ على هذا! لَقد تَجاوَز حَدَّ الأَدَب!

I like your cheek! يا لَلْجُرْأة والوَقاحة والصَّفاقة! كيف تتجاسَر على طَلَب هذا؟

well, I like that! هَذا ما كان يَنْقُصنا! (تُقال تَهَكُّمًا وَاسْتِياءً)

2. (wish, prefer)

I'd like to know وَدِدْت لَوْ عَرَفْتُ ...

I shouldn't like to say أُفَضِّل الّا أقول، لا أَوَدُّ أن أدلي برأيي

I didn't like to ask لَمْ أجد من المناسب أَنْ أسأله (في هذه الظُروف)

3. (*coll.*, agree with) يَسْهُل هَضْمه

I like onions but they don't like me أُحِبّ أكْل البَصَل إلّا أنه يؤذي صحّتي ويضرّني

lik(e)able, *a.* حُلْو المَعْشَر، خفيف الرّوح، لَطِيف، أنيس

likelihood, *n.* إمْكَانِيَّة، احتمال

in all likelihood فِي أَغْلَب الاحتمالات

there is no likelihood of . . . لَيْس هناك أيّ احتمال ..، من غير المتوقّع إطلاقًا أن ...

likely, *a.* 1. (probable) مُحْتَمل، مُتوقَّع

he is likely to come مِنَ المتوقَّع أن يأتي

a likely story! (*iron.*) لا أُصَدِّق ما تَحْكِي أو تَقُول! (تُقال تَهَكُّمًا)

2. (promising)

a likely young man شَابٌّ يُبَشِّر بخير، له مُسْتَقْبَل باهر

adv.

as likely as not مُرَجَّح أو محتمَل أو مُمْكِن أن

most likely فِي الغَالِب، على الأرجح، فِي أَغْلَب الأحوال

not likely! لا أَبَدًا! كَلّا وألف كَلّا! غَيْر مُمْكن مُطْلَقًا!

liken, *v.t.* قَارَنَ أو شَبَّهَ (بينهما)

likeness, *n.* 1. (resemblance) تشابُه، شَبَه

2. (portrait) صُورَة (الوجه)

a speaking likeness صُورَة ناطِقَة أو طِبقُ الأَصْلِ (تُقال عن صُورَة زَيْتِيّة)

likewise, *adv.& conj.* عَلَى نفس النَّمَط؛ أَيْضًا؛ زيادةً على ذلك، كذلك

liking, *n.* مَيْل، رَغبة

have (show) a liking for أَبْدَى ميلًا نحو...، أَظْهَرَ رغبة في...، هَوت نفسه

take a liking to أُغْرِم به، ارتاح اليه، شَعَر بِمَيْلٍ نحوه

to his liking حَسَبَ ذَوْقه وهواه، كما يحبّ وَيَشْتَهِي، على كيفه أو مِزاجه

lilac, *n. & a.* ليلك، نيلك، نيلج (زهور)

Lilliputian, *a.* مُتَنَاهِي الصِّغَر، قَزَم

lilt, *v.t. & i.* غَنَّى بِإيقاع

n. أُغْنِيَة مَرِحة ذات إيقاع

lily, *n.* زَهْر الزَّنْبق

lily of the valley دُرْقَة، زَنْبَق الوادي

lily-livered جَبَان، رِعْدِيد، خوّار

lily-white نَاصِع البَيَاض

limb, *n.* طَرَف من أطراف الجسم، أحد أوصال الجِسْم كالذِّراع أو الرِّجل

danger to life and limb خَطَر يهدّد بالقضاء عَلَى الحياة، ما يُنْذِر بخَطَر شديد

rest one's limbs تمدَّدَ ليُرِيح جسمه

tear limb from limb مَزَّقه إرْبًا إرْبًا

(*fig. of tree*, etc.) غُصْن (أغصان) الشّجرة

out on a limb أَصْبَحَ وحيدًا وليس هناك من يمدّ له يَد المساعَدة؛ في ورطة

you young limb of Satan! أيُّهَا الولد الشّقيّ، العِفْرِيت، الشّيطان؛ وكيح (عراق)

limber, *n.* مُقَدَّمَة عربة المِدْفع (لحمل الذّخيرة)

a. مَرِن الجسم، لَدْن الأطراف

v.t. & i.; *usu.* limber up مَرَّنَ اللاعب جِسْمَه قبل الشّروع في المباراة

limbo, *n.* عَالَم النِّسْيان، مكان أرواح الصّالحين قَبْل مَجِيْئ المسيح، (يمبوس)

(*fig.*) أَصْبَحَ نَسْيًا مَنْسِيًّا، غَارَ في عَالَم النِّسْيان

lime, *n.* **1.** (sticky substance) مَادّة صَمْغِيّة لَزِجَة (تستخرج من النّبات عادةً)

bird-lime دِبْق تلتصق به الطّيور عند صيدها

2. (chemical) الجِير، الكَلْس، أوكسيد الكَلْسِيُوم

lime-kiln قَمِين لحرق حجر الكلس وتحويله إلى مسحوق الكلس؛ جيّارة

lime-wash تَبْيِيض الجِدران بالجِبْس، بَيَاض جِبْسِيّ للحيطان

3. (fruit) لَيْمُون مالح، ليمون مصريّ، بَنْزَهِير

lime-juice عَصِير اللّيْمون المالح، شَراب مصنوع مِنْ عصير البَنْزَهِير والسُّكَّر

4. (tree) شَجَرة الزَّيْزَفون، شجرة البَنْزَهِير

limelight, *n.* ضَوْء يَتَوَلَّد مِن إحْراقِ قَضِيبٍ مِن الكَلْس (لإضاءة خَشَبة المَسْرَح قديمًا)

(*fig.*) أَضْوَاء المجتمع، بريق الشُّهْرَة

in the limelight شَخْصِيّة تَسْتَرْعِي ٱنْتِبَاه الجُمْهُور، تتسلّط عليها الأضواء

limen, *n.* عَتَبَة الشُّعُور (الحدّ الأدنى للاحساس بحافِزٍ أو منبّه ما – علم النَّفس)

limerick, *n.* مَقْطُوعة شِعْرِيّة ركيكة تتألّف من خَمْسَة أبيات وتحكي قصّة هزليّة تافهة

limestone, *n.* حَجَر الكَلْس، صخور جيريّة مُؤَلَّفَة أساسًا من كربونات الكلسيوم

limey, *n.* (*U.S. sl.*) إنْكِلِيزِيّ، بحّار انكليزي (كلمة يَسْتَعْمِلُهَا الأمريكيّون بهذا المعنى)

limit, *n.* حَدّ، تَخْم، نهاية، حَدّ أَقْصَى

age limit الحدّ (الأقصى غالبًا) لِسِنّ (المُرَشَّح)

exceed the speed limit تَجاوَزَ الحدّ الأقصى للسُّرعة المقرَّرة (في سياقة السّيّارة)

know no limits لا يَقِف (طَمَعُه) عند حدّ

off limits (*U.S.*) مِنْطَقة محظورة على الجنود

that's the limit! لَقَدْ تجاوزت الحدّ! هذا فوق ما يُطاق! يا لها من وقاحة!

v.t. حَدَّدَ، قَيَّدَ، حَصَرَ، قَصَرَ

limitation, *n.* تَحْدِيد، تقييد، حصر؛ قيد؛ (يَعْرِف) قصوره، (يُدْرِك) مَوَاطِنَ ضَعْفِه

Statute of Limitations (*leg.*) قانُون يُحَدِّد الزَّمَن المُقَرَّر لِرَفْع الدَّعْوَى

limited, *past p. & a.* مَحْدُود، مَحْصُور، ضَيِّق

limited ⟨liability⟩ company شَرِكَة ذات مَسْؤُولِيَّة محدودة، شركة محدودة الضَّمان

limited edition طَبْعَة محدودة العدد على وَرَق خاصّ وذات غلاف أنيق

limited intelligence مَقْدِرَة عقليّة محدودة، إِدْرَاك ضيّق، عقليّة ضَحْلة

limousine, *n.* سَيَّارة ليموزين، سيّارة صالون فَاخِرَة بها حاجز زجاجيّ وراء السّائق

limp, *v.i.* عَرَجَ، ظَلَعَ، قَزَلَ في مشيته (بِسَبَب عجز في ساقه مثلًا)

(*fig.*)
limp home (*of a ship*) عَادَت السّفينة إلى الميناء بِبُطْء بعد إصابتها بِعَطَب

n. مِشْيَة عرجاء، قزل، ظلع

a. رَخْو، (زهور) مرتخية (لحاجتها إلى الماء)، (خَضْرَاوَات) على وشك الذبول

limp binding جِلْدَة كتاب غير صلبة

go limp تَرَاخَى، اِرْتَخَى (من التعب مثلًا)

limpet, *n.* حَيَوَان صدفيّ يلتصق بالصّخور (ضَرْب من الرخويات)

limpet mine لَغْم يَلْصَق بقاع سفينة مُعَادِيَة لتفجيرها

she clings like a limpet هَذِهِ المَرْأَة تَلْصِق كالعَلَق (ويَصْعُب التَّخَلُّص منها)

limpid, *a.* (**-ity, -ness,** *n.*) شَفَّاف، صافٍ، (مَاء) رقراق؛ شفافية، صفاء، وضوح

linchpin, *n.* مِسْمَار بِصَمولة يثبت عَجَلة العربة في طرف المِحْوَر

(*fig.*) عُنْصُر لا بُدَّ مِنه لِضَمان نَجاح مَشْروع ما

linden, *n.* شَجَرة الزَّيْزَفُون أو التِّيلْيَا

line, *n.* 1. (cord, wire) حَبْل، خيط، سلك

2. (wire as a means of communication) خَطّ أو سلك تليفوني

hold the line اِبْقَ على الخطّ (التّليفونيّ)، لا تَقْفِلِ السِّكّة، لا تَغْلِق الخطّ

line engaged الخَطّ (التّليفونيّ) مشغول

get the lines crossed اِشْتَبَكَت الخُطُوط التِلِيفُونية؛ لَمْ يَفْهَم أَحَدُنا قَصْد الآخَر

someone on the line هُنَاكَ شخص ثالث يَشْغَل نفس الخطّ التّليفونيّ

3. (long thin mark, traced contour)

lines of a ship شَكْل السّفينة العامّ وَتُنَاسِب أبعادها

lines of worry تَجَاعِيد الجبهة أو الوجه

cross the Line (equator) عَبَرَت (السّفينة) خطّ الاستواء نحو الشّمال أو الجنوب

on the lines of عَلَى نَمَط ...، على نحو ...، عَلَى غِرَار ...، على مِنْوال ...

dividing-line الخَطّ الفاصل (بين الحُرِّيَّة والإِبَاحِيَّة مثلًا)

4. (track, route)

lines of communication وَسَائِل الاتّصال

line of sight (vision) خَطّ الرُّؤْيَة على آمْتِداد البَصَر

this line of conduct is not acceptable مِثْل هَذا التَّصَرُّف غير مقبول

don't take that line! (*coll.*) لَا تَمْشِ في هذا الطَّرِيق، حِلْمك شوية!

get a line on someone (*coll.*) حَصَلَ على مَعْلُومات عامّة وشخصيّة عنه

take a firm line with him تَشَدَّدَ في معاملته، لَمْ يتسامَحْ أو يتساهَل معه

he takes the line of least resistance هَرَبَ من المَشاكِل باللجوء إلى أسهل حلّ لها، اِنْتَهَجَ أَقْرَب طريق للتخلّص من الورطة

he is on the right lines وَجَدَ الطّريقَ الصّحيح وأخَذَ يسير فيه، اهْتَدَى إلى النّهْجِ القويم

5. (transport company)

steamship line خَطٌّ بَحْرِيّ، شركة مِلاحة، شَرِكة خطوط بحريّة

6. (row) صَفّ، خطّ

line abreast اِنْتَظَمت (السفن) في صفّ وَاحِد جَنْبًا إلى جَنْبٍ

behind the lines (*mil.*) وَرَاءَ خطوط المعركة، خَلْفَ خطوط العدوّ

in the firing line فِي الخَطّ الأماميّ من الجبهة، فِي خطّ النّار

you have to stand in line for the bus (*U.S.*) عَلَيْكَ أن تقفَ في صفّ المنتظرين للباص

he is making mistakes all along the line إنّه يَرْتَكِب الأخطاء على طول الخطّ

bring into line جَعَلَه يطيع التّعليمات ويتمشّى مَعَ الأصول المَرْعِيّة، جَعَلَه وفقًا لِ ...

he came into line غَيَّرَ من سلوكه ليتمشّى مع الآخرين أو مع التعليمات

in line for (heading for) تَتَوَفَّر فيه الشُّروط اللّازِمة (للتّرْقِية مثلًا)، على أبواب ...

in line with (in conformity with) (هٰذِهِ الخُطْوَة) تَتَمَشّى أو تنسجم مع (السّياسة الرّاهِنة)

out of line مُنافٍ (للعُرف)، غير منسجم مع

7. (row of words) سَطْر

he dropped a line to his mother أَرْسَلَ خِطابًا قصيرًا لوالدته، كَتَبَ كلمتين لأمّه

forget one's lines (*of an actor*) نَسِيَ المُمَثِّل كَلِمات دَوْره (على خَشَبة المسرح)

read between the lines (*fig.*) قَرَأَ ما بين السُّطُور، اسْتَشَفَّ المعنى الكامن (للرسالة)

8. (lineage, family) سُلَالة، نَسَب

line of descent سِلْسِلَة النَّسَب، أصل، سُلَالَة

in the direct line مِنْ سُلالة مباشرة، في سِلْسِلة النّسب الأصليّة

he is last of his line إنّه الأخير في سلسلة النَّسَب أو في شجرة العائلة

9. (province, sphere of action) مَيْدان (التّخَصُّص أو العمل في مِهْنة أو حِرْفة)

line of business حِرْفة، مِهْنة، شُغْل

it is not my line of country هٰذا لا يدخل فِي مَيْدان تخصّصي

it's not in my line هٰذا خارِج عن دائرة عملي، لَيْسَ في نِطاق حِرْفتي

what's your line? مَاعَمَلُك؟ ماحرفتك؟

10. (brand of goods, fashion) صِنْف

a popular line سِلْعة رائجة، بِضاعة نافقة يُرْغَب فيها

11. (*pl.*, fortune); *now only in*
hard lines! يَا لَسُوء حَظِّك! مسكين!

v.t. 1. (mark with lines) خَطَّطَ، سَطَّرَ

her face was lined with care كَانَ وجهها مَلِيئًا بالغضون أو التّجاعيد

2. (border) كَوَّن (الشجر) صفًّا

crowds lined the streets وَقَفت الجماهير فِي صفوف على جانبَي الطريق، اصطفّت الجَمَاهير على جانبَي الطريق

3. (cover inner surface) بَطَّنَ، غطّى من الداخل

line one's purse (*fig.*) اِغْتَنَى أو أثرى بطريق غَيْر مشروع، رَيَّش نفسه (مصر)

fur-lined gloves قُفَّازَات أو كفوف مبطّنة بِالفَرْو، جوانتي مُبَطَّن بالفرو (مصر)

4. (draw *up* in a row) صَفَّ، رَصَّ، نَظَّمَ فِي صفوف، نَضَّدَ

v.i. (form a line); *only in compounds*
line up اِصْطَفَّ (الأطفال مثلًا)

line-up (*n.*, alignment) اِنْحِيَاز إلى جانب ما؛ وُقُوف أفراد في صفّ (بأمر البوليس مثلًا)

lineage, *n.* نَسَب، سُلالة، أصل، نَسْل

lineal, *a.* يَنْحَدِر من أصل مباشر

lineament, *n.*, *usu. pl.* سِيمَاء الوجه، أسارير الوَجْه، قَسَمَات، ملامح

linear, *a.* (تَصْمِيم) على هَيْئة خطوط

linear measure مِقْيَاس طولي أو للأطوال

linen, *n.* 1. (material); *also a.* كِتَّان، تيل (نَسِيج أو قماش) كِتّانيّ

2. (articles made therefrom) بَيَّاضَات وَمَلَابِس داخليّة، ملاءات، شراشف

linen-draper تَاجِر بيّاضات وأَقْمِشة، بَزّاز

table-linen مَفَارِش أو شراشف المائدة

don't wash your dirty linen in public (*fig.*) لَا تَنْشُر أو تعلّق الغسيل القذِر أمام النّاس، لا تَكْشِفُوا فضائحكم الشّخصيّة لأعين الملأ

liner, *n.* 1. (means of transport) بَاخِرة أو طَائِرة رکّاب فخمة عابرة للمحيطات

2. (*engin.*) بِطَانَة لمنع الاحتكاك والخشخشة

cylinder liner أَنْبُوبة معدنية تبطّن السّلندر وَتَمْلأ الفراغ حول المكبس بإحكام (ميكانيكا)

linesman, *n.* 1. (sports official) مُرَاقِب الخطوط (فِي كُرَة القدم مثلًا، وهو يساعد الحَكَم)

2. (*railways, telephones*) عَامِل خطوط السكّة الحَدِيدِيّة؛ ملاحظ أسلاك التّليفون

ling, *n.* 1. (fish) سَمَك البَقْلَة (مِن فَصِيلَة الغادِسِيّات ويُشْبه البَكَلاه)

2. (heather) نَوْع من الخَلَنْج (نبات مزهر)

linger, *v.i.* تَبَاطَأَ، تَسَكَّعَ، تلكّأَ، توانَى، مَكَثَ

linger on بَقِيَ بعد انصراف الآخرين

a lingering illness مَرَض طال أمده (أكثر من المُتَوَقّع)

a lingering look (أَلْقَى) نظرة طويلة حزينة إِلَى شخص حبيب (ساعة الفراق)

lingerie, *n.* ثِيَاب النّساء الدّاخلية

lingo, *n.* (*joc. or derog.*) رَطَانَة، لغة أجنبيّة (تُقَال سُخْرِيَةً ومزاحًا)

lingua franca, *n.* لُغَة مُصْطَلَحٌ عليها كوسيلة للتَّفَاهم بين شعوب مختلفة اللغات

linguist, *n.* ضَلِيع في اللُّغات الأَجْنَبِيَّة

I am no linguist لا أُجِيد اللّغات الأجنبيّة، لا أُتْقِن اللّغات الأجنبيّة ولا إلمامَ لي بها

linguistic, *a.* لُغَوِيّ، مختصّ باللُّغات

linguistics, *n.pl.* عِلْم اللُّغَة

liniment, *n.* مَرُوخ لتدليك الجسم

lining, *n.* بِطَانة، تبطين

lining of the stomach غِشَاء يبطِّن المعدة

link, *n.* 1. (unit of chain) حَلَقَة في سلسلة مَعْدِنِيّة

2. (fastener) أَزْرَار لأساور القميص

3. (person or thing that connects) وُصْلة، حَلَقة اتّصال، (شخص) كهمزة وصْل بين ...

the missing link الحَلَقَة المفقودة (في نَظَرِيّة التّطوّر)

4. (surveyor's measure) مِقْيَاس الأطوال (طُولُه ٧٫٩٢ بوصة في انكلترا، قدم في امريكا)

5. (*pl.*, golf course); *also* golf links مَلْعَب أو ميدان الجولف

v.t. & i. وَصَل، رَبَط ؛ اِتَّصَلَ، اِرْتَبَط

link forces وَحَّدَت (الهيئتان) جهودَهما

link up, *whence* link-up, *n.* وَصَل، رَبَط ؛ رَبْط (بين حدثين منفصلين مثلًا)

linkage, *n.* حَلَقَات متّصلة بعضها بالبعض

linnet, *n.* تُفَيْفِيجِيّ (عصفور صغير مُغَرِّد)

linoleum, *n.*, *contr.* lino مُشَمَّع الأرضيّة

linotype, *n.* لينوتيب، آلة طِباعة تصفّ الحُرُوف المسبوكة سطرًا سطرًا

linseed, *n.* بِذْر الكِتّان

linseed cake كُسْب بذر الكتّان

linseed oil زَيْت بذر الكِتّان، زيت حَارّ (مصر)

lint, *n.* نَسِيج كِتّانيّ رقيق لتضميد الجروح

lintel, *n.* عَارِضَة أفقية من الخشب أو الحَجَر فَوْق فتحة الباب أو الشُّبّاك (معمار)

lion, *n.* 1. (animal) أَسَد (أُسُود)، سَبُع (سباع)، لَيْث (ليوث)، ضَرْغَم (ضراغم)

put one's head in the lion's mouth جَعَل نَفْسَه عرضة للهَلاك

lion's share نَصِيب الأَسَد، الحصّة الكبرى (من الغنيمة مثلًا)

lion-hearted ثَبْتُ الجَنَان، مِقْدام، باسِل

twist the lion's tail وَجَّهت أمّة صغيرة إهانة لبريطانيا العُظمى؛ أَزْعَجَ من هو أقوى منه

2. (celebrity) شَخْص شهير أو بارز في ميدان مَا (كمُؤلِّف أو موسيقار مثلًا)

lion-hunter مَن يَهْوَى استضافة المشاهير في حَفَلات ومآدب في بيته

lioness, *n.* لَبْوَة، لَبُؤَة، لَبَأَة، أُنْثَى الأَسَد

lionize, *v.t.* أَفْرَط في تفخيم شخص بعد أن تَسَلّطَت عليه أضواء الشّهرة

lip, *n.* 1. (*anat.*) شَفَة (شفتان، شفاه)

he bit his lip عَضّ شفتيه من الغضب أو الفَشَل أو خيبة الأمل أو النّدم

she curled her lip مَطَّت شفتيها ازدراءً وَٱحْتِقَارًا، شمخت بأنفها عليه

keep a stiff upper lip صَبَرَ على الشّدائد، تَحَمَّلَها صَامِتًا وبدون شكوَى أو أنين

he hung on her lips أَصْغَى مليًا إلى حديثها كَلِمَة بِكَلِمَة حتّى لا يفوته شيء

this is on everyone's lips هَذا حَدِيث السّاعة، هَذَا موضوع تتداوله الأَلْسِنة

lip-reading قِراءة (الأصمّ) لحركات شَفَتَيْ مُحَدِّثه

lip-read, *v.i. & t.* قرَأَ (الأصمّ) حركات شَفَتَيْ محدِّثه

lip-salve مَرْهَم لمنع تشقُّق الشّفاه

pay lip-service تَظَاهَر بالوَلَاء والاحترام، مَدَح على سَبِيل النِّفاق

tight-lipped رَفَضَ أن يفوه بكلمة واحدة، لم يَنْبِس ببنت شَفَة، ظَلَّ صامتًا

2. (edge) حَافَة

lip of a cup حَافَة الفِنْجان

3. (*sl.*, impudence) وَقَاحَة، قلّة أدب

lipstick, *n.* أَحْمَر شفاه، قلم روج للشفايف، قلم حُمْرَة للشِّفاه (تركيب للتّجميل والماكياج)

liquefaction, *n.* تَحَوُّل الغازات أو المعادن إلى سوائل، سيولة

liquefy, *v.t. & i.* أَسَالَ، حَوَّلَ غازًا أو معدنًا وَمَا إليهما إلى سائل

liqueur, *n.* شَرَاب كحولي حلو المَذاق جَمِيل الرائحة معطّر بعطور مختلفة

liqueur chocolates قِطَع من الشُّوكُولاتَه تحتوي على شَرابٍ كُحُوليّ بِداخِلِها

liquid, *a.* 1. (fluid) سَائِل، مائع

liquid eyes عَيْنان صافيتان جميلتان

liquid notes تَغْرِيد رقراق (كغناء البلبل)

2. (*phon.*) (حُرُوف) ذَوْلَقِيَّة مثل اللّام والرّاء (عِلم الأَصْوات)

3. (not fixed) (آرَاء) قابلة للتعديل والتّبديل، (مَوْقِف سياسيّ) مائع

4. (*finance*)

liquid assets أُصُول سائلة (يمكن تحويلها إلَى نقود) - (علم الاقتصاد)

n. 1. (fluid) سَائِل (سوائل)

2. (*phon.*) الحُرُوف الذَّوْلَقِيَّة مثل اللّام والرّاء (عِلْم الأَصْوات)

liquid/ate, *v.t.* **(-ation,** *n.*) 1. (settle) صَفَّى (الحِسابات مثلًا)

liquidate debts صَفَّى أو سَدَّدَ ديونًا

2. (wind up): *also v.i.*

go into liquidation تَصْفِية أعمال الشَّرِكَة

3. (exterminate) قَضَى على، أَبَادَ (العدوّ)

liquidizer, *n.* آلَة كَهْرَبائية لفرْم وهرْس وَإِمَاعة أطعمة متنوعة

liquor, *n.* 1. (liquid in chemical processes) سَائِل ناتج من عمليّات كيميائيّة

2. (intoxicating drink) شَرَاب كُحوليّ نَاتِج من التّخمير أو التّقطير

hard liquor مَشْرُوبات روحيّة قويّة (كونياك)

he is the worse for liquor هُوَ في حالة سُكْر، هُوَ مسطول شويّة

he holds his liquor well يَشْرَبُ كثيرًا ولا يَسْكَر (بل يَظَلُّ متمالكًا نفسه)

liquorice, *n.*; *also* **licorice** عِرْقُ السُّوس، عِرْقسُوس، شجرة السُّوس؛ ريكليس

lira (*pl.* lire, liras), *n.* اللِّيرة (عملة ايطالية)

lisle thread, *n.* نَوْع من الخيوط القطنية مجدولة ومَتِينَة تُنْسج منها جوارب السَّيِّدات

lisp, *v.i. & t.* لَثِغَ، نَطَقَ السِّين كالثّاء

n. لُثْغَة في نطق الكلام

lissom(e), *a.* خَفِيف أو رشيق الحركة، لَدْن أو مَرِن الأعطاف

list, *n.* 1. (roll, register) قَائِمَة، جدول، كشف، سِجِلّ (للأسماء)

active list قَائِمَة بأسماء الضُّبّاط العاملين في القُوَّات المسلّحة

free list بَضَائِع معفاة من الضرائب الجمركية؛ مَنْ لهم حقّ الدخول مجّانًا إلى المسرح

laundry list كَشْف أو قائمة بالملابس والبياضات المُرْسَلة إلى المغسل (أو المكوجي أو المصبغة-سوريا)

list-price السِّعْر المقرّر (بدون خصم أو إضافة)

2. (tilt, slant) مَيْل أو انحراف السفينة إلَى جانبها

the ship had a list to port جَنَحَت السفينة أَوْ مَالَت على جانبها الأيسر

3. (*pl.*, arena, *arch. & fig.*) حَلْبَة أو مَيْدان (في مدرج روماني قديم)؛ ميدان التنافس

enter the lists اِشْتَرَكَ في المسابقة والمباراة، نَزَلَ إلى الميدان للدفاع عن رأي ما

v.t. (make a list of) أَدْرَجَ محتويات في قَائِمَة أو كَشْف، عَدَّدَ أشياء

v.i. 1. (lean) مَالَ، اِنْحَرَفَ

2. (*arch.*, choose) (تَهُبُّ الرِّيح كيفما) تشاء

listen, *v.i.* أَصْغَى، اِسْتَمَعَ، أَنْصَتَ لِ

don't listen to him! لَا تُلْقِ بالاً لما يقوله، لَا تُصْغِ إليه

listen in

(to radio broadcasts) اِسْتَمَعَ إلى الإذاعة

(eavesdrop) اِسْتَرَقَ السمع، تَصَنَّتَ، تَسَقَّطَ

listening figures إِحْصاء عَدَد المُسْتَمِعين لِلبَرامِج الإِذَاعِيَّة

listening-post مَرْكَز لاستقاء معلومات خاصّة

listener, *n.* مُسْتَمِع، مُصْغٍ

a good listener مَنْ يُظهِر اهتمامًا كبيرًا بكلام مُحَدِّثه ولا يقاطعه أبدًا

listless, *a.* فاتِر الهِمّة، متوانٍ، متراخٍ، عديم النَّشاط والاكتراث

litany, *n.* اِبْتِهالات يقرأها القسّ ويردّدها جُمْهور المصلّين؛ شكاوى متكرّرة

liter, *see* **litre**

literacy, *n.* مَعْرِفة القِراءَة والكِتابَة؛ مُسْتَوَى التَّعَلُّم والثَّقافَة

literal, *a.* 1. (pertaining to letters) حَرْفِيّ، يَتَعَلَّق بالحروف الأبجديّة

2. (exact, taking words at face or primary value) حَرْفِيّ، بالحَرْف الواحد

literal interpretation التَّفْسِير الحرفِيّ للنّصّ أو للقانون

this is the literal truth هَذِهِ هِيَ الحقيقة بعينها، هَذَا ما حَدَث بدون زِيادة ولا نُقْصان

literally, *adv.* 1. (word for word) حَرْفِيًّا، حَرْفًا بحرف، نصًّا، بالنّصّ

2. (without exaggeration) بِدُون أدنى مُبالَغة، (هذا هو الواقع) تمامًا

literary, *a.* يَتَعَلَّق بالأدب والكِتابة

the literary profession مِهْنة الكِتابة

literary property حَقّ الكِتابة الأدبيّة، حُقُوق الطّبع والنّشر

literary style أُسْلُوب أدبي، طريقة التعبير فِي الأساليب الأدبيّة

literate, *a. & n.* مُلِمّ بالقراءة والكتابة

literati, *n.pl.* رِجال الأدب، الأدباء، المُتَأَدِّبُون

literature, *n.* 1. (profession of writing) مِهْنَة الكِتابة والأدب

2. (writings) مُؤَلَّفات أدبيّة

technical literature كُتُب أو مَطْبُوعات تَتَناوَل مَوْضُوعاتٍ خاصَّة بِعِلْمٍ ما

3. (brochures, printed matter) مَطْبُوعات، مَنْشُورات، كَرارِيس مطبوعة

travel literature مَنْشُورات سياحيّة، إعلانات وَنَشَرات بها معلومات للسّيّاح

lithe, *a.* خَفِيف ورشيق الحركة، ليِّن، (عَضَلات) مَرِنة ولدْنة

lithium, *n.* اللِّيثيُوم، عنصر معدنيّ قلويّ رَقْمُه الذرّي ٣ - وهو أخفّ المعادن

litho-, *in comb.* (سَابِقَة بمعنى) حَجَرِيّ

lithograph, *n.* صُورة أو طبعة ليثوغرافية، طَبْعٌ على الحجر أو ألواح معدنية مهيَّأة

v.t. طَبَعَ (صورة أو كتابة) على الحجر

lithography, *n.* لِيثُوغرافيا، فنّ الطباعة عَلَى الحَجَر (بألوان غالبًا)

litigant, *n.* كُلٌّ مِنْ طرفي الدَّعْوى وهما المُدَّعِي والمُدَّعَى عليه، خَصْم في قضية

litigation, *n.* الإجْراءات القضائية وما يتعلّق بها، الاحتكام للقضاء

litigate, *v.i.* أَقامَ أو رفع دعوًى، قَاضَى، خاصَمَ أمام المحكمة

litigious, *a.* مُولَع بالاحتكام إلى القضاء، سريع الاِلْتِجاء إلى المحكمة؛ مَوْضِع نزاع

litmus, *n.* صَبْغة زرقاء مستخرجة من بهق الحَجَر أو حشيشة البحر، لتموس

litmus paper وَرَق عبّاد الشمس (يصبح أحْمَر اللون بالأحماض وأزرق بالقَلَوِيَات)

litre (*U.S.* **liter**), *n.* لِتْر، مكيال للسوائل يُسَاوِي ١٠٠٠ سم٣، وحدة سعة

litter, *n.* 1. (refuse) مُهْمَلات ملقاة في الطّرقات العامّة أو المنازل، زبالة متناثرة

litter-basket; *also* litter-bin سَلّة للمهملات فِي مكان عامّ (كحديقة أو شارع)

litter-bug (*sl.*) مَنْ يُبَعْثِر مهمَلاته وفضَلاته يَمِينًا ويسارًا في الأماكن العامّة

2. (untidiness) عَدَم ترتيب، بعثرة (مُحْتَوَيات الغرفة مثلاً)، فَوْضَى

3. (bedding material) طَبَقة من القشّ تُفْرَش على أرضيّة الاسطبلات والحظائر

4. (young of animals) (وَضَعَت الخِنْزيرة مَثلاً عَددًا من الخنانيص) في بَطْنٍ واحِد

5. (stretcher) مِحَفَّة (لِنَقْل المرضى)

v.t. 1. (strew, make untidy) بَعْثَر أو نَثَر المُهْمَلات (في غرفة أو مكان عامّ)

2. (supply *animals*, or *stable* with straw); *usu.* litter down فَرَش الاسطبل بالقشّ

v.i. (of animals, bring forth young) وَلَدَت (القطّة مثلًا)، وَضَعَت صغارًا

little, *a.* 1. (not much) قَلِيل، ضَئيل، (فترة) يَسِيرة، زهيد

to little advantage دُونَ فائدة كبيرة (بالرَّغْم من الجهد المبذول)

of little use قَلِيل النَّفْع أو الفائدة، لا يَنْفَع ولا يشفع

we have little time to lose لا مُتَّسَع لنا من الوَقْت، وقتنا ضيّق

there was little room to spare لَيْسَ هناك متّسع (لِشَيْء آخر)، المكان أضيق من أن يَتَّسِعَ

2. (*with indef. art.*, of small amount)

have you a little time to spare? أَيُمْكِنُك أن تَمْنَحَنِي دقيقة من وقتك؟

with a little care بِشَيْء من العناية، مع الاهْتِمام اللّازم أو الكافي

a little way عَلَى مسافة صغيرة

3. (not large, not fully grown) صَغير، نَاشِئ

little finger أُصْبُع الخِنْصَر

little hand (of a clock) عَقْرَب السّاعة، العَقْرَب الصَّغير (في السّاعة)

the little people (fairies) الجِنِّيّات والحوارِيّات

little ones (children) الأَطْفال، الصِّغار، الأَوْلاد (في العائلة)

well, my little man! يَا بُنَيَّ! يا شاطر!

his new boat is a little beauty قَارِبُهُ الجديد فِي مُنْتَهى الرَّوْعة، هائل، تُحْفة!

4. (*iron.*)

I know your little game (ways) أَنا على مَعْرِفة بمكائدك، لن تَخْدَعَنِي حيلتك

5. (trivial)

little things please little minds تَوافه الأُمُور ترضي توافه العقول

n. & adv. 1. (not much) قَلِيل، ضَئيل؛ قَلِيلًا

the new washing-machine has been little trouble كَانَتِ الغَسَّالة الجديدة على مَا يُرام أغلب الوقت

little by little شَيْئًا فَشَيْئًا، رُوَيْدًا رُوَيْدًا، تَدْرِيجيًّا، بِالتَّدْرِيج

little does he know . . . لَا يُسَاوِرُهُ الشَّكّ، لا يَدُورُ بِخَلَدِه، لا يعرف أي مفاجأة تنتظره

little-known (شَاعِر) مَغْمُور، غير مشهور

he is little more than a child إنّه لا يكاد يَتَعَدَّى سِنّ الحَداثة، ما زال صغيرًا

little or nothing لَا يَمْلِك شَرْوَى نَقِير، لا يملك قِطْمِيرًا؛ يكاد لا يعرف شيئًا

he got little out of it لَمْ يَخْرُجْ منه بِطائِل، لم يَنْتَفِعْ به نفعًا كبيرًا

he made little of his troubles لَمْ يَكْثِرْ التَّشَكِّي مِن مَتَاعِبه، لم يبالغ في الشُّكوى

he thought little of the modern novel
لَمْ يُقِم وَزْنًا كبيرًا لِفَنّ الرِّوَايَة الحَدِيثَة

2. (*usu. with indef. art.*, a small amount, somewhat) بَعْض الشَّيء

a little of it goes a long way قَلِيلُه كثير، مِقْدار قليل منه يفي بالحاجة

a little of what you fancy does you good
رُبَّ مُحَرَّم قليله يفيدك

not a little (considerably) (أَزْعَجَنِي) كلّ (الإِزْعاج)، (جرّ عليّ) الكثير (من المتاعب)

stay a little اُمْكُثْ قليلًا من الوقت، «خلّيك معَنَا شوية»

what little I have كُلّ مَا لديَّ على قِلّته، القَلِيل الذي عندي (هو تحت تصرُّفك)

littoral, *a. & n.* سَاحِلِيّ؛ القسم الساحلي من البلاد؛ الأَرْض ما بين حَدَّيِ المَدّ والجَزْر

liturgical, *a.* نِسْبَةً إلى الطّقوس الدِّينيّة

liturgy, *n.* الخِدْمة الكنسيّة كما تمارس طبق الطّقوس؛ القدّاس؛ الأجبية عند الأقباط

livable, *a.* (مَناخ) يطاق العيش فيه؛ (شخص) يُمكِن العَيْش معه؛ (حياة) جديرة بأن تعاش

this house is livable in هَذَا المَنْزِل صالح للسُّكْنَى، تمكن الإقامة فيه

live, *a.* 1. (living, actual) حَيّ، على قَيْد الحياة؛ فعليّ، حقيقيّ، واقعيّ

live-bait دِيدان أو أسماك صغيرة حيّة كَطُعْم

live broadcast إِذَاعَة على الهواء مباشرة

2. (burning) مُلْتَهِب، مُتَّقِد، مشتعل

live coals فَحْم متوقِّد، جَمْر

3. (charged with explosive or energy)

live cartridge (round) خَرْطُوشَة مُعَمَّرَة أو مَلْآنَة، رصاصة لم تُطْلَق بعد

a live match عُود ثِقاب أو كبريت أو شخّاط لَمْ يُشْعَلْ بعد

live wire (*elec.*) سِلْك كَهْرَبائِيّ يمرّ به التّيّار

(*fig.*, lively person) شَخْص يتوقّد نَشَاطًا وَحَيَوِيّة، شاطر لا تُعْيِيه الحيلة

4. (active, important) هَامّ، مُهِمّ، خَطِير

a live issue مُشْكِلَة هامّة أو خطيرة، مسألة السَّاعَة، موضوع على بساط البحث

live, *v.i.* 1. (be alive) عَاشَ، بَقِي حيًّا، اسْتَمَرّ على قيد الحياة

live and learn «عِيشْ وَشُوفْ»، تَعَلَّمْ من الخِبْرة؛ إِزْدَادَ حُنكةً من تجارب الحياة

live and let live عِشْ وَدَعْ غيرك يَعِش، ارعَ مَصْلَحَتك ولا تضرّ مصلحة غيرك

2. (enjoy life)

begin to live بَدَأ يَنْعَم بالحَيَاة أو يَتَمَتّع بِها

3. (subsist)

he lives by his wits نَصَّاب يكْسَب قُوتَه بطريق غير مشروع

he lives on air يَعِيش عِيشَةَ الكَفاف، يَأْكُل هواء (عراق)

he lives on his earnings يَعِيش على كسبه فَقَطْ وليس عليه ديون

he lives on his reputation لَمْ يَكْتَرِثْ بمواصلة الإِنْتَاج معتمدًا على نجاحه السَّابق

he lives on his friends يَعِيشُ على حساب أَصْدِقَائه أو على مائدتهم

he lives within his means يَعِيش في حدود دَخْله، يَمُدُّ رِجْليه على قدر لِحافه أو بساطه

4. (reside) سَكَنَ، أقامَ، عَاشَ في، قَطَنَ، اسْتَوْطَنَ

our cook lives in طَبَّاخَتُنا تقيم معنا، لا تَذْهَب لِمَسْكنها بعد انتهاء العمل

they live in each other's pockets يَعِيشَانِ كَتَوْأَمَيْن، أحدهما ظلّ الآخر، إذا سَعَل الواحد بَصَقَ الآخر؛ هُما دائمًا مَعًا

5. (behave) سَلَكَ، تَصَرَّفَ، سَار

live up to one's principles عَاشَ مُخْلِصًا لِمَبَادِئه لا يَحِيد عنها قيْدَ أُنْمُلة

6. (survive) بَقِيَ حَيًّا (بعد حادث)

live on بَقِيَ على قَيْدِ الحياة، كان خالد الذِّكْر، لَمْ تَمُتْ ذكراه، لم يُنْسَ

he lived to tell the tale نَجا بأعجوبة من الكارِثة، أفلت من الهلاك فَرَوَى ما حدث

v.t.

he lives a quiet life يَعِيش حياة هادئة

he lives a lie اِخْتَلَق أُكْذوبةً وعَاشَ مُوهِمًا الناس بأنَّها حقيقة

he lived the scandal down نَسِيَ النّاس ذِكْرَى فَضِيحَته (بعد أن عاش عيشة عادية)

live it up (*coll.*) عَاشَ عِيشةً مُتْرَفَةً

livelihood, *n.* مَعِيشَة، رِزْق، قُوت

make (earn) a livelihood كَسَبَ قُوته

liveliness, *n.* حَيَوِيَّة، نشاط، مرح

livelong, *a. only in*

the livelong day (أجْهَدَ نفسه) طِوال اليوم، (اِسْتَمَرَّت في الغناء) طِوال النهار

lively, *a.* مَلِيء بالحياة والحركة والحيويّة، نَشِيط، يقظ

the child is as lively as a cricket هٰذا الطِّفل يَفِيض بالحيويّة، يتدفّق بالنّشاط

lively description (المُؤَلِّف يصوّر ما حَدَث) تَصْوِيرًا حيًّا، وَصف تدبُّ فيه الحياة

lively imagination خَيال خَصِب أو مُجَنَّح

lively mind ذِهْن متوقّد، عقل متوثّب أو يَقِظ

I'll make things lively for you (*coll.*), سَوْفَ أُذِيقُكَ المُرَّ والعَلْقَم

liven, *v.t. & i., usu. with adv.* up أَحْيَا، نَفَخَ فيه الروح، أَنْعَشَ (الحفلة)

liver, *n.* 1. (person) مَن يعيش حياته (بِشَرَف وأمانة مثلًا)

loose liver خَلِيع العِذَار، مُتَهَتِّك

2. (organ of body) الكَبِد

liver-fluke دُودَة طُفَيْلِيّة تَعِيش في كَبِد المَاشِيَة

liverish, *a.* مَكْبُود، يُعانِي مِن عِلَّة في الكَبِد؛ عَصَبِيّ، سَرِيع التَّهَيُّج

Liverpudlian, *a. & n.* نِسْبَةً إلى مَدِينة لِيفَرْبُول بانكِلترا

livery, *n.* 1. (supply of provender); *only in*

livery stable إِسْطَبل لتأجير الخيول ورعاية خُيُول الآخرين مقابل آجر

2. (uniform); *whence* liveried, *a.* زِيّ خاصّ يَرْتَدِيه الخادم أو الحاشية في منزل (مَلِك أو نبيل)

in livery مُرْتَدِيًا هذا الزِّيّ

livery company إِحْدَى النّقابات التِّجارية أو المِهْنِيَّة في لندن (لأعضائها زِيّ خاصّ)

(*fig.*, dress, appearance) غِطاء، كُسْوَة

livestock, *n.* المَوَاشِي والأنعام في مزرعة (الأبقار والغنم وما إليها)

livid, *a.* 1. (bluish) أَزْرَق رَمَادِيّ، (لون) مائل للزُّرْقَة، (كَدَمات) مُزْرَقّة

2. (*coll.*, angry) يَتَمَيَّز غَيْظًا أو غَضَبًا

living, *n.* 1. (livelihood) رِزْق، مَعِيشَة، مَعَاش، سبيل العيش

a living wage الأَجْر الكَافي لإعالة العامل وَعَائِلَته في مُسْتَوَى معقول

make a living by (at) تَكَسَّبَ من

standard of living مُسْتَوَى المعيشة

2. (conduct, everyday life)

art of living فنّ الحياة السّعيدة

good living حَيَاة مَيْسُورة أو موفورة (في المَأكل والمشرب)، رَغَد العيش

plain living حَيَاة أو عيشة بسيطة

living-room غُرْفَة الجلوس العائلية

3. (benefice) وَظِيفَة القسّ وإيرادها

a. 1. (alive); *also collect. n.* حَيّ (أحياء)، عَلَى قَيْد الحياة؛ الأحياء

a living death حَيَاة هِي أَشْبه بِالمَوْت، حَيَاة هِي والموتُ سَواء

within living memory (هٰذا أبرد شتاء) يَذْكُرُه النَّاس

I'll beat the living daylights out of you! سَأُشْبِعُك ضربًا ولكمًا، سأريك نجوم الظُّهر، سأخرب بيتك!

2. (exact, *of likeness*)

he is the living image of his friend إِنَّهُ صُورَة طبق الأصل من صديقه

lizard, *n.* عِظَايَة، سَقَّايَة، سِحْلِيّة (جنس حَيَوَانَات زحّافة)

llama, *n.* اللاَّمَا (حيوان من فصيلة الجَمَل يَعِيش في امريكا الجنوبية)

Lloyd's, *n.* شَرِكَة لويد في لندن (تقوم بجميع أَنْوَاع التَّأمين في كلّ أنحاء العالم)

Lloyd's register سِجِلّ شركة لويد (للسّفن)

lo, *int.* (*arch.*) أُنْظُرْ!

lo and behold! وَإِذَا به أمامنا!

load, *n.* 1. (burden) عِبْء، حِمْل، ثِقْل

it took a load off my mind أَزَاحَ عن كاهلي عِبْئًا ثقيلًا، أبْعَدَ مخاوفي وطمأنني

2. (amount carried) شِحْنَة (السَّفِينة مثلًا)

load-line خَطّ التَّحميل أو الشحن (يبيّن أَقْصَى الحمولة)

3. (*fig.*, *coll.*, large quantity) كَثْرة، وَفْرة، مِقْدار كبير

she has got loads of money عِنْدَها أموال مُقَنْطَرة أو مكدّسة، أكوام من المال

4. (work required of a machine or system) مِقْدار (التّيّار) الذي يحتاجه (المولّد الكهربائيّ)

peak load أقصى حمولة على (المولّد الكهربائيّ)

load-shedding قَطْع التّيّار الكهربائيّ عن مِنْطقة ما (لتخفيف الضّغط على المُولّدات)

v.t. 1. (put *freight* aboard, or into, on to ship, etc.) شَحَنَ، حَمَّلَ، وَسَقَ

2. (fill *ship*, *vehicle*, etc. with freight); *also v.i.* مَلأ أو حَمَّلَ أو شَحَنَ سفينة أو سيّارة شحن

(*fig.*, overwhelm *with*)

he loaded him with favours أغْرَقه بعطفه وكَرَمِهِ، أغْدَقَ عليه من جوده وسخائه

3. (charge *firearm*, *camera*, etc.); *also v.i.* حَشَا (البندقية)، رَكَّبَ (الفيلم في الكاميرا)

4. (weight with lead) ثَقَّلَ بالرصاص

loaded dice نَرْد أو زهر مغشوش به رصاص يَجْعَلُه يقع على عدد معيّن عند إلقائه

(*fig.*)

he put a loaded question to him أَحْرَجَهُ بسؤال اضْطَرّه أن يعترِفَ بتقصيره أو عَيْبه

loaf (*pl.*, loaves) *n.* 1. (bread) رَغِيف (أرغفة) مِنَ الخُبْز، رَغِيف فِينُو أو افرنجيّ (مصر)، صَمُّون (عراق)

cottage loaf رَغِيف مكوّن من قرصين (الصَّغِير فوق الكبير)

half a loaf is better than no bread إرْضَ بِقَلِيلِك! أحسن من بلاش (أو ماكو – عراق)، شيء خير من لا شيء

2. (object so shaped)

meat-loaf لَحْم مفروم مطبوخ في قالب يُعْطِيهِ شَكله أو هيْئته

3. (*sl.*, head) عَقْل، تفكير، فهم

use your loaf! شَغِّل دماغك أو عقلك!

v.i.

loaf about تَسَكَّع أو تَلَكَّأ لإضاعة الوقت

loafer, *n.* مُتَسَكِّع، سبهلل، تنبل، مِكْسال

loam, *n.* دِلْغَان، لَبِن، لَهْم (تُرْبة مكوّنة مِنْ غَرِين ورَمْل وصَلْصَال)

loan, *n.* قَرْض، سُلفة؛ استعارة، إعارة

I have this book on loan أخَذت هذا الكتاب بالإعارة، استعرته

make (give) someone the loan of أعارَ فلانًا شَيْئًا، أقْرَضه، سَلَّفَه

loan-word كَلِمة دخيلة، لفظ دخيل

v.t. أَقْرَضَ أو سَلَّفَ أو أعَارَ شيئًا

loath, *see* **loth**

loathe, *v.t.* عَافَت أو تقزّزت نفسه من، كَرِهَ كُرْهًا شديدًا، مَقَتَ، نَفَرَ من

loathing, *n.* كَرَاهِيَة، بُغْض، اشمئزاز من

loathsome, *a.* تَشْمَئِزّ منه النّفس، مقرف

loaves, *pl. of* **loaf**

lob, *v.t.* & *i.* رَمَى أو أَلْقَى كرة في الهواء في خطّ على هيئة قوس

n. رَمْي كرة (التّنس مثلًا) بالمضرب من الأسفل حتّى ترتفع عاليًا جدًّا

lobby, *n.* 1. (ante-room) صَالَة للانتظار (في فنْدُق)، رِوَاق (أروقة)، رَدْهة

2. (*pol.*, pressure group) جَمَاعَة تَسْعَى للضَّغْط على كبار أعضاء البرلمان أو الكونجرس

3. (*in British Parliament*) أَحَد الممرّين أو الدِّهْلِيزَيْن الذَّيْن يذهب إليهما النواب عند التَّصْويت في البرلمان البريطانيّ

v.t. & i. سَعَى بإلحاح إلى التأثير على أعضاء البَرْلمان من وراء السِّتار

lobe, *n.* 1. (of ear) شَحْمَة الأُذُن

2. (anything so shaped) فَصّ، ما هو على شَكْل فَصّ مثل فَصّ المخّ

lobelia, *n.* زَهْرة اللُّوبِيليا (نَبات طِبّي وتَزْيِينِيّ)

lobster, *n.* سَرَطان البَحْر، جَمْبَرِيّ كبير الحجم

lobster-pot مِصْيَدة على شكل قَفَص من الخَيْزُران أو ما شابهها لاصطياد سراطين البحر

local, *a.* مَحَلِّي، (بنج) موضعي

local call مُكَالَمَة أو مخابرة تليفونيّة محلّيّة (لَيْسَت من خارج المنطقة)

local colour (إضافة) تفاصيل البيئة وطابعها المحليّ لجعل (القصّة مثلًا) أكثر واقعيّةً

local government حُكومَة محلّيّة

local option اسْتِفْتَاء سُكّان منطقة ما قبل التَّصْرِيح بفتح (خمّارة مثلًا)

local rag (*sl.*) جَرِيدَة محلّيّة (أسبوعيّة أو يوميّة)

n. 1. (inhabitant) أَحَد أبناء المنطقة

2. (train) قِطار على خطّ فرعي أو ضواحٍ

3. (*coll.*, public house) البار أو المَيْخانة التي يَتَرَدَّد عليها الشّخص في منطقة ما

locale, *n.* مَكان وُقُوع حادِثٍ ما (أو سِلسِلَة أحداث)

localism, *n.* 1. (provincial outlook) نزعة مَحَلِّيّة أو إقليميّة

2. (term of local use) تَعْبِير أو اصطلاح مَحَلِّيّ، لفظ أو نطق محلّي

locality, *n.* (يَسْكُن في هذه) النّاحية أو الجهة، مِنْطَقَة مَعَيَّنة وضواحيها

bump of locality القُدْرَة على تذكُّر معالم منطقة ما ومَعْرِفة الاتّجاه الصّحيح فيها

localize, *v.t.* 1. (confine) حَصَرَ (عَدْوَى المَرَض مَثَلًا) في مِنْطقة مُحَدَّدَة

2. (invest with local characteristics) أَضْفَى صِفات محلّيّة (على قصّة مثلًا)

locally, *adv.* مَحَلِّيًّا، ضِمْن حدود هذه المنطقة

locate, *v.t.* 1. (situate); *usu. pass.* شَيَّدَ أو أَقَامَ في موضع ما؛ (هذا المبنى) يقع في ...

2. (find position of) حَدَّدَ موضعًا أو موقعًا، وَجَدَ موضع (المدينة على خريطة)

location, *n.* مَوْضِع، موقع، مكان

on location (*in filming*) اِلْتِقاط بعض مناظر الفيلم حَيْثُ جَرَت أحداث القصّة (خارج الاستديو)

locative, *a. & n.* ظَرْف مكان (مثل حيثُ)

loch, *n.* بُحَيْرَة مُتَّصِلَة بالبحر بفتحة ضَيِّقة، بُحَيْرة في اسكتلندا أو ايرلندا

lock, *n.* 1. (of hair) خُصْلة من الشَّعْر

2. (fastening) كالُون أو كيلون (الباب)، طَبْلة أو قُفْل (الباب)

under lock and key (حُفِظَت جواهِرَها) في دُولَاب مُغْلَق بالمفتاح

put a lock on someone (*wrestling*) طَوَّق خَصْمَه بِذِراعَيْه أو رِجْلَيْه (في المُصارَعة)

3. (stoppage) سِدَادة

air lock مَسَدّ أو دِسَام هوائيّ

4. (of a car)

this car has a good lock لِهٰذه السَّيَّارة قُطْر اسْتِدَارة صغير ويمكن الانحراف بها بسهولة

5. (part of gun) جِهاز التفجير في البندقية وَالأَسْلِحة النّارية القديمة

lock, stock, and barrel بِكُلّ مُحْتَوِيات الشَّيْء ومُتَعَلّقاته ، بِرُمَّتِهِ

6. (section of waterway) هُوَيْس، هَاوِيس لِرَفْع أوخفض منسوب المياه في قناة أو نهر

lock gates بَوَّابَة القَنْطَرة أو الهُوَيْس

v.t. 1. (secure by means of a lock) أَغْلَق (البَابَ) باستعمال القُفْل، تَرْبَس (الدرج)

lock away حَفِظَ الشَّيْء في مَكانٍ مَأْمُون (بَعِيدًا عن مُتَناوَل الأَيْدِي)

lock in حَبَسَ شخصًا أو أَغْلَقَ الباب عليه لِمَنْعِهِ من الخُروج

lock out (*lit.*) أَوْصَدَ دونه الأبواب لِمَنْعِهِ من الدّخول

(prevent from working), *whence*

lock-out, *n.* مَنْع صاحِبُ العمل العمّال من الدُّخول إلى المصنع لخلاف بين الطّرفين

lock up

(keep safe) وَضَعَ شيئًا نفيسًا في صندوق وقَفَلَه

(commit to prison or asylum) حَبَسَ، اِعْتَقَل

lock-up, *a.* (*of shop, garage, etc.*) دُكّانٍ يقفل مِنَ الخارج ولا اتصال بينه وبين محلّ سكنى صاحبه

n. (place of detention) حَجْز، تخشيبة

2. (render immovable)

lock-jaw مَرَض التتانوس أو الكزاز (يجمّد الفكّين)

lock-nut صَامُولة (صمولة) زنق (ميكانيكا)

(*fig.*)

locked in each other's arms يَحْتَضِن كلٌّ مِنهما الآخَر

v.i. 1. (have a lock, be lockable) (بَاب) يُمْكِن غلقه بمفتاح

2. (become fixed) تَوَقَّفَت (الفرامل) فجأةً

locker, *n.* خِزَانَة (من مجموعة خزانات) لها مفتاحها الخاصّ لحفظ الأمتعة الشّخصية

locket, *n.* عُلَيْبَة من الذّهب أو الفضّة يحفظ بها شيْء نفيس وتعلّق بسلسلة في الرَّقَبة

locksmith, *n.* كَوَالِينيّ (مصر)، قفّال، برّاد (سوريا)، صانع الأقفال والكوالين

loco, *contr. of* **locomotive**

locomotion, *n.* تَحَرُّك أو انتقال من مكان لآخَر

locomotive, *a.* قَادِر على التّحريك أو التّحرُّك

n., contr. **loco** قَاطِرة (بخارية أو كهرَبائيّة أو بمُحَرّك ديزل)

locomotor, *a.* حَرَكِيّ، محرّك أو ناقل مِنْ مكان إلى آخر

locomotor ataxia فِقْدانِ السَّيْطَرَة على حَرَكات الجسم الإرادِيّة (طبّ)

locum tenens, *n.*; *also* **locum,** *n.* (*coll.*) نَائِب أو بَدِيل (لِطَبِيب أَثْناء غِيابِهِ)

locus, *n.* 1. (place) مَكَان، مقام، الموضع المضبوط لِشَيْءٍ ما

locus classicus اِقْتِباس شائع لإيضاح نُقطة ما

2. (*math.*) المَحَلّ الهندسيّ (رياضيات)

locust, *n.* 1. (grasshopper) جَرادة (جَراد)

2. (fruit) خَرُّوب، خَرْنُوب (ثمرة شجرة من فَصِيلة القرنيّات)

locution, *n.* تَعْبِير، عبارة كلامية

lode, *n.* 1. (watercourse) تُرْعَة أو مجرى مائيّ لِتَصْرِيف مياه المستنقعات

2. (*mining*) عِرْق معدنيّ في باطن الأرض

3. (magnet); *only in comb.*

lodestar النَّجْم الهادِي (ملاحة)؛ دليل الحائرين؛ هِدَايَة، هُدًى؛ مُرْشِد

lodestone حَجَر المغناطيس؛ قوة جاذبة

lodge, *v.t.* 1. (accommodate) أَسْكَنَه، آواه

2. (place, record) أَوْدَعَ، سَجَّلَ

lodge a complaint (protest) قَدَّمَ شَكْوَى أو احْتِجَاجًا إلى جهة رسميّة

v.i. 1. (stay) أَقامَ أو نَزَلَ عند (فلان)

2. (become fixed) اِسْتَقَرَّت (الرّصاصة في ساقه)

n. 1. (small house) بَيْت صغير عند مدخل ضَيْعَة يقيم فيه الحارس

2. (porter's room) غُرْفَة البوّاب أو الحارس

3. (branch of society, esp. Freemasons; its meeting place) مَحْفَل الماسُونِيّين

lodg(e)ment, *n.* 1. (act of lodging) تَقْدِيم (شكوى)، رفع (احتجاج)، إيداع (نقود)

2. (accumulation) تَرَاكُم (القاذورات بأنبوبة)

lodger, *n.* مُسْتَأْجِر غُرْفة مفروشة في بيت، سَاكِن أو نزيل مقابل أجر

lodging, *n., usu. pl.* غُرْفة مفروشة (في بيت كبير) ومؤجرة للسكنى

lodging-house بَيْت تُؤَجَّر فِيه غُرَف مَفْرُوشَة، بَنْسِيون (مصر)

loft, *n.* فَراغ تَحْت سَقْف المَنْزِل يُسْتَعْمل لِحِفْظ الأَمْتِعة، سَنْدَرَة (مصر)

lofty, *a.* 1. (high) (بُرْج) عالٍ، (جَبَل) شاهق، شَامِخ، مرتفع، سامق، مُنيف

(*fig., of ideals, etc.*) (مُثُل) عليا، سامٍ

2. (haughty) مُتَكَبِّر، متغطرس، متعالٍ، مُتَرَفِّع، شامخ بأنفه، متعجرف

log, *n.* 1. (piece of wood) جُزْء اسطوانيّ الشّكل مِن ساق الشّجرة، قرمة خشبيّة

log cabin كُوخ مصنوع من جذوع الأشجار فقط (أي بدون ألواح للجدران)

fall like a log هَوَى أو اِرْتَمَى أو سَقَطَ دفعة وَاحِدة، اِنْهارَ، خَرَّ ساقطًا

sleep like a log غَطَّ أو غَرِقَ في نوم عميق، نَامَ كالقتيل (مصر)

2. (ship's apparatus) آلة كالعدّاد لقياس سُرْعَة السَّفينة والمسافة المقطوعة

3. (journal); *also* log-book دَوَّن

keep a log دَوَّن يومًا بيوم تفاصيل الرحلة (في سفينة أو طائرة أو سيّارة)

4. *contr. of* **logarithm**

log tables جَدَاوِل اللوغاريتمات

v.t. (enter in log-book) دَوَّنَ في سجلّ يوميّ

loganberry, *n.* نَوْع من التُّوت الشّوكيّ يشبه الفَرَامْبواز ويُسَمَّى أحيانًا توت العلّيق

logarithm, *n., contr.* **log** لوغاريتم (رياضيات)

logarithmic, *a.* لوغاريتمي

loggerhead, *n.; only in*

at loggerheads (with) في خِلاف أو نِزاع مُسْتَمِرّ، بينهما ماصنع الحدّاد (مصر)

loggia, *n.* رِوَاق مسقوف يطلّ على الحدِيقة مباشرةً

logic, *n.* عِلْم المَنْطِق ؛ مَنْطق (يُسَمَّى المِيزان)

logical, *a.* 1. (pertaining to logic) مَنْطِقيّ ، يتعلّق بعِلْم المَنْطِق

2. (reasonable, consistent) (نَتِيجة) مَنْطِقِيَّة، معقولة، حتميّة ولا مفرّ منها

logician, *n.* مِنْطِيق، مُتَخَصِّص في علم المَنْطِق ، مَنْطِقِيّ

logistics, *n.pl.* دِرَاسَة تحرّكات وإيواء وَإِمْدَاد القوّات العسكريّة، لوجيستيّة

loin, *n.* حَقْو (أحقاء)، خصر، صلب

loin of mutton قِطْعَة لحم ضأن من بيت الكَلاوي، خاصرة

loin-cloth حِقَاء، إزار يشُدّ على الخَصْر (لِيَسْتُرَ العَوْرَةَ)

gird ⟨up⟩ one's loins مَنْطَقَ أو شَدَّ حَقَوَيْه، شَحَذ عزيمته وتأهّب للعمل

loiter, *v.i.* تَبَاطَأَ، توانَى، تَسَكَّعَ، تَمَهَّل، تلَكَّأ

loiter with intent (تُهْمَة) التَّسَكُّع حَوْل مَبْنَى بِقَصْد السَّطْو عَلَيْه

v.t. (pass *time away*) أضاعَ وقته سُدًى

loll, *v.i. & t.* 1. (recline) اسْتَلْقَى مسترِيحًا أو مُسْتَرْخِيًا وتكاسلت أعضاؤه

2. (let *head* or *tongue* droop loosely) تَدَلَّى لِسَان(الكلب)، سَقَطَ رأسه (إعياءً)

lollipop, *n., coll. contr.* **lolly** مَصَّاصة من الحَلْوَى(تسكب حول طرف عود)

lollop, *v.i.* تَقدَّمَ بوثبات غير منسجمة

lolly, *n.* 1. (*coll.* contr. of lollipop) مَصَّاصة (حَلْوَى أو أيس كريم أو دَنْدُرْمَة)

2. (*sl.*, money) فُلوس، مَصَارِي

London, *n.* لَنْدَن، لندرة، عاصمة بريطانيا

Greater London مَدِينَة لندن وضواحيها (وَهِيَ مِنْطَقَة إداريّة واحدة)

Londoner, *n.* لَنْدَنِيّ، من أبناء أو مواليد لَنْدَن

lone, *a.* مُنْعَزِل (عن الآخرين) ، منفرِد

lone wolf (*fig.*) اِنْعِزالِيّ النَّزْعَة ، مَن يُحِبّ الانْفِراد بنفْسِه

play a lone hand اِعْتَمَد عَلى نَفْسِه فَقَط ورَفَض مُعَاوَنَة الآخَرِين له

loneliness, *n.* اِنْفِراد ، وَحْدَة ، وَحْشَة ، عُزْلَة ، اِنْعِزال

lonely, *a.* مُنْفَرِد، على انفراد، وحيد ؛ مُوحِش؛ يحسّ بعزلته

lonesome, *a.* وَحِيد، منفرد، موحش ؛ حَزِين، كَئيب، مهجور

long, *a.* 1. (*of dimension, distance, range*) طَوِيل

he made a long arm for the salt مَدَّ ذِرَاعَه لِتَنَاوُل المِلْح عن بُعْد

the long arm of the law قُدْرَة رِجال الشُّرْطة على تَعَقُّب المُجْرِمين حَيْثُما كانوا

long-bow قَوْس يدويّة ترمى بها السِّهَام

draw the long bow (*fig.*) أَطْلَق لِخَيَالِه العِنان وغَالَى في وَصْف ماحَدَث

long-distance call مُكَالَمَة تليفونية خارجية أو من مَكَان بعيد، مكالمة ترنك (مصر)

long drink كَأْس بِها كَمِيَّة كبيرة من الشَّراب البارِد

wear (pull) a long face (*fig.*) عَلَت وجهه أَمَارَات الأسف والحزن، اكْفَهَرَّ وجهه

long-haired intellectuals (*coll.*) جَمَاعَة من المُتَفَلْسِفِين غرباء الأطوار وشواذّ

long jump (*U.S.* broad jump) قَفْزَة طَوِيلَة أو عَرِيضة (في الألعاب الرياضية)

at long last وَأَخِيرًا، وبعد انتظارٍ طويل

he has a long memory لَهُ ذَاكِرَة الجَمَل، لا يَنْسَى (الإساءة أو الإحسان) أَبَدًا

long odds اِحْتِمال ضئيل للكسب في مراهنات السِّبَاق وغيرها

long-range, *a.* بَعِيد المَدَى

a long shot (*fig.*) مُحَاوَلَة جريئة يبعد احتمال تَحَقُّق غرضها، حَدْس وتخمين

long-sighted, *a.* بَعِيد النَّظَر، طويل البَصَر

long in the tooth مُسِنّ، مُعَمِّر، عجوز، شَيْخ، طاعن أو متقدّم في السِّنّ

take the long view (*fig.*) نَظَر إلى المستقبَل البَعِيد بعين الاعتبار، تَدَبَّر كلّ احتمالاته

long wave; *also* long-wave, *a.* مَوْجَة طويلة في اللّاسِلْكِيّ (طولها ألف متر أو أكثر)

he has a long way to go (*fig.*) إِنَّه ما زال في البِدَاية، أمامه شوط بعيد، هو غير مُحَنَّك

long-winded, *a.* (*fig.*) (خُطْبَة) مُسْهَبَة، طَوِيلة ومُمِلَّة؛ ثَرْثار

2. (*of duration*)

in the long run في المَدَى البعيد، بعد مرور وَقْت طويل، بعد التَّجربة والاختبار

long-term, *a.* (سِيَاسة) طويلة الأَجَل

long Vacation عُطْلَة أو إجازة الصَّيْف (في جَامِعَات والمحاكم)

a long week-end عُطْلَة نهاية الأسبوع مع يَوْم إضافي (مثل الجمعة أو الاثنين)

n.

before long قَرِيبًا، عن قريب، في المستقبَل القَرِيب، بعد مُدّة قصيرة

for long (لَنْ أَغِيبَ) لمدّة طويلة

it won't take long لَنْ يَسْتَغْرِقَ طويلًا، لَنْ يَأْخُذَ (العمل) إلّا وقتًا قصيرًا

the long and the short of it قُصَارَى القول، حَصِيلَة الأمر، خُلاصة للوضوع، باختصار

adv. 1. (for a long time)

long live the Queen! عَاشَت المَلِكَة! تَحْيَا المَلِكَة!

a long-standing dispute بَيْنَهُما خلاف طَالَ عَلَيْه الزَّمن ، خِصام طَال أَمَده

long-suffering, *a.* صَبُور على الأذى، طويل الرُّوح والأناة ، قليل الشَّكوى

as long as; *also* so long as ما دَامَ ، طالما ، حَيْثُ أنَّ ، بما أنَّ

2. (by a long time)

long after بَعْدَ مرور وقت طويل، بعد انْقِضَاء مُدّة طويلة

long ago فِي قديم الزَّمان، من زمن بعيد، فِي سَالِف الزَّمان، منذ عهد بعيد

3. (emphasizing noun of duration)

all day long طِوَال أو طِيلة النَّهار

v.i. اشْتَاق أو صَبَا أو حَنَّ أو تَلَهَّفَ أو تاقَ إلى

the longed-for day arrived وَأَخِيرًا حَلَّ الْيَوْمُ الذي كنت أتطلّع إليه

longboat, *n.* قَارِب كبير بمجاذيف (كان يُحْمَل فَوْقَ ظهر السفينة الشّراعيّة سابقًا)

longeron, *n.* قَضِيب يمتدّ بطول السّفينة أو الطَّائِرَة لتثبيت عوارضها القائمة

longevity, *n.* حَيَاة طويلة الأمد، امتداد العُمْر

longhand, *n. & a.* الكِتَابَة باستعمال الحروف الهجائيّة المعروفة (بعكس الاختزال)

longing, *n. & a.* شَوْق، تَوْق، رغبة شديدة ؛ وَحَم (النساء)؛ تائق أو مشتاق إلى

longitud/e, *n.* (**-inal,** *a.*) زَاوِية أو خطّ الطول (أنْصَاف دوائر وَهْمِيّة تمتدّ بين القطبين)

longshoreman, *n.* صَيَّاد أو ملّاح (عند الشَّاطئ)

long/ways(-wise), *adv.* (يَمْتَدُّ) طولًا أو بالطول

loofah, *n.* لُوفة الحمّام، نبات اللوف، فيلجوش

look, *n.* 1. (act of looking, glance) نَظْرَة ، رَمْقَة، طرفة عين

have a look (دَعْنِي) أُلقِي نظرة على...، أَبْصَرَ، نَظَرَ، شَاف

2. (expression) سِحْنَة، سِيمَاء (الغضب مثلًا)

he has an ugly look عَلَى وجهه نظرات الشّرّ والوَحْشيّة، وجهه ينذر أو يهدّد بالشرّ

she gave him a dirty look (*coll.*) صَوَّبَت نحوه نَظْرَة كلّها احتقار وازدراء واشمئزاز

3. (appearance) مَنْظَر، مرأى ؛ شكل، هَيْئَة، (جميل) الطلعة

good looks جَمَال، جاذبية، ملاحة، فتنة

I don't like the look of it المَوْقِف لا يبشّر بخير، لَا يُعْجِبُنِي تطوّر الأمور على هذا النَّحْو

4. (*pl.*, comeliness, beauty) جَمَال الوجه

alas, she has lost her looks وا أسفاه! لقد ضاع رونق جمالها

v.i. & t. 1. (use one's sight; contemplate) نَظَرَ، أَبْصَرَ، تَبَصَّرَ، تَطَلَّعَ، عَايَنَ

look about for فَتَّش أو بَحَثَ عن، دَوَّر على

he looked about him to see where he was أَجَال أو أدارَ بصره ليعرف أين هو

look after (attend to, care for) اِعْتَنَى أو عُنِيَ ب، حَافَظَ على، صَانَ ؛ رَاعَى

look ahead (have foresight) تَبَصَّرَ بالعواقب، تَدَبَّرَ احتمالات المستقبل

look at
(regard) نَظَرَ إلى (وجهه في المرآة مثلًا)
(consider) نَظَرَ بعين الاعتبار إلى ...
(inspect) عَايَنَ، تَفَقَّدَ، فَحَصَ (ساعته)

look away أَشَاحَ بوجهه عن (منظر القَتِيل مثلًا)

look back (*lit.*) اِلْتَفَتَ إلى الوراء، نَظَرَ إلى خَلْفِهِ
(*in retrospect*) رَجَعَ بذهنه إلى الماضي، فَكَّرَ في الأحداث الماضية
(falter), *esp. in*
he never looked back (وَمُنْذُ ذلك الحين) سَارَ من نجاح إلى نجاح، اطَّرد نجاحه

look by (pay a casual visit) مَرَّ على شَخْصٍ، زارَه دُونَ مَوْعِدٍ سابِق

look daggers at رَمَقَه بنظرة شزراء، حَدَّجه بِنَظْرة كلها استياء وحِقْد

look down on someone نَظَرَ إليه بعين الاِحْتِقَار، شَمَخَ بأنفه عليه

look down one's nose at رَمَقَهُ بِنَظْرَة كلّها ازدراء واستهانة واستخفاف واستياء

look for
(seek) بَحَثَ عن (شخص أوشيء)، فَتَّشَ على
(expect) تَوَقَّعَ (مجيئه مثلًا)

look forward to تطلّع إلى (زيارة صديقه مثلًا)، تَوَقَّعَ آملًا أن (ينتهي من عمله)

look in (on) (call) زَارَه زيارة خاطفة، مَرَّ عليه بدون موعدٍ سابق

look into (examine) تَفَحَّصَ، حَقَّقَ في (مُشْكِلَة)، حَاوَلَ استقصاء الأسباب

look on (be a spectator), *whence* looker-on, *n.* تَفَرَّجَ على، شاهد؛ وَاقِف مكتوف اليدين

look (out) on to أَشْرَفَ أو أَطَلَّ على، (نَافِذَة الغُرْفَة) تنفتح على (حديقة مثلًا)

look out
(*v.t.*, take steps to find) ذَهَبَ في إثر شيء
(be wary) اِحْتَرَزَ من، احتاط ضدّ؛ حذارِ!
(watch *for*), *whence* تَرَقَّبَ

look-out, *n.* (watch, watcher, watch-tower) رَقِيب؛ مَرْقَب، بُرْج الرَّقابة

it's a poor look-out (prospect) لا أمل في النَّجاح

it's his ⟨own⟩ look-out (responsibility) إنّها مَسْؤُولِيّته وَحْدَه

look over
(overlook) أَشْرَفَ أو أَطَلَّ المنزل على ...
(*v.t.*, scrutinize) أَمْعَنَ أو أَنْعَمَ النَظَر في، رَاجَعَ (المقالة قبل نشرها مثلًا)

look round
(*lit.*, by turning one's head) أَدَارَ رأسه مُلتفتًا إلى، حَوَّلَ بَصَرَهُ إلى جهة أخرى
(inspect), *whence*
have a look round أَلْقَى نَظْرَة عَابِرَة على (مَعْرُوضات مَحَلّ تِجاريّ مثلًا)

look through (peruse) اِطَّلَعَ على، رَاجَعَ

look someone through and through حَدَّقَ بِبَصَرِهِ في شَخْص لِيَعْرِف حَقِيقَة نَوَاياه

look to
(attend to, beware of losing) اِعْتَنَى بِالشَّيْء، صَانَه، حَافَظَ عَلَيْه

(pin hopes on) لَجأَ إليه (ليعينه)

look up (*lit.*, by raising one's eyes) رَفَعَ عَيْنَيْه (لينظر إلى فوق)

look up to (revere) نظَرَ بعين التقدير والاحترام والإعْجاب (إلى أستاذه)

look up a reference تَقَصّى نقطة ما أو بَحَثَ عنها في مرجع (كالموسوعة مثلًا)

look up a friend زَارَ صديقًا أو اِتَّصَلَ به (كان لم يَرَهُ منذ مدّة طويلة عادة)

things are looking up (improving) الأُمُور آخذة في التحسُّن، الحالة تبشّر بالخير

look someone up and down نَظَرَ إليه نَظرة اشْتِهْجَان، من تحت إلى فوق (مصر)

looking-glass مِرْآة (مرايا، مراءٍ)

2. (*in commands*)

look alive! تَحَرَّكْ! كُنْ يَقِظًا!

look sharp! اِسْتَعْجِلْ! شَهِّلْ!

look who's here! يا لَهَا من مفاجأة لطيفة! (تُقال عند رؤية زائر محبوب مثلًا)

look who's talking! أَنْتَ آخر من يتكلّم أو ينصح بهذا (لأنّ رأيك عكس ذلك)

3. (appear)

that makes me look a fool هَذَا (الاقتراح أو السُّلُوك) سيجلب السخرية أو التهكّم عليّ

she does not look her age إنّها تبدو أصغر من عُمْرِها الحقيقيّ

he does not look himself يَبْدُو أنّه مُتَوَعِّك الصِّحّة، ليس على ما يرام

it made him look small جَعلته (فِعْلَته) يبدو صَغِيرًا في عيون النّاس

it looks like rain يَبْدُو أن السّماء ستُمْطِر، الظّاهِر أنها ستُمْطِر بعد قليل

good-looking, *a.* وَسِيم الوجه، جميل الطلعة، حُلو التقاطيع

4. (confront) وَاجَهَ، قَابَلَ

look death in the face كان على قاب قوسين أو أدنى من الهلاك، رَأَى الموت وجهًا لوجه

look someone in the eye وَاجَهَ شَخْصًا بِجُرْأة ودُونَ خَوْفٍ

look-in, *n.* (*coll.*) فُرْصَة النَّجاح

you won't get a look-in لا أَمَلَ في نَجاحك، (الحُصُول على هذا الشيء) بعيد عن شنبك (مصر)

loom, *n.* نَوْل، منوال، مِنْسَج

v.i. لَاحَ أمامه شيء ضخم مُرْعِب

it loomed up in front of him بَدَا أمامه فجأةً شَيْء مخيف (غير واضح المعالم)

(*fig.*)

troubles loom large at night تَبْدُو المشاكل أَكْثَر جسامة أثناء ساعات الليل

loony, *n. & a.* (*coll.*) مَخْبُول، معتوه، مجنون

loony-bin بِيمارِسْتَان، السَّرَايَة الصَّفراء (مصر)، عُصْفُورِيّة (سوريا)

loop, *n.* 1. (knot) أُنْشُوطَة، عُرْوَة، خَيَّة؛ اِنْحِنَاءَة في مَجْرَى نَهْر

2. (*med.*) وَسِيلَة حديثة لمنع الحَمْل

v.t. & i. عَقَدَ أنشوطة

loop the loop أدّت الطائرة حركة أنشوطيّة بَهْلَوانِيّة

loop-hole مَنْفَذ لِلتَّهَرُّب مِن أَمْرٍ ما

loose, *a.* 1. (free) حُرّ، طَلِيق، غير مقيَّد

break (get) loose فَكَّ (السِّجين) قيده أو إسَارَهُ؛ اِنْحَلَّ (جزء من الآلة مثلًا)

let loose

(liberate) حَرَّر، أَطْلَقَ، فَكّ إساره

(give vent to) أَطْلَقَ العنان (لعواطفه)

set (turn) loose أَطْلَقَ سراحه، فَكَّ قيْده

2. (easily separable) (أَرُز) غير مُعبَّأ في أكياس، (حَمُولة) غير محكمة أو مشدودة، مفكوك

loose change فَكَّة أو فُرَاطَة أو خردة، بعض قِطَع من النّقود المعدنية

loose covers مَفَارِش لتغطية الكراسي والفوتيهات والكَنَبَات (يمكن نزعها)

loose-leaf album أَلْبُوم أو دُوسِيه لحفظ أَوْرَاق منفصلة تُمْسَك بحلقات

3. (not tight or firm) غَيْر ضَيّق أو مشدود، سَائِب، غير محبوك

loose-fitting clothes مَلَابِس فضفاضة

loose-limbed أَطْرَافُهُ مرتخية ومتدلّية

loose weave نَسِيج غير محبوك

come loose اِنْحَلَّ، اِنْفَكَّ، تَرَاخَى

(*fig.*)

at a loose end (هُوَ) غَيْرُ مشغول بعملٍ ما

I must tie up the loose ends عَلَيَّ أن أبتَّ فِي التفاصيل الثّانويّة المتبقّية

4. (vague, inaccurate) غامِض، مُبْهَم، غَيْر دَقِيق

loose thinking تَفْكِير غير مَنْطِقِيّ، سَطْحِيّ، لا يؤدّي إلي النّتيجة الصّحيحة

loosely speaking عَلَى وَجْه الإجمال أو العموم، بِصُورَة أو بصفة عامّة

5. (lax, dissolute) خَلِيع العذار

loose conduct سُلُوك خَارِج عن الأصول وَالحِشْمَة، تصرّف ينافي الأخلاق

loose tongue لِسَانُه فالِت، لا يكتم سِرًّا، يَتَفَوَّه بألفاظ بَذيئة

loose living حَيَاة استهتار و مُجُون

he is on the loose (*coll.*) إنَّه يَجْري وَراء النِّساء (تعْبير عامّي)

v.t. حَلَّ (الخَمْرُ عُقْدَةَ لِسانِه)، أَطْلَقَ

loosen, *v.t. & i.* حَلَّ، فَكَّ، اِنْحَلَّ، اِنْفَكَّ، اِرْتَخَى؛ ألانَ أو لَيَّنَ الأمعاء

loot, *n.* غَنِيمَة، سَلْب ونَهْب

v.t. & i. غَنِمَ، سَلَبَ ونَهَبَ

lop, *v.t., usu.* lop off قَطَعَ (أطرافَ الشَّجر)، بَتَرَ

v.i., only in comb.

lop-eared ذُو أُذُنَيْن مسترخيتين، أخطل

lop-sided (مَائِدَة) مائلة وغير متوازنة

lope, *v.i. & n.* جَرَى أو رَكَضَ بخطوات واسعة ونَشِطة؛ خطوات وئيدة منسجمة

loquacious, *a.* كَثِير الكلام، ثِرْثار، لقلاق، بَقْبَاق، مهذار

loquacity, *n.* ثَرْثَرَة، كثرة الكلام، هَذَر، شَقْشَقَة

lord (Lord), *n.* 1. (God) اللّٰه، الربّ

Lord of Hosts رَبّ الجنود والقوّات (توراة)

Lord knows وَاللّٰهُ أَعْلَمُ، لا يعلم أَحَد

Good Lord!	أَسْتَغْفِرُ اللهَ! يا سَتَّارُ! يا لَطِيفُ! يا سلام!
the Lord's Prayer	الصَّلَاةُ الرَّبَّانِيَّة (عند المَسِيحِيِّين)
the Lord's Supper	العَشاء الرَّباني (عند المَسِيحِيِّين)
2. (ruler)	حَاكِم البِلاد، عاهِلها، مَولى، صَاحِب السُّلطان
our sovereign lord the King	مَوْلَانَا صاحِب الجَلَالة المَلِك
he is my lord and master,	هُوَ سَيِّدي ومَولاي، إنَّه تاج رَأسي
3. (nobleman)	اللُّورد (لَقَب شَرَف في انكلترا)
live like a lord	يَعِيشُ في تَرَف ونَعِيم، يَحْيا حَياة ناعِمة
4. (dignitary) Lord Mayor	أَمِين أو عُمْدَة لندن وبعض مُدُن انكلترا
First Sea Lord	أَمِير البحرِيَّة الانكليزِيَّة
5. (title and address) my lord	سَيِّدي، مَوْلَايَ
v.t., esp. in lord it over	تَأَمَّر وتَسَلَّطَ على الآخَرِين
lordly, a.	مَهِيب، جَلِيل؛ (طَبَق) يليق بالملوك؛ مُتَغَطرِس، مُتَعجرِف، مُتَكبِّر
lordship, n. 1. (rule)	تَسَلُّط الحَاكِم، (فَترة) السِّيادة؛ رُتْبَة إقطاعِيَّة
2. (title of lord or judge) His (Your, Their) Lordship(s)	سِيادَته، سِيادَتكم، أصحاب السِّيادة

lore, n.	تُراث أدبيّ موقوف على فِئة
lorgnette, n.	نَظَّارات أو عُوَينات ذات يدٍ وَاحِدة؛ مِنظار الأوبرا
lorn, a. (poet.)	مَنْبُوذ، مُوحِش، مَهجُور، وَحِيد، بائِس، مَسْكِين
lorry, n.	شَاحِنَة، لُوري، سَيَّارة كبيرة لِلنَّقل والشَّحْن، كَمْيُون
lose (pret. & past p. lost), v.t.	
1. (cease to have)	فَقَدَ (كِتابه)، خَسِرَ (مَالَه)، ضَيَّع أو أضَاعَ (الفُرصة)
lose colour	حَالَ أو بَهَتَ لونه؛ امتقع
lose weight	(كَفَّ عن تناول الحَلوِيّات) لِكي يَفْقِدَ شيئًا من وزنه، خَسَّ (مصر)
lose interest in	فَتَرَ اهتِمامه (بِدراسة القانون مَثَلًا)، قَلَّ أو خَمَدَ حماسه لشيء
the drug has lost its effect	فَقَدَ المُخَدِّر مَفْعُوله أو تأثيره، ضَاعَ تأثير البنج
he lost his all	لَم يَعُدْ يَمْلِك شَرْوَى نَقِير، فَقَدَ كُلَّ ما لديه من مال ومتاع
she lost her husband	تُوفِّيَ زوجها
lost to the world	هَائِم في دنيا الخيال، مستغرق (في عَمَله) ناسِيًا الدَّنيا وما فيها
lost in thought	مُنْهَمِك في التَّفكير
he gave him up for lost	قَطَع الأَمَل في عَوْدَة (شَخْص مَفْقُود)
he lost no time in ...	لَم يَتَبَاطَأ أو يتوان في (تقديم الشكوى مثلًا)
he lost her to his rival	قَطَعَت علاقتها به مُفَضِّلَة غَرِيمه عليه

2. (mislay) فَقَدَ، أَضاعَ، ضَيَّعَ

(*fig.*)

he lost the drift of the conversation لَمْ يَسْتَطِعْ مُتابَعَةَ حديثهما أو سِيَاقِ حوارهما

he lost his place in the queue فَقَدَ مَكانه في صَفِّ المُنْتَظِرين

he lost his place on the page لَمْ يَعْرِفْ من أين يُوَاصِل القِراءة في الصَّفْحة

lose one's way; *also* get lost, lose oneself ضَلَّ طريقه، تاهَ، أَضاعَ طريقه

get lost! (*sl.*) إِمْشِ! اِبتعد! رُح في داهية!

3. (fail to catch or retain)

he lost his train فَاتَهُ القِطار

(*fig.*)

he never loses an opportunity to praise him لَا يَدَعُ فُرْصة تمرّ دون أن يمدحه

my advice was lost on him ذَهبَتْ نَصيحتي لَهُ أَدْرَاجَ الرِّياح أو عَبَثًا أو سُدًى

4. (fail to win); *also v.i.* خَسِرَ، خَابَ، فَشِلَ

it is a lost cause إنّها قضيّة خاسرة أو دعوى فاشِلة، لم يكتب لها النّجاح

he is a lost soul لَا أَمَلَ في خَلاصه

lose a motion فَشِلَ اقتراح (النّائب) في الحُصول عَلَى مُصادَقة البرلمان

5. (deprive *someone* of) حَرَمَه أوجَرَّدَه من

his insolence lost him his job طُرِدَ من وظيفته بِسَبَب وَقاحَتِه وسُوء سُلُوكه

v.i. 1. (lose money, men, resources) خَسِرَ مالاً، فَقَد

2. (lose a game) خَسِرَ المباراة

3. (lose time, *of clocks*); *also v.t.* السّاعَة تُؤَخِّر أو تقصّر

4. (lose its effect) فَقَد مَفْعُولَه أو تَأْثِيره

this story does not lose in the telling هٰذِهِ القِصّة لا تَفْقُد رَوْعَتها عند سَرْدِها

loser, *n.* خَاسِر، فاشِل

he is a bad loser يَظْهَر الاستياءُ على وجهه إذا خَسِرَ في اللّعب

he is a good loser لَا يَفْقُدُ مرحه أو بشاشته عِنْد الخسارة في اللّعِب

he is the loser by ten pounds حَلَّت به خسارة مِقْدارُها عشرة جنيهات أو دنانير

loss, *n.* 1. (*in vbl. senses*) خُسارة، فُقْدان

his death was a sad loss كَانَتْ وفاته خُسارة مُؤْلِمَة أو رُزْءًا فادِحًا

2. (lost thing or person) فَقِيد، خُسارة، فُقْدان

cut one's losses خَفَّضَ أو قلَّلَ خُسارته

3. (disadvantage)

he was at a loss for words اِنْعَقَدَ لسانه من الاِرْتِباك، لم يُحِرْ جوابًا

sell at a loss بَاع بِضَاعته بخسارة، وُكِسَ التاجر

loss leader (*commerc.*) بِضاعَة تُباع بخسارة لِإغْراء الزَّبائن بشراء بضائع أخرى

lost, *pret. & past p. of* **lose**

lot, *n.* 1. (method or outcome of chance decision) قُرْعة، اِقْتِراع

by lot (أُخْتِيرَ) بالاقتراع، وقع عليه الاختيار بالقُرْعة

draw lots أَجْرَى قُرْعة أو عمليّة السّحب

2. (share, fortune, fate, destiny) نَصِيب، قِسْمة، حظّ، بَخْت

throw in one's lot with سَاهَمَ أو اِشْتَرَكَ مع ..، تَحَالَفَ مع، اِنْتَمَى إلى، رَبَطَ مصيره

I have no part or lot in لَا نَاقَةَ لي في الأمر وَلَا جَمَل، لا يَدَ لي (في هٰذا التَّدْبِير)

it falls to my lot يَشَاء الحظّ أنْ، عليَّ أن

the common lot مَصِير الأحياء جميعًا

3. (plot of land) قِطْعَة أرض

vacant lot قِطْعَة أو رُقْعة من الأرض خالية من البناء (تُعْرَض لِلبَيْع)

4. (item, consignment) مَجْمُوعَة من السِّلَع من نَفْس النَّوع، شحنة أو إرساليّة تجاريّة

lot no. 46 (*auction*) قِطْعَة رقم ٤٦ (في قائمة المَبِيعَات بالمزاد العلنيّ)

bad lot

(*lit., of goods*) مَجْمُوعَة بضائع رديئة

(*fig., coll., of a person*) نَذْل، وَغْد، نصّاب

job lot صَفْقَة (بضائع) على علّاتها

5. (*coll., sing. & pl.*, large quantity) الكَثِير

she took the ⟨whole⟩ lot أَخَذَت الكلّ والكَلِيل، لَمْ تَدَعْ شيئًا إلّا وأَخَذَته

is that the lot, sir? هَلْ هذا كلّ ما تحتاج إلَيْه يا سيّدي؟ أتريد شيئًا آخر؟

loth (loath), *a.* مُعْرِض أو عازف عن، غَيْر راغب في

nothing loth عَنْ رِضًى أو طِيب خاطر، بدون أدْنَى رفض أو ممانعة

lotion, *n.* مَحْلُول طبّيّ يستعمَل من الخارج لعلاج أمْرَاض الجِلد؛ لوسيون (للشعر مثلا)

hand lotion تَرْكِيب خاصّ (من العسل والجليسرين مثلًا) لتنعيم بشرة اليدين

lottery, *n.* يا نَصِيب، لوتاريا (مصر)

lotus, *n.* 1. (legendary plant) نَبَات زُعِم أن آكل ثِمَارِه يُحِسّ بالنّشوة والاسترخاء (ميثولوجيا)

lotus-eater (*fig.*) سَابِح في عالَم الأوهام والخيال؛ هَارِب من دنيا الواقع

2. (water-lily) اللُّوطُس أو اللُّوتُس، نيلوفر، بَشْنِين (جنس نباتات مُزْهِرة)

loud, *a.* 1. (strongly audible) (صَوْت) عالٍ أو مُرْتَفِع أو جهير أو جهوري

loud-hailer مِجْهار، بوق لتكبير الصّوت

loud-speaker مُكَبِّر الصَّوْت

loud-mouthed جَعْجَاع، صخّاب

2. (showy) (زُخْرُف) صارخ، مبهرج

adv.; *also* **loudly** بِصَوْتٍ عالٍ

lough, *n.* اِصْطِلَاح ايرلندي معناه بحيرة أو خليج ضَيِّق أو ذراع ممتدّ داخل اليابس

lounge, *v.i.* تَسَكَّعَ، تلَكَّأَ؛ تَكَاسَلَ

lounge suit بَدْلَة (من جاكتّة وبنطلون وَصَدْرِيّة) للاستعمال العادي أو غير الرّسميّ

n. 1. (sitting-room) غُرْفَة أو صالة جلوس

lounge suite طَقْم أثاث من كنبه وفوتيهين

2. (lobby of hotel, etc.) صَالَة الفُنْدُق

lounge-lizard مَنْ يَتَوَدَّد إلى العَوَانِس والأرامل الثَّرِيَّات

lour (**lower**), *v.i.* عَبَسَ أو اِكْفَهَرَّ أو تجهَّم وَجْهُه

louring sky سَمَاء مكفهرّة مُلَبّدة بالغيوم

louse (*pl.* lice), *n.* قَمْلَة الرَّأْس، فرعة، دِمّة، قُمَّلَة الجسم (حَشَرة طُفَيْلِيَّة)

(*fig., coll., of person*) نَذْل، دنيء، سافل، اِبْن كلب، چلاب (عراق)

lousy, *a.* (رَأْس) به قَمْل، مُقَمَّل

(*sl.*, bad) بَطَّال، رديء، قذِر، وسِخ

(*sl.*, teeming *with*) شَخْص منغنغ بالفلوس؛ مُزْدَحِم (برجال البوليس مثلًا)

lout, *n.* جِلْف، فظّ، ثقيل، أخرق، بليد

loutish, *a.* (سُلُوك) فَظّ، سَمِج، أخرق

louvre (*U.S.* **louver**), *n.* نَافِذَة صغيرة بسقف البَيْت، كوّة

lovable, *a.* (طفل) يستحقّ الحُبّ، (شخص) حَبّوب وخفيف الدم

love, *n.* 1. (affection) حُبّ، محبّة، ودّ، وداد

for the love of God . . . لِوَجْه الله، علشان خاطِر رَبّنا (مصر)، خاطر الله (عراق)

it can't be got for love or money لا يُمْكِن الحُصول عليه بِأيّة وَسِيلة

give him my love سَلِّم لي عليه، بلّغه تحِيَّتي أو ودّي

there's no love lost between them بَيْنَهما كَرَاهِيَه متبادلة، ليسا على وفاقٍ

play a game for love لَعِبَ (الورق) للتّسلية فَقَطْ وليس بغرض الكَسْب

2. (passion) عِشق، غَرام، هُيام، هوًى

love at first sight حُبّ من أوّل نظرة، هَامَ بِهَا من النّظرة الأولى

love affair عَلاَقة غراميّة

love-bird (*lit.*) بَبَغَاء أفريقيّة صغيرة (تَتُوق لِذَكَرِها عند غيابه وبالعكس)

(*fig.*) هُمَا حبيبان متيَّمان

love-child طِفْل غير شَرْعِيّ

love-hate relationship رَابِطَة حبّ وكراهيّة

love-lorn, *a.* (عَشِيق) ملتاع، يحِسّ بلوعة

love-making غَزَل، مجامعة، مضاجعة

love match زَوَاج حبّ

he is in love with her هُوَ مُغْرَم أو وَلِه بها

make love to

(court) غَازَلَ، تَوَدَّدَ إليها

(have sexual intercourse with) جَامَعَ، ضَاجَع، نَكَحَ

all's fair in love and war الغَايَة تُبَرِّر الواسطة، كُلّ الوسائل مشروعة عند الحاجة القُصْوَى

3. (beloved or lovable object; *also* as form of address) عَشِيق، معشوق، حَبيب، محبوب

yes, love! نَعَمْ يا حبّوب! حاضِر يا حبيبتي!

4. (score of zero) صِفر، لا شيء، عدم إحراز أيّة نقطة (في التنس وغيره)

v.t. & i. 1. (feel affection, passion, or devotion towards) أَحَبَّ ، عَشِقَ، هَوَى؛ وَدَّ، هَامَ

2. (*coll.*, enjoy keenly)

I should simply love to يَسُرُّنِي كلّ السُّرُور أن ...، أموت في (فنجان قهوة مثلًا - مصر)

lovely, *a.* جَمِيل، حسن ، بديع

n. جَمِيلة، فاتنة، «لُقْطة»

lover, *n.* 1. (sweetheart, paramour) عَاشِق، مَعْشُوق، حبيب، خليل

2. (devotee) هَاوٍ، مُغْرَم أو مُولَع ب

music-lover هَاوٍ أو غاوٍ أو عاشق لِلمُوسِيقَى

lovesick, *a.* مُضْنًى ، مُلْتاع ، صَبٌّ

loving, *a.* مُحِبّ ، مُغْرَم

loving-cup إناء خاصّ ذُو عُرْوَتَيْن يُمْلأ خَمْرًا ويَدُور على الشَّارِبِين

loving-kindness رَحْمَة، حنان، عطف، رأفة

low, *a.* 1. (not high in position, scale, musical pitch) مُنْخَفِض ، وَاطِئ

Low Countries الأَرَاضِي المنخفِضة (هولندا وبلْجيكا ولكسمبرغ)

the low-down (*sl.*, inside story) مَعْلُومات خَفِيّة لم تُنْشَرْ بعد (عن فضيحة مثلًا)

low frequency; *also* low-frequency, *a.* تَرَدُّد أو ذَبْذَبة منخفضة (أمواج كهرَبائيّة)

low gear نَاقِل السّرعة الأوّل أو البطيء، تعشيق تُرُوس يُبْطِئ سرعة الدّوران

low pressure; *also* low-pressure, *a.* ضَغْط مُنْخَفِض (أرصادجوّيّة - طبّ - فيزياء)

low tide الجَزْر، انحسار ماء البحر عن الشّاطئ

low wages أُجُور منخفضة

2. (lowly)

low-born, *a.* وَضِيع الأصْل، منحطّ النّسَب

low station in life (كَانَ يَنْتَمِي إلى) طبقة مُنْخفِضَة في المجتمع

3. (vulgar, debased, unprincipled)

low comedy كُومِيديا من نوع مبتذل، فودفيل رخيص

low company (يُعَاشِر) رفاق السّوء، يخالط السُّوقة

low cunning حِيلَة ، شطارة ، خُبْث

low trick حِيلَة ماكرة، فِعْلة دنيئة

4. (not loud) (صَوْت) منخفض أو واطئ

5. (feeble, meagre, small)

low diet الإقْلال من الطّعام، الحِمْيَة ، عَاشَ على النَّزْر اليسير أو الكَفاف

low fat content نِسْبَة قليلة من الدّسم في الجُبْن أو اللَّبَن أو الحليب مثلًا

low fever حمّى خفيفة

low pulse نَبْض بطيء

low spirits غَمّ وهَمّ، انقباض الصّدر أو النّفس، حزن واكتئاب

low yield إِنْتاج دُون المعدّل، حصيلة ضئيلة

feel low يَشْعُرُ بانقباضٍ أوِ اكْتِئاب

6. (*eccl.*)

Low Church, *n.* & *a.* طائِفة انكليزيّة تُنكِر المُغالاة في الطُّقوس الكَنَسيّة

Low Mass قُدّاس بسيط بدون موسيقى أو بَخُور

Low Sunday أَوَّل يوم أحد بعد عيد القِيامة (أو عيد الفِصْح)

adv. 1. (of position)

low-lying, *a.* (أَرْض) منخفضة السَّطْح

2. (softly)

speak low تَكَلَّم بِصوت منخفض أو خَفِيض، خفَضَ صوته، هَمَسَ

3. (for small sums)

buy low and sell high يَبيع بِرِبْح كبير

n. 1. (low-pressure area) مِنْطَقة جوّيّة ذات ضَغْط منخفِض

2. (*coll.*, low level)

the shares reached a new low yesterday هَبَطَت الأَسْهُم إلى سِعْر منخفض لم يسبق أَنْ وصلت إليه من قبل

low, *v.i.* جَأَرَ (الثَّوْر)، خارَت (البقرة)

lowbrow, *n.* & *a.* (*coll.*) قَليل الحظّ من العلم والمَعْرِفة، لا يفهم في الأدب الرفيع

lower, *comp. a.*

lower animals الحَيَوانات الدُّنيا

lower case (حَرْف من) مجموعة الحروف الصَّغيرة في الطِّباعة الأوروبيّة (مثل g، d)

the lower classes الطَّبَقات السُّفْلَى

Lower Chamber (House) مَجْلِس العموم أو النُّوّاب (في البرلمان البريطانيّ مثلًا)

lower deck الطّابَق الأَسفل (في السَّفينة)؛ مَلّاحو السَّفينة (باستثناء الضبّاط)

lower income bracket (يَنْتمي إلى) فئة ذَوِي الدَّخل المنخفض

lower, *v.t.* & *i.* 1. (bring down) أَنْزَلَ، نَزَّلَ، خَفَّضَ (الأسعار مثلًا)

2. (make *voice* softer) خفض صوته

3. (subdue, weaken) أَذَلَّ، حَقَّرَ، أَضْعَفَ شأنه

4. (debase) حطّ من قَدْرِه

he would never lower himself to . . . رَبَأَ بِنَفْسِه (أن ينتحل عُذرًا كاذبًا)، عَفَّ عن

lower, *v.i.* = **lour**

lowland, *n.* & *a.* أَرْض منخفِضة، وَهْدة

the Lowlands المِنْطَقة الجَنُوبيّة الشَّرْقيّة مِن اسْكُتْلَنْدا

lowly, *a.* وَدِيع، متواضع؛ ذليل، حقير في تَصَرُّفاته

loyal, *a.* مُخْلِص، وَفِيّ، مُوالٍ

loyalist, *n.* & *a.* مُخْلِص أو مُوالٍ لِلنِّظام القائِم (أثناء الثَّورات خاصّةً)

loyalty, *n.* وَلاء (للحاكم)، إخْلاص (للصَّديق)

lozenge, *n.* 1. (shape) مُعَيَّن، مَعين (هندسة)

2. (pastille) لُوزِينج، بَسْتيلية، لوزينة

lubber, *n.* (**-ly,** *a.*) شَخْص ضخم البدن؛ أخرق

lubric/ate, *v.t.* (**-ation,** *n.*) شَحَّمَ أو زَيَّتَ (ماكِينة مثلًا)؛ تشحيم، تزييت

lubricant, *n.* زَيْت تشحيم

lucerne, *n.* فِصّة (لِلْعَلَف)، برسيم حجازي

lucid, *a.* 1. (clear) (شَرْح) تامّ الوُضُوح، مُبِين، صافٍ، مُشْرِق

2. (sane) صَحِيح أو سليم العَقْل

lucid interval فترة تَعَقُّل مَحْدُودَة في حَيَاة شَخْصٍ مُصاب بِمَرَض عَقْلِيّ

lucidity, *n.* وُضُوح (الحجّة)، صفاء (الأسلوب)؛ تَعَقُّل واستبصار

Lucifer, *n.* 1. (Satan) لُوسِيفِر، الشيطان، إبْلِيس

2. (the morning star) الزُّهَرة، نجمة الصَّباح

luck, *n.* 1. (fortune) حَظّ (حسن أو سيّئ)

as luck would have it شَاءَت الأقدار أن، لِحُسْن (أو لسوء) الحظّ، (حَدَثَ) صدفةً

and good luck to him! وَفَّقَه اللّه! هَنِيئًا لَه! (قَد تُقال تَهَكُّمًا)

I had the bad luck to كانَ مِن سُوءِ حَظِّي أن ...

trust to luck تَرَكَ الأَمْرَ للظُّرُوف والصُّدَف، اعْتَمَد على الحَظّ

worse luck! يا لَسُوء الحَظّ، يا لَلْخَسارة

2. (good fortune)

he is in luck today عِنْدَه حظّ اليوم، الحظّ مُحَالِفُه اليوم

he is out of luck this time خَانَه الحظّ هذه المَرّة، تَنَكَّرَ له الحظّ اليوم

luckily, *adv.* مِنْ حُسْن الحظّ أو الطَّالع

luckily for him يَشاء حظّه الحسن أن يُفْلِحَ

luckless, *a.* سَيِّئ الحَظّ، مَنْحُوس، نَكِد الطَّالِع

lucky, *a.* مَحْظُوظ، مجدود، ميمون

he is a lucky dog حَظُّه من السّماء، يا بَخته!

that was a lucky guess نَجَحَتْ في حَدْسك وتَخْمِينك! لقد صَحَّ تكهُّنك!

lucky-dip وِعَاء البَخْت، طُمّة خريزة (عراق)

it was her lucky day كَانَ يومًا مَيْمونًا أو مَشْهودًا في حياتها (دون أترابها)

lucky number رَقْم يَجْلِب الحظّ

lucrative, *a.* (وَظِيفَة) تدُرّ إيرادًا وفيرًا

lucre, *n.* (*pejorative*) (طَمّاع) للرِّبْح، (جَشِع) للمال

filthy lucre (*coll.*, money) «الرِّبْح القَبِيح» (انجيل)، فلوس، دراهم، مصاري

lucubration, *n.* سَهَر اللَّيَالي في المثابرة على الدِّرَاسة أو التَّأليف

ludicrous, *a.* سَخِيف، يدعو إلى الاسْتهزاء

ludo, *n.* لُعبَة اللُّودُو (بالرُّقعة والنَّرد)

luff, *n.* اِتِّجاه السَّفينة نحو الرِّيح

v.t. & i. أَدَارَ مُقَدَّمَة السَّفينة في اتِّجاه الرِّيح

lug, *n.* (*mech.*) طَرَف تَوْصِيل، يد أو يدّة في شَيْء ثقيل تُمْسَك عند رَفْعه

v.t. & i. حَمَلَ شيئًا ثقيلًا بصعوبة ومشقّة

luggage, *n.* أَمْتِعَة أو عَفْش المسافِر

luggage-van عَرَبَة الأمتعة أو العفش في قِطار

lugger, *n.* سَفِينَة ذات أشرعة معيَّنة الشَّكل

lugubrious, *a.* حَزِين، مُكْتئب

lukewarm, *a.* 1. (tepid) (مَاء) فاتِر

2. (indifferent) فتَرَ حَماسه، بَرَدت هِمَّتُه، خَمَدَ تلهّفه

lull, *v.t.* هَدَّأَ، سَكَّنَ

lull a child to sleep هَدْهَدَ الطفل حَتَّى نام، نَوَّمَه بهزّ مَهْدِه أو بحركات خفيفة

he lulled her suspicions أَزالَ شكوكها، سَكَّنَ مَخاوِفَها، بَدَّد أَوْهَامها

n. فَتْرَة هُدوء وسكون

a lull in the conversation صَمْت فجائيّ

lullaby, *n.* أُغْنِيَة لِهَدْهَدَة الطِّفْل، أغنية أو تَرْنِيمَة لتنويم الطّفل

lumbago, *n.* لمباجو، أَلم القَطَن أو أسفل الظَهْر

lumbar, *a.* قَطَنِيّ، نسبة إلى أسفل الظَّهر

lumber, *n.* 1. (*U.S.*, timber) خَشَب خام، أَلْوَاح خشبيّة منشورة

lumber-jack مَنْ يقطع وينشر وينقل الأخشاب

lumber-jacket جاكِتّة مَتِينة (للعَمَل)

2. (odds and ends, junk) أَثَاث قديم لاحاجة إلَيْه، كراكيب (مصر)، سَقَط المتاع

lumber-room غُرْفَة تُتْرَك فيها الأمتعة الزَّائدة عَنِ الحَاجَة

v.t. 1. (fell) قَطَعَ خشب الغابة

2. (clutter) حَشَرَ، كَدَّسَ؛ أَثْقَلَ عليه (بعمل ما)

v.i., usu. with advs. تَقَدَّم ببُطء وتثاقُل، جَرَّ رِجليه بصُعوبة ومَشَقَّة

luminary, *n.* جِسْم مُضِيء أو منير، جِرْم سَمَاوِيّ (كالنّجم أو الشّمس)

(*fig.*) شَخْصِيّة لامعة في (ميدان علميّ)

luminescent, *a.* يَنْبَعِثُ منه ضوء نيِّر، متألِّق

luminosity, *n.* ضِيَاء، لمْعان، سُطوع

luminous, *a.* 1. مُضِيء، زَاهٍ، ساطع، بَرّاق؛ (كَلام) جَلِيّ، (شرح) يلقي ضوءًا على

luminous paint طِلَاء أو دِهان فوسفوري (يُضِيءُ في الظَّلَام)

luminous watch سَاعَة مُضيئة (عقاربها وَأَرْقَامُها تضيء في الظَّلام)

lump, *n.* 1. (mass) كُتْلَة غير منتظمة الشَّكل

lump sugar سُكَّر على شكل مكعَّبات، قِطَع من السُّكّر كبيرة أو صغيرة

in the lump بِالجُمْلَة، على وجه الإِجْمَال

2. (swelling) وَرَم أو تَوَرُّم في الجِسْم

lump in the throat غُصَّة في الحَلْق (نتيجة الحُزْن أو الانفعال الشّديد)

3. (heavy, dull person) ثَقِيل الدَّم، بليد الحِسّ، شديد الغَبَاء، جِلْف

v.t. 1. (put *together*) كَوَّمَ أشياء مختلفة

2. (put up with); *only in*

if you don't like it you can lump it لَا مَفَرّ لَكَ مِنْ قبوله شئت أو لم تَشَأ

lumpish, *a.* مُغَفَّل، غبيّ، بليد، ثقيل الدّم

lumpy, *a.* مَزِيج يحتوي على كُتَل ما زالت صُلْبَة، مُكَلْكَع (مصر)

lunacy, *n.* 1. (madness) إخْتِلال العقل، عته، جُنُون، لوثة

2. (act of folly) حَمَاقَة، طيش، نزق

lunar, *a.* قَمَرِيّ، نسبة إلى القمر

lunar eclipse خُسُوف القمر

lunatic, *n. & a.* مَجْنُون، مجذوب، معتوه

lunatic asylum مُسْتَشْفَى الأمراض العقليّة، مُسْتَشْفَى المجاذيب أو المجانين

the lunatic fringe أَقَلِّيَّة (حزبية) تبلغ فِي تَطَرُّفِهَا حدّ الهَوَس

lunch, *n.*; *also* **luncheon** غَدَاء، وجبة أو أكلة الظهر

lunch hour فَتْرَة تناول الغَداء

lunch, *v.i. & t.* تَغَدَّى، تناول الغَداء

lung, *n.* رِئَة (رئتان)، فِشَّة

lung cancer سَرَطَان الرِّئة

(*fig.*)

he has good lungs (*i.e.* a strong voice) عِنْدَه حَنْجَرة قويّة، (خطيب) له صوت عالٍ

the lungs of the city رِئَة المَدِينَة، الحَدَائق والمُتَنَزَّهات العامّة بالمَدِينة

lunge, *v.i.* إنْدَفع (نَحْوَخَصْمِه) لِيطْعَنَه

lunge out at وَثَب (على عَدُوِّه) لِيَطْعَنَه

n. هَجْمَة مُفَاجِئَة لِلضَّرْب (بالرُّمْح مَثَلاً)

lupin(e), *n.* التُّرْمُس (نَبات مُزْهِر من فَصِيلة القَطانِيّات)، تُرْمُس زِرَاعِيّ، جِرْجِر

lurch, *v.i.* تَرَنَّح (كالسَّكران)، تَمَايَل، تَطَوْطَح

n. 1. (stagger) تَرَنُّح، تَمَايُل فجائي

2. (trouble); *only in*

leave in the lurch هَجَرَه أو تخلّى عنه وقت الشِّدَّة، تنكّر لَهُ ساعة الضّيق

lurcher, *n.* (dog) كَلْب هجين من كلاب الصيد

lure, *n.* طُعْم خلّاب للتغرير والغواية، سِحْر

v.t. فَتَنَ، أَوْقَع في أحابِيل ...

lurid, *a.* 1. (*of colour*) (لَوْن) صارخ، متوهّج

2. (sensational) (جَرِيمة) فظيعة، بَشِعة

lurk, *v.i.* تَرَبَّص، ترَصَّدَ، كَمَنَ

(*fig.*)

a lurking suspicion خَامَرَهُ بعض الشّكّ

luscious, *a.* (فَاكِهَة) ناضجة وحلوة المذاق، (شَفَتانِ) ناطقتان بالشهوة، (أسلوب) مُنَمَّق

lush, *a.* (نَبات) غزير النُّمُوّ، موفور، غضّ

lust, *n.* رَغْبَة جنسية حيوانية، شَبَق، غُلْمة؛ جشع، طَمَع

lust for gold الجَرْيُ وَراء المال، عِبادة الذّهب، اِكْتِناز الثَّرْوَات

lusts of the flesh شَهَوَات الجَسَد

v.i. شَبِقَ، اِشْتَهَى، غَلِمَ

lust after power رَغْبَة جارفة للجَبَرُوت

lustful, *a.* شَبِق، غِلّيم، (نظرة) شهوانية، فاسِق فاجِر، ماجِن، داعِر

lustre, *n.* 1. (brilliance) بَريق ، لَمَعان ، رَوْنَق ، بَهاء ، مَجْد ، جَلال

lustre ware أَوانٍ خَزَفِيَّة مَصْقُولَة ومُغَطّاة بِطِلاء مَعْدِنِيّ المَظْهَر

2. (chandelier) ثُرَيّا، نَجَفة؛ منشور بِلَّوْرِيّ

lustrous, *a.* بَرّاق، لامع ، زاهٍ

lusty, *a.* قَوِيّ البُنْيَة ، عفيّ، متين

lutanist, *n.* عَازِف على العود ، عوّاد

lute, *n.* عُود (أعواد)، آلة موسيقيّة وتريّة تُعْرَفُ أحيانًا بالمِزْهَر

a rift in the lute (*fig.*) خِلَاف يُؤَدِّي إلى اتِّساع الهُوَّة (بين صديقَيْن أو بلدَيْن)

Lutheran, *a. & n.* مِنْ أَتْبَاع مارتين لوثر، عضو فِي الكَنِيسَة الألمانيّة البروتستانتيّة

luxuriant, *a.* (نُمُوّ) غزير، وافر النماء، (نبات) رَيّان، نَضِر

(*fig.*) (خَيال) خَصِب ؛ (أسلوب) مُزخرَف

luxuriate, *v.i.* تَمَتَّعَ (بنعيم الحياة)

luxurious, *a.* (فُنْدُق) فاخر؛ أطايب (الطّعام)

luxury, *n.* تَرَف، نعيم، رفاهية، بحبوحة

luxury goods بَضَائِع كماليّة غالية الثَّمَن

lycée, *n.* مَدْرَسَة ثانويّة تديرها الحكومة الفَرَنْسِيّة، لِيسِيه

lyceum, *n.* مَجْمَع عِلْمِيّ، مَعْهَد أدبيّ

lych (**lich**), *n., only in*

lych-gate بَوّابة مسقوفة عند مدخل حَوْش الكَنِيسَة أو المدافن المُلْحَقة بها

lye, *n.* مَحْلُول قَلَوِيّ كان يُستعمَل قديمًا في الغَسْل وصناعة الصَّابون

lymph, *n.* لَنْف، لِيمْفَا، لَمْفة (طبّ)

lymphatic, *a.* (الأَوْعِيَة) اللّيمفاويّة ؛ متبلِّد الإحْسَاس، فاتر الهِمّة

lynch, *v.t.* شَنَقَت عصابة من الغوغاء متّهمًا

lynch law قِيام العِصابات بتوجيه التُّهَم ومعاقبة النّاس

lynx, *n.* وَشَق (جنس حيوانات مفترسة من فَصِيلة السِّنَّوْرِيّات، أنواعه كثيرة)

lynx-eyed حَادّ البَصَر، أَبْصَر مِن النَّسْر

lyre, *n.* قِيثَار، قيثارة (آلة موسيقية يونانية)

lyric, *a.* مُثِير للإحساس الشّاعريّ، كلّه عاطِفة

lyric poem قَصِيدَة من الشِّعْر العاطفيّ

n. 1. (poem) قَصِيدة غنائيّة عاطفيّة

2. (words of a song) كَلِمات الأُغْنِيّة

lyrical, *a.* غِنَائِيّ؛ كاد يطير فَرَحًا عند ...

M

M, 1. (letter) الحَرْف الثَّالث عشر من الأبجديّة الانكليزيّة

2. (Rom. num. = 1,000) أَلْف (رقم روماني)

ma, *n.* (*fam.*) مَامَا (كناية عن الأمّ)

ma'am, *n.* سِتّي، يا سِتّ!

mac, *coll. contr. of* **macintosh** *n.* (2); *also* **mack** بَالْطُو (بِعْطَف) مُشَمَّع

macabre, *a.* بَشِع، ما يَقْشَعِرّ له البَدَن

danse macabre تَصْوِير لرهبة الموت وحَتْمِيّته

macadam, *n.* & *a.* (**-ize,** *v.t.*) (طرق) مَكَدام، مَرْصُوفة بالأحجار المضغوطة في طبقات؛ رَصَفَ طريقًا بالمكدام

macaroni, *n.* مَكَرُونَة، مَعْكَرُونة؛ شابّ غَنْدُور طاف بالبلاد الأجنبيّة قديمًا

macaroon, *n.* حَلْوى بشكل البسكويت تصنع مِنْ دقيق اللوز وبياض البيض والسكّر

macaw, *n.* مَقْو، ببغاء طويلة الذيل صارخة الألْوان تقطن أمريكا الجنوبيّة

mace, *n.* 1. (staff of office) قَضِيب فضّيّ أو ذَهَبِيّ مزركش يستعمل رمزًا للجاه والسّلطة

mace-bearer حَامِل هذا القضيب

2. (spice) نَوْع من التوابل من قشر جوز الطِّيب أو البَسْبَاس

macerate, *v.t.* طَرَّى بالنَّقْع في سائل؛ أَنْهَكَ أو عَذَّبَ الجسم بالصِّيام الطَّويل

Mach number, *n.* نِسْبَة سُرعة الطَّائرة إلى سُرْعَة الصوت، العدد الماكي

Machiavellian, *a.* مَاكِر، مُخَاتِل، داهية، مَكْيَافِيلِيّ، (سياسة) قائمة على الخداع والمخاتلة

machination, *n.* تَدْبِير المكائد، حياكة المُؤَامَرَات والدَّسائس

machine, *n.* 1. (apparatus for applying mechanical power) مَاكِينة، ماكنة، آلة، جِهاز آلي

the machine age عَصْر الآلة

machine-gun مِدْفَع رشاش أو ماكينة

machine shop وَرْشَة ميكانيكية

machine-tool مَاكِينة لقطع وتشكيل المعادن (مِثْل المخرطة والمنشار الميكانيكي)

2. (vehicle) دَرَّاجة (بُخاريّة)، طائرة

3. (organization) هَيْئَة

the party machine التَّنْظِيم الحِزْبِيّ

4. (person) شَخْص يَعْمَل كالآلَة الصَّمَّاء

v.t. & *i.* اِسْتَخْدَم الماكينة في عمل شيء؛ مَكَّنَ (خِيَاطة)، شَطَّبَ بالماكينة

machinery, *n.* الآلَات أو الماكينات (كمجموعة)، الآلَات الميكانيكيّة

(*fig.*) جِهَاز، إدارة، تنظيم، نظام

the machinery of government جِهَاز الدَّوْلة

machinist, *n.* عَامِل أو مشغّل ماكينات في وَرْشَة أو مصنع من أي نوع

macintosh (mackintosh), *n.* 1. (material) قُمَاش مغطّى بالمطاط لجعله مانِعًا للماء

2. (waterproof coat); *coll. contr.* mac(k) مِعْطَف مُشَمَّع ، بَالْطُو مطَر

mackerel, *n.* سَمَك الإسْقُمْرِي أو الطَّراخُور

mackerel sky سَماء مُغَطّاة بِسُحُب مُتَناثِرَة

mackintosh, *see* **macintosh**

macro-, *in comb.* بادِئة بِمَعْنَى كَبير

macrocosm, *n.* العالَم أو الكَوْن كَكُلّ

mad, *a.* مَجْنون ، مَعْتوه ، مَجْذوب

mad as a hatter (March hare) خُولِطَ في عَقْلِه ، أَصابَتْه لَوْثَة ، إنَّه مَجْنون

(*fig.*)

run like mad جَرَى بِسُرْعَة جُنُونِيَّة

mad at (with) someone اِسْتَشاطَ مِنْه غَضَبًا

mad about (on) مَشْغُوف أو مُولَع بِـ ...

madam, *n.* يا سَيِّدَتي ، يا هَانِم ، يا خَاتُون

she is a bit of a madam إنّها مُتَعَجْرِفَة بَعْضَ الشَّيْء ، في سُلُوكِها شَيْءٌ مِن الغَطْرَسَة

madame, *n.* سَيِّدَة ، عَقِيلَة ؛ صاحِبَة ماخور

madcap, *n.* طَائِش ، أَرْعَن ، مُتَهَوِّر

madden, *v.t.* أَجَنَّ ، أغاظ

madder, *n.* فُوَّة ، فُوَّة الصَّبّاغِين ، نَبات يُسْتَخْرَج مِنه صِبْغ أَحْمَر

made, *pret. & past p. of* **make**

Madeira, *n.* جَزِيرَة مادِيرا (تابعة للبرتغال)

Madeira cake نَوْع من الكَعْك الاسْفَنْجِيّ الخالي من الفَواكِه

Madeira ⟨wine⟩ نَبِيذ مادِيرا (حُلْو وقَوِيّ)

mademoiselle, *n.* آنِسَة ، مَدْمُوازِيل

madhouse, *n.* مُسْتَشْفَى المَجَانِين أو المَجاذِيب

madman, *n.* مَجْنون ، مَجْذُوب

madness, *n.* جُنُون ، خَبَل ؛ حَماقَة

Madonna, *n.* السَّيِّدة مَرْيَم العَذْراء

Madonna lily زَنْبَق أَبْيَض ، أزاذ

Mae West, *n.* رِداء نَجاة (للطَّيّارِين)

maelstrom, *n.* دُوّامة هائِلة ؛ فَوْضَى شَدِيدة

maestro, *n.* المايسترو ، قائد فرقة موسيقية ، أُسْتاذ فَنّ مِن الفُنون الجَمِيلة

maf(f)ia, *n.* المافيا ، عِصابة إجْرامِيّة نَشَأَت في صِقِلِّيّة وانتشرت في بِلاد كَثِيرة

mag, *coll. contr. of* 1. **magazine,** *n.* (1)
2. **magneto,** *n.*

magazine, *n.* 1. (periodical publication)

2. (storehouse for ammunition) مَخْزَن أو مُسْتَوْدَع للذَّخِيرة ، مَذْخَر

powder magazine (*lit. & fig.*) مَخْزَن لِلبارُود ؛ مَوْقِف يُوشِك على الانْفِجار

3. (cartridge container) خَزّان البُنْدُقِيَّة

magenta, *n. & a.* مَادَّة قِرْمِزِيّة اللَّوْن تُسْتَخْدَم في الصِّباغَة ؛ قِرْمِزِيّ اللَّون

maggot, *n.* دُودَة ، دُعْمُوص ، يَرَقَة

Magi, *n.pl.* المَجُوس (قَدَّموا هَدايا لِلمَسِيح الطِّفْل)

magic, *n. & a.* سِحْر ؛ سِحْرِيّ

black magic السِّحْر الأَسْوَد

(*fig.*) فِتْنَة (الجَمال) ، سِحْره ، جاذِبِيَّتُه

magical, *a.* سِحْرِيّ ، كالسِّحْر

the effect was magical كانَ التَّأْثير سِحْرِيًّا

magician, *n.* سَاحِر، سحّار، رَقّاء

magisterial, *a.* قَضَائيّ ؛ ذُو سُلْطَة ؛ مَهِيب؛ (لَهْجَة) اسْتِبْدادِيَّة

magistr/ate, *n.*, **-acy,** *n.* قاضٍ جزئي في المحاكم الدُّنْيا، قاضي أمن أو صُلْح

Magna C(h)arta, *n.* المِيثَاق الأعظم في تاريخ إنكِلْتِرا (يكفُل حرّيّات الشّعب، صدر في ١٢١٥)

magnanim/ous, *a.* (**-ity,** *n.*) شَهْم ، ذُو مُرُوءَة ، نَبِيل ؛ شَهَامَة ، نَخْوَة

magnate, *n.* مِنْ أربابِ الصِّناعة أو التِّجارة (في إنْتَاج الصُّلب أو زيت البترول مثلاً)

magnesia, *n.* مَغْنِيسِيَا، مغنيزيا (كيمياء)

milk of magnesia مَحْلُول المغنيزيا (ضدّ حموضة المعدة)

magnesium, *n.* مَغْنِيسِيُوم (معدن فضّي اللون)

magnet, *n.* مَغْنَطِيس، مغناطيس

(*fig.*) كَعْبَة الأنظار، قبلة ؛ جذّاب

magnetic, *a.* مَغْنَطِيسِيّ

magnetic bearing الإتّجاه المغنطيسيّ (بوصلة)

magnetic field حَقْل (مجال) مغنطيسيّ

magnetic north الشَّمال المغنطيسيّ

magnetic storm اِضْطِراب فجائيّ في الحقل المَغْنَطِيسيّ يُؤَثِّر على اللّاسلكيّ والبوصلة

magnetic tape شَرِيط التَّسْجيل

(*fig.*) جَذّاب، خلّاب، أَخّاذ

magnetism, *n.* المَغْنَطِيسِيَّة

(*fig.*) جَاذِبِيَّة، سحر، فِتْنة

animal magnetism الجَاذِبِيَّة الجِنسيّة، التأثير الجِنسيّ الّذي يحدثه الإنسان على غيره

magnetize, *v.t.* مَغْطَسَ، مَغْنَطَ ، أَكْسَبَ قِطْعَة الحديد قوّة جاذبة

magneto, *n.* المَغْنِيط ، جِهاز لِتَوْليد الشَّرَر الكَهْرَبائيّ في مُحَرّك السّيّارات (قديمًا)

magnetron, *n.* مغنطرون (رادار)

Magnificat, *n.* تَسْبِحَة العذراء (ديانة مسيحيّة)

magnification, *n.* 1. (enlargement) تَعْظِيم، تَفْخِيم، تبجيل، تمجيد؛ تضخيم، مبالغة

2. (magnifying power of optical instrument) قُوَّة تَكْبير العَدَسة

magnific/ent, *a.* (**-ence,** *n.*) فاخِر، ممتاز، فخم، عظيم، رائع، باهر، فاخر؛ رَوْعَة

magnify, *v.t.* 1. (make appear larger) كَبَّرَ، عَظَّمَ، فَخَّمَ، ضَخَّمَ

magnifying glass عدسة مكبّرة

2. (exaggerate) بَالَغَ، غالَى (في وصف متاعبه)

magniloqu/ent, *a.* (**-ence,** *n.*) مبالغ في تفخيم العبارة، ذو أسلوب طنّان؛ فخامة العبارة

magnitude, *n.* 1. (large size) جسامة ، ضخامة، كِبَر، عِظَم

2. (importance) أهمّيّة قصوى ، خطورة

of the first magnitude (مَشْرُوع) في غايَة الأَهَمِّيّة ، في مُنْتَهى الخُطُورَة

magnolia, *n.* زهرة أو شجرة المغنولية

magnum, *n.* زجاجة أو قنينة تسع نصف جالون

magnum opus, *n.* أَحْسَن وأضخم تحفة لمؤلّف فِي الأَدَب أو الموسيقى، رائعته

magpie, *n.* عَقْعَق، كندش (جنس طير من فَصِيلَة الغُرَابِيّات)

(*fig.*, chatterer) ثَرْثَار، رغّاي، لغوجي

(*fig.*, collector of trinkets) شَغُوفة بجمع قِطَع الزِّينَة التَّافِهة

Magyar, *n.* مَجَرِيّ، هِنْغَارِيّ، اللغة المجريّة

a. مَجَرِيّ، هِنْغَارِيّ

Magyar sleeve كُمّ فضفاض يضيق عند المِعْصَم فِي البلوزة أو القميص النِّسَائِيّ

maharajah, *n.* مَهَرَاجَا، لقب بعض أمراء الهِنْدْ الكبار

maharanee, *n.* لَقَب يُطْلَق على زوجة المَهَرَاجَا

Mahatma, *n.* المَهاتما، لَقَب يُطْلَق على الزُّعَماء الرُّوحِيِّين الكِبار في بِلاد الهِنْد والتِّبِت

mahogany, *n.* & *a.* شَجَر المَغْنَة أو الكابلي؛ خشب هذا الشجر؛ بُنِّيّ مُحْمَرّ

mahout, *n.* رَجُل يَسُوق فيلا ويطعمه ويعتني بِه، سائِق الأفيال

maid, *n.* 1. (*arch.*, girl) غَادَة (غِيد)، بِكْر، شَابَّة، فتاة، بِنْت

2. (unmarried woman) فَتاة عَزْباء

old maid عَانِس، إمرأة غير متزوّجة

maid of honour وَصِيفَة الشَّرَف (تَقِف إلى جَانِب العَرُوس أثْناء الزِّفاف)

3. (female servant, *alone or in comb.*) خادِمَة، جارِيَة (جَوَارٍ)

lady's maid وَصِيفَة خاصَّة لِرَبَّة البَيْت

maid-of-all-work خَادِمَة مَنْزِلِيّة

maiden, *n.* فَتَاة، غادة، بنت، عَذراء، خَرِيدَة

maiden name اِسْم الزَّوْجة ولقبها قبل زَوَاجها

(*fig.*)

maiden speech أَوَّل خطاب يلقيه عُضْوُ البرلمان مثلًا

maiden voyage أَوَّل رحلة تقوم بها السَّفِينة بعد تدشينها

maidenhair, *n.* كُزْبَرة البِئْر، برشاوشان (نبات)

maidenhead, *n.* (غِشاء) البَكَارة

maidenhood, *n.* عُذْرَة، بكارة

maidservant, *n.* أَمَة، خادمة

mail, *n.* 1. (armour) دِرْع، زَرَد (زرود)

2. (letters conveyed by post) بَرِيد

mail-bag حَقِيبة أو كيس أو زكيبة البريد

mail order طَلَب وإرسال البضائع بواسطة البريد بَعْدَ اختيارها من كتالوج مُصَوَّر

mail train قِطَار نقل البريد (تفرز به الخطابات أو الرَّسَائِل أثناء السَّفَر)

v.t. وَضَعَ (الخطاب) في صندوق البريد

mailed, *a.*, *only in*

mailed fist التَّهْدِيد باستخدام العُنْف

maim, *v.t.* أَعْجَزَ (سَاقيه مثلًا) عَنِ الحَرَكة

main, *n.* 1. (physical force); *only in*

with might and main بِجُهْد جهيد، (بذل) جُهُودًا جبّارة ، لم يَأْلُ جهدًا

2. (*poet.*, high seas) الخِضَمّ، عرض البحر، المحيط

the Spanish Main القسم الشّماليّ الشّرقيّ من شَواطِئ امريكا الجنوبيّة والبحر الكاريبيّ أيّام الإمبراطورية الإسبانية

3. (principal part); *only in*

in the main في أَغْلَب الأحوال، بصفة أو بصورة عامّة، غالبًا

4. (principal channel for gas, water, etc.) أنابيب توصيل (الماء والغاز مثلًا) للمنازل

main drainage أنابيب المجاري الرّئيسيّة (لكسح الفَضلات من المباني)

mains supply (نُقْطَة) توصيل الكهرباء أو الماء أو الغاز للمنازل

a. 1. (exerted to the full)

by main force بكلّ ما يملِك من قوّة ، بشِدّة وعُنْف، بالقوّة الغَشوم

2. (chief in size, extent, importance) (المَدْخل) الرّئيسيّ، (النّقطة) الجوهريّة في الموضوع، (الحُجّة) الأساسية، جلّ ما في الأمر

main line (railways) خَطّ رئيسيّ بين بلدين مركزيّين (سكّة حديد)

main-shaft المَمَرّ الرّأسيّ في منجم (فحم مثلًا)

mainbrace, *n.* الحَبْل الرّئيسيّ في قلع السّفينة

splice the mainbrace تَوْزيع كمية إضافية من مشروب الرّوم على البحّارة لمناسبة خاصّة

mainland, *n.* الجُزْء الرئيسيّ من القارة (دون الجزر التّابعة لها)

mainly, *adv.* في الغالب، إلى حدّ بعيد

mainmast, *n.* الصّاري الرّئيسيّ، دَقَل (بحريّة)

mainsail, *n.* الشِّراع الرَّئيسيّ أو الأكبر في سَفِينة

mainspring, *n.* النّابض أو الزُّنْبرك الرّئيسيّ (ساعة)

(*fig.*) القَلْب النّابض (في المشروع)، القوّة الدّافعة

mainstay, *n.* دِعَامة، قاعدة، عِماد، ركن أساسيّ؛ عائل (الأسرة مثلًا)

maintain, *v.t.* 1. (keep up, carry on) حَافَظَ عَلَى (علاقته الودّية مع)

2. (support and provide for) أَعالَ (أُسْرَة)، زَوَّدَها بِضَرُورات العَيْش

3. (keep in repair) صَانَ، اِعْتَنَى بِ

4. (assert as true) زَعَمَ، اِدَّعَى، أَصَرّ على

maintenance, *n.* 1. (upholding) المُحافظة على (العَلاقات بين شعبين مثلًا)

2. (means of support) إعالَة، إنفاق على

maintenance order الأمر بالنّفقة (قضاء)

3. (keeping in working order) صِيانة (السّيّارة أو الآلة أو المنزل الخ)

maison(n)ette, *n.* شقّة من طابقين، شَقّة ڤِيلّا (مصر)

maître d'hôtel, *n.* مُدِير غُرْفة الأَكْل في مَطْعَم أو فُنْدُق كَبِير

maize, *n.* ذُرَة (صَفْراء أو شامِيّة)

majestic, *a.* فَخْم ، مهيب ، ذو رَوْعة وجَلال

majesty, *n.* 1. (splendour) جَلال، روعة، فَخَامة

2. (royalty) جَلَالة (الملك أو الملكة)

Your Majesty جَلَالتكم ، جلالتك

On Her Majesty's Service; *abbr.* O.H.M.S. في خدمة صاحبة الجلالة ملكة بريطانيا

majolica, *n.* أوَانٍ خزفية إيطالية مطلية بألوان زَاهِية ومتعدّدة (تقليدها شائع منذ عصر النهضة)

major, *n.* 1. (army rank) رَائد، مقدّم، رئيس أوّل

major-general لِواء، قائمقام، فريق ثانٍ (رُتْبة عسكرية)

2. (person of full legal age) بَالِغ سنّ الرشد أو السنّ القانونية، راشد

a. 1. (greater or more important) أَكْبَر (قِسم)، أعظم (نصيب)، أهمّ (مسألة)

the major term (*logic*) النَّتِيجة الكبرى التي يُسْنَد إليها في القياس المنطقي

2. (*of schoolboys, after surname,* the elder) الأخ الأكبر سنًّا (التمييزه عن أخيه الأصغر)

3. (*mus.*) الأكبر، الكبير (موسيقى)

v.i. (*U.S.*) تخَصَّصَ في موضوع معيّن في الدِّراسة الجامعية بأمريكا

majority, *n.* 1. (the greater part) أَغْلَبِيّة، أكثرية، مُعْظَم (النّاس)، السّواد الأعظم

2. (the greater or greatest number of votes) فَرْق الأصوات في الأغلبية

majority opinion رَأي الأغلبية ، الرأي السَّائِد

3. (full legal age) سِنّ الرُّشد أو البلوغ ، السِّنّ القانونيّة

4. (rank of major) رُتْبَة الرَّائد (جيش)

make (*pret. & past p.* made), *v.t.* 1. (construct, produce, create) صَنَعَ ، كَوَّن ، شَكَّلَ، رَكَّبَ ، أنْشَأَ، عَمِلَ

make a bed فَرَشَ السرير، رَتَّبَ الفراش

make a habit of تَعَوَّدَ أو اِعْتَادَ (النهوض مبكرًا)، وَطَّدَ نفسه على

make a name for oneself أَحْرَزَ شهرةً واسعة فِي مَيْدان ما، طَبَّقَت شهرته الآفاق

what do you make of it? كَيْفَ تُعَلِّل حدوث ذلك؟ كيف تؤوّل سلوكه هذا؟ ماذا تستنتج من ذلك؟ ما رأيك في (رفضه معاونتنا)؟

2. (cause, bring about) جَعَلَ ، أَحْدَثَ ، سَبَّبَ ، صَيَّرَ

make peace تَصالَحَ مع (خصم)، وَضَعَ حدًّا للنزاع والعداء بين طرفين

3. (cause to be, become or do; compel) جَعَل، حَدَا به إلى، أَجْبَرَ، أَلْزَمَ، أَرْغَم

you must make do with what you have got (كَفَاكَ شكْوَى) فعليك أن تقنع بالموجود

make good

(fulfil) وَفَى بالعهد، أَنْجَزَ وعده، لم يخفر ذِمّته، أدّى التزاماته

(restitute) أعَادَ (المستأجرُ المنزل) إلى حالته السّابقة، أَصْلَح الضرر؛ عَوَّضَ

make sure تَأَكَّدَ أو استوثق من

it makes you think (wonder) (*coll.*) أَلَيْسَ هذا أمرًا غريبًا؟ إنّه يثير الشُّكوك!

4. (provide, afford)

make room for أَفْسَحَ مكانًا لِ

make way for أَفْسَحَ الطريق لمرور (الموكب)

5. (achieve, reach)

make port وَصَلَت السفينة إلى الميناء أو المرفأ

can you make it? هَلْ يمكنك (الحضور أو القيام بِهٰذا الواجب) في هذه الظروف؟

make a start شَرَعَ في العمل، اِتَّخَذَ الخطوة الأولى

make one's way شَقَّ طريقه في الحياة أو خلال الأدْغال، اِجتاز الصِّعاب

6. (amount to)

it doesn't make sense هٰذا الكلام غير معقول، كلام غير منطقي، لا معنى لهذا التصرُّف

7. (earn, gain, win)

make money أَثْرَى، رَبِحَ مالًا وفيرًا، اِغْتَنَى

make a trick رَبِحَ دورًا في لعب الورق (البريدج أو الهويست عادةً)

8. (compose, utter)

make a speech أَلْقَى خطابًا، خَطَبَ في الناس

make one's will كَتَبَ وصيَّته

9. (produce by cooking) طَبَخَ، طَهَا

she makes a good cake إنّها ماهِرَة في عَمَل الكعك وتُحْسِن إِعْداده

10. (constitute, be)

this will make a good present سَتَكُون (هذه التُحْفَة مثلًا) هديّةً جميلة له

11. (reckon or consider)

what time do you make it? كَمِ السّاعة عندك؟ كم ساعتك؟ ما الوقت حسب ساعتك؟

v.i.

he made after him طَارَدَه ليُمْسِك به

she made as if to depart تَظَاهَرت برغبتها في الخُرُوج، تصنّعت أنها تنوِي الانصراف

make for

(travel towards) قَصَدَ، اِتَّجَهَ نحو (المسجد)

(move menacingly towards) اِتَّجَهَ نحوه مُهَدِّدًا، هَمَّ (بالانقضاض عليه)

(conduce to, contribute towards) أَدَّى إلى (السّلام مثلًا)

(*adverbial compounds*)

make away with

(abscond with) سَرَقَ شيئًا وهَرَبَ به

(get rid of, kill) تَخَلَّصَ منه بقتله، قَتَلَه، أَعْدَمَه، أَخْمَدَ أنفاسه

make off شَمَّعَ الفَتْلة أو الخيط، وَلَّى الأَدْبار، فَرَّ هاربًا

make out

(discern) تَبَيَّنَ أو أَبْصَرَ من بُعْد

(decipher) تَمَكَّنَ من قراءة خطّ غير واضح

(understand) فَهِمَ مضمون الكلام

(write out *cheque, list, etc.*) حَرَّر شِيكًا، أَعَدَّ قائِمَة

(*v.i.*, get on)

how are you making out? ما مَدَى نجاحك في التّغلّب على الصّعوبات؟ هل تَحَسَّنَت الحال؟

make over نَقَلَ حقوق الملكية من شخص إلى آخر

make up one's mind قَرَّ رَأْيُه على، صَمَّمَ، وَطَّدَ العَزْمَ على...

make up a quarrel; *also* make it up
سَوَّى خِلافًا ، فَضَّ نِزاعًا

make up a story لَفَّقَ حِكايةً ، إِخْتَلَق عُذْرًا

make up for عَوَّض عن (نَقْصٍ مثلاً)

make up one's face; *also* make up (*v.i.*), *whence* جَمَّلَت وَجْهَها ، تَبَرَّجَت

make-up, *n.* الماكِياج ، التَّواليت (للتَّجَمُّل)

make up to someone تَمَلَّق شخصًا ،
دَاهَنَه ، صانَعه ، تَزَلَّف أو تَوَدَّد إليه

n. 1. (brand) مَارْكة (السَّيّارة مثلاً) ؛
اِسْم المَصْنَع أو الصّانِع

2. (*sl.*, acquiring), *usu. in*

he is on the make إِنَّه لا يَرَى إلّا
صَالِحَه الشَّخْصِيّ أو مَنْفَعَتَه الخاصَّة

maker, *n.* صَانِع ، خالِق ، بارِئ

he is prepared to meet his Maker لَقَد
اسْتَعَدّ لِمُلاقاة رَبِّه (أَي أَنَّه مُوشِكٌ عَلَى المَوْت)

makeshift, *n.* & *a.* شَيْء يُسْتَخْدَم كَبَديلٍ مُؤَقَّت

makeweight, *n.* شَخْص أو شَيْءٌ يَسُدّ نَقْصًا ،
تَكْمِلة المِقْدار لِجَعْل الوَزْن صَحِيحًا

making, *n.* 1. (manufacture, establishing)
صُنْع ، إِنْشاء ، تَكْوِين

he is a minister in the making
لَدَيْه مِن الصِّفات ما يُؤَهِّله لِمَنْصِب وَزِير

it will be the making of him سَوْف يُمَهِّد
(هَذا الأمر) له طَرِيقَ النَّجاح

2. (*pl.*, profits, earnings) أَرْباح ، مَكاسِب

3. (*pl.*, ingredients, essential qualities)
صِفات ، خِصال ؛ ما يَلْزَم لِصِناعَة (السَّجائِر)

he has the makings of a good player
يُنْتَظَر أنْ يَكُونَ لاعِبًا بارِعًا في المُسْتَقْبَل

Malacca cane, *n.* عَصا للمَشْي مَصْنُوعَة من
ساقِ شَجَرة أَسَل الهِنْد

malachite, *n.* المَلَكِيت (رِكاز مَعْدِنِيّ)

maladjustment, *n.* عَجْز الفَرْد عن التَّكَيُّف
مَع بِيئَتِه ، عَدَم القُدْرَة على الانْدِماج في المُجْتَمَع

maladjusted, *a.* عاجِز عن الإِنْدِماج في
الوَسَط أو التَّكَيُّف مع البِيئَة

maladministration, *n.* سُوء الإِدارة

maladroit, *a.* أَخْرَق ، عَدِيم الكِياسَة

malady, *n.* دَاء ، عِلّة ، مَرَض

malaise, *n.* تَوَعُّك الصِّحّة ؛ شُعُور بِالضِّيق

malapropism, *n.* اِسْتِعْمال خاطِئ لِكَلِمَة
(صعبة) بَدَلاً مِن كَلِمة أُخرَى مُشابِهة

malari/a, *n.* (**-al,** *a.*) حُمَّى المَلارِيا ،
البُرَداء ، الأَجَمِيّة

Malay, *a.* نِسْبَة إلى بِلاد المَلايُو

n. 1. (native) مِن أَهالي المَلايُو

2. (language) لُغَة المَلايو

malcontent, *a.* & *n.* مُسْتاء ، مُتَذَمِّر ،
سَاخِط ، حانِق ؛ إِسْتِياء

mal de mer, *n.* دُوَار أو مَيْد البَحْر

male, *n.* الذَّكَر (الذُّكور)

a. مُذَكَّر ، ذَكَر

male screw مِسْمار مُحَوًّى أو قَلاووظ ، بُرْغِي

malediction, *n.* مَسَبَّة ، اِسْتِنْزال اللَّعَنات

malefactor, *n.* أَثِيم ، شرّير ، فاعل الإثم ، جانٍ

malevol/ent, *a.* (**-ence,** *n.*) سَيِّء القصد أو النِّيّة ، حَقُود ، ضَغِن ؛ سوء القصد أو النِّيّة

malformation, *n.* تَشَوُّه ، عيب في التكوين البدني

malformed, *a.* مُشَوَّه ، غير منتظم التكوين

malice, *n.* 1. (active ill will) ضَغِينة ، شحناء ، حِقْد ، (يَكُنُّ له) البغضاء

2. (*leg.*, wrongful intention) سُوء القَصْد ، خُبْث النِّيّة ، تعمُّد إيقاع الأذى بالآخرين

malice aforethought سَبْق الإصرار أو التّصميم على عمل سوء ، إيذاء عمدي ، سوء نيّة مبيَّت

malicious, *a.* سَيِّء القصد ، خبيث ، حقود

malign, *v.t.* طَعَنَ أو قَدَحَ في ، أَسَاءَ إلى سمعة فلان

malign/ant, *a.* (**-ancy, -ity,** *n.*) 1. (showing hatred) حَقُود ، منطوٍ على الكراهية ، خُبْث

2. (*med.*) (مَرَض) خبيث ، (ورم) سرطاني

malinger, *v.i.* (**-er,** *n.*) تَمَارَضَ ، تَظَاهَرَ بالمرض

mall, *n.* طَرِيق واسع على جانبيه أشجار ، جَادّة مشجَّرة

mallard, *n.* البُرْكَة ، البَطّ الخَضارِي

malleab/le, *a.* (**-ility,** *n.*) (*lit. & fig.*) (مَعْدِن) لَيِّن ، قابِل لِلطَّرْق ؛ لم تتبلْوَر شَخْصِيَّته بَعْد

mallet, *n.* مِطْرَقَة أو مِدَقَّة خَشَبِيَّة

mallow, *n.* خُبَّازَى ، خُبَّازة (نبات)

malmsey, *n.* نَبِيذ « مامزي » (أبيض وحلو)

malnutrition, *n.* نَقْص التَّغْذِية ، سُوء التَّغْذِية

malodorous, *a.* كَرِيه الرَّائحة ، نَتِن ، عَفِن

malpractice, *n.* إسْتِغْلال (المحامي) ثِقَة مُوَكِّلِه لِمَصْلَحَتِه الشَّخْصِيَّة

malt, *n.* حُبُوب الشّعير المستنبتة صناعيًّا لإعْداد البيرة ، الملت

malt-house مَخْزَن يُسْتَنْبَت فِيه الشَّعِير

v.t. 1. (prepare *grain* for brewing) هَيَّأ حُبُوبَ الشَّعِير لِصِناعَة البِيرَة

2. (prepare with malt)

malted milk لَبَن أو حليب مخلوط بمستخلص مِن المَلْت

Malta, *n.* جَزِيرة مالطة (بالبحر الأبيض المتوسّط)

Maltese, *a. & n.* مَالْطِيّ ، نسبة إلى مالطة

Malthusian, *a. & n.* مَن يُنادِي بِفِكْرَة تَحْدِيد النَّسْل لِلتَّحَكُّم في عَدَد السُّكَّان

maltreat, *v.t.* (**-ment,** *n.*) أَسَاءَ معاملته ، عامله بِقَسْوَة وخُشونة ؛ معاملة فظّة

maltster, *n.* عَامِل يشتغل في تنبيت حبوب الشَّعير

malversation, *n.* الإِخْلال بمقتضيات الأمانة

malversation of public funds سُوء استخدام الأَمْوال الأميريّة أو العامّة

mamba, *n.* أَفْعًى افريقيّة سامّة

mamillary, *a.* حَلَمِيّ ، ما كان شكله كالحلمة

mam(m)a, *n.* مَامَا ، (يا) أمي ، نينة

mammal, *n.* حَيَوان ثَدْيِيّ ، لَبُون

mammary, *a.* ثدييّ ، (غدد) ضرعيّة

mammon, *n.* المال كَرَمْز لِلشَّرّ والفَساد ، (عِبادَة) المال

you cannot serve God and Mammon ‹لا يُمْكِنكُم أنْ تَعْبُدُوا الله والمالَ› (الانجيل)

mammoth, *n.* الماموث، نوع من الفيلة البائدة

a. جَسِيم، عظيم، ضخم، مَهول

mammy, *n.* مَامَا؛ مربية زنجية (في امريكا)

man (*pl.* men), *n.* 1. (male adult human) رَجُل

best man شَبِين، اشبين العريس (يشرف على تَنْظِيم حفل الزفاف نيابة عنه)، سردوج (عراق)

man in the street رَجُل الشّارع ، الرجل العادي، فرد من الجمهور يمثّل الرأي العامّ

man of God رَجُل الله، تقي ومتديّن، قِسّيس، كاهِن

man of letters أَدِيب، مِن رجال الأدب

he is a man of his word إنّه رجل يَبَرُّ أو يفي بِوَعْدِهِ، لا يخفر ولا ينكث عَهْده

a man of the world رَجُل ذو خبرة بالحياة، ذُو حِنْكة ودراية، واسع الأفق

I have lived here man and boy for forty years عِشْتُ حياتي كلها في هذا المكان وقضيت به أربعين سنة

man of straw شَخْص اعْتِباريّ يَكْفُل شخصًا آخَر كَفالة جَوْفاء بِطَرِيق الغِشّ

2. (person, *esp. pl. as indefinite pron.*) شَخْص، فَرْد، نَفَر

they fought to the last man ظلّوا يحاربون إلى آخر رجل فيهم

they were agreed to a man اِتَّفَقُوا جميعًا دون اَسْتِثْناء، لم يخرج عن الإجماع أحد

I'm your man يُمْكِنك أن تعوّل عليَّ في أداء هذه الخِدمة، أنا محسوبك (مصر)

man for man we were their match لَمْ يَكُن أيُّ فَرْدٍ مِنْهم يَفُوق أيَّ فَرْدٍ مِنّا في القُوّة

3. (human being) إِنْسَان

he is a benefactor to his fellow men إنّه مَصْدر نعمة لِبَنِي جنسه

man-eater آكِل لحوم البَشَر ؛ حَيَوان مُتَوَحِّش يأكُل لَحْمَ البَشَر

4. (the human race) الجِنْس البَشَرِيّ، بنو الإنسان، بنو آدم

since man began مُنْذ بَدْءِ الخليقة

5. (in address)

my man! أَنْت يا جدع! يا زلمة! يا نفر!

old man! يَا حَبِيبِي! يا عزيزي! يا عمّي!

young man! يَا جَدَع! يا شابّ! يا ابْنِي! يا زلمة!

6. (husband, mate) زَوْج

my old man (*coll.*) رَجُلي، زوجي؛ أبُويَا

7. (indicating masculinity)

be a man! شِدّ حيلك! تشجع! ترجّل!

he is man enough for that لَهُ قُدرة على معالَجَة هَذا الأمر، إنّه يستطيع التّحمُّل

8. (*usu. in comb.*, denoting occupation, etc.)

bread man بَائِع الخبز (يحضره لزبائنه عناز لهم)

9. (*pl.*, soldiers, *esp.* common soldiers)

officers and men الضُّبَّاط والأنفار، الضّبّاط والجنود أو العساكر

10. (valet) وَصِيف، خادم خصوصيّ يعتني بملابس سيّده

11. (piece in chess, etc.) إحْدَى القِطَع المُسْتَخْدَمَة في لُعْبَة الشَّطْرَنْج

12. (in comb.)

man-of-war   سَفِينَة حربيّة (قديمًا)

v.t.

man a ship   جَهَّزَ أو زَوَّدَ سفينة بالبَحَّارة

manacle, n.   أغْلال، قَيْد (قيود)، صَفَد

v.t.   قَيَّدَ، غَلَّ، صَفَّدَ، كَبَّلَ

manage, v.t. 1. (control)   تَحَكَّمَ في، أشْرَفَ على

managing director   عُضْو مجلس الإدارة المُنْتَدَب

2. (deal with successfully)   نَجَحَ في عمل شيء

3. (coll., eat)

I can't manage any more   لَا أَتَمَكَّن أن آكُلَ أَكْثَر مما أكلت

v.i. (contrive)   تَمَكَّنَ من

I managed to get away   (رغْمَ الصُّعوبات) تَمَكَّنْت من الانصراف، نَجوت من الخَطَر

I can manage without it   يُمْكِنُني أن أسْتَغْني عن (مساعَدتِه مثلًا)

manageable, a.   سَلِس القِياد، سهل الانقِياد لَيِّن، (عَمَل) في حدود الطَّاقة

management, n. 1. (controlling, handling)   إدَارَة، تدبير، معالجة (أمورَه المالية مثلًا)

2. (collect., controlling body); usu. the management   (هَيْئَة) الإدارة، المديرون

manager (fem. -ess), n.   مُدير (الشركة)، رئيس (المَصْنَع)؛ مُديرة (محلّ تجاري)

she is a good manager   إنّها تُحْسِن تدبير شؤون الأسْرة مع الاقتصاد في النَّفقات

mandarin, n. 1. (Chinese official)   مُوَظَّف صينيّ

(fig., pedantic official)   مُوَظَّف إداريّ كَبير يَتَمَسَّك بالرُّوتين والرَّسْمِيّات

2. (standard Chinese language)   اللّغة الصِّينيّة الفُصْحَى (كما يتكلّمها أهل بكين)

3. (small orange)   فَاكِهة اليوسفي، مندرين، يُوسُف افنْديّ (من الموالح)

mandate, n.   تَكْلِيف أو مرسوم قضائي صادِر من جهة قضائيّة، أمر مُلْزِم

v.t., usu. past p.   وَضَعَ تحت الانتداب

mandated territory   إقليم تحت الانتداب

mandatory, a. & n.   إلْزَاميّ، إجباري؛ انتدابيّ مُنْتَدَب من قِبَل ...، وكيل مفوَّض

mandatory sanctions   عقُوبات دوليّة

mandible, n.   عَظْم الفَكّ الأسْفَل (في الحيوانات) تأشِيرة الحشرة؛ مِخْطَم الطائر

mandoline, n.   مَنْدُولين (آلة موسيقية ذات أوْتار وشبيهة بالعود)

mandrake, n.   يَبْرُوح، لُفَّاح، تُفَّاح الجِنّ، مَنْدراجُورا (نَبَات سامّ يُسْتَعْمَل في الصَّيْدَلة)

mandr/el (-il), n.   محْوَر العجلة في المخرطة، شِياق (هندسة)

mandrill, n.   مَيْمُون، قَرْدُوح مِزْوَاج (قرد)

mane, n.   عُرْف الأسَد أو الفرس

maneuver, see **manœuvre**

manful, a.   بَاسِل، مِقْدام، ما يليق بالرِّجال

he fought manfully   أَبْلَى بلاء حسَنًا، اسْتَبْسَلَ في الحرب

manganese, n.   مَعْدِن المَنْغَنِيس أو المَنْجَنِيز

mange, *n.* جَرَب أو حَصَف (الحيوانات)، عُرّة الإبل

mangel⟨-wurzel⟩, *n.*; *also* mangold⟨-wurzel⟩ نَوْع خاصّ من البنجر أو الشوندر يعطى للماشية

manger, *n.* مِذْوَد البقر، مِعْلَف

mangle, *n.* عَصَّارة أو مَعْصَرة الغَسِيل

v.t. 1. (press *clothes* in a mangle) عَصَرَ الغَسِيل

2. (hack to pieces) نَهَشَ (الوَحْش جِسْم فَرِيسَتِه)، شَوَّه الشَّيْء بِتَمْزِيقه

(*fig.*)

the editor has mangled the original text شَوَّهَ أو مَسَخَ المحرِّر النصّ الأصلي قبل طباعته

mango, *n.* مَانْجة، منجة، منغا، أنبج، عنبا (فَاكِهة هنديّة الأصل)

mangrove, *n.* القَرَام، شجرة استوائية تنمو في المُسْتَنْقَعات ويستخرج من عصارتها مشروب خمريّ

mangy, *a.* (حَيَوان) أجرب، جربان

(*fig.*)

all the furnishings were mangy كانَت كلّ مَفْرُوشات المنزِل مهلهلة ورَثّة

manhandle, *v.t.* 1. (move by brute force) عَتَلَ حملًا شديد الثقل بالأيدي فقط

2. (treat roughly) اِعْتَدَى عليه بالضرب

manhole, *n.* حُفْرَة في الأرض ذات غطاء معدنيّ مُحْكَم للتّفتيش على المجاري وأسلاك التّليفون آلخ

manhood, *n.* 1. (state of being a man) (بَلَغَ) سِنّ الرجولة

2. (courage) رُجُولة، شجاعة، بسالة

mania, *n.* 1. (violent madness) جُنُون حادّ يَتَميّز بالانفعال الشّديد والهياج

2. (great enthusiasm) وَلَع، هَوَس، حماس مُفْرِط، جنون (السّرعة مثلًا)

maniac, *n.* (**-al,** *a.*) مَجْذُوب، مجنون، معتوه

Manich(a)eism, *n.* مَذْهَب المانويّة، الإيمان بِعَقِيدة ثنوية قوامها الخير والشرّ

manic-depressive, *a.* & *n.* خَلل عقلي يتميّز بفترة تَهَيُّج تليها فترة حزن وكآبة

manicure, *n.* & *v.t.* تَجْمِيل أَظافِر اليَدَيْن بالتَّدْرِيم والطِّلاء، 'المانيكور'

manicurist, *n.* مَنْ يُمَارِس حرفة المانيكور (إمْرَأة في أغلب الأحوال)

manifest, *n.* بَيَان بمفردات البضائع المشحونة في سفينة، «مانفستو»

a. واضِح، جليّ، صريح

v.t. (**-ation,** *n.*) أَوْضَح، أَبْدَى، كَشَفَ، أظهر بوضوح؛ عَرْض، توضيح

manifesto, *n.* بَيَان أو منشور عامّ

the Communist manifesto البَيان الشُّيوعيّ

manifold, *a.* (فَوَائد) شَتّي، منوّع، متشعّب

n. مَشْعَب (هندسة ميكانيكية)

exhaust manifold مَجْرَى أو مَشْرَب العادِم (هَنْدَسة مِيكانِيكيّة)

manikin, *n.* قَزَم؛ تِمْثال لِعَرْض المَلابِس

manila, *n.* شَجَرة الأبق أو الموز اللّيفيّ

manila hemp أَلْياف الأبق، قنّب مانيلية

manipul/ate, *v.t.* (**-ation,** *n.*) 1. (handle, treat, esp. with skill) عَالَجَ بمهارة (جهازًا ميكانيكيًا معقّدًا مثلًا)

2. (manage craftily) اسْتَمَالَ (الجمهور) بِطَريق المكر والدهاء، زَيَّفَ دفتر الحِسابات

mankind, *n.* 1. (human species) الجِنْس البَشَرِيّ ، بَنُو الانْسان ، البَشَر

2. (male sex) الذُّكُور (نَقِيض الإناث)

manlike, *a.* شَبِيه بِالرَّجُل ، (اِمْرأة) مُسْتَرْجِلَة

manly, *a.* تَتَوَفَّر فِيهِ صِفات الرُّجُولَة ، شُجاع ، باسِل ، مِقْدام ، هُمَام

manna, *n.* المَنّ ، الترنجبين (مادَّة سُكَّرِيّة)

manna from heaven (*fig.*) نِعْمَة مِن عِنْد اللّه ، هِبَة غَيْر مُتَوَقَّعَة

mannequin, *n.* مَانِيكان ؛ عارِضَة لِلأَزْياء

manner, *n.* 1. (way in which a thing is done) أُسْلُوب ، طَرِيقَة ، مِنْوال ، نَهْج

I found her to be a lady to the manner born وَجَدْتُها سَيِّدَة مُحْتَرَمَة كَرِيمة

in a manner of speaking عَلَى سَبِيل المَجاز ، إذا جازَ لَنا أن نَقُول

2. (behaviour) سُلُوك ، تَصَرُّف

3. (*pl.*, ways of life, social conditions) عَادَات ، تَقالِيد ، طِبَاع

4. (*pl.*, social behaviour, etiquette) حُسْن السُّلوك ، أَخْلاق

table manners آداب المائِدة

5. (style or method in art) أُسْلُوب خاصّ في الآداب والفُنُون

6. (kind or sort) نَوْع ، شَكْل ، لَوْن ، صُورَة

all manner of شَتَّى الأَنْوَاع والأَشْكال ، مُخْتَلِف الأَصْناف

by no manner of means غَيْر مُمْكِن بِأَيِّ حالٍ مِن الأَحْوال

mannered, *a.* مُتَكَلِّف ، مُتَصَنِّع

ill-(well-)mannered فَظّ في مُعَامَلَة الآخَرِين ؛ دَمِث الأَخْلاق

mannerism, *n.* تَكَلُّف ، تَصَنُّع ؛ عَادات شَخْصِيّة مُمَيِّزَة لِلمَرْء

mannish, *a.* (اِمْرأة) مُسْتَرْجِلَة ؛ مَا يَلِيق بِالرَّجُل لا بِالمَرْأَة

manœuvre (*U.S.* **maneuver**), *n.*

1. (military planned movement) مُنَاوَرات (قُوَّات مُسَلَّحَة)

2. (skilful plan) مُنَاوَرَة ، حِيلَة أو خِطَّة بارِعة

v.i. (perform manœuvres) قَامَ بِمُناوَرَة

v.t. 1. (cause *troops*, etc., to perform manœuvres) جَعَل الجُنُود يَشْتَرِكُون في مُنَاوَرات عَسْكَرِيَّة

2. (force, drive *into*, *out*, etc., by contrivance) اِسْتَدْرَج (العَدُوّ) إلى الشَّرَك

3. (manipulate adroitly) نَجَحَ في مُهِمَّة شاقَّة تَتَطَلَّب مَهارَة

manometer, *n.* المَانُومتر ، مِقْياس ضَغْط الدَّم أو الغاز

manor, *n.* ضَيْعَة إقْطاعِيَّة (كان المُلُوك يَمْنَحُونَها لِرِجالِهِم المُقَرَّبِين)

lord (lady) of the manor سَيِّد الضَّيْعَة الإقْطاعِيَّة أو سَيِّدَتُها

manor-house مَنْزِل كَبِير يُقِيم فيه صاحِب الضَّيْعَة

manorial, *a.* (حُقوق أو امْتِيازات) لِمالِك ضَيْعَة إقْطاعِيَّة

manpower, *n.* الأيْدي العامِلة في الصِّناعة ؛ مَجْمُوع أفْراد القُوّات المُسَلَّحَة

manqué, *a.*
he is an actor *manqué* لَوْ كانت الفُرْصَة قد أُتِيحت له لأصْبَحَ مُمَثِّلاً

mansard ⟨roof⟩, *n.* سَقْف جَمَلون (جَمّالي) بِكِلا جانِبَيْه انْحِداران مُخْتَلِفا الزّاوِية

manse, *n.* مَنْزِل قِسِّيس بروتِسْتَنْتِي باسْكُتْلَنْدا

manservant, *n.* خادِم (خَدَم)

mansion, *n.* 1. (large residence) مَنْزِل فَخْم
the Mansion House دار مُخَصَّصة لإقامَة أمِين بَلَدِيّة لَنْدن وللحَفَلات الرَّسْمِيَّة
2. (*pl.*, as name of block of flats)
عِمارَة سَكَنِيّة مُكَوَّنة من شُقَق كَثِيرة

manslaughter, *n.* جَرِيمة القَتْل غَيْر المَشْرُوع دُون سَبْق الإصْرار ، القَتْل خَطأً

mantel⟨piece⟩, *n.* رَفّ في الحائِط فَوْق المِدْفأة

mantis, *n., esp.*
praying mantis سرعوفة ، فَرَس النَّبِيّ ، حِصان العَبّاس ، حِصان إبْلِيس (حشرة)

mantle, *n.* 1. (loose cloak) عَباء ، عَباءَة ، رِداء خارِجِيّ مَفْتُوح مِن الأمام وبِلا أكْمام
mantle-maker خَيّاط (خَيّاطة) لِملابِس السَّيِّدات
(*fig.*)
the mantle of X has fallen on Y آلَ إلَيه الشَّرَف والفَخْر مِن سابِقه في المَنْصِب
2. (gas-mantle) رَتِينة مِصْباح الغاز

v.t. & i. 1. (envelop, cover (as) with mantle) غَطَّى ، غَلَّف ، كَسا
2. (*of liquids*, form a scum) كَوَّن (السّائل المَغْلِيّ) طَبَقة مِن الرِّيم أو الرَّغْوَة
3. (*of blood*, suffuse cheeks; *of face*, blush)
صَعَد الدَّم إلى وَجْنَتَيها

mantrap, *n.* شَرَك حَدِيدِيّ خَفِيّ يُنْصَب في الأرْض لاصْطِياد المُعْتَدِين على الأمْلاك الخاصَّة

manual, *n.* 1. (small book for handy use)
كُتَيِّب أو دَلِيل يُسْتَعْمَل مَرْجِعًا في مَوْضُوع ما
2. (keyboard of organ)
مَفاتِيح الأرْغُن (في صُفُوف أُفُقِيَّة)
a. (عَمَل) يَدَوِيّ ، يُدار بِاليد

manufacture, *n.* صُنْع ، صِناعة ، إنْتاج
v.t. 1. (produce *goods* from raw material)
أنْتَجَ بِضاعَةً
2. (fabricate *story*, etc.)
لَفَّقَ أُكْذُوبَة ، اِخْتَلَقَ قِصَّة

manufacturer, *n.* صانِع ، مُنْتِج ، صاحِب مَصْنَع أو مَعْمَل

manum/it, *v.t.* (**-ission,** *n.*) أعْتَقَ الرَّقِيق ، حَرَّرَ العَبِيد ؛ تَحْرِير أو فَكّ رقبة

manure, *n. & v.t.* زِبْل ، سماد (عُضْوِيّ) ، سِباخ ، سرجين ؛ سَمَّدَ

manuscript, *n.*; *abbr.* MS., *pl.* MSS.
مَخْطُوطَة ، مَخْطُوط ؛ مُؤَلَّف لم يُطْبَع بَعْدُ

Manx, *n. & a.* لغة كلتية كانت شائعة في جزيرة مان (قَدِيمًا)
Manx cat فصيلة من القِطَط بِغَيْر ذَنَب

many, *a. & n.* كَثِير (من الكتب)، عِدّة (أسباب)

as many as you like (خُذْ من البرتقال) ما شئتَ بِلَا حِساب، أي عدد شئتَ

many a time ⟨and oft⟩ كَثِيرًا ما، ما أكثر ما

a good many عَدَد لا بأس به

one too many (أَعْطَاني قرشًا) أكثر مما ينبغي، (أظنّ أنه قد شرب) كأسًا يزيد عن طاقته

twice as many ضِعْف العدَد (المطلوب)

many-sided, *a.* (*lit.*) (شَكْل هندسيّ) متعدّد الجَوانب أو الأضلاع

(*fig.*) ذُو مواهِب متعدِّدة؛ (مشكلة) مُتَشَعِّبة

Maori, *n. & a.* الشَّعْب الماوُرِي، سُكّان نِيوزِيلندة الأَصْلِيّون ؛ لُغَة الماوُرِيِّين

map, *n.* خَرِيطة، خارطة

this book put him on the map فَتَحَ هذا الكتاب بَاب الشُّهرة لمؤلِّفه

he wiped his opponent off the map هَزَم مُنَافِسَه هزيمة نكراء، مَحَقَ خصمه محقًا

v.t. 1. (represent on map) رَسَم أو وضع خَرِيطة لمنطقة ما

mapping pen قَلَم حِبْر رفيع جدًّا لِرَسْم الخرائط

2. (plan *out* in detail) وَضَع خطَّة مفصلّة (لِوَقْته مثلًا)، اِخْتَطَّ، صَمَّمَ تصميمًا مفصَّلًا

maple, *n.* شَجَرة الاسفندان أو القيقب

mar, *v.t.* أَفْسَدَ أو شَوَّهَ، (لم يَحْدُث ما) يعكّر صَفْو (الحفلة)، أَلْحَقَ ضررًا

make or mar (سِيَاسَة) قد تُؤَدِّي إلى نجاح بَاهِر أو فَشَل ذريع

maraschino, *n.* ماراسكينو، مشروب روحيّ حُلْو يُستحضر من الكرز الأسود

marathon, *n. & a.* سِبَاق المراثون للمسافات الطَّوِيلة (٢٦ ميلًا)؛ عمل شاقّ يستمرّ طويلًا

marauder, *n.* مَن يُغِير على منطقة لغرض السَّلْب والنَّهْب، مغير

marble, *n.* 1. (limestone rock) رُخَام، مَرْمَر

2. (*pl.*, collection of statues) مَجْمُوعة تَمَاثِيل رُخاميّة أو مرمرية بمتحف

3. (child's toy; *pl.*, game with these) بِلْيَة (مصر)، دُعْبُل (عراق)

marbled, *a.* (وَرَق) مُزَخْرَف بِخُطوط مُلَوَّنة مُتَمَاوِجَة ويَبْدُو مَنْظَرُه كالرُّخام

March, *n.* مَارِس، شهر آذار

march, *n.* 1. (military movement) مِشْيَة عَسْكَرِيّة، موكب، مشي، سير، مسيرة

a march past سَيْر أو مُرُور الاستعراض (أمام رئيس الدّولة مثلًا)

2. (progress) سَيْر

the march of time مرّ الزّمان، كرّ الأعوام

3. (music meant to accompany march) لَحْن (يصاحب سير الجنود)، مارش عسكري

dead march لَحْن جنازة (عسكريّة أو ملكيّة)، موسيقى تصاحِب سير الجنازة

4. (*usu. pl.*, border region) مِنْطَقة الحدود أو التخوم (بين انكلترا وويلز غالبًا)

v.i. & t. سَارَ، مَشَى، زَحَفَ (الجيش)؛ تَقَدَّمَ؛ أَمَرَ (السجينَ) بالسير

he gave him his marching orders (*coll.*) رَفَتَهُ من الخِدمة، طرده شرَّ طردة

marchioness, *n.* المَرْكِيزة ، زَوْجة أو أَرْمَلَة المركيز

Mardi gras, *n.* اليَوْم الأخِير من الكَرْنَفال قَبْل الصَّوْم الكَبِير (عِند الكاثوليك)

mare, *n.* فَرَسة ، أُنثى الحصان ، حِجْر

mare's-nest بَيْضَة الدِّيك ، اكتشاف تافه

mare's-tail سِحَاب منثور بشكل ذيل الحصان

margarine, *n.* زُبْد صِناعِيّ خاصّ ، المَرْجَرِين ، المَرْغَرِين

margin, *n.* 1. (edge, border, of surface) حَافَة (الطَّرِيق)، طرف (البحيرة)

2. (space round printed page) هَامِش (الصَّحيفة) أو حاشيتها

3. (*commerc.*, difference between buying and selling price) الرِّبْح الإجمالي، الفرق بين سعر الشراء وسعر البيع

4. (extra amount above estimated minimum) إِحْتِيَاطِيّ للطَّوارِئ (مال، وقت)

margin of safety هَامِش أمان ، احتياطي لِلأَمَان (لتحمّل ثقل زائد مثلًا)

marginal, *a.* هامِشِيّ ؛ على الهامِش

marginal constituency دائِرة انتخابية تَتَأَرْجَح بين حِزْبَيْن

marginal notes تَعْلِيقات أو ملاحظات على الهَامِش، تلويحات، حواشٍ

marginalia, *n.pl.* مَجْمُوعَة تعليقات هامشية ، تَلْوِيحات، حواش

marguerite, *n.* زَهْرة القُوقَحان، أُقْحُوان

marigold, *n.* زَهْرَة الآذَرْيُون ؛ زهرة المخملية

marijuana, *n.* قُنَّب هنديّ ، حشيشة الكيف

marinade, *n.* سَائِل مركّب من توابل حريفة ينقع فِيه اللّحم أو السّمك قبل طهيه

v.t.; *also* **marinate** نَقَعَ في هذا السّائل

marine, *a.* 1. (of the sea) بَحْرِيّ، نسبة إلى البحر

2. (of shipping) (هَنْدَسَة) بحريّة

marine insurance التَّأْمِين البحريّ

n. 1. (soldier serving on warship) جُنْدِيّ من جنود البحريّة أو الأسطول

Royal Marines جُنود البحريّة المَلَكِيّة

tell that to the marines! هَذِه الحِيلة لا تنطلي علي! اضحك على غير ذقني!

2. (shipping, fleet, or navy) الأُسْطُول الحَرْبِيّ، البحريّة التجاريّة ، مجموع السُّفن

mercantile marine البَحْرِيّة التجارية، الأسطول التِّجاريّ، السّفن التِجاريّة

mariner, *n.* مَلّاح ، بحّار ، نوتي

marionette, *n.* دُمْية في مسرح الدمى أو العَرَائِس (تحرّك بواسطة خيوط)

marital, *a.* مَا يَتَعَلّق بالزّواج، زواجيّ، زيجيّ، (الحقوق) الزوجيّة

marital status الحَالَة الزوجيّة

maritime, *a.* 1. (connected with the sea or navigation) بَحْرِيّ، مختصّ بالبحر أو المِلاحَة؛ (دولة) ذات قوة بحرية

2. (situated near the sea) (إِقْلِيم) واقع عَلَى شاطئ البحر

marjoram, *n.* صَعْتَر شائِع (نَبات عِطْرِيّ عُشْبِيّ يُسْتَعْمَل تابِلاً)

mark, *n.* 1. (spot, stain, etc., trace left by something) بُقْعَة (على منديل مثلًا)، أثر

2. (sign, indication) إشَارَة، رمز، عَلامة

as a mark of respect إحْتِرامًا أو تبجيلًا (له)

3. (unit of merit or award) (٦) درجات (من ١٠)

full marks! (*fig.*) هَايل! براڤو! أحسنتَ!

4. (visual designation of target, etc.) المَرْمَى، الهَدَف

wide of the mark (تَعْلِيق) لم يُصِبْ كَبِد الحَقِيقة، نبا عن الصواب

hit the mark أَصَاب الهَدَف، سَدَّ في قوله

quick off the mark سَرِيع الخاطر، حاضر البَدِيهة

he made his mark أَصْبَحَ بارزًا (في ميدان الأدب أو السياسة مثلًا)، ذَاعَ صِيتُه

up to the mark بَلَغَ المستوى المطلوب، على مَا يُرام، وافٍ بالغرض

5. (type number) مَارْكة، موديل، طراز

a Mark X Jaguar سَيّارة چاجوار من طراز أو موديل رقم عشرة

6. (German coin) مَارْك (عملة ألمانية)

v.t. 1. (indicate, distinguish) وَضَعَ إشارة أو عَلامة على، أَشَّرَ على شيء لتمييزه

marking-ink حِبْر ثابت (لكتابة الأسماء على الملابس ولا يُمْحَى عند غسيلها)

mark up (down) the price رَفَعَ (أو خفض) السِّعْر الأَصْلِيّ للسِّلْعة

mark off وَضَع حَدًّا بين شيئين لِفَصْلِهما أو تَمْيِيزِهِما

mark out
(delimit) عَيَّنَ أو حَدَّدَ (طرف الملعب مثلًا)
(designate) إخْتار شَخْصًا وخَصَّه بالتَّرْقِيَة

mark time (*lit. & fig.*) مَحَلَّك سر!؛ توقّف عَن التّقدّم لفترة مُؤَقّتَة

he is a marked man إنّه شخص مراقَب (من الشُّرْطة مثلًا)، يتجنّبه الآخرون لسلوكه

2. (pay attention to, notice) لَاحَظَ، أَصْغَى أو انتبه إلى

mark my words! تَذَكَّر ما أقوله لك الآن! (فَسَيَحْدُث ما أتوقّع حدوثه)، عَلِّم على كلامي!

a marked improvement تَقَدُّم مَلْمُوس، تَحَسُّن مَلْحُوظ

3. (assess merit of)
he marked the papers قَدَّرَ الدرجات على أَوْرَاق إجابة الطلبة في الامتحان

4. (stain, disfigure); *also v.i.* شَوَّهَ (الوجه)، لَطَّخَ (الملابس بالحبر مثلًا)؛ تَرَكَ بقعة على

marker, *n.* 1. (one who records score) وَاضِع العلامة، مسجّل النقاط في (البلياردو مثلًا)

2. (object denoting a mark) شيء للتّأشير على موضع (الصفحة مثلًا)

market, *n.* سُوق (أسواق)

market-day يَوْم (انعقاد) السّوق

market garden مَزْرَعة خُضْرَاوات لِتَزْوِيد السُّوق المَحَلِّيّة

market-price سِعْر السُّوق

market-town مَدِينَة تُقام بِها سُوق مَرْكَزِيَّة (لِبَيْع الماشِيَة خاصَّةً)

on the market (for sale) لِلْبَيْع ، (مَنْزِل) مَعْرُوض لِلْبَيْع

he is in the market for dates (هَذا التّاجِر) مُسْتَعِدّ لِشِراء كَمِّيَّة كَبِيرة مِن التَّمْر

the stock market سُوق الأَوْراق المالِيَّة

there's no market for it (سِلْعَة) لا تَجِد مُشْتَرِين

market research دِراسَة دَقِيقَة لِمَعْرِفَة مَدَى إقْبال الجُمْهُور على سِلْعَة مُعَيَّنَة

v.t. & i. سَوَّق ، عَرَض بِضاعَةً لِلْبَيْع ؛ (سِلْعَة) تَجِد سُوقًا رائِجَة

marketable, *a.* (بِضاعَة) يَكْثُر إقْبال المُشْتَرِين عَلَيْها

marketing, *n.* تَسْوِيق أو تَصْرِيف البَضائِع ، بَيْع (المُنْتَجات)

marksman, *n.* **(-ship,** *n.***)** رامٍ (رُماة) ، بارِع في فَنّ الرِّمايَة ؛ إتْقان الرِّمايَة

marl, *n.* مارْل ، سجّيل (تُراب تَكْثُر بِه نِسْبَة المَوادّ الجِصِّيَّة مِن كَرْبُونات الكَلْس مَع بَعْض الصَّلْصال والرَّمْل والمَوادّ العُضْوِيَّة)

marline-spike, *n.* مخرز حَدِيديّ يُسْتَعْمَل في فَصْل جَدائِل الحِبال الغَلِيظَة (بَحرِيَّة وكَشّافَة)

marmalade, *n.* مُرَبّى البُرْتُقال وغَيْرِه من المَوالِح

marmoreal, *a.* رُخامِيّ ، مَرْمَرِيّ

marmoset, *n.* مرموزة ، وستيتي ، قِرْد صَغِير موطنه امريكا الجنوبية

marmot, *n.* مَرْمُوط ، جِنْس حَيَوانات قارِضَة مِن فَصِيلَة السِّنْجابِيّات

Maronite, *a. & n.* مارُونِيّ (طائِفَة مَسِيحِيَّة)

maroon, *a.* لَوْن قِرْمِزِيّ مائل إلى السُّمْرَة

n. (firework) مُفَرْقَعات تُطْلَق لِلتَّحْذِير

v.t. (*lit. & fig.*) عاقَب شخصًا بِتَرْكِه وَحِيدًا في جزيرة مهجورة ؛ هَجَر

marquee, *n.* خَيْمَة ضَخْمَة ، شادِر ، سُرادِق ، صِيوان (لِلحَفَلات الخاصَّة)

marquetry, *n.* تَطْعِيم الخَشَب بالعاج أو الصَّدَف لِزَخْرَفَتِه

mar/quis (-quess), *n.* مَرْكِيز ؛ مَرْكِيزة

marriage, *n.* زَواج ، عُرْس ، قِران

marriage lines شَهادة عَقْد الزَّواج (لإثْبات شَرْعِيَّتِه)

marriage settlement سَنَد تَنْتَقِل بِمُوجِبِه مِلْكِيَّة مالٍ أو عَقارٍ إلى امْرأة عند زَواجها

marriageable, *a.* (فَتاة) صالِحَة لِلزَّواج ، بَلَغَت السِّنّ القانُونِيَّة لِلزَّواج

marron glacé, *n.* أَبُو فَرْوَة (كَسْتَنَة) مُسَكَّرَة

marrow, *n.* 1. (soft central part of bone) نُخاع ، مُخّ أو رِمّ العَظْم ، نِقْي

(*fig.*)

he was chilled to the marrow جَمَّد البَرْدُ عُرُوقَه ، نَفَذ البَرْد إلى عِظامِه

2. (vegetable); *also* vegetable marrow الكُوسَى ، الكُوسَة (نبات من القَرْعِيّات)

marrow-bone, *n.* عظم كَثِير النُّخاع ، مواسير (مصر) ، عَظْم كَثِير المُخّ (عراق)

marrowfat ⟨**pea**⟩, *n.* نَوْعٌ من البَازِيلّا أو البِسِلّة

marry, *v.t.* 1. (take as husband or wife) تَزَوَّجَ مِنْ، اِقترن ب، نَكَحَ

2. (unite, give, in marriage) زَوَّجَ أو أَزْوَجَ (الأب ابنته)، عَقَدَ (المأذون) زواجهما

v.i. تَزَوَّجَ

Mars, *n.* 1. (god of war) مَارْس، إله الحرب عِنْدَ الرّومان

2. (planet) المِرِّيخ، القاهِر (فَلَك)

Marseillaise, *n.* النَّشيد الوطنيّ الفرنسيّ، المرسيليز

marsh, *n.* (**-y,** *a.*) مُسْتَنْقَع، مَنْقَع، أرض سَبِخَة

marsh-gas مِيثين، غاز المستنقعات والمناجِم

marsh-mallow خِطْمِيّ، خبيزة؛ حلوى خاصّة

marshal, *n.* 1. (rank in armed forces) مُشِير، مَارْشال (أعلى الرُّتَب العسكريّة)

2. (official) مَسْؤُول عن تنظيمات (الحفلة)

v.t. نَظَّمَ أو حَشَدَ (القوات العسكرية)؛ أَعَدَّ (ترتيبات الحفل)؛ نَظَّمَ (المتسابقين)

marshalling yard سَاحَة الفَرْز، حَوْش لِمُنَاوَرات قاطِرات السِّكَّة الحَدِيديّة

he marshalled his forces (*fig.*) اِسْتَجْمَعَ قُوَاه، جَمَعَ شتات جهوده

marsupial, *a. & n.* حَيَوانات كيسيّة أو جرابيّة

mart, *n.* مَرْكَز تجاريّ؛ صالة المزاد؛ كلمة قَدِيمة بمعنى سوق

marten, *n.* حَيَوان السمّور أو الدلق (جنس حَيَوانات لاحمة مفترسة)

martial, *a.* (مِشْيَة أو موسيقي) عسكريّة

martial law حُكْم عُرْفي

Martian, *n.* إِنْسَان من المِرِّيخ

martin, *n.* سُنُونو البُيُوت، خُطّاف النَّوافذ، حُجَيْجَة (طائر صَغير مُهاجِر)

martinet, *n.* صَارِم في تطبيق التعليمات وَالأَوَامِر، ضابط متشدّد مع جنوده

martyr, *n.* شَهِيد، من قُتِلَ في سبيل عقيدته

(*fig.*)

a martyr to rheumatism يُقَاسِي الأمرَّين من أَوْجَاع الرّوماتيزم، تعذَّبَ عذابًا شديدًا منها

v.t. قَتَلُوه من أجل عقيدته

martyrdom, *n.* اِسْتِشْهَاد؛ عذاب الشّهيد

marvel, *n.* أُعْجُوبة (أعاجيب)، عجيبة (عجائب)، مُعْجِزة، شيء مدهش يصعب تصديقه

v.i. تَعَجَّبَ أشدّ العجب، دُهِشَ من

marvellous, *a.* عَجِيب، بديع، مُذْهِل

marzipan, *n.* عَجِينَة من اللوز المطحون والسُّكَّر وزُلَال البَيْض (يغطَّى بها كيك الكريسماس مثلًا)

mascara, *n.* مُسْتَحْضَر لتكحيل رموش العينين

mascot, *n.* مَا يُعْتَقَد أنه يجلب الحظّ لصاحبه

masculine, *a.* 1. (of the male sex) ذَكَر، فَحْل

2. (*gram.*) مُذَكَّر (عكس المؤنَّث)

masculinity, *n.* ذُكُورة، صفات الرجولة

maser, *n.* جِهَاز مازر (لتقوية الإشعاع باستخدام الطّاقة الداخلية للذرّة)

mash, *n.* (خَضْرَوَات) مهروسة أو ممهوكة

sausage and mash (*coll.*) طَبَق من السُّجُق المحمّر والبَطَاطِس المهروسة (طبق شعبيّ)

v.t. هَرَس، مَهَكَ (الخضروات المطبوخة)

mashed potatoes بَطَاطِس أو بطاطة مهروسة

mashie, *n.* عَصًا للجولف(بطرف حديدي)

mask, *n.* قِنَاع (أقنعة)؛ كمامة (واقية)

v.t. غطّى (الوجه) بقناع؛ حَجَبَ

masked ball حَفْلَة رَقْص تنكّرية

(*fig.*)

he masked his enmity under a cloak of friendliness أَخْفَى عداوته وراء قناع من الصَّداقة (السطحية)

masoch/ism, *n.*, **-ist,** *n.* مَاسُوكِيّة، مازوخية، التّلذّذ الجنسي عن طريق التعذيب

mason, *n.* 1. (worker in stone) عَامِل يشتغل في حِرْفة البناء بالأحجار؛ نحّات شواهد القبور

2. (member of freemasons) مَاسُونيّ، بنّاء حرّ

masonic, *a.* مَاسُونيّ، نسبة إلى الماسونيّة

masonry, *n.* 1. (stonework) بِنَايَة من الأحجار

2. (freemasonry) المَاسُونِيَّة

masque, *n.* تَمْثِيليّة ترفيهيّة تتخللها الموسيقى والغناء (شاعت في القرنين الـ ١٦، ١٧)

masquerade, *n.* حَفْلَة تنكّريّة، مَسْخرة

(*fig.*) تَصَنُّع، تنكّر، تظاهُر

v.i., *usu. fig.* تَصَنَّعَ، ادَّعَى

he masqueraded as an expert اِدَّعَى أنه من أهل الخِبْرَة والعِلم، تَظَاهَرَ أنه حُجّة في الأمر

Mass, *n.* قُدَّاس، مُوسِيقى تُصاحِب القُدّاس

mass, *n.* 1. (*phys.*) الكُتْلة (فيزياء)

2. (aggregation) كَوْمة كبيرة (من أشياء)، جَمْع أو حشد (من الناس)

the nation in the mass was not interested in politics لَمْ يَكُن السَّوَاد الأَعْظَم من الشَّعْب مُهْتَمًّا بالأمور السِّياسِيّة

3. (large number) عَدَد كبير

mass media أَجْهِزة الإعلام، وسائل الاتّصال بِالجَماهير (كالصحافة والإذاعة)

mass meeting اِجْتِماع شعبي، جمع غفير أو حَافِل (لغرض التظاهر عادةً)

he is a mass of bruises جِسْمُه كلّه مغطّى بالكَدَمات والرضوض

mass production الإِنْتاج على نطاق واسع، الإِنْتاج بالجملة

the masses العَامّة، عامة الناس، الدهماء، الرَّعَاع، الجماهير

v.t. & i. جَمَعَ، حَشَدَ؛ اِجْتَمَعَ، اِحْتَشَدَ

mass troops حَشَدَ القوّات المسلّحة

massacre, *n. & v.t.*; *also fig.* مَذْبَحَة، مَجْزَرَة بَشَرِيَّة

massage, *v.t. & n.* دَلَّكَ، مَسَّدَ؛ تدليك طبّي، تمسيد، مساج

mass/eur (*fem.* **-euse**), *n.* مُدَلِّك، عامل مساج

massif, *n.* مَجْموع قِمَم ملتحمة في سلسلة جبال، الكتلة الرئيسية في سلسلة جبال

massive, *a.* ضَخْم، جسيم، على نِطاق واسِع، هائل

mast, *n.* صارٍ، صارية (صوارٍ)، سارية؛ ثَمَر البَلُّوط أو شجر الزّان

sail before the mast خَدَمَ في البحرية كبحّار عاديّ، اِشْتَغَل نوتيًّا بسيطًا

at half mast (كُلّ الأعلام) منكّسة (حدادًا)

master, *n.* 1. (person in control) صاحِب الأَمْر والنهْي، سيّد (سادة)، مدير

master of the house رَبّ الأسرة وعائلها، صاحِب المنزل

master of one's fate مَنْ يقرِّر مصيره بنفسه

one's own master حُرّ في إدارة شؤونه وتسْيير أموره دون الرّجوع إلى غيره

Master of Ceremonies; *abbr.* M.C. رَئيس التّشْريفات في حفلة اجتماعية

master of a ship قُبْطان سفينة تجارية

(*fig.*)

master-key مِفْتاح يفتح كلّ الأبواب على اِخْتِلاف أقفالها (في فندق مثلًا)

2. (teacher) مُدَرِّس، مُعَلِّم في مدرسة

3. (title of young boy) لَقَب للصِّغار (مراسلات)

4. (title of head of certain colleges) لَقَب يحْمِله رئيس كلّية انكليزية

5. (holder of university degree) حامِل دَرَجة الماجِسْتِير الجامِعيّة

Master of Arts; *abbr.* M.A. مَاجستير أو أُسْتاذ في الآداب (درجة جامعية عالية)

6. (qualified tradesman; expert) حَاذِق أو مَاهِر (في حرفته)، أوسطى، رَيِّس

7. (great artist) فَنّان كبير (رسم، موسيقى...)

the Old Masters مجْمُوعة الرسامين العظام الذين عَاشُوا بين ١٢٠٠ و١٧٠٠؛ اللوحات التي رسموها

8. (person of great ability) أُسْتاذ ماهِر في...، ضَلِيع أو متضلّع في ميدان ما

master mind العَقْل المدبّر، بارِع في التنظيم

v.t. 1. (control) تَحَكَّمَ في (شعوره وعواطفه)؛ تَسَلَّط على (العدوّ)، سَيْطَرَ على الموقف

2. (become skilful at) أَتْقَنَ، أجاد، حَذِقَ، بَرَعَ أو تَضَلَّعَ في

masterful, *a.* مُسْتَبِدّ، متجبّر، متسلّط

masterly, *a.* في غاية البراعة والجودة

a small but masterly work (لَوْحَة) صغيرة وَلٰكِنّها تَنُمّ عن مهارة فائقة

masterpiece, *n.* تُحْفة (فنّية)، من روائع (الأَدَب)، خير ما أَبْدَعَ مؤلّف

mastery, *n.* 1. (supremacy) سَيْطَرَة، تَسَلُّط، سِيَادَة، تَفوّق

2. (thorough knowledge) إتْقان، إجادة تامّة، تَضَلُّع

mastic, *n.* المِسْتِكى، المُصْطكاء، صَمْغ راتينجيّ؛ مَعْجُون من القَطْران يُسْتَعْمَل في البِناء

mastic/ate, *v.t.* (**-ation,** *n.*) مَضَغَ، عَلَكَ، لاكَ؛ مَضْغ (الطعام)، عَلْك

mastiff, *n.* كَلْب ضخم الجسم كبير الرّأس يَصْلُح للحراسة، درواس

mastitis, *n.* اِلْتِهاب الثّدْي أو الضَرْع

mastodon, *n.* ماستودون، حيوان منقرض يُشْبِه الفيل

mastoid, *n.*; *also* mastoid process الخُشَّاء (وَهُوَ العظم النّاتئ خلف الأذن)

masturb/ate, *v.i.* (**-ation,** *n.*) زَاوَل العادَة السِّرِّيَّة ؛ جَلْد عُمَيْرَة ، الاسْتِمْناء بِاليد

mat, *n.* 1. (floor covering) حَصير، حصيرة ، بُرْش (غطاء لأرضية الحجرة)

door-mat مِمْسَحَة للأرجل عند الباب

he was on the mat (*coll.*) كانَ رئيسه يحاسبه حِسابًا عسيرًا، وقع في مَقْلب شديد

2. (support for plates, etc.) مَفْرَش صغير (يوضع تحت الطّبق السّاخن لوقاية سطح المائدة)

3. (tangled mass) كُتْلَة كثيفة (من القشّ مثلًا)

v.t. & i. فَرَش أو غطّى الأرضية بالحصير؛ تشَبَّكَت أو تعَقَّدت (الخيوط مثلًا)

matted hair شَعْر أَشْعَث

mat(t), *a.* (وَرَق) غير مصقول ، (لون) غير لامِع

matador, *n.* مَاتَادُور، مُصارع الثّيران (الذي يَصْرَع الثَّوْر)

match, *n.* 1. (small piece of wood, etc. with combustible head) عُود كِبريت أو ثقاب، شَخّاطة (عراق)

match-box عُلْبَة كِبريت أو ثِقاب

match-stick عُود الثِّقاب أو الكبريت

safety match ثِقَاب يشتعل بحكّه على سطح خاصّ

2. (contest) مُباراة، سباق، مسابقة، مُنَافَسة، مبارزة

3. (equal; counterpart) نَظِير، مَثِيل، صِنْو ، نِدّ ، كُفْء

he met his match أخيرًا واجه نِدَّه أو كفؤه (ولم ينتصر هذه المرّة)

our team was no match for the visitors كان فرِيقُنا أضعف من الفريق الزائر بمراحل

4. (something that corresponds exactly)

her hat was a good match for her gown كانَت قبعتها منسجمة مع فستانها كلّ الانسجام

5. (marriage) زَوَاج

match-maker الخاطِبَة ، اِمْرَأة تَقُوم بِدَوْر الوَسِيط بَيْن رَجُل وامْرَأة لِغَرَض الزِّيجَة

6. (person considered from marriageable point of view) شَخْص يعتبر صالحًا للزّواج (لِسَبَبٍ مُغْرٍ)

she is a good match إنّها إمرأة أو فتاة تُغْري بالزَّواج (لِغِناها مثلًا)

v.t. 1. (bring into competition) جَمَعَ بينهم في سباق أو منافسة

2. (correspond or be equal to) (هذا) يوافِق أو ينسجِم مع (ذلك)، عَادَلَ

well-(ill-)matched "وافَقَ شَنٌّ طبقه"، مُتَوافقان؛ (مُتنافران)

v.i. تطَابَقَ أو تَقابَلَ (الجزءان المتساويان)، اِنْسَجَمَ (حذاؤها مع حقيبة يدها في اللون)

matchless, *a.* نَسِيج أو وحيد عصره، لا نديد له، مُنْقَطِع النَّظير، لا يُشَقّ غُباره

matchwood, *n.* خَشَب رقيق تصنع منه عيدان الثِّقاب؛ شَظايا الخشب؛ خشب رديء

mate, *n.* 1. (one of a pair, esp. birds) فَرْد (من زوجَيْ حَمام مثلًا)

2. (partner in marriage) زَوْج، زوجة، قَرِين، قرينة

3. (officer on a ship) نائِب قبطان سفينة (تجارِيّة)؛ ضابط بحريّ (ما عدا المهندسين)

4. (fellow workman; also term of address) رَفِيق، زميل، خِلّ (خلّان)؛ (يا) أخي، يا جدع

5. (assistant) صَبِيّ السّمكريّ أو السبّاك

v.t. & i. 1. (join in marriage) زاوَج بينهما

2. (checkmate) كَشّ الملك أو الشاه (في لَعِب الشطرنج)، قَهَرَ، غَلَبَ، هَزَمَ

matelot, *n.* (*sl.*) مَلّاح، بحّار، نوتي

material, *a.* 1. (of matter) مادّيّ، جسميّ، حِسّيّ، ملموس؛ هَيُولِيّ، هيولانيّ

the material world العالَم المادّي أو الحسّي

2. (worldly) مادّيّ، دُنْيويّ، دَهريّ

3. (relevant) جوهريّ، مُهِمّ، هامّ

material evidence (*leg.*) شَهادة أو بيِّنة جوهريّة، دَلِيل مادّيّ

n. 1. (constituent; element) عُنْصر، مادّة

raw material مادّة خام، للموادّ الأولية اللازمة في الإنتاج الصّناعيّ

2. (*cloth*) قُماش، (لفّة من) النّسيج

3. (*pl.*, appurtenances) موادّ لازمة أو ضَرُورِيّة لإعداد، مُعِدّات (النجارة مثلاً)

writing materials لوازِم الكتابة (أوراق وأقلام...)

material/ism, *n.*, **-ist,** *n.* 1. (worldliness) (**-istic,** *a.*) المادّيّة؛ مادّي، دنيويّ

2. (*philos.*) المَذْهَب المادّي، المادّيّة، الدهريّة (في الفَلْسَفة الإسلاميّة)

dialectical materialism المادّيّة الجَدَليّة

materializ/e, *v.t. & i.* (**-ation,** *n.*) جَعَلَه مادّيًا؛ تجَسَّمَ (الطيف)، تجسُّم

our plans did not materialize لم تُكلَّل خِطَطنا بالنجاح، لم تتحقّق آمالنا

maternal, *a.* نِسْبةً إلى الأمّ، حبّ الأمّ لأطفالها، (غَرِيزة) الأمومة

maternal uncle خال، شقيق الأمّ

maternity, *n.* أُمُومَة

maternity hospital مُسْتَشْفى الولادة، دار النِّفاس أو الولادة

maternity wear مَلابِس خاصّة للحوامِل

matey, *a.* (*coll.*) (شَخْص) وَدود، عشريّ (مصر)، أليف، اجتماعيّ

mathematic/s, *n.pl.* (**-al,** *a.*) رِياضِيّات، علوم رِياضِيّة، رياضة

pure and applied mathematics الرّياضة البَحْتة والرّياضيّات التطبيقية

mathematician, *n.* عالِم بالرّياضيّات، رياضيّ

maths, *coll. abbrev. of* **mathematics**

matinée, *n.* حَفْلَة نَهارِيّة، حَفْلة مَسْرَحِيّة أو مُوسِيقيّة تُقام بَعْد الظُّهر

matinée coat مِعْطَف صوفيّ للأطفال الرُّضّع

matins, *n.pl.*; *also* **mattins** صَلاة الفجر أو الصّباح (كاثوليك)، قدّاس الصّباح

matriarch, *n.* (**-al,** *a.*) أمّ؛ ربّة العائلة أو القَبِيلة، (أمّ) مُتَسَلِّطة على الأسرة

matriarchy, *n.* نِظام اجتماعيّ يعود النسبُ والإرْث فيه إلى سُلالة الأمّ

matric, *contr. of* **matriculation** إمْتِحان الشهادة التَّوجيهيّة (الماتريكيوليشن) للالتحاق بالجامعة

matricide, *n.* 1. (crime) جَرِيمة قتل الأمّ

2. (criminal) قَاتِل أُمّه

matricul/ate, *v.t. & i.* (**-ation,** *n.*) نَجَح في امْتِحان القبول بالجامعة؛ قُبِلَ كطالب في الجَامِعَة وأُدرِج اسمه في كشف الطلبة

matrimon/y, *n.* (**-ial,** *a.*) زَوَاج، قِران، زيجة؛ زَوَاجيّ، زيجيّ، مختصّ بالزواج

matrix (*pl.* matrices), *n.* رَحِم (الأمّ)؛ قالب نُحَاسِيّ يصبّ فيه المعدن المنصهر لسبك حروف الطِّبَاعة؛ كتلة من الصخر بداخلها احجار كَرِيمَة أو حفريات

matron, *n.* 1. (married woman) سَيِّدة متزوّجة وَقُورة يُنْظَر إليها باحترام في أسرتها والمجتمع

2. (domestic supervisor in school) سَيِّدة في مَدْرَسَة داخلية ترعى التلاميذ من حيث الصحة والملابس

3. (woman supervisor in hospital) رَئِيسَة المُمَرِّضات ؛ مُدَبِّرة شُؤُون (مُؤَسَّسَةٍ ما)

matronly, *a.* (سَيِّدَة) وقورة وبدينة وكَهْلة

matt, *see* **mat**

matter, *n.* 1. (subject, affair) مَوْضُوع (البحث)، أمر، شأن، قضية، صَدَد

a matter of course أَمْر مفروغ منه، مسألة لَا جِدَال فيها، أمر طبيعيّ

as a matter of fact فِي الواقع، في حقيقة الأمر، فِعْلًا

matter-of-fact, *a.* (شَخْص) غير خَيَاليّ، مجرّد مِن العواطف، واقعيّ

for that matter . . . مِنْ هذه الجِهة، من وُجْهة النَّظَر هذه (فالأمر كما تقول)

that is a matter of opinion تِلْكَ مَسْأَلَة فِيها نَظَر (رَأْيِي فِيها يُخالِف رَأْيَك)

and to make matters worse . . . وَمِمّا زادَ الطين بلة، وَمِمّا زادَ الأمْرَ سُوءًا

2. (thing of importance or concern)

is there anything the matter? مَاذا بك؟ ماذا جَرَى؟ ماذا حَدَثَ لك؟ هل يضايقك شيء؟

no matter! غَيْر مهمّ! لا شيء! لا عليك! لا تَنْزَعِج! ما حَصَلْشِي حاجَة (مصر)

what's the matter with him? ماجَرَى له؟

3. (physical substance) مادّة، هيولى

grey matter مُخّ، دماغ، عقل، (عنده) فَهْم أو ذَكاء

4. (material; content of book, etc.)

printed matter مَطْبُوعات، نشرات (بالبريد)

5. (pus) قَيْح، مِدّة، صديد

v.i. يَهُمّ، يَكُون ذا أَهَمِّيَّة

it doesn't matter معلهش، ما يخالف (عراق)

matting, *n.* أَلْياف القُنَّب وما شابهه (يستعمل في صناعة الحَصِير)، خيش غليظ

coconut matting حَصِير من ليف جوز الهند

mattins, *see* **matins**

mattock, *n.* مِعْوَل (آلة زراعية تستخدم في تَقْلِيب الأرض واقتلاع الجُذور)

mattress, *n.* حَشِيّة الفِراش، مَرْتَبَة السَّرِير، دَوْشَك

maturation, *n.* نُضُوج (الفاكهة أو الدمّل)

mature, *a.* 1. (fully grown) كامِل النُّموّ، (إِنْسان) ناضج، حصيف الرّأي

2. (ripe) (نَبيذ) مُعَتَّق؛ اختمرت الفكرة

v.t. & i. حَنَّكته (الأيام)، أَنْضَجَ؛ اِسْتَحَقَّت (الكَمْبِيالة)؛ نَضِجَ، اكتمل نموّه

maturity, *n.* نُضُوج، تمام النموّ، بلوغ سنّ الرُّشْد؛ استحقاق (دفع الكمبيالة)

maudlin, *a.* يَبْكِي ويبالغ في الشعور ببؤسه

maul, *v.t.*; *also fig.* نَهَشَ (الأسد جسم فريسته)؛ عَبَثَ بشيء وأضرّ به

maunder, *v.i.* ظَلَّ يهذر ويهذي بكلام تافِه، خَطْرف (مصر)

Maundy money, *n.* نُقُود مَسْكُوكَة خَصِيصًا لِتُوَزَّع صَدَقَةً يَوْمَ خَمِيس العَهْد

mausoleum, *n.* ضَرِيح ضخم فخم

mauve, *a. & n.* لَوْن بَنَفْسَجِيّ زاهٍ أو أرجواني فاتح، موڤ (مصر)

maverick, *n.* (*U.S.*) صُعْلوك هائم على وجهه

maw, *n.* القِسْم الرّابع في مَعِدَة الحَيَوانات المُجْتَرَّة؛ حَوْصَلة الطّائر؛ فَم مُنْفَغِر

mawkish, *a.* (قِصَّة) مُبْتَذَلَة، رَخِيصة، تَشْمَئِزّ مِنْها النَّفس

maxilla, *n.* الفَكّ الأَعْلَى

maxim, *n.* مَبْدَأ أَخْلَاقِيّ؛ قَوْل مَأْثُور، حِكْمة سائِرة

max/imum (*pl.* -ima), *n. & a.* الحدّ الأعلى، النهاية الكبرى؛ (الحدّ) الاقصى (للربح)

May, *n.* شَهْر مايو، أيار، نوّار

May Day أَوّل مايو (مهرجان الربيع)

may, *n.* (hawthorn blossom) زَهْرة الزُّعْرُور (من فصيلة الورديّات)

may (*pret.* might), *v. aux.* 1. (expressing possibility) رُبَّمَا (كتعبير عن الإمكانية)

he may come today مِنَ المحتَمَل أن يأتي اليَوْم، قد يحضر هنا اليوم

you may well laugh قَدْ يكون في الأمر ما يُضْحِك (لكنّه كان أمرًا بالغ الخطورة)، اِضْحَك كما يحلو لك الآن

2. (expressing permission)

may I come in? هَلْ تسمح لي بالدّخول؟ مُمْكِن؟! أيمكنني الدخول الآن؟

if I may say so إذا جازَ لي أَن أُعَبِّر عَنْ رأيي صَراحةً

you may as well stay where you are لا داعِيَ لا تِتَقالِك مِن مَكانِكَ (ما دامَ الأَمْرُ كَذلِكَ)

3. (expressing wish, hope, purpose)

long may he live! أَطَالَ اللّه بَقاءه!، أدام اللّه عمره! عاش (فلان)! فليعش!

he reads in order that he may learn إنّه يَقْرأ لكي يثقّف نفسه

maybe, *adv.* رُبَّمَا (يحضر قبل ذهابنا)، من المُمْكن أو المحتمل أو الجائز

mayfly, *n.* (ذُبَابَة) ابنة يوم، يأفوفة، زخرف

mayonnaise, *n.* مَايُونِيز (صلصة أو طبق معدّ بها)

mayor, *n.* رَئِيس البَلَدِيّة، عُمْدة البلدة

Lord Mayor رَئيس البَلَدِيّة (وخاصّة لندن)

mayoralty, *n.* مُدّة رئاسة أو أمانة البلدية

mayoress, *n.* زَوْجة رئيس البلدية ؛ رئيسة البلدية

maypole, *n.* سارية مزينة بالأشرطة والزّهور يَرْقص حولها الريفيون ابتهاجًا بعيد أوّل مايو

maze, *n.* مَتَاهَة، تيه ؛ حيرة ، ذهول ، اِرْتباك ، ورطة

mazurka, *n.* رَقْصَة المَازُورْكا (رَقْصَة بُولَنْدِيّة مَرِحَة) ؛ المُوسِيقَى المُصاحِبة لَها

me, *oblique case of pron.* **I**; *also coll. subjective* إيَّايَ، ضمير المتكلم في حالة النصب

dear me! يَا نهار أبيض! (تعبير عن الأسف)

it is only me! أَنا – وَلَيْس شَخْصًا غَيْرِي

mead, *n.* مَشْرُوب مُسْكِر من العَسَل المخمَّر

meadow, *n.* مَرْج ، أرض معشبة ، مرعى

meagre, *a.* (مِقْدار) ضئيل أو زهيد أو قَليل ، (يعيش على النزر) اليسير

meal, *n.* 1. (occasion of eating; food consumed) وَجْبة طعام ، أكلة

2. (ground grain) غَلَّة أو حبوب مجْرُوشة ، جريش

mealy, *a.* نِسْبة إلى الجريش أو شبيه به ، (بَطاطِس مسلوقة) تفتّت بسهولة

mealy-mouthed, *a.* يَتَجنَّبُ مصارحة الآخرين بِأَخْطَائِهم ، معسول الكلام أو اللسان

mean, *n.* 1. (middle; average) مُتَوسِّط ، وَسَط حسابيّ (في الإحصائيات مثلًا)

the golden mean الوَسَط العَدْل ، خير الأمور أَوْسَطُها ؛ اعتدال ، توسّط

Greenwich Mean Time; *abbr.* G.M.T. تَوْقِيت جرِينتش

2. (*pl.*, methods) واسِطَة ، وَساطَة ، وَسِيلَة (وَسائِل)

by all means نَعَمْ ! بكلّ تَأْكِيد ! ليس عندي أدنى مانع (أن تفعل كذا)

by no ⟨manner of⟩ means لَيْسَ (هذا الجَوَاب مرضيًا) على الاطلاق ، لا ابدًا ، بتاتًا

by some means or another بِوَسِيلة أو بأخرى ، (سَيَبْلُغ مراده) بطريقة ما

by means of بِوَسِيلة ، عن طريق ، باستخدام

by fair means or foul بِالحَقّ أو بالباطل

ways and means مُخْتَلِف الوسائل التي تعمد إِلَيْها هيئة ما للحصول على مزيد من المال

3. (*pl.*, resources) مَوارِد المعيشة ، دَخْل ، إيراد ، مال

he lives within his means يَعِيش في حدود دَخْله ، يمدّ رجليه على قدر لحافه أو بساطه

a man of means ذُو ثَرْوَة واسعة ، من ذَوِي الأملاك ، من الأثرياء

means test اِسْتِقْصاء رسمي لمعرفة دخل من يَطْلُب إعانة حكوميّة

a. (**-ness,** *n.*) 1. (inferior; humble) (مَسْكَن) حقير ، (شخص) وضيع الأصل

he is no mean scholar إنَّه لعالم لا يستهان بِه ، لا يشق غباره ، لا يستصغر شأنه

2. (lacking in generosity; unkind) شَحِيح ، خَسِيس ، بخيل ، مُمْسِك (اليد) ، مقتِّر

3. (intermediate, average) مُتَوَسِّط

mean value مُتَوَسِّط السِّعْر أو الثَّمَن

v.t. (*pret. & past p.* meant) 1. (signify; intend to convey; be worth) يُفِيد ، يَعْنِي ، يَدُلّ عَلى

what do you mean by it? كَيف تجترئ على هذا؟ يَا لَلْوَقاحة! كيف سوّلت لك نفسك أن ...؟

it means a lot to me هذا الأمر يُهمّني بصورة خاصّة، له أهمّية كبرى بالنسبة إليّ

2. (intend)

I mean to go أَنْوِي الذهاب (إلى لندن)، لقد عَقَدْتُ العَزْم على الذّهاب

he means business إنّه جادّ فيما يقول، إنّه لا يَمْزَح بل سينفّذ ما يقوله

he means no harm لا يُضْمِر شرًّا (رَغْمَ مَظْهَره أو تهديده)

he means well لَمْ يكن ينوي إلّا مساعدتك أو خِدمتك

meander, *v.i. & n.* تَعَرَّجَ (جدول المياه) وكثر التَّوَاؤه؛ تَعَرُّج والتواء في مجرى النهر

(*fig.*) هَامَ على وجهه؛ شَرَدَ في حديثه

meaning, *n.* مَعْنًى، فَحْوًى، مدلول

in the full meaning of the word بِكُلّ ما في هذه الكلِمة من معنًى، بكلّ معنى الكلمة

a.; *also* **meaningful** (نَظْرة) ذات معنًى، (تَعْلِيق) ذو مغزًى

meaningless, *a.* لا مَعْنَى له، (كلام) فارغ، لا طَائِلَ وراءه، بلا جدوى

meantime, *adv.* في أَثْناء أو غضون ذلك

meanwhile, *adv.* في نفس الوَقت؛ على حين أن

measles, *n.pl.* مَرَض الحَصْبَة

measly, *a.* 1. (of, affected with, measles) مُصاب بمرض الحصبة؛ مختصّ بها

2. (*sl.*, worthless, contemptible) (مِقْدار) ضَئيل، تافه، قليل القيمة، هيّن

measure, *n.* 1. (size, quantity, degree) مِقْياس، مِكْيال؛ حَجْم

cubic measure مِقْياس الحجم أو السَّعة

he gave me short measure أَعْطاني مقدارًا ناقص الوزن غشًّا

he threw it in for good measure أَعْطَاني مقدارًا إضَافيًّا مجانًا، فوق البيعة، كمالة

clothes made to measure ثِياب مفصّلة حَسَبَ مقاس الزّبون (غير جاهزة)

he took his opponent's measure إِخْتَبَر خَصْمه ليعرف مدى قوته

in a large measure إلى دَرَجَة كَبِيرَة، إلى مَدًى كَبِير

he had some measure of success أَصَابَ شيْئًا أو حظًّا من النّجاح

beyond measure (كان سروره) يفوق الوَصْف، (كانت مطالبها) تجاوز الحدّ

2. (system or means of calculating) مِعْيَار، مِقْياس، مكيال، كيل، عيار، ميزان

greatest common measure القَاسِم المُشْتَرَك الأَعْظَم

3. (metre, rhythm) وَزْن الشِّعْر

4. (course of action) إِجْراء أو قَرار (تَتَّخِذُهُ هيئة رسميّة كالحكومة مثلًا)

take measures against اِتَّخذ إجراءاتٍ أو تَدابير أو احْتِياطاتٍ ضِدَّ ...

5. (legislative enactment) إجْراء قانُونِيّ

v.t. & i. قاسَ (القُماش)، كالَ (السّائل)، قَدَّرَ (حَجْم الصُّنْدُوق)، أَخَذ (التَّرْزيّ) مَقاساتِه؛ (الحُجْرَة) تَبْلُغ (أَبْعادُها) ...

measure out قاسَ (يارْدَة من القُماش مَثلاً)، كَيَّلَ (جُرْعَة من الدَّواء)

he measured his length (عثَرت قَدَمُه)فَوقع مُسْتَلْقِيًا أو مُنْبَطِحًا على الأَرْض

it measures 6 inches wide عَرْض(الصَّفْحَة) سِتّ بُوصات أو سِتّة إِنْشات

measured tread مِشْيَة مُتَّئِدة

he did not measure up to the job لَمْ يَكُن كُفُوًّا لِلوَظِيفَة، لَمْ يَبْلُغ المُسْتَوَى المَطْلُوبَ لَها

measurement, *n.* قِياسُ (الأَحْجام مَثلاً)؛ مَقايِيس (الجسم)

meat, *n.* لَحْم (لُحُوم)

meat and drink (*lit. & fig.*) المَأْكَل والمَشْرَب؛ (كان يجد في الشطرنج مَثلاً) مُتْعَة كُبْرَى؛ خَمْرُه وزادُه، عُدَّتُه وعَتادُه

one man's meat is another man's poison مَصائِبُ قَوْمٍ عِنْدَ قَوْمٍ فَوائِدُ

his speech had plenty of meat in it أَلْقَى خِطابًا دَسِمًا، غَنِيًّا بالحُجَج المَتِينَة

meaty, *a.* (*lit. & fig.*) (عَظْم) بِلَحْمِه؛ (حُجَّة) دَسِمَة؛ (كِتاب) غَزِير المادَّة

Mecca, *n.* مَكّة المُكَرَّمَة (حَيْثُ وُلِدَ النَّبِيّ مُحَمَّد صَلَّى اللّه عَلَيْه وسَلَّم)

(*fig.*) قِبْلَة الأَنْظار، كَعْبَة القُصّاد

mechanic, *n.* 1. (workman) عامِل مِيكانيكِيّ، عامِل يَشْتَغِل بإِصْلاح المُحَرِّكات

2. (*pl.*, science of motion or machinery) عِلْم المِيكانِيكا (فَرْع مِن فُرُوع الفِيزياء)

mechanical, *a.* آلِيّ، مِيكانيكِيّ؛ (أَلْقَى القَصِيدَة بطَرِيقَة) آلِيَّة

mechanical control التَّحَكُّم المِيكانِيكِيّ

mechanical transport (*mil.*; *abbr.* M.T.) (إدارة) النَّقْل المِيكانِيكِيّ (عسكرية)

mechanician, *n.* مُحْتَرِف الصِّناعة المِيكانِيكيّة

mechanism, *n.* جِهاز آلِيّ أو مِيكانِيكِيّ؛ التَّرْكِيب المِيكانيكِيّ، الآلِيَّة

(*fig.*) آلية التَّرابُط بين أَجْزاء عَمَلٍ أو جِهازٍ ما

the mechanism of the body طَبِيعة عَمَل الجِسْم الإنسانيّ طِبْقًا لأَجْهِزَتِه المُخْتَلِفَة

the mechanism of government العَمَل الحكوميّ

mechanize, *v.t.* أَدْخَل الآلاتِ في الصِّناعة

medal, *n.* وِسام، نَوْط، مِدالية

the reverse of the medal (*fig.*) الوَجْه الآخَر لِلمَسْأَلَة أو القَضِيَّة

medallion, *n.* 1. (large medal) نَوْط أو مِدالِية كَبِيرة، مِداليُون

2. (round flat design) نَقْش مُسْتَدِير قَلِيل النُّتُوء

medallist, *n.* 1. (one who makes or engraves medals) صانِع الأَوسِمة أَو المِدَالِيَات

2. (one who receives medals) حامِل مدالِية أَو وِسام شرف

meddle, *v.i.* تَدَخَّلَ فيما لا يعنيه، عَبَثَ بِأَشْيَاء تخصّ إنسانًا آخر

meddlesome, *a.* مُتَطَفِّل، مُتَدَخِّل في أُمُور لا تَعْنِيه

media, *pl. of* **medium**

medi(a)eval, *a.* (-ist, *n.*) (تَارِيخ) العُصُور الوُسْطَى

medial, *a.* وَاقِع في الوَسَط

median, *a.* مُتَوَسِّط

median artery الشِّرْيان الأَوسَط

n. (math.) مُنَصِّف (رِياضِيَّات)

medi/ate, *v.i. & t.* (-ation, *n.*) تَوَسَّطَ بين طَرَفَيْن متخاصمين للتَّوفِيق بينهما؛ وساطة

mediator, *n.* وَسِيط بين خصمين لتسوية الخِلاف بينهما؛ شَفِيع

medical, *a.* طِبِّي

a medical (examination) الفَحْص الطِّبِّي

the medical profession مِهْنَة الطِّبّ؛ الأَطِبَّاء

medical (student); *also* medic (*U.S. coll.*) طَالِب بكلِّية الطِّبّ، طالِب طِبّ

medical ward عَنْبَر أَو جناح الأَمراض الدَّاخلِية (به مَرْضَى لايَحتاجون إلى عمليات جراحية)

medicament, *n.* عَقَّار (عقاقِير)، دواء

medic/ate, *v.t.* (-ation, *n.*) دَاوَى، عَالَجَ، طَبَّبَ

medicinal, *a.* ذُو خَصائِص عِلاجِيَّة، (مُسْتَحْضَرات) طِبِّيَّة

medicine, *n.* 1. (science) عِلم الطِّبّ

Doctor of Medicine دُكْتُور في الطِّبّ

2. (curative substance) دَوَاء، عَقَّار

he took his medicine like a man (*fig.*) صَبَرَ عَلى المكروه، تقَبَّلَ الشدائد بصدْر رحْب

medicine-man طَبِيب مشعوذ أَو دجّال

medico, *n.* (*joc.*) اِسْم يطلَق على الطَّبِيب أَو طالِب الطِّبّ في معرض أُلْفة أَو مزاح

medieval, *see* **medi(a)eval**

mediocr/e, *a.* (-ity, *n.*) (مُسْتَوًى) دون المُتَوَسِّط، (صنف) غير جيِّد، بين بين؛ شَخْص عادِيّ لا امتِياز له

medit/ate, *v.i. & t.* (-ation, *n.*) تَأَمَّلَ، فَكَّرَ في الأَمر مليًّا، تَرَوَّى، تَبَصَّرَ؛ تَأَمُّل

mediterranean, *a.* نِسْبَةً إلى إقليم البحر الأَبْيَض المتوسِّط (كِمَناخِه مثلًا)

the Mediterranean ⟨Sea⟩ البَحْر الأَبْيَض المُتَوَسِّط

medi/um (*pl.* -a, -ums), *n.* 1. (agency, means, vehicle) وَسَاطة، واسِطة (الاتِّصال)، وَسِيلة (التَّخاطب أَو التَّفاهم)

2. (spiritualistic go-between) وَسِيط في جَلَسات تحضير الأَرواح

3. (middle state) وَسَط

happy medium (خَيْر الأُمُور) أَوسَطُها، الاعْتِدال بَيْن النَّقِيضَيْن

a. مُتَوَسِّط

medium wave مَوْجة متوسِّطة (رادِيو)

medlar, *n.* فَاكِهَة المَشْمَلة ، زُعْرُور جرماني

medley, *n.* مَزِيج مشوَّش (من الأنغام مثلًا)

medulla, *n.* مُخّ أو نخاع العظم، مادّة تملأ الفراغ الكائِن في وسط العظام أو سيقان النّبات

Medusa, *n.* مِدُوزة ، كائنة أسطورية شعرها أفاعٍ وكانت تحول من رآها إلى حجر

meek, *a.* وَدِيع ، مُتَواضِع ، رَقيق الجانِب ؛ خَنُوع ، صَاغِر ، ذَلُول

meerschaum ⟨**pipe**⟩, *n.* غَلْيُون أو بيبة من حَجَر خاصّ أبيض اللون

meet (*pret. & past p.* met), *v.t.* 1. (encounter, come into contact with) لَقِيَ ، لَاقَى ، صَادَفَ ، وَاجَهَ ، التقى أو اجتمع بِ ، تَقَابَلَ

he met the London train ذَهَبَ إلى المحطّة لانتظار شخص قادم في قطار لندن

he met him half-way (*fig.*) اِتَّفَقَا على حَلٍّ وَسَطٍ ، تنازل كلّ منهما عن بعض حقّه

there is more in it than meets the eye لَيْسَ الأَمْر بِالبَسَاطَة الّتي يَبْدُو عليها ، وَراء الأكَمَة ما وَرَاءَها

2. (satisfy) وَفَى بالمطلوب ، سَدَّ الحاجة

you have not met my objection جَوَابُك لا يُعْطِي رَدًّا شافيًا على اعتراضي

this will meet the case هَذَا يَسُدّ الحاجة ، (هذا الإجْراء) يَحُلّ المشكلة

v.i.

his efforts met with success كُلِّلَت جهوده بالنَّجاح ، أَثْمَرَت مساعيه

he met with an accident أُصِيبَ في حادث (وهو في طريقه إلى العَمَل)

n. تَجَمُّع الصيادين وكلابهم لصيد الثعلب

meeting, *n.* اِجْتِمَاع (الأعضاء)، جلسة (لمجلس الإدَارة)، ملتقى ، لقاء

meeting-house مَكان الاجتماعات الدّينيّة (عِنْدَ طائفة الكويكر)

meeting-point (*lit. & fig.*) نُقْطَة التَّقابُل ؛ اِلْتِقاء وُجْهات النَّظَر

megacycle, *n.*; *abbr.* M/C مِيجَاسَيْكِل (فيزياء)

megalith, *n.* (**-ic,** *a.*) صَخْرَة ضَخْمَة (للبِناء أو عَمَل التَّماثِيل قَدِيمًا)

megalomania, *n.* جُنُون العَظَمَة ، مَرَض عقلي يغالي المُصاب بِه في تَقْدِير قِيمَتِه الذّاتِيّة

megaphone, *n.* آلة على شكل بوق تُسْتَعْمَل لِتَضْخِيم الصّوت في الأماكن المكشوفة

megaton, *n.* مِيجَاطُن ، (يعادل مليون طن ت.ن.ت)

megawatt, *n.* مِيجَاوَاط ، مِلْيُون واط (كهرباء)

megohm, *n.* مِيجَاأوم ، مليون أوم (في قِيَاس قوّة المقاومة في الكهرباء)

melancholia, *n.* المالِنْخوليا (اِضْطِراب عَقْلِيّ من مَظاهِره الاكْتِئاب الشَّدِيد)

melanchol/y, *n.* (**-ic,** *a.*) السَّوْداء ، السويداء ، شُعُور بالحزن والغمّ والاكتئاب ؛ منقبض

a. سَوْدَاوِيّ المِزاج ، منقبِض الصّدر

mélange, *n.* خَلِيط من أشياء غير متجانسة

mêlée, *n.* اِخْتِلَاط الحابل بالنابل في العراك ، (قَذَفَ بنفسه في) أتون المعركة

mellifluous, *a.* (صَوْت) ينساب في رقّة وحلاوة، (أُسْلوب) سَلِس، (نغمات) رخيمة

mellow, *a.* (صَوْت) عَذْب، (ثَمر) يانع، (تَمْر) رُطَب، (خَمْر) معتّق، (مذاق) ناعم

(*fig.*) ذُو خِبرة واسعة؛ أنيس وحلو المَعْشَر

of mellow judgement ناضِج أو حصيف الرأي

(*sl.*) مَبْسوط شوية، مكيّف (من الخمر)

v.t. & i. أَنْضَجَتْه (التّجارب)؛ نَضِجَت (الفَاكِهة)، إِحْلولت، تلاشت مرارتها

melodic, *a.* ذُو علاقة بالألحان وترتيب الأنغام

melodious, *a.* (أُغْنِيَّة) عذبة، رخيمة، منغّمة

melodrama, *n.* (**-tic,** *a.*) مِيلودراما، مسرحية تُبالغ في إثارة العواطف وتنتهي بنهاية سعيدة

(*fig.*) مَوقِف يَغْلِت فيه زِمام العواطف

melody, *n.* لَحْن، سلسلة أنغام متآلفة، اتّساق الصَّوْت وانسجامه

melon, *n.* بِطِّيخ، جَبَس، رقّيّ، دُلّاع، شمّام

melt (*past p.* melted *or* molten), *v.i.* ذَابَ (الثلج)

1. (become liquefied by heat) اِنْصَهَرَ (الرَّصَاص)، سَالَ، مَاعَ

melting-point دَرَجة الانصهار أو الذَّوَبان

2. (dissolve) تَحَلَّلَ أو مَاعَ (في سائل آخر)

it melts in the mouth تَذُوب (الفَطِيرة مَثلاً) في الفَم (لِخِفَّتِها وجَوْدَة صُنْعِها)

3. (fade *away*, change *into*) اِمْتَزَجَت (الحرباء) بالشَّجرة لتلوّنها بلونها؛ تلاشى (النهار في الليل)

4. (be softened, become tender) ذَابَ (قلبها) حَنانًا، رَقَّ فؤادها

v.t. أَذَابَ، صَهَرَ، أَسَالَ، أَمَاعَ

melt down صَهَرَ أو حَلَّ (مصوغات مثلاً)

in the melting-pot (*fig.*) في البُوتَقَة، في مَرْحَلَة انْتِقالِيَّة

member, *n.* 1. (one of a group, etc.) عُضْو (أعضاء) في نادٍ أو جماعة

Member of Parliament; *abbr.* M.P. نائِب (نُوّاب)، عضو في البرلمان البريطاني

2. (constituent part) عُضْو (من أعضاء الجسم)

the unruly member (the tongue) كِناية عَن اللِّسان

membership, *n.* 1. (state of being a member) عُضْوِيّة، انتساب إلى هيئة ما

2. (number of members) عدَد الأعضاء المُنْتَمِين إلى هيئة ما

membran/e, *n.* (**-ous,** *a.*) غِشاء رقيق يغلّف عُضْوًا في الجسم أو يفصل بين عضوين

memento, *n.* شَيْء يحتفظ به تذكاراً من شخص آخَر أو من آثار قديمة

memento mori جُمْجُمة ، رمز للموت

memo, *abbr. of* **memorandum**

memoir, *n.* 1. (personal record); *usu. pl.* مُذَكَّرات أو يوميّات شخصيّة، سيرة ذاتية

2. (learned essay) بَحْث أو رِسالة في مَوْضُوع عِلْمِيّ

memorable, *a.* (يَوْم) مشهود، ينطبع في الذاكرة

memoran/dum (*pl.* -da, -dums), *n.* مُذكِّرة

memorial, *n. & a.* نُصْب تَذْكارِيّ؛ ما يُقام لِتَخْليد ذِكْرَى الأَمْوات

war memorial نُصْب تذكاري لضحايا الحرب

memorial service حَفْل تأبيني عامّ يقام في الكنيسة غالبًا

memorize, *v.t.* اِسْتَظْهَرَ (قصيدة مثلًا)، حَفِظَها عن ظهر قلب

memory, *n.* الذّاكِرة، (له قدرة على) التذكّر؛ (أُقِيمَ لتخليد) ذكرى

commit to memory حَفِظَ عن ظهر قلب، اِسْتَظْهَرَ (قصيدة مثلًا)

speaking from memory, I would say . . . عَلَى مَا أتذكَّر فإنّه..، أقول عفوَ الذاكرة

he has a long memory له ذاكِرة الجَمَل، لا يَنْسَى الإساءة أبدًا

in memory of تَذْكارًا لِ..، إحْياءً لِذِكْرَى...

within living memory (هٰذا هو أبرد يوم) يَذْكُرُه الأحياء من الناس أو فيما يُذكر

King George of happy memory المَلِك جُورْج سَعِيد الذِّكر

men, *pl. of* **man**

menace, *n.* شَيْء ينذر بخطر أو يهدّد بأذًى، مَصْدَر يُتوقَّع منه الأذى؛ تَوَعُّد

v.t. أَنْذَرَ بالخطر الوشيك، هَدَّدَ، تَوَعَّدَ

ménage, *n.* تَدْبِير شؤون المنزل؛ لَفْظ به تَلْمِيح لطريقة شاذّة للحياة المنزلية

menagerie, *n.* مَجْمُوعَة حيوانات متوحّشة تُعْرَض محبوسة في سيرك

mend, *v.t. & i.* أَصْلَحَ (خللًا)؛ حَسَّنَ (الوضع)، أذكَى (نار المدفأة)؛ التأم (الجرح)، تَحَسَّنَ

you must mend your ways يَنْبَغِي أن تحسّن سُلوكك، عليك أن تهذّب أخلاقك

he had to mend his pace اُضْطُرّ إلى الإسْراع في مَشْيِه

that won't mend matters هٰذا لن يؤدّي إلى أي تَحَسُّن في الموقِف، لا جَدْوَى من ذلك

it's never too late to mend الفُرْصَة مُتَاحَة دائمًا للاقلاع عن خطأك، باب التوبة مفتوح دائمًا

n. إصْلاح الخَطأ، رفو الملابس أو رتقها

on the mend حالتُه آخذة في التّحسُّن

mendacious, *a.* كَذّاب، كاذب، كذوب، أَفّاك

mendacity, *n.* الإِفْك، الإمعان في الكذب

mendicant, *n. & a.* مُتَسَوِّل، متصدّق، مُسْتَعْطٍ

mending, *n.* رَتْق أو إصلاح

a basketful of mending سَلّة بها ثياب تحتاج إِلَى رفو أو إصلاح

menial, *a.* (عَمَل) ذليل، حقير، يليق بالخادِم الأجير

n. خَادِم للأعمال المنزليّة البسيطة

meningitis, *n.* اِلْتِهاب أغشية الدماغ، التهاب المُخّ، الالتهاب السحائي

meniscus, *n.* سَطْح مُحَدّب أو مُقعّر (لِسائل في أنبوبة)؛ عَدَسَة هِلالِيّة

menopause, *n.* اِنْقِطاع الحيض أو الطَّمْث عِنْد المرأة، سنّ اليأس

menses, *n.pl.* العَادَة الشهرية، الحيض، الطَّمْث، قُرْء (قُرُوء)

menstrual, *a.* حَيْضيّ، طَمْثِيّ؛ شهريّ (فلك)

menstru/ate, *v.i.* (**-ation,** *n.*) حَاضَتْ؛ حَيْض

mensurable, *a.* يُمْكِن قِياسُه ، قابِل للقياس أو المَسْح

mensuration, *n.* قِياس الأبعاد (رياضيات)

mental, *a.* 1. (relating to the mind) عَقْليّ ، ذِهْنِيّ ، فكريّ ، يتعلّق بالذّهن أو العقل

mental arithmetic حِسَاب ذهني أو شفوي

mental age العُمْر العقليّ (علم النفس)

mental deficiency قُصُور أو تأخُّر عقلي

mental home مَصَحّ للأمراض العقليّة

2. (*sl.*, feeble-minded) أَهْبَل ، مَهبول

mentality, *n.* عَقْليّة ، مستوى ذهني أو عقلي ؛ طَاقة عقليّة أو ذِهْنيّة ، وجهة نظر

menthol, *n.* المِنْثُول ، مستخرج من زيت النعنع

mention, *n.* ذِكْر ، إشارة

an honourable mention إشَادَة بمجهود متاز (دون منحه جائزة) ، تقريظ ، تنويه بِ

v.t. ذَكَرَ شيئًا ، نَوَّه عنه ، أشَارَ إليه

don't mention it! (*coll.*) العَفْو ، لا شُكْرَ على واجِب ، عفوًا ، لا عليك

not to mention . . . نَاهِيك عن ، وَزِيادةً على ذَلِك ، وفَضْلًا عن ذلك

mentor, *n.* ناصِح مجرِّب يوثق به

menu, *n.* قائِمة الأطعمة (في مطعم)

Mephistophelian, *a.* شَيْطانِيّ ، يُضْمِر الشّرّ

mercantile, *a.* تِجَارِيّ ، مختصّ بالتِّجارة

mercantile marine الأسطول التّجاري

mercantile theory; *also* mercantilism مَذْهَب يُنادِي بِأهمّية المال ويَهْدِف إلى أقْصى كَسْب

mercenary, *a.* (بَوَاعِث) مادّية ، يهمّه الرّبح فَحَسْب ، يَسْعَى وراء الكسب ، غايته جمع المال

n. جُنْديّ مرتزق ، (صحفيّ) مأجور

mercer, *n.* تاجِر أقمشة وخاصّة الحرائر ، بزّاز

mercerize, *v.t.* أضْفَى على القماش القطني لمعانا كلمعان الحرير بعملية كيميائية

merchandise, *n.* بِضاعة ، بضائع ، سِلَع

merchant, *n.* & *a.* تَاجِر ، متاجِر ؛ تجاريّ

merchant service الأُسطول التّجاريّ

merchant ship سَفِينة تجاريّة

speed merchant (*sl.*) سائِق مُسْتَهتِر

merchantman, *n.* سَفِينة تجاريّة

merciful, *a.* رَحِيم ، شَفوق ، عَطوف ، حَنُون ، رَؤوف ، رَؤوم

merciless, *a.* قاسِي القلب ، عديم الشّفَقَة ، لا يَعْرِف الرَّحْمة

mercurial, *a.* 1. (pertaining to the substance mercury) (مُسْتَحْضَر) زئبقي

2. (of the planet Mercury) نِسْبَةً إلى الكَوْكَب عطارد

3. (quick, lively, volatile) سَرِيع الحَرَكَة ، كلّه حَيَويّة ، متقلّب المزاج ، رجراج

Mercury, *n.* 1. (Roman god) إله عند الرومان يُقَابِل هرمس عند اليونان (كان رسول الآلهة)

2. (planet) كَوْكَب عُطارِد (فَلَك)

mercury, *n.* (metal) مَعْدِن الزِّئْبَق

mercy, *n.* 1. (clemency) رَحْمة ، شفقة ، رَأْفة ، عَطْف

the ship was at the mercy of the waves كانَت السَّفِينة تحت رحمة الأمواج

2. (blessing) نِعْمَة ، بَرَكَة

you must be thankful for small mercies اِحْمَدْ رَبَّكَ على ما يُسْدَى لك مِن جَميل (لا تَسْتحقّه)

it is a mercy it wasn't worse حَمْدًا لله أن الأمر لم يكن أسوأ

mere, *n.* بِرْكة، بُحَيرة

mere, *a.* مُجَرَّد ، مَحْض ، لَيْسَ إلاّ ، لا أَكْثر ولا أَقَلّ

it is a mere nothing! هَذِه خِدْمَة بسيطة

merely, *adv.* لمُجَرَّد (المداعبة)، فحسب، فقط

meretricious, *a.* (أُسْلوب) مُبَهْرَج زائف

merge, *v.t. & i.* دَمَج ، وَحَّد ، ضَمّ ؛ اِنْدَمَج ، اِتَّحَدَ ، اِنْضَمّ

merger, *n.* اِنْضِمام (شركتين) أو اندماجهما

meridian, *n.* 1. (circle or line of longitude) خطّ الطّول

2. (highest point reached by heavenly body) خطّ السَّمْت أو الزوال (للشمس)

meringue, *n.* حَلْوَى تُعَدّ من بياض البيض المَخْفُوق مع السّكّر وتخبز وتقدّم مع القشدة

merino, *n.* 1. (sheep) نَوْع من الغنم الاسبانيّ

2. (cloth) مَارِينوس، نسيج ناعم من صوف هَذا الغنم، بطانية من هذا الصوف

merit, *n.* تَفَوُّق، جدارة واستحقاق. فضْل، مَزِيّة (مزايا)

Order of Merit; *abbr.* O.M. وِسَام يمنحه العَرْش تقديرًا الشخص أظهر امتيازًا وتفوقًا

the class list was arranged in order of merit رُتِّبت قائمة تلاميذ الصفّ حسب كفاءتهم وَمَقْدِرتهم العلميّة

judge something on its merits نَظَرَ في الأمر مِنْ وجهة نظر موضوعيَّة مجرّدة

he made a merit of being punctual كانَ يَتَباهَى بِدِقَّة مُراعاتِه لِلمَواعِيد

v.t. اِسْتَحَقَّ، كان أهلًا لِ أو جديرًا بِ

meritorious, *a.* يَسْتَحِق التَّقْدِير والثَّناء

mermaid, *n.* حُورِيّة الماء، عروس البحر، مَخْلُوقة خرافيّة لها جسم إمرأة وذيل سمكة

merman, *n.* الذكر من حوريّات الماء

merriment, *n.* فَرَح ومَرَح، ضَحِك ومُتْعَة

merry, *a.* 1. (full of fun, happy) مرِح، طروب، جذلان، مبتهج، مفرفش (مصر)

merry-go-round (*lit.*) أُرْجُوحة دوّارة في مدينة الملاهي، مرجيحة (مصر)، مرجوحة (عراق)

(*fig.*) تَعاقُب الأحداث بطريقة مثيرة ومشوّشة

merry-making قَصْف، مرح صاخب

2. (*coll.*, slightly intoxicated) مَبْسُوط ، مُنَشْنَش (عراق) بِتأثير الخَمْر

mésalliance, *n.* زَوَاج غير متكافئ

mesdames, mesdemoiselles, *pl. of* ***madame, mademoiselle***

mesh, *n.* 1. (of a net) أَحَد ثقوب الشّبكة

2. (*pl.*, net) خُيوط الشّبكة أو العَنْكبُوت

(*fig.*)

he was caught in her meshes وَقَعَ في شباكها، عَلِقَ في شراكها أو حبائلها، صاد ته

3. (engagement of geared wheels, etc.);

in mesh (تُرُوس العجلتين) معشقة

v.t. & i. عَشَّقَ؛ تَعَشَّقَت (أسنان التروس)

mesmer/ism, *n.*, **-ist,** *n.* تَنْوِيم؛ منوِّم مغناطيسي

mesmerize, *v.t.* نَوَّمَ تنويمًا مغناطيسيًّا

(*fig.*) سَحَرَ، فَتَنَ، أَخَذَ بلُبِّها

he mesmerized his audience سَحَرَ سامعيه وأخذ بألبابهم، رصد سامعيه بعزفه الأخاذ

meson, *n.* المِيزُون، جُزَيْء بين الكهيرب والبروتون موجود في الأشعّة الكونية

Mesopotamia, *n.* بِلَاد ما بين النهرين (دِجْلة والفُرات)، العراق قديمًا

mess, *n.* 1. (muddle) اِضْطِراب، تهوّش، فوضًى

he made a mess of the job لَخْبَطَ أو خَرْبَطَ (العامِل) الشغل، بَوَّظَه، أفْسَدَه

2. (dirt) قَذَارة، وسخ

3. (*mil.*) مِيس، غرفة الطعام (عسكرية)

Officers' Mess مِيز أو مِيس الضُبّاط، مكان مخصّص لإقامة الضُبّاط ومأكلهم

v.t.; *also* mess up لَخْبَطَ، خَرْبَطَ، أَفْسَدَ

v.i. 1. (take meals) تَنَاوَلَ (الضابط أو الجنديّ) وَجَبَات الطّعام في الميس

2. (potter *about*) أَمْضَى الوقت يعمل أشياء تافهة، عَبَثَ

message, *n.* رِسالة شفويّة أو مكتوبة

a book with a message كِتاب ذُو رِسالة هادِفة أو مَغْزًى خاصّ

don't say any more—I've got the message!
يَكْفِينِي ما قُلْتَ - فقد فهمتُ قصدكَ!

messenger, *n.* رَسُول (رُسُل)، ساع (سعاة)، حامِل رسالة خاصّة

Messiah, *n.* 1. (promised liberator of the Jews)
المَسِيح المنتظَر (عند اليهود)

2. (musical composition by Handel)
اُوراتُورِيو شَهِير من تأليف هَنْدِل

messianic, *a.* نِسْبَةً إلى المسيح

messieurs, *pl. of* ***monsieur***

Messrs., *pl. of* **Mr.**

messy, *a.* (غُرفة) مُخربطة، (عمل) يوسخ اليدين

met, *pret. & past p. of* **meet**

metabolic, *a.* نِسْبَةً إلى الأَيْض

metabolism, *n.* عَمَلِيّة الأَيْض أو التحوّل الغذائي وهي مجموع التغيّرات الكيميائية التي تحدث بالجسم

metacarpus, *n.* مَشْط اليد (تشريح)

metal, *n.* 1. (class of chemical substances;
one of this class) مَعْدِن (معادن)، فِلِزّ

metal-worker صانع أدوات معدنية

white metal سَبِيكة بيضاء من معادن خاصّة

2. (broken stone); *also v.t.*

metalled road طَرِيق مَرْصُوف بالمَكْدام (الأَحْجار المَضْغُوطة - الدَّبْش)

3. (*pl.*, railway lines) قُضْبان السِّكّة الحَدِيديّة

metallic, *a.* (رنين) مَعْدِنِيّ

metallic lustre بَرِيق أو تألُّق معدِنيّ

metallurg/y, *n.* (**-ical,** *a.*); **-ist,** *n.* عِلْم المعادن أو الميتالورجيا

metamorphic, *a.* (صُخُور) متحوّلة بتأثير الضَّغْط أو الحرارة (جيولوجيا)

metamorphose, *v.t.* حوّل هيئة الشيء أو طَبِيعته تحويلًا جوهريًّا، (آلهة) ممسوخة

metamorphosis, *n.* تَغَيُّر جوهري، تحوّل جذري في شكل (الحشرة) أو في شخصية الإنسان

metaphor, *n.* (**-ical,** *a.*) تَعْبِير مجازيّ، استعارة (مثل الجمل سفينة الصّحراء)

mixed metaphor اِسْتِعَارَتَان (في جملة واحدة) لَا تَنْسَجِم إحداهما مع الأخرى

metaphorically speaking عَلَى سبيل المجاز

metaphysician, *n.* مُتَخَصِّص في فلسفة ما وراء الطَّبِيعة

metaphysic/s, *n.pl.* (-al, *a.*) الميتافيزيقا، علم المَعْقولات، الفلسفة التجريدية

metathesis, *n.* تَغْيِير في مَواضع حُرُوف الكَلِمة بِدُون تَغْيِير مَعْناها

mete, *v.t.* (*with* out) أَعْطاه حِصّته أو نصيبه أو استحقاقه من

mete out rewards or punishment جَزَى كُلّ نَفْسٍ ما كسبت، كافأ أو عاقب كلًّا حسب استحقاقه

metempsychosis, *n.* تَنَاسُخ أو تقمّص الأرواح

meteor, *n.* نَيْزَك (نيازك)، شهاب (شهب)، نجم برّاق يُومِض لحظة ويحرق في السّماء ثم يختفي

meteoric, *a.* 1. (of or like a meteor) كَالنَّيْزَك

(*fig.*) سَرِيع، خاطف للأبصار

his rise to fame was meteoric سُرْعَان ما تَأَلَّق نَجْمه، ذَاعَ صيته بين عشية وضحاها

2. (of the atmosphere) مُتَعَلِّق بالأرصاد أو الأنْوَاء الجوّية

meteorite, *n.* كُتْلَة صخريّة أو معدنيّة تسقط مِن الفضاء وترتطم بالأرض

meteorolog/y, *n.* (**-ical,** *a.*); **-ist,** *n.* عِلم الأَرْصاد الجوّية، علم الأنواء (عراق)

Meteorological Office مَصْلَحَة الأرصاد الجوّية، دائِرة الأنواء الجوّية (عراق)

meter, *n.* 1. (measuring apparatus) عَدَّاد (لِقِياس استهلاك الكهرباء أو الغاز إلخ)

2. *see* **metre**

methane, *n.* غَاز المِيثان، غاز المستنقعات والمَنَاجِم، غاز ملتهب عديم اللون

methinks, *v.i.* (*arch.*) يَبْدُو لي أن ...، يتراءى لِي أن ...، في اعتقادي أن ...

method, *n.* 1. (way) مَنْهج، طريقة، أسلوب

2. (orderliness) نِظام، تناسق، ترتيب

there is method in his madness وَرَاء جنونِه الظّاهريّ تَكْمُن خطّة ماكرة

methodical, *a.* مَنْهجيّ، منظّم، مُنْتَظِم

Method/ism, *n.*, **-ist,** *n.* طَائِفة برُوتِسْتانتيّة أسسها جون ويزلي عام ١٧٣٠م

methodology, *n.* دراسة مناهج البحث العلمي

methyl, *n.* المِيثِيل (ك يد٣)

methylate, *v.t.* مَزَجَ بروح الخشب

methylated spirit الكُحول المخلوط بِرُوح الخشب وغيره

meticulous, *a.* مُدَقِّق، شديد التدقيق؛ مُفرط في الاهتمام بالتفاصيل

métier, *n.* حِرْفَة المرء أو مهنته الملائمة له

metonymy, *n.* كِنَاية (كاستعمال «الكأس» بدل «الخمر»)

met/re (*U.S.* **-er**), *n.* 1. (unit of length) مِتْر (وحدة لقياس الأطوال في النظام المتري)

2. (measure of rhythm in poetry) بَحْر من بُحُور الشِّعْر (علم العروض)

metric, *a.* مِتْرِيّ، (نظام) يتخذ المتر كوحدة قياس

metric system النِّظَام المتريّ (في المقاييس والأَوْزَان والحجوم)

metrical, *a.* 1. (composed in metre) (أَبْيَات شِعْرِيّة) منظومة، متعلّق بالبحور العروضيّة

2. (involving measurement) (هندسة) مِقْيَاسِيّة

metronome, *n.* المِتْرُونُوم، جهاز لضبط الإيقاع المُوسِيقِيّ بِدَقَّات رتيبة

metropolis, *n.* عَاصِمة (عواصم)، (باريس) حَاضِرة (فرنسا)

the Metropolis (London) لَنْدَنْ

metropolitan, *a.* نسبةً إلى العاصِمة؛ (رجال بُولِيس) لندن؛ نسبة إلى رئيس الأَسَاقِفة

n. 1. (one who lives in a big city) مَن يَقْطُن عاصِمَة أو مدينة كبيرة

2. (archbishop) رئيس أساقفة (أرثوذكسي)

mettle, *n.* (**-some,** *a.*) حَماس، حميّة، عزم؛ (حِصان) متوثّب

he is on his mettle تَطَلَّب منه الموقِف أن يبذل قُصارى جُهْده

mew, *n.* 1. (common seagull) زُمَّج الماء، النَّوْرَس (طائر بَحْرِي أَبْيَض)

2. (sound made by cat) مُوَاء القِطّ (صوت يُحْدِثُه الهِرّ)

v.i. مَاءَ (القِطّ أو النورس)

mews, *n.pl.* مَجْمُوعة من الاسطبلات في زقاق خَلْفِيّ أو تحيط بساحة مكشوفة

a mews flat شَقَّة أنيقة بالطابق العلوي في مبنى كان قَدِيمًا اسطبلاً ثم حُوِّل إلى جراج خاص

mezzanine, *n.* 1. (low storey between two higher ones) طابَق أو دور في عمارة بين الطابِقين الأرضي والأوّل عادةً

2. (floor beneath stage in theatre) طابَق أو دور كائن تحت خشبة المسرح

mezzo, *adv.* (*mus.*) مُتَوسِّط (موسيقى)

mezzo forte بِنِصْف شِدّة

mezzo-soprano (صوت) ميزوسوبرانو

mezzotint, *n.* ضَرْب من النقش على النحاس أو الصُّلب؛ صورة مطبوعة بهذه الطَّريقة

mi, *n.* (*mus.*) مِي، النَّغَمة الثَّالثة في السُّلَّم المُوسيقِيّ

miaow, *n.* & *v.i.* مُوَاء، تموُّء؛ مَاءَ (القِطّ أو الهِرّ)

miasm/a (*pl.* -ata, -as), *n.* أَبْخِرة نَتِنة وبيلة تَتَصَاعَد من موادّ متعفِّنة

mica, *n.* مِيكَا، طَلْق، معدن شفاف على هيئة شَرَائِح (يتحمَّل الحرارة الشديدة)

mice, *pl. of* **mouse**

Michaelmas, *n.* عِيد القِدِّيس ميخائيل (٢٩ سبتمبر أو أيلول)

Michaelmas daisy زَهْرَة الخَرّام أو الأسطراطيقوس (تزهر في فصل الخريف)

micro-, *in comb.* سابِقة بمعنى صغير أو دقيق؛ جُزء من مليون من ...

microbe, *n.* ميكروب (ميكروبات)، جرثوم، جُرْثُومة (جراثيم)، حيّ

microcosm, *n.* (**-ic,** *a.*) (كِنَايَة عن) الإنسان كعَالَم صغير يُمثّل الكون؛ عالَم مصغَّر

microfilm, *n. & v.t.* ميكروفيلم، فيلم لالتقاط صُوَر صغيرة (لصفحات كتاب مثلاً)

micrometer, *n.* ميكرومتر، مقياس دقيق لقياس الأبعاد الصغيرة بمنتهى الدقّة والإحكام (يُسْتَعْمَل في الهندسة الميكانيكيّة)

micron, *n.* الميْكرون، جُزْء من مِليون مِن المِتر

microphone, *n.* ميكروفون، آلة تحوّل الموجات الصوتية إلى موجات كهربائية

microscope, *n.* ميكروسكوب، مِجْهر

microscopic, *a.* 1. (of a microscope) مِجْهَرِيّ، ميكروسكوبيّ

2. (too small to be seen by the naked eye) لا يُرى بوضوح إلّا باستعمال الميكروسكوب

microscopy, *n.* عِلْم أو فنّ استعمال الميكروسكوب في الأبحاث العلمية

micturition, *n.* تَبَوُّل، رغبة مستمرّة للتبوّل

mid, *a.* وَسْط، منتصف

mid-Atlantic في وَسْط المحيط الأطلسيّ

in mid-air (*lit. & fig.*) مُعَلَّق في الهَوَاء؛ لا يَسْتَقِر له قرار

Midas, *n.* المَلِك مَيْداس (تحَوّل كلّ ما لَمَسَتْه أَصابِعه إلى ذَهَبٍ - حَسَب الأُسطورة اليونانية)

the Midas touch (لَدَيْه) قدرة خارقة على تحْقيق النّجاح الباهر لأي مشروع

midday, *n. & a.* الظُّهر، الظهيرة، الساعة الثّانية عشرة ظهرًا؛ (وجبة) الظهر

middle, *n.* وَسَط، منتصف؛ الخصر

a. أوسط، متوسّط

middle-aged, *a.* (شَخْص) بَين مَرْحَلَتَي الشّباب والشّيخوخة

the Middle Ages القُرُون أو العصور الوسطى (بين القرنين الحادي عشر والخامس عشر)

the middle classes, *whence* الطَّبقات الوُسطى

middle-class, *a.* نِسْبَةً إلى الطّبقة المتوسّطة (بين الطّبقتين الارستقراطية والعاملة)

the Middle East الشّرْق الأوسط

middleman, *n.* سِمْسَار أو وسيط بين البائع والمُشْتَرِي؛ تاجر جملة

middling, *a. & adv.* بَيْن بَيْن، متوسّط الحال، مُتَوَسِّط النوع أو الجودة

fair to middling (*coll.*) بَيْن بَيْن، موش بطّال، مُو عاطل، مقبول، لا بأس به

middlings, *n.pl.* بِضاعة من الدرجة الثانية، جَرِيش الطّحين الممزوج بالنّخالة

midge, *n.* حَشَرَة تشبه البعوضة (من فصيلة الهموشيات)، برغشة

midget, *n.* قِزَم (أقزام)، نغّاش، نغاشي، (شخص) قصير جدًا، قزعة (مصر)

a. نُسْخَة مُصَغَّرة مِن جِهاز ما

midland, *n. & a.* أوَاسِط البِلاد ؛ وَاقِع في وَسَط البِلاد أو دَاخِلها

the Midlands المُقاطعات الوُسطى في انكلترا

midmost, *adv. & a.* في المنتصِف تمامًا

midnight, *n. & a.* منتصِف اللّيل ، نصف اللّيل

midnight sun شَمْس مُنْتَصَف اللّيل (تُرى في الصّيف في المنطقتين القطبيتين)

burn the midnight oil وَاصَلَ اللّيل بالنّهار مُنْكَبًّا على الدِراسة، أحرق فحمة ليله

midriff, *n.* (لَكَمَه في) بَطْنه ، الحجاب الحاجز (تشريح)

midshipman, *n.* رُتْبَة ما قبل التخرّج في البحرية

midst, *n. & prep.* وَسَط أو قلب (الغابة مثلًا)، في وَسْط (الصحراء)

there is a traitor in our midst بَيْنَ ظَهْرَانينا خائن، غدر بنا واحد من أهلنا

midsummer, *n. & a.* صَيْف صائف، في أواسط الصَّيْف

Midsummer Day يَوْم ٢٤ يونيو أوحزيران (في التّقويم الانكليزي)

midsummer madness جُنون مُطْبِق،منتهَى الحُمْق

midway, *adv. & a.* في منتصِف (الرحلة أو المَسافة بين مكانين)،(مركز) وَسَط

midwife, *n.* قابِلة، مولّدة ، داية

midwifery, *n.* مِهْنَة التَّوليد ، فرع من دِراسة الطّبّ يتعلّق بالقبالة

mien, *n.* سِحْنة ، أسارِير الوجه ، سِيماء

might, *n.* قُوَّة ، قُدْرَة ، عَظَمَة ، جَبَرُوت ، بَطْش

might is right القُوَّة فوق الحَقّ ، القَوِيّ على حَقٍّ دائما

might, *pret. of* **may,** *v. aux.*

mighty, *a.* قَوِيّ ، قدير، عظيم ، جبّار، هائل، شديد البأس

adv. (*coll.*) (نُكْتَة مُضْحِكة) جدًّا، كثيرًا

mignonette, *n.* خُزام عَطِر، زَهرة تزيينيّة

migraine, *n.* صُدَاع نصفيّ، شقيقة (طبّ)

migrant, *a. & n.* (طَيْر) مهاجر، (قبائل) رُحَّل

migr/ate, *v.i.* (**-ation,** *n.*) هَاجَرَ، نزحت (القبيلة) من مكان إلى آخر؛ هِجْرَة (جماعية)

migratory, *a.* (طير) مُهَاجر أو متنقِّل

mike, *coll. contr. of* **microphone**

milady, *n.* (يا) سَيِّدتي

milage, *see* **mil(e)age**

milch, *a., only in*

milch cow بَقَرة حَلوب أودرور أومدرار

mild, *a.* لَطِيف ، مُعْتدِل ، خفيف ؛ دَمِث ، لَيِّن

mild beer بِيرة خفيفة قليلة الكُحول

draw it mild اِلْزَم جَانِب الاعْتدال ، لا تبالِغ ، لا تَغْلُ (في وَعِيدك)

a mild day يَوم لَطِيف مُعْتَدِل الطَّقْس

mildew, *n.* عَفَن فطريّ يَكْسو سَطح الموادّ العُضويّة بتأثير الرُّطوبة

mile, *n.* مِيل بَرّيّ ، مِقياس للأَطْوال قَدْره ١٧٦٠ ياردة أو ٥٢٨٠ قَدَمًا

nautical mile المِيل البحريّ (٦٠٨٠ قدمًا)

a miss is as good as a mile "رَضِيت من الغَنِيمة بالإِياب"، الفَشَل فَشَل مهما تَضاءل

I was miles away كنت في وادٍ آخر، كنت سَابِحًا بأفكارِي في عالَم آخر

mil(e)age, *n.* المَسَافة المقطوعة مقدَّرة بالأَميال

milestone, *n.* صُوّة تُبيِّن بُعْد المدينة التالية

(*fig.*) نُقْطَة فارِقة في تاريخ حياته، حَدَث فَاصِل في تطوّر (المعرفة الإنسانية)

milieu, *n.* وَسَط (اجتماعيّ)، بيئة (ثقافيّة)، مُحِيط (فكريّ)، أوساط (سياسية)

militant, *a.* مُحارِب، مكافِح، مجاهِد، مناضِل

the Church Militant الكَنِيسَة المجاهدة ضِدّ الشَّرّ والفَساد

militar/ism, *n.*, **-ist,** *n.* التَّطرُّف في الإيمان بأن القُوّة العسكرية عماد الدولة؛ مَن يؤْمِن بهذا المبدأ

military, *a.* حَرْبِيّ ، عسْكرِيّ

n. (*usu. with def. art.*) الجَيْش ، قوّات الجَيْش (جنود لقمع المظاهرات مثلاً)

militate, *v.i.* (*usu. with prep.* against) كان عاملاً مُنَاوِئًا أو مضادًّا له، حُجّة عليه

militia, *n.* (مُتَطَوّعُون) مدنيّون مدرّبون على الخدمة إلى جانب الجيش (في حالات الطوارئ)، الحرس الوطني

militiaman, *n.* عُضْو في الحَرَس القومي أو الوطني

milk, *n.* حَليب، لَبَن

milk bar مَقْهًى لتناول مشروبات الألبان أو الحليب على أنواعها، دار اللبن

milk pudding طَبَق حلو (مُعَدّ من الأرز مَثَلًا والحليب أو اللبن مع السّكّر)

milk shake حَلِيب مخفوق مع عصير الفاكهة

milk tooth إِحْدَى الأسنان اللبنيّة أو الحليبيّة

the milk of human kindness رِقّة القلب، الرّأفة والحنان، تَعاطُف البشر وطيبتهم

no use crying over spilt milk لا يَنْفَع النَّدَم بَعْد العَدَم، ما فات مات

his protest was milk-and-water (*fig.*) كان احتجاجه فاتِرًا، لا حياة فيه

v.t. حَلَبَ، اِحْتَلَبَ

(*fig.*) اِخْتَلَس (الخزينة) دِرْهمًا دِرْهمًا

milkmaid, *n.* حَالِبة البقر

milkman, *n.* لبَّان، بائع الحليب، موزّع اللّبَن على المنازل

milksop, *n.* شَخْص مخنّث وجبان؛ خَرِع، خَرِيع، لا رجولة فيه

milky, *a.* لَبَنِيّ، بِلَوْن اللّبَن، حليبيّ

the Milky Way طَرِيق المجرّة، درب التَّبَانَة (فلك)

mill, *n.* 1. (building with machinery for grinding) طَاحُونَة ، مِطْحَنَة

as calm as a mill-pond (البَحْر) هادِئ كالحَصِير، (البِرْكَة) ساكِنة تمامًا

mill-race تَيّار مائيّ دافق يدير الطّاحونة

mill-wheel دُولاب الطّاحونة أو عَجَلتها أو فِراشتها

go through the mill (*fig.*) عانَى الأمرّين، أذاقته الحياة المرّ والعَلْقَم

run of the mill (*attrib.*) (مَطْعَم) اعتياديّ لا يُمتاز عن غيره بشيء، (بضاعة) عادية متوفرة

2. (factory) مَصْنَع، معمل، فابريقة

mill-hand عامِل في مصنع أو معمل

3. (small grinding machine) طاحونة يدوية أو كهربائية صغيرة (لِلبُنّ أو للبهارات)

v.t. 1. (grind) طَحَنَ (القمح مثلًا)، سَحَقَ

2. (*mech. engin.*) فَرَّزَ، خَرَّش، شَرْشَرَ

v.i. أخذ الحَشْد يتنقل هنا وهناك، تَجَمْهَرَ القوم في الميدان

millboard, *n.* كَرْتُون متين (لتجليد الكتب)

mille-feuille, *n.* نَوْع من المعجنات كالبقلاوة

millenn/ium, *n.* (**-ial,** *a.*) 1. (period of a thousand years) حِقْبَة ألف عام

2. (*fig.*, future of great prosperity) عَصْر رَخَاء وسعادة وعدالة مثالية (في المستقبل)

millepede (millipede), *n.* أُمّ أربع وأربعين، حَرِيش (حشرة من متعدّدات الأرجل)

miller, *n.* طحّان، صاحب مطحن

millet, *n.* دُخن، ذرة عويجة

milli-, *in comb.* سَابِقة بِمَعْنى جُزء مِن أَلْف

milliard, *n.* مِلْيار، ألف مليون

milliner, *n.* صَانِعة أو بائعة قُبَّعات النّساء ولوازمها

millinery, *n.* صِناعة قُبَّعات النِّساء، الاتِّجار بها

million, *n.* مِلْيُون، ألف ألف

the millions العَامّة، الملايين من الشّعب

millionaire, *n.* مِلْيُونير، ثروته مليون جنيه

millipede, *see* **millepede**

millstone, *n.* حَجَر الرَّحَى أو الطاحونة

it was a millstone round his neck كان (الدَّيْن) غلًّا في عنقه أو عبئًا فادحًا على كاهله

milord, *n.* انكليزيّ ارستقراطيّ (لفظ قديم)؛ لَقَب لِمُخاطَبة القاضِي بالمحْكَمة

milt, *n.* 1. (spleen in vertebrates) طُحَال الحيوان

2. (roe in fish) رَوْل، بطارخ ذَكَر السمك

mime, *n.* مُمثّل يعبّر بالإشارات والحركة فقط

v.i. & t. مَثَّلَ دورًا بالإشارات فقط

mimeograph, *n.*; *also v.t.* آلة لِطِباعة نسخ بواسِطة استنسل؛ أعدّ نسخًا بهذه الآلة

mimic, *n. & a.* مَن يُتْقِن مُحاكاة الآخرين على سَبيل الهَزْل

v.t. حاكاه أو قَلَّدَه بالإيماء

mimicry, *n.* التَّمْثِيل بالإيماء، محاكاة، تقليد

mimosa, *n.* السّتّ المستحية، حساسة، خجولة (نَبَات مزهر من فصيلة السنطيات)

minaret, *n.* مِئْذَنة (مآذن)، منارة المسجد

minatory, *a.* (لَهْجَة) تهديديّة أو إنذاريّة

mince, *n.* لَحْم مفروم

mince-pie فُطيرة صغيرة حلوة محشوة بالفواكه المَفْرُومة والبهارات

v.t. فَرَمَ أو فَرَى (اللّحم مثلًا)

mincing machine; *also* mincer مِفْرَمَة

(*fig.*)

not to mince matters, it was stolen فَلْنَقُلْها صَراحَةً (بلا لَفٍّ ودوران)، لَقَد سُرِقَ

v.i. تَصَنَّع الخُيَلاء أو التَّأَنُّق

mincing, *a.* (رِقَّة) مُتَكَلَّفَة

mincemeat, *n.* خَلِيط مَفْرُوم مِن الفَوَاكِه المُجَفَّفة لِحَشْوِ الفَطائِر

he made mincemeat of him (*fig.*) دَحَضَ حُجَّتَه دَحْضًا ، فَنَّدَها تَفْنِيدًا تامًّا

mind, *n.* 1. (remembrance) الذّاكِرَة

bear (keep) in mind ينبغي أَلَّا تَنْسَى ، لا يَفُوتُك أَنَّ ...

call to mind اِسْتَعاد ذِكْرَيات (الشَّباب مَثَلًا) ، عَادَ بِذاكِرَتِه إلى الوَراء

it went clean out of my mind سَهَوْتُ عَن الأَمْر سَهْوًا تامًّا

out of sight, out of mind البَعِيد عن العَيْن بَعِيد عن القَلْب

2. (seat of consciousness, thought, volition, and emotion) عَقْل ، ذِهْن ، لُبّ

he changed his mind عَدَلَ عَنْ رَأْيِه

make up your mind! كَفَى تَرَدُّدًا ! اِتَّخِذْ قَرارًا في الأَمْر !

he was in two minds كان مُتَرَدِّدًا بَيْنَ رَأْيَيْن مُتَناقِضَيْن

he has a good (half a) mind to do . . . لَدَيْه رَغْبَة قَوِيَّة أو مَيْل شَدِيد أَنْ . . .

he set his mind on . . . وَطَّدَ عَزْمَه أو عَقَدَ نِيَّتَه على ...

she has something on her mind إنَّها مَشْغُولَة البال ، شَيْءٌ ما يُقْلِقُ بالَها

you must do something to take your mind off your troubles يَجِب أَنْ تَفْعَل شَيْئًا يُنْسِيك هُمُومَك

he is out of his mind لَقَد فَقَدَ صَوابَه ، يَبْدُو أَنَّه جُنَّ أو طارَ عَقْلُه

he keeps an open mind إنَّه لا يَنْحازُ إلى أَحَد الجانِبَيْن (قَبْل أن يَبْحَث الأَمْر)

3. (opinion) رَأْي ، فِكْرَة

they are of the same (one) mind لَهُما وِجْهَة نَظَر واحِدة

he spoke his mind جَاهَرَ برأيه ، أَبْدَى رَأْيَه بِصراحة

she gave him a piece of her mind وَبَّخَتْه على سُلُوكِه المُشِين

4. (intellectual ability) مَقْدِرَة عَقْلِيَّة

v.t. & i. 1. (look after, watch, care) رَاعَى ، اِنْتَبَه إلى ، اِحْتَرَس من

mind the baby رَاعَى الطِّفْل (في غِياب أُمِّه)

mind the step! اِحْتَرِسْ مِن السُّلَّم ! دِير بالَك مِن الدَّرَج (عراق)

mind your own business لا تَتَدَخَّل فِيما لا يعنيك !

mind you write to me! لا تَنْسَ أن تَكْتُبَ لي (بعد سَفَرِك)

mind out! اِحْتَرِسْ ! حَذارِ ! حاسِبْ !

mind you . . . لَكِن لا تَنْسَ أَنَّ ...

2. (object) إِعْتَرَضَ

if you don't mind . . . إن لم يكن لديك مانع، إن سمحت لي (بالانصراف مثلًا)، من فضلك

never mind! لَا بَأْسَ! معلهش (مصر)، ما يخالف! (عراق)

minded, *a.* 1. (disposed) راغِب في، مائل إلى

2. (in compounds)

strong-minded مُسْتَقِلّ في آرائه ومتمسّك بها

mindful, *a.* وَاعٍ، متنبه (للخَطر)، حريص

mine, *poss. pron.* (هذا) لي ، مِلكي

n. 1. (excavation); *also v.t. & i.* مَنْجَم (فحم مثلًا)؛ عَدَّنَ (الذهب مثلًا)

he is a mine of information إنّه بَحْر زاخِر مِن المعرفة، معينه لا ينضب

2. (explosive device); *also v.t.* لَغَم، لُغْم (ألغام)؛ لَغَّمَ (مدخل الميناء)، بَثَّ (الألغام)

mine-detector مِكْشاف الألغام

minefield, *n.* حَقْل ألغام

minelayer, *n.* سَفِينة لبثّ الألغام

miner, *n.* عامِل في مناجم الفحم (في انكلترا)، مُعَدِّن، فحّام

mineral, *n. & a.* مَعْدِن ، فلزّ (فلزّات)؛ (ركاز) معدني ، فلزّي

mineral water مِياه معدِنيّة طبيعيّة؛ مَشْروبات غازية ، غازوزة

mineralog/y, *n.,* **-ist,** *n.* عِلْم المعادن أو العدانة؛ مُتَخَصِّص في عِلْم المعادن

minestrone, *n.* شُورْبَة إيطالية شائعة

minesweeper, *n.* كاسِحة أو كانسة الألغام، سَفينة حربيّة تطهّر البحار من الألغام

mingle, *v.t. & i.* خَلَطَ (الحقائق والأوهام)، جالَ أو تجوّل (بين المدعوّين)، اِخْتَلَطَ بِ

mingy, *a.* (*coll.*) بَخِيل؛ (نصيب) زهيد جدًا

mini-, *in comb.* (سابِقة بمعنى) صغير أو قصير

miniature, *n.* صُورَة مُصَغَّرَة مَرْسُومَة على العاج أو جلد الرّقّ

in miniature مُصَغَّرًا ، في صورة مصغّرة

a. صَغِير ، مصغّر ، مُنَمْنَم

miniaturist, *n.* رَسَّام صُوَر مصغّرة

minim, *n.* 1. (*mus.*) البَيْضاء (علامة موسيقية)

2. (measure) القَطْرَة ، النُّقْطة (أصْغر مِقياس للسّوائل)

minimal, *a.* أَقَلّ ما يُمْكن من...؛ تافِه

minimize, *v.t.* قَلَّلَ أو خَفَّضَ شيئًا إلى الحدّ الأَدْنَى، خَفَّضَ من شأن (الكارثة)

minim/um (*pl.* -a), *n. & a.* الحدّ الأَدْنَى ، النِّهايَة الصُّغْرَى؛ أقلّ أو أدنى (مِقْدار ممكن)

minion, *n.* عَبْد خانع ، تابع ذليل ، مأجور يَتَمَلَّق سيِّده

minister, *n.* (**-ial,** *a.*) 1. (head of government department) وَزِير (وزراء)

2. (diplomatic representative) وَزير مفوّض

3. (clergyman) قِسّيس بروتستنتي غير أنجليكاني؛ راعٍ ديني في أية مِلّة

v.i. سَهِرَ على رعاية (المرضى)

ministering angel (ممرِّضة) رَؤُوف حَنون

ministration, *n.* مُساعَدة، خدمة، عون؛ خِدْمة كهنوتية

ministry, *n.* 1. (*polit.*) وِزارة (وزارات)

2. (*eccl.*) الإكْلِيرُوس، الكهنوت

mink, *n.* حَيَوان من فصيلة العرس مشهور بفرائه الثَّمِين؛ معطف من هذا الفراء

minnow, *n.* سَمَك صغير مثل الزمر أو أبو شَوْكة يَعِيش في المياه العذبة

minor, *a.* 1. (less in size or importance) (دَوْر) ثانَوِيّ، (حَدَث) بسيط، (جرح) سطحي

minor poet شاعِر ثانَوِيّ

the minor prophets الأَنْبِياء الاثنا عشر من هُوشَع إلى مَلَاخِي في العهد القديم

minor term الحَدّ الأصغر، المقدّمة الصغرى

2. (*mus.*) المِفْتاح الصَّغير (موسيقى)

3. (*of schoolboys*, younger) الشَّقِيق الأصغر سنًّا

n. مَن لم يبلغ سِنّ الرُّشد، قاصِر، لم يبلغ السِّنّ القانونية

minority, *n.* 1. (state of being under age) سِنّ القُصُور أو الحداثة (قبل بلوغ سِنّ الرُّشد)

2. (smaller part or number) الأَقَلِّيَّة

minster, *n.* كاتِدْرائِيَّة، كنيسة (تابعة لِدَير)

minstrel, *n.* مُغَنٍّ متجوّل (العصور الوُسْطَى)

minstrelsy, *n.* أَشْعار شعبيّة غنائية قديمة

mint, *n.* 1. (place where money is coined) دار سَكّ النّقود أو ضربها، دار السِّكّة

a mint of money (رِبْح) مَبْلَغًا طائلًا، كلفني صَحّ الباقي (مصر)، ثَرْوة طائلة

in mint condition (كِتاب) مايزال محتفظًا بجدّته، (ثلّاجة) على حالتها الأصلية

2. (herb) نَبات النَّعْنَع أو النّعناع

mint sauce صَلْصَة من النّعنع والسُّكّر والخل تُقَدَّم مع لحم الضّأن المشْوِيّ

v.t. سَكّ (العُمْلة)، ضَرَبَ النّقود أو المسكوكات

(*fig.*, invent) اِبْتَكَرَ كلمة، صَاغَ تعبيرًا جَدِيدًا، اِسْتَحْدَثَ لفظًا

minuet, *n.* رَقْصة كلاسيكيّة أو موسيقاها

minus, *prep.* ناقص، (٩ - ٣ مثلًا)

a. كَمِّيّة سالبة (مثل -٧) في الرياضيات

minus sign عَلامة السّلب أو الطّرح، علامة «ناقص» (-)

minute, *n.* 1. (unit of time) دَقيقة

minute-gun مِدْفَع يُطْلَق مَرّة كلّ دَقيقة (حِدادًا على رئيس دَوْلة مثلًا)

minute-hand عَقْرَب الدّقائق في السّاعة

at five o'clock to the minute وَصَلَ في تَمام الخامِسة، إذ دقّت الساعة الخامسة

up to the minute news آخر أنباء الموقِف، أنباء آخر لحظة

2. (unit of angular measure) دقيقة

3. (memorandum) مُذَكِّرة رَسْمِيّة يحرّرها مُوَظّف مدوّنًا رأيه في موضوع ما

keep the minutes سَجَّلَ محضر الجلسة، دَوَّن وقائع الاجتماع

minute book دَفْتَر محاضر الجلسات، سِجِلّ الوَقائِع

a. 1. (very small) (فَرْق) صغير جِدًّا، مُتَناهي الصِّغر

2. (precise) (وَصف) دقيق، بالغ الدِّقّة

minutiae, *n.pl.* التَّفاصيل الدَّقيقة الثانوية التَّافهة (لموضوع ما)، حواشٍ غير مهمّة

minx, *n.* فَتاة مرحة لعوب ذات جُرأة، بنت عِفْرِيتة أو وكيحة (عراق)

miracle, *n.* مُعْجِزة، أعجوبة (أعاجيب)، خارِقة، (نجا من الموت) بأعجوبة

miracle play مَسْرَحِيَّة دينيّة قديمة العهد تدور حول حياة السيّد المسيح أو القديسين

miraculous, *a.* (حَدَث) خارق للطبيعة، معجز، كالمُعْجِزة، عجيب جدًّا

mirage, *n.*; *also fig.* سَراب، آل؛ أوهام خادِعة لا تتحقّق

mire, *n.* طِين، وَحْل، مستنقَع؛ حَمْأة الرَّذِيلة

mirror, *n.* مِرْآة (مرايا)

v.t. عَكَسَت (البحيرة الجبل)

mirth, *n.* مَرَح، فَرَح، ضَحِك وطَرَب

mirthful, *a.* (مُناسَبة) تدعو إلى الانطلاق في البَهْجة والحبور

miry, *a.* (طَريق) وَحِل أو مُوحِل

misadventure, *n.* حادث سَيّئ؛ عارض شرّ

death by misadventure القَتْل خَطأً أو صُدْفةً

misalliance, *n.* زَواج غير متكافئ

misanthrop/e, *n.* (**-ic,** *a.*) مُبْغِض البَشر، يكره مُعاشَرة غيره؛ نافر من البَشر

misappl/y, *v.t.* (**-ication,** *n.*) أَساءَ استعمال الشَّيْء؛ سوء استعمال (الأموال العامّة)

misappreh/end, *v.t.* (**-ension,** *n.*) أَخْطَأَ الفَهْم؛ إساءة فهم الغرض المقصود

misappropri/ate, *v.t.* (**-ation,** *a.*) اِخْتَلَس، اِسْتَعْمَل أموالًا عامة في ذمته لمنفعته الذاتيه

misbegotten, *a.* (ولد) غير شَرْعِيّ، مولود سِفاحًا؛ (تدبير) خاطئ من أساسه

misbehave, *v.i.* & *reflex.* أَساءَ سلوكه

misbehaviour, *n.* سُوء السُّلُوك، إساءة التَّصَرُّف

miscalcul/ate, *v.t.* & *i.* (**-ation,** *n.*) أخطأ الحِساب؛ أَخْطَأ التقدير

miscall, *v.t.* أَطْلَق عليه اسمًا يُنافي طَبيعته

miscarr/y, *v.i.* (**-iage,** *n.*) 1. (fail, go astray) فَشِلَت (الخِطّة)، حَبطَت

miscarriage of justice إساءة تَطبيق أَحْكام العَدالة

2. (give birth prematurely) أَسْقَطت الحامل جَنِينَها (نتيجة حادث)، أجهضت، طرحت

miscasting, *n.* 1. (wrong addition in accounts) خَطأ في الجمع أو إضافة الأعداد

2. (unsuitable casting of actors) إِعْطاء دَوْر تمثيليّ لِمُمَثّل لا يَليق له

miscegenation, *n.* التَّزاوُج بين رَجُل وامْرأة مُختلِفَي الجِنس أو اللَّوْن

miscellanea, *n.* مُنوَّعات شَتّى، مُتَفرِّقات

miscellaneous, *a.* مَجْمُوعة أشياء مختلفة

miscellany, *n.* مُنْتَخَبات (أدبيّة) متنوّعة

mischance, *n.* حادِث سَيّء ؛ نَحْس ، سُوء الطّالِع

mischie/f, *n.* (**-vous,** *a.*) 1. (harm) ضَرَر أو أذًى مُفْتَعَل ، سُوء ، شَرّ ؛ مُضِرّ

do (someone) a mischief أَلْحَقَ به أذًى ، أَوْقَعَ به أضرارًا جسمية ، آذاه

he made mischief between them أثارَ بينهما الفرقة والشّقاق ، أَوْقَعَ بينهما خلافًا

mischief-maker دَسّاس ، مشاغب ، من يثير البغض والشحناء والحقد بين الناس

2. (annoying behaviour, esp. of children) شَقاوة أو شيطنة (الصغار) ، معاكسة

the boy is up to mischief هٰذا الولد ينوي المُعاكسة أو يتمادى في الشّقاوة

he keeps out of mischief إنّه يتجنّب ما يَضُرّ أو يُسِيء (لنفسه أو للغَيْر)

misconceive, *v.t. & i.* أَساءَ الفهم أو الإدراك ، أَخْطَأَ التفكير أو الظنّ

misconception, *n.* فِكْرة خاطئة ، سوء الفهم

misconduct, *n.* 1. (improper behaviour, esp. adultery) اِنْحِراف عن جادّة الصَّواب ، اِرْتِكاب الزّناء (كمبرّر للطّلاق)

2. (bad management) سُوء التّدْبير أو الإدارة

v.t. & reflex. أساء سلوكه ، تَصَرَّف تَصَرُّفًا مَعِيبًا

misconstr/ue, *v.t.* (**-uction,** *n.*) فَهِمَ غير المَقْصود (من كلامه أو اشارته) ؛ تأويل خاطئ

miscount, *v.t. & i.* أَخْطَأَ العَدّ

n. خَطَأ في العَدّ

miscreant, *n.* (*arch.*) كافِر ، مُلْحِد ؛ وَغْد ، نَصّاب ، لَئِيم

miscue, *v.i. & n.* أَخْطَأَ تصويب الكرة في لعب البِلْيَارْدو (بانزلاق العصا)

misdate, *v.t.* أَخْطَأَ في تحديد التّاريخ الحقيقيّ لحدث سابق أو لِمُسْتَنَدٍ ما

misdeed, *n.* إثم (آثام) ، ذنْب (ذنوب) ، (ارتكب) منكرًا ، عمل مشين ، قبيحة

misdemeanour, *n.* (*leg.*) جُنْحَة (أقلّ خطورة مِن الجَرِيمة – مثل تعكير الصفو العامّ)

misdirect, *v.t.* (**-ion,** *n.*) ضَلَّلَ ، أَضَلَّ ، أَساءَ التّوْجيه أَخْطَأَ (القاضي) في تفسير القانون عند توجيه المُحَلَّفِين

mise-en-scène, *n.*; *also fig.* الميزانسين ، تصميم وإِعْداد المناظر ومتعلّقاتها (على خَشَبة المسرح)

miser, *n.* (**-ly,** *a.*) بَخِيل ، شحيح مُمْسِك اليَد ، مقتّر ، ضَنِين

miserable, *a.* بائِس (بؤساء) ، تَعِس ، شقيّ ، مِسْكِين ؛ مهموم ، حزين

a miserable sum of money مَبْلَغ حقير أو ضَئِيل أو تافه ، نزر يسير من المال

miserable weather جَوّ مُقْبِض أو كئيب ، جوّ مُقْرِف (بسبب الغيوم وطول الأمطار)

misery, *n.* بؤس ، شقاء ، ضنك ، تعاسة ، شدّة ، غمّ ، اكتئاب ، ضيقة

misfire, *v.i. & n.* لَمْ تنطلق (البندقية) ؛ خَلَل

(*fig., of plans*) أَخْفَقَ المشروع ، فَشِلَ

misfit, *n.* عَدَم ملاءَمة (الملابس للشّخص المقصود)

(*fig., of person*) شَخْص لا يستطيع التّكيُّف أو الاِنْسِجام مع المجتمع أو الوَسَط

misfortune, *n.* نَكَد الطَّالع، سوء الحظّ، نحس

he had the misfortune to . . . كان من سوء حَظِّهِ أن ...، شاءحظّه السيّئ أن ...

misgiving, *n.* (أَوْجَسَ) خيفةً مِن ...، (ساورته) المَخَاوف والظُّنون، (انتابته) الرِّيَب والشُّكوك

misgovern, *v.t.* أَسَاءَ الإدارة أو الحكم (في شؤون الدَّوْلة مثلًا)

misguided, *a.* لَمْ يُوَجَّه توجيهًا صائبًا، مُضَلَّل

his misguided attempts to . . . (أدَّت) مُحَاوَلاته المبنية على خَطأ في التقدير (إلى ...)

mishandle, *v.t.* أَسَاءَ التَّصَرُّف في (موقف يحتاج إِلَى الدِّقّة واللباقة)

mishap, *n.* حادِث طَفيف يسبب بعض الكدر والضِّيق، حظّ عاثر

mishear, *v.t.* أَخْطَأَ السَّمْع

mishit, *v.t. & n.* رَمَى الكرة بحرف المضرب خطأً (في التِنِسْ مثلًا)؛ ضربة خاطئة بحرف المضرب

misinform, *v.t.* أَعْطاه معلومات غير صحيحة

misinterpret, *v.t.* حَرَّفَ تفسير (النصّ مثلًا)، حمَلَ (الكلام) على غير محمله، أَوَّله تأويلًا خاطئًا

misjudge, *v.t.* أَسَاءَ التقدير أو الظنّ، لم يُصب في حكمه على

mislay (*pret. & past p.* mislaid), *v.t.* نَسِيَ أين وَضَعَ (كتابه مثلًا)، أضاعه؛ ضائع مؤقّتًا

mislead (*pret. & past p.* misled), *v.t.* لم يُحْسِن توْجِيهه أو إرشاده، ضَلَّله، أَضَلَّه، خَدَعه

mismanage, *v.t.* أَسَاءَ معالجة الأمور (ممّا أدَّى إلى الفشل والإخفاق)

misname, *v.t.* أَطْلَقَ عليه تسمية لا تناسبه

misnomer, *n.* إِطْلاق نعتٍ لا يتفق وحقيقة المُسَمَّى، تسمية خاطئة في مدلولها

misogyn/y, *n.*, **-ist,** *n.* كَرَاهِية المرأة، النُّفُور من النِّساء؛ عدوّ المرأة

misplace, *v.t.* وَضَعَ شيئًا في غير موضعه

misplaced confidence وَضَعَ ثقتَه في شخص غير أهل لها

misprint, *n.*; *also v.t.* خَطأ مطبعيّ، غلط في الطِّبَاعة؛ أَخْطَأَ في طبع الكلمة

misprision, *n.* اِزْدِراء واحتقار في معاملته؛ التَسَتُّر على جريمة وعدم التبليغ عنها

mispron/ounce, *v.t.* (**-unciation,** *n.*) أَخْطَأَ في نُطْق الكلمة؛ خَطَأ في لفظ كلمة

misquote, *v.t.* أَخْطَأَ في الاقتباس، لم يورد النَّصّ الصحيح أو المتن بكامله

misread, *v.t.* أَخْطَأَ في القراءة؛ أَخْطَأَ في تقْدير احتمالات الموقف

misrepresent, *v.t.* (**-ation,** *n.*) اِدَّعَى كذبًا أن، زَعَمَ زعمًا خاطئًا، أَعْطَى فكرة خاطئة عن

misrepresentation of facts (*leg.*) تلْفِيق أو اخْتِلاق الوقائع، تحريف الحقائق

misrule, *n.* سُوء الحُكْم، فساد الإدارة

miss, *n.* 1. (failure to hit) رَمْية خاطئة، عَدَم إصابة الهدف

a near miss كَانَ عَلَى قيد شعرة من الهلاك، نَجَا بأعجوبة؛ كَادَ أن يصيب الهدف

give something a miss لَمْ يهتمّ بفعل شيء ما هذه المرّة، أهمله عن قصد

2. (girl or unmarried woman) إمْرَأة غير مُتزَوِّجة، فتاة، آنسة، عزباء

v.t. 1. (fail to hit, get, catch, etc.) أَخْطَأَ ؛ طاشَ (السهم) ، نَبَا

he missed his footing زَلِقَت رجله (أثناء المَشْي) ، زَلَّت قدمه (في التسلق مثلاً)

he missed the point لم يَفطِنْ لمغزى الكلام، لم يُدرِكْ معناه الحقيقي، لم يفهم لُبَّ الموضوع

he doesn't miss a thing لا تفُوته شاردة ولا وَارِدة، إنه دقيق الملاحظة

he missed his turn فَاتَه الدور (لتخلّفه)

2. (realize loss of; regret absence of) لقد أَوْحَشْتَنا؛ شَعَر بحنين إلى شخص أو شيء

3. (omit, overlook); *also* miss out سَهَا عن، أَغْفَلَ، أَهْمَلَ، حَذَفَ

v.i. أَخْطَأَ، أَخْفَقَ، فَشِلَ

missal, *n.* كِتاب القدّاس (عند الكاثوليك)، أَجْبِية أو قِنداق (عند الأرثوذكس)

misshapen, *a.* مُشَوَّه الخلقة، دميم، ممسوخ

missile, *n.* مَقْذُوف، قذيفة، صاروخ

guided missile قَذِيفة موجَّهة

intercontinental ballistic missile; *abbr.* I.C.B.M. قَذِيفة عابرة للقارات

missing, *a.* مَفْقُود ، ضائِع ، ناقِص ، غائِب

the missing link الحَلَقَة المفقودة

posted as missing أُعْتُبِر (الجنديّ مَثَلاً) في عِداد المفقودين

mission, *n.* 1. (body of emissaries) بَعْثَة (دبلوماسيّة) تمثّل الحكومة أو هيئة ما

2. (task, errand) مَأْمُورِيَّة، مهمّة (رسمية)

3. (missionary establishment) إِرْساليّة أو مؤسّسة تبشيرية

missionary, *n.* & *a.* مُبَشِّر دينيّ، مُرْسَل؛ (اجتماع) تبشيريّ، مختصّ بالمرسلين

missis (missus), *n.* 1. (*coll.*, mistress of the house) ربّة البيت أو الدار، الهانم

2. (*vulg.*, wife) الزَّوْجة، الحُرْمة، السِّتّ

missive, *n.* رِسَالة، خطاب، مكتوب

misspell, *v.t.* أَخْطَأَ في هجاء الكلمة، صَحَّفَ

missy, *n.* (*coll.*) (يا) بنت، (يا) صبية

mist, *n.* ضَباب، شَبُّورة (مصر)

v.t. & *i.* غَشَّت (الدُّموع عَيْنَيْه مثلاً)

mistake (*pret.* mistook, *past p.* mistaken), *v.t.* & *i.* أَخْطَأَ، غَلِطَ، اِرتكب خطأً

I mistook you for someone else أَخْطَأْتُ بَيْنَكَ وبين شخص آخر

there's no mistaking his meaning لا لَبْسَ فِي كلامه ولا إبهام، موقفه في غاية الوضوح

n. غَلْطة، خطأ، زلّة، هفوة، تصحيف، تَحْرِيف

by mistake سهوًا، (فعلت ذلك) خطأً

make no mistake! اِعْلَمْ تَمامًا، تأكّدْ كلّ التأكّد أن؛ حذارِ!

mister, *n., written* **Mr.** سَيِّد (سادة)

mistime, *v.t.* فَعَل شَيْئًا في غير حينه

mistletoe, *n.* هَدَال (نبات طُفَيْلِيّ)

mistook, *pret. of* **mistake**

mistral, *n.* رِيح المِسْترال ، رِياح شَمالِيّة عَنِيفة تَهُبّ على جَنُوب فَرَنْسا

mistranslate, *v.t.* أَخْطَأَ في التَّرْجَمَة

mistress, *n.* 1. (woman in control or command) سَيِّدة ، سِتّ ، رَبَّة البَيْت

mistress of the situation سَيِّدَة المَوْقِف

she ought to be her own mistress يَنْبَغي أن تَصِيرَ حُرَّة التَّصَرُّف في شُؤُونها

2. (woman teacher) مُعَلِّمَة ، مُدَرِّسَة

3. (woman loved by man, now usu. illicitly) عَشِيقَة ، حَظِيَّة ، سُرِّيَّة

4. (*arch.*, as title) (يَا) سَيِّدَتي !

mistrial, *n.* مُحاكَمَة باطِلَة (لِخَطَأ في الإِجْراءات)

mistrust, *n. & v.t.* عَدَم الثِّقَة ، سُوء الظَّنّ ؛ شَكَّ أو ارْتابَ في ...

mistrustful, *a.* مُرْتاب ، حَذِر ، شاكّ

misty, *a.* ضَبابِيّ ، مُغَطًّى بالضَّباب ؛ (جَوّ) مُضَبَّب ؛ (فكرة) مُبْهَمَة

misunderstand (*pret. & past p.* misunderstood), *v.t.* أَساء الفَهْم

misunderstanding, *n.* سُوء التَّفاهُم

misuse, *n. & v.t.* سُوء الاسْتِعْمال أو المُعامَلة ؛ أَساء اسْتِخْدامَ ...

mite, *n.* 1. (*formerly*, small coin) عُمْلَة نَقْدِيّة صَغِيرة ، فَلْس (لفظ قديم)

widow's mite (*fig.*) صَدَقة المُعْوِز

2. (small child; small object) طِفْل صَغِير

3. (very tiny animal like a spider) حَشَرَة صَغِيرة جِدًّا مِن فَصِيلَة العَنْكَبُوتِيّات

cheese-mite سُكِّيّة أو قُمَّل الجُبْن

mitig/ate, *v.t.* (**-ation,** *n.*) خَفَّف (عُقُوبة) ، هَوَّن (الأحزان) ، سَكَّنَ (الآلام)

mitigating circumstances ظُرُوف تُخَفِّف مِن وَطْأَة الجَرِيمة ولا تُبَرِّر ارْتِكابَها

mitral, *a.* (الصِّمام) التَّاجِيّ (تشريح)

mitre, *n.* 1. (bishop's cap) تَاج يَرْتَدِيه الأُسْقُف ، قَلُّوسة

2. (wood joint); *also v.t.* وُصْلَة خَشَبِيَّة زاوِيَتها ٤٥° (بزاوِية إطار الصُّورَة مَثَلاً)

mitten (**mitt**), *n.* قُفَّاز أو كُفُوف بِلا أَصابع

he handed her the frozen mitt (*sl.*) هَجَر عَشِيقَته ، نَبَذَها نَبْذ النَّواة

mix, *v.t.* مَزَج (السوائل) ، خَلَطَ ، جَمَع بين ...

mixed up (*lit.*) مَخْلُوط ، مُخْتَلِط ، مَمْزُوج

(*fig.*, confused) مَعْتُوه ، مَخْبُول ، مَجْنون ؛ مُشَوَّش ومُبَلْبَل الفِكْر

mixed up in something (involved) لَه ضِلْع في الأمر ، مُشْتَرِك فيه

mixed bathing (حَوْض) سِباحة لِلجِنْسَيْن

mixed company اِجْتِماع مُخْتَلِط ، رِجال ونِساء

mixed feelings مَوْقِف تَخْتَلِط فيه العَواطِف ، فَرَح مَشُوب بِالحُزْن

mixed marriage زَواج مُخْتَلِط (بَيْن أفراد بِجنسَيْن أو دِينَيْن مُخْتَلِفين)

v.i. 1. (*of persons*, associate) تَعَاشَر، اِخْتَلَط

2. (blend) (لا) يَمْتَزِج (الماء والزّيت)

n.

cake mix مَوَادّ جاهزة لصناعة الكَعْكَة؛ عَجِينة الكيكة قبل خبزها

concrete mix خَلْطة الخَرَسانة المُعَدَّة للبِناء، نِسْبَة خَلْط الاسْمنت والرّمل والحَصَى والماء

mixer, *n.* 1. (person or thing that mixes) خَلّاط، خَلّاطة

2. (*coll.*), *esp. in*

he is a good mixer إنّه سَرِيع الاخْتِلاط بالغُرَباء

mixture, *n.* خَلِيط، مزيج

mizzen, *n.*; *also* **mizzen-sail** شِراع في صاري السَّفينة الخلفي (يمتدّ امتدادًا طوليًّا)

mizzen-mast السَّارِية الخلفية في سفينة شِرَاعيّة ذات ثلاث سوارٍ

mnemonic, *a. & n.* صِيغة مصطنعة للتذكّر

n.pl. (فَنّ) سُرعة التذكّر (بأوائل الحروف مثلًا)

mo, *abbr. of* **moment** (*vulg.*)

half a mo! اِسْتَنَّى شويه! لحظة أو دقيقة مِنْ فضلك! انتظر قليلًا!

moan, *v.i. & t.*; *also n.* أَنَّ، تأوّه، نَأَم؛ أنين، تأوُّه

(*fig.*) أَعْوَلَت الريح، شكا، اشتكى

moat, *n.* خَنْدَق مملوء بالماء يحيط بالقلعة لِحَمايتها من هجمات العدوّ

moated, *a.* (حِصْن) مُحاط بخَنْدَق

mob, *n.* غَوْغاء، سوقة، رِعاع، دهماء

mob-law حُكْمُ الرعاع، استيلاء الصَّعاليك على مقاليد الأمور

v.t. تَجَمْهَرُوا أو تجمَّعوا أو تكأكأوا حوله

mob/ile, *a.* (**-ility,** *n.*) مُتَحَرِّك، متنقِّل، سَيَّار، قابِل للحركة أو التنقّل

mobile features مَلامِح سَرِيعة التَّغَيُّر (تعبيرًا عن الحالَة النَّفسِيّة)

n. (type of sculpture) تَكْوِين فنّي لأشياء تَتَحَرَّك مع تيّار الهواء

mobiliz/e, *v.t.* (**-ation,** *n.*) 1. (make mobile) جَعَله قابِلًا لِلْحَرَكة؛ تعبِئة

2. (make ready for war); *also v.i.* جَنَّدَ، حَشَدَ، عَبَّأ

moccasin, *n.* حِذاء من جلد الغزال الناعم كان يستعمله الهنود الحمر

mocha ⟨**coffee**⟩, *n.* نَوْع من البنّ اليمني المشهور (نسبةً إلى إقليم المخا في بلاد اليمن)

mock, *a.* مُقَلَّد، غير حقيقي، اصطناعي

mock battle مَعْرَكة صُورِيّة أو وَهمِيّة (لِتَمرين الجنود للمعارك الحقيقية)

mock-turtle soup شُورِبة مُعَدَّة من رَأس العِجْل (لإعْطائها طَعْم شوربَة السّلحفاة)

mock-up نُمُوذج كامل (يمثل تصميمًا جَدِيدًا لطيارة مثلًا)

mock-heroic أُسْلوب طنّان (لا يتلاءم مع الموقف العادي)

mock modesty التَّظاهر بالتواضع، التَّواضع المصطنع أو الزائف أو الكاذب

n. سُخْرية، استهزاء

v.t. & i. سَخِرَ من ، اِسْتَهْزَأَ بِ ، ضَحِكَ على

mocking-bird طَائِر الهَنْبَر ، طائِر أَمْرِيكِيّ يُقَلِّد أَصْوات الطُّيُور الأُخْرَى

mockery, *n.* مَهْزَلَة ، سُخْرِيَة ، أُضْحُوكَة

modal, *a.* شَكْلِيّ ، بِالشَّكْل فَقَط ، صُورِيّ ، غَيْر جَوْهَرِيّ

modal legacy تَرِكَة أو وَصِيَّة مُعَلَّقَة على شَرْط

modal proposition (*logic*) قَضِيَّة شَكْلِيَّة (منطق)

modality, *n.* الشَّكْلِيَّة ، الكَيْفِيَّة (منطق)

mode, *n.* 1. (manner) طَرِيقة ، أُسْلُوب

mode of address أُسْلُوب المُخاطَبَة الرَّسْمِيّ

2. (fashion in dress, etc.) زِيّ ، طِرَاز ، مُوضَة ، مُودَة

all the mode آخر صَيْحَة في الأَزْياء

3. (*mus.*) المَقام (موسيقى)

4. (*logic*) الصِّيغة ، الشَّكْل (منطق)

model, *n.* 1. (representation in three dimensions) نَمُوذَج مُصَغَّر ، مُودِيل

2. (object copied or imitated; perfect example); *also attrib.* قُدْوَة (مُحْتَذَى)

3. (one of a distinctive series of products) طِراز ، مُودِيل (سَيَّارات مثلاً)

4. (person who poses for artists) شَخْص يَجْلِس أَمام فَنَّان لِعَمَل صُورَة أو تِمْثال

5. (mannequin) مانِيكان ، عارِضَة أَزْياء

v.t. 1. (fashion, shape) صَاغَ في قالب ، صَنَع تِمْثالاً ، شَكَّلَ

he modelled himself on his father اِقْتَدَى بِوَالِدِه ، اِحْتَذَى حَذْوَه

2. (wear as mannequin) اِرْتَدَت زِيًّا

model(l)er, *n.* صَانِع تَمَاثِيل من الطِّين أو الجِبْس

moderate, *a.* مُعْتَدِل ، غير مُتَطَرِّف ، (أَسْعَار) مُتَهاوِدَة

n. شَخْص مُعْتَدِل في آرائه ، غَيْر مُتَطَرِّف

v.t. خَفَّف (حِدَّة لهجته) ، لَطَّفَ

moderation, *n.* اِعْتِدال ، تَوَسُّط

in moderation بِاعْتِدال ، دُونَ إِسْراف

moderator, *n.* 1. (arbitrator) حَكَم ، وَسِيط

2. (*eccl.*) رَئِيس مَجْلِس كَنَسِي مشيخي

3. (*nuclear phys.*) مُهَدِّئ نَوَوِيّ (فيزياء)

modern, *a.* عَصْرِيّ ، حَدِيث ، جَدِيد

modern languages اللُّغات الحَدِيثَة

modernity, *n.* العَصْرِيَّة ، التَّمَدُّن

modern/ism, *n.*, **-ist,** *n.* مُجَارَاة العَصْر الحَدِيث والأَفْكار العَصْرِيَّة

modern/ize, *v.t.* (**-ization,** *n.*) جَعَل الشَّيْء يُوَائِم روحَ العصر ومقتضياته ، مَدَّنَ

modest, *a.* (**-y,** *n.*) 1. (not self-assertive) مُتَواضِع ، وَدِيع ؛ تَواضُع

2. (shy, decorous) حَيِيّ ، خَجُول

3. (moderate) مُتَوَسِّط ، بَسِيط ؛ قَنُوع

a man of modest means رَجُل رَقِيق الحال

modicum, *n.* النَّزْر اليسير ، ذَرَّة من ...

modif/y, *v.t.* (**-ication,** *n.*) 1. (make less severe or extreme) خَفَّفَ (لهجة أو حِدّة كلامه)

2. (change) أَدْخَلَ تعديلًا أو تغييرًا على

3. (*gram.*, qualify) يَصِفُ

modish, *a.* على آخر طراز، من آخر مودة أو صيحة

modiste, *n.* خَيّاطة فَساتِين وصانِعة قُبَّعات النِّساء ، بائعة فساتين ولوازِمها

modul/ate, *v.t. & i.* (**-ation,** *n.*) 1. (regulate, vary) ضَمَّنَ، عَدَّلَ تردّد الموجات الكهربائية

2. (change key) غَيَّرَ نبرات الصوت

module, *n.* مقيِّن، مقياس (هندسة)؛ وحدة نَموذجيّة يمكن إضافتها إلى مجموعة

modulus, *n.* مُعامِل (المرونة مثلًا)

modus operandi (*Lat.*) طَرِيقة التَّنفيذ

modus vivendi (*Lat.*) حَلّ مُؤَقَّت لحين الوصول إلى تسوية نهائيّة

Mogul, *n. & a.* امبراطور دلهي في الهند سابقًا؛ مَغُولِيّ

(*fig.*) قُطْب مِن أقطاب المال والصّناعة

mohair, *n.* نَسِيج الموهير (من وبر ماعز انجورا)

moiety, *n.* نِصْف، شَطر؛ نَصيب

moiré, *n.* حَرير موارية ، تَشْطِيب القُماش بطريقة تشبه منظر البقع المائيّة

moist, *a.* رَطْب، نَدِيّ، مُبْتَلّ بعض الشيء

moisten, *v.t.* رَطَّبَ، نَدَّى، بَلَّلَ (الخرقة) بعض الشيء، خَضَّلَ (الندى الزهرة)

moisture, *n.* رُطوبة، تَنَدٍّ بالماء

moke, *n.* (*sl.*) حِمار، جحش، زمال (عراق)

molar, *a. & n.* (الأسنان) الطواحن؛ ضرس (أَضْرَاس، ضروس)، ناجذ (نواجذ)

molasses, *n.pl.* عَسَل قصب السُّكَّر، عسل أسود، دِبْس السُّكّر، سيلان، مولاس

mole, *n.* 1. (mark on skin) شَامة، خال، بقعة طَبِيعيّة داكنة على سطح الجسم

2. (animal) طُوبِين، خُلد، جُلْذ (حيوان)

3. (breakwater) حَاجِز مبني من الحجر لغرض تَحْطِيم الأمواج عند الشّاطئ

molecul/e, *n.* (**-ar,** *a.*) جُزَيْءٌ؛ جزيئيّ

molehill, *n.* كَوْمة ترابية يتركها الطُّوبين

moleskin, *n.* جِلْد الطّوبين أو الخُلد

molest, *v.t.* (**-ation,** *n.*) تعدَّى على ، أزعج ، عاكَس ، تَعرَّض (للمارّة)، تَحَرَّشَ

mollify, *v.t.* طَيَّبَ خاطِره، هَدَّأ روعه، اِسْتَرْضاه، استلانه، أَسْكَنَ غضبه

mollusc, *n.* حَيَوان من الرَّخَويّات (كالأصداف)

molly-coddle, *n.* وَلَد مُدَلّل، دَلُّوعَة

v.t. أَفْرَط في تَدْليل (طِفل) والحِرْص عليه

molten, *past p. of* **melt**

molybdenum, *n.* مَعْدِن الموليبدنوم (كيمياء)

moment, *n.* 1. (instant) لَحْظة ، برهة ، هُنَيْهة ، وهلة

just at the right moment (وصل) في اللحظة المُنَاسَبة ، في وقت الحاجة إليه

just a moment! إِسْتَنَّى شوَيّة، اصطبر شوية (عراق)، انتظر قليلاً، لحظة!

at the ⟨present⟩ moment فِي هذه الآونة بالذّات، حاليًّا، في اللحظة الحاليّة

come here this moment! تَعَالْ على الفور، حالاً، فِي التوّ واللّحظة (وإلّا...)

the moment he came ... مَا كَادَ يصِل حتى ...، فِي لحظة قدومه بالضبط

the man of the moment رَجُل السّاعة، شَخْص عظِيم الأهمّيّة في ظرُوف خاصّة

2. (*mech.*) عَزْم (رياضيات وميكانيكا)

3. (importance) أَهَمِّيَّة، (حادث ذو) مغزى كبير، (مسألة ذات) خطورة

a matter of great moment أَمْر جَلَل، مسألة بالِغة الأهمّية أو الخطورة

momentary, *a.* مُؤَقَّت، متوقَّع في أية لحظة

momentous, *a.* (قَرَار) بالغ الخطورة والأهمّيّة

momentum, *n.* قُوّة دافعة، زخم، كمية التحرّك

monad, *n.* 1. (*philos.*) الجَوْهَر الفرد (فلسفة)

2. (*biol.*) كائِن وحيد الخلية (علم الأحياء)

monarch, *n.* (**-ic, -ical,** *a.*) مَلِك، مَلِكة، عاهِل الدولة؛ (نِظام) مَلَكي

monarch/ism, *n.*, **-ist,** *n.* (مَذْهب) وُجُوب تولّي مَلِك رئاسة الدّولة؛ مُناصِر للمَلَكِيّة

monarchy, *n.* المَلَكية، الحُكم الملكي

monastery, *n.* دَيْر (أَدْيِرة، ديورة، أديار)

monastic, *a.* رَهْبَانِيّ، متعلّق بالأديار

monasticism, *n.* رَهْبَنَة، رَهبانية، رُهْبَانِيّة

Monday, *n.* يَوْم الاثنين

Mondayish, *a.* (*coll.*) الشُّعُور بالكسل والخمول

monetary, *a.* (النِّظام) النَّقْديّ؛ (صُندوق) النَّقد (الدّوليّ)

money, *n.* مال، نقود، فلوس، نَقْد

he is the man for my money إنّه الرَّجُل الذي أختاره وأفضّله على غيْره

money talks المال يفتح كلّ الأبواب

money-box حَصّالة، صندوق لادخار النقود

money-changer صَرّاف، صيرف، صيرفي

money-grubber جَشِع وكُلُّ هَمِّه جَمْع الفلوس

money-lender مُرابٍ، يقرض المال بفائدة

money-order حِوَالة ماليّة (بمبلغ كبير عادةً)

money-spinner
(small spider) عَنْكَبُوت صَغير
(profitable business) عَمَل يدرّ ربحًا مستمرًّا

money for jam (*sl.*) فُلُوس بدون أي تعَب، رِبْح على الجاهز (مصر)

you can't get it for love or money (*coll.*) لَا يمكنك الحصول عليه بأية وسيلة من الوسائل

get one's money's worth أَخَذَ بحقّه

he is in the money (*coll.*) هُوَ مُتَرَيِّش (مصر)، لَقَدْ أصبح غنيًّا، لقد أثرى

make money رَبِح من تجارة أو عمل ما

moneyed, *a.* (الطَّبَقات) المثريّة؛ رأسماليّ

Mongol, *n.* 1. (Asiatic) مَنْغُولِيّ

2. (type of mental defective) أَبْله، مصاب بِضعْف عقليّ منذ ولادته

Mongolian, *a. & n.* مَنْغُولي ؛ اللغة المَنْغُولِيّة

mongoose, *n.* النِمْس (جنس حيوانات لبونة لاحمة)

mongrel, *n. & a.* هَجِين، مولَّد، كلب بزرميط

mon/ism, *n.* (**-istic,** *a.*); **-ist,** *n. & a.* الوَحْدانيّة، مَذْهَب الوحدة (فلسفة)؛ مؤمن بهذا المذهب

monitor, *n.* 1. (pupil) عَرِيف، ألفة الفصل (مصر)، مُراقِب الصفّ (عراق)

2. (*communications*) مُكَلَّف بالاستماع للإذاعات

v.t. (مُوَظَّف) يستمع إلى إذاعات أجنبية

monitory, *a.* تَحْذِيرِيّ، تنبيهيّ، مُحَذِّر

monk, *n.* (**-ish,** *a.*) رَاهِب (رهبان)، ناسك (نُسّاك)

monkey, *n.* 1. (animal) قِرْد (قردة)، سَعْدان

monkey-business (*coll.*) غِشّ، أونطة، نَصْب

monkey nut فُول سودانيّ، فُسْتُق عبيد

it got his monkey up (*sl.*) أَغاظَه (الكلام) غيظًا شَدِيدًا، أشْعَلَ نار غضبه، أزْعَجَه

monkey-puzzle ⟨tree⟩ شَجَرة الأَرُوكاريا (مِن فَصيلة الصّنوبريّات)

2. (*sl.*, £500) ٥٠٠ جنيه (في المراهنات)

v.i. (*coll.*)

stop monkeying about! كفى عبثًا ومزاحًا ! دَعْكَ من هذه الشَّقاوة !

monkey with عَبَثَ (بقفل الباب ليفتحه مثلًا)

mono-, *in comb.* (سابِقة بمعنى) واحد، وَحِيد، مفرد، أحادي

monochromatic, *a.* وَحِيد اللون، وحيد الطول الموجي (فيزياء)

monochrome, *n. & a.* صُورة بلَوْن واحد

monocle, *n.* مُونُوكل، نظارة بعدسة وَاحِدة

monody, *n.* رِثاء، مرثية (ينشُدها صوت واحد)

monogam/y, *n.* (**-ous,** *a.*) الزَّواج بقرين واحد

monogram, *n.* رَسْم مكوّن من حروف اسم شخص

monograph, *n.* بَحْث أو رسالة تتناول مَوْضوعًا علميًّا في ميدان محدود

monolith, *n.* (**-ic,** *a.*) حَجَر ضَخْم أو كتلة صَخْرِيّة كبيرة ينحت منها عمود أو مسلّة

monologue, *n.* مُناجاة؛ حديث طويل يلقيه الممثّل بِمُفْرَدِهِ؛ استئثار شخص واحد بالحديث

monomania, *a.* تَسَلُّط أو استحواذ فكرة وَاحِدة على عقل المرء إلى حَدّ الهَوَس

monomark, *n.* مَجْمُوعة من الحروف والأرقام تُسَجَّل بالبريد كعنوان لشركة تجارية (BCM - 123 مثلًا)

monoplane, *n.* طائِرَة ذات جناح واحد في كلتا جهتيها

monopoliz/e, *v.t.* (**-ation,** *n.*) إِحْتَكَر الشيء، تحكّم في إنتاج سِلعة وتَسْويقها

monopoly, *n.* اِحْتِكار، انحصار (التبغ مثلًا)، الحقّ المَمْنُوح لشَرِكة واحدة دون غيرها

monorail, *n.* سِكّة حَدِيدِيّة ذات قضيب واحد (يسير عليه قِطار من نوع خاصّ)

monosyllab/le, *n.* (**-ic,** *a.*) كَلِمَة ذات مقطع وَاحِد؛ (حديث) من كلمات قصيرة جدًّا

monothe/ism, *n.* (**-istic,** *a.*); **-ist,** *n.* التَّوْحِيد، العَقيدة القائلة بِوُجود إلٰه واحِد

monotone, *n.* اِطِّراد النَّغَم في الكَلام أو الغِناء على نَسَق واحِد

monotonous, *a.* 1. (of sounds, unvaried) مُطَّرِد النَّغَم ، رَتِيب ، عَلى وَتِيرة واحِدة

2. (wearisome through sameness) مُمِلّ ، مُتْعِب ، يَبْعَث السَّآمَة

monotony, *n.* مَلَل ، رَتابَة

monotype, *n.* مُونُوتيب ، ماكِنة طِباعة تَصُفّ الحُرُوف المَسْبُوكة حَرْفًا حَرْفًا

monoxide, *n.* أَوَّل أُكْسِيد (الكَرْبون مثلاً)

Monseigneur, *n. (pl. messeigneurs)* مُونسِنيور ، صاحِب القَداسَة

monsieur, *n. (pl. messieurs)* مِسْيو ، سَيِّد

Monsignor *(pl. Monsignori), n.; abbr. Mgr.* المُونْسِنْيور (لَقَب للأساقِفة الكاثوليك)

monsoon, *n.* رِيح مَوْسِمِيّة أو دَوْرِيّة غَزِيرة الأَمْطار تَهُبّ عَلى جَنُوب شَرْق آسيا

monster, *n.* مَخْلوق خُرافِيّ غَرِيب التَّكْوين ؛ حَيَوان مُخِيف الشَّكْل غَرِيبُه ؛ مِسْخ بَشِع جَبّار

(*fig.*) مَارِد ، شَدِيد البَأْس

monstrance, *n.* وِعاء القُرْبان المُقَدَّس (وِعاء ثَمِين مِن الذَّهَب أو الفِضَّة)

monstrosity, *n.* شَيْء غَرِيب الخِلْقَة ضَخْم الحَجْم ، مِسْخ بَشِع

monstrous, *a.* مارِد ، ضَخْم ، بَشِع ، مُرِيع ، فَظِيع

(*fig.*) (خطأ) شَنِيع ، (جَرِيمة) وَحْشِيّة

montage, *n.* عَمَلِيّة المونتاج ، تَرْتِيب فَنِّيّ لِلَقَطات الفِيلم السِّينِمائِيّ

month, *n.* شَهْر (شُهُور ، أَشْهُر)

I haven't seen you for a month of Sundays
واللّه (صار) زَمان ما شُفْتَك !

monthly, *a.* شَهْرِيّ ؛ يَسْتَغْرِق شَهْرًا

n. 1. (magazine) مَجَلّة شَهْرِيّة ، مَجَلّة تَصْدُر مَرّة كُلّ شَهْر

2. (*pl.*, menses) العادَة الشَّهْرِية ، الحَيْض ، الطَّمْث

monument, *n.* نُصُب تَذْكارِيّ ، أَثَر باقٍ ، بِناء أَثَرِيّ

monumental, *a.* (مُؤَلَّف) ضَخْم ؛ (نَقْش) أَثَرِيّ (على حِيطان مَعْبَد قَدِيم مَثَلًا)

monumental mason نَحّات شَواهِد القُبُور وتَماثِيلها

(*fig.*) ضَخْم ، هائِل

monumental ignorance جَهْل مُطْبِق أو فاضِح

moo, *v.i.; also n.* خارَت (البَقَرَة) ؛ خُوار البَقَرَة

mooch, *v.i. (sl.)* تَسَكَّع ، هامَ عَلى وَجْهِه

mood, *n.* 1. (state of mind or feeling)
مِزاج أو حَالَة نَفْسِيَّة

he is in no mood for joking لَيْس في حالٍ تَسْمَح بالهَزْل أو الدُّعابَة

2. (*gram.*) صِيغَة الفِعْل (نحو)

moody, *a.* مُكْتَئِب ، مَهْمُوم ، حَزِين ؛ مُتَقَلِّب المِزاج

moon, *n.* قَمَر (أَقْمار) ، تابِع يَدُور حَوْل الأَرض

full moon بَدْر، بَدْر التَمام

new moon هِلال، قمر أوّل الشهر، رأس الشَّهر القمري أو غرَّته

cry for the moon طلَبَ المستحيل، تاقَ إلى ما لا يمكن تحقيقه

many moons ago مُنْذ شهور بعيدة

v.i. هَامَ في دنيا الخيال، راح يحلم ب ...

moonbeam, *n.* شِعَاع من أشعّة القمر

moonlight, *n.* ضَوْء أو نور القمر

he must have done a moonlight flit الظَّاهِر أنّه فَرَّ هاربًا تحت جنح الظلام تملُّصًا من الدفع

moonlit, *a.* (لَيْلَة) قمرة أو مقمرة

moonshine, *n.* 1. (moonlight) ضَوْء القمر

2. (visionary talk or ideas) هُرَاء، هَذَيَان

moonstruck, *a.* مَخْبُول، معتوه، سَرْحَان

moony, *a.* ذُو نَزْعة عاطفيّة رُومانْتِيكيّة

moor, *n.* أَرْض بور، أرض سبخة مغطّاة بالأعشاب والخلنج

Moor, *n.* مَغْرِبيّ (مغاربة) من عرب الأندلس وشِمال غرب افريقيا (قرون وسطى)

moor, *v.t.* رَبَط (قاربًا) إلى الشّاطئ؛ أَرْسَى أو أَوْثق (سفينة)

moorhen, *n.* دَجَاجة الماء (المبذولة)

moorings, *n.pl.* مَرَاسي السُّفن (مثل الهلب والأمراس والزناجير)

he has lost his moorings هامَ على وَجْهه، أَصْبح حائرًا في حَياته

moorland, *n.* أَرْض بور مغطّاة بالخلنج

moose, *n.* حَيَوان ضخم من فصيلة الأيليات مَوْطِنه المنطقة القطبية الشمالية، ويسمّى الإلكة

moot, *a., only in*

a moot point مَسْأَلة فيها نَظَر، قضية موضع أخذ وردّ

v.t. طَرَحَ موضوعًا للنقاش، وَضَعَ مسألة عَلَى بِساط البَحْث

mop, *n.* 1. (cleaning utensil) مِمْسَحَة بِيَد طَوِيلة لِتنظيف الأَرْضِيّات

2. (thick head *of hair*) لُبْدة شعثاء من الشَّعْر، رأس ذو شَعْر كثيف

v.t. نَظَّفَ (الأرضية) باستعمال المِمْسَحَة

mop one's brow مَسَحَ عرق جبينه بمنديله

mop up (*lit.*) جَفَّفَ (سَطح المِنْضَدَة مثلاً) بِاسْتِعْمال المِمْسَحة

(*coll.*, finish off) اِلْتَهَمَ الطعام عن آخره، مَسَّحَ الصحن

mopping-up operations (*mil.*) عَمَلِيّات تطهير البِلَاد من العدوّ بعد انتهاء المعركة

mope, *v.i.; also n.* بَوَّزَ (الطفل)، انزوى مُكْتَئِبًا، ضاق صدره؛ اكتئاب، انقباض

moped, *n.* دَرّاجة بمحرّك بخاري صغير

moquette, *n.* قُمَاش كالقطيفة أو المخمل يُسْتَعْمَل في التَّنجيد ونوع من السّجّاد

moraine, *n.* رُكام من التُّراب والحجر يَجْرُفه النّهر الجليديّ ويتركه عند ذَوَبانه

moral, *a.* (سُلوك) أَخْلاقيّ

moral philosophy الفَلْسَفة الأخلاقية

moral support تَشْجيع معنوي، إسداء معونة أَدَبِيّة (لصديق في موقف حرِج)

n. 1. (teaching, message of a story) مَغْزَى القِصّة، عِبرة أخلاقية تنطوي عليها القصّة

point a moral (قِصّة) ترمي إلى مغزى خاصّ

2. (*pl.*, standards of behaviour) الالْتِزام بآداب السلوك والأخلاق في المجتمع

morale, *n.* الرُّوح المَعْنَوِيّة (للجنود مثلاً)، (تحَسَّنت) حالة (المريض) النفسية ومعنوياته

moralist, *n.* مُتَخَصِّص في علم الأخلاق؛ مَنْ يَحُضّ عَلَى التَّمَسُّك بالأخلاق الحميدة

morality, *n.* 1. (principles of behaviour) مَبادِئ أخلاقية

2. (form of drama) مَسْرَحِيّة أخلاقية قديمة تَرْمُز إلى الصراع بين الفضيلة والرذيلة

moraliz/e, *v.i.* (**-ation,** *n.*) فَسَّرَ (الموقف) تَفْسِيرًا أخلاقيًّا، أَطْنَبَ في التوبيخ والوعظ

morass, *n.* مُسْتَنْقَع، أرض موحلة؛ حمأة الرذيلة

morator/ium (*pl.* -ia), *n.* تأْجيل دفع الدُّيون المُسْتَحِقّة، موراتوريوم

morbid, *a.* 1. (*of the mind*, unwholesome) (خَيال) سَقيم، وبيل، معتلّ، متهافِت

2. (*med.*, indicative of disease) (وَرَم) خَبيث

mordant, *a.* قارِص، لاذِع، حادّ؛ (مادّة) مُثَبِّتة لِلَّون عند الصباغة؛ (حامض) كاوٍ

more, *a.* 1. (greater in quantity) أَكْثَر، أزيد

2. (additional, further)

and what is more . . . وَمِمّا زاد الطين بلّة، وَأَسْوأ من ذلك، وفوق ذلك، علاوة على ذلك

adv.

more in sorrow than in anger تَغَلُّب شعور الأَسَف على شُعور الاسْتياء

more and more أَكْثَر فأَكْثَر، (أَخذ يَزْداد) زِيادَة مُتواصِلة

he is no more تُوُفِّيَ إلى رحمة الله، رحل عن دار الفَناء، قضى نَحْبه، فاضت روحه

more or less (القِصَّتان) متشابهتان تقريبًا، (تَتَشابَهان) نوعًا ما، زهاء (رَطْل من البصل مثلاً)

the more the merrier كُلَّما زاد عدد الضيوف زَادَت بهجة الحفلة، زيادة الخير خير

all the more so مِنْ بابِ أَوْلَى

the more he gets the more he wants لا يَمْلأ عَيْنَيْه تراب الأرض، يزيده العطاء طمعًا

morello, *n.* فَاكِهة الوشنة، نوع من الكرز الأسود (صَغير ومائل إلى الحموضة)

moreover, *adv.* فَضْلًا عن ذلك، إلى جانب ذلِك، إضافةً إلى ذلك

mores, *n.* العُرْف، التقاليد الأخلاقية

morganatic, *a.*, *only in*

morganatic marriage زَواج بين رجل نبيل المَوْلِد وإمرأة من أصل متواضع (لا ترث الزَّوْجة وأطفالها لقب الزّوج أو ثروته)

morgue, *n.* مَكان عامّ لحفظ الجثث المجهولة حتى التحقق مِن هَوِيَّتِها أو معرفة أصحابها، مشْرحة

moribund, *a.* مُشْرِف أو مُدنف على الموت، مُنازِع؛ لم يعد فيها رَمَق من حياة

Mormon, *n.* المرمون، طائفة دينيّة مسيحيّة

morn, *n.* (*poet.*) صُبْح، ضُحى، غَداة، فَجْر

morning, *n.* صَباح، صبح

good morning! صَباح الخير! عِمْ صباحًا!

morning coat رَدِنْجُوت، فراك

the morning after the night before شُعُور بِالتَّعَب والإنهاك في الصباح التالي لحفلة صاخبة

Morocco, *n.* بِلاد المغرب، مراكش

morocco ⟨leather⟩ جِلْد الماعز المدبوغ، السختيان

moron, *n.* (**-ic,** *a.*) ضَعِيف العقل، بليد؛ اصطلاح امْرِيكي لِمُنْخفض مستوى الذكاء (علم النفس)

morose, *a.* وَاجِم، كالح الوجه، عابس، مستوحش، مُقَطِّب الجَبين، قطوب

morphia, *n.*; *also* **morphine** مُورْفِين (مخدِّر)

morpholog/y, *n.* (**-ical,** *a.*) 1. (*biol.*) عِلْم هيئة الأجْسَام الحية وتركيبها، المورفولوجيا
2. (*philol.*) عِلْم الصَّرف، علم تكوين الكلمات وَتَرْكِيبها

morris dance, *n.* نَوْع مِن الرَّقص الشَّعْبِيّ الإنكليزيّ القديم

morrow, *n.* الغَد، اليوم التالى، باكِر

Morse, *n.* مُورْس (مخترع طريقة الاتصال التلغرافي)

Morse code شِفْرَة مُورْس، إشارات مورس (بالنُّقط والشُّرَط)

morsel, *n.* لقمة (من الطعام)، قطعة صغيرة (من اللحم)، كسرة (من الخبز)

mortal, *a.* & *n.* فانٍ، غير خالد، هالك؛ (كلّ نفس ذائقة الموت؛ مميت؛ بشر، إنسان

mortal blow ضربة قاضية أو مميتة

mortal combat قتال لا ينتهي إلا بموت أحد أَحد الخصْمَين، قِتال مُميت

mortal enemy خَصْم لَدُود، عَدُوّ أَزْرَق

in mortal fear (تَمَلَّكه) الخَوْف الشَّدِيد

mortal remains رُفات، جُثَّة، جُثْمان

mortal sin خَطِيئة مُمِيتة

it is no mortal use to anyone هٰذا لا ينفع وَلَا يشفع، لا فائدة فيه أبدًا

mortality, *n.* 1. (mortal nature) فَناء، مَمات
2. (incidence of death) وَفاة، عَدَد الوَفَيات

mortality rate مُعدَّل (أو نسبة) الوفيات

mortar, *n.* 1. (mixture) مِلاط، مُونة

mortar-board
(builder's board) لَوْحَة المُونة، لِياطة
(square cap) قبّعة جامعيّة مربّعة الشكل
2. (weapon) مِدْفع هاوِن (تسليح)
3. (pounding bowl) هاوُن، جُرْن

v.t. مَلَّط الطُّوب؛ سَلَّط عليهم مِدْفَع الهاوِن

mortgage, *n.* رَهْن عقاري، وثيقة الرَّهن

v.t.; *also fig.* رَهَن العقار تأمينًا للوفاء بدين؛ جَعَل نفسه رهنًا (لقضية مثلًا)

mortgagee, *n.* مُرْتَهِن، الدَّائن المرتهن

mortgagor, *n.* رَاهِن، مَدين

mortician, *n.* (*U.S.*) مُجَهِّز الجِنازات، الحانوتي (مصر)

mortif/y, *v.t.* (**-ication,** *n.*) 1. (wound, humiliate) أَهانَ، أَذَلّ، جَرَح شُعُوره؛ إِهانَة، تَحْقِير (لِشأنِه)

2. (chasten by self-denial) قَهَرَ الجَسَد، كَبَحَ شهواته، أذلَّ جَسَده، أَمَاتَ نفسه

v.i. (become gangrenous) تَسَمَّم (الجُرْح)

mort/ise (-ice), *n.* نَقْر، نتاية (نجارة)

mortise lock كَلُون داخل نَقْر، قفل مبيَّت

v.t. وَصَلَ بطريقة اللسان والنقر (نجارة)

mortuary, *n.* مَكان (في المستشفى مثلًا) توضع فِيه جثث الموتى بانتظار دفنها

mosaic, *n. & a.* فُسَيْفِسَاء، فسيفسائي

(*fig.*) تَصْميم منمَّق كالفسيفساء

Mosaic Law, *n.* الشَّرِيعة الموسويَّة

Moses, *n.* النَّبِيّ موسى

Moslem (Muslim), *n.* مُسْلِم

mosque, *n.* مَسْجِد، جامع

mosquito, *n.* بَعُوضَة، برغشة، ناموسة

mosquito-net نامُوسِيَّة، كِلَّة السّرير

moss, *n.* نَبَات طُحْلُبِيّ ينمو على الصخور والأشجار

a rolling stone gathers no moss لا مالَ في كَثْرَة التَّرْحال، غَنِمَ من اسْتَقَرّ

moss-grown, *a.* (مكان) مهجور غطاه الطحلب

mossy, *a.* (شَاطِئ) مُطَحْلَب، مغطًّى بالطحلب

most, *a. & n.* 1. (superlative of much or many) مُعْظَم (الناس)، أغلب، أكثر

make the most of اِسْتَغَلَّ (وقته) استغلالًا تامًّا، اِسْتَفَادَ من (الفرصة) استفادة كاملة

2. (larger part or majority)

for the most part في أغلب الأحيان، غالبًا، على العموم، عادةً، كثيرًا ما

adv. 1. (in the highest degree)

ten at most عَشَرَة على أكثر تقدير

2. (very, exceedingly)

I am most happy to see you إنِّي سَعِيد لِرُؤْيَاك

mote, *n.* ذَرَّة غُبار، «أخرج القذى من عينك»

motel, *n.* فُنْدُق (يقام إلى جانب الطريق الرئيسي) فيه ساحة لسيّارات النزلاء

motet, *n.* مُوسِيقَى لِلتَّرْتيل أُخِذ نَصُّها مِن الصَّلَوَات الدِّينيّة

moth, *n.* حَشَرَة مجنحة من فصيلة الحرشفيات تشبه الفَرَاشة وتحوم حول الضوء؛ عُثَّة

moth-ball كُرَة العُثّ (كرة من النفتالين تمنع العُثّ من أن يبيض في الملابس)

moth-eaten (*lit. & fig.*) (مَلابِس) معثوثة؛ أكل الدّهر عليه وشرِب، عتيق، قديم

mother, *n.* أُمّ (أُمّهات)، والدة

mother country الوَطَن، مَسْقَط الرَّأْس، البَلَد الّذي يَنْتَمِي إليه المَرْء

mother-in-law حَمَاة (حموات)

mother-of-pearl عِرْق اللُؤْلُؤ، أمّ اللآلئ، مادة صُلْبَة لامعة في جوف بعض الأصداف

Mother Superior رَئِيسة الراهبات

mother tongue اللُّغة الأمّ، لغة المَوْلِد

every mother's son عَنْ بَكْرَة أبيهم، كلّهم دون اسْتِثْنَاء، كلّ ابن أنثى

mother wit ذَكاء فطريّ، البَدِيهة

v.t. رَاعَته مراعاة الأمّ؛ أَفْرَطَت في تدليله

Mothering Sunday الأَحَد الرابع في الصيام الكبير

mothercraft, *n.* فَنّ الأُمومَة ورِعاية الطِّفْل

motherhood, *n.* الأُمُومة

motherland, *n.* وَطَن، مسقط الرأس، أرض الآباء

motherly, *a.* أُمُومِيّ، حنون، رؤوم، عطوف

motif, *n.* العُنْصُر الرئيسيّ في عمل أدبيّ أو موسيقيّ

motion, *n.* 1. (moving, movement) حَرَكة

set (put) in motion أَدارَ جهاز (الحكومة)، أدارَ دولاب (العمل)، شَرَعَ (المناقشة)

motion picture فيلم سينمائي

he went through the motions of welcoming his guests قَامَ بالروتين المطلوب للتَّرحيب بالضيوف

2. (proposal at a debate) اِقْتِراح برلمانيّ

3. (evacuation of the bowels) تَبَرُّز، تغوّط، بِراز، غائط، عَذِرة

v.t. & i. أَوْمَأ أو أَشارَ إلى

motionless, *a.* سَاكِن، هامد، بلا حراك

motiv/ate, *v.t.* (**-ation,** *n.*) حَفَزَ، دَفَعَ إلى، كان باعثًا أو محركًا لِ...؛ بواعث نفسية

motive, *n.* بَاعِث، دافع، داعٍ، حافز

a. (أسباب) دافعة، (عِلَل) محرِّكة

motive power قُوّة محرِّكة أو دافعة

motley, *a.* مُتَنَوِّع الألوان، من عناصر شَتَّى

n. ثَوْب مُلَوَّن يرتديه البهلولِ أو المهرّج

wear the motley قَامَ بدور البهلول

motor, *n. & a.* مُحَرِّك، موتور

motor-bicycle دَرَّاجة بخارية

motor-boat قَارِب بُخاريّ، لنش، موتور

motor⟨-car⟩ سَيَّارة، أوتوموبيل

v.i. اِنْتَقل من مكان إلى آخر بسيّارة

motorcade, *n.* (*U.S.*) مَوْكِب أو رتل من السيّارات

motoring, *n.* قِيادة السَّيَّارات أو سياقتها (كهَواية أو مهنة)

motorist, *n.* سَائِق سيارة (خاصّة غالبًا)

motorize, *v.t.* زَوَّدَ بوسائل النقل الميكانيكي

motorway, *n.* طَرِيق رئيسيّ لمرور السَّيَّارات

mottled, *a.* (قُماش) مزركش بألوان شتّى

motto, *n.* شِعَار (يرمز إلى مبدأ)

mould, *n.* 1. (loose earth) تُراب ناعم، رغام

mould-board لَوْح من الصّلب بمؤخرة المحراث

2. (hollow form) قالِب، فورمة

3. (fungus) مادّة فطرية، عَطَن (الخبز)

v.t. صَاغَ أو أَفْرَغَ أو صبّ (معدنًا سائلًا) في قالب، أعْطَى شكلًا لِ...

moulder, *v.i.* تَفَتَّتَ، تآكل (البِناء القَديم)

moulding, *n.* صِيَاغة، صبّ في قالب؛ كورنيش الجِدار، زخرفة إفريز الحائط

mouldy, *a.* عَطِن، عَفِن، (خبز) مصوّف

(*sl.*)

he feels mouldy today يُحِسّ أنه تعبان بَعْض الشّيء اليومَ

that's a mouldy piece of cake! ما هذه القطعة الحقيرة من الكعْك ؟

moult, *v.t. & i.*; *also n.* قَلَّش (الطائر ريشَه)، بَدَّل (الكلب شعره) ؛ إنْسَلَخ ثَوْب الثُّعْبان

mound, *n.* رَبْوَة، رابِية (رواب)، تلّ ؛ متراس من الحجارة والتراب (للدفاع قديمًا)

mount, *n.* 1. (mountain); *abbr.* Mt. *before proper names* جَبَل (إفرست مثلاً)

2. (margin, framework) إطار، بَرْواز

3. (horse) حِصان، فَرَس، جواد

v.t. 1. (ascend); *also v.i.* تَسَلَّقَ، اِرْتَقَى، صَعَدَ، اِعتلى؛ تَزايَدَ (غضبه)، اِزْدادَ

mount ⟨a horse⟩ اِمْتَطَى أو رَكِبَ حصانًا

mount up تَراكَمت (الديون فكَوَّنت مبلغًا كبيرًا)

2. (furnish with a horse) جَهَّزَه بحصان

mounted police الشُّرطة الخيّالة، السَّواري

3. (put in fixed position) نَصَبَ، رَكَّبَ، أقامَ، رَصَّعَ (التاج) بالجواهر

mount a gun نَصَبَ مِدفعًا

4. (organize)

mount guard over تَوَلَّى حِراسَة (المُعَسْكَر)، حَرَس (الدَّيْدُبان) الثكنة مَثَلاً

mount an offensive (*mil.*) قامَ بهجوم مسلَّح

5. (carry, be equipped with) تجهَّزَ بِ

mountain, *n.* جَبَل

mountain dew الوِيسْكي المقطَّر سِرًّا (عامية)

mountain range سِلْسِلة جبال

make a mountain out of a molehill جَعَلَ مِن الحَبَّة قُبَّة

mountaineer, *n.*, **-ing,** *n.* مُتَسَلِّق الجِبال ؛ تَسَلُّق الجِبال

mountainous, *a.* (مِنْطَقة) جبليّة

mountebank, *n.* نَصّاب، دجّال

mounting, *n.* تَرْصِيع الجواهر أو الأحجار الكريمة

mourn, *v.t. & i.* نَدَبَ الميّت أو نَاحَ عليه، بَكاه، تَفَجَّعَ عليه؛ لَبِسَ ثوب الحداد

mourner, *n.* باكٍ، نادِب، نائح

mournful, *a.* مُحْزِن، يُثِير الأشْجان

mourning, *n.* 1. (grief) الحِداد، الحزن على الميّت

2. (black clothes) ثِياب الحِداد، سِلاب

mourning-band شريط من القماش الأسود يلبس حول الكمّ أو القبّعة عند الحِداد

mouse (*pl.* mice), *n.* فَأْر (فئران)

are you a mouse or a man? إن كُنْتَ رجلًا بِمَعْنَى الكلمة فاثبت ذلك !

mouse-trap مِصْيَدة الفِئران

mousetrap ⟨cheese⟩ (*joc.*) جُبْن عادي رخيص

v.i. صادَ القطّ فأرًا

mousse, *n.* حَلْوَى من القشدة والبيض المخفوق

moustache, *n.* شارِب، شوارب، شَنَب (مصر)

mousy, *a.* (لَوْن) فئراني؛ وديع، خجول، حييّ

mouth, *n.* فَم (أفواه، أفمام)، فوهة، فتحة

mouth-organ هَرْمونيكا، آلة موسيقية

down in the mouth إنْقَبَضَ صَدْرُه، أَصْبَحَ كسيف البال وفتر نشاطه

put words into someone's mouth نَسَبَ إلى فُلان قولاً لم يَقُلْه، عزا إليه مالم يتفوّه به

take words out of someone's mouth خَطَفَ الكَلِمات من فم فلان، سَبَقَه بالكلمات ذاتها

the story passed from mouth to mouth تَداوَلَت الأفواه القصّة، سَرَت الاشاعة من فم إلى فم

river mouth مَصَبّ النهر

v.t. & i. 1. (speak pompously) تَشَدَّق

2. (grimace) مَطّ شفتيه بالكلام

mouthful, *n.* مِلْءُ الفم (من الطعام)

(*fig., coll.*) كَلِمة صعبة النطق؛ تركيب لُغَوِيّ معقّد؛ (يسلم) بقّك (مصر)

mouthpiece, *n.* مِبْسم، الجزء الذي يوضع في الفَم من المزمار أو الغليون مثلاً

(*fig.*) لِسان حال أو بوق (لحزب مثلاً)، ناطِق بلسان (الوزير)، متحدّث باسمه

mouthwash, *n.* غَسُول لِلفَم والأسْنان

movable, *a.* 1. (that can be moved) (قِطْعة أثاث) يمكن نقلها من مكان لآخر

2. (changing in date) (عِيد) غير ثابت التاريخ

n.pl. أمْوال منقولة، منقولات

move, *n.* 1. (moving of piece in chess, etc.) دَوْر أو حَرَكة (في لعبة الشطرنج الخ)

2. (step taken to secure object) إجْراء أو خُطْوة تتّخذ لتحقيق هدفٍ ما

3. (act of moving from rest) التأهُّب أو التَهَيُّؤ للخروج

on the move كَثير التَّنَقُّل؛ في حَرَكة دائبة؛ تأهّب الجَيْش لِلمَعْرَكة

make a move to go إسْتَعَدّ لِلانْصِراف، تَهَيَّأ لِمُغادَرَة المَكان

get a move on (*sl.*) هَيَّا! أسْرِع! (عامّيّة)

4. (change of abode or premises) إنْتِقال لِلسُّكْنَى في منزل آخر؛ عزال إلى عنوان جديد

v.t. 1. (change position of) نَقَلَ

move heaven and earth أقامَ الدنيا وأقعدها في سبيل بلوغ أربه، لم يدَّخِرْ وسعًا حتى

2. (cause *bowels* to act) أخْلَى أو فَرَّغَ أمْعاءه (من الفضلات)، تَبَرَّز، قضى حاجته

3. (affect with emotion) (مَنْظر) يقطع نياط القلوب، (موسيقى) تهيج مكامن الشعور؛ هزّه

4. (rouse, cause *to do*) حَثَّ، حَفَزَ، دَفَع، حَدا به (إلى الاحتجاج مثلاً)

5. (propose as resolution) قَدَّم اقْتِراحًا (بِقفْل باب المُناقَشة مثلاً)

v.i. 1. (make progress) تَقَدَّمَ، خطا إلى الأمام، سارَ قدمًا

2. (change house); *also* move house تَحَوَّلَ أو اِنْتَقَلَ أو عَزَّلَ من مسكن لآخر

they moved in yesterday دَخَلوا منزلهم الجديد أمْسِ، اِنْتَقَلوا إليه البارحة

3. (change position) تَحَرَّكَ من موضعه

moving picture أفْلام متحرِّكة

moving staircase سُلَّم كهربائي متحرِّك

4. (take action) اِتَّخَذَ إجراءً

5. (make an application) قَدَّمَ طلبًا أو التماسًا (إلى جهة رسمية)

he moved for a new trial قَدَّمَ للمحكمة التِماسًا بإعادة النظر في القضية

movement, *n.* نَقْل، تنقّل، حركة، مذهب

mover, *n.* مُقْتَرِح، مقدّم الاقتراح

prime mover (source of motive power; *also fig.*) مُحَرِّك؛ صاحب الفكرة، مقترح

movies, *n.pl.* (*sl.*) السِينما

moving, *a.* 1. (disturbing, affecting) (مُنْظَر) مُؤَثِّر، مثير للعواطف والأشجان، يهزّ المشاعر

2. (activating) مُحَرِّك، دافع، باعث

he is the moving spirit إنّه الرُوح المُحرِّكة (لِلمَشْرُوع)، إنه القوّة الكامنة وراءه

mow (*past p.* mowed *or* mown), *v.t. & i.* حَشَّ العشب، قَطَعَ الحشيش

mowing-machine آلة ميكانيكية للحشّ، محشّة

(*fig.*); *usu.* mow down حَصَدَ العدوّ

mower, *n.* مَنْ يَقْطع الحشائش بمحشّة؛ آلة مِيكانيكِيّة لحشّ العُشْب، محشّة

Mr., *see* **mister**

Mrs. (title of married woman) حَرَم، زوجة، مَدام، عقيلة (فلان)

much, *a. & n.* 1. (a great quantity (of)) مِقْدار كَبِير من، كثير؛ كثرة، وفرة

too much for أَكْثَر مما يستطيع احتماله، لا طَاقة (لفلان به أو عليه)

how much?

(what quantity?) كَمْ؟ (للسؤال عن المقدار)

(what price?) كَمْ؟ (للسؤال عن الثمن)

make much of أَعْطَى أهمّية أكبر مما ينبغي؛ اِحْتَفَى (بالضَّيْف) حَفاوة بالغة؛ (لم) يفهم (القصّة)

as much as بِمِقْدار أو بقدر ما (تريد)

as much again ضِعْف الكمّيّة أو الثَّمَن

this (that) much هذا (ذلك) المقدار؛ (لم يعجبني الفِيلْم) إلى هذا الحدّ

adv. 1. (modifying verbs: greatly, often, well) كثيرًا

I don't think much of it لا أقيم (لرأيه) وزنًا كَبِيرًا، لا يعجبني (هذا الكتاب) في شيء

do you see much of him? هَلْ تراه أو تقابله كَثِيرًا؟ هل تقضي معه وقتًا طويلًا؟

I can't come, much as I should like to كان يُودّي أن أحضر لزيارتك، لكنّني آسف لِعَدَم استطاعتِي الحُضور

2. (with comparatives and superlatives: considerably; by far)

he works much faster than his brother
يَشْتَغِل أسرع بكثير من أخيه

he is not much the worse for the accident
لم يُصِبْه إلّا بعض الضَّرَر الطَّفِيف بسبب الحادث

3. (almost, nearly)

much the same هٰذا نفس الشيء تقريبًا، (حال المريض) لم تتغيّر كثيرًا

I thought as much! كذا! هٰذا ما كنت أتوقع! ظَنَنْتُ! هذا ما كنت أنتظره!

they are much of a size لَهُمَا نفس الحجم تقريبًا، إنّهما سواء

muchness, *n., only in*

they are much of a muchness الفَرْقُ بينهما طَفِيف لا يُذْكَر، هذه الطينة من تلك العجينة

mucilag/e, *n.* (**-inous,** *a.*) سائِل لزج معدّ من الصَّمْغ النباتي والماء (لِلَصق الأوراق)؛ مخاطي

muck, *n.* 1. (farmyard manure) رَوْث، سماد الروث (للمزارع والبساتين)

muck heap مِزْبَلَة، كومة زبل أو نفايات

muck-rake (*usu. fig.*) شَهَّرَ بالعظماء بِنشر فضائح وَاقِعِيّة أو مختلقة عنهم

2. (*coll.*, dirt) وَسخ، قذارة، زبالة

make a muck of خَرْبَطَ (الشغل)، لَخْبَطَه، بوظّه (مصر)، سَقَّطَه (عراق)، أَساءَ صناعة شيء

v.t. 1. (make dirty); *usu.* muck up وَسَّخَ، قَذَّرَ (ملابسه أو يديه مثلاً)

2. (clean *out farm buildings, etc.*) أَزالَ بَقايا المواشي من الحظيرة أو الاسطبل

3. (*sl.*, bungle); *also* muck up أَفْسَد، لَخْبَط، خَرْبَط، طَصْلَق (مصر)

v.i. (*sl.*, idle *about*) تَسَكَّع، عَبِث

mucky, *a.* (*coll.*) قَذِر، مُلَوَّث (عامّية)

mucous, *a.* مُخاطي

mucous membrane الغِشاء المُخاطيّ

mucus, *n.* مُخاط

mud, *n.* وَحْل، طِين

mud-bath حَمّام في مياه طينية معدنية (لِعلاج الروماتزم مثلاً)

mud-pack مُسْتَحْضَر من الوحل تستعمله النِّساء لتنظيف المسام وتجميل البشرة

mud-pie طِين يشكِّله الأطفال على هيئة فَطِيرة أثْناءَ اللّهو واللّعب

throw mud at (*fig.*) لَطَّخَ سُمْعَة شَخْص، طَعَنَ في نَزاهَته

mud-slinger (*fig.*) (صُحُفِيّ) يهوى تسويد سمعة الناس

muddy, *a.* 1. (covered with mud) مُوحِل

2. (not clear, clouded) (ماء) عَكِر أو غير صافٍ

v.t. وَحَّلَ (ملابسه أو الأرضية)

muddle, *n.* اِرْتباك، فوضى، تشويش، خَرْبَطَة، حِيرة

v.t. خَرْبَطَ، لَخْبَطَ، أربَكَ

muddle up كان متخبِّطًا مرتبكًا

v.i.

muddle through حَقَّقَ غَرضه بالرغم من عدم وُجود خطّة منظَّمة للعمل

muddle-headed, *a.* أَخْرَق، مرتبك، مُشَوَّش الذهن، مبلبل الفكر

mudguard, *n.* رَفْرَف، غطاء معدِنيّ فوق عَجلة الدَّرّاجة للوِقاية من الطِّين المتطاير

mudlark, *n.* طِفل متشرِّد (في المناطق الشاطئية)

muezzin, *n.* مُؤَذِّن بالصلاة، أذين

muff, *n.* 1. (warm covering) فَرْوَة اسطوانية تُدْخَل فيها اليدان من طرفيها لتدفئتهما

radiator muff غِطاء خارجيّ لرادياتور السّيّارة

2. (clumsy person at sports) لاعِب رياضيّ أَخْرَق ثقيل الحركة

3. (failure at sports) إخْفاق (في تسديد الكُرة نحو المرمَى)

v.t. 1. (miss, fail, *a catch*) أَخْفَقَ في إمساك الكرة أثناء اللعب

2. (make a muddle of) خَرْبَطَ ، لَهْوَجَ

muffin, *n.* فطيرة مستديرة تُشْطر وتحمَّص وتغطّى بالزبد لوجبة الشاي

muffle, *v.t.* 1. (wrap up for warmth) لَفَّعَ أو غَطَّى (رقبته وصدره احتراسًا من البرد)

2. (deaden sound of) خَفَّفَ من شِدّة رنين (الجرس بتغطية مقرعته مثلًا)

muffler, *n.* 1. (scarf) شال، تلفيعة، ايشارب

2. (anything used to deaden sound) كاتِم الصوت

mufti, *n.* 1. (*in Islam*) مُفتٍ، المفتي، رئيس دينيّ يصدر فتاوًى في أمور الشرع

2. (civilian clothes) بدلة مدنيّة يرتديها العسكريون خارج أوقات العمل الرسمي

mug, *n.* 1. (drinking vessel) كُوز (معدني أو خزفي)

2. (*sl.*, simpleton) عَبيط، ساذج، بليد

3. (*sl.*, face)

his ugly mug (أُحِبّ أن أرى) سِحْنَته

v.t. (*sl.*); *usu.* mug up دَرَس دراسة سطحيّة

muggins, *n.* أبله، بليد ، عبيط ، أحمق

muggy, *a.* (جَوّ) رطب حارّ وخانق (مثل الطّقس الحارّ في فصل الأمطار)

mulatto, *n.* & *a.* مُوَلَّد من أبٍ أبيض وأمّ زنجيّة

mulberry, *n.* تُوت أرضيّ، فرصاد، شمّول

mulch, *n.* & *v.t.* مراشة، خليط (من القَش آلخ) يفرش حول النباتات لحفظ رطوبتها

mulct, *n.* غَرامة، جَزاء نقديّ، قِصاص، عُقوبة

v.t. 1. (fine) غَرَّمَ، فَرَضَ غَرامة (عقوبةً)

2. (deprive) سَلَبه حقّه

mule, *n.* 1. (animal) بَغْل (بغال)، بِرْذَون

2. (stubborn person) عَنيد، صلب الرأي، حَرون، لا يتزحزح عن رَأيه

3. (spinning wheel) مِغْزَل من طراز قديم

4. (heelless slipper) شِبْشِب بِدون كَعْب منتوفلي، بلطوف، شحّاطة

muleteer, *n.* البَغّال، المكاري

mulish, *a.* عَنيد، صلب الرأي، حرون مثل البغل

mull, *v.t.* 1. (make *wine*, *etc.*, into hot drink with spices, etc.) سَخَّنَ البيرة أو النبيذ بغمس سيخ محمًّى فيه وخلطه بتوابل مختلفة

2. (ponder *over*) تَأَمَّلَ في، فَكَّرَ مَلِيًّا

mullah (moollah), *n.* المُلّا ، فقيه شرعي

mullet, *n.* (سَمَك من أسماك البحار) بُوري ؛ طرستوج، سلطان إبراهيم

mulligatawny ⟨**soup**⟩, *n.* شُوربة بتوابل هندية

mullion, *n.* (**-ed,** *a.*) عَمود حجريّ مِن أعمدة تقسم النافذة إلى أجزاء

multi-, *in comb.* (بادئة بمعنى) متعدّد، عديد

multi-millionaire صَاحب الملايين

multiangular, *a.* (شكل هندسيّ) متعدّد الزّوايا

multifarious, *a.* (أَوْجه نشاط) متنوّعة

multiform, *a.* مُتعدّد الأَشكال

multilateral, *a.* (شَكل هندسيّ) متعدِّد الأَضْلاع

multiple, *a.* مُتعدّد، مُتضاعِف، مُضاعَف

multiple injuries إصابات متعدّدة

multiple store مَخْزن تجاريّ ذو فُروع في عدّة مُدُن

n. مُضاعَف (رياضِيّات)

lowest common multiple; *abbr.* L.C.M. المُضاعَف المُشْتَرك البَسِيط

multiplex, *a.* مُتَعَدِّد العَناصِر

multiplicand, *n.* العَدد المَضروب (رياضيّات)

multiplication, *n.* الضَّرب؛ التكاثُر

multiplication tables جَدْول الضّرب (رياضيات)

multiplicity, *n.* تَعدُّد، كثرة، تنوُّع (واجباته)

multiplier, *n.* 1. (*math.*) العَدد المضروب فيه

2. (*elec., magn.*) مُضاعف كهربائيّ

multiply, *v.t. & i.* 1. (*math.*) ضَرَب عددًا في عدد آخر (رياضيات)

2. (increase, propagate) تَكاثَر عددهم، تناسلوا، تَضاعَف نَسْلهم

multitud/e, *n.* (**-inous,** *a.*) جُمهور غفير؛ كثرة (الخطايا)؛ لا يُعَدّ ولا يُحْصَى

mum, *n.* (*fam.*) ماما، أُمّ

a. صامِت، ساكِت

mum's the word! خلِّها في سِرّك! لا تَبُح بالسِرّ لِمَخْلوق! «اِكفي على الخبر ما جُور»

keep mum سَكَت، صَمَت، كَتَم السِرّ

mumble, *v.i. & t.* جَمْجَم، هَمْهَم، غَمْغَم، مَضَغ كلامه

mumbo-jumbo, *n.* طُقوس لا مَعْنى لها تحيط بعادات أو ديانات، هُراء

mummer, *n.* مُمَثِّل في مَسْرَحِيّة شَعْبِيّة؛ مشخصّاتي (مصر)؛ ممثّل مسرحيّ جَوّال

mummery, *n.* التَّمثيل بالإشارات؛ طُقوس لا مَعْنى لها (تقال استخفافًا)

mummif/y, *v.t.* (**-ication,** *n.*) حَنَّط؛ تحنيط

mummy, *n.* 1. (child's word for mother) ماما، أُمّي، نِينة

mummy's boy محبوب أُمّه، ابن أمّه

2. (embalmed body for burial) مُومياء، جُثّة محنَّطة

mumps, *n.* اِلتهاب الغُدّة النكفيّة، نُكاف

munch, *v.t. & i.* مَضَغ (الخبز المحمّص) مُصْدِرًا صَوتًا مَسموعًا، قَرَش (مصر)

mundane, *a.* (مَسألة) عادِيّة يوميّة؛ دُنْيَوِيّ

municipal, *a.* نِسبة إلى البلديّات

municipal corporation البَلَديّة، المَجْلِس البلديّ، مجْلِس الإدارة المَحَلِّيّ

municipality, *n.* بَلْدَة أو مَدِينة (كوَحْدة إداريّة)

munific/ent, *a.* (**-ence,** *n.*) أَرْيَحِيّ، طَلْق اليَدَيْن، فَيّاض، جَواد، (إنّه) حاتِم في الكَرَم؛ جُود، أَرْيَحِيّة، سَخاء، كَرَم

muniment, *n., usu. pl.* وَثائق ومُسْتَنَدات مَكتوبة تُثْبت المِلْكِيّة، وَثائق تاريخيّة

munition, *n., usu. pl.* ذَخِيرة، عَتاد حَرْبِيّ

mural, *a.* على جِدار أو إلى جانِبِه، حائطيّ

n. رَسْم على حائِط، صُورَة جِدارِيَّة

murder, *n.* قَتْل عمديّ أو مَعَ سَبْق الإصْرار، اِغْتِيال؛ (مُشكلة) تطلّع الرُّوح

murder will out سَيُعْرَف الجانِي يَوْمًا ما، لا بُدَّ أن تُكْتَشَف الجَرِيمَةُ آجلاً أو عاجِلاً

capital murder جَرِيمة قَتْل عُقُوبَتها الإعْدام (شَنْقًا)

v.t. قَتَلَ عَمْدًا، اِغْتال، فَتَكَ بِ؛ شَوَّهَ (لُغَة أجنبيّة)، مَسَخَ (القَصِيدة) بإلْقائه

murder/er (*fem.* **-ess**), *n.* قاتِل (قَتَلَة)، مُغْتال، فتّاك، مُرْتَكِب جَرِيمة القَتْل

murderous, *a.* مُبِيد، مُهلِك، ماحِق، قتّال

murky, *a.* داجٍ، دامِس؛ (أسرار ماضِيه) الشَّنِيعَة

murmur, *v.i.* & *t.*; *also n.* تَمْتَمَ، أَبْدَى تَذَمُّرَه

murmuring, *n.* (grumble) تَذَمُّر، اِسْتِياء

murphy, *n.* (*sl.*) بَطاطِس، بَطاطا (بِلُغة العامَّة)

murrain, *n.* مَوْتان (وَباء المَواشِي)

muscle, *n.* عَضَلة (عَضَل، عَضَلات)

he couldn't move a muscle تَسَمَّرَ في مكانه من شِدّة الرُّعْب

muscle-bound متشنِج العضل

v.i. (*sl.*), *only in*

muscle in (on) اِقْتَحَم مُلْكَ غيره عَنْوَةً، اِعتدى على حقّ الآخرين

muscular, *a.* (نسيج) عضلي؛ (رجل) مفتول الساعدين، قويّ العضلات

Muse, *n.* رَبّة الفَنّ، إلهة المُوسِيقى، عَرُوس الشِّعْر، مَصْدر الوَحْي والإلهام

muse, *v.i.* اِسْتَغْرَقَ في التأمُّل والتفكير العميق

museum, *n.* مَتْحَف، دار الآثار

museum piece (*fig.*) (رَجُل) دَقّة قديمة (مصر)، أنتيكة، شَيْء مَضَى وقته

mush, *n.* عَصِيدة من الذرة؛ عاطفية رخيصة

mushroom, *n.* فُطْر، عيش الغراب، بنات عرهون، غاريقون مري، طرثوث حلو

mushroom cloud سَحابة على شَكل فُطْر تَنشأ نتيجة تفجير ذرّي

mushroom growth نَبات سَريع النمّو

v.i. 1. (gather mushrooms) جَمَعَ الفُطْر

2. (spring up rapidly) تَكاثَرَت (المباني) فجأةً وبسرعة البرق، اِنْتَشَرَت بين عشيّة وضحاها

music, *n.* 1. (art of combining sounds) المُوسيقى، فنّ الموسيقى

2. (sounds so produced) أنغام موسيقية، ألحان موسيقية

music-hall تياترو للمتنوّعات الغِنائية، مسرح للطرب والألعاب البهلوانية

set to music لَحَّنَ أغنية

musical, *a.* مُوسيقيّ، مختصّ بالموسيقى

musical chairs لُعْبَة الكراسي الموسيقيّة

musical comedy أُوبريت غنائية مَرِحة، رواية هزلية غنائية للتسلية

is your son musical? هَلْ لَدَى ابْنك مَوْهِبة مُوسِيقيّة؟

n. (*coll.*, film with music featured strongly) فِيلم مُوسِيقِيّ

musician, *n.* مُوسِيقار ، عازِف مُوسِيقِيّ

musk, *n.* المِسْك ، عِطْر المِسْك

musk-deer غَزال أو أَيِّل المِسْك

musk-rat (*also* musquash) حَيَوان مائِيّ ذُو فِراء مَعْرُوف (يَقْطُن شَمال أَمْرِيكا)

musk-rose وَرْد مِسْكِيّ (يَمْتَدّ فَوْق تَعْرِيشة)

musket, *n.* بُنْدُقِيّة مِن طِراز قَدِيم تُطْلَق باسْتِعمال فَتِيلة مُشْتَعِلة ، بارُودة

musketeer, *n.* فارِس (مِن حاشِيَة المَلِك قَدِيمًا)

musketry, *n.* فَنّ اسْتِعْمال وإطْلاق البَنادِق

muslin, *n.* شاش ، مُوصِلِين

musquash, *see* **musk**-rat

muss, *v.t.* (*U.S. coll.*); *also n.* لَخْبَط ، خَرْبَط ، فَرْكَش ؛ اِضْطِراب

mussel, *n.* مِيدية ، بَلَح البَحْر ، أُمّ الخُلول (نَوْع من أَصْداف البَحْر ذو شِطْرَين)

must, *n.* 1. (new wine) عَصِير العِنَب عِند إعْدادِه لِلتَّخْمِير ؛ خَمْر جَدِيدة

2. (mustiness, mould) عُفُونة ، رُطُوبة

must, *v. aux.* يَجِب ، يَلْزَم ، مِن الضَّرُورِيّ

you must do as you are told عَلَيْك أن تُنَفِّذ ما يُطْلَب مِنْك (دُون اعْتِراض)

we must see what we can do سَوْف نُحاوِل مُساعَدَتك بِقَدْر اسْتِطاعَتِنا

he must have arrived there by now لا بُدّ أنَّه يَكُون قَدْ وَصَل هُناك

mustang, *n.* فَرَس بَرِّيّ ، حِصان وَحْشِيّ

mustard, *n.* الخَرْدَل ، المُوسْتارْدة

mustard plaster لَزْقة الخَرْدَل (طبّ)

mustard-pot إناء خاصّ لِلمُوسْتارْدة

as keen as mustard مُتَحَمِّس لِلْعَمَل

muster, *n.* اِصْطِفاف الجُنُود (لِلنِّداء)

pass muster مَقْبُول لِتَوَفُّر الشُّرُوط فيه ، يُعْتَبَر مَرْضِيًّا

muster-roll قائِمة بِأسْماء أَفْراد الوَحْدة العَسْكَرِيّة أو البَحْرِيّة

v.t. جَمَع أو حَشَد (الجُنُود لِلتَّفْتِيش)

(*fig.*) اِسْتَجْمَع (أَشْتات فِكْرِه)

musty, *a.* (*lit. & fig.*) نَتِن ، مُتَعَفِّن ، (تَقالِيد) بالِيَة

mutab/le, *a.* (**-ility,** *n.*) قابِل لِلتَّبَدُّل أو التَّحَوُّل ؛ القابِلِيّة لِلتَّحَوُّل

mutation, *n.* 1. (change, alteration) تَغَيُّر ، تَغيير ، إبْدال

2. (*biol.*, change resulting in new species) الطَّفْرة ، تَغَيُّر فُجائِيّ في السُّلالة

3. (*gram.*) تَغْيِير حَرْف العِلّة (نحو)

mutatis mutandis (*Lat.*) مَع ما يَلْزَم من التَّبْدِيل والتَّعْدِيل

mute, *a.* 1. (silent) صامِت ، ساكِت

2. (dumb) أَخْرَس ، أَبْكَم

3. (not expressed in words) صامِت

4. (*of letters*, not sounded though written) حَرْف في الكَلِمة غَيْر مَنْطُوق (به)

n. 1. (a dumb person) أَخْرَس، أَبْكَم

2. (*mus.*, device for deadening sound) أداة لتخفيف شدّة الصوت في آلة موسيقية

3. (unsounded consonant) حرف صامت

v.t. خَفَّفَ وخَفَضَ شدّة صوت (الآلة)

mutil/ate, *v.t.* (**-ation,** *n.*) شَوَّهَ عضوًا من أعضاء الجسم ببتره أو قطعه أو جدعه

mutineer, *n.* (جندي) عاصٍ، ثائر، متمرِّد

mutinous, *a.* عاصٍ، متمرِّد، غير منصاع للأوامر

mutiny, *n.* تمرُّد، عصيان، فتنة، تمرُّد البحَّارة أو الجنود على رؤسائهم

v.i. شَقَّ عصا الطاعة، قامَ أو انْتَقَضَ الجند على قُوَّادهم، تَمرَّدُوا، ثَارُوا

mutt, *n.* (*sl.*) مغفَّل، جاهل، أخرق، غِرّ

mutter, *v.t. & i.* غَمْغَمَ، تَمْتَمَ، تَكلَّمَ بصوت خفيض غير مفهوم

mutton, *n.* لحم الغنم والضأن الكبير

mutton chop ضلع الغنم بشريحة اللحم العالقة به، كوستليتة ضاني (مصر)

mutton-chop whiskers حَلْق اللحية بحيث يغطي الشعر الخدَّين والشفة العليا

as dead as mutton جثّة هامدة، بلا حراك، (أفكار) قديمة بالية

mutton dressed as lamb (*coll.*) عجوز متصابية، شمطاء ترتدي ثيابًا صارخة لا تليق بسنّها

mutual, *a.* 1. (reciprocal) (منفعة) متبادلة

mutual insurance company شركة تأمين تعاوني أو تبادلي يتشارك أعضاؤها في الأرباح

2. (*pop.*, common)

our mutual friend صديقنا المشترك، صديق الطرفين

muzzle, *n.* 1. (animal's nose and mouth) بوز، خَطْم، أَنْف (الحصان) وفكاه

2. (guard round animal's mouth) كمامة لفم الحيوان، غمامة الكلب، فِدامة

3. (open end of fire-arm) فوَّهة البندقية، فم المدفع

v.t.; also fig. كَمَّمَ (الكلب)، وَضَعَ كمامة على فمه؛ كَمَّمَ أفواه (معارضيه)

muzzy, *a.* مُبهَم، مشوَّش الأفكار، ثَمِل، دائخ من شرب الخمر

my, *poss. pron.* 1. (belonging to me) لِي، (يد)ي

2. (as form of address)

my dear يا عزيزي، يا حبيبتي

my dear fellow (sir) يا سيدي الفاضل، يا أخينا، يا أستاذ!

3. (exclamation)

my goodness! يا ستّار! يا حفيظ! استغفر الله!

my word! يا للعجب! يا للغرابة!

oh my! يا حلاوة! الله! يا سلام!

mycology, *n.* علم الفطريات، ميكولوجية

myelitis, *n.* التهاب النخاع الشوكي

myop/ia, *n.* (**-ic,** *a.*) قصر النظر، حسور

myriad, *a. & n.* عشرة آلاف، ألوف مؤلَّفة، (نجوم) لا تعدّ ولا تُحْصَى

myrmidon, *n.* عبد ينفِّذ الأوامر تنفيذًا أعمى

myrrh, *n.* مُرّ، صَمْغ راتينجي يخرج من ساق شجر المُرّ

myrtle, *n.* آس، ريحان، حبلاس، حلموش

myself, *pron. refl. & emphatic* (رأيته) بنفسي

I am not myself today إنّي متوعّك بعض الشيء اليوم، ما لي كيف اليوم (عراق، سوريا)

for myself, I don't care أما من ناحيتي فالأمر لا يهمّني، فيما يخصّني فالأمر سواء

mysterious, *a.* (جريمة) غامضة، خفيّة، مُبهمة ؛ (رجل) مليء بالأسرار

mystery, *n.* 1. (obscurity, secrecy, something strange) سِرّ، غموض، إبهام

2. (divine revelation) سِرّ كنسي غامض، أسرار الكنيسة

the Mysteries الأسرار الكنسية

mystery ⟨play⟩ مسرحية دينية قديمة العهد

3. (detective story) رواية بوليسية

mystic, *a.* باطني، سرّي، صوفي

n. صوفي، متصوف، مؤمن بالتصوّف

mysticism, *n.* المذهب الصوفي (في الدين)

mystif/y, *v.t.* (**-ication,** *n.*) حَيَّرَه، أحاطَ (الموضوع) بالغموض، جَعَلَ الأمر لُغْزًا ؛ تعْمِية

myth, *n.* 1. (legend) أسطورة (أساطير)، قصّة خرافية (عن بطولة خارقة)

2. (fictitious person or object) شخصية وهمية لا وجود لها ؛ خيالي

mythical, *a.* أسطوري، خرافي، من عالَم الخيال، وهمي

mytholog/y, *n.* (**-ical,** *a.*) أساطير الأقدمين، ميثولوجيا، (قصص) خرافية

N

N, 1. (letter) الحرف الرابع عشر من الأبجدية الانكليزية

2. (indefinite number) عدد غير محدّد

to the *n*th degree (مجتهد) إلى أقصى درجة

Naafi, *n.* مؤسسة «النافي»، كانتين أو نادٍ في معسكر انكليزي لبيع متطلّبات الجنود

nab, *v.t.* (*sl.*) كمَش (مجرمًا)، مَسَكَه

nabob, *n.* مُثرٍ ؛ غني جمع ثورته في الهند (قديما)

nacelle, *n.* هيكل معدني حول محرّك طائرة

nacr/e, *n.* (**-ous,** *a.*) عرق اللؤلؤ، أمّ اللآلئ

nadir, *n.* (*lit. & fig.*) نظير السمت ؛ الدرك الأسفل، الحضيض

nag, *n.* حصان للركوب، كديش، سيسي

nag, *v.t. & i.* أَلَحَّ عليه بالسؤال ؛ (ظَلّ) يؤنبه تأنيبًا مُسْتَمِرًّا

nagging pain ألم مُلِحّ، وَخْز مستمِرّ

naiad, *n.* جنّيّة الماء (في أساطير الاغريق)، حوريّة النهر

nail, *n.* 1. (appendage to finger or toe) ظفر (أظفار)

fight tooth and nail كافَحَ بكلّ ما يملك من قوّة (لتحقيق هدفه)

2. (small metal spike) مسمار (مسامير)

hard as nails

(physically tough) جسم شديد الصلابة، مفتول العضلات، شديد التحمّل

(remorseless) عديم الشفقة، لا يُثْنَى عن رأيه

that is another nail in his coffin خطوة أُخرى تُعَجِّل بنهايته، مسمار آخر يُدَقّ في نعشه

he hit the nail on the head أصَابَ كبد الحقيقة، طَبَّقَ مفصل الرأي، أصَاب في قوله كلّ الإصابة

pay on the nail دَفَعَ الثمن نقدًا أو فورًا

v.t. سَمَّرَ (الوحَا خشبيًّا)، دَقَّ مسمارًا

he nailed his colours to the mast جَاهَرَ برأيه مُتحدِّيًا الجميع وأبى أن يتزحزح عن موقفه

nail a lie كَذَّبَ (بيانًا مثلًا)، أَثْبَتَ خطأه أو كَذِبَه

nail someone down أَجْبَرَه على التصريح بحقيقة الأمر أو بنواياه

nail up a window سَمَّرَ نافذة أو شبّاكًا، أَغْلَقَها بتسميرها لمنع استعمالها

naïve, *a.*; *also* **naive** بسيط، ساذج، عريض الوساد، سليم النيّة أو الطويّة

naïveté, naivety, *n.* سذاجة، بساطة

naked, *a.* (**-ness,** *n.*) (جسم) عارٍ، مجرّد من الثياب؛ (سيف) مسلول من غمده؛ عُرْي (الجسم)

a naked light (حذار من) اللهب المكشوف

the naked truth الحقيقة المجرّدة

namby-pamby, *a. & n.* (صبي) مخنَّث، (خطبة) فاترة؛ شخص ليّن ضعيف الإرادة

name, *n.* 1. (appellation, title) إسم (أسماء)، تسمية، عنوان (الكتاب)

name-day (يوم) عيد القديس المسمّى المرءُ باسمه

name-part الدور المسرحي الذي تحمل المسرحية إسمَه (مثل دور «هملت»)

name-plate لوح على باب المنزل يبيّن اسم الساكن فيه؛ لوحة (على آلة) تبين اسم صانعها

he called him names شَتَمَه، سَبَّه، لَحَاه، قَذَعَه، وَجَّهَ إليه الشتائم والسباب

go by (under) the name of اِنْتَحَل إسمًا ما

in name only (هما زوجان) بالاسم فقط، (صديق) بالاسم لا بالفعل، اسميًّا وحَسْب

he put his name down for سَجَّلَ اسمه بانتظار دوره لشراء (جهاز تليفزيون مثلًا)

2. (reputation) سُمعة، صيت، شهرة

he has a name for honesty نزاهته تُضْرَب بها الأمثال، إنّه مشهور بالأمانة

he made a name for himself بَنَى لنفسه صيتًا ذائعًا (في ميدان الهندسة مثلًا)

3. (famous person) أشهر من نار على عَلَم، حُجّة أو ثقة في (الفيزياء مثلًا)

v.t. 1. (give a name to) سَمَّى، أَطْلَقَ عليه إسمًا، اِخْتَارَ له إسمًا

name a child after his grandfather سَمَّى الوليد باسم جدّه

2. (specify) عَيَّنَ، حَدَّدَ

name the day (esp. with reference to wedding-day) حَدَّدَت العروس يوم زفافها

nameless, *a.* مَجْهُول الاسم ، (يُفَضِّل أن يبقى) اسْمه في طَيِّ الكِتمان

namely, *adv.* أي، أعني، يعني، ألا وهو

namesake, *n.* سَمِيٌّ، شخص يحمل نفس الاسم

nancy, *n. & a.* (*sl.*); *also* **nancy-boy** مُخَنَّث، صبي ذو شذوذ جنسي، ميمي بيه، مايع

nankeen, *n.* قماش قطني متين ذو لون أصفر مسمر؛ سراويل من هذا القماش

nann/y (-ie), *n.* دادة، مربّية أطفال

nanny-goat الأنثى من الماعز؛ عنزة، عنز، معزاة، ماعزة (في لغة الأطفال)

nap, *n.* 1. (short sleep); *also v.i., esp. in* سِنَة من النوم أثناء النهار، قيلولة، تعسيلة

he caught him napping (*fig.*) فَاجَأَه وهو مُنسرح الذِهن، غَافَلَه، سَأَله على حين غِرَّة

2. (surface of cloth) وَبَر أو زَغب (لقماش القطيفة أو المخمل مثلًا)، زِغبر، خمل الطنفسة

3. (card game) لعبة من ألعاب الورق

go nap on (*fig., sl.*) أراهن على كلّ ما أملك (أنّ هذا الحصان سيفوز)، أَقْطَعُ ذراعي إن لم ...

napalm, *n.* نَبالم، مادّة مُحْرِقة تستعمل في الحرب

nape, *n.* قفا الرقبة، قفاء العنق

naphtha, *n.* زيوت تقطّر من مواد عضوية كالنفط

naphthal/ene (-ine), *n.* النفثالين (كيمياء)

napkin, *n.* 1. (serviette); *also* **table-napkin** فوطة السفرة أو المائدة

2. (diaper) كفولة الطفل، لفّة، حضينة (عراق)

nappy, *n.* (*coll.*) كفولة الطفل، حضينة

narciss/ism, *n.* (**-istic,** *a.*); **-ist,** *n.* النَّرْجِسِيّة، عِشق الذّات اللاشُعوريّ

narcissus, *n.* نَرْجِس ، عَبْهر (زهرة)

narcosis, *n.* فُقدان الشّعور بتأثير المُخَدِّرات

narcotic, *a. & n.* مُخَدِّر

narr/ate, *v.t.* (**-ation,** *n.*) رَوَى ؛ رِوَاية

narrative, *n. & a.* قِصَّة ؛ (أُسْلوب) روائيّ

narrator, *n.* قصّاص ، راوٍ (رواة)

narrow, *a.* ضيّق

(*fig.*) محدود، صغير

a narrow majority (فَازَ) بأغلبية ضئيلة

narrow-minded, *a.* (-ness, *n.*) ضيّق الفكر، محدود الأفق (عقليًّا)، متقوقع

a narrow shave (*coll.*) نجا بأعجوبة (من الخطر)، كان على قاب قوسين أو أدنى من الموت

n.pl. مضيق – مضايق (جغرافيا)

v.t. & i. ضَيَّقَ (الفجوة بين شيئين) ؛ ضَاقَ

nasal, *a.* (صوت) أنفي ؛ نسبة إلى الأنف

nascent, *a.* في طور التكوّن ، آخذ في النموّ والتطوُّر

nasturtium, *n.* زهرة السلبوت، كبوسين، جوكلانة (جنس نباتات عشبية ليفية مدّادة)

nasty, *a.* كريه، مقرف، رديء، قبيح ، بذيء، قذِر

1. (loathsome, unpleasant) (رائحة) كريهة ، (طعم) مقرف، منفّر، بغيض

a nasty look نظرة شزراء تنضح شرًّا

he has a nasty mind إنّه يَحْمِل الأُمُور عَلى مَحْمَل سَيّء

2. (dangerous, awkward, threatening) (حالة) لا تبشّر بالخير، (موقف) حَرِج ينذر بالشرّ

natal, *a.* مختصّ بالميلاد أو الولادة

nation, *n.* أمّة (أُمَم)، شعب (شعوب)، دولة (دُوَل)

United Nations ⟨Organization⟩; *abbr.* U.N.⟨O.⟩ هَيئة الأمم المتّحدة

national, *a.* أهلي، وطني، قومي

national anthem النشيد الوطني أو القومي أو الجمهوري، السلام الملكي

national debt الدَّيْن الأهلي أو الوطني

national insurance تأمين إجباري تفرضه الدولة على مواطنيها لتمويل الخدمات الاجتماعية

national service التجنيد الإجباري (وقت السلم)

the Grand National أكبر وأشهر سباق حواجز للخَيْل في انكلترا

n. مُواطِن، من رعايا بلدٍ ما

national/ism, *n.* (**-istic,** *a.*) روح القومية أو الوطنية؛ متّسم بالقومية المتطرّفة

nationalist, *a. & n.* متمسّك بقوميته

nationality, *n.* جنسية، تبعية، رعوية

nationaliz/e, *v.t.* (**-ation,** *n.*) أمّم صناعة ما، جَعَلَها ملكًا للدولة؛ تأميم (صناعة الصلب مثلاً)

nationhood, *n.* بلوغ الشعب مرحلة النضج والأهلية لتحمل المسؤولية السياسية الدولية

native, *a. & n.* (عادات) أهلية؛ فطري، محلي؛ من أبناء البلد؛ محار يُرَبّى في مياه بريطانيا

native land (soil) أرض الوطن، مسقط الرأس، (عليك مني السلام يا) أرض أجدادي

native tongue اللغة الأصلية (للفرد)

he went native تخلّى (رجل انكليزي) عن تقاليده واتّخذ العادات الشعبية في بلد أجنبي

nativity, *n.* ميلاد المسيح؛ (عيد) الميلاد؛ تمثيلية شعبية عن ميلاد المسيح

natron, *n.* نطرون، كربونات الصوديوم

natter, *v.i. & n.* (*coll.*) ثَرْثَرَ، دَرْدَشَ؛ (قضينا ساعة في) الدردشة، ثرثرة

natty, *a.* أنيق، مهندم، شديد التأنّق

natural, *a.* 1. (referring to nature) طبعي، طبيعي، فطري

natural forces القوى الطبيعية

natural gas غاز يستخرج من باطن الأرض ويستعمل في الصناعة والمنازل

natural history التاريخ الطبيعي، علم النبات والحيوان

natural philosophy الفيزياء، علم الطبيعيات، علم دراسة خواصّ المادّة والطاقة

natural science الطبيعيات، العلوم الطبيعية

natural selection الانتخاب الطبيعي (نظرية داروين)

2. (innate, instinctive) فِطْرِي، غَرِيزِيّ، غير مصطنع

natural gifts المواهِب الفِطرِيّة

3. (normal, to be expected)

it's only natural to hope for the best وَما وَجْه الغَرابة في تَفاؤلي؟

he died a natural death مَاتَ ميتة طبيعية ، مَاتَ في فراشه، مات حتف أنفه

he was sentenced to imprisonment for the rest of his natural life حُكِمَ عليه بالسجن المؤبَّد أو مدى الحياة

4. (unaffected; lifelike) لا تَصَنُّع فيه

5. (illegitimate) نغل ، ابن سفاح

he was a natural son of the duke كان ولدًا غير شرعي للدوق

6. (*mus.*) النغمة الأصلية قبل تغييرها (موسيقى)

n. 1. (idiot) طفل يُولَد ناقصًا من الناحية العقلية

2. (*coll.*, person ideally suited *for*) (هذا الشخص) مخلوق (لهذا العمل)، مفطور عليه

natural/ism, *n.* (**-istic,** *a.*) مذهب الطبيعيين ، المذهب الطبيعي في الأدب (يعكس الحياة على علّاتها)

naturalist, *n.* 1. (practitioner of naturalism) من يتبع مذهب الطبيعيين في الفلسفة والأدب

2. (student of natural history) باحث في علم التاريخ الطبيعي أي الحيوان والنبات

naturaliz/e, *v.t.* (**-ation,** *n.*) 1. (adopt, introduce) أَدْخَلَ كلمات أو عادات أجنبية؛ جَلَبَ (نباتًا) وأقلمه في بيئة أخرى

2. (admit to citizenship) مَنَحه الجنسية ، جنَّسَ شخصًا أجنبيًا بموجب القانون المحلّي

naturally, *adv.* طبعًا؛ تلقائيًا، بالسليقة

nature, *n.* 1. (kind, quality, essence) طبيعة (العمل في هذه المهنة)

in the nature of things إنه أمر طبيعي أن ...

2. (disposition) الفِطْرة ، المِزاج ، الاسْتِعداد الطَّبِيعيّ

good-nature, *whence* good-natured, *a.* طيبة النفس، سماحة، طيِّب القلب

human nature الطبيعة البشرية (لا تتغيّر)

ill-nature, *whence* ill-natured, *a.* سيّء الخلق

3. (the external world and its laws) الطبيعة

it goes against nature يخالف نواميس الطبيعة، لا يتمشى وغريزة الإنسان

back to nature العَوْدة إلى الحياة الرّيفيّة البَسيطة

by the light of nature (حَلّ المُعْضِلة) بذكائه الفطري أو ببديهته، بدون خبرة سابقة

in a state of nature

(naked) كما ولدته أُمّه، عريان

(unregenerate; uncivilized) على طبيعتهم البدائية

true to nature متوائم مع الطبيعة

4. (bodily functions)

relieve nature قَضَى حاجته ، ذَهَبَ إلى المرحاض

natur/ism, *n.*, **-ist,** *n.* الايمان البدائي بقدسية الطبيعة وما فيها؛ مذهب العراء

naught, *n.*; *also* **nought** لا شيء، العدم

bring to naught قَضَى على آماله، قَلَبَ خِطَطه رأسًا على عقب ، أَحْبَطَ مشاريعه

come to naught ضاعت مساعيه أدراج الرياح، ذَهَبَ مجهوده سدًى

set at naught إسْتَخَفّ أو اسْتَهان بِشأنِهِ

naughty, *a.* 1. (disobedient) شقي (مصر)، وكيح (عراق)، شرّير، غير مطيع

2. (improper) (قصّة) فاضحة، غير أخلاقية

nausea, *n.* غَثَيان النَّفس، اِشمئزاز شَديد

nauseate, *v.t.* قَرَّفَ أو قَزَّزَ، أثارَ اشمئزازه

nauseous, *a.* مُقْرِف، مقيّئ، تعافه النفس

nautical, *a.* بحري، مختصّ بالملاحة

nautical almanac تقويم فلكي خاصّ بالملاحة

nautical mile ميل بحري، عقدة، ٦٠٨٠ قدمًا

naval, *a.* بَحْريّ، نِسْبَة إلى سفن الأسطول وتجارته

nave, *n.* صُرّة العجلة؛ صحن الكنيسة

navel, *n.* سُرّة البطن؛ (برتقال) أبو سُرّة

navigab/le, *a.* (**-ility,** *n.*) صالح للمِلاحة؛ الصّلاحِيَّة للملاحة

navigate, *v.t. & i.* أرشد السائق إلى طريقه وفق الخارطة (برًّا أو بحرًا أو جوًّا)

he navigated the bill through Parliament
جَعَلَ مشروع القانون يمرّ في البرلمان بمهارة

navigation, *n.* (**-al,** *a.*) المِلاحَة، عِلم المِلاحة؛ نسبة إلى المِلاحة

air navigation طيران، ملاحة جوّية

inland navigation المِلاحَة الدّاخِلِيَة (من ترع وقنوات الخ)

navigator, *n.* ملاّح، بحّار

navvy, *n.* عامِل يدويّ يشتغل بأعمال حفر الطرق آلخ

navy, *n.* أسطول (أساطيل)، بحرية

navy ⟨blue⟩, *n. & a.* اللون الأزرق الكحلي

nay, *adv.* (*arch. & poet.*) 1. (no) لا، كلّا

2. (indeed, rather) بِالحَرِيّ، بِالأَحْرَى، لا ... بَل ...

Nazi, *n. & a.* نازِيّ

neap ⟨**tide**⟩, *n.* مَدّ تامّ ذو أدنى ارتفاع

Neapolitan, *a.* نِسْبة إلى سُكّان مَدينة نابولي (مِيناء في جَنوب إيطاليا)

Neapolitan ice چيلاتى (بُوظة) مِن طَبَقات مُتَعَدِّدة مُختلفة اللّون والمَذاق

near, *adv. & prep.* قَريبًا، بِالقُرْب من، على مَقْرُبة من، قُرْبَ

near at hand في متناول اليد؛ ليس ببعيد

near by (يسكن) بالقرب (منّا)، إلى جوارنا، على مقربة (منّا)، قريبًا

the cinema was nowhere near full (أَدْهَشَني) أَنّ كَثيرًا من مَقاعد السِّينما كانت خالِية

he came near to losing his temper كادَ أن يفقد زمام أعصابه، أَوْشَكَ أن يحتدم غيظًا

near-sighted, *a.* قصير النظر

a. 1. (close, *lit. & fig.*) قريب، وشيك

in the near distance لَيْسَ ببعيد، عن قرب

Near East الشرق الأدنى

near relations الأقرباء الأدنون

it was a near thing نجونا بأعجوبة

2. (close to side of road)

near-side, *a.* جانب (السيّارة مثلًا) الأقرب من الرصيف (وهو الجانب الأيسر في انكلترا)

3. (stingy) بخيل، جامد اليد، شحيح

v.i. قَرُبَ أو دَنا من (نهاية الشهر مثلًا)

near-by, *a.* (مدرسة) مجاورة أو قريبة

nearly, *adv.* على وشك، تقريبًا، حوالي

neat, *a.* 1. (clean, tidy) أنيق، مهندم، مُرَتَّب

2. (well-proportioned or well-executed); *also fig.* منتظم، متناسق، متناسب

a neat turn of phrase عبارة مُنَمَّقة، أسلوب لَبِق، لَفْظ ظريف

3. (undiluted) (ويسكي) غير ممزوج بماء

nebul/a (*pl.* -ae), *n.* (**-ar,** *a.*) سديم (سدم)؛ بقعة على قرنية العين

nebulous, *a.*; *usu. fig.* سديمي؛ مُبْهَم، غامض، غير واضح، خيالي، لم تتبلور فكرته بعد

necessary, *a.* 1. (inevitable) لا بُدَّ منه

2. (compulsory, requisite) ضروري، لازم، واجب، من الأمور المستلزمة

n.

he did the necessary (*sl.*) قام بما يلزم، دفع قائمة الحساب

necessitate, *v.t.* تَطَلَّبَ، اِسْتَدْعَى، اِسْتَلْزَم، اِسْتَوْجَبَ، حَتَّمَ أن، اِقْتَضَى

necessitous, *a.* مُعوز، فقير، مُعدم

necessity, *n.* 1. (constraint, compulsion) اضطرار، إجبار، قسر

of necessity بالضرورة

necessity knows no law للضرورة أحكام

he made a virtue of necessity جَعَل قِيامه بِواجِبه مَصْدرًا للسَّعادة، حَوَّل القَيْد زِينَة

2. (indispensability, requisite) حاجة، ضرورة، لزوم، لا غنى عنه، مقتضيات

the necessities of life ضروريات الحياة

3. (poverty) عَوَز، فَقر، فاقة

neck, *n.* 1. (part of body) رقبة (رقاب)، عُنق (أعناق)، جِيد (أجياد)

neck-tie رباط الرقبة أو العنق، كرافتة، كرافات، بعباغ (عراق)

he threw him out neck and crop طَرَدَه من المكان شَرَّ طَرْدَة

neck and neck تَراكَضَ الفرسان عُنقًا لعنق في السباق

neck or nothing (قامَر) بِكُلّ ما لَدَيْه، (قرر أن يمضي) إلى نِهاية الشَّوْط

he got it in the neck (*coll.*) ذاقَ المُرَّ والعَلْقَم، أَكَل عَلْقَة سُخنة (عامّية)

stick one's neck out (*coll.*) جازَف بتَعْريض نَفْسه لِخَطَرٍ أو لِلوْم

2. (part of garment)

neck-line فَتْحَة الرَّقَبة في فُستان، القَبّ

3. (constricted part of bottle, etc.) عُنق الزُّجاجة أو القنينة

4. (*sl.*, impudence) صَفاقة، وَقاحة

v.i. (*sl.*) تَداعَب (العاشِقان)، تَناغَيا

necklace, *n.* قِلادة ، عِقْد

necromanc/y, *n.* (**-er,** *n.*) تحضير أرواح الموتى لمعرفة المستقبل

necropolis, *n.* مقبرة ، مدفن كبير (عند الأقدمين غالبًا)

nectar, *n.* 1. (*myth.*) شراب الآلهة (في الأساطير اليونانية والرومانية)

(*fig.*) شراب حُلو المذاق

2. (*bot.*) أري أو عسل الزهور ، رحيق

nectarine, *n.* زَلَّيْقة (نوع من الدُرّاق أو الخوخ)

née, *a.* اسم السيدة قبل زواجها واتخاذها اسم زوجها

need, *n.* 1. (requirement, necessity) حاجة ، ضرورة ، احتياج

he has need of إنّه يحتاج إلى (العلاج)

if need be اذا اقتضت الحاجة ، اذا اسْتَدْعَى الأمر ، عند الضرورة

in need of في حاجة (ماسّة) إلى ...

2. (distress, poverty) عَوَز ، فاقة ، إملاق

a friend in need ⟨is a friend indeed⟩ عند الشدائد يُعْرَف الإخوان

v.t. 1. (require, lack) تَطَلَّب ، احتاج إلى

2. (be under necessity or obligation) اضطُرَّ إلى

needful, *a.* ضروري ، لازم ؛ الفلوس (عامّية)

needle, *n.* إبرة ؛ مسَلّة

he is looking for a needle in a haystack (*fig.*) إنه كَمَن يَبْحَث عن إبْرَة في كَوْمَة من القَشّ (أي يَطْلُب المُحال)

pine-needle إبْرَة الصّنوبر ، ورقة شجر الصّنوبر

v.t. (*coll.*) أَغاظَ ، أَغْضَبَ ، كَدَّر

needless, *a.* لا حاجة له به ، غير ضروري

needless to say لا حاجة إلى القول

needlewoman, *n.* خياطة محترِفة ماهرة

needlework, *n.* شغل الإبرة ، تطريز

needs, *adv.* in

needs must when the devil drives لِلضرورة أحكام ، الضرورات تبيح المحظورات

needy, *a.* مُحتاج ، مُعوز ، فقير ، رقيق الحال ، من ذوي الحاجات

ne'er, *poet. contr. of* **never** لا ، أبدًا ، قَطّ

ne'er-do-well(-weel) لا يُرجى منه خير ، فلاتى (مصر)

nefarious, *a.* (تصرّف) شنيع ، شائن ، أثيم

neg/ate, *v.t.* (**-ation,** *n.*) أَنْكَرَ (وجوده) ، نفَى ، ألْغَى ؛ نَفْي ، إنكار ، إبطال

negative, *a. & n.* نافٍ ، سلبي ، (صيغة) انكارية ، مناقض ؛ عبارة سلبية ، أداة نفي

he is a negative character له شخصية أو طبيعة سلبية ، لا يتفاعل إيجابيًّا مع غيره

photographic negative صورة فوتوغرافية سلبية ، عفريتة (مصر) ، مسوَدّة (سوريا) ، جامة (عراق)

reply in the negative أجاب بالنفي

neglect, *v.t.* أهمل، أغفل، لم يعتن ب ، قَصَّرَ ، سَهَا عن

he neglected his duty قَصَّرَ في واجباته أو أهملها، لم يؤدّ عمله أو مهامّه

n. إهمال، إغفال، تقصير

neglectful, *a.* مُهْمِل، متهاون ، مقصّر، غير مُعْتنٍ أو مُهْتمّ بِ

négligé(e), *n.* روب نسائي (للمنزل فقط)

neglig/ent, *a.* (**-ence,** *n.*) مهمِل، متهاون ، مقصِّر، مُغْفِل؛ إهمال، تقصير، إغفال

negligible, *a.* تافِه، لا قيمة له، غير مهمّ، لَيْسَ بذي شأن، غيرجدير بالذكر

negotiable, *a.* 1. (affording passage) (مضيق) يمكن اجتيازه أو المرور فيه

2. (*finance*) (شيكات وأوراق ماليه) قابلة للتداول أو التحويل

negoti/ate, *v.t.* & *i.* (**-ation,** *n.*) 1. (contract) تَفاوَض(للتعاقد)؛ تفاوُض، مفاوضة

2. (change into cash) خَصَمَ أو بَاعَ أوراقًا قابلةً للتحويل أو التداول

3. (pass successfully) اِجتاز صعوبات

negotiator, *n.* مفاوض

Negr/o (*fem.* **-ess**), *n.*; *also attrib.* زنجيّ (زنوج)؛ زنجيّة

negroid, *a.* زنجيّ ؛ ذو مَلامح زنجيّة

negus, *n.* شراب حلو من النبيذ والماء الساخن وجوزة الطيب وعصير الليمون

neigh, *v.i.* & *n.* صَهَل ،حَمْحَمَ ؛ صهيل الخيل

neighbour (*U.S.* **neighbor**), *n.* جار (جيران)، الجار (ثمّ الدار)

neighbo(u)rhood, *n.* (يسكن في هذا) الجوار، جيرة ، (أولاد) الحيّ أو الحارة أو المنطقة

neighbo(u)ring, *a.* مجاور، قريب، متاخم

neighbo(u)rl/y, *a.* (**-iness,** *n.*) (تَصَرُّفات) تليق بالجار ؛ حُسْن الجِيرَة

neither, *a.*, *pron.*, & *adv.* (لم يحضر) لا (عليّ) ولا (حسن)

neither do I (أنا لا أدخِن)ـ ولا أنا

nemesis, *n.* (سيحلّ بك) عقاب الأقدار، الانتقام الالٰهي؛ الٰهة الانتقام

neo-, *pref.* (بادئة بمعنى) حَديث ، جَديد ، عَصْريّ

neolithic, *a.* العصر الحجري الحديث، العصر النيوليثي

neologism, *n.* لفظ مستحدث يدخل في الاستعمال اللغوي بتأثير التطور الحضاري

neon, *n.* غاز النيون

neon tube مصباح النيون (أنبوبي الشكل)

neophyte, *n.* معتنق جديد للديانة (المسيحية غالبًا)؛ مبتدئ، كاهن كاثوليكي حديث السيامة

nephew, *n.* اِبن الأخ أو الأخت

nephrit/is, *n.* (**-ic,** *a.*) التهاب الكلى

nepotism, *n.* إيثار ذوي القربى بالوظائف العالية

Neptune, *n.* 1. (*myth.*) نبتون (إلٰه البحر في الأساطير الرومانية)

2. (planet) كوكب نبتون (فلك)

nerve, *n.* 1. (fibre) عَصَب (أعصاب)

nerve-centre (*lit. & fig.*) مركز عصبي؛ مركز النشاط، مركز القيادة

2. (*pl.*, sensitivity, anxiety)

he gets on my nerves يثير أعصابي، يضايقني ويضجرني كثيرًا، ينرفزني

3. (courage) رباطة الجأش، جرأة، تمالك الأعصاب

he lost his nerve فقَدَ أعصابه، فقَدَ سيطرته على نفسه (أمام الخطر)

4. (*coll.*, impudence) وقاحة، صفاقة الوجه

he's got a nerve! يا له من وقح!

5. (sinew) *poet.*, *except in*

strain every nerve بَذَل غاية جهده، لم يَأْلُ جهدًا، لم يوفّر طاقة

v.t.

he nerved himself for تَشَجَّعَ في وجه (الصعاب)، تأَهَّبَ لمواجهة الموقف

nerveless, *a.* شُلّت أصابعه فجأة (فسقطت السكّين من يده)؛ مرتخي القوى، ركيك

nervous, *a.* 1. (pertaining to nerve, *n.* (1)) عصبي، متعلّق بالأعصاب

nervous breakdown انهيار عصبي

nervous system الجهاز العصبي

2. (anxious); (**-ness,** *n.*) قَلِق، خائف

nervy, *a.* (*coll.*) منرفز، خوّاف، عصبي

nest, *n.* عشّ (العصفور)، وكر (النسر)

nest-egg (*lit.*) رقوبة، بيضه توضع في عُشٍّ خالٍ

(*fig.*) مال يُدَّخر للحاجة، خميرة فلوس (مص)

nest of tables (ثلاث) مناضد صغيرة متداخلة

v.i. عَشَّشَت (الطيور)

nestle, *v.i. & t.* اِسْتكَنَّ (الطفل في أحضان أمّه)؛ احتضنت (الأمّ رضيعها)

nestling, *n.* فرخ لم يغادر عشّه بعد، كتكوت

net, *n.* 1. (fabric mesh; device made of this) شبكة (لصيد طائر أو سَمَك)، شرك

2. (network of radio stations, etc.) شبكة (من المحطّات اللاسلكية أو الخطوط الحديدية الخ)

v.t. 1. (capture in net, *or fig.*) اصْطَادَ (طائرًا أو سمكًا) بشبكة، اغتنم ربحًا (من هذه الصفقة)

2. (cover with net) غطّى شجر الفاكهة بشبكة

a.; *also* **nett** صافٍ، خالص

net profit الربح الصافي، صافي الأرباح

net weight الوزن الصافي

netball, *n.* كرة الشبكة، لعبة تقذف فيها الكرة لتسقط خلال شبكة معلّقة على عامود

nether, *a.* أسفل، أدنى

the nether regions عالم الموتى، الجحيم

Netherlander, *n.* هولندي

Netherlands, *n.pl.*; *also attrib.* هولندا، بلاد الأراضي المنخفّضة

netting, *n.* (خمس ياردات) من الأسلاك المشبّكة

nettle, *n.* قرّاص، قرّيص، حرّيق، أنجرة (نبات)

nettle-rash طفح جلدي أو انجري، ارتكاريا، شرًى

courage was found to grasp the nettle firmly لَمَّ أطراف شجاعته لمواجهة الأزمة الشديدة بحزم وعزم

v.t. أهاج، أغاظ، أثارَ ثائرته

network, *n.* 1. (reticulation) شبكية

2. (system of communications) شبكة مواصلات

neural, *a.* متعلّق بالأعصاب أو بالجهاز العصبي

neuralg/ia, *n.* (**-ic,** *a.*) نورالجيا، ألم حادّ في أعصاب الرأس أو الوجه غالبًا

neurasthen/ia, *n.* (**-ic,** *a.*) ضعف الأعصاب

neuritis, *n.* التهاب العصب أو الأعصاب

neurolog/y, *n.*, **-ist,** *n.* علم يبحث في الجهاز العصبي وأمراضه ووسائل علاجها

neuropath, *n.* مصاب بمرض عصبي

neuros/is, (*pl.* -es), *n.* العصاب، اضطراب عصبي

neurotic, *a.* & *n.* عصابي، مصاب بمرض عصبي

neuter, *a.* & *n.* 1. (*gram.*) أسماء ليست بمذكّرة ولا بمؤنّثة (في النحو اللاتيني مثلًا)

2. (*biol.*) عديم الجنس (في علم الحيوان)

neutered, *a.* قطّ أو قطّة مخصية

neutral, *a.* محايد، حيادي، على الحياد

neutral gear; *also* neutral, *n.* فكّ تعشيق المسنّنات، وقوف حركة التروس

neutral substance مادّة متعادلة (كيمياء)

neutral tint لون محايد (كالرمادي أو الرصاصي، لا يتنافر مع الألوان الأخرى)

neutrality, *n.* حياد، محايدة

neutraliz/e, *v.t.* (**-ation,** *n.*) عادَلَ (كيمياء)؛ أبْطَلَ مفعول (السمّ مثلًا)

neutron, *n.* نيوترون، جزيء غير مشحون كهربائيًا

never, *adv.* 1. (at no time) لا أبدًا، كلّا مطلقًا

never-ending, *a.* (سيل) لا ينتهي (من الزوار)

never-failing, *a.* (معين) لا ينضب، (صبر) لا ينفد

Never-Never-Land عالَم خيالي لا وجود له

never say die لا تيأس، لا تستسلم للظروف (تقال للحثّ والتشجيع)

on the never-never (*coll.*) (اشتريته) بالتقسيط

now or never هذه هي فرصتك الأخيرة فانتهزها، الآن وإلّا فلا

2. (emphatic neg.)

never fear! (سيحضر) ولا شكّ! لا تخف!

never mind! لا بأس، معلـهش!

he never so (as) much as smiled لم تفتر شفتاه عن ابتسامة واحدة

that will never do (هذه الخطّة) لن تفي بالغرض المطلوب مطلقًا، لا تنفع ولا تشفع

well, I never ⟨did⟩! يا للعَجَب! يا للغرابة! سبحان الله! يا سلام! أمّا عجيب!

nevermore, *adv.* أبدًا، مطلقًا، قطعًا

nevertheless, *adv.* & *conj.* وعلى الرغم من هذا

new, *a.*; *also adv. in compounds* جديد، حديث، حديث العهد

new-born, *a.* وليد، حديث الولادة، مولود حديثًا

new-fangled, *a.* شيء مُستحدَث، بدعة مُستجدّة (تقال استخفافًا بالجديد)

new-laid eggs بَيْض طازج أو طريّ، بَيْض اليوم

after his holiday he felt a new man بَعْد عودته من العطلة شعر كأنّه خُلِق من جديد

it's a new one on me! (*coll.*) لم أسمع بمثل هذا من قبل، هذا خبر جديد بالنسبة لي

new potatoes بطاطس أو بطاطا تُستخرَج من الحقل في أواخر الربيع وتباع قبل تصلّب قشورها

New Testament العهد الجديد من الكتاب المقدَّس

New Year's Day يَوْم (عيد) رأس السنة، (أول يناير أو كانون الثاني في التقويم الغربي)

as good as new (جِهاز) كأنّه جَديد في جَوْدَته

he started a new life بَدأ فصلًا جديدًا في حياته، فُتح له باب جديد في الحياة

newcomer, *n.* وافِد أو قادِم جديد، مُقبل حلّ في مِنطقة لم يسكن فيها مِن قبل

newly, *adv.* (وَصَلَ) حديثًا، منذ عهد قريب

newly-weds العروسان، زوجان حديثا الزواج، زوج جديد (عراق)

news, *n.* خَبَر، أخبار، نَبأ، أنباء

news-room قِسم الأخبار (صحافة وإذاعة وتليفزيون)

this event has news value لهذا الحدث أهمّية صحفية أو أخبارية

news-vendor بائع الصحف أو المجلّات في الشوارع

no news is good news لا داعي للقَلق ما دمنا لم نتلقَّ أخبارًا، أحسن خبر انعدام الأخبار

that's news to me أُسمع هذا الخبر للمرّة الأولى، لم يطرق سمعي من قبل

he heard it on the news سَمِعَ الخبر في نشرة الأنباء

newsagent, *n.* مُتعّهد بَيْع الصحف وتوزيعها

newsboy, *n.* صبيّ يبيع الجرائد والمجلّات في الشوارع أو يوزّعها على المشتركين

newscaster, *n.* قارئ نشرة الأنباء بالإذاعة أو التليفزيون

newspaper, *n.* 1. (publication) جَريدة (جرائد)، صحيفة (صُحُف)

2. (newsprint) ورَق خاصّ لطبع الجرائد

newsprint, *n.* جرائد؛ ورق خاصّ لطبع الجرائد

newsreel, *n.* شريط الأنباء في السينما

newsy, *a.* (*coll.*) (رسالة) كلها أخبار عائلية

newt, *n.* سمندل الماء (يشبه السحلية أو أبو بريص)

next, *a.* & *n.* تالٍ، قادِم، آتٍ، مُقْبِل؛ الأقرب، القادم، التالي

on Friday next يوم الجمعة القادم، يوم الجمعة المقبل أو الآتي

the next best thing عند تعذُّر حلّ أفضل فخير حلٍّ هو...، ذلك أفضل الموجود

next door بيْت الجيران، الدار المجاوِرة

it was next door to heaven كِدْتُ أطير فرحًا؛ كانت في أوج السعادة وذروة النَشْوة

next-of-kin القريب الأدنى، أقرب الأقارب

next year السنة المقبلة، العام القادم أو المقبل أو الآتي

this will be continued in our next البقية في العَدَد القادم، يتبع في العدد القادم من المجلّة

prep.; *usu.* next to (جلس) إلى جانبي

he has next to nothing لا يملك شروى نقير، يكاد يكون معدمًا أو مُفْلِسًا

adv.

what⟨ever⟩ next? تُرَى ما بعد ذلك؟

nexus, *n.* رابِطة أو صِلة، همزة وصْل بين ...

nib, *n.* سنّ قلم الحبر، ريشة القلم (من المعدِن)

nibble, *v.t. & i.* (*lit. & fig.*); *also n.* قَرَض (الفأر الخبزَ)، قَضَمَ قضمة صغيرة، تَنقنق؛ لُقَيمة

niblick, *n.* نوع من مضارب الجولف

nice, *a.* 1. (pleasant, agreeable) لَطيف، ظريف، طيِّب، حَسن، حلو المعشر، دَمِث الأخلاق

it is nice and warm at home الجوّ في منزلنا في غاية الدِفْء

2. (precise, fastidious)

you have made a nice distinction لقد عقدْتَ مقارنة دقيقة (بين الفكرتين)

nicety, *n.* دِقَّة التَّعْبير، طرَافة الكَلام

the temperature was regulated to a nicety كان التحكم في حرارة الغرفة بالغ الدِّقّة

niche, *n.* مشكاة، كوّة في الحائط غير نافذة (لوضع تمثال مثلًا)، رازونة (عراق)

(*fig.*) وَجَدَ لنفسه الوظيفه اللائقة به

nick, *n.* 1. (notch) حزّ، ثَلْم، فلّ

in the nick of time (*coll.*) وَصَلَ في آخر لحظة قبل فوات الفرصة، يا دوبك (مصر)

2. (*sl.*, gaol) حَبْس، سجن، تخشيبة

v.t. 1. (cut) حَزَّ، فَلَّ، ثَلَمَ

2. (*sl.*, steal) لَطَش، نَشَلَ، سَرَق

Nick, *n.* (the devil); *usu.* **Old Nick** إبليس، الشيطان الرجيم

nickel, *n.* 1. (metal); *also v.t.* معدن النيكل؛ طَلَى بالنيكل

2. *U.S.*, five cents عُملة أمريكية قيمتها خمسة سنتات

nick-nack, *see* **knick-knack**

nickname, *n.*; *also v.t.* لَقَب، كُنية، اسم الدلَع؛ لَقَّبَ، أَطْلَقَ عليه اسمًا للأُلفة

nicotine, *n.* نيكوتين، تبغين

niece, *n.* بنْت الأخ أو الأُخت

nifty, *a.* (*sl.*) مُهندَم، أنيق؛ ذو رائحة كريهة

niggardly, *a.* بخيل، ممسِك اليد، شَحيح، مقتِّر

nigger, *n.* (*usu. derog.*) زنجي، أسود، عبد أسود، بربري أسود، سامبو (مصر)

nigger-brown لون بنّي غامق أو محروق

he is the nigger in the woodpile هو رأس الفتنة، مصدر الفساد، المدبّر الخفيّ، خميرة عكننة (مصر)

nigger-minstrel مُغَنٍّ يتجوّل متنكّرًا كزنجي

niggle, *v.i.* اِعْتَرَضَ متمسّكًا بأمور تافهة، تَلَكَّكَ وتَشَكَّى، رَفَضَ (الاقتراح) لأوهى الأسباب

nigh, *adv.* (*poet.*) قريبًا، عن قريب

prep.; *usu.* well-nigh

he is well-nigh dead with fatigue يكاد أن يقتله الإعياء، يكاد يموت مِن شدّة التعب

night, *n.* ليل (ليالٍ، ليائل) ، ليلة (ليلات)

night-bird (*lit.* & *fig.*) طائر يطير ليلًا (كالبوم)؛ مَن يقضي لياليه ساهرًا أو لاهيًا، سُمّار الليالي

night-club ملهى ليلي، كاباريه

night-long, *a.* (حراسة) تَستغرِق الليل بطوله

night-school مدرسة ليلية أو مسائية

night-shift دورة الليل (دورة عمل طوال الليل في مصنع يعمل ليل نهار)

night-soil البراز المزال ليلًا من البيوت

in the night-time أثناء الليل، خلال الليل، عبْرَ ساعات الظلام

night-watch خفير أو حارس ليلي

(patrol) عَسس، دورية ليلية

(period) دورة الحراسة الليلية

night-watchman خَفير أو حارس ليلي، عاسّ

nightcap, *n.* 1. (headgear) طاقية تلبس أثناء النوم

2. (beverage) شراب (مُسْكر عادةً) يُتناول قبل النوم

nightdress, *n.* قميص أو ثوب النوم للنساء

nightfall, *n.* وقت حلول المساء

nightgown, *n.* = **nightdress**

nightie, *n.*; *also* **nighty** ثوب النوم (للنساء)

nightingale, *n.* عندليب، هزار (طائر مغرِّد)

nightjar, *n.* صقر الليل، سُبَد (طائر)

nightly, *a.* & *adv.* كلّ ليلة، ليلي

nightmare, *n.* كابوس؛ مقاساة أليمة

nightshade, *n.*, *esp.* deadly nightshade نبات الثلثان، عنب الثعلب، البلّدونة (نبات سامّ)

nightshirt, *n.* ثوب أو قميص نوم (للرجال)

nighty, *see* **nightie**

nihil/ism, *n.* (**-istic,** *a.*); **-ist,** *n.* العَدَميّة، اللّاشيئيّة، مَذْهب يُنكر الوُجود والقِيم الأخلاقية

nil, *n.* لا شيء، صِفر

nil return تقرير دوري بمعنى : لا جَدِيد

Nile, *n.* نهر النيل

Nilometre, *n.* مقياس منسوب مياه النيل

nimble, *a.* رشيق الحركة، خفيفة اليد (في الحياكة مثلًا)؛ سريع الذهن، حاذق الفطنة

nimbus, *n.* سَحاب مُمْطِر، مُزْن، دلوح؛ نور ساطع، هالة حول رأس قدّيس

nincompoop, *n.* غبيّ، أبله، أحمق، مغفَّل

nine, *a.* & *n.* تِسْعة، تِسْع

it was a nine days' wonder أَصْبَحَ الحدث المدهش حديث الساعة ثم غاب عن الأذهان

nine times out of ten في مُعْظم الحالات

he was dressed up to the nines لبس وتهندم، لبس ما على الحبل (مصر)، نَفَضَ شبابه (سوريا)

ninepins, *n.pl.* لعبة الكرة والتسع القناني الخشبية

nineteen, *a.* & *n.* تسعة عشر، تسع عشرة

talk nineteen to the dozen راح يتحدّث بسرعة ودون انقطاع

nineteenth, *a. & n.* التاسع عشر

the nineteenth hole (*joc.*) البار أو المشرب في نادي الجولف (تقال مزاحًا)

ninetieth, *a. & n.* التِّسعون ؛ جُزْء مِن تِسْعين

ninety, *a. & n.* تسعون

the naughty nineties عقد التسعينات في القرْن التاسع عشر (يتميّز بانحلال خلقي)

the temperature rose into the nineties إرْتَفَعت درجة الحرارة إلى الثلاثين ونيف (مئوية)

ninny, *n.* بليد، أبله، ساذج، عبيط

ninth, *a. & n.* التاسع، التاسعة

nip, *v.t.* قَرَص بِجِدّة

nip in the bud قَضَى (على الفتنة) في مهدها، أخْمَدَ النار قبل اندلاعها

nip off قَطَعَ رؤوس الأغصان النامية

v.i. (*coll.*, move quickly) أَسْرَعَ، «خطفَ رجله»

n. 1. (pinch; bite of animal) قرصة أو عضّة لاذعة

2. (sharp chill) لَسْعة البرد أو قرصته

there is a nip in the air الجوّ بارد وتشوبه قرصة لاذعة

3. (small measure of drink) جرعة صغيرة من مشروب كحولي قويّ

nipper, *n.* 1. (claw; *pl.*, pincers) كلابات سرطان البحر؛ قرّاضة، كمّاشة صغيرة، قُصاج

2. (*sl.*, child) طفل، فرخ، كتكوت (بمعنى صبي)

nipple, *n.* حَلَمة الثدي

grease nipple نبل التشحيم (ميكانيكا)

Nippon, *n.* بلاد اليابان

nippy, *a.* (*coll.*) سريع الحركة؛ (جوّ) قارِس

nirvana, *n.* سَعادة مُطْلَقة تَتَوَلّد من قَمْع الشّهوات والاندِماج بالذّات الإلهيّة (البوذية)

nisi (*Lat.*), *see* **decree** nisi

nit, *n.* 1. (insect's egg) بَيْض القمل، صِئبان

2. (*sl.*, fool) أحمق، مغفّل، حمار

nitrate, *n.* أزوتات (كيمياء)

nitre, *n.* النتر، ملح البارود (كيمياء)

nitric, *a.* نتري، أزوتي

nitric acid حامض النتريك أو الأزوتيك

nitrogen, *n.* غاز النتروجين أو الأزوت

nitroglycerine, *n.* نتروجليسرين (كيمياء)

nitrous, *a.* متعلّق بالأزوت أو محتوٍ عليه

nitrous oxide أكسيد الأزوتوز (الغاز المضحك)

nitwit, *n.* (*coll.*) أبله، أحمق، غبيّ

nix, *n.* (*sl.*) لا، لا شيء، مستحيل

no, *neg. particle & n.* لا، كلّا

she would not take no for an answer لم تَرْضَ بـ «لا» جوابًا، أصرّت على تحقيق طلبها

the noes have it رُفِضَ الاقتراح بأغلبية الأصوات (في البرلمان الانكليزي مثلًا)

a. 1. (not any)

no man's land مِنْطَقة حَرام تَفْصِل بين الخُطوط الأولى لِعَدُوَّين

no-one; *also* no one لا أحد (يعرف ...)

in no time ⟨at all⟩ بأسرع مِن لمح البصر

2. (not a)

he's no fool إنّه ليس بأحمق، لا يمكنك أن تخدعه

3. (in prohibitions)

no waiting ممنوع الانتظار

adv., with comparative a.

no good

(worthless); *whence* no-good, *a.* (*coll.*) لا يرجى منه خير، ما فيه نفع

(futile) لا طائل من ورائه

no more لا أكثر، لن (أفعله) ثانيةً

Noah's ark, *n.* سفينة نُوح أو فُلكه

nob, *n.* 1. (*sl.*, head) رأس، قرعة (سوريا)

2. (*sl.*, person of high social standing) مِنَ الأعْيان أو الأكابِر

nobble, *v.t.* (*sl.*) أعطى حِصان سباق مخدِرًا ليوهنه؛ انْتَصَرَ على منافِسه بالغِشّ والخداع

nobility, *n.* 1. (fineness of character) شَرَف، نبالة، شهامة، نُبل، سُموّ

2. (rank; persons of rank) (طبقة) النبلاء أو الأشراف أو الأعيان

noble, *a.* 1. (of high rank); *also n.* سامِ، رفيع المقام، نبيل، شريف

2. (of fine character) (مأثرة) شريفة؛ (قسمات) نبيلة؛ فاضل، كريم

noble/man (*pl.* -men), *n.* كريم المحتِد، عريق النسب

noblesse oblige (*Fr.*) ما يَقْتَضِيه النُّبْل، ما تَتَطَلّبه الشَّهامَة

nobody, *pron.* لا أحد، ما من أحد

n. شخص لا يُعْتَدّ به، نَكِرة، رجل غير ذي أهمية

nocturnal, *a.* نسبة إلى الليل، (طائر) يطير بالليل (مثل البومة)

nocturne, *n.* قطعة موسيقية حالمة؛ منظر ليلي (في لوحة فنّية)

nod, *v.i. & t.*; *also n.* حَنَى رأسه، أوْمَأ برأسه؛ إيماءة الرأس

nod agreement أَوْمَأ بالموافقة

he is nodding off ⟨to sleep⟩ أثقل النعاسُ جفنيه، أخذته سِنة من النوم

a nod is as good as a wink (الحُرّ) تكفيه الإشارة، الإشارة تغني عن الإطالة

the land of Nod عالم النوم والأحلام (في لغة الأطفال)

Homer sometimes nods لكلّ جواد كبوة، لكلّ عالم هفوة، جَلّ من لا يخطئ

noddle, *n.* (*coll.*) (ضَرَبَ على) أمّ راسه؛ (شَغّل) مُخّك

node, *n.* منبت الأوراق في ساق النبات

nodule, *n.* كُتلة صغيرة، كلكوعة

noggin, *n.* قَدَح، مكيال (للبيرة عادة)

noise, *n.* ضجيج، صخب، ضوضاء، جلبة

a big noise (*fig.*) رجل ذو شَنّة ورَنّة، صاحب الأمر والنهي، أسطى (عراق)

noises off (stage direction) (تُسمع) ضجّة قادمة من خَلفية المسرح

v.t., esp. in
noise abroad — أَعْلَنَ الخبرَ على الملأ فَذَاعَ وانْتَشَرَ، رَوَّجَ الإشاعات عنه

noiseless, *a.* (آلة) لا تُحْدِث صوتًا مزعجًا

noisome, *a.* (قمامات) كريهة الرائحة، دَفِر، متعفِّن، مضرّ بالصحّة

noisy, *a.* كثير الضوضاء، صخّاب

nom de guerre, *n.* اسم منتحل أو مستعار

nom de plume, *n.* اسم مستعار للكتابة

nomad, *n.* (**-ic,** *a.*) رحّال (رُحَّل)، متنقِّل، أحد أفراد قبيلة دائمة التنقّل والترحال

nomenclature, *n.* مُصطلحات خاصّة بعِلْم ما، تسمية أجزاء (سيّارة) طبق تنظيم خاصّ

nominal, *a.* 1. (consisting of or in a name or names) اسمي، متعلّق بالاسم

nominal clause — جملة اسمية (نحو)

nominal roll — قائمة بأسماء (الحاضرين)

2. (virtually nothing)

nominal rent — (يدفع) إيجارًا رمزيًّا (فقط)

nominal value — قيمة اسمية

nomin/ate, *v.t.* (**-ation,** *n.*) رَشَّحَ، عَيَّنَ

nominative, *a. & n.* حالة الرفع (نحو)

nominee, *n.* مُرَشَّح أو معيَّن من قبل حزب ما

non-, *pref.* سابقة معناها غير، لا، عدم

non-aggression — (مِيثاق) عَدَم الاعْتداء بَيْن دَوْلتين أو أكْثر

non-existent, *a.* لا وجود له

non sequitur (*Lat.*) نتيجة تخالف المنطق ولا تنطبق مع الفرضيات التي بنيت عليها

nonage, *n.* سنّ الحداثة، ما دون البلوغ، تحت السنّ القانونية (لتوقيع مثل هذا السند)

nonagenarian, *a. & n.* في العقد العاشر من عمره

nonce, *n.*

for the nonce — لمرّة واحدة، لأجل قصير، (هذا يسدّ الحاجة) للوقت الحاضر فقط

nonce-word — كلمة لم يكتب لها البقاء طويلًا

nonchal/ant, *a.* (**-ance,** *n.*) غير مُبالٍ أو مكترث، بغير قلق أو اهتمام، لا يُعْبأ به

noncommittal, *a.* لم يَبْدُ من جوابه تحيّز إلى أحد الطرفين؛ لا توحي برفض أو قبول

Nonconformist, *a. & n.* مَن لا يتّفق وعقائد الكنيسة؛ بروتستانتي خارج على الكنيسة الانكليزية

nonconformity, *n.* عدم الانصياع لتقاليد الكنيسة؛ عدم التمسّك (بالتقاليد والعرف مثلًا)

nondescript, *a.* عادي المستوى لا تميّزه صفة خاصّة، شيء مبتذَل

none, *pron.* 1. (no one) لا أحد، ما من أحد، ولا واحد

2. (not any, nothing)

none of that! — دَعْكَ من هذا! كَفَى!

he would have none of it — رَفَضَهُ جملةً وتفصيلًا

but answer came there none — «لا حياة لمن تنادي»

adv.

none the less — ومع ذلك، ومع هذا

he is none too well today لَيْسَت حالُه اليَوْمَ على ما يُرام

nonentity, *n.* شَخْص تافِه لا يُحْسَب له حِساب

nonpareil, *n.* نسيج وحدِه، فريد عصره

nonplus, *v.t.* حَيَّرَ، رَبَكَ، أَذْهَلَ، أَفْحَمَ

nonsense, *n.* لَغْو، كلام فارغ أو سخيف، هراء

it makes nonsense of his theory تجعل من نظريته باطلًا مطبقًا، يدحض حجّته

he stands no nonsense إنه لا يُطيق السُّلوكَ الوَقِح

nonsensical, *a.* فارغ المعنى، غير معقول

noodle, *n.* 1. (*coll.*, simpleton) ساذج، عبيط

2. (farinaceous food) عجينة من الدقيق والبيض تجفّف وتقطّع إلى شرائط، رشتة

nook, *n.* رُكن صَغِير مُنْعَزِل (في حديقة مَثَلًا)

every nook and cranny (قلبت البيت) رأسًا على عقب (في البحث عنه)، في سَلْقَط ومَلْقَط (مصر)

noon, *n.* ظُهر، منتصف النهار

noonday, *n.* & *a.*; *also* **noontide** الظهيرة

noose, *n.* أنشوطة، وهق، ربقة، خيّة (مصر)

nor, *conj.* (لا ...) ولا ...

nor'-easter, *see* **north**

Nordic, *a.* نسبة إلى الجنس الاوروبي الشمالي (في البلدان الاسكندنافية)

norm, *n.* نموذج معياري، قاعدة للقياس، (حقّقت) معدل الإنتاج اليومي (المطلوب)

normal, *a.* عادي، سويّ، طبيعي؛ عمودي

the situation is back to normal عادت الأوضاع إلى حالتها الطبيعية (بعد إضراب مثلًا)

normality, *n.* الوضع الطبيعي أو الاعتيادي، الحالة السوية (علم النفس)

Norman, *a.* & *n.* نُورمانيّ، نِسْبةً إلى إقليم نُورماندي بفرنسا

normative, *a.* (تصرّف) يؤخذ معيارًا أو مقياسًا

Norse, *n.* & *a.* من سكّان اسكندنافيا القديمة؛ (اللغة) الاسكندنافية القديمة

north, *n.* & *a.*; *also adv.* شمال؛ شمالي؛ شمالًا

North Country مقاطعات شمالي انكلترا

north-countryman من أهالي شمالي انكلترا

north-east الشمال الشرقي

north-easter; *also* nor'-easter ريح تهبّ من الشمال الشرقي، ريح شمالية شرقية

north-north-east شمال بشمال شرقي

northerly, *a.* & *n.* شمالي، متجه شمالًا، (ريح) تهبّ من الشمال، شمْأل

northern, *a.* شمالي

northern lights الشفق القطبي الشمالي

northerner, *n.* من أبناء الشمال، من مواليد الشمال في بلد ما

northernmost, *a.* (واقع) في أقصى الشمال

northing, *n.* المسافة المقطوعة نحو الشمال (بين نقطتين في الرحلة)، إشمال

northward(s), *adv.* (إِتَّجَهَ) شمالًا ، نحو الشمال ، في اتّجاه الشمال

Norway, *n.* (بلاد) النرويج

Norwegian, *a. & n.* نسبة إلى النرويج ، نرويجي؛ اللغة النرويجية

nose, *n.* 1. (part of body) أنف (أنوف)، منخر، عِرْنين، خَشم (عراق)

nose-bag مخلاة العَلَف تعلّق برأس الدابّة

nose-bleed نزيف الأنف، رعاف

he kept his nose to the grindstone ثابر على العمل بلا هوادة، لم يعرف للراحة طعمًا

he looked down his nose at . . . شَمَخَ بأنفه ...، نظر بازدراء إليه، اِسْتَنْكَفَ

he paid through the nose دَفَع الثمن الفادح مرغمًا (لمسيس حاجته إلى شيء مثلًا)

he poked his nose into حَشَرَ أنفه فيما لا يعنيه، تَدَخَّلَ في أمور غيره

he put his nose out of joint (*fig.*) أَحْبَطَ مساعيه، وَضَعَه في موقف حَرِج (أمام الناس)

he speaks through his nose يغنّ، يخنّ في كلامه

she turned up her nose at . . . شَمَخَت بأنفها...، اِحتقرته، رفضت بازدراء (الزواج به)

under his very nose (بعد بحث طويل وَجَدَ القَلَم) أمام عينيه تمامًا

2. (sense of smell, flair) حَاسَّة شَمّ قويّة أو مُرْهَفَة

3. (protuberance; front portion) مقدِّمة

nose-dive اِنْقِضاض عَمُودِيّ (طيران)

v.t. أَدْرَكَ بِحاسَّة الشَّمّ

nose out a scandal اِشْتَمّ (الصّحفيّ الماهر) رائحة الفَضيحة فتعقّبها

v.i. تَشَمَّمَ، اِسْتَرْوَحَ ؛ دَسَّ أنفه في

nose about تَشَمَّمَ، شَمْشَمَ، تَنَسَّمَ الأخبار

nose forward تَقَدَّم بحذر وبطء، شَقّ طريقه وسط الزحام بصعوبة وتُؤَدّة

nosegay, *n.* باقة صغيرة من الزهور

nosey, *see* **nosy**

nosing, *n.* حافّة صغيرة واقية (الدرجة السلّم)

nostalg/ia, *n.* (**-ic**, *a.*) شعور جارف بالحنين إلى الأوطان وعهود المرء الماضية

nostril, *n.* منخر، فتحة من فتحتي الأنف، خيشوم

nostrum, *n.* دواء يحضّره طبيب دجّال؛ خطّة قائمة على الشعوذة والدجل السياسي

nosy (nosey), *a.* (*coll.*) فضولي، متطفّل، متدخّل في أمور لا تعنيه

Nosy Parker المتدخّل في شؤون غيره

not, *adv.* ليس (هنا)، لن، لم، لا، ما

not at all, *also* not a bit (لا يهمّني) أبدًا، بالمرّة، البتّة، بتاتًا، مطلقًا

not a few كثير، غير قليل من ..

I hope not! معاذ الله! لا سمح الله!

not that it matters (سأفعل ذلك) لا لأنه أمر مهمّ (ولكن من باب الرسميات)

notability, *n.* رَجُل مَرْمُوق في الوَسَط الاجتماعيّ، شخصية بارِزَة

notable, *a. & n.* جَدير بالذِّكر ؛ مِن وُجَهاء القَوْم ، عَيْن

notary, *n.* موثِّق، مسجِّل العقود والوثائق، كاتب العقود، كاتب العدل، مسجِّل عدلي

notation, *n.* نظام أو مجموعة العلامات والرموز المستخدمة في علم أو فنّ ما

notch, *n.* حزّ (في طرف خشبة مثلًا)، ثَلْم أو فلّ (في حدّ السيف)، فرض (فروض)

v.t. حَزَّ، ثَلَمَ، فَلَّ، فَرَضَ

notch up a score سَجَّلَ (الفريق) نقاطًا في المباراة، أحْرَزَ (أهدافًا عدّة) بتتابع

note, *n.* 1. (record, communication or comment) مذكّرة مكتوبة، ملحوظة، تعليق، رسالة مختصرة ، حاشية

note-paper ورق لكتابة الرسائل

diplomatic note مذكّرة دبلوماسية

2. (*mus.*; *also fig.*) نغمة، نوتة موسيقية

he is note-perfect يعزف عزفًا متقنًا رغم عدم وجود النوتة الموسيقية

it struck a false note عبارته هذه عكّرت جوّ الجلسة

he detected a note of irony in the report أَحَسَّ بلهجة تهكّم تشوب التقرير

3. (piece of paper currency) عملة ورقية ، أوراق نقدية ، بنكنوت

note-case حافظة نقود ورقية ، محفظة جيب ، جزدان

4. (attention) (يسترعي) الانتباه أو الاهتمام

worthy of note جدير بالذكر ، يستحقّ التنويه، قمين بالاعتبار

5. (eminence) بروز (على الصعيد الاجتماعي)

a family of note أسرة مرموقة في المجتمع

v.t. 1. (notice) لَفَتَ نظره، اسْتَرْعَى انتباهه ، لاحَظَ

2. (record); *also* note down دَوَّنَ (ملاحظاته)، قَيَّدَ أو سَجَّلَ (يوم ميعاده في مفكرته)

notebook, *n.* مذكّرة أو دفتر جيب ، دفتر ملاحظات، أجندة (مصر)

noted, *a.* شهير، ذائع الصيت، معروف، متميّز بِ

noteworthy, *a.* جدير بالذكر، يستحقّ التنويه، خليق بالاعتبار

nothing, *pron., adv., & n.* لا شيء

he is nothing but trouble لَيْس (هذا الولد) إلاّ مَصْدَر مَتاعِب

he is nothing if not keen أمّا عن حماسته فحدِّث ولا حَرَج

it is nothing less than monstrous أقلّ ما يقال عن (سلوكه) أنّه ينافي الأخلاق

he was nothing loth to stay لم يُبْدِ أيّ تمنّع عن البقاء (حين سألته رغم انصراف الآخرين)

he has nothing to do لا شيء يشغله الآن

I will have nothing to do with it لا أودّ أن تكون لي صلة بهذا الأمر أو يد فيه

it has nothing to do with him لا علاقة له بهذه القضية، لا دور له في ذلك

there's nothing for it but . . . لا مخرج من هذه الورطة إلّا بِ ... ، الحلّ الوحيد هو

it came to nothing أخفق المشروع، لم يُسْفر عن نتيجة، لم يتمخّض عن شيء

there's nothing in it (إشاعة) لا أساس لها من الصحّة؛ هما على حدّ سواء

there's nothing to it الأمر سهل، هيّن، بسيط

to say nothing of . . . ناهيك عن، فضلاً عن، بالإضافة إلى (خدماته السابقة)

he is five foot nothing ما هو بأطول من خمسة أقدام، طوله خمسة أقدام بالضبط

nothingness, *n.* عَدَم، لا شيئية، فناء، فراغ

notice, *n.* 1. (warning, intimation) إنذار، إخطار، إشعار، تنبيه، إعلام

give notice ⟨to quit⟩ أخْطَرَ (صاحب المنزل) برغبته في إخلاء (غرفته مثلاً)

give someone a week's notice أنْذَرَ فلانًا بفصله من عمله بعد انقضاء أسبوع

until further notice إلى حين صدور إعلان آخر، حتّى إشعار آخر

2. (written or printed announcement) إعلان، إعلام، نشرة (في مكان عامّ)

notice-board لوحة الإعلانات

3. (attention) انتباه

bring to someone's notice لَفَتَ نظره إلى، أحاطه علمًا بِ، أخْبَرَه، أعلمه، أشعره بِ

take no notice of it لم يُعِره أي اهتمام، لم يوله انتباهًا، تجاهله، تغاضى عنه

4. (review) نقد صحفي (الفيلم مثلاً)

v.t. لاحَظَ، رَأَى، تنبه إلى

noticeable, *a.* (فرق) ملحوظ أو محسوس أو ملموس

notifiable, *a.* (مرض) يجب التبليغ عنه للسلطات (الصحّية)

notif/y, *v.t.* (**-ication,** *n.*) أَبْلَغَ (الشرطة عن فقدان سيارته)، أخْطَرَ، أَشْعَرَ؛ إخطار

notion, *n.* فكرة عامّة عن موضوع ما، مفهوم (فلسفي مثلاً)، تصوّر، رأي شخصي

have no notion of ليس لديّ أدنى فكرة عن

n.pl. (*U.S.*) خردوات، حاجيّات (نسائية)

notional, *a.* وهمي، تصوّري، افتراضي، (علوم) نظرية؛ (معرفة) سطحية ورمزية (بعلم ما)

notoriety, *n.* الشهرة بسوء السمعة

notorious, *a.* مشهور بسوء سمعته

notwithstanding, *adv.* وعلى الرغم من هذا

prep. & conj. ومع أنّه (مجتهد)، ورغم كونه (غنيًّا)، وبالرغم من (كَرَمِه)

nougat, *n.* حلوى جوزية أو لوزية، نوجة

nought, *n.* صفر، لا شيء

noughts and crosses لعبة مربعات للاعبَيْن يؤشر أحدهما بالصلبان والآخر بالدوائر دوريًّا

noun, *n.* الاسم (في النحو)

nourish, *v.t.* غَذَّى، أعْطَى طعامًا مغذيًا؛ تَعَلَّلَ (بالأمل)

nourishing, *a.* مُغَذٍّ، ذو قيمة غذائية جيّدة

nourishment, *n.* غذاء، قوت، طعام

nous, *n.* (*coll.*) حصافة الرأي، فطنة ومبادرة

nouveau riche, *n.* شَخْص حَديث النّعمة، مُحْدَث الثّراء

novel, *a.* مبتكر، مبدع، مستحدث، حديث، جديد، طريف الطراز

n. رِوَايَة، قِصَّة طَوِيلة

novelette, *n.* رواية قصيرة (مبتذلة غالبًا)

novelist, *n.* روائي، كاتب روايات، قاصّ

novelty, *n.* 1. (newness) الجِدَّة، الطَّرافة

2. (new or unusual thing) شَيْء مُسْتَحْدَث، مبتدع، جديد

(*pl.*) مبتكرات تمتاز بطرافة التصميم

November, *n.* نوفمبر، تشرين الثاني

novice, *n.* شخص في مرحلة الإعداد للرهبنة؛ مبتدئ في ممارسة حرفة ما، غير مدرَّب

noviciate (novitiate), *n.* فترة الإعداد للرهبنة؛ راهب تحت الإعداد

now, *adv. & n.* 1. (at the present time) الآن، في الوقت الحاضر، هذه اللحظة، حاليًّا

he should have arrived by now كان يجب أن يكون قد وصل الآن

from now on من الآن فصاعدًا، ابتداءً من الآن

just now

(in the immediate past) للحظة خَلَت

(at present); *also* right now (*U.S.*) هذه اللحظة، في الوقت الحالي

it is now or never الآن وإلاّ فلا، هذه هي الفرصة الوحيدة

⟨every⟩ now and again (then) بين الفينة والفينة، بين الحين والحين، من حين لآخر

2. (after this)

now we shall see what happens وبعد هذا سنرى ما سيحدث، والآن لِنَرَ ما عسى أن يحصل

3. (particle without temporal force)

now where have you been? قُل الحقّ: أين كنت هذه المرّة؟ لازم تقول بصدق أين كنت؟

now then! عِبارة تُسْتَعْمَل لِلتَّنْبيه أو التَّحْذير

no talking, now! سُكوتًا! صمتًا! بدون كلام!

come now! دَعْكَ من هذا التهويل! اطلع من دول!

conj.

now that you mention it الآن وقد ذكرت ذلك (فإنّني ...)

nowadays, *adv.* في وقتنا هذا، في عصرنا الحاضر، في يومنا هذا

nowhere, *adv.*

it was nowhere to be found لا يمكن العثور عليه في أي مكان

flattery will get you nowhere كفاك تملّقًا لي، فذلك لن يفتح بابًا لك (تقال مزاحًا)

his is nowhere near as good as that (سيّارته) أسوأ من (سيّارتي مثلًا) بمراحل

noxious, *a.* مُؤذٍ، مضرّ، خبيث، سامّ

nozzle, *n.* فتحة خرطوم المياه، فونية أو بزبوز (مصر)، زلومة (سوريا)

nuance, *n.* دقائق اللغة، الفروق الدقيقة في الأفكار والألوان والظلال

nub, *n., usu. fig.* لُبّ المَوْضوع، جَوْهَر الأمر، زُبْدَة الكلام

nubile, *a.* (فتاة) بالغة، أدْركت سنّ الزواج

nuclear, *a.* نووي (فيزياء)

nuclear power
(energy) الطاقة النوويّة
(country) دولة تملك الأسلحة النووية

nucleus, *n.* نواة الخلية أو الذرّة (نوًى، نويات)
(*fig.*) نواة، قلب، محور، مركز النشاط

nude, *a.* عارٍ، عريان، مجرَّدة من ثيابها
n.
he swam in the nude سَبَحَ عاريًا
the nude in art الصور العارية في الفنون (تطلق على الأجساد البشرية فقط حيث تعالج معالجة جمالية)

nudge, *v.t. & n.* وَكَزَه بمرفقه للفت نَظَره

nud/ism, *n.*, **-ist,** *n.* مذهب العُري؛ من يمارسه

nudity, *n.* عُرية، حالة العري

nugatory, *a.* تافه، لا قيمة له، لا طائل تحته

nugget, *n.* شذرة (شذرات)، قطعة من الذَهَب الخامّ

nuisance, *n.* مَصْدر ضيق أو أذًى، شخص مزعج للآخرين
commit no nuisance ممنوع التبوّل أو إلقاء القاذورات والأوساخ
nuisance value (سلوك) قيمته الوحيدة إزعاج الآخرين

null, *a.* لاغٍ، باطِل، غير مُلْزِم
null and void (قانون) باطل المفعول

nullif/y, *v.t.* (**-ication,** *n.*) أَبْطَلَ (عقد الزواج)، ألغى (الإجراءات)، أَبْطَلَ شرعية (الاتّفاق)

nullity, *n.* بطلان (الزواج مثلًا)

numb, *a.* خَدِر، عديم الحسّ (بسبب البرد)
v.t. خَدَّرَ، أَفْقَدَ (البرد أنامله) حسَّها

number, *n.* **1.** (quantity; assemblage) عَدَد
by force of numbers (لم يهزموا إلاّ بسبب) القوّة العددية (لأعدائهم)
2. (reckoning; system of reckoning)
times without number مرارًا وتكرارًا
3. (numeral; distinguishing figure) رقم
number-plate لوحة رقم السيارة
I've got your number (sized you up) الآن عرفتك على حقيقتك!
his number's up آن أوانه، حان أَجَله
you must look after number one عليك أن تعتني بنفسك أولًا، مصلحتك أولى برعايتك
he made his number with the boss قَدَّمَ نفسه لمدير عمله عند استلام وظيفته
4. (item, specimen, individual)
back number
(of a magazine) عدد سابق (من المجلّة أو الجريدة)
(*fig.*, outmoded thing or person) (سياسي) قدم به العهد ففَقَدَ نفوذه
don't do it in penny numbers لا تؤدّ عملك جزءًا جزءًا، بالتقسيط، بالقطّاعي
the foreign minister met his opposite number قَابَلَ وزيرُ الخارجية نظيرَه من دولة أخرى
⟨Book of⟩ Numbers سِفر العدد في التوراة
5. (*gram.*) الصِّيغة العَدَدِيّة

v.t. 1. (give a number to) رَقَّمَ

his days are numbered أيامه معدودة

2. (count, reckon) عَدَّ ، أَحْصَى

number someone among one's friends يَعْتَبِر شَخْصًا من أصْدِقائه

3. (amount to) ... بَلَغَ (عدد الكتب)

v.i. (*mil.*); *also* number off عدّ! (عسكرية)

numberless, *a.* لا يُعَدّ ولا يُحْصَى

numeracy, *n.* معرفة المبادئ الاساسية للعلوم

numeral, *n.* عدد، رقم، مقدار عددي

arabic numerals الأرقام الفينيقية (مثل 5)

roman numerals الأرقام الرومانية (مثل *V*)

numerator, *n.* صُورَة الكَسْر؛ البَسْط (رياضيات)؛ آلة لِلعَدّ

numerical, *a.* عددي

numerology, *n.* دراسة الدلالات السحرية للأعداد

numerous, *a.* عديد، متعدّد، وافر، كثير، حاشد

numismat/ics, *n.*, **-ist,** *n.* دراسة القطع النقدية والأوسمة؛ متخصّص في هذا الفنّ

numskull, *n.* غبي، أبله، بليد، أحمق، أخرق، تنبل

nun, *n.* راهبة

Nunc Dimittis (*Lat.*) ترتيلة كنَسِيَّة بمعنى «اطلق عبدك بسلام»

nuncio, *n.* سفير البابا، القاصد الرسولي

nunnery, *n.* دير (أديرة) للراهبات

nuptial, *a.* (السعادة) الزوجية

n.pl. مراسيم الزفاف أو الإكليل

nurse, *n.* 1. (woman looking after baby or young children) مربية، مرضع، حاضنة

2. (person trained to care for the sick) مُمَرِّضة، تَمُورجية؛ مُمَرِّض، تَمَرجِيّ

v.t. & *i.* 1. (suckle) ارضعت

nursing mother أُمّ مرضعة أو مرضع

2. (tend) اعتنى بمريض، مَرَّضَه

nursing-home مستشفى خاصّ (أي ملكيته خاصة) للعمليات الجراحية والولادة والنقاهة

the nursing profession مهنة التمريض؛ ممتهنوها

(*fig.*)

nurse a cold لَزِم دارَه لِيُعالِج زُكامه

nurse a grievance يُكِنّ حقدًا أو ضغينةً

nurse seedlings قام بتربية الأشتال ورعايتها

nurseling, *n.* & *a.* طفل تحت رعاية مربية؛ رضيع

nursemaid, *n.* مربية، دادة

nursery, *n.* جزء من المنزل مخصّص لِلَعِب الأطفال وتعليمهم

nursery rhyme أغانٍ أو أناشيد تقليدية للأطفال

nursery school روضة أطفال

(*fig.*) البيئة التي يتلقى فيها الإنسان مبادئ مهنته أو فنّه

nursery-garden; *also* nursery مغرِس، مشتل، مشتلة، مستنبت، ترمدان

nursery slopes مُنْحَدَرات سَهْلة لِتَعَلّم التَزَحْلُق

nurseryman, *n.* صاحب مشتل أو عامل فيه

nurture, *n.* تربية، رعاية الأطفال، عناية؛ قوت، غذاء

v.t. رَعَى، اِعْتَنَى ب؛ رَبَّى، غَذَّى

nut, *n.* 1. (dry fruit or seed with hard shell) الجوز والبندق واللوز وما إليها، مكسّرات

nut-brown, *a.* لون جوزي كستنائي

he can't play for nuts (*coll.*) هو غَشِيم في اللّعِب (عاميّة)

2. (*mech.*) صمولة، صامولة، حزقة، عزقة

3. (*pl.*, small lumps of coal) قطع فحم صغيرة الحجم

4. (*sl.*, head) رأس، قرعة (سورية)

he is off his nut هو مخبول، مجنون، معتوه، عقله طائر

nuts, *a.* (*sl.*) مخبول، مجنون

nutcracker, *n.*, *usu. pl.* كسّارة البندق والجوز

nutmeg, *n.* جوز الطيب، بسباس الطيب، ضَبْر

nutriment, *n.* قُوت، طعام مُغَذٍّ

nutrition, *n.* غذاء، تغذية

nutritious, *a.* (طعام) مغذٍّ

nutritive, *a.* مُغذٍّ، مفيد للجسم

nutshell, *n.* قشر الجوز

in a nutshell (*fig.*) (القصّة) بالإجمال، مختصر الحديث، بإيجاز، في كلمتين

nutty, *a.* ذو طعم أو رائحة كالجوز واللوز

nuzzle, *v.i.* & *t.* حكّ بأنفه؛ اِسْتَكَنَّ في دعة

nylon, *n.* 1. (plastic material) نيلون

2. (*pl.*, garments, esp. stockings) جَوارِب نِسائيّة من النَّيْلون

nymph, *n.* 1. (*myth.*) حورية، عروس البحر والمروج

2. (beautiful girl) غادة، فتاة جميلة

3. (*entom.*) حوراء، عذراء الحشرات

nymphomania, *n.* شَبَق الأنثى، غلمة المرأة

nymphomaniac, *a.* & *n.* إمرأة شبقة

O

O, *letter* الحرف الخامس عشر من الأبجدية الانكليزية

int. 1. (in address) يا، أيّها، أيّتها

2. (in exclamation); *also* **oh** يا للدهشة!

oaf, *n.* (**-ish,** *a.*) بليد، أحمق، أبله، أخرق، بليد الحسّ، فظّ، سَمِج

oak, *n.* شجرة بلّوط أو سِنْدِيان

oak-apple نتوء ينمو على ساق البلّوط أو أوراقه، عفص البلّوط

he sported his oak أَقْفَلَ على نفسه باب غرفته رغبة في الانعزال

oaken, *a.* مصنوع من خشب البلّوط أو القَرْو

oakum, *n.* الألياف الناتجة من نقض الحبال القديمة ونسلها (تُسْتَعمل لقلافة السفن)

oar, *n.* مقذاف، مجذاف، مجداف (مقاذيف، مجاذيف، مجاديف)

put one's oar in (*fig.*) تَدخَّلَ فيما لا يعنيه، حَشَرَ أنفه في

rest on one's oars (*fig.*) اِطمأنَّ إلى ما أنجز فتوقّف ليستريح

oarsman, *n.* مجذّف

oas/is (*pl.* -es), *n.*; *also fig.* واحة في الصحراء؛ ملاذ للراحة من العناء والصخب

oast-house, *n.* فرن لتجفيف حشيشة الدينار

oat, *n.* شوفان، هرطمان، خرطال، قرطمان

sow one's wild oats اِنْغَمَسَ في لهو الشباب وعبثه

oath, *n.* 1. (sworn statement) قَسَم، يمين (أَيْمُن)

put him on ⟨his⟩ oath حَلَّفه، اِسْتَحْلَفَه، اِستيمنه قبل أن يدلي بشهادته

2. (swear-word) شتيمة، لعنة، سِباب

oatmeal, *n.* شوفان مجروش (لإعداد العصيدة)

obbligato, *adv., a., & n.* (لحن) يصاحب الموسيقى ولا بدّ من عزفه على آلة (إضافية) خاصّة

obdur/ate, *a.* (**-acy,** *n.*) مُتمادٍ في القسوة، متصلّب في رأيه، لا يَتَزَحزح عن موقفه؛ إصرار وعناد

obedi/ent, *a.* (**-ence,** *n.*) مطيع، طيِّع، مطواع، ممتثل لأوامره؛ طاعة، إطاعة، اِمتثال

obeisance, *n.* الاِنحناء بين يدي عظيم إجلالاً وتبجيلاً، السجود أو الركوع (في حضرة ملكٍ)

obelisk, *n.* مِسَلّة (مسالّ، مسلّات)

obes/e, *a.* (**-ity,** *n.*) مفرط في السمنة أو البدانة، بدين، ربيل؛ امتلاء الجسم بإفراط، سِمْنة

obey, *v.t. & i.* أَطَاعَ، اِمْتَثَلَ، أَذْعَنَ

obfuscate, *v.t.* بَلْبَلَ الأفكار، شوَّشَها، لَبَّدَها

obiter dicta, *n.pl.* (*Lat.*) أقوال تعميمية يطلقها القضاة والعظماء عرضًا وتخرج عن نطاق مهمّاتهم

obituary, *a. & n.* عمود في صحيفة يُنْشَر فيه نَعْي المتوفين مع ترجمة قصيرة لحياتهم

object, *n.* 1. (material thing; *also derog.*, of *persons*) شيء، جسم يُدْرَك بالحواسّ؛ يا جدع، شخص، نفر، زلمة (تقال احتقارًا)

object lesson درس منظور، درس عملي أو تطبيقي (للتدريب على تفادي خطر مثلاً)

2. (recipient of feelings)

object of pity مَوْضع شفقة ورحمة، مسكين

3. (aim, end) هدف، غاية، غرض، مرمى

4. (*gram.*) مفعول به (نحو)

5. (objection, obstacle)

money no object (سنشتريه) بغضّ النظر عن ثمنه، مهما يُكَلِّف

v.i. اِعْتَرَضَ (على كلامه)، أَبَى الموافقة

objection, *n.* اعتراض، امتناع

he took objection to what I said اِعْتَرَضَ على ما قلت، أبدى إعتراضه على حديثي

objectionable, *a.* (شخص) ممقوت، (رائحة) كريهة؛ (ملاحظات) تثير الاعتراض والنفور

objectiv/e, *a.* (**-ity,** *n.*) 1. (external, real) موضوعي، له وجود ذاتي

2. (impersonal, impartial) (نَقد) مَوْضُوعِيّ

n. الهَدَف ، المَرْمَى ؛ عَدَسَة إيجابيّة (بصريات)

***objet d'art*, *n*.** تحفة فنية، طرفة نفيسة

oblation, *n*. قربان، ذبيحة، تقدمة (دينية)

obligation, *n*. 1. (duty) واجب، التزام، فَرْض

2. (indebtedness)

he put him under an obligation دَانَ له بالشكر، طوّق عنقه بإحسانه، جعله مدينًا له

obligatory, *a*. إجباري، إلزامي، ضروري

oblige, *v.t.* 1. (bind, compel) أَجْبَرَ، أَرْغَمَ، أَلْزَمَ، اِضطرَّ، أكْرَهَ، قَسَرَ

2. (do a favour to) أَسْدَى إليه معروفًا

sorry, I can't oblige متأسّف جدًّا – ليس في إمكاني أن أساعدك في هذا الأمر

I'm much obliged إنّي متشكّر جدًّا، إنّي في غاية الامتنان، ألف شكر، ممنون

obliging, *a*. (جيران) لا يتأخرون عن المساعدة؛ خدوم، عطوف

oblique, *a*. 1. (slanting) خطّ منحرف، مائل، منحدر، زائغ، غير عمودي

2. (indirect) (ملاحظة) من طرف خَفِيّ، على سبيل التلميح، غير مباشرة

oblique case (*gram.*) حالة النصب أو الجرّ (في النحو)

obliquity, *n*. عدم الاستقامة؛ مخاتلة

obliter/ate, *v.t.* (-ation, *n*.) مَحَا، مَحَقَ، طَمَسَ، دَمَّرَ، لَاشَى، عَفَّى (عليه الزمن)

oblivion, *n*. (في طوايا) النسيان، (اضمحلّ ذِكره)

oblivious, *a*. (كان) غافلًا أو ذاهلًا عن، ناسيًا أن، غير مدرك أن

oblong, *a*. & *n*. (شكل) مستطيل (هندسة)

obloquy, *n*. عار وشنار، لاكت الألسنة سمعته

obnoxious, *a*. بغيض، كريه، مقيت

oboe, *n*. أوبو، آلة موسيقية هوائية كالناي

obscen/e, *a*. (-ity, *n*.) منافٍ للآداب العامّة، فاحش، بذيء، (أدب) مكشوف، فُحْش

obscurantist, *a*. & *n*. ذو عقلية متحجّرة يناوئ التقدّم ونشر المعرفة، معيق للتقدّم

obscur/e, *a*. (-ity, *n*.) 1. (dark, dim) (سرداب) مُعْتِم؛ (ضوء) باهِت؛ ظلام دامِس

2. (hard to understand) غامِض، مُبْهَم

3. (humble, little-known) (شاعر) مغمور، غير معروف، خامِل الذكر

v.t. حجبت (السحب القمر)

obscure the issue زادَ الموضوع لبسًا وإبهامًا، جعل القضية أكثر غموضًا وأعسر حلًّا

obscured glass زجاج يحجب الرؤية لعدم شفافيته

obsequies, *n.pl*. مراسم الدفن أو المأتم أو تشييع الجنازة

obsequious, *a*. متزلّف، متذلّل في مداهنته (تقال عن تصرّفات تاجر مع زبائنه مثلًا)

observance, *n*. 1. (performance) مراعاة (الشعائر)

2. (custom) عادة، تقليد؛ طقس، شعيرة

observant, *a*. 1. (quick to notice) قوي الملاحظة

2. (strict in following rules) مَن يراعي (أصول الدين) بدقّة، مَن يتمسّك بالتقاليد

observation, *n.* 1. (noticing; surveillance) ملاحظة، مشاهدة، مراقبة

observation car عربة قطار ذات نوافذ عريضة تسهّل مشاهدة المنظر أثناء الرحلة

observation post نقطة أو مركز المراقبة

he kept him under observation وضع (رجلًا مشبوهًا مثلًا) تحت رقابة صارمة

powers of observation قوة الملاحظة

2. (remark) ملاحظة، ملحوظة، تعليق

observatory, *n.* مرصد، مرقب (فَلَك)

observe, *v.t.* 1. (perceive; watch) لَاحَظَ، شَاهَدَ، رَاقَبَ (التفاعل الكيميائي مثلًا)

2. (keep) رَاعَى (أصول الآداب) بدقّة وانتظام

3. (remark); *also v.i.* عَلَّق قائلًا ...، أبدى ملاحظة، ذَكَرَ (في سياق الكلام)

observer, *n.* مراقب، راصد

obsess, *v.t.* استحوذت (فكرة ما) على ذهنه استحواذًا كاملًا، تملكته أو تسلّطت عليه

obsession, *n.* استحواذ فكرة واحدة على العقل بحيث تنفي ما عداها

obsessive, *a.* (خوف) متسلِّط على العقل والتفكير

obsolesc/ent, *a.* (**-ence,** *n.*) آيل إلى الزوال

obsolete, *a.* (لفظ) مهجور، (طراز) بطل استعماله

obstacle, *n.* عقبة، عائق، حاجز، حائل

obstacle race سباق الحواجز للصغار

obstetric, *a.* مختصّ بعلم التوليد، (عنبر) الولادة

obstetrician, *n.* إخصائي ولادة، طبيب مُوَلِّد

obstetrics, *n.pl.* علم التوليد، طبّ الولادة

obstin/ate, *a.* (**-acy,** *n.*) عنيد، صلب الرأي

obstreperous, *a.* مشاغب، صعب المراس

obstruct, *v.t.* (**-ion,** *n.*, **-ionist,** *n.*) عَرْقل، أعَاق، اعترض سبيله؛ عقبة؛ معيق للتقدّم

obstructive, *a.* معرقِل، حائل دون التقدّم

obtain, *v.t.* حَصَلَ على، نَالَ، أحْرَزَ، ظَفَرَ، فَازَ (بجائزة) أو حَازَها، حَظِيَ (بعطفه)

v.i. سَادَت (عادة مثلًا)

this belief still obtains لا تزال هذه العقيدة سائدة أو قائمة

obtru/de, *v.t. & i.* (**-sion,** *n.*) أقْحَمَ (آراءه الشخصية) بغير مناسبة؛ تَطَفَّلَ؛ إقحام

obtrusive, *a.* فضولي متطفِّل؛ (شيء) بارز

obtuse, *a.* غير حادّ، (ورقة شجر) غير مدبَّبة

obtuse angle زاوية منفرجة (بين ٩٠° و١٨٠°)

(*fig.*) فَدْم، بليد، ثخين الدماغ؛ (ملاحظة) عويصة

obverse, *a.* مضادّ، مواجه، نقيض

n. وجه (القطعة النقدية أو الميدالية مثلًا)

obviate, *v.t.* تَحَاشَى، تَلَافَى، تَفَادَى، تَجَنَّبَ

obvious, *a.* واضح، جَلِيّ، بَيِّن، (فرق) صريح

occasion, *n.* 1. (time) وقت (حدوث ...)

2. (suitable time, opportunity) (انتهز) المناسبة، فرصة سانحة أو ملائمة

3. (special event) حَدَث هامّ

he rose to the occasion تَصَرَّفَ بما يلائم المناسبة، اِرْتَفَعَ إلى مستوى الأحداث

a sense of occasion الاحساس بأهمّية مناسبة خاصّة، القدرة على الشعور بهيئة الموقف

4. (cause) سَبَب مباشِر، داعٍ، باعث

v.t. سَبَّبَ، (غيابه) بَعَثَ على أو أَدَّى إلى (الدهشة والاستغراب)

occasional, *a.* عرضي، (زيارات) موزّعة، من حين لآخر، بين الفينة والفينة

occasional student طالب منتسب، غير نظامي

occasional table منضدة صغيرة (يسهل نقلها)

occasional verses شِعر المناسبات

occasionally, *adv.* من حين لآخر، من وقت إلى آخر، بين أونة وأخرى، قلّما (أُدخِّن)

occident, *n.* (**-al,** *a.*) الغرب (أوروبا وأمريكا)؛ غربي، نسبة إلى أوروبا الغربية وأمريكا

occip/ut, *n.* (**-ital,** *a.*) قَفًا، مؤخّر الجمجمة

occlu/de, *v.t.* (**-sion,** *n.*) سَدَّ، حَجَزَ، اِمْتَصَّ؛ التقاء جبهة باردة مع أخرى ساخنة (أرصاد جوّيّة)

occult, *a.* خفيّ، مستور، غامض، سحري، باطني، ولا يفهمه إلاّ الخاصّة

the occult التنجيم وقراءة الطالع والسحر والعرافة، علوم الغيب

v.t. & i. (**-ation,** *n.*) اِحْتَجَبَ أو اِخْتَفَى (النجم وراء القمر)؛ اختفاء أو استتار (النجم)

occulting light نور مُتَقطع (في فنار مثلًا)، نور يتواتر إضاءةً وانطفاءً في فترات منتظمة

occupancy, *n.* شَغْل (منزلٍ مثلًا بالسكنى فيه)؛ فترة كون المكان (أو الوظيفة) مشغولًا

occupant, *n.* ساكن (في منزل)، شاغل (منصب)

occupation, *n.* 1. (holding or taking possession) شَغْل مكان (بالإقامة فيه)؛ احتلال

army of occupation جيش الاحتلال

2. (business, employment) مِهنة، حِرفة، صَنعة؛ عَمَل (دائم أو مؤقّت)

occupational, *a.* نسبة إلى حرفة أو مهنة

occupational disease مَرض ناتج من ممارسة حرفة

occupational therapy معالجة المريض بإعطائه عملًا يدويًّا لتمرين جسمه ورفع معنوياته

occupier, *n.* ساكن (المنزل)، شاغل، واضع اليد (على قطعة أرض مثلًا)

occupy, *v.t.* 1. (reside or be in) سَكَنَ أو أَقامَ في، شغل أو اِحْتَلّ مكانًا

2. (take possession of) اِسْتَوْلَى على، اِحْتَلَّ (منطقة)، وضع يده على (أرض مثلًا)

3. (fill *time*, etc.) اِسْتَغْرَقَ، أَخَذَ من الوقت (خمس دقائق مثلًا)

many anxieties occupied his mind شَغَلَت بالَه هموم كثيرة

4. (busy, engage)

he occupied himself with أَشْغَلَ نفسه (بتنظيف سيّارته مثلًا)

occur, *v.i.* 1. (exist, be found) يوجد أو يَقع

2. (happen) وَقَعت (هذه الحادثة)

3. (come into the mind) خَطَرَ على أو ببالي، سَنَحَ لي، بَدَا لي (أن أسأله سؤالًا)

occurrence, *n.* واقعة، حادثة (يومية مثلًا)

ocean, *n.* (**-ic,** *a.*) محيط، أوقيانوس؛ نسبة إلى المحيط، (تيّارات) محيطية

oceanograph/y, *n.* (**-ical,** *a.*); **-er,** *n.* علم دراسة المحيطات، اوقيانوغرافيا

ocelot, *n.* حيوان يشبه الفهد يعيش في امريكا الجنوبية والوسطى

ochre, *n.* مغرة (تراب صلصالي يستعمل في صناعة الألوان السمراء والصفراء والحمراء)

oct-, octa-, octo-, *pref.* سابقة معناها ثمانية أو مثمّن

octagon, *n.* (**-al,** *a.*) (شكل) مثمّن الأضلاع والزوايا

octahedr/on, *n.* (**-al,** *a.*) جسم ذو ثمانية سطوح، مُجَسَّم ثماني

octane, *n.* أوكتين، هيدروكربون برافيني، نسبة رقمية لتقدير البنزين

octant, *n.* ثُمْن محيط الدائرة أو مساحتها

octave, *n.* الجواب (وهو ثماني نغمات موسيقية متتالية)،قطعة شعرية من ثمانية أبيات

octavo, *n.* قَطع الثمْن (حجم من أحجام ورق الطباعة يساوي ٥ × ٨ بوصات عادةً)

octet(te), *n.* قِطْعَة مُوسِيقيّة لِثمانية مُغَنّين أو عازِفين ؛ جُزْء من قَصِيدة يتكوّن مِن ٨ سُطور

October, *n.* اكتوبر، تشرين الأوّل

octogenarian, *a.* & *n.* في الثمانين ن عمره

octopus, *n.* أخطبوط (حيوان بحري ذو ثماني أرجل)

ocular, *a.* بَصَري، عيني، (دليل) بَصَري

oculist, *n.* أخصائي أمراض العيون

odalisque, *n.* جارية أو محظية (في حريم السلطان)

odd, *a.* 1. (not even) (عدد) فردي (لا يقسم على اثنين بدون باقٍ)، (رقم) غير زوجي

odd number عدد فردي أو وِتري (٣، ٥، ٧)

2. (left over after division; additional) نيّف، زيادة، ما يتبقى بعد القسمة

odd man out شخص لا يجاري المجموعة في ميولها ومشاربها، يشذّ (عنهم) في شيء ما

forty-odd أربعون ونيّف

3. (casual)

odd jobs أَعْمال عَرَضيّة مُؤَقّتة، أشغال طارئة مُخْتَلِفَة

4. (extraordinary; eccentric) شاذّ، غريب

oddity, *n.* شذوذ؛ شيء أو شخص أو حَدَث شاذّ

oddly, *adv.* بشكل شاذّ أو غريب

oddly enough مِمّا يَدْعُو إلى الغرابة، مِمّا يُثير الدَّهْشَة

oddment, *n.* (*oft. pl.*) ما يَتَبَقّى من مَجْمُوعات ويُباع بِسِعْر رَخِيص (كأَطْقم الشّاي مَثلًا)

odds, *n.pl.* 1. (chances; balance of advantage; stakes) فرق بين شخصين يرجّح كفّة أحدهما على الآخر؛ احتمالات (الفوز أو الحدوث)

fight against fearful odds كافح في وجه صعاب جمّة (تُهَدِّد بفشله)

the odds are that . . . وأقوى الاحتمالات أن...، ومن المحتمل أن ...

it makes no odds سيّان عندي، على حدّ سواء، سواء لدي أية وسيلة تتّبع

2. (variance)

they are at odds with one another إنّهما على طرفي نقيض، هم في خلاف أو نزاع أو خصام

3. (remnants)

odds and ends أشياء صغيرة متنوعة، نثريات، خردوات (بضائع)

ode, *n.* قصيدة (غنائية غالبًا)

odious, *a.* ممقوت، منفِّر، كريه، مُقْرِف، بغيض، شنيع

odium, *n.* (عرّضه سلوكه) للمقت والازدراء

odontolog/y, *n.* (**-ical,** *a.*); **-ist,** *n.* دراسة خصائص الأسنان؛ متخصّص في دراستها

odoriferous, *a.* شذي، طيّب الرائحة، فوّاح، ينشر رائحة عبِقة

odorous, *a.* أرج، عَطِر؛ كريه الرائحة

odour, *n.* رَائِحة (رَوائح)

he is in bad odour with إنّه مَغْضُوب عَلَيْه (من رَئِيسه مثلا)

odour of sanctity (*iron.*) تحيط به هالة من القداسة (تقال سخريةً)

odyssey, *n.* (*fig.*) (أخبار) الضرب في الآفاق

Oedipus complex, *n.* عُقدة أوديب (علم النفس)

oesophagus, *n.* المريء، البلعوم، المسرط

of, *prep.* 1. (denoting separation) من، عن

barren of ideas عقيم من الأفكار أو الاقتراحات المجدية

wide of the mark (تعليق) بعيد عن الهدف

2. (denoting origin)

of itself في حدِّ ذاته

all of a sudden فجأةً، بغتةً، على حين غرّة، دون أدنى توقّع

what will come of it? ما عسى أن تكون النتيجة؟ ما الذي سينتج عن ذلك؟

3. (denoting material, composition, contents)

a bottle of milk قنينة حليب، زجاجة لبن

he made a mess of it خَرْبَطَ الشغل، لَخْبَطَ العمل، طصلقه، لهوجه

4. (denoting definition, description)

a boy of five وَلَد في الخامسة من عمره، ابن خمس سنوات

5. (denoting reference)

he is aware of the fact هو على دراية بالأمر، على علم به، على بصيرة منه

6. (denoting objective relation)

in search of بحثًا عن، جريًا وراء (المعرفة)

7. (denoting partition)

a friend of mine صديق من أصدقائي، صديق لي، أحد أصدقائي

off, *adv.*

be off! إليك عنّي! أُغرُب عن وجهي! مع السلامة! إلى حيث ألقت!

a day off يوم إجازة (للعامل أو الموظّف)

off-load, *v.t.* أنزل بضاعة أو ركّابًا (من باخرة) لعدم توفّر المكان؛ خفّف العبء عن نفسه

off-peak hours ساعات قلّة الاستهلاك

the light is off النور مُطْفأ

the beef is off

(not fresh) فَسَدَ لَحْمُ البَقَر

(not being served) نَفَدَ لحم البقر (من المطعم)

the party is off أُلْغيت الحفلة

he's off again! (*coll.*) عَادَت حليمة إلى عادتها القديمة، عَادَ يسهب مرّة ثانية!

off and on من حين إلى آخر، بين آونة وأخرى، بغير استمرار

he is well off هو ميسور الحال، غنيّ، ثري؛ (لا يدرك) كم هو محظوظ

off we go! هيّا بنا! يالله بنا!

prep.

off-beat clothing ملابس شاذّة وغريبة

he is off colour هو متوعّك أو منحرف المزاج

he is off ⟨duty⟩ ليس هذا أوان عمله، غائب عن عمله (بإذن مثلاً)

off-hand, *a.* (كان ردّه) فظًّا وخشنًا؛ (ملاحظات) مرتجلة، عفو الخاطر، (لا استطيع الاجابة) من الذاكرة

adv.

off shore (رَسَت) بقرب الشاطئ؛ نحو البحر

off-street parking إيقاف السّيّارات في أماكِن بَعِيدة عَن شَوَارع المَدِينة الرّئيسيّة

a.

on the off-chance (ذهبت إلى منزله) لعلّ وعسى (أن يكون هناك)، رغم بُعْد الاحتمال ...

I am afraid this is my off day أقول بكلّ صراحة إن اليوم نحسٌ لي (فكلّ ما أفعله يفشل)

off-licence (محلّ) مرخّص له ببيع المشروبات الروحية للاستهلاك في المنزل

the band does not play in the off season خارج موسم (الاصطياف) لا تعزف الفرقة الموسيقية هنا

off side جانب السيّارة البعيد عن الرصيف

off-side, *a.* تسلّل لاعِب الكرة، وجوده في مركز غير قانوني على أرض الملعب، أوف سايد

offal, *n.* فضلات الذبيحة، (الكبد والكليتان غالبًا)؛ زبالة، قمامة

offen/ce (*U.S.* **-se**), *n.* 1. (misdemeanour) جُرم، جريرة، إساءة؛ فعل مخلّ يخرق أحكام القانون

2. (injury to feelings) المساس بشعور شخص، الإساءة إليه

give offence مَسَّ شعورها بكلمة نابية

take offence جُرِحَت كبرياؤه، اِستاءَ، اِمْتَعَضَ، رَأَى (في كلماته) إهانة له

no offence ⟨meant⟩ لا مؤاخذة، لا تؤاخذني، متأسّف جدًّا - لكن (هذه هي الحقيقة)

3. (aggressive action) المبادأة بالهجوم على العدوّ، (أسلحة) الهجوم أو الاعتداء

offend, *v.t.* أَسَاءَ إليه، كَدَّرَه، تَعَدَّى عليه، جَرَحَ شعوره

it offends the eye (شيء قبيح) يقذي العين

v.i., *with prep.* against اِنْتَهَكَ (حرمة التقاليد المرعية)، أَخَلَّ (بمبادئ الأخلاق مثلاً)

offender, *n.* مرتكب خطأً أو جريمةً أو جنحة، مخلّ بِ، منتهك، مسيء إلى

first offender مَن اِرْتَكَبَ جريمة أو جنحة للمرة الأولى

offensive, *a.* 1. (disagreeable, insulting) كَرِيه، مُنَفِّر، مُزْعِج، (لفظ) نابٍ

2. (attacking) هجومي؛ (أسلحة) خطرة

n. هجوم، اعتداء

take the offensive بَادَأ بالاعتداء، هَاجَمَ

offer, *v.t.* قَدَّمَ له، أَهْدَاه، عَرَضَ عليه المساعدة

offer for sale عَرَضَ (بضائع) للبيع، طرحت (الشركة) أسهمًا للاكتتاب

he offered his hand مَدَّ يده بالتحية

they offered no resistance لم يبدوا أية مقاومة، لم يقوموا بأي دفاع عن أنفسهم

offer ⟨up⟩ a sacrifice قَدَّمَ ذبيحة أو قربانًا (للآلهة)، قَرَّبَ القربان أو رَفَعَه

v.i. حَدَثَ، وَقَعَ

as occasion offers حين تتاح الفرصة، إذا سَنَحَت الفرصة، إذا أُتيحت الفرصة

n. عرض، تقدمة، تقديم، عطاء، إيجاب (وهو الجزء الأول من أي عقد بين طرفين)

the house is on offer هذا البيت معروض للبيع (بشروط معيّنة)، المنزل مطروح للبيع

make me an offer! اقترحْ عليّ ثمنًا تدفعه، كم أنت مستعدّ أن تدفع (لشراء هذا الشيء)؟

offering, *n.* تقدمة، قربان، ذبيحة

offertory, *n.* صَلاة التَّقْدِمة في القُدّاس والمُوسيقى التي تُصاحِبها؛ تبرُّعات المُصَلّين

offhand, *a.*; *also* **off-handed** مهين في معاملته لغيره؛ (ردّ) فظّ وخشن؛ (ملاحظات) مرتجلة

adv. عَفْو الخاطر، ارتجاليًّا

office, *n.* 1. (position) منصب (رئيس الوزراء مثلًا)، وظيفة (محافظ مدينة أو متصرّف لواء)

hold office شَغَلَ (فلان) منصب (وزير مثلًا)، تَقَلَّدَ (الحزب) زمام الحُكم

take office تَوَلَّى (السفير) منصبًا (جديدًا)، تقلَّدَ (الحزب السياسي) أعباء الحُكم

2. (government department) وزارة الداخلية أو الخارجية أو الدفاع، مصلحة أو دائرة البريد (انكلترا)

Foreign Office وزارة الخارجية البريطانية

3. (business apartment or premises) مكتب تجاري، مركز (الشركة القانوني)، إدارة

booking office شبّاك التذاكر (في محطّة السكّة الحديدية)، مكتب لحجز تذاكر مسبقًا أو مقدمًّا (في السينما أو المسرح)

office block عمارة تشغلها المكاتب أو الدوائر التجارية وليس فيها شقق للسكنى

office-boy صبي المكتب، ساعٍ (في المكتب)

office hours ساعات العمل أو الدوام

domestic offices مَرافق الدار، منافع (المنزل)

4. (duty or service) خدمة، واجب، فرض، مهمّة؛ (بفضل) مساعيه (الحميدة)

5. (form of worship) طقس كَنَسي

last offices قدّاس الميّت، الصلاة على الميّت قبل دفنه

officer, *n.* 1. (functionary) مُوَظَّف؛ عُضْو في لجنة الإدارة

officer of the law مأمور قضائي؛ شُرْطيّ

2. (in armed services, etc.) ضابط (ضُبّاط)

official, *a.* رسمي، قانوني

official receiver مأمور التفليسة، وكيل التصفية الرسمي، سنديك

n. موظّف (حكومي غالبًا)

officialdom, *n.* فئة الموظّفين، موظّفو الحكومة، البيروقراطية، تحكّم موظفي الدولة، الروتين

officialese, *n.* لغة الدواوين، أسلوب مُسْهَب ملتوٍ شائع الاستعمال في المراسلات الحكومية

offici/ate, *v.i.* (**-ation,** *n.*) أدّى (الكاهن) مراسيم دينية ؛ قَام بأعمال (السكرتارية مثلًا)؛ قَامَ بوظيفة، أدّى مهمّة

officious, *a.* (موظّف) متأمّر أو متحكّم؛ من يعرض خدمات أو نصائح غير مرغوب فيها؛ فضولي

offing, *n.*, *usu. fig.*, *in* الطَمْطام، عرض البحر

in the offing يلوح في الأفق، سيحدث عمّا قريب

offprint, *n.* نسخة منفصلة من مقال طُبع في مجلّة علمية

offscourings, *n.pl.* زبالة، قمامة، فضلات حثالة (المجتمع)

offset, *v.t.* عَوَّضَت (الأَرْباح) عن (النَّفَقات)

n.; *also* offset printing الأُوفْسِت، طَرِيقة لِلطّباعة باسْتِخدام اُسْطوانة من المطّاط

offshoot, *n.* طُنْب، فَرْخ (نبات)؛ سلالة غير مباشرة

offspring, *n.* نَسْل، ذرّية، سلالة ؛ أولاده، خَلَفه، عِقبه، أعقابه

oft, *adv.* (*arch.*) كثيرًا ما

many a time and oft مرارًا وتكرارًا

often, *adv.* كثيرًا ما، مرارًا، كم من مرّة، في أحيان كثيرة، مرّات عديدة

as often as not في أغلب الظروف، في معظم الحالات، غالبًا

ogiv/e, *n.* (**-al,** *a.*) عقد قوطي، طاق غوطي؛ خطّ الزاوية عند تقاطع الأقبية (هندسة)

ogle, *v.i.* & *t.* رَمَق (الفتيات) بنظرات غرامية، إِسْتَرَق النظر إليهن بشهوة، التهمهن بنظراته

ogre, *n.* غول يأكل الآدَمِيّين (في الأساطير)؛ رجل مهول مُرْعب، مارد قاس شرّير

oh, *int.* أوه! يا للدهشة! يا (إلهي)!

ohm, *n.* أوم، وحدة لقياس المقاومة الكهربائية (ويرمز له بهذه العلامة Ω)

oil, *n.* زيت؛ النفط، البترول

oil-cake كُسْب (الثفل المتبقي بعد عصر البذور)

oil colours; *also* oil paints, oils ألوان زيتية (للتصوير الزيتي)، بوية زيت، طلاء زيتي

oil-well بئر من آبار البترول أو النفط (لاستخراجه من طبقات الأرض)

she's no oil painting (*coll.*) ليس وجهها آية من آيات الجمال أو الجاذبية

pour oil on troubled waters (*fig.*) لَطَّف من حِدّة الخلاف بينهما بكلمات مهدّئة، أخْمَدَ الخصام

strike oil (*lit.* & *fig.*) اِكْتَشَف حقل بِتْرول؛ أَصاب ثَرْوَةً كَبيرة أو نَجاحًا باهِرًا

v.t. زَيَّت (ماكينة أو درّاجة مثلًا)

oil the wheels (*fig.*) جَعَلَ (الدولاب الحكومي) يسير بسلاسة ويسر

oiled silk قماش حريري مشمّع (معالج بالزيت)

he was oiled when I saw him كان مَسْطُولاً (أومخمورًا) عندما قابلته

oilcan, *n.* مِزْيَتَة، تنكة زيت

oilcloth, *n.* (قماش) مُشمَّع

oilfield, *n.* حَقْل الزيت أو النفط، منطقة آبار بترول أو نفط

oilskin, *n.* قماش مشمّع متين؛ معطف أو بدلة منه

oily, *a.* زَيْتِيّ ، مُغَطًّى بالزَّيْت

(*fig.*) متملّق، متزلّف، مداهِن، مسْتَخْذٍ

ointment, *n.* مرهم، دهان (طبّ، تجميل)

okay, *int.*; *also n., a., v.t.* (*coll. spelling of O.K.*) لفظ عامي يعبّر عن الموافقة، طيّب، كويس، عال؛ موافقة؛ أذن بالشروع في العمل

okra, *n.* بامية

old, *a.* 1. (advanced in years) كبير السِنّ، عجوز، شيخ، هَرِم، تقدمت به الأيام

old age شيخوخة، هَرَم

old maid عانس، إمرأة فاتها قطار (الزواج)؛ مهووس بدقة النظام والترتيب والنظافة

old man شيخ

(*coll.*, in affectionate address); *also*

old boy يا أخي! يا شيخ! يا عزيزي!

(*coll.*, father, sometimes husband) الوالد

the old man (boss) الريّس، صاحب الورشة، المعلّم (في حرفة)

2. (of age)

two years old عمره سنتان، أتمّ السنة الثانية من عمره، اِبن سنتين

3. (practised, inveterate)

he is an old hand هو خبير بالشيء، قديم عهد بحرفته، طويل الباع (في التجارة)، مُحنَّك

4. (dating from or belonging to a previous time) قديم، عتيق

old boy (girl) تلميذ سابق في مدرسة ما

the good old days أيام زمان (الحلوة)، كانت لنا أيام، أيام السعادة وصفو العيش

old-fashioned, *a.* (معطف) من طراز قديم، (آراء) بالية أو عتيقة، لا يجاري العصر

she gave him an old-fashioned look ألْقَت إليه نظرة ذات مغزى، رمقته باستعلاء وترفُّع

the old order العهد البائد، النظام السالف

he is a gentleman of the old school هو من رجال الجيل القديم وما زال متمسّكًا بتقاليده

old school tie روح الزمالة والمحسوبية المتبادلة بين خريجي المدارس الغنيّة

Old Testament العهد القديم (التوراة)

it is just like old times عادت أيام الهنا (واجتمع الشمل ثانيةً)

old-world, *a.* (يراعي في سلوكه) الأصول القديمة

the old year السنة التي أوشكت أن تنصرم، السنة العابرة

5. (*coll.*, strengthening another *a.*)

any old thing (اِلْبس) أي شيء كان

they are having a fine old time هم منطلقون في فرحهم ومرحهم، إنّهم في غاية الفرفشة

n.

in days of old في العصور الخالية، في سالف العصر والزمان، في غابر الأيام

olden, *a.* (أَيَّام) غابرة، سالفة، (زمن) قديم

oleaginous, *a.* (بُذُور) زَيْتِيَّة

oleander, *n.* دِفْلى مبذولة (شجيرة زهورها بَيْضاء أو حمراء أو وردية اللون)

oleograph, *n.* صُورة مطبوعة بالألوان الزيتية

olfactory, *a.* (الأَعْصَاب) الشَمّيّة

oligarch/y, *n.* (**-ical,** *a.*) حُكُومة الخاصّة، حُكم القِلّة، الأوليغاركية؛ نسبةً إلى هذا الحكم

olive, *n.* 1. (tree; its fruit) شَجَرة الزَّيتون، زَيْتُون، زيتونة

hold out the olive branch (*fig.*) أَبْدَى رغبته في فَضّ النّزاع وتصفية الخلاف، لَوّحَ بغصن الزيتون

2. (colour); *also a.* (لَوْن) زيتونيّ

Olympian, *a.* (*fig.*) أوليمبي، رباني، إلهي؛ (شخص) مهيب يحيط نفسه بهالة من العظمة والوقار

Olympic Games, *n.pl.* الألْعاب الأولمبيّة (تُعْقَد مَرَّة كلّ أربع سَنوات)

omega, *n.* آخر حرف في الأبجدية اليونانية؛ الختام، (من البداية إلى) النهاية

omelette, *n.* عجّة بيض، أومليت

omen, *n.* ما ينذر بالخير أو الشرّ، فأل، طيرة

ominous, *a.* نذير بالشؤم أو النحس، (ظاهرة) تهدّد بالشرّ (مثل الغيوم القاتمة)

om/it, *v.t.* (**-ission,** *n.*) حَذَفَ (فقرة من القول)؛ أَهْمَلَ أو أَغْفَلَ فعل شيء، لم يضمّن ...

omnibus, *n.* باص، أتوبيس، اومنيبوس

a. ما يضمّ مجموعة كاملة

an omnibus edition of his works مجلّد يضمّ طبعة جديدة لمؤلفات كاتب ما

omnidirectional, *a.* (هوائي) لجميع الاتجاهات (راديو)

omnipot/ent, *a.* (**-ence,** *n.*) قادِر على كُلّ شيء؛ القدرة على كُلّ شيء

omnipres/ent, *a.* (**-ence,** *n.*) (الله) كلّي الوجود، حاضر دائمًا في كلّ مكان، تحسّ بوجوده في كلّ مكان

omnisci/ent, *a.* (**-ence,** *n.*) عليم بكلّ شيء، شامِل المعرفة، واسع العلم والاطّلاع

omnivorous, *a.* (**-ness,** *n.*) (حَيَوانات) تَقْتات بِكُلِّ شَيْء، مِبْشار

he is an omnivorous reader إنّه قارئ نَهِمَ يقرأ كلّ ما يقع في يديه

on, *prep.* على، فوق

he gave him a pound on account أعطاه جنيهًا على الحساب

on arrival عند الوصول

he reads three books a week on average يقرأ بمعدّل ثلاثة كتب في الأسبوع

on board على متن (سفينة أو طائرة)

on the contrary بالعكس، على العكس، على النقيض أو الضدّ من ذلك

the house is on fire البيت يحترق، اشتعلت أو اندلعت النار فيه

on foot ماشيًا، على الأقدام

on guard (تركته) قائمًا بالحراسة أو الخفارة؛ حذار! احترس!؛ محتاط للأمر

he is on leave now إنه غائب في إجازته

on principle تمشيًا مع مبادئي، بدافع المبدأ

on strike (العمّال) في حالة إضراب

on suspicion (قُبِضَ عليه) للاشتباه في أمره (دون وجود دليل ماديّ)

on time (وصل القطار) في ميعاده المحدَّد، (رغم العوائق) لم نصل متأخرين

help is on the way النجدة في طريقها إليكم (فلا تستسلموا)

adv. 1. (covering; in contact)

he has nothing on إنّه عارٍ أو عريان

2. (advanced; forward)

he is getting on for sixty إنّه يقترب من الستّين أو يشارفها، يناهز الستّين

later on بعد حين، (سنشرب القهوة) بعد قليل

well on in years متقدِّم أو طاعن في السنّ، تَقَدَّمَ به العمر

3. (further; in continuation)

he went on and on about it أَمَلَّ السامعين بإسهابه، ظلّ يكرّر ما قاله حتّى أصابنا السأم

4. (in progress, functioning, taking place)

on and off بين الفينة والفينة، بين حين وآخر، من آن لآخر، بدون استمرار

have you anything on? هل لديك موعد ما؟

what's on this week? ما هو برنامج السهرات أو ما الذي سيعرض هذا الأسبوع (في هذه المدينة)؟

onanism, *n.* قذف المني خارجًا عند الجماع لتجنّب الحمل (نسبة إلى قصّة أونان بالعهد القديم)

once, *adv.* 1. (on one occasion only) مرّة واحدة، لمرّة واحدة فقط

once ⟨and⟩ for all مرّة واحدة وبصورة نهائية، مرّة لا ثانية لها، مرّة وإلى الأبد

once in a while عَلى فَتَرات مُتَباعِدَة، قليلاً ما (ذَهَبْتُ لِزِيارَتِهِ مَثَلاً)

once more مرّة أخرى، ثانيةً

at once

(simultaneously) (وقفوا جميعًا) في نفس اللحظة، (ضحكوا) في الوقت ذاته

(immediately) فَوْرًا، تَوًّا، حالاً، في الحال

all at once (انهار الحائط) بغتةً، فجأةً

for once (سمح له بالتأخّر) مرّة واحدة وبصفة استثنائية، بَس هالمرّة (عراق)

⟨if⟩ once we lose sight of him we shall never see him again إن توارى عن أنظارنا لحظة واحدة فلن نراه بعد ذلك مُطلقًا

he gave the house a once-over, *n.* (*coll.*) ألْقَى نظرة فاحصة خاطفة على البيت

2. (multiplied by one)

once nought is nought الصفر في واحد = صفرًا

3. (formerly) سابقًا، من قبل، سالفًا

once upon a time كان يا ما كان، في سالف العصر والزمان، في يوم من الأيام

conj.

once you have done this you may go أَكْمِل هذا العمل أوّلاً، وبعد ذلك يمكنك أن تنصرف

oncoming, *a.* (السيّارات) القادمة في اتّجاه عكسي

one, *a.* 1. (a single); *also n.* واحد، أحد، فَرْد، وحيد

one-armed bandit جهاز ميكانيكي ذو ذراع واحد يضغط للمقامرة (في مدينة الملاهي)

he is a one-man band (*coll.*) (مُدِير) يَسْتَأْثِر بالعمل كُلِّه ولا يفوّض أَحَدًا في جُزْء مِنه

it is only a one-horse dump هذه البلدة كفر موحش مهجور، « لا تسمع فيه صريخ ابن يومين »

one-sided

(having or occurring on one side) يحدث على جانب واحد أو من جهة واحدة

(uneven, *lit. & fig.*) غير متوازن ؛ متحيّز

one-eyed أعور ؛ شيء حقير لا أهمّية له

one-time سابقًا، في ما مرّ من الزمن

he has a one-track mind يَدُور كُلّ تَفكيره على مِحْوَرٍ واحدٍ أو نُقْطة واحِدَة

one-way street شارع فيه المرور باتّجاه واحد

one at a time (دخلوا الحجرة) واحدًا واحدًا، كلّ على انفراد، منفردين (عكس مجتمعين)

one by one (عَدَّ دراهمه) واحدًا واحدًا، (فحص اللوحات) واحدة تِلْوَ الأخرى

one and six (ثمنه) شِلِن ونصف (أي شلن وستّة بنسات)

one up to him سَجَّلَ نقطة لصالحه في هذه الجولة، أحرز تفوّقًا هذه المرّة

one and all كلّهم قاطبة، طرًّا، جميعًا، الجميع بما فيهم المتحدّث، دون استثناء

he went one better تَفَوَّقَ على الآخرين في ميدان ما، بَزَّهم في ...

there's not one left نَفَدَ كلّ ما لديّ منه

never a one for me! لسوء الحظّ ليس لي نصيب !

2. (a certain, unspecified individual out of a number of things or persons)

one man one vote يجب أن يكون لكلّ مواطن حقّ التصويت

he's one of us ينتمي إلينا، إنّه من مناصرينا

one in a million نادر المثال، واحد في المليون

I for one . . . أمّا فيما يختصّ بي (فإنّني أعترض)، أمّا من ناحيتي أو من جهتي فإنّني ...

what with one thing and another نتيجة لتعدّد هذه الصعوبات ولغيرها (لم أستطع أن ...)

on the one hand من جهة فإنّه ... (ومن جهة أخرى)

pron. 1. (*indef.* = a person)

a room of one's own غرفتك الخاصّة (لا يشاركك فيها أحد)

2. (*to form reciprocal pron.*)

you must look after one another يجب أن تعتنوا بعضكم ببعض أو يهتمّ أحدكم بالآخر

3. (*as noun substitute*; *or* = person, thing)

many a one كم من رجل

the little ones الصغار، الكتاكيت، الجهال (عراق)

the Evil One الشيطان الرجيم، إبليس

that's one in the eye for him لقد أنزلت به ضربة في الصميم، يا لها من ضربة !

I'm not one to complain ليس التشكّي من عادتي، لست مِمّن يكثرون التذمّر (بدون داعٍ)

I'm not much of a one for . . . لَسْتُ مِمَّن يُجِيدُون ...، لَسْتُ من رُوّاد (الحَفلات)

onerous, *a.* (مسؤولية) ينوء بها كاهله، (أعباء) فادحة، (أوزار) باهظة

oneself, *pron.* (يصون المرء) ذاته أو نفسه

onion, *n.* بَصَلة ، بَصَل

he knows his onions (*sl.*) هو ماهر في حرفته كلّ المهارة ، إنّه يعرف كيف يتصرّف ، هو ابن كار

onlooker, *n.* من يشاهد (شجارًا مثلًا) دون أن يشترك فيه ، شاهد عيان أو عياني

only, *adv.* فقط ، فحَسْب

I have only just arrived لَم أَصِلْ إلّا هَذه اللَّحْظَة ، وَصَلْتُ لِتَوّي

I am only too pleased to come يسرني كلّ السرور أن ألبّي دعوتكم

if only someone would leave me a legacy يا ليت أحدًا يترك لي ميراثًا! من لي بشخص يخلّف لي تركة!

not only . . . but also . . . ليس فقط (أو فحسب) ... ولكن أيضًا ..

a. وحيد ، فريد

this is his one and only chance هذه هي الفرصة الوحيدة التي ستتاح له

conj. ولكن ... ، غير أن ...

onomatopoe/ia, *n.* (**-ic,** *a.*) محاكاة صوتية (في علم اللغة) ، (كلمة) يحاكي جرسها معناها (فحيح الأفعى)

onrush, *n.* اندفاع (المياه) ، تدفّق (الناس كالسيل)

onset, *n.* هجوم؛ ابتداء ، شروع (في عمل) ، بداية (النزاع بين طرفين) ، مستهلّ

onslaught, *n.* هجوم عنيف ، انقضاض

onto, *prep.* (قفز من السفينة) إلى (الشاطئ)

ontology, *n.* علم الوجود أو الكائنات

onus, *n.* (تقع) المسؤولية أو العبء (على كاهلك)

onward, *a.* (حركة) تتّجه إلى الأمام

adv.; *also* **onwards** (تقدّم) إلى الأمام

onyx, *n.* العَقِيق اليَمانِيّ ، الجزع (حجر كريم)

oolit/e, *n.* (**-ic,** *a.*) سرئية ، صخور كلسية منسوبة إلى العصر الجوراسي

ooze, *n.* رواسب طينية (من الغرين أو الطمي) في قاع بحيرة أو نهر

v.i. & *t.*; *also fig.* رَشَحَ (الحائط) ، مَصَلَ (الجُرح دمًا) ، نزّ (العرق)؛ نَضَبَ (معين شجاعته)

opacity, *n.* عدم الشفافية (بالنسبة إلى سطح معتم لا ينفذ منه الضوء)

opal, *n.* عين الهرّ ، حجر لبني (حجر كريم كثير الألوان)

opalesc/ent, *a.* (**-ence,** *n.*) برّاق (كعين الهرّ)

opaque, *a.* (جسم) غير شفّاف ، لا ينفذ الضوء منه

open, *a.* 1. (not closed) مفتوح ، غير موصد

open-handed سَخيّ ، جواد ، طَلْق اليدين

open mind لم يكوّن رأيه بعد ، غير متحيّز

open prison سجن (يشبه المعسكر) يعيش فيه السجناء بغير قيود كثيرة

leave the door open (*fig.*) تَرَكَ الباب مفتوحًا (لاستئناف المفاوضات فيما بعد)

2. (uncovered, exposed)

open boat قارب أو زورق (بدون سطح)

open city مدينة مفتوحة (لن تقاوم العدوّ إذا هوجمت وذلك لحمايتها من الدمار)

an open fire in the sitting room (توجد) مدفأة فحم مشتعلة في غرفة الجلوس

this is open to question هذه مسألة فيها نظر؛ (نزاهته) ليست فوق مستوى الشبهات

he laid himself wide open to attack (بهذا التصرّف) جَعَلَ نفسه عُرضة للهجوم والنقد

3. (spread out; presenting a wide expanse)

open air, *whence* open-air, *a.* العراء؛ (مسرحية تُمَثَّل في) الهواء الطلق

open country مِنْطَقة رِيفيَّة مُتَّسِعَة تكادُ تَنْعَدِم فيها المَباني

open sea (في) عرض البحر

she welcomed him with open arms رَحَّبَت به فاتحة ذراعيها، إسْتَقْبَلَته على الرحب والسعة

4. (unrestricted, not exclusive)

open competition منافسة حرّة مفتوحة للجميع

an open question مسألة فيها نظر أو يكثر حولها الجدل، لم يُبَتّ فيها بعد

open season الموسم الذي يباح فيه صيد الطيور والأسماك

5. (available)

he is open to suggestion هو مستعدّ لقبول الاقتراحات، لا يرفضها

6. (frank)

open secret سِرّ مكشوف (معروف للجميع)

7. (not settled)

open verdict قرار يعلن جهل سبب الوفاة

leave the matter open تَرَكَ الأمر معلّقًا (بدون اتخاذ قرار نهائي)

n.

come into the open (*lit. & fig.*) ظهرَ، لاحَ؛ أفْصَحَ أو أعْلَنَ عن رأيه صراحةً (بعد كِتمان)

v.t. & i. 1. (make or become open; unfold) فَتَحَ، اِفْتَتَحَ (محلًّا تجاريًّا)؛ انْفَتَحَ (الباب مثلًا)

this fact opened his eyes to the gravity of the situation جَعَلَته هذا الواقعة على بَيِّنة من خطورة الموقف

the room opens on to the verandah تفتح الغرفة على رواق في جانب البيت (فراندة)

open out

(flower) تَفَتَّحت (براعم الأزهار)

(widen) وَسَّعَ (فتحةً)؛ اِتَّسَعَ (الطريق)

open up possibilities فَتَحَ الأبواب لإمكانيات جديدة، مَهَّدَ السبيل إلى فُرَص أخرى

open up (*v.i., coll.*, accelerate) أسرع، اندفع (بالسيارة)

2. (begin) اِفْتَتَحَ، بَدَأَ

open a debate اِفْتَتَحَ المناقشة أو بدأها، إشْتَرَكَ في المناظرة كأوّل متحدّث

open fire on أَطْلَقَ النيران على (العدو)، فَتَحَ النار على (مقتحمي القصر)

opening night ليلة الافتتاح (في مسرح مثلًا)

opencast, *a.* نسبة إلى حفر الطبقات السطحية من الأرض عند التعدين

opencast coal mining استخراج الفحم من طبقات أرضية غير عميقة (قريبة من السطح)

opener, *n.* مفتاح أو فتّاحة (للقناني أو العُلَب)

opening, *n.* 1. (gap) فتحة، فرجة، ثغرة

2. (beginning; inauguration) افتتاح (المؤتمر)

3. (opportunity) وظيفة خالية أو شاغرة

openly, *adv.* (أَعْلَنَ) صراحةً، علانيةً، جهرًا، على رؤوس الأشهاد، على الملأ

opera, *n.* أوبرا، رواية تعتمد على الغناء في الحوار

opera-glasses نظارة المسارح

opera-hat قبّعة أسطوانية عالية يمكن ضغطها وطيّها (يرتديها الرجال في المناسبات الرسمية)

opera house دَار الأُوبِرا

operable, *a.* (ورم) يمكن علاجه عن طريق عملية جراحية؛ (مشروع) يمكن تنفيذه

operate, *v.t.* 1. (cause to work) أَدارَ، سَيَّرَ، حَرَّكَ، شَغَّلَ

2. (bring about) أَدَّى إلى، سَبَّبَ

v.i. 1. (function) اِشْتَغَلَت (الماكينة)

2. (perform a surgical operation) أَجْرَى (عملية جراحية)

operating-theatre غرفة العمليّات (طبّ)

operatic, *a.* (مُغَنٍّ) صَالِح لِغِناء الأوبِرا

operation, *n.* 1. (effect, working) تنفيذ (القانون)، سَيْر (الآلة)

come into operation يسري مفعول (القانون ابتداءً من ...)، يبدأ تنفيذ (التعليمات)

2. (process, performance) عَمَلِيّة (الهَضْم)

3. (surgical treatment) عملية (جراحية)

4. (*mil.*)

operations room غرفة العمليات الحربية

operational, *a.* مستعدّ (للقيام بعملية حربية)

operative, *a.* (قانون) نافذ أو ساري المفعول؛ (عوامل) حاسمة، بالغة التأثير

n. عامل (في مصنع عادة)

operator, *n.* عَامِل؛ سِمْسار بُورْصَة

operetta, *n.* أوبريتّا، رواية غنائية هزلية

ophthalm/ia, *n.* (**-ic,** *a.*) رَمَد، التهاب العين

opiate, *n.* دواء مخدِّر أو منوّم (فيه أفيون)

opine, *v.t.* أَدْلى برأيه

opinion, *n.* رأي (آراء)، وِجْهة نَظَر

it's a matter of opinion إنها مسألة رأي، هذه مسألة فيها نظر

he has a high opinion of لديه فكرة طيبة أو حسنة عن فلان (لجدارته مثلًا)

I am entirely of your opinion أنا معك تمامًا في هذا، أوافقك على رأيك كلّ الموافقة

he took a second opinion اِسْتَشَارَ طبيبًا آخر، استعان برأي أخصائي كمُسْتشار ثانٍ

opinionated, *a.* مُتَطَرِّف في التَّشَبُّث برأيه، عَنِيد

opium, *n.* الأَفْيون

opium-den وَكْر أو غرزة لتدخين الأفيون

opossum, *n.* حيوان الأبوسوم (حيوان أمريكي من فصيلة الجرذان الجرابية)

opponent, *n.* خصم، معارض، منافس

opportune, *a.* (اللحظة) المناسبة أو المواتية، (جاء في) أنسب وقت، في حينه

opportun/ism, *n.*, **-ist,** *n.* الانتهازية، النفعية؛ انتهازي، نفعي، مستغلّ للفرص لمصلحته الخاصّة

opportunity, *n.* فرصة مناسبة أو مواتية

oppose, *v.t.* 1. (resist) اِعْتَرَضَ على (مشروع مثلًا)، قاوَمَ، ناوأ

2. (place as obstacle or contrast) وَازَنَ أو وَاجَهَ أو قَارَنَ بين

opposed, *a.* بالمقارنة بين (مَذْهَبَيْن مثلًا)

opposite, *a.* 1. (facing) (المنزل) المواجه أو المقابل

my opposite number شخص يشغل وظيفة مماثلة أو مشابهة (في هيئة أخرى)

2. (different; of contrary kind); *also n.* مضادّ، نقيض، معاكس؛ ضدّ

in opposite directions في اتّجاهين متضادّين

the opposite sex الجنس الآخر (النساء غالبًا)

just the opposite! على العكس تمامًا!

adv. & *prep.* (جلس) بمواجهتي

opposition, *n.* 1. (placing opposite) مواجهة، مقابلة، موازنة (بين شيئين)

2. (antagonism, resistance) اِعْتِراض، مُعارَضة، مُقاوَمة، مناوأة

in opposition to على خِلاف، على نَقِيض، بِعَكْس

3. (*polit.*) المعارضة (في البرلمان)

oppress, *v.t.* (**-ion,** *n.*) حَكَمَ (شعبًا) بالظُّلْم والقسوة؛ جَثَمَ على؛ طغيان، جَوْر، ظُلْم

oppressive, *a.* ظالِم، جائر، قاسٍ، مستبدّ؛ (حَرّ) خانق يقبض الصدور

oppressor, *n.* طاغية، جائر، جبّار عنيد

opprobri/um, *n.* (**-ous,** *a.*) شَيْن، عار وشنار

opt, *v.i.* اِخْتارَ أو فَاضَلَ (بين شيئين)

opt out رَفَضَ الاشتراك (في المشروع)؛ اِنْسَحَبَ من، اِسْتَقَالَ

optic, *a.* (الأعصاب) البصرية

optical, *a.* بصري، نسبة إلى حاسة البَصَر أو عِلم البصريّات

optical illusion خداع البَصَر

optician, *n.* صانع النظارات، نظاراتي

optics, *n.pl.* علم البصريات، دراسة خواصّ الضوء

optim/ism, *n.*, **-ist,** *n.* (**-istic,** *a.*) تَفاؤُل؛ مُتفائِل

optimum, *n.* & *a.* أوج (الانتاج - في الاقتصاد)؛ (الظروف) المثالية للتطوّر والتقدّم

optimum temperature درجة الحرارة المثلى

option, *n.* اختيار، حقّ الاختيار، حرّية الاختيار (في تعاقد بين طرفين)

he got an option on the house حَصَلَ على حقّ شراء البيت (نظير دفع عربون أو تأمين)

he had no option but . . . لم يجد مفرًّا من (اتّخاذ هذا الإجراء)، لم يَرَ مندوحة من ...

optional, *a.* خياري، اختياري، غير إجباري

opul/ent, *a.* (**-ence,** *n.*) مُثْرٍ، تبدو عليه مظاهر الثراء والترف؛ وفير، غزير

opus, *n.* عمل أو تأليف (في الموسيقى بصورة خاصّة)

opus number (*mus.*) عمل رقم ...، (موسيقى)

magnum opus أكبر الأعمال الفنّية لمؤلف ما

or, *conj.* أو، أم، وإلّا

orac/le, *n.* (**-ular,** *a.*) جواب أو هتاف الآلهة عند الوثنيّين؛ هاتف الغيب

(*fig.*) مصدر للوحي والالهام، علّامة يوثق برأيه

work the oracle نَجَحَ (في جمع المال مثلًا) بطرق خفية أو بحيل خاصّة

oral, *a.* 1. (verbal) شفهي، شفوي، (موافقة) شفوية أو غير مكتوبة

oral examination; *also* oral, *n.* امتحان أو اختبار شفهي أو شفوي

2. (of the mouth) فمي، (دواء) يؤخذ بالفم

orang-utan(**-outang**), *n.* سِعلاة، شَهام، انسان الغاب (قرد يشبه الانسان)، اوراغ اوتانغ

orange, *n.* 1. (tree; its fruit) شجرة البرتقال؛ برتقالة، برتقانة، بردقانة

Seville orange نارنج لعمل مربّى البرتقال

orange stick عُود صَغِير لِتَنْظِيف الأَظافِر

2. (colour); *also a.* لون برتقالي

⟨Cox's⟩ orange pippin نوع من التفاح الانكليزي

orangeade, *n.* عصير أو شراب البرتقال المحلّى

orangery, *n.* بيت زجاجي أو دفيئة لتربية أشجار البرتقال (من طراز معماري خاصّ)

orate, *v.i.* أَلْقَى خطابًا (مسهبًا عادةً)

oration, *n.* خطاب أو خطبة (في حفل رسمي)

orator, *n.* خَطِيب (خُطَبَاء)

oratorical, *a.* (أسلوب) خَطابِيّ

oratorio, *n.* أوراتوريو، تأليف موسيقى طويل يعالج موضوعًا دينيًا (مثل «المسيح» لِهَنْدِل)

oratory, *n.* 1. (public speaking) (فن) الخطابة

2. (eloquent language) بلاغة، فصاحة

3. (chapel) كنيسة خصوصية (صغيرة عادة)

orb, *n.* جرم سماوي (فلك)؛ مُقلة العين (شِعر)

orbit, *n.* (يدور في) فَلك، مدار، دائرة

v.t. & *i.* دار في فَلَك، طَافَ أو تَجَوَّلَ حول

orbital, *a.* مَدَارِيّ، فَلَكِيّ؛ نِسْبَةً إلى مَحْجَر العَيْن

orchard, *n.* بستان، حديقة للفواكه (كالتفاح مثلًا)

orchestra, *n.* 1. (body of performers) الأُورْكِسْترا، جَوْقَة مُوسِيقِيَّة من عازِفين على آلاتٍ مُخْتَلِفة

2. (part of theatre) موضع الأوركسترا ـ أمامَ خَشَبَة المَسْرَح مُباشَرَةً

orchestral, *a.* (مُوسِيقَى) خاصَّة بالأوركسترا أو شَبِيهة بِها

orchestr/ate, *v.t.* (**-ation,** *n.*) نَظَّم الأَلْحَان لِتَوْزِيعها على آلاتِ الأوركسترا؛ تَوْزِيع مُوسِيقِيّ

orchid, *n.* زهرة الأوركيد (من الفصيلة السَّحْلَبِيَّة

orchis, *n.* السَّحْلب، السَّطُوريون (جِنْس أَعْشاب عُسْقُولية مُعَمِّرة)

ordain, *v.t.* 1. (decree) فَرَضَ أو سَنَّ (قانونًا)، أَصْدَرَ (أمرًا)، قَدَّرَ (الله)

2. (appoint to Christian ministry) رَسَمَه أو سامه (كاهنًا)، شَرْطنه

ordeal, *n.* المحاكمة بالتعذيب (قديمًا)؛ محنة ، عذاب ، مقاساة شديدة

order, *n.* 1. (sequence) ترتيب ، نظام (هجائي أو عددي)

in order of seniority ترتيب درجاتهم أو مقامهم

out of order غير مُنسَّق ، غير مُرَتَّب ؛ (كتب) ليست في موضعها الصحيح

2. (proper arrangement or function)

out of order (مصعد) مُعَطَّل

keep order حَافَظَ (رجال الشرطة) على النظام

call to order طَلَبَ (من الأعضاء) مراعاة النظام والهدوء

a point of order مسألة نظامية (في إدارة الجلسات البرلمانية وما إليها)

3. (class, grade, degree)

the lower orders الطبقات الدنيا في المجتمع (فلّاحون ، أجراء ، عمّال)، المخلوقات الدنيئة

take orders رُسِمَ قِسّيسًا ، اِنْخَرَط في سِلْك الكَهَنُوت

order of magnitude درجة الكِبَر أو الضخامة

Order of Merit وسام الاستحقاق (البريطاني)

4. (instruction) أمر ، طَلَب

give orders أَمَرَ ، أعْطَى أوامر

standing orders أنظمة (عسكرية) دائمة ؛ قرارات رئيسية تسير الجلسات البرلمانية بمقتضاها

made to order (حذاء مثلًا) مُفصّل حسب الطلب ، (جهاز) مصنوع حسب مواصفات خاصّة

5. (purpose, intention) غَرَض ، قَصْد

in order to see clearly لكي يَرى بوضوح

v.t. 1. (command) أَمَرَ

he ordered him about ظَلَّ يعطيه أمرًا بعد آخر (بغير توقف)

2. (request supply of) طَلَبَ شراء ...

3. (arrange, regulate) رَتَّبَ ، نَظَّمَ ، دَبَّرَ

order arms! (*mil.*) جنبا سلاح ! جنبك سلاح ! (عسكرية)

orderly, *a.* 1. (tidy) مُنَظَّم ، مُنَسَّق ، مُرَتَّب

2. (peaceful, well-behaved) محافظ على الأمن والنظام ، مطيع ، خاضع للتعليمات

3. (*mil.*)

orderly officer الضابط المكلّف بمسؤولية الخدمة اليومية ، ضابط مناوب ، نو بتجي (مصر)

orderly room المَكْتَب الرئيسيّ بوَحْدة عَسكريّة ؛ جَلْسَة يَعْقِدها الضّابِط للنّظر في مُخالفات الجُنود

n. جندي مُراسلة

medical orderly مُمَرِّض ، تَمَرْجي (عسكرية)

ordinal, *a. & n.* (عدد) ترتيبي (مثل الثالث)

ordinance, *n.* مرسوم (حكومي)؛ طقس (ديني)

ordinary, *a. & n.* عاديّ؛ أكلة مُحَدَّدة السِعْر

ordinary seaman جندي بحري

out of the ordinary (شخصية) فَذّة ، نادرة المثال؛ (رواية) خارجة عن المألوف؛ (ظروف) استثنائية

ordination, *n.* رسامة أو سيامة كاهن ، شرطونية

ordnance, *n.* I. (artillery) مَدَافع ،مِدْفَعِيّة

2. (branch of public service) إدارَة

Royal Army Ordnance Corps العَتَاد والذَّخيرة (بِالجَيْش البريطانيّ)

ordnance survey مَسْح الأَراضِيّ لإعْداد الخَرائط الرَّسْمِيّة الدَّقِيقة

ordure, *n.* براز ؛ رَوْث ؛ فحش

ore, *n.* رِكاز ، مَعْدِن خَام ، صُخُور يُسْتَخْرَج منها مَعْدِن ما

organ, *n.* I. (*biol.*) عُضْو مِن أعْضاء الجِسْم

2. (medium of communication)

organs of public opinion (كناية عن) الصُّحُف والجَرائد

3. (musical instrument) الأُرْغُن

organ-grinder عَازِف مُتَجَوّل لِأُرْغُن صَغير

organdie, *n.* أُورْجَنْدِي (نَسِيج شَفّاف)

organic, *a.* I. (of the bodily organs) عُضْوِيّ

organic evolution التَّطَوُّر العُضْوِيّ

2. (having organized physical structure)

organic chemistry الكِيمياء العُضْوِيّة

3. (forming a system or part of a system) مُنظَّم ، طِبق نِظام خاصّ

organic law القانُون الأساسِيّ الذي تُصْبح الحكومَة بِمُوجِبه حُكومةً

organism, *n.* كائِن عضْوِيّ يَعْتَمِد على تَرابُط أعْضائِه في القِيام بِعَمَله ؛ هَيْئَة

organist, *n.* عَازِف الأُرْغُن

organization, *n.* I. (ordering; formation) تَرْتِيب ، تَنْظِيم ، تَشْكِيل

2. (body, system or society) مُنَظَّمَة ، هَيْئَة ، مُؤَسَّسَة

organize, *v.t.* نَظَّمَ ، دَبَّرَ ، أدارَ (العَمَل)

he is a supporter of organized religion إنّه يُناصِر الطُّقُوس والمَراسِيم الدّينِيّة

he is very well organized, thank you إنّه يَعْرِف مِن أيْنَ يُؤْكَل الكَتِف

organizer, *n.* مُنَظِّم (حَفْلة مَثلاً)

orgasm, *n.* هزة الجِماع أو التَّهَيُّج الجِنْسِيّ ؛ ذُرْوَة التَّهَيُّج العاطِفِيّ عامّة

orgiastic, *a.* نِسْبَةً إلى الطُّقُوس الماجِنة (عند الإغريق والرُّومان)

orgy, *n.* طُقوس سِرِّيّة صاخِبة كانت تُمارَس في أعياد آلِهة الإغْرِيق والرُّومان ؛ حَفْلَة مُجُون

oriel, *n.* جُزْء بارِز مِن الحائِط (طِراز مِعْمارِيّ)

oriel window نافِذَة على شَكْل المَشْرَبِيَّة

Orient, *n.* بِلاد الشَّرْق (الأقْصَى عادة) ؛المَشْرِق

v.t., *see* **orientate**

oriental, *a.* شَرْقِيّ

n. مِن أبْناء الشَّرْق (الأقْصَى عادةً)

orientalist, *n.* مُسْتَشْرِق

orient/ate, *v.t.* (**-ation,** *n.*); *also* **orient**

(*usu. past p.*) جَعَل (بِناءَ هَيْكَلٍ مَثلاً) يُواجِه الشَّرْق ؛ حَدَّد مَكانًا بالنِّسْبَة إلى الجِهات الرَّئيسيَّة ؛ تَوْجِيه

he is well orientated لَقَد كَيَّف نَفسه لِبيئَتِه

orifice, *n.* فُوهَة ، ثَغْر (الكَهْف)، فَتْحَة صَغِيرَة

origin, *n.* أَصْل ، بِدايَة ، مَصْدَر ، مَنْبَع مَنْشَأ

original, *a.* 1. (existent from the first) أصليّ، أساسيّ، أوّليّ
2. (not derivative, novel) مبتكَر، ابتكاريّ، ابتداعيّ؛ (شاعر) أصيل، غير مقلِّد
n. 1. (archetype) أصل، النسخة الأصلية (من مكتوب)، الأوّل من نوعه
he read Homer in the original قرأ ملاحم هوميروس في لغتها الأصلية (أي غير مترجمة)
2. (eccentric) شخص شاذّ وغريب الأطوار

originality, *n.* (قوّة) الابتكار أو الإبداع، أصالة

origin/ate, *v.t. & i.* **(-ation,** *n.*) خَلَقَ، أَوْجَدَ، اِبْتَكَرَ، اِبْتَدَعَ؛ نَشَأَ (النزاع)، بَدَأَ (الخلاف بسبب المنافسة)، نبتت (الفكرة)؛ بَدْء، إحداث

originator, *n.* مُسبِّب، مُنشِئ، مُوجِد، مبتكِر، مخترِع، مبتدِع، مقترِح

Orion, *n.* الجبّار، بُرج أو سديم الجبّار (في علم الفَلَك)

ormolu, *n.* سبيكة من المعادن بلون الذهب

ornament, *n.* زُخرف، زِينة، حلية
(*fig.*) مَفخوة (مهنته)، غُرّة في جبين ...
v.t. **(-ation,** *n.*) زَيَّنَ، زَخْرَفَ، زَرْكَشَ، وَشَّى، نَمَّقَ، زَوَّقَ، دَبَّجَ؛ تزيين، زركشة

ornamental, *a.* تزييني، تجميلي، زخرفي، لغرض الزينة فقط

ornate, *a.* (أسلوب) مبهرَج ومُنمَّق، (زينة) مفرطة أو مغالًى فيها

ornitholog/y, *n.* **(-ical,** *a.*); **-ist,** *n.* عِلم الطيور، الطيريات (يبحث في الطيور من مختلف مظاهر حياتها)؛ متخصّص في عِلم الطيور

orphan, *n.* يتيم (أيتام، يتامى)، لطيم
v.t. يَتَّمَ، أَيْتَمَ

orphanage, *n.* ملجأ اليتامى، دار تربية الأيتام

orrery, *n.* آلة تبيّن حركة الكواكب في النظام الشمسي

orthodox, *a.* **(-y,** *n.*) 1. (holding correct doctrine) يتبع المذهب القويم (وبخاصّة في المعتقدات الدينية)، أرثوذكسي
the Orthodox Church الكنيسة الأرثوذكسية
2. (conventional) تقليدي، حسب التقاليد

orthograph/y, *n.* **(-ical,** *a.*) قواعد الإملاء والتهجئة؛ الإسقاط المتعامد (رسم هندسي)

orthopaedic, *a.* نسبة إلى معالجة تشوّهات العِظام والمفاصل (فرع من فروع الجراحة)

orthopaedics, *n.* جراحة العِظام وتشوّهاتها

oscill/ate, *v.i.* **(-ation,** *n.*) تَذَبْذَبَ، تَأَرْجَحَ؛ تَرَدَّدَ (في رأيه)؛ ذبذبة (كهربائية)، تردّد

oscillograph, *n.* جِهاز تَسْجيل الذَّبْذَبات الكَهْرَبائية

oscul/ate, *v.i.* (*rare, usu. joc.*) **(-ation,** *n.*) لَثَمَ، قَبَّلَ؛ لَثْم، تقبيل

osier, *n.* شجرة صفصاف (تصنع السلال من أغصانها)

osmium, *n.* الأزميوم (فلزّ - كيمياء)

osmo/sis, *n.* **(-tic,** *a.*) التحالّ، التنافذ (التبادل بين السوائل مختلفة الكثافة والمفصولة بغشاء عضوي)

osprey, *n.* طائر النسّاط (جنس طير من العقبان وفصيلة الصقريات، ويستخدم ريشه زينة للقبّعات)

osseous, *a.* عظمي، ذو هيكل عظمي

ossif/y, *v.t. & i.* **(-ication,** *n.*) حَوَّلَ إلى عظم؛ تجمّد حتّى صار كالعظم؛ تحجُّر

ostensible, *a.* ظاهري، صوري، (أسباب) مزعومة

ostentat/ious, *a.* (**-ion,** *n.*) متفاخر، متباه (بالثراء أو سعة المعرفة)

osteo-arthritis, *n.* التهاب المفاصل الرئيسية (طبّ)

osteomyelitis, *n.* التهاب نخاع العظام (طبّ)

osteopath, *n.*; **-y,** *n.* مجبّر العظام، مجبراتي

ostler, *n.*; *also* **hostler** سايس كان يرعى الخيل في الفنادق (حتّى مطلع القرن العشرين)

ostrac/ize, *v.t.* (**-ism,** *n.*) نبذوه من ظهرانيهم، رفضوا قبوله في مجتمعهم (لسوء سلوكه مثلًا)

ostrich, *n.* نعامة (نعام)، ظليم

other, *a.* آخر (آخرون، أخريات)

some other time (سنفعل ذلك) في فرصة أخرى (أي ليس الآن)، (لنرجئه) لوقت آخر

the other world, *whence* دار البقاء (على نقيض دار الفناء)، العالم الآخر، الآخرة

other-worldly, *a.* يعيش في السحاب؛ زاهد، راغب عن الدنيا

pron.

among others هذا (السبب) واحد من ...

it was none other than his father لم يكن ذلك الشخص إلا أباه بلحمه ودمه

someone or other أحدهم، بعضهم

adv.

I cannot do other than go ليس لي إلّا الذهاب، لا مفرّ لي من الانصراف

otherwise, *adv.* 1. (in a different way) بطريقة أخرى، خلاف هذا

2. (or else; if not) وَإِلّا ...

3. (in other respects) باستثناء هذه النقطة

4. (the reverse) عكس ذلك، على النقيض

otiose, *a.* لا طائل وراءه، زائد عن الحاجة

otitis, *n.* التهاب الأذن (طبّ)

otter, *n.* قُنْدُس، كَلْب الماء، قضاعة (حيوان)

ottoman, *n.* أريكة (فيها فراغ يستعمل للتخزين)

Ottoman, *a.* & *n.* (الامبراطورية) العثمانية؛ تركي

ouch, *int.* آخ! أوه! (للتعبير عن الألم)

ought, *v. aux.* 1. (expressing duty) يلزم أن، عليك أن ...، يجب أن، يقتضي أن

2. (expressing advisability or desirability) ينبغي أن، يستحسن أن

you ought to go tomorrow ينبغي أن تذهب غدًا، من صالحك أن تَتَوجّه (لرؤيته) غدًا

3. (expressing probability)

he ought to be here by now كان ينبغي أن يكون هنا الآن (إذا كان قد خَرَجَ في ميعاده)

ounce, *n.* أونس (وحدة وزن)؛ الفَهْد القطبي

our, *a.* (أخو) نا

ours, *pron.* لنا، مِلْكنا

oursel/f (*usu. pl.* -ves), *pron.* (نحن) أنفسنا

oust, *v.t.* طَرَدَه (من محلّه)، أَجْبَرَه على الخروج أو التخلّي عن موضعه

out, *adv.* 1. (denoting position or movement away from) خارجًا، إلى الخارج، نحو الخارج

he is out and about again تَرَكَ فراش المرض وغَادَرَ بيته، تعافى وتَمَكّنَ من الخروج

they are out on strike (العُمّال) مُضْرِبُون (عن العَمَل)، نَظَّموا إضْرابًا

a day out يوم فسحة؛ يوم عطلة (للخادم مثلًا)

way out (exit) (طريق أو باب) الخروج

that guy is way out (*U.S. sl.*) هذا الجدع (الزلمة) شاذّ أو معتوه

on the way out

(on leaving a building) (سلّم بطاقتك للساعي) عندخروجك من البناء

(on the outward voyage) أثناء السفر من أرض الوطن

(becoming obsolete) مُشرِف على الزوال

it stands out a mile واضح كالشمس في رابعة النهار

he saw his visitors out أَوْصَلَ زواره أو رَافَقَ ضيوفه أو شيّعهم إلى الباب الخارجي

2. (into the open)

the secret is out فشا السِرّ، اِنْتَشَرَ وذاع

out with it! انطق! تفوّه بما عندك!

murder will out ستنكشف الجريمة يومًا ما

the roses are out قد تفتّحت الورود

3. (extinguished)

lights out will be at 10.0 ستطفأ الأنوار (في عنبر النوم) في الساعة العاشرة

the fire is out اِنْطَفَأت النار (في المدفأة مثلًا)

4. (incorrect)

the figures were out هناك خطأ في أرقام (الاحصائية)

if you do this you won't be far out إذا فعلت ذلك فلن تكون بعيدًا عن الصواب

5. (to, at, an end)

he is worn out (exhausted) إنّه مُتْعَب كلّ التعب، منهوك القوى، في شدّة الإعياء

before the week is out قبل نهاية الأسبوع الحالي، قبل انصرامه، في بحر هذا الأسبوع

the book is out of print لقد نَفَذَ هذا الكتاب، لم يعد يمكن شراؤه في السوق

he was out for the count طُرِح المُلاكِم أرضًا ولم يَقُم قبل نهاية العَدّ

he saw the party out بقي في الحفلة حتّى نهايتها

6. (completely)

out-and-out, *a.* (هراء) تامّ، (وغد) شنيع

7. (intent)

she is out for what she can get إنّها لا تجري إلا وراء المادّة فقط، لا هدف لها إلا منفعتها

with of, *compound prep.* 1. (away from, not in) بعيد، قصيّ؛ خارجًا عن

he feels out of it يشعر بغربة أو بعدم انسجام مع الآخرين (في حفلة أو اجتماع مثلًا)

you're well out of it! من حسن حظّك أنّك قد نفضت يدك من الأمر! لقد نجوتَ بجلدك!

2. (beyond)

his demand was out of all reason كانت مطالبته (بزيادة أجره مثلًا) غير معقولة بتاتًا

3. (from amongst)

he was the best out of a large field تَفوّقَ على منافسيه الكثيرين، بَزّهم جميعًا

4. (lacking)

when out of office the minister wrote his memoirs كَتَبَ الوزير مذاكراته عند ما تَرَكَ مَنْصِبه

he is out of work إنّه عاطِل عن العَمَل

5. (from)

made out of wood خشبي، مصنوع من الخشب

I can get nothing out of him لا أستطيع أن أستخلص منه (أية معلومات) أو استدرّ فِلْسًا

you only said it out of politeness لم تقل ذلك إلا على سبيل المجاملة فقط

a.

out-patient مريض خارجي (يتردّد على المستشفى للاستشارة والكشف والمعالجة)

out-tray سلّة المراسلات الصادرة (على مكتب المدير مثلًا)

n.

the ins and outs of the matter الأمر بكلّ حذافيره، خفايا الموضوع وخباياه

outback, *n.* مناطق بعيدة عن العمران وقليلة السكّان (في أستراليا)

outbalance, *v.t.* رَجَحَت كفة (حسناته مثلًا)

outbid, *v.t.* عَرَضَ ثمنًا أزيد ممّا عرضه غيره (في مزادٍ عادةً)

outboard, *a.* مثبّت بعيدًا عن وسط السفينة أو الطائرة

outboard motor محرّك يثبت بمؤخرة الزورق

outbound, *a.* (سفينة أو طائرة) مقلعة من الميناء

outbreak, *n.* انتشار أو تفشي (الوباء)، نشوب (الخلاف)، اندلاع نيران (الغضب)

outbuilding, *n.* بناء إضافي خارج المنزل

outburst, *n.* انفجار (الضحك أو الغضب)، تَفَجُّر (النشاط)، جيشان (العاطفة)

outcast, *n.* طريد المجتمع، منبوذ، خاسئ

outclass, *v.t.* فَاقَ (منافسه)، تَفَوَّقَ عليه بمراحل

outcome, *n.* نتيجة، حصيلة، عاقبة

outcrop, *n.* الطبقة البارزة من الصخور على سطح الأرض

outcry, *n.* صيحة احتجاج، عاصفة من الشكوى والتذمُّر، سُخْط وعَدَم رِضًى

outdated, *a.* (زيّ) بطل استعماله، (مودة) قديمة

outdistance, *v.t.* سَبَقَ منافسيه (في السباق)

outdo (*pret.* outdid, *past p.* outdone), *v.t.* اِمْتَازَ أو تَفَوَّقَ على غيره (في الكرم مثلًا)

not to be outdone يكره أن يتفوق غيره عليه أو يبزّه في ...

outdoor, *a.* (ألعاب) تمارس في الهواء الطلق

outdoors, *adv.* (الأطفال يلعبون) في الهواء الطلق، في الخارج، في العَرَاء

outer, *a.* خارجي، سطحي، برّانيّ

outer cover (tyre) إطار خارجي (للعجلة)

outer space الفضاء الخارجي

outermost, *a.* الأكثر بعدًا (عن المركز)

outface, *v.t.* واجهه متحدّيًا، جابهه بجسارة

outfall, *n.* مصبّ (أنبوبة أو نهر)

outfit, *n.* 1. (set) طقم، طاقم، معدّات خاصّة (لمعسكر رياضي مثلًا)

2. (suit of clothes) بدلة أو رداء خاصّ

3. (*coll.*, organization) جماعة، هيئة، طقم

outfitter, *n.* تاجر الملابس (الجاهزة عادةً) أو المعدّات الخاصّة (بالرياضة مثلًا)

outflank, *v.t.* طَوَّقَ العدوَّ أو أَحَاطَ بجناحه

outflow, *n.* تدفّق المياه أو انصبابها (من فتحة الهويس مثلًا)؛ مقدار ما يتدفّق

outgoing, *a.* (الحكومة) المستقيلة، (المدّ) المُنْسَحب، (المستأجر) المخلي للمسكن

n.pl. نفقات، مصروفات (لازمة)

outgrow (*pret.* outgrew, *past p.* outgrown), *v.t.* فَاقَ غيره نموًّا

he outgrew his brother فَاقَ أخاه (الأكبر) نموًّا، أَصْبَحَ أطول منه قامةً

he outgrew the habit of biting his nails (بمرور الزمن) كَفَّ أو أَقْلَعَ عن عادة قرض أظافره

the boy outgrew his clothes كبرَ الولد وضَاقَت عليه ملابسه

outgrowth, *n.* تطوّر أو نموّ طبيعي؛ نتوء (طفيلي عادةً) على سطح نبات

outhouse, *n.* بناء إضافي ملحق بدار كبير (يستعمل مخزنًا أو اسطبلًا وما إليهما)

outing, *n.* فسحة، جولة (للنزهة)

outlandish, *a.* (ملابس) غريبة المظهر، (سلوك) شاذّ

outlast, *v.t.* (الجاكته) دامت أطول من (البنطلون)

outlaw, *n.* خارج أو مارق عن القانون، طريد العدالة

v.t. حَرَمَه من حماية القانون؛ حَرَّمَ تداول شيء

outlay, *n.* نفقات أو تكاليف مبدئية (تُخصّص عند الشروع في عمل تجاري مثلًا)

outlet, *n.* (*lit.* & *fig.*) مخرج، منفذ؛ مُتنفّس (لطاقاته الحبيسة)؛ مجال لتصريف السلع

outline, *n.* 1. (line enclosing a plane figure) خطوط خارجية تحدّد معالم الشيء (كوجه أو خريطة)

2. (summary) خلاصة، ملخّص، تلخيص، موجز يتضمّن النقاط الرئيسية لبحث ما

v.t. رَسَمَ الخطوط المحدّدة لمعالم الشيء؛ لَخّصَ، اِخْتَصَرَ، أَوْجَزَ

outlive, *v.t.* عَاشَ أو بقي بعد موت غيره، عَمَّرَ أكثر (من أخيه مثلًا)

outlook, *n.* 1. (view; *fig.*, prospect) منظر (من النافذة مثلًا)؛ دلائل المستقبل المرتقب

2. (point of view) وجهة نظر، رأي، نظرة (متفائلة مثلًا)

outlying, *a.* بعيد عن المركز، (منطقة قروية) في ضواحي (العاصمة)، (ناحية) في أطراف المدينة

outmanœuvre, *v.t.* فَاقَه في المناورات، أَحْبَطَ مناورات خصومه بدهائه وسعة حيلته

outmatch, *v.t.* تَفَوَّقَ على منافسيه، فَاقَهم

outmoded, *a.* (زيّ) بطل استعماله، من مودة قديمة

outnumber, *v.t.* فَاقُوهُم عددًا، كَانُوا أكثر عَدَدًا مِنْهُم

outpost, *n.* مركز طليعة الجيش على بُعد من المعسكر، نقطة أمامية منعزلة

outpouring, *n.* انهمار (الألفاظ كالسيل من فم الخطيب)، فيض (العواطف)، سكب القلب

output, *n.* انتاج (صناعي، أدبي، علمي)، معدّل الانتاج، نتاج، غلّة، محصول؛ قدرة (الماكينة)

outrage, *n.* إساءة بالغة، اعتداء أثيم؛ انتهاك الحرمة، هتك، ؛ اخلال سافر (بالآداب المرعية)

v.t. اِغْتَصَبَ (إمرأة)، اِعْتَدَى على...؛ اِنْتَهَكَ حرمة الآداب أو الرأي العامّ

outrageous, *a.* (طلب) فاحش، (سلوكه) تجاوز حدود الأدب؛ (ثمن) باهظ جدًّا، مُجحِف

outré, *a.* سلوك غريب إلى حدّ الشذوذ

outride, *v.t.* تَفَوَّق على منافسيه (في سباق الخيل عادةً)

outrider, *n.* فارس يرافق مركبة رسمية، راكب درّاجة بخارية يصحب الموكب

outrigger, *n.* ذراع امتداد عرضي (يستعمل لحفظ توازن القارب الشراعي أو لتسهيل التجديف)

outright, *adv.* (أَخْبَرَه) بكلّ صراحة، (ضَحَك) ملء شدقيه، (رفض الطلب) بجرّة قلم

a. (كذب) سافر، (إنكار) باتّ

outrival, *v.t.* تَفَوَّقَ على منافسيه (في كسب رضاها)

outrun, *v.t.* سَبَقَ (منافسيه أو متعقبيه) في العَدْو

outset, *n.* (منذ) البدء، (في) البداية، مستهلّ (حياته العملية)، (عند) الشروع في ...

outshine, *v.t.* فاقَ (النجم نجمًا آخر) في الضياء والبريق؛ بَزَّ (الطالب) أقرانه جميعًا

outside, *n.* ظاهر الشيء، سطحه الخارجي، المظهر الخارجي

I would say fifty at the ⟨very⟩ outside لا يَزيد العَدَدُ عن خَمْسين على أكثر تَقْدِير

a. (نشاط) خارجي، (إذاعة) خارجيه؛ ظاهِريّ يري للعيان؛ (فرصة) بعيدة الاحتمال

an outside opinion (اِسْتَعانوا) بِرأي شَخْصٍ مُحايد (خارِج عن هيئتهم)

adv. في الخارج، خارِجًا

outside of خارجًا عن، عدا، باستثناء

prep. 1. (to or on the outer side of) خارج (الحجرة مثلًا)

2. (beyond; apart from) فيما عدا، دون، غير

outsider, *n.* 1. (horse unlikely to win) حصان لا ينتظر فوزه في السباق

2. (non-member of a group) شَخْص غَريب عن جَماعة، لا يَنْتَمِي إِلَيْها

3. (*coll.*, ill-bred person) شخص دنيء

outsize, *a.* (ملابس للسيدات) أكبر من المقاس العادي

outskirts, *n.pl.* أطراف أو ضواحي المدينة

outsmart, *v.t.* (*coll.*) غَلَبَه في الغشّ والخداع

outspoken, *a.* صريح، غير متحفّظ في كلامه، يتحدّث بصراحة، يجهر بقوله (علانيةً)

outspread, *a.* مفتوح (الذراعين)، مبسوط (الجناحين)

outstanding, *a.* 1. (prominent) (شخصية) بارزة أو ممتازة، عَلَم في ميدان (الطبّ مثلًا)

2. (still unsettled) (موضوع) مُعَلَّق، لم يُبَتّ فيه بَعْد؛ (دين) لم يسدّد بعد

outstation, *n.* محطّة صغيرة نائية (عسكرية)

outstare, *v.t.* أطالَ التحديق في عيني (الآخر) حتّى أجبره على إغماضهما

outstay, *v.t.* بقي (في الحفلة) مدة أطول من غيره

he outstayed his welcome أَطَالَ زيارته أكثر مما ينبغي (مخلًّا بأصول الضيافة)

outstretched, *a.* (ذراعان) ممتدتان

outstrip, *v.t.* سَبَقَ، تَفَوَّقَ على، تَخَطَّى

outvote, *v.t.* رَفَضُوا اقتراحه بأغلبية الأصوات

outward, *a.* 1. (outer) (المظهر) الخارجي

2. (going away) (رحلة) باتجاه الخارج (أي ذهابًا)

adv.; *also* **outwards** ذهابًا، إلى الخارج

outward bound (سفينة أو طائرة) مقلعة من الميناء

outwardly, *adv.* من الناحية الظاهرية أو السطحية فقط

outweigh, *v.t.* زَادَ في الوزن أو الأهمّية أو القيمة عن...؛ رجحت كفّة (ميزاته على مساوئه)

outwit, *v.t.* غَلَبَه بالحيلة والدهاء، تَفَوَّقَ عليه في المكر

outwork, *n.* تحصينات دفاعية أمامية

outworn, *a.* (تقاليد) بالية، عَفى عليها الزمن، أَكَلَ عليها الدهر وشرب؛ (شعار) مُبتذَل

ova, *pl. of* **ovum**

oval, *a. & n.* (شكل) بيضي، بيضوي، بيضاوي؛ قطع ناقص أو أهليليجي

ovary, *n.* المبيض (عند أنثى الثدييات)

ovation, *n.* تصفيق حادّ (ترحيبًا بخطيب أو استحسانًا له)

oven, *n.* فرن (أفران)

ovenware, *n.* أوانٍ للطبخ تتحمّل حرارة الفرن

over, *adv.* 1. (across)

he is over from France جَاء من فَرَنْسا (لزيارتنا)

over to you! حَوِّل (بمَعْنى جاءَ دَوْرُك الآنَ - في الحَدِيث بالرّاديو بَيْنَ طَرَفين)

over and out! انْتَهى حَديثي مَعَك (بالراديو)

2. (covering the whole surface)

he is wet all over إنّه مبتلّ كلّ الابتلال

that's him all over هذا طبعه دائمًا

(*fig.*, with repetition or thoroughness)

over and over again (حذّرته) مرارًا وتكرارًا

think it over أَعاد التَّفْكير في الأَمْر

3. (*with vbs.*, out and down from upright position or edge)

the milk has boiled over فَارَ الحليب أو اللبن بعد الغليان

4. (*with vbs.*, to produce a fold or reverse position)

bend over اِنْحَنَى، أَحْنَى ظهره؛ طَوَى

turn over قَلَبَ (الصحفة مثلًا)

5. (at an end)

all over and done with اِنْتَهَى الأمر، اِنْفَضَّت المسألة، اللي فات مات (مصر)

it's all over with him اِنْتهى أمره، راحت أيامه؛ لم تعُدْ لي علاقة به بَعد

6. (remaining)

there were three ⟨left⟩ over الباقي ثلاثة

7. (excessively)

over-anxious مُفْرِط في الاهْتِمام بشيءٍ ما

prep. 1. (across) عَبْرَ (الأعوام مثلًا)

over there (القلم) هناك، هنالِك

he looked over his shoulder أَدَارَ رأسه (ليري الجالس إلى جانبه أو خلفه)

do we have to go over the same ground twice? هل من الضروري أن نكرّر القول أو نعيد ما قلناه سابقًا؟

what has come over him? ما الذي حدث له (وجعله يغير سلوكه المعتاد)؟

2. (above) فوق، على

a roof over one's head (وَجَدَ) مكانًا للسكنى والاستقرار أو الطمأنينة

he held the threat over his head (سيطر عليه) بالتهديد والوعيد المستمرين

they sat over their coffee اِسْتَغْرَقوا وقتًا طويلًا في شرب القهوة

3. (throughout)

all over the place (تَبَعْثرت الأُوراق) في جميع أنحاء الغرفة

all the world over في كلّ أركان المعمورة

over all (from end to end) (الطُّول) بِأَكْمَلِه

over the past ten years خلال السنوات العشر الماضية

he stayed over the holidays with us أَقامَ عندنا طوال العطلة (المدرسية)

4. (concerning; engaged on)

he took a long time over the job اِسْتَغْرَق وَقْتًا طَوِيلًا في تَأْدِيَة العَمَل

5. (in charge of; superior to)

he was set over the rest عُيِّن مشرفًا أو رئيسًا على الآخرين

he has no control over himself لا يَسْتَطِيع ضَبْطَ نَفْسِه أو تَمالُك أعْصابِه

6. (beyond, more than)

over and above فوق ذلك كلّه

men of twenty and over رجال تجاوزوا سنّ العشرين (على الأقلّ)

he has had one over the eight هو مسطول، سكران طينة، مخمور، يترنّح من السُكْر

overact, *v.t. & i.* بَالَغَ في تمثيل دوره

overall, *a.* إجمالي، كُلّي، شامل

overalls, *n.pl.* رداء يلبسه العمّال لوقاية ثيابهم، عفريتة (مصر)

overawe, *v.t.* أَوْقَعَ الرعب في قلب ...

overbalance, *v.t. & i.* (وَقَف فجأة) وجَعَلَ القارب يفقد توازنه؛ (انحنى) فَفَقَدَ توازنه وسَقَطَ

overbearing, *a.* متعجرف، متغطرس، متكبِّر، مستبدّ، متأمّر

overbid, *v.i.* عَرَضَ ثمنًا أزيد (في المزايدة)

overboard, *adv.* (أُلقي به من السفينة) إلى البحر

throw overboard (*fig.*) ضَرَبَ به عُرْضَ الحائط، تَنازَلَ عن (قِيَمِه)، تَخَلَّى عن (مبادئه)

overborne, *a.* (موظّف) زائد عن العدد المعيَّن

overburden, *v.t.* وَضَعَ على عاتقه ما فوق طاقته

overcall, *v.t.* (*cards & fig.*) أَفْرَطَ في تقدير قيمة أوراقه (في لعب البريدج أو في المقامرة)

overcame, *pret. of* **overcome**

overcast, *a. & n.* (سماء) ملبدّة بالغيوم

overcharge, *v.t. & i.* 1. (charge too high a price); *also n.* تَقاضَى (المشتري) مبلغًا أكثر ممّا ينبغي

2. (charge too highly with electricity, etc.) شَحَنَ البطارية أكثر ممّا تحتمل

overcoat, *n.* معطف، بالطو (مصر)، قبّوط (عراق)

overcome (*pret.* overcame, *past p.* overcome), *v.t.* تَغَلَّبَ على، قَهَرَ، هَزَمَ

overcome with emotion غلبته العواطف

overcrowded, *a.* مكتظّ أو غاصّ (بالناس)

overdevelop, *v.t.* أبْقَى الفيلم في محلول التحميض مدّة أطول من اللازم

overdo (*pret.* overdid, *past p.* overdone), *v.t.* 1. (carry to excess) بالَغ أو أفْرَطَ أو أسْرَفَ (في مدحه مثلًا)

don't overdo it لا تُنْهِك نفسك بالمجهود الزائد؛ ما تزوّدهاش (مصر)

2. (cook too long) أفْسَدَ (شواء اللحم مثلًا) بتركه في الفرن مدّة أطول ممّا يجب

overdose, *n.* جرعة دواء تضرّ لزيادتها عن المطلوب

overdraft, *n.* قَرْض يَمْنَحُه البَنك لِعَمِيله مُقابِل ضَمانات كافية، سَحْب على المَكْشوف

overdraw, *v.t.* & *i.* أَخَذَ من البنك قرضًا (مقابل ضمانات كافية)، سَحَبَ على المكشوف

overdrive, *n.* جِهاز إضافيّ في مُحَرِّك السَّيارة لِتَقْليل اسْتِهلاك الوَقود

overdue, *a.* متأخّر (في دفع مبلغ ما)؛ (طائرة مثلًا) متأخّرة عن ميعاد وصولها

overeat, *v.i.* نَهِمَ، أَفْرَطَ في الأكل

over-estimate, *v.t.* & *n.* غالَى في تقدير شيء، بالغ في تَقدِير أهَمّيّته؛ تَقْدِير مُبالَغ فِيه

overflow, *v.i.* & *t.* (*lit.* & *fig.*) فاضَ (الكأس أو النهر مثلًا)؛ طَفَحَ (قلبه بالسعادة مثلًا)

full to overflowing مُفْعَم، زاخر، طافح

n. فيض، زيادة (السكّان مثلًا)؛ منفذ للماء الزائد

overgrown, *a.* (صبيّ) مفرط في النموّ، (حائط) امتد عليه (اللبلاب مثلًا)

overhang (*pret.* & *past p.* overhung), *v.t.* & *i.* (صخور) تطلّ على (البحر) وتشرف عليه من قرب

n. صخر بارز من سفح الجبل

overhaul, *v.t.* 1. (repair) فَحَصَ (ماكينة) وأَصْلَحَها

2. (catch up) أَدْرَكَه أو لَحَقه (في السباق)

n. فَحْص (الماكينة) وترميمها، عمرة (السفينة)

overhead, *adv.* من فَوْق، (يسكن) في أعلى

a. (أسلاك كهربائية) في الهواء

overheads, *n.pl.* نَفَقات تِجاريّة عامّة

overhear (*pret.* & *past p.* overheard), *v.t.* اِسْتَرَق السمع، تَصَنَّت؛ سمع (حديثهما) عَرَضًا

overheat, *v.t.* & *i.* سَخَّنَ (المعدن مثلًا) أكثر من اللازم؛ سَخُنَ (محرّك السيّارة) إلى درجة خَطِرة

overjoyed, *a.* مغتبط، يكاد يطير فرحًا

overlaid, *pret.* & *past p.* of **overlay**

overland, *a.* & *adv.* (طريق) برّي؛ (سافر) برًّا

overlap, *v.t.* & *i.* اِمْتَدَّ فوق شيء وغَطّى جزءًا منه، تَوافَق قِسْم (من عُطْلَتِه مَعَ عُطْلَتي)

overlay (*pret.* & *past p.* overlaid), *v.t.* غَطّى سطح (الخشب بالذهب مثلًا)، طَلَى، لَبَّسَ

n. غطاء صغير للمائدة؛ ما يمتدّ على سطح شيء آخر لتغطيته (في التصميمات مثلًا)

overleaf, *adv.* في ظهر الصفحة، في وجهها الآخر

overload, *v.t.* شَحَنَ (اللوري مثلًا) فوق حمولته، حَمَّلَ أكثر من المعدّل (كهرباء)

n. زيادة في الثقل أو الحمولة، حِمْل زائد، تجاوز الحِمْل أو الشحن

overlook, *v.t.* 1. (look down or out on) أَطَلَّ (المنزل) أو أشرف على (حديقة عامّة مثلًا)

2. (fail to observe; condone) أَغْفَلَ، غَفَلَ عن (الأخطاء المطبعية)؛ تَغَاضَى عن، غَضَّ النظر عن

overlord, *n.* السيِّد الأعلى، صاحب الأمر والنهي؛ صاحب أو مولى إقطاعية (قديمًا)

overmastering, *a.* (عاطفة) جامحة، (شوق) مستبدّ

overmuch, *adv.* (مدحه) بإفراط وبمغالاة

overnight, *adv.* & *a.* (بَاتَ) اللَّيْلَةَ (معنا)، (هَيَّأ حقيبته) عَشِيَّةَ (سَفَرِه)؛ بَيْنَ يَوْمٍ ولَيْلَة

overnight stop قطع الرحلة للمبيت

overpaid, *pret.* & *past p. of* **overpay**

overpass, *n.* مِعْبَر قوسي (للسيّارات والمارة) فوق طريق رئيسي يكثر فيه المرور السريع

overpay (*pret.* & *past p.* overpaid), *v.t.* دَفَعَ ثمنًا باهظًا أو أكثر ممّا تساوي السلعة

overpersuade, *v.t.* حَمَلَه على الاقتناع (رغم أنفه)

overplus, *n.* ما يزيد عن الكفاية، فائض

overpopulated, *a.* مزدحم أو مكتظّ بالسكّان

overpower, *v.t.* أَخْضَعَ (المقاومة)، دَوَّخَ (العدوّ)، غَلَبَ

overpowering, *a.* (*fig.*) (حرّ) قاتل وخانق، (رائحة) نفاذة؛ أقوى ممّا يتحمله البشر

overprint, *v.t.* طَبَعَ كلمات إضافية أو لونًا إضافيًّا على (طابع بريد مثلًا)

over-produc/e, *v.t.* & *i.* (**-tion,** *n.*) أَفْرَطَ في إنتاج سلعة ما؛ زيادة الإنتاج عن الطَلَب

overran, *pret. of* **overrun**

overrate, *v.t.* بَالَغَ في تقدير أهمّية الشخص أو الشيء، عَلَّقَ عليه أهمّية أكبر ممّا يستحقّ

overreach, *v.t.* تَغَلَّبَ عليه بالحيلة والدهاء

he has overreached himself فشل بسبب إفراطه في الثقة بنفسه، أَخْفَقَ لطموحه الزائد

override, *v.t.* لم يحفل بآرائهم، أَلْقَى بها عرض الحائط؛ ألغَى، أَبْطَلَ مفعول الشيء

overriding, *a.* مُهيمِن، مسيطِر

his refusal was due to overriding considerations كان رَفْضُه لِلمَشْروع بِسَبَب الظُّرُوف المُتَحَكِّمة فيه

overrule, *v.t.* أَلْغَى أو نَسَخَ (قرارًا)، أَبْطَلَ مفعول (قانون مثلًا)

overrun (*pret.* overran, *past p.* overrun), *v.t.* 1. (spread over and occupy) اِكْتَسَحَ (العدوّ البلاد)، اِنْتَشَرَ فيها

2. (go beyond a limit, *esp.* *of time*); *also v.i.* جَاوَزَ أو تعدّى حدًّا معيّنًا

oversea(**s**), *a.* & *adv.* ما وراء البحر

oversee, *v.t.* رَاقَبَ، أَشْرَفَ على (سير العمل)

overseer, *n.* عريف، أوسطى، رئيس عمّال، مسؤول عن سير العَمَل (في مصنع مثلًا)

oversew, *v.t.* خَاطَ قطعتي (قماش أو ورق مثلًا) من طرفيهما الخارجي

oversexed, *a.* شَبِق، غَلِم، شهواني

overshadow, *v.t.* (*lit.* & *fig.*) أَلْقَى ظلًّا على؛ (نبأ) اِنْتَزَعَ انتباه الناس وحوّله عن حَدَث آخر

overshoe, *n.* حذاء مطاطي يلبس فوق الحذاء العادي ليقيه من البلل، كالوش، جرموق

overshoot (*pret.* & *past p.* overshot), *v.t.* & *i.* جَاوَزَ أو تعدّى الهدف

overshoot the mark (*fig.*) تَجَاوَزَ الحَدَّ فانقلب إلى الضِدّ، جاء يُكَحِّلها عَمَاها

oversight, *n.* هفوة، سهو، زلل (غير مقصود)، خطأ، غلطة؛ (تحت) إشراف (الممرّضة مثلاً)

oversleep, *v.i.* نامَ مدّة أطول ممّا ينبغي

overspend, *v.i.* أنْفَقَ أكثر مما يحتمله دخله

overspill, *n.* هجرة بعض سكّان العاصمة للمناطق المجاورة

overstate, *v.t.* صَرَّح بإلحاح وقوة

he overstated his case بَالغ في عرض قضيته (ولذلك لم يقنع سامعيه)

overstatement, *n.* تصريح مغالًى فيه

overstay, *v.t.* مَكَثَ في مكان أطول ممّا ينبغي

he overstayed his welcome أطال زِيارَته أكثرَ مِمّا يَنْبَغي

overstep, *v.t.* جَاوَزَ، تَجَاوَزَ، تَخَطَّى

overstrain, *v.t.* & *n.* ألْحَقَ ببدنه الضرر نتيجة للمجهود المفرط، حَمَّلَ الكلام فوق طاقته

overstrung, *a.* 1. (nervous) أعصابه متوتِّرة أو مشدودة، متنرفز وعصبي

2. (*mus.*) ترتيب أوتار البيانو في صفّين متقاطعين (لضيق مساحته)

oversubscribed, *a.* زَادَ الاكتتاب (للأسهم الجديدة) عن المطلوب

overt, *a.* علني، غير مستتر، (عداء) سافر

overtake (*pret.* overtook, *past p.* overtaken), *v.t.* 1. (catch up and pass) لَحِقَ (سيّارة) وتخطاها

2. (come suddenly upon) حَدَثَ فجأةً

disaster overtook him حلّت به أو أصابته كارثة

overtax, *v.t.* (*usu. fig.*) طَلَبَ منه شططًا

he overtaxed his own strength أرْهَقَ أو أَنْهَكَ نفسه

overthrow (*pret.* overthrew, *past p.* overthrown), *v.t.* أَسْقَطَ، قَلَبَ، أَوْقَعَ

n. سقوط (الحزب الحاكم)، هزيمة

overtime, *adv.* & *n.* وقت إضافي في العمل (بعد ساعات الدوام)

overtime ⟨pay⟩ أجر شغلٍ إضافي

overtook, *pret. of* **overtake**

overtone, *n.* (*lit.* & *fig.*) نَغْمَة تَوافُقِيّة تُسْمَع كَصَدًى للنّغمة الأصْليّة

overture, *n.* مقدّمة أو افتتاحية موسيقية (لأوبرا مثلاً)

(*fig.*, *esp. pl.*)

he made friendly overtures to the newcomers تَقَدَّمَ مرحِّبًا بالقادمين الجدد

the state made overtures to . . . أجرت الدولة محادثات تمهيدية (لاستئناف العلاقات الدبلوماسية مع...)

overturn, *v.t.* & *i.* قَلَبَ رَأْسًا على عَقِب؛ اِنْقَلَبَ، اِنْكَفَأَ

overweening, *a.* شديد الغرور بنفسه، مغالٍ في ثقته بنفسه، مزهوّ، متبختر، (تكبُّر) مفرط

overweight, *a.* زائد عن الوزن المطلوب أو المسموح به

v.t. عَلَّقَ أهمّية زائدة على (حجّة تافهة)

overwhelm, *v.t.* اِكْتَسَحَ (العدوّ البلاد)، عَصَفَت به (الذكريات)، قَهَرَته (الأحزان)

an overwhelming majority أغلبية ساحقة

he was overwhelmed with joy غمَرَته النشوة

overwind, *v.t.* مَلَأَ (السّاعَة) أكثر مِمّا ينبغي ، لَفَّ اليايَ أو الزُنْبُرُك حتّى انكَسَر

overwork, *v.t. & i.* أرْهَقَ، أنْهَكَ ، أَعْيَا

overwork oneself أَجْهَدَ نفسه أو أرهقها أو أنهكها بالعمل المتواصل

n. إعياء، إفراط في بذل المجهود

overwrought, *a.* في حالة هياج أو توتّر عصبي شديد؛ (أسلوب) كلّه تزويق و بهرجة

oviduct, *n.* قَناة المِبْيَض (مَجْرًى أُنبوبيّ ينقل البُيَيْضات من المِبْيض إلى الرَّحِم)

ovine, *a.* نسبة إلى الضأنيات أو الغنميات

oviparous, *a.* (حيوان) بيوض، (فصيلة) تتكاثر بالبيض

ovoid, *a. & n.* جسم بيضي أو بيضوي الشكل

ovul/e, *n.* (**-ar,** *a.*) بُيَيْضة أو بويضة غير مُخْصَبة، بُذَيْرة غير ملقّحة

ov/um (*pl.* -a), *n.* بيضة (تتكوّن داخل المبيض)

owe, *v.t. & i.* كان مدينًا له (بمالٍ أو بالشُكر)

he owed him an apology كان من واجبه أن يعتذر (لصديقه عن هفوة مثلًا)

in spite of my prejudices I owe it to him to give him credit for his work إذا تحيّزت تحيّزي جانبًا فيجب عليّ أن أقرّ بأنه أحسن أداء عمله

owing, *pred. a.* (خمسة شلنات) لم تُدْفَع بعد

owing to نتيجة (لمرضه)، بسبب (غيابه)

owl, *n.* بومة، بوم (طائر يطير ليلًا)؛ شخص غبيّ له مظهر العلّامة

owlish, *a.* مثل البومة؛ (بدت على وجهه نظرة) محملقة لا فطنة فيها

own, *a. & n.* (كتاب) ملكه الخاصّ

he is his own master زمام أمره بيديه؛ هو سيّد نفسه، يشتغل لحسابه الخاصّ

he got his own back شفى غُلّته منه، أَخَذَ بثأره، «واحدة بواحدة والبادئ أظلم»

of his own free will (فعَلَ ذلك) طوعًا لا كرهًا، طواعيةً ، بمحض رغبته

he saw it with his own eyes شاهَدَ (الحادث) بعيني رأسه، رآه بأمّ عينه، كان شاهد عيان

she was ⟨all⟩ on her own كانت (تعيش) بمفردها، لم يكن معها رفيق (في الحفلة)

he came into his own (أخيرًا) تبوّأَ المكانة التي يستحقّها، نالَ التقدير الذي هو أهل له

he held his own لم يتراجع أمام عدوّه؛ صَمَدَ في وجه (معارضيه)؛ لم تتدهور حالة المريض

a room of one's own غرفة خاصّة (بالشخص)

v.t. 1. (possess) مَلَكَ، تَمَلَّكَ، أَحْرَزَ، حازَ، اِقْتَنَى

2. (acknowledge); *also v.i.* اِعْتَرَف (بالخَطأ مثلاً) ، أَقَرَّ (بأبُوّته للطفل مثلاً)

own up ⟨to⟩ اِعْتَرَفَ أو أَقَرَّ (بذنبه)

owner, *n.* مالك (المنزل) أو صاحبه

ownership, *n.* مُلْك، ملكية، اِمتلاك، حَقّ التملّك، حيازة (قانونية)

ox (*pl.* oxen), *n.* ثَوْر (ثِيران)

ox-bow lake بُحَيْرَة هِلاليّة الشَّكْل

oxy-acetylene, *n.* مزيج من غاز الاوكسيجين والاسيتيلين (يستعمل في لحم وقطع المعادن)

oxygen, *n.* غاز الأوكسيجين

oxygen mask قناع الأكسيجين (للمرضى أو للطيارين)

oxymoron, *n.* اجتماع لفظين متناقضين

oyez (**oyes**), *int.* استمعوا لي! اصغوا لي! نداء قديم مثل «الجاي يقول للرايح ... »

oyster, *n.* محار، استردية، أسطراون

oyster-bar مطعم خاصّ يقدّم فيه المحار

oyster-bed مكان (في قاع البحر) لنموّ أو لتربية المحار

the world is his oyster العالم كلّه طوع أمره، الدنيا بأسرها مجال لمغامراته

ozone, *n.* 1. (*chem.*) غاز الأوزون

2. (*coll.*, bracing air) هواء (البحر) المنعش، هواء طَلق نَقيّ

ox-eyed, *a.* ذات عينين كعيني المها

oxalic, *a.* حامض الأكساليك

Oxbridge, *n.* كِناية عن جامِعَتَي أكسْفورد وكِمبردْج (بِخلاف غيرهما من الجامِعات)

Oxford, *n.* مدينة أكسفورد أو جامعتها

Oxford accent المبالغة في مدّ الكلمات الانكليزية عند نطقها (تميّز الجامعيين في أكسفورد)

oxhide, *n.* جِلْد الثور المدبوغ

oxidation, *n.* أكسدة، تأكسد (كيمياء)

oxide, *n.* أكسيد

oxidiz/e, *v.t.* & *i.* (**-ation,** *n.*) أكْسَدَ، تأكْسَدَ، اِتَّحَدَ (المعدن) مع الأكسيجين؛ صَدأَ (الحديد)

Oxonian, *a.* & *n.* من خريجي جامعة أكسفورد

oxtail, *n.* ذَنَب أو ذيل الثور (لإعداد الحساء)

P

P, letter الحرف السادس عشر من الأبجدية الانكليزية

mind one's P's and Q's كان حذرًا في كلامه وتصرّفاته (حتّى لا يمسّ شعور غيره)

pa, *n.* (*coll.*) بابا (كناية عن الأب)

pace, *n.* 1. (step) خطوة (خطًى، خطوات)

2. (gait, mode of progression) مِشْية

he put the candidate through his paces
اِمْتَحَنَ المرشّح للوظيفة باختبار عملي

3. (speed) سرعة

go the pace (*fig.*) عَاشَ حياةً كلّها استهتار ولَهْو، بذّرَ أموالًا طائلة على ملذّاته

keep pace with جاراه لكي لا يتخلّف عنه، اِسْتَطَاعَ (التلميذ) أن يساير (بقية الفصل مثلًا)

set the pace عَمِل بسرعة معيّنة ليتبعها الآخرون

pace-maker مَن يحدّد معدّل السرعة للآخرين؛ جهاز صغير لتنظيم دقات قلب المريض

pace, *v.i.* & *t.* 1. (walk; traverse) مَشَى بِخُطوات وَئيدة أو مُتَّئِدة

he paced the room ذَرَعَ الغرفة جيئةً وذهابًا

2. (measure by pacing); *also* pace out قَاسَ مسافة بالخطوات لتقدير طولها بالتقريب

3. (set the pace) حَدَّدَ معدَّل سُرعة الجري لعدّاء آخر

***pace*, (*Lat.*)** مع كلّ الاحترام ...

pace Mr. Smith مَع احْتِرامي الشّديد للمِسْتر سميث (أخالِفه في الرّأي)

pachyderm, *n.* حيوان من الجسئيات (وهي الثدييات ذوات الجلد السميك مثل الفيل)

pacific, *a.* مسالم، (إجراءات) سلمية

Pacific Ocean; *also* the Pacific المحيط الهادئ أو الباسيفيكي (بين آسيا والأمريكتين)

pacifist, *n.* (-ism, *n.*) مَن يؤمن بأن حلّ النزاع بين الدول يجب أن يكون بالطرق السلمية فحسب

pacif/y, *v.t.* (-ication, *n.*) هَدَّأَ روعه، طَيَّبَ خاطره؛ أحلّ السلام والوئام (بعد ثورة مثلًا)

pack, *n.* 1. (bundle, esp. one carried on the back) صرّة، ربطة، بقجة (فيها ملابس أو أمتعة شخصية تحمل على الظهر)

pack horse حصان يحمل أمتعة المسافر في عدلين يُربطان على ظهره

no names, no pack drill ما دُمْتَ لم تذكره (أي المقصّر) باسمه فلا لوم عليك

2. (collection of animals)

pack of wolves قطيع من الذئاب

3. (*contempt.*, collection of persons or things) طغمة، جماعة، شرذمة

pack of thieves شرذمة لصوص

he told him a pack of lies أَخْبَرَه بقصّة كلها كذب وتلفيق

4. (packed food, etc.)

lunch pack شَطائر (ساندوتشات) تُجَهَّز للغَداء خارِج المنزل

mud pack مستحضَر خاصّ لتنظيف مسامّ الوجه وتجميله (ماكياج)

5. (set of cards) شدّة ورق اللعب، شدّة قمار (عراق)، ورق كوتشينة (مصر)

6. (area of ice)

pack-ice قطع من الجليد طافية على سطح البحر في المناطق القطبية

v.t. 1. (put together for storage or transit); *also* pack up حَزَمَ أو لَمَّ (أمتعته مثلًا)

2. (cram full) حَشَا، عَبَّأ

the hall was packed غُصَّت القاعة أو اكتظت بالناس، ازدحمت الصالة بالنظارة

(*fig.*)

he packs a powerful punch (هذا الملاكم) يستطيع أن يكيل لكمات بالغة القوّة

pack a jury غَشَّ (الدفاع) في اختيار المحلّفين

3. (wrap with protective material)

pack a piston حَشَا المكبس (ميكانيكا)

v.i. 1. (prepare one's baggage); *also*, pack up حَزَمَ أمتعته للرحيل

pack up (*coll.*, stop working) توَقَّفَ عن العمل (للغداء مثلًا)؛ تَعَطَّلَت (السيّارة)، أفلست (الشركة)

send someone packing طَرَدَ شخصًا شرّ طردة (بدون ترك فرصة له للمناقشة)

2. (crowd together) تَقَاطرت (الجماهير) إلى أو على (السينما مثلًا)، اِحْتَشَدَ (الناس)

package, *n.* طَرْد (مغطّى بورق عادةً ومربوط بخيط أو دوبارة مثلًا ليسهل حَمْله وتداوله)

a package tour سفرة سياحيّة يشتمل ثمنها على مصاريف الانتقال والإقامة

packaged, *a.* (سلع) معبّأة في أكياس أو علب من الكرتون بعد وزنها، (راديو) مغلّف لحمايته

packed, *a.* 1. (crowded) (غرفة) مكتظّة، غاصّة بِ

2. (prepared in a pack) (طعام) مُعَدّ لحمله في (علبة مثلًا)

packer, *n.* عامل لحزم البضائع (وتعبئتها في طرود)

packet, *n.* حُزمة، علبة (سجاير مثلًا)

pay (wage) packet مظروف يحوى أجر العامل الأسبوعي؛ أجْر العامل (بالأسبوع)

packet-boat باخرة صغيرة تتردّد بين مينائين

he caught a packet (*coll.*) أُصيب (الجندي) بجراح بالغة، حَلّت به كارثة

packing, *n.* 1. (making up parcels) رَبْط (البضاعة)، حزمها، تغليفها، تعبئتها

packing needle ميبر، مسلة، إبرة كبيرة بطرف مقوّس لخياطة البفتة أو الخيش

2. (preparing for journey)

packing-case صندوق خشبي كبير لنقل البضائع

3. (*chem. & engin.*, material to fill in spaces) موادّ الحشو والتغليف (لمنع التسرّب)

packing-box علبة حشو، علبة مشاق (هندسة)

packthread, *n.* خيط سميك، دوبارة (مصر)

pact, *n.* حلف (سياسي)، اتّفاق (تجاري بين شركتين)، معاهدة، ميثاق

pad, *n.* 1. (cushion) ما يشبه الوسادة الصغيرة

cricket-pad; *esp. in pl.*, pads درع خاصّ لوقاية الساقين أثناء لعب الكريكيت

2. (of animal's foot) كفّ القدم (للكلب والقطّ)

3. (block of paper)

blotting-pad لوح مسطّح من ورق النشاف

writing pad كراسة لكتابة الخطابات، بلوك نوت

4. (rocket-launching platform); *usu.* launching pad قاعدة لإطلاق الصواريخ

v.t. (stuff, line) بطّنَ، حَشَا

padded cell غُرْفة بمُسْتَشْفى المجانين ذات جُدران مُبَطّنة (لحمايتهم من الأضْرار)

(*fig.*, with words); *also* pad out حَشَا (المقالة) بعبارات لا داعي لها

v.i. (move with heavy steps) مَشَى بخطوات خافتة وبطيئة (كما يمشي القطّ)

padding, *n.* 1. (stuffing, lining) حشو، بطانة

2. (superfluous matter) حشو لا داعي له

paddle, *n.* مجداف خاصّ (للزورق مثلًا)

paddle-steamer باخرة تتحرّك بعجلات تجديف

paddle-wheel عجلة أو دولاب تجديف

v.t. جدّفَ (الزورق) بمجداف خاصّ

he paddled his own canoe عَالَجَ أُمورَه بِنفْسه دُون اسْتِشارة أَحَد

v.i. مَشَى حافيًا في الماء بقرب الشاطئ

paddling pool حوض مائي ضحل (للعب الأطفال)

paddock, *n.* حقل صغير لترويض الخيل

paddy, *n.* 1. (rice in straw) شَتْلَة أُرْز، شِلْب

paddy-field حَقْل مَزْرُوع بِشَتْلات الأُرْز

2. (*coll.*, Irishman) لَقَب للأيرلنديين

3. (*coll.*, fit of temper) نَوْبة غَضَب

padlock, *n.* قُفل (أقفال، قفول)

v.t. أَغْلَقَ (الباب أو الصندوق) بقفل

padre, *n.* (*army & coll.*) لقب القسيس في القوات المسلحة، خوري

paederasty (**pederasty**), *n.* لواطة

paediatrician (**pedriatrician**), *n.* اِختصاصي في -

paediatrics (**pedriatrics**), *n.* علم أمراض الأطفال

pagan, *a. & n.* (**-ism,** *n.*) وثني، عابد الأوثان أو الأصنام؛ الوثنية

page, *n.* 1. (boy attendant) غُلام؛ وصيف

page-boy صبيّ (يرتدي بزّة خاصّة) في فندق

2. (leaf of book) صفحة (صفحات) الكتاب

title-page صفحة العنوان بكتاب

v.t. 1. (summon by page) نَادَى، اِسْتَدْعى

2. (number pages of book) رقَّم الصفحات

pageant, *n.* موكب تاريخي بهيّ (يقام في مناسبة خاصّة)

pageantry, *n.* رَوْعة، مظاهر الأبهة والعظمة

pagination, *n.* ترقيم صفحات الكتاب

pagoda, *n.* باغودا، معبد بوذيّ مكوّن من عِدّة طوابق ذات تصميم خاصّ

pah, *int.* أف! تبًّا (للتعبير عن الازدراء)

paid, *pret. & past p.* of **pay**

pail, *n.* دلو (دلاء)، سطل، جردل

pain, *n.* 1. (suffering) أَلَم، وَجَع

are you in pain? هل تشعر بألم ؟

his failure was a cause of pain كان رسوبه في الامتحان مصدر آلام نفسية (لوالديه مثلًا)

2. (specific ache, discomfort)

labour pains آلام المخاض أو النفاس، الطلق

he is a pain in the neck (*sl.*) شخص لا يطاق ولا يحتمل، هو مصدر صداع

3. (*pl.*, effort)

take pains بَذَلَ جهدًا كبيرًا

he was at pains to explain the problem لم يألُ جهدًا في شرح المشكلة

he got little reward for his pains لم يَنَلْ ما يستحقّ من التقدير جزاء لجهوده

4. (penalty); *obs., exc. in*

on pain of death سيكون جزاؤك الإعدام

v.t. آلَمَ، أَوْجَعَ، سَبَّبَ آلامًا

(*fig.*)

a pained expression (بَدَت على وَجْهِها) علائم الاسْتِياء (عِنْدَما خُدِش حَياؤُها)

painful, *a.* مُؤلم، موجِع، أَليم

(*fig.*) مُحزن، مُؤسف، صَعب

it was a painful decision to take كانَ اتِّخاذ القَرار مُهِمَّة شاقَّة أو أمرًا صَعْبًا

painless, *a.* بِدُون أَلَم، غَيْر مؤْلِم

painstaking, *a.* لا يألو جهدًا في إتقان عمله

paint, *n.* طِلاء، دِهان، بُويَة

paint-brush فُرْشَة لِلرَّسْم أو للطِّلاء

paint remover مُسْتَحْضَر يُزِيل الطِّلاء

the paint-work is good أعمال البوية (في هذا المنزل) على ما يرام

(*fig.*, cosmetics) مستحضرات التجميل

v.t. 1. (depict) صَوَّر (منظرًا)، رَسَمَ؛ وَصَفَ

(*fig.*)

he is not as black as he's painted إنّه ليس من السوء كما يدعي الناس

2. (apply colour to) طَلَى، دَهَنَ، لَوَّنَ

he painted the door green طَلَى الباب باللون الأخضر

he painted the town red (*coll.*) صَخَبَ وعَرْبَدَ

v.i. (من عادتها أن) تضع الماكياج

painter, *n.* 1. (artist) مصوّر، رسّام (لوحات)

2. (decorator) نقّاش، دهّان

3. (rope of boat) حَبْل لِرَبْط القارِب بالشَّمَنْدُورة

painting, *n.* 1. (activity) فنّ التصوير، رسم اللوحات الزيتية؛ حرفة الطلاء

2. (painted picture) لوحة ملوّنة

pair, *n.* 1. (two of a kind) زوج (بمعنى اثنين)

pair of shoes زوج من الأحذية

in pairs زوجًا زوجًا، اثنين اثنين

2. (article consisting of two similar parts)

pair of bellows منفاخ

pair of scissors مقصّ

pair of trousers بنطلون

3. (two people in association, esp. married couple)

the happy pair العريسان، الزوجان السعيدان

4. (two horses harnessed together)

carriage and pair عربة بحصانين

v.t. & i. 1. (form into pairs); *also* pair off

تفرّقوا اثنين اثنين

2. (unite into a pair, mate); *also* pair up

زَوَّجَ، قَرَنَ؛ اِقْتَرَنَ

pajamas, *see* **pyjamas**

pal, *n.* (*coll.*) زميل، صديق

v.i. (*coll.*), *only in*

pal up with تَصَاحَبَ معه

palace, *n.* 1. (residence of sovereign or Church dignitary) سراي (الملك)، قَصْر

2. (stately mansion) دار فخمة

3. (hall of entertainment)

palace of varieties تياترو المتنوّعات

palaeography, *n.* دراسة تطوّر الكتابة في النقوش والمخطوطات القديمة

palaeolithic, *a.* نسبة إلى العصر الحجري القديم

palaeontology, *n.* علم الحفريات

palaeozoic, *a.* (العصر) الحيواني القديم أو البليوزوي

palanquin, *n.* مِحَفَّة (يَحْمِلُها أربعة أشخاص)

palatable, *a.* (طعام) سائغ، شهيّ، لذيذ

(*fig.*) مقبول، (حَلّ) مُرْضٍ

palatal, *a.* حلقيّ، مختصّ بالحَلْق

palate, *n.* 1. (roof of mouth) سقف الحلق أو الفم، حنك (أحناك)

2. (sense of taste) ذَوْق، حَاسَّة الذَّوْق

palatial, *a.* كقصر ملكي في سعته وروعته

palaver, *n.* 1. (conference) مناقشة، حوار

2. (*coll.*, fuss) دوشة (مصر)، صخب

v.i. ثَرْثَرَ، هَذَرَ، لَغَا

pale, *n.* 1. (stake) عمود من الخشب، خازوق

2. (boundary) حدود فاصلة

beyond the pale منبوذ من الوسط الاجتماعي (بسبب شيء يشينه)

pale, *a.* 1. (*of complexion*) ممتقع الوجه، شاحب

pale-faced شاحب الوجه

he turned pale امْتُقِعَ أو اِصْفَرَّ وجهه

2. (*of colours*, opp. to dark or bright) (لون) فاتح، غير غامق

pale blue أزرق فاتح

pale ale بيرة فاتحة اللون

v.i. شَحَبَ لونه، اِصْفَرَّ، اُمْتُقِعَ (وجهه)

(*fig.*)

his account paled in comparison with the reality كان هناك بون شاسع بين روايته والواقع

paleface, *n.* الرجل الأبيض (يستعملها الهنود الحمر كناية عن الأورو بيين النازحين إلى أمريكا)

palette, *n.* لوحة خفيفة يحملها الرسّام عند التصوير ويخلط عليها ألوانه الزيتية

palimpsest, *n.* رِقّ أثري عتيق اسْتُعْمِلَ للكتابة مرّة ثانية بعد محو الكتابة الأصلية

palindrome, *n.* لفظ لا يَتَغَيّر إذا قُرِئَ طَرْدًا أو عَكْسًا (مثل 'باب')

paling, *n.* سياج من ألواح خشبية متباعِدة

palisade, *n.* حاجز من الأعمدة المدبَّبة (للتحصين)

pall, *n.* بساط الرحمة، غطاء النعش؛ غطاء سميك

pall-bearer حامل بساط الرحمة (في الجنازة)

(*fig.*)

a pall of smoke hung over the town عَلَت المدينة سحابة من الدخان (الأسود)

v.i. أثارَ المَلَل، أَصْبَحَ مُمِلًّا

it begins to pall on me بَدَأْتُ أشعر بالملل والضيق (لطول حديثه)

palladium, *n.* (*miner.*) بلاديوم، معدن أبيض نادر وصعب الذوبان يشبه البلاتين

pallet, *n.* 1. (mattress) حشيّة أو مرتبة من القشّ للنوم

2. (tray for storing goods) لوح خاصّ تنقل عليه البضائع في مستودع أو لوري (الخ)

palliasse, *n.* حشيّة أو مرتبة من القشّ للنوم

palliate, *v.t.* لَطَّفَ حدّة الألم، خَفَّفَ وطأته

his crime was palliated only by his youth لم يخفّف من وطأة جريمته إلاّ حداثته

palliation, *n.* (*usu. fig.*) تسكين مؤقّت (للألم)

in palliation of an offence عَلى سَبِيل الْتِماس العُذْر

palliative, *a.* & *n.* دواء يسكّن الألم مؤقّتًا

pallid, *a.* (وجه) شديد الشحوب والامتقاع

pallor, *n.* شِدّة الشحوب والامتقاع

pally, *a.* (*coll.*) (شخص) طيب العشرة، وَدود

palm, *n.* 1. (tree) نخلة، نخيل

Palm Sunday يوم أحد الشعانين أو السعف أو الخوص، الأحد السابق لعيد القيامة

2. (prize)

award the palm to مَنَحَه إكليل الغار

he yielded the palm to him أَقَرَّ بفوز (خصمه)، اِعْتَرَفَ بأسبقيته في المباراة

3. (inner surface of hand) راحة اليد أو كفّها

he has an itching palm (فلان) جشع للمال (وخاصّةً للرشوة أو البرطيل)، أطمع من أَشْعب

read someone's palm قَرَأَ كفّه (لمعرفة طالعه)

palm, *v.t.* أَمْسَكَ شيئًا في طيّ راحته (للشعوذة)

palm something off (*on* or *on to*) بَاعَه شيئًا زائفًا بطريق الغشّ والخداع

palmate, *a.* على هيئة الكفّ المبسوطة، على شكل خمسة وخميسة (مصر)

palmist, *n.* قارئ الكفّ

palmistry, *n.* قراءة الكفّ

palmy, *a.* مُزْدَهِر، ناجح، موفَّق

palmy days أيام رغد العيش ورخائه وسعته

palpable, *a.* محسوس، ملموس

a palpable error خطأ ملموس، غلطة واضحة

palpate, *v.t.* تَحَسَّسَ (الطبيب) أو تَلَمَّسَ (جسم المريض عند الكشف عليه)

palpitate, *v.i.* خَفَقَ القلب أو نَبَضَ بشدّة وبغير انتظام؛ اِرْتَجَفَ (خوفًا)

palpitation, *n.* خفق القلب أو خفقانه

(*pl.*)

give someone palpitations جَعَلَ فرائصه ترتعد

palsy, *n.* داء الشلل أو الفالج (طبّ)

v.t. (*usu. fig.*) شَلَّ، أَشَلَّ

palsied with fear شَلَّ الخوف حركته

paltry, *a.* تافه، زهيد، حقير، طفيف

pampas, *n.pl.* سهول وبراري امريكا الجنوبية

pamper, *v.t.* دَلَّلَ، دَلَّعَ، عَامَلَ برقّة زائدة

pamphlet, *n.* كتيّب غير مجلّد يعالج موضوعًا هامًّا

pamphleteer, *n.* مؤلّف كتيبات للدعاية

pan, *n.* 1. (utensil) وعاء أو قدر (للطبخ)، طنجرة

pots and pans أوعية المطبخ وأوانيه

preserving pan وعاء (نحاسي غالبًا) لتحضير المربّى

2. (of scales) كفّة الميزان

3. (hollow)

brain-pan الجزء العلوي من جمجمة الرأس

salt-pan حَوْض كبير قرب ساحل البحر لتجفيف الماء واستخراج الملح منه

Pan, *n.* (Greek god) پان: إله الغابات والمروج في أساطير اليونان

pan, *v.t.* (mining); *also* pan out فَصَلَ مسحوق الذهب عن الطين الذي يخالطه بغسله بالماء

v.i., *only in*

pan out (*coll.*, turn out well) أَفْلَحَ، نَجَحَ

pan-, *pref.* (بادئة بمعنى) جميع أو كلّ

pan-American نِسْبَةً إلى الأمْرِيكَتَيْن

panacea, *n.* دواء يشفي جميع الأمراض والعِلَل

panache, *n.* 1. (plume) زينة من الريش الملوّن في أعلى القبّعة أو الخوذة

2. (*fig.*, swagger) تَبَخْتُر، (يختال كالطاووس)

Panama, *n.* بنما (دولة في امريكا الوسطى)

Panama (hat) قُبَّعَة خَفِيفة مِن الألْياف المَجْدُولة

pancake, *n.* قُرص رقيق من عجينة مُعَدَّة من الدقيق والبيض واللبن (يقلى ويحشى بطريقة القطايف)

a pancake landing هبوط الطائرة (عند الطوارئ) بدون استعمال عجلاتها

as flat as a pancake بلاحياة ولاحيوية، خامِد

v.i. (*sl.*) هَبَطَت الطائرة هبوطًا اضطراريًّا وبدون استعمال عجلاتها

panchromatic, *a.* (فيلم) بانكروماتي (أي ذو حساسية تامّة لجميع الألوان)

pancr/eas, *n.* (**-eatic,** *a.*) البنكرياس، البنقراس، لوزة المعدة (غدّة خلف المعدة تفرز الانسولين)

panda, *n.* البندا، حيوان يشبه الدبّ موطنه جبال هملايا وهضبة التيت ولونه أبيض وأسود

pandemic, *a.* (مرض) وبائي يتفشى في مناطق كبيرة

pandemonium, *n.* ضجّة، ضوضاء، فوضى، صخب، هرج ومرج، اختلاط الحابل بالنابل

pander, *v.i.* أَرْضَى ميله (للمنكر)، حضه على الرذيلة

he pandered to her wishes خضَعَ لرغباتها

pane, *n.* أحد الألواح الزجاجية في النافذة؛ الرأس الملفوف من رأسي المطرقة أو الشاكوش

panegyric, *n.* & *a.* تقريظ، إطراء، مديح مفرط

panegyrist, *n.* مقرّظ، مادح، مُطْرٍ

panel, *n.* 1. (compartment of wooden or metal surface) لوح من عدّة ألواح خشبية كلّ منها داخل برواز (لتغطية الحائط مثلًا)

panel-beater محترف تشكيل المعادن بالطَرق

2. (inset of cloth, etc.) كلفة (للفستان مثلًا)

3. (register, esp. of doctors and jurymen) جدول أو سِجِلّ الأطباء أو المحلفين

he is on the ⟨doctor's⟩ panel اسمه مقيَّد في سِجِلّ مرضى هذا (الطبيب)

4. (group of adjudicators)

panel of experts لجنة خبراء

5. (mounting for instruments)

control panel لوحة التحكّم أو الضبط (كهرباء)

panel lighting إضاءة كهربائية غير مباشرة

v.t. غطّى (الحائِط) بألْواح خَشَبِيّة؛ زَيَّن (الفُسْتان) بسَمكات أو كُلْفَة

panelled, *a.* (حيطان) مغطاة بالألواح الخشبية كلّ منها داخل برواز طبق تصميم خاصّ

panelling, *n.* مجموع من الألواح الخشبية

pang, *n.* أَلَم فجائي حادّ، نخزات أو وخزات الوجع، غُصّة

pangs of hunger; *also* hunger pangs قرصة الجوع

pang⟨s⟩ of conscience وخز أو تأنيب الضمير

panic, *n.* الهلع، الذعر، (سيطر) الرعب (على مجموعة من الناس عادةً)

panic-stricken مذعور، مرتاع، مفزوع

get into a panic ذُعِرَ وفَقَدَ رباطة جأشه

a. (تصرّف) ناشئ عن الهلع والذعر

v.t. & i. أَفْزَعَه؛ ذُعِروا وفَقَدوا رباطة جأشهم

panicky, *a.* (*coll.*) سريع الخوف والتهيّج

panjandrum, *n.* كناية عن رئيس منتفخ مُتَغَطْرِس

pannier, *n.* 1. (basket) سلّة (من سلّتين) تحملها الدابة؛ سبت الدرّاجة؛ سلّة كبيرة

2. (arrangement of skirt over hips) طوق أو هيكل لِنَفْش الجونلّا أو التنّورة حول الأرداف (قرن ١٩)

panoply, *n.* درع يغطّي الجسم بأكمله (كان يلبسه فرسان القرون الوسطى)

(*fig.*)

he appeared in the full panoply of office ظَهَرَ (محافظ المدينة) مرتديًا زيّه الرسمي الكامل

panoram/a, *n.* (**-ic,** *a.*) مَنْظَر عام (للمدينة) مِن عَلٍ؛ (نظرة) شاملة؛ (شاشة) بَانُورامِيّة

pansy, *n.* 1. (flower) بانسيه، بنفسج الثالوث الشرقي

2. (*coll.*, effeminate youth) شَابٌّ مُخَنَّث، وَلَد بَنُّوتة

pant, *v.i. & t.* نَهَجَ، لَهَثَ (من التعب مثلا)

(*fig.*, crave *for, after*) اِشْتَاقَ إلى، تحَرَّقَ شوقًا إلى، تَلَهَّفَ إلى، ظَمِئَ إلى (العلم والمعرفة مثلًا)

pantaloons, *n.pl.* سروال، بنطلون (فضفاض)

pantechnicon, *n.* عربة كبيرة مقفلة لنقل الأثاث أو العَفش

panthe/ism, *n.* (**-ist,** *n.*) مَذْهَب وَحْدَة الوُجُود، مَذْهَب حُلُول اللّه في كُلِّ شَيْء

pantheon, *n.* 1. (temple) البانثيون، هَيْكَل لِجَمِيع الآلِهة (عِند اليُونان والرُّومان القُدَماء)

2. (gods) مجموع الآلهة التي كان يعبدها الوثنيون القدماء

panther, *n.* الفهد الأسود (الذكر عادةً)

panties, *n.pl.* (*coll.*) لباس حريمي تحتيّ، كيلوت

pantograph, *n.* مِنْساخ (آلة تنقل الرَّسْم)

pantomime, *n.* 1. (entertainment) تمثيل القصص الخرافية مع الأغاني والرقص (في موسم الكريسماس)

2. (dumb show) التمثيل أو التعبير بالإشارات والإيماء (دون الكلام)

pantry, *n.* حجرة لحفظ أدوات المائدة والأطْعمة، كرار

pants, *n.pl.* 1. (underwear) لباس تحتي للرجال، كلسون (طويل أو قصير)

2. (*coll., esp. U.S.*, trousers) بنطلون

panzer, *n.*, *usu. attrib.* دبّابة أو سيارة ألمانية مُصَفَّحة

pap, *n.* 1. (nipple) حلمة الثدي

2. (soft food) طعام مهروس (للأطفال عادةً)

papa, *n.* بابا (كناية عن الأب)

papacy, *n.* منصب البابا، مدّة تَوَلّي البابا منصبه، بابوية؛ نظام الحكم البابوي

papal, *a.* بابوي، نسبة إلى البابا

papal bull مرسوم بابوي (بختم رصاصي)

paper, *n. & a.* 1. (substance) ورق، قرطاس، كاغد

greaseproof paper ورق تلفّ به الأطعمة الدهنيّة

paper-back كتاب بغلاف من ورق غير سميك

paper bag كيس ورق، كيس كاغد

paper carrier شنطة ورق (لحمل المشتروات)

paper case (for cakes) قالب من الورق تخبز فيه الكعكات أو الفطائر الصغيرة

paper clip دبّوس أو مِشْبك لمَسْك الأوراق

paper currency; *also* paper money عُمْلة وَرَقية، نقد ورقي، أوراق نقدية

paper-knife فَتّاحة ورق ومظاريف

paper mill مصنع الورق

on paper كتابيًّا، (رسالة) مكتوبة

commit to paper سَجَّلَ، دَوَّنَ، كَتَبَ

put on paper قَيَّدَ (الملاحظة) أو سَجَّلَها كتابةً

he never puts pen to paper لا يكلّف نفسه مشقّة الكتابة أبدًا

2. (piece of paper) ورقة، قطعة ورق

paper chase رياضة يقتفي المشتركون فيها أَثَرَ لاعِبَيْن بِتَتَبُّع قصاصات ورقية ألقياها على الأرض

paper-weight ثقالة الورق (لمنعها من التَّطايُر)

end-paper الورقة الملصقة بباطن جلدة الكتاب

3. (document, *esp. pl.*) وثائق، مستندات

send in one's papers اسْتَقَال (الضابط) من منصبه أو وظيفته (قوّات مسلّحة)

ship's papers الأوراق الرسمية الخاصة بتسجيل السفينة وشحنتها

4. (dissertation) رسالة أو بحث في موضوع ما

read a paper on ألقى محاضرة عن بحث أَعَدَّه

5. (set of examination questions) وَرَقَة أَسْئِلة الامْتِحان

6. (wallpaper) ورق الحيطان أو الجدران

paper-hanger عامل يحترف لصق ورق الحيطان

7. (newspaper) جريدة يومية، صحيفة

in the papers (نُشرت القصّة) في الجرائد

paper boy صبيّ يوزع الجرائد على البيوت

paper round طواف موزع الجرائد على البيوت

v.t. (cover with wallpaper) وَرَّقَ الحائط

papier mâché*, *n. عَجِينة وَرَق مَخْلوطة بِغِراء ومَضْغُوطة لِتَجْفيفها في قوالب (لِعَمَل الدُّمَى)

papist, *n.* كناية عن تابع للكنيسة الكاثوليكية (تستعمل ازدراءً غالبًا)

paprika, *n.* فلفل أحمر (مسحوق يستعمل بهارًا)

papyr/us (*pl.* -i), ***n.*** وَرَق البَرْدِي؛ بَرْدِيَّة

par, *n.* 1. (*finance*) سعر الإصدار (بورصة)

at par (أسْهُم) بالسعر الأصلي، بسعر الإصدار

below par
(*lit.*) أَسْهُم بِسِعْر أقلّ مِن سِعْرِها الأَصْلِيّ أو الاسْمِيّ

(*fig.*, *of health*) منحرف الصحّة، متوعك المزاج، ليس على ما يرام

2. (equality); *usu. in* تعادُل، تكافؤ

on a par with بالتساوي مع، على قدم المساواة؛ ندًّا لندٍّ

parable, *n.* مَثل (من أمثال الإنجيل عادةً)

parabola, *n.* قطع مكافئ (رياضيات)

parabolic, *a.* (*math.*) على شكل القطع المكافئ (رياضيات)

parachute, *n.* مظلّة الهبوط أو النجاة، باراشوت

parachute troops جنود المظلّات

v.t. & i. أهبط (مؤونة أو جنودًا) أو أنزلهم بالمظلّات

parachutist, *n.* متدرّب على الهبوط بالمظلّات

parade, *n.* 1. (muster of troops) تجمُّع الجنود في صفوف بالمعسكر

church parade تجمُّع الجنود للذهاب إلى الكنيسة

parade ground ساحة العَرْض بالمُعَسْكَر

pay parade تجمُّع الجنود لقبض رواتبهم

sick parade طابور الجنود المرضى (للعيادة)

2. (procession) موكب، استعراض

3. (thoroughfare) شارع فسيح عامّ

4. (display, *esp. fig.*) عرض، استعراض

fashion parade عرض أزياء المودة الجديدة

he made a parade of learning تَباهَى بعلمه وسعة اطّلاعه على الملأ

v.t. 1. (muster) حَشَدَ أو جمع أو صَفَّ (الجنود)

2. (display) عَرَضَ، اسْتَعْرَضَ

v.i. ساروا في موكب

paradigm, *n.* مثال لتصريف اسم أو فعل

paradise, *n.* الجنّة، جنّة عدن، الفردوس، جنّة الخُلْد

bird of paradise طائر الفردوس، طير الجنّة

(*fig.*)

he lives in a fool's paradise يعيش في سعادة وهمية متعاميًا عن الواقع، يَخْدَع نفسه بالأوهام

paradisaic(al), *a.*; *also* **paradisiac(al)** نسبة إلى الفردوس، شبيه بالجنّة

paradox, *n.* تناقض ظاهري (قد تكمن فيه الحقيقة)

paradoxical, *a.* (عبارة) تنطوي على تناقض ظاهري

paraffin, *n.* الكيروسين (وقود للإضاءة آلخ)

liquid paraffin البارافين (مادّة مُسْهِلة)

paraffin oil الكيروسين

paraffin stove موقد للتدفئة يشعل بالكيروسين

paraffin wax شمع أبيض يستخلص من النفط، شمع البرافين

paragon, *n.* مَثَل أَعْلَى، قُدْوَة تُحْتَذَى، نِبْراس يُهْتَدَى به

he is a paragon of virtue إنّه آية في سموّ الأخلاق، هو قدوة في الكمال

paragraph, *n.* فقرة، بند، مادّة

v.t. جَزَّأ الكلام إلى فقرات

parakeet, *n.* درّة، جنس طير من فصيلة الببغاوات

parallax, *n.* اختلاف المنظر باختلاف موضع الناظر؛ اختلاف منظر الكواكب

parallel, *a.* مواز، متواز مع ...، محاذٍ (لخطّ آخر)

parallel bars المتوازيان (جمباز)

parallel lines خطّان متوازيان (لا يلتقيان مهما امتدّا)

n. 1. (parallel line) خطّ موازٍ (لآخر)

draw a parallel أَجْرَى مقارنة بين...، قَابَلَ بين (فكرتين بالقياس بينهما)

on a parallel with يمكن تشبيهه أو قياسه أو مقارنته ب ...

this has no parallel هذا لا مثيل له، منقطع النظير، لا آنِف ولا سالِف له

2. (line of latitude) خطّ العَرْض (جغرافيا)

v.t. 1. (find a parallel to) أَتَى بمثيل أو شبيه (للشيء أو شخص)

2. (compare *two things*) قَارَنَ، وَازَنَ

3. (correspond to) مَاثَلَ، حَكَى، طَابَقَ

parallelism, *n.* التَّوازِي، الموازاة؛ المشابهة، المطابقة، التَّماثُل

(*fig.*) تكرار المعنى بصورة مجازية أخرى (في أسلوب العهد القديم مثلًا)

parallelogram, *n.* متوازي أضلاع (هندسة)

paralyse, *v.t.* شَلَّ، أَشَلَّ، أَصَابَ بالشَلَل

(*fig.*) شَلَّ أو عَطَّلَ (حركة المرور مثلًا)

paralysis, *n.* الشَلَل

creeping paralysis شَلَل يزداد سوءًا

general paralysis of the insane تدهور القوى العقلية نتيجة لإصابة المخّ بداء الزهري

paralytic, *a.* & *n.* مشلول، مصاب بالشَلَل

parameter, *n.* بارامتر، كمية متغيّرة القيمة

paramount, *a.* فائق، عظيم، (أمر) في غاية الأهمّية أو منتهى الخطورة

paramour, *n.* خليل، عشيق، حبيب؛ خليلة، عشيقة، حبيبة

paranoia, *n.* بارانويا، جنون العظمة أو الاضطهاد

paranoiac, *a.* & *n.* مصاب بجنون العظمة

parapet, *n.* 1. (*archit.*) حاجز منخفض (الشرفة مثلًا)

2. (*mil.*) حاجز ترابي أمام حافة الخندق

paraphernalia, *n.pl.* أمتعة شخصية متنوعة، أدوات ومعدات (حرفة أو هواية)

(*fig.*)

the paraphernalia of office لَوَازِم المَنْصِب ومُتَعَلِّقاته

paraphrase, *n.* التعبير عن معنى قطعة أدبية بكلمات أخرى

v.t. شَرَحَ (نصًّا أدبيًّا) بتعابير أخرى دون تغيير معناه الأصلي

parapleg/ia, *n.* (**-ic,** *a.*) شَلَل يصيب النصف الأعلى من الجسم (طبّ)

parapsychology, *n.* دراسة خوارق اللاشعور والغيبيات

parasite, *n.* طفيلي (نبات أو حيوان)

(*fig.*) شخص طفيلي أو متطفّل، عالة على غيره

parasitic(al), *a.* طفيلي، متطفّل

parasitology, *n.* علم الطفيليات

parasol, *n.* شمسية (للنساء)، مِظَلّة خفيفة (ملوّنة عادة) للوقاية من الشمس

parathyroid, *a.* (غدّة) مجاورة للغدّة الدرقية

paratrooper, *n.* مِظَلّي، من جنود المظلّات

paratroops, *n.pl.* جنود المظلّات

paratyphoid, *n.* حُمَّى الباراتيفوئيد

paravane, *n.* جِهاز الْتِقاط الأَلْغام البَحْرِيّة

parboil, *v.t.* سَلَقَ الطعام مدّة قصيرة قبل شَيِّه

parcel, *n.* طَرْد، ربطة؛ قطعة أرض كجزء من ضيعة كبيرة

parcel post بريد الطرود

v.t. 1. (pack up); *also* parcel up رَبَطَ أو لَفَّ (الكتب) بشكل طَرْد، حَزَمَ (المشتروات)

2. (divide); *also* parcel out قَسَّمَ (الأرض مثلًا) إلى أجزاء أو قطع لتوزيعها، جزَّأها

parch, *v.t.* جَفَّفَ (الحرّ الشفاه)، يَبَّسَ؛ حَمَّرَ (الحنطة)

parched, *a.* 1. (dried up) يابِس، جافّ

parched earth أَرْض عَطْشَى، شَرَاقِي (مصر)

2. (thirsty) عطشان، ظمآن

parchment, *n.* & *a.* جلد الرِّق، ورق برشمان

parchment scrolls لفائف أو أدراج من الرِّقّ

pardon, *n.* 1. (forgiveness) عَفْو، صَفْح (عن الذنب)، معذرة، غفران، مسامحة

I beg your pardon

(apology) عفوًا، العفو، آسِف، متأسِّف

(request for repetition) العفو (أعد ما قُلْتَ فلم أسمعه بوضوح)

2. (*leg.*)

grant full (free) pardon مَنَحَ (المتَّهم) عفوًا تامًّا أو مُطْلَقًا أو غير مشروط

v.t. 1. (forgive) عَفَا أو صَفَحَ عن، غَفَرَ لِ

pardon me! العفو! عفوًا!

2. (excuse)

if you'll pardon the expression أرجو أن تغتفر لي هذه العبارة (غير المهذبة)

3. (*leg.*) أعفى من أو تجاوز عن عقوبة يفرضها القانون

pardonable, *a.* (هفوة) يمكن العفو أو الصفح عنها؛ (جهل) يُغْتَفَر

pare, *v.t.* 1. (trim down) قَلَّمَ (أظافره مثلًا)، قَصَّ أو شَذَّبَ الأطراف

(*fig.*); *also* pare down, pare away

pare one's expenses خَفَّضَ نفقاته أو مصروفاته شيئًا فشيئًا

2. (remove skin of *fruit*) قَشَّرَ (التفاحة مثلًا)، نَزَعَ قشرة الفاكهة

paregoric, *a.* & *n.* (علاج) مسكِّن، دواء به أفيون

parent, *n.* أحد الوالدَيْن أو الأبوَيْن، الأب أو الأمّ

the parent company (*commerc.*) الشركة المسيطرة على شركات تابعة (لا تحمل اسمها عادةً)

parentage, *n.* سلالة، نسب، أصْل، قرابة مباشرة؛ أبوّة أو أمومة

parental, *a.* نسبة إلى الوالدين أو أحدهما

parental instinct غريزة الأُبُوَّة أو الأمومة

parenthood, *n.* الأُبُوَّة أو الأمومة

parenthesis (*pl.* parentheses) *n.* 1. (inserted word or words) كلمة أو جملة اعتراضية

2. (*sing.* or *pl.*, brackets) قَوْس (قوسان) في الكتابة أو الطباعة

it was only said in parenthesis لم تُذْكَر هذه الجُمْلَة إلّا اعْتِراضِيًّا

parenthesize, *v.t.* وَضَعَ كلمة أو عبارة داخل قوسين (في الكتابة والطباعة)

parenthetic(al), *a.* (جملة)عرضية أو اعتراضية

par excellence, *adv.* (هذا رجل انكليزي) قحّ أو صميم، (صنف)فائق أو ممتاز، من أعلى درجة

parhelion, *n.* بقعة برّاقة على حافة الهالة الشمسية

pariah, *n.* فرد من الطبقة السفلى في الهند وبورما؛ شخص منبوذ من المجتمع

pariah dog كَلْب هجين ضالّ

parietal, *a.* (*anat.*) (العظمتان) الجداريتان (بالجمجمة)

pari passu, *adv.* بالتساوي، على قَدَم المساواة

parings, *n.pl.* قُلامة (الأظافر)، قشور (البطاطس)

parish, *n.* أصغر وحدة إدارية في مقاطعة انكليزية؛ أبروشية (منطقة يرعاها كاهن أو قسيس)

parish clerk موظّف للشؤون الإدارية بالأبروشية

he is on the parish (*coll.*) هو يعيش على إعانة من البلدية

parishioner, *n.* من رعايا كنيسة أو أبروشية

parity, *n.* تساوٍ، تعادُل تكافؤ

park, *n.* 1. (estate) حديقة كبيرة (تابعة لقصر مثلاً)، ضيعة

2. (public garden) حديقة عامّة، متنزّه عامّ (كبير عادة)

park-keeper حارس حديقة عامّة

3. (for vehicles, stores, etc.) موقف؛ مستودع

car park موقف عمومي للسيّارات

v.t. & i. أَوْقَفَ سيارته وتَرَكَها مدّة ما في الشارع أو في موقف السيّارات

no parking ممنوع وقوف السيّارات

parking lot مساحة مخصّصة لوقوف السيّارات

parking meter عدّاد مثبت برصيف الطريق لتسجيل مدّة وقوف السيّارة (يُدار بوضع قطعة نقدية)

(*fig.*, *coll.*)

he parked himself in the best chair تربَّعَ فوق أفضل كرسي بالحجرة، اختار خير المقاعد واستقرّ به

parkin, *n.* فطيرة من الشعير والزنجبيل والعسل الأسود

Parkinson's disease, *n.* الشَلَل الاهتزازي أو الرعاشي

parky, *a.* (*sl.*) (الجوّ) بارد، (الدنيا) سقعة (مصر)

parlance, *n.* أسلوب الحديث، كلام

in common parlance بلغة العامّة

legal parlance (اِسْتِعْمال) مُصْطَلَحات قانُونيّة

parley, *n.* 1. (conference) مفاوضات مع الخصم (لإجراء الهدنة أو الصلح مثلاً)

2. (trumpet call)

sound a parley نَفَخَ في البوق داعيا للتفاوض

v.i. تفاوض (الخصمان) في شروط الصلح

parliament, *n.* البَرْلَمان، الهَيْئَة التَّشْرِيعِيّة العُلْيَا

Houses of Parliament دار البَرْلَمان، مَجْلِسا العُمُوم واللّوردات

parliamentarian, *n.* خبير بالأمور البرلمانية

parliamentary, *a.* برلماني، نيابي

that is not parliamentary language ليست هذه لغةً مهذّبة، هذه ألفاظ نابية

parlour, *n.* صَالَة الاسْتِقبال، غُرْفَة الجُلُوس

bar-parlour حُجرة خاصّة في بار تُقَدَّم فيها المَشْروبات بِسِعر أَعْلى مِنه في الحُجْرة العادِيّة

parlour-maid وصيفة تقيم بالمنزل (و مسؤوليتها الرئيسية خدمة الجالسين إلى المائدة)

parlous, *a.* (*arch. & joc.*) خَطِر، محفوف بالمخاطر

this chair is in a parlous condition هذا الكرسي مزعزع وعلى و شك السقوط

parochial, *a.* 1. (of a parish) (شؤون) متعلّقة بالأبروشية أو برعية الكاهن أو القسيس

2. (narrow in outlook) (عقلية) شديدة الضيق

parody, *n.* تقليد أسلوب (كاتبٍ مثلاً) بقصد السخرية منه وإثارة الضحك عليه

v.t. حَاكَى أو قَلَّدَ (مؤلِّفًا) للتهكّم منه

parole, *n.* وَعد شرف يقطعه الأسير على نفسه بألّا يحاول الهروب وألّا يهاجم آسريه

on parole (سجين) مطلق السراح قبل نهاية مدّة العقوبة على شرط أن يحسن سلوكه خلالها

paroxysm, *n.* ذروة اشتداد مرض، منتهى وطأته

(*fig.*, of rage, laughter) احتدام (الغضب)، نوبة شديدة من (الضحك المفاجئ)

parquet, *n.* خَشَب البارْكيه ، أَلْواح صَغيرة مَصْقولة تُغَطَّى بِها أرضِيّة الحُجْرَة

parricid/e, *n.* (**-al,** *a.*) قتل الأب؛ قاتل أبيه

parrot, *n.* ببغاء، ببغاة (طير يردّد ما يسمعه)

(*fig.*) من يردّد ما يسمعه بغير فَهم

parry, *v.t.* تَفَادَى (ضربة خصمه في لعب الشيش أو الملاكمة)؛ تخلّص من إجابة سؤال محرج

n., *usu.* in قَرْع

the thrust and parry of argument قرع الحُجّة بالحجّة، صراع في المنا قشة

parse, *v.t.* أَعْرَبَ كلمات الجملة (نحو)

Parsee, *n.* 1. (person) البارسيّ (مِن أتْباع الدّيانة الزّرادشتِية أو المجوسيّة)

2. (language) لغة الكتب الدينية عند البارسيين، وهي اللغة الفارسية في الدولة الساسانية (٢١١-٦٥٢م)

parsimonious, *a.* شديد البخل، شحيح، ممسك اليد، مُقتِّر

parsimony, *n.* شحّ، شدّة البخل، تقتير

parsley, *n.* المَقْدُونِس ، البَقْدُونس (نَبات يُسْتَعْمَل في الطَّبْخ وعَمَل السَّلاطَة)

parsnip, *n.* جَزَر أَبْيَض ، سِيسَارُون كَبير (بقله نَشَوِيّة سُكَّرِيّة الطَّعْم)

fine words butter no parsnips المجاملات وحدها لا تنفع ولا تشفع، التملّق لا يجدي فتيلاً

parson, *n.* قسيس (قساوسة)، خوري، راعي أو كاهن كنيسة

parson's nose (*coll.*) زِمِكّ (منبت ذَنَب الدجاجة)

parsonage, *n.* بيت القسيس (مِلْك الكنيسة)

part, *n.* 1. (quantity less than whole) جزء، قسم، قطعة، فصل

a good part of جُلّ، معظم (الشيء)

I have only done it in part لم أنجز إلّا جزءًا صغيرًا من العَمَل

for the most part في أغلب الأحوال

part and parcel of جزء لا يَتَجزَّأ من ...

part-time (وظيفة) تستغرق بعض الوقت أو الدوام

it is good in parts لا تبعث على الارتياح الكامل، مُش ولاّ بدّ (مصر)

2. (equal portion of whole)

a fifth part of خُمْس (المبلغ مثلاً)

this pail is three parts full هذا الدلو مملوء إلى ثلاثة أرباعه

3. (share) نصيب

he had no part in this لم يكن له ضِلْع في هذا (الإجراء)، إنّه بريء من هذا (الذنب)

he took part in this اِشْتَرَكَ في هذا (المشروع مثلاً)، لَعِبَ دورًا في هذا الأمر

4. (component) جزء من الأجزاء الداخلة في تركيب (جهاز مثلاً)

machine-parts قِطَع أو أجزاء آلة

spare parts قِطَع غيار

a part of speech جزء من أجزاء الكلام (كالاسم مثلاً)

5. (role)

play a part

(*lit.*) مَثَّلَ دورًا في رواية مسرحية

(*fig.*) قَامَ بدور (كبير مثلاً) في المشروع

6. (words spoken by actor)

he learnt his part اِسْتَظْهَرَ (المُمَثِّل) كلمات دوره في الرواية المسرحية

7. (side)

on the part of (وَقَعَ الخطأ) مِن قِبل (مدير الحسابات مثلاً)، (سوء فهم) من جهة فلان

take someone's part اِنْحَازَ إلى جانِب فلان

no objection on my part لا مانع من جهتي، لا اعتراض لي على (هذا الاقتراح مثلاً)

8. (*pl.*, abilities)

a man of parts رجل موهوب، ذو كفاءة

9. (*mus.*)

part-song أغنية لثلاثة أصوات أو أكثر

10. (*pl.*, region)

a stranger in these parts لَيْسَ من هذه الجهة أو هذه الناحية، لَيْسَ من سكّان هذا الحيّ

foreign parts (رَجَعَ من) بلاد بَرّه

v.t. فَرَّقَ بين (عشيقين مثلاً)

part one's hair فَرَقَ شَعْرَه

v.i. 1. (break into two parts)

the rope parted اِنْصَرَمَ الحبل أو اِنْقَطَعَ

2. (quit one another's company)

let us part friends إذا كان لا مفرّ من افتراقنا فَلْنَبْقَ صديقين

part ⟨company⟩ with someone

(*lit.*) اِفْتَرَقَا ومَضَى كلّ منهما في سبيل

(*fig.*, disagree) أخالفك في هذا الرأي

part with something تَخَلَّى عن (مِلْك أو عقار ببيعه أو بمنحه إلى أولاده مثلاً)

he parted with his money reluctantly لم يدفع عن طيب خاطِر، تَبَرَّعَ مرغمًا وبعد تردّد

partake, *v.i.* شَارَكَه (في أفراحه مثلاً)

partake of (eat) تَنَاوَلَ (وجبة طعام مثلاً)، تَنَاوَلَ (القربان المقدّس في الكنيسة)

(have the quality of)

his manner partakes of insolence تصرفاته تنمّ عن الوقاحة

parterre, *n.* أرض معشبة فيها أحواض للزهور؛ مقاعد خلف الاوركسترا في صالة المسرح

Parthian, *a.* نسبة إلى فارس قديمًا

Parthian arrow (shaft, shot) ملاحظة لاذعة ألقاها عند انصرافه ولم يدع للسامعين فرصة للردّ

partial, *a.* 1. (incomplete) جزئي، غير كامل، غير تامّ، ناقِص

partial eclipse خسوف جزئي (للقمر)، كسوف جزئي (للشمس)

2. (prejudiced) متحيّز، غير مُنْصِف، مُولَع بِ

he is partial to a nap in the afternoon إنّه شغوف بإغفاءة أو قيلولة بعد الظهر

partiality, *n.* تحيّز، محاباة، عدم الحياد أو الموضوعية، تحزّب؛ وَلَع أو شَغَف (بالحلويات مثلًا)

partially, *adv.* جزئيًّا (لا كلّيًّا)، من بعض الوجوه فقط؛ من باب التحيّز والمحاباة

participant, *n.* مشترك في (نشاط أو مناقشة)

particip/ate, *v.i.* (**-ation,** *n.*) شارَكَه أو قاسَمَه أو شاطَرَه (أفراحه أو أتراحه)؛ اشْتِراك في أو مع

particip/le, *n.* (**-ial,** *a.*) صيغة فاعِل (مثل كاتب)؛ صيغة مفعول (مثل مكتوب)

particle, *n.* 1. (small part) جزء متناهي الصغر أو الدقة من ...، شذرة، ذَرَّة

atomic particle جزيء أو قُسَيْم ذَرّي

(*fig.*)

there is not a particle of truth in what he says ليس ثمّة ذرّة من الصحّة فيما يقول

2. (part of speech) أداة (نَصْب)، حرف (عطف)

particoloured, *a.* ملوّن بلونين، أبْلق؛ (الحياة يومان) يوم لك ويوم عليك

particular, *a.* 1. (specific) معَيَّن، خاصّ

for no particular reason (تَغَيَّبَ عن العمل) بدون سبب معيّن، بدون سابق نيّة

2. (special) خاصّ

he is a particular friend of mine هو من صفوة أصدقائي، من خلّاني المقرّبين

3. (fastidious) صعب الإرضاء، مُدَقِّق

he is particular about (over) his food هو صعب الإرضاء فيما يقدَّم إليه من الأطعمة

n. 1. (detail) إحدى النقط أو التفاصيل

in every particular (صحيح) من كلّ الوجوه

take down particulars سَجَّل تفاصيل (الحادث)

2. in particular (= especially) بصورة خاصّة، وبوجه خاصّ، وعلى الأخصّ، ولا سِيَّما

particularize, *v.t.* سَرَدَ (تفاصيل الموضوع)، خَصَّصَ

particularly, *adv.* خصوصًا، على الأَخَصّ

parting, *n.* 1. (leave-taking) فراق، وداع

parting shot (ألقى) ملاحظة لاذعة عند انصرافه

2. (division of hair) فرق (في تصفيف الشَعْر)

parti pris, *n.* روح التحيّز، التغريض

partisan, *n., oft. attrib.* 1. (adherent of cause) متحزّب، متعصّب، من شيعة ...

partisan spirit روح العصبية

2. (guerilla fighter) عُضو في منظمة سرّيّة تناضل لتحرير الوطن من قوات الاحتلال

partition, *n.* 1. (division) تقسيم (البلاد) أو تجزئتها

2. (wall) حاجز (مؤقّت) يفصل بين موضعين

v.t. 1. (divide) قَسَّمَ (البلاد) قسمين

2. (divide by a wall); *also* partition off بَنَى حاجزًا (مؤقّتًا) في غرفة مثلًا لتقسيمها

partitive, *a.* (لفظ) دالّ على التجزئة (مثل بعض)

partly, *adv.* 1. (not fully) جزئيًّا لا كلّيًّا، إلى حدّ ما، إلى حدّ محدود، (صحيح) بعض الشيء

2. (on the one hand) من ناحية، من جهةٍ

I did this partly because I was tired فعلت هذا بدافع تعبي من جهة (ومن جهة أخرى...)

partner, *n.* شريك (شركاء)

he is my partner in crime هو شريكي في هذا المشروع، هو خليلي في السرّاء والضرّاء

bridge partner شريك في لعبة البريدج

dancing partner مراقِص، مراقِصة

the junior partner الشريك الأصغر (في تجارة مثلًا)

v.t. شَارَكَه (في اللعب أو الرقص)

partnership, *n.* مشاركة، شركة

partridge, *n.* الحَجَل (طائر من الطَّيْهُوجِيّات)

parturient, *a.* جاءها المخاض، على وشك الوضع

parturition, *n.* ولادة، نفاس، وضع

party, *n.* 1. (persons united by belief) حزب أو طائفة أوجماعة سياسية

political party حزب سياسي

party political broadcast برنامج إذاعي لصالح حزب ما

you must toe the party line لا بدّ أن تلتزم بسياسة الحزب

party politics السِّياسة الحِزبيّة

2. (persons engaging in common activity) جماعة، فرقة، فئة

firing party فرقة الإعدام (عسكرية)

3. (social gathering) حفلة، سهرة

party frock (dress) فُسْتان (فساتين) للحَفَلات

party spirit جوّ المرح والألفة، المنادمة والسَمَر

4. (participant, *often leg.*) طرف (أطراف)، خصم (في الدعوى)

the interested parties ذوو المصلحة

party to متواطئ، شريك في (اتّفاق أو نزاع)

5. (*coll.*, person) الشخص، الجدَع، الزَلَمَة

party-line, *n.* (telephone) خطّ تليفوني واحد يشترك فيه مشتركان أو أكثر، خطّ مشترك

party-wall, *n.* جدار مشترك (بين منزلين)

parvenu, *n.* مُحْدَث أو حديث نعمة، حديث عهد بالإثراء

paschal, *a.* نسبة إلى عيد الفصح، (الحَمَل) الفصحي

pasha, *n.* باشا (لقب تركي الأصل أُلْغِيَ أخيرًا)

pass, *v.t. & i.* 1. (go past, from one side to the other); *also* pass by مَرَّ (به أو عليه)، جَازَ أو اِجْتَازَ به

buses pass the door تمرّ الباصات بباب المنزل

the procession passed ⟨by⟩ عَبَرَ الموكب (أمامنا)

he passed me in the street رآني فلان في الطريق دُون أن يَقِف لِمُصافَحَتي

they are like ships that pass in the night بَيْنَهُما عَلاقة عَابرة وسَيَمْضي كلّ مِنهُما في طَرِيقه

he passed me at the post   أَدْرَكَنِي في آخر لحظة (في المباراة) وتَقَدَّم عليّ

he passed me doing sixty   مَرَق بسيّارته وتخطّاني بسرعة ستين ميلًا في الساعة

he was passed over   تَخَطَّاه غيره وضاعت عليه الفرصة في الترقية

2. (go past, overhead); *also* pass over   مَرَّ

let that pass!   غُضَّ النظر عن هذا! تجاهلْ (هذه الإساءة مثلًا)

the storm passed over   مَرَّت العاصفة بسلام، انتهت الأزمة

3. (go beyond, exceed)   تَعَدَّى أو تَخَطَّى أو تَجَاوَزَ الحدّ، فَاقَ

it passes all belief   هذا يفوق حدّ التصديق، لا يتصوّره العقل، لا تدركه الأفهام

4. (move forward, onward); *also* pass on, pass along   تَقَدَّم (إلى الأمام)

pass on a message   بَلَّغَ أو أَبْلَغَ رسالة أو خبرًا لشخص

pass it on!   كَرِّر ما قُلْتُه لك للآخرين

pass the buck (*sl.*)   أَلْقَى مسؤولية تقصيره على الآخرين تفاديًا للّوم

pass the ball (*at games*)   مَرَّر الكرة للاعب آخر من نفس الفريق، عَبَّرها

I pass (*at cards*)   لن أشترك في هذا الدور (في لعب الورق)، أفوِّت دوري

pass along there, please!   واصِل السير من فضلك! (لكيلا تعيق تقدُّم الآخرين)

he passed on down the street   تَابَع سَيْرَه أو اسْتَمَرّ ماشيًا في الطَّريق

5. (get through, let through)   عَبَرَ، اِجْتَازَ

pass a barrier   اِجْتَازَ حاجزًا أو اِخْتَرَقَه، تَخَطَّى مانعًا

no word passed his lips   لم ينبس ببنت شفة، ظَلَّ صامتًا، لم يفه بكلمة

pass an exam   نَجَحَ في امتحان

she passed muster as an intelligent woman   اتفقوا على أنها تتمتع بقسط من الذكاء

passed by the censor   وَافَقَ عليه الرقيب

the board passed him fit   قَرَّرت الهيئة الطبّية صلاحيته للخدمة (العسكرية مثلًا)

pass a motion   وَافَقَ (المؤتمر) على الاقتراح بأغلبية الأصوات

passing-out parade   عرض أو استعراض يشترك فيه خريجو الدورة أو الدفعة المنتهية (عسكرية)

6. (let out, emit)

pass blood   تَبَوَّلَ دمًا

pass water   تَبَوَّلَ

pass out (*coll.*, faint)   أُصيبَ بإغْماء، أُغْمِيَ أو غُشِيَ عليه (من السُّكْر أو الإنهاك مثلًا)

7. (circulate); *also* pass round   أشاع، رَوَّج (إشاعة)؛ راجت (الإشاعة)؛ وَزَّعَ (أوراق اللعب)

pass the hat round   قَامَ بجَمْع التَّبَرُّعات

the wine passed freely   دَارَت الكؤوس على الحاضرين، سالت الخمر أنهارًا

the word passed round   تَدَاوَلَت الألسِنَة الخبَر، تَفَشَّى النّبأ

8. (move away, recede, disappear); *also* pass off, pass away مَضَى، إِنْصَرَفَ

the crisis has passed إِنْتَهَت الأزمة بسلام ،مَرَّت الفَتْرَة الحرجة (بدون مضاعفات)

the pain passed off (away) سَكَنَ الأَلَم

he passed away (*euphem.*, die) إِنْتَقَل إلى رحمة الله أو إلى جوار ربّه ، قضى نَحْبَه

9. (*of time*, spend or elapse); *also* pass away مَضَى، أَمْضَى

time passes quickly يمضي الزمان على عجل

he passed the time ⟨away⟩ reading أَمْضَى وقت فراغه أو انتظاره في القراءة

10. (happen, proceed); *also* pass off إنقضى، مَضَى، تَمَّ

the visit passed ⟨off⟩ without incident انْقَضَت الزيارة بسلام ودون وقوع أية حوادث

things passed off well مَرَّت الأمور على ما يرام، لم يقع ما يعكّر صَفْو (الحفلة)

11. (move across, convey, be conveyed); *also* pass over, pass across

pass me the salt!; pass over the salt! ناولني الملحَ من فضلك ! أَعطني المَلّاحة إذا سمحت!

the estate passed into other hands انتقلت ملكية الضيعة إلى مالك جديد

he passed over (*euphem.*, died) انْتَقَل إلى رحمة ربّه ، ترَكَ دار الفناء إلى دار البقاء

12. (be accepted)

he passed for (as) an expert (رغم خبرته المحدودة) فقد اعتبروه خبيرًا (في هذا الميدان)

13. (represent falsely); *usu.* pass off إدَّعى كَذِبًا ، تَظاهَر

he passed him off as his brother (اصطحب صديقه إلى النادي) وأوهم الأعضاء أنه أخوه

14. (dismiss, make light of; *in phrase*, pass off)

he passed it off as a joke إِعْتَبَرَ (الإهانة) مجرّد نكتة أو مداعبة، تظاهر بأنها لم تجرح إحساسه

15. (proffer, pronounce)

pass an opinion أَدْلَى برأيه (في المشروع)، عَرَضَ وجهة نظره (في الموضوع)

pass judgement on حَكَمَ أو أَصْدَرَ حُكْمًا على (مؤلّف مثلًا)، عَبَّرَ عن رأيه فيه

pass sentence on أَصْدَرَ القاضي حكمه على (المتهَم)

pass a remark أَسَرَّ (له) بملاحظة أو تعليق

I did not like the way she passed remarks لم تعجبني طريقة انتقادها للغير (في غيابهم)

pass a verdict أَدْلَى (المحلفون) بقرارهم

pass, *n.* 1. (state of affairs) وَضْع الأمور، حالة، موقف

things have come to a pretty pass بَلَغَ السيل الزبى، لقد تدهورت الأمور إلى حدّ لا يُسكت عليه

2. (satisfying the examiners)

a pass degree درجة بكالوريوس أو ليسانسيه تمنح لطالب ليس من بين طلبة الامتياز

3. (thrust)

he made a pass with his sword at his opponent شَرَّع بسيفه على غريمه

he made a pass at the pretty girl (*coll.*) غَمَزَ لفتاة لطيفة ملمّحًا برغبته في التودّد إليها

4. (permit) تصريح، إذن مرور

sleeping-out pass إِذْن بِالمَبِيت خارِج المُعَسْكَر

5. (movement of hands in conjuring, etc.)
حركات يدوية خفية يقوم بها الحاوي

6. (defile) مضيق، ممرّ (في الجبال)

a handful of men held the pass حَالت طائفة يسيرة من الرجال دون مرور العدوّ

he sold the pass (*fig.*) خَانَ العهد أو الأمانة، مالأ العدوّ أو تواطأ معه

passable, *a.* 1. (fairly good) (هذا الانتاج) بَيْن بَيْن، مُش بطّال (مصر)، مو عاطل (عراق)

2. (that can be traversed) يمكن عبوره

passage, *n.* 1. (passing) مرور، عبور

with the passage of time على مرّ الزمن

bird of passage

(*lit.*) طير مهاجر

(*fig.*) (شخص) لا تطول إقامته في مكان ما، يغادره بعد قليل، لا يمكث طويلًا

2. (voyage) سفر، رحلة

he booked a passage on a plane حَجَزَ مقعدًا للسفر بطائرة

rough passage

(*lit.*) رحلة بحرية شاقة تتخللها العواصف

(*fig.*) مَرْحلة شاقة في حياة المرء

3. (way through)

he forced his passage إِخْتَرَقَ الزحام، شَقَّ طريقه خلال جمهور (المودِّعين)

4. (corridor)

passage-way دهليز بين الحجرات، مَمَرّ

5. (extract of book) قطعة من نصّ مكتوب، (قرأ) استشهادًا من (كتاب)

6. (interchange)

passage of arms مشاجرة، عراك؛ مشاحنة، مشادّة كلامية، مجادلة عنيفة

pass-book, *n.* دفتر الحساب الجاري لعميل لدى البنك أو المصرف

passé, *a.* (طراز) بال أو قديم، يعلوه غبار الماضي، فات أوانه

passenger, *n.* راكب، مسافر (في القطار مثلًا)

foot-passenger مسافر أو مُتَرَجِّل (في الطريق)

passenger service نقل الركّاب أو المسافرين؛ خدمة الركّاب أثناء السفر (في السفينة مثلًا)

passenger train قطار الركّاب (لا البضائع)

(*fig.*, *coll.*, one not contributing effort) عضو في فرقة لا يبذل كلّ جهده، زي قلّته (مصر)

passe-partout, *n.* (picture frame) شريط من القماش المصمّغ يستعمل في لصق الصورة بلوح الزجاج

passer-by, *n.* عابر السبيل

passim, *adv.* لفظة لاتينية بمعنى أن كلمة ما توجد شائعة الاستعمال في الكتاب المشار إليه

passing, *n.* 1. (*various vbl. senses, see* **pass,** *v.t. & i.*) مرور

2. (death) انتقال إلى رحمة الله، وفاة

passing bell جرس الموت (يُقْرَع بدقّات بطيئة عند جنازة الميّت)

a. عابر، زائل، منقشع، لا يدوم، وقتي، مؤقّت، سريع الزوال

passing fancy رغبة عابرة، ولع أو شغف مؤقّت (بشخص أو شيء)، نزوة، وحمة

passing glance (ألقى) نظرة عابرة

the passing show مَوْكِب الأَحْداث اليَوْمِيّة

passing note (*mus.*) نَغمة بَيْن نَغمَتَين رَئِيسِيَّتين

adv. (*arch.*); *except in*

passing strange في منتهى الغرابة

passion, *n.* 1. (emotion) انفعال نفساني، وَجْد، عاطفة (قوية)، تأثّر شديد، حماسة

2. (love) شَغَف، وَلَع، عشق، غرام، هَوًى، هُيام، كَلَف، الجنون من العشق

3. (anger) غضب شديد، غيظ، حنق، سورة الغضب

he flew into a passion استشاط غضبًا، ثارت ثائرته، احتدم غَيْظًا

4. (suffering)

the Passion (of Christ) آلام المسيح، قِصّة آلام المسيح كما حكيت في الانجيل أو الترتيلة التي تصاحبها

passion-flower زهرة الآلام (جنس نباتات ليفية متسلِّقة بعضها زراعي والبعض تزييني)

Passion play تمثيلية تصوّر آلام المسيح حتّى موته على الصليب

Passion Sunday أَحَد الآلام (عند المسيحيين الغربيين) الأحد الخامس من الصوم الكبير

Passion Week أسبوع الآلام (عند المسيحيين الغربيين)، الأسبوع الخامس في الصوم الكبير

passionate, *a.* 1. (emotional) (لغة) عاطفية، (عظة) تفيض بالحماسة، انفعالي

2. (easily moved to anger) سريع الحدّة أو الغضب، حادّ الطبْع

3. (ardent) متَّقِد العاطفة، مشبوب العاطفة، مضطرم الوجدان

passive, *a.* 1. (inactive) (اتخذ موقفًا) سلبيًا، غير إيجابي، لا يساهم (بجهود مثلًا)

2. (submissive) مستسلم، غير مقاوم، وديع، متقبّل للمؤثرات الخارجية

passive resistance مقاومة سلبية

3. (*gram.*)

passive voice صيغة المبني للمجهول (نحو)

passive participle اسم المفعول (نحو)

passivity, *n.* سلبية (عكس الإيجابية)؛ استسلام

Passover, *n.* عيد تذكار خروج اليهود من مصر، فصح، عيد الفطير عند اليهود

passport, *n.* جواز سفر، باسبورت

Passport Office مصلحة أو دائرة الجوازات

his latest novel was a passport to fame فتحت له روايته الأخيرة باب الشهرة

password, *n.* كلمة السرّ، كلمة المرور

past, *a.* 1. (of time gone by) ماضٍ، سالِف، سابِق، غابر، مُنْصَرِم

for some time past منذ زمن ليس بقليل، في السنوات الأخيرة، له أيام (لم يحضر)

2. (*gram.*)

past tense صيغة الماضي (في النحو)، الفعل الماضي (مثل وَصَلَ أمس)

3. (accomplished); *only in*

past master مُحَنَّك، خبير؛ ذو حيلة

n. 1. (past time) الماضي، فيما مضى

2. (past life, *usu. derog.*)

a woman with a past امرأة ذات ماضٍ

adv.

he pushed ⟨his way⟩ past the others شَقَّ طريقه خلال المزدحمين وتقدّم عليهم

fly-past, *n.* تحليق الطائرات في عرضٍ (أمام رئيس الدولة مثلًا)

prep. 1. (by) عَبْرَ

the bird flew past the window طار الطائر عبرَ النافذة

2. (beyond in place) وراء، ما وراء، خَلْف، عَبْرَ

past the turning-point فاتت مرحلة الخَطَر (في مرضه مثلًا)؛ لا يمكن التراجع الآن

3. (beyond in time) بَعْد

past midnight بعد منتصف الليل (بساعة مثلًا)

4. (exceeding)

past all hope انقطع الأمل في شفائه، ليس هنالك من أمل في ...، ميئوس منه

he is past caring (ذاق المرّ حتّى) لم يَعُد يضنيه شيء، أقنطته صروف الدهر

his behaviour is past endurance لم يَعُدْ سلوكه يُحْتَمل، أصبحت تصرفاته لا تُطاق

this is past a joke لقد تعدّى الأمر حدّ الهزار أو الهزل (وانقلب إلى جدّ)

he is past praying for ليس هناك بارقة أمل في (إصلاحه أو شفائه مثلًا)

you would never think he was past seventy ⟨years old⟩ لا يخطر على بالك أبدًا أنه قد تجاوز السبعين

paste, *n.* 1. (malleable mixture) معجون، عجينة

2. (adhesive) لصوق، عجينة إلصاق (مصنوعة من الماء والنشا أو الدقيق)

scissors and paste work تصنيف كتب أو مقالات من قصاصات مقطوعة من مؤلفات أخرى

3. (food preparation)

meat paste معجون ناعم معدّ من اللحم المفروم والتوابل

4. (gem substitute) زجاج لصناعة الجواهر المقلّدة

v.t. 1. (stick) أَلْصَقَ، لَصَقَ، لَزَقَ

paste in (stick into album) لَصَقَ صورًا فوتوغرافية في ألبوم الصور

paste over (cover by sticking paper over) لَصَقَ قطعة ورق فوق غلطة ليغطيها

2. (*coll.*, beat, thrash)

they gave us a pasting (*at games*) هَزَمْنا شرّ هزيمة (في مباراة الكرة مثلًا)

pasteboard, *n.* ورق مُقَوًّى، كرتون، لوح من الورق؛ ورق الكوتشينة (عامية)

pastel, *n.* 1. (crayon) قلم باستل، مِرْقم، قلم باستلي ملوّن

2. (drawing) صورة مرسومة بقلم باستل

a.

pastel shades ظلال الألوان الباهتة مثل لون اللاوندة أو اللون الأصفر الفاتح

pastern, *n.* رُسْغ الدابة

pasteuriz/e, *v.t.* (-ation, *n.*) بَسْتَرَ (اللبن وما إليه بتعقيمه بطريقة باستور)؛ بَسْتَرة

pasteurized milk لبن أو حليب مبستر

pastiche, *n.* تأليف فنّي يقلّد فيه صاحبه أسلوب مؤلف آخر؛ خليط من قطع فنية متنوعة

pastille, *n.* قُرْص سكري ، بستيلية

pastime, *n.* تسلية أو هواية لتمضية الوقت

pastor, *n.* قسيس، راعي كنيسة

pastoral, *a.* 1. (of landscape) (منظر) ريفي، نسبة إلى الريف، خَلَوي، رعوي

2. (of poetry, music, etc.); *also n.* (شعر) رعوي، نسبة إلى الرعاة وحياة الريف

3. (of a pastor)

pastoral letter رسالة رعوية من المطران إلى القساوسة والشعب

pastry, *n.* 1. (baked flour-paste) فطير، معجنات مصنوعة من الدقيق والماء والدهن

pastry-board لوحة خشبية تُعَدّ عليها الفطائر

pastry-cook صانع الفطائر والمعجنات، فطائري

2. (pie or tart) فطيرة (مزخرفة عادة)

pasturage, *n.* 1. (land for grazing) مَرْعًى، أرض ترعى فيها الماشية

2. (herbage) كلأ، عُشْب، حشيش

pasture, *n.* 1. (land for grazing) مَرْعًى (مراعٍ)، مَرْتع، مرج ترعى فيه الماشية

2. (herbage) كلأ، عُشْب، حشيش

put cows ⟨out⟩ to pasture رَعَى الأبقار

v.t. & i. 1. (put to graze) رَعَى الأغنام أو الماشية

2. (graze) أكلت (الماشية) العُشْب

pasty, *n.* فطيرة باللحم، سنبوسك محشي

Cornish pasty سنبوسك خاصّ محشوّ بالخضراوات واللحم المفروم

pasty, *a.* عجيني، مثل العجين

pasty-faced شاحب، باهت الوجه (دليل على اعتلال الصحّة عادةً)

pat, *n.* 1. (tap) ربتة، طبطبة خفيفة

a pat on the back (*fig.*, compliment) ربت على كتفه مشجّعًا له، مجاملة

2. (small mass)

pat of butter قطعة زُبْد صغيرة

cow-pat روث البقر

v.t. رَبَتَ، طَبْطَبَ

pat someone (oneself) on the back هَنّأ أو امتدح نفسه أوغيره (بعد إنجاز عمل مثلًا)

adv.

the answer came ⟨out⟩ pat أجَابَ بدون تردُّد

patch, *n.* 1. (covering for hole or rent) رقعة، رؤبة (لرتق الثوب مثلًا)

patch-pocket جيب برّاني مخيط فوق الثوب

not a patch on (not nearly so good as) لا وَجْهَ للمقارنة بينهما، لا نسبة بينهما

2. (remnant, scrap)

patch of fog مساحة صغيرة مغطّاة بالضباب

3. (eye-shade) غطاء يُرْتَدَى ليقي العين المصابة

4. (coloured spot) بقعة يختلف لونها عن الأرضيّة

5. (piece of ground) قطعة أرض صغيرة لزراعة الخضراوات مثلًا

business has struck a bad patch أُصيبت التجارة أو السوق التجارية بكساد مؤقّت

v.t. رَقَعَ أو رَتَقَ (ثوبًا مثلًا)

patch up
(repair) أَصْلَحَ (السقف مثلًا) إصلاحًا مؤقَّتًا
(*fig. of a quarrel, etc.*) سَوَّى الخلاف (مع خصم مثلًا)، تَصَالَحَ معه

patchwork, *n., usu. attrib.* ترقيع، ضمّ قطع مختلفة
patchwork quilt لحاف ذو غطاء مكوّن من قطع متنوعة تختلف في اللون والشكل

patchy, *a.* مُرَقَّع، غير متجانس

pate, *n.*; *arch. or facet.*; *usu. in comb., e.g.* أعلى الرأس، المخّ، الدماغ
bald-pate أصلع، رأس أصلع
feather-pated أهوج، غبيّ، أبله

pâté, *n.* لحم مفروم ومتبّل ومطهي بالدهن، باتيه
pâté de foie gras كَبِد الأوزّ مطهي بطريقة خاصّة، فوا جْرا (مصر)

patella, *n.* رضفة، أو صابونة الركبة (تشريح)

patent, *a.* 1. (protected by patent rights) (اختراع) مسجّل أو مصون ببراءة
patent leather جلد لمّاع (أسود عادةً)
patent medicine دواء جاهز مسجّل تحت اسم خاصّ
2. (obvious) (أمر) واضح وجلي؛ صريح، ظاهر، مبين
a patent fraud خِدْعة مكشوفة، غِشّ صريح
his guilt was patent كان جُرْمه واضحًا كلّ الوضوح
3. (*coll.*, ingenious)
that is his own patent device هذا من اختراعه الخاصّ أو من عنديّاته
n. براءة الاختراع
Patent Office مصلحة أو دائرة تسجيل براءات الاختراع
v.t. سَجَّلَ (اختراعًا)

patentee, *n.* صاحب امتياز الاختراع

pater, *n.* (*coll.*) أب، والد

paterfamilias, *n.* ربّ البيت، عائل الأسرة

paternal, *a.* 1. (related on father's side) ينتمي إلى الأب (كالعمّ مثلًا)
2. (fatherly) (الحبّ) الأبويّ

paternalism, *n.* الأُبُوَّة، صِلَة الأُبُوَّة

paternity, *n.* أُبُوَّة، صِلة الأبوّة
paternity order حكم القاضي بأبوّة شخص لوليد غير شرعي وبوجوب تكفّله به

paternoster, *n.* الصلاة الربانية (أبانا الذي) باللاتينية خاصّة؛ سبحة (للصلاة)

path, *n.* سبيل، طريق، مسلك، درب، مَمَرّ
(*fig.*)
the path of duty طريق الواجب
the path of a rocket مسار الصاروخ في الهواء أو الفضاء

pathetic, *a.* 1. (of the emotions) مثير للعوطف والمشاعر
pathetic fallacy خَلْع الصفات البشرية على مظاهر الطبيعة (مثل قولك: عاصفة مستبدّة)
2. (pitiful) (منظر) يثير العطف والشفقة، مُحْزِن
3. (*sl.*, inadequate) مُقْرِف
his typing is pathetic كتابته على الآلة في غاية الرداءة

pathfinder, *n.*; *now usu. fig., of aircraft* طائرة تهدي غيرها إلى موضع الهدف بالضبط

patho-, *in comb.* (سابقة بمعنى) مرض أو عِلّة

pathological, *a.* باثولوجي، مَرَضيّ ؛ (شذوذ) راجع إلى اضطراب عقليّ

patholog/y, *n.* (**-ist,** *n.*) الباثولوجيا ، علم الأمراض، الاخصائي في علم الأمراض

pathos, *n.* ما يثير الشفقة والرثاء

pathway, *n.* مَمْشىً، مَمَرّ، مسلك

patience, *n.* 1. (endurance, toleration) صبر، طول الأناة أو الروح، سعة الصدر

he had no patience for (with) . . . لا يطيق الاستماع (إلى العظات مثلاً)

he lost patience with . . . ضَاقَ ذرعًا، نَفِدَ صبره، عِيل صبره

my patience is exhausted عِيل صَبْري، لم يبقَ في قوس الصَبْر منزع

he is out of patience with . . . ضَاقَ صَدْرُه بِ

it is enough to try anyone's patience إن أيوب ليضيق صدرًا بمثل هذا (السلوك)

2. (card game) لعبة ورق يلعبها شخص واحد

patient, *a.* صابر، صبور، طويل البال أو الروح أو الأناة، واسع الصدر، حليم

patient, *n.* مريض ، عليل

patina, *n.* زنجار يعلو النحاس القديم ؛ بريق يكسو الأثاث الخشبي القديم

patio, *n.* ساحة الدار أو صحنه، عرصة

patois, *n.* لهجة محلّية أو عامية

patriarch, *n.* (**-al,** *a.*) بَطْرِيَرْك، بطريك ؛ ربّ العائلة أو القبيلة، شيخ وقور

patriarchy, *n.* طائفة من الأسرات المتقاربة يحكمها أكبر ذكورها سِنًّا

patrician, *a.* & *n.* 1. (Roman hist.) بطريق ؛ بطريقي، نبيل (تاريخ روماني)

2. (aristocratic) أصيل، ذو أصل عريق

patrimony, *n.* تَرِكة الأب لابنه، إرثه ، ميراثه ؛ أوقاف كنسية

patriot, *n.* (**-ic,** *a.*) وطني، محبّ لوطنه ومخلص له ومتحمّس في الدفاع عنه

patriotism, *n.* الوطنية، حبّ الوطن

patrol, *n.* 1. (action of patrolling) خروج الجند أو الشرطة أو الخفر في دورية

on patrol في دورية (حراسة مثلاً)

2. (man or body of men patrolling) خفير، دورية ، عاسّ، عَسَس

highway patrol دورية المرور في الطرق العامّة

3. (group of ships or aircraft) سفن أو طائرات في دورية حراسة

v.t. & *i.* عَسَّ، خَفَرَ

patrolman, *n.* (U.S.) شُرْطِيّ أمريكيّ يُكَلَّف بالخِفارة في مِنْطَقَة مُعَيَّنة بالمَدِينَة

patron, *n.* 1. (protector; supporter) ثريّ يُعين رجال الفنّ والأدب بمساعدات مادّية، حاميهم

St. George is the patron saint of England القديس جورج هو شفيع الشعب الانكليزي

he is a patron of the arts هو راعي الفنون والآداب

2. (regular customer) من الزبائن أو العملاء

patronage, *n.* 1. (protection) (احتفال تحت رعاية (ولي العهد مثلًا)، تشجيع مادّي (للفنّان)

2. (patronizing airs) معاملة بغطرسة وتَرَفُّع

3. (customer support) زبانة، عمالة تجارية

patronize, *v.t.* 1. (protect) أعان (الفنّانين) بمساعدة مادّية، نَاصَرَهم، بَسَطَ عليهم حمايته

2. (treat condescendingly) عامله بغطرسة واستعلاء، شمخت بأنفها على (أترابها)

3. (be regular customer of) (زبون) يتردّد على محلّ تجاري باستمرار، من عملائه الدائمين

patronymic, *a. & n.* اسم شخص مركّب من اسم أبيه (أو أحد أسلافه) مع بادئة أو لاحقة (مثل روبرتسون)

patter, *n.* 1. (tapping noise) (سمعت) طقطقة (المطر على السقف مثلًا)، وَقْع (خطوات الأطفال مثلًا)

2. (rapid or set speech) عبارات خاصّة يردّدها (الحاوي مثلًا)؛ رطانة (اللصوص)

v.i. 1. (make light rapid sound) قَرَعَت (قطراتُ المطرِ الزجاجَ) قرعًا خفيفًا

2. (speak rapidly); *also v.t.* ردّد (المشعوذ أو الممثل الهزلي) كلماته بسرعة وبطريقة آلية

pattern, *n.* 1. (model for manufacture) النَّمَط الأَصْليّ الّذي يُحاكَى عِند صُنْع مَثِيله

dress pattern نموذج من الورق تقص السيدة قماش الفستان وتفصّله طبقًا له، باترون

foundry pattern أورنيك لسبك المعادن

2. (standardized form) طراز، أسلوب

all of a pattern كلّهم من طراز واحد، ليس بينهم فرق ولا تمييز، ينسجون على غرار واحد

conform to pattern, follow a pattern يتبعون نفس الأسلوب، يتصرفون بنفس الطريقة (المتوقعة)

patterns of behaviour أنماط السلوك

3. (ideal example) قدوة، مثال، أُسْوة

she is a pattern of virtue إنّها مَثَل أعلى لمكارم الأخلاق، هي قدوة يحتذى بها

4. (design) تصميم مرسوم

the pattern of the minarets against the sky تلوح المآذن كأنّها منقوشة على صفحة الأفق

v.t. 1. (model *something* on) (هذا الفستان) منقول من نموذج أو موديل (فرنسي مثلًا)

2. (design, decorate) زَخْرَفَ، زَرْكَش

patty, *n.* فطيرة محشوّة باللحم تشبه السنبوسك

patty-pan قالب صغير لخبز الفطائر

paucity, *n.* قِلّة، نُدْرة، ضآلة (الدخل مثلًا)

paunch, *n.* بَطْن، كِرْش، بَطْن ضَخْم

pauper, *n.* مسكين يتلقّى إعانة خيرية، فقير، معوز، معسر، ضيّق ذات اليد، محتاج

a pauper's grave قَبْر حقير يدفن فيه الفقير

pause, *n.* 1. (interval) فترة، برهة، وَقْفة

all these gave him pause كلّ هذه الأحداث جعلته يتريث ويعيد النظر والتفكير في موقفه

without pause دون انقطاع أو توقّف

2. (*mus.*) علامة إطالة النغمة أو الوقفة

v.i. وَقَفَ أو تَوَقَّفَ لحظةً، تَرَيَّثَ، تَأَنَّى

pave, *v.t.* بَلَّطَ، رَصَفَ، عَبَّدَ (الطريق)

(*fig.*)
pave the way for مَهَّدَ السبيل أو أَعَدَّ الطريق (للإصلاح مثلًا)، سَهَّلَ الأمر له

pavement, *n.* 1. (prepared floor surface)
Roman pavement أرضية مبلّطة بالفسيفساء المزركشة في منازل الرومان قديمًا

2. (thoroughfare for pedestrians) رصيف (أرصفة)، افريز الشارع، طوار

pavement artist مُتسوِّل يرسم لوحاته بالطباشير الملوّن على رصيف شارع رئيسي

pavilion, *n.* 1. (building) بناء أو جناح في ساحة المعرض؛ مبنى خاصّ باللاعبين في أرض الملعب

2. (tent) خيمة كبيرة، سرادق، صيوان

paving, *n.* تبليط، موادّ مستعملة في الرصف

paving-stone حجر التبليط أو الرصف، بلاطة

paw, *n.* 1. (of animal) كَفّ الحيوان (كالكلب أو القرد - أيّ حيوان بلا حافر)

2. (*coll.*, human hand) يد (اصطلاح عامي)

take your dirty paws off me! ابعد عنّي أيها الوغد! شيل إيدك عنّي!

v.t. 1. (*of animals*, strike with foot) خَدَشَ (الحصان) الأرض بحافره

2. (handle in an unpleasant way) عاثها بيده

pawl, *n.* سقاطة، ماسكة لتثبيت الترس

pawn, *n.* 1. (chess-man) عَسْكَري أو بَيْدَق في لُعْبَة الشِّطْرنج

(*fig.*)
a mere pawn in the game ليس إلّا دمية تحركها أصابع خفيّة

2. (pledge) رَهْن أو وديعة (لاقتراض مال)

take out of (redeem from) pawn فَكَّ الرَهْن، استعاد الرهينة (بدفع المبلغ المقترض)

v.t. رَهَنَ (ساعته مثلًا) عند المرتهِن

pawnbroker, *n.* مُرْتَهِن، صاحب محلّ رهونات

pawnshop, *n.* محلّ رهونات، دكان للتسليف أو الإقراض مقابل رهن

pax, *n.* 1. (peace) سلام، سلم (في اللاتينية)

pax vobiscum السلام لكم (اصطلاح كنسي)

2. (*schoolboy slang*) بسّ! كفى عراكًا! (يقولها الصبي لزميله طالبًا الهدنة)

pay (*pret. & past p.* paid), *v.t. & i.* 1. (give what is due) دَفَعَ (مبلغًا)

pay as you earn (taxation method); *abbr.* P.A.Y.E. استقطاع الضرائب أولًا بأوّل

pay cash ⟨down⟩ دفع الثمن نقدًا

pay a debt سَدَّدَ دَينًا أو وفى به

he paid for his crime in full لَقِيَ جزاء ما اقترفت يداه، نال ما يستحقّ من عقاب

you'll pay for this أنا وراك والزمان طويل (مصر)، لن تهرب من عقابي فالأيام بيننا

he paid on the nail دَفَعَ المبلغ المستحقّ فورًا وبدون أدنى تأجيل

he paid his way دفع نصيبه من النفقات العامّة، وازن بين دخله ومصروفاته

he paid the penalty لقي جزاءه، لقي حتفه

he had to pay through the nose أُرْغِمَ على دَفْع ثَمَن باهِظ

his illness put paid to his career قَضَى مرضه على مستقبله في مهنته

2. (adverbial compounds)

he paid back the loan رَدَّ سلفة أو قرضًا، سَدَّدَ الدَيْن

pay off a debt (settle) وَفَى بالدَيْن كلّه، رَدّه بأكمله

pay off workers (dismiss) دَفَعَ للعمّال أجورهم للمرّة الأخيرة (بمعنى أنّه طَرَدَهم)

the pay-off حصيلة المشروع؛ لحظة التنوير (قصّة)

pay out rope (let out) ظَلَّ (البحّار) يرخي الحبْل (لزميله مثلًا)

he paid him out إِنْتَقَمَ من (خصمه)

you must pay up and look pleasant لا مفرّ من الدفع وأمرك لله!

paid-up policy بوليسة خالصة (تأمين على الحياة)

he is a fully paid-up member هو عضو كامل (في النادي مثلًا وله كلّ الحقوق والامتيازات)

3. (*v.t.*, render)

pay attention (to) إِنْتَبَهَ (التلميذ للمدرس مثلًا)، إِلْتَفَتَ إليه، أعاره اِهتمامًا، أَصْغَى إليه

pay a call (on) قَامَ بزيارة رسمية

pay a compliment (to) أَثْنَى على (سهارتها في إدارة البيت)، أطراها، جاملها

pay court to تَوَدَّدَ أو تَقَرَّبَ إليها

you must pay heed to my instructions عليك أن تنفّذ تعليماتي بحذافيرها

without paying regard to . . . وبغضّ النظر عن...، بغير الأخذ بنظر الاعتبار، متجاهلًا

he paid his regards (respects) to . . . قَدَّمَ تحياته واحترامه إلى (شخصية هامّة مثلًا)

he paid his last respects (to) وَدَّعَه الوداع الأخير (باشتراكه في تشييع جنازته)

pay tribute (to) قَرَّظَه، مدحه، أَشاد بذكره، نَوَّهَ بجهوده ومساعيه

pay a visit (to) زَارَه، قَامَ بزيارته، مَرَّ عليه

4. (*v.i.*, be profitable); *also* pay dividends أَفَادَ

crime does not pay الجريمة عاقبتها وخيمة، لن تفيدك الجريمة في انتهاء الأمر

it will pay you to wait قد يكون من صالحك أن تؤجّل (الشراء مثلًا) أو البتّ في الموضوع

reorganization will make the business pay سَتُؤَدّي إِعادَة تَنْظيم التِّجارة إلى الرِّبْح

n. أجر العامل (ما يتقاضاه في الأسبوع عادةً)، راتب (العسكريين محسوبًا باليوم)

back pay المستحقّ من الراتب المتأخّر أو بعد رفع الأجر (بشهور مثلًا)

he is in the pay of the enemy إنّه خائن لبلاده وفي خدمة العدوّ، ممالئ له

a half-pay colonel عقيد أحيل على الاستيداع (يأخذ نصف مرتبه ويتقاعد عن العمل)

pay-day يوم القبض أو صرف المرتبات والأجور للمستخدمين

payable, *a.* (مبلغ) يجب دفعه في (أو حتّى) تاريخ معيّن

payee, *n.* المستفيد بحوالة مالية أو بشيك مسحوب على بنك

payload, *n.* حمولة الطائرة من ركّاب وبضائع يدفع عليها أجر، الحِمْل الآجر أو المفيد

paymaster, *n.* صرّاف الأجور أو الرواتب (عسكرية)

Paymaster-General أكبر موظّفي وزارة الخزانة

payment, *n.* دَفع، وفاء، سداد المبلغ أو صرفه؛ دُفعة من المال

down payment دُفعة أولى (عند الشراء بالتقسيط)

he bought his car on easy payments (*coll.*) اشترى سيارته بنظام التقسيط المريح

payroll, *n.* كشف الأجور، بيان الرواتب

pea, *n.* بسلّة، بزلّة، بازلّاء، بازيليا

as like as ⟨two⟩ peas in a pod كأنّهما فولة وانقسمت نصفين، يتشابهان كأنّهما توْ أمان

pea-shooter أنبوبة (معدنية) يستعملها الصبيان لقذف حبوب البازلاء المجفّفة (للمعاكسة)

pea-soup (fog); *also* pea-souper ضباب كثيف قاتم ممتلئ بدخان المصانع (في لندن عادةً)

split pea بسلّة جافّة مدشوشة

sweet pea زهر البازلّاء العَطِر، جُلُبّان (شام)

peace, *n.* 1. (freedom or cessation from war, *lit. & fig.*) سلام، سِلْم، صُلْح

at peace (with) في حالة سِلْم مع

make peace (with) أنْهَى حالة الحرب مع (العدوّ)، صالحه أو سالمه

peace movement الدعوة إلى السلام

peace offering هديّة تُقدّم لاسترضاء (شخص)

peace-time السلام، وقت السلام

2. (civil order)

break the peace أخَلّ بالنظام والسكينة العامّة

keep the peace حَافَظَ على الأمن، (تَعَهَّدَ المتهم أمام المحكمة) بمراعاة النظام العامّ

3. (tranquillity) هدوء، سكون، راحة، اطمئنان، سكينة، دَعَة

hold one's peace أَمْسَكَ عن الكلام أو التعليق (منعًا للخلاف والمشاحنات)

may he rest in peace! رَحِمَه اللّه! عَليه رَحْمَة اللّه

peace and quiet (التمس بعض) الهدوء والسكينة

peace of mind راحة البال، اطمئنان، طمأنينة

peace be with you! السلام عليكم أو لكم!

peaceable, *a.* مُسالِم، غير مشاغب

peaceful, *a.* (شَعْب) مُسالِم، (أُمْسِية) هادِئة

peacemaker, *n.* مَنْ يُصْلِح ذَاتَ البَيْن

peach, *n.* 1. (fruit and tree) دراقة، دراقنة، خوخة (مصر)؛ شجرة الدراق أو الخوخ

2. (*sl.*)

I've landed a peach of a job حصلت على شُغلة هايلة

she's a peach! أمّا بنت حلوة! قَمُّورة

3. (colour); *also a.* لون ضارب إلى الوردي الفاتح، لون الخوخ أو الدراق

peach, *v.i.* (*sl.*) فَتَنَ عليه (عامّية)، وَشَى به

don't peach on (against) me! لا تفتن عليّ!

peacock, *n.* طاوُوس (طواويس)

(*fig.*) غندور، متبختر، معجب بنفسه، متباهٍ

peahen, *n.* طاووسة، أنثى الطاووس

pea-jacket, *n.* معطف قصير من قماش صوفي سميك يرتديه البحارة (غالبًا)

peak, *n.* 1. (mountain top) قمّة الجبل أو ذروته (وهي مخروطية الشكل في الغالب)

(*fig.*, highest point) أوج، ذروة

he is at the peak of his career لقد بَلَغ ذروة المجد في ميدان عمله

peak load (*elec.*) أقصى حمولة (على مُوَلِّد كهربائي)

2. (of a cap) الحافة الصلبة المُثبَّتة في مقدّمة القبّعة أو الكَسْكِيتّة

peaked, *a.* (*coll.*); *also* **peaky** شاحب الوجه، مصفر

peal, *n.* رنين، دويّ، قصف، قرع، جلجلة

peal of bells قرع الأجراس بصوت مُدَوّ؛ نغمة متكررة (قصيرة عادةً) للأجراس؛ مجموعة أجراس

peal of thunder قصف الرعد أو هزيمه أو صَعْقه (هدير يسمع أثناء العواصف الرعدية)

peals of laughter قهقهة الضحك أو جلجلته

v.t. قَرَعَت (الضجّة) الآذان

v.i. رَنَّ (الجرس)، قَصَفَ (الرعد)، جَلْجَلَ (الناقوس)

peanut, *n.* فول سوداني، فستق عبيد

it's peanuts for him (*U.S. sl.*) هذا مبلغ تافه في نظره، إنه يعتبر ثمنه زهيداً

pear, *n.* فاكهة الكمثرى أو الإجّاص

pearl, *n.* لؤلؤ (لآلئ)، دُرّة (دُرَر)

cast pearls before swine طرح الدُرّ أمام الخنازير، قدّم عملًا فنّيًّا رائعًا لمن لا يميّز بين الصالح والطالح

pearl-diver غطّاس أو صيّاد اللؤلؤ

pearl barley شعير مبرغل، شعير لولي (مصر)

seed pearl لؤلؤة صغيرة الحجم

pearlies, *n.pl.* أزرار لُؤْلؤيّة كبيرة ؛ بَاعَة لَنْدن المُتَجَوِّلون (يَرْتَدُون مَلابِس مُزَرْكَشَة)

peasant, *n.* فَلّاح (علك قطعة أرض صغيرة)

peasantry, *n.* طبقة الفلّاحين

peat, *n.* فحم عضوي يستخرج من المستنقعات (ويستعمل في التدفئة أو في البستنة)

pebble, *n.* 1. (small stone) حصاة، حصباء، زلطة

you are not the only pebble on the beach هناك غيرك! لا تعتبر أنّك الوحيد في هذا الميدان!

pebble-dash طبقة من الجبس تقذف عليها الحصباء قبل أن يجفّ (على الجدران الخارجية للمنازل)

2. (transparent crystal) نوع من البلّور الصخري

pebble glasses نظارات أو عوينات ذات عدستين سميكتين (من البلور الصخري)

pecan nut, *n.* جوز البقان، قارة زيتونية

peccadillo, *n.* هفوة طفيفة، زلّة صغيرة

peck, *n.* 1. (measure) مِكيال (للحبوب) حَجْمه جَالونان أو رُبْع بُوشل

2. (act of pecking) نقرة (بمنقار طائر)

(*fam.*, kiss) قبلة سريعة بغير عاطفة

v.t. & i. نَقَرَ؛ اِلْتَقَطَ (الحَبَّ) بالمنقار

peck at one's food أَكَلَ قدرًا قليلًا وبغير شهيّة؛ نَقْنَقَ في الأكل

pecker, *n.* (*sl.*); *only in*
keep your pecker up! شـدّ حيلك! لا تيْأس! الصبر جميل!

peckish, *a.* (*coll.*) جوعان، يحس ببعض الشهيّة

pectin, *n.* البكتين، مادّة هلامية التركيب توجد في بعض الثمار وتساعد على تجمّد لمربّى عند عملها

pectoral, *a.* نسبة إلى الصدر، صدري؛ مفيد في علاج الأمراض الصدرية

pecul/ate, *v.t. & i.* (**-ation,** *n.*) اخْتَلَسَ مالاً؛ اختلاس، استيلاء (الموظّف) على أموال عامّة

peculiar, *a.* 1. (exclusive *to*) خاص (به)، وقف (عليه)
2. (strange) شاذّ، غريب، غير مألوف

peculiarity, *n.* 1. (characteristic) ميزة، (مميزات، ميزات)، خاصة (خواصّ)
2. (oddity) شذوذ (سلوكه)، غرابة (ملبسه)

pecuniary, *a.* (مكافأة) نقدية أو مالية

pedagogue, *n.* مُرَبٍّ، مهذّب، معلّم متزمّت

pedagog/y, *n.* (**-ic,** *a.*) علم البيداجوجيا، أصول التربية والتهذيب

pedal, *n.* بدّال (الدرّاجة أو الأرغن)، دوّاسة تضغط بالقدم لإدارة الآلة
v.t. & i. حرّكَ الدواسة أو البدّال لتشغيل الأرغن أو الآلة

pedant, *n.* (**-ic,** *a.*) مُتَزَمّت، من يتمسّك بحرفية القانون متجاهلاً روحه، مُتَحَذْلِق

pedantry, *n.* تَزَمُّت مُفْرِط، تحذلق

peddle, *v.t. & i.* تَجَوَّلَ لبيع (خردواته) من منزل إلى آخر
peddle one's wares (*also fig.*) طَافَ لبيع بضاعته أو توزيع سلعه؛ عرض كفاءته الشخصية على ...

peddler, *see* **pedlar**

pederast, *see* **paederast**

pedestal, *n.* قاعدة العمود أو التمثال، ركيزة، سَنَد
pedestal wash-basin حوض لغسيل الوجه واليدين يستند على قاعدة كالعمود
set someone on a pedestal رَفَعَ شخصًا إلى مصاف الآلهة، ألّهَه

pedestrian, *a.* 1. (going on foot) نسبة إلى السير على الأقدام
2. (prosaic) مُبتذَل، لا يمتاز بأية ميزة فنّية
n. ماشٍ، سائر، مُتَرَجِّل
pedestrian crossing مكان خاصّ لعبور المشاة

pediatrician, *see* **paediatrician**

pedicure, *n.* العناية بالأقدام وأظافرها (كحرفة)؛ اخصائي في علاج الأقدام

pedigree, *n.* نَسَب، سلالة، أصل
pedigree horse حصان أو جواد أصيل

pediment, *n.* حِلية مثلثة في أعلى واجهة البناء

pedlar, *n.* بائع متجوّل أو جوّال أو جائل

pedometer, *n.* آلة لقياس المسافة المقطوعة مشيًا

peek, *v.i.* اِسْتَرَقَ أو اختلس النظر
n. نظرة مختلسة أو خاطفة

peel, *n.* قشرة (البرتقال مثلاً)
v.t. (remove skin from) قَشَّرَ (البطاطِس)

keep one's eyes peeled (*coll.*) ظَلَّ مُتَيَقِّظًا أو مُنْتَبِهًا لِما يَحْدُثُ

peel off (*coll.*, remove *one's clothes*) نَزَعَ ملابسه، خَلَعَ هدومه

v.i. 1. (*of a tree*, lose bark) تَساقَطَ لحاء الشجرة

2. (*of walls*, lose paint or paper; *of paint or paper*, come away from wall) تَساقَطَ ورق الحيطان أوطلاء الجدران

3. (*of a person*, lose skin by sunburn) اِنْسَلَخَ جلده (بتأثيرحرارة الشمس)

4. (detach oneself from group)

the fighter aircraft peeled off to attack إنْفَصَلَت الطائرات المقاتلة عن السرب واحدة واحدة لتقوم بالهجوم

peeling, *n.* قشرة منزوعة (عن الفاكهة مثلًا)

potato peelings قشور البطاطس أو البطاطا (بعد تقشيرها)

peep, *v.i.* 1. (become visible); *also* peep out بَدا، بَدَرَ، ظَهَرَ، لاحَ (القمر مثلًا)

2. (look furtively) إِسْتَرَقَ أو إِخْتَلَسَ النظر

peeping Tom من يختلس النظر إلى النساء في خلوتهن

n. 1. (look) نظرة سريعة مختلسة

peep-show صندوق الدنيا

2. (shrill sound) وَصْوصة (الفرخ)؛ صفير قصير

I couldn't get a peep out of him لم ينبس ببنت شفة، لم أستطع ان انتزع كلمة واحدة منه

peephole, *n.* ثُقب صغير يُنْظَر منه

peer, *n.* 1. (equal) مثيل، نظير، شبيه، ندّ

without peer لا مثيل له، لا يضاهَى

2. (noble) نبيل أو شريف انكليزي

House of Peers مجلس اللوردات، (في البرلمان الانكليزي)

peer, *v.i.* حَدَّقَ في الشيء (لضعف بصره)

peerage, *n.* سِجِلّ الأشراف والنبلاء

peeress, *n.* قرينة لورد انكليزي

peerless, *a.* فريد، فذّ، لا يضاهى، لا مثيل له، نسيج وحده، منقطع النظير

peeved, *a.* (*sl.*) مغموم وعابس الوجه، مُتَكَدِّر

peevish, *a.* شَرِس، صعب الإرضاء

peewit, *n.*; *also* **pewit** سقساقة، زقزاق، أبو طيط (طائر)

peg, *n.* مسمار خشبي؛ مشبك الغسيل؛ ملوًى في آلة موسيقية وَتَرية

hat-peg مشجب، شماعة (لتعليق القبّعات)

he buys his clothes off the peg يشتري ملابسه جاهزة (أي دون تفصيل)

peg-top خذروف، نحلة (لعبة الأطفال)

he is a square peg in a round hole إنّه يؤدي وظيفة لا تناسب مؤهلاته أو مزاجه

peg to hang a discourse on حُجّة يتعلّل بها الخطيب، عُذر أو تعلّة يستند اليها (كاتب المقالة)

he took him down a peg ⟨or two⟩ قَلَّمَ أظافير غروره، أوقفه عندحدّه، أَنْزَلَه من علياء تكبّره

v.t. & i.

peg away (at) جدّ أو إِجْتَهَدَ (في عمله)، ثابَرَ (على دراسته)، بَذَلَ جهودًا متواصلة

peg down ثَبَّتَ (أَوْتاد الخَيْمَة مَثلًا)

he pegged out a claim حَدَّدَ قطعة أرض بوضع أوتاد عند أطرافها مُدَّعيًا ملكيته لها

peg out clothes نَشَرَ الغسيل على الحبل

peg out (*sl.*, die) مَاتَ ، قضى نحبه

peg prices ثَبَّتَ الأسعار عند مستوًى معيَّن

peignoir, *n.* رداء فضفاض للمرأة (عند التزيين)

pejorative, *a.* (كلمة) تستعمل للازدراء والتحقير

pekin(g)ese, *n.* جنس من الكلاب الصغيرة

pelargonium, *n.* نبات من فصيلة الغرنوقيات يشبه إبرة الراعي

pelf, *n.* (*derog.*) فلوس ، مصاري

pelican, *n.* بجع ، قوق (طائر مائي عريض المنقار طويله له جيب تحت منقاره لحفظ الطعام)

pellagra, *n.* داء البلاجرا ، حصاف (طبّ)

pellet, *n.* 1. (small piece of paper, bread, etc.) قطعة ورق أو خبز مبلّل تكوّر بين الأصابع

2. (small shot) رصاصة صغيرة (للصيد)

3. (pill) حبّة كرويّة من الدواء

pell-mell, *adv.* (تفرّقوا) شَذَر مَذَر، أو أيدي سبأ، هرج مرج، خلط ملط، فوضى

pellucid, *a.* شفاف، نير، صافٍ؛ (أسلوب) واضح

Pelmanism, *n.* طريقة خاصّة لتمرين الذاكرة (شاعت في أوائل القرن الحالي)

pelmet, *n.* كنار يغطّي أعلى ستار النافذة

pelt, *n.* جلد الحيوان بوبره أو صوفه، فروة

pelt, *v.t.* قَذَفَ شخصًا (بالحصباء أو الأحجار)

v.i. 1. (*of rain*); *also* pelt down هَطَلَ المطر

2. (hurry); *also n.* أَسْرَعَ ، تَعَجَّلَ ، هَرْوَلَ

at full pelt جَرَى بأقصى سرعة، انْطَلَقَ بسرعة فائقة

pelv/is, *n.* (**-ic,** *a.*) التجويف الحوضي، الحوض (طبّ)

pemmican, *n.* لَحْمُ الجاموس يعده هنود أمريكا الحمر بفرمه وتجفيفه

pen, *n.* 1. (enclosure) حَظيرة ، زريبة

play-pen سور خشبي من أربعة جوانب يلعب الطفل داخله

2. (writing instrument) قلم حِبْر، ريشة، يراع

he made a living by his pen عَاشَ على ما تكسّبه من كتابة المقالات والكتب، احترف الكتابة

pen-friend صديق بالمراسلة (يتبادل الرسائل بانتظام مع أجنبي لم يقابله بعد)

pen-holder يد الريشة (يوضع فيها السنّ)

pen-name (يكتب تحت) اسم مستعار

pen-nib سنّ معدني لقلم الحِبْر

3. (female swan) أنثى التَمّ أو الإوزّ العراقي (طائر مائي طويل العنق)

v.t. 1. (shut in); *also* pen up; pen in حَبَسَ (الماشية في حظيرة)، زربها

2. (write, compose) حَرَّرَ أو دَبَّجَ (خطابًا)، سَطَّرَ (رسالة)

penal, *a.* (إجراء) جزائي، ينطوي على جزاء أو قصاص

penal code قَانُون العُقوبات (القَوانين الجزائية المتعلقة بخرق القانون)

penal colony (settlement) مستعمرة ينفى إليها المجرمون ويحجزون فيها (قديمًا)

penal servitude اشغال شاقة (لمدّة لا تقلّ عن ثلاث سنوات طبق القانون الانكليزي)

penalize, *v.t.* (*also fig.*) قرّر أن (التدخين مثلًا) مخالفة يعاقب عليها؛ ظلَمَ فردًا تحيزًا ضدّه

penalty, *n.* 1. (punishment) عقوبة، قصاص، غرامة (طبق قانون العقوبات)

he paid the penalty لقِيَ جزاءه، نالَ ما يستحقّه من عقاب؛ دَفَعَ بحياته ثمنًا لجريمته

forbidden under penalty of death (إفشاء الأسرار الحربية مثلًا) عمل محظور عقوبته الإعدام

2. (disadvantage, *in sport*, *etc.*) جزاء، غرامة

penalty area منطقة حرام (بالقرب من المرمى في ميدان كرة القدم مثلًا)

penalty goal هدف يُحْرَز نتيجة ضربة جزاء (في كرة القدم)

penance, *n.* كفّارة، عقوبة دينية للتكفير عن ذنب اقترفه الفرد (ديانة مسيحية)

he did penance كفّرَ عن ذنوبه (بالصوم مثلًا)

pence, *pl. of* **penny**

penchant, *n.* ميل النفس إلى، هوًى (للموسيقى مثلًا)

pencil, *n.* قَلَم (رصاص للكتابة أو للرسم)؛ كلّ شيء اسطواني يشبه القلم في الشكل

pencil-case مقلمة، حافظة الأقلام

eyebrow pencil قلم الحواجب (قلم ماكياج تستعمله المرأة لتخطيط حاجبيها وتزجيجهما)

pencil of rays حُزْمة من الأشعّة

v.t. كَتَبَ بقلم رصاص، رَسَمَ به، وَضَعَ علامة بالقلم الرصاص على هامش الكتاب مثلًا

pend/ant (-ent), *n.* 1. (ornament) قِلادة للعُنق، حِلية تَتَدلّى من سِلسِلة

2. (*naut.*, flag) راية مثلثة تحملها السفن

pend/ent (-ant), *a.* معلّق، متدلٍّ من

pending, *a.* (أمر) معلّق، في انتظار البت فيه

patent pending حقّ الامتياز لم يُبَتّ فيه بعد

pending tray سلّة (على مكتب الموظّف) يضع فيها المراسلات التي لا تزال قيد البحث أو النظر

prep. 1. (during) في أثناء، خلال

pending the alterations he stayed with his aunt أقامَ مع عمّته أو خالته أثناء اجراء الإصلاحات في منزله

2. (until) حتّى، إلى حين (وصوله)؛ إلى أن

pendulous, *a.* معلّق، مُتَدَلٍّ (كشفة الجَمَل مثلًا)، مُتَهدّل، نوّاس متذبذب

pendulum, *n.* البندول، رقاص ساعة الحائط، خطّار، نوّاس (سوريا)

the swing of the pendulum (*fig.*) تحوّل الرأي العامّ من طرف إلى آخر (كشيء محتوم)، يوم لك ويوم عليك

penetrable, *a.* يمكن اختراقه أو النفاذ خلاله، لا يقام حاجزًا أو مانعًا

penetrate, *v.t.* & *i.* اخْتَرَقَ، نَفَذَ إلى داخل ...، تَوَغَّل إلى، تَغَلْغَلَ؛ (عقل) يحلّ (المعضلات)

penetrating oil زيت خاص (مركّب من زيوت مختلفة) له القدرة على النفاذ خلال الصدأ وتسهيل فكّ الصواميل الصدئة مثلًا

they penetrated his disguise تمكّنوا من معْرِفته بالرّغم من تنكّره

a penetrating voice صوت عالٍ أو جهير ذو نبرات نفّاذة تُسْمَع من بعيد بوضوح

penetration, *n.* اختراق، توغّل، نفاذ (الضوء)

peaceful penetration بسط النفوذ على دولة أخرى بالوسائل السلمية (كالمعونة الاقتصادية الخ)

(*fig.*, mental insight) ذهن ثاقب، بصيرة نفاذة، إدراك عقلي مُرْهَف

penguin, *n.* بطريق، أكتع (وهو طائر بحري أجنحته مجدافية وموطنه القارة القطبية الجنوبية)

penicillin, *n.* البِنْسِلين (أحد المضادّات الحيويّة)

peninsula, *n.* (**-r,** *a.*) شِبْه جَزيرة؛ نِسبة إلى شِبه الجَزيرة

penis, *n.* القَضِيب، العُضْو التّناسُليّ عند الذّكر

penitence, *n.* الندم، التوبة

penitent, *a.* & *n.* تائب، نادِم

penitential, *a.* نسبة إلى الندم أو التوبة، كفاري

penitentiary, *a.* تأديبي، تهذيبي، إصلاحي

n. سجن (سجون) (اصطلاح شائع في الولايات المتّحدة الأمريكية)

penknife, *n.* مطواة، سكين صغير للجيب

penmanship, *n.* فنّ الخطّ الجميل

pennant, *n.* راية طويلة مثلثة الشكل ترفع على السفن لتدلّ على تبعيتها أو لإعطاء الإشارات

penniless, *a.* لا يملك شروى نقير، صفر اليدين

pennon, *n.* عَلَم صغير (يدلّ على رتبة الضابط)

penn'orth, *contr. of* **pennyworth**

penny, *n.* (*pl.* pennies, pence) بنس (بنسات)، وهو جزء من أثني عشر جزءًا من الشلن

a penny for your thoughts! أشركني في أفكارك! ما الذي يقلق بالك؟

it will cost a pretty penny سيكلّفك كثيرًا

at last the penny dropped أخيرًا وبعد لأي طويل فَهِمَ قصدي

penny-a-liner كاتب أجير أو مُرْتَزِق، صحفي يكتب مقالات تافهة

penny-farthing ⟨bicycle⟩ درّاجة قديمة ذات عجلة أمامية كبيرة جدًّا وخلفية صغيرة

penny wise ⟨and pound foolish⟩ يشتري أرخص سلعة بغضّ النظر عن رداءتها، يوفر الملاليم ويبذر الدنانير

he turned up like a bad penny عَادَ إلينا بالرغم من عدم ترحيبنا به ورغبتنا في التخلص منه

pennyworth, *n.*; *contr.* **penn'orth** ما قيمته بنس واحد؛ مقدار تافه

penology, *n.* علم يبحث في إدارة السجون ومعاملة المجرمين

pension, *n.* معاش، راتب التقاعد

old-age pension معاش الشيخوخة (تدفعه الحكومة)

v.t.

pension off أَحَالَ إلى التقاعد، أَحَالَ على المعاش

pension, *n.* پنسيون، نَزْل للسكنى والمأكل

the *en pension* rates have gone up ارتفعت أسعار الإقامة في البنسيونات أخيرًا

pensioner, *n.* متقاعد، من أرباب المعاشات، من يعيش على راتب التقاعد

pensive, *a.* شجيّ وحزين، مشغول البال، غارق في الأفكار، مستغرق في التأمل

pent, *a.*; *also* **pent-up, pent-in** مُحاصَر، مَكْبُوت، حَبِيس

penta-, *pref.* (سابقة بمعنى) خَمْسة

pentacle, *n.* شكل خماسي (كرمز سحري)

pentagon, *n.* مضلّع خماسي، مُخَمَّس (رياضيات)

the Pentagon مقرّ وزارة الدفاع الأمريكية

pentagram, *n.* نجمة ذات خمس زوايا، نجم خماسي (رياضيات)

pentameter, *n.* وزن من أوزان الشعر الأوروبي ذو خمس تفاعيل (في السطر الواحد)

Pentateuch, *n.* التوراة، أسفار موسى الخمسة

pentathlon, *n.* مباراة رياضية تتكون من خمس مسابقات مختلفة يشترك اللاعب فيها جميعًا

Pentecost, *n.* عيد الخمسين (عند المسيحيين)، عيد الحصاد (عند اليهود)

penthouse, *n.* 1. (annexe with sloping roof) مبنًى جانبي ذو سقف مائل أو كُنّة

2. (apartment on roof) شقة صغيرة مبنية على سطح عمارة سكنية (أمريكية)

pentode, *n.* (*elec.*) صمام خماسي (كهرباء)

penultimate, *a.* & *n.* (الفقرة) الواقعة قبل (الفقرة) الأخيرة (في خطاب مثلًا)

penumbra, *n.* منطقة شبه الظلّ

penurious, *a.* معدم، معوز؛ شحيح، ضنين

penury, *n.* فَقْر، عَوَز، حاجة، إملاق

peon, *n.* 1. (attendant in India) ساعٍ، حاجب

2. (labourer in S. America) عامل بأجر يومي (في أمريكا الجنوبية)؛ مدين يشتغل عند دائنه لتسديد دينه

peony, *n.* زهرة عود الصليب، وَدَح، فاوانيا، فونية (زهرة تزيينية)

people, *n.* ناس، قوم، بنو آدم، بنو البشر

the ⟨common⟩ people العامّة، عامّة الناس، الدهماء، سواد الشعب

a man of the people رجل شهير يبرز من بين الأوساط الشعبية

my people are staying with me (*fam.*) أبواي أو والداي يقيمان معي

the British people الشعب البريطاني

v.t. جَعَل منطقة آهلة بالسكّان، جَلَبَ السكّان إليها

thickly-peopled (منطقة) مزدحمة أو مكتظّة بالسكّان

pep, *n.* (*sl.*) نشاط، حيوية

pep talk خطاب حماسي (يرفع الروح المعنوية)

pep up, *v.t.* (*sl.*) شَجَّعَه، حَثَّه، ملأه حماسًا

pepper, *n.* (مسحوق) الفلفل (الأبيض)

black pepper فلفل أسود مجفّف

pepper-pot; *also* pepper-box, pepper-castor وعاء ذو ثقوب في أعلاه لرشّ الفلفل المسحوق

v.t. 1. (season with pepper) تَبَّلَ الطعام بالفلفل المسحوق

2. (pelt) أمطره (بسيل من الخردق)

3. (*fig.*, tax *with questions*) أمطر (الصحفيون الوزير مثلًا) بوابل من الأسئلة

peppercorn, *n.* 1. (condiment) حبوب فلفل

2. (nominal rent) إيجار اسمي لعقار أو أرض

peppermint, *n.* 1. (plant) نعناع زراعي

2. (oil extract); *also* peppermint oil, oil of peppermint عطر النعناع

3. (sweet) قرص النعناع (صنف من الحلوى)

peppery, *a.* (طعام) حريف لكثرة الفلفل فيه

a peppery old man عجوز شَرِس سريع الغضب

pepsin, *n.* الببسين، الهضمين (مادّة كيمياوية تساعد على الهضم)

peptic, *a.* نسبة إلى الهضم

peptic ulcer قرحة هضمية (طبّ)

per, *prep.* 1. (for each) لكلّ (واحد)

miles per hour; *abbr.* m.p.h. ...ميلاً بالسّاعَة

per annum; *abbr.* p.a. في السنة، سَنَويًّا

per capita حَسَب عَدَد الرُّؤوس أو نِسْبَتها

per cent; *also* percent (٥ ٪) في المائة، بالمئة

per pro; *abbr.* p.p. (توقيع) نيابة عن (مدير مثلًا)

2. (by means of) بوساطة، بواسطة، عن طريق، بوسيلة

as per usual (*coll.*) كالعادة، كالمعتاد، كالمألوف، كالمتّبع

peradventure, *adv.* (*arch.*) إذا حَدَثَ أن ...، في حالة (تغيّبه مثلًا)

perambulate, *v.t. & i.* سَارَ عَلى قَدَمَيْه مُتَجَوِّلا (في أَنْحاء مِنْطَقَة ما)

perambulator, *n.*; *contr.* **pram** عَرَبة صَغيرة بأَرْبَع عَجَلات للطّفْل الوَليد

perceive, *v.t.* 1. (see) أَبْصَرَ، شَاهَدَ، لَاحَظَ

2. (understand) أَدْرَكَ، فَهِمَ، فَطِنَ، وَعَى

percentage, *n.* النسبة المئوية (للربح مثلًا)

perceptible, *a.* 1. (visible) ظاهر، مرئيّ

2. (noticeable) (تغيّر) ملحوظ أو ملموس

perception, *n.* 1. (vision) بصر، نظر

2. (understanding) إدراك، فَهْم، فطنة

perceptive, *a.* بصير، سريع الفهم، فَطِن

perch, *n.* 1. (fish) فرخ (نوع من السمك يعيش في المياه العذبة)

2. (alighting place for bird) مجثم الطيور

he knocked him off his perch (*coll.*) اِنْتَزَعَ منه لقب البطولة أو الرئاسة، غلبه، تَفَوَّقَ عليه

3. (measure of length) مقياس للأطوال يساوي خمس ياردات ونصف (في مسح الأراضي)

v.t., only in past p.

a village perched on a hill قرية قابعة أو جاثمة على أعلى التلّ

perchance, *adv.* رُبَّما، لعلَّ، عسى

percipience, *n.* فطنة، ذكاء، بصيرة، إدراك

percipient, *a.* فَطِن، سريع الفهم، بصير

percolate, *v.i. & t.* تَرَشَّحَ، تَقَطَّرَ

he percolated the coffee أَعَدَّ القهوة في جهاز خاصّ به راووق داخلي لتصفيتها تدريجيًّا

the news percolated slowly to him تَسَرَّبَت الأنباء إليه رويدًا، تَنَاهَى الخبر إلى سمعه

percolator, *n.* جهاز خاصّ لإعداد القهوة به راووق داخلي لتصفيتها تدريجيًّا

percussion, *n.* 1. (striking) طَرق، قَرْع، صَدْم، نَقْر، صوت ضرب جسم بجسم آخر

percussion cap كبسولة القدح بخرطوش الرصاصة

percussion fuse صمامة التفجير (بطرف الدانة)

2. (*mus.*) صوت النقر (موسيقى)

percussion instrument آلة نقر (موسيقى)

perdition, *n.* الجحيم، هلاك الروح

peregrination, *n.* 1. (travelling) الضرب في آفاق الأرض، تطواف، تجوال

2. (journey) رحلة أو جولة (في الخارج عادةً)

peregrine, *n.* الشاهين (طير من فصيلة الصقريات)

peremptory, *a.* 1. (*leg.*) مُلْزِم، نهائي، قطعي

2. (*of a command*) (أمر) حاسم، لا يقبل المناقشة

perennial, *a.* 1. (continuing through all seasons) مستمرّ خلال فصول العام، دائم

2. (*of a plant*, lasting more than two years); *also n.* نبات مُعَمِّر

(*fig.*)

this problem is a hardy perennial هذه المشكلة تتجدّد عامًا بعد عام، لا حلّ لها

perfect, *a.* 1. (faultless) كامِل، بغير عَيْب، لا تشوبه شائبة، معصوم

there is no such thing as the perfect murder سَيُكْشَف سِرّ الجَريمة مهما بَلَغ حَذَر القاتِل

2. (complete in all its parts; *usu. bot.*) (نبات) تامّ من حيث التكوين

3. (exact) مضبوط، مُحْكَم، مُتْقَن

perfect square مُرَبَّع تامّ أو كامِل

the suit is a perfect fit هذه البدلة مفصّلة على مقاسي تمامًا

perfect pitch (*mus.*) نغمة تُوائِم المقياس الدّولي لِتَرَدُّد الذبذبات (موسيقى)

4. (fully trained, accomplished)

practice makes perfect من تدرّب على عَمَل أتقنه، التدريب خير وسيلة للإتّقان

he was word perfect in his part أدّى الممثّل دوره على خشبة المسرح دون أن يخطئ في كلمة واحدة

5. (absolute, entire) مُطْلَق، تامّ

he is a perfect gentleman إنه جنتلمان بكلّ معنى الكلمة، تصرفاته الاجتماعية دائمًا على ما يرام

I felt a perfect fool (عندما أدركت خطأي) كدت أذوب خجلًا وحياءً

6. (*gram.*) صيغة الفعل التامّ (في الماضي)

7. (*mus.*)

perfect interval (fourth, fifth, and octave) فاصلة من ٤ أو ٥ أو ٧ نغمات في السلّم الموسيقي

v.t.

he perfected his knowledge of English (بعد إقامته في انكلترا) أتْقَنَ الانكليزية إتقانًا تامًّا

perfection, *n.* 1. (faultlessness) (بَلَغَ حدّ) الكمال أو الإتقان

2. (the highest pitch)

the perfection of beauty الجمال بعينه (يتجسّم فيها)، (بلغت) ذروة الجمال

perfectionist, *n.* من ينشد الكمال في عمله، مدقّق ولا يألو جهدًا في سبيل إتقان عمله

perfectly, *adv.* 1. (faultlessly) على وجه الكمال؛ بدون أي خطأ، بلا شائبة

2. (exactly) بالضبط، تمامًا

it matches perfectly لون (السجادة مثلاً) ينسجم انسجامًا تامًّا (مع أثاث الحجرة)

3. (quite, entirely)

to be perfectly honest with you . . . أصارحك القول ...، (أقول لك) بكلّ صراحة

perfectly satisfied راضٍ كلّ الرضى

perfervid, *a.* يتّقد غيرة، يجيش حماسًا

perfidious, *a.* غادر، خؤون، مخاتل، خاتر، ختار، غدّار

perfidy, *n.* غَدْر، خيانة، النكث بالعهد، مَكْر

perforate, *v.t. & i.* 1. (pierce) ثَقَبَ، خَرَقَ

perforated appendix اِلْتهاب وتَمَزُّق غِشاء الزّائدة الدُّودِيَّة

2. (make a series of holes in) ثَقَّبَ، خَرَّمَ

perforated pages صفحات بها مِشها ثقوب ليسهل فصلها أو قطعها من الكتاب

perforation, *n.* 1. (piercing) تثقيب، تخريم

2. (hole or series of holes) ثقب، خرم، سلسلة من الثقوب

the perforations on these stamps are missing هذه الطوابع عديمة الشرشرة أو الثقوب (لهذا تُعْتَبر قيّمة جدًّا)

perforce, *adv.* (*arch.*) بالضرورة، قهرًا، اضطرارًا

perform, *v.t.* (carry out) أدّى، أجرى، قَامَ بِ، أَنْجَزَ، نَفَّذَ

perform a duty أدّى الواجب، قَامَ بالمهمّة

v.t. & i. (execute *music, drama, tricks,* etc.) أَدّى

perform a concert قَدَّمَت (الجوقة) حفلة موسيقية

perform Hamlet قَدَّمَت الفرقة التمثيلية مسرحية «هاملت»؛ قَامَ الممثّل بدور هاملت

perform a somersault تَشَقْلَبَ، قَامَ بحركة شقلبة رياضية

performing monkey قرد يقوم بألعاب أو حركات بهلوانية في سيرك

performance, *n.* 1. (carrying out) أداء، إجراء، إتمام، تنفيذ؛ قدرة (السيّارة) وسرعتها

in the performance of his duties (لم يأل جهدًا) أثناء تأدية واجباته

2. (execution of music, play, etc.) حفلة

public performance حفلة تمثيلية أو موسيقية عامّة

3. (*coll.*, tedious process)

what a performance it is to get a passport! ياللتعقيد الروتين الحكومي في سبيل الحصول على جهاز سفر!

performer, *n.* فنّان في الموسيقى أو التمثيل الخ

perfume, *n.* عِطْر، طيب، عَبَق، أَرَج، أريج، شذًا، رائحة عَطِرة

v.t. عَطَّرَ، طَيَّبَ

perfumery, *n.* محلّ صنع العطور أو بيعها

perfumier, *n.* بائع أو صانع العطور

perfunctory, *a.* (تفتيش) بطريقة ميكانيكية سطحية

pergola, *n.* تعريشة أو تكعيبة فوق ممّر بالحديقة

perhaps, *adv.* ربّما، لعلّ، عسى، من الممكن أن

pericard/ium, *n.* (**-iac, -ial,** *a.*) غلاف القلب، التأمور؛ تأموري، مختصّ بغلاف القلب

perigee, *n.* الحضيض (أقرب نقطة في مدار القمر للأرض)

peril, *n.* (**-ous,** *a.*) خَطَر، مهلكة ؛ خَطِر

he went in peril of his life كانت حياته في خَطَر مستمرّ، ظلّ معرّضًا لخطر الموت

you do this at your peril اذا فعلت هذا فأنت مسؤول عمّا يصيبك

perimeter, *n.* 1. (line enclosing an area) نطاق حول، خطّ يحيط بمساحة

2. (track or fence round outside of aerodrome, etc.) سور أو نطاق (حول مطار مثلاً)

period, *n.* 1. (portion of time) فترة بين حدثين، مُدّة من الزمن

2. (an age of past time); *also attrib.* عهد، عصر (تاريخي مثلاً)

period furniture أثاث من طراز عهد سابق (مثل عهد لويس الخامس عشر)

3. (session in class) درس أو حصّة مدرسية

4. (*astron.*) زمن يستغرقه كوكب سيّار ليتمّ دورته

5. (*med.*, of a disease) دور (الحضانة مثلاً - طبّ)

6. (*med.*, of menstruation cycle) العادة الشهرية عند النساء

7. (sentence) جملة تامّة (مركبة عادةً)

8. (full stop) نقطة تدلّ على انتهاء الجملة

periodical, *a.* (occurring regularly); *also* **periodic** (زيارات) دورية منتظمة

periodic fractions الكسور (العشرية) الدائرة (في الرياضيات)

periodic table الجدول الدوري (كيمياء)

n. مجلّة دورية، نشرة تصدر في فترات منتظمة (اسبوعية أو شهرية أو كلّ ثلاثة شهور)

periodicity, *n.* توالي حدوث شيء في فترات منتظمة، دورية الحدوث

peripatetic, *a.* 1. (walking up and down) (عمل) يَتطلّب التَّجْوال

2. (belonging to Aristotelian school of philosophy); *also n.* نسبة إلى مدرسة أرسطو طاليس؛ مشائي (فلسفة)

peripheral, *a.* نسبة إلى الحدود الخارجية للشيء، على الأطراف، هامشي، تافه

periphery, *n.* محيط الدائرة، الحدّ الخارجي

periphras/is, *n.* (**-tic,** *a.*) إسهاب، إطناب في الكلام (وهو نقيض الإيجاز)

periscop/e, *n.* (**-ic,** *a.*) بريسكوب، منظار الأفق

perish, *v.i.* هَلَكَ، تَلَفَ، فَنِيَ، بَادَ، مَاتَ، تَلاشَى

they that live by the sword shall perish by the sword من قَتَلَ يُقْتَل

perish the thought! حَاشا للّه! مَعَاذ اللّه! أَسْتَغْفِر اللّه!

(*fig. of materials, esp.* rubber and food) فَقَدَ المطّاط مرونته؛ فَسَدَت (الخضراوات)

v.t., only in past p.

perished with cold جَمَّدَ البَرْدُ عروقه، كَادَ يموت من شدّة البرد، قَرَّسَه البرد

perishable, *a.* قابل للتلَف أو الفساد

perishable goods; *also* perishables, *n.pl.* بضائع سريعة التَلَف (مثل الخضراوات والفواكه)

perisher, *n.* (*sl.*) وَغْد (تقال عن شخص ازدراءً)

the little perishers الشياطين، العفاريت، الأبالسة (تقال عن الصغار)

perishing, *a.* (extremely cold) (اليوم) بَرْد قارس، زمهرير يجمّد الأطراف

2. (*sl.*, objectionable) لعين، فظيع، شنيع، بشع

peristyle, *n.* رواق من الأعمدة (حول مبنًى)

peritoneum, *n.* البريتون، الصفاق (وهو غشاء يبطن التجويف البطني)

peritonitis, *n.* اِلتهاب البريتون أو الصفاق

periwig, *n.* شعر مستعار، باروكة (مصر)

periwinkle, *n.* 1. (plant) قضاب، عناقية (نبات)

2. (mollusc) حلزون أو قوقع البحر (صغير الحجم)

perjure, *v. refl.* حلف يمينًا زورًا أو كاذبة

perjury, *n.* جريمة الشهادة الزور، الحنث باليمين

perk, *v.i.*, *usu.* perk up اِزداد يقظة ونشاطًا، انتعش (بعد ضعف)، تحسّن مزاجه (بعد عُبوس)

trade perks up before Christmas تنتعش السوق التجارية أو تزداد نشاطًا قبيل الكريسماس

v.t.

he perked up his head رَفَعَ رأسه منتبهًا

perk, *n.* (*sl. contr. of* perquisite; *usu. pl.*) مخصّصات إضافية غير مباشرة (فوق الراتب والأتعاب)

the perks of office فوائد أو امتيازات جانبية يتمتع بها الشخص بحكم وظيفته

perky, *a.* كلّه نشاط وحيوية (بعد فترة ضعف)

perm, *n.*, *coll. contr. of* **permanent** wave تَمْويج أو تجْعِيد الشَّعْر، بِرْمانَنت (مصر)

permanence, *n.* دوام، بقاء، ثبات إلى الابد

permanent, *a.* دائم، باقٍ، ثابت، (سعادة أو صحّة) مقيمة

permanent army الجيش النظامي

permanent wave تمويج الشعر، برمانَنت

permanent way خطّ السكّة الحديدية

permanganate, *n.* البرمنجنات (بلّورات معدنية)

permeab/le, *a.* (**-ility,** *n.*) (أرض) رغاء أو زهاد، (صخور) منفذة للمياه نظرًا لمساميتها

permeate, *v.t.* & *i.* نَفَذَ في، تخلّل، اِخْتَرَقَ

new ideas have permeated among the people رَسَخَت أفكار جديدة في أذهان العامّة

permissible, *a.* مسموح به، جائز، مقبول، حلال

permission, *n.* إذن، رخصة، تصريح، إجازة

he gave him permission to go أَذن له بالانصراف، سَمَحَ له بالتوجّه (إلى مكان ما)

permissive, *a.* مُبيح، مجيز، مُخَوِّل (قانون)؛ (مجتمع) تنعدم فيه القيود

permit, *v.t.* أَجازَ، رَخَّصَ، سَوَّغَ، سَمَحَ بِ

permit me to say اسمح لي أن أقول

circumstances permitting إذا سمحت الأحوال، إذا شاءت الظروف (سأحضر مثلًا)

v.i.

this permits of no delay هذا لا يقبل أي تأخير، لا يجوز أن يؤجّل

n.

a permit to view خطاب من سمسار عقارات يوصي فيه بالسماح لمشترٍ بمعاينة المنزل

permutation, *n.* إبدال، تبديل (رياضيات)

pernicious, *a.* مضِرّ، مؤذٍ، خبيث، يؤدّي إلى الهلاك

pernicious anaemia أنيميا خبيثة أو وبيلة

pernickety, *a.* (*coll.*) صعب الإرضاء، مدقّق أكثر من اللازم

peroration, *n.* الختام في خطبة رنّانة؛ خطبة منمّقة

peroxide, *n.* 1. (*chem.*) بيروكسيد، فوق الأوكسيد

hydrogen peroxide; *also* peroxide (*fam.*) فَوْق أكسيد الأيدروجين

v.t. (*pop.*, bleach *the hair*) بَيَّض الشَّعر أو جعله أشقر اللون بالبيروكسيد

peroxide blonde امرأة صبغت شعرها باللون الأشقر

perpendicular, *a.* & *n.* 1. (at right angles *to*) (خطّ) عمودي (على خطّ آخر)، رأسي

2. (vertical) رأسي، عمودي، منتصب

3. (*loosely*, of very steep ascent) (طريق) شديد الانحدار، (ممرّ) شديد التحدّر

4. (architectural style) طراز من الهندسة المعمارية الانكليزية (راج في القرن الـ١٥)

perpetr/ate, *v.t.* (**-ator, -ation,** *n.*) ارتكب (جريمة)، اِقْتَرَفَ (ذنبًا)

perpetual, *a.* أَبَدي، مستديم، دائم، سرمدي، (ثرثرة) لا تقف عند حدّ

perpetu/ate, *v.t.* (**-ation,** *n.*) خَلَّدَ (ذِكْرَ أديب مثلًا)، أبقاه

the error was perpetuated from one book to another ظَلَّت الغلطة تنتقل من كتاب إلى آخر

perpetuity, *n.* الأبد، الأبدية، الدوام، الأزل، الأزلية، الخلود

perplex, *v.t.* حَيَّرَه أو أربَكَه أو شَوَّشَ ذهنه (بكثرة أسئلته الصعبة مثلًا)؛ عَقَّد الموضوع

perplexed, *a.* حائر، مبلبل الفكر، مشوش الذهن، سَدِر، متحيّر، مرتبك، تائه، في حيص بيص

perplexity, *n.* حيرة، تشوّش الذهن، ارتباك

perquisite, *n.* علاوة إضافية فوق الراتب الأصلي؛ اِمتيازات تمنح للموظّف (كسيارة أو منزل)

perry, *n.* عصير الكمثرى (الإجّاص) المخمَّر

persecute, *v.t.* 1. (pursue with enmity) اِضْطَهَدَه، ظلمه بسبب معتقداته (السياسية مثلًا)

2. (harass, importune) لَجَّ أو لَحَّ أو ألحف عليه (بالأسئلة)، أزعجه (بتكرار الطلب)

persecution, *n.* اضطهاد، ظُلْم تتعرّض له جماعة (بسبب المذهب)، جور، عسف

persecution mania جنون الاضطهاد، وَهْم لدى المريض بأن الناس كلّهم يتآمرون عليه ويضطهدونه

persecutor, *n.* مضطَهِد، جائر، ظالم

perseverance, *n.* مثابرة أو مواظبة على العمل، دَأَب في الدراسة، مواصلة السَّعْي

persevere, *v.i.* واظب على عمله، ثابر في دراسته، دأب في سعيه، بذل جهودًا بغير لأي في ...

Persian, *a.* فارسي، إيراني، نسبة إلى بلاد فارس أو إيران (العجم قديمًا)

Persian cat سنور شيرازي، قطّ أنقرة، هرّة أليفة مستديرة الرأس ذات وبر حريري طويل

the Persian Gulf الخليج العربي أو الفارسي

n. (language) اللغة الفارسية

persiflage, *n.* مداعبة بين الأصدقاء، مزاح، هزار، تهكّم خفيف

persimmon, *n.* فاكهة الكاكي

persist, *v.i.* 1. (continue) استمرّ (الضّباب)، ظلّ، دامَ، لم ينقطِع

2. (persevere *with*) صَمَّمَ على مواصلة السعي، أصرّ على ...

3. (carry on stubbornly) تَشَبَّثَ برأيه (رَغم المعارضة)، صَمَدَ في موقفه

persist/ent, *a.* (**-ence,** *n.*) 1. (*of persons*) مواظب أو مثابر (في عمله)، دؤوب؛ تشبُّث بِ

2. (*of things, esp. pain,* continual) (صداع) مستمرّ، (شكوى) دائمة لا تنقطع؛ متواصل

person, *n.* شخص، فرد، انسان، مَرْء

murder by person or persons unknown جريمة قتل لم تعرف هوية أو شخصية مُرتكبها

crime against the person (*leg.*) جريمة الاعتداء على شخصٍ بالضرب

he came in person أَتَى فلان شخصيًا (لتهنئة صديقه)، حَضَرَ بذاته

she found a friend in the person of her landlady اتخذت من صاحبة المنزل الذي تسكن فيه صديقة لها

the first person (*gram.*) ضمير المتكلّم (أنا، نحن)

persona grata, *n.* دِبلوماسيّ مَرغوب فيه من قِبَل حُكومة البلد الذي يمثّل وطنه فيه

personable, *a.* (شابّ) وسيم وحلو المعشر

personage, *n.* شخصية بارزة في المجتمع، من علية القوم؛ شخصية في رواية أو تمثيلية

personal, *a.* شخصي، ذاتي، خاصّ، خصوصي

at your personal convenience حَسْبَما تَسْمَح ظُرُوفكم

his personal belongings were few كانت أمتعته الشخصية قليلة

this is personal to me هذه (الرسالة) موجّهة لي شخصيًّا (وليس بوصفي مديرًا للشركة مثلًا)

candidates will be selected by personal interview سوف يُخْتار المتقدّمون للوظيفة بعد مقابلة شخصية

he was subjected to personal abuse تَعَرَّضَ (المرشح السياسي مثلًا) للشتم والسبّ والإهانات الشخصية

the envelope was marked 'personal' كان المظروف يحمل كلمة «خاصّ» للمرسل إليه

may I ask you a personal question? هل تسمح لي أن أسألك سؤالًا عن حياتك الخاصّة؟

she has great personal charm شخصيتها جذّابة وأخّاذة، تسحر القلوب

personal estate (*leg.*) أملاك أو أموال منقولة، أمتعة شخصية

personal pronoun (*gram.*) ضمير من الضمائر الشخصية (مثل هو، هي، نحن الخ)

personality, *n.* 1. (being) شخصية، ذاتية، هويّة، (يجب احترام) شخصية (الطفل مثلًا)

dual personality شخصية مزدوجة (مثل دكتور جيكل ومستر هايد)

2. (character) شخصية (قوية أو ضعيفة)

3. (a person of character, importance)
he's quite a personality إنّه شخصية بارزة أو لامعة (في ميدان الفنّ مثلاً)

4. (*usu. pl.*, impolite criticism)
he indulged in personalities انتقد عاداتهم وتصرّفاتهم الشخصية تحاملاً، راح يلوك سمعتهم

personally, *adv.* شخصيًّا، بالذات، من ناحيتي الشخصية

he is personally involved (لا يمكن الأخذ برأيه مثلاً ما دام) له ضلع في الأمر

I met him personally قابلته شخصيًّا، التقيت به وجهًا لوجه

personally, I would not do it أما فيما يخصني فلم أكن لأفعلَ ذلك

don't take it personally لا تحمل الكلام على محمل شخصيّ، ليس هذا النقدُ موجّهًا إليك

personate, *v.t.* 1. (play a *part*) قام بدور (عُطيل مثلاً) في المسرحية

2. (impersonate) انتحل شخصية فلان، تَقَمَّصَها، تظاهر أو ادّعى بأنه ...

personif/y, *v.t.* (**-ication,** *n.*) 1. (represent as a person) أضفى صفات شخصية على الجماد

the Greeks personified the virtues as deities مَثّل الاغريق لكلّ فضيلة بإله أو إلهة، نسبوا صفات الآلهة إلى الفضائل

2. (typify)

he is goodness personified تتمثّل الطيبة والخير فيه، هو الخير كلّه مجسدًا

personnel, *n.* هيئة الموظّفين أو المستخدمين (بشركة مثلاً)، ملاك الموظّفين بمصلحة عامّة

personnel officer مدير شؤون المستخدمين

perspective, *n.* 1. (method of drawing) طريقة رسم الأشياء والمباني آلخ كما تراها العين من موضع الراسم، رسم المنظور

2. (*fig.*, relationship, proportion) نسبة أهمية شيء إلى باقي الأشياء

he sees things in ⟨their true⟩ perspective يري الأمور في موضعها الحقيقي، يميّز بين الهامّ والتافه

he gets things out of perspective لا يعطي لكلّ نقطة ما تستحقه من الأهمية

perspex, *n.* برسبيكس (وهو بلاستيك شفاف متين يستعمل بديلاً للزجاج في نوافذ الطائرات مثلاً)

perspicacious, *a.* نافذ البصيرة، ثاقب الفكر، سريع الفهم للأمور والحكم عليها، ذكي

perspicacity, *n.* فراسة، بصيرة نافذة، فطنة، ذكاء، سرعة الفهم

perspicuity, *n.* جلاء ووضوح في التعبير، صفاء

perspicuous, *a.* (تعبير) جليّ، (أسلوب) بَيِّن

perspiration, *n.* عَرَق (ما يرشح من مسام الجلد)

perspire, *v.i.* عَرِق، رَشَح، أفرز عرقًا

persuade, *v.t.* أَقْنَعَه (بطيب نواياه)، حَمَلَه على الاعتقاد بأنّ ...، جعله يوافق على رأيه

he won't be persuaded يصرّ على التمسّك برأيه، يرفض الاقتناع (بالرغم من محاولتنا إقناعه)

persuasion, *n.* 1. (action of persuading) إقناع، اقتناع

2. (belief, esp. religious) عقيدة أو مذهب ديني، مِلّة، نِحلة

we are of the same persuasion أو من بما
تؤمن به، لنا عقيدة واحدة، نتّفق في المذهب

persuasive, *a.* (حُجّة) مقنعة أو باعثة على الاقتناع، له قدرة على استمالة غيره

pert, *a* (فتاة) سليطة اللسان، (إجابة) وقحة، (طفل) متبجح أو وكيح

pertain, *v.i.* 1. (belong *to* as part) يتعلّق بِ، يعتبر جزءًا من... أو تابعًا لِ...

2. (be appropriate *to*) (وقار) يليق (بشيخوخته مثلًا)، (هيبة) تتّفق (ومركزه الاجتماعي)

pertinacious, *a.* لا تلين المصاعب قناته، لا تفلّ عزيمته، عنيد، مُلِحّ، مُتَشَبِّث

pertinacity, *n.* إصرار (على النجاح)، مثابرة، عَزم

pertinent, *a.* (إجابة) في محلّها، (تعليق) وثيق الصلة (بموضوع البحث)، في الصميم

perturb, *v.t.* أَقْلَقَه أو أزعجه (النبأ مثلًا)، سَبَّبَ له كدرًا وضيقًا شديدين

I was greatly perturbed to learn . . . أزعجني كثيرًا أن أسمع (أنك في ضيق)

perturbation, *n.* قَلَق، انزعاج، حالة تشوّش فكري (نتيجة لخبر مزعج أو لتوجّس)

peruke, *n.* شعر مستعار، باروكة (مصر)

perusal, *n.* قراءة بإمعان وعناية

peruse, *v.t.* 1. (read) طالَعَ أو قرأ (كتابًا)

2. (examine) قَرَأَ (الوثيقة) بإمعان، فحصها

Peruvian, *a.* & *n.* نسبة إلى بيرو (بامريكا الجنوبية)

Peruvian bark لحاء شجرة الكنكينا

pervade, *v.t.* انتشرت (روح التشاؤم مثلًا) في كلّ وسط؛ فاح (العبيق) في كلّ أنحاء الغرفة

pervasion, *n.* انتشار (المذاهب السياسية مثلًا)، شيوع (الأفكار الهدّامة مثلًا)

pervasive, *a.* (مذاهب) تعمّ وتنتشر في كلّ مكان

perverse, *a.* 1. (*of persons*) (شخص) منحرف ومصرّ على المضيّ في انحرافه؛ شَرِسَ الأخلاق لا يرعوي

2. (*of things*) (ظروف) معاكسة (لرغبات المرء)، «تأتي الرياح بما لا تشتهي السفن»

perversion, *n.* 1. (distortion) تشويه (للحقائق) أو مسخها

the trial was a perversion of justice كانت المحاكمة اعتداءً صارخًا على أصول العدالة

2. (sexual abnormality) الانحراف أو الشذوذ الجنسي (عند الذكر أو الأنثى)

perversity, *n.* شكاسة، عناد

pervert, *v.t.* 1. (misapply) أساءَ استخدام (العدالة مثلًا)، استعملها على غير وجهها الصحيح

he has a perverted sense of humour يضحك في غير موضع الضحك، يضحكه ما قد يبكي الآخرين

2. (deprave) أضلّه (عن سبيل الحقّ)، أفسد أخلاقه، ساقه إلى الغواية

n. منحرف أو منحرفة جنسيا

pesky, *a.* (*U.S. coll.*) مُزعج، مقلق، لعين

pessary, *n.* لبوس خاصّ لعلاج الرحم أو لمنع الحمل، تحميلة أو فرزجة للرحم (طبّ)

pessim/ism, *n.* (**-ist,** *n.*, **-istic,** *a.*) تشاؤم، متشائم، ينظر إلى الدنيا بمنظار أسود

pest, *n.* 1. (destructive insect, etc.) آفة، حشرة مؤذية تضرّ بالزراعة والمحاصيل

2. (*coll.*, nuisance) شيء أو شخص ثقيل الظِلّ

pester, *v.t.* أزعجه أو أضجره (بكثرة أسئلته)

he pestered the life out of his mother ظَلَّ يلحّ على أمّه بالأسئلة والطلبات حتّى نفد صبرها

pesticide, *n.* مبيد الحشرات أو الآفات الزراعية

pestiferous, *a.* مضرّ، مؤذٍ، مزعج

pestilence, *n.* وباء، طاعون، جائحة

pestilential, *a.* وبائي، مزعج، مقلق للراحة

pestle, *n.* يد الهاون، مدقّة الجرن

pestology, *n.* علم دراسة الآفات

pet, *n.* 1. (tame animal) حيوان أليف يُرَبَّى بالمنزل

2. (favourite); *often attrib.* (طفل) محبوب (من والديه مثلًا)، (بنت) مُدَلَّلة

he is a mother's pet هو دَلّوعة أمّه، مُدَلَّل عندها

pet aversion أبغض الأشياء أو الأشخاص إليه، لا يكره شيئًا أكثر من (أفلام رعاة البقر)

pet name اسم خاصّ يطلق على شخص لتدليله

3. (display of temper or sulks)

she is in a pet today إنها عابسة الوجه اليوم، مزاجها اليوم معكنن (مصر)

v.t. & i. دَلَّلَ، دَاعَبَ، لاطف؛ تَنَاغَى أو تلاطف (الحبيبان)

petal, *n.* بتلة، تويجية، ورقة من تاج الزهرة

petard, *n.* نوع من الألغام القديمة كان يستعمل في تدمير جدران القلاع

hoist with his own petard حَفَرَ بئرًا لأخيه فوقع فيها، ارتدّ كيده إلى نحره

Peter, *n.* بُطْرُس

Blue Peter عَلَم أزرق في وسطه مربع أبيض ترفعه السفينة عند إقلاعها

rob Peter to pay Paul اِسْتَدانَ ليسدِّدَ دَيْنًا، سَحَبَ من حساب ليسدّد حسابًا آخر

peter, *v.i. usu. in*

peter out نفدت (المؤونة) تدريجيا

Peter Pan, *n.* صَبِيّ ظَلَّ مُحْتَفِظًا بِصِباه (في قِصّة المؤلف الانكليزي 'باري')

he is a Peter Pan at the wheel إنّه سائق كبير السنّ لكنّه مستهتر في سياقته

petersham, *n.* شريط من القماش المقوى شريط اكسترا فور (مصر)

petite, *a.* امرأة جميلة القدّ هيفاء القوام

petition, *n.* 1. (request, prayer) التماس، توسّل، تضرّع، طِلْبة

2. (*leg.*) (رفع) عريضة أو شكوى أو التماسًا للمحكمة

v.t. & i. تَوَسَّلَ أو تَضَرَّعَ أو ابتهل إليه؛ رَفع التماسًا أو عريضة

petitioner, *n.* مقدِّم الشكوي، رافع العريضه أو الالتماس (للمحكمة مثلًا)

petrel, *n.* طَائِر النَّوْرَس، زُمَّج الماء

stormy petrel (*oft. fig.*) شخص متمرّد ومثير للشغب، مصدر فتنة واضطراب

petrif/y, *v.t. & i.* (-**action,** *n.*) حَجَّرَ، تَحَجَّرَ، حَوَّلَ أو تَحَوَّلَ إلى مادّة حجرية؛ تحجُّر

(*fig.*) صَعَقَه (الخوف مَثَلًا)

petrol, *n.* بنزين، غازولين

petrol ⟨filling⟩ station محطّة بنزين للسيّارات

petrol tank خزّان البنزين بالسيارة

petroleum, *n.* النفط، البترول (زيت معدني في جوف الأرض يستعمل وقودًا)

petroleum refinery معمل تكرير البترول، مصفاة النفط

petticoat, *n.* تنّورة داخلية، جيبون أو كمبيزون (مصر)

petticoat government سيطرة المرأة أو تسلّطها على شؤون البيت أو في ميدان السياسة

pettifogger, *n.* (محامٍ) مترمت يتمحك ويتمسك بالتوافه

pettifogging, *a.* من يلجأ إلى التفاصيل التافهة تجنبًا للنقاط الرئيسية في القضية

pettiness, *n.* تفاهة، حقارة

pettish, *a.* (طفل) يري الإهانة في كلّ ملاحظة

petty, *a.* 1. (minor, on a small scale) زهيد، صغير، طفيف، ضئيل، غير مهمّ، تافه

petty cash مصاريف نثرية، حساب النثريات (المبلغ المخصّص للمصروفات الصغيرة في متجر مثلًا)

petty chieftain رئيس قبيلة صغيرة العدد، زعيمها، شيخها

petty officer (*nav.*) ضابط صفّ بحري

2. (mean, narrow-minded) دنيء

petty spite ضغينة أو حقد دنيء

petul/ant, *a.* (**-ance,** *n.*) (طفل) نَكِد رديء الخلق، شكس، متكدر لعدم تنفيذ رغباته

petunia, *n.* زهر البتونيا (جنس نباتات عشبية برية وتزيينية)

pew, *n.* 1. (seat in church) مَقْعَد طَوِيل له ظَهْر

2. (*coll.*, any seat)

take a pew تفضّل اقعد! استرح!

pewit, *see* **peewit**

pewter, *n.* 1. (alloy) سبيكة من الرصاص والقصدير (بنسب متفاوتة)، پيوتر

2. (articles made of pewter) أدوات أو أوعية مصنوعة من معدن البيوتر

pfennig, *n.* أصغر عملة ألمانية

phaeton, *n.* عربة ذات ٤ عجلات يجرها حصانان

phalanx, *n.* 1. (line of battle) صَفّ مُتَراصّ من الجنود في ميدان القتال

2. (*fig.*, united body of persons or opinion) جماعة مترابطة تكوّن كتلة موحّدة

phall/us, *n.* (**-ic,** *a.*) رمز لخصب الطبيعة على شكل عضو التناسل عند الذكر

phantasm, *n.* (**-al,** *a.*) وَهْم، طيف، شبَح

phantasmagoria, *n.* أضغاث أحلام، أوهام

phantasy, *see* **fantasy**

phantom, *n.* شبح، خيال، طيف، وهم، شيء يُرى بعين الخيال ويظلّ يلاحق المرء

Phara/oh, *n.* (**-onic,** *a.*) فرعون (أحد ملوك مصر القدماء)، حاكم متجبّر، مُسْتَبِدّ

pharisaical, *a.* متظاهر بالصلاح و التقوى

Pharisee, *n.* 1. (member of ancient Jewish sect) فريسي (طائفة يهودية قديمة)

2. (hypocrite) منافق، يتظاهر بالتقوى

pharmaceutical, *a.* نسبة إلى الصيدلة، أقرباذيني

pharmacist, *n.* صيدلي، صيدلانية، أجزجي

pharmacology, *n.* علم العقاقير أو الأقرباذين

pharmacopoeia, *n.* دستور الأدوية

pharmacy, *n.* 1. (the dispensing of drugs) علم الصيدلة أو تحضير الأدوية

2. (chemist's shop) صيدلية، أجزاخانة

pharyngal, *a.*; *also* **pharyngeal** بلعوميّ، حلقي (نسبة إلى البلعوم)

pharyngitis, *n.* اِلتهاب البُلْعوم، دُغام

pharynx, *n.* حلق، بلعوم، مَبْلَع

phase, *n.* 1. (stage of development) مرحلة من مراحل التطور أو النموّ

he went through a difficult phase مَرَّ بمرحلة صعبة في حياته

2. (of moon or planet) وجه من أوجه القمر

v.t.

phase something into (out of) a programme أدْخَلَ مادّة اضافية في البرنامج أو أخرجها تدريجيًّا

pheasant, *n.* طائر التدرج أو التذرج

phenobarbitone, *n.* فينوباربيتون (مستحضر مسكِّن)

phenol, *n.* (*chem.*) حامض الفنول أو الكربوليك، فنيك، حامض الفنيك (كيمياء)

phenomenal, *a.* 1. (perceptible) محسوس

2. (relating to natural phenomena) نسبة إلى الظواهر الطبيعية

3. (extraordinary, esp. in size) عظيم، هائل، ضخم، خارق للعادة، غير عادي

his income was phenomenal كان إيراده السنوي يفوق حدود المعقول

phenomenon, *n.* (*pl.* -a) 1. (anything observable) ظاهرة (ظواهر)

natural phenomena الظواهر الطبيعية

2. (unusual event, person or thing) حدث غير عادي، خارقة من خوارق الطبيعة

infant phenomenon طفل نابغة أو عبقري، فلتة من فلتات الطبيعة في ذكائه

phew, *int.* أف! آه! (تعبير عن الضجر)

phial, *n.* زجاجة صغيرة، قنينة (دواء سائل)

philander, *v.i.* غازل إمرأةً عابثًا، دَاعبها ولم يكن ينوي الزواج منها، لعب بعواطفها

philanderer, *n.* زير نساء، رجل يهوى مغازلة النساء ومداعبتهن

philanthrop/y, *n.* (**-ist,** *n.*, **-ic,** *a.*) إحسان، عمل المعروف؛ مُحْسن، خيِّر، محِبّ لأخيه الإنسان

philatel/y, *n.* (**-ist,** *n.*, **-ic,** *a.*) هواية جمع طوابع البريد؛ هاوٍ لها؛ نسبة إلى هذه الهواية

philharmonic, *a.* (حفلة أو أوركسترا) موسيقية

philhellenic, *a.* مُحبّ للاغريق أو لثقافتهم

Philistine, *n.* 1. (*hist.*) فلسطيني قديم

2. (person hostile to culture) من لا يهتمّ بالثقافة الرفيعة، من يصرّح بازدرائه للفنّ والأدب

philistinism, *n.* النفور من الثقافة الرفيعة

philo-, *in comb.* بادئة تفيد معنى محبّ (العلم أو فنّ غالبًا)

philolog/ist, *n.*, **-ian,** *n.* متخصّص في علم اللغة، فيلولوجي

philolog/y, *n.* (**-ical,** *a.*) فيلولوجيا، فقه اللغة، عِلم اللغة؛ (نشرة) تتداول هذا العِلم

philosopher, *n.* 1. (student or teacher of philosophy) فيلسوف، عالم بالفلسفة

philosopher's stone حَجَر الفلاسفة (حجر خرافي كان يُظَنّ أنه يحول المعادن إلى ذهب)

2. (person of equable temperament) من يتقبل الدنيا على علّاتها

philosophic(al), *a.* 1. (relating to philosophy) فلسفي، نسبة إلى الفلسفة

2. (calm) (مزاج) رصين

he took the news very philosophically لم يجزع من الخبر المؤلم، تقبله رابط الجأش

philosophize, *v.i.* تَفَلْسَفَ، سَفْسَطَ

philosophy, *n.* 1. (subject of study) علم الفلسفة

2. (philosophical system) مذهب (في الحياة)

3. (equability) رصانة، هدوء فكري

philter, *n.*; *also* **philtre** شراب خرافي كان يُظَنّ أنه يُوَلِّد الحبّ والعشق، شراب سحري

phlebitis, *n.* الالتهاب الوريدي

phlebotomy, *n.* خزع الوريد، فصده أو فصاده

phlegm, *n.* 1. (secretion of mucous membrane) بلغم، نخامة؛ أحد الأخلاط الأربعة

2. (sluggishness, impassivity) عدم المبالاة

phlegmatic, *a.* بلغمي المزاج، بارد الدم، عديم المبالاة، لا أبالي

phlox, *n.* زهرة الفلوكس، شواظة (فصيلة القبسيات)

phobia, *n.* خوف مرضي أوجنوني (من الظلام مثلًا)

phoenix, *n.* العنقاء، طائر خرافي (أساطير)

phone, *contr. of* **telephone** تليفون، مِسَرّة، هاتف

phonem/e, *n.* (**-ic,** *a.*) صوت لغوي قابل للتغير حسب موضع الحرف في الكلمة (صوتيات)

phonetic, *a.* 1. (pertaining to sound of human voice) نسبة إلى نطق الكلام

phonetic alphabet الألف باء الصوتية الدولية

2. (representing sound by symbol)

phonetic symbol رمز من الرموز المتواضع عليها دوليًّا لنطق أصوات الكلام

phonetically, *adv.* طِبْق عِلم الصَّوْتيّات

phonetics, *n.pl.* علم الصوتيات (دراسة مخارج الحروف وأصواتها مع طريقة كتابتها بالألف باء الصوتية)

phon(e)y, *a.* & *n.* (*sl.*) زائف، كاذب، مصطنع، مزوّر؛ دجال، من ينتحل شخصية غير شخصيته

phonic, *a.* صوتي، متعلّق بالأصوات

phono-, *in comb.* (بادئة بمعنى) صوتي أو مختصّ بالصوت

phonograph, *n.* فونوغراف، الحاكي (من طراز قديم له بوق مخروطي لتكبير الصوت)

phonology, *n.* الفونولوجيا (دراسة تاريخ التغيرات الصوتية في تطوّر لغة ما)

phosgene, *n.* الفوسجين (غاز سامّ عديم اللون كريه الرائحة استعمل في الحرب العالمية الأولى)

phosphate, *n.* 1. (salt of phosphoric acid) ملح الفوسفات

2. (*esp. pl.*, manure composed of various phosphates) سماد الفوسفات

phosphite, *n.* الفوسفيت

phosphor-bronze, *n.* البرونز الفوسفوري

phosphoresc/ence, *n.* (**-ent,** *a.*) التفسفر، وميض أو تألّق فوسفوري

phosphor/us, *n.* (**-ous, -ic,** *a.*) الفوسفور؛ مُحْتَوٍ على الفوسفور أو نسبة إليه، مُتَوَهِّج

phot, *n.* وحدة تدفّق الضوء (فيزياء)

photo-, *in comb.* بادئة بمعنى ضوئي أو نسبة إلى الضوء

photo, *contr. of* **photograph,** *n.*

photogenic, *a.* 1. (producing light) مُحدِث أو مُوَلِّد للضوء

2. (suitable for photography) (وجه أو منظر) يصلح لصورة فوتوغرافية رائعة

photograph, *n.* صورة فوتوغرافية

v.t. التقط صورة فوتوغرافية (لشخص مثلاً)

v.i., يُمْكِن تصويره فوتوغرافياً

she always photographs badly لا تبدو جميلة في أية صورة تلتقط لها

photographer, *n.* مصوّر فوتوغرافي، رسام (عراق)

photographic, *a.* مختصّ بالتصوير الفوتوغرافي أو الشمسي أو الضوئي

photographic materials لوازم التصوير الفوتوغرافي

he has a photographic memory له ذاكرة فوتوغرافية أي تنطبع فيها صورة ما يقرأ أو ما يرى

photography, *n.* فنّ التصوير الفوتوغرافي

photogravure, *n.* 1. (process) الطبع بطريقة الكليشيهات المعدّة بالحفر الفوتوغرافي

2. (picture) صورة أو نسخة أُعِدَّت بطريقة الفوتوغرافور

photon, *n.* الفوتون، الضويئة، جزيء النشاط الضوئي (فيزياء)

photostat, *n.* جهاز لتصوير المستندات مباشرة أي بدون صورة سلبية؛ نسخة مُعَدّة بهذه الطريقة

phrase, *n.* 1. (verbal expression) عبارة، تعبير بالكلمات عن فكرة ما

2. (*gram.*, group of words without verb) شبه جملة (ليس لها فعل تامّ – نحو انكليزي)

3. (*esp. pl.*, mere words)

empty phrases كلمات جوفاء لا معنى وراءها، ألفاظ طنانة لا تعني شيئًا

4. (*mus.*) عبارة موسيقية

v.t. صاغ الفكرة في كلمات مختارة

how shall I phrase it? يصعب عليّ أن أجد الكلمات المناسبة للتعبير عما يجول في خاطري

phraseology, *n.* أسلوب الكاتب وصياغته لأفكاره

phrenetic, *a.* متحمّس إلى حدّ الجنون؛ هائج

phrenolog/y, *n.* (**-ist,** *n.*) عِلم فراسة الدماغ ومعرفة قوى الإنسان العقلية من شكل جمجمته

phthisis, *n.* مرض السلّ الرئوي، الهلس، الهلاس، السحاف، التدرّن (طبّ)

phut, *adv.* صوت فرقعة (بالون مثلاً)

go phut تعطّلت (الماكينة)، انكسرت (الآلة)، خربت (الساعة)، أفلست (الشركة)

phyllo-, *in comb.* بادئة بمعنى ورقة نبات

phylo-, *in comb.* بادئة بمعنى فصيلة أو جنس (علم الحيوان)

phylogeny, *n.* تاريخ تطوّر الفصيلة أو نشوء السلالة

physic, *n.* دواء (مُسْهِل عادةً)

physical, *a.* 1. (relating to matter) مادّي

the physical universe العالم المادّي (ضدّ العالم الروحي أو الخيالي أو المثالي)

2. (relating to the natural features of the world) طبيعي

physical science العلوم الطبيعية (وهي تبحث في الكائنات غير الحيّة)

3. (relating to the body) بدني، جسدي، جسمي (نسبة إلى البدن لا العقل)

physical training; *abbr.* P.T. الرياضة أو التربية البدنية

physician, *n.* طبيب (استشاري غير جرّاح)

physicist, *n.* عالم أو أخصائي في علم الطبيعة، فيزيائي

physics, *n.pl.* علم الطبيعة، الفيزياء

physio-, *in comb.* (بادئة بمعنى) طبيعي أو نسبة إلى الطبيعة

physiognomy, *n.* 1. (cast of feature) قسمات الوجه أو ملامحه (كدليل على الشخصية مثلاً)

2. (*joc.*, face) كناية عن وجه الإنسان

3. (*fig.*, *of landscape*, *etc.*) تضاريس وملامح

physiological, *a.* نسبة إلى وظائف الأعضاء البدنية

physiolog/y, *n.* (**-ist,** *n.*) علم وظائف الأعضاء، الفسيولوجيا (فرع من علم الحيوان يبحث في تركيب أجسام الكائنات الحيّة ووظائفها)

physiotherap/y, *n.* (**-ist,** *n.*) معالجة أمراض خاصة بطريقة التمرينات والتدليك والحرارة الخ

physique, *n.* بنية الجسم، تركيبه أو تكوينه (من حيث صلابته أو ضعفه)، قامة، قدّ

pi, *n.* 1. (Greek letter) الحرف السادس عشر من الأبجدية اليونانية

2. (mathematical symbol) (ط) النسبة التقريبية بين محيط الدائرة وقطرها (٣,١٤١٥٩...)

pi, *a.* (*school sl.*), *abbr. of* **pious** (تلميذ) مؤدب ومتديّن (اصطلاح عند طلبة المدارس)

pi-jaw كلام كلّه وعظ وإرشاد (من ناظر المدرسة إلى تلاميذه مثلاً)

pianissimo, *adv.*, *n.* & *a.* (عَزَف الموسيقى عزفًا) في غاية الهدوء والرقّة

pianist, *n.* العازف على البيانو (وتستعمل هذه الكلمة عادةً للدلالة على العازف المحترف)

piano, *adv.* (عزف) بهدوء ورقّة

piano, *n.* البيانو، البيان (آلة موسيقية)

piano-player; *also* player piano بيانو أوتوماتيكي، بيانو يُعْزَف بطريقة آلية

piano-tuner شخص حرفته دوزنة البيانو أو شدّ أوتاره

piano-stool كرسي بيانو (يجلس عليه العازف)

pianoforte, *n.* البيانو، البيان

pianola, *n.* بيانو أوتوماتيكي، بيانو يعزف بطريقة آلية

piastre, *n.* قرش (قروش) عملة مصرية وتركية

piazza, *n.* ميدان عامّ (وخاصّةً في ايطاليا)

pibroch, *n.* قطعة موسيقية خاصّة تعزف على مزمار القربة (في اسكتلندا)

pica, *n.* حرف مطبعي من حجم خاصّ هو ١٢ بنطًا (أي ستّة سطور في البوصة)

picador, *n.* البيكادور، فارس يبدأ دورة مصارعة الثيران ويهيج الثور بوخزه بالرماح

picaresque, *a.* (رواية) تصوّر حياة الصعاليك والمتشردين ومغامَراتهم المتنوعة

piccalilli, *n.* خضروات خاصّة مقطعة ومخلّلة في الخلّ والخردل أو المستردة

piccaninny, *n.*; *also* **pickaninny** لَقَب يُطْلَق على أطفال الزنوج في الولايات المتّحدة

piccolo, *n.* البِيكُولُو، ناي أو فُلوت صَغير له صَفِير رَفيع حادّ

pick, *n.* 1. (for breaking ground) مِعْول (معاول)

2. (any pointed instrument for probing) أداة مدببة السِنّ (للحفر في الجليد مثلًا)

3. (selection) خيرة، نخبة

he is the pick of the bunch أمّا (فلان) فهو أفضلهم، إنه خير فرد في الجماعة

he had first pick كان له الأسبقية في الاختيار

v.t. & i. 1. (break surface of ground) نبش (سطح الطريق) بمعول

2. (probe *teeth, etc.*) خَلَّل ما بين أسنانه بالمسواك؛ أدْخَل مِجَسًّا في ...

pick one's nose أدْخَل إصبعه في أنفه لتنظيفه

3. (remove meat from *bone*) جَرَّد (العَظْم) من كلّ ما علق به من لحم

4. (gather *flower* or *fruit*) قَطَف زهرة (من الحديقة) أو ثمرة (من الشجرة)

5. (peck *at food*) نَقْنَق في الأكل، أَكَل بدون شهية أو قابلية

6. (select) انْتَقَى (شيئًا من مجموعة أشياء)، اِخْتَارَ (شخصًا من المرشحين)

he likes to pick and choose من عادته أن يتمهّل في فحص الشيء قبل اختياره (لأسباب تافهة)

she picked a quarrel with him التمست أيَّ عذر لتتشاجر معه، تَعَمَّدَت الشجار معه

pick on (single out)

he picked on Tuesday as the best day اِخْتارَ يوم الثلاثاء مفضّلًا إياه على بقية الأيام

(single out for criticism)

why do you always pick on me? لماذا تخصّني باللوم؟ (في حين أنك تتجاهل الآخرين دائمًا)

pick one's steps; *also* pick one's way مَشَى أو خطا بحَذَر وحِرْص (متجنبًا الحُفَر في الطريق)

7. (break open, pull apart) نَسَّلَ (الألياف مثلًا) أو فرَّقها

pick a lock فَتَح قفلًا بآلة مدبّبة أو بقطعة من السلك لغرض السرقة

pick someone's pocket نَشَلَ (محفظة نقود) من جيبه

pick-pocket, *n.* نشّال، سارق الجيب

8. (*adverbial compounds*)

pick off

(pluck) قَطَفَ (الزهور)

(shoot singly) قَتَل (أعداءه) واحدًا واحدًا بمجرّد أن أطلّوا برؤوسهم

pick out

(select) اِخْتَارَ، اِنْتَقَى، انْتَخَبَ (من مجموعة)

(distinguish) استطاع أن يتعرّف على شيء (بحاسّة من حواسه)

letters picked out in white on black نقش إطار الحروف السوداء بخطوط بيضاء

(*mus.*)

he picked out the tune with one finger عَزَفَ النغمة من السماع بأصبع واحد على البيانو

pick over (through) (sort) فَرَزَ الأشياء

pick up (lift) اِلتقط من الأرض

he picked himself up off the ground نَهَضَ على قدميه بعد وقوعه على الأرض

I picked him up on the corner قابلته عند منعطف الطريق (وأخذته معي في السيّارة)

the train stops to pick up passengers يقف القطار (في هذه المحطّة) لصعود الركّاب

he picked it up in the market تَصادَفَ أن كان في السوق واشترى هذه 'اللقطة'

pick up a bad habit اِكْتَسَبَ عادة سيئة أو رديئة

he picked up a livelihood with difficulty لم يكن من السهل عليه أن يجد قوت يومه

he picked her up in the cinema تَعرَّفَ على فتاة في السينما (وتصاحبا)

he picked up the germ in the bus أصيب بعدوى المرض وهو راكب في الباص

the set picks up foreign stations هذا الراديو يلتقط إذاعات أجنبية

at long last business is picking up الآن بدأت السوق تنتعش (بعد كساد طويل)

pick-me-up, *n.* (tonic) شراب منعش يعيد النشاط والحيوية

pick-a-back, *adv.* & *n.* (ركب) على الظهر أو الكتفين

he gave his brother a pick-a-back أَرْكَبَ أَخاه عَلى ظَهْرِه

pickaxe, *n.* مِعْوَل (معاول)، فأس (فؤوس)

v.t. حَفَرَ (الطريق) بالمعول

picket, *n.* 1 (stake) عمود خشبي أو معدني يدقّ في الأرض (لتثبيت طائرة مثلًا)

2. (body of troops); *also* picquet فريق من الجنود مكلّفون بمهمة معيّنة (كالحراسة مثلًا)

3. (body of strikers) فريق من العمال المضربين يمنعون بقية زملائهم عن الدخول لمواصلة العمل

v.t. 1. (secure with stakes) رَبَطَ (الحصان مثلًا) بوتد وحبل في الأرض

2. (guard *installation* for strike purposes) رابط (المضربون) أمام محلّ عملهم

picking, *n.* (in vbl. senses of pick, *v.t.* & *i.*) قطف، انتقاء

picking and stealing النشل والسرقة

pickings, *n.pl.* 1. (scraps) البقايا المتخلّفة (من الطعام مثلًا)

2. (perquisites) غنيمة (غير مشروعة غالبًا)

pickle, *n.* 1. (liquor for preserving) مَزيج من الماء والمِلْح والخلّ والتّوابل لِلتَّخْليل

2. (preserved vegetables); *oft. plural*

mixed pickles مخلّلات أو طرشيات متنوعة

mustard pickle طرشي مخلّل مع الخردل

3. (plight)

a sorry pickle (وَجَدَ نفسه في) ورطة شديدة

4. (*fam.*, mischievous child) ولد شقي، وكيع

v.t. خَلَّلَ (الخضراوات أو اللحوم أو الأسماك)

pickled, *past p. & a.* 1. (preserved in pickle) (خيار) مخلّل،(لحم بقر) مملّح

2. (*sl.*, drunk) مسطول، مُشَعْلَل بالخمر

pick-up, *n.* 1. (light van) سيارة بيك آب (وهي لوري أوكاميون صغير ومكشوف عادةً)

2. (microphone) بيك آب، حاملة الإبرة

3. (casual acquaintance) بنت شوارع

picnic, *n.* 1. (outdoor meal) نزهة للأكل في المناطق الخلوية، أكلة في الهواء الطلق

2. (*coll.*, something easily done) كانت (تأدية العمل) أمرًا سهلًا لطيفًا

that was no picnic! كان العمل أصعب أو أشقّ بمراحل ممّا توقعت

v.i. (*pret.*, picnicked) خرجوا للنزهة وللأكل في الهواء الطلق

picquet, *see* **picket,** *n.* (3)

picric acid, *n.* حامض البكريك (كيمياء)

pictograph, *n.* كتابة بالصور أو النقوش تعبّر عن الحروف أو الألفاظ (كما في الهيروغليفية والصينية)

pictorial, *a.* (الفنّ) التصويري

n. (illustrated newspaper) مجلّة مصوّرة

picture, *n.* 1. (painting or drawing) صورة، رسم بالقلم أو الألوان

picture book كتاب مصوّر للأطفال

picture hat قبّعة نسائية بحافة عريضة للحفلات الرسمية (مثل سباق آسكوت)

picture postcard بطاقة بريدية مصوّرة

picture window نافذة كبيرة ذات لوح زجاجي واحد يطلّ على منظر طبيعي جميل

picture writing الكتابة باستعمال الصور بدلًا من الكلمات للتعبير عن المعاني

2. (beautiful object, perfection) في غاية الحسن والكمال (لفظ يستعمل مجازًا)

he is the picture of health هو مثال الصحّة الجيدة، هو في أوج العافية

3. (pattern of events) مَجْرَى الأُمُور، تَتَابُع الأَحْداث

the political picture is dark الموقف السياسي يدعو إلى التشاؤم

put someone in the picture أَحَاطَه علمًا بمجريات الأمور، أخبره بما حدث (في غيابه)

4. (*pl.*, cinema theatre) (لنذهب إلى) السينما، دار الصور المتحركة

v.t. رأى بعين الخيال، تَخَيَّلَ، تَصَوَّرَ (في أية حال كنت)!

picturesque, *a.* (منظر) بديع، رائع، يروق العين

(*fig., of language*) (وصف مغامراته) بأسلوب حيّ وكلمات معبرة فيها شيء من المغالاة

piddle, *v.i.* (*coll.*) بَال (الطفل - تقولها الأمّ عن ابنها مثلًا)، تَسَيَّرَ (مصر)

piddling, *a.* (أمور) تافهة، (أشغال) صغيرة وعديمة الأهمّية

pidgin, *a.* (لغة) مشوّهة أو ممسوخة

pidgin English; *also* pidgin, *n.* خليط من الانكليزية (والصينية غالبًا) للتفاهم بين الانكليز والمواطنين

pie, *n.* 1. (fruit or meat covered with pastry and baked) فاكهة أو لحوم مغطّاة بطبقة من العجين و مخبوزة في الفرن

apple-pie bed طيّ ملاءات الفراش بالعرض داخل السرير (كأضحوكة بين أفراد العائلة)

shepherd's pie لحم مفروم مع البصل ومغطّى بالبطاطس المهروسة و مخبوز في الفرن

she became as sweet as pie (كانت مهتاجة ثمّ) هَدَأت وأَصْبَحَت وديعة ولينة

2. (*typ.*)

printer's pie كومة من حروف الطباعة المختلطة

piebald, *a.* مُلوَّن بلونين (مثل الأبيض والبني)

n. (piebald horse) حصان أبلق

piece, *n.* 1. (portion, fragment) قطعة، جُزْء، حتّة (مصر)، وصلة (عراق)، شقفة (شام)

all in one piece (whole) (رطل من الجبن) قطعة واحدة، (نجا الركاب) بدون أية إصابة

all of a piece (with) (consistent) (سلوك) يتمشى أو ينسجم مع (شخصيته)، يتجانس مع (طبيعته)

break to (in, into) pieces, *v.t. & i.* كَسَّرَ، حَطَّمَ، فَتَّتَ؛ اِنْكسَرَ (الفنجان)، تَحَطَّمَ، تَهَشَّمَ

piece by piece (فحص طاقم الشاي) قطعةً قطعة

it was a piece of cake (*sl.*) كان العمل في غاية البساطة، أسهل مما تصوَّرت، كان لِعب عيال

give someone a piece of one's mind وَبَّخه توبيخًا شديدًا (على فعلته)، زجره بكلام قاسٍ

2. (instance, example)

piece of advice (قدَّم له) نصيحته

piece of impertinence سلوك وَقِح، قلّة أدب

that was a piece of luck كان (القاؤنا غير المتوقّع) من باب الحظّ السعيد

she's a nice piece of work هذه البنت في غاية الجاذبيّة، إنها فاتنة، لقطة! شقفة!

3. (separate item)

pieces of eight قطعة نقدية اسبانية قديمة كانت تساوي ثمانية ريالات

he has lost one piece and two pawns خَسِرَ (لاعب الشطرنج) قطعة رئيسية وبيدقين أو عسكريين

piece of ordnance قطعة من قطع المدفعية

three-piece suite طاقم منَجَّد لحجرة الجلوس مكوّن من أريكة (كنبة) ومقعدين (فوتيهين)

wallpaper is sold by the piece يباع ورق الحيطان باللفّة (أي لا يمكن تجزئتها)

piece goods لفّات أو بالات من المنسوجات

piece-work (طريقة لدفع الأجر للعامل) بالقطعة أو بِالمقطوعية (لا بِساعات العمل)

4. (*sl.*, woman) بنت (عاميّة)

a good-looking piece بنت جميلة، لقطة! (مصر)، حلوة!، شقفة (شام)

v.t., *esp. in*

piece together (patch up) } أصلح (الزهرية الخزفية) بتجميع أجزائها ولصقها بالغراء

(*fig.*, reconstruct) أعادَ تنظيم حياته (بعد تصدّعها)

pièce de résistance, *n.* الطبق الرئيسي (في وليمة مثلًا)، عمل يضع فيه صانعه خلاصة فنّه وإبداعه

piecemeal, *adv.* (أدّى عمله) على أجزاء متفرقة غير منتظمة (أي ليس دفعة واحدة)

pied, *a.* ذو لونين مختلفين، أبلق، أبقع، أرقط

pied à terre, *n.* محلّ للإقامة(من حين إلى حين)

pier, *n.* 1. (structure projecting into sea) رصيف ترسو السفن إلى جانبه،أو للتنزه (في البلدان السياحية)

2. (support for bridge, etc.) دعامة (حجرية غالبًا) ترتكز عليها بواكي (أقواس) الجسر (الكوبري)

3. (wall between windows) جدار بين نافذتين

pier-glass مرآة مستطيلة عمودية

pierce, *v.t.* ثقبت (أذنها لتضع قرطين)، خَرَقَ، اِخْتَرَقَ، نفَذَ (الرمح) خلال ...

the cold pierced him to the marrow تَغَلْغَلَ البرد إلى عظامه حتّى أهرأها

piercing, *a., usu. fig.*

piercing gaze نظرة نفّاذة، نظرة ثاقبة تنفذ إلى أعماقه، (حدَجَه) بنظرة نافذة

piercing voice صَوْت رفيع ثاقِب (القوّته وحِدّ ته)

piercing wind ريح صرصر، قارسة البرد

pierrot, *n.* 1. (character in pantomime) مهرّج إيمائي يطلي وجهه باللون الأبيض

2. (itinerant player, esp. at seaside) أحد أفراد مجموعة مغنين هزليين يرتدون زيًّا خاصًّا

piet/ism, *n.* (**-ist,** *n.*) الورع والتقوى (في الدين)، الإفراط في التنسك والزهد والانقطاع لأمور الدين

piety, *n.* البرّ والتقوى، الورع الديني، تَعَبُّد للخالق وطاعته؛ إكرام الوالدين

piffle, *n.* (*coll.*) كلام فارغ، هذر، هراء، (كلامه كلّه) تخريف وهذيان

piffling, *a.* (*coll.*) تافه، زهيد

pig, *n.* 1. (animal) خنزير، حلوف (مصر)

pigs might fly وقد يبيض الديك !

pig-sticking اصطياد الخنازير البرّية بالرماح على ظهور الخيل (في الغابات عادةً)

pig-stye, *see* pigsty

pig-swill; *also* pigwash فضلات الطعام (من المنازل والمطاعم) تُعَدّ طعامًا للخنازير

he bought a pig in a poke اِشْتَرَى شيئًا دون أن تسنح له فرصة لفحصه أو للتأكّد من جودته

2. (*fig.*, greedy person) بَطِن، شَرِه للأكل

3. (*fig.*, dirty person); *hence* شخص وسخ

to pig it (*v.i., coll.*) (اضطر إلى) السكنى في منزل قذر حقير تعوزه أسباب الراحة

4. (*fig.*, obstinate person) فَظّ وعَنِيد

pig-headed مُمْعِن في خَطَئه، عَنِيد كالبغْل، لا يتَزَحْزَح عن رَأْيِه

5. (*metall.*) كُتلة معدنية مُستطيلة ضخمة

pig iron حديد غفل، حديد خام، الظهر الخام، تماسيح الحديد

pigeon, *n.* حمامة (حمام، حمائم، حمامات)

clay pigeon قرص من الطين الجاف يقذف إلى أعلى للتمرين على صيد الحمام الطائر

pigeon-breasted; *also* pigeon-chested (مصدور) ذو صدر ضيّق الضلوع، صدره مقفّع

pigeon-hole, *n.* & *v.t.* فَجْوَة (في منضدة مثلاً) لحفظ الأوراق حَسَب ترتيب خاصّ

pigeon-toed له قدمان تنحرف أصابعهما نحو الداخل

piggery, *n.* زريبة الخنازير، حظيرة الخنازير (مكان تُرَبّى فيه الخنازير)

piggy, *n.* خنزير (في لغة الأطفال)

piggy-bank حصّالة أو صندوق صغير لادّخار النقود (على شكل خنزير عادةً)

piglet, *n.*; *also* **pigling** صغير الخنزير، خنّوص (خنانيص)

pigment, *n.* مادّة ملوّنة تدخل في تركيب الصبغة

pigmentation, *n.* تخضّب الأنسجة النباتية والحيوانية

pigmy, *n.*; *also* **pygmy** قزم (جنس بشري)

pigskin, *n.* جلد الخنزير المدبوغ (لصناعة القفّازات)

pigsty, *n.* زريبة أو حظيرة الخنازير

(*fig.*) مكان تَعُمّه الفوضى وينعدم منه النظام والترتيب والنظافة، (بيته) كالزريبة

pigtail, *n.* ضفيرة شَعْر تتدلى من مؤخرة الرأس

a girl in pigtails فتاة ذات شعر مجدول في ضفيرتين

pike, *n.* 1. (weapon) قناة خشبية برأسها سِنّ حديدي

2. (fish) زنجور، سمك الكراكي (في المياه العذبة)

pikelet, *n.* فطيرة يُحَمَّص سطحها وتؤكل بالزبد

pikestaff, *n.* قصبة خشبية، قناة الرمح

it is as plain as a pikestaff واضح كالشمس في رابعة النهار، أبْيَن من فَلَق الصبح

pilaster, *n.* عمود مستطيل يستعمل ركيزة للحائط

pilau, *n.*; *also* **pilaw, pilaff** طبق شرقي مُعَدّ من الأرز واللحم والتوابل، بيلاو

pilch, *n.* لباس للأطفال يرتدى فوق الكفولة الداخلية أو القماط

pilchard, *n.* سردين كبير الحجم (سمك من فصيلة الرنكة)

pile, *n.* 1. (stake) (هندسة) عمود متين يستعمل ركيزة

pile-driver مِدكّة تُدكّ بها ركائز الصلب أو الخشب أو الخرسانة في أساس المباني

2. (heap, *lit. & fig.*) كومة أو كدس (من الأحجار مثلًا)، (لدي أعمال) كثيرة (يجب إنجازها)

funeral pile محرقة الجثث، كومة من الحطب لإحراق جثة ميّت عظيم

3. (*coll.*, fortune) ثَرْوَة

he has made his pile لَقَدْ أَثْرَى (ولم يَعُد بحاجَة إلى العَمَل)

4. (building) صرح، مبنى ضخم أو هائل

5. (*elec.*) عامود فولطي (كهرباء)

atomic pile فرن أو قمين ذَرّي

6. (nap of cloth) وبر (السجادة أو القطيفة)، زِئْبِر

7. (*med., esp. pl.*) (مرض) البواسير

v.t.; *also* pile up, pile on كَوَّم (الأوراق مثلًا)، كدّس (الأمتعة)

pile arms وضع عدة بنادق (ثلاث أو أكثر) بِشكل هرمي (وقت الاستراحة)

don't pile it on لا تبالغ في وصف الكارثة (استدرارًا للعطف)، لا تسترسل في الشكوى

v.i. تَكَوَّم

pile up (accumulate) تَرَاكَمَ، تَكَدَّسَ، تَكَوَّمَ، تَكَتَّلَ

(run aground, crash), *whence* pile-up, *n.* اصْطَدَمَ (عدد من السيّارات)، ارْتَطَمَت (السفينة)؛ اصطدام صفّ من السيّارات في اتّجاه واحد

come on, pile in! (get into the vehicle) يلّلا اركب (أو اركبوا) في السيّارة!

pilfer, *v.t. & i.* سَرَق (شيئًا تافهًا وبسيطًا)

pilgrim, *n.* حاجّ (حُجّاج)، من يقوم بزيارة الأماكن المقدّسة

the Pilgrim Fathers الآباء المهاجرون (أوّل المهاجرين الذين استوطنوا في أمريكا الشمالية)

pilgrimage, *n.* حَجّ، زيارة الأماكن المقدّسة وأضرحة الأولياء

(*fig.*) زيارة رحلة إلى مسقط رأس (شكسبير مثلًا)، مكان ذي أهمّية عاطفية؛ الحياة الدنيا

pill, *n.* 1. (medicament) حبّة من الدواء

it is a bitter pill to swallow لا مفرّ من أن تجرع كأس المرّ والعلقم

gild (sugar) the pill أخفى مرارة الحقيقة بكلمات معسولة، خَفَّفَ قسوة التوبيخ بكلمات مَلَطِّفة

2. (*sl.*, ball) الكرة (اصطلاح عامي)

pillage, *n.* سلب ونهب، غنيمة (في الحرب)

v.t. & i. خَرَّبَ (العدوُّ المدينة)،عاثَ فسادًا فيها، أغارَ عليها وسلب ما فيها

pillar, *n.* عمود، دعامة، ركيزة (من الحجر)

pillar-box صندوق بريد (أسطواني) قائم على الرصيف

they drove him from pillar to post ظلّوا يزعجونه ويضايقونه بغير هوادة، أذاقوه الأمرّين

(*fig.*, staunch supporter) ركن (من أركان الحزب مثلًا)، عين (من أعيان المجتمع)

he is a pillar of the faith هو عِماد من عُمُد الدين

pillbox, *n.* 1. (container for pills) علبة (من الورق المقوى أو البلاستيك) لحبوب الدواء

2. (small concrete fort) معقل أو حصن عسكري صغير من الخرسانة (نصفه تحت الأرض)

3. (hat) قبعة دائرية صغيرة تُشدّ بشريط جلدي تحت الذقن (يلبسها خدم الفنادق)

pillion, *n.* مقعد خلفي على ظهر حصان أو درّاجة بخارية

ride pillion رَكِبَ في مقعد إضافي خلف سائق الدرّاجة البخارية

pillory, *n.* عمود خشبي قائم يُربط عليه المجرم لتعذيبه

v.t. عَرَّضَه للسبّ والتشهير والفضيحة العلنية

pillow, *n.* وسادة (وسائد)، مخدّة السرير

pillow-case; *also* pillow-slip كيس المخدّة، غطاء من القماش توضع فيه الوسادة

pillow-fight استعمال الصغار لمخدّاتهم في الملاكمة

v.t. وَسَّدَ (رأسه)، استعمل شيئًا وسادة لرأسه؛ أَرَاحَ رأسه (على كتفيها مثلًا)

pillule (pilule), *n.* حَبّة (دواء) صغيرة

pilot, *n.* 1. (*naut.*) مرشد السفينة في مدخل الميناء أو أثناء عبور (قناة مثلًا)

drop the pilot استغنى (الوزير) عن مستشاره الأوّل

2. (*aeronaut.*) طَيّار

pilot-officer (rank) ملازم ثانٍ (طيران)

3. (*attrib.*, *fig.*)

pilot light (jet) لهب صغير دائم الاشتعال في الأجهزة الغازية الأوتوماتيكية

pilot project مشروع تجريبي تخطيطي

v.t. 1. (guide *a person*) دَلَّ أو أَرْشَدَ (زائرًا إلى المحطة مثلًا)، والاه بالنصح والإرشاد (في مشاكله)

2. (steer *vessel or aircraft*) أَرْشَدَ (سفينة مثلًا)

pilule, *see* **pillule**

pimento, *n.* فلفل حلو، فلفل افرنجي أو جمايكا

pimp, *n.* قوّاد، ديوث

v.i. قَامَ بدور القوّاد

pimpernel, *n.* لُبَّيْن المروج، زهرة قرمزية اللون

pimple, *n.* بثرة صغيرة، فسفوسة، دُمّل صغير على سطح الجلد

pimply, *a.* (وجه) تعلوه البثرات الصغيرة، مصاب بالدمامل الصغيرة

pin, *n.* 1. (sharp instrument) دبّوس (دبابيس) لضمّ الورق أو القماش

pin money مصروف جيب للزوجة

pin-point, *usu. v.t.* (define or locate precisely) عَيَّنَ نقطة أو حَدَّدَها بالضبط

pin-prick (*fig.*) إهانة صغيرة تجرح الشعور بعض الشيء، وخزات صغيرة تُكَدِّر

pins and needles (numb sensation) تنميل (نتيجة لبطء جريان الدم في الساق مثلًا)

you could have heard a pin drop (ساد الصمت) كأن على رؤوسهم الطير، كدت تسمع صوت سقوط الإبرة

2. (metal or wooden peg) خابور أو مسمار (يستعمل في النجارة والهندسة الميكانيكية)

3. (*pl.*, *coll.*, legs) الرجلان (عامّية)

he is weak on his pins يترنح في مشيته لضعف أو هزال

v.t. دَبَّسَ

he pinned his faith on . . . وَطَّدَ ثقته في ...، عَقَدَ الأمل على ...، اِتَّكَلَ على ...

pin down (*lit.*) دَبَّسَ (الباترون على القماش عند التفصيل)، شَبَكَ شيئًا بشيء بالدبّوس

(*fig.*)

he's very difficult to pin down يروغ منك كما يروغ الثعلب، ماهر في تجنّب الإجابة المباشرة

pin-up ⟨girl⟩ فتاة الغلاف

pinafore, *n.* مئزر أو مريلة طويلة تلبسها المرأة أو الفتاة فوق ثيابها لوقايتها من القاذورات

pince-nez, *n.* نظارة أو عوينات (بدون ذراعين) تثبت على عظمة الأنف بواسطة ياي صغير

pincer, *n.* 1. (of crustaceans, etc.) كلابة (السرطان)

2. (*fig.*, *usu. attrib.*)

pincer movement (*mil.*) حركة كمّاشة (عسكرية)

3. (*pl.*, tool) كمّاشة، كُلّاب، كلبتان (آلة تستعمل في النجارة والحدادة)

pinch, *v.t. & i.* 1. (squeeze between finger and thumb) قَرَصَ (خدّها) بين الإبهام والسبّابة

2. (cause pain by pressure) سَبَّبَ ألمًا نتيجة لضغط أو لضيق

he pinched his finger in the door قَرَصَ الباب على أصبعه

that's where the shoe pinches يعرف من تجربته الشخصية) أين يكمن الداء)

he looks pinched with cold يبدو أنّه يعاني من البرد القارس

3. (stint, be niggardly)

I've always had to pinch and scrape ظَلَلْتُ أُقتِّر وأقرِّط على نفسي طول حياتي

4. (*sl.*, steal) اِخْتَلَسَ (شيئًا صغيرًا) خِفْيَةً

5. (*sl.*, take into custody or charge with an offence) كَمَش، قَبَضَ على، أَمْسَكَ به واتَّهمه بمخالفة القانون

he was pinched for a traffic offence أوقفه رجل الشرطة حين ارتكب مخالفة مرور

n. 1. (nip) قرصة (بأصبعين)

2. (stress) ضِيق، ضرورة

at a pinch this will do هذا يؤدي الغرض وقت الحاجة، أو عند الضرورة، أو وقت الزنقة (مصر)

3. (small amount) مقدار ضئيل (من مسحوق ما)، قبضة (من السَّعُوط أو النُّشُوق)

you must take what he says with a pinch of salt ينبغي ألّا تأخذ كلامه على عِلاته، لا تصدّق ما يقوله لك حرفياً

pinchbeck, *n.* سبيكة من النحاس والزنك لتقليد الذهب في الحليّ الرخيصة

a. (*fig.*, sham) مزوّر، زائف، مُقَلَّد

pincushion, *n.* مِدْبسة، وسادة للإبر والدبابيس

pine, *n.* 1. (tree) (شجرة) الصنوبر

pine cone كوز أو كرز الصنوبر

pine kernel لوز الصنوبر

2. (timber) خشب الصنوبر، خشب عزيزي

pitch-pine شجر الصنوبر (يُستخرج منه التربنتين)

pine, *v.i.* وَهَن، هَزَل (من شدّة الجوع مثلاً)

pine for تَاقَ أو اِشْتَاقَ أو حَنَّ إلى

pine away نَحَلَ جسمه (لغياب حبيبه)، ذَابَ حسرةً وأسًى

pineal, *a.* بشكل كوز الصنوبر

pineal gland الغدّة الصنوبرية (في وسط المخّ)

pineapple, *n.* (فاكهة) الأناناس

ping, *n.* صوت رفيع (عند ارتطام المطرقة بلوح معدني)

v.i. أَحْدَثَ صوتًا رفيعاً (مثل ما سبق ذكره)

ping-pong, *n.* لعبة البنج بونج، رياضة كرة الطاولة

pinion, *n.* 1. (part of wing) المفصل الخارجي للجناح

2. (*poet.*, wing) جناح الطائر

3. (cog wheel) ترس صغير تتداخل أسنانه في أسنان ترس كبير

rack and pinion ترس وجريدة، نظام هندسي لتعشيق أسنان العجلة في أسنان ذراع

v.t. 1. (cut off *a bird's* wing tip) قَصَّ أطراف جناحي الطائر لمنعه من الطيران

2. (bind *person's arms*) قَيَّده أو رَبَطَه من ذراعيه من الخلف أو حول جذع شجرة

pink, *n.* 1. (plant) زهرة صغيرة من فصيلة القرنفليات تتعدّد ألوانها وأنواعها

2. (colour); *also a.* وردي اللون، لون بَمْبَه (مصر)، زهري (شام)

3. (perfection)

I am in the pink (*coll.*) أنا في صحّة وعافية والحمد لله

pink, *v.i.* أَحْدَثَ (محرّك السيّارة) طقطقة

pinking shears, *n.pl.* مقصّ مشرشر (لمنع تنسّل القماش بعد قصّه)

pinnace, *n.* لنش أو قارب (يعمل بين الشاطئ وسفينة حربية مثلاً)

pinnacle, *n.* 1. (peak) ذروة (الجبل المخروطية)

2. (*archit.*) برج صغير مزخرف

3. (*fig.*, highest point) (بلغ) أوج (الشهرة)، ذروة (المجد)

pinnate, *a.* ريشي الشكل، كلّ ورقتين فيه تتفرعان من نقطة واحدة

pinny, *contr. of* **pinafore**

pinpoint, *see* **pin,** *n.* (1)

pinprick, *see* **pin,** *n.* (1)

pint, *n.* مِكيال للسّوائل يُساوي ثُمْنَ غَالون انكليزيّ أو ٥٦٨ر. من اللِّتر

pioneer, *n.* 1. (explorer) رائد (روّاد)

(*fig.*) من يشقّ طريقًا جديدة، مبتكر (في ميدانه)

2. (*mil.*) أحد أفراد فرقة الطليعة (المكلفين بإزاحة العراقيل وتمهيد الطريق للجيش الزاحف)

v.t. & i. شَقَّ طريقًا جديدة

(*fig.*) كان أوّل مَن أدخل استعمال (الآلات الحاسبة مثلًا)، فَتَح بابًا جديدًا (في ميدان ما)

pious, *a.* 1. (devout) تقيّ، وَرِع، صالح، من يتمسك بتعاليم دينه ويؤدي فروضه

2. (dutiful) بارّ، (ابن) رفيق بوالديه

pip, *n.* 1. (seed of fruit) بذرة (بعض الفواكه مثل التفاح والبرتقال)، حبّة (أو فوند) الرمّان

2. (short high-pitched sound) صفير متقطع

3. (spot on playing-card, dice, etc.) نقطة (تبين العدد) على سطح النرد أو ورق اللعب

4. (star on officer's uniform) نجمة، دبّورة

5. (disease of fowls) زكمة أو خانوق الدجاج

(*fig.*, fit of temper, depression) نوبة من الكآبة، مزاج متوعّك، مَلَل وسآمة

it gives me the pip سلوكه يضايقني، تصرفاتها تنرفزني أو تعكنني (مصر)

pip, *v.t.* (*coll.*, defeat) هَزَمَ (منافسه في السباق)، غَلَبه

he was pipped at the post هُزِمَ في الشوط الأخير أو قبيل نهاية السباق

pipe, *n.* 1. (conduit) أنبوب، أنبوبة (أنابيب)، ماسورة (للسوائل والغازات)

pipe-line; *see* **pipeline**

2. (music) مزمار، زمّارة، شبابة ذات قصبة واحدة، ناي

Pan pipes مزمار من سبع قصبات مختلفة الطول

organ pipes أنابيب الأرغن

3. (for smoking) غليون، بيبة (للتدخين)

pipe of peace التدخين (في حفلة عقد الصلح)

pipe-clay (for pipes; also for whitening uniform) صلصال فخاري تصنع منه بعض الغلايين؛ مادّة خاصّة لتنظيف الأحزمة البيضاء

pipe-dream (*fig.*) أضغاث أحلام، تخيلات يستحيل وقوعها، أوهام، قصور في الهواء

put that in your pipe and smoke it لن أغير رأيي سواء رضيت أم لم ترْضَ، (أصارحك أنّي أرفض طلبك) ففكّر مليًّا في قراري هذا

4. (liquid measure) مكيال (١٠٥ غالونات)

v.t. & i. 1. (play on pipe) زَمَّرَ، صَفَّرَ

the bo'sun piped the captain aboard نفخ رئيس الملاحين بِصَفّارته تحيّةً لِقدوم ربان السّفينة

pipe down (*usu. coll.*, keep quiet) كفى صخبًا! كِفاية دَوْشة! (مصر)، اِمْسِكْ لِسانك!

pipe up (*usu. coll.*, speak out) تَكَلَّمَ فجأةً بصوت عالٍ، رفَعَ عقيرته (بالغناء مثلًا)

2. (decorate *dress, cake*) خَاطَ حاشية على حافة الثوب؛ زين الكيكة بخيوط من السكريات

3. (convey by pipe) نَقَلَ (البترول مثلًا من حقوله إلى الموانئ) في أنابيب

piped water supply (في القرية) أنابيب للمياه

pipeline, *n.* خطّ أنابيب النفط لنقله من منبعه؛ وسيلة مباشرة لاستقاء الأخبار

(*fig.*)

it is in the pipeline لقد بدأ العمل في هذا المشروع وسيظهر الانتاج في حينه

piper, *n.* (performer on pipe) زمّار

he who pays the piper calls the tune من يدفع فكلامه يُسْمَع، من يدفع الأجور في يده تسيير الأمور

pipette, *n.* (أنبوبة) ماصّة (مفتوحة الطرفين)

piping, *n.* 1. (*vbl. sense.* 1.) زَمْر، زمير (على المزمار)

2. (decoration on dress, etc.) حاشية على حافة الثوب

3. (line of icing on cake) خيوط من السكريات الملونة تزين بها الكيكة

adv.; *only in*

piping hot (الشوربة) ساخنة جدًّا

pipit, *n.* جشنة، عريزاء، طائر صغير يشبه القنبرة

pippin, *n.* نوع من التفّاح (للأكل لا للطبخ)

pipsqueak, *n.*, *sl.* شخص أو شيء حقير أو تافه، لا قيمة له؛ إمَّعة، نكرة

piquancy, *n.* طعم لاذع أو حريف (للصلصة مثلًا)؛ حرافة، لوذعية

piquant, *a.* (طعم) لاذع أو حادّ

with the fish he had a piquant sauce تَنَاوَلَ صلصة حريفة مع طبق السمك

a piquant bit of gossip دردشة أو ثرثرة تثير فضول المستمع

pique, *n.* غضب واستياء (لجرح كبريائه)

she did it out of pique (أغلقت الباب في وجهه) دلالة على استيائها وغضبها

v.t. جَرَحَ إحساسه؛ افْتَخَرَ

piqué, *n.* قماش بيكه (منسوج قطني مضَلَّع)

piquet, *n.* لعبة ورق (للاعبَيْن) تلعب باثنتين وثلاثين ورقة فقط

piracy, *n.* قرصنة، لصوصية بحرية، جريمة السلب بالإكراه في أعالي البحار

(*fig.*, breach of copyright) انتحال الملكية الأدبية

pirat/e, *n.* (**-ical,** *a.*) قرصان (قراصنة)، لصّ البحر؛ محطّة إذاعية تذيع بدون ترخيص حكومي

(*fig.*, infringer of copyright) من يطبع مؤلفات كاتب وينشرها دون تفويض منه

v.t. (*in fig. sense*) تَعَدَّى على ما لغيره من حقوق الطبع والنشر أو حقوق الاختراع

pirouette, *n.* الدوران على قدم واحدة أو على أطراف أصابع القدم في رقص الباليه

v.i. أدّت (الراقصة) دورة بهذا الشكل

pis aller, *n.* المضطرّ يركب الصعب، «إذا لم يكن غير الأسنّة مركبًا – فلا يسع المضطرّ إلّا ركوبها»

piscatorial, *a.* نسبة إلى صيد السمك

Pisces, *n.pl.* برج الحوت، السمكتان

pisciculture, *n.* تربية الأسماك

piscina, *n.* بركة لتربية الأسماك؛ حوض سباحة عند الرومان؛ بالوعة في حوض حجري بالكنيسة

pish, *int.* أُفّ! (للدلالة على التأفّف)

pish and tush! كلام فارغ! هراء!

piss, *v.i.* (*vulg.*) تَبَوَّلَ، بَالَ، تَسَيَّرَ (مصر)، طَيَّرَ الماء أو طَقَّرَ الشرب (عراق) (كلمة سوقية)

pistachio, *n.* فستق، فستقة، لون فستقي

pistil, *n.* عضو التأنيث في الزهرة، المِدَقّة

pistol, *n.* مسدّس، فرد، طبنجة

pistol-grip (applied to hand tools) مقبض أو يدّة (آلة كهربائية مثلًا) تشبه يد المسدّس

he yielded at pistol point (*fig.*, under duress) وَافَقَ على أن يفعل ما طلِب منه تحت تهديد أو إرغام، رَضَخَ أو قَبِلَ مُرْغَمًا

piston, *n.*; *also attrib.* مكبس، كباس (ميكانيكا)

piston engine محرّك احتراق داخلي (أي محرّك ذو أسطوانات ومكابس)

pit, *n.* 1. (hole in ground) حفرة في الأرض (عميقة وذات جوانب عمودية غالبًا)

coal pit (see also (2)) منجم الفحم

2. (*esp. of coal pit*; *also* 'the pits')

down the pit (يعمل) داخل المنجم

pit head مدخل منجم الفحم

3. (trap for animals; *often fig.* = pitfall) وجرة لصيد الوحوش، مطبّ

a pit for the unwary شرك يقع فيه الغافل

4. (cavity)

he had a sinking feeling in the pit of his stomach خارت قواه، شَعَرَ كأن الأرض تميد تحت قدميه (عندما سمع النبأ)

5. (arena for fighting animals) ميدان أو حلبة مغلقة تتصارع فيها الحيوانات

6. (part of theatre auditorium)

pit stalls المقاعد الخلفية في الجزء الأمامي من صالة المسرح

v.t. 1. (set to fight *against*)

he pitted his strength against that of his rival استجمع كُلّ قواه واختبر مقدرته على قهر خَصْمه

2. (make small holes in surface) نَقَرَ أو خَدَش سطح (الخشب مثلًا) بحفر أو خدوش كثيرة

his face was pitted by smallpox كان وجهه ممسوخًا أو مشوّهًا بآثار الجدري

pit-a-pat, *adv.* & *n.* دبدبة، وقع خطوات خفيفة

my heart went pit-a-pat دَقَّ قلبي خوفًا أو فرحًا

the pit-a-pat of the raindrops صوت قطرات المطر وهي تقرع (النافذة مثلًا)

pitch, *n.* 1. (black resinous substance) زفت، قار، قطران (أو موادّ مماثلة)

pitch-blende أكسيد اليورانيوم الخام

(*attrib.*, black); *also* pitch black (كان الليل) حالك الظلام، أسود كالكحل

2. (plunging action, e.g. of ship) (ظلّت السفينة) ترتفع وتنخفض بتأثير الأمواج

3. (mode of delivering ball) قذفة الكرة

4. (place where one is stationed, esp. for street trading) مكان لوقوف البائع المتجوّل في السوق أو الشارع

5. (demarcated area in games) ميدان رياضي
cricket pitch ميدان لعب الكريكيت

6. (height, intensity, *usu. fig.*)
to the highest pitch إلى أقصى درجة
things had come to such a pitch that . . .
تفاقمت الأمور أو تطورت الأوضاع إلى أن ...

7. (*mus.*) درجة الصوت، طبقة النغم (تعدّدها سرعة الذبذبات الصوتية)

8. (*of a roof*) زاوية ميل السقف أو انحداره في الجمالون (هندسة معمارية)

9. (*mech.*, distance between successive teeth or threads) المسافة بين طرفي سنّين متتاليين في الترس أو البرغي، خطوة (هندسة)

v.t. 1. (fix and erect) نَصَبَ، أَقَامَ
pitch a tent خَيَّمَ، نَصَبَ أو ضَرَبَ خيمة

2. (throw) قَذَفَ، رَمَى، أَلْقَى

3. (*mus. & fig.*, set at a certain height)
a high-pitched voice صوت عالٍ رفيع وحادّ

4. (*sl.*, recount) حَكَى حكايته، قصّ قصّته، عَرَضَ قضيته
pitch it strong عَرَضَ قضيته بحماس شديد لِلتّأثير في سَامِعِيه

v.i. 1. (fall heavily, fling oneself)
he pitched forward on to the floor
خَرَّ على وَجْهِهِ ساقِطًا على الأَرْض

pitch into a job (*coll.*, tackle with vigour)
إِنْدَفَعَ في العَمَل بِحَماس

pitch into someone (*coll.*, assail, *lit. & fig.*) إِنْهَالَ عليه ضربًا؛ راح يوبخه توبيخًا عنيفًا

2. (*of ship, aircraft, etc.*, plunge)
pitching angle; *also* angle of pitch زاوية انحدار الطائرة أثناء طيرانها (بالنسبة إلى الأفق)

pitcher, *n.* 1. (vessel) جرّة كبيرة من الفخار، بلّاص (بلاليص)، (مصر)

little pitchers have long lugs (حذار أو أخفض صوتك) فإن الصغار يلتقطون حديث الكبار

2. (player who delivers ball, esp. at baseball) رامٍ (في لعبة البيسبول)

pitchfork, *n.* مذراة ذات سِنّين طويلتين

v.t., esp. fig. رَمَى بالمذراة
he was pitchforked into the job عُيِّنَ في الوظيفة أو ألقيت عليه مسؤولية العمل بدون تروّ أو تفكير

piteous, *a.* (منظر) يثير العطف والشفقة

pitfall, *n.* مطبّ أو فخّ (يقع فيه الغافل)، (طريق محفوفة) بالمزالق، خَطَر كامن

pith, *n.* 1. (of plants) مكاك، نخاع، مادة اسفنجية توجد في داخل سيقان النباتات

2. (*fig.*, substance) لبّ الموضوع، جوهره، كنهه، ماهية القضية، زبدة الكلام

pithecanthropus, *n.* انسان جاوه (الحلقة المفقودة)

pithy, *a.* نخاعيّ؛ (ملاحظة) أصابت الهَدَف

pitiable, *a.* مثير للعطف؛ باعث على الاشمئزاز

pitiful, *a.* 1. (exciting pity) مثير للشفقة

2. (contemptible) باعث على الازدراء

pitiless, *a.* عديم الرحمة، قاسي القلب

pitot tube, *n.* أنبوب پيتوت (هندسة الطيران)

pittance, *n.* (يكدّ طوال نهاره مقابل) دراهم معدودات، (يتقاضى) أجرًا لا يكفي لمعيشته

pituitary, *a.* نخامي

pituitary gland; *also* pituitary, *n.* غدّة نخامية

pity, *n.* 1. (compassion) رحمة، رأفة، حنان

feel pity for تحنّن قلبه عليه، أحسّ بشفقة نحوه

for pity's sake ساعدني لوجه الله! تحنّن علي لأجل خاطر الله، حنانيك!

have (take) pity on رَأَف به، شَفَق أو عَطَف عليه، تَرَحَّم عليه

2. (misfortune)

more's the pity! ومما يزيد الأسف أنّ ...

⟨what a⟩ pity! يا للأسف! يا خسارة! واحسرتاه! وا أسفاه!

the pity of it is that . . . ومما يدعو للأسف أنّ ...، والمصيبة في الأمر أن ...

v.t.

he is much to be pitied (على الرغم من تقصيره) فإنّه جدير بعطفنا ويستحقّ رثاءنا

pivot, *n.* (**-al,** *a.*) مِحْوَر يدور عليه (مفصل مثلًا)، محور ارتكاز؛ الفكرة الرئيسية (في مشروع)

v.i. (قسم من جهاز) يدور على محور

everything pivots on . . . نتيجة المشروع تتوقّف على...، يدور الموضوع كلّه حول (نقطة واحدة)

pixy, *n.*; *also* **pixie** جِنّي أو جِنّيّة

pixy hood طرطور أو قلنسوة مثلثة الشكل متّصلة بالمعطف (كما في البرنس المغربي)

pizzicato, *adv.*; *also n. & a.* طريقة عزف الكمان بنقر أوتاره بالأصبع (عوضًا عن العزف بالقوس)

placard, *n.* إعلان يُلْصق على لوح في مكان عامّ

v.t. عَلَّقَ لافتات (أو آرمات) على الحيطان

placate, *v.t.* استرضاه (بعد أن جرح إحساسه بإهانته)، طَيَّبَ خاطره، لاطَفَه لتخفيف غضبه

placatory, *a.* (كلمات) مهدّئة أو ملطِّفة

place, *n.* 1. (location of person or thing) مكان، محلّ، موضع

gas lighting has given place to electricity حَلَّتَ الكهرباء محلّ الغاز في الإضاءة

he gave her his place أخلى مكانه لها (في صفّ المنتظرين للباص مثلًا)

in place

(correctly disposed) في موضعه الصحيح

(appropriate) (تعليق) ملائم، لائق، مناسب

in place of . . . بدلًا من، عوضًا عن

in your place, I would refuse لو كنت في مكانك لرفضت (الاقتراح)

he put him in his place أَوقفه عند حدّه، منعه من التمادي في وقاحته

he knows his place (الموظّف الصغير مثلًا) لا يتجاوز حدود مركزه

she laid a place for the extra guest أَعَدَّت (ربة الأسرة مثلًا) مكانًا على المائدة لزائر إضافي

out of place (كتاب) ليس في موضعه الصحيح، (تعليق) ناب، (سلوك) لا يليق بالموقف

the meeting took place in the town hall عقد الاجتماع في صالة مبنى البلدية

oil can take the place of butter يمكن الاستعاضة بالزيت عن الزبد (في هذا الطبق)

take your places, gentlemen! تفضّلوا بالجلوس يا سادتي

2. (specific locality) نقطة، مكان، جهة، طرف، مركز

let's go places (*coll.*) هيّا بنا نخرج للفسحة والتنزه (في المدينة)

there's no place like home بيتي أحبّ إليّ من قصر منيف

place-name اسم يطلق على مكان أو منطقة

places of interest معالم مشهورة تجذب إليها السياح، أماكن أثرية تستحق الزيارة

3. (building)

place of amusement ملهى، دار اللهو

4. (passage in book)

mark the place وَضَع علامة في الكِتاب لِيَعْرِف الصَّفحة التي يُواصِل منها القِراءة

5. (position in race, examination, etc.)

he backed the horse for a place رَاهَن على حصان آملًا أن يفوز بين الثلاثة الأول

he took first place كان ترتيبه الأوّل في نتيجة الامتحان أو السباق

6. (entry to a university)

he won a place at Oxford فازَ (الطالب المجتهد) بحقّ الالتحاق بجامعة أكسفورد

7. (employment) خدمة، وظيفة

the groom lost his place فَقَدَ السائس وظيفته (في العمل باسطبل التاجر الثري)

it's not his place to . . . ليس (لهذا الخادم مثلًا) الحقّ في أن ...

8. (domicile) مسكن، منزل، بيت

a nice little place in the country (عنده) بيت صغير أو فيللا أو ضيعة في الريف

come round to my place tonight! زرني في منزلي هذا المساء

9. (street or square) ميدان، ساحة؛ شارع، طريق، حارة، زقاق

market-place ميدان السوق

10. (step in argument)

in the first place في أول الأمر، أولًا، أوّل كل شيء، بادئ ذي بدْء

11. (*math.*, position of figure in series)

to six places ⟨of decimals⟩ مقربًا إلى ستّة أرقام عشرية (رياضيات)

v.t. 1. (put) وَضَعَ (كتابًا على المكتب مثلًا)

2. (arrange in order) رَتَّبَ، نَسَّقَ، نظَّمَ

the horse was not placed (i.e. among first three) لم يفز الحصان بين الثلاثة الأوّل في السباق

3. (recognize, recall) تَعَرَّف على

I can't place him لا أستطيع أن أتذكّره بالضبط أو أتذكّر من هو

4. (find situation for) وَجَدَ وظيفة (لمرشّح)

5. (put out *money, etc.*)

place a bet رَاهَنَ (في سباق الخيل مثلًا)

place an order طَلَبَ (بضاعة)، أعدَّ طلبًا لشرائها

placebo, *n.* (*med.*) دواء عقيم يوصف لملاطفة المريض أوكوسيلة في تجربة طبّية، علاج مموّه

placenta, *n.* خلاص الجنين، مشيمة، سُخْد

placid, *a.* (**-ity,** *n.*) (مزاج) هادئ، وديع، لطيف، مسالم؛ وداعة وهدوء

plagiar/ism, *n.* (**-ist,** *n.*) انتحال مؤلّف أو سرقته لآراء مؤلفين آخرين ونسبتها إلى نفسه

plagiarize, *v.t.* اِنْتَحَلَ أو سرق آراء كاتب غيره ونسبها إلى نفسه

plague, *n.* 1. (pestilence) وباء، طاعون؛ الطاعون الدبيلي (أو العقدي أو الدملي)

some night clubs are plague spots بعض الملاهي الليلية بؤر وأوكار للفساد

2. (infestation) ضربة (الذباب - واردة في التوراة)

a plague of locusts أسراب من الجراد تغير على منطقة ما

3. (*coll.*, troublesome person or thing)

a spoilt child is a perfect plague الطفل المدلّل أو المدلّع لعنة من اللعنات

v.t.; *usu. fig.*, *as in*

he plagued the life out of me لقد أذاقني المرّ، طلع عينيّ، كَفَّرَني (بإلحاحه مثلًا)

plaice, *n.* سمك موسى، سمك مفلطح يعيش في المناطق الرملية بقاع البحر

plaid, *n.* ايشارب أو لفاع من نسيج صوفي ذي مربعات ملونة عند الاسكتلنديين، هذا النسيج

plain, *a.* 1. (simple, ordinary) بسيط، عادي، ساذج

plain-clothes policeman رجل من رجال الشرطة يرتدي ثيابًا ملكية أو مدنية أثناء عمله

2. (clear) واضح، مبين، صريح، لا شكّ فيه؛ (زجاج) شفاف

make something plain أَوْضَحَ أو فَسَّرَ الأمر

from then onward it was all plain sailing لم نصادف أية صعوبة بعد هذه المرحلة

3. (candid, forthright) (كلام) صريح، غير مُلْتَوٍ

plain dealing (عامل المدير موظّفيه) بمنتهى الصراحة والصدق، بطوية سليمة

I will be plain with you لن أخفي عنك شيئًا

plain-spoken, *a.* من يعبّر عن رأيه بصراحة تامّة

4. (not coloured, monochrome) (قماش) سادة أي من لون واحد فقط؛ غير مزخرف

penny plain, twopence coloured إذا فضلت سلعة مزخرفة عليك أن تدفع فرق الثمن

5. (not pretty) غير جميل

plain Jane ليس بها مسحة من الجمال، اِمرأة أو فتاة ليس لها جاذبية

plain, *n.* سهل (سهول)، أرض سهلة أو منبسطة، مَهْد (أمهاد)

plainsong, *n.* نوع من التراتيل الكنسية

plaint, *n.* 1. (*poet.*, complaint) نحيب، مرثاة، شكوى وتفجّع

2. (*leg.*, accusation) شكوى، دعوى مرفوعة أمام القضاء

plaintiff, *n.* المدّعي، مقدم الدعوى، المطالب بحقه في شكوى أمام المحكمة

plaintive, *a.* (صوت) نائح، ينمّ عن الشكوى والأنين

plait, *n.* ضفيرة (من الشَعر)، جديلة

v.t. ضَفَرَت (شعرها) أو جدلته، ضفر (ثلاثة خيوط أو أكثر) أو برمها لصنع حَبْل

plan, *n.* 1. (diagram of building, etc.) رسم أو تخطيط (المبنى)؛ مسقط أفقي (هندسة معمارية)

2. (schedule, project) تصميم، خِطّة

it went off according to plan جَرَت أحداث (المؤتمر مثلًا) طبق الخطّة الموضوعة

plan of campaign خطة العمل، خطّة حربية

v.t. & i. 1. (design) خَطَّطَ، صَمَّمَ

2. (scheme, intend) نَوَى، قَصَدَ، اعْتَزَمَ

planchette, *n.* آلة للكتابة يستخدمها محضّرو الأرواح

plane, *n.* 1. (tree) شجرة الدُّلْب

2. (tool) فارة النجّار، مِسْحَج، مِنْجر

3. (surface) سطح مستوٍ، مستوى، وجه (من أوجه المكعّب مثلًا)

inclined plane سطح مائل

4. (*fig.*, level)

she lives on a different plane إنّ تفكيرها من مستوى مختلف

a. مُسْتَوٍ

a plane surface سطح مُستوٍ

v.t. نَعَّمَ الخشب بالفارة، نحته بالمنجر، سَحَجَه وسَوَّاه

planet, *n.* كوكب (كواكب - فلك)

planetarium, *n.* جهاز يمثّل حركات الكواكب

planetary, *a.* كوكبي، نسبة إلى الكواكب

planetary gear تروس صغيرة داخل ترس كبير

plangent, *a.* (صوت) مُدَوٍّ كهدير الأمواج

plank, *n.* لوح خشبي سميك وطويل

walk the plank إرغام القراصنة لأسيرهم على المشي فوق لوح خشبي والسقوط في البحر

(*fig.*)

a plank in the election platform مبدأ أساسي في سياسة الحزب (في حملة انتخابية)

v.t. 1. (cover with planks) غطّى بألواح خشبية

2. (*sl.*, put *down money, etc.*) ألقى النقود على المائدة بخشونة وفظاظة (متحدّيًا الجميع)

plankton, *n.* كائنات دَقِيقة تَطْفُو بمياه البحار والأنهار وتَقْتات عَليها الأَسْماك

planning, *n.* تخطيط، تصميم، وضع الخطط

he applied for planning permission قدّم طلبًا للبلدية للترخيص له ببناء (مصنع مثلًا)

plant, *n.* 1. (vegetable organism) نبات، نبتة، زرع، زرعة، مزروعات

2. (fixtures in industrial process) مجموعة معدّات أو آلات تستخدم في غرض صناعي

agricultural plant مُعِدّات زراعية

3. (*U.S.*, factory) مصنع، وحدة صناعية

4. (*sl.*, hoax) نَصْب، غِشّ، خدعة

5. (person introduced to carry out subversive activity) دخيل مندسّ كجاسوس

v.t. 1. (set in ground or water to grow) زَرَعَ، غَرَسَ البذور في الأرض

he planted out the lettuces نَقَلَ شتلات الخسّ واحدة واحدة وزرعها في الأرض

(*fig.*)

plant an idea in someone's mind أَوْحَى إلى شخص بفكرة ما، غَرَس فكرة في ذهنه

2. (*fig.*, establish *a colony*, *etc.*) أَنْشَأَ جالية في قارة أو أرض بعيدة

3. (fix, place in position) نَصَبَ، أَقَامَ

plant one's feet carefully تَثَبَّتَ من مواضع قدميه (خوفًا من الزلق)

plant a spy in . . . دَسَّ جاسوسًا (في أرض العدوّ)

4. (*sl.*, conceal on someone)

I planted the document in his pocket دَسَسْتُ الوثيقة في جيبه

plantain, *n.* لسان الحَمَل (نباتات ضارّة)

plantation, *n.* 1. (area planted with trees) مزرعة، مغرس، مشتل، غابة مزروعة، بيّارة

2. (estate) مزرعة (يعمل فيها العبيد قديمًا)

plantation song أغنية شعبية كان ينشدها الزنوج العبيد في جنوب الولايات المتّحدة

planter, *n.* 1. (man or machine that plants) زارع، آلة لغرس البذور

2. (plantation owner) صاحب مزرعة، معمّرها

plaque, *n.* لوحة (على حائط) لتخليد ذكرى ما

plash, *v.i.* اِصْطَدَمَ بسطح الماء، طَرْطَشَ

n. صوت طرطشة (المجداف) في الماء، صوت سقوط الماء من النافورة إلى الحوض

plasma, *n.* بلازما، مصل (الدم)، الجبلة

plaster, *n.* 1. (quick-hardening mixture) جِبْس، جِصّ، بَيَاض للحِيطان

plaster cast تمثال جصّي مصبوب في قالب خاصّ نقلًا عن تمثال معيَّن

plaster of Paris جصّ مجفّف (إذا خُلط بالماء فإنّه يتمدّد قليلًا ويتجمّد)

his leg is in plaster وضعت ساقه (المكسورة) في الجبس

2. (curative application)

adhesive (sticking-) plaster (شريط) مشمّع لصوق

v.t. 1. (cover with plaster) غَطَّى الحائط بطبقة مصقولة من الجبس، ملّط سطح الحائط

(*fig.*, cover thickly) غَطّى شيئًا بطبقة كثيفة من

2. (pelt) رَشَقَ (الحائط) بوابل من ...

plastered, *a.* (*sl.*, drunk) مسطول، سكران

plasterer, *n.* جصّاص (يغطي سطح الحائط بالجبس)

plastic, *a.* 1. (malleable) لدن، لين، يمكن تشكيله

2. (relating to modelling)

plastic arts الفنون التشكيلية (مثل فنّ النحت أو عمل التماثيل)

plastic surgery الجراحة التجميلية، جراحة الترقيع أو الترميم

n. (synthetic material) لدائن، بلاستيك

n.pl.

the plastics industry صناعة البلاستيك

plasticine, *n.* البلاستيسين، مادّة لدنة قابلة للتشكيل (يستعملها الصغار في دروس الفنّ)

plasticity, *n.* مرونة، لدانة، لدونة

plate, *n.* 1. (flat sheet, usu. of metal) صفيحة أو لوح معدني

armour plate صفائح معدِنيّة (تدرّع بها الدبّابة)

door-plate (name plate) لوحة مثبّتة في الباب تحمل اسم الساكن بالمنزل (ومهنته)

plate-glass زجاج سميك (لواجهات المحلات مثلًا)

steel plate صفائح من الصلب

2. (*railways*)

plate-layer عامل دريسة (في السكّة الحديدية)

3. (*photog.*) لوح زجاجي حساس (للتصوير)

4. (*printing*) كليشيه (لطبع الصور)

5. (*book illustration*) صورة ملحقة بالكتاب (مطبوعة على صفحة كاملة إضافية غالبًا)

6. (layer of metal) طبقة معدنية على سطح ما

electro-plate طلاء بالكهرباء

7. (*collect.*, tableware or prizes of precious metal)

gold plate طقم (أدوات المائدة مثلًا) مصنوع من الذهب الخالص

plate-powder مسحوق لتلميع الأدوات الفضّية

8. (shallow vessel) طبق مُفَلْطح

collection plate طبق العطاء (في الكنيسة)

pass the plate round جَمع التبرعات من الحاضرين

a dinner plate صحن واسع مفلطح

he has a lot on his plate (*coll.*) على عاتقه مسؤوليات كثيرة

plate-rack حمالة الصحون، رَفّ توضع فيه الصحون بعد غسلها لتجفّ

9. (*dentistry*) طقم أسنان صناعية (أو اصطناعية) أو الجزء الذي تثبّت فيه الأسنان

v.t. غطّى سطح المعدن بمعدن آخر

plateau, *n.* هضبة (هضاب)، أرض مرتفعة واسعة المساحة مستوية السطح

plateful, *n.* مِلء صحن (من الطعام)

platen, *n.* أسطوانة الآلة الكاتبة

platform, *n.* 1. (raised, usu. wooden, structure) منصّة (خشبية عادةً)

railway platform رصيف المحطّة (سكّة حديد)

platform ticket تذكرة رصيف (يشتريها مَن يذهب لتوديع مسافر بالقطار)

he took the platform اِعتلى (الخطيب) منصة الخطابة وألقى كلمة

2. (politician's programme) برنامج حزب سياسي (يعلنه قبيل الانتخاب)

plating, *n.* تصفيح؛ طلاء معدني رقيق

platinum, *n.* معدن البلاتين، ذهب أبيض

platinum blonde (*coll.*) فتاة أو امرأة شعرها مصبوغ باللون البلاتيني

platitud/e, *n.* (**-inous,** *a.*) أقوال مبتذلة وكليشيهات تافهة خالية من التجديد

Platonic (platonic), *a.* أفلاطوني، نسبة إلى أفلاطون أو فلسفته

platonic love الحبّ الأفلاطوني أو العُذري

platoon, *n.* فصيلة، رُبع سَرِيّة (عسكرية)

platter, *n.* طبق كبير مسطح (خشبي- لفظه قديمة)

platypus, *n.* حيوان مائي يبيض ويرضع، خلد الماء

plaudit, *n.*, *usu. pl.* هتاف وتصفيق (دلالة على الإعجاب والاستحسان)

plausible, *a.* 1. (*of argument*) (حجة)تبدو مُقْنِعة

2. (*of persons*) من يوهمك بلباقته وطلاوة حديثه أنه مخلِص لك

play, *n.* 1. (amusement, recreation) لعب، لهو، مزاح، تسلية

in play على سبيل المزاح واللهو

child's play (*fig.*, very easy) (هذا العمل) سهل جدًّا، لعب عيال، لعب أولاد

a play on words تلاعب بالألفاظ، استعمال كلمة تدلّ على معنيين مختلفين

he makes great play of his seniority يكثر من الإشارة إلى أقدميته في مناسبة وفي غير مناسبة

2. (manner of playing); *oft. fig.*

the ball is in play الكرة في موضع يسمح بمواصلة اللعب (طبقًا لقانون كرة القدم أو الكريكيت الخ)

3. (move in a game) (هذا) دورك في اللعب

4. (dramatic work) رواية تمثيلية، مسرحية

play-acting (*fig.*, dissembling) الإفراط في إظهار العواطف الزائفة المصطنعة

5. (light quick movement)

the play of light تراقص الضوء بين أغصان الشجر عند هبوب الريح

6. (free movement, clearance) مجال للسماح بحرّية الحركة في الآلات

(*fig.*, scope)

give ⟨free, full⟩ play to أَطْلَقَ العنان (لخياله أو عواطفه مثلًا)، لم يكبح جماح (شهواته)

v.t. & i. 1. (amuse oneself) لَعِبَ، تَسَلَّى

play about

(*of child*) يلعب، يسرح ويمرح، يرتع

(*of adult*, waste time) أَضاع وقته عبثًا، بدّد وقته بدون طائل

play with someone (trifle with the affections) لَعِبَ بعواطفها مغرّرًا بها

run away and play! إمشِ من هنا! اِجرِ والعب بعيدًا" (تقال لطفل لحوح مثلًا)

2. (engage in game); *also* play at

play at something (do without serious intent) لم يكن جادًّا في تأدية (عمله)

play ball with (*sl.*) عامَلَه بالحُسْنَى، تعاوَن مَعه

does she hate me or is she playing hard to get? هل هي تكرهني حقًّا أم أنها تتمنّع عليّ فحسب؟!

play for time ماطَلَ أو راوَغَ لكسب الوقت

played out (exhausted, obsolete) (بعد سنوات طويلة من العمل) استنفد حيويته؛ مهجور

play up! (exhortation to play well) شدّ حيلك!

play up, *v.t.*

(emphasize) بالغ في تصوير متاعبه وصعابه

(annoy) (ظلّ الأطفال) يضايقونني عن عَمْد

play up, *v.i.* (give flattering attention *to*) تَملّقَ (رئيسه)، تَزَلَّفَ إليه؛ تَوَدّدَ إليها

playing-card ورقة اللعب، كوتشينة

playing-field ميدان اللعب، ساحة اللعب

3. (deploy *ball*, *card*, *etc.*, in game)

play down (make light of) قَلّلَ من أهمّية (الاقتراح)، هَوّنَ من خطورة (الحادث)

he played into his rival's hands إرْتَكَبَ خطأً، يَسَّرَ لمنافسه استغلاله لصالحه

he had to play it off the cuff إضطرّ إلى معالجة الموقف الطارئ (ونجح بفضل لباقته)

he played himself in أدّى (اللاعب) بعض الحركات التمرينية قبل الاشتراك في المباراة

he played his cards (hand) well أظْهَرَ براعة فائقة في استغلال الموقف لمصلحته

he played for safety تَصَرَّفَ بحذر واحتراس محتفظًا لنفسه بخطّ الرجعة

4. (deploy *player* in game)

play one person off against another بَذَرَ بُذور الشقاق بينهم ليفرق كلمتهم، أَوْقَعَ الواحد في الآخر

5. (engage *someone at a game*); *also* play with, play against

she played him false خانَت عشيقها، خَدَعَت خليلها، نكثت عهدها له

6. (perform) عَزَفَ على (آلة موسيقية)، لَعِبَ دورًا

he played on his finer feelings تَوَسَّلَ إلى (المدين مثلًا) مستغلًا طيبة قلبه في تجنّب العقاب

play back (play recording of) إسْتَمَعَ إلى ما سجله على الشريط بعد تسجيله مباشرةً

play through (to the end) أَدارَ (اسطوانة غنائية مثلًا) للاستماع اليها بأكملها

he played the fool هَزَلَ في غير موضع الهزل، مَزَحَ في موقف يتطلّب الجدّ

the pickles played old Harry with his digestion (*coll.*, upset him) سَبَّبَت له المخللات أو الطرشي آلامًا شديدةً في المعدة

play truant تَهَرَّبَ (التلميذ) من الذهاب إلى مدرسته بغير إذن، زَوَّغَ (مصر)

7. (perform *tricks, etc.*)

play a joke (trick) on أَوْقَعَ شخصًا في مقلب للسخرية منه (مثل كذبة أبريل)

8. (train *hose, searchlight, etc. on*) سَلَّطَ خرطوم المياه أو الأنوار الكشافة نحو هدف ما

9. (*of a dramatic work*) مَثَّلَ (رواية)

the new show is playing to empty houses قُدِّمَ العرض المسرحي أمام مقاعد خالية، لم يكن هناك إقبال عليه

10. (move freely *over, on*)

a smile played about her lips افترت شفتاها عن بسمة، ارتسمت على محيّاها ابتسامة

playbill, *n.* إعلان عن مسرحية (يلصق على الحائط)

playboy, *n.* شابّ مستهتر يجري وراء المغامرات

player, *n.*

1. (one who plays a game) لاعب (رياضي)

2. (performer of music) عازف على آلة موسيقية

player piano بيانو أوتوماتيكي

record player بيك آب، جراموفون، لاقط كهربائي

3. (actor) مُمَثِّل

strolling player ممثّل في فرقة متجوّلة

playfellow, *n.* زميل للطفل في لعبه

playful, *a.* (قطّ) لعوب؛ مازح، غير جادّ

playgoer, *n.* مولع بمشاهدة الروايات المسرحية

playground, *n.* ساحة اللعب (في فناء المدرسة)

Switzerland is the playground of Europe سويسرا هي قبلة السائحين في أوروبا

playhouse, *n.* مسرح لعرض الروايات التمثيلية، تياترو؛ كشك صغير يلهو الأطفال داخله

playmate, *n.* زميل للطفل في أثناء لعبه

playroom, *n.* غرفة مخصّصة للعب الأطفال

plaything, *n.* (*also fig.*) دمية، لعبة، ألعوبة

playtime, *n.* فسحة بين الحصص المدرسية، فرصة بين الدروس يلعب التلاميذ أثناءها

playwright, *n.* كاتب مسرحي، مؤلف روايات تمثيلية

plaza, *n.* ساحة عامّة في اسبانيا، ميدان

plea, *n.* 1. (*leg.*) مرافعة محامي الدفاع

2. (excuse, argument) حجّة، عذر، ادّعاء

3. (entreaty, appeal) اِلتماس، توسُّل

plead, *v.i.* 1. (speak *for*, *on behalf of client*, *or absol.*) تَرَافَعَ المحامي للدفاع عن موكّله

2. (make entreaties)
plead with (entreat) توَسَّلَ أو اِلْتَمَسَ إليه (أن يعفو عنه)؛ تشفّع (عند فلان)

v.t. 1. (advance plea of)
he pleaded guilty (not guilty) أَقَرَّ أو اِعْتَرَفَ المتّهم بذنبه؛ أنكر أمام المحكمة ارتكابه للجريمة

he pleaded ignorance ادّعى جهله بالموضوع، تَعَلَّلَ بجهله بالتعليمات مثلًا

2. (argue in favour of)
he pleaded his friend's cause دَافع عن قضية صديقه، عاضده في مسعاه

pleading, *n.* 1. (action of making pleas) التماس، توسُّل، اِستعطاف

2. (*pl.*, statements made before trial) تقديم المذكرات مِن قِبَل الطرفين المتخاصين

pleasant, *a.* (مفاجأة) لطيفة أو سارّة، (وقت) ممتع أو طيّب، (فسحة) مسلية، (وجبة) شهية

she made herself pleasant to her guest اهتمّت المضيفة بالترحيب بضيفها

pleasantry, *n.* 1. (good humour) روح الدعابة والفكاهة والهزار (بين الأصدقاء)

2. (joke) نكتة، ملحة، مزاحة

please, *v.i.*

as you please كما تشاء، كما يحلو لك

do as one pleases تَصَرَّفَ على هواه

if you please من فضلك، إذا تكرمتَ أو سمحتَ
(polite form of request); *now usu.* please

(*iron.*, with statement implying indignation)
and then, if you please, he had the nerve to ask for a rise هل تُصَدّق أنه بعد كل هذا تجرأ على طلب علاوة في مُرَتَّبه ؟

v.t. (give pleasure, satisfaction to) أَرْضَى، أَعْجَبَ، سَرَّ، أَدْخَلَ السرور إلى قلبه

please God! إن شاء الله!

you may please yourself what you do! لك مطلق الحرية في أن تفعل ما تشاء!

it pleases the eye يروق منظره للعين، يطيب للعين أن تراه، تبعث رؤياه السرور والارتياح

may it please Your Majesty لو تفضلتم أو أذنتم جلالتكم لي أن...

pleased, *past p. & a.* مسرور، فرح، راضٍ، مغتبط، مرتاح البال

I am pleased to say من دواعي سروري أن أبلغك أن...، يسرني أن أقول...

I am pleased with him إني راضٍ عنه كلّ الرضى

pleasing, *a.* يبعث السرور في النفس، مُرْضٍ، سارّ

pleasurable, *a.* (مناسبة) سارّة، ممتعة، مفرحة، تجلب السرور والانشراح

pleasure, *n.* 1. (enjoyment, delight) سرور، اِبتهاج، متعة، لَذّة، غبطة

pleasure-boat قارب أو زورق للتنزه

pleasure-ground مدينة الملاهي (ساحة بها مختلف ألعاب التسلية)

do me the pleasure of تكرّم (بزيارتي مثلاً)

may I have the pleasure? (invitation to dance) هل تسمحين بعرا قصتي؟

she takes pleasure in contradicting me يلذّ لها أن تعارض كلّ ما أقول

with pleasure بكلّ سرور، على العين والرأس

2. (will, desire) (ما) طلبات (سيادتكم)؟

you may go or stay at your pleasure أنت حرّ في الذهاب أو البقاء، لك الخيار في ذلك

he was detained during Her Majesty's pleasure حُجِزَ إلى أَجَل غَيْر مُسَمّى

pleat, *n.* طية أو ثنية أو خبنة في الخياطة، (جونلة) بكُسَر (مصر)، بليسيه

v.t. (تنورة أو جونلة) مخيطة بثنيات أو خُبَن

plebeian, *n.* & *a.* رجل من العامّة (عند الرومان قديمًا)؛ من الدهماء أو السوقة، أوباش الناس

plebiscite, *n.* استفتاء عامّ للشعب

plectrum, *n.* ريشة للنقر على أوتار (العود مثلاً)

pledge, *n.* 1. (something given as security) رَهْن (يودع عند محلّ الرهونات)

2. (something given as token) عربون (الحبّ)

3. (agreement, promise) وَعْد، عَهْد

4. (vow) (وفاء) بالنذر

take (sign) the pledge (promise to abstain from alcohol) تَعَهَّدَ بالامتناع عن تعاطي المسكرات أو المشروبات الروحية

5. (state of being pledged)

put in pledge رَهَنَ، أَوْدَعَ (ساعة) كرهن

hold in pledge اِحْتَفَظَ بشيء رهينةً

v.t. 1. (give as security, pawn) رهنت (مجوهراتها مقابل مبلغ من المال)

2. (drink the health of) شَرِبَ نخب فلان

Pleiades, *n.pl.* الثريّا (سبعة نجوم في برج الثور)

plenary, *a.* (جلسة) كاملة

a plenary meeting جلسة يحضرها جميع أعضاء اللجنة أو الهيئة

plenipotentiary, *n.* & *a.* (مندوب) مُفَوَّض

plenitude, *n.* وفرة، غزارة

plenteous, *a.* (محصول) غزير، (حصاد) وفير

plentiful, *a.* (المياه) متوفرة (في هذه المنطقة)، تتوفر (الفواكه في الصيف في انكلترا)

plenty, *n.* (لدينا) كثير من (البيض مثلاً)، (أمامي) متّسع من (الوقت مثلاً)

horn of plenty قرن الخصب، رمز النماء

adv. (*coll.*, quite)

it's plenty big enough هذه (السلة مثلاً) تكفي للمشتروات وتزيد

pleon/asm, *n.* (**-astic,** *a.*) كلمة زائدة لا يتطلّبها المعنى (مثل: كلّ واحد من الأخوين التوأمين الاثنين)

plethora, *n.* 1. (over-abundance) أغرق (الخطيب) بسيل (من الأسئلة مثلًا)

2. (morbid condition) وفرة أو كظّة الدم، زيادة عدد الكريات الحمراء في الدم

plethoric, *a.* مكتظ الدم، وجهه محتقن بالدم

pleura, *n.* غشاء الجنب أو الرئة، البلورا

pleurisy, *n.* ذات الجنب، التهاب البلورا

plexus, *n.* ضفيرة، شبكة من الأوعية الدموية والألياف في مواضع مختلفة من البدن

pliable, *a.* (غصن رقيق) مرن، لين، لدن؛ ليّن العريكة، سهل الانقياد، يسهل التأثير عليه

pliant, *a.* 1. (supple) مرن، لدن

2. (*fig.*, easily influenced, yielding) سهل الانقياد، مذعان، مطواع، وديع كالحمل

pliers, *n.pl.* زردية، بنسة (ميكانيكا)

plight, *v.t.* عاهَدَ، قطعَ على نفسه عهدًا

they plighted their troth تَعاهَدَا على الزَّواج، أَصْبَحا خَطِيبَيْن

he gave her his plighted word قطع على نفسه عهدًا وثيقًا لها

they are plighted lovers (*arch.*) هما عشيقان قد تعاقدا على الزواج (اصطلاح قديم)

plight, *n.* ورطة، محنة، مأزق حرج، موقف يدعو إلى الأسف والقلق

a sorry plight (كان في) موقف لا يحسد عليه، وقع في ورطة شديدة

plimsoll, *n.* حذاء قماشي خفيف ذو نعل من المطاط، حذاء كاوتش أو كاوتشوك

Plimsoll line, *n.* (*naut.*) خطّ الشحن (على السفينة)

plinth, *n.* قاعدة مربعة يرتكز عليها العمود أو التمثال

plod, *v.i.* (*rarely v.t.*) مشى بتثاقل وبطء (لفرط التعب مثلًا)، واصل السير مُتلكئًا

(*fig.*) ظَلَّ (التلميذ) يكدّ ويكدح (حتّى نجح)

plodder, *n.* من يثابر على الدراسة رغم صعوبتها لديه

plonk, *v.t.* (*sl.*); *also n. & interj.* خَبَطَ (الفنجان على الصحن مثلًا)، أَلْقَى، رزع (شيئًا على سطح المنضدة)

plop, *v.t. & i.*; *also n. & adv.* أَسْقَطَ جسمًا صلبًا في سائل من بُعد قليل محدثًا صوتًا

plosive, *a. & n.* الأَصْوات الانْفِجاريّة (مثل b - p) (عِلم الأَصْوات)

plot, *n.* 1. (small piece of ground) قطعة أرض، قسم من رقعة أرض كبيرة (للبناء مثلًا)

vegetable plot جزء من الحديقة (خلف المنزل عادةً) تزرع به الخضراوات المتنوعة للاستهلاك المنزلي

2. (plan of novel, play, etc.) عقدة الرواية أو المسرحية، حَبْكة القصّة أو مدارها

3. (subversive plan) مكيدة، مؤامرة (لقلب نظام الحكم مثلًا)، دسيسة

v.t. 1. (make plan, diagram, map of); *also* plot out خَطَّطَ، رَسَمَ خطّةً أو خريطةً

2. (mark position on map or diagram) حَدَّدَ موقع (السفينة مثلًا) على الخريطة أثناء الرحلة

3. (plan secretly); *also v.i.* تَآمَرَ على، دَبَّرَ مكيدة أو دسيسة ضدّ

plough (*U.S.*, **plow**), *n.* محراث (محاريث)

the Plough الدبّ الأكبر (فلك)

he put his hand to the plough (*fig.*) وَضَعَ حدًّا لتردّده وبدأ العمل بنشاط وهمّة

v.t. & i. 1. (turn earth with plough) حَرَثَ الأرض، فلحها، أكرها (بمحراث)

he is ploughing a lonely furrow (*fig.*) إنه يعمل بمفرده متجاهلًا آراء الآخرين

plough the sands (*fig.*, labour uselessly) ينفخ في قربة مقطوعة

plough in

(*lit.*, turn beneath surface) حَرَثَ الحقل بما عليه من مزروعات (أي أنّه لم يقتلعها أولاً)

(*fig.* reinvest *profits*); *also* plough back لم تُسْحب الأرباح بل أعيد استثمارها في تنمية الشركة

plough up (*lit.*) حرَثَ (الحقل أو الأرض البوار)

(*fig.*, churn up *grass*, etc.) قَلَبَ (لاعبو الكرة مثلاً) سطح الأرض وحشائشها بأقدامهم

2. (advance, make *one's way* laboriously)

plough on ظَلَّ يكدح ويثابر رغم الصعوبات

he ploughed through his history book during his holiday ثابَرَ على دراسة كتاب التاريخ حتّى اِنْتَهَى منه خلال العطلة

3. (*coll.*, fail or reject *candidate* in examination) رَسَبَ في الامتحان

ploughboy, *n.* صبيّ يقود خيل الحراثة

ploughman, *n.* حارث، حرّاث، أكّار

ploughshare, *n.* حديدة في المحراث لشقّ الأرض، سكّة الحراثة، ميكعة، باسنة

plover, *n.* زقزاق؛ طير التمساح (طير مائي)

plow, *see* **plough**

ploy, *n.* (*coll.*) حيلة أو مناورة لخداع المنافس

pluck, *v.t.* قطَفَ (زهرة)، نزَع أوجَذَبَ بسرعة

pluck a fowl نَتَفَ (دجاجة)، نَتَفَ ريشها

pluck a guitar نقَرَ أوتار الجيتار

he plucked up his courage لَمَّ أطراف شجاعته، استجمع قواه حتّى يجرؤ على أن ...

n. 1. (short, sharp pull) جذبة لانتزاع شيء

2. (heart, liver and lungs of animal as food) معلاق الحيوان، فضلات الذبيحة (مثل القلب والكبد والرئتين الخ)

3. (courage, spirit) (أظهر) جرأة وجسارة (في تحدّيه لمن هو أقوى منه)

plucky, *a.* (كان) جريئًا وجسورًا (في مواجهة الأخطار الهائلة)، مقدام، باسل

plug, *n.* 1. (stopper) سدادة لفتحة (في برميل مثلاً)، سطام، خابور، طبّة (مصر)

2. (*elec.*) قابس (في آله كهربائية لتوصيلها بالمأخذ)، فيشة (مصر)

3. (= sparking-plug) شمعة الإشعال (سيّارات)

4. (tobacco) قطعة تبغ معسّل ومضغوط

5. (*pop.*, release mechanism of water-closet) (شدّ)سيفون دورة المياه (اصطلاح عامّي)

v.t. 1. (close with stopper); *also* plug up سَدَّ (ثغرة في أنبوب المياه) باستعمال سدادة

2. (*elec.*); *usu. in*

plug in (connect up) وَصَّلَ قابس (المكواة)

3. (*coll.*, emphasize by reiteration) جَذَبَ الأنظار نحو شيء بتكرار الإشارة إليه

v.i. (*coll.*, work steadily or laboriously *away at*) ثابَرَ على العمل، كَدَحَ ، كَدَّ

plum, *n.* 1. (fruit and tree) برقوق (مصر)، خوخ (سوريا)، إجّاص ، عِنْجاص (عراق)

2. (raisin used in pudding or cake)

plum-pudding خليط من الدقيق والدهن المفري والزبيب والبهارات والبيض والسكر يغلى لمدّة طويلة

3. (*fig.*, prize, delicacy) وظيفة بمرتّب ضخم

plumage, *n.* ريش الطيور

plumb, *n.* ثقل من الرصاص (لاختبار استقامة الحائط أو لمعرفة عمق الماء)

plumb-line فادن، خيط البناء، مطمر، شاغول، شاقول

out of plumb (هذا الحائط) غير عمودي، غير رأسي، غير معتدل، مائل (قليلًا)

a. 1. (vertical) عمودي، رأسي

2. (*sl.*, complete) تامّ، مطلق

that is plumb nonsense هذا كلّه كلام فارغ

adv. (*sl.*, utterly) تمامًا، مطلقًا

he is plumb crazy طار عقله ولا شكّ !

v.t. (measure *depth* with plummet) سَبَرَ غور (البحيرة مثلًا) باستعمال ثقل مدلًّى في خيط

plumb the depths استكنه خفايا الأمر أو استبطنها؛ نزل إلى الحضيض أو الدرك الأسفل

plumbago, *n.* نوع من الكربون يشبه الجرافيت؛ رصاصية أو روبية (نبات مُزْهر)

plumber, *n.* سبّاك، عامل تركيب أنابيب المياه والأدوات الصحّية

plumbing, *n.* سباكة، مجموعة أنابيب المياه والمجاري في المباني

they now have modern plumbing لقد رُكّبت في منزلهم أنابيب المياه (حمّام ودورة مياه آلخ)

plume, *n.* ريشة الطائر، ريشة الزينة

she struts in borrowed plumes تختال كالطاووس في ملابس وحليّ مستعارة

a plume of smoke خيط من الدخان

v.t. زَيَّنَ (قبّعته) بريشة؛ سَوَّى (الطائر ريشه بمنقاره)

he plumed himself on his French إنّه مزهوّ بإتقانه للغة الفرنسية

the plumed serpent أفعى مجنحة (إله عند الأزتيك)

plummet, *n.* 1. (for sounding) فادن البناء (لاختبار استقامة الحائط)، شاقول، خيط الرصاص لسبر غور البحر

2. (on fishing-line) ثقل من الرصاص يربط بصنارة صيد الأسماك

plummy, *a.* (*coll.*) (منصب) محبوب أو مرغوب فيه؛ (صوت) عميق وجهير

plump, *a.* (امرأة) تميل إلى السمنة بعض الشيء، ربلة، (طفل) ممتلئ الجسم

v.i. & *t.* 1. (become or make plump) سَمَّنَ (دجاجة مثلًا)؛ امتلأت (وجنتاها) باللحم

she plumped up the pillow نفشت الوسادة

2. (drop, fall, abruptly and heavily) ارْتَمَى على المقعد، طرح ثقله عليه عند الجلوس

3. (vote *for*) اخْتارَ شيئًا أو انتخب شخصًا مفضلًا إياه عن الآخرين

n. (abrupt, heavy fall) (صوت) سقوط أو ارتماء

adv. رفض (الاقتراح) رفضًا باتًّا

plunder, *v.t. & i.* سَلَبَ أو نَهَبَ (الغزاة ممتلكات أعدائهم)، غَنَمَ، شَلَّحَ، قَشَطَ

n. 1. (looting) سَلْب، نَهْب

2. (goods looted) غنيمة (غنائم)، أسلاب، ما يغنم من عدوّ في حرب أو غزو

plunge, *v.t.* أَغْمَدَ (السيف في صدر غريمه)، زَجَّ (ببلده في أتون الحرب)

he was plunged in thought غرق في لجّة الأفكار

he plunged the room into darkness غَمَرَ الحجرة في ظلام دامس (بقطع التيّار الكهربائي فجأةً)

v.i. 1. (*esp. of horses or ships*, move violently) غَطَسَ (مقدّم السفينة في البحر)

2. (dive) غَطَسَ (السبّاح في حوض السباحة)

(*fig.*) قَامَرَ بمبلغ كبير؛ غَمَرَته الأحزان والهموم؛ اندفعوا في مناقشة حامية

n. 1. (dive) غطسة (في الماء)

take the plunge (*fig.*) خاطَرَ باتّخاذ خطوة جَرِيئة أو قَرار حاسِم بِغَضّ النَّظَر عمّا يَتَرتّب على ذلك

2. (violent movement) حركة فجائية

plunger, *n.* 1. (someone who plunges) غطّاس

(*fig.*) مقامر مستهتر، مضارب متهوّر

2. (*mech.*) كبّاس، دافع (ميكانيكا)

pluperfect, *a. & n.* صيغة الماضي الأسبق

plural, *a.* مكوّن من عناصر متعددة؛ (صيغة) الجمع

n. صيغة الجمع (صرف ونحو)

plurality, *n.* 1. (state of being plural) تَعَدُّد (واجباته مثلًا)، تنوُّعها

2. (majority) أغلبية الأصوات (في امريكا)

3. (holding of more than one office) شَغْل أكثر من وظيفة واحدة في مناصب الكنيسة أو الحكومة

plus, *prep.* زائدًا (٤ زائد ٣ = ٧)، مضافًا إلى

plus-fours نوع من البنطلونات الواسعة كان يلبس في لَعِب الجولف

a. 1. (extra) إضافي

2. (*math. & elec.*, positive) (كهرباء) موجبة

plus sign علامة الجمع أو الإضافة، علامة الإيجاب

n. 1. (the symbol +) علامة زائد (+)

2. (additional quantity) كمية إضافية، (أعطيته خمسين جنيهًا) وزيادة

plush, *n. & a.* قطيفة التنجيد والمفروشات

he is staying in a plush hotel (*sl.*) يقيم في فندق ممتاز أو هاي ليف (مصر)

Pluto, *n.* 1. (god) إلَه الموْتَى والجَحيم عند الإغريق

2. (planet) بلوتو، أَبْعَد الكَواكب السّيّارة عن الشَّمْس (فلك)

plutocracy, *n.* حكومة الأغنياء وطبقة الأثرياء

plutocrat, *n.* (-ic, *a.*) ذو نفوذ كبير بفضل ثروته

plutonium, *n.* معدِن البلوتونيوم

ply, *n.* 1. (layer of cloth, wood, etc.) إحْدى الطّبقات التي تكوّن خَشَب الابلكاش مثلاً

three-ply wood خشب ابلكاش أو معاكس مكوّن من ثلاث طبقات

2. (strand of rope, etc.)

three-ply wool صوف تريكو من ثلاث فتلات

v.t. 1. (use vigorously) اشتغل بكلّ طاقته

2. (work at) زَاوَلَ حرفته، مارسها ، بَاشَرَ عمله

he plies his trade in the market-place يمارس حرفته في السوق

3. (beset, supply, *with* persistently)

he plied him with questions أَمْطَرَهُ وابلًا من الأسئلة

they plied him with food and drink ظَلّوا يُقَدِّمون (للضيف) الطّعام والشّراب حتى شبع وارتوى

v.i. 1. (go to and fro *between*) تردّد بَين

ships plying between England and America سُفُن تتردّد بين انكلترا وامريكا

2. (regularly await custom)

the taxis ply for hire near the station تقف سيّارات الأجرة بقرب المحطّة في انتظار الرّكّاب

plywood, *n.* أبلكاش، خشب معاكس، رقائقي

pneumatic, *a.* (جهاز) يعمل بالهواء المضغوط

pneumatic tyre إطار (سيّارة) منفوخ بالهواء

pneumonia, *n.* ذات الرئة، اِلْتِهاب رِئَوي

poach, *v.t. & i.* 1. (catch *game* illicitly) اصْطَادَ في ضيعة خصوصية بغير إذن صاحبها

don't poach on my preserves! لاتتدَخّل في شؤوني، لا تتعدَّ على حقوقي

2. (cook by simmering in water) طَهَا طعامًا في ماءٍ على وشك الغليان

poached eggs بيض بدون قشره مسلوق في ماءٍ ساخن على وشك الغليان

poacher, *n.* صيّاد يصطاد في ضيعة خصوصية بدون إذن صاحبها

pock, *n.* جدرة، بثرة، حبّة على سطح الجلد

pock-marked (وجهه) مجدَّر (من أثر الجدري)

pocket, *n.* 1. (receptacle in clothing) جيب (في الثوب لحفظ النقود مثلًا)

pocket-book دفتر الجيب، حافظة، محفظة الجيب

pocket-knife مطواة (مطاوٍ)

pocket-money مصروف الجيب، شبرقة

he has him in his pocket إنّه طوع بَنَانه، هو رهن أمر زميله، رهن إشارته

pick someone's pocket نَشَلَ جيب فلان

he put his hand in his pocket (*fig.*, spent money) دَفَع من جيبه الخاصّ

you will have to put your pride in your pocket يجب عليك أن تبلع الإهانة أو تتنازل عن كبريائك (وتسأله فضلًا)

ticket-pocket جيب صغير في بطن الجاكيتة لحفظ التذاكر

2. (*attrib.*, miniature)

pocket battleship سفينة حربية متوسطة الحجم مزوّدة بكلّ أنواع الأسلحة

3. (money resources)

in (out of) pocket (بعد الصفقة) أَصْبَحَ رابحًا أو كاسبًا (خاسرًا)، غانمًا (أو غارمًا)

out-of-pocket expenses مصروفات لحاجيات طفيفة زيادة على المبلغ المخصّص رسميًّا لمهمّة ما

4. (cavity containing substance of different composition)

air pocket (تهتزّ الطائرة عند مرورها في) جيب هوائي

5. (pouch on billiard-table) جيب من جيوب مائدة البليارد و

6. (*mil.*, isolated area occupied by enemy)

pockets of resistance نقط أو مراكز أو جيوب المقاومة (عسكرية)

v.t. 1. (put into one's pocket) وَضَعَ في جيبه

(*fig.*)

he had to pocket his pride كان عليه أن يتنازل عن كبريائه (ويطلب الصفح من خصمه)

2. (appropriate, usu. dishonestly) اِخْتَلَس (النقود)، اِنْتَشَل (مبلغًا من المال)

the boy has pocketed the change احتفظ الغلام بفكّة النقود أو القصور (عراق)

pod, *n.* قَرْن الفول أو البازلاء، سنفة،(خريطة مُستطيلة بداخلها حبوب النبات)

v.i. (bear pods) أنمى(الفول) قرونًا

podgy, *a.* (أصابع) قصيرة وسمينة

poem, *n.* قصيدة، مقطوعة شِعرية

their lives are a poem حياتهما (الزوجية) في غاية السلام والصفاء

poet, *n.* شاعر، ناظم قصيدة

poetic(**al**), *a.* شِعري، خيالي، تخيُّلي

poetry, *n.* 1. (art or work of poet) شِعر، نظم

(*fig.*, poetic quality) جمال، ظرف، حُسن

there is much poetry of movement in the ballet تتمثّل الشاعرية في حركات راقصات الباليه

pogrom, *n.* مذبحة مدبَّرة ضدّ جماعة مُعَيّنة

poignancy, *n.* مرارة تثيرها كارثة، شدّة الحزن

poignant, *a.* مثير للحزن والألم، مكدِّر، قابض للصدر

point, *n.* 1. (sharp end, tip) حدّ (السيف)، سنّ (الرمح)، طرف (العصا)

not to put too fine a point on it والحاصل أنّه ، وبدون لفّ ودوران أقول لك بكلّ صراحة

2. (promontory) رأس، نتوء أرضي في البحر

3. (*pl.*, on railways) نقطة تحوّل قطار من سكّة الى أخرى

4. (dot) نقطة

decimal point علامة الكسور العُشْرية

5. (*geom.*) النقطة في الهندسة

point of intersection نقطة التقاطع

6. (precise spot or moment) نقطة معيّنة بالضبط، وقت محدّد تمامًا

if it comes to the point إذا لم يكن هناك مفرّ، إذا اقتضى الأمر فسوف ...

he was on the point of saying . . . كان على وشك أن يقول ...

point of balance نقطة التوازن في جسم (ميكانيكا)

he has found a point of contact with the visitor (طال الصمت بينه وبين ضيفه حتّى) وَجَدَ موضوعًا مشتركًا يهم كليهما على السواء

at the point of death كان على وشك الموت، مدنف على الموت

he could afford to give points to any of his rivals ما زال متفوّقًا على منافسيه بمراحل فلن يضيره إذا أحرزوا بعض النقاط عليه

possession is nine points of the law الحيازة قد تمنح حقّ التملك

she scored a point off the impertinent young man أفحَمَت الشابّ الصلف بردّها وإجابتها اللاذعة عليه

it was not a knockout: he won on points لم يَفُز الملاكم على غريمه إلّا بالنقط فقط

10. (*printing*) وحدة لقياس الحروف المطبعية تساوي $\frac{1}{72}$ من البوصة أو الإنش

11. (division of compass)

the points of the compass الجهات الأصلية والفرعية على البوصلة

12. (characteristic) صفة، ميزة، خاصّة

gardening is his strong point البستنة هي هوايته التي تتجلى براعته فيها

the horse has good points (لا يُنكَر أن) لهذا الحصان بعض المحاسن

13. (purpose, substance, issue) فائدة، جدوى، مقصد، نقطة جوهرية

what's the point of (in) . . . ? ما فائدة (اتّخاذ هذه الخطوة مثلًا)؟ أي جدوى فيها؟

his remarks lack point ملاحظاته تافهة لا يُفْهَم منها شيء، لا صِلة لها بالموضوع

he spoke very much to the point تَكَلَّم في صميم الموضوع، حصر كلامه في النقطة موضع البحث

a case in point هذا مثل واضح ينطبق كلامنا عليه

point of departure النقطة التي يبدأ فيها الخلاف؛ نقطة الانطلاق

point-duty (عُيِّن الشرطي لنوبة في) تنظيم حركة المرور في مكان محدّد

point-to-point races سباق بين راكبي الخيل في الريف يتخلّله اجتياز الموانع المختلفة

point of view وجهة نظر، موقفه تجاه

he has reached the point of no return قد بلغ نقطة لا يمكن التراجع عنها

7. (stage, degree) درجة

boiling (freezing, melting) point درجة الغليان (التجمّد أو الذوبان)

up to a point (*fig.*, to a certain extent) إلى حدّ ما، إلى درجة ما

8. (particular)

he refuted the argument point by point فَنَّدَ أو دَحَضَ الحجّة نقطة بعد نقطة

that is a point in his favour هذه نقطة في صالحه

a point of honour مسألة شرف، أمر متعلّق بالشرف أو العرض

on a point of order (احتجّ أحد الأعضاء على) مسألة نظامية في سير الجلسة

that's a point! أنت على حقّ في إثارة هذه النقطة (التي تجاهلناها)، إنّها مسألة جديرة بالاعتبار

this time I'll stretch a point but don't do it again! هذه المرّة سأغضّ النظر عن تقصيرك ولكن لا تفعل ذلك ثانيةً!

9. (unit of marking, etc.) نقطة

she makes a point of telling everybody تهتمّ اهتمامًا خاصًّا بأن تخبر الجميع (عمّا حَدَثَ)

he made his point and went شَرَحَ وجهة نظره في المسألة التي كانوا يناقشونها ثمّ انصَرَفَ

he missed the point of the joke لم يدرك مغزى النكتة، لم يفهم معناها

off (beside) the point (تعليق) خارج عن الموضوع، لا يمُتّ بصلة إليه، غير متعلّق به

that's just the point! لقد أصبت كبد الحقيقة! هذا هو بيت القصيد! تلك هي الحقيقة!

v.i. 1. (indicate direction) أَشَارَ إلى، اتَّجَهَ نحو

the needle points to zero يشير مؤشّر العدّاد إلى الصفر

point at (with finger); *also* point to, point towards أَشَارَ بأصبعه إلى (رجل يسير في الجهة المقابلة مثلًا)

point to (*fig.*, indicate) (هذا التصرّف) يشير إلى أو يَدُلّ على (إهماله مثلًا)

2. (*of dog*) يشير (كلب الصيد) برأسه في اتجاه حيوان القنص

v.t. 1. (direct, aim) وَجَّهَ نحو

point one's finger at (towards) أشار بأصبعه نحو

2. (sharpen) دَبَّبَ طرف (الوتد أو القلم مثلًا)

3. (*fig.*, give force to)

point the moral (هذه القصّة) توضّح مغزى خلقيًّا أو أدبيًّا، «في ذلك عبرة لمن يعتبر»

4. (show); *usu.* point *out* وَضَّحَ أو بَيَّنَ (الفرق بين شيئين)، أظهره؛ نَبَّهَ إلى

5. (fill in joints of *brickwork, etc.*) أَصلح خارج جدران البيت بتجديد حافة الملاط بين اللبنات

6. (indicate vowels of *Arabic or Hebrew text*) وَضَعَ علامات الإعراب أو التشكيل على حروف العربية أو العبرية

point-blank, *a. & adv.* إطلاق الرصاص نحو هدف من مسافة قريبة جدًّا

he shot him at point-blank range أَطْلَقَ عليه الرصاص من بُعد قريب (بحيث يستحيل ألا يصيبه)

(*fig.*) بطريقة لا تدع مجالًا للشكّ أو المناقشة

point-blank refusal رفض صريح أو باتّ

pointed, *past p. & a.* 1. (tapering sharply) مدبّب، مسنّن (كحدّ السيف أو سنّ القلم)

2. (*fig.*, trenchant)

she is always making pointed remarks إنّها دائمًا تأتي بملاحظات لاذعة فيها غمز ولمز

pointer, *n.* 1. (indicator) مؤشّر؛ دليل على

2. (breed of dog) كلب خاصّ من كلاب الصيد (له قدرة على إرشاد الصياد إلى مكان القنص)

pointless, *a.* (ملاحظة) لا علاقة لها بالموضوع، (اقتراح) لا يشفي غليلًا، لا طائل وراءه

pointsman, *n.* عامل بالسكّة الحديدية مكلّف بتحويل الخطوط، محولجي (مصر)

poise, *v.t. & i.* حَفِظَ توازن شيء؛ اِتَّزَنَ

n. 1. (balance) توازُن، اِتّزان

2. (self-possession) رباطة الجأش، ثقة بالنفس

3. (way in which one carries oneself) مِشْيَة مُتَّزِنة

poison, *n.* سُمّ (سُمُوم)

she hates her like poison تكره(ضَرَّتها مثلًا) كره العمى أو الموت، تَمْقُتها أشدّ المقت

poison ivy سماق جحالي (يسبّب التهابًا في الجلد عند لمسه)

(*fig.*)
poison-pen letters رسائل بدون توقيع تنطوي على شتائم وسباب

v.t. 1. (give poison to, kill by poison). سَمَّ، سَمَّمَ، قَتَلَ (عدوّه) بالسمّ

2. (taint with poison) دَسَّ السمّ له في ...

3. (*fig.*, corrupt) أَفْسَدَ (أخلاقه مثلًا)

poison someone's mind سَمَّمَ أفكاره

poisonous, *a.* (موادّ) سامّة

(*fig.*)
her innuendoes are poisonous إيماءاتها وملاحظاتها تقطر بالسمّ

poke, *v.t.* زَغَدَه (بأصبعه)، نَخَسَه

poke fun at سَخِرَ منه هازئًا أو هازلًا

poke one's nose into دَسَّ أنفه في أمر لا يخصّه، تَدَخَّلَ في أمور لا تعنيه

poke someone in the ribs زَغَدَه في ضلوعه (لجذب التفاته مثلًا)

poke the fire حَرَّكَ جمرات النار في المدفأة بالمسعار (لإذكائها)

v.i. فَتَّشَ عن
she was poking about in the linen drawer كانت تبحث عن شيء ما في دُرْج المفارش والشراشف، كانت تنقِّب أو تنخفس فيه (مصر)

poke, *n.* 1. (sack); *now only in*
buy a pig in a poke اِشترى شيئًا دون أن تسنح له فرصة لفحصه أو للتأكّد من جودته

2. (thrust) نغزة في ضلوع الصدر (بالأصبع)

poker, *n.* 1. (metal bar for stirring fire) مِسْعَر، مِسْعَار، بشكور حديدي لإذكاء جمرات المدفأة

poker-work أشغال فنّية على سطح الخشب تُرْسم بطرف قضيب حديدي مُحَمًّى

red-hot poker (plant) تريتومة، نبات زهري تزييني من فصيلة الزنبقيات

2. (card game) بوكر (من ألعاب الورق)

poker-face وجه جامد (لا تنمّ تقاطيعه عن أي انفعال)

poky, *a.* (غرفة) ضيقة حقيرة؛ (ثياب) بالية، (أسمال) رثّة

Poland, *n.* بولندا، بولونيا

polar, *a.* 1. (near or belonging to North or South Pole) قطبي، نسبة إلى القطب

polar bear الدبّ القطبي

2. (*elec. & magn.*) مشحون بكهرباء موجبة وسالبة

polarity, *n.* 1. (tendency to point in a certain direction) اتّجاه التفكير نحو جهة معيَّنة أو هدف واحد

2. (possession of two poles) وجود نزعتين متناقضتين أو مبدأين متعارضين جنبًا إلى جنب

3. (*elec.*) استقطاب، قطبية الكهرباء

polarize, *v.t.* اِسْتَقْطَبَ (الضوء أو الكهرباء)؛ وَحَّدَ الاتجاهات التي يسلكها الاهتمام

polaroid, *n. & a.* (*trade name*) مادّة تستعمل في صناعة النظارات لتخفيف وطأة الوهج على العين

pole, *n.* 1. (long, rounded piece of wood, metal, etc.) عمود (من الخشب أو الحديد)

pole-axe (*n.*) آلة تجمع بين الفأس والمطرقة استعملت لذبح الماشية

(*v.t.*) قَتَل الماشية باستعمال تلك الآلة القديمة المذكورة أعلاه

pole-vault (*n.*) الوثب بالزانة (رياضة)

(*v.i.*) وَثَبَ (اللاعب) بالزانة

up the pole (*sl.*, in difficulties) واقع في ورطة أو مأزق، في حيرة شديدة

(*sl.*, wrong, crazy) مجنون، مخبول، معتوه، ملحوس، مهووس

2. (end of earth's axis) قُطب من قطبي الأرض (وهما القطب الشمالي والقطب الجنوبي)

Pole-star (North star) النجم القطبي

(*fig.*, guiding rule or principle) كان نجمًا هاديًا له (يرشده إلى سواء السبيل)

3. (neighbourhood of North or South Pole) المنطقة القطبية

4. (*fig.*, direct opposite)
they are poles apart بينهما بون شاسع أو فرق كبير، هما على طرفي نقيض

5. (*elec.*)
positive (negative) pole قطب موجب، قطب سالب (كهرباء)

6. (measure of length, $5\frac{1}{2}$ yards) مقياس طولي مقداره خمس ياردات ونصف

v.t. (propel *boat* with pole) دَفَّع (البلّام أو المراكبي) قاربه بضغط عصاه في قاع النهر

Pole, *n.* بولندي، بولوني

polecat, *n.* فأر الخيل، ابن عِرس

polemic, *a.*; *also* **polemical** جدلي، نسبة إلى الجدل والمناظرة العنيفة، محلّ جدل ومحاجّة

n. (argument) مناقشة عنيفة، مجادلة

polemics, *n.pl.* مجادلة أدبية (مطبوعة عادةً)

police, *n.* (*usu. attrib.*) الشرطة، رجال الأمن، البوليس

police constable; *abbr.* P.C. شرطي، رجل من رجال الشرطة أو البوليس

police-court محكمة ابتدائية للفصل في القضايا الصغيرة

police force هيئة الشرطة أو البوليس

police-officer شرطي، من رجال الأمن

police state دولة استبدادية، بوليسية، دكتاتورية

police station مخفر الشرطة، نقطة البوليس، دائرة الشرطة

the police (*collect.*, members of police force) الشرطة، البوليس، الدَّرَك

v.t. حافظت قوات الأمن على النظام في بلد ما

police/man (*fem.* **-woman**), *n.* شرطي

policy, *n.* 1. (sagacious conduct) حُسن الإدارة أو سياسة الأمور

2. (plan of action) خطّة (العمل)

3. (statecraft) سياسة

the foreign policy of England السياسة الخارجية لانكلترا

4. (contract of insurance) بوليصة التامين

policy-holder صاحب البوليصة أو عقد التأمين

poliomyelitis, *n.*; *coll. abbr.* **polio** التهاب النخاع السنجابي الشوكي ، شلل الأطفال

polish, *v.t.* 1. (make glossy); *also v.i.* صَقَلَ، جَلَا ، جَلَى ، لَمَّعَ سطح (المعدن مثلًا)

2. (*fig.*, make elegant or cultured) هَذَّبَ (سلوكه)؛ (أسلوب) مصقول

3. (finish *off* quickly) شَطَّبَ على الشغل بسرعة (مصر)، لفلفه (عراق)

n. 1. (smooth, bright surface) صَقْل، لمعة، لمعان

2. (powder, paste, liquid, etc., used to produce gloss) دهان (لتلميع الأحذية)، معجون أو مسحوق أو سائل خاصّ للتلميع

3. (*fig.*, refinement) رقّة، ظرافة، ظرف

Polish, *a. & n.* بولندي؛ اللغة البولندية

polisher, *n.* 1. (person) عامل للتلميع والصقل

2. (machine) آلة صاقلة، ماكينة تلميع

polite, *a.* 1. (having good manners) مُؤَدَّب، يتصرّف طبق قواعد الاتيكيت أو الأصول المرعية

2. (refined, elegant) رقيق الحاشية، مهذّب؛ (مؤلفات أدبية) من مستوًى عالٍ

polite society الأوساط الراقية

politic, *a.* 1. (*of persons*, prudent) (شخص) فَطِن، أريب، ذو دهاء، بعيد النظر، بصير

2. (*of actions*, judicious, expedient) (اجراء) مناسب للظروف، لائق، حصيف

3. (relating to civil government); *rare exc. in*

the body politic المجتمع كهيئة منظمة متضامنة، الأمة كوحدة سياسية منظّمة

political, *a.* (حزب) سياسي

political economy علم الاقتصاد السياسي

politician, *n.* من رجال السياسة، سياسي، مَن يشتغل بأمور السياسة

politics, *n.pl.* 1. (science of government) علم السياسة، فنّ الحكم، (حرفة) السياسة

2. (political affairs) الأمور السياسية

polity, *n.* دستور الدولة، نظام الحكم، المجتمع المنظّم

polka, *n. & v.i.* رقصة أو نغمة البولكا (رقصة بوهيمية الأصل)

polka-dot, *n.* تصميم على القماش مكوّن من دوائر صغيرة (زرقاء أو حمراء مثلًا) منقّطة على أبعاد متساوية

poll, *n.* 1. (*arch.*, head) رأس (لفظة قديمة)

poll-tax ضريبة الرأس (تُفْرَض على كلّ فرد)

2. (votes) عدد الأصوات (في اقتراع ما)، التصويت (في انتخاب)

public opinion poll استطلاع رأي الجمهور

there was a heavy poll in the election أَقْبَلَت الأغلبية العظمى من السكّان على التصويت

4. (pet name for parrot) الببغاء، البغبغان

who wrote like an angel, but talked like poor poll كتابته كالدرّ المنثور، وأحاديثه فكأنّه ببغاء يبربر (عن المؤلف جولد سميث)

v.i. صَوَّتَ، إِقْتَرَعَ ؛ نال (المرشّح) عددًا من الأصوات

polling-booth كشك التصويت (في الانتخاب)

polling-station مركز الاقتراع أو الانتخاب

pollard, *v.t.* قَطَعَ أغصان الشجرة أو رأس جذعها لتنمو فيما بعد أكثر كثافة

pollen, *n.* (حبوب) اللقاح، غبار الطلع ، صواح (علم النبات)

pollin/ate, *v.t.* (**-ation,** *n.*) نَقَلَ غبار الطلع من المتك إلى المياسم ، لقّح ، نَبَّغَ ، أَبَّرَ ؛ تلقيح

polloi, *see* ***hoi polloi***

poll/ute, *v.t.* (**-ution,** *n.*) لَوَّثَ (مِياه الأنهار بِفَضَلات المَصانع مثلاً) ؛ تَلَوُّث

(*fig.*) أَفسَدَ، نَجَّسَ، دَنَّسَ

polo, *n.* البولو (لعبة كالهوكي تمارس على ظهر الخيل)

a polo-neck sweater سويتر ذو رقبة عالية ضيّقة تطوى حول العنق

polonaise, *n.* رقصة البولونيز، رقصة بولندية شعبية الأصل، أو الموسيقى المصاحبة لها

polony, *n.* مقانق أو سُجق أحمر جاهز للأكل

poltergeist, *n.* نوع من الأرواح الشريرة أو العفاريت الخبيثة يعتقد أنها تحدث جلبة وصخبًا

poltroon, *n.* رعْديد، جبان ، خواف، خويف، تنقصه الشجاعة والحماسة والحمية

poly-, *in comb.* (بادئة بمعنى) متعدِّد ، كثير

polyandry, *n.* تعدُّد الأزواج (في المجتمعات البدائية)، زواج المرأة من زوجين أو أكثر في آن واحد

polyanthus, *n.* زهرة الربيع ، زعدة، جنس نباتات عشبية مُلَوَّنة تزيينية (من الربيعيات)

polygam/y, *n.* (**-ous,** *a.*, **-ist,** *n.*) تَعَدُّد الزوجات ، الزَّوَاج بِأكثر مِن واحِدة

polyglot, *a. & n.* من يتقن عدّة لغات (كلامًا أو كتابة)

polygon, *n.* شكل متعدّد الأضلاع، مُضَلَّع

polymorph/ic (**-ous**), *a.* ذو أشكال شَتَّى، يَتَّخذ أشكالًا عدّة، متعدّد الأشكال

polyp, *n.* مَدْخة، جنس حيوانات بحرية من المجوّفات (حيوان المرجان مثلًا)

polyphon/y, *n.* (**-ic,** *a.*) تَعَدُّد الأصوات في انسجام وتآلف (موسيقى)

polypus, *n.* ورم في داخل الأنف أو الرحم أو غشاء البول، بوليب (طبّ)

polysyllab/le, *n.* (**-ic,** *a.*) كلمة متعدّدة المقاطع

polytechnic, *a.* (مدرسة عالية) تدرس بها مختلف الفنون والحرف مثل الهندسة والتجارة الخ

n. معهد الفنون التطبيقية

polythe/ism, *n.*, **-ist,** *n.* (**-istic,** *a.*) الإيمان بأكثر من إله واحد، الإشراك

polythene, *n.* مادّة البوليثين، (تشبه النايلون)

polythene bag كيس نايلون (لحفظ الأطعمة مثلًا)

polyvinyl, *n.*; *esp. in*

polyvinyl chloride; *abbr.* P.V.C. مادّة مثل البلاستيك المتين (تستعمل عازلًا حول أسلاك الكهرباء)

pom, *n.* (*abbr. of* Pomeranian) فَصِيلة من الكِلاب تَتَمَيَّز بِصِغَر الجِسْم وطول الشَّعر

pomade, *n.* مرهم أو دهان للشَّعر (وبخاصّة للشوارب)

v.t. دَهَنَ بمرهم عطري

pomander, *n.* عُطُور لِلوِقاية مِن العَدْوَى

pomegranate, *n.* رُمّان ، رمّانة (فاكهة)

pommel, *n.* 1. (rounded knob on hilt of dagger or sword) كرة في مقبض السيف

2. (high part of saddle-bow) الحافة الأمامية المرتفعة في السرج، قربوس، حِنْو

v.t. ضَرَبَ بقبضته اليد مرّات عدّة

pommy, *n.* & *a.* (*Austr.* & *N.Z. sl.*) انكليزي مستوطن في استراليا (اصطلاح يستعمله الاستراليون)

pomp, *n.* أُبَّهة، روعة؛ تباهٍ بالعظمة

pomp and circumstance فخامة الاحتفال وجلاله (في تنصيب ملك أو رئيس جامعة آلخ)

pompom, *n.* 1. (automatic, quick-firing gun) مِدْفَع آلي صغير مضادّ للطائرات

2. (fluffy ball); *also* **pompon** شُرَّابَة ، كرة مِن خُيوط الصُّوف (لِلتَّزْيين)

pomp/ous, *a.* (**-osity,** *n.*) (موظّف) متغطرس، متعجرف، متفاخر؛ (أسلوب) طنّان، رنّان

ponce, *n.* قوّاد يحمي عشيقته ويعيش على مكاسبها

pond, *n.* بِرْكة ماء راكد

pond-weed جار النهر (نبات عشبي مائي مدّاد)

ponder, *v.t.* & *i.* تفكّر أو تدبّر في ، تأمّل ، أمْعَن النَّظر في ...

ponderous, *a.* 1. (heavy) ثقيل جدًّا

2. (slow) (خطوات) بطيئة متثاقلة

3. (tedious) (أسلوب) مُمِلّ، مُضْجِر

poniard, *n.* خَنْجَر قَصِير

pontiff, *n.* 1. (pope) قداسة البابا

2. (bishop) أسقف (قديمًا)

3. (chief priest) حبر الأحبار

pontifical, *a.* نسبة إلى البابا

n.pl. (bishop's robes) ملابس رسمية يرتديها الأساقفة في الحفلات الرسمية

pontificate, *v.i.*, *esp. fig.* تَكَلَّم كَأَنَّه ثِقَة في الأَمْر ومَعْصُوم من الخَطأ فِيه

pontoon, *n.* 1. (small, flat-bottomed boat) صندل صغير ذو قاع مسطح

pontoon-bridge جسر مؤقت مقام على زوارق

2. (any similar floating support for a bridge) إحدى العوامات التي تحمل جسرًا عائمًا

3. (card game) لعبة من ألعاب الورق (مثل سبعة ونصف أو ٣١ في مصر)

pony, *n.* 1. (horse) فرس صغير الجسم ، سيسي (أقلّ من متر ونصف في الارتفاع عادةً)

pony-tail تسريحة لشعر البنت تشبه ذيل الحصان، كودو شقال (مصر)

2. (*sl.*, £25) ٢٥ جنيهًا استرلينيًا (عامية)

poodle, *n.* نوع من الكلاب يتميّز بالقدّ الصغير والشعر المجعّد (يقصّ على شكل خاصّ لتزيينه)

pooh, *int.* أف! للدلالة على الاشمئزاز

he said 'pooh to all that!' قال في امتعاض «كلامك لا يساوي قشرة بصلة»

pooh-pooh, *v.t.* استخفّ أو استهان بِ ..

he pooh-poohed the proposal رفض الاقتراح بكلّ ازدراء

pool, *n.* 1 (expanse of water; puddle of any liquid) بركة، مساحة مائية

Pool of London ميناء لندن (عند مصبّ التيمز)

the murdered man was found in a pool of blood وُجِدَ القتيل غارقًا في بركة من الدم

2. (*billiards*) بلياردو (لفظ امريكي)

3. (*gambling*) مجموع الأموال التي يقامر بها

the (football) pools المقامرة على مباريات الكرة

4. (business arrangement) اتحاد بين التجار للاحتكار أو لتثبيت الأسعار

5. (common fund) أموال مشتركة يسحب منها المشتركون عند الحاجة

typing pool (غرفة كبيرة مخصّصة) لموظّفي أو موظفات الآلة الكاتبة في المصالح والشركات

v.t. (put in common fund) سَاهَمَ كلّ تاجر بمبلغ من المال في صندوق الأموال المشتركة

they pooled their resources to finance the new venture ساهموا بمواردهم المالية في تمويل المشروع الجديد

poop, *n.* (سطح مرتفع في) مؤخرة السفينة

poor, *a.* 1. (needy) فقير، معدم، معوز، محتاج، مُعْسِر

poor-box صندوق الصدقات والإحسان

poor-house ملجأ لإعالة الفقراء والمعوزين تنفق عليه البلدية (في تاريخ بريطانيا)

poor-law فرع من القانون البريطاني ينظم إعالة الفقراء المعدمين (لفظ قديم)

the poor, *n.pl.* الفقراء، البؤساء، المساكين

2. (unfortunate)

poor thing! (يا له من) مسكين! غلبان! بائس!

3. (humble) حقير (تقال تواضعًا)

4. (inferior) (بضاعة من صنف) رديء، (قماش) من رتبة منخفضة

poor food طعام رديء الإعداد، ضئيل القيمة

he is in poor health إنّه متوعّك الصحّة

that was a poor show! (*coll.*) كان تصرّفك مخجلًا جدًّا! لم يكن عملك على ما يرام!

poor soil تربة فقيرة في العناصر الضرورية لنموّ النبات، أرض غير خصبة

poor-spirited خائر الهمّة، جبان، خوّاف

5. (meagre)

flowers are in poor supply in the winter تندر الزهور في فصل الشتاء

poorly, *a.* (unwell) (صحّته اليوم) منحرفة بعض الشيء، تعبان شوية (مصر)، مشوّش (شام)

pop, *n.* 1. (sound) (صوت) فرقعة (فلينة القنينة)

2. (*sl.*, effervescing drink) غازوزة، قازوزة

3. (*sl.*, pawn)

in pop (ساعته الذهبية) مرهونة (لقاء مبلغ من المال) عند الرهوناتي

4. (*sl.*, *esp. U.S.*, father) (يا) بابا

5. (*coll.*, popular music) الأغاني الحديثة الخفيفة الشائعة عند المراهقين

adv.

pop goes the weasel! كلمات تختتم بها أنشودة للصغار وتقوم مقام: توتة - خلصت الحدوتة (مصر)

a. (*coll.*) شائع بين العامّة

pop art لوحات مرسومة تلصق بها مختلف الأشياء الموجودة في متناول يد الفنان (اتجاه فنّي جديد)

pop singer مطرب شعبي تروج أغانيه بين الشباب

v.i. 1. (make short slight explosive sound) أَحْدَثَت (الفلينة) فرقعة خفيفة

pop-gun بندقية للصغار تُطْلِق فلّينة

2. (*coll.*, move rapidly)

pop in (make a brief visit) زَارَ (صديقه) زيارة خاطفة، مَرَّ عليه في طريقه للعمل

pop off (die) انصرف فجأةً؛ مات بغتةً، نَفَقَ (مصر)، قرض الحَبْل

pop up (suddenly come to notice) (في آلة تحميص الخبز) تَقفِزُ (الشريحة من الفتحة) فجأةً

v.t. 1. (cause to make explosive sound) جَعَلَ (البالون مثلًا) يفرقع بغتة

2. (place rapidly) وَضَعَت (قنينة الويسكي في الدولاب) فجأةً (عندما رَأَت والدها قادمًا)

has he popped the question yet? (*coll.*, proposed marriage) هل طَلَبَ يدها بعد؟ هل تَقَدَّمَ لخطبتها رسميًّا؟

3. (*sl.*, pawn) رَهَنَ (ساعته الذهبية)

popcorn, *n.* حبوب الذرة تُقْلَى حتّى تنفجر مطرقعة، فشار (مصر)، ذرة منفوخة

pope, *n.* قداسة البابا، الحبر الأعظم

popery, *n.* البابوية، مذهب الكنيسة الكاثوليكية (لفظ يستعمل ازدراءً)

pop-eyed, *a.* (*coll.*) جاحظ العينين

popinjay, *n.* ببغاء؛ غندور، متبختر

popish, *a.* كاثوليكي (نعت يستعمل ازدراءً)

poplar, *n.* شجرة الحَوَر، الحَوْر (جنس أشجار تتميّز بسرعة نموّها - من فصيلة الصفصافيات)

poplin, *n.* قماش البوبلين (نسيج سداه من الحرير ولحمته من الصوف - سابقًا)؛ نسيج قطني لامع

poppet, *n.* 1. (*mech.*, support) دِعمة (دِعَم)، دعامة لحمل هيكل السفينة عند بنائها

poppet-valve صمام مخروط، صمام قفّاز (في مُحَرِّك السيّارات مثلًا)

2. (darling) حبوبة، حلوة كالعروسة أو اللعابة (عراق)، قمورة، قطقوطة

poppy, *n.* زهرة الخشخاش (أنواعها عديدة)، أبو النوم

Poppy Day يوم الأحد الثاني في نوفمبر يقام فيه حفلات تذكارية لتأبين ضحايا الحربين العالميتين

poppycock, *n.* (*sl.*, nonsense) كلام فارغ، هراء

popsy, *n.* (*coll.*) فتاة حلوة، قمّورة، شقفة

populace, *n.* عامّة الناس، العوامّ، دهماء الناس، الجمهور، السواد الأعظم من الشعب

popular, *a.* 1. (of or carried on by the people) شعبي، نسبة إلى العامّة

popular front الجبهة الشعبية

the popular language اللغة الدارجة أو الشائعة، اللغة العامّية

2. (adapted to needs of people in general) شعبي؛ سهل الفهم

popular prices أسعار منخفضة، متهاودة

the popular press الصحافة الشعبية الرخيصة

3. (liked or admired by people) محبوب من قبل العامّة، رائج في الطبقات الشعبية

popular hero بطل شعبي

he is popular with the ladies تميل النساء إلى عشرته لأنّه قريب إلى قلوبهنّ

popularity, *n.* شعبية، شُهْرة، رواج

populariz/e, *v.t.* (**-ation,** *n.*) رَوَّجَ (سلعةً)، سَعَى إلى استخدام وسيلة ما على نطاق أوسع

populate, *v.t.* (منطقة) آهلة بالسكّان، معدّة لهجرة (العمّال من مراكز مكتظة بهم)

population, *n.* 1. (total number of inhabitants) عدد السكّان القاطنين في منطقة ما (حسب تعداد يجرى لهم)

2. (inhabitants or a section of them)

working-class population الطبقة العاملة

populous, *a.* (منطقة) آهلة أو مزدحمة بالسكّان

porcelain, *n.* خزف أو صيني رقيق ونصف شفاف

porch, *n.* مدخل مسقوف للمبنى؛ لفظ يستعمل في أمريكا بمعنى فراندة أو شرفة

porcine, *a.* نسبة إلى جنس الخنازير

porcupine, *n.* حيوان الشَيْهم المبذول، دُلْدُل، نَيْص

pore, *n.* سُمّ (مسامّ) الجلد (عادةً)

pore, *v.i., usu. with prep.* over اِنْكَبَّ على (كتابه منهمكًا في مطالعته)، أمْعَنَ التفكير (في المشكلة)

porge, *v.t.* نَظَّفَ اللحم قبل طهيه طبقًا للشريعة اليهودية

pork, *n.* لحم الخنزير (قبل طهيه)

pork-pie فطيرة محشوّة بلحم الخنزير

pork-pie hat قُبَّعة للرجال على شكل خاصّ

porker, *n.* خنّوص مُسَمَّن، خنزير صغير معلوف للذبح

pornograph/y, *n.* (**-ic,** *a.*) الأدب المكشوف

pornographic picture صورة فاضحة أو داعرة

por/ous, *a.* (**-osity,** *n.*) مساميّ، (مادّة مثل الصخر الجيري) تسمح بمرور السوائل والغازات؛ مساميّة

porphyry, *n.* الحجر السماقي، الفرفير (صخر ناري يمتاز باللون الأرجواني القاتم)

porpoise, *n.* خنزير البحر (جنس حيوانات لبونة من رتبة الحيتان وفصيلة الدلفينيات)

porridge, *n.* طبق من الشوفان كالعصيدة أو الثريد

save your breath to cool your porridge! لا تتعب نفسك في الكلام فلن يجديك نفعًا!

porringer, *n.* زبدية مزخرفة للشوربة (للأطفال)

port, *n.* 1. (harbour) ميناء، مرفأ (للسفن)

any port in a storm عند الاضطرار ليس للمرء خَيار

2. (town or city with harbour) ميناء، مرسًى

3. (left side of ship) يسار السفينة، الطرف أو الجانب الأيسر من الطائرة

4. (opening in side of ship or engine) فتحة في جانب السفينة لِتحْميل البضائع

5. (sweet fortified wine); *also* port wine نبيذ برتغالي قوي حلو المذاق

6. (position of rifle) حمل (الجندي) بندقيته بطريقة رأسية موازية لذراعه

portable, *a.* يمكن نقله من مكان لآخر

portable radio; *also* portable (*n.*) راديو نقّالي

portable typewriter; *also* portable (*n.*) آلة كاتبة نقالة يسهل حملها

portage, *n.* 1. (*naut.*, carriage of goods or charge for this) المَشال، أُجْرَة النَّقْل بباخِرَة

2. (carriage of boats or cargo overland) حَمْل الزَّوارِق وبضاعَتِها بَرًّا مِن نَهْر إلى آخَر

portal, *n.* & *a.* بوابة أو مدخل كبير

portal vein الوريد البابي

portcullis, *n.* حاجز حديدي مشبّك في مدخل القَلْعة

portend, *v.t.* (حادث) ينذر بالسوء أو الشؤم، ينبئ (بالشرّ)

portent, *n.* 1. (omen) فأل، طيرة، نذير شؤم أو سوء طالع

2. (prodigy) أعجوبة، شيء يثير الدهشة

portentous, *a.* 1. (ominous) منذر بالسوء أو الشؤم، لا يُبَشِّر بخير

2. (extraordinary, marvellous) غريب، هائل

3. (pompous) متظاهر بالأبهة والعظمة

porter, *n.* 1. (someone employed to carry burdens) شيال، حمّال (بالمحطّات مثلاً)

2. (door-keeper) بوّاب العمارة، حارس

3. (kind of beer) نوع من الجعة أو البيرة داكنة اللون حادّة المذاق

porterhouse, *n.*, *also* **porterhouse steak** شريحة من لحم البقر يقطع من بين الخاصرة والفخذ

porterage, *n.* حمولة، شيالة؛ أجرة الشيالة

portfolio, *n.* 1. (case for keeping loose sheets of paper) محفظة للرسائل والأوراق

2. (*fig.*, office of minister of state) منصب أو وظيفة وزير والمسؤوليات المتعلّقة به

minister without portfolio وزير دولة، وزير بلا وزارة

porthole, *n.* فتحة أو كُوّة دائرة كنافذة في غرف السفينة

portico, *n.* رواق ذو أعمدة (عند مدخل بناء)

portion, *n.* 1. (section of a whole) قسم (أقسام)، جزء (أجزاء)

2. (share of property, *esp.* paid as dowry) مَهْر، بائِنَة، دُوطَة

3. (amount of food served to one person) كمية من الطعام تعطى للأكل في مطعم، نصيب، حصّة

4. (destiny) قسمة ونصيب، قضاء وقدر

v.t., *esp. with adv.* out وَزَّعَ أو قَسَّمَ بين ...

the work must be portioned out today يجب أن يعين لكل فرد ما يخصّه من عمل اليوم

portly, *a.* بدين، سمين

portmanteau, *n.* (*pl.* -s, -x) حقيبة السفر، شنطة كبيرة للملابس (قديمًا)، عيبة (عياب)

portmanteau-word كلمة منحوتة من كلمتين (مثل «برمائي» من «برّ» و«ماء»)

portrait, *n.* صورة تُرسم للشخص (تظهر وجهه عادةً)

he sat for his portrait جَلَسَ أمام الرسّام (أو المصوّر) ليرسم له صورة (زيتية عادةً)

portraiture, *n.* فنّ رسم الأشخاص

portray, *v.t.* (-al, *n.*) رَسَمَ، صَوَّرَ؛ وَصَفَ (منظرًا)، رسم شخصية (في قصّة مثلاً)

Portugal, *n.* البرتغال

Portuguese, *a.* برتغالي

n. 1. (language) اللغة البرتغالية

2. (native) (مواطن) برتغالي

pose, *v.i.* 1. (assume certain position) وَقَفَ بطريقة معيّنة (لتصويره مثلًا)

2. (set oneself up falsely); *usu.* pose as ادعى أنّه (طبيب مثلًا)

v.t. 1. (propound) طَرَحَ (سؤالًا)

he posed an awkward question أَلْقَى سؤالًا محرجًا أو مخجلًا

2. (arrange in certain position) أَجْلَسَ أو أَوْقَفَ شخصًا (لتصويره)

n. 1. (position taken up) جلسة، وَضْع، طريقة خاصّة في الوقوف أو الجلوس

2. (attitude of mind assumed to impress) التكلّف في السلوك للتأثير على الحاضرين

poser, *n.* (*coll.*) لغز محيّر، سؤال عويص، معضلة

poseur, *n.* متكلّف أو متصنّع في سلوكه

posh, *a.* (*sl.*) (مطعم) ممتاز، هاي لايف

position, *n.* 1. (place occupied by someone or something) موضع، مكان، موقف

in (out of) position في (غير) مكانه الصحيح

manœuvre for position (*mil.*, seek vantage point) قَامَ بمناورات لتعزيز مركزه

take up a position اِتَّخَذَ مكانه أو موقفه (عند المدخل مثلًا)

2. (bodily attitude) طريقة الجلوس، جلسة

3. (mental attitude, way of reasoning) رأي، موقف، وجهة نظر (حيال المشكلة مثلًا)

4. (set of circumstances)

you have put me in a difficult position لقد أوقعتني في مَأْزِق

he is in a position to make decisions هو في موقف يسمح له باتخاذ قرارات نهائية

in your position I would . . . لو كنت في مكانك لفعلت كذا

5. (employment) وظيفة، منصب

vacant position وظيفة شاغرة أو خالية

6. (rank or status) مرتبة

he is a person of position إنّه شخص ذو مكانة عالية أو ذو شأن (في المجتمع)

v.t. وَضَعَ شيئًا في موضعه المناسب أو المطلوب

positive, *a.* 1. (definite, admitting no question) باتّ، جازم، يقيني

proof positive دليل ناصع، حجّة قاطعة

2. (not negative, constructive) إيجابي

3. (*of persons*, confident, sure) متأكّد كلّ التأكّد، مُتَيَقِّن، واثق

4. (*gram.*) (جملة) إيجابية، مثبتة

5. (*coll.*, real, absolute, downright); *whence adv.*, positively حقيقي؛ بتاتًا، قطعيًّا

positive help معونة ملموسة، خدمة ناجعة

he is a positive fool إنّه أحمق ولا شكّ، إنّه مغفّل مائة في المائة

6. (dealing only with matters of fact)

positive law القانون الوضعي

positive philosophy الفلسفة الوضعية

7. (*alg.*, of quantity greater than zero) كمية موجبة (نقيض السالبة في الرياضيات)

8. (*elec. & magn.*) قطب موجب (فيزياء)

positive charge شحنة كهربائية موجبة

9. (*photog.*)

positive print; *also* positive, *n.* صورة فوتوغرافية إيجابية أو موجبة

positivism, *n.* فلسفة « اوجست كونت » الوضعية

posse, *n.* جماعة رجال يعاونون الشرطة عند الطوارئ

possess, *v.t.* 1. (own) مَلَكَ ، اِمْتَلَكَ ، اِقْتَنَى

2. (keep control over; occupy) ضَبَطَ عواطفه ، سَيْطَر على مشاعره وتَحَكَّم فيها ، رَبَطَ جأشه

you must possess your soul in patience! عليك أن تعتصم بالصبر الجميل ! الصبر مفتاح الفرج

self-possessed, *a.* رابط الجأش ، واثق بنفسه

possessed with the idea استحوذت الفكرة على لبّه ، ملكت عليه تفكيره ، سَيْطَرَ عليه (الوهم)

he was like a man possessed (حارب) كمن تملّكته قوة خارقة للطبيعة أو البشر

what can have possessed him to do it? أيّة فكرة جنونية تَسَلَّطت عليه وجعلته يفعل ذلك ؟

3. (make *oneself* owner *of*)

he possessed himself of a bicycle and rode off حَصَلَ أو استحوذ على درّاجة بطريقة ما ثمّ انصرف راكبًا إياها

possession, *n.* 1. (act or state of possessing) تملّك ، امتلاك ، حيازة

possession is nine points of the law الحيازة قد تمنح حقّ التملك

he came into possession of a fortune وَرِثَ ثورة من المال (بعد وفاة خالته مثلًا)

in possession of (possessing) يملك ، يمتلك ، يحوز ، يقتني

in the possession of (possessed by) (وُجِدت البضاعة المسروقة) في حوزة (فلان)

for sale with immediate possession (المنزل) معروض للبيع والاستلام الفوري

take possession وَضَعَ يده على (عقار مثلًا) ، اِستولى على (أرض مثلًا)

2. (*pl.*, property) ممتلكات ، أموال

personal possessions (كالملابس) ممتلكات شخصية

3. (dominion)

the British possessions overseas الممتلكات البريطانية فيما وراء البحار

possessive, *a.* 1. (relating to possession) خاصّ بالملك أو الملكية

2. (*gram.*) صيغة الملكية

possessive pronoun; *also* possessive, *n.* ضمير الملكية

3. (jealous) أناني مستأثر ، حريص ؛ (زوج) غيور

possessor, *n.* مالك (العقار) ، صاحبه ، واضع اليد عليه

possibility, *n.* 1. (likelihood) إمكان ، احتمال

there is no (little, small) possibility of ليس من المحتمل أن ، الاحتمال قليل أو بعيد

within the range of possibility (كان المشروع) في حيّز الإمكان

2. (*usu. pl.*, potentiality) إمكانيات (النجاح)

he has great possibilities لن يقف نجاحه أو تفوقه عند حدّ ، ينتظر له مستقبل بارع

possible, *a.* 1. (of that which can be done) ممكن ، مستطاع ، يمكن اجراؤه

as soon as possible في أسرع وقت ممكن ، في أوّل فرصة ، بأسرع ما يمكن

2. (of that which may exist, happen) مُحتمل الوقوع أو الحدوث

rain is possible يُحتمل نزول الأمطار (الاحتمال بعيد)

3. (reasonable, intelligible)

a possible answer would be that . . . من المحتَمَل أن يكون الجواب على هذا السؤال أنّه ...

n. 1. (highest possible score in shooting at a target)

he scored a possible حَصَلَ على الدرجات القصوى في الرماية

2. (candidate, member of team) (لاعب) يُمكن اختياره أو تفضيله

possibly, *adv.* 1. (in accordance with possibility) ممكن

he always does all he possibly can إنّه يبذل قصارى جهده دائمًا في سبيل ...

2. (perhaps) رُبَّما، عسى أن

possibly he may arrive late رُبَّما يصل متأخّرًا عن ميعاده، قد يتأخّر وصوله

possum, *n.* (*coll. contr.* of opossum)

play possum تَظَاهَرَ بالجهل (لكسب الوقت مثلًا)، اِدِّعَى عدم الاهتمام بالأمر (للتفوق على غريمه)

post, *n.* 1. (upright piece of wood, metal or stone) عمود أو عماد مُثَبَّت في الأرض، قائمة (من الخشب أو للعدن أو الحجر)

2. (place of duty or business) مقرّ الوظيفة

he deserted his post تَخَلَّى الخفير عن موضع حراسته وهرب؛ خان العهد أو الأمانة

first-aid post مركز الإسعاف

trading post محطّة تجارية (في الأماكن النائية)

3. (*mil.*, bugle-call)

first (last) post نِداء البوق الأوّل (في الصباح)، والأخير (في المساء أو في جنازة عسكرية)

4. (mail or system of mails) البَرِيد

post-box صُنْدُوق البَرِيد

post-free خالص أجرة البريد

post-haste (جاء) بأقصى سرعة ممكنة

post-office مكتب البريد

post-office box; *abbr.* P.O.B. صندوق بريد

post-paid خالص رسوم البريد

parcel post بريد الطرود

he caught the post أَلْقَى خِطابه في صُنْدُوق البَرِيد قبل مِيعاد جَمْع الخِطابات منه

when does the post go? في أية ساعة تجمع الخطابات من صندوق البريد؟

5. (appointment)

he applied for a post in London قَدَّمَ طلبًا لوظيفة في لندن

v.t. 1. (fix or fasten in public place); *also* post up عَلَّقَ إعلانًا أو لصقه على لوح الإعلانات في مكان عامّ

2. (*book-keeping*) سَجَّلَ (الحساب في دفتر)

he posted the ledger رَحَّلَ الحسابات من دفتر اليومية إلى دفتر الأستاذ

3. (announce)

keep me posted اجعلني على علم بما يجري

post a ship as missing أعلنت (شركة لويد للتأمين البحري) عن فقدان سفينة

he is well posted (well informed) إنّه مُلِمّ بالموضوع إلمامًا تامًّا

4. (consign *letters or parcels* to postal service) أَرْسَلَ خطابًا أو طردًا بالبريد

5. (*mil.*, station) نَقَل (ضابطًا) إلى مقرّ جديد

he was posted to a new position نُقِل الضابط إلى وظيفة جديدة (في مدينة أخرى)

post-, *in comb.* (بادئة بمعنى) بعد

post-date, *v.t.* أرخ (شيئًا مثلًا) بتاريخ متأخّر عن تاريخ كتابته أو تحريره

post-graduate, *a. & n.* طالب دراسات عليا

Post-Impressionist, *a. & n.* ما بعد الانطباعية في الفنون الجميلة (مدرسة فنّية في أوروبا)

post meridiem; *abbr.* p.m. بعد الظهر (في التوقيت اليومي)

post-mortem, *a. & n.* تَشْريح الجُثّة

post-war, *a.* (فترة) ما بعد الحرب

postage, *n.* أجرة البريد، رسوم البريد

postage stamp طابع البريد

postal, *a.* (خدمات) بريدية

postal order إذن (أذونات) البريد، حوالة بريدية

postal package (خطاب أو طرد) يرسل بالبريد

postcard, *n.* بطاقة بريدية

poster, *n.* إعلان (مصوّر وملوّن) يلصق على الحيطان؛ لاصق الإعلانات

poster paint نوع من الدهان الساطع

***poste-restante*,** *n.* يُحفظ بمكتب البريد

posterior, *a.* 1. (later) (تاريخ) متأخِّر؛ خلف، عقب، بَعْد

2. (placed behind) (رجلان) خلفيتان

n. (buttocks) دَبُر، عجز، عجيزة، كفل

posterity, *n.* ذرية، نسل؛ الأجيال المقبلة

postern, *n.*; *also* **postern door (gate)** باب خلفي أو سري في قلعة أو قصر

posthumous, *a.* بعد الوفاة

posthumous child طفل مولود بعد وفاة أبيه

posthumous work كتاب (أو تأليف موسيقي) ينشر بعد وفاة مؤلّفه

postil(l)ion, *n.* سائق المركبة، خادم يمتطي أحد الجياد التي تجرّ مركبة رسمية

posting, *n.* (*mil.*, order to report to new post) أمر عسكري بالانتقال إلى وظيفة أخرى بمكان آخر

postman, *n.* ساعي البريد (سعاة)، موزّع الرسائل البريدية

postmark, *n.* ختم أو خاتم أو سمة البريد

postmaster, *n.* مدير مكتب البريد (المسؤول عن شؤون البريد في منطقة ما)

Postmaster-General; *abbr.* P.M.G. المدير العامّ لمصلحة البريد (برتبة وزير في انكلترا)

postmistress, *n.* مديرة مكتب بريد صغير

postpone, *v.t.* (**-ment,** *n.*) أَخَّرَ، أَجَّلَ، أَرْجَأَ

postprandial, *a.* (خُطْبة) بَعْدَ العَشاء

postscript, *n.*; *abbr.* P.S. حاشية (أضيفت بعد الانتهاء من كتابة رسالة)، ذيل، مُلْحَق

postulant, *n.* طالِب أو طالِبة الانْضمام إلى هيئة الرّهبان أو الرّاهبات

postulate, *v.t.* 1. (require) يَنص عَلى ... ، يَتَطَلَّب

2. (assume) إِفْتَرَضَ، زَعَمَ، سَلَّمَ بِ ...

n. فَرْض يُسَلَّم به في بَدْء الجدال، افتراض قِيَاسِيّ بدون برهان، مصادرة

posture, *n.* 1. (carriage, attitude of body) وَضْع الجسم، وقفته، جلسته

2. (attitude of mind) مَوْقِفه باتّجاه (المشكلة مَثَلًا)؛ الحالة الراهنة (في الموقف السّياسيّ)

v.i., rarely v.t. ظلّت (الفتاة المغرورة) تختال (أمام المرآة مُعْجَبة بنفسها)

posy, *n.* بَاقة أو صُحْبة صغيرة من الزُّهور العَطِرة

pot, *n.* 1. (vessel) قِدْر، إناء، وعاء، إبريق (الشّاي)

pot-belly, *whence* كِرْش، بطن كبير

pot-bellied, *a.* بَطِين، أكرش

pot-boiler تأليف مُبْتَذل نُشِر لِمُجَرَّد الكَسْب المادّيّ

pot-boy صَبِيّ يشتغل خادمًا أو ساقيًا في حانة

the pot calling the kettle black رُبَّ لائِمٍ مُلِيم، القِدْرُ يعيّر المِنْصَب أو الكانون (مصر)

pot-herb نَبات (كالنَّعْنَع أو الثوم الخ) تُسْتَعْمَل أوراقُه أو بُذوره أو جُذوره تَوَابِلًا في الطَّبْخ

pot-hole

(depression in road) حُفْرة في سطح الطَّرِيق (ناتِجة من عوامل التعرية)

(fissure in rock) حُفْرة عميقة في الصُّخور الجِيرِيّة غالبًا نتيجة لفعل السيول (جيولوجيا)

pot-holing (sport) الكَشْف عن المَغارات بطريق النَّفاذ إليها من الحُفَر سابقة الذِّكْر

pot-hook خُطّاف لِتعْليق القِدْر فَوْق المِدْفَأة

he took pot luck (دَعَاه صديقه دون تَرْتيب سابق) وَأَكَلَ على ما قُسِمَ (أي الحاضر من الطَّعام)

pot-roast لَحْمٌ مُسَبَّك في قليل من الماء والتوابل

if the garden is neglected it goes to pot (*sl.*) إذا لَمْ تَعْتَنِ بحديقتك كلَّ يوم صارت خرابًا

we must keep the pot boiling عَلَيْنا أن نواصل الكَدّ والكَدْح لِنَسُدَّ رمقنا، يجب ألَّا نسمح للعمل بالتوقّف

the watched pot never boils دَعْه و شأنه (فلا جَدْوَى من الإفراط في ملاحظته ومراقبته)

2. (full contents of a pot)

a pot of tea إِبْرِيق ملآن بالشاي

3. (*coll., usu. pl.*, large sum *of money*) (عنده) أَكْوَام من المال، قَناطير مُقَنْطَرة من الفلوس

4. (*coll.*, important person); *esp. in*

a big pot مِنَ الأكابر أو الرُّؤَساء، صاحب مكانة، ذُو حَسَب وَنَسَب، ذو شأن كبير

5. (*coll.*, prize, *esp.* silver cup)

pot-hunter مُشْتَرِك في المسابقات لمجرّد الحُصول على الجوائز

6. (casual shot at something near)

he took a pot⟨-shot⟩ at the pigeon أَطْلَقَ البُنْدُقِيَّة على الحمامة كيفما اتفق أي بدون تصويب

v.t. 1. (put in pot for preserving) أَعَدَّ اللُّحوم أو الأسماك لحفظها في عُلَب

potted meat لَحْم محفوظ في برطمان أو علبة

2. (put *plant* in pot) وَضَعَ شتلة في أصيص

potting shed كُشْك خَشَبِيّ في الحديقة حيث ينقل البُسْتَاني الشتلات إلى الأُصُص

3. (*billiards*) أَدْخَلَ كُرة في الجيب بضرب أخرى

4. (*coll.*, put *child* on chamber-pot) أَجْلَسَ الطفل على القصرية أو القعّادة

v.i. & t. (shoot *at* animals) أَطْلَقَ الرصاص على...

potash, *n.* بوتاس، أشنان

caustic potash البوتاسا الكاوية (كيمياء)

potassium, *n.* معدن البوتاسيوم

potation, *n.*, *usu. pl.* معاقرة الخمر

he indulged in moderate potations لم يفرط في تعاطي المشروبات الروحية

potato, *n.* بطاطس (مصر)، بطاطا

she dropped him like a hot potato هجرت عشيقها فجأةً، نبذته نبذ النواة

potency, *n.* قوة، قدرة، فعالية

potent, *a.* 1. (powerful) قوي، عظيم، مقتدر، ذو بأس

2. (sexually able) (ذكر) ذو قوة تناسلية

3. (having a strong effect on senses) شديد التأثير على الحواس

4. (influential) ذو حول وطول، ذو صولة ونفوذ، (حاكم) ذو كلمة مسموعة

potentate, *n.* ملك أو أمير مطلق السلطة والسيطرة على دولة كبيرة

potential, *a.* 1. (latent) (مصادر الثروة) كامنة

2. (*gram.*, indicating possibility)

potential mood صيغة الامكانية (قد تُمْطِر)

n. 1. (something having latent power) (طالب لديه) الاستعداد الكافي (للنجاح)

2. (latent energy) طاقة كامنة

3. (electrical force) جهد كهربائي

4. (*gram.*) صيغة الامكانية (مثل قد يكون)

potentiality, *n.* 1. (concealed power) قوة كامنة يمكن تنميتها واستغلالها

2. (*pl.*, latent intellectual powers) طاقة فكرية (عند طفل مثلًا) لا تزال كامنة

3. (*pl.*, possibilities) امكانيات، احتمالات

pother, *n.* (أثار) ضجّة وضوضاء حول موضوع تافه

potion, *n.* جرعة من دواء أو شراب سحري

pot-pourri, *n.* مزيج من توبجيات وعطور جافّة؛ خليط من القطع الموسيقية أو الأدبية المتنوعة

potsherd, *n.* قطعة خزف مكسورة (أثرية عادةً)

pottage, *n.* (*arch.*); *in*

he sold his birthright for a mess of pottage بَاعَ بَكُورِيَّتَه بِطَبْخَة عَدَس (من التوراة)، تَنازَل عَن شَيْء نَفِيس مُقابِل شَيْء تَافِه

potter, *v.i.*; *esp. in*

he pottered about in the workshop أضاعَ وقته في أداء أعمال تافهة بورشته الصغيرة

potter, *n.* خزّاف، فخاري، فاخوري

potter's wheel دولاب الخزّاف

pottery, *n.* 1. (earthenware) فخّار

2. (making of earthenware) صناعة الفخّار

3. (place where pottery is made) مصنع فخّار

the Potteries منطقة في وسط انكلترا (ستافوردشير) مشهورة بصناعة الأواني الخزفية

potty, *a.* (*sl.*) 1. (insignificant) تافه، لاقِيمةَ له

he will go into potty little details من عادته أن يدخل في تفاصيل صغيرة تافهة

2. (foolish, mad) عبيط، أبله، أحمق

potty, *n.* (*nursery*, chamber-pot) كلمة تستعمل في لغة الأطفال بمعنى قصرية، قعادة (عراق)

pouch, *n.* جراب صغير، محفظة للجيب

kangaroo's pouch جراب أو كيس الكنغر

tobacco pouch كيس لحفظ تبغ الغليون

he has pouches under his eyes له جيوب تحت عينيه (نتيجة لكبر السنّ أو للتعب)

pouched, *a.*

her dress was pouched at the waist كان فستانها مفضفضًا أو منتفخًا عند الخصر

pouf(fe), *n.* حشية مستديرة (من الجلد عادةً) توضع على الأرض للجلوس

poulterer, *n.* بائع الطيور الداجنة (وحيوانات القنص) المعدّة للطبخ، فرارجي (مصر) أبو الدجاج (عراق)

poultice, *n.* لبخة، لصقة (للالتهابات الجلدية)

v.t. وَضَعَ لبخة (لعلاج التهاب أو لتخفيف الألم)

poultry, *n.* الطيور الداجنة (الدجاج، الأوزّ، البطّ الخ)

pounce, *v.i.* اِنْقَضَّ (القطّة على الفأر)، هَجَمَت عليه فجأةً أو مرّة واحدة

n. اِنْقِضاضة ؛ بُرْثُن (مِخْلَب السِّباع والطّير)

pound, *n.* 1. (measure of weight) رطل انكليزي (يساوي ١٦ أوقية أو ٤٥٣ جرامًا)، پاوند

pound-cake نوع من الكيك مصنوع من مقادير متساوية الوزن من الموادّ الرئيسية

he exacted his pound of flesh أصرّ على أخذ حقّه طبق شروط الاتّفاق بغير رأفة ولا رحمة

2. (unit of money) جنيه استرليني (يساوي عشرين شلنًا)؛ ليرة (لبنانية مثلًا)

in for a penny, in for a pound إذا سرقت فاسرق جملًا، بعد التعهُّد لا مجال للتردّد

3. (enclosure for stray animals, etc.) حظيرة للماشية (الهائمة أو للسيّارات التي يحتجزها البوليس)

v.i. 1. (deliver heavy blows, fire heavy shot) ضَرَبَ (العدوَّ بالمدافع)

pound away at واصل الكدّ برغم الصعوبات

2. (move *along* with heavy steps) جَرَى أو مشى بخطًى ثقيلة

v.t. 1. (shut animals *up* in pound, *n.* (3)) زَرَبَ المواشي في الحظيرة

2. (crush into small pieces) هَرَسَ، صَحَنَ، سَحَقَ (التوابل في الهاون مثلًا)

3. (beat with fists) طَرَقَ بعنف وتكرار

poundage, *n.* ضريبة نسبية أو عمولة تحصل على كلّ جنيه (عند شراء حوالة بريدية مثلًا)

pounder, *n.* 1. (something weighing a certain number of pounds) زنته كذا بالأرطال

that salmon is a twenty-pounder سَمَكَة السَّلْمون تِلكَ تَزِن عِشْرِين رَطْلاً

2. (gun which fires a shot of a certain weight) مدفع عياره (٢٥ رطلًا انكليزيًا مثلًا)

pounding, *n.* 1. (noise) صوت خطوات ثقيلة

2. (series of blows) ضربات عنيفة متتالية

he took a severe pounding ضُرِبَ بشدّة

pour, *v.t.* صَبَّ (الشاي أو القهوة)، سكب (الماء)

he poured cold water on the plan ثَبَّطَ هِمَّتَهم للمشروع، أَخْمَدَ حَماسَهم لِلعَمَل

he poured oil on troubled waters لَطَّفَ حِدّةَ الخِلاف بِكلمات مُهَدِّئة

she poured ⟨out⟩ the tea; *also* pour ⟨out⟩ (*absol.*) صَبَّت الشّاي في الفناجين

will you pour today? هَلْ سَتَصُبِّين الشّاي اليومَ ؟

she poured scorn on him أَمْطَرَتْهُ وابلاً من الإهانات ، عاملته بامتهان وَازْدِراء

she poured out her woes to her sister بَثَّت شَكْواها وشُجونها لأختها

v.i. (*of liquids, etc.*); *usu. with advs.* in, out, down, forth هَطَلَ، تَدَفَّق ، فاضَ، اِنْصَبَّ، انْسَكَبَ

(*of rain*); *with adv.* down, *or absol.*

it never rains but it pours لا تَأْتِي كارثة إلّا ووراءها أُخَر

pouring rain مَطَر غزير يَهْطُل بدون توقُّف، غَيْث مُنْهَمِر، وابل من المطر

the crowd poured out of the theatre تَدَفَّقَ الجُمْهور كالسَّيْل من أبواب المسرح

pout, *v.i.*; *also v.t.* بَوَّزَ (الطفل المدلّل)، مَطَّ شَفَتَيْه تعبيرًا عن الاستياء وعدم الرضى

n. تَبْوِيز ، إِنْتاء الشَّفَتَيْن

pouter, *n.*; *also* **pouter-pigeon** الحَمام الطابي

poverty, *n.* فَقْر، حاجة، فاقة ، عُسْر، عَوَز، إملاق، ضِيقُ اليَد؛ جَدْب (أفكاره)

poverty-stricken مُعْوَز،فقير مُدْقِع

powder, *n.* 1. (fine dry ground particles) مَسْحُوق جافّ من مادّة ما

powder-blue لَوْن أزرق فاتح

2. (medicine in the form of powder) مَسْحُوق دوائي، دواء على هيئة مسحوق

3. (cosmetic) بُودْرة (للجلد)

face-powder بُودْرة للوجه

4. (gunpowder) بَارُود

powder-flask وِعَاء خاصّ ذو سداد محكم كان الجنديّ أو الصّياد يحمل باروده فيه (قديمًا)

powder-magazine مَخْزَن في حِصن أو قلعة لِحِفْظ البارود (قديمًا)

powder-monkey غُلام يحمل البارود من المخزن إلى مدافع السّفن الحربية (قديمًا)

we must watch out and keep our powder dry عَلَيْنا أن نكونَ متيقظين ومستعدين لِمُوَاجَهة الطّوارئ دائمًا

it is not worth powder and shot عَمَل تافه، لا يَنْفَع ولا يشفَع، لا يستحق أي مجهود

v.t. 1. (reduce to powder) سَحَقَ (الملح مثلًا)

2. (cover with powder) ذَرَّ مَسْحُوقًا على

v.i. 1. (crumble into powder) تَفَتَّتَ

2. (use powder for hair and face) ذَرَّ أو رَشَّ البُودْرة على الجِلْد (أو على الشعر المستعار)

powdery, *a.* مُغَطّى بالبودرة ؛ يشبه المسحوق

power, *n.* 1. (ability) قُدْرة ،طاقة، (في) وسعي

it is not in his power لَيْسَ هذا في وَسْعِهِ

purchasing power القُوّة الشِّرائية (للدولار مَثَلًا)، مقدار ما تشتريه (بالجنيه مثلًا)

2. (faculty)

he is losing his powers (عَجوز) آخذ في الكبر والشَّيْخُوخة ، (لاعب) بدأت قواه الجسدية تتضاءل

3. (force, strength) قُوّة ، شِدّة

balance of power ميزان القوى (بين الدول الكبرى) في السياسة الدولية

power politics سياسة دعامتها قوة السلاح

more power to your elbow! شدّ الله من أزرك! ثَبّت ساعدك! سَدَّد خُطاك!

4. (mechanical or electrical energy) طاقة أو قوة ميكانيكية أو كهربائية

power-house مبنى لتوليد الكهرباء (في مصنع مثلًا)

power plant مُحرّك (في جرّارة مثلًا)

power-station محطّة لتوليد القوة الكهربائية

5. (authority) سيطرة، نفوذ

he has no power to judge this issue ليس له الحقّ أو السلطة في البتّ في هذا الأمر

he has full powers لديه مطلق الصلاحية، عنده تفويض مطلق (في التصرّف نيابة عن ...)

she was in his power سيطر عليها سيطرة تامّة، كانت طوع بنانه ورهن إشارته

those in power ذوو النفوذ، أولو الأمر

the party in power الحزب الحاكم أو الذي في يده مقاليد الحكم

6. (state having strong influence in world affairs) دولة كبيرة أو قوية

the great powers الدول العظمى، الدول الكبرى في النطاق الدولي

7. (someone or something of great influence) (شخص) ذو نفوذ

the powers above أصحاب الأمر والنهي

the powers that be ذوو النفوذ، ذوو الحلّ والعقد، أصحاب السلطة والهيمنة

8. (*math.*) الأسّ، دليل القوة (وهو عدد المرّات التي يضرب بها العدد في نفسه) (رياضيات)

9. (magnifying capacity of lens) قوة العدسة على تكبير الصورة

10. (*coll.*, large amount *of*)

this'll do you a power of good! سينفعك هذا الشراب ويقويك! سيعود عليك بالخير العميم!

v.t., usu. as past p. in comb.

high-powered

(*lit.*, of engines) (محرّك سيّارة مثلًا) ذو قدرة حصانية عالية

(*fig.*, influential) (لجنة أعضاؤها) ذوو نفوذ كبير، (مؤتمر) على مستوى عالٍ

powerful, *a.* (محرّك) قوي؛ (وزير) ذو نفوذ كبير؛ (ضربة) جبارة؛ (حجّة) مفحمة دامغة؛ ناجع

powerless, *a.* عاجز (عن المقاومة)، لا حول له ولا حيلة، لا يملك البتّ في الموضوع

pow-wow, *n.* 1. (conference of N. Amer. Indians) مؤتمر عند قبائل الهنود الحمر

2. (*sl.*, any conference) مَجْلِس، اجتماع

v.i. عُقِد مَجْلِس للتشاور

pox, *n.* (*coll.*) داء الزهري، الداء الافرنجي (لفظة دارجة)

practicab/le, *a.* (**-ility,** *n.*) (حلّ أو إجراء) يمكن تنفيذه، (ممرّ في الجبل) يمكن اجتيازه

practical, *a.* 1. (involving action as opposed to theory) عملي

practical examination; *also* practical, *n.* اختبار أو امتحان عملي

2. (able to be done) ممكن إجراؤه، عملي

from a practical point of view (هذا الاقتراح سهل التنفيذ) من وجهة نظر عملية

for all practical purposes عمليًّا

3. (able to do things) عَمَليّ

4. (preferring active pursuits)

he is a practical man إنّه ينظر للأمور نظرة واقعية (مجرّدة من الأوهام)

5. (virtual)

this is a practical impossibility هذا (الإجراء) مستحيل من الناحية العملية

practically, *adv.* 1. (in a practical manner) عمليًّا، فعليًّا

2. (almost) ... (انتهى العمل) تقريبًا، على وشك

practi/ce (U.S., **-se**), *n.* 1. (action as opposed to theory)

in practice not in theory عمليًّا لا نظريًّا

he put the new methods into practice أَدْخَلَ النظم الحديثة في حيّز التنفيذ

2. (systematic repetition in order to acquire skill) تدرُّب، مران، تمرين، ممارسة

he played badly because he was out of practice لم يحسن عزف (البيانو في الحفلة) لأنّه لم يواظب على التمرّن

practice makes perfect الإعادة فيها إفادة

3. (habit or custom) عادة، ألفة

it is the usual practice to tip the waiter من المعتاد أن يعطى الندل أو الجرسون بقشيشًا

he makes a practice of getting up early من عادته القيام من النوم مبكرًا

4. (business of doctor or lawyer) مُزاوَلة مِهْنة الطِّبّ أو المُحاماة ؛ عَدد عُملاء الطبيب

5. (scheming); *only in*

sharp practice الاحْتِيال (على الزَّبائن)

practise, *v.t.* 1. (do regularly to acquire skill) واظب على التمرّن أو التدرّب

2. (work at a *profession*); *also v.i.* مارس أو زاول مهنة (كالطبّ أو المحاماة مثلًا)

he is a practising physician هو طبيب يمارس المهنة (في عيادة أو مستشفى)

3. (do habitually)

he practises what he preaches « لا تَنْهَ عن خُلُق وتأتي مثله » - يفعل ماينصح الآخرين بفعله

practised, *a.* (skilled) ماهر، ذو خبرة ومران

practitioner, *n.* ممارس مهنة (الطبّ مثلًا)

medical practitioner طبيب، ممارس عامّ

praetor, *n.* قاضٍ ينتخب سنويًّا (عند الرومان)

praetorian, *a.* نسبة إلى قاضٍ من هذا النوع

praetorian guard حرس للامبراطور أو القائد

pragmatic(**al**), *a.* (أساليب) عملية

pragmat/ism, *n.* (**-ist,** *n.*) المذهب العملي أو الذرائعي (يقيس الأمور طبق نتائجها العملية)

prairie, *n.* البراري (منطقة بها حشائش لا أشجار)

prairie-dog حيوان لبون قاضم من رتبة السنجابيات بيئته براري امريكا الشمالية

prairie oyster مشروب مكون من بيضة نيئة وصلصة حريفة

praise, *v.t.* 1. (speak highly of) مدحه، أثنى عليه، قرّظه، أطراه، أشاد بذكره

he praised him up أفرط في الثناء عليه، مدحه رافعًا من شأنه أمام الملأ

2. (glorify, worship) حَمَدَ اللّٰه أو سَبَّحَه

n. 1. (commendation, glorifying)
his achievement is beyond praise أعماله ومنجزاته تفوق كلّ مديح

praise be! (*coll.*, thank heaven!) سبحان اللّٰه! الحمد للّٰه تعالى!

2. (*pl.*, expressions of approval)
he spent the evening singing her praises قضى المساء كلّه يتغنى بحمدها ويطري محاسنها

praiseworthy, *a.* جدير بالمدح ، (مجهود) يستحق الثناء ، (مسعى) أهل للتمجيد

praline, *n.* لوز محمّر وملبّس بسكّر بنّي اللون ؛ حلوى بها لوز أوجوز ضمن محتوياتها

pram, *contr. of* **perambulator,** *n.*

prance, *v.i.* (*of horses*) حَنْجَلَ الحصان ، طَفَرَ أو قفز أو وَثَبَ على قدميه الخلفيتين

(*fig., of persons*); *esp. with advs.* about, along, up and down كان يتحنجل كالحصان أو يتنطط كالقرد

prank, *n.* معابثة ، مزحة ، مزاحة ، فكاهة أو أضحوكة للسخرية من شخص ما

prate, *v.i.* (راح) يهذي بكلام فارغ

prattle, *v.i. & t.* هَذَرَ (الطفل) ، ثَرْثَرَ
n. ثرثرة (الأطفال) ، دَرْدشة

prattler, *n.* ثرثار ، غلباوي (مصر)

prawn, *n.* جمبري ، إربيان ، قريدس
v.i. صَادَ الجمبري من البحر

pray, *v.i.* (address entreaty *to deity*, or *absol.*) صَلَّى للّٰه

pray for the soul of the departed صَلَّى من أجل روح الميّت ، أَقَامَ قدّاسًا على روحه

v.t. (entreat *a person*) تَوَسَّلَ إليه ، استعطفه (أن يتكرم بمساعدته مثلًا)

what do you think you're doing, pray? باللّٰه عليك ما الذي تفعله؟ (تقال للتوبيخ)

prayer, *n.* 1. (act of supplicating God) الصلاة ، الدعاء أو الابتهال للخالق

prayer-mat سجادة أو مسجدة صغيرة للصلاة

prayer-meeting اجتماع في بعض الكنائس البروتستانتية يتناوب بعض الحاضرين الصلاة فيه

prayer-wheel صندوق اسطواني عند بوذيي التبت بسطحه صلوات مكتوبة يدار لاختيار إحداها

2. (words used in supplication) صلاة

prayer book كتاب الصلوات ، كتاب الفروض الدينية ، كتاب القدّاس (عند الكاثوليك)

the Lord's Prayer الصلاة الربانية عند المسيحيين

pre-, *in comb.* (سابقة بمعنى) قَبْل

pre-arranged, *past p. & a.* (إشارة) سبق الاتفاق عليها أو تدبيرها

pre-natal, *a.* (يتعلّق بفترة ما) قبل الوضع

pre-war, *a.* ما قبل الحرب (العالمية الثانية مثلًا)

preach, *v.i.* 1. (deliver a sermon) أَلْقَى عِظَةً

2. (give moral advice) (كفاك) وعظًا وإرشادًا

v.t. 1. (deliver a *sermon*) أَلْقَى خطبة دينية

2. (urge) حرّض على أو دعا إلى (القتال)

3. (proclaim) كَرَز ، نَادَى ، بَشَّرَ (بمبدأ ما)

preacher, *n.* واعظ ، خطيب ديني

preaching, *n.* وَعْظ ، إلقاء العظات

preamble, *n.* مُقَدِّمة (الكِتاب) ، دِيباجَة ، اِسْتِهلال

prebend, *n.* إيراد كنسي موقوف كراتب للقس

prebendary, *n.* كاهِن كاتِدرائية له هذا الرّاتِب

precarious, *a.* 1. (uncertain) (وظيفة) غير ثابتة أو مستقرّة، (إيراد) رهن الظروف

2. (dangerous) (وضع) مُقلْقِل، مزعزع، خَطِر

3. (held during the life or pleasure of another) (حيازة) مشروطة، (شيء) يجب ردّه عند الطلب

precaution, *n.* (**-ary,** *a.*) 1. (foresight) احتراس

2. (action taken to avoid risk) تدبير احتياطي، حيطة لتجنّب الخطر

stringent precautions احتياطات صارمة

they took precautions against rain اتخذوا حيطتهم للوقاية من المطر

precede, *v.t.* سبق في الحدوث، تَقَدَّم عليه

v.i. سبقت (الإشارة إليه)

the preceding (what has so far been written) ما تَقَدَّمَ ذكره، ما سَلَفَ

precedence, *n.* 1. (priority in time or succession) الأسبقية

he has (takes) precedence over his brother له الأسبقية أوحقّ الأفضلية على أخيه

2. (right to precede others) حقّ التقدم على الآخرين (في البروتوكول مثلًا)

precedent, *n.* سابقة (سوابق)

this verdict sets a precedent هذا الحُكْم (الذي صدر في القضية) سوف يُعْتَبَر سابقة

precept, *n.* أمر قضائي؛ أمر بالمعروف، نهي عن المنكر

example is better than precept درهم من القدوة خير من قنطار من الوعظ

preceptor, *n.* مهذِّب، معلِّم

precinct, *n.* 1. (space enclosed by walls of a building) منطقة تحيط (بقصر مثلًا)

sacred precincts حَرَم المسجد أو الجامعة

2. (*pl.*, neighbourhood of a town) (في) نطاق وحدة إدارية (المدينة وضواحيها)

3. (*town-planning*)

shopping precinct مَحَلات تِجارِيّة حَوْل ساحَة

4. (*U.S.*, small district marked off for election or police purposes) دائرة انتخابية أو منطقة بوليس في المُدُن الأمريكية

precious, *a.* 1. (of great value) (تحفة) نفيسة، (كتاب) ثمين أو قيّم، عزيز

precious stone حجر كريم، جوهرة ثمينة

2. (affectedly refined) (أسلوب) متكلّف، مفرط في استعمال الألفاظ المنمقه، مُتَصَنَّع

adv. (*coll.*, very)

there was precious little left لم يَبْقَ إلا القليل (من الطعام مثلًا)

precipice, *n.* حافة الهاوية، (كان على) شفا جرف هارٍ

precipitate, *v.t.* 1. (throw down headlong) طرحه، ألقاه أو قذفه من عَلٍ

2. (hasten occurrence of) عَجَّلَ (نشوب الحرب)

3. (*chem.*) رَسَّبَ (المادّة الصلبة من المحلول)

4. (*meteor.*) كَثَّفَ بخار الماء (أرصاد جوّية)

a. 1. (headlong) (سقطة) فجائية

2. (hasty, rash) مندفع، متهوّر، غير مُتَروٍّ

n. (*chem.*) راسب، مترسّب (كيمياء)

precipitation, *n.* 1. (hasty action) اندفاع، تهوّر في القيام بعمل ما بغير تدبّر للعواقب

2. (*chem.*) ترسُّب، ترسيب (كيمياء)

3. (*meteor.*) سقوط الأمطار أو الثلج أو البَرَد الخ؛ كمية الأمطار الساقطة في منطقة ما

precipitous, *a.* (جرف) شديد الانحدار، (هاوية) ذات حافة شبه عمودية

précis, *n.* ملخص، تلخيص، مختصر، موجز أو خلاصة للنقاط الرئيسية

v.t. لخّصَ (الحديث)، كَتَبَ موجزًا له

precise, *a.* 1. (exact) (تاريخ ميلاده) بالضبط، (أحصى عدد الحاضرين) بكلّ دقّة

at that precise moment the door opened وفي هذه اللحظة بعينها انفتح الباب و...

2. (accurate in speech or writing) (وصف) يورد تفاصيل الأمر بأقصى دقة وعناية

3. (correct in behaviour) (تصرّف) حسب الأصول

precisely, *adv.* 1. (exactly) بالضبط، بدقّة، على وجه التحقيق، تمامًا

precisely so! (expressing agreement) طبعًا!

2. (accurately) (سَرَدَ القصة) بكلّ تفاصيلها وبدون تغيير أو تحوير، بالضبط

precision, *n.* دقّة، تدقيق، ذِكْر (تواريخ الأحداث) بالضبط وبدون أي خطأ

precision instrument جهاز للقياس بدقّة فائقة

preclude, *v.t.* يَحُول دُونَ ...، لا يَدَع مجالاً لِ ...

precoc/ious, *a.* (**-ity,** *n.*) (طِفْل) مبكّر في نضوجه العقلي أو الجسمي؛ نُضْج مبَكّر

preconceive, *v.t.* لديه فكرة مسبقة عن ...

he has preconceived ideas on this subject إنّ آراءه في هذا الموضوع يشوبها التحيّز وعدم الإنصاف

preconception, *n.* رأي اتُّخذ بغير دَرس للحقائق

preconcerted, *a.* (خطّة) سبق الاتفاق عليها (سرًّا في أغلب الأحيان)

precursor, *n.* بشير بمن سيأتي في إثره، بادرة (الربيع)، (سحابة) تدلّ على قرب المطر

predator, *n.* (حيوان) مفترس أو ضارٍ

predatory, *a.* (طير) جارح، (قبائل) مغيرة

predecease, *v.t.* تُوُفِّيَ قبل وفاة (صديقه مثلًا)

predecessor, *n.* 1. (former holder of office) الشخص الذي سبق فلانًا في شغل الوظيفة

2. (thing now supplanted or succeeded) (المشروع الجديد أفضل من) سابقه

3. (ancestor) السَلَف، الأوائل

predestination, *n.* 1. (doctrine of God's foreordaining) الجبرية، مذهب يقول بأن مصير الانسان قد حَتَّمه الله منذ الأزل

2. (fate) قضاء وقدر

predestine, *v.t.* قَدَّرَ، كتب عليه القدر أن ...

predetermin/e, *v.t.* (**-ation,** *n.*) قدَّرَ، سَبَقَ فحتّم أمرًا، حَدَّدَ مآل الشيء

the outcome was predetermined لم يؤدِّ هذا الإجراء إلّا إلى نتيجة واحدة (محتومة)

predicament, *n.* أَزْمة لا يجد لها المرء حلًّا ، حيرة ، مأزق حرج ، ورطة

predicate, *n.* المُسْنَد (نحو)

v.t. نَسَبَ إلى شيء صفة مُعَيَّنة ، أكَّدَ

predicative, *a.* إسنادي ، إثباتي ، تأكيدي

predict, *v.t.* تَكَهَّنَ بالمستقبل ، تنبَّأ به

prediction, *n.* نبوءة ، تَنَبُّؤ ، تكهُّن

predigested, *a.* (طعام) معالج لتسهيل هضمه

predilection, *n.* ميل إلى ، إيثار أو تفضيل لِ ...

he has a predilection for black olives لا يرضى عن الزيتون الأسود بديلا

predispos/e, *v.t.* (**-ition,** *n.*) هيأته (تربيته) لتقبّل (مبدأ إصلاحي مثلًا)

predomin/ant, *a.* (**-ance,** *n.*) (فكرة) سائدة

predominate, *v.i.* 1. (have or exercise control *over*) سَادَ ، سَيْطر ، تَسَلَّطَ على

2. (be superior in strength, numbers, influence) غلب على ، تفوّقوا في العدد

pre-emin/ent, *a.* (**-ence,** *n.*) متفوّق ، رفيع الشأن

pre-empt, *v.t.* (**-ion,** *n.*) 1. (acquire by priority of purchase) تملّك بحقّ الشفعة

2. (acquire before others can do so) استحوذ على شيء وحرم غيره من فرصة (شرائه مثلًا)

pre-emptive, *a.* شفعي ، مختصّ بحقّ الشفعة

pre-emptive bid (*bridge*) نداء لاعب البريدج بطريقة تمنع اللاعب الآخر من المزايدة

preen, *v.t.* 1. (*of birds*, smooth *feathers* with beak) سَوَّى الطائر ريشه بِمِنْقاره

2. (*of persons*, make *oneself* smart) تَزَيَّن ، تَبَهْرَجَ ، تهَنْدَم ، تَغَنْدَرَ

3. (*fig.*, pride *oneself on*) افتخر أو تباهى بِ..

pre-exist, *v.t.* (**-ence,** *n.*, **-ent,** *a.*) عاش قبل ، كانت له حياة سابقة قبل هذه الحياة

prefabricate, *v.t.* صَنَّعَ أجزاء (الجسر) مقدّمًا

prefabricated house; *coll. contr.* prefab منزل مركّب من أجزاء سبق صنعها في المصنع

preface, *n.* مقدّمة ، توطئة ، تصدير ، تمهيد ، ديباجة ، فاتحة

v.t. صَدَّرَ (كلامه) ، استهلّ (حديثه) بِ

prefatory, *a.* (ملاحظة) تمهيدية أو افتتاحية

prefect, *n.* (**-orial,** *a.*) 1. (Rom. title) والٍ أو حاكم عند الرومان

2. (French official) لَقَب يطلق على أكبر موظّف يدير منطقة في فرنسا ، رئيس شرطة باريس

3. (senior pupil with authority) تلميذ من الفصول العاليه بالمدرسة مكلّف برعاية النظام

prefecture, *n.* 1. (district under prefect) محافظة يحكمها موظّف كبير

2. (residence of prefect) بيت المحافظ

3. (office, period of office, of prefect) منصب المحافظ أو الوالي ، مدّة ولايته

prefer, *v.t.* 1. (like better) فَضَّلَ (الشاي على القهوة مثلًا) ، آثر (السكوت عن الكلام)

I prefer not to say أُفَضِّلُ أن أَلْتزِمَ الصَّمْتَ (وألّا أُفْصِحَ عما في خاطِرِي)

2. (submit for consideration)

he preferred a charge against him أَقَامَ دَعْوَى عليه ، رَفَع شَكْوَى ضِدّه

3. (promote) رقّاه (إلى منصب أعلى)

preferable, *a.* من المفضّل أن، جدير بالتفضيل

preference, *n.* 1. (liking of one thing better than another) أفضلية، تفضيل، إيثار، خيار، تمييز

he has (shows) a preference for blondes
فلان يفضّل الشقراوات أو يميل إليهنّ

2. (something which one prefers)

please state your preference on the form
الرجا أن تدون ما تفضله على النموذج

3. (favouring of one person or country before others)

Imperial Preference تفضيل بريطانيا لمنتجات الكومنولث على غيرها عند الاستيراد (معاملات تفضيلية)

4. (*of shares*, right to be paid before others)

preference shares أسهم ممتازة (لأصحابها الأسبقية على أصحاب الأسهم العادية في تقاضي الأرباح)

preferential, *a.* (دين) ممتاز

preferential tariffs تعريفة تفضيلية

preferment, *n.* (promotion) ترقية (موظف مثلاً)

prefigure, *v.t.* أشارَ إلى حادث قبل حدوثه، تمثّل الشيء قبل رؤيته

prefix, *v.t.* صَدَّرَ (خطابه بكلمات خاصّة)

n. بادئة تضاف على كلمة في أوّلها

pregnancy, *n.* 1. (condition of being with child) حَمْل، حَبَل

2. (*fig.*, significance) أهمّية خاصّة

pregnant, *a.* 1. (with child) حامِل، حُبْلى

2. (significant) ذو مغزًى

his was a pregnant reply كانت إجابته تتضمّن مغزًى خاصًّا

prehensile, *a.* ذو قدرة على القبض (كذيل القرد)

prehistoric, *a.* نسبة إلى ما قبل التاريخ المدوّن، (حيوانات) ما قبل التاريخ

prejudge, *v.t.* (**-ment,** *n.*) حَكَمَ أو قضَى في الأمر قبل التحقيق فيه أو التحقّق منه

prejudice, *n.* 1. (preconceived like or dislike) تحيّز، تغرّض، هوى، محاباة، تحامُل

2. (injury) ضير، ضرر، أذًى، إجحاف

to the prejudice of good relations (إجراء قد يسيئ) إلى العلاقات الودية بين (بلدين)

without prejudice دون الإخلال (بأمر أو حكم أو حقّ الخ) (قانون)

v.t. 1. (influence *against*, or *in favour of* or absol.) جَعَلَه متحاملاً عليه أو متحيزًا له

2. (injure)

prejudice someone's chances أضرّ بمصلحته

prejudiced, *a.* متحيّز (ضدّ الأجانب مثلاً)، متحزّب (لبني وطنه مثلاً)، متعصّب، متحامل

prejudicial, *a.* ضارّ أو مؤذ (لمصلحته مثلاً)

prelacy, *n.* هيئة الأساقفة، أسقفية

prelate, *n.* كاهن برتبة عالية (أسقف، كردينال)

preliminary, *a.* تمهيدي، مبدئي

preliminary examination; *coll. contr.* prelim
امتحان خاصّ للمتقدّمين (لوظيفة مثلاً)

n. توطئة، تمهيد

the preliminaries إجراءات تمهيدية

prelude, *n.* 1. (musical introduction) مقدّمة موسيقية يُستَهَلّ بها العمل الرئيسي

2. (any introduction) مقدّمة، افتتاحية

v.t. إِستَهَلَّ (ب)؛ (سكون) يسبق (العاصفة)

premature, *a.* سابق لأوانه، حَدَثَ قبل الميعاد المحدّد له

premature baby طفل وُلد قبل أوانه (أي قبل تسعة أشهر)، خديج

premedit/ate, *v.t.* (**-ation,** *n.*) فَكَّرَ مليًّا في أمر قبل الإقدام عليه، عَقَدَ النيّة عليه

premeditated murder القتل العمدي، القتل عمدًا ومع سبق الإصرار

premier, *a.* الأوّل، الأرفع مقامًا بينهم

n. (Prime Minister) رئيس الوزراء في بريطانيا أو أحدى دول الكومنولث

première, *n.* ليلة الافتتاح (لفيلم أو رواية تمثيلية)

premise, *n.* 1. (statement in logic); *also* **premiss** مقدّمة منطقية (في قياس)

major (minor) premise المقدّمة الكبرى، المقدّمة الصغرى

2. (*pl.*, *leg.*, details of property) مُقَدِّمَة في عَقْد قانونيّ تذكر تَفاصِيل المُمْتَلَكات

3. (*pl.*, buildings, etc.) عقارات، أملاك، منشئات، منزل مع ملحقاته أو توابعه

on the premises (موجود) في المبنى

he saw him off the premises رَافَقَ (شخصًا)غير مرغوب فيه) حتّى الباب الخارجي ليتأكد من انصرافه

v.t. ذكر (نقطة ما) سابقًا؛ فَرَضَ

premium, *n.* 1. (reward or prize) جَائِزة

premium bond سَنَد حكومي بجوائز توزع بالقرعة

he puts a premium on safety يعلق أهمّية قصوى على الأمن والسلامة

2. (amount payable under insurance policy) قسط (أقساط) التأمين

3. (bonus payment) مبلغ إضافي يمنح (للعامل كحثّ له على زيادة الانتاج)؛ خلوّ الرجل

4. (fee paid by a pupil to professional man) مبلغ يدفعه (محاسب ناشئ) مقابل قضاء فترة التدرّب عند (محاسب محترِف)

5. (*stock market*, amount above par value)

at a premium

(*lit.*) (اشترى الأسهم) بأعلى من سعرها الأساسي

(*fig.*, highly esteemed) مرغوب فيه (لِنُدْرته)

premonit/ion, *n.* (**-ory,** *a.*) إحساس غامض بقرب حدوث مكروه، واجس

preoccupation, *n.* انشغال البال بأمر يمنع من تركيز الذهن في موضوع آخر

preoccupy, *v.t.* اِخْتَلَجَت (الفكرة) في صَدْره

he was too preoccupied to notice that كان شديد الاستغراق في عمله إلى درجة أنّه لم يتنبه (إلى مرور الوقت)

preordain, *v.t.* مقدّر له، مقضي عليه بأن ...

prep, *n. coll. contr. of* **preparation,** *n.* (3)

prep school, *n., contr. of* **preparatory school**

preparation, *n.* 1. (preparing or being prepared) تحضير، إعداد، تجهيز، تهيئة

2. (*pl.*, things done to be ready for something) استعدادات قبل الشروع في ...

make preparations (for, to do, something) أعدّ للأمرعُدّته وعتاده، قام بالإجراءات اللازمة

3. (preparing school lessons); *coll. contr.* prep واجبات مدرسية تحضّرخارج ساعات الدراسة (في المنزل أحيانًا)

4. (food, medicine, etc.) مُستحضر غذائي، مستحضرات طبّية

preparatory, *a.* تحضيري،تمهيدي، ابتدائي

preparatory school; *contr.* prep school مدرسة بمصروفات تعدّ الأولاد للالتحاق بالمدرسة الثانوية الخاصة

prepare, *v.t. & i.* هَيَّأ، جَهَّز، حَضَّر، أعدَّ، نظَّم؛ تهيّأ، اِسْتَعَدَّ، تأهَّب

he prepared the landlady for a shock هَيَّأ صاحبة المنزل نفسيًّا لتقبّل الخبر المزعج

he prepared the boy for his examination أعَدَّ التلميذ لدخول الامتحان (بإعطائه دروسا خاصّة)

he prepared the way for him مَهَّدَ له السبيل، أعدّ الطريق لمن يأتي بعده

preparedness, *n.* أهبة، استعداد

prepay, *v.t.* (**-ment,** *n.*) دفع الأجر سلفًا أو مقدّمًا (قبل استلام البضائع مثلاً)

preponder/ate, *v.i.* (**-ance,** *n.*, **-ant,** *a.*) زَادَ أو تَفَوَّقَ على، رجحت كفته على، أرجحية

preposition, *n.* (**-al,** *a.*) حرف الجرّ (مثل مِن، في، على، إلى، بين الخ)

prepossess, *v.t.* (**-ion,** *n.*) أثَّر عليه وجعله يميل إلى (فكرة أو شخص مثلاً)

he was not prepossessed by the applicant for the post لم يعجبه طالب الوظيفة إعجابًا تامًّا، لم يلق منه قبولاً حسنًا

prepossessing, *a.* جذّاب، ذو وقع حسن

preposterous, *a.* (سُلوك) وَقِح يُنافِي الأدَب

prepuce, *n.* غُرْلة، غُلْفَة، قُلْفَة

prerequisite, *a. & n.* (شَرط) أساسيّ يَجِب تَوافره؛ جَوْهَرِيّ

prerogative, *n.* حقّ خاصّ يقتصر على صاحبه فحسب

royal prerogative حقّ ينفرد به ملوك انكلترا في التصرف بدون موافقة البرلمان (نظريًّا فقط)

presage, *n.* نذير (بعاصفة أو كارثة مثلاً)

v.t. أنذرت (السحب بقرب العاصفة)

presbyop/ia, *n.* (**-ic,** *a.*) قصوّ البصر الذي ينتج عن كبر السنّ أو الشيخوخة

presbyter, *n.* شيخ كنيسة، قسيس

Presbyterian, *a. & n.* تابع للكنيسة المشيخية

presbytery, *n.* 1. (eastern part of church beyond choir) جناح الكنيسة الشرقي

2. (court of presbyters, district it represents) مجلس شيوخ الكنيسة

3. (residence of Roman Catholic priest) منزل مخصّص لسكنى القسيس الكاثوليكي

presc/ience, *n.* (**-ient,** *a.*) عِلم الغيب، معرفة ما يمكن أن يحدث في المستقبل

prescribe, *v.t.* 1. (lay down as rule or direction) وضع تعليمات (بما يجب تنفيذه عند الطوارئ مثلاً)، أوصى بِ

2. (*med.*, advise *medicine, treatment*) وَصَفَ الطبيب علاجًا أو دواءً معيّنًا

prescript, *n.* (command, law) قانون (قوانين)، أصول وقواعِد

prescription, *n.* 1. (*med.*, doctor's direction) تَذْكِرة طِبّيّة، رُوشِتّة

the chemist made up the prescription حضّر الصيدلي الوصفة الطبية

2. (*leg.*, limitation of time within which action may be taken) مدّة التقادم، مدّة يقتضي القانون مرورها على ممارسة حقّ ما

prescriptive, *a.* إرشادي، توجيهي

prescriptive right حقّ مكتسب بمضي المدّة، حقّ تقادمي

presence, *n.* 1. (state of being present) حضور، وجود (نقيض الغياب)

presence of mind (عند الطوارئ) أثبت سرعة خاطره أو حضور بديهته

your presence is requested here tomorrow المرجوّ حضوركم غداً (للسؤالكم في موضوع ما)

2. (place where someone or something is) (في) حضور أو حضرة

in the presence of في حضرة ...، على مرأى أو مسمع من (محكمة أو شاهد مثلاً)

the royal presence; *also* the presence الحضرة الملكية

3. (bearing, carriage) هيئة (مهيبة)، طلعة (بهية)

4. (supernatural influence)

I sense a presence in the room أحس كأن شبحاً أو طيفاً موجود في الحجرة

present, *a.* 1. (being near, in this place) حَاضِر، موجود

all present and correct الحضور كامل!

present company excepted مَا عَدَا الحَاضِرين

2. (now under consideration, existing, occurring)

in the present circumstances في الظروف الراهنة، في الأحوال الحاضرة، والحال هذه

at the present time في الوقت الحاضر، في هذه الأيام، حاليًّا

present-day fashions are startling أزياء المودة العصرية تثير الدهشة لغرابتها وشذوذها

3. (*gram.*, denoting action, etc., now going on)

present participle اسم الفاعل (نحو)

present tense; *also* present صيغة الحاضر، المضارع

n. 1. (the time now passing)

at present الآن، حاليًّا، في هذه الآونة

well, that's all for the present (علي أن انصرف الآن) فلنكتف بهذا القدر اليوم

there is no time like the present خير البرّ عاجله، لا تؤجّل عمل اليوم إلى الغد

2. (*gram.*, present tense) صِيغة الحاضِر

3. (*pl.*, legal document); *only in*

by these presents . . في الوثيقة أو المستند الحاضر

4. (*mil.*, position of weapon)

at the present رفع السلاح (البندقية) بطريقة خاصّة لتأدية التحية العسكرية

5. (gift) هدية (هدايا)، هبة، عطية

v.t. 1. (confer, offer as gift *to*)

مَنَحَ، حَبَا، وَهَبَ

2. (furnish *someone with a gift*) قَدَّم هَدِيَّة

she presented her husband with a son تَكَرَّمَت عَلى زَوْجِها بِمَوْلود

3. (submit, put forward) قدّم

he presented the bill for payment قدّم البائع الفاتورة (الحساب) للمشتري ليدفع ما عليه

he presented the case to the court قَدَّمَ (المحامي) القَضِيَّة أو رفعها للمحكمة

please present my compliments to your husband أَرْجُو أن تبلغي تحياتي لزوجك، مِنْ فضلكِ سلّمي لي عليه

4. (introduce *someone to* another) قَدَّمَ (صَديقه للضيف)، عرَّفه به

she was presented at Court by the duchess قَدَّمَت الدوقة (الفتاة) إلى الحضرة الملكية

5. (cause *actor*, *play* to appear on stage)

the National Theatre is presenting *Hamlet* يقدّم المسرح القومي رواية هَمْلِت

6. (cause *oneself* to appear) حَضَرَ (في الموعد)

7. (exhibit, show) أَبْدَى، أَظْهَرَ، عَرَضَ

you must present a bold front to the world يَنْبَغِي أن تقاوم الشدائد وأن تكتم شكواك، شدّ حَيْلك ولا تستسلم لليأس

this task should present no difficulty لا ينتظر أن تواجه أية صعوبة في هذه المهمّة

8. (point or aim *weapon*) صَوَّبَ البِندقية أو سدّدها نحو الهدف، نَشَّنَ

9. (hold *weapon* in position of salute)

present arms! سلام دور! قَدِّم سلاحك!

10. (recommend *clergyman* for appointment) زَكَّى قسيسًا لدى المطران لتعيينه في ابروشية

presentable, *a.* لا يخالف العرف (من جهة الملبس أو المظهر مثلاً)، لائق، مناسِب

presentation, *n.* 1. (conferring of award or reward for service) (احتفال) بمنح هدية

presentation copy نسخة من كتاب يقدمها المؤلّف لصديق تحمل إهداءه بخطّ يده

2. (method of setting out) طريقة العَرْض

3. (putting on the stage) تقديم المسرحية

presentiment, *n.* واجس، إحساس غامض بأنّ حَدَثًا ما وشيك الوقوع

I have a presentiment that . . . يخالجني شعور بأن..، تحدثني نفسي أن ..

presently, *adv.* في هذه اللحظة، حالاً، بعد قليل

preservation, *n.* 1. (act of preserving) حِفظ، صِيانة، صَون، وقاية، حِماية الشيء من التلف

Council for the Preservation of Rural England مجلس يهدف إلى صيانة جمال الريف الانكليزي ومنع تشويه مناظره

2. (condition of being preserved) في حالة جيّدة رغْم قدمه أو كِبَر سنّة

the painting is in a good state of preservation لا تزال هذه اللوحة الزيتية في حالة جيّدة برغم قدمها

preservative, *n.* مادّة تحفظ الطعام من الفَساد

a. (مادّة) واقية (تَصُون الطَّعام من التعفّن)

preserve, *v.t.* 1. (keep safe, alive, in good condition) صَانَ، حَفِظَ، وَقَى، أبقاه في حالة جيدة

Heaven preserve us! عياذ الله! العياذ بالله! وقانا الله شرّه!

she is a very well-preserved old lady ليس على وجهها ما يدلّ على كبر سنّها

2. (keep *food* from decay) حَفِظَ الطعام من التلف (بمعالجته بوسائل شتّى)

3. (maintain)

he preserves an irritating silence إن إصراره على التزام الصمت يزعجنا ويثير أعصابنا

4. (rear and protect *game*) حَرَّمَ صيد أسماك أو حيوانات معينة في فترة توالدها

n. 1. (*usu. pl.*, fruit, etc., which has been preserved) المربّى، الفواكه المحفوظة

2. (ground set apart for game; water for fish); *also fig.* مساحة يخصّصها صاحب ضيعة لتربية حيوانات القنص والاسماك

preside, *v.i.* رَأَسَ (اللجنة)، ترَأسَ، تصَدَّرَ

presidency, *n.* 1. (office) منصب الرئيس، رئاسة

2. (period of office) (استمرّت مدّة) رئاسته (ثلاث سنوات مثلًا)

president, *n.* (**-ial,** *a.*) 1. (of a state) رئيس الجمهورية؛ (انتخابات) الرياسة

2. (of an institution or society) رئيس كلّية من كلّيات الجامعة، رئيس هيئة علمية أو فنّية

3. (of a public corporation) الرئيس أو المدير العامّ لمؤسسة اقتصادية (وخاصّة في أمريكا)

presidium, *n* الدِّيوان الأعْلى لرئاسة السُّوفييت

press, *v.t.* 1. (exert force or weight upon) ضَغَطَ (بأصبعه على زرّ الجرس مثلًا)

press clothes كَوَى الملابس (بالمكواة)

press grapes عَصَرَ العنب (لاستخراج عصيره)

pressed beef لحم بقر مسلوق مع بعض التوابل ومضغوط على هيئة قالب مربّع

2. (grasp or squeeze gently)

he pressed her hand affectionately شَدَّ على يدها بعطف وحنان

3. (urge) أَصَرَّ أو ألَحَّ على

the enemy pressed their attack وَاصَلَ العدوّ هجومه بغير هوادة (برغم خسائره)

he pressed his claim لم يكفّ عن المطالبة بحقّه، ألَحَّ في دعواه

can I press you to another helping? هل تسمح لي أن أقنعك بأخذ مقدار ثانٍ من الطعام؟

4. (harass) لا يتوفّر لديه، يعوزه

he is pressed for time ليس لديه متسع من الوقت

v.i. 1. (be urgent)

they pressed for reform ألَحُّوا في طلب الإصلاح العاجل (في السياسة أو نظام التعليم مثلًا)

2. (go *on*, *forward* with determination) واصل السعي في عزم وإصرار، وَاظَبَ على

n. 1. (act of pressing) ضغطة، كَبْس

press-stud كبسولة الثياب، طبّاقة (عراق)

2. (apparatus or machine for pressing) عصّارة، معصرة؛ مكبس لكيّ الملابس بالبخار

trouser-press جهاز يتكون من سطحين خشبيين يضغط بينهما البنطلون لحفظ ثنيتيه

3. (crowd) حشد أو جمع غفير من الناس

if I can force my way through the press I will . . . إذا استطعت أن أشقّ طريقي خلال الزحام فسوف ...

4. (*naut.*)

press of sail رفع أكبر عدد ممكن من الأشرعة على سواري السفينة لزيادة سرعتها

5. (shelved cupboard) دولاب كبير به رفوف لحفظ الملابس أو الحاجيات المنزلية

6. (machine for printing; publishing house) آلة طباعة، مطبعة؛ دار النشر

the book has gone to press مَثَل أو قُدِّم للطبع

hot from the press أنباء آخر لحظة؛ (حصل على نسخة من الجريدة) توًّ صدورها

7. (newspapers, their publication or those concerned with it) الصحافة

press-agent مُنَظِّم الدعاية (لهيئة فنية مثلًا)

press-cutting قصاصة من جريدة (في موضوع معيّن)

press-gallery شرفة الصحفيين في البرلمان، مقصورة مخصّصة لهم في مجلس العموم

the book had a good press حظي الكتاب بتقريظ النقاد وثنائهم

presser, *n.* عامل مكوجي في محلّ للكيّ بالبخار

pressing, *a.* 1. (urgent) مُلِحّ ، عاجِل

there is a pressing need for . . . هناك حاجة ماسّة (للإصلاح مثلًا)

2. (*of persons*, insistent) لجوج، مُلِحّ ، ملحاح

pressman, *n.* صحفي، مخبر صحافي

pressure, *n.* 1. (act of pressing, force exerted by pressing) ضَغْط ، كَبْس

he exerted pressure on his staff to finish the job quickly ضَغَط المدير على موظّفيه ليتمّوا العمل سريعًا

2. (*fig.*, conditions of difficulty or urgency) وطأة أو ضغط (العمل)

they were working at high pressure كانوا يشتغلون بأقصى مجهود وبسرعة فائقة

3. (weight or force of air, gas, steam, etc., measured on a unit of area)

pressure gauge مقياس الضغط ، مانومتر

pressurize, *v.t.* كَيَّفَ ضغط (الجو الداخلي)

pressurized cabin كابينة مكيّفة الضغط (طيران)

prestige, *n.* هيبة واحترام، اعتبار وكرامة، (نتيجة لما أنجز) ذاع صيته وعظم نفوذه

his prestige declined تضاءلت شهرته

prestissimo, *a., adv., & n.* عزف بأقصى سرعة

presto, *a., adv., & n.* عزف سريع (موسيقى)

prestressed, *a.*

prestressed concrete خرسانة مُسَلَّحة تَحْتَ ضَغْط

presumably, *adv.* على ما نظنّ، على ما يبدو، من المحتمل، حسب الافتراض

presume, *v.t.* (take for granted) اِفْتَرَضَ أنّ ، خَمَّنَ ، اِسْتَنْتَج

v.i., usu. in

he presumed on his friend's generosity اِسْتَغَلّ كَرَم صديقه بغير حياء

I wouldn't presume to advise you on colour لا أجرؤ على نصحك في اختيار الألوان

presumption, *n.* 1. (act of taking for granted) افتراض، تسليم بأمر ما

on the presumption that . . . مع افتراض أن... فلنسلّم بِ...، إذا اعتبرنا أن ...

2. (arrogance, taking of liberties) تجاوز حدود الأدب، تطاوُل، تجرؤ، وقاحة

presumptive, *a.* فرضي، تخميني، مستدلّ عليه بالقرينة

presumptive evidence الدليل المبني على القرينة

heir presumptive الوارث الحالي أو الافتراضي

presumptuous, *a.* متجاسر، وقح، قليل الحياء

presuppos/e, *v.t.* (**-ition,** *n.*) 1. (assume in advance) زَعَم ، افترض مسبقًا

2. (require as a prior condition)

his fever presupposes an infection يُستدَلّ من ارتفاع درجة حرارته على وجود التهاب لديه

pretence, *n.* 1. (pretending, make-believe) تظاهُر، تصنّع

2. (acts intended to deceive, false reason) تصرفات يُهْدَف من ورائها إلى التضليل والخداع

he obtained money on false pretences حَصَلَ على مبلغ من المال بادّعاءات كاذبة

3. (claim *to*)

he makes pretences to scholarship

يَدَّعي أنَّه مِن رِجال العِلم

pretend, *v.t.* 1. (profess falsely) ادعى أنّه (طبيب مثلًا)، تظاهر (بجهله)

v.i. 1. (make believe)

he pretended to be ill تَمَارَضَ، تظاهر بالمرض

2. (put forward claim *to*)

I don't pretend to be a cook لا أَدَّعي مطلقًا أنني أجيد الطهي (ولكن ...)

pretender, *n.* مطالب بالعرش، يدّعي لنفسه بحق مزعوم (في التركة مثلًا)

pretension, *n.* 1. (claim) ادّعاء، مطالبة بِ ..

he has pretensions to culture يدّعي كذبًا أنّه من المثقفين، يتظاهر بالعلم والمعرفة

2. (conceit) تَباهٍ ، تفاخُر

pretentious, *a.* متباهٍ، مفتخر، متكبّر، دَعيّ

preterite, *a.* & *n.* صيغة الماضي

preternatural, *a.* (ظاهرة) شاذّة، غير طبيعية

pretext, *n.* عُذْر كاذب، ذريعة، سَبَب يُتَذَرَّع به لإخفاء السبب الحقيقي، تَعِلّة

on (under) the pretext of بدعوى أنّ، بحجّة أنّ، متعلّلًا أو متذرّعًا بِ ..

pretty, *a.* 1. (attractive but less than beautiful) ظريف، لطيف، يروق للعين

2. (*oft. iron.*, fine)

you've made a pretty mess! لقد فشلتَ فشلًا باهرًا (تقال تهكّمًا)

3. (*coll.*, fairly large)

that will cost you a pretty penny سيكلّفك هذا مبلغاً باهظًا، صحّ الباقي (مصر)

adv. (*coll.*, fairly, rather)

progress is pretty much the same as it was last year يتقدّم العمل هذا العام بسرعة تكاد لا تختلف عنها في العام الماضي

pretty-pretty, *a.* ذوجاذبية سطحية

prevail, *v.i.* 1. (win); *with preps.* over, against, *or absol.* اِنْتَصَرَ أو تغَلَّبَ على

let truth prevail «الآن حصحص الحقّ»

2. (exist, become widespread) اِنْتَشَرَ، سَادَ

silence prevailed سَادَ الصمت (في المكتبة مثلًا)

prevailing winds الرياح السائدة (أغلب الوقت)

prevailing opinion الفكرة الشائعة

3. (*with preps.* on, upon = persuade) أقنعه بعد لأي وجهود كبير

let me prevail upon you to . . . هَلّا قبلت أن (ترأس الجلسةَ مثلًا)، دعني أقنعك بِ . . .

prevalence, *n.* انتشار أو شيوع (مرض أو فكرة)

prevalent, *a.* (مايزال الجدري) متفشيًا أو منتشرًا، (الرأي) الشائع، معتاد

prevaric/ate, *v.i.* (**-ation,** *n.*) زاغ أو راوغ متملّصًا من الإجابة المباشرة عن السؤال

prevent, *v.t.* 1. (stop *someone from doing*) مَنَعَه من فعل شيء، حال دون (تقدمه مثلًا)

2. (take measures to stop *something*)

he did his best to prevent bloodshed لم يأل جهدًا في سبيل منع إهراق الدماء

preventative; *see* **preventive**

prevention, *n.* حيلولة دون...، تجنُّب، تفادٍ، تلافٍ، ملافاة، منع

prevention is better than cure الوقاية خير من العلاج، « درهم وقاية خير من قنطار علاج »

preventive, *a.* (إجراء) للحيلولة دون خطر ما

preventive detention الحبس الوقائي (قانون)

preventive medicine الطبّ الوقائي أو الواقي

preventive officer مفتّش جمركي يقوم بفحص أمتعة المسافرين منعًا للتهريب

n. دواء لمنع العَدْوَى أو الحَمْل

preview, *n.* عرض فيلم (أو مسرحية مثلًا) في حفلة خاصة قبل عرضه للجمهور

previous, *a.* 1. (happening earlier, preceding) سابق، سالف، ماضٍ

on a previous occasion (زُرْت المدينة) في مناسبة سابقة، سابقًا، قبلًا

without previous warning دون سابق إنذار

previous to (*prep.*, before) قبل (حضوره مثلًا)

2. (*coll.*, premature)

aren't you being a bit previous in supposing . . . ألا تظنّ أنّك قد تسرَّعت في حكمك على موقف لا يزال مبهمًا ؟

previously, *adv.* آنفًا، قبلًا، فيما مضى

prey, *n.* فريسة (فرائس)، ضحيّة (ضحايا)

beast of prey وحش ضارٍ

bird of prey طير كاسر أو جارح (كالنسر)

(*fig.*)

he was an easy prey كان (القروي الساذج) ضحيّة سهلة (لأحابيل الدجّال مثلًا)

he fell prey to her blandishments وَقَعَ فريسة لمجاملاتها وتظرفاتها وملاطفاتها

v.i., usu. in

prey on اِفْتَرَسَ؛ أثري على حساب الآخرين

the locals preyed on the tourists اِسْتَغَلّ سكّان (المدينة المشهورة) السوّاح ونهبوهم

he let it prey on his mind ظَلَّت الحادثة تقضّ مضجعه وتؤرقه ليل نهار

price, *n.* 1. (money paid or asked for something) ثمن، سعر

price-list بيان أو قائمة الأسعار، كشف بأثمان السلع المختلفة

peace at any price (أريد) السلام بأي ثمن، السلام مهما كَلَّفني

put a price on the head of وَضَعَ دية على رأسه، وَعَدَ بمكافأة لمن يقبض عليه

every man has his price المال يفتح كلّ الأبواب، لم يولد بعد من يرفض الرشوة (الكافية)

(*fig.*)

the price of freedom is eternal vigilance
ثمن الحرّية هو التيقظ المستمرّ

what price glory? وما فائدة المجد للموتى؟ هَلْ يَنْفع المَجْدُ مَن أشفى على الموت ؟

2. (value, worth) قيمة

his loyalty is beyond price إخلاصه ووفاؤه لا يقدَّران بثمن

3. (in betting, odds)

starting-price نسبة الربح في مراهنات سباق الخيل قبل بدئه مباشرة

v.t. 1. (mark price of) سَعَّرَ، ثَمَّنَ (سلعة في محلّ تجاري)

2. (inquire price of) سَأَلَ (المشتري البائعَ) عن سعر سلعة ما

priceless, *a.* 1. (invaluable) (جوهرة) لا تقدّر بثمن، (تحفة) نادرة لا تقوّم بثمن

2. (*sl.*, most amusing)

that is priceless! هذه (نكتة) هائلة، رائعة، عظيمة! حكاية مدهشة!

prick, *n.* 1. (small, sharp-pointed object) منخس، منخاس، منكز، أداة كالمهماز لحثّ الحيوانات

it is no good kicking against the pricks
عبثًا تقاوم القَدَر المحتوم! «كناطح صخرة يومًا ليوهنها»

2. (wound, pain) شكّة (من دبّوس مثلًا)

the prick of conscience تأنيب الضمير

v.t. & i. 1. (pierce) شَكَّه (بدبّوس أو شوكة)

2. (raise *up the ears*) أَرْهَفَ (الكلب) أذنيه

pricker, *n.* إبرة لتسليك فونية البريموس

prickle, *n.* 1. (thorn, spine) شوكة (بساق النبات)

2. (pricking sensation) نغزات أو تنميل بالجلد

v.t. & i. نَخَسَ، خَزَّ، شَكَّ

prickly, *a.* 1. (covered with prickles) (ساق شجرة الورد) شائكة، (نبات) حسكي

prickly pear تين شوكي، صبّار، صبّير

2. (having prickling sensation)

prickly heat حصف الحرّ، طفح جلدي

3. (*coll.*, easily offended) حسّاس جدًّا

pride, *n.* 1. (conceit) غرور أو زهو بالنفس، خيلاء، كبر، تكبّر، تبختر، غطرسة

pride goes before a fall التَّكَبُّر يُؤَدِّي إلى الفَشَل، «قبل السُّقوط تَشامُخ الرُّوح»

2. (knowledge of one's own true worth and character) عزّة النفس، نخوة

proper pride تقدير المرء لكفاءته الشخصية

he refused to yield pride of place to his rival لم يسمح لمنافسه أن يتفوّق عليه أو ينتزع منه مكان الصدارة

3. (feeling of satisfaction) الرضى عمّا أنجزت

he takes a pride in his work يعتز بتأدية عمله على أحسن وجه، يفتخر بإتقانه لعمله

4. (object of satisfaction) موضع أو مصدر للفخر

the garden is his pride and joy حديقته مصدر فخره ومدعاة سروره وقرّة عينه

5. (group *of lions*) جماعة من الأسود، قطيع من الليوث

v.t. (take satisfaction for *oneself on* (*upon*)) اِعْتَزَّ، اِفْتَخَرَ، تَبَاهَى بِ...

priest, *n.* كاهن،قسيس، قسّ، خوري

a priest-ridden people أمّة يهيمن الكهنة عليها، دولة يتسلّط رجال الدين على شعبها

priestcraft, *n.* مناورات رجال الدين ومكائدهم

priestess, *n.* كاهنة في الأديان الوثنية

priesthood, *n.* رِجال الكَهَنُوت أو الإكليروس منصب الكاهن أو وظيفته

priestly, *a.* نسبة إلى الاكليروس أو الكهنوت

prig, *n.* (**-gish,** *a.*) شديد التزمّت إلى حدّ يزعج غيره، مزده بنفسه ومزدرٍ لغيره

prim, *a.* (إمرأة) متزمّتة ؛ (حديقة) أنيقة التصميم

primacy, *n.* 1. (highest position) رئاسة، تفوّق، صدارة، أوّلية في الترتيب

2. (office of archbishop) منصب رئيس الأساقفة (في كنيستي روما وانكلترا)

prima donna, *n.* المغنية الأولى في الأوبرا

stop behaving like a *prima donna*! كفى تدلُّلًا وشموخًا وفَرْعنة علينا!

prima facie, *a. & adv.* لأوّل وهلة؛ (دعوى) كافية الأدلة حتّى يتوافر ما ينقضها

primarily, *adv.* أوّلًا وقبل كلّ شيء

primary, *a.* 1. (earliest, primitive) (صخور) أوّلية (جيولوجية)؛ (خلايا) في المرحلة الأولى للتطور

2. (simple, original) أساسي

primary colours ألوان غير مشتقة من ألوان أخرى

3. (elementary)

primary school مدرسة ابتدائية

4. (chief, of first importance) رئيسي

literacy is a matter of primary importance معرفة القراءة والكتابة أمر ذو أهمية رئيسية

n. 1. (bird's feather) القادمة (القوادم)، ريشة كبيرة في جناح الطائر

2. (*U.S.*, pre-election meeting) انتخاب مبدئي لاختيار مرشح يدخل انتخابات الرئاسة (أمريكا)

primate, *n.* 1. (archbishop) رئيس الأساقفة

2. (*pl.*, highest order of animals) رتبة الرئيسات في الثدييات (القردة والليموريات والانسان)

prime, *a.* 1. (chief, principal) رئيسي، أوّلي

prime minister رئيس الوزراء

2. (excellent) ممتاز، فاخر

prime beef لحم بقر فاخر أو ممتاز، أفضل أنواع اللحم البقري عند القصاب

3. (primary, fundamental)

prime mover محرك يحوّل الوقود إلى طاقة (ميكانيكا)

prime number; *also* prime, *n.* عَدَد أولي، عدد لا يحلّ إلى عوامله الأساسية (٣، ١٧ مثلا)

n. 1. (first or earliest part) المرحلة الأولى

in the prime of the year في فصل الربيع

2. (best part) شرخ، ميعة

prime of life أوج النشاط الجسمي والعقلي في حياة الانسان

v.t. 1. (get *gun* ready for firing) جَهَّزَ البندقية أو أعدّها للإطلاق

2. (fill *pump* with water to make it work) حَضَّرَ الطلمبة أو المضخة بملئها بالماء قبل تشغيلها

3. (*coll.*, fill *someone* with food or drink)

he won't talk until you prime him لن يفتح فمه بالكلام قبل أن تطعمه وتسقيه

4. (supply with information)

he was well primed for the interview كان مزوّدًا بالمعلومات المناسبة استعدادًا للمقابلة

5. (cover *surface* with first coat of paint or size) غَطَّى (سطح الخشب) بدهان خاصّ يَسُدّ مسامَّه (كطبقة أولى)

primer, *n.* 1. (elementary text-book) كتاب مدرسي للمرحلة الأولى في التعلّم، مبادئ القراءة

2. (size of type) حجم خاصّ من أحجام حروف الطباعة الانكليزية

3. (explosive charge) بادئ تفجير، فتيل، كبسولة، شحنة بادئة، شعيلة (تسليح)

primeval (**primaeval**), *a.* نسبة إلى أقدم العصور الجيولوجية، (غابات كثيفة) بدائية

priming, *n.* 1. (explosive charge) بادئ تفجير، شعيل، شحنة بادئة التفجير في سلاح ناري

2. (paint) دهان خاصّ يسدّ مسامّ (الخشب مثلًا) ويكون الطبقة الأولى في طلائه

primitive, *a.* 1. (earliest) في أولى مراحل التطوّر، بدائي، أوّلي، فطري

primitive man الانسان البدائي

2. (simple, unsophisticated) بسيط، ساذج

n.

there are many Italian primitives in the Louvre يوجد بمتحف اللوفر كثير من اللوحات الإيطالية التي رسمت قبل عصر النهضة

primogeniture, *n.* 1. (being the first-born) البكورة، كون الشخص أوّل مولود لوالديه

2. (right of the first-born) حقّ البكر في الإرث كله دون إخوته

primordial, *a.* كائن منذ الأزل

primrose, *n.* 1. (flower) زهرة الربيع، آذان الدبّ، زغدة أذينية صفراء اللون

primrose path (*fig.*, dissolute life) حياة اللهو والاستمتاع (التي تقود صاحبها إلى الهلاك)

2. (colour) لون أصفر باهت

primula, *n.* زهرة الربيع (ذات ألوان متعدّدة)

primus, *n.*; *also* **primus stove** وابور بريموس، وابور غاز، موقد كبّاس

prince, *n.* 1. (male member of royal family) أمير (أمراء)

prince of the blood أمير ينحدر مباشرةً من سلالة ملكية

Prince of Wales لَقَب لولي العَهْد البريطاني

2. (ruler) حاكم (دولة صغيرة)

prince of the Church كردينال (كرادلة) – في الكنيسة الكاثوليكية

prince of darkness إبليس، شيطان

3. (title of nobility) أمير (لقب شرف فقط)

4. (someone distinguished in certain sphere)

merchant prince من أرباب المال والتجارة

princedom, *n.* 1. (rank or dignity of prince) منصب أو لقب الإمارة

2. (area ruled by prince) منطقة يحكمها أمير

princely, *a.* 1. (relating to a prince) نسبة إلى الأمير

2. (generous) (هدية) رائعة، (هبة) سخية

princess, *n.* أميرة (أميرات)، زوجة أمير

Princess Royal لقب يمنح لكبرى بنات الملك أو الملكة في بريطانيا العظمى

principal, *a.* أساسي، رئيسي، أوّلي، أصلي، جوهري، مبدئي

principal virtues أمهات الفضائل

n. 1. (head of college, etc.) رئيس كلية جامعية

2. (person for whom agent acts) فاعل أصلي

3. (in a duel) أحد الغريمين في المبارزة

4. (person directly responsible for a crime) المسؤول المباشر عن ارتكاب الجريمة

5. (original or capital sum of money) رأس المال، رأسمال

principality, *n.* إمارة، ولاية يحكمها أمير

the Principality (Wales) مقاطعة ويلز

principally, *adv.* أوّلاً وقبل كلّ شيء

principle, *n.* مبدأ، قاعدة

1. (basis of reasoning, physical law)

the principle of relativity مبدأ النسبية (قامت عليه نظرية اينشتين)

on the principle that . . . اعتمادًا على النظرية القائلة بأن (خير الأمور الوسط مثلًا)

2. (moral law, guide to conduct) قاعدة أخلاقية، مبدأ أخلاقي يسير المرء بمقتضاه

this is against my principles هذا (السلوك) لا يتمشى مع مبادئي، يتنافى مع ما أومن به

he is a man of principle إنّه ذو مبادىء

on principle (رفض أن يشتري السيارة بالتقسيط) تمشّيًا مع مبادئه الشخصية

prink, *v.t. as in* زيّن، زخرف

she is prinking herself up إنّها تفرط في التزيين والتبرّج

print, *n.* 1. (mark made on surface by pressure) أثر فوق جسم ما نتيجة الضغط أو اللمس

they took his prints أخذ رجال الشرطة بصمات أصابعه

2. (letters stamped by type) (منظر) الكلمات المطبوعة أو حالتها الطباعية

I haven't yet seen it in print لم أقرأ هذا الخبر بعد في أيّة صحيفة

this book is in print لا يزال هذا الكتاب موجودًا في السوق أو في المكتبات

it looks final in cold print يشتد وقع الخبر عند قراءته (في جريدة مثلًا)

this book is out of print لقد نفدت طبعة هذا الكتاب، لم يَعُد يتوفّر في المكتبات

3. (picture made from block or plate) نُسْخَة لَوْحَة مطبوعة من كليشيه مثلا

4. (picture made from photographic negative) صورة فوتوغرافية (من صورة سلبية)

5. (printed fabric) قماش منقوش أو مطبوع

print dress فُسْتان مَصْنُوع مِن قُماش قطنيّ مَطبوع بعدّة ألوان

6. (*U.S.*, paper for printing newspapers); *also* newsprint ورق خاصّ لطباعة الجرائد (يصنع بشكل لفّات أسطوانية ضخمة)

v.t. 1. (mark by pressure) تَرَكَ أثراً (للقَدَم مثلا) نتيجة للضّغط (على سَطح رَمْلي)

(*fig.*)

print on the memory (الحادث مثلاً) اِنطبع أثر في ذاكرته، لم يُمْحَ من خاطره

2. (impress on paper etc. by type); *also v.i.* طَبَع (كتاباً مثلاً)

3. (write *letters* like printed characters); *also v.i.* كَتَبَ (اسْمَه مَثَلاً) بِحُرُوف مُنْفَصِلة

4. (*phot.*, produce a positive picture from a negative); *also* print off طَبَعَ صورة فوتوغرافية من السلبية

printer, *n.* 1. (one who prints) عامل طباعة، مطبعجي

2. (owner of printing business) صاحب مطبعة

printer's devil صبي مطبعجي، صانع مطبعة

printer's ink حِبْر خاصّ للطباعة

printer's pie

(*lit.*, confused type) كومة من حروف الطباعة مختلطة بعضها ببعض بدون تنظيم

(*fig.*, confusion) فوضى واضطراب

printing, *n.* 1. (process) طباعة

2. (art or business) فنّ الطباعة

printing-press

(machine) مطبعة، آلة طابعة

(place) المطبعة (كمحلّ تجاري)

prior, *a. & adv.* 1. (antecedent) (احتياطات) سابقة

sorry, but I have a prior engagement مُتَأَسِّف لارْتباطي بِمِيعاد سابِق

prior to قبل (وصوله مثلاً)

2. (of more importance)

he has a prior claim له حَقّ الأسبقية

prior, *n.* رَئيس دَيْر (للرُّهْبان)

prioress, *n.* رئيسة دير (للراهبات)

priority, *n.* أَسْبَقية، أَوْلَوِيّة، أحقيّة، أفضلية، ترجيح، أقدمية

have you got your priorities right? هَل رَتَّبْتَ أُمورَك حسب أهميتها ؟ (أي الأَهَمّ قبل المُهِمّ)

this task takes priority over that يجب أن نولي هذا العمل أهمية أكثر من ذلك

priory, *n.* دير للرهبان أو للراهبات

prism, *n.* موشور هندسي؛ منشور زجاجي

prismatic, *a.* موشوري، منشوري

prismatic compass بوصلة موشورية

prison, *n.* حَبْس، سجن، محبس

prison-breaking الهروب أو الفرار من السجن

go to prison سُجِنَ، زُجّ به في السجن

prisoner, *n.* 1. (someone in confinement) سجين، مسجون، محبس

prisoner of war; *abbr.* P.O.W. أسير حرب، أسرى حرب

2. (someone under arrest) معتقل لم يحاكَم بعد، مقبوض عليه، موقوف (عراق)

prisoner at the bar سجين ماثل أمام المحكمة، متهم موجود بقفص الاتهام

prissy, *a.* (*coll.*) مترمتة ومتمسكة بالشكليات

the last headmistress was charming but a bit prissy كانت الناظرة السابقة ظريفة لكنها مترمّتة بعض الشيء

pristine, *a.* (لقد فقدت اللغة بعض)بساطتها القديمة ونقاوتها الأصلية

privacy, *n.* 1. (state of being private) خلوة، اختلاء، وحدة، انفراد، عزلة

2. (secrecy) (في) السرّ أو الخفاء

speech privacy (*telephone*) نظام السّرية (في التليفون)

private, *a.* 1. (personal, not public) خصوصي

private affairs الأمور الشخصية

private detective مخبر خصوصي (غير حكومي)

private income (means) دخل أو إيراد خاصّ (خلاف المرتّب)

he is a different person in private life هو في حياته الخاصّة شخص آخر مختلف كلّ الاختلاف

for private reasons (اعتذر عن حضور الاجتماع) لأسباب شخصية

private school مدرسة خاصّة، مدرسة بمصروفات، مدرسة أهلية

2. (not holding official position or public office) بوصف كونه مواطنًا عاديًّا

private ⟨member's⟩ bill مشروع قانون يقدمه نائب برلماني بصفته الشخصية لا الحزبية

private soldier; *also* private, *n.* جندي(بسيط)، نفر، عسكري بدون رتبة

3. (not open to the public) خصوصي

private hotel بنسيون أو فندق خصوصي

private view حفلة افتتاحية لمعرض لوحات فنية(وما إليها)قاصرة على المدعوين

4. (secret) سرّي (نقيض علني)

he confided to her in private that . . . أسرَّ إليها أن ...، ائتمنها على سرّ شخصي

private parts; *also* privates, *n.* (*coll.*) العورة، المحاشم، الأعضاء التناسلية الخارجية

privateer, *n.* سفينة مسلّحة موكلة من قبل الحكومة لمهاجمة سفن العدوّ؛ قبطانها

privation, *n.* 1. (loss) فقدان، تجريد، سَحْب حقّ الملكية أو الحيازة من شخص

2. (want of necessaries of life) حرمان من لوازم الحياة الأساسية

privet, *n.* شُجَيْرة خاصّة دائمة الخُضْرة تُسْتخدَم سِياجًا لِلحَدائق، ياسِم

privilege, *n.* 1. (right) امتياز أو حَقّ شخصي

2. (favour, benefit) حَقّ يمنح لشخص

privileged, *a.* (شخص) يتمتع بامتياز ما،(الطبقات) الثرية المترفة، (أقلية) مرفهّة

privy, *a.* 1. (*arch.*, secret) سرّي، خفيّ

privy to (having private knowledge of) على عِلْم (بمكيدة مثلاً)

2. (personal to the Sovereign) مُخصَّصات مَلَكيّة من خِزانة الدَّوْلة

Privy Council المَجْلِس المَلَكيّ الخاصّ (يتألف من بعض الوزراء ومن يختاره الملك)

privy purse مُخصَّصات مَلَكيّة (مِن خِزانة الدَّوْلة)

n. مِرْحاض، دَوْرَة المِياه

prize, *n.* 1. (reward) جائزة، جعالة، مكافأة

prize cattle ماشية فائزة بجائزة في معرض زراعي، بقر ممتاز

prize-fighter ملاكم محترف يشترك في مباراة عامة لكي يفوز بمكافأة مالية

2. (*attrib.*, *coll.*, egregious)

he is a prize idiot إنّه غبي غباءً مطبقًا، يتصرّف بحماقة متناهية

3. (ship or goods captured at sea during war) سفينة (وحمولتها) تُغْتَنَم في الحرب

prize-crew طاقم لتسيير السفينة المغتنمة للميناء

prize-money حصّة من المال لكلّ فرد اشترك في الغنيمة؛ الجائزة المالية للفائز في مباراة

v.t. 1. (value highly) يعتزّ (بكتبه) اعتزازًا بالغًا، يعلّق اهتمامًا وتقديرًا على (خدماتها)

2. (force *open* (*up*) with lever); *also* prise فَتَحَ (بابًا متروسًا) بمُخْل

pro, *Lat. prep.*

a pro forma invoice فاتورة صُورِيّة تُرْسَل إلى طالِب البِضاعَة قبل الشَّحْن

you will be charged pro rata سَيَدْفَع كلٌّ مِنكم مبلغا يتناسب وحصته من رأس المال

pro tempore; *abbr.* pro tem. مؤقّتًا، للوقت الحاضر فقط

this will do pro tem. هذا سَيَسُدّ الحاجة مؤقّتًا (إلى أن نحصل على الجهاز المطلوب مثلًا)

pro, *coll. contr. of* professional, *n.* (كَلِمة مُقْتَضَبَة بِمعنى) لاعِب رِياضيّ مُحْتَرِف

pro-, *pref.* 1. (siding with) (بادئة بمعنى) موالٍ لِ، تابع، متحيّز، منحاز، مناصر، مؤيّد لِ

pro-British موالٍ أو ممالئ للانكليز

2. (substituted for) بادئة تسبق بعض ألقاب الرتب الرسمية بمعنى نائب مؤقّت عن

pro-vice-chancellor نائب مدير الجامعة

pro and con, *adv.* (بحث الأمر) من وجهتيه

n.pl. مزايا ومساوئ

he discussed the pros and cons of the suggestion أمْعَن النظر في الاقتراح متبصّرًا فيما ينطوي عليه من محاسن ومساوئ

probability, *n.* احتمال، أرجحية؛ أمر محتمل

in all probability على الأرجح، في أغلب الظنّ، من المحتمل جدًّا أن ...

the probabilities indicate . . . تدلّ قرائن الأحوال على أن ...، من المتوقّع أو المنتظر أن ...

probable, *a.* مُرَجَّح، مُحْتَمَل حدوثه، متوقَّع

n.

he is a probable for the race يُنْتَظَر أن يختار (هذا اللاعب) لتمثيل فريقه في السباق

probate, *n.* 1. (official proving of will) قرار بإثبات صحّة الوصية

2. (certified copy of a will) نسخة من الوصية بعد التصديق عليها رسميًّا

probation, *n.* اختبار الفرد مدّة من الزمن للتأكّد من صلاحيته للعمل أو لدراسة عُلْيا

on probation (موظّف) تحت الاختبار؛ (محكوم عليه) تحت المراقبة

probation officer موظّف قضائي مسؤول عن ملاحظة الموضوعين تحت المراقبة

probationary, *a.* (فترة) الاختبار

probationer, *n.* 1. (person training on probation) (ممرّضة) تحت الاختبار والتمرين

2. (offender on probation) مذنب تحت المراقبة بَدَلاً من حَبْسِه

probe, *n.* 1. (instrument) مسبار، محجاج، مِجَسّ، محراف (أداة لسبر غور الجرح مثلاً)

2. (act of probing, investigation) فحص لِسِنّ نخز، تحقيق صحفي لمعرفة ملابسات (الفضيحة)

3. (flight of rocket into outer space) رحلة الصاروخ في الفضاء الخارجي

lunar probe رحلة استطلاع صاروخية إلى القمر

v.t. & i. جَسَّ، سَبَرَ غور (الجرح)

(*fig.*) فَحَصَ خبايا الموضوع، حَقَّقَ في

probity, *n.* (كانت) نزاهته واستقامته (فوق مستوى الظنون)، (لا تشوب) أمانته (شائبة)

problem, *n.* 1. (exercise set for solution) مسألة (تعطى لتلميذ لحلّها)

mathematical problem مسألة رياضية

2. (perplexing question) مُشْكِل، مُعْضلة

problem child صبي مشكل ذو تصرّفات شاذّة تسبّب المشاكل لوالديه ولمن يرعاه

problem picture لوحة فنّية يصعب على العامّة معرفة موضوعها أو فهم هدفها

problem play مسرحية تعالج مشكلة اجتماعية

problematic(al), *a.* غير مُتَيَقَّن منه، (أمر) يصعب التنبّؤ به، (نتيجة) غير مؤكّدة

proboscis, *n.* خرطوم الفيل؛ خرطوم الحشرة أو ممصّها؛ الأنف البشري (تقال تهكماً)

procedural, *a.* مختصّ بشكل الإجراءات، إجرائي، متعلّق بنظام سير الأعمال

procedure, *n.* إجراءات تُتَّبع بالتوالي في تنفيذ عمل ما أو إدارة جلسة رسمية

code (rules) of procedure نِظام الإجْراءات (تَضَعه الهَيْئة التَّشْريعيّة للسَّيْر بِمُوجِبه)

proceed, *v.i.* 1. (make one's way) تَقَدَّم في طريقه، تابَعَ سَيْره

2. (carry on) تابع كلامه، استمرّ في حديثه، واصل عمله

let me proceed! دعني استمرّ في كلامي! لا تقاطعني!

3. (take legal action *against*) قاضاه، رَفَعَ عليه دعوى أمام المحكمة

4. (arise, originate *from*) نَشَأَ من، اِنْبَثَقَ من، تَوَلَّدَ من، تأتّى من، (كوارث) مرجعها (الحرب)

proceeding, *n.* إجراء لسير العمل

n.pl. 1. (records of learned society) محاضر جلسات (مجمع علمي)، سجلّ وقائعه

2. (legal action); *also* legal proceedings اتخاذ الإجراءات القانونية ضدّ ...

proceeds, *n.pl.* إيراد (بيع بالمزاد العلني مثلاً)، دخل أو ربح (حفلة خيرية لصالح الفقراء مثلاً)

process, *n.* 1. (progress, course)

in the process of construction (عمارة) في مرحلة التشييد، (خطّ حديدي) يجري مدّه

in the process of time على توالي الأيام، بعد تعاقب الأعوام، على كرّ الجديدَيْن

2. (natural changes)

the processes of digestion عملية الهضم

3. (method of operation) طريقة الإنتاج (في مصنع)، مجموعة مراحل صناعة (السلعة)

4. (series of operations) سلسلة عمليات متعاقبة لإنجاز شيء

it was a tedious process to get a passport كان الحصول على جواز سَفَر مهمّة شاقة

5. (action at law) إعلان أو مذكرة حضور

process-server مُحْضِر المحكمة، موظّف مهمّته تبليغ الأوامر القضائية

6. (*anat.*, *zool.*, *bot.*, outgrowth) نتوء

v.t. 1. (treat *food* so as to preserve it) عَالَج الأطعمة لِحِفْظِها

processed cheese جُبن مِن أنواع مختلفة تخلط وتُعَالج كِيماوِيًّا

processed peas بازلاء (بسلة) معالجة كيماويًّا لحفظها مدّة طويلة

2. (pass *product* through stage in manufacture)

this cloth has been processed and is waterproof لقدعولج هذا القماش بطريقة خاصّة تجعله مانعًا للماء

process, *v.i.* (*coll.*, walk in procession) سار (المتظاهرون) في موكب عامّ

procession, *n.* 1. (act of proceeding in orderly succession) تعاقب (الأحداث)

2. (body of persons doing this) (سار) موكب (الأساتذة الجامعيين في الطرق الرئيسية)، مسيرة

(*fig.*)

the race became a procession لم يكن سباقًا بمعنى الكلمة لتباطؤ المشتركين فيه

processional, *a.* نسبة إلى المواكب

n. 1. (hymn) أُنْشُودَة دِينيّة تُرَتَّل أثناء مَوْكِب كَنَسِيّ

2. (book containing processional hymns) كتاب التراتيل الكنسية الزياحِيّة

procès-verbal, *n.* تقرير الدعوى (في المحاكم الفرنسية)

proclaim, *v.t.* 1. أَعْلَنَ (الحرب)، أَصْدَرَ (بيانًا)، أذاع على الملأ، نادَى (بِهِ مَلكًا)

2. (show, reveal)

his accent proclaimed him a Scot نَمَّت لَهْجَة كَلامِهِ عَن أَصْلِهِ الاسكتلنديّ

proclamation, *n.* إعلان، تصريح رسمي عامّ، (أصدر القصر) بيانًا عن...، مناداة (به ملكًا)

proclivity, *n.* ميل أو نزعة (نحو صفة بغيضة عادة)

proconsul, *n.* 1. (*Roman hist.*) حاكم عسكري لمقاطعة رومانية قديمة

2. (*mod.*) حاكم عامّ (لمستعمرة بريطانية سابقًا)

procrastin/ate, *v.i.* (**-ation,** *n.*) أَجَّلَ أو أَرْجَأَ (عمل اليوم إلى الغد)، سَوَّفَ؛ تأجيل، تسويف

procrastination is the thief of time ليس التسويف إلّا مضيعة للوقت

procre/ate, *v.t.* & *i.* (**-ation,** *n.*) أَنْسَلَ، أَنْجَبَ، أَنْتَجَ؛ إنسال، إنجاب ذرية، توالُد

proctor, *n.* 1. (university officer) مراقب (بجامعتي اكسفورد وكمبردج) للإشراف على سلوك الطلبة

2. (*leg.*) وكيل قضائي لإعداد الدعوى وتجهيز لوائحها

Queen's (King's) Proctor موظّف بمحاكم الطلاق يراقب تصرّفات الزوجين قبل الحكم النهائي

procurator, *n.* 1. (magistrate, prosecutor) لقب يُطْلَق على القضاة في بعض مدن ايطاليا

procurator fiscal المدّعي العامّ في أحدى مناطق اسكتلندا

2. (agent) وكيل، نائب

procure, *v.t.* 1. (obtain) حصل على (نسخة من كتاب نادر بعد مجهود كبير مثلًا)، اقتنى

2. (bring about) سَبَّبَ، تَسَبَّبَ في، أَدَّى إلى (موته بالسمّ مثلًا)

he was accused of procuring an abortion اتُّهِم بارتكاب جريمة إجهاض حامل

v.i. (act as procurer) يعمل على إغواء النساء أو التغرير بهن وجرّهنّ إلى الدعارة

procurement, *n.* حصول على، إقتناء، تدبير (لوازم المصالح الحكومية مثلًا)

procur/er (*fem.* **-ess**), *n.* (اتُّهِم أو اتُّهِمت) بجريمة قوادة النساء وحضّهنّ على الفسق

prod, *v.t. & i.* 1. (poke) زَغَدَه (بعصاه أو بأصبعه)، نَخَسَ أو نَخَزَ (الحصان مثلًا)

2. (urge into action) دفعه إلى العمل والنشاط (عن غير رغبة منه)، حَفَزَه إلى المثابرة

she prodded his memory ذكّرته بعد نسيان، نبهته إلى ما نَسِيَ أو تَنَاسَى

n. نخزة، نخسة، زغدة، حفزة

prodigal, *a.* (lavish, extravagant *of*; *or absol.*) مسرف (في ماله)، مبذّر (في وقته)، (الطبيعة) سخية (في خصبها)

he became a prodigal son كان خاطئًا لكنّه نَدِمَ وتاب وغُفِرت له ذنوبه (من قصص الإنجيل)

n. متلاف، مبعثر ماله أو عابث به

prodigality, *n.* أريحية العطاء؛ إسراف، تبديد

prodigious, *a.* (مبلغ) هائل، مَهُول، في غاية الضخامة، مدهش، مذهل، يفوق حدّ التصوّر

prodigy, *n.* خارقة من خوارق الطبيعة، أعجوبة، ظاهرة غريبة تخالف ناموس الطبيعة

infant prodigy طفل نادرة زمانه، صبي يظهر مهارة فائقة في سِنٍّ مبكرة

produce, *v.t.* 1. (bring forward for inspection) أبرز، قَدَّم، أَظْهَرَ

produce evidence قَدَّمَ (المحامي) الدليل على ...

2. (bring before the public) أَنْتَجَ عَمَلًا فَنِّيًّا

produce a play أَخْرَجَ رواية مسرحية

3. (*geom.*) مَدَّ (قاعدة المُثَلَّث مثلًا)

4. (manufacture) أَنْتَجَ (سلعة مثلًا)

5. (yield, bear) تُغِلّ (الأرض) أو تنتج ...؛ تضع (الدجاجة)، تثمر (الشجرة فاكهة)

6. (cause, bring into being) أَتَى (بنتائج سارة)، أَثَارَ (الفيلم ضجّة في الوسط الفنّي)

produce an effect كان له وقع أو تأثير

n. مُنتجات (زراعية مثلًا)، محصول

producer, *n.* 1. (one who produces article of consumption) منتج (للسلع الاستهلاكية)

producer gas غاز يحتوي على أوّل أكسيد الكربون والنتروجين (كان يستعمل وقودًا في الولدات)

2. (one who presents a play or film) مُنْتِج (رواية مسرحية أو سينمائية)

product, *n.* 1. (thing produced) نتاج ، غَلّة ، محصول، مُسْتحضرات (طِبّية مثلًا)

2. (result) إنتاج (أدبيّ مثلًا)

3. (*math.*) حاصِل (ضرب عَدَدَيْن أو أكثر)

production, *n.* 1. (act of producing) إنتاج (المَحصولات الزراعيّة أو السّلع)، صناعة

production line سِلْسِلة عمليات مختلفة في إنتاج المصنوعات

2. (something produced, *usu.* a play) إنتاج (أدبي لمؤلّف)؛ إخراج مسرحية، إنتاج فيلم

productive, *a.* 1. (able to produce) (طاقة) إنتاجية، (مناقشة) تؤدي إلى (حلّ المشكل)

2. (producing abundantly) (أرض) خصبة أو غزيرة الإنتاج، وفيرة المحصول

3. (*pol. econ.*)

productive labour اليَد العامِلة المنتجة (للسلع الاستهلاكية وضروريات الحياة اليومية)

productivity, *n.* (رَفع مُسْتوى) الإنتاجية، معدّل الإنتاج، طاقة إنتاجية

profane, *a.* 1. (not belonging to what is sacred) دُنيويّ، لا يتّصل بأمور الدّين

2. (not initiated into religious rites) غير خَبير أو مُلِمّ بالأسرار الدينية

3. (heathen) (طقوس) وثنية

4. (irreverent, blasphemous) (كَلمات) تتضمّن تَجْديفًا على المقدّسات

prof/ane, *v.t.* (**-anation,** *n.*) دَنَّس (حُرْمة المعبد)، جَدَّف على اسْم الربّ

profanity, *n.* دَنَس، نجاسة، انتهاك لحرمة المقدّسات؛ لغة بذيئة كلّها سِباب وشَتائم

profess, *v.t.* & *i.* 1. (declare) أَعْلَنَ، صَرَّحَ

2. (affirm faith in or allegiance to *religion, etc.*) يَعتنق دِيانة ويُمارسها ، يُصرّح بإيمانه بمذهب (الشيوعية مثلًا)

3. (claim falsely, pretend) اِدَّعى (أنّه خبير في عِلْم ما)، زعم أنّه (صديق مخلص لي)

4. (follow as profession) مَارَسَ أو زَاوَلَ مِهنةً

he professes law إنّه يُمارس مِهْنة المحاماة

5. (teach as professor)

he professes medicine هو أُسْتاذ بكلّية الطبّ

professed, *past p.* & *a.* 1. (self-declared)

he is a professed Christian يَدَّعي أنّه مَسيحيّ

2. (pretended)

though he is a professed friend I can't trust him يزْعُم أنّه صَديقي المخلص ولكنّني لا أستطيع أن أثق بِه

3. (having taken religious vows) مَقْبول في الرّهبانية بَعد أن نَذر نفسه

she became a professed nun أصبحت راهبةً بعد أن نذرت نَفسها لِلّه

professedly, *adv.* (إنّه مُذْنب) حَسب اعترافه؛ يَزعم كذبًا أنّه (خبير في الموضوع)

profession, *n.* 1. (declaration, avowal) إقرار، إعتراف، تصريح، مجاهرة برأي

profession of faith الشَّهادة (كما في الإسلام مثلا)

2. (vocation, calling) مِهنة (التَّدريس مثلًا)، حِرفة (الطبّ مثلًا)، صَنعة

the learned professions المِهَن العلميّة (وهي القانون والهندسة والطِبّ والكَهنوت)

the oldest profession مِهْنة البِغاء

the profession (*theatr.*) ممارسو مهنة التمثيل (من مُمَثّلين ومخرجين ومنتجين آلخ)

professional, *a.* 1. (relating to a profession) مهني، حرفي

professional etiquette آداب المهنة (تقاليد يتمسّك بها ممارسو الطبّ احترامًا لمهنتهم)

2. (practising as whole-time occupation) محترف يمارس (الطبّ مثلًا) كمهنة

3. (performing for money, as opposed to amateur) لاعب محترف (يتقاضى مرتبًا)

professional sportsman رياضي محترف (يشترك في المباريات الرياضية مقابل أجر)

n. 1. (one who gets his living by a profession) محترف (يمارس مهنته)

2. (professional player); *contr.* pro لاعب محترف (نقيض اللاعب الهاوي)

professionalism, *n.* 1. (qualities of a profession) مهارة المحترفين

2. (practice of employing professionals in sport) الرُّوح التجارية التي تسيطر على الرياضة وتؤدي إلى استخدام المحترفين فقط

professor, *n.* (**-ial,** *a.*) أستاذ جامعي (يشغل كرسي مادّة الأدب العربي مثلًا)؛ بروفسور

professorship, *n.* الأستاذية، منصب الأستاذ في الكلّيات الجامعية، (عُيّن) أستاذًا (بالجامعة)

proffer, *v.t.* مَدَّ (له يد الصداقة مثلًا)، عرض عليه

n. عَرْض (عروض)

profici/ent, *a.* (**-ency,** *n.*) حاذق، ماهر، متقن؛ (شهادة) الجدارة والكفاءة

profile, *n.* 1. (outline in side view, esp. of human face) بروفيل، مظهر جانبي، وجه الشخص كما يبدو لمن ينظر إليه من الجانب

seen in profile إذا نظرت إليه من الجانب ...؛ (التلال مثلًا) مرسومة على (صفحة الأفق)

2. (brief biography) لمحة عن حياة (عظيم مثلًا)، ترجمة موجزة لسيرته

profit, *n.* 1. (benefit) (جنى) فائدة (كبيرة من دراسة التاريخ مثلًا)، كَسْب، نفع

it was to his profit (تَعَلُّمه اللغة العربية) عَادَ عليه بالنفع الجزيل، استفاد من ...

2. (pecuniary gain) ربح أو كَسْب (مادّي) من صفقة تجارية مثلًا

profit and loss account حساب الأرباح والخسائر، حساب المكسب والخسارة

marginal profit الربح الحَدّي

operating profits مَكاسِب الاسْتِثمار

profit-sharing اقتسام الأرباح بين أُصحاب العمل ومستخدميهم

v.t. (bring advantage to) أَفَادَ، نَفَعَ، أَجْدَى، عَادَ عليه بفائدة

it profited him nothing لم يُجْدِه نفعًا، لم يَعُد عليه بأي كسب

v.i. (reap advantage *from, by*) استفاد من (خبرته وتجاربه)، انتفعت (بنصيحتك)

profitable, *a.* 1. (beneficial) مُفيد، نافع

2. (lucrative) مُرْبِح، مُكْسِب

profiteer, *n.* تاجر استغلالي، ثري حرب (يستغلّ الأزمات للإثراء على حساب زبائنه)

v.i. اِسْتَغَلّ الأَزْمَة في الإثْراء على حِسابِ زَبائِنه

profligacy, *n.* تهتّك، خلاعة؛ تبذير أو تبديد

profligate, *a.* 1. (licentious) خليع، داعر، ذو سلوك مشين، فاجر، فاسق

2. (recklessly extravagant) مُبَذِّر ماله، يصرف نقوده بلا حساب

n. داعر، فاسق، فاجر

profound, *a.* عَمِيق (في تفكيره)، يغوص إلى أعماق المعاني، غير سطحي، متعمّق

profundity, *n.* (أعجبني) عُمْق تفكيره وسعة اطّلاعه، (نظرته لا تتسم) بالعمق و التَّغَلْغُل

profuse, *a.* 1. (lavish *in*) مُسْرِف (في التعبير عن أسفه لقدومه متأخرًا مثلاً)، مُفرِط

2. (exuberantly plentiful) (عَبَّر عن شكره) الجزيل، (كانت غلّة العنب) وافرة وغزيرة

profusion, *n.* (في هذا الموسم ينمو القرنفل) بوفرة وغزارة، لم يكن ثمّة حدّ (لوعوده)

progenitor, *n.* سَلَف، من الآباء والأجداد

progeny, *n.* ذرّية، سُلالة، نَسل، خَلَف

prognathous, *a.* (انسان) ناتئ الفكّين

prognosis, *n.* التَّنَبُّؤ بالتَّطَوُّرات المُحْتَمَلَة لِلمَرَض

prognostic, *a.* (حادثة) منذرة (بما يتلوها)

n. ظاهرة تنبئ أو تنذر بقدوم (العاصفة)

prognostic/ate, *v.t.* (**-ation,** *n.*) يُنْذِر أو يبشر بما يحتمل أن يحدث؛ تكهُّن

program(me), *n.* 1. (list of events) بر نامج (برامج) الإذاعة مثلاً؛ منهج (دراسي)

the programme ended late انتهت الحفلة في ساعة متأخرة

2. (plan of intended proceedings) برنامج (زيارة رئيس الدولة مثلًا)، خطّة العمل

what's the programme for today? ما هُو جَدْوَل الأَعْمال (الأَجِنْدَة) اليَوْم ؟

v.t. وَضَع خِطة مُفَصَّلَة، أَعَدَّ بَرْنامجاً أو مِنْهاجاً، بَرْمَج

he programmed the computer to solve the engineers' problems غذّى الكومبيوتر بالبيانات اللازمة لتزويد المهندسين بالأرقام المطلوبة

progress, *n.* تَقَدُّم، تَرَقٍّ، تطوّر

he made slow progress كان تقدّمه بطيئًا، تَحَسَّنَت حالة المريض تدريجيًّا أو بِبُطء

progress report تقرير عن سير العمل

in progress في طَوْر التنفيذ

v.i. سَارَ قُدُمًا، تقدّم، سَارَ (الموكب طوال الطريق الرئيسي ببطء وتؤدة)

progression, *n.* 1. (act of forward motion) تقدُّم، تعاقب

the crab has a curious mode of progression لسرطان البحر مشية غريبة (لأنّه يتقدّم منحرفًا)

2. (*math.*) متوالية حسابية أو هندسية، سلسلة من الأرقام ترتفع أو تنخفض بنسبة ثابتة (مثل ١، ٣، ٩، ٢٧، ٨١ آلخ)

harmonic progression متوالية ذات عامل مشترك يتدرّج حسابيًّا

progressive, *a.* 1. (moving forward) متقدِّم

progressive whist لعبة هويست (من ألعاب الورق) تجرى في نفس الوقت على عدّة مناضد ينتقل بينها اللاعبون

2. (favouring reform) تقدُّمي، ينادي بالتقدُّم والتطوّر في أساليب الحياة الاجتماعية

progressive school مدرسة تتبع أحدث النظم التعليمية ولا تتقيد بالأنظمة التقليدية

3. (increasing continually) تصاعدي، تزداد حدّته أو قوته تزايدًا مستمرًّا

progressive taxation (نظام) الضرائب التصاعدية

n. من ينادي بالإصلاح الاجتماعي أو السياسي عن طريق التغيير من جهة الحكومة

progressively, *adv.* (يتزايد) تصاعديًّا أو تدريجيًّا، بالتدريج

it becomes progressively more difficult يسير من صعب إلى أصعب، يتزايد صعوبة

prohibit, *v.t.* حرَّم، حَظَرَ، مَنَعَ

smoking prohibited ممنوع التدخين

prohibition, *n.* 1. (act of prohibiting) مَنْع، حَظْر، تحريم، نهي (في الدين)

2. (forbidding by law of sale of intoxicants) منع صناعة المسكرات وبيعها

prohibitionist, *n.* & *a.* من ينادي بتحريم بيع المشروبات الروحية وتعاطيها

prohibitive, *a.* مانع، تحريمي، يهدف للحيلولة دون شيء أو لمنعه

prohibitive price سعر فاحش (إلى حدّ يجعله فوق طاقة المشتري العادي)

prohibitory, *a.* (قانون) مانع، تحريمي

project, *v.t.* 1. (plan, contrive) وَضَعَ خطّة أو تصميمًا (لمبنى جديد)، خطّط

2. (throw) أَطْلَقَ أو قَذَفَ (صاروخًا في الفضاء)

(*fig.*) (تصوير أدبي) يعكس (ملامح الحياة الاجتماعية)، يقدم صورة صحيحة عن (مميزات شخصية روائية)

3. (cause *light*, *shadow* to fall *on to a surface*) سلّط الأضواء والظلال على سطح (كشاشة السينما مثلًا)

4. (*geom.*) أَسْقَطَ، رَسَمَ مسقطًا هندسيًّا، رَسَمَ جسمًا على سطح طبقًا لقواعد خاصّة

v.i. (protrude) نَتَأَت (عظام وجنتيه)، برزت (الشرفة من الحائط مثلًا)

n. خطّة للقيام بعمل ما، مشروع، تصميم

projectile, *n.* مقذوف، قذيفة (كقنبلة مثلًا)

a. دافِع، قاذِف

projectile force قوّة دافعة

projection, *n.* 1. (throwing) دَفْع، رَمْي، إلقاء، قَذْف

2. (protruding, protruding thing) نتوء، بروز، طنف أو شرفة (بحائط المبنى)، حدبة

3. (planning) تخطيط (مشروع جديد)، تصميم

4. (*geom.*) مَسْقَط هَنْدَسِيّ (رأسي أو أفقيّ)

projection of a point إسقاط نقطة معيّنة في الرسم الهندسي لجسم على سطح آخر (هندسة)

5. (*geog.*)

Mercator's projection مسقط مركاتور (طريقة خاصّة لرسم خريطة الكرة الأرضية)

6. (display of film) عرض الأفلام

projector, *n.* 1. (one who forms a project) مقترح المشروع، واضع الخطّة

2. (apparatus for projecting rays of light) جهاز لعرض الأفلام السينمائية على الشاشة؛ أداة تسلّط الأشعة الضوئية

prolapse, *v.i. & n.* سَقَطَ، هَبَطَ (الرحم أو الشرج من موضعه الصحيح)

prolapse of the uterus هبوط الرحم

proletarian, *a. & n.* من طبقة العمّال، نسبة إلى البروليتاريا، من الكادحين

proletariat(e), *n.* البروليتاريا، الطبقة العاملة، عامّة الشعب

prolifer/ate, *v.i. & t.* (**-ation,** *n.*) تَكَاثَر بطريق تعدّد الخلايا أو انقسامها، تناسَلَ، تَوَالَدَ

prolific, *a.* شديد الخصب، غزير الإثمار

(*fig.*) كثير الإنتاج، وفير الإنجاب، خصب القريحة

a prolific author مؤلف وافر الإنتاج

prolix, *a.* (**-ity,** *n.*) (خطاب) مطوّل أو مُسْهَب، (حديث) مُطْنَب؛ كثرة الكلام مع قلّة المعنى

prologue, *n.* حديث يُلقى قبل بدء المسرحية كمقدّمة لها، فاتحة الرواية؛ استهلال القصيدة

the meal was a prologue to a pleasant evening كان العشاء مقدّمة أو استهلالاً لسهرة ممتعة لطيفة

prolong, *v.t.* (**-ation,** *n.*) مَدَّ خطًّا هندسيًّا؛ أَطَالَ (حديثه أو زيارته)؛ إطالة

this can only prolong the agony لن يؤدّي (هذا الاقتراح) إلّا إلى تفاقم الورطة، سيزيد الطين بلّة

prom, *coll. contr. of* **promenade** (in senses of concert and at seaside)

promenade, *n.* 1. (walk, etc., taken for pleasure or social ceremony) نزهة، تريُّض

promenade concert حفلة سيمفونية يستغنى فيها عن بعض مقاعد الصالة لإيقاف المستمعين

2. (place suitable for promenade; *esp. at* seaside); *coll. contr.* prom متنزّه، رصيف عريض (على شاطئ البحر عادة) للتنزّه

promenade deck السطح العلوي في سفينة ركّاب (يتنزّهون عليه أثناء الرحلة)

v.i. & t. تَنَزَّه، تَمَشَّى في الهواء الطلق

prominence, *n.* 1. (being prominent) أهمية، بروز، شهرة، (له) امتياز في ميدان ...

the newspaper gave prominence to the murder خَصَّصت الجريدة مكانًا بارزًا لأخبار جريمة القتل

2. (something that projects) نتوء على سطح مستوٍ، مكان مرتفع في وسط السهل

prominent, *a.* 1. (jutting out) ناتئ، بارز

2. (conspicuous) ظاهر، بارز للعيان، لافت للنظر، ملحوظ

3. (distinguished) بارز الشأن، ممتاز

promiscu/ous, *a.* (**-ity,** *n.*) من يتصادق مع كلّ شخص؛ من يضاجع نساء عديدات بغير تمييز

promise, *n.* 1. (assurance given) وعد (وعود)، عهد (عهود)

keep a promise صَدَقَ في عهده، وَفَى عهده

2. (cause of hope for success) بَشِير بالخَيْر أو النَّجاح في المُسْتَقْبَل

this writer shows promise هذا الكاتب ينتظر له مستقبل ناجح

v.t. & i. 1. (give assurance (of)) وَعَدَ، عَاهَدَ على، تَعَهَّدَ بِ

the Promised Land (*bibl.*) أرض الميعاد (توراة)

(*fig.*, any place of expected felicity) (الوصول إلى) البغية المنشودة

he promised himself a day off عَلَّلَ نفسه بيَوْم يَقْضيه في الرّاحة مِن عَناء العَمَل

2. (give cause of expecting) بَشَّرَ بما يحتمل وقوعه، تَنَبَّأَ بحادث قد يقع في المستقبل

the new secretary promises well يُنتظر أن تقوم السكرتيرة الجديدة بعملها على أحسن ما يرام

promising, *a.* يبشر بالخير، ينتظر له مُستقبل باهر، يبشر ببوادر الخير والتفاؤل

promissory, *a.* نسبة إلى التعهّد أو الوعد

promissory note كمبيالة، سند إذني، التزام مكتوب بدفع مبلغ ما في تاريخ مُعيّن لحامله

promontory, *n.* رأس بحري، جرف ناتئ داخل البحر

promote, *v.t.* 1. (advance to higher position) رَقّى (إلى رتبة أعلى)، رَفَعَ

he was promoted ⟨to be, to the rank of⟩ sergeant رُقّي إلى رتبة رقيب (عريف)

2. (help forward, support) سَاعَدَ على (إقامة علاقات طيّبة بين بلدين مثلًا)

he promotes the scheme يؤيّد المشروع المقترح

funds were raised to promote a new company جمع رأس مال لتأسيس شركة جديدة

promoter, *n.* مُرَوِّج (مشروعات تجارية)

boxing promoter متعهّد مباريات الملاكمة

company promoter منشئ أو مؤسّس شركة (مساهمة)

promotion, *n.* 1. (act of promoting) إنشاء، تاسيس، إقامة (عَلاقات وُدّية بين بَلَدَيْن)

sales promotion ترويج المبيعات

2. (advancement to higher rank) ترقية أو ترفيع (إلى رتبة أعلى)

prompt, *a.* 1. (of persons, acting with alacrity) سريع الاستجابة للأمر

2. (of actions, done at once) عاجِل، سَرِيع، فَوْرِيّ

v.t. 1. (move to action) حَمَلَه أو حَرَّضَه أو حَثَّه على، حدا به إلى (اتّخاذ إجراء ما)

2. (suggest, give rise to) دَعَا إلى التفكير (ما الذي) حدا به (أن يفعل ذلك؟)

3. (supply *actor* with words he has forgotten); *also v.i. often fig.* لَقَّنَ (الممثّل)

he did it without prompting فعل ذلك دون أي تحريض أو بدون أن يطلب إليه ذلك

n. 1. (*commerc.*, time limit for payment of account) التاريخ المتّفق عليه لتسديد الحساب

prompt-note مُذَكّرة بِتارِيخ الاسْتِحقاق

2. (action or words of prompting) تلقين

prompt-book نَصّ الرواية لدى الملقّن

prompt/itude (-ness), *n.* سُرْعَة (في تَلْبِيَة النِّداء)

promulg/ate, *v.t.* (**-ation,** *n.*) أَصْدَرَ (قانونًا أو قرار الحكم)، نَشَرَ مرسومًا لوضعه موضع التنفيذ

prone, *a.* 1. (lying face downwards) طريح على وجهه، منبطح على وجهه

2. (disposed, liable, *to*) ميّال إلى (الخطأ)، يَنْزِع (إلى الغضب)، يميل (إلى الكسل)

prong, *n.* إحدى الشُعَب أو الأسنان المدبّبة (لشوكة الأكل أو المجرفة مثلًا)

pronged, *a.* ذو شُعَب (كقرن الوعل مثلًا)

two-pronged attack هجوم مزدوج (من ناحيتين)

pronominal, *a.* نسبة إلى الضمير (نحو)

pronominal suffix ضمير في حالة جرّ

pronoun, *n.* ضمير (نحو)

interrogative pronoun ضمير الاستفهام

possessive pronoun ضمير الإضافة أو الإسناد أو الملكية

demonstrative pronoun اسم الإشارة (مثل هذا، ذلك آلخ)

pronounce, *v.t. & i.* 1. (utter *judgement, etc.,* formally or solemnly) أَعْلَنَ (قراره)

the judge pronounced sentence on the criminal أَصْدَرَ القاضي حكمه على المجرم (عند انتهاء المحاكمة)

2. (declare as one's opinion) أبدى رأيه، أَعْلَنَ (الزبون أنّه راضٍ كلّ الرضى)

would you pronounce on this wine please? هَلّا تكرّمت بتذوّق هذا النّبيذ وإعطاء رأيك عنه؟

3. (utter, articulate) نطَقَ، لفَظَ، فاه، تفوَّه

pronouncing dictionary قاموس لإرشاد القارئ إلى طريقة نطق الكلمات

pronounced, *a.* بَيِّن، واضح، صريح، بارز، ظاهر، ملحوظ

there is a pronounced flavour of garlic in this dish أُحِسّ بطَعْم الثّوم قويًّا في هذا الطّبَق

pronouncement, *n.* نُطق، تَصْرِيح

pronto, *adv.* (*sl.*) حالاً، فَوْراً، هسّه (عراق)

pronunciation, *n.* نُطق الكلمات

the pronunciation of English is not easy ليس نطق اللغة الانكليزية أمرًا سهلًا

proof, *n.* 1. (evidence to establish a fact) برهان، دليل، بيّنة، حجّة، إثبات

proof positive برهان قاطع، إثبات مباشر

2. (proving, demonstration) إثبات، برهان

his performance gives proof of his training ينطق عمله وأداؤه بحسن تدريبه، جَوْدَة عَمَلِه دَليل على تَدَرُّبه

3. (test) اِمتحان، تجربة، اِختبار

his courage was put to the proof عُجِمَ عُودُه، اُخْتُبِرَت شَجَاعَتُه

the proof of the pudding is in the eating لا يُعْرَف السَّيْف إلّا بالقَطْع

4. (*printing, engraving, etc.*) مُسَوَّدات الطّبع، بروفات (المطبوعات أو الصور الفوتوغرافية)

proof-reader مصحّح بروفة المطبوعات قبل طبعها نهائيًّا

5. (standard of strength of alcoholic liquor) مقياس قوّة الشراب المسكر

proof spirit خليط خاصّ من الماء والكحول يؤخذ معياراً لقياس درجة الكحول في الخمر

a. with prep. *against* and *in comb.*, *as in* مانع أو مقاوم لِ

fire-proof مقاوم للنار، (ملابس) لا تحترق

v.t. عَالَجَ القماش بطريقة خاصّة لجعله مانعًا للماء أو صامدًا للنار

prop, *n.* دعامة، مرتكز، سناد، قائمة، مرتكن ؛ عمود يُسْنَد به وسط حبل الغسيل

pit-prop دعامة (خشبية أو معدنية) لسقوف الممرّات في المنجم

(*fig., of person*)

her son was her prop and stay كان ابنها هو عائلها الوحيد، كان عضدها اليمين

v.t.; *also* prop up سَنَدَ، دَعَمَ (جدارًا مائلًا لمنعه من التداعي)

propaganda, *n.* دعاية

Congregation (College) of the Propaganda مَجْمَع الكرادلة (للإشراف على الارساليات التبشيريّة)

propagandist, *a.* & *n.* داعية، داعٍ، مروّج للدعاية

propag/ate, *v.t.* (**-ation,** *n.*) 1. (multiply specimens of) وَلَّدَ، أَبْقَى على الجنس بالتوالد أو التكاثر

2. (disseminate) بَثَّ، أَذَاعَ، نَشَرَ، رَوَّجَ

he used every means to propagate the news إِسْتَعْمَلَ جميع الوسائل لنشر الخبر

3. (extend operation of)

this chemical action propagates heat هذا التَّفاعُل الكيماوي يُوَلِّد حرارة

v.i. تَوَالَدَ، تناسل، تَكَاثَرَ، إِنْتَشَرَ

propel, *v.t.* دَفَعَ، دَسَرَ، سَيَّرَ، حَرَّكَ بقوّة (ميكانيكية مثلًا)

propelling pencil قلم رصاص آلي ذو خزان

propell/ant (-ent), *a.* & *n. esp. in senses* (مادّة كيماوية) دافعة أو دفّاعة

1. (explosive in shell) حشوة أو عبوة دافعة في قنبلة

2. (fuel in rocket) وقود يحترق ويدفع الصاروخ

propeller, *n.* داسر أو مروحة (الطائرة مثلًا)، رقّاص (السفينة)

propensity, *n.* ميل (فطري للمبالغة)، استعداد غريزي (للكذب)

proper, *a.* 1. (*gram.*)

proper noun اسم علم (نحو)

2. (belonging especially *to*)

I can only discuss matters proper to my subject لا استطيع أن أتحدّث إلّا عمّا يتعلّق بموضوعي

3. (fit, suitable, correct) موافق، مناسب، ملائم، موائم، صحيح

in the proper sense of the word استعمل هذه الكلمة) في معناها الحقيقي أو الصحيح

4. (decent, conventional)

proper behaviour سلوك مناسب (للمجتمع مثلًا)، تصرّفات طبق العرف والعادات

5. (strictly so called)

within the sphere of architecture proper (هذا يقع) ضمن نطاق الهندسة المعمارية بحسب

proper fraction كسر حقيقي (رياضيات)

6. (*coll.*, thorough) كامِل ، تامّ

he made a proper mess of the job

خَرْبَطَ العَمَلَ خَرْبطة تامّة ، لَخْبَطه ، شَوَّهه

properly, *adv.* 1. (correctly) على الوَجْه الأتمّ

behave properly تصرّف كما يَنْبَغي ، سَلَكَ كما يَتَطَلَّب العُرف

he very properly refused رَفَض (ما طُلِب مِنه) وكان رَفْضُه مُتَمَشِّياً مع الأُصول المُتَّبَعة

2. (*coll.*, thoroughly) تمامًا ، على الآخِر (مصر)

he was properly in debt كان غارقًا في الدُّيون إلى أُذُنَيْه

propertied, *a.* مِن ذَوِي الأَمْلاك

property, *n.* 1. (owning, being owned)

property has its obligations

لِلْمِلْكِيّة واجِباتها ومَسْؤُولِيّاتها

2. (thing owned, possession(s)) مِلْك ، مال ، مَتاع ، عَقار

a man of property

صاحِب أَمْلاك ، مِن ذَوِي الأَمْلاك

real property أَمْوال ثابِتة ، أَمْوال غير مَنْقُولة (الأَرض وما عليها من مَبانٍ)

3. (an estate) ضَيْعة

4. (attribute) صِفة مُمَيِّزة ، ميزة ، خاصِّيّة

physical (chemical) properties

خَصائص طَبيعِيّة (كيماوِيّة)

5. (*theatr.*) *usu. pl.*; *coll. contr.* props

أَدَوات ولَوازِم التَّمْثِيل المَسْرَحِيّة

property-man; *coll. contr.* Props

المَسْؤُول عن حِفظ لَوازِم التَّمْثِيل وصِيانَتِها

prophecy, *n.* نُبُوّة ، تَنَبُّؤ ، تَكَهُّن بالغَيْب أو بالمُسْتَقْبَل

prophesy, *v.t.* & *i.* تَنَبَّأ بالمُسْتَقْبَل ، تَكَهَّن (بما سَيَحْدُث)

prophet, *n.* 1. (inspired teacher) نَبِيّ (أَنْبِياء)

the Prophet النبيّ محمّد ، رسول الله

2. (one who foretells) مَن يَتَنَبّأ أو يَتَكَهَّن

weather prophet مُوَظَّف بِمَصْلَحة الأَرْصاد (الأنواء) الجَوِّيّة يَتَنَبَّأ بِحالة الطَّقس

prophetic(al), *a.* نَبَوِيّ ، نِسْبة إلى التَّنَبُّؤ

prophylactic, *a.* & *n.* واقٍ من عَدْوَى الأَمْراض ، وِقائيّ

prophylaxis, *n.* الطِّبّ الوِقائيّ ، عِلاج يَمنع تفشّي الأمراض

propinquity, *n.* تَقارُب في الزَّمان أو المَكان ؛ قَرابة ، تَشابُه (في الأفكار مثلاً)

propiti/ate, *v.t.* (**-ation,** *n.*, **-atory,** *a.*)

اسْتَرْحَم ، اسْتَعْطَف ، اسْتَرْضَى

propitious, *a.* (فَأْل) يُبَشِّر بالخَيْر ، مُؤاتٍ ، مُناسِب ، مُلائِم ، سائغ

proportion, *n.* 1. (comparative part, share)

حِصّة ، سَهْم

a large proportion of the profits

نَصِيب وافٍ أو حِصّة ضَخْمة من الأَرْباح

2. (comparative relation, ratio) نِسْبة

proportion of births to the population

نِسْبة المَوالِيد إلى عَدَد السُّكّان

3. (due relation between things or parts)

تناسُب ، وِئام

he spends in proportion to his means ينفق على قدر دخله، يصرف حسب ما يتّفق وطاقته

a sense of proportion من يزن الأمور بميزانها الصحيح، من يعيّر الأمور الاهتمام الذي تستحقّه

out of all proportion لا يَتناسَب مُطْلَقًا مَع ... ، غيْرمُتَناسِب مع

4. (*math.*, equality of ratios) التناسب (في الرياضيات)

5. (*pl.*, dimensions) أبعاد (حجرة ذات) كبيرة

v.t. نَاسَبَ (بَيْن دَخْلِه ومَصْرُوفاته)

well-proportioned (حجرة ذات أبعاد) متناسبة ومتناسقة

proportional, *a.* نِسْبي، مُتناسب

proportional representation التمثيل النسبي (للأحزاب والجماعات في الانتخابات)

proportionate, *a.* متناسب، نسبي، متعادل، (الربح) يتناسب (والمساعي)

proposal, *n.* 1. (act of proposing something) اقتراح، عرض

2. (offer of marriage) طلب للزواج، عرض للقران

3. (scheme of action) مشروع (للسلام مثلًا)

propose, *v.t.* اِقْتَرَحَ، عَرَضَ، تقدَّم برأي

the motion was proposed and seconded طُرِح الاقتراح على بساط البحث وَأيَّدَه عضو ثانٍ

he proposed a toast to the guests اقترح شرب نخب الضيوف

v.i. 1. (intend, purpose) نَوَى، اِنْتَوَى، اِعْتَزَمَ، قَصَدَ

man proposes, God disposes العبد في التفكير والله في التدبير

2. (offer marriage *to*) طَلَبَ الزواج من، عَرَضه عليها، طَلَبَ يدها

proposition, *n.* 1. (statement) قول، تصريح، خبر

2. (*logic*) قضية (في المنطق)

3. (*math.*) قضية (رياضية)، بديهية من بديهيات اقليدس

4. (proposal) اقتراح، مُقْتَرَح، عَرْض

he made him a proposition عَرَضَ مشروعًا عليه، عَرَضَ عليه صفقة تجارية

this is a tough proposition (*sl.*, a difficult undertaking)
هذا أَمْر عَسِير (يَتَطَلّب مجْهودا شاقًّا)

propound, *v.t.* اِقْتَرَحَ، عَرَضَ، بَسَطَ أو طَرَحَ (نظرية للبحث والتمحيص)

proprietary, *a.* امتلاكي، نسبة إلى المالك

proprietary medicine مستحضر طبّي جاهز من ماركة مسجلة

proprietary rights حقوق الملكية

proprietor, *n.* صاحب أو مالك (محلّ تجاري)، صاحب (المطعم مثلًا)

proprietress, *n.* صاحبة أو مالكة (المحلّ)

propriety, *n.* 1. (correctness) صَلاحِيَّة، صِحّة (الرأي)، سَدَادُه

I question the propriety of granting his request إنّي أَشُكّ في صَوَاب المُوافَقَة على إجابَة طَلَبِه

2. (good standard of behaviour) سلوك مؤدّب، احتشام، اللياقة

a breach of propriety (إنّ في سلوكه هذا)خروجًا عن حدود اللياقة، منافاة للأدب

3. (*pl.*, details of correct conduct) أصول الآداب والسلوك الحسن

he observed the proprieties راعى الأصول والتقاليد

props, *contr. of* **properties**

propulsion, *n.* دفع، تسيير، تحريك

jet propulsion التسيير النفّاثي، الدفع النفّاث (طيران)

propulsive, *a.* دافع، داسر، محرّك

prorog/ue, *v.t.* (**-ation,** *n.*) أجّلَ البرلمان دون حلّه، ختَمَ دورة انعقاده

prosaic, *a.* تافه، مملّ، مبتذل، لا تشويق فيه

proscenium, *n.* الجزء الأمامي من خشبة المسرح أمام الستارة

proscr/ibe, *v.t.* (**-iption,** *n.*, **-iptive,** *a.*) حرَّمَ استعمال شيء؛ جَرَّدَه من حقوقه القانونية؛ أعْلَنَ أن (تعاطي الخمر) خطر

the government was forced to take proscriptive measures اِضطرّت الحكومة إلى اتخاذ إجراءات تحريمية

prose, *n.* 1. (non-metrical language) نثر، منثور (خلاف المنظوم)، كلام مرسل

travel can enliven the prose of life السفر قد يبدّد سآمة الحياة اليومية التافهة

2. (passage for translation into foreign language) نصّ يتطلّب ترجمته إلى لغة أجنبية

v.i. (talk tediously) أسْهَبَ في الكلام وبعث الملل في سامعيه

prosecute, *v.t.* 1. (carry on) قَامَ بِ، أجْرَى، نَفَّذَ، وَاصَلَ العمل حتّى النهاية

he prosecuted the inquiry with energy تَابَعَ البحث أو التحقيق بهمّة ونشاط

2. (institute legal proceedings against); *also v.i.* قَاضَى (خصمه أمام المحكمة)، رَفَعَ دعوى ضدّه، وَجَّهَ إليه تهمَة أمام القضاء

trespassers will be prosecuted (ممنوع الدخول) والمخالف تتخذ ضدّه الإجراءات القانونية

prosecution, *n.* مقاضاة (خصم)، اِتّخاذ الإجراءات القانونية ضدّه

counsel for the prosecution محامي الادعاء، المحامي الذي يوجه التهمة للمدّعى عليه أمام القضاء

prosecutor, *n.* المدّعي (يوجه التهمة للمتّهم)

public prosecutor المدّعي العامّ، النائب العمومي (وهو يمثل الدولة في الدعوى)

proselyte, *n.* مُعْتَنِق حديث لمذهب (ديني أو سياسي)

proselytize, *v.t.* حَوَّلَ شخصًا عن عقيدته الأصلية إلى عقيدة جديدة

prosody, *n.* عِلْم العروض، دراسة أوزان الشعر، فنّ نظم الشعر

prospect, *n.* 1. (wide view) منظر طبيعيّ (كما يبدو من مكان مرتفع مثلًا)، مشهد (ريفي)

2. (expectation) ما ينطوي عليه المستقبل، دَلائل المستقبل

the job has good prospects تنطوي هذه الوظيفة على إمكانيّات جيدة للترقي

he is not rich but he has prospects ليس (فلان) غنيًّا ولكنّه من المتوقّع أن يرث

3. (*coll.*, possible customer) من يحتمل اقناعه بشراء سلعة أو باستخراج بوليسة تأمين مثلًا

4. (*mining*, spot giving prospects of mineral deposits) منطقة يرجّح أن تحتوي على معادن يمكن استغلالها

v.i. (carry out search *for*) نَقَّبَ (بحثًا عن المعادن أو البترول)

prospective, *a.* منتظر، مأمول، مرجوّ، متوقع، مرتقب

prospective candidate من يحتمل ترشيحه

prospector, *n.* منقّب أو باحث (عن المعادن)

prospectus, *n.* نشرة مطبوعة (توضح نظام مؤسّسة)

prosper, *v.i.* (succeed) نَجَحَ، أَفْلَحَ، وُفِّقَ، اِزْدَهَرَت (التجارة مثلًا)

v.t. (*arch.*, make to succeed) وَفَّقَكَ (اللّه)

prosperity, *n.* ازدهار، نجاح، فلاح، يُمْن، توفيق، يسار، رخاء، سرّاء

prosperous, *a.* ناجح، مُفْلح، مُوَفَّق، (تجارة) مزدهرة

prostat/e, *n.* (**-ic,** *a.*); *also* prostate gland البروستاتة، غدّة المثانة، الموثة

prostitute, *n.* مومِس (مومسات)، بغيّ (بغايا)، قحبة (قِحاب)، عاهرة

v.t. اتجرت بعرضها، باعت جسدها

he prostituted his gifts by becoming a hack writer أَضاعَ مواهبه الأدبية بتأليف الأدب الرخيص في سبيل المادّة

prostitution, *n.* البغاء، الاتّجار بالعرض

prostrate, *a.* 1. (lying face downwards) طريح أو منبطح على وجهه، (خرّ) ساقطًا على الأرض

2. (physically exhausted) منهوك القوى، خائر (على أثر مجهود جسماني كبير)

he was prostrate with grief هدّ الحزن قواه

v.t. 1. (lay flat on the ground) طرحه صريعًا على الأرض، جعله يخرّ ساقطًا

he prostrated himself before the King اِرْتَمَى على الأرض ساجدًا أمام الملك

2. (reduce to extreme physical weakness) أنهكه (القيظ)، أضناه (الإعياء)

prostration, *n.* انبطاح؛ إنهاك (من شدّة التعب أو الحزن)

nervous prostration انهيار عصبي (بتأثير الحزن أو المجهود المضني أو صدمة نفسية)

prosy, *a.* (وصف) مُسْهَب ومُمِلّ، (أسلوب) تافه وغثّ، (خطبة) مبتذلة مليئة بالحشو

protagonist, *n.* الشخصيّة الرئيسيّة في مسرحيّة أو قصّة، مِن أنصار حركة (فكرية)؛ داعِية (لرأي)

protasis, *n.* (*gram.*) جُزء من الجملة الشرطية يحتوي على فِعْل الشرط، الشرط (خلاف الجواب)

protect, *v.t.* 1. (keep safe) حَمَى، وَقَى، حَفِظَ، حافظ على، صان (من الخطر أو الأذى)

2. (*econ.*, guard *home industry* against foreign competition) قام بحماية الصناعة الوطنية من المنافسة الأجنبية

protection, *n.* 1. (action or state of protecting) وقاية، حِمَاية، حِفْظ، صَوْن، صِيانَة

under the protection of في حِمايَةِ ...

2. (patronage) رعاية (الفنون مثلًا)

3. (person or thing that protects) (كان معطفه) وقاء أو وقاية (له من البرد الشديد)

4. (system of protecting home industries) حماية المنتجات الوطنية

protection/ism, *n.*, **-ist,** *n.* سياسة حماية الصناعة الوطنية (بفرض رسوم جمركية مثلًا)

protective, *a.* واقٍ، حام، وقائي

protective clothing ملابس واقية (من خطَر ما)

frogs have protective colouring أجسام الضفادع ملوّنة بألوان تقيها في بيئتها الطبيعية

the police took the speaker into protective custody وَضَع رجال الشرطة الخطيبَ تحت الحِراسة الوِقائية

protector, *n.* 1. (person who protects) حام ، راعٍ ، نَصير ، مُجير (في الشّدائد)؛ القِدّيس الشَّفيع

2. (regent in charge of kingdom) وصيّ على العرش (يقوم مقام ملك قاصر)

3. (thing, device, that protects) أداة للوقاية من الخطر أو الأذى

protectorate, *n.* 1. (office of protector of kingdom) الوصاية على العرش

2. (protectorship of weaker state by stronger one) حماية (دولة لأخرى)

3. (state so protected) (دولة) محميّة

protégé, *n.* من يتمتع برعاية شخص كبير أو ذي نفوذ، من يحظى بعطف وتشجيع من...

protein, *n* البروتين، من الزلاليات

protest, *n.* اِحْتِجاج ، شَكْوَى ، اِعْتِراض

he did it under protest فَعَله عَن كُرْه ، قام بِه رَغْم أَنْفِه

v.t. (affirm) أَصَرّ عَلى ، أَكّد ؛ زَعَم أنّ

v.i. (make a protest *against, at, or abs.*) اِحْتَجّ ، اِعْتَرَض على ...

Protestant, *n. & a.* (**-ism,** *n.*) بروتستانتيّ ؛ المَذْهَب البروتستانتي

protestation, *n.* 1. (affirmation) إصرار على (براءته مثلًا)، تأكيد

2. (protest) احتجاج ، شكوى، اعتراض

proto-, *in comb.* (بادئة بمعنى) أصلي، أولي

protocol, *n.* 1. (original draft) المسوّدة الأولى لوثيقة مفاوضات (سياسية مثلًا)

2. (diplomatic etiquette) البروتوكول، الأصول الدبلوماسية

chief of protocol رئيس التشريفات، مدير المراسيم

proton, *n.* البروتون، الأوّيل

protoplasm, *n.* (**-ic,** *a.*) بروتوبلازم، مادّة هلامية تتكون منها الخلايا الحيّة

prototype, *n.* أنموذج أوّلي أو أصلي في تطوّر صناعة جهاز ما؛ مثال يقتدى

protozoa, *n.pl.* (**-n,** *a.*) البروتوزوا، الحيوانات الأولية، كائنات وحيدة الخلية

protract, *v.t.* (**-ion,** *n.*) 1. (prolong) أطالَ (النقاش مثلًا)، طوّل، مَدّ، مَدّدَ

2. (draw to scale) رَسَم أو خَطَّطَ حسب مقياس معيّن

protracted, *a.* (نقاش) طويل، (خطبة) مسهبة

protractor, *n.* منقلة، مقياس الزوايا (هندسة)

protrude, *v.t. & i.* أَخْرَجَ (لسانه مثلًا)؛ بَرَزَت (الشرفة من الحائط)، نَتَأَ

protrusion, *n.* بروز أو نتوء؛ حدبة (على سطح الجلد مثلًا)

protrusive, *a.* بارز، ناتئ

protuberance, *n.* ناتئة، نتوء، حدبة، نتأة، بروز، ناشزة

protuberant, *a.* ناتئ، بارز، منتفخ، متورّم

proud, *a.* 1. (having high self-esteem) متكبّر، متغطرس، مغرور، متفاخر، متشامخ

he was too proud to accept her charity لم تسمح له كبرياؤه أن يقبل إحسانها

2. (having high opinion *of*) فخور أو معتزّ ب

she is proud of her son's achievements إنها فخورة بما أنجز ابنها

3. (feeling oneself honoured) متشرّف بِ

I shall be proud to accept your invitation يُشَرِّفني قبول دعوتكم

4. (feeling proper pride) فخور

the proud father الأب الفَخُور أو المُغْتَبِط

5. (giving cause for pride)

a proud moment موقف يبعث على الفخر والاعتزاز

6. (above surrounding level)

this plank is proud هٰذا اللَّوح الخَشَبِيّ يَعْلُو مُسْتَواه عَن أَلْواح الأَرضِيَّة الأُخرَى

adv. (*coll.*)

he did him proud احتفى به حفاوة كبيرة، أكرمه إكرامًا بالغًا

prove, *v.t.* 1. (establish) برهن على، قَدَّمَ دليلًا على، أَقَامَ البرهان على، أثبت

he was proved wrong ثبت أمام الجميع أنه مخطئ، جاءوا بأدلّة تثبت خطأ زعمه

prove a will أَثبت صحّة الوصية في المحكمة المختصّة قبل تنفيذها

2. (*geom.*, demonstrate *theorem* بَرْهَنَ على صحّة نظرية هندسية

3. (take proof impression of *stereotype plate, etc.*) استخرج بروفة أو تجربة أو شاهدة قبل الشروع في الطباعة

v.i. (turn out to be) ثبت أنَّ، تَبَيَّنَ فيما بعد أنَّ ...، اتّضح أنَّ ...

it proved ⟨to be⟩ a rainy day (كانوا يتوقعون يومًا صحوًا) ولكن نزلت الأمطار في ذلك اليوم

provenance, *n.* (لوحة لا يعرف) مصدرها الحقيقي

Provençal, *a. & n.* نسبة إلى إقليم بروفانس في جنوب شرق فرنسا؛ اللهجة البروفانسية

provender, *n.* عَلف الدوابّ أو عليقها

proverb, *n.* مثل من الأمثال السائرة، حكمة، عبارة مأثورة (مثل من جدّ وَجَد)

⟨Book of⟩ Proverbs سِفْر الأمثال (التَّوْراة)

proverbial, *a.* 1. (relating to proverbs) (أفكار) يعبّر عنها بأسلوب الأمثال

2. (widely known)

his generosity is proverbial تُضرَب بكرمِه الأمثال، إنّه أكرَم من حاتِم

provide, *v.t. & i.* زَوَّدَ، مَوَّنَ، أَمَدَّ بِ؛ أَعَدَّ المطلوب؛ إِحْتَاطَ ضدّ

he provided her with a house أَعَدَّ (لابنته مثلًا) منزلًا (لسكناها بعد زواجها)

have you provided against theft? هل اتخذت احتياطاتك اللازمة ضدّ السرقة (تأمين)

is the family provided for? هل كُفِل للعائلة معاشها؟ (بعد وفاة العائل مثلًا)

provided, *conj.*; *also* provided that بشرط أن (تدفع حصّتك مثلًا)؛ ما دام ...

providence, *n.* 1. (foresight, thrift) تدبر العواقب، الادّخار (احتياطًا ضدّ الطوارئ)

2. (beneficent care of God) العناية الإلهية

provident, *a.* مدبّر أموره باحتياط واقتصاد، غير مبذّر؛ (صندوق) ادّخار

providential, *a.* نسبة إلى العناية الإلهية؛ (كان وصوله لحسن الحظّ) في الوقت المناسب

providing, *conj.*; *also* providing that بشرط أن، على أن، على شريطة أن، ما دام

province, *n.* 1. (administrative division of country, etc.) وحدة إدارية (في الامبراطورية الرومانية خارج ايطاليا)، اقليم، مديرية

2. (*pl.*, all parts of country outside capital) الأقاليم والمدن الأخرى من (بريطانيا) فيما عدا العاصمة (لندن)

3. (*eccles.*) إقليم تحت اشراف رئيس الأساقفة

4. (sphere of action) دائرة اختصاص، ميدان (من ميادين العلوم أو الآداب)

it is not in my province to say ليس البتّ في هذا الأمر من اختصاصي

provincial, *a. & n.* 1. (of the provinces) نِسبة إلى الوحدات الإدارية في الأقاليم أو المديريات

2. (countrified, narrow) قروي، ريفي، ساذج (تقال ازدراءً)، (وُجهة نظر) ضَيِّقة الأفق

provincialism, *n.* اصطلاح إقليميّ؛ الاقليميّة

provision, *n.* 1. (providing *for*, *against*) تموين، تزويد، إعداد ما يلزم

he made provision for his old age ادّخر ما يكفيه لأيام شيخوخته

2. (amount provided) مؤونة، الكميّة المعطاة أو المقدّمة

the provision of paper was insufficient كانت كميّة الورق الواردة غير كافية

3. (*pl.*, supply of food) مؤونة من الزاد، ميرة، (لدينا) من الطعام ما يكفينا (اسبوعًا)

4. (condition in legal document) شرط في وثيقة قانونية، نصّ خاصّ في مُسْتَنَد

v.t. مَوَّن، جَهَّزَ، أَعَدَّ ما يلزم (من الطعام)

the ship was provisioned for the long voyage كانت السفينة ممّونة أو مزودة بطعام وعتاد يكفيان الرحلة الطويلة

provisional, *a.* مُؤَقَّت، وقتي، (حكومة) انتقالية

proviso, *n.* (**-ry,** *a.*) فقرة شرطية في عقد قانونيّ، قيْد، شرط، نصّ

provocation, *n.* استفزاز، إهاجة، إثارة، تحريض (الجماهير على الاحتجاج مثلًا)

he did this under great provocation لم يرتكب هذا الجُرْم إلّا نتيجة لاستفزاز شديد

provocative, *a.* (خطبة) استفزازية، (سلوك) مهيّج

my family can be very provocative قد يثير أفراد عائلتي أعصابي من حين إلى حين

mini-skirts can be provocative قد تكون "الميني جوب" مثيرة للرغبة

provoke, *v.t.* اِسْتَفَزَّ؛ أَثَارَ (عاصفة من الضحك)، أَهَاجَ، حَرَّضَ، أَغَاظَ

he was provoked to write a letter to *The Times* دفعه غضبه الشديد إلى كتابة رسالة إلى محرّر جريدة «التيمس»

if you provoke the dog he will attack you إذا اسْتَفْزَزْتَ الكلبَ هاجَمك

provoking, *a.* مهيّج، مثير، مُنَرْفِز

oh, how provoking! يا ستار! استغفر الله!

provost, *n.* 1. (head of certain colleges) الرئيس الأعلى لكلّية جامعية

2. (*mil.*)

provost-marshal قائد الشرطة في القوات المسلّحة

prow, *n.* مقدم السفينة، قَيْدُومها، جؤجؤها، صدرها

prowess, *n.* بطولة وشهامة؛ براعة، مهارة فائقة

prowl, *v.i. & t.* تَعَسْعَسَ (الذئب)، طاف أو جَالَ ابتغاء الفريسة أو السلب والنهب

n. تجوّل

on the prowl تجوّل أو طاف يضمر شرًّا، ذهب (في الظلام) ينشد فريسة

proximate, *a.* الأقرب من حيث المكان أو الزمان

proximity, *n.* قُرْب، جوار، كَثَب

in close proximity to على أو عن كَثَب من، على مقربة من ...، قريبًا جدًّا، بجوار

proximo, *adv., contr.* **prox** في الشهر القادم

proxy, *n.* 1. (agency of substitute) وكالة، نيابة، توكيل، تقليد الوكالة لشخص

marriage by proxy عقد الزواج بتفويض

2. (person authorized to act for another) وكيل مفوّض لتمثيل شخص غائب، نائب، بديل

he stood proxy for his friend فُوِّض نائبًا عن صديقه أثناء غيابه، نَابَ عن صديقه

prud/e, *n.* (**-ish,** *n.*) مُفْرط في الاحتشام، اِمرأة تغالي في تجنب كلّ ما يخدش الحياء

prud/ent, *a.* (**-ence,** *n.*) مُتدبّر للعواقب، فطين، متبصِّر؛ (ربة بيت) لا تبذّر في نفقاتها

prudential, *a.* حصيف، حذر، بصير، متنبّه لكلّ الطوارئ المحتملة

prudery, *n.* تكلُّف الحشمة (عند النساء غالبًا)

prune, *n.* خوخ أو برقوق مجفَّف أسود اللون، قراصيا

v.t. قَلَّمَ أطراف أغصان الشجر، شَذَّبَها، نقحها

pruning hook آلة للتقليم أو للتشذيب

pruri/ent, *a.* (**-ence, -ency,** *n.*) مفرط في التفكير في الأمور الجنسيّة، شَهوانيّ، شبق

pruritus, *n.* حَكّة جلدية لا تصحبها بثور (طبّ)

Prussian, *a. & n.* بروسي؛ نسبة إلى بروسيا

Prussian blue اللون الأزرق البروسي (الداكن)

prussic acid, *n.* حامض البروسيك (كيمياء)

pry, *v.i.* دَسّ أنفه في شؤون غيره، اسْتَطْلَعَ أخبارهم بتطفّل وفضول

Paul Pry متدخّل فيما لا يعنيه (فيلقى ما لا يرضيه)، فضولي، طُلَعة

pry, *v.t.* فَتَحَ (بابًا متروسًا) باستعمال مُخْل

he tried to pry the secret out of her حَاوَلَ انتزاع السرّ منها رغم أنفها

psalm, *n.* مزمور، أنشودة دينية

⟨Book of⟩ Psalms سِفْر المزامير (في العهد القديم)

psalmist, *n.* ناظم الأناشيد الدينية

the Psalmist داود النبي

psalmody, *n.* ترتيل المزامير (أثناء العبادة)

psalter, *n.* كتاب المزامير (معدّة للتلاوة)

psaltery, *n.* السنطور، آلة موسيقية وَتَرِيّة قَدِيمَة

pseudo-, *in comb.* (بادئة بمعنى) زائف، غير حقيقي، كاذب

pseudonym, *n.* (**-ous,** *a.*) اِسم مستعار؛ مُنْتَحَل

pshaw, *int., n., & v.i.* أُف، تَبًّا (تقال ازدراءً)

psittacosis, *n.* ببغائية، مَرَض مُعْدٍ يصيب الببغاء

psoriasis, *n.* داء الصدفية (مرض جلدي)

Psyche, *n.* رَبّة في الأساطير الاغريقية

psyche, *n.* 1. (soul, mind) الروح أو النفس البشرية؛ العقلية الانسانية

2. (genus of moths) نوع من العثّ يطير نهارًا

psychiatrist, *n.* طبيب نفساني، طبيب الأمراض العقلية

psychiatr/y, *n.* (**-ic(al),** *a.*) طبّ الأمراض النفسية أو العقلية، طبّ النفس

psychic, *a.* 1. (relating to the spirit or soul) نسبة إلى الروح أو النفس

psychic phenomena ظواهر روحية (ناجمة عن أسباب خارقة للطبيعة)

2. (*of persons,* susceptible to psychic influences); *also n.* وَسِيط قادِر على التكهّن

psychical, *a.* 1. (of the soul or mind) نسبة إلى النَّفْس أو الرُّوح

2. (of phenomena apparently outside physical law) (ظواهر) غير طبيعية

psychoanalyse, *v.t.* حَلَّلَ تحليلًا نفسانيًّا، عَالَجَ مريضًا نفسانيًّا بهذه الطريقة

psychoanaly/sis, *n.* (**-tic(al),** *a.*) التَّحْليل النَّفْسانيّ (وَضَعَه العالِمان فرُويْد ويُونج)

psychoanalyst, *n.* المحلِّل النفساني، طبيب أخصائي في التحليل النفسي

psychological, *a.* سيكولوجي (علم النفس)

psychological moment (*also coll., joc.*) (اِخْتارَ) أنسب الأوقات (لضمان الاستجابة لطلبه)

psychological novel قصّة تعالج مشكلة نفسانية

psycholog/y, *n.* (**-ist,** *n.*) علم النفس، السيكولوجيا؛ عالم نفساني؛ ذو فطنة فائقة

psychopath, *n.* (**-ic,** *a.*) من يعاني من اضطراب عقلي يجعل سلوكه ينافي عادات المجتمع، سيكوباثي

psych/osis, *n.* (**-otic,** *a.*) الذهان، اختلال عقلي حادّ يوثر على شخصية المصاب تأثيرًا شاملًا

psychosomatic, *a.* (أعراض مرضية) تنتج عن أسباب نفسانية خفيّة

psychotherapy, *n.* العِلاج بالتَّحْليل النَّفْسي

ptarmigan, *n.* طائر الترمجان، عَقْد أبكم

pterodactyl, *n.* حيوان منقرض من الزواحف الطائرة، التيرودكتيل

Ptolemaic, *a.* 1. (of the Ptolemies) بطلمي، نسبة إلى أسرة البطالسة التي حكمت مصر

2. (of the astronomer Ptolemy) نسبة إلى العالم الفلكي بطليموس صاحب «المجسطي»

Ptolemaic system النظام البطليموسي الفلكي

ptomaine, *n.* التومين، سمّ (نتيجة تعفّن البروتينات)

pub, *n., coll. contr. of* **public** house حانة، بار

they went on a pub crawl ظلوا يترددون على حانة بعد أخرى، توجّهوا من ميخانة إلى ميخانة

puberty, *n.* البلوغ الجنسي، المراهقة

he reached the age of puberty أدْرَكَ الفتى سنّ البلوغ الجنسي، اِحْتَلَمَ

pubic, *a.* نسبة إلى العانة، عاني (طبّ)

pubic hair شعر العانة

public, *a.* عامّ، عمومي، شعبي

public address system نظام أجهزة تكبير الصوت (للخطابة أو للنداء في المحلّات العامّة)

public bar حجرة بحانة تبيع بأسعار أرخص قليلًا

public convenience مراحيض عامّة

public funds (تدفع نفقات الاحتفال من) الخزانة العامّة أو من أموال البلدية

public house حانة، خمارة، بار، ميخانة

public orator أحد رجال الجامعة يعيَّن خطيبًا للتحدّث في الاحتفالات الرسمية المختلفة

public prosecutor النائب العمومي، المدّعي العامّ

public protest مُظاهَرة احْتِجاجِيّة

public record office إدارة السِّجلّات العامّة

public relations officer مُوَظَّف العَلاقات العامّة

public school مَدْرَسة انكليزيّة خاصّة ذات مَصْرُوفات عالِية

public spirit الصّالِح العامّ، خِدْمة المُجْتَمَع

public utilities المرافق العامة

public works (وزارة) الأشغال العامّة

he acted in the public interest اِتَّخَذَ خطوة تنطوي على خدمة للصالح العامّ

he has become a public nuisance تكررت أعماله الضارة حتّى أصبح مصدر إزعاج للجمهور

it is too soon to make the plans public لم يَحِن الوقت لإحاطة الجمهور علمًا بالخطط المقترحة

n. 1. (the people as a whole) الجمهور، العامّة، سواد الشعب، الناس

in public علانيةً، جهرًا، على الملأ، أمام الناس

2. (particular section of the community) طائفة من الجمهور

the cinema-going public روّاد السينما

publican, *n.* 1. (*Roman hist. & bibl.*, tax collector) عشّار (العهد الجديد)

2. (keeper of public house) صاحب حانة أو بار أو ميخانة، خمّار

publication, *n.* 1. (making publicly known) إعلان (الخبر على الجمهور)

2. (issuing of book, etc.) نَشْر (الكتاب)، إصدار مطبوعات

3. (book, etc., so issued) منشورات أو مطبوعات (المطبعة مثلا)

publicist, *n.* صحفي يعالج المشاكل الحيوية

publicity, *n.* (على) مرأى ومسمع من الجمهور

he did it only to court publicity لم يفعل ذلك إلّا التماسًا للشهرة

there is no such thing as bad publicity مَهْمَا بَلَغَت رَداءة الإعلان فلا ضَرَرَ مِنها على كُلّ حال

publicize, *v.t.* رَوَّجَ (سلعة مثلًا) بالإعلان عنها والدعاية لها في الصحف

publish, *v.t.* 1. (make generally known) أَذَاعَ (الأنباء) أو نشرها، أَعْلَنَ (الخبر)

2. (issue copies of *book*, etc., for sale to the public) أَصْدَرَ (كِتابا جديدًا)، نَشَرَ (بحثا عِلْمِيًّا)

publisher, *n.* الناشر، دار النشر

puce, *a. & n.* لون بني أرجواني

he turned puce with rage إِحْتَقَنَ وجهه بالدم من شدّة الغضب

puck (**Puck**), *n.* 1. (mischievous sprite) جِنّي لعوب، عفريت شقي

2. (rubber disc used in ice hockey) قرص من المطاط يُلْعب به في هوكي الجليد

pucka, see **pukka**

pucker, *v.t. & i.* زَمَّ (شفتيه استياءً)

n. تجاعيد أو ثنيات (في خياطة الملابس)

puckish, *a.* لعوب وهوائي وغريب الأطوار

pudding, *n.* 1. (mixture of food boiled, steamed or baked) طَبَق حلو يُعَدّ من الدَّقيق والدُّهْن أو الأرز والحليب الخ.

pudding-basin وِعاء خَزَفِيّ (سُلْطانيّة) يُوضَع به البُودنج ويُغْلَى داخِل إناء آخَر

pudding-cloth كيس من القماش الأبيض يوضع فيه مخلوط البودنج ويغلى وقتًا طويلًا

she is something of a pudding هذه الفتاة سمينة بعض الشيء؛ لديها شيء من ثقل الدم

2. (sweet course of meal) طبق حلو يؤكل في نهاية الوجبة

puddle, *n.* 1. (small pool) حُفْرَة ضَحْلَة بالطّريق تَمْتَلِئ بمِياه المَطَر

2. (mixture of sand, clay and water) مِلاط أصمّ من الطين والرمل والماء

v.i. (dabble, wallow (*about*) in mud, etc.) بلبط (الأطفال) أو طبشوا أو خوضوا في الوحل

v.t. 1. (mix *clay and sand* into puddle) مزج الصلصال بالرمل والماء وعجنها

2. (treat a *canal wall, etc.*, with puddle) مَلَطَ جانب الترعة أو غطّاه بملاط أَصَمّ

3. (stir about *molten iron*) حَرَّكَ خام الحديد المنصهر بآلة خاصّة لإنتاج الحديد المطاوع

pudenda, *n.pl.* الأعضاء التناسلية الخارجية (في جسم المرأة أو الرجل)، المحاشم، العورة

pudgy, *a.* ذو جسم قصير وبدين، دَحْدَح، ربيل

pueblo, *n.* قرية صغيرة لهنود امريكا في المكسيك؛ من سكّان هذه القرى

pueril/e, *a.* (**-ity,** *n.*) لا يليق الّا بالصغار، (تصرفات أو أسئلة) صبيانية؛ توافه، صبيانيات

puerperal, *a.* متعلق بالولادة، نفاسي

puerperal fever حمّى النفاس

puff, *n.* 1. (short emission of breath, wind, steam, smoke) نسمة أو نفخة من الهواء، هبة ريح، نفثة دخان (تخرج من فم المدخّن)

2. (soft, round, protuberant mass of something)

jam puff فطيرة خفيفة هشة محشوة بالمربّى

powder puff قرص من القطيفة الناعمة لذرّ البودرة على الوجه، بدّارة (مصر)

puff-ball فَقْع، جنس فطور من الفقعيات

puff pastry عجينة خاصّة لصناعة الفطائر الهشّة

puff sleeve كُمّ منتفخ (في الأزياء النسائية غالبًا)

3. (laudatory advertisement or review) مدح مغالى فيه (في نقد كتاب أو مسرحية مثلاً)

v.i. & t. 1. (blow out in puffs, pant) لَهَثَ، نَفَثَ (القطار الدخان)، نَفَخَ؛ اِنْتَفَخَ

he was puffed when he arrived كان يَلْهَث عند وصوله، كان مبهور الأنفاس ساعة قدومه

2. (blow *out*, *up*, inflate) نَفَخَ، انتفخ؛ (بعد خلع ضرسه مثلاً) تَوَرَّمَ (خدّه)

puff-adder أفعى افريقية تنفخ رقبتها عند الاهتياج

puffed up

(swollen) منتفخ، منفوخ، متورّم

(conceited) منتفخ بالكبرياء، متكبِّر، متعظِّم

3. (advertise with exaggerated praise) كَالَ المدح (للكتاب الجديد) جزافًا

puffin, *n.* البَفَن (طائر بحري من طيور المحيط الأطلسي الشمالي يمتاز بمنقاره الضخم)

puffy, *a.* 1. (short-winded) قصير النفس، لهثان

2. (swollen) (خدّ) متورِّم، منتفخ

pug, *n.* (breed of dog) جنس من الكلاب الصغيرة يشبه البولدج ويمتاز بأنفه الأفطس

pug-nosed ذو أنف أفطس

pugil/ist, *n.* (**-ism,** *n.*, **-istic,** *a.*) ملاكم محترف؛ حرفة الملاكمة

pugnac/ious, *a.* (**-ity,** *n.*) ميّال بفطرته إلى الاعتداء على غيره؛ الميّال إلى العراك والشجار

puisne, *a. & n.* (*leg.*) (القاضي) الأصغر أو الأدنى في المحاكم العليا (القانون الانكليزي العام)

puke, *v.i. & t.* تَقيَّأَ، أَفْرَغ جَوْفَه

pukka (pucka), *a.* (لفظ هندي الأصل يستعمل بمعنى) صحيح، حقيقي، غير مزيف، قُحّ

pull, *v.t.* 1. (exert force on *something* to draw it towards one) سَحَبَ، جرَّ، جَذَبَ، شَدَّ (طرف الحبل مثلاً)

pull the trigger ضَغَطَ على زناد (البندقية)

pull strings; *also* pull wires اِسْتَغَلَّ نفوذه من وراء الستار لصالحه الشخصي أو لمصلحة غيره

2. (obtain by pulling)

he pulled a long face عَبَسَ وجهه اغتمامًا، بدت على وجهه سيماء الكدر

he thought he could pull a fast one on me ظَنَّ أنه يستطيع أن يغشني في غفلة منّي

she pulled the black-currants قَطَفَت ثمار الكشمش الأسود؛ نزعت سويقاتها أو عصيّها الصغيرة

he pulled a glass of beer مَلأَ (صاحب الحانة) قدح البيرة بالضغط على ذراع مضخة البرميل

3. (draw *sword, guns, etc.*) اِسْتَلَّ (سيفه)، اِمْتَشَق (حسامه)، أشْهَرَ (مسدّسه مثلاً)

the dentist pulled a tooth خَلَعَ طبيب الأسنان ضرس المريض أو اِقْتَلَعَه

4. (*print.*)

pull a proof طَبَعَ (عامل المطبعة) نسخة من (المنشور مثلاً) على سبيل البروفة

5. (move *boat* by oars); *also v.i.* جذّف القارب

he pulled his weight in the project
لم يَأْلُ جهدًا في القِيام بِقِسْطه مِن المَشْرُوع

6. (restrain)

the jockey pulled his horse كَبَح 'الجُوكِي' جِماح فَرَسِه لِيَحُدَّ من انطِلاقه

pull one's punches

(*boxing*) تخاذل عمدًا في الملاكمة، لم يسدّد ضرباته بكل قوته

(*fig.*)

the director never pulls his punches لا يَتَرَدَّد المُدِير في نَقْد مُوَظَّفِيه نَقدًا قاسِيًا

7. (strain)

he pulled a muscle أصيبت إحدى عضلات (ساقه مثلًا) بأذى (لقيامه بحركة فجائية)

8. (*cricket, golf*) ضَرب الكُرة وراءه أونحوَ اليَسار

9. (*with adverbial adjuncts to form compound verbs*)

pull about (handle roughly) جَذَبَ (الكتاب مثلًا) بغلظة وبغير عناية

pull along سَحَبَ أو جَرَّ وراءه (حملًا)

pull apart; *also* pull to pieces

(*lit.*) (أفْسَد آلة) بفكّ أجزائها بعُنف

(*fig.*, criticize) فَنَّدَ (حجّته) نقطة نقطة

pull back جَذَبَ ذراع الآلة نحوه؛ تَراجَعَ

pull back the curtains (draw apart) أَزاحَ الستار عن النافذة (ليدخل ضوء الشمس)

pull down

(lower by pulling) جَذَبَ (غصن الشجرة ليقطف الثمار مثلًا)

(demolish *building*) هَدَمَ مبنى (قديمًا)

(debilitate) أَضْعَفَه (المرض)، أَنْهَكَه، أَضْنَاه

pull in

(haul on *rope, etc.*) سَحَبَ (القارب نحوه مثلًا) بشدّ حبله

(*coll.*, arrest) قَبَضَ (رجال الشرطة) عليه، اعْتَقَل (للتحقيق معه حول جريمة ما)

pull off

(*lit.*) قَلَعَ، اِقْتَلَعَ، خَلَعَ (يد الباب مثلًا)

(*fig.*, achieve) نَجَحَ في تحقيق غرضه رغم الصعاب، أفلح (خلاف ما كان متوقعًا)

pull on (*garment*) اِرْتَدَى (القميص مثلًا)

pull out (produce from concealment), *whence* أَظْهَرَ للعيان

pull-out, *n.* (unfolding page in book) خريطة أو ورقة مطوية في الكتاب؛ مُلْحَق ينزع من مجلّة

pull through (*lit.*) جَذَبَ أو انتزع شيئًا من خلال ثقب أو فتحة ضيّقة

pull-through, *n.* (for cleaning small arms) خيط متين بطرفه خرقة لتنظيف ماسورة البندقية

she pulled him through the exam لم ينجح في الامتحان الّا بفضل مساعدتها ومجهوداتها

he ought to pull himself together ينبغي عليه أن يتخلّى عن كسله وأن يستجمع قواه

he pulled the tree up by the roots اِقْتَلَعَ الشجرة أو استأصلها من جذورها

you must pull your socks up (*coll.*) (كفاك عبثًا) وعليك أن تضاعف جهدك في عملك

he pulled him up sharply وَبَّخَه (المدير مثلًا)

v.i. 1. (exert drawing force)

the car pulls well تنطلق هذه السيّارة بسهولة فائقة

2. (suck *at cigarette, etc.*) أَخَذَ نفسًا طويلًا من السيجارة أو جرعة من المشروب

3. (*with adverbial adjuncts to form compound verbs*)

pull away (gain ground) أَخَذَ (المتسابق) في التقدّم على منافسه (في الجري مثلًا)

Oxford are pulling away فريق اكسفورد آخذ في التقدّم على فريق كمبردج (في سباق التجديف السنوي)

pull in (*of car*, move to near side of road) *whence* إِنْتَحَى سائق السيّارة جانبًا

pull-in, *n.* (roadside café) مقهى في جانب طريق عامّ

pull out

(*of train*, leave station) غَادَرَ القطار المحطّة

(*of troops*, evacuate) إِنْسَحَبَ الجنود أو جَلَوْا

(*of car or driver*) تَحَرَّكَت السيّارة متجهة من جانب الطريق إلى وسطه

pull round (recover) نَقَهَ المريض أو إِسْتَرَدَّ عافيته؛ إِنْتَعَشَت شؤون الشركة (بعد كساد)

pull through (survive); *also v.t.* (survive illness) شُفِيَ من مرض خطير

pull together (*fig.*, co-operate) تكاتفوا (في الكفاح)، تعاونوا أو تآزروا (في وقت الشدّة)

pull up (*of vehicle or driver*, stop), *whence* أَوْقَفَ (السائق) السيّارة

pull-up, *n.* (roadside café) مطعم أو مقهى على جانب الطريق (يرتاده سائقو اللوريات غالبًا)

n. 1. (act of pulling) سَحْب، شدّ

(*fig.*) نفوذ

he has the pull over his rival يتفوّق على منافسه بحظوته (لدى مدير الشركة مثلًا)

he has 'pull' إنّه ذو نفوذ كبير (على ذوي الشأن مثلًا)

2. (*in printing*, rough proof) مسودة الطبع، بروفة، نسخة تجريبية

3. (handle or lever to be pulled) مقبض، ذراع (يضغط عليها لتشغيل محرّك مثلًا)

4. (effort of climbing) المجهود اللازم بذله عند الصعود أو التسلّق

it is a long pull to the top of the hill يحتاج الصعود إلى التلّ إلى مجهود كبير

pullet, *n.* فرّوجة، دجاجة صغيرة، بدارة (مصر)

pulley, *n.* بكرة، طارة، طنبور (هندسة)

pulley-block البكّارة، العيّار (هندسة)

Pullman, *a.* (عربة سكّة حديد) فاخرة أو ممتازة

Pullman coach (car); *also* Pullman, *n.* عربة قطار بولمان (فيها موائد للأكل أو سُرُر للنوم)

pullover, *n.* بولوفر صوفي (محيك وبغير أزرار)

pullulate, *v.i.* نَبَتَ؛ تَكَاثَرَ أو تَزَايَدَ بسرعة، عَجَّ

pulmonary, *a.* نسبة إلى الرئتين، رئوي

pulp, *n.* 1. (fleshy part of fruit) لبّ، لباب الثمرة (جماع المادّة الدرنية النباتية الطبيعية)

2. (soft or fleshy substance resembling this) عَجِينة، مَعْجُون

reduce to pulp

(*lit.*) حَوَّلَ مادّة (كالورق مثلًا) إلى عَجِينة

(*fig.*) جعلوا منه خرقة او ممسحة، تحطّمت روحه المعنوية

wood pulp عجين الخشب (لصناعة الورق)

pulp literature مؤلفات تافهة غثّة، قصص مطبوعة على ورق رخيص وتباع بسعر زهيد

pulpit, *n.* منبر الوعظ (في كنيسة أو مسجد)

his history lessons are a pulpit for his political views يستخدم هذا المدرس دروس التاريخ وسيلة للدعاية لآرائه السياسية

pulpy, *a.* (كتلة) كاللّب أو العجين

puls/ate, *v.i. & t.* (**-ation,** *n.*) ينقبض وينبسط بانتظام وتناسق؛ نبض أو خفق (القلب)

the whole room was pulsating with excitement كانت القاعة بأكملها تعتلج بالتلهف والانفعال

pulse, *n.* 1. (throbbing of arteries) نبض (الشريان)، خفقان القلب

the doctor felt (took) the patient's pulse جَسَّ الطبيب نبض المريض

he keeps his finger on the pulse of events إنه يتتبع تطورات الموقف باستمرار

the anthem stirred the pulses of the crowd هزّ النشيد الوطني مشاعر الجمهور

2. (impulse of elec. energy) نبضة (في التيار أو الموجة الكهربائية)

3. (edible leguminous seeds) حبوب القطاني (كاللوبيا والبازلاء)، قميم

v.i. نَبَضَ، خَفَقَ

pulverize, *v.t. & i.* سَحَقَ، طَحَنَ؛ انْسَحَق

he pulverized his opponent's arguments فَنَّدَ أو دَحَضَ حُجَجَ خصمه وهدمها هدمًا

puma, *n.* أسد أمريكي، كوجَر، بوما

pumice, *n., also* **pumice-stone** حجر خفاف

pummel, *v.t.* ضَرَبَ أو لَكَمَ مَرّات مُتَوالِية

pump, *n.* 1. (device for raising liquid or compressing gases, etc.) مضخّة، طلمبة، منفاخ، بمب (عراق)

cycle pump منفاخ الدرّاجة

pump-handle, *v.t.* هَزَّ يَدَ مُصافِحَه بعُنْف

pump-room قاعة عامة لشرب المياه المعدنية في المكان الذي تستخرج فيه

2. (light shoe) حذاء خفيف للسهرة والرقص

v.t. & i. 1. (force in, out by means of a pump) ضَخَّ (الماء مثلا)

he had to pump knowledge into a class of dullards اِضطرّ إلى حشو أذهان التلاميذ الأغبياء بالمعلومات

in spite of his pumping her he could get no information رغم إلحاحه عليها بالأسئلة لم يستطع انتزاع أية معلومات منها

2. (inflate tyre); *also* pump up نفخ (الإطار)

3. (empty by pump); *usu.* pump out, pump dry ضَخَّ، نَزَحَ الماء بمضخة

pumpkin, *n.* يقطين، قرع أحمر، قرع عسلي (مصر)

pun, *n.* نكتة مبنية على الجناس أو تعدّد معاني كلمة معينة

v.i. جانَسَ (على سبيل الفكاهة)

punch, *n.* 1. (tool) مِخْرَز، خَرّامة، مِثْقَب لِتَخْريم الأوْراق

bell-punch آلة يحملها الكساري ويستعملها في ثقب تذاكر الركّاب

2. (blow with fist) لكمة، ضربة بقبضة اليد

punch-ball كرة خاصّة معلّقة لتمرين الملاكمين

punch-drunk (ملاكم) يترنّح نتيجة للكمات غريمه العنيفة المتوالية على رأسه

3. (*coll.*, energy) همّة، نشاط، حماسة

his work lacks punch ليس في عمله الحيوية الكافية، إنّ عمله يعوزه النشاط

4. (drink) مزيج ساخن متبّل من مشروبات مختلفة

punch-bowl

(*lit.*) طاسة كبيرة يعدّ فيها مشروب البانش

(*fig.*, hollow in hillside) تجويف في جانب هضبة

v.t. 1. (pierce or stamp with punch) ثَقَبَ، خَرَّمَ

2. (strike with fist) ضَرَبَ بجمع اليد

3. (*U.S.*, drive *cattle*) ساق (الراعي الأبقار)

Punch, *n.* (hook-nosed puppet character), *in* Punch and Judy تمثيليات شعبية انكليزية بالدمى أو العرائس تشبه القراقوز (أراجوز)

he is as pleased as Punch. يطير فرحًا

punctilio, *n.* التمسك بالرسميات والشكليات

punctilious, *a.* من يراعي كلّ الرسميّات بدقّة

punctual, *a.* (**-ity,** *n.*) دقيق في مُراعاة المواعيد يحضر في الوقت المعيّن بالضبط

punctuate, *v.t.* 1. (complete *sentence, etc.* with punctuation marks) وَضَعَ علامات الوقف والترقيم وغيرها عند الكتابة

2. (interrupt *speech, etc.*) قاطعه مرارًا

his speech was punctuated with cheers قوطع خطابه مرارًا بالهتاف والتصفيق

punctuation, *n.* وضع علامات الوقف والترقيم

punctuation marks علامات الوقف والترقيم الخ

puncture, *n.* ثَقْب، خَرْق (في إطار سيّارة)؛ بَزْل (طبّ)

v.t. & i. ثَقَبَ، خَرَقَ؛ بَزَلَ (طبّ)

his pride was punctured by their laughter جَرَحَ ضَحِكُهم كِبرياءَه

pundit, *n.* 1. (learned Hindu) عالم هندي

2. (learned teacher, expert) علّامة (تقال تهكمًا)

pung/ent, *a.* (**-ency,** *n.*) (رائحة) لاذعة، (طعم) حريف

his pungent criticism was almost salutary كان نقده اللاذع مفيدًا إلى حدّ ما

punish, *v.t.* 1. (inflict penalty on *someone*, inflict penalty for *something*) عاقَبَ، أَوْقَعَ أو أَنْزَلَ عقوبة على

2. (handle severely in game) عذَّبَ، آلَمَ

in the third round he punished his opponent أذاق الملاكم منافسه المرّ والعلقم في الجولة الثالثة

3. (make inroads on *food*) اِلْتَهَمَ (الطّعام)

her son punished the joint كاد ابنها يأتي على قطعة اللحم المشوي بأكملها

punishment, *n.* عقاب، عقوبة، قِصاص، جزاء

punitive, *a.* (إجراء) تأديبيّ أو قصاصيّ

punk, *n.* (*U.S.*) 1. (decayed wood or fungus) خَشَب رَميم (يُسْتَعْمَل للإشعال)

2. (*sl.*, anything worthless) زُبالة (عامية)

punka(h), *n.* مروحة قماشية كبيرة تتدلى من السقف

punnet, *n.* سلّة صغيرة للفواكه (كالفراولة)

punster, *n.* متلاعب بكلمات ذات معانٍ متعدّدة

punt, *n.* 1. (boat) قارب ذو قاع مسطّح يُدْفَع بواسطة عصى طويلة تمسّ قاع النهر، شختورة

2. (stake or bet) الرهان (في ألعاب الورق مثلًا)

v.t. & i. 1. (propel, move in, a punt) دَفَعَ القارب أو الشختور بواسطة عصى طويلة

2. (bet, in card games or on horses) رَاهَنَ

puny, *a.* (مجهود) ضئيل، (جسم) نحيل أو هزيل

pup, *n.* 1. (young dog) جرو صغير (أجراء)

the bitch is in pup الكلبة حامل

the shopkeeper sold him a pup احتال البائع على الزبون وباعه سلعة تافهة لا قيمة لها

2. (conceited young man) شابّ شايف نفسه أو شايل خشمه، صبي متكبر ومترفع يغالي من قيمته

pupa, *n.* خادِرة وهي فَراشة في دَور الانتقال من يرقة إلى حشرة كاملة

pupil, *n.* 1. (someone receiving instruction) تلميذ، طالب في مدرسة

2. (*leg.*) قاصر (لم يبلغ سنّ الرشد القانوني)

3. (opening in centre of eye) إنسان العين

puppet, *n.* دمية، عروسة، ألعوبة

puppet-show عرض (في مسرح) العرائس

puppet state (government) دولة مستقلّة صوريًّا ولكنّها تحت هيمنة دولة أجنبية

puppy, *n.* 1. (young dog); *also* **puppy-dog** جرو كلب، كُلَيْب

2. (conceited young man) فتًى متكبّر، شايف نفسه

purblind, *a.* موشك على العمى، يكاد لا يبصر

(*fig.*) بليد، متعامٍ عن الحقيقة

purchase, *n.* 1. (buying) شراء، ابتياع، اقتناء

purchase tax ضريبة المشتريات

2. (thing bought) شروة، ما يشترى

3. (hold, grip, leverage) مسكة أو قبضة ثابتة

he lost his purchase on the ladder and fell اِنْزَلَقَت قَدَمُه على السُّلَّم وسَقَطَ

v.t. اِشْتَرَى، اِبْتاعَ، اِقْتَنَى، شَرَى

purchasing power قوة الشراء

purdah, *n.* 1. (curtain or screen) ستار، حجاب

2. (Indian system of seclusion of women) حجب النساء عند الهنود

pure, *a.* 1. (unmixed, unadulterated) نقي، صافٍ، (ذهب) خالص، (لبن) صريح

pure water ماء قراح أو صافٍ

2. (of unmixed descent) صميم السلالة، قحّ، مَحْض، أصيل

pure-blooded

3. (morally clean, sexually undefiled) زكي، طاهر الذيل، عفيف، نزيه

the pure in heart أنقياء القلب، أزكياء النفس

4. (mere, simple) مجرّد، محض

I met him by the purest chance لقيته بمحض الصدفة أو اِتّفاقًا

he was a bookseller pure and simple لم يكن إلّا بائع كتب لا أكثر ولا أقلّ

what he says is pure nonsense ما يقوله مَحْض هُراء ليس إلّا

5. (opposed to practical application) pure mathematics (science) الرياضيات البحتة أو النظرية

purée, *n.* بيوريه، معجون (بطاطس مثلًا)

purely, *adv.* 1. (in a pure manner) بنقاوة، بصفاء

2. (entirely, merely) بمحض (الصدفة)

purely by chance I was at home لم أكن في بيتي إلا بمجرّد الصدفة

purgation, *n.* 1. (purification from sin) تطهير (النفس من شهواتها)، تنقية

2. (cleansing of bowels) تسهيل الأمعاء

purgative, *a.* & *n.* علاج الإسهال، مُسْهِل

purgator/y, *n.* (**-ial,** *a.*) المطهر عند المسيحيين

waiting for his results was purgatory for him كان انتظاره الطويل لمعرفة نتيجة الامتحان عذابًا قاسيًا له

purge, *v.t.* 1. (make physically or spiritually clean) طَهَّرَ (الجسد أو النفس)

2. (relieve *bowels* by purgative) أَسْهَلَ (أمعاء المريض)

3. (rid *political party, etc.*, of undesirable elements) طَهَّرَ (البلاد من العناصر الهدّامة)

the troublemakers were purged from the Committee طُرِدَ الأعضاء المشاغبون من اللجنة

4. (*leg.*, atone for *offence, sentence*, by expiation) كَفَّرَ عن انتهاك حرمة المحكمة

n. 1. (purgative medicine) دواء مُسْهِل

2. (purging, esp. in vbl. sense (3)) تطهير (الحزب من الكتلة المعارضة)

purification, *n.* تَطْهِير، تَنْقِية، تَصْفِيَة

purificatory, *a.* مُطَهِّر (في الطُّقوس الدِّينيّة)

purify, *v.t.* طَهَّرَ، نَقَّى من الشَّوائب

pur/ist, *n.* (**-ism,** *n.*) دَقيق في اسْتِعْمال الكلمات ؛ الحِرْص على صَفاء اللّغة

Puritan, (puritan), *n.* & *a.* (**-ism,** *n.*) طائفة بروتستانتيّة نادَت بتبسيط الطّقوس الدّينية ؛ مُتَزَمِّت

puritanical, *a.* مُتَزَمِّت، بيوريتانيّ

purity, *n.* طَهارَة، طُهْر، نَقاوَة، صَفاء

purl, *n.* 1. (*knitting*, inversion of stitches) غرزة معكوسة في الحياكة أو التريكو

2. (motion or sound of stream, etc.) خرير الماء (وهو يتدفّق في جدوله)

v.i. 1. (*knitting*), *also v.t.* حاكَ غرزة معكوسة في عمل التريكو

2. (*of stream, etc.*, flow with murmuring sound) خَرَّ الماء في جدوله

purler, *n.* (*coll.*) سقوط، هبوط، انبطاح

he came a purler سَقَطَ على وجهه، اندلق (مصر)

purlieus, *n.pl.* ضواحي البلدة، الأماكن المجاورة

purloin, *v.t.* إِخْتَلَسَ أو سَرَقَ (شيئًا قليل القيمة)

purple, *n.* 1. (colour) اللون الأرجواني

2. (robes and hence rank of emperor, cardinal, etc.) الثياب الأرجوانية التي تميّز أباطرة الرومان أو الكرادلة ورُتَبهم

he was born in the purple وُلِدَ في أسرة ملكية، تجري في عروقه دماء الملوك

the priest was raised to the purple رُقِّيَ القسّ أو الخوري إلى رتبة الكردينال

a. (لون) أرجواني

he turned purple with rage صَعَدَ الدم إلى وجهه من شدة الغضب

the local paper is full of purple passages هذه الجريدة المحلية مليئة بالمحسنات البديعية

purport, *n.* معنًى، مضمون، فحوًى، مفاد

v.i. & t. أَفَادَ، رمى إلى

I have no idea what his words purport ليس لدي فكرة عمّا ترمي إليه كلماته

the book purports to be an original work but is a fraud يدّعي واضع هذا الكتاب بأنّه من تأليفه الخاصّ والواقع أنّه نقله نقلاً

purpose, *n.* قَصْد، غَرَض، هَدَف، غاية

he did it of set purpose فَعَلَ ذلك عن قَصْد وسبق إصرار

he spilt his tea on purpose سَكَبَ الشاي أو أَرَاقَه (على المفرش) عمدًا أوعن قَصْد

he was a man of purpose كان رجلًا ذا أهداف لم يأل جهدًا في تحقيقها

he works all day to little (no) purpose يشتغل طوال اليوم بلا فائدة أو بدون جدوى

this is more to the purpose هذا أكثر إيفاءً بالغرض؛ هذا (الاقتراح) أقرب صلة بالموضوع

this will answer (serve) the purpose سَيَفِي هذا بالغَرَض المقصود، هذا يسدّ الحاجة

v.t. عَزَمَ أو صَمَّمَ على، اِنْتَوَى

purposeful, *a.* هادف إلى، ذو مغزًى

purposely, *adv.* عن قَصْدٍ

purposive, *a.* هادف، رامٍ إلى

purr, *v.t. & i.* قَرْقَرَ (القطّ مسرورًا)

n. قرقرة (القطّ أو محرك السيّارة الخ)

purse, *n.* 1. (pouch for money) جزدان، كيس

purse-proud متعاظم أو متباه بثرائه

he holds the purse-strings هو صاحب الأمر والنهي في الأمور المالية

2. (money) مال

the public purse الخزانة العامة، أموال الدولة

that is beyond my purse سعر هذه (السلعة) فوق طاقتي المالية، لا تتحمّله ميزانيتي

3. (sum collected, as reward or gift) مبلغ من المال يمنح جائزة للفائز

4. (bag-like receptacle) جيب

he has purses under his eyes له جيوب تحت عينيه

v.t.; *also* purse up زَمَّ

she pursed her lips زَمَّتْ شفتيها امتعاضًا

purser, *n.* صرّاف السفينة

pursuance, *n.* مواصلة، متابعة، ممارسة

in pursuance of his duties في أثناء ممارسة واجباته أو القيام بأعباء وظيفته

pursuant, *adv.*, *only in*

pursuant to بموجب، بمقتضى، بناءً على

pursue, *v.t.* 1. (hunt with intent to capture or kill); *also v.i.* لَاحَقَ؛ طَارَدَ فريسته

2. (follow) تابع؛ سعى وراء

he does nothing but pursue pleasure لا هَمَّ له إلا السعي وراء الملذات

he is pursuing his studies يواصل دراسته (في معهد ما)، يتابع دروسه (بنشاط)

the government is pursuing a suicidal policy تنتهج الحكومة سياسة انتحارية مآلها الهلاك

the police are pursuing their enquiries يواصل رجال الشرطة تحقيقهم (في الجريمة)

pursuit, *n.* 1. (act of pursuing) ملاحقة، مطاردة، متابعة، اقتفاء أثر

in hot pursuit جروا في أثره مُتَعَقِّبين له

2. (occupation or profession) حرفة

his favourite pursuit is stamp-collecting هوايته المفضلة هي جمع الطوابع

pursy, *a.* مبهور النَفَس؛ بدين، مكتنز

purul/ent, *a.* (**-ence,** *n.*) (جرح) متقيح، صديدي؛ قيحي؛ تقيُّح

purvey, *v.t.* & *i.* مَوَّنَ أو زَوَّدَ (بالأطعمة)

purveyor, *n.* مموّن، متعهّد أو مورّد أغذية

purview, *n.* 1. (range or intention of law, document, etc.) مايلي ديباجة القانون

2. (range of physical or mental vision) مدى البصر؛ (خارج عن) نطاق البحث أو مجاله

pus, *n.* قيح، صديد، مدّة

push, *v.t.* دَفَعَ، ضَغَطَ على شيء لتحريكه

push-bike (*coll.*) درّاجة، عجلة (عامية)

a push-button radio راديو به أزرار تضغط لاختيار المحطّة المطلوبة عوضًا عن إدارة مفاتيحه

push-button warfare حرب الصواريخ الذرّية

push-cart عربة تدفع باليد

push-chair عربة خفيفة يجلس بها الطفل

that was a push-over! كانت عملية هينة، كان الأمر أسهل مما تصورنا

he pushed the door to رَدَّ أو سدّ الباب

he pushed his way through the crowd شَقَّ طريقه بين جماهير المزدحمين

he is pushing up the daisies مات وشبع موتًا، قرض الحبل من زمان

he pushed the sale of his book بَذَلَ جهده لترويج كتابه (بالدعاية والإعلان مثلًا)

he pushed his claims أَلَحَّ في المطالبة بحقّه

I am pushed for money إني مفلس، في ضيق

v.i.

the boat pushed off أَخَذَ القارب في الابتعاد

it's time I pushed off آن الأوان أن انصرف

push on (*coll.* proceed); *also* push forward ظَلَّ يواصل العمل أو التقدّم

in spite of the rain they pushed on واصلوا سيرهم رغم المطر

n. 1. (act of pushing) دَفْعة

at a push there is room for one more هناك مكان لشخص إضافي اذا استدعى الأمر

he got the push (*sl.*) طُرِدَ من عمله، رُفِتَ

2. (enterprise, self-assertion) إصرار على النجاح

she is a young woman with plenty of push إنها شابّة لا تألو جهدًا في تحقيق أغراضها

3. (*mil.*, offensive) هجوم حربي

push/ful, *a.* (**-ing,** *a.*) من يقحم نفسه على غيره

pusillan/imous, *a.* (**-imity,** *n.*) وَجِل ، فَزِع ، جَبان ، خائِر العَزِيمَة

puss, *n.* 1. (cat) قِطّ ، بسة ، بَزُّون

puss in the corner لُعْبَة مِن أَلْعاب الصِّغار يَتَسابَقون فِيها على الاحْتِفاظ بِأماكِنِهم

2. (*coll.*, girl)

she is an artful puss هِي فَتاة تَعْرِف كَيْف تَسْتَغِلّ الظُّروف لِصالِحِها

pussy, *n.* (*nursery*); *also* **pussy-cat** بِسْبِس

pussy-willow صَفْصاف تُشْبِه زُهُورُه ذَيْلَ القِطّ

pustule, *n.* بَثْرَة ، دُمَّل

put, *v.t. & i.* 1. (move into, cause to be in, a certain position, condition or relation) وَضَع ، رَتَّب

he put his affairs in order نَظَّم شُؤُونَه الخاصَّة (قبل سَفَرِه مثلاً)

it is time to put the children to bed حانَ الوَقتُ لأَخْذ الأطفال إلى الفِراش

don't throw it away—it can be put to good use لا تُلْقِهِ ـ إذ يُمْكِن الانْتِفاع بِه فِيما بَعْد

he likes to put others in the wrong يُحِبّ أن يُظْهِر لِغَيْرِه أَخْطاءَهم عَلَنًا

the droning of the bees put him to sleep جَعَله طَنِين النَّحْل يَنام

the cat had to be put to sleep لَم يَكُن بُدٌّ مِن قَتْل القِطّ المَرِيض

you put me in mind of my uncle إنَّكَ تُذَكِّرني بِعَمّي (في المَظْهَر مثلا)

the trouble can soon be put right يُمْكِن تَدارُك الخطأ بِسُرْعَة

2. (provide, supply)

you must put an end to this nonsense! يَجِب أَن تَضَع حدًّا لِهذا العَبَث!

3. (write)

he put his signature to the document وَقَّع بِإمْضائه على الوَثِيقة

the rain put paid to the cricket تَسَبَّب المطَر في إيقاف لُعْبة الكرِيكيت

4. (translate *into*, turn *into words, etc.*) تَرْجَم ؛ عَبَّر عن الفِكرة بِكَلِمات

he put the Greek into English تَرْجَم النَّصّ اليُونانيّ إلى اللُّغَة الانكليزيّة

5. (cause to go in a particular direction)

she put her horse at the fence قادَت حِصانها نَحْوَ السِّياج لِيَقْفِز فَوْقَه

6. (hurl *the weight*, etc.) رَمَى الجُلَّة (الكُرَة الحَدِيدِيّة)

7. (express, explain)

in his speech he put the facts clearly شَرَح الحقائِق بِوُضوح في خِطابه

8. (submit, propound)

he put a question to the witness وَجَّه سُؤالاً لِلشّاهِد في المَحْكَمَة

he put the proposal to the vote عَرَض الاقْتِراح لِأَخْذ الأصْوات عَلَيْه

I put it to you that your entire story is a fabrication اِعْتَرِفْ بِأَنَّ قِصَّتَكَ مُلَفَّقَة مِن أَوَّلِها إلى آخِرِها

9. (estimate, set a value on)

you can't put a price on leisure لا يُثَمَّن وَقْت الفَراغ بأيّ مَبلغ مِن المال

10. (*with adverbial adjuncts, to form compound verbs*)

the ship put about غيّرت السفينة اتجاهها والتخذت اتجاهًا مضادًّا

the rumour was put about that . . . أشاعَ بَعضهم أنّ... ، راجت الشائعة بأنّ...

she was much put about when she saw her mistake ارتبكت ارتباكًا شديدًا عندما أدركت خطأها

he has put aside a good deal of money لقد ادّخر مقدارا كبيرا من المال

he put the books away أعاد الكتب إلى مكانها على الرفّ

he puts away £1 a month يدّخر جنيها كلّ شهر

he acted so strangely that he had to be put away كانت تصرفاته من الشذوذ والخطر بحيث تحتّم إدخاله مستشفى المجاذيب

the schoolboys put away an enormous tea التهم التلاميذ وجبة ضخمة (في المساء)

she put the tomatoes away until they ripened وَضعت ثمار الطماطم البندورة الفجّة في دولاب لحفظها حتى تنضج

put the book back where you found it أَعِد الكتاب إلى الموضع الذي وجدته فيه

he put the hands of the clock back أعاد عقربي الساعة إلى الوراء ، أخّر الساعة

he has put by enough for his holiday لقد ادّخر ما يكفيه لسدّ نفقات عطلته

he put his revolver down أخفض مسدّسه بعد التهديد بإطلاقه

the revolt was put down by use of arms قمع التمرّد أو العِصيان بقوّة السلاح

the horse broke a leg and had to be put down كُسرت ساق الحصان ولهذا أصبح من الواجب الإجهاز عليه

if I don't put it down I'll forget it إن لم أدوّن الميعاد في مفكّرتي فلن أتذكره

he put the visitor down as a commercial traveller استنتجَ من مظهر الزائر وسلوكه أنه وكيل تجاريّ متجوّل

he puts his lateness down to the weather ينسب تأخّره أو يعزوه إلى رداءة الجوّ

please put it down to my account قيّد هذا المبلغ من فضلك على حسابي

his name was put forward for election أُقترح اسمه كمرشّح في الانتخاب

he put forward the theory that . . . قدّم (أو عرض) نظريّة تقول بأن ...

the Joneses have put in central heating جهّزت عائلة جونز بيتها بالتدفئة المركزيّة

he has put in a claim for his expenses قدّم طلبا للمصلحة بصرف النفقات له

he has put in ⟨an application⟩ for the post تقدّم بطلب للالتحاق بالوظيفة

he put in a good word for his friend زكّى صديقه أو أوصى به لدى اللجنة

he put in two hours on his French homework قضى ساعتين يحضّر الواجبات المنزليّة في دراسة اللغة الفرنسية

he put off going to the dentist أرجأ أو أجّل ذهابه إلى طبيب الأسنان

he put him off with promises تهرّب (من الدائن مثلا) بوعود معسولة

his cold has put him off his food عافت نفسه الطعام بسبب نزلة برد

off-putting (*coll., a.*) مُنفِّر ، مُقْرِف ، غير مُشَجِّع

she put on her best dress ارتدت أحْسَنَ فساتينها ، لَبِست خَيْرَ ثَوْبٍ لديها

he's only putting it on إنّما هو يتظاهر بذلك ، إنّه يُبالغ في (تصوير آلامِه مثلاً)

I'm afraid I'm putting on weight أخْشى أنَّ وزني آخِذ في الازْدياد

they put a party on for their guests from abroad أقاموا حَفلة للتَّرحيب بِضُيوفِهم الوافِدين مِن الخارج

he put five shillings on the horse راهَن بِخَمْسة شِلِنات على الحِصان (في السّباق)

she put the clock on قَدَّمت عَقْربَي السّاعة (عِند بَدء التَّوْقيت الصّيفيّ مثلاً)

they put the play on last week قدّموا المَسْرحيّة في الأسْبوع الماضي

they put out the candle أطفأوا الشَّمْعَة

he put his shoulder out اِلْتَوَحت (خُلِعت) كَتِفُه

she remembered to put the cat out قبل أن تأوي إلى فِراشها تذكّرت أن تُخْرِج القِطّ من المنزل

he was much put out by the loss of his wallet إنّ ضَياع كِيس نُقوده قد سَبَّب له إزعاجاً وكدراً

some tailors put out their sewing يُرسل بَعْض الخياطين القُماش بعد قَصّه لِخياطته عِند آخَرين

he has a thousand put out at five per cent لَقد أقْرَض ألْفَ جُنيه بفائدة خَمْسة بالمائة

he put out the flags ابتَهَج أو احتَفَل (بنجاحه)

the apple tree puts out blossom تُزهر شَجَرة التُّفّاح (في فَصْل الربيع)

the ship put out to sea أبْحَرت السَّفينة

he put out the news أذاع النَّبأ أو الخَبَر

he puts over his meaning effectively نَجَح (الكاتب) في نَقْل أفكاره (لِلقارئ) بوُضوح تامّ

they managed to put through the deal تَمَكَّنوا (بَعد جهد) من عَقد الصَّفْقَة التِّجاريّة

the operator put me through أَوْصَلتني عامِلة السّنترال (أو البدّال) بالخَطّ المَطْلوب

it is easier to take this machine to pieces than to put it together again فَكُّ هذِه الماكينة إلى أجزائها أسْهَلُ من إعادة تَرْكيبها

they have put up the prices again لَقد رَفعوا الأسْعار ثانِية

he will not put up with impertinence لن يَسْمح بأيّة وَقاحَة أو سَفاهة مُطْلَقاً

the beaters put up the partridges أَزْعج المُطارِدون طيورَ الأحْجال لِيتسنّى صَيْدُها

they put him up for mayor رَشّحوه (لِيُنتخب) رَئيساً لِلبلديّة

they have put up their house for sale عَرضوا مَنْزلهم لِلبيع (عن طريق دَلّال العَقارات)

the herrings were put up in barrels عُبّئت أسْماك الرَّنكة في بَراميل (لِتمليحها وحِفْظها)

they put him up for the night آوَوْه اللّيْلةَ أو أباتوه في مَنْزِلهم

they have put up an awning in the garden نَصبوا مِظلّة أو تَنْدَة كبيرة في حَديقة مَنْزِلهم

a put-up job (*sl.*) سَرِقة مُدبَّرة بالتَّواطُؤ

he put the children up to mischief
حرّض الصغار على العبث والشيطنة

the ship put in at Port Said توقفت
السفينة أثناء رحلتها في ميناء بورسعيد

I won't be put upon لن أجعل نفسي مطيّة
(لك)، لن أسمح لك أن تستغلّ طيبتي

putative, *a.* (مؤلّف) يزعم أنه (واضع الكتاب)

putref/y, *v.i.* & *t.* (**-action,** *n.*) تعفّن، نتن، فسد (اللحم مثلاً)؛ تعفُّن، تنتُّن، فساد

putresc/ent, *a.* (**-ence,** *n.*) آخذ في التعفّن

putrid, *a.* فاسِد، عفِن، نتِن، متفسّخ، متحلّل ومتعفّن؛ (جوّ) كريه

putt, *v.i.* & *t.* ضرب كرة للجولف لتتدحرج نحو الحفرة

puttee, *n.* قلشين، شريط قماشيّ حول ساق الجندي

putter, *n.* مضرب خاصّ يُستعمل لدحرجة كرة الجولف نحو حفرتها

putty, *n.* مَعجون لتثبيت زجاج النوافذ في أطرها

v.t. ثبّت (زجاج النافذة) بهذا المعجون

puzzle, *n.* 1. (bewilderment, perplexity) حَيرة، ارتباك، تحيُّر

2. (perplexing question, enigma) لغز، أحجية، حزّورة، فزّورة، معضلة، غبوة

3. (problem, toy, etc., to exercise ingenuity) لعبة يحتاج حلّها إلى مهارة

crossword puzzle لغز الكلمات المتقاطعة

v.t. حيّر، أربك

he was puzzled how to act ارتبك وتحيّر ولم يَدْرِ ماذا يفعل

he puzzled his brains قدح زناد فكره، أعمل فكره لحلّ المشكلة

he puzzled it out توصّل إلى حلّ اللغز أو المعضلة بعد لأي وجهود

v.i.

he puzzled over the problem فكّر مليّاً في حلّ المعضلة

puzzlement, *n.* تحيُّر، ارتباك، حيرة

pygmy (**pigmy**), *n.* & *a.* قزم (أقزام)

pyjamas (*U.S.*, **pajamas**) *n.pl.* 1. (sleeping-suit) بيجاما، (رداء للنوم، منامة)

2. (loose trousers worn in India and Pakistan) سروال (الهنود والباكستانيين)

pylon, *n.* 1. (tall, usu. metal, structure) برج معدني شبكي التركيب لتوصيل الأسلاك الكهربائية

2. (gateway to ancient Egyptian Temple) بوابة ضخمة عند مدخل هيكل فرعوني

pylor/us, *n.* (**-ic,** *a.*) فم المعدة التحتاني

pyorrhoea, *n.* بايورية، داء تقيّح اللثة

pyramid, *n.* هرم (أهرام)

the Pyramids أهرام الجيزة

pyramidal, *a.* هرمي الشكل

pyre, *n.* محرقة، كومة حطب لحرق جثة الميّت

Pyrenees, *n.pl.* جبال البرانس (بين اسبانيا وفرنسا)

pyrethrum, *n.* غرديب، حشيشة الحمى (نبات)

pyrethrum powder مسحوق لإبادة الحشرات

pyrites, *n.* بيريطيس الحديد أو النحاس (معدن خام)

pyrometer, *n.* مقياس درجات الحرارة في الأفران

pyrotechnic(**al**), *a.* نسبة إلى المتفجّرات الناريّة

pyrotechnics, *n.pl.* 1. (art of making fireworks) فن صنع الألعاب النارية

2. (display of fireworks) عرض الألعاب النارية في مناسبة عامّة

his speech was more notable for pyrotechnics than good sense امتاز خطابه بالكلمات الملتهبة وليس بالمنطق المقنع

Pyrrhic, *a., only in*
Pyrrhic victory نصر فادح الثمن (لا يحرزه المنتصر إلا بعد تضحيات جسيمة)

Pythagoras, *n.* فيثاغورس (عالم إغريقي)

theorem of Pythagoras نظرية فيثاغورس

python, *n.* 1. (serpent of Greek mythology) تنين ضخم (قتله أبولو عند معبد دلفي)

2. (large snake that crushes its prey) أصلة، ثعبان كبير يقتل ضحيته بالالتفاف عليها

pyx, *n.* 1. (*eccles.*) حُقّ القربان المقدّس

2. (box at Royal Mint) صندوق في دار السك يحتفظ فيه بعينات من العملة الذهبية والفضية

Q

Q, letter الحرف السابع عشر من الأبجدية الانكليزية

qua, *conj.* من حيث أنّه ...، بصفته ...

they criticize the Church not *qua* Church, but *qua* Establishment إنّهم ينتقدون الكنيسة لا بصفتها كنيسة ولكن كنظام قائم

quack, *n.* 1. (charlatan) (طبيب) دجّال

2. (sound made by duck) بطبطة، صوت البطّ

v.i. بطبط (البطّ)

quackery, *n.* دجل، تدجيل، شعوذة

quad, *contr. of* **quadrangle,** *n.* (2)

quadrang/le, *n.* 1. (four-sided figure) (**-ular,** *a.*) شكل هندسي ذو أربعة أضلاع

2. (courtyard); *contr.* **quad** فناء مربّع (بداخل كلية مثلاً) تحيط به الأبنية

quadrant, *n.* ربع الدائرة؛ ربع محيط الدائرة

quadratic, *a. & n.* معادلة من الدرجة الثانية (رياضيات)

quadrilateral, *a. & n.* شكل رباعي الأضلاع

quadrille, *n.* رقصة لأربعة أزواج من الراقصين

quadroon, *n.* شخص أحد أجداده الأربعة زنجيّ

quadruped, *n.* من ذوات الأربع

quadruple, *a.* أربعة أضعاف عددما، رباعي

v.t. & i. ضرب عدداً في أربعة

quadruplets, *n.pl.*; *coll. contr.* **quads** أربعة توائم يولدون في بطن واحدة

quadruplicate, *a. & n.* مطبوع في أربع نسخ

v.t. طبع (تقريراً مثلاً) في أربع نسخ

quads, *coll. contr. of* **quadruplets**

quaff, (*poet.*) *v.t. & i.* جرع الشرابَ أو عبّه

quagmire, *n.*; *also fig.* مُستنقع ، نَقْع ؛ مأزق حَرَج ، وَرْطة

quail, *n.* سماناة (سمانى)، سَلْوى ، فراية (فري)

quail, *v.i.* ارتعدت فرائصه ، هَلِع خوفاً

quaint, *a.* جذّاب أو طريف لغرابته أو قِدَمه

she lives in a quaint old cottage تسكن في بيت ريفي قديم ذي مَنظر خلّاب

quake, *v.i.* اهتزّ ، ارتجّ ، ارتعش ، تزلزلت (الأرض مثلاً)

he was quaking with cold and fright كان يرتعش من شدّة البرد والخوف

n. (coll.) زلزلة ، زلزال

Quaker, *n.* من طائفة الكويكر المسيحية (الأصدقاء)

qualification, *n.* I. (modification, reservation) شَرط ، قَيْد ، تحفّظ

2. (required quality or condition) مؤهّل

a university degree is an essential qualification for this post الحصول على مؤهّل جامعي شرط أساسيّ للالتحاق بهذه الوظيفة

qualify, *v.t.* I. (limit, modify) حدّد ، حصر

qualified approval موافقة مشروطة

2. (render fit) أهّله (للمنصب مثلاً)

qualified doctor طبيب مؤهّل

qualifying examination اختبار للأهلية

v.i.

he qualified in 1950 حصل (الطبيب مثلاً) في عام ١٩٥٠ على شهادة تخوله حقّ ممارسة المهنة

qualit/y, *n.* (**-ative,** *a.*) I. (relative character) (من حيث) الكيف ، الجودة النسبية

2. (faculty, characteristic) خاصية ، سمة ، ميزة ، صفة مميزة ؛ طبيعة

3. (excellence; high rank) (ذو) امتياز

people of quality سراة القوم ، عليتهم

qualm, *n.* (خامره) شكّ ، (انتابه) هاجس

you need have no qualms about this أؤكد لك أنه ليس هناك ما يستدعي الشكّ أو تأنيب الضمير

quandary, *n.* ورطة ، حيرة ، مأزق

quantit/y, *n.* (**-ative,** *a.*) I. (measurable property) الكمّ (الحجم ، الوزن ، العدد)

2. (amount) كمّية ، قدر ، مقدار ، عدد

quantity surveyor مسّاح مختصّ بتقدير التكاليف في البناء والهندسة المعمارية

3. (*math.*) الكمّية (رياضيات)

so far the new secretary is an unknown quantity لا يمكن الحكم على كفاءة السكرتيرة الجديدة بعد

4. (relative length of vowel sound) طول الحرف المتحرّك أو قِصَره في النطق

quantum, *n. in*
quantum theory نظرية الكمّ (في الاشعاع)

quarantine, *n. & v.t.* الحَجْر أو العزل الصحّي ، كرنتينا ؛ وضع (شخصاً أو حيواناً) في الحَجْر الصحّي

quarrel, *n. & v.i.* خصام ، شجار ، تشاجر ، تنازع

I won't quarrel with that لا اعتراض لي على ذلك ، أوافقك على هذا الرأي

quarrelsome, *a.* يميل إلى الشجار والخصام ، شَكِس

quarry, *n.* I. (object of pursuit) فريسة ، طريدة يقتفي الصياد أثرها ؛ ضحيّة (محتال مثلاً)

2. (source of stone, etc.) محجر ، مقلع الحجر

v.i. & t. اقتلع الحجر ، نقب

quarryman, *n.* عامل من عمال المحاجر

quart, *n.* كوارت ، مكيال يسع رُبع جالون

quarter, *n.* 1. (fourth part) رُبع (أرباع)

a quarter to six الساعة السادسة إلا ربعاً

quarter-day يوم استحقاق دفع إيجارات الأراضي في الأسبوع الأخير من كلّ ثلاثة أشهر : (٢٥ مارس ـ ٢٤ يونيو ـ ٢٩ سبتمبر ـ ٢٥ ديسمبر)

quarter-deck سطح مؤخّر السفينة (مقصور على الضباط في السفن الحربيّة)

quarter sessions محكمة جنائية (في الأقاليم)

the moon is in its fourth quarter القمر في التربيع الأخير (الأسبوع الأخير من الشهر القمري)

they came from all quarters جاءوا من كلّ حَدَب وصوب ، أقبلوا من جميع الجهات

2. (locality; district) جزء من أجزاء المدينة ، حيّ (أحياء) ، ناحية ، حارة

in official quarters في الأوساط أو الدوائر أو الجهات الرسمية

the residential quarter of the town
الحيّ السكنيّ في المدينة

3. (*pl.*, accommodation) مساكن (الضباط في المعسكر مثلاً) ، منازل (الطلبة في مدينة جامعية)

4. (mercy) رحمة ، شفقة

he neither asked nor gave quarter
لم يرأف بخصم ولم يطلب منه رأفة

v.t. 1. (divide into four) قسّم (تفاحة مثلاً) إلى أربعة أقسام

formerly traitors were hanged, drawn, and quartered قديماً كان الخونة يُشنقون وتُبقر بطونهم وتُمزّق جثثهم أشلاء

2. (accommodate, billet) آوى (الجنود) في مساكن (بالقرية مثلاً)

quarterly, *adv. & a.* (يدفع الحساب مثلاً) مرّة كلّ ثلاثة أشهر

n. مجلّة فصليّة (تصدر أربع مرات في السنة)

quartermaster, *n.* 1. (army officer)
ضابط الإمدادات والتموين ، أمين الميرة

2. (ship's officer) ضابط صفّ مكلّف بتوجيه السفينة والإشراف على شحنها وإرسال الإشارات

quartet(te), *n.* مجموعة من أربعة (عازفين) ، رباعية

quarto, *n.* (كتاب) من قطع الربع ؛ حجم معيّن للورق

quartz, *n.* كوارتز ، مرو ، صوان شفاف متبلور

quash, *v.t.* أبطل (قراراً) ، نقض (حكماً) ، فسخه

quasi-, *pref.* ... (بادئة بمعنى) شبه ، شبيه بِ

quatercentenary, *n.* (احتفال بمرور) ٤٠٠ سنة

quatrain, *n.* رباعيّة شعريّة ، مقطوعة من ٤ أسطر

quaver, *v.i.* تهدّج أو ارتعش (صوته)

he spoke in a quavering voice تحدّث (الشيخ العجوز) بصوت متهدّج

n. (*mus.*) ذات السنّ ، رُبع نغمة موسيقية

quay, *n.* رصيف الميناء (لشحن السفن وتفريغها)

queasy, *a.* يحسّ بغثيان ، (معدة) شديدة الحساسية

queen, *n.* 1. (royalty) ملكة ، زوجة الملك

queen bee ملكة النحل ، أميرة النحل

queen consort زوجة الملك الجالس على العرش

queen mother الملكة الأمُ أو الوالدة (أي أم الملك أو الملكة)

queen of the May ملكة الربيع (عيد أول ايار)

2. (chess-man) ملكة ، فرزان (شطرنج)

3. (court card) البنت أو الملكة (ورق اللعب)

v.t., esp. in

she queened it over her colleagues تغطرست على زميلاتها ، شمخت بأنفها عليهن

queenly, *a.* (تصرف) يليق بجلال الملكة

queer, *a.* غريب ، شاذّ ، غير مألوف

it made me feel queer أصابني بدوار

he found himself in Queer Street وَجَد نفسه غارقا في الديون ؛ وقع في ورطة أو مأزق

n. (coll.) لوطي ، مصاب بشذوذ جنسي

v.t.

he set out to queer his rival's pitch شرع في إحباط مساعي غريمه

quell, *v.t.* قمع (التمرّد) ، أخمد (الفتنة)

quench, *v.t.* أخمد (رغباته) ، سقى (الفولاذ المحمّى)

he quenched his thirst أطفأ ظمأه ، روى عطشه ، شفى غليله

querulous, *a.* كثير التشكّي أو التذمّر

query, *n.* 1. (question) سؤال (ينطوي على شكّ)

raise a query أبدى شكّا ، أظهر ارتيابا

2. (mark of interrogation) علامة الاستفهام

v.t. استفسر عن نقطة مبهمة ؛ شكّ في ..

quest, *n.* السعي وراء (المعرفة) ، البحث عن ...

v.i. بحث (كلاب الصيد عن الأرانب مثلاً)

question, *n.* 1. (interrogatory remark) سؤال ، استفهام ، استفسار

question-mark علامة استفهام

question-master شخص مكلّف بتوجيه الأسئلة (في البرامج الاذاعية أو المدرسية)

2. (doubt) شكّ ، ريبة ، ارتياب

without (beyond all) question دون أي شكّ ، لا مراء في ذلك ، لاجدال فيه

3. (problem, issue, matter under discussion) مسألة ، قضيّة ، مشكلة

it's only a question of time إنها مسألة وقت ليس إلاّ ، (سيحدث الأمر) إن آجلاً أو عاجلاً

there's no question of his having stolen the money ليس هناك أدنى شك في أنه بريء من تهمة سرقة النقود

the person in question is . . . الشخص الذي نحن بصدده هو... ، الشخص المشار إليه هو...

it is out of the question يستحيل والحالة هذه أن... ، لايمكن في هذه الظروف بأي وجه

v.t. 1. (interrogate) استجوب ، سأل

2. (throw doubt on) شكّ في صحة الأمر

questionable, *a.* موضع شكّ ، مشكوك فيه

his motives are questionable بواعثه أو دوافعه موضع ريبة وشك ، مرتاب فيها

questionnaire, *n.* مجموعة أسئلة (مطبوعة) توجّه للحصول على معلومات في موضوع ما

queue, *n.* صفّ أو طابور من المنتظرين

v.i.; *also* queue up وقف في الصف

quibble, *n. & v.i.* تلاعب بالألفاظ تهرّباً من الإجابة

quick, *a.* 1. (rapid) سريع ، مُسْرِع

quick-change artist ممثّل هزلي يغيّر مظهره وملابسه مراراً وبسرعة للقيام بعدّة أدوار

come and have a quick one with me تعال معي نخطف كأسا (على الماشي) في الحانة

2. (lively, active) متوثّب ، متحفّز

she has a quick ear لها أذن حسّاسة

quick-tempered, *a.* حادّ الطبع ، سريع الاهتياج

quick-witted, *a.* حاضر البديهة ، سريع الخاطر

3. (*arch.*, living) حيّ

the quick and the dead الأحياء والأموات

int.
quick march! إلى الأمام سِرْ !

n. اللحم الحساس الذي يغطّيه الظفر

he was stung to the quick جرحه (النقد اللاذع مثلاً) في صميمه

quicken, *v.t. & i.* أسرع (خطاه) ، حثّها؛ (الأدب الرفيع) ينعش (الخيال)؛ ارتكض (الجنين)

quicklime, *n.* الجير الحيّ ، كلس غير مُطفأ

quicksand, *n.* رمال متحرّكة (يغوص فيها الجسم)

quickset, *a.* سياج (من النباتات الشائكة)

quicksilver, *n.* زئبق (عنصر كيميائي)

quickstep, *n.* رقصة 'الفوكس تروت' السريعة

quid, *n.* 1. (lump of tobacco) قطعة تبغ (للمضغ)

2. (*sl.*, a sovereign) جنيه انكليزي (عامية)

after the transaction he was quids in ربح مبلغاً هائلاً من الصفقة

quiddity, *n.* ماهيّة الشيء ، مجادلة تافهة

quid pro quo, *n.* (عامله) بالمثل ، المثل بالمثل ، عِوَض ، بديل ، مقابل

quiesc/ent, *a.* (**-ence,** *n.*) في حالة سكون

quiet, *a.* هادئ ، ساكن ، صامت ، ساكت

be quiet! صَهْ ! الزم الصمت !

he kept quiet about it; *also* he kept it quiet لَمْ يُفْشِ السرّ ، لم ينشر الخبر

a quiet humour is evident from her remarks تتجلّى في تعليقاتها روح المرح والدعابة

anything for a quiet life إنه يفضّل الهدوء (في حياته الشخصية) مهما كلّفه ذلك من ثمن

he often has a quick one on the quiet (*also sl.*, on the q.t.) كثيراً ما يجرع كأساً بعيداً عن أعين الناس

n. سكون ، هدوء ، سكوت ، سكينة

v.t. & i. هدّأ روعه ، بدّد مخاوفه؛ هَدَأَ

quieten, *v.t. & i.*; *also* quieten down هدّأ (الطفل مثلاً)، أسكته؛ سكن (الضجيج)

quiet/ism, *n.*, **-ist,** *n.* تصوّف مسيحي قائم على التأمّل وقمع الرغبات الدنيوية ، استسلام تامّ

quietude, *n.* هدوء ، سكينة

quietus, *n.* الوفاة ، المنيّة ، الموت ، الفناء

quiff, *n.* خصلة من الشعر على الجبين

quill, *n.* ريشة طائر (تستعمل للكتابة)

quilt, *n.* لحاف (محشوّ قطناً) ، مضربية
v.t. بطّن القماش وخاطه كالمضربية
quince, *n.* السفرجل (شجر أو ثمر)
quinine, *n.* كينين ، كنكينا (عقار طبي)
quinquennial, *a.* يحدث مرّة كل خمس سنوات
quins, *coll. contr. of* **quintuplets**
quinsy, *n.* خراج متقيّح حول لوزتي الحلق
quintal, *n.* الكينتال (١٠٠ كيلوغرام) ؛ قنطار (مصر)
quintessen/ce, *n.* (**-tial,** *a.*) خلاصة ، جوهر ، زبدة ؛ (هذا الرجل) مثال (الإخلاص)
quintet(te), *n.* مقطوعة يعزفها أو يغنيها خمسة
piano quintet
(composition) موسيقى لخمس آلات من بينها بيانو
(performers) مجموعة من خمسة عازفين
quintuplets, *n.pl.*; *coll. contr.* **quins** خمسة توائم يولدون في بطن واحدة
quip, *n.* & *v.i.* تهكّم على سبيل المداعبة ، أتى بتعليق ساخر ينمّ عن سرعة خاطره
quire, *n.* رزمة (من أوراق الكتابة) تتكوّن من أربع وعشرين ورقة
quirk, *n.* مراوغة ، تلاعب بالألفاظ ؛ ما يشذّ عن المألوف
quisling, *n.* خائن يمالئ قوات الاحتلال
quit, *v.t.* & *i.* 1. (leave) ترك ، غادر ، هجر
notice to quit إنذار أو إخطار من صاحب العقار للمستأجر بإخلائه في تاريخ معيّن
2. (*U.S.*, stop) كفّ عن (العمل مثلاً)
pred. a. أبرأ ذمّته من ...
she was well quit of him استطاعت أن تتخلّص منه (لحسن حظّها)
quite, *adv.* 1. (entirely) تماماً ، بالضبط
quite right! quite so! وهو كذلك ! تماماً !
I'm not quite myself today لست اليوم بصحة جيدة ، أشعر اليوم بتوعّك بسيط
2. (*in answers,* = I entirely agree) فعلاً ! بدون شك ! نعم ! أتّفق معك في هذا
3. (to a certain extent, rather)
he is quite hungry إنه جوعان بعض الشيء ويرغب في الأكل
quits, *pred. a.*
they cried quits لقد فضّا خلافهما وتصالحا
double or quits! فلنتراهن وإذا ربحتَ أخذتَ حقّك مضاعفاً وإذا خسرت فقدته بأكمله
quittance, *n.* مخالصة أو إبراء من دَيْن ؛ صكّ التخالص ؛ (لقي) جزاءه
quiver, *v.i.* اهتزّ ، ارتجف ، ارتعد ، اختلج
n. 1. (motion of quivering) اهتزاز، ارتعاش
2. (case for arrows) جعبة ، كنانة للأسهم
qui vive, *n. in*
on the *qui vive* في حالة انتباه وتيقظ (ما يجب أن يكون عليه حارس العسكر دائماً)
quixotic, *a.* (سلوك) مفرط في إنكار الذات وإيثار الغير بحيث يبلغ حدّ الهوس
quiz, *n.* توجيه الأسئلة لفريقين متنافسين
v.t. وجّه إليه سؤالاً بعد آخر
quizzical, *a.* (نظرة) هازئة، ساخرة، متسائلة

quod, *n.* (*sl.*) سجن (لفظة عامية)

quoit, *n.* حلقة (من المعدن أو الحبال أو المطاط) تقذف نحو وتد مثبت (من ألعاب التسلية)

quondam, *a.* (شريك) سابق أو سالف

quorum, *n.* النصاب القانوني، عدد محدّد لا تعتبر الجلسة قانونية إلّا باكتماله

quota, *n.* كميّة أو عدد لا يسمح بتجاوزهما

quotation, *n.* 1. (citing; passage cited) اقتباس، عبارة مقتبسة، استشهاد بنصّ

quotation marks علامتا الاقتباس أو التنصيص

2. (statement or estimate of price) عطاء بالأسعار المقترحة (لتكاليف عملية ما)

quote, *v.t. & i.* استشهد بـ، أورد نصًّا (في سياق حديثه)

he quoted his father as an example استشهد بوالده كمثل

he quoted a price قدّم سعراً (لتكاليف العملية)

n. 1. (*coll.*, quotation) استشهاد بنصّ

2. (*pl.*, quotation marks) علامتا الاقتباس

quoth, *v.t.* (*arch.* past form) قال (لفظ قديم)

quotient, *n.* خارج القسمة (رياضيات)

R

R, *letter* الحرف الثامن عشر من الأبجدية الانكليزية

the three R's مبادئ القراءة والكتابة والحساب

rabbi, *n.* (**-nical,** *a.*) الحَبْر، الحاخام (عند اليهود)

rabbit, *n.* 1. (rodent) أرنب (أرانب)

rabbit-hutch قَفَص الأرانب

rabbit-punch ضربة على مؤخرة العنق (في الملاكمة)

rabbit-warren (*lit. & fig.*) وجر تأوي إليه الأرانب؛ أزقة متشعّبة غاصة بالسكّان

2. (*coll.*, incompetent performer *at game*) لاعب أخرق، لاعب لخة (مص)

rabble, *n.* السوقة، الرعاع، الأوباش، الغوغاء

Rabelaisian, *a.*, *in*

Rabelaisian humour فكاهة مكشوفة تتناول أموراً جسمانية تخدش الحياء

rabid, *a.* 1. (affected with rabies) كَلِب، مكلوب، مسعور، مصاب بداء الكلب

2. (fanatical, violent) متطرّف في تعصّبه

rabies, *n.* داء الكلب، السعار

raccoon, *see* **racoon**

race, *n.* 1. (contest) سباق، منافسة

race-meeting حفلة سباق الخيل

boat race سباق القوارب أو الزوارق

the Boat Race سباق الزوارق (اكسفورد وكمبردج)

a race against time (كان في) سباق مع الزمن (لإنهاء العمل في موعده المحدّد)

2. (course of life)

his race is almost run لقد حانت ساعته

3. (current or channel)

it is hard to persuade fish to leave their usual race in the river من الصعب أن تغري الأسماك بترك مجراها المألوف في النهر

4. (group of common stock) عنصر، جنس

race riots اضطرابات عنصرية

the human race الجنس البشري

v.t. & i. سابَق، تسابق، أسرع

he raced the engine of the car شغّل محرك السيارة بأقصى سرعة أثناء وقوفها

they went racing ذهبوا إلى حلبة سباق الخيل للتمتع بمشاهدتها والمراهنة عليها

he is a racing man إنه مولع بمشاهدة سباق الخيل والمراهنة عليها

racing-car سيارة السباق

the boy raced through his dinner التهم الصبيّ غداءه بسرعة هائلة

racecourse, *n.* ميدان أو حلبة سباق الخيل

racehorse, *n.* حصان السباق، فرس الرهان

raceme, *n.* شكل عنقودي (في الأزهار والثمار)

racer, *n.* قارب أو سيارة مصممة خصيصاً للسباق

racial, *a.* عنصري، جنسي، عرقي

racial discrimination التفرقة العنصرية

racialism, *n.* مبدأ التمييز العنصري

rack, *n.* 1. (slotted holder, shelf) رفّ، حامل خشبي أو معدني ذو فتحات

hat-rack مشجب أو شماعة للقبعات

luggage-rack رف أو شبكة للأمتعة (بالقطار)

roof-rack شبكة فوق سقف السيّارة

2. (cogged bar or rail) شريط حديديّ مسنّن

rack-railway سكة حديدية ذات قضيب ثالث به أسنان تسهّل صعود القطار بالمناطق الجبلية

3. (instrument of torture) آلة للتعذيب

she was on the rack of suspense كانت على أحرّ من الجمر، عذّبها طول الانتظار

4. (destruction); *only in*

his house went to rack and ruin أهمل إصلاح منزله في الوقت المناسب إلى أن أدركه الخراب

v.t.

he racked his brains قدح زناد فكره، أعمل ذاكرته

she was racked with pain أضناها الألم

racket, *n.* 1. (bat for tennis, etc.); *also* **racquet** مضرب، مضراب (للتنس مثلاً)

2. (excitement, din, dissipation); *also v.i.* جلبة، صخب (الحفلات الاجتماعية)، انغمس في اللهو

3. (*sl.*, way of making money, usually dishonestly) الاتّجار غير المشروع (بأسعار باهظة كما في السوق السوداء)

racketeer, *n.*; *also v.i.* من يبتزّ مال غيره بالعنف أو بالتهديد

rack-rent, *n.* إيجار فاحش أو باهظ

racont/eur (*fem.* **-euse**), *n.* من يحسن رواية النكات، بارع في سرد القصص والفكاهات

racoon (**raccoon**), *n.* الرّاكون (حَيوان ثديِيّ)

racquet, *see* **racket,** *n.* (1)

racy, *a.*

he has a racy style أُسْلوبه يَتدفَّق حَيويّة

he likes racy stories يُحِبّ النِّكات المَكْشوفة

radar, *n.* جِهاز الرّادار

radial, *a.* مُتَّجِه مِن المركز إلى مُحيط الدّائرة

radial engine مُحَرِّك نِصْف قُطْرِيّ (ميكانيكا)

radi/ant, *a.* (**-ance,** *n.*) (وجه) مُشِعّ ، مُتَأَلِّق ،

يَفيض بالبِشر والسُّرور ؛ تألُّق ، توهُّج

radiate, *v.t.* & *i.* أَشعَّ ، تَأَلَّق

she radiates good humour تُشِعّ مَرحاً وبَشاشة

radiation, *n.* إِشْعاع ، إِشْعاعِيّة

atomic radiation الإِشْعاع الذَّرِّي

radiator, *n.* 1. (heating appliance) جِهاز يَجْري

بِداخِله الماء السّاخِن لِلتَّدفئة المركزيّة

2. (cooling device in car, etc.) رادياتور

جِهاز لِتَبْرِيد الماء حَول مُحَرِّك السيّارة

radical, *a.* 1. (basic) أَساسيّ ، جِذريّ ، أَصليّ

2. (*polit.*); *also n.* مُنادٍ بالإِصلاح الجَذريّ

3. (*math., chem., etc.*); *also n.*

جَذر (رياضيّات) ، شِقّ (كيمياء)

4. (*gram.*); *also n.* أَصْل الكلِمة المُشْتَقّة

radicalism, *n.* الرادِيكاليّة (مَذْهب سياسيّ)

radically, *adv.* (تغيَّر تَغَيُّراً) جَوْهرِيًّا

radii, *see* **radius**

radio, *n.* 1. (wireless communication) راديو ،

لاسِلكي ، اتّصالات لاسِلكيّة

2. (broadcasting) الإِذاعة ، البَثّ

3. (apparatus) مِذْياع ، جِهاز رادْيو ،

جِهاز الْتقاط لاسلكيّ

he heard the announcement on the radio

سَمِع البَيانَ في الإذاعة

v.t. & *i.* أَرْسَل (رسالة) بالرّاديو

radioactiv/e, *a.* (**-ity,** *n.*) ذو نَشاط إِشْعاعيّ

radiogram, *n.* 1. (combined wireless set and gramophone) جِهاز رادْيُوجرامُوفون

2. (wireless telegram) بَرْقيّة مُرْسَلة

بالرّاديو ، رِسالة لاسِلكيّة

3. (X-ray photograph) صُورة بأَشِعّة إكس

radiograph, *n.* (X-ray photograph) صُورة

بالأَشِعّة السّينيّة أو الرونتيجينيّة

radiograph/y, *n.*, **-er,** *n.* التَّصْوير الإِشعاعيّ

(في الطِّبّ غالِباً) ؛ مَن يَحترِف التَّصْوير بأَشِعّة X

mass radiography الكَشْف على الجُمهور بأَشِعّة X

radiolocation, *n.* اِسْتِخْدام جِهاز الرّادار

في تَحديد مَواقِع الطّيّارات أو السُّفُن الخ

radiolog/y, *n.* (**-ical,** *a.*); **-ist,** *n.*

الراديولوجيا ، عِلم الطبّ الإشعاعيّ

radiotherapy, *n.* الاسْتِشعاع ، العِلاج بالأَشِعّة

radish, *n.* الفُجْل الزِراعيّ (صَغير الحَجم عادةً)

radium, *n.* مَعْدن الرّاديوم (ذو نَشاط إِشعاعيّ)

rad/ius (*pl.* -ii), *n.* 1. (half diameter)

نِصْف قُطْر الدّائرة

2. (circular area) مِنْطَقة دائِريّة

there are at least fifteen pubs within a radius of half a mile إذا تجوّلت في نطاق ½ ميل حول هذا المكان وجدت على الأقل ١٥ حانة

3. (*anat.*) عظم الكعبرة (بالساعد)

raffia, *n.* ألياف مجفّفة من نخيل الرافيا

raffish, *a.* (شاب) خليع، فاسق، مستهتر

raffle, *n.* طمبولا (نوع من اليانصيب)

v.t. أجرى طمبولا (على جائزة معيّنة)

raft, *n.* رَمَث (ألواح مشدودة كعوامة أو طوف)

rafter, *n.* إحدى العوارض الخشبية في الجالون

rag, *n.* 1. (scrap of cloth) خرقة، خلقة، كُهنة

rag-and-bone man تاجر الخِرق والروبابيكيا

the rag trade تجارة الملابس والأقمشة النسائية

she put on her glad rags for the party تهندمت للذهاب إلى الحفلة (الساهرة)

it is sad to see him in rags يؤسفنا أن نراه مرتدياً ثياباً مهلهلة أو أسمالاً بالية

2. (*derog.*, newspaper) جريدة (تقال احتقاراً)

3. (students' affair to raise money for charity) ألاعيب هزلية يقوم بها طلبة الكلّيات أحيانا لغرض جمع التبرّعات

v.t. & *i.* مازح شخصاً مزاحاً صاخباً

ragamuffin, *n.* صعلوك، ابن شوارع

rage, *n.* 1. (fury, violence) سورة غضب، تهيّج

he flew into a rage استشاط غضباً، احتدم غيظاً

2. (passion, enthusiasm) هواية شائعة

mini-skirts are all the rage أصبحت الجونلة أو التنورة القصيرة (الميني جوب) آخر صيحة

v.i. ثار، احتدم، هاج، اهتاج

the storm raged all night ظلّت الزوبعة تجيش وتعربد طوال الليل

he has a raging thirst لقد استبدّ به الظمأ

ragged, *a.* 1. (rough, shaggy) أشعث

his beard was ragged كان أشعث اللحية

2. (torn, frayed)

his clothes were ragged كانت ملابسه رثّة

3. (wanting polish or uniformity)

I think his verses are ragged أعتقد أن أشعاره خالية من التناسق والانسجام

raglan, *n.* تفصيلة أو قصّة خاصّة (للبالطو والبلوفر) ينتهي فيها الكمّ عند العنق قطعة واحدة

ragout, *n.* طبق من اللحم المتبّل والبقول، يخنة

ragtime, *n.* نوع من موسيقى الجاز القديم

raid, *n.* غارة (جوّية مثلاً)

police raid مداهمة الشرطة (لملهىً)، كبسة

v.t. & *i.* داهم، أغار على، غزا

while she was out the children raided the larder في غياب (أمّهم مثلاً) سطا الأولاد على محتويات الكرار (أو الكلر)

raider, *n.* مُغير، من يسطو على

rail, *n.* 1. (bar forming barrier or support) سور (خشبي أو معدني)، حاجز، درابزين

towel-rail قضيب معدني تعلّق عليه المناشف

2. (element of railway track) قضيب السكة الحديدية أو الترام

off the rails (*lit. & fig.*) (قطار) خرج عن الخَطّ ، حادَ أوشَذّ عن طَريق الصَّواب

3. (railway transport) (سافر) بالقِطار ؛ (أرسل البضاعة) بالسّكّة الحديديّة

v.t., *usu. with advs.* in, off, etc. سوّر ، أقام حاجِزاً أو ضَرَب نِطاقاً حول ...

v.i., *usu. with preps.* at *or* against لامَه لَوْماً عنيفاً ، قرّعه ، وبّخه ، عنّفه

railhead, *n.* آخِر مَوْضع في امْتداد للخطّ الحدِيديّ، رأس السّكّة الحديديّة (لتموين الجيش مثلاً)

railing, *n.*, *usu. pl.* دَرابزين السُّلَّم ؛ سُور

raillery, *n.* هِزار واسْتهزاء ، سُخْرِيَة

railroad, *n.* (*U.S.*) السّكّة الحديديّة

railway, *n.* السّكّة الحديدية

railwayman, *n.* عامِل بالسّكّة الحديديّة

raiment, *n.* رِداء ، كُسْوة ، لِباس ، ثِياب

rain, *n.* مَطَر ، غَيْث

the rains came اِبْتَدأ مَوْسِم الأَمْطار

v.i. & t. هَطَل المَطر ، أَمْطَرت(السماء)

the storm rained itself out ظَلّت السّماء تمطر حَتّى مرّت العاصِفة

he rained blows on his opponent أَمْطَر خَصْمَه وابلاً من الضَّرَبات

rainbow, *n.* قَوْس قُزَح

raincoat, *n.* مِعْطَف مُشَمّع ، بَالطو مَطَر

raindrop, *n.* قَطْرَة مَطَر

rainfall, *n.* كَمّيّة المَطر (السّنَوية مثلاً)

rainproof, *a.* قُماش لا يَنْفَذ مِنه المَطر

n. مِعْطَف مُشَمّع ، بالطو مَطَر

rainy, *a.* (جَوّ) مُمْطِر ، مَطِير

save up for a rainy day إدّخر لِوَقْت الحاجة ، 'القرش الأبيض يَنْفَع في اليَوْم الأسود'

raise, *v.t.* 1. (lift, erect, cause to rise) رَفَع ، نَصَب ، أقام ، علّى ، أعلى ، أَنْهَض

he raised his glass to drink a toast رَفَع كأسَه لِيشرب نَخْب (المحتفى به)

he never raised his hand against a pupil لَم يَحدُث مُطلقاً أن ضَرب هذا المدرّس أيّ تِلميذ

he raised his hat in greeting رَفع قُبّعته تَحِيّة (للسّيدة الّتي رَآها في الطّريق مثلاً)

colour prejudice has raised its head again رَفَعت(أَفعى) التّفْرِقة العُنْصُرِية رَأْسَها مَرّة ثانية

they raised a monument to those who died in the war أَقاموا نُصْباً تَذْكارِيّاً لِشُهداء الحَرْب

they raised the roof مَلأوا المكان ضَجيجاً وعَجيجاً ؛ كادَ تَصْفِيقهم يَشُقّ عِنان السّماء

Christ raised Lazarus from the dead أَقام المَسيح لعازر من الأموات

it was she who raised the alarm كانت هي أوّل من أَنْذَر بالخَطر مُنَبِّهة الآخرين إليه

he raised merry hell أَقام الدُّنيا وأقعدها ، أَثار عاصِفة من الاحْتِجاج، أَطبق السّماء على الأرض

raise a doubt وَضَع (نُقْطَةً) مَوْضِع الشّكّ ، ارتاب في صِحّة الأمر

the comedian was hard put to it to raise a laugh تَعذّر على المُمثّل الهَزْلِيّ أَن يُضْحِك جُمْهور المتَفرّجين

he raised a new point in the debate أثار مسألة أو نقطة جديدة في المناقشة

raise a siege رَفَع الحصار (عن المدينة مثلاً)

he was raised to the peerage مُنِح (فلان) لقب 'لورد'

I fear you have raised my hopes in vain أخشى أنك جعلتني أتعلّل بالآمال سدىً ، يؤسفني أن أصارحك بأنك خيبت آمالي !

there is no need to raise your voice ليس هناك ما يبرّر محادثتك لي بصوت عالٍ

he raised his voice against . . . رَفَع صوته محتجًّا أو معترضًا على ...

2. (grow, rear) ربّى

he raised a crop of wheat زرع أرضه قمحًا أو حنطة وجنى غلّتها

raise a family أنجب أطفالاً وأعالهم

3. (levy, procure)

raise an army جنّد (مواطنين) لتكوين جيش

he raised a loan with difficulty تمكّن بعد مشقة من الحصول على قرض

n. 1. (*U.S.*, rise in salary) (طلب الموظف من رئيسه) زيادة مرتبه

2. (increase of stake or bid) زيادة المبلغ المقامر عليه (في البوكر مثلاً)

raisin, *n.* زبيب ، عنب مجفّف

raison d'être (*Fr.*) سبب جوهريّ ، مبرّر

this is no trivial matter, but the *raison d'être* of the project ليس هذا أمرا تافها ولكنه المبدأ الأساسي أو النقطة الجوهرية التي يقوم عليها المشروع

rajah, *n.* راجا ، أمير في الهند والملايو

rake, *n.* 1. (implement) مدمّة ، ممشاط (آلة يدوية ذات أسنان لتسوية سطح التربة)

2. (debauchee) فاجر ، داعر ، فاسق ، متهتّك ، خليع

3. (slant) ميل ، زاوية الانحدار

you can alter the rake on the car's front seat يمكنك أن تغيّر وضع ظهر المقعد الأمامي في السيارة

v.t. & i. قلب سطح التربة وسوّاه

rake with fire أطلق نيران المدافع على طول السفينة (نقيض عرضها) أو على صفّ من الجنود

he raked up an unfortunate incident نكأ الجرح القديم (حين أعاد ذكر حادث مؤلم)

he was raking in the money كان يجرف الأموال أو الأرباح الطائلة

rake-off, *n.* (*coll.*) حصة من الربح الحرام

I'll come if I can rake up the fare سأحضر إذا استطعت أن أجمع أجرة السَفَر

rakish, *a.* متغندر في لباسه ، مفرط في التأنّق

rally, *v.t. & i.* 1. (assemble) جمّع (رجاله حوله) ، حشد ؛ اجتمع ، احتشد

they rallied round him in the crisis التفّوا حوله (لمساعدته) في المأزق

they rallied to the flag اجتمعوا حول راية القتال (بعد أن كانوا متفرقين)

2. (revive) استردّ (المريض) قواه ، استجمعها

the market rallied استردّت الأسعار في البورصة ما كانت قد فقدته

n. 1. (reunion, revival) تجمّع ، استرداد القوى

2. (*sport*, interchange of strokes) تبادل مستمرّ لضربات الكرة (في التنس مثلاً)

3. (organized assembly) اجتماع ، حفل

ram, *n.* 1. (male sheep) كبش (كباش، أكباش)

2. (implement) مِدكّ ، مدقّة (ميكانيكا)

v.t. 1. (beat or drive firmly) طرق ، دقّ ، ضرب الأرض أوكبسها بمدقّة

he rammed his point home لم يألُ جهدًا في إقناع المستمعين بصدق دعواه

2. (strike, crash into) اصطدم ، نطح

the police car rammed the raiders' van
أوقف رجال الشرطة عربة اللصوص بصدمها بسيارتهم

ramble, *v.i.* 1. (wander, walk for pleasure)
تجوّل ، تنزه ، طاف في الطرقات بغير قصد

2. (stray in speech or writing) لم يكن في حديثه ارتباط أو التحام

n. نزهة في الريف

rambler, *n.* نبات متسلّق أو معرِّش

rambling, *a.*

a rambling speech خطبة مليئة بالاستطراد

a rambling house منزل كثير الغرف والدهاليز المبعثرة بغير انتظام

ramification, *n.* (*usu. fig.*) تفرّع ، تشعّب

the widespread ramifications of trade
اتّساع شبكة التجارة وتشعُّبها

ramify, *v.i.* تفرّع ، تشعّب

ramp, *n.* 1. (slope) معبر منحدر بين موضعين على مستويين مختلفين

2. (*coll.*, swindle) غشّ ، خداع ، تزييف

rampage, *n.*; *also v.i.* هيجان وضجيج ، صخب ولغط ؛ هاج وماج

rampant, *a.* 1. (*heraldry*) (حيوان) واقف أو منتصب على ساقيه الخلفيتين (في درع النبالة)

2. (rank, rife) متفشٍّ ، منتشر

drug-taking is rampant لقد انتشر تعاطي المخدرات في كلّ مكان

rampart, *n.* سور ، متراس ، حاجز ، استحكام

ramrod, *n.* مكبس خاصّ لشحن المدافع

his back is as straight as a ramrod
إن ظهره مستقيم كلّ الاستقامة

ramshackle, *a.* متداعٍ ، موشك على السقوط

ran, *pret. of* **run**

ranch, *n.* مزرعة كبيرة في امريكا الشمالية

rancher, *n.* صاحب المزرعة أو مربّي للماشية بها

rancid, *a.* (زُبد أو سَمن) زنخ ، متعفّن ، نَمِس

rancorous, *a.* حقود ، ناقم ، ذو إحنة وشحناء

rancour (*U.S.* **rancor**), *n.* حقد ، ضغينة ، إحنة

random, *a.* غير منظّم ، بدون منهج ، اتّفاقي

n., *only in*

at random خبط عشواء ، كيفما اتّفق ، (أطلق الرصاص) بدون تصويب

randy, *a.* (*coll.*) شهوانيّ ، شَبِق

rang, *pret. of* **ring**

range, *v.t.* 1. (order, align) صفّ أو رتّب (الضابط جنوده مثلاً)

he ranged himself with the opposition
انخرط في سلك المعارضة

2. (wander over) سرح (الأولاد في الضيعة)

v.i. 1. (extend) تراوح

prices ranged from £1 to £5
تراوحت الأسعار ما بين جنيه وخمسة جنيهات

2. (wander) طاف ، تجوّل

n. 1. (row, series) صفّ ، سلسلة

mountain range سلسلة من الجبال

2. (*U.S.*, grazing or hunting-ground)
مرتع للمواشي ، منطقة للصيد

3. (military practice area)
rifle-range ميدان الرماية (يتدرب فيه الجنود)

4. (extent, compass) مدًى ، مجال ، حيّز

a wide range of goods (توجد في هذا المحل
التجاري) تشكيلة واسعة من البضائع المختلفة

5. (distance of or from target) مسافة ،
مدًى ، بُعد الرامي عن الهدف

at close range عن كثب ، على مسافة قصيرة

out of range بعيد المنال ، يتعذّر الوصول إليه

range-finder جهاز تعيين بُعد الهدف،
معيّن المدى (يحدّد بعد الجسم عن آلة التصوير)

6. (stove) فرن الطبخ (قديمًا)، مطبخ، وابور الطبخ

ranger, *n.* حارس الغابة أو الحديقة في انكلترا

rank, *n.* 1. (row) صفّ

taxi-rank موقف أو صفّ سيارات الأجرة

2. (line of soldiers; *pl.*, common soldiers) صفّ ، جنود الصفّ

he was reduced to the ranks جُرِّد الضابطُ
من رتبته وأصبح جنديًّا عاديًّا

other ranks جنود الصفّ

3. (grade, class) رتبة ، مقام

he achieved a high rank in the civil service بلغ رتبة عالية كموظّف حكومي

v.t. & i. يُعتبَر ، احتلّ مكانةً

this ranks as a masterpiece تعتبر هذه (اللوحة)
تحفة فنية ، هذه القصيدة من أروع الشِعر

rank, *a.* 1. (luxuriant, overgrown) غزير النموّ

2. (foul-smelling) كريه الرائحة ، متعفّن

3. (flagrant, gross) فاحش ، فظّ ، فظيع

this is rank impertinence إنها لوقاحة فاحشة

ranker, *n.* جندي عاديّ ، من رُقّي إلى رتبة ضابط

rankle, *v.i.* اعتملت (الإهانة) في صدره

ransack, *v.t.* قلب (المكان) بحثًا عن ، سَلَب

ransom, *n.* فدية ، فداء ، دية (لإنقاذ أسير)

he held the prisoner to ransom طلب فدية
من أهل الأسير (كشرط لإطلاق سراحه)

v.t. 1. (pay ransom for) فدى ، افتدى أسيرًا

2. (hold to ransom) طلب فدية من أهل أسير

rant, *v.i. & n.* ضجّ (الخطيب) وعجّ بالكلام ؛
خطاب طنّان مليء بالعبارات الجوفاء

rap, *n.* 1. (light blow) طرقة خفيفة حادّة

2. (*sl.*, blame, punishment) لوم ، عقاب

take the rap for something تحمّل اللوم
أو العقوبة على خطأ لم يرتكبه

3. (something of no value)
it is not worth a rap لا يساوي قشرة بصلة

I don't care a rap لا أبالي مُطلقاً

v.t. & i. نقر ، طَرق ، دَقّ دقّاً خفيفاً

he rapped out his orders and left قذف أوامره بسرعة وخشونة ثمّ انصرف

rapac/ious, *a.* (**-ity, -iousness,** *n.*) جَشِع ، نَهِم ، طمّاع ، متكالِب (على المادّة)؛ جَشَع

rape, *v.t.* اِغْتصب امرأة أو انتهك حرمتها

n. 1. (seizure, violation) اِغْتصاب (امرأة)، سَبْي ؛ سَلْب ونَهْب وتخريب

2. (plant) سَلْجَم ، نوع من اللّفت يأكله الضأن

rapid, *a.* (**-ity,** *n.*) سَريع ، مُسرِع

n.pl. جَنْدل أو شلّال في مجرى النهر

rapier, *n.* سَيْف (طويل ومدبب الطرف)، شِيش

rapport, *n.* وِئام أو وِفاق مُتبادل

the medium claimed to put her clients in rapport with the dead زَعَمَت الوَسيطة أنّها تستطيع أن تجعل مريديها يتّصلون بأرواح موتاهم

rapprochement, *n.* تَقارُب، إعادة عَلاقات الودّ والصّداقة (بين دولتين مثلاً)

rapt, *a.* مُسْتَغْرِق (في التفكير)، مأخوذ ، منتش

the audience listened to him with rapt attention (استحوذ الخطيب على مشاعر المستمعين) فأصْغَوا إليه مفتونين مُنْتَشين

rapture, *n.* نَشْوة الطرب ، غبطة

she went into raptures over her new car كادَت تطير فرحاً عندما استلمت سيّارتها الجديدة

rapturous, *a.* مُغْتبط ، طرب ، منتشٍ ، جَذِل

rara avis, *n.* (*Lat.*) يَتيمة الدّهر ؛ نادِر الوجود

the true lyrical poet is a *rara avis* these days إنّ الشّاعر الغِنائيّ الأصيل نادِر الوجود في أيّامنا هذه

rare, *a.* 1. (not dense) قَليل الكثافة

2. (unusual) نادِر ، غير مألوف

rare earth العَناصر الأرضيّة النادِرة

3. (excellent) مُمتاز ، فاخِر ، هائل

the children had a rare old time when their parents were away قضى الأطفال وَقتاً ممتعاً جدّاً في غِياب والديهم

4. (*esp. U.S.*, underdone) لَحْم مَشْوِيّ قليلاً لكي لا يفْقد طَراوته وعُصارته

rarebit, *see* **Welsh,** *a.*

raref/y, *v.t. & i.* (**-action, -ication,** *n.*) خَلْخَل (الهواء) ؛ تَخَلْخَل

as you climb a mountain the air becomes more and more rarefied كلّما ازْدَدت صُعوداً فوق الجبَل ازداد الهَواء تَخَلْخُلاً

rarity, *n.* أمْر قلّ أن يحدث ، نادِرة

rascal, *n.* (**-ly,** *a.*) وَغْد ، شِرّير، لَئيم ، سافل

rase, *see* **raze**

rash, *a.* طائِش ، مُسْتَهتِر، مُتهوّر ، مُندفع

n. طَفْح جِلدِيّ ، شِرى

rasher, *n.* شَريحة رَقيقة من لَحْم الخنزير المقدّد

rasp, *n.* مِبْرَد خشِن لصَقل سَطح الأخشاب

v.t. & i. قَشَط الخَشَب بالمِبرد؛ خَدَش الأُذن

rasping voice صَوْت أجشّ خَشِن ومجوج

raspberry, *n.* 1. (plant; its fruit) تُوت شَوْكيّ (حُلْو الطّعم) ، فرامْبُواز ، عَوْسَج إِيدَه

2. (*sl.*, expression of contempt or disapproval) تعبير يدل على التأفف والتعفيط

you will only get a raspberry if you ask for that! إذا طلبت منه ذلك فلن يجيبك إلا بالرفض والازدراء

rat, *n.* 1. (rodent) فأر (فئران)، جُرَذ (جرذان)

like a drowned rat كالعصفور بلّله القطر

he smelt a rat لَعب الفأر في عِبّه ، ارتاب

rats! كلام فارغ ! هَجَس ! لَغْو !

business is a rat race these days ليست التجارة في هذه الأيام إلّا صراعاً مسعوراً عنيفاً

2. (turncoat) خائن ، واشٍ ، غادِر

v.i. 1. (hunt or kill rats) صاد الفئران وقتلها

2. (desert, betray); *with* on هجر (زميله) وقت ضيقه ، خذله ، وشى به

ratable, *a.* (عقار) تفرض عليه عوائد البلدية

rat-a-tat-tat, *n.*; *also* **rat-tat** صوت دقّ الباب بالمقرعة ، قرع متكرّر (للطبول مثلاً)

ratchet, *n.* ترس وسقاطة أو سِنّ (هندسة)

rate, *n.* 1. (numerical proportion) معدّل

interest rate معدّل سعر الفائدة

rate of climb (*aeron.*) معدّل صعود الطائرة (مقدّرًا بالأقدام أو الأمتار بالدقيقة)

2. (speed) معدّل السرعة

3. (price, charge) سعر ، ثمن ، تعريفة

the rate for the job أجرة العمل السائدة

4. (estimate, criterion)

at any rate على كلّ حال ، مهما كان من أمر

at that rate أما والأمر كذلك، إذا صحّ هذا

5. (local tax)

the rates عوائد أو ضرائب (البلدية)

6. (*in comb. with numeral*, class)

first (second, etc.) -rate من أول درجة ، ممتاز ؛ (إنتاج) من صنف غير جيّد

v.t. 1. (estimate, consider) قدّر ، اعتبر

2. (subject to or assess for payment of rates) قدّر عقارًا لغرض تحديد عوائده

v.i. يعتبر ذا منزلة (فائقة مثلاً)

ratepayer, *n.* دافع العوائد أو الضرائب البلدية

rather, *adv.* 1. (more truly) بالحري ، بالأحرى

this book is dull rather than difficult عيب هذا الكتاب ليس في صعوبته بل في أنه مُمِلّ

2. (somewhat)

it is rather dark (الحجرة) معتمة بعض الشيء

3. (for choice, sooner)

I'd rather not say أفضّل الصمت (في هذا الموضوع)

4. (*coll.*, certainly!) طبعاً ! بالتأكيد !

Please visit me tomorrow! Rather! - زرني غداً من فضلك . - بكل سرور !

ratif/y, *v.t.* (**-ication,** *n.*) صادق على معاهدة ، أبرمها ، أقرّ اتفاقا ؛ التصديق على

rating, *n.* 1. (classification) تصنيف ، تقدير الصنف أو الرتبة ، تحديد القدرة الحصانية للمحرك

2. (*naut.*, ordinary seaman) بحّار عاديّ

ratio, *n.* النسبة بين عددين أو كميتين

ratiocination, *n.* استنتاج أو استدلال منطقي

ration, *n.* تَعْيين أو جِراية (الجُنديّ)، حِصّة
ration-book دَفْتر التَّموِين
v.t. حَدَّد مِقداراً مُعيّناً للاستِهلاك الفَرْديّ

rational, *a.* 1. (endowed with reason)
(الانسان حَيَوان) عاقِل ، مُفَكِّر
2. (sensible) (تَصرُّفات) يَقْبَلُها العَقْل
3. (*math.*) (رَقْم) جَذْرِيّ، مَنْطِق (رياضيات)

rationale, *n.* أساس مَنْطِقيّ ، سَبَب جَوْهَرِيّ

rational/ism, *n.* (**-istic,** *a.*); **-ist,** *n.* المَذْهَب العَقْلي (وهو المَبْدأ القائل بأنّ العَقْل وَحْدَه هو مَصْدَرُ المَعْرِفة)

rationaliz/e, *v.t.* & *i.* (**-ation,** *n.*) أَخْضَع الشَّيْءَ لِحُكْم العَقْل ، بَرَّر(سُلُوكَه) تَبْرِيرًا مَنْطِقيًّا

rattan, *n.* أَسَل الهِنْد ، قَصَب دَراكُو

rat-tat, *see* **rat-a-tat-tat**

rattle, *v.t.* & *i.* خَشْخَش، جَلْجَل، طَقْطَق
(*fig.*)
the car rattled along at a good speed
سارَت السَّيّارة بِسُرْعة مُناسِبة
she rattled away (on) without thinking
اِسْتَرْسَلَت في حَدِيثها غَيْر مُبالِيَةٍ بِما تَقُول
don't get rattled! لا تَتَزَعْزَع ! لا تَتَنَرْفَز !
n. 1. (sound) صَوْت خَشْخَشَة ، قَعْقَعَة
death-rattle حَشْرَجَة المَوْت أو فُواقُه
2. (toy) خُشَيْخِيشة ، خِرْخاشَة (عراق)

rattlesnake, *n.* أَفْعَى ذاتُ أَجْراس أو صَلاصِل ، حَيَّة جُلْجُلِيّة ، صَنَجِيّة

rattling, *adv.* (*coll.*)
he had a rattling good time قَضَى وَقْتاً مُمْتِعًا (في حَفْلةٍ أو سَهْرَةٍ مثلاً)

ratty, *a.* (*sl.*) حادّ المِزاج ، مُقَرْيِف ، مُعَكْنَن

raucous, *a.* (صَوْت) أَجَشّ ، خَشِن

ravage, *v.t.* & *i.* خَرَّبَ ، عاثَ في الأَرْض فَسادًا
n.
the ravages of time (أَلَمَّت به) عاديات الدَّهْر ، (عفَت عَلَيْه) يَدُ الزَّمان

rave, *v.i.* هَذَر ، هَذَى ، خَطْرَف ، خَرِف ، هَلْوَس
he raved about the new book كالَ المَدْح جُزافًا لِلكِتاب الجَدِيد ، أَفْرَط في تَقْرِيظِه

ravel, *v.t.*, *esp. past p.* عَقَّد ، شَوَّش ، فَكَّ ، حَلَّ (عُقْدة)
he ravelled out the rope's end نَسَّل (المَلّاح مَثَلاً) أَلْيافَ الحَبْل من طَرَفِه

raven, *n.* غُراب أَسْحَم ، غُراب نوحِيّ
a. (لَوْن) أَسْوَد لامِع
her raven locks (لها) شَعْر حالِكُ السَّواد

ravening, *a.* كاسِر ، ضارٍ ، مُتَلَهِّف لِلقَنْص
the ravening hordes of wolves قُطْعان مِن الذِّئاب مُتَعَطِّشة لِفَرِيسَتِها

ravenous, *a.* يَتَضَوَّر جُوعًا ، يَكاد يَمُوت جُوعًا

ravine, *n.* وادٍ ضَيِّق عَمِيق ، وَهْدَة (وِهاد)

raving, *n.*, *usu. pl.* هَذَيان (المَحْمُوم مثلاً)
a. & *adv.* هاذٍ ، مُخَطْرِف ، مُهْتاج
he is raving mad إنّه في غايَة الجُنُون

ravish, *v.t.* 1. (rape) اغتصب امرأة ، انتهك حرمتها ، اختطفته (المنيّة)

2. (delight) (منظر) يسحر (القلوب)

ravishing, *a.* فتّان ، ساحر ، أخّاذ ، يسلب اللبّ

raw, *a.* 1. (uncooked) (لحم) نيّء ، غير مطبوخ

2. (in the natural state) خام

raw materials موادّ خام ، موادّ أولية

raw spirit كحول لم يخفّف بالماء بعد تقطيره

3. (inexperienced) غير مُدرَّب ، عديم الخبرة

a raw recruit مُجنّد حديث العهد بالجندية

4. (unhealed, stripped of skin; exposed) (جرح) لم يلتئم بعد ، منزوع عنه الجلد

raw-boned, *a.* (حصان) نحيف ؛ هزيل البدن

raw edge of cloth الحافة المقصوصة في قطعة قماش معدّة للخياطة

5. (bleak, wretched)

a raw day يوم عابس قارس الجوّ

n.

he touched him on the raw by his remarks لمعته ملاحظاته في الصميم

rawhide, *n.* & *a.* جلد خام غير مدبوغ

ray, *n.* 1. (beam of light) شعاع من الضوء

(*fig.*)

ray of hope (لاح) بصيص من الأمل

2. (propagation line of heat, etc.) شعاعة ، شعاع من الحرارة

3. (fish) شفنين بحري ، سمك الورنك

rayon, *n.* حرير صناعي ، رايون

raze (rase), *v.t.* دمّر (البناء) تدميراً تامّاً ، قوّضه ، دكّه من أساسه

razor, *n.* ماكينة الحلاقة ، محلق (باليد أو بالكهرباء)

he is on a razor⟨'s⟩ edge (*fig.*) إنه على شفا (شفرة) الهاوية

re, *prep.* (*Lat.*) إيماءً إلى ، بالإشارة إلى (خطابكم)

re-, *pref.* (بادئة بمعنى) مرّة ثانية ، ثانيةً

reach, *v.t.* & *i.* 1. (stretch, extend) مدّ ، بَسَط ؛ امتدّ ، بلغ

he reached out his hand مدّ يده (لأخذ ...)

as far as the eye can reach على مدى البصر أو الرؤية ، على امتداد الأفق

2. (hand, pass or take with outstretched hand) ناول ، تناول

he reached for the salt مدّ يده ليتناول الملّاحة (على مائدة الأكل)

he reached the pot down from the top shelf أنزل الإناء من الرف الأعلى

reach-me-downs (*coll.*) الملابس الجاهزة

3. (get as far as, attain) بلغ (منتصف المسافة مثلاً) ، توصّل إلى هدف معيّن

the speaker was unable to reach his audience أخفق الخطيب في التأثير على مستمعيه

n. 1. (ability to reach or attain) القدرة على بلوغ شيء أو الوصول إليه ؛ مجال

out of reach بعيد المنال ، ليس في متناول اليد

within reach في متناول اليد ؛ يمكن تحقيقه

2. (stretch, esp. of a river) جزء منبسط (بين انثناءتين) من مجرى نهر

react, *v.i.* استجاب (للخطيب)؛ تفاعَل

reaction, *n.* 1. (responsive action or feeling) تفاعُل ، رد الفِعل

2. (return to former condition or tendency) رجعة ، رجْع

reactionary, *a. & n.* رجعي ، متمسّك بالقديم

reactiv/ate, *v.t.* (**-ation,** *n.*) أنعش، أعاد الحياة والنشاط إلى ... ، بثّ الروح في ...

reactiv/e, *a.* (**-ity,** *n.*) تفاعليّ ، متفاعل ، مفاعِل ؛ تفاعُليّة (كيمياء وطبيعيات)

reactor, *n.* مفاعِل (طبيعيات)

nuclear reactor مفاعِل ذَرّي

read, *v.t.* (*pret. & past p.* read)

1. (comprehend by study of written symbols); *also v.i.* قرأ ، طالَع ، تلا

I read over the letter I had written in the morning قرأت الخطابَ الذي كنتُ قد كتبتُه في الصباح (لمراجعته)

the minutes were taken as read وافق الأعضاء على محضر الجلسة السابقة دون قراءته

2. (interpret, discern) قرأ ، فسّر

the palmist read his hand (palm) قرأ العرّاف كفّه (لمعرفة طالعه)

he can read Morse يستطيع أن يستمع إلى رموز شفرة 'مورس' ويفهم مدلولها

he reads music يعرف قراءة النوتة الموسيقية

he read more into her remarks than she intended حمّل كلماتها من المعاني أكثر مما قصَدت

one manuscript reads *this*, the other *that* وردت لفظة 'هذا' في المخطوطة الأولى ولفظة 'ذلك' في المخطوطة الثانية

3. (reproduce orally); *also v.i.*

she read ⟨aloud⟩ to the invalid قرأت للمريض (قصّة مثلاً) بصوت مسموع لتسليته

please read back your shorthand أرجو أن تتلو عليّ ما كتبته بالاختزال

he read out the names of the winners تلا على الحاضرين أسماء الفائزين في المباراة

he read himself hoarse ظلّ يقرأ بصوت عالٍ حتى بحّ صوته

4. (study); *also v.i.* دَرَس

he read law درس القانون (بكلية الحقوق)

he read up the subject before he gave the lecture تعمّق في دراسة الموضوع قبل أن يلقي المحاضرة

well-read, *a.* مثقّف ، واسع الاطّلاع

v.i. 1. (give an impression to the reader)

this play reads better than it acts إن قراءة هذه المسرحية أكثر إمتاعاً من مشاهدتها

2. (*of an instrument*, register) سجّل ، أشار

n.

I had a good read on the journey قضيت أثناء رحلتي وقتاً طويلاً في قراءة (كتاب ممتع)

readab/le, *a.* (**-ility,** *n.*) 1. (agreeably written) (كتاب) ممتع ، مُسَلٍّ

2. (legible) (خطّ) واضح تسهل قراءته

reader, *n.* 1. (one who reads) قَارِئ (قُرّاء)

press-reader مُصَحِّح البُروفات المَطْبَعِيّة ؛ قارِئ يَبُتُّ في صَلاحِيّة مُؤَلَّف لِلطّباعة والنَّشْر

2. (rank of university teacher) رُتْبة جامِعِيّة تُعادِل رتبة 'أُستاذ مُساعِد'

3. (reading instruction book) كِتاب لِتَعْليم مَبادِئ القِراءة

readership, *n.* 1. (office of reader, *n.* (2)) وَظيفة جامِعية تُعادِل رُتبة أُستاذ مُساعِد

2. (number of readers of a newspaper) العَدد الشّامِل لِقُرّاء جَريدة

readily, *adv.* 1. (willingly) طَواعِيَةً ، عن رضىً

2. (easily) بِسُهُولة ، بِدُون مَشَقّة

readiness, *n.* 1. (preparedness) اِسْتِعْداد، تَأَهُّب

2. (willingness) مُوافَقة ، اِسْتِجابة

he showed readiness to fall in with the suggestion أَظْهَر اسْتِعْداداً لِقَبول الاقْتِراح ، وَافق عليه بِدون تَرَدُّد

reading, *n.* 1. (action) قِراءة ، مُطالعة ، تِلاوة

reading-glass عَدَسة مُكَبِّرة لِلقراءة

reading-lamp مِصْباح ذُو غِطاء أو ظُلَّة (أَباجُورة) لِحَجْب الضَّوْء عن العَيْن أثناء القِراءة

reading-room قاعَة المُطالعة

2. (experience of books)

he is a man of vast reading إنّه علّامة واسِع الاطِّلاع

3. (presentation of bill in Parliament) تَقْديم مَشْروع قَانون جَديد لِلبَرلمان

4. (*pl.*, passages read for entertainment) مُقْتَطَفات وطَرائف أَدَبيّة لِتَسْلية المُسْتَمِعين

5. (word or words in manuscript) أَحَد النُّصوص الوارِدة في مَخْطُوطَة مُعيَّنة

6. (figures, etc., shown on instrument) قِراءة (العَدّاد)، الرَّقم الذي سَجَّله

7. (interpretation) رأي شَخصيّ في مَوضوع ما

readjust, *v.t. & i.* (**-ment,** *n.*) أَعاد ضَبْط (الآلة مثلاً) ؛ مُواءَمة

he readjusted himself to the new circumstances وَاءَم نَفْسَه أو كَيَّفَها لِلظُّروف الجَديدة

ready, *a.* مُسْتَعِدّ ، على اسْتِعْداد ؛ جاهِز ، حاضِر

he is ready for anything إنّه على اسْتِعداد لِمُواجَهة كلِّ الطَّوارِئ

she got the bedroom ready for the visitors هَيَّأَت (الوَصيفة) غُرفة النَّوْم للضُّيوف

he made ready to go تأهَّب للانْصِراف

he has a ready wit إنّه حاضِر البَديهة ، هُو سَريع الخاطِر

ready money نُقود سائِلة أو قابِلة للسَّحْب عِند الطَّلب ؛ (دفع) نَقْداً

ready to hand في مُتناوَل اليَد ، مُتَيَسِّر

n.

he held his rifle at the ready كان في مَوقف اسْتِعدادٍ لإطلاق النّار من بُنْدُقِيَّته

adv.

ready-made, *a.* (مَلابس) جاهِزة

all his ideas are ready-made أَفكاره كُلُّها مُنْتَحَلة ، لا ابتكارَ في أفكاره ولا أَصالة

reagent, *n.* كاشِف ، كاشِفة (كيمياء)

real, *a.* 1. (actual) وَاقِعِيّ ، فِعْلِيّ

there is no substitute for the real thing
ليس ثمة بديل أو عوض عن الشيء الأصيل
people don't behave like that in real life
لا يتصرّف الناس في الحياة الواقعية على هذا النحو
2. (genuine) حقيقي ، صحيح ، غير زائف
the doctors could not effect a real cure
لم يستطع الأطباء أن يعالجوه علاجاً ناجعاً
real income الدخل الحقيقي
3. (*leg.*)
real estate أموال عقارية ثابتة أو غير منقولة

real, *n.* (ancient Spanish coin) الريال (عملة اسبانية قديمة)

real/ism, *n.*, **-ist,** *n.* 1. (*philos.*) المذهب الواقعي في الفلسفة (يقول بأن للمادة وجوداً حقيقيًّا)
2. (in art or literature) الواقعية (في الأدب)
3. (matter-of-fact attitude) (يعيش في) عالم الحقيقة والواقع لا في دنيا الأوهام

realistic, *a.* 1. (verisimilitudinous) واقعي ، يعكس الواقع ، (صورة) من صميم الحياة
2. (practical) عملي (نقيض الوهمي)
we must find a realistic answer to the question علينا أن نجد لهذه المشكلة حلاً عمليًّا يمكن تنفيذه

reality, *n.* الحقيقة ، الواقع
in reality في حقيقة الأمر ، في الواقع

realiz/e, *v.t.* (**-ation,** *n.*) 1. (perceive) فهم ، أدرك ، شعر ، أحسّ
2. (attain, accomplish) حقّق ، أنجز
he realized his ambitions later in life حقّق آماله ومطامحه في أخريات أيامه
his crop realized a good figure
حصل على ثَمَن مُجزٍ من بيع غلّة أرضه
3. (convert into money) باع (أسهُمه)
he was compelled to realize his assets
اضطرّ إلى تصفية جميع ممتلكاته

really, *adv.* حقًّا ، فعلاً ، في الحقيقة
really, you might have told me! كان ينبغي أن تخبرني بذلك من قبل !

realm, *n.* (*lit. & fig.*) دولة ، مملكة ، ميدان ، نطاق ، مضمار ، مجال
coin of the realm عملة قانونية
the realms of fancy عالم الأوهام ، دنيا الأحلام

ream, *n.* رزمة تتكون من ٤٨٠ ورقة
(*fig., usu. pl.*) (سوّد) صفحات لا تُحصى

ream, *v.t.* وسّع الثقب ، بَرْغَل (هندسة)

reap, *v.t. & i.* (*lit. & fig.*) حصد (القمح الناضج) ، قطعه بالمنجل

reaper, *n.* 1. (person) حاصِد ، حصّاد
2. (machine) حصّادة ، آلة الحصد ، محصدة

reappear, *v.i.* (**-ance,** *n.*) ظهر من جديد

reapprais/e, *v.t.* (**-al,** *n.*) أعاد النظر في ...

rear, *n.* 1. (hinder part of anything); *also attrib.* مؤخّر ، موخّرة ؛ خلفيّ
Rear-Admiral العميد البحري (في الأسطول)
rear gunner (*in bomber*) المدفعي الخلفي (في قاذفات القنابل)
2. (*mil.*)
bring up the rear جاء في مؤخرة الصفّ

3. (*coll.*, backside) دُبر ، عَجُز

v.t. 1. (raise, set upright) رفعت (الأفعى رأسها) ؛ نصب (السلّم إلى الحائط)

2. (bring up, breed) ربّى (أطفالاً مثلاً)

v.i. (*of a horse, etc.*) شبّ الحصان أو انتصب على قائمتيه الخلفيّتين

rearguard, *n.* مؤخّرة الجيش ، ساقته

they fought a rearguard action اشتبكت المؤخّرة مع قوّات العدوّ لتمكين بقيّة الجيش من الإنسحاب

rearm, *v.t.* & *i.* (**-ament,** *n.*) أعاد تسليح الجيش

Moral Rearmament جماعة التسلّح الخلقيّ أو المعنويّ (نشأت في بريطانيا عام ١٩٣٨)

rearmost, *a.* في نهاية الصفّ ، الأخير

rearrange, *v.t.* (**-ment,** *n.*) أعاد التنظيم

she rearranged the sitting-room أعادَت تنظيم أثاث حجرة الجلوس

rearward, *n.* & *a.* مؤخّرة ؛ خلفيّ

adv.; *also* rearwards إلى الخلف أو الوراء

reason, *n.* 1. (cause, ground) سَبَب ، باعِث ، عِلّة ، داعٍ ؛ مسوِّغ (شرعي)، مبرِّر ، وجه

by reason of نتيجةً لِ.. ، نظراً إلى ، بِسبب

there is reason to believe . . . هناك ما يدعو إلى الاعتقاد أنّ ...

he protested and with ⟨good⟩ reason احتجّ وكان على حقّ في احتجاجه ، اعترض لسبب وجيه

2. (intellectual faculty) عَقْل ، القوة العقليّة ، صَواب ، رُشد ،(ذوو) الألباب

he lost his reason أصابه مسّ من الجنون

3. (good sense, moderation) الإعتدال

you can spend anything in (within) reason لك الحريّة في أن تنفق ما شِئتَ مادُمت لا تتجاوز حدود المعقول

you must listen to reason يجب عليك أن تصغي إلى صوت العقل

v.t. & *i.* فكّر تفكيراً منطقيًّا ، جادله لإقناعه

he reasoned out the answer to his problem توصّلَ إلى حلّ مشكلته بالتفكير في عناصرها تفكيراً منطقيًّا سليماً

he reasoned his friend out of his fears أقنع صديقه بالعدول عن مخاوفه (لأنها لا مبرّر لها)

a reasoned argument حُجّة مبنيّة على أساس منطقيّ

reasonable, *a.* (**-ness,** *n.*) 1. (amenable to reason) رشيد ، معقول ، عاقِل

2. (fair, acceptable) (سعر) معقول، غير مُجحف

reasoning, *n.* استدلال ، برهنة ، تعليل

his reasoning is sound قياسه على أساس سليم

reassur/e, *v.t.* (**-ance,** *n.*) هدّأ روعه ، طمأنه ، بدّد قلقه وشكوكه ؛ اطمئنان ، طمأنينة

rebarbative, *a.* (شخص) تشمئز منه النفس

rebate, *n.* خَصْم أو تنزيل (عند الدفع)

rebec, *n.* رباب ، ربابة (آلة موسيقيّة وتريّة)

rebel, *n.* & *a.* متمرّد ، ثائر ، عاصٍ (عُصاة)

v.i. تمرّد ، ثار ، شقّ عصا الطاعة على

rebellion, *n.* تمرُّد ، ثورة ، عِصيان ، فِتنة

rebellious, *a.* متمرِّد ، عاصٍ ، ثائر على السلطات

rebirth, *n.* نَهضة ، بَعْث ؛ تجدُّد روحيّ

reborn, *a.* متجدِّد ، (شعر كأنّه) خُلِق من جديد

rebound, *v.i.* ارتدّت الكرة أو قفزت (بعد اصطدامها)

n. ارتداد الكرة أو وثوبها (بعد مسّها للأرض)

he caught the ball on the rebound أَمْسَكَ الكرة بعد أن ارتدّت (عن الحائط مثلاً)

it was only on the rebound that she married him لم تتزوَّجه إلّا لأنّها قد أخفقت في حبّها لشخص آخر

rebuff, *n.* & *v.t.* إهانة (في العلاقات الاجتماعيّة)؛ رفضت (دعوته) بجفاء وفظاظة

rebuke, *v.t.* & *n.* وَبّخ ، أنّب ، ذمّ ، لامَ ، عاتَبَ ، بكّتَ ؛ توبيخ ، لوم ، مؤاخذة

rebus, *n.* لُغز تُستنتج فيه مقاطع الكلمة من عدّة صُوَر

rebut, *v.t.* (**-tal,** *n.*) فنّد أو دحض (حجّة) ، نقض (ادّعاءً) ، دفع (تهمة) ؛ نَقْض ، تفنيد

recalcitr/ant, *a.* (**-ance,** *n.*) متمرِّد ، عنيد ، صعب المراس ، عاصٍ ؛ عَدم الانصياع للأوامر

recall, *v.t.* 1. (bring back) استدعى (السفيرَ مثلاً) ، طلب إليه العودة

2. (remember) تذكّر ، استعاد إلى خاطره

n. استدعاء ، استعادة ، تذكُّر

beyond (past) recall (أحداث) في طيّ النسيان ، لا يمكن ردّها أو استرجاعها

total recall (*psychol.*) اِسْتِدعاء كامل لخبرات ماضية بكلّ تفاصيلها وحذافيرها

recant, *v.i.* & *t.* (**-ation,** *n.*) اِعْتَرَفَ عَلَنًا بأن مُعْتَقَداته السّابِقة كانت خاطِئة ؛ إنْكار

recap, *coll. contr. of the following*:

recapitul/ate, *v.t.* & *i.* (**-ation,** *n.*) أَجْمَل (المُحاضِر) ما سَبَق أنْ ذَكَرَه بالتَّفْصِيل

recapture, *v.t.* اِسْتردّ أو استعاد (ما فقده)

it is not possible to recapture the first thrill of discovery لا يَستطيع المرء استعادة نَشْوة الاكتشاف الأولى

recast (*pret.* & *past p.* recast), *v.t.* & *n.*

1. (reshape) أعاد الصياغة أو التشكيل

2. (change the cast of *a play*; change the part of *an actor*) وَزّع أدوار المسرحيّة على مُمثّلين آخرين

recede, *v.i.* تراجع (المدّ) تدريجيًّا ، انحسر

receding hair شَعْر يتساقط منحسرًا عن الجبهة

receipt, *n.* 1. (act of receiving) استلام ، تسلُّم

we are in receipt of your letter . . . نُحيطكم عِلْماً بأنّنا قد استَلَمْنا خطابكم (المؤرَّخ)

2. (*pl.*, *book-keeping*, money received) إيرادات ، مُتحصّلات

3. (written acknowledgement) إيصال رَسميّ ، وَصْل باستلام مبلغ أو بضاعة

receive, *v.t.* 1. (accept; have sent or given to one) اِسْتلم ، تسلَّم ، تقبَّل ، تلقّى

he was received into the Catholic church اِعْتَنَقَ المذهب الكاثوليكيّ رسميًّا

he was accused of having received stolen goods أُتُّهم بأنه اسْتَلَم بضائع مسروقة

according to received opinion طِبْقَ الرّأي السّائد أو الشّائع ، حَسَب رأي الأغلبيّة

2. (entertain, greet); *also v.i.*
he received the guests وقف (عند الباب) لاستقبال الضيوف والترحيب بهم

receiver, *n.* 1. (one who receives) مُسْتَلِم ، مُتسلِّم

2. (one who buys stolen goods) مَن يَستلم البضائع المسروقة لحفظها أو لبيعها

3. (*leg.*)

official receiver حارس قضائيّ يمثّل الدائنين (في حالة الإفلاس أو التصفية)

4. (apparatus)
⟨wireless⟩ receiver جِهاز التقاط لاسلكيّ
⟨telephone⟩ receiver سَمّاعة التليفون (الهاتف)

recension, *n.* نَصّ مُنقَّح

recent, *a.* قريب العهد ،(الأحداث) الأخيرة

receptacle, *n.* وعاء ، إناء ، ماعون

reception, *n.* 1. (receiving, admittance; greeting) اِسْتلام ؛ استقبال (الضيوف)
reception centre for refugees مَركز استقبال اللاجئين
the book had a favourable reception وَقَع الكتاب الجديد من نفوس القُرّاء موقعًا حسنًا
reception desk مَكتب الاستعلامات
you can always be sure of a warm reception يمكنك أن تثق دائماً بأنّهم سيرحّبون بك ترحيباً حارًّا
they gave the enemy raiding party a warm reception أَصْلوا الوحدة المهاجمة لهم نارًا حامية ، أطلقوا عليها وابلاً من رصاصهم

2. (formal gathering) حَفْل استقبال رسمي
a reception was held in the minister's honour أُقِيمَ حَفل استقبال تكريمًا للوزير

3. (*radio*) اِسْتِقبال أو اِلْتِقاط لاسِلْكِي

receptionist, *n.* مُوَظَّف (في فندق أو عيادة الخ) يَسْتَقْبِل الوافدين ويرشدهم

recept/ive, *a.* (**-ivity,** *n.*, **-iveness,** *n.*) مُتَفَتِّح الذّهن ، مُتَقَبِّل (للفكرة مثلاً)
he was in a receptive frame of mind كان موقفه (من الاقتراح مثلاً) موقفاً إيجابيًّا
he found his fellow passenger to be a receptive person وَجَد في رفيق سَفَره (بالقطار مثلاً) رُوح العطف والاهتمام

recess, *n.* 1. (niche) كُوّة ، تجويف (بالحائط مثلاً)

2. (*esp. pl.*, innermost part)
he knew in the innermost recesses of his mind that . . . أحس في دخيلة نفسه أنّ ...

3. (vacation) عُطلة البرلمان أو المحاكم
Parliament went into recess توقّفت جلسات البرلمان وتفرّق الأعضاء في عطلتهم

recessed, *a.* (دولاب) مثبّت داخل كوّة في الحائط ولا يبرز عن سطحه

recession, *n.* 1. (withdrawal) اِنْحسار (الماء بعد المدّ) ؛ خُروج (موكب العودة في الكنيسة)

2. (economic setback) رُكود أو كساد مؤقّت

recherché, *a.* مُفْرِط في التمنيق ، طريف

recidiv/ist, *n. & a.* (**-ism,** *n.*) مُجرم عائد ، مُحترِف الإجرام ؛ الميل إلى ارتكاب الجريمة ثانيةً

recipe, *n.* وَصْفَة تبيّن المقادير اللازمة لِلطّعام وطريقة إعداده ؛ السبيل إلى...

recipient, *n.* مُسْتَلِم ، متناول ، آخذ

reciprocal, *a.* متبادَل ، تبادُلي ، مُشتَرَك

their love was reciprocal كان بينهما حُبّ متبادَل ، بادل كلّ منهما الآخر الودّ

we made a reciprocal mistake, each misunderstanding the role of the other وَقعنا في غلطة متبادَلة إذ أخطأ كلانا في معرفة شخصية الآخر ووظيفته

reciproc/ate, *v.t. & i.* (**-ation,** *n.*) بادَله ، ردّ عليه بالمِثل

he was glad to know that his feelings were reciprocated سَرَّه أن يعلَمَ أنها تبادله نفس الشعور

reciprocity, *n.* تبادُل الشعور ، مبادلة بالمِثل

reciprocity of privilege makes for good relations إنّ تبادُل المنفعة بين الطرفين يؤدّي إلى تحسين العلاقات بينهما

recital, *n.* 1. (account, narration) سَرْد الوقائع أو الأحداث ، تلاوة

2. (musical performance) حفلة موسيقية يحيها عازف واحد أو جوقة صغيرة

recitation, *n.* إلقاء قِطَع أدبية (من الذاكرة)

recitative, *n.* كلمات شبه غنائية في الأوبرا

recite, *v.t. & i.* 1. (declaim) أنشَد ، تلا

2. (enumerate, narrate) سَرَد ، قصّ

he recited a list of his grievances راح يسرد سلسلة من الشكاوى والتظلّمات

reckless, *a.* متهوّر ، مستهتر ، طائش

reckon, *v.i. & t.* 1. (calculate) حسب

the waiter reckoned up the bill أعد النادل (السفرجي) قائمة الحساب (لتقديمها للزبائن)

they will have to reckon with the enemy's sympathizers يجب على أولي الأمر أن يحسبوا لمالئي العدوّ حساباً

he is a man to be reckoned with إنّه رَجُل يُحْسَب له حساب

2. (count *on*) اعتمَد على

may I reckon on your support? هل يمكنني أن أعتمد على مساندتك لي ؟

3. (*coll.*, conclude, consider) ظنّ ، حسب

I reckon it won't rain إنّي أستبعد نزول المطر اليوم ، لا أظنّ أنها ستمطر

reckoner, *n.* من يقوم بالعدّ

ready reckoner كتاب للاستعمال التجاري اليومي يضمّ نتائج عمليات حسابية مختلفة

reckoning, *n.* 1. (calculation) حساب ، عدّ

he is out in his reckoning أخطأ في هذه العملية الحسابيّة ؛ لم يُصب في تخمينه

by dead reckoning we shall reach port tomorrow سوف نَصِل الميناء غداً طبقاً للحساب الملاحيّ

2. (bill, settlement) حساب المصروفات

the day of reckoning يوم الحساب ، اليوم الذي يحاسَب الانسان فيه على أفعاله

recl/aim, *v.t.* (**-amation,** *n.*) استصلح أرضا بوراً ؛ ردّ (خاطئاً عن غوايته)

they reclaimed the marshland قام (المهندسون الزراعيون) باستصلاح أراضي المستنقعات

n.

beyond reclaim لا أمل في إصلاحه ، لم يَعُد يصلح لشيء

recline, *v.t. & i.* أمالَ ، أسندَ ، اتكأ ، انحنى

recluse, *n.* مُعتكف عن الناس ، ناسك ، منعزِل

recognition, *n.* 1. (knowing again) تَعرُّف على

2. (acknowledgement) اعتراف بِ ، تقدير لِ

recognizable, *a.* يسهل التعرُّف عليه ، ملموس

recognizance, *n.* تعهُّد رسمي

recognize, *v.t.* 1. (know again) تعرَّف على

he recognized his former school friend تعرَّف على زميل دراسته السابق

2. (admit) سلَّم أو أقرَّ بِ ...

he recognized his own faults اعترف بأخطائه

3. (acknowledge claims of)

he should have recognized the lawful heir كان ينبغي عليه أن يعترف بأحقيّة الوريث الشرعيّ

recoil, *v.i.* تراجَع ، ارتدّ

she recoiled in horror when she saw who was approaching ارتدَّت على عقبيها مذعورة عندما تعرّفَت على الشخص القادِم

n. ارتداد (البندقية أو المدفع) عند الإطلاق

recollect, *v.t.* (**-ion,** *n.*) تذكَّر ، ذكَر ؛ تذكُّر

recommend, *v.t.* 1. (advocate) أوصى بِ ...

he recommended her as a good typist امتدح كفاءتها ككاتبة على الآلة

2. (advise) نَصح ، أشار على

he was recommended to take a rest after lunch أشيرَ عليه بأن يستريح بعد الغداء

recommendation, *n.* توصية ، تزكية

she bought it on his recommendation اشترت (الكتاب مثلاً) بناءً على توصيته

recompense, *v.t. & n.* كافأ ، عوّض ؛ مكافأة

the dedicated teacher is rarely sufficiently recompensed قَلّما ينال المدرّس الذي يتفانى في مهنته جزاءه الكافي

reconcil/e, *v.t.* (**-iation,** *n.*, **-iatory,** *a.*) وفّق بين (خصمين) ، أصلح بينهما

it is difficult to reconcile longstanding enemies من العسير أن يُعاد الوئام بين شخصين يكنّان عداوة قديمة متبادلة

I could not reconcile his story with the facts known to me لم أستطع أن أوفّق بين روايته والحقائق التي أعرفها

a monk is reconciled to a life of poverty يروض الراهب نفسه على حياة الفقر والحرمان

recondite, *a.* عَويص ، مستغلق ، معمّىً ، معقّد

his speech was too full of recondite allusions for the layman كانت محاضرته مفعمة بإشارات مُستغلَقة لا يفهمها إلا الخاصّة

recondition, *v.t.* جدّد ، رمّم (آلة مستعملة)

she bought a reconditioned sewing-machine اشترت ماكينة خياطة كان قد سبق إصلاحها وتجديدها بالمصنع

reconnaissance, *n.* استكشاف ، استطلاع

reconnoitre, *v.i. & t.* اِستكشف ، استطلع

reconsider, *v.t. & i.* أعاد التفكير في ...

reconstruct, *v.t.* أصلح بناءً قديمًا ، رمّمه

the police reconstructed the crime أعاد رجال الشرطة تمثيل مراحل الجريمة

record, *v.t.* 1. (write down) دوّن ، سجّل ، كتب

recording angel ملاك يسجّل أعمال الانسان

2. (take impression of *sound or vision*)

سجّل (أغنية مثلاً) على شريط تسجيل

recorded programme (*broadcasting*)

برنامج سبق تسجيله قبل أن يذاع

3. (*of instrument*, register) سجّل

the thermometer recorded 40° سجّل الترمومتر درجة أربعين مئوية

n. 1. (written witness or account)

سجلّ مكتوب ، سَنَد مدوّن

I can bear record to his previous good character في استطاعتي أن أشهد بحسن أخلاقه وسلوكه فيما مضى

I can tell you off the record that the meeting was a waste of time إني أخبرك بصفتي الشخصية أن الجلسة كانت مضيعة للوقت

you went on record as being in favour of the project

لقد صرّحتَ علناً أنك تحبّذ المشروع

it was the coldest night on record كانت أبرَدَ ليلة منذ أن بدأ تسجيل الأرصاد الجوية

2. (gramophone disc) أسطوانة فونوغراف

a long-playing record; *abbr.* L.P. أُسْطُوانَة فُونُوغرافيّة تَدُور ٣٣⅓ دَوْرَة في الدقيقة

record-player لاقط كهربائي ، جراموفون ، پيك آپ

3. (collection of facts about a person's past) صحيفة السوابق

he has a criminal record يحتفظ رجال الشرطة بصحيفة سوابقه أو بسجلّ جرائمه

4. (best performance); *also attrib.*

he set up a record سجّل أو ضرب رقما قياسيًّا

recorder, *n.* 1. (magistrate) قاضٍ بمحكمة جنائية

2. (apparatus) جهاز تسجيل ، مُسجِّل

3. (mus. instrument) مزمار خشبي خاصّ

recording, *n.* تسجيل ، تدوين ، إدراج

he bought a new recording of the singer Umm Kulthum اشترى أسطوانة سُجّلت جديدًا لأغنية من أغاني أم كلثوم

recount, *v.t.* 1. (relate) روى ، حكى ، حدّث

2. (count again)

they recounted the votes أعادت (لجنة فحص الأصوات) عدّ الأصوات التي أحرزها المرشّح

n. إعادة العدّ

after a recount he was proclaimed President بعد إعادة عدّ الأصوات أُعْلِن انتخابه رئيسا للجمهورية

recoup, *v.t.* عوّض عن ، استردّ ما فقد

he tried to recoup his losses حاول استرداد ما خسر من نقود (في المقامرة)

recourse, *n.* التجاء ، التماس العون من ..

he had recourse to sleeping tablets لجأ إلى استعمال الأقراص المنوّمة

recover, *v.t. & i.* استعاد ؛ شُفِي ، أَبَلَّ

he recovered lost time عوّض عن الوقت الضائع بمُضاعفة جُهوده

he almost fell but quickly recovered ⟨himself⟩ كاد أن يقع لكنّه استعاد توازنه سريعاً

after his illness he recovered slowly استغرق شفاؤه من مرضه وقتاً طويلاً

re-cover, *v.t.* صنع (لشيءٍ ما) غطاءً جديداً

he had his umbrella re-covered أعطى مظلّته للصانع ليجدّد غطاءَها

recovery, *n.* 1. (getting back possession) استرداد ملكيّة الشيء ، استعادة شيء مفقود

2. (restoration to health) شفاء ، انتقاه ، إبلال من مَرَض ، استرداد العافية

re-create, *v.t.* أعاد تكوين ...

recreation, *n.* استجمام ، تسلية ، ترويح عن النفس

recreation ground حديقة عامّة (للألعاب)

recrimin/ate, *v.i.* (**-ation,** *n.*) ردّ على اتّهامه باتّهام مماثل ؛ تهاتُر

they indulged in recriminations راحا يكيلان التُّهم كل منهما للآخر

recrudesc/ent, *a.* (**-ence,** *n.*) مُتَفَشٍّ من جديد (كمَرَضٍ أو شَغَب أو فوضىً الخ)

recruit, *n.* مجنَّد حديث ؛ مُنْضمّ حديثاً

v.t. جَنَّد ؛ ضمّ أعضاءَ إلى هيئة ما

rectangle, *n.* مُسْتطيل (هندسة)

rectangular, *a.* (مائدة) مستطيلة الشكل ، (شكل هندسيّ) يحتوي على أربع زوايا قائمة

rectifier, *n.* (*elec.*) مقوّم (للتيّار الكهربائي)

rectif/y, *v.t.* (**-ication,** *n.*) 1. (correct) صحّح (الأخطاء) ، عالج (عَطباً)

2. (*chem.*) كرّر تقطير (الكحول مثلاً)

rectiline/al (**-ar**), *a.* (شكل هندسي) مستقيم الخطوط أو الأضلاع ؛ ذو خطوط مستقيمة

rectitude, *n.* استقامة الأخلاق ، طهارة الذيل

rector, *n.* 1. (*eccles.*) كاهن بالكنيسة الانكليزية يتناول كلّ مرتّبه من الأوقاف

2. (*university*) مُدير جامعة أو كليّة

rectory, *n.* بيت مخصّص لسكنى كاهن الأبروشية

rect/um, *n.* (**-al,** *a.*) المستقيم (تشريح)

recumbent, *a.* (في وضع) مُسْتَلْق أو مُضطجع

recuper/ate, *v.t. & i.* (**-ation,** *n.*) تعافى أو نقه من مرض ، استردّ صحته أو عافيته

recuperative, *a.* يؤدي إلى استرداد العافية

recur, *v.i.* (**-rence,** *n.*) تكرّر ، عادت (المشكلة) من جديد ؛ عاودته (ذكرى اللقاء)

recurring decimal كسْر عشريّ دائر أو متكرّر

recurrent, *a.* متكرّر دوريًّا

please allow ten pounds a month for recurrent expenses نرجو تخصيص عشرة جنيهات شهريًّا للمصروفات المتكرّرة

red, *a.* 1. (colour) (لون) أحمر

Red Cross هيئة الصليب الأحمر الدوليّة

red currant كِشْمِش أحمر

Red Ensign عَلَم البحريّة التجاريّة البريطانيّة

red-eyed, *a.* محمرّ العينين (على أثر البكاء)

red flag عَلَم أحمر

(signal of danger) علم أحمر (للخطر)

(emblem of Socialist revolution) الراية الحمراء (رمز الثورة العمّالية)

the Red Flag (name of Socialist anthem) نَشيد الثورة ، نشيد الاشتراكية

red-handed, *a.*

they caught him red-handed قُبِض عليه متلبِّساً بالجريمة

red-hot, *a.*

(*lit.*) (سيخ حديديّ) متوهّج

(*fig.*, fervent) مُتّقِد حماساً وغيرةً

red-hot news أنباء آخِر لحظة

red-letter day يوم ميمون حافِل بالبشر

red light ضوء أحمر

(sign of danger) ضوء أحمر (إنذار بالخطر)

(signal to stop) إشارة حمراء (لوقوف المرور)

red-light district حيّ العاهرات أو الساقطات

the mere mention of nationalization was like a red rag ⟨to a bull⟩ كان مجرّد ذِكر التأميم يهيجه كما تهيج الحمرة الثَوْر

2. (having to do with Communism, esp. Soviet Russia) نسبة إلى الشيوعيّة

the Red Army الجيش (الروسيّ) الأحمر

n. 1. (colour) لَوْن أحمر

2. (anything red in colour)

he is in the red إنّه مَدين (لدى البنك)

3. (Communist or extreme left-winger) كناية عن الشيوعيّين أو اليساريّين المتطرّفين

redbrick, *a., in*

redbrick university إحدى الجامعات التي أسِّسَت حديثًا في بريطانيا

redbreast, *n.* أبو الحنّ (شحرور صغير أحمر الصدر)

redden, *v.t. & i.* حمّرَ ؛ احمرّت (وجنتاها)

reddish, *a.* مائل أو ضارب إلى الحمرة ، أصهب

redeem, *v.t.* فَدَى ؛ استردّ ، فكّ الرهن

he redeemed his watch فكّ رهن ساعته واستعادها (من محلّ الرهونات)

cheerfulness is his redeeming feature الحسنة الوحيدة في شخصيّته هي روحه المرحة

Redeemer, *n.* الفادي ، المخلّص (يسوع المسيح)

'for I know that my Redeemer liveth' لأنّي أعلم أنّ مخلّصي حيّ إلى الأبد' (سِفر أيّوب)

redemption, *n.* 1. (*finance*) فكُّ الرَّهْن ، استرداد (عقار) مرهون بدفع ما تبقّى من الدين

2. (*relig.*) خلاص ، فداء ، افتداء (مسيحية)

redhead, *n.* شخص ذو شعر أحمر غامق

rediffusion, *n.* طريقة خاصّة لتوصيل البرامج الإذاعية بعد التقاطها من محطّة مركزيّة

redolent, *a.* ذو رائحة ؛ تفوح منه (روح الماضي)

redouble, *v.t. & i.* ضاعف نشاطه ، زاد حدّة الشيء أو شدّته ؛ تضاعف

redoubt, *n.* معقل صغير في مجموعة استحكامات

redoubtable, *a.* مَهيب، مروّع، لايُستهان به

redound, *v.i.* إرتدّ إلى، عاد عليه (بالفائدة)

his efforts redound greatly to his credit لقد أسهمت مساعيه في إعلاء شأنه

redress, *v.t.* عوّضه عن (حيف ألمّ به)

n. تعويض عن (خطأ)، تقويم (اعوجاج)

he suffered a wrong for which there was no redress كان ضحيّة ظُلم لم ينصفه منه أحد

redskin, *n.* من الهنود الحمر الامريكيين

reduce, *v.t.* 1. (decrease, bring down) خفّض (السرعة)، قلّل (النفقات)، اختصر

he reduced the argument to its simplest terms حَصَر موضوع النقاش في نقطه الجوهرية مُنحّيًا التفاصيل جانبًا

the sergeant was reduced to the ranks جُرّد الرقيب (الشاويش) من رتبته العسكرية

2. (*esp. pass.*, compel)

she was reduced to tears (أزعجتها معاكساته حتّى) أجهشت بالبكاء

3. (*surg.*)

the surgeon reduced the fracture جَبَر الجرّاح الكسر (في الساق مثلاً)

reducible, *a.* قابل للتخفيض أو الاختصار

reductio ad absurdum (*Lat.*) إثبات خطأ حجّة ما بإظهار سُخف نتائجها

reduction, *n.* تخفيض، تقليل، اختصار

redund/ant, *a.* (**-ancy,** *n.*) فائض، زائد عن الحاجة

redundant words add nothing to the meaning لايضيف الحشو شيئًا إلى مدلول الكلام

redundancy is the workers' nightmare أشدّ مايخشاه العمّال هو الاستغناء عنهم وطردهم

reduplic/ate, *v.t.* (**-ation,** *n.*) ضاعف (الجهد)

we need reduplicated efforts to finish the task نحن في حاجة إلى مضاعفة الجهود لننتهي من العمل (في ميعاده)

redwood, *n.* خشب أحمر (صنوبر حرجي)

reed, *n.* 1. (kind of plant; its stem) قَصَبة، غابة، بوصة (نبات متعدّد الأنواع، ساقه)

reed pen قلم بسط، قصبة أو يراعة للكتابة

2. (*mus.*) لسان المزمار أو الناي

reedy, *a.* 1. (abounding in reeds (1)) (مستنقعات) يمو بها نبات الغاب أو البوص

2. (long and thin) طويل ونحيف، نحيل

3. (of thin, sharp tone) (صوت) رفيع حادّ

reef, *n.* 1. (part of a sail) جزء يُطوى من الشراع

reef-knot عُقدة شراعيّة

2. (ridge of rock) شعاب صخرية (مرجانية)

reefer, *n.* 1. (jacket) جاكيّة ضيّقة بصفّين

2. (*sl.*, cigarette containing marijuana) سيجارة محشوّة بالحشيش (أو القنّب الهنديّ)

reek, *v.i.* (*lit. & fig.*); *also n.* انبعثت منه رائحة كريهة، رائحة دَفِرة أو نَتِنة

the administration reeks of corruption الجهاز الإداريّ كلّه فساد ورشوة

reel, *n.* 1. (spool) بكرة (خيط مثلاً)، وشيعة

he put a new reel on his rod ركّب بكرة جديدة في قصبة صيد السمك

2. (dance) رقصة اسكتلنديّة أو موسيقاها

v.t. لفّ الخيط أو السلك حول البكَرة

he reeled off a list of names سَرَد من الذاكِرة سِلْسلة طويلة من الأسماء

v.i. ترنّح ، تمايل ، تمايَح (كالسكران)

his mind reeled when he heard the news
صَعَقه النبأ وكاد يتهاوى من شدّة الصدمة

refectory, *n.* غرفة الأكل (بالأديرة أو الكليّات) بها موائد طويلة

refectory table مائدة طويلة من طراز قديم خاصّ (في قاعات الأكل بالأديرة أو الكليات)

refer, *v.t.* 1. (ascribe) نسب (نجاحه)، عزاه إلى

2. (direct, commit) أحال (الموضوع) إليه

the motion was referred back أُحِيل الاقتراح إلى اللجنة المختصّة (لتعديله مثلاً)

v.i. 1. (have recourse *to*) التجأ أو رجع إلى

2. (allude *to*) أشار أو أومأ إلى، نوّه عن ..

referee, *n.* 1. (person to whom reference can be made) شخص يمكن الرجوع إليه

2. (umpire at games) حَكَم (في المباريات)

3. (arbitrator) حَكَم يفصل في نزاع ما

v.i. & t. حَكَم أو فصل (في مباراة أو نزاع)

reference, *n.* 1. (referring to authority for decision or information) رجوع ، التجاء

he acted without reference to his boss
تصرّف بغير الرجوع إلى رئيسه

2. (relation)

with reference to your letter إيماءً إلى خطابكم

3. (allusion) إشارة ، إيماء

his book is full of references to places I know well يشير المؤلّف في كتابه مرّات عديدة إلى أماكن أعرفها حقّ المعرفة

4. (indication of relevant passage in book, etc.) إشارة إلى مرجع ما

reference-book مرجع علمي (كموسوعة)

5. (testimonial; person supplying this)
شهادة ؛ شخص يُرجع إليه لاستقاء معلومات

referendum, *n.* استفتاء عامّ

refill, *v.t.* أعاد ملء الشيء ، ملأ ثانيةً

n. عبوّة جديدة (لقلم حبر جاف مثلاً)

refine, *v.t.* كرّر (البترول) أو صفّاه ؛ هذّب

refined, *a.* (سكّر أو بترول) مكرّر ، مصفًّى ؛ (أخلاق) مهذّبة ؛ ذو ذوق رفيع

refinement, *n.* 1. (purifying) تكرير ، تصفية

2. (purity of style or manners) رقّة ، دماثة

3. (instance of subtlety or delicacy) دِقّة بالغة ، تفنُّن ، (سيّارة بها) مزايا عصريّة

refinery, *n.* معمل تكرير (السكّر مثلاً) ، مصفاة لتنقية (البترول)

refit, *v.t. & i.* عمّر (السفينة) ، أعاد تجديدها وتجهيزها

n.

the ship is in dry-dock for a refit أُدْخِلت السفينة إلى الحوض الجاف لترميمها وتجهيزها

reflect, *v.t.* 1. (throw back) عَكَس (أشعّة)

his performance reflected credit on his class
جَلَب امتيازه وتفوّقه الشرفَ والفخرَ على زملاء صفّه أو فرقتِه

2. (express, give proof of) عبّر عن، عَكَس

v.i. 1. (meditate) فكّر مليًّا، تأمّل، تفكّر

2. (bring discredit *on*) شانه (سلوكه)، جَلَب عليه سوء الصيت والسمعة

refl/ection (-exion), *n.* 1. (reflected light or image) انعكاس صورة (في المرآة)

2. (consideration, *pl.*, thoughts) تأمُّل، تأمّلات، خواطر، نظرات حول موضوع ما

on reflection he changed his mind غيّر رأيه بعد التفكير في الأمر

3. (disparagement, discredit) شَيْن

this criticism is no reflection on your sincerity ليس في هذا النقد أي طعن في نزاهتك أو مساس بإخلاصك

reflective, *a.* 1. (giving a reflection) (سطح) عاكس (لأشعّة الضوء أو الحرارة)

2. (thoughtful) كثير التفكير والتأمّل

reflector, *n.* عاكِس لأشعّة الضوء أو الحرارة

reflex, *n.* & *a.* 1. (reflection) صورة منعكسة

reflex camera كاميرا ذات مرآة تعكس الصورة بنفس الحجم الذي ستظهر به

2. (involuntary action) ردّ فِعل تلقائي

conditioned reflex فِعْل منعكس شرطيّ (الاستجابة التلقائية لباعث غير مباشر)

reflexive, *a.* & *n.* ضمير منعكس، يعود على الفاعل

reform, *v.t.* & *i.* 1. (form again); *also* re-form أعاد تشكيل (لجنة مثلاً)، اصطفّ (الجنود) من جديد

2. (improve, amend) أصلح، قوّم، هذّب

n. إصلاح، تقويم، تعديل، تهذيب

reformation, *n.* 1. (forming again); *also* re-formation إعادة تكوين أو تكوّن

2. (improvement) إصلاح، تحسين، تحسُّن

the Reformation الإصلاح الديني (أدّى إلى قيام الكنيسة البروتستانتية منفصلة عن روما)

reformatory, *a.* & *n.* (اجراءات) تهدف إلى الإصلاح؛ إصلاحية الأحداث الجانحين

refract, *v.t.* (**-ion,** *n.*) كَسَر (الموشور) الأشعّة

refractory, *a.* 1. (resisting discipline or treatment) عنيد، صعب المراس، لا ينصاع للأوامر؛ (مرض) لا يستجيب للعلاج

2. (not damaged by high temperatures); *also n.* مادّة مقاومة للصهر

refrain, *v.i.* امتنع، كفّ، أمسك، أحجم عن

n. عبارة تتكرّر بانتظام خلال أغنية، قرار

refresh, *v.t.* أنعش، جدّد النشاط والقوى

he refreshed his memory رجع إلى مصدر وثيق للتأكّد من دقّة المعلومات أو صحة النصّ

refresher, *n.* 1. (revision course); *also* refresher course دورة تعليمية لتجديد معلومات الدارسين وتزويدهم بالجديد في تخصّصهم

2. (additional fee to counsel) أتعاب إضافيّة تُدفع للمحامي إذا طالت إجراءات الدعوى

3. (*coll.*, cooling drink) مشروب مُنعِش

refreshing, *a.* 1. (invigorating) (نسمة) منعشة، مجددة للنشاط

2. (pleasantly rare or unexpected) (نبأ) سارّ غير متوقّع

it is refreshing to hear good conversation ما أمتع الاستماع إلى المحادثات الطليّة

refreshment, *n.* (*usu. pl.*) مرطّبات ، مشروبات

refreshment room غرفة المرطّبات ، بوفيه المشروبات (في محطة السكّة الحديدية)

refriger/ate, *v.t.* (**-ion,** *n.*) حفظ في ثلّاجة

refrigerator, *n.*; *coll. contr.* **fridge** ثلّاجة (تعمل بالكهرباء أو الغاز أو الكيروسين)

refuel, *v.t.* & *i.* أعاد ملءَ الخزّان بالوقود

refuge, *n.* 1. (shelter) مَأوى، مَلجأ ، مَلاذ

he took refuge in silence لاذَ بالصَّمْت

2. (traffic island) رَصيف في مُنتصف شارع مركزيّ لِتسهيل عُبور المشاة

refugee, *n.* لاجِئ ، طريد مِن وطنه ، هارب

refund, *v.t.* & *i.* رَدَّ (النفقات أو قيمة الرهن)

n. اِسْتِرداد التأمين السابق دَفْعُه

refurbish, *v.t.* أعاد تجديدَ (الأثاث مثلاً)

refurnish, *v.t.* & *i.* أعاد تأثيث (الحجرة مثلاً)

refusal, *n.* رَفْض (طَلَب) ، عَدَم القبول

may I have first refusal? هل تسمح بِعَرْض (سيّارتكَ مثلاً) عَلَيّ قبل عرضها على الآخرين؟

refuse, *v.t.* & *i.* رَفَض ، أَبَى أن ، لم يَقْبَل

n. قمامة ، زبالة ، نفاية ، (سَلّة) المهمَلات

refut/e, *v.t.* (**-ation,** *n.*) دَحَض (حُجّةً) ، فنّدها ، نقضَها ، تفنيد ، ردّ (على مزاعم)

regain, *v.t.* 1. (recover possession of) استردّ (صحّته) ، استعاد (ما فقده) ، كسب (ما خسره)

he regained his footing (زلق) واستعاد اتّزانه

2. (reach once more) بلغ (الشاطئ) ثانيةً

regal, *a.* (قوام) جليل ومهيب ، يليق بالملوك

regale, *v.t.* أقام للضيوف وليمةً فاخرة

regalia, *n.pl.* التيجان والصوالجة والشعارات (الملكية)

regard, *v.t.* 1. (look steadily at) نَظَرَ إلى

2. (give heed to) اهتمّ أو اعتنى بِ

3. (consider) اعتبر أو اعتقد أنّ ، ظنّ أنّ ..

4. (concern, relate to)

as regards فيما يختصّ بِ ، بِشأن ، أمّا عن

n. 1. (gaze) (أدار) نظره أو نظرته نحو

2. (attention, heed) انتباه ، اهتمام

more regard must be paid to safety on the roads يجب أن يبذلَ السائقون والمشاة اهتمامًا أكبر للحرص على سلامة المرور

3. (esteem) احترام ، تقدير ، إعزاز

he held his teacher in high regard كان يكنّ لأستاذه تقديرًا وتبجيلاً بالِغَيْن

4. (*pl.*, compliments)

give him my regards أرجو أن تبلّغه تحيّاتي

with kind regards تفضّل بقبول تحيّاتي

5. (relation, respect)

with regard to أمّا ، بشأن ، فيما يتعلّق بِ

regarding, *prep.* بشأن ، فيما يختصُّ بِ

regardless, *a.* & *adv.* غير مُبالٍ ، بغضّ النظَر

regardless of the consequences (اتُّخِذ هذا الإجراء) بِغضّ النظر عمّا يترتّب عليه

regatta, *n.* مهرجان بحريّ تتسابق فيه الزوارق

regency, *n.* الوصاية على العَرْش

Regency (*attrib.*) طرازخاصّ (في التصميم المعماري والأزياء الخ) شاع بين ١٨١٠ و ١٨٢٠م.

regener/ate, *v.t.* (**-ation,** *n.*) 1. (improve spiritually or morally) نَفَخ روحًا جديدة في ... ، جدّده تجديدًا روحيًّا

2. (generate again); *also* re-generate كوّن (الجلد) نسيجًا جديدًا عند التئام الجرح

a.; *also* **regenerative** (مجتمع) وُلِد من جديد ؛ يؤدّي إلى تجديد الخلايا والأنسجة

regent, *n.* & *a.* وصيّ على العَرْش

Prince Regent الملك جورج الرابع قبْل أن يعتلي عرش انكلترا (١٨١٠-١٨٢٠م)

regicide, *n.* 1. (act) جريمة قتل المَلِك

2. (agent) قاتل المَلِك ، مُغتاله

régime, *n.* نظام الحكم ؛ حكّام الدولة

under the old régime في العهد السابق

régime of diet نظام التغذية ، حِمْيَة

regimen, *n.* نظام التغذية والتمرينات البدنية

regiment, *n.* فرقة عسكريّة ؛ فَوْج

v.t. (**-ation,** *n.*) أخضع (المجتمع) لتنظيم صارم

regimental, *a.* نسبة إلى الفِرقة أو الفوْج

n.pl. الزيّ العسكريّ الرسميّ بكامله

Regina, *n.* لَقَب الملكة الحاكمة ؛ رَمْز الدولة

region, *n.* 1. (division of country, etc.) صقع (أصقاع) ، إقليم ، منطقة

the lower regions جهنّم ، الجحيم ، سَقَر

2. (*fig.*, sphere) مَيْدان (العِلْم) ، حَقل (الفلسفة)

in the region of (= approximately) (الثمن) حوالي (خمسين جنيهًا) ، تقريبًا ، مايقارب ، يناهز

regional, *a.* (أخبار) محلّيّة ، (جغرافيا) إقليميّة

register, *n.* 1. (book; record) سِجِلّ ، دفتر يضمّ أسماء (التلاميذ أو الناخبين مثلاً)

2. (mechanical recording device) آلة حاسبة تسجّل النقود المستلمة (في متجر مثلاً)

3. (*mus.*, range of voice or instrument) مدى ارتفاع أو انخفاض الصوت الموسيقيّ

4. (metal plate regulating draught) لوح معدنيّ يُنَظِّم دخول الهواء إلى الفُرن

v.t. 1. (record); *also v.i.* سَجّل (سيّارة جديدة مثلاً) ، قيّد (حسابًا) ، دوّن ، أدرج

he registered his letter سجّل رسالته أو خطابه (بمكتب أو بدائرة البريد)

his mind did not register the fact لم يَتَنَبّه ، لم يَفْطِن ، لم يدرك أن (صديقه بالحجرة مثلاً)

she registered at the hotel دوّنت اسمها في دفتر نُزَلاء الفُنْدق

he registered for national service تقدّم إلى مكتب الخدمة العسكرية لتسجيل اسمه

2. (express facially)

he registered surprise بدت على ملامحه علامات الدهشة والاستغراب

v.i. (produce due effect) أحدث تأثيرًا

registrar, *n.* مأمور التسجيل ؛ مسجّل الجامعة ؛ طبيب (مقيم بالمستشفى) ذو مسؤولية خاصّة

he was appointed registrar of the surgical unit عُيّن طبيبًا مُشرفًا على قسم الجراحة في المستشفى

registration, *n.* تسجيل ، تدوين ، تقييد

registration plate لوحة رقم السيّارة

registry, *n.* 1. (place where office records are kept) إدارة المحفوظات والسجلّات ، مكتب تسجيل الوارد والصادر وحفظ الوثائق

2. (registrar's office); *also* registry office مكتب تسجيل الزواج والمواليد والوفيات

3. (registration) تسجيل ، تدوين ، قَيْد

Regius, *a.*, *only in*

Regius professor أستاذ جامعيّ يشغل أحد الكراسي التي أنشأها الملك هنري الثامن

regress, *n.* ارتداد ، نكوص ، تقهقُر

v.i. (**-ion,** *n.*) انتكس ، تطوُّر عكسيّ

regressive, *a.* ارتداديّ ، انكفائيّ ، تراجعيّ

regret, *v.t.* 1. (be distressed about) أسف أو تأسّف على ، نَدِم (على ما فات)

2. (feel the loss of) تحسَّر على

n. أسَف ، تأسُّف ، حسرة ، نَدَم

he has no regrets إنّه لا يأسف على شيء

regretful, *a.* آسِف ، متحسِّر ، نادِم

regrettable, *a.* (ممّا) يُؤسَف له

regular, *a.* 1. (systematic) منتظِم

as a student he kept regular hours اتبع نظامًا دقيقًا في حياته اليومية أثناء دراسته

regular verb فِعل يُصرَّف حسب القاعدة

2. (symmetrical) مُتناسِق ، متماثِل

he has regular features تقاطيعه متناسقة

3. (proper, conventional) طِبْق الأصول

4. (properly constituted, professional)

the regular Army الجيش النظاميّ

5. (*coll.*, thorough, out-and-out) (فلان نصّاب) مائة في المائة

n. 1. (professional soldier) جُندي نظاميّ

2. (*coll.*, habitual customer, etc.) زبون دائم (يتردّد على نفس الحانة يوميًّا مثلاً)

regularity, *n.* انتظام (الحضور) ، اِتّساق

regulariz/e, *v.t.* (**-ation,** *n.*) جعله قانونيًّا

regulate, *v.t.* 1. (subject to rule) وَضَع خطّة وسار بمقتضاها ، نَظَّم ، تحكّم في ...

the policeman regulated the traffic نظّم الشرطيّ حركة المرور

2. (adapt, adjust) ضبط (الساعة لكي لا تؤخّر ولا تقدّم) ؛ نظّم (مصروفاته مثلاً)

regulation, *n.* 1. (control) تنظيم ، إدارة

2. (adjustment) ضبط (جهاز آليّ) ، تحكُّم

3. (rule, order); *also attrib.* تعليمات وأوامر (حكوميّة) ؛ (الزيّ) الرسميّ المقرّر

regulator, *n.* جهاز يتحكّم في سرعة (الساعة مثلاً)

regurgit/ate, *v.t.* (**-ation,** *n.*) رجّع (الطفل) الطعام من معدته ؛ انبجاس الدم (طبّ)

rehabilit/ate, *v.t.* (**-ation,** *n.*) رَدّ له اعتباره وكرامته ؛ (مركز) تأهيل العجزة والمكفوفين

rehash, *v.t.* & *n.* اقتباس مبتذل من مؤلّف سابق

this book is only a rehash of the classic ما هذا الكتاب إلّا صياغة ركيكة للتحفة الشهيرة

rehears/e, *v.t. & i.* (**-al,** *n.*) تدرّب (الممثلون) على تمثيل الرواية ؛ بروفة لحفلة

reign, *n.* عهد (الملك) ، مدّة جلوسه على العرش

the Reign of Terror حُكم الإرهاب

v.i. تولّى مُلك الدولة ؛ سادَ

silence reigned supreme ران الصمت على الحجرة ، ساد السكون

reimburse, *v.t.* (**-ment,** *n.*) دفع له ما أنفقه

she was reimbursed for her travelling expenses دُفعت لها مصاريف السفر أو تكاليفه (بعد أن عادت)

rein, *n.* سَيْر اللجام ، عنان ، زمام

he drew rein to look at the view شدّ اللجام وأوقف حصانه ليتمتّع بمشاهدة المنظر الطبيعي

she gave rein to her imagination أطلقت لخيالها العنان

his wife holds the reins إنّ زوجته هي التي تقبض على زمام الأمور العائليّة

we must all keep a tight rein on expenditure على كلّ منّا أن يُمسك يديه وأن يقتصد في نفقاته

v.t.; also rein in كبَح جِماحَ الحصان

reincarnate, *a.* متجسّد بعد الموت

reincarnation, *n.* التقمُّص ، تناسُخ الأرواح

reindeer, *n.* رنّة (حيوان قطبيّ من الأيليّات)

reinforce, *v.t.* دعّم بقوّات إضافيّة ، عزّز (حجّته)

reinforced concrete خرسانة مسلّحة

reinforcement, *n.* تدعيم ، تعزيز ، توثيق

reinforcements were sent to the front أُرسِلت إمدادات عسكريّة لتعزيز الجبهة

reinstate, *v.t.* (**-ment,** *n.*) ردّ له منزلته

reissue, *v.t. & n.* أعاد الإصدار أو التوزيع

this is not a reissue but a new edition ليست هذه نسخة مكرّرة بل هي طبعة جديدة منقّحة

reiter/ate, *v.t.* (**-ation,** *n.*) أعاد القول ، كرّره

reject, *v.t.* (**-ion,** *n.*) رفَض قبول (الاقتراح مثلاً)

n بضاعة بها عَيْب (أدنى من المستوى المطلوب)

rejoice, *v.t. & i.* ابتهج ، فرح ؛ جلب السرور

the boy's success rejoiced his mother's heart انشرح صدر الأمّ وقُرّت عينها عندما نجح ابنها

he rejoices in the name of Ted يُطلق على هذا الشخص اسم تيد (تُقال تهكّماً)

rejoicing, *n.* فرح ، ابتهاج ، احتفالات

the rejoicings lasted a long time استمرّت الاحتفالات مدّة طويلة

rejoin, *v.t.* 1. (join together again) أعاد ضمّ (شيئين)

2. (return to) عاد (المسافرون إلى السفينة) ثانية

3. (reply) ردّ بجواب فيه سرعة خاطر

rejoinder, *n.* ردّ ينمّ عن حضور البديهة

rejuven/ate, *v.t.* (**-ation,** *n.*) أعاد إليه عنفوان شبابه ، جدّد قواه وأعاد نشاطه

relapse, *v.i.* ارتدّ (إلى الإثم) ، عاد (إلى صمته)

n. نكسة (بعد نقاهة) ، ارتداد (إلى الإلحاد)

relate, *v.t.* 1. (recount) رَوى ، سَرَد ، حَدَّث

2. (show connection between) ربط أمرًا إلى آخر بقصد تبيين عَلاقة بينهما

these are two related subjects يَرْتَبِط هٰذان الموضوعان أحدهما بالآخر

it turned out that they were distantly related اتّضح في نهاية الأمر أنّهما ينتميان من بعيد إلى عائلة واحدة

v.i. (have reference *to*) يَخُصّ ، يَتَعَلَّق بِ

relation, *n.* 1. (narration) رِواية (مُغامراته مثلاً)

2. (connection) عَلاقَة ، صِلة ، اِرْتِباط

the answer bore no relation to the question لم تكن هُناكَ صِلة بين السُّؤال والجواب

3. (*usu. pl.*, dealings) عَلاقة ، عَلاقات

international relations العَلاقات الدَّوْلِيّة

4. (relative) قَريب (أقرباء)، نَسيب (أنسباء)

relationship, *n.* عَلاقة ، صِلة ، قَرابة ، نَسَب

he needed help to form a good relationship كان في حاجَة إلى مَن يُعينه على تكوين عَلاقات اجتماعيّة جَيّدة

blood relationship قَرابة أو صِلة دَم

the relationship of effort to result is important مِن الأهمّيّة بمكان أن نربط بين نتيجة العمل والجهود الذي بُذِل فيه

relative, *a.* نِسبيّ ، ذو صِلة أو عَلاقة بِ ...

the relative merits of trains and cars المقارنة بَيْن مَزايا السَّفَر بالقِطار و السَّفَر بالسَّيّارة

supply is relative to demand يَتَوَقَّف العَرْض أو الإنتاج على مَدَى الطَّلَب

the relative responsibilities of employers and unions المَسْؤوليات المَنُوطة بأَصْحاب العَمَل ونِقابات العُمّال

relative pronoun الاسْم المَوْصُول

the facts relative to the case الحَقائق المُتَّصِلة أو المتعلِّقة بالموضوع قَيْد البَحْث

n. 1. (member of the same family) قَريب ، نَسيب ؛ مِن نَفْس الفصيلة

2. (relative pronoun or adverb) الاسْم المَوْصول ؛ ظَرْف (مثل أعرف 'أينَ')

relatively, *adv.* نِسْبيًّا ، بالنِّسْبة إلى غيره

relativity, *n.* (نظريّة) النِّسْبِيّة (فيزياء وفلسفة)

relax, *v.t. & i.* أَرْخَى (عَضلاتِه مثلاً) ؛ استرخى

he has a relaxed throat حَنْجَرته مُلْتَهِبة

he was so tense he could not relax كان في حالة تَوَتُّر شَديد جَعَلَتْه يعجِز عن تَهْدِئة رَوْعه

if you relax discipline the price is high إذا أَرْخَيت حَبْل النظام قليلاً فالعاقبة وَخيمة

we must not relax our efforts يَتَحَتَّم علينا ألّا نتهاون في مَساعِينا

relaxing climate مُناخ يُشَجِّع على الاسْتِرخاء والكسل

relaxation, *n.* 1. (loosening) إرخاء ، إِسْتِرخاء

2. (recreation) هَواية أو رِياضة (للتسلية)

relay, *n.* 1. (fresh team or supply) فَرِيق مِن العُمّال لِتأدية عَمَل بالتَّناوُب

relay race سِباق التَّتابع في الألْعاب الرياضيّة

they worked at the rescue operation in relays تَناوَبوا العَمَل في عَمَليّات الإنقاذ

2. (*wireless*) اِلتقاط إذاعة وإرسالها لجهة أخرى

relay station محطّة لترحيل الإذاعات الملتقطة

v.t. 1. (retransmit) رَحّل إذاعة مُلتقطة

2. (lay again); *also* re-lay أعاد تركيب أو وَضع (سجّادة أو كابل تليفون الخ)

release, *v.t.* أطلق سراحه، فكّ أسره، خلّصه

the news was released أُبيح نَشر الخبر

the prisoner was released yesterday أُطْلِق سراح السجين أو أُخْلِيَ سبيله أمس

the film was released yesterday صُرِّح بِعرْض الفيلم للجُمْهور أمس

n. إطلاق سراح (أسير)؛ إخلاء، فكّ

general release (*of films*) عَرض عامّ (لفيلم)

press release بَيان صحفيّ (من الحكومة مثلاً)

releg/ate, *v.t.* (**-ation,** *n.*) أحاله إلى رُتبة أدنى؛ إبعاد مُؤقّت

he was relegated to a post without responsibility أُحيل الموظّف إلى منصب بدون مسؤولية ذات شأن

relent, *v.i.* رَقّ قلبُه (واستجاب للطلَب)

relentless, *a.* قاسٍ، صارِم، عديم الرأفة

relev/ant, *a.* (**-ance,** *n.*) (نقطة) لها علاقة مباشرة بالموضوع، وثيقة الصلة به

reliab/le, *a.* (**-ility,** *n.*) مَوثوق به، يمكن الاعتماد عليه، جدير بأن يُعوَّل عليه

reli/ance, *n.* (**-ant,** *a.*) اِتّكال، اعتماد، ثِقة، تعويل على؛ مُتّكل على (اللّه مثلاً)

relic, *n.* 1. (holy remains or memento) أثَر له صِلة بقدّيس أو شهيد؛ رُفات وَلِيّ من الأولياء

2. (survival) أثَر باقٍ من زمن قديم

their find was a relic of an earlier civilization اتّضح أنّ ما عثروا عليه كان أثرًا يعود إلى مدنيّة أقدم عهدًا من الآثار الأخرى

relief, *n.* 1. (alleviation of distress, suspense, etc.) الشعور بالارتياح بعد التوتّر أو الألم

to my great relief the difficulties were overcome كم كان ارتياحي كبيراً عندما تغلّبنا على الصعاب

relief train قطار إضافيّ، قطار مُلْحَق

poor relief إعانة حكومية للفقراء (تاريخ القرن الـ١٩)

the relief of a besieged city رَفْع الحصار عن مدينة (طوّقها العدوّ)

comic relief عُنصر فكاهيّ يخفّف من وطأة المأساة (في مسرحيّة أو فيلم)

2. (replacement) بديل (حراسة)، خَلَف (منصب)

3. (inequalities of level)

relief map خريطة طبيعيّة تبيّن تضاريس المنطقة

relieve, *v.t.* 1. (alleviate) خفّف (الألم أو التوتُّر)

2. (deliver of a burden; rescue) جاء لنجدة الملهوف أو إغاثة المنكوب

she relieved her feelings by tears خفّفت من لوعتها بالبكاء، سرِّي عنها الهمّ بالبكاء

the pickpocket relieved him of his watch استلّ النشّال ساعته من جيبه

relieve nature; *also* relieve oneself قَضى حاجته (أي تبرّز)

he relieved the city رَفع (القائد) الحصار عن المدينة ، فَكّ حصار المدينة

3. (take the place of) خَلَف فلانًا في منصبه

religion, *n.* دِين (أديان) ، دِيانة

religious, *a.* 1. (relating to religion) دِينيّ ، (طقوس أو أعياد) دينيّة

2. (devout) تَقيّ ، وَرِع ، مُتديّن

she religiously put everything back in its place أعادت كلّ شيء إلى موضعه بمُنتهى الدِقّة والعناية

3. (belonging to a monastic order) (مُؤسَّسة) رهبانيّة

reline, *v.t.* جَدّد بطانة (الثوب مثلًا)

relinquish, *v.t.* (**-ment,** *n.*) فكّ (قبضة يده)، قطع (الأمل)، تنازل عن(حقّ)، تخلّى عن(خطّة)

reliquary, *n.* صُندوق لِحفظ بَقايا جَسد قدّيس

relish, *n.* 1. (flavour; attraction) مذاق، نكهة

2. (savoury food) طعام مُشَهٍّ ، مَزّة

3. (enjoyment) تلذُّذ ، مُتعة، استمتاع

he has no relish for hard study لا رغبةَ له في الدراسة الجادّة ، إنّه عَزوف عن المثابرة

v.t. استطاب (قراءة قصّة) ، تمتّع بها

reluct/ant, *a.* (**-ance,** *n.*) راغِب عن (معاونتنا مثلاً) ؛ (فعل كذا) بالرغم عن نفسه

rely, *v.i.*, *with* on, upon اعتمد أو عوّل على

remain, *v.i.* بقِيَ ، تبقّى ، مَكَث

that remains to be seen إن غداً لناظره قريب

after the fire little remained of the house لَم تُبقِ الحريق من المنزل إلّا بعض الأنقاض

I remain, yours truly وتفضّلوا بقبول فائق الاحترام

remainder, *n.* 1. (what is left over) بقيّة ، سُؤر ، ما يتبقى أو يتخلّف

2. (*arith.*) باقي الطرح أو القسمة (رياضيات)

3. (unsold copy of a book) (بيع) النسخ المتبقّية من كتاب ما (بسعر رخيص)

v.t. باع (الناشر) النسخ المتبقّية من كتاب بسعر رخيص لعدم الإقبال عليه

remains, *n.pl.* 1. (what is left over) بقايا الطعام ، ما يتخلّف من الأكلة

2. (ruins) أطلال (المنازل)، آثار (تاريخيّة)

3. (dead body) رُفات ، جُثّة

remand, *v.t.* أعاد مُتّهمًا إلى السجن لتأجيل الدعوى

n. إعادة حبس المتّهم احتياطيًّا

he is on remand pending further enquiries إنه مُعتقَل رَهن التحقيق

remand home مؤسّسة لحجز الأحداث الجانحين ريثما يُبَتّ في شأنهم

remark, *v.t.* & *n.* 1. (notice) لاحَظ ، أدرك (الفرق أو التشابه) ، شاهَد

we saw nothing worthy of remark لم نرَ شيئًا جديرًا بالذكر أو يستحق المشاهدة

2. (comment) أبدى ملاحظة ، لاحظ أنّ

his well-chosen remarks were applauded صفّق الحاضرون لأقواله الصائبة

remarkable, *a.* عجيب ، يسترعي الانتباه

remed/y, *n.* (**-ial,** *a.*) 1. (cure) عِلاج ، دواء ؛ ما يُوصف لعِلاج مَرَض أو لحَلّ مشكلة

remedial measures إجراءات لعلاج الموقف

2. (redress) حلّ (مشكلة) ، مخرج (من مأزق)

his only remedy was to go to law لم يَجِدْ مناصًا من الالتجاء إلى القانون

v.t. أصلح (عيبًا) ، سدّ (نقصًا)

remember, *v.t.* تذكّر ، ذَكَر ، وَعَت ذاكرته

I hope you won't remember this against me آمل أن تُغضي عن إساءتي وتتناسى تقصيري

remember me to your mother! سلِّم لي على والدتك ! بلّغها سلامي !

I'll remember you at Christmas سأعطيك بقشيشا في عيد الميلاد (تُقال لبوّاب المنزل مثلاً)

remembrance, *n.* تذكُّر

Remembrance Day تذكار شُهداء الحربَيْن العالميّتين (يقام في أقرب يوم أحد لـ ١١ نوفمبر)

remind, *v.t.* ذكّره (بالموعد مثلاً) ، نَبَّهه

reminder, *n.* رسالة تذكّر (بحساب) ، تَذكِرة

reminisce, *v.i.* (*coll.*) استعاد ذكريات الماضي

reminisc/ence, *n.* (**-ent,** *a.*) تذكُّر الأحداث الماضية ، (مشيته) تذكّرني (بمشية أبيه)

remiss, *a.* مُهمِل ، غافِل ، متهاوِن ، متقاعِس

he was remiss in his duties كان مقصِّرًا في أداء واجباته ، لم يَقُم بها على الوجه الأكمل

remission, *n.* 1. (forgiveness) غفران الخطايا ، عفو أو صفح عن المسيء ، مغفرة

2. (diminution of effect)

the noise went on without remission ما برحت الضجّة تقلقنا وتثيرنا بدون هوادة

remit, *v.t.* 1. (*usu. of God*, forgive) غَفَر اللّه له خطاياه وذنوبه

2. (mitigate, slacken); *also v.i.* خفّف (القاضي العقوبة) ، أعفى (من ضريبة)

3. (send *money* by post, etc.) أرسل مبلغًا من المال بالبريد

remittance, *n.* مَبلغ مُرسَل بالبريد أو عن طريق البنك

remittance man شخص غير مرغوب فيه يعيش خارج بلاده على حساب أسرته

remnant, *n.* القليل الباقي ، ما يَفْضُل ، سُؤر

remnant sale تنزيلات (أوكازيون) في بواقي الأقمشة

remonstr/ate, *v.i.* (**-ance,** *n.*) اعترض محتجًّا على إجراء ظالم ، استنكر (معاملة الأطفال بقسوة)

remorse, *n.* تبكيت الضمير ، الشعور بالندم

remorseless, *a.* لا يعرف رحمةً ولا شفقة

remote, *a.* بَعيد ، قاص ، (قرية) نائية

remote control التحكّم من بُعد (في الأجهزة اللاسلكية وفي الطائرات والصواريخ الخ)

there is a remote possibility of rain قد تُمطر ولكنّ المطر بَعيد الاحتمال

I haven't the remotest idea ليست لديّ أدنى فكرة عن هذا الموضوع

remould, *n.* إطار سيّارة أُلْصِقت بسطحه المستهلك طبقة جديدة من المطّاط

remount, *v.t.* اعتلى (ظهر الحصان) ثانية

n. فرس بديل (يحلّ محلّ الفرس المتعَب مثلاً)

remov/e, *v.t.* (**-al,** *n.*) أَبْعَدَ ، أزال (بقعة مثلاً) ،
نزع (مِعْطفه) ؛ إزالة ، إبعاد ، نَقْل

he was removed from office أُقيل (الوزير)
من منصبه ، عُزِل (الوالي) من ولايته

the parents removed the boy from school
سحب الوالدان ابنهما من المدرسة

this will remove his last doubts سوف يبدّد
(هذا الخبر) ما تبقّى لديه مِن شُكوك ورِيَب

removal men عُمّال نَقْل الأثاث

v.i. نَقَل أثاثه من بَيت إلى آخر

he removed from London to Oxford نَقل أو
حوّل مقرّ سكنه من لندن إلى أكسفورد

n. 1. (distance) مَدى القُرب أو البُعد

his statement is at one remove from the truth أقواله بعيدة عن الحقيقة بعضَ الشيء

2. (school form) صفّ خاصّ في بداية
المرحلة العليا ببعض المدارس الثانوية

remuner/ate, *v.t.* (**-ation,** *n.*, **-ative,** *a.*) دَفَع
له أجرًا مقابل خدماته ؛ يدرّ ربحًا وفيرًا

his new business is hardly remunerative
إنّ عمله التجاريّ الجديد لا يعود عليه بربح كافٍ

renaissance (**renascence**), *n.* نَهضة ، بَعْث

the Renaissance عَصْر النهضة الأوروبية
(من القرن الرابع عشر إلى القرن السادس عشر)

renal, *a.* (مَغَص) كلويّ ؛ نسبة إلى الكُلْيَتَين

renascence, *see* **renaissance**

rend (*pret. & past p.* rent), *v.t.* مَزَّق ، شَقَّ

heart-rending, *a.* (منظر) يقطع نِياط القلوب

render, *v.t.* 1. (give back, give up) أعاد ، أرجع

he rendered good for evil قابَل الشَرّ بالخير،
رَدّ الإساءة بالإحسان

2. (perform) أدّى (خدمة مثلاً)

the piano solo was well rendered
أدّى لاعبُ البيانو عزفَه المنفرِد خيرَ أداء

3. (submit) قَدَّم (حسابًا مثلاً)

4. (translate)

poetry can never be adequately rendered into another language لا يمكن مطلقًا
أن يُترجَم الشِعْر بدون أن يفقد بعض تأثيره

5. (cause to be) جَعَل ، صَيَّر

age had rendered him peevish
جعلته شيخوخته رَجُلًا بَرِمًا سريع الغَضَب

6. (melt); *also* render down
سَيَّح شَحم الحيوان بالتسخين

rendezvous, *n.* مُلْتقًى ، موعد للالتقاء

v.i. التقَوْا في مكان وزمان مُحَدَّدَيْن

rendition, *n.* أداء ، تمثيل (فنّي)

renegade, *n.* مارِق ، مُرْتَدّ (عن دين أو حزب)

renew, *v.t.* (**-al,** *n.*) جَدَّد ؛ تجديد

he worked with renewed energy استأنَف
عملَه بنَشاط وحَماس جَديدَيْن

she renewed the water in the bowl
أفرغت الوعاء من الماء ثُمّ ملأته من جديد

his grant was renewed for an extra year
جُدِّدت المِنحةُ المعطاة للطالِب عامًا إضافيًّا

rennet, *n.* مِنفحة ، إنفحة (مادّة لتخثير الحليب)

renounce, *v.t.* تخلّى عن (حقّه)، تبرّأ من ، اعتزل

she took the veil and renounced the world

تَرَهَّبَتْ وهَجَرَتِ الدنيا زاهِدَةً فيها

renov/ate, v.t. (-ation, n.) جَدَّدَ ، أَصْلَحَ

a good cleaner carries out small
renovations يَقومُ مُنَظِّفُ للملابِس
الماهِرُ بالإصلاحاتِ الصغيرةِ اللازمةِ

renown, n. صِيتٌ حَسَنٌ ، سُمعةٌ طَيِّبَةٌ

renowned, a. ذائعُ الصِّيتِ ، مشهورٌ (بمهارتِه)

rent, pret. & past p. of rend

rent, n. 1. (tear) شَقٌّ (في ثوبٍ)، انشقاقٌ

2. (payment) أُجرةُ السَّكَنِ ، إيجارُ (منزلٍ)

rent-book دَفترُ قيدِ الإيجارِ

v.t. 1. (of tenant) استأجرَ (شقَّةً بمنزلٍ مثلاً)

2. (of lessor) أَجَّرَ (منزلاً للمستأجِرِ)

rental, n. أُجرةٌ تُدفَعُ مُقابِلَ استئجارٍ (دارٍ مثلاً)

rentier, n. صاحبُ إيرادٍ يتأتّى من توظيفِ أموالِه

renunciation, n. التخلِّي أو التنازُلُ عن (حقٍّ)

he signed a renunciation of his claim

وَقَّعَ على وثيقةِ تنازُلِه عن حَقِّه

reopen, v.t. & i. اِستأنَفَ (المفاوضاتِ مثلاً)

reorganiz/e, v.t. (-ation, n.) أَعادَ تنظيمَ ...

rep, n. 1. (fabric); also repp نسيجٌ متينٌ
مُضَلَّعٌ يُستَعمَلُ في التنجيدِ عادةً

2. (coll. contr. of repertory (2))

repaid, pret. & past p. of repay

repair, v.t. أَصلَحَ عَطَبًا ، رَمَّمَ

my shoes need repairing يحتاجُ حِذائي
إلى إصلاحٍ أو تَرقيعٍ (عراق)

---

he repaired the wrong he did her

عَوَّضَها عن الضَّرَرِ الذي ألحَقَه بها

v.i. (arch. or joc.) تَوَجَّهَ ، ذَهَبَ إلى

let's repair to the local! لننتقِلْ إلى الحانةِ !

n. تصليحٌ ، إصلاحٌ ، ترميمٌ

a bicycle must be kept in good repair يجبُ
الاهتمامُ بإصلاحِ الدَّرَّاجةِ وإبقائِها بحالةٍ جيِّدةٍ

reparable, a. يمكنُ إصلاحُه أو تقويمُه

reparation, n. تَعويضٌ (عن خسارةٍ أو ضررٍ)

n.pl. تعويضاتٌ يدفَعُها المهزومُ للمنتصِرِ

repartee, n. رَدٌّ فيه حضورُ بديهةٍ وذَلاقةُ لِسانٍ

repast, n. مَأْدُبةٌ ، وَليمةٌ ، وَجبةٌ

repatri/ate, v.t. & n. (-ation, n.) أَعادَه إلى
وطَنِه، عائدٌ إلى وطَنِه ؛ إعادةُ (أسيرٍ) لوطنِه

repay (pret. & past p. repaid), v.t. & i.
(-ment, n.) رَدَّ (مالاً مُقتَرَضًا)،
سَدَّدَ أو وفَّى (دَيْنًا)، عامَلَه (بالمِثلِ)

repeal, v.t. & n. أَبطَلَ، أَلغى، فَسَخَ قانونًا

repeat, v.t. 1. (say again) كَرَّرَ، أَعادَ، رَدَّدَ

he is always repeating himself إنَّه لا يَكُفُّ
عن تكرارِ أقوالِه وتَردِيدِها مَرَّةً بَعدَ أُخرى

history repeats itself التاريخُ يُعيدُ نفسَه

2. (do again) كَرَّرَ ما فعلَه سابقًا

v.i. 1. (occur again) تَكَرَّرَ، حَدَثَ مِرارًا

2. (of food, be tasted again); as in
onions tend to repeat يَعودُ طَعْمُ البَصَلِ
إلى الفَمِ (بعدَ الأكلِ) مِن وَقتٍ لآخَرَ

n. (برنامجٌ) مُكَرَّرٌ أو مُعادٌ

repeatedly, *adv.* مرارًا وتكرارًا ، مرّة بعد أخرى ، مرّات عديدة

repeater, *n.* 1. (watch) ساعة جيب (من طراز قديم) تدقّ عدد الساعات بالضغط على زرّ خاصّ

2. (rifle) بندقية تطلق النار بدون إعادة حشوها

repel, *v.t.* 1. (repulse) صدّ (هجوم العدوّ)، ردّه

2. (disgust) قزّز ، نفّر ، أثار اشمئزازه

repellent, *a.* مُنفِّر ، كريه ، بَغيض ، مَقيت

n. مُستحضَر لِطرد (الحشرات مثلاً)

repent, *v.i.* & *t.* ندم ، تاب

repent/ant, *a.* (**-ance,** *n.*) نادِم ، تائب ؛ تَوْبة

repercussion, *n.* صدى (الأحداث)، ترديد

his dismissal had repercussions throughout the union
أَحْدَثَ طردُه دويًّا كبيرًا في نقابة العُمّال

repertoire, *n.* مجموعة الأدوار التي يتقنها فنّان (موسيقار أو مُمثِّل أو مُطرب)

repertory, *n.* 1. (store, collection, esp. of facts) ذخيرة أو مستودع للمعلومات

2. (repertoire, esp. of plays); *coll. abbr.* **rep** فرقة مسرحيّة تقدِّم مجموعة متنوّعة من الروايات في نفس الموسم

repertory company فرقة مسرحيّة تعرض روايات تتغيّر مرّة أو أكثر في كلّ أسبوع

repetition, *n.* 1. (repeating) تكرار ، إعادة

2. (piece of poetry to be learnt) قطعة من الشِعر يَستظهِرها التلميذ للإلقاء

replace, *v.t.* (**-ment,** *n.*) حَلّ محلّ

please replace the books on the shelf
الرجاء إعادة الكتب إلى مكانها على الرَفّ

she replaced the cup she broke
أَحْضَرت فنجانًا جديدًا بَدَل الفنجان الذي كَسَرَتْه

who can replace the chairman who has resigned? من يستطيع أن يحلّ محلّ رئيس (الجمعية) الذي استقال ؟

replaceable, *a.* يمكن استبداله

replay, *v.t.* & *n.* أعاد لَعِب (المباراة مثلاً)

they showed a replay of the goal in slow motion عُرِضت لَقْطة إحراز الهدف مرّة ثانية بالحركة البطيئة (على التليفزيون)

replenish, *v.t.* أعادَ ملءَ (الكأس مثلاً)

replet/e, *a.* (**-ion,** *n.*) غاصّ ، مُفْعَم ؛ تُخْمَة

replica, *n.* نسخة طبق الأصل (من تمثال مثلاً)

reply, *v.i.* & *t.* أجاب عن(سؤال)، ردّ عليه

n. إجابة ، جواب ، ردّ

reply paid (*of a telegram*) الردّ خالِص الأجرة

in reply to your letter ردًّا على كتابِكم

report, *v.t.* & *i.* قدّم تقريرًا عن ...

reported speech حديث المتكلّم (عندما يُنْقَل باستعمال ضمير الغائب مثلاً)

he reports for *The Times*
إنّه يعمل مُراسِلاً لجريدة 'التايمز'

he reported back to his client رجع إلى عَميله ليُطْلِعه على ما تمّ (في المشاورات)

he reported the intruder to the police أبلغ الشرطة عن وجود دخيل في منزله

you are to report for duty at 9 a.m. عليك أن تحضر لبدء العمل في التاسعة صباحًا

n. 1. (rumour) (تُفيد) الأخبار أو الشائعات

2. (statement, account) تقرير ، بلاغ ، بيان

school report تقرير مَدْرسيّ

3. (sound of explosion) (صوت) فَرْقعة

reportage, *n.* تحقيق صحفيّ عن حَدَث ما

reportedly, *adv.* على ما يُقال ، طبقًا للشائعات

reporter, *n.* مُخبر صحفيّ

repose, *v.t.* وَضَع ، استودع ؛ أراح (رأسه)

he reposed confidence in his friend وَضَع ثِقَته في صديقه

v.i. استراح

n. راحة ، هُدوء ، اطمئنان ، سَكِينة

repository, *n.* مخزن أثاث ؛ مستودع (المعرفة)

reprehen/d, *v.t.* (**-sion,** *n.*) عَنَّفه ، وَبَّخه

reprehensible, *a.* ذميم ، مُسْتَقبَح ، مكروه

represent, *v.t.* (**-ation,** *n.*, **-ational,** *a.*)

1. (portray) مَثّل أو صوّر (منظرًا)

2. (assert) ادّعى ، زَعَم

he made representations with the appropriate authorities قدّم شكاوى واحتجاجات إلى الجهات المختصّة

3. (stand for; act for) نابَ عن ، مَثّل

representative, *a.* (عيّنة) نموذجيّة ؛ نيابيّ

a representative selection of books on poetry مجموعة كتب مختارة تبحث في مختلف فنون الشِعر

representative government حكومة نيابيّة

n. نائب ، ممثِّل ، مندوب ، وكيل

House of Representatives مجلس النوّاب الامريكي

sales representative مندوب شركة تجاريّة

repress, *v.t.* قَمَع (فتنة) ، كبح (عواطفه)، كَبَت

repression, *n.* 1. (curbing) قَمْع ، كَبْح ، كبْت

2. (*psychol.*) كبْت (عمليّة نفسية لاشعوريّة)

repressive, *a.* (إجراء) يهدف إلى القمْع ، كبتيّ

reprieve, *v.t.* & *n.* أَرْجأ تنفيذ الحكم (بالاعدام)؛ إرجاء أو وَقْف التنفيذ ، مهلة مُؤقّتة

reprimand, *v.t.* & *n.* وَبّخ ، أنّب ، نَهَر

reprint, *v.t.* & *n.* أعاد طَبْع كتاب بدون تغييره

reprisal, *n.* الأخذ بالثأر ، مقابلة الشرّ بالشرّ

reproach, *v.t.* & *n.* عاتب ، لام

he reproached his wife with (for) extravagance آخَذ زوجته على تبذيرها في النفقات

reproachful, *a.* (نظرة) عتاب ولوم

reprob/ate, *v.t.* (**-ation,** *n.*) استنكر، استياء

a. & *n.* داعِر ، فاسِق ، فاجِر ، متهتّك

reproduce, *v.t.* 1. (beget); *also v.i.* أنجبَ نسْلاً

2. (produce copy of) أعدّ نسخةً أوصورةً من

reproduction, *n.* 1. (begetting) تناسُل ، توالُد

2. (copy) صورة طبق الأصل (من لوحة مثلاً)

reproductive, *a.* (الأعضاء) التناسليّة

reproof, *n.* توبيخ ، تأنيب ، معاتبة ، عَذْل

reproof, *v.t.*; *also* **re-proof** أعاد إلى (مِعطف مشمّع) خاصّية منع تسرّب الماء

reproval, *n.* توبيخ ، تأنيب ، تثريب ، قَدْح

reprove, *v.t.* وَبَّخ ، بكّت ، عنّف ، لامَ

reptil/e, *n.* (**-ian,** *a.*) حيوان زاحف

what a reptile he is! يا له من وغد لئيم ! ما أحطّ أخلاقه !

republic, *n.* (**-an,** *a.*) جُمهوريّة ؛ جُمهوريّ

the republic of letters (طبقة)رجال الأدب

repudi/ate, *v.t.* (**-ation,** *n.*) تبرّأ أو تنصّل من

he repudiated authorship of that article أنكر كتابته لتلك المقالة ، تبرّأ من نسبتها إليه

repugn/ant, *n.* (**-ance,** *n.*) كريه ، ممقوت

repulse, *v.t.* & *n.* ردّ (العدوّ) أو صَدّه

his friendly overtures were repulsed قُوبِلت اقتراحاته الودّية بصدٍّ واعتراض

repulsion, *n.* نفور ، مَقت ، صَدّ ، بُغض

repulsive, *a.* (**-ness,** *n.*) (منظر) منفِّر ، كريه ، تعافه النفس ، يبعث على الاشمئزاز

reputable, *a.* حَسن السُمعة ؛ ذو مكانة

reputation, *n.* شُهرة ، صِيت ، سُمعة ، ذِكر

he has a reputation for meanness إنه مشهور بِبُخله ، معروف بشُحّه وإمساكه

repute, *n.* صِيت ، سُمعة ، شُهرة ، ذِكر

reputed, *past p.* & *a.* (الوالِد) المزعوم (للطِفل)

reputedly, *adv.* على ما يُقال ، كما يعتقد الكثير

request, *v.t.* اِلْتَمَس ، طَلَب ، رجا

n. اِلْتماس ، طَلَب ، رَجاء

request stop موقف اختياري (للباصات)

the song was included in the programme by special request أُدْرِجت الأغنية في برنامج الحفلة بناء على طَلَب خاصّ

in great request يلقى إقبالاً شديدًا ، رائج

further information will be supplied on request ستُعْطَى معلومات إضافيّة لكلّ من يطلبها

requiem, *n.* قدّاس أرواح الموتى (والموسيقى المصاحبة)

require, *v.t.* 1. (demand) اقتضى ، استلزم

2. (need) احتاج إلى ، تَطَلَّب

requirement, *n.* اقتضاء ، لُزوم ، متطلّبات

requisite, *a.* & *n.* ضروريّ ، لازِم ، مطلوب ، حاجيّات أو لوازم (السفر)

requisition, *v.t.* & *n.* طلبت (السلطات) الاستيلاء على ... ؛ تكليف رسميّ

requit/e, *v.t.* (**-al,** *n.*) عامله بالمثل ، بادَله

he requited kindness with ingratitude قابل إحسانه بالإساءة والجحود

will she ever requite my love? ليت شعري هل ستبادلني الحُبّ يومًا ما ؟

reredos, *n.* حاجز مزخرف خلف مذبح الكنيسة

resale, *n.* إعادة بيع سِلعة (بسعر محدّد)

rescind, *v.t.* ألغى ، أَبْطَل ، فَسَخ (اتّفاقًا)

rescue, *v.t.* أَنْقَذ ، خلّص ، نجّى

n. إنقاذ ، خلاص ، نجاة

he mounted a rescue operation قام بعمليّة إنقاذ (للشركة عند إشرافها على الإفلاس)

research, *n.* بَحْث ، تحقيق علميّ

v.i. بَحَث أو حَقَّق في

resemblance, *n.* تَشابُه ، شَبه ، مُماثلة

resemble, *v.t.* شابَه ، ماثَل

resent, *v.t.* (**-ment,** *n.*) اِسْتاء ، اِمْتعض من

resentful, *a.* مُستاء ، متذمّر ، مُمْتعِض

reservation, *n.* 1. (limitation) تَحَفُّظ ، قَيْد

although he agreed, he had mental reservations بالرغم من مُوافقته فقد كانت لديه اعتراضات لم يَبُح بها

2. (tract of land) أرض مخصّصة (للهنود الحُمر)

3. (booking) حَجْز (مقعد في طائرة مثلاً)

reserve, *v.t.* 1. (keep back, postpone use of) احتفظ بشيء أو ادّخره (للمستقبل)

reserved occupation مهنة تعفي من التجنيد

2. (secure in advance) حَجَز (غرفة بفندق)

3. (set apart, destine) خَصَّص ، أبقاه (له)

n. 1. (extra supply, stock); *also attrib.* مقدار احتياطي (من الطعام مثلاً)

gold reserve رصيد الذهب ، احتياطي الذهب

the reserves were mobilized جُنِّدت أو عُبِّئت القوّات الاحتياطية

reserve ⟨player⟩ لاعب احتياطي

he had a little money in reserve لم يكن في ورطة شديدة لأنه) كان قد ادّخر بعض المال)

2. (= reservation (2)) nature reserve مِنطقة يحرّم فيها الصيد

3. (restriction) تحفُّظ ، قيد ، شَرْط

we accept your statement without reserve إنّنا نقبل ما تقول بدون قَيْد ولا شَرْط

he placed a reserve ⟨price⟩ on the painting حدّد سعرًا أساسيًّا لبيع اللوحة (بالمزاد)

4. (reticence) تحفُّظ في إظهار العواطف

reserved, *a.* 1. (earmarked) (مقعد) محجوز

2. (undemonstrative) مُتحفِّظ ، مُحتشِم

reservist, *n.* جُنديّ احتياطيّ ، رديف

reservoir, *n.* 1. (artificial lake) خزّان مياه

2. (any receptacle for fluid) خزّان (قلم حبر)

3. (*fig.*, store) (الموسوعة) مستودع (معلومات)

reset, *v.t.* أعاد جَبْر (العظمة المكسورة) ، أعاد تثبيت (جوهرة في خاتم) ؛ سنّن (المنشار)

resettle, *v.t.* أسكن (اللاجئين) ، وَطَّنهم

reshuffle, *v.t.* & *n.* أعاد تشكيل (الوزارة)

he reshuffled the pack خَلَط أوراق شدّة اللعب ثانيةً ، أعاد تفنيط الكوتشينة (مصر)

there was a cabinet reshuffle yesterday جَرَى تعديل في مَجْلِس الوزراء أمس

reside, *v.i.* 1. (dwell) سَكَن ، قطن ، أقام في..

2. (*leg.*, be vested *in*) (سُلطة) مُخَوَّلة ، مَنُوطة

3. (be inherent *in*) يكمن (جمالها في عَيْنيها)

residence, *n.* 1. (residing) إقامة ، سُكنى

he took up residence in the new house اِتّخذ المنزل الجديد مَقرًّا لِسُكناه

the ambassador is now in residence يُقيم
السفير الآن في مقرّ السفارة الرسميّ
2. (abode) محلّ الإقامة

residency, *n.* مقرّ المندوب البريطاني لدى أمير هنديّ

resident, *a. & n.* قاطِن دائم ؛ (طبيب) مقيم
resident alien من الغُرباء أو الأجانب المقيمين

residential, *a.* سَكَنيّ ، نسبة إلى السُّكْنَى
a residential suburb ضاحِيَة سَكَنيّة
residential qualifications for voters أقصر
فترة إقامة ممكنة للحصول على حقّ التصويت

residual, *a.* مُتَبقٍّ ، متخلِّف

residuary, *a.* نسبة إلى بقيّة التركة (قانون)

residue, *n.* البقيّة ، ما يتبقّى ، الفضالة

resign, *v.t. & i.* استقال من منصبه ، استعفى منه
he resigned the children to her care
استودعها أطفاله لتعتني بتربيتهم
the Minister resigned ⟨from the Cabinet⟩
استقال الوزير ‹ من مجلس الوزراء ›
he had to resign himself to doing without a car أُضْطُرّ إلى أن يرضى بالأمر الواقع
ويستغني عن استعمال سيّارته

resignation, *n.* 1. (giving up one's job)
استقالة ، استعفاء من وظيفة
2. (mental submission) إذعان ، رُضوخ

resigned, *past p. & a.* مُسْتَسْلِم ، مُذْعِن

resili/ent, *a.* (**-ence,** *n.*) مَرِن ، مرونة
he has a resilient constitution in every way إن بنيته مَرِنة وقادرة على استعادة
حيويّتها ونشاطها بسرعة مهما اعتورها

resin, *n.* راتنج ، راتينج ، قلفون ، صعرور

resinous, *a.* نسبة إلى الراتينج (صمغ الصنوبر)

resist, *v.t. & i.* قاوَم ، ناهَض ، صدّ ، صَمَد أمام
she can't resist chocolates
إنها لا تستطيع مقاومة إغراء الشيكولاتة

resistance, *n.* 1. (opposition, power of resisting) مُقاومة ، صدّ ، مُناهضة ؛
صلابة البنية ومقاومتها للعدوى
the enemy offered no resistance
لم يُبْدِ العدوّ أية مقاومة
the Resistance ⟨movement⟩ حركة المقاوَمة
الفرنسيّة ضدّ القوّات الألمانيّة المحتلّة
2. (*elec.*) مقاومة كهربائية

resistant, *a.* مقاوِم ، متين ، شديد التحمّل
heat-resistant (زجاج) مقاوِم للحرارة

resolute, *a.* حازِم ، ثابت العزم أو الجنان

resolution, *n.* 1. (firmness of purpose)
عَزْم وحَزْم ، ثبات ، تصميم ، عزيمة
2. (decision) (اتّخذت اللجنة) قرارًا
New Year resolution عَهْد يقطعه المرء
على نفسه بمناسبة بَدْء العام الجديد
the committee passed the resolution
وافقت اللجنة على القرار
3. (solving; analysis) حلّ (للمشكلة)
the resolution of his doubts was a great relief to him شعر بارتياح كبير
عندما تبدّدت شكوكه

resolve, *v.t. & i.* 1. (decide) قرّر ، صمّم على ،
عَقَد النيّة على ، وطّد العزم على

2. (analyse, solve) حَلَّ (المشكلة)، بدّد (شكّه)

n. قَصْد، عزيمة، نِيَّة

reson/ant, *a.* (**-ance,** *n.*) (صوت) رنّان طنّان، جهير؛ (قاعة) تتردّد فيها أصداء الصوت

resort, *v.i.* 1. (have recourse *to*) لجأ إلى...، لم يجد بُدًّا من الالتجاء إلى (العُنف مثلاً)

2. (pay visit or visits *to*) تردّد على مكان أو زاره مرارًا، اِختلف إليه

n. 1. (expedient) الملاذ الأخير؛ حيلة

in the last resort we shall have to use force سوف نضطر إلى استعمال القوّة كحَلٍّ أخير

2. (place frequented) مُنتجَع، مُنتدًى

summer resort مَصيف، مُصْطاف

resound, *v.i.* دوّت (القاعة) أو ضجّت (بالتصفيق)

the new play was a resounding success حظيت المسرحيّة الجديدة بنجاح باهر

resource, *n.* مَصْدَر، مورد؛ وسيلة، ملاذ

he is a man of resource إنّه واسع الحيلة

natural resources موارد أو امكانيات طبيعيّة

I am at the end of my resources لقد نَفَدت مواردي الماليّة، نَضَب معين ثروتي

resourceful, *a.* واسع الحيلة، يُحسن تدبير أموره

respect, *n.* 1. (regard, attention) احترام، تبجيل، توقير، إجلال؛ اعتبار، مُراعاة

he paid his respects to the hostess قدّم (الضيف) تحيّاته لصاحبة الدعوة

justice should be administered without respect of persons يجب أن تأخذ العدالة مجراها بغير تحيّز ولا محاباة

2. (reference, relation)

in respect of فيما يختصّ بِ ...

in this respect في هذا الصَّدَد، في هذا الخصوص

with respect to أمّا بشأن ..، فيما يتعلّق بِ...

v.t. احترم؛ راعى (رغباتها مثلاً)

respectab/le, *a.* (**-ility,** *n.*) مُحْتَرَم، جدير بالاحترام؛ (سلوك) مهذّب؛ لياقة

a respectable number attended the lecture أقبل على المحاضرة عدد لا يُستهان به

respecter, *n.*, *esp. in*

death is no respecter of persons الكلّ سواسية أمام الموت، الموت لا يحابي أحدًا

respectful, *a.* (سلوك) يَنُمّ عن الاحترام والتبجيل

the crowd stood at a respectful distance from the President وقف الجمهور على بُعد من الرئيس توقيرًا واحترامًا له

respecting, *prep.* بشأنِ ...

respective, *a.* خاصّ بكلّ على الترتيب

they were given work according to their respective abilities عُهِد إليهم القيام بأعمال تناسب كفاءة كلّ منهم على حِدَة

respectively, *adv.* (كلٌّ) بحسب ترتيب ذكره

respiration, *n.* عملية التنفّس

he wheezes with every respiration صدرُه يئزّ أو يزيّق (مصر) كلّما تنفّس

respirator, *n.* القناع الواقي من الغازات

respiratory, *a.* (الجهاز) التنفّسيّ

respite, *n.* مهلة، فترة استراحة، إيقاف التنفيذ

resplend/ent, *a.* (**-ence,** *n.*) زاهٍ ، متألِّق

respond, *v.i.* 1. (reply) أجاب ، استجاب

2. (react *to*) استجاب (الدّاء للعلاج)

respondent, *a.* مستجيب ، مُلَبٍّ

n. (*leg.*) المدّعى عليه (في دعوى الطلاق)

response, *n.* 1. (reply) جواب ، إجابة

2. (*eccles.*) كلمات يردّدها المصلّون بعد الكاهِن

3. (suitable reaction) استجابة ، تلبية

responsibility, *n.* مَسؤولية ، تبعة ، وِزْر

responsible, *a.* 1. (answerable for one's actions) مسؤول (عن أفعاله)

he held him responsible for the loss حَمَّله مسؤولية الخسارة

2. (dependable) جَدير بالثقة ، يُعوَّل عليه

3. (involving responsibility) ذومسؤولية

this is a responsible post هذا منصب ذومسؤولية

responsive, *a.* مستجيب (للنداء) ، متجاوب

rest, *n.* 1. (repose; intermission) راحة ، استراحة

at rest

(not in motion) ساكِن ، مستقرّ ، غير متحرّك

(untroubled) هادئ ، مطمئن ، مُرتاح البال

(dead) تُوُفّي ، انتقل إلى جوار ربّه

lay to rest أودعه مثواه الأخير

2. (prop, support) مِسْند يُرتَكز عليه

arm-rest مِسْند للذراع (بالسيّارة مثلاً)

3. (*mus.*) فترة سكوت (في الموسيقى)

4. (remainder) الباقي ، البقية ، الفضالة

for the rest أمّا فيما يتعلّق بالباقي

v.t. 1. (give repose or relief to) أراح

God rest his soul! رَحِمَه الله ! طيّبَ الله ثراه !

2. (place, base) أسْنَد (مرفقه مثلاً)

she let her eyes rest on me (جالت ببصرها ثمّ) استقرّت عيناها عليّ

he rested his hopes on promotion علّق آماله أوعقدها على ترقيته لمنصب أعلى

v.i. 1. (abstain from action; enjoy repose) ارتاح ، استراح

the last resting-place المثوى الأخير

2. (remain; be fixed) بقي

you can rest assured that I will do it properly كُنْ مطمئنًّا أو واثقًا بأنني سأقوم بالمهمّة خيْر قيام

the decision rests with you الأمر رَهْن مشيئتك تقرّر فيه ما تراه

they let the matter rest تركوا الأمر على ما هو عليه بدون اتّخاذ إجراءات أخرى

3. (be supported, based *on*) استنَد على

the case for the defence rests on his evidence alone لا يَسْتند الدفاع في هذه القضيّة إلّا على شهادته وَحْدَها

restaurant, *n.* مَطْعَم

restaurateur, *n.* صاحِب أو مُدير مطعم

restful, *a.* مُريح ، مُرتاح ، لا يثير الأعصاب

restitution, *n.* رَدّ (الحقّ) إلى صاحبِه الشرعيّ

restive, *a.* مُتَمَلمِل ، غير مرتاح

restless, *a.* قَلِق ، مضطرِب ، غير مطمئنّ

restoration, *n.* إعادة ، إرجاع ، إصلاح ، تجديد

the Restoration عودة الملكيّة بتولّي تشارلز الثاني عرش انكلترا عام ١٦٦٠م

Restoration comedy المسرحيّات الهزليّة التي شاعَت في انكلترا في العَهد السابق ذِكره

restorative, *a.* (دواء) يعيد النشاط والصِحّة

n. دَواء مُقوٍّ أو منشِّط

restore, *v.t.* 1. (give back) أعاد ، ردَّ ، أرْجَع

2. (bring back to original state) أعاد (بناءً أثريًّا مثلاً) إلى حالته الأصليّة

he is now restored to health لقد استردّ صحّته وعافيته ، أبلَّ من مَرَضه وتعافى

restorer, *n.* خبير بتجديد اللوحات الفنيّة القديمة

hair-restorer مُستحضَر يُزعَم أنه يُنْبِت الشَعر

restrain, *v.t.* كبَح ، أعاق ، ضَبط ، تحكَّم في

restraint, *n.* كَبْح ، إعاقة ، ضَبْط ، تحكُّم

he acted with restraint in spite of provocation تصرَّف باعتِدال وضَبْط نفسٍ بالرّغم من استِفزازهم له

the madman was put under restraint قُيِّد المجنون لمنْعه من إحداث أيّ أذىً

restrict, *v.t.* (**-ion,** *n.*) قيَّد (حُرّيّة استعمال شيءٍ) ، حدَّ من ، قَصَر على ؛ تقييد

restrictive, *a.* تقييديّ ، يرمي إلى الحدِّ مِن..

restrictive practices إجراءات (تتّخذها نقابات العمال) تحدّ من الانتفاع الكامِل بالقوى العاملة

result, *n.* نتيجة ، عاقِبة ، مايترتّب على أمْر

in the result it did not turn out badly كانت النتيجة النهائيّة أفضل ممّا توقّعنا

v.i. نتَج ، نَجَم ، ترتّب على ، أدّى إلى

the accident resulted in two deaths أسْفر الحادث عن وفاة شخصين

resultant, *a.* ناتج ، ناجِم

n. محصلة مجموعة قوى (ميكانيكا)

resume, *v.t.* 1. (reoccupy) رجع إلى (مكانه)

2. (begin again); *also v.i.* استأنف (عمله)

resumé, *n.* خُلاصة ، مُوجَز ، مُجْمَل ، فذلكة

resumption, *n.* استئناف (العمل) ، العود إليه

resurg/ent, *a.* (**-ence,** *n.*) مُنبعِث ، ناهِض

resurgent nationalism القومية الناهضة

resurrect, *v.t.* (**-ion,** *n.*) بَعَث ، أحيا من الموت

the Resurrection قيامة السيّد المسيح من الأموات

resuscit/ate, *v.t.* (**-ation,** *n.*) ردّ الحياة إلى

he was resuscitated by artificial respiration استعاد وعيه بعد أن أُجْرِيَ له التنفّس الصناعيّ

retail, *n. & adv.* تجزئة ، قطّاعي ، مُفرَّق

he buys wholesale and sells retail يشتري بالجملة ويبيع بالقطّاعي

v.t. & i. 1. (sell by retail) باع بالتجزئة

2. (recount, spread) حَكَى

retailer, *n.* بائع بالتجزئة ، تاجر بالقطّاعي

retain, *v.t.* 1. (hold in place) احْتَجَز ، احْتَبَس

retaining wall سَدّ أو جدار يحتجز التراب أو الماء

2. (keep; remember) حَفِظ (في ذاكرته)

3. (secure the services of)

retaining fee الأجر الذي يُدفع لمحامٍ كي يستمرّ في مراعاة الدعوى

retainer, *n.* 1. (servant) خادم (عند نبيلٍ مثلاً)

2. (retaining fee) مبلغ من المال يُدفع لمحامٍ عند التعاقد معه لمباشرة قضية

retali/ate, *v.t.* (**-ation,** *n.*) ثأر أو انتقم لنفسه

retaliatory, *a.* (غارة) انتقامية

retard, *v.t.* (**-ation,** *n.*) أعاق أو عرقل (النموّ)

retarded child طِفل متخلّف عقليًّا

retch, *v.i.* هاع ، غثيت نفسه ، مال إلى التقيّؤ

retention, *n.* اِحْتفاظ ، استبقاء ، احتجاز

retentive, *a.* قادر على الاحتفاظ بِ ...

he has a retentive memory

ذاكِرته قويّة تحتفظ بكلّ التفاصيل

retic/ent, *a.* (**-ence,** *n.*) قليل الكلام ، كَتُوم ، ملازِم الصَّمْت ؛ تكتُّم ، تحفُّظ

reticule, *n.* حقيبة يدٍ صغيرة للنساء (قديمًا)

retina, *n.* شَبكيّة العين

retinue, *n.* الخَدَم والحَشَم ، الحاشية

retire, *v.i.* (**-ment,** *n.*) 1. (withdraw, depart) انسحب ، غادر (الحجرة) ، تركها ، انصرف منها

he retired from the world اعتكف عن الدنيا ، هجر الدنيا زاهدًا فيها

he retired into himself انطوى على نفسه

she is a girl of a retiring disposition إنّها فتاة منطوية على نفسها تميل إلى الانعكاف

2. (*mil.*) تقهقر (الجيش) ، انسحب

3. (go to bed) أوى إلى فِراشه

4. (cease one's occupation) اعتزل الخِدمة

retiring age سِنّ التقاعُد أو الإحالة على المعاش

v.t. أحال موظّفا إلى التقاعُد

retired, *a.* 1. (secluded) مُنعزِل ، مُنفرِد

2. (*of person,* no longer working) مُتقاعِد

retired pay راتب أو معاش التقاعُد

retort, *n.* 1. (retaliation, repartee); also *v.t.* & *i.* جواب سريع يدلّ على حضور البديهة ؛ أجاب بِردٍّ حادٍّ

2. (vessel) مُعْوَجَّة (كيمياء)

retouch, *v.t.* وَضَع اللمسات الأخيرة

retrace, *v.t.* عاد بخطواته إلى الوراء

he retraced the events prior to her arrival

عاد بذاكرتِهِ إلى الأحداثِ التي وَقَعَتْ قُبَيْلَ وصولها

retract, *v.t.* & *i.* 1. (draw back or in) انكمَشَت (مخالبُ القِطّ مثلاً) ، تراجَع ، انسحب ، تقلّص

2. (withdraw, revoke) سحَب ، تراجَع

he retracted his statement تراجَع عن أقواله ، اعترف بخطأ ما أقرّ به

retractable, *a.* (عجلات طائرة) قابلة للانسحاب

retreat, *v.i.* & *n.* 1. (*mil.*) تقهقر ، انسحب

they were in full retreat انهزم الجيش وتقهقر

the retreat was sounded قُرِع الطبْل أو نفخ في البوق إيذانًا بانسحاب الجيش

2. (withdrawal, retirement) انسحاب

3. (asylum) خلوة ، ملاذ

retrench, *v.t. & i.* (**-ment,** *n.*) خفض النفقات

retrial, *n.* إعادة النظر في قضيّة أو دعوى

retribution, *n.* (يوم) القصاص ، العقاب

retributive, *a.* جزائي ، عقابي

retriev/e, *v.t.* (**-al,** *n.*) استردّ (شيئًا مفقودًا) ، استرجعه ؛ صحّح خطأه ؛ استرداد

retriever, *n.* كَلْب يأتي بالذبيحة لصيّاد القنص

retroactive, *a.* (قانون) رجعيّ المفعول أو الأثر

retrograde, *a.* (سياسة) تؤدّي إلى التخلّف

retrogress/ive, *a.* (**-ion,** *n.*) متدهور ؛ تخلّف

retrospect, *n.* النظر إلى أحداث الماضي (القريب)

in retrospect it is easy to see where we went wrong مِن السَهْل أن نعرف أخطاءنا الماضية إذا ما استعدنا تطوُّر الأحداث

retrospect/ive, *a.* (**-ion,** *n.*) ذو أثر رجعيّ

the wage increase was retrospective starting from January تقرّرَ أن تُرفع أجور (العمّال) على أن يَسري ذلك من يناير السابق

retroussé, *a.* (أنف) مرتفع الأرنبة ، أقعى

return, *v.i.* عادَ ، آبَ ، رجع

v.t. 1. (take, give or put back) أعاد (الكتاب مثلاً) ، أرجعه إلى موضعه

he returned thanks in response to a toast ردّ بالشُكر على من شربوا نخبه

2. (retort) أجابَ ، ردّ

3. (yield *interest*) أغلّ (ربحًا) ، درّ (فائدةً)

4. (elect to parliament) انتُخِب نائبًا عن ..

returning officer مأمور دائرة انتخابيّة

n. 1. (coming back) عَوْدة ، رجوع ، إياب

by return ⟨of post⟩ (أرجو الردّ) برجوع البريد

many happy returns ⟨of the day⟩!
أهنّئك بمناسبة عِيد مِيلادك السعيد

2. (requital)

in return for عِوَضًا عن ، مقابِل

return match مباراة الثأر (على الملعب الآخَر)

3. (*oft. pl.*, proceeds) أرباح ، عائدات ، رِيع

4. (report) كشْف ، تقرير

income-tax return إقرار الإيراد (لتقدير الضريبة)

reunion, *n.* اجتماع الشمْل (العائلي مثلاً)

reunite, *v.t.* جَمَع شملَهم (بعد تَشتُّتِهم)

rev, *v.t.* (*coll.*); *also* rev up زادَ سُرعة المحرّك (في السيّارة أو في الدرّاجة البخاريّة)

v.i. (*coll.*) دارَ المحرّك بِسُرعة

n., *coll. contr. of* revolution (of an engine); *usually pl.* دورة المحرّك

reveal, *v.t.* كشَف سِرًّا أو أفشاه ، باح بِه

revealed religion الديانات السماويّة (المنزلة)

reveille, *n.* نِداء لإيقاظ الجنود في الصباح

revel, *v.i.* 1. (be festive) صخب وعربد

2. (delight *in*) التذّ ، استلذّ ، تمتّع بِ..

n. (*esp. pl.*) قَصْف ، مَرَح صاخِب

revelation, *n.* كشف (عن الحقيقة)، مفاجأة مذهلة

⟨Book of⟩ Revelation سِفْر الرؤيا (العهد الجديد)

reveller, *n.* معربِد ، قاصِف

revelry, *n.* مَرَح ، قَصْف ، عربدة

revenge, *n.* اِنتقام ، ثَأْر

v.t. انتقم ، ثأر ، أخذ ثأره

revengeful, *a.* ذو شهوة أو غليل للانتقام

revenue, *n.* إيرادات (الدولة)، دَخْل عامّ

reverber/ate, *v.i.* & *t.* (**-ation,** *n.*) تردَّد رجْع (الصوت)، دوّى ؛ أصداء الصوت

revere, *v.t.* وقّر ، بجّل ، أكنّ احترامًا وتقديسًا

reverence, *n.* وقار ، تقديس ، توقير

Your Reverence قداستكم ، غِبطتكم

v.t. وقّر ، عامَل بتوقير وتبجيل

reverend, *a.* I. (venerable) وقور ، مبجَّل

2. (priest's title); *abbr. Rev(d).* حضرة الأب الورع أو الموقّر (لقب للقسّ)

reverent, *a.* (سلوك) ينمّ عن التوقير ؛ موقِّر

reverie, *n.* (غارق في) أحلام اليقظة

revers, *n.* البطانة الخارجية لطيّة صدر السترة

reversal, *n.* انعكاس الوضع ؛ إلغاء حُكم

reverse, *n.* & *a.* I. (contrary) عكْس ، نَقيض

in reverse order بترتيب عكسيّ

quite the reverse! على عكس ما تقول !

2. (reversing mechanism) ترس عاكس للحركة

he put the car into reverse جعل السيّارة تتحرّك إلى الوراء

3. (back of a coin, page, etc.) ظهْر (العُملة)

4. (setback) نكْسة ، خيْبة

v.t. I. (turn round or inside-out; invert) قلَب ، عكَس (الترتيب مثلاً)

reverse arms! (*mil.*) اقلبْ سلاحك! (في الجنازات)

he asked the operator to reverse the charges طَلَب من عاملة التليفون أن تقيّد أجرة المكالمة على الشخص المطلوب محادثته

2. (move backwards); *also v.i.* تحرّك للوراء

he reversed ⟨the car⟩ into the garage ساق سيّارته إلى الوراء لإدخالها الجراج

3. (revoke, annul) ألغى (حُكمًا)، أبطله

reversible, *a.* (قماش) يُمكن استعماله من كلا وجهيه

a reversible coat معطف يُلبس على أي من وجهيه

reversion, *n.* I. (return to previous state) رجوع (نبات مثلاً) إلى حالته البدائية

2. (*leg.*) رجوع الهبة إلى الواهب أو ورثته عند حدوث حادث معيّن

revert, *v.i.* I. (return) عاد (الوضع) إلى ما كان عليه

2. (*leg.*) عاد حقّ الملكيّة إلى المالك الأصليّ أو إلى الدولة في ظروف معيّنة

revetment, *n.* دعامة من الحَجَر أو الآجُرّ لأرض منحدِرة

review, *n.* I. (parade) استعراض (عسكريّ)

2. (survey) عَرْض موجز (للأنباء مثلاً)

3. (critical essay) مقال نقدي

4. (publication) مجلّة أدبية أو نقديّة

v.t. 1. (inspect *troops*, etc.) استعرض، تفقّد

2. (survey) استعرض (أحداث العام الماضي مثلًا)

3. (write a criticism of) عرض أو انتقد (كتابًا جديدًا على صفحات الجرائد والمجلّات)

reviewer, *n.* من يكتب عرضًا لكتاب جديد

revile, *v.t. & i.* شَتَم، سَبَّ، لَعَن

revis/e, *v.t.* (**-ion,** *n.*) 1. (correct, alter) راجَع (كتابا) لتنقيحه أو لتصحيح أخطائه

2. (re-study); *also v.i.* راجَع (دروسه)

revitaliz/e, *v.t.* (**-ation,** *n.*) أعاد له حيويّته

reviv/e, *v.t. & i.* (**-al,** *n.*) أفاقه (من إغمائه)

revive a fire أذكى نارًا خامدة

the producer revived an old play أعاد المخرج (المسرحيّ) إخراج رواية قديمة

revival of learning إحياء العلوم (في عهد النهضة)

revocation, *n.* إلغاء (قرار)، إبطاله، نقضه

revoke, *v.t. & i.*; *also n.* ألغى، أبطل، فسخ نقض؛ الامتناع عن لعب ورقة معينة في البريج

revolt, *v.i.* 1. (rebel); *also n.* تمرَّد، عصى، ثار أو خرج على؛ تمرُّد، عصيان

2. (feel revulsion) اشمأزّ من

human nature revolts against such a crime إنّ الطبيعة الانسانية لتشمئزّ من جريمة كهذه

v.t. نفّر، قزّز

scenes which revolted all who saw them مناظر قززت نفس كلّ من شاهدها

revolting, *a.* منفِّر، كريه، يبعث على الاشمئزاز

revolution, *n.* 1. (orbit) دورة، دوران

2. (upheaval; overthrow of government) ثورة، انقلاب في نظام الحكم

revolutionary, *a. & n.* ثوريّ، متمرّد

revolutionize, *v.t.* أحدث انقلابًا في ...

revolve, *v.i. & t.* دار، استدار؛ أدار

he revolved the problem in his mind فكّر في المشكلة وتبصّر فيها مليًّا

revolver, *n.* مسدّس

revue, *n.* متنوّعات مسرحيّة

revulsion, *n.* اشمئزاز، امتعاض، نُفور

reward, *n. & v.t.* مكافأة، جزاء، مجازاة؛ كافأ، جازى

rewarding, *a.* مُجْزٍ

nursing is usually rewarding التمريض مِهنة تُرضي الجانبَ الانسانيّ

reword, *v.t.* أعاد صياغة (الخطاب مثلًا)

Rex, *n.* (نسبة إلى) الملك (في الدعاوى القضائية)

rhapsodize, *v.i.* أفاض في التعبير عن إعجابه

rhapsod/y, *n.* (**-ical,** *a.*) تعبير زاخر بالعواطف والحماس؛ جُزء يُنشد من ملحمة (يونانية)

go into rhapsodies أفاض في التعبير عن إعجابه

rheostat, *n.* مقاوِم متغيّر (كهرباء)

rhesus ⟨**monkey**⟩, *n.* ماكاك رسيس (قرد صغير)

Rhesus factor العامل الريصي (مادة خاصّة في دم الانسان تعتبر عاملًا مهمًّا في تحديد فئته)

rhetoric, *n.* (**-al,** *a.*) البلاغة؛ فنّ الخطابة؛ (تعبير) طنّان

rhetorical question سُؤال لمجرّد التّأثير الخَطابي

rheum, *n.* رَشْح الأنف أو العين

rheumatic, *a. & n.* مُصاب بالرّوماتيزم

rheumatic fever الحُمّى الرُّوماتيزمية أو الرثية

rheumaticky, *a. (coll.)* مُصاب بالرّوماتيزم

rheumat/ism, *n.* (**-oid,** *a.*) الرُّوماتيزم ، الرَّثْية

rheumatoid arthritis اِلْتهاب المفاصِل الرَّثْيّ

rhinestone, *n.* حَجَر بلّوريّ (لِصناعة الجَواهر المقلّدة)

rhino, *n. coll. contr. of* **rhinoceros**

rhinoceros, *n.* كَرْكَدَّن ، خَرْتيت ، مِرْميس

rhizome, *n.* الأَرْمُولة ، الجُذْمُور ، الرِّيزوم (ساق نباتيّة أرضيّة تشبه الجذر العرضيّ)

rhododendron, *n.* زَهْرَة العَصَل (جنس نباتات مُزْهرة تزْيينيّة من فصيلة الخلنجيّات)

rhomb, *n.* (**-ic,** *a.*) المُعَيَّن (شكل هندسيّ)

rhomboid, *a. & n.* شكْل هَنْدَسيّ شَبيه بالمُعَيَّن

rhombus, *n.* المُعَيَّن (شكل هندسيّ)

rhubarb, *n.* رَاوَنْد رِيباسيّ ، رِيباس (نبات تؤكل سِيقانه وتربّب) ؛ هُراء (عاميّة)

rhyme, *n.* 1. (similarity of sound; word producing this) قافِية ، سَجْع

without rhyme or reason بِدُون مُبَرِّر ، بغَيْر نِظام ، بلا مَنطق

2. (verse) نَظْم ، شِعْر ، أبيات شِعْرية للأطفال

v.t. & i. (كَلِمَتان) مِن نفْس القافِية

rhythm, *n.* 1. (cadence) وَزْن الشِّعر ، إيقاعه

2. (regular sequence or movement) اِنْتِظام

rhythmic(al), *a.* (خُطوات) إيقاعِيّة مُنْتَظِمة

rib, *n.* ضِلْع (عَظْم مُسْتَطِيل من عِظام الجَنْب)

he dug his friend in the ribs زَغَد صَدِيقه بإصْبَعه في ضُلوعه (مازحًا)

v.t. 1. (mark with ridges, *esp. past p.*) (قُماش) مُضَلَّع

2. (*U.S. sl.*, tease) سَخِر من ، عاكَس (مصر)

ribald, *a.* (**-ry,** *n.*) (نُكْتة) بَذيئة ، فاضِحة ، فاحِشة

riband, *n.* شَرِيط من القُماش (لِلتّزيين)

ribbon, *n.* شَرِيط (من القُماش عادةً)

campaign ribbon وِسام يُمْنَح لِلمُشْتركين في مَعْرَكة

ribbon development (*town planning*) تَشْيِيد المَباني على جانِبَي الطُّرُق الرِّيفيّة خارج المُدُن

the laundry tore the sheet to ribbons مَزَّق المَغْسَل مُلاءة السَّرير (وَخَلّاها خَالة)

he tore his opponent's argument to ribbons دَحَض حُجّة خَصْمه وهَدَمها من أساسِها

rice, *n.* أُرْز ، رزّ ، تِمَّن (عراق)

rice-paper صَفائح كالوَرق تُخْبَز عليها بعض أَصْناف الحَلْوَى (ويمكن أكلها)

rice pudding أُرْز مَطبوخ مع الحليب والسّكّر

rich, *a.* غَنيّ ، ثَرِيّ ، مُوسِر ؛ خَصِيب

the soil is rich in minerals هَذه الأَرض (الزّراعية) غَنِيّة بالأملاح (المفيدة للنبات)

rich food طَعام دَسِم أو دَهِين

rich mixture خَليط قابِل للاحْتراق تزداد فيه نِسْبة الوَقود إلى الهَواء عن النّسبة المعتادة

that's rich! (*sl.*) هَذه نُكْتة هائلة

riches, *n.pl.* ثَروة ، غِنىً ، أموال طائلة

richly, *adv.* بِترَف ، بأُبَّهة ؛ بكثرة

the punishment was richly deserved كانت العقوبة (الشديدة) أنسب جزاءٍ لِذَنْبِه

rick, *n.* 1. (stack) كومة عالية من التبن

2. (sprain); *also v.t.* التوى (المفصل) ؛ التواء

rickets, *n.pl.* داء الكساح (عند الأطفال)

rickety, *a.* 1. (shaky) (كرسيّ) مخلَّع

2. (suffering from rickets) كَسيح

rickshaw, *n.* مركبة خفيفة بعجلتين يجرّها رَجُل

ricochet, *n.* & *v.i.* ارتداد (رصاصة مثلاً) بعد اصطدامها بجسم صَلْب

rictus, *n.* فَغْرة الفَم ؛ فتحة المنقار

rid, *v.t.* تخلّص من ؛ طهّر من

get rid of تخلَّص منه ؛ طرده (من عمله)

riddance, *n.* التخلُّص من شيء أو شخص غير مرغوب فيه

good riddance ⟨to bad rubbish⟩ إلى غير عودة ! إلى حيث ألقت !

riddle, *n.* 1. (puzzle, mystery) لُغز ، أُحجيَّة

2. (sieve) غِربال كبير (للأحجار والحصى)

v.t. 1. (sieve) غربل ؛ حرّك وجاق النار لتنظيفه

2. (fill with holes) خرَّم ، ثَقَّب

the body was riddled with bullets كان جسم القتيل كالمنخل لكثرة ما فيه من جروح الرصاص

ride, *v.i.* & *t.* ركب ، امتطى ، اعتلى (ظهر دابّة)

he is riding for a fall يركب الحصان بطريقة قد تعرّضه للسقوط ؛ يتصرف بتهوّر قد يؤدّي لهلاكه

he rides to hounds يَركب لصيْد الثعالِب

the ship rode at anchor ألقت السفينة مرساتها وتوقّفت في الميناء بدون ربطها إلى الرصيف

the business rode out the storm تمكّنت الشركة من اجتياز الأزمة بسلام

his jacket rides up (عند جلوسه) يأخذ طَرف سترته الأسفل في الارتفاع تدريجيًّا

let it ride! (*U.S. sl.*) دَعه وشأنه ! لا تُبالِ !

n. 1. (journey) ركوب ، جَوْلة قصيرة (بسيّارة)

the gangster took his rival for a ride (*sl.*) أجبر القبضاي غريمه على الركوب معه ثمّ قَتَله

I do not like being taken for a ride (*sl.*) لا يعجبني أن أصير مطيّةً للآخرين

2. (woodland track) ممرّ بغابة لراكبي الخيل

rider, *n.* 1. (one who rides) راكب (رُكّاب)

2. (additional clause, corollary) مُلْحَق تكميليّ أو ذَيْل لوثيقة

3. (problem) تمرين قائم على نظرية هندسيّة

riderless, *a.* (حصان) يظلّ يجري بعد سقوطِ راكبه

ridge, *n.* حافة مرتفعة (بين أخدودين)؛ سلسلة من الجبال

v.t. كوّن حافة مرتفعة مستطيلة (في الحقل)

ridicule, *n.* & *v.t.* سُخرية ، استهزاء ؛ سخر من

ridiculous, *a.* يَبعث على الضحك والاستهزاء

you look ridiculous in that old hat تِلكَ القبّعة القديمة تجعلك مثاراً للسخرية

riding, *n.* ركوب الخيل ، امتطاء

riding-school مَدرسة لتعليم فنّ ركوب الخيل

riding light مِصباح خاصّ بأعلى سارية السفينة يُضاء أثناء رسوّها في الميناء

rife, *a.* (وباء) مُتَفَشٍّ ، (خرافات) شائعة

the country was rife with rumours of war

عَمّت إشاعات الحرْب أرجاء البلاد

riff-raff, *n.* حثالة القوم ، الرعاع ، السفلة

rifle, *v.t.* 1. (plunder) عَبَث (بمحتويات الدُرج مثلاً)

2. (cut spiral grooves in) نَحَتَ أخدودًا

حلزونيا في داخل ماسورة البندقية ، خَشَّنَ

rifle, *n.* بُندقية ذات ماسورة مُخَشَّنة

rift, *n.* شقّ (في الصخور مثلاً) ؛ تصدُّع (في الحزب)

rift-valley وَادٍ انكساريّ خسيف

a rift has developed between them أدّى

الخلاف إلى حدوث انشقاقٍ بينهما

rig, *v.t.* 1. (equip *a ship*) جهّز سفينة (بالأشرعة)

2. (fit *out, up* with clothes) زوّده بالثياب

3. (put *up* temporarily)

the sailors rigged up an awning نَصَب

البحّارة مظلّة (أو تندةً) مؤقّتة

4. (manipulate, *esp.* fraudulently)

the financier rigged the market تلاعَب

(المضارب) بأسعار الأسهم في البورصة

n. 1. (arrangement of sails, masts, etc.)

أشرعة السفينة وسواريها

2. (style of dress) ملابِس (العَمَل مثلاً)

rigger, *n.* عامل فنّي لإصلاح هياكل الطائرات

rigging, *n.* الحبال التي تثبت أشرعة السفينة وسواريها

right, *a.* 1. (correct) صحيح ، (رأي) صائب ،

(كم الساعة) بالضبط ؟ (أنت) على حقّ

all right-minded people will agree with me

سيوافقني على ذلك كلّ ذوي الرأي السليم

it will all come right in the end لاداعي

للقلَق فسوف ينتهي كلّ شيء على مايُرام

it is not your business to put me right

ليس مِن شأنك أن تصحّح أخطائي

2. (normal, appropriate)

she is not in her right mind today ليست

اليوم كعهدنا بها من حيث رجاحة العَقْل

he is as right as rain إنّه في صحة وعافية ،

لقد استردّ صحّته وتعافى

right!, right ho!, right you are! مضبوط !

صحيح ! عفارِم ! أحسنت القول !

I will make it right with your employer لا

تشغل بالك فسوف أدبّر الأمر مع مستخدِمك

he is on the right side of forty إنّه لم

يبلغ الأربعين بعد ، لقد ناهز الأربعين

3. (just) عادِل ، حَقّ

he did ⟨the⟩ right ⟨thing⟩ by her تصرّف

معها التصرُّف اللائق (كي لا تلوّث سمعتها)

it's not right! ليس هذا صحيحًا أو عادلاً !

4. (opposite of left) يمين ، أيمن

he did a right-about turn دار إلى الخلف

من ناحية اليمين

he is my right-hand man إنّه ساعدي

الأيمن (لا أستطيع الاستغناء عنه)

5. (*polit.*)

he belongs to the party of the right إنّه

ينتمي إلى حزب اليمين (أو المحافظين)

6. (*geom.*)

right line خطّ مُستقيم

7. (*sl.*, fine) هائل (لفظة عاميّة تُقال تهكّمًا)

a right mess you've made of that! لقد فشلتَ (في العمل) فشلاً باهرًا !

adv. 1. (direct, straight) في الحال

come right in! مرحبًا بكَ ـ اُدْخل بدون تردُّد !

come right away! تعالَ على الفور!

2. (completely) تمامًا !

he turned right round استدار إلى الوراء

3. (very) تامّ

they gave him a right royal reception استقبلوه استقبالَ الملوك

4. (correctly, justly, properly) تمامًا

if I remember right⟨ly⟩ إنْ لم تخنّي الذاكرة ، إذا كان ما أتذكّر صحيحًا

nothing seems to go right with you يبدو أنّ الحظ لا يُحالفك في أيّ شيء تفعله

it serves him right إنه يستحقّ هذا ، يستاهل !

5. (opposite of left) يمينًا

eyes right! إلى اليمين اُنْظُرْ !

n. 1. (justice, duty, fairness) حَقّ ، عَدْل

he is in the right إنّه على حَقّ أو صَواب

by rights (*coll.*) *as in*

by rights I ought to be at work إذا رُوعِيَ العدْل والإنصاف كان ينبغي أن أباشر عملي اليوم

the rights and wrongs of the case (بحث) التفاصيل الكاملة للقضية ، كل شاردة وواردة

2. (entitlement) أحقّيّة

she is a peeress in her own right هٰذه السيّدة عضو في مجلس اللوردات عن جدارة واستحقاق

she accepted everything as hers by right اعتقدَتْ أنها تملك الحقّ في المطالبة بكل شيء

the divine right of kings الحقّ الإلٰهيّ المقدّس (عند ملوك انكلترا في الماضي)

there is a right of way across these fields يُباح للجمهور المرور في هذه الحقول (الخاصّة)

pedestrians have right of way on a zebra crossing للمشاة حقّ عبور الطريق في المعبر المخصّص لِذلك

3. (*pl.*, correct state)

a system that would set the world's affairs to rights نظام يُعتقد أنّه يستطيع أن يضع الأمور العالميّة في نصابها

4. (direction)

there is a door on the right هناك باب في ناحية اليمين

5. (*polit.*) أحزاب اليمين أو المحافظين

v.t.

the fault will right itself (لا تقلق) فإنّ العطب سيعالج نفسه بنفسه

right a wrong وضع الحقّ في نصابه

righteous, *a.* بارّ ، صالح ، تقيّ ، خيِّر

rightful, *a.* (المالك) الشرعيّ أو الحقيقيّ

rightly, *adv.* عن حقّ ، على صواب

rigid, *a.* (**-ity,** *n.*) صلْب ، متصلِّب ، متخشِّب

he is a rigid disciplinarian إنّه صارم في نظامه

rigmarole, *n.* قصّة طويلة مشوّشة أو مفكّكة

rigor, *see* **rigour**

rigor, *n.* (*path.*) قشعريرة ، رعشة (طبّ)

rigor mortis التيبّس المَيتي ، الصمل الجيفي

rigorous, *a.* (نظام) صارِم ، (مناخ) قاسٍ

rigour (*U.S.* **rigor**), *n.* صَرامة ، قَسْوة ، عُنف

the rigours of the climate قسوة المناخ

rile, *v.t.* (*coll.*) أَحْنَقه ، أغاظه ، كدَّره أن ...

rill, *n.* جدول مائي صغير ، غَدير ، نُهَيْر

rim, *n.* حافة (كأس مثلًا) ، حِتار

v.t., esp. past p.

red-rimmed eyes عَينان تحيطهما هالات حَمراء

rime, *n.* صَقيع يغطّي سَطح الأرض والأشجار

rimless, *a.* (نظّارات) بدون إطار

rind, *n.* قشرة (البطيخ) ، السطح الجافّ (لِقُرص الجبن)

ring, *n.* 1. (circle, circular object) دائرة ، حلقة

ring-road طريق يمتدّ حول المدينة مارًّا بضواحيها (لتخفيف زحام المرور)

rings of a tree حَلقات تظهر في مقطع جذع الشجرة

smoke-ring حَلقات الدُخان

he made rings round his opponent تفوّق على منافسه في المباراة تفوّقًا باهرًا

2. (circlet for finger) خاتَم للأصبع

signet-ring خاتام ، خاتم يُحفر عليه الاسم

3. (combination; gang) عصابة

price ring عصابة تتحكّم في أسعار المزاد

4. (enclosure) حَظيرة ، حلبة ، حلقة

boxing-ring حلقة الملاكمة

ring-master مدير حلبة السيرك (يقدّم اللاعبين)

5. (resonant sound); *also fig.* رَنين

the ring of truth (كان لكلامه) صوت الحقّ

6. (telephone call) مُكالمة تليفونية

I will give you a ring tomorrow سأكلّمك بالتليفون غدًا ، سأتّصل بك تليفونيًا غدًا

v.t. (*pret. & past p.* ringed) طوّق ، أحاط

v.t. & i. (*pret.* rang, *past p.* rung)

1. (cause to sound; resound) دقّ (الجرس) ، قَرَع (الناقوس) ؛ رنّ (الصوت)

ring true or false (*of a coin*) (هذه العملة) لها رنين يدلّ على أنها مزيّفة (أو غير مزيّفة)

his story rang true كان في قِصّتِه صوت يُوحي بأنها حقيقية أو غير مُختلقة

a shot rang out دوّت طلقة رصاص

2. (operate a bell or telephone; call by telephone)

ring off أعاد سمّاعة التليفون إلى مكانها

ring up اتّصل به تليفونيًا

the ringing tone صوت دقات التليفون المطلوب

ringleader, *n.* رئيس العصابة ، رأس الفتنة

ringlet, *n.* خصلة من الشعر (ملتوية)

ringworm, *n.* داء جلديّ مُعْدٍ (كالقراع)

rink, *n.* حَلْقة الانزلاق (على الجليد)

rinse, *v.t.; also n.* شَطَف (الغسيل) بعد تصبينه

he rinsed out his mouth مَضْمَض فَمه بالماء (عند طبيب الأسنان مثلًا)

riot, *n.* شَغَب وفوضى ، إخلال بالأمن العامّ

he had to read the Riot Act to the class اُضْطُرّ إلى تهديد التلاميذ وتَوَعُّدهم بالعِقاب

the teenagers ran riot at their party هاج المراهقون وماجوا في الحفلة

the weeds ran riot in the garden لم تترك الأعشاب الضارّة بقعة في الحديقة إلّا وغطّتها

a riot of colour (عربدت) الألوان الساطعة بالحديقة

v.i. عَرْبَد ، ثار ، هاج وماج

rioter, *n.* مُشاغِب ، متمرّد ، مُخِلّ بالأمن

riotous, *a.* (اجتماع) ثوريّ ، (رعاع) متمرّدون

a riotous display of colour in the garden عَجّ البستان بأزهار متنوّعة صاخبة الألوان

rip, *v.t. & i.* مَزّق (قطعة قماش) بقوّة ؛ اِنشقّ

rip-cord حَبْل الفتح في الباراشوت أو المِظلّة

rip-saw مِنشار شقّ ، مِنشار تمساح

rip open فَضّ (مظروفًا) ، بقر (البطن) ، فتق

he said to the driver, 'Let her rip!' قال للسائق: 'دَع السيّارة تجري بكل طاقتها'

the writer lets his prejudices rip يطلق المؤلّف العنان لأهوائه الشخصية

ripe, *a.* ناضِج ، يانِع ، مكتمل النموّ

he lived to a ripe old age عاش حتّى بلغ من العمر أرذله

the time is ripe for action لقد دقّت ساعة العمل ، علينا أن نشمّر عن ساعد الجدّ

ripen, *v.i. & t.* نضج ، أينع ؛ أنضج

riposte, *n.* ردّ سريع يَدُلّ على حضور البديهة

ripping, *a.* (*sl.*) هائل ! ، (وقت) ممتع جدًّا

ripple, *n.* خرير الماء المترقرِق ؛ موجة صغيرة

a ripple of laughter passed round the room تتابَعت أصداء الضحك الخفيف بين الحاضرين حتّى عَمّت أرجاء الغرفة

v.i. & t. تموّجَت (سنابل القمح مثلاً)

rise (*pret.* rose, *past p.* risen), *v.i.*

1. (ascend; leave the ground) ارتفع

the dough has risen لقد اختمرَ العجين

the fish are rising تأخُذ الأسماكُ في الاقتراب من سطح الماء لالتقاط الطُّعم

the glass is rising مستوى الزئبق في البارومتر آخِذ في الارتفاع (دلالة على تحسُّن الطقس)

there is rising ground north of the house يرتفع مستوى الأرض في شمال البيت تدريجيًّا

after the heavy rain the river rose three feet بعد هُطول المطر الغزير ارتفع مستوى الماء في النهر ثلاثة أقدام

the river rises a hundred miles away ينبُع النهر على بُعد مائة ميل من هنا

he rose above petty jealousies رَبأ بنفسه أن ينحطّ إلى مستوى المماحكات التافهة

2. (get up) قام ، نهَض ، استيقظ

early to bed, early to rise نَمْ مبكّرًا واستيقظ مبكّرًا

the House rose انفضّت (ارفضّت) جلسة البرلمان

the rebels rose up in arms against the tyrant قام المتمرّدون بثورة مسلّحة على الحاكم الطاغية

3. (grow)

the rising generation الجيل الصاعِد (الناهض)

the wind is rising الريح آخِذة في الاشتداد

her colour rose توَرّدت وَجْنتاها خجلاً

n. 1. (ascent, slope) رَبْوة ، هضبة صغيرة

2. (increase) زِيادة ، اِزْدياد

he asked for a rise طَلَب زيادة في مرتّبه

he took a rise out of his friend (*coll.*)
ظلّ يسخر من صديقه حتى أضجره

3. (origin) منبع ، مصدر

this may well give rise to misgivings
قد يؤدي هذا إلى ارتيابهم في الأمر

risen, *past p.* of **rise**

riser, *n.* 1. (*with adv.*, one who rises)
a late riser نؤوم الضحى ، من يستيقظ متأخِرًا

2. (vertical part of step connecting two treads of a staircase) الجزء العموديّ بين
كل درجتين من درج أو سلالم المنزل

risible, *a.* نسبة إلى الضحك ؛ مثير للضحك

rising, *n.* تمرّد ، ثورة على السلطات الحاكمة

risk, *n.* احتمال الخطر ، مجازفة تنطوي على خطر

he was determined to get there even at the risk of his life عَقد العزم على بلوغ
غايته وإن كلّفه الأمر حياته

he ran the risk of infection
عَرّض نفسه لخطر العدوى

he was advised not to take risks أُشيرَ عليه
بعدم المجازفة وبالاحتياط ضدّ الطوارئ

he is a bad security risk إنّه شخص
لا يُعتمد عليه في كتمان أسرار الدولة

a good risk (*insurance*) احتمال بعيد للكوارث

v.t. خاطر أو جازف بِ

he risked his neck جازف بحياته

we shall have to risk the weather لابدّ من
(إقامة الحفلة مثلًا) مهما كانت حالة الجوّ

risky, *a.* (مغامرة) محفوفة بالمخاطِر

risotto, *n.* طبق إيطالي من الأرز والجبن ولحم الدجاج

risqué, *a.* (نكتة) فاضحة أو مكشوفة بعض الشيء

rissole, *n.* كفتة لحم أو سمك

rite, *n.* طقس (ديني) ، شعائر ، مراسيم (الجنازة)

the last rites سرّ القربان المقدس (للمحتضرين)

ritual, *n. & a.* مجموع الطقوس والفرائض
الدينيّة ، ما يتعلّق بالطقوس الكنسيّة

he makes a ritual of cleaning his car ينظّف
سيّارته بكلّ عناية كأنّه يمارس طقسًا مقدّسًا

ritual/ism, *n.*, **-ist,** *n.* (**-istic,** *a.*)
الإيمان بالطقوس والتمسّك الشديد بها

ritzy, *a.* (*sl.*) فاخِر ، ممتاز

rival, *n. & a.* منافِس ، غريم ، خَصْم

v.t. نافس ، تحدّى ، ادّعى أنّه أفضل من

rivalry, *n.* تنافُس ، تسابُق ، خصومة

riven, *a.* مشقوق ، متصدّع

the city was riven by warring factions
تصدّعت المدينة بسبب الصراع بين الفئات المتطاحنة

river, *n.* نَهْر (أنهار ، أنهُر)

riverside, *n. & a.* شاطئ النهر ؛ على شاطئه

rivet, *n.* مسمار برشام

v.t. برشم ، ثبّت لوحين بمسمار برشام

the scene riveted our attention
اجتذب المنظر أنظارنا وشدّ أعيننا إليه

Riviera, *n.* شاطئ الريفييرا (بإيطاليا وفرنسا)

rivulet, *n.* نُهَيْر ، جدول ، مجرى ماء صغير

roach, *n.* برعان ، سمك من فصيلة الشبوط

road, *n.* طريق ، شارع ، درب ، سبيل ؛ مرسىً

road-block حاجز يقيمه رجال الشرطة لإيقاف السيارات وتفتيش ركّابها

road-book دليل به خرائط لإرشاد المسافرين

road-house حانة على طريق عموميّ للاستراحة

road-man عامِل يشتغل في إصلاح الطرق

road sense حاسّة (غريزية أو مكتسبة) تمكّن السائق من قيادة سيّارته بأمان

the joys of the open road متعة السفر في الريف والمناطق الخلويّة

there is no royal road to learning لا يُقتنى العِلْم إلّا بالكدّ والمثابرة

get out of my road! (*coll.*) افسح لي الطريق ! دعني أمُرّ ! لا تقف في طريقي

the road to ruin طريق السقوط أو الإفلاس

roadside, *n.* & *a.* جانب الطريق

roadstead, *n.* مرفأ أمين لرسو السفن

roadster, *n.* سيّارة مكشوفة لراكبين أو ثلاثة ، درّاجة متينة للرحلات الطويلة

roadway, *n.* قارعة الطريق ، جادّته ، وسطه

roadworthy, *a.* (سيّارة) صالحة للاستعمال

roam, *v.i.* & *t.* هام على وجهه ، جاب (الآفاق)

roan, *a.* & *n.* لون مائل إلى السمرة أو الغبرة ؛ حصان بهذا اللون ؛ جِلد الضأن

roar, *v.i.* & *t.* زأر (الأسد) ، زمجرت (العاصفة)

he roared his head off at the joke قهقه ضاحكاً عندما سمع النكتة

n. زئير (الأسد) ، هدير (الموج) ، ضوضاء

a roar of laughter قهقهة عالية

roaring, *a.* 1. (noisy, riotous) صاخِب ، هادِر

roaring drunk سكران يعربد

the roaring forties منطقة عروض الأربعينات المضطربة (بين خطّي ٤٠° و٥٠° بجنوب الأطلسي)

2. (brisk) نشيط ، رائج

a roaring trade سوق رائجة ، تجارة نشطة

roast, *v.t.* & *i.* شوى (لحماً) ، حمّص (بُنّاً)

n. & *a.* قطعة من اللحم مُعَدّة للشواء

rob, *v.t.* سرق ، سلب ، نهب

robber, *n.* لصّ ، سارق ، حرامي

robbery, *n.* سرقة ، نهب ، استلاب

highway robbery (*fig.*) سرقة علنية أو مكشوفة

robe, *n.* رداء ، خلعة ، روب المحاماة أو الجامعة

bath-robe رُوب الحمّام ، بُرْنس الحمّام

robes of office بدلة التشريفات

v.t. & *i.* ارتدى (بزّة رسميّة)

robin, *n.* أبو الحنّ ، أبو الحناء (طائر مغرّد)

robot, *n.* الانسان الآليّ ، روبوت

robust, *a.* متين البنية ، مفتول العضلات ، قويّ

rock, *n.* 1. (stone-like matter) صخر ، حجر

I am offering you this house at rock-bottom price إنّي أعرض عليك هذا المنزل بسعر زهيد لا يقبل المزاحمة

rock-cake كعكة صغيرة ذات سطح خشن

rock-salt مِلْح صخريّ

his ship was wrecked on the rocks
ارتطمت سفينته بالصخور وتحطّمت

when I last saw him he was on the rocks
عندما رأيته للمرّة الأخيرة كان في ورطة ماليّة

rock-garden حديقة صغيرة بها صخور
وأحجار تنمو بينها نباتات خاصّة

rock-plant نبات ينمو في بيئة صخرية مرتفعة

rock-salmon سَمَكٌ من نوع القرش، كلب البحر

2. (sweetmeat) حلوى أسطوانية الشكل
يُرى بداخلها اسم المدينة التى تباع بها

v.t. & i. هزّ أو أرجح (مهد الطفل مثلاً)

rocking-chair كرسيّ هزّاز

rocking-horse حصان خشبيّ أو معدنيّ
يتأرجح عند ركوب الطفل عليه

the comedian had them rocking in the aisles أضحك الممثّل الهزليّ جمهور
المتفرجين حتّى ارتموا على الأرض من شدّة الضحك

rocker, *n.* إحدى قاعدتي الكرسي الهزّاز

he has gone off his rocker أصابته لوثة ،
اختلّ عقله ، خولط في عقله

rockery, *n.* ركن في حديقة به صخور
تنمو بينها نباتات مُزهرة

rocket, *n.* 1. (projectile) صاروخ

rocket launcher قاذفة الصواريخ

rocket ⟨firing⟩ range ميدان إطلاق الصواريخ

2. (*sl.*, reprimand) توبيخ عنيف

v.i. ارتفع بسرعة خاطفة

prices rocketed after the war
ارتفعت الأسعار بعد الحرب ارتفاعًا جنونيًّا

rocky, *a.* 1. (full of rocks) صخريّ ، وَعِر

the Rockies سلسلة جبال روكي (بامريكا الشمالية)

2. (*coll.*, shaky) متقلقِل ، مزعزَع

his business is very rocky تجارته على
كفّ عفريت ، إنّه على وشك الإفلاس

rococo, *a. & n.* طراز الروكوكو، أسلوب معماريّ
راج في القرن الثامن عشر وتميّز بكثرة ما
فيه من زخارف وتمنيق

rod, *n.* 1. (stick) عصا

2. (cane for chastisement) عصا التأديب

he made a rod for his own back دفع
ثمن تهرّبه من مواجهة المشاكل

he kept a rod in pickle for his enemy ظلّ
يُضمر الشرّ لعدوّه ويتحيّن فرصة للانتقام منه

3. (bar) قضيب معدنيّ رفيع ، مرزبة

stair-rod عصا تُثبَّت في كلّ درجة من درجات
السلّم لحفظ البساط في موضعه

piston-rod ذراع المكبس (ميكانيكا)

4. (measure of length) قصبة (مقياس
للأطوال يساوي خمس ياردات ونصف)

rode, *pret. of* **ride**

rodent, *n. & a.* حيوان قارِض أو قاضِم

rodeo, *n.* حفلة استعراضية يتبارى فيها رعاة البقر
في ركوب الخيل الجامحة وسوق قطعان الماشية

roe, *n.* 1. (deer) اليحمور ، حيوان لبون من
فصيلة الأيليّات ، أنثى الظبي الأحمر

2. (mass of eggs) بطارخ السمك

roebuck, *n.* ذَكَر اليحمور أو الأيّل

Rogation, *n.* تراتيل كنسيّة تُنْشَد في الأيام الثلاثة الأخيرة قبل صعود السيد المسيح

Roger, *n.*

Jolly Roger عَلَم القراصنة

rogue, *n.* 1. (swindler) غشّاش ، نصّاب

rogues' gallery صُوَر المجرمين في إدارة الشرطة

2. (mischievous person) وَغْد ، شقيّ

3. (solitary and dangerous) *esp. in*

rogue elephant فيل متوحّش هَجَر قطيعه

roguery, *n.* نَصْب ، خداع ، غِشّ ، شيطنة

roguish, *a.* (سلوك) به شيء من العبث والشيطنة

role, *rôle, n.* (يلعب) دوراً

roll, *n.* 1. (cylindrical object) شيء أسطوانيّ

sausage-roll فطيرة هشّة أسطوانية الشكل بداخلها سجقة (تُخبز بالفرن)

roll of cloth لفّة من القماش (عند التاجر)

2. (document, list) سجلّ رسميّ ، كشْف

roll-call تلاوة الأسماء من الكشف لمعرفة الحاضرين

roll of honour سجلّ الشرف (للشهداء الحرب مثلاً)

bank-roll رزمة من أوراق البنكنوت

Master of the Rolls رئيس محكمة الاستئناف (في القانون الانكليزي)

he was struck off the rolls شُطِب اسم المحامي من جدول المحامين وحرم من مزاولة المهنة

3. (rolling movement) دَحرجة ، تدحرُج

the roll of a ship ترنُّح السفينة بفعل الأمواج

4. (rumbling sound) قصف (الرعد)، هزيم

roll of drums قرع الطبول

5. (of bread) رغيف افرنجي صغير

v.i. تدحرجت (الكرة)، ترنّحت (السفينة)

roll over تدحرج ، انقلب ، تقلّب

roll up (*coll.*, assemble) تجمّع (الحاضرون)

roll on the holidays! (*coll.*) ياليت العطلة تأتي!

he has a rolling gait إنّه يترنّح في مشيته كبحّار وصل لتوّه من رحلة طويلة

he is rolling in money يتقلّب في النعمة والثراء

rolling-stock مجموعة عربات السكّة الحديدية ومركباتها (للركاب وللبضائع)

v.t. 1. (form into a cylinder) لفّ ، طوى

roll a cigarette لفّ سيجارة

the new machine is everything rolled into one (*coll.*) تقوم الآلة الجديدة مقام آلات متعدّدة وتؤدّي كلّ أغراضها

2. (cause to rotate) أدار ، دحرج (البرميل)

he rolled his eyes أدار عينيه

3. (flatten) سوّى السطح

he rolled the lawn سوّى سطح النجيل

her ear-rings are of rolled gold قرطاها من ذهب قشرة (معدن مغطّى بصفحة ذهبية مطروقة)

rolling-mill مصنع لتشكيل المعادن على هيئة صفائح أو قضبان الخ ؛ آلة دلفنة

rolling-pin شوبك ، صوبج ، مِرقاق العجين

4. (trill) لفظ حرف الرّاء بشدّة أو تشديد

the Scots roll their R's ينطق الاسكتلنديون حرف الرّاء بوضوح وتشديد

roller, *n.* 1. (cylindrical or other rotating object) أسطوانة تدور حول نفسها أو يتحرّك عليها جزء من الآلة ، مِحْدَلة

roller-coaster سكة حديدية بمدينة الملاهي ترتفع وتنخفض فجأة

roller towel منشفة طويلة موصولة الطرفين تدور حول أسطوانة خشبية مثبتة بالحائط

2. (wave) موجة عارمة أو عاتية

3. (instrument of levelling) مِسْلفة

garden roller أسطوانة حديدية ثقيلة يُحدل بها سطح النجيل لتسويته

rollick, *v.i. & n.* مرح أو لها معربدًا ؛ مرح

rollicking fun لهو وصخب

roly-poly, *n.* فطيرة أسطوانية محشوّة بالمربّى ؛ شخص ربيل الجسم

Roman, *a.* روماني ، من أهل روما

Roman alphabet الأبجدية اللاتينية

Roman candle نوع من الألعاب الناريّة

Roman Catholic تابع للكنيسة الكاثوليكية

Roman nose أنف أشمّ أو أقنى

Roman numeral الأرقام الرومانية

romance, *n.* 1. (*usu. attrib.*, vernacular derived from Latin) مجموعة اللغات الأوروبية الناشئة عن اللغة اللاتينية

2. (tale of chivalry) قصص الفرسان وبطولتهم

3. (tale of adventure) رواية تدور حول المغامرات والمخاطرات الخياليّة

4. (love affair) عَلاقة غراميّة

5. (imagination and exaggeration) خيال

there was an air of romance about the old inn كان هناك جوّ خيالي أو رومانتيكي يهيمن على أرجاء الحانة القديمة

v.i. يبالغ في التخيل ، يزخرف الحقيقة

romancer, *n.* ملفّق القصص ، أفّاق

Romanesque, *n. & a.* طراز معماري راج في غرب أوروبا بين القرنين الخامس والثاني عشر

romantic, *a.* رومانتيكي ، رومانسي

romantic love الحب الخيالي العنيف

the Romantic Movement المذهب الرومانسي في الأدب الانكليزي (أوائل القرن التاسع عشر)

romantic/ism, *n.*, **-ist,** *n.* الرومانسية

Romany, *n. & a.* الغجر ولغتهم

Romeo, *n.* (*fig.*) عاشق رومانتيكي

romp, *v.i.* لعب (الأطفال) بصخب وحماس

the favourite romped home فاز الحصان المفضّل في السباق بسهولة فائقة

n. 1. (boisterous play) لَعِب صاخب

2. (tomboy) فتاة لعوب

rompers, *n.pl.* سروال قصير يرتديه الأطفال أثناء اللعب

rondo, *n.* روندو ، مقطوعة موسيقية خاصّة

rood, *n.* 1. (measure) رُبع فدّان انكليزي

2. (*arch.*, cross) صَليب كبير (في الكنيسة) يُمَثِّل السَّيِّد المَسيح مصلوباً

roof, *n.* سَقف المَبْنى

he was without a roof over his head لم يكن لديه مأوى يلجأ إليه

roof of the mouth سَقف الفَم أو الحَلْق

v.t. سَقَف (المبنى)

rook, *n.* 1. (bird) غُداف، غُراب القَيْظ

2. (chessman) رُخّ أو طابية (في الشَّطْرَنج)

v.t. (*sl.*) غَشّ، خَدَع، شَلَّح (عامية)

rookery, *n.* مَجْموعة أشجار تُعَشْعِش في قِمَمها أسراب الغِدْفان

rookie, *n.*, *slang for* **recruit**

room, *n.* 1. (space) مَجال، مَكان، فسحة

this table takes up too much room هذه المائدة أكبر ممّا ينبغي بالنِّسْبة إلى حجم الغرفة

you must leave room for your pudding لا تملأ بطنك كي يبقى فيها مكان للحلوى

your work leaves room for improvement ليس عملك بالجودة المطلوبة

standing room only (بصالة السينما مثلاً) ليس إلّا مكان لمن يرغب في الوقوف

2. (division of building) غُرفة، حُجرة

four-roomed flat شقّة ذات أربع غُرف

room service خِدمة خاصّة تُؤَدّى لضيوف الفندق في غرفهم (مثل تقديم وجبة طعام)

he gave a party in his rooms أقام حفلة (استقبال) في شقّته (في الكلّية أو في مبنًى فاخر)

he set the whole room laughing أضحك جَميع الحاضرين في الغرفة

v.i. سَكَن أو أقام في غُرفة أو شقّة

he roomed with his cousin شارَكَ ابْن عمّه في المَسْكَن، سَكَن مَعَه في غُرْفة واحِدة

roomy, *a.* واسِع، رَحْب، فسيح، متّسع

roost, *n.* الغُصْن الذي يرقد عليه الطّير

curses come home to roost يَرْتَدّ الكَيْد إلى نَحْر صاحِبه، مَن عامل النّاس بالشّرّ عاملوه بالشّرّ

v.i. حَطّ الطّير على الغُصْن لينام

rooster, *n.* دِيك، أبو يَقْظان

root, *n.* 1. (anchorage of plant) جِذر (النّبات)

root-crops; *also* roots خُضْراوات تُؤكَل جُذورها

evil practices must be destroyed root and branch يَجب أن تُستأصل شأفة الفَساد، يَنْبَغي أن يُقْتَلَع الشَّرّ من جُذوره

take (strike) root; *also fig.* اِمتدّت جُذور الشَّتْلة في التُّرْبة، تأصَّلت (في المرء هذه العادة)

2. (*fig.*, source) أصْل، مَصْدَر

money is the root of all evil إنّ الطّمع في المال مَصْدر كُلّ شَرّ

get to the root of the matter وَصَل إلى صُلب المَوضوع، بَحَث في مُعالَجة جَوْهر المُشْكلة

this tyranny strikes at the very roots of liberty هَذا الاسْتبداد يَطْعَن الحُرّيّة في الصَّميم

3. (*math.*) جَذر (تربيعيّ أو تكعيبيّ)

4. (*philol.*) الأصل الذي تُشْتَقّ منه الكَلِمة

v.i. 1. (take root) تَأَصَّل ، مَدّ جِذرًا ، أَعْرَق

2. (rummage) نَقَب ، نَبَش

he spent an hour rooting about for his passport
قَضَى ساعةً بأَكْمَلِها باحِثًا عن جَوَاز سَفَرِه

v.t. 1. (fix) ثَبَّت

he stood there rooted to the spot
وَقَف وكأنَّه مُسَمَّر في مَكانِه

rooted objection اِعْتِراض مَبْدَئِيّ

2. (dig *out*, *up*) حَفَر أو نَبَش بَحْثًا عن ...

the dog rooted out the bone حَفَر الكَلْب
تُرْبَة الحَدِيقَة واسْتَخْرَج العَظْمَة التي دَفَنَها

I'll root out that book for you one of these days لا شَكّ أنّ الكِتاب الّذي طَلَبْتَه مَوْجُود
عِنْدِي وسأَبْحَث عنه يومًا ما لأُعْطِيك إيّاه

rope, *n.* حَبْل (حِبال)

the rope (*fig.*, hanging) الإعْدام شَنْقًا

rope of pearls عِقْد من اللآلئ

after a year in the office he knew the ropes
بَعْد قَضائِه سَنَةً في المكتب عَرَف سَيْر العَمَل

he gave him enough rope to hang himself
مَنَحَه ما شاء مِن الحُرِّيّة حَتّى أَدّى إلى هَلاكِه

this is money for old rope (*coll.*) فُلوس تُرْبَح
بِدُون أيّ تَعَب ، رِبح على الجاهِز (مصر)

v.t. شَدّ أو رَبَط بِحَبْل

rope in (enclose) أحاط قِطْعَة أرضٍ بِالحِبال

(press into service) دَفَعه للعَمَل أو لِلخِدْمة
(الخَيْرِيّة مثلاً) على كُرْهٍ مِنْه

rosary, *n.* تَسْبِيح ، سُبْحَة ، مِسْبَحَة

rose, *n.* 1. (plant, flower) وَرْدَة ، وَرْد

rose-coloured spectacles النَظَر بِعَيْن التَّفاؤُل

rose-water مَاء الوَرْد

rose window نافِذَة مُسْتَدِيرة مُزَخْرَفَة على
شَكْل زَهْرَة (تُوجَد غالِبًا في الكَنائِس)

life is not all roses لَيْس طَرِيق الحَياة
مَحْفُوفًا بالوُرُود ، لا تَخْلُو الحَياة مِن المَتاعِب

2. (colour); *also a.* لَوْن وَرْدِيّ ، وَرْدِيّ اللّون

3. (sprinkling nozzle) رَأْس مُثَقَّب يُرَكَّب في
فُوهَة المِرَشَّة لِرَشّ الماء على النَّباتات

rose, *pret. of* **rise**

roseate, *a.* وَرْدِيّ اللَّوْن (كلمة شِعْرِيّة)

rosebud, *n.* بُرْعُم وَرْدَة

rosemary, *n.* إكْليل الجَبَل (نَبات عِطْرِ من الشَّفَويّات)

rosette, *n.* حِلْيَة من الحَرِير المُلَوَّن على شَكْل
وَرْدَة يَرْتَدِيها مُناصِرو فَرِيقٍ رِياضِيّ يَوْمَ المُباراة

rosewood, *n.* اِسْم يُطْلَق على أَنْواع عَدِيدَة من
الأَخْشاب الصَّلْبَة (يُصْنَع مِنها الأَثاث)

rosin, *n.*; *also v.t.* رَاتِينَج ، قَلَفُونِية

roster, *n.* جَدْوَل الخِدْمَة (يُبَيِّن الواجِب الّذي
يَقُوم بِه كُلّ شَخْص في نَوْبَة الخِدْمَة)

rostrum, *n.* مِنْبَر الخَطابَة ، مِنَصَّة

rosy, *a.* 1. (pink) وَرْدِيّ اللَّوْن ، بَمْبَة ، زَهْرِيّ

2. (promising) يُبَشِّر بالخَيْر

his chances look rosy يَنْتَظِر له مُسْتَقْبَل باسِم

rot, *n.* 1. (decay) فَساد ، تَعَفُّن ، تَسَوُّس

such pitiful economies could not stop the rot لم تستطع مثل هذه التقتيرات التافهة أن تحول دون استفحال الأزمة
the rot set in three years ago بدأ الفساد يستشري منذ ثلاث سنوات
foot-rot تعفّن الظلف (مرض يصيب البقر والغنم)
2. (*sl.*, nonsense) كلام فارغ ، هراء
v.t. & i. أفسد ، أنتن ؛ فسد ، تعفّن

rota, *n.* قائمة أسماء (للعمل بالتناوب)
Sunday duty in general practice is often done on a rota system من المعتاد أن يتناوب الأطباء المشتركون في العمل خدمة يوم الأحد

rotary, *a.* يدور على محور
Rotary Club نادي الروتاري (هيئة دولية تهدف إلى خدمة المجتمع وتحسين العلاقات الدولية)

rot/ate, *v.t. & i.* (**-ation,** *n.*) أدار على محور؛ دار
rotation of crops الدورة الزراعية
he dealt with his papers in rotation نظر (الموظّف) في المراسلات بالدور حسب ورودها

rotatory, *a.* (حركة) دائريّة

rote, *n., now only as in*
he knows it by rote يعرف (القصيدة مثلاً) عن ظَهْر قلْب ، استظهرها دون فَهْم ، 'صمّ'
he answered by rote أجاب بطريقة آليّة

rôtisserie, *n.* مشواة بها سيخ يدور لشيّ اللحم

rotograph, *n.* صورة لمخطوط مأخوذة على ورق ذي حساسية خاصّة

rotor, *n.* دوّار (في محرّك كهربائي أو تربين أو في مروحة الهليكوبتر)

rotten, *a.* 1. (decayed) متعفّن ، مسوّس
2. (corrupt) (إدارة) فاسدة
3. (*coll.*, bad) زي الزفت (مصر) ، رديء
rotten luck! يا لسوء الحظّ !

rotter, *n.* (*coll.*) دنيء ، بغيض ، حقير

rotund, *a.* (**-ity,** *n.*) متكوّر البدن ؛ ربالة

rotunda, *n.* بناء دائريّ تعلوه قبّة

rouble, *n.* روبل ، وحدة النقد في روسيا

roué, *n.* فاجِر ، داعِر ، متهتِّك

rouge, *n. & v.t.* أحمر الخدود ، روج ، حُمرة للتجميل ؛ حمّرت (خدّيها)

rough, *a.* 1. (uneven) خشن ، غير مُسْتَوٍ
rough country أرض وعرة المسالِك
2. (ungentle) غير مهذّب الأخلاق، غليظ
rough and ready (حلّ) مُرْتَجَل لكنه يفي بالغَرَض
he meted out rough justice عاقب المذنبين بصرامة وبدون المحاكمة الواجبة
rough passage (*lit. & fig.*) رحلة شاقّة (بسبب العاصفة) ؛ فترة من شظف العيش
rough rider من يروّض الخيل الجامحة
3. (imperfect)
rough copy مسودة تحضيرية
roughly speaking على وجه التقريب
n. 1. (uneven ground) أرض وَعْرة
2. (adversity) شِدّة ، ضيق ، شظف العيش
the rough and tumble of circus life حياة فريق السيرك بما فيها من مشقّة ومتاعب

one must take the rough with the smooth
يجب أن تُقْبَلَ الحياةُ بِحُلْوِها ومُرِّها

3. (rowdy) شخص فَظّ ، جِلْف

v.t.

rough it (اُضْطُرَّ أنّ) يَعيش حَياة غير مُرَفَّهَة

rough in (out) رَسَم شكلاً إعداديًّا أو كُروكيًّا

roughage, *n.* النُّخالة وما إليها تُؤكل لِتَسْهيل الهَضْم

roughcast, *a. & n.* طَبقة من الأسمنت والحِصيّ الصَّغيرة تُكسَى بها الجُدران الخارِجيّة

roughen, *v.t. & i.* جَعَل سَطح الشّيْء خَشِنًا

roughshod, *adv. & a.* (حُدْوة) ناتِئة المَسامِير

ride roughshod over (*fig.*) اسْتَبَدّ (الحاكِم) في مُعاملة رَعِيَّته ، عامَلهم بِفَظاظة وقَسْوَة

roulette, *n.* رُوليت (لُعبة قِمار)

round, *a.* كرويّ ، دائريّ ، مُسْتَدِير

round game لُعْبة يَشْتَرِك فيها أيّ عدد من اللاّعبين ويُحْرِز كلّ مِنْهم نُقَطًا على حِدة

round hand خَطّ يدويّ حُروفه كَبيرة واضِحة

round number عَدد مُقَرَّب (إلى أقرب عشرة)

round-table conference مُؤْتَمَر المائِدة المُسْتَدِيرة

round trip رِحْلة ذَهاب وإِياب

n. 1. (circular object) قُرص ، قِطعة مُسْتَدِيرة

a round of beef شَرِيحة سَمِيكة من لَحْم البَقَر المَطْهِيّ

Jane Austen draws her characters in the round تُصَوِّر الرِّوائيّة جِين أوسْتِن شَخْصِيّاتها من جَميع أبْعادها وأعْماقِها

2. (circuit) دَوْرة

the daily round الأعْمال والواجِبات المتكرّرة يَوْمًا بعد يوم ، الرُّوتين اليوميّ

make (go) one's rounds قامَ (الطَّبِيب مثلاً) بِالمُرُور على (مَرْضاه)

a round of golf شَوْط الجُولف (إدخال الكُرَة في ١٨ حُفرة مُنْتَشِرة في الملعب)

3. (bout; one of a series) دَوْر ، نَوْبَة

he had only three rounds of ammunition left لَمْ تَتَبَقَّ معه إلا ثَلاث رَصاصات أَوْ طَلَقات

round of applause عاصِفة من التَّصْفِيق

he stood his friends a round of drinks دَعا أصدقاءَه إلى شُرب كأسٍ على حِسابه في الحانة

a six-round contest مُباراة مُلاكَمة أو مُصارعة من سِتّة أَشواط يَسْتغرق كلّ منها ثَلاثَ دقائق

4. (song) أُنْشودة جَماعِيّة يَفْتَتِحها أَحد المُغَنّين وبَعد فاصِلة يُصاحبه آخر مُبتدئًا النَّغمة من أوّلها ثمّ مغنٍّ ثالِث وهكذا

adv. & prep. 1. (denoting encirclement, rotation, completeness)

my head goes round and round أَشْعر كأنّ الأرض تَمِيد بي ، أُحِسّ بِدَوْخة أو دُوار

the shop is just round the corner يَقَع الدّكّان عِند ناصِية الطَّرِيق

he came round (recovered consciousness) أفاق من إغْمائه (بَعد غَيْبُوبته)

after the argument he came round to my point of view اِقْتَنع بِوُجْهة نَظَرِي بَعد مُناقَشَة المَوْضوع

when he called I turned round عِندما ناداني اسْتَدَرْتُ نَحْوَه

she turned the cake round in the oven أدارت الكعكة في الفُرن

it was difficult to win him round لم يكن من السهل أن نستميله إلى جانبنا

2. (denoting direct motion)

he brought the bicycle round to the house أحضر (صديقي) الدراجة إلى منزلي

do come round! هلّا تكرّمت بزيارتي ؟

3. (denoting proximity)

round about midnight حوالى منتصف الليل

v.i. 1. (fill out) امتلأ

her figure is beginning to round out أخذ جسم (المرأة) يمتلئ شيئًا فشيئًا

2. (turn) استدار نحوه ليهاجمه

he was surprised when she rounded on him ذُهِل عندما انقضّت عليه مهاجِمةً

v.t. 1. (make round) جعل الشيء مستديرًا

a well-rounded phrase تعبير أدبي مصقول

they rounded off the meeting with a vote of thanks to the chairman كان مِسْك الختام شكر الأعضاء للرئيس في نهاية الجلسة

2. (collect *up*) جَمَع ، لَمّ

round-up, *n.* حَشْد ، جَمْع ، تطويق

3. (negotiate *corner*, etc.) استدار عند المنعطف

roundabout, *n.* 1. (merry-go-round) أرجوحة دوارة (في مدينة الملاهي مثلاً)

2. (traffic control system) دوران يقع عند ملتقى طرق عامة

a. بطريق غير مباشر ، بِلَفّ ودوران

roundelay, *n.* أغنية قصيرة ذات لازمة

rounders, *n.pl.* لعبة تشبه البيسبول

Roundhead, *n.* لقب أُطلق على أعضاء الحزب البريطاني المناوئ للملكية في القرن السابع عشر

roundsman, *n.* موزّع (الخبز مثلاً) على المنازل

rouse, *v.t.* 1. (wake up) أيقظه من النوم ، صحّاه

2. (stir, provoke) أثار ، استفزّ ، حرّض

a rousing cheer هتاف يثير الحماس

rout, *n.* هزيمة نكراء ، اندحار

v.t. 1. (defeat) شتّت فلول العدوّ ، هزمه

2. (dig *out*; *usu. fig.*) أخرجه من مكانه

the passengers were routed out of their cabins before breakfast أُجبر ركاب الباخرة على مغادرة كبائنهم قبل وقت الإفطار

route, *n.* طريق ، خطّ سير (الرحلة)

column of route طابور سَيْر (عسكرية)

route-march سير مسافات طويلة (عسكرية)

v.t. جعله يسلك طريقًا معينًا في رحلته

routine, *n.* طريقة متكرّرة للعمل اليومي ، روتين

routine inquiry تحرٍّ أو استفسار روتيني

rove, *v.i.* & *t.* جال ، تجوّل ، جاب ، طاف

roving commission تكليف موظف بالقيام بجولة في أماكن متعدّدة لأداء مُهمّة ما

he has a roving eye زوج يميل إلى مغازلة النساء

rover, *n.* 1. (wanderer) متجوّل ، قرصان

2. (senior Boy Scout) جوّال (في الكشافة)

row, *n.* (series) صفّ (من المقاعد مثلاً)

row, *n.* 1. (disturbance, uproar) ضجّة ، جلبة

kick up a row

(make a noise) أثار ضجّة

(make a fuss) أقام الدنيا وأقعدها

2. (noisy quarrel) شجار صاخب ، مشادّة

3. (*coll.*, reprimand)

he got into a row for being late at the office وبّخه رئيسه توبيخًا شديدًا لأنه وصل إلى مكتبه متأخّرًا

row, *v.t.* & *i.* 1. (travel by rowing-boat); *also n.* جذّف (القارب) ؛ تجذيف

2. (scold, quarrel) تشاجر أو تعارك مع

rowan, *n.* غبيراء الحابلين، شجرة لسان العصفور

rowdy, *a.* مشاغِب ، معربِد ، مشاكِس

n. عربيد ، مشاغب ، قبضاي

rowel, *n.* شوكة المهماز أو ناخسته

v.t. نخز ، نخس ، دفع بالمهماز

rowlock, *n.* ممسك يثبّت فيه المجذاف

royal, *a.* ملكيّ ، لائق بالملوك ، فخم

royal blue أزرق غامق مائل إلى الأرجواني

His Royal Highness صاحب السموّ الملكيّ

battle royal معركة حامية الوطيس

royalist, *n.* من أنصار الملكيّة

royally, *adv.* كما يليق بالملوك

we were royally entertained احتفوا بنا حفاوة بالغة

royalty, *n.* 1. (royal station or person) (في) الحضرة الملكية ؛ أحد أفراد الأسرة المالكة

2. (payment) إتاوة يتقاضاها المؤلّف على كلّ نسخة من الكتاب أو الأسطوانة الخ.

rub, *v.t.* حكّ ، فرك ، دلّك ، دعك

he rubbed himself down after his bath دلّك جسمه بمنشفة أو فوطة بعد الحمّام

he rubbed the liniment well in دعك المروخ بشدّة حتّى امتصّه جلده

I know I made a mistake, but don't rub it in أعترف أنني أخطأت ولكن كفاك تأنيبًا لي

he rubbed his hands in glee فرك يديه طربًا (أو تشفّيًا أو شماتةً)

rub out محا

I have rubbed shoulders with the mighty لقد خالطت العظماء واحتككت بهم

he rubbed up the silver spoons لمّع الملاعق الفضّية

he rubbed up his Latin before the exam راجع دروس اللغة اللاتينية قبل الامتحان

he rubbed his colleague up the wrong way ضايق زميله وجرح شعوره عن غير قصد

v.i.

though they are poor they rub along رغم فقرهم فقد تمكنّوا من تدبير عيشهم

n. 1. (act of rubbing) تدليك ، دعْك

2. (*arch.*, drawback) عقبة ، حجَر عثرة

rubato, *adv.* & *n.* إمهال أو إسراع في العزف الموسيقي (لإحداث تأثير خاصّ)

rubber, *n.* 1. (substance) مطّاط ، كاوتشوك

rubber band لاستيك من المطّاط

rubber-stamp; *also fig.* ختم من المطّاط ؛ مدير اسميّ فقط لايملك إلا الموافقة والبصم

2. (eraser) محاة ، استيكة (مصر)

3. (*U.S. pl.*, galoshes) كالوش من المطّاط

4. (*at cards*) عشرة كوتشينة في البريدج (مصر)

rubberize, *v.t.* عالج القماش بالمطّاط

rubberneck, *n. & v.i.* (*U.S. sl.*) متفرّج أو سائح ، محبّ للاستطلاع

rubbish, *n.* 1. (waste matter) زبالة ، قمامة

rubbish-tip مزبلة ، مقلب زبالة (مصر)

2. (nonsense) كلام فارغ ، هراء

rubbishy, *a.* (كتاب) تافه ، لا قيمة له

rubble, *n.* أنقاض (منزل متهدّم) ، حَجَر الدبْش

Rubicon, *n.*, *in*

he has crossed the Rubicon
اتّخذ خطوة جريئة حاسمة لا رجوع بعدها

rubicund, *a.* (وجه) محمرّ ، (بشرة) متورّدة

rubric, *n.* عنوان (فصل في كتاب) مكتوب بالمداد الأحمر ، تعليمات ينبغي اتّباعها

ruby, *n. & a.* 1. (precious stone) ياقوت أحمر

2. (colour) ياقوتي اللون

ruche, *n.* كشكشة (في ملابس النساء)

ruck, *v.t. & i*; *also* ruck up مُكَمْش ، مُجَعَّق

rucksack, *n.* حقيبة تحمل على الظهر ، جربنديّة

ructions, *n.pl.* (*fam.*) خناقة ، شجار

rudder, *n.* دفّة (السفينة أو الطائرة) ، سُكّان

rudderless, *a.* بغير دفّة ، حائر ، تائه

ruddy, *a.* 1. (red) متورّد ، متوهّج

2. (*coll. euphem. for* bloody (3)); *also adv.*
لفظة يستعاض بها عن كلمة السباب المذكورة

rude, *a.* 1. (primitive) بسيط ، ساذج ، بدائي

2. (vigorous) *esp. in*

rude health في صحة وعافية

3. (abrupt) مفاجئ ، مباغت

a rude shock هزّة أو صدمة عنيفة

4. (insolent) وقح ، قليل الحياء

5. (indecent) بَذيء

there were rude words written on the wall
كُتبت على الحائط كلمات بذيئة فاحشة

rudiment, *n.*, *usu. pl.* أصول ، مبادئ

rudimentary, *a.* (معلومات) أوّلية

rue, *v.t.* ندم ، أسف على ...

you will rue the day you refused to help me
سوف تندم على اليوم الذي رفضتَ فيه مساعدتي

n. سذاب (نبات عشبيّ طبيّ)

rueful, *a.* أسيف ، نادم ؛ (ابتسامة) صفراء

ruff, *n.* ياقة بيضاء ذات طيّات متعدّدة (قرن ١٦)

ruffian, *n.* (**-ly,** *a.*) عربيد ، مشاكِس

ruffle, *v.t.* نكش (الشعر) ، عكّر (سطح البركة)

his composure is easily ruffled من السهل أن تجعله يفقد هدوءه ورباطة جأشه

كشكشة من القماش أو الدانتيلا بصدر *n.* القميص أو طرفي الكُمَّيْن ؛ تموّجات خفيفة

rug, *n.* 1. (wrap) بطانيّة أو دثار من الصوف

travelling-rug بطانيّة خاصّة لتغطية الساقين

2. (mat) سجّادة صغيرة ، كليم (مصر)

rugby ⟨**football**⟩, *n.*; *coll.*, **rugger** لعبة الرجبي (تلعب بكرة بيضاوية)

rugged, *a.* غير مُستوٍ ، (منطقة) وعرة

rugged features وجه غليظ القسمات

rugger, *see* **rugby**

ruin, *n.* 1. (destruction) خراب ، هلاك ، دمار

2. (*oft. pl.*, relic of building, etc.) أنقاض

he is a ruin of his former self لم يتبقّ منه إلّا حُطام (لانغماسه في الفساد والمجون)

v.t. 1. (*esp. past p.*, reduce to ruins) خرّب ، دمّر ، حطّم ، أهلك ، أباد ، قوّض

2. (spoil) أتلف ، أفسد

3. (*arch.*, seduce) أغوى ، غرّر بِ..

4. (bankrupt) أفلس (التاجر)

ruination, *n.* خراب

drink was his ruination كان الخمر سبب هلاكه

ruinous, *a.* مخرّب ، هدّام ؛ متهدّم ، خَرِب

this rate of expenditure is ruinous سيؤدّي هذا التبذير في المصروفات إلى هلاكنا

rule, *n.* 1. (precept) قاعدة ، قانون ، ناموس

as a rule من المعتاد أن ، في أغلب الأحيان

the employees voted to work to rule بعد أخذ الأصوات امتنع العمال عن بذل قصارى جهدهم

2. (government) حُكم ، سلطة ، سيطرة

3. (measuring instrument) مسْطرة

v.t. 1. (govern); *also v.i.* حَكم ؛ ساد

punctuality was his ruling passion كانت الدقّة في المواعيد هي شغله الشاغل

2. (declare) قرّر ، قضى أو حكم بِ ...

the chairman ruled the question out of order قرّر رئيس الجلسة عدم قانونيّة السؤال

3. (draw lines on; draw *a line*) خطّ سطراً

rule out

(draw a line through) شَطَب (كلمة) ، حذف

(exclude) استبعد ، استثنى ، نحّى

ruler, *n.* 1. (governor) حاكِم ، (حكّام)

2. (drawing instrument) مسطرة

ruling, *n.* قرار

rum, *n.* روم (شراب كحولي من عصير قصب السكّر)

a. (*coll.*) شاذّ ، غريب الأطوار

rumba, *n.* & *v.i.* رقصة الرومبا

rumble, *v.i.* & *t.*; *also n.* دَمْدم ، قصف ، دوّى

rumble, *v.t.* (*sl.*) اكتشف حيلته ، قفشه (مصر)

rumbustious, *a.* (*coll.*) مفرفش ، مهيّص

ruminant, *a*; *also n.* مُجترّ ؛ حيوان مجترّ

rumin/ate, *v.i.* (**-ation,** *n.*) اجترّ

(*fig.*) تأمّل ، أطال التفكير في ، تمعّن

ruminative, *a.* مجترّ ؛ كثير التفكير والتأمّل

rummage, *v.i.* قلب (محتويات الدُرج) بحثًا عن ..
n. نَبْش ؛ تفتيش سفينة تجارية

the Boy Scouts organized a rummage sale to raise funds نظّم فريق الكشافة بيعًا لسقط المتاع وذلك لجمع مبلغ من المال

rummy, *n.* لعبة ورق (تُلعب بشدّتين)

rumour (*U.S.* **rumor**), *n.* إشاعة ، شائعة
v.t., usu. pass. راجت الإشاعة بأنّ ..

rump, *n.* رِدْف ، كَفَل

rump-steak شريحة من لحم البقر (قرب الكفل)

rumple, *v.t.* كعمش أو جعّق (ملابسه)، نكش

rumpus, *n.* (*coll.*) ضجّة ، دَوْشة

run (*pret.* ran, *past p.* run), *v.i.* 1. (move rapidly) جرى ، عدا ، ركض

he ran foul of the law تعدّى على حرمة القانون

also-ran, *n.* حصان اشترك في السباق وخسر

he was only one of the also-rans for the appointment لم يكنْ إلّا أحد الذين تقدّموا لشغل الوظيفة ورُفِضوا

2. (operate, move) دارت (الماكينة)

the car runs on petrol تشغّل السيّارة بالبنزين

he kept the engine running لم يوقف المحرّك

3. (continue, extend) دار ، استمرّ

the fence runs round the garden يحيط السياج بالحديقة من جميع جهاتها

the play ran for three years استمرّ عرض الرواية ثلاث سنوات

he has been late three days running تأخّر ثلاثة أيام متتالية أو متعاقبة

4. (flow) جرى (النهر مثلاً)

the tap ran dry سال الماء من الصنبور حتى انقطع

supplies are running low كادت المؤونة تنفد

the child has a running nose يسيل المخاط من أنف الطفل دون توقّف

a running sore جرح يفرز أو ينزّ قيحًا

these stockings are guaranteed not to run هذه الجوارب مضمونة ضدّ التنسيل

if the colour runs the garment must be washed separately إذا ساح لون الثوب (أي بهت أو كشف) فيجب غسله على حِدة

5. (*with adverbs and prepositions*)

the children ran about in the garden تراكض الأطفال في أنحاء الحديقة

I ran across him in the street قابلته عرضًا أو مصادفةً في الطريق

she runs after every good-looking man in the village تجري هذه الفتاة وراء كل شاب جميل في قريتها

the company ran up against difficulties لاقت الشركة بعض الصعوبات

he ran up against his former partner in London قابل شريكه السابق عرضًا أو مصادفة عندما كان في لندن

he ran away (off) with the silver سرق الأواني الفضيّة وولّى هاربًا

he ran away with his neighbour's wife هرب مع زوجة جاره

don't run away with the idea that I am wealthy لاتتسرّع في الاستنتاج وتعتقد أنني غنيّ ، لا تتخيل مطلقًا أنني واسع الثراء

the horse ran away with him
جَمَح به الحصان (ولم يتمكّن من السيطرة عليه)

his new car ran away with all his money
استنفدت سيارته الجديدة كلّ ثروته

the clock ran down because it had not been wound
توقّفت ساعة (الحائط مثلاً) لأنها لم تُملأ

it is better not to run into debt من الأفضل الامتناع عن الاستِدانة ، تجنّب الديْن!

the river runs into the sea يصبُّ النهر في البحر

the car ran into the wall اصطدمت السيارة بالحائط

he ran into his friend in the theatre
التقى بصديقه مُصادَفة في المسرح

the repair bill will run into big money
سوْف يكلّفه إصلاح (سيّارته مثلاً) مبلغًا طائلاً

the budget won't run to meat every day
لن تسمح ميزانيّة العائلة بشراء اللحم كلّ يوم

the film runs on till seven o'clock
يَستمرّ عرض الفيلم حتى الساعة السابعة

supplies have run out نَفِدت المؤونة

we have run out of petrol لم يَبْقَ لدينا بنزين

the tank ran over طفَح الصهريج ، فاض الخزّان

he ran over the points of his argument
راجَع النقاط الرئيسية في دفاعه

he ran through the leading article
قرأ المقال الافتتاحيّ قراءة خاطفة

he ran through his money quickly
بَعْثَر أمواله بسرعة ولم يتبقَّ منها شيء لديه

a sense of sadness runs through the novel
يتخلّل الرواية جوّ حزين أو نغمة شجيّة

in his forties he ran to fat
بدأ جِسْمه في السمنة في الأربعينات من عمره

v.t. 1. (traverse; brave) تجاسَر ، اقتحم

2. (perform)

he ran errands for his mother أدّى الصبيّ خدمات ومساعدات بَسيطة (مشاوير) لأمِّه

3. (operate; organize)

though he ran it fine he just caught the train مع أنّه لم يخصِّص وقتاً كافياً (للذهاب إلى المحطة) فقد تمكّن من اللحاق بالقطار

he likes to run the show
إنّه يحبّ أن تكون له الرئاسة

4. (pass *through*, *over*)

he ran his enemy through with his sword
أغمَد السيفَ في جسم عدوّه

5. (cause to compete)

I am running my horse in the next race
سأجعَل حِصاني يشترك في السباق القادم

6. (*adverbial compounds*)

run down (locate)

it took him all morning to run down the reference قضى (المؤلّف) الصباح كلّه باحثًا عن الاسْتِشْهاد في مراجع شتّى حتّى وجده

(collide with)

in the fog the lorry ran down the cyclist
اصطدم اللوري بالدرّاجة في الضباب ودَهس سائقها

(disparage)

she was always running her aunt down
كانت تنتهز كلّ فرصة لتعيب خالتها أو تنال منها

run in (*sl.* arrest) قَبَض على شخص

(bring *new engine* into use gradually)
ساق السيارة برفق حتّى لايُجهد المحرّك الجديد

run off (write or recite fluently)

the schoolboy ran off the list of dates تلا التلميذ سلسلة من التواريخ تلاوة سريعة

(drain away) فتح الصنبور حتى أفرغ الوعاء

(print, produce copies of) طبَع (مقالاً)

run on (make continuous) استمرَّ ، واصَل

run out (pay out *rope*) شدَّ ، جذَب ؛ فكّ لفّة من الحبال أو الأسلاك

run over دَهَس ، دعَس ، داس ؛ راجَع

run through

(pierce, impale) خَرَق ، خزَق

(play over) أدار(اسطوانة)من أوّلها إلى آخرها

the actor ran through his part in his dressing-room ألقى الممثّل نظرة سريعة على كلمات دَوْره في غرفته الخاصّة بالمسرح

run up

(hoist a *flag*) رفَع عَلماً (على سارية)

(construct quickly) ركّب أو أعدّ بسرعة

this is the frock I ran up in the afternoon
هذا هو الفستان الذي خِطته بسرعة بعد الظهر

(accumulate) جمع ، تجمّع

he ran up a big bill at the hotel تجمّع عليه حساب ضخم أثناء إقامته بالفندق

n. 1. (act or spell of running) ركضة ، عَدْو

he had a good run for his money لم يأسف على ما بذل من مال أو مجهود

on the run

(in flight) (مجرِم) هارِب أو فارّ

(continuously) بدون توقّف أو انقطاع

she has been on the run ever since she got up لم تتوقّف (الأمّ) لحظةً عن العمل (بالمنزل) منذ أن استيقظت

2. (trip) رِحلة ، جَوْلة (بالسيّارة)

they went for a run in the country ركبوا سيارتهم وقاموا بجولة في الريف

3. (spell of operation or movement)

come and have a trial run today!
تعالَ اليوْم وجرّب بنفسك قِيادة السيّارة !

he had a run of good luck
ظلّ الحظّ حليفه رَدحًا من الزمن

the play had a long run ظلّت الرواية التمثيلية معروضة مدّة طويلة

4. (score at cricket) الأهداف أو النقط التي تُحرز في لعبة الكريكيت أو البيسبول

5. (unexpected demand) طلب غير متوقَّع

there was a run on the bank اندفع العملاء على البنك لسحب أموالهم

6. (production)

out of the common run غير مألوف ، ممتاز

7. (free access)

he gave me the run of his library
أعطاني مُطلق الحرّية في استخدام مكتبته

8. (enclosure) حظيرة (للدّجاج مثلاً)

9. (*mus.*, rapid scale passage)
نَغَمات سريعة متعاقبة

runabout, *n.* سيّارة صغيرة أو طائرة خفيفة (تستخدم في الرحلات القصيرة)

runaway, *a.* & *n.* (حصان) جامح أو شارِد ؛ تلميذ هارب من مدرسة داخليّة

run/e, *n.* (**-ic,** *a.*) حرف من أبجديّة أوروبيّة قديمة كان يُظنّ أن لها دلالة سحريّة

rung, *past p. of* **ring**

n. درجة من درجات السلّم (النقّالي)

runnel, *n.* مجرى ماء صغير ، قناية

runner, *n.* 1. (competitor) عَدّاء ، حصان في سباق

runner-up الفائز الثاني ، الحصان المصلّي

2. (messenger) ساعٍ ، رسول (عسكرية)

3. (part of sledge which slides) أحد المزلاقين الطوليين في أسفل الزحّافة

4. (creeping stem of plant) ساق نبات متسلّق

5. (narrow table-cloth) مفرش طويل ضيّق يُمَدّ فوق خوان أو مائدة

running, *n.* عَدْو ، جَرْي

running-track ممرّ شبه دائريّ في ساحة رياضية لسباق الجري (طوله ٤٠٠ متراً)

in (out of) the running متقدّم (لوظيفة مثلاً) من المتوقّع أن يفوز بها (أو لا يفوز)

she made the running in the conversation كانت هي التي وجّهت دفّة الحديث

runny, *a.* في حالة سائلة

this egg is runny هذه البيضة لم تجمُد بعد

runt, *n.* أصْغَر الخنانيص وأضعفها ؛ قَزَم قميء ، صغير تقتحمه العين

runway, *n.* مدرَج الطائرات

rupee, *n.* روبية (وحدة النقد في الهند والباكستان)

rupture, *n.* 1. (breach) شِقاق ؛ شقّ ، كسْر

2. (hernia) فَتْق ، فتاق (طبّ)

v.t. & *i.* فَتَق ، شقّ ، قطَع ؛ انفتَق ، انشقّ

rural, *a.* قرويّ ، نِسبة إلى الريف

rural dean كاهِن ذو رُتبة عالية يشرف على كنائس منطقة واسعة

ruse, *n.* حِيلة ، خدعة ، مكرة

rush, *n.* 1. (plant; its stem) أَسَل ، سمار (نبات)

2. (dash, hurry) تسرُّع ، اندفاع ، إسراع

gold rush تزاحُم الناس وتدفُّقهم على مواطن اكتشاف الذهَب طمعًا في الإثراء

a rush job عَمَل لا يحتمل التأخير ويجب إنجازه بسرعة (وعلى حساب الدقّة غالبًا)

rush hour فترة ازدحام طرقات المدينة ومواصلاتها بالموظّفين والعمّال عند ذهابهم وإيابهم

v.i. اندفَع ، أسرع إلى

rush into تعجّل في ، اندفع أو تهوّر

v.t. 1. (hurry) أسرع بإرساله إلى...

I was rushed off my feet لم تترك لي زحمة العمل فرصةً ألتقط فيها أنفاسي

2. (assault) اقتحَم ، هاجَم

the crowd rushed the gates of the stadium اقتحم الجمهور بوّابات الملعب

3. (*sl.,* charge) تقاضى مبلغًا كبيرًا

how much did they rush you? كَمْ كلّفكَ شراء (السيّارة مثلاً)؟

rushlight, *n.* شَمْعة من الأَسَل المَغْمُوس في الشحم

rusk, *n.* البُقْسُماط ، البُقْسُمات (خُبْز مُحَمَّص)

russet, *n.* 1. (colour); *also a.* أَمْغَر اللون ، لون بنّي محمرّ أو مصفرّ ، خمري ، كُمَيْت

2. (apple) تُفاح بنّي اللون ذو قِشرة خَشِنة

Russian, *n. & a.* روسيّ ، اللغة الروسيّة

rust, *n.* 1. (deposit) صَدَأ

2. (colour); *also a.* أَصْدأ ، لون الصدأ

3. (plant disease) سُخام الكرز (مرض في النبات)

v.i. & t. صَدِئ ؛ أصابه بالصدأ

rustic, *a.* ريفيّ ، قرويّ ؛ ساذج ، غير متصنّع

rustic garden furniture مقاعد وموائد للحديقة مصنوعة من جذوع الأشجار بدون تقشيطها

n. ريفيّ ، قرويّ ، فلّاح ساذج

rustic/ate, *v.i. & t.* (**-ation,** *n.*) آوى إلى الريف للسكنى ؛ أوقف طالبًا جامعيًا عن الدراسة فترة ما

rustle, *v.t.* 1. (stir); *also v.i.* حفّت (أوراق الشجر)

2. (*U.S.*, collect; steal *cattle*) جَمَع أشياء متفرّقة ؛ سرق الماشية

they rustled up a few friends for a party جمعوا بعض أصدقائهم دون سابق استعداد وأقاموا حفلة

n. حفيف أوراق الشجر ، حفيف الثوب

rusty, *a.* 1. (affected with rust) صَدِئ

2. (rust-coloured) بنّي ضارب إلى الحمرة

3. (out of practice; neglected) (معرفته بهذا العلم) صَدِئة (لقِلّة ممارسته له)

rut, *n.* 1. (groove) أخدود (حفرته العجلات بالأرض)

he has got into a rut (*fig.*) أصبح ملتزمًا بأسلوب واحد لا يحيد عنه مُطلقًا

2. (period of sexual excitement in male deer, etc.) فترة التهيّج الجنسي عند الحيوان

the stags are in rut ترغب الظباء في الوداق

ruthless, *a.* عديم الرأفة ، لا يعرف الرحْمة

rye, *n.* الجاودار ، الشيلم (نبات عشبي)

rye-grass زَوان معمّر

rye ⟨whisky⟩ نوع من الويسكي مصنوع من الشيلم

S

S, 1. (letter) الحرف التاسع عشر من الأبجدية الانكليزية

2. (shape) شكل يشبه حرف S

S-bend مُنحنىً مزدوج (بشكل S) في الطريق

Sabbatarian, *a. & n.* المسيحي الذي يكرّس يوم الأحد للتعبّد ولا يدنّسه باللهو

Sabbath, *n.* السبْت عند اليهود ، الأحد عند النصارى

break (keep) the Sabbath نَقَض (راعى) السبْت

sabbatical, *a.* سَبتيّ ؛ يحدث مرّة كل سبْع سنوات

sabbatical year (Mosaic law) سنة كلّ سبْع سنوات تُراح فيها الأرض (الشريعة الموسويّة)

sabbatical leave إجازة مدّتها سنة تُمنح لأساتذة الجامعة مرّة كلّ سبع سنوات (للتفرغ للبحث)

sable, *n.* 1. (animal; its fur) سمّور سيبريا (حيوان مفترس) ؛ فروة السمّور (من نوع فاخر)

sable ⟨brush⟩ فرشاة للرسم من وَبَر السمّور

2. (black); *also a.* لون أسود ؛ قاتم ، داكن

sabot, *n.* حذاء خشبيّ ينتعله فلّاحو فرنسا

sabotage, *n.* & *v.t.* (*lit.* & *fig.*) أعمال التخريب والعدوان

saboteur, *n.* من يقوم بأعمال التخريب

sabre, *n.* سَيْف مقوّس قليلاً (يستعمله الفرسان)

sac, *n.* كيس ، جراب فتقي (طبّ)

saccharin(e), *n.* سكّرين (للتحلية بدلاً من السكّر)

a. (*lit.* & *fig.*) ذو حلاوة زائدة ؛ (كلمات) معسولة ، ذات حلاوة زائفة

sacerdotal, *a.* كهنوتي ، نسبة إلى الكهنوت

sacerdotalism, *n.* تمتّع الكهنة بنفوذ كبير في حكم الدولة

sachet, *n.* كيس صغير (يُحتفظ فيه بعطور جافة مثلاً)

sack, *n.* 1. (bag) جوال ، زكيبة ، عِدل

2. (*coll.*, dismissal) *in*

he got the sack رُفِت من عمله

3. (capture and looting) سَلْب ونَهْب

4. (wine) نبيذ أسباني خاص (أبيض وغير حلو)

v.t. 1. (put into bags); *also* sack up عبّأ في أجولة أو أكياس

2. (plunder and despoil) سَلَب

3. (*coll.*, dismiss) رَفَت (عاملاً)

sackcloth, *n.* خَيش (مصنوع من الجوت أو الكتان)

his only proper course was to repent in sackcloth and ashes لم يَبْقَ أمامه إلاّ أن يتوب في المسوح والرماد (تعبير من الكتاب المقدس)

sacking, *n.* خيش (يستعمَل لصناعة الأجولة)

sacrament, *n.* (**-al,** *a.*) سِرّ من أسرار الكنيسة، طَقس كنسيّ ذو دلالة روحانية

the Holy Sacrament سِرّ القربان المقدّس

sacred, *a.* مقدّس ، قُدسي ، حَرام

sacred cow (*lit.* & *fig.*) البقرة المقدّسة التي يعبدها الهنود ؛ عقيدة زائفة لا يُسمح بنقدها

he is ruthless and holds nothing sacred إنه عديم الرأفة ويستبيح كلّ الحرمات

sacrific/e, *n.* (**-ial,** *a.*) ضحيّة ، قربان ، ذبيحة

human sacrifice تضحيات بشريّة

parents make sacrifices for their children يضحّي الآباء بالكثير من أجل أبنائهم

v.t. قدّم قرباناً ؛ ضحّى (بحياته مثلاً)

sacrileg/e, *n.* (**-ious,** *a.*) تدنيس المقدّسات ، انتهاك الحُرمات ، خرق الشعائر الدينيّة

sacristan, *n.* خادِم أو قيّم الكنيسة ، قَنْدَلَفت

sacristy, *n.* موهف ، غرفة الأواني والأثواب بالكنيسة

sacrosanct, *a.* (معتقدات) لا تُدَنَّس حُرمتها

sad, *a.* 1. (sorrowful, gloomy) حزين ، أسيف ، حسير ، مغتمّ ، كئيب ، مكتئب

2. (regrettable) (حادث) مؤسِف ، يبعث الأسى

3. (*of food*, doughy) (فطير) كالعجين ، (خبز) نَيّء بعض الشيء لعدم اختماره

4. (deplorably bad) لا يُرجَى منه خير

she's a sad slut إنّها قَذِرة الثياب سَيّئة السلوك

sadden, *v.t. & i.* أحْزَن ، آلَمَ ؛ اغتمَّ ، اكتأب

saddle, *n.* سَرْج ، بَرْدعة ؛ مَقْعَد الدّرّاجة

saddle of mutton ظَهر الضّأن (مُعَدّ للطبخ)

a new minister is in the saddle now
يُهَيْمِن على الوزارة الآن وزير جديد

saddle-bag خُرْج (خِرجة)

v.t. (*lit. & fig.*) أَسْرَجَ (الفرس) ، وضع
بَرْدعة على ظَهْره ؛ ألقى مسؤوليّة على عاتِق ...

saddler, *n.* سُروجيّ ، بَرادِعيّ ، سرّاج

sad/ism, *n.*, **-ist,** *n.* (**-istic,** *a.*) الصّادِيّة ،
إشْباع التّهيّجُ الجنسيّ بإنزال الأذى بشخص آخر

safari, *n.* رِحْلة للصيد في أواسط افريقيا ؛
رِحْلَة بالبرّ للمرور على مناطق الصّيْد

safe, *a.* غيرُ مُعَرَّض للخطر أو الضياع ، مأمون

a safe bet مُراهَنة مضمونة النَّتيجة

safe-conduct إذْن يَضْمن سلامة المرور لحامله

the bank kept her jewels in safe custody
(keeping) أَوْدَعت (السّيّدة) جواهرها
في البنك لكي يحتفظ بها في خزانته

a safe seat (*polit.*) دائرة انْتِخابيّة مَعْروفة
بِوَلائها لحِزْب مُعَيَّن (ولهذا ينْجَح مُرشَّحه فيها)

on the safe side على سبيل الاحتياط

n. خَزْنة ، خِزانة (من الفولاذ)

safe-breaker لِصّ مُتخصّص في سَرِقة الخزانات

safe-deposit مَبْنىً به مجموعة خزانات تُؤَجَّر
لِمن يريد الاحتفاظ فيها بأشياء ثَمينة

meat-safe نَمْلِيّة لِحِفْظ اللّحْم

safeguard, *n.* وِقاية ، احتياط ، صِيانة

v.t. وَقَى (نفسه من) ، اتّقى (خطراً ما)

safety, *n.* أَمْن ، أمان ، سلامة

safety-belt حِزام الأمان (في الطّائِرات والسّيّارات)

safety catch ماسِكة (قُفْل) الأمان (بالبندقية)

safety curtain سِتار صامد للنّار في المسرح

Safety First الأمان قبل كلّ شيء (شعار)

safety match ثِقاب أو كِبْرِيت الأمان

safety-pin دَبّوس بقُفْل أو بمشبك

safety-razor ماكينة حَلاقة (بالشَّفرة)

safety-valve صِمام الأمن أو الأمان

violent games are a safety-valve for young
people تُتيح الألعاب الرِّياضيّة للشّباب
فُرْصَة التنفيس عن طاقاتهم

saffron, *n. & a.* زَعْفَران (نبات)

sag, *v.i.* اِرْتخَى (الحَبْل) ، تدلّى ، هبط (بالضغط)

saga, *n.* (*lit. & fig.*) قِصّة ايسلندية من قِصص
البُطولة ؛ رواية مطولة عن عدّة أجيال في تاريخ أسرة

sagac/ious, *a.* (**-ity,** *n.*) حَصِيف ، بصير ؛ حَصافة

sage, *n.* 1. (herb) مَرْيَمِيّة ، قويسة (نبات)

2. (wise man) حكيم ، ذو عقْل راجح

a. سَديد ، محنَّك ، حَصيف

Sagittarius, *n.* بُرْج الرامي أو القَوْس (فَلَك)

sago, *n.* ساغو (نَشاء للأكل يُستخرج من نَخيل خاصّ)

said, *pret. & past p. of* **say**

sail, *n.* 1. (wind-catching canvas or other
device) شِراع ، قَلْع (قلوع ، قلاع)

sail-cloth قماش القلوع (نسيج كتاني متين)

in full sail (سفينة) نشرت كلّ قلوعها

her remark took the wind out of his sails
أفحمه رَدُّها ووضعه في موقف حَرِج

the ship was under sail نشرت السفينة قِلاعها

sails of a windmill أشرِعة طاحونة الهواء

2. (sea-trip) جولة في قارب شراعي

v.i. & t. أبحَرت السفينة ، أقلَعَت

sailing-boat قارب أو زوْرق شراعيّ

he was sailing close to the wind كادت
تصرّفاته المستهترة تعرّضه للمعاقبة

married life is not all plain sailing لا تخلو
الحياة الزوجية من المتاعب

the duchess sailed into the room
دخلت الدوقة القاعة تتهادى في جلال

sailor, *n.* بحّار ، ملاّح ، نوتيّ

he is a good sailor إنّه لا يُصاب بدوار البحْر

sailplane, *n.* طائرة شراعية (بدون محرّك)

saint, *n.*; *with proper names oft. abbr. to* **St.**
قِدّيس ، وَليّ من أولياء الله

All Saints' ⟨Day⟩ عيدكلّ القدّيسين (أول نوفمبر)

patron saint القدّيس الشفيع

sainted, *a.* أهْل للتقديس

oh my sainted aunt! يا للهَوْل ! يا للمصيبة !

saintly, *a.* يشبه القدّيس ، كالملاك

saith, *arch. 3rd pers. sing. pres. of* **say**

sake, *n.* (في) سَبيل .. ، (من)أجْل ..

for old times' sake إكرامًا للعهود الماضية

for pity's sake أستعطفكَ (أن تفعل كذا)

saké (saki), *n.* الساكي ، شراب ياباني كحولي

salaam, *n.*; *also v.i. & t.* تحيّة (مع انحناءة)

salac/ious, *a.* (**-ity,** *n.*) (قصص) بذيئة ، نابية

salad, *n.* سَلَطة ، سلاطة (من خضراوات متنوّعة)

salad cream مايونيز مُعَدّ من البيض
والخردل والخلّ والزيت والتوابل

in his salad days he had been known to get drunk يُذكر عنه أنه كان يسكر
من حين إلى حين في أيام شبابه وطيشه

salamander, *n.* سمندر ، سمندل (عظاية خرافية)

salami, *n.* السلامي ، سجق مُتبّل ومجفّف

sal-ammoniac, *n.* مِلح النشادر (كيمياء)

salary, *n.* راتِب ، ماهيّة (مصر)، معاش (عراق)

v.t., esp. past p. دفَع راتبًا (شهريًّا) له

he is a salaried official موظّف يتقاضى راتبًا

sale, *n.* بَيْع ؛ تنزيلات ، أوكازيون

sale of work سوق خيرية تباع فيها
مُنتجات منزلية

sale-room صالة المزاد

sales manager مُدير المبيعات

sales resistance إعراض (الجمهور) عن الشراء

on sale معروض للبيع

the house is ⟨up⟩ for sale المنزل معروض للبيع

saleable, *a.* (بضاعة) تُباع بسهولة

sales/man (*fem.* **-woman**), *n.* بائع ؛ بائعة

salesmanship, *n.* فنّ البيع

salient, *a.* ناتئ ، بارِز ، ظاهِر

the salient point in his speech النقطة البارزة في حديثه ، العنصر الجوهريّ في خطابه

n. مِنطقة بارِزة في الخطّ الدفاعيّ

salin/e, *a.* & *n.* (**-ity,** *n.*) مِلحيّ ؛ مُلوحة

saliv/a, *n.* (**-ary,** *a.*) لُعاب ، ريق ، رُضاب

saliv/ate, *v.i.* (**-ation,** *n.*) أسال اللعاب بغزارة

sallow, *a.* (وجه) شاحِب اللون ، ممتقع

sally, *v.i., usu. with advs.* out, forth اندفع خارجًا ، انقضّوا لِفكّ الحصار

n. 1. (sortie) هَجْمة مفاجِئة من قوّة محاصرة

2. (witty remark) ردّ سريع به سُخرية

Sally, *n., in*
Aunt Sally موضع سخرية واستهزاء ، أضحوكة

salmon, *n.* السلمون (سَمَك)

salmon ⟨-pink⟩, *a.* & *n.* لون برتقاليّ ورديّ

salmon trout أطروط البحار (سَمَك يشبه السلمون)

salon, *n.* صالة جلوس ، ندوة أدبيّة ؛ معرض فنيّ

saloon, *n.* 1. (public room) قاعة (للحفلات)

2. (luxury railway carriage)
dining saloon عَرَبة الأكل (في قِطار)

3. (*attrib.*, first class) من الدرجة الأولى

saloon bar صالة في حانة (بأسعار مرتفعة)

4. (closed car) سيّارة صالون مُقفلة وبدون حاجز بين السائق والركاب

salt, *n.* 1. (sodium chloride); *also a.* مِلح (الطعام) ، مِلح (كيميائي) ؛ مالح ، ملحيّ

salt beef لحم البقر بعد نقعه في ماء مُمَلّح

salt-cellar مِمْلحة ، ملّاحة

the salt of the earth (*fig.*) خيار الناس

you must take what he says with a grain of salt لا تصدّق ما يقول إلاّ بعد أن تتحقّق من صِحّته

he is agreeable enough but hardly worth his salt لا يُنكَر أنه شخص لطيف، غير أن مساهمته في العمل تكاد لا تعود بفائدة

2. (*chem.*) مِلْح كيميائي

3. (*usu. pl., med.*) مِلح (فواكه)

smelling salts خليط من النوشادر والعُطور

like a dose of salts (*coll.*) بأكبر سُرعة مُمكِنة

4. (sailor) ملّاح ماهِر ، مراكبي محترِف

v.t. ملّح (الطعام) ؛ وفّر (بعض المال)

saltpetre, *n.* مِلح البارود (نترات البوتاسيوم)

salty, *a.* (طعم) مالِح ، لاذِع ، (نكتة) بذيئة

salubr/ious, *a.* (**-ity,** *n.*) (جوّ) مفيد للصحّة

salutary, *a.* (نصيحة) مفيدة ، (رياضة) نافعة

salutation, *n.* تحيّة ، سلام

salute, *v.t.* 1. (greet) حيّى ، سلّم على

2. (*mil., nav., etc.*); *also v.i.* & *n.* أدّى السلام العسكريّ ؛ التحيّة العسكريّة

saluting base منصّة السلام (عسكرية)

the president took the salute تلقّى رئيس الدولة التحيّة (من الوحدات المارّة أمامه)

salvage, *n.* & *v.t.* إنقاذ ما تبقّى بعد حريق أو غَرَق ؛ جمع المهملات للاستفادة منها

salvation, *n.* 1. (saving) إنقاذ

regular work will be his salvation لن يردّه إلى طريق الصواب إلا العمَل المنتظِم المستمرّ

2. (*relig.*) الخلاص

Salvation Army جَيْش الخلاص

salve, *n.* مرهم أو دهان طبّي (للجروح)

v.t. 1. (soothe) أراح ضميره (بالتبرّع مثلاً)

2. (salvage) أنقذ (شحنة السفينة الغارقة)

salver, *n.* صينية مستديرة (من الفِضّة غالبًا)

salvo, *n.* إطلاق المدافع (للتحيّة في مناسبة ما)

Samaritan, *a.* & *n.* سامريّ (نسبة إلى السامرة)

good Samaritan (*fig.*) من يتطوع لمساعدة الغريب أو إغاثته (من قصص الإنجيل)

samba, *n.* رقصة السامبا (برازيلية الأصل)

same, *a.* & *n.* نفس (الشيء)، ذاته

it's all the same to me الأمر سواء عندي، سيان

at the same time في نفس الوقت

it comes to the same thing النتيجة واحدة، لن يكون هناك فرق في نهاية الأمر

sameness, *n.* تشابُه ؛ مَلَل ورتابة

samovar, *n.* سماور، إناء لغلي الماء (للشاي)

sampan, *n.* قارب صغير بشراع من القشّ (بالصين)

sample, *n.* عيّنة (من قماش مثلاً)، نموذج

v.t. ذاق (النبيذ) أو تذوّقه لمعرفة طعمه

sampler, *n.* قماشة تطرّزها الفتاة لتُظهِر مهارتها

sana/torium (*pl.* -toriums, -toria), (*U.S.* **sanitarium**), *n.* مصحّ للمصدورين

sanctification, *n.* تقديس، تطهير

sanctify, *v.t.* قدّس، كرّم

sanctimon/ious, *a.* (**-y, -iousness,** *n.*) منافق يتظاهر بالتقوى والصلاح

sanction, *n.* 1. (permission); *also v.t.* إذْن رسميّ، تصريح بالموافقة ؛ أقرَّ بِ

2. (penalty) عقوبة دوليّة

they applied economic and military sanctions فَرَضت (الأمم المتّحدة) عقوبات اقتصاديّة وعسكريّة (على دولة مُعتدية)

sanctity, *n.* قُدسيّة، قداسَة، حُرمة

sanctuary, *n.* مكان مُقدّس (كالمعبد مثلاً)؛ مذبح الكنيسة، ملاذ

bird sanctuary مِنطقة يُحظر صيْد الطيور بها

sanctum, *n.* 1. (holy place) مكان مُقدّس

2. (*coll.*, private room) صومعة (الفنّان)

sand, *n.* رَمْل

sand-castle قصور من الرمال يبنيها الأطفال

sand-fly قرس (حشرة بجناحين يبيّتها الرمال)

sand-glass الساعة الرملية

sand-pit حُفرة كبيرة تُملأ بالرمال (للأطفال)

sand-shoes حذاء من القماش ذو نَعْل مطّاط

the sands of time are running out آذن الوقت بالزوال، أشرف الزمن على الانتهاء

v.t. 1. (grind *wooden surface* level); *also* sand down صنفر سطحًا خشبيًّا لصقله وتنعيمه قبل دهانه
2. (strew with sand) رشّ الأرض بالرمل

sandal, *n.* صندل ، حذاء خفيف (للصيف)

sandalwood, *n.* شجرة الصندل وخشبها

sandbag, *n.* كيس الرمل (لوقاية المباني)
v.t. حصّن المبنى بأكياس الرمل ؛ ضرب بكيس رمل

sandbank, *n.* شاطئ رمليّ غارق في البحر أو النهر

sandboy, *n., only in* happy as a sandboy في غاية السرور

sandhill, *n.* كثيب أو تلّ رمليّ

sandman, *n.* رَمْز للنوم (في أغاني تنويم الأطفال)

sandpaper, *n.* & *v.t.* ورق صَنْفرة ؛ صَنْفَر

sandstone, *n.* حَجَر رمليّ

sandstorm, *n.* عاصِفة رمليّة

sandwich, *n.* شطيرة ، سندويتش
sandwich-board إحدى لوحتين خشبيتين يحملهما رجل أمامه وخلفه ويطوف للإعلان
sandwich course دراسة للحصول على مؤهّل فنّي تتخللها فترات للتدرّب العمليّ (في مصنع)
sandwich-man رَجل يطوف حاملاً اللوحتين الاعلانيتين السابق ذِكرهما
v.t. أَدْخَل شيئًا بين آخرين بضغط وصعوبة

sandy, *a.* 1. (of sand) (شاطئ) رمليّ
2. (colour) أصفر كلَوْن الرمل

sane, *a.* ذو عقل سليم ، (سياسة) معقولة

sang, *pret. of* **sing**

sang-froid, *n.* رَباطة الجأش

sanguinary, *a.* (معركة) دمويّة ؛ (رجل) سفّاك

sanguine, *a.* متفائل ، يتوقّع النجاح

sanitarium, *see* **sanatorium**

sanitary, *a.* صحّي ، نسبة إلى الوقاية الصحّية
sanitary towel حفاظ الحَيْض

sanitation, *n.* تنظيم صرف مياه المجاري
indoor sanitation مِرحاض بداخل البيت

sanity, *n.* سلامة العَقْل ، رجاحة الرأي

Sans/krit (-crit), *n.* & *a.* اللغة السنسكريتية

Santa Claus, *n.* بابا نويل

sap, *n.* 1. (fluid in plants) نسغ ، زوم ، عصارة
2. (*coll.*, simpleton) عبيط ، ساذج
3. (*mil.*, trench) خندق يُحفر للتسلّل
v.t. فَتّ في عضده ، أوهنه ، أنهكه

sapi/ent, *a.* (**-ence,** *n.*) من يدّعي الحكمة ؛ حكيم

sapling, *n.* شجرة في أول مراحل نموّها ؛ مُراهِق

saponify, *v.t.* & *i.* حوّل أو تحوّل إلى صابون

sapper, *n.* جنديّ نفر بسلاح المهندسين

sapphire, *n.* 1. (jewel) حجر السفير (الصفير)
2. (colour); *also a.* لازوردي ، أزرق ياقوتي

saraband, *n.* رقصة اسبانيّة بطيئة

Saracen, *n.* اسم أطلقه الصليبيون على المسلمين

sarc/asm, *n.* (**-astic,** *a.*) تهكّم ، سُخرية ؛ ساخِر

sarcophagus, *n.* ناووس، تابوت من الحجر

sardine, *n.* سَردين (نوع من السمك الصغير)

sardonic, *a.* (ابتسامة) تَنُمّ عن التهكّم والمرارة

sari, *n.* الساري الهندي (زيّ المرأة الهنديّة)

sarong, *n.* الساروخ، الزي الوطني في الملايو

sarsaparilla, *n.* أرالية عارية (نبات امريكي)

sartorial, *a.* نسبة إلى خياطي ملابس الرجال

sash, *n.* 1. (wide belt) وشاح، زنار، شريط قماشي (حريري) عريض للخصر أو للصدر
2. (frame of sliding window) إطار خشبي بالنافذة يتزلق إلى أعلى أو أسفل
sash-cord حَبْل متين داخل إطار النافذة يشدّه ثقلان حديديّان من الجانبين

sat, *pret. & past p. of* **sit**

Satan, *n.* (**-ic,** *a.*) شيطان، إبليس

satchel, *n.* حقيبة جلدية تُعلَّق بالكتف

sate, *v.t.* أشبع شهواتِه أو رغباتِه

satellite, *n.* قمَر يدور حول كوكب، قمر صناعي
(*fig.*) تابع (يتلقّى أوامره من شخص آخر)
satellite state دَولة تابِعة (تدور في فلك أخرى)

satiate, *v.t.* أشبَع (رغباته)، أتخم (مَعِدَته)

satiety, *n.* التُخمة، الإشباع

satin, *n. & a.* قماش ساتان، أَطْلَس

satire, *n.* نَقد ساخِر، تهكّم لاذع، هِجاء

satiric(al), *a.* (رواية) ساخِرة ؛ هِجائي

satirist, *n.* كاتب روايات ساخِرة ؛ هجّاء

satiriz/e, *v.t.* (**-ation,** *n.*) نَقَد بسخرية ؛ هَجا

satisfaction, *n.* 1. (state or cause of contentment) رضىً، رِضاء، ارتياح ؛ اقتناع
the work was not completed to his satisfaction لم يُنجَز العملُ على الوجه الذي يُرضيه
2. (compensation, amends) تعويض
the affronted man demanded satisfaction طلب مِمّن أهانه أن يعتذر له أو يبارزه

satisfactory, *a.* (تحسّن) مُرْضٍ، (ردّ) مُقْنِع

satisfy, *v.t.* أشبَع، أرضَى، أقنَع
he satisfied us of the truth of the report أقنعنا بصحّة الخبَر أو الإشاعة
he satisfied the examiners اجتاز امتحاناً ؛ نجح بدون الحصول على درجة الشرف

satrap, *n.* مرزبان، حاكم مقاطعة في دولة الفُرس القديمة ؛ والٍ متعسِّف أو مستبدّ

satur/ate, *v.t.* (**-ation,** *n.*) نَقَع، بلَّل ؛ أشبَع
saturation point نُقطه التشبُّع أو الإشباع
saturation bombing قَصْف منطقة بوابل من القنابل لإصابة الهدَف وما يحيط به

Saturday, *n.* يوم السبْت

Saturn, *n.* 1. (myth.) إله الزراعة عند الرومان
2. (*astron.*) كوكب زُحَل (فلَك)

Saturnalia, *n.pl.* عيد الاله ساتورن عند الرومان ؛ عَرْبدة ولهْو صاخب

saturnine, *a.* عديم الحساسية ؛ كئيب المزاج

satyr, *n.* مخلوق أسطوريّ نصفه الأعلى بشريّ والأسفل حيواني

(*fig.*) شهواني ، غليم ، متهتِّك ، داعِر

sauce, *n.* 1. (relish) صَلْصَة (تُعَدّ بطرق مختلفة)

sauce-boat إناء صغير ذو عُرْوة وشَفَة تُصَبّ منه الصلصة على الطَّبَق

what's sauce for the goose is sauce for the gander ما تستحلّه لنفسك لا تحرّمه عليّ ، "لا تَنْهَ عن خُلُق وتأتي مثله"

2. (*coll.*, impudence); *also v.t.* وقاحة ، قِلّة حياء

saucepan, *n.* قِدر معدنيّ للطبخ ذو يد طويلة ، كسرولة (مصر)

saucer, *n.* صَحْن فنجان (قهوة أو شاي)

flying saucers الأطباق الطائرة

saucy, *a.* وَقِح ، سَليط اللسان ، قليل الحياء ؛ (قبّعة) جذّابة تلفت الأنظار

sauerkraut, *n.* كرنب مقطّع ومخلّل

saunter, *v.i.*; *also n.* مَشى الهوينى ، مشى على مهل ؛ مشية مُتَئِدة

saurian, *a.* & *n.* رُتبة العظائيات أو السحالي

sausage, *n.* سُجُق ، نقانق (مصار مَحْشوّ باللحم المفروم والتوابل)

sauté, *a.* قَلي خفيف بعد الطهي ، 'سوتيه'

savage, *a.* & *n.* وَحْشيّ ، متوحّش ، ضارٍ ، بدائي

v.t. مزّق (الحيوان فريسته) بشراسة

savagery, *n.* معامَلة وحشية أو شَرِسة

savanna(h), *n.* سَفانا ، منطقة حشائش طويلة

savant, *n.* عَلّامة ، عالِم واسع المعرفة

save, *v.t.* 1. (rescue, preserve) نجّى ، أنقذ

the timely arrival of food ships saved the situation أنقذ الموقفَ وصول السفن المحمّلة بالطعام في حينها

are you saved? هل ضمنت لروحك الخلاص الأبديّ بتقبّل المسيح ؟

God save the Queen! حفظ الله الملكة ! (الكلمات الأولى في النشيد الوطني البريطاني)

God save the mark! أستغفر الله ! حاشا لله !

2. (conserve) حفظ ، أبقى

you may as well save your breath من الأفضل أن توفّر على نفسك عناء الكلام

save money; *also* save ⟨up⟩, *v.i.* وفّر ، ادّخر

he just can't save إنّه يبذّر كلّ ما يصل إلى يديه ، يصرف كلّ ما في جيبه

3. (relieve from need for) أغنى عن

that will save a journey سوف يغنيني هذا عن الذهاب بنفسي إلى ذلك المكان

n., *in*

a spectacular save by the goalkeeper تمكّن حارس المرمى بحركة بارعة من تجنب إصابة الهدف

prep.; *also* save for خلا ، (ما) عدا ، سوى

save for that point I agree with you أتّفق معك في كلّ شيء ما عدا تلك النقطة

saveloy, *n.* سُجق مجفّف كثير التوابل

saving, *a.* 1. (qualifying) (شَرْط) مقيِّد

saving clause شرط أو حكم استثناء (يستثني أمرًا خاصًّا من التقيّد بقانون ما)

2. (bringing salvation) مخلِّص ، مُنقِذ

his saving grace was his sense of humour
ليس هناك ما يشفع له إلاّ مَرَحه وخفّة ظِلّه

prep. مع الاعتذار إلى ...

saving your presence, madam, . . .
مع احترامي الشديد لكِ يا سيّدتي

n. 1. (rescuing) إنقاذ ، تنجية

2. (economy) توفير ، اِدّخار ، اقتصاد

3. (*pl.*, money put by) مُدَّخَرات

savings bank صُندوق التوفير ، بنك الادِّخار

national savings المدّخرات الوطنيّة (مجموع الأموال المدّخرة لصالح الحكومة)

saviour, *n.* المخلِّص ؛ مُنَجٍّ ، مُنقِذ

savoir faire *(Fr.)* اللباقة وحُسن التصرّف ، الكياسة في العَلاقات الاجتماعيّة

savour, *n.* مَذاق ، طَعْم ، نكهة

v.t. استطاب (طعم النبيذ مثلاً) ، استطعم

v.i. نمَّ عن ، أحسَّ بِ ...

this savours of collusion أُحِسُّ برائحة التآمُر (في هذا المشروع مثلاً)

savoury, *a.* ذو مذاق مُشَهٍّ

n. طبَق حريف الطعم تُختتم به الوجبة الدسمة

savoy ⟨**cabbage**⟩, *n.* كرنب ذو أوراق مشرشرة

savvy, *n. (coll.)* شطارة ، حذاقة (عاميّة)

saw, *n.* 1. (tool) مِنشار ، مئشار

2. (wise saying) قَوْل مأثور ، مَثَل حكيم

v.t. & i. (*past p.* sawn) نَشَر (بمنشار)

the orator sawed the air أكثر الخطيب من الإيماء بيديه وتحريك ذراعيه

saw, *pret. of* **see**

sawbones, *n. (sl.)* طبيب جرّاح (لفظة دارجة)

sawdust, *n.* نشارة الخشَب

sawmill, *n.* مصنع لنشر الأخشاب ، مِنْشَر

sawn, *past p. of* **saw**

sawyer, *n.* نشّار الأخشاب

saxifrage, *n.* نباتات مزهرة مِن فصيلة السفرسيات

Saxon, *a. & n.* سكسوني (مِن أصْل جرماني)

saxophone, *n.* ساكسفون ، سكسيّة (موسيقى)

say (*pret. & past p.* said), *v.t. & i.* قال ، تكلّم ، تفوّه ، ذكَر ، نطَق

say no more! لقد أقنعتني ! فهمتُ قصدَكَ !

just say the word and I'll be there سمعاً وطاعة !

and I said to myself, he'll never make it
وقلت في سرّي " لن ينتهي من عمله في حينه "

say when! قلْ لي أي مقدار يكفيك (سؤال يُوجّه للضيف أثناء تقديم المشروبات الروحيّة)

she has a lot to say for herself متى بَدَأَتْ في الكلام فإنّها لا تقف عند حدّ

I did hear say that . . . سَمِعت أنّ ...

I say!

(summoning attention) من فضلك يا ...

(in protest) أعوذ بالله !

(in admiration) سبحان الله ! ماشاء الله !

I should say ⟨so⟩! أوافِقك كلّ الموافقة !

it says much for him that he tried إنها لمَدْعاة لِفخْرِه أنه لم يتقاعَسْ أمام الصُّعوبات

not to say نَاهِيكَ عن ، بِغضِّ النظر عن

so to say على رأي المَثَل

that is to say أيْ أنَّ ، بمعنى أنّ

there's no saying when he'll finish لا يَعْرِف أحد متى سينتهي 'فلان' من عمله

there is much to be said for it هناك حَسَنات أو ميزات كثيرة (لهذا المشروع)

to say the least وأقلّ ما يُقال

to say nothing of . . . فَضلًا عن ، ناهيكَ عن

well said! حسناً ! أَحْسَنْتَ

what do you say to a cup of tea? ما رأيك في فِنجان شاي ؟

you don't say ⟨so⟩! شيء غريب ! ياسلام !

⟨let us⟩ say . . . لِنَفْرِض أنّ ، لنفترض أنّ

n. قَوْل ، رأي

he had no say in the matter لم يَكُنْ له حقّ إبداء رأيه في الموضوع

have you said your say yet? هَلْ أُتيحت لك فرصة لتدلي برأيك كلّه ؟

saying, *n.* قَوْل مأثور ، مَثَل سائر

as the saying goes على رأي المَثَل ، على حَدِّ قولهم

scab, *n.* 1. (crust over wound, etc.) جُلْبَة ، قرفة

2. (disease) جَرَب الماشية

3. (blackleg) خائن ، خارج على الإجماع

scabbard, *n.* غِمْد الخنْجَر ، قِراب السَّيْف

scabies, *n.* جَرَب (مَرَض جِلديّ)

scabious, *n.* زهرة الجَرَب ، سكابيوزة

scabrous, *a.* (موضوع) يصعُب شرحُه لما فيه ممّا يخدِش الحياء ؛ (قِشر أو جلد) غليظ

scaffold, *n.* سِقالة ؛ مِشنقة

scaffolding, *n.* سِقالات خشبيّة أو معدنيّة

scald, *v.t.* سَمَط ، حَرَق سطح الجلد بسائل

scald out a jug نَظَّف دورقًا بماء يغلي

n. سَمْط الجلد ، (مرهم) للحروق الجلديّة

scale, *n.* 1. (balance pan; *pl.*, balance) كَفّ الميزان أو كِفّته ؛ الميزان

the boxer turned (tipped) the scales at 200 lb. كان وَزْن الملاكم مائتي رطل بالضَّبْط

he used his influence to turn the scales in getting the project started اِسْتَغلّ نُفوذه في ترجيح كفة المشروع وبَدْء تنفيذه

2. (portion of crust; membranous covering) سَفَط السَّمَك ، قِشره ، حَراشف ، فُلوس السَمَك

3. (incrustation) رَواسِب

there is a lot of scale in this kettle تكَوّن الرواسب الجيرية طبقة كثيفة في هذه الغلّاية

at long last the scales fell (dropped) from his eyes وأخيرًا زالَت الغشاوة عن عَينيْه ورأى الأمور على حقيقتها

4. (ordered arrangement) نِطاق ، نِظام

on a large scale على نِطاق واسِع

he is high up in the social scale له مكانة عالية ونفوذ كبير في الهيئة الاجتماعية

5. (system of measurement) مقياس

most maps are drawn to scale يُرسَم مُعظم الخرائط حسب مقياس معيّن

6. (*mus.*) السُلّم الموسيقي

v.t. 1. (remove scales from *fish*); *also v.i.* أزال فلوس السمكة، سفطها، قشرها

2. (climb to summit of) تسلّق

3. (regulate) نظّم، ضبَط، عدّل

costs were scaled down by five per cent. خُفِضت التكاليف العامّة بمقدار خمسة بالمائة

scallop, *n.* محّار صدَفيّ بشكل المروحة؛ تطريز يشبه شكل الصدَفة المروحيّة

scalloped, *a.* (حافة) مطرّزة بشكل الصدفة

scallywag, *n.* وَغْد، نَذْل

scalp, *n.* & *v.t.* جِلْدة الرأس مع شَعْرها، فَرْوَة الرأس، سَلَخ جلدة رأس (عدوّه مثلاً)

scalpel, *n.* مِشْرط الجرّاح، مِبْضع

scaly, *a.* حرشفي، ذُو قُشور

scamp, *n.* شقيّ، وَغْد، نصّاب

v.t. طَصْلق العمل، كَلْفَتَه (مصر)

scamper, *v.i.* جَرَى، هَرْوَل

scampi, *n.pl.* جمبري كبير، قُرَيدس، جَراد البحر

scan, *v.t.* 1. (glance briefly at) تصفّح (جريدة)

2. (examine carefully) فحَص بدقة وإمعان

3. (analyse rhythm of); *also v.i.* قطّع بيتاً من الشِعر إلى تفاعيله

scandal, *n.* فضيحة (فضائح)

scandal-monger مروّج الفضائح، نمّام

scandalize, *v.t.* أثار اشمئزاز المجتمع بعمل فاضِح

scandalous, *a.* شائن، مشين، فاضح

Scandinavi/a, *n.* (**-an,** *a.* & *n.*) اسكندنافيا

scansion, *n.* تقطيع بيت الشِعر إلى تفعيلاته

scant, *a.* يَسير، زَهيد، طفيف، ضئيل

he paid scant attention to her remarks لم يُعِر كلامها الاهتمام اللائق

scanty, *a.* (محصول) هزيل، ضئيل، زهيد

a scantily clad young woman شابّة لا يستر جسدَها إلا قليل من الثياب

scapegoat, *n.* كبْش الفِداء

scapegrace, *n.* عابِث، لا أملَ في إصلاحه

scapul/a, *n.* (**-ar,** *a.*) لوْح الكتف

scar, *n.* ندبة، أثر الجرح المندمل

v.t. & *i.* التأم الجرح تاركاً ندبة

scarab, *n.* جعران (جنس خنافِس من الجعليات)

scarce, *a.* غير متوفّر، نادر (الوجود)

he made himself scarce غاب عن الأعين، تنحّى وانصرف

scarcely, *adv.* بمجرّد أن، بالكاد

I scarcely know him أكاد لا أعرفه

he had scarcely entered the room when the phone rang ما كاد يدخل الغرفة حتّى دقّ جرَس التليفون

scarcity, *n.* نَقْص ، قِلّة ، نُدرة

scare, *v.t.* أخافَ ، أرعَبَ ، أفزَعَ ، أرهَبَ

she was scared stiff of exams كانت ترتعد مِن شبَح الامتحانات

the sudden barking of the dog scared the birds away (off) هربت الطيور فزعة عندما نبح الكلب فجأة

n. فَزَع ، رُعب ، خوف ، خضّة

scarecrow, *n.* نُطّار ، مفزعة ، خيال المقاتة

scaremonger, *n.* مُروّج الإشاعات المقلقة

scarf (*pl.* scarves), *n.* 1. (garment) تلفيعة

head-scarf منديل الرأس ، إيشارب حَريمي

2. (joint); *also v.t.* وَصْلة شفة على شفة ، وصلة امتدادية مائلة التراكب (هندسة ونجارة)

scarify, *v.t.* شرّط أو خدش (الجلدَ)

(*fig.*) خدَش (شعورها)، جرح (إحساسه)

scarlet, *a.* & *n.* قرمزيّ ؛ اللون القرمزيّ

scarlet fever الحمّى القرمزيّة

scarlet runner فاصوليا حمراء

scarlet woman عاهرة ، مومس

scarp, *n.* سَفْح (تلّ) شديد الانحدار

scathing, *a.* (نقد) مرير لاذع ، قارس

scatolog/y, *n.* (**-ical,** *a.*) دراسة البراز ؛ نسبة إلى الغائط أو البراز

scatter, *v.t.* 1. (strew) نثَرَ (البذور) ، ذرّ

2. (disperse); *also v.i.* شتّتَ ، فرّق ؛ تفرّق

scatter-brain مشتّت الفِكر ، نَزِق ، ذو نزوات

scatty, *adj.* (*coll.*) طائش ، مجنون ، مخبول

scavenge, *v.t.* & *i.* جمع القاذورات من الشوارع

scavenger, *n.* (حيوان) يعيش على القاذورات؛ زبّال

scenario, *n.* سيناريو ، النصّ السينمائي مع الإرشادات اللازمة لإخراج الفيلم

scene, *n.* 1. (setting of play or actual events) مشهد ، منظر

scene-shifter مبدّل مناظر الروايات المسرحية

the scene of the crime مكان ارتكاب الجريمة

the pain vanished when the doctor came on the scene لم يكد الطبيب يصل إلى غرفة المريض حتى اختفى الألم تمامًا

she set the scene for him to propose هيّأت الجوّ المناسب لكي يتقدم طالبًا يدَها

2. (division of play) منظر (في فصل من الرواية)

3. (spectacle) منظر (طبيعي)

4. (noisy exhibition of feeling) ثورة غضب

the angry father made a scene هاجَ الوالد الغضبان وماج

scenery, *n.* 1. (stage properties) خلفية المنظر

2. (landscape) منظر طبيعي جميل

scenic, *a.* نسبة إلى المناظر الطبيعية أو المسرحية

scenic railway سكّة حديدية صغيرة في مدينة الملاهي تجري بين مناظر اصطناعية

scent, *n.* 1. (smell; aroma) رائحة ، عبق ، أريج

2. (trail) أثَر

he tried to throw us off the scent حاوَلَ أن يموّه علينا إخفاءً لهدفه الحقيقيّ

3. (sense of smell in dogs) حاسّة الشمّ

4. (artificial perfume) طِيب ، عَبير ، عِطر

v.t. 1. (detect by smell) شَمّ ، تشمّم

he scented a mystery أحَسّ أنّ في الأمر سرًّا ، شَعَر أنّ هناك شيئًا غير عاديّ

2. (give aroma to) عطّر ، طيّب ، ضمّخ

sceptic, *n.* (في الفلسفة) من يتبع مذهب الشكّ

sceptic/al, *a.* (**-ism,** *n.*) مُرتاب ، شكّاك ؛ مذهب الشكّ (فلسفة) ؛ التشكّك والارتياب

sceptre, *n.* صَوْلجان (الملك) ، مخصرة

schadenfreude, *n.* شَمات ، شَماتة

schedule, *n.* جدول ، بيان ، كشف ؛ مُلحق لوثيقة

he is behind schedule with his thesis تأخّر في إنجاز فصول رسالته (أطروحته) في مواعيدها

v.t. حدّد ميعادًا (لرحلاته مثلاً)

schematic, *a.* تخطيطيّ

scheme, *n.* خِطّة ، مشروع ، ترتيب

a delay will upset the scheme of things سوف يؤدّي أي تأخير إلى الإضرار بالخِطّة المرسومة

v.i. & t. تآمَر ، دبّر (مكيدة) ، دسّ

schemer, *n.* مدبّر المكائد ، من يحبك الدسائس

scherzo, *n.* قطعة موسيقية مَرِحة

schism, *n.* (**-atic,** *a.*) شِقاق ، انقسام ، انشقاق

schizoid, *a. & n.* شخص لديه نزوع إلى اضطراب نفسيّ يسمى بالانفصام (الشيزوفرينيا)

schizophren/ia, *n.* (**-ic,** *a. & n.*) انفصام ، خَلَل يدلّ على عدم الترابط بين المظاهر العاطفية والعقلية

schnapps, *n.* مشروب مُسكِر قويّ المفعول

scholar, *n.* 1. (schoolboy) تلميذ ، طالب

2. (student who has won a grant) طالب كوفئ بمنحة ماليّة للتعليم بالجامعة

3. (learned person) عالِم ، علّامة ، ثِقة

scholarly, *a.* (رسالة) تدلّ على اطّلاع واسع

scholarship, *n.* 1. (learning) عِلْم ، مَعْرفة

2. (grant won in competition) منحة ماليّة تعطى لطالب (ينجح في مسابقة خاصّة)

scholastic, *a.* دراسي ، مدرسيّ ، (المهنة) التعليمية

scholasticism, *n.* الفلسفة المدرسيّة أو الاسكولائية (في العصور الوسطى)

school, *n.* 1. (teaching institution) مدرسة

school age سِنّ الالتحاق والبقاء بالمدرسة

school-days أيام التلمذة

day school مدرسة خارجية ، مدرسة نهارية

school of painting مَذْهَب في فنّ الرسم

there are two schools of thought on this subject هناك اتجاهان مختلفان حول هذا الموضوع

he is a businessman of the new school إنّه من رجال الأعمال الذين يستخدمون الأساليب العصرية

there is a poker school in room number five في الغرفة رقم خمسة جماعة من لاعبي البوكر يلعبون باستمرار

2. (shoal of fish) سِرب (من الحِيتان مثلاً)

v.t. درّب ، مرّن ، روّض (نفسه على)

he schooled himself in patience
راض نفسه على الصبر واحتمال المكاره

school/boy, (*fem.* **-girl**), *n.* تلميذ ، تلميذة

schoolfellow, *n.* زميل أو رفيق الدراسة

schooling, *n.* تدريس ، دراسة ، تعليم

schoolman, *n.* أستاذ جامعي في العصور الوسطى

school/master (*fem.* **-mistress**), *n.*; *also* **school-teacher** معلّم ، معلّمة

schooner, *n.* 1. (ship) مركب ذو شراعين أو أكثر

2. (beer or sherry glass) كأس كبيرة للشيري (في بريطانيا) أو للبيرة (في استراليا)

sciatic, *a.* خاصّ بعرق النّسا

sciatica, *n.* ألم العصب الوركي (طبّ)

science, *n.* عِلْم (عُلوم)

scientific, *a.* عِلميّ ، حسب الأصول العلمية

scientist, *n.* عالم

scimitar, *n.* سيف أحدب ذو حدّ واحد

scintilla, *n.* شَرارة ، ذَرَّة

not a scintilla of evidence was adduced
لم يُقدَّم إلى المحكمة أيّ دليل على الإطلاق

scintill/ate, *v.i.* (**-ation,** *n.*) تلألأ ، تألّق

scion, *n.* وريث أو سليل أسرة عريقة ؛ عُسْلج أو عسلاج لتطعيم النبات

scirocco, *see* **sirocco**

scissors, *n.pl.* (*sing. in comb. only*) مِقَصّ

scissor-movement حركة المقصّ في الجمباز

sclero/sis, *n.* (**-tic,** *a.*) تصلُّب الأنسجة (طبّ)

scoff, *v.i.* استهزأ بِ ، تهكّم (بِ أو على) ، سخر من

v.t. (*sl.*) اِلْتَهَم ، اِزدرد ، أكل

scoffer, *n.* متهكِّم ، مستهزئ

scold, *v.t. & i.* أنَّب ، وبَّخ ، لامَ

his mother scolded him for being late
عنّفته أُمّه لتأخّره

n. امرأة سليطة اللسان

scollop, *n. see* **scallop**

sconce, *n.* 1. (candlestick) شَمْعدان (شماعد)

2. (*Oxford Univ.*, forfeit of beer); *also v.t.* عقوبة على طالب خالف التقاليد المتبعة بدفع ثمن قدح ضخم من البيرة يشربه زملاؤه على المائدة

scone, *n.* فطيرة خاصة (مستديرة ومسطحة)

scoop, *n.* 1. (shovel) مِجْرفة ، مجراف

2. (lucky stroke, esp. in news reporting) سَبْق صحفي، خبر هامّ سبقت صحيفة ما بنشره

v.t. 1. (lift or hollow out with scoop (1)) قوّر ، جوّف ؛ جَرَف ، غَرَف (بالمجرفة)

2. (secure *profit*, etc.; forestall *rival*) فاز بسبق صحفيّ أو بصفقة تجاريّة

scoot, *v.i.* (*coll.*) انطلق مُسْرِعًا ، جرى مُهَرْوِلاً

scooter, *n.* درّاجة خاصّة للأطفال فيها عجلتان صغيرتان بينهما لوح يقف عليه الراكب

motor scooter درّاجة بخاريّة (مثل اللامبريتا)

scope, *n.* مجال ، نطاق ، مدًى ، حيِّز

she gave free scope to her imagination
أطلقت العنان لخيالها

scorbutic, *a.* نسبة إلى مرض الاسقربوط أو الحفَر

scorch, *v.t.* صَلَى ، لَفَح ، شيَّط ، صَهَد

scorched-earth policy تكتيك الحرق العمدي للمزروعات لِحرمان العدوّ من الانتفاع بها

v.i. 1. (be burnt) اصطلى ، شاط

2. (*coll.*, drive fast) ساق السيارة بسرعة

n. لَفْحة ، اصطلاء ، صَهْد

scorcher, *n.* (*coll.*) يوم قائظ أوشديد الحرّ

score, *n.* 1. (scratch) خَدْش ، شَرْخ

2. (count of points in game); *also* *v.i. & t.* أحرَز (نقطةً)، سجّل (هدفًا)

score-board لوحة تسجيل الأهداف أو النقط

keep the score سجّل عدد النقط في المباراة

you have scored a point in the argument أحرزت نقطة على خصمك في المجادلة

he scored off his rival فاز على غريمه ، تفوّق على منافسه

3. (count of money owing) دَفْع (الحساب)

he was determined to pay off old scores عاهَد نفسَه على الأخذ بالثأر القديم

4. (grounds)

on the score of على أساس أنّ

5. (twenty) عشرون

6. (printed copy of music) كراسة النوتة

v.t. & i. 1. (mark with cuts) خَدَش أو شَرَخ (سطح شيء)

2. (make or keep a record) سجّل (الإصابات)

3. (make *points* in a game) أحرز أهدافًا

4. (underline or cross out) شطَب ، شطّب

5. (*mus.*) أعدّ النوتة (لآلة موسيقية)

scorer, *n.* الحائز

scorn, *n.* ازدراء ، استهزاء ، احتقار

v.t. ازدرى ، احتقر ، رَبأ بنفسه عن

scornful, *a.* مُزْدرٍ ، محتقِر ، (ابتسامة) مستخِفّة

Scorpio, *n.* بُرج العَقْرب (فَلَك)

scorpion, *n.* عقرب (عقارب)

Scot, *n.* من أهالي اسكتلندا

scot, *n.* (*arch.*), *now only in*

scot-free (نجا) بدون أدنى أذىً

Scotch, *a.* نسبة إلى اسكتلندا

Scotch broth حساء لحم الضأن مخلوط بالشعير

Scotch egg بيض يُسْلَق ويُقشّر ثم يُغطّى بطبقة من لحم السجق المفروم ويُقْلى

Scotch mist ضباب كثيف مع مطر خفيف

n. 1. (whisky) وسكي اسكتلندي

2. (dialect); *also* **Scots** اللهجة الاسكتلندية

v.t. جرح عدوّه وجعله لا يقوى على القتال

the war scotched if it did not kill certain types of folly إن لم تكن الحرب قد قضت على بعض مظاهر الجنون فإنها تحتّها فترة من الزمان

Scotland, *n.* اسكتلندا

Scotland Yard المقرّ الرئيسي لشُرطة لَنْدَن

Scots, *a.* (الشعب) الاسكتلندي

n. اللهجة الاسكتلندية

Scots/man (*fem.* **-woman**), *n.* رجل اسكتلنديّ

Scottish, *a.* اسكتلنديّ ، نسبة إلى اسكتلندا

scoundrel, *n.* (**-ly,** *a.*) وَغْد ، نَذْل ، نصّاب

scour, *v.t.* 1. (scrub; clean) نظّف (إناءً مثلاً) بمسحه بقوّة بمسحوق تنظيف

2. (range in search or pursuit); *also v.i.* طاف منقّبًا عن ، جاب بحثًا عن ، نقّب

scourer, *n.* مادّة أو مسحوق حاكّ للتنظيف

scourge, *v.t.* ساط ، جلّد

n. 1. (whip) سَوْط ، مجلدة ، كرباج

2. (affliction) كارثة ، عاديات الدهر

the scourge of war ويلات الحرب

scout, *n.* 1. (reconnoitring agent) عضو في الكشافة

2. (member of Boy Scout movement) كشّاف

3. (manservant in an Oxford college) خادم في كلية من كليات جامعة أكسفورد

v.i. استكشف ، ذهب في جولة استكشافية

v.t. استخفّ (بالأخطار مثلاً) ، تجاهلها

scoutmaster, *n.* رئيس فريق كشافة

scow, *n.* قارب كبير مسطّح (لنقل الأحجار عادةً)

scowl, *v.i.* & *n.* عبس ، تجهم وجهه

scrabble, *v.i.* تخبط ؛ نبش بأصابعه أو بمخالبه

scrag, *n.* رقبة نحيفة بارزة العظام

scrag-end طرف رقبة الضأن بلحمها وعظمها

scraggy, *a.* (*coll.*) (رقبة) نحيفة ناتئة العظام

scram, *v.i.* (*sl.*) امشِ من هنا !

scramble, *v.i.* 1. (crawl) زحف فوق منحدر وعر

2. (struggle *for*) تدافعوا بالمناكب

3. (*R.A.F., of aircraft,* take off) شرعت الطائرة المقاتلة في الطيران (تنفيذًا للأوامر)

v.t. 1. (mix up) خلط

scrambled egg طبق من البيض المخفوق بالحليب والزبد (ينضج على نار هادئة)

2. (make unintelligible) شوّش محادثة تليفونية بجهاز خاصّ (لحفظ سرّيتها)

n. تدافع (الركاب مثلاً) أو تزاحمهم (لاحتلال مقاعد القطار مثلاً)

scrambler, *n.* جهاز يشوّش المحادثات التليفونية السرّية منعًا للمتصنّتين من فهمها

scrap, *n.* 1. (small piece) قطعة صغيرة

the dog was fed on scraps أطعموا الكلب من فضلات طعامهم أو بقاياه

there is not a scrap of comfort in the news ليس في الأنباء ما يبعث الارتياح في النفوس

2. (cutting from press, etc.) *in* scrap-book دفتر كبير (أو ألبوم) تُلصق به قصاصات ، كشكول ، كنّاش

3. (waste material); *also v.t.* (*coll.*) نفاية ، سقط ؛ ألغى (مشروعًا) ، ألقى بشيء تخلّصًا منه

he was thrown on the scrap-heap at fifty رُفِت من عمله في سنّ الخمسين (لكبره وضعفه)

4. (*coll.,* fight); *also v.i.* شجار بالأيدي

scrape, *v.t.* 1. (rub, scratch) كشط (سطح شيء)

he scraped his feet مشى وهو يحكّ قدميه بالأرض ؛ حكّ نعله لتنظيفه مما علق به

he scraped down the wall كشط دهان الحائط

the dog scraped out a hole نقب الكلب حفرة

she scraped out the pan كَحَتَ القدر (لإفراغه)

he scraped the bottom of the barrel لجأ إلى استخدام الأصناف الرديئة لسدّ حاجته

he always bowed and scraped كان دائمًا يفرط في الاحترام والتذلّل

2. (gather) لَمْلَم ، جمع

scrape ⟨up an⟩ acquaintance with انتحل شتى المعاذير للتعرف على شخص ما

scrape a living سدّ رمقه بالكاد

he scraped together (up) enough money to pay for a holiday استطاع بعد لأي وعناء أن يجمع ما يكفي لقضاء عُطلة

v.i.

the candidate scraped by (through) لم ينجح الطالب إلا بالكاد ، على الحركرك (مصر)

n. 1. (act or sound of scraping) صوت الكشط

2. (predicament) ورطة (بسبب الإهمال مثلاً)

scraper, *n.* مكشطة (نجارة) ، مقشط (للأحذية)

scrappy, *a.* مركّب من قطع غير متجانسة

his account of the proceedings was scrappy

كان وصفه لما حدث في الجلسة مهوّشًا ناقصًا

scratch, *v.t. & i.* خدش (بالأظافر) ، خربش

the lecturer merely scratched the surface of the subject لم يُعطِ المحاضر إلا فكرة سطحية عن الموضوع

the owner scratched his horse at the last minute قرّر صاحب للحصان في اللحظة الأخيرة أن يسحبه من السباق

he scratched out the last word he had written

شطب (الكاتب) الكلمة الأخيرة التي كان قد كتبها

n. 1. (mark, sound or action of scratching) خدش (تحدثه آلة مدبّبة في سطح مصقول مثلاً) ؛ خربشة ، صرير (القلم)

2. (base-line) نقطة الانطلاق في السباق

start from scratch بدأ من نقطة الانطلاق ؛ شرع في دراسة موضوع من مبادئه الأولى

he had all his work cut out to keep her up to scratch بذل أقصى ما في طاقته لكي يجعل (أخته مثلاً) تحوز رضاء المجتمع

a.

a scratch crew طاقم من البحارة مؤلّف من أشخاص غير مؤهّلين بل اختيروا كيفما اتفق

a scratch dinner وجبة عشاء مرتجلة

scratchy, *a.* يُحدث صَريرًا أو خربشة

scrawl, *v.t. & i., & n.* شخبط ، شخبطة

scrawny, *a.* نحيل ، هزيل ، ضامر ، أعجف

scream, *v.i. & t.* صاح ، صرخ ، زعق

n. 1. (cry) صيحة ، صرخة ، زعقة

2. (*coll.*, amusing thing) مُضحِك جدًّا

screaming, *a.* (**-ly,** *adv.*) صاخِب ، صارخ

the comedian was screamingly funny

كان الممثّل الهزليّ مضحكًا للغاية

scree, *n.* أكوام من الأحجار تتراكم عند سفوح الجبال

screech, *v.i. & t., & n.* أطلق صرخة عالية ؛ صراخ حادّ (نتيجة للفزع) ، عويل

screed, *n.* 1. (lengthy document) رسالة مملّة

2. (thickness indicator in plastering) قطعة رفيعة من الخشب لتسوية سطح الملاط

screen, *n.* 1. (device for concealment, partition or protection) ستار، حاجز

fire-screen حاجز يوضع بين المدفأة والجالس

smoke-screen ستار من الدخان

his letter-writing is a smoke-screen to conceal his inefficiency إنه يتّخذ من تحرير الرسائل ستارًا يخفي عدم كفاءته

2. (surface for projection of images) شاشة

screen play سيناريو فيلم

screen test اختبار لصلاحية ممثّل على الشاشة

the silver screen الستار الفضّي

3. (sieve) غربال كبير لغربلة الأحجار

v.t. 1. (shelter, cover) سَتَر، حَجَب

2. (project *a film* on a screen) عرض على الشاشة

3. (grade, sift) فرز (الأحجار) بغربال

4. (check identity for security reasons) فحص أوراق شخص وماضيه قبل الإذن له (بالدخول)

screw, *n.* 1. (type of fastening) مسمار لولبيّ ، برغي ، قلاووظ ، مسمار محوّى

screw-driver مفكّ ، مفكّ البراغي

screw thread سنّ اللولب أو القلاووظ

the turn of the screw الضغط على شخص أو إجباره على القيام بعمل أو بدفع مبلغ من المال

he has a screw loose إنه مخبول بعض الشيء

we must put the screws on if we want him to pay لا بدّ من تهديده لكي يضطرّ إلى دفع ما عليه

2. (propeller of ship) داسر ، رفّاص الباخرة

3. (twist on a ball) التفاف الكرة أو دورانها

4. (small quantity of tobacco, pepper, etc. wrapped in paper) لفة صغيرة (من السعوط مثلاً)

5. (miser) بخيل ، شحيح

6. (*sl.*, warder) السجّان (عاميّة)

7. (*sl.*, salary) ماهية ، راتب (عاميّة)

8. (*pl.*, *sl.*, rheumatic pain) ألم الروماتيزم

v.t. 1. (fasten with a screw) ربط (لوحين) بمسمار قلاووظ أو برغي

he screwed down the lid أحكم قفل الصندوق بمسامير محوّاة (برغي)

he had his head well screwed on كان في غاية الذكاء والفطنة

2. (twist) لوى ، برم

he screwed his neck round أدار رأسه للخلف

she screwed up her eyes أغمضت عينيها نصف إغماض (لتجنُّب الضوء القويّ مثلاً)

he screwed up his courage لمّ أطراف شجاعته ، نحّى مخاوفه جانبًا

screwy, *a.* (*sl.*) مخبول ، (آراء) شاذّة وغريبة

scribble, *v.i.* & *t.*; *also n.* شخبط ؛ شخبطة

scribbler, *n.* مؤلّف كتب ومقالات تافهة

scribe, *n.* كاتب ، ناسخ (مخطوطات)

scrimmage, *n.* & *v.i.* شجار ، عراك ؛ اختلاط الحابل بالنابل ؛ تشاجروا

scrimp, *see* **skimp**

scrip, *n.* شهادة مؤقتة بملكية أسهم أو سندات مالية ؛ بنكنوت يصدره الجيش وقت الحرب

script, *n.* 1. (text) النصّ المكتوب (لرواية مثلاً)

script-writer كاتب الحوار (للإذاعة والأفلام)

2. (handwriting) شكل جميل من أشكال خطّ اليد

scriptur/e, *n.* (**-al,** *a.*) كتاب مقدّس

the ⟨Holy⟩ Scriptures الكتاب المقدس

scrivener, *n.* كاتب عمومي ؛ محرّر وثائق

scroful/a, *n.* (**-ous,** *a.*) سلّ الغدد الليمفاوية (طبّ)

scroll, *n.* 1. (manuscript) درج أسطواني للكتابة

2. (ornament) تصميم بشكل الدرج (معمار)

3. (ribbon bearing motto on coat of arms) شريط يُكتب عليه شعار درع النبالة

scrotum, *n.* الصفن ، الغلاف الجلديّ للخصيتين

scrounge, *v.t.* & *i.* (*coll.*) اختلس ، سَفْلَق

scrounger, *n.* (*coll.*) من يعيش على حساب غيره

scrub, *v.t.* & *i.* 1. (clean with brush, soap and water) دَعَكَ بفرشاة خشنة

2. (*coll.*, cancel) ألغى

the match was scrubbed أُلغيت المباراة

n. 1. (act of scrubbing) دَعْك ، حَكّ

2. (brushwood) شجيرات قصيرة وكثيفة

scruff, *n.* قَفا ، قفاء ، مؤخّرة العنق

he seized him by the scruff of the neck قبض عليه من مؤخّرة عنقه

scruffy, *a.* (*coll.*) (ثياب) قذرة و رثّة

scrum, *n.*; *also* **scrummage** موقف في لعبة الرجبي يشتبك فيه لاعبو الهجوم كتفاً إلى كتف

scrumptious, *a.* (*coll.*) (طعام) لذيذ ، شهيّ

scruple, *n.* 1. (weight) وزن يعادل ٢٠ قمحة

2. (misgiving) وخز الضمير ، وَسْوَسة

he told lies without scruple لم يتورع عن اختلاق الأكاذيب دون أي وازع

v.i. (لا) يتردّد ، (لا) يتورّع عن

scrupulous, *a.* مدقق حتى في التفاصيل الصغيرة

scrutineer, *n.* موظّف يتولى فحص بطاقات الانتخاب للتأكد من صحّتها وقانونيّتها

scrutinize, *v.t.* فَحَص بدقّة وعناية

scrutiny, *n.* فَحْص دقيق ؛ إعادة فرز الأصوات

scud, *v.i.* انساق (القارب) بخفّة مع الريح

scuff, *v.t.* & *i.* مشى جارًّا قدميه

scuffle, *v.i.* & *n.* تعارك ، تشاجر ؛ خناقة

scull, *n.* أَحَد مجدافي زورق

v.t. & *i.* حرّك الزورق بمجدافين صغيرين (واحد في كل جانب)

scullery, *n.* حجرة صغيرة بجوار المطبخ لغسل الأطباق

sculp(t), *v.t.* (*coll.*) نحت تمثالاً

sculpt/or, *n.* (*fem.* **-ress**) نحّات ، مثّال

sculptur/e, *n.* (**-al,** *a.*) 1. (art) فنّ النحت

2. (work of art) تمثال

v.t. & i. نحت ، صنع تمثالاً

scum, *n.* رغاوٍ على سطح سائل يغلي ، زبد ، طفاوة

they are the scum of the earth هُم حثالة المجتمع ، من السوقة

scupper, *n.* إحدى الفتحات (بجانبي السفينة) لنزح المياه إلى البحر

v.t. (*sl.*) أحبط مشروعًا أو أفسده

scurf, *n.* قشرة الرأس ، هِبرية ، سَكبة (طبّ)

scurril/ous, *a.* (**-ity,** *n.*) (هجوم) مقذع ، فاضح ، بذيء ، نقد فاحِش كلّه سباب

scurry, *v.i. & n.* انطلق مهرولاً

v.i. انطلق مهرولاً ، هرب مسرعًا

scurvy, *n* داء الاسقربوط (بسبب نقص الفيتامينات)

a. (معاملة) دنيئة ، (تصرّف) مشين

scut, *n.* ذَنَب قصير (وغالبا ذَنَب الأرنب)

scutcheon, *n.* غطاء معدنيّ متحرِّك لثُقب للفتاح ، لوحة تحمل اسم صاحب البيت أو الشركة الخ.

scuttle, *n.* 1. (container) وعاء معدني كبير

coal-scuttle وعاء يشبه السطل لحمل الفحم

2. (opening on ship) فتحة بسطح السفينة

v.t. أغرق سفينة بإحداث ثقوب في قاعها (لمنع استيلاء العدو عليها مثلاً)

scythe, *n. & v.t.* منجل كبير (ذو يدين)

sea, *n.* بَحْر (بِحار) ، يَمّ (يُموم)

sea-anemone حيوان بحري أسطواني الشكل

sea-dog ملّاح ماهر ، كَلْب البحر

sea-going, *a.* (سفينة) عابرة البحار

sea-green, *a. & n.* لون أخضر ضارب إلى الزرقة

sea-horse حصان أو فرس البحر (سَمَكَ)

sea lawyer بحّار لا يكفّ عن المناقشة والاعتراض ، شخص دائم التشكّي

sea level مستوى سطح البحر ، منسوب مياه البحر

sea lion فقمة كبيرة موطنها المحيط الهادي

the First Sea Lord رئيس أركان هيئة البحرية البريطانية

sea-mile الميل البحري (١٨٥٣ مترًا)

sea rover قرصان البحر ، سفينة القرصان

sea scout كشّاف بحري

sea-urchin قنفذ البحر ، توتياء البحر ، رتسا

sea-wall حائط يقي الشاطئ من مياه البحر

he is at sea إنه الآن على متن البحر

he is all at sea ليس لديه أدنى فكرة (عن دراسة علم ما مثلاً)

he is half seas over إنه مسطول يترنّح

a high sea بحر هائج مائج

he went to sea صار بحّارًا ، التحق بالبحريّة

seaboard, *n.* ساحل البحر ، شاطئ البحر

seafarer, *n.* بحّار ، نوتي ، ملّاح

seafaring, *a.* (مركب أو شخص) يرتاد البحار

seagull, *n.* طائر النورس ، زمّج البحر

sea/man (*pl.* -men), *n.* بحّار ، ملّاح ، نوتيّ

seamanship, *n.* المهارة في تسيير السفن

seaplane, *n.* طائرة بحريّة أو مائيّة

seaport, *n.* ميناء بحري ، مرسًى ، مرفأ

seascape, *n.* لوحة فنية تمثّل منظراً بحريًّا

seashore, *n.* شاطئ البحر

seasick, *a.* مُصاب بدوار البحر

seaside, *n.* مَصيف أو مصطاف بحريّ

seaward, *a.* نحو البحر أو باتّجاهه

seaweed, *n.* أعشاب بحريّة (تنمو على الصخور غالباً)

seaworthy, *a.* (سفينة) صالحة للملاحة

seal, *n.* 1. (mammal) فقمة ، عجل البحر

2. (stamp) خَتْم ، خاتَم ، مُهْر

he set his seal on the agreement

مَهَر الاتّفاق بختمه

his visit set the seal of approval on her action كانت زيارته بمثابة إقرار أو تأييد لما قد فَعَلت

3. (stopper) سدادة مُحكمة

the seal of the confessional kept the priest silent التزم الكاهن الصمت تمسُّكًا بسرّ الاعتراف الديني

v.t. 1. (close) سَدّ ، أغلق ، قَفَل

my lips are sealed لن أتفوّه بحرف

the engineers sealed off the tunnel أحكم المهندسون سدّ النفق (منعًا من تسرب المياه)

2. (stamp) خَتَمَ ، مَهَر

they sealed the bargain with a handshake

أقرّا الصفقة بمصافحة اليدين

sealing-wax شَمْع الختم

sealer, *n.* 1. (hunter) صيّاد الفُقَم

2. (type of varnish) نوع خاصّ من الورنيش لسدّ مسامّ الأخشاب قبل طلائها

sealskin, *n.* & *a.* جِلد الفقمة (لصناعة المعاطف)

seam, *n.* 1. (join in material, etc.) دَرْز ، خَطّ الخياطة (الداخلية) في قطعتي قماش

2. (layer of coal or ore) عِرْق فحمي في منجم

v.t. 1. (stitch up) دَرَز ، خاط ، لفق

2. (furrow); *in*

her face was seamed with many cares

عَلَت التجاعيد وَجْهَها لما تلاقيه من هموم الحياة

seamstress (**sempstress**), *n.* خيّاطة

seamy, *a.*, *usu. fig.*, *in*

the seamy side of life الجانب العابس من الحياة البشرية (كالفقر والجرائم الخ.)

seance (***séance***), *n.* جلسة تحضير الأرواح

sear, *v.t.* لَفَحَه (الحرُّ الشديد)

his soul has been seared by injustice

لقد اكتوى قلبه بنار الظلم

search, *v.t.* فتّش (الحجرة مثلاً) ، نقّب

you must search your heart before you claim . . .

عليك أن تراجع ضميرك قبل أن تدّعي أنّ . . .

search me! (*sl.*) لا أعرف ! (عاميّة)

v.i. فتّش عن ، بَحَث عن

n. بحْث ، تفتيش ، تنقيب

search-party جماعة تكلّف بالبحث عن (مفقود)

search-warrant أمْر بالتفتيش

in search of (ذهب) ينشد ، (رحل) في طَلَب

searching, *a.* (نظرة) فاحِصة ، ثاقبة

he made searching inquiries
لم يأل جهدًا في البحث والاستقصاء

searchlight, *n.* ضَوْء كشّاف

season, *n.* فَصْل من فصول السنة ، موسم

season-ticket تذكرة اشتراك (بالمواصلات العامّة)

the four seasons of the year فصول السنة الأربعة

strawberries are now in season
لقد حلّ مَوْسم الفراولة أو التوت الأرضي

he tells jokes in season and out of season
يَروي النِكات بمناسَبة وبغير مناسَبة

a word in due season
نصيحة في الوقت المناسب ، مشورة عند الحاجة

v.t. 1. (bring into good condition) أعدّ

seasoned troops جُنود ذوو خِبْرة بالحَرْب

seasoned wood خَشَب مجفّف وصالح للنجارة

2. (flavour) تبّل الطعام (بالملح والفلفل)، حيّق

discourse seasoned with wit
أحاديث تلطّف روح الفكاهة جفافها

seasonable, *a.* (طَقْس) مألوف في موسم معيّن

seasonal, *a.* موسميّ ، يحدث في موسم معيّن

seasoning, *n.* تابل (توابل)

seat, *n.* 1. (thing on which one sits) مقعد

seat belt حزام المقعد (في طيّارة أو سيّارة)

won't you take a seat? هلّا تفضّلْتَ بالجلوس ؟

(*fig.*) مِقْعد أو مَنْصِب (في مجلس مثلاً)

he lost his seat ⟨in parliament⟩
خَسِرَ النائب مقعده في البرلمان

2. (posterior) رِدْف ، عَجز ، قعدة

seat of the trousers مقعدة البنطلون

3. (manner of sitting or riding) جلسة
(أثناء الركوب على ظهر الفرس مثلاً)

4. (centre, principal location) مقرّ ، مركز

seat of government مقرّ الحكومة

seat of learning مركز علمي

5. (mansion) مسكن كبير

country seat بيت كبير يسكنه صاحب الضيعة

v.t. أَجْلَسَ ؛ (سيارة) تتّسع (لخمسة ركّاب)

seating capacity عدد المقاعد (بالطيارة مثلاً)

please be seated تفضّلْ بالجلوس

sebaceous, *a.* (غدّة) دهنيّة أو شحميّة

secateurs, *n.pl.* مقصّ خاصّ لتقليم المزروعات

secede, *v.i.* انشقّ على (حزب) ، انفصل عنه

secession, *n.* انشقاق أو انفصال (سياسيّ)

seclude, *v.t.* عَزَل ، أَبْعَد ، حَجَب

a secluded life حياة منعزلة

seclusion, *n.* انعزال ، عُزلة ، انفراد ، خلوة

second, *a.* 1. (next after first) ثانٍ ، الثاني

second-best, *a.*

الثاني في ترتيب الأفضليّة

come off second-best خسر اللاعب المباراة ؛ هزمه منافسه (في الصراع السياسيّ مثلاً)

second chamber مجلس اللوردات في البرلمان البريطاني (شبيه بالأعيان أو الشيوخ)

second-class, *a.* من الدرجة الثانية

second-hand, *a.* مستعمَل ، غير جديد ، نصف عُمْر

he heard the news at second-hand

نما إليه الخبر بطريق غير مباشر

Second Lieutenant ملازم ثانٍ

swimming is second nature to him تعوّد (على) السباحة حتى أصبحت طبيعته الثانية

second to none فائق ، لا يُشَقّ له غُبار

second-rate من الدرجة الثانية ، رديء

on second thoughts I had better refuse

بعد أن أعدت النظر أرى أنه من الأفضل أن أرفض

2. (another, additional) إضافيّ ، ثانٍ

if you fail the exam you will have a second chance إذا فشلتَ في الامتحان هذه المرّة فسوف تتاح لك فرصة أخرى

second childhood خَرَف ، الطفولة الثانية

a second helping كمّية إضافية من الطعام

n. 1. (person or thing in second place)

الثاني في الترتيب

2. (second-class exam result); *in*

he got a second حصل على رتبة الشرف الثانية في الامتحان النهائي بالجامعة

3. (helper) مساعد (الملاكم مثلاً)

seconds out ⟨of the ring⟩! النداء على مساعِدَيِ الملاكميْن بمغادرة الحلقة عند بدء الشوط

4. (*pl.*, goods with faults) بضاعة معيبة

5. (*mus.*, part below the highest) نغمة ثانوية تصاحب النغمة الأساسية

6. (measure of time) ثانية (ثوانٍ)

second hand عَقْرب الثواني

7. (angular measure) $\frac{1}{60}$ من الدرجة (هندسة)

v.t. 1. (support) أيّد (الاقتراح) ، عضَّده

2. (*esp. mil.*, transfer) (**-ment,** *n.*) أعار خدمات موظف لجهة أخرى بصفة مؤقّتة

secondary, *a.* ثانويّ ، غير رئيسيّ

secondary colour لون ناتج عن لونين رئيسيين

secondly, *adv.* ثانيًا ، ثانيةً

secrecy, *n.* سِرّيّة ، تكتُّم ، كِتمان

secret, *a.* سِرّيّ ، خَفِيّ

Secret Service هَيئة الجاسوسية

n. سِرّ (أسرار)

secretaire, *n.* قطعة أثاث مزخرفة تُحْفَظ بها الأوراق والوثائق وبها رفّ يشدّ للكتابة عليه

secretariat(e), *n.* أمانة ، هيئة السكرتارية

secretary, *n.* أمين السِرّ ، سكرتير

Secretary of State for Education and Science
الوزير الأعلى لشوون التعليم والعلوم

Foreign Secretary وزير الخارجية البريطانية

Under-Secretary وكيل وزارة

secrete, *v.t.* 1. (hide) خبّأ ، أخفى

2. (produce *liquid*, etc.) أفرزت (الغدّة)

secretion, *n.* إفراز (اللعاب مثلاً)؛ إخفاء

secretive, *a.* كَتُوم ، يبالغ في الكتمان والتحفّظ

sect, *n.* طائفة ، شيعة ، نِحلة ، مِلّة

sectarian, *a. & n.* (خلافات) طائفية أو مذهبية

section, *n.* 1. (part cut off) قِسم ، جزء

microscopic section شَريحة مجهريّة

2. (subdivision, portion) فَرْع ، فِصّ (ثوم)

3. (mil. unit) فِرقة عسكرية صغيرة

4. (picture of object as if cut straight through)
قِطاع طوليّ أو عرضيّ (هندسة)

sectional, *a.* مركّب من أجزاء منفصلة

sectional building مبنىً من وحدات سابقة التصنيع

sectional interests مَصالح حزبية أو طائفية

sector, *n.* 1. (*geom.*) قِطاع (في الدائرة)

2. (*mil.*) جُزء من جَبهة عسكرية ، قِطاع

secular, *a.* دُنيوي ، عِلماني ، نسبة إلى أمور الحياة الدنيا (على نقيض الأمور الدينية)

secularize, *v.t.* جَرّد (التعليم مثلاً) عن صبغته الدينية ، حوّل إلى أغراض دنيوية

secure, *a.* مأمون ، أمين ، متين ، مُحكَم ، راسخ

v.t. 1. (make safe or firm) أحكم قَفْل (الباب)

2. (obtain) حصل على شيء بعد مشقّة

security, *n.* 1. (safety) أَمْن ، أمان ، اطمئنان

security measures إجراءات الأمن العام

Security Council مَجْلِس الأمن

2. (assurance; guarantee against loan, etc.) ضَمان ، كفالة (مقابل قرض)

he stood security for his friend
كفَل صديقه أو ضمنه (لدى البنك مثلاً)

I must have security of tenure (لن أقبل)
إلّا بعد توفُّر الضمانات الكافية لحيازتي (للمنزل)

government securities سَندات مالية حكوميّة

sedan, *n.* 1. (old type of carriage); *also* **sedan-chair** عَربة صغيرة بغير عجلات يحملها رجلان وتتسع لراكب واحد (القرنان ١٧ و١٨)

2. (closed car) سَيّارة كبيرة غير مكشوفة (يتراوح عدد ركابها بين أربعة وسبعة)

sedate, *a.* رَزين ، رَصين ، وَقور

sedation, *n.* تسْكين (الألم)، تَخْدير (المريض)

sedative, *a. & n.* مخدِّر ، مسكِّن ، مهدِّئ

sedentary, *a.* (مهنة) تتطلّب الجلوس أغلب الوقت

sedge, *n.* سعادى ، نبات عشبي ينمو في المستنقعات

sediment, *n.* (**-ary,** *a.*) راسِب ، عَكَر ، ثفل

sedimentary rocks صُخور رسوبية

sedition, *n.* عِصْيان ، فِتنة ، تَمرُّد

seditious, *a.* مثير للفتنة والشَغَب

seduc/e, *v.t.* (**-tion,** *n.*) 1. (lead astray)
أغرى ، أغوى ؛ إغراء
2. (tempt to unchastity) إغراء على الزنا

seducer, *n.* مُغوٍ (للنساء) ، مغرّر (بالفتيات)

seductive, *a.* أخّاذ ، فتّان ، (ابتسامة) خلّابة

sedul/ous, *a.* (**-ity,** *n.*) (مجهود) متواصِل ، مثابِر

see (*pret.* saw, *past p.* seen), *v.t.* & *i.*
1. (descry, view) رأى ، نظر ، أبصر

would you like to see over the house? هل
تحبّ أن تتفرّج على غرف بيتي ومحتوياته ؟

hypocrisy makes him see red
إن النفاق يجعله يثور (أو يغلي من الغضب)

I see through your little game
لن تنطلي عليّ حيلتك هذه ! أفطن إلى ألاعيبك !

now see what you've done!
والآن - انظرْ إلى نتيجة ما فعلتَ !

you're seeing things! إنك واهِم ! أنت تحلم !

2. (experience) جرّب (الحياة) ، عَرَكها

he saw service in the Navy
خدَم في البحريّة مدّة من الزمن

3. (imagine) تصوّر ، تخيّل ، توهّم

I can't see myself doing that لا تسمح لي
نفسي أن أقوم بمثل هذا العمل

4. (understand) فَهِم ، أدرك

he failed to see the joke لم يستطع أن يفطن
إلى النكتة ، لم يَرَ في الموقف ما يستدعي الضحك

as far as I can see حسبما أرى

as I see it في رأيي ، من وجهة نظري

I see ⟨what you mean⟩ فهمتُ ما ترمي إليه

5. (consider) نظر في الأمر

I'll see what I can do أعدك أنني سأنظر
في الأمر (ثم أخبرك بما في وسعي أن أفعله)

6. (attend *to*) قام باللازم نحو

would you see to the cat?
هلّا تكرّمت بالاشراف على القطّ ورعايته ؟

7. (visit, interview) ذهب لاستشارة ...

see a doctor عرَض نفسَه على طبيب

8. (escort) رافَق ، شيّع (ضيفه)

I was seen off by many of my friends ودّعني
كثير من الأصدقاء عند سفري

9. (ensure) تعهّد بالقيام بعمَل

I'll see it gets done أَعِدُكَ أن العَمَل سَيُنْجَز

I'll see him damned first!
مَهْما فَعَل فسوف أرفض طلبَه رفضًا باتًّا

see, *n.* دائرة الأسقف

the Holy See السدّة الرسوليّة أو البابويّة

seed, *n.* 1. (part of plant capable of
germination) بذرة (بذور) ، بزرة

seed-cake كعكة تحتوي على بذور الكراوية

seed potatoes تقاوي البطاطس (لزراعتها)

run (go) to seed حبّب (الزرع) ، صار ذا
حبّ ؛ شاخ (الرجل) وكفّ عن الاعتناء بمظهره

2. (male sperm) مني الذكَر ، نُطفة

(*fig.*, progeny) نسْل ، ذرّية ، خلَف

v.t. & i. نزَع البذورَ من ؛ حبَّب (الزرعُ)

seeded raisins زَبيب منزوع البذور

seeded player, *also* seed, *n.* لاعِب تنس ممتاز تُتاح له فرصة خاصّة للتقدّم للمباراة النهائية

seedless, *a.* (برتقال أو عنب) بدون بذر

seedling, *n.* نبتة صغيرة في أول نموّها

seedsman, *n.* بائع البذور والحبوب

seedy, *a.* 1. (full of seed) كثير البذور

2. (shabby) رَثّ الثياب

3. (*coll.*, unwell) متوعّك الصحّة

seeing, *conj.* حَيْث أنّ ، بما أنّ ، نظراً لِ ..

seek (*pret. & past p.* sought), *v.t.*; *also* seek out *and* seek (*v.i.*) for طلَب ، نشَد ، جرَى وراء .. ، بحث عن ...

seek advice استشار ، طلب نصيحة ..

he left home to seek his fortune ترك أهله سعيًا وراء الجاه والثروة

are you seeking a quarrel? هل تتحرّش بي لتختلق علّة للشجار معي ؟

much sought-after, *a.* عليه إقبال شديد

seem, *v.i.* ظهَر ، بان ، بَدا ، لاح

so it seems هكذا يبدو

seemingly, *adv.* على ما يَظهر ، كما يبدو

seemly, *a.* لائق ، مناسب للأصول المرعيّة

seen, *past p. of* **see**

seep, *v.i.* (**-age,** *n.*) نَضَح (الماء) ، نزّ ، نَشَع

seer, *n.* عرّاف ، نبيّ يتكهّن بالمستقبل

seersucker, *n.* قماش خفيف من التيل أو القُطن ذو سَطْح مجعّد ، (شِير وشَكر بالفارسية)

see-saw, *n.* أرجوحة يرتفع طرفها حين ينخفض الآخر

v.i. ظلّ يعلو ويهبط ببطء ، تأرجَح

seethe, *v.t. & i.* سَلَق ، غلَى ، تأجّج

the country was seething with discontent كانت البلاد تغلي كالمِرجل من شدّة السُخط

segment, *n.* (**-al, -ary,** *a.*) 1. (*geom.*) قِطعة

2. (division) فِصّ (من فُصوص البرتقال مثلاً)

v.t. & i. (**-ation,** *n.*) قسّم ؛ انقسم

segreg/ate, *v.t.* (**-ation,** *n.*) فَصَل أو عَزَل (عن المجتمع مثلاً) ؛ تَفْرِقة (عنصرية)

segregationist, *n.* من ينادي بالتفرقة العنصرية

seigneur, *n.* السيّد في عهود الإقطاع

seine, *n. & v.t.* شَبكة كبيرة تطرح في البحر عموديًا لصيد الأسماك ؛ صاد بهذه الشبكة

seismic, *a.* نِسبة إلى الزلازل وحدوثها

seismograph, *n.* جهاز تسجيل الزلازل

seismolog/y, *n.* (**-ical,** *a.*) عِلْم الزلازل

seize, *v.t. & i.* قَبَض على ، استولى على

seize property حَجَز على ممتلكات

seize an opportunity انتهز فرصة ، اغتنمها

seize on an idea تشبّث بفكرة أو تعلّق بها

he was seized with the desire to . . . استحوذت عليه رغبة عارمة في أن ...

the engine seized up تعطّل محرّك السيارة (نتيجة لعطب في المِكبس مثلاً) ، لَصب ، زَرْجن

seizure, *n.* 1. (confiscation) الحجز على الممتلكات

2. (stroke) نَوْبة فجائية تصيب القلْب أو المخّ

seldom, *adv.* نادرًا ، قليلا ما ، قَلَّما ، لماما

select, *v.t.* (**-ion,** *n.*) انتقى ، اختار ، اصْطفى

selections from the Romantic poets مُنتخَبات أو مُقتطَفات من الشعراء الرومانسيين

a. مُمتاز ، منتقىً ، صَفْوة ، نُخْبة

select committee لجنة برلمانية يُختار أعضاؤها للتحقيق في مشكلة (اجتماعية)

select neighbourhood حَيّ سكنيّ ممتاز

selectiv/e, *a.* (**-ity,** *n.*) مُدقِّق في اختياره

selector, *n.* مَن يقوم باختيار (اللاعبين مثلاً)

self (*pl.* selves), *n.* نفس ، ذات

his actions were prompted by his better self تغاضى عن مصلحته الشخصيّة وتصرّف تصرّفًا خاليًا من الأنانيّة

he became a shadow of his former self هدّه (المرض) ولم يتركه إلاّ حطامًا

she has no thought of self إنّها لا تفكّر في مصلحتها الشخصيّة بل تتفانى في خدمة غيرها

your good selves (أقدّم إلى) حضراتكم

pref. بادئة بمعنى شخصيّ أو ذاتيّ

self-abuse العادة السرّية ، الاستمناء

self-acting, *a.* آليّ ، أوتوماتيكيّ ، ذاتيّ الفِعل

self-appointed spokesman نَصَب نفسه متحدِّثًا باسم هيئة أو مجموعة من الناس

self-assert/ive, *a.* (-ion, *n.*) مُصِرّ على دعواه

self-centred, *a.* أنانيّ ، لا يفكّر إلاّ في نفسه

self-coloured, *a.* (قماش) من لون واحد ، ''سادة''

self-confident, *a.* واثق بنفسه ، مُعْتَدّ بها

self-conscious, *a.* خَجُول يرتبك أمام الغُرباء

self-contained flat شقّة مستقلّة

self-contained person شخص متحفّظ ومستقلّ

self-control رباطة الجأش ، ضَبْط النَفْس

self-defence الدفاع عن النَفْس

self-denial إنكار الذات ، الإيثار

self-determination تقرير المصِير

self-effacement التواري عن الأنظار تواضعًا

self-employed, *a.* مستقلّ في مهنة حُرّة

self-esteem الاعتداد بالنفس

self-evident, *a.* بديهيّ ، لا يحتاج إلى بُرهان

self-explanatory, *a.* واضح لا يحتاج إلى تفسير

self-governing, *a.* مستقلّ في إدارة شؤونه

self-government الحكم الذاتي

self-help الاستغناء عن معونة الغير

self-important, *a.* مَزْهُوّ بنفسه ، مغرور

self-indulgent, *a.* من ينقاد للمَلذّات

self-interest, *esp. in*

this was a case of enlightened self-interest كان هذا (الاقتراح) مثلاً واضحًا لمراعاة المصلحة الشخصيّة مع عدم إغفال للنفعة العامّة

self-love عِشق الذّات ، الأنانيّة

a self-made man رَجُل عصاميّ

self-opinionated, *a.* مُفرِط في الاعتِداد بِرأيه

self-pity إشفاق المرء على نفسه أو ذاته

self-portrait رَسْم الفنّان لصورته بيده

self-possess/ed, *a.* (-ion, *n.*) مُعْتَدّ بنفْسِه

he lost his self-possession فَقَد رباطة جأشه ، لم يَتَمالك أعصابه

self-preservation (غريزة) حِفْظ الذات

self-propelled, *a.* ذاتيّ الدفع أو الحركة

self-raising flour دَقيق مخلوط بمواد مُخمِّرة

self-reliant, *a.* مُعْتَمِد على نفسه

self-respect, *n.* (-ing, *a.*) احترام المرء لنفسه

self-righteous, *a.* بَرّ في عَيْن نفسه

self-sacrific/e, *n.* (-ing, *a.*) التضحية بالنفس

self-satisf/ied, *a.* (-action, *n.*) راضٍ عن نفسه

self-seeking, *a.* نَفْعيّ ، وُصوليّ ، أنانيّ

self-service (مطعم أو متجر) يَجْمع فيه الزبائن طَلباتهم ويدفعون عند الخروج

self-starter جهاز (كهربائي) في السيّارة يستخدم لتشغيل محرّكها

self-styled, *a.* مُدَّعٍ لنفسه ما ليس له حَقّ فيه

self-sufficient, *a.* مُكْتفٍ بذاته

self-supporting, *a.* يَعول نفسَه بنفسِه

self-taught, *a.* مَن علّم نَفْسه بنفْسِه

self-willed, *a.* عَنيد ، مُتصلّب الرأي

self-winding watch ساعة يد أوتوماتيكية

selfish, *a.* أنانيّ ، مُحِبّ لذاتِه

selfless, *a.* مُنكِر لنفسِه في سَبيل الجماعة

selfsame, *a.* نَفْس (الشخص مثلاً) ، هو بعينه

my brother and I got to London on the selfsame day وَصلتُ إلى لندن في نفس اليوم الذي وَصل فيه أخي

sell (*pret. & past p.* sold), *v.t. & i.* باع

he sold off the remainder of the line باع التاجر كُلّ ما تبقّى لديه من هذا الصنف

sell out

(dispose of one's interests) باع حِصّته من أَسْهُم الشَّرِكة

(sell all one's stock) باع التاجِر كلّ ما عنده من سِلعة مُعَيّنة

(betray) خانَ العهدَ أو الأمانة

sell up

(dispose of *one's business*) باع متجره (وغادَر البلاد مثلاً)

(bankrupt *a merchant*)

he was sold up by his creditors استصدر الدائنون إعلانًا بإفلاسه وبَيْع مُمتلكاته

they sold him down the river (ظنّ أنّهم يعملون لصالِحِه) غيْرَ أنّهم خانوه

he sold his soul ⟨to the devil⟩ باع نَفْسَه للشيطان (إشارة إلى قصّة فاوست مثلاً)

I am not sold on this idea لا تستهويني هذه الفكرة ، لَسْت أرضى عنها تمام الرضى

sold again! ضحكوا عليّ مَرّة ثانية !

this line of goods sells well تَجِد هذه السِلْعة إقبالاً كبيرًا من المشترين

n. (coll.)

what a sell! يا لَخيبَة الأَمَل !

seller, *n.* بائع (باعة) ؛ بضاعة رائجة

sellers' market حالة السوق عند ازدياد الطلَب على سِلْعة غير متوفّرة

this is a slow seller هذه بضاعة كاسدة يَقِلّ الإقبال عليها

selvage (**selvedge**), *n.* طَرَف النسيج الخام من جانبيه ، برسل (عاميّة بمصر)

selves, *pl. of* **self**

semantic, *a.* نِسبة إلى مَعاني الكلمات

n.pl. دِراسة مَعاني الكلمات (علم اللغة)

semaphore, *n.* سيمافور (لإرسال الإشارات المرئية)

semblance, *n.* مَظْهر خارِجيّ

they put on a semblance of gaiety تظاهروا بالبشاشَة والمرَح (بالرغم مِن حزنهم)

semen, *n.* المنِيّ ، السائل المنويّ

semester, *n.* فَصْل مِن فَصْلي السنة (بالجامعة)

semi-, *pref.* (بادئة بمعنى) نِصْف

semibreve, *n.* نغمَة موسيقيّة طويلة

semicirc/le, *n.* (**-ular**, *a.*) نِصْف دائرة

semicolon, *n.* فَصْلة أو شَوْلة منقوطة (؛)

semi-conscious, *a.* في حالةِ شِبْهِ غَيْبوبَة

semifinal, *n.* (**-ist**, *n.*) المباراة السابقة للتصفِية مباشَرةً ؛ متبارٍ يلعب في هذه المباراة

seminal, *a.* (السائل) المنويّ

(*fig.*) جَوْهَريّ ، أساسيّ ، في صُلب الموضوع

seminar, *n.* حَلْقة دِراسيّة جامعيّة

seminary, *n.* مَدرسة ثانويّة (سابقًا) ؛ كُلّية لتخريج القساوِسة الكاثوليكيين

semiquaver, *n.* نغمة موسيقية (نصف ذات السِنّ)

Semit/e, *n.* (**-ic**, *a.*, **-ics**, *n.pl.*) جِنْس بَشريّ يُزعَم أنه انحدَر من سام بن نوح ؛ ساميّ

semitone, *n.* نِصْف دَرجة في السلّم الموسيقي

semolina, *n.* دَقيق السَميذ (لطحين خاصّ)

sempstress, *see* **seamstress**

senate, *n.* 1. (Roman council) مَجْلس الشيوخ

2. (Upper House) مَجلِس الشيوخ (بالبرلمان)

3. (university council) المجلس الأعلى للجامِعة

senator, *n.* (**-ial**, *a.*) عُضو الشيوخ الأمريكيّ

send (*pret. & past p.* sent), *v.t. & i.* أرسَل ، بَعث ، أوفَد ، وجَّه

he sent away for a form أرسَل في طلَب استِمارة بالبريد

he sent the boy about his business عنّف الصبيّ وطردَه شرّ طردة

his friend was sent down from the University طُرِدَ صديقُه من الجامِعة قبْل الانتهاء من دِراسته (لسُوء سُلوكه)

he sent in his name for the competition تقدم طالبًا الاشتراك في المسابقة

they gave him a great send-off أقاموا له حَفلة وَداع فاخِرة

send it on to his new address حوّل هذه الرسالة إلى عنوانه الجديد

he sent out circulars وزّع مَنْشورات

the trees send out new shoots in spring تنْبت على أغصان الشجر فروع جديدة في الربيع

shortages send prices up يؤدّي نقص السِّلع إلى ارتفاع أسعارها

he sent word to him أرسَل يُنبِئه بِ..

senescent, *a.* عَلَيه سِيماء الهَرَم والشيخوخة

seneschal, *n.* كبير خَدَم القصْر (عُصور وُسطى)

senil/e, *a.* (**-ity,** *n.*) هَرِم واهِن العقْل

senile decay has set in وَهَن العجوز وضَعُف ذِهنُه

senior, *a. & n.* أكبر سنًّا أو مركزًا

the Senior Service البحريّة البريطانية

seniority, *n.* الأقدمية (في المنصِب مثلاً)

senna, *n.* نبات السنا أو السنى (يُستعمل مُسْهِلاً)

señor, *n.* سنيور ، سيِّد (لفظة اسبانيّة)

señora, *n.* سنيورة ، سيِّدة (لفظة اسبانيّة)

señorita, *n.* سنيوريتا ، آنسة (لفظة اسبانيّة)

sensation, *n.* 1. (feeling) إحْساس ، شُعور

2. (excitement) حَدَث أو نبأ مُثير

sensational, *a.* (جريمة قتل) مُثيرة

sensationalism, *n.* المبالغَة في تصْوير المواقف المثيرة (صحافة) ؛ المذهَب الحِسّي (فلسفة)

sense, *n.* 1. (bodily faculty) حاسَّة (حواسّ)

2. (*pl.*, normal state of mind) رُشْد ، صَواب

3. (appreciation or understanding)

sense of duty الشعور بالواجب أو بالمسؤوليّة

sense of honour شهامَة ، شَمَم ، نَخْوَة

sense of values تقدير الأهميّة النسبيّة للأمور

4. (practical wisdom) حُسن الإدْراك

he talks sense إنّه يتكلّم كلامًا معقولاً

5. (meaning) معنًى ، مفاد ، مفهوم

what you say is true, in a sense لا يُعتبَر ما تقول صَحيحًا إلّا مِن وجْهة نَظر خاصّة

this does not make sense هذا غير منطقي

v.t. أَحَسّ ، شَعر

senseless, *a.* 1. (unconscious) فاقِد الوعي

2. (stupid) أحْمق ، غَبيّ ؛ بلا مَعنًى

sensibility, *n.* شُعور مُرْهَف ؛ حَساسية

sensible, *a.* 1. (percipient) راشِد ؛ مُدرِك

2. (perceptible) محْسوس ، مدرَك بالحواس

3. (reasonable) مَعقول ، ملائم ، مناسِب

sensitiv/e, *a.* (**-ity,** *n.*) مُرْهَف الشعور ، رقيق الحِسّ ؛ سَريع التأثُّر ، حَسّاس

sensitiz/e, *v.t.* (**-ation,** *n.*) جَعل (الورق) حسّاسًا

sensory, *a.* حِسّي ، حاسّ

extra-sensory perception إدراك ما يقع من الأحداث بغير الاعتماد على الحواسّ الخمس (علم النفس)

sensual, *a.* (**-ity,** *n.*) شَهوانيّ ؛ شَهوانيّة

sensualist, *n.* شَهوانيّ ، غَلِم ، غِلّيم

sensuous, *a.* (وصف) حسّي ، يتعلّق بالحواس

sent, *pret. & past p. of* **send**

sentence, *n.* 1. (group of words) جُمْلَة

2. (awarded punishment) حُكم (بعقوبة)

v.t. حَكَم (القاضي على المتّهم) بعقوبة ما

sententious, *a.* متكلّف في حِكَمه ومواعظه

sentient, *a.* حسّاس، ذو حساسية

sentiment, *n.* 1. (mental feeling) أفكار

2. (emotional excess) وجدان، عاطفة

sentimental, *a.* (**-ity,** *n.*) عاطِفي؛ عاطِفية

the ring had little intrinsic but great sentimental value لم يكن للخاتم قيمة في حدّ ذاته إلّا من الناحية العاطفية (التذكاريّة)

sentimentalist, *n.* عاطفيّ، ينقاد للعواطف

sentinel, *n.* حارِس، خَفير، غَفير

sentry, *n.* (جُندي) حارِس أو خَفير

on sentry-go قائم بنوْبة الحِراسة

sepal, *n.* وُرَيْقة كأس الزهْرة، فَصْلة

separ/ate, *v.t. & i.* (**-ation,** *n.*) فَصَل، عزَل، فرّق بين؛ انفصل، انعزل، افتراق

separation allowance بَدَل يُمنح للعسكريين لتغطية النَفَقات المنزلية وقت عملهم بالخارج

a. مُنفصِل، مُنفرِد، على حِدَة

the children all sleep in separate beds ينام كلّ طِفْل في سَرير على حِدَة

separatist, *n. & a.* من يؤيّد سياسة الانفصال

separator, *n.* فرّازة، جهاز لِفصل (القشدة من الحليب مثلاً)

sepia, *n. & a.* صِبغ أو لون بُني داكِن

sepoy, *n.* عَسكري هندي درّبه الانكليز (سابقًا)

sepsis, *n.* تَسَمُّم، تعفُّن، خَمَج

sept- (**septi-**), *in comb.* (بادئة بمعنى) سَبْعة

September, *n.* سِبْتمبر، أيلول

septic, *a.* متقيّح، فاسِد، عَفِن

septic tank صِهريج في الأرض تتجمّع فيه المفضلات العضويّة حيْث تتحلّل بسرعة

septicaemia, *n.* تَسَمُّم دَمويّ جراثيميّ

septuagenarian, *a. & n.* ابن سبعين سنة

Septuagint, *n.* الترجمة السبعينية للعهد القديم من العبرية إلى اليونانية (في القرن الثالث ق.م.)

sepulchr/e, *n.* (**-al,** *a.*) ضَريح، قَبْر، مَقْبرة

he is a whited sepulchre إنّه منافق (مُراءٍ)

he announced the news in a sepulchral voice أعْلن النبأ (على الجمهور) بصوت كأنه ينبعِث مِن أعماق القبور

sequel, *n.* ما يَتْلو أو يَتْبع، ما ينجُم عن

sequence, *n.* 1. (succession, principle of order) تَتابُع، تَوالٍ، تَعاقُب

sequence of tenses تتابُع الأزمنة (نحو)

2. (episode in film) لَقطات سِينمائية متتالِية تكوِّن وَحْدة تشبه المنظَر المسرحيّ

sequential, *a.* تالٍ، ناتج (عن ...)

sequester, *v.t.* 1. (*esp. past p.*, seclude) عَزَل

a sequestered place بُقْعة نائية هادِئة

2. (seize); *also* **sequestrate** صادَر، استولى على أموال خاصّة، نزع ملكيّتها

sequestrator *n.* (*leg.*) حارِس قضائي

sequin, *n.* تِرْتِر ، بَرَق ، لمّاعة (لتزيين الملابس)

seraglio, *n.* الحريم في سَراي سُلطان

seraph (*pl.* **-im, -s**), *n.* (**-ic,** *a.*) الساروف ، الساروفيم (ملاك ذو ستّة أجنحة)

Serb, *a. & n.* صِرْبي

Serb/ia, *n.* (**-ian,** *a. & n.*) بلاد الصِّرب

serenade, *n.* السريناد، قطعة موسيقية
v.t. تُعزف أو تغنّى ليلاً تحت نافذة العشيقة

serendipity, *n.* موهبة اكتشاف الأشياء المفيدة مصادفة

seren/e, *a.* (**-ity,** *n.*) (طبيعة) هادئة ،(سماء) صافية
all serene! كُلّ شيء على ما يُرام
His Serene Highness سُموّ (الأمير الحاكم)

serf, *n.* عَبْد يعمل في أرض السيد الإقطاعي، قِنّ

serfdom, *n.* عبوديّة الأرض ، قنانة

serge, *n.* نسيج صوفيّ خاصّ (لعمل بِدَل الرجال)

sergeant (serjeant), *n.* رَقيب ، شاويش
serjeant-at-arms مَأمور تنفيذ تعيّنه الهيئة التشريعية أو البرلمان لتنفيذ الأوامر

serial, *a.* مُسَلسَل ، متسَلسِل
n. 1. (story) قِصّة مسلسَلة
the newspaper bought the serial rights of the new novel اشتَرت الجريدة حَقّ نَشْر الرواية الجديدة مُسَلْسَلة على صفحاتها
2. (number) رَقم مسلسَل

serialize, *v.t.* نشر قصّة أو أعدّها للنشر بتسلسُل

seriatim, *adv.* (عالج نقاط الموضوع) تباعًا

sericulture, *n.* تربية دُود الحرير أو القزّ

series (*pl.* series), *n.* سِلْسِلة ، مَجْموعة
the batteries were connected in series كانت البطّاريّات متّصلة على التوالي

serio-comic, *a.* (أسلوب) يجمع بين الجِدّ والهَزْل

serious, *a.* (**-ness,** *n.*) 1. (earnest, sincere) جدّي ، غير هزلي
in all seriousness بكل إخلاص
2. (important, grave) (أمر) خطير

sermon, *n.*; *also fig.* عِظة ، خِطاب ديني

serpent, *n.* ثُعبان ، أفعىً ، حيّة

serpentine, *a.* (جَدْول مائي) مُلْتَوٍ

serrate(d), *a.* (حافة) مُشَرْشَرة ، مُوَشَّرة

serration, *n.* تَشَرْشُر ، شرشَرة (المنشار)

serried, *a.* (اصطفّ الجنود) كتفًا إلى كتِف

serum, *n.* المصْل ، المصالة

servant, *n.* خادِم (خدَم ، خُدّام)
domestic servant خادِم منزلي
public servant مُوظّف (بالمجلس البلدي مثلاً)
your obedient servant خادِمكم المطيع (عند التوقيع على المكاتبات الرسمية)

serve, *v.t.* 1. (render service to); *also v.i.* (discharge duty) أدّى خدمة لِ ...
he served the customer قام (البائع) بخدمة الزبون وتقديم ما يلزم له

no man can serve two masters لا يستطيع أحد أن يخدم سيّدين معًا (من أقوال المسيح)

he retired after serving twenty years in the army تقاعد (الضابط) بعد أن خدم عشرين سنة في الجيْش

the town councillor served on several committees
اشترك عُضو المجلِس البلديّ في لِجان متعدّدة

2. (fulfil); *also v.i.* (suffice)

it will serve our purpose هذا يفي بالغرض المقصود ، يَسُدّ حاجتنا

it will serve to remind you سَتُذكِّرك (عقدة المنديل مثلاً) بما يجب عليك فِعْله

3. (deliver, supply) قدَّم ، أتى بِ ...

dinner is served المائدة مُعَدّة لوجبة العشاء

he served a double fault أخطأ لاعب التنس مرّتين متتاليتين عند إلقاء الكرة

serve a writ سلَّم المحضرُ إعلانًا قضائيًّا

4. (treat) عامَل

it serves you right تستحِقّ ما وقع لك، تستاهِل

they served me shamefully جَزَوْني جزاء سِنِمّار ، عاملوني معاملة سيّئة

5. (pass, undergo) قضى مدّة من الزمن

he served a seven-year apprenticeship قضى سبع سنوات متتلمذًا (لإتقان حرفته)

he served a term in prison
أمضى (السجين) المدّة المحكوم بها عليه

6. (cover, *of male animals*) نَزا ، سَفَد ، جامَع

n. الضربة المبدئية في التنس وكرة الطاولة

server, *n.* 1. (*eccles.*) شمّاس (يساعد القسّ بالكنيسة)

2. (at tennis) من يستهِلّ ضرب الكرة

3. (at table, *often pl.*); *as in* salad servers شَوْكة وملْعقة خاصّتان تُستعملان في تقديم السَلَطة على المائدة

service, *n.* 1. (employment, duty) خِدمة

she went into service at the age of fifteen
بدأت عملها كخادمة منزلية في سِنّ الخامسة عشرة

2. (organization designed to meet public need) هيئة أو مصلحة عامّة

the National Health Service; *abbr.* N.H.S.
نظام التأميم الصحّي (الطبّي) في انكلترا

public service خدمة عامّة ؛ مرفق عامّ

the Services, *whence* القوّات المسلّحة

(*attrib.*)

service dress رِداء عَسْكريّ للمناسبات الخاصّة

3. (use, benefit)

I am at your service إنّي في خدمتك، أنا تحت أمرك

can I be of service? هل تحتاج إلى خدمة ؟

he was knighted for services rendered to industry مُنح لَقب 'سير' اعترافًا بخدماته في ميدان الصناعة

4. (supply of food, attention, etc.) خِدمة

service charge رَسْم الخِدمة (في الفنادق مثلاً)

service flat شَقّة (مفروشة) يشتمل إيجارها على مصاريف تنظيفها وتدفئتها الخ.

room service خِدمة نزلاء الفندق في غرفهم

5. (regular system of transport, etc.)

bus service الأوتوبيسات كوسيلة مواصلات

6. (set of crockery) طَقْم من الصيني للمائدة (مكوّن من قِطع متعدِّدة)

7. (form of divine worship) قُدّاس الكنيسة

8. (delivery of ball) استهلال ضرْب الكرة

9. (expert attention) صِيانة الأجهزة

after-sales service تَزْويد قطع الغيار (للسيارة) وإصلاحها كخدمة للمشتري (بعد البيع)

v.t. 1. (maintain *vehicle, etc.*) صان (سيّارة مثلاً) وتعهّدها بالإصلاح

2. (meet interest on *loan* and repay capital) دَفع (المقترِض) الفائدة المطلوبة على القرض وسدَّد جزءًا منه

serviceab/le, *a.* (**-ility,** *n.*) 1. (useful) نافع، يفي بالغرَض

2. (usable) صالح للاستعمال

serviette, *n.* فُوطَة للمائدة (من القماش أو الورق)

servil/e, *a.* (**-ity,** *n.*) صاغِر، خَنوع، متذلِّل

servitude, *n.* عُبوديّة، رِقّ؛ أشغال (شاقّة)

servo- *in comb.* مُساعِد أوتوماتيكي (هندسة)

servo⟨-motor⟩, *n.* مُحرِّك إضافيّ (للفرامِل مثلاً)

sesame, *n.* نبات السِمْسِم

sesame oil السيرج، زَيْت السِمْسِم

session, *n.* جَلْسة، دَوْرة انْعِقاد البرلمان

the court is now in session جَلْسة المحكمة مُنعقدة الآن

Petty Sessions محكمة مدنيّة تبتّ في الجنح

sestet, *n.* لَحْن موسيقيّ لِستّة مُنشدين أو لِستّ آلاتٍ مختلفة؛ السطور الستّة الأخيرة في سونيتة

set (*pret. & past p.* set), *v.t.* 1. (place, put) وَضَع

she set the table أعدّت المائدة

no price was set on it لم يُحدَّد سِعْرٌ لهذه السلعة

you must set things right (to rights) عَلَيكَ أن تعيد الأمور إلى وضعها الصحيح

England sets great store by her traditions تعتزّ انكلترا بتقاليدها اعتزازًا كبيرًا

he set a trap (*lit. & fig.*) نصب فخًّا أو شركًا

2. (start, establish) أعدّ، جهّز

he set the alarm for six o'clock ضَبط المنبِّه على الساعة السادِسة

he set the plan in motion بدأ في تنفيذ الخِطّة

3. (devise) ألّف

he set the pupils a difficult exam أعدّ أو وضع للتلاميذ امتحانًا صعبًا

4. (fix, make rigid) هيّأ، نضّد

the jeweller set the diamond in the ring ركّب الجوهريّ الماسةَ في الخاتم

the surgeon set the bone جَبر الجرّاح العظْم المكسور

the captain set course for New York وجّه القبطانُ سفينتَه نحو نيويورك

a set lunch وَجْبة غداء محدّدة (بمطعم)

set ⟨up⟩ type نضّد (العامل) حروف الطباعة

get set! استعِدّوا! تأهّبوا! (سباق جري)

5. (arrange *hair*) صَفَّف الشَعر

6. (*adverbial compounds*) شرَع ، نَحّى

they set about their work with zeal
شَرَعوا في عملهم بحماس ونشاط

she set about preparing a meal
شَرَعت في إعداد لوازم الوجبة

he set aside a pound a week احتجز جنيهًا
كلَّ أسبوع (للتوفير أو للتسديد حساب)

I cannot set aside my personal feelings completely لا يمكنني أن أنحّي مشاعري
الشخصية جانبًا أو أكون محايدًا حيادًا تامًّا

the judge set the will aside
أبطلَ القاضي مفعولَ الوصِيّة

he set the hands of the clock back one hour
أرجَع عقربَي الساعة إلى الخلف لتأخير الزمن ساعةً

our efforts at reform were set back أُصيبت
جُهودنا التي بُذلت في سبيل الإصلاح بنكسَة

the dinner set me back a fiver
كلّفني العشاء خَمْسَة جُنيهات (بالكمال والتمام)

in a forceful speech he set about his critics
هاجَم مُنتقديه بخطاب شديد اللهجة

he set the sack of potatoes down
أنزل جوال البطاطس (ووضعه على الأرض)

he set the instructions down in black and white
دوَّن التعليماتِ في صِيغة واضحة

he set himself down in the register as a journalist قيَّد اسمَه (في سجل نزلاء
الفندق مثلاً) ذاكرًا أنه صحفيّ

he set forth his political views
شرح آراءَه السياسيّة شرحًا وافيًا

the boy set off a firework just behind the old man أشعَل الولد مُفرْقعة
نارِيّة خلفَ الرجُل العجوز مباشرةً

the fire alarm was set off by an electric fault
دَقّ جرس الحريق فجأة بسَبَب خَلَل كهربائي

his friend's enthusiasm set him off collecting stamps حَفَزه حماسُ صديقه إلى
جَمْع طوابع البريد (كهواية)

this frame sets off your oil painting very well
يُبرِز هذا الإطار محاسِن لوحتك الزيتية خير إبراز

the teacher set the pupil on the right track
أرشد المعلّم التلميذَ إلى الطريق السوِيّ

he set out his reasons for refusing
عدَّد أسبابَ رَفْضه وشَرَحها بالتفصيل

the goods were set out on the shelves
رُتِّبَت السِّلع على الرُفوف

we set up our tent in a field
نَصَبْنا خيْمتنا في حَقل

he set up his son in business
فتح لابْنه محلاً تجاريًّا

the spectators set up a loud cheer
هتف المتفرّجون هتافًا عاليًا (للاّعبين)

v.i. 1. (sink)

the sun sets in the west تغرب الشمس في الغرب

2. (solidify)

jelly sets quickly in the refrigerator
يتجمّد الهلام (الجيلي) بسرعة في الثلاّجة

3. (begin)

they set to work at first light
نشطوا للعمل عند بزوغ الفجر

4. (*adverbial compounds*)

the patrol set forth at dusk

بدأت الداوريّة جوْلتها الاستكشافية في الغسق

the rain seems to have set in for the day

يَبدو أن المطر لن ينقطع طوال اليوم

we will set off as soon as possible

سَنبدأ رحلتنا بأسرع ما يمكننا

the ruffians set on the old lady

هاجم الأشقياء المرأة العجوز

they did not set out until Tuesday

لم يَبدأوا رحلتهم حتّى يوْم الثلاثاء

the hungry travellers set to with a will

انقضّ المسافرون الجياع على الطعام

the young doctor set up in private practice

افتتح الطبيب الناشئ عيادة خاصّة

n. 1. (group of things) مجموعة ، طاقم

set of golf clubs مجموعة من مضارب الجولْف

set of teeth طاقَم أسْنان

train set لعبة تتكوّن من قِطار ومُعدّاته

2. (group of persons) فئة ، جماعة ،

زُمرة متآلِفة في الميول والاتّجاهات

3. (apparatus) جهاز (لاسلكي مثلاً)

4. (posture, arrangement) وَضْع ، تنظيم

I don't like the set of this coat لا يعجبني

منظر هذا المعطف عندما أرتديه

shampoo and set

غسيل الشعر وتسريحه (تصفيفه) عند الحلّاق

set-to خناقة ، عَرْكة ، مُشادة

set-up طريقة تنظيم عَمَل ما

5. (built up scenery) معدّات المنظر (على

المسرح) ؛ مكان التقاط مناظر الفيلم

6. (series of games at tennis) (في التنس)

مجموعة أدوار تكوّن شوطاً قائمًا بذاته

7. (granite block for roads); *also* **sett**

بلاطة مربّعة من الجرانيت لرصف سَطح الطريق

8. (badger's lair); *also* **sett**

وَجْر يأوي إليه الغرير (حيوان ثديي)

setback, *n.* نكسة

set-square, *n.* مثلّث (خشبيّ) قائم الزاوية

sett, *see* **set,** *n.* (7) *and* (8)

settee, *n.* كنبة أو أريكة منجَّدة

setter, *n.* 1. (breed of dog) فصيلة من كلاب

الصيد تُدرَّب على الوقوف حالما تشتمّ القنص

2. (*in comb.*, one who sets)

bone-setter مُجبّر العِظام

setting, *n.* 1. (environment, frame) البيئة

المحيطة بمنظر ما ؛ إطار معدنيّ لتركيب جوهرة

2. (music composed for a poem)

تلحين موسيقي لقصيدة من الشِعر

settle, *v.t.* 1. (arrange, decide); *also v.i.*

نَظّم

he settled his affairs before emigrating

صفّى أعماله قبل هجرته إلى خارج البلاد

he offered her a drink and she settled for a cup of tea

عرض عليها كأسًا من الشراب لكنها لم تقبل إلّا فنجانًا من الشاي

they could not settle on a joint course of action

لم يتوصّلا إلى الاتّفاق على برنامج مشترك للعمَل

2. (pay); *also v.i.* دفَع ، سدّد

he had an account to settle with his rival
كان لديه حِساب مع غريمه يريد أن يصفّيه
you pay now and we will settle up later
ادفع الآن وسنتحاسب فيما بعد

3. (place in fixed position); *also v.i.* (come to rest) وَضَع ، استقرّ

he settled an annuity on his daughter
خصّص لصالح ابنته دخلاً سنويًّا مدى حياتها
the ship settled by the stern غاصَ مؤخَّر
السفينة تدريجيًّا حتّى غَرقت
the tea leaves settled at the bottom of the cup
رَسَب ثُفْل الشاي في قاع القَدَح
he married and settled down
تزوّجَ واستقرّ
they did not take long to settle in
استقرّوا في منزلهم الجديد بعد فترة وجيزة

4. (calm) هدّأ ، سكّن

medicine settled his stomach
أدّى الدواء إلى انتظام عَمَل مَعِدته

5. (colonize); *also v.i.* أسْكَن

settle, *n.* مَقعد خشبيّ طويل ذو ذراعين وظهر عالٍ

settled, *a.* ثابِت

we want a period of settled weather for the harvest إنّنا في حاجة إلى فترة
من الطقس الجافّ للحصاد
a man of settled convictions
شخص ذو آراء ومُعتقدات راسخة

settlement, *n.* 1. (arrangement) تدبير، تسوية

2. (*of account, etc.*) تسديد الحساب، تصفية

3. (legal gift) تخصيص مَبلغ لصالح شخص

4. (colonization, colony) مُستعمَرة

5. (social welfare centre) مَركز خيريّ

6. (subsidence) استقرار حائط (بعد تقلّص الأساس)

settler, *n.* مُستعمِر ، مستوطِن

seven, *n. & a.* سَبْعة ، سَبْع

sevenfold, *a. & adv.* سَبْعة أضعاف

seventeen, *n. & a.* سَبْعة عشر

seventeenth, *a. & n.* السابع عشر

seventh, *a.* السابع

n. 1. (ordinal) سابع

2. (fraction) سُبع (أسباع)

3. (mus. interval) فترة موسيقية تشتمل على سَبْع نغمات (في السلّم الموسيقي)

seventieth, *a. & n.* السبعون ؛ جُزء من سبعين

seventy, *n. & a.* سَبعون

he is in his seventies إنّه في العقد الثامن
he was born in the seventies وُلد في السبعينات
من القرن التاسع عشر (بين ١٨٧٠ و ١٨٧٩)
the temperature is in the seventies
لقد ارتفعت درجة الحرارة إلى ما فوق السبعين

sever, *v.t.* (**-ance,** *n.*) قَطَع ، فَصَل ؛ فَصْم

he severed his connections with the company قطع عَلاقاته مع الشَركة ،
لم تَعُد له أيّة صِلة بها

several, *a.* 1. (a number of); *also pron.*
عِدّة ، عَديد ، (مرّات) متعدِّدة

2. (separate) علی حِدَة

they went their several ways

تفرّقوا وذهب كلّ منهم في طريقه

severally, *adv.* كلٌّ على انفراد

he sued them jointly and severally

قاضاهم بالتكافُل والتضامُن

severance, *n.* قَطْع (العلاقات)، انقطاع

sever/e, *a.* (**-ity,** *n.*) 1. (stern, harsh)
صارِم، قاسٍ، عنيف، شديد

it was a severe test of his endurance

كان امتحانًا قاسيًا لجلده وقوّة تحمُّله

severe weather جوّ قارس البرودة، عاصِف

2. (extreme, heavy, bad) شَديد، فادِح

severe injuries إصابات بالِغة أو جَسيمة

sew (*pret.* sewed, *past p.* sewn), *v.t. & i.*
خاط، خيَّط، درَز

sewage, *n.* مياه المجاري

sewage farm مكان تعالج فيه مياه المجاري

sewer, *n.* أنبوب (تحت الأرض) لمياه المجاري

sewerage, *n.* 1. (effluent) مياه المجاري

2. (drainage system) نظام تصريف
مياه المجاري

sewing, *n.* 1. (occupation) خياطة

sewing machine آلة (ماكِنة) خياطة

2. (garments being sewn) قماش ومعدات الخياطة

sewn, *past p. of* **sew**

sex, *n.* 1. (gender) جِنس (ذَكر أو أُنثى)

the weaker sex الجنس اللطيف أو الناعِم

sex appeal الجاذبيّة الجنسيّة

2. (*coll.*, sexual intercourse) جِماع، نكاح

sexagenarian, *a. & n.* ابن ستّين سنة

sexless, *a.* شخص بغير مظاهر الأنوثة أو الرجولة

sextant, *n.* سُدْسيّة، آلة السُّدْس (يستعملها
الملاح لقياس الارتفاعات ومعرفة خطّ العرض)

sextet, *n.* لَحْن يغنّيه ستة
سُداسيّ، مجموعة من ستّة عازفين أو مغنّين

sexton, *n.* خادِم في الكنيسة والمقبرة المجاورة لها
(مكلَّف بقرع الجرَس وحفر القبور)، قَندلَفت

sexual, *a.* (عَلاقة) جنسيّة، تناسليّة

sexuality, *n.* مَظاهر الأنوثة أو الرجولة

sexy, *a.* (*coll.*) مُثير للغريزة الجنسيّة

shabby, *a.* 1. (threadbare, dilapidated) رَثّ

2. (mean, unfair) سافِل، دنيء

he played a shabby trick on me

خَدَعني بحيلة دنيئة، مكر بي

shack, *n.* كُوخ صَغير

shackle, *n.* صَفَد (أصفاد)، قَيْد (قُيود)،
غُلّ (أغلال)

shackle-pin مِسمار يدخل في طرفي كبْل
(حديدي) لربط شيئين

v.t. غلّ، قيّد، كبَّل، صفد

shade, *n.* 1. (comparative darkness)
ظِلّ (ظلال)، فَيْء (أفياء، فيوء)

the visitor put the hostess in the shade

استأثرت الضيفة بالانتباه وبقيت المضيفة على الهامِش

the shades of night (أرخى الليل) سُدوله

2. (place sheltered from sun) ظِلّ ، فيء

the temperature was ninety degrees in the shade بلغت الحرارة تسعين درجة في الظِلّ

3. (*esp. in comb.*, protection from light or heat) غطاء يقي من الحرارة أو الضوء

eye-shade غطاء يقي العينين من الوهج

4. (tint) درجة شدّة (الاحمرار مثلاً)

there are several delicate shades of meaning in this word لهذه الكلمة كثير من ظلال المعاني الدقيقة ، توحي بمختلف المعاني المتقاربة

5. (slight amount) مقدار ضئيل أو طفيف

please move a shade to the right! أرجوك أن تتحرّكَ قليلاً نحو اليمين

v.t. 1. (protect or screen from light) أظلّ (من الوهج مثلاً)

2. (darken by drawing) ظلّل (الرسم)

3. (change gradually); *also v.i.* غيّر أو تغيّر تدريجيًّا (من لون إلى آخر)

shading, *n.* تظليل (الرسم)

shadow, *n.* 1. (area of shade) ظِلّ

she was worn to a shadow by overwork أنهكها العمَل حتّى كادت تصبح شبحًا

there is not a shadow of doubt as to his honesty ليس هناك ذرّة من الشكّ في أمانته

shadow play خيال الظِلّ

2. (inseparable attendant) (رافقه) كظِلّه

3. (*attrib.*, standby) بديل

shadow Cabinet هيئة من زعماء المعارضة يكلَّف أعضاؤها بتتبّع أعمال الوزارة الحاكمة

v.t. 1. (shade) ألقى ظلاً على

2. (follow) لاحَقه ، تَعقّبه ، تبعه كظِلّه

shadowy, *a.* ظليل ، غير واضح المعالم

shady, *a.* 1. (screened from sun) ظليل

2. (of dubious honesty) مشتبه في نزاهته

shaft, *n.* 1. (arrow or its stem) سَهْم ، قصبة السهْم ، قناة الرُّمْح

shaft of light شُعاع من الضوء

shaft of wit تعليق ينطوي على سخرية لاذعة

2. (long handle) يَد (خشبيّة) طويلة

3. (pole for draught animal to pull) عريش العربة ، إحدى خشبتين يربط بينهما حيوان الجرّ

4. (*mech.*, long rotating rod) عمود

5. (vertical passage) نفق عمودي

mine-shaft بئر المصعد في منجم

shag, *n.* 1. (tobacco) تَبْغ أو تتن غليظ مفروم

2. (sea-bird) غراب الماء ، قاق الماء (طائر)

shaggy, *a.* أشعَث الشعْر

shaggy dog story حِكاية مليئة بالتفاصيل التافهة وتنتهي فجأة بخاتمة مُضحِكة

shagreen, *n.* جِلْد (حمار أو قرش) مُحبَّب غير مدبوغ

shah, *n.* الشاه ، امبراطور إيران

shake (*pret.* shook, *past p.* shaken), *v.t. & i.* هزّ ، رجّ ، اهتزّ ، ارتجّ

his actions shook my faith in his integrity زَعْزَعَت أعماله ثِقتي في استقامته

he shook his fist at the rapidly disappearing cyclist هزّ قبضته متوعّدًا راكب الدرّاجة المتواري بسرعة عن الأنظار

they shook hands when introduced
تصافحا عندما قُدّم أحدُهما للآخر

after the quarrel they shook hands
تصافحا دليلاً على فضّ النزاع بينهما

they concluded the bargain by shaking ⟨hands⟩ on it
تصافحا إشارةً إلى اتّفاقهما على الصفقة

he shook his head
هزّ رأسه (دليلاً على الرفض أو النفي)

the old man shook his head at (over) the behaviour of the young هزّ العجوز رأسه استنكارًا واستقباحا لسلوك الشباب

he was shaking in his shoes
كان يرتعش من قِمّة رأسه إلى أخمص قدميه

the new crew will soon shake down لن يلبث أفراد الطاقم الجديد أن يتعوّدوا العمل مؤتلفين

he found it difficult to shake off the effects of a long illness كان من الصعب عليه أن يتخلّص من آثار مرضه الطويل

the servant shook out the table-cloth نفضت الخادمة مفرش المائدة (لإلقاء فتات الخبز)

n. هزّة، رجّة

I'll be there in two shakes ⟨of a lamb's tail⟩ (*sl.*) سأصل في غمضة عين

as a writer, he is no great shakes (*sl.*)
لا يُقام له وزن في دنيا الكتابة

shake-up, *n.* رجّة أو هزّة (عنيفة)، إيقاظ من سُبات؛ تغيير جذريّ (في الجهاز الإداري مثلاً)

shakedown, *n.* أثاث يُستعمل فراشًا وقت الحاجة

shaker, *n.* أداة للمزج

cocktail-shaker إناء لمزج المشروبات الروحيّة

shaky, *a.* (يد) مرتعشة، (صوت) متهدّج

his business is looking rather shaky
يبدو أن تجارته مزعزعة أو مقلقلة بعض الشيء

shale, *n.* طين صَفحي، صَخْر رسوبي رَخْو

shall (*pret. & condit.* should, *neg.* shall not, shan't), *v. aux.* 1. (denoting intention of speaker or futurity) سَ..، سوف

I shall leave to-morrow سأغادر غدًا

shall I open the window?
أتحبّ أن أفتح النافذة؟

I shall not stay long لن أبقى طويلاً

2. (denoting permission or command of the speaker)

you shall have it if you behave
لن أعطيك (الشيء) إلّا إذا حسّنت سُلوكك

they shall not pass لن نسمح للعدوّ بالاجتياز

shallot, *n.* قفلوط، كرّاث أندلسي، كرّاث عَسقلون

shallow, *a.* ضَحْل، ضحضاح، غير عميق

he is a very shallow person إنه شخص سطحي جدًّا، شخصيته تافهة

n. (*usu. pl.*) مِياه ضحلة

sham, *n. & a.* ادّعاء كاذِب؛ زائف، مصطنع

he's a sham إنه دجّال، أفّاك، دَعِيّ

v.t. & i. تظاهَر بِ، ادّعى

shamble, *v.i.* هدج (العجوز في مشيته مثلاً)

shambles, *n.pl.* مجزر ، سَلخانة

the thief turned the room into a shambles
قلب اللّص محتويات الحجرة وعاث فيها فسادًا

shame, *n.* 1. (consciousness of wrong) خجل

shame on you! عار عليك !

for shame! يا للخَجَل ! يا للعار !

to my everlasting shame I did not help him سَيَظلّ الشعور بالخجل يلاحقني كلما تذكرت أنني لم أساعدْه

his generosity put all others to shame
جَعَلهم سخاؤه يذوبون خجلاً

2. (disgrace) عَيْب ، عار ، فضيحة

it's a shame to take the money for doing such easy work أشعر أنني لا أستحقّ كل ذلك المبلغ مقابل تلك الخدمة البسيطة

v.t. أخجلَ

tell the truth and shame the devil
قُل الحقَّ واخزِ الشيطان

he was shamed into volunteering
مَنعه حياؤه من رفض التطوّع

shamefaced, *a.* يَبدو الخجَل على وجهه

shameful, *a.* مُخْزٍ ، مُخجِل ، فاضِح ، شنيع

shameless, *a.* قليل الحياء ، وَقح

shammy ⟨**leather**⟩, *see* **chamois** (2)

shampoo, *n.* 1. (washing of hair) غسل بالشامبو

2. (cleanser) شامبو (لغسيل الشعر مثلاً)

v.t. غسَل أو نظّف (الشعر) بالشامبو

shamrock, *n.* نوع من النفَل البرّي يتّخذه الايرلنديون شعارًا لهم

shandy(gaff), *n.* بيرة ممزوجة بالليمون أو الزنجبيل

shanghai, *v.t.* أسكر بحّارًا أوخدّره ثمّ نقله إلى سفينة على وَشك الإبحار ليعمل بها

shank, *n.* 1. (lower part of leg) ساق

we had to go on Shanks's pony اُضْطُرِرنا إلى الذهاب سيرًا على الأقدام ، كعّابي (مصر)

2. (stem of tool) بَدَن (المسمار المحوّى)، جسم (المثقاب)

shan't, *coll. abbr. of* **shall** not

shantung, *n.* الشانتونغ ، نوع من الحرير الصيني

shanty, *n.* 1. (cabin) كوخ ، عُشّة ، كُشك

shanty-town مجموعة من العُشَش أو الأكواخ الحقيرة (في أطراف مدينة مثلاً)

2. (sailor's song); *also* **sea-shanty**
أُغْنية من أغاني البحّارة (وقت العمل)

shape, *n.* شَكل ، صُورة ، هيئة ، مَظهر

that is likely to be the shape of things to come هذا هو الوضع الذي يُنتظر أن يَسود في المستقبل

his affairs are in good shape
إن شؤونه على ما يُرام

his plan began to take shape
أخذت خِطّته تتّضح شيئًا فشيئًا

chocolate shape شوكولاته مصبوبة في قوالب تعطيها شكلاً خاصًّا

v.t. & i. شكّل ، صاغَ ، تشكّل

the boy is shaping satisfactorily
تَتطوّر شخصيّة الولد على وَجْه مَرْضيّ

the boxer shaped up to his opponent
واجَه الملاكم غريمه مُتحفّزًا

shapeless, *a.* بدون شكل محدّد ، غير واضح المعالم

shapely, *a.* حَسَن الشكل ، متناسِق ، رشيق

shard (**sherd**), *n.* شَقفة من الفخّار

share, *n.* 1. (portion) قِسم ، حِصّة ؛ نصيب

let us go shares in the taxi fare
لنشتركْ في دَفع أجرة التاكسي بالتساوي

share and share alike اشتركوا في النفقات
وتقاسموا الأرباح ، اشتركوا في السرّاء والضرّاء

2. (equal part of company's capital) سَهْم

share-pusher سِمْسار يحاول ترويج أسهُم
شَركة ذات مركز ماليّ مُزَعْزَع

3. (blade of plough) حديدة المحراث ، باسِنة

v.t. 1. (apportion) وزّع (الأرباح) ، اقتسم

share out أعطى كلّ واحد نصيبه

2. (possess jointly); *also v.i.* شارَكَ ، ساهم في

shareholder, *n.* مُساهِم ، من حَمَلة الأسْهُم

shark, *n.* سَمَكُ القِرْش ، كَلْب البحْر

(*fig.*) من يَتّخِذ من سَذاجة البُسَطاء
وسيلةً لإثرائه

sharp, *a.* 1. (keen, *lit.* & *fig.*) حادّ ، ماضٍ

sharp eyes يَقْظة ، سُرعة الملاحظة

sharp frost صَقيع شديد وقارس

sharp pain ألم وَخّاز

sharp taste طَعْم حِرّيف (للمخلّلات مثلاً)

sharp temper سُرعة الغضَب ، حِدّة الطبْع

sharp tongue لِسان سَليط

sharp-witted, *a.* حاضِر الذِّهن ، سريع الخاطِر

2. (brisk, abrupt) نَشيط ، سريع

we went for a sharp walk خَرجنا للترَيّض
والتنشُّط بِمِشْية سريعة (في الخلاء مثلاً)

we encountered a sharp bend in the road
فجأة جئنا إلى منعطف شديد الانحناء

3. (*mus.*); *also n.* & *adv.* نغمة موسيقية
حادّة يُرمَز إليها بعلامة الرفع #

adv. 1. (punctually)

the train should arrive at seven o'clock sharp
من المنتظَر أن يَصل القطار في تمام الساعة السابعة

2. (abruptly) فجأة ، حالاً

look sharp! أسرِع ، بالعَجَل ، حالاً !

sharpen, *v.t.* بَرى (القلَم) ، شَحَذ ، سَنّ ، أحدّ

sharpener, *n.* آلة لِلسَنّ أو للشحْذ

pencil-sharpener مِبْراة للأقلام ، برّاية

sharper, *n.* نصّاب ، غشّاش (في لعب الورق)

sharpshooter, *n.* بارع في الرماية ، نشانجي

shatter, *v.t.* & *i.* كسّر ، حطّم ، هشّم ؛ تحطّم

his failure shattered his confidence
حطّم فشلُه ثِقته بنفسه

shave (*past p.* shaved, shaven), *v.t.* 1. (cut hair off chin, etc.) *also v.i.* حَلَق

shaving-brush فُرشة الحِلاقة

clean-shaven حَليق اللّحية والشارِب

2. (pare) كشَط ، سَحَج (شريحة رقيقة من ...)

3. (graze) كادت (السيّارة) تحتَكّ (بالحائط)

n. 1. (act of shaving) حِلاقة

2. (narrow escape) نجاة بأعجوبة

shaver, *n.* 1. (appliance) آلة حلاقة (كهربائية)

2. (*coll.*, youngster) صَبيّ ، وَلد

Shavian, *a.* نِسبة إلى المؤلّف جورج بِرنارد شُو

shaving, *n.* نُجارة (الخشب)، قصاصة (معدنية)

wood shavings نُجارة الخشب

shawl, *n.* شال (شالات)

she, *pron.* هِيَ

n., often attrib. الأُنثى

she-goat عَنْز ، عَنْزة ، معزًى ، مِعْزاة

shea/f (*pl.* -ves), *n.* 1. (bundle) حُزْمة ، رِزْمة

2. (of corn) حُزمة (من الحِنطة المحصودة)

shear (*past p.* shorn), *v.t.* جزَّ (وَبَر حيوان)

sheep-shearing جَزّ صوف الغنم

the gambler came home shorn of his money
عاد المقامِر إلى بيته وقد تجرّد من كلّ نقوده

v.i. تشوّه شكل شيء ما نتيجة لضغط قويّ من الجانِب (ميكانيكا)

n. 1. (*mech.*) ضغط جانبيّ (ميكانيكا)

2. (*pl.*, clipping instrument); *also* a pair of shears مقصّ للجزّ ، مجزّ (للأعشاب)

sheath, *n.* 1. (cover for sword blade, etc.) غِمْد ، قِراب ، جِراب ؛ غِلاف

sheath-knife مُدية ذات غِمد

2. (contraceptive) قِراب الذَّكَر (لمنع الحمْل)

sheathe, *v.t.* أغْمد (سيفه) ؛ غطّى بِ ...

the time has come to sheathe the sword
لقد آن للحرب أن تضَع أوزارها

sheaves, *pl. of* **sheaf**

shed, *n.* سَقيفة ، عَريش ، حظيرة (للبقر مثلاً)

shed, *v.t.* أسقطت (الشجرة أوراقها)، طرَح ، خلَع

the martyr shed his blood for his faith
سُفِكَ دمُ الشهيد في سبيل عقيدته

she shed bitter tears
بكَت بكاءً مُرًّا ، ذَرَفت دموعًا حارّة

sheen, *n.* لَمَعان (الحرير أو الشعْر)

sheep (*pl.* sheep), *n.* خَروف ، نَعْجة ، شاة ، ضأن

sheep-dog كلْب الرّعاة (مدرّب على حراسة الغنم)

sheep-fold حظيرة الأغنام ، صِيرتها

lost sheep (*fig.*) حائر ، ضالّ ، على غير هدًى

they followed him like sheep تبعوه كالنّعاج ، انقادوا وراءه انقيادًا أعمى

the youth made sheep's eyes at the girl نَظر الشابّ إلى الفتاة بشوق وهيام ، بَصبص لها

the examination will separate the sheep from the goats سوف يفرّق الامتحان بين الصالح والطالح

sheepish, *a.* (صبيّ) خَجول ، ساذَج ، أخْرَق

sheepskin, *n.* (معطف من) جِلْد الغنَم

sheer, *a.* 1. (perpendicular); *also adv.*
(انحدار) شِبه عَموديّ ، يكاد يكون رأسيًّا

2. (absolute) مُجرَّد ، مَحْض ، بَحْت

this is a sheer waste of time
هذه مَضْيعة للوقْت ليس إلاّ

3. (*of textiles*, diaphanous) شَفّاف، شَفيف

v.i., *with adv.* away, off (السفينة) انحرفت

sheer off! ابتعدْ عنّي ! امْشِ لحالك !

sheet, *n.* 1. (piece of bed-linen) مُلاءة، شَرشف

his face went as white as a sheet غاضَ
الدّم من وَجهه (لشدّة الخوف)

he had hardly enough strength to crawl between the sheets أنهكه الإعياء
لِدرجة أنّه لم يَسْتطع الذهاب إلى فراشه لينام

2. (broad flat piece of glass, paper, etc.)
لَوْح (زجاج)، صفيحة (معدن)، فَرْخ ورق

sheet music نوتة موسيقية مطبوعة (غير مجلّدة)

3. (wide expanse of water, flame, etc.)
مِساحة يغمرها الماء ؛ (هطل المطر) بغزارة

sheet lightning بَرْق صفحيّ (غير متكسّر)

4. (rope for sail) حَبْل لِرَبْط أسْفل الشراع

he was three sheets in the wind كان
مسطولاً من شدّة السُّكْر، 'سكران طينة'

sheet-anchor (*fig.*) الحِصْن المنيع، الملاذ الأخير

sheeting, *n.* نسيج (من القطن أو الكتّان أو
النايلون) تُصنع منه الملاءات والشراشف

sheik(h), *n.* شَيْخ، رئيس قبيلة

shekel, *n.* شاقل (عُملة فِضّية - توراة)

(*pl. coll.*) فُلوس، مَصاري، دَراهم

shel/f (*pl.* -ves), *n.* رَفّ (رُفوف)

at forty she was on the shelf فاتَها قِطار
الزواج عندما بَلَغت الأربعين

shell, *n.* 1. (outer covering) قِشْر، غِلاف

2. (crustacean's carapace) صَدَفة

shell-pink لَوْن وَرْديّ فاتح

he rarely comes out of his shell إنّه مُنْطوٍ
على نفسه ويندر أن يختلط بالآخرين

3. (explosive projectile) قُنبلة، دانة

shell-shock انهيار عصبيّ نتيجة التعرّض لأهوال الحرب

v.t. 1. (remove casing from); also *v.i.*
قَشَر، قَصّص (مصر)، قَلّس (عراق)

I shall be expected to shell out for the party مِن المتوقّع أن أُضْطَرّ
إلى دفع نَفَقات الحفلة

2. (bombard) قَصَف بالمدافع، ضَرَب بالقنابل

shellac, *n.* اللّك المصفّى، جملكّة (مصر)

shellfish, *n.* حَيوانات صَدَفية

shelter, *v.t.* آوى، حَمَى، سَتَر

the young girl led a sheltered life عاشت
الفتاة عيشةً مُحافظةً لا تختلط فيها بالغرباء

v.i. التجأ إلى (مخبأ)، احتمى بِ ...

n. مأوًى، مَخبأ، ملجأ ؛ مَلاذ

he took shelter لجأ إلى مَخْبأ

shelve, *v.i.* انْحَدَر (في مستواه)

the beach shelved steeply انحدر الشاطئ
نحو البحْر انحدارًا شديدًا

v.t. 1. (place on shelf) وَضَع على رَفٍّ

2. (postpone) أجّل (المشروع مثلاً)

shelves, *pl. of* **shelf**

shepherd (*fem.* **-ess**), *n.* راعي الغَنَم ؛ راعية

the Good Shepherd الراعي الصالح (المسيح)

v.t. أرشَد (الدليلُ السوّاح) مرافقًا إيّاهم

sherbet, *n.* مَسحوق حامِض حُلو يُمْتَصّ أو يُذاب في الماء ليكوّن شرابًا مرطّبًا

sherd, *see* **shard**

sheriff, *n.* عُمْدة ، كبير رجال الأمن والحفظ

sherry, *n.* شِرِي ، نبيذ اسبانيّ قويّ

shew, *see* **show**

shibboleth, *n.* شِعار مُبتَذَل أصبح كلمةً جوفاء

shield, *n.* 1. (piece of armour) تُرس ، مِجَنّ

2. (protective device), *also fig.* غِطاء واقٍ

v.t. حَمَى ، وَقَى

shift, *v.t. & i.* 1. (change position) زَحْزَح (مائدة مثلاً) ، حوّل ، نَقَل ؛ تحوّل

2. (manage) دبّر أَمْرَه بنفسه

the orphans had to shift for themselves
اضطُرّ اليتامى إلى تدبير أمورهم بأنفسهم

n. 1. (change of position) تغيير الموقع

shift-key مِفتاح الحروف العالية بالآلة الكاتبة

2. (expedient) تَحايُل للخروج من مأزِق

3. (relay of workmen) فَوْج يعمل بالمناوبة

4. (chemise) قميص داخليّ للنساء

shiftless, *a.* تِنْبل ، مِكسال ؛ عديم الحيلة

shifty, *a.* ماكِر ، متقلِّب لا يُعتمد عليه

shillelagh, *n.* هِراوة ايرلندية الأصل

shilling, *n.* شلن ، ١/٢٠ من الجنيه الانكليزيّ

the old man cut his son off with a shilling
لم يُوصِ العجوز لابنه إلا بمبلغ تافه من ثروته

shilly-shally, *v.i. & n.*
ظلّ يقدّم رِجلاً ويؤخّر أخرى ؛ تلكّؤ ، تردُّد

shimmer, *v.i. & n.* وَمَض ، رأرأ ، لَمع خفيفًا

shin, *n.* عَظْم الساق بين الركبة والقَدَم

shin-bone ظُنبوب ، عَظم الساق الأكبر

shin-guard غِطاء يَقِي قصبة الرجل (في اللعب)

v.i. with adv. up تسلّق بذراعيْه وقَدَميْه

shindy, *n.* دَوْشة ، ضَجّة وصَخَب

when he was refused admission he kicked up a shindy عندما رفضوا السماح له بالدخول أثار جَلبة وضوضاء

shine (*pret. & past p.* shone), *v.i.* 1. (emit light, be radiant) سَطع ، لمع ، تألّق

2. (excel) امتاز ، تفوّق ، تألّق نَجْمُه

v.t. 1. (polish) لمّع (الحذاء)

2. (direct light of *torch* on) سلّط ضوء مِصْباح

n. بَريق ، لَمَعان

I will go tomorrow, come rain or shine
سأذهب غدًا ولن يُعيقني شيء

shingle, *n.* 1. (small pebbles) حَصى (الشاطئ)

2. (wooden tile); *also v.t.* قِطع خشبيّة مُربّعة أومستطيلة لتغطية السقوف والجدران

3. (hair style); *also v.t.* قَصّة شَعْر نِسائيّة شبيهة بِقصّة شَعْر الرجال

shingles, *n.pl.* القوباء المنطقية (مَرَض جلديّ)

Shinto, *n.,* **-ism,** *n.,* **-ist,** *n.* ديانة يابانية قديمة أصبحت ديانة الدولة من ١٨٦٨ـ ١٩٤٥

shiny, *a.* لامِع ، زاهٍ ، ساطِع ، مَصقول

ship, *n.* سَفينة (سُفن) ، مَرْكب (مراكب)

ship-canal قَناة تصلح لمرور عابرات المحيط

ship of the desert سَفينة الصحراء (الجَمَل)

ship's articles شُروط الاتّفاقية التي يَعمل البَحّارة على السفن بِموجبها

ship's papers مُستندات السفينة

our troubles will all end when our ship comes home ستنتهي صعوباتنا عندما يبتسم لنا الحظّ ويتيسّر الحال

v.t. 1. (send by sea) شَحن (بضاعة بالبحر)

the goods were shipped off yesterday شُحِنت البضائع أمس

2. (take on board) حَمَّل (السفينة)، شَحَن

the captain shipped a new crew for the voyage تعاقد القبطان مع طاقم جديد من الملاحين للعمل على السفينة

the rowers shipped their oars رَفَع المجدِّفون مجاديفهم من الماء ووضعوها داخِل القارب

the boat is shipping water أخذت الأمواج تقذف المياه إلى داخل القارب

shipboard, *n., in* on shipboard على مَتن السفينة ، على ظَهْرها

shipbuild/ing, *n.,* **-er,** *n.* (صِناعة) بِناء السُّفن

shipload, *n.* الحمولة القُصوَى للسفينة

shipmate, *n.* بحّار يخدم مع آخر في نفس السفينة

shipment, *n.* شُحْنة ، وَسْق السفينة

shipowner, *n.* صاحِب السفينة

shipper, *n.* شاحِن ، مُرْسِل

shipping, *n.* الشحْن البحريّ ؛ مايتعلّق بالسفن

shipping-agent وكيل شَحْن بحري (يتولى أعمال الشحن وتجهيز السفن في الميناء)

shipshape, *a. & adv.* مُرتَّب ، مُنظَّم ، مُنسَّق على الوجْه الأكمل

shipwreck, *n.* غَرق السفينة ؛ حُطامها

v.t. (*lit. & fig.*) أغرقت (العاصفة) السفينة ؛ حَطّمت (الكارثة) آماله ، أحْبَطت مشروعاته

shipwright, *n.* نجّار سفن (يبنيها ويصلحها)

shipyard, *n.* مَحلّ بناء السفن ، ترسانة

shire, *n.* مُقاطعة (من أقسام بريطانيا الإدارية)

shire horse حِصان انكليزي ضخم (للعمل بالمزارع)

the Shires اسم يُطلَق على مُقاطعات خاصّة بوسط انكلترا تشتهر بصيْد الثعالب

shirk, *v.t.* تهرَّب (من مسؤولية) ، تنصَّل مِنها

shirker, *n.* مَن يتهرَّب من واجبه أو مسؤوليته

shirt, *n.* قَميص (قُمْصان)

I found him in his shirt-sleeves (عندما دخلت حجرته) وجدته خالعًا سترته أوجاكتّته

keep your shirt on! لا تفقدْ أعصابك !

don't be such a stuffed shirt! كفاكَ صلفاً وعجرفة ! لا تُفرِط في التمسُّك بالشكليّات !

he put his shirt on the horse راهَن على الحصان بكلّ ما يملك

shirting, *n.* قُماش لتفصيل القُمصان

shirty, *a.* (*sl.*) متَرْفز ، غضبان ، مقَرْيف

shiver, *v.i.* 1. (tremble); *also n.* ارتعش ، ارتجف (خوفًا) ، اقشعرّ ؛ رعشة ، قشعريرة

2. (break into small pieces); *also v.t.* تَشَقّق (الزجاج) ، تشظّى ، تهشّم ، تكسّر

shoal, *n.* 1. (multitude, esp. of fish) سِرْب أو فَوج من الأسماك (في البحر) ، عدد كبير

he received a shoal of letters استلم (المُمثّل مثلًا) أكوامًا من الرسائل

my father has shoals of friends لأبي مئات من الأصدقاء

2. (shallow place) ضَحل ، ضَحْضاح

shock, *n.* 1. (violent blow, collision, disturbance) صَدْمة ، هزّة ، رجّة

shock-absorber مُمْتَصّ الصّدمات (بالسيارة)

shock-proof لا تُؤثّر فيه الصّدمات

shock tactics سِياسة تقوم على المباغَتة

shock treatment مُعالجة بعض الاضْطرابات العقليّة بالصدمات الكهربائية مع التخدير

shock troops قوّات الصاعقة

electric shock صَدمة كهربائية

he is suffering from shock (لا يزال المريض) تحت تأثير الصدْمة (العصبيّة)

2. (pile of corn-sheaves; *fig.*, mass of hair) كوْمة من حُزم القمح ؛ شعر أشعث

shock-headed, *a.* أَشْعَث الشَعر

v.t. صَدَم ، أدهش ، فجع ، أرعب ، هزّ

shocker, *n.* (*coll.*) فظيع ، مريع (في تصرّفاته)

his handwriting is a shocker إنّ خطّه شنيع (لا يُقْرَأ)

shocking, *a.* شَنيع ، مُريع ، فَظيع ، مُخجِل

shod, *pret. & past p. of* **shoe,** *v.t.*

shoddy, *a.* (بضاعة) رديئة ، غير مُتقَنة الصنع

n. قُماش رديء خشن (من صوف أعيد نسجه)

shoe, *n.* حِذاء (أحذية) ، نَعل (نِعال)

shoe-black ماسح (مسّاح) الأحذية ، بُوية

shoe-horn لبّاسة ، قرن يُلبَس به الحذاء

his wages hardly kept him in shoe-leather لا يكاد أجْره يسُدّ رَمَقه

I wouldn't care to be in his shoes أكرَه أن أكونَ في مكانه أو مَوْقفه الحرِج

he had to manage on a shoe-string دبّر شؤون معيشته بالرغم من قِلّة موارده

shoe-tree قالِب يحفظ للحذاء شكله

v.t. (*pret. & past. p.* shod) وضع الحافِر الحصان نعلًا أو حدوة جديدة

he is always well-shod يعتني دائمًا بالحذاء الذي يلبسه

shone, *pret. & past p. of* **shine**

shoo, *v.t. & i.*; *also int.* هَشّ (الدّجاجَ) ؛ صيحة للاطفال أو الطيور بمعنى ابْعد ! هشّ !

shook, *pret. of* **shake**

shoot (*pret. & past p.* shot), *v.t. & i.*

1. (propel) قذف ، رَمَى

he closed the door and shot the bolt أوْصَدَ البابَ ثم دَرْبَسَه أو أغلق الترباس

the footballer shot at goal قَذَفَ اللاعبُ كرة القدم نحو الهدف

2. (discharge weapon (at), fire, kill, hunt) أطلق النار على؛ صوّب البندقية على ؛ صاد

they shot the enemy aircraft down ضَربوا طائرة العدوّ (بالمدافع المضادة) وأسقطوها

his argument was shot down ⟨in flames⟩ أفحمه ، دَحَضَ حُجّتَه دحضًا تامًّا

the pilot shot a line راح الطيّار يتباهى ويتفاخر بأعماله

the aircraft shot up the enemy lines أطلقت الطائرات نيرانها على خطوط العدوّ

he was badly shot up in the war لحقته إصابات بالغة في أثناء الحرب

shooting-gallery رواق للتدرّب على الرماية

shooting lodge استراحة الصيْد (في الريف)

shooting-match (contest) مُباراة في الرماية

(*fig.*, war) تبادُل إطلاق النار

shooting-stick عصا خاصّة يُثبّت أسفلها بالأرض وتفتح يَدُها لتصبح مَقْعدًا

3. (move rapidly (over); sprout) انطلق بسرعة ، مرق كالسهم ؛ نَبَتَ (الزرع)

the canoe shot the rapids انطلق الزورق فوق مياه الجندل دون أن ينقلب

the car shot out of a side turning انطلقت السيارة كالسهْم من طريق جانبيّ

in the spring seeds shoot up في الربيع تنمو النباتات من البذور بسرعة كبيرة

shooting-star شِهاب ، نيزك ، رَجْم

4. (photograph) التَقَط أو صوّر مَشْهداً بفيلم

5. (take reading of with sextant) قاس ارتفاع (نجم) بآلة السُّدس

n. 1. (new growth) نبتة ، فرخ

2. (shooting party or expedition) جماعة أو مجموعة من الصيّادين ؛ أرض الصيد

shop, *n.* 1. (building for retail sale) دُكّان

shop-soiled, *a.* بضاعة جديدة بها عَيْب بسيط

set up shop فتح أو أسّس محلًّا تجاريًّا

shut up shop (*fig.*) كفّ عن مزاولة مِهْنته (بسبب الإفلاس مثلاً)

his belongings were scattered all over the shop كانت حاجيّاته مبعثرة في كلّ أرجاء المكان

we rarely talk shop at home قلّما نتحدّث عن أعمالنا في المحيط العائلي

2. (workshop) وَرْشة ، مصنع

shop-steward ممثّل نقابة العمّال (بالمصنع مثلاً)

v.i. 1. (make purchases) تسوّق ، تبضّع

2. (*sl.* inform *on*) وَشَى به ، فتَن عليه

shopkeeper, *n.* صاحِب دكّان أو محلّ تجاريّ

shoplift/er, *n.*, **-ing,** *n.* سارِق معروضات المتاجِر

shopper, *n.* مُشْترٍ ، شارٍ ، متسوّق

shopping, *n.* تسوُّق ، شِراء ، المُشْتَريات

shopping-bag كِيس أو شَنْطة للمُشْتَريات

shopwalker, *n.* مستخدَم في مخزن كبير يرشد الزبائن إلى الأقسام المختلفة ويراقب حركة البيع

shore, *n.* ساحل البحر ، شاطئ (شواطئ)

shore-based, *a.* ذو قاعدة ساحليّة

in shore في المِياه الساحليّة (قُرْبَ الشاطئ)

v.t. with adv. up سَنَد حائطاً بدعامة

shorn, *past p. of* **shear**

short, *a. & adv.* قصير ، قليل ، يسير ، فجأة

short answer رَدّ مقتضَب ، جواب مختصَر

short circuit; *also* short, *n. & v.t. & i.* دائرة قصر ، ماسّ كهربائي

short drink; *also* a short, *n.* كأس صغير (من الويسكي مثلاً)

short-handed, *a.* يعاني نقصاً في الأيدي العاملة

the favourite won (lost) by a short head سَبَق (خَسِر) الحصانُ المفضَّل بمقدار شِبر

short list, *whence* short-list, *v.t.* قائمة بأسماء أفضل المرشحين المقرّر استدعاؤهم للمقابلة النهائية

our joy was short-lived لم يَدُم فَرَحُنا طويلاً ، كان فَرَحُنا كسحابة صَيْف

the grocer gave us short measure لم يُعْطِنا البقّال المقدار الصحيح ، غشّنا في الوزن

his criticism stopped short of libel كاد نَقْدُه أن يكون تشهيرًا أو قذفًا(في حقّ الكاتب)

our team is short of a goalkeeper لا ينقصُ فريقَنا إلاّ حارس للمرمى

the runner became short of breath أخذ العدّاء ينهج أو يلْهث (من شدّة الجري)

short pastry فَطيرة مصنوعة من عَجين دَسِم

short sight, *whence* short-sighted, *a.* (*lit. & fig.*) (مصاب) بِقِصر البَصَر ، حَسَر البَصَر ؛ (سياسة) قصيرة النظر

he held a short suit in spades فئة 'البستوني' التي بِيَد لاعب 'البريدج' عددها أقل من ٣ ورقات

short-tempered, *a.* سريع الغضب والانفعال

the workers were put on short time قرّرت إدارة المصنع تقليل ساعات العمل (بسبب الأزمة)

short ton طُنّ امريكي يساوي ألف رطْل انكليزي

short wave مَوْجة قصيرة (راديو)

the children made short work of the plateful of cakes أتى الأطفال على طَبَق الكعْك ولم يبقوا منه شيئًا

Edward was called 'Ted' for short كان 'تيد' هو اللقب المألوف لإدوارد بين أصدقائه

in short . . . قُصاري القول ، بالاختصار

the long and the short of it is . . . خُلاصة القول ... ، بإيجاز واختصار

the price is nothing (little) short of robbery ليس هذا السِّعر الباهِظ إلاّ سَرِقة عَلَنيّة

I had to pull him up short لم أجد مفرًّا من أن أقطع حديثه (احتجاجًا على ما قال)

she ran short of flour لم يَبْقَ عندها من الدَّقيق (الطحين) ما يسدُّ حاجتها

shortage, *n.* نقْص ، نُقصان ، قِلّة

shortbread, *n.*; *also* **shortcake** بسكويت كثير السَّمن والسُّكر(يشبه الغُريّبة)

shortcoming, *n.* عيْب ، نقْص ، قصور

shorten, *v.t. & i.* قصّرت (الثوب) ؛ قَصُر

shortening, *n.* دُهن يُستعمَل في عَمَل الفطائر

shorthand, *n.* الاخْتِزال ، الكِتابة المختزَلة

shorthorn, *n.* سُلالة بَقَر قصير القرنين

shortly, *adv.* 1. (soon) بَعْد قليل ، قريبًا

2. (briefly) باختصار

3. (abruptly) (أجابَ إجابة) مُقتضَبة

shorts, *n.pl.* بَنطلون قصير ، 'شُورْت'

shot, *n.* 1. (discharge of gun; hit or attempt to hit) طلقة (سلاح ناري) ؛ رَمْية

a shot in the dark مجرَّد تَخْمين

he was always ready to have a shot at something new لم يتردّد مُطلقًا في تجربة كلّ جديد أو ممارسة أية حرفة

the boy was off like a shot انطلَق الصبيُّ كالسَّهْم

2. (marksman) رامٍ ماهِر

dead shot ذو مَهارة فائقة في الرّماية

3. (ammunition) خُردق ، رَشّ

shot-gun بُندقية رشّ (أو خُردق)

4. (photograph) لَقْطة (سينمائية)

5. (injection) حُقْنة طِبّية

his business needs a shot in the arm تحتاج شَرِكته إلى عَوْن مالي لتنتعش

shot, *pret. & past p. of* **shoot**

a. (نسيج) يتغيَّر لونه طِبْقَ زاوية الرؤية

should, *pret. & condit. of* **shall** 1. (expressing conditional action)

if the forecast is correct it should rain tomorrow إذا صحّت نَشْرة الأرصاد (الأنواء) فإنّ السماء ستُمْطِر غدًا

2. (expressing recommended, obligatory, or expected action)

you should wear a hat يَنبغي أن ترتدي قبّعة

you should have told me كان عليكَ أن تخبرني

he should be there by now من المنتظَر أن يكون قد وَصَل هناك بالفعل

3. (subjunctive equivalent, expressing notional action)

I left early so that I should be on time غادرتُ المنزل مبكّرًا لكي أصِل في الميعاد

it is strange that you should think that . . . يدهشني أنكَ تظنُّ مِثل هذا الظنّ

shoulder, *n.* كَتِف ، مَنكِب ، عاتق

shoulder-blade لوْح الكَتِف

shoulder-strap حمّالة الكتِف (بسُوتيان المرأة)

shoulder-to-shoulder جَنبًا إلى جَنْب

he has an old head on young shoulders إنّه صَبيّ عاقِل بالرغْم من صِغَر سِنّه

we put (set) our shoulders to the wheel شَمّرنا عن ساعِد الجدّ وشرعْنا في العمَل

round-shouldered, *a.* مُقوّس الكتِفين

straight from the shoulder بِمُنتهى الصَّراحة

v.t. 1. (carry on shoulder) حَمَل على كتِفه

shoulder arms! كتفًا سِلاح !

shoulder responsibility اضْطَلَع بالمسؤولية

2. (jostle); *also v.i.* شقّ طريقه بِمَنكبيه

shout, *v.i. & t.* صاح ، زَعق ، نادى بصوْت عالٍ

the contest is all over bar the shouting
لقد أصبحت المباراة في حُكم المنتهية

n. صَيْحة ، نِداء ، هُتاف

shove, *v.i. & t.*; *also n.* دَفَعه بشِدَّة وعُنف

shove-halfpenny لعبة للتسلية تُستخدَم فيها
أقراص مَعْدِنيّة صغيرة على لوحة خشبيّة مصقولة

he shoved off from the jetty
دَفَع الرَّصيفَ بمِجْدافه ليبتعدَ عَن الشاطىء

shove off! امْشِ مِن هنا! أغرُبْ عن وَجهي!

shovel, *n.* مِجْرفة ، مِجْراف ، رَفْش

v.t. جَرَف (الرَّمْل مثلاً) بالجراف

show (*sometimes* **shew**) (*past p.* shown, shewn), *v.t.* أرى، عَرَض ؛ وضّح

show-case صُندوق ذو غِطاء زُجاجيّ لعرْض التُحف

he is ashamed to show his face in public
إنّه يَخجَل من الظهور أمام الناس

show favour to اخْتصّه بعطْف وكرم

show fight أظهرَ اسْتعداده للقِتال أو المعارَضة

he showed his hand كشَف عن نِيَّته أو خِطّته

please show me how it works أرْجُو أن
تشرَحَ لي عَمليًّا كيف يَعمل هذا الجهاز

the maid showed the visitor out
رافَقَت الوَصِيفَةُ الضيفَ حتّى الباب

the guide showed the tourists round طافَ
الدليلُ بالسوّاح على الأماكن الأثرية

the dress shows off her figure very well
يُبْرِز هذا الفستان مَحاسِنَها ومَفاتِنها

he showed himself to be dishonest
أثبَت بِسُلوكه هذا أنّه غير أمين

he did not show himself at the party
لم يَحْضُر (فلان) إلى الحفلة ، تَغيَّبَ عنها

he shows signs of being a genius
هُناكَ دَلائل تُبَشّر بِعَبْقريّته ونُبُوغه

his success showed up our poor efforts
أظهر نجاحُه الباهر قصورَنا وعجزَنا عن مُباراته

after a year's work they had little (nothing) to show for it بَعْد سَنة كامِلة من
العمَل المتواصِل لم ينتجوا شَيئًا يستحقّ الذكر

v.i. ظَهَر ، بانَ ، بدا ، انكشف

show off, *whence* show-off, *n.* (*coll.*) تباهَى
(بمعرفته مثلاً) ، تفاخَر ؛ متباهٍ (بثرائه)

he didn't show up at the party لم يأتِ
إلى الحفلة (رَغْم دَعْوتنا إيّاه)

white shows up well against black يَظهر
اللّوْن الأبيض جَلِيًّا إذا كانت الأرْضية سَوداء

n. 1. (display, pretence, appearance)
مَعْرِض ، عَرْض ؛ تَظاهُر ، مَظهَر

the issue was decided on a show of hands
بُتَّ في الأمر بالتصويت بطريقة رَفْع الأيدي

he made a show of being interested
تَظاهَر بأنّه مُهتمّ بالأمر

on show (تُحَف) مَعروضة للجُمْهور

2. (entertainment) حَفلة ، عَرْض ، معرِض

show business عالَم المسْرَح والسينما والاسْتعراضات

3. (*coll.*, undertaking)

he gave the ⟨whole⟩ show away كشَف عن
الحِيلة (الخفيّة) ، أفشى السِرّ

he put up a good show بَذَل جهدًا حميدًا

show-down, *n.* تَصْفِية الحِساب (بين خَصْمين)

shower, *n.* 1. (fall of rain) رَخَّة أو زخَّة مطَر

shower of blows وابِل من اللَّطمات

2. (sprinkling device); *also* shower-bath دُشّ ، دُوش (للاسْتحمام)

v.t. & i. أغْدَق عليه (الهبات)؛ انْهَمَر المطر

showery, *a.* (جوّ) يهطل المطر فيه زخّاتٍ

showman, *n.* مُنَظِّم حَفلات اسْتعراضِيّة ؛ من يضفي على عمله صبغة مسرحيّة تلفت الأنظار

showroom, *n.* صالَة عَرْض (للسيّارات مثلاً)

showy, *a.* مُبَهْرَج ، مزوَّق إلى حدّ الإفراط

shrank, *pret. of* **shrink**

shrapnel, *n.* شَظايا ؛ قُنبلة تنفجر مُحدثة شظايا

shred, *n.* قُصاصَة طويلة رفيعة (من الوَرَق)

his allegations did not contain a shred of truth لم يكُنْ في اتّهاماته ذرّة من الصِّدْق (أو نَصيب من الصِّحّة)

v.t. مزّق إرباً إرباً

shrew, *n.* 1. (bad-tempered woman) امرأة سَليطة اللّسان شَرِسة الطّباع

2. (mouse-like animal) الزَّبابة ، جنس حيوانات صغيرة من الزبابيات تشبه الفيران

shrewd, *a.* فَطِن ، ثاقِب الرأي ؛ (فكرة) سَديدة

shrewish, *a.* سَليطة ، خبيثة الطباع

shriek, *v.i. & t.; also n.* صَرَخ صَرْخة عالية (تنمّ عن الفزَع والذُّعْر) ؛ صرخة

shrift, *n., now only in*

short shrift رَفَض طَلَبَه ولم يستمعْ إلى شكواه

shrill, *a.* (صوت) حادّ وعالٍ

shrimp, *n.* 1. (crustacean); *also v.i.* أَرْبِيان ، برغوث البَحْر ، جَمْبَرِي ؛ اصطاد الجمبري

2. (*coll.*, small person) قزم (تُقال استصغاراً)

shrine, *n.* ضَريح ، مَزار يُحَجّ إليه للتعبُّد والتبرُّك

shrink (*pret.* shrank, *past p.* shrunk), *v.t.* قلَّص ، جَعَله ينكمِش أو يتقلّص

v.i. 1. (become smaller) تقلّص ، انكمَش

2. (recoil) *with adv.* from تراجَع مشمئزًّا

shrinkage, *n.* انكِماش ، تقلُّص ، تضاؤل

shrive (*past p.* shriven), *v.t.* اسْتَمَع (الكاهِن) إلى اعْترافِه وأحلّه من ذَنْبِه

shrivel, *v.t. & i.; also* shrivel up انكمش وتجعّد سَطْحه ، ضَمر ، ذَوى (لكبر السنّ مثلاً)

shroud, *n.* 1. (winding-sheet); *also fig.* كَفَن (يُلَفّ به جسد الميّت) ؛ سِتار

2. (*pl.*, set of ropes) حِبال لتثْبيت الصّاري

v.t. (*lit. & fig.*) كفّن الميّت ؛ اكتنف (الأمرَ) الغموضُ ، غشّى ، لفّع

Shrove Tuesday, *n.* ثلاثاء المرفع (قبل أربعاء الرماد أي بداية الصَّوْم الكبير)

shrub, *n.* شُجَيْرة ذات سِيقان متعدِّدة

shrubbery, *n.* رُكْن في حديقة تكثر به الشجيرات

shrug, *v.t. & i.; also n.* هَزّ كتِفَيْه (لامبالاةً)

he shrugged off all warnings of danger لم يكترث لِتحذير الآخرين له واستخفّ بالأخْطار

shrunk, *past p. of* **shrink**

shrunken, *a.* مُنكمِش ، مُتقلِّص ، مُتجعِّد

shudder, *v.i. & n.* ارتجف فزعًا ؛ قُشَعْرِيرة

I shudder to think what will happen يَكاد يَقشعرّ بدني بمجرّد التفكير في هوْل ما قد يحدث

shuffle, *v.i. & t.; also n.* جَرْجَر خُطاه ، جرَّ قدميْه ، خَلَط أوراق اللعب ؛ أزاح جانبًا

he shuffled ⟨off⟩ the responsibility on to his partner تَملّص من المسؤولية وألقاها على عاتِق شريكه

shun, *v.t.* تحاشَى ، تجنَّب (معشر السوء)

'shun! *contr. of military command* **attention!**

shunt, *v.t. & i.* حوّل عَرَبات قِطار من خطّ لآخر

shut (*pret. & past p.* shut), *v.t. & i.* أَغْلَق

he shut his eyes to her faults غَضّ النَّظر عن عُيوبها ، تعامَى عن أخطائها

the door was shut on further negotiations أُغْلِق بابُ المفاوضات نهائيًّا

the engineer shut down the engines أوقفَ المهندسُ الميكانيكي محرّكات (السفينة مثلاً)

the cattle were shut in for the night أُغْلِق بابُ الحظيرة (الزريبة) على الماشية لإيوائها ليلاً

he shut off the steam valve أدارَ الصِّمام ليوقفَ دَوَران البخار في الآلة

he closed the window to shut out the noise أقفلَ النافِذة منعًا لوصُول الضّوضاء من الخارج

he shut the shop up for the night أَغْلَقَ الدكّان في نهاية اليوم

shut up! اسْكُت ! اخرْس !

shutter, *n.* 1. (screen for windows) دَرْفة

he put up the shutters أَغْلَقَ حانوته (وصفّى تجارته)

2. (part of camera) حاجِب العَدَسة

v.t. أغلقَ مِصْراعي النافذة الخشبيّين

shuttering, *n.* ألواح خَشبيّة تركّب على هَيئة قالب لصَبّ الاسمنت (الخرسانة) وتنزع عندما يجفّ

shuttle, *n.* مَكّوك ، وَشيعَة

v.t. & i. تحرّكَ بين مَكانين بصورة متواصِلة

shuttle-service خِدْمة نقْل تعمل باستمرار بين مكانين مُتقاربين (أثناء الطوارئ)

shuttlecock, *n.* كُرَة من الفِلّين ذات ريش (تُستعمَل في لعبة البادمنتون)

shy, *a.* خَجول ، حَيِيّ ، خَفِر

he fights shy of appearing in public يتحاشَى الظّهور بين الناس خوفًا أو خجلاً منهم

v.i. جَفَل (الحصان)

v.t. (*coll.*) قَذَف ، رَمَى

n. قَذْفة ، رَمْية ؛ مُحاوَلة ؛ إجْفال

coconut shy لُعْبة (في مهرجان) يصوّب فيها اللاعب كرة خشبية نحو جَوْزة الهند

he took a cock-shy at the answer أعطى جَوابا تخمينيًّا عن السُّؤال

Siam, *n.* (**-ese,** *a. & n.*) سِيام ؛ سِياميّ

Siamese cat قِطّ سِيامي

Siamese twins تَوْأمان مُلْتَصِقان (سياميان)

sibil/ant, *a.* (**-ance,** *n.*) (حرف) له صَفير عند نطقه

n. حُروف الصَّفير ، الحروف الأسَليّة

sibling, *n.* أَحَد أَوْلاد ينتمون إلى نفس العائلة

sibyl, *n.* (**-line,** *a.*) كاهِنة عند اليونان القُدماء ، عرّافة ، مُتنبّئة

sic, *Lat. adv.* كذا (تدلّ على أن الكلمة فيها خطأ ولكنها نُقِلت كما هي بدون تغيير)

sick, *a.* 1. (unwell) مَريض ، عَليل

he is on the sick-list إنّه مَريض

he fell sick مَرِض ، حلَّ به داء

the sick (*n.pl.*) المرضَى

I am sick and tired of your complaints لقد سَئِمت شَكواك المتكرِّرة ، لم أعدْ أتحمّلها

I am sick to death of being blamed for everything ضِقْت ذَرْعًا بتوجيه اللوم لي كلّما وَقع خطأ في العمَل

2. (vomiting or inclined to vomit); also *n.* يَشْعر كأنّه موشك على الغثيان ؛ قيء

sicken, *v.t.* أثار الاشمئزاز ، أقرف، أسْأم

v.i. مَرِض ، سَقِم ؛ سَئِمَ مِن

the child is sickening for measles يُوشِك الطفل أن يُصابَ بالحَصْبة

sickening, *a.* مثير للاشمئزاز ، مُغثٍ، مقرِف

sickle, *n.* مِنْجَل (يُستعمل في الحصاد)

sickly, *a.* عَليل ، ضَعيف ، سَقيم

the house was painted a sickly green دُهِن البيت بلوْن أخْضر باهِت(يَبْعث على الاشمئزاز)

sickness, *n.* 1. (ill-health; disease) مَرَض ، داء ، عِلّة ، سقام

2. (vomiting) قَيْء ، غَثَيان

morning sickness قيء الوَحَم ، الوِحام

side, *n.* 1. (surface or part away from centre) جانِب ، جَنْب ، طرَف ، ضِلْع (المثلّث)

side by side جنبًا إلى جنْب

side-car سَبَت الدرّاجة البخارية ، عربة جانبيّة للدرّاجة الناريّة

side door باب جانبيّ

side issue مسألة ثانويّة أوجانبيّة

side-light ضَوْء جانبيّ (في السيارة)

the discussion threw some interesting side-lights on the subject ألقى النقاش أضواء إضافيّة مُهِمّة على الموضوع

side-line عَمل يقوم به المرء بالإضافة لعمله الدائم

side of bacon (beef) لَحْم نِصف بَقَرة أو خِنزير يُقطع طوليًّا من الرأس إلى الذيل

side-plate صَحْن صغير يُوضع إلى جانب الصَّحْن الرئيسي عِند تناول الطّعام (للخبز مثلًا)

side-saddle سَرْج خاصّ تجلس عليه المرأة بحيث تكون رجلاها على جانب واحد من الفرَس

side-show مَعْرض أو مشْهد جانبي في مهرجان أو في مدينة الملاهي

side-slip انزلاق جانبيّ (طيران)

side-step, *v.t.* خطا جانبًا (لتفادي الاصطدام)

side-track, *v.t.* جَعَل شخصًا يحيد عن طريقه

side-walk (*U.S.*) رَصيف ، ممشىً جانبيّ

this suitcase is on the heavy side هذه الشّنْطة ثقيلة بعض الشيء

he took extra precautions to be on the safe side اتّخَذ تدابير إضافيّة على سبيل الاحتياط

the proposal was attacked on (from) all sides هُوجِم الاقتراح مِن كلِّ جهة

we must look on the bright side عَلينا أن نَنظر إلى الأمور بعيْن التَّفاؤل

he told me on the side أسَرَّ إليَّ بالأمر ، أخبَرَني به سِرًّا

he earned quite a bit on the side رَبح مبلغًا لا يُسْتهان به من عمل جانبيّ

he put the book to (on) one side وضَع الكتابَ جانبًا ، كفَّ عن قراءته

they were related on their mother's side كانت بينهما قَرابة رحم (أيْ من ناحِية الأم)

he is on the wrong side of fifty لقد تجاوَز الخمسينَ من عمره

2. (team) فَريق (كُرة القدَم مثلاً)

he took sides انحاز إلى أحَد الطرفين

3. (*coll.*, arrogance) تشامُخ ، تَباهٍ

v.i. with adv. with تحيَّز إلى ، تحزَّب مع

sideboard, *n.* خِزانة أدوات المائدة ، بوفيه

-sided, *in comb.* (لاحِقة معناها) ذو جوانب عدّة

this is a many-sided problem هذه مُشكلة متعدِّدَة الجوانب

it was a one-sided contest كان الفَريق المنتصِر في السباق متفوّقًا بمراحِل

sidelong, *a.* & *adv.* جانبيّ ، بمحاذاة ، شَزْرًا

sidereal, *a.* فَلَكيّ ، نِسْبة إلى النجوم

sidesman, *n.* جامِع التبرُّعات في الكنيسة

sideways, *adv.* & *a.*; *also* **sidewards** إلى جانب ، جانبيًّا ، بانحِراف ، بالعَرْض

the news knocked him sideways (*sl.*) صُعِق عندما سَمِع الخبَر

siding, *n.* تَحْويلة (في السكة الحديدية)

sidle, *v.i.* اقترب منه (بطريق غير مباشِر)

siege, *n.* حِصار ، مُحاصَرة

sienna, *n.* ترسينة ، مادة تستعمل صبغًا بُنّيًّا

siesta, *n.* قَيْلولة ، نَوْم الظُّهْر

sieve, *n.* غِرْبال ، مُنْخل

v.t. غَرْبَل ، نَخل

sift, *v.t.* غَرْبل ، محَّص ، انتقى

sigh, *v.i.* & *n.* تحسَّر ، تنفّس (الصُّعَداء مثلاً)

she sighed for her lost youth تحسَّرت أو تلهَّفَت على شبابها الضائع

sight, *n.* 1. (faculty of vision) بَصَر

I know him by sight أعرفه بالشكْل (لا بالإسْم)

2. (view, seeing) رُؤية ، نَظْرة

it seems easy at first sight يَبْدو الأمْر سَهْلاً لأوّل وهلة

we hope to catch sight of him نأمُل أن نَحْظَى برؤيته

there is no one in (within) sight ليس هناكَ أحد على مَدَى البَصَر

we watched until he was out of sight ظَلَلْنا ننظر إليه حتى توارَى عن أنظارنا

we lost sight of him in the darkness اختفى عن أنظارِنا في الظلام

we must not lose sight of the difficulties
يجب ألّا تغيب الصّعاب عن أذهاننا

sight-draft كمبيالة أو حوالة تدفع عند الاطّلاع

sight-reading قراءة نوتة الموسيقى دون تحضير سابق

3. (spectacle) مَرأى، مَنظر ، مَشهد

she is a sight for sore eyes إنّ طَلْعَتها
لَبَهْجة للعيون ، تقرّ العيون لمرآها

he looked a sight أثار منظرُه السّخْرِيةَ
والاسْتِهْزاء

we are going to London to see the sights
سنذهب إلى لندن لنشاهد مَعالمها

4. (aiming instrument) مهداف ، نَشنكاه

he set his sights on a directorship
وَضع عُضْويّة مجلِس إدارة الشركة نُصْب عَيْنيْه

5. (*coll.*, a great deal) كثير جدًّا

it's a sight too expensive for my pocket
ليس في مقدوري مُطلقا أن أدفع هذا الثمن

v.t. 1. (descry, esp. with a sight); *also v.i.*
أَبْصر ، رأى ، شاهَد

2. (adjust sights of *gun*) صوَّب ،
أحكَم الهدف، سدّد البندقيّة

sightless, *a.* أعْمى ، ضَرير

sightseeing, *n.* & *a.* مُشاهَدة معالم المدينة

sightseer, *n.* (سائح) متفرّج على معالم المدينة

sign, *n.* 1. (indication, presage) علامة ،
إشارة ، بادِرة ، ظاهِرة ، دليل

this is a sign of the times هذا (المجون
مثلاً) مظهَر من مظاهِر عَصْرنا

2. (symbol) رَمْز ، صورة

signs of the Zodiac صُوَر البُروج (فلَك)

3. (gesture) إشارة ، إيماءة ، تلويح

sign language التخاطب بالإشارات

4. (emblem or notice) علامة ، لافتة

sign-board لوحة، لافتة ، يافطة

traffic sign علامة (إشارة) المرور

sign-writer كاتب لافِتات ، خَطّاط

v.t. & *i.* وقّع ، أَمْضَى ، أشار ، أومأ

he signed away his rights وقّع على
وَثيقة يتنازل فيها عن حُقوقه

the clerk signed on in the morning and off
in the evening وقّع الموظّف في سِجلّ
الحاضرين عِند قُدومه صَباحًا وانصرافه مساءً

the captain signed on (up) a new crew
تَعاقَد القبطان مع طاقم جديد من البحّارة

signal, *n.* 1. (sign or device giving information) إشارة ، عَلامة

signal-box كُشْكُ الإشارات (سِكك حديديّة)

2. (wireless message or emission) إشارَة

3. (*pl.*, *mil.*, telecommunications)
مُواصلات باللّاسلكي أو الراديو (عسكرية)

Signals Officer ضابط المواصلات اللاسلكية

v.i. & *t.* أشار ، أومأ

a. بارِز، بارع ، (نجاح) باهِر

. . . and this he signally failed to do
وفشل في هذا فشلاً ذريعًا

signaller, *n.* عامِل اللاسلكي (عسكرية)

signalman, *n.* عامِل الإشارات (سكك حديدية)

signatory, *n.* مُوقّع على مُعاهدة أو اتفاقيّة

signature, *n.* توقيع ، إمضاء

signature tune لَحْن مُميّز لبرنامج إذاعيّ

signet, *n.* خَتْم أو مُهْر صغير

signet-ring خاتَم (كان يُستعمل لختم سابقًا)

significance, *n.* أهمّيّة ، شأن ، معنًى

significant, *a.* 1. (meaningful, expressive)
ذو دَلالة

2. (important) مُهِمّ ، ذو شأن

signif/y, *v.t.* (**-ication,** *n.*) 1. (convey)
أشار (بالموافقة) ، عبّرت (ابتسامته عن رضاه)

2. (mean) دلّ على ، أفاد ، عنى

v.i.; *as in*
it does not signify لا أهمّيّة له

signpost, *n.*; *also v.t.* لافِتة (تدلّ على الطريق)؛
نَصَب لوحات الاتّجاه في الطريق

silage, *n.* أعشاب تُحفَظ في مبنى أسطوانيّ خاصّ
وتُستَعْمل علفًا للمواشي في الشتاء

silence, *n.* سُكوت ، صَمْت ، وُجوم

v.t. أسْكَت (الطفلَ)

he silenced his critics أفحم نُقّاده ، أَخْرَسَهم

silencer, *n.* مخفض للصوت ، صندوق العادم (سيارة)

silent, *a.* ساكِت ، صامِت

silhouette, *n.*; *also v.t.*
شكل لا تُرى إلا خطوطه الخارجيّة

silica, *n.* سيليكا ، ثاني أوكسيد السيليكون

silicate, *n.* سيليكات (ملح كيماويّ)

silicon, *n.* سيليكون (عنصر غير معدنيّ)

silicosis, *n.* السّحار الرملي (مرض صدريّ)

silk, *n.* حَرير

the barrister took silk رُقّي المحامي إلى أعلى
رُتبة في مهنته (يرتدي فيها روبًا حريريًّا)

silken, *a.* حَريريّ ، ناعِم أو أمْلَس كالحرير

silky, *a.* له نُعومة الحرير ومَلاسته

sill, *n.* قاعِدة النافِذة (جزء ناتئ ترتكز عليه)

silly, *a.* أحمَق ، غبيّ ، (تعليق) سَفيه

the silly season أواخِر الصيف حين تخلو
الصحف من الأخبار الهامة وتمتلئ بالأخبار التافهة

n. (*fam.*) شخص سَخيف ، طائش ، عَبيط

silo, *n.* مُستودَع أسطوانيّ لتخمير العَلَف وحِفْظِه

silt, *n.* غِرْيَن ، طَمْي ، رواسِب ناعمة (في النهر)

v.t. & i., usu. with adv. up امتلأ (مصبّ
النهر) بالغَرين ؛ سدّت (الرمالُ المجرى)

silver, *n.* 1. (precious metal); *also a.* فِضّة ؛ فِضّيّ

silver plate مجموع الأواني الفضّيّة
(تشمل على الأطباق والملاعق الخ.)

silver-plated, *a.* مطليّ بالفضّة

silver wedding العيد الفضّي للزواج (بعد ٢٥ سنة)

2. (silverware) مجموع الأواني الفضّيّة

3. (coins) عُملة من الفضّة (أو معدن شبيه)

4. (colour); *also a.* اللون الفضّيّ ؛ فضّيّ

silver birch شجرة البتولا البيضاء

silver-fish لاحِسة السّكّر (حَشَرة فِضّية اللّوْن)

every cloud has a silver lining إنّ مع العُسْر يُسْرًا ، لا بُدَّ لِلّيل أن يَنْجَلي

silver paper وَرَق مفضّض (للتغليف)

v.t. & i. فضّض ، طلى بالفِضّة

her hair has silvered وَخَط المشيبُ شعرَها

silversmith, *n.* صائغ الفِضّة

silvery, *a.* فِضّي ، كالفضّة

simian, *a. & n.* نِسبة إلى القِرد أو النّسْناس

similar, *a.* (**-ity,** *n.*) شَبيه ، مُشابِه ، مُماثِل ؛ تشابُه ، تماثُل ، تجانُس

simile, *n.* التّشْبيه (في علم البلاغة)

similitude, *n.* مُشابهة ، مُماثلة ؛ (تكلّم) بِأمثال

simmer, *v.t.* طَهَا على نارهادئة (دون الغليان)

v.i.; also fig. غَلى بِرِفق ؛ جاش بالغضب

it took her quite a time to simmer down لم يَسْكُن غضبُها إلاّ بعد مُضيّ وَقْت

simoom (**simoon**), *n.* ريح السَّموم

simper, *v.i. & n.* تكلّفت (الفتاة) الابتسامَ والتدلّل

simpl/e, *a.* (**-icity,** *n.*) 1. (not compound or complex) بَسيط ، عادِيّ

simple interest الرّبْح البَسيط

2. (not elaborate; unaffected) ساذَج

simple-hearted, *a.* سَليم النيّة ، ساذَج ، بَسيط

the simple life الحياة الريفيّة البسيطة

a simple soul شخص بَسيط غير متصنّع

3. (foolish, ignorant) غَشيم ، غَرير ، مغفّل

4. (easy) سَهْل ، يَسير ، هيّن

if you follow these instructions the task is quite simple إذا اتّبعْتَ هذه التعليمات وجدتَ أن العمَلَ أسهلُ مما تتصوّر

5. (unequivocal) مجرّد

the weather was simply awful كان الطّقس رَديئًا للغاية

it is simply a question of hard work ليس هذا إلّا ثمرةَ جهْد متواصِل

simpleton, *n.* عَبيط ، غبيّ ، ساذج

simplif/y, *v.t.* (**-ication,** *n.*) بسّط ؛ تَبْسيط

simulacr/um (*pl.* -a), *n.* مُحاكاة تافِهة

simul/ate, *v.t.* (**-ation,** *n.*) تصنّع ، تظاهَر بِ ، ادّعى ، مثّل ، قلّد ؛ مُحاكاة

simultane/ous, *a.* (**-ity,** *n.*) في نفس الوقت

sin, *n.* خَطيئة ، إثْم ، ذَنْب ، مَعْصِية

they lived in sin عاشا معًا بدون زواج رسميّ

for his sins he had to peel the potatoes فُرِض عليه أن يقشّر البطاطس عِقابًا له على هفواته

be sure your sin will find you out ثِقْ بأنّك سَتُحاسَب يومًا على آثامِك

v.i. أثِم ، أذنَب ، ارتكَب معصية

more sinned against that sinning إنه مَجْنيّ عليه أكثر منه جانيًا

since, *adv. & prep.* مُنْذُ ، مُذ ، من ذلك الوقت

ever since my arrival مُنذ وُصُولي

conj. 1. (from the time that) مُنْذُ

2. (because) حَيْثُ أنّ ، بما أنّ

sincer/e, *a.* (**-ity,** *n.*) مُخلِص ، صَدُوق ؛ إخلاص

yours sincerely المُخْلِص (في خِتام رِسالة)

in all sincerity بِكُلِّ إِخْلاص

sine, *n.* جَيْب الزاوية (حساب المثلثات)

sine (*Lat. prep.*)

sine die إلى أَجَلٍ غيْرِ مُسمّى

sine qua non شَرْط لازم كلّ اللزوم ، وإلاّ فلا

sinecure, *n.* مَنْصِب يدرّ دخلاً ولايتطلّب عملاً

sinew, *n.* (**-y,** *a.*) عَصَب

the sinews of war (المال) عَصَب الحرب

sinful, *a.* شِرّير ، مُذنِب ، خاطئ

sing (*pret.* sang, *past p.* sung), *v.i. & t.*
غنّى ، أنشد ، غرّد ، شَدا ، صَدَح

he had to sing for his supper
سُئِل الضيف أن يقوم بعمل ما مقابل استضافته

the mate sang out his order صاح الضابط
موجّهًا أوامِره للبحّارة (الواقفين بعيدًا)

my ears are singing أُحِسّ بِطنين في أذنيّ

the kettle is singing يئزّ الماء في الغلاّية

singe, *v.t. & i.*; *also n.* شوّط ، أشاط ،
لَفَح ، حرَق حرقًا خفيفًا ، صَلَى

singer, *n.* مُغَنّ ، مُطرِب ، مُطربة

Singhalese, *see* **Sinhalese**

single, *a.* 1. (consisting of one only) وَحيد

single-breasted, *a.* (معطف) بصفٍّ واحد من الأزرار

single-handed, *a.* (عبر المحيط بزورق) منفردًا

single-minded, *a.* يكرّس جهده لهدفٍ واحد

single-stick المبارزة بالعصا ، تحطيب (مصر)

single ticket تذكرة ذِهاب فقط
(تمييزًا لها عن تذكرة الذهاب والإياب)

2. (designed for one) لشخص واحد

single bed سرير لشخص واحد ، مُفْرد

single room غرفة لشخص واحد (في فندق)

3. (unmarried) أعزب ، عزباء

n. 1. (single ticket) تذكرة ذهاب فقط

2. (game between single players)

they played a single at tennis
لعبا مباراة فرديّة في التنس

v.t., *with adv.* out اختصّه (بالمدح مثلاً)

singleness, *n.* التفاني في سبيل هدف واحد

singlet, n. قميص تحتي أو فانيلا بدون أكمام

singleton, *n.* ورقة لعب وحيدة من نقش
معين ضمن ال ١٣ ورقة (بريدج ـ هويست)

singsong, *n.* 1. (informal vocal concert)
احتفال ينشد فيه الحاضرون أغاني شائعة

2. (monotonous manner of speech); *also a.*
صَوْت رَتيب (يُضْجِر السّامِعين)

singular, *a.* 1. (*gram.*); *also n.* مُفْرَد

2. (unusual) (**-ity,** *n.*) فذّ ، ذومزايا بارزة

Sinhalese (**Singhalese**), *a. & n.* سِنْغاليّ

sinister, *a.* 1. (suggestive of evil; ill omened)
مَشؤُوم ، مَنحوس ، سَيّئ الطالع

2. (*her.*, left) الجزء الأيسر من شِعار النبالة

sink (*pret.* sank, *past p.* sunk), *v.i.* غَرِق، غَطَس

he was left to sink or swim
تُرِك لِيتخلّص مِن المأزِق دون مُساعَدة أحد

he sank to the ground wounded
وقع (الجندي) على الأرض جريحًا

he sank into oblivion أُسْدِل عليه سِتار النِّسْيان

he had a sinking feeling (عندما أحسّ بالخطر المحْدِق به) خانتْه شَجاعَته

the sun sinks in the west تغرب الشمس في الغرب

the ground sinks away to the river
تنحدر الأرض تدريجيًّا في اتّجاه ضفّة النهر

he is sinking fast (المريض) مُشرِف على الموت

the full implications began to sink in
أخذت عواقِب الموقف تتّضِح له رُويدًا

he sank low in my estimation
انحطّ قَدْره في نَظري

v.t. أَغْرَق، غطّس ؛ خَفَض (صوتَه)

he sank a well حَفر بئرًا

we must sink our differences علينا أن نتناسَى خِلافاتِنا ، يجب أن تتصافى قلوبنا

sinking fund مال احتياطيّ مُسْتثمَر لتجْديد آلاتِ المصْنع عِند الحاجة ولتسديد الدّيون

n. حوض الماء في المطبخ

this town is a sink of iniquity هذه المدينة هي بؤرة للفساد (كلّها دعارة وفجور)

sinker, *n.* كرة من الرصاص تربط بالصنارة لتغطيسها

sinner, *n.* خاطئ، آثم ، مذنِب ، أثيم، فاسق

Sino-, *in comb.* (سابقة بمعنى) صينيّ

sinu/ous, *a.* (**-osity**, *n.*) مُلْتوٍ ، متعرّج

sinus, *n.* جَيْب في عِظام الجُمْجمة قريب من الأنف

sip, *v.t.* & *i.*; *also n.* رَشَف ، احْتسَى ؛ رَشْفة

siphon, *n.* سيفون ، أنبوب معقوف

soda siphon زجاجة سيفون لماء الصودا

v.t. & *i.* نقل سائلا بواسطة سيفون أو أنبوب معقوف من حوض مرتفع إلى آخر منخفض

sir, *n.* 1. (form of address) سيّدي

No, sir! لا يا سيّدي ، كلّا يا أسْتاذ !

2. (title prefixed to full name of knight or baronet) لَقَب شَرَف يسْبق الاسمَ الكامل (مثل سير ونستون تشرتشل)

sire, *n.* 1. (title of respect) جلالة الملك، مولى

2. (father; *now usu.* of a horse) والِد

v.t. أنجَب

siren, *n.* 1. (temptress) جنّية البحْر (في الأساطير الاغريقيّة) ، امرأة فاتِنة

2. (warning hooter) صفّارة الإنذار

Sirius, *n.* كوْكب الشِّعْرى، الشعرَى اليمانية

sirloin, *n.* شَريحة من لحْم البقَر تُقطَع من أعلى الخصر

sirocco (**scirocco**), *n.* ريح جنوبيّة شرقية حارّة

sirup, *see* **syrup**

sisal, *n.* سِيزال ، نبات تُصْنَع الحِبالُ من أليافه

sissy, *see* **cissy**

sister, *n.* 1. (relation) أُخت ، شَقيقة

sister-in-law أخت الزوج ، امرأة الأخ

sister ship سَفينة شقيقة أي من نفس الطراز

2. (member of religious order) راهِبة

3. (senior hospital nurse) كبيرة الممرّضات

sisterhood, *n.* 1. صِلَة الرَّحِم بين الأخوات

2. (religious community) جماعة الراهبات

sisterly, *a.* (عاملتها معاملة) الأخت لأختها

sit (*pret. & past p.* sat), *v.i.* 1. (take a seat; remain seated) جَلَس ، قَعد

he sat back after the day's work
استراح بَعْدَ عَمَل يوْم شاقّ

he sat down جَلَس ، قَعَد (على كرسيّ)

he refused to take the insult sitting down
رَفَض أن يَبْتلع الإهانة

the workers organized a sit-down strike
نظَّم العمّال اعتصامًا (أو اعتصابًا) في المصنع

he sat for an exam تقدّم لامتحان مَا

he sat for his portrait
جَلَس أمام الرسّام ليصوّره

he asked me to sit in for him طلب منّي
أن أنوب عنه (في الاجتماع مثلاً)

that young man needs sitting on
يجب تأنيب هذا الشابّ (الوقح) أو توبيخه

he sat through the performance لم يترك
صالة المسرح حتّى نهاية العرْض

the invalid will soon be able to sit up بعد
قليل سيتمكّن المريض من الجلوس في فِراشه

this will make him sit up ⟨and take notice⟩
لا رَيْب أنّ هذا الإجراء سيدفعه إلى العَمَل

we sat up all night سَهِرْنا طوال اللّيْل

shooting a sitting duck is frowned on
يُسْتَهْجَن صَيْد الطيور الجاثِمة

sitting hen دجاجة حاضنة ، راقدة على البيض

after the deal he was sitting pretty بَعْد
الصّفقة أصبح في رَغَد من العيش

sitting-room غُرفة (أو حجرة) الجلوس

2. (be in session) انعقد ، اجتمعت (اللّجنة)

v.t. 1. (cause to be seated) أجلَس ، أقعَد

2. (keep one's seat on a *horse*, etc.)
ركب فرسًا (بمهارة)

3. (take *examination*) تقدّم لامتحان

4. (*adverbial compounds*)

we sat the party out حَضرنا الحفلة حتّى نهايتها

shall we sit this dance out?
هل توافِق على ألّا نرقص هذه الرَّقْصَة ؟

site, *n.* قطعة أرض للبناء

building site قطعة أرض صالحة للبناء (عليها)

v.t. عيّن أو حدّد موقعًا لِبناء (مصنع مثلاً)

sitter, *n.* 1. (one who sits for a portrait)
مَن يجْلس أمام المصوِّر أو الرسّام ليصوّره

2. (*coll.*, easy catch, shot, etc.)
هذا أمْر بسيط ، يَسير المنال

3. (baby-sitter); *also* **sitter-in**
(فتاة) ترعى الأطفال أثناء غِياب والديهم

sitting, *n.* 1. (session spent posing for portrait)
إحدى الفترات التي يقضيها الشخص أمام الرسّام

2. (session of committee, etc.)
جلْسة ، اجتماع مجْلِس

we ate at the first sitting أكلنا في النوبة الأولى (من نَوْبتي أكل في مدرسة مثلاً)

3. (clutch of eggs) حَضْنة بَيْض

situated, *a.* يَقع (البيْت) في ، موجود في

situation, *n.* 1. (site) مَوْقع (البيت مثلاً)

2. (condition) حالة، الظروف (الراهنة)

3. (job) وَظيفة ، مَنْصِب

six, *n. & a.* ستّة ، ستّ

six-shooter مسدَّس (ذو ست طلقات)

it is six of one and half a dozen of the other لا فرق بين الأمرين ، إنهما سيّان في نظري

we are all at sixes and sevens نحن في حالة فوضى واضطراب ، لقد اختلط الحابِل بالنابِل

two and six⟨pence⟩ شِلِنان و نِصْف الشلن

sixpence, *n.* ستّة بنسات

sixpenny, *a.* ثمنه ستّة بنسات

sixpenny piece (bit) عُملة تساوي ٦ بنسات

sixteen, *n. & a.* سِتّة عشر

sixteenth, *a. & n.* السادِس عشر

sixth, *a.* السادِس

n. 1. (ordinal) السادِس

2. (fraction) سُدْس

sixtieth, *a. & n.* الستّون

sixty, *n. & a.* ستّون

sizable, *see* **sizeable** كبير نوعًا ما

size, *n.* 1. (magnitude, dimensions) حَجْم ، قَدْر ، أبعاد

that's about the size of it لَقَدْ أَصَبْتَ كَبِدَ الحقيقة ، فَهِمْتَ الأمر تمامًا

they are both of a size ليس بينهما أي فرق في الحجم

2. (grading by dimensions); *also v.t.* مقاس ، مقياس ، رتَّب حسب الحجم

it was difficult to size him up كان من الصَّعْب معرفة مَزاياه أو تقدير صِفاته وخَصائصه

3. (glue solution); *also v.t.* مَعجون غِرائي خاصّ (يستعمل قبل دهان الحائط مثلاً)

sizeable (sizable), *a.* كبير ، ضخم

sizzle, *v.i. & n. (coll.)* أزَّ ، لطشّ (اللَّحْم عند قليه)

skate, *v.i.* تزحْلَق ، انزلق (على الجليد)

skating-rink مَيدان التَّزَحْلُق

he was skating on thin ice كاد أن يجرح شعور سامعيه (في موضوع حسّاس)

the politician skated round the subject تمكّن السّياسيّ من تجنّب الموضوع أثناء حديثه

n. 1. (device for skating) مِزْلق للتزحلق على الجليد ؛ مزلق ذو عجلات يشبه القبقاب

2. (fish) وَرْنك ، شفنين بحري (سمك)

skedaddle, *v.i. (coll.)* امشِ من هنا !

skein, *n.* 1. (quantity of yarn or thread) شلّة أو لفّة (من الصوف) ، كبّة ، غَزْل

2. (flight of wild geese) سرب من الأوز البرّي أو من طيور برّية أخرى

skeleton, *n.* هَيْكَل عظميّ

skeleton in the cupboard (*also* family skeleton) مَثلبة مُخجِلة تحاول الأسرة كتمانها

he sat like a skeleton at the feast جَلس في الحفلة عابسًا وعكّر سرور المحتفِلين

(*fig.*, *usu. attrib.*, basic, minimum)

skeleton key مِفتاح خاصّ يَفتح أقفالا مختلفة

skeleton plan تخطيط عامّ (بدون تفاصيل)

skeleton staff أقلّ عدد يلزم من العمّال أو الموظّفين لسيْر العمل (في موسم العطلات)

sketch, *n.* 1. (rough drawing); *also v.t. & i.* رَسْم تخطيطيّ، كروكيّ ؛ وَضْع مُسَوَّدة

sketch-book كُرّاسة للرسوم التخطيطية

2. (brief account); *also v.t.* وَصْف عامّ أو مجمَل ؛ ذِكر لمحة موجزة عن ...

3. (short, usu. dramatic, literary piece) مَشهد مسرحيّ قصير ؛ مقالة هزلية

sketchy, *a.* (معلومات) سطحيّة تافهة ؛ ناقِص

skew, *a. & n.* مُنحرِف أو مائل جانبًا ؛ انحراف

on the skew أعوج ، مُلْتوٍ ، ذو طرف مائل

skewbald, *a.* (حِصان) أبْلق

skewer, *n.* سِيخ أو سَفّود صغير (لِلّحم)

v.t. سَفّد اللحم بالسّيخ (قبل شيّه)

ski, *n. & v.i.* مِزلج خشبيّ طويل للانزلاق على الثلج

water ski-ing رِياضة الانزلاق على سطح الماء

skid, *v.i.* انزلقت (السيّارة أو الدرّاجة) جانبًا

n. انزلاق (السيّارة) أثناء قيادتها

skid-pan ساحة زلقة يتمرّن فيها السائقون على التحكّم في السيّارة عند انزلاقها جانبًا

skiff, *n.* زَورق صغير خفيف لجذّف واحد

skilful, *a.* ماهِر ، حاذِق ، بارع

skill, *n.* مَهارة ، حِذق ، بَراعة

skilled, *a.* (عامِل) ماهِر ، حاذِق ، مجرّب

skillet, *n.* مِقلاة معدنيّة عميقة ذات غطاء ، طاسة (مصر) أو طواية ذات غطاء

skim, *v.t. & i.*; *also a.* نَزَع (قشدة الحليب) ، أزال (الرغوة) ، مسّ (الطائر سطح النهر برفق) لَبَن مقشود ، حَليب منزوع القشدة

skim⟨med⟩ milk

the yacht skimmed over the waves جرى اليخت بسرعة وخفّة على سطح الأمواج

he skimmed quickly through the book تصفّح الكتاب بسرعة

skimp, *v.t. & i.*; also **scrimp** بخلت أو قرّطت (في استعمال القماش عند التفصيل مثلاً)

skimpy, *a.* (*coll.*) (نصيب) ضئيل لا يكفي

skin, *n.* جِلد (الجسم) ، قِشرة (التفاحة مثلاً)

skin-deep, *a.* على السّطح فقط ، غير عميق

skin-diving سِباحة تحت الماء باستعمال جهاز للتنفّس

skin-tight, *a.* (ملابس) تلتصق بالجسم لضيقها

he gets under my skin إن تصرّفاتِه تهيج أعصابي ، يضايقني ، ينرفزني

he lied to save his skin كذب لكي ينجو بنفسه

v.t. سَلخ (جلد حيوان) ، قَشَر

he kept his eyes skinned (*coll.*) ظلّ منتبهًا ومتيقّظًا ، كان على حذَر واحتراس

he was skinned by confidence tricksters
جَرَّده المحتالون من أموالِه

v.i., with adv. over تكوّنت على سَطحِه قشرة

the rice pudding skinned over تكوّنت قشرة
على سطح بودنغ الأرز أثناء إعداده

skinflint, *n.* شَحيح ، بَخيل ، خسيس

skinny, *a.* نَحيل ، نَحيف

skip, *v.i. & t.*; *also n.* وَثب بخفّة ، قَفَز ، نطّ

skipping-rope حَبْل النطّ (في الألعاب)

he skipped over to Paris for Easter زارَ
باريس زيارةً خاطفةً لقضاء عطلة عيد الفِصْح

he skipped the dull parts of the book
تخطّى الأجزاء المملّة من الكتاب دون قراءتها

skipper, *n.*; *also v.t.* رُبّان (ربابنة)، رئيس
سفينة تجارية أو قارب صيد ؛ ترأّس

skirl, *n. & v.i.* صوت رفيع وحادّ (كموسيقى القِرَب)

skirmish, *n. & v.i.* مُناوَشة (حربية)؛ ناوَش

skirt, *n.* 1. (woman's garment) تَنّورة ، جُونلّة

2. (*sl.*, young woman) فتاة (لفظة عامّية)

3. (edge) حافة ، طرف

v.t. سار محاذيًا طرف (الحقل مثلاً)

the river skirts the forest يجري النهر
بمحاذاة الغابة (أي أنّه لا يخترقها)

skirting-board لوح خشبي بأسفل جدران الغرفة

skit, *n.* قطعة فكاهيّة قصيرة

skittish, *a.* (فتاة) مَرِحة لَعوب ؛ (حِصان) جَفول

skittles, *n.pl. except in comb.*
لُعبة القناني الخشبيّة التسع والكرة

skittle-alley بَهْو طويل خاصّ لهذه اللعبة

skivvy, *n.* (*coll.*) خادِمة ، صانِعة (لفظة عامّية)

skua, *n.* الكَرْكَر (طائر بحريّ)

skulduggery, *n.* نَصْب واحتيال ، غِشّ ، أَوَنْطة

skulk, *v.i.* ابتَعَد متجنّبًا الأنظار ، توارَى

skull, *n.* جُمْجُمة (جَماجم)

skull-cap طاقِيّة ، عَرَقيّة ، عرقچين (عراق)

skull and cross-bones شارة خَطر الموت

skunk, *n.* 1. (animal; its fur) ظربان (حيوان
ضارٍ تنبعث منه رائحة كريهة وقت الخطر)؛ فراؤه

2. (*sl.*, contemptible person) سافِل ، مُنحطّ

sky, *n.* سَماء (سماوات)

sky-blue, *a.* أَزْرق سماويّ ، لازَوَرْدِيّ

sky-high, *a.* (ارتفعت الأسعار) إلى السماء

the plates were stacked sky-high تكدّست
الأطباق حتّى كادت تصل إلى السقف

sky pilot (*sl.*) اصطلاح عامّي بمعنى قسّ ، خُوري

he praised her to the skies أَطْنَب في مَدْحِها
حتّى كاد يرفعها إلى السماء

the sky's the limit (*fam.*) (سأشتريه) مَهْما
كان ثمنه ، إنّي مستعدّ لدفع أيّ مبلغ كان

v.t. قَذَف (كرة الكريكيت مثلاً) عاليًا

skylark, *n.* القُبّرة ، القُنْبرة (طائر مغرّد)

v.i. أفرط في اللّعب والمِزاح

skylight, *n.* كوّة بالسقف ، شُخشيخة ، قمريّة

skyline, *n.* الأفق ومايبدو على صفحته من بعيد

skyscraper, *n.* ناطحة السحاب

skywards, *adv. & a.* نحو السماء

slab, *n.* كُتْلَة (مُكعّبة غالبًا) من مادّة صَلْبة

a slab of cheese قُرص أو قطعة كبيرة من الجُبن

slack, *a.* 1. (lazy, negligent) كَسُول ، مِكسال ، مُهمِل

2. (inactive, sluggish) راكِد ، فاتِر

slack water مِياه راكدة (بعد الجزْر)

business is slack these days السوق راكدة هذه الأيام ، الحركة التجارية غير نشيطة

3. (loose) راخٍ ، رَخْو ، مُرْتَخٍ ، غير مشدود

n. 1. (that which is loose) الجزء المرتخي

he took in the slack شدّ الحبْل المرتخي ، أمسكَ بزمام الأمر

2. (small coal) دُقاق الفحْم

3. (*pl.*, trousers) بَنْطلون

v.i. 1. (be lazy) تَباطَأَ ، تكاسَل (في عمله)

2. (*with adv.* off, loosen, reduce speed); *also v.t.* خَفض (السرعة) ، تمهّل

slacken, *v.t. & i.* 1. (slow up) خَفض السرعة ، تمهّل ، توانى

2. (loosen up) أرخى (الحبْل) ، فكّ قليلاً

slacker, *n.* مِكسال ، تنبل ، كسول

slag, *n.* خَبَث (فضلات تتبقّى بعد تنقية خامة المعدن)

slag heap كوْمة من خَبَث (الحديد مثلاً)

slain, *past p. of* **slay**

slake, *v.t.* شَفى غَليله أو غلّته ، نَضَح عطشه

slaked lime جِيْر مُطفأ

he slaked his thirst with water أطفأ ظمأه بكأسٍ من الماء ، رَوَى عَطشه بِشُرب الماء

slam, *v.t. & i.* أغلق (الباب) بِعُنْف

he slammed the door in my face أوْصَدَ البابَ أو أغلقه في وَجهي

the door was slammed on further negotiations أُغْلِق بابُ المفاوضات نهائيًّا

the door slammed فجأة أُوصِدَ البابُ بِشدّة

n. 1. (act or noise of slamming) صَوت إغلاق الباب بِشدّة

2. (*at cards*)

little (grand) slam الحصول على ١٢ (أو ١٣) نقطة في دور من لعبة البريدج

slander, *n.* قَدْح شفوي في سمعة شخص ، افتراء

v.t. افْتَرى على ، طَعَن كذبًا في ...

slanderous, *a.* افترائيّ ، ينطوي على الافتراء

slang, *n.* رَطانة عامّية

v.t. شَتَم ، سبّ ، عاب

slanging match تبادُل الشتائم والسِباب

rhyming slang نوع من العامّية تحذف فيه الكلمة المقصودة ويستعاض عنها بكلمة لها نفس القافية

slant, *n.* 1. (slope) مَيْل ، انحدار ، مُنْحَدَر

2. (*coll.*, point of view) (لَه) نظرة خاصّة

v.i. & t. مالَ ، انحدَرَ ، حرّف (الأخبار)

slantwise, *adv. & a.* مائلاً ، منحرفًا ؛ مورّوب

slap, *v.t. & n.* صَفَع ، لَطَش ، لَطَم ؛ صَفْعة

slap-up, *a.* (*coll.*) (أكلة) مُمتازة ووافرة

adv. (*coll.*); *also* slap-bang (ارتطم بحائط) مُواجهةً

slapdash, *a.* (عمل) مؤدّى بتهاون وعدم اكتراث

slapstick, *n.* هَزليّات رخيصة مفرطة في الخشونة ومليئة بالأعمال الصبيانيّة

slash, *v.t. & i.*; *also n.* شَرَط (القماش) بسكين أو بموسى ؛ جُرح طويل (في الجلد)

prices are slashed at the sales خُفِضت الأسعار تخفيضًا كبيرًا في التنزيل (الأوكازيون)

the critics made a slashing attack on the new play هاجَم النقّاد الرّواية الجديدة هجومًا لاذعًا

slat, *n.* شريط رقيق من الخشب أو ما شابهه

slate, *n.* 1. (rock) صخر الأردواز

(*attrib.*, colour) لون رماديّ غامِق

2. (roofing-tile) لوح من الأردواز للسقف

3. (writing tablet) لوح الأردواز (للكتابة)

slate-club عدد من الأفراد يدفع كلّ منهم اشتراكًا (أسبوعيًّا) ويُصرف لهم المبلغ المقتصد فيما بعد

please put it on the slate أرجو أن تضع الثمن على الحِساب ، شُكُك (مصر)

let us wipe the slate clean لِننْسَ ما فاتَ ولنبدأ صفحةً جديدة

v.t. 1. (cover *roof* with slates) سَقّف بالأردواز

2. (*coll.*, criticize, scold) سَلَخه بالنقد

slattern, *n.* (**-ly,** *a.*) امرأة قَذِرة المنظر

slaughter, *n. & v.t.* ذَبْح ؛ مذبحة ، مجزرة ؛ ذَبَح ، جَزَر ، نَحَر (الذبائح) ، قَتَل

slaughter-house مَجْزر ، مَسْلَخ ، سَلخانة ، مَذْبَح

slaughterer, *n.* ذَبّاح ، جزّار

Slav, *a. & n.* صقلب (صقالبة) ، سلافي

slave, *n.* عَبْد (عَبيد) ، رقيق (أرقّاء)

the new foreman is a slave-driver إنّ رئيس العُمّال الجديد متجبّر لا يعرف الرحْمة

slave-trade نخاسة ، تجارة العبيد

he is a slave to drink لقد استعْبدته الخمْر

v.i. (ظلّ) يكدَح (طوال اليوم كالعبْد)

slaver, *n.* 1. (person or vessel engaged in slave-trade) نَخّاس ؛ سفينة تنقل العبيد

2. (saliva) لُعاب ، رِيق

v.i. رال ، رَوّل ، سالَ لُعابه

slavery, *n.* عُبوديّة ، نِخاسة

slavish, *a.* (سلوك) يليق بالعبيد ، خانِع

in translation slavishness is to be avoided ينبغي تجنّب الترجمة الحرفية (أي الخضوع للنّص الحرفيّ)

Slavonic, *a.* سلافي ، صقلبي

slay (*pret.* slew, *past p.* slain), *v.t.* ذَبَح ، قَتَل

sledge (sled, sleigh), *n. & v.i.* زحافة الجليد ؛ انتقل من مكان إلى آخر بمركبة الجليد

sledge⟨-hammer⟩, *n.* مرزبّة ، مطرقة الحدّاد

sleek, *a.* (شعْر) أمْلَس ناعِم

sleep (*pret. & past p.* slept), *v.i.* نام ، رَقَد

he slept the clock round نام ١٢ ساعة متواصلة

he slept in again this morning واليوم أيضًا لم يَقُم من فِراشه حتّى ساعة متأخّرة

I shall have to sleep on this idea سأحتاج إلى بعض الوقت للتروّي في الأمر قبل البتّ فيه

sleep with someone ضاجَع ، افْتَرَش

sleeping-bag لحاف مخيط على هيئة كيس لينام المرء داخله (في العراء غالبًا)

sleeping partner شَريك موصٍ (برأس المال فقط)

sleeping-pill حَبّة أو قُرص مُنوِّم (طبّ)

sleeping sickness مرض النوم (الافريقي)، النوام

v.t. 1. (shake *off* by sleeping); *as in*

he slept off his headache عالج صداعه بالنّوم ، شُفي من صداعه بالنوم

2. (provide with place to sleep); *as in*

the hotel sleeps 500 guests يستوعب الفندق خمسمائة نزيل

n. نَوْم ، رقاد ، كَرى

sleep walker من يَمْشي وهو نائم

sleeper, *n.* 1. (one who sleeps) نائم ، راقِد

2. (sleeping car) عَرَبة النوم (بالقطار)

3. (support for rails) عارِضة خَشَبيّة ، فَلَنكة

sleepless, *a.* أَرِق ، فارقه الكَرى

sleepy, *a.* نَعْسان ، وَسْنان

sleet, *n. & v.i.* شَفشاف ، مَطر فيه ثَلْج ؛ سَقَط المطر مصحوبًا بالثلج

sleeve, *n.* 1. (part of garment) كُمّ (أكمام)

he has something up his sleeve إنّه يُضمر خِطّة لِوَقت الحاجة

we must roll up our ⟨shirt-⟩sleeves علينا أن نشمّر عن سواعِدنا

he does not wear his heart on his sleeve إنّه يكتم مشاعِرَه ولا يجاهِر بها أمام الناس

2. (*engin.*) جلبة ، كُمّ ، قميص الاسطوانة

3. (cover for gramophone record) غلاف الاسطوانة الفونوغرافية

sleigh, *see* **sledge**

sleight, *n.*; *only in*

sleight-of-hand خِفّة اليَد ، شَعْوَذة ، شعبذة ، ألعاب سِحْرِيّة

slender, *a.* 1. (slim) مَمشوق القوام ، رشيق ؛ هيفاء القدّ

2. (inadequate, meagre) (دَخْل) ضئيل

slept, *pret. & past p. of* **sleep**

sleuth (**sleuth-hound**), *n.* كَلْب بوليسي ضَخْم يُستخدَم لاقتفاء آثار المجرمين ؛ بوليس سِرّيّ

slew, *pret. of* **slay**

slew, *v.t. & i.*

slice, *n.* 1. (thin flat piece); *also v.t.* شَريحة (خبز)، شَرْحَة (لحم) ؛ شرّح

2. (share)

taxes take a large slice of the profits تَقْتَطع الضرائب حِصّة كبيرة من الأرباح

3. (utensil)

fish slice سِكّينة مُفَلْطحة لتقديم السّمك المطبوخ

4. (mis-hit at golf, etc.); *also v.t. & i.* ضَرَب كرة الجولف ضربة خاطئة جَعلتها تنحرف

slick, *a. & adv.*; *also v.t.*

n.; *only in* oil slick بُقَع من الزيت تطفو على مساحة كبيرة من سطح البحر

slide (*pret. & past p.* slid), *v.i. & t.* (*lit. & fig.*) انزلق ، زلق ، تزحْلق ؛ زَحْلق

slide-rule مِسطرة حاسِبة

sliding door باب يتحرّك مُنزلِقًا على مَجْرًى

sliding scale مقياس (لحساب الضرائب مثلاً) يرتفع وينخفض حسب الأجور

he let things slide أطلَق الحبْلَ على الغارِب

n. 1. (act of sliding) تزَحْلُق ، انزلاق

2. (track for sliding) زحلوقة للأطفال

3. (glass plate) شريحة زجاجيّة للمِجْهَر ؛ صورة مُلوّنة على زجاج شفّاف للفانوس السحري

4. (clasp for hair) مشبك لِشَعر النساء

slight, *a.* 1. (of slender or poor physique) نَحيف ، نَحيل ، أهْيَف

2. (small, unimportant) تافِه ، طفيف

I haven't the slightest idea لا أدري بالمرّة ، ليست لديّ أدنى فِكرة

v.t. & n. احتقَر ، استخَفّ بِ ، استصْغر ؛ استِخْفاف ، إهانَة

slightly, *adv.* نوعًا ما ، قليلاً ، بعض الشيء

slim, *a.* 1. (slender) مَمشوق القامة ؛ هَيفاء

2. (small) ضَئيل ، زَهيد

his chances of success were very slim كانت احتمالات نجاحِه ضَئيلة جدًّا

v.i. قلّل (شخص سمين) طعامه لعلاج سِمْنته

slime, *n.* وحل ، طين ؛ مادّة لَزجة يفرزها الحلزون

slimy, *a.* مخاطيّ ، دَبِق وسريع الانزلاق

he is a slimy individual إنّه شخص كريه مُفْرِط في التملّق والتزلّف

sling (*pret. & past p.* slung), *v.t.* 1. (throw) قَذَف

2. (suspend) عَلّق

sling a hammock عَلّق شبكة النوم بين عمودين

n. 1. (supporting bandage) مِعْلاق للذراع

2. (weapon) مِقْلاع ، أداة لقذف الحجَر باليد

3. (part of lifting tackle) حَبْل رَفْع ، مجموعة حِبال لِرَفْع الأثقال

slink (*pret. & past p.* slunk), *v.i.* انْسَلّ خِفْية (خارجًا من الحجرة)

slip, *v.i.* انزلَق ، تزحْلَق ، اندسّ ، انسَلّ

she slipped into a dress ارتدت فستانًا بسرعة

he slipped away انسَلّ خارجًا

he slipped out for a drink انسلّ أو خَرج في هُدوء ليشرب كأسًا

it just slipped out أفلت الخبَر من شَفتيه

he never lets an opportunity slip إنّه لا يَدع فُرصَة تفوت إلا وانتهزها

he slipped on the ice زلق وسقط على الجليد

someone seems to have slipped up يبدو أنّ أحدَهم قد أهمَل في تأدِية عَمَله

v.t. 1. (slide) دسّ شيئًا بخفّة وسُرعة

she slipped on a clean dress (خلعت ثوبها) ولبست فستانًا نظيفًا في غَمْضة عيْن

he slipped some money into the porter's hand دسّ قطعة من النقود في يد البوّاب

slip-knot عُقدة مُنزلقة (في أنشوطة مثلاً)

2. (let go) أَطْلَق

the ship slipped anchor in the night غادرت السفينة المرسى وانسلّت في جُنح الليل

it slipped his memory غاب الأمر عن ذاكرته

n. 1. (fall, error) سقطة ، زلّة ، هَفْوة

a slip of the pen زلّة قلم

a slip-up هَفوة ، زلّة (لفظة عاميّة)

2. (evasion, escape) إفلات ، هرَب

he gave the police the slip تملّص (السجين الهارب مثلاً) من رجال الشرطة

3. (loose covering or garment) قميص ترتديه المرأة تحت فستانها ؛ كيس (المخدّة)

4. (strip of paper) قصاصة وَرق ، جذاذة

5. (cutting) عُقلة (من نبات) تُقطع وتُغْرس

he is only a slip of a boy لا يزيد عن كونه غُلامًا نحيفًا ، ليس إلّا صبيًّا نحيلاً

6. (slope for shipbuilding) مزلقة منحدرة نحو الشاطئ تُبنى عليها السفن

slipper, *n.* خفّ ، شبشب ، بابوج ، منطوفلة

slippery, *a.* (أرض) زَلِقة ؛ مكّار مراوغ

he is a very slippery customer (احترسْ منه) فإنّه شخص لا يُؤتَمَن مُطلقًا

slippy, *a.* (*coll.*) (أرض) مَلساء ، زلقة

look slippy! شهّلْ ! اسرعْ ! استعجلْ !

slipshod, *a.* غير مُتقَن ، مُطَصْلَق (مصر)

slipstream, *n.* تيّار الهواء المتدافع خلف جسم متحرّك ، الهواء المُزاح (طيران)

slipway, *n.* مِزْلقة (لبناء السفن أو ترميمها)

slit, *v.t.* & *n.* شَقّ (القماش) شقًّا طويلاً

slither, *v.i.* زلق على منحدَر ؛ ترنّح ؛ زحَف

sliver, *n.* شظية صغيرة ، شرحة رقيقة (من الجبن)

slobber, *v.i.* & *n.* (*lit.* & *fig.*) رالَ ، روّل ، سال لعابُه ؛ روال ؛ أبدى حبًّا مفرطًا متهافِتًا

sloe, *n.* برْقوق شائك ، خوْخ شائك

slog, *v.i.* 1. (hit hard); *also v.t.* & *n.* ضرب (الملاكم) غريمه بعنف وبغير مهارة

2. (work hard); *also n.* ظلّ يكدح في عمل مُمِلّ

slogan, *n.* شِعار ، نِداء (الحرْب مثلاً)

sloop, *n.* سَفينة شراعيّة صغيرة ؛ سفينة حربيّة صغيرة

slop, *v.t.* & *i.* (اهتزّ الفنجان) فاندلق (الشاي)

n., pl. except in comb. 1. (dirty liquid) سائل قذر ، غُسالة (المطبخ)

slop-basin وعاء (على المائدة) لتفل الشاي

2. (liquid food) طعام مهروس وممزوج بسائل

3. (cheap ready-made clothes) ملابس جاهزة رَخيصة (وخاصّة لبحّارة الأسطول)

slope, *n.* مُنحدر ، انحدار

v.t. أمالَ ، ميّل ، جعله منحدرًا

slope arms! كتفًا سِلاح !

v.i. 1. (incline) انحدَر ، مالَ

2. (*sl.*, walk *off*) انسلّ خارجًا ، انسحبَ

sloppy, *a.* 1. (wet and dirty; messy) (زقاق) قذِر وموحل ؛ وَسِخ ومبتلّ ؛ (طعام) شبه سائل

2. (slovenly) غَيْر مُتْقَن

3. (sentimental) (قِصّة) عاطفية تافِهة

slosh, *v.t.* (*sl.*) ضرَب بقسوة ، لطَم ، خبَط

slot, *n.* & *v.t.* فتحة ضيّقة ، شقب

slot-machine آلة تعمل تلقائيًّا بإسقاط قطعة نقود من فتحة فيها (لبيع سِلَع)

sloth, *n.* 1. (indolence) كسَل ، بَلادة

2. (animal) الدُّب الكسْلان ، دُبّ العسَل

slothful, *a.* كَسُول ، كسْلان ، لُكاَة ، بَليد

slouch, *v.i.* & *n.* مشى بتَراخٍ وتَثاقُل ؛ تسكّع (في الطرقات)

slouch-hat قُبّعة من الجوخ ذات حافة عريضة متدلّية

slough, *n.* 1. (quagmire) مستنقَع ؛ كآبة ويأس

2. (cast-off skin); *also v.t.* & *i.* (تجرّدت الحيّة من) جلدها أوسَلْخها ؛ طرَح ، نبَذ

sloven, *n.* شخص مُهمل في هندامِه وعَمَله

slovenly, *a.* غير مُتْقَن ، غير مرتَّب

slow, *a.* بَطيء ، غير مُسْرِع

slow-motion الحركة البطيئة (في السينما)

the clock is slow هذه الساعة مؤخّرة (مقصّرة)

slow-witted, *a.* بَطيء الفَهْم أو الإدراك

v.t. & *i., usu. with advs.* up, down خفض السّرعة ، أبطأ ؛ تباطأ ، توانَى

slowcoach, *n.* (*coll.*) ثقيل الحركة ، بليد

slow-worm, *n.* زحّافة كالحيّة (غير سامّة)

sludge, *n.* أوْحال وقاذورات (في قاع البئر مثلاً)

slug, *n.* 1. (mollusc) بزّاقة (حيوان من الرَخْويات)

2. (bullet) رَصاصة للبندقية الهوائية

sluggard, *n.* مِكْسال ، قُعَدة

sluggish, *a.* غير نشيط ، كاسِد ، خامِل

sluice, *n.*; *also* **sluice-gate, sluice-valve** فتحة أو عَيْن في السدّ لتنظيم مُرور المياه

v.t. & *i.* صَرَف (القاذورات) بتيّار مائي قويّ

slum, *n.* حَيّ فقير مكتظّ بالسُّكان والبيوت المتداعية ، الأزِقّة القذرة في المدن الكبيرة

v.i. تردّد على الأحياء الفقيرة (لأعمال البِرّ)

slumber, *v.i.* & *n.* رَقَد ، هجع ، نام ؛ الكَرَى

slump, *v.i.* 1. (flop *into, down*) خرّ على الأرض (من شدّة الإعياء) ، تهاوَى

2. (*of prices,* fall) هَبطت الأسعار فَجأة

n. كَساد ، رُكود اقتصاديّ ، تَدهْوُر السّوق

slung, *pret.* & *past p. of* **sling**

slunk, *pret.* & *past p. of* **slink**

slur, *v.t.* 1. (blur) مَضَغ الكلام

his speech was slurred خلط (خبّص) في كلامه

2. (pass lightly *over*); *as in*
he slurred over the dead man's faults
أشار إلى أخطاء الراحِل إشارَة عابرة

n. (لا تشوب سُمعتَه) شائبة ، مَذَمّة

slush, *n.* ثُلوج ذائبة ؛ عواطِف زائفة

slushy, *a.* (طريق) وَحِلة ؛ (قصّة) تافِهة

slut, *n.* امرأة كسُول قذِرة المظهر

sluttish, *a.* (امرأة) مُهمِلة في ثيابها ونظافتها

sly, *a.* 1. (deceitful) ماكِر، مُخادِع

2. (bantering) (دُعابة) خبيثة

he made a sly dig at me تناولني بملاحظة فيها خُبث ومَكْر، لامَني بصورة غير مباشِرة

smack, *v.t.* صَفَع، ضرَب بكفّ اليد

he smacked his lips in anticipation تَمَطّق أو تَلَمَّظ بشفتيه في انتظار (الأكلة الشهيّة)

v.i. (*with* of) (تصرُّفات) يُشتمّ منها رائحة (التآمُر مثلاً)؛ ذو نَكْهة خاصّة

n. 1. (blow) صَفْعة، لَكمة، لَطمة

2. (sound) صوت ضربة الكفّ أو الصَّفعة

3. (*coll.*, attempt) (دَعْني أقوم) بمُحاولة

4. (taste; *fig.*, suggestion) ذَوق، مَذاق، طَعْم؛ (اشتمَمْتُ) رائحة (الخِيانة مثلاً)

5. (fishing-vessel) قارِب للصَّيْد

adv. (لكَمه على أنفه) بالضبط

he ran smack into the wall اصطدم (الطفل) بالحائط مباشَرةً أثناء جَرْيه

small, *a.* صَغير، قليل، ضئيل، يَسير

small-arms أَسلحة خفيفة (كالبنادق)

small change قِطَع نقود صغيرة، فَكّة، فُراطة

small fry أسماك صغيرة، بِسارية (مصر)؛ صِغار الناس، مَن لا يُعتَدّ بهم

small-hold/ing, -er قطعة أرض زراعية لا تَزيد مَساحتها عن خمسين فدّانا؛ مُزارِع صغير

small hours الهزيع الأخير من الليل (قبل الفجر)

he trades in a small way يمارس التجارة في نطاق محدود (أي أنّه تاجِر صغير)

he tried to make me look small in front of my friends حاوَل أن يحُطّ من قدري أمام أصدقائي

n. 1. (of the back); *in* the small of the back القَطَن (أسفل الظهْر)

2. (*pl.*, underclothes) الملابِس الداخِليّة

smallpox, *n.* مَرَض الجُدَرِيّ

smarm, *v.t.* (*coll.*) ملّس (شعرَه بيده)؛ تزلّف

smarmy, *a.* (*coll.*) مُداهِن، مفرط في المجاملة

smart, *v.i.* & *n.* أحسّ بوَخْزة أو لَسْعة

a. 1. (sharp) حادّ

at a smart pace (مَشى) بخطوات سريعة نشيطة

a smart blow ضَرْبة حادّة سريعة

2. (clever) حاذِق، كيّس، شاطِر

he is a smart Alec(k) إنّه دعِيّ، مغرور بنفسه، شايف نفسه

3. (stylish) أنيق، مهندَم، 'شيك'

smarten, *v.t.* & *i.*, *oft. with adv.* up حسَّن أو زيّن منظره؛ تأنّقت أو تهندمت (للحفلة)

smash, *v.t.* 1. (break to pieces); *also v.i.* هَشّم، كسّر، حطّم؛ تهشّم، تكسّر، تحطّم

smash and grab raid تحطيم واجِهات (محلات الجواهر مثلاً) واختِطاف محتَوَياتها والفِرار بها

2. (knock *ball*, etc., down hard) ضرب كرة (التّنِس مثلاً) بشدّة إلى أسفل

n. 1. (crash) تصادُم عنيف؛ كارِثة ماليّة

2. (overhead stroke in tennis) ضَرْبة قويّة

smash-hit, *n.* (*coll.*) نجاح ساحِق لأُغنية جَديدة

smashing, *a.* (*sl.*) هائل ، عظيم (اصْطِلاح عامّي)

smattering, *n.* مَعْرِفة سطحيّة (بعلْمٍ ما)

smear, *v.t.* & *n.* لطَخ (بالشَّحْم مثلاً) ، مَسَح ، دَهَن

a smear of blood on the wall
بُقَع من الدَم تُلوِّث الحائط

they started a smear campaign against him
شَنّوا حَمْلة لتشويه سُمعته أو تلطيخها

smell, *n.* 1. (faculty) حاسَّة الشَمّ

2. (odour) رائحة (روائح)

not a smell of a customer all morning
لم يمرّ بعتَبة الدكّان زبون واحد طِوال الصباح

v.t. (*pret.* & *past p.* smelt) شمّ ، اشتمّ

v.i. 1. (have sense of smell) اسْتَنْشق

2. (emit odour) فاحَت منه رائحة

it smells good (للطعام) رائحة ذَكيّة

that smells of corruption تفوح منه رائحة الفَساد

smelling-salts, *n.pl.* أملاح الشَمّ (لعلاج الإغماء)

smelt, *n.* سَمك بحريّ صغير (من فصيلة السلمون)

smelt, *v.t.* صَهر (رِكاز المعدِن) ، سَبَك

smile, *v.i.* & *n.* ابتسم ، تَبسَّم ؛ ابتسامة

fortune smiled on him ابتسم الحظّ له

smirch, *v.t.* & *n.* لطَخ ، لوَّث ؛ لطْخة

this is a smirch on the family name
هذه وَصْمة عارٍ في جَبين الأُسْرة

smirk, *v.i.* & *n.* ابتسم (إعجابًا بنفسه)

smite (*pret.* smote, *past p.* smitten), *v.t.*
ضَرَب بقوّة وعُنف ، أصاب

his conscience smote him أنّبه ضَميره

the young man was badly smitten
كان الشابُّ يُعاني لواعِجَ الغَرام

smith, *n.* حَدّاد ، عامِل طَرْق المعادِن

smithereens, *n.pl.* أشْتاتُ (قَدَحٍ تهشّم مثلاً)

smithy, *n.* وَرْشة حِدادة

smitten, *past p. of* **smite**

smock, *n.* ثَوْب واسِع (للنساء والأطفال)

smocking, *n.* تَطْريز على هَيئة عُشّ النحْل

smog, *n.* ضَباب مُحمَّل بِدُخان (المصانع)

smoke, *n.* 1. (fumes from burning) دُخان

smoke-screen سِتار مِن الدُخان

smoke-stack مِدْخَنة عالية (في مصنع أو باخرة)

all our plans have gone up in smoke
لم تُسفِر خِطَطنا عن شيء ، ذَهَبت أدْراجَ الرياح

2. (act of smoking tobacco; cigarette)
تَدْخين ؛ سِيجارة ، سِيكارة

v.i. & *t.* 1. (give off smoke; apply smoke to) انبعث منه دُخان ؛ عالج بالدخان

the chimney is smoking ينبعِث الدُخان
من المِدخنة ؛ تَسرَّب الدُخان إلى داخل الحُجْرة

the police smoked out the fugitive أجبَر
رجال الشُرطة الطريدَ الهاربَ على الخروج من مَخبئه

smoked glasses نَظّارات (عُوَيْنات) للشمس

smoked haddock سَمك مُدخَّن من فصيلة القُدّ

2. (inhale and exhale tobacco) دَخَّن

smoking-concert حَفلة مُوسيقية يُبَاحُ لحاضِريها التدخين وتعاطي الخمور خِلالَها

smoking-jacket جاكتة من القَطيفة (فضفاضة ومطرّزة) كان الرِجال يرتدونها عند التدخين

smoker, *n.* 1. (one who smokes tobacco) مُدَخِّن (التبْغ)

2. (railway carriage, etc., where smoking is allowed) ديوان (بِقطار) يُباح فيه التدخين

smoky, *a.* (حُجرةٌ جَوُّها) مَلِيء بالدّخان

smooth, *a.* ناعِم ، أَمْلَس ، (طريق) مُمَهَّد

smooth talk كلام مَعْسول يُغرّر بِسامِعِه

v.t. جعَل (السطح) مُسْتوِيًا ، نَعّم

smoothing-plane فارَة (مِسحاج) لتنعيم الخشب

the lawyer smoothed out all our difficulties أزال المُحامي كلَّ صِعابِنا ، ذَلّلها

it took some time to smooth him down لم أستطع تهدئة ثورته إلّا بعد وقت طويل

smother, *v.t.* كتَمَ أنفاسه ؛ أخمد؛ أغرق (بالعطف)

smoulder, *v.i.* احترق بِبُطءٍ وبِدُون لَهَب

he was smouldering with anger كان يَجيش بالغَضب ، كاد يَغلي من شِدّة غَضَبه المكبوت

smudge, *v.t. & i.*; *also n.* لطّخ (أصابعه بالحِبْر مثلًا)

smug, *a.* مَزْهُوّ بِقَدْر نَفْسِه

a life of smug respectability شُعور المرء بالزَّهْو لِظَنِّه أنّه أَرْفع قَدْرًا مِن غيره

smuggle, *v.t.* هَرَّب (البضائع)

smuggler, *n.* مُهرِّب (البضائع)

smut, *n.* 1. (bit of dirt) سِناج ، هِباب ، شُحْوار

2. (disease of corn) مَرَض فُطْرِيّ يُصيب الحِنطة

3. (indecent talk) كلام بَذِيء أو فاضِح

smutty, *a.* 1. (dirty) (جَوّ) مَلِيء بالسِّناج

2. (indecent) فاحِش ، بَذيء ، فاضِح

snack, *n.* وَجْبة خفيفة ، تصبيرة (مصر)

snaffle, *n.* شَكيمة اللِّجام ، قَنْطَرمة

v.t. 1. (control by bridle) شَكم (الحِصان) ، تحكّم فيه باسْتعمال الشكيمة

2. (*sl.*, steal) سَرَق ، اخْتَطف

snag, *n.* 1. (physical projection or irregularity) نُتوء أو بُروز

2. (*coll.*, difficulty) عَرقلة غير مُتوقَّعة

snail, *n.* حلزون ، قَوْقَعة

the traffic moved at a snail's pace سارت حَركة المرور بِسُرعَة السُّلَحْفاة

snake, *n.* حَيّة ، ثُعبان

snake-charmer حاوِي الحيّات

he is a snake in the grass إنّه يُظْهِر المحبّة ويُضْمِر العِداء ، 'مَيّه من تحت تِبْن' (مَثَل عامّي)

v.i. تلوّى ، انحنى (الطريق) يمينًا ويسارًا

snap, *v.t. & i.* 1. (break) قَصَف ، قَصَم ؛ انكسر

2. (bite) أطبق فَكَّيْه فَجأةً وبصوْت مَسْموع

he snapped her head off ردّ عليها بِحِدّة وجفاء شَديدين

the officer snapped out an order أَلْقَى الضابِط الأمر (على الجنود) بِحِدّة وصَرامة

he snapped up the bargain انتهز الفُرصَة وانقضّ على شِراء السِّلعَة المخفَّضة

3. (make sharp noise, esp. opening or closing) طَقْطَق ، فَرْقَع ، طَرْقَع

he snapped his fingers at the waiter طَرْقَع أصابعه مُناديًا الجَرْسون (أو النادِل)

she snapped her purse shut أقْفلَت جُزدانها (ضاغطة على فتحتِه حتى فرْقعت)

snap out of it! إصْحَ من غفْلَتك ! تَنَبَّهْ !

4. (take photograph of) التقط صُورة ...

n. 1. (bite) إطباق الفكَّيْن بِصَوْت مَسْموع

2. (act or sound of snapping) فَرْقعة

3. (fastener) كَبْسول أو طَبّاقة (الملابس)

4. (*coll.*, energy) نَشاط ، حيويّة ، حَماس ، خِفّة

the football team lacks snap يلعب فريق الكُرة بفُتور وبِغَيْر حَماس

5. (card game) لُعبة من ألعاب الوَرق (للصِّغار)

6. (something done suddenly); *often attrib.*

a cold snap فَتْرة بَرْد قارِس فُجائيّة

a snap decision قرار اِرْتِجاليّ يُتَّخَذ بدون تَروٍّ

7. (photograph) لَقْطة فوتوغرافية

8. (thin crisp biscuit); *in* ginger-snap بَسْكويت الزَّنْجَبيل (هَشّ ورقيق)

snapdragon, *n.* السَّيْسَم ، حَنَك السَّبْع (نبات مُزهر)

snappy, *a.* 1. (*coll.*, lively) نَشيط ، كلُّه حَيَوِيّة

make it snappy! شَهِّل ، أَسْرِعْ ، استعجِلْ !

2. (ill-tempered); *also* **snappish** سَريع الغَضَب والتهيُّج ، غَضوب ، شَرِس

snapshot, *n.* لَقْطة فوتوغرافيّة

snare, *n.* شَرَك ، مِصْيَدة ، فَخّ ، أُحْبولة

v.t. اصطاد (أرْنبًا) بِشَرَك ؛ أوقع ساذَجًا في فَخّ

snarl, *v.i.* & *t.* 1. (growl); *also n.* زَمْجر (الكلب) مُكَشِّرًا عن أنيابه ؛ ردّ بشَراسة وصَوْت خَشِن

2. (entangle) تشابك ، تَعقّد ، ارتبك

snatch, *v.t.* & *i.* خطف ، اختطف ، انتزع

he snatched an hour's sleep أُتيحت له الفُرصة أخيرًا فانتهزها لينام ساعةً واحِدة

he snatched victory from the jaws of disaster كان على وُشْك الهزيمة لكنّه انتصر على عدوّه في اللَّحظة الأخيرة

n. 1. (attempt to seize) اختطاف ، انتزاع

2. (*journalese*, theft or kidnapping) اختطاف (شخص) ، سَلْب (حَقيبة نقود مثلاً)

3. (fragment) نُتْفَة أو قِطْعة

he was humming a snatch of an old tune كان يُدَنْدِن بَعض مَقاطع أُغْنية قَديمة

sneak, *n.* 1. (mean person) خائن ، وَغْد

sneak-thief لِصّ يتسلّل ويسرِق ما تَصِل إليه يدُه

2. (*sl.*, informer) واشٍ ، فَتّان (مصر)

v.i. 1. (slink *about*) انْسَلّ خِفْيَةً

I had a sneaking regard for him كُنتُ أُكِنّ له إعجابًا خفيًّا (بالرغم من كونه خَصْمي)

2. (*sl.*, inform) وَشى بِ ، مَشى بالسِّعاية

v.t. اخْتلس (شيئًا تافهًا عادةً)

sneer, *v.i. & n.* سَخِر منه ، تهكّم عليه ؛ سُخْرِية

sneeze, *v.i. & n.* عَطَس ؛ عَطْسَة

such an opportunity is not to be sneezed at لا يصِحّ أن يُستَهان بهذه الفُرصة (الفريدة)

snick, *v.t. & n.* أحدث قَرْضًا أو حَزًّا سَطْحِيًّا (في حافَة لَوح خشبيّ مثلًا) ؛ ضَرب (الكرة) بخفّة

snicker, *see* **snigger**

snide, *a. (sl.)* (جَواهِر) مُزَيّفة ، مُزَوَّرة ، فالصو

snide remarks مُلاحَظات دنيئة لاذِعة

sniff, *v.i.* تشمّم ، نَشِق ؛ شَنّ (مصر)

he sniffed at my ideas أظهر استهانته أو استخفافه بآرائي ، أبْدَى احتقاره لها

v.t. شَمّ (النسيم) ، اشتمّ ، تشمّمّ

n. شمّة ، نَشْقة

sniffle, *v.i.*; *also* **snuffle** خَنْفَر ، نَخَر

snigger, *v.i. & n.*; *also* **snicker** ضَحِك ضحكًا خفيفًا مكتومًا

snip, *v.t. & i.* قصّ (بضَربة سَريعة من المِقصّ)

n. 1. (cut) قُصاصة (من الوَرق أو القُماش)

2. (*sl.*, bargain) شَرْوة رابحة ، لُقطة

snipe, *n.* الشُّنْقُب (طائر ذو مِنقار طويل مستقيم)

v.i. & t. تَصيّد (القنّاصُ جنود العدوّ) واحدًا بعد الآخر

sniper, *n.* قنّاص (من فِرقة القَنّاصة)

snippet, *n.* قُصاصة ؛ نُتْفَة (من الحديث مثلًا)

snitch, *v.t. (sl.)* اخْتَلَس ، سرَق خِفْيَةً

snivel, *v.i. & n.* أنّ وتشكّى ؛ سال المُخاط من أنْفِه

snob, *n.* من يتكبّر على أفراد طبقته الاجتماعِيّة

snobbery, *n.* ازدِراء المرْء لأفراد طَبقته الاجتماعِيّة

inverted snobbery التواضُع المتصَنّع بطريق المُغالاة في الاختلاط بأفراد الطبقة السُّفلَى

snobbish, *a.* نفّاج ، مَزْهوّ بنفسه ومُحتقِر للآخرين

snood, *n.* شَبكة متينة لِشَعْر المرأة

snook, *n. (sl.), usu. in* إيماء يُعبّر عَن الاستِهْزاء

he cocked a snook at . . . استهزأ به واضعًا إبهامَه على أنْفه ومحرِّكًا أصابع يده

snooker, *n.* نوع من البلياردو يُلْعَب بكُرات ملوّنة

v.t.; *also fig.* أوقع منافسه في لعبة السنُوكر في مأزِق ؛ أحْبَط مساعي خصْمِه

snoop, *v.i. (coll.)* دَسّ أنفه في شُؤون غيره

snooty, *a. (coll.)* مُتَعَجْرِف ، مُنْتَفِخ ، شايف نفسه

snooze, *v.i. (coll.)* غفا ؛ نَوْمة خفيفة ، غَفْوة

snore, *v.i. & n.* شخر (النائم) ، غطّ ؛ غَطِيط

snort, *v.i. & n.* نخر (الحِصان) ؛ نَخير

snorter, *n. (coll.)* شيء ضخْم ؛ مُشكِلة عَويصة ؛ رسالة عَنيفة اللهْجة ؛ ريح عاصِفة ؛ جُرْعة مُسْكِرة

snot, *n. (vulg.)* مُخاط الأنْف ، بربور (عامّيّة)

snotty, *a. (sl.)* (أنف) يسيل منه المُخاط ؛ مُزَفْزَف

snout, *n.* خَطْم (الخنزير مثلًا) ، فِنْطِيسَته

snow, *n.* ثَلْج (ثُلوج)

snow-plough آلة كالمِحْراث ذات نَصْلين كبيرين لإزالة الثلج المتراكِم في الطُّرُق

v.i. & t. أثلجت (السّماء) ، سقط الثلج

he was snowed under with work غَمرته الأعْمال أو الواجبات

snowbound, *a.* مُنحصِر في مكانٍ ما بِسَبب الثّلوج

snowdrift, *n.* أكوام من الثلْج كدّستها الرّياح

snowfall, *n.* سُقوط الثلج ؛ كميّة الثلج الساقِط

snowflake, *n.* نُدْفة الثلج

snowman, *n.* كَوْمة ثلج تُشكّل على هيئة إنْسان

snowstorm, *n.* عاصِفة ثَلْجيّة

snowy, *a.* ثَلْجيّ ، كثير الثلْج ؛ أبْيَض كالثلْج

snub, *v.t. & n.* تَرفّع عنه وصدّه ؛ ردٌّ جافّ

a., esp. in
snub-nosed أفْطس الأنف

snuff, *n.* سَعُوط ، نَشُوق

v.t. نَشَق السَّعوط ؛ أزال جُزء الفتيلةِ المحترق

the candle was snuffed out أُطفِئت الشّمْعة

the rebellion was snuffed out أُخْمِدت الفِتْنة

he snuffed it ماتَ (تعبير عامّي)

snuffle, *v.i. & n.* خَنْفَر ، غَنْزَ ، خَنْخَن ، شَنّ

snug, *a.* 1. (cosy) مُريح ودافئ ، وَثير ؛ مُسْتكِنّ

2. (close-fitting) ملابس مُحْكَمة التفْصيل

n. (sl.) حُجَيْرة أو رُكْن في حانة أو بار

snuggery, *n.* حُجْرة صغيرة ذات جَوّ دافِئ

snuggle, *v.i.* (*also with* down, up) اسْتَكنّ (الطِفْلُ طالبًا الدِّفءَ والحَنان)

so, *adv.* 1. (to such an extent or degree) إلى حدّ أن

so far from being ready he was still in bed فوق كَوْنه غير مُسْتَعِدّ كان لا يزال نائمًا

I am so glad to see you إنّي سَعيدٌ لرؤياك

so long! إلى اللّقاء! ، مع السّلامة !

so long as I am here . . . ما دُمْتُ هنا

so many came, the hall was full حضر عدد كبير فامتلأت القاعة

he was not so much angry as upset كان مُنْزعجًا لما حَدَث أكثر ممّا كان غاضبًا

he didn't so much as say thank-you لم يَتفضّل عليّ حتّى بكلمة شُكْر واحِدة

so much for the first stage of our journey إلى هنا ينتهي الكلام عن المَرْحَلة الأولى من رِحْلتنا

this is so much nonsense ما هذا إلّا هُراء

there is still an hour or so to wait لا يزال أمامنا حوالي ساعة مِن الزّمَن

2. (thus; in this or that way)

so am I وأنا كذلك ، وأنا أيْضًا

so-and-so (*coll.*, unspecified person) فُلان

(*sl.*, unpleasant person) ابن كلْب (شتيمة)

so-called, *a.* المدعُوّ بِ .. ، المزعوم

it so happened that . . . تَصادَف أو حَدَث أنّ

so-so, *a.* بَيْنَ بَيْنَ ، مُشْ بَطّال ، لا بأسَ بِه

so that كَيْ ، لِكَيْ ، حتّى ، بِحَيْث

you don't say so! هل هذا صحيح ؟ (للدهشة)

conj.
it was late, so we stayed كان الوقت متأخِّرًا ولهذا بِتْنا عِنْدهم

so that's that! وهكذا انتهى الأمر

soak, *v.t. & i.* 1. (make or become wet) نقع ؛ امتصّ

he was soaked to the skin كان يقطر من البلل

he soaked himself in history كرّس كلّ جهده ووقته لدراسة علم التاريخ

arithmetic was easy for him, he just soaked it up كان علم الحساب سهلاً عليه بحيث أنّه تعلّمه بدون أدنى جهد

he let the idea soak in ترك لعقله الفرصة لتقبّل الفكرة الجديدة (قبل الحكم عليها)

the water soaked through the ceiling تسرّب الماء من السّقف، دلف السّقف بشدّة

2. (*sl.*, overcharge) استغلّ (الأغنياء لمصلحة الفقراء مثلاً)، تقاضى ثمنًا باهظًا

n. (*coll.*, heavy drinker) سكّير (عامّية)

soap, *n.* صابون

soap-box oratory خطابة ترمي إلى تهييج السامعين (كما يفعل خطباء الميادين العامّة)

soft soap (*lit.*) صابون سائل

(*fig.*, flattery); *also v.t.* مداهنة، تملّق ، تزلّف ؛ تملّق ، داهن ، تودّد إلى

v.t. صبّن ، صوبن

soapy, *a.* (محلول) صابوني ؛ مغطّى برغوة الصابون

soar, *v.i.* حلّق (الطير) ، انطلق في العُلوّ ، حام

prices soared when war broke out ارتفعت الأسعار ارتفاعًا شاهقًا عندما نشبت الحرب

sob, *v.i. & t.*; *also n.* نشج ، شهق ؛ نشيج

sob-stuff (*coll.*) قصّة رخيصة تهدف إلى استدرار العطف وإسالة الدّموع

sober, *a.* 1. (not drunk) واعٍ ، صاحٍ ، غير ثمل

2. (temperate, serious) جدّي ، رزين

he made a sober estimate of what was possible قدّر الإحتمالات الممكنة تقديرًا معقولاً

sober-sides شخص يقارب التزمّت في جدّيّته

v.i., with advs., up, down أفاق أو صحا من ثمله ؛ ثاب إلى رشده

sobriety, *n.* رزانة ، جدّ ، وقار

sobriquet (soubriquet), *n.* لقب ، نبز (أنباز)

soccer, *n.* (*coll.*) لعبة كرة القدم (عاميّة)

sociab/le, *a.* (**-ility,** *n.*) أنيس ، حلو المعشر

social, *a.* 1. (concerned with the community or society) اجتماعيّ ، نسبةً إلى المجتمع

man is a social animal الانسان حيوان اجتماعيّ

social science علم من العلوم الاجتماعيّة

social security الضّمان الجماعي أو الاجتماعيّ

social worker موظّف خدمات اجتماعيّة (للشؤون الصحيّة والعائلية والاجتماعية)

2. (friendly, sociable) أنيس ، ودود ، أليف

social club نادٍ اجتماعيّ

n. (*coll.*) حفلة سمر ، ليلة أنس

socialism, *n.* الاشتراكيّة

socialist, *n.* (**-ic,** *a.*) اشتراكيّ

the Socialist Party الحزب الاشتراكي ، حزب العمّال

socialite, *n.* ثريّ يحيا حياة اجتماعية مترفة

socializ/e, *v.t.* (**-ation,** *n.*) أمَّم ؛ تأميم

society, *n.* 1. (organized system of living or community) مُجْتَمع ، هَيْئة اجتماعيّة

2. (company, companionship) أُلْفَة

3. (fashionable world) المُجتمَع الرّاقي

high society الأوساط الرّاقية

4. (association) جَماعة ، جمعيّة ، هَيْئة

building society شَرِكة لاستثمار الأموال وإقراض مَن يرغَب مِن أعضائها في شِراء مَنْزِل

sociolog/y, *n.*, **-ist,** *n.* عِلْم الاجتماع

sock, *n.* 1. (short stocking) جَوْرب قَصير

put a sock in it! (*sl.*) أُسْكُتْ ! إخْرَس !

2. (loose inner sole of shoe) فَرْش ، ضَبان

3. (*sl.*, blow); *also v.t.* لَكْمة ؛ لَكم

socket, *n.* تجويف أو نُقْرة محفورة في جِسم ليدخل فيه جسمٌ آخر

eye-socket نُقْرة العين ، تجويفها

socket-spanner مِفتاح كُشتبان (ميكانيكا)

power socket كُبس كهربائي (بالحائط) ، مَقْبِس

Socratic, *a.* سُقراطيّ ، نِسبةً إلى الفيلسوف سُقراط

Socratic method مَنهج تعليمي أساسُه الحِوار بين المعلّم والدّارس لاستنباط المعرفة

sod, *n.* كتلة صغيرة من الأرض وما عليها من عُشب

soda, *n.* 1. (compound of sodium) صُودا ، القِلْي

2. (aerated water); *also* **soda-water** ماء الصُّودا ، مِياه غازيّة

soda fountain بار مُرَطِّبات ومثلّجات

sodality, *n.* جَماعة دِينيّة كاثوليكية

sodden, *a.* (ملابس) مُشْبَعَة بالماء ؛ سَكران

sodium, *n.* مَعْدِن الصُّوديوم (عنصر كيميائي)

sodium bicarbonate بيكربونات الصُّودا

sodium chloride كلوريد الصُّوديوم (مِلْح)

sodium vapour lamp مِصْباح بُخار الصُّوديوم

sodom/ite, *n.*, **-y,** *n.* لُوطيّ ؛ اللّواطة

sofa, *n.* أريكة ، كَنَبة ، دِيوان

soft, *a.* & *adv.* 1. (pliable, smooth, tender, non-alcoholic) ناعِم ، ليّن ، مَرِن ؛ غير كحوليّ

a soft answer <turneth away wrath> الجواب اللّيّن يَصْرِف الغَضَب (مِن أمثال سُليمان الحكيم)

a soft-boiled egg بَيْضة بِرِشْت (نصف مسلوقة)

soft breeze نَسيم عَليل ، نَسَمة لطيفة

soft drinks مُرطِّبات ، مشروبات غير كحوليّة

soft fruit فَواكِه ليّنة (مثل الفراوْلة والمِشْمِش)

soft furnishings قُماش التنجيد والسّتائر الخ.

soft goods (تجارة) الأقمِشة والمنسوجات ، مانيفاتورة

soft-hearted عَطوف ، رقيق القلْب ، حَنون

he got himself a soft job حَصَل على وَظيفة مُريحة لا تتطلّب مجهودًا

soft lights إضاءة خافِتة

soft pedal (*lit.*) دَوّاسة لِخَفْض صوْت البيانو

(*fig.*), *often v.t.* & *i.* قلّل من أهمّيّة نُقطة ما

soft roe بَطارِخ ذَكَر السَّمَك ، رَوْل

soft spoken يتكلَّم بِصوْت هادِئ ولطيف

he has a soft spot for her يَشْعُر نَحْوَها بِمَيْل خاصّ ، لها عِنده مَكانة خاصَّة

soft water ماءٌ يَسِر (يسهُل رَغْو الصابون به)

2. (*coll.*, silly, feeble) بَليد ، بطيء الفهْم

3. (*of* '*c*' *and* '*g*', pronounced as spirants) حَرف ينطَق مُخفَّفًا أي بدون تَعْطيش (صَوْتيّات)

soften, *v.t.* & *i.* ليَّن ، خفَّف ؛ لانَ ، رقَّ

we shall have to soften him up سوف نُضْطَرّ إلى إضْعاف مُقاوَمَتِه

softwood, *n.* خَشَب يَسْهُل تقطيعُه (كالصَّنَوْبَر)

soggy, *a.* مُشْبَع بالماء ، مُثْقَل بالرُّطوبة ، خُبْز نَيْء

soigné, *a.* (امرأة) مُتأنِّقة ، رَشيقة الهِنْدام

soil, *n.* أَرْض ، تُرْبَة

his native soil مَسْقط رأسِه ، وطَنه

v.t. & *i.* لوَّث ، لطّخ ؛ اِتَّسخ ، تلوَّث

he refused to soil his lips with such words رَفَض أن يُلوِّثَ شَفَتَيْه بمِثْل هذه الكلمات

this material soils easily يَتَّسِخ هذا القُماش (أو يلتقط الأوساخ) بِسُرعة

soil-pipe, *n.* ماسُورة تَصِل المِرْحاض بالمَجارِي

soirée, *n.* سَهْرَة ، حَفلة مسائيَّة ساهِرة

sojourn, *v.i.* & *n.* أقام مُدَّة قصيرة (في بلدٍ ما)

solace, *v.t.* & *n.* عزَّى ، روَّح (عنه الهَمّ)

solar, *a.* شَمْسِيّ

solar plexus الضفيرة الشمسيّة (طبّ)

solarium, *n.* صالة أو شُرْفَة ذات جُدران زُجاجيّة للانتفاع بأشِعّة الشَّمس (في العِلاج)

sold, *pret.* & *past p. of* **sell**

solder, *n.* & *v.t.* سبيكة لِحام ؛ لَحَم (بالقصدير)

soldering iron كاوِية لِحام

soldier, *n.* جُنديّ (جُنود ، جُند)

don't come the old soldier over me! لا تدَّعي أنك تَفوقُني خِبْرة في هذا الميدان!

v.i. خدَم في الجيش

we shall have to soldier on ليس لنا إلّا الاستمرار في العَمَل وتحمُّل المَشقّات

soldierly, *a.* (قامة) عسكريّة ؛ (سلوك) باسِل

soldiery, *n.* العَسْكَر ، زُمْرة غير منظَّمة من الجُند

sole, *n.* 1. (under-part of foot) باطِن القَدَم ، أَخْمَص

2. (under-part of shoe) نَعْل الحِذاء

3. (fish) سَمك مُوسَى (مُفَلْطَح ومُسْتَطِيل)

v.t. وضَع نَعْلًا جديدًا للحِذاء

a. وَحيد ، فَريد ؛ له (الحقّ) دون غيره

solecism, *n.* لَحْن في اللُّغة ؛ هَفْوة في الاتيكيت

solely, *adv.* فَقط ، لمُجَرَّد ، ليْس إلّا

solemn, *a.* (**-ity,** *n.*) رَصين ، وَقور ، مهيب ؛ خُطورة (الموقِف) ؛ خُشوع ، جَلال ، هَيْبة

solemniz/e, *v.t.* (**-ation,** *n.*) اِحْتَفَل (بِعَقْد الزَّواج مثلًا) طِبْقًا للشَّعائر الدِّينيّة

solicit, *v.t.* اِلْتَمَس ، توسَّل ، أَلَحّ على ...

v.i. اسْتَدْرَجَت (المومِس) شخصًا لِارْتِكاب الفَحْشاء

soliciting, *n.*   الإِسْتِدْراج لِأرْتِكاب الفَحْشاء

solicitor, *n.*   مُحامي إِجْراء (يُحَضِّر الوَثائق)
وكُلّ ما يتعلَّق بالقَضِيَّة ولا يتَرافَع في الدَّعْوى)

solicitous, *a.*   حَريص (على راحة ضُيوفِه مثلًا)

solicitude, *n.*   اِعْتِناء شَديد (بِراحة أولادِه مثلًا)

solid, *a.* 1. (not liquid or gaseous); *also n.*
(جِسْم) صُلْب ، غير سائل
solid foods; *also* solids   أطْعِمة تَحْتاج إلى المَضْغ

   2. (not hollow)   مُصْمَت ، غير أجْوَف

   3. (hard)   مَتين ، قَوِيّ

we have solid grounds for our belief   لَدَيْنا
دَلائِل أو مُبرِّرات قَوِيَّة لِما نَزْعُم

   4. (homogeneous)   خالِص

solid gold   (قُرْط) من الذَّهَب الخالِص ؛ إِبْريز

   5. (strong, substantial)   مَكين ، قَوِيّ

he is a man of solid worth   إِنّه رَجُل
فاضِل بِكُلّ مَعْنى الكَلِمة

   6. (*math.*, three-dimensional); *also n.*
مُجَسَّم ، جِسْم ذو طُولٍ وعَرْضٍ وسُمْك

   7. (*coll.*, entire)   كامِل ، بِغير انْقِطاع

we have been waiting a solid hour   لقد
قَضَيْنا ساعة بكامِلِها (في انْتِظارِك مثلًا)

solidarity, *n.*   تَكافُل ، تَضامُن ، تآزُر ، تَرابُط

solidif/y, *v.t. & i.* (-ication, *n.*)   جَمَّد ؛
تَجَمَّد ، تَصلَّب ؛ تَجَمُّد

solidity, *n.*   صَلابة ، صُموت ، جُمود ، مَتانة

soliloqu/ize, *v.i.* (-y, *n.*)   ناجَى نَفْسَه ؛
مُناجاة النَّفْس ، مُحادَثة المرْء لِنفسِه

solitaire, *n.* 1. (jewel)   ماسَة مُنْفَرِدة
(مُرَصَّعة في خاتَم مثلًا)

   2. (game)   لُعبة من ألعاب الوَرَق
يَلعبها شَخص بِمُفْرَده

solitary, *a.*   مُنفَرِد ، وَحيد ، مُنعزِل ، مُنْزوٍ

not a solitary one   ولا أَحَد

n.   ناسِك ، مُنْعَزِل عن النّاس

solitude, *n.*   خَلْوة ، عُزْلة ؛ مكان مُوحِش

solo, *n.* 1. (performance by one person);
also adv. & a.   عَمَل يُؤَدِّيه فَرْد واحِد

he flew solo   طار مُنفرِدًا في طائرة

   2. (card game)   نوع من ألعاب الوَرَق (الهُويست)
يَحْتاج إلى أربعة لاعبين يُنازِل أحَدُهم الآخَرين

soloist, *n.*   عازِف مُنْفَرِد

solstice, *n.*   الإِنْقِلاب الصَّيْفِيّ أو الشَّتَوِيّ

solub/le, *a.* (-ility, *n.*)   قابِل للذَّوَبان أو الحَلّ

solution, *n.* 1. (solving; answer)   حَلّ (مَسألة)

   2. (dissolving)   ذَوَبان ، انْحِلال ، تَحلُّل

   3. (mixture)   مَحْلول

(rubber) solution   صَمْغ مطّاطِيّ

solve, *v.t.*   حَلّ (مَسألة مثلًا)

solvency, *n.*   القُدْرة على وَفاء الدُّيُون بكامِلِها

solvent, *a.* 1. (capable of dissolving); *also n.*
(حامِض) مُذيب (للمَعْدِن) ؛ يُمْكِن إذابته
the solvent properties of water   خَواصّ الماء
التي تَجْعله قادِرًا على إذابة (السُّكَّر مثلًا)

   2. (able to pay debts)   قادِر على
الوَفاء بِجَميع دُيونِه

somatic, *a.* جُسْمانيّ ، بَدَني (اِصْطِلاح طِبّي)

sombre, *a.* عابِس ، كَئِيب ، قاتِم ، قَليل الضوْء

sombrero, *n.* قُبَّعَة من الجُوخ ذات حافَة عَريضة

some, *a.*, *pron.* & *adv.* 1. (a number or quantity of) بَعْض ، كَمِّيَة من ...

he arrived some few minutes ago وَصَل مُنذ دَقائق مَعْدودة

if I find some I will send them إن وَجَدْتُ بعضًا ممّا تطلُب فَسوْفَ أُرْسِله لك

he went to some trouble to arrange matters كلّف نفسه عَناءً كبيرًا لتدبير الأمر

can you give me some idea of your plans? هل يُمْكِنك أن تُعْطِيني فِكرة عن خِططك ؟

2. (a certain, unspecified)

we will go some day سنذهب يومًا ما

some people agree, some do not يُوافِق بعْضُ النّاس ويَرْفُض البعْض الآخَر

some other time ليس الآن ، في فُرصة أُخْرى

3. (*coll.*, great, terrible) هائِل ، شَديد

that was some party! كانت حَفْلة رائعة !

somebody, *pron.* شخصٌ ما

n. (person of importance); *in*

he is a somebody in his own village إنّه من أعْيان قَرْيَته

somehow, *adv.* بِطَريقةٍ ما

we will raise the money somehow سَنُدَبِّر المبلغ المطلوب بطريقةٍ أو بأخرى

somehow, I always disliked him كنت دائمًا أكرَهه لِسَبب لا أعرِفه

someone, *pron.* شخصٌ ما ، بَعْضُهم

somersault, *n.* & *v.i.* شَقْلَبة ، تَشَقْلَب

he turned a double somersault قام بحركةٍ شَقْلَبَةٍ مُزْدَوِجَة

something, *pron.* 1. (thing unspecified) شيءٌ ما

is there something wrong? هل هناك ما يُضايقك ؟

will you have a glass of something? هل ترغَبُ في أنْ أُقَدِّمَ لك كأسًا مِن الشَّراب ؟

2. (thing of importance) شيء مُهِمّ

now, that *is* something! نِعْمَ ما حَدَث !

3. (certain quantity) بعض ...

it is something of a mystery في الأمر بعضُ الغُموض

I hope to see something of him in the vacation آمُل أن أراه في العُطْلة من حِينٍ إلى حِين

adv. بعضُ الشيء

it looks something like this إنّ (الشيء الّذي نَتَحدّثُ عنه) شَبيهٌ بعض الشَّبَه بهذا

now this is something like! هذا هو ما كنتُ أَتوقُ إليه مِن زَمَنٍ بعيد !

sometime, *adv.* سابقًا ؛ في وقتٍ ما في المُسْتقبَل

a. (أستاذ) سابِق (بالجامِعة مثلاً)

sometimes, *adv.* أَحْيانًا ، تارةً ... وطَوْرًا

somewhat, *adv.* بعض الشيء ، قليلاً

somewhere, *adv.* في مكانٍ ما

somnambul/ism, *n.*, **-ist,** *n.* المَشْيُ أثناء النوم، الرَّوْبَصَة، الجُوال؛ مُصاب بهذا المرَض

somnol/ent, *a.* (**-ence,** *n.*) وَسِن، نَعْسان

son, *n.* 1. (male child; descendant) اِبْن، نَجْل

every mother's son كُلّكم بدون اسْتِثْناء

he is his father's son الوَلَد سِرُّ أبيه

son-in-law زَوْجُ الابْنة، صِهْر، خَتَن

son of a bitch (*vulg.*) اِبن كلب، اِبن كلبة

son of the soil فلّاح

2. (form of address); *also* sonny يا بُنَيَّ

sonata, *n.* سُوناتا، تَأْليف مُوسيقيّ لآلَة أو آلَتين (كالبيانو والكمان) مِن أربَع حرَكات

song, *n.* أُغْنِيَة، أُنْشُودَة؛ غِناء

song-bird طائر مُغَرِّد أو غِرِّيد

Song of Songs; *also* Song of Solomon نَشِيد الأَنْشاد (سِفْر في التَّوْراة يُنسَب إلى سُليمان الحكيم)

he burst into song اِنْطلق في الغِناء (فَجْأة)

he bought (sold) it for a song اِشْتراه (أو باعَه) بِسِعْر زَهيد يكاد لا يُصَدَّق

it is nothing to make a song about إنّه شيء غير جدير بالاهتِمام

songst/er (*fem.* **-ress**), *n.* 1. (singer) مُغَنٍّ، مُطرِب؛ مُغَنِّية، مُطرِبة، شادِية

2. (bird) طائر مُغَرِّد أو غِرِّيد

sonic, *a.* صَوْتِيّ، نِسْبةً إلى (سُرعة) الصّوت

sonic boom دَوِيّ الطائرة عند ما تتخطّى سُرعة الصوت

sonnet, *n.* قَصيدة من أربعة عشر بيتًا، سُونيتة

sonor/ous, *a.* (**-ity,** *n.*) رَنّان، (صوت) يَتَميَّز بالعُمْق والرَّنين

soon, *adv.* 1. (shortly) قريبًا، بَعْد قَليل

as soon as حالَما، بمُجَرَّد أن، فَوْرَ (وصولِه)

2. (early, quick) عاجِلًا

it was no sooner said than done ما كاد يَطلب الأمر حتّى أُجِيب إلى طَلَبه

no sooner had he spoken, than . . . ما إنْ نَطَق حتّى . . .

the sooner the better خَيْر البِرّ عاجِلُه

least said soonest mended كُلّما قَلَّ الكلام سَهُلت إعادة السَّلام (بين المتخاصمين)

don't speak too soon! لا تَتَعجَّلْ في الحُكم (على الأمر قبل وُقوعِه)، لا تُفرِط في تَفاؤُلك!

3. (willingly)

I would just as soon go home (أمّا فيما يَخْتَصُّ بي) فإنّي أفضِّل الذِّهابَ إلى منزلي

I'd go there as soon as not لا أَتَردَّدُ قَطّ في الذِّهاب

I would sooner stay أُوثِر البَقاء على الذِّهاب

soot, *n.* شُحّار، شُحْوار، سِناج، سُخام، كَتَن

soothe, *v.t.* هَدَّأ، لَطَّف، خَفَّف، سَكَّن (الأَلَم)

soothsayer, *n.* عرّاف، مُتكَهِّن، من يرجُم بالغَيْب

sooty, *a.* 1. (covered with soot) مُلوَّث بالسِناج

2. (black) أَسْوَد حالِك

sop, *n.* 1. (food dipped in liquid) خُبْز مَنْقوع في سائل

2. (something to pacify or bribe) ما يُقدَّم لِشخص لاسْتِرضائه أو لإلْهائِه مُؤَقَّتًا

v.t., esp. with adv. up نَقَع ، فَتَّ (الخُبْزَ مثلاً) ، جَفَّف بإسْفَنْجَة

he is sopping ⟨wet⟩ إنّه يَقْطُر من شِدّة البَلَل

sophism, *n.* سَفْسَطة ، مُغالَطة كلامِيّة

sophist, *n.* (**-ic, -ical,** *a.*) سَفْسَطِيّ؛ سَفَسْطائي

sophistic/ated, *a.* (**-ation,** *n.*) على دِراية بشؤون الحَياة ، غَيْر ساذَج

sophistry, *n.* سَفْسَطة ، مُغالَطة في الكلام

sophomore, *n.* طالِب أو طالِبة بالسَّنة الثانِية في جامِعات اميركا وايرْلندا

soporific, *a. & n.* (دواء) مُنوِّم ، (عَقّار) مُخدِّر

soppy, *a.* (*coll.*) مُفْرِط في العاطِفيّة ؛ صِبْيانيّ

soprano, *n.* 1. (highest musical melody line) سُوبرانو ، الأصْوات الحادّة في نِهاية الطبَقات الصَّوْتِيّة

2. (singer) امرأة أو صَبيّ يغنّي السوبرانو

sorcer/er (*fem.* **-ess**), *n.* ساحِر ، رَقّاء ؛ ساحِرة

sorcery, *n.* سِحْر ، شَعْوَذَة

sordid, *a.* كَرِيه ، (بَواعِث) دَنِيئَة ، قَذِر ، مُخْطّ

sore, *a.* 1. (painful) مُؤلِم ، مُوجِع

sore throat حَلْق أو بُلْعُوم مُلْتَهِب

he is acting like a bear with a sore head إنّه في أشدّ حالاتِ الغضَب والتهيّج

she is a sight for sore eyes تَقَرُّ العُيُون لِمَرْآها ، إنّ طَلْعَتَها لَبَهْجة للعُيون

that is a sore point with him إنّ الإشارةَ إلى هذا المَوْضُوع تُثِيره وتُحْنِقه

2. (*coll.*, offended) مُسْتاء ، مُتكدِّر ، ساخِط

3. (dire); *also adv.* إلى دَرَجَة كبيرة

in sore need في حاجَةٍ ماسّةٍ (للمُساعَدة مثلاً)

sore oppressed يُعاني ظُلْمًا شَدِيدًا

n. قُرْحَة جِلْدِيّة

running sore (*lit. & fig.*) قُرْحَة يَسيل منها الصَّديد ، مَنْظَر يُقزِّز النفْس

sorely, *adv.* جِدًّا ، إلى حَدّ بَعيد

sorely tempted يَشْعُر بإغْراء قَوِيّ

sorghum, *n.* ذُرَة صَيْفِيّة ، ذُرة بَيْضاء

sorority, *n.* (*U.S.*) نادٍ لفَتَيات الجامِعة (بامريكا)

sorrel, *n.* 1. (plant) حُمَّيْض زِراعيّ (تُؤكَل أوْراقُه)

2. (colour); *also a.* لَون أسْمَر مائِل للحُمْرة

sorrow, *n.* حَسْرة ، حُزْن ، أَسَف ، أسًى

v.i. حَزِنَ ، تَحسَّر ، تفجّع

sorrowful, *a.* حَزين ، كَئِيب ، مَغْموم ؛ مُحْزِن

sorry, *a.* 1. (regretful, repentant) آسِف ، نادِم

he is feeling very sorry for himself إنّه يُفْرِط في الشَّكْوَى مِمّا يُحِسّ به من أَلَم

you will be sorry for this one day سَتَنْدَم على فِعْلَتك هذه يومًا من الأيام

better safe than sorry الحَذَر خيرٌ من النَّدَم ، في العَجَلة النَّدامة وفي التَّأنّي السَّلامة

⟨I'm⟩ sorry! آسِف ! متأسِّف ، عَفْوًا !

2. (wretched) بائِس

this is a sorry state of affairs هذه حالٌ يُرْثَى لها ، مَوْقِف يَبْعَث على الأَسَى والحُزْن

sort, *n.* نَوْع ، جِنْس ، صِنْف ، ضَرْب ، طِراز

nothing of the sort ليس هذا صحيحًا البَتَّةَ

he is a writer—of a sort إذا سَمَّيناه كاتبًا فَلَنْ يكونَ هذا إلاّ تجاوُزًا

I am feeling out of sorts أشعُر بانْحِراف المِزاج ، أُحِسّ بِبعْض التَّوَعُّك

he is a good sort إنّه رَجُل طَيِّب،هُوآبْن حَلال

v.t.; *also* sort out (over) صنَّف ، فَرَز

sorter, *n.* فارِز الرَّسائل البَريديّة

sortie, *n.* هَجْمَة مُفاجِئة (على العَدوّ) ، طَلْعة

sot, *n.* (**-tish,** *a.*) سِكِّير ، مُدْمِن الخَمْر

sotto voce, *adv.* هَمْسًا ، بِهَمْس

sou, *n.* قِطعَة نَقْدٍ فَرنْسيّة قيمتها خَمْسة سَنتيمات

I haven't a sou لَيْس مَعي ولا مِلّيم ، إنّي مُفْلِس

soubriquet, *see* **sobriquet**

soufflé, *n.* سُوفْليه ، طَبَق خاصّ يحتوي على بَيْض مَخْفوق بحيث يَظَلّ مُنتفخًا بعد طَهْيه

sough, *v.i.* & *n.* زَفّت (الرّيح)؛ زَفِيف ، حَفيف

sought, *pret.* & *past p. of* **seek**

soul, *n.* 1. (spiritual or moral element) نَفْس ، رُوح

this is a soul-destroying task هذا عَمل مُمِلّ ويَقتُل في المرْء الرّوحَ الخلاّقة

he cannot call his soul his own ليس لَدَيْه أيّةُ حُرِّيّة شخْصيّة ، إنّه خاضِع لإرادة غيْرِه

he made his decision after much soul-searching اِتَّخذ قراره بعد إطالة التفكير ومُشاوَرَة ضَميرِه

his whole soul revolted from it تقزّزت نفسُه من الأمر كُلَّ التقزُّز

2. (embodiment) نَمُوذج ، مِثال

he is the soul of honour إنّه عُنْوان الشَّرَف ، نَموذَج الفضيلة

3. (person) انْسان ، نَسَمَة (في التَّعداد مثلاً)

there is not a soul about ما بِالدّار نافِخُ ضَرْمة

4. (departed spirit) روح الغائب

All Souls' Day يوم عِيد أرْواح المَوْتَى (٢ نوفمبر ـ تشرين الثاني)

soulful, *a.* عاطِفيّ ، يَفيض بالعاطِفة

soulless, *a.* بلا رُوح

sound, *n.* 1. (noise) صَوْت

sound-track هامِش الشَّرِيط السينمائي المخصّص لِتَسْجيل الصَّوت

within sound of على مَسْمَع من ...

I don't like the sound of it في الأمر شيْء يُقْلِقُني ولا أَطْمَئِنُّ إليْه

2. (strait) مَضِيق ، مائيّ ضَيِّق

a. 1. (in good healthy state) سَليم ، مُعافًى

sound teeth أسْنان سَليمة

2. (reliable, sensible) سَليم ، سَديد

sound judgement رَأْيٌ سليم أو صائب

3. (complete, thorough); *also adv.* تامّ

sound asleep في سُبات عَميق

v.i. يَبْدُو أنّ ، يَظْهَر أنّ

v.t. 1. (cause to be heard) أَحْدَثَ صوتًا

the sentry sounded the alarm

أَنْذَر الحارِس بالخَطَر (المُحْدِق)

2. (test) فَحَص

I shall have to sound him out يَنْبَغي عليّ أنْ أَجُسّ نَبْضَه (للتَّعرُّف على مُيُوله)

the doctor sounded my chest فَحَص الطبيب صدري بالنَّقْر بأصابِعه والإِسْتِماع

3. (measure depth of) سَبَر غَوْرَ (المُحِيط مثلاً)

sounding, *n.* سَبْر الأَغْوار، قِياس أعْماقِ (البِحار)

sounding-line خَيْط الرَّصاص لِسَبْر غَوْر البَحْر

soup, *n.* حَساء، شُورْبة، شُورْبا

he is in the soup (*sl.*) إنّه في وَرْطة

soupçon, *n.* قَدْر ضَئيل (من الثُّوم مثلاً)

sour, *a.* (مَذاق) حامِض، (ليمون) حاذِق

sour grapes لِلحِصْرِم؛ 'قِصَر ذَيْل'، 'حِصرِم حَلَب'

v.t. & i. حمَّض، روَّب؛ حَمُض

his actions soured our relationship

عَكَّرَت أعماله صَفْوَ عَلاقاتِنا

source, *n.* 1. (spring) مَنْبَع (النَّهر)

2. (origin) مَصْدَر، أَصْل، مَنْشَأ

souse, *v.t.* بلَّله (المطر)؛ خلَّل (السَّمَك)، ملَّحه

soused herrings سَمَك الرَّنْكَة المخلَّل (والمطْبوخ)

he is soused again عاد إلى سُكْرِه ثانيةً!

soutane, *n.* ثَوْب الكاهِن، جُبَّته

south, *n. & a.*; *also adv.* جَنوب؛ جنوبيّ؛ جَنوبًا

the Deep South مِنطقة في جَنوب الوِلايات المتَّحدة مُعْظم سُكّانِها مُحافِظون في تَقالِيدهم

southerly, *a. & n.* جَنوبيّ؛ نحو الجَنوب

southern, *a.* جَنوبيّ

southerner, *n.* من أهالي الجَنوب

southernmost, *a.* واقِع في أَقْصَى الجَنوب

southward, *a. & n.* في ٱتِّجاه الجَنوب

adv.; *also* **southwards** جَنوبًا

souvenir, *n.* تَذْكار، هَدِيَّة تَذْكارِيَّة

sou'-wester, *n.* 1. (wind) رِيح جَنوبية غَرْبيّة

2. (hat) قُبَّعَة من المُشَمَّع لها حافَة خَلفيّة عَرِيضَة (يَلْبَسها البَحّارة أثناء العَواصِف)

sovereign, *n.* 1. (ruler) مَلِك، مَلِكة

2. (coin) جُنَيْه انكليزيّ من الذَّهب

a. (سُلْطَة) مُطْلَقة؛ أَعْلَى، أَسْمَى

sovereign remedy عِلاج ناجِع أو فَعّال

sovereign state دَولة ذات سِيادة تامّة

sovereignty, *n.* سِيادة، سُلْطة

soviet, *n.*; *also attrib.* السوفييت، مَجْلِس يُنتخَب أعضاؤه لِلحُكْم (في جُمْهوريّات الاتّحاد السوفييتي)

The Soviet Union الإتِّحاد السوفييتي

sovietiz/e, *v.t.* (**-ation,** *n.*) جَعَلَه سُوفييتيًا

sow (*pret.* sowed, *past p.* sown), *v.t.* بَذَر (الحُبوب في الأرض)؛ بَثَّ، أشاع

sow the seeds of discord بَذَر بُذورَ الفِتْنَة والشِّقاق

sow, *n.* أُنْثَى الخِنْزِير

sown, *past p. of* **sow**

soya, *n.* فُول الصُّويا

sozzled, *a.* (*sl.*) مَسْطول (سُكْرًا) ، سَكران

spa, *n.* مُنْتَجع به يَنْبوع مِياه مَعْدِنيّة

space, *n.* 1. (limitless expanse) الفَضاء

space-ship سَفِينة الفَضاء، سَفِينَة فَضائيّة

space travel سَفَر الفَضاء

2. (area) (أرض) فَضاء ، مَكان ، مَجال

3. (interval, gap) مَسافة ، فُسْحة

v.t.; *also* space out وَزَّع على مَسافات أو أبْعاد (مُتَساوية)

spaceman, *n.* رَجُل الفضاء

space-saving, *a.* مُصَمَّم بحيث يَشْغَل حيِّزًا صغيرًا

spacious, *a.* رَحْب ، فَسيح ، مُتَّسِع

spade, *n.* 1. (tool); *also v.t.* مِجْراف ، رَفْش

spade-work عَمَل تَمْهِيديّ لابُدّ منه (في القِيام بِمَشْروع أو دِراسة)

he is a man who calls a spade a spade إنّه رَجُل يدعو الأعْوَرَ أعْوَرَ لِوَجْهِه

2. (*of cards*, suit) البَسْتوني (في ورق اللّعب)

spaghetti, *n.* مَكَرُونة (مَعْكَرونة) رفيعة وطويلة

Spain, *n.* إسْبانيا

span, *n.* 1. (distance measured, usu. by thumb and little finger) شِبْر

2. (distance) مَسافَة مُحدَّدة

wing span بَسْطَة جَناحَي الطّائر

3. (arch of bridge) المَسافَة بين دِعامَتَيْ قَنطرة

4. (space of time) فَتْرة من الزَّمن (كعُمْر المرء)

v.t. (جِسْر) يَمْتَدّ فَوْق (نَهْر مثلاً)

spangle, *n.* & *v.t.* تِرْتِر ، بَرْق (لتزيين الملابس)

the star-spangled banner العَلَم الامريكيّ

Spaniard, *n.* إسْبانيّ

spaniel, *n.* جِنْس كِلاب ذات شَعْر ناعِم طويل

Spanish, *a.* & *n.* إسْباني ؛ اللّغة الاسبانيّة

spank, *v.t.* & *n.* ضَرَب (طِفلاً) على كَفَلِه (كعِقاب)

spanking, *a.* (*sl.*) هائل ، رائع

spanner, *n.* مِفتاح رَبْط ، مِفتاح صَواميل

he threw a spanner in the works أَحْبَط المشروع عَمْدًا ، وضع العُقْدة في المِنْشار

spar, *v.i.* تدرَّب المُلاكِم مع مُلاكِم آخَر اسْتِعدادًا للمُباراة

they are always sparring at each other لا يَكُفّان عن التخاصُم فيما بينهما

sparring partner مُلاكِم يقابِل ملاكِمًا آخر للتدرُّب

n. قائم خَشَبيّ ، عَضُد ، سارِية

spare, *a.* 1. (extra) زائد عن الحاجَة

have you any spare cash? هل يُمْكِنُك أن تُقْرِضَني بعْض المال ؟

spare parts; *also* spares قِطَع غِيار أو تبديل

spare room غرفة مُخَصَّصة لِمَبِيْت ضَيْفٍ (طارِئ)

spare time وَقْت الفَراغ

spare tyre; *also* spare إطار احْتِياطِيّ للسَّيّارة

2. (scanty, thin) نَحيف ، نَحيل ، هَزيل

v.t. 1. (be frugal or grudging of) اِقْتَصد في اسْتِعْمال شيء ، لم يُفْرِط في اسْتِعْماله

spare the rod and spoil the child إن لم تُعاقِب الطفل كُلَّما أخْطأ فَسَدَت أَخلاقُه ، العصا لمن عصى

he spared no pains to . . . لم يَدَّخِر وُسْعًا في... ، لم يَأْلُ جَهْدًا ، بَذل قُصارى جَهْده

2. (dispense with) أَغْنَى عن

please spare me the details! إنّي في غِنىً عن الاسْتِماع للتَّفاصِيل !

we cannot spare him at the moment لا نستطيع أن نَستغني عنه في هذه اللَّحظة

can you spare me a pound? هل تستطيع أن تُسَلِّفني جُنيهًا ؟

3. (show clemency to or regarding) رَأَف به

he said it to spare my feelings ذكر ذلك لكي لا تجْرَح إحْساسِي

the court decided to spare his life قَرَّرت المحْكَمة عدَم شَنْق المُتَّهَم

sparing, *a.* مُقْتَصِد ، بَخيل ، غير مُسْرِف

spark, *n.* شَرارة ، ومْضة

there is not a spark of life in him لم يَبْقَ فيه رَمَق من الحياة

he is a bright spark إنّه نَجْم من نُجُوم المجتمع ، إنّه شابٌّ أنيق مَرِح

v.i. أَحْدَثَ شَرَرًا

sparking-plug; *also* spark-plug (*U.S.*) شَمْعَة الإشْعال ، بوجيه (مصر)

v.t. (*fig.*) *with adv.* off أَشْعَل (نار الحرْب مثلاً)

sparkle, *v.i. & n.* تَلأْلأَ ؛ وَمْض ، وميض ، بَريق

sparkling wines نَوْع من الخمور يَفُور عند صَبِّه في القَدَح (كالشمبانيا)

sparkler, *n.* 1. (firework) ألعاب ناريّة تُطلِق شَرَرًا كثيرًا عند إشْعالِها

2. (*coll.*, diamond) ماسة ذاتُ أوجهٍ متعدِّدة

sparrow, *n.* عُصْفور ، دُوريّ

sparrow-hawk باشَق (طير كاسِر)

sparse, *a.* (شَعْر) خفيف ، غير كثيف ، مُتَناثِر

Spartan, *a. & n.* اسْبرطيّ ، ذو جَلَد وتَقَشُّف

the house was furnished with Spartan simplicity كان أَثاثُ البَيْت في غاية البَساطة والتَقشُّف

spasm, *n.* تَشَنُّج ، انْقِباض عَضَلي غير إرادِي

he was seized by a spasm of coughing أصابته نَوْبة من السُّعال

spasmodic, *a.* تَشنُّجي ؛ (مجهود) غير مُتواصِل

spastic, *a.* مُصاب بالشَّلَل النِصفيّ أو التشنُّجي

n. مَريض أُصِيب بهذا الشَّلَل مُنذ ولادته

spat, *n.* غِطاء من الجُوخ لِرُسْغ القَدَم وأعلى الحِذاء

spat, *pret. & past p. of* **spit**

spate, *n.* فَيْض ، فَيَضان ؛ سَيْل (من الكُتُب)

the speaker was in full spate تَدَفَّقَت الكلمات من فَمِ الخطيبِ كالسَّيْل

spatial, *a.* حَيِّزِيّ ، مَكانيّ ؛ فَضائيّ

spatter, *v.t. & i.*; *also n.* لَطَّش (الماء) ؛ لَوَّث بِقَطَرات من (الطِّين المتناثِر) ، طَشَّ (زيتًا يغلي)

spatula, *n.* مِلْوَق (الصَّيْدليّ) ، مِبْسَط لمزْج الألوان

spavin, *n.* وَرَم يُصيب عُرْقوبَ الفرَس و يجعله يعرج

spawn, *n.* بَيْض السَّمك والضّفادِع ، سِرْء

frog spawn بَيْض الضّفادِع

mushroom spawn مَشِيجَة الفُطْرِيّات (نبات)

v.t. & i. وضعت السمكة البَيْض ؛ تكاثر(السكّان)

speak (*pret.* spoke, *past p.* spoken), *v.i. & t.* تكلّم ، تحدَّث ، خطَب ؛ حاضَر

speaking for myself . . . أمّا مِن جِهتي فَ ...

no one speaks ill (well) of him لا يَذْكُره أحد إلّا بالخَيْر (أو إلّا بالسُّوء)

he spoke his mind تَكلّم بمُنتهى الصَّراحة

it is time to speak out on this subject لقد آنَ الأوانُ للتكلّم عن هذا الموضوع بِصَراحَة تامَّة

he has a habit of speaking out of turn مِن عادَته أن يُقاطِع الآخرين أثناء حَديثهم

speak up! ارفَعْ صَوْتك ! عَبِّر عن رأيك !

he spoke up for his friend دافَع عن صَديقِه عِندما تناوَلوه بالنَّقْد

the portrait is a speaking likeness هذه اللَّوْحة صُورة ناطِقَة له

I am not on speaking terms with him لا يُكلِّم أحدُنا الآخر لأنّنا مُتَخاصِمان

his action speaks volumes for his integrity إنّ ما فعله لَدليل ساطِع على إخْلاصِه

it is nothing to speak of! لا يستَحِقّ الاهْتِمام !

so to speak إذا جاز القَوْل

speaker, *n.* مُتكلِّم ، مُتحدِّث ، خَطيب ، مُحاضِر

the Speaker رئيس مَجْلِس العُموم البريطاني

spear, *n.* رُمْح (رِماح)

the spear-head of the attack رأس الحَرْبَة في الهُجوم

v.t. طَعَن بالرُّمْح

spearmint, *n.* نَعْنَع ، نَعناع (عِلْك أو مَستيكة)

spec, *coll. contr. of* **speculation,** *only in*

on spec (فعل شيئًا) على أَمَل أن يُوَفَّق

special, *a.* خاصّ ، غير عادِيّ

Special ⟨Constable⟩ شُرطِيّ لِطوارِئ من المَدنيّين

special ⟨train⟩ قِطار خُصُوصِيّ

our case calls for special pleading تحتاج قَضِيَّتنا إلى دِفاع خاصّ (لأنّها غير عادِيّة)

specialist, *n.* 1. (one with special skill or knowledge) مُتَخصِّص في عِلْم ما ، ثِقَة

2. (doctor specializing in certain diseases) طَبيب أخِصّائي أو اخْتِصاصِيّ

speciality (**specialty**), *n.* 1. (particular pursuit or characteristic) فَرْع أو مَيْدان التخصُّص ؛ عَلامَة مُمَيِّزة

2. (special line of goods) سِلعة أو إنتاج خاصّ يَنْفَرِد به (تاجِر دون غيره)

specializ/e, *v.i.* (**-ation,** *n.*) تخصَّص في دِراسةٍ ما ؛ انْفَرَد بالاتّجار في صِنْفٍ ما

specie, *n.* نَقْد أو عُمْلة مَسْكوكة ، (الدفع) نَقْدًا

species, *n.* جِنْس ، فَصيلة ، نَوْع

the Origin of Species أصْل الأنواع

blackmail is a species of crime يُعْتَبر ابْتِزاز الأمْوال بالتَّهْديد جَريمة

specific, *a.* معيّن ، محدّد ؛ (ثِقَل) نوعيّ

specific remedy; *also* specific, *n.* دَواء شافٍ

specification, *n.* مُواصَفات (بِناء مَنزل مثلاً)

specify, *v.t.* عيّن ، حدّد

specimen, *n.* نَموذج ، عَيِّنة

what a specimen! يا لَه مِن مَخلوقٍ (بغيض) !

specious, *a.* (حُجّة) مَعقولة ظاهِريًّا (لكنّها باطِلة)

speck, *n.* & *v.t.* نُقْطة ، ذرَّة مِن .. ، بُقْعة

speckle, *n.* & *v.t.* رُقْطة ؛ رقَّط ، نقَّط

specs, *coll. contr. of* **spectacles**

spectacle, *n.* 1. (sight) مَنْظَر ، مَشْهَد

2. (public show) مَشْهَد عامّ ؛ عَرْض

he made a spectacle of himself جَعَل نفسَه أُضْحوكةً للجَميع

3. (*pl. except in comb.*, pair of glasses) نظّارات ، عُوَيْنات

be-spectacled (شخص) يَلْبَس نظّارات أو عُوَيْنات

spectacular, *a.* رائع ، هائل ، مُدْهِش

spectator, *n.* مُشاهِد ، مُتفرّج

spectral, *a.* 1. (ghostly) شَبَحِيّ ، كالشَّبَح

2. (of the spectrum) طَيْفِيّ ، نِسبةً إلى الطَّيْف

spectre, *n.* شَبَح ، طَيْف (الخيال)

spectroscope, *n.* مِطْياف ، مِنْظار التَحْليل الطَّيْفيّ

spectr/um (*pl.* -a), *n.* الطَّيْف (الضَّوئي)

specul/ate, *v.i.* (**-ation,** *n.*, **-ative,** *a.*),
1. (consider); *also v.t.* تأمّل ، تفكّر

he indulged in idle speculation أَطْلَقَ العِنانَ لأفكار وتَخْمينات باطِلة

2. (buy or sell for profit motive) ضارَب (في البُورصَة) ؛ مُضارَبة (تِجاريّة)

speculator, *n.* مُضارِب (في الشؤون التِجاريّة)

sped, *pret.* & *past p. of* **speed**

speech, *n.* 1. (faculty, action, or manner of speaking) نُطْق ، كلام ، حَديث

2. (public address) خِطاب ، خُطْبة ، كَلِمة

Queen's (King's) Speech خِطاب العَرْش

speech-day احْتِفال مَدْرَسيّ سَنَوِيّ تُلْقَى فيه الخُطَب وتُوَزَّع الجوائز على الطَّلَبة المتفوّقين

speechify, *v.i.* أَملّ السامعين بخطبة مُطوّلة

speechless, *a.* واجِم ، مُمْسِك عن الكلام لِشِدَّة الانْفِعال

it left him speechless أَخْرسته الصَّدْمة

speed, *n.* 1. (rapidity) سُرْعَة

speed-boat زَوْرَق سِباق بِمُحرِّك قَويّ

2. (rate of motion) (دَرَجة) السُّرْعة

the ship was sailing at half speed كانت السفينة مُبْحِرَة بِنِصْف سُرْعتها القُصْوَى

three-speed gearbox عُلْبة تُروس ثُلاثيّة السُّرعة ، صُندوق مُسَنَّنات ثُلاثيّ السُّرعة

v.t. & *i.* (*pret.* & *past p.* sped *or* speeded) 1. (hasten) أَسْرَع ، عَجَّل

he asked the taxi driver to speed up طَلَبَ مِن سائق التاكسي أن يَزيد سُرْعَتَه

they wished him God speed تَمَنَّوْا له رِحْلة مُوَفَّقة

he sped down the street on his bicycle انْطَلَق في الشارع على درّاجته بِسُرعة خاطِفة

2. (*pres. p. & verbal n. only*, exceed speed limit) تجاوَز السُّرعة المحدَّدة

he was fined for speeding فُرِضَت عليه غرامة لِتجاوُزه السُّرعة المحدَّدة

speedometer, *n.* عدّاد أو مِقياس السُّرعة

speedway, *n.* مَيْدان لِسباق الدرّاجات البخارِيّة

speedwell, *n.* فيرونيكا عيْن القِطّ (نبات)

speedy, *a.* سَريع ، عاجِل

spell (*pret. & past p.* spelt *or* spelled), *v.t.* 1. (read letter aloud); *also v.i.* تَهَجّى كلِمة

do I have to spell it out for you? هَلْ تريدُني أن أُوضِّح لك ماليْس في حاجة إلى إيضاح؟

2. (of letters, form a word) (الحروف باء وياء ونون) تُكوِّن (الكلمة بيْن)

3. (portend) أدّى إلى ، أنْذَر أو أنبأ بِ ...

hesitation now would spell disaster لن يُؤدّي تردُّدنا الآن إلاّ إلى كارِثة

n. 1. (words having magic power) تَعْويذة ، رُقْيَة ، سِحْر ، طِلَسْم

spell-binder خَطيب يَسْحَر سامِعيه بِحَديثه

he was under the spell of her beauty خَلَبه جمالُها ، سَحَرَتْه فِتْنَتها

2. (period) فَتْرة من الزّمن ، مُدّة ، نَوْبة

cold spell فَتْرة بَرْد شَديد

he took a spell at the wheel تَوَلّى قِيادة (السَّيّارة) بَعْض الوقت (لإراحة السائق الآخر)

spelling, *n.* تَهْجِئة ، هِجاء

spelt, *pret. & past p. of* **spell**

spend (*pret. & past p.* spent), *v.t.* 1. (pay out) صَرَف ، أنْفق

his wife went on a spending spree ذَهبت زوجته إلى المحلاّت التِّجارية وصَرَفت بِدُون حِساب

2. (exhaust, use up) أفْنى ، أنْهك ، اِسْتَهْلَك

3. (pass *time*) قضى وَقْتًا ، أمضى زَمنًا

spendthrift, *n.* مُبذِّر ، مُسْرِف ، مِنْفاق

spent, *a.* وانٍ ، مَنْهوك ، في غاية التّعب

a spent bullet رَصاصة مَيِّتة (سَبَق إطلاقُها)

sperm, *n.* السّائل المَنَويّ المُخْصِب ، نُطْفَة ، مَنِيّ

sperm whale عَنْبر ، حُوت كبير ذو أسْنان

spew, *v.i. & t.* تَقيّأ ، قاءَ

sphere, *n.* 1. (ball-shaped object) جِسْم كُرَوِيّ

the spheres الكواكِب

2. (region, range) مَيْدان ، نِطاق ، حَقْل

sphere of influence مِنْطَقة نُفوذ

spherical, *a.* كُرَوِيّ الشَّكْل

spheroid, *n.* جِسْم شِبْه كُرَوِيّ ، غَيْر تامّ الاسْتِدارة

sphinx, *n.* أبو الهَوْل ؛ رَجُل لُغز أو أُحْجِيّة

spice, *n. & v.t.* تابِل (توابِل) ، بَهار ؛ تَبّل ، بَهّر

the anecdote added a spice of humour to the lecture أضْفَت المُلْحَة على المُحاضَرة (العلمِيّة) شيئًا مِن المرَح

spick and span, *a.* في غايَة التّرتيب والأناقة

spicy, *a.* (طَعام) كثير التَّوابِل أو البَهارات

he had a fund of spicy stories

كانَ لَديْه الكثير من النِّكات الفاحِشَة

spider, *n.* (**-y,** *a.*) عَنْكَبُوت ؛ (كتابة) بِخَطّ نَحيف

spigot, *n.* سِطام أو سِدادة لفتحة البِرْميل

spike, *n.* قَضيب مَعْدِني ذو سِنّ مُدَبَّبة

v.t. 1. (furnish with spikes) زَوَّد (أعلى الجِدار) بِقُضْبان أو مَسامير مُدَبَّبة

spiked shoes حِذاء (للجَري) ذو مَسامير مُدَبَّبة

2. (impale, pierce) خَزَق بِقَضيب مَعْدِني

they spiked his guns أَحْبَطوا مَسْعاه

spikenard, *n.* نارْدِين، السُّنْبُل الهِنْدِيّ (عطر)

spiky, *a.* شائِك ؛ (شخص) شَرِس ، صَعْب المِراس

spill (*pret. & past p.* spilt *or* spilled), *v.t. & i.* سَفَك ، سَفَح ؛ دَلَق ؛ اِنْدَلَق (الشاي من الفِنجان)

n. 1. (fall) سُقوط (عن ظَهْر فَرَس مثلاً)

2. (strip of paper or wood) شَظِيَّة خَشَبِيَّة أو لِفافة وَرَقِيّة (لإشعال سيجارة مثلاً)

spilt, *pret. & past p. of* **spill**

spin (*pret. & past p.* spun), *v.t. & i.* 1. (draw, twist into a thread) غَزَل (القُطْن أو الصُّوف أو الحَرير) ، رَدَن

spinning-wheel مِغْزَل ، دُولاب الغَزْل

we shall have difficulty in making the money spin out سَنَجِد صُعُوبَة في جَعْل ما مَعَنا من النقود يكفي (إلى أوّل الشهر مثلاً)

2. (rotate) أَدَار ؛ دار

spinning top خُذْرُوف ، نَحْلة كُوْباج ، فُرْفيرة

spin-drier آلة اسْطُوانِيّة سريعة الدَّوَران لِتَجْفيف الملابس المغسولة

n. دَوَران سريع ؛ دَوْرَة ؛ اِنْهِيار حَلَزُوني (طيران)

spin bowler لاعِب كريكيت ماهِر في إلْقاء الكُرة بحيث يَجْعَلُها تلِفّ أو تدور على نفسها

let us go for a spin in the country هَيّا بِنا نتجوَّل في الرِّيف بالسَّيّارة

spinach, *n.* سَبانِخ ، اِسْفاناخ ، اِسْفاخ

spinal, *a.* فِقْرِيّ ، نِسبةً إلى العَمُود الفِقْري

spindle, *n.* عَمُود أو مِحْوَر دَوَران (ميكانيكا)

spindly, *a.* مُفْرِط في الطُّول والنُّحُولة

a spindly-legged chair كُرْسيّ بأَرْجُل رَفيعة

spindrift, *n.* رَذاذ مُتَطاير من أَمْواج البَحْر

spine, *n.* 1. (backbone) العَمُود الفِقْرِيّ أو الشَّوْكِيّ

2. (back of book) ظَهْر الكِتاب (عليْه عُنْوانُه)

3. (needle-like excrescence) حَسَك ، شَوْكَة

spineless, *a., as in*

he is absolutely spineless إنّه ضَعيف الإرادة ويُعْوِزه الحَزْم والعَزْم

spinet, *n.* آلة مُوسيقيّة قَديمة تُشبه البيانو

spinner, *n.* غَزّال (خُيُوط النَّسيج) ؛ مِغْزَل

spinney (**spinny**), n. غابَة صَغيرة ، حُرْش

spinster, *n.* (**-hood,** *n.*) عانِس (عَوانِس)

spiny, *a.* ذو أَشْواك ، مُغَطّى بالشَّوْك ، شائِك

spiral, *a. & n.* حَلَزُوني ، لَوْلَبِيّ ؛ لَوْلَب

spiral staircase سُلَّم حَلَزُونِيّ أو لَوْلَبِيّ

v.i. تصاعد أو هبط بِشكل حلزونيّ

spiralling costs أسْعار تتزايد تصاعُديًّا

spirant, *a. & n.* حَرْف احْتِكاكيّ يُمكن إطالة نُطْقه

spire, *n.* الطَرَف العُلْويّ المُدبَّب لِبُرْج الكَنِيسة

spirit, *n.* 1. (soul) رُوح

I was there in spirit كُنْتُ هناك بالرُّوح لا بالجَسَد

2. (personality) الرّوح المحرِّكة (لحركةٍ ما)

3. (non-material being) رُوح ، شَبَح ، طَيْف

4. (essence) جَوْهر ، خُلاصة

5. (liveliness, courage) نَشاط وحَيَوِيَّة

6. (mood) مِزاج

in a spirit of fun على سَبيل الدُّعابة

7. (*pl.* mental state) الرّوح المعْنَوِيّة

we kept our spirits up by singing اِحْتفظْنا بِرُوحِنا المعنوِيّة عالِيَة بالغِناء

8. (alcohol) الكُحول

9. (*pl.*, alcoholic drink, solution) مُسْكِر قويّ

spirits of salts الاسم التِجاريّ لحامض الكلوروِدريك

v.t., with advs. away, off اِخْتَطَف خِفْية

spirited, *a.* حَماسيّ ، نَشيط ، حَيّ

spiritless, *a.* بِدُون رُوح ، عَديم النَّشاط ، فاتِر

spiritual, *a.* (-ity, *n.*) رُوحانيّ ، رُوحيّ ، مَعْنَوِيّ

n. أُنْشُودَة ذات طابع دينيّ عند زُنوج امريكا

spiritual/ism, *n.*, **-ist,** *n.* تَحْضير الأَرْواح

spirituous, *a.* (مَشْروبات) رُوحِيّة ، كُحولِيّة

spirt, *see* **spurt**

spit (*pret. & past p.* spat), *v.i. & t.* بَصَق ، بَزَق ، تَفَل

he came towards us spitting blood تَقَدَّم نَحْوَنا وهو يَنْفُث الدَّمَ من فَمِه

he spat out his words قَذَفَ كلماتِه اللاذِعَة

it is spitting with rain تُمْطِر السَّماء رَذاذًا ، تَتَساقَط قَطَرات المَطَر مُتَناثِرةً

n. 1. (saliva) بُصاق ، بَزْق ، تُفال

spit and polish الإفْراط في التَّنْظِيف والتَّلْميع

2. (bar for roasting meat); *also v.t.* سِيخ ، شِيش ، سَفّود (يُشْوَى عليه اللحم)

3. (depth of spade) عُمْق أُخْدُود يُساوِي طولَ صَفْحَة المِجْرَفَة الزِّراعِيّة (زِراعَة)

4. (narrow promontory) لِسان مُمْتَدّ في البَحْر

5. (*coll.*, exact likeness) طِبْقَ الأصْل

he is the spit and image of his grandfather هُو صُورة طِبْقَ الأصل من جَدِّه ، هو عَطْسَة جَدّه

spite, *n.* ضَغينة ، نِكاية ، كَيْد ، سُوء النِّيَّة

in spite of بِالرَّغْم من ، رَغْمًا عن ، رَغْمَ ...

v.t. أغاظَه عَمْدًا ، كادَه ، أَحْنقه

he did it just to spite his neighbour فَعَل ذلك بِقَصْد إغاظَة جارِه ليْس إلّا

spiteful, *a.* ضَغِن ، مُنْطَوٍ على الحِقْد بِطَبِيعَتِه

spittle, *n.* تُفْل ، تُفال ؛ رِيق ، لُعاب ، بُصاق

spittoon, *n.* مِبْصَقَة

spiv, *n.* (*sl.*) غَنْدور مُتأنِّق ؛ أَفّاق

splash, *v.t. & i.*; *also n.* طَرْطَش ، رَشّ

when we have a party we like to make a splash عِنْدَما نُقِيمُ حَفْلَةً نُحِبُّ أن نُحْيِيها على نِطاق واسِع ولا نُقَتِّرَ في الصَّرْف

the roses make a splash of colour in the garden تُضْفِي الوُرُود على الحَدِيقة رَوْنَقًا ساطِعًا بألوانها الزّاهِية

splay, *v.t. & i.* شَطَف (هندسة معماريّة)

a. غَيْرُ مُسْتَقِيم ، مُعْوَجّ

splay foot قَدَم رحّاء ، مفكوحة (سوريا)

spleen, *n.* 1. (organ of body) الطِّحال

2. (ill-temper) حَنَق ، غَضَب شَديد

splendid, *a.* 1. (magnificent) باهِر ، عظيم

2. (*coll.*, excellent) هائل ، رائع ، بَديع

splendour, *n.* عَظَمة ، رَوْعة ، بَهاء

splenetic, *a.* ضَيِّق الصَّدْر أو الخُلْق

splice, *v.t.* 1. (join ends of *rope*, etc.) وَصَل طَرَفَيْ حَبْلَين بالجَدْل

2. (*coll.*, marry)

they got spliced yesterday تزوَّجا أمس

n. وَصْلة جَدْل بَيْن حَبْلَين ؛ وَصْلَة خاصّة (نجارة)

splint, *n.*; *also v.t.* قِطعة (خشبية مثلاً) تُسْتَعْمَل جَبيرة ؛ رَبَط جَبيرةً (حول ذِراع مثلاً)

splinter, *n.* شَظِيَّة (شَظايا) ، فُتات (الزُّجاج)

splinter group جَماعَة مُنْشَقَّة عن حِزْب

v.t. & i. فتَّت ؛ تفتَّت (الزُّجاج مثلاً)

split (*pret. & past p.* split), *v.t. & i.*

1. (divide) شَقَّ ، فلَق ، قَسَم ؛ انشقّ

they agreed to split the difference اتّفَقا على اقْتِسام الفَرْق بينهما بالتَّساوِي

split hairs, *whence* hair-splitting, *a. & n.* بالغ في توضيح الفروق الطفيفة إلى حدّ المُماحَكة

a splitting headache صُداع يكاد يَشُقّ الرأس

it all happened in a split second حَدَث كلّ ذلك في غَمْضة (أو وَمْضَة) عيْن

we split our sides ⟨laughing⟩ إسْتغربنا في الضَّحِك ، ظَلَلْنا نَضْحَكُ مِلْءَ شِدْقَيْنا

2. (*sl.*, *with adv.* on) وَشَى به ، فَتَن عليه

n. اِنْشِقاق ، اِنْفِصام ، فَلْق ، شَقّ

do the splits حَرَكة بَهلوانيّة يجلِس فيها الراقِص على الأرض بحيث تَتَباعد ساقاه وتَتَّخِذان خطًّا مستقيمًا

splotch (**splodge**), *n.* لَطْخة ، بُقْعَة مُلوَّثة

splurge, *n. & v.i.* (coll.) أَنْفَق بِبَذَخ وإسْراف

splutter, *v.i. & n.* تَفْتَف في كلامه ، جَمْجَم

spoil (*pret. & past p.* spoilt *or* spoiled), *v.t.* أَفْسَد ، أَتْلَف ، خَرَب ، خَرَّب

spoil-sport مُعكِّر أفراح الآخرين ومُتْعَتِهم

he acted like a spoilt child تَصَرَّف (هذا الشخص) كَطِفل مُدَلَّل

v.i. 1. (become bad) فَسَد ، خَمِج

2. (be eager *for*) تعَطَّش ، تحرَّق شوقًا إلى

he is spoiling for a fight إنّه يَتَعَطَّش للمُشاجَرة

n. (*usu. pl.*) غَنائم ، أَسْلاب

spoke, *n.* شُعاع العَجَلة

I soon put a spoke in his wheel (بِمُجرَّد أن أدْركتُ نيّتَه) أقمتُ عقباتٍ في سبيله

spoke, spoken, *pret. & past p.* of **speak**

spokeshave, *n.* مِسْحج أو فارة للأسْطح المقوّسة

spokesman, *n.* ... ناطِق بِلِسان ...، مُتحدِّث باسم ...

spoliation, *n.* سَلْب ونَهْب

sponge, *n.* 1. (marine animal) اسْفَنْج

2. (absorbent substance for washing, etc.); *also v.t.* اسفنجة ؛ استعمل اسفنجةً (أو مايشابهها) في التّنظيف

he threw up the sponge تنحّى مُقرًّا بهَزيمته

3. (kind of cake); *also* **sponge-cake** نوع من الكَعْك الخفيف الهَشّ ؛ كعْكة اسْفنجيّة

v.i. تَطفّل على ...، كان عالةً على غيره

sponger, *n.* مُتطفّل ، طُفَيليّ ، عالة على غيره

spongy, *a.* اسفنجيّ

sponsor, *n. & v.t.* مُتكفّل بِرعاية ...؛ تبنّى

the motor industry sponsored the programme تبنّت شَرِكات صِناعة السّيّارات هذا البَرنامَج (الإذاعيّ) أيْ رَعَتْه ومَوّلته

spontane/ous, *a.* (**-ity,** *n.*) عَفوِيّ ؛ تِلْقائية

spoof, *v.t. & n.* (*sl.*) غَشّ ، خدَع ، نَصَب ؛ تَلْفيقة

spook, *n.* (*coll.*) شَبَح ، طَيْف ، عِفْريت

spool, *n.* بَكَرة (للخَيْط أو لِشَريط سينمائي مثلاً)

spoon, *n.* مِلْعَقَة (مَلاعِق)

he was born with a silver spoon in his mouth وُلِد وفي فمِه مِلْعقة من الذّهَب

spoon-fed, *a.* (*fig.*) مُدلّل ، مُبالَغ في الاعْتِناء به

v.t. غَرَف (الطّعام) بِمِلْعَقة (إلى الطّبق)

v.i. (*coll.*) تغازلا ، تَطارَحا الغَرام

spoonerism, *n.* عِبارة تُثير الضّحِك نَتيجةً لإبْدال الحَرْف الأول مِن إحدى كلماتها بالأوّل من أخرى

spoor, *n.* أثَر يَتْركُه (حيوان متوحّش) خَلْفَه

sporadic, *a.* مُتقطّع ، مُتفرّق ، مُتَشتّت

spore, *n.* بُوَيْغة (خَلِيّة وَحيدة يَنمو منها النبات)

sporran, *n.* حَقيبة جِلْديّة مُزيّنة يُعلّقها الاسكتلنديون في مُقدّمة أحْزِمَتِهم

sport, *n.* 1. (fun, amusement) لَعِب ، تَسْلِيَة

2. (outdoor game or exercise) رِياضة

sports car سيّارة (ذات تَصْميم خاصّ) للسِّباق

sports day مِهْرَجان رِياضيّ سَنويّ تُقيمه المدارِس

sports jacket جاكيته «سبور» (من التويد عادةً)

3. (*coll.*, good fellow) رَجل طيّب ، ابن حَلال

4. (abnormal animal or plant) شاذّ ، غير سَوِيّ

v.i. لَها ، لَعِب ، تَسلّى أو عَبِث بِ

v.t. (*coll.*) اِرْتَدى شَيئًا للتّفاخُر به

he sported a flower in his buttonhole اِزْدَهى بِوَضْع زَهْرة في عُرْوَة سُتْرَته

sporting, *a.* 1. (pertaining to sport, *n.* (2)) (أدوات) رياضيّة

2. (willing to take risks) مُغامِر

there is a sporting chance that he will succeed قَدْ يَنْجح إذا حالفَه الحَظّ

sportive, *a.* مَرِح ، مازِح ؛ لَعُوب

sportsman, *n.* **(-like,** *a.***)** رَجُل مُولَع بالرِّياضَة ؛

ذو رُوح رِياضيّة ، يَقْبَل الهَزيمة بِسَعَة صَدْر

sportsmanship, *n.* الرُّوح الرِّياضِيّة

spot, *n.* 1. (particular place) مَكان ، بُقْعَة

on the spot حالاً ؛ في المكانِ ذاته

(*coll.*, in a dilemma) في وَرْطَة

2. (mark) بُقْعَة ، لَطْخَة ، نُقْطَة

she saw spots before the eyes أَحَسَّت كأنّ

غمامةً تُظَلِّل بَصَرها

there is not a spot on her reputation

لا تَشُوب سُمْعَتَها شائِبَة

3. (pimple) بَثْرة صَغيرة ، بُقْعَة (على الجِلْد)

4. (*coll.*, small quantity) مِقْدار قَليل، شوية

may I have a spot of whisky?

هَلْ تَسْمَح لي بِقليل مِن الويسكي ؟

v.t. 1. (*esp. past p.*, mark with spots) رَقَّط

spotted dog فَصيلة من الكلاب تتميَّز بِجِلْد أَبْيَض

مُرَقَّط بِنُقَط سَوْداء ؛ بودينغ بِهِ زَبيب مُجَفَّف

2. (*coll.*, recognize) اكْتَشَف ، تَعَرَّف على

he spotted his friend in the crowd استَطاع

التعرُّف على صديقه بالرَّغْم من شِدّة الزِّحام

spotless, *a.* نَظيف كلَّ النَّظافَة ، طاهِر

his character is spotless لا غُبارَ عليه

spotlight, *n.* أَشِعَّة ضَوْئِيّة تُسلَّط على المُمثِّلين

v.t. سَلَّط الأضواء على مُمَثِّل أو بُقْعَة على

خَشَبة المَسْرح ؛ جَعَله قِبْلَة الأنْظار

spotty, *a.* (وَجْه) مَليء بالبُقَع ؛ مُلَطَّخ بالقاذورات

this is a spotty piece of work

هذا العَمَل غير مُتناسِق في جَوْدَته

spouse, *n.* الزَّوْج ، القَرِين ؛ الزَّوْجة ، القَرِينة

spout, *n.* 1. (jet) تَدَفُّق ، انْبِثاق (سائِلٍ ما)

2. (outlet pipe or nozzle) بَزْباز ؛ بُلْبُلَة

his watch is up the spout إنّ ساعَتَه

مُرْتَهَنة عِند مَحَلّ الرُّهُونات

v.t. & i. 1. (*of a whale*) إنْبثق الماء (من الحُوت)

2. (*coll.*) ظَلّ

he spouted poetry for half an hour

يُلقي قصائد شِعْريّة لمدّة نِصْف ساعَة

sprain, *v.t. & n.* لَوى (المَفْصِل) ، مَلَخه ، وَثاه

sprang, *pret. of* **spring**

sprat, *n.* سَمَك صَغير يَكْثُر في البِحار الشَّمالِيّة

he threw a sprat to catch a mackerel

أَلْقى طُعْمًا صغيرًا وتَوَقَّع رِبْحًا وَفيرًا

sprawl, *v.i.* اِسْتَلْقى (على أَرِيكة مثلاً) مادًّا

ذِراعَيْه وساقَيْه ؛ اِمتدّ (النَّبات) بِغَيْرِ نِظام

n. اِنْبِطاح ؛ تَراخٍ (في الجِلْسة مثلاً)

urban sprawl اِنْتِشار الضَّواحِي بِدُونِ تَنْظِيم

spray, *v.t.* رَشّ ، بَخّ (سائلاً)

crop-spraying رَشّ النَّباتات بِمُبِيدٍ لِلحَشَرات

n. 1. (liquid in droplet form) رَذاذ (سائل)

2. (dispenser for this); *also* **sprayer** مِرَشّة

بَخّاخَة ، بُخَيْخَة

3. (cluster of flowers) باقَة صغيرة (حِلْيَة)

spread (*pret. & past p.* spread), *v.t. & i.*

1. (cover) فَرَش ، غَطّى ، طَلَى (بِدِهان)

she spread the butter on the bread وَضَعتِ الزُّبْدَ على شَراعِ الخُبْز

she spread the table أعَدَّت المائدة

2. (stretch out, extend) مَدَّ ، بَسَط ، اِمْتَدَّ

spread-eagle, *n.* & *v.t.* نَسْر ناشِر جَناحَيْه ؛ تَمَدَّد باسِطاً ذِراعَيْه وساقَيْه ؛ قَيَّدَه على هذا الوَضْع

we like to spread ourselves occasionally نَميل بين آنٍ وآخَر إلى البَذَخ في نَفَقاتِنا

the leader writer spread himself أَطْلَق كاتِبُ المقالَة الافْتِتاحِيّة العِنان لِقَلَمِه

the bird spread its wings نَشَر الطّائر جَناحَيْه أو بَسَطَهُما

3. (distribute) وَزَّع ، نَشَر

taxation is designed to spread the load يَقوم نِظام الضَّرائب على الاشْتِراك العادِل في النَّفَقات

this margarine spreads straight from the fridge يَسْهُل اسْتِعْمال هذا المَرْغَرين على الخُبْز بِمُجَرَّد إخْراجِه مِن الثَّلاجة (البَرّاد)

the rumour spread quickly راجَت الشّائعة سَريعًا

n. 1. (extent, span) مدًى

the spread of a bird's wings بَسْطَة جَناحَيْ الطائر

2. (expansion, diffusion) تَوَسُّع

middle-age spread (*coll.*) تَرَهُّل الكُهولة ، الكِرْش الناجِ عن كَثْرة الأكْل وقِلّة الرِّياضة

the spread of knowledge انْتِشار العِلْم

3. (*coll.*, lavish meal) أكْلة هائلة !

4. (preparation for putting on bread) مَعْجون كالمُرَبّى يُؤْكَل مع الخُبْز

chocolate spread مَعْجون من الشيكولاتة

spree, *n.* مَرَح ومُتْعَة ، 'فَرْفَشة' ، 'أُنْس'

sprig, *n.* غُصَيْن ، عِرْق (من الرَّيْحان) ؛ فَتًى

sprightly, *a.* مُفْعَم بالنَّشاط والحَيَويّة

spring (*pret.* sprang, *past p.* sprung), *v.i.*

1. (leap, move rapidly) قَفَز ، وَثَب

he sprang ⟨up⟩ from his seat هَبَّ واقِفًا مِن مَقْعَدِه (لِتَحِيّة الضَّيْف مثلاً)

the branch sprang back ارْتَدّ الغُصْن

2. (originate) تَحَدَّر مِن ، نَجَم عن

he sprang from royal blood تَحَدَّر مِن سُلالة مَلَكِيّة ، تَجْري في عُروقِه دِماء مَلَكِيّة

a breeze sprang up هَبَّت نَسَمة رَقيقة

3. (*of wood*, warp and crack); also *v.t.* اِنْحَنى لَوح الخَشَب وتَشَقَّق (بِتأثير الحَرارة)

the ship sprang a leak تَسَرَّبَت المِياه إلى السَّفينة من فَتْحة أو شَقّ بين أَلْواحِها

4. (cause to act) جَعَل (اللُّغْم) يَنْفَجِر

the mouse sprang the trap and was killed داسَ الفَأر على الفَخّ فَأَطْبَق عليه وقُتِل

they sprang a surprise on us فاجَأُونا أو باغَتُونا بأمْر غير مُتَوَقَّع (كزيارة مثلاً)

n. 1. (leap) قَفْزة ، وَثْبة ، نَطّة

2. (source of water, etc.) عَيْن ، يَنْبوع

the springs of human conduct بَواعِث السُّلوك الانسانيّ أو دَوافِعُه

3. (season) فَصْل الرَّبيع

spring-cleaning تَنْظِيف شامِل لِلْبَيْت (بعد انتهاء فَصْل الشِّتاء وفي بِداية الرَّبيع)

spring tide مَدٌّ عالٍ (يَحْدُث مَرَّتين كلّ شَهْر)

4. (elasticity) قُدْرَة الجِسْم المَضْغوط على الارْتِداد

5. (elastic, metal device) زُنْبُرُك، ياي، لَوْلَب

spring balance مِيزان زُنْبُرُكي

spring mattress مَرْتَبة بِسُوسَت، فَرْشَة بِيايات

springboard, *n.* لَوْح يَقْفِز منه السبّاحون، مِنَطّ

the new position was a springboard to higher things كانت الوَظيفة الجديدة نُقْطَة وُثوب إلى مَناصِب أعلى

springbok, *n.* غَزال مَوْطِنُه جَنوب افريقيا

springtime, *n.* مَوْسِم الرَّبيع

springy, *a.* مَرِن، نَشِط

a youthful springy step مِشْية نَشِطة رَشِيقة

sprinkle, *v.t. & n.* رَشَّ، ذَرَّ، نَثَر

he sprinkled the floor with sawdust رَشَّ نُشارَة الخَشَب على الأرض

sprinkler, *n.* رَشّاشَة، مِرَشَّة

sprinkling, *n.* رَشّ (الماء)؛ قَليل من ...

only a sprinkling of people attended لم يَحْضُر الاجْتِماع إلّا عَدَد ضَئيل

sprint, *v.i. & n.* أَسْرَعَ في العَدْو عِنْد اقْتِرابه مِن نِهاية الشَّوْط؛ الإسْراع في الجَرْي (سِباق)

sprite, *n.* جِنّي، جِنّيّة، عِفْريت

sprocket, *n.* 1. (tooth) سِنّ العَجَلة المُسَنَّنة

2. (toothed wheel); *also* **sprocket-wheel** عَجَلة مُسَنَّنة (تَعْشَق أَسْنانُها في حَلْقات الزِنْجير)

sprout, *v.i. & t.* نَبَت، فَرَّخ، أَوْرق، بَرْعَم

n. نَبْتَة، فَرْخ حَديث النُّمُوّ

n.pl.; *also* **Brussels sprouts** كُرُنْب بروكْسِل

spruce, *n.* تَنّوب جَميل (شَجَرة من الصَّنَوْبَرِيّات)

a. مُتأنِّق في مَلْبَسه، حَسَن الهِنْدام

v.t. & i. رَتَّب؛ تَهَنْدَم، تَأَنَّق

he spruced himself up for the party تَهَنْدَم أو تأَنَّق للذِهاب إلى الحَفْلة

sprung, *past p. of* **spring**

spry, *a.* ذُو نَشاط وحَيَويّة، مُتَيَقِّظ

spud, *n.* (*coll.*) بَطاطِس، بَطاطا، بُتِيتَة (عراق)

spume, *n.* زَبَد (البَحْر)

spun, *pret. & past p. of* **spin**

spunk, *n.* (*coll.*) شَجاعَة، بَسالة، إِقْدام

spur, *n.* 1. (pricking instrument) مِهْماز، مِنْخَس

he did it on the spur of the moment فَعَل ذلك عَفْوَ الخاطِر، بِدُون تَرَوٍّ، بِوَحْي السّاعة

2. (projecting hill) حافَة بارِزة من جَبَل

3. (short branch or shoot) غُصْنة، نَبْتَة

v.t. & i. هَمَز (الحِصانَ)، نَبَّت (الفارِسُ) مِهمازَه

ambition spurred him on دَفَعَه طُموحُه أو حَثَّه على مُواصَلَة السَّعْي

spurious, *a.* (عُمْلَة) مُزَوَّرة، (عواطِف) زائِفة

spurn, *v.t.* اِزْدَرى، اِحْتَقَر، اسْتَخَفّ

spurt (**spirt**), *v.i. & n.* بَذَل جَهْدًا أَكْبَر مِن المُعْتاد (لِفَتْرة قَصيرة)؛ انْبِجاس (الدَّم)

he will have to put a spurt on لا بُدَّ له مِن مُضاعَفَة جُهوده لإنجاز عَمَلِه

sputnik, *n.* سبوتنيك ، قَمَر صِناعِيّ (روسِيّ)

sputter, *v.i. & t.*; *also n.* تَفْتَف في كلامه (لحِدّة غضبه) ؛ طَشْطَش (ما يُوضَع في الزَّيت المَغْلِيّ)

sputum, *n.* بَلْغَم ، نُخامة ؛ تُفال

spy, *n.* جاسُوس (جَواسِيس)

v.t. 1. (discern) لَمَح عَن بُعْد ، لاحَظ

spy-glass مِنْظار ، تِلِسْكوب ، نَظّارة مُقَرِّبة

the children played 'I spy' لَعِب الصِّغار لُعْبة يُخَمِّنون (يَحْزُرون) فيها شيئًا تُعْطَى لَهُم بَعْض أَوْصافِه

2. (act as spy); *also v.i.* تَجَسَّس

he spied out the land اِسْتَطْلَع المَوْقِف

squab, *n.* فَرْخ حَمامٍ ؛ زَغْلول ؛ وِسادة مَقْعَد السَّيّارة

squabble, *v.i. & n.* تَشاجَر (الأطفال) على أَمْرٍ تافِه

squad, *n.* فِرْقَة ، جَماعَة (عَسْكَرِيّة)

squadron, *n.* سِرْب (طائرات) ، فرقة (بحرِيّة)

Squadron-leader رائد ، مُقَدَّم (سِلاح الطَّيَران)

squalid, *a.* قَذِر ، وَسِخ ، حَقِير ، كَرِيه ، بائس

squall, *v.i. & t.* صَرَخ (الطِّفْل)

n. 1. (crying out) صَرْخَة ، صُراخ

2. (sudden storm) عاصِفة قصيرة المُدّة ، نَوْء

squally, *a.* (يَوْم) تَهُبّ رِياحُه الشَّدِيدة وتَنْقَطِع فَجأة

squalor, *n.* قَذارة ، وَسَخ ، دَناءة ، بُؤْس

squander, *v.t.* بَذَّر ، بَدَّد ، بَعْثَر (مالَه)

square, *a.* 1. (having four equal sides) مُرَبَّع

square dance رَقْصَة يَصْطَفّ فيها أَرْبعة أَزْواج مِن الرّاقِصين على صُورة مُرَبَّع

2. (*math.*)

square root الجَذْر التَّرْبِيعِيّ (رياضِيّات)

3. (settled, satisfactory) مُتَعادِل

he is now square with his creditors لقد سَدَّد دُيُونَه ولَم يَعُدْ مَدِينًا لأَحَد

a square deal صَفْقَة عادِلة ، عَدَم الإجحاف

a square meal وَجْبَة مُشْبِعَة

adv. مُباشَرَةً

he hit his opponent square on the jaw لَطَم (المُلاكِم) مُنافِسَه على فَكِّه بالضَّبْط

n. 1. (four-sided shape or object) مُرَبَّع

2. (open space in town) مَيْدان ، ساحَة

3. (academic hat) قُبَّعة جامِعيّة مُرَبَّعة الشَّكْل

4. (*sl.*, old-fashioned person) دُقّة قديمة

v.t. 1. (make square, right-angled, straight); *also v.i.* رَبَّع ، جَعَل خُطوطه مُتَعامِدَة

he squared his shoulders تَمَطّى واعْتَدَل

the boxer squared up to his opponent تَحَفَّز المُلاكِم في الحَلْبة لمواجَهة مُنافِسه

your reply does not square with the facts هُناك تَضارُب بَيْن إجابتك والوقائع

2. (multiply *number* by itself) رَبَّع عَدَدًا

squash, *v.t. & i.* 1. (squeeze, crush) ضَغَط ، مَعَس ، سَحَق ، هَرَس ؛ اِنْهَرَس ، اِنْسَحَق

2. (*coll.*, silence) أَخْرَسه (بِرَدٍّ لاذِع) ، أَلْقَمَه حَجَرًا ، كَبَسَه (عامِّية)

n. 1. (dense mass or crowd) اِزْدِحام، حَشْد

2. (fruit drink) عَصِير (البُرْتُقال مَثلاً)

3. (game) لُعْبَة السكْواش (تُلْعَب بِكُرَة صَغيرة من المطّاط في مَلْعَبٍ مُحاطٍ بالجُدْران)

4. (vegetable) يَقْطِين ، قَرْع ، كُوسَى

squat, *v.i.* 1. (sit on heels; *coll.*, sit) تَقَرْفَص ، جَلَس القُرْفُصاء ؛ قَعَد

2. (settle in a place illegally) اِحْتَلّ أَرْضَ الغَيْر بِدُون حَقٍّ رَغْبَةً في امْتلاكِها

a. قَصِير القامَة ، مَرْبُوع ، دَحْدَح

squatter, *n.* مَن يَحْتَلّ أَرْضَ غيرِه (بِقَصْد امْتلاكِها) وخاصَّةً إذا كانت مِلْكِيَّتها عامَّة

squaw, *n.* اِمْرَأة أو زَوْجَة عِنْد الهُنود الحُمْر

squawk, *v.i.* & *n.* وَقْوَق (الطّائر) ، زَعَق ، صَوَّت

squeak, *v.i.* & *n.* صَرَّ (الطِّيْر) ، زَيَّق (الباب)

that was a narrow squeak! تَخَلَّصنا بِمُعْجِزَة ! نَجَوْنا من الخَطَر بَعْد أن كُنّا على قَيْد شَعْرَةٍ مِنه أو أَدْنَى

squeaky, *a.* (صَوت) رَفيع حادّ ، (باب) يُزَيِّق

squeal, *v.i.* & *n.* 1. (make loud shrill sound) زَعَق ، زَيَّق ، صَرَخ بِصَوْت رَفيع حادّ

2. (*sl.*, complain) اِشْتَكَى ، تَشَكَّى ، نَقّ

3. (*sl.*, inform) وَشَى بِهِ ، بَلَّغ عَنْه ، فَتَن عَلَيْه

squealer, *n.* واشٍ (وُشاة)

squeamish, *a.* سَرِيع الغَثَيان ، مُفْرِط في الاحْتِشام

squeegee, *n.* مِمْسَحة من الخَشَب والمطّاط (للتَّنْظِيف)

squeeze, *v.t.* & *i.* عَصَر ، ضَغَط

the blackmailer squeezed his victim dry هَدَّده بالتَّشهير وابتزّ أمواله حتّى آخِر مِلّيم أو فلس

he tried to squeeze past (through) حاوَل أن يَشُقّ طريقه في الزِّحام أو عَبْرَ مَكان ضَيِّق

n. ضَغْط ، عَصْرة (مِن لَيْمُونة مثلاً)

credit squeeze تَحْدِيد الإقْراض (الحدُّ مِن حُرِّيَّة البُنوك والمؤسَّسات التِّجارِيّة في التَّسْليف)

in this car five is a tight squeeze تَتَّسِع هَذه السَّيّارة لخَمْسة رُكّاب بِصُعُوبَة

squeezer, *n.* عَصّارة (لَيْمون مثلاً)

squelch, *v.i.* & *t.*; *also n.* خاضَ (في الوَحَل) وأَحْدَث صَوْتًا في سَيْره ، رَدٌّ مُفْحِم

squib, *n.* نَوْع من المُفَرْقَعات النارِيّة الصغيرة ، فُرَيْتيشة

damp squib (*fig.*) حَدَثٌ لا يُثير الضَّجَّة المُتَوقَّعة ، "تَمَخَّض الجبَل فَوَلد فأرًا"

squid, *n.* صَبّار ، سَبَيْدَج (حَيوان بَحْرِي)

squint, *v.i.* & *n.* حَوِلت (عَيْنُه) ؛ الحَوَل ، الحَوَص

let's have a squint at it (*coll.*) دَعْني أُلْقي نَظْرةً على (هذا الشَّيْء) ، وَرِّيني (عامِّيّة)

squire, *n.* مِن أَثْرِياء الرِّيف ؛ تابِع لِفارِس إقْطاعِيّ

v.t. رافَق سَيِّدةً (لِحِمايَتِها وتَكْرِيمِها)

squirm, *v.i.* تَمَلَّص (من قَبْضَتِها) ، تَلَوَّى (أَلَمًا)

squirrel, *n.* سِنْجاب ، قَرْقَذان (سوريا)

squirt, *v.t.* & *i.* اِنْبَجَس ، بَخَّ ، بَظَّ ، تَدَفَّق

n. 1. (jet) اِنْبِجاس ، بَخَّة

2. (syringe); *also* **squirter** مِحْقَنَة

3. (*sl.*, insignificant person) صِفْر على الشِّمال

stab, *v.t.* & *i.* طَعَن (بِخَنْجَر)

I have a stabbing pain in the chest أُحِسُّ بِوَخْزٍ شَدِيدٍ فِي صَدْرِي

n. طَعْنَة

his refusal was a stab in the back كان رَفْضُه بِمَثابَة طَعْنَةٍ مِن الوَراء

he is willing to have a stab at anything (*coll.*) لا يَتَرَدَّدُ في تَجْرِبَة كُلِّ ما يُعْرَضُ عَلَيْه

stability, *n.* ثَبات ، اسْتِقْرار ، رُسُوخ ، تَوازُن

stabiliz/e, *v.t.* (**-ation,** *n.*) ثَبَّتَ (الأسعار) ، وَازَن ، أَرْسَخَ ، تَثْبيت (العُمْلة) ، تَوْطيد (اقتصاد)

stabilizer, *n.* جَهاز لِحِفْظ تَوازُن السفينة أو الطائرة

stable, *a.* ثابِت ، وَطِيد ، مُسْتَقِرّ ، مُتَّزِن

n. اِسْطَبْل ، ياخُور

stable-boy شَخْص يَعْمَل في اسْطَبْل ، سائس

stable-companion (*lit. & fig.*) أَحَد حِصانَيْن من نَفْس الاسْطَبْل ؛ زَمِيل أو شَرِيك في العَمَل

they are both from the same stable إنّ هَذَيْن الشَّخْصَيْن مُتَشابِهان لأنّهما مِن بِيئَةٍ واحِدةٍ

v.t. & i. وَضَع الحِصان في اسْطَبل

stabling, *n.* مَكان لِمَبِيت الحِصان ؛ اسْطَبْلات

staccato, *adv. & a.* عَزْف مُتَقَطِّع النَّغَمات

stack, *n.* 1. (ordered pile) كَوْمَة مُنْتَظِمة

2. (*coll.*, large quantity) كَمِّيّة كَبِيرة

he has stacks and stacks of money عِنده قَناطِير مُقَنْطَرة من الأَمْوال

3. (chimney) مَجْمُوعة مَداخِن (بِأَعْلَى المَبْنَى)

4. (rack with shelves) مَجْموعة رُفُوف (بِمَكْتَبَة)

v.t. كَدَّس ، كَوَّم ، صَفّ واحدًا فَوْق الآخَر

he had the cards stacked against him كانت الظُّروف مُعاكِسَةً له من جميع النَّواحي

these chairs stack تَتَداخَل هذه الكَراسي واحدًا في الآخَر

stadium, *n.* اسْتاد ، مَيْدان مُبارَيات رِياضِيّة

staff, *n.* 1. (stick) عَصًا ، عُكّاز

the staff of life (*fig.*) الخُبْز ، العَيْش ، عِماد الحَياة

2. (*mus.*) خَمْسة سُطور مُتوازِية لِكِتابة النُّوتة

3. (body of officers concerned with planning, etc.) هَيْئَة أَرْكان حَرْب (عسكريّة)

4. (personnel working under common leadership) مَجْموعة المستخدَمين أو الموظَّفين

v.t. جَهَّز (مَدْرسة مثلًا) بالموظَّفين اللّازمين

stag, *n.* ذَكَر الأَيِّل أو الظَّبْي (له قُرون مُتَشَعِّبة)

stag party حَفْلة ساهِرة لِلرِّجال فَقَط

stage, *n.* 1. (raised platform) مِنَصَّة (للخَطابة)

2. (the same in a theatre; *fig.*, the theatre generally) خَشَبة المَسْرَح ؛ المَسْرَح

stage directions إرشادات مَسْرَحيّة للمُمَثِّلين

stage fright فَزَعٌ يَعْقِد لِسان المُمَثِّل على المَسْرَح

stage-struck مَشْغوف بالتَّمثيل إلى حَدٍّ كَبِير

stage whisper هَمْسَة مَسْموعة

(*fig.*, locale, setting); *as in*

he set the stage for the visitors هَيَّأَ المَنْزِلَ لاسْتِقْبال الزُّوّار

3. (point or period in development)
مَرْحلة من مَراحِل التَّطَوُّر

4. (stopping-place on journey) مَحَطّة

stage-coach عَرَبة لِنَقْل الرُّكّاب والبَرِيد قَدِيمًا

by easy stages على مَراحِلَ ، بالتَّدْرِيج

v.t. & i. قَدَّم (مَسْرَحِيّة) ؛ قامَ (بانْقِلاب)

on hearing the news she staged a rapid recovery ما إن سَمِعَت الخَبَر حتّى أَبَلَّت مِن مَرَضِها

stager, *n., only in*

old stager مُجَرَّب ، مُحَنَّك ، ذو خِبْرة

stagger, *v.i.* تَرَنَّحَ ، تَمايَل في مِشْيَتِه

v.t. 1. (cause to totter); *usu. fig.* جَعَلَتْه (اللَّطْمة) يَتَرَنَّح ؛ هالَتْه (الصَّدْمة) أو أَذْهَلَتْه

2. (arrange so as not to coincide) نَظَّم نَوْبات العَمَل بِحَيْثُ يَحْضُر العُمّال ويَنْصَرِفُون في ساعاتٍ مُخْتَلِفَةٍ (لِحَلّ مُشْكِلة المُرُور مثلاً)

staging, *n.* الإخْراج المَسْرَحِيّ ؛ سَقالة ، صَقالة

stagnant, *a.* (مِياه) راكِدَة ؛ ساكِن

business was stagnant last week كانت السُّوق راكِدة في الأُسْبُوع الماضي

stagn/ate, *v.i.* (**-ation,** *n.*) رَكَد ؛ رُكُود

stagy, *a.* (سُلوك) مُتَكَلَّف ، مُصْطَنَع ، مُفْتَعَل

staid, *a.* رَزِين ، رَصِين ، هادِئ ، وَقُور

stain, *v.t. & i.* صَبَغ ، بَقَّع ؛ (الحِبْر) يُبَقِّع

stained-glass window نافِذة (في كَنِيسةٍ عادةً) على زُجاجِها رُسُوم بِأَلْوان مختلفة

n. 1. (discoloration) بُقْعَة ، وَصْمَة

2. (colouring for wood) صِبْغ ، صِباغ

stainless, *a.* لا يَصْدَأ ؛ لا تَشُوبُ (سُمْعَتَه) شائبة

stainless steel صُلْب أو فُولاذ لا يَصْدَأ

stair, *n.* دَرَجة ، سُلَّمَة ، مِرْقاة (مَراقٍ)

below stairs الخَدَم ؛ جَناح الخَدَم في مَنْزِلٍ كَبِير

staircase, *n.* سَلالِم المَبْنَى ، بَيْت الدَّرَج

stairway, *n.* سَلالِم أو دَرَج من طابِق إلى آخَر

stake, *n.* 1. (post) عَمُود ذُو طَرَف مُدَبَّب، خازوق

the witch was burnt at the stake رُبِطَت السّاحِرَة إلى عَمُود وأُعْدِمَت حَرْقًا بِنِيران الحَطَب

2. (pledge) رَهِينَة ، حِصّة ، نَصِيب

we have a great deal at stake لقد خاطَرْنا بالكَثِير في هذا المَشْروع (ويَهُمُّنا نَجاحُه)

every citizen has a stake in his country لِكُلّ مُواطِن نَصِيبٌ في شُؤُون وَطَنِه

v.t. 1. (fix or delimit with posts) حَدَّدَ قِطْعَة أرْض بِأَوْتاد ؛ أَسْنَد (نَبْتَةً) إلى دِعامَة

he staked <out> his claim for recognition أَعْلَن حَقَّه في شَيْءٍ وطَلَب الاعْتِراف به

2. (bet) قامَر ، راهَن ، خاطَر بِ ...

stalactite, *n.* الحُلَيْمات النَّوازِل (جيولوجيا)

stalagmite, *n.* الحُلَيْمات الصَّواعِد (جيولوجيا)

stale, *a.* (خُبْز) غَيْر طازَج ، بائِت ؛ مُبْتَذَل

he worked so hard that he was stale for the exam أَفْرَط الطّالِبُ في إجْهاد نَفْسِه حَتّى أَصابَ ذِهْنَه الكَلَلُ يومَ الامْتِحان

stalemate, *n. & v.t.* إِسْتِحالَة التَّحَرُّك في الشِّطْرَنْج

the negotiations had reached stalemate كانت المُفاوَضات قَدْ وَصَلَت إلى نُقْطَة جُمُود

stalk, *n.* سُوَيْقَة (النَّبات)، عُنُق (الثَّمَرة)

v.t. & i. خَطا مُتَغَطْرِسًا؛ إقْتَرَبَ مُتَلَصِّصًا مِن الصَّيْد

famine stalked the land تَفَشَّت المَجاعَة في البِلاد، اِنْتَشَرَت في جَميع أَرْجائِها

stalking-horse الدَّرِيئَة (يَسْتَتِر بها الصّائِد لِيَخْدَع الصَّيْد)؛ ذَرِيعَة، سِتار يُخْفي النَّوايا السَّيِّئَة

stall, *n.* 1. (compartment for animal) مَرْبَط لِحَيَوان واحِد في اسْطَبْل (اصْطَبْل)

2. (small shop or barrow) كُشْك (في السُّوق)

3. (seat in theatre) مَقْعَد أَمامِيّ بِصالَة المَسْرَح

4. (seat in church) مَقْعَد بِقُرْب مَذْبَح الكَنِيسَة

v.t. 1. (keep in stall, *n.* (1)) أَبْقَى الماشِيَة في زَرِيبَة لِعَلْفِها وتَسْمِينِها

2. (cause *engine*, etc., to stop accidentally); *also v.i.* أَوْقَف مُحَرِّك السَّيّارة عَن غَيْر قَصْد؛ تَعَطَّل مُحَرِّك السَّيّارة فَجْأة

3. (*coll.*, delay); *also v.i.* أَجَّل تَأْدِيَة عَمَل بِغَرَض كَسْب الوقت؛ تأخَّر في تَسْدِيد دَيْن

stallion, *n.* فَحْل، حِصان صالِح لِلنَّزْو (الاسْتِيلاد)

stalwart, *a. & n.* صِنْدِيد، شَدِيد البَأْس

stamen, *n.* سَداة (عُضْو التَّذْكِير في الزَّهْرَة)

stamina, *n.* جَلَد، المَقْدِرَة على التَّحَمُّل والمُقاوَمَة

stammer, *v.t. & i.*; *also n.* تَلَعْثَم، تَعْتَع، تَلَجْلَج

stamp, *v.t.* 1. (strike *foot* on ground); *also v.i.* دَقّ الأَرْض أو ضَرَبَها بِقَدَمِه

the troops stamped out the rebellion قَمَعَت قُوّاتُ الجَيْش الثَّوْرَة، سَحَقَتْها، أَخْمَدَتْها

2. (mark with pattern) دَمَغ، بَصَم، خَتَم

3. (put postage stamp on) أَلْصَق طابَع بَرِيد

4. (shape in press); *also* stamp out أَعْطَى (قِطْعَة مَعْدِنِيّة) شكلاً مُعَيَّنًا بِكَبْسِها بِماكِينَة خاصَّة

5. (characterize) أَعْطَى سِمَة خاصَّة لِ...

this stamps the story as untrue هذا يَدُلّ على أنّ القِصَّة مُلَفَّقَة

n. 1. (mark impressed on surface) دَمْغَة، عَلامَة، بَصْمَة خاتَم

there are not many men of his stamp يَنْدُر أَنْ نَجِد مَثِيله، "إنّه نَسِيج وحده"

2. (die) مُهْر، خاتَم

3. (paper denoting payment of dues) طابَع

stamp duty رَسْم الدَّمْغَة، التَّمْغَة

4. (act of stamping) دَقّ الأَرْض بالقَدَم

stampede, *v.i. & t.* اِسْتَوْلَى عليهم الذُّعْر وفَرُّوا

I will not be stampeded into hasty action لَنْ أُحْمَل مُطْلَقًا على التَّسَرُّع في اتِّخاذ إجْراءٍ ما

n. اِنْدِفاع الجُمْهُور أو قُطْعان الماشِيَة هَلَعًا

stance, *n.* (اتَّخَذ اللّاعِب) وَقْفَة خاصَّة

stanch, *v.t.*, *see* **staunch**

stanchion, *n.* دِعامَة، قائِمَة، رَكِيزَة

stand (*pret. & past p.* stood), *v.i.* وَقَف

stand aside وَقَف جانِبًا، أَفْسَح الطَّرِيق لِغَيْرِه

stand back تَنَحَّى لِيُفْسِح المَجال لِغَيْرِه

he stood by his friend when he was in trouble سانَدَ صَدِيقَه في (وَقْتِ) شِدَّتِهِ

stand clear ابتعدَ ، وَقَفَ بَعِيدًا

I stand corrected أَعْتَرِفُ بأَنَّنِي أَخْطَأْتُ

stand down; *whence* stand-down, *n.* تنازَلَ (المُرَشَّح لصالِح مُرَشَّحًا آخر)، استِراحَة بعد نَوْبَة عَمَل

stand fast (firm) صَمَدَ ، لم يَتَزَحْزَح عن مَوْقِفِه

stand for (mean), *as in*

A.D. stands for *anno Domini* يُشِير الحَرْفانِ A.D. إلى السَّنَة المِيلادِيّة (أيْ بَعد مِيلاد المسيح)

(represent, support)

my party stands for freedom إنّ حِزْبِي يَتَمَسَّك بالحُرِّيَّة ويُناضِل في سَبِيلِها

(tolerate)

I will not stand for this لَنْ أَسْمَحَ بهذا السُّلوك ، لن أُطِيقَه ، أَرْفُضُه كُلَّ الرَّفْض

(be candidate for)

he is standing for Parliament لَقد رَشَّحَ نَفْسَه (عن دائرة انتخابيّة) للبَرْلمان

stand in; *whence* stand-in, *n.* حَلَّ مَحَلَّ شخص آخَر بِصِفَة مُؤَقَّتَة ، نابَ عنه

let me know if you stand in need of anything أَرْجُو أَنْ تُخْبِرَنِي إذا كان يَلْزَمك أيّ شيءٍ

stand off; *also v.t.* اِبْتَعَد ، وَقَفَ على بُعْد

the firm stood off 100 men this week

اسْتَغْنَتِ الشَّرِكة عَن مائة عامِلٍ هذا الأُسْبُوع

stand-offish, *a.* (*coll.*) شايِف نفسه ، مُتَرَفِّع

he stood on his dignity تَمَسَّكَ بأَنَّ مَرْكَزَهُ الرَّسْمِيّ يُغْنِيه عَن النِّقاشِ في الأَمْر

stand out (be conspicuous) بَرَز ، ظَهَر

it stands out a mile إنّه غَنِيّ عن البَيان ، الأَمْر واضِح وُضُوحَ الشَّمْسِ في رابِعَة النَّهار

(resist) قاوَم ، عارَض ، لم يَسْتَسْلِم

the troops stood out against the enemy

قاوَمَت قُوّاتُ الجَيْش هُجُومَ العَدُوِّ وتَمَسَّكَت بِأَماكِنِها

stand to; *whence* stand-to, *n.* وَفَى بِوَعْدِه ؛ تَمَسَّكَ بِمَبادِئِه ؛ تَأَهَّب (الجنود) ؛ اِسْتِعْداد

do you stand to lose by it? أَيُؤَدِّي هذا بِكَ إلى أَيَّة خَسارة (مالِيَّة مَثَلًا) ؟

it stands to reason that . . يُسْتَنْتَجُ مِن ذَلِكَ أَنَّ

stand ⟨up⟩ قام أو نَهَض (مِن مَقْعَدِه)

he stood up for his rights دافَعَ عَن حُقُوقِه

this should stand up to a lot of use في حُسْنِ صِناعَة هذا الجهاز ضَمانٌ لاسْتِعْمالٍ طويلٍ

he stood up to the bully تَحَدَّى القَبَضاي أو الفتوّة (مصر) ورَفَض أن يَنْصاع له

a stand-up fight شِجار عَنِيف بِالأَيْدِي

does the offer still stand?

أَلا يَزال العَرْضُ قائمًا ؟

how do we stand? ماهو وَضْعُنا الآنَ ؟

v.t. 1. (place upright) أقامَ ، أَوْقَف

2. (endure, undergo) اِحْتَمَل ، تَكَبَّد (خسارة)

I can't stand it any longer لَمْ أَعُد أُطِيقُ (هذِه الضَّوْضاء مثلًا)، لَمْ أَعُدْ أَسْتَطِيع تَحَمُّلَها

he stood his ground أَصَرَّ على التَّمَسُّكِ بِمَوْقِفِه

3. (pay for *drinks*, *etc.*, for another) قَدَّم له أو ضَيَّفَه (كأسًا) على حِسابِه

n. 1. (support, holder) حامِل (لِتَعْليق الثِّياب)

music-stand مِقْرَأ أو حامِل للنوتة الموسيقيّة

2. (counter, stall) كُشْك لِعَرْضِ السِّلَع

3. (position) مَوْقِف

he took his stand near the window

إتَّخَذ مَوْقِفَه عَن كَثَبٍ مِن النّافِذَة

4. (resistance) مُقاوَمة ، مُعارَضَة

he made a stand against corruption إتَّخَذ

مَوْقِفًا مُهاجِمًا لِلْفَساد والرِّشْوَة

standard, *n.* 1. (banner) رايَة ، بَيْرَق ، عَلَم

2. (criterion) مِعْيار ، مِقْياس

below standard دُون المُسْتَوى (المَطْلوب)

3. (quality) صِفَة ، نَوْعِيَّة

books of high moral standard كُتُب ذات

مُسْتَوًى أَخْلاقِيّ رَفيع

4. (upright support) عَمُود ، دِعامَة

lamp standard عَمُود المِصْباح (في الشّارِع)

a. 1. (generally acknowledged)

مُصْطَلَح عَلَيْه ، تَتَّفِق عليه الأغْلَبِيّة

standard English لَهْجة المُثَقَّفين الإنْكِليز

2. (upright) ذُو حامِلٍ عَمُودِيّ

standard lamp مِصْباح كَهْرَبائِي بأعلى حامِلٍ

عَمُودِيّ (في غُرْفَة الجُلوس)

standardiz/e, *v.t.* (**-ation,** *n.*) وَحَّدَ (المَناهِج)

standby, *n. & a.* إحْتِياطِيّ (لِوَقْتِ الحاجَة)

standing, *a.* 1. (in upright position) واقِف ،

في وَضْع قائِم

standing ovation وُقُوف الحاضِرِين وتَصْفيقُهم

لِلْخَطِيب بعد انتهائه مِن خِطابِه

2. (permanent) دائِم

standing army الجَيْش الدّائِم أو العامِل

standing invitation دَعْوة مَفْتُوحَة

n. 1. (duration) قِدَمُ العَهْد

2. (status, repute) مَقام ، شأن

a man of high standing رَجُل ذو مَكانَة رَفِيعَة

standpoint, *n.* وِجْهَة نَظَر

standstill, *n.* تَوَقُّف تامّ

stank, *pret. of* **stink**

stanza, *n.* مَقْطُوعَة من قَصِيدَة (كَوَحْدَة مُسْتَقِلّة)

staple, *n.* 1. (wire fastener) دَبّوس من السِّلْك

لِحَزْم أوْراق (المَجَلّة) ؛ مِسْمار رَزّة بِرأسَيْن

2. (chief product or material); *also a.*

الإنْتاج الرَّئِيسيّ

staple diet (الأرُزّ هُو) القُوت الرَّئِيسيّ (بالهِنْد)

3. (quality of fibre) تِيلَة (القُطْن أو

الصُّوف أو الكِتّان) مِن حَيْث طُولِها وجَوْدَتها

stapler, *n.* دَبّاسَة (للأوْراق)

star, *n.* 1. (celestial body) نَجْم (نُجوم)

shooting star نَيْزَك ، شِهاب ، نَجْم هاوٍ

the blow made him see stars تَلَقّى لَطْمَةً

شَدِيدة بين عَيْنَيْه جَعَلَته يَرَى نُجُوم الضُّحَى

star-gazer فَلَكِيّ ، مُنَجِّم ، شَخْص حالِم

thank your lucky stars! إحْمَدْ رَبَّكَ !

2. (star-shaped figure) شَيْءٌ على شَكْل نَجْمَة

3. (celebrity) نَجْم مِن نُجُوم المَسْرَح والسِّينما

he is a star turn إنَّه مِن نُجُوم الاسْتِعْراضات أو المُتَنَوِّعَاتِ المَسْرَحِيَّة

v.t. 1. (mark with asterisk) وَضَعَ عَلامة ☆ بأعْلَى كلمة بِقَصْد التَّفْسِير أو التَّعْلِيق

2. (*of films, etc.*, have as chief performer); *also v.i.* قامَ بِدَوْر البُطولَة في فِيلم سِينمائي

starboard, *n. & a.* مَيْمَنَة السَّفِينة أو الطّائِرة

starch, *n.* 1. (chemical substance) نَشَاء

2. (preparation used for stiffening linen); *also v.t.* نَشاء (لِكَيّ المَلابِس) ؛ نَشَّى

starchy, *a.* 1. (containing starch, *n.* (1)) نَشَوِيّ

2. (stiff, formal) مُتَكَلِّفُ العَظَمَة

her manner was a little starchy كان في تَصَرُّفاتِها شَيْءٌ مِن التَّكَلُّف

stare, *v.i. & t.* حَدَّق ، حَمْلَق ، أَحَدَّ النَّظَرَ إلى

he stared the intruder up and down قَلَّبَ بَصَرَه في الشَّخص الدَّخِيل مُتَحَدِّيًا

it is staring you in the face أَنْتَ تَبْحَثُ عن شَيْءٍ هو قُدّامَكَ ؛ الأَمْرُ واضِح كلّ الوُضُوح

he stared me out ⟨of countenance⟩ أَطالَ التَّحْدِيقَ فِيَّ حَتَّى ارْتَبَكْتُ وَأُحْرِجْتُ

n. حَمْلَقة ، تَحْدِيق ، تَحْدِيج البَصَر

starfish, *n.* نَجْمَة البَحْر ، كَوْكَب البَحْر (حيوان)

staring, *adv., only in*

stark staring mad مُصابٌ بِجُنُون مُطْبِق

stark, *a.* (جُثَّة) مُتَخَشِّبَة ؛ قليل الأثاث ؛ مُطْبِق

adv.

stark naked عُرْيان مَلْط ، كَمَا وَلَدَتْه أُمُّه

starlet, *n.* مُمَثِّلَة ناشِئَة تَدَّعِي الشُّهْرَة

starlight, *n.* ضَوْء النُّجوم

starling, *n.* زُرْزُور (جِنْس مِن الطُّيورِ الصَّغيرة)

starry, *a.* (سَماء) مُرَصَّعة بالنُّجوم ؛ لامِع

starry-eyed مَن يَعِيش في الأَوْهام والأَحْلام

start, *v.i. & t.* 1. (begin) بَدَأ ، شَرَع في ، أَخَذ

start off أَخَذ في التَّحَرُّك ، أَقْلَعَت (السَّفِينة)

start ⟨out⟩ on a journey بَدَأ في رِحْلَته

to start with . . . أَوَّلًا ، نَبْدَأ بِ ، قَبْلَ كُلِّ شَيْء

what shall we have to start with?

ما المُشَهِّيات الّتِي سَنَبْدَأ بها طَعامَنا ؟

start up an engine شَغَّل المُحَرِّك ، أَداره

starting-point نُقْطَة البَدْء أو الانْطِلاق

2. (move suddenly) جَفَل ، تَحَرَّكَ فَجْأَةً ، فَزّ

the dog started a hare أَفْزَعَ كَلْبُ الصَّيْد أَرْنَبًا بَرِّيًّا فَأَخَذ في الهُرُوب

he started back in fright اِنْتَفَضَ فَزَعًا ، تَمَلَّكَه الرُّعْب فَخَطا فَجْأَةً إلى الوَراء

his eyes were starting from his head

جَحَظَت عَيْناه

n. 1. (beginning) بِدَايَة ، فاتِحَة

from start to finish مِنْ أَلِفِه إلى يائِه

false start بِداية فاشِلَة أو مُخْفِقَة

2. (advantage in race, etc.) تَقَدُّم (بِعَشر ياردات مثلاً) يُمنَح لِأَحَد للتّبارين في بَدْءِ السِّباق

3. (sudden movement) جَفْلَة ، حَرَكَة فُجائيّة

starter, *n.* 1. (participant in race) مُتَسابِق ، شَخص أو حِصان مُشْتَرِك في سِباق

2. (person who signals beginning of race) مَنْ يُطْلِق إِشارَة بَدْء السِّباق

3. (initiating device)

self-starter مُبْدِئ حَرَكَة ذاتيّ (سيّارات)

startle, *v.t.* باغَتَ ، أَجْفَل ، أَذْهَل ، بَهَت

startling, *a.* (خَبَر) مُذْهِل ، مُفْزِع

starvation, *n.* مَجاعَة ، جُوع قد يُؤَدِّي إلى الموت

starvation wages أُجور ضَئِيلة لا تَسُدّ الرَّمَق

starve, *v.i. & t.* جاعَ ، ماتَ جُوعًا

I am absolutely starving أَكاد أَمُوت جُوعًا

the student was starved of friendship قاسَى الطّالِبُ من وَحْدَته لِعَدَم وُجود مَن يُصادِقُه

starveling, *n.* هَزِيل ، مَهْزُول (بِسَبَب الجُوع)

state, *n.* 1. (condition) حالَة ، حال ، ظَرْف

she got into a state ثارَت ثائِرَتُها ، اسْتَشاطَت غَضَبًا

2. (ceremony) أُبَّهَة ، فَخامة ، عَظَمَة

state apartments قاعَة للمُناسَبات الرَّسْمِيّة بالقُصور

3. (nation) دَوْلَة ؛ وِلاية (من الوِلايات المُتَّحِدة)

v.t. صَرَّح ، أَعلَن ، ذَكَر

statecraft, *n.* فَنّ الحُكم ، الحُنْكَة السِّياسِيّة

stately, *a.* جَليل ، مَهيب ، فَخْم ، ذُو أُبَّهَة

the stately homes of England القُصور والضِّياعُ الّتي تَمْلِكُها العائِلات الانكليزيّة الكبيرة

statement, *n.* (أَدْلَى) بِبَيان أو تَصْرِيح

bank statement كَشْفُ حِساب البَنْك

statement of account كَشْف حِساب (من شَرِكة)

stateroom, *n.* قاعَة فَخْمَة للمُناسَبات الرَّسْمِيّة ؛ حُجْرَة فاخِرة الرِّياش في سَفِينة أو قِطار

statesman, *n.* مِن رِجال السِّياسَة أو الدَّوْلة

statesmanlike, *a.* ذُو حَصافة سِياسِيَّة

statesmanship, *n.* حُنكة سِياسِيَّة

static, *a.* ساكِن ، غير مُتَحَرِّك ، ثابِت

static electricity كَهْرَباء ساكِنة أو اسْتاتِيّة

n. (*elec.*) تَأْثِيرات جَوِّيّة كَهْرَبائِيّة

n.pl. عِلْم تَوازُن القُوَى ، عِلْم السُّكُون

station, *n.* 1. (headquarters, office, post) مَحَطَّة ، نُقْطَة ، مَرْكَز ، مَقَرّ ، مَخْفَر (الشُّرْطة)

coastguard station نُقْطَة خَفَر السَّواحِل

fire station نُقْطَة المَطافِئ ، مَحَطَّة الإطْفائِيّة

radio station مَحَطَّة إذاعَة

2. (stopping place for transport) مَحَطَّة

railway station مَحَطَّة السِّكَّة الحَدِيدِيّة

3. (social position) مَكانَة ، مَقام ، شَأْن

he has ideas above his station يتظاهر بالإنْتِماء إلى طبقة أَعْلَى مِن طَبَقَته الاجْتِماعِيّة

v.t. وَضَع في مَكانٍ ما ؛ رابَطَت (قُوّة عَسْكَرِيّة)

stationary, *a.* ثابِت ، ساكِن ، غير مُتَحَرِّك ، واقِف

stationer, *n.* بائِع الأَدَوات المَكْتَبِيَّة ، صاحِب قِرْطاسِيَّة

stationery, *n.* قِرْطاسِيَّة ، أدوات مَكْتَبِية

statistician, *n.* إِحْصائِيّ ، خَبير إِحْصائِيّات

statistic/s, *n.pl.* (**-al,** *a.*) إِحْصائيات ؛ إِحْصائي

statuary, *n.* مَجْمُوعة تَماثيل ، فَنّ النَّحت

statue, *n.* تِمْثال

statuesque, *a.* كالتِّمْثال (في رَوْعَته مثلاً)

statuette, *n.* تِمْثال صَغير

stature, *n.* قامَة ، بِنْيَة ؛ (ذو) قَدْر رَفيع

status, *n.* مَكانة ، رُتْبة

status quo, (*Lat.*) الوَضْع الرَّاهِن في تاريخ مُعَيَّن

statute, *n.* قانون بَرْلَمانيّ أو تَشْريعيّ

statutory, *a.* نُصَّ عَلَيْه في القانون ، مُحَدَّد قانونًا

staunch (**stanch**), *v.t.* أَرْقَأ ، ضَمَّد لإيقاف النَّزيف

a. (صَديق) يُعْتَمَد عَلَيْه ، وَفِيّ ، يُوثَق به

stave (*pret. & past p.* stove), *v.t.*, *as in*

stave in حطَّم لوحًا مِن ألواح البِرْميل مُحْدِثًا ثَغْرة

stave off تَحاشَى أو تَجَنَّب شَرًّا قَريبَ الوُقوع

n. 1. (curved piece of wood) ضِلْع من أَضْلاع البِرْميل ؛ دَرَجة سُلَّم خَشَبي (مُتَنَقِّل)

2. (*mus.*) مَدْرَج لِكِتابة النّوتة الموسيقيّة

stay, *v.i. & t.* 1. (remain) بَقِي ، مَكَث ، لَبِث

he was unable to stay the course لَمْ يَسْتَطِع الصُّمود حَتَّى النِّهاية

he was made to stay in حُجِز التِّلْميذ (بعد انْتِهاء اليوم المَدْرَسِيّ عِقابًا له)

he decided to stay put قَرَّر أَلَّا يُغادِر مَكانَه ، اسْتَقَرَّ رَأْيُه على البَقاء حَيْث كان

stay up (remain upright), *as in*

the lid will not stay up لا يَبْقَى غِطاء هذا الصُّنْدوق في وَضْع قائم مَهْما فَعَلْت

(defer going to bed), *as in*

he stayed up all night ظَلَّ ساهِرًا طِوالَ اللَّيْل ، سَهِد اللَّيْل بِطُولِه

2. (sojourn) حَلّ أو نَزَل بِمَكان ، مَكَث

3. (check, stop) أَوْقَف ، أَحْجَم ، أَمْسَك

he stayed his hand كَفَّ يَدَه

he ate a sandwich to stay his hunger أَكَل شَطيرةً لِيُسْكِت جُوعَهُ أو يُسَكِّنَهُ

4. (support, prop) سَنَد ، دَعَم

n. 1. (sojourn) إقامَة ، مُكوث (في فُنْدُق مثلًا)

2. (suspension), *as in*

stay of execution وَقْف تَنْفيذ (الحُكْم)

3. (support) دِعامَة ، سَنَد

4. (*pl.*, corsets) مِشَدّ ، كُورسيه

stead, *n.* مَحَلّ ، مَوْضِع

this will stand you in good stead سَيُجْدِيك هذا نَفْعًا يَوْمًا ما

steadfast, *a.* (صَديق) يُرْكَن إليه ، ثابِت

steady, *a. & adv.* 1. (firm, fixed) ثابِت ، راسِخ ، مُسْتَقِرّ ، مَتين ، غَيْر مُتَزَعْزِع

2. (regular) (سُرْعة) مُنْتَظِمة ، غير مُتَغَيِّرة

3. (reliable) يُعْتَمَد عَلَيْه

he is going steady إنّه يُداوِم على مُرافَقَتِها ومُصاحَبَتِها دُون سِواها

v.t. & i. ثَبَّتَ (مائدة مُقَلْقَلَةً مثلاً)؛ إسْتَقَرَّ

steady on! إتَّزِنْ! تَعَقَّل! لا تُغالِ!

steak, *n.* شَرِيحَة لَحْم أو سَمَك (للشَّيّ)، بِفْتِيك

steal (*pret.* stole, *past p.* stolen), *v.t.* سَرَق، اِخْتَلَس

he stole a glance at the young woman اِخْتَلَس نَظْرَةً إلى الفَتاة

he stole a march on me اِنْتَهَز الفُرْصَة وسَبَقَني بِحِيلَتِه

he stole the show بَزَّ (المُمَثِّل الناشِئ) زُمَلاءَه وفاقَهُم في اِنْتِزاع إعْجاب الجُمْهور

v.i. (*with advs* away, in, out, up, etc.) تَسَلَّل، اِنْسَلَّ، خَرَج أو دَخَل خِفْيَةً

stealth, *n.* (**-y,** *a.*) (في) الخَفاء، خِلْسة، سِرًّا

steam, *n.* بُخار

steam-engine مُحَرِّك بُخاريّ، قاطِرَة بُخارِيَّة

steam-roller, *n.* & *v.t.* مِحْدَلَة (بُخاريّة)، وابُور زَلَط (مصر)؛ حَدَلَ سَطْحَ الطَّرِيق بِاسْتِعْمال المِحْدَلة

the chairman steam-rollered his way through the opposition اِتَّخَذ رَئِيس الجَلْسَة القَرار ضارِبًا بالمُعارَضَة عُرْضَ الحائط

get up steam جَهَّز الطّاقَة اللّازِمة لِلْعَمَل

let (work) off steam نَفَّس عن عَواطِفِه المَكْبُوتة؛ (لَعِب الأولاد) مُطْلَقِين فائِض نَشاطِهِم

I came under my own steam دَبَّرْتُ بنفسي وَسِيلَة حُضُورِي (أيْ مُسْتَقِلًّا عن غَيْرِي)

v.i. اِنْبَعَثَ منه البُخار

steaming hot ساخِن جِدًّا، لاذِع الحَرارَة

the train steamed out أقْلَع القِطار

the windows steamed up تَغَبَّشَت النَّوافِذ بالبُخار

v.t. طَبَخ على البُخار

steamboat, *n.* سَفِينَة بُخارِيَّة

steamer, *n.* 1. (ship) سَفِينة بُخارِيّة

2. (cooking utensil) وِعاء طَبْخ يُعَرَّض ما يُطْبَخ به لِلبُخار (مُرَكَّب مِن جُزْءَيْن خاصَّيْن)

steed, *n.* جَواد، حِصان يَرْكَبُه الفارِس

steel, *n.* & *a.* صُلْب، فُولاذ؛ فُولاذِيّ

steel wool صُوف الفُولاذ، ألياف سِلْكِيَّة

cold steel السِّلاح الأبْيَض

v.t. قَسَّى، صَلَّب

he steeled himself for the task ahead لَمَّ أطْراف شَجاعَتِه وتأهَّب لمُواجَهَة العَمَل

steely, *a.* يُشْبِه الفُولاذ؛ لا يَلِين، قاسٍ

steelyard, *n.* المِيزان القَبّانِيّ

steep, *a.* 1. (sloping sharply) شَدِيد الانْحِدار

2. (*coll.*, excessive) مُفْرِط في المُغالاة

his prices are a bit steep أسْعار (هذا التّاجِر) باهِظَة بَعْضَ الشَّيْء

v.t. & *i.* نَقَع، غَمَس، غَمَر

the villagers are steeped in superstition سُكّان هذه القَرْيَة مُنْغَمِسون في الخُرافات

steeple, *n.* الجُزْء العُلْوِيّ المُدَبَّب من بُرْج (الكَنِيسة)

steeple-jack مُرَمِّم أبْراج الكَنائس ومَداخِن المَصانِع

steeplechase, *n. & v.i.* سِباق الحَواجِز لِلخَيل أو العَدّائين ؛ اشْتَرَك في هذا السِّباق

steer, *v.t. & i.* وَجَّه (سَيّارة أوسَفِينة)

he steered the ship of state تَوَلّى زِمام الحُكْم ، ساسَ أُمور الدَّوْلَة

steering-gear جِهاز تَوْجِيه السَّفِينة

steering-wheel عَجَلة القِيادَة (في السَّيّارة)

I will have to steer clear of him in future لا بُدَّ لِي مِن تَجَنُّبِه في المُسْتَقْبَل

n. عِجْل مَخصِيّ

steerage, *n.* 1. (act of steering) تَوْجِيه ، قِيادَة

steerage-way ما يَكْفِي من السُّرْعَة لِجَعْل السَّفِينة تحت سَيْطَرَة الدَّفَّة

2. (cheapest accommodation on ship) أَرْخَصُ مكانٍ للسَّفَر على السَّفِينة

steersman, *n.* عامِل الدَّفَّة ، مُوَجِّه المَرْكَب

stellar, *a.* نَجْمِيّ ، نِسْبَةً إلى النُّجُوم والكَواكِب

stem, *n.* 1. (stalk) ساقُ الزَّهْرة أو سُوَيْقَتُها

stem of a wine-glass عُنُق الكَأس

stem of a pipe أُنْبُوب الغَلْيُون ،ساق البِيبَة

2. (front of ship) جُؤْجُؤ السَّفِينة

from stem to stern من مُقَدّمة السفينة إلى مُؤَخّرتها

3. (main part of word) الحُروف الأَصْلِية لِكَلِمة

v.t. أَوْقَف تَدَفُّق سائِل أو مجرى مائِيّ

v.i. (*with adv.* from) نَشَأ عن ، تَوَلَّد عن

stench, *n.* رائِحة خَبِيثة أو كَرِيهَة ، دفر ، نَتْن

stencil, *n. & v.t.* صَفِيحة مُخَرَّقة بأشكال الحروف أو الأَرْقام لِرَسْمِها أو طَبْعِها ، اِسْتِنْسِل

stenographer, *n.* كاتِب الاخْتِزال ، مُخْتَزِل

stenography, *n.* كِتابَة بالاخْتِزال ،اِخْتِزال

stentorian, *a.* (صَوْت) جَهْوَرِيّ

step, *n.* 1. (pace; movement of foot) خَطْوَة

a step in the right direction خَطْوَة في الاتِّجاه الصَّحِيح

a step forward خَطْوَة إلى الأمام

he took steps to prevent a recurrence اِتَّخَذ احْتِياطات لِلحَيْلُولَة دُون تَكْرار حُدُوث الأَمْر

two-step اِسْم لِرَقْصَة أو للمُوسِيقَى المُصاحِبة لها

you will have to watch your step in future حَذارِ من مِثْل هذا التَّصَرُّف في المُسْتَقْبَل

2. (mode or rate of walking) خَطْو

change step (*mil.*) بَدَّل أو غيَّر الخطوة (عَسْكَرِيّة)

in (out of) step (غَيْر) مُتَجانِس في الخَطْو

we must keep step with progress عَلَيْنا مُجاراة التَّطَوُّر

3. (stair; *pl.*, flight of stairs) دَرَجة ؛ مَجْمُوعة مِن دَرَجات السُّلَّم

step-ladder; *also* ⟨a pair of⟩ steps سُلَّم نَقّالي من جُزْءَيْن قابِل لِلطَّيّ ، سِيبَة

the new appointment is a step-up for him يُعْتَبَر مَنْصِبُه الجَدِيد تَرْقِيَةً (تَرْفِيعًا) له

v.i. خَطا

step in (inside) دَخَل (المَنْزِلَ مثلاً) ، دَلَف

the minister decided to step in قَرَّر الوَزِير أَنْ يَتَدَخَّل في الأَمْر

he is waiting to step into my shoes
إنّه يتحيّن الفُرْصة ليحُلّ محلّي

step on it! أَسْرِعْ !، عَجِّل !، شَهِّل !

step out خَرَج ؛ أَسْرَع في الخَطْو

stepping-stone حَجَر يُداس عند عُبور مَخاضة

v.t. 1. (measure by taking steps)
قاسَ طُول مَسافةٍ بالخَطَوات

2. (*with adv.* up: raise, boost) زادَ، أكْثَرَ

the factory stepped up production
نَجَحَ المَصْنع في زِيادة إنْتاجِه

step-, *pref. & in comb.*

stepmother زَوْجة الأب ، رابّة

stepsister ابنة الرّابّ أو الرّابّة (مِن زَواج سابِق)

steppe, *n.* الإسْتبس ، سُهوب رُوسيا (سهول مُترامية الأطْراف صَحْراوِيّة النُّبوت)

stereophonic, *a.*; *abbr.* **stereo** (صَوْت) اسْتِريُوفوني ، مُجسَّم

stereoscop/e, *n.* (**-ic**, *a.*) مُجسِّم الصُّوَر

stereotype, *n. & v.t.* قالِب طِباعة (للرُّسوم والنُّصوص معًا) ؛ طبَع بهذه الكِليشيهات

all his ideas are stereotyped لا أَصالَة في آرائه ، كُلّ أفْكارِه مُبْتَذَلَة

steril/e, *a.* (**-ity**, *n.*) عاقِر، عقيم ؛ مُعَقَّم

sterilize/e, *v.t.* (**-ation**, *n.*) 1. (render incapable of reproducing) أعْقَم، أَخْصَى

2. (render free from contamination) عَقَّمَ ، أزال مِنه الجراثيم خَشْيَة العَدْوَى

sterling, *n.* العُمْلة الانكليزيّة

a. 1. (of British money)
اِسْتِرْليني

five pounds sterling خَمْسة جُنيهات اسْتِرلينيّة

2. (excellent, genuine) (فِضّة) نَقِيّة ، صافٍ

he is a man of sterling character هُو رَجُل ذو خُلُق مَتين ، يُعْتَمَد عليه كُلّ الاعْتِماد

stern, *a.* صارِم ، قاسٍ ، جافّ (الطِّباع) ، عابِس

stern, *n.* مُؤخّرة السَّفينة

sternum, *n.* القَصّ ، العَظْمة الوُسْطَى في الصَّدْر

stertorous, *a.* (تنفّس) ثَقيل وبِصَوْت عالٍ كالشَّخير

stet, (*Lat.*) أَبْقِ (اِصْطِلاح عِنْد مُصَحِّحي المَطابِع)

stethoscope, *n.* سَمّاعة الطَّبيب ، مِسْماع الصَّدْر

stevedore, *n.* عامِل شَحْن السُّفُن في الميناء

stew, *v.t. & i.* طَبَخ على نارٍ هادِئة في وِعاء مُغَطًّى

he can stew in his own juice! فليتحمّل نَتائج أعْمالِه ، فَلْيُقاسِ ما جَنَتْه يَداه

n. يَخْني ، يَخْنَة ؛ اِضْطِراب ، اِرْتِباك

he is in a stew إنّه في وَرْطَة ، هو مُضْطَرِب

steward, *n.* 1. (manager of an estate, etc.)
قَهْرَمان يُدَبِّر شُؤون ضَيْعة أو كُلِّيّة

shop-steward عامِل يمثِّل النِقابة في المَصْنع

2. (official at public meetings) مُراقِب النِّظام في الاجْتِماعات العامّة أو في السِّباق

3. (*fem.* **-ess**, attendant on ship or aircraft) خادِم ، مُضِيف (مُضِيفة) بِسَفينة أو طائرة

stewardship, *n.* وَكالة ، نِظارة ؛ فَتْرة الوَكالة

stick (*pret. & past p.* stuck), *v.t.*
1. (thrust; *coll.*, put) غَرَز ، وَخَز ؛ وَضَع

he got stuck into his work اِنْغَمَس في عَمَلِه ، باشَرَ عَمَلَه رَغْمَ الصُّعوبات بِحَيَوِيّة ونَشاط

2. (impale, stab) خَزَق ، طَعَن ، ثَقَب

3. (attach by adhesion); *also v.i.* (remain fixed) أَلْصق ، ثَبَّت ؛ اِلْتَصَق

stick at it ثابَر على (عَمَلِه)، واظَب عَلَيْه

he will stick at nothing لا يَتَرَدَّد في اسْتِخْدام أيَّة وَسيلة لِتَحْقيق هَدَفِه

stick-in-the-mud, *n. & a.* مَن يَتَمَسَّك بالتَّقاليد العَتيقة ، دَقَّة قَديمة (مصر)

stick ⟨it⟩ out (*coll.*) واصَل جُهُودَه حتّى النِّهايَة

he stuck to his guns لَمْ يَتَزَحْزَح عَن مَوْقِفه

he stuck to his promise أَوْفَى بِوَعْدِه

we must all stick together عَلَيْنا أن نَتَضامَن، لا بُدّ أن نَضُمّ صُفُوفَنا ونُوَحِّد جُهُودَنا

4. (*with advs.* out, up: protrude); *also v.i.* أَبْرَز ، أَخْرَج ؛ بَرَز ، نَتَأ

he stuck his tongue out مَدّ لِسانَه أو دلعَه

he stuck up for himself دافَع عن نَفْسِه بِحَرارَة (عِنْدَما أُهِينَت كَرامَتُه)

stuck-up, *a.* مُتَرَفِّع ، 'شايِف نفسه'

n. 1. (thin piece of wood) عَصًا ، عُود ، عُكّاز

he always gets hold of the wrong end of the stick إنّه دائمًا يُسيءُ فَهْمَ ما يُقالُ له أو يَحْمِلُه مَحْمَل السُّوء

2. (*pl.*, *coll.*, furniture) أَثاث ، عَفْش

3. (short thin cylindrical article) شيء رَفيع أسطواني الشكل (قَصير عادةً)

stick of chalk إِصْبَع طَباشِير

stick of rock حَلْوَى لِلأَطْفال على شَكْل عَصًا

4. (series of bombs, etc. released successively) قَنابِل تُقْذَف بِتَسَلْسُل من طائِرَة

sticker, *n.* 1. (adhesive label) بِطاقَة مُصَمَّغَة (تُلْصَق على نافِذَة السَّيّارة مثلاً)

2. (persistent person) مُثابِر، مُصَمِّم على ...

stickleback, *n.* أَبُو شَوْكَة ، زَمَر (سَمَك نَهْرِيّ)

stickler, *n.* مُفْرِط في التَّمَسُّك بالشَّكْلِيّات

he is a stickler for discipline إنّه لا يَسْمَح مُطْلَقًا بأيّة مُخالَفة لِلنِّظام المُتَّبَع

sticky, *a.* غَرَوِيّ ، لَزِج ، دَبِق

he will come to a sticky end لا شَكّ أنّ عاقِبَتَه سَتَكُون وَخِيمَة

stiff, *a.* 1. (rigid, firm, unbending) صُلْب ، جامِد ، مُتَخَشِّب ، صارِم ، جافّ

I feel a bit stiff after yesterday's tennis أَشْعُر بِبَعْض التَّقَلُّص في عَضَلاتي نَتيجةً لِلَعِبي التِنِس أَمْس

stiff-necked صُلْب الرَّقَبة ، عَنِيد، مُتَصَلِّب الرَّأْي

he was scared stiff كادَ يَموت من الرُّعْب

2. (arduous, difficult) صَعْب، شاقّ، عَسِير

a stiff climb تَسَلُّق يَتَطَلَّب مَجْهُودًا شاقًّا

3. (strong) قَوِيّ ، شَدِيد

a stiff breeze رِيح شَدِيدَة (للسُّفُن الشِّراعِيّة)

a stiff drink مَشْرُوب مُسْكِر ذو نِسْبَة كُحول عالِية

4. (tight, closely packed)
the ante-room was stiff with ambassadors
كانت حُجْرَة الانْتِظار غاصَّةً بالسُّفَراء
n. (*sl.*) جُثَّة ؛ حِصان سِباق لا يُنْتَظَر فَوْزُه
you big stiff! يا لَكَ من بَليد أَخْرَق! يا وَغْد!

stiffen, *v.t. & i.* صَلَّب ؛ تَصَلَّب

stiffening, *n.* مادّة تَجْعَل (الياقَة) أكثر صَلابة

stifle, *v.t.* 1. (prevent from breathing); *also v.i.* (كادَ الدُّخان أن) يَخْنُقه ؛ اِخْتَنَق
stifling heat حَرارَة خانِقَة
2. (suppress) كَظَم (غَيْظَه)، كَتَم (ضِحكَه)

stigma, *n.* وَسْم (المُجْرِم) ؛ وَصْمَة ؛ مِيسَم الزَّهْرَة

stigmata, *n.pl.* عَلامات تُشْبه آثارَ جُرُوح المَسِيح

stigmatize, *v.t.* وَصَمه (بالعار مثلاً)

stile, *n.* دَرَجة خَشَبِيّة تُساعِد على تَسَلُّق سُور (أو سِياج بين حَقْلَين) ومَنْع الماشِيَة من العُبور

stiletto, *n.* خَنْجَر رَفيع مُدَبَّب
stiletto heel كَعْب طَويل (من المَعْدِن عادَةً) ذو طَرَف مُدَبَّب (لأَحْذِيَة النِّساء)

still, *a.* ساكِن ، هادِئ ، ساكِت ، راكِد ، راقِد
still-born مَوْلُود مَيِّتًا ، مَلِيص
still lemonade ليمونادة غير غازِيَّة
still life (فَنّ) تَصْوير الجَماد
still waters run deep تَحْت السّاهِي دواهٍ
n. 1. (quietness); *only in*
the still of the night هَدْأَة اللَّيْل ، سُكُونُه
2. (single print from motion film)
(صورة) لَقْطَة مِن فِيلم تُسْتَخْدَم لِلإعْلان
3. (distilling apparatus) كَرَكِيّ ، جِهاز تَقْطِير
still-room حُجْرَة لِخَزْن المُرَبَّيات والمَشْروبات
v.t. سَكَّن ، هَدَّأ ، أَسْكَت
adv. 1. (without motion) ساكِنًا ، بِلا حَرَكَة
2. (up to this or that time) لا يَزالُ
he is still busy لا يَزالُ مشغولاً ، لم يَفْرَغ بَعْد
3. (yet) أَكْثَر من ذَلِك ؛ ومَع هَذا
his brother is still taller (taller still) (مع أنّه طَوِيل القامَة) فإنّ أخاه يَفُوقه طولاً

stilt, *n.* الطَّوّالَة ، أَحَد عَمُودَيْن خشبيّين بِكُلٍّ مِنْهما رَكِيزة لِلْقَدَم تُسْتَعْمَلان لِلْمَشْي على عُلُوّ

stilted, *a.* (أُسْلُوب) مُفْرِط في التَّكَلُّف والتَّصَنُّع

stimulant, *n.* مُنَبِّه (للحَواسّ) ، مُنَشِّط

stimul/ate, *v.t.* (**-ation,** *n.*) حَفَز ، نَشَّط ، حَثَّ

stimulus, *n.* حافِز ، دافِع ، مُثِير

sting (*pret. & past p.* stung), *v.t. & i.* لَدَغ ؛ غَشّ
stinging nettle قُرّاص (نَبات عُشْبِيّ شائِك)
he was stung into action حَفَزَه لَدْغ (الإهانَة) إلى اِتِّخاذ إجْراءٍ فَوْرِيّ
n. لَدْغ ، لَسْع ؛ لَدْغة ، لَسْعة ؛ حُمَة (العَقْرَب)
the sting lies in the tail حُلْوُ المَذاقِ في بِدايَتِه لَكِنَّه مُرّ في نِهايَتِه

stingy, *a.* بَخِيل ، مُمْسِك ، شَحِيح ، ضَنِين

stink (*pret.* stank, *past p.* stunk), *v.i.* نَتِنَ ، زَخِمَ ، اِنْبَعَثَت مِنه رائحة كَرِيهَة

do not cry stinking fish! كَفاكَ انْتِقاصًا مِنْ قَدْرِ أَعْمالِكَ على الملأ!

v.t. أَجْبَره على الخروج من جُحْرِه (بِالدُّخان)

n. رائِحة كَرِيهة ، دَفَر ، نَتَن ، زَخَم

stinker, *n.* (*sl.*) (شَخْص) نَجِس ؛ مُعْضِلَة

stint, *n.* 1. (limitation); *usually in* without stint بِدُون تَقْتِير ، دُونَ حَدٍّ ، بِسَعَة

2. (allotted amount) الإِنْتاج (اليوميّ) المُقَنَّن

v.t. قتَّر ، شَحَّ ، لَمْ يُعْطِ الكِفايَة ، بَخِل بِ...

stipend, *n.* راتِب (القَسّ أو الخوري)، مَعاش

stipendiary, *a.* يَتَقاضَى راتِبًا مُعَيَّنًا

stipendiary magistrate قاضِي صُلْح في المحاكِم الجُزْئيّة البريطانية يتقاضى راتبًا مُعَيَّنًا

stipple, *n.* رَسْم بالنُّقَط (بَدَلًا من الخُطوط)

v.t. رَسَم بالنُّقَط أو بِلَمَسات خَفيفة مِنَ الرِّيشة

stipul/ate, *v.t.* (**-ation,** *n.*) نَصَّ (القانونُ)، اشترط (العَقْدُ)، ذَكَر اشْتِراطًا أو شَرْطًا

stir, *v.t.* 1. (move); *also v.i.* حَرَّكَ ؛ تَحَرَّكَ

he won't stir a finger to help لا يُحَرِّكُ ساكِنًا لِمَدِّ يَد المُساعَدة (لهم)

2. (agitate, mix); *also n.* قَلَّب (مَزيجًا)، خَلَط

3. (rouse); *also n.* أثارَ ، هَيَّج ، أَهاجَ

we live in stirring times نَعِيش في زَمَن مُثِير

the agitator stirred up trouble أَشاعَ المُشاغِبُ الفِتْنَة والقلاقِل بَيْنَ النّاس

the announcement caused a stir كان لِإِعْلان النَّبَأ رَدُّ فِعْلٍ شَدِيد

stirrup, *n.* رِكاب (يُرْبَط في السَّرْج بِسَيْرٍ جِلْدِيّ)

stirrup-pump مِضَخَّة يَدَوِيّة مُتَنَقِّلَة تُثَبَّت (على الأرض) عِند تَشْغِيلها بِضَغْط القَدَم على ذِراع بِقاعِدَتها

stitch, *n.* 1. (action of sewing; loop of thread) غُرْزَة ، دَرْزة (في الخِياطَة بالإبْرَة)

a stitch in time saves nine عِلاجُ الأُمور في أَوَّلِها يَحُول دُون اسْتِفْحالِها

drop a stitch أَسْقَطَت غُرْزَة في الحِياكَة

he didn't have a stitch on كانَ مُجَرَّدًا مِن مَلابِسِه تَمامًا ، «عُرْيان مَلْط» (مصر)

he had ten stitches in his leg أَجْرَى له الجرّاح عَشْر غُرَز في رِجْلِه

2. (stabbing pain in the side) أَلَم حادّ فُجائيّ

he had us all in stitches أَماتَنا ضَحِكًا ، جَعَلَنا نَتَلَوَّى مِن شِدَّة الضَّحِك

v.t. دَرَز ، خاطَ (قُماشًا) بإِبْرَة وخَيْط

stoat, *n.* قاقُم (حَيَوان ذو فِراء ثَمِين)

stock, *n.* 1. (butt of tree or gun) جِذْل الشَّجَرة ؛ جِذْعُها ؛ أَصْل مُطَعَّم ؛ كَعْب البُنْدُقِيّة

he stood stock-still وَقَف ساكِنًا كالصَّنَم

2. (line of ancestry) سُلالة ، أَصْل ، أَرُومَة

3. (in cooking) مَرَق يُعَدّ بِغَلْيِ اللَّحْم والعِظام ويُسْتَعْمَل في إعْداد الحَساء

4. (supply); *also attrib.* (standard) بضائع أو سِلَع في مَخْزَن تِجاريّ ، مَخْزونات

stock-in-trade المُعَدّات والأَدَوات اللّازِمَة

it was a stock situation كانَ مَوْقِفًا يَتكرَّر إلى حَدِّ الابْتِذال في العَلاقات الاجْتِماعِيّة

stock size المقاسات المُتَداوَلَة في الملابِس الجاهِزة

stock-taking جَرْد البَضائع أو مُحْتَوَيات المَخْزَن

take stock جَرَد البَضائع المَوْجُودة بِالمَخْزَن

he took stock of the situation بَحَثَ المَوْقِف مِن جَميع نَواحِيه وقَدَّر احْتِمالاتِه

5. (domestic animals); *also* **livestock** الماشِيَة ، المَواشِي

6. (money lent to government or company) أَسْهُم وسَنَدات (حُكومِيّة مثلاً)

his stock went up with his employer ارْتَفَعَت أَسْهُمه عند مُسْتَخْدِمه ، زادَ شأنُه في نَظَره

7. (neckband) رَبْطَة عُنُق عَريضة (قديمًا)

8. (*pl.*, former instrument of punishment) آلة خَشَبِيّة كالفَلَقة تُرْبَط فيها قَدَما المُذْنِب

9. (*pl.*, framework for shipbuilding) دِعامات خَشَبِيّة في الحَوْض الجافّ تُسْنَد عليها السَّفينة

he has a new book on the stocks إنّه مَشْغول في تأليف كتابٍ جَديد هذه الأيّام

10. (flower) مَنْثُور شِتْوِيّ ، مَثْيُولا (زَهْرة)

v.t. (*also with adv.* up) جَهَّز (الدُّكّان) بالبَضائع

a well-stocked larder وَفْرَة من الأَطْعِمة المُتَنَوِّعة

stockade, *n.*; *also v.t.* جِدار من أَلْواح خَشَبِيّة سَميكة تُقام لِغَرَض الدِّفاع

stockbreed/er, *n.*, **-ing,** *n.* مُرَبِّي الماشِيَة

stockbrok/er, *n.*, **-ing,** *n.* سِمْسار البُورصَة ، سِمْسار الأَوْراق المالِيَّة

stockinet, *n.* قُماش قُطْنِيّ يُشْبِه التريكو أو الجَرْسِيه

stocking, *n.* جَوْرَب طَويل (نِسائِيّ غالِبًا)

Christmas stocking كِيس شَبَكِيّ على شَكْل جَوْرَب يُمْلأ بِاللُّعَب والحَلْوِيّات للأَطْفال في الكريسماس

stockinged, *a.* (اِمْرأة) مُرْتَدِية جَوارِبها (بِغَيْر حِذاء)

stockist, *n.* وَكيل لِبَيْع بِضاعَة مُعَيَّنة

stockpile, *v.t.* كَدَّس المَوادّ الخام (المُسْتَوْرَدة)

stocky, *a.* رَبْع القامَة ، مَرْبُوع ، قَصير وسَمِين

stockyard, *n.* حَظِيرة ، زَرِيبة

stodge, *n.* أَكْلة نَشَوِيّة غَيْر شَهِيّة (تُسْكِت الجوع فحسب)؛ مُحاضَرة تُمِلّ السّامِعين

stodgy, *a.* 1. (filling) (طَعام) ثَقيل صَعْب الهَضْم ،

2. (dull) (مَوْضوع) مُمِلّ وعَسير الفَهْم

Stoic (**stoic**), *n.* & *a.* رِواقِيّ ، أَحَد أَتْباع المَذْهَب الفَلْسَفِيّ الّذي أَنْشَأه زِينُون الاغْرِيقِيّ

stoic/al, *a.* (**-ism,** *n.*) صَبُور (على المصائب) ، جَلِد ؛ تَحَمُّل الشَّدائد بِصَبْر ، المَذْهَب الرِّواقِي

stoke, *v.t.*; *also* stoke up زَوَّد مَوْقِد (السَّفينة أو القِطار مَثلاً) بالوَقود

stoke-hole; *also* stoke-hold غُرْفة المَوْقِد (في أَسْفَل الباخِرة عادةً)

v.i., only in

stoke up (with fuel) تَزَوَّدَت السَّفِينَة بالوَقود

(*coll.*, with food) حَشا بَطْنه

stoker, *n.* وَقّاد (يُزَوِّد المَوْقِد) ، عَطَشْجي (مصر)

stole, *n.* بَطْرَشِيل أو بطْرَشِين الكاهِن ، شال

stole, stolen, *pret. & past p. of* **steal**

stolid, *a.* (**-ity,** *n.*) مُتَبلِّد الحِسّ ، يُخفي انْفعالاته

stomach, *n.* 1. (*anat.*) مَعِدَة ، بَطْن

stomach-ache مَغَص ، ألَم في المعِدَة

stomach-pump جِهاز غسيل المعِدَة

2. (desire for food) شَهِيَّة

a coward has no stomach for fighting لَيْس للجَبان رَغبة في القِتال

v.t. تَحَمَّلَ ، أطاق

she could not stomach criticism لم تَسْتَطِع أن تتحمَّل النَّقْد

stone, *n.* 1. (material); *also a.* حَجَر ؛ حَجَرِيّ

Stone Age العَصْر الحَجَرِيّ

stone-deaf أصَمّ ، أطْرَش ، لا يَسْمَع مُطْلَقًا

2. (single piece of rock) حَجَرَة ، حَصاة

a stone's throw away عَن كَثَب ، على قُرْب

he left no stone unturned to discover the truth طرق كُلَّ الأبواب أو بَذَل المُسْتَحيل لاكتِشاف الحقيقة

a rolling stone gathers no moss مَن يُكْثِر مِن التَّنَقُّل مِن عَمَل إلى آخَر لا يَنجَح في حَياته

3. (jewel) حَجَر كَريم ، جَوْهَرة ، فِصّ ألماس

4. (hard round object) نَواة (الثَّمَرة)

stone fruit فاكِهة ذاتُ نَواة (كالخَوْخ والمِشْمِش)

5. (measure of weight) وَحْدة وَزْن (٦٫٣٥ كغم)

v.t. 1. (throw stones at) رَجَم

2. (remove stone from *fruit*) أخْرَج النَّواة

stonewall, *v.i.* تَجَنَّب الإجابة المباشِرَة

stoneware, *n.* أوانٍ فَخّارِيّة مِن الطِّين والصَّوّان

stonework, *n.* أشغال الحِجارَة ؛ الجُزْء الحجَرِيّ (عِمارة)

stony, *a.* 1. (full of stones) (أرْض) كثيرة الأحْجار

2. (hard) قاسٍ ، جافّ ، مُتَحَجِّر القَلْب

she gave him a stony stare حَدَّجَتْه بِنَظْرة قاسِية ، نَظَرت إلَيْه بِاسْتِنْكار

3. (*sl.*, without money); *also* **stony-broke** مُفْلِس ، على الحَدِيدة (مصر)

stood, *pret. & past p. of* **stand**

stooge, *n. & v.i.* (*sl.*) هُزْأة يُسْخَر منه في المُتَنوِّعات المَسْرَحِيّة ؛ عَمِيل (يَسْتَغلّه سَيِّدُه)

the stooges of Imperialism عُمَلاء الاسْتِعْمار

stook, *n. & v.t.* كُداسَة مِن حُزَم القَمْح المَحْصُود تُصَفّ عَمُودِيَّةً في الحَقْل لِتَجِفّ

stool, *n.* 1. (seat or foot-rest) كُرْسِيّ بدون مِسْنَد للظَّهْر ، مَوْطِئ القَدَم

camp-stool كُرْسِيّ بدون مِسْنَد قابِل لِلطَّيّ

he fell between two stools طال تَرَدُّدُه في الاختِيار (بين وَظِيفَتَيْن) حَتّى أضاعَ كِلَيْهما

stool-pigeon دُمْيَة كالحَمامَة لاجْتِذاب حَمام الصَّيْد ؛ شَخص تَدُسُّه الشُّرْطة للوِشاية بالمجرِمين

2. (base of tree) الجِذْع المُتَبَقّي بعدَ قَطْع شَجَرة

3. (motion of bowels) بِراز ، تغَوُّط (طِبّ)

stoop, *v.i. & t.* أحْنَى ظَهْره ؛ تقوّس ، احْدَوْدَب

I wouldn't stoop so low أترفّع عَن مِثْل هذه الدَّناءَة ، لَن أرْضى الهُبُوط إلى هذا المُسْتَوى

n. اِنْحِناء الظَّهْر ، اِحْدِيدابُه

stop, *v.t.* 1. (halt, arrest) أَوْقَفَ ، صَدَّ ، عاقَ

he stopped the bus أَوْقَفَ الباص (الأُوتُوبِيس)

stop a cheque أَمَرَ البَنْكَ بِعَدَم صَرْف الشِّيك

stop-cock مِحْبَس (رئيسي) للمِياه أو الغاز الخ.

stop-press آخِرُ خَبَرٍ يَصِل إبّان طَبْع الجَرِيدة

stop-watch ساعَة تَوْقِيت (تُسْتَعْمَل في السباق)

2. (cease) تَوَقَّفَ أو كَفَّ عن

3. (block up) سَدَّ فَراغًا أو مَلأَه

the dentist stopped the tooth حَشا طَبِيبُ الأَسْنان الضِّرْس أو السِّنّ

stop-gap, *n. & a.* بَدِيل يَسُدّ الحاجَة مُؤَقَّتًا

v.i. 1. (come to a halt or end) تَوَقَّفَ

he stopped dead in his tracks تَسَمَّرَ في مَكانه (ذُهُولاً أو دَهْشَةً)

I never stopped to think فَعَلْتُ ذَلِكَ دُونَ أَدْنَى تَفْكِيرٍ أو رَوِيَّة

the clock has stopped تَوَقَّفَت السّاعَة

2. (stay) حَلَّ (الضَّيْفُ) ومَكَثَ

n. 1. (halt) تَوَقُّف ، (وَضَع) حَدًّا لِ... ، الكَفّ

2. (halting-place) مَوْقِف

bus-stop مَوْقِف الأوتوبيس أو حافِلة الرُّكّاب

3. (punctuation mark) نُقْطَة (عَلامَة تَرْقِيم)

4. (organ control) صَفّ مُتَجانِس من اسْطُوانات الأُرْغُن أو مِفْتاح جِهاز التَّحَكُّم فيه

5. (*photog.*) أداة للتَّحَكُّم في فَتْحَة الضَّوْء بِعَدَسَة الكاميرا (أو جِهاز التَّصْوِير)

stoppage, *n.* تَوَقُّف ، تَعَرْقُل ؛ ما يُقْتَطَع من الرّاتِب

stopper, *n.* سِدادَة ؛ قِطار يَقِف في كُلِّ مَحَطَّة

storage, *n.* خَزْن ، اِدِّخار

storage battery بَطّارِيّة كَهْرَبائيّة

we will keep the plan in cold storage سَنُؤَجِّل العَمَل بهذه الخِطّة إلى وَقْتٍ آخر

store, *n.* 1. (stock) ذَخِيرة ، مَؤُونة ، زاد

there are a lot of surprises in store for you هُنالِكَ كَثِيرٌ مِن المُفاجَآت في انْتِظارِكَ

2. (repository) مُسْتَوْدَع ، مَخْزَن

3. (shop) مَخْزَن أو دُكّان كَبِير

general stores مَخْزَن عامّ لِبَيْع مُخْتَلَف السِّلَع

v.t. 1. (furnish) مَوَّنَ ، جَهَّزَ

a mind well-stored with facts ذِهْن زاخِر بالمَعْلُومات ، عَقْل يَحْوِي شَتَّى المعارِف

2. (collect); *also* store up جَمَعَ لِلحِفْظ

she is storing up treasure in heaven تُكْنِز لَها كَنْزًا في السَّماء ، جَزاء أعمالِها عِندَ الله

3. (put in storage) اِخْتَزَنَ ، خَزَنَ

storehouse, *n.* مَخْزَن ، مُسْتَوْدَع ، عَنْبَر

the university is a storehouse of knowledge الجامِعة خِزانة لِكُنوز العِلم

storekeeper, *n.* أَمين مَخْزَن ، صاحِب مَتْجَر

storey (story), *n.* طابِق ، دَوْر (في مبنىً)

he is a bit weak in the upper storey أُفُقُه العَقْلِيّ ضَيِّق ومَحْدُود ، هُو خَفِيف العَقْل

stork, *n.* لَقْلَق ، لَقْلاق (طائر طَوِيل الرِّجْلَيْن)

storm, *n.* 1. (outburst of violent weather) عاصِفَة ، زَوْبَعَة ، نَوْء

a storm of applause عاصِفَة مِن التَّصْفِيق

a storm centre مَرْكَز الإعْصار ؛ مَنْبِت الفِتْنَة

it was only a storm in a tea-cup لَمْ تَكُنْ إلاّ زَوْبَعَةً في فِنْجان

a storm of abuse وَابِل من السِّباب

2. (sudden attack) هُجُوم أو اجْتِياح مُفاجِئ

the enemy took the city by storm اِجْتاح العَدُوّ المدينَة بِهُجُوم صاعِق

v.t. هاجَم (التَّحْصِينات) واسْتَوْلَى عَلَيها

storm-trooper جُنْدِيّ من فِرْقَة الانْقِضاض النازِية

v.i. عَصَف الجَوّ ، صَخِب ، صاحَ غاضِبًا

'Get out!' he stormed : صاحَ مُرْعِدًا ومُزْمْجِرًا "أُخْرُجْ مِن هُنا!"

stormy, *a.* عاصِف ، (جِدال) عَنِيف

the bill had a stormy passage صُودِق على مَشْرُوع القانُون بَعْدَ جَلْسَة عاصِفَة

story, *n.* 1. (account, narration, tale) قِصَّة

story-teller قاصّ ، قَصّاص ، راوِي القِصَص

the story goes (is) that ... على ما يُرْوَى

to cut a long story short وَخُلاصَة الأمْر ، وقُصارَى القَوْل ، فَحْوَى الحَدِيث ، وبِالاخْتِصار

2. (*coll.*, untruth) تَلْفِيقَة ، تَرْكِيبَة (سُورِيا)

3. (*see* **storey**)

stout, *a.* 1. (strong) قَوِيّ ، (حِذاء) مَتِين

2. (brave) باسِل ، جَسُور ، مِقْدام ، جَرِيء

3. (fat) بَدِين ، رَبِيل ، مُمْتَلِئ الجِسْم

n. نَوْع من الجِعَة (البِيرَة) السَّوْداء الثَّقِيلة

stove, *n.* مَوْقِد ، مِدْفأة ، وُجاق

stove, *pret. & past p.* of **stave**

stow, *v.t.*; *also* stow away سَتَّف ، خَزَن (السِّلَع)

stow it! (*sl.*) كَفاكَ هَذَرًا ! إخْرَسْ !

v.i., only in

stow away اختفى بِسَفينة أو طائرة ليُسافِر مُتَهَرِّبًا

stowage, *n.* (مَكان أو أُجْرَة) تَسْتِيف البَضائع

stowaway, *n.* من يُسافِر مُتَهَرِّبًا على (سَفينة، طائرة)

strabismus, *n.* الحَوَل (طِبّ)

straddle, *v.i. & t.* فَرْشَح ، فَشَخ رِجْلَيه

the shots straddled the target تَساقَطَت القَنابِل أمامَ الهَدَف وخَلْفَه (لِتَحْدِيد مَوْضِعه)

strafe, *v.t.* أمْطَر وَابِلاً مِن القَنابِل ؛ عاقَب

straggle, *v.i.* تَلَكَّأ ، تَخَلَّف عن الرَّكْب

straggler, *n.* مُتَلَكِّئ ، مُتَخَلِّف عن الرَّكْب

straight, *a.* 1. (undeviating, direct) مُسْتَقِيم ، مُباشِر ، سَوِيّ

straight-edge مِسْطَرة (غير مُدَرَّجة عادةً)

straight fight تَنافُس انْتِخابِيّ بَيْنَ مُرَشَّحَيْن فقط

2. (in order) مُنَظَّم ، مُرَتَّب

let's get this straight! (تَفادِيًا لِسُوء التَّفاهُم) دَعْنا نُبْصِر الأمْر على حَقِيقَتِه

3. (honest) مُخْلِص في مُعامَلَتِه ، أمِين

4. (undiluted), *as in*
I'll have my whisky straight, please!
أرجوك أن تُعْطِيني الوِيسكي صِرْفًا
n. 1. (proper alignment) اِسْتِقامَة (الخَطّ)
2. (straight section, esp. of racecourse)
جُزْء مُسْتَقيم من حَلْبة السِّباق
adv. 1. (directly) مُباشَرَةً
straight on على طُول ، دُونَ انْحِراف ، دُغْري
let me say straight out . . .!
دَعْني أَتَكَلَّم بِكُلِّ صَراحَة
I had it straight from the horse's mouth
اسْتَقَيْتُ المَعْلوماتِ مِن مَصْدَرِها
he spoke straight from the shoulder عبَّر عَن رأيِه بِمُنْتَهى الصَّراحَة
he can't see straight إنّه لا يَرَى الوَضْعَ على حَقِيقَتِه (لالْتِباس الأَمْر عَليه)
the criminal decided to go straight تابَ المُجْرِمُ وقَرَّر أنْ يَسْتَقِيم
2. (without delay) على الفَوْر ، بِدُونِ تَأخير
straight away فَوْرًا ، حالاً ، عاجلاً
he told me straight off أخبرني بِدُون تَلَكُّؤ
please go straight in! تَفَضَّلْ بالدُّخُول !

straighten, *v.t. & i.* قَوَّم (شَيْئًا مُعْوَجًّا) ، سَوّاه ؛ رَتَّب (غُرْفَةً) ؛ مَهَّدَ (الأَمْرَ)

straightforward, *a.* صَرِيح ، أَمِين ؛ غَيْر مُعَقَّد

straightway, *adv.* حالاً ، في الحال ، فَوْرًا

strain, *v.t.* 1. (stretch); *also v.i.* (exert oneself) وَتَّر (الحَبْل) ؛ أَجْهَد نَفْسَه
this writer strains after effect يُحاوِل الكاتِبُ التَّأْثيرَ في قُرّائه لَكِنّ الصَّنْعَة تَتَّضِح في أُسْلُوبه
she strained her son to her bosom ضَمَّت ابْنَها بِشِدَّة إلى صَدْرِها
strained relations عَلاقات مُتَوتِّرة
2. (injure) اِلْتَوى (رُسْغ يَدِه مثلاً)
he strained his heart by overwork أَجْهَد عَضَلاتِ قَلْبِه بِكَثْرَة العَمَل
3. (filter) صَفَّى سائِلاً بِمِصْفاة
strain at a gnat and swallow a camel يَتَشَدَّد في الصَّغائر ويَتَسامَح في الكَبائِر
n. 1. (physical, mental or financial stress)
جهد ، إجهاد ، عُسْر مالِيّ
2. (breed) سُلالَة ، أَصْل
3. (element, trait) صِفَة مَوْرُوثَة
there is a strain of insanity in the family
في هذه العائلة نَزْعَة إلى الجُنُون
4. (sound, tune) أَنْغام ، أَصْوات مُوسِيقِيّة
. . . and much more in the same strain
وراحَ يَضْرِبُ على نَفْس هذا الوَتَر

strainer, *n.* مِصْفاة (للسَّوائل)

strait, *n.* 1. (narrow channel) مَضِيق ، بُوغاز
2. (*usu. pl.*, difficulty) عُسْر مالِيّ ، ضَنْك
a. ضَيِّق
strait-jacket سُتْرَة خاصَّة لتَقْيِيد ذِراعَي المَجْنُون ؛ قُيُود شديدة تَحُدّ من حُرِّيّة المَرْء
strait-laced, *a.* مُتَمَسِّك بالفَضِيلة إلى حَدِّ التَزَمُّت
he strayed from the strait and narrow
حادَ عَن الصِّراطِ المُسْتَقِيم

straiten, *v.t., usu. past p. as in*

he is living in straitened circumstances
يَعِيش في ضِيق ، يُقاسِي شَظَفَ العَيْش

strand, *n.* 1. (*poet.*, shore) ساحِل ، شاطِئ

2. (thread) خَيْط من خُيُوط (الحَبْل) المَجْدُولَة

v.t. 1. (*run a ship* aground) ارْتَطَمت السَّفِينَة بالشَّاطِئ

2. (*usu. past p.*, abandon) تُرِكَ في عُرض الطَّرِيق

he missed the last train and was stranded
فاتَهُ القِطار الأخِير ولَمْ يَجِدْ وسيلة لِمُواصَلَة السَّفَر

strange, *a.* غَرِيب ، غَيْر مَألُوف ، شاذّ ، مُرْتَبِك

strange to say مِن الغَرِيب أنَّ ، مِن عَجِيب القَوْل

he is still strange to the work ما زالَ حَدِيثَ عَهْدٍ بِالعَمَل ، لَمْ يَأْلَفْه بَعْدُ

stranger, *n.* غَرِيب ، أَجْنَبِيّ ، دَخِيل ، مَجْهُول

strangers' gallery شُرْفَة كَبِيرة مُخَصَّصة لِلزُّوّار في مَجْلِس العُمُوم البريطانيّ

he is no stranger to poverty لَيْس الفَقْر غَرِيبًا عليه ، رافَقَه العَوَز مُنْذُ زمانٍ طَوِيل

you are quite a stranger! لَقَد أَوْحَشْتَنا كثيرًا !

strangle, *v.t.* خَنَق ، شَنَق

the truth was strangled أُخْفِيَت الحَقِيقَة عَمْدًا

stranglehold, *n.* (أَمْسَكَ) بِخِناقِه

strangulation, *n.* خَنْق ، شَنْق ، اِخْتِناق

strap, *n.* سَيْر ، شَرِيط (مِن الجِلْد عادةً)

strap-hanger الواقِف مِن الرُّكّاب مُمْسِكًا المِقْبَض الجِلْدِيّ المُعَلَّق بِسَقْفِ (الحافِلة)

v.t. 1. (secure) ضَرَبَه بالسَّوْط ، جَلَده

2. (chastise) ضَرَبَه بالسَّوْط ، جَلَدَه

strapping, *a.* طَوِيل القامَة وقَوِيّ البِنْيَة

strata, *pl. of* **stratum**

stratagem, *n.* خِدْعَة حَرْبِيّة ، حِيلَة ، مَكِيدَة

strategic, *a.* اسْتراتِيجِيّ

n.pl. عِلْم الخِطَط الحَرْبِيّة ، الاسْتراتِيجِيّة

strategist, *n.* خَبِير في الاسْتراتِيجِيّة

strategy, *n.* 1. (military art) عِلْم الاسْتراتِيجِيّة أو الخِطَط الحَرْبِيّة (على نِطاق واسِع)

2. (trick) دَهاء ، مُناوَرة ، مَكِيدة

stratif/y, *v.t. & i.* (**-ication,** *n.*) نَظَّم على شَكْل طَبَقات ؛ تَكَوَّن (الصُّخُور) في طَبَقات

stratosphere, *n.* الطَّبَقة العُلْيا من الغِلاف الجَوِّيّ

strat/um, (*pl.* -a), *n.* طَبَقة (طَبَقات)

representatives from all strata of society were present حَضَر أشخاصٌ يَنْتَمُون إلى كُلِّ طَبَقاتِ المُجْتَمَع

stratus, *a. & n.* السُّحُب الطَّبَقِيَّة

straw, *n.* 1. (single dried stem of grain) قَشَّة

a straw in the wind إشارَة يُمْكِن بِمُقْتَضاها التَّنَبُّؤ بِتَطَوُّرات الأُمور

a drowning man will catch at a straw
الغَرِيق يَتَعَلَّق بِقَشَّة

drinking straw مَصّاصَة أو قَصَبة (لِلشُّرْب)

2. (material) قَشّ ، تِبْن

straw hat قُبَّعَة مِن القَشّ

a man of straw شَخْص لا مالَ له ولا اعْتِبار ، شَخْص وَهْمِيّ يُذْكَر كَخَصْم في نِقاش

strawberry, *n.* شليك ، فَراولة ، تُوت أَرْضِيّ

strawberry mark عَلامَة وَحم حَمْرَاء على الجِلْد

stray, *v.i.* حادَ ، ضَلَّ ، تاهَ ، شرد

n. شَرِيد ، ضالّ ، تائِه

waifs and strays الأَيْتام والمُشَرَّدُون

a. ضالّ ، تائِه ، شَرِيد

streak, *n.* 1. (long irregular line) شَرِيط أو قَلَم يَخْتَلِف لَوْنه عن أرضِيَّة (القُماش)

he ran like a streak ⟨of lightning⟩ جَرَى بِسُرْعَة البَرْق

2. (strain, element) نَزْعَة ، عِرْق ، مَيْل إلى

he has a streak of cruelty in his character في شَخْصِيَّته نَزْعَة أو مَيْل إلى القَسْوَة

3. (patch, spell) فَتْرَة قَصِيرة

the gambler had a lucky streak حالَفَ الحَظُّ المُقامِر فَتْرَةً ما

v.t. قَلَّمَ أو خَطَّطَ بِغَيْر انْتِظام

v.i. (*coll.*) أَطْلَق ساقَيْه لِلرِّيح

streaky, *a.* مُقَلَّم بِتَقْلِيمات غَيْر مُنْتَظِمة

streaky bacon; *also* streaky (*n., coll.*) لَحْم خِنْزِير مُدَخَّن به طَبَقات مُتَتالِية من اللَّحْم والشَّحْم

stream, *n.* 1. (current, flow) مَجْرًى

bright boys and girls in the A stream فِئَة الطُّلَّاب والطَّالِبات الأَذْكِياء المُمْتازِين بالمَدْرَسة

a stream of abuse وابِل مِن السِّباب

stream of consciousness مَجْرَى الشُّعُور ، تَيّار الوَعْي (في التَّأْلِيف القَصَصِيّ)

2. (brook) غَدِير ، نُهَيْر ، جَدْوَل

v.i. سالَ ، جَرَى ، تَدَفَّق ، انْساب

streaming rain مَطَر وابِل

the crowd streamed out of the football ground تَدَفَّق الجُمْهور مِن أَرْض مَلْعَب كُرة القَدَم

her hair streamed in the wind هَفا شَعْرُها أو هَفْهَفَ في الرِّيح ، تَطايَر شَعْرُها

streamer, *n.* شَرِيط طَوِيل من الوَرَق المُلَوَّن

streamline, *v.t., usu. past p.* جَعَله انْسِيابِيًّا

the management has streamlined its production processes أَزالَت إدارة المَصْنَع كُلَّ ما كان يُعَرْقِل سَيْر عَمَلِيّات الإِنْتاج

street, *n.* شارِع ، طَرِيق

street-car (*U.S.*) مَرْكَبة التَّرام

street cries نِداءات الباعَة المُتَجَوِّلِين

street-walker مُومِس ، بَغِيّ ، مِن بَنات اللَّيْل

Fleet Street شارِع الصَّحافَة في لَنْدن

they are not in the same street يَفُوق أَحَدُهما الآخَرَ بِمَراحِل ، بَيْنَهما فَرْق شاسِع

that's right up my street (*coll.*) (اُتْرُكْ هذا الأَمْرَ لِي) فإنّي أُتْقِنه كُلَّ الإِتْقان

Wall Street شارِع البُورْصَة في نيويورك

strength, *n.* قُوَّة ، طاقَة ، قُدْرَة ، مَتانة

strength of mind قُوَّة الإرادة

on the strength of your recommendation . . . اِعْتِمادًا على تَوصِيَتِكم (قَبِلْتُ العَرْض مَثَلًا)

the enemy attacked in great strength هَجَم العَدُوُّ بِقُوّات كَبِيرة

the battalion was brought up to strength أُكْمِلَت الكَتِيبَة حَتَّى أَصْبَحَت مُسْتَوْفاة العَدَد

strengthen, *v.t. & i.* قَوَّى ، عَزَّز ؛ تَقَوَّى

strenuous, *a.* جَهِيد ، (عَمَل) يَتَطَلَّب نَشاطًا بالِغًا

stress, *n.* 1. (*mech.*, force) إِجْهاد (ميكانيكا)

times of stress أَوْقات الشِّدَّة والضِّيق

2. (emphasis) تَأْكِيد ، تَوْكِيد

she lays great stress on cleanliness إِنَّها تُعَلِّق على النَّظافَة أو تُولِيها أَهَمِّيَّة كُبْرَى

3. (mark of accentuation) نَبْرَة (للتَشْدِيد)

v.t. 1. (*engin.*) أَجْهَد (هَنْدَسة مِيكانيكيّة)

2. (emphasize) أَكَّد (على نُقطة)

3. (accent *syllable*) وَضَع نَبْرَةً على مَقْطَع

stretch, *v.t.* مَدَّ ، مَطَّ ، وَسَّع ؛ بَسَط (جَناحَيْه)

he got up to stretch his legs نَهَض لِيَتَمَشَّى بَعْد أن كَلَّت رِجْلاه لِطُول جُلُوسِه

he had plenty of time, and did not need to stretch himself كانَ لَدَيْه مُتَّسَع من الوَقْت ولهذا لم يُضْطَرّ إلى بَذْل مَجْهُود زائِد

that's stretching it a bit! (*coll.*) أَظُنّ أَنَّك تُبالِغ بَعْض الشَّيْء (يا أَفَّاك)!

v.i. 1. (extend) اِمْتَدّ (الطريق مَثَلًا)

2. (grow larger) اِتَّسَع ، اِزْداد حَجْمه

3. (extend one's limbs) تَمَطَّى

he stretched out on the bed تَمَدَّدَ على الفِراش

n. 1. (extension) اِمْتِداد

by no stretch of the imagination مَهْما أَطْلَق المَرْء لِخَيالِه العِنان

2. (unbroken period of time) فَتْرة مُسْتَمِرّة

he worked for hours at a stretch (on the stretch) ثابَر على العَمَل ساعاتٍ مُتَوالِية دُون تَوَقُّف

3. (*sl.*, period of prison sentence) المُدَّة الّتي يَقْضِيها مُجْرِم في السِّجْن

4. (unbroken space) مَساحَة مُتَّسِعَة

stretcher, *n.* 1. (device for stretching) أَداة لِتَوْسِيع (الأَحْذِية أو القُفّازات مثلًا)

2. (device for carrying sick or wounded) نَقّالة ، مِحَفَّة (لِنَقْل الجَرْحَى والمَرْضَى)

stretcher-bearer أَحَد حامِلي النَّقّالة

a stretcher case مُصابٌ لا بُدَّ مِن حَمْلِه بِنَقّالَة

strew (*pret.* strewed, *past p.* strewn), *v.t.* نَثَر (الوُرُود) ، بَعْثَرَ (الأَوراق)

stricken, *past. p. & a.* مُصابٌ أو مُبْتَلًى بِ

stricken in years طاعِن أو مُتَقَدِّم في السِّنّ

terror-stricken مَذْعُور ، أَصابه رُعْب أو هَلَع

strict, *a.* 1. (stern) صارِم ، شَدِيد التَّدْقِيق

2. (never varying) طِبْقَ النِّظام بالضَّبْط

the band played in strict time عَزَفَت الفِرْقَة المُوسِيقيّة عَزْفًا مُنْتَظِمَ الإِيقاع

strictly speaking, you are not qualified to apply لَسْتَ مُؤَهَّلًا للتَّقَدُّم (لهذه الوظيفة) على وَجْه التَّدْقِيق

stricture, *n.* 1. (censure) تَوْبِيخ أو نَقْد قاسٍ

2. (*path.*, constriction) اِخْتِناق (طبّ)

stride (*pret.* strode), *v.i. & t.* مَشَى بِخُطُوات واسِعَة ؛ عَبَر (خَنْدَقًا) بِخُطْوة واحِدَة

n. خُطْوَة واسِعَة

he quickly got into his stride سُرعان ما انطلق في (الحديث بِغَيْر تَرَدُّد)

the new company is making great strides تَسِيرُ الشَّرِكة الجَديدة من نجاحٍ إلى نجاحٍ

he takes everything in his stride إنّه يَتَخَطّى كُلَّ الصُّعوبات الّتي تَعْتَرِض طَرِيقه بِغَيْر عَناء

strident, *a.* (صَوْت) عالٍ أَجَشّ يَخْدِش الآذان

strife, *n.* نِزاع ، شِقاق بَيْن طَرَفَيْ خِصام

strike (*pret.* struck, *past p.* struck, *sometimes* stricken), *v.t.* 1. (hit, deal *a blow*); *also v.i.* ضَرَب ، طَرَق ، أصاب

by his defiance he struck a blow for freedom ضَرَب ضَرْبَةً في سبيل الحُرِّيّة بِعِصْيانه وعَدَم انْصِياعِه

the remark struck home أَصابَت المُلاحَظة الهدف

he struck home ضَرَبَ على الوَتَر الحسّاس ، أصابَ كلامُه الصَّمِيم

he struck while the iron was hot اِنْتَهَز الفُرْصَة عِنْدما سَنَحت

the house was struck by lightning أَصابَت الصّاعِقَة المَنْزِل

2. (*fig.*, affect, afflict) أَصابَ ، أَثَّر في ...

the vision struck terror into his heart أَوْقَعَت الرُّؤْيا في قَلْبِه الرُّعْب

3. (ignite *a match*) أَشْعَلَ عُودَ ثِقاب

4. (light on) عَثَر على

the prospectors struck oil عَثَرَ المُنَقِّبون على النِّفْط (البترول)

5. (make by stamping) ضَرَب ، سَكَّ

strike a medal سَكَّ (ضَرَب) وِسامًا (مدالية)

6. (cause to sound) دَقَّ

the clock struck four دَقَّت السّاعَة الرّابعة

the speaker struck a note of warning كانَ في حَدِيثِ الخَطِيب ما يُنْذِر بالخَطَر

7. (seem to) يَبْدو (في نَظَرِه)

how does this idea strike you? ما رَأْيُك في هٰذه الفِكْرَة ؟ ما وَقْعُها في نَفْسِك ؟

8. (lower, take down) أَنْزَل (الشِّراع)

strike camp قاضَ خِيامَ المُعَسْكَر

9. (cause to root); *also v.i.* (*of plants,* take root) غَرَس (عُقْلة) ؛ تأَصَّل، شَرَّش

the gardener struck some cuttings غَرَس البُسْتانِيّ بَعْض العُقَل لِتَنْمو

10. (*adverbial compounds*)

strike down طَرَحه أَرْضًا ، أَوْقَعَه

he has been struck down with polio أَقْعَده شَلَل الأَطْفال (اِلْتِهاب النُّخاع الشَّوْكي)

strike off شَطَب ، حَذَف

the lawyer was struck off the rolls شُطِبَ اسْم المُحامي من جَدْوَل المُشْتَغلين بالمِهْنَة

strike out شَطَب ، مَحا

the two boys struck up a friendship تَصادَق الوَلَدان ، تَكَوَّنَت أو نَشَأَت بَيْنَهما صَداقَة

the band struck up a tune بَدأَت الفِرْقَة الموسيقيّة في عَزْف لَحْنٍ مَرِحٍ

v.i. 1. (sound) دَقَّت (السّاعَة)

the hour has struck دَقَّتِ السَّاعَة، آنَ الأوان

2. (stop work in protest) أَضْرَبَ عَنِ العَمَل

3. (adverbial compounds)

strike back (retaliate) رَدَّ الضَّرْبَة بِمِثْلِها

strike off (diverge) اِنْحَرَفَ عَنِ الطَّرِيق

strike out (launch blows) سَدَّد ضَرَبات

he struck out for the shore أَخَذَ يَسْبَح

بِنَشاطٍ نَحْوَ الشَّاطِئ

strike up, esp. in

the band struck up أَخَذَتِ الفِرْقَة تَعْزِف

n. 1. (act of striking in game) ضَرْب الكُرَة

2. (refusal to work) إِضْراب

the men went on strike أَضْرَبَ العُمَّال

striker, n. 1. (hitter) ضارِب

2. (one refusing to work) مُضْرِب عَنِ العَمَل

striking, a. لافِتٌ للنَّظَر، مُدْهِش، عَجِيب

he bore a striking resemblance to his
grandfather كان بَيْنَه وبَيْنَ جَدِّه

شَبَهٌ مُدْهِش

string, n. 1. (thin cord) خَيْط المِصِّيص، دُوبارة

2. (a length of this) قِطْعَة مِن خَيْط المِصِّيص

she kept him on a string جَعَلَتْه طَوْع

بَنانِها ورَهْنَ إِشارَتِها

an offer with no strings attached عَرْض

بِلا قَيْد ولا شَرْط، مِنْحَة غَيْر مَشْرُوطَة

they manage on a shoe-string يُدَبِّرُون

أُمُورَهم رَغْم ضَآلَة دَخْلِهم

3. (mus.) وَتَرُ الآلَة المُوسِيقِيَّة

string quartet مَقْطُوعَة تَعْزِفُها فِرْقَة رُباعِيَّة وَتَرِيَّة

the strings الآلات الوَتَرِيَّة في الأُورْكِسْترا

he is always harping on the same string

إِنَّه يَضْرِب دائِمًا على نَفْس الوَتَر

4. (length, series of objects) سِلْسِلَة

a string of pearls عِقْد مَكَوَّن مِن صَفٍّ لآلِئ

a string of horses مَجْمُوعَة جِياد (لِلسِّباق)

v.t. (pret. & past. p. strung),

1. (fit with strings) زَوَّد بِأَوْتار

2. (put on a thread) نَظَم حَبّات (السُّبْحَة)

3. (hang up, across, etc.) عَلَّق في صَفٍّ

4. (stretch out at length); also v.i.

تَباعَدَتِ المَسافَة بَيْنَ المُتَسابِقِين

5. (lead), as in

she strung him along أَوْقَعَتْه في أَحابِيلِها

ظَلَّت تُضَلِّله بِوُعُود زائِفَة

stringent, a. (أوامِر) تُنَفَّذ بِصَرامَة ودِقَّة

stringy, a. (لَحْم) تَصَلَّبَت أَلْيافُه (لِسُوء طَهْيِه)

strip, v.t. 1. (take or tear off); also strip off,

strip away نَزَع (لِحاءَ الشَّجَرَة)، عَرَّى

2. (make bare) جَرَّد (غُرْفَة مِن أَثاثِها)

the court stripped him of his possessions

جَرَّدَتْه المَحْكَمَة مِن جَمِيع مُمْتَلَكاتِه

strip an engine (down) فَكَّ أَجْزاء المُحَرِّك

v.i. تَعَرَّى، خَلَع ثِيابَه

strip-tease تَعَرِّي الرَّاقِصات تَدْرِيجِيًّا (بِالمَلاهِي)

n. شَرِيط، قِطْعَة طَوِيلَة (مِن الخَشَب مَثَلًا)

strip cartoon رُسُومٌ هَزْلِيَّة مُسَلْسَلَة

strip lighting الإِضاءَة بِأنابِيب النِّيُون الطَّوِيلة

landing strip مَساحَة مُعَدَّة لِهُبُوط الطّائِرات

he tore me off a strip (*coll.*) وَبَّخَنِي تَوْبِيخًا عَنِيفًا ، لامَني لَوْمًا شَديدًا

stripe, *n.* 1. (band) تَخْطِيط ، تَقْلِيم ، شَرِيط

the corporal lost his stripes خَسِر العَرِيف شَرائِطه ، جُرِّدَ مِن رُتْبَتِه

the Stars and Stripes العَلَم الإمْرِيكي

2. (blow causing weal) جَلْدَة بِالسَّوْط

v.t. خَطَّط ، قَلَّم (بِأَلْوان مُخْتَلِفَة)

stripling, *n.* صَبِيّ ، فَتًى ، مُراهِق ، حَدَثٌ

strive (*pret.* strove, *past p.* striven), *v.i.* بَذَل قُصارَى جَهْده ، كافَح بِشِدَّة لِلْحُصول على ...

strode, *pret. of* **stride**

stroke, *n.* 1. (blow) ضَرْبَة

stroke of lightning إِصابَة بصاعِقَة

stroke of luck حَظّ سَعِيد غَيْر مُتَوَقَّع

2. (seizure) سَكْتَة دِماغِيّة

3. (movement) حَرَكَة (مِنْ عِدَّة حَرَكات)

a stroke of genius فِكْرَة عَبْقَرِيَّة

a master-stroke ضَرْبَة مُعَلِّم

he won't do a stroke of work إِنَّه مِكْسال لا يَرْفَع يَده لِيَقُوم بأَيّ عَمَل

4. (line made in writing or drawing) جَرَّة القَلَم في الكِتابَة أو الفُرْشاة في الرَّسْم

with a stroke of the pen the war was ended اِنْتَهَت الحَرْبُ بِجَرَّة قَلَم

5. (sound of clock) دَقَّة جَرَس السّاعة

at (on) the stroke of nine في تَمام التّاسِعَة

6. (member of rowing crew) أقرب المُجَذِّفين إلى مُؤَخِّرة زَوْرَق السِّباق

v.t. 1. (fondle) مَلَّس ، داعَب ، لاطَف

2. (act as stroke, *n.* (6), to *a boat*) قامَ بِدَوْر مُنَظِّم سُرْعَة التَّجْذِيف في زَوْرَق السِّباق

stroll, *v.i. & n.* تَمَشَّى ، تَنَزَّه ، سارَ الهُوَيْنَى

strong, *a.* 1. (sturdy, tough, healthy) قَوِيّ شَديد ، ضَلِيع ، مَتِين ، مُعافًى

strong-box خِزانة حَدِيديّة (لِحِفْظ النَّفائس)

strong-minded, *a.* مُتَشَبِّث بِمَوْقِفه ، ذُو عَزْم

2. (powerful, forcible) قَوِيّ ، (رائِحَة) نَفّاذَة

he used strong-arm methods اِسْتَعْمَل أساليب القُوَّة أو العُنْف

we have a strong case دَعْوانا قَوِيَّة

there is no need to use strong language لَيْسَ هُناكَ مايَدْعو إلى اسْتِعمال أَلْفاظ السِّباب

I strongly advise you . . . أَنْصَحُكَ بِشِدَّة أن

a company of two hundred strong سَرِيَّة مُكَوَّنَة من مائتَيْ جُنْدِيّ

strong point خَيْر مايُجِيده الشَّخْص

3. (full-flavoured, undiluted) قَوِيّ، غيرمُخَفَّف

the new play is strong meat تُهاجِم المَسْرَحِيَّة الجَدِيدَة التَّقالِيدَ والمُعْتَقَداتِ السّائدة وتَهْزأ بِها

4. (*gram.*) الأَفْعال الانكليزيّة غيْر القِياسِيَّة مثل sing *pret.* sang, *past p.* sung

adv. بِقُوَّة

at 70 years old he is still going strong لايَزَالُ بِصِحَّة وعافِيَة مع أنَّه قد بَلَغَ السَّبْعِين

stronghold, *n.* قَلْعَة ، حِصْن ، مَعْقِل

strontium, *n.* الاسْترنتيوم (عنصر كيميائيّ)

strop, *n. & v.t.* مِشْحَذَة جِلْدِيّة للمُوسَى، قايش

strophe, *n.* جُزْء مِن قَصِيدَة (غنائيّة)

strove, *pret. of* **strive**

struck, *pret. & past p. of* **strike**

structur/e, *n.* (**-al,** *a.*) بِناء ، بُنْيان ، بُنية (الجِسْم) ، تَرْكِيب ؛ (تغْيِيرات) بِنائية أو هَيْكَلِيّة

struggle, *v.i. & n.* 1. (fight) كافَحَ ، صارَعَ ، ناضَل ؛ كِفاح ، صِراع ، نِضال ؛ تَنازُع (البَقاء)

2. (try hard) جاهَد ، بَذَل جُهُودًا جَبّارة

strum, *v.i. & t.* نَقَرَ أَوْتار الجيتار نَقْرًا خَفِيفًا مُرْتَجَلًا

strumpet, *n.* بَغِيّ ، مُومِس، عاهِرَة ، فاجِرَة

strung, *pret. & past p. of* **string**

strut, *v.i.* اِخْتال في مِشْيَتِه ، خَطَر ، تَخَطَّل

n. 1. (walk) مِشْية بتَبَخْتُر واخْتِيال

2. (support) ضِلْع انْضِغاطِيّ ، دعامة (هَنْدَسة)

strychnine, *n.* استركنين (يُسْتَعْمَل في الصَّيْدَلَة)

stub, *n.* عُقْب (سيجارة أو قَلَم) ؛ أَرُومَة ، جِذْل مَلَأَ

he filled in the stub ⟨of his cheque⟩ كَعْب (عُقْب) الشِّيك قَبْلَ نَزْعِه من الدَّفْتَر

v.t. اسْتَأْصَل الجذور ؛ اصطدم بِ ...

he stubbed his toe on a stone اِصْطَدَمت قَدَمُه بِحَجَر (أثْناء السِّباحة مثلًا)

he stubbed out his cigarette أَطْفَأَ عُقْب سِيجارَتِه بِالضَّغْط عليه

stubble, *n.* 1. (ends of grain stalks) جذامة ، قشّ

2. (short hair) شَعْر الوَجْه قَبْلَ حَلْقِه

stubborn, *a.* عَنِيد ، (مَرَض) عُضال ، مُشاكِس

stubby, *a.* دَحْدَح ، (أَصابِع) غَلِيظَة

stucco, *n. & v.t.* جِصّ خاصّ للزَّخْرَفَة

stuck, *pret. & past p. of* **stick**

stud, *n.* 1. (fastening device) زِرّ ياقَة القَمِيص

2. (nail) مِسْمار خاصّ ، وَتَد مَعْدِنِيّ ، جاوِيط

3. (collection of horses) مَجْمُوعة خَيْل

stud-farm مَزْرَعة لِتَرْبِية الخُيول

v.t. رَصَّع (التّاج بالجَواهِر مثلًا) ، رَقَّط

the article was studded with errors اِمْتَلأَت المقالة بالأخْطاء

student, *n.* طالِب ، تِلْمِيذ

studied, *a.* مَدْرُوس ؛ مُتَعَمَّد

a studied insult إهانَة مَقْصُودة

studio, *n.* اسْتُدِيو ، مَرْسَم

studious, *a.* مُولَع بالدِّراسَة ، مُجِدّ ومُجْتَهِد

study, *n.* 1. (branch of knowledge; application to or pursuit of this) دَرْس ، دِراسَة ، بَحْث

his face was a study اِرْتَسَمَت على وَجْهِه دَلائل الانْفِعال إلى دَرَجَة مُدْهِشَة

2. (sketch) دِراسَة فَنِّيَّة أو ادَبِيّة

3. (*mus.*) قِطْعَة موسيقيّة تَدْرِيبيّة

4. (room) غُرْفَة المَكْتَبة بالمَنْزِل

5. (reverie) السَّبْح في الخَيال

v.t. 1. (learn systematically); *also v.i.* دَرَس ، تَعَلَّم ، طَلَب العِلْم

2. (examine) فَحَص ، دَرَس ، بَحَث

stuff, *n.* مادّة (خام) ؛ قُماش

stuff and nonsense! هُراء! كَلام فارِغ !

v.t. & i. حَشَا ، حَنَّط

a stuffed owl بُومَة مُحَنَّطَة

he stuffed himself with food حشا بَطْنَه بالطَّعام ، أكَل فَوْق طاقَتِه

he stuffed his mind with facts مَلأَ رأسه بالحَقائق والمَعْلُومات

he is a stuffed shirt إنَّه مُتَعَجْرِف ومُتَغَطْرِس ، شايِف نَفْسه ، طالِع فيها (مصر)

I feel a little stuffed up today أَشْعُر بِبَعْض الانْسِداد (الانسِطام) في أَنْفي اليَوْم

stuffing, *n.* حَشْو ، حَشْوَة

he knocked the stuffing out of his opponent دَوَّخ مُنافِسه ، هَرأ جِلْدَه ، مَسَح به الأَرْض

stuffy, *a.* 1. (airless) جوّ خانِق (لِعَدَم التَّهْوِية)

2. (*coll.*, pompous) مُتَغَطْرِس ، مُتَعَجْرِف

stultify, *v.t.* سَفَّه حُجَّتَه ؛ سَخِر مِنه على المَلأ

stumble, *v.i.*; *also n.* عثَر ، تَعَثَّر ؛ كَبا (الفَرَس)

a stumbling-block حَجَر عَثْرَة

stumble on (across, upon) عَثَر على

he stumbled through his recitation تَلَعْثَم التِلْميذ في إِلْقائِه ، تَعَثَّر في تِلاوته

stump, *n.* 1. (projecting remnant) ما بَقِيَ (مِن أطراف الجِسْم مثلاً) بَعْد قَطْعِها ، قُرْمة

tree-stump قُرْمة الشَجَرة أو جِذْلُها

2. (*sl.*, *pl.*, legs) الرِّجْلان

we shall have to stir our stumps عَلَيْنا أنْ نُسْرِع في المَشْي (لِنَصِل في الميعاد مثلاً)

3. (target in cricket) إحدى الدَّعائم الخَشَبِيّة الثَّلاث التي تُسْتَعْمَل هَدَفاً في لُعبة الكِريكيت

v.i. 1. (walk heavily) مَشَى يَرْفُس الأَرض

2. (*coll.*, pay *up*) دَفَع الدَّيْن ، كَعْ (مصر)

v.t. (*coll.*) أَرْبَكه ، ورَّطه

he was stumped by the question عَجِز عن إجابَة السُّؤال لِصُعُوبَته

stumpy, *a.* مَرْبُوع القامَة ، دَحْدَح

stun, *v.t.* (*lit. & fig.*) دَوَّخ ، أَذْهَل ، شَدَه

stung, *pret. & past p. of* **sting**

stunk, *past p. of* **stink**

stunner, *n.* (*coll.*) فَتاة ذات جَمال باهِر، 'شقفة'

stunning, *a.* (*coll.*) رائِع ، هائِل (عامِّيّة)

stunt, *v.t.* أَوْقَف النُّمُوّ أو التَّطَوُّر الطَّبِيعِيّ

v.i. (*coll.*) قامَ بأَعْمال بَهْلَوانِيّة مُثيرة

n. (*coll.*) طَرِيقة مُبْتَكَرة ومُغْرِية للدِّعاية التِّجارِيّة

stupef/y, *v.t.* (**-action,** *n.*) خَدَّر (الحِسّ) ، أَذْهَل ، أَشْدَه ؛ تَخَدُّر (الإحْساس)

stupendous, *a.* هائِل ، عَظِيم ، مُدْهِش ، جَسِيم

stupid, *a.* (**-ity,** *n.*) غَبِيّ ، بَلِيد ، سَخِيف ؛ غَباء

n. (*coll.*) شَخْص غَبِيّ ، أَبْلَه ، مُغَفَّل

stupor, *n.* غَيْبُوبَة ، ذُهُول ، خَدَر

sturdy, *a.* مَفْتول العَضَل ؛ (مُقاوَمة) عَنِيفة

sturgeon, *n.* سَمَك الحَفْش (يُؤْخَذ منه الكافيار)

stutter, *v.i. & t.* تَعَثَّر في كلامِه ، فَأْفَأ ، تَعْتَع

n. فَأْفَأَة ، لَجْلَجَة ، لَعْثَمَة (عَيّ في الكلام)

sty, *n.* 1. (pig's shed) زَرِيبَة الخَنازِير؛ حُجْرة قَذِرة

2. (sore on eye); *also* **stye** دُمَّل بِجَفْن العَيْن

Stygian, *a.* نِسْبَةً إلى نَهْرٍ في جَهَنَّم (أَساطِير)

Stygian darkness ظُلْمَة حالِكة ، ظَلام دامِس

style, *n.* 1. (manner, fashion) طِراز ، أُسْلوب

2. (characteristic) صِفَة مُمَيِّزة

3. (superior quality) فَخامَة ، رَوْعَة ، أُبَّهة

they did the thing in style أَحْيَوا (الحَفْلَة مَثَلاً) بِمُنْتَهَى الكَرَم والفَخامَة

4. (title) اللَّقَب الصَّحِيح لِمُخاطَبة (عَظِيم مَثَلاً)

v.t. 1. (call) لَقَّب ، سَمَّى ، دَعَا

2. (design) أَعْطَى الشَّيْءَ طِرازًا خاصًّا

stylish, *a.* (مَلابِس) تَتَمَشَّى مع المُوضَة ،(تَفْصِيل) أَنِيق

stylist, *n.* كاتِب يَهْتَمّ بِجَمال الأُسْلُوب ؛ مُبْتَكِر أَزْياء

stylistic, *a.* ما يَتَعَلَّق بالأُسْلُوب الفَنِّي

stylize, *v.t.* أَخْضَع أُسْلُوبَه لِطابَع أو نَمَط مُعَيَّن

stylus, *n.* قَلَم مَعْدِنِيّ مُدَبَّب ؛ إبْرَة فونوغراف

stymie, *n. & v.t.* وُجُود كُرَة المُنافِس بين الحُفْرة وكُرَة اللاعِب الآخَر (جُولْف) ؛ أَحْرَج

styptic, *a. & n.* مادَّة تُوقِف سَيْل الدَّم من خَدْشٍ

suasion, *n.*, *esp. in*

moral suasion إقْناعٌ قائِمٌ على أَساسٍ أَخْلاقِيّ

suav/e, *a.* (**-ity,** *n.*) رَقِيق ، دَمِث ؛ رِقَّة ، دَماثَة

sub, *pref. in comb.* (بادِئة بِمَعْنَى) أَقَلّ ، دُونَ

sub, *n.* 1. (*coll. contr. of* subscription) تَبَرُّع

2. (*coll. contr. of* substitute) بَدِيل

3. (*coll. contr. of* submarine) غَوّاصَة

4. (*coll.*, advance of wages) سُلْفَة

sub, (*Lat. prep.*)

sub judice (دَعْوَى) أَمام القَضاء ، قَيْدَ النَّظَر

sub rosa في الخَفاء ، سِرًّا

subaltern, *n.* ضابِط جَيْش تَحْتَ رُتْبَة رَئِيس

sub-committee, *n.* لَجْنة فَرْعِيَّة

subconscious, *a.* لاشُعُورِيّ (عِلْم النَّفْس)

n. اللّاشُعور ، العَقْل الباطِن

subcontinent, *n.* شِبْه القارَّة (كالهِنْد مَثَلاً)

subcontract, *n.*; *also v.t. & i.* مُقاوَلة فَرْعِيَّة ، تَعاقُد مِن الباطِن (مصر)

subcontractor, *n.* مُقاوِل فَرْعِيّ

subcutaneous, *a.* (حُقْنَة) تَحْتَ الجِلْد

subdiv/ide, *v.t. & i.* (**-ision,** *n.*) جَزَّأ الأَقْسام إلى عِدَّة أَجْزاء

subdue, *v.t.* 1. (subjugate) أَخْضَع ، غَلَبَ ، قَهَر

2. (make softer or quieter) خَفَض ، خَفَّف

subdued lighting إضاءَة خافِتَة (غَيْر مُباشِرَة)

sub-edit, *v.t.* أَعَدَّ مَوادَّ الجَرِيدة لِعَرْضِها على المُحَرِّر

sub-editor, *n.* نائِب رَئيس التَّحْرير

subfusc, *a. & n.* مَلابِس داكِنَة اللَّوْن

sub-heading, *n.* عُنْوان فَرْعيّ أو ثانَوِيّ

subhuman, *a.* أَقْرَب إلى الحَيَوان منه إلى الإنْسان

subject, *n.* 1. (member of State) رَعِيَّة (رَعايا)

2. (theme, topic) مَوْضُوع

subject-matter مادَّة المَوْضُوع

3. (object of treatment) ما يُدْرَس أو يُبْحَث

the subject of an experiment ما يُتَّخَذ مَوْضُوعًا لإِجْراء بَعْض التَّجارِب

landscape was the artist's favourite subject كان رَسْمُ المَناظِر الطَّبِيعيَّة المَوْضُوعَ المُفَضَّل عِند هذا الفَنّان

4. (*gram.*) الفاعِل، المُبْتَدأ (نحو)

v.t. 1. (bring under control) أَخْضَع، قَهَر

2. (expose) عَرَّض لِ..، جَعَله مَوْضِعًا لِ..

he was subjected to ridicule تَعَرَّض لِلسُّخْرِيَة

a. خاضِع، تابِع، قابِل لِ...

subject races الأَجْناس البَشَرِيَّة الخاضِعة

he is subject to colds كَثِيرًا ما يُصابُ بالزُّكام

the plan is subject to his approval يَتَوَقَّف تَنْفِيذ الخِطَّة على مُوافَقَتِه أو إِقْرارِه لها

subjection, *n.* خُضُوع، إِخْضاع، إِذْعان

subjectiv/e, *a.* (**-ity,** *n.*) ذاتِيّ؛ الذّاتِيَّة

subjoin, *v.t.* أَلْحَق، أَضاف، شَفَع، أَرْفَق

subjug/ate, *v.t.* (**-ation,** *n.*) أَخْضَع، قَهَر

subjunctive, *a. & n.* صِيغَة الشَّرْط أو التَّمَنّي

sub-lease, *v.t. & n.* أَجَّر مِن الباطِن

sub-let, *v.t.* أَجَّر مِن الباطِن

sublimate, *v.t.* 1. (*chem.*) صَعَّد (كيمياء)

2. (*psychol.*) سَامَى المُيُولَ المَكْبُوتَة (علم النفس)

n. مادَّة كِيماوِيَّة تُنْتَج بالتَّصْعِيد

sublimation, *n.* التَّسامِي، الإِعْلاء (عِلْم النَّفْس)

sublim/e, *a.* (**-ity,** *n.*) سامٍ، رَفِيع؛ سُمُوّ

from the sublime to the ridiculous (هَبَط) من الثُّرَيّا إلى الثَّرَى

he was sublimely unconscious of how foolish he looked كان في غَفْلَةٍ تامَّة عن مَظْهَرِه الذي أَثار الاسْتِهْزاء

subliminal, *a.* خارِج حَيِّز الشُّعُور، تَحْت عَتَبَة الشُّعُور؛ (طُرُق الدِّعاية والإِعلان) اللاَّشُعُورِيَّة

sub-machine-gun, *n.* مِدْفَع يَدَوِيّ رَشّاش

submarine, *a.* (نَبات يَنْمُو) تَحْت البَحْر

n.; *coll. contr.* **sub** غَوّاصَة

submer/ge, *v.t. & i.* (**-gence, -sion,** *n.*) غَطَّس، غَمَر؛ انْغَمَس؛ تَغْطِيس

submissive, *a.* مُذْعِن، راضِخ، مُنْقاد

sub/mit, *v.t.* (**-mission,** *n.*) 1. (surrender); *also v.i.* أَسْلَم (نَفْسَه)؛ امْتَثَل (للأَوامِر)

2. (tender, proffer) قَدَّم، تقدَّم بِ، عَرَض

the lawyer submitted that there was no case against his client دَفَع المُحامِي بأنَّ التُّهْمَة المَنْسُوبَة إلى مُوَكِّله باطِلَة

sub-normal, *a.* دُونَ السَّوِيّ أو المُعَدَّل

subordinate, *a.* تَابِع ، ثانَوِيّ في الأَهَمِّيَّة

n. تَابِع ، مَرْؤُوس

v.t. جَعَله أقلَّ أَهَمِّيَّةً من …

subordination, *n.* إخْضاع ، تبَعِيّة

suborn, *v.t.* أَغْرَى شَخْصًا أو اسْتَمالَه (بِرَشْوَةٍ أو وَعْدٍ) لِيَحْلِفَ يَمِينًا كاذِبَةً أوْيَشْهَد زُورًا

subpoena, *n. & v.t.* تَكْليف كِتابِيّ أو أَمْر حُضورٍ أمام المَحْكَمَة

subscribe, *v.i.* 1. (pay a contribution or specified sum); *also v.t.* اِشْتَرَكَ ، اِكْتَتَب

2. (sign); *also v.t.* أَمْضَى ، وَقَّع على

3. (declare assent) أَبْدَى مُوافَقَتَه

subscription, *n.* قِيمَة الاشْتِراك ؛ تَوْقيع

subsequent, *a.* تَالٍ ، مُتَرتِّب على

subservi/ent, *a.* (**-ence,** *n.*) ذُو مَكانَة ثانَوِيّة ، مُتَذَلِّل ، خاضِع ؛ تَذَلُّل ، خُضُوع

subsid/e, *v.i.* (**-ence,** *n.*) 1. (sink) هَبَط سَطْح الأَرْض (نَتِيجَةَ زِلْزال مثلا) ، اِنْخَفَض (الماء)

2. (abate) هَدأَت (العاصِفة)، سَكَن (الألم)

subsidiary, *a. & n.* ثانَوِيّ ، (شَرِكة) تابِعَة

subsidize, *v.t.* أعانَ بِالمال

subsidy, *n.* إعانَة مالِيَّة (حُكومِيّة عادَةً)

subsist, *v.i.* عاشَ على (إعانة أو غِذاء الخ)

subsistence, *n.* رِزْق ، بَقاء ، عَيْش

the whole tribe was living at subsistence level لَمْ يَسْتَطِع أَفْرادُ القَبِيلَة أن يَسُدُّوا رَمَقَهم إلّا بالكاد

he claimed three days' subsistence طالَب المُوَظَّفُ بِبَدَل مَعِيشَةٍ لِثلاثَةِ أيّام

subsoil, *n.* التُّرْبَة السُّفْلَى ، التَّحْتُرْبَة

subsonic, *a.* دُونَ سُرْعَة الصَّوْت

substance, *n.* 1. (stuff, material) مادَّة

2. (solidity, worth) ثَرْوَة ، مال

a man of substance رَجُل واسِع الثَّراء

3. (essence) جَوْهَر الكَلام ، مَغْزاه

substandard, *a.* دُونَ المُسْتَوَى المَطْلوب

substantial, *a.* 1. (solid, considerable) (وَجْبَة) وافِرة ، (مَبْلَغ) ضَخْم ، لا يُسْتَهانُ بِه

2. (in the main) مِنَ النّاحِيَة الجَوْهَرِيّة

we are in substantial agreement أُوافِقُك فِيما يَخْتَصُّ بِجَوْهَر المَوْضُوع

substanti/ate, *v.t.* (**-ation,** *n.*) أقام الدَّلِيل على ، أَثْبَت صِحَّة مَزاعِمِه بالوقائع

substantive, *a.* 1. (having substance) مادِّيّ

2. (*gram.*) ما يَدُلّ على الوُجُود أو الكَيْنُونة

n. الإسْم (نحو)

substit/ute, *v.t.* (**-ution,** *n.*) اسْتَعاضَ، حلّ مَحَلَّ

n. بَدِيل ، عِوَض

substratum, *n.* طَبَقة سُفْلَى ؛ أَساس (من الصِّحَّة)

sub-tenant, *n.* مُسْتأجِر من الباطِن

subtend, *v.t.* (زاوِيَة) تُقابِل (ضِلع المُثَلَّث)

subterfuge, *n.* ذَرِيعَة ، عُذْر باطِل

subterranean, *a.* (نَهْر يَمْتَدّ) تَحْتَ سَطْح الأَرْض

sub-title, *n.* 1. (secondary title); *also v.t.* عُنْوان ثانَوِيّ

2. (caption for foreign film) حِوار الفِيلم مُتَرْجَمًا كما يَبْدُو على الشّاشة

subtle, *a.* (**-ty,** *n.*) 1. (refined in meaning, expression, etc.) (فَرْق) دَقِيق

2. (perceptive) فَطِن ، حاذق ؛ ذُو دَهاء

subtopia, *n.* (*derog.*) مِنْطَقة سَكَنِيّة عَصْرِيّة بالضَّواحِي (لَفْظ يُسْتَعْمَل من باب التَّهَكُّم)

subtract, *v.t.* & *i.* (**-ion,** *n.*) طَرَح (عَدَدًا من عَدَدٍ آخَر) ؛ الطَّرْح (رِياضِيّات)

sub-tropical, *a.* (إقْلِيم) شِبْه المَدارِيّ

suburb, *n.* ضاحِيَة (ضَواحٍ)

suburban, *a.* نِسْبَةً إلى ضَواحِي مَدِينة أو سُكّانِها

suburbia, *n.* (*usu. derog.*) مِنْطَقة الضَّواحِي

subvention, *n.* إعانة أو مِنْحَة مالِيّة حُكُومِيّة

subversive, *a.* (العَناصِر) الهَدّامَة أو المُخَرِّبَة

subver/t, *v.t.* (**-sion,** *n.*) أَغْوَى ؛ نَشاط هَدّام

subway, *n.* 1. (underground thoroughfare) مَمَرّ تَحْتَ الطَّرِيق لِعُبور المُشاة

2. (*U.S.*, underground railway) سِكّة حَدِيدِيّة تَحْتَ الأَرْض (في امريكا)

succeed, *v.i.* 1. (be successful, prosperous) نَجَحَ ، أَفْلَحَ ، فازَ ، وُفِّق

2. (follow, be successor); *also v.t.* خَلَفَ (المَلِكَ بَعْدَ مَوْتِه مثلاً) ، تَبِعَ ، أَعْقَبَ

success, *n.* نَجاح ، تَوْفِيق ؛ شَيْءٌ أو شَخْص ناجِح

successful, *a.* ناجِح ، مُفْلِح ، مُوَفَّق ، فائِز

succession, *n.* وِراثة ، خِلافة ، تَعاقُب

apostolic succession الخِلافة على الكُرسيّ البابَوِيّ

misfortunes followed in quick succession تَوالَت المِحَن ، تَعاقَبَت المَصائِب

successive, *a.* مُتَتابِع ، مُتَوالٍ ، مُتَعاقِب

successor, *n.* خَلَفٌ (في مَنْصِب مَثَلاً) ، وَرِيث

succinct, *a.* مُوجَز ، وَجِيز ، ما قَلَّ ودَلَّ

succour, *v.t.* & *n.* أَغاثَ (المَلْهُوف) ؛ نَجْدَة

succul/ent, *a.* (**-ence,** *n.*) (فاكِهة) غَضّة ، نَضِرة

n. نَباتات لَحْمِيّة (ثَخِينة الأَوْراق)

succumb, *v.i.* خَضَعَ ، اِسْتَسْلَمَ ، أَذْعَنَ

such, *a.* & *pron.* 1. (of that kind, of a particular kind) مِثْلُ هَذا ، كَهَذا

I never heard of such a thing! لَمْ أَسْمَعْ بِمِثْلِ هذا أبدًا ! يالَلْغَرابَة ! يا لَلْعَجَب !

I'll do no such thing! لَنْ أَفْعَلَ مِثْلَ هذا الأَمْر !

the news was such as to cause alarm كانَ في الخَبَر ما أَدَّى إلى الانْزِعاج والقَلَق

he has no friends as such يُصادِقُ كَثِيرين لَكِنَّه لا يَعْرِف صَدِيقًا صَدُوقًا

such being the case أَمّا والأَمْر كَذَلِكَ فَـ ...

men such as he أَمْثالُه مِن الرِّجال

you can use my bicycle, such as it is دَرّاجَتِي تَحْتَ أَمْرِكَ على ما بِها من عُيُوب

2. (so great, so much) إلى هَذا الحَدّ

don't be in such a hurry! تَمَهَّلْ ! لا تَتَعَجَّلْ !

his illness is not such as to cause anxiety لَيْسَ في مَرَضِه ما يَدْعُو إلى القَلَق

she's such a nice girl! ما أَلْطَفها !

suchlike, *a.* (*coll.*) وما إلى ذٰلِك ، وما أشبهه

suck, *v.t. & i.* مَصّ ؛ رَضِعَ

sucking-pig خِنَّوص أو خِنْزِير رَضيع

he sucked his employee's brains اِسْتَغَلَّ أفكارَ مَرْؤوسِه لمَنْفَعَته الخاصَّة

suck up to (*coll.*) تَزَلَّف إليه ، مَسَح جُوخَه

n. مَصّ ، اِمْتِصاص ؛ رَضْع ، إرْضاع

sucker, *n.* 1. (suction device) مِمَصّ ؛ قُرْص مُقعَّر من المطّاط لِتَثْبِيت آلة مثلاً

2. (young shoot) فَرْخ يَنْبَثِق مِن جِذْرِ نَبات

3. (*sl.*, gullible person) ساذَج ، غَشِيم

suckle, *v.t.* أَرْضَعَت ، رَضَّعَت

suckling, *n.* رَضِيع ، لَمْ يُفْطَم بَعْدُ

sucrose, *n.* سُكْرُوز ، سُكَّر القَصَب أو البَنْجَر

suction, *n.* اِمْتِصاص ، مَصّ (فيزياء)

sudden, *a.* فُجائيّ ، (هُجُوم) مُباغِت

sudden death (*coll.*) البَتُّ في مباراة التنس حِينَ تعادُلها بنتيجة الدَّوْرِ التّالي

n., *only in* ⟨all⟩ of a sudden بَغْتَةً ، فَجْأَةً ، على حِينِ غِرَّة

suds, *n.pl.* رَغْوَة الصّابُون ، ماءٌ أُذِيبَ بِه صابُون

sue, *v.t. & i.* رَفَع دَعْوَى على ، قاضَى ؛ تَوَسَّل

suède, *n.* جِلْد ناعِم مُزَأْبَر ، شَمْواه ، كودري (عراق)

suet, *n.* شَحْم يغطّي كليتي الضَّأن أو الثَّوْر ويُسْتَعْمَل في الطَّهْي وفي إعداد بُودِنْغ شائع

suffer, *v.i.* 1. (feel pain or distress) قاسَى ، كابَدَ ، عانَى ، تَحَمَّل الأَلَم

he suffers from asthma إنّه مُصاب بالرَّبْو

2. (come to harm) (أُصِيبَ بِمَرَض أَقْعَده عن العَمَل) فانْتَكَسَت (تِجارَتُه)

you'll suffer for this! سَتُعاقَب على هٰذا !

v.t. 1. (be subjected to) قاسَى ، تَكَبَّد (الصِّعابَ) ، تَحَمَّل (المَشَقّات)

he suffered defeat تَكَبَّدَ أو قاسَى هَزِيمةً

2. (tolerate) سَمَح ، سامَح

he does not suffer fools gladly لا يَعْرِف الصَّبْرَ مع الحَمْقَى ، لا يَتَحَمَّل عِشْرَة الأَغْبِياء

sufferance, *n.* مُوافَقة سَلْبِيَّة

he is here on sufferance قَبِلْناه هُنا على مَضَض ، إنّه مَعَنا ولٰكِن لا يُرْغَب في وُجُودِه

suffering, *n.* أَلَم ، تَأَلُّم ، تَوَجُّع

suffice, *v.i. & t.* يَكْفِي ، يَفِي بالغَرَض

suffice it to say that . . . حَسْبُكَ أَن تَقُولَ إنَّ

sufficien/t, *a.* (**-cy,** *n.*) كافٍ ؛ كِفايَة

sufficient unto the day يَكْفِي اليَوْمَ شَرُّه

suffix, *n.* لاحِقَة ، جُزْء يُضافُ إلى آخِرِ الكَلِمَة

v.t. أَضافَ حَرْفًا أو مَقْطَعًا إلى آخِرِ الكَلِمَة

suffocate, *v.t. & i.* خَنَق ؛ اِخْتَنَق

suffragan ⟨**bishop**⟩, *n.* مُساعِد مَطْران أو أَسْقُف

suffrage, *n.* حَقُّ الانْتِخاب أو التَّصْوِيت ؛ صَوْت

suffragette, *n.* إحْدَى المُنادِيات بِمَنْح المرأة حَقَّ التَّصْوِيت في أوائل القَرْن العِشْرِين بِبريطانيا

suffus/e, *v.t.* (**-ion,** *n.*) اِغْرَوْرَقَت (عَيْناها بالدَّمْع)

a blush suffused her cheeks ضَرَّجَت حُمْرَةُ الخَجَل وَجْنَتَيْها

sugar, *n.* سُكَّر

sugar-beet بَنْجَر (أو شَمَنْدَر) السُّكَّر

sugar-cane قَصَب السُّكَّر

sugar-tongs مِلْقَط السُّكَّر

v.t. حَلَّى (الشايَ مَثَلًا)، وَضَع السُّكَّر فيه

sugary, *a.* سُكَّرِيّ ؛ (كلمات) مَعْسُولَة ؛ عاطِفِيّ

suggest, *v.t.* 1. (propose) اِقْتَرَح

2. (bring to mind) أَوْحَى بِ، دلَّ على

3. (hint) لَمَّح، أَشارَ إلى

suggestib/le, *a.* (**-ility,** *n.*) مَن يَسْهُل إِقْناعُه أو التَّأْثير عليه بِكلام الآخَرين

suggestion, *n.* 1. (proposal) اِقْتِراح

suggestion-box صُنْدُوق الاقْتِراحات (يَضَع فيه أفرادُ الشَّعْبِ اقْتِراحاتِهم)

2. (bringing to mind) الإِيحاء

3. (idea, hint) مَسْحَة (من الجَمال)

suggestive, *a.* مُوحٍ أو مُذَكِّر بِ... ؛ مُثِير

a suggestive story قِصَّة مَكْشوفَة

suicid/e, *n.* (**-al,** *a.*) اِنْتِحار ؛ اِنْتِحارِيّ

such an action would be political suicide لَنْ يَكُونَ هٰذا الإجْراء إلّا اِنْتِحارًا سِياسِيًّا

sui generis, (*Lat.*) نَسِيجُ وَحْدِه

suit, *n.* 1. (set of clothes) بَدْلَة، حُلَّة، طاقَم

2. (supplication, esp. for woman's hand in marriage) طَلَب يَدِ المرأة للزَّواج

3. (claim in law-court) دَعْوَى، قَضِيَّة

4. (cards) أَحَد النُّقُوش الأَرْبَعة في وَرَق اللَّعِب

follow suit أَلْقَى وَرَقَةً من نفس النَّقْش

whatever he did the others followed suit حَذا الآخَرون حَذْوَه في كُلِّ ما فَعَل

v.t. 1. (become, befit) لاقَ، لاءَم، ناسَب

2. (meet needs of) صَلُحَ لِ...

suit yourself! اِفْعَلْ ما تَشاء !

3. (adapt, accommodate) طَبَّق

suit the action to the word شَفَع قَوْلَه بِعَمَله، نَفَّذ (الوَعْدَ أو التَّهْدِيدَ) في الحال

they are well suited "وافَقَ شَنٌّ طَبَقَهْ"

suitab/le, *a.* (**-ility,** *n.*) مُناسِب، مُلائم

suitcase, *n.* حَقِيبة أو شَنْطَة سَفَر

suite, *n.* 1. (retinue) حاشِيَة، بِطانَة، مَعِيَّة

2. (set) طاقَم، مَجْمُوعة

suite of rooms جَناح (في قَصْر أو فُنْدُق)

a three-piece suite طاقَم لِغُرْفة الجلوس يَتَكَوَّن من أَرِيكة (كَنَبة) وكُرْسِيَّيْن

3. (*mus.*) تأليف مُوسِيقِيّ من عِدَّة حَرَكات

suitor, *n.* مُتَقَدِّم بِطَلَب الزَّواج ؛ رافِع الدَّعْوَى

sulk, *v.i.* بَوَّز (الطِّفْل)، أَظْهَر اسْتِياءَه بالصَّمْت

n., usu. pl. تَبْوِيز

she is having a fit of the sulks إِنَّها في حالة عُبوسٍ وسُكُوتٍ (لاعْتِقادِها أنّها مَظْلُومة)

sulky, *a.* واجِم (بِسَبب إهانة لَحِقَتْهُ) ، عَبُوس

sullen, *a.* مُتَجَهِّم الوَجْهِ ، (سَماء) مُكْفَهِرَّة

sully, *v.t.* لطَّخ أو لوَّث (سُمْعَتَه)

sulphate, *n.* سُلْفَات ، كِبْرِيتات (كيمياء)

sulphide, *n.* كِبْرِيتيد ، كِبْرِيتور

sulphite, *n.* سُلْفيت ، كِبْرِيتيت

sulphonamide, *n.* أَحَد عَقاقِير السَّلْفا

sulphur, *n.* سَلْفا ، كبريت (عُنْصُر كيماوي)

sulphuric, *a.* (حَامِض) الكبريتيك

sultan, *n.* سُلْطان (سلاطين)

sultana, *n.* 1. (seedless raisin) الزَّبِيب البَناتيّ (مصر) ، عِنَب ازميري مُجَفَّف

2. (*fem. of* sultan) سُلطانَة ، زَوْجَة السُّلْطان

sultry, *a.* (يَوْم) خانِق الحَرارَة ساكِن الرّيح ، عَكيك

she gave him a sultry look أَلْقَت إليه نَظْرَة مليئة بالنِّداء الجِنسيّ

sum, *n.* 1. (result of addition; total) مَجْمُوع ، جُمْلة ، حاصِل الجَمْع

2. (arithmetical problem) مَسْأَلة حِسابِيّة

3. (summary; essence) خُلاصَة ، مُوجَز

in sum خُلاصَة القَوْل ، زُبْدَة الكلام

4. (amount of money) مَبْلَغ مِن المال

lump sum مَبْلَغ كَبير يُدْفَع مَرَّةً واحِدَةً

v.t. (*usu. with adv.* up) 1. (add) جَمَع (الأعداد)

2. (summarize; assess) لَخَّص ؛ قَدَّر

he summed up the situation at a glance تَمَكَّن من تَقْدِير الموقِف بِلَمْحَة نَظَر

the judge's summing-up عَرْض خِتامِيّ يَبْسُط فيه القاضي لِهَيْئَة المُحَلَّفين بيّنات الدَّعْوَى

summarize, *v.t.* لَخَّص ، اِخْتَصر ، أَجْمَل

summary, *n.* خُلاصَة ، تَلْخِيص ، مُلَخَّص ، مُوجَز

a. مُقْتَضَب ، وَجِيز ؛ بِسُرْعَة وبِدُون شَكْلِيّات

he meted out summary justice قَاصَّ مَن أَذْنَب بِدُون تَمَهُّل

summer, *n.* (فَصْل) الصَّيْف

summer-house كُشْك خَشَبِيّ يُقام في الحَدِيقة للاسْتِظلال من أَشِعَّة الشَّمْس

summer-time; *also* summertime مَوْسِم الصَّيْف

summer time التَّوْقِيت الصَّيْفِيّ (تقديم الزَّمَن ساعةً في شُهُور الصَّيْف)

v.i. صافَ ، اِصْطافَ ، قَضَى الصَّيْف

summery, *a.* (جَوّ) صَيْفِيّ ؛ يُرْتَدى في الصَّيْف

summit, *n.* قِمَّة ، ذُرْوَة ، أَوْج

summit ⟨conference⟩ مُؤْتَمَر القِمَّة

summon, *v.t.* اِسْتَدْعَى ، طَلَب حُضُوره

he summoned up his courage اِسْتَجْمَع قُواه ، لَمَّ أَطْرافَ شَجاعَتِه

summons, *n.* إعْلانٌ أو طَلَبُ حُضُور (إلى المحكمة)

v.t. (*coll.*) طَلَب المُدَّعِي حُضُور المُدَّعَى عليه

sump, *n.* قاعُ بِمُحَرِّك (السَّيّارة مثلاً) يَتَجَمَّع فيه الزَّيت ، كارتير (في اصطلاح المِيكانيكيّين)

sumptuous, *a.* (وَلِيمة) فاخِرة

sun, *n.* شَمْس

sun-bathing تَعْرِيض الجَسَد لأَشِعَّة الشَّمْس

sun-glasses نَظّارات (عُوَيْنات) شَمْسِيّة

sun-lamp مِصْباح طبّيّ للأَشِعَّة فوق البَنَفْسَجِيَّة

a place in the sun (*fig.*) فُرْصَة الاسْتِمْتاع الكامِل بالحقّ المشروع (للأَفْراد والشُّعوب)

there's nothing new under the sun لا جَدِيدَ تَحْتَ الشَّمْس

v.t., usu. reflex. شَمَّسَ ، تَشَمَّسَ

sunbeam, *n.* شُعاع (ضَوْء) الشَّمْس

sunburn, *n.* حَرْق الشَّمْس أو لَفْحَتها

sunburn/ed (-t), *a.* (بَشْرَة) لَوَّحَتْها الشَّمْس

sundae, *n.* (طَبَق من) أَيْس كريم أو البُوظَة مَعَ الفواكِه والمُكَسَّرات والقِشْدَة المَخْفُوقَة

Sunday, *n.* يَوْم الأَحَد

Sunday best أَفْضَل مَلابِس المَرْء (للمُناسَبات)

Sunday school مَدْرَسَة الأَحَد (عند المسيحِيّين)

sunder, *v.t. & i.* فَصَل ، فَسَخ ، فَرَّق بَيْن

sundial, *n.* مِزْوَلَة ، ساعة شَمْسِيّة

sundown, *n.* غُرُوب الشَّمْس ، المَغِيب

sundries, *n.pl.* مُتَفَرِّقات ، نَثْرِيّات

sundry, *a.* مُتَفَرِّق ، (في مُناسَبات) مُخْتَلِفَة

sunflower, *n.* عَبّاد (أو دَوّار أو مَيّال) الشَّمْس

sung, *past p. of* **sing**

sunk, *past p. of* **sink**

sunken, *a.* غارِق ؛ غائِر ، (سَطْح) مُنْخَفِض

sunken cheeks خُدُود غائِرَة

sunless, *a.* غَيْر مُشْمِس

sunlight, *n.* نُور (أو ضَوْء) الشَّمْس

sunlit, *a.* تُضِيئُه الشَّمْس

sunny, *a.* (يَوْم) مُشْمِس ، مُشْرِق

the child has a sunny disposition هٰذا طِفْلٌ مَرِحٌ وبَشُوشٌ بِطَبِيعَتِه

sunrise, *n.* شُرُوق الشَّمْس ، بُزُوغُها ، طُلُوعها

sunset, *n.* غُرُوب الشَّمْس ، مَغِيبُها

sunshade, *n.* شَمْسِيَّة ، مِظَلَّة ؛ تَنْدَة

sunshine, *n.* ضَوْء (أو ضِياء) الشَّمْس

sunshine roof سَقْف سَيّارة يُمْكِن فَتْح جُزْء منه لِيَتَمَتَّع الرُّكّاب بالشَّمْس والهَواء

sunspot, *n.* بُقْعَة شَمْسِيَّة ، الكَلَف الشَّمْسِيّ

sunstroke, *n.* ضَرْبَة الشَّمْس

sup, *v.i.* تَعَشَّى

we supped off (on) cold meat تَعَشَّيْنا بِطَبَق من اللَّحْم البارِد (بعد عَوْدَتِنا مَثَلًا)

v.t. شَرِب ، ارتشف جُرْعةً جُرْعَةً

n. جُرْعَة (مِن الماء مثلًا)

super-, *pref. in comb.* (بادئة بمعنى) فَوْق ، مُنْتَهى

super, *n.* 1. *coll. contr. of* **supernumerary** زائد ، إضافيّ

2. *coll. contr. of* **superintendent**

a. (coll.) عَظِيم ، هائل ، مُمْتاز (عامّيّة)

superabund/ant, (-ance, *n.***)** وافِر ، زائد ، مُفْرِط

superannu/ate, *v.t.* **(-ation,** *n.***)** أحالَ (المُوَظَّف) إلى التَّقاعُد أو المعاش ؛ تقاعُد ، راتِبُ المَعاش

superb, *a.* فائِق ، رائِع ، فاخِر ، مُمْتاز

supercharger, *n.* أَداة تزيد من كمّيّة الهواء الدّاخِل إلى مُحرِّك السّيّارة لزيادة سُرْعَتِها

supercilious, *a.* (نَظْرَة) احْتِقار واسْتِخفاف

supererogat/ory, *a.* (**-ion,** *n.*) (خِدْمة) تَجاوُز حُدودَ الواجِب ؛ نافِلَة

superficial, *a.* (**-ity,** *n.*) سَطْحِيّ ؛ سَطْحِيَّة

he has only a superficial knowledge of the subject لا يَعْرِف الموضوعَ إلّا مَعْرِفة سَطْحِيَّة ، مَعْرِفَته بالموضوع لا تَتَعدّى القُشُور

superflu/ous, *a.* (**-ity, -ousness,** *n.*) ما زادَ عَن المَطْلُوب أو المَرْغوب فيه ؛ زِيادَة ، فَضْل

superhuman, *a.* يَتجاوَز طاقَة البَشَر

superimpos/e, *v.t.* (**-ition,** *n.*) طَبَع (صُورةً) فَوْقَ أُخْرى ، سَجَّل صَوْتًا فَوْق آخَر

superint/end, *v.t.* (**-ence,** *n.*); *also v.i.* راقَبَ ، أَشْرَف على (العُمّال) ؛ مُراقَبَة ، إِشْراف

superintendent, *n.* مُراقِب ، مُلاحِظ ، ناظِر

superior, *a.* (**-ity,** *n.*) فائِق ، مُتَفَوِّق ؛ تَفَوُّق

the enemy attacked with superior forces هَجَم العَدُوّ بِقُوّات تَفُوق (المدافعِين) عَدَدًا

he rose superior to adversity دَحَر الشَّدائِد ، قَهَر المِحَن ، عارَكَ الأيّام وخَرج ظافِرًا

he addressed us in a most superior manner خاطَبَنا بِلَهْجَة كلها عَجْرَفَة واسْتِخفاف

n. رَئِيس ، الأَرْفَع مَقامًا

he has no superior لا يَفُوقه أَحَدٌ

superlative, *a.* 1. (of highest merit) الأَفْضَل ، مُمْتاز ، مِن أعلى دَرَجَة ، الأَسْمَى

2. (*gram.*); *also n.* صِيغَة مُنْتَهى التَّفْضِيل

he speaks in superlatives كَلامُه مُفْعَم بالمبالغة والمغالاة

superman, *n.* الإنْسان الأَسْمَى طِبْقَ أوصاف نِيتْشه ، السُّوبَرمان ؛ ذو ذَكاء وقُوَّة خارِقَيْن

supermarket, *n.* مَتْجَر كَبِير تُباع فيه كافّة السِّلَع بِطَرِيقة الخِدْمَة الذّاتِيّة

supernatural, *a.* (ظَواهِر) خارِقَة للطّبِيعَة

n. ما فَوْقَ الطّبِيعَة ؛ عالَم ما وَراء الطّبِيعَة

supernumerary, *a.* زائِد عن العَدَد المُقَرَّر

n. مُوَظَّف إضافِيّ مُؤَقَّت ؛ مُمَثِّل يَقُوم بدَوْر تافِه لا يَتطلَّب كلامًا ، كُمْبارس

superscription, *n.* حُرُوف مَنْقُوشة ، نَحْت ، عُنْوان

supersede, *v.t.* حَلّت (الكَهْرَباء) مَحَلّ (الغاز مَثلًا)

supersonic, *a.* (طائِرة) تَفُوق سُرْعَة الصَّوْت

superstition, *n.* خُرافَة ، مُعْتَقَد خُرافِيّ

superstitious, *a.* (عَقِيدة) خُرافِيّة ، يُؤْمِن بالخُرافة

superstructure, *n.* الطَّبَقات العُلْيا فوق مُسْتَوًى مُعَيَّن ؛ ما فوق سَطْح (السَّفِينة) الرَّئِيسِيّ

supervene, *v.i.* وَقَع حادِثٌ ما وتَغَيَّرَت الحال

supervis/e, *v.t. & i.* (**-ion,** *n.*) أَشْرَف على ، راقَبَ

supervisor, *n.* (**-y,** *a.*) مُشْرِف ، مُراقِب

supine, *a.* مُسْتَلْقٍ على ظَهْرِه ؛ مُتَوانٍ

in spite of the crisis he remained supine لَمْ يُحَرِّكْ ساكِنًا رَغْم تأزُّم الموقِف

supper, *n.* عَشاء

the Last Supper العَشاء الرَّبّانِيّ (عند المَسِيحِيِّين)

supplant, *v.t.* حَلَّ محَلَّه بالقُوَّة ، اِنْتَزع ، اغْتَصَب

supple, *a.* مَرِن ، لَيِّن ؛ ذو خِفَّة ورَشاقة

he has a supple mind عَقْلُه يَقِظ وسَرِيع الاسْتِجابَة للأفكارِ الجَدِيدَة

supplement, *n.* (**-ary,** *a.*) 1. (addition) مُلْحَق ، ذَيْل (لمؤلَّف مثلاً) ، جُزْء إضافيّ

supplementary estimate تقْديرات تكميليّة لِسَدِّ العَجْز في المَصْروفات الحُكوميّة

2. (*math.*) مُتكامِل (رياضيّات)

supplementary angles زاوِيتان مُتكامِلتان

v.t. (عَمل إضافيّ) يَسُدُّ العَجْز (في المُرَتَّب)

suppliant, *a.* مُتَوَسِّل ، مُبْتَهِل (إلى اللّه)

n.; *also* **supplicant** مُتَوَسِّل (عند فلان)

supplic/ate, *v.t.* (**-ation,** *n.*) تَضَرَّع ، اِلْتَمَس

supplier, *n.* مُوَرِّد (فَرْدٌ أو شَرِكَةٌ)

supply, *v.t.* 1. (provide, furnish) مَوَّن ، زَوَّد

2. (fill *a need*) سَدَّ حاجَةً ، وَفى بغَرضٍ

n. تَموين ، تزويد ، مَؤُونة ، إمْداد

water was in short supply شَحَّ الماء ، نَقَصت كميّته

medical supplies إمدادات طِبّيّة

water supply إمداد (المنزل) بأنابيب المياه

supply and demand العَرْض والطَّلَب

support, *v.t.* 1. (bear weight of) حَمَل ، تَحَمَّل

2. (uphold, assist, back) أعانَ ، عزَّز ، سَنَد

he supports the view that . . . يُؤيِّد الرّأي القائل...

a supporting film فِيلْم ثانَوِيّ (في برنامج سينمائيّ)

3. (maintain or help to maintain) أعالَ

n. 1. (prop) دِعامة ، سَنَد ، رافِدة

2. (backing, assistance) تأييد ، مُناصَرة

3. (maintenance) إعالَة (الأسْرَة)

supporter, *n.* مُؤَيِّد ، نَصير ، مُساعِد

suppose, *v.t.* 1. (guess) ظَنَّ ، حَسِب ، خَمَّن

2. (assume) فَرَض ، اِفْتَرَض

suppose we talk it over! فَلْنَتَناقَش!

3. (*pass.*, = ought); *as in*

you are not supposed to know that مِن المَفْروضِ أنْ يكون هذا الأمرُ سِرًّا بالنّسبة إليك

supposing, *conj.* هَبْ أنّ ، على فَرْض أنّ

supposition, *n.* اِفْتِراض ، تَقْدير ، تَصَوُّر

suppository, *n.* لَبُوس ، تَحْمِيلة ، شياف (طبّ)

suppress, *v.t.* (**-ion,** *n.*) أخْمَد ، كَتَم ، كَظَم

he suppressed a yawn كَتَم تَثاؤُبه

the truth was suppressed طُمِسَت مَعالِم الحَقيقة ، بَقِيَت الحَقيقة طَيَّ الكِتْمان

suppressor, *n.* مُكَثِّف يَمْنَع التَّشْويشَ الكَهْرَبائي

suppur/ate, *v.i.* (**-ation,** *n.*) تَقَيَّح ، أفْرَز قَيْحًا

supranational, *a.* (سُلْطَة) فوق السُّلْطَة القَوْميّة

supremacy, *n.* سِيادَة ، تَفَوُّق ، هَيْمَنَة

supreme, *a.* الأسْمَى ، الأعْلَى

he made the supreme sacrifice ضَحَّى بنَفْسِه (في سَبِيل وَطَنه مَثَلاً)

surcharge, *n. & v.t.* ضَريبة إضافيّة ؛ رَفَع قِيمة طابَع مَثلاً بِطَبْع قيمة جَديدة عليه

surd, *n.* جَذر أَصَمّ (رِياضيّات)

sure, *a. & adv.* 1. (confident) واثِق

he is not sure of himself لَيْس واثِقًا من نَفْسِه ، لَيْس له ثِقة بِنَفْسِه

you are always sure of a welcome تأكّدْ أو كُنْ على يَقين من أنّك ستَلْقَى التَرْحيبَ دائمًا

2. (certain) أَكيد ، لا رَيْبَ فِيه

as sure as fate مَحْتوم ، لا بُدَّ مِن حُدُوثه

he is sure to come إنّه لا مَحالةَ آتٍ

she's not pretty, to be sure لا يُنكَر أنّها لَيْسَت جَذّابة ولكن ...

be sure to write and let us know لا تَنْسَ أنْ تَكْتُبَ لنا عَن أَخْبارِك

3. (reliable, firm) يُعْتَمد عَلَيْه

a sure remedy عِلاج ناجِع ، مَوْثُوقٌ بِه

sure-footed, *a.* لا تَزِلُّ قَدَمُه في أَرْضٍ زَلِقَة

surely, *adv.* 1. (certainly) بالتَّأكيد

2. (expressing strong probability)

surely he won't be long now? أَعْتَقِدُ أنّه لن يَغيبَ طَويلاً - أَلَيْسَ كذَلِك؟

surety, *n.* كَفالَة ، ضَمان ، ضَمانَة

he stood surety for me ضَمِنَني (لَدى البَنْك)

surf, *n.* زَبَد الأَمْواج المُتكسِّرة على الشاطِئ

surf-board لَوْحٌ خَشَبيّ يَقِف عليه من يُمارِس رِياضة رُكوب الأَمْواج

surf-riding رِياضة رُكوب الأَمواج المتكسِّرة

surface, *n.* سَطْح ؛ مَساحة

surface mail البَريد العاديّ (غير الجوّيّ)

on the surface على السَّطْح فقَط ، مِن حيثُ المَظْهَر

v.t. غطّى سَطْحَ (الطَّريق بِطَبَقة من ..)

v.i. صَعَد (الغطّاس) إلى سطح (البَحْر)

surfeit, *n.* تُخَمَة ، إفْراط في تَناوُل الطَّعام والشَّراب

v.t. & i. أَتْخَم ؛ بَشِم (بالطَّعام مَثلاً)

surge, *v.i.* اِنْدَفَعَت (الجَماهير) أو تَدَفَّقَت كالسَّيْل

n. جَيَشان (البَحْر) ، فَوْرة (الغَضَب) ، تَلاطُم (الموج)

surgeon, *n.* جَرّاح

surgery, *n.* 1. (treatment of disease by operation) جِراحَة

2. (doctor's consulting-room) عِيادَة طَبيب

surgery hours are between ten and eleven مَواعيد العِيادَة بين العاشرة والحادية عشرة

surgical, *a.* (عَمَليّة) جِراحيّة

a surgical boot حِذاء خاصّ لِعِلاج الأَقْدام المُشوّهة

surly, *a.* فَظّ ، سَيّئ الخُلُق وخَشِنُ الكلام

surmise, *n.* تَخْمين ، ظَنٌّ ، حَدْسٌ

v.t. خمَّن ، ظَنَّ ، حَدَسَ

surmount, *v.t.* 1. (overcome) قَهَر (الصِّعاب) ، تَغَلَّب عليها ، ذَلَّلها ، تَخَطَّى (العَراقيل)

2. (be on top of) (هِلال) يَعْلو (قُبّةَ الجامِع)

surmountable, *a.* يُمْكِنُ قَهْرُه أو التسلُّط عليه

surname, *n.* اِسْم العائلة الّتي يَنتمي إليها الشَّخْص

surpass, *v.t.* فاقَ ، بَزَّ ، تفوَّق على

surplice, *n.* رِداء كَهَنُوتي أبيض كالتّونية أوالكتونة

surplus, *n.* ما يَزِيد عن الحاجَة ، فَضْل

a. فائِض ، زائِد عن الحاجَة

surprise, *n.* دَهْشَة ، مُفاجَأة

v.t. 1. (astonish) أدْهَش ، أذْهَل

2. (come upon suddenly) فاجَأ ، باغَت

the teacher surprised the pupil in the act of cheating أخَذ المُعَلِّم التِّلْميذ على حِين غِرَّة وهو يَغِشّ (في الامتحان)

surreal/ism, *n.* (**-ist,** *a. & n.*, **-istic,** *a.*) المَذْهَب السِّرياليّ ، ما فَوق الواقِعيّة (في الأدب والفنّ)

surrender, *v.t. & i.*; *also n.* إسْتَسْلَم ، سلَّم نَفْسَه (للشُّرْطة مَثَلاً) ، تَنازَل أو تَخلَّى عَن

surrender an insurance policy تَنازَل عن بُولِيصَة التأمين مُقابِل اسْتِرْدادِ بَعْض المال

surreptitious, *a.* (نَظْرة) مُخْتَلَسة ، سِرًّا ، خِفْيَةً

surround, *v.t.* أحاطَ أو حَفَّ بِ ، طَوَّق

n. ما بَيْنَ جُدْرانِ الحُجْرة وأطراف السجّادَة

surroundings, *n.pl.* البِيئة المُحِيطَة

surtax, *n.* ضَرِيبة إضافِيّة على الإيرادات العالِية

surveillance, *n.* مُراقَبَة ، رَقابة (الشُّرْطَة مثلاً)

the police kept the suspect under surveillance وَضَع رِجال الشرطةِ المُشْتَبَهَ فيه تَحْتَ رَقابَتِهم

survey, *v.t.* 1. (gaze at, view) أطَلَّ أو أشْرَف على

2. (examine general condition of) عَرَض

he surveyed the international situation قَدَّم عَرْضًا للمَوْقِف الدّوَليّ

3. (measure and map out) مَسَح وخَطَّط

n. عَرْض عامّ (للأحْداث) ، نَظْرَة عامَّة

surveyor, *n.* مَسّاح (الأراضي) ؛ مُفَتِّش (المَوازين)

survival, *n.* 1. (outlasting) بَقاء (الأصْلَح)

2. (relic of previous age) مِن رَواسِب الماضِي

survive, *v.t.* ظَلَّ حَيًّا (بَعْد كارِثَة مَثَلاً)

v.i. بَقِيَ على قَيْد الحَياة

survivor, *n.* مَنْ بَقِيَ حيًّا بَعْدَ كارِثَة

susceptibility, *n.* 1. (impressionability) القابِلِيَّة للتّأثّر بِ.. ، الحَساسِيَة

2. (*pl.*, feelings) (جرح) شُعُورَه

susceptible, *a.* سَرِيع التَّأثّر بِ ، قابِل لِ ...

he is susceptible to flattery إنّه يتأثّر بالتَّمَلُّق والتَّزَلُّف بِسُهولة

his statement is not susceptible of proof لا دَليلَ على صِحّة ما صَرَّح به

suspect, *v.t.* 1. (think likely) تَوَقَّع ، حَسِبَ

I suspected as much كُنْت أتَوَقَّعُ هذا

2. (think guilty) اِرْتاب ، شَكَّ ، اشتبه في

n. (جمع رِجالُ الشرطة) المَشْبُوهِين

a. مُرْتابٌ أو مُشْتَبَهٌ في أمره ، مَشْكُوكٌ فيه

suspend, *v.t.* 1. (hang) عَلَّق ، دَلَّى

2. (delay; debar temporarily) أرْجَأ (الدَّفع) ، أجَّل ، عَطَّل (صُدُورَ صَحِيفةٍ)

suspend judgement أرْجَأ إصدارَ الحكم أو تَنْفِيذَه

suspended animation غَيْبُوبة ، غَشَيان

he was suspended on full pay أُوقِف اللاعب الرِّياضِيّ على أن يُصْرَف له راتِبُه بالكامِل

suspender, *n.* حَمّالة الجوارِب

suspender-belt حَمّالة خاصّة لِجَوارِب النِّساء

a pair of suspenders (*U.S.*) حَمّالة البَنْطَلُون

suspense, *n.* حَيْرَة وتَرَدُّد ، تَرَقُّب وقَلَق ، تَشْوِيق

suspension, *n.* 1. (hanging) تَعْليق

suspension bridge جِسْر مُعَلَّق

2. (springs, etc. of vehicle) مَجْموعة النَّوابِض وأَجْهِزَة امْتِصاص الصَّدمات في سيّارة أو قِطار

3. (temporary stoppage) إيقاف مُؤَقَّت (عَنْ مُمارَسَة وَظيفة مَثَلاً)

suspicion, *n.* 1. (distrust; doubt) مَظَنَّة ، شُبْهَة

2. (notion) فِكْرة لا تَقُوم على دَليل، تَصَوُّر

I have a suspicion that she is right لَدَيّ شُعورٌ بِأَنَّها مُحِقَّة فِيما تَقُول

3. (*coll.*, very small amount) مِقدار ضَئيل من

there is only a suspicion of garlic in the salad لَيْسَ هُناكَ إلّا أَثَر ضَئيل مِن الثُّوم في توابِل هذه السَّلَطَة

suspicious, *a.* 1. (distrustful) مُرْتاب

2. (causing distrust) مُريب ، يثير الشّكّ

sustain, *v.t.* 1. (support) تَحَمَّل (الثِّقل)

food sustains life يُقيم الطَّعامُ أَوَدَ الحَياة

2. (prolong) وَاصَل ، اسْتَمَرّ في

sustained effort جُهْد مُتَواصِل

sustain a note (*mus.*) أَطالَ نَغْمَة أو مَدَّها

3. (uphold) أَقَرَّ ، أَيَّد ، وافَق على

objection sustained! قُبِل الاعْتِراض (بالمَحْكَمة)

4. (undergo) تَكَبَّدَ

he sustained severe injuries أَصابَتْه جِراح بالِغة ، تكبّد إصاباتٍ جَسيمة

sustenance, *n.* قُوتٌ ، تَغْذِيَة ؛ سَنَد ، أَزْر

suture, *n.* & *v.t.* خِياطَة الجرح ؛ قطبة، غُرزة

suzerain, *n.* حاكِم مُطْلَق (إقطاعيّ عادةً)

suzerainty, *n.* هَيْمَنة ، سُلْطَة ، سَيْطَرَة

svelte, *a.* (إمْرَأة) مَمْشُوقَة القَوام ، هَيْفاء

swab, *n.* 1. (mop); *also v.t.* مِمْسَحَة للأرضيّة؛ مَسَح

2. (pad on stick for medical purposes); قِطعة من القطْن لِلمَسّ أو الامتِصاص (طبّ)

swaddle, *v.t.* قَمَّط (الطِّفْل)

swaddling-clothes أَقْمِطَة الطِّفْل

swag, *n.* (*coll.*) بَضائِع مَسْرُوقَة ؛ بُقْجَة (عامّية)

swagger, *v.i.* خَطَر في مِشْيَتِه ، تَبَخْتَر

n. اخْتِيال ، خَطْرَة ، تَبَخْتُر

swagger-coat مِعْطَف نِسائيّ فَضْفاض طُولُه ثَلاثة أرباع الطّولِ المُعْتاد ، 'تروَاكار'

swain, *n.* رِيفيّ ؛ عاشِق

swallow, *v.t.* & *i.* بَلَع ، اِبْتَلَع ، اِزْدَرَد

swallow an insult اِبْتَلَع الإِهانَة

you don't expect me to swallow that, do you? غَيْر معقول ! لا أَسْتَطيع أن أُصَدِّقَ أو أَسْتَسِيغَ ما تَقول !

the aeroplane was swallowed up in the clouds تَوارَت الطّائرة خَلْفَ السُّحُب (كأنّ السُّحُبَ ابْتَلَعَتْها)

n. 1. (gulp; amount so consumed) جُرْعَة (مِنْ سائلٍ)، بلْعَة (واحِدَة)

2. (bird) سُنُونو، خُطّاف (عُصْفور)

swallow-dive غَطْسَة الحَوْصَل (في السِّباحَة)

swallow-tailed coat سُتْرة رَسْمِيّة لها ذَيْل، فُراكٌ

swam, *pret. of* **swim**

swamp, *n.* (**-y,** *a.*) مَنْقَع؛ (أرض) رَخْوة مُوحِلة

v.t. أَغْرَقَت (المَوْجَةُ العالِيةُ القارِبَ)

the firm was swamped with orders
انْهالَ سَيْلُ الطَّلَباتِ على المؤسَّسة التِّجارِيَّة

swan, *n.* تَمّ، إوَزّ عِراقيّ، بَجَع (مصر)

swan song آخِر قطعة يُنتِجها الفنّان قبلَ مَوْتِه

swank, *n. & v.i.* (*coll.*) تَنَفُّج؛ تباهَى، تَبَهْرَج

swap (**swop**), *v.t. & i.*; *also n.* (*fam.*) تَبادَل، تَقايَض، داكَش (سُوريا)

sward, *n.* أَرْض مُعْشِبة، كَلأ، مَرْج، نَجِيل

swarm, *n.* حَشْد، جَمْهَرَة، جَماعَة

swarm of bees ثَوْل النَّحْل، جَماعَة النَّحْل

v.i. 1. (be crowded) عَجَّ (المكان)، ازْدَحَم

the beaches were swarming with holiday-makers عَصَّت شواطِئ السِّباحَة بالمُتَمَتِّعِين بِالعُطْلات

2. (climb *up*) تَسَلَّق (نَخلةً أو عمودًا مثلاً)

the sailor swarmed up the mast تَسَلَّق البَحّار السّارية مُسْتخدِمًا ذِراعَيْه وساقَيْه

swarthy, *a.* أَسْمَرُ اللَّوْن، داكِن البَشْرَة

swashbuckl/er, *n.* (**-ing,** *a.*) صَلِف، مُتَعَجْرِف

swastika, *n.* الصَّلِيب المَعْقُوف

swat, *v.t. & n.* ضَرَب (ذُبابة مثلاً) بِكفّه

swath, *n.* مِقْدار من العُشْب يُحَشّ بالمنجل دفعة واحِدَة؛ صفّ من زَرْع مَحْصود قُطِع بالمِنْجَل

swathe, *v.t.* قَمَّط، لفّ، رَبَط (بأَضْمِدَة مثلاً)

sway, *v.t.* 1. (cause to rock); *also v.i.* رَجَّ، هَزّ، أمالَ؛ تَرَجَّح، تمايَل

2. (influence) أَمال (بواسطة نفوذه)

n. 1. (rocking motion) تأرْجُح، تمايُل

2. (control) سَيْطَرَة، هَيْمَنَة، نُفُوذ

hold sway over هَيْمَن أو تَسَلَّط على

swear (*pret.* swore, *past p.* sworn), *v.i.*

1. (declare solemnly) حَلَف، أَقْسَم

I won't swear to it أَظُنّ ـ لكنني لا أَسْتَطِيع الجَزْمَ

he swears by it يَثِق بِه ثِقَةً عَمْياء

2. (use bad language) شَتَم، سَبَّ، جَدَّف

swear-word لَفْظة سِباب؛ لَفْظ بَذِيء، تَجْدِيف

v.t. 1. (pronounce solemnly) أَقْسَم يَمِينًا

2. (cause to take an oath) حَلَّف، اسْتَحْلَف

swear in a witness حَلَّف الشاهِدَ

he was sworn to secrecy حُلِّف ألا يَبُوح بالسِرّ

they were sworn enemies كانا عَدُوَّيْن لَدُودَيْن

sweat, *n.* 1. (perspiration) عَرَق

it was only accomplished by the sweat of his brow لَمْ يُنْجَزْ هذا العَمَلَ إلاَّ بِعَرَق الجَبِين

2. (perspiring) رَشْح العَرَق

I was in a sweat تَصَبَّبْتُ عَرَقًا، كُنْتُ في مأزِق

I was in a cold sweat عَرِقْتُ من الخَوْف أو القَلَق

I was all of a sweat نَضَح جِسْمي عَرَقًا غزيرًا ، تَفَصَّدتُ عرَقًا ؛ تَملَّكَني الخَوْف والهَلَع

3. (drudgery) عَمَلٌ مُمِلٌّ وشاقٌّ

an old sweat جُنْدِيٌ مُحَنَّك ؛ مُجَرّب في حِرْفَته

v.i. & t. 1. (exude) عَرِق ؛ رَشَح ، نَضَح

sweat blood (*sl.*) كَدَح فَوْق طاقَتِه ، طلعت رُوحه

2. (exploit) جَعَلَه يشتغل كالرّقيق، اسْتَغَلّه

sweated labour عَمَل يُقارِب السُّخْرة لِضَآلَة أَجْرِه

sweat-shop مَصْنَع يُسَخَّر فيه العُمّال بِأَجْر تافِه

sweater, *n.* بُلُوفَر صُوفِيّ بِأكمام، كنزة ، سويتر

Swede, *n.* سُوَيْدِيّ ، أَسُوجِيّ

swede, *n.* نَبات يشبه اللِّفت أو السَّلْجَم

Swed/en, *n.* (**-ish,** *a. & n.*) السُّوَيْد ، أُسُوج

sweep (*pret. & past p.* swept), *v.t. & i.*

1. (clean or remove with broom) كَنَس

he swept all before him اِكْتَسَح جميع مُنافِسِيه ، اِجْتاح كلّ ما اعْتَرَض طَرِيقَه

she swept up كَنَسَت أرضيَّة الغُرْفَة

2. (move or traverse swiftly) جَرَف، اِجْتاح

sweeping changes تَغْيِيرات عامَّة وشامِلَة

sweeping statement قَوْل سَطْحِيّ في تَعْمِيمِه

swept-wing aircraft طائِرة يَتلاقى جَنَاحاها بِهَيْكَلِها على زاوية أَحَدّ من المُعْتاد بِكَثِير

she swept out of the room (حَدَث ما مَسّ شُعورَها) فانْصَرَفَت في وَقار ورَصانَة

the hills sweep down to the sea تَنْحَدِر التِّلال مُتَهادِيَةً نحو البَحْر

he swept her off her feet مَا إِنْ رَأَتْه حَتَّى اجْتاحَ قَلْبَها حُبٌّ جارِف

n. 1. (action of sweeping) كَنْس، اِكْتِساح

he made a clean sweep of the old stock تَخَلَّص التَّاجِر من بضاعته القديمة دفعة واحِدَة

2. (uninterrupted flow or curve; expanse) مَدًى ، مَجال ، اِمْتِداد

3. (chimney-cleaner) مُنَظِّف المَداخِن

4. (*coll.*, sweepstake) سَحْب اليانَصِيب

sweeper, *n.* كَنّاس ؛ مِكْنَسَة

sweepings, *n.pl.* كُناسَة ، قُمامَة ؛ سقط القوم

sweepstake, *n.* سَحْب اليانَصِيب

sweet, *a.* 1. (tasting like sugar) حُلْوُ المَذاق

sweet potato بَطاطا حُلْوَة ، بَطاطا (مصر)

2. (fragrant, fresh) عَبِق، طَيِّب الرَّائِحة

sweet water ماءٌ عَذْبٌ

sweet-william قَرَنْفُل الشّاعِر (نَبات مُزْهِر)

3. (agreeable, amiable) لَطِيف، أَنِيس

sweet-tempered, *a.* لَطِيف المِزاج ، دَمِث، وَدُود

he is rather sweet on her إنَّه يَميل إلى الفَتاة

n. 1. (confectionery) حَلْوَى ، حَلاوَة

2. (sweet course at meal) الطَّبَق الحُلْو

3. (*pl.*, delights) مَلاذُّ (الحياة) ، مَلَذَّات

4. (darling) (يا) حَبّوب ، حَبّوبة ، حَبِيبي

sweetbread, *n.* بَنْكِرِياس العِجْل (يُعَدّ للأكل)

sweet-corn, *n.* ذُرَة صَفْراء أو سُكَّرِيّة

sweeten, *v.t. & i.* حَلَّى ، سَكَّر ؛ حَلا ، اِحْلَوْلَى

sweetening, *n.* مادّة تَجْعَل الطَّعام حُلوًا

sweetie, *n.* (*coll.*) 1. (bonbon) حَلْوَى، حَلوِيّات

2. (darling) حَبِيب ، مَحْبوب ، حَبُّوب

sweetheart, *n.* عَشِيق ؛ عَشِيقة ، حَبِيبة

sweetmeat, *n.* قِطْعَة من المُسَكَّرات

swell (*past p. usu.* swollen), *v.i. & t.* تَوَرَّم

he swelled with pride زَهَا أو تاهَ كِبْرِياءً

he has a swelled head إنّه مَغْرور ، مُنْتَفِخ

n. 1. (rise and fall of sea) اِرْتِفاع البَحْر واْنخِفاضه

2. (*mus.*, surge of sound) تَضَخُّم صَوْت الأُرْغُن

3. (*coll.*, smart, fashionable person)
أَرِسْتُقْراطِيّ يَعِيش في رَفاهِيَة (لَفْظ يُسْتَعْمَل ازْدِراءً)

a. (*U.S.*, *coll.*) مُمْتاز ، أنِيق ، هائِل

swelling, *n.* وَرَم ، تَوَرُّم ، اِنْتِفاخ ، تَضَخُّم

swelter, *v.i.* أَرْهَقَه الحَرُّ الشَّدِيد

swept, *pret. & past p. of* **sweep**

swerve, *v.i. & t.*; *also n.* اِنْحَرَف فَجْأةً

swift, *a.* سَرِيع ، عَجِل ، (لَمْحَة) خاطِفة

n. سَمَامَة ، خُطَّف (طائر)

swig, *n.* (*sl.*); *also v.i. & t.* جُرْعَة من الشَّراب ؛
عَبَّ (الخَمْرَ مَثَلًا) ، كَرَع (البِيرة)

swill, *v.t.* 1. (flush, rinse *out*) شَطَفَ بِماءٍ كَثِير

2. (*sl.*, drink copiously); *also v.i.* جَرَع
كَمِّيّات كَبِيرة من الشَّراب ، عَبَّها

n. 1. (wash) اِغْتِسال ، شَطْف

2. (pig food) فَضَلات الطَّعام تُعَدّ لِلْخَنازِير

swim (*pret.* swam, *past p.* swum), *v.i. & t.*
سَبَحَ

swimming-bath حَمّام سِباحَة ، مَسْبَح

the meat was swimming in gravy كانَ
اللَّحْم غارِقًا في المَرَق

heights make my head swim تُصِيبُني
الأماكِن المُرْتَفِعة بِدُوار أو دَوْخَة

n. سِباحَة ، سَبْحَة

he is not much in the swim these days إنَّه
بَعِيد عن تَيّار الحَياة الاجْتِماعِيّة هذه الأيّام

swimmingly, *adv.* (*fam.*) على ما يُرام

swindle, *v.t. & i.* غَشَّ ، خَدَع ، اِحْتال على

n. نَصْب واحْتِيال ، غِشّ

swindler, *n.* نَصّاب ، غَشّاش ، مُحْتال

swine (*pl.* swine), *n.* 1. (*usu. poet.*) خِنْزِير

2. (*as term of abuse*) وَغْد ، مُنْحَطّ

swineherd, *n.* مُرَبِّي الخَنازِير

swing (*pret. and past p.* swung), *v.i. & t.*

1. (move back and forth) تَأَرْجَح ، أَرْجَح

he will swing for it سَوْفَ يُشْنَق (جَزاءَ جَرِيمَته)

2. (move sharply or forcefully) لَوَّح

he swung round on his heel دارَ على عَقِبَيْه سَرِيعًا (لِيَرى مَن ناداه مَثَلًا)

n. 1. (oscillating or curving motion) تَذَبْذُب ، تَأَرْجُح ، دَوْرَة لِتَحْرِيك شيءٍ

swing-bridge جِسْر مُتَحَرِّك (يُفْتَح ويُغْلَق لِعُبور السُّفُن)

swing-door بابٌ يَتَحَرَّكُ مِصْراعه على مِحْوَر ويُفْتَح مِن كِلا الجِهَتَيْن

2. (seat for swinging on) أُرْجُوحَة ، مَرْجُوحة

what you lose on the swings you gain (win) on the roundabouts ما تَخْسَرُه هٰذه المَرَّة تُعَوِّضُه مَرَّةً أُخْرَى

swing-boat أُرْجُوحَة في شَكْل قارِب (بِمَدينة المَلاهي)

3. (vigorous or easy motion) التَّحَرُّك بِنَشاط

the party went with a swing سارَت الحَفْلَة عَلَى ما يُرام من أَوَّلِها إلى آخِرِها

term is now in full swing الفَصْل الدِّراسيّ يَجْرِي على قَدَمٍ وساقٍ

4. (style of music); *also v.t.* نَوْع من أَنْواع الجاز ذُو إيقاعٍ واضِحٍ

swingeing, *a.* (ضَرائِب) فادِحة ؛ هائِل

swinish, *a.* (سُلوك) دَنِيء ، قَذِر ، قَبِيح ، خَسِيس

swipe, *v.t.* 1. (*coll.*, hit hard); *also v.i. & n.* ضَرَبَه بِعُنْفٍ كَيْفَما اتَّفَق

2. (*sl.*, steal) سَرَقَ ، نَشَلَ

swirl, *v.i. & t.* اِلْتَفَّ أو دارَ كالدَّوَّامَة

n. دَوّامَة من الغُبار أو الهَواء

swish, *v.t. & i.*; *also n.* (لَوَّح بالعَصا أو السَّيْف في الهواء) مُحْدِثًا صَوْتًا كالصَّفِير

a. (*sl.*) مُمْتاز ، هائِل ، رائِع

Swiss, *a. & n.* سُويسْرِيّ ؛ مِن أَهالي سُويسْرا

Swiss roll كَعْكَة اسْفنجِيّة رَقيقة تُغَطَّى بالمُرَبَّى وتُلَفّ على شَكْل أُسْطُوانِيّ

switch, *n.* 1. (contact-breaking device) مُحَوِّل أو مِفْتاح لِقَطْع التيّار الكَهْرَبائِيّ أو تَوْصيله

2. (change-over) تَحَوُّل فُجائِيّ تامّ

3. (slender cane) عُودٌ خَشَبِيّ رَفيع

v.t. & i. 1. (change over) حَوَّل ؛ تَحَوَّل

2. (turn *on*, *off*) وَصَّل التيّار الكَهْرَبائي، قَطَعَه

switchback, *n. & a.* سِكَّة حَدِيدِيّة في مَدينة المَلاهي تَرْتَفِع وتَنْخَفِض فَجْأَة ، دُودة ، 'أُفعُوانيّة'

switchboard, *n.* لَوْحَة التَحْويل أو الاتِّصال التِّليفُونِيّ ؛ لَوْحَة مَفاتِيح تَوْزيع التيّار الكهربائِي

Switzerland, *n.* سُوِيسْرا

swivel, *n.* وَصْلة مُتَراوِحة (مِيكانِيكا)

swivel chair كُرْسِيّ دائِر (يَدُور بِسُهولَة على مِحْوَرِه)

v.t. & i. دارَ على مِحْوَر ؛ اِسْتَدار

swizzle, *n.*; *also* **swiz** (*sl.*) غِشٌّ ، خِداع

swizzle-stick, *n.* عُودٌ رَفيع لِمَزْج الكُوكْتِيل

swollen, *past p. of* **swell**

swoon, *v.i. & n.* أُغْمِيَ عَلَيْه ، غُشِيَ عَلَيْه

swoop, *v.i.* اِنْقَضَّ (النَّسر) على (فَرِيسَتِه)

n. اِنْقِضاض أو هُجوم خاطِف

swop, *see* **swap** تَبادَلا (طَوابِعَ البَريد مثلًا)

sword, *n.* سَيْف ، حُسَام
sword-play مُبارَزة بالسَّيْف
sword-stick عَصا مُجَوَّفَة تُخْفِي نَصْلَ سَيْفٍ
put to the sword ضَرَب بِحَدِّ السَّيْف ، قَتَل
swordfish, *n.* أَبُو سَيْف ، سَيَّاف (سَمَك)
swordsman, *n.* سَايِف تَدَرَّب على استعمال السَّيْف
swore, sworn, *pret. & past p. of* swear
swot, *n. & v.i. (sl.)* تِلميذ يُفَضِّل الدَّرْس على اللَّعِب ؛ ثابَر على التَّحْصِيل قَبلَ الامتحان
swung, *pret. & past p. of* **swing**
sybarit/e, *n.* (**-ic,** *a.*) شَهْوَانِيّ ، مُتَنَعِّم ، مُتَرَفِّه
sycamore, *n.* قَيْقَب جُمَّيْزِي (شجرة حَرَجِيّة جَبَلِيّة)
sycophant, *n.* (**-ic,** *a.*) مُتَمَلِّق ، مُتَزَلِّف
syllabary, *n.* مَجْمُوعَة رُموز يُمَثِّل كلٌّ منها مَقْطَعًا خاصًّا (كما في اليابانِيّة والمِسْمارِيّة)
syllab/le, *n.* (**-ic,** *a.*) مَقْطَع الكَلِمة ؛ مَقْطَعِيّ
syllabus, *n.* بَرْنامَج تَعليميّ ، مَنْهَج دِراسِيّ
syllog/ism, *n.* (**-istic,** *a.*) القِيَاس المَنْطِقِيّ
sylph, *n.* حُورِيَّة السَّماء ؛ غادَة هَيْفاء
sylvan, *a.* نِسْبَةً إلى الأشْجار والغابات
symbio/sis, *n.* (**-tic,** *a.*) إشْتِراك عُضْوَيْن مُختلِفَيْن لأَجْل مَنْفَعة مُتَبادَلة ، تَكافُل ، تَعايُش
symbol, *n.* (**-ic, -ical,** *a.*) 1. (thing typifying another) رَمْز ، (غُصْن الزَّيْتُون رَمْز للسَّلام)
2. (character) رَمْز ، (كالعَلامات الحِسابِيَّة)
symbol/ism, *n.*, **-ist,** *n.* الرَّمْزِيَّة (في الأَدَب مثلًا)
symbolize, *v.t.* رَمَز إلَى

symmetr/y, *n.* (**-ical,** *a.*) تَماثُل ، تَناسُق
sympathetic, *a.* عَطُوف ، يَنْظُر بِعَيْن العَطْف
sympathetic strike إضْراب تَقوم به فئة من العُمّال إعلانًا عن تَضامُنِهم مع مُضْرِبين آخَرين
sympathetic nervous system الجِهاز العَصَبِيّ السِّمْبَتاوِيّ (طبّ)
sympathize, *v.i.* شارَكه آلامَه ومَشاعِرَه
sympathy, *n.* 1. (compassion) عَطْف ، مُؤاساة
2. (agreement; affinity) تَعاطُف ، مُشارَكة
symphon/y, *n.* (**-ic,** *a.*) سِيمْفُونِيّة ، تَأْلِيف مُوسِيقِيّ من عِدَّة حَرَكات تَعْزِفه فِرْقَة كامِلة
symphony orchestra فِرْقَة سِيمْفونِيّة كامِلة
sympos/ium (*pl.* -ia), *n.* نَدْوَة لِبَحْثِ مَوْضُوعٍ مُعَيَّن ، مَجْمُوعَة رَسائل حَوْلَ مَسْأَلة واحِدَة
symptom, *n.* عَرَض (يَدُلّ على وُجُود مَرَض)
symptomatic, *a.* عَرَضِيّ ، مُنْذِر بِمَرَض ، دَليل
symptomatology, *n.* عِلْم الأَعْراض المَرَضِيَّة
synagogue, *n.* الكَنِيس ، مَعْبَد اليَهُود
synchromesh, *n.* التَّعْشِيق التَّزامُنِيّ (يُسَهِّل تَعَشُّق أَسْنان التُّرُوس بالسَّيّارة)
synchroniz/e, *v.t. & i.* (**-ation,** *n.*) زامَن ؛ تَزامَن ؛ المُطابَقة بَيْن الصَّوْت والصُّورَة (سِينما)
synchronous, *a.* مُتَزامِن ، مُتَواقِت
syncop/ate, *v.t.* (**-ation,** *n.*) رَخَّم كَلِمة ؛ غَيَّر مَواضِع الإيقاع في مُوسِيقَى (الجاز غالبًا)
syncope, *n.* 1. (*med.*) غَشَيان ، غَشْيَة ، فُقْدان الوَعْي نَتِيجة لانخفاض ضَغط الدَّم

2. (*gram.*) تَرْخيم الكَلِمة ، حَذْف حَرْفٍ أو مَقْطَعٍ من وَسْط الكَلِمة

syncretism, *n.* مُحاوَلة الجَمْع أو التَّوْفيق بَيْنَ المُعْتَقَدات المُتَعارِضَة في الدِّين أوالفَلْسَفة

syndic, *n.* مُوَظَّف إداريّ كَبير

syndicate, *n.* اِتِّحاد بَعْضِ أَصْحابِ رُؤُوسِ الأَمْوالِ ورِجالِ الأَعْمالِ لِتَمْوِيلِ مشروع تجارِيّ

v.t. نَشَر مَقالةً في عِدَّة صُحُفٍ في وقتٍ واحِد

syndrome, *n.* مَجْمُوع الأَعْراضِ المُخْتَلِفَة المُمَيِّزة لمَرَض ما ، الأَعْراض المُتَزامِنة (طبّ)

synod, *n.* السِّنودُس ، مَجْمَع رُؤَساء طائِفَة دِينِيّة

synonym, *n.* (**-ous,** *a.*) مُرادِف ، مُتَرادِف

synopsis, *n.* خُلاصَة ، مُجْمَل ، مَضْمُون مُوجَز

synoptic, *a.* إِجْماليّ ؛ واسِع الأُفُق

synoptic chart خَرِيطَة أَرْصاد جوّيّة شامِلَة

synoptic gospels الأَناجيل الثَّلاثة مَتَّى ومُرْقُس ولُوقا (لاتِّفاقها في الدّائرة وطريقة العرض)

synovitis, *n.* اِلْتِهاب الأَغْشِيَة المَصْلِيّة المَفْصِلِيَّة

synt/ax, *n.* (**-actic, -actical,** *a.*) عِلْم تَرْكيبِ الكَلام وتَكْوِينِ الجُمَل

synthesis, *n.* الجَمْع والتَّوْلِيف بَيْنَ عَناصِر مُخْتلفة

synthesize, *v.t.* أَنْتَج مادّة (كالمطّاط) بالتَّوليف

synthetic, *a.* مُرَكَّب اصْطِناعيّ

syphil/is, *n.* (**-itic,** *a. & n.*) مَرَض الزُّهْري

Syri/a, *n.* (**-an,** *a. & n.*) سُورِيا ؛ سُورِيّ

Syriac, *n. & a.* اللُّغَة السُّرْيانيّة

syphon, *see* **siphon**

syringa, *n.* سِرِنْجَة (نَبات مُزْهِر عَطِر)

syringe, *n.* مِحْقَنَة (طبّ و زِراعة)

v.t. نَظَّف (الأذن مثلاً) بِضَخِّها بِسائِل

syrinx, *n.* 1. (pan-pipes) آلة مُوسِيقيّة قَدِيمة

2. (*anat.*) قَناة يُوستاس (بَيْنَ الأذن والحلق)

syrup, *n.* (**-y,** *a.*) قَطْر، عَسَل ؛ ذُو حَلاوة مُصْطَنَعة

system, *n.* 1. (organized arrangement) جِهاز ، نِظام ، مَجْمُوعة مُتَناسِقَة

solar system المَجْمُوعة الشَّمْسِيّة

system of philosophy مَذْهَب فَلْسَفِيّ

2. (method) نِظام (أَنْظِمَة)

work without system produces poor results لا يُعْطِي العَمَلُ نَتِيجَةً حَسَنةً بِدُونِ خِطَّة مَدْرُوسَة

3. (the human body) صِحَّة الجِسْم

over-indulgence is bad for the system كُلُّ إِفْراطٍ يَعُود بالضَّرَر على الجِسْم

systematic, *a.* مِنْهاجِيّ ، لا يَحِيدُ عن نِظام مُعَيَّن

systematiz/e, *v.t.* (**-ation,** *n.*) نَظَّم مَنهجيًّا

systol/e, *n.* (**-ic,** *a.*) اِنْقِباض القَلْب والشَّرايين

T

T, 1. (letter) الحَرْف العِشرون من الأبجدية الانكليزية

this will suit me to a T سَوْفَ يُناسِبُني هَذا كلَّ المُناسَبة ، تمامًا

it is essential to ⟨dot the I's and⟩ cross the T's مِن الضَّرورِيّ أن نَضَع النُّقَط على الحُرُوف (بدلاً من تَرْكِ الأمر مُبْهَمًا)

2. (shape); *also* **tee** شَكل الحَرْف T

T-junction نُقْطَة الْتِقاء طَرِيقيْن على هذا الشَّكْل : ╤

T-shirt فَانِلَّة بِكُمَّيْن قَصِيرَيْن (مصر) ، صُدْرَة قُطنيّة ذات كُمَّيْن قَصِيرَيْن

T-square مِسْطَرة حَرْف T

ta, *int.* (*nurs. & vulg.*) شُكْرًا (بِلُغَة الصِّغار)

tab, *n.* عُرْوَة (لِتَعْلِيق الملابِس)، أُذن ، لِسان

I shall have to keep tabs on him لا بُدَّ لي مِن مُراقَبة جَمِيع حَرَكاتِه وسَكَناتِه

tabby, *n.*; *also* **tabby cat** قِطّ رَمادِيّ اللَّوْن بِخُطوط داكنة ؛ هِرَّة ؛ اِمْرأة شَرِسَة

tabernacle, *n.* 1. (*Jewish hist.*) خَيْمَة أو مَسْكَن عند اليَهود (في العَهْد القَدِيم)

2. (place of worship) مَعْبَد عِنْد طائِفَة خاصَّة من المسيحِيّين

table, *n.* 1. (item of furniture) مِنْضَدَة ، مائِدَة ، طاولة ، ترابيزة

table-linen مَفارِش (شراشف) لمائدة الأكل

table rapping طَرَقات يُعْتَقَد أنها تُسْمَع على موائد جلسات تحضير الأرواح

table-spoon مِلْعَقة كبيرة (لِلحِساء)

table-talk حَدِيث المائدة (يدُور أثناء الأكل)

table-tennis تِنِس الطّاولة ، بِنْج بُنْج

they were at table when we called كانوا جالِسين إلى المائِدة عِنْدما زُرْناهُم

operating table مائِدة العَمَلِيّات الجِراحِيّة

he can drink me under the table لا يُمْكِنني أنْ أُجارِيَه في شُرْب الخَمْر

he keeps a good table مائِدَته دائمًا شَهِيّة

he kept the table amused أَمْتَع الجالِسِين إلى المائدة بِحَدِيثه الفَكِه

2. (flat surface)

the tables of the law لَوْحا الوَصايا العَشْر

3. (list) قائِمَة ، جَدْوَل ، كَشْف

he learnt his tables up to ten times ten حَفِظ جَدْوَل الضرب حَتّى رقم ١٠ مضروبا في ١٠

v.t. أدْرَج ؛ رَتَّب في شَكل جَدْوَل

table a motion أدْرَج اقْتِراحًا ، عرَضَه للمُناقشة

tablecloth, *n.* مَفْرَش المائدة ، شَرْشَفها

table d'hôte, *n.* وَجْبَة طَعام كامِلة تُقَدَّم في المَطْعَم بِثَمَن مُحَدَّد

tableau, *n.* تابلُوه حَيّ ، مَشْهَد ساكِن تُؤَدِّيه جَماعَة على المَسْرَح في مَلابِس تارِيخيّة

tablet, *n.* 1. (small prepared block) قُرْص

tablet of soap صابُونة ، قِطْعَة من الصّابُون

aspirin tablets أقْراص أو حُبُوب الأسْبِرين

2. (slab for inscription, etc.) لَوْحٌ (مِن الحَجَر مثلًا) تُنْقَشُ عَلَيْهِ كِتابةٌ ما

writing tablet إِضْمامَة من الورق للكِتابة

tabloid, *n.* 1. (drug, etc., in tablet form) قُرْص أو حَبَّة دَواء

2. (*U.S.*, newspaper) صَحِيفة صَغيرة مُصَوَّرة

taboo (tabu), *a.*; *also n. & v.t.* مَوْضُوعٌ تُحَرِّم التَّقاليد مُناقَشَتَه أو ذِكْرَه ؛ مُحَرَّم ، مَحْظُور

tabular, *a.* مُرَتَّب في هَيْئة جداول

a report in tabular form تَقْرِير على هيئة جَدْوَل

tabul/ate, *v.t.* (**-ation,** *n.*) نَسَّقَ (أَرْقامَ الإِحْصائيّات) على هَيْئة جَداوِل

tacit, *a.* (اتِّفاق) مَفْهوم ضِمْنًا ، ضِمْنِي

taciturn, *a.* (**-ity,** *n.*) صَمُوت ، قَلِيل الكَلام

tack, *n.* 1. (small nail); *also v.t.* مِسْمار تَنْجِيد ، مِسْمار قَباقِيبي (مصر) ؛ سَمَّرَ بِهذا المِسْمار

2. (long temporary stitch); *also v.t.* سِراجَة (غُرْزَة طَوِيلة) ؛ سَرَّجَ (القُماش)

3. (ship's course); *also v.i.* مَسار مُتَعَرِّج للسَّفِينة الشِّراعِيّة (عَكْس اتِّجاه الرِّيح)

you are on the wrong tack لَقَدْ ضَلَلْتَ عَن طَرِيق الصَّواب

4. (foodstuff), *esp. in* أَكْل

hard tack بَسْكَوِيت البَحّارة قَديمًا (صَعْب المَضْغ)

tackle, *n.* 1. (apparatus, gear) مَجْمُوعَة أدوات

2. (hoisting mechanism) آلَة رافِعة

block and tackle مَجْمُوعَة مِن البَكَر والحِبال

3. (attempt to stop opposing player) مُحاوَلة أَخْذِ الكُرَة من اللّاعِب الآخر (في الرَّجْبي)

v.t. & i. أَمْسَكَ ، حاوَلَ ، عالَجَ

we shall have to tackle the problem سَوْفَ نُضْطَرُّ إلى عِلاج المُشْكِلَة

I tackled him on the subject فاتَحْتُه في المَوْضوع ، واجَهْتُه بِصَراحة

tacky, *a.* (طِلَاء) لَزِج ، لم يَجِفّ بَعْد

tact, *n.* كِياسَة ، تَجَنُّب جَرْح شُعُور الآخَرين

tactful, *a.* لَبِقٌ ودِيبلوماسِيّ (في العَلاقات الاجتماعية)

tactic, *n.* (*usu. pl.*) التَّكْتِيك ، فَنّ تَنْظِيم القُوّات الحَرْبِيّة ؛ طريقة التَّصَرُّف لِتَحْقِيق الهَدَف

tactical, *a.* تَكْتِيكِيّ ، فَنِّي ؛ لَبِقٌ وماهِرٌ

tactician, *n.* مُتَخَصِّص في فَنّ التَّكْتِيك

tactile, *a.* مَلْمُوس ، مَحْسوس ؛ لَمْسِيّ

tactless, *a.* عَدِيم الفِطْنَة والكِياسَة ؛ (قَوْل) جارِح

tadpole, *n.* أَبُو ذُنَيْبَة ، أَبُو رَأْس

taffeta, *n.* التَّفْتاه ، نَسِيج حَرِيرِيّ صَقِيل

taffrail, *n.* دَرابْزِين حَوْل مؤخّرة السَّفِينة

Taffy, *n.* (*coll.*) كِناية عن شَخص من وِيلْز

tag, *n.* 1. (label) بِطاقة تَحْمِل بَيانات خاصَّة

2. (small appendage) طَرَف مَعْدِنِيّ لِرِباط الحِذاء

3. (trite quotation) كَلام مَأثور يُسْتَشْهَد بِهِ

a Latin tag مَثَل لاتِينِيّ سائِر

4. (game) لُعْبة المَسّاكة (للأطفال)

v.t. 1. (label) وَضَع بِطاقَةً مَكْتُوبَةً على ...

2. (join *on*); *also v.i.* أَضافَ إلى ، أَلْحَقَ بِ

3. (follow); *also v.i.* تَبِعَ أو لَحِقَ مُباشَرةً

do you mind if I tag along ⟨with you⟩? هَلْ لَدَيْكَ مانِعٌ مِن مُرافَقَتِي إِيّاكَ؟

tail, *n.* 1. (animal appendage) ذَنَب، ذَيْل

the tail is wagging the dog (اِنْعَكَسَت الآيَة) فَتَسَلَّطَ المَرْؤُوسُ على الرَّئِيس

he turned tail ⟨and ran⟩ وَلَّى الأَدْبار، لاذَ بِالفِرار، هَرَب

he went off with his tail between his legs اِنْصَرَفَ مُطأطِئًا رأسَه خَجَلًا

2. (rear end or appendage) ذَيْل، مُؤَخَّرة

tail-board بابُ الشّاحِنة الخَلْفِيّ (يُدَلَّى عند الحاجَة)

tail-coat سُتْرَة رَسْمِيّة لها ذَيْل، فراك، ردنجوت

tail-end الجُزْء الأخير (من قِصَّة)، مُؤَخَّرة (مَرْكَب)

I watched him out of the tail of my eye نَظَرْتُ إليه بِطَرْف عَيْني (ولم أُوَجِّه نَظَري نَحْوَه)

tail-light ضَوْء (أَحْمَر) في مؤخّرة (سَيّارة)

3. (*pl.*, men's evening dress) سُتْرة رَسْمِيّة بِذَيْل

4. (*pl.*, reverse of coin); *as in*

heads or tails? صُورَة أو كِتابَة؟ (مصر) طُرَّة أو نَقْشَة؟ (عراق) (وهُما وَجْها العُمْلَة)

v.t. & i. 1. (join on) رَبَطَ أو أَلْحَقَ بِ...

2. (follow in track of) تَعَقَّبَهُ خِفْيَةً

3. (*with advs.* off, away, diminish) ظَلَّ يَضْعُفُ ويَتَضاءَل حَتَّى تَلاشَى

4. (cut off the tail of) قَطَع ذَيْل الثَّمَرة

top and tail gooseberries قَطَع الأَطْراف العُلْيا والسُّفْلَى لِثَمَرِ الكِشْمِش الشّائِك (لِعَمَل المربّى)

tailor, *n.* خَيّاط، تَرْزِي

tailor-made (ثِياب) تَفْصِيل

the machine is tailor-made for our requirements كَأَنَّ هٰذه الآلَة قد صُمِّمَت خاصَّةً لِأَداء مُتَطَلَّباتِنا

v.t. خاطَ المَلابِس، فَصَّلَها؛ كَيَّف، قَوْلَب

tailpiece, *n.* حِلْيَة طِباعِيَّة في أَسْفَلِ الصَّفْحَة؛ ذَيْل

tailpipe, *n.* الجُزْءُ الخَلْفِيّ من جِهاز العادِم (سَيّارات)

taint, *n.* شائِبَة، لَطْخَة، عَيْب

v.t. لَطَّخ، لَوَّث، أَفْسَد؛ تَعَفَّن

take (*pret* took, *past p.* taken), *v.t.*

1. (grasp, seize) أَخَذ، أَمْسَكَ بِ، قَبَضَ عَلَى

you must take your chance عَلَيْكَ أن تُحاوِل (وَلَوْ أَنَّ النَّتِيجة غَيْر مَضْمُونَة)

it took me by surprise أُخِذْتُ عَلَى حِينِ غِرَّة

he was taken ill داهَمَه المَرَض

2. (win, earn) كَسَب، فازَ بِ...

he took the prize for chemisty حَصَل على أَوْ فازَ بِجائِزة الكِيمياء

3. (captivate) أَسَر، أَخَذ، خَلَب، فَتَن

I was very taken with it فُتِنْتُ (بالسَّيّارة الجَدِيدة مثلًا)، أُعْجِبْتُ بِها كُلَّ الإعْجاب

4. (acquire, use) أَخَذ

he took a taxi (train, etc.) رَكِب سَيّارة أُجْرة أو قِطارًا، «أخذ تاكسي ـ عامّية»

we took a house in the country اِسْتَأْجَرْنا أَوْ اتَّخَذْنا لأنفسنا مَنْزِلًا في الرِّيف

he takes a large size in shoes مَقاسُه في الأَحْذِيَة كَبِير

he decided to take a wife قَرَّرَ أن يَتَزَوَّج أَوْ أن يَتَّخِذ لِنَفْسِه زَوْجَةً

we take *The Economist* تَأْتِينا صَحيفة 'الإيكونوميست' بانْتِظام

5. (occupy) اِحْتَلَّ ، شَغَلَ مَكان غيره

take the place of حَلَّ مَحَلَّ ، قامَ مَقامَ ...

6. (obtain) أَخَذ ، حَصَل على

he took a photograph of me اِلْتَقَطَ لي صُورَةً

the tailor took his measurements أَخَذَ الخَيّاطُ مَقاساتِهِ (لِتَفْصِيل بَدْلَة له مَثَلًا)

7. (receive, accept, consider) اِتَّخَذَ

I shall take legal advice سَوْفَ أَسْتَشِيرُ المُحامِي (قَبْلَ اتِّخاذ إِجْراءاتٍ قانُونِيّة)

take it from me, he is up to no good صَدِّقْنِي - لَيْسَ وَراءَ ما يَفْعَلُه خَيْر

I am taking lessons in English إِنِّي آخُذُ دُرُوسًا في الانكِليزيّة

take me, for example خُذْ حالَتِي على سَبِيل المثال

do you take me for a fool? أَتَظُنُّ أَنِّي مُغَفَّل ؟ أَتَسْتَغْفِلُنِي ؟ إِنِّي لَسْتُ ساذِجًا إلى هَذا الحَدِّ

take-home pay, *n.* الأَجْر الصّافِي (بَعْدَ القَطْع)

take my word for it صَدِّقْنِي

I don't have to take orders from you لَيْسَ هُناكَ ما يَدْعُونِي إلى الائْتِمار بِمَشِيئَتِك

8. (contract) يُصابُ بِ ...

be careful you don't take cold اِحْتَطْ لِنَفْسِكَ لِئَلّا يُصِيبَكَ البَرْدُ أو الزُّكام

9. (conceive) كَوَّنَ فِكْرَةً عن

he took a fancy to her مَالَ إِلَيها ، رَاقَتْ في عَيْنِهِ ، شَعَرَ نَحْوَها بإعجاب

10. (assume, infer) حَسَبَ ، استنبط

I take it you don't mind لا أَظُنُّ أَنَّكَ تَعْتَرِض

11. (conduct, convey) رَافَق

he took his children to school أَخَذ أَطْفالَه إلى مَدْرَسَتِهم

12. (require) تَطَلَّب ، اِحْتاجَ

it takes some doing هَذا يَتَطَلَّب مجهودًا كبيرًا

it takes time يَحْتاج الأمر إلى بَعْضِ الوَقْت

13. (perform, undergo) أَدَّى ، قامَ بِ

he took a bath اِسْتَحَمَّ ، أَخَذ حَمّامًا

he took an examination أَدَّى امتحانًا

14. (*use with various noun objects*)

take advantage اِسْتَغَلَّ ؛ اِنْتَهَزَ الفُرْصَة

take care اِعْتَنَى بِ ؛ اِحْتاطَ

take charge تَوَلَّى المَسْؤُولِيّة

15. (*adverbial compounds*); *v.t. & i.*

he takes after his father إنَّه يُشْبِه أباه

he took me apart (aside) اِنْتَحَى بي جانِبًا (لِيُكاشِفَنِي بِأَمْرٍ ما)

the mechanic took the engine apart (down) فَكَّكَ العامِلُ المِيكانِيكِيّ مُحَرِّكَ (السيّارة)

I take back what I said أَعْتَرِفُ بِخَطَئِي وأَسْحَب كلامي

it was taken down in evidence دُوِّنَت شَهادَتَه كَدَلِيلٍ أو بَيِّنَة

that took him down a peg or two ذَلِكَ (التَّعْلِيقُ السَّاخِرُ) حَطَّ مِن شَأْنِهِ فِي نَظَرِ الآخَرِين

she takes in lodgers تُؤَجِّرُ حُجُرَاتٍ بِمَنْزِلِهَا

she takes in washing تَغْسِلُ مَلابِسَ زَبَائِنِهَا فِي مَنْزِلِهَا مُقَابِلَ أَجْرٍ

it took me in completely لَمْ أَفْطِنْ إِلَى الخُدْعَةِ مُطْلَقًا

she took in her dress ضَيَّقَتْ فُسْتَانَهَا

I can't take it in لا أَسْتَطِيعُ أَنْ أَهْضِمَ الأَمْرَ

I take off my hat to him أَنْحَنِي تَقْدِيرًا لَه

he took himself off اِنْصَرَفَ ، غَادَرَ (الحُجْرَةَ)

he took off his clothes خَلَعَ (نَزَعَ) مَلابِسَه

the comedian took off the minister قَلَّدَ المُمَثِّلُ الهَزْلِيُّ إِيمَاءَاتِ الوَزِير

the aircraft took off أَقْلَعَتِ الطَّائِرَة

take-off, *n.*
(mimicry, parody) تَقْلِيد هَزْلِيّ
(departure of aeroplane) إِقْلاع الطَّائِرَة

I can't take on any more work today لا أَسْتَطِيعُ أَنْ أَقْبَلَ أَيَّ عَمَلٍ إِضَافِيٍّ اليَوْمَ

he took him on at billiards قَبِلَ تَحَدِّيَه فِي لَعِبِ البِلْيَارْدُو

it takes on a new meaning now لَقَدِ اتَّخَذَتْ هَذِهِ الكَلِمَةُ مَعْنًى جَدِيدًا هَذِهِ الأَيَّام

don't take on so! كَفَاكَ حُزْنًا ! لا تَتَزَعْزَعْ !

he took out a patent سَجَّلَ اخْتِرَاعَه

this kind of work takes it out of you يَسْتَنْزِفُ هَذَا العَمَلُ المُنْهِكُ قُوَاكَ

he took it out on his wife فَشَّ غِلَّه فِي زَوْجَتِهِ ، أَنْزَلَ فِيهَا غَائِلَةَ غَضَبِه

when are you taking over your new post? مَتَى سَتُبَاشِرُ أَعْمَالَكَ فِي الوَظِيفَةِ الجَدِيدَةِ ؟

a take-over bid عَرْضٌ تُقَدِّمُه شَرِكَةٌ كَبِيرَةٌ تَرْغَبُ فِي تَمَلُّكِ أَسْهُمِ شَرِكَةٍ أُخْرَى وَإِدَارَتِهَا

the rebels took up arms against the authorities قَامَ المُتَمَرِّدُونَ بِثَوْرَةٍ مُسَلَّحَةٍ عَلَى السُّلُطَات

she took up her skirt another inch قَصَّرَتْ تَنُّورَتَهَا (جُونِلَّتَهَا) بُوصَةً أُخْرَى

he took up rowing last year اِتَّخَذَ التَّجْدِيفَ رِيَاضَةً فِي العَامِ المَاضِي

he took the speaker up on this point تَحَدَّى الخَطِيبَ أَنْ يُثْبِتَ نُقْطَةً ذَكَرَهَا فِي حَدِيثِه

it takes up too much time لَيْسَ هُنَاكَ وَقْتٌ يَتَّسِعُ لِهَذَا العَمَل

he has recently taken up with criminals أَخَذَ يُعَاشِرُ المُجْرِمِينَ فِي الأَيَّامِ الأَخِيرَة

he took it upon himself to make the decision اِجْتَرَأَ عَلَى اتِّخَاذِ القَرَارِ دُونَ اسْتِشَارَةِ أَحَد

v.i. تَعَوَّدَ ، اِعْتَادَ ؛ لَجَأَ إِلَى

my vaccination has not taken لَمْ يُحْدِثْ تَطْعِيمُ (تَلْقِيحُ) الجُدَرِيِّ عِنْدِي أَثَرَه المُنْتَظَر

I took to him from the first شَعَرْتُ بِمَيْلٍ إِلَيْهِ مُنْذُ أَنِ الْتَقَيْنَا

he took to his bed لَجَأَ إِلَى فِرَاشِه

he took to drink أَدْمَنَ الخَمْرَ

he did not take kindly to my suggestion لَمْ يَسْتَجِبْ لاقْتِرَاحِي ، لَمْ يَقْبَلْهُ بِارْتِيَاح

n. 1. (amount taken or caught) الوَارِد

2. (*cinemat.*) (لَقْطَة) مَنْظَر سِينمائِي

double-take رَدُّ فِعْلٍ مُتأخِّر أيْ بعد مُرُورِ قليل من الوقت على أمْرٍ غير مُتَوَقَّع

taker, *n.* مَن يَقْبَل التَّحدِّي أو المُرَاهَنة

taking, *a.* أَخَّاذ ، جَذَّاب ، فاتِن

takings, *n.pl.* إيرَادَات (المَتْجَر مثلاً)

talc, *n.*; *also* **talcum** حَجَر الطَّلْق

talcum powder مَسْحُوق الطَّلْق ، بُودْرَة تَلْك

tale, *n.* 1. (story) حِكايَة ، رِواية

2. (idle or malicious report) ثَرْثَرَة ضارَّة

tale-bearer وَاشٍ ، نَمَّام

I should not be telling tales out of school لا يَجْدُر بي أن أفشي ما اؤتُمِنْتُ على كِتْمانه

talent, *n.* 1. (ancient weight and monetary unit) وَزْنَة أو وَحْدَة نَقْدِيّة قَدِيمة

2. (skill) مَوْهِبَة ، مَقْدِرة غَرِيزيّة ، حِذْق ، مَهارة خاصَّة

talent scout مَنْ يَبْحَثُ عَمَّن يُنْتَظَرُ أن تَسْطَع مَواهِبُهم في عالَم الرِّياضَة أو الفَنّ

talented, *a.* مَوْهُوب

talisman, *n.* طِلَّسْم (طَلاسِم) ، تَعْوِيذَة

talk, *v.i.* & *t.* تَكَلَّم

she does not like being talked about يُضايِقُها أن يَتَحَدَّثَ الآخرون عن أمورها الشخصيّة

talk back أَجَابَ (على التأنيب) مُتَحَدِّيًا

he tried to talk the speaker down تَمادَى في مُقاطَعَة الخَطِيبِ بقَصْد كَفِّه عن الكلام

he talked himself into (out of) it أَقْنَع نَفْسَه بِصَوابِ الفِكْرَة (أو بِبُطْلانِها)

let us talk the matter over دَعْنا نَتَنَاقَشُ في الأَمْر

we tried to talk him over (round) حَاوَلْنا إقْناعه أو اسْتِمالَتَه إلى وُجْهَة نَظَرِنا

we seem to be talking round the subject يَبْدُو أنَّنا نَدُورُ حَوْلَ المَوْضوع دُونَ مُعالَجَة صَمِيمه

I gave him a good talking-to (*coll.*) أَعْطَيْتُه دَرْسًا مَلِيئًا بالتَّأْنِيب والتَّوْبِيخ

now you're talking! (*coll.*) وَأَخِيرًا بَدَأْتَ تَتَكَلَّم كَلامًا واقِعِيًّا مَعْقُولاً !

n. 1. (conversation, gossip) حَدِيث

he is the talk of the town أَصْبَح مِحْوَر حَدِيث المدينة

small talk دَرْدَشَة ، حَدِيث عابِر

2. (informal lecture) حَدِيث

the author gave a talk on the radio قَدَّم المُؤَلِّف حَديثًا في بَرْنامَج إذاعِيّ

talkative, *a.* ثَرْثار ، كَثِير الكَلام

talkies, *n. pl.* (*coll.*) أَفْلام ناطِقَة

tall, *a.* 1. (of specified height) طُوله كَذا ...

he is six feet tall طُوله سِتَّةُ أَقْدام

2. (of more than average height) طَوِيل القامة

3. (*coll.*, extravagant) مُبالَغ فيه

that is a tall order هَذا طَلَب غير مَعْقُول

a tall story قِصَّة مُبالَغ فيها

tallboy, *n.* خِزانة (مَلابِس) مُرتفِعة ذات أدْراج

tallow, *n.* شَحْم حَيَوانيّ تُصْنَع منه الشُّموع

tally, *n.* 1. (account) كَشْف الحِساب

2. (label) بِطاقة (تُعَرِّف ما تُلْصَق بِه)

v.i. تطابَق (تَقْريران عَن حادِثٍ ما)

tally-ho, *int. & n.* نِداء الصَّيّاد عندما يَلْمَح الثَّعْلَب

Talmud, *n.* (**-ic,** *a.*) التَّلْمود (وهو مَجْموعَة الشَّرائع والتَّقاليد اليَهوديّة)

talon, *n.* مِخْلَب (النَّسر مثلاً)

tam, *n., see* **tam-o'-shanter**

tamarind, *n.* التَّمْر هِنْدي

tamarisk, *n.* شَجَرة الطَّرْفاء أو العبل

tambour, *n.* 1. (drum) طَبْل (طُبول)

2. (embroidery frame) طارة لِلتَّطْرِيز

tambourine, *n.* الدُّفّ ، الرِّقّ ، الطّار

tame, *a.* 1. (domesticated) دَاجِن وأَليف ، جُوِّيّ

2. (spiritless) فاتِر ، عَديم الحَيَوِيَّة

v.t. رَوَّض ، جَعَله أكْثَر أُلْفَةً

Tamil, *n. & a.* التّامِيل ، عُنْصُر في الهِنْد ولُغَتهم

tam-o'-shanter, *n.; also* **tam, tammy** قُبَّعَة اسْكُتْلَنْدِيّة مُسْتديرة مَصنوعة من الصُّوف

tamp, *v.t.* دَكَّ (الطريق مثلاً) ، كَبَّس

tamper, *v.i.* عَبَثَ (بِقُفْلٍ مُحاوِلاً فَتْحَه مثلاً)

tan, *n.* 1. (bark for treating hides) مَسْحُوق لِحاء بَعْض الأَشْجار يُسْتَعْمَل في دِباغَة الجُلُود

2. (colour); *also a.* لَوْن بُنِّيّ مائِل لِلصُّفْرَة

3. (colouring of sunburnt skin) السُّمْرة الَّتِي تَكْتَسِبُها البَشْرة بِتَعَرُّضِها للشَّمْسِ والهَواء

v.t. 1. (convert to leather) دَبَغ (الجُلُود)

2. (brown with sunlight); *also v.i.* اِسْمَرَّ

3. (*coll.*, beat) ضَرَبه عَلْقَةً ، جَلَده

tandem, *adv.; also* **in tandem** (رُبِطَ الحِصانان) بالتَّرادُف ، أَحَدُهُما خَلْفَ الآخَر

tandem ⟨bicycle⟩ دَرّاجة ذات مَقْعَدَيْن الواحِد خَلْفَ الآخَر

tang, *n.* 1. (taste, flavour) طَعْم أو نَكْهَة نفّاذة

2. (point of file, etc.) طَرَف (السِّكِّين أو المِبْرَد) الذي يدخُل في مِقْبَضه ، سِنْخ

tangent, *n.* (**-ial,** *a.*) 1. (*geom.*) مُماسّ (هندسة)

he flew (went) off at a tangent شَطَّ عن المَوْضُوع وانْتَقَل فِكْرُه إلى مَوْضُوعٍ آخَر

2. (*trig.*); *contr.* **tan** ظِلّ الزّاوِية (ظا)

tangerine, *n.* اليُوسُفِيّ ، يُوسُف أَفَنْدِي (موالح)

tangible, *a.* مَلْمُوس ، مَحْسُوس ، واقِعِيّ ، (المَوْجُودات أو الأصول) الحَقِيقِيَّة (اقْتِصاد)

tangle, *v.t. & i.; also n.* شَبَّكَ ؛ تَشَبَّكَ

tango, *n.; also v.i.* رَقْصَة التّانْجو أو مُوسِيقاها

tank, *n.* 1. (container) صِهْرِيج ، خَزّان ، حَوْض

2. (armoured vehicle) دَبّابَة

v.t. & i., usu. with adv. up مَلأَ (الخَزّان)

tankage, *n.* 1. (storage in tanks; charge for this) وَضْع (النفْط) في الصَّهارِيج

2. (capacity) سَعَة الصِّهْريج

tankard, *n.* إناء مَعْدِنيّ (كالكوز) لِشُرْب البِيرَة

tanker, *n.* (سَفِينَة) ناقِلَة البِتْرُول

road tanker شاحِنَة (لوري) لِنَقْل البترول مثلاً

tanner, *n.* 1. (one who tans hides) دَبّاغ

2. (*coll.*, sixpence) قِطْعَة نَقْد قيمتها ٦ بِنسات

tannery, *n.* مَدْبَغَة (مَدابِغ)

tannic acid, *n.*; *also* **tannin** حَمْض التنّيك

tantalize, *v.t.* ظَلَّ يُمَنِّيه بالآمال ويُعَذِّبُه بِعَدَم تَحْقِيقها

tantalus, *n.* صُنْدُوق مُقْفَل تُرَى به قَنانٍ (من الويسكي) يستحيل الوصول إليها إلاّ بمِفْتاح خاصّ

tantamount, *a.* مُساوٍ لِ... ، بِمَرْتَبَة ...

tantrum, *n.* سَوْرَة غَضَبٍ لا داعِيَ لَها

tap, *n.* 1. (faucet, cock) صُنْبُور، حَنَفِيّة، سطام

tap-room حُجْرَة بَيْع الخُمور أو احْتِسائها في فُنْدُق

tap-root الجِذْر الرَّئيسيّ الوَتَدِيّ للنَّبات

on tap (بِيرة) مُعَبَّأة في بِرْمِيل ؛ (سِلْعَة) مُتَوَفِّرة

2. (tool) آلَة لِقَطْع السِّنّ الدّاخِلِيّ لِلَّوْلَب

3. (light blow) رَبْتَة أو ضَرْبَة خَفِيفة

tap-dancing رَقْص إيقاعيّ يَتَمَيَّز بِنَقْر خَشَبَة المَسْرَح بِكَعْب الحِذاء ورأسِه نَقَراتٍ سَرِيعة

v.t. 1. (draw liquid, etc., from) سَحَب سائِلاً من بِرمِيل ذي صُنْبُور خَشَبِيّ

the police tapped his telephone line اِسْتَمَع رِجالُ الشُّرْطَة لِمُحادَثاتِه التليفونية خِفْيَةً

he tapped me for a pound أَقْرَضْتُه جنيهًا على كُرْهٍ مِنّي

2. (thread) قَطَع السِّنَّ الدّاخِلِيّ لِلَّوْلَب

3. (strike lightly) رَبَت ، نَقَر ، ضَرَب بِخِفَّة

tape, *n.* شَرِيط (مِن نَسِيج مَتِين) ؛ شَرِيط للتَّسْجِيل

tape-measure شَرِيط القِياس ، مازورة

tape-recorder جِهاز تَسْجِيل (الصَّوْتِ على شَرِيط)

red tape الرُّوتِين الحُكوميّ

v.t. 1. (furnish with tape) شَدَّ بِأَشْرِطة (تَجْليد)

2. (secure with tape) رَبَط (طردًا) بِشَرِيط

3. (measure with tape) قاس (القُماش) بشريط

I quickly had him taped (*coll.*) سُرْعانَ ما أَدْرَكْتُ نِيَّتَه الخَفِيَّة

4. (record on tape) سَجَّل على شَرِيط

taper, *n.* 1. (diminution in width) اِسْتِدْقاق طَرَفَ الشّيء ، تَناقُص تَدْرِيجِيّ

2. (thin candle) فَتِيلَة مُشَمَّعة ؛ شَمْعَة رَفِيعة

v.t. & *i.* جَعَل أحد طرفيه مستدقًّا ؛ اِسْتَدَقّ

tapestry, *n.* لَوْحَة كَبِيرة من نَسِيج صُوفِيّ بِها رُسُوم تطريزيّة ؛ نَسِيج مُزَخْرَف للتَّنْجِيد

tapeworm, *n.* الدُّودَة الشَّرِيطِيّة (الوَحِيدة)

tapioca, *n.* تابْيُوكا (مُسْتَحْضَر نَشَوِيّ لِلأَكْل)

tapir, *n.* التّابِير (حَيَوان يُشْبه الخِنْزِير أَنْفه كبير)

tapster, *n.* عامِل يَسْحَب البِيرة من البَرامِيل للزَّبائن

tar, *n.* 1. (substance) قَطْران ، قار

tar macadam, *contr.* tarmac حَصًى مُقَطْرَن

2. (sailor) مَلّاح ، بَحّار ، نُوتيّ

v.t. دَهَن بالقَطْران ، غطّى بالقار

tar and feather نَكَّل بِشَخْص بِدَهْن جِسْمِهِ بالقَطران ثم تَغْطِيته بالرِّيش

they are all tarred with the same brush كُلُّهم من طِينَة واحِدَة

taradiddle, *n.* تَلْفِيقة ، أكذوبة

tarantel/la (-le), *n.* رَقْصَة شَعْبِيّة إيطالِيّة

tarantula, *n.* رُتَيْلاء (عَنْكَبُوت سامّ)

tarboosh, *n.* طَرْبُوش

tard/y, *a.* (**-iness,** *n.*) مُتَوانٍ ، بَطِيء ؛ تَأَخُّر

tare, *n.* 1. (allowance for weight) وَزْن العَرَبة أو الآنِية وهي فارِغَة ، الفارِغ

2. (weed) الزَّوان (أعشاب ضارة)

target, *n.* هَدَف ؛ غَرَض ، مَرْمًى

tariff, *n.* 1. (customs duties) التَّعْرِيفة الجُمْرُكِيّة ، مُكوس كُمْرُكيّة

2. (scale of charges) قائِمَة الأسْعار

tarmac, *see* **tar** macadam

tarn, *n.* بُحَيْرة صَغيرة وَسْط الجِبال

tarnish, *v.t.* & *i.*; *also n.* أطْفأ بَرِيقَ المَعْدِن

a tarnished reputation سُمْعَة مُلَوَّثة

tarpaulin, *n.* قُماش مَتِين مُشَمَّع أو مُقَطْرَن

tarry, *v.i.* مَكَث ، بَقِيَ ؛ تَوانَى ، تَلَكَّأ

tart, *n.* 1. (flat pie) فَطِيرة مُغَطّاة بالفاكِهة

2. (*sl.*, girl, *sometimes* prostitute) فَتاة ، اِمْرَأة ؛ مُومِس (عامّيّة)

v.t. & *i.* (*sl.*, *with* up) تَزَيَّنَتْ ، تَبَهْرَجَت

she is all tarted up tonight لَقَدْ تَزَيَّنَت وَلَبِسَت حُلِيَّها (البَرّاقة الرَّخِيصَة) اللَّيْلة

a. (بُرْتُقال) حاذِق ، لاذِع ، حِرِّيف

a tart reply (رَدّ) سَلِيط ، (إجابَة) لاذِعَة

tartan, *n.* قُماش صُوفِيّ مُزَخْرَف بِمُرَبَّعات مُلَوَّنة (طِبقَ نقوش اسكتلنديّة مُتعدِّدَة)

Tartar, *n.* تَتارِيّ ، تَتَرِيّ (التَّتَر)

he is a bit of a Tartar at home يَمِيل إلى الاِسْتِبْداد في تَصَرُّفاتِه مع أُسْرَتِه

tartar, *n.* (**-ic,** *a.*) طَرْطَر ، طَرْطِير ، ثاني طَرْطرات البوتاسيوم الخام ؛ القَلَح ، طُرامَة الأسنان

tartlet, *n.* فَطِيرَة صَغيرة يُغَطّى سَطْحُها بالفاكِهة

task, *n.* عَمَل ، واجِب ، فَرْض

task force وَحْدَة حَرْبِيّة تَضُمّ عَناصِر من قُوّات البَرّ والبَحْر والجوّ ويُعْهَد إليها بِمُهِمَّة مُعَيَّنَة

task-master رَئِيس مُتَعَسِّف ومُتَعَنِّت

he was taken to task تَعَرَّض لِلَوم قاسٍ ، اُسْتُدْعِيَ وحُوسِبَ على ما اقْتَرَفَت يَداه

v.t. كَلَّفه بِمَهِمَّة ؛ أرْهَقَه بما فوقَ طاقَتِه

tassel, *n.* شُرّابَة (في طَرَفِ حَبْل) ، زِرّ (الطَّرْبوش)

taste, *n.* 1. (sense; sensation) حاسَّة الذَّوْق

taste-buds بَراعِمُ الذَّوْق (حُلَيْمات بِسَطْح اللِّسان)

2. (small portion) ما يَكْفِي لإعْطاء المَذاق

he received a taste of his own medicine ذاقَ طَعْمَ التَّجْرِبة الّتي أذاقَها لِغَيْرِه

3. (liking) مَيْل ، رَغْبة ، هَوًى ، شَغَف

I have no taste for excitement لَسْتُ من عُشّاق الصَّخَب، لا شَغَفَ لي بالحياة الصّاخِبة
4. (discernment) ذَوْق
a man of taste رَجُل سَلِيم الذَّوْق
v.t. 1. (savour) ذاقَ ،تَذَوَّق ، طَعِمَ
he has never tasted defeat لَمْ يَذُقْ طَعْمَ الهَزِيمة قطّ
2. (sample) ذَاق على سَبِيل التَّجْرِبَة
v.i. لَه طَعْمٌ خاصّ
it tastes too much of garlic إنَّ طَعْمَ الثَّوْم في هذا الطَّبَق قد ازْدَاد عَن اللّازِم
tasteful, *a.* حَسَن الذَّوْق
tasteless, *a.* 1. (insipid) لا طَعْمَ له ، تَفِه
2. (in bad taste) لا يَتَّفِق والذَّوْق السَّلِيم
taster, *n.* ذَائِق ، مَن يَحْتَرِف تَذَوُّقَ (النَّبِيذ)
tea-taster شَخْص ذُو حساسية فائقة في الذَّوْق تُمَكِّنُه من اختيار أَوْراق الشَّاي لِتَوْلِيفها
tasty, *a.* شَهِيّ ، لَذِيذ ، طَيِّب المَذاق
ta-ta, *int.* (*nurs. & vulg.*) كَلِمة وَداع عند الصِّغار
tatter, *n.* خِرْقَة ، ثَوْبٌ رَثٌّ مُهَلْهَل
in tatters رَثُّ الثِّياب ، مُهَلْهَل الملابس
tatterdemalion, *n.* صُعْلُوك رَثّ الثِّياب
tattle, *v.i. & n.* ثَرْثَرَ ، دَرْدَش ؛ دَرْدَشَة
tattoo, *n.* 1. (drum-beat); *also v.t. & i.* دَقُّ الطُّبُول لِلعَوْدَة إلى الثُّكْنَة
his fingers beat a tattoo on his knee كانَ يَدُقّ بِأصابِعه على رُكْبَتِه (لِشِدَّة انْفِعالِه)

2. (pageant) عَرْض عَسْكَرِيّ لِلتَّرْفِيه (لَيْلًا)
3. (pattern on skin); *also v.t.* وَشْم ؛ وَشَم (رَسْم على الجِلْد بغرز الإبرة شكلًا لا يُمْحَى)
tatty, *a.* (*coll.*) مُهَلْهَل ، رَثٌّ ، بالٍ
taught, *pret. & past p. of* **teach**
taunt, *n. & v.t.* تَهَكُّم لاذِع ؛ عَيَّبَ ، عَيَّرَ
Taurus, *n.* بُرْج الثَّوْر (فَلَك)
taut, *a.* مَشْدُود ، مُتَوَتِّر
tauten, *v.t. & i.* شَدَّ ، وَتَّر ؛ تَوَتَّر
tautolog/y, *n.* (**-ical,** *a.*) تِكْرار المَعْنَى بِكَلِمات مُخْتَلِفَة لا تُضِيف إلى ما قِيل أيّ جَدِيد
tavern, *n.* حانَة ، بار ؛ خان (قديمًا)
tawdry, *a.* (حُلِيّ) مُبَهْرَجة ، بَرّاقة ورَخِيصة
tawny, *a.* لَوْن أَصْفر مائل إلى السُّمْرة
tax, *v.t.* 1. (impose levy on) فَرَض ضَرِيبة على
2. (strain) أَجْهَد ، أَتْعَبَ ، أَنْهَك
3. (accuse) اِتَّهَمَه (بِإِهْمال واجبه)
4. (*leg.*) فَنَّدَ رُسُومَ المَحْكمة من مَصارِيف الدَّعْوَى
n. 1. (levy) ضَرِيبة (ضَرائِب)
tax-free, *a.* مُعْفًى من الضَّرائب
2. (strain) إِجْهَاد ، عِبْءٌ
taxable, *a.* خاضِع للضَّرِيبة
taxation, *n.* نِظام أو فَرْضُ الضَّرائب
taxi, *n.*; *also* **taxicab** سَيّارَة أُجْرَة ، تاكْسِي
v.i. سارَت الطّائِرة على أَرْضِ المَطار
taxiderm/y, *n.* **-ist,** *n.* تَحْنِيط أو تَصْبِير الحَيَوان

taximeter, *n.* عَدَّاد سيَّارة الأُجْرَة

taxpayer, *n.* دَافِع الضَّرائب ، مُكلَّف بدَفعِها

tea, *n.* 1. (plant; its leaves; drink) شَاي

tea-break فَتْرة تَوقُّف العَمَل لِتَناوُل الشَّاي

tea-caddy عُلْبَة (مُحْكَمَة) لِحِفْظ أوراق الشّاي

tea-cosy غِطاء (صُوفِيّ) لِحِفْظ حرارة إِبْرِيق الشّاي

tea-leaves ثُفْل الشّاي

tea rose نَوْع من الوَرْد يَرجِع إلى أَصْل صِينِيّ

it's not my cup of tea (*coll.*) إنّه لا يُلائم مِزاجي أو هَوايَ ، ليس على مَشْرَبي

2. (light afternoon meal or refreshment) وَجْبَة خفيفة تُقدَّم بعد الظّهر مع الشّاي غالبًا

tea-cloth

(for table or tray) غِطاء أو مَفْرَش للمائِدة أو لِلصِّينِيّة عند تَناول الشّاي

(for drying crockery); *also* tea-towel مِنْشَفة أو فُوطة صَغيرة لِتجْفيف الأواني

tea-party حَفْلَة شاي

tea-room; *also* tea-shop صَالة الشّاي (في فُنْدُق مثلًا) ، مَطْعَم صَغير لتناول الشّاي والمُرَطِّبات

tea-service; *also* tea-set طَقْم الشّاي

tea-things أدَوات تَناوُل الشّاي

tea-trolley; *also* tea-wagon مِنْضَدة تَتحَرَّك على عَجَلات وتُسْتَخْدَم في نَقْل أدَوات الشّاي

teach (*pret. & past p.* taught), *v.t. & i.* عَلَّم ، درَّس ، لَقَّن

teach-in, *n.* نَدْوَة دِراسِيّة لِتَزْويد الراغبين بِمَعْلُومات جَديدة في موضوع مُعَيَّن

teacher, *n.* مُعَلِّم ، مُدَرِّس

teaching, *n.* 1. (work or profession of teacher) (مِهْنَة) التَّعْليم أو التَّدْرِيس

2. (doctrine) مَذْهَب ؛ تَعاليم

teacup, *n.* فِنْجان الشّاي

a storm in a teacup زَوْبَعة في فِنْجان

teak, *n.* شَجَرة السَّاج ؛ خَشَب السَّاج

teal, *n.* الحَذَف ، بطّ نَهْرِيّ صَغِير

team, *n.* زَوْج أو أكثر مِن الحَيوان للجَرّ ؛ فَرِيق

team spirit رُوح الجَماعَة

team-work عَمَل جَماعِيّ

v.i.

team up with اِنْضَمَّ إلى ، اِشْتَرَك مع

teamster, *n.* سَائِق زَوْج أو أكثر (من الخَيْل)

tear (*pret.* tore, *past p.* torn), *v.t. & i.*

1. (rend); *also n.* قَطَع ، شَقَّ ، مَزَّق ؛ تَمْزِيق

the gossips tore her reputation to pieces لاكَت الألْسِنَة سُمْعَتَها وقَدَحت في عِرْضِها

I couldn't tear myself away لَم أَسْتَطِع أن أَنتزِع نَفْسي (من الحَفْلَة مثلًا)

he tore his hair in frustration راح يَشُدّ شَعْر رأسِه لِفَشَلِه وخَيْبَة آماله

he was torn by conflicting emotions مَزَّقَته العَواطِف والانفعالات المُتضارِبة

that's torn it! (*coll.*) يا لِلْمُصِيبَة ! وا أسفاه !

2. (rush) انْدَفَع ، أَسْرَع

he tore off his clothes خَلَع مَلابِسه بِسُرْعة

he tore up the street أَطْلَق ساقَيْه لِلرِّيح

he is in a tearing hurry إنّه في عَجَلة شَدِيدة

tear, *n.* دَمْعَة

tear-drop قَطْرَة من الدَّمْع

tear gas غَاز مُسِيل لِلدُّموع

a tear-jerker (*sl.*) رِوَايَة تَسْتَدِرّ الدُّموع

tearful, *a.* (طِفْل) باكٍ ، بَكّاء ؛ مُبَلَّل بالدُّموع

tease, *v.t.* 1. (pester, make game of) سَخِر مَازِحًا ، داعَب ؛ ضايق ، لَجَّ عليه بالأسئلة

2. (comb out) مَشَّط (الألياف) ، نَدَف

n. مُولَع بِمُداعَبة الآخَرين والسُّخْرِية مِنهم

tea/sel (-zle), *n.* مِشْط الرَّاعي (نَبات مُزْهِر)

teaser, *n.* (*coll.*) مُعْضِلَة ، مُشْكِلة عَوِيصَة

teaspoon, *n.* مِلْعَقَة شاي

teat, *n.* حَلَمَة الثَّدْي ؛ حَلَمَة زُجاجة الإرْضاع

teazle, *see* **teasel**

technical, *a.* تِقْنِيّ ، تكنيكي ، لا يَفْهَمُه العامّة

technical hitch خَلَل فَنّي (في البَرْنامج)

technical school; *abbr.* tech. مَدْرَسة فَنِيّة

technicality, *n.* إحْدَى التَّفاصِيل (القانُونيّة مَثَلًا)

technician, *n.* خَبِير فَنّي (في الهَنْدَسَة غالبًا)

Technicolor, *n.* صِناعَة الأفلام السِّيمائيّة المُلوَّنة

technique, *n.* طَرِيقَة فَنِّيّة للعَمَل ، تِقْنِيَّة

technocr/at, *n.* **-acy,** *n.* خَبِير التَّنْظِيم الصِّناعيّ

technolog/y, *n.* (**-ical,** *a.*) التِكنُولوجيا ، التِّقْنِيَّة ، دِراسَة العُلوم التَّطْبِيقِيّة ومُمارَسَتها

Teddy boy, *n.* شَابٌّ يُفْرِط في التَّأَنُّق ويَنْزَع أحْيانًا إلى أعْمال العُنف

tedious, *a.* (مُحاضَرة) مُمِلّة ورَتِيبَة ؛ مُضْجِر

tedium, *n.* مَلَل ، ضَجَر ، رَتابة

tee, *n.* 1. (*see* T)

2. (*golf*) مَوْضِع بَدْء لُعبة الجُولْف

v.t. (*also with adv.* up) وَضَع كُرَة الجُولْف عَلى حامِل خاصّ اِسْتعدادًا لِبَدْءِ الشَّوْط

v.i. (*with adv.* off) ضَرَب كُرَة الجولف بَعْد وَضْعِها على حامِل خاصّ في بَدْء الشَّوْط

tee-hee, *int.* & *v.i.* قَهْقَه ضاحِكًا

teem, *v.i.* عَجَّ أو غَصَّ بِ ...

it is teeming with rain يَهْطِل المطَر مِدْرارًا

teenager, *n.* مُراهِق

teens, *n.pl.* السَّنَوات بين ١٣ و١٩ من العُمْر

teeny⟨-weeny⟩, *a.* (*nurs.*) صَغِير (بِلُغَة الأطفال)

teeter, *v.i.* تَرَنَّح ، تَأَرْجَح (في مِشْيَته مثلًا)

teeth, *pl. of* **tooth**

teethe, *v.i.* سَنَّن (الطِّفلُ) ، شَقَّ أَسْنانه

teething-ring حَلْقَة مصنوعة مِن مادّة مَرِنَة يَعَضّ عليها الطِّفل في مَرْحَلَة التَّسْنِين

the new engine has had a lot of teething troubles مَرَّ المُحَرِّك الجَدِيد بمرحلة مَلِيئة بالتعطُّل المُعتادِ في بَدْء اسْتِعمال أيّة آلة

teetotal, *a.* مُمْتَنِع عن شُرْب المُسْكِرات امْتِناعًا تامًّا

teetotaller, *n.* مَنْ لا يَتَعاطَى المُسْكِر مُطْلَقًا

teetotum, *n.* خُذْرُوف ذُو أَرْبَعة وُجوه (أُلْعوبة)

telecast, *n.* إذاعة تِلِيفِزيُونيّة

telecommunications, *n.pl.*
وَسائل الاتّصال السّلكيّة واللاسلكيّة

telegram, *n.* بَرْقِيّة

telegraph, *n.* تِلِغْراف ، بَرْق ، تِلّغراف (مصر)

v.t. & i. أبْرَق

telegraphese, *n.* أُسْلُوب تحرير البرقيّات بإخْتِصار (وما شابَهَه مِن أساليب الكِتابة)

telegraphic, *a.* تِلِغْرافيّ ، بَرْقيّ

telegraphist, *n.* عامِل أو مُوَظّف بالتّلغراف

telegraphy, *n.* الإبْراق ، الإرْسال التِّلِغْرافي

teleolog/y, *n.* (**-ical,** *a.*) الغائيّة ، تفسير ظَواهِر الطّبيعة بأنّ كلّ تطوّر هو وَلِيدُ الحاجة

telepath/y, *n.* (**-ic,** *a.*) تخاطُر ، انتِقال الخَواطِر

telephon/e, *n.* (**-ic,** *a.*), *contr.* phone
الهاتِف ، التِّليفون ، المِسَرّة

are you on the telephone? هَلْ عِنْدَكَ تِليفون؟

you are wanted on the telephone أنتَ مَطْلوب على الهاتِف أو التِّليفون

v.t. & i. تَلْفَن ، اِتَّصَل بِشخص تليفونيًّا

telephonist, *n.* عامِل أو مُوَظّف التّليفون

telephony, *n.* الإرْسال التِّليفونيّ

telephotograph/y, *n.* (**-ic,** *a.*; *also* **telephoto**) التّصْوير بِعَدَسة مُقرِّبة

telephoto lens عَدَسة مُقرِّبة

teleprint, *v.t. & i.*; *also n.* المِبْرَقة الكاتِبة

teleprinter, *n.* المِبْرَقة الكاتِبة

tele-recording, *n.* التّسْجيل عن بُعْد

telescope, *n.* تِلِسْكُوب ، مِقْراب ، مِنْظار مُقرِّب

v.t. & i. أَدْخَل (مَرْحلة من مَشْروع) في أخرى

the first two coaches of the train were telescoped in the collision تداخَلت العَرَبَتانِ الأماميّتان عِند تَصادُم القِطارَيْن

telescopic, *a.* 1. (pertaining to a telescope) تِلِسْكوبيّ

telescopic sights مِهْداف تِلِسْكوبيّ

2. (extensible) مُتداخِل الأجْزاء

a telescopic aerial هَوائيّ مُتداخِل الأجْزاء

teletype, *v.t. & i.* وَجّه رِسالة بَرْقيّة بالمِبْرقة الكاتِبة

televise, *v.t. & i.* أذاعَ بالتليفزيون ، تَلْفَز

television, *n.*; *coll. contr.*, **telly** تِليفِزْيون

tell (*pret. & past p.* told), *v.t.* 1. (relate, state, utter) أخْبَر ، أبْلَغ ، حدّث ، رَوَى

I can tell you! أُؤكّد لك ! صَدِّقني !

I told you so! لَقَدْ حَذَّرْتُك ! كنتُ على حقّ !

you're telling me! (*sl.*) أتَظنُّ أنّك تُخْبِرُني شَيْئًا جَديدًا لا عِلْمَ لي به ؟

tell-tale expression تغيير على مَلامِح الوَجْه يَشِي بما يُحاوِل المَرْء أن يُخْفيه

2. (discern) عَرَف حَقيقة الشّيء ، مَيَّزه

tell the time يَعْرِف كيف يَقرأ الوقت بالنّظر إلى عَقْرَبي السّاعة

I can't tell them apart لا أَسْتَطيع أن أُمَيِّز أو أُفَرِّق بينهما

there's no telling what will happen next لا أَحَدَ يَعْرِف الآنَ ما عَسَى أن يَحْدُث بَعْد ذلِك

you never can tell مَنْ يَدْرِي ؟
قَدْ يَحْدُث ما لا يَنْتَظِرُه أَحَد !

3. (count) عَدَّ

tell one's beads سَبَّح بِالمِسْبَحة

fifty people came all told حَضَر خمسون شَخْصًا لا أكثر ولا أقل

4. (direct, order) أَمَر

he was told off for special duty وُكِلَ (إِلَى الضَّابِط مثلاً) القِيامُ بِمُهِمّة خاصَّة

he was told off for being late وُبِّخَ أَوْ عُنِّفَ لِحُضوره مُتأخِّرًا عن المِيعاد

v.i. 1. (produce marked effect) أَثَّر

time will tell إِنَّ غَدًا لِنَاظِرِهِ قريب

the heavy work told on him بَدَت عليه آثارُ العَمَل الشّاقّ

2. (*with prep.* on, inform against) وَشَى بِهِ ، فَتَن (على زميله مثلاً)

teller, *n.* 1. (narrator) رَاوٍ ، قاصّ

2. (counter of votes) مُحْصِي الأَصْوات بالبَرْلمان

3. (bank official) صَرَّاف البَنْك

telling, *a.* (ضَرْبَة) سَدِيدة ، (حُجَّة) مُفْحِمَة

telly, *see* **television**

temerity, *n.* تَهَوُّر ، تجاسُر ، جَراءَة ، وَقاحَة

temper, *n.* 1. (disposition) مِزَاج ، طَبْع

in a temper فِي حَالَة غَضَب شَديد ، مُنْفَعِل

a fit of temper ثَوْرَة غضب ، نَوْبَة تَهَيُّج

he kept his temper تَمالَكَ أَعصابَه

he lost his temper ثارَت ثائِرَتُه ، استشاط غضبًا

2. (condition of metal, etc.) دَرَجَة صَلابَة المَعْدِن (وخاصّة الصلْب) أو مُرُونَتِه

v.t. 1. (harden *metal*) سَقَى الفُولاذَ لِتَقْوِيَتِه

2. (mitigate, moderate) خَفَّف ، لَطَّف

tempera, *n.* طَرِيقَة للرَّسْم على الجُدران الجِصِّية بِأَلْوَان مَمْزُوجة بِصَفار البَيْض أو بمادّة غِرَوِيّة

temperament, *n.* مِزاج ، سَجِيَّة ، طَبْع

temperamental, *a.* سَرِيع الاهْتِياج ، مُتَقَلِّب

temperance, *n.* اِعْتِدَال ؛ الامْتِناع عن المُسْكِرات

temperate, *a.* 1. (equable) مُعْتَدِل ، غير مُتَطَرِّف

2. (abstemious) مُعْتَدِل في المأكَل والمَشْرَب

temperature, *n.* دَرَجَة الحَرارة

have (run) a temperature عِنْدَه حَرارة عالية

he took the child's temperature أَخَذ دَرَجَة حَرَارَة الطِّفل المَرِيض (بِقِياسِها بالتِّرْمومِتر)

tempest, *n.* عَاصِفَة

tempestuous, *a.* (جَلْسَة) عاصِفة

template, *n.*; *also* **templet** لَبْعَة ، أُورْنِيك

temple, *n.* 1. (place of worship) مَعْبَد ، هَيْكَل

2. (side of head) صُدْغ ، فَوْد

tempo, *n.* سُرْعَة الإِيقاع ؛ مُعَدَّل السَّيْر

temporal, *a.* 1. (secular) دُنْيَوِيّ ، عالَمِيّ

2. (of time) زَمَنِيّ ، نِسْبَةً إِلى الزَّمَن

3. (*anat.*, of the temples) (العَظْم) الصُّدْغِيّ

temporary, *a.* مُؤَقَّت ، وَقْتِيّ

temporize, *v.i.* أَجَّل أو تَجَنَّب اتِّخاذ قرارٍ ما كَسْبًا لِلْوَقت ، ماطَلَ في سَدادِ الدَّيْن

tempt, *v.t.* 1. (entice) أَغْرَى ، أَغْوَى

2. (provoke); *only in*

we must not tempt providence يَنْبَغِي أَلَّا نَتَحَدَّث عن المُسْتَقْبَل كأنّنا واثِقون مِمّا يطْوِيه

temptation, *n.* إِغْرَاء ، غواية ، تجربة

tempt/er (*fem.* **-ress**), *n.* مُغْوٍ ؛ امرأة فاتِنة

tempting, *a.* خَلّاب ، فاتِن ، أَخّاذ

ten, *n.* & *a.* عَشَرَة ، عَشْر

the upper ten الطَّبَقة الأرستقراطيّة

ten to one he'll forget! سَيَنْسَى ولا شَكّ !

tenable, *a.* يُمْكِنُ الدِّفاع عَنه أو الاحْتِفاظ به

the argument is tenable الحُجَّة مَنيعة

the lectureship is tenable for five years يُعَيَّن المحاضِر في هذه الوَظيفة لمدّة خمس سَنوات

tenac/ious, *a.* (**-ity, -iousness,** *n.*) مُصِرّ على (حُقُوقه)، مُتَمَسِّك ، مُتَشَبِّث ؛ إِصْرار

tenancy, *n.* حِيَازَة (عقار)، مُدَّة الإيجار

tenant, *n.* مُسْتَأْجِر

v.t., esp. past p. أقام (بِمَنْزِل) كَمُسْتَأْجِر

tenantry, *n.* جَماعة المُسْتَأْجِرين (في ضَيْعة مثلًا)

tench, *n.* سَمَك التنقس (يعيش بالمياه العذبة)

tend, *v.t.* رَعَى ، اعتنَى بِ ، سهر على (راحته)

v.i. يَميل أو يَنْزَع إلى ..

tendency, *n.* نَزْعة ، مَيْل ، جُنُوح ، اتّجاه

tendentious, *a.* مُغْرِض ، متحيّز

tender, *n.* 1. (fuel truck behind locomotive) مَقْطُورة الوَقُود (خَلْفَ القاطِرة مباشرة)

2. (small ship) سَفِينَة صغيرة تخدم أخرى أكبر

3. (bid) عَطاء (في مُناقَصَة)

4. (currency); *only in*

legal tender عُمْلَة قانُونيّة

v.t. & *i.* قَدَّم ، تقدَّم بعَطاء (في مُناقَصة)

he tendered his resignation قَدَّم استقالته ، طَلَبَ إعفاءه من منصبه

a. رَقيق ، غضّ ؛ حَسّاس

tender-hearted, *a.* رَقيق القلْب ، رَحُوم

a tender subject مَوْضُوع حسّاس

a child of tender years طِفْل في سَنواته الأُولى

tenderfoot, *n.* وافِد حَديث لم يَأْلَف الحَياة الشّاقّة

tenderloin, *n.* قِطْعة لحم طَرِيّة أُسْطُوانِيّة الشّكل مَأْخُوذَة من كَشْح الخِنزير

tendon, *n.* وَتَر يَصِل العَضَل بالعَظْم

tendril, *n.* أَرْشِيَّة (خيوط النبات المتسلّق الممتدة)

tenement, *n.* مَبْنَى يشتمِل على عدة شقق (تَسْكُنها العائلات الفقيرة)

tenet, *n.* عَقِيدَة ، مَبْدأ جَوْهَرِيّ

tenner, *n.* (*coll.*) وَرَقَة بعَشَرة جُنَيْهات، 'عشراويّة'

tennis, *n.* التِّنِس ، كُرَة المَضْرَب

tennis-court مَلْعَب التِّنِس

tennis elbow	اِلْتِهَاب مَفْصِل المِرْفَق نَتِيجَةٌ للإِفْرَاط في لَعِب التَّنِس
tenon, *n. & v.t.*	لِسَان (في وصلة خشبية)
tenon-saw	مِنْشَار تَلْسِين ، سِرَاق خدش
tenor, *n.* 1. (*mus.*, voice or range of pitch)	أَعْلَى أصوات الرجال في الغناء
2. (singer)	مُغَنٍّ بهذا الصَّوت
3. (course, purport)	فَحْوَى ، مَغْزَى
tense, *n.*	زَمَن الفِعْل (مثل الماضي وللمضارع وللمستقبل)
a.	(أَعْصَاب) متوتِّرة
v.t. & i.	وَتَّر ؛ توتَّر (العَضَل مثلاً)
tensile, *a.*	نِسْبَةٌ إِلى الشّدّ ؛ يمكن شدُّه
tensile strength	مُقَاوَمَة (المعادن) للشَّدّ
tension, *n.*	توَتُّر ؛ جهد (كَهْرَباء)
tent, *n.*	خَيْمَة (خِيَم ، خِيام)
tent-peg	وَتَد الخَيْمة
tentacle, *n.*	لَامِسَة ، مِجَسّ (مثل ذراع الأخطبوط)
tentative, *a.*	عَلَى سَبِيل المحاولة أو التجربة
tenterhooks, *n.pl.*; *only in*	
on tenterhooks	عَلَى أَحَرّ من الجَمْر
tenth, *a. & n.*	العَاشِر ؛ العُشْر
tenuous, *a.*	رَقِيق ، ضَئِيل ، رفيع ، ركيك
tenure, *n.*	حِيازة ؛ فترة تَوَلٍّ (وَظيفة مثلاً)
tepid, *a.*	فَاتِر ؛ غير متحمِّس
tercentenary, *n. & a.*	الذِّكْرى المِئَوِيَّة الثالثة

term, *n.* 1. (limited period)	فَتْرَة ، أَجَل ، أَمَد
term of office	مُدَّة شَغْل مَنْصِب أو تَوَلِّيه
school term	الفَصْل الدِّرَاسِيّ
2. (*math.*)	حَدّ ، طَرَف (رِياضِيّات)
3. (word, expression)	تَعْبِير ، مُصْطَلَح
he explained his theory in simple terms	شَرَح نَظَرِيَّته مُسْتَعْمِلاً عبارات بسيطة
he replied in no uncertain terms	لَمْ يَكُنْ في إجابته مجال لأيِّ شَكٍّ أو الْتِباس
a contradiction in terms	تَنَاقُض لَفْظِيّ
4. (*pl.*, conditions)	شُرُوط
terms of reference	اِخْتِصاص موظّف في مَنْصِب معيّن ، مجال بحث تُكلَّف به لَجْنة
I would be glad to get it on any terms	سَأكُونُ سعيدًا بالحصول عليه مهما كلَّفني الأمر
5. (*logic*)	حَدّ القِياس المنطقيّ أو طَرَفه
6. (*pl.*, payment)	
on easy terms	بِطَرِيقة التَّقْسِيط المُرِيح
7. (*pl.*, relationship)	عَلَاقَات شخصيّة
they are on good terms	بَيْنَهُمَا عَلاقة طيّبة
they are not on speaking terms	إنَّهُمَا على خِصام ، لَيْس بينهما عَلاقة تَسمح لهما بالتَّحادُث
v.t.	سَمَّى ، دَعا
this he termed sheer robbery	سَمَّى (هَذَا السِّعْر الفاحِشَ) سَرِقة عَلَنِيَّة
termagant, *n.*	اِمْرَأَة مُشَاكِسة سَلِيطة
terminable, *a.*	(عَقْد) يُمْكِن فَسْخه بعد أجَلٍ مُعَيَّن

terminal, *a.* 1. (of a term) نِسبةً إلى الفصل الدِّراسي
2. (final) نِهائيّ ؛ طَرَفيّ
n. مَحطّة نِهائيّة في خُطوط المواصَلات
electric terminal أَحد أَطْراف التَّوْصيل (كَهْرباء)
railway terminal مَحطَّة سِكّة حديد نهائيّة

terminate, *v.t. & i.* أَنْهَى ، أَلْغى ؛ إِنْتَهَى

termination, *n.* 1. (ending) إِنْهاء ، فَسْخ
2. (*gram.*) لاحِقَة في نِهايَة الكَلِمة

terminolog/y, *n.* (**-ical,** *a.*) (عِلْم) المُصْطَلَحات
this is a terminological inexactitude
شَتَّانَ بين الحقيقة وماتقول !

terminus, *n.* مَحطّة نهائيّة في خطوط المواصلات

terminus ad quem (*Lat.*) الهَدَف الّذي تَرْمي إليه المُجادَلَة ؛ الحدّ الزَّمَنيّ في بَحْث

terminus a quo (*Lat.*) نُقْطَة الابتداء في المُجادَلَة

termite, *n.* النَّمْل الأَبْيَض (حَشَرَة مُدَمِّرَة)

tern, *n.* خُطّاف البحر ، خَرْشَنَة (طائر مائي)

Terpsichorean, *a.* نِسبةً إلى فنّ الرَّقْص

terra firma, *n.* (*Lat.*) أَدِيم الأَرْض

terra incognita, *n.* (*Lat.*) مَيْدان لم يُكْشَفْ بَعْد

terrace, *n.* 1. (raised level space) شُرْفَة واسِعة
2. (row of houses); *also attrib.* صَفّ مِن المَنازِل مُلْتَصِق كلٌّ منهما بالآخر
v.t. درَّج سَطْح الأرض ، زَوَّدَها بمَصاطِب

terracotta, *n.* فَخّار أَسْمَر ضارِب إلى الحُمْرَة
a. (لَوْن) أَسْمَر ضارِب إلى الحُمْرَة

terrain, *n.* مِنْطَقَة ، تَضاريس أَرْضيّة

terrapin, *n.* سُلَحْفاة المِياه العَذْبة ، حَمَسَة

terrestrial, *a.* أَرْضيّ ، دُنْيَويّ ، عالميّ

terrible, *a.* 1. (awesome) فَظيع ، مُفْزِع
2. (*coll.*, excessive) هائل
he is a terrible liar إِنّه أَكْذَبُ مِن مُسَيْلِمة
my luck has been terrible لم يُفارِقْني النَّحْس

terrier, *n.* كَلْب صَغير من كِلاب الصَّيْد

terrific, *a.* 1. (frightening) ضَخْم ، هائل، كبير
2. (*coll.*, huge) ضَخْم ، هائل ، كبير
the boat was capsized by a terrific wave
إِرْتَطَم القارِبُ بِمَوْجَة عارِمة وانْقَلَب
3. (*coll.*, marvellous) مُمْتِع ، هائِل
we had a terrific time on holiday تَمَتَّعْنا بالعُطْلة أَقْصَى التَّمَتُّع

terrify, *v.t.* أَخافَ ، أَفْزَع ، رَوَّع

territorial, *a.* إِقْلِيميّ ، مَحَلّي
Territorial Army جَيْش إِقليميّ من المُتَطَوِّعين
territorial waters المِيَاه الإِقْلِيميّة
n. جُنْديّ في الجيْش الإقليميّ

territory, *n.* إِقْلِيم ، أَراضٍ تابعة لِدَوْلَة

terror, *n.* 1. (fear) رُعْب ، ذُعْر ، هَوْل ، فَزَع
2. (person causing fear) شَخْص أو شَيْء مُرْعِب
3. (*coll.*, troublesome person); *as in*
he is a terror with women يا لَه من زِئْرِ نِساء

the boy is a holy terror إنَّ الوَلَدَ شيطان كَبِير يَسْتَحِيل ضَبْطُه

terror/ism, *n.* **-ist,** *n.* إرْهَاب ؛ إرْهابيّ

terroriz/e, *v.t.* (**-ation,** *n.*) أَرْهَب ،بَثّ الرُّعْب

terse, *a.* مُقْتَضَب ، وجيز ، (جَواب) موجَز وجَافّ

tertiary, *a.* ثُلَاثِيّ ، (المرّة أو المرتبة) الثالثة

n. العَصْر الجيولوجي الثالث

tertium quid, *n.* (*Lat.*) شَيْء قائم بِذاته وَنَاشِئ عن امْتِزاج شَيْئَيْن آخَرين

tessellated, *a.* مُبَلَّط بالفسيفساء

test, *n.* تَجْرِبَة ، اختبار ، امتحان

test case قَضِيّة قد تصبح سابقة قانونيّة

test-match; *also* test (*coll.*) مُبارَاة في الكريكيت بين فريقي دولتين

test paper اِمْتِحَان تحريري ؛ورق عبّاد الشّمس

test pilot طَيَّار اختبار

test-tube انْبُوبَة اختبار

these methods have stood the test of time صَمَدَت هذه الأساليب أمام تجارب الزمن

v.t. فَحَص ، اختبر ، امتحن ، جَرَّب

testament, *n.* 1. (will) وَصِيَّة (وَصايا)

last will and testament الوَصِيّة الأخيرة (مكتوبة)

2. (division of Bible) العَهْد (الجديد، القديم)

testamentary, *a.* إيصَائِيّ ، نِسبةً إلى الوَصِيّة

testa/tor (*fem.* **-trix**), *n.* مُوصٍ ؛ موصية

testicle, *n.* خُصْيَة

testify, *v.i. & t.* شَهِدَ بِ ، دَلّ على

testimonial, *n.* 1. (certificate of conduct, etc.) شَهَادَة حسن السّلوك

2. (tribute; mark of esteem) تَقْدِمَة تُعَبِّر عن التقدير (لموظّف عِند تركه مَنْصِبه)

testimony, *n.* شَهَادَة ، أقوال الشّاهِد

testy, *a.* حَادّ الطَّبْع ، نَكِد

tetanus, *n.* دَاء الكُزَاز ، التيتانوس

tetchy, *a.* سَريع الغَضَب ، نَكِد

tête-à-tête, *n.* محادثة بين شخصين على انفراد

tether, *v.t.* رَبَط الدّابّة أو عَقَلها

n. حَبْل تُرْبط به الدّابّة (لترعى مثلاً)

I am at the end of my tether عِيلَ صبري ، لَمْ يَبْقَ في قَوْس صبري منزع

tetra-, *in comb.* (سَابِقَة) بمعنى رُباعيّ

tetrahedr/on, *n.* (**-al,** *a.*) رُبَاعِيّ السّطوح

Teuton, *n.* (**-ic,** *a.*) تُوتُونِيّ ، تيوتونيّ

text, *n.* 1. (words as written or printed) نَصّ (نصوص)

2. (passage of scripture) قِراءَة (من التوراة)

my text today is from Isaiah عِظَتِي اليوم مَبْنيّة على آية مِن سِفْر إشعياء

3. (subject, theme) مَوْضُوع

the lecturer seemed unable to stick to his text بَدا أَنَّ المحاضِر لم يستطع أن يَحْصُر كلامه في الموضوع

textbook, *n.* كِتاب مَدْرَسِيّ

textile, *n. & a.* نَسِيج (أنسجة)

textual, *a.* نَصّيّ ، مُتَعَلِّق بِالنَّصّ

texture, *n.* نَسِيج ، بِنْيَة ، تَكْوِين ، تَرْكِيب

the loose texture of the fabric الرَّخاوَة في نَسِيج هذا القُماش أو حِياكَته

the coarse texture of his skin خُشُونَة جِلْدِه

the tight texture of the new novel تَماسُك أَحْداثِ القِصَّة الجَدِيدة (لأنّها محبوكة الأطراف)

than, *conj. & quasi-prep.* عَنْ .. ، مِنْ .. ، إلّا

the pen is mightier than the sword القَلَم أَمْضَى حَدًّا مِن السَّيْف

he is no other than my brother لَيْس هُوَ إلّا أَخِي

thank, *v.t.* شَكَر

thank you! شُكْرًا ! أَشْكُرُك ! مَمْنُون !

I'll thank you to leave me alone أكُون لَك شاكِرًا إذا تَرَكْتَني وشَأْني

he has only himself to thank for his present difficulties لَيْسَت المَلامَة إلّا على نَفْسه لِما يُلاقِي الآنَ مِن المَصاعِب

thankful, *a.* شَاكِر ، شَكُور ، مُتَشَكِّر ، مَمْنُون

thankless, *a.* ناكِر لِلجَمِيل ؛ لا يُشْكَر عَليه

the peacemaker had a thankless task لَمْ يَكُنْ جَزاء المُصالِح مِن المتخاصِمِين إلّا تَقطِيع ثِيابه

thank-offering, *n.* قُرْبان الشُّكْر

thanks, *n.pl.* شُكْر

thanks to . . . بِفَضْلِ (مَجْهُوداته مَثلًا)

no (small) thanks to him I was successful نَجَحْتُ بالرَّغْم مِن عَدَم مُساعَدَته لي

int. شُكْرًا !

thanksgiving, *n.* شُكْر

Thanksgiving Day; *also* Thanksgiving عِيدُ الشُّكْر (الخَمِيس الأخير مِن نُوفمبر في امْريكا)

that (*pl.* those), *demonstr. a. & pron.* ذَلِك

that's right! هَذا صَحِيح ! صَحَّ ما قُلت !

that's that, then! إِذًا هنا ينتهي البَحْث !

he lost his hat and a new one at that فَقَدَ قُبَّعَته ، وممّا زادَ الطِّينَ بِلَّةً أَنَّها كانت جَدِيدة

it's not bad for all that لا بَأْسَ بِه رَغْم عُيوبِهِ

adv. (*coll.*) إِلَى هَذا الحَدّ

it's not that bad لَيْس بهذه الرَّداءَة

rel. pron. الَّذِي ، الّتي .. (الخ.)

is this the best that you can do? هَلْ هَذا خَيْرُ ما عِنْدك ؟ هَلْ فَعَلْتَ كُلَّ ما في وُسْعِك ؟

no one that I know of would agree لا يُوجَد أَحَد ـ عَلى حَدّ مَعْرِفَتي ـ يُوافِق على هَذا الرَّأْي

conj. 1. (*introducing indirect speech, etc.; freq. omitted*) أَنَّ ، إِنَّ

there is no doubt ⟨that⟩ . . . لا شَكَّ أَنَّ

to think ⟨that⟩ he was here only this morning! أَلَيْسَت صُدْفَةً غَرِيبة أَنّه كانَ معنا هنا هذا الصَّباح !

2. (*introducing wish or emotion*)

Oh, that I could be with you again! يَا لَيْتَني كُنْتُ معك مِن جَدِيد !

would that I knew! لَيْتَ شِعْرِي ! واللّهُ أَعْلَم !

to think that I should live to see my own son sent to prison! بِئْسَ اليومَ الّذي عِشْتُ فِيه لِأرى ابْني يُحْكَم عَليه بِالسِّجْن !

3. (*introducing noun clause*)

that he is a fool is certain كَوْنُه أَحْمق أمْر مَوْثُوق به ، لا شَكَّ أنّه غَبيّ

not that I know of لَيْس على حَدّ عِلمي

4. (*after* so, such, *expressing result*)

it was so heavy that I could not lift it كَانَ ثَقِيلاً إلى دَرَجة أنّني عَجِزْتُ عَن رَفْعِه

5. (*expressing purpose*); *now usu.* in order that حَتّى ، كَيْ ، لِكَيْ

they died that we might live مَاتُوا لِكَي يَضْمَنُوا لَنا الحَياة مِن بَعْدِهِم

6. (*with advs., participles, etc. to form conjunctions*) مِن حَيْثُ ...

in that (يَخْتَلِفان) في أنّهما ...

now that أَمّا وَقد... ، لَمّا كان ...

seeing that بِمَا أَنّ ...، وَحَيْثُ أَنّ ...

thatch, *n.* 1. (straw roofing); *also v.t.* سَقْف خاصّ لِلأكواخ مَصْنُوع من سِيقان القَشّ

2. (*coll.*, hair) فَرْوَة الشَّعْر، شَعْر كَثِيف

thaw, *v.t. & i.*; *also n.* أذابَ (الثُّلوجَ) ؛ ذابت

it was some time before the atmosphere thawed لَمْ يُصْبِح جَوُّ الحَفْلَة وُدِّيًّا إلّا بَعْد مُضِيّ فَتْرة من الزَّمَن

the, *def. art.* الـ ...

it's *the* hat of the moment هَذِه هي فِعْلاً آخِرُ صَيْحةٍ في القُبَّعات

adv.; *as in*

the more the merrier كُلَّمَا زادَ عَدَدُ الحاضِرِينَ زادَتْ بَهْجَة الحَفْلَة

theat/re (*U.S.* **-er**), *n.* 1. (building) مَسْرَح

2. (dramatic literature) مُؤَلَّفات مَسْرَحِيّة

the Greek theatre المَسْرَح اليُونانيّ

3. (room for lectures, demonstrations) مُدَرَّج لِلمُحاضَرات

4. (room for operations) غُرْفَة العَمَلِيّات

5. (area) مَيْدَان ، ساحَة ، مَسْرَح

theatre of war مَسْرَح الحَرْب

theatreland, *n.* حَيّ المَسارِح (في العواصم)

theatrical, *a.* 1. (connected with the theatre) مَسْرَحِيّ ، نِسْبَةً إلى المَسْرَح

2. (affected) زائِف ، مُتَكَلَّف

n.pl. تَمْثِيلِيّات يَقوم بِها الهُواة عادَةً

thee, *obj. case of pron.* **thou**

theft, *n.* سَرِقَة ، اخْتِلاس

their, *poss. a.*; *absolute form* **theirs** مِلْكُهُم

the/ism, *n.* **-ist,** *n.* الإيمانُ بِوُجُود إله واحِد ؛ مُؤْمِن بِوُجود إله خالِق لِلكَوْن ومُهَيْمِن عليه

them, *obj. case of pron.* **they**

them/e, *n.* (**-atic,** *a.*) مَوْضوع يَدُور حَوْلَه البَحْث

theme-song اللَّحْن الرَّئيسيّ المتكرِّر في أوبريت

themselves, *pron.* أَنْفُسُهُم ، أَنْفُسُهُنّ

then, *adv.* 1. (at that time); *also conj., a. & n.* في ذَلِك الوَقْت ، وَقْتَئِذٍ ، وَقْتَذاك

we should know by then مِن المُحْتَمَل أنّنا

سَنَكون قد عرفنا الأمر في ذلك الوقت

2. (after that) ثُمَّ ، بَعْد ذلِكَ

3. (consequently) وَبِالتَّالِي ، إِذَنْ

this, then, is the only possible answer وَبِالتَّالِي فهذا هُو الحَلُّ الوَحِيد المُمكِن (للمسألة)

4. (besides) وَفَوْقَ ذَلِكَ

and then again, . . . وَعِلاوةً على ذَلِكَ

thence, *adv.* 1. (from there) مِنْ هُنَاكَ

2. (therefore) مِنْ ثَمَّ

thence/forth (-forward), *adv.* فِيما بَعْدُ

theocra/cy, *n.* (**-tic,** *a.*) حُكومَة دِينيّة ؛ دَوْلة تخضع في نِظام حُكمها لشريعة الله

theodolite, *n.* مِزْواة ؛ أداة لقياس الزوايا (مساحة)

theolog/y, *n.* (**-ical,** *a.*); **-ian,** *n.* اللاهُوت ؛ عِلْم الكَلام (في الإسْلام) ؛ لاهُوتِيّ

theorem, *n.* نَظَرِيّة في العُلوم الرِّياضِيّة

theor/ize, *v.i.* (**-ist,** *n.*) وَضع نَظَرِيّات

theor/y, *n.* (**-etical,** *a.*) 1. (system of principles) نَظَرِيَّة ؛ نَظَرِيّ

theory of evolution نَظَرِيَّة التَّطوُّر (دَارْوِين)

2. (hypothesis, speculation) اِفْتِراض

the plan was good in theory but failed in practice كانَت خِطّة العَمَل مُناسِبَة من النّاحِية النَّظَرِيَّة لكِنّها فَشَلت عِند تَطْبِيقِها

therapeutic, *a.* عِلاجِيّ ، نِسبة إلى المُداوَاة

therapy, *n.* عِلاج ، تَطْبِيب ، مُداوَاة

there, *adv.* 1. (in or to that place) هُناكَ ، هُنالِكَ

there you are!

(= I've found you) أَخِيرًا وَجَدْتُكَ !

(= that proves my point; see!) أَلَمْ أَقُلْ لَكَ !

(= take what I offer) خُذْ ! تَفَضَّل !

he is not quite all there (*coll.*) إِنَّه مخبول بَعْضَ الشَّيْء ، مَلْحُوس ، عِنْدَه لَوْثة مِن الجُنُون

he did it then and there فَعَلَه فِي التَّوّ واللَّحْظَة

2. (in that respect) فِيما يَخْتَصّ بِهذا

there I agree with you هَذِه نُقْطَة أُوافِقُكَ عليها

int.; *as in*

there! you've broken it هَاكَ ! لَقَد كَسَرْتَها

there, there! لا تَنْزَعِجْ ! مَعلِهْش ! كَفَى بُكاءً !

there's a good boy! أَحْسَنْتَ يا بُنَيَّ !

I'm not going, so there! لَنْ أَذْهَب، فماذا إذًا ؟!

particle with verb, usu. with verb to be

there's nothing there لا شَيْءَ هُناكَ

there came a time when . . . ثُمَّ أَدّى الأمر إلى

what is there for dinner? ما عِنْدَكَ لِلْعَشاء ؟

thereabout(s), *adv.* 1. (near there) عَلَى مَقْرُبَة

2. (approximately) تَقْرِيبًا ، حَوالَي ...

thereafter, *adv.* وَفِيما بَعْدُ ، بَعْدَئِذٍ

thereat, *adv.* وَبِذَلِكَ ، وبِناءً عَلَيْه

thereby, *adv.* وَبِذَلِكَ ، وَنَتِيجَةً لِهَذا

therefore, *adv.* بِناءً عَلى ذَلِكَ ، بِالتَّالِي

therefrom, *adv.* مِنْ هُناكَ

therein, *adv.* فِي ذَلِكَ المَكان

thereof, *adv.* مُتَعَلِّق بِهِ

thereon, *adv.* بَعْدَ ذَلِكَ مُباشَرَةً ؛ على ذَلِكَ

thereto, *adv.* (وَضَع توقيعه) عليه

thereupon, *adv.* عَلى إثْرِ ذَلِكَ ؛ عَقِب ذَلِكَ

therewith, *adv.* مَع ذَلِكَ ؛ بعد ذَلِكَ مُباشَرَةً

therm, *n.* الثِّرْم ، وَحْدَة قِياس غاز الوَقود ؛ ما يَكفي لِرَفْع حَرارة غْرام واحِد دَرَجة واحِدة

thermal, *a.* حَرارِيّ ، نِسْبَةً إلى الحَرارَة

thermal springs اليَنابيع الحارَّة

n. تَيَّار هَوائِيّ دافِئ صاعِد (أَرْصاد جَوِّيَّة)

thermodynamics, *n.pl.* عِلْم الدِّيناميكا الحرارِيّة

thermometer, *n.* تِرْمومِتْر ، مِقْياس الحَرارة

thermonuclear, *a.* (قُنْبُلَة) نَوَوِيَّة حَرارِيَّة

thermos ⟨**flask**⟩, *n.* تُرْمُس (زُجاجة لِحِفْظ الحَرارة)

thermostat, *n.* أَداة آلِيّة لِتنظيم الحرارة

thesaurus, *n.* قَامُوس المترادِفات ؛ مَوْسُوعة

these, *pl. of* **this**

thes/is (*pl.* -es), *n.* رِسالَة عِلْمِيّة تُؤَلَّف لِنَيْل شَهادَة جامِعِيّة ، أُطْروحة ؛ نَظَرِيّة للمُناقَشة

they, *pron.* هُمْ ، هُنَّ ، هُما

thick, *a.*; *also n. & adv.* سَمِيك ، ثَخِين

1. (of great or specified depth, width)

go away or I'll give you a thick ear اُتْرُكْني وإلّا أَوْسَعْتُك ضربًا

thick-skinned, *a.* قَليل الإحْساس ، عَديم الحسّاسيّة

he laid it on thick (*sl.*) أَفْرَطَ في مَسْح الجُوخ

they stuck together through thick and thin ظَلّا مُتَلازِمَيْن في السَّرّاء والضَّرّاء

2. (dense, frequent) ثَخِين ؛ مُتَكَرِّر

blows fell thick and fast تَوالَت اللَّطمات

thick soup شُورْبة ثَخينة (القَوام)

he soon found himself in the thick of it سُرْعان ما وَجد نفسه في مَعْمَعَة القِتال

3. (dull, heavy, muffled) ثَقِيل ، غَلِيظ

I woke with a thick head اسْتَيْقَظْتُ وعِنْدي صُداع وخُمُول (من كَثْرَة الشَّراب مَثَلاً)

he spoke with a thick voice تَكلّم بِصَوْت أَجَشّ خَشِن (بِسَبَب زُكام مثلاً)

4. (*coll.*, stupid) أَحْمَق ، غَبِيّ ، مُغفَّل

thick-head, *n.* أَبْلَه ، بَطِيء الفَهْم ، غَبِيّ

5. (*coll.*, intimate) (صَدِيق) حَمِيم

the two friends were as thick as thieves كَان الصَّدِيقان كَسَيْفَيْن في جِراب واحِد

6. (*coll.*, extreme); *esp. in*

it's a bit thick هَذا شَيْء لا يُحْتَمل

thicken, *v.t. & i.* كَثَّف ، ثَخَّن ؛ ثَخُنَ (الحَساء)

the plot thickens سُرْعان ما تَطَوَّرت الحال

thicket, *n.* أَجَمَة ، غَيْضَة ، حِرْش

thickness, *n.* سُمْك ، غِلَظ ، ثَخانة

she is wearing three thicknesses of wool إنّها لابِسَة ثَلاثَة أَثْواب صُوفِيّة

thick-set, *a.* 1. (stocky) مَرْبُوع ، قَصير ومُمْتَلِئ

2. (closely planted) كَثِيف الزَّرْع

thie/f (*pl.* -ves), *n.* لِصّ ، سارِق ، حَرامِي

thieve, *v.i. & t.* (**-ry,** *n.*) سَرَق ؛ لُصُوصِيَّة

thiev/ish (**-ing**), *a.* لُصُوصِيّ ، نَزّاع إلى السَّرِقة

thigh, *n.* الفَخْذ ، ما بَيْن الرُّكْبة وعَظْم الوَرْك

thimble, *n.* كُشْتُبان ، قُمْع الخَيّاطة

thimbleful, *n.* مِلْءُ كُشْتُبان ، مِقدار ضَئيل جِدًّا

thin, *a.* 1. (shallow, narrow, slender) رَقِيق ، خَفِيف ، نَحِيف ، رَفِيع ، دَقِيق ، نَحِيل

thin-skinned, *a.* حَسّاس ، رَقِيق الإحْساس

2. (sparse) غَيْر كثيف ، متناثِر

our troops are very thin on the ground يَقِلُّ عدد جُنودِنا في هذه المِنطقة

he is becoming thin on top (*coll.*) أَخَذ شَعْرُ رأسِه يَخِفّ

his hopes vanished into thin air ذَهَبَت آمالُه أَدْراجَ الرِّياح

3. (*coll.*, unsatisfactory) وَاهٍ

his excuse is a bit thin عُذْرُه واهٍ

he is having a thin time of it these days يُعَانِي كثيرًا من شَظَف العَيْش هذه الأيّام

v.t.; *also* thin out خَفَّف (الشَّعْر مَثَلًا)

v.i. يَخِفّ (المُرورُ في ضَواحي العاصِمة مثلًا)

thine, *absol. form of* **thy**

thing, *n.* شَيْء (أَشْياء)

what's that thing over there? مَا ذَلِكَ الشَّيء ؟

we haven't a thing to eat لَيْس عِنْدَنا ما نَأكُل أو ما نَتَبَلَّغ به

bring your swimming things with you أَحْضِر مَلابِس السِّباحَة معك

the thing is . . . إنَّ الأمْرَ هُو ...

he is only concerned with things of the mind لا يَهْتَمّ إلّا بالأُمور العَقْلِيَّة

I must think things over لابُدَّ لي من التَّفْكِير مَلِيًّا (قبل البَتّ في الأمر)

his great-aunt is a sweet old thing أُخْتُ جَدَّتِه عجوز لطيفة (في معاملتها لغيرها)

for one thing, I can't afford it أَوَّلًا - لَيْسَ ذَلكَ باسْتِطاعَتي مادِّيًّا

that is not quite the thing to do في هذا ما يُخالِف الآدابَ أو الأصولَ المَرْعِيّة

a month's holiday will be just the thing أكونُ سَعيدًا إذا أُعْطِيتُ إجازةً لمدّة شهر

he always says the wrong thing لا يَفْتَح فَمَه إلّا ليتفوّه بما يجرح الآخَرين

her new dress is quite the thing إنَّ فُسْتانَها الجَديدَ على أَحْدَث موضة

we will make a start first thing (صَباحَ الغَدِ) سَنَبْدَأُ بهذا العَمَل قَبْل أيّ شيء آخَر

that was a near thing! نَجَوْنا بِأُعْجوبة !

he has a thing about fresh air إنّه يَظُنُّ أنَّ الهَواء الطَّلْق أَهَمُّ شَيْءٍ في الحَياة

he knows a thing or two لَه خِبْرَة في ...

I hope he does the right thing by her أَرْجو أَنْ يُعامِلَها كَما يَنْبَغي

thingamy (**thingumabob, thingumajig**), *n.* (*coll.*) (أَعْطِني) الإسْمو إيه (مصر) ، شو اسمه (سوريا) ، شِشْمه (عراق)

think (*pret. & past p.* thought), *v.t. & i.*

1. (be of the opinion, consider) ظَنَّ
أَنَّ... ، اِعْتَقَدَ أَنَّ ... ، اِعْتَبَرَ أَنَّ، حَسِبَ

he thought better of it غَيَّرَ فِكْرَه ، عَدَلَ عن رَأْيِه

I don't think much of that idea لا تُعْجِبُني
تِلك الفِكْرَة

think nothing of it! لا شُكْرَ على واجِب! العَفْوُ!

his employer thinks well (highly) of him
يُقَدِّرُه رَئِيسُه (في العَمَل) كُلَّ التَّقْدِير

you are a paragon of virtue, I *don't* think
(coll., iron.) ـ إِنَّكَ مِثالٌ لِلفَضِيلَة
أَلَيْسَ كذلك ؟ (تُقال تَهَكُّمًا)

it is wrong to my way of thinking في رَأْيِي
أَنَّ هذا خَطَأٌ ، لا أَعْتَقِد أَنَّ هذا صَحِيح

2. (ponder, exercise the mind) تَفَكَّر

think aloud عَبَّرَ عَن أَفْكارِه بِصَوْتٍ مَسْموع

I shall have to think about it هَذِه مَسْأَلَة
تَحْتاجُ إلى تَفْكِيرٍ قَبْلَ أَن أَبُتَّ فيها

the proposal will have to be fully thought
out هَذا الاقْتِراح يَحْتاجُ إلى تَفْكِير
وتَرَوٍّ (قبل قَبُولِه)

I thought twice before answering
فَكَّرْتُ مَرَّاتٍ قَبْلَ أَن أُجِيب

he put his thinking-cap on
راح يُفَكِّر في الأَمْر

3. (have an idea, form an intention) ، نَوَى
فَكَّر

we shall soon have to think about (of) going
لَقَد أَزِفَ الوَقْتُ لِخُرُوجِنا (فَهَيَّا بِنَا)

I didn't think to tell him (coll.) لَمْ يَخْطُر
بِبالِي أَن أُخْبِرَه (بِما حَدَثَ)

we must think up something new عَلَيْنا
أَن نَبْتَكِرَ شَيْئًا هذه المَرَّة

4. (imagine) تَصَوَّر

I can't think how he does it ـ (غَيْرُ مَعْقُول!)
لا أَسْتَطِيعُ أَن أَتَصَوَّرَ كيفَ يَفْعَل هذا

to think that he's only twelve! أَتُصَدِّقُ
أَنَّه لَم يَتَجاوَز الثّانِيَة عَشْرَة بَعْد ؟

who would have thought it? يا لَلْغَرابة !

third, *a.* الثّالِث

third-class, *a.* الدَّرَجَة الثّالِثَة

the party of the third part شَخْص داخِل
في النِّزاع ولكِنَّه ليس بالمُدَّعِي أو المُدَّعَى عَلَيه

third-party insurance تَأْمِين الطَّرَف الثّالِث

third person ضَمِير الغائِب

third-rate, *a.* مِن الدَّرَجَة الثّالِثة ، رَدِيء°

n. 1. (ordinal) الثّالِث

2. (fraction) الثُّلُث

3. (mus. interval) ثُلْث (في المُوسِيقَى)

4. (third class) دَرَجَة جامِعِيَّة تُعادِل 'مَقْبُول'

the student was lucky to get a third كانَ مِن
حُسْنِ حَظِّ الطّالِب أَنَّه حَصَل على دَرَجَة مَقْبُول

thirdly, *adv.* ثالِثًا

thirst, *n. & v.i.* العَطَش ، الظَّمَأ ؛ عَطِش

he was thirsting for blood كانَ مُتَعَطِّشًا لِلدِّماء

thirsty, *a.* عَطِشٌ ، عَطْشان ، ظَمْآن

thirsty work عَمَل يَسَبِّبُ العَطَش للقائِم به

thirteen, *n. & a.* ثَلاثَةَ عَشَر ، ثَلاث عَشْرَة

thirteenth, *a. & n.* الثّالِث عَشَر، الثّالِثة عَشْرَة

thirtieth, *a. & n.* الثَّلاثُون ؛ ١/٣٠

thirty, *n. & a.* ثَلاثُون

this (*pl.* these), *a. & pron.* هَذا ، هَذِه

I will return this day week سَأَعُود في مِثْل هَذا اليَوْم مِن الأُسْبُوع القادِم

it is this big (*coll.*) كَبِير بِهَذا الحَجْم (عن شيء ما)

I have been waiting these five days ظَلَلْتُ أَنْتَظِرُكَ في الأَيّام الخَمْسَة (المُتَتالِية) هَذِه

at this he got up and left وَهُنا نَهَض قائِمًا وتَرَك المَكان

thistle, *n.* شَوْك ، شَوْك الجِمال

thistledown, *n.* زَغَب النَّباتات الشّائِكة

thither, *adv.* إلى هُناك

tho', *contr. of* **though**

thole-pin, *n.* أَحَد وَتَدين خَشَبِيَّيْن في حافة جانب القارِب يُثَبَّتُ المِجْذاف بَيْنَهُما أثناء التَّجْذِيف

thong, *n.* سَيْر السَّوْط ؛ شَرِيط جِلْدِيّ لِلرَّبْط

thorax, *n.* القَفَص الصَّدْرِي ، الصَّدْر

thorium, *n.* الثُّوريوم (كيمياء)

thorn, *n.* شَوْكَة ، حَسَكَة ، شَوْك

he is a thorn in our flesh إنَّه شَوْكَة في جَنْبِنا ، يُنَغِّص عَلينا حياتَنا

thorny, *a.* شائِك ، شَوْكِيّ ، حَسَكِيّ

this is a particularly thorny problem هَذه مَسْأَلَة عَوِيصَة وشائِكة بِوَجْه خاصّ

thorough, *a.* 1. (absolute, complete) شامِل

2. (painstaking) مُخْلِص في عَمَلِه ؛ دَقِيق

thoroughbred, *a. & n.* أَصِيل ، عَرِيق

thoroughfare, *n.* شارِع عامّ

no thoroughfare مَمْنُوع المُرُور (أو الدّخول)

thoroughgoing, *a.* (فَحْص) دَقِيق ، تامّ

those, *see* **that**

thou, *pron.* أَنْتَ ، أَنْتِ

though, *conj.* مع أَنّ ، وَلَوْ أَنَّ

clever though he is . . . رَغْمَ ذَكائه

it looks as though it might rain تَبْدُو وَكَأَنَّها سَتُمْطِر

adv. وَبِالرَّغْم من هذا

I wish you had told me, though ومع هذا فقد كان بِوُدّي لو أَخْبَرْتَني

thought, *n.* فِكْرة ، رَأْي ، تَفكِير

thought-reader قارِئ الأَفْكار

he was deep in thought اِسْتَغْرَق في التَّفْكِير

don't give it a (another) thought! لا تُشْغِل بالَكَ بالتَّفكير في المَوضوع

I had no thought of offending لَمْ أَكُنْ أَقْصِد الإساءَة إلَيك

on second thoughts بَعْد إمْعانِ الفِكْر

we must take thought for the morrow عَلَيْنا تَهْيِئَة أَنْفُسِنا لما يُخَبِّئه الغَد

thought, *pret. & past p. of* **think**

thoughtful, *a.* 1. (engaged in thought) مُسْتَغْرِق في التَّفكِير

2. (showing original thought) مُفَكِّر

3. (considerate) مُراعٍ لِمَشاعِرِ الآخَرين

thoughtfulness, *n.* مُراعاة مَشاعِرِ الآخَرين

thoughtless, *a.* غافِل ، طائِش

thousand, *n.* & *a.* أَلْف

he is one in a thousand قَلَّ مَن يُماثِله

I have a thousand and one things to do إِنِّي غارِق في الأعمال حَتَّى أُذُنَيّ

thousandfold, *a.* & *adv.* أَلْف ضِعْف

thousandth, *a.* & *n.* الأَلْف ؛ $\frac{1}{1000}$

thrall, *n.* عَبْد ، رَقيق ؛ رِقّ ، عُبُودِيّة

her beauty held him in thrall أَسَرَه جَمالُها ، سَحَرَه حُسْنُها ، أصبحَ أَسِيرَ جَمالها

thrash, *v.t.* 1. (beat) جَلَدَهُ ، أَشْبَعَه ضَرْبًا

2. (defeat) هَزَمَه شَرَّ هَزِيمة ، مَحَقَه

3. (thresh) دَرَس (الحِنْطَة)

we shall have to thrash this matter out عَلَيْنا أن نُقَلِّب الرَّأيَ في هذا الموضوع

v.i. تَحَرَّك بِعُنْف ، تَخَبَّط

the drowning man thrashed about in the water أَخَذَ الغَريق يَتَخَبَّط في الماء

thread, *n.* 1. (filament) خَيْط ، فَتْلَة

his life hangs by a thread حَياتُه على كَفِّ عِفْريت

he lost the thread of the argument لَمْ يَتَمَكَّن مِن مُتابَعَة سِياق المُناقَشَة

2. (spiral part of screw) سِنّ اللَّوْلَب

v.t. أَدْخَل الخَيْط في ثُقْب الإِبْرَة ، لَضَم

he threaded his way through the crowd شَقَّ طَرِيقَه خِلالَ الزِّحام

threadbare, *a.* بالٍ ، رَثّ ، مُهَلْهَل

he had nothing to offer but threadbare ideas لَمْ يَكُن لَدَيْه إِلّا أَفْكار بالِيَة مُبْتَذَلَة

threat, *n.* تَهْدِيد ، وَعِيد

threaten, *v.t.* & *i.* هَدَّد ، تَوَعَّد

three, *n.* & *a.* ثَلاث ، ثَلاثَة

three-card trick الغِشّ بالثّلاث أَوْراق (لِعب)

three-cornered, *a.* (قُبَّعة) ثُلاثِيّة الأَطْراف

three-cornered fight نِزاع بَيْنَ ثَلاثَة أَفْراد

three-legged race سِباق جَرْيٍ تُرْبَط فيه السّاقُ اليُمْنَى لِشَخْصٍ بالسّاق اليُسْرَى لِآخَر

three-ply, *a.* & *n.* مُكَوَّن مِن ثَلاث طَبَقات

three-ply wool خُيُوط صُوفِيّة من ثَلاث فَتْلات

three-point landing هُبُوط الطّائِرة بِحَيْثُ تَلْمَس جَميع عَجَلاتها الأَرض في نَفْس الوَقْت

three-quarter(s), *a.* ثَلاثَة أَرْباع

three-quarter-length coat مِعْطَف نِسائِيّ طُولُه ثَلاثة أَرْباع الطّول المُعْتاد

threefold, *a.* & *adv.* ثَلاثَة أَضْعاف ؛ ثُلاثِيّ

threesome, *n.* لُعْبَة (في الجُولْف خاصّةً) يَشْتَرِك فيها ثَلاثَة لاعِبين

threnody, *n.* أُنْشودة رِثاء ، مَرْثِيّة

thresh, *v.t.* دَرَس (الحِنْطة بالنَّوْرَج)

threshing-floor بَيْدَر ، جُرْن

thresher, *n.* نَوْرَج ، دَرّاسَة (الحِنْطة)

threshold, *n.* عَتَبة (باب البَيْت) ، أُسْكُفَّة

the country was on the threshold of war
كانَت البِلاد على أَبْواب الحَرْب (على قابِ قَوْسَيْنِ مِنها)

threw, *pret. of* **throw**

thrice, *adv.* ثَلاث مَرّاتٍ ، ثلاثًا

thrift, *n.* الاقْتِصاد في الإنْفاق ، عَدَم التَّبْذير

thrifty, *a.* مُقْتَصِد ، غَيْر مُسْرِف ، مُدَبِّر

thrill, *v.t. & i.* أَثار المَشاعِر (فَرَحًا) ؛ اهْتَزَّ طَرَبًا

n. نَشْوة ، هزّة الفَرَح

thriller, *n.* رِواية بُوليسيّة ، قِصَّة مُثِيرة

thrilling, *a.* مُثِير للعَواطِف ، يَهُزّ المَشاعِر

thrive (*pret.* throve, *rarely* thrived, *past p.* thriven), *v.i.* نَجَح ، وُفِّق ، نما وازْدَهر

thro', *contr. of* **through**

throat, *n.* بُلْعُوم ، حَلْق ، زَوْر ، حَنْجَرة

by following this policy he cut his own throat
بِاتِّباع هٰذه السِّياسة (الخَرْقاء) جَلَب على نَفْسه الدَّمار أو سَعَى لِحَتْفِه بِظِلْفِه

no need to ram the point down my throat
(قَدْ فَهِمْتُ) فَلاحاجَةَ بِكَ إلى التَّكْرار والإلْحاح

the words stuck in his throat غُصَّ حَلْقُه بِالكَلِمات ، تَوَقَّفت الكلمات في حَلْقه

throaty, *a.* (صَوت) حَلْقِيّ ؛ أَجَشّ الصَّوْت

throb, *v.i. & n.* نَبَض ، خَفَق ؛ خَفَقان (القَلْب)

throe, *n.* (*usu. pl.*) آلام (المَخاض مَثَلًا)

we are in the throes of removing نَحْن الآن نُعاني مِن مَشَقَّة الانْتِقال إلى مَسْكَن آخَر

thrombosis, *n.* جُلْطَة دَمَوِيَّة ، تَخَثُّر (طبّ)

throne, *n.* 1. (seat) عَرْش (عُروش)

2. (sovereign power) المُلْك ، العَرْش

he came to the throne on his father's death
تَبَوَّأَ العَرْش عِند وَفاة أَبِيه

the people stayed loyal to the Throne
اسْتَمَرَّ النّاس مُوالِين لِلعَرْش

throng, *n.* حَشْد ، جَمّ غَفِير

v.i. & t. احْتَشَد ، تَجَمْهَر ، تَوافَد على

throttle, *n.* صِمام خانِق ، مُخَنِّق (ميكانيكا)

close (open) the throttle أَغْلَق (فَتَح) صِمام الخانِق أو المُخَنِّق (أثناء قِيادة السَّيّارة)

v.t. 1. (strangle) خَنَق ، كَتَم أَنْفاسَه

2. (control with throttle valve); *also v.i.*
تَحَكَّم في تَدَفُّق بُخار الماء أو البنزين (ميكانيكا)

through, *prep.* خِلال ، مِن خِلال ؛ بِواسطة

we entered through the window دَخَلْنا (الحُجْرة) مِن خِلال نافِذَتها

I will go through the accounts tomorrow
سَأُراجِع الحسابات غدًا

the bill did not go through
لَمْ يُوافَق على الاقْتِراح المُقَدَّم لِلبَرْلَمان

it happened through no fault of my own
لَمْ أَكُنْ مَسْؤولًا قَطّ عَمّا حَدَث

adv. مِن البِداية إلى النِّهاية

he read the book through قَرَأ الكِتابَ مِن أَوَّله إلى آخِره

when will you be through? مَتَى سَتَنْتَهِي مِن العَمَل ؟ مَتَى سَتُتِمّه ؟

they worked Monday through Saturday (*U.S.*) اشْتَغَلُوا طِوالَ الأُسْبوع مِن يَوْم الاثْنَين حَتّى يَوْم السَّبْت

my plans have fallen through أَخْفَقَت خِطَطي

I am absolutely wet through أَكادُ أَقْطُر مِن شِدَّة البَلَل

he is rotten through and through أَخلاقُه مُنْحَطَّة كُلَّ الانْحِطاط

a. مِنْ أَوَّل الرِّحْلَة إلى آخِرِها؛ طَوَّالي

is this a through train? هَلْ يَصِل هذا القِطارُ الجِهَةَ المَقْصودَةَ بِدُون تَغْيير أَثناء الرِّحْلَة؟

throughout, *adv. & prep.* طِوالَ ؛ في كُلِّ مكان

throve, *pret. of* **thrive**

throw (*pret.* threw, *past p.* thrown), *v.t.*

1. (fling, cast) قَذَف ، رَمى ، أَلْقَى

he threw cold water on the proposals قَلَّل مِن أَهَمِّيَة الاقتراحات لِكي يُخْمِد حَماسَنا لها

he threw a six أَلْقَى الزَّهْرَ (النَّرْدَ) على عدد ٦

there is no sense in throwing good money after bad مِن الحُمْق أن نَتَمادَى في بَعْثَرة مَبالِغ لا تَعود إلّا بالخَسارة

he threw his head back أَلْقى رأسَه إلى الوَراء (وانفجر ضاحكًا)

the tree threw a shadow on the lawn أَلْقَت الشجرة ظِلًّا على النَّجيل

he was thrown out of work رُفِتَ من عَمَلِه

2. (cause to fall to the ground) أَلْقَى

his reply threw me (*coll.*) فاجَأَني بِرَدٍّ لم أَكُن أَتوقَّعه

3. (have) *in special phrases*

he threw a fit أُصِيبَ بنَوْبَة عَصَبيّة

let's throw a party (*coll.*) لِنُقِمْ حَفْلَة

4. (*adverbial compounds*)

he threw his money about بَعْثَر مالَه

he threw away his advantage أَهْمَل في الاسْتِفادَة من تفوّقه على خَصْمِه في المباراة

a throw-away line تَعْليق يَبْدُو كأَنَّه قِيلَ عفْوَ الخاطِر ولكنّه يُفاجِئ المُسْتَمِع بِدِلالَته

throw-back, *n.* نُكوص ، انْتِكاس ، ارْتِداد

he threw in his hand أَقَرَّ بِعَجْزِه ، اسْتَسْلَم

he threw in his lot with us انْضَمَّ إلينا لِيُقاسِمَنا السَّرّاء والضَّرّاء

we threw ourselves into our work اندفعْنا في العَمَل بنَشاط وحَماس

it takes time to throw off an illness يَحْتاج الشِّفاء التامّ من مَرَض إلى وَقْت طَويل

she threw on a dress ارْتَدت فُستانًا بِسُرعة

he threw open the door فَتَح البابَ على مِصْراعَيْه

he threw out a few suggestions تقدَّم ببعض الاقْتراحات دُون أن يُلزِمنا بِقَبولها

he threw the suggestions out رَفَض الاقْتِراحات

she threw him over تَخَلَّت عن (عَشيقها)، نَبَذَته

throw up

(move quickly upwards)

he threw the ball up أَلْقى الكُرة عاليًا

(renounce)

he threw his job up اسْتَقال من وَظيفته

he threw up the sponge اسْتَسْلَم ، اعْتَرف بِهَزيمته

(vomit); *also v.i.* قاءَ ، تقيّأ

(erect hastily) نَصَب (خَيْمة) على عَجَل

n. 1. (act of throwing) رَمْيَة ، قَذْفَة

a stone's throw بالقُرْب من ، على مَقْرُبة من

2. (fall in wrestling) طَرْح المُصارِع أرضًا

throw-out, *n.* سِلْعَة مَعِيبة (دونَ المُسْتَوى المطلوب)

thru, *U.S. contr. of* **through**

thrum, *v.i. & t.* نَقَر بأَصابِعه نَقَرات خفيفة

thrush, *n.* 1. (bird) دُجّ ، سُمْنَة (طائر)

2. (disease of mouth) مَرَض القُلاع (بَثَرات تُصيب جِلدة الفَم واللّسان عند الأطفال)

thrust (*pret. & past p.* thrust), *v.t. & i.* طَعَن ، دَفَع ، أَقْحَم ، شَقّ (طريقه)

n. 1. (push) دَفْعة ، طَعْنَة

the cut and thrust of debate تَبادُل الهَجَمات في خِلال مُناظرة أو مُناقشة (بَرْلمانِيّة مثلاً)

2. (*engin.*) قُوّة الدَّفع (في مُحرِّك نفّاث)

thruster, *n.* وُصُولِيّ يُقْحِم نَفْسه لمَصْلحتِه الخاصّة

thud, *v.i. & n.* ارْتَطم مُحدِثًا صوتًا مكتومًا ؛ صَوْت ارتطام (شيء ثقيل بالأرض مثلاً)

thug, *n.* قَبَضاي ، بَلْطَجي ، عُضْبَجي

thumb, *n.* أُصْبُع الإبْهام

thumb-index ثُغْرات نِصف دائريّة في حافة صَفَحات (قاموس) تُسَهِّل الاهْتِداء إلى محتوياته

thumb-nail ظِفْر إبهام اليد

a thumb-nail sketch لَمْحة مُخْتَصرة (عن شَخْصِيّة)

thumb-screw أَداة تَعْذيب (قديمًا)

he gave the thumbs up! أَشار بإبهامه إلى أنّ كلّ شيء على ما يُرام

his wife keeps him under her thumb تتحكّم فيه زَوْجته تحكُّمًا تامًّا

his fingers are all thumbs لا يُحْسِن استخدام أصابعه ، أَصابعه محلولة

rule of thumb رُوتين قائم على التَّجْرِبة العَمَلِيّة

v.t. مَسّ أو مَسَح بإبهامه

the hitch-hiker thumbed a lift أَوْمأ (المُتَرجِّل) بإبهام يده إلى سائق السيّارة أن يوصِّله معه

he thumbed his nose at authority تحدّى السُّلْطات هازئًا بأوامر أُولي الأمر

a well-thumbed book كِتاب تَداوَله قُرّاء كثيرون وتركوا آثار ذلك على صَفَحاته

thump, *v.t. & i.* طَرَق (بيَدِه مثلاً)، دقّ ، قَرَع

n. خَبْطَة (على الكَتِف)، (صَوْت) ارتطام

thumping, *a.* (*sl.*), *see* **thundering**

thunder, *n.* رَعْد ؛ قَصْف الرَّعد أو دَوِيُّه

he stole her thunder by disclosing the news before she could سَبَقها إلى إذاعة النَّبأ وبهذا حَرَمها من مُتْعة إذاعته بنفسها

v.i. 1. (give forth thunder) رَعَد ، قَصَف

2. (make loud noise) أَرْعَد ، هَدَر

the train thundered through the station مَرَق القِطار خِلالَ المحطّة مُحدثًا دَوِيًّا شديدًا

the preacher thundered against the sin of gambling أَرْعَد الواعِظ وأبرق مُحَذِّرًا مِن شَرّ القِمار

thunderbolt, *n.* صَاعِقة

thunderclap, *n.* قَصْف الرَّعْد ، هَزِيمُهُ

thundering, *a.* (*sl.*); *also* **thumping** هَائِل ، فَظيع ، (مُشاجَرة) عَنِيفة

thunderous, *a.* (تَصْفيق) مُدَوٍّ كالرَّعْد

thunderstorm, *n.* عَاصِفة رَعْدِيّة

thunderstruck, *a.* مَصْعُوق ؛ مَشْدوه

thundery, *a.* (طَقْس) يُهدِّد بالرَّعد والبَرْق

thurible, *n.* مِبْخَرة ، مِجْمَرة ، شُورية (مصر)

Thursday, *n.* يَوم الخَميس

thus, *adv.* 1. (in this way) هَكذا ، عَلى هَذا النَّحو

2. (so, therefore) وَلِذَلك ، و بالتّالي

3. (to this extent) إلى هَذا الحَدّ

thwack, *v.t.* & *n.* (*coll.*) لَطَم أو ضَرب بِعَصا

thwart, *v.t.* أَحْبَط (مساعيه) ، خَيَّب (آماله)

n. مَقْعَد الجَدِّف بِوَسط القارب

thy, *poss. a.* مِلْكُكَ ، مايَخُصُّكَ

thyme, *n.* زَعْتَر ، سَعْتَر ، صَعْتَر (نَبات عُشبي)

thyroid, *a.* & *n.* (الغُدَّة) الدَّرَقِيّة ، الدَّرَق

thyself, *pron.* نَفْسُك ، ذَاتُك

tiara, *n.* إِكْليل مُرَصَّع بالجواهر لِرأس المرأة

Tibet, *n.* (**-an,** *a.* & *n.*) التِّبت ؛ تِبتِيّ

tibia, *n.* الظُّنْبوب ، القَصَبة الكُبرَى للسّاق

tic, *n.* تَشَنُّج عَضليّ لا إراديّ (في الوجه)

tick, *v.i.* تَكَّ ، تَكْتَك

tick over (*of an engine*) دَوَران مُحَرِّك السّيّارة على أدنى درجةٍ ممكنة أثناء فصل تُروسها

what makes him tick? (*coll.*) مَا هو سِرّ نَشاطه ؟ ماحافِزه (على العمل) ؟

v.t. أَشَّر بِعلامة(صحّ) ✓

tick off (mark) وَضع علامة(صحّ) أمام ...

(*coll.*, reprimand) وَبَّخ ، عَنَّف

n. 1. (sound of clock, etc.) تَكَّة ، تَكْتَكة

I'll be back in a tick سَأَرْجِع في غَمْضَة عَيْن

2. (mark used in checking) علامة (صحّ) ✓

3. (*coll.*, credit) شُكُك

he bought it on tick اشْتَراه على الحِساب

4. (parasite) قُرادَة (حشرة تمتصّ دم الحيوان)

5. (cover for pillow, etc.) كِيس المِخَدَّة

ticker, *n.* 1. (*coll.*, watch) سَاعة (عامية)

2. (*joc.*, heart) قَلْب (عامية)

3. (tape printing machine) تِلِغراف كاتِب

ticker-tape, *n.* شَرِيط من الوَرَق يُوضَع في التِلِغراف الكاتِب وتُطبع الرّسائل عليه

a ticker-tape welcome إلقاء أَشْرِطة التِلِغراف الكاتِب من نَوافِذ المَصالح بنيويورك تَرحيبًا بِضَيْفٍ

ticket, *n.* تَذْكِرة (القِطار مثلًا) ، بِطاقة

ticking, *n.* قُماش المَراتب والحَشِيّات

tickle, *v.t.* & *i.* 1. (touch lightly to excite) دَغْدَغ ، زَغْزَغ

2. (divert, amuse) أَبْهَج ، أَضْحَك

I was tickled to death with the idea سَرَّتني الفِكرة كلَّ السُّرور

the spiced food tickled his palate بَعَث فيه الطَّعام المتبَّل مُتعة ولَذَّة

ticklish, *a.* 1. (sensitive to tickling) مُفْرِط في الحسّاسِيَّة عند الدَّغدغة

2. (requiring careful handling) دَقيق

this is a very ticklish situation هٰذا مَوْقِف في غاية الحَرَج أو الدِّقّة

tidal, *a.* مُتعلِّق بالمَدّ و الجَزْر

tidal wave مَوْجة عارِمة (بعد زِلزال مثلاً)

tiddler, *n.* (*coll.*) سَمَكة صَغيرة جِدًّا

tiddl(e)y, *a.* (*sl.*) صَغير ؛ مَسْطول (عاميّة)

tiddlywinks, *n.* لُعْبة تقوم على ضَغْط حافة أقراص من البلاستيك حتى تقفِز إلى داخل كأس

tide, *n.* المَدّ والجَزْر

our fortunes must depend on a turn of the tide لَن يُنْقِذنا من هذا الموقِف إلّا تَحَوُّل في مَجْرى الأُمور

v.t. سَدّ الحاجة ، ساعَد على التخلّص من أَزْمة

this loan will tide me over سَوْف يَسُدّ هذا القَرْض حاجتي بِصِفة مُؤَقّتة

tide-mark, *n.* خَطّ المَدّ على شاطئ البحر؛ أَثَر الاتِّساخ (على الرَّقَبة أوجَوانب حَوْض الاستِحمام)

tidings, *n.pl.* خَبَر ، أَنْباء (لَفْظة قديمة)

tidy, *a.* 1. (neat, orderly) مُرَتَّب ، مُنَظَّم

2. (*coll.*, considerable) هائل ، ضَخْم

he inherited a tidy fortune وَرِث ثَرْوة طائلة أو ميراثًا ضخمًا

v.t. & i.; *also* tidy up رَتَّب ، نَظَّم

tie, *v.t.* رَبَط ، شَدَّ (بِحَبْل مثلاً)

it was impossible to tie him down اسْتَحال علَيْنا أن نُجْبِره على التَّعَهُّد بشيءٍ ما

I'm sorry I can't come, I'm tied up آسِف ـ لا أَسْتَطيع الحُضور لارتباطي بمَوْعِد سابق

a tied cottage بَيْت رِيفيّ يؤجّره صاحِب العِزْبة لأحد عُمّاله بِشَرْط أن يُخليه عند تَرْك العمَل

a tied house حانة لا تَبيع إلا المشروبات الكحوليّة التي تُنْتِجها شَرِكة واحدة طِبق اتِّفاق بينهما

my hands are tied إنّي مَكْتوف اليَدَيْن

v.i. 1. (be attached) يُرْبَط ، يُعْقَد

2. (make equal score) تَعادَل (في مُباراة)

n. 1. (neck-tie) رِباط العُنُق ، كرافتة (مصر)

tie-pin دَبُّوس لِتَزْيين رِباط العُنق وتَثْبيتِه

2. (bond, encumbrance) رَابِطة ؛ قَيْد

family ties الرَّوابِط العائليّة

she found the small children a tie وَجَدت أنّ الصِّغار عِبْءٌ عليها وتَقْييدٌ لِحُرّيتها

3. (connecting piece) قَضيب لِشَدّ بناء

4. (equal score) تَعادُل (في نِقاط اللُّعبة)

tie-up, *n.* انْدِماج ، ارتباط (شَرِكتين) ؛ تَوَقُّف

tiff, *n.* مُشاجَرة خَفيفة (بين صَديقين مثلاً)

tiffin, *n.* وَجْبة غَداء خَفيفة

tig/er (*fem.* **-ress**), *n.* نَمِر ، بَبْر ؛ نَمِرة

tiger-lily زَنْبق بَبريّ (بُرتقاليّ اللّوْن مُرقّط بالسّواد)

tight, *a.* 1. (having or permitting little or no movement); *also adv.* ضَيِّق ، مَشْدود

tight-fisted, *a.* شَحيح اليد ، بَخِيل

tight-fitting, *a.* (مَلابِس) مُحزَّقة ؛ مُحْكَم

tight-lipped, *a.* كَتُوم ، صَمُوت

tight-rope حَبْل مَشْدُود يَلْعَب عليه البَهْلوان

he found himself in a tight corner وَجَد نَفْسه في وَرْطة أو مَأزِق

money is tight لا يَتوافَر المال (في السّوق)

sit tight (*coll.*) لَمْ يَتَزَحْزح ؛ لم يحرّك ساكنًا

2. (*sl.*, drunk) مَسْطول ، سَكْران طِينة

tighten, *v.t. & i.* شدَّ ، ضَيَّق ، أَحْكَم الرَّبْط

tights, *n.pl.* جَوارِب طويلة ضيّقة تغطّي النِّصف الأَسْفل من جِسْم المرأة بأكمله

tigress, *see* **tiger**

tile, *n.* قِرْميد (لأَسْطُح المنازِل)، زُلَيْج ، بَلاط

we were out on the tiles last night (*sl.*) سَهِرْنا ليلةَ أمس في الشَّراب والمُنادَمة

v.t. قَرْمَد ؛ بلّط (الأرضية أو الحائط)

till, *n.* دُرْج النُّقود (في مَتْجَر مثلًا)

v.t. حَرَثَ الأَرض ، فلَحها

(*prep. & conj.*) حَتّى ، إلى أن ...

tiller, *n.* ذِراع دفّة القارِب ؛ فَلّاح ، حارِث

tilt, *v.t.* أَمالَ ، مَيّل

v.i. usually with at حاوَل الهُجوم على ...

he was constantly tilting at the evils of drink لَمْ يَدَعْ فُرْصةً تَمُرّ إلّا واستغلّها في شَنّ هُجوم على مَساوِئ الخَمْر

he is only tilting at windmills إنّه خياليّ مُتطرّف يُهاجِم أعداءً لا وُجودَ لهم

n. 1. (sloping position) مَيْل ، انْحِدار

2. (charge) هُجُوم

at full tilt (جَرى) بِسُرْعَة فائِقة

3. (canvas cover for wagon) نَسِيج غَلِيظ لِوِقاية المنقولات في عَرَبة أو شاحِنة مكشوفة

tilth, *n.* تُرْبَة مَحْروثة إلى عُمْق مناسِب للزِّراعة

timber, *n.* 1. (felled wood; planks) أَلْواح خَشَب

timber-yard مَخْزَن أو شادِر للأَخشاب

ship's timbers ضُلُوع خَشَبِيَّة في هَيْكل مَرْكب

2. (trees) شَجَر ، أَشْجار

timbered, *a.* 1. (built with wood) خَشَبِيّ

2. (wooded) مُغَطًّى بالأَشْجار

timbre, *n.* جَرْس الصَّوْت (البَشَرِيّ أو المُوسيقِيّ)

time, *n.* 1. (duration as dimension) وَقْت ، زَمَن

the world exists in space and time تُقاس كَيْنُونة العالَم بِبُعْدين هما المَكان والزّمان

time will show who is right سَتُثْبِت الأيّام مَنْ (مِنّا مثلًا) على حَقٍّ

that will take time يَحْتاج ذلكَ إلى وَقْت طَويل

I have no time for frivolities لَيْسَ لَدَيّ مِن الوَقْت ما أُضِيعه في العَبَث

take your time! على مَهْلِك ! لا تَتَعجَّل

it will take me all my time to do this (*coll.*) سَوْفَ يَسْتَوْعِب هَذا العَمَل وَقْتي كُلَّه

we shall be there in no time سَنَصِل إلى المكان في غَمْضَة عَيْن

I said so all the time كانَ هذا رَأْيِي دائمًا

2. (period as stated or measured) زَمَن

do you have the time on you? هَلْ معكَ ساعة ؟ (سُؤال للاسْتِفسار عن الزَّمن)

he ran the mile in record time ضَرَب الرَّقْم القِياسِيّ في سِباق جَرْي المِيل الواحد

this clock keeps good time هذه السّاعة تُبيِّن الوقت بِدِقَّة

I know him to pass the time of day (*fam.*) لا أعْرِفه إلّا مَعْرِفة سَطحِيَّة عابِرة

3. (specific point or period)

lunch-time وَقْت الغَداء

it's time we were going حَان وَقْت انْصِرافنا

we must bide our time عَلَيْنا أن نَتأَنّى ونتحيّن الفُرْصة المناسِبة

your time is up انتهى الزَّمَن المحدَّد

he is serving his time لا يَزال في مَرْحَلة التَّمْرين

are we in time? هَلْ وَصَلْنا في الميعاد المُحَدَّد ؟

you will learn how to do it in time سَوْفَ يُكْسِبكَ الزَّمَن خِبْرة ومَهارة

at one time I was a schoolteacher اشْتَغَلْت مُعَلِّمًا بالمدارِس فَتْرةً ما

we are working against time نَحْن في سِباق مع الزَّمَن (للانْتِهاء مِن العَمَل في الوَقت المحدَّد)

on Saturday he gets time and a half عِنْدَما يَشْتَغِل يَوْم السَّبْت يَأْخُذ أَجْره مَرَّة ونِصف مَرّة

he is doing time (*coll.*) إنّه في السِّجْن

4. (an occasion) مَرَّة (مَرّات)

last time he failed, this time he passed رَسَب في المرَّة السّابِقة ولكِنَّه نَجح هذه المرَّة

if I've told you once I've told you a dozen times لَقد أَنْذَرْتك مِرارًا وتَكْرارًا ولكنّكَ لم تَسْتَمِع لي

the queue was admitted three at a time سُمِحَ للواقِفين في الصَّفّ بالدُّخول ثلاثةً ثلاثةً

5. (*pl.*, indicating multiplication); *as in* three times two are six ٣ في ٢ يُساوي ٦

6. (*often pl.*, associated with particular events or circumstances)

in ancient times في العُهُود الغابِرة

I was quite a sportsman in my time كُنْتُ في شَبابي أُمارِس الرِّياضَة بِشَغَف

we had a good time on our holiday كانت عُطْلَتنا مَليئة بالمُتْعة والتَّسْلِية

he was born before his time سَبَق (شخصٌ مَوْهوب مثلاً) عَصْرَه

he is having the time of his life (*coll.*) إنّه مُسْتَمْتِع (بِوُجوده في الحَفْلة مثلاً) إلى أَقْصى حَدٍّ

7. (a method of measuring time) تَوْقيت

Greenwich mean time; *abbr.* G.M.T. تَوْقيت جرِينِتْش (غرِينيش ، كرِينتش)

8. (*mus.*) الإيقاع المُوسيقيّ

he is not singing in time لا يَتمشّى غِناؤه مع سُرعة الإيقاع الموسِيقيّ

9. (compounds)

time-expired, *a.* (جُنديّ) خَدَم كُلَّ مُدَّة خِدْمَته

time-fuse جِهاز تَفْجير زَمَنيّ (قنابل مثلاً)

time-honoured, *a.* أَضْفَى عليه الزَّمن جَلالاً

time-server انتهازيّ يَتَملَّق ذوي النُّفوذ

time-sheet كَشْف حُضور العُمّال وانْصِرافِهم

time-signal إشارة ضَبْط الوَقْت

time-switch مِفْتاح كَهْرَبائي تِلْقائي

time-table جَدْوَل مَواعيد (القِطارات مثلاً)

v.t. 1. (appoint time of) حَدَّد وَقْتًا

2. (record the time of) سَجَّل الوَقْت

timekeeper, *n.* مُسَجِّل ساعاتِ العَمَل؛ ساعَة

timeless, *a.* سَرْمَديّ، خالد، أَبَديّ

timely, *a.* في الوَقْت المُناسِب، في حِينِه

timepiece, *n.* ساعَة (يَدٍ أو جَيْبٍ أو حائطٍ)

timid, *a.* (**-ity,** *n.*) خَجِل، هَيّاب، خَوّاف

timing, *n.* تَوْقيت؛ (جِهاز) ضَبْط الوَقْت

timorous, *a.* فَزِع، هَيّاب، وَجِل

timpani, *n.pl.* الطُّبول (مِن آلاتِ الفِرَق المُوسيقيّة)

tin, *n.* 1. (metal) قَصْدير؛ صَفيح

he acts as if he were a ⟨little⟩ tin god (*sl.*)
يَتَصرّف (بِعَجْرفة) كأنّه فِرْعَوْن صَغير

tin hat (*sl.*) خَوْذة فُولاذيّة، طاسَة (مصر)

Tin Pan Alley شارِع في لَنْدَن هو مَرْكَز
لِنَشْر المُوسيقى الحَديثة والأغاني الشّائعة

tin-pot, *a.* (*sl.*) تافِه، عَديم القِيمة

tin-tack مِسْمار صَغير بِرأس كَبير (للتَّنجيد)

2. (container) عُلْبة من الصَّفيح، قُوطِيّة (عراق)

tin-opener فَتّاحَة العُلَب

v.t. 1. (coat with tin) غطّى بالقَصْدير

2. (pack for preservation) عَلَّب (المحفوظات)

tincture, *n.* صِبْغَة، صِبْغ

tincture of iodine صِبْغَة اليُود

tinder, *n.* الصُّوفان، مادّة تُقْدَح فيها النّار

tinder-box عُلْبَة تَحْتوي على الصُّوفان وحَجَر القَدْح

tine, *n.* سِنّ (الشَّوْكة)

tinfoil, *n.* الوَرَق المُفَضَّض

ting, *n.* & *v.i.* رَنين؛ رَنَّ

ting-a-ling رَنين الجَرَس الصَّغير

tinge, *v.t.* & *n.* ... لَوَّن تَلوينًا خفيفًا؛ شائبة من

his admiration was tinged with envy
كانَ في إعْجابِه شَيْء من الحَسَد

tingle, *v.i.* شَعَر بِوَخْز خفيف، نَمِل؛ طَنَّ

tinker, *n.* سَمْكَري جوّال، تَنَكْجي؛ غَجَريّ

not worth a tinker's damn (*sl.*) لا يُساوِي
شَرْوَى نَقير (أو قِشْرَة بَصَلة)

v.i. حاوَلَ إصلاح (آلة) بِدون خِبْرة مِيكانيكيّة

tinkle, *v.i.* & *t.* رَنَّ، جَعَله يَرِنّ

n. 1. (sound) رَنين

2. (*coll.*, telephone call); *as in*

I'll give you a tinkle tomorrow سأتّصِلُ
بِكَ تليفونيًّا غدًا، سأُخابِرك غدًا

tinny, *a.* 1. *(of material)* مِنَ الصَّفِيح ، صَفِيحِيّ

the workmanship is good but it seems a
bit tinny   (هَذِه السَّيَّارة) جَيِّدة الصُّنْع
ولكن يَبْدُو أنَّ مَعْدِنَها كالصَّفِيح

2. *(of sound); as in*

he played on a tinny piano   عَزَف على
بيانو ذِي طَنِين خَشِن

tinsel, *n. & a.* شَرائِط لامِعة لِلزِّينة ؛ بُهْرُج

tinsmith, *n.* سَمْكَرِي ، تَنَكْجِي

tint, *n. & v.t.* لَوْن خفيف ؛ لَوَّن تَلوِينًا خفيفًا

tintinnabulation, *n.* رَنِين الأجْراس

tiny, *a.* صَغِير جِدًّا

tip, *n.* 1. *(extremity)* طَرَف مُدَبَّب

I have the word on the tip of my tongue
الكَلِمة على رَأْس (أو طَرَف) لِسانِي

the goods are in tip-top condition   هَذِه
البَضائِع فِي أجْوَدِ حالةٍ مُمْكِنة

2. *(slight push)* ضَرْبة أو دَفْعة خَفِيفة

the children played tip and run   لَعِب الأطْفال
لُعْبة يَجْرِي فِيها مَن تَلْمَس الكُرةُ مِضْرَبَه

3. *(place for refuse)* مَزْبَلة ، مَقْلَب الزُّبالة

4. *(hint, advice)* نَصيحة تُسَهِّل أمرًا ما

5. *(gratuity)* بَقْشِيش ، بُخْشِيش ، راشِن

v.t. 1. *(furnish with tip (*1*))* غَطَّى الطَّرَف لِتَقْوِيتِه

tipped cigarettes   سَجايِر بِفَمّ أو بِفِلتِر

2. *(cause to lean); with advs.* up, over,
etc.; *also v.i.* أمال ؛ قَلَب (الزَّوْرَق)

his superior qualifications tipped the scale
in his favour   أَرْجَحَت مُؤهِّلاته المُمْتازة
الكِفَّة فِي صالِحِه

tip-up seat   مَقْعَد قَلّاب (مُثَبَّت وقابِل لِلطَّيِّ)

3. *(strike or touch lightly)* مَسَّ ، لَمَس

he tipped his hat to his neighbour   لَمَس
قُبَّعَته تَحِيَّةً لِجارِه

4. *(give hint or advice to; give inside
information about); also* tip off
أطْلَعه على معلومات يَجْهَلها العامَّة

he tipped me the wink to keep silent
أسَرَّ إليَّ بالْتِزام الصَّمْت

he tipped the winner of the race   أخْبَر
المُراهِنِينَ بِاسْم الحِصان المُتَوَقَّع فَوْزُه

tip-off, *n.* إنْذار ، إخْطار ، تَلْمِيح

5. *(give gratuity to)* ... أعطى بَقْشِيشًا لِ

tipper, *n. also* tipper truck   الشّاحِنة القَلّابة

tippet, *n.* لِفاع (من الفَرْو) لِلكَهَنة والنِّساء

tipple, *v.i. & t.; also n.* ارْتَشَف الخَمْر ؛ خَمْر

tipstaff, *n.* حاجِب المَحْكَمة (قَدِيمًا)

tipster, *n.* مَنْ يَبِيع مَعلومات عن مُراهَنات الخَيْل

tipsy, *a.* سَكْران ، يَتَرَنَّح سُكْرًا

tiptoe, *adv. & n.* أطْراف (رُؤوس) أصابِع القَدَم

she was on tiptoe with excitement   لَم تَسْتَطِع
أن تَتَمالَك نفسها من شِدَّة التَّلَهُّف

v.i. مَشَى على أطْراف أصابِعه

tirade, *n.* وابِل من السِّباب والشَّتائِم

tire, *v.t. & i.* أتْعَب ، أنْهَك ؛ تَعِب
n., see **tyre**
إطار السَّيّارة

tired, *a.* مُتْعَب ، تَعِب ، تَعْبان

I'm tired of doing the same thing day after day لَقد مَلَلْتُ القِيام بِنَفْس العَمَل يومًا بَعْدَ يوم

tireless, *a.* لا يَعْرِف للتَّعب مَعْنًى

tiresome, *a.* مُتْعِب ، مُمِلّ ، مُضْجِر

tiring, *a.* مُنْهِك ، مُرْهِق ، مُتْعِب

tiro, *see* **tyro**

'tis, *poet. for* **it is**

tissue, *n.* 1. (woven material) نَسِيج

his story was a tissue of lies كانَت قِصَّته كَذِبًا مَحْبوكًا

2. (*biol.*) نَسِيج (لِيفيّ مَثلًا)

3. (soft paper); *also* tissue paper وَرَق ناعِم رقيق (للمُخاط مثلًا)

face tissue مِنْديل مِن الوَرَق النّاعِم تَستعمِله النِّساء أثناءَ الماكياج

tit, *n.* 1. (small bird) عُصْفور صَغير، قُرْقُف

2. (*vulg.*, teat or breast) حَلَمة الثَّدْي

3. (exchange); *only in*

tit for tat وَاحِدة بِواحِدَة، عَيْن بِعَيْن

titanic, *a.* ضَخْم ، هائل ، مارِد

titanium, *n.* التِّيتانيوم (عُنْصُر مَعْدِني)

titbit, *n.* لُقْمَة سائِغة

a titbit of news نَبَأ مُثير لِلدَّهْشة

tithe, *n.* ضَرِيبة العُشُور (طِبْق قانون التَّوْراة)

titill/ate, *v.t.* (**-ation,** *n.*) دَغْدَغ ؛ دَغْدَغة

titiv/ate, *v.t. & i.* (**-ation,** *n.*) أضافَت اللَّمَسات الأَخِيرة لماكياجها ؛ تَأَنُّق

title, *n.* 1. (*of a book, etc.*) اسْم ، عُنوان الكِتاب

title-page صَفْحَة عُنْوان الكِتاب

title role الدَّوْر الّذي يُستَمَدّ منه اسْمُ المَسْرَحِيّة

2. (*of a person*) لَقَب

3. (claim, right) حَقّ المِلْكِيَّة

title-deeds سَنَد التَّمْليك ، صَكّ المِلكيّة

titled, *a.* مَن يَحْمِل لَقَب شَرَف

titmouse, *n.* عُصْفور صَغير ، قُرْقُف

titr/ate, *v.t.* (**-ation,** *n.*) عايَر (كيمياء)

titter, *v.i. & n.* ضَحِك ضَحِكة مَكْتُومَة

tittle, *n.*, *see* **jot**

tittle-tattle, *n. & v.i.* دَرْدَشة ، ثَرْثَرة

titular, *a.* (رَئيس) فَخْري ، (أُسْتاذ) شَرَف

to, *prep.* 1. (in the direction of, aimed at) إلى ، نَحْوَ ، صَوْبَ ، في اتِّجاه ، لِ ...

he went to bed ذَهب إلى فِراشه

his efforts were all to no purpose ذَهَبت مَساعِيه أَدْراج الرِّياح

2. (as far as)

they fought to the last gasp قاتَلوا حتّى النَّفَس الأَخير

3. (of comparison, ratio)

ten to one he will never know إنّ إمْكانيّة مَعْرِفته (بما فعلتُ) بَعيدةُ الاحْتِمال

4. (introducing indirect object)

I lent my book to him أَعَرْتُه كِتابي

5. (as sign of infinitive)

he was often heard to complain كُنَّا نَسْمَعُه يَشكو مِرارًا عَدِيدة ، طالَما سُمِعَ يَشْكو

6. (as substitute for infinitive)

I meant to tell him but forgot to كان قَصْدي أن أُخْبره ولكنّني نَسِيت

7. (included, comprising)

that is all there is to it لَيْس في الأَمْر أكثرُ من ذلك

there's nothing to it لَيس فيه أدْنَى (صُعوبَة)

8. (expressing agreement, fitness)

is this the key to the door? هَلْ هذا هو مِفْتاح الباب ؟

9. (in telling the time)

it is ten to four السّاعة الرّابِعة إلّا عَشْر دقائق

10. (resulting in) لِ ...

to my surprise ... كم كانت دَهْشَتي

as I learnt to my cost وَعلِمْتُ لِلأَسَف أنَّ ...

adv.

it was some minutes before he came to لم يَفُقْ مِن إغْماءَتِه إلّا بَعد بِضْع دَقائق

the guard was ordered to stand to أُمِرَ الحُرّاس أن يكونوا على حَذَر

toad, *n.* عُلْجوم ، ضِفْدَع الجَبَل ، ضِفْدَع السُمّ

toadstool, *n.* نَوْع من الفُطْرِيّات بعضها سامّ

toady, *n.*; *v.t.* & *i.* مُتَمَلِّق ، مُتَزَلِّف ؛ تَمَلَّق

toast, *n.* 1. (grilled bread); *also v.t.* خُبْز مُحَمَّص

toast-rack حامِل شَرائح الخُبز المحَمَّصة على المائدة

toasting-fork شوكة طويلة لتحميص الخبز أمام النّار

I felt as warm as toast كُنْتُ في غايَة الدِّفْء

he had his adversary on toast لَعِبَ بِخَصْمِه كما يَلْعَب القِطّ بالفأر

2. (person, or object honoured when drinking); *also v.t.* ... (شَرِب) نَخْب

toast-master شَخْص مُكلَّف بدعوة ضيوف وليمة رسمية إلى شرب الأنخاب

toaster, *n.* جِهاز (كهرَبائي) لتحميص الخبز

tobacco, *n.* تِبْغ ، طَباق ، دُخان

tobacconist, *n.* بائع التَّبايِر (السكائر)

toboggan, *n.* & *v.i.* مِزْلَقَة لِلانْزِلاق على الثَّلْج

toccata, *n.* مَقْطُوعة مُوسِيقيّة خاصَّة

tocsin, *n.* نَاقُوس الخَطَر ؛ عَلامة الخَطَر

today, *n.* & *adv.* 1. (this day) اليَوْمَ

2. (the present time) في الوَقْت الحاضِر

toddle, *v.i.* مَشَى مِشْيَةَ الأَطْفال الصّغار (مُتَرَنِّحًا)

toddler, *n.* طِفْل لَمْ يَتَعَوَّد المَشْي بَعْدُ

toddy, *n.* مَزيج مِن الخَمْر (الويسكي) والماء السّاخِن

toe, *n.* أُصْبُع القَدَم

toe-cap قِطْعة جِلْدِيّة تكَوِّن مُقدَّم وَجْه الحِذاء

you have to keep on your toes for this job هَذا العَمَل يتطلَّب يَقْظة وانْتِباهًا طولَ الوَقت

the speaker was careful not to tread on anybody's toes تَحاشَى الخَطيب المَسّ بِشُعورِ أَحَدٍ من الحاضِرين

he turned up his toes (*sl.*) قَرَضَ الحَبْل ، مات

v.t. مَسَّ (الكُرة) بِطَرَف القَدَم

the rebels were made to toe the line أُرْغِمَ المُنْشَقُّون على الامْتثال لأوامِر(الحِزْب)

toff, *n. (sl.)* غَنْدُور ، مُتأنِّق ، مُتَهَنْدِم

toffee (**toffy**), *n.* الطُّوفي ، نَوْع مِن الحَلْوَى

toffee-apple تُفّاحَة مُغطّاة بِطَبَقَة من الطُّوفي

toffee-nosed, *a. (sl.)* مُتَعَجْرِف ، مُتَغَطْرِس

he can't run for toffee *(coll.)* إنّه أَبْطأ من السُّلَحْفاة (في الجَرْي)

tog, *v.t. (coll., usu. pass.)*; *also* tog out, up تَهَنْدَم ، لَبِس ؛ لابِسٌ (أَفْضَل ثِيابه مثلاً)

toga, *n.* ثَوْبٌ رُومانيّ فَضْفاض ، التوجا

together, *adv.* مَعًا ، سَوِيًّا ؛ في وَقْتٍ واحِدٍ

the officer called his men together اسْتَدعى الضّابِط جُنُودَه لِيَجْتَمِعوا ، أَمَرَهم أن يتجمّعوا

he tied the two ropes together رَبَط الحَبْلَيْن معًا

the teacher knocked their heads together دَقَّ المُعَلِّم رأسَ أحدهما بِرأسِ الآخر

get-together, *n.* جَلْسَة اجْتماعِيّة بدُون رسميّات

we very soon put two and two together سُرْعانَ ما أَدْرَكنا حَقيقة الأمر (من تلميحاته)

the baby cried for hours together لم يَكُفّ الطِّفْل عن البُكاء ساعاتٍ مُتَوالِية

toggle, *n.* مِسْمار خشبي مربوط بحبل يدخل في أُنْشُوطة أوخيّة لِشَدِّ طَرَفَيْ (مِعْطَف مَثَلاً)

togs, *n.pl. (coll.)* مَلابِس ، هُدُوم

toil, *n.* عَمَل شاقّ ، كدّ وكَدْح

v.i. 1. (work hard) كَدَّ ، كَدَح

2. (move laboriously) جَرَّ خُطاه جَرًّا

he toiled up the steep hill تَسلَّق سَفْح التَّلّ المُنْحَدِر بِخُطًى مُتَثاقِلَة

toilet, *n.* 1. (process of washing, dressing, etc.) التَّزَيُّن وتَجْميل الوَجْه الخ.

toilet soap صَابون (مُعَطَّر) لِلْوَجه

2. (water-closet) مِرْحاض ، تواليت

toilet roll لَفَّة مِن وَرَق التَّوالِيت لِلمِرْحاض

toilette, *n.* التُّوالِيت ، التَّبَرُّج ؛ ثَوْب أنيق

toils, *n.pl.* شِراك ، شِباك ؛ أَحابِيل

he was caught in the toils of the law وَقَع في شِبَاكِ القَانون

toilsome, *a.* مُتْعِب ، مُنْهِك ، عَسِير

token, *n.* 1. (symbol, memento) تَذْكار ، رَمْز

he only put up a token resistance لَم يُبْدِ إلاّ مُقاوَمَة هَيِّنة (لِصَوْن المَظْهَر فقط)

and by the same token وَمِن هٰذا القَبِيل

2. (substitute for coin) بَدِيل عن العُمْلَة

tolerable, *a.* 1. (endurable) يُمْكِن احْتِماله

2. (fairly good) (طَعام) مقبول إلى حدٍّ ما

we had a tolerable journey home كُنّا في رِحْلة العَوْدة مُرْتاحِين إلى حدٍّ ما

tolerance, *n.* 1. (forbearance) تَسامُح ، تَساهُل

2. (*med.*, ability to resist effects of drug, etc.) قُدْرَة الانْسان على احْتمال العَقاقير

3. (*engin.*, permissible variation) الحَدُّ الأَقْصى المَسْموح به للتَّفاوُت (هندسة)

tolerant, *a.* مُتَسامِح ، رَحْب الصَّدر أو وَسِيعه

toler/ate, *v.t.* (**-ation,** *n.*) 1. (permit)
سَمَحَ بِ ، تَغاضَى عن

2. (endure) تَحَمَّل ، عانَى ، صَبَرَ على

toll, *n.* 1. (tax) ضَريبة مُرور ، مَكْس

toll-gate نُقْطَة تَقِف عِندَها العَرَبات لِأداء رَسْم المُرور

the roads of England take a heavy toll each year تُؤَدِّي حَوادِث المُرور في انكلترا إلى وَفاة عَدَد كبير من النّاس كُلَّ عام

2. (sound of bell) دَقُّ الجَرَس (لِمُناسَبة وَفاة)

v.i. & t. دَقَّ (النّاقوسَ)؛ قَرَعَ (الجَرَسَ)

Tom (**tom**), *n.* 1. (*fam. of* Thomas) تُوم – (تَصْغير مُتَعارَف عليه لِلِاسْم الكامِل تُوماس)

every Tom, Dick, and Harry
كُلُّ مَنْ هَبَّ ودَبَّ ، عامّة النّاس

2. (male cat); *also* tom-cat ذَكَرُ القِطّ

tomahawk, *n.* فَأس خاصّة بالهُنود الحُمْر

tomato, *n.* طَماطِم ، بَنَدُورَة ، طَماطَة

tomb, *n.* ضَريح ، قَبْر

tomboy, *n.* فَتاة تَتَشَبَّه بالصِّبيان في الخُشُونة والصَّخَب

tombstone, *n.* شاهِد القَبْر

tome, *n.* مُجَلَّد ضَخْم

tomfoolery, *n.* تَصَرُّفات صِبْيانيّة حَمْقاء

Tommy (**tommy**), *n.* تُومي – تَصْغير لِلِاسْم الكامِل تُوماس (لِلتَّحَبُّب)

Tommy ⟨Atkins⟩; *also* tommy
لَقَب يُعْرَف به الجنديّ البريطانيّ بين العامّة

tommy-bar, tommy-rod, *n.*; *also* **tommy**
ذِراع حَديديّ يُدْخَل طَرَفه في أعلى مِفْتاح صامُولة أسطواني لِرَبْطِها أو فَكِّها

tommy-gun, *n.* مِدْفَع تُومِي ، رَشّاش صَغير

tommy-rot, *n.* كَلام فارِغ ، هُراء ، خَرْط

tomorrow, *n. & adv.* غَدًا ، الغَد

tomtit, *n.* عُصْفور صَغير ، قُرْقُف

tomtom, *n.* طَبْلَة شائِعة في جُزُر الهِنْد الشَّرْقيّة

ton, *n.* 1. (measure of weight) طَنّ (أطْنان)

2. (unit of capacity) حَجْم يُساوِي أَرْبَعين قَدَمًا مُكَعَّبًا (في الشَّحْن البَحْرِيّ)

3. (*pl., coll.,* large amount) مِقْدار كبير

he has tons of money عِنده قَناطِير من المال

4. (*sl.,* 100 m.p.h., a score of 100) (ساق السَّيّارة بسرعة) ١٠٠ ميل في الساعة؛ ١٠٠ نُقْطَة

tonal, *a.* نَغْمِيّ ، نِسْبةً إلى صَفاء الصَّوْت

tonality, *n.* تَناسُق الأنغام أو الألوان

tone, *n.* 1. (quality of sound or voice) نَغْمَة الصَّوْت ، رِقَّة الكلام أو خُشُونَته

2. (atmosphere, quality) الجَوّ العامّ

his presence added tone to the meeting
أَضْفَى وُجوده رَوْنَقًا وأَهَمِّيّة على الاجْتماع

3. (*mus.,* interval) دَرَجة البُعْد بَيْن نَغْمَتَيْن

4. (*med.*) صِحّة البِنْيَة ، النَّشاط والعافِية

5. (shade of colour) دَرَجة عُمْق اللَّوْن

v.t. نَغَّم ؛ لَوَّن

he was asked to tone down his remarks
طُلِب إليه أن يُخَفِّف مِن حِدَّة لَهْجَتِه

he did exercises to tone up his muscles
قامَ بِتَمْرينات رِياضِيّة لِتَقْوِيَة عَضَلاتِه

v.i. إِنْسَجَمت (الألوان)

these curtains tone ⟨in⟩ well with the carpets
يَنْسَجِم لَوْن هٰذِه السَّتائر مع لَوْن السَّجاجِيد

tongs, *n.pl.* مِلْقَط (للسُّكَّر مَثلاً)، ماشَة

tongue, *n.* 1. (organ; *also fig.*, speech) لِسان (أَلْسُن ، أَلْسِنَة)

he made the suggestion with his tongue in his cheek
تَقَدَّم بالاقْتِراح على سَبيل السُّخْرِيَة والمُزاح

tongue-tied, *a.* صَامِت ، مَعْقُود اللِّسان

suddenly, the hounds gave tongue فَجْأَةً
نَبَحت كِلابُ الصَّيْد (لِتَعرُّفِها على أَثَر الثَّعْلَب)

hold your tongue! أُسْكُتْ ! اِخْرَس !

please keep a civil tongue in your head!
أَرْجُوكَ أن تَكُفَّ عن اسْتِعمال أَلفاظ السِّباب

the boy has lost his tongue
أَمْسَكَ الوَلَد عنِ الكَلام (لِهَيْبَتِه من المَوْقِف)

tongue-twister كَلِمة أو تَرْكِيب يَصْعُب نُطْقُهُما

2. (article so shaped) شَيْء عَلى شَكْل لِسان

tongue of a shoe لِسان الحِذاء

3. (language) لِسان ، لُغَة

he has the gift of tongues إِنَّهُ يُتْقِن التَّحَدُّث بِلُغاتٍ كَثِيرة

tonic, *a. & n.* 1. (*med.*) دَواءٌ مُقَوٍّ

tonic ⟨water⟩ مِياه غازِيَّة مَعْدِنِيَّة

2. (*mus.*) قَرار السُّلَّم الموسِيقيّ

tonight, *n. & adv.* اللَّيْلَة ، هٰذِه اللَّيْلَة

tonnage, *n.* حُمُولة السَّفينة مُقَدَّرة بالطُّنّ

tonsil, *n.* لَوْزَة الحَلْق (طبّ)

tonsillectomy, *n.* إِسْتِئْصال اللَّوزتين (طبّ)

tonsillitis, *n.* اِلْتِهاب اللوزتين (طبّ)

tonsure, *n.* حَلْق شَعْرِ وَسَط الرَّأْس

too, *adv.* 1. (excessively, very) أَكْثَر من اللّازم

he arrived none too soon أَخِيرًا وَصَل في وَقْتِه

I am not too well today لَسْتُ اليومَ على ما يُرام

2. (also; indeed; moreover) أَيْضًا ، كَذَلِك

I shall go too وَسَأَذْهَبُ أنا أيضًا

he did too! حَقيقةً فَعَل ذلك !

took, *pret. of* **take**

tool, *n.* آلَة ، أَداة

they had been using him as a tool
لم يَكُن إلا أداةً في أَيْدِيهِم

tooled, *a.* (تَجْلِيد) مُزَخْرَف بِطَرِيقَة خاصَّة

toot, *v.i. & t.*; *also n.* نَفَخ (في بُوق)؛ صَوْت البُوق

tooth (*pl.* teeth), *n.* 1. (*anat.*) سِنّ (أَسنان)

the soldiers were armed to the teeth
كانَ الجُنُود مُدَجَّجِين بالسِّلاح

he escaped death by the skin of his teeth
نَجا مِن المَوْتِ بِأُعْجُوبَة أو بِمُعْجِزَة

he has a sweet tooth إِنَّه مُغْرَم بِالحَلْوَى

he put to sea in the teeth of the gale
أَبْحَر (المَلّاحُ) بِالرَّغْمِ مِن شِدَّة العاصِفَة

he showed his teeth كَشَّر عَن أَنْيابِه

tooth-brush فُرْشَة (أو فُرشاة) الأَسْنان

tooth-comb مِشْط ذُو أَسْنان رَفيعة

he went through the evidence with a fine-tooth comb لَمْ يَتْرُكْ نُقْطَةً في الشَّهادة إلّا وَمَحَّصَها أَدَقَّ تَمْحِيص

tooth-paste (powder) مَعْجُون (مَسْحُوق) لِلأَسْنان

2. (device with similar shape or purpose) سِنّ (مثل سِنّ المِنْشار أو التُّرس الخ.)

toothache, *n.* أَلَم الأَسْنان ، وَجَع الأَضْراس

toothed, *a.* ذُو أَسْنان ، (عَجَلَة) مُسَنَّنة

toothpick, *n.* مِسْواك ، خِلال (لإزالة ما بَيْن الأَسْنان)

toothsome, *a.* (طَعام) لَذِيذ ، شَهِيّ

tootle, *v.i. & t.* نَفَخَ (في البُوق) نَفْخًا رَقيقًا

top, *n.* 1. (uppermost part or degree); *also a.* الذُّرْوَة ، القِمَّة ، الأَوْج ؛ أَعْلَى

he is at the top of the tree لَقَد ارْتَقَى في مَيْدانِه إلى أَعْلَى دَرَجَة مُمْكِنة

he is top of the school (هٰذا التِّلْمِيذ) هُوَ الأَوَّل في مَدْرَسَتِه

he shouted at the top of his voice صَرَخَ أو هَتَفَ بِأَعْلَى صَوْتِه

on top of all that . . . وَبِالإضافة إلى كُلّ ذٰلِك

top-boots حِذاء (جَزْمة) طَوِيل السّاق

top-coat مِعْطَف ، بالْطُو ، كَبُّوت

top-dressing طَبَقَة مَرْشُوشَة (مِن السِّماد)

top hat قُبَّعة عالِيَة سَوْداء (رَسْمِيّة للرِّجال)

top-heavy, *a.* (حِمْل) يُخْشَى سُقُوطُه لِثِقَل أَعْلاه

top-notch, *a.* مِن الطِّراز الأَوَّل ، مُمْتاز

in top (ساقَ السَّيّارة) مُعَشِّقًا (الفِيتِيس أو الكِير) في مُسَنَّنة السُّرْعَة العُلْيا

2. (toy) خُذْرُوف ، دُوّامة ، نَحْلَة

humming-top خُذْرُوف أو نَحْلة طَنّانة

I slept like a top نِمْتُ مِلْءَ جَفْنَيّ

v.t. 1. (provide with cover or cap) غَطَّى شَيْئًا بِطَبَقَة من ...

2. (decapitate plant, etc.) قَلَّم ، قَطَع

she topped the turnips قَطَعَت أَوْراق اللِّفْت

3. (reach summit of) بَلَغَ القِمَّة

4. (be higher than) تَفَوَّقَ على ...

that tops everything لَقَدْ طَفَحَ الكَيْل

the boy tops six feet تَرْبُو قامَتُه على ٦ أَقْدام

5. (give final touch) اخْتَتَم

we topped off our meal with a glass of brandy اختتمنا الأَكْلة بِكَأْسٍ مِن البراندي

he topped up his petrol tank أَضافَ كَمِّيّة مِن البِنْزِين حَتَّى امْتَلأَ الصِّهْرِيج عن آخِره

topaz, *n.* الزَّبَرْجَد (حَجَر كَرِيم)

tope, *v.i.* عاقَرَ الخَمْر ، أَسْرَف في الشَّراب

topee, *n.* قُبَّعَة مِن الفِلِّين (للوِقايَة من الشَّمْس)

toper, *n.* سِكِّير ، مُدْمِن على شُرْبِ الخَمْر

topiary, *a. & n.* تَشْذِيب الشُّجَيْرات وَتَشْكِيلُها في أَشْكال فَنِّيَّة

topic, *n.* مَوْضُوع (مَقالَةٍ أو جِدالٍ الخ.)

topical, *a.* ذُو عَلاقَة بِالحالَة الرّاهِنة

topmost, *a.* (الغُصْن) الأَعْلَى

topograph/y, *n.* (**-ical,** *a.*); **-er,** *n.* عِلْم الطُّوبُوغْرافِيا ؛ صُورة تَفْصِيليّة لِسَطْح الأَرض

topper, *n.* (*coll.*) قُبَّعَة عالِيَة رَسْمِيّة لِلرِّجال

topple, *v.i.* & *t.* تَرَنَّح وانْهارَ ؛ أَسْقَط، أَطاحَ

topsy-turvy, *a.* & *adv.* رَأْسًا على عَقِب

toque, *n.* قُبَّعة نِسائيّة بِدون حافّة

tor, *n.* رَبْوَة ، تَلّ صَخْري (في جَنُوب انكلترا)

torch, *n.* 1. (brand) مَشْعَل (مَشاعِل)

2. (portable electric lamp) مِصْباح كَهْرَبائيّ يَدوِيّ ، بَطّارِيّة جَيْب

torchlight, *n.* ضَوْء المَشاعِل

a torchlight procession مَوْكِب حَمَلَة المَشاعِل

tore, *pret. of* **tear**

toreador, *n.* مُصارِع الثِيران (على ظهر فرَسٍ)

torment, *n.* عَذاب ، أَلَم شَدِيد

what a torment that child is! إنَّ هَذا الطِّفْلَ لَعْنَة مِن اللَّعَنات !

v.t. عَذَّب ؛ أَقَضَّ مَضْجَعَه

tormentor, *n.* مُعَذِّب ، مُقْلِق

torn, *past p. of* **tear**

tornado, *n.* إِعْصار التُّورْنادو (المُدَمِّر)

torpedo, *n.* طُورْبِيد (طَرابِيد)

v.t. نَسَفَ (سَفينةً مثلاً) بالطُّورْبِيد

who torpedoed the conference? مَنْ هُوَ الّذي نَسَفَ المُؤْتَمَر ؟

torp/id, *a.* (**-or,** *n.*) فاقِد الحِسّ والحَرَكة ، خَدِر

torque, *n.* عَزْم اللَّيّ أو الازْدِواج (ميكانيكا)

torrent, *n.* سَيْل جارِف

he was subjected to a torrent of abuse تَعَرَّض لِوابِل من السِّباب والشَّتائِم

torrential, *a.* (مَطَر) مِدْرار ، يَهْطِل كالسَّيْل

torrid, *a.* شَدِيد الحَرارة ، (المِنْطَقة) الحارَّة

torsion, *n.* اِلْتِواء ، لَيّ (ميكانيكا)

torso, *n.* (تِمْثال) جِسْم بِلا رَأْس ولا أَطْراف

tort, *n.* خَطَأ مَدَنِيّ ، إساءَة شَخْصِيّة (قانون)

tortoise, *n.* سُلَحْفاة (ذَكَرُها غَيْلَم)

tortoise-shell صَدَفَة ظَهْر السُّلَحْفاة

tortuous, *a.* (أُسْلوب) مُلْتَوٍ ، (طَرِيق) مُتَعَرِّج

torture, *n.* تَعْذِيب ، تَنْكِيل

v.t. عَذَّبَ ، نَكَّل به

Tory, *n.* & *a.* عُضْو حِزْب المُحافِظين ؛ مُحافِظ

toss, *v.t.* & *i.* قَذَف ، رَمَى إلى أَعْلى

the horse tossed its rider أَلْقَى الحِصانُ بِراكِبِه على الأَرْض

she tossed her head (back, up) رَمَت بِرَأْسِها إلى الخَلْف (ازْدِراءً) ، شَمَخَت بِرَأْسِها

he was tossed by a bull نَطَحَه ثَوْر

they tossed ⟨up⟩ for choice of position اقْتَرَعَ الفَرِيقان على اخْتِيار (جَانِب المَلْعَب مَثلًا)

I'll toss you for it أُقارِعُكَ فِي الأَمْر

he tossed off the remainder of his drink عَبَّ ما تَبَقَّى فِي الكَأْس

I tossed about all night أَرِقْتُ طِوالَ اللَّيْل

n. رَمْيَة ؛ قُرْعة (بِقَذْفِ قِطْعَة نَقْدٍ مثلًا)

he took a toss سَقَطَ مِن فَوْق ظَهْر (الحِصان)

he lost the toss خَسِر الرِّهان

toss-up قُرْعَة بِقَذْفِ قِطْعَة نَقْد في الهَواء

it was a toss-up whether we went ⟨or not⟩ تَأَرْجَحت الكَفَّة بَيْن ذَهابِنا وبَقائِنا

don't argue the toss! (*coll.*) لا تُناقِشْ في أَمْر مَفْرُوغ مِنه !

tot, *n.* 1. (small child) طِفْل صَغير

2. (small drink) جُرْعَة صغيرة (من مُسْكِر)

v.t. & i., esp. tot up أَحْصَى، جَمَع، عَدَّ

total, *a. & n.* كُلِّيّ، تامّ، كامِل؛ مَجْمُوع

v.t. & i. جَمَع (الأعدادَ)؛ بَلَغ (العددُ)...

totalitarian, *a.* (**-ism,** *n.*) (دَوْلة) يُسَيْطِر عَلَيْها حِزْب واحِد يُخْضِعُ الجَميعَ لِمَشِيئَتِه

totality, *n.* (الشَّيْء) بِكُلِّيّته أو بِرُمَّته، في مَجْمُوعِه

totalizator, *n.* آلَة حاسِبة في مَيْدان سِباق الخَيْل أو الكِلاب تُحَدِّد نِسْبَةَ الرِّبح في المُراهَنات

totaliz/e, *v.t.* (**-ation,** *n.*) أَوْجَد حاصِل الجَمْع

tote, *n., sl. contr. of* **totalizator**

tote, (*U.S.*) *v.t.* حَمَل (شيئًا يَصْعُب حَمْلُه)، نَقَل

totem, *n.* طَوْطَم (حَيَوان أو نَبات كَرَمْزٍ مُقَدَّس)

totem-pole عَمُود مَنْحُوت مُزَيَّن بِرُسُوم طَوْطَمِيّة

totter, *v.i.* تَهاوَى، تَرَنَّح، تَمايَل (قَبْل سُقوطِه)

toucan, *n.* الطُّوقان (طائِر امريكيّ ضَخْم المِنْقار)

touch, *v.t.* 1. (make or be in contact with); *also v.i.* لَمَس، مَسَّ

the ship touches at several ports تَرْسُو السَّفِينة في عِدَّة موانِئ

touch down (*of aircraft*); *whence* touch-down, *n.* لَمَسَت الطّائرةُ الأرضَ عِنْدَ هُبُوطِها؛ لَمْس الأَرْض عِند الهُبُوط

touch off an explosion أَشْعَلَ فَتيلةَ الانْفِجار

his remark touched off an argument مَا إِنْ أَدْلَى بِمُلاحَظَتِه حَتَّى نَشَب جِدالٌ عَنيفٌ

he touched me for a fiver (*coll.*) طَلَب مِنّي أن أُسَلِّفَه خَمْسَةَ جُنَيْهات فَأَعْطَيْتُه إِيّاها

touch wood! امْسِكْ الخَشَبَ! (خَوْفًا مِن الحَسَد)

I can't touch a thing لَيْسَت لَدَيَّ رَغْبَة في الأَكْل

he touched up the photograph وَضَع المُصَوِّر اللَّمَسات الأَخِيرَة (الرُّتُوش) على الصُّورَة

there's nothing to touch it لا يُضاهِيه شَيْء (في الجَوْدة مثلاً)، لا مَثِيلَ له

a long drink touches the spot on a hot day الشَّرابُ البارِد يُثْلِج الصَّدْرَ في اليَوْم القائِظ

2. (affect, concern) أَثَّر في النَّفْس

we witnessed a touching scene شاهَدْنا مَنْظَرًا مُؤَثِّرًا

this touches us all هٰذا الأمر يَخُصُّنا جَمِيعًا

n. 1. (contact; sense) حاسَّة اللَّمْس

it was touch-and-go with him كانَت حالَتُه الصِّحِّيَّة حَرِجَة أو خَطِيرَة

touch-typing الكِتابَة على الطّابِعَة أو الآلة الكاتِبة بِطَرِيقَة اللَّمْس

2. (manner of playing or performance)

he has a light touch on the piano لَمَساتُ أَصابِعِه في العَزْف على البِيانُو خَفِيفَة

3. (light stroke) لَمْسَة ، إصابة مَرَض خَفِيفة

a touch of the sun ضَرْبَة شَمْس خَفِيفة

he put the finishing touches to his book أضافَ اللَّمَساتِ الأخيرةَ إلى كِتابه

4. (trace) مِقْدار ضئيل أو طفيف ، أثَر

he spoke with a touch of sadness in his voice كانَ في صَوْتِه رَنَّةُ حُزْنٍ خَفِيفة

5. (communication) إتِّصال ، صِلَة

we must not lose touch with one another يَجِبُ أن نَبْقى على صِلَةٍ مُسْتَمِرَّة

6. (*rugby football*, area immediately outside playing pitch) المِنْطَقَة الواقِعَة خارِجَ حُدود مَيْدانِ الكُرَة مُباشَرَةً

touch-down (وَقْت) هُبوط الطّائِرة ؛ وَضْع الكُرَة وَراء عَمُودَي الهَدَف في الرَّجْبي

touch-line الخَطّ المُحَدِّد لِمَيْدان الكُرَة

touché, (*F.*) أَصَبْتَ في قَوْلِكَ ! أَعْتَرِفُ بِخَطَئي

touchstone, *n.* مِحَكّ ، مِعْيار ، وَسِيلَة اخْتِبار

touchy, *a.* (شَخْص) حَسّاس ، سَرِيع الانْفِعال

tough, *a.* صُلْب ، قاسٍ ، مَتِين ، غير لَيِّن

tough luck! (*coll.*) يا لَلنَّحس ! يا لَسُوء الحَظّ

tough meat لَحْم صَعْبُ المَضْغ

they were tough on him عامَلُوه بِقَسْوَة ، اشْتَدُّوا في مُعامَلَتِه

n. بَلْطَجِيّ ، قَبَضاي ، مِن الأَشْقِياء

toughen, *v.t. & i.* مَتَّنَ ، قَوَّى ؛ مَتُنَ

toupee, *n.* شَعْر مُسْتَعار يُغَطّي الصَّلْعَة

tour, *n.* 1. (trip, journey) جَوْلَة ، رِحْلَة ، سِياحَة

the play is now on tour تُطَوِّفُ الفِرْقَة حالِيًّا خارِجَ العاصِمة لِعَرْضِ المَسْرَحِيَّة

2. (spell), *esp. in* a tour of duty نَوْبَة عَمَل

v.i. & t. طافَ ، جالَ ، ساحَ

tour de force, (*F.*) عَمَل بُطُولِيّ رائع

tourer, *n.* سَيّارة سِياحِيّة مَكْشُوفَة

tourism, *n.* السِّياحَة

tourist, *n.* سائح (سُوّاح ، سُيّاح)

tourist class الدَّرَجَة السِّياحِيّة

tournament, *n.* مُباراة (في الشِّطْرَنج أو التِّنِس الخ.)

tourniquet, *n.* آلَة أو ضِماد لإيقاف النَّزِيف بِالضَّغْط على الشِّرْيان المُصاب

tousle, *v.t.* شَعَّثَ (الشَّعْر) ، نَكَشَه

tout, *v.i. & t.* أَلَحَّ على المارَّة أن يَشْتَرُوا مِنْه

n. مَن يُعْطي مَعْلُوماتٍ عن سِباقِ الخَيْل مُقابِلَ أَجْر

tow, *v.t.* سَحَبَ ، جَرَّ ، قَطَرَ (عَرَبةً)

n. 1. (haul) جَرّ (عَرَبةٍ) أو سَحْبها

tow-rope حَبْل لِلسَّحْب أو الجَرّ

2. (material) أَلْياف جافَّة من الكَتّان

toward(s), *prep.* 1. (in the direction of) نَحْوَ ، صَوْبَ ، تِجاهَ

2. (with regard to) مُقابِلَ ، في سَبِيل ...

3. (near) قُبَيْلَ (المَساء مثلاً)

4. (for the purpose of) لِغَرَضِ ، لِأَجْل

towel, *n.* مِنْشَفَة ، فُوطَة ، بَشْكِير

towel-horse حَامِل خَشَبِيّ تُنْشَر عليه المَناشِف

he threw in the towel أَعْلَنَ اسْتِسْلامَه (في المُلاكَمَة) ، كَفَّ عن مُواصَلَة الكِفاح

v.t. & i. نَشَّفَ أو جَفَّفَ بِمِنْشَفَة

towelling, *n.* قُماش المَناشِف أو الفُوَط

tower, *n.* بُرْج (أَبْراج)

he is a tower of strength يُلْجأ إليه في الشِّدَّة

v.i. عَلَت (ناطِحة السَّحاب) فَوْقَ (المنازِل)

he towers above his contemporaries إنَّه يَفُوقُ مُعاصِرِيه ، لا يُضاهِيه أَحَد مِنْهُم

he was in a towering rage كانَ في سَوْرة غَضَب

town, *n.* مَدِينَة ، بَلْدَة ، بَلَد

town clerk أَمِين سِجِلّات البَلَدِيّة (مُوَظَّف كَبِير)

town crier مُنادِي البَلْدَة

town hall دار البَلَدِيَّة

town house بَيْت في المدينة يَمْتَلِكُه ثَرِيّ يُقِيم في الرِّيف مُعْظَم الوَقْت

I am going up to town this week-end سأَذْهَبُ إلى العاصِمة في نِهايَة هٰذا الأُسْبوع

the organizers went to town on the decorations (*coll.*) لَمْ يَبْخَل مُنَظِّمو الحَفْل على تَزْيِين القاعَة

he is a man about town إنَّه رَجُل يَرْتادُ الأَوْساطَ الاجْتماعِيَّة الرّاقِيَة

townsfolk, *n.pl.* سُكّان المَدِينة ، الحَضَر

township, *n.* قِسْم إدارِيّ بالمَدِينَة

townsman, *n.* قاطِن المَدِينَة

townspeople, *n.pl.* سُكّانُ المدينة

toxaemia, *n.* تَسَمُّمُ الدَّم (طبّ)

toxic, *a.* سامٌّ ، سُمِّيّ

toxicology, *n.* عِلْم خَصائِص السُّمُوم

toxin, *n.* سُمّ ، تُوكْسِين ، ذِيفان

toy, *n. & v.i.* لُعْبَة ، أُلْعُوبة ؛ عَبِثَ أو لَهَا بِ

toy dog فَصِيلَة من الكِلاب تَتَمَيَّز بِصِغَر الجِسْم وتُرَبَّى في المَنازِل

he toyed with the idea of buying a car كانَ يُفَكِّرُ تفكيرًا غَيْرَ جِدِّيّ في شِراء سَيّارة

toyshop, *n.* مَحَلّ بَيْع لُعَب الأَطْفال

trace, *v.t.* 1. (delineate) رَسَمَ ، وَضَع تَصْمِيمًا

2. (copy) شَفَّ أو اسْتَشَفَّ رَسْمًا

tracing-paper وَرَق شَفّاف (لِلرَّسْم)

3. (track) اِقْتَفَى أَثَرَه ، تَعَقَّبَه

I have been unable to trace your reply to my letter لَمْ أَسْتَطِعْ أَنْ أَعْثُرَ على رَدِّكَ على رِسالَتِي

n. 1. (sign, effect) أَثَر (آثار)

2. (small quantity) مِقدار ضَئِيل ، أَثارة

3. (harness) سَيْر جِلْدِيّ يَرْبُط الحِصان بالعَرَبة

the students were constantly kicking over the traces لَمْ يَكُفّ الطلبة عن التَّمَرُّد وعَدَم الانْصِياع للأَوامِر

tracer, *n.*; *also* **tracer bullet** الرَّصاصَة الخَطّاطَة

tracery, *n.* زَخْرَفة دَقيقة مُتَشابِكَة (في نَوافِذ وسُقوفِ المَباني القوطيّة)

trachea, *n.* الرُّغامَى ، القَصَبَة الهوائيّة (طبّ)

trachoma, *n.* التراخُوما، الرَّمَد الحُبَيْبِيّ (طبّ)

track, *n.* 1. (marks of passage; course) آثار الأَقْدام أو العَجَلات (على الرِّمال مَثلاً)

it is time we made tracks for home (*coll.*) آنَ الأَوانُ أن نَرجِعَ إلى البَيْت

the police are on the track of the murderer رِجال الشُّرْطَة آخِذُون في تَعَقُّب القاتِل

it is difficult to keep track of events مِنَ الصَّعْب أَنْ نَتَتَبَّعَ سَيْرَ الأَحْداث

he stopped dead in his tracks تَوَقَّفَ من الدَّهْشَة كأَنَّه قد تَسَمَّرَ إلى الأَرْض

2. (path) سَبِيل، مَسْلَك ، مَمَرّ ، سِكَّة

track events مُسَابَقات الجَرْي في المُبارَيات العامَّة (بِخِلاف مُسابَقات القَفْز مَثلاً)

track-suit رِداء خاصّ ذُو أكمام وأَرْجُل طَوِيلة يَرْتَدِيه اللّاعِبون في تَمْرينات الجَرْي

this village is off the beaten track هٰذِهِ القَرْيَة نائِيَة ومُنْعَزِلَة عن العُمْران

race-track حَلْبَة السِّباق

he has a one-track mind لَا يَشْغَل بالَه في الحَياة إلّا شَيْءٌ واحِدٌ فقط

3. (wheel band of tank, etc.) جِنْزِير (الدَّبّابة)

4. (transverse distance between wheels) المَسافَة العَرْضِيَّة بَيْن عَجَلَتَي (السَّيّارة)

v.t. & i.; also track down اِقْتَفَى أَثَرَه

tract, *n.* 1. (region) مِنْطَقَة واسِعة ، صُقْع

2. (*anat.*) الجِهاز (التَّنَفُّسِيّ)، القَناة (الهَضْمِيّة)

3. (short treatise) نُبْذَة ، كُرّاسَة (للدِّعايَة)

tractab/le, *a.* (**-ility,** *n.*) لَيِّن العَرِيكة، سَلِس

traction, *n.* جَرّ ، سَحْب ؛ تَمْطِيط المَفاصِل (طبّ)

traction engine قاطِرَة جَرّ

tractor, *n.* جَرّارَة ، جَرّار (زِراعَة)

trade, *n.* 1. (business; skilled occupation) حِرْفَة (تِجارية أو صِناعية)

trade(s) union نِقابَة عُمّال

the tricks of the trade (تَعَلَّم) أَسْرارَ المِهْنَة

2. (*commerc.*) تِجارَة

trade-mark عَلامَة تِجارِيَّة

trade-name الاِسْم التِّجارِيّ المُسَجَّل (لِلسِّلْعَة)

trade winds; *also* the Trades الرِّياح التِّجارِيَّة (تَهُبّ من المَدارَيْن نحو خَطّ الاسْتِواء)

v.i. تاجَرَ أو اتَّجَرَ في ...

trading estate مِنْطَقَة صِناعِيّة كَبيرة مُؤَجَّرة لِأَصْحاب المَصانِع (تَخْطِيط المُدُن)

trading stamp طَوابِع تِجارِيّة تُعْطَى بالمَجّان لِلْمُشْتَرِين وتُسْتَبْدَل بِأَشْياء مَنْزِلِيّة نافِعة

he was trading on my good nature كانَ يَسْتَغِلّ طِيبَتِي

v.t. بادَل ، اسْتَبْدَل

he traded in his car ⟨for a new one⟩ اسْتَبْدَلَ بِسَيّارَته سَيّارة جَديدة ودَفَعَ فَرْقَ الثَّمَن

trader, *n.* 1. (merchant) تاجِر

2. (ship) سَفِينَة تِجارِيَّة

trades/man (*pl.* -men), *n.* صَاحِب مَحَلٍّ تِجارِيّ ؛ عامِل فَنّيّ (عَسْكَرِيّة)

tradesmen's entrance مَدْخَل خاصّ لِلْباعَة

tradespeople, *n.* أَصْحابُ المحلّاتِ التّجارِيّة

tradition, *n.* (**-al,** *a.*) تَقْلِيد (تَقالِيد) ؛ تَقْلِيدِيّ

traduce, *v.t.* قَدَحَ فِيه ، طَعَنَ في سُمْعَتِه

traffic, *n.* 1. (trade) تِجارَة ، اِتِّجار ، تَعامُل

an unscrupulous traffic in lucrative appointments الاِتِّجار في المَناصِب ذاتِ الدَّخْل الكَبِير بِدُون وازِعٍ مِن ضَمِير

2. (movement of vehicles, etc.) المُرُور

traffic-lights إشارَات المُرُور

v.i. اِتَّجَر في ؛ هَرَّب (سِلْعَة مَمْنُوعة)

trafficator, *n.* إحْدَى ذِراعَيْن صَغِيرَتَيْن تَرْتَفِعان دَلِيلاً على الاتِّجاه الّذِي سَتَنْعَطِف فِيه السَّيّارة

trafficker, *n.* تاجِر (في المَحْظُوراتِ عادةً)

traged/ian, *n.* 1. (writer of tragedy) مُؤَلِّف التراجِيديات أو المآسي التَّمثيلية

2. (*fem.* **-ienne,** actor of tragedy) مُمَثِّل (مُمَثِّلة) الأَدْوارِ التراجِيديّة

tragedy, *n.* 1. (drama) مَأساة ، تراجِيديا

2. (sad event) كارِثَة ، مَأْساة

tragic, *a.* 1. (relating to drama) تراجِيديّ

2. (sad) (حادِث) فاجِع ، مُحْزِن

tragically, *adv.* (اِنْتَهى نِهايةً) فاجِعةً

tragi-comedy, *n.* تَمْثِيلِيّة يَخْتَلِط فِيها عُنْصُر المأساة بالعُنْصُرِ الهَزْلِيّ ، مَوْقِفٌ مُضْحِكٌ مُبْكٍ

trail, *n.* 1. (track, trace) أَثَر (آثار)

2. (path) مَمَرّ في مِنْطَقَة وَعِرة

v.t. 1. (pull along) جَرّ ، سَحَب

2. (pursue) اِقْتَفَى أَثَرَه ، تَعَقَّبه ، تَتَبَّعه

v.i. مَشَى بِتَثاقُل ، جَرّ رِجْلَيْه

he trailed wearily along the road مَشَى مُتَثاقِلاً يَجُرّ رِجْلَيه طِوالَ الطَّرِيق

the roses trailed over the cottage door عَرَّشَت الوُرُودُ حَوْلَ بابَ الكُوخ

trailer, *n.* 1. (vehicle) (عَرَبة) مَقْطُورَة

2. (film) مَشْهَد مِن فِيلم يُعْرَض للدِّعايَة عَنْه

train, *v.t.* 1. (subject to mental or physical discipline); *also v.i.* دَرَّب ، مَرَّن ؛ تَدَرَّب

2. (cause to grow in a certain way) جَعَل نَباتًا مُعْتَرِشًا يَنْمُو في اتِّجاه مُعَيَّن

3. (aim) صَوَّبَ (المِدْفَعَ مثلاً)

n. 1. (series of railway vehicles) قِطار

train-spotting هِوَايَة مُشاهَدَة القاطِرات وتَسْجِيل أَرْقامِها وأَسمائها الخ.

2. (line, series, succession) سِلْسِلَة، تَسَلْسُل

he interrupted my train of thought قَطَعَ حَبْلَ تَفْكِيري

3. (retinue) حاشِيَة (مَلِكٍ مثلاً)

4. (trailing part of dress) ذَيْل (الفُسْتان)

trainee, *n.* (عامِل) في مَرْحَلة التَّدَرُّب

trainer, *n.* مُدَرِّب (رِياضيّ)، مُرَوِّض (الحَيوانات)

training, *n.* تَدْرِيب ؛ تَدَرُّب

⟨teachers'⟩ training college كُلِّيّة (دار) المُعَلِّمين

in (out of) training (مُلاكِم) مواظب على التَّدَرُّب ؛ مُنْقَطِع عن التَّدَرُّب

traipse, *v.i.* (*coll.*) مَشَى على غَيْرِ هُدًى، تَسَكَّع

trait, *n.* سِمَة، مِيزَة، خاصِّيّة

traitor, *n.* (**-ous**, *a.*) خائِن ؛ غادِر

trajectory, *n.* مَسِيرُ المَقْذُوف أو خَطُّ سَيْرِه

tram, *n.*; *also* **tramcar** التَّرام، مَرْكَبَة التَّرام

tramline, *n.* خَطّ التَّرام

trammel, *v.t.* عَرْقَلَ، أَعاقَ، قَيَّدَ

n.pl. قُيُود (الرُّوتين مَثَلًا)

tramp, *v.i.* & *t.* مَشَى بِتَثاقُل (مَسافةً طَوِيلةً غالِبًا)

n. 1. (sound) وَقْع الأَقْدام

2. (long walk) جَوْلَة (سَيْرًا على القَدَمَيْن)

3. (vagrant) صُعْلُوك مُتَشَرِّد

4. (*U.S.*, disreputable woman) مُومِس

5. (cargo boat) سَفِينة شَحْن غَيْر نِظامِيّة

trample, *v.i.* & *t.* داسَ، دَعَسَ، دَهَسَ

he allowed anyone in authority to trample all over him سَمَحَ لِنَفْسِه بِتَقَبُّل الإهانة مِن الرُّؤَساء بِدُون أَدْنَى اعْتِراض

trampolin(**e**), *n.* الترامْبُولين (جِهاز يُشْبِه سَرِيرًا ذا زَنابِك يَقْفِز عليه لاعِبُو الجُمْباز)

tramway, *n.* شَرِيط (أو قَضِيب) التَّرام

trance, *n.* غَيْبُوبَة (نَتِيجة لِلتَّنْوِيم المَغْناطِيسيّ مَثَلًا)

tranquil, *a.* (**-lity**, *n.*) هادِئ ؛ هُدُوء

tranquillize, *v.t.* سَكَّنَ (المريض)، هَدَّأَ أَعْصابَه

tranquillizer, *n.* مُهَدِّئ، مُسَكِّن (للأَعْصاب)

trans-, *pref.* (بادِئة بِمَعْنَى) عَبْر، وَراءَ

transact, *v.t.* قامَ (بِأَعْمال تِجارِيّة مَثَلًا)، أَتَمَّ

transaction, *n.* صَفْقَة، تَعامُل ؛ مَحْضَر جَلْسَة

transatlantic, *a.* (طَيَران) عَبْرَ الأَطْلَنْطِيّ

transcend, *v.t.* تَجاوَزَ، فاقَ، سَما فَوْقَ

transcendent, *a.* فائِق، مُتَسام، مُتَعالٍ

transcendental, *a.* (**-ism**, *n.*) تَرَنْسِنْدِنْتالِيّ، مُفارِق، صُورِيّ ؛ السُّمُوّ مِن حَيْثُ الوُجود والمعرفة

transcr/ibe, *v.t.* (**-iption**, *n.*) نَسَخَ ؛ نَقْل كِتابة مُخْتَزَلة أو مِن شَرِيط إلى كِتابة عادِيّة

transcript, *n.* نُسْخة طِبق الأَصْل

transept, *n.* جَناح الكَنِيسة

transfer, *v.t.* & *i.* نَقَلَ، حَوَّلَ ؛ انْتَقَلَ

n. 1. (moving, handing over) نَقْل (مُوَظَّف مَثَلًا) إلى مَكان آخَر ؛ تَحْوِيل، تَسْلِيم

2. (transferable design) رَسْم مَطْبُوع بِحِبْر خاصّ (على الوَرَق) ويُمْكِن نَقْلُه إلى سَطْح آخَر

transferable, *a.* قابِل لِلتَّحْوِيل

transference, *n.* نَقْل، تَحْوِيل، انْتِقال

transfigur/e, *v.t.* (**-ation**, *n.*) غَيَّرَ المَظْهَر أو الهَيْئَة ؛ (عِيد) تَجَلِّي السَّيِّد المَسِيح

transfix, *v.t.* طَعَنَ، خَزَقَ (بِرُمْح مَثَلًا)

he stood transfixed with surprise جَعَلَتْه الدَّهْشَة يَقِف مُسَمَّرًا في مَوْضِعه

transform, *v.t.* (**-ation,** *n.*) حَوَّل ، غَيَّر (الشَّكْل أو المَنْظَر مَثَلًا) ؛ تَحَوُّل

transformer, *n.* (*elec.*) مُحَوِّل كَهْرَبائيّ

transfusion, *n.* (عَمَلِيَّة) نَقْل الدَّم

transgress, *v.t. & i.* (**-ion,** *n.*) تَجاوَز (حُدُودَ الأَدَب) ، تَعَدَّى على ؛ ذَنْب ، إِثْم (آثام)

tranship, *see* **trans-ship**

transi/ent, *a. & n.* (**-ence,** *n.*) عابِر ، زائِل

transistor, *n.* الترانْزِسْتور (الكترونيّات)

transit, *n.* 1. (passage) مُرُور ، عُبُور

⟨goods⟩ in transit بَضائع مُرُور

2. (*astron.*); *also v.i. & t.* عُبُور كَوْكَب فَوْقَ قُرْص كَوْكَب آخَر

transition, *n.* (**-al,** *a.*) (مَرْحَلَة) انْتِقال ؛ انْتِقاليّ

transitive, *a. & n.* فِعْل مُتَعَدٍّ (نحو)

transitory, *a.* عابِر ، زائِل ، وَقْتِيّ

transl/ate, *v.t.* (**-ation,** *n.*) تَرْجَمَ ؛ تَرْجَمَة

translator, *n.* مُتَرْجِم

transliter/ate, *v.t.* (**-ation,** *n.*) كَتَبَ لُغَة بِحُرُوفِ لُغَة أُخْرَى

transluc/ent, *a.* (**-ence, -ency,** *n.*) نِصْف شَفَّاف (مثل الزُّجاج المُصَنْفَر)

transmigration, *n.* تَناسُخ (أو تَقَمُّص) الأَرْواح

transmission, *n.* 1. (conveyance) نَقْل ، إِرْسال

this package is sent for onward transmission أُرْسِلَ هٰذا الطَّرْدُ بِقَصْدِ تَحْوِيلِه إلى عُنْوانٍ آخَر

2. (communication by radio, etc.) إِرْسال لاسِلْكِيّ ، إِذاعَة ، بَثّ

3. (mechanism) نَقْل الحَرَكَة (ميكانيكا)

transmit, *v.t.* 1. (pass on, convey) نَقَلَ ، سَمَحَ بِمُرُور ... ، أَنْفَذَ (الضَّوْءَ)

2. (send by radio, etc.) أَرْسَلَ باللّاسِلْكِيّ

transmitter, *n.* 1. (agent) مُرْسِل

2. (apparatus) جِهاز الإرسال (اللاسلكي)

transmogrif/y, *v.t.* (**-ication,** *n.*) حَوَّل مَظْهَر شَخْصٍ أو شَيْءٍ بِمِثْل فِعْل السِّحْر (تُقال هَزْلًا)

transmut/e, *v.t.* (**-ation,** *n.*) حَوَّل طَبِيعَة شَيْءٍ أو مَظْهَره تَحْوِيلًا تامًّا

transom, *n.* عارِضَة أُفُقِيّة في وَسْط نافِذَةٍ أو بَيْن بابٍ وكُوَّة تَعلوه

transparency, *n.* 1. (transparent quality) شَفافِيَّة

2. (picture) صُورَة فُوتُوغرافِيّة مَطْبُوعَة على مادَّة شَفَّافَة ويُمْكِن عَرْضُها على الشّاشَة

transparent, *a.* شَفّاف ، واضِح

his disguise was quite transparent بَدا تَنَكُّره واضِحًا للجَمِيع

he was a man of transparent honesty لَمْ يَكُنْ هُناكَ أَدْنَى شَكٍّ في أَمانَتِه ونَزاهَتِه

transpire, *v.i.* 1. (come to light; happen) تَجَلَّى ، اتَّضَح ، بَدا لِلْعِيان ؛ حَدَثَ أَنَّ

2. (exude) رَشَح ، نَتَح ، عَرِقَ

transplant, *v.t. & n.* (**-ation,** *n.*) نَقَل نَبْتَةً أو غَرْسَةً من مكانٍ إلى آخَر

a heart transplant عَمَلِيّة نَقْلِ القَلْب وزِراعَتِه (في صَدْرِ شخصٍ مريض)

transport, *v.t.* 1. (convey) نَقَل

2. (*esp. past p.*, carry away with emotion) طَارَ فَرَحًا ، اسْتَخَفَّهُ الطَّرَب ، أَخَذَتْه النَّشْوَة

3. (*hist.*, send to penal colony) عاقَبَ مُجْرِمًا بِنَفْيِه إلى مُسْتَعْمَرَة بَعِيدة (قَدِيمًا)

n. 1. (conveyance, travel) نَقْل ، تَرْحِيل

2. (means of conveyance, esp. ship) وَسِيلَة مِن وَسائل النَّقل أو المُواصَلات

motor transport, *abbr.* M.T. النَّقْل المِيكانيكيّ

3. (fit, ecstasy) الطَّرَب والنَّشْوَة ، احْتِدام العاطِفة

transportation, *n.* 1. (conveyance) نَقْل

2. (*hist.*, exile to penal colony) نَفْيُ مُجْرِم

حُكِمَ بِإبْعادِه إلى مُسْتَعْمَرة بعيدة

transpos/e, *v.t.* (**-ition,** *n.*) 1. (interchange) أَبْدَلَ مَوْضِعَ شَيْئَيْن (أَوْ أَكْثَر)

2. (*mus.*, change key of); *also v.i.* غَيَّرَ سُلَّمَ اللَّحْنِ إلى سُلَّمٍ آخَر

trans-ship, *v.t.* (**-ment,** *n.*) نَقَلَ (بِضاعَةً) مِن سَفِينَةٍ إلى أُخْرَى

transubstantiation, *n.* تَحَوُّل الخُبْزِ والخَمْرِ إلى جَسَد السَّيِّد المَسِيح ودَمِه

transverse, *a.* عَمُودِيّ على المِحْوَر ، مُسْتَعْرِض

trap, *n.* 1. (snare) شَرَك ، فَخّ ، مِصْيَدَة

trap-door لَوْح يُشْبِه بابًا يُغَطِّي فتحة (بخشبة المَسْرَح أو بِسَقْفٍ داخِليّ) ، باب مَسْحُور

2. (*engin.*) مِحْبَس الرَّوائح الكَرِيهة (سَمْكَرة)

3. (vehicle) عَرَبَة ذاتُ عَجَلَتَيْن يَجُرُّها حِصان

4. (*sl.*, mouth) فَم ، بُقّ (مصر) ، حَلْق (عِراق)

shut your trap! سِدّ بُقَّك ! اِخْرَسْ !

v.t. 1. (catch, imprison) أَوْقَعَ في فَخّ ، حَبَسَ

2. (*fig.*, trick) احْتالَ عَلَيْه ، خَدَعَه

trapeze, *n.* أُرْجُوحَة (للبَهْلَوان أو الرِّياضيّ)

trapezium, *n.* شِبْه مُنْحَرِف (ذُو ضِلْعَيْن مُتوازِيَيْن)

trapezoid, *n.* (**-al,** *a.*) شَكْل رُباعيّ مُختلف الأَضْلاع

trapper, *n.* صَيّاد الحَيوانات لِبَيْع فِرائها

trappings, *n.pl.* بَدْلَة التَّشْرِيفات وما يُزَيِّنُها مِن أَوْسِمة ونَياشِين ؛ جُلّ مُزَرْكَش (للحِصان)

trash, *n.* كَلام فارِغ ، هُراء ، لَغْو

trashy, *a.* (كِتاب) تافِه ، (قِصّة) هَزِيلة

traum/a, *n.* (**-atic,** *a.*) جُرح ، إصابة ، رَضّ ؛ صَدْمَة نَفْسِيّة قد تُؤَدِّي إلى العُصاب

travail, *n.* كَدْح ، عَناء ؛ المَخاض

travel, *v.i.* & *t.* 1. (journey); *also n.* سافَرَ ؛ سَفَر

travel-stained, *a.* يَعْلُوه تُراب السَّفَر

travelling-clock ساعَة صَغِيرة يُمْكِن طيُّها داخِل عُلْبَة (لِيَسْهُل على المُسافِر حَمْلُها)

he travels in ladies' underwear إنّه يَعْمَل وَكِيلاً مُتَجَوِّلاً لِبَيْع مَلابِس النِّساء الدّاخِلِيّة

2. (move, pass); *also n.* انْتَقَلَ ، تَحَرَّكَ ؛ انْتِقال

light travels faster than sound سُرْعَة الضَّوْء أَكْبَر مِن سُرْعة الصَّوْت

his mind travelled over the events of the previous day اسْتَعادَ ذِهْنُه الأَحْداثَ الّتي مَرَّت في اليَوْم السّابِق

travelling crane رافِعة مُتَنَقِّلة ، وِنْش رَحّال

he is a much-travelled man إنّه رَجُل كَثِير السَّفَر والتَّرْحال

traveller, *n.* 1. (one who journeys) مُسَافِر

traveller's cheque شِيك سِيَاحِيّ

2. (commercial agent) وَكِيل تِجَارِيّ مُتَجَوِّل

travelogue, *n.* مُحَاضَرَة مُصَوَّرَة عن رِحْلَة

traverse, *n.* ؛ حَرَكَة أُفْقِيَّة في تَسَلُّق الجِبَال
سَدّ تُرَابِيّ لِوِقَايَة الجُنُود في الخَنْدَق

v.t. عَبَرَ ، اجْتَازَ ، قَطَعَ مَسَافَة

travesty, *n.* تَشْوِيه (لِلعَدَالَة) ، تَحْرِيف

trawl, *n.* شَبَكَة تُسْحَب عَبْرَ قاع البَحْر لِصَيْد السَّمَك

v.t. & i. اصْطَادَ أَسْمَاك قاع البَحْر

trawler, *n.* سَفِينَة لِصَيْد السَّمَك بالشَّبَكَة المَذْكُورَة

tray, *n.* صِينِيَّة (صَوَانٍ)

treacher/ous, *a.* (-y, *n.*) خَائِن ، غَدَّار ؛
خِيَانَة ، غَدْر

treac/le, *n.* (-ly, *a.*) دِبْس ، عَسَل أَسْوَد ، مُولاس

treacly sentiments مَشَاعِر مَعْسُولَة (زَائِفَة)

tread (*pret.* trod, *past p.* trodden), *v.t. & i.*
دَاسَ ، وَطِئَ بِقدمه

tread the boards مَارَسَ مِهْنَة التَّمْثِيل

he trod down the earth around the plants
دَاسَ التُّرَاب بِقَدَمَيْه حَوْلَ النَّبَاتات المَغْرُوسَة حَدِيثًا

tread grapes دَاسَ العِنَب بِرِجْلَيْه لِعَصْرِه

he trod in his father's footsteps اقْتَفَى أَثَر
أَبِيه ، مَارَسَ نَفْس مِهْنَته

we shall have to tread lightly in this matter
يَنْبَغِي عَلَيْنا أَن نُعَالِج هذا الأَمْر بِمُنْتَهَى الحَذَر

tread a measure رَقَصَ رَقْصَة (شَعْبِيَّة)

he trod water سَبَحَ (في البَحْر) في وَضْع قائم

n. 1. (manner or sound of walking) وَقْع
الأَقْدَام ، صَوْت الخُطَى

2. (surface of step) سَطْح دَرَجَة السُّلَّم

3. (part of tyre touching ground) الجُزْء
المُلَامِس لِسَطْح الطَّرِيق من إِطَار السَّيَّارة

treadle, *n.* دَوَّاسَة تُحَرَّك بالقَدَم

treadmill, *n.* مِطْحَنَة ضَخْمَة كان السُّجَناء يُدِيرونها
قَدِيمًا بِدَفْع دَوَّاسَاتِها بِأَقدامِهم ؛ عَمَل شَاقّ مُمِلّ

treason, *n.* خِيَانَة ؛ الخِيَانة (العُظْمَى)

treasonable, *a.* (عَمَل) يَنْطَوِي على الخِيَانة

treasure, *n.* 1. (wealth, valuables) كَنْز (كُنُوز)

treasure trove كَنْز دَفِين من الذَّهَب أَو
الجَوْهَرَات يُعْثَر عليه مُصَادَفة ولايُعْرَف صاحِبه

2. (*coll.*, valued or beloved person)
(خَادِم) مَحْبُوب لِأَمَانَتِه

our daily is a perfect treasure إِنَّ الخَادِمَة
الَّتِي تَأْتِي لِتَنْظِيف مَنْزِلنا لا تُقَدَّرُ بِثَمَن

v.t. اعْتَزَّ (بِصَداقَتِه مثلاً) ؛ ادَّخَر

treasurer, *n.* أَمِين الصُّنْدُوق

treasury, *n.* 1. (storehouse) خِزَانَة ، خَزِينة

2. (public revenue department); *also*
the Treasury وِزَارَة الخِزَانة
(تُدَبِّر الأُمُور المالِيَّة في الدَّوْلَة)

Treasury Bench مَقْعَد طَوِيل بِمَجْلِس العُمُوم
البِرِيطانِيّ مُخَصَّص لِجُلُوس بَعْضِ الوُزَراء

Treasury bill إِذْن (أُذُونَات) على الخِزَانة
قَصِير الأَجَل

Treasury note وَرَق نَقْد تُصْدِره الخِزَانة

treat, *v.t. & i.* 1. (act towards, regard) عامَل، اعْتَبَر

2. (apply process or remedy to) عالَج

3. (expound); *also* treat of عالَج (مَوْضُوعًا)

4. (entertain) دَفَع لِشَخْصٍ ثَمَن (وَجْبة مثلاً)

5. (negotiate) تعامَل مع ، تفاوَض

n. مُتْعَة ، لَذَّة

Sunday-school treat رِحْلَة أو نُزْهَة في الأماكِن الخَلَوِيّة لأطْفال مَدارِس الأَحَد

treatise, *n.* رِسالة أو بَحْث عِلْمِيّ

treatment, *n.* 1. (mode of dealing) مُعامَلة

the prisoners received poor treatment عُومِل السُّجَناء مُعامَلة قاسِيَة

the metal is now ready for acid treatment يَقْبَل المَعْدِن في هذِه المَرْحَلَةِ المُعالجَة بالحامِض

2. (medical care) العِلاج الطِّبِّيّ

treaty, *n.* مُعاهَدة ؛ اتِّفاق بَيْنَ طَرَفَيْنِ أو أكْثَر

treble, *v.t. & i.* زادَ (ازْدادَ) ثَلاثَةَ أَضْعافِه

a. 1. (threefold) ثَلاثَة أَضْعاف

2. (soprano); *also n.* أَعْلَى الطَبَقات الصوتيّة

tree, *n.* 1. (large woody plant) شَجَرَة (أشْجار)

he has reached the top of the tree بَلَغ أَعْلَى مَنْصِب أو رُتْبَة في مَيْدان عَمَلِه

2. (piece of wood or framework used for certain purposes); *as in*

axle-tree مِحْوَر بَيْنَ عَجَلَتَي (السَّيّارة مثلاً)

shoe-tree قالَب يُوضَع داخِل الحِذاء (بَعْدَ خَلْعِه)

v.t. أَلْجَأَه إلى تَسَلُّق شَجَرة ؛ وَرَّطَه

trefoil, *n.* البِرْسِيم وَما يُشْبِهُه مِن النَّباتات

trek, *n. & v.i.* سَفَر طَوِيل في أرضٍ وَعْرَة

trellis, *n. & v.t.* تَعْرِيشَة ، تَكْعِيبَة ؛ عَرَّش

tremble, *v.i. & n.* ارْتَجَف ، ارْتَعَش ؛ رِعْشَة

I tremble to think what will happen يَتَمَلَّكُني الخوف كلَّما فَكَّرْتُ فيما سَيَحْدُث

she was all of a tremble (*coll.*) كانَتْ كُلُّ عَضَلَةٍ في جِسْمِها تَرْتَعِدُ (من الخَوْف)

tremendous, *a.* هائل، ضَخْم ، جَسِيم

tremor, *n.* هَزَّة ، رَجْفَة، رِعْشَة

earth tremor هَزَّة أَرْضِيَّة

tremulous, *a.* (صَوْت) مُتَهَدِّج ، (يَد) مُرْتَعِشَة

trench, *n.* خَنْدَق (خَنادِق)

trench-coat مِعْطَف مُشَمَّع ذُو حِزام

v.t. حَفَر خَنْدَقًا ؛ تَعَدَّى عَلَى

trenchan/t, *a.* (**-cy,** *n.*) حادّ ، لاذِع ، حاسِم

trencher, *n.* طَبَق خَشَبِيّ مُسَطَّح يُقَطَّع عَلَيه اللَّحْم

trencherman, *n., usu. in*

he is a good trencherman إنَّه رَجُل أَكُول

trend, *n.* مَيْل ، نَزْعَة ، اتِّجاه إلى (مَذْهَبٍ ما)

v.i. نَحا أو مالَ أو نزع إلى ...

trepan, *n.* مِنْشار صَغِير أُسْطوانيّ الشَّكل لِنَقْب عَظْم الجُمْجُمَة في جِراحَة المُخّ

v.t. اسْتَعْمَل هذا المِنْشار في إجراء العَمَلِيَّة

trepidation, *n.* حالَة قَلَق وانْزِعاج ؛ ارْتِعاش

trespass, *v.i. & n.* 1. (intrude) تَعَدَّى، تَجاوَز

2. (make unreasonable demands *on*); *as in* I do not wish to trespass on your hospitality لا أَوَدُّ أن أَسْتَغِلّ كَرَم ضِيافَتِكَ

3. (*arch. & relig.*, transgression) أَخْطَأَ أو أَذْنَبَ إلى ؛ خَطِيئَة ، ذَنْب

trespasser, *n.* مُتَعَدٍّ على مُمْتَلَكاتِ غَيْرِه

tress, *n.* 1. (lock of hair) خُصْلَة ، جَدِيلة شَعْر

2. (*pl.*, hair); *as in*

her golden tresses شَعْرُها الذَّهَبِيّ

trestle, *n.* جَحْش خَشَبِيّ (لحمل سطح المائدة مثلاً)

trestle-table سَطْح خَشَبِيّ يَسْتَنِد على حامِلَيْن خَشَبِيَّيْن لِتَكْوِين مِنْضَدة

tri-, *pref.* (بادِئة بِمَعْنَى) ثُلاثِيّ أو مُثَلَّث

triad, *n.* مَجْمُوعة مِن ثَلاثة (أَشْخاص أو أَشْياء)

trial, *n.* 1. (judicial examination) مُحاكَمَة

trial by jury مُحاكَمَة أمام هَيْئة مُحَلَّفِين

he stood his trial حُوكِمَ حُضُورِيًّا

2. (test, experiment) تَجْرِبَة ، اخْتِبار

trial of strength صِراعُ القُوَى

she has the washing machine on trial for a week أُرْسِلَت لَها الغَسَّالَة الكَهْرَبائِيَّة لِتَجْرِبَتِها لِمُدَّة أُسْبُوع بِالمَجّان

trial balance مِيزان المُراجَعَة أو الاخْتِبار لِلتَّأَكُّد مِن صِحّة التَّفْنِيد في القَيْد المُزْدَوَج

trial match; *also* trial مُباراة تَجْرِيبِيّة لاخْتِيار الفَرِيق الذي سَيُمَثِّل (المدرسة مَثلاً)

3. (ordeal, annoyance) مِحْنَة ، بَلِيَّة

triangle, *n.* 1. (figure) مُثَلَّث (هَنْدَسَة)

2. (musical instrument) مُثَلَّث (مُوسِيقَى)

triangular, *a.* مُثَلَّث الشَّكْل

tribal, *a.* قَبَلِيّ ، نِسْبَةً إلى القَبِيلَة

tribalism, *n.* النِّظام القَبَلِيّ ، العَصَبِيَّة القَبَلِيّة

tribe, *n.* 1. (primitive community) قَبِيلَة

2. (*zool.*, *bot.*) فَصِيلَة (حَيوانِيّة - نَباتِيّة)

3. (*coll.*, crowd, gang) جَماعة ، شِلّة (لَفْظ يُسْتَعْمَل ازْدِراءً)

tribesman, *n.* أَحَد أَفْراد القَبِيلَة

tribulation, *n.* مِحْنَة ، تَجْرِبة ، مُصِيبَة ، بَلِيَّة

tribunal, *n.* مَحْكَمَة ، مَجْلِس قَضائِيّ لِلتَّحْقِيق

rent tribunal مَحْكَمة خاصَّة لِلنَّظَر في الشَّكاوَى المُتَعَلِّقة بِالإيجارات

tribune, *n.* مِنْبَر أو مِنَصَّة لِلخَطابَة ؛ مُدافِع عن ...

tributary, *a.* 1. (owing tribute) دافِع الجِزْيَة

2. (of rivers) رافِد ، فَرْع نَهْر كَبِير

n. 1. (State) دَوْلَة تابِعَة

2. (river) رافِد

tribute, *n.* 1. (money, etc., paid by lesser State) أَتاوَة ، ضَرِيبة تُؤَدِّيها دَوْلَة لِأُخْرَى

2. (token of respect or admiration) إشادَة بِذِكْر شَهِير ، رَمْز لِلتَّقْدِير

trice, *n.*, *only in*

in a trice في غَمْضَة عَيْن ، في لَمْح البَصَر

trick, *n.* 1. (trap, deceit) حِيلَة ، خُدْعَة ، مَكِيدة

2. (feat of skill or dexterity) شَعْوَذَة

conjuring trick خُدْعَة تَقُوم على خِفَّة اليَد

this will do the trick (*coll.*) هٰذا يَفِي بالغَرَض، في هٰذا سَيَكُون النَّفْع

3. (habit, mannerism) عَادَة غَرِيبة لِشَخْصٍ ما

4. (*cards*) مَجْمُوع أَوْراق اللاّعِبِين في دَوْر (البريدْج)

5. (*naut.*, spell) نَوْبَة عَمَل، دَوْرَة

a trick at the helm نَوْبَة في قِيادَة السَّفِينة

v.t. & i. 1. (deceive, cheat) غَشَّ، احْتالَ على

he tricked me out of my rights سَلَبَنِي حُقوقي الشَّخْصِيّة بِمَكْر واحْتِيال

he tricked me into doing it أَغْواني بِفِعْلِها، لَمْ أَفْعَل ذٰلِكَ إلاّ نَتِيجةً لاحْتِيالِه عليّ

2. (play tricks on) احْتالَ على

3. (dress, adorn); *with adv.* out زَيَّنَ

he was tricked out in his best clothes كَانَ في أَتَمّ هِنْدامِه

trickery, *n.* خُدْعَة، مَخايِل، غِشّ

trickle, *v.i. & t.* نَقَطَ، قَطَر، نَطَف

n. وَشَل، مَجْرًى بَطِيء (لِسائِل مثلاً)

trickle charger (*elec.*) جِهاز لِشَحْن بطّاريّة السَّيّارة يُوَصَّل بِمَصْدَر التيّار الكَهْرَبائي بالمَنْزِل

only a trickle of information came through لَمْ يَصِلْنا إلاّ النَّزْر القَلِيل مِن الأَخْبار

trickster, *n.* نَصّاب، مُحْتال، مُخادِع

tricky, *a.* 1. (crafty) دَاهِيَة، ذُو دَهاءٍ

2. (awkward, requiring skill or knack) عَمَل يَحْتاج إلى خِبْرَة ومَهارة

tricolour, *a. & n.* ذُو ثَلاثَة أَلْوان

the Tricolour العَلَم الفَرَنْسِيّ

tricot, *n.* التريكُو، الحِياكة

tricycle, *n.* دَرّاجَة ذاتُ ثَلاث عَجَلات

trident, *n.* رُمْح أو صَوْلَجان ذُو ثَلاث شُعَب

triennial, *a.* (أَمْر) يَدوم أو يقع كلَّ ثَلاثِ سَنَوات

trifle, *n.* 1. (thing of slight value); *also adv.* شَيْء طَفِيف، تافِه؛ تُرَّهَة

he does not stick at trifles لا يُقِيم وَزْنًا لِما يَعْتَرِض سَبِيله مِن اعْتِبارات ثانَوِيّة

he seems a trifle angry إنّه غَضْبان بَعْضَ الشَّيْء

2. (confection) كَعْكَة مَصْنُوعَة من الفاكِهة والمُرَبّى والسُّكَّر المُذاب وتُغَطّى بالقِشْطَة أحيانًا

v.i. & t. أَضاعَ الوَقْتَ سُدًى؛ عَبِثَ بِ ...

he trifled away his time on cinemas and dancing قَتَلَ وَقْته بالذَّهاب إلى دُور السِّينما والمَراقِص

he is not a man to trifle with لَيْس من الّذين يُسْتَخَفّ شأنهم

trifling, *a.* تافِه، عَدِيم الأَهَمّيّة، طَفِيف

trig, *n., coll. abbr. of* **trigonometry**

trigger, *n.* زِنْد (المُسَدَّس)، مِقْداح، نابِض

he was trigger-happy كَانَ مُسْتَعِدًّا لِلشِّجار أو إِشْعال الحَرْب دُون أدنى تَرَدُّد

v.t. أَطْلَق

his decision triggered off a chain of events أَدَّى قَرارُه مُباشَرةً إلى سِلْسِلَة مِن الأَحْداث

trigonometry, *n.* عِلْم حِساب المُثَلَّثات

trilby, *n.*; *also* trilby hat قُبَّعَة افْرَنْجِيّة للرِّجال مَصْنُوعة من الجُوخ النّاعِم

trill, *v.i. & t.* رَدَّد الصَّوْت بِرَعْشَةٍ في الغِناء

the lark was trilling merrily غَرَّدَت القُبَّرَة تَغْرِيدَ مَسْرُورٍ

n. (esp. mus.) رِعْشَة الصَّوْتِ في الغِناء

trillion, *n.* التِريلْيُون ، مَلْيون × مَلْيون (امريكا وفرنسا)، مَلْيون × مَلْيون × مَلْيون (بريطانيا)

trilogy, *n.* ثُلاثِيّة ، تأليف فَنِّيّ مِن ثلاثة أَجْزاء

trim, *n.* 1. (haircut) تَشْذِيب الشَّعْر ، قَصُّ أطْرافه

2. (order, fitness) حَالة ، تَرْتِيب ، تَنْسِيق

the ship was in fighting trim كانَت السَّفِينة على أُهْبَة الاسْتِعْداد لِلْقِتال

a. مُرَتَّب ، مُنَظَّم

v.t. & i. 1. (tidy) شَذَّب ، قَلَّم ؛ رَتَّب

he trimmed the lamp (wick) سَوَّى طَرَف شَرِيطِ المِصْباحِ أو فَتِيلَتِهِ

2. (adorn)

she trimmed her dress with ribbon زَيَّنَت فُسْتانَها أو زَرْكَشَتْه بِشَرائط

3. (*naut.*, adjust sails or balance of) عَدَّل أَشْرِعَة السَّفِينة ؛ وازَنَ الثِّقَلَ في الطّائرة

the politician trimmed his sails according to the wind غَيَّرَ السِّياسيّ آراءه لِمُجاراةِ التَّيّار

trimming, *n.* 1. (ornament) زَرْكَشَة المَلابِس

2. (*pl.*, appurtenances, *esp. of a dish*) المأكُولات الّتي تُصاحِب الطَّبَق الرَّئيسيّ

trinitrotoluene, *n.*; *abbr.* **T.N.T.** ثالِث نِتْرِيت التولوين ، ت.ن.ت (مُتَفَجِّر شَديد)

trinity, *n.* ثُلاثِيّ ، ثَالُوث

the Trinity الثَّالُوث الأَقْدَس (عِند المَسِيحِيِّين)

trinket, *n.* حِلْيَة صَغِيرة رَخِيصة

trio, *n.* 1. (group of three) مَجْمُوعَة مِن ثَلاثة

2. (*mus.*, players) ثُلاثِيّ ، فِرْقَة ثُلاثِيّة

3. (*mus.*, composition) تأليف لِثَلاثة عازِفِين

triode, *n.* صِمام اِلِكْترونيّ ثُلاثيّ

trip, *v.i. & t.* 1. ((cause to) stumble); *also with adverbs* on, over, up عَثَر ، زَلَّت قَدَمُه ؛ عَثَّر

the barrister tried to trip him up حاوَل المحامِي أَنْ يَجْعَل الشّاهِد يُناقِض أَقْوالَه

2. (walk or dance lightly) خَطَا بِخِفَّة

they tripped the light fantastic رَقَصوا رَقْصَةً خفيفةً و رَشِيقَة

3. (*of machinery*) أَعْتَق ، سَيَّب (هندسة)

n. 1. (journey) رِحْلَة ، جَوْلَة ، سَفْرَة

2. (stumble) عَثْرَة ، كَبْوَة ، زَلَّة قَدَم

3. (*machinery*) جِهاز تَشْغِيل أو تَوْقِيف آلة

trip-hammer مِطْرَقة سَقّاطَة في آلة هَنْدَسِيّة

tripartite, *a.* (اتِّفاق) ثُلاثيّ

tripe, *n.* 1. (stomach of animal as food) كِرْشَة حَيَوان مُجْتَرّ

2. (*sl.*, nonsense) هُراء ، كَلام فارِغ

triple, *a.* (حِلْف) ثلاثيّ ، مُضاعَف ثَلاثَ مَرّات

v.t. & i. ضاعَف (تضاعف) ثَلاثَ مَرّات

triplet, *n.* 1. (set of three) مَجْمُوعَة مِن ثَلاثة

2. (one of three children born at same birth) أَحَد ثَلاثَة تَوائِم

triplex, *a.* مُكَوَّن من ثَلاثِ طَبَقات

triplicate, *a. & n.*; *also v.t.* مِن ثَلاثِ نُسَخ

tripod, *n.* حَامِل ثُلاثِيّ القَوائم

tripos, *n.* امْتِحان بَكالُوريوس الشَّرَف (كِمْبِرِدْج)

tripper, *n.* سَائِح عابِر (لَفْظ يُقال ازْدِراءً)

triptych, *n.* ثَلاث صُوَر فَنِّيَّة تُكَوِّن وَحْدَة مُسْتَقِلَّة

trisect, *v.t.* قَسَّم إلى ثَلاثة أَقْسام مُتَساوِيَة (هَنْدسة)

trite, *a.* (قَوْل) مُبْتَذَل ، تافِه ، سَخِيف

Triton, *n.* التريتون : مَخْلُوق خُرافِيّ نِصْفُه الأَعْلَى بَشَرِيّ ورِجْلاه ذَيْلا سَمَكَة (أَساطِير الإِغْرِيق)

a Triton among the minnows لا يَبْدُو عِمْلاقًا إلّا لأَنَّه مُحاطٌ بِأَقزام

triumph, *n.* نَصْر ، انْتِصار ، غَلَبة

v.i. انْتَصَر ، تَغَلَّب على ؛ ابْتَهَج بِنَصْرِه

triumphal, *a.* (قَوْس) النَّصْر ؛ (دُخُول) الفاتِحِين

triumphant, *a.* مُبْتَهِج بِنَصْرِه ، مُنْتَصِر

triumvirate, *n.* حُكومَة الثَّلاثَة (عِنْد الرُّومان)

trivet, *n.* وَكِيزة مَعْدِنِيَّة بِثَلاثة قَوائم (لِحمل القُدور)

he is as right as a trivet صِحَّته على خَيْر ما يُرام

trivia, *n.pl.* تَوافِه الأُمور ، تُرَّهات

trivial, *a.* (**-ity,** *n.*) تافِه ؛ تَفاهَة

trod, trodden, *pret. & past p. of* **tread**

troglodyte, *n.* مِن سُكّان الكُهوف (قَدِيمًا)

troika, *n.* التْرُويْكا : زَحّافَة رُوسِيَّة تَجُرُّها ثَلاثَة جِياد جَنْبًا إلى جَنب

Trojan, *a. & n.* (حَرْب) طَرْوادَة ؛ طَرْوادِيّ

he worked like a Trojan ظَلَّ يَعْمَل كَالْعَبْد المُسَخَّر

a Trojan horse حِصان خَشَبِيّ كَبِير مَلأَه الإِغْرِيقُ بِجُنودِهم وأُدْخِل إلى طَرْوادَة كَخُدْعَة حَرْبِيَّة

troll, *v.t. & i.* 1. (sing) غَنَّى فَرِحًا ، غَرَّد

2. (fish with trailing bait) صَادَ السَّمَكَ بِصِنّارة تَتَدَلَّى من قارِب مُتَحَرِّك

n. مَارِد أو قَزَم خُرافِيّ (مِيثُولوجيا اسكَندِيناوية)

trolley, *n.* التْرُولِي : عَرَبة صَغيرة لِلْبَضائع تُدْفَع بِاليَد

tea-trolley عَرَبَة صَغيرة لِنَقْل الشّاي وأَدَواتِه

trolley-bus تْرُولِي باص ، أُوتُوبِيس كَهْرَبائي

trollop, *n.* اِمْرَأة سَلِيطَة ؛ بَغِيّ

trombone, *n.* التْرُومْبُون ، آلَة مُوسِيقِيَّة كَالْبُوق

troop, *n.* 1. (company, band) جَماعَة ، فِرْقَة

2. (military unit) وَحْدَة عَسْكَرِيّة

a troop of horse سَرِيَّة خَيّالة

3. (*n.pl.*, soldiers) جُنود

v.i. & t. احْتَشَد ، تَجَمَّع

trooping the colour حَفْل رَسْمِيّ يُعْرَض فِيهِ عَلَم الفِرْقَة العَسْكَرِيّة

trooper, *n.* جُنْدِيّ في سِلاح الفُرْسان

he swore like a trooper أَخَذ يَسُبّ ويَلْعَن

troopship, *n.* سَفِينة لِنَقْل الجُنود

trope, *n.* اسْتِعمال مَجازِيّ (كالتَّشْبِيه أو الاسْتِعارة)

trophy, *n.* غَنِيمَة تُحْفَظ تَذكارًا ؛ جائزة رِياضِيَّة

trop/ic, *n.* (**-ical,** *a.*) مَدار (السَّرَطان أو الجَدْي)

the tropics المِنْطَقَة المدارِيّة (جُغْرافيا)

trot, *n.* خَبَب (الفَرَس) ، هَرْوَلَة (في المَشْي)

he won three times on the trot رَبِحَ ثلاثَ مَرّاتٍ مُتتالِية (في المُقامَرة مَثلاً)

he was kept on the trot all day لَمْ يَجِدْ فُرْصَة يَلْتَقِط فيها أَنْفاسَه خِلالَ اليَوْم

v.i. & t. هَرْوَل ، خَبَّ ؛ عَرَض على الأَنْظار

troth, *n.* عَهْد ، تَعاهُد ، وَعْد ؛ خِطْبَة (فَتاة)

trotter, *n.* 1. (horse) حِصان مُدَرَّب على الخَبَب

2. (*pl.*, pig's or sheep's feet used as food) أَكارِع (الخِنْزير أو الضَّأن) ، كَوارِع

troubadour, *n.* شَاعِر غِنائي مُتَجَوِّل (في فرنسا وإيطاليا بين القَرْنَيْن ١١ و ١٣م.)

trouble, *v.t. & i.* ضَايَق ، أَتْعَب ؛ انْزَعَج

he was fishing in troubled waters كانَ يَصْطاد في الماء العَكِر

may I trouble you to shut the door? أَرْجُوك أن تَتكرّم بِقَفْل الباب

n. ضِيق ، اضْطِراب ، قَلَق ؛ خَلَل

he is asking (looking) for trouble سَيَجْلِبُ على نَفْسِه المَتاعِب بِتَصَرُّفِه هَذا

I shall be in trouble if I am late إذا تَأَخَّرْتُ (عَن المَوْعِد) فَسَوْفَ أُعاقَب

he got the girl into trouble عاشَر الفَتاة حَتّى حَمَلَت مِنْه

liver trouble عِلَّة في الكَبِد

trouble-maker مُثِير المَتاعِب ، مُحَرِّض

trouble-shooter خَبِير في تَحْدِيد مَصْدَر الخَلَل

troublesome, *a.* مُتْعِب ، مُزْعِج

trough, *n.* حَوْض لِعَلَف الماشِيَة وسَقْيِها

the trough of a wave غَوْر بَيْنَ مَوْجَتَيْن

trough ⟨of barometric depression⟩ نِطاق من الضَّغْط الجَوِّيّ المُنخَفِض (أَرْصاد)

trounce, *v.t.* ضَرَبَ بِشِدَّة ؛ وَبَّخ ؛ هَزَم

troupe, *n.* فِرْقَة مِن المُمَثِّلين (المُتَجَوِّلين)

trouper, *n.* عُضْو في فِرقَة تَمْثِيلِيّة

trouser, *n.* (*usu. pl.*); *also* pair of trousers بَنْطَلُون ، سِروال

his wife wears the trousers زَوْجَتُه هِي صاحِبة الأَمْر والنَّهْي

trousseau, *n.* جَهاز العَروس

trout, *n.* سَمَك الأُطْرُوط (مِن الأَسْماك النَّهْرِية)

trove, *see* **treasure trove**

trowel, *n.* مَالَج ، مَسْطَرين (مصر)

troy, *n.*; *also* **troy weight** نِظام انكليزيّ خاصّ لِوَزْن المَعادِن الثَّمِينَة

truan/t, *n. & a.* (**-cy,** *n.*) تِلْمِيذ مُتَغيِّب بِدُون إِذْن

the boy frequently played truant كَثِيرًا ما تَغَيَّب الوَلَد عَن المَدْرَسَة بِدُونِ إِذْن

truce, *n.* هُدْنَة ، مُهادَنة

truck, *n.* 1. (railway wagon) عَرَبَة نَقْل

2. (*U.S.*, lorry) شَاحِنَة ، لُورِي

3. (barrow) عَرَبَة الحَمّال (في المَحَطّات)

4. (exchange, dealings) سِلَع لِلْمُقايَضَة

I will have no truck with him لَنْ أَتَعامَل مَعه بِأيّ حالٍ مِن الأَحْوال

v.t. 1. (convey on trucks, haul) نَقَل بِشاحِنَة

2. (exchange, bargain); *also v.i.* تَبادَلَ

truckle, *v.i.* خَضَع ، أَذْعَن

n.; *usu.* **truckle-bed** سَرِير مُنْخَفِض ذُو عَجَلات يُمْكِن دَفْعُه تَحْتَ سَرِيرٍ عادِيّ

truculen/t, *a.* (**-ce,** *n.*) مُشاكِس يَتَحَرَّش بِغَيْرِه

trudge, *v.i. & t.*; *also n.* مَشَى بِتَثاقُل وَبُطْء

true, *a.* حَقِيقِيّ ، صَحِيح ، (صَدِيق) مُخْلِص

he is a true-born Englishman إنّه انكليزيّ قُحّ أو صَمِيم

plants grown from seed are not always true to type لَا تَحْتَفِظ النَّباتاتُ الّتِي تَنْمو من البُذور بِخَواصّ سُلالَتِها الأَصْلِيّة دائمًا

he was true to his word وَفَى بِوَعْدِه ، لم يَخُن العَهْدَ ، بَرَّ بِوَعْدِه

twelve good men and true (*arch. & leg.*) ١٢ رَجُلًا مِمَّن يَصْلُحون لِتَكْوِينِ هَيْئة المحلَّفِين

true-blue; *also n.* شَدِيد الإخْلاص والوَلاء

true-love, *n.* العَشِيق المحبوب أو الحقيقيّ

adv.

his story does not ring true تَشُوب أقوالَه نَغَمة من الكَذِب أو التَّلْفِيق

n., *as in*

out of true (بَابٌ أو مِحْوَرُ عَجَلة) مُنْحَرِف بَعْض الشّيء عن الوَضْع الصَّحِيح

v.t. عَدَّل ، سَوَّى

true up a wheel عَدَّل وَضْع عَجَلَة مائِلَة

truffle, *n.* الكَمْءُ (فُطور تَنْمو تَحْتَ سَطْح الأرض)

trug, *n.* سَلَّة خَشَبِيّة ضَحْلَة مُسْتَطِيلة ذاتُ يَدٍ عالية (يستعملها البُسْتانيّون)

truism, *n.* تَحْصِيل حاصِل ، قَضِيَّة مُسَلَّم بها

truly, *adv.* حَقًّا ، حَقِيقَةً ، في الواقِع

yours truly المُخْلِص (اصْطِلاح تُخْتَتَم به الرَّسائل الرَّسْمِيّة عادةً) ؛ طَرِيقة هَزْلِيّة يَسْتَعمِلها المتكلّم بَدَلًا من قَوْله ʻأناʼ ، مَحْسُوبك (مصر)

trump, *n.* 1. (*at cards*); *also* trump card وَرَقة مِن النَّقْش الرَّابِح في أَلْعاب الوَرَق

he still has a trump up his sleeve لَمْ تَخْلُ جَعْبَتُه من الأَسْهُم بَعْد

fortunately, his father turned up trumps أَنْقَذَتْه مُساعَدَة أَبيه على غَيْر تَوَقُّع

2. (*poet.*, trumpet) بُوق (أَبْواق)

the Last Trump يَوْم يُنْفَخ في الصُّور

v.t. & i. أَلْقَى إحْدَى الأَوْراق الرّابِحة

he trumped her ace تَفَوَّق عَلَيْها بِإلْقاء وَرَقَتِه الرّابِحة فَوْقَ الآسِ الّذِي لَعِبَتْه

a trumped-up charge تُهْمَة مُلَفَّقَة

trumpery, *n. & a.* شَيْء تافِه ؛ عَدِيم القِيمة

trumpet, *n.* بُوق ، نَفِير (آلَة مُوسِيقيّة نُحاسِيّة)

v.t. & i. 1. (*of an elephant*) جَأَر (الفِيلُ)

2. (proclaim) أَعْلَن (خَبَرًا) ، أَذاعَه

truncate, *v.t.* قَطَع طَرَف الشَّيْء ، بَتَره

truncheon, *n.* عَصا ، هِراوَة قَصِيرة

trundle, *v.t. & i.* دَحْرَج ، تَدَحْرَج (البِرْمِيل)

trunk, *n.* 1. (main part of body) جِذْع (البَدَن)

tree-trunk جِذْع الشَّجَرَة أو ساقُها

2. (main line) خَطّ رَئيسيّ في المُواصَلات

trunk call مُخابَرَة تِلِيفونيّة طَوِيلة المَسافَة

trunk road طَرِيق رئيسيّ يَرْبِط مَدِينَتَيْن

3. (box for clothes) صُنْدُوق لأَمْتِعة المُسافِر

4. (proboscis of elephant) خُرْطُوم الفِيل

5. (*pl.*, garment) بَنْطَلُون قَصِير لِلرِّياضة

a pair of swimming trunks لِباس بَحْر لِلرِّجال

trunnion, *n.* مُرْتَكَز دَوَران (حَوْلَ مِحْوَر أُفُقِيّ)

truss, *n.* 1. (support) جَمالون (هَنْدَسة)

roof truss جمالون لتدعيم السَّقْف

(*surg.*) حِزام الفَتْق

2. (bundle *of hay*, etc.) حُزْمَة من القَشّ

v.t. 1. (support *roof*, etc.) دَعَّم بِجَمالون

2. (fasten wings of *fowl*, etc.; tie up); *also* truss up كَتَّف دَجاجَةً قَبْلَ طَهْوِها

trust, *n.* 1. (firm belief, faith) ثِقَة، اِئْتِمان

put (repose) trust in him وَضَع ثِقَته فِيه

we took it on trust صَدَّقْنا زَعْمَه دُونَ تَحَقُّق

2. (person, thing, confided in) مَوْضِع ثِقَة

he is our sole trust لا نَثِقُ إلّا فيه

3. (responsibility) مَسْؤُولِيّة

he holds a position of trust يَشْغَل مَنْصِبًا مَسْؤُولًا

4. (*leg.* & *polit.*) وَدِيعَة ، أَمانَة

the property is held in trust هٰذا المِلْك مَوْقُوف لِصالِح مُسْتَفِيد مُعَيَّن

5. (*commerc.*) اِتِّحاد احْتِكاريّ بَيْنَ شَرِكات

a unit trust شَرِكة تَقُوم باسْتِثْمار الأَمْوال في عِدَّة شَرِكاتٍ أُخْرى

v.i. & *t.* 1. (place trust in) وَثِق به، ائْتَمَنَه

2. (hope) أَمَل ، رَجا أن ...

I trust he is not hurt أَرْجُو أَلَّا يَكُونَ قَد أُصِيبَ

trustee, *n.* وَصِيّ ، حارِس ، قَيِّم ، وَكِيل وَقْف

Public Trustee الوَصِيّ العُمُومِيّ

trusteeship, *n.* وِصاية ، وَكالة

trustful, *a.* غَيْر شَكّاك ؛ نَزّاع إلى الثِّقَة بالآخَرِين

trusting, *a.* سَرِيع التَّصْدِيق أو الثِّقَة بِما يُقال

trustworthy, *a.* مَوْثُوق به ، يُعْتَمَد عليه

trusty, *a.* وَفِيّ ، مَوْضِع ثِقَة ، يُرْكَن إليه

n. سَجِين يُمْنَح امْتِيازاتٍ خاصّة لِحُسْنِ سُلُوكه

truth, *n.* الحَقّ ، الصِّدْق ، الحَقِيقة

truthful, *a.* صادِق ، صَدُوق

try, *v.t.* & *i.* 1. (test, experiment with) جَرَّب

I have never tried my hand at carpentry لَمْ أُجَرِّبْ أَعْمال النِّجارة مُطْلَقًا

he tried on the suit لَبِسَ البَدْلَةَ لِقِياسِها

I think he's trying it on (*coll.*) أَظُنّ أَنَّه يَدَّعِي ذَلِكَ لِكَي يَخْدَعَنِي

he is trying out his new car إنّه يُجَرِّب سَيّارَته الجَدِيدة

a try-out (*n.*) اخْتِبار (لِلمُمَثِّل أو لِلاعِب الخ.)

2. (strain) أَتْعَب ، أَجْهَد

don't try my patience too far! قِفْ عِنْدَ حَدِّك ولا تَتَمادَى في اسْتِثارَتي !

3. (investigate judicially) حاكَم

4. (attempt) حاوَل

I tried to persuade him حاوَلْتُ إقْناعَه

n. تَجْرِبَة ، مُحاوَلة ؛ ثَلاث نُقَط في الرَّجْبِي

trying, *a.* شاقّ ، مُجْهِد ، مُتْعِب ، مُزْعِج

tryst, *n. & v.i.* مَوْعِد ، مُلْتَقىً (لَفْظَة قَدِيمة)

trysting-place مَكان التَّلاقي (بَيْن عاشِقَيْن)

tsar, *see* **czar**

tsetse, *n.*; *also* **tsetse fly** ذُبابَة تُسَبِّب مَرَض النَّوم

tub, *n.* 1. (wooden vessel) حَوْض خَشَبِيّ

wash-tub حَوْض (خَشَبِيّ) لِغَسْل المَلابِس

he is a tub-thumper إنَّه من مُهَيِّجي الجَماهِير ومُحَرِّضِيهِم (على التَّمَرُّد مثلًا)

2. (*coll.*, bath); *also* **bath-tub** حَوْض، بانْيو

3. (*coll.*, old, slow boat) سَفِينة قَدِيمة بَطِيئة

tuba, *n.* بُوق نُحاسِيّ ذو الْتِواءات مُتَعَدِّدة

tubby, *a.* بَدِين ، سَمِين

tube, *n.* 1. (long hollow cylinder) أُنْبُوبَة، أُنْبُوب

2. (soft metal container) أُنْبُوبَة

tube of toothpaste أُنْبُوبَة مَعْجُون الأَسْنان

3. (*anat.*) قَناة (تَشْرِيح)

bronchial tube الشُّعْبَة الرِّئَوِيَّة

4. (an underground railway in London) سِكّة حَدِيدِيّة تَحْتَ الأَرْض في مَدِينة لَنْدَن

tuber, *n.* دَرَنَة ، عُسْقُول (نبات)

tubercle, *n.* دُرَيْنَة ، حُدَيْبَة ، عُجْرَة (طبّ)

tubercular, *a.* دَرَنِيّ ، مُصاب بِداءِ السُّلّ

tuberculosis, *n.* السُّلّ ، التَّدَرُّن (طبّ)

tubing, *n.* أَنابِيب (مِن المَعْدِن أو الزُّجاج الخ.)

tubular, *a.* أُنْبُوبِيّ الشَّكْل

tubular bells جَرَس مُكَوَّن مِن مَجْمُوعة أَنابِيب

tuck, *v.t. & i.* أَدْخَل طَرَف الشَّيْء في...، جَمَّع

he tucked his legs under his chair ثَنَى رِجْلَيْه تَحْتَ كُرْسِيِّه

the mother tucked the child up غَطَّت الأُمّ طِفْلَها مُدْخِلَةً أَطْرافَ الغِطاء تَحْتَ الفِراش

she tucked up her skirt to paddle ثَنَت طَرَف تَنُّورَتِها ومَشَت حافِيَةً في الماء

he tucked his shirt in أَدْخَل طَرَف قَمِيصِه المُتَدَلِّي

the children tucked in (*coll.*) أَكَل الأَطْفالُ بِنَهَم وشَهِيَّة

n. 1. (in material) ثَنْيَة ، طَيَّة (خِياطة)

2. (*sl.*, food) الكَعْك والحَلْوِيّات الخ.

tuck-shop دُكّان الحَلْواني (في المَدارِس غالبًا)

Tuesday, *n.* يَوْم الثُّلاثاء

tuft, *n.* خُصْلَة (مِن الشَّعْر)، حُزْمَة (أَعْشاب)

v.t. & i. زَوَّد بِذُؤابات أو شَرارِيب

tug, *v.t. & i.* جَرَّ ، شَدَّ بِقُوَّة

n. 1. (violent pull) شَدَّة عَنِيفة

tug-of-war لُعْبَة شَدِّ الحَبْل

2. (towing vessel); *also* **tugboat** سَفِينَة للقَطْر، سَفِينة لِلجَرّ أو السَّحْب

tuition, *n.* تَعْلِيم، تَدْرِيس؛ رَسْم التَّعْلِيم

tulip, *n.* تُولِيب، خُزامَى (زَهْرَة بَصَلِيّة)

tulle, *n.* تُلّ، نَسِيج رَقِيق مِن الحرير

tum, *see* **tummy**

tumble, *v.i. & t.* 1. (fall suddenly); *also with adverbs* off, into, out, over وَقَع فُجْأةً، سَقَط؛ أَوْقَع، أَسْقَط

the weary man tumbled into bed أَلْقَى الرَّجُل بنَفْسِه في الفِراش مِن شِدَّة التَّعَب

the sick man tossed and tumbled ظَلَّ المَرِيض يَتَقَلَّب على فِراشِه طِوالَ اللَّيْل

the accident tumbled the passengers out of the car عِنْدَما اصْطَدَمَت السيّارة قُذِف رُكّابُها إلى الخارِج

the wind tumbled her hair عَبِثَت الرِّيح بِشَعْرها

it took him some time to tumble my meaning لم يَتَفَهَّم ما عَنِيتُه إلّا بَعْدَ مُرُورِ بَعْضِ الوَقْت

2. (perform acrobatic feats) تَشَقْلَب

n. 1. (fall) سَقْطَة، وَقْعَة

2. (acrobatic feat) شَقْلَبَة، حَرَكَة بَهْلَوانِيّة

tumbledown, *a.* مُتَداعٍ، على وَشْك السُّقوط

tumbler, *n.* 1. (drinking glass) كَأْس، قَدَح

2. (acrobat) البَهْلَوان

3. (part of mechanism) سُقّاطَة داخِلِيّة بِقُفْل

tumbler switch زِرّ أو مِفْتاح كَهْرَبائِيّ بالحائط

4. (kind of pigeon) حَمامَة قَلّابَة

tumescent, *a.* مُتَوَرِّم، مُنْتَفِخ (طبّ)

tummy, *n.* (*nursery*); *also* **tum** مَعِدَة، بَطْن

tumour, *n.* وَرَم (طبّ)

tumult, *n.* ضَوْضاء، جَلَبَة؛ اضْطِراب

he was aware of the tumult within her كانَ يُحِسّ بِالاضْطِراب الّذي تُعانِيه

tumultuous, *a.* (اجْتِماع) صاخِب، عاصِف

tumulus, *n.* رَبْوَة صَغِيرة فَوْق مَقْبَرَة (قَدِيمة)

tun, *n.* بِرْمِيل ضَخْم (للنبيذ) يَسَع ١١٣٥ لِترًا

tuna, *n.* سَمَك التُّون، تُنّ، تُونا

tundra, *n.* إقْلِيم التَّنْدرا (بالمِنطقة القُطْبِيّة الشمالية)

tune, *n.* 1. (melody) لَحْن (أَلْحان)

he quickly changed his tune سُرْعانَ ما غَيَّر لَهْجَة حَدِيثِه

we had to pay to the tune of £5 لَمْ يَكُنْ هُناكَ مَفَرٌّ مِن دَفْع مَبْلَغ خَمْسَة جُنَيْهات

2. (correct pitch, harmony) انْسِجام

he is out of tune with the times إنّه لا يُماشِي العَصْرَ الحَدِيث

v.t. & i. دَوْزَن (أوتار آلة موسيقية)

he tuned the radio in to London ضَبَط مُؤَشِّر الرّاديو على مَحَطّة لَنْدن

he tuned up the motor engine ضَبَط مُحَرِّك السيّارة

tuneful, *a.* رَخِيم ، مُتَآلِف النَّغَم

tungsten, *n.* التنجستن (عُنْصر فِلِزّي)

tunic, *n.* 1. (uniform coat) سُتْرة بَدْلَة عَسْكَرِيّة تُشَدّ بِحِزام

2. (woman's garment) رِداء نِسائيّ قَصير (ذُو حِزام حَوْل الخَصْر عادةً)

tunnel, *n.* نَفَق (يُشَقّ لِلمُواصَلات)

v.t. & i. حَفَر نفقًا (تَحْتَ نَهْر مثلاً)

tunny, *n.* سَمَك التُّون ، تُنّ ، تُونا

tuppence, *n.* (*coll.*) بِنْسانِ

tuppenny, *a.* (*coll.*) ما ثَمَنُه بِنْسانِ

tu quoque (*Lat.*) وأَنْتَ أيضًا ! (رَدّ على المتّهِم بِتَوْجِيه نفس الاتّهام إليه)

turban, *n.* عِمامَة ؛ قُبَّعَة نِسائية ضَيِّقة

turbid, *a.* (**-ity,** *n.*) عَكِر ؛ (أَفْكار) مُشَوَّشة (هاء)

turbine, *n.* تُرْبِينَة ، عَنَفَة (هَنْدسة)

turbo-, *in comb.* (بادِئة بِمَعْنَى) تُرْبِينيّ

turbo-jet engine مُحَرِّك تُربِينيّ نَفّاث

turbo-prop⟨eller⟩ engine (طائرة مُزَوَّدة) بِمُحَرِّك مِرْوَحِي تُرْبِينيّ

turbot, *n.* سَمَك التُّرْس (سَمَك كَبِير ومُفَلْطَح)

turbul/ent, *a.* (**-ence,** *n.*) صَاخِب ؛ مُضْطَرِب

tureen, *n.* وِعاء ذو غِطاء (لِلحِساء)، سُلْطانيّة

turf, *n.* 1. (grass) مَخْضَرة ، أَرْض مَكْسُوَّة بالعُشْب ؛ طَبَقة مِن التُّرْبة بِأَعْشابِها وجُذُورها

the turf حَلْبَة سِباق الخَيْل

turf accountant وَكيل المُراهَنات على سِباق الخَيْل

2. (*in Ireland*, peat) فَحْم عُضْويّ لِلوَقود

v.t. 1. (lay turf) غطّى الأرضَ بِعُشْب نامٍ

2. (*sl.*, throw *out*) رَمَى ، أَلقى بِ

they turfed us out at midnight طَرَدونا في مُنْتَصَف اللَّيْل

turgid, *a.* مُنْتَفِخ ، مُتَوَرِّم ؛ (أُسْلوب) طَنّان

Turk, *n.* تُرْكيّ (أَتْراك)

Turkey, *n.* تُرْكيا ، بِلاد التُّرْك

turkey, *n.* دِيك رُوميّ أو هِنْدِيّ ، عَلِي شِيش (عراق)

he strutted about like a turkey-cock اخْتال مُتَبَخْتِرًا أو مَزْهُوًّا بنفسه

Turki, *a. & n.* نِسْبةً إلى التُّركمان ولُغَتهم

Turkish, *a. & n.* تُرْكيّ ؛ اللُّغة التُّرْكيّة

Turkish bath حَمّام تُرْكيّ

Turkish delight رَاحة الحُلْقُوم ، مَلْبَن (مصر)

Turkish towel مِنْشَفَة قُطْنِيّة كَثيفة الوَبَر

turmeric, *n.* كُرْكُم ، زَعْفران هِنْديّ

turmoil, *n.* اضْطِراب ، هِياج ، هَرْج ومَرْج

turn, *v.t. & i.* 1. (move or cause to move round) أَدارَ ، لَفَّ

he turned his head ⟨round⟩ to look أَدارَ رَأْسَه إلى الخَلْف لِيَرَى (من يُنادِيه)

turn your eyes this way! حَوِّل نَظَرك إلى هَذا الاتِّجاه !

this metal is thick enough to turn a bullet
هٰذا مَعْدِن سَميك إلى حَدّ أنّه يَجْعل الرَّصاصة تَرْتَدّ

the tap won't turn لا يُمكن فَتْح الصُّنْبُور أو قَفْله

nothing will turn him from his purpose
لَنْ يَثْنِيه عَن عَزْمِه شَيء

2. (*with adverbs & preps.*)

turn about عَكَس اتِّجاهه ؛ تَغَيَّرَت وُجْهَتُه

turn against تَنَكَّر له ؛ أَوْجد الفُرْقة (بَيْنَهما)

turn aside مَالَ ، حادَ ، غَيَّر اتِّجاهه

turn away صَرَفَه ، أَبْعَدَه ، طَرَدَه ؛ انْصَرَف

he turned away in disgust أَعْرَض بِوَجْهِه
مُتَقَزِّزًا (من مَنْظَرٍ بَشِعٍ مثلاً)

he turned the beggar away صَرَف الشَّحاذ
(أو السّائِلَ) دُونَ أَن يُعْطِيه شيئًا

turn back ارْتَدّ على عَقِبَيْه ؛ قَلَب إلى الوَراء

turn down طَوَى

he turned down his coat collar أَعادَ ياقَةَ
مِعْطَفه المَقْلوبَة إلى وَضْعِها الصَّحِيح

he turned the gas down خَفَض لَهَب الغاز

he turned down all suggestions رَفَض كُلّ
الاقْتِراحات الّتي عُرِضَت عليه

they turned down a side-road انْعَطَفوا
(بِسَيّارتهم) في طَرِيق جانِبيّ

he turned in his feet كان يَثْنِي طَرَفَيْ قَدَمَيْه
نحو الدّاخِل أثناء مَشْيه

he turned in rather late أَوَى إلى فِراشه مُتَأَخِّرًا

her umbrella turned inside out قَلَبت
الرِّيح مِظَلَّتها المَفْتوحة

we turned off to the right انْعَطَفْنا ناحِية
اليَمين (عند وُصولنا إلى مَوْضِعٍ ما)

he turned off the light أَطْفَأَ النُّور

he turned on the water فَتَح صُنْبور الماء

the success of the operation turns on his willingness to help يَتَوَقَّف نَجاح
المَشْروع على مَدَى اسْتِعداده لِمُعاوَنَتِنا

they turned him out of his room طَرَدُوه
مِن غُرْفَتِه ، أَخْرَجُوه مِنْها بالقُوَّة

she turned out the store-room أَفْرَغَت
مُحْتَوياتِ الكَرار (غُرْفة المُؤونة) لِتَنْظِيمها وتَنْظِيفها

she was beautifully turned out بَدَت في
غايَة الأَناقَة والرَّشاقَة

please turn out the light الرَّجاء إطْفاء النُّور

only a few people turned out for the meeting لَمْ يَحْضُر الاجْتِماع إلّا عَدَد قَليل

turn out the guard! نِداء لِتَجَمُّع الحَرَس

everything turned out well انْتَهى كُلّ
شَيْءٍ عَلَى ما يُرام (أو عَلَى أَحْسَن وَجْه)

as it turned out . . . لِسُوء الحَظّ (أو لِحُسْنِه)

he turned over the engine by hand أَدار
مُحَرِّك السَّيّارة بِذِراع البَدْء (المانيفلّا – مصر)

the car turned over انْقَلَبت السَّيّارة

he turned over a new leaf بَدَأ صَفْحَةً جَدِيدَة

he turned it over in his mind قَلَّب الأَمْر
على جَمِيع وُجُوهِه (في فِكْرِه)

he turned over the keys to his successor
سَلَّم مَفاتِيح (المَكْتَب) لِخَلَفِه في المَنْصِب

I turned over £100 last week بِعْتُ بَضائع بِمَبْلَغ مائة جُنَيْه في الأسْبوع الماضِي

he turned to the right اتَّجَه ناحِيَة اليَمِين

the child turned to its mother for comfort اِلْتَجأ الطِفْل إلى أُمِّه لِتُهَدِّئ رَوْعَه

they turned to with a will شَرَعُوا في العَمَل بِهِمّة ونَشاط

he turned up his nose at the idea رَفَض الفِكْرَة باسْتِخْفاف واسْتِنْكاف

he turned up his trouser legs ثَنَى أوشَمَّر طَرَفَيْ (رِجْلَيْ) بَنْطَلُونه

the plough turned up the soil قَلَّب المِحْراثُ التُّرْبَة (لإعْدادِها للزِّراعة)

our guests haven't turned up yet لَمْ يَصِلْ ضُيوفُنا بَعْدُ

it will turn up one day سَنَعْثُر على (الشَّيْء المَفْقود) يَوْمًا ما

he is waiting for something to turn up إنّه في انْتِظار الفَرَج

3. (change nature or condition) غَيَّر

the hot weather has turned the milk أفْسَد الجَوّ الحارّ الحَليبَ وخَثَّره

he has turned traitor انْقَلَب خائنًا

he turned the passage into English تَرْجَم القِطْعَة إلى اللُّغة الانكليزيّة

the sight of food turned his stomach تَقَزَّزَت نَفْسُه بِمُجَرَّد رُؤْيَة الطَّعام

promotion has turned his head جَعَلَتْه التَّرقية يَتِيه غُرورًا

tragedy has turned his brain أطاحَت الكارِثَة (أو المَأْساة) بِعَقْلِه

4. (*engin.*, give shape to) خَرَط (هَنْدَسَة)

an engine-turned cigarette case عُلْبَة سَجائر (فِضِّيّة) مُشَكَّلة ومُزَخْرفة في مِخْرَطة مَعْدِنِيّة

he wrote in well-turned phrases كان أُسْلُوبه مُنَمَّقًا حَسَن السَّبْك والصِّياغة

she has a well-turned ankle لَها كاحِلان يَرُوق مَنْظَرُهما العُيون

brass turns easily يَسْهُل خَرْطُ النُّحاس

5. (reverse) قَلَب ، عَكَس

he had his suit turned أعْطَى بَدْلته (أو حُلَّته) للخَيّاط ليقلبها على الوَجْه الآخَر

6. (reach, pass) وَصَل ، تَجاوَز

he has turned fifty تَجاوَز الخَمسِين بِقَليل

7. (make use of, employ) انْتَفع ، اسْتَفاد

he can turn his hand to anything يَسْتَطيع أنْ يُجَرِّب القِيام بِأيِّ عَمَلٍ (بِنَجاح)

he turned the opportunity to good account اسْتَغَلّ الفُرْصَة لِصالِحه أولِمَنْفَعَتِه

8. (go round) طَوَّق ، الْتَفّ

the army turned the enemy's flank قام الجَيْش بِحَرَكة الْتِفافٍ أو تَطْويقٍ جانِبيّ للعَدوّ

the bus turned the corner انْعَطَف الباص (الأوتوبيس) حَوْلَ ناصِيَة الطَّرِيق

I think he has now turned the corner أظُنّ أنّ المَرِيض قد تَعَدَّى (تَجاوَز) مَرْحَلة الخَطَر

my head is turning أُحِسّ بِدَوْخَة أو دُوَار

n. 1. (act of turning) تغيُّر ، تحوُّل

his fortunes took a turn for the better ابْتَسَمَ له الحظّ (بَعْد فترة مِن المَتاعِب)

the milk is on the turn الحليب على وشْك التَخَثُّر

the tide is on the turn المَدّ (أو الجزر) على وَشْكِ التحوّل

2. (bend or curve) انْحِناء ، انْثِناء

3. (opportunity, occasion, spell) دَوْر

my turn will come! سَيَأْتي دَوْري !

the delegates spoke in turn تَحَدَّث المَنْدُوبون واحدًا بعْد الآخر ، كلٌّ في دَوْرِه

he spoke out of turn تَكَلَّم في غيرِ دَوْرِه

she went hot and cold by turns أَحَسَّت بِقُشَعْرِيرَة البَرْد تارةً وحُمَّى الخَوْف تارةً أُخْرَى

the shifts worked turn and turn about اشْتَغَل عُمّال المَصْنع بالتَّناوُب (في داوِريّات)

he took a turn at the oars قامَ بدَوْرَة أو نَوْبَة مِن التَّجْذيف

there are ten turns on the bill تُوجَد عَشْر نِمَر في بَرنامَج المُتَنَوِّعات

4. (service) خِدْمَة

one good turn deserves another جَزاءُ المَعْرُوفِ رَدُّه

5. (walk, drive, performance) نُزْهَة قَصِيرَة

he took a turn in the garden خَرَجَ لِيَتَمشّى قليلاً في الحَدِيقة

the car has a fine turn of speed تَسْتَطِيع هذه السَّيّارة أن تَجْري بِسُرْعَة فائِقة

he is of a mechanical turn of mind له مَوْهِبَة فِطْرِيّة في دِراسة المِيكانيكا

this will serve our turn هذا (الشيء) يَفِي بالغَرَض أو يَسُدّ الحاجة

6. (*coll.*, shock, illness) صَدْمَة ؛ نَوْبة مَرَض

the news gave him a nasty turn أُصِيب بِصَدْمَة عَصَبِيّة شَدِيدة عِندما سَمِع الخَبَر

my aunt is having one of her turns تُعانِي خالتي (عَمّتي) دَوْرًا مِن أَدْوارِها المَعْهُودة

turncoat, *n.* مَارِق ، خائِن (لِفِرْقَته ، لِحِزْبه)

turncock, *n.* صِمام رَئِيسيّ في شَبَكَة أَنابِيب المِياه ؛ مُوَظَّف مُكَلَّف بِقَفْل الصِّمام أو فَتْحِه

turner, *n.* (lathe operator) خَرّاط

turning, *n.* 1. (lathe operation) خِراطَة

2. (place where roads meet) مُلْتَقى طَرِيقين

the second turning on the left (انْعَطِفْ في) ثانِي طَرِيقٍ إلى اليَسار

this was the turning-point of his life كانَ هذا نُقْطَة تَحَوُّلٍ في حَياتِه

turnip, *n.* لِفْت ، سَلْجَم (نبات)

turnkey, *n.* حارِس يَحْمِل مَفاتِيح السِّجْن

turnover, *n.* 1. (pastry) فَطِيرة دائِرِيّة أو نِصْف دائرِيّة مَحْشُوّة (بالتّفّاح مَثَلاً)

2. (volume of business; changing of labour) دَوْرَة رأسِ المال (في التِّجارة)

the company has a high turnover in labour نِسْبَة اسْتِبْدال العُمّال بِهذه الشَّرِكة عالِيَة

turnpike, *n.* 1. (gate) بَوّابة عامّة تُفْتَح لِلمُرور بِأَجْر

2. (*U.S.*, road) طَرِيق أُوتُوسْتَراد (بِأَجْر)

turnspit, *n.* آلة أو شَخْص يُدِير سَفُّود الشِّواء

turnstile, *n.* حاجِز أُفُقِيّ دوّار عِنْد مَدْخَل (مَلْعَب)

turntable, *n.* القُرْص الدّوّار في الفُونُوغْراف ؛ صِينِيّة ضَخْمة لِتَغْيِير اتّجاه قاطِرة أوسيّارة

turpentine, *n.*; *coll. contr.*, **turps** التّربنتين

turpitude, *n.* دَناءَة ، بذاءَة ، شَناعَة ، خِسّة

turps, *coll. contr. of* **turpentine**

turquoise, *n.* الفَيْرُوز (حَجَر نَفيس أَزْرَق مُخْضَرّ)

turret, *n.* بُرْج صَغير على سَطْح مَبْنًى أو دبّابة الخ

turtle, *n.* سُلَحْفاة (البَحْر)

the boat turned turtle انْقَلَب القارِب

a turtle-neck sweater كَنْزَة أو سوِيتَر بِرَقَبة عالِية ضَيِّقة

turtle-dove, *n.*; *also* **turtle** تُرْغُلّة ، حَمام بَرّيّ

tusk, *n.* نابٌ (من نابَي الفِيل أو فيل البحر الخ.)

tussle, *n. & v.i.* عِراك ، شِجار ؛ تَشاجَر

tussock, *n.* حُزْمة كَثِيفة مِن الأَعْشاب النّامِية

tussore, *n.* نَسِيج حَرِيرِيّ غَلِيظ بُنّيّ اللّون

tut, tut-tut, *int.*; *also v.i. & n.* تَعْبِير يَدُلّ على الضَّجَر أو الاسْتِهجان أو التّأنِيب

tutelage, *n.* وِصاية (على قاصِر) ؛ (تحت) رِعاية ...

tutel/ar, -ary, *a.* قائم بِدَوْر الوَصِيّ أو الحارِس

tutor, *n.* 1. (private teacher) مُعَلِّم خُصُوصِيّ

2. (university teacher) مُدَرِّس جامِعِيّ مَسْؤُول عن الإشْراف العِلْمِيّ على الطّالِب

v.t. & i. دَرَّس (طالِبًا) ، عَلَّمه

tutorial, *a.* نِسْبَةً إلى المُعَلِّم ؛ تَعْلِيمِيّ

n. دَرْس جامِعِيّ خاصّ لِطالِب أو لِطالِبَيْن

tu-whit, tu-whoo, *n.* نَعِيب البُوم (مُحاكاة لِصَوْت البُومَة حِين تَصْرُخ)

tuxedo, *n.* بَدْلَة رَسْمِيّة للسَّهْرة (لَفْظ امريكيّ)

twaddle, *n.* كَلام فارِغ ، هُراء ، هَذْر

twain, *a. & n. (arch.)* اِثْنان ، زَوْج من ..

twang, *n.* رَنّة وَتَر القِيثارَة ؛ خُنّة ، خَنَف

his voice has a north-country twang تُسْمَع في صَوْتِه النَّغْمَة المُمَيِّزة لِسُكّان شَمال انكلترا

v.i. & t. رَنَّ (وتر القوس) ؛ نَقَرَ (أوتارَ العُود)

tweak, *n.* قَرْص ، قَرْصَة (لأُذُن الطِّفْل مَثلاً)

v.t. قَرَص (خَدّ الطِّفْل مَثلاً)

tweed, *n.* نَسِيج صُوفِيّ غَلِيظ مهدول الحَبْك، تُوِيد

she was wearing her tweeds كانَت تَرْتَدِي تايُورًا (سُتْرة وتَنُّورَة) من قُماش التّوِيد

tweedledum and tweedledee, *n.* شَيْئان أو شَخْصان لا يَخْتَلِفان إلّا مِن النّاحِيَة الاسْمِيّة

tweeny, *n. (coll.)* خادِمَة منزلية صَغيرة السِّنّ

tweet, *n. & v.i.* سَقْسَقَة ؛ سَقْسَق ، صَوْصَو

tweezers, *n.pl.* مِلْقاط صَغِير (للشّعر مَثلاً)

twelfth, *a. & n.* الثّاني عَشَر

the glorious twelfth يَوْم افْتِتاح مَوْسِم صَيْد الطّيْهُوج في انكلترا (١٢ آب ـ أغسطس)

Twelfth-night لَيْلَة عِيد الغِطاس (وهي عَشِيَّة اليَوْم الثّاني عَشَر بَعْد عِيد المِيلاد)

twelve, *a. & n.* اِثْنا عَشَر ، اِثْنَتا عَشْرَة

twentieth, *a. & n.* العِشْرُون ؛ جُزْء مِن عِشْرِين

twenty, *a. & n.* عِشْرون

twerp, *n. (sl.)*; *also* **twirp** غَبِيّ ، أَبْلَه ، عَبيط

twice, *adv.* مَرَّتَيْن ، ضِعْف (المِقْدار)

twice three is six ثَلاثَة في اثْنَيْن يُساوِي سِتَّة

he is now twice the man he was ازْدادَ سِمْنَةً أو عافِيةً وتَضاعَف وَزْنُه

twiddle, *v.t. & i.* عَبِثَ بأصابِعِه

he sat twiddling his thumbs all day أَضاعَ يَوْمَه كُلَّه في التَّوافِه بَدَلًا مِن العَمَل الجِدِّيّ

twig, *n.* غُصَين ، فَنَن ، عُسْلُوج (نبات)

v.t. & i. (coll.) فَهِم ، فَطِنَ ، أَدْرَك

twilight, *n.* غَسَق (الفَجْر)، شَفَق (الغُروب)

the twilight of the Roman Empire فَتْرَة الإيذان بِقُرْب اضْمِحْلال الامْبَراطوريّة الرُّومانية

twilight sleep التَّخْدِير الشَّفَقِيّ ، تَخْدِير خَفيف لِتَسْكِين آلام الوَضْع

twill, *n.* نَسِيج قُطْنِيّ متين ومُضَلَّع ، توِيل

twin, *n.* تَوْأَم (تَوائِم)

twin beds سَرِيران مُفْرَدان مُتَماثِلان

twin propellers مِرْوَحَتان من نَوْع واحِد

twin-set بُلُوزَة وسُتْرَة من التريكو، أَنْسامْبل

v.t. & i. أقامَ رَوابِط فَنِّية مُتَبادَلَة مع مَدِينة أجنبية ؛ وَضَعت تَوْأَمَيْن

twine, *n.* دُوبارَة ، مِصِّيص ، خَيْط مِن القُنَّب

v.t. & i. فَتَل ، جَدَل ، ضَفَر ؛ اِلْتَفَّ حَوْلَ

twinge, *n.* وَخْز ، أَلَم شَدِيد مُفاجِئ

he had a twinge of conscience أَحَسَّ بِوَخْز الضَّمِير أو تَأْنِيبه

twinkle, *v.i.* تَلَأْلَأَ ، لَمَع ، بَرَق

n. وَمِيض ، بَرِيق ، تَلَأْلُؤ ، لَمَعان

in a twinkle *(coll.)* في غَمْضَة عَيْن

twinkling, *n.* تَلَأْلُؤ ، وَمِيض ، بَرِيق

he did it in the twinkling of an eye فَعَلَ (ما طُلِبَ منه) في غَمْضَة عَيْن

twirl, *v.t. & i.* بَرَم ، أَدار ، فَتَل (شارِبَه مَثَلًا)

n. دَوْرَة ، حَرَكة دائرِيّة سَرِيعة

twirp, *see* **twerp**

twist, *v.t. & i.* 1. (turn) بَرَمَ ، لَفَّ

he twisted the two wires together جَدَلَ السِّلْكَيْن (المَعْدِنيَّيْن) مَعًا

his features were twisted with pain ارْتَسَمَت على وَجْهِه عَلامات الأَلَم المُمِضّ

he twisted my arm لَوَى ذِراعِي

I'll have another drink if you twist my arm إذا أَصْرَرْتَ فإنّني سأشْرَب كأسًا آخَر

he twisted my words حَرَّفَ كَلِماتِي أو شَوَّهَها

she can twist him round her little finger تَسْتَطِيعُ أَن تَلْعَبَ به أو تَلُفَّه حَوْلَ خِنْصَرِها

the road twists and turns up the mountain side يَتَعَرَّج الطَّرِيق على سَطْح الجَبَل

2. *(coll.,* cheat) غَشَّ ، خَدَع ، نَصَب عَليه

n. 1. (act or result of twisting) لَفَّة ؛ بَرْم

he gave the rope a twist لَفَّ الحَبْلَ لَفَّةً واحِدة

the road was full of twists كَثُرَ الْتِواءُ الطَّرِيق

a twist of tobacco لَفَّة من وَرَق التَّبْغ

2. (peculiarity, characteristic) شُذُوذ مُمَيِّز

he had a strange twist in his character كَان في تكوين شَخْصِيَّته شُذُوذ غَرِيب

his stories had a humorous twist كانَت قِصَصُه تَنْتَهي نِهايَةً فَكِهَة غير مُتَوقَّعة

twit, *v.t.* عَيَّره ساخِرًا أو مُداعِبًا

n. (coll.) عَبِيط ، أَبْلَه ، أَحْمَق

twitch, *n. & v.t. & i.* اخْتِلاجَة ، حَرَكة عَصَبِيَّة

twitch ⟨grass⟩ نَجِيل زاحِف (أَعْشاب ضارَّة)

twitter, *n.* سَقْسَقَة ، تَغْرِيد

she was all of a twitter (*or* in a twitter) كانَت في حالَة اضْطِراب وقَلَق

v.i. & t. سَقْسَق ، غَرَّد

two, *n. & a.* إثْنان ، إثْنَتان

two-faced ذُو وَجْهَيْن ؛ مُنافِق

a two-seater سَيّارة أو طائرة ذات مَقْعَدَيْن

a two-way switch مِفْتاح كَهْرَبائي ذُو تَحْوِيلَتَيْن ؛ زِرّان يَتَحَكَّمان في نَفْس المِصْباح

twofold, *a. & adv.* ثُنائِيّ ، مُزْدَوَج ، مُضاعَف

twopenny, *a.* ثَمَنُه بِنْسان

twopenny-halfpenny (*fig.*) تافِه ، لا وَزْنَ له

twosome, *n.* مُباراة (جُولْف) بَيْنَ لاعِبَيْن

tycoon, *n. (coll.)* مِنْ أَرْبابِ المالِ والصِّناعَة

tyke, *n.* اِبْن كَلْب ، وَضِيع (لَفْظ يُقال ازْدِراءً)

tympanum, *n.* الأُذُن المُتَوَسِّطة ، طَبْلَة الأُذُن

type, *n.* 1. (class, species) نَمَط ، جِنْس

2. (example, symbol) مِثال ، نَمُوذَج

3. (characters used in printing) حَرْف مَطْبَعِيّ

type-setter مُنَضِّد الحُرُوف المَطْبَعِيَّة

v.t. & i. 1. (typewrite) كَتَبَ على آلَة كاتِبَة

2. (classify) صَنَّف في طَبَقات

typecast, *v.t.* اخْتار مُمَثِّلاً للقيام بِدَوْر سَبَقَ له أن أَدّاه مِرارًا

typescript, *n.* نُسْخَة مَطْبُوعة على آلَة كاتِبة

typewrite, *v.t. & i.* كَتَبَ على الطّابِعَة (الآلَة)

typewriter, *n.* آلة كاتِبَة أو طابِعَة

typhoid, *a. & n.* تِيفُوئيد ، حُمَّى تِيفُودِيَّة

typhoon, *n.* التَّيفُون ، إعْصار في الفِيلبِّين والصِّين

typhus, *n.* التِّيفُوس ، حُمَّى التِّيفوس

typical, *a.* مِثالِيّ ، نَمُوذَجِيّ

he is a typical Englishman إنّه انكليزِيّ نَمُوذَجِيّ (يَتَصَرَّف طِبْقَ الخُلُق الانكليزِيّ المَعْهود)

typify, *v.t.* مَثَّلَ ، صَوَّر ، رَمَز إلى

typist, *n.* كاتِب (أو كاتبة) على الآلَة (أو الطّابِعَة)

typographer, *n.* مُتَخَصِّص في التَّصْمِيم الطِّباعِيّ

typograph/y, *n.* (**-ical,** *a.*) فَنّ تَصْمِيم الصَّفَحات وإعْدادِها للطِّباعَة ؛ فَنّ الطِّباعَة

tyrannical, *a.* مُسْتَبِدّ ، مُتَجَبِّر ، اسْتِبْدادِيّ

tyrannize, *v.i. & t.* حَكَم حُكْمًا مُسْتَبِدًّا

tyranny, *n.* طُغْيان ، اسْتِبْداد ، جَوْر

tyrant, *n.* مُسْتَبِدّ ، طاغٍ ، طاغِيَة (طُغاة)

tyre, *n.* إطار مَطّاطِيّ (لِعَجَلَة سَيّارة مَثلاً)

tyro, *n.*; *also* **tiro** قَليل الخِبْرَة ، مُبْتَدِئ (في مِهْنَتِه)

tzar, *see* **czar**

tzigane, *a. & n.* غَجَرِيّ (مِن بِلاد المَجَر)

U

U, 1. (letter) الحَرْف الحادِي والعِشْرون من الأَبْجَدِيَّة

2. (abbreviation)

U-boat غوّاصة أَلْمانِيَّة

U certificate (*films*) تَرْخِيص بِعَرْض فِيلم يُسْمَح للصِّغار والكِبار بِمُشاهَدَتِه

ubiquit/ous, *a.* (**-y,** *n.*) كُلِّيّ الوُجود

udder, *n.* ضَرْع (ثَدْي البَقَرة والشّاة والعَنْز)

ugh, *int.* تَعْبير يَدُلّ على الاشْمِئزاز والنُّفور

ugly, *a.* 1. (unsightly, not beautiful) قَبِيح

2. (unpleasant; threatening, dangerous) بَشِع ، كَرِيه

he is in an ugly mood إنّه اليَوْمَ في مِزاج نَكِد

he is an ugly customer إنّه شَرِس ومُشاكِس

ukase, *n.* مَرْسُوم قَيْصَرِيّ ؛ أَمْر لا يُناقَش

ukulele, *n.* قِيثارَة بُرْتُغالِيّة ذات أَرْبعة أَوْتار

ulcer, *n.* (**-ous,** *a.*) قُرْحَة ؛ قُرْحِيّ (طبّ)

ulcer/ate, *v.t. & i.* (**-ation,** *n.*) قَرَّح ؛ تَقَرَّح

ullage, *n.* الكَمِّيّة الناقِصة في بِرْميل أو إناء شِبْه مُمْتلِئ بِسائلٍ ما

ulna, *n.* عَظْم الزَّنْد (تَشْريح)

ulster, *n.* مِعْطَف فَضْفاض (ذو حِزام)

ulterior, *a.* خَلْفِيّ ؛ خَفِيّ

he has ulterior motives هُناكَ دَوافِع أخرى خَفِيّة وَراء أَفْعالِه (ولكِنّه لم يَبُح بها)

ultimate, *a. & n.* نِهائِيّ ، أَخِير

ultimatum, *n.* إنْذار نِهائِيّ

ultimo, *adv.*; *contr.* **ult.** مِن الشَّهْر الماضِي

ultra-, *pref. & in comb.* (بادئة بِمعنى) فَوْقَ ...

ultramarine, *a. & n.* أَزْرَق لازَوَرْدِيّ

ultra-modern, *a.* (طِراز) آخِر مُودَة أو صَيْحَة

ultra-violet, *a.* (أَشِعَّة) فَوْق البَنَفْسَجِيَّة

ultra vires (*Lat.*) مُتَجاوِز السُّلْطَة (قانُون)

ulul/ate, *v.i.* (**-ation,** *n.*) وَلْوَل ، زَغْرَد

umbelliferous, *a.* (نَبات) خَيْمِيّ الازْهِرار

umber, *n. & a.* لَوْن بُنِّيّ مُصْفَرّ

burnt umber لَوْن بُنِّيّ مائِل إلى الحُمْرَة

umbilical, *a.* سُرِّيّ ، نِسْبَةً إلى السُّرَّة

umbilical cord الحَبْل السُّرِّيّ (تَشْريح)

umbrage, *n.*; *as in*
he took umbrage أَحَسَّ باسْتِياءٍ (نَتيجةً لِلنَّقْد)

umbrella, *n.* مِظَلَّة ، شَمْسِيَّة

umlaut, *n.* نُقْطَتان على حَرْفِ عِلَّة تُشيران إلى تَغَيُّر صَوْتِه (اللُّغَة الألمانيّة وعِلْم الأَصْوات)

umpire, *n.* حَكَم ، فَيْصَل (في نِزاع)

v.i. & t. فَصَل في الأَمْر ، حَكَم في مُباراة

umpteen, *a.* (*sl.*) عَدَد كبير ، مَرّات لا تُعَدّ

'un *coll. form of* **one**

un-, *pref.* (بادِئَة بِمَعْنى) غَيْر

unabashed, *a.* لا يَعْرِف الخَجَل ، لا يَضْطَرِب

unabated, *a. & adv.* بِدُونِ فُتُور أوضَعْف

unable, *a.* عَاجِز عَن ، غَيْر قادِر

unabridged, *a.* (كتاب) غير مُخْتَصَر ، كامِل

unaccompanied, *a.* 1. (alone) مُنْفَرِد

2. (*mus.*) (عَزْف) مُنْفَرِد (على الكَمان مَثَلًا)

unaccomplished, *a.* 1. (not carried out) لَمْ يُنْجَز ، لَمْ يَتِمّ

2. (without special talent) غَيْر مَوْهُوب

unadopted, *a.*; *esp. in* غَيْر مُتَبَنّى

unadopted road طَرِيق (في مَدينة سَكَنِيَّة) لا يَقَع تَحْت صِيانة البَلَدِيَّة

unadulterated, *a.* (لَبَن) غير مَخْلُوط ، صافٍ

his words were unadulterated rubbish
لم يَكُن كَلامُه إلّا هُراءً بَحْتًا

unaffected, *a.* 1. (not concerned or influenced) غَيْر مُتَأَثِّر

2. (free from affectation) غَيْر مُتَكَلِّف

unalterable, *a.* لا يُمْكِن تَغْيِيره ، حَتْمِيّ

un-American, *a.* مُخالِف للتّقاليد الأمريكيّة

un-American activities
نَشاطات مُعادِيَة لِلمَصالِح الأمريكيّة

unanim/ous, *a.* (**-ity,** *n.*) إجماعِيّ ؛ الإجْماع

unanswerable, *a.* (جَواب) مُفْحِم ، قاطِع

unapproachable, *a.* مَنِيع ، يَصْعُب الوُصول إليه

unarmed, *a.* أَعْزَل ، غَيْر مُسَلَّح

unarmed combat تَمْرِين على القِتال بِدون سِلاح

unasked ⟨**-for**⟩, *a.* غَيْر مَطْلوب

unassailable, *a.* مَنِيع ، حَصِين ، لا يُهاجَم

the minister was in an unassailable position
كَانَ الوزيرُ في مَوْقِف قَوِيّ لا يُمْكِن مُهاجَمَته

unassuming, *a.* مُتَواضِع ، غَيْر مُدَّعٍ

unattached, *a.* مُسْتَقِلّ ، بِلا ارْتِباط

(*coll.*, not married) أَعْزَب ؛ عَزْباء

unattainable, *a.* بَعِيد المَنال ، لا يُدْرَك

unattended, *a.* بلاحاشِيَة ؛ (مائدة) بلاخادِم

unavailing, *a.* غَيْر مُجْدٍ ، بلا طائل

unavoidable, *a.* لا مَفَرَّ مِنْه ، لا مَناصَ منه

unaware, *pred. a.* غَيْر مُدْرِك لِ.. ، جاهِلٌ بِ..

unawares, *adv.* على غَيْر تَوَقُّع أو انْتِظار

the blow took (caught) me unawares
فاجَأَتني الضَّرْبَة

unbalanced, *a.* غَيْر مُتَّزِن ؛ بِه لَوْثَة

I think he must be unbalanced
أَظُنّ أَنّ بِعَقْلِه خَلَلًا أو اضْطِراب

unbearable, *a.* لَا يُحْتَمَل ، (مُصاحَبته) لا تُطاق

unbeaten, *a.* غيْر مَهْزوم ، (طَرِيق) غير مطْرُوق

unbeknown, *adv.*; *also* **unbeknownst** (*coll.*) مَجْهول ، غَيْر مَعْرُوف

unbelief, *n.* شَكّ ، عَدَم الإيمان (بالكُتُب المُقَدَّسَة)

unbelievable, *a.* لا يُصَدَّق

unbeliever, *n.* كافِر ، غَيْر مُؤْمِن

unbelieving, *a.* شَاكّ ، غَيْر مُصَدِّق

unbend (*pret. & past p.* unbent), *v.t.*

1. (straighten) قَوَّم (الاغْنِاء)

2. (relax, *esp. the mind*) اسْتَرْخَى

v.i. تَصَرَّفَ بِدُون كُلْفَة أو رَسْمِيّات

unbending, *a., usu. fig.* صَارِم ، لا يَلِين

unbidden, *a.* (حضَر الحَفْلَ) بِلا دَعْوَة

unbind (*pret. & past p.* unbound), *v.t.* فَكَّ

unblemished, *a.* لا تَشُوبُه شائِبَة

unblushing, *a.* بِلا حَياء ، بِوَقاحَة

unborn, *a.* لَمْ يُولَد بَعْدُ

unbosom, *v.t.* كَشَفَ عن ، باحَ بِ ..

he unbosomed himself to me بَاحَ لي بما في صَدْرِه

unbound, *pret. & past p. of* **unbind**

a. (*of book*, without a binding) كِتاب غَيْر مُجَلَّد

unbounded, *a.* غَيْر مَحْدود ، لاحَدَّ له

unbowed, *a.* لا يُقْهَر ، لا يَسْتَسْلِم

unbridled, *a.* لا يُكْبَح جِماحُه

unbridled insolence صَفاقَة جاوَزَت الحَدّ

unbroken, *a.* (نَوْم) مُتَواصِل ، غَيْر مُتَقَطِّع

unbroken horse حِصان غَيْر مُرَوَّض

unbroken record رَقْم قِياسِيّ لم يُحَطَّم بَعْد

unbroken succession to the throne تَتابُع الجالِسِين على العَرْش مِن نفس الأُسْرة بِدُون انْقِطاع

unburden, *v.t.* خَلَّصَه من عِبْئِه

he readily unburdened himself لم يَتَرَدَّد في البَوْح له بما في سَرِيرته

unbutton, *v.t. & i.* فَكَّ أَزْرار (القَمِيص مَثلاً)

he is an introvert, he can't unbutton (*coll.*) إنّه انْطِوائِيّ ولهذا لا يُمْكِنه التَّصَرُّف بِدُون تَكَلُّف

uncalled-for, *a.* لا داعِيَ له ، بِغَيْر مُبَرِّر

the severity of his criticism was quite uncalled-for لم يَكُن هُناكَ أيّ داعٍ لِهذا النَّقْد القاسِي

uncanny, *a.* شَاذّ ، (أَصْوات) غَرِيبة مُخِيفة

uncared-for, *a.* (حَدِيقة) مُهْمَلَة ، مَهْجُور

unceasing, *a.* مُسْتَمِرّ ، مُتواصِل ، لا يَنْقَطِع

uncertain, *a.* (-ty, *n.*) غَيْر مُتَيَقِّن ، مُتَقَلِّب

she was a lady of uncertain age لَمْ يَكُن من السَّهْل مَعْرفة عُمْرِها بالضَّبْط

he was somewhat uncertain of himself لَمْ يَكُن واثِقًا بِنَفْسِه كُلَّ الثِّقَة

he had an uncertain temper كَانَ مُتَقَلِّب المِزاج

uncharted, *a.* (مِنْطَقة) لم تُدَوَّن بَعْدُ على خَرِيطة

unchristian, *a.* مُخالِف للرُّوح المَسِيحيّة ، غير مُناسِب

uncivil, *a.* (جَواب) فَظّ ، غير مُهَذَّب

unclad, *a.* مُجَرَّد من المَلابس ، عارٍ ، عُرْيان

unclasp, *v.t.* فَكَّ مِشْبَكَ الحِزام ؛ أَرْخَى قَبْضَتَه

unclassed, *a.* (حِصان) لم يَكُن بَيْنَ الفائِزين الثَّلاثة الأُوَل في السِّباق

unclassified, *a.* (شيء) لم يُعَيَّن صِنْفُه

this information is unclassified لا مانِعَ مِن نَشْرِ هَذه المَعْلُومات

uncle, *n.* 1. (father's or mother's brother) عَمّ (أَعْمام) ، خَال (أَخْوال ، خُؤُول)

2. (aunt's husband) زَوْج العَمَّة أو الخالَة

3. (familiar name for elderly person) يا عَمّي! اِسْم ينادَى به الأكبر سِنًّا

Uncle Sam العَمّ سام (رَمْز للوِلايات المتّحدة)

4. (*sl.*, pawnbroker) الرهوناتي (لَفْظَة عامِّيَة)

unclean, *a.* قَذِر ، غيرطاهِر، مُحَرَّم ، نَجِس

unclouded, *a.* (سَماء) صافِية ، غير مُلَبَّدة بالغُيوم

a life of unclouded happiness حَياة سَعِيدة لا يُعَكِّر صَفْوَها شَيْء

uncoil, *v.t. & i.* فَكَّ أو نَشَرَ ما كان مَلْفُوفًا

uncoloured, *a.* غَيْر مُلَوَّن

his opinions were uncoloured by prejudice لَمْ تَتَأَثَّر آراؤُه بِهَوًى أو تَحَيُّز

uncomfortable, *a.* غَيْر مُرِيح ؛ غير مُرْتاح

uncommitted, *a.* مُحايِد ؛ غَيْر مُلْتَزِم

uncommon, *a.* 1. (rare) نادِر ، غَيْر مَأْلُوف

2. (excessive) غَيْر عادِيّ ، اسْتِثْنائِيّ

uncommonly, *adv.* إلى دَرَجة غَيْر عادِيّة

uncompromising, *a.* شَدِيد التَّمَسُّك بِمَبادِئِه

unconcerned, *a.* غَيْر مُكْتَرِث

unconditional, *a.* بِدُون قَيْدٍ أو شَرْط

unconquerable, *a.* (رُوحٌ) لا تُقْهَر

unconscionable, *a.* مُفْرِط ، مُغالٍ ، مُبالِغ

you take an unconscionable time dressing إنَّكِ تَقْضِين دَهْرًا في ارْتِداء مَلابِسِك

unconscious, *a.* 1. (without sensation) مَغْشِيّ عليه ، في حالَة إغْماء أو غَيْبُوبَة

2. (unaware *of*) غير واعٍ ، غافِل

3. (unintentional) غير مُتَعَمَّد أو مَقْصُود

unconscious humour دُعابَة غير مَقْصُودة

n. (*psychol.*) اللّاشُعُور ، اللّاوَعْي (علم النَّفْس)

unconstitutional, *a.* غَيْر دُسْتُورِيّ

unconstrained, *a.* لا يقِف عِنْدَ حَدّ ، مُنْطَلِق

uncontrollable, *a.* لا يُمْكِن التَّحَكُّم فيه

uncork, *v.t.* نَزَع السِّدادَة أو الفِلِّينة

uncouple, *v.t.* فَصَل (القاطِرة من المَقْطُورة مَثلًا)

uncouth, *a.* (شَخص) خَشِن ، بليد الحِسّ

uncover, *v.t.* كَشَف الغِطاء عَن ؛ اكْتَشَف

the police have uncovered a plot أَماطَ رِجالُ الشُّرْطَة اللِّثام عَن المؤامرة

uncross, *v.t.* حَوَّل الشِّيك المُسَطَّر إلى آخر غير مُسَطَّر

uncrossed cheque شِيك غَيْر مُسَطَّر

unction, *n.* المَسْح بالزَّيْت المُقَدَّس

unctuous, *a.* مُداهِن ، مُتَزَلِّف

uncultivated, *a.* غَيْر مُتَمَدِّن ؛ غير مُهَذَّب

uncut, *a.* غَيْر مَقْطُوع ؛ غير مُخْتَصَر ؛ خام

undated, *a.* (خِطاب) غير مُؤَرَّخ ، بِلا تارِيخ

undaunted, *a.* بَاسِل ، لا تُثَبَّط هِمَّتُه

undeceive, *v.t.* أَزَال عَن عَيْنَيْه الغشاوة

undecided, *a.* 1. (not settled) لم يُقَرَّرْ بَعْد

2. (uncertain, irresolute) مُتَرَدِّد

undemonstrative, *a.* لا يُفْصِح عن مَشاعِرِه

undenominational, *a.* لا يَنْتمي إلى مِلَّة مُعَيَّنَة

under, *prep.* 1. (in or to a position lower than); *also adv.* تَحْتَ

they were all living under one roof عَاشُوا جميعًا في مَنْزِلٍ واحِدٍ

the company went under أَفْلَسَت الشَّرِكَة

2. (less than) أَقَلّ مِن ...

I will be with you in under an hour سَأَكُون مَعَكم في أَقَلّ مِن ساعَة (قَبْلَ مُرُورِ ساعَة)

3. (supporting, subject to)

the fields were under cultivation كَانَت الحُقُول مَحْرُوثَة ومَزْرُوعَة

he was under the delusion that . . . كَانَ يتوهَّم أَنَّ ...

the witness was under oath أَدَّى الشَّاهِدُ اليَمِينَ (في المَحْكَمة)

I am under orders to . . . إِنِّي مُكَلَّف بِ ...

4. (undergoing, in process of) قَيْدَ

the road was under repair كَانَ الطَّرِيق قَيْد الإِصْلاح

5. (carrying); *as in*

the ship proceeded under sail وَاصَلَت السَّفِينة رِحْلَتَها ناشِرَةً قِلاعَها

6. (in) فِي

under such conditions . . . في مِثْل هٰذِه الظُّرُوف

7. (in a position of subordination to); *as in*

he studied under the famous professor تَتَلْمَذَ على يَدَيِ الأُسْتاذ الشَّهِير

8. (assuming) تَحْتَ اسْم ...

he went under the name of Smith انْتَحَل اسْمَ 'سميث' وعُرِف بِه بَيْنَ النَّاس

a. تَحْتِيّ ، تَحْتانِيّ

the under-belly of the Axis مَوْطِن الضَّعْف في مِحْوَر بِرْلين-رُوما (الحَرْب العالَمِيّة الثّانِيَة)

underbid, *v.t.* عَرَض بِضاعَة بِسِعْرٍ أَقَلّ من ...

undercarriage, *n.* عَجَلات الطَّائِرَة

undercharge, *v.t.* تَقاضَى سِعْرًا أَقَلّ مِن المُعْتاد

underclothes, *n.pl.*; *also* **underclothing** المَلابِس الدّاخِلِيّة أو التَّحْتانِيَّة

undercoat, *n.* طَبَقَة تَحْتِيَّة مِن الطِّلاء

undercover, *a.* (عَمَلِيّات مَالِيّة) خَفِيَّة

undercurrent, *n.* تَيَّار سُفْلِيّ (تَحْتَ سَطْح الماء)

an undercurrent of opposition could be detected أَمْكَن الشُّعور بِوُجُود اتِّجاه مُعارِض في الخَفاء

undercut, *v.t.* 1. (cut away material of) قَطَع الجُزْء الأَسْفَل من شيءٍ

2. (offer lower price than) عَرَض سِلْعَة بِسِعْرٍ أَقَلّ مِمّا عَرَضَه مُنافِسُوه

n. قِطْعَة لَحْم مِن داخِل خاصِرَة البَقَرَة

underdeveloped, *a.* 1. (*photog.*) (فيلم) ناقِص التَّحْمِيض

2. (*of the body*) (عُضْو) غَيْر تامّ النُّمُوّ

3. (*of a country*) (أَقْطار) مُتَخَلِّفَة

underdone, *a.* (طَعام) غَيْر تامّ الطَّهْو

underestimate, *v.t.* لَمْ يُقَدِّرْه حَقّ قَدْرِه

under-expos/e, *v.t.* (**-ure,** *n.*) عَرَّض فِيلْمًا فُوتوغرافيًّا للضَّوْء وَقْتًا أَقَلّ مِمَّا يَنْبَغي

underfed, *a.* يُعاني مِن نَقْص التَّغْذِيَة

underfelt, *n.* لُبّادَة تُوضَع تَحْتَ البِساطِ لِوِقايَتِهِ

underfoot, *adv.* تَحْتَ القَدَمَيْن

undergarment, *n.* قِطْعَة من المَلابِس الدّاخِلِيّة

undergo (*pret.* underwent, *past p.* undergone), *v.t.* قاسَى ، عانَى ، مَرّ بِ ...

his approach to life underwent a change تَغَيَّرَت نَظْرَتُه لِلحَياة

she underwent an operation أُجْرِيَت لها عَمَلِيّة

undergraduate, *n.*; *coll. contr.* **undergrad** طَالِب جامِعِيّ (لم يَتَخَرَّج بَعْد)

underground, *adv.* & *a.* تَحْتَ الأَرْض

underground railway; *also* underground, *n.* سِكَّة حَدِيدِيَّة تَحْتَ الأَرْض

underground movement; *also* underground, *n.* حَرَكَة سِرِّيَّة لِمُقاوَمَة الحُكُومَة أو قُوّات الاحْتِلال

undergrowth, *n.* مَا يُغَطِّي سَطْح الأرض في الأَدْغال

underhand, *adv.* & *a.* خَفِيّ ؛ ماكِر ، مُخادِع ؛ رَمْي الكُرَة بِاليَد وهي تَحْتَ مُسْتَوى الكُوع (كريكيت)

underhung, *a.* (فَكّ أسفل) بَارِز أو نَاتِئ

underlay, *n.* مَا يُوضَع تَحْتَ البِساط لِوِقايَتِه

under/lie (*pres. p.* -lying, *pret.* -lay), *v.t.*

the considerations underlying this decision الاعْتِبارات الّتي يَرْتَكِز عَلَيها هَذا القَرار

underline, *v.t.* وَضَع خَطًّا تَحت ؛ أَكَّد ، أَبْرَز

he underlined his proposals by thumping the table قَرَعَ المائِدة بِعُنْف لِتَأكيد أَهَمِّيَّة اقْتِراحاته

underling, *n.* تابِع مَرْؤُوس ، مِن رُتْبَة سُفْلَى

undermanned, *a.* بِه نَقْص في الأَيْدِي العامِلة

undermentioned, *a.* المَذْكُور فِيما يَلِي

undermine, *v.t.* قَوَّض ، أَضْعَف ؛ فَتّ في عَضُد

the confidence of the country has been undermined تَزَعْزَعَت ثِقَة الشَّعْب (في الحُكْم)

underneath, *adv.* & *prep.* تَحْتَ ، أَسْفَل

n. الطَّبَقَة السُّفْلَى

undernourished, *a.* نَاقِص التَّغْذِيَة

underpaid, *a.* يَتَناوَل أَجْرًا أَقَلّ مِمّا يَنْبَغي

underpass, *n.* طَريق يَمُرّ تَحْتَ آخر عِند تَقاطُعِهما

underpin, *v.t.* دَعَم أَساسَ المَبْنَى ؛ أَيَّد ، عَزَّز

underplay, *v.t.*, *as in*

he underplayed his hand أَمْسَكَ عن مُمارَسَة كُلّ سُلْطاتِه أو نُفُوذِه

underpopulated, *a.* (مِنْطَقَة) قَلِيلة السُّكّان

underprivileged, *a.* البُؤَساء ، المَحْرُومون

under-production, *n.* نَقْص الإنْتاج

underproof, *a.* مَشْرُوب مُسْكِر يَحْتَوِي على كَمِّيَّة من الكحول أَقَلّ من الكَمِّيَّة القِياسِيَّة

underquote, *v.t.* عَرَض سِعْرًا أَقَلّ من مُنافِسِيه

underrate, *v.t.* لم يُقَدِّرْه حَقَّ قَدْرِه

underscore, *v.t.* وَضَع خطًّا تَحْتَ كَلِمة لإبْرازِها

under-secretary, *n.* وَكيل وِزارة

undersell, *v.t.* باعَ بِثَمَن أَقَلّ مِمّا باعَ بِه غَيْرُه

underside, *n.* الجانِب السُّفْلِيّ

undersigned, *a.* المُوَقِّع أَدْناه

undersized, *a.* دُونَ الحَجْم المَأْلُوف

underskirt, *n.* تَنُّورَة أو جونِلَّة تَحْتانِيَّة

understand (*pret. & past p.* understood), *v.t. & i.* 1. (comprehend) فَهِم، أَدْرَك

I was unable to make myself understood لَمْ أَسْتَطِع أن أُوَضِّح الفِكرة تَوْضِيحًا تامًّا

my wife and I understand each other very well تَفْهَمُني زَوْجَتي وأَفْهَمُها كُلَّ الفَهْم ولا يُخْطِئ أَحَدُنا تَفْسِيرَ كَلامِ الآخَر

2. (infer, assume) اسْتَنْتَج، اسْتَنْبَط

I gave him to understand that . . . أَفْهَمْتُه بِطَرِيقٍ غير مُباشِر أَنَّ . . .

the verb is understood فِعْل الجُمْلَة مَحْذُوف

understanding, *n.* 1. (comprehension) فَهْم

2. (agreement) اتِّفاق، تَفاهُم

we came to an understanding تَفاهَمْنا

I agree on the understanding that . . . أُوافِق على شَرْط أَنّ . . .

a. مُتَعاطِف مَع . .، غَيْر قاسٍ في المُعامَلَة

understate, *v.t.* (**-ment,** *n.*) عَبَّر عَن واقِع الأَمْر بِصُورَة تُخَفِّف وَطْأَة تَأْثِيره

understood, *pret. & past p. of* **understand**

understudy, *n. & v.t.* مُمَثِّل بَدِيل يَقُوم بِدَوْر المُمَثِّل الأَساسِيّ عِند الحاجَة

undertake (*pret.* undertook, *past p.* undertaken), *v.t. & i.*

1. (attempt) باشَر، شَرَع في . . .

2. (accept responsibility) تَعَهَّد بِ . . .

undertaker, *n.* حانُوتِيّ يُجَهِّز المَوْتَى لِلدَّفْن

undertaking, *n.* 1. (enterprise) مَشْرُوع

2. (guarantee) تَعَهُّد، تَكَفُّل

3. (funeral management) تَجْهِيز المَوْتَى

undertone, *n.* صَوْت خَفِيض؛ رَنَّة خَفِيفَة

undertook, *pret. of* **undertake**

undertow, *n.* تَيّار مُضادّ تَحْتَ سَطْح البَحْر تُسَبِّبه الأَمْواج المُتَكَسِّرَة على الشّاطِئ

undervalu/e, *v.t.* (**-ation,** *n.*) بَخَس قِيمَة شَيْءٍ، اسْتَخَفَّ بِأَهَمِّيَّته؛ اسْتِخْفاف، بَخْس

underwater, *a.* (سِباحَة) تَحْتَ الماء

underwear, *n.* مَلابِس داخِلِيَّة

underwent, *pret. of* **undergo**

underworld, *n.* 1. (*myth.*) الجَحِيم (أَساطِير)

2. (society of criminals) دُنْيا المُجْرِمِين

underwrite, *v.t.* تَعَهَّد بالدَّفْع عِنْد الحاجَة

underwriter, *n.* وَكِيل شَرِكَة تَأْمِين بَحْرِيّ (قَد يَشْتَرِك مَع الغَيْر في ضَمان بُولِيصَة التَّأْمِين)

undesirable, *a. & n.* غَيْر مَرْغُوبٍ فيه

undid, *pret. of* **undo**

undies, *n.pl.* (*coll.*) مَلابِس (نِسائِيّة) داخِلِيَّة

undiplomatic, *a.* غَيْر دِبْلُوماسِيّ ؛ غير لائِق

undischarged, *a.* لَمْ يُطْلَقْ سَراحُه بَعْد

undischarged bankrupt مُفْلِس لم يُرَدّ اعْتِبارُه

undisciplined, *a.* عاصٍ ، خارِج على النِّظام

undiscriminating, *a.* لا يُفَرِّق بين الجَيِّد والرَّدِيء

undisguised, *a.* غَيْر مُتَنَكِّر ، غير مُقَنَّع ، سافِر

undismayed, *a.* غَيْر هَيّاب ، لا تُثَبَّط هِمَّتُه

undisputed, *a.* لا جِدالَ فيه ، مُسَلَّم بِه

undistinguished, *a.* عادِيّ ، لا يَتَمَيَّز بِشَيء

undivided, *a.* كامِل ، غَيْر مُجَزَّأ

he gave me his undivided attention أَوْلاني اهْتِمامه الكُلِّيّ

un/do (*pret.* -did, *past p.* -done), *v.t.*

1. (unfasten) فَكَّ ، حَلَّ

his shoe came undone انْفَكَّ رِباط حِذائه

2. (annul) أَبْطَلَ ، أَلْغَى ، نَسَخ

undoing, *n., as in*

drink was his undoing أَدَّى الخَمْر إلى هَلاكِه

undone, *past p. of* **undo**

undoubtedly, *adv.* يَقِينًا ، بِلا شَكّ

undreamed-of, *a.* لا يَتَصَوَّرُه العَقْل

undress, *v.t. & i.* نَزَع ثِيابَه ، خَلَعَها

n. & a. لِبْسَة التَّفَضُّل ، ثِياب البَيْت

she was in a state of undress كَانَت مُرْتَدِيَةً ثِيابَ المنزل (عندما حضر الضُّيُوف مَثلًا)

he put on his undress uniform اِرْتَدَى الضّابِط زِيَّه العادِيّ (وليس زِيّ المُناسَبات)

undue, *a.* لا داعِيَ له ، مُفْرِط

undul/ate, *v.i.* (**-ation,** *n.*) تَمَوَّج ؛ تَمَوُّج

unduly, *adv.* بإفْراط ، (مُتَشائم) أَكْثَر مِن اللّازِم

undying, *a.* أَبَدِيّ ، باقٍ ، لا يَمُوت

unearth, *v.t.* اكْتَشَفَ ما يَصْعُب العُثُور عَلَيْه

unearthly, *a.* تَقْشَعِرّ مِنه الأَبْدان

I was awakened at an unearthly hour أُوقِظْتُ في تِلْكَ السّاعَة اللَّعِينة

unease, *n.* ضَجَر ، قَلَق ، اضْطِراب

uneasy, *a.* قَلِق ، مُضْطَرِب ، غير مُرْتاح

uneconomic, *a.* (**-al,** *a.*) لا يَعُود بِفائدة مالِيّة

unedifying, *a.* لا عِظَةَ ولا عِبْرَة فيه

unemployed, *a.* عاطِل (عَن العَمَل)

unemployment, *n.* البَطالَة

unending, *a.* لا يَنْتَهِي ، لا يَنْقَطِع

unendurable, *a.* لا يُطاق ، لا يُحْتَمَل

unenlightened, *a.* غَيْر مُثَقَّف ، غير مُتَنَوِّر

unenterprising, *a.* تَنْقُصه رُوح المُغامَرة

unenviable, *a.* (مَوْقِف) لا يُحْسَد عليه

unequal, *a.* (أَقْسام) غير مُتَساوِيَة

he was unequal to the task لَمْ يَكُن كُفُؤًا لِلعَمَل

unequalled, *a.* فَذّ ، لا يُضاهَى ، لا نَظِير لَه

unequivocal, *a.* صَرِيح ، لا لَبْسَ فيه ولا إِبْهام

unerring, *a.* صَائب ، سَدِيد ، لا يُخْطِىء

uneven, *a.* (سَطْح) غيرُمُسْتَوٍ ، (مِزاج) مُتَقَلِّب

uneventful, *a.* لَمْ يَقَعْ به ما يَجْدُر ذِكْره

unexampled, *a.* نَادِر ، لا مَثِيلَ له

unexceptionable, *a.* مُمْتاز ؛ لا غُبارَ عليه

unexceptional, *a.* عادِيّ ، مَأْلُوف

unexpected, *a.* مُفاجِئ ، غير مُنْتَظَر

unexpurgated, *a.* (قِصَّة) لم يُحْذَف مِنها شَيْء

unfading, *a.* (حَماس) لا يَفْتُر ؛ باقٍ

unfailing, *a.* (صَداقة) وَطِيدة ، (صَبْر) لا يَنْفَد

unfair, *a.* (مُعامَلة) غير عادِلة ، غير مُنْصِفَة

unfaithful, *a.* خَائِن ، غَدَّار ، غَيْرُ مُخْلِص

unfaltering, *a.* (خطوات) ثابتة ، بغير تَرَدُّد

unfamiliar, *a.* غَرِيب ، غَيْر مَأْلُوف

unfasten, *v.t.* فَكَّ ، حَلَّ (الحِزام مَثَلًا)

unfathered, *a.* نَغْل ؛ (خَبَر) لا يُعْرَف مَصْدَرُه

unfathomable, *a.* لا يُسْبَر غَوْرُه ، لا يُدْرَك

unfeeling, *a.* عَدِيم الشُّعُور ، قاسِي القَلْب

unfeigned, *a.* (أَبْدَى ارْتِياحًا) خالِصًا

unfit, *a.* 1. (not competent *to*) غَيْر كُفْؤ لِ..

2. (not suitable *for*) لا يَصْلُح للاسْتِعْمال

3. (unwell) لا تَسْمَح حالَته الصِّحِّيّة بِ...

unflagging, *a.* لا يَكِلّ ، لا يُبالِي بالتَّعَب

unfledged, *a.* لَمْ يَنْبُت رِيشُه بَعْد ، غِرّ ، ساذِج

unflinching, *a.* صَامِد ، لا يَتَراجَع ، لا يَتَزَعْزَع

unfold, *v.t.* & *i.* بَسَط (شيئًا مطْوِيًّا) ، نَشَر

slowly the story unfolded تَكَشَّفَت القِصَّة تَدْرِيجِيًّا

unforeseen, *a.* طارِئ ، غير مُتَوَقَّع

unforgettable, *a.* لا يُنْسَى

unforgivable, *a.* (إِساءَة) لا تُغْتَفَر

unforgiving, *a.* قاسِي القَلْب ، لا يَرْحَم

unfortunate, *a.* 1. (unlucky) سَيِّء الحَظّ

2. (regrettable) يُؤْسَفُ له

unfortunately, *adv.* لِسُوء الحَظّ

unfounded, *a.* لا أساسَ له من الصِّحَّة

unfrequented, *a.* (مَمَرّ) غير مَطْرُوق ، مَهْجُور

unfrock, *v.t.* شَلَحَ (راهِبًا أو قَسًّا) ، طَرَده

unfruitful, *a.* عَقِيم ، مُجْدِب ؛ غير مُثْمِر

unfulfilled, *a.* (رَغْبَة) لَمْ تَتَحَقَّق

unfurl, *v.t.* & *i.* نَشَر (شِراعًا) ؛ انْبَسَط

ungainly, *a.* أَخْرَق ، غَيْر رَشِيق

ungentlemanly, *a.* (تَصَرُّف) لا يَلِيق بالمُهَذَّبِين

un-get-at-able, *a.* بَعِيد المَنال

ungifted, *a.* غَيْر مَوْهُوب

ungodly, *a.* & *n.* شِرِّير ؛ كافِر ؛ مُزْعِج

ungovernable, *a.* (غَيْظ) لا يُكْظَم ، لا يُكْبَح

ungrateful, *a.* جَاحِد لِلْمَعْرُوف ، جَحُود

ungrounded, *a.* لَا أَساسَ له ، لا مُبَرِّر

unguarded, *a.* غَيْر حَذِر ، غافِل ، في غَفْلَة

unguent, *n.* مَرْهَم ، دِهان ، مُرُوخ

unhandy, *a.* أَخْرَق (في حَرَكاته) ، أَرْعَن

unhappy, *a.* مُكْتَئِب ؛ تَعِس ؛ تَنْقُصه الكِياسَة

unhealthy, *a.* ضارّ بالصِّحّة ؛ وَخِيم ؛ مَرَضِيّ

unheard-of, *a.* لَمْ يُسْمَع بِمِثْلِه قطّ ، لامَثِيلَ له

unhinged, *a.* أُصِيبَ بِلَوْثَة في عَقْلِه

unhistorical, *a.* لايَتَّفِق مَع وَقائِع التّارِيخ

unholy, *a.* شِرّير ، أَثِيم ، مُدَنَّس

the children were making an unholy row (*coll.*) أَحْدَث الصِّغار ضَجَّةً تَصُمّ الآذان ، كانوا في هَرْج ومَرْج

uni-, *pref.* (بادِئة بِمَعْنَى) واحِد ، وَحِيد

unicorn, *n.* وَحِيد القَرْن (حِصان خُرافِيّ)

uniform, *a.* (**-ity,** *n.*) مُطَّرِد النَّسَق ؛ اِتِّساق

n. زِيّ رَسْمِيّ (للضُّبّاط أوالتَّلامِيذ الخ.)

uniformed, *a.* (شُرْطِيّ) مُرْتَدٍ زِيّه الرَّسْمِيّ

unif/y, *v.t.* (**-ication,** *n.*) وَحَّد ؛ تَوْحِيد

unilateral, *a.* (تَصْرِيح) مِن جانِب واحِد

unimaginative, *a.* ضَعِيف الخَيال

unimpaired, *a.* لَمْ يُصِبْه أذًى ، سالِم ، سَلِيم

unimpeachable, *a.* فوق مُسْتَوَى الشُّبُهات

uninhibited, *a.* (كَلام) بِدُون تَحَرُّج ؛ إباحِيّ

uninterested, *a.* غَيْر مُكْتَرِث ، غَيْر مُهْتَمّ

uninterrupted, *a.* مُسْتَمِرّ ، مُتَواصِل ، بِغَيْر انْقِطاع

uninviting, *a.* مُنَفِّر ، غَيْر جَذّاب

union, *n.* 1. (joining) اِتِّحاد

union is strength الاِتِّحاد قُوَّة

a happy union اِتِّحاد مُوَفَّق

2. (association) اِتِّحاد ، نِقابَة ، نادٍ

the Union (United States of America) الوِلايات المُتَّحِدَة

(Great Britain) المَمْلَكَة المُتَّحِدَة

Union Jack العَلَم البِرِيطانِيّ

3. (*obs.*, workhouse) مَلْجَأ الفُقَراء (قَدِيمًا)

4. (*engin.*, pipe joint) تَوْصِيلَة (هندسة)

5. (agreement, harmony) اِنْسِجام ، وِئام

unionist, *n.* 1. (member of trade union) نِقابِيّ

2. (Irish conservative) مُؤَيِّد لِسِياسَة الاِتِّحاد البَرْلَمانِيّ بين بِرِيطانيا وايرلندا

unique, *a.* وَحِيد ، فَرِيد ، مُنْقَطِع النَّظِير

unison, *n.* تَطابُق النَّغَمات ؛ اِتِّفاق تامّ

the choir sang in unison غَنَّى خُورس الكَنِيسة الأُنْشُودةَ غِناءً مُتَآلِفًا

unit, *n.* 1. (entity) وَحْدَة قائِمة بِذاتِها

unit trust شَرِكة تَسْتَثْمِر الأَموال في عِدَّة شَرِكات

2. (digit less than ten) رَقْم من ١ إلى ٩

3. (quantity chosen as standard) وَحْدَة

British thermal unit, *abbr.* B.T.U. وَحْدَة حَرارِيّة بريطانيّة

4. (military formation) وَحْدَة عَسْكَرِيَّة

Unitarian, *a.* & *n.* طائِفة مَسِيحيّة تُنْكِر عَقِيدةَ التّالُوثِ ولاهُوت السَّيِّد المَسِيح

unitary, *a.* نِسْبَةٌ إلى الوَحْدَة ، وَحْدَوِيّ

unite, *v.t. & i.* وَحَّدَ ، ضَمَّ ؛ اتَّحد ، انْضَمّ

United Kingdom, *abbr.* U.K. المَمْلَكَة المُتَّحِدَة

United Nations ⟨Organization⟩, *abbr.* U.N.⟨O.⟩ (هَيْئَة) الأُمَم المُتَّحِدَة

United States ⟨of America⟩, *abbr.* U.S.⟨A.⟩ الوِلايات المتّحِدَة (الأمْرِيكية)

unity, *n.* وَحْدَة ، اتِّحاد

the ⟨dramatic⟩ unities الوَحْدات المَسْرَحِيّة الثّلاث عند أَرِسْطو (الزّمان والمَكان والفِعْل)

universal, *a.* (**-ity,** *n.*) عالَمِيّ ، جامِع ، كُلِّيّ

universal suffrage حَقّ التَّصْويت العامّ

universe, *n.* الكَوْن ؛ الكُلّ (فلسفة)

university, *n.* جامِعة

unkempt, *a.* أَشْعَث ، رَثّ الثِّياب

unkind, *a.* قاسٍ ، (مُعامَلة) خَشِنة

unknown, *a. & adv.* مَجْهُول ؛ دُونَ عِلْمِه

the tomb of the Unknown Soldier ضَرِيح الجُنْدِيّ المَجْهُول

n. المَجْهُول

unlace, *v.t.* فَكّ رِباط (الحِذاءِ مَثَلًا)

unlearn, *v.t.* طَرَح مِن عَقْلِه فِكْرَةً أو عادةً

unleash, *v.t.* أَطْلَقَ (كَلْبًا) مِن عِقالِه

unleavened, *a.* (فَطِير) لا يَحْتَوِي على خَمِيرَة

unless, *conj.* مَا لَمْ ، إنْ لَم ؛ إلّا إذا ...

unlettered, *a.* أُمِّيّ ؛ غَيْر مُثَقَّف

unlike, *a. & prep.* مُخْتَلِف ؛ بِخِلافِ ، على نَقِيضِ

unlikel/y, *a.* (**-ihood,** *n.*) بَعِيد الاحْتِمال

unload, *v.t. & i.* أَفْرَغَ (حُمُولة مَثَلًا)

unload cargo فَرَّغَ حُمُولَةَ سَفِينةٍ

unload a gun فَرَّغ شِحْنَةَ بُنْدُقِيَّةٍ أو مِدْفَع

he unloaded his shares تَخَلَّص مِن أَسْهُمِه بِبَيْعِها في البُورْصَة

unlock, *v.t.* فتح قُفْل (الباب) ؛ أَباحَ بالسِّرّ

unlooked-for, *a.* غَيْر مُتَوَقَّع

unloose, *v.t.*; *also* **unloosen** فَكّ ، حَلّ

unlucky, *a.* سَيِّء الطّالِع ، (يَوْم) مَشْؤُوم

unmanned, *a.* 1. (deprived of manly qualities) ثَبَّط هِمَّتَه ؛ خارت شَجاعَتُه

2. (without crew) (سَفِينة) بِغَيْر مَلّاحِين

unmannerly, *a.* (كَلِمات) نابِيَة ، غَيْر مُهَذَّبَة

unmarried, *a.* أَعْزَب ، غير مُتَزَوِّج

unmask, *v.t.* كَشَف القِناع أو أَماط اللِّثام عن

the villain was unmasked فُضِح المُجْرِم

unmatched, *a.* لا مَثِيلَ له ، لا نَظِير له

unmeaning, *a.* لا مَعْنَى له

unmentionable, *a.* لا يَلِيقُ ذِكْرُه

unmentionables, *n.pl.* (*coll.*) بَنْطَلُون ، لِباس

unmindful, *a.* غافِل عَن ، غَيْر مُنْتَبِه إلى

unmistakable, *a.* واضِح ، لا يَدَع مَجالًا لِلشَّكّ

unmitigated, *a.* تامّ ، مُطْلَق ، غَيْر مُلَطَّف

unmixed, *a.*   خَالِص ، صَافٍ ، صِرْف

this is not an unmixed blessing

لَيْسَت هَذِه نِعْمَة خَالِصة

unmoved, *a.*   لا يُحَرِّك سَاكِنًا ، لا يَكْتَرِث

unnatural, *a.*   مُخَالِف لِلطَّبيعة ، شَاذّ ؛ مُتَكَلَّف

an unnatural mother   أُمّ قَاسِية على أَطْفالِها

unnaturally, *adv.*   (عَابِس) على غَيْر طَبِيعتِه

unnerve, *v.t.*   أَوْهَن عَزِيمته ، أَخْمَد هِمَّته

unnoticed, *a.*, as in

the event passed unnoticed   مَرَّ الحَدَثُ

دُونَ أَن يَلْحَظَه أَحَد

unnumbered, *a.* 1. (not marked with a

number, not counted)   لا يَحْمِل رَقْمًا

2. (countless)   لا يُعَدّ ، لا يُحْصَى

unobliging, *a.*   غَيْر خَدُوم ، يَرْفُض المُسَاعَدَة

unobservant, *a.*   غَافِل ؛ لا يُراعِي الطُّقُوس

unobserved, *a. & adv.*   دُون أَن يَلْحَظَه أَحَد

unobtrusive, *a.*   مُتَوارٍ عَن الأَنْظار

unoccupied, *a.*   خَالٍ ، شَاغِر ، غَيْر مَشْغُول

unofficial, *a.*   غَيْر رَسْمِيّ

unopposed, *a.*   بِدُون مُعَارَضَة

unorthodox, *a.*   خَارِج عن العُرْف والتَّقَالِيد

unpack, *v.t. & i.*   أَخْرَج (الأَمْتِعة) من (الحَقائب)

unpalatable, *a.*, usu. fig.   غَيْر مُسْتَسَاغ

unparalleled, *a.*   مُنْقَطِع النَّظِير ، فَرِيد

unpardonable, *a.*   لا يُغْتَفَر ، لا يُصْفَح عنه

unparliamentary, *a.*; usu. in

unparliamentary language   لُغَة غَيْر مُهَذَّبَة

unpeopled, *a.*   (مِنْطَقة) خَالِية مِن السُّكَّان

unperturbed, *a.*   رَابِط الجَأْش ، لا يَتَزَعْزَع

unpick, *v.t.*   فَتَق (الخِياطَة)، فَكَّ (الحِياكة)

unplaced, *a.*   لَيْس مِن الفائِزِين الثَّلَاثَة الأُوَّل

unplayable, *a.* 1. (of music)   لا يُمْكِن عَزْفُها

2. (of a football pitch)   غَيْر صالِح لِلَّعِب

unpleasant, *a.*   غَيْر لَطِيف ؛ مُكَدِّر

unplug, *v.t.*   نَزَع القَابِس الكَهْرَبائِي

unpopular, *a.* (-ity, *n.*)   غَيْر مَحْبُوب ، مَكْرُوه

unprecedented, *a.*   لا سَابِقَة له

unpremeditated, *a.*   (جَرِيمة) غَيْر مُتَعَمَّدَة

unprepared, *a.*   على غَيْر اسْتِعْداد

unpretentious, *a.*; also **unpretending**

مُتَواضِع ، بَسِيط ، لا يَدَّعِي (العَظَمَة)

unprincipled, *a.*   لا مَبادِئَ له

unprintable, *a.*   (عِبارة) نابِيَة أو فاضِحَة

unprofessional, *a.*   غَيْر ماهِر ؛ (تَصَرُّف)

لا يَلِيق بآداب المِهْنَة

unprompted, *a.*   مِن تِلْقاء ذاتِه ، عَفْوِي

unprovided, *a.*   مُعْوَز ، مُعْدِم

she was left unprovided (for)   تُرِكَت (الأَرْمَلة)

بِدُون أَن يُخَلِّف لها زَوْجُها شَيْئًا

unprovoked, *a.*   (هُجوم) لَم يَسْبِقْه اسْتِفْزاز

unqualified, *a.* 1. (not competent; not officially recognized) غَيْر مُؤَهَّل

2. (downright), *as in* it was an unqualified success نَجَحَت (العَمَلِيّة أو التمثيلية) نجاحًا تامًّا

unquestionable, *a.* لا مِراءَ فِيه

unquestioned, *a.* 1. (indisputable) لا يُنازَع

2. (not interrogated) (مُوافَقَة) بدون مُناقَشَة

unquestioning, *a.* (طَاعَة) عَمْياء ، مُطْلَقَة

unquiet, *a. & n.* قَلِق ، (زَمَن) مُضْطَرِب

unquote, *v.t.* خَتَم كلامًا مُقْتَبَسًا بِإغْلاق عَلامَة التَّنْصِيص

unravel, *v.t.* فَكّ (حَبْلًا مَجْدولًا) ؛ حَلّ (العُقْدَة)

unread, *a.* 1. (not perused) لَمْ يُقْرَأْ بَعْد

2. (ignorant) قَلِيل الاطِّلاع

unreadable, *a.* لا يُقْرَأ

unreal, *a.* (**-ity,** *n.*) غَيْر حَقِيقِيّ ؛ وَهْمِي

unrealistic, *a.* (شَخص أو مَشْرُوع) غَيْر واقِعِيّ

unreasonable, *a.* غَيْر مَعْقُول ، يُخالِف المَنْطِق

unreasoning, *a.* لا يَقُوم على أَساس عَقْلِيّ

unrecognizable, *a.* لا يُسْتَطاع التَّعرُّف عليه

unrecognized, *a.* لَمْ يُقَدَّر حَقّ قَدْرِه

unregenerate, *a.* لا يَتُوب ، لا يَرْعَوِي عَن غَيِّه

unrehearsed, *a.* لَمْ يَسْبِقْه تَدَرُّب أو اسْتعداد

unrelenting, *a.* لا يَلِين ، بلا هَوادَة

unreliab/le, *a.* (**-ility,** *n.*) مُتَقَلِّب ، لا يُعْتَمَد عليه

unrelieved, *a.* (رَتابَة) لا يُخَفِّف مِنها شَيْء

unremitting, *a.* (جُهود) مُتَواصِلَة ، مُسْتَمِرَّة

unrepeatable, *a.* لا يَتَكَرَّر

an unrepeatable offer فُرْصَة لا تُعَوَّض

an unrepeatable remark مُلاحَظة بَذِيئَة

unrequited, *a.* (حُبّ) غير مُتَبادَل

unreserved, *a.* 1. (not set aside) غير مَحْجُوز

2. (open, frank) صَرِيح ، بِدون تَحَفُّظ

3. (whole-hearted) (ثِقَة) كامِلَة

unresolved, *a.* 1. (undecided) مُتَرَدِّد

2. (not solved, settled) لم يُبَتّ فِيه بَعْد

unrest, *n.* اضْطِراب ، قَلَق ، شَغَب

unrestrained, *a.* لا يُكْبَح جِماحُه ، مُنْطَلِق

unrighteous, *a.* أَثِيم ، شِرِّير

unripe, *a.* غَيْر ناضِج ، فِجّ

unrivalled, *a.* لا يُبارَى ، لا يُشَقّ له غُبار ، نَسِيجُ وَحْدِه

unroll, *v.t. & i.* فَكّ أو نَشَر (شيئًا مَلْفوفًا)

unromantic, *a.* وَاقِعِيّ ، غير عاطِفِيّ

unruffled, *a.* هَادِئ ، سَاكِن ، رابِط الجَأْش

unruly, *a.* عاصٍ ، جامِح ، لا يَنْصاع لِلنِّظام

unsaddle, *v.t.* نَزَع السَّرْج عن ظَهْر الحِصان

unsaid, *a.* لَمْ يُلْفَظ بِه ، لم يُعَبَّر عَنه

it is better left unsaid يَنْبَغِي السُّكوت عنه

unsal(e)able, *a.* لا يَصْلُح لِلبَيْع ، لا سُوقَ له

unsatisfactory, *a.* غَيْر مُرْضٍ

unsavoury, *a.* 1. (tasteless) رَدِيءُ الطَّعْم

2. (offensive) نابٍ ، بَذِيء

unscathed, *a.* لَمْ يُصَب بأذًى ، سَالِم من الضَّرَر

unscrew, *v.t.* فَكَّ الصّامُولة

unscripted, *a.* لَمْ يرِد في نصّ (التَّمْثِيلِيّة مثلًا)

unscrupulous, *a.* لا ضَمِير له

unseasonable, *a.* في غَيْر مَوْسِمِهِ أو أوانه

unseasoned, *a.* (خَشَب) خام ؛ (طعام) غير مُتَبَّل

unseat, *v.t.* أنْزَله عن مَقْعَده أو سَرْجه

unseemly, *a.* غَيْر لائِق ، غَيْر مُهَذَّب

unseen, *a.* غَيْر مَرْئِيّ ، غَيْر مَنْظُور

n. 1. (*the* spiritual world) عالَم الغَيْب

2. (passage in examination for unprepared translation) نَصّ بِلُغَة أَجْنَبِيّة يُعْطَى للتَّرْجَمَة في الامْتِحان

unselfish, *a.* مُؤْثِر ، إيثارِيّ ، غير أنانِيّ

unserviceable, *a.* غَيْر صالِح لِلاسْتِعْمال

unsettle, *v.t.* أزْعَجَه ، أَقْلَق بالَه

unsettled, *past p.* & *a.* 1. (liable to change) مُتَقَلِّب ، (حالَة) مُضْطَرِبة

unsettled weather طَقْس مُتَقَلِّب

2. (restless) قَلِق ، غير مُطْمَئِن

3. (having no fixed abode) غَيْر مُسْتَقِرّ

4. (not permanently populated) غَيْر مَأْهُول

5. (not decided) لم يُبَتّ فِيه بَعْد

6. (not paid) (دَيْن) لَمْ يُسَدَّد

unsettling, *a.* مُقْلِق ، مُزْعِج ، مُثِير

unsexed, *a.* (امْرَأة) عَدِيمة الأُنوثة ؛ عِنِّين

unshakable, *a.* (إيمان) راسِخ ، لا يَتَزَعْزَع

unshaken, *a.* مُتَشَبِّث بِرأْيه أو بِمَوْقِفه

unshaven, *a.* غَيْر حَلِيق (الذَّقَن)

unsheathe, *v.t.* اسْتَلَّ (سَيْفًا) ، امْتَشَق (حُسامًا)

unship, *v.t.* فَرَّغ حُمولَة السَّفِينة أو شِحْنَتَها

unshod, *a.* حافِي القَدَمَيْن ، (حِصان) بِلا حَدْوَة

unshrinking, *a.* (*fig.*) غَيْر هَيّاب ، مُصَمِّم

unsightly, *a.* قَبِيح المَنْظَر ، دَمِيم

unskilled, *a.* غَيْر ماهِر ؛ لا يَتَطَلَّب بَراعَة

unskilled labour عُمّال غَيْر مَهَرَة

unsleeping, *a.* دائِم اليَقَظَة والانْتِباه

unsociable, *a.* غَيْر اجْتِماعِيّ ، غَيْر أَلُوف

unsolicited, *a.* (تَزْكِيَة) مُتَبَرَّع بِها ، لَمْ تُطْلَب

unsophisticated, *a.* ساذَج ، بَسِيط ، غِرّ

unsound, *a.* غَيْر سَلِيم ، مَعِيب ، تالِف

unsound argument حُجَّة غَيْر سَلِيمة

of unsound mind مُخْتَلّ العَقْل

unsparing, *a.* لا يَأْلُو (جُهْدًا) ؛ سَخِيّ ، لا يَضِنّ

unspeakable, *a.** لا يُوصَف ؛ رَدِيء جِدًّا

unspoken, *a.* (كَلِمة) لَمْ يُنْطَق بِها

unsporting, *a.*; *also* **unsportsmanlike** لا يَلِيق بالرُّوح الرِّياضِيّة ، خالٍ مِن الشَّهامَة

unstable, *a.* مُتَقَلِّب ، مُزَعْزَع ، غَيْر مُسْتَقِرّ
unstained, *a.* لا تَشُوبه شائِبَة ، أَبْيَض الصَّفْحَة
unsteady, *a.* مُقَلْقَل ، مُتَرَنِّح ؛ لا يُعْتَمَد عَلَيْه
unstick, *v.t.* نَزَع (شيئًا مُلْتَصِقًا)
the deal came unstuck (*sl.*) فَشَلَت الصَّفْقَة
unstinted, *a.* (ثَناء) لا حَدَّ له
unstop, *v.t.* نَزَع سِدادَة ؛ سَلَّك (بالُوعَة)
unstrap, *v.t.* فَكّ (رِباطًا جِلْدِيًّا مثلاً)
unstressed, *a.* 1. (not subjected to stress) (نُقْطَة في موضوع) لَمْ يُؤَكِّد عليها الكاتِب
2. (not pronounced with stress) (مَقْطَع) خالٍ من النَّبْر
unstrung, *a.* غَيْر مُتَحَكِّم في أَعْصابه
unstuck, *see* **unstick**
unstudied, *a.* طَبِيعِيّ ، غَيْر مُتَصَنِّع ، غير مُتَكَلَّف
unsubstantiated, *a.* لَمْ يُدَعَّم بِسَنَد أو دَلِيل
unsuitable, *a.* غَيْر مُناسِب ، لا يَفِي بالغَرَض
unsuited, *a.* غَيْر كُفْء ، غَيْر صالِح
unsullied, *a.* (سُمْعَة) لا تَشُوبها شائِبَة
unsung, *a.* لَمْ يَتَغَنَّ به الشُّعَراء
unsure, *a.* غَيْر واثِق بِنَفْسِه ، غير مُتَيَقِّن
he is unsure of his ground إنّه غير واثِق مِن أنّ أقوالَه قائِمَة على أساس سَلِيم
unsuspecting, *a.* لا يُخامِرُه شَكّ ، غَيْر مُرْتاب
unswerving, *a.* مُصِرّ على تَحْقِيق هَدَفِه
untangle, *v.t.* فَكّ (الخُيُوط المُتَشابِكَة مثلاً)
untarnished, *a.* لَمْ تُلَوَّث (سُمْعَتُه) ، نَقِيّ الصَّفْحَة

untempered, *a.* (صُلْب) غَيْر مَسْقِيّ ؛ غير مُحَنَّك
untenable, *a.* لا يُمْكِن الدِّفاع عنه ، لا سَنَد له
untenanted, *a.* (مَنْزِل) لَمْ يُؤَجَّر بعد
unthinkable, *a.* (تَصَرُّف) لا يَقْبَلُه العَقْل
unthinking, *a.* غافِل ، (في لَحْظَة) سَهْو
unthoughtful, *a.* غَيْر مُراعٍ لِشُعور الآخَرين
unthought-of, *a.* غَيْر مُتَوَقَّع أو مُنْتَظَر
untidy, *a.* (حُجْرَة) غَيْر مُنَظَّمَة ، (مَلابس) مَنْكُوشَة
untie, *v.t.* حَلّ أو فَكّ (عُقْدَة)
until, *prep. & conj.* حَتَّى ، إلى أن
untimely, *a.* في غَيْر أَوانه
untiring, *a.* لا يَكِلّ ولا يَمَلّ
unto, *prep.* (*arch.*) إلى ، نَحْو ، حَتَّى
untold, *a.* 1. (not narrated) غَيْر مَرْوِيّ
2. (beyond number) يَفُوق الحَصْر
untouchable, *a. & n.* لا يُمَسّ ، فَوْق النَّقْد ؛ مَنْبُوذ (أَحَد أَفْراد الطَّبَقة الدُّنْيا بالهند)
untoward, *a.* غَيْر لائق ، (ظُروف) غَيْر مُواتِية
untrammelled, *a.* طَلِيق ، لا يَعُوقُه عائِق
untravelled, *a.* قَلِيل الأَسْفار
untried, *a.* 1. (not attempted) لَمْ يُجَرَّب بَعْد
2. (inexperienced) غِرّ ، غَيْر مُحَنَّك
untrodden, *a.* غَيْر مَطْرُوق ، لَم تَطَأْه قَدَم
untroubled, *a.* مُطْمَئِن ، (بِرْكَة) هادِئَة
untrue, *a.* 1. (false) كاذِب ، غَيْر صَحِيح

2. (unfaithful) خائِن ، غَيْر وَفِيّ

3. (deviating from correct standard)
لا يَتَّفِق مَع المَقايِيس أو المَعايِير المُتَّبَعَة

untruth, *n.* أُكْذُوبَة ، زَيْف ، تَمْوِيه الحَقِيقة

unturned, *a., esp. in*
he left no stone unturned أقامَ الدُّنْيا وأَقْعَدَها

untutored, *a.* جاهِل ؛ غَيْر مُثَقَّف ؛ ساذَج

unused, *a.* 1. (not made use of) غَيْر مُسْتَعْمَل

2. (unaccustomed *to*) غَيْر مُتَعَوِّد على

unusual, *a.* غَيْر عادِيّ ، نادِر

unutterable, *a.* لا يُوصَف ، يَجِلُّ عَن الوَصْف

unvarnished, *a.* (*fig.*) بِدُون تزويق أو تَمْنِيق

unveil, *v.t. & i.* أماطَ اللِّثام ، أَزاح السِّتار

unversed, *a.* جاهِل ، غَيْر مُحَنَّك

unvoiced, *a.* 1. (not expressed aloud) صامِت

2. (*phon.*) (صَوْت) مَهْمُوس ، غير مَجْهُور

unwarrantable, *a.*; *also* **unwarranted**
لا داعِيَ له ، (وَقاحَة) بِلا مُبَرِّر

unwary, *a.* غافِل ، قَلِيل الحَيْطَة ؛ مُتَهَوِّر

unwashed, *a.* غَيْر مغسُول ؛ قَلِيل الاغْتِسال

the great unwashed الرِّعاع ، الغَوْغاء

unwavering, *a.* صامِد ، لا يَتَزَعْزَع

unwearable, *a.* لا يَصْلُح لِلارْتِداء

unwearied, *a.*; *also* **unwearying** دَؤُوب

unwelcome, *a.* غَيْر مَرْغُوب فيه أو مُرَحَّب بِهِ

unwell, *a.* مَرِيض ، مُتَوَعِّك الصِّحّة

unwept, *a.* غَيْر مَرْثِيّ ؛ غير مَبْكِيّ عليه

unwieldy, *a.* صَعْب الاسْتِعمال لِثِقَلِه وجَسامَته

unwilling, *a.* رافِض (للتَّعاون أو المُساعَدَة)

unwind (*pret. & past p.* unwound), *v.t. & i.*
فَكَّ (الضِّماد مثلاً) ؛ هَدَأ

unwise, *a.* غَيْر حَكِيم

unwished ⟨**-for**⟩, *a.* غَيْر مَرْغُوب فِيه

unwitting, *a.* عَنْ غَيْر قَصْد ، بِلا تَعَمُّد

unwonted, *a.* غَيْر مَأْلُوف ، غَيْر عادِيّ

unworldly, *a.* لا يَهْتَمّ بالمادِّيّات

unworthy, *a.* 1. (not deserving) لا يَسْتَحِقّ

2. (discreditable) لا يَلِيق

unwound, *a.* (not wound) (ساعَة) غير مَمْلُوءَة

pret. & past p. of **unwind**

unwritten, *a.* غَيْر مَكْتُوب ، غَيْر مُدَوَّن

unwritten law قانُون غَيْر مَكْتُوب

unyielding, *a.* مُتَشَبِّث بِمَوْقِفه ، لا يَتَزَحْزَح

up, *adv.* 1. (in or to a higher place) إلى فَوْق

he is up at Oxford هُو طالِب بِجامِعَة أُكْسفورد

he is up before the judge tomorrow
سَيَمْثُل أمام القاضِي غدًا

he was up before seven اسْتَيقَظ قبل السّابِعة

up for sale مَعْرُوض لِلبَيْع

he is up from the country قَدِم من الرِّيف

up-country, *a. & adv.* في داخِل البِلاد

he went up in the air (*sl.*) هاج وماج ،
جُنَّ جُنُونُه ، ثارت ثائرتُه، اسْتَشاط غيظًا

well up in the lead	(الحِصان) في الطَّليعة
he is well up in his subject	إِنَّه مُتَمَكِّن مِن
	مَوْضوعِه كُلَّ التَّمَكُّن
up the workers!	لِيَحْيَ العُمَّال !
2. (*with vbs.*, along)	
move up!	تَحَرَّكْ إِلى الأمام !
he walked up and down	
	ذَرَعَ الغُرْفَة جِيئةً وذهابًا
3. (*usu. with vbs.*, denoting approach or contact)	
he came up to me and said ..	اقْتَرَبَ مِنّي وقال ..
he found himself up against it	وَجَدَ نَفْسَه
	في وَرْطَة أَو مَأْزِق
4. (*usu. with vbs.*, denoting completion or expiry)	
eat it up!	كُلِ (الطَّعام) كُلَّه !
5. (*coll.*, amiss)	
what's up?	مَاذا حَدَث ؟
6. *with prep.* to, *as follows:*	
I will back him up to the limit	
	سَأُؤَيِّدُه إِلى أَقْصى حَدٍّ
I am in it up to my neck	إِنّي غارِق في
	هذا العَمَل إِلى أُذُنَيَّ
up-to-date, *a.*	عَصْرِيّ ؛ (مِن) أَحْدَث (طِراز)
up to the present	حَتّى الوَقْت الحاضِر
it's up to him	الأَمْر مِن شَأْنِه هو
do you feel up to it?	هَلْ أَنْتَ بِحالةٍ تَسْمَح بِ..؟
he is up to no good	إِنَّه يُضْمِر شَرًّا
what are you up to?	ما وَراءك ؟

prep.	إِلى فَوْق
we travelled up hill and down dale	
سَافَرْنا في طُول البِلاد وعرضِها	
up the road	عَلى مَقْرُبة مِنّا في نَفْس الشَّارِع
a.	مُتَّجِه إِلى أَعْلى
he is an up-and-coming barrister	إِنَّه مُحامٍ
ناشِئٍ يُنْتَظَر له مُسْتَقْبَل باهِر	
up train	القِطار الذَّاهِب إِلى العاصِمة
n.	خَيْر ، (فَتْرة) سَعادة
we have all had our ups and downs	
لَقَدْ ذُقْنا جَميعًا حُلْوَ الحَياة ومُرَّها	
this is on the up-and-up (*coll.*)	ما أَقُولُه
لَكَ صَحيح تَمامًا	
v.i. (*coll.*), *as in*	
he upped and said ...	وَفَجْأةً قال ...
upbraid, *v.t.*	عَنَّف ، وَبَّخَ بِقَسْوة
upbringing, *n.*	تَنْشِئة ، تَرْبية
up-end, *v.t.*	أَقامَ (البِرْميل مثلًا) على قاعِدَته
up-grade, *v.t.*	رَقَّى ، رَفَعَ (دَرَجَتَه)
upheaval, *n.*	انْقِلاب فُجائيّ ؛ ثَوْرة
uphill, *adv. & a.*	صاعِدًا إِلى أَعْلى التَّلّ
an uphill task	عَمَل شاقّ يَتَطَلَّب جُهْدًا زائِدًا
uphold, *v.t.*	سانَد ، أَيَّد ؛ اسْتَصْوب
the court upheld the earlier decision	
أَيَّدَت المَحْكَمة القَرار السَّابِق	
upholster, *v.t.*	نَجَّد ، زَوَّد بالسَّتائر والبُسُط
well upholstered (*coll.*)	سَمين ، مِلْءُ كِسائِه
upholsterer, *n.*	مُنَجِّد المَفْروشات

upholstery, *n.* حِرْفَة التَّنْجِيد ؛ لَوازِم التَّنْجِيد

upkeep, *n.* صِيانَة ، عِنايَة ؛ نَفَقات دَوْرِيّة

upland, *n.* (*usu. pl.*) & *a.* نَجْد ، مُرْتَفَعات

uplift, *v.t.* رَفَع (الرُّوحَ المَعْنَوِيّة) ، أَنْعَش

n. رَفْع ، نُهُوض ، إِنْهاض (للمَعْنَوِيّات)

upon, *prep.* عَلى ، فَوْق ، عِنْد ، حِينَ

upper, *a.* العُلْوِيّ ، الأَعْلى

the upper crust الطَّبَقَة الارِسْتُقْراطِيّة

the Upper House مَجْلِس اللّوْردات ، الشُّيُوخ

n. وَجْه الحِذاء ، الجُزْء الأَعْلى منه

he is on his uppers (*coll.*) لا يَمْلِك شَرْوَى نَقِير ، إنّه فَقِير مُعْدِم

uppermost, *a.* & *adv.* الأَعْلى ، الأَسْمى

the holiday was uppermost in his mind
شَغَلت فِكْرة العُطْلة الحَيِّز الأَكْبَر مِن اهْتِمامِه

uppish, *a.* (*coll.*) أَنْفُه في السَّماء ، شايِف نفسه

upright, *a.* 1. (erect, vertical); *also adv.*
قائِم ، عَمُودِيّ ، مُنْتَصِب

upright piano بيانو عادِيّ (بأوتار عَمُودِيّة)

2. (honest) (رَجُل) مُسْتَقِيم ، نَزِيه

n. دِعامَة قائِمَة (في البِناء)

uprising, *n.* فِتْنَة ، تَمَرُّد ، عِصْيان

uproar, *n.* ضَجِيج ، صَخَب ، ضَوْضاء ، ضَجّة

uproarious, *a.* (حَفْلة) صاخِبة ، (قَهْقَهَة) مُجَلْجِلَة

uproot, *v.t.* 1. (tear up by the roots) اقْتَلَع (نَباتًا من جُذُورِه) ، اسْتَأْصَل ، اجْتَثّ

2. (remove from place of residence)
أَخْرَجَه من مَقَرِّه ، أَبْعَدَه عَنه

3. (get rid of) اسْتَأْصَل شَأْفَتَه

upset (*pret.* & *past p.* upset), *v.t.* قَلَب

1. (overturn); *also v.i.* انْقَلَب

my plans were upset أُحْبِطَت خِطَطي

2. (disturb) أَزْعَج ، أَقْلَق ، كَدَّر

the news upset him أَزْعَجَه الخَبَر

the food upset him اضْطَرَبَت مَعِدَتُه بِهَذا الأَكْل

n. اضْطِراب (نَفْسِيّ أو مَعِدِيّ) ؛ تَكَدُّر

upshot, *n.* نَتِيجة ، ما يَتَمَخَّض عنه الأَمر ، الحاصِل

upside-down, *adv.* & *a.* رَأْسًا على عَقِب

we found the room turned upside-down
وَجَدْنا الغُرْفة مَقْلُوبةً رأسًا على عَقِب

upstage, *adv.* نَحْو مُؤَخِّرة المَسْرَح

a. (*coll.*) مُتَغَطْرِس ، مُتَعالٍ ، شايِف نفسه

upstairs, *adv.* & *a.* في الطَّابِق الأَعْلى

upstanding, *a.* في وَضْع قائِم ؛ معافًى

upstart, *n.* & *a.* حَدِيث نِعْمَة ؛ دَعِيّ

upstream, *adv.* & *a.* ضِدّ تَيّار النَّهْر ، نَحْو المَنْبَع

upsurge, *n.* انْتِفاضَة (سِياسِيَّة) ؛ جَيَشان

uptake, *n.*, *as in*
he was quick on the uptake فَهِمَ المَوْقِف بِمُجَرَّد التَّلْمِيح

upturn, *v.t.* قَلَبَ رَأْسًا على عَقِب

upward, *a.* صاعِد ، مُتَّجِه إلى أَعْلى

adv.; *also* **upwards** إلى أعْلَى ؛ فَصاعِدًا

upwards of twenty عِشْرُون ونَيِّف

uranium, *n.* مَعْدِن اليُورانيوم

Uranus, *n.* أُورانوس (كَوْكَب سَيّار)

urban, *a.* مَدَنِيّ ، نِسْبَةً إلى المَدِينة

urban/e, *a.* (**-ity,** *n.*) دَمِث ، رَقِيق الجانِب

urbaniz/e, *v.t.* (**-ation,** *n.*) مَدَّنَ (الرِّيف)

urchin, *n.* وَلد شَقِيّ أو شَيْطان

street urchin مِن أَوْلاد الشَّوارِع

Urdu, *n.* اللُّغة الأُرْدِيّة

urge, *v.t.* 1. (impel); *usu.* urge on, urge forward حَثَّ ، حَفَزَ ، دَفَع

2. (entreat) تَوَسَّل إليه ، الْتَمَس منه

3. (advocate) حَثَّ ، دَعا إلى

n. رَغْبَة مُلِحَّة (في القِيام بِعَمَلٍ ما)

urg/ent, *a.* (**-ency,** *n.*) (أَمْر) عاجِل ، ماسّ

uric, *a.* بَوْلِيّ ، (حامِض) اليُورِيك

urinal, *n.* مِبْوَلَة

urin/ate, *v.i.* (**-ation,** *n.*) بالَ ؛ تَبَوُّل

urin/e, *n.* (**-ary,** *a.*) البَوْل ؛ (القَناة) البَوْلِيَّة

urn, *n.* قارُورَة ، جَرَّة (جَمِيلة الشَّكْل)

funeral urn قارُورَة لِحِفْظ رَماد المَوْتَى

tea-urn غَلّايَة كَبِيرة للشاي (في المَقاهِي)

ursine, *a.* نِسْبَةً إلى الدُّبّ ، دُبِّيّ

us, *obj. case of pron.* **we**

usage, *n.* 1. (treatment) اسْتِعْمال ؛ مُعامَلَة

2. (customary practice) الاسْتِعْمال الشّائِع

use, *n.* 1. (using, employment)

I have no use for him لا يَنْفَعُني في شَيْء

he lost the use of a leg لَمْ تَعُد إحْدَى رِجْلَيْه قادرة على الحَرَكة

he is making use of me إنّه يَسْتَغِلّني

2. (point, purpose) فائدة ، مَقْصِد ، هَدَف

it's no use talking لا يُجْدِي الكَلام فَتِيلاً

v.t. 1. (employ) اسْتَخْدَم ، اسْتَعْمَل

2. (treat) عامَل

3. (consume); *also* use up اسْتَهْلَك

4. (*past p. only*, accustom) اعْتادَ

he's not used to it لَمْ يَأْلَف ذلِك

v.i. (*past only*, be accustomed)

he used to live here كانَ يَسْكُن هُنا مِن قَبْل

useful, *a.* نافِع ، مُفِيد ، صالِح ، مُجْدٍ

useless, *a.* لا نَفْعَ فِيه ، غَيْر مُفِيد

user, *n.* مُنْتَفِع مِن ، مُسْتَعْمِل ، مُسْتَخْدِم

usher, *v.t.* قادَه إلى المكان المُخَصَّص ؛ بَشَّرَ بِ..

n. حاجِب (المحكمة) ؛ عَرِيف ، مُعَلِّم

usherette, *n.* فَتاة تُرْشِد رُوّاد السِّينما لِمَقاعِدِهم

usual, *a.* عادِيّ ، اعْتِيادِيّ ، مُعْتاد ، مَأْلُوف

business as usual يَسِير العَمَل كالمُعتاد

usually, *adv.* عادَةً ، غالِبًا

usurer, *n.* مُراب (يُقرِض بالرِّبا الفاحِش)

usurp, *v.t. & i.* اغْتَصَبَ (عَرْشًا ، حَقًّا الخ .)

usurper, *n.* مُغْتَصِب (السُّلْطة مثلاً)

usury, *n.* الرِّبا (الفاحِش)

utensil, *n.* أَداة ، آلة ؛ إناء ، وِعاء

uter/us, *n.* (**-ine,** *a.*) الرَّحِم (تشريح)

utilitarian, *a.* (المَذْهَب) النَّفْعِيّ (فلسفة)

utility, *n.* مَنْفَعَة ، فائِدة ، نَفْع

utility furniture قِطَع الأَثاث الّتي تُنْتَج بِكمّيات كبيرة طِبقَ مُواصَفات مُبَسَّطة

public utility أَحَد المَرافِق العامَّة

utiliz/e, *v.t.* (**-ation,** *n.*) اسْتَعْمَل ؛ إفادة

utmost, *a.* أَقْصَى ، مُنْتَهَى

n. غَايَة ما يُمْكِن ؛ (بَذَل) قُصارَى (جُهده)

utopi/a, *n.* (**-an,** *a.*) اليُوتُوبيا ، المَدِينة الفاضِلة

utter, *a.* مُطْلَق ، تامّ ، كامِل

v.t. نَطَق ، فاه أو تَفَوَّه بِ ...

utterance, *n.* نُطْق ، تَعْبِير (عن المَشاعِر مَثلاً)

uttermost, *a. & n.* الأَقْصَى ؛ مُنْتَهَى

uvula, *n.* (**-r,** *a.*) لَهَاة الحَلْق ؛ لَهَوِيّ

uxorious, *a.* مُفْرِط في الشَّغَف بِزَوْجَته

V

V, 1. (letter) الحَرْف الثّاني والعِشْرون من الأبجديّة الانكليزيّة

2. (Rom. num. = 5) ٥ في الأرقام الرُّومانية

3. (*abbr.*)

V-1 & V-2 ف ١ و ف ٢ (طِرازان من الصَّواريخ التي استعملها الألمان في الحرب العالمية الثانية)

V day يَوْم انْتِصار الحُلَفاء في الحَرْب العالَميّة الثانية

VE day يَوْم الاحتِفال بانْتِصار الحُلَفاء على المِحْوَر في أوروبّا (٨ مايو-آيار- ١٩٤٥)

VJ day يَوْم الاحْتفال بانتهاء الحَرْب العالميّة الثّانية (١٥ أغُسطس - آب ١٩٤٥)

V sign عَلامَة النَّصْر (بِفَتْح أُصْبُعي السَّبّابة والوُسْطى على شكل V)

vac, *coll. contr. of* **vacation,** *n.* (2)

vacancy, *n.* 1. (emptiness) فَراغ ، خُلُوّ

2. (unoccupied post) وَظيفة خالِية

vacant, *a.* فارِغ ، خالٍ ، شاغِر

he looked at us with a vacant expression نَظَر إلَيْنا نَظرةً بَلْهاء

a house with vacant possession مَنْزِل خالٍ معْروض للبَيْع ويُمْكِن شَغْله في الحال

vacate, *v.t.* أَخْلى (مَنْزِلا مَثلاً)

vacation, *n.* 1. (act of vacating) إخْلاء

2. (holiday, *esp. univ. & leg.*) عُطْلَة

the long vacation العُطْلَة الصَّيفيّة الّتي تُغْلَق فيها الجامِعات والمدارِس والمحاكِم

he is on vacation إنّه مُتَغَيِّب في إِجازة

vaccin/ate, *v.t.* (**-ation,** *n.*) لَقَّح ، طَعَّم

vaccine, *n.* لَقاح ، طُعْم (ضِدّ الجُدَرِي مثلاً)

vacill/ate, *v.i.* (**-ation,** *n.*) تَرَدَّد ، تَأَرْجَح

vacuity, *n.* فَراغ ؛ بَلاهة

vacuous, *a.* (نَظْرة) بَلْهاء ، بِلا مَعْنًى

vacuum, *n.* 1. (empty space) فَراغ

nature abhors a vacuum لا تَتْرُك الطَّبيعة فَراغًا إلّا وشَغَلَتْه

2. (space emptied of air) فَراغ (من الهَواء)

vacuum brake مِكْبَح يَعْمَل بالتَّفْريغ الهَوائيّ

vacuum cleaner; *also* vacuum (*coll.*) مِكْنَسة كَهْرَبائية

vacuum flask تِرْمُوس (لِحِفْظ حَرارة السَّوائل)

v.t. (*coll.*, clean by vacuum cleaner) كَنَس (غُرْفة) بالمِكْنَسة الكَهْرَبائية

vade-mecum, *n.* دَليل الجَيْب (في مَوْضوع ما)

vagabond, *a.* & *n.* مُتَشَرِّد ، أَفّاق ، صُعْلوك

vagary, *n.* نَزْوَة ، شُذوذ (الأزياء مثلاً)

vagin/a, *n.* (**-al,** *a.*) المِهْبَل (طبّ)

vagr/ant, *a.* (**-ancy,** *n.*) مُتَشَرِّد ؛ تَشَرُّد

n. مُتَسَكِّع يَعيش على التَّسَوُّل

vague, *a.* مُبْهَم ، غامِض ، غَيْر واضِح

I haven't the vaguest idea لَيْس لَدَيَّ أَدْنَى فِكْرة

his answer was vague كان جوابه مُبْهَمًا

vain, *a.* 1. (useless) باطِل ، فاشِل

his efforts were in vain بَاءَت مُحاوَلاته بالفَشَل

2. (empty) أَجْوَف ، باطِل

vain boasting غُرور باطِل

thou shalt not take the name of the Lord thy God in vain

لا تَنْطِق باسْم الرَّبِّ إلٰهِكَ باطِلاً (من الوَصايا العَشْر)

3. (conceited) مَغْرور ، مُتَباه

she is vain of her appearance تَتَباهَى بِجَمالِها

vainglor/ious, *a.* (**-y,** *n.*) مُتَصَلِّف ، مَزْهُوّ

valance, *n.* سِتارة صَغيرة بأَعلى النّافِذة أو السَّرير بها كَشْكَشة (مصر) أو ثَنيات (عراق)

vale, *n.* وادٍ (أَوْدِية ـ وِدْيان)

vale, *int.* & *n.* وَداعًا ، الوَداع

valediction, *n.* 1. (saying farewell) تَوْديع

2. (words used) كَلِمات الوَداع

valedictory, *a.* تَوْديعيّ ، نِسبةً إلى الوَداع

n. (*U.S.*) حَفْلة الوَداع بِخِتام العام الجامِعِيّ

valence (**valency**), *n.* التَّكافُؤ ، وَحْدة قُدْرة اتِّحاد الذَّرّات (كيمياء)

valentine, *n.* 1. (sweetheart) حَبيب ؛ حَبيبة

2. (missive) بِطاقة غَرامِيّة غُفْل من التَّوْقيع يَتَبادَلها العُشّاق يوم ١٤ فبراير ـ شُباط

valerian, *n.* حَشيشة الهِرّ (عَقّار لِعلاج القَلْب)

valet, *n.*; *also* ***valet de chambre*** خادِم خاصّ يَعْتَني بِمَلابِس سَيِّده

v.t. نَظَّف وكَوَى مَلابِس (نُزَلاء الفُنْدُق)

valetudinarian, *a.* & *n.* مُعْتَلّ الصِّحَّة ؛ مَن يُبالِغ في تَقْدِير خُطُورَة مَرَضِه

Valhalla, *n.* قاعَة وَلائم في قَصْر الإله الاسْكَنْدِينافي أودين لأرْواح الأبْطال

valiant, *a.* صِنْدِيد ، باسِل ، شُجاع

valid, *a.* 1. (sound) صالِح ، سَلِيم

2. (*leg.*) سارِي المَفْعول

the marriage was not valid لَمْ يَكُن الزَّواج شَرْعِيًّا

validate, *v.t.* صادَق على ، أقَرّ شَرْعِيَّة …

validity, *n.* شَرْعِيّة ، سَرَيان المَفْعُول

valise, *n.* حَقِيبة سَفَر ، شَنْطَة مَلابِس

valkyrie, *n.* إحْدَى الفَتَيات الأسْطُورِيّات اللاتي كُنّ يَخْتَرْنَ مَن يُصْرَع مِن أبْطال المَعارِك

valley, *n.* وادٍ (وِدْيان ، أوْدِيَة)

valour (*U.S.* **valor**), *n.* (**-ous,** *a.*) شَجاعَة ، إقْدام ، بَسالة ؛ جَرِيء ، مِقْدام

valse, *n.*, *see* **waltz**

valuable, *a.* قَيِّم ، نَفِيس ، ثَمِين

n. (*usu. pl.*) نَفائِس ؛ أشْياء قَيِّمَة

valuation, *n.* تَثْمِين ، تَقْدِير قِيمَة الشَّيْء

value, *n.* قِيمة ؛ ثَمَن ، سِعْر

he always gets good value for his money لا يَشْتَرِي إلّا السِّلَع الجَيِّدَة ذات السِّعْر المَعْقول

she sets a high value on her services إنّها تُغالي في تَقْدِير خَدَماتِها

the words are used with full poetic value اسْتَعْمَل المؤلِّف تلك الكَلِمات بِمِلْء شاعِرِيّتِهَا

he gave the note its full value أعْطَى (عازِف الكَمان مثلاً) للنَّغْمَة حَقَّها

find the value of X in this equation أوْجِدْ قيمة س في هٰذِه المُعادَلَة

ethical values القِيَم الأخْلاقِيّة

v.t. 1. (estimate worth of) ثَمَّن ، سَعَّر

2. (regard highly) قَدَّرَه حَقّ التَّقْدِير

he is a valued friend إنّه صَدِيق عَزِيز لَدَيّ

valueless, *a.* تافِه ، لا قِيمَة له ، لا نَفْع فيه

valuer, *n.* (خَبِير) مُثَمِّن

valve, *n.* 1. (mech. device) صِمام

2. (*anat.*) صِمام (القَلْب)

3. (*radio*) صِمام الرَّادِيو ، لَمْبَة

valvular, *a.* صِمامِيّ ، مُجَهَّز بِصِمامات

vamo(o)se, *v.i.* (*U.S. sl.*) ابْتَعد ، انْسَحب

vamp, *n.* 1. (part of shoe) وَجْه الحِذاء

2. (patch) رُقْعَة (لِحِذاء غالبًا)

3. (improvised accompaniment) عَزْف مُوسيقِيّ مُرْتَجَل لِمُصاحَبة (مُغَنّ مَثلاً)

4. (*sl.*, predatory woman) مِغْناج ، لَعُوب

v.t. 1. (repair, renovate); *also* vamp up رَمَّم ، أصْلَح إصلاحًا مُؤَقَّتًا

2. (improvise *accompaniment*); *also v.i.* ارْتَجَل عَزْفًا مُوسِيقيًّا لِمُصاحَبَة مُغَنٍّ مَثلاً

3. (*sl.*, *of a woman*, flirt audaciously); *also v.i.* أوْقَعَتْه في أحابِيلِها

vampire, *n.* شَبَح خُرافِيّ يُقال إنّه يَتْرُك مَقْبَرَتَه ويَجُول لامْتِصاص دِماء النائمين

van, *n.* 1. (covered vehicle) شَاحِنَة

2. (railway truck) عَرَبة بِضاعة (سِكّة حَديد)

guard's van عَرَبة حارِس القِطار ، سِبِنْسَة

3. (front of army, procession, etc.)

طَليعَة (جَيْش أو مَوْكِب الخ .)

those in the van of public opinion

أُولَئِكَ الّذين يُوجِّهون الرَّأْي العامّ

van, *n. coll. abbr. of* **vantage** (*tennis*)

van in (out) ضَرْبَة لِصالِح (أو ضِدّ) أَحَد لاعِبي التِّنِس بَعْد إِحْراز ٤٠ نُقطة في المُباراة

vanadium, *n.* مَعْدِن الفانادِيوم

Vandal, *n.* قَبِيلة الوَنْدال التي أَغارَت عَلى وَسْط أُورُوبّا وجَنوبها في القَرْن الخامِس

vandal, *n.*, (**-ism,** *n.*) هَمَجِيّ يُخَرِّب الآثار ويُحَطِّم النَّفائِس ؛ الرُّوح التَّخْريبِيّة

Vandyke, *n.* ڤان دايْك (رَسّام هُولَنْدِيّ شَهير)

Vandyke beard لِحْيَة صَغيرة مُدَبَّبة

vane, *n.* 1. (weather-cock) دَوّارة الرّيح (تُثَبَّتُ فَوْقَ المَباني لِتَدُلَّ على اتِّجاه هُبوب الرّيح)

2. (blade of windmill, pump, etc.) جَناح طاحُونة الهَواء ؛ رِيشة تُرْبِين أو مِضَخّة

vanguard, *n.* طَليعة (طَلائِع) ، مُقَدِّمة

vanilla, *n.* الڤانِيلا (لِتَعْطير الحَلْوَى والكَعْك)

vanish, *v.i.* اخْتَفَى ، تَوارَى ، تَلاشَى

vanishing cream كِرِيم (مِن مُسْتَحْضَرات التَّجْميل) تَمْتَصّه البَشَرة بِسُرْعة

vanishing point نُقْطَة التَّلاشِي ، نُقْطة على خَطّ الأُفُق تَتَلاقَى عِنْدَها الخُطوط

vanity, *n.* غُرور باطِل ، عَبَث ؛ شَيْء تافِه

vanity bag حَقِيبة صَغيرة بِها لَوازِم التَّجْميل

Vanity Fair الدُّنْيا بِما فيها مِن مَجْدٍ زائِل وغُرور باطِل ، عالَم الفَناء

vanquish, *v.t.* قَهَر ، غَلَب ، ظَفِر ، انْتَصَر على

vantage, *n.*, *obs. exc. in*

vantage-ground مَوْقِع مُمْتاز (في مَعْرَكة مثلًا)

point (coign) of vantage; *also* vantage-point مَرْكَز مُمْتاز (في مَعْرَكة مثلًا)

vantage server (*tennis*) ضَرْبة لِصالِح البادِئ في لَعِب التِّنِس بَعد إِحْراز أَرْبَعين نُقطة للطَّرَفين

vapid, *a.* (**-ity,** *n.*) (حَدِيث) مُمِلّ

vaporize, *v.t. & i.* بَخَّر ؛ تَبَخَّر

vaporous, *a.* بُخارِيّ ؛ وَهْمِيّ

vapour (*U.S.* **vapor**), *n.*

1. (steam or mist) بُخار ، ضَباب خَفيف

vapour trail خَطّ مِن البُخار تُخَلِّفه الطّائِرة وهي تَطير على ارْتِفاع كَبير

2. (*arch.*; *usu. pl.*, low spirits) انْقِباض

a fit of the vapours نَوْبَة اكْتِئاب

vapouring, *n.* (*usu. pl.*) هَذَيان ، تَخْريف

variab/le, *a.* (**-ility,** *n.*) مُتَقَلِّب ، مُتَغَيِّر

n. (*usu. math.*) كَمِّيَّة مُتَغَيِّرة (رِياضة)

variance, *n.* خِلاف ، اخْتِلاف ، عَدَم الوِفاق

the sisters are at variance بَيْن الأَخَوات نِزاع أو شِقاق ، هُنَّ على خِلاف

this is at variance with the record هذه المَعْلُومات لا تتّفِق مع الوَقائِع

variant, *a. & n.* شَكْل آخر لِلشَّيْءِ ذاتِه

variation, *n.* تغَيُّر ، اخْتِلاف

variations on a theme قِطْعَة مُوسِيقِيَّة تَقُوم على لَحْن رئيسي يَتَكرَّر مع بعْض التَّنوُّعات

varicoloured, *a.* مُتَعَدِّد الألْوان

varicose, *a.* دَالِيّ ، مُصَاب بالدَّوَالِيّ (طِبّ)

varicose veins أَوْرِدَة مُصابَة بالدَّوالِيّ

variegated, *a.* أرْقَش ، مُتَعَدِّد الأَلْوان

variety, *n.* 1. (diversity) تَنوُّع ، اخْتِلاف

2. (assemblage, mixture) تَعَدُّد

he refused for a variety of reasons رَفَض لأَسْبابٍ شَتَّى

3. (type, kind) ضَرْب ، نَوْع ، فَصِيلَة

4. (entertainment) مُنوّعات مَسْرَحِيَّة

variety artist مُمَثِّل يُجِيدُ تَمْثِيل المُتَنوِّعات

variform, *a.* ذُو عِدَّة أَشْكال

variorum, *a., only in*

variorum edition طَبْعَة من مُؤلَّفٍ قَدِيمٍ تَضُمُّ تَفْسِيرات الشُّرّاح وتَعْلِيقاتِهم

various, *a.* مُتَعَدِّد ، مُخْتلِف ، (كُتُب) شَتَّى

varmint, *n.* (*sl.*) لَئِيم ، (يا) وَغْد !

varnish, *n.* 1. (lacquer) بَرْنِيق ، وَرْنِيش

2. (glossiness) لَمْعَة ، لَمَعان ؛ بَرِيق كاذِب

v.t. طَلَى بِالوَرْنِيش ، بَرْنَق

varnishing day اليَوْم السّابِق لافْتِتاح مَعْرِض لَوْحات فَنِّيَّة (يُسْمَح فيه بِوَضْع اللَّمَسات الأَخِيرة)

varsity, *n., coll. abbr. of* **university**

vary, *v.t. & i.* غَيَّرَ ، نَوَّعَ ؛ تَغَيَّرَ ، تَنَوَّعَ

vascular, *a.* نِسْبَةً إلى الأوْعِيَة الدَّمَوِيَّة

vase, *n.* زُهْرِيَّة ، وِعاء أو إناء لِلزِّينَة

vaseline, *n.* الفازِيلِين (مَرْهَم بِتْرُولِيّ)

vassal, *n.* مُسْتأجِر لِأَرْضٍ إقطاعِيّ ؛ تابِع

vast, *a.* وَاسِع ، عَظِيم ، جَسِيم ، وَافِر

vastly, *adv.* جِدًّا ، لِلْغايَة

he was vastly amused ضَحِك مِلْءَ شِدْقَيْهِ

vat, *n.* خابِية ، دَنّ ، وِعاء كَبِير لِلسَّوائِل

Vatican, *n.* الڤاتِيكان ، مَقَرّ البابا بِرُوما

vaudeville, *n.* الڤُودِڤِيل ، اسْتِعْراض مَسْرَحِيّ

vault, *n.* 1. (arched roof) قَبْو ، عَقْد

the vault of heaven القُبَّة الزَّرْقاء ، السَّماء

2. (underground chamber) سِرْداب

wine-vault قَبْو لِحِفْظ دِنان الخَمْر

family vault مَقْبَرَة كَبِيرة تَحْتَ الأَرْض لِلأُسْرَة

3. (bank strong-room) خِزانَة البَنْك

4. (leap) وَثْبَة ، قَفْزَة

v.t. 1. (furnish with vault) قَبَّبَ ، عَقَدَ

2. (spring over); *also v.i.* وَثَبَ ، قَفَزَ

vaulting-horse حِصان الوَثْب (أَلْعاب رِياضِيَّة)

vaunt, *v.i. & t., also n.* تَباهَى ، تَفاخَرَ ، تَعاظَمَ ، صَعَّرَ خَدَّه ؛ تَباهٍ ، تَفَاخُر

veal, *n.* لَحْمُ العِجْل الصَّغِير ، بِتِلّو (مصر)

vector, *n.* مُوَجِّه (رِياضِيّات) ؛ ناقِل (طِبّ)

v.t. وَجَّهَ (مِلاحَة)

Veda, *n.* **(-ic,** *a.***)** الفِيدا (كِتاب الهُنُود المُقَدَّس)

Vedanta, *n.* الفِيدانْتا (نِظام فَلْسَفِيّ يَقُوم على تَعالِيم الفِيدا)

veer, *v.i. & t.* انْحَرَفَ ؛ غَيَّرَ اتِّجاهَ ...

the wind veered تَغَيَّرَ اتِّجاه الرِّيح

the ship veered ⟨round⟩ غَيَّرَت السَّفِينة اتِّجاهها

his opinions veered تَغَيَّرَت آراؤُه

vegetable, *a.* نِسْبَةً إلى النَّبات والخُضْراوات

n. 1. (any plant) خُضْراوات

2. (herbaceous plant grown for food); *coll. contr.* veg بُقُول خَضْراء

meat and two veg طَبَق يَشْتَمِل على اللَّحْم ونَوْعَيْن من الخُضْراوات (مِنْها البَطاطِس)

vegetable-dish طَبَق لِلخُضْراوات (لَه غِطاء)

vegetarian, *n.* نَباتِيّ ، لا يَأْكُل إلّا النَّباتات

vegetate, *v.i.* عَاشَ حَياة خامِلة مُنْعَزِلَة

vegetation, *n.* النَّباتات ؛ حَياة الخُمُول

vehem/ent, *a.* **(-ence,** *n.***)** عَنِيف ، حَادّ

vehic/le, *n.* 1. **(-ular,** *a.***)** مَرْكَبة ، سَيَّارَة

2. (medium) وَسِيلَة ، وَاسِطَة

veil, *n.* حِجاب ، خِمار ، بُرْقُع

she took the veil تَرَهَّبَت ، أَصْبَحَت رَاهِبة

beyond the veil الحَياة الآخِرَة

let us draw a veil over what followed فَلْنُسْدِلْ سِتارًا على ما حَدَث بَعْد ذَلِك

he exploited us under the veil of patriotism اسْتَغَلَّنا تَحْتَ سِتار (أو شِعار) الوَطَنِيَّة

v.t. سَتَرَ ، غَطَّى ، حَجَبَ

a veiled insult إهَانَة غَيْر مَكْشُوفَة

veiling, *n.* نَسِيج شَفّاف ناعِم لِلأَحْجِبَة

vein, *n.* 1. (*anat.*) وَرِيد (أَوْرِدة)

2. (something resembling a vein); *as in* the vein of a leaf عِرْق (في وَرَقَة النَّبات)

a vein of marble عِرْق مُلَوَّن في الرُّخام

3. (mood or disposition) نَزْعَة ، مَيْل

he spoke in a humorous vein شَاعَت رُوح الفُكاهَة في حَدِيثِه

veined, *a.* (رُخام) مُعَرَّق أو مُجَزَّع

velar, *a.* (أَصْوات) حَلْقِيَّة (مِثْل صَوْت الكاف)

veld(t), *n.* جُزْء مِن هَضَبَة التِّرَنْسفال

vellum, *n.* الرَّقّ (جِلْد رَقِيق لِلكِتابة)

velocipede, *n.* دَرَّاجَة ثُلاثِيَّة من طِراز قَدِيم

velocity, *n.* 1. (rapidity) سُرْعَة

2. (rate of motion) مُعَدَّل السُّرْعَة

muzzle velocity سُرْعَة المَقْذُوف عِند انْطِلاقِه

velour(s), *n.*; *also* **velure** قُماش حَرِيرِيّ (أو شِبْه حَرِيرِيّ) كالقَطِيفة أو المُخْمَل

velvet, *n. & a.* **(-y,** *a.***)** قَطِيفَة ، مُخْمَل

on velvet يَعِيش في تَرَف ونَعِيم

an iron hand in a velvet glove (إنّه يخفي)
قَبْضَة حَدِيدِيَّة في قُفّاز حَرِيريّ

velveteen, *n. & a.* قُماش قُطْنِيّ يشْبه القَطِيفة

venal, *a.* (**-ity,** *n.*) (سِياسِيّ) مُرْتَشٍ ؛ إرْتِشَاء

vend, *v.t.* بَاع

vending machine مَاكِينة بَيْع أُوتُوماتِيكِيَّة

vendetta, *n.* ثَأْر، إنْتِقام ؛ عَداوَة مُتأَصِّلَة

vendor (vender), *n.* بَائِع (الجرائد مَثلاً)

veneer, *v.t.* غَطّى الخشب بِقِشْرَة من الخَشَب الثَّمِين

n. خَشَب القِشْرَة (نجارة)

venerable, *a.* 1. (respected on account of age)
مُوَقَّر، جَلِيل، يَسْتَوْجِب الاحْتِرام

2. (Church title) لَقَب رَئِيس الشَّمامِسَة

3. (*R.C. Ch.*, title of one in process of being canonized) لَقَب تَمْنَحه الكَنِيسة
الكاثُولِيكِيّة لِمَنْ هو أَهْلٌ للتَّقْدِيس

vener/ate, *v.t.* (**-ation,** *n.*) بَجَّل، وَقَّر ؛ تَبْجِيل

venereal, *a.* تناسُلِيّ (طِبّ)

venereal disease, *abbr.* V.D. مَرَض تَناسُلِيّ

Venetian, *a. & n.* نِسْبَةً إلى فِينيسيا (البُنْدُقِيّة)

Venetian blind سِتارة من ألواح أفقية رقيقة
تُعَدّل زاويتها لإِدْخال الضَّوْء أو حَجْبِه

vengeance, *n.* ثَأْر، إنْتِقام

he took vengeance upon his enemy إنْتَقَم
مِن عَدُوِّه ، ثَأَر لِنَفْسِه مِن العَدُوّ

the rain fell with a vengeance (*coll.*)
إنْفَتَحت مَيازِيبُ السَّماء

vengeful, *a.* (رُوح) إنْتِقامِيَّة ؛ حَقُود

venial, *a.* طَفِيف ، يُمْكِن اغْتِفاره

venial sin هَفْوَة ، زَلَّة

venison, *n.* لَحْم الظَّبْي أو الغَزال

venom, *n.* (**-ous,** *a.*) 1. (poisonous fluid)
سُمّ (سُمُوم)

2. (*fig.*, malice) حِقْد ، ضَغِينَة

ven/ous (-ose), *a.* 1. (*anat.*) وَرِيدِيّ (تشريح)

2. (*bot.*) (وَرَقة نَبات) ذات عُرُوق

vent, *n.* 1. (opening) فَتْحة ، مَخْرَج

he had side vents in his jacket كَانَ لِسُتْرَته
فَتْحَتان خَلْفِيَّتان

2. (anus of animals) فَتْحَة الشَّرَج

3. (*fig.*, outlet); *as in*
he gave vent to his feelings نَفَّس عن
مَشاعِرِه المَكْبُوتَة ، أطلق لِشُعورِه العِنان

v.t. نَفَّس عَن

he vented his wrath on his wife صَبَّ
جامَ غَضَبه على زَوْجَتِه

ventilate, *v.t.* 1. (air) هَوَّى ، جَدَّد الهَواء

2. (discuss freely) أَعْلَن عَنْ (شَكْواه مَثلاً)

ventilation, *n.* تَهْوِية (الغُرْفَة)، تَجْدِيد هَوائِها

ventilator, *n.* مِرْوَحَة (لِتَجْدِيد الهَواء)

ventral, *a.* بَطْنِيّ ، (زعنفة) بطْنِيَّة

ventricle, *n.* بُطَيْن (القَلْب)

ventriloqu/ism, *n.* (**-ist,** *n.*); *also* **ventriloquy** التَّكَلُّم من البَطْن
بِدُون تَحْرِيك الشَّفَتَيْن

venture, *n.* مُغامَرة ، مُجازَفَة ، مُخاطَرَة

he drew a bow at a venture خَبَطَ خَبْطَ عَشْواء ، رَمَى بِدُون تَهْدِيف

v.t. خَاطَر ، جازَف ؛ تَجاسَر

nothing venture, nothing have (win) مَا كَسَبَ إِلَّا المُغامِر ، وفَازَ بِاللَّذَة الجَسُور

he ventured an opinion أَدْلَى بِرَأْيٍ

v.i. 1. (take a risk); *often with prep.* on جَازَفَ ، خَاطَرَ

2. (dare, make bold) تَجاسَر ، جَرُؤَ

I venture to disagree أَجْرُؤُ على مُخالفتكم

venturesome, *a.* مُغامِر، جَسُور ؛ خَطِر

venue, *n.* 1. (*leg.*) جِهَة الاخْتِصاص، مَكان إقامَة الدَّعْوَى ؛ مَسْرَح الأَحْداث

2. (*coll.*, meeting-place) مَكان التَّلاقِي

Venus, *n.* 1. (goddess) فِينُوس (رَبَّة الجَمَال)

2. (planet) كَوْكَب الزُّهَرة (فَلَك)

veracious, *a.* صَادِق (فِي قَوْلِه)

veracity, *n.* صِدْق، حَقّ ، صِحّة (أَقْوالِه)

veranda(**h**), *n.* فَرَانْده ، شُرْفَة (مَسْقُوفَة)

verb, *n.* فِعْل (نَحْو)

verb. sap. (*Lat.*) ‹ الحُرُّ تَكْفِيهِ الإشارَة ›

verbal, *a.* 1. (of words) لَفْظِيّ ، كَلاميّ

verbal inspiration (الاِعْتِقاد بأنّ) النَّصّ الدِّينيّ مُوحىً به لَفْظًا ومَعْنىً

2. (oral) شَفَوِيّ ، شَفَهِيّ

3. (*of translation*, literal) تَرْجَمَة حَرْفِيّة

4. (relating to a verb) (جُمْلة) فِعْلِيّة

verbal ending لَاحِقَة تُضافُ إلى الفِعْل

verbatim, *adv. & a.* حَرْفِيًّا ، بِالحَرْف الوَاحِد

verbena, *n.* رِعْيُ الحَمَام (نَبات عِطْرِيّ)

verbiage, *n.* إِسْهاب الكَلام ، حَشْو

verb/ose, *a.* (**-osity,** *n.*) كَثِير الحَشْو فِي الكَلام

verdant, *a.* أَخْضَر، مُخْضَرّ ؛ غِرّ ، سَاذَج

verdict, *n.* قَرار المُحَلَّفِين (قانون)

well, doctor, what is your verdict? مَاذَا تَرَى فِي هذه الحالة ؟ (سُؤال مُوَجَّه لِطَبِيب)

verdigris, *n.* صَدَأ النُّحاس ، زِنْجار

verdure, *n.* خُضْرَة ، اِخْضِرار ؛ نُضْرَة

verge, *n.* 1. (brink) حَافَّة ، طَرَف ، شَفَا

he was on the verge of collapse كَانَ عَلَى وَشْك الانْهِيار

2. (edging) حَافَة ، حَاشِيَة

grass verge عُشْب يَنْمُو على جَانِبَي الطَّرِيق

v.i. كَادَ أَنْ ، أَوْشَكَ عَلى

this is verging on the ridiculous يَكادُ هذا الكَلامُ أن يَكُون هُراءً

verger, *n.* خَادِم بِالكَنِيسة ، شَمّاس

verifiable, *a.* يُمْكِن إثْبَاتُه أو التَّحَقُّق مِنْه

verification, *n.* إِثْبات ، تَقْرِير ، تَحَقُّق

verify, *v.t.* 1. (probe, check) تَحَقَّقَ مِن ...

2. (bear out) أَكَّدَ ، أَثْبَتَ ، سَنَدَ

verily, *adv.* (*arch.*) حَقًّا ، يَقِينًا

verisimilitude, *n.* مُحاكاة (القِصّة) لِلْواقِع

veritable, *a.* حَقِيقِيّ ، صَحِيح ، أَصِيل

verity, *n.* الحَق ، الحَقِيقة ، الصِّدْق

the eternal verities المَبَادِئ الأَساسِيَّة لِلأَخْلاق

vermicelli, *n.* مَكَرُونَة (مَعْكَرُونة) رَفيعة ، شَعْرِيَّة

vermicular, *a.* دُودِيّ ، يُشْبِه الدُّودَة

vermiform, *a.* دُودِيّ الشَّكْل

vermilion, *n.* & *a.* زِنْجَفْر (مادّة كيماويّة) ؛ قِرْمِزِيّ

vermin, *n.* (*usu. collect.*) حَيَوانات طُفَيْلِيَّة ، هَوَامّ

such as these are no more than vermin
لَيْس مِثْل هَؤُلاء إلّا عَالَةً على المُجْتَمَع

verminous, *a.* 1. (infested with fleas, etc.)
(مَلابِس) غاصَّة بالهَوَامّ والحَشَرات

verminous diseases أَمْراض تُسَبِّبُها الهَوَامّ

2. (characteristic of vermin) هَوَامِّي

vermouth, *n.* ڤِيرْمُوث ، نَوْع مِن الخَمْر الأبيض

vernacular, *a.* & *n.* اللُّغَة القَوْمِيَّة

1. (dialect) لُغَة دارِجة ، العامِّيَّة

2. (technical jargon) رَطانة خاصَّة

3. (*joc.*, profanity) تَعْبِيرات سُوقِيَّة

vernal, *a.* رَبِيعِيّ ، نِسْبَةً إلى الرَّبِيع

vernal equinox الاعْتِدال الرَّبِيعِيّ

vernier, *n.* وَرْنِيَّة (مِقْياس مُنْزَلِق يتحرَّك على
أداة مُدَرَّجَة لِلْحُصُول على الكُسور الدَّقيقة)

versat/ile, *a.* (**-ility,** *n.*) مُتَعَدِّد المَواهِب

verse, *n.* 1. (poetic composition) نَظْم ، قَرِيض

light verse نَظْم في مَوْضوعات خفيفة لِلتَّسْلِية

2. (stanza) جُزْء يُعْتَبَر وَحْدَةً من القَصِيدة

3. (division of chapter of Koran) آيَة

4. (division of chapter of Bible) آيَة

versed, *a.* (skilled *in*) خَبِير ، ضَلِيع ، مُتَمَكِّن

versif/y, *v.t.* & *i.* (**-ication,** *n.*; **-ier,** *n.*)
نَظَم الشِّعْر ؛ النَّظْم ؛ ناظِم

version, *n.* 1. (translation) تَرْجَمَة ، نَقْل

2. (account) نَقْل الأَحْداث ، سَرْدُها

I would like to have your version of what happened أَوَدُّ أن أَعْرِف (أو أَسْمَع
إلى) رِوايَتك أَنْت لِما حَدَث

vers libre, *n.* الشِّعْر الحُرّ (غَيْر مُقَيَّد بِقافِيَة)

verso, *n.* الوَجْه الآخَر مِن الوَرَقَة أو العُمْلَة ، قَفا

versus, *prep.*; *abbr.* **v.** ضِدّ ، مُقابِل

verte/bra (*pl.* -brae), *n.* فِقْرة (فِقْرات)

vertebral, *a.* (العَمُود) الفِقْرِيّ

vertebrate, *a.* & *n.* الفِقْرِيّات (عِلْم الأَحْياء)

vertex (*pl.* -tices), *n.* قِمَّة ، ذُرْوَة

vertical, *a.* عَمُودِيّ ، رَأْسِي

n. خَطّ عَمُودِيّ ، سَطْح رَأْسِيّ

vertiginous, *a.* مُصاب بالدُّوار ؛ مُدَوِّخ

vertigo, *n.* دَوْخَة ، دُوار

vertu, *see* **virtu**

verve, *n.* حَماسَة ، حَيَوِيَّة

very, *a.* 1. (real, true) فِعْلِيّ ، بِالفِعْل ؛

he could not, for very shame, refuse
لَمْ يَحْمِلْه على القَبول إلّا مُجَرَّد الحَياء

he is the veriest rogue unhung   إِنّه وَغْدُ
الأَوْغَاد ، لا مَثِيلَ له في عَالَم الأَشْقِيَاء

2. (just, exact)   الشَّيْءُ ذاته

I caught him in the very act

فَاجَأْتُه وَهو مُتَلَبِّس بِالفِعْل

it happened in this very room

حَدَث الأَمْر في هَذه الغُرْفة بِالذَّات

the very idea! (coll.)   يَا لَهَا مِن وَقاحَة

adv.   جِدًّا ، لِلغَايَة

this is my very lowest price   هَذا السِّعْر
هو حَدِّي الأَدْنَى

he used the very same words

اِسْتَعْمَل تِلْك الأَلْفاظ بِالحَرْف الوَاحِد

very good (well)!   وَهو كَذَلِك ! عال !

I'm not very fond of music   لَسْتُ مِن هُوَاة
المُوسِيقَى ، لَسْتُ مُغْرَمًا بِالاِسْتِماع إِليها

this house is my very own   هَذا البَيْت لي
وَحْدِي أَو دُون غَيْرِي

vesicle, n.   حُوَيْصِلَة (طبّ)

vespers, n.pl.   صَلاة الغُرُوب. أَو المَسَاء

vessel, n. 1. (receptacle)   وِعَاء ، إِناء

2. (anat.)   وِعَاء (دَمَوِيّ مَثَلاً)، عِرْق

3. (ship)   سَفِينة ، مَرْكَب

vest, n. 1. (undergarment)   قَمِيص تَحْتانِيّ

2. (waistcoat)   صُدْرَه ، صَدْرِيَّة

vest, v.t. & i. 1. (dress in robes)   أَلْبَسَه ثِياب
الاِحْتِفال الرَّسْمِيَّة

2. (endow with)   قَلَّدَه ، خَلَعَ عَلَيْه

3. (fix possession of rights, etc., in)

a vested interest ؛ مَصْلَحَة أَو مَنْفَعَة خاصَّة
حَقّ اِنْتِفاع مُقَرَّر

vesta, n.   فِسْتا ، إِلهَة المَوْقِد عند الرُّومان

wax vesta   ثَقَاب (كِبْرِيت) مِن الشَّمْع

vestal, a., as in

Vestal virgin   عَذْراء تَقُوم بِدَوْر كاهِنة
في مَعْبَد الإِلهة فِسْتا (بِرُومَا قَدِيمًا)

vestibule, n.   بَهْو ، رَدْهَة عِند مَدْخَل الدَّار

vestig/e, n. (-ial, a.) الأَثَر البَاقِي (بَعْد زَوَال شَيْء)

vestment, n.   حُلَّة الكاهِن ، جُبَّة

vestry, n. غُرْفَة لِحِفْظ مَلابِس الكَهَنَة والشَّمَامِسَة

vesture, n. (poet.)   رِداء ، وِشَاح

vet, n., coll. contr. of **veterinary surgeon**

v.t. (usu. fig.)   فَحَص فَحْصًا دَقِيقًا

the article was vetted by an expert

فَحَص خَبِيرٌ التُّحْفَة وقَيَّمَها

security vetting التَّحَرِّي لِأَجْل الأَمْن العامّ

vetch, n.   جُلْبان ، كِرْسَنَّة (من القَطَانِيَّات)

veteran, n. 1. (person with long experience)

مُحَنَّك قَدِيم العَهْد في مِهْنته

2. (old soldier)   مُحَارب قَدِيم

3. (U.S., ex-service man)   (جُنْدِي) مُسَرَّح

he has seen (done) veteran service

لَقَد عَرَكَتْه الأَيَّام

veteran car سَيَّارة صُنِعَت بَيْن ١٩١٤و ١٩٣٠

veterinary, *a.* بَيْطَرِيّ

veterinary surgeon; *also* veterinary, *n.*, *coll. contr.* vet طَبِيب بَيْطَرِيّ

veto, *n.* الڤِيتُو ، حَقّ النَّقْض أو الاعْتِراض

v.t. نَقَضَ مَشْرُوعًا أو قَرارًا ؛ اسْتَعْمَلَ الڤِيتُو

vex, *v.t.* أَغاظَ ، شاكَسَ، ضَايَقَ ، أَغْضَبَ

this is a vexed question هَذِه مُشْكِلَة طالَ النِّقاش فيها

vexation, *n.* 1. (state of being vexed) اِنْزِعاج

2. (thing that vexes) مُكَدِّر ، مُنَغِّص

vexatious, *a.* (أَمْر) مُزْعِج

via, *prep.* عَن طَرِيق ، بِطَرِيق

viable, *a.* يَحْتَوِي على مُقَوِّمات النُّمُوّ والحياة

this is not a viable argument هَذه حُجَّة وَاهِيَة ، حُجَّة لا تَقِف على قَدَمَيْن

viaduct, *n.* جِسْر لِلسِّكَّة الحَدِيدِيّة يَصِل مُرْتَفَعَيْن

vial, *n.* قَارُورَة ، قِنِّينَة ، زُجاجَة صَغِيرة

viand, *n.* (*usu. pl.*) مَأْكُولات ، أَطْعِمة ، قُوت

viaticum, *n.* إِعْطاء القُرْبان المُقَدَّس لِلمُشْرِفِين على المَوْت ؛ زادُ السَّفَر ، زَوّادة

vibran/t, *a.* (**-cy,** *n.*) 1. (vibrating) مُتَذَبْذِب

he is vibrant with health إِنَّه يَنْبِض بِالعافِيَة

2. (resonant) (صَوْت) رَنّان ، طَنَّان

vibrate, *v.i. & t.* اِهْتَزَّ ، تَذَبْذَبَ

vibration, *n.* اِهْتِزاز ، تَذَبْذُب ، ذَبْذَبَة

vibrato, *n.* (*mus.*) الڤِبْراتو ، إِعْطاء رَجْرَجَة خاصَّة للصَّوْت أَثْناء الغِناء (مُوسِيقى)

vicar, *n.* 1. (*R.C. Ch.*, deputy), *in*

Vicar of Christ لَقَب يُطْلَق على البَابَا

2. (*C. of E.*, incumbent of parish) قَسّ ، خُورِي ، رَاعِي الكَنِيسة

vicarage, *n.* بَيْت مُعَدّ لإقامة راعِي الكَنِيسَة

vicarious, *a.* 1. (deputed) مُفَوَّض

vicarious authority سُلْطَة مُفَوَّضة

2. (acting, done, for another) بِالنِّيابَة عَن

the vicarious sufferings of Christ الآلام الَّتِي تَحَمَّلَها السَّيِّد المَسِيح عَن البَشَر

vice, *n.* 1. (evil-doing) رَذِيلة (رَذائِل)

a haunt of vice بُؤْرَة فَساد ، وَكْر للرَّذِيلة

vice squad بُولِيس (شُرْطَة) الآداب

2. (fault, defect) عَيْب ، نَقِيصة

3. (tool for holding objects); *also* **vise** (*U.S.*) مِلْزَمة (آلَة للنِّجارة والحِدادة)

vice, *prep.*, *as in*

he was appointed secretary vice Mr. Jones عُيِّنَ أَمِينَ سِرٍّ أو سكرتيرًا خَلَفًا لِلمِسْتِر جُونْز

vice-, *pref.* (*sometimes used alone as n.*)

vice-chairman نائِبُ رَئِيسٍ (لَجْنة مَثَلاً)

vice-chancellor نائِبُ رَئِيسِ الجامِعَة

vicegerent, *n. & a.* نائِبُ وَصِيٍّ على العَرْش

viceregal, *a.* نِسْبَةً إِلى نائِبِ المَلِك

vicereine, *n.* قَرِينَةُ نائِب المَلِك

viceroy, *n.* نائِبُ المَلِك

vice versa, *adv. phr.* والعَكْسُ بِالعَكْس

vicinity, *n.* قُرْب ، مَقْرُبة ، جِوار

vicious, *a.* شِرّير ، أثيم ، رَذْل

he has led a vicious life لَقَد عَاشَ حَياةً آثِمَة ، قَضَى حياتَه في الفَساد

he has a vicious temper إنّه شَرِسُ الطَّبْع

this horse is vicious هٰذا حِصان شَرِس

vicissitude, *n.* تَقَلُّب (الأيّام)

the vicissitudes of life صُرُوفُ الدَّهْر

victim, *n.* ضَحِيَّة (ضَحايَا) ؛ ذَبِيحة

he is a victim of circumstances إنّه ضَحِيَّة الظُّرُوف

he fell a victim to her wiles وَقَع فَرِيسةَ أَحابِيلِها

victimiz/e, *v.t.* (**-ation,** *n.*) انْتَقَم (مِن عامِلٍ مُضْرِبٍ بطرده مَثَلاً من المَصْنَع)

victor, *n.* ظَافِر ، قاهِر ، مُنْتَصِر

Victoria, *n.* (المَلِكَة) فِيكْتُوريا

Victoria Cross; *abbr.* V.C. صَلِيب المَلِكة فِيكْتُوريا (وِسام يُمْنَح لأبْطال الحَرْب)

victoria, *n.* عَرَبَة مَكْشُوفَة ذات أَرْبَع عَجَلات ، حَنْطُور ؛ نَوْع مِن البَرْقوق أو الخَوْخ

Victorian, *a.* & *n.* نِسْبَةً إلى عَصْر المَلِكَة فِيكْتُوريا (مَلِكَة انكلترا ١٨٣٧ - ١٩٠١م)

victorious, *a.* مُنْتَصِر ، ظافِر ، غالِب

victory, *n.* نَصْر ، ظَفَر ، غَلَبة

victual, *n.* (*usu. pl.*) زادٌ ، مؤُونَة

v.t. & *i.* زَوَّد ، موَّن ؛ تَزَوَّد ، تَمَوَّن

victualler, *n.* مُوَرِّد أو مُمَوِّن أَطْعِمَة

licensed victualler صَاحِب حَانَة لِبَيْع الخُمُور

vide, *v. imper.* (*Lat.*) اُنْظُرْ ، رَاجِعْ

vide infra أُنْظُر ما يَلِي

vide supra راجِعْ أعْلاه

videlicet, *adv., abbr.* ***viz.*** أيْ ، بِمَعْنَى ...

vie (*pres. p.* vying), *v.i.* (contend *with*) تَنافَس ، تبارَى مَع ...

view, *n.* 1. (act of seeing and being seen) نَظَر ، رُؤْيَة ، مَرْأًى

the tiger remained in full view of the hunter ظَلَّ النَّمِر على مَرْأًى من الصَّيَّاد

the car came into view round the bend ظَهرت السَّيّارة عِنْد مُنْعَطَف الطَّرِيق

the latest styles are now on view أَحْدَثُ الأَزْياءِ مَعْرُوضَة حَالِيًّا

he was invited to the private view دُعِيَ لِحَفْل الافْتِتاحِ الخاصّ (لمَعْرِض صُوَر مثلاً)

2. (sight, prospect) مَنْظَر

we bought a house with a view اِشْتَرَيْنا مَنْزِلاً يُطِلّ على مَنْظَر بَدِيع

I wish to form a clear view of the facts أُرِيد أَنْ أُكَوِّن صُورَةً وَاضِحَةً لِما حَدَث

3. (opinion, purpose) رَأْي ، وِجْهَة نَظَر

that is taking an extreme view of his conduct لَيْسَ هٰذا الرَّأْيُ إلاّ تَجَنِّيًا عَلَيْه

he received a light sentence in view of his age
خُفِّفَ الحُكْمُ نَظَرًا لِكِبَرِ (أو صِغَرِ) سِنِّه

I will do what I can to meet your views
سَأَبْذُل جُهدي في سَبِيل الاتّفاق مَعكَ

he took a dim view of the matter (*coll.*)
لَمْ يَنْظُر إلى الأمْر بعَيْنِ الارْتِياح

he bought the land with a view to building a factory
اشْتَرَى قِطْعَةَ الأَرْض بِقَصْدِ بِناء مَصْنَع عَلَيْها

v.t. شَاهَد ، نظَر إلى

he viewed the matter from a different angle
نَظَر إلى الأَمْر مِن زاوِيةٍ مُخْتَلِفَة

the agent gave him an order to view
أعْطاه السِّمْسار إذْنًا بِمُعاينة المَنْزِل

viewer, *n.* 1. (spectator) مُشاهِد

2. (optical instrument) مِنْظار خاصّ لِمُشاهَدَة الصُّوَرِ الفُوتُوغرافِيّة الشَّفّافَة

view-finder, *n.* مُحَدِّد المَنْظَر (عند التِقاطِ الصُّوَر)

view-hallo(o), *n.* صَرْخَة يُطْلِقُها الصَّيّادُون عند رُؤْيَتِهم لِلثَّعْلَب

vigil, *n.* 1. (keeping awake) السَّهَر

she kept vigil over her sick child سَهِرَت طِوالَ اللَّيْل إلى جانِب طِفْلِها المَرِيض

2. (*usu. pl.*, nocturnal devotions)
صَلاة اللَّيْل ، التَّهَجُّد

vigilan/ce, *n.* (**-t,** *a.*) يَقْظَة ، إنْتِباه ؛ يَقِظ

vigilante, *n.* (*U.S.*) عُضْو في اللَّجْنَة المَحَلِّيَّة لِلاقْتِصاص الفَوْرِيّ من المُجْرِمِين

vignette, *n.* 1. (design in book) رَسْم زُخْرُفِيّ صَغِير في صَفَحات كِتاب (طِباعة)

2. (photograph of head and shoulders)
صُورَة نِصْفِيَّة تَتلاشَى الظِّلال خَلْفَها تَدْرِيجيًّا

3. (word sketch) لَمْحَة مُوجَزَة عن شَخْصِيَّة

vigorous, *a.* نَشِيط ، قَوِيّ

vigour, *n.* نَشاط ، قُوَّة ، عافِية

viking, *n.* الفَايْكِنج ، قُرْصان اسْكَندِيناوِيّ (قديمًا)

vile, *a.* دَنِيء ، قَبِيح ، خَسِيس ، رَذِيل

what vile weather we are having (*coll.*)
يا لَه مِن جَوٍّ لَعِين !

vilif/y, *v.t.* (**-ication,** *n.*) قَدَح ، سبّ ؛ قَدْح

villa, *n.* 1. (suburban house) مَنْزِل صَغِير بالضَّواحِي

2. (country house with large grounds)
ڤِيلّا ، مَنْزِل رِيفِيّ كَبِير في ضَيْعَة

village, *n.* قَرْيَة (قُرَى)

villager, *n.* قَرَوِيّ ، مِن أَهْل القُرَى

villain, *n.* (**-ous,** *a.*) 1. (scoundrel) وَغْد ، نَذْل ، سافِل ؛ خَسِيس

2. (*theatr.*) الشِّرِّير (في قِصّة أو مَسْرَحِيّة)

I think I have found the villain of the piece
أَعْتَقِد أنّني عَثَرت على الجانِي (أو مُرْتَكِب الفَعْلة)

villainy, *n.* شَرّ ، خِسَّة ، سَفالة

villein, *n.* رَقِيق الأَرْض (في النِّظام الإقْطاعِيّ)

vim, *n.* (*coll.*) نَشاط ، حَيَوِيَّة ، قُوَّة

vindicat/e, *v.t.* (**-ion,** *n.*) 1. (demonstrate truth of) بَرْهَنَ على صِحَّة (قَوْلٍ مَثَلاً)

2. (justify) بَرَّر

his honour was vindicated بُرِّئَت ساحَتُه

vindictive, *a.* حَقُود ، يُكِنّ الضَّغِينَة ؛ شَرِس

vine, *n.* 1. (grapes) كَرْمَة العِنَب

2. (any slender climbing plant) نَبات مُتَسَلِّق (كاللَّبْلاب والبازِلّاء الخ)

vinegar, *n.* خَلٌّ

vinegary, *a.* ذو طَعْمٍ كالخَلّ ؛ شَرِس

she was a vinegary old female كانت العَجُوز شَرِسَة شَكِسَة

vinery, *n.* بَيْت زُجاجِيّ لِتَرْبِية الكُرُوم

vineyard, *n.* كَرْم ، بُسْتان لِزِراعة الكُرُوم

viniculture, *n.* بَسْتَنَة الكُرُوم ، زِرَاعة العِنَب

vintage, *n.* جَنْي العِنَب ، (مَوْسِم) قِطافِه

vintage car سَيَّارة صُنِعَت قَبْلَ عام ١٩١٤

wine of a famous vintage نَبِيذ مَصْنُوع من عِنَب قُطِفَ من مِنْطَقة خاصَّة في سَنَةٍ مُعَيَّنة

vintage year سَنَة جادَ فِيها مَحْصُول العِنَب

vintner, *n.* تاجِر خُمُور ، خَمَّار

vinyl, *n.* الفِينيل (مادَّة تَدْخُل في صُنْع البلاستيك)

viol, *n.* كَمان قَدِيم ذُو سِتَّة أَوْتار (شاعَ في العُصُور الوُسْطى)

viola, *n.* 1. (musical instrument) الفيولا ، الكَمان الأَوْسط ؛ عازِفه

2. (genus of plants) زَهْرَة البَنَفْسَج

violat/e, *v.t.* (**-ion,** *n.*) انْتَهَكَ الحُرْمَة ، هَتَكَ

he violated his oath نَكَثَ عَهْدَه ، حَنَثَ بِيَمِينِه

the intruders violated his privacy أَقْحَموا أَنْفُسَهُم عَلَيْه وأَفْسَدوا خَلْوَته

the invaders violated the women of the village اِسْتَباح الغُزاة نِساءَ القَرْيَة

violence, *n.* عُنْف ، قَسْوَة ، شِدَّة

he had to resort to violence لَم يَجِدْ بُدًّا من اللُّجُوءِ إلى العُنْف

this action did violence to my feelings أَساءَ هذا التَّصَرُّف إلى مَشاعِري

violent, *a.* عَنِيف ، قاسٍ

he was subjected to violent abuse تَعَرَّضَ إلى حَمْلَةٍ عَنِيفة مِن السِّباب والشَّتائم

he met a violent death مَاتَ شَرَّ مِيْتَة ، لَقِيَ مَصْرَعَه

violet, *n.* 1. (flower) زَهْرَة البَنَفْسَج

2. (colour); *also a.* اللَّوْن البَنَفْسَجِيّ

violin, *n.* الكَمان ، الكَمَنْجَة

he was first violin كانَ على رَأْسِ عازِفي الكَمان وقائدًا للجَوْقَة المُوسِيقِيّة

violinist, *n.* عازِف الكَمان

violoncello, *n.*; *contr.* **cello** الكَمان الجَهِير

viper, *n.* أَفْعًى ، حَيَّة سامَّة ؛ صِلّ خَبِيث

virago, *n.* إمْرأة شَرِسَة سَيِّئة الطَّبْع

virgin, *n.* بِكْر ، عَذْراء ، بَتُول

the ⟨Blessed⟩ Virgin ⟨Mary⟩ العَذْراء مَرْيَم

a. 1. (chaste) طَاهِر ، عَفِيف

the Virgin Queen المَلِكَة إليزابيث الأُولى

2. (of a virgin) عُذْرِيّ ، بَتُولِيّ ، بِكْر

3. (*fig.*, untouched) بِكْر
virgin forest غابَة بِكْر

virginal, *a.* بِكْر ، بَتولِيّ ، عُذْريّ ، طاهِر

n. also **virginals** آلَة مُوسِيقِيّة قَديمة

Virginia, *n.* وِلاية ڤِرْجِينيا (الوِلايات المتّحدة)

Virginia creeper نَوْع من اللَّبْلاب

Virginia tobacco تِبْغ ڤِرْجِينيّ

virginity, *n.* بَكارَة ، عُذْرَة

Virgo, *n.* بُرْج العَذْراء ، السُّنْبُلة

virile, *a.* نِسْبة إلى الرُّجُولَة والفُحُولَة

virility, *n.* رُجُولَة ، نَشاط ، قُوّة

virology, *n.* دِراسَة الفَيْروسات (طبّ)

virtu (vertu), *n.* هَواية الفُنون الجَميلة

articles of virtu تُحَف فَنِّيَّة

virtual, *a.* (رَئِيس) فِعْلِيّ (ولَيْسَ اسْمِيًّا)

virtually, *adv.* بالفِعْل ، فِعْلِيًّا

he was virtually penniless كانَ في حُكْم المُفْلِس

virtue, *n.* فَضِيلة (فَضائِل)

virtue is its own reward جَزاء الإِحْسان فِعْلُه ، 'خَيْر ثَوابٍ للفَضِيلَة فِعْلُها'

patience is a virtue الصَّبْر جَمِيل

by virtue of his determination he succeeded
لَمْ يَنْجَحْ إلّا بِفَضْل عَزْمِه وإِصْرارِه

she is a woman of easy virtue إنَّها امْرَأَةٌ غَيْر شَرِيفَة

virtuosity, *n.* بَراعَة فائِقة (في المُوسِيقَى مَثلاً)

virtuoso, *n.* عازِف بارِع ؛ مُتَذَوِّق لِلْفُنون

virtuous, *a.* (رَجُل) فاضِل ، مُسْتَقِيم ، عَفِيف

virulence, *n.* قُوَّة (السُّمّ) ، خُبْثُه ، خُطُورَته

virulent, *a.* (سُمّ) زُعاف ، (تَعْلِيق) قاسٍ

a virulent disease مَرَض خَطِر أو فَتّاك

he was subjected to virulent abuse
تَعَرَّض لِمَوْجَةٍ عارِمَةٍ مِن السِّباب

virus, *n.* فَيْروس ، جُرْثُوم أَصْغَر مِن البَكْتِريا

visa, *n.* تأْشِيرَة (دُخُول) على جَواز سَفَر

v.t. أَشَّر على جَوازِ سَفَرٍ

visage, *n.* مُحَيّا ، طَلْعَة ، سِيماء ، وَجْه

vis-à-vis, *adv.* مُقابِلَ أو بِمُواجَهَة ...

n. مُوَظَّف يُؤَدّي وَظِيفَةً مُماثِلَةً بِمَكانٍ آخَر

viscera, *n.pl.* الأَحْشاء (طبّ)

visceral, *a.* حَشَوِيّ ، نِسْبَةً إلى الأَحْشاء

viscid, *a.* لَزِج ، غِرَوِيّ ، دَبِق

viscosity, *n.* لُزُوجَة ، غِرَوِيَّة

viscount (*fem.* **-ess**), *n.* ڤيكونت (ڤيكونتيسة) لَقَب شَرَف 'دُونَ الكُونْت وفوقَ البارون'

viscous, *a.* لَزِج ، غَرَوِيّ ، دَبِق

vise, *see* **vice,** *n.* (3)

visibility, *n.* إِمْكانِيّة الرُّؤْيَة ، رُؤْيَة ، وُضُوح

visible, *a.* ظاهِر ، مَرْئِيّ ، مَنْظُور

he has no visible means of support
لَيْسَ لَه وَسائِل كَسْب مَعْرُوفَة

visibly, *adv.* بِوُضُوح ، جَلِيًّا

vision, *n.* رُؤْيَة ، بَصَر ، نَظَر ؛ حُلْم

it came into his field of vision ظَهَرت (الطّائرة مَثلاً) في مَجال بَصَرِه

the vision is defective on this set لَيْسَت الرُّؤْيَة واضِحَة على شاشَة هٰذا التِّلْفاز

he saw a vision of the future ظَهَرَت له رُؤَى المُسْتَقْبَل

he is a man of vision إنَّه رَجُل ذُو بَصِيرة

he had visions of becoming Prime Minister كانَ يَحْلُم بِمَنْصِب رَئِيس الوُزَراء

visionary, *a. & n.* وَهْمِيّ ، خَيالِيّ ؛ حالِم

visit, *v.t.*; *also v.i.* زارَ

we are not on visiting terms لَيْسَت بَيْنَنا عَلاقة تَسْمَح بالتَّزاوُر

visiting-card, *n.* بِطاقَة زِيارَة

he was visited by fits of gloom كانَ يُصابُ مِن حِينٍ إلى آخَر بِنَوْباتٍ كَآبَة وانْقِباض

the sins of the fathers were visited upon the children أُخِذَ الأَبْناء بِجَرِيرَة آبائِهم

n. زِيارَة

he is on a visit to Paris هُو في زِيارَة لِبارِيس

visitant, *n.* 1. (*poet.*) طَيْفٌ زائِر

2. (migratory bird) طائِر مُهاجِر

visitation, *n.* 1. (official visit of inspection) زِيارَة رَسْمِيَّة للتَّفْتِيش

2. (*coll.*, unduly protracted visit) زِيارَة طَوِيلَة مُمِلَّة

3. (divine punishment or reward) عِقاب أو ثَواب إلٰهِيّ

the disaster was seen as a visitation of God اُعْتُبِرَت الكارِثَة عِقابًا مِنَ اللّٰه

4. (the Visitation; a church festival) عِيد زِيارَة السَّيِّدة العَذْراء لأَلِيصابات (٢ يُوليه)

visitor, *n.* زائِر (زُوّار) ، ضَيْف (ضُيوف)

visor (**vizor**), *n.* الجُزْء المُغَطِّي لِلوَجْه من الخَوْذَة

sun-visor حافَة تَقِي عَيْنَي السّائِق مِن وَهج الشَّمْس

vista, *n.* مَشْهَد يُرى عَن بُعْد (مِن خِلالِ الأَشْجار)

visual, *a.* بَصَرِيّ ، (الوَسائِل) البَصَرِيّة

visualize, *v.t.* تَصَوَّر ، اسْتَعادَ صُورَةً بِذاكِرته

vital, *a.* حَيَوِيّ ، جَوْهَرِيّ

vital statistics إحْصاءات حَيَوِيّة

(of birth, marriage, and death) إحْصاءات خاصَّة بالوِلادَة والزَّواج والوَفاة

(*coll.*, of female measurements) مَقاييس الصَّدْر والخَصْر والرِّدْفَيْن عِند المَرْأة

vitality, *n.* حَيَوِيّة ، نَشاط

vitalize, *v.t.* أَنْعَش ، بَثَّ فيه النَّشاط والحَيَوِيَّة

vitals, *n.pl.* الأَعْضاء الحَيَوِيّة (القَلْب والدِّماغ الخ)

vitamin, *n.* فِيتامِين ، حَيَمِين (طبّ)

vitiate, *v.t.* 1. (impair) أَفْسَد (جَوّ الغُرْفة)

2. (*leg.*, invalidate) أَبْطَل ، أَلْغى (قانونًا)

viticulture, *n.* بَسْتَنَة الكُرُوم ، زِراعة العِنَب

vitreous, *a.* يُشْبِه الزُّجاج (شَكْلاً)

vitrify, *v.t. & i.* حَوَّل (أو تَحَوَّل) إلى زُجاج

vitriol, *n.* حامِض الكِبْرِيتِيك ، الزّاج

vitriolic, *a.* زاجيّ ؛ (هُجوم) لاذِع

vituperat/e, *v.t.* (**-ion,** *n.*) قَدَحَ ، ثَلَبَ ؛ قَدْح

vituperative, *a.* يَنْطَوي على شَتائم وإهانات

viva, *n., coll. contr. of* **viva voce**

vivacious, *a.* يَتَدَفَّق حَيَوِيَّة ونَشاطًا

vivacity, *n.* حَيَوِيّة ، خِفّة الرُّوح ، رَشاقة

vivarium, *n.* مَرْبًى لِلحَيوانات تَتَوافَر فِيه خَوَاصّ بِيئَتِها الأصْلِيّة

viva voce, *adv., a., & n.* اِمْتِحان شَفَوِيّ (شَفَهِيّ) لِطَلَبة الجامِعة

vivid, *a.* (وَصْف) حَيّ ، شَدِيد الوُضوح

he has a vivid imagination إنّ خَيالَه خِصب

viviparous, *a.* 1. (*zool.*) وَلود (نسبةً إلى الحَيوانات التي تَضَع ولا تَبِيض)

2. (*bot.*) نِسْبةً إلى النَّباتات التي تَتَكاثَر وَهي عالِقَة بالنَّباتِ الأُمّ

vivisect, *v.t. & i.* (**-ion,** *n.*, **-ionist,** *n.*) شَرَّح الحَيَوانات حَيَّةً لأغْراض عِلْمِيّة

vixen, *n.* 1. (she-fox) أُنْثَى الثَّعْلَب

2. (*fig.*, shrewish woman) امرأة شَكِسَة

vixenish, *a.* شَكِسَة ، شَرِسَة ، ضَغِنَة

viz., *abbr. of* ***videlicet,*** *adv.*

vizier, *n.* وَزِير (لَفْظَة قَدِيمة)

Grand Vizier رَئِيس الوُزَراء في الدَّوْلَة العُثْمانِيّة

vizor, *see* **visor**

vocable, *n.* (*chiefly U.S.*) لَفْظَة ، كَلِمَة ، مُفْرَدَة

vocabulary, *n.* مَجْموعَة مُفْرَدات ومَعانِيها

he does not have a large vocabulary مَحْصُوله اللُّغَوِيّ ضَئِيل

vocal, *a.* صَوْتِيّ

vocal music مُوسِيقى صَوْتِيّة

he was very vocal in his protests اِعْتَرَضَ أَشَدَّ الاعْتِراض (عَلى الاقْتِراح مثلًا)

vocalic, *a.* نِسْبَةً إلى حُروف العِلَّة

vocalist, *n.* مُطْرِب ، مُغَنٍّ

vocalize, *v.t.* 1. (utter) لَفَظ ، نَطَق

2. (write with vowel points) شَكَّل الحُروف

vocation, *n.* المِهْنَة (كَنِداءٍ أو رِسالَة)

he has little vocation for teaching لم يُخْلَق ليكون مُعَلِّمًا

engineering is his vocation وُلِدَ مُهَنْدِسًا

vocational, *a.* مِهْنِيّ

vocative, *a. & n.* صِيغَة النِّداء (نحو)

vociferate, *v.t. & i.* صاحَ ، هتف ، صَرَخ

vociferous, *a.* (جَمْع) صاخِب ، يُحْدِث ضَجَّة

vodka, *n.* الفُودْكا ، شَراب رُوسِيّ مُسْكِر

vogue, *n.* مُوضَة شائِعة ؛ رَواج

in vogue رائِج ، شائِع ،

all the vogue آخِر صَيْحَة ، آخر مُودَة

voice, *n.* صَوْت (أَصْوات)

he lost his voice بُحَّ صَوْتُه وعَجَز عن الكَلام

he is in good voice tonight صَوْتُه اللّيلة أَحْسَنُ ما يَكون (في الغِناء)

he shouted at the top of his voice صاحَ بِأَعْلَى صَوْتِه

he likes to hear the sound of his own voice إنَّه يُحِبّ الكلام الكثير ولا يَدَع فُرْصَة لِغَيْرِه

voice production عِلْم الإلْقاء

he refused to listen to the voice of reason رَكِبَ رَأْسَه ورَفَض تَحْكِيمَ عَقْلِه

they gave voice to their indignation عَبَّرُوا عن آسْتِيائهم

I had no voice in the matter لَمْ يَكُنْ لي ضِلْع في الأَمْر

the class replied with one voice أجاب التّلاميذُ على السُّؤال بِصَوْتٍ واحِدٍ

v.t. 1. (express) أَبْدَى رَأْيَه ، عَبَّر عنه

2. (*phon.*) نَطَق حَرْفًا مَع ذَبْذَبَة أَوْتار الصَّوْت

voiced, *a.* 1. (*phon.*) صَوْت مَجْهور (صوتيّات)

2. (*in comb.*), *as in*

golden-voiced ذُو حَنْجَرَة ذَهَبِيَّة

voiceless, *a.* 1. (speechless) أَبْكَم ، صامِت

2. (*phon.*) صَوْت مَهْمُوس (صَوْتيّات)

void, *a.* 1. (empty) خالٍ ، خاوٍ

2. (*leg.*, invalid) (قرار) لاغٍ ، باطِل

n. الخَلاء ، الفَراغ ، الخَواء

v.t. 1. (*leg.*, render invalid) أَبْطَل، أَلْغَى

2. (emit *excrement*, etc.) تَبَرَّز

voile, *n.* قُماش شَفّاف رَقيق ، ڤُوال

volatile, *a.* (زيت) طَيّار ، مُتَبَخِّر ، مُتَصاعِد

she has a very volatile nature مِزاجُها سَرِيع التَّقَلُّب

vol-au-vent, *n.* فَطِيرة هَشّة مَحْشُوّة بِاللَّحْم

volcan/o, *n.* (**-ic,** *a.*) بُرْكان ؛ بُرْكانِيّ

vole, *n.* فَأر الحَقْل ، فَأْر الماء ، عَكْبَر

volition, *n.* إِرادَة ، مَشِيئَة ؛ اِخْتِيار

he did it of his own volition فَعَل ذلك بِمَحْضِ اخْتِيارِه

volley, *n.* 1. (of missiles) وَابِل من الطَّلَقات

he hurled a volley of abuse at us أَمْطَرَنا وابِلاً من الشَّتائم أوسَيْلاً من السِّباب

2. (*in games*) ضَرْب الكُرة قبل أن تَمَسّ الأرض

half-volley ضَرْب كُرة التِّنِس أو الكريكيت بِمُجَرَّد أَنْ تَقْفِز بعد مَسّها الأرض لأَوَّلِ مرّة

v.t. & i. 1. (missiles) أَطْلَق وابِلاً من القَذائف دَفْعةً واحِدةً

2. (*in games*) ضَرَب الكُرة قَبل أن تَمَسَّ الأرض

volley-ball, *n.* الكُرة الطّائرة ، القُولي بُول

volt, *n.* ڤُولت ، ڤُولط (وَحْدَة القوّة الكَهْرَبائية)

voltage, *n.* الجُهْد مَقِيسًا بالڤُولْت

volte-face, *n.* نُكُوص على العَقِبَيْن، تَغَيُّر تامّ

voltmeter, *n.* ڤُولتامتر، مِقْياس الجهد الكَهْرَبائيّ

volub/le, *a.* (**-ility,** *n.*) طَلْق اللِّسان ، ثَرْثار

volume, *n.* 1. (book, bound section of book) مُجَلَّد ، جُزْء من مؤلَّف ذِي عِدَّة أَجْزاء

this speaks volumes for his generosity هذا (التّبرّع) يَنْطِق بِسَخائِه الشَّدِيد

2. (solid content, mass) حَجْم، سَعَة

volume control مِفْتاح الصَّوْت (بالرّاديو)

the volume of this box is 3 cubic feet
حَجْم هذا الصُّنْدوق ثلاثَة أقدام مُكَعَّبَة

volumes of smoke came from the chimney
اِنْدفعت سُحب الدُّخان من المِدْخَنَة

volumetric, *a.* نِسْبَةً إلى قِياس الحَجْم

volumetric analysis التَّحْليل الحَجْمِيّ (كيمياء)

voluminous, *a.* كَبير الحَجْم، ضَخْم

he is a voluminous author إنّه مُؤلِّف
غَزير الإنْتاج خَصِب القَريحة

he conducted a voluminous correspondence
حَرَّر عَدَدًا لا يُحْصَى مِن الرَّسائل

she wore voluminous skirts
كانَت تَرْتَدي تَنُّورَة (جُونلّة) فَضْفاضة

voluntarily, *adv.* طَوْعًا، عن طِيبِ خاطِر

voluntary, *a.* طَوْعيّ، إراديّ

voluntary hospital مُسْتَشْفًى خَيْرِيّ، مَبَرَّة

voluntary service خِدْمَة طَوْعِيّة

voluntary, *n.* (*mus.*) قِطْعَة مُوسِيقِيّة تُعْزَف
عَلى الأرْغُن قَبل قُدّاس الكَنِيسَة أو بَعْده

volunteer, *n.* مُتطَوِّع؛ جُنْديّ مُتطوِّع

v.t. & i. تَطَوَّع، تَقَدَّم مِن تِلْقاء نَفْسِه

the witness volunteered a statement
تَطَوَّع الشّاهِد بالإدْلاء بِأَقْواله

he volunteered for the army تَطَوَّع في الجَيْش

voluptuary, *n. & a.* شَهْوانيّ، مُحِبّ لِلَّذات

voluptuous, *a.* مُثير لِلحِسّ أو الشَّهْوَة الجِنْسِيَّة

volute, *n.* حِلْيَة حَلَزونِيّة الشَّكْل مَنْقوشَة
بِأعْلى بَعْض الأعْمِدة (اليونانِيَّة مثلاً)

vomit, *v.t. & i.* قاءَ، تَقَيَّأ، هاعَ، اسْتَفْرَغ

n. قَيْء، اسْتِفْراغ

voodoo, *n.* القُودُو: مَزيج من السِّحْر والشَّعْوَذَة
عِنْد بَعْض زُنُوج امْرِيكا وجُزُر الهِنْد الغَرْبيّة

voracious, *a.* شَرِه، نَهِم، أَكُول، طَمّاع

she had a voracious appetite for scandal
كانَت شَدِيدة الوَلَع بِفَضائِح الآخَرين

voracity, *n.* شَراهَة، نَهَم، جَشَع

vortex (*pl.* vortices), *n.* دَوّامة، دَوّارَة ماءٍ

votar/y (*fem.* **-ess**), *n.* داعِيَة، نَصِير مُتَحَمِّس

vote, *n.* صَوْت، تَصْوِيت

a minor has no vote لَيْسَ لِلقاصِر حَقّ التَّصْوِيت

the Prime Minister asked for a vote of confidence طَلَب رَئِيس الوُزَراء مِن
أَعْضاء البَرْلَمان الاقْتِراعَ على الثِّقَة

the motion was put to the vote طُرِحَ
الاقْتِراحُ على التَّصْوِيت، أُخِذَت الأَصْواتُ عَلَيْه

the chairman moved a vote of thanks
قَدَّم رَئِيس الجَلْسَة اقْتِراحًا بالشُّكْر

the Army vote حِصَّة الجَيْش مِن المِيزانِيّة

v.t. & i. صَوَّت، اِنْتَخَب، اِقْتَرَع

the Bill was voted through وَافَق البَرْلَمان
عَلى المَشْرُوع، نالَ الاقْتِراحُ مُوافَقَة النُّوّاب

the proposal was voted down لَمْ يُوافِق
البَرْلَمان على المَشْرُوع، رُفِضَ الاقْتِراح

the committee voted a sum for expenses
وَافَقَت اللَّجْنَة على تَخْصِيصِ اعْتِمادٍ للمَصْرُوفات

the new teacher was voted a bore وَافَقَت
الأكْثَرِيّة على أنّ المُدَرِّس الجَدِيدَ ثَقِيلُ الظِّلّ

I vote we send him to Coventry (*coll.*)
أَقْتَرِحُ مُقاطَعَتَه مُقاطَعَةً تامّة

voter, *n.* ناخِب ، مَنْ له حقّ التَّصْوِيت

votive, *a.*, *esp. in*

votive offering قُرْبان ، نَذْر ، نَذِيرَة

vouch, *v.i.*; *usu.* vouch *for* كَفَلَ ، ضَمِن

voucher, *n.* مُسْتَنَد صَرْفٍ ؛ مُسْتَنَد مُؤَيِّد لِ ...

vouchsafe, *v.t.* تَنازَلَ أو تَكَرَّم بِفِعْلِ شَيْءٍ

vow, *n.* نَذْر (نُذُور) ، عَهْد (عُهُود)

v.t. نَذَرَ ، قَطَعَ على نَفْسِه عَهْدًا بِ ...

vowel, *n.* حَرْف عِلَّة

vox humana (*Lat.*) نَغْمَة كَصَوْت الانْسان (أرغن)

vox populi ⟨***vox dei***⟩ (*Lat.*) صَوْت الشَّعْب
مِن صَوْت اللّه

voyage, *n.* رِحْلَة بَحْرِيّة (طَوِيلة)

v.i. قامَ بِرِحْلَة بَحْرِيّة ، سافَرَ بَحْرًا

voyager, *n.* رَحّالة (قَدِيمًا) ، مُسافِر

voyeur, *n.* شاذّ جِنْسِيًّا يَجِدُ مُتْعَة في مُشاهَدَة
الأَعْضاء التَّناسُلِيَّة أو العَمَلِيّة الجِنْسِيَّة

vulcanite, *n.* مادّة صُلْبَة قِوامُها المَطّاط والكِبْرِيت

vulcanize, *v.t.* قَسَّى المَطّاط بالكِبْرِيت

vulgar, *a.* غَيْر مُهَذَّب ، سُوقِيّ

vulgar fraction كَسْر اعْتِيادِيّ (رِياضِيّات)

the vulgar herd العامّة ، السُّوقَة

vulgar taste ذَوْق مُبْتَذَل أو رَخِيص

the vulgar tongue اللُّغَة الدّارِجة ، العامِّيّة

vulgarian, *n.* غَنِيّ يَنْقُصه الذَّوْق المُهَذَّب

vulgarism, *n.* تَعْبِير نابٍ ؛ لَحْن في الكَلام

vulgarity, *n.* سُوقِيَّة ، فَظاظَة

vulgarize, *v.t.* جَعَل الشَّيْءَ مُبْتَذَلًا بِإشاعَتِه

Vulgate, *n.* تَرْجَمَة الكِتاب المُقَدَّس إلى اللاّتِينِيّة
(قام بِها القِدّيس هِيرُونِيمُوس في القَرْن الرّابِع)

vulnerability, *n.* التَّعَرُّض لِلهُجُوم أو النَّقْد

vulnerable, *a.* 1. (that can be wounded)
يَسْهُل نَقْده أو مُهاجَمَته
وَضْع يُصْبِح فيه 2. (contract bridge)
لاعِبا البِرِيدج مُعَرَّضَيْن لِجَزاءٍ مُضاعَف

vulpine, *a.* نِسْبَةً إلى الثَّعْلَب ؛ ذُو دَهاءٍ

vulture, *n.* نَسْر (نُسُور)

culture vulture (*sl.*) مَنْ يَسْعَى وَراءَ التِّهام
الثَّقافَة دُونَ أن يُفِيدَ مِنها فائِدَة حَقِيقِيَّة

as soon as he inherited, the vultures
gathered ما كادَ يَرِث حَتَّى انْقَضَّ
عَلَيْه الجَشِعُون كالطُّيُور الكَواسِر

vulva, *n.* الفَرْج (عُضْو التَّناسُل عند الأُنْثَى
وخاصَّة الفَتْحَة الخارِجِيَّة للمَهْبِل)

W

W الحَرْف الثّالِث والعِشرون مِن الأَبْجَدِيَّة الانكليزيّة

wad, *n.* 1. (small lump of soft material) قِطْعَة صَغيرة من مادَّة لَيِّنة (كالقُطْن مثلاً)

2. (*U.S. coll.*, roll of banknotes) رِزْمَة من الأَوْراقِ المالِيَّة

v.t. حَشَا ، ضَرَّب (اللِّحاف مَثلاً)

a wadded jacket سُتْرَة مُبَطَّنَة بِطَبَقَة قُطْنِيَّة

wadding, *n.* حَشْو من القُطْن أو اللَّبّاد

waddle, *v.i.* & *n.* تَمايَل في مِشْيَتِه (كالبَطَّة)

wade, *v.i.* & *t.* خاضَ الماءَ

he waded into his attackers شَرَع يَضْرِب مُهاجِميه ضَرْبًا عَنيفًا

the children waded into the meal اِنْقَضَّ الأَطْفال على الأَكْل يَلْتَهِمونه اِلْتِهامًا

the student waded through the dull book جاهَد الطّالِب حَتّى انْتَهى مِن قِراءَة الكِتابِ المُمِلّ

waders, *n.pl.* حِذاء صامِد لِلماء يُغَطِّي السّاقَيْن

wafer, *n.* 1. (thin biscuit) بَسْكَويت هَشّ

2. (disc of bread in Holy Communion) بُرْشان القُرْبان المُقَدَّس

3. (seal on documents) بُرْشان لِخَتْم الوَثائِق

waffle, *n.* فَطِير رَقيق يُصْنَع مِن عَجينٍ سائِلٍ ويُؤْكَل بِالعَسَل

waffle, *v.i.*, *also n.* (*coll.*) هَذَرَ، لَغا ؛ هُراء

waft, *v.t.* حَمَل (النَّسيمُ عَبيقَ الزَّهْرَة مثلاً)

n. نَسْمَةُ (رِيحٍ) ، هَبَّة

wag, *v.t.* & *i.* هَزَّ ، بَصْبَص (ذَيْلَه)

he wagged his finger at me أَخَذ يُهَدِّدُني ويُوَبِّخُني بِهَزّ أُصْبُعِه

the scandal set tongues wagging أَخَذَتِ الأَلْسِنة تَلوكُ الفَضيحَةَ وتَتَداوَلُها

it is the tail that is wagging the dog! لَقَد انْعَكَسَت الآيَة - وَها هُوَ العَبْد يَأْمُر السَّيِّد!

n. هزَّة (الذَّنَب مثلاً) ؛ مُهَرِّج ، مُضْحِك

wage, *n.* (*usu. pl.*) أَجْر (أُجُور)

wage-earner أَجِير (أُجَراء)

the government advised a policy of wage-restraint أَشارَت الحُكُومَة بِاتِّباع سِياسَة تَقْيِيد الأُجُور

the wages of sin is death جَزاء الخَطِيئَة المَوْت

wage, *v.t.*, *usu. in*

wage war شَنَّ حَرْبًا على . . .

wager, *n.* رِهان ، مُراهَنة

v.t. راهَن

waggish, *a.* هَزْلِيّ ، مُولَع بِالمِزاح والمُداعَبة

waggle, *v.i.* & *t.*; *also n.* اِهْتَزَّ من جانِب إلى آخَر ؛ هَزَّ ، بَصْبَص

wag(g)on, *n.* 1. (four-wheeled vehicle) عَرَبَة شَحْن ، عَرَبَة بِضاعَة

he hitched his wagon to a star كانَت مَطامِحُه بَعيدَة المَنال

he is on the ⟨water-⟩wagon (*sl.*) لَقَد كَفَّ عَن تَعاطِي الخَمْر

station wagon سَيّارة ستِيشَن (بِهَيْكل خَشَبِيّ)

2. (open railway truck) عَرَبة مَكْشوفة لِنَقْل (الفَحْم مَثلاً) بالسِّكّة الحَدِيدِيّة

wag(g)oner, *n.* سائِق عَرَبة البِضاعَة

wagon-lit, *n.* عَرَبَة نَوْم (بِالقِطار)

wagtail, *n.* ذُعَرة، أبُوفَصادَة، زِيطَة (طائر)

waif, *n.* شارِد، شَخْص أو حَيَوان ضالّ

waifs and strays المُتَشَرِّدون واللُّقَطاء، الأَطفال المَنْبُوذون الّذين لا مَأْوَى لَهم

wail, *v.i. & n.* نَدَب، انْتَحَب؛ عَوِيل

the wind wailed أَعْوَلَت الرِّيح

the Wailing Wall حائِط المَبْكَى (في القُدْس)

wainscot, *n.* (-(t)ing, *n.*) كِسْوَة خَشَبِيّة لِلجُزْء الأَسْفَل مِن جُدْران الغُرَف

waist, *n.* خَصْر (خُصُور)

waist-band الحافَة العُلْيا (للتَّنُّورة مَثلاً) الّتي تَشُدّها حَوْل الخَصْر

the water was waist-deep وَصَل ارْتِفاع الماء (في البِرْكة مثلاً) إلى الخَصْر

the workman stripped to the waist نَزَع العامِل قَمِيصَه وظَلّ نِصْفه الأَعْلَى عارِيًا

waistcoat, *n.* صُدْرَة، صَدْرِيّة

wait, *v.i.* 1. (defer action) اِنْتَظَر

I waited up for him until midnight ظَلَلْتُ ساهِرًا في انْتِظارِه حتّى مُنْتَصَف اللَّيْل

he put my name on the waiting-list قَيَّد اسْمِي في كَشْف المُنْتَظِرين (لمُقابَلة الوَزِير مثلاً)

waiting-room غُرْفَة الانْتِظار، اسْتِراحَة

2. (act as attendant *on*) قامَ عَلَى خِدْمَتِه

3. (call *on*) زارَ بِصِفة رَسْمِيّة

our representative will wait on you next Monday سَيَمْثُل مَنْدُوبُنا بَيْن يَدَيْكُم يَوْمَ الاثْنَيْنِ القادِم

4. (act as waiter) خَدَمَ (زَبائنَ المَطْعَم)

he was engaged to wait at table تَعاقَدُوا معه لِيَعْمَل نادِلاً بِالمَطْعَم

v.t. اِنْتَظَر (وُصُولَه مثلاً)

he waited his opportunity تَحَيَّنَ الفُرْصَة

n. 1. (act of waiting) اِنْتِظار، تَرَقُّب

we lay in wait for them تَرَبَّصْنا لَهُم

2. (*pl.*, carol-singers) مَجْمُوعَة من المُغَنِّين يَطُوفُون لَيْلاً لِيُنْشِدوا أَغانِي عِيد المِيلاد

wait/er (*fem.* **-ress**), *n.* نادِل، جَرْسُون

waive, *v.t.* تَخَلَّى (عن حَقٍّ)، تَنازَل عنه

waiver, *n.* (*leg.*) وَثِيقة تَنازُل عن حَقٍّ ما

wake (*pret.* woke, waked, *past p.* woken, waked) *v.i. also*, wake up اِسْتَيْقَظ، صَحا، نَهَض مِن نَوْمِه

he woke up to the fact that . . . أَدْرَك أو تَنَبَّه فَجْأَةً إلى أنّ ...

v.t. أَيْقَظ، أَنْهَض، صَحَّى

n. 1. (*Ireland*, vigil over corpse) السَّهَر على جُثَّة المَيِّت قَبْلَ دَفْنِها (في ايرلندا)

2. (*usu. pl.*, *Northern England*, holiday) عُطْلَة سَنَوِيّة خِلال الصَّيْف (بِشمال انكلترا)

3. (track on water left by ship, etc.) الأَثَر الّذي تُخَلِّفه السَّفِينة الجارِية في المِياه

inflation came in the wake of the war

جاءَ التَّضَخُّمُ المالِيُّ في أعْقاب الحَرْب

wakeful, *a.* يَقِظ ، ساهِر ؛ أَرِق

waken, *v.i. & t.* اِسْتَيْقَظ ؛ أَيْقَظ

wale, *see* weal

walk, *v.i.* مَشَى ، سَارَ

he walked off with all the prizes

فَازَ (الطّالِب النَّجيب) بِكُلّ الجَوائز

the thief walked off with the day's takings

سَرَق اللِّصّ الإيرادَ اليَوْميّ لِلمَتْجَر

3,000 men walked out أَضْرَب ثَلاثة آلافِ عامِل

they have been walking out for two years

بَيْنَهُما رِفْقَة تَعُود إلى عامَيْن مَضَيا

my assistant has just walked out on me

لم يَهْجُرْني مُساعِدي في العَمَل إلّا مُنْذ هُنَيْهَة

walk-out, *n.* إضْراب العُمّال (مُفاجِئ عادةً)

walk-over, *n.* اِنْتِصار سَهْل (في مُباراة)

v.t. 1. (tread surface of) خَطا فَوْقَ

he walked the boards for forty years قَضَى أَرْبَعِين سَنة على خَشَبَة المَسْرَح

2. (cause to walk) مَشَّى ، جَعَلَه يَمْشي

he walked me off my legs أَجْهَدَني بالسَّيْر مَعه مَسافة طَوِيلة

n. 1. (journey on foot) نُزْهَة على القَدَمَيْن

2. (manner of moving) مِشْيَة

3. (profession, position in society); *as in*

all walks of life مُخْتَلِف المِهَن والبيئات

4. (footpath or road) مَمْشًى ، مَمَرّ

5. (*athletics*) سِباق المَشْي (رِياضة)

walkie-talkie, *n.* (*coll.*) تِلِيفون لاسِلْكِيّ مُتَنَقِّل (يَحْمِله الشُّرْطِيّ للاتِّصال بالقِيادة)

walking, *n.* مَشْي ، سَيْر

walking-stick عَصا المَشْي

wall, *n.* حائِط ، جِدار ، سُور (القَلْعَة)

walls have ears للجدران آذان

he went to the wall غُلِب على أَمْره

v.t. 1. (surround with wall) سَوَّر

walled city مَدِينة مُسَوَّرَة أو ذاتُ أَسْوار

2. (close *up*) سَدَّ فَتْحة (في الجِدار)

wallaby, *n.* حَيَوان مِن فَصِيلة الكَنْغَر

walla(h), *n.* عَامِل ، خادِم ؛ شَخْص (عامّية)

wallet, *n.* حَافِظَة للأَوْراق النَّقْدِيّة

wallflower, *n.* 1. (flower) مَنْثُور (زهور)

2. (woman not invited to dance) اِمْرَأة لا تَجِد من يُراقِصُها في الحَفْلة

wallop, *v.t. & n.* (*coll.*) لَطَم ؛ صَفْعَة

wallow, *v.i., also n.* تَمَرَّغ (في الوَحْل مثلاً)

he was wallowing in self-pity وَجَد مُتْعَة شَدِيدَة في الشُّعُور بالإشْفاق على نَفْسِه

wallpaper, *n. & v.t.* وَرَق الجُدْران ؛ وَرَّق

walnut, *n.* جَوْز ؛ شَجَرة الجَوْز ؛ خَشَب الجَوْز

walrus, *n.* فَظّ ، فِيل البَحْر (حَيوان بَحْرِيّ)

waltz, *n.*; *also* **valse** رَقْصَة الفَالْس ، مُوسيقاها

v.i. & t. رَقَص رَقْصَة الفَالْس

wan, *a.* شاحِب ، مُمْتَقِع ، (ابتسامَة) باهِتَة

wand, *n.* صَوْلَجان ، مِخْصَرة ، عَصا ، قَضيب

wander, *v.i.* 1. (rove aimlessly); *also v.t.* هَامَ على وَجْهه ، ضَرَب في الأَرْض

2. (stray from right path) ضَلَّ ، تاهَ

I'm sorry, I was wandering آسِف ـ لَقَد كُنْتُ شارِد الذِّهْن

the feverish man was wandering كانَ المَحْموم يَهْذِي

wanderings, *n.pl.* 1. (journeyings) تَجْوال

2. (confused talk) هَذَيان ، هُذاء

wanderlust, *n.* شَغَف بالسَّفَر والتَّرْحال

wane, *v.i. & n.* تَضاءَل ، تَناقَص ؛ تَناقُص

waning moon القَمَر في المُحاق

his popularity is on the wane إنّ شَعْبِيَّتَه آخِذَة في التَّناقُص

wangle, *v.t. & n.* (*sl.*) تَمَلَّص بِحِيلة ؛ حِيلَة

want, *n.* 1. (deficiency) نَقْص ، اِنْعِدام

he died for (from) want of medical care مَاتَ لِعَدَم تَوافُر الرِّعاية الطِّبِّيّة

2. (penury, need) عَوَز ، فَقْر ، ضِيق

there are many people still in want لا يَزال هُناكَ كَثير من المُعْوِزين

3. (*usu. pl.*, something desired) مُتَطَلَّبات

he has few wants يَكْفِيه القَليل

this will fill a long-felt want سَوْف يَسُدّ هَذا حاجَةً طالَ عَلَيْها الأَمَد

v.t. & i. طَلَبَ ، أَرادَ ، اِحْتاجَ ، رَغِبَ

he wants for nothing لا يُعْوِزه شَيْء

he was found wanting وُجِدَ غير كُفْء

he is a little wanting (*coll.*) بِه لَوْثة (عَقْلِيّة)

wanted, *past p. & a.* مَطْلوب ، مَرْغُوب فيه

a wanted man رَجُل تَبْحَث الشُّرْطَة عنه

wanton, *a.* 1. (wilful) طَائِش ، جائِر

wanton mischief الإساءَة عَمْدًا

2. (licentious) فَاسِق ؛ (اِمْرأة) داعِرَة

n. اِمْرَأة خَلِيعة أو مُسْتَهْتِرة

war, *n.* حَرْب (حُروب)

the war-clouds are gathering سُحُب الحَرْب آخِذَة في التَّجَمُّع

war-cry صَيْحَة الحَرْب

war-lord قَائِد حَرْبِيّ كَبير

War Office وِزَارَة الحَرْبِيّة البِرِيطانِيّة

war-paint الزِّيّ الرَّسْمِيّ الكامِل ؛ الماكِياج

she spent an hour putting on her war-paint قَضَت ساعَة كامِلة في تَزْيين وَجْهِها

the boss is on the war-path رَئِيس العَمَل مُتَحَفِّز للهُجُوم (اليومَ) لأَتْفَه الأَسْباب

the country went to war أَعلنت البِلادُ الحَرْب

he appears to have been in the wars يَبْدُو أنّه قد عانَى كَثيرًا

war to the knife حَرْب بِدُون هَوادَة

let loose the dogs of war أَعْلَن حَرْبًا شَعْواء (أو مَسْعُورة) على ...

warble, *v.i. & t.* غَرَّدَ ، صَدَح ، شَدَا

warbler, *n.* صَدَّاح (طائِر مُغَرِّد)

ward, *n.* 1. (guardianship) وِصَايَة

2. (person under guardianship) قَاصِر ، تَحْتَ الوِصَايَة

3. (administrative division of town) قِسْم إِدَارِيّ فِي مَدِينَة كَبِيرَة

4. (division of hospital, etc.) جَنَاح، عَنْبَر

v.t.; usu. ward off دَفَعَ (الأَذَى)، تَجَنَّبَ

warden, *n.* مُرَاقِب ، حَارِس ، قَيِّم (الكَنِيسَة)

ward/er (*fem.* **-ress**), *n.* سَجَّان ، حَارِس السِّجْن

wardrobe, *n.* 1. خِزَانَة مَلابِس ، دُولاب

2. (stock of clothing) مَجْمُوعَة مَلابِس المَرْء

wardrobe-dealer تَاجِر المَلابِس القَدِيمَة

wardrobe-mistress سَيِّدَة مَسْؤُولَة عَن ثِيَاب مُمَثِّلِي وَمُمَثِّلات الفِرْقَة المَسْرَحِيَّة

wardroom, *n.* حُجْرَة

ware, *n.* 1. (*pl.*, goods for sale) بَضَائِع ، سِلَع

2. (esp., pottery of specific kind) آنِيَة (مِن نَوْع مُعَيَّن) ؛ أَوانٍ فَخَّارِيَّة

ware, *v.t.* (*imperat. only*) حَذَارِ! اِحْذَرْ!

warehouse, *n.; also v.t.* مُسْتَوْدَع لِخَزْن البَضَائِع

warfare, *n.* حَرْب ، قِتَال ، جِهَاد ، صِرَاع

warhead, *n.* الرَّأْس المُتَفَجِّر فِي قَذِيفَة

warlike, *a.* حَرْبِيّ ، مُولَع بِالقِتَال

warm, *a.* 1. (slightly heated) دَافِئ

warm-blooded كَائِن ثَابِت الحَرَارَة نِسْبِيًّا ؛ عَاطِفِيّ

warm clothes مَلابِس دَافِئَة

warm colours أَلْوَان دَافِئَة (كَاللَّوْن الأَحْمَر)

the disputants grew warm اِحْتَدَّ المُتَنَاقِشُون

I'll make it warm for him سَأُذِيقُهُ المُرَّ ، سَأُعَاقِبه شَرَّ عِقَاب

2. (ardent, affectionate) رَقِيق ، عَطُوف

warm-hearted وَدُود ، عَطُوف

warm welcome اِسْتِقْبَال حَارّ أَو وُدِّيّ

3. (*of trail*, fresh and strong) أَثَر حَدِيث

you are getting warm (*coll.*) إِنَّك تَقْتَرِب مِن الهَدَف المَنْشُود (فِي أَلْعَاب الصِّغَار)

v.t.; also warm up سَخَّنَ ، دَفَّأَ

warming-pan وِعَاء نُحَاسِيّ ضَحْل ذُو يَدٍ طَوِيلَة يُوضَع بِه الجَمْر لِتَدْفِئَة الفِرَاش (قَدِيمًا)

v.i. اِزْدَاد حَرَارَةً أَو حَمَاسًا

the party began to warm up أَخَذ جَوّ الحَفْلَة يَزْدَاد دِفْئًا وَحَرَارَةً

I found it easy to warm to him لَم أَجِد صُعُوبَةً فِي التَّعَاطُف مَعَه

n. تَدْفِئَة ، دِفْء

a British warm مِعْطَف سَمِيك قَصِير يَرْتَدِيه كِبَار ضُبَّاط الجَيْش البِرِيطَانِيّ

warmonger, *n.* مُشْعِل نِيرَان الحَرْب ، دَاعِيَة لها

warmth, *n.* دِفْء ، سُخُونَة ؛ حَمَاس

he spoke with some warmth تَكَلَّم بِشَيْء مِن الحِدَّة وَالانْفِعَال

warn, *v.t.* أَنْذَرَ ، حَذَّرَ ؛ هَدَّدَ

warning, *n.* إِنْذَار ، تَحْذِير ، تَنْبِيه (بِالخَطَر)

warp, *v.t. & i.* 1. (bend, twist) جَعَل (لَوْح الخَشَب مثلاً) يَنْثَني أويلْتَوي؛ اِعْوَجَّ سَطْحُه
his judgement is warped إنّه مُجْحِف في رَأْيِه
2. (haul ship by rope) سَحَب سَفِينَةً بِحَبْل
n. 1. (bend or twist) اِعْوِجاج ، اِنْحِراف
2. (thread in weaving) سَداة النَّسِيج
3. (rope for hauling) حَبْل سَمِيك يُسْتَعْمَل في سَحْب السُّفُن

warrant, *n.* 1. (justification, authority) مُسَوِّغ، مُبَرِّر (لإجْراءٍ ما)
2. (official document of authorization) تَرْخِيص، إجازَة، إذْن، تَفْوِيض رَسْمِيّ
dividend warrant أَمْر بِصَرْف أَرْباح الأَسْهُم
warrant-officer الصُّول (رُتْبة عَسْكَرِيّة)
v.t. 1. (justify) سَوَّغ ، بَرَّر
2. (guarantee) ضَمِنَ ، كَفَلَ
I'll warrant you he'll be drunk when he arrives أُؤَكِّد لكَ أنّه سَيَكون مَخْمُورًا عِند وُصُوله

warranty, *n.* ضَمان ، كَفالَة

warren, *n.* قِطْعة أَرْض بِها أَوْجِرة لِلأَرانِب
the old quarter of the town was a warren of narrow streets كَانَ الحَيُّ القَدِيم بالمَدِينة مَجْمُوعَة من الأَزِقَّة الضَّيِّقة

warring, *a.* (الأَحْزاب) المُتَطاحِنَة

warrior, *n.* مُحارِب ، مُقاتِل

warship, *n.* سَفِينَة حَرْبِيّة

wart, *n.* ثُؤْلُول ، بَثْر صَغِير بِسَطْح الجِلْد
he painted him warts and all صَوَّره بِكُلّ مَحاسِنِه وعُيُوبه
wart-hog خِنْزِير وَحْشِيّ افْرِيقِيّ

war/y, *a.* (**-ily,** *adv.*) حَذِر ، يَقِظ ؛ بِحَذَر
I am very wary of strangers إنِّي شَدِيد الحَذَر مِن الغُرَباء

was, *pret. of* **be,** *v.i.*

wash, *v.t.* 1. (cleanse with liquid) غَسَل
the sea washed away his footprints مَحَت مِياهُ البَحْر آثارَ قَدَمَيْه
we washed down the meal with a beer شَرِبْنا قَدَحًا مِن البِيرة لِتَسْهِيل هَضْم الأَكْلة
he washed his hands of نَفَضَ يَدَيْه مِن ...، تَبَرَّأَ مِن ...
he washed his shirt out غَسَل قَمِيصَه
the new invention is a wash-out لَقَد فَشِل الاخْتِراع الجَدِيد
he looks washed out يَبْدُو عَلَيْه الشُّحُوب والإعْياء
she washed up the dishes غَسَلَت الأَطْباق
the wreckage was washed up جَرَفَت الأَمْواج حُطام السَّفِينة إلى الشّاطِئ
2. (carry along or away) اِكْتَسَح
he was washed overboard جَرَفَتْه الأَمْواج مِن سَطْح السَّفِينة إلى البَحْر
3. (of rivers or seas, flow against) اِصْطَدَمت (مِياه البَحْر بِالشّاطِئ)

v.i. 1. (of material, bear washing) (قُماش) يُمْكِن غَسْلُه بِالماء

this explanation won't wash هَذِه الحُجَّة غَيْر مُقْنِعة

2. (*against*, *over*) جَرَف (المَوْج سَطْح سفينة)

3. (wash oneself) اِغْتَسَل

n. 1. (act of washing) غَسْل ، اِغْتِسال

a wash and brush up (حُجْرَة بِجانِب دَوْرَة المِياه بالمَحطّات) لاغْتِسال المُسافِرين

wash-leather قِطْعَة من جِلْد الشّامْواه للتَّنْظِيف

wash-stand مِنْضَدة بِحُجْرَة النَّوْم تَحْمِل أَوَاني الاغْتِسال (قديمًا)

2. (clothes to be washed) (ثِياب) الغَسِيل

3. (motion of agitated water) اِضْطِراب الماء أو اصْطِخاب المَوْج بَعْد مُرور السُّفُن

washable, *a.* (قُماش) قابِل للغَسْل

washer, *n.* 1. (someone or something that washes) غَسّال ، غَسّالة

washerwoman غَسّالة ، اِمْرَأة تَغْسِل المَلابِس

2. (metal or rubber ring) حَلْقَة (مِن المَعْدِن أو المَطّاط)، فَلْكة (سوريا)،وَرْدَة (مصر)

washing, *n.* 1. (act of cleansing with liquid) غَسْل ، اِغْتِسال

washing-day اليَوْم المُخَصَّص لِغَسْل الثِّياب

washing-machine غَسّالة (كَهْرَبائية)

washing-up غَسْل الأَطْباق بَعْد الأَكل

2. (clothes to be washed) (ثِياب) الغَسِيل

washy, *a.* (طَعام) مَسِيخ ، تَفِه ؛ غَثّ ؛ باهِت

wasn't, *coll. contr. of* **was not**

wasp, *n.* الزُّنْبُور (حَشَرَة تَطِير وتَلْدَغ)

wasp-waisted (اِمْرَأَة) نَحِيلة الخَصْر

waspish, *a.* شَرِس ، (لِسان) لاذِع

wastage, *n.* خَسارة ، تَلَف (في المَوادّ الخام مثلاً)

waste, *a.* 1. (*of land*, not cultivated, barren) (أَرْض) قَفْر ، بُور ، جَدْباء

waste land أَرْض خَراب أو بُور

2. (useless, thrown away) مُهْمَل

waste-paper-basket سَلَّة المُهْمَلات

waste-pipe مَاسُورَة تَصْرِيف المِياه القَذِرَة

v.t. 1. (use without good purpose); *also v.i.* أَضاعَ (الوَقْتَ سُدًى) ، بَذَّر ، بَدَّد ، بَعْثَر

waste not want not الاِقْتِصاد يُغْنِي عن الحاجَة

2. (enfeeble); *also* waste away, *v.i.* أَضْنَى، أَنْهَكَ ، أَذْبَل ؛ نَحِلَ ، اِضْمَحَلَّ

n. 1. (unprofitable use) تَبْذِير

go to waste ذَهَبَ سُدًى ، ضاعَ ، تَبَدَّد

2. (waste material) نِفاية ، فَضَلات

3. (area of waste land) قَفْر، أَرْض بُور

wasteful, *a.* مُبَذِّر ، مُسْرِف ، مِضْياع

waster, *n.*; *also* **wastrel** شَخْص مُبَذِّر

watch, *v.i.* سَهِرَ ، ظَلَّ مُتَيَقِّظًا

one must watch out for difficulties
على المَرْءِ أَنْ يَحْتاطَ للصُّعُوبات

the mother watched over her child

سَهِرَت الأُمّ عَلَى صالِح وَلَدِها

v.t.   رَاقَب ، لاحَظ ، حَرَس

watching brief   مُلَخَّص الدَّعْوَى (يُعِدّه)

مُحامٍ مُوَكَّل بِمُراقَبَة سَيْرِها مِن قِبَل شَخْصٍ آخَر

n. 1. (act of watching)   حِراسَة ، مُراقَبَة

Watch Committee   لَجْنَة أَهْلِيَّة لِشُؤُون

الأَمْن وإدارَة الشُّرْطَة (في بريطانيا)

watch-dog   كَلْب الحِراسَة

we kept watch all night   سَهِرْنا طِوال اللَّيْل

the police are on the watch for the escaped

criminal

يَقِف رِجال الشُّرْطَة بِالمِرْصاد لِلمُجْرِم الهارِب

2. (period of duty)   نَوْبَة ، دَوْرَة حِراسَة

the still watches of the night   (فَتْرَة) سُكُون

اللَّيْل وهَدْأَته ، الهَزِيع الأَوْسَط مِنه

3. (timepiece)   ساعَة

watchful, *a.*   يَقِظ ، مُتَنَبِّه ، واعٍ

watchman, *n.*   حارِس ، خَفِير ، نَاطُور

watchword, *n.*   شِعار ؛ كَلِمَة السِّرّ

water, *n.* 1. (liquid, compound of oxygen and

hydrogen)   ماء ، مِياه

water-bottle   قِنِّينَة لِمِياه الشُّرْب ، زَمْزَمِيَّة

water-butt   بِرْمِيل تَجَّمَّع فيه مِياه الأَمْطار

water-cart   عَرَبة لِنَقْل المِياه أَو رَشّ الشَّوارِع

water closet; *abbr.* W.C.   دَوْرَة المِياه ، مِرْحاض

water-colour   (لَوْحَة مَرْسُومة) بِأَلْوان مائِيَّة

water-diviner   قُناقِن (عَرّاف المِياه الباطِنِيَّة)

water-glass   مَحْلُول كيماويّ لِحِفْظ البَيْض

water-hole   اِنْخِفاض بِسَطْح الأَرْض تَجَّمَّع

فيه مِياه الأَمْطار وتَرِدُه الحَيَوانات لِلشُّرْب

water-lily   النَّيْلوفَر ، البَشْنِين (نَبات مُزْهِر)

water-line   خَطّ الماء (يُرْسَم على جانِب سَفِينة)

water-main   أُنْبُوب الماء الرَّئيسِيّ

water-melon   بِطِّيخ (أَحْمَر) ، جَبَس ، رِقّيّ

water-mill   طاحُونة الماء

water on the knee   ماء في الرُّكْبة

(مَرَض يُصِيب المَفْصِل عَلَى أَثَر صَدْمَة)

water-polo   لُعْبَة كُرَة الماء

water-softener   جِهاز يَجْعَل الماء العَسِير يَسَرًا

water-table   مُسْتَوى الماء الباطِنِيّ

(يَرْتَفِع عند تَشَبُّع مَسامّ الصُّخور بِالمِياه)

water-tower   بُرْج بِأَعْلاه صِهْرِيج ماء يُساعِد

على تَوْزِيع المِياه لِلمَنازِل العالِية

water-wings   عَوّامَتان (مِن المَطّاط أَو

البلاستيك) لِمُساعَدَة المُبْتَدِئ في السِّباحَة

2. (state of the tide)   حالَة المَدّ والجَزْر

high (low) water   مِياه المَدّ (أَو الجَزْر)

high-water mark   خَطّ على شاطِئ البَحْر

يُشِير إلى أَقْصى اِرْتِفاع لِمُسْتَوى المَدّ

this was the high-water mark of his career

كان هَذا المَنْصِب أَوْج حَياتِه العَمَلِيَّة

the business is in low water   حالَة المَتْجَر

في كَسادٍ هَذه الأَيّام

3. (clearness of precious stone) صَفاء

(a diamond) of the first water (*often fig.*)
(ماسَة) مِن أَعْلى صِنْف ؛ مِن أَوَّل طِراز

v.t. 1. (sprinkle or wet with water) رَشّ (الزُّهور) بِالماء ، رَوَى ، سَقى

watering-can مِنْضَحة ، مِرَشّة ، رَشّاشَة

2. (dilute); *also* water down خَفَّفَ بِالماء

he presented a watered down version of his original proposals أَعادَ تَقْدِيمَ المَشْرُوع بَعْد أَن خَفَّفَ مِن غُلَواءِ مُقْتَرَحاتِه

3. (give *animals* water) سَقَى الحَيَوانات

v.i. 1. (fill or run with water) سالَ ؛ اِبْتَلَّ

the thought of such riches makes my mouth water إِنَّ التَّفكِيرَ في مِثْل هٰذِه الثَّرْوَة يَجْعَلُ لُعابِي يَسِيل

peeling onions makes your eyes water
تَقْشِير البَصَل يَجْعَل العُيُون تدمع

2. (take in supply of water) تَزَوَّدَ بِالماء

watering-place
(spa) مُنْتَجَع المِياه المَعْدِنِيَّة
(place for taking water) مَوْرِد تَتَزَوَّد مِنه البَواخِر أو القاطِرات بِالماء

watercourse, *n.* مَجْرًى مائِيّ ؛ جَدْوَل

watercress, *n.* جرجير ، قُرّة العين (نبات حرّيف)

watered, *past p. & a.* مَمْزُوج بِالماء

watered silk حَرِير مُتَمَوِّج ، 'مُوَارِيه'

waterfall, *n.* شَلّال ، مَسْقَط مائِيّ

waterfowl, *n.* طَيْر مائِيّ (مِن طُيُور الصَّيْد)

waterfront, *n.* الجُزْء المُطِلّ عَلى شاطِئ البَحْر

waterlogged, *n.* (قارِب) غائِص ؛ مُشْبَع بالماء

Waterloo, *n.* مَدينة واترلو (في بلجيكا. وفيها هُزِمَ نابوليون على يَدِ وِلِنجتون عامَ ١٨١٥)

the scoundrel met his Waterloo أَخيرًا لَقِيَ المُجْرِم مَصِيرَه المَحْتُوم

waterman, *n.* مَراكِبِيّ ؛ مُجَذِّف

watermark, *n.* عَلامة شَفّافَة فِي نَسِيج بَعْض الأَوْراق ؛ خَطّ مُسْتَوَى المَدّ والجَزْر

waterproof, *a.* صامِد للماء ، لا يَنْفُذ مِنه الماء
n. مِعْطَف مُشَمَّع
v.t. عالَج القُماش لِجَعْلِه صامِدًا للماء

watershed, *n.* خَطّ تَقْسِيم المِياه (جغرافيا)

waterspout, *n.* عَمُود الماء الإِعْصارِيّ في المُحِيط

watertight, *a.* لا يَنْفُذ مِنه الماء ، سَدُود للماء

his argument is watertight تَقُوم حُجَّتُه على مَنْطِق سَلِيم ولا سَبِيل إِلى دَحْضِها

waterway, *n.* مَجْرًى مائِيّ صالِح لِمُرُور السُّفُن

waterworks, *n.* مَحَطَّة تُزَوِّد المَدِينَة بِالماء

she turned on the waterworks (*fam.*)
اِنْخَرَطَت في بُكاء مُصْطَنَع (لِتَسْتَدِرّ العَطْف)

watery, *a.* مائِيّ ، سائِل

watery eyes عُيُون دامِعة

watery soup حَساء تَفِه مَسِيخ

a watery sun الشَّمْس عِندما تَكْتَنِفُها سُحُب مُمْطِرَة

watt, *n.* الواط (وَحْدَة شِدّة التَّيّار الكَهْرَبائِيّ)

wattle, *n.* 1. (lattice of twigs, etc.); *also v.t.*
سِيَاج مِن الأَغْصان الرَّقِيقة المَجْدُولَة

wattle and daub بِنَاء الجُدْران مِن الأَخْشاب والأَغْصان المَجْدُولة وتغطيتها بالجصّ

2. (appendage on bird's neck) لُغْد، رُعْثُون

3. (Australian acacia, mimosa) نَبَات أُسْتُرالِيّ مِن فَصِيلة السَّنْطِيّات، السِّت المُسْتَحِيّة

wave, *v.i. & t.* 1. (move up and down or from side to side) لَوَّح بِيَدِه ، رَفْرَف (العَلَم)

the policeman waved us on لَوَّح الشُّرْطِيّ بِيَدِه مُشِيرًا إلَيْنا بِمُواصَلَة السَّيْر

he waved goodbye وَدَّعَنا مُلَوِّحًا بِيَدِه

2. (make or be wavy) مَوَّج ؛ تَمَوَّج

n. 1. (swell on surface of water) مَوْجَة

a wave of enthusiasm swept through his listeners
سَرَت في المُسْتَمِعين مَوْجَة من الحَماسَة

the infantry attacked in waves قَامَ المُشاة بِهُجُومِهم فَوْجًا بَعْد فَوْج

crime wave مَوْجَة من الجَرائم

2. (a waving movement) تَلْوِيح بِالْيَد

3. (undulating line or surface) سَطْح مُمَوَّج

4. (*phys.*) مَوْجَة (فيزياء)

wave-length الطُّول المَوْجِيّ

they are both on the same wave-length
إنَّهما مُتَّفِقان في المُيُول والمَشارِب

waver, *v.i.* تَرَدَّد ؛ تَمايَل ؛ تَهَدَّج (صَوْتُه)

his resolution began to waver
أَخَذَت عَزِيمَتُه تَتَراخَى

he wavered for a moment before accepting
تَرَدَّد لَحْظَةً قَبْلَ أن يُصَرِّح بِقَبُوله

wavy, *a.* (شَعْر) مُجَعَّد ؛ مُتَمَوِّج

wax, *n.* شَمْع ، مُوم

wax paper وَرَق مُشَمَّع

v.t. شَمَّع ، غَطَّى بِطَبَقَة مِن الشَّمْع

v.i. 1. (*of moon*, show larger area) اِزْدَاد

our fortunes waxed and waned over the years
ظَلَّ الحَظّ يَبْتَسِم لَنا حِينًا ويَعْبَس حِينًا آخَر

2. (become) أَصْبَح ، صارَ

he waxed indignant اِسْتَشَاط غَضَبًا

waxen, *a.* شَمْعِيّ ؛ (بَشَرَة) شاحِبة وناعِمَة

waxwork, *n.*; *often pl.* مَتْحَف الشَّمْع

waxy, *a.* مِثْل الشَّمْع ؛ غَضْبان (عامِّيَّة)

way, *n.* 1. (road, street, path, etc.) طَرِيق

I live just over (across) the way أَسْكُن عَلى مَقْرُبة في الجانِب الآخَر مِن الشّارِع

we travelled to India by way of Egypt
سَافَرْنا إلى الهِنْد عَن طَرِيق مِصْر

there is something in the way
هُناك ما يُعَرْقِل السَّيْر في الطَّرِيق

he went out of his way to assist me
تَكَلَّف المَشَقَّة في سَبِيل مُساعَدَتي

a long way off عَلى بُعْدٍ كَبِير

he had done nothing out-of-the-way لَمْ يُحْرِز نَجاحًا خارِقًا للعادَة

he got out of the way تَنَحَّى (لِكَي نَمُرَّ مثلاً)

they came to the parting of the ways
وَصَلوا إلى مُفْتَرَق الطُّرق

2. (method, plan, course of action) طَرِيقَة

he always wants to have his own way إنّه
دائمًا يُصِرّ على فِعْل ما يُرِيد

that is the way of the world
تِلْكَ سُنَّة الحَياة الدُّنْيا

we shall succeed one way or another
سَوْفَ نَنْجَح بِطَرِيقَة أو بِأُخْرَى

3. (direction) اِتِّجاه ، جِهَة

he went the other way سارَ في الاتِّجاه الآخَر

you have it the wrong way round إنّكَ تُمْسِك
بِهِ في وَضْع مَعْكُوس ؛ فَهِمْتَ عَكْس المَقْصُود

4. (progress, advance) تَقَدُّم

he made his way with difficulty
شَقَّ طَرِيقَه بِصُعُوبة

the ship gathered way اِزْدادت سُرْعة
السَّفِينة (بَعْد أن أَقْلَعَت)

5. (position, state) حَالة

he is in a small way of business إنّه يُدِير
مَتْجَرًا مُتَواضِعًا

in some way(s) إلى حدٍّ ما

you can't have it both ways لا تَسْتَطِيع
الجَمْع بَيْن الضِّدَّيْن ، إمّا هٰذا أو ذاك

he said it by way of apology
قال ذٰلكَ على سَبِيل الاعْتِذار

way-bill, *n.* بَيان الرُّكّاب أو البَضائع المَشْحُونة

wayfarer, *n.* عَابِر السَّبِيل ، اِبْن السَّبِيل ، مُسافِر

wayfaring, *a.* مُتَطَوِّف ، مُتَجَوِّل ، جَوّال

waylay (*pret. & past p.* waylaid), *v.t.* تَرَبَّص
لِشَخْص (بِقَصْد مُهاجَمَته مَثلاً)

wayside, *n. & a.* جَانِب الطَّرِيق ؛ جانِبيّ

wayward, *a.* عاصٍ ؛ صَعْب المِراس ؛ مُتَقَلِّب

we, *pers. pron.* 1. (1st pers. pl.) نَحْنُ

2. (1st pers. sing., used by royalty,
judge, etc.) نَحْنُ (يَقُولها المَلِك والقاضي)

weak, *a.* 1. (lacking in strength) ضَعِيف

weak-kneed مُتَراخٍ ، مُتَخاذِل ، هَيّاب

the weaker sex الجِنْس الضَّعِيف (النِّساء)

weak tea شَاي خَفِيف

2. (*gram.*) فِعْل مِن الأَفْعال القِياسيّة
اَلَّتِي يُضاف إلَيْها **ed** أَوْ **t** عِنْدَ تَصْرِيفها

weaken, *v.t. & i.* أَضْعَفَ ، أَوْهَى ؛ ضَعُفَ

weakling, *n.* ضَعِيف (التَّكْوين أو الشَّخْصِيّة)

weakly, *a.* (طِفْل) عَلِيل ، مُتَوَعِّك ، ضَعِيف

weakness, *n.* ضَعْف ، وَهَن

we all have our little weaknesses
لِكُلّ فَرْدٍ مِنّا نُقَط ضَعْفِه

he has a weakness for sugar إنّه يُحِبّ
الحَلْوَى ولا يَسْتَطِيع مُقاوَمة إغْرائها

weal, *n.* 1. (mark from whip, stick, etc.);
also **wale** أَثَر (السَّوْط) على الجِلْد

2. (well-being, prosperity), *as in*
weal and woe اليُسْر و العُسْر

the common weal الصَّالِح العامّ

weald, *n.* مِنطَقَة رِيفِيّة كانت غابات سابِقًا

wealth, *n.* 1. (riches, large possessions) ثَرْوَة ، غِنًى

2. (large number) وَفْرَة ، فَيْض

the book contains a wealth of diagrams بِالكِتاب فَيْض من الرُّسوم البَيانيّة

wealthy, *a.* ثَرِيّ ، غَنِيّ ، مُثْرٍ ، مُوسِر

wean, *v.t.* فَطَمَ ، فَصَل عن الرَّضاع

his parents tried to wean him away from gambling حاوَل وَالِداه إِقْناعَه بِالامْتِناع عن المُقامَرة أو الكَفّ عنها

weapon, *n.* سِلاح (أَسْلِحة)

wear (*pret.* wore, *past p.* worn), *v.t. & i.*

1. (have on the body) لَبِسَ ، ارْتَدَى

he wore his heart on his sleeve لَمْ يَكْتُمْ مَشاعِرَه بل جاهَر بِها على المَلأ

he wore a frown قَطَّب جَبِينَه ، عَبِس

he wore a beard أَطْلَق لِحْيَتَه

2. (injure by rubbing) أَبْلَى

I have worn my shoes into holes أَبْلَيْتُ حِذائي حَتّى كَثُرَت ثُقُوبه

she was worn by anxiety أَضْنَاها القَلَق

a path was worn across the field أَحْدَثَت أَقْدام العابِرين مَمَرًّا في الحَقْل

the feet of the pilgrims had worn away the steps أَبْلَت أَقْدام الحُجّاج دَرَج (المَعْبَد)

the heels of his shoes were worn down تَآكَل كَعْبا حِذائه

they wore down the opposition تَمَكَّنوا مِنَ الفَتِّ في عَضُد المُعارَضة

the novelty soon wore off سُرْعانَ ما بَلَت جِدَّة الأمر

his patience wore out عِيلَ (أو نَفَدَ) صَبْرُه

I feel worn out أَشْعُر بِالتَّعَب والإِعْياء

worn-out, *a.* بالٍ ، رَثّ

3. (endure continued use) دامَ ، تَحَمَّل

this fabric wears well هٰذا نَسِيج مَتِين ويَدُوم

he wears well considering his age إنّه يَحْتَفِظ بِحَيَوِيَّتِه ونَشاطه رَغْمَ سِنِّه

4. (*of time,* pass) مَرَّ ، مَضَى (الزَّمَن)

winter is wearing on يَمْضِي الشِّتاء بِتَثاقُل

n. 1. (damage from use) البِلَى (بِالاسْتِعْمال)

he looks the worse for wear تَبْدُو عَليه مَظاهِر التَّعَب والإِرْهاق

the carpet shows signs of wear ظَهَر على البِساط ما يَدُلّ على كَثْرَة اسْتِعْماله

the damage is due to fair wear and tear هٰذا التَّلَف نَتِيجَةُ الاسْتِعمالِ والتَّداوُلِ العادِيَّيْن

2. (capacity to endure) التَّحَمُّل

there's not much wear left in these shoes لَنْ يَكونَ هذا الحِذاءُ صالِحًا للاسْتِعْمال بَعْد قَليل

3. (garments) ثِياب ، مَلابِس

children's wear مَلابِس الأَطْفال

summer wear المَلابِس الصَّيْفِيّة

wearisome, *a.* مُتْعِب ؛ طَوِيل ومُمِلّ

weary, *a.* تَعِب ، تَعْبان ، مُرْهَق ، مُنْهَك القِوى

we walked ten weary miles أَعْيَانا السَّيْر مَسافةَ عَشْرة أَمْيال

v.t. & i.; *also* weary of أَتْعَبَ ؛ تَعِبَ ، كَلَّ

weasel, *n.* اِبْن عِرْس ، فَأْر الخَيْل (حيوان)

weather, *n. & a.* جَوّ ، طَقْس

he had a weather-beaten face كانَ وَجْهُه قَدْ سَفَعَتْه الشَّمْس والرِّيح

weather-cock دَوَّارة الرِّيح ، دِيك الرِّياح

weather-ship سَفِينَة تُزَوِّد مَحَطَّة الأَرْصاد الجَوِّيَّة بالمَعْلُومات المَطْلُوبة

weather-strip شَرِيط من المَطّاط أو المَعْدِن يُثَبَّت بِحافة الباب لِمَنْع التَّيّارات الهَوائِيَّة

he kept his weather eye open ظَلَّ عَلى حَذَر وانْتِباه

he is making heavy weather of it إِنَّه يُهَوِّل الصُّعُوبات وَيَتَشَكَّى بِدُون مُبَرِّر

I am feeling a little under the weather أَشْعُر بِشَيْءٍ مِن التَّوَعُّك

v.t. I. (*naut.*) أَبْحَر في مواجهة الرِّيح

the ship weathered the Cape تَمَكَّنَت السَّفِينة مِن الإِبْحار حَوْلَ رَأْسِ الرَّجاء الصّالح

we weathered the storm اِجْتَزْنا العاصِفة بِسَلام

2. (expose to weather, season); *also v.i.* عَرَّض (الخَشَبَ الخامَ) لِلهواء

weave (*pret.* wove, *past p.* woven), *v.t. & i.* نَسَجَ ، حاكَ ، حَبَكَ

the cyclist wove in and out of the traffic شَقَّ راكِبُ الدَّرّاجة طَرِيقه متلوِّيا وسط الزِّحام

n. نَسْج ، حَبْك (خُيوط القُماش)

weaver, *n.* نَسّاج ، حائِك

web, *n.* شَبَكة ، نَسِيج ؛ غِشاء

spider's web خُيوط (أو بَيْت) العَنْكَبُوت

web-footed (طائِر) مُكَفَّف القَدَم (كالبَطَّة)

webbed, *a.* (قَدَم طائِر) بَيْنَ أَصابِعها غِشاء

webbing, *n.* شَرِيط (من الخَيْش الغَلِيظ) يُسْتَعْمَل في تَنْجِيد الكَراسِيّ والأَرائِك

wed, *v.t. & i.* زَوَّجَ ؛ تَزَوَّجَ

he is wedded to his work هُو شَغُوف بِعَمَلِه

we'd, *contr. of* **we had, we would**

wedding, *n.* زِفاف ، عُرْس ، (عَقْد) القِران

wedge, *n.* I. (V-shaped tool) إِسْفِين ، وَتَد ، حَدِيدة أوخشبة لِفَلْق الحطب وغَيْره

this is the thin end of the wedge هٰذا أَمْر بَسِيط في أَوَّله لَكِنّه خَطِير في مُنْتَهاه

2. (anything shaped like a wedge) شَيْء يُشْبِه الإِسْفِين ، قِطْعة مُثَلَّثة الشَّكْل

v.t. & i. I. (make firm with a wedge) ثَبَّتَ شَيْئًا بِاسْتِعْمال إِسْفِين

2. (thrust or pack tightly) حَشَرَ ، اِنْحَشَرَ

I was tightly wedged between two fat women كُنْتُ مُنْحَشِرًا بَيْنَ امْرَأَتَيْن بَدِينَتَيْن (في السَّيّارة مثلاً)

wedlock, *n.* زَواج ؛ الزَّوْجِيَّة

born in wedlock (وَليد) شَرْعِيّ ، اِبْن حَلال

Wednesday, *n.* — يَوْمُ الأَرْبِعَاء

wee, *a.* — صَغِيرٌ جِدًّا، (قَدْر) قَلِيل مِن ...

weed, *n.* — عُشْبَة (أَعْشَاب) ضَارَّة

weed-killer — مُبِيد لِلأَعْشَاب الضَّارَّة

he is a slave to the weed — إنَّه أَسِيرُ التَّبْغ، إنَّه مُدْمِن على التَّدْخِين

he is a bit of a weed — إنَّه شَخْص ضَعِيف البُنْيَة تَنْقُصُه العَزِيمة والمَضَاء

v.t. & i. 1. (remove weeds from ground) — أَزَالَ أو اقْتَلَعَ الأَعْشَاب الضَّارَّة

2. (remove, eradicate); *also* weed out — قَضَى على، تَخَلَّصَ من، اسْتَأْصَلَ، اجْتَثَّ

weeds, *n.pl.*; *usu.* widow's weeds — ثَوْب الحِدَاد عند الأَرْمِلة

weedy, *a.* 1. (covered in weeds) — (حَدِيقة) مَلِيئَة بالأَعْشَاب الضَّارَّة

2. (thin and unhealthy) — (شخص) نَحِيل

week, *n.* — أُسْبُوع (أَسَابِيع)

week-day — أَحَد أَيَّام الأُسْبُوع فِيما عَدا الأَحَد

week-end — عُطْلة نِهاية الأُسْبُوع

we go there week in, week out — مِن عَادَتِنا أن نَذْهَب هُناك أُسْبُوعًا بَعْد آخَر

I'll meet you a week tomorrow — سَوْف أُقابِلُك في مِثْل غَدٍ مِن الأُسْبُوع القَادِم

I'll meet you ⟨next⟩ Monday week — سَأُقابِلُك يَوْم الإثْنَيْن من الأُسْبُوع التَّالِي للأُسْبُوع القَادِم

weekly, *a. & adv.* — أُسْبُوعِيّ، أُسْبُوعِيًّا

n. — صَحِيفَة أو مَجَلَّة أُسْبُوعِيَّة

weep (*pret. & past p.* wept), *v.i. & t.* 1. (shed tears) — بَكَى، نَحَب

2. (be covered in drops of moisture) — رَشَحَ (الحائِط بِتَأْثِير الرُّطُوبَة مَثَلًا)

3. (*in pres. part.*, describing trees)

weeping willow — صَفْصَاف مُسْتَحٍ، أُمّ الشُّعور

weevil, *n.* — سُوسَة (الحِنْطَة)

weft, *n.* — لُحْمَة النَّسِيج (نَقِيض السَّدَاة)

weigh, *v.t. & i.* 1. (find weight of) — وَزَنَ

weigh-bridge — مِيزان خاصّ لِوَزْن الشَّاحِنات المُحَمَّلة بالبَضَائِع، مِيزان طَبْلِيّة (مصر)

the jockey weighed in — وُزِنَ الجُوكِي قَبْلَ ابْتِداء السِّباق مُباشَرَةً

he weighed out a pound of sugar — وَزَنَ (البَقَّال) رَطْلًا من السُّكَّر

2. (judge value or importance of) — وَزَنَ

he weighed his words carefully — كَانَ يَزِنُ كَلِماتِه بِدِقَّة وإمْعان

he weighed the pros and cons of — تَمَعَّنَ في مَزَايا (الاقْتِراح) ومَساوِئه

he weighed up the situation — تَبَصَّرَ في احْتِمالات المَوْقِف

3. (bear *down*, press heavily on) — تَثاقَلَ على، ثَقُلَ أو أَثْقَلَ على

the fruit weighed the branches down — حَنَت الثِّمار أَغْصان الشَّجَرَة

he weighed in with a new argument (*coll.*) — أَتَى بِحُجَّة جَدِيدَة، طَلَعَ بِرَأْي جَدِيد

4. (raise from water); *only in*
weigh anchor أَقْلَعَت السَّفِينة ، رَفَعَت المِرْساة

weight, *n.* وَزْن ، زِنَة ، ثِقْل
the child is over (under) weight يَزِن هٰذا الطِّفْل أكْثَر (أقلّ) مِمّا يَنْبَغي
an inspector of weights and measures مُفَتِّش بِمَصْلَحَة المَوازِين والمَكاييل
weight-lifting (رِياضة) رَفْع الأَثْقال
this is a great weight off my mind أَراحَ فِكْرِي أو أَزالَ عِبْئًا عن صَدْرِي
his views do not carry much weight لَيْسَ لِآرائِهِ عَظِيمُ أَهَمِّيَّةٍ أو كَبِيرُ وَزْنٍ
v.t. ثَقَّل ، أَضاف وَزْنًا إلى

weighty, *a.* (حِمْل) ثَقِيل ؛ ذُو وَزْن وأَهَمِّيَّة
a weighty argument حُجَّة يُحْسَب لَها حِساب

weir, *n.* هَدّار ، سَدّ صَغِير يَتَحَكَّم بِمَجْرَى النَّهْر

weird, *a.* غَرِيب ، مُوحِش ، غَيْر طَبِيعِيّ

welcome, *int.* أَهْلًا وسَهْلًا ، مَرْحَبًا
a. مُرَحَّب بِه ، مُسْتَحَبّ
this makes a welcome change هٰذا التَّغْيِير يَلْقَى قَبُولًا واسْتِحْسانًا (مِن الجَمِيع)
he made me welcome رَحَّب بِي
you are welcome to my share نَصِيبِي (مِن الطَّعام مَثَلًا) رَهْن مَشِيئَتِك – تَفَضَّل!
you are welcome to try it إذا أَرَدْتَ أن تُجَرِّب (السَّيّارة مَثَلًا) فَعَلَى الرَّحْب
you're welcome! العَفْو!
n. تَرْحاب ، تَرْحِيب ، حَفاوَة
he received a cold welcome قُوبِل بِبُرُود ، اُسْتُقْبِل اسْتِقْبالًا بارِدًا
v.t. لَحَم ؛ اِلْتَحَم

weld, *v.t. & i.* لَحَم ؛ اِلْتَحَم (حِدادة)
n. لِحام ، قِطْعَة مَلْحُومَة (حدادة)

welfare, *n.* رَفاهِيَة ، الصَّالِح العامّ
welfare state دَوْلَة تُوَفِّر الرفاهية لِشَعْبِها
welfare work خِدْمَة اجْتِماعِيَّة

welkin, *n.*; *usu. in*
he made the welkin ring كانَت صَرْخاتُه تَشُقّ عَنان السَّماء

well, *n.* 1. (shaft sunk in ground for water, oil, etc.) بِئْر (آبار)
well-head مَنْبَع ، مَصْدَر رَئِيسِيّ
2. (enclosed space resembling well) فَراغ يُتْرَك وَسط المَبْنَى ، مَنْوَر (مصر)
they sat in the well of the court جَلَس (المُحامُون) أَمامَ مِنَصَّة القاضي
a stair well بِئْر السُّلَّم ؛ بَيْت السُّلَّم
v.i., with advs. forth, out, up تَدَفَّق (الدَّمْع مَثَلًا) ، اِنْبَثَق ، نَبَع (الماء)

well, *a.* 1. (in good health) بِصِحَّة جَيِّدَة
get well soon! أَتَمَنَّى لَكَ الشِّفاء العاجِل
2. (in satisfactory state, advisable); *also n.* عَلَى ما يُرام ؛ الخَيْر ؛ حُسْن الحَظّ
that's all well and good, but . . . ما تَقُول صَحِيح ولا اعْتِراضَ لي عَلَيْه وَلٰكِن . . .
well-being خَيْر ، رَفاهِيَة ، صَلاح

n.   خَيْر

I wish you well   أَتَمَنَّى لَكَ التَّوْفِيق

we should leave well alone   لِنَدَع الأَمْرَ على

ما هو عَلَيه (وإلّا أَفْسَدْناه)

adv. 1. (in good or satisfactory way)

you would be well-advised to wait   مِن

صالِحِك أَنْ تَنْتَظِر أَوْ أَلَّا تَتَعَجَّل

well-born   عَرِيق الأَصْل ، كَرِيم الْمَحْتِد

he is a well-built man   إنّه رَجُل مَتِين

البُنْيَة مُتَناسِق التَّرْكِيب

his suspicions were well-founded   قامَت

شُكُوكه على أُسُس قَوِيّة

well-known   شَهِير ، مَشْهُور ، مَعْرُوف

well-meaning   حَسَن النِّيَّة ، على نِيَّاته (مصر)

well-off   مَيْسُور الحال ، في وَضْع مُرْضٍ

well-to-do   غَنِيّ ، ثَرِيّ ، مُثْرٍ ، مُوسِر

he did himself well   لَم يَبْخَل على نَفْسه بِشَيْءٍ

these colours go well together   تَنْسَجِم

هَذه الأَلْوان ، لَيْس بَيْنها تَنافُر

2. (to a considerable degree)   إلى حَدٍّ كَبِير

the team was well and truly beaten

هُزِم الفَرِيق هَزِيمَة شَنْعاء

I like my beef well done   أُحِبّ أَن

يُطْهَى لَحْم البَقَر طَهْوًا كامِلًا

this task is well-nigh impossible   يَكاد

هَذا العَمَل أَنْ يَكُون مُسْتَحِيلًا

he is well over fifty   تَجاوَز الخَمْسِين بِكَثِير

I am not very well up in current affairs

لَسْت مُلِمًّا بالأَحْداث الدَّوْلِيَّة الرَّاهِنة

3. (with reason, justice and fairness)

مِن باب العَدْل والإنْصاف

it would be as well to do as he asks

مِنَ الأَفْضَل أَن نَفْعَل ما يُرِيد

we might as well do it as not   فَلْنَفْعَل

الأَمْر رَغْم عَدَم وُجُود ضَرُورَةٍ له

4. (in addition to)   .... بالإضافة إلى

he passed in mathematics as well as physics

لَم يَنْجَح في الفِيزِياء فَحَسْب بَل الرِّياضِيّات أَيضًا

int.   حَسَنًا ! يا للعَجب !

well, look who's here!   يا للعَجَب ! مَنْ هُنا !

well, what of it?   طَيِّب ـ وماذا يَعْني هَذا ؟

well then?   والآن ـ ما رَأْيُك ؟

very well then!   وهو كَذَلِك ! (للتَّهْدِيد)

we'll, *contr.* of **we shall (will)**

wellingtons, *n.pl.*; *also* wellington boots

حِذاء مِن المَطّاط يَصِل إلى الرُّكْبَتَيْن

Welsh, *a. & n.*   نِسْبة إلى مُقاطَعة ويلز

Welsh rabbit (rarebit)   طَبَق مُكَوَّن مِن

الجُبْن المُذاب المُتَبَّل على خُبْز مُحَمَّص

welsh, *v.t. & i.*   اِخْتَفَى لِلتَّهَرُّب مِن دَفْع ما

عَلَيه (تُقال عَن ماسِك دَفْتَر مُراهَنات السِّباق)

welt, *n.* 1. (strip of leather between uppers
and sole of shoe)   النِّجاش ، سَيْر

جِلْدِيّ بَيْن فَرْعَة الحِذاء ونَعْله

2. (weal, *n.* 1)   أَثَر السَّوْط في جِسْم المَضْرُوب

3. (border of knitted garment)   سِجاف

في ثَوْب مَحِيك لِتَقْوِية طَرَفه

welter, *v.i.*; *also n.*   تَمَرَّغ ؛ فَوْضَى واضْطِراب

he lay weltering in blood كانَ (المُصاب) غارِقا في بِرْكَة مِن الدِّماء

a welter of meaningless verbiage (كانت المَقالَة) خَليطاً مُشَوَّشًا من اللَّغْو والهُراء

welter-weight, *n.* مُلاكِم يَزِن بَيْن ١٣٥ـ١٤٧ باوندًا

wen, *n.* كِيس دُهْنِيّ على سَطْح الجِلد (طبّ)

wench, *n.* (*coll.*) فَتاة شابَّة ، صَبِيَّة

v.i. (*coll.*) يَجْرِي وَراء النِّساء ، يَزْنِي

wend, *v.t.*; *as in*

we wended our way home يَمَّمْنا شَطْرَ المَنْزِل

went, *pret. of* **go**

wept, *pret. & past p. of* **weep**

were, *see* **be**

we're, *contr. of* **we are**

weren't, *contr. of* **were not**

wer(e)wolf, *n.* شَخْص مُسِخ ذِئبًا

west, *n. & a.* الغَرْب ؛ غَرْبِيّ

the West (America and Europe as opposed to Asia) الغَرْب (أوروبّا وامريكا)

the West Country مُقاطَعات غَرْبِيّ انكلترا

the West End الوِسْت إند بِلَنْدَن (حَيّ المَلاهِي والمَتاجِر الأنِيقة الكَبِيرة)

the West Indies جُزُر الهِنْد الغَرْبِيَّة

adv. نَحْو الغَرْبِ

he went west (*sl.*) مَاتَ ، قَرَضَ الحَبْلَ(عامّيّة)

westerly, *a.* (رِياح) غَرْبِيّة ؛ في اتِّجاه الغَرْب

western, *a. & n.* غَرْبِيّ ؛ فِيلم عَن رُعاة البَقَر

westernize, *v.t.* أدْخَلَ النُّظُم الغَرْبِيَّة

westernmost, *a.* فِي أقْصَى الغَرْب

westward, *a.* في اتِّجاه غَرْبِيّ

adv.; *also* westwards نَحْو الغَرْب

wet, *a.* 1. (covered or soaked with water) مُبْتَلّ

wet-nurse, *n.* مُرْضِعَة لِوَلَد غَيْرِها ، ظِئْر

that was a wet thing to do (*sl.*) كانَ ذٰلك عَملاً سَخِيفًا خالِيًا مِن الرُّجُولة

2. (rainy) مُمْطِر ، مَطِير

n. بِلَّة ، بَلَل ، مَطَر

he was standing in the wet كانَ واقِفًا في المَطَر

v.t. بَلَّلَ ، خَضَّلَ ، نَدَّى

the child wetted the bed بَلَّلَ الطِّفْل الفِراش

he got a wetting اِبْتَلَّ (بالمَطَر)

we've, *contr. of* **we have**

whack, *v.t.* ضَرَبَ مُحْدِثًا صَوْتًا عالِيًا

n. 1. (sharp blow) ضَرْبَة بِصَوْتٍ عالٍ

2. (*coll.*, share) حِصَّة ، نَصِيب

he hasn't paid his whack لَمْ يَدْفَع حِصَّتَه بَعْد

whacking, *n.* عَلْقَة ، ضَرْب عَنِيف ؛ هَزِيمَة

a. & adv. (*coll.*, big) هائِل ؛ جِدًّا

whale, *n.* الحُوت (الحِيتان) ، البال

whale-bone مادَّة قَرْنِيّة تَنْمُو فِي الفَكّ الأعْلَى عِند بَعض الحِيتان ، البالِين

we had a whale of a time (*coll.*) قَضَيْنا وَقْتًا مُمْتِعًا (في الحَفْلَة مثلاً)

v.i. صادَ الحِيتان

whaler, *n.* سَفِينَة خَاصَّة لِصَيْد الحِيتان

whang, *v.t. & n. (coll.)* ضَرَب بِعُنْف

wharf, *n.* رَصِيف المَرْفَأ

wharfage, *n.* رُسُوم رَصِيف المَرْفَأ

wharfinger, *n.* مُدِير شُؤُون الرَّصِيف البَحَرِيّ

what, *interrog. a.* أَيّ ، أَيَّة

what matter? وَمَاذا يَهُمّ ؟

excl. a.; as in

what a fine house! يَالَه مِن مَنْزِل رَائِع !

what a cold day! يَالَه مِن يَوْم بارِد !

rel. a. مَا ، الَّذِي

we must conserve what little money we have
عَلَيْنا أَن نَحْتَفِظ بِالقَلِيل الذِي لَدَيْنا مِن المال

interrog. pron. & conj.

this is a what-do-you-call-it هَذا هُو
الاسْمُو إِيه (مصر)، الشُّو اسْمه (عراق)
(إِشَارَة إلى شيْء غابَ اسْمه عن الذَّاكِرة)

what next, I wonder? تُرَى ماذا يُمْكِن
أَنْ يَكون أَشَدَّ وَقاحَة أو جُرْأَة ؟

. . . and what-not وَما إِلَى ذَلك

a what-not حَامِل ذُو رُفُوف (لِعَرْض التُّحَف)

a what's-its-name اِسْمُو إِيه ، شُو اسْمه (عامّية)

what's up? مَاذا حَدَث ؟

he knows what's what يَعْرِف الغَثَّ مِن السَّمِين

I'll give him what for *(coll.)* سَأُعاقِبه عَلى
فِعْلَتِهِ هَذه (عامّية)

I tell you what, we'll go now أَقْتَرِح عَلَيْك
فِكْرَة : فَلْنَنْصَرِف الآن

what of it? وَإِيه يَعْنِي ؟

so what? *(coll.)* وَمَا مَعْنَى ذَلِك ؟

rel. pron. مَا

what is more . . . . . لَيْس هَذا فَقَط - بَلْ . . .

what with one thing and another . . .
نَتِيجَة لِهَذا الأمْر وذاك فَقَد . . .

int.

what! يَا لِلدَّهْشة ! عَجِيب !

whatever, *pron.* 1. (anything) أَيُّ شَيْء

2. (no matter what) مَهْما قال

3. (*elliptical use, at all*); *as in*
there is no doubt whatever لَيْس ثَمَّة شَكّ

4. (*emphatic form of* what); *as in*
whatever can he mean? تُرَى ما الَّذِي يَعْنِيه ؟

whatsoever, *pron.* كُلّ ما (عِنْدك مَثَلاً)

wheat, *n.* (-en, *a.*) قَمْح ، جِنْطَة ، بُرّ

wheedle, *v.t.* حَصَل على شَيْء بِطَرِيق التَّزَلُّف

wheel, *n.* عَجَلة ، دُولاب

wheel-base المَسَافة بين المِحْور الأَمامّي
والخَلْفِيّ بِالسَّيارة ، قَاعِدَة اللَّفّ

wheel-chair كُرسِيّ بِعَجَلات لِلمُقْعَدِين

there are wheels within wheels وَرَاءَ
الأَكَمة ما وَراءَها، في الأَمْر شَيْء مُرِيب

right wheel! بِالدَّوَران إلى اليَمِين دُرْ! (عَسْكَرِية)

the man at the wheel سَائِق السَّيارة ؛
مَن يُسَيِّر دَفَّة الأُمور

v.t. 1. (move on wheels) حَرَّك عَلى عَجَلات

2. (move with circular motion); *also v.i.* حَوَّم (الطَّيْر) حَوْلَ ...

wheelbarrow, *n.* عَرَبة يَدٍ ذاتُ عَجَلة واحِدة

wheelhouse, *n.* كُشْك مُدِير الدَّفَّة على السَّفِينة

wheelwright, *n.* صَانِع العَجَلات ، نَجّار العَرَبات

wheeze, *v.i. & t.* أَزَّ (صَدْر المريض)، زَيَّق

n. 1. (noise made by congested breathing) أَزِيز الصَّدْر (عِند التَّنَفُّس)

2. (*coll.*, cunning plan) حِيلة ، فِكْرة هائلة !

wheezy, *a.* مُصاب بضِيق التَّنَفُّس مَع أَزِيز الصَّدْر

whelk, *n.* نَوْع من قَواقِع (حَلَزُون) البَحْر المأكولة

whelp, *n.* صَغِير الحيوان (شِبْل ، جَرْو الخ)

he is an impertinent young whelp إِنَّهُ وَلَد وَقِح قَلِيل الأَدَب

v.i. & t. وَلَدَت (الكَلْبَة) ، وَضَعت أَجْراء

when, *interrog. adv. & conj.* مَتَى ؛ عِنْدَما

when can you come? مَتَى يُمْكِنك الحُضور ؟

since when do you give orders here? مُنْذُ مَتَى أَصْبَحتَ صاحِب الأَمْر والنَّهْي هنا ؟

say when! قُلْ لي مَتَى أَتَوَقَّف عن صَبِّ الخَمْر

rel. adv. & conj.

I'm not sure when I'll be free لا أَعْرِف بالضَّبط مَتَى أَفْرَغ مِن مَشاغِلي (لِأَراكَ)

it was raining when we arrived كانت السَّماء تُمْطِر عِنْدَما وَصَلْنا

he walks when he might take a taxi بَدَلاً مِن أَنْ يَرْكَب سَيّارة أُجْرة فإنّه يَمْشِي (للاقْتِصاد)

take off your shoes when⟨ever⟩ you come in اِخْلَع حِذاءَك قَبْل الدُّخُول

I will leave when I have eaten سأَنْصَرِف بَعْد أَن أَفْرَغ مِن تَناوُل طَعامي

n.; *as in*

I should like to know the when and the how of the matter أَوَدُّ أَنْ أَعْرِف كُلَّ تَفاصِيل الأَمْر

whence, *adv.* مِن حَيْثُ ، مِن أَيْنَ

whenever, *adv. & conj.* كُلَّما

where, *interrog. adv.* أَيْنَ

rel. adv. & conj. حَيْثُ

that is where you are mistaken تِلْكَ هِيَ النُّقْطَة الّتي أَخْطأْتَ فيها

whereabouts, *adv.* أَيْنَ ، في أَيِّ مَكان

n. مَكان وَجود (الشَّخص)

whereas, *conj.* 1. (*leg.*, since, considering that) حَيْثُ أَنَّ ، بما أَنَّ ، نظرًا لِ...

2. (but in contrast) بَلْ ، بَيْنَما

whereby, *adv.* عَنْ طَرِيق ... ، بواسطة ...

wherefore, *adv. & n.* وَلِهٰذا السَّبَب ؛ سَبَب

wherein, *adv.* (أَعْرِف) أَيْنَ (أَخْطَأْت)

whereof, *adv.* مِمَّا ، عَمَّا ...

whereon, *adv.* (الشَّيْءُ) الّذي عَلَيه

wheresoever, *adv.* أَيْنَما ، حَيْثُما

whereto, *adv.* إِلَى حَيْث ، إلى أَيْنَ

whereupon, *adv.* عِنْد ذَلِك ، عِنْدَئِذٍ ، مِن ثَمَّ

wherever, *adv.* حَيْثُما ، أَيْنَما ، أَنَّى

wherewithal, *n.* فُلُوس ، مَصارِي ، دَراهِم

wherry, *n.* قارِب ، زَوْرَق ؛ صَنْدَل خَفِيف

whet, *v.t.* شَحَذَ أو سَنَّ (السِّكِّين)

I need something to whet my appetite أَحْتاجُ إلى مُشَهٍّ (يَفتح شَهِيَّتي)

whether, *conj.* إنْ ، إذا ، إمّا ، سَواء

ask him whether ⟨or not⟩ he can come! اِسْأَلْه إنْ كان في اسْتِطاعَتِه الحُضور

whetstone, *n.* حَجَر الشَّحْذ أو السَّنّ

whew, *int.* أُفٍّ !

whey, *n.* مَصْل الحَلِيب ، شِرْش اللَّبَن

which, *pron.* 1. (*interrog.*); *also a.* أَيّ

2. (*rel.*) الَّذِي (وباقي الأسماء الموصولة)

whichever, *rel. pron. & a.* أَيٌّ ، أَيُّهما الخ...

whiff, *n.* 1. (slight puff, breath, or odour) نَسْمَة (هواء) ، نَفْحَة ، نَفَس

2. (*coll.*, small cigar) سِيجار صَغِير رَفِيع

v.t. & i. دَخَّن ، أَخَذ نَفَسًا ؛ فاحَ

while, *conj.* 1. (during the time that; for so long as) بَيْنَما ، فِيما ، طالَما

2. (whereas, though) مَعَ أَنَّ ، في حِين أَنَّ

n. هُنَيْهة ، بُرْهَة ، فَتْرَة مِن الوَقْت

between whiles بَيْن الفَيْنَة والفَيْنَة

he made it worth my while تَكَرَّم عَلَيَّ بِأَجْر سَخِيّ ، لم يَبْخَل عَلَيَّ بِالعَطاء

once in a while we dine out لا نَتَعَشَّى بِالْمَطْعَم إلّا على فَتَرات مُتَباعِدة

I haven't seen him for quite a while لَم أَرَه مُنْذ مُدَّة طَوِيلة

v.t.; *usu. with adv.* away قَتَل الوَقْت

whilst, *conj.* بَيْنَما ، رَيْثَما ، أَثْناءَ

whim, *n.* نَزْوَة ، رَغْبَة عابِرة

whimper, *v.i. & t.*; *also n.* نَشَج ؛ نَشِيج

whimsical, *a.* غَرِيب الأَطْوار ، شاذّ الطِّباع

whimsy, *n.* نَزْوَة طارِئة ؛ فِكْرَة مُسْتَمْلَحة

whine, *v.i. & t.*; *also n.* تَشَكَّى وتَبَكَّى ، أَنَّ ؛ أَزَّ

whinny, *v.i. & n.* صَهَل (الحِصان) بِهُدُوء

whip, *v.t.* 1. (beat) ساطَ ، ضَرَب بالكِرْباج

he tried to whip up some enthusiasm حاوَل أن يَسْتَثِير حماسَهم

whipped cream قِشْدَة (قِشْطَة) مَخْفُوقَة

2. (bind with twine; sew over) لَفَّ خَيْطًا حَوْل طَرَف (حَبْل) لِمَنْعِه مِن التَّنْسِيل ؛ لَفَق

3. (move, take suddenly); *also v.i.* اِخْتَطَف ، خَطَف ، نَزَع ؛ تَحَرَّك بِسُرْعَة

he whipped off his coat نَزَع سُتْرَتَه بِسُرْعَة

the assassin whipped out a knife فَجْأَةً امْتَشَق القاتِل خَنْجَرَه

he whipped round اِسْتَدار فَجْأَةً

whip-round, *n.* جَمْع التَّبَرُّعات مِن الحاضِرين

n. 1. (lash) سَوْط ، كِرْباج

I had the whip hand of him كُنْتُ في وَضْع يُمَكِّنُني من التَّحَكُّم فِيه

2. (manager of hounds); *also* whipper-in خادِم يُشْرِف على كِلاب الصَّيْد (أثناء الصَّيْد)

3. (parliamentary official) عُضْو في حِزْب بَرْلَمانيّ مَسْؤُول عَن تَواجُد الأَعْضاء للتَّصْوِيت

whipcord, *n.* حَبْل مَتِين مِن أَلْيَاف القُنَّب المَبْرُومة ؛ نَسِيج مُضَلَّع بِخُطُوط بارِزَة بالوَرْب

whipper-in, *n.*, see **whip** (*n.* 2.)

whipper-snapper, *n.* صَغِير ؛ إمَّعة مُتَرَفِّع

whippet, *n.* كَلْب دَقِيق الأَطْراف سَرِيع العَدْو

whipping, *n.* جَلْد بالسَّوْط ؛ هَزِيمة ساحِقة

whipping-boy صَبِيّ يتعلَّم مع أمير شابّ (قديمًا) وَيُعاقَب نِيابةً عنه عِندما يُخْطِئ ، كَبْش فِداء

whippoorwill, *n.* طائِر امريكيّ صَغِير

whir(r), *v.i. & n.* أَحْدَث صَوْتًا كالطَّنِين

whirl, *v.i. & t.* أَدارَ ؛ لَفَّ ؛ دَوَّم

n. حَرَكَة دَوّامة أو دائِرِيّة

my head is in a whirl أُحِسّ بِرأسي يَدُور

whirligig, *n.* لُعْبَة تَدُور أَجْنِحَتُها بالهواء ، فُرَيْرَة

whirlpool, *n.* دُوَّامة (مائِيّة) ، دُرْدُور

whirlwind, *n.* رِيح دُوّامِيّة ، زَعْبُوبة

whisk, *v.t.* 1. (move *away* or *off*, quickly); *also v.i.* حَرَّك أو تَحَرَّك بِخِفَّة وسُرْعَة

2. (beat lightly) خَفَق (قِشْدَة أو بَيْضًا)

n. مِخْفَقَة (لِلبَيْض أو القِشْدة الخ)

fly whisk مِنَشَّة الذُّباب ، مِذَبَّة

whisker, *n.* شَعْر يَنْمُو على الوَجْه ؛ شارِب (القِطّ)

whiskered, *a.* (رَجُل) ذُو شَوَارِب

whisky (whiskey), *n.* وِيسْكِي ، وِسْكِي

whisper, *v.i. & t.*; *also n.* هَمَس ، أَسَرَّ إليه

whispering gallery رِوَاق تَحْتَ قُبَّة كاتِدْرائيّة سانْت بُول يُسْمَع به صَدَى الهَمْس البَعِيد

whist (whisht), *int.* صَهْ ! اُسْكُتْ !

whist, *n.* الوِيسْت ، لُعْبَة وَرَق لِأَرْبَعة أَشْخاص

whist drive حَفْلَة يَتَبارَى فِيها عَدد كَبِير مِن لاعِبِي الوِيسْت على جَوائِز

whistle, *v.i. & t.* صَفَر ، أَحْدَث صَفِيرًا

I'm afraid we shall have to whistle for it أَخْشَى أنّنا لَنْ نَسْتَطِيعَ الحُصُول على ذٰلكَ الشَّيْء

the bullets whistled by (past) our heads أَزَّ الرَّصاصُ بِقُرْب رُؤُوسِنا

n. 1. (sound) صَفِير ، صُفار

2. (instrument) صَفَّارة

a whistle-stop speech خِطاب انْتِخابيّ قَصِير يُلْقِيه المُرَشَّحُون الامريكيّون أثْناء وُقُوف القِطار

he went out to wet his whistle ذَهَبَ (إلى الحَانَة مثلًا) لِيَشْرَبَ قَدَحًا (لِيُبَلِّلَ رِيقَه)

whit, *n.* ذَرَّة ، قَدْر ضَئِيل مِن

he was not a whit dismayed لَمْ يَفْقِد ذَرَّة مِن رَباطَة جَأْشِه

Whit, *a. & n.*; *also* **Whitsun** عِيدُ العَنْصَرَة ، عِيد الخَمْسِين ، أَحَد الخَمْسِين (عند المَسِيحيّين)

Whit week الأُسْبُوع الذي يَبْدَأ في أَحَد الخَمْسِين

white, *a.* أَبْيَض ، بَيْضاء

a white Christmas عِيد المِيلاد عِنْد الغَرْبِيّين إذا صَحِبَه نُزُول الثَّلْج

white coffee قَهْوَة بالحَلِيب (أو اللَّبَن)

white-collar worker مُوَظَّف يُؤَدّي عَمَلاً كِتابِيًّا (نَقِيض الصِّناعات اليَدَوِيّة)

white heat حَرارَة بَيْضاء ؛ أَوْج الانْفِعال

white horses أَمْواج يُغَطّي الزَّبَد قِمَمَها

white meat لَحْم أَبْيَض (كَلَحْم الدَّجاج والعِجْل)

white paper كِتاب أَبْيَض (تَقْرِير حُكُومِيّ)

white sale تَنْزِيلات (أُوكازْيُون) في البَيّاضات

white slave traffic تِجارَة الرَّقِيق الأَبْيَض

white wine نَبِيذ أَبْيَض

n. اللَّوْن الأَبْيَض

the white of an egg بَياض البَيْض ، زُلالُهُ

whitebait, *n.* صِغار الرَّنْكَة وما يُشْبِهها من السَّمَك

whiten, *v.t. & i.* بَيَّض ؛ ابْيَضّ

whitening, *n.* دِهان أَبْيَض (للأَحْذِية)

whitewash, *n.*; *also v.t.* طِلاء جِير مائِيّ

the barrister tried to whitewash the accused حاوَل المُحامِي أن يُخْفِيَ عُيوبَ المُتَّهَم (في دِفاعِهِ)

whither, *adv.* إلى أَيْنَ ، حَيْثُما

whiting, *n.* 1. (fish) البَياض ، الغُبْر (سَمَك بَحْرِيّ)

2. (whitening) دِهان أَبْيَض لِلأَحْذِية

whitish, *a.* ضارِب إلى البَياض

whitlow, *n.* داحِس ، اِلْتِهاب بِقُرْب الظُّفْر

Whitsun, *see* **Whit**

Whitsuntide, *n.* أُسْبُوع العَنْصَرَة أو الخمسين

whittle, *v.t. & i.*; *also with advbs.* down, away, at قَلَّم أو بَرَى (طَرَف العَصا مَثَلاً)

the committee whittled down our demands خَفَّضَت اللَّجْنَة ما طَلَبْنا من الكَمِّيّات

whiz(z), *v.i. & n.* أَزَّت (الرَّصاصَة) ؛ أَزِيز

who, whom, whose, *pron.* 1. (*interrog.*) مَنْ

he knows who's who يَعْرِف أَصْحابَ الأَمْر والنَّهْي

2. (*rel.*) الَّذِي ، الَّتِي الخ...

whoa, *int.* قِفْ ! هِسْ ! (تُقال لِلْخَيْل)

whoever, *pron.* كُلّ مَن

whole, *a.* (الشَّيْء) بِكامِلِه ، كُلّه

whole-hearted, *a.* مُخْلِص كُلّ الإخْلاص

we have a whole lot of unwanted books لَدَيْنا كَمِّيّة هائِلة من الكُتُب الّتي لا تَلْزَمُنا

a whole number عَدَد صَحِيح (رِياضِيّات)

he escaped with a whole skin نَجا (مِن الحادِث) دُون أن يُصِيبَهُ أَذًى

n. الكُلّ

on the whole على الإجمال ، بِصُورة عامَّة

wholemeal, *n. & a.* طَحِين لم تُفْصَل نُخالَتُه

wholesale, *a. & adv.* 1. (pertaining to bulk sale to retailer) (البَيْع) بالجُمْلَة

wholesale prices أَسْعار الجُمْلة

2. (on a large scale, indiscriminate) على نِطاق واسِع

wholesale slaughter مَذْبَحَة

wholesome, *a.* (طَعام) صِحِّيّ ؛ (نَصِيحة) سَدِيدة

wholly, *adv.* كُلِّيَّة ، بِأَجْمَعِه ، بِرُمَّتِه

whom, *see* **who**

whoop, *n.* 1. (loud cry or shout) صَيْحَة

2. (gasping sound in coughing) شَهْقَة

v.i. صَاحَ (فرحًا) ؛ شَهِقَ (بالسُّعال الدِّيكي)

whooping-cough السُّعَال الدِّيكيّ أو الشَّهِيقيّ

whoopee, *n.* (*coll.*) قَصْف ، مَرَح ، اِبْتِهاج

whopper, *n.* (*sl.*) شَيْء ضَخْم ، هَائِل ؛ تَلْفِيقَة

whopping, *a. & adv.* (*sl.*) كَبِير ، هَائِل ، ضَخْم

whore, *n.* بَغِيّ ، مُومِس ، فاجِرة ، زانِية

v.i. سَافَح ، تَسافَح ، عاشر البغايا ؛ زَنَت

whorl, *n.* 1. (*bot.*) حَلْقَة مِن الأَوْراق حَوْل سَاقِ النَّبات

2. (one of the turns in a spiral) لَفَّة أو دَوْرَة في شَيْء حَلَزُونيّ أو قَوْقَعِيّ الشَّكْل

whose, *see* **who**

why, *adv.* 1. (*interrog.*) لِماذا ؟ لِمَ ؟

2. (*rel.*) (السَّبَب) الّذي مِن أَجْلِه

n. الدَّافِع ، الباعِث ، المُسَبِّب

the whys and wherefores حَيْثِيّات الأَمْر

int.; *as in*

why, it's quite easy! يا لَلْعَجَب! الأَمْر سَهْل جدًّا

wick, *n.* فَتِيلَة (الشَّمْعَة) ، ذُبالة المِصْباح ، شَرِيط

wicked, *a.* شِرِّير ، خَبِيث ، مُؤْذٍ ؛ (سِعْر) باهِظ

wicker, *n.* غُصْن رَفِيع مِن الصَّفْصاف (الخَيْزُران)

wickerwork, *a. & n.* عِيدَان خَيْزُران مَجْدُولَة

wicket, *n.* 1. (small door or gate); *also* wicket-gate خَوْخَة ، بُوَيْب في بَوّابة أو بِقُرْبِها

2. (*cricket*, the three stumps) الوِيكِيت : هَدَف ذُو ثَلاث قَوائم خَشَبِيّة في الكِريكيت

3. (*cricket*, the pitch) المَسافة بين الوِيكِيتين

we are batting on a sticky wicket إنّ طَرِيقنا مَلِيء بالمَطَبّات والمَصاعِب

wide, *a.* وَاسِع ، مُتَّسِع ، عَرِيض

wide interests اِهْتِمامات مُتَنَوِّعة

sixty feet wide عَرْضُه سِتُّون قدمًا

the wide world أَرْض اللّه الواسِعَة

the answer is wide of the mark هَذِهِ الإِجابَة بَعِيدة كُلَّ البُعْد عَن الصَّواب

adv. بِالكَامِل

wide awake يَقِظ كُلَّ اليَقَظَة

wide open (بَاب) مَفْتُوح على مِصْراعَيْه

widen, *v.t. & i.* وَسَّعَ ، زَاد أو ازْدادَ عَرْضًا

widespread, *a.* شَائِع ، واسِع الانْتِشار

widgeon, *n.* الصَّوّاي (طائر من البَطِّيّات)

widow, *n.* (**-hood,** *n.*) أَرْمَلَة ؛ التَّرَمُّل

v.t. تَرَمَّلَت ، ماتَ عَنْها زَوْجُها

widower, *n.* رَجُل أَرْمَل ، ماتَت عنه زَوْجَته

width, *n.* عَرْض ، اِتِّساع

wield, *v.t.* قَبَض(على آلة) واسْتَخْدَمَها بِمَهارة يَسْتَخْدِم

the woodcutter wields his axe الحَطّاب فَأْسَه بِمَهارة في قَطْع الأشْجار

the government wields power السُّلْطَة في يَد الحُكُومة

wife (*pl.* wives), *n.* زَوْجَة ، قَرِينة ، عَقِيلة

old wives' tale خُرافات العَجائِز وقِصَصُهُنّ

wifely, *a.* (اِهْتِمام) يَلِيقُ بالزَّوْجَة نحو زَوْجِها

wig, *n.* شَعْر مُسْتَعار أو اصْطِناعيّ ، بارُوكة

wigging, *n.* (*coll.*) تَوْبيخ ، تَأْنِيب ، دُشّ بارِد

wight, *n.* (*arch.*) شَخْص ، اِنْسان ، مَخْلُوق

a luckless wight مَخْلُوق تَعِس

wigwam, *n.* خَيْمَة عِند الهُنُود الحُمْر بِأمْرِيكا

wild, *a.* 1. (not tame or cultivated; savage) وَحْشِيّ ، مُتَوَحِّش ، بَرِّيّ

he went on a wild goose chase أَضاعَ وَقْتَه في مُحاوَلة عَقِيمَة (غَير مُجْدِيَة)

2. (not restrained; disorderly, rough)

the children are running wild أَطْلَق الأَطْفال لِأَنْفُسِهِم العِنان، جَمَح بِهِم اللَّعِب

wild weather جَوّ هَائِج أو عاصِف

his father will be wild about it (*coll.*) سَيُجَنّ جُنُون والِدِه عِندما يَسْمَع بِذَلك

3. (rash and reckless); *also adv.* طائِش

he made a wild guess خَبَط خَبْطَ عَشْواء

n. (*usu. pl.*); *as in*

he lives out in the wilds يَعِيش في بُقْعَة نائِية عن العُمْران

wildcat, *n. & a.* قِطّ وَحْشِيّ ؛ طائِش

this is a wildcat scheme هَذا مَشْرُوع لا يَقُوم عَلى أَساسٍ سَلِيم

a wildcat strike إضْراب فُجائِيّ لا تُقِرُّه نِقابَة العُمّال

wilderness, *n.* قَفْر ، بَرِّيّة ؛ خَراب

the politician was in the wilderness for five years قَضَى هذا السِّياسِيّ خَمْسَ سَنَوات بَعِيدًا عن الأنْظار

a wilderness of streets تِيه مِن الطُّرُقات

wildfire, *n.* حَرِيق هائِل مُدَمِّر

the news spread like wildfire اِنْتَشَر الخَبَر اِنْتِشار النّار في الهَشِيم

wile, *n.* (*usu. pl.*) حِيلَة ، أُحْبُولَة (أحابِيل)

wilful, *a.* 1. (self-willed) عَنِيد ، صَعْب المِراس

2. (deliberate) عَمْدِيّ ، مُتَعَمَّد

will, *v. aux., t., & i.* 1. (denoting intention of speaker or futurity) سَ ... ، سَوْفَ

2. (expressing willingness); *as in*

I will do it إنِّي عَلى اسْتِعْداد لِفِعْل ذَلك

3. (request); *as in*

will you close the door? هَلْ تَتَكَرَّم بِقَفْل الباب؟

4. (stressing inevitability or insistence); *as in*

accidents will happen لا مَفَرّ مِن وُقوع الحَوادِث

boys will be boys لا يُتَوَقَّع من الصِّغار أن يَتَصَرَّفُوا تَصَرُّفَ الكِبار

he will have his own way إنّه يُصِرّ على تَنْفِيذ رَغْبَته مُتَجاهِلًا نَصائِح الآخَرِين

5. (bequeath by will) أَوْصَى له بِ ...

6. (decree) قَضَى

as God wills لِتَكُنْ مَشِيئَة اللّٰه

n. 1. (faculty directed to intentional action, choice) إرَادَة ، مشيئة ، عزيمة

he has a will of his own إنّه قَوِيّ الإرادَة

will-power قُوَّة الإرادة

he consented against his will وَافَق مُرْغَمًا ، قَبِل (الاقْتِراح مَثلاً) على كُرْه مِنه

where there's a will there's a way لا مَجالَ لِلهَزِيمة إذا تَوَفَّرت العَزِيمة

God's will be done لِتَكُن مَشِيئَة اللّٰه

2. (freedom); *only in*

at will (دَخَل وخَرَج) كَما يَحْلُو له

3. (legal document) وَصِيَّة (وَصايا)

willing, *a.* رَاضٍ ، على اسْتِعْداد

will-o'-the-wisp, *n.* وَهَج المُسْتَنْقَعات

he found he was chasing a will-o'-the-wisp أَدْرَكَ أنّه لم يَكُن يَجْرِي إلاّ وَراء سَراب

willow, *n.* صَفْصاف (الشَّجَر وخَشَبُه)

a willow-pattern plate طَبَق مِن الخَزَف مُزَيَّن بِرُسُوم خاصَّة زَرْقاء اللَّوْن صينية الأَصْل

willowy, *a.* مَرِن ، رَشِيق القوام

willy-nilly, *adv.* طَوْعًا أو كُرْهًا ، شاءَ أَمْ أَبَى

wilt, *v.i. & t.* ذَبُل ، ذَوَى ؛ أَذْبَل ، أَذْوَى

wily, *a.* مَكّار ، داهٍ ، مُراوِغ

wimple, *n.* غِطَاء للرَّأْس والذِّقْن ، بُشْنِيقَة

win (*pret. & past p.* won), *v.t. & i.* كَسَبَ ، فازَ

the noes won the day رَفَضَت الأَغْلَبِيَّة المَشْرُوع

he was unable to win me over لَمْ يَنْجَح في اسْتِمالَتِي إلى رَأْيِه

in spite of difficulties he won through نَجَح بالرَّغْم مِن الصُّعُوبات

n. نَصْر ، اِنْتِصار ، فَوْز

wince, *v.i. & n.* جَفَل ، اِنْكَمَش أو تَراجَع (أَلَمًا)

winch, *n. & v.t.* آلة بِحَبْل تُدار بِاليَد لِلسَّحْب

wind, *n.* 1. (air in motion) رِيح (رِياح)

gone with the wind ذَهَب أَدْراج الرِّياح

he threw caution to the winds ضَرَب بِالحَذَر والتَّحَفُّظ عُرْضَ الحائِط

we heard that something big was in the wind سَمِعْنا أَنَّ بَعْض الأَحْداث الهامَّة تَجْرِي وَراء السِّتار

he could not raise the wind لَمْ يَجِدْ مَن يُقْرِضُه المالَ المَطْلُوب

let us see how the wind blows لِنَرْقُبَ المَوْقِف وتَطَوُّراته (ثُمَّ نُقَرِّر خِطَّتَنا)

I got wind of a new development today نَمَى إلى عِلْمِي اليَوْم نَبَأ تَطَوُّر جَدِيد

he got the wind up (*coll.*) سَيْطَر عَليه الخَوْف

wind-cheater سُتْرَة تَقِي الصَّدْر من الرِّيح

wind-tunnel نَفَق هَوائِيّ (دِيناميكا هَوائِيّة)

2. (breath, ability to breathe) نَفَس ، تَنَفُّس

he got his second wind اِسْتَطاعَ (العَدّاء) أَنْ يَلْتَقِط أَنْفاسَه بَعْد فَتْرَة مِن اللَّهْث

sound in wind and limb بِصِحَّة وَعَافِيَة

wind-instrument إِحْدَى آلاتِ النَّفْخ المُوسِيقِيّة

3. (gas formed in bowels) غَازات البَطْن

the baby is troubled with wind يَشْكُو الطِّفْل من الغازات في بَطْنه

he broke wind ضَرط، فَسا ، أَخْرَج رِيحًا

v.t. جَعَلَتْه (الضَّرْبة) يَفْقِد نَفَسَه مُؤَقَّتًا

wind (*pret. & past p.* wound), *v.t. & i.*

1. (move or traverse in curved or sinuous course) تلَوَّى ، تعَرَّجَ

2. (coil, wrap closely around something or upon itself) لَفَّ (خَيْطًا حَوْل البَكَرَة مثلاً)

she wound him round her little finger اِسْتَحْوَذَت عَلَيْه وجَعَلَتْه طَوْع بَنانِها

winding-sheet كَفَنُ المَيِّت

3. (turn, make machine go by winding) مَلأَ (السَّاعَة مثلاً) ، عَبَّأَ الزُّنْبُرُك

he wound up the clock مَلأَ السَّاعة

he wound up the meeting خَتَم الجَلْسَة

he was all wound up كَانَ مُتَوَتِّر الأَعْصاب

windbag, *n.* ثَرْثَار ، كَثِير الكَلام

windbreak, *n.* حَاجِز الرِّيح

winder, *n.* مِفْتَاح لِمَلْءِ السَّاعَة

windfall, *n.* مَا تُسْقِطه الرِّيحُ من فاكِهة الشَّجَر

the legacy was something of a windfall هَبَط عَلَيه الإِرْث كأنّه هِبَة مِن السَّماء

windjammer, *n.* سَفِينَة تِجارِيّة شِراعيّة

windlass, *n.* مِرْفاع يَدَوِيّ صَغير (فَوق بِئْر)

windmill, *n.* طَاحُونة الهَوَاء أو الرِّيح

window, *n.* نَافِذَة ، شُبَّاك

you make a better door than a window (قِفْ جانبًا) فإنَّكَ تَحْجُب الرُّؤْيَة عَنّي

window-dressing تَنْسِيق وَاجِهات المَحَلّات

the statistics were only window-dressing لَمْ تَكُن الإِحْصائيّات إلّا مُحاوَلَة لِجَذْب الأَنْظار

window envelope مَظْرُوف ذُو فَتْحَة مُسْتَطِيلة (كالنافذة) لِيَظْهَر مِنْها عُنْوان الرِّسالة

windpipe, *n.* القَصَبَة الهَوائِيّة

windscreen, *n.* وَاجِهة زُجاجِيّة أَمام سائِق السَّيّارة تَقِيهِ مِن الرِّيح

windsock, *n.* مَخْرُوط الرِّيح (يُبَيِّن قُوَّتَها واتّجاهَها)

windswept, *a.* فِي مَهَبّ الرِّيح ، مُعَرَّض لَها

windward, *n. & adv.* مُواجِه لِهُبُوب الرِّيح

windy, *a.* (يَوْم أو مَكان) شَدِيد الرِّياح

he is windy (*coll.*) سَيْطَرَ عليه الخَوْف

wine, *n.* نَبِيذ ، خَمْر ، راح

wine-bibber شِرِّيب الخَمْر

wine-cellar سِرْداب أو قَبْو لِحِفْظ الخَمر

wine-press مَعْصَرَة العِنَب (لِصُنْع الخَمر)

v.t. & i. قَدَّم خَمْرًا (لِضُيُوفه)؛ شَرِبَ الخَمْر

we wined and dined him اِسْتَضَفْناه لِلعَشاء وقَدَّمْنا له خَمْرًا

wing, *n.* 1. (organ of flight) جَناح (أَجْنِحَة)

the bird is on the wing   أَخَذَ العُصْفُورُ في الطَّيْر

the birds took wing   شَرَعَتِ الطُّيُورُ تَطِير

I kept him under my wing   وَضَعْتُهُ تَحْتَ

رِعَايَتي (أو في كَنَفي)

2. (part of a building)   جَنَاح (بِفُنْدُق مَثَلاً)

3. (extreme in politics)   طَائِفَة (اليَسَار مَثَلاً)

4. (usu. pl., part of a stage)   الكَوَاليس

(جُزْءٌ جانِبِيّ مِن خَشَبَة المَسْرح)

v.t. & i.   جَرَحَ (الطَّائِرَ) في جَنَاحِه ؛ طَارَ

he only winged the bird   لَم يُصِبِ الصَّيَادُ

الطَّائِرَ إلاّ في جَنَاحِه (أي أنّه لَم يَقْتُلْه)

the bird wings through the air

يَطِيرُ الطَّائِرُ في الهَوَاء

wink, v.i. & t.   غَمَزَ بِعَيْنِه ؛ أَغْمَضَ عَيْنَه

he winked at me   غَمَزَ لي بِعَيْنِه

he winked at my mistakes   غَضَّ النَّظَر

عَن أَخْطَائي ، تَجَاهَلَ غَلَطَاتي

n.   غَمْزَة بالعَيْن

a wink is as good as a nod   الحُرُّ تَكْفِيه

الإشَارَة ، الإشَارَةُ تُغْني عن الإطَالة

I did not sleep a wink last night   مَا غُمِّضَت

عَيْني لَحْظَةً طِوالَ اللَّيْلَة الماضِية

he tipped me the wink (coll.)   نَبَّهَني خِفْيَةً

(إلَى قُرْب زِيَارَة المُفَتِّش مَثَلاً)

winkle, n.   حَلَزُون أو قَوْقَع بَحْريّ (يُؤْكَل)

v.t., with out   أَخْرَجَ شَيْئًا مِن فَتْحَة ضَيِّقَة

winner, n.   رَابِح ، فَائِز (في سِبَاق مَثَلاً)

winning, a. 1. (gaining victory)   فَائِز ، ظَافِر

winning number   الرَّقْمُ الفَائِز (يَانَصِيب)

winning-post   شَارَة الانْتِهَاء بِمَيْدَان السِّبَاق

2. (persuasive, attractive)   جَذَّاب ، خَلَّاب

winning smile   ابْتِسَامَة سَاحِرَة

winnings, n.pl.   أَرْبَاح المُقَامَرَات ، مَكَاسِبُها

winnow, v.t.   ذَرَى (الحِنْطَة لِفَصْلِ القِشْرِ من الحَبّ)

winsome, a.   جَذَّاب ، أَخَّاذ ، آسِر

winter, n.   فَصْل الشِّتَاء

a winter-weight coat   مِعْطَف شِتْوِيّ ثَقِيل

winter sports   أَلعَاب الشِّتَاء (كالتَّزَحْلُق عَلى الثَّلْج)

v.i.   شَتَا ، شَتَّى ، قَضَى فَصْلَ الشِّتَاء في ....

wintry, a.   (جَوّ) شِتْوِيّ

a wintry smile   ابْتِسَامَة لا دِفْءَ فيها

wipe, v.t. & n.   مَسَح ، نَظَّف أو نَشَّف ؛ مَسْحَة

she wiped away her tears   كَفْكَفَت دُمُوعَها

she wiped out the jug   جَفَّفَت داخِل الإبْرِيق

his apology wiped out the insult   أَزَال

اعْتِذَارُه ما عَلِقَ بِنَفْسي مِن آثار الإهانة

she wiped up the spilt milk   مَسَحَت

الحَلِيب (اللَّبَن) المَسْكُوب

I wiped the floor with him   مَسَحْتُ به

الأَرْضَ ، بَهْدَلْتُه (عامِّيَّة)

wire, n. 1. (metal drawn into thread)   سِلْك

wire-wool   لِيف سِلْكِيّ لِلتَّنْظِيف والجَلْو

wire-worm   يَرَقَة بَعْض الخَنَافِس

2. (telegram) بَرْقِيّة ، رِسالَة تِلِغْرافيّة

v.t. 1. (fasten, join or provide with wire)

رَبَطَ بِأَسْلاك ؛ جَهَّزَ (المَنْزِل) بالأَسْلاك الكَهْرَبائية ؛ نَسَّقَ (الخرز) على سِلْكٍ رَفيع

2. (snare with wire) صَادَ بِشَرَك مَعْدِنِيّ

3. (telegraph); *also v.i.* أَبْرَقَ إلى ...

wireless, *n.* اللَّاسِلْكِيّ ، (جهاز) الرّاديو

wireless telegraphy الإرْسال التِّلِغرافيّ اللّاسلكيّ

v.t. أَرْسَلَ (رِسالَة أو صُورَة) باللّاسِلكيّ

wiring, *n.* تَوْزِيع التَّوْصِيلات الكَهْرَبائيّة

wiry, *a.* نَحِيل وَلكِنّه قَوِيّ العَضَلات

wisdom, *n.* حِكْمَة ، رُشْد ، نُضْج العَقْل

wisdom tooth ضِرْس العَقْل

wise, *a.* حَكيم ، عاقِل

I was none the wiser even after his explanation ظَلَلْتُ على جَهْلي بالأَمْر على الرَّغْم مِن شَرْحِه

wiseacre, *n.* جَاهِل يُضْجِر السَّامِعِين بِقُشُور عِلْمِه

wisecrack, *n.* (*U.S. sl.*); *also v.i.* رَدٌّ لَبِق سَاخِر ، تَعْلِيق مُضْحِك

wish, *v.t. & i.* رَغِبَ ، وَدَّ ، شَاءَ ، أَراد

I wish you luck أَرْجُو لكَ حَظًّا سَعِيدًا

n. رَغْبَة ، أُمْنِية ، تَمَنٍّ

with best wishes مَع خالِص التَّمَنِّيات

wishbone, *n.* عَظْم التَّرْقُوَة (في الطُّيور)

wishful, *a.* رَاغِب ، مُتَمَنٍّ

wishful thinking اِعْتِقَاد بِصِحَّة أَمْر ما لِمُجَرَّد رَغْبَة المَرْء في أنْ يكونَ ذَلكَ صَحِيحًا

wishy-washy, *a.* (شَراب) مَذِق ؛ (حَدِيث) غَثّ

wisp, *n.* خُصْلَة (من الشَّعْر) ، ذُؤَابَة

a wisp of smoke خَطّ رَفيع مِن الدُّخان

wistaria (wisteria), *n.* الوِسْتاريا (نَبات مُتَسَلِّق تَنْمُو أَزْهارُه على هَيْئَة عَناقِيد)

wistful, *a.* (نَظْرَة) تَشُوبُها اللَّهْفة والحُزْن

wit, *n.* 1. (intelligence, quickness of mind) بَدِيهَة ، فِطْنَة ، عَقْل

she was at her wits' end with worry جَعَلَها القَلَق في حَيْرَة مِن أَمْرِها

he kept his wits about him ظَلَّ مُتَنَبِّهًا حَاضِر البَدِيهَة

he lived by his wits حَيْثُما سَقَطَ لَقَطَ

2. (ability to express ideas with shrewd humour) الظَّرْف ، خِفّة الدَّم

3. (someone noted for witty sayings) شَخْص مَشْهُور بِنِكاته وتَعْلِيقاته الظَّرِيفة

v.t. & i.; *arch. except in* to wit أَيْ ، وذَلِك

witch, *n.* (**-ery,** *n.*) 1. (woman supposed to have magic powers) سَاحِرَة ، عَرّافة

witch-doctor طَبِيب ساحِر (عِند القَبائل البِدائيّة)

the Ministry embarked upon a witch-hunt شَنَّت الوِزارة حَمْلة ضِدّ المُوَظَّفِين ذَوِي الآراء السِّياسيَّة المُعادِيَة

2. (ugly old woman) حَيْزَبُون ، دَرْدَبِيس

3. (*coll.*, fascinating woman) اِمْرَأة فاتِنَة

witchcraft, *n.* سِحْر ، عِرافَة (للشَّرِّ عادَةً)

witchery, *n.* فِتْنَة ، سِحْر

witching, *a.* نِسْبَةً إلى السِّحْر ؛ جَذّاب

the witching hour السّاعَة الّتي يظُنّ أنّ السَّحَرَة يُمارِسُون سِحْرَهم فيها (مُنْتَصَف اللّيل)

with, *prep.* 1. (showing opposition, separation)

he struggled with the problem جاهَدَ لِحَلّ المُعْضِلَة أو المُشْكِلَة

2. (in or into the company of or relation to, among, beside) مَعَ

he spent the day with her قَضَى اليَوْمَ بِصُحْبَتِها

he will have nothing to do with it إنّه يَرْفُض أن تكون لَه أيّة صِلَة بالأمْر

he got up with the sun نَهَضَ مَع شُرُوق الشَّمْس

3. (in agreement or harmony towards); *also with neg.*

I sympathize with you أُشارِكُك في مِحْنَتِك

I'm not quite with you لا أَفْهَمُكَ فَهْمًا تامًّا

4. (having, characterized by) ذُو ، ذات

a coat with three pockets مِعْطَف بِثَلاثة جُيُوب

she is with child إنّها حامِل أو حُبْلَى

5. (in the care or possession of) عِنْد ، مَع

I will leave the child with you سَأَتْرُك الطِّفْل تَحْتَ رِعايَتِك

it rests with him to decide القَرار مَتْرُوكٌ له

6. (by use of as instrument or means) بِ...

he cut his finger with a knife جَرَحَ أُصْبَعَه بِسِكّين

7. (showing contents of) بِ...

the jug is filled with water الإبْرِيق مَلِيء ماءً

8. (because of or owing to) بِسَبَب

he trembled with fear اِقْشَعَرَّ خَوْفًا

9. (in adverbial phrases)

he fought with courage قاتَل بِشَجاعَة

he slept with the window open نامَ تارِكًا نافِذة حُجْرَتِه مَفْتُوحَة

away with him! لِيَبْتَعِدْ عَنّي !

10. (in regard to, concerning) فيما يَخْتَصّ بِ

be careful with this اِعْتَنِ باسْتِعْمال (الجِهاز)

with him, only money is important أَمّا هُو فلا يَهُمّه إلّا المالُ

11. (despite) بالرَّغْم من ، مَعَ ...

with all his wealth he lives very simply يَعِيش عِيشَةً بَسِيطة بالرَّغْم مِن ثَرائه العَرِيض

withal, *adv. & prep.* (*arch.*) أيضًا ، مع

withdraw (*pret.* withdrew, *past p.* withdrawn); *v.t. & i.* (**-al,** *n.*) سَحَبَ ؛ اِنْسَحَبَ ؛ اِنْسِحاب

the parents withdrew their child from school سَحَبَ الوالِدان ابْنَهُما مِن المَدْرَسة

he withdrew his resignation اسْتَرَدَّ اسْتِقالَتَه

he refused to withdraw رَفَض الانْسِحاب

after dinner, the ladies withdrew بَعْدَ العَشاء انْسَحَبت السَّيِّدات (إلى قاعة الجُلُوس وبَقِيَ الرِّجال للتَّدْخِين والشَّراب)

his manner was withdrawn كانَ مِن طَبِيعَتِه التَّحَفُّظ وعَدَم الاخْتِلاط بالآخَرِين

wither, *v.t.* 1. (cause to lose freshness or vigour); *also v.i.* أَذْبَل ، أَذْوَى ؛ ذَبُل ، ذَوَى

the sun withered ⟨up⟩ the grass أَيْبَسَت حرارَة الشَّمْسِ العُشْب

2. (snub or scorn) أَخْجَلَ

she withered him with a look حَدَجَتْه بِنَظْرَة تَنِمُّ عَنِ ازْدِرائها بِه

withers, *n.pl.* غارِب ، كاهِل ، كاثِبة (الفَرَس)

withhold (*pret. and past p.* withheld), *v.t.* أَمْسَكَ أو امْتَنَع عن ، رَفَض

within, *adv.* في الدَّاخِل

prep. 1. (inside) داخِل (المَنْزِل مَثلًا)

2. (not beyond) في خِلال ، في ظَرْف

the work will be finished within a week سَيُنْجَز العَمَل خِلال أُسْبوع

without, *adv.* (outside) خارِجًا

prep. بِدُونِ ، بِغَيْر

we will have to do (go) without سَوْفَ نُضْطَرّ إلى الاسْتِغْناء عَنْه

it goes without saying غَنِيّ عَن القَوْل

I have told you times without number لَقد أَخْبَرْتُك مِرارًا لا تُحْصَى

withstand (*pret. & past p.* withstood), *v.t. & i.* تَحَمَّلَ ؛ قاوم ، صَمَد

withy, *n.* غُصْن رَفيع مِن الصَّفْصاف لِصِناعة السِّلال

witless, *a.* غَبِيّ ، بَليد الذِّهْن

witness, *n.* 1. (evidence, testimony) شَهادَة

in witness of شَهادَة على ...

2. (spectator or auditor) شاهِد (شُهود)

eye-witness شاهِد عِيان

3. (someone giving testimony in law-court) شاهِد (أمام المَحْكَمة)

witness-box مَكان وُقوف الشُّهود بالمَحْكَمة

4. (someone attesting execution of document) شاهِد على صِحَّة التَّوْقيع

v.t. 1. (be present at and see) شاهَدَ

2. (show evidence of) شَهِدَ أو دَلَّ على

3. (sign *document* as witness, *n.* (4)) شَهِدَ عَلى صِحَّة التَّوْقيع على وَثيقة

v.i. أَدْلَى بِشَهادة أو أَدَّاها (بالمحكمة)

witticism, *n.* مُلْحَة ، دُعابة ، أُفْكوهَة

wittingly, *adv.* (فَعَل ذلك) عَن عِلْم ، عَمْدًا

witty, *a.* فَكِه ، ظَرِيف ، حاضِر النُّكْتة

wives, *pl. of* **wife**

wizard, *n.* (**-ry,** *n.*) ساحِر ، عَرّاف ؛ شَعْوَذَة

financial wizard مَالِيّ يُحِيل التُّراب ذَهَبًا

wizened, *a.* (وَجْه) مُتَغَضِّن ، مَلِيء بالتَّجاعيد

wo (**whoa**), *int.* قِفْ ! عِنْدك ! (لِلْحِصان)

wo-back نِداء الوُقوف (للدَّابة)

woad, *n.* وَسْمَة الصَّبّاغِين ، نَبات يُسْتَخْرَج مِن أَوْراقِه صِبْغ أَزْرَق

wobble, *v.i. & t.* تَمايَل ، تَرنَّح ، تَرَجْرَج

he wobbled between two opinions كانَ مُتَرَدِّدًا بَيْن رَأْيَيْن

wobbly, *a.* (مَقْعَد) يَهْتَزّ (لِخَلَلٍ به)

woe, *n.* 1. (*poet. or joc.*, deep affliction or grief) وَيْل ، بَلاء ، حُزْن

woe betide him الوَيْل له

woe is me وَيْحي ، الوَيْل لي

2. (*pl.*, misfortunes) بَلايا،مَصائِب

woebegone, *a.* (وَجْه) كاسِف ، مُغْتَمّ ، مُكْفَهِرّ

woeful, *a.* 1. (full of woe) مُكْتَئِب ، تَعِس

2. (regrettable) يُرْثَى له ، يُثِير الأَسَى

woke, *pret. & past p. of* **wake**

wold, *n.* سَهْل فَسِيح مُرْتَفِع

wol/f (*pl.* -ves), *n.* ذِئْب (ذِئاب)

wolf-cub

(young wolf) ذُؤَيْب ، جَرْو الذِّئْب

(junior Boy Scout) شِبْل ، كَشّاف

يَتَراوَح عُمْرُه بَين الثّامِنة والحادِية عَشْرَة

he is a wolf in sheep's clothing

إنّه ذِئْب في ثَوْب حَمَل

it is dangerous to cry wolf

مِن الخَطَر أنْ تَسْتَغِيث كَذِبًا

he earns just enough to keep the wolf from the door إنّه لا يَكْسَب مِن الرِّزْق إلّا ما يَكاد يَدْفع غائِلة الفَقْر

wolf-whistle, *n.* صَفِير الإعْجاب (بِجَمال امْرَأة)

v.t. (eat greedily); *usu.* wolf down

اِلْتَهَم (الطَّعام) بِنَهَمٍ وشَراهَة

wolfish, *a.* وَحْشِيّ كالذِّئْب ؛ شَبِق

woman (*pl.* women), *n.* 1. (human being of female sex) اِمْرَأة ، مَرْأة

he is a bit of an old woman إنّه يُشْبِه المَرْأة العَجُوز في تَصَرُّفاتِه وثَرْثَرَتِه

2. (women in general) النِّساء

woman suffrage حَقّ التَّصْوِيت لِلنِّساء

womanhood, *n.* الأُنُوثَة

womanish, *a.* أُنْثَوِيّ ، مُخَنَّث

womankind, *n.* النِّساء ، النِّسْوة

womanly, *a.* (تَصَرُّف) يَلِيق بالمَرْأة

womb, *n.* رَحِم (أَرْحام)

women, *pl. of* **woman**

womenfolk, *n.* النِّسْوة ؛ نِساء الأُسْرَة

won, *pret. & past p. of* **win**

wonder, *n.* 1. (something strange, remarkable) عَجِيبَة ، أُعْجُوبَة ، مُعْجِزَة

it is no wonder that . . . لا عَجَبَ ، لا غَرْوَ أنّ

the sea air works wonders for me

لِهَواءِ البَحْر تَأْثِير السِّحْر عَلَيَّ

2. (emotion aroused by something remarkable); *as in*

wonder-struck, *a.* صَعَقَتْه الدَّهْشَة ، مَشْدُوه

v.i. & t. 1. (be surprised, feel amazed) تَعَجَّبَ ، اِنْدَهَش

it is nothing to wonder at أَمْرٌ لا يُثِير العَجَب

2. (feel curious, be anxious to know) تَساءَل

I wonder whether she will come

تُرَى هَلْ سَتَحْضُر (فُلانة) ؟

wonderful, *a.* عَجِيب ، بَدِيع ، مُدْهِش

wonderland, *n.* أَرْض العَجائِب والغَرائِب

wonderment, *n.* دَهْشَة ، اِسْتِغْراب

wondrous, *a.* عَجِيب ، عَظِيم ، هائِل

wonky, *a.* (*sl.*) مُتَقَلْقِل، مُتَزَعْزِع، مُتَوَعِّك

wont, *pred. a.* مُعْتاد عَلى ، مِن عادَتِه أَن

      n. عادَة ، تَعَوُّد

he came home much later than was his wont
تَأَخَّر كَثِيرًا فِي عَوْدَتِه عَن المُعْتاد

won't, *coll. contr. of* **will not**

wonted, *a.* مُعْتاد ، مَأْلُوف

woo, *v.t. & i.* تَوَدَّد إِلَيها ، غازَلَها

he wooed sleep in vain
راحَ يَنْشُد النَّوْم عَبَثًا

wood, *n.* 1. (group of trees) غابَة ، أَجَمَة

he is not out of the wood yet
لَمْ يَخْرُجْ مِن المَأْزِق بَعْدُ ، لم يَنْجُ مِن الخَطَر بَعْدُ

I couldn't see the wood for the trees
أَعْمَتْنِي كَثْرَة التَّفاصِيل عَن رُؤْيَة المَوْضُوع بِوُضُوح
wood-pigeon وَرَشان ، حَمام بَرِّيّ مُطَوَّق

    2. (substance of tree); *also a.* خَشَب؛ خَشَبِيّ

he is wood from the neck up (*coll.*)
إِنَّه غَبِيّ ، أَبْلَه ، يُشْبِه اللَّوح (مِصْرِيَّة عامِّيَة)
wood-shed كُوخ لِحِفْظ حَطَب الوَقُود

    3. (cask in which wine, etc. is stored) بِرْمِيل
beer from the wood جِعَة (بِيرة)مِن البِرْمِيل

    4. (bowl in game of bowls) كُرَة خَشَبِيَّة خاصَّة بِلُعْبَة البُولز

    5. (*mus.,* wooden wind-instruments); *also*
wood-wind آلات النَّفْخ المُوسِيقِيَّة المَصْنُوعَة مِن الخَشَب (فِي الأورْكِسْترا)

woodbine, *n.* صَرِيمَة الجَدْي الحَرَجِيَّة(نَبات)

woodcock, *n.* دَجاجَة الأَرْض (طائِر)

woodcraft, *n.* الدِّراية بِشُؤُون الغابات

woodcut, *n.* رَسْم مَطْبُوع مِن حَفْر عَلى الخَشَب

wooded, *a.* (مِنْطَقة)مُشْجِرة ،كَثِيرة الشَّجَر

wooden, *a.* خَشَبِيّ ، مَصْنُوع مِن الخَشَب

he was awarded the wooden spoon
كانَ تَرْتِيبُه الأَخِير بين النّاجِحِين

he had a wooden expression
لَمْ يُنِمَّ وَجْهُه عَنْ أَيِّ انْفِعال

woodland, *n.* أَرْض مُشْجِرة ، غابَة

woodman, *n.* حارِس الغابَة ؛ حَطّاب

woodpecker, *n.* نَقّار الخَشَب ، قَرّاع (طائِر)

woodsman, *n.* (*chiefly U.S.*) حارِس الغابَة

woodwork, *n.* 1. (something made of wood)
أَشْغال الخَشَب ، المَنْجُور

    2. (carpentry) النِّجارة (كَعِلم مَدْرَسِيّ)

woodworm, *n.* سُوس الخَشَب

woody, *a.* 1. (abounding in woods) مُشْجِر

    2. (consisting of, similar to wood) خَشَبِيّ المَظْهَر أَو التَّكْوِين

woof, *n.* لُحْمَة (خُيوط عَرْضِيّة فِي النَّسِيج)

wool, *n.* صُوف (أَصْواف)

I must have been wool-gathering
لَا بُدَّ أَنَّنِي كُنْتُ شارِد الذِّهْن

it is difficult to pull the wool over his eyes
مِن الصَّعْب أَن تَخْدَعَه أَوتَحْتال عَلَيْه

wool(l)en, *a.* صُوفِيّ ، مِن الصُّوف

n.pl. أَقْمِشة صُوفِيّة ، أَصْواف

woolly, *a.* 1. (made of wool) صُوفِيّ

2. (like wool) مِثْل الصُّوف

his report was very woolly كَانَ تقْرِيره مُهَوَّشًا وغير مُتَماسِك

n. بُلُوفَر أو سوِيتر من الصُّوف

woolsack, *n.* بَالَة مِن الصُّوف ؛ وِسادَة مَقْعَد

the Lord Chancellor took his seat on the Woolsack جَلَس رَئِيس مَجْلس اللُّوردات عَلىٰ وِسادَة مَقْعَدِه الخاصَّة (المَحْشُوَّة صُوفًا)

word, *n.* 1. (unit of language) كَلِمة ، لَفْظَة

the actor was word-perfect حَفِظ المُمَثِّل دَوْرَهُ حِفْظًا كامِلًا

laziness is not the word for it إنّنا نَظْلِم الكَسَل إذا وَصَفْناه بالكَسَل

I have no words to express my disgust يَعْجِز لِساني عَن وَصْف اشْمِئزازي

in a word . . . وَخُلاصَة القَوْل ، بِاخْتِصار

in so many words he said وَهٰذا قَوْلُه بِالنَّصّ

he translated the article word for word تَرْجَم المَقال تَرْجَمة حَرْفِيّة

2. (*often pl.*, speech, remark) قَوْل ، كَلام

I'd like a word in your ear هَلْ لي أَن أَهْمِس بِكَلِمَة فِي أُذُنِك ؟

a word in season كَلِمة في أَوانِها

a word to the wise كُلّ لَبِيب بِالإِشارَة يَفْهَم

the news was passed by word of mouth تَناقَلَت الأَفْواه النَّبَأ

I had words with him تَشاجَرْتُ مَعَه

he is a man of few words هُو رَجُل قَليل الكَلام

he had to eat his words اُضْطُرَّ أَنْ يَتَراجَع

I will put in a good word for you سَأَقُوم بِتَزْكِيَتِك لَدَيْه

3. (news, information) خَبَر

he sent them word of the ship's arrival أَرْسَل يُنْبِئُهم بِوُصُول السَّفِينة

4. (promise, assurance) وَعْد

I give you my word أَعِدُك وَعْدًا صادِقًا

⟨upon⟩ my word! يَا سَلام ! يَا لَلْغَرابة !

5. (*sing. only*, command) أَمْر

give the word and I'll do it مُرْ تُطَعْ ! سَمْعًا و طاعَة ! ، أنا تَحْت أَمْرك !

6. (*relig.*)

the Word الكَلِمَة

the Word of God كَلِمة اللّٰه ، الكِتاب المُقَدَّس

v.t. عَبَّر بِكَلِمات

the wording was obscure كانَ التَّعْبِير غامِضًا

wordy, *a.* مَلِيء بِالحَشْو ، مُسْهَب ؛ كَلامِيّ

wore, *pret. of* **wear**

work, *n.* 1. (expenditure of energy) عَمَل

he is at work on his new invention إنَّه مَشْغُول بِالعَمَل في اخْتِراعه الجَدِيد

2. (*phys.*) شُغْل (فيزياء)

3. (occupation, employment) وَظِيفَة

work-shy مِكْسال ، لا يُقْبِل على العَمَل

we will have our work cut out to finish in time لا يَنْبَغي أن نُضيع لَحْظة إذا أرَدْنا إنْجاز العَمَل في الوَقْت المُحَدَّد

many hands make light work يَخِفّ العَمَل إذا تعاوَنَت عليه الأيْدي

work-basket سَلَّة تُحْفَظ بِها أدوات الخِياطة

4. (that which is produced) أعْمال، مُؤلَّفات

the collected works of Shakespeare مَجْموعَة مُؤلَّفات شِيكسْبِير

5. (*pl.*, active part of machine) مُحَرِّك (السَّيّارة) والأجْهِزة المُتَعلِّقة به

6. (*pl.*, factory, etc.) مَصْنَع ، مَعْمَل

7. (*pl.*, operations in building) إنْشاءات

Ministry of Works وِزارة الأشْغال العامَّة

v.i. & t. (*pret.* worked; *also* (*archaic and tech.*) wrought) 1. (engage in activity)

I am working at it now لَقَد بَدَأْتُ العَمَل ولَمْ أفْرَغ مِنه بَعْدُ

he worked his passage قامَ بالخِدْمَة على السَّفينة بَدَلًا مِن دَفْع أُجْرَة السَّفَر

I am being worked to death أكادُ أموت بِسَبَب كَثْرَة العَمَل الّذي كُلِّفْتُ به

he worked his way through college إشْتَغَل لِيُسَدِّدَ نَفَقاتِه أثْناء دِراسَتِه بالكُلِّيَّة

2. (act, operate) يَدُور ، يَعْمَل

the machinery works by electricity هَذِه الآلات تَعْمَل بِالكَهْرَباء

my watch is not working تَعَطَّلَت ساعَتِي

3. (succeed, be effective) أدَّى بِنَجاح

it worked like a charm (*coll.*) كانَ (لِهَذا الإجْراء) مَفْعُول السِّحر

time is working against us لَيْس الوَقْت في صالِحِنا

I hope your plans work out آمَل أن تَنْجح خِطَطُك و تأتي بالنَّتيجة المَرْجُوّة

I will try to work my holidays in with yours سَأُحاوِل أن أُوائم بَيْن تارِيخَيْ عُطْلَتي و عُطْلَتِك

4. (have or be in charge of) يُشْرِف على

the salesman works the region هَذا الوَكيل التِّجارِيّ يُشرف على المِنْطَقة

5. (produce as result, accomplish, solve)

he worked out a sum حَلّ مَسْألة حِسابيّة

my expenses work out at £5 تَبْلغ نَفَقاتي خَمْسَة جُنَيْهات

he must work out his own salvation عَلَيه أن يَجِد بِمُفْرَدِه سَبيلَ خَلاصِه

he worked out a new method to manufacture glass ابْتَكَر طَريقَةً جَديدَةً لِصِناعَة الزُّجاج

I'll see if I can work it (*coll.*) سَأَبْذُل جُهدي في إيجاد حَلّ لِهَذِه المُشْكِلة

6. (move slowly, often with difficulty) تَحَرَّك بِبُطْءٍ ومَشَقَّة

the screw worked loose انْفَكَّت الصّامُولة

he worked his way through the crowd شَقَّ طَريقَه بِبُطْء خِلال الزِّحام

the mine is worked out نَفَد (المَعْدِن) مِنَ المَنْجَم

the salesman worked up a good connexion
كَوَّن الوَكيل التِّجاريّ عَددًا كَبيرا مِن العُمَلاء

he worked up his geography
رَكَّز (الطّالِب) جُهودَه على دِراسة الجُغْرافيا

7. (fashion by manipulation) جَبَل، شَكَّل

the potter works his clay يُعِدّ الخَزّاف صَلْصَالَه بالعَجْن

8. (ferment, have influence or effect) أَثَّر

it has been working on my mind أَخَذَت الفِكْرَة تَعْتَمِل في ذِهْني

the yeast is beginning to work الخَميرة آخِذَة في تَخْمير العَجين

his features worked violently بَدَت على مَلامِحِه آثار الانْفِعال الشَّديد

9. (embroider or stitch) طَرَّز

my wife is working a new tablecloth تُطَرِّز زَوْجَتي مِفْرَشا (شَرْشَفًا) جَديدًا للمائدة

workable, *a.* عَمَليّ ، يُمْكِن إِجْراؤه

this is not a workable scheme هَذا مَشْروع لا يُمْكِن تَنفيذه

workaday, *a.* (مَلابِس) العَمَل ؛ مُبْتَذَل ، عادِيّ

workday, *n.* يَوْم عَمَل (خِلاف يَوْم العُطْلَة)

worker, *n.* عامِل (عُمّال)

worker bee النَّحْلَة العامِلة أو الشَّغّالة

the workers طَبَقَة العُمّال

workhouse, *n.* مَلْجَأ لإعالَة الفُقَراء (قَديمًا)

working, *a.* عامِل ؛ صالِح لِلعَمَل

working class الطَّبَقة العامِلة

n. 1. (*in vbl. senses, often attrib.*) عامِل

working capital رَأس مال عامِل

a working day يَوْم عَمَل ؛ عَدد ساعاتِ العَمَل

a working knowledge دِرَاية كافِيَة (بِعِلْمٍ)

a working majority in Parliament أَغْلَبِيّة يَجِب تَوافُرها لإدارَة الشُّؤون البَرْلَمانيّة

(in) working order صالِح لِلاسْتِعْمال

working party لَجْنَة خُبَراء (للتحقيق)

2. (*usu. pl.*, mine or quarry) حَفْرِيّات

workman, *n.* عامِل (يَدَوِيّ) ، صانِع

workmanlike, *a.* (عَمَل) بِيَد صانِع ماهِر

workmanship, *n.* 1. (art or skill of workman)
مَهارَة في الصِّناعَة

2. (finish or quality) جَوْدَة الصَّنْعَة

workpeople, *n.pl.* العُمّال

workroom, *n.* مَشْغَل (لِلخِياطة والتَّطْريز)

workshop, *n.* مَصْنَع ، وَرْشَة ، مَعْمَل

world, *n.* 1. (time, state, scene of existence)
عالَم ، دُنْيا

the world to come الحَياة الأُخْرَى

the next world العالَم الآخَر

out of this world (*coll.*) مُدْهِش، هائِل، رائع

world without end, *adv.* إلى أَبَد الآبِدين

2. (earth and all created things on it)
الكُرَة الأرضية ، الخَليقة

world-wide, *a.* (شُهْرَة) عالَمِيَّة

he is for all the world like my brother

إِنَّهُ صُورَةٌ نَاطِقَةٌ مِن أَخِي

his son is all the world to him

لَيْسَ فِي الدُّنْيَا مَا يُهِمُّهُ أَكْثَرَ مِنِ ابْنِهِ

the youth of today has the world at its feet

إِنَّ أَبْوَابَ العَالَمِ مَفْتُوحة أَمَامَ شَبَابِ اليَوْمِ

he thinks the world of her

إِنَّ إِعْجَابَهُ بِهَا لَا يَقِفُ عِندَ حَدّ

a world power

دَوْلة كُبْرَى أَوْ عُظْمَى

3. (material things of life)

الأُمُورُ الدُّنْيَوِيّة

the world, the flesh and the devil

إِغْرَاءَاتُ العَالَمِ وَالجَسَدِ وَوَسْوَسَة إِبْلِيس

he wants the best of both worlds

إِنَّهُ يُرِيدُ أَنْ يَجْمَعَ بَيْنَ (مَبْدَأَيْنِ) مُتَنَاقِضَيْنِ

he has forsaken the world

لَقَد هَجَرَ الدُّنْيَا (وَأَصْبَحَ رَاهِبًا)

4. (ordered system or specified class)

عَالَم ، دُنْيَا

the world of sport

عَالَمُ الرِّيَاضَة

the vegetable world

مَمْلَكَة (عَالَم) النَّبَات

5. (limited part of the earth)

أَقْطَار ، عَالَم

the English-speaking world

البِلَادُ الَّتِي يَتَكَلَّمُ أَهْلُهَا اللُّغَة الانْكِلِيزِيّة

the New World

العَالَمُ الجَدِيد (الأَمْرِيكِتَان)

6. (human life and affairs)

العَالَم

he is a man of the world

إِنَّهُ رَجُل ذُو حُنْكَة

we take the world as we find it

نَأْخُذُ الدُّنْيَا عَلَى عِلَّاتِهَا (نَتَقَبَّلُهَا بِخَيْرِهَا وَشَرِّهَا)

7. (people)

نَاس ، أُنَاس

all the world and his wife were at the reception

حَضَرَ حَفْلَ الاسْتِقْبَال جَمْع غَفِير مِن كُلِّ الطَّبَقَات

8. (vast amount or extent)

كَمِّيّة كَبِيرة

there was a world of meaning in the look she gave him

أَلْقَت إِلَيْهِ نَظْرَة زَاخِرة بِالمَعَانِي

he was dead to the world

كَانَ "سَكْرَان طِينَة"

worldly, a.

دُنْيَوِيّ ، عالَمِيّ ، أَرْضِيّ

worldly wisdom

خِبْرَة بِأُمُورِ الدُّنْيَا

worm, n. 1. (animal)

دُودَة (دُود ، دِيدَان)

worm-cast

بِرَازُ الدُّود (عَلَى سَطْحِ الأَرْض)

worm-eaten, a.

(خَشَب) نَخَرَهُ السُّوس

2. (parasitic creature, pl., disorder caused by these)

كَائِنَات طَفَيْلِيّة (طِبّ)

3. (fig., insignificant person)

شَخْص دَنِيء

even a worm will turn

إِنَّ لِلصَّبْرِ حُدُودَه

4. (spiral part of screw)

سِنُّ اللَّوْلَب

worm-gear

التُّرْس الحَلَزُونِيّ (مِيكَانِيكا)

v.t. 1. (make one's way by moving like a worm); also v.i.

زَحَفَ ، انْسَلَّ

he wormed his way into my confidence

ظَلَّ يَنْسَلُّ إِلَى قَلْبِي حَتَّى خُدِعْت وَوَثِقْتُ بِهِ

he wormed the information out of me

اسْتَدْرَجَنِي حَتَّى بُحْتُ لَهُ بِالسِّرّ

2. (rid of worms)

طَهَّرَ مِن الدِّيدَان (طِبّ)

wormwood, n.

شِيح رُومِيّ ، أَبْسَنْت (نَبَات)

fig.

ذَاقَ العَلْقَم

wormy, a.

كَثِير الدِّيدَان ، نَخِر ، مُتَسَوِّس

worn, *past p. of* **wear**

a. مَلْبُوس ؛ (زِيّ) شَائِع ؛ بَالٍ ، رَثّ ؛ يَبْدُو عَلَيْهِ التَّعَب والإِرْهاق

worry, *v.t.* 1. (annoy, trouble, importune) أَزْعَج ، ضَايَق ، أَقْلَق ، أَضْجَر

stop worrying me to do it! كَفَاكَ إِلْحَاحًا عَلَيَّ بِفِعْله

his debts worried him to death كَانَت دُيُونُه مَصْدَر قَلَقٍ دائِمٍ له

2. (of *dogs*, seize and shake with teeth) أَمْسَك الكَلْب (حَيَوان أوطائِر) وَهَزَّه بِعُنْف

v.i. قَلِق ، شَغَل أو أَشْغَل بَالَه

don't worry! لا تَنْزَعِج ! لا تَهْتَمّ !

I am worried about my son's health إِنِّي مَشْغُول (أوقَلِق) عَلَى صِحَّة ابْني

n. 1. (uneasiness) هَمّ ، قَلَق

2. (*usu. pl.,* cause of anxiety) هُمُوم

worse, *a.* 1. (bad in higher degree) أَرْدَأ ، أَسْوَأ

worse luck! لِسُوء حَظِّي !

2. (less well in health) سَاءَت صِحَّتُه

he is none the worse for his accident لَمْ يُصِبْه الحَادِث بِأَيّ سُوء

adv. بِطَرِيقَة أَسْوَأ

I shall like you none the worse if you speak frankly لَنْ تُؤَثِّر صَرَاحَة قَوْلِك فيما أَكِنّ لك مِن مَوَدَّة

he lost his job and is worse off than ever طُرِدَ مِن وَظِيفَتِه وسَاءَت حَالُه كُلّ السُّوء

n. وَضْع أَسْوَأ

the situation went from bad to worse تَدَهْوَرَت الحَالَة مِن سَيِّءٍ إِلَى أَسْوَأ

worsen, *v.t. & i.* جَعَل أَكْثَر سُوءًا ؛ سَاءَ

worship, *n.* 1. (reverence and respect paid to God) عِبَادَة ، تَعَبُّد لِلَّه

a place of worship مَعْبَد ، بَيْت العِبَادة

2. (admiration, respect felt for anything) إِعْجاب يَرْقى إِلَى مُسْتَوى العِبَادة

3. (title of respect used for magistrate or mayor); *as in*

your Worship سِيادَتُكم (تُقَال احْتِرامًا)

v.t. & i. عَبَد ؛ أَدَّى فُرُوض العِبَادة

he worships the ground she treads on إِنَّه يَعْبُد الأَرْض الَّتِي تَمْشِي عَلَيْها

worshipful, *a.* جَدِير بِالاحْتِرام

worshipper, *n.* عَابِد ، مُتَعَبِّد

worst, *a.* (superl. of bad, ill) الأَسْوَأ

adv. (superl. of badly, ill) بِأَسْوَأ طَرِيقةٍ

n. أَسْوَأ الأَحْوَال ، شَرّ الظُّرُوف

the singer was at his worst هَبَط غِنَاؤه إِلَى الحَضِيض (في تِلْك الحَفْلَة مَثَلًا)

I will be dismissed at the worst شَرّ ما قَدْ يَحْدُث هُو أَنْ أُفْصَلَ مِن العَمَل

he got the worst of the argument تَغَلَّبَ عَلَيْه خَصْمُه في المُجَادَلة

if the worst comes to the worst في أَسْوَأ الظُّرُوف ، عِند الضَّرُورَة القُصْوَى

the worst of it is that ... مِمَّا زَاد الطِّينَ بِلَّة

v.t. هَزَم ، قَهَر ، تَغَلَّب عَلَى

worsted, *n.* قُماش صُوفيّ مُحْكَم النَّسج

worth, *a.* 1. (having or deserving a certain value or price)

جَدِيرٌ بِ ... ، مُسْتَحِقّ لِ ... ، أَهْل لِ...

he is worth his weight in gold

إِنَّه يُساوِي وَزْنَه ذَهَبًا (لِجَلِيل نَفْعِه لنا)

it is worth every penny we paid for it هَذِه السِّلْعَة تُساوِي كُلَّ ما دَفَعْنا فِيها مِن ثَمَن

is such an effort worth it?

هَلْ يَسْتَحِقّ الأَمْر كُلَّ هذا العَناء ؟

this is my opinion, for what it is worth

هَذا هُوَ رَأْيِي بِكُلّ تَواضُع

worth-while ذُو شأنٍ ؛ يَسْتَحِقّ القِيَام بِه

2. (possessed of, having property amounting to)

تَبْلُغ ثَرْوَتُه ...

he is worth a million تُقَدَّر ثَرْوَتُه بِمليُون جُنَيه

they cheered for all they were worth

هَتَفُوا (لِلْوَزِير مثلًا) بِحَماسٍ شَدِيد

n. 1. (value, merit) قِيمَة ، قَدْر

of little worth قَلِيل القِيمَة ، لَيْسَ بِذِي شَأن

2. (value expressed in money) قِيمَة ، ثَمن

we got our money's worth كَانَ (ذَلِكَ الشَّيْءُ) يُساوِي كُلَّ ما دَفَعْناه مِن ثَمَن

worthless, *a.* عَدِيم القِيمَة ؛ باطِل

worthy, *a.* 1. (deserving) جَدِير ، مُسْتَحِقّ

worthy opponent نِدٌّ جَدِير بِالمُنازَلَة

2. (*often joc. or iron.*, respectable); *as in* who is that worthy gentleman on your right?

مَن يَكُونُ ذَلكَ السَّيِّد المُحْتَرَم الجالِسُ إِلى يَمِينِك

n. عَيْن (أَعْيان) ، وَجِيه (وُجَهاء)

would, *pret. & condit.* of **will** 1. (expressing conditional action); *as in* had it been possible he would have gone

لَوْ كَانَت الفُرْصَة قَد أُتِيحَت له لَذَهَب

2. (conditional expressing wish or intention); *as in* we would go if it were possible

لَوْ كانَ بِإِمْكانِنا الذِّهاب لَذَهَبْنا

would to God! لَيْتَ ...

3. (request); *as in*

would you sit down? هَلَّا تَفَضَّلْتَ بِالجُلُوس ؟

4. (habit); *as in*

he would often stop for a chat كَانَ مِن عَادَتِهِ أَنْ يَتوقَّف عن المَسِير لِيَتَحَدَّثَ مَعِي

would-be, *a.* رَاغِبٌ في ؛ في مَرْحَلَة التَّدَرُّب على

he is a would-be writer يَدَّعِي أَنَّه كاتِب

wouldn't, *coll. contr. of* **would not**

wound, *n.* جُرْح (جِراح) ، كَلْم (كُلوم)

the enemy retired to lick his wounds

اِنْسَحَبَ العَدُوّ لِيَلْعَق جِراحَه

v.t. جَرَحَ ، كَلَم

he wounded my pride جَرَحَ كِبْرِيائِي

the wounded الجَرْحَى (في مَعْرَكَة)

wound, *pret. and past p. of* **wind**

wove, woven, *pret. and past p. of* **weave**

wraith, *n.* شَبَح (أَشْباح) ، طَيْف (أَطْياف)

wrangle, *n. & v.i.* مُجادَلة عَنِيفة ؛ تَشاجَر

wrangler, *n.* مُتَشاجِر

senior wrangler طالِب يَتفوّق على الطَّلَبة المُمْتازِين في امْتِحان التَّخَرّج بِالرِّياضِيّات (كِمْبِرِدْج)

wrap, *v.t. & i.* لَفَّ ، غَلَّفَ

he wrapped the parcel up لَفَّ الطَّرْدَ

the affair is wrapped in mystery إنَّ الأَمْرَ

مُحَاطٌ بِالغُمُوض، تَكْتَنِفُه الأَسْرار

he is wrapped up in his work إنَّه مُنْهَمِك

أَوْ مُسْتَغرِق في عَمَلِه

n. دِثَار ، رِدَاء إضافيّ خارجيّ (لِلْمَرأة)

wrapper, *n.* غِلَاف لِكِتاب أو جَرِيدة

wrapping, *n.* مَا يُسْتَعْمَل في اللّفّ (كالوَرَق)

wrath, *n.* (**-ful,** *a.*) حَنَق ، غَيْظ شَدِيد ؛ مُحْنَق

wreak, *v.t.* صَبَّ(جامَ غَضَبِه) على ..

the hurricane wreaked havoc خَرَّبَ

الإعْصارُ المِنْطَقَة وعَاثَ فِيها فَسادًا

wreath, *n.* إكْلِيل من الزُّهُور (عِنْدَ القَبْر مثلاً)

a wreath of smoke حَلْقَة من الدُّخَان

wreathe, *v.t. & i.* 1. (form into wreath)

جَدَل أو ضَفَر إكْليلا ، زَيَّن بِإكْليل

his face was wreathed in smiles

تَهَلَّل وَجْهُه بِالابْتسام

2. (encircle, wind) طَوَّق أو أَحاط بِ ...

the snake wreathed itself round the tree

اِلْتَفَّ الثُّعْبان حَوْلَ الشَّجَرَة

wreck, *n.* حُطَام (سَفِينَةٍ) ؛ خَرَاب ، دَمار

he is a wreck of his former self لَمْ يَعُدْ

إلّا حُطامًا (بِسَبَب مَرَضٍ عُضالٍ مثلاً)

v.t. حَطَّم ، دَمَّر ، خَرَّب ، قَوَّض

wreckage, *n.* حُطَام سَفِينةٍ أو طائِرةٍ الخ ...

wren, *n.* صَعْو (طائِر صَغِير مُغَرِّد)

wrench, *n.* 1. (sudden twist or pull) لَيّ أو

خَلْع (لِلمَفْصِل مثلاً) ؛ شَدَّة أو سَحْبة فُجائيّة

2. (pain caused by separation); *as in*

selling his car was a wrench اِنْفطَرَ قَلْبُه

عِنْدَما اضْطُرَّ إلى بَيْع سَيّارَتِهِ

3. (spanner) مِفْتاح رَبْط (مِيكانيكا)

v.t. 1. (twist or pull violently) جَذَبَ

بِشِدَّة ، اِقْتَلَع (مِقْبَض البابِ مَثلاً)

2. (injure thus) لَوَى أو خَلَع (مَفْصِلاً)

wrest, *v.t.* سَحَب بِعُنْف ؛ اِخْتَطَف ؛ شَوَّه

he wrested a living out of poor soil كَدَّ

لِانْتِزاع قُوتِه بالعَمَل في أرضٍ مُجْدِبة

wrestle, *v.i.* صارَع ؛ ناضَل ، كافَح

he wrestled with the problem

كانَ في صِراعٍ مَع المُعْضِلة

wrestler, *n.* مُصَارِع

wrestling, *n.* مُصَارَعة ، صِراع

wretch, *n.* 1. (unfortunate or miserable person) بَائِس ، تَعِس ، مِسْكِين

2. (contemptible or vile person); *freq. joc.*

وَغْد ، دَنِيء ، خَبِيث ، مَكّار

wretched, *a.* بَائِس ، مُثِير لِلأَسَف

wretched weather جَوّ لَعِين أو سَيِّء

he felt wretched شَعَر بِبُؤْس وضِيق

wrick (rick), *v.t. & n.* لَوَى ، خَلَع (مَفْصِلاً)

wriggle, *v.i. & t.; also n.* تَلَوَّى (كالدُّودَة)

he wriggled out of his predicament

تَخَلَّص مِن وَرْطَتِه بالحِيلة والدَّهاء

wring (*pret. & past p.* wrung), *v.t.*

1. (press, squeeze, twist with force)

لَوَى ، بَرَم ، عَصَر (الملابس)

she wrung her hands   لَوَت يَدَيْها تَوَجُّعًا

he wrung my hand   شَدَّ عَلَى يَدِي تَحِيَّةً

she wrung ⟨out⟩ the clothes   عَصَرَت
الْمَلابِسَ الْمُبْتَلَّة (بَعْدَ غَسْلِها)

the clothes were wringing wet   كانَت
مَلابِسُه مُبْتَلَّة كُلَّ البَلَل (بِسَبَب المَطَر)

the sad story wrung my heart   تَفَتَّتَ
قَلْبِي شَفَقَةً عِنْدَما سَمِعْت القِصَّة الأَلِيمَة

2. (force out by twisting)   اِنْتَزَع ، اِغْتَصَب

they wrung a confession from the prisoner
أَجْبَرُوا السَّجِينَ عَلَى الاِعْتِراف

wringer, *n.*   آلَة لِعَصْر الغَسِيل ، عَصَّارة

wrinkle, *n.* 1. (crease, furrow)   غَضْن (غُضُون)

2. (*coll.,* useful tip)   نَصِيحة عَمَلِيَّة

v.t. & i.   جَعَّدَ ، غَضَّن ؛ تَجَعَّد ، تَغَضَّن

wrist, *n.*   مِعْصَم ، رُسْغ اليَد

wrist-watch   ساعَة اليَد أو المِعْصَم

wristlet, *n.*   سِوَار ، حِلْيَة كالطَّوْق لِلمِعْصَم

writ, *n.* 1. (*arch.,* something written)

Holy Writ   الكِتاب المُقَدَّس

2. (written command issued in name of
sovereign, state, etc.)   أَمْر مَلَكِيّ أو قَضائيّ

write (*pret.* wrote, *past p.* written), *v.i. & t.*

كَتَبَ ، دَوَّنَ ، حَرَّر ، خَطَّ

he writes for a living
إِنَّهُ يُمارِس مِهْنَة الكِتابَة

it is nothing to write home about
هَذا أَمْر عادِيّ لا يَسْتَحِقّ أيَّ اهْتِمام

he wrote down my address   دَوَّنَ عُنْوانِي

I wrote him down as a fool   كانَ رَأيِي عَنْه
أَنَّهُ مُجَرَّدُ شَخْصٍ أَحْمَق

book values were written down to nil
خُفِّضَت القِيَم الدَّفْتَرِيَّة إلى لا شَيْءٍ (في المِيزانِيَّة)

he wrote off a description of the ceremony
كَتَبَ وَصْفًا سَرِيعًا لِلحَفْل

the company wrote off its bad debts
اِسْتَبْعَدَت الشَّرِكة دُيُونَها المَعْدُومَة

he wrote off for a catalogue   أَرْسَلَ في
طَلَب نُسْخَة من القائِمَة

the author wrote himself out   نَضَبَ
مَعِين المُؤَلِّف ولم يَعُد قادِرًا عَلَى الاِبْتِكار

I write up my diary every night   أُدَوِّن
مُذَكِّراتِي اليَوْمِيَّة كُلَّ لَيْلَة

the critics wrote up the new play
قَرَّظ النُّقّاد المَسْرَحِيَّة الجَدِيدة

write-up, *n.*   نَقْدٌ يَتَضَمَّن مُجامَلة

writer, *n.*   كاتِب ، مُؤَلِّف

writer's cramp   تَشَنُّج الأَصابِع لِكَثْرَة الكِتابة

writhe, *v.i.*   تَضَوَّر (أَلَمًا) ، تَلَوَّى

writing, *n.* 1. (*vbl. sense*)   الكِتابَة

the writing on the wall is clear   إِنْذار
واضِح بِخَطَرٍ وَشِيكٍ (عَن سِفْر دانِيال)

please put it in writing   أَرْجُو أَنْ تُدَوِّن ذَلِك

2. (*usu. pl.*, literary work) مُؤَلَّفات

3. (penmanship, handwriting) فَنّ الخَطّ

written, *past p. of* **write**

wrong, *a.* 1. (not morally right, sinful, wicked) خاطِئ ، باطِل ، آثِم

2. (not true or correct) غَيْر صَحِيح

wrong-headed, *a.* عَنِيد ، مُتَمَرِّد

3. (unsuitable) غَيْر لائِق أو مُناسِب

he got off on the wrong foot بَدَأ بِداية غَيْر مُوَفَّقَة

he was born on the wrong side of the blanket لَمْ يَكُنِ آبْنًا شَرْعِيًّا

he put his coat on wrong side out لَبِسَ مِعْطَفَه مَقْلوبًا

he caught the wrong train أَخْطَأَ وَرَكِب قِطارًا غَيْر القِطار المَقْصُود

she took the wrong turning حادَت عن جادَّة الفضِيلة وسَلَكت طَرِيقَ الرَّذِيلة

there's something wrong with my watch في ساعَتِي بَعْضُ الخَلَل

adv. بِطَرِيقَة خاطِئة

we seem to have gone wrong يَبْدُو أَنَّنا أَخْطَأْنا (أو ضَلَلْنا الطَّرِيق)

n. خَطأ ، باطِل ؛ شَرّ ؛ ظُلْم

he can't tell the difference between right and wrong لا يَسْتَطِيع أَنْ يُمَيِّز بَيْن الصَّواب والخَطأ أو الحَقّ والباطِل

two wrongs do not make a right لا يُبَرِّر الشَّرّ بِارْتكابِ شَرٍّ آخر

you do me a wrong to accuse me إِنَّك تَظْلِمُني حِينَ تَتَّهِمُني (بِارْتِكاب الأَمْر)

you are in the wrong أَنْت عَلى خَطَأ

v.t. أَخْطَأَ أو أَساء إلى.. ، ظَلَم

wrongdo/er, *n.* (**-ing,** *n.*) فاعِل الإثْم ؛ الإثْم

wrongful, *a.* غَيْر قانُونيّ ، غَيْر جائِز

wrote, *pret. of* **write**

wrought, *pret. & past p. of* **work**

wrought iron الحَدِيد المُطاوِع أو المُلَيَّف

wrung, *pret. & past p. of* **wring**

wry, *a.* مُعْوَجّ ، مُلْتَوٍ

he pulled a wry face بَدَت على وَجْهِه عَلامات الإخْفاق أو الاسْتِياء

wych-hazel, *n.* مَحْلول لِمُعالَجة الكَدَمات (صَيْدَلة)

X

X, 1. (letter) الحَرْف الرّابع والعِشْرون مِن الأَبْجَدِيّة

2. (designation); *as in*

X certificate (film) تَرْخِيص بِعَرْض فِيلم سِينِمَائِيّ لا يُسْمَح إلّا لِلبالِغين بِحُضوره

3. (Rom. num. = 10) ١٠ في الأَرْقام الرُّومَانِيّة

4. (*alg.*) س (رَمْز لِلكَمِّيَّة المَجْهُولَة في الجَبْر)

5. (unknown person); *as in*

Mr. X رَمْز للإشارَة إلى فَرْد مُعَيَّن لِيظَلّ مَجْهُول الشَّخْصِيّة أَثْناء المُحاكَمة

xenophobe, *n.* مُصَاب بِكُرْه مَرَضِيّ لِلأَجانِب

xenophobia, *n.* كُرْه مَرَضِيّ لِلأَجانِب

xerography, *n.* الإِسْتِنْساخ التَّصْويرِيّ لِلمُسْتَنَدات بِاسْتِخْدام الكَهْرَباء الاسْتاتِيكِيّة ومَسْحُوق الجرافِيت

Xmas, *abbr. of* **Christmas**

X-ray, *n. & v.t.* أَشِعّة إكْس ، الأَشِعَّة السِّينِيّة

xylophone, *n.* الزَّيْلُوفُون ، آلَة مُوسِيقِيّة ذات شَرائِح خَشَبِيّة مُتَوازِيَة يُنْقَر عَلَيْها بِمِطْرَقَة

Y

Y, 1. (letter) الحَرْف الخامِس والعِشْرُون مِن الأَبْجَدِيّة

2. (*alg.*) رَمْز لِكَمِّيّة مَجْهُولَة في عِلْم الجَبْر

yacht, *n.* يَخْت ، مَرْكَب (شِراعِيّ أو بُخارِيّ) للنُّزْهَة

v.i. أَبْحَر في يَخْت (لِلنُّزْهَة أو السِّباق)

yachtsman, *n.* صَاحِب اليَخْت ، مَن يَهْوَى رُكُوبه

yahoo, *n.* اِسْم أَطْلَقه الكاتِب الانكليزيّ «سويفت» لِوَصْف مَن يُشْبه البَهائِم في الفَظاظَة والخُشُونَة

yak, *n.* حَيَوان اليَاك ، قَطّاس ، قُوتاش

yam, *n.* يَام ، اِنْيام ، بَطاطَة صِينِيّة (نبات يُؤْكَل)

yank, *v.t. & i.* (*coll.*) شَدّ أو سَحَب فَجْأَةً

Yankee, *n.* 1. (American from North of U.S.A.) أَمْرِيكِيّ يَقْطُن إحْدَى وِلايات الشَّمال

2. (*coll.*, U.S. citizen) يَانْكِي ، أَمْرِيكِيّ

yap, *v.i.* نَبَح (الكَلْب الصَّغير)، وَعْوَع ؛ ثَرْثَر

will you stop yapping! (*coll.*) اُسْكُتْ ! اِخْرَس ! سِدّ بُقّك ! (عامّيّة)

n. وَعْوَعَة الكَلْب الصَّغير

yard, *n.* 1. (measure) يَارْدة (٩١,٤٤ سَنْتِيمترًا)

2. (*naut.*) عَارِضة أُفُقِيَّة لِتَثْبِيت الشِّراع

yard-arm أَحَد طَرَفَي عَارِضَة الشِّراع الأُفُقِيّة

3. (enclosed ground) فِناء ، ساحَة

Scotland Yard; *also*, the Yard اِسْم يُطْلَق على المَرْكَز الرَّئيسِيّ لِشُرْطَة لَنْدَن

goods yard حَوْش البِضاعَة (سِكّة حَدِيدِيّة)

timber yard سَاحَة لِخَزْن الأَخْشاب وبَيْعِها

yardstick, *n.* (*lit. & fig.*) عَصا لِلقِياس طُولُها يَارِدة ؛ مِعْيار للمُقارَنَة ، مِحَكّ

yarn, *n.* 1. (spun thread) غَزْل، خَيْط مَغْزُول

2. (*coll.*, story, gossip) حِكَايَة ؛ أُحْدُوثَة

we had a good yarn تَبادَلْنا حَدِيثًا مُمْتِعًا

he spins a good yarn إِنَّه ماهِر في

سَرْد الحِكايات (لِتَسْلِيَة المُسْتَمِعِين)

v.i. (*coll.*) قَضَى الوَقْت في رِوَايَة القِصَص

yarrow, *n.* أَخِيليا أُمّ أَلْف وَرَقَة (عُشْب ضارّ)

yashmak, *n.* يَشْمَك ، يَشْمَق (حِجاب المَرْأة)

yaw, *v.i.* & *n.* اِنْعَرَج ؛ اِنْعِراج (جانِبيّ)

yawl, *n.* مَرْكَب شِراعِيّ صَغِير ؛ زَوْرَق

yawn, *v.i.*; *also v.t.* تَثاءَب ؛ فَغَر (فاهُ)

he yawned his head off ظَلَّ يَتَثاءَب طِوالَ الوَقْت (لإِحْساسِه بالمَلَل)

the chasm yawned below him

فَغَر الغَوْر السَّحِيق فاهُ أَسْفَلَه

n. تَثاؤُب

yaws, *n.pl.* الفرمبيزيا (مَرَض جِلْدِيّ بالمَناطِق المَدارِيَّة)

ye, *pron.* (*arch.*) أَنْتُم ، أَنْتُنّ (لَفْظ قَدِيم)

ye Gods! أَعُوذ بِاللّٰه ! يا سَتّار !

yea, *int.* (*arch.*); also *n.* نَعَم ! بَلَى !

he would say neither yea nor nay to me

لم يُبْدِ قَبُولاً أو رَفْضًا لاقْتِراحي

year, *n.* 1. (period of earth's revolution round the sun) عام (أَعْوام) ، سَنَة (سِنُون، سَنَوات) ، حَوْل (أَحْوال)

our hens provide us with eggs all the year round يُزَوِّدنا دَجاجُنا بالبَيْض طِوال العام

year in, year out عامًا بَعْدَ عامٍ

I don't see my brother these days from one year's end to another يَنْدُر أَنْ أَرَى أَخِي هٰذِه الأيّام حَتَّى وَلَوْ مَرَّة في العام

in the year of our Lord في سَنَة ... المِيلادِيَّة

we have done it this way from the year dot

كَانَت هٰذِه طَرِيقَتنا في العَمَل مُنْذ البَدْء

we stayed up to see the New Year in

سَهِرْنا لَيْلَة رَأْس السَّنَة لاسْتِقْبال العام الجَدِيد

Happy New Year! أَرْجُو لَكَ عامًا سعيدًا !

year-book الحَوْلِيَّة ، دَلِيل سَنَوِيّ يَحْوِي كَافَّة المَعْلُومات المُتَعَلِّقَة بِمَيْدانٍ ما

2. (any specific period of 12 months); *as in*

academic year العَامُ الدِّراسِيّ أو الجامِعِيّ

3. (*in reckoning age*) سَنَة (في حِساب العُمْر)

a five-year-old طِفْل في الخامِسَة مِن عُمْرِه

4. (*pl.*, age); *as in*

he is young for his years يَحْتَفِظ بِنَشاطِه رَغْم كِبَر سِنِّه ؛ هٰذا الصَّبِيّ مُتأَخِّر في نُمُوِّه العَقْلِيّ

he died full of years مَاتَ مُسِنًّا

yearling, *n.* & *a.* حَوْلِيّ ، (مُهْر) اِبْن سَنَة

yearly, *a.* & *adv.* سَنَوِيّ ، حَوْلِيّ ؛ سَنَوِيًّا

yearn, *v.i.* (*with preps.* for, after) تاقَ أو اشْتَاقَ إلى ، حَنَّ إلى

yearning, *n.* & *a.* اِشْتِيَاق ، تَشَوُّق ؛ مُتَلَهِّف

yeast, *n.* خَمِيرة (لِصِناعَة الخُبْز والبِيرة)

yell, *v.i.* & *t.*; *also*, yell out صَرَخ ، زَعَق ، صَاحَ

n. صَرْخَة ، صَيْحَة ؛ هُتاف

yellow, *n.* & *a.* اللَّوْن الأَصْفَر ؛ أَصْفَر

yellow fever الحُمَّى الصَّفْراء (بالمَناطِق المَدارِيَّة)

yellow-hammer دُرَّسَة، صَعْو (عُصْفور صَغِير)

yellow jack

(fever) الحُمَّى الصَّفْراء (بالمَناطِق المَدارِيَّة)

(quarantine flag) رَايَة صَفْراء تَرْفَعُها السَّفِينَة عِنْدَما يَتَفَشَّى مَرَض مُعْدٍ بَيْنَ الرُّكّاب أو البَحّارَة

yellow ochre المُغْرَة الصَّفْراء (تُراب صَلْصالِيّ خاصّ يُسْتَعْمَل في صِناعة الطِّلاء الأَصْفَر)

yellow peril الخَطَر الّذي يُهَدِّد الشُّعُوبَ البَيْضاء مِن قِبَل الشُّعُوب الصَّفْراء

yellow press الصِّحافَة الرَّخِيصَة

there is a yellow streak in him هُناكَ شَيْء مِن الجُبْن في شَخْصِيَّتِه

v.i. & t. اِصْفَرَّ ؛ جَعَله أَصْفَر اللَّوْن ، صَفَّر

yellowish, *a.* ضارِب إلى الصُّفْرَة

yelp, *v.i. & n.* عَوَى (الكَلْبُ تَوَجُّعًا) ، وَعْوَعَ

yen, *n.* 1. (Jap. coin) يَنّ (وَحْدَة النَّقْد اليابانِيّ)

2. (*U.S. sl.*, desire) رَغْبَة شَدِيدة ، وَحَم

yeoman, *n.* 1. (farmer) مُزارِع يَمْلِك أَرْضًا

he rendered yeoman service أَدَّى خِدْمَة جَلِيلة

Yeoman of the Guard أَحَد أَفْراد الحَرَس المَلَكِيّ (قَدِيمًا) ؛ أَحَد حُرّاس بُرْج لَنْدَن (حالِيًّا)

2. (*nav.*); *also* yeoman of signals نائِب ضابِط بَحْرِيّ مَسْؤُول عَن الإشارات البَصَرِيَّة

yeomanry, *n.* 1. (farmers) أَرْباب الأَطْيان

2. (*mil.*) قُوَّة الفُرْسان المُتَطَوِّعين مِن بَيْن أَصْحاب الأَراضِي (أُنْشِئَت عام ١٧٦٦)

yes, *particle & n.* نَعَمْ ، بَلَى ، أَجَل

yes, indeed! أَيْ نَعَم ! هَذا صَحِيح !

yes, but . . . نَعَم - وَلَكِن... ، صَحِيح - غَيْرَ أَنَّ

just give me a plain yes or no! لا أُرِيدُ اللَّفَّ والدَّوَران - هَلْ تَقْبَل أَمْ تَرْفُض ؟

he said yes to my requests وَافَقَ عَلَى طَلَبَاتِي

yes-man, *n.* (*coll.*) إِمَّعَة : تابِع يُوافِق على مايَقوله رَئِيسُه دُونَ اعْتِراض

yesterday, *n. & adv.* أَمْسِ ، البارِحَة

yesterday week مِثْلُ أَمْسِ مِن الأُسْبُوع الماضِي

yet, *adv.* 1. (*with neg.*, up to now, up to then); *also*, as yet حَتَّى الآن

we have not done it yet لَمْ نَفْعَلْه بَعْدُ

2. (*with neg.*, until later)

can't you tell me yet? أَمَا آنَ الأَوانُ لِتُخْبِرَنِي؟

I cannot come just yet لا يُمْكِنُنِي الحُضُور حالاً

3. (still, even now, in addition)

we must act while there is yet time يَجِب عَلَيْنا أَنْ نَعْمَلَ قَبْلَ فَواتِ الأَوان

4. (some day) يَوْمًا ما

I'll defeat you yet سَأَهْزِمُكَ يَوْمًا ما

5. (with *nor*, either) وَلا حَتَّى

we shall not employ him nor yet his brother لَنْ نُعْطِيَ وَظِيفَةً لَه وَلا حَتَّى لِأَخِيه

6. (*with comparatives*, still)

you must work yet harder عَلَيْكَ أَنْ تُضاعِف جُهْدَكَ

conj., *also*, and yet, but yet وَمَعَ ذَلِكَ

it is strange, yet true إِنَّه صَحِيح عَلى غَرابَتِه

yeti, *n.* اِسْم يُطْلَق على حَيوانٍ غَيْر مَعْرُوف يُقال إنَّه يَقْطُن أَعالي جِبال الهِمَلايَا

yew, *n.* شَجَر الطَّقْسُوس أو الزَّرْنَب

Yiddish, *n. & a.* لَهْجَة أَلْمَانِيَّة قَدِيمَة مع كلمات عِبْرِيّة و سلافية يَتكلّمها بعض يَهُود أورُوبا وأمْرِيكا، اليِيدِيّة، الشِلِختِيّة

yield, *v.t. & i.* 1. (produce, furnish) أَغَلَّ

such a policy will yield dividends سَتَعُودُ عَلَيْنا مِثْل هَذِه السِّياسَة بِالفائِدة

2. (give up, concede); *also*, yield up تَنازَل أو تَخَلَّى عَن ، اِسْتَسْلَم

the enemy yielded ground اِنْسَحَب العَدُوُّ أو تَقَهْقَر

he yielded to temptation اِسْتَسْلَم لِلإغْراء

the disease yielded to treatment اِسْتَجاب المَرَض لِلعِلاج

n. مَحْصُول (الأَرْض)، غَلَّتها ؛ الإنْتاج

yodel, *v.i. & t.*; *also n.* غَنَّى بِطَرِيقَة يَكْثُر فِيها تَغْيِير الصَّوْتِ مِن الطَّبَقة العَادِيّة إلى العُلْيا

yoga, *n.* اليُوجا، مَذْهَب هِنْدُوكِيّ يُشْبِه الصُّوفيّة

yogh(o)urt, *n. also*, **yogurt** اللَّبَن (الزَّبادِي)

yogi, *n.* مَنْ يَعْتَنِق فَلْسَفَة اليُوجا ويُمارِسُها

yo-heave-ho, *int.* هِيلَاهُوب ! (عِند البَحّارَة)

yoke, *n.* 1. (for oxen) نِير ، مِقْرَن

the people were under the yoke of a tyrant كانَ النّاس يَرْزَحُون تَحْتَ نِيرِ طاغِيَة

2. (pair of oxen) فِدّان (ثَوْران مَقْرُونان)

3. (for pails) نِير لِحَمْل دَلْوَيْن عَلى الكَتِفَيْن

4. (of a garment) كَمَر (التَّنُّورَة) ، سُفْرَة

v.t.; *also*, yoke together قَرَن ، ضَمَّ

yokel, *n.* رِيفِيّ ، فَلّاح ، ساذَج ؛ جِلْف

yolk, *n.* صَفار البَيْض ، مُحّ البَيْض

yon, *a. (arch. & dial.)* هُنالِك (لَفْظ قَدِيم)

yonder, *a. (arch.) & adv.* ذَلِكَ ؛ هُنالِك

I saw him over yonder رَأَيْتُه هُنالِك

yore, *n.*; *esp. in.*

in days of yore في الأيّام الخَوالي

Yorkshire, *n.* مُقاطَعَة يُورْكشير بِانكلترا

Yorkshire pudding طَبَق انكليزِيّ يُعَدّ مِن الدَّقِيق والبَيْض والحَلِيب ويُخْبَز مع لَحْم البَقَر

you, *pron.* ضَمِير المُخاطَب : أَنْتَ ، أَنْتِ الخ

you never know وَمَنْ يَدْرِي ؟ واللّهُ أَعْلَم !

you'd, *contr. of* **you had, you would**; *also* **you'ld**

you'll, *contr. of* **you will**

young, *a.* صَغِير السِّنّ ، حَدَثٌ ؛ شابٌّ

her young man is calling tonight سَيَأْتِي رَفِيقُها لِزِيارَتها اللَّيْلَة

in my young days . . . في أَيّام صِباي

the night is young مَا زَالَت السَّهْرَة في بِدايَتها

n. (collect.) صِغار (الحَيَوانِ مثلاً)

with young حُبْلَى ، حامِل

youngster, *n.* صَبِيّ ، وَلَد ، غُلام ، صَغِير

your, *poss. pron. & a.* صِيغَة المِلْكِيّة لِلمُخاطَب

you're, *coll. contr. of* **you are**

yours, *pron. & pred. a.* 1. (of you) مِلْكُك

what's yours? مَاذا تُحِبُّ أَنْ تَشْرَب ؟

you and yours (تَحِيّاتي) لَكَ ولأَفْرادِ أُسْرَتِك

in reply to yours of the fifteenth رَدًّا على كِتابِكم بِتارِيخ الخامِسِ عَشَرِ مِن الشَّهْرِ الجارِي

2. (in letters); *as in*

yours faithfully, truly, etc. وَتَفضَّلُوا بِقُبول فائِق الاحْتِرام ، المُخْلِص ...

yoursel/f (*pl.* -ves), *pron.* نَفْسُك ؛ بِنَفْسِك

do-it-yourself, *abbr.* D.I.Y. قِيام المَرْءِ بِنَفْسِه بِتَركيب (مِنْضَدَة مثلا) مِن قِطَع مُنْفَصِلة يَشْتَرِيها بِحالةٍ جاهِزة

please yourself! اِفْعَلْ ما بَدا لَكَ !

youth, *n.* شابٌّ ، حَدَثٌ ؛ شَباب ، صِبا

he has youth on his side يَمْتاز (عَنّي أو عَن مُنافِسِيه) بِشَبابِه

the youth of the country شَبِيبَة الوَطَن

gilded youth الشَّباب المُنَعَّم ، أَوْلاد الذَّوات

youthful, *a.* فَتِيّ ، شابّ ، غَضّ

you've, *coll. contr. of* **you have**

yowl, *v.i.* & *n.* وَلْوَل ، عَوَى تَوَجُّعًا ؛ عَوِيل

yo-yo, *n.* لُعْبَة اليُويُو (بَكَرة خَشَبِيّة يَلُفّ خَيْط حَوْلَ حَزٍّ بها وتُجْذَب لِتَدُور صُعُودًا ونُزُولاً)

Yugoslav, *a.* & *n.*; *also* **Jugoslav** يُوغُوسْلافِيّ

Yugoslavia, *n.*; *also* **Jugoslavia** يُوغُوسلافيا

yule, *n.*; *also* **yule-tide** (فَتْرَة) الكِرِيسْمَس

yule-log قِطْعَة ضَخْمَة تُقْطَع مِن جِذْع شَجَرة وتُحْرَق بِالمِدْفَأة في لَيْلة الكِرِيسْمَس (عِيد المِيلاد عِند الغَرْبِيِّين)

Z

Z, 1. (letter) الحَرْف السّادِس والعِشْرُون مِن الأَبْجَدِيّة

2. (*alg.*) رَمْز لِكَمِّيّة مَجْهُولة (عِلْم الجَبْر)

zany, *n.* & *a.* مُهَرِّج (في المَسْرَح الإيطاليّ قديمًا)؛ عَبِيط ، أحمق ، أهبل ، شاذّ

zeal, *n.* (**-ous,** *a.*) حَمِيَّة ، حَماس ؛ غَيُور

zealot, *n.* (**-ry,** *n.*) مُتَطَرِّف في تَحَمُّسِه

zebra, *n.* حِمار وَحْشِيّ مُخَطَّط ، حِمار الزَّرَد

zebra crossing مَوْضِع مُحَدَّد بِخُطُوط بَيْضاء لِعُبُور المُشاة في طَرِيق مُزْدَحِم بالمُرور

Zend, *n.* اللُّغَة الفارِسِيَّة القَدِيمة (في كُتُب المَجُوس)

Zend Avesta, *n.* كِتاب زَرادَشْت المُقَدَّس

zenith, *n.* سَمْت الرَّأس ؛ ذُرْوَة ، قِمَّة ، أَوْج

zephyr, *n.* رِيح غَرْبِيّة خَفِيفَة ؛ زَفِير ، نَسِيم

Zeppelin, *n.* مُنْطاد زبلن (الحرب العالميّة الأولى)

zero, *n.* صِفْر ، لا شَيْء

zero hour سَاعَة الصِّفْر

zest, *n.* قِشْرَة اللَّيْمُون ؛ تَلَذُّذ ، اِسْتِمْتاع

the possibility of danger gave zest to the adventure اِحْتِمال تَعَرُّضِنا لِلخَطَر أَضْفَى على المُغامَرَة عُنْصُرَ التَّلَذُّذِ والنَّشْوَة

Zeus, *n.* زِيُوس، رَبّ الآلِهة الإِغْرِيقِيّة

zig-zag, *a. & n.* (خطّ) مُتَعَرِّج ذُو زَوايا حادّة

v.i. & t. تَعَرَّج بِزَوايا حادّة (في السَّيْر)

zinc, *n. & v.t.* الزِّنْك، الخارِصِين ؛ طَلَى بالزِّنك

zinnia, *n.* زَهْرَة الزِّنْيَة

Zion, *n.* جَبَل صِهْيَوْن (أَحَد جِبال القُدْس)

Zion/ism, *n.*, **-ist,** *n.* الصِّهْيَوْنِيّة ؛ صِهْيَوْنِيّ

zip, *n.* أَزِيز (الرَّصاص) ، صَوْت التَّمَزُّق

zip-fastener, *n.*; *also* zip, zipper

سُوسْتَة (مصر) ، زَنْجِيل (عراق) لِشَبْك المَلابِس

he hasn't much zip these days (*coll.*)

فَتَرَ نشاطُه هَذه الأَيّام

zircon, *n.* زِرْقُون (حجر بلّوريّ)

zither, *n.* آلة مُوسِيقِيّة وَتَرِيّة تُشْبِه القانُون

zloty, *n.* الزّلُوتي (عُمْلَة بُولَنْدِيّة)

zodiac, *n.*, **-al,** *a.* البُرُوج (فلك)

zombi(e), *n.* جُثّة يُظَنّ أَنّها أُعِيدَت إلى الحَياة وأَصْبَحَت شَخْصًا عَدِيم الإرادة ؛ أَبْلَه

zonal, *a.* مِنْطَقِيّ ، مُقَسَّم إلى مَناطِق

zone, *n.* مِنْطَقَة (مَناطِق)

disc zone مِنْطَقَة وَسَط المَدِينة لا يُسْمَح بإِيقاف السَّيّارات بِها أَكْثَر مِن مُدّة مُحَدَّدة

no-parking zone مَمْنوع إِيقاف السَّيّارات

temperate zone المِنْطَقَة المُعْتَدِلة

torrid zone المِنْطَقَة الحارّة

v.t. قَسَّم إلى مَناطِق

zoo, *n.*, *contr. of* **zoological** gardens

zoological, *a.* نِسْبَةً إلى عِلْم الحَيَوان

zoological gardens, *contr.* zoo حَدِيقَة الحَيَوان

zoology, *n.*, **-ist,** *n.* عِلْم الحَيَوان

zoom, *n.* 1. (sound) أَزِيز تُحْدِثُه الطّائِرة

2. (aircraft manœuvre) صُعُود الطّائِرة بِأَقْصى سُرْعَةٍ بَعْد طَيَرانها أُفُقِيًّا

v.i. 1. (make a zooming sound) أَزّ ، دَوَّى

2. (*aerobatics*) صَعِدَت الطّائِرة بِأَقْصَى سُرْعَة

Zoroastrian, *n. & a.* زَرادُشْتِيّ ، مَجُوسِيّ

Zouave, *n.* عَسْكَرِيّ من فِرْقَة مُشاة فَرَنْسِيّة (مِن قبيلة زَواوَة بِالمَغْرِب سابقًا)

Zulu, *n. & a.* الزُّولُو (قَبِيلة إِفْرِيقِيّة ـ لُغَة)